Dornseifer/Jesch/Klebeck/Tollmann

AIFM-Richtlinie

Richtlinie 2011/61/EU über die Verwalter
alternativer Investmentfonds mit Bezügen zum
KAGB-E

AIFM-Richtlinie

Richtlinie 2011/61/EU über die Verwalter alternativer Investmentfonds mit Bezügen zum KAGB-E

Kommentar

Herausgegeben von

Frank Dornseifer
Rechtsanwalt in Bonn

Dr. Thomas A. Jesch, LL.M.
Rechtsanwalt in Frankfurt a.M.

Dr. Ulf Klebeck
Rechtsanwalt und Syndikus in Zürich

Dr. Claus Tollmann
Regierungsdirektor in Berlin

Bearbeitet von

Damir Barac, Wirtschaftsprüfer in Eschborn; *Uwe Bärenz*, Rechtsanwalt in Berlin; *Lutz Boxberger*, Rechtsanwalt und Steuerberater in München; *Dr. Till Brocker*, Rechtsanwalt in Berlin; *Frank Dornseifer*, Rechtsanwalt in Bonn; *Dr. Jürg Frick, LL.M.*, Rechtsanwalt in Zürich; *Oliver Heist*, Wirtschaftsprüfer und Steuerberater in Eschborn; *Jin-Hyuk Jang*, Rechtsanwalt in Frankfurt a.M.; *Dr. Thomas A. Jesch, LL.M.*, Rechtsanwalt in Frankfurt a.M.; *Dr. Matthias Josek*, Diplom-Mathematiker in Frankfurt a.M.; *Dr. Sebastian Käpplinger, LL.M.*, Rechtsanwalt in Berlin; *Dr. Ulf Klebeck*, Rechtsanwalt und Syndikus in Zürich; *Dennis Kunschke*, Rechtsanwalt in Frankfurt a.M.; *Dr. Sabine Machhausen*, Regierungsrätin in Frankfurt a.M.; *Sonya Pauls*, Rechtsanwältin in München; *Christian Schatz*, Rechtsanwalt und Steuerberater in München; *Caroline Specht*, Rechtsanwältin in Frankfurt a.M.; *Dr. Jens Steinmüller, LL.M.*, Rechtsanwalt in Berlin; *Dr. Claus Tollmann*, Regierungsdirektor in Berlin; *Patricia Volhard, LL.M.*, Rechtsanwältin in Frankfurt a.M.; *Dr. Sven Zeller*, Rechtsanwalt in Frankfurt a.M.; *Dr. Alexandra Zentis MRICS*, Diplom-Kauffrau in Eschborn

2013

C.H.BECK

Zitiervorschlag:
Bearbeiter in D/J/K/T, AIFM-RL, Art. 1 Rn. 1

www.beck.de

ISBN 978 3 406 64020 9

© 2013 Verlag C. H. Beck oHG
Wilhelmstraße 9, 80801 München
Druck und Bindung: Druckerei C. H. Beck Nördlingen
(Adresse wie Verlag)
Satz: Meta Systems Publishing & Printservices GmbH, Wustermark

Gedruckt auf säurefreiem, alterungsbeständigem Papier
(hergestellt aus chlorfrei gebleichtem Zellstoff)

Vorwort

Die Verabschiedung der AIFM-Richtlinie im Jahr 2011 war ein Meilenstein in der Verwirklichung des europäischen Binnenmarktes für sämtliche Arten von kollektiven Anlagevehikeln, soweit sie nicht bereits von der OGAW-Richtlinie erfasst sind. Während die Initiativberichte von *Lehne* und *Rasmussen* noch speziell auf eine Regulierung von Hedgefonds und Private-Equity-Fonds abzielten, präsentierte die EU-Kommission mit dem Richtlinienvorschlag im Jahr 2009 einen umfassenden Regelungsansatz für eine höchst heterogene Gruppe von Fondsstrukturen. Dieser wurde dann im Grundsatz, allerdings nach einer äußerst heftigen und kontroversen Debatte, die zu zahlreichen Änderungen führte, auch verabschiedet. Damit endete die Diskussion über die Richtlinie und deren Inhalte jedoch nicht, sie setzte sich vielmehr im Umsetzungs- und Implementierungsprozess fort. Nicht nur die Investmentbranche selbst, sondern auch die zuständigen Aufsichtsbehörden und Gesetzgebungsorgane stehen vor großen Aufgaben und Herausforderungen, nicht zuletzt durch die Vielzahl der betroffenen Strukturen und Organisationsformen, die vom Anwendungsbereich der Richtlinie betroffen sind und für die zum Teil immenser Anpassungs- und Änderungsbedarf gegenüber dem Status Quo besteht.

Vor diesem Hintergrund entstand im November 2011 die Idee, einen Kommentar zur AIFM-Richtlinie zu verfassen. Es erschien uns wichtig, den Richtlinientext selbst als Ausgangspunkt einer Kommentierung zu nehmen, um mit Blick auf die Entstehungsgeschichte, die Erwägungsgründe, Konsultationen und Stellungnahmen zu Durchführungsbestimmungen und natürlich auf die delegierten Rechtsakte selbst, soweit diese zum jetzigen Zeitpunkt vorliegen, übergeordnete Interpretationshilfen für die Rechtsanwender zu geben, die in dieser Form bislang noch nicht vorliegen. Denn auch für die AIFM-Richtlinie gilt, dass die Richtlinie selbst Maßstab der Auslegung nationaler Umsetzungsgesetze ist und somit auch der Kommentierung der Richtlinie besondere Bedeutung zukommt. Ein Warten auf die nationale Umsetzung der Richtlinie erschien und erscheint uns angesichts des langwierigen Umsetzungsprozesses auf der einen Seite, den vielfältigen und drängenden sich stellenden Fragen auf der anderen Seite, als nicht opportun.

Unter Berücksichtigung der delegierten Verordnung der Kommission vom 19. Dezember 2012 zur Ergänzung der AIFM-Richtlinie stellt diese Kommentierung der Richtlinie zu diesem Stichtag somit die Grundlage auch für jede Befassung mit einem nationalen Umsetzungsgesetz dar, welches letztendlich immer von der einschlägigen Richtlinie überlagert und bestimmt ist. Wichtig war uns zudem, dass schon vor Inkrafttreten nationaler Umsetzungsgesetze eine valide Rechtsinterpretation der AIFM-Richtlinie vorliegt, die allen Rechtsanwendern Hilfestellungen gibt – insbesondere da abzusehen ist, dass nationale Umsetzungsgesetze erst kurz vor Ablauf der Umsetzungsfrist am 22. Juli 2013 final verabschiedet werden, die Branche und alle Rechtsanwender aber schon deutlich früher die entscheiden Vorkehrungen treffen müssen, um den Vorgaben der Richtlinie gerecht zu werden. Der Anpassungs- bzw. Umstellungsprozess läuft bei allen Beteiligten bereits auf Hochtouren.

Um Praktiker bestmöglich bei der Umsetzung der neuen Vorschriften zu unterstützen, wird in der Kommentierung eines jeden Artikels der AIFM-Richtlinie

Vorwort

in dem Kapitel „Bezüge zum KAGB-E" eingehend Bezug auf das bei Drucklegung noch im Gesetzgebungsverfahren befindliche Kapitalanlagegesetzbuch genommen. Der Kommentierung ist zudem eine synoptische Gegenüberstellung des jeweiligen Artikels der AIFM-Richtlinie und der geplanten Regelung im Kapitalanlagegesetzbuch vorangestellt. Bezugspunkt ist hierbei der KAGB-Kabinettsentwurf vom 13. Dezember 2012.

Diese erste Auflage ist für uns der Ausgangspunkt der Begleitung des AIFM-Richtlinien-Umsetzungs- und Implementierungsprozesses, der natürlich erst mit dem Inkrafttreten der nationalen Umsetzungsgesetze, den ersten Erlaubnisverfahren und Entscheidungen der zuständigen Aufsichtsbehörden mit Leben gefüllt wird. Mit dieser Perspektive wollen wir allen Lesern und Anwendern dieses Kommentars ein nützliches Arbeitsmittel zur Verfügung stellen und hoffen auf einen konstruktiven Dialog in der Folgezeit. Zudem zeigt die OGAW-Richtlinie, dass auch auf europäischer Ebene nichts in Stein gemeißelt ist und so wird möglicherweise eine zweite Auflage des Werkes sich schon des Themas „AIFM II" annehmen können.

Unser Dank gilt natürlich allen Autoren sowie Mitarbeitern des Verlages C.H.Beck, allen voran Herrn Dr. Roland Klaes, Frau Christina Wolfer und Frau Astrid Stanke, für Ihre Bereitschaft dieses Projekt zu unterstützen bzw. an ihm mitzuwirken und es in einem beachtlich knappen Zeitraum von der Idee bis zur Realisierung umzusetzen. Nicht vergessen möchten wir auch unsere Familien, Partner und Freunde, die sich – gewollt oder ungewollt – ebenfalls an diesem Projekt beteiligen mussten, eben in den Zeiten, in denen sie auf uns „verzichten" mussten.

Frank Dornseifer   Thomas A. Jesch   Ulf Klebeck   Claus Tollmann

Bearbeiterverzeichnis

Bearbeiterverzeichnis

Inhaltsübersicht

Inhaltsübersicht

Inhaltsverzeichnis

Inhaltsverzeichnis

Inhaltsverzeichnis

Abkürzungsverzeichnis

Abkürzungsverzeichnis

Abkürzungsverzeichnis

Abkürzungsverzeichnis

Abkürzungsverzeichnis

EG InsO	Einführungsgesetz zur Insolvenzordnung
EGV	Vertrag zur Gründung der Europäischen Gemeinschaft
EIB	European Investment Bank
EIF	European Investment Fund
EIOPA	Europäische Aufsichtsbehörde für das Versicherungswesen und die betriebliche Altersversorgung
Einf.	Einführung
Einl.	Einleitung
einschr.	einschränkend
einstw.	einstweilen
EK	Eigenkapital
EL	Expected Loss
EMIR	European Market Infrastructure Regulation
EMTN	European Medium Term Note
Entspr.	Entsprechendes
entspr.	entsprechend
Entw.	Entwurf
EPRA	European Platform of Regulatory Authorities
Erg. Bd.	Ergänzungsband
Erg. Lfg.	Ergänzungslieferung
Erl.	Erläuterung(en); Erlass
ESFS	Europäisches System für die Finanzaufsicht
ESMA	European Securities and Market Authority
ESRB	European Systemic Risk Board
ESt	Einkommensteuer
EStG	Einkommensteuergesetz
etc.	et cetera
ETF	Exchange Traded Fund
EU	Europäische Union
EU-LeerverkaufsVO	Leerverkaufsverordnung der Europäischen Union
DV(O)	Durchführungsverordnung
EuGH	Europäischer Gerichtshof
EuGVVO	Verordnung über die gerichtliche Zuständigkeit und die Anerkennung und Vollstreckung von Entscheidungen in Zivil- und Handelssachen
EUR	Euro
EUV	Vertrag über die Europäische Union
EuZW	Europäische Zeitschrift für Wirtschaftsrecht
EV	Einigungsvertrag
EVCA	The European Private Equity and Venture Capital Association
e. V.	eingetragener Verein
evtl.	eventuell
EWG	Europäische Wirtschaftsgemeinschaft (heute EG bzw. EU)
EWiR	Entscheidungen zum Wirtschaftsrecht
EWR	Europäischer Wirtschaftsraum (Abkommen)
EWS	Europäisches Wirtschafts- und Steuerrecht
EZB	Europäische Zentralbank
f., ff.	folgende, fortfolgende
FATF	Financial Action Task Force
FAQs	Frequently Asked Questions
FAZ	Frankfurter Allgemeine Zeitung

Abkürzungsverzeichnis

Abkürzungsverzeichnis

IAS	International Accounting Standards
idF	in der Fassung
idR	in der Regel
IDW	Institut der Wirtschaftsprüfer
iE	im Ergebnis
ie	im einzelnen
ieS	im engeren Sinne
IFG	Gesetz zur Regelung des Zugangs zu Informationen des Bundes (Informationsfreiheitsgesetz – IFG)
iGgs.	im Gegensatz
IHK	Industrie- und Handelskammer
iHv	in Höhe von
IIF	Institute of International Finance
ILF	Institut for Law and Finance
IMF	International Monetary Fund
IMRO	Investment Management Regulatory Organisation
InhKontrollV	Verordnung über die Anzeigen nach § 2c des Kreditwesengesetzes und § 104 des Versicherungsaufsichtsgesetzes (Inhaberkontrollverordnung – InhKontrollV)
InstitutsVergV	Verordnung über die aufsichtsrechtlichen Anforderungen an Vergütungssysteme von Instituten
insb.	insbesondere
insg.	insgesamt
InsO	Insolvenzordnung
int.	international
InvAG	Investmentaktiengesellschaft
InvÄndG	Gesetz zur Änderung des Investmentgesetzes und zur Anpassung anderer Vorschriften (Investmentänderungsgesetz), BGBl. I 2007, S. 3089
InvKG	Investment-Kommanditgesellschaft
InvMaRisk	Mindestanforderungen für das Risikomanagement von Investmentgesellschaften
InvModG	Gesetz zur Modernisierung des Investmentwesens und zur Besteuerung von Investmentvermögen (Investmentmodernisierungsgesetz), BGBl. I 2003, S. 2676
InvG	Investmentgesetz
InvPrüfbV	Verordnung über die Inhalte der Prüfungsberichte für Kapitalanlagegesellschaften, Investmentaktiengesellschaften und Sondervermögen (Investment-Prüfungsberichtsverordnung – InvPrüfbV)
InvRBV	Verordnung über Inhalt, Umfang und Darstellung der Rechnungslegung von Sondervermögen und Investmentaktiengesellschaften sowie die Bewertung der einem Investmentvermögen zugehörigen Vermögensgegenstände (Investment-Rechnungslegungs- und Bewertungsverordnung – InvRBV)
InvSchlichtV	Verordnung über die Schlichtungsstelle nach § 143c des Investmentgesetzes (Investmentschlichtungsstellenverordnung – InvSchlichtV)
InvStG	Investmentsteuergesetz
InvVerOV	Verordnung zur Konkretisierung der Verhaltensregeln und Organisationsregeln nach dem Investmentgesetz (Investment-Verhaltens- und Organisationsverordnung – InvVerOV)
IORP	Institutions for occupational retirement provision
IOSCO	Internationale Organisation der Wertpapieraufsichtsbehörden
IPMA	International Primary Markets Association
IPO	Initial Public Offering

Abkürzungsverzeichnis

Abkürzungsverzeichnis

LTV	Loan to Value
MaBV	Makler- und Bauträgerverordnung
MaComp	BaFin-Rundschreiben 4/2010 (WA) – Mindestanforderungen an die Compliance-Funktion und die weiteren Verhaltens-, Organisations- und Transparenzpflichten nach §§ 31 ff. WpHG für Wertpapierdienstleistungsunternehmen, Geschäftszeichen WA 31-Wp 2002–2009/ 0010, 7. Juni 2010, zuletzt geändert am 31. August 2012
MaH	Verlautbarung über Mindestanforderungen an das Betreiben von Handelsgeschäften der Kreditinstitute
MaRisk	Mindestanforderungen an das Risikomanagement
maW	mit anderen Worten
MB	Management Board
MBS	Mortgage Backed Security
MDR	Monatsschrift für deutsches Recht
m. E.	meines Erachtens/mit Einschränkung(en)
MiFID	Richtlinie 2004/39/EG des Europäischen Parlaments und des Rates vom 21. April 2004 über Märkte für Finanzinstrumente, zur Änderung der Richtlinien 85/611/EWG und 93/6/EWG des Rates und der Richtlinie 2000/12/EG des Europäischen Parlaments und des Rates und zur Aufhebung der Richtlinie 93/22/EWG des Rates, ABl EU L 145 vom 30. April 2004, S. 1
MiKapBG	Gesetz zur steuerlichen Förderung der Mitarbeiterkapitalbeteiligung (Mitarbeiterkapitalbeteiligungsgesetz – MiKapBG), BGBl. I 2009, S. 451
MitbestG	Mitbestimmungsgesetz
MMR	MultiMedia und Recht
mN	mit Nachweisen
Mrd.	Milliarde(n)
MTN	Medium Term Note
MüKo AktG	Münchener Kommentar zum AktG in 9 Bänden, 3. Auflage, ab 2008
MüKo BGB	Münchener Kommentar zum BGB in 11 Bänden, 5. Auflage, ab 2006
MüKo HGB	Münchener Kommentar zum HBG in 7 Bänden, 2. Auflage, ab 2009
mwN	mit weiteren Nachweisen
Nachtr.	Nachtrag
Nachw.	Nachweis
NAV	Net Asset Value/Nettoinventarwert
nF	neue Fassung
NIF	Note Issuing Facility
NJW	Neue Juristische Wochenschrift
NJW-RR	NJW-Rechtsprechungs-Report Zivilrecht
Nr.	Nummer
NSFR	Net Stable Funding Ratio
NWB	Neue Wirtschaftsbriefe
NZA	Neue Zeitschrift für Arbeitsrecht
NZG	Neue Zeitschrift für Gesellschaftsrecht
NZM	Neue Zeitschrift für Miet- und Wohnungsrecht
oä	oder ähnliches
ÖBA	Zeitschrift für das gesamte Bank- und Börsenwesen
OECD	Organization for Economic Cooperation and Development (Organisation für wirtschaftliche Zusammenarbeit und Entwicklung)
OGA	Other Government Agency

Abkürzungsverzeichnis

	gen an Wertpapierfirmen und die Bedingungen für die Ausübung ihrer Tätigkeit sowie in Bezug auf die Definition bestimmter Begriffe für die Zwecke der genannten Richtlinie, ABl EU L 241 vom 2. September 2006, S. 26
RL 2007/16/EG .	Richtlinie 2007/16/EG der Kommission vom 19. März 2007 zur Durchführung der Richtlinie 85/611/EWG des Rates zur Koordinierung der Rechts- und Verwaltungsvorschriften betreffend bestimmte Organismen für gemeinsame Anlagen in Wertpapieren (OGAW) im Hinblick auf die Erläuterung gewisser Definitionen, ABl EU L 79 vom 20. März 2007, S. 11
RL 2010/43/EU	Richtlinie 2010/43/EU der Kommission vom 1. Juli 2010 zur Durchführung der Richtlinie 2009/65/EG des Europäischen Parlaments und des Rates im Hinblick auf organisatorische Anforderungen, Interessenkonflikte, Wohlverhalten, Risikomanagement und den Inhalt der Vereinbarung zwischen Verwahrstelle und Verwaltungsgesellschaft, ABl EU L 176 vom 10. Juli 2010, S. 42
RL 2010/44/EU	Richtlinie 2010/42/EU der Kommission vom 1. Juli 2010 zur Durchführung der Richtlinie 2009/65/EG des Europäischen Parlaments und des Rates in Bezug auf die Bestimmungen über Fondsverschmelzungen, Master-Feeder-Strukturen und das Anzeigeverfahren, ABl EU L 176 vom 10. Juli 2010, S. 28
Rn.	Randnummer(n)
Rspr.	Rechtsprechung
RTS	Regulatory Technical Standard
S.	Satz; Seite
s.	siehe
SA	Société Anonyme (Aktiengesellschaft)
S/B/L	Schimansky/Bunte/Lwowski, Bankrechtshandbuch, 4. Aufl. 2011
SEC	U. S. Securities and Exchange Commission
SI	Société d'Investissement
SICAF	Société d'Investissement à Capital Fixe
SICAR	Société d'Investissement en Capital à Risque
SICAV	Société d'Investissement à Capital Variable
Slg.	Sammlung (der Entscheidung des Europäischen Gerichtshofs)
s. o.	siehe oben
SoBedWp	Sonderbedingungen für Wertpapiergeschäfte
sog.	so genannt
SolvV	Solvabilitätsverordnung (SolvV – Verordnung über die angemessene Eigenmittelausstattung von Instituten, Institutsgruppen und Finanzholding-Gruppen)
Sp.	Spalte
SPD	Sozialdemokratische Partei Deutschlands, Serial Presence Detect
SPE	Sozialdemokratische Partei Europas
SPV	Special Purpose Vehicle
SR	Sharpe Ratio
stat.	statistisch
StGB	Strafgesetzbuch
str.	streitig
st. Rspr.	ständige Rechtsprechung
SWI	Steuer & Wirtschaft International
TDSV	Telekommunikations-Datenschutzverordnung
TGV	Teilgesellschaftsvermögen

Abkürzungsverzeichnis

Abkürzungsverzeichnis

Abkürzungsverzeichnis

Einleitung

Literatur: *Bujotzek/Thömmes,* in: Emde/Dornseifer/Dreibus/Hölscher, Investmentgesetz, München 2013; *BVI Bundesverband Investment und Asset Management,* Investmentstatistik zum 30.11.2012, abrufbar unter: http://www.bvi.de/fileadmin/user_upload/Statistik/Investment statistik1211.pdf.; *Campbell,* in: Berger/Steck/Lübbehüsen, Investmentgesetz/Investmentsteuergesetz, München 2010; *Chan/Getmansky/Haas/Lo,* Systemic Risks and Hedge Funds 1, MIT Sloan School of Management, Arbeitspapier 4535-05, Februar 2005, abrufbar unter: http://ssrn.com/abstract=671443; *Dornseifer,* Alternative Investments – Bedeutung und Rahmenbedingungen in einem geänderten Marktumfeld, ZfgKW 2009, 360; *EFAMA,* Investment Fund Industry Fact Sheet, 23.8.2012, abrufbar unter: http://www.efama.org/Pages/Monthly%20Fact%20Industry%20Fact%20Sheet%20(June%202012).aspx; *EU-Kommission,* Consultation Document Untertakings for Collective Investment in Transferable Securities (UCITS) – Product Rules, Liquidity Management, Depositary, Money Market Funds, Long-term Investments, 26.7.2012, abrufbar unter: http://ec.europa.eu/internal_market/consultations/docs/2012/ucits/ucits_consultation_en.pdf; Dieselbe, Konsultation zu Privatplatzierungen vom 15.10.2007, abrufbar unter: http://ec.europa.eu/internal_market/investment/docs/consultations/private_placement_en.pdf.; Dieselbe, Vorschlag zu einer Richtlinie des Europäischen Parlaments und des Rates über die Verwalter alternativer Investmentfonds vom 30.4.2009, KOM(2009) 207 final, abrufbar unter: http://ec.europa.eu/internal_market/investment/docs/alternative_investments/fund_managers_proposal_de.pdf; *Fischer,* in: Berger/Steck/Lübbehüsen, Investmentgesetz/Investmentsteuergesetz, München 2010; *G-20,* Schlusserklärung der Staats- und Regierungschefs der G-20-Staaten auf dem G-20-Gipfel vom 2.4.2009 in London, abrufbar unter: http://www.bundesregierung.de/Content/DE/StatischeSeiten/Breg/G8G20/Anlagen/G20-erklaerung-staerkung-finanzsystem-london-2009-de.pdf;jsessionid=A85DADE0B22BFF82917C73F4F8C23074.s2t1?__blob=publicationFile&v=3; *Gringel,* in: Berger/Steck/Lübbehüsen, Investmentgesetz/Investmentsteuergesetz, München 2010; *Horsfield-Bradbury,* Hedge Fund Self-Regulation in the US and the UK, abrufbar unter: http://www.law.harvard.edu/programs/corp_gov/papers/Brudney2008_Horsfield-Bradbury.pdf; *Köndgen,* in: Berger/Steck/Lübbehüsen, Investmentgesetz/Investmentsteuergesetz, München 2010; *Larosière,* Bericht der High Level Group on Financial Supervision unter der Leitung von Jacques de Larosière, Brüssel, 25.2.2009, abrufbar unter: http://ec.europa.eu/internal_market/finances/docs/de_larosiere_report_de.pdf; *Lehne,* Berichte vom 9.7.2008 mit Empfehlungen an die Kommission zur Transparenz institutioneller Investoren (2207/2239(INI), abrufbar unter: http://www.europarl.europa.eu/sides/getDoc.do?pubRef=-//EP//TEXT+REPORT+A6-2008-0296+0+DOC+XML+V0//DE; *Paredes,* On the Decision to Regulate Hedge Funds: The SECs Regulatory Philosophy, Style and Mission, 2006, University of Illinois Law Review 975, 991; *Rasmussen,* Bericht vom 11.9.2008 mit Empfehlungen an die Kommission zu Hedge-Fonds und Private Equity (2007/2238(INI), abrufbar unter: http://www.europarl.europa.eu/sides/getDoc.do?pubRef=-//EP//TEXT+REPORT+A6-2008-0338+0+DOC+XML+V0//DE; *Verfürth/Emde,* in: Emde/Dornseifer/Dreibus/Hölscher, Investmentgesetz, München 2013; *Walker,* Guidelines for Disclosure and Transparency in Private Equity, November 2007, abrufbar unter: http://walker-gmg.co.uk/sites/10051/files/wwg_report_final.pdf; *Zirlewagen,* in: Emde/Dornseifer/Dreibus/Hölscher, Investmentgesetz, München 2013; *Zuckerman,* Hedge Funds, Once a Windfall, Contribute to Bear's Downfall, Wallstreet Journal, 17.3.2008, S. C1.

Übersicht

A. Ausgangslage

1   Die AIFM-Richtlinie stellt die wichtigste europäische Kodifizierung des Investmentrechts seit der Schaffung der OGAW-Richtlinie im Jahre 1985 dar. Sie sorgt für die Regulierung aller Verwalter von Investmentfonds (sog. alternative Investmentfonds[1]), welche nicht unter die OGAW-Richtlinie fallen. Vor Inkrafttreten der AIFM-Richtlinie waren auf europäischer Ebene nur die sog. Organismen für gemeinsame Anlagen in Wertpapiere (OGAW) und deren Verwaltungsgesellschaften reguliert. Bei **OGAW** handelt es sich in Deutschland um die richtlinienkonformen Sondervermögen gemäß §§ 46 ff. InvG oder um richtlinienkonforme Investmentaktiengesellschaften. OGAW-Verwaltungsgesellschaften sind in Deutschland Kapitalanlagegesellschaften (KAG), welche richtlinienkonforme Sondervermögen oder Investmentaktiengesellschaften verwalten.

2   OGAW dürfen gemäß Art. 1 Abs. 2 OGAW-Richtlinie nur in **Wertpapiere** und in bestimmte **liquide Finanzanlagen** investieren. Diese sind in Art. 50 OGAW-RL bzw. §§ 46 ff. InvG abschließend aufgeführt. Damit sind alle Investmentfonds, welche (auch) in andere Vermögensgegenstände (wie z. B. Immobilien, Infrastrukturprojekte, Schiffe, Flugzeuge, Erneuerbare Energien) investieren, per se aus dem Anwendungsbereich der OGAW-Richtlinie ausgenommen. Sie sind schon aufgrund ihrer Anlagegegenstände alternative Investmentfonds im Sinne der AIFM-Richtlinie.

3   Zudem muss bei OGAW die Anlage nach dem Grundsatz der **Risikostreuung** erfolgen. Investmentfonds, welche nur in einen Vermögensgegenstand oder in sehr wenige Vermögensgegenstände[2] investieren, wie dies bei der großen Mehrzahl der typischen deutschen geschlossenen Fonds der Fall ist, unterfallen somit schon deshalb nicht dem Anwendungsbereich der OGAW-Richtlinie und gelten daher als alternative Investmentfonds. Eine Ausnahme bilden sog. Feeder-OGAW[3], die gemäß der Legaldefinition in Art. 58 Abs. 1 OGAW-Richtlinie

---

[1] Der Begriff des alternativen Investmentfonds im Sinne der AIFM-Richtlinie weicht stark vom bisherigen Verständnis dieses Begriffs in der Investmentbranche ab.

[2] Zum Beispiel muss ein offener Immobilien-Publikumsfonds gemäß § 73 Abs. 1 Satz 1 InvG in mindestens sieben Immobilien investieren; vgl. hierzu eingehend *Bujotzek/Thömmes,* in: Emde/Dornseifer/Dreibus/Hölscher, InvG, § 73 Rn. 1. Demgegenüber soll bei Spezialfonds nach der Verwaltungspraxis der BaFin bei einer Anlage in drei Vermögensgegenstände (quantitatives Element) mit unterschiedlichen Anlagerisiken (qualitatives Element) dem Grundsatz der Risikomischung gemäß § 1 Satz 2 InvG Rechnung getragen werden; vgl. nur *Zirlewagen,* in: Emde/Dornseifer/Dreibus/Hölscher, InvG, § 91 Rn. 20.

[3] Vgl. nur *Verfürth/Emde,* in: Emde/Dornseifer/Dreibus/Hölscher, InvG, § 2 Rn. 237.

Einleitung

bzw. § 2 Abs. 26 InvG mindestens 85% ihres Fondsvermögens in einen sog. Master-OGAW investieren müssen.[4]

Weitere Wesensmerkmale von OGAW bzw. von richtlinienkonformen Son- **4** dervermögen oder Investmentaktiengesellschaften sind, dass sie **öffentlich vertrieben** werden müssen und sich damit grundsätzlich[5] an ein **breites Publikum** wenden sollen. Dies hat seinen Grund darin, dass die OGAW-Richtlinie für den Vertrieb von Investmentfonds an **Kleinanleger** konzipiert ist. Die OGAW-Richtlinie enthält daher umfangreiche Regelungen zum Schutz der Anleger. Das Schutzniveau orientiert sich dabei an einem typischen Kleinanleger.[6] Dies wird namentlich an der Regulierung des Fonds (sog. **Produktregulierung**) deutlich.

Demgemäß sind Investmentfonds, deren Anteile **nicht öffentlich vertrieben** **5** werden, gemäß Art. 3 lit. b) OGAW-RL aus dem Anwendungsbereich der OGAW-Richtlinie ausgenommen. Damit sind sämtliche **Privatplatzierungen** und der Vertrieb nur an Anleger, die keine Kleinanleger sind (wie z. B. bei Spezialfonds oder Single Hedgefonds[7]) aus dem Anwendungsbereich der OGAW-Richtlinie ausgenommen. Letztere sind daher alternative Investmentfonds im Sinne der AIFM-Richtlinie.[8]

Hinzu kommt, dass die Anleger von OGAW bzw. von (richtlinienkonformen) **6** Sondervermögen nach Art. 1 Abs. 2 lit. b) OGAW-RL bzw. nach § 37 Abs. 1 InvG das Recht haben, die **Rücknahme der Anteile** zu verlangen. Ihnen wird dann der entsprechende Wert ihrer Anteile in Geld ausgezahlt. Das Rückgaberecht ist ein Wesensmerkmal von Investmentfonds des offenen Typs. Unter ande-

---

[4] Auf Ebene des Feeder-OGAW wird auf eine Risikostreuung verzichtet, weil dieser in einen seinerseits risikogestreuten Master-OGAW investiert (sog. *Look-through*-Ansatz).

[5] Die geltende OGAW-Richtlinie schließt jedoch nicht aus, dass ein OGAW nur wenige Anleger hat. Hierbei kann es sich auch ausschließlich um professionelle Anleger handeln. Ob dies nach Umsetzung der AIFM-Richtlinie rechtspolitisch so bleiben sollte, erscheint fraglich. Sinnvoller dürfte es sein, den Anwendungsbereich der OGAW-Richtlinie wieder – entsprechend ihrem ursprünglichen Zweck – auf Kleinanleger zu begrenzen. Da professionellen Anlegern künftig mit der AIFM-Richtlinie ein eigener Rechtsrahmen zur Verfügung steht, bedürfen sie der OGAW-Richtlinie nicht mehr. Die OGAW-Richtlinie sollte dann wieder an die tatsächlichen Bedürfnisse und Risikoprofile von Kleinanlegern angepasst werden. Erste Ansätze hierfür finden sich bereits in der von der EU-Kommission im Jahre 2012 gestarteten Konsultation zu einer sog. OGAW-VI-Richtlinie, insbesondere im Hinblick auf eine Einschränkung der von OGAW erwerbbaren Vermögensgegenstände; vgl. nur *EU-Kommission,* Consultation Document Untertakings for Collective Investment in Transferable Securities (UCITS) – Product Rules, Liquidity Management, Depositary, Money Market Funds, Longterm Investments, 26.7.2012, abrufbar unter: http://ec.europa.eu/internal_market/consultations/docs/2012/ucits/ucits_consultation_en.pdf, S. 4 ff.

[6] Vor diesem Hintergrund ist es verständlich, dass §§ 91 und 95 InvG zahlreiche für Publikumsfonds anwendbare Regelungen für Spezialfonds unanwendbar erklären oder ihnen mit Zustimmung der Anleger gestatten, hiervon abzuweichen.

[7] Zu Recht sind Single Hedgefonds daher im Kapitalanlagegesetzbuch als Spezial-AIF (vgl. § 283 KAGB-Referentenentwurf) und nicht, wie in § 112 InvG als Publikumsfonds, konzipiert, obwohl sie nach § 112 Abs. 2 InvG gar nicht öffentlich vertrieben werden dürfen.

[8] Allerdings folgt die AIFM-Richtlinie einem abweichenden Vertriebsregime. Hintergrund hierfür ist, dass mit Inkrafttreten des Kapitalanlagegesetzbuches EU-AIFM Privatplatzierungen nicht länger gestattet sind. Für Drittstaaten-AIFM sind Privatplatzierungen nur noch für eine Übergangszeit gestattet. Vgl. zum Vertriebsbegriff eingehend die Kommentierung zu Art. 4 Abs. 1 lit. x).

rem hierdurch unterscheiden sich **offene** von **geschlossenen Fonds.**[9] Daher ist es folgerichtig, dass Art. 3 lit. a) OGAW-RL geschlossene Fonds aus dem Anwendungsbereich der OGAW-Richtlinie ausnimmt. Alle geschlossenen Fonds sind somit per se alternative Investmentfonds.

7   Eine weitere Begrenzung des Anwendungsbereichs der OGAW-Richtlinie ergibt sich daraus, dass diese dem sog. **formellen Manager- und Investmentfondsbegriff** folgt. Dies bedeutet, dass sich Fondsmanager bei der Auflegung von Investmentfonds der OGAW-Richtlinie unterwerfen können, aber nicht müssen. Selbst Investmentfonds, welche alle Anforderungen der OGAW-Richtlinie erfüllen, sind keine OGAW, wenn ihre Verwaltungsgesellschaft keine OGAW-Zulassung beantragt.[10] Eine Begrenzung ergibt sich auch daraus, dass die OGAW-Richtlinie OGAW nur bestimmte Rechtsformen, d.h. die Vertrags-, die Gesellschafts- und die Trustform gestattet. Damit sind z. B. alle Formen von Personengesellschaften (wie z. B. GmbH & Co. KG oder limited partnerships) aus dem Anwendungsbereich der OGAW-Richtlinie ausgenommen.

8   Die genannten Charakteristika von OGAW führen dazu, dass auf europäischer Ebene nur ein begrenzter Ausschnitt der gesamten Investmentfondsbranche reguliert ist. Vor dem Inkrafttreten der AIFM-Richtlinie blieb es den nationalen Gesetzgebern überlassen, ob und in welcher Weise Nicht-OGAW-Fonds (nachfolgend „AIF") und ihre Verwalter (nachfolgend „AIFM") reguliert wurden. War die Bedeutung von **AIF** bei Inkrafttreten der OGAW-Richtlinie im Jahre 1985 noch vergleichsweise gering, stiegen ihr Volumen und ihre Bedeutung in den folgenden Jahrzehnten enorm an. In dem Kommissionsvorschlag zur AIFM-Richtlinie ist von ungefähr 2 Billionen Euro verwaltetem Vermögen von AIF im Jahre 2009 die Rede.[11] Dem standen Ende Juni 2012 5,85 Billionen Euro verwaltetes Vermögen von OGAW gegenüber.[12] Zu dem enormen Wachstum alternativer Investments haben in den letzten Jahrzehnten Hedgefonds und Private Equity Fonds beigetragen. Den größten Anteil an dem Volumen alternativer Investmentfonds haben jedoch nach wie vor klassische Anlageformen wie Spezialfonds und offene oder geschlossene Immobilienfonds.

9   Die **fehlende europäische Regulierung** hat im Bereich der AIF und ihrer Verwalter zu einem regulatorischen Flickenteppich geführt. In Deutschland waren bisher geschlossene Fonds, einschließlich Private Equity Fonds, und ihre Verwalter unreguliert, obwohl sie auch an Kleinanleger vertrieben werden durften. Demgegenüber unterfallen Hedgefonds seit dem Inkrafttreten des Investmentmodernisierungsgesetzes Ende 2003 dem Investmentgesetz.[13] Andere Assetklassen wie Infra-

---

[9] Zu der Abgrenzung von offenen und geschlossenen Fonds vgl. nur *Köndgen*, in: Berger/Steck/Lübbehüsen, InvG, Einl. Rn. 4 f.

[10] In einzelnen Mitgliedstaaten (wie z. B. in Ungarn) sind daher teilweise Investmentfonds, die nur national vertrieben werden sollen, nicht als OGAW zugelassen, obwohl sie die Anforderungen der OGAW-Richtlinie erfüllen.

[11] Vgl. *EU-Kommission*, Vorschlag zu einer Richtlinie des Europäischen Parlaments und des Rates über die Verwalter alternativer Investmentfonds vom 30.4.2009, KOM(2009) 207 final, S. 2, abrufbar unter: http://ec.europa.eu/internal_market/investment/docs/alternative_investments/fund_managers_proposal_de.pdf.

[12] Vgl. nur *EFAMA*, Investment Fund Industry Fact Sheet, 23.8.2012, abrufbar unter: http://www.efama.org/Pages/Monthly%20Fact%20Industry%20Fact%20Sheet%20(June%202012).aspx.

[13] *Gringel*, in: Berger/Steck/Lübbehüsen, InvG, Vor §§ 112 bis 120 Rn. 14 ff.

struktur-Sondervermögen oder sonstige Sondervermögen wurden mit dem
Investmentänderungsgesetz Ende 2007 eingeführt.[14]

Der Einführung von **Hedgefonds in Deutschland** war bisher nur ein geringer   **10**
Erfolg beschieden. Viele Hedgefondsinitiatoren haben davon abgesehen, Hedgefonds in Deutschland aufzulegen. Für sie ist es vielfach attraktiver, Hedgefonds in
anderen Staaten aufzulegen und als Fonds oder über den Umweg als strukturiertes
Produkt an deutsche institutionelle Investoren oder gar an Kleinanleger zu vertreiben. Hierbei spielt die sog. **aufsichtsrechtliche Arbitrage,** d.h. die Ausnutzung
keiner oder weniger restriktiver Regulierung in anderen Staaten, oftmals verbunden
mit einer sehr industriefreundlichen Aufsicht, eine wesentliche Rolle. Die bisher fehlende Regulierung von Hedgefonds und Private Equity Fonds in wichtigen Indust-
riestaaten (allen voran den USA und Großbritannien) hat dazu geführt, dass es sich
bei dem weit überwiegenden Teil der weltweit vertriebenen Hedgefonds und Private Equity Fonds um unregulierte Produkte handelt. Aufgrund der **aufsichtsrechtlichen und steuerlichen Arbitrage** sind diese Fonds überwiegend in sog. **Off-
shore-Jurisdiktionen** domiziliert. Bei Hedgefonds etwa sind die Cayman Islands,
die Bermudas und die British Virgin Islands führende Standorte. Demgegenüber
haben die faktischen Verwalter dieser Fonds, die oftmals zu Unrecht als bloße Anlageberater *(investment advisor)* bezeichnet werden[15], ihren Sitz zumeist in sog. Ons-
hore-Jurisdiktionen wie den USA, Großbritannien, der Schweiz oder Hongkong.
Rund 90 Prozent aller von Fondsmanagern mit Sitz in der EU verwalteten Hedgefonds und Private Equity Fonds werden von britischen Fondsmanagern verwaltet.
Diese sind i. d. R. als sog. Anlageberater *(investment advisor)* tätig und müssen nach
englischem Recht bisher nur über eine MiFID-Zulassung verfügen. Die von ihnen
verwalteten Fonds sind unreguliert und ganz überwiegend – aus Gründen der aufsichtsrechtlichen und steuerlichen Arbitrage – in Niedrigsteuerländern domiziliert.

Die seit Jahren – u.a. aus den Reihen des Europaparlaments[16] – geforderte   **11**
Regulierung von Hedgefonds und Private Equity Fonds hat Großbritannien stets
unter Verweis auf die negativen Konsequenzen für den Finanzplatz London abgelehnt. Die Industrie hat – nicht zuletzt zur Abwehr dieser Forderungen – mit
einer **freiwilligen Selbstregulierung** reagiert. Hieraus entstanden inhaltlich zum
Teil[17] durchaus beachtenswerte sog. *Codes of conduct,* wie z. B. die Empfehlungen
des Hedge Funds Standards Boards in Großbritannien.[18] Zahlreiche Regelungen
hieraus haben schließlich Eingang in die AIFM-Richtlinie gefunden.

Gleichwohl haben sich alle Versuche der **Selbstregulierung** letztlich als **unzu-**   **12**
reichend erwiesen. Sie kranken im Ansatz zum einen daran, dass es Fondsmana-

---

[14] *Campbell,* in: Berger/Steck/Lübbehüsen, InvG, Vor §§ 90a bis 90f Rn. 1 ff. und *Fischer,*
in: Berger/Steck/Lübbehüsen, InvG, Vor §§ 90g bis 90k Rn. 1 ff.

[15] Vgl. hierzu eingehend unter Art. 5 Rn. 36 und Art. 20 Rn. 12.

[16] Vgl. den Rasmussen-Bericht vom 11.9.2008 mit Empfehlungen an die Kommission
zu Hedge-Fonds und Private Equity (2007/2238(INI), abrufbar unter: http://www.euro
parl.europa.eu/sides/getDoc.do?pubRef=-//EP//TEXT+REPORT+A6-2008-0338+0+
DOC+XML+V0//DE und den Lehne-Berichte vom 9.7.2008 mit Empfehlungen an die
Kommission zur Transparenz institutioneller Investoren (2207/2239(INI), abrufbar unter:
http://www.europarl.europa.eu/sides/getDoc.do?pubRef=-//EP//TEXT+REPORT+A6-
2008-0296+0+DOC+XML+V0//DE.

[17] Deutlich weniger weit geht der sog. Walker Bericht zu Standards bei Private Equity
Fonds; vgl. *Walker,* Guidelines for Disclosure and Transparency in Private Equity, November
2007, abrufbar unter: http://walker-gmg.co.uk/sites/10051/files/wwg_report_final.pdf.

[18] Abrufbar unter: http://www.hfsb.org/?section=11502.

gern freisteht, ob sie die Regeln anwenden wollen oder nicht. Selbst wenn sie sich freiwillig den Regelungen unterwerfen, steht es ihnen frei, sie nicht anzuwenden. Sie müssen dies dann lediglich begründen (Ansatz des *„comply or explain"*). Zum anderen ist eine Beaufsichtigung der Fondsmanager weder möglich noch gewollt. Auf diese Weise lassen sich jedoch weder in wirksamer Weise systemische Risiken vermeiden noch Anleger schützen.

13 Während sich mit Hedgefonds und Private Equity Fonds weltweit einheitliche Fondstypen herausgebildet haben, hat die fehlende europäische Regulierung in anderen Bereichen zu **weitgehend nationalen Märkten** geführt. So ist der in Deutschland dominierende Bereich der **Spezialfonds** über Jahrzehnte ein rein nationaler Markt geblieben. Nahezu ausnahmslos inländische (institutionelle) Anleger haben ihr Geld von inländischen KAG verwalten lassen. Erst die Einführung des luxemburgischen Gesetzes über spezialisierte Investmentfonds und der zwischen Luxemburg und Deutschland ausgetragene Wettbewerb um die attraktivsten regulatorischen Rahmenbedingungen (sog. *race to the bottom*) haben in jüngerer Zeit dazu geführt, dass den deutschen Spezialfondsanbietern eine ernst zu nehmende Konkurrenz erwachsen ist. Auch in anderen Mitgliedstaaten gibt es Spezialfonds (wie z. B. in Österreich) oder mit ihnen vergleichbare Fondstypen, wie z. B. den Qualifying Investor Fund oder den Professional Investor Fund in Irland und Großbritannien. Ein europäischer Binnenmarkt hat sich jedoch trotz ähnlicher regulatorischer Grundstrukturen bisher nicht herausgebildet.

14 Weiterhin nahezu rein national ist auch der Markt der **geschlossenen Fonds.** Hieran hat auch die EU-Prospektrichtlinie nichts geändert, obwohl sie Mechanismen für einen grenzüberschreitenden Vertrieb enthält. Diese funktionieren jedoch in der Praxis nicht. Typische deutsche geschlossene Fonds unterscheiden sich zum Teil von ihren rechtlichen Strukturen, ihrer Investitionsstrategie und ihrer Zielgruppe wesentlich von geschlossenen Fonds in anderen Mitgliedstaaten. Diese unterschiedlichen Entwicklungen und das Fehlen eines funktionierenden Binnenmarktes sind in erster Linie auf das Fehlen einheitlicher regulatorischer Rahmenbedingungen zurückzuführen. Auf diese Weise haben sich teils sehr unterschiedliche Strukturen und Traditionen herausgebildet. Das Entstehen eines Binnenmarktes scheiterte darüber hinaus bisher u.a. an divergierenden Privatplatzierungsregimen[19] und der unterschiedlichen Behandlung inländischer und ausländischer AIF in den nationalen Investmentsteuergesetzen bzw. Anlageverordnungen.

B. Lehren aus der jüngsten Finanzkrise

15 Mit Ausbruch der jüngsten Finanzkrise mehrten sich die Stimmen derjenigen, die eine Regulierung von Hedgefonds und Private Equity Fonds auf europäischer Ebene forderten.[20] Auch wenn die Finanzkrise ihren Ursprung nicht in der Fondsbranche hatte, zeigte sich jedoch deutlich, wie schnell in einem globalen Finanzsystem Risiken aus einem Sektor in andere Sektoren überspringen und die Finanz-

---

[19] Vgl. die Konsultation der *EU-Kommission* zu Privatplatzierungen vom 15.10.2007, abrufbar unter: http://ec.europa.eu/internal_market/investment/docs/consultations/private_placement_en.pdf. Dieses Vorhaben erledigte sich durch die AIFM-Richtlinie.

[20] Auf Ebene des europäischen Parlaments vgl. nur den Rasmussen-Bericht vom 11.9.2008 mit Empfehlungen an die Kommission zu Hedge-Fonds und Private Equity (2007/2238(INI), abrufbar unter: http://www.europarl.europa.eu/sides/getDoc.do?pubRef=-//EP//TEXT+

marktstabilität ins Wanken bringen können.[21] Der Zusammenbruch einer der größten US-amerikanischen Investmentbanken Bear Stearns nahm seinen Anfang mit Fehlspekulationen von drei von Bear Stearns aufgelegten Hedgefonds.[22] In der Folge nahmen Gerüchte über Liquiditätsprobleme bei Bear Stearns zu. Nachdem es zu massiven **Leerverkäufen** kam, stand Bear Stearns vor dem Zusammenbruch und wurde von JP Morgan übernommen. Von dem Zusammenbruch von Bear Stearns gingen Tsunami-artige Schockwellen im weltweiten Finanzsystem aus. Dieses schien schließlich kein Halten mehr zu kennen, nachdem mit Lehman Brothers eine weitere führende US-amerikanische Investmentbank Insolvenz anmelden musste. Auch hierbei spielten massive Leerverkäufe eine nicht unbeträchtliche Rolle.

Mit der AIFM-Richtlinie hat der europäische Gesetzgeber eine **Lehre aus** **16** **der jüngsten Finanzkrise** gezogen. Bereits knapp einen Monat nach dem auf dem Höhepunkt der Finanzkrise einberufenen G-20-Gipfel der führenden Industrie- und Schwellenländer in London vom 2.4.2009 kam die EU-Kommission der Absichtserklärung der G 20 nach und veröffentlichte den Vorschlag zu einer Richtlinie über die Verwalter alternativer Investmentfonds (sog. AIFM-Richtlinie).[23] Die Staats- und Regierungschefs der G-20-Staaten hatten sich in London verpflichtet, künftig alle systemisch relevanten Finanzinstitutionen, Finanzinstrumente und Märkte unter Einschluss der systemisch wichtigen Hedgefonds zu regulieren.[24] Damit übernahm die EU in der weltweiten Diskussion um eine Regulierung alternativer Investmentfonds die Vorreiterrolle. Der Richtlinienvorschlag hat in der Fondsbranche und in vielen Mitgliedstaaten zum Teil für großen Widerspruch und viele Kontroversen gesorgt. Lange Zeit blieb unklar, ob sich im Europaparlament und im Rat eine Mehrheit für die Verabschiedung der AIFM-Richtlinie finden würde. Nach langwierigen Verhandlungen wurde die Richtlinie am 11.11.2010 vom Europaparlament angenommen. Nach Zustimmung des Rates wurde die Richtlinie am 1.7.2011 im Amtsblatt veröffentlicht. Die Richtlinie ist von den Mitgliedstaaten bis zum 22.7.2013 in nationales Recht umzusetzen.

C. Zielsetzung der AIFM-Richtlinie

Die AIFM- Richtlinie verfolgt vier Ziele. In erster Linie soll sie **systemische** **17** **Risiken** begrenzen. Zweitens will sie die Transparenz beim Erwerb einer beherr-

---

REPORT+A6-2008-0338+0+DOC+XML+V0//DE und den Lehne-Berichte vom 9.7. 2008 mit Empfehlungen an die Kommission zur Transparenz institutioneller Investoren (2207/2239(INI), abrufbar unter: http://www.europarl.europa.eu/sides/getDoc.do?pub Ref=-//EP//TEXT+REPORT+A6-2008-0296+0+DOC+XML+V0//DE.

[21] Vgl. Vorschlag der EU-Kommission zur AIFM-Richtlinie, S. 2.

[22] Vgl. nur *Zuckerman,* Hedge Funds, Once a Windfall, Contribute to Bear's Downfall, Wallstreet Journal, 17.3.2008, S. C1.

[23] Kommissionsvorschlag zu einer Richtlinie über die Verwalter alternativer Investmentfonds vom 30.4.2009, KOM(2009) 207 final, S. 2, abrufbar unter: http://ec.europa.eu/inter nal_market/investment/docs/alternative_investments/fund_managers_proposal_de.pdf.

[24] Vgl. Schlusserklärung der Staats- und Regierungschefs der G-20-Staaten auf dem G-20-Gipfel vom 2.4.2009 in London, abrufbar unter: http://www.bundesregierung.de/ Content/DE/StatischeSeiten/Breg/G8G20/Anlagen/G20-erklaerung-staerkung-finanzsystem -london-2009-de.pdf;jsessionid=A85DADE0B22BFF82917C73F4F8C23074.s2t1?__blob= publicationFile&v=3.

schenden Unternehmensbeteiligung durch Private Equity Fonds erhöhen und das Zielunternehmen besser gegen „Ausplünderungen" schützen. Drittens soll der Anlegerschutz verbessert werden. Viertens soll schließlich ein Binnenmarkt für den Vertrieb alternativer Investmentfonds an professionelle Anleger (sog. EU-Vertriebspass) sowie für die grenzüberschreitende Verwaltung alternativer Investmentfonds (sog. EU-Verwaltungspass) geschaffen werden.

I. Begrenzung systemischer Risiken

18   Hauptziel der Richtlinie ist die Begrenzung systemischer Risiken. Hierdurch soll die Gefahr der Entstehung von Finanzkrisen reduziert werden. Als systemisch bezeichnet man solche Risiken, welche den Zusammenbruch eines systemrelevanten Finanzinstituts auslösen oder auf sonstige Weise die Stabilität des Finanzsystems beeinträchtigen können.[25] Die Insolvenz eines systemrelevanten Finanzinstituts kann, wie der Untergang von Lehman Brothers plastisch vor Augen geführt hat, einen Dominoeffekt mit weitreichenden Konsequenzen nicht nur für die Vertragsparteien des insolventen Finanzinstituts, sondern auch für die Funktionsfähigkeit der Finanzmärkte insgesamt nach sich ziehen.[26] Zwar haben Hedgefonds, wie auch die EU-Kommission anerkennt, die jüngste Finanzkrise nicht verursacht.[27] Es handelte sich vielmehr um eine (Investment-) Bankenkrise, deren Ursache im Wesentlichen in der Abkehr von einer soliden und nachhaltigen Geschäftspolitik und der Hinwendung zu kurzfristigem und kurzsichtigem Gewinnstreben bestand. Einen wesentlichen Beitrag zu der Krise hat die Politik des „lockeren Geldes" in den USA, geleistet; diese hatte nicht zuletzt Immobilienblasen in den USA und in zahlreichen europäischen Staaten zur Folge. Eine weitere wesentliche Ursache war die unzureichende Regulierung der Anforderungen an die Kreditvergabe und der Anreizstrukturen bei ABS-Produkten. Hedgefonds haben allerdings die Krise verstärkt. Sowohl beim Zusammenbruch von Lehman Brothers als auch von Bear Stearns hat der **Leerverkauf** – und damit die Wette auf den (weiteren) Kursverfall der Aktien dieser Banken – eine nicht unerhebliche Rolle gespielt.[28] **Hedgefonds** waren an derartigen Leerverkäufen maßgeblich beteiligt. Viele mit hohem Fremdkapitaleinsatz agierende Hedgefonds haben darüber hinaus durch ihr prozyklisches Verhalten die Krise verschärft. Infolge des massiven Wertverfalls ihrer Vermögensgegenstände und des damit einhergehenden Anstiegs ihres Fremdkapitalanteils[29] in Kombination mit dem

---

[25] Vgl. *Chan/Getmansky/Haas/Lo,* Systemic Risks and Hedge Funds 1, MIT Sloan School of Management, Arbeitspapier 4535-05, Februar 2005, abrufbar unter: http://ssrn.com/abstract=671443.

[26] Vgl. *Horsfield-Bradbury,* Hedge Fund Self-Regulation in the US and the UK, 28. April 2008, abrufbar unter: http://www.law.harvard.edu/programs/corp_gov/papers/Brudney 2008_Horsfield-Bradbury.pdf.

[27] Vgl. *EU-Kommission,* Vorschlag für eine Richtlinie über Verwalter alternativer Investmentfonds, KOM(2009)207/3, S. 3. So auch *Dornseifer,* Alternative Investments – Bedeutung und Rahmenbedingungen in einem geänderten Marktumfeld, ZfgKW 2009, 360.

[28] Vgl. nur *Zuckerman,* Hedge Funds, Once a Windfall, Contribute to Bear's Downfall, Wallstreet Journal, 17.3.2008, S. C1.

[29] Primebroker haben Hedgefonds zur Reduzierung des Fremdkapitalanteils bzw. zur Stellung deutlich höherer Sicherheiten für gewährte Darlehen aufgefordert, um ihr eignes Ausfallrisiko zu begrenzen.

Einleitung

massiven Abzug von Anlegergeldern[30] waren Hedgefonds gezwungen, auf dem
Höhepunkt der Finanzkrise im großen Umfang Vermögensgegenstände zu veräußern, um ihren Fremdkapitalanteil zu begrenzen bzw. um Anlegergelder zurückzuzahlen. Der massive Verkauf von Vermögensgegenständen durch Hedgefonds bei
ohnehin sehr stark fallenden Märkten hat die Kurse zusätzlich erheblich unter Druck
gesetzt und damit zur zeitweiligen Panik an den Finanzmärkten beigetragen.

II. Verbesserter Schutz der Zielunternehmen von Private Equity Fonds

Ein zweites Ziel der AIFM-Richtlinie ist es, **Zielunternehmen von Private** 19
Equity Fonds und deren Arbeitnehmer besser **zu schützen**. Hierzu soll in erster
Linie eine erhöhte Transparenz beitragen. Die anderen Gesellschafter und die
Arbeitnehmer von Unternehmen, an denen ein Private Equity Fonds einen
beherrschenden Einfluss erlangt hat, sollen hierüber informiert und über die strategischen Absichten aufgeklärt werden. Insbesondere sollen Zielunternehmen vor
einer exzessiven Überbürdung mit Schulden bzw. vor einer Ausplünderung (z. B.
durch exzessive Dividenden oder Beratergebühren) bewahrt werden. Hintergrund
hierfür ist, dass Private Equity Fonds bei sog. **Leveraged Buyouts** den Unterneh-
menserwerb in der Vergangenheit meist nur zu 20% oder weniger mit Eigenkapital finanziert haben. Das Zielunternehmen wurde zur Absicherung der Kredite
verpfändet. Zins- und Tilgungsleistungen wurden weitgehend aus dem Zielunternehmen abgezweigt. Diese Regelungen für Private Equity Fonds gehen insbesondere auf Forderungen des Europaparlaments[31] zurück.

III. Verbesserung des Anlegerschutzes

Drittens soll die AIFM-Richtlinie den **Anlegerschutz verbessern**. Die EU- 20
Gesetzgeber verabschieden sich damit von dem vor der Finanzkrise vorherrschenden Glaubenssatz, dass **professionelle Investoren** keinen Anlegerschutz benötigen.[32] Der Begriff des professionellen Anlegers folgt der aus der MiFID-Richtlinie
bekannten Definition (vgl. Anhang II der MiFID). Danach sind zwei Kategorien
von professionellen Anlegern zu unterscheiden. Zum einen die institutionellen
Anleger, welche automatisch professionelle Anleger sind.[33] Hierzu zählen insbe-

---

[30] Ein wesentlicher Grund für den massiven Mittelabfluss waren die Liquiditätsschwierig-
keiten vieler institutioneller Investoren.

[31] Vgl. den Rasmussen-Bericht vom 11.9.2008 mit Empfehlungen an die Kommission
zu Hedge-Fonds und Private Equity (2007/2238(INI), abrufbar unter: http://www.euro
parl.europa.eu/sides/getDoc.do?pubRef=-//EP//TEXT+REPORT+A6-2008-0338+0+
DOC+XML+V0//DE und den Lehne-Berichte vom 9.7.2008 mit Empfehlungen an die
Kommission zur Transparenz institutioneller Investoren (2207/2239(INI), abrufbar unter:
http://www.europarl.europa.eu/sides/getDoc.do?pubRef=-//EP//TEXT+REPORT+A6-
2008-0296+0+DOC+XML+V0//DE.

[32] Hedge Fund Self-Regulation in the US and the UK, 28. April 2008, abrufbar unter: http://www.law.harvard.edu/programs/corp_gov/papers/Brudney2008_Horsfield-Brad
bury.pdf.

[33] Fraglich ist, ob diesen institutionellen Anlegern, wie nach Anhang II der MiFID-Richtlinie vorgesehen, ebenfalls das Recht zusteht, von dem Manager des alternativen Investmentfonds als Kleinanleger behandelt zu werden und wenn ja, wie dies praktisch gehandhabt
werden soll.

sondere OGAW, Pensionsfonds, Kreditinstitute, Versicherungsunternehmen, Staaten und sonstige Gebietskörperschaften sowie größere Unternehmen oberhalb bestimmter Schwellenwerte. Zum anderen können auch bestimmte natürliche Personen[34] bei Vorliegen zusätzlicher Voraussetzungen auf Antrag als professionelle Anleger behandelt werden. Dies gilt namentlich für vermögende Privatpersonen ab einem Anlagevermögen von 500.000 EUR, sofern sie über praktische Anlageerfahrung verfügen.

21 Die seit jeher wenig überzeugende **These von der fehlenden Schutzbedürftigkeit** ging davon aus, dass professionelle Investoren die mit der Anlage verbundenen Risiken genau abschätzen und sich daher selbst schützen können.[35] Überdies seien sie in der Lage, etwaige Verluste abzufedern.[36] Die Finanzkrise hat jedoch gezeigt, dass viele professionelle Anleger Risiken unterschätzt und die gebotene Sorgfalt bei der Prüfung ihrer Anlageentscheidung vermissen lassen haben. Viele durch Fehlspekulation ins Schlingern geratene Finanzinstitutionen mussten durch den Einsatz von Steuergeldern in Milliardenhöhe am Leben gehalten werden. Hinzu kommt, dass die mangelnde Transparenz vieler alternativer Fondsanbieter zu Informationsasymmetrien geführt hat.[37] Schließlich legen viele professionelle Investoren (wie z. B. Pensionsfonds oder Versicherungen) nicht ihr eigenes, sondern das Geld von Kleinanlegern an. Zumindest Letztere sind schutzbedürftig.

IV. Schaffung eines Binnenmarktes für alternative Investmentfonds

22 Schließlich will die AIFM-Richtlinie viertens einen **Binnenmarkt für alternative Investmentfonds schaffen**, soweit diese an **professionelle Anleger** vertrieben werden. Dies bedeutet zum einen, dass ein in einem Mitgliedstaat zugelassener Manager[38] alternativer Investmentfonds seine Produkte an professionelle Anleger in der gesamten EU sowie im EWR vertreiben kann (sog. EU-Vertriebspass). Einen grenzüberschreitenden Vertrieb **an Kleinanleger** ermöglicht die AIFM-Richtlinie hingegen nicht. Da der Richtliniengeber das Anlegerschutzniveau der AIFM-Richtlinie für Kleinanleger als unzureichend ansieht, bleibt es insoweit bei den bestehenden nationalen Regelungen.[39] Die Mitgliedstaaten können daher in eigener Verantwortung den Vertrieb von (bestimmten) alternativen Investmentfonds an Kleinanleger entweder verbieten oder von der Einhaltung zusätzlicher Anforderungen abhängig machen.

23 Zum anderen kann ein Manager nicht nur in seinem Heimatstaat, sondern auch grenzüberschreitend in jedem anderen Mitgliedstaat aufgelegte alternative

---

[34] In Deutschland können hingegen bisher gemäß § 2 Abs. 3 InvG nur nicht natürliche Personen in Spezialfonds investieren.

[35] Vgl. *Horsfield-Bradbury,* Hedge Fund Self-Regulation in the US and the UK, S. 9 f., abrufbar unter: http://www.law.harvard.edu/programs/corp_gov/papers/Brudney 2008_Horsfield-Bradbury.pdf.

[36] *Paredes,* On the Decision to Regulate Hedge Funds: The SEC's Regulatory Philosophy, Style and Mission, 2006, University of Illinois Law Review 975, 991.

[37] Vgl. nur *Horsfield-Bradbury,* Hedge Fund Self-Regulation in the US and the UK, 28. April 2008, S. 9 f., abrufbar unter: http://www.law.harvard.edu/programs/corp_gov/ papers/Brudney2008_Horsfield-Bradbury.pdf.

[38] Mit dem Begriff des „Managers" ist die Verwaltungsgesellschaft und nicht die für diese handelnden natürlichen Personen gemeint.

[39] Vgl. Art. 43 sowie Erwägungsgrund 71.

Investmentfonds verwalten (sog. EU-Verwaltungspass). Eine deutsche KAG wird auf diese Weise in die Lage versetzt, z. B. einen in Luxemburg ansässigen alternativen Investmentfonds von Deutschland aus zu verwalten. Sowohl der EU-Vertriebs- als auch der EU-Verwaltungspass sind bereits aus der OGAW-Richtlinie bekannte Instrumentarien, wobei der EU-Verwaltungspass dort erst 2009 durch die sog. OGAW-IV-Richtlinie geschaffen worden ist, während der EU-Vertriebspass bereits seit 1985 besteht.

D. Manager- statt Produktregulierung

Die AIFM-Richtlinie folgt nicht dem Model der OGAW-Richtlinie und des **24** deutschen Investmentgesetzes, welche sowohl die KAG (sog. **Managerregulierung**) als auch den Investmentfonds (sog. **Produktregulierung**) regulieren.[40] Stattdessen reguliert die AIFM-Richtlinie lediglich den Manager.[41] Die bloße Managerregulierung beruht erstens auf der Überlegung, dass es zum Schutz von professionellen Anlegern[42] keiner Produktregulierung bedarf. Eine solche würde zweitens Innovationen erheblich erschweren, weil zuvor zunächst die AIFM-Richtlinie geändert und diese Änderung ins nationale Recht umgesetzt werden müsste.[43]

Drittens geht die AIFM-Richtlinie davon aus, dass der **Manager die trei- 25 bende Kraft** hinter dem alternativen Investmentfonds ist, während der Fonds selbst oftmals nur eine rechtliche Hülle bildet.[44] Der Fondsmanager entscheidet, welche Risiken der Fonds eingeht und ist für das Risikomanagement verantwortlich. Für eine reine Managerregulierung sprach viertens, dass derzeit gut 80 Prozent aller in der EU vertriebenen Private Equity- und Hedgefonds von Managern mit Sitz in Großbritannien verwaltet werden, Großbritannien bisher nur den Manager, nicht aber den alternativen Investmentfonds reguliert. Fünftens ist zu bedenken, dass viele Manager zwar in der EU ansässig sind, jedoch in Drittstaaten (wie den Cayman Islands, Bermudas, Jersey und Guernsey) aufgelegte alternative Investmentfonds vertreiben. Dieses Geschäftsmodel bleibt durch die Managerregulierung weiterhin möglich.

E. Anwendungsbereich

Der **Anwendungsbereich** der AIFM-Richtlinie ist sehr weit gefasst. Es wer- **26** den alle Verwalter von Nicht-OGAW-Fonds (d.h. AIF) erfasst, die einen Bezug

---

[40] Eine solche Produktregulierung auch bei alternativen Investmentfonds findet sich allerdings in den meisten kontinentaleuropäischen EU-Mitgliedstaaten.

[41] Allerdings ist die Grenzziehung zwischen Manager- und Fondsregelungen nicht immer eindeutig eingehalten. Eine Reihe an den Manager gerichteter Regelungen betreffen eigentlich den Fonds, wie z. B. die Regelungen zu Rückgabefristen nach Art. 12 Abs. 2, zu den Transparenzpflichten gemäß Art. 19 ff. und zur Begrenzung des Fremdkapitaleinsatzes gemäß Art. 25 Abs. 3.

[42] Beim Vertrieb an Kleinanleger, der gemäß Art. 43 selbst nicht unter die Richtlinie fällt, sondern sich weiterhin nach nationalem Recht richtet, fordert Erwägungsgrund 9 die Mitgliedstaaten auf, für hinreichenden Anlegerschutz zu sorgen.

[43] Wie die Erfahrungen mit der OGAW-Richtlinie zeigen, sind Änderungen nur mit einem mühsamen und zeitaufwendigen Verfahren möglich, dessen Erfolg oft ungewiss ist.

[44] KOM(2009)207/3, S. 6.

zur EU aufweisen. Der AIFM-Richtlinie liegt eine weite **Definition des AIF** zugrunde. Diese schließt alle Formen der kollektiven Vermögensverwaltung mit Ausnahme solcher Investmentfonds ein, welche einer Erlaubnis nach der OGAW-Richtlinie benötigen. Erfasst werden alle Organismen für die gemeinsame Anlage, welche von einer Mehrzahl von Anlegern Kapital einsammeln, um dieses zum gemeinsamen Nutzen der Anleger auf der Grundlage gemeinsamer Vertragsbedingungen zu investieren. Ohne Bedeutung ist, ob es sich bei dem AIF um einen offenen oder einen geschlossenen Fonds handelt.[45] Anders als das Investmentgesetz findet die AIFM-Richtlinie nicht nur auf Sondervermögen und Investmentaktiengesellschaften, sondern auf Investmentfonds jeglicher Rechtsform Anwendung. So werden zum Beispiel auch die bei geschlossenen Fonds verbreiteten Personengesellschaften (wie z. B. Kommanditgesellschaften bzw. die GmbH & Co. KG) erfasst.

27   Zu den AIF gehören einerseits die klassischen alternativen Anlagen[46] wie z. B. Single Hedgefonds, Dachhedgefonds, Private Equity Fonds, offene und geschlossene Immobilienfonds, Infrastrukturfonds sowie Schiffs- und Flugzeugbeteiligungsfonds. Abweichend vom bisher gängigen Sprachgebrauch werden jedoch auch Investmentfonds erfasst, welche in traditionelle Vermögensgegenstände (wie z. B. übertragbare Wertpapiere oder Geldmarktinstrumente) investieren und klassische Long-Only-Strategien verfolgen, jedoch nicht als OGAW vertrieben werden. Dies hat zur Folge, dass auch die in Deutschland besonders bedeutsamen **Spezialfonds**[47] AIF im Sinne der AIFM-Richtlinie sind.

28   **AIFM mit Sitz in der EU** unterfallen bereits dann der AIFM-Richtlinie, wenn sie einen AIF verwalten, unabhängig davon, ob der AIF innerhalb oder außerhalb der EU domiziliert ist. Dies gilt selbst dann, wenn der AIF nur an außerhalb der EU ansässige Investoren vertrieben wird. Legt z. B. ein britischer AIFM einen Hedgefonds auf, der nur an asiatische Anleger vertrieben wird, so unterfällt der AIFM gleichwohl der AIFM-Richtlinie. Dem steht nicht entgegen, dass der Schutz asiatischer Anleger nicht Aufgabe des EU-Gesetzgebers ist. Grund für die Anwendbarkeit der AIFM-Richtlinie ist vielmehr die Begrenzung systemischer Risiken, die von der Verwaltung eines Hedgefonds in der EU ausgehen können. Da der AIFM die Dienstleistung des Verwaltens eines AIF in der EU erbringt, ist es unerheblich, wo der AIF aufgelegt worden ist und wo dessen Anleger ihren (Wohn-) Sitz haben. Dies umso mehr, als AIF vielfach aus steuerlichen und regulatorischen Gründen in Offshore-Zentren aufgelegt werden und der AIF oft selbst nur eine rechtliche Hülle bildet.

29   Auf **AIFM aus Drittstaaten** ist die AIFM-Richtlinie anwendbar, wenn sie einen oder mehrere AIF in der EU vertreiben oder einen in der EU domizilierten AIF verwalten.

---

[45] Im Unterschied hierzu findet die OGAW-Richtlinie ebenso wie das Investmentgesetz nur auf Fonds des offenen Typs Anwendung.

[46] Vgl. hierzu *Domseifer,* Alternative Investments – Bedeutung und Rahmenbedingungen in einem geänderten Marktumfeld, ZfgKW 2009, 360.

[47] Ausweislich der Statistik des BVI zum 30.11.2012 sind Spezialfonds mit einem Anlagevolumen von rd. 965 Mrd. € das mit deutlichem Abstand größte Fondssegment in Deutschland. In Spezialfonds ist mehr Anlagevermögen investiert als in allen anderen Fondstypen zusammen (723 Mrd. €); vgl. http://www.bvi.de/fileadmin/user_upload/Statistik/Investmentstatistik1211.pdf.

F. Ausnahme für kleine AIFM

Wie unter E. ausgeführt, fallen unter den Anwendungsbereich der AIFM- **30** Richtlinie grundsätzlich alle Verwalter alternativer Investmentfonds.[48] Allerdings nimmt Art. 3 Abs. 2 aus Gründen der Verhältnismäßigkeit **kleine AIFM** aus dem Anwendungsbereich aus. Danach unterliegen AIFM[49], welche Vermögensgegenstände in alternativen Investmentfonds unterhalb eines **Schwellenwerts** verwalten, lediglich einer **Registrierungspflicht** und gewissen **Informationspflichten** gegenüber ihrer Aufsichtsbehörde. Daneben kann das nationale Recht weitergehende Regelungen vorsehen.

Der **allgemeine Schwellenwert** liegt bei 100 Mio. EUR verwaltetem Ver- **31** mögen. Ein deutlich **höherer Schwellenwert** von 500 Mio. EUR kommt zur Anwendung, wenn der AIFM ausschließlich alternative Investmentfonds verwaltet, welche auf Fondsebene[50] kein Fremdkapital einsetzen und bei denen die Rücknahme der Anteile für die Dauer von fünf Jahren ab Auflegung des Fonds ausgeschlossen ist. Der besondere Schwellenwert kommt namentlich bei Private Equity und Venture Capital Fonds zur Anwendung.

Der **allgemeine Schwellenwert** wird in Erwägungsgrund 17 zum einen **32** damit begründet, dass für kleine AIFM die vorgesehene Regulierung mit einem unverhältnismäßig hohen bürokratischen Aufwand verbunden wäre und zum anderen damit, dass nicht zu erwarten ist, dass von kleinen alternativen Investmentfonds nennenswerte Auswirkungen auf die Finanzstabilität oder die Markteffizienz ausgehen. Dies ermögliche es, im Sinne der Schlussfolgerungen des de Larosière-Berichts[51], die Aufsicht auf diejenigen Akteure mit den größten Risiken zu konzentrieren.[52]

Der wesentlich **höhere Schwellenwert** von 500 Mio. EUR wird in erster **33** **Linie** kleinere und mittlere Manager von **Private Equity**[53] und **Venture Capi-**

---

[48] Dies gilt auch für solche AIFM, welche neben AIF auch OGAW verwalten.

[49] Für den Schwellenwert kommt es nicht allein auf den AIFM, sondern auf die gesamte Unternehmensgruppe an, zu welcher der AIFM gehört. Hierdurch soll verhindert werden, dass der Schwellenwert dadurch unterlaufen wird, dass eine Unternehmensgruppe die von ihr aufgelegten alternativen Investmentfonds von mehreren konzerninternen AIFM verwalten lässt.

[50] Unter dem Begriff des „Fremdkapitals" wird hierbei nur das von bzw. im Namen und für Rechnung des Fonds aufgenommene Fremdkapital verstanden. Folge hiervon ist, dass etwa Leveraged Buyout Fonds, entgegen ihrem Namen, nicht als mit Fremdkapital agierende Fonds verstanden werden. Bei ihnen nimmt nicht der Fonds selbst, sondern eine Zweckgesellschaft, an welcher der Fonds beteiligt ist, den Kredit auf und wälzt diesen schließlich dem Zielunternehmen über.

[51] Bericht der High Level Group on Financial Supervision Chaired by Jacques de Larosière, Brüssel, 25.2.2009, abrufbar unter: http://ec.europa.eu/internal_market/finances/docs/de_larosiere_report_de.pdf.

[52] Nach Angaben der EU-Kommission überschreiten zwar nur rund 30% aller Manager von Hedgefonds in der EU den Schwellenwert von 100 Mio. EUR. Diese verwalten jedoch etwa 90% der Vermögensgegenstände aller in der EU ansässigen Hedgefonds.

[53] Private Equity Fonds setzen typischerweise auf Fondsebene ausschließlich Eigenkapital ein. Der bei sog. Leveraged Buyouts übliche hohe Einsatz von Fremdkapital betrifft nicht den Private Equity Fonds selbst, sondern unmittelbar das Zielunternehmen. Überdies sind Private Equity Fonds geschlossene Fonds, bei denen eine Rückgabe der Anteile erst bei Liquidierung des Fonds möglich ist, welche üblicherweise nicht vor Ablauf von fünf Jahren erfolgt.

tal Fonds sowie anderer geschlossener Fonds, welche auf einen Fremdkapitaleinsatz verzichten, aus dem Anwendungsbereich ausnehmen. Diese Privilegierung gegenüber anderen Managern alternativer Investmentfonds wird damit gerechtfertigt, dass bei ohne Fremdkapital agierenden Fonds die Wahrscheinlichkeit systemischer Risiken gering sei. Zudem schließe die fünfjährige Mindesthaltefrist Liquiditätsrisiken aus. Hinter dem erhöhten Schwellenwert dürfte ferner die Erwägung stehen, dass in Zeiten, in denen es vielen Unternehmen schwer fällt, Kredite aufzunehmen, der Zugang zu Beteiligungskapital nicht auch noch erschwert werden soll.

34   Kleine AIFM sind jedoch nicht nur weitgehend aus dem Anwendungsbereich der AIFM-Richtlinie ausgenommen, sondern profitieren auch nicht von dem EU-Vertriebspass sowie dem EU-Verwaltungspass, solange sie nicht auf ihren Sonderstatus als kleine AIFM verzichten.

Kapitel I Allgemeine Vorschriften

Vorbemerkung zu Kapitel I

Kapitel I ist mit „Allgemeine Vorschriften" überschrieben. Es umfasst die Art. 1 **1**
bis 5. Wie bei EU-Richtlinien üblich, enthält Art. 1 eine Beschreibung des
Gegenstands der AIFM-Richtlinie. Rechtsverbindliche Regelungen finden sich
dort nicht.

Art. 2 befasst sich mit dem Geltungsbereich der AIFM-Richtlinie. Hierzu **2**
bestimmt Abs. 1, welche AIFM und bei welchen Tätigkeiten unter den Anwendungsbereich der Richtlinie fallen. Abs. 2 präzisiert dies im Hinblick auf die Arten
der verwalteten AIF. Abs. 3 nimmt eine Reihe von Einrichtungen (wie z. B.
Pensionsfonds oder Verbriefungszweckgesellschaften) aus dem Anwendungsbereich der AIFM-Richtlinie aus.

Art. 3 enthält weitere Ausnahmen. Nach der sog. Konzernausnahme gemäß
Abs. 1 unterfallen AIFM dann nicht dem Anwendungsbereich, wenn Sie ausschließlich Kapitel von Anlegern an Ihrem eigenen Konzernverbund verwalten.
Abs. 2 enthält eine Ausnahme für sog. kleine AIFM. Kleine AIFM sind jedoch
nicht von der genannten AIFM-Richtlinie ausgenommen. Auf kleine AIFM finden nie Abs. 3 und 4 Anwendung.

Art. 4 enthält eine umfangreiche Definition zentraler Begriffe der AIFM-
Richtlinie.

Art. 5 schließlich bestimmt, wer AIFM ist. Abs. 1 schreibt zunächst, dass jeder
AIF einen einzigen AIFM haben muss. Hierbei kann es sich entweder um einen
externen AIFM (nie z.B. bei der KAG eines Sondervermögens) handeln. Daneben
unterfallen jedoch auch selbst verwaltete AIFM (wie z.B. selbstverwaltete Investmentaktiengesellschaften) der AIFM-Richtlinie. Bei ihnen gelten die Regelungen
zu AIFM entsprechend zu den selbstverwalteten AIF. Die Abs. 2 und 3 befassen
sich mit der Frage, wie der AIFM zu verfahren hat, wenn andere Akteure (wie
z.B. der Fondsinitiator oder die Depotbank) ihren Verpflichtungen an der AIFM-
Richtlinie nicht nachkommen.

Artikel 1 Gegenstand

AIFM-Richtlinie	KAGB-E
Artikel 1 **Gegenstand**	KAGB-E
In dieser Richtlinie werden Vor- schriften für die Zulassung, die lau- fende Tätigkeit und die Transparenz der Verwalter alternativer Investment- fonds (alternative investment fund managers – AIFM) festgelegt, die alter- native Investmentfonds (AIF) in der Union verwalten und/oder vertreiben.	Der KAGB-E enthält keine ver- gleichbare Regelung.

1   Art. 1 enthält die für EU-Richtlinien typische Angabe zum Gegenstand der Richtlinie. Einen normativen Regelungsgehalt hat Art. 1 nicht. Art. 1 bringt zum Ausdruck, dass es sich bei der AIFM-Richtlinie[1] um eine Managerregulierung handelt. Gegenstand der Regulierung und Normadressat ist somit (weitgehend) allein der Verwalter (AIFM) alternativer Investmentfonds (AIF)[2]. In ihrem Ansatz unterscheidet sich die AIFM-Richtlinie somit wesentlich von der OGAW-Richtlinie[3] und dem deutschen Investmentgesetz. Letztere enthalten neben der Regulierung des Managers (d.h. der Verwaltungsgesellschaft bzw. der Kapitalanlagegesellschaft) eine Regulierung der Investmentfonds (d.h. des OGAW bzw. des Sondervermögens). Demgegenüber enthält die AIFM-Richtlinie wohlweislich keine Produktregulierung, weil sie nur den Vertrieb von AIF an professionelle Anleger regelt. Der Richtliniengeber sah daher eine Produktregulierung als nicht erforderlich an.

2   Art. 1 führt einige wesentliche Regelungsgegenstände der AIFM-Richtlinie auf, wie die Zulassung des AIFM, dessen Tätigkeit und die Transparenzanforderungen. Daneben enthält die Richtlinie jedoch zahlreiche andere Regelungsgegenstände, welche nicht ausdrücklich in Art. 1 erwähnt werden.

3   Art. 1 AIFM-RL ist für die Auslegung des KAGB-E ohne Bedeutung.

Artikel 2 Geltungsbereich

AIFM-Richtlinie	KAGB-E
Artikel 2 **Geltungsbereich** (1) Vorbehaltlich des Absatzes 3 dieses Artikels und vorbehaltlich des Artikels 3 gilt diese Richtlinie für a) EU-AIFM, die einen oder mehrere AIF verwalten, wobei es keine Rolle spielt, ob es sich bei solchen AIF um EU-AIF oder Nicht-EU-AIF handelt, b) Nicht-EU-AIFM, die einen oder mehrere EU-AIF verwalten, und c) Nicht-EU-AIFM, die einen oder mehrere AIF in der Union vertreiben, unabhängig davon, ob es sich bei solchen AIF um EU-AIF oder Nicht-EU-AIF handelt.	Artikel 2 Abs. 1 hat keine Entsprechung im KAGB-Regierungsentwurf gefunden, da in diesem eine Vorschrift zum Geltungsbereich fehlt.

---

[1] Richtlinie 2011/61/EU des Europäischen Parlaments und des Rats vom 8. Juni 2011 über die Verwalter alternativer Investmentfonds und zur Änderung der Richtlinien 2003/41/EG und 2009/65/EG und der Verordnungen (EG) Nr. 1060/2009 und (EU) Nr. 1095/2010 (nachfolgend „AIFM-Richtlinie" oder „AIFM-RL").

[2] Zum Begriff des AIF vgl. eingehend unter Art. 4 Rn. 5 ff.

[3] Richtlinie 2009/65/EG des Europäischen Parlaments und des Rats vom 13. Juli 2009 zur Koordinierung der Rechts- und Verwaltungsvorschriften betreffend bestimmte Organismen für gemeinsame Anlagen in Wertpapieren (OGAW) (nachfolgend „OGAW-Richtlinie" oder „OGAW-RL") in der zuletzt gültigen Fassung.

AIFM-Richtlinie	KAGB-E
(2) Für die Zwecke des Absatzes 1 ist es ohne Bedeutung, a) ob es sich bei dem AIF um einen offenen oder geschlossenen Fonds handelt, b) ob der AIF in der Vertragsform, der Form des Trust, der Satzungsform oder irgendeiner anderen Rechtsform errichtet ist,[1] c) welche Rechtsstruktur der AIF hat.	**§ 1** **Begriffsbestimmungen** (1) Investmentvermögen ist jeder Organismus für gemeinsame Anlagen, der von einer Anzahl von Anlegern Kapital einsammelt, um es gemäß einer festgelegten Anlagestrategie zum Nutzen dieser Anleger zu investieren und der kein operativ tätiges Unternehmen außerhalb des Finanzsektors ist. Eine Anzahl von Anlegern im Sinne des Satzes 1 ist gegeben, wenn die Anlagebedingungen, die Satzung oder der Gesellschaftsvertrag des Organismus für gemeinsame Anlagen die Anzahl möglicher Anleger nicht auf einen Anleger begrenzen. (4) Offene Investmentvermögen sind 1. OGAW und 2. AIF, die die Voraussetzungen von Artikel 7 Absatz 1 der Verordnung (EU) Nr. .../2013 [Verordnung auf der Grundlage von Art. 4 Absatz 4 der Richtlinie 2011/61/EU] erfüllen. (5) Geschlossene AIF sind alle AIF, die keine offenen AIF sind.
(3) Diese Richtlinie gilt nicht für a) Holdinggesellschaften, b) Einrichtungen der betrieblichen Altersversorgung, die unter die Richtlinie 2003/41/EG fallen, gegebenenfalls einschließlich der in Artikel 2 Absatz 1 der genannten Richtlinie aufgeführten zugelassenen Stellen, die für die Verwaltung solcher Einrichtungen verantwortlich und in ihrem Namen tätig sind, oder der nach Artikel 19 Absatz 1 der genannten Richtlinie bestellten Ver-	**§ 2** **Ausnahmebestimmungen** (1) Dieses Gesetz ist nicht anzuwenden auf 1. Holdinggesellschaften, die eine Beteiligung an einem oder mehreren anderen Unternehmen halten, a) deren Unternehmensgegenstand darin besteht, durch ihrer Tochterunternehmen oder verbundenen Unternehmen oder Beteiligungen jeweils eine Geschäftsstrategie zu verfolgen, den langfristigen Wert der Tochterunternehmen, der verbundenen Unternehmen oder der Beteiligung zu fordern, und

---

[1] Der KAGB-Diskussionsentwurf sieht abweichend von Art. 2 Abs. 2 lit. b) und c) AIFM-RL einen Numerus clausus der zulässigen Rechtsformen für AIF vor; vgl. §§ 87 und 135 KAGB-Diskussionsentwurf.

AIFM-Richtlinie	**KAGB-E**
mögensverwalter, sofern sie nicht AIF verwalten,	b) die
c) supranationale Institutionen, wie die Europäische Zentralbank, die Europäische Investitionsbank, den Europäischen Investitionsfonds, die Europäischen Entwicklungsfinanzierungsinstitute und bilateralen Entwicklungsbanken, die Weltbank, den Internationalen Währungsfonds und sonstige supranationale Einrichtungen und ähnliche internationale Organisationen, falls solche Einrichtungen bzw. Organisationen AIF verwalten, und sofern diese AIF im öffentlichen Interesse handeln,	aa) entweder auf eigene Rechnung tätig sind und deren Anteile zum Handel auf einem organisierten Markt im Sinne des § 2 Absatz 5 des Wertpapierhandelsgesetzes in der Europäischen Union zugelassen sind, oder
d) nationale Zentralbanken,	bb) ausweislich ihres Jahresberichts oder anderer amtlicher Unterlagen nicht mit dem Hauptzweck gegründet wurden, ihren Anlegern durch Veräußerung ihrer Tochterunternehmen oder verbundenen Unternehmen eine Rendite zu verschaffen.
e) staatliche Stellen und Gebietskörperschaften oder andere Einrichtungen, die Fonds zur Unterstützung von Sozialversicherungs- und Pensionssystemen verwalten,	2. Einrichtungen der betrieblichen Altersversorgung, die unter die Richtlinie 2003/41/EG des Europäischen Parlaments und des Rates vom 3. Juni 2003 über die Tätigkeiten und die Beaufsichtigung von Einrichtungen der betrieblichen Altersversorgung (ABl. L 235 vom 23.9. 2003, S. 10) fallen, gegebenenfalls einschließlich
f) Arbeitnehmerbeteiligungssysteme oder Arbeitnehmersparpläne,	a) der in Artikel 2 Absatz 1 der Richtlinie 2003/41/EG aufgeführten zugelassenen Stellen, die für die Verwaltung solcher Einrichtungen verantwortlich und in ihrem Namen tätig sind, oder
g) Verbriefungszweckgesellschaften.	b) der nach Artikel 19 Absatz 1 der Richtlinie 2003/41/EG bestellten Vermögensverwalter, sofern sie nicht Investmentvermögen verwalten;
	3. die Europäische Zentralbank, die Europäische Investitionsbank, der Europäische Investitionsfonds, die europäischen Entwicklungsfinanzierungsinstitute und bilaterale Entwicklungsbanken, die Weltbank, den Internationalen Währungsfonds und sonstige supranationale Einrichtungen und vergleichbar internationale Organisationen, soweit

AIFM-Richtlinie	KAGB-E
	diese Einrichtungen oder Organisationen jeweils a) Investmentvermögen verwalten und b) diese Investmentvermögen im öffentlichen Interesse handeln; 4. nationale Zentralbanken; 5. staatliche Stellen und Gebietskörperschaften oder andere Einrichtungen, die Gelder zur Unterstützung von Sozialversicherungs- und Pensionssystemen verwalten; 6. Arbeitnehmerbeteiligungssysteme oder Arbeitnehmersparpläne; 7. Verbriefungszweckgesellschaften.
	§ 5 **Zuständige Behörden, Aufsicht,** **Anordnungsbefugnis**
(4) Die Mitgliedstaaten ergreifen die erforderlichen Maßnahmen, um sicherzustellen, dass die in Absatz 1 genannten AIFM diese Richtlinie jederzeit einhalten.	(1) Die Bundesanstalt übt die Aufsicht nach den Vorschriften dieses Gesetzes aus. (2) Soweit die externe Kapitalverwaltungsgesellschaft Dienst- und Nebendienstleistungen im Sinne des § 20 Absatz 2 Nummern 2 bis 3 und Absatz 3 Nummern 2 bis 5 erbringt, gelten die §§ 31 bis 31b, § 31d sowie die §§ 33 bis 34a des Wertpapierhandelsgesetzes entsprechend. (3) Die Bundesanstalt entscheidet in Zweifelsfällen, ob ein inländisches Unternehmen den Vorschriften dieses Gesetzes unterliegt oder ein Investmentvermögen im Sinne des § 1 Absatz 1 vorliegt. Ihre Entscheidung bindet die Verwaltungsbehörden. (4) Die Bundesanstalt überwacht die Einhaltung der Bestimmungen des § 26 Absatz 2 bis 8 und des § 27 durch ausländische AIF-Verwaltungsgesellschaften, deren Referenzmitgliedstaat nicht die Bundesrepublik Deutschland ist, oder EU-Verwaltungsgesellschaften, wenn die ausländische AIF-Verwaltungsgesellschaft oder die EU-Verwaltungsgesellschaft Investmentvermögen im Inland über eine Zweigniederlassung verwaltet oder vertreibt.

AIFM-Richtlinie	KAGB-E
	(5) Die Bundesanstalt überwacht ferner
	1. die Einhaltung der §§ 293 bis 311 und der §§ 314 bis 321 und der sonstigen beim Vertrieb durch die Verwaltungsgesellschaften zu beachtenden zu beachtenden Vorschriften des deutschen Rechts
	2. vor dem Zeitpunkt, der in dem auf Grundlage des Artikels 66 Absatz 3 in Verbindung mit Artikel 67 Absatz 6 der Richtlinie 2011/61/EU erlassenen delegierten Rechtsakt genannt ist, die Einhaltung der §§ 329 und 330 und
	3. nach dem Zeitpunkt nach Nummer 2 die Einhaltung der §§ 322 und 324 bis 328
	durch die Verwaltungsgesellschaften und andere von der Bundesanstalt beaufsichtigten Unternehmen.
	(6)–(9) Von einem Abdruck wurde abgesehen.

Literatur: *Berger,* in: Berger/Steck/Lübbehüsen (Hrsg.), Investmentgesetz/Investmentsteuergesetz, München 2010; *Bost/Halfpap,* in: Lüdicke/Arndt (Hrsg.), Geschlossene Fonds, 5. Aufl., München 2009; *Boxberger,* in: Jesch/Striegel/Boxberger (Hrsg.), Rechtshandbuch Private Equity, München 2010; *BVI Bundesverband Investment und Asset Management,* Stellungnahme zu ESMA, Discussion paper, Key concepts of the Alternative Investment Fund Managers Directive and types of AIFM, 23. Februar 2012, ESMA/2012/117, abrufbar unter: http://www.esma.europa.eu/consultation/Key-concepts-Alternative-Investment-Fund-Managers-Directive-and-types-AIFM; *Campbell,* in: Berger/Steck/Lübbehüsen (Hrsg.), Investmentgesetz/Investmentsteuergesetz, München 2010; *Cottier,* Hedge Funds and Managed Futures, 3. Aufl., Bern 2000; *EFAMA,* Stellungnahme zu ESMA, Discussion paper, Key concepts of the Alternative Investment Fund Managers Directive and types of AIFM, 23. Februar 2012, ESMA/2012/117, abrufbar unter: http://www.esma.europa.eu/consultation/Key-concepts-Alternative-Investment-Fund-Managers-Directive-and-types-AIFM; *European Public Real Estate Association (EPRA),* Stellungnahme zu ESMA, Discussion paper, Key concepts of the Alternative Investment Fund Managers Directive and types of AIFM, 23. Februar 2012, ESMA/2012/117, abrufbar unter: http://www.esma.europa.eu/consultation/Key-concepts-Alternative-Investment-Fund-Managers-Directive-and-types-AIFM; *ESMA,* Discussion paper, Key concepts of the Alternative Investment Fund Managers Directive and types of AIFM, 23. Februar 2012, ESMA/2012/117, abrufbar unter: http://www.esma.europa.eu/system/files/2012-117.pdf; *EVCA (European Private Equity and Venture Capital Association),* Stellungnahme zu ESMA, Discussion paper, Key concepts of the Alternative Investment Fund Managers Directive and types of AIFM, 23. Februar 2012, ESMA/2012/117, abrufbar unter: http://www.esma.europa.eu/consultation/Key-concepts-Alternative-Investment-Fund-Managers-Directive-and-types-AIFM; *Farkas-Richling,* in: Hertz-Eichenrode/Illenberger/Jesch/Keller/Klebeck/Rocholl (Hrsg.), Private-Equity-Lexikon, Stuttgart 2011; *Fischer,* in: Berger/Steck/Lübbehüsen (Hrsg.), Investmentgesetz/Investmentsteuergesetz, München 2010; *Fischer/Steck,* in: Berger/Steck/Lübbehüsen (Hrsg.), Investmentgesetz/Investmentsteuergesetz, München 2010; *Fleischer/Schmolke*, ZHR 173 (2009), Klumpenrisiken im Bankaufsichts-, Investment- und Aufsichtsrecht, 648 ff.; *Gringel*, in: Berger/Steck/Lübbehüsen (Hrsg.), Investmentgesetz/Investmentsteuergesetz, München 2010; *Hertz-Eichenrode/Illenberger/Jesch/Keller/Klebeck/Rocholl*, Private-Equity-Lexikon, Stuttgart 2011; *Kandlbinder*, Spezialfonds als Anlageinstrument, Frankfurt am Main 1991; *Klebeck/Kolbe*, Anlageverwaltung und Finanzmarktaufsicht, ZIP 2010, 215 ff.; *Köndgen/Schmies*, in: Schimansky/Bunte/Lwowski (Hrsg.), Bankrechts-Handbuch, Band II, 3. Aufl., München 2007; *Krause/Klebeck*, Family Offices und AIFM-Richtlinie, BB 2012, 2063 ff; *Kühne/Eberhard*, Erlaubnispflicht eines „Family Offices" unter Berücksichtigung des neuen Finanzdienstleistungstatbestandes der Anlageberatung, BKR 2008, 133 ff.; *Melzer*, Zum Begriff des Finanztermingeschäfts BKR 2003, 366 ff.; *Mülbert*, Anlegerschutz bei Zertifikaten – Beratungspflichten, Offenlegungspflichten bei Interessenkonflikten und die Änderungen durch das Finanzmarkt-Richtlinie-Umsetzungsgesetz (FRUG), WM 2007, 1149 ff.; *Otterbach*, Verwaltung und Besteuerung von Spezialfonds nach dem KAGG, Tübingen 2004; *Pfüller/Schmitt*, in: Brinkhaus/Scherer (Hrsg.), Gesetz über Kapitalanlagegesellschaften/Auslandsinvestment-Gesetz, München 2003; *Reischauer/Kleinhans* (Hrsg.), Kreditwesengesetz, Loseblattkommentar, Berlin; *Schäfer*, Anlegerschutz und die Sorgfalt eines ordentlichen Kaufmanns bei der Anlage der Sondervermögen durch Kapitalanlagegesellschaften, Baden-Baden 1987; *Derselbe*, in: Boos/Fischer/Schulte-Mattler (Hrsg.), Kreditwesengesetz, 4. Aufl., München 2012; *Schatz*, in: Jesch/Striegel/Boxberger (Hrsg.), Rechtshandbuch Private Equity, München 2010; *Schmitz*, in: Berger/Steck/Lübbehüsen (Hrsg.), Investmentgesetz/Investmentsteuergesetz, München 2010; *Schwarz*, in: Berger/Steck/Lübbehüsen (Hrsg.), Investmentgesetz/Investmentsteuergesetz, München 2010; *Sethe*, Anlegerschutz im Recht der Vermögensverwaltung, Köln 2005; *Steck*, in: Berger/Steck/Lübbehüsen (Hrsg.), Investmentgesetz/Investmentsteuergesetz, München 2010; *von Livonius/Bernau*, Der neue Tatbestand der „Anlageverwaltung" als erlaubnispflichtige Finanzdienstleistung, WM 2009, 1216 ff.; *Wadlawik*, Aufsichtsrechtliche Aspekte der Tätigkeit privater Family Offices, ZBB 2005, 401 ff.; *Weiser/Jang*, Die nationale Umsetzung der AIFM-Richtlinie und ihre Auswirkungen auf die Fondsbranche in Deutschland, BB 2012, 1219 ff.; *Witte/Mehrbrey*, Haftung für den Verkauf wertlos gewordener Zertifikate – der Fall Lehman Brothers, ZIP 2009, 744 ff.

Übersicht

A. Überblick

Art. 2 ist eine zentrale Vorschrift der AIFM-Richtlinie. Im Zusammenspiel mit **1**
Art. 3 legt Art. 2 den Anwendungsbereich der Richtlinie fest. Dabei bestimmt
Art. 2 Abs. 1 und 2 positiv, **welche Akteure und Tätigkeiten unter die Richt-
linie fallen**, während Art. 2 Abs. 3 bestimmte Akteure aus dem Anwendungsbereich ausnimmt, auch wenn sie ggf. an sich unter den weit gefassten Anwendungsbereich fielen (vgl. etwa Abs. 3 lit. c)). Art. 2 Abs. 4 verpflichtet schließlich die
Mitgliedstaaten und namentlich deren Aufsichtsbehörden alle erforderlichen Maßnahmen zu ergreifen, um sicherzustellen, dass die in den Anwendungsbereich der
Richtlinie fallenden Verwalter alternativer Investmentfonds (AIFM) jederzeit die
Verpflichtungen der AIFM-Richtlinie und der zu ihrer Konkretisierung erlassenen Durchführungsverordnung einhalten. Ergänzend hierzu sieht Art. 3 **Ausnahmen für bestimmte Akteure** vor, die eigentlich unter den Anwendungsbereich
der Richtlinie fielen. Dabei bestimmt Art. 3 Abs. 1, dass die gesamte Richtlinie auf
die dort genannten Akteure keine Anwendung findet (vollständige Ausnahme).
Demgegenüber sieht Art. 3 Abs. 2 für sog. kleine AIFM[2] vor, dass für sie nur
Art. 3 Abs. 3 und 4 der Richtlinie Anwendung findet (teilweise Ausnahme).

B. Hintergrund und Konzeption der AIFM-Richtlinie

I. Allumfassender Ansatz

Die AIFM-Richtlinie folgt einem allumfassenden Ansatz. Unter ihren Anwen- **2**
dungsbereich fallen grundsätzlich[3] alle Verwalter sog. alternativer Investmentfonds
(AIF), soweit sie die Verwaltungstätigkeit innerhalb der EU bzw. im Europäischen
Wirtschaftsraum erbringen oder der von ihnen verwaltete AIF in der EU bzw.
im EWR vertrieben wird (vgl. im Einzelnen unter C.).

II. Eingeschränkte Anwendung bei Vertrieb an Kleinanleger

Die AIFM-Richtlinie gilt zwar für alle unter I. dargestellten AIFM. Allerdings **3**
findet sie vollumfänglich nur auf AIF Anwendung, die ausschließlich an **professionelle Anleger** im Sinne von Anhang II der MiFID vertrieben werden. Insoweit enthält die AIFM-Richtlinie eine **Vollharmonisierung**. Es gelten somit
europaweit einheitliche Regelungen. Hingegen enthält die AIFM-Richtlinie für
AIF, die ausschließlich oder u.a. an andere als professionelle Anleger (d.h. **Kleinanleger**) vertrieben werden, nur ein Grundgerüst. Der Richtliniengeber sah die
reine Managerregulierung als nicht ausreichend an, um Kleinanleger angemessen
zu schützen. Daher enthält die AIFM-Richtlinie insoweit nur Mindeststandards,
hinter welchen die Mitgliedstaaten nicht zurückbleiben dürfen. Wie Art. 43
Abs. 1 UAbs. 2 klarstellt, steht es den Mitgliedstaaten jedoch frei, aus Gründen

---

[2] Vgl. hierzu eingehend Art. 3 Rn. 49 ff.
[3] Zum territorialen Anwendungsbereich vgl. unten unter Rn. 17 ff.

des Anlegerschutzes den Vertrieb bestimmter Fondstypen an Kleinanleger zu verbieten.[4] Deutschland kann danach z. B. an dem **Verbot des öffentlichen Vertriebs** von Single Hedgefonds nach § 112 Abs. 2 Satz 1 InvG festhalten. Darüber hinaus können die Mitgliedstaaten gemäß Art. 43 Abs. 1 UAbs. 2 zum einen **strengere Anforderungen** an AIFM stellen, soweit dieser AIF verwaltet, die (auch) an Kleinanleger vertrieben werden sollen.[5] Zum anderen können die Mitgliedstaaten die Managerregulierung um eine **Fondsregulierung** ergänzen. Das Recht, die in ihrem Hoheitsgebiet aufgelegten AIF selbst zu regulieren, steht den Mitgliedstaaten unabhängig davon zu, ob der AIF an Kleinanleger oder an professionelle Anleger vertrieben wird (vgl. Erwägungsgrund 10). Jedoch ist eine nationale Fondsregulierung für an professionelle Anleger vertriebene AIF praktisch kaum umsetzbar, weil dies zu erheblichen Wettbewerbsnachteilen der heimischen Fondsbranche gegenüber ausländischen Anbietern führen würde. Letztere können aufgrund des EU-Passes AIF grenzüberschreitend vertreiben und müssen hierzu allein die Anforderungen der AIFM-Richtlinie, nicht aber die nationale Fondsregulierung des Aufnahmestaates einhalten (sog. Inländerdiskriminierung). Demgegenüber sieht die AIFM-Richtlinie für AIF, die (auch) an Kleinanleger vertrieben werden, keinen EU-Pass vor. Daher ist eine nationale Fondsregulierung unschädlich, weil auch Fondsanbieter aus anderen Mitgliedstaaten ihre AIF nur in dem anderen Mitgliedstaat an Kleinanleger vertreiben dürfen, wenn sie dessen Fondsregulierung beachten (vgl. Art. 43 Abs. 1 UAbs. 2).

III. Materieller Investmentbegriff

4   Die AIFM-Richtlinie unterscheidet sich auch hinsichtlich des zugrundeliegenden Investmentbegriffs wesentlich von der OGAW-Richtlinie und dem Investmentgesetz. Letztere beruhen beide auf dem sog. **formellen Investmentbegriff.**[6] Dies bedeutet, dass nur solche Investmentfonds unter die OGAW-Richtlinie bzw. das Investmentgesetz fallen, (1.) deren Struktur und Anlagepolitik deren Anforderungen entsprechen, (2.) die aufgrund eigener Entscheidung beantragen, als OGAW bzw. als richtlinienkonformes Sondervermögen zugelassen zu werden und die (3.) von einer KAG verwaltet werden, welche ebenfalls den Anforderungen (z. B. in Hinblick auf die Rechtsform) entspricht sowie (4.) als OGAW-Verwaltungsgesellschaft zugelassen ist. Folge des formellen Investmentbegriffs ist, dass der Fondsinitiator frei entscheiden kann, ob er ein unter die OGAW-Richtlinie bzw. das Investmentgesetz fallendes Produkt auflegen möchte oder nicht.

5   Ein allumfassender Ansatz lässt sich mit einem formellen Investmentbegriff nicht umsetzen. Deshalb folgt die AIFM-Richtlinie dem sog. **materiellen Investmentbegriff.**[7] Der materielle Investmentbegriff ist in Deutschland bereits aus dem früheren Auslandsinvestment-Gesetz bekannt. Im Regierungsentwurf

---

[4] Derartige sog. *selling restrictions* sind allerdings nur in den engen, von der MiFID vorgegebenen Grenzen zulässig.

[5] Nach dem Wortlaut des Art. 43 ist unklar, ob dieser nur dann greift, wenn AIF tatsächlich (auch) an einen oder mehrere Kleinanleger vertrieben werden oder schon dann, wenn die Vertragsbedingungen einen Vertrieb (auch) an Kleinanleger nicht ausschließen.

[6] Vgl. *Berger* in Berger/Steck/Lübbehüsen, InvStG, § 1 Rn. 3.

[7] Dieser wird z.T. auch als wirtschaftlicher oder funktionaler Investmentbegriff bezeichnet; vgl. nur *Pfüller/Schmitt* in Brinkhaus/Scherer, AuslInvestmentG, § 1 Rn. 24 ff.; *Berger* in Berger/Steck/Lübbehüsen, InvStG, § 1 Rn. 3.

zum Investmentmodernisierungsgesetz war vorgesehen, für ausländische Investmentanlagen den Ansatz auf den formellen Investmentbegriff umzustellen. Hierdurch sollten insbesondere Rechtsunsicherheiten aufgrund der Unschärfe des materiellen Investmentbegriffs vermieden werden. Offenbar zur Vermeidung von Umgehungsgestaltung hat der Gesetzgeber jedoch am materiellen Investmentbegriff festgehalten.[8] Der Richtliniengeber der AIFM-Richtlinie war sich der Schwierigkeiten bei der Abgrenzung der unter die Richtlinie fallenden Anlageformen bewusst. Gleichwohl hat er dies als kleineres Übel hingenommen, um die Möglichkeit zur **Umgehung der Richtlinie** auszuschließen[9].

Der materielle Investmentbegriff kommt zum einen in Art. 2 Abs. 2 zum Ausdruck. Dort heißt es unter lit. b), dass ein **AIF** nicht zwingend die durch Art. 1 Abs. 3 OGAW-Richtlinie vorgegebene Rechtsform[10] haben muss, sondern **jede beliebige Rechtsform** haben kann. Zum anderen zeigt sich dies daran, dass dem Verwalter eines AIFM nicht freisteht, der Regulierung auszuweichen, z. B. durch Auflage eines geschlossenen anstelle eines offenen Fonds oder Anlage in bestimmte Vermögensgegenstände, die nicht zu den enumerativ in Art. 50 OGAW-Richtlinie aufgeführten Vermögensgegenständen gehören. Die **AIFM-Richtlinie deckt somit alle kollektiven Vermögensanlagen mit Fremdbezug**, d.h. für Anleger, ab, unabhängig davon, ob der AIF als **offener oder geschlossener Fonds** bzw. in Hybridform aufgelegt worden ist. Damit unterfallen der AIFM-Richtlinie neben bisher schon im Investmentgesetz regulierten Fondstypen auch bisher unregulierte Fondstypen (wie z. B. geschlossene Fonds, einschließlich Private Equity Fonds, Edelmetall-, Wein- oder Gemäldefonds). **6**

IV. Wesentliche Abgrenzungskriterien

Für die Abgrenzung des Anwendungsbereiches der AIFM-Richtlinie von anderen Anlageformen, d.h. von der OGAW-Richtlinie als weitere kollektive Vermögensverwaltung und von der individuellen Vermögensverwaltung (vgl. § 1 Abs. 1a Nr. 3 KWG und § 7 Abs. 2 Nr. 1 und 2 InvG[11]) hat sich der Richtliniengeber namentlich auf die Begriffe „AIFM", „AIF" sowie „Verwaltung eines AIF" und „Vertrieb von AIF" gestützt. **7**

Art. 4 Abs. 1 lit. a) definiert einen AIF als jeden **Organismus für gemeinsame Anlagen** (sog. **OGA**) einschließlich seiner Teilfonds, der i) von einer Anzahl von Anlegern Kapital einsammelt, um es gemäß einer festgelegten Anlagestrategie zu Nutzen dieser Anleger zu investieren, und ii) keine Genehmigung gemäß Art. 5 der OGAW-Richtlinie benötigt. **8**

---

[8] *Berger* in Berger/Steck/Lübbehüsen, InvStG, § 1 Rn. 3 und 27 m. w. N.

[9] Kommissionsvorschlag, S. 5.

[10] Demgegenüber muss ein OGAW zwingend eine der folgenden Rechtsformen haben: Vertragsform (wie z. B. Sondervermögen oder Fonds Commun de Placement, FCP), Satzungsform (wie z. B. Investmentaktiengesellschaft oder Société d'Investissement à Capitale Variable, SICAV) oder Trustform (im anglo-irischen Rechtsraum).

[11] Im Kreditwesengesetz ist statt von individueller Vermögensverwaltung von Finanzportfolioverwaltung die Rede. Dies ist insoweit nur ein Ausschnitt der individuellen Vermögensverwaltung als es um die Anlage in Finanzinstrumente geht. Demgegenüber spricht § 7 Abs. 2 Nr. 1 InvG insoweit von individueller Vermögensverwaltung. Auch andere Vermögensgegenstände als Finanzinstrumente können im Wege der individuellen Vermögensverwaltung angelegt werden, unterfallen dann aber nicht dem Kreditwesengesetz; vgl. nur die Verwaltung einzelner in Immobilien angelegter Vermögen gemäß § 7 Abs. 2 Nr. 2 InvG.

9   Diese Definition bringt zum einen zum Ausdruck, dass die AIFM-Richtlinie das **gesamte Investmentfondsuniversum** mit Ausnahme der unter die OGAW-Richtlinie fallenden **OGAW** abdeckt. Die AIFM-Richtlinie erfasst bewusst alle OGA *(„jeder")*. Die Ausnahmen bestimmter OGA in der OGAW-Richtlinie (vgl. dort insbesondere Art. 1 Abs. 2 und 3 sowie Art. 3) greift die AIFM-Richtlinie nicht auf. Zum anderen grenzt die Definition des AIF die kollektive von der individuellen Vermögensverwaltung ab (vgl. nachfolgend unter V.).

10   Die Definition des AIF gemäß Art. 4 Abs. 1 lit. a) fordert erstens mit dem OGA eine **Fondsstruktur,** die für gemeinsame Anlagen mehrerer Anleger geeignet ist. Eine solche Fondsstruktur setzt voraus, dass Anleger einen (regelmäßig entsprechend ihres prozentualen Anteils an der gesamten Anlagesumme) verhältnismäßigen Anteil an dem Fonds erwerben.[12] Dabei spielt es keine Rolle, in welcher Weise die Anleger Eigentum an den Vermögensgegenständen des Fonds erwerben[13] oder ob der Anteil der Anleger an dem Fondsvermögen verbrieft ist oder z. B. nur eine Führung eines Anteilsregisters vorgesehen ist (wie z. B. in Luxemburg).[14]

11   Zweitens setzt die Definition das **Einsammeln von Kapital** von einer Anzahl von Anlegern voraus.[15] Wie Art. 3 Abs. 1 verdeutlicht, muss es sich bei den Anlegern um externe Dritte handeln. Die Verwaltung eigenen Vermögens des AIFM oder seiner Konzerngesellschaften fällt nicht unter die AIFM-Richtlinie.[16] Anders als nach Art. 1 Abs. 2 lit. a) und Art. 3 lit. b) OGAW-RL muss ein AIF das Kapital nicht von einem Publikum einsammeln. Nicht erforderlich ist somit ein **öffentlicher Vertrieb.** Auch der nicht-öffentliche Vertrieb an einen kleinen Kreis von Anlegern (d.h. die **Privatplatzierung**) unterfällt dem Anwendungsbereich der AIFM-Richtlinie.

12   Drittens erfordert die Definition, dass das eingesammelte Kapital gemäß einer **vorher festgelegten Anlagestrategie** angelegt wird. Notwendig ist somit, dass spätestens mit Beginn der Anlagetätigkeit[17] eine generelle Anlagestrategie vorliegt, auf deren Grundlage der AIFM im Einzelfall Anlageentscheidungen trifft.

13   Viertens muss die Anlage **zum gemeinsamen Nutzen der Anleger** erfolgen. Dieser ergib sich daraus, dass es Ziel der Fondsanlage ist, an der (erhofften) Wertentwicklung des Fondsvermögens zu partizipieren. Aufgrund der grundsätzlich prozentualen Beteiligung am Fondsvermögen entsprechend der prozentualen

---

[12] Gewisse Abweichungen hiervon sind z. B. bei Private Equity Fonds anzutreffen, bei denen das Management oftmals einen gemessen an ihrer Kapitalbeteiligung überproportionalen Anteil am Fondsvermögen erlangen. Dies stellt eine Form der Vergütung der Managementleistung dar.

[13] Bei offenen Fonds können die zum Sondervermögen gehörenden Vermögensgegenstände gemäß § 30 Abs. 1 Satz 1 InvG entweder im Eigentum der KAG (sog. Vollrechtstreuhand) oder im Miteigentum der Anleger (sog. Ermächtigungstreuhand) stehen; vgl. nur *Schmitz* in Berger/Steck/Lübbehüsen, InvG, § 30 Rn. 4. Bei Fonds in der Gesellschaftsform werden die Anleger Gesellschafter. Sie sind dann prozentual am Gesellschaftsvermögen beteiligt, das gewöhnlich einer gesamthänderischen Bindung unterliegt.

[14] Ebendort, Vor §§ 30 bis 45 Rn. 23.

[15] Zur Frage der sog. Einanlegerfonds vgl. unter Rn. 45 ff.

[16] Vgl. hierzu eingehend unter Rn. 38 ff.

[17] Da die Vertragsbedingungen von AIF, welche an professionelle Anleger vertrieben werden, vielfach mit einzelnen Anlegern ausgehandelt werden, stehen die Vertragsbedingungen regelmäßig später fest als bei Publikumsfonds. Sie müssen jedoch spätestens dann feststehen, wenn Anleger sich rechtsverbindlich zur Kapitaleinzahlung verpflichten.

Anlagesumme nehmen die Anleger gemeinsam sowohl an positiven als auch an negativen Wertentwicklungen teil, wobei ihr Verlustrisiko gewöhnlich auf die Höhe ihres eingesetzten Kapitals begrenzt ist (vgl. § 31 Abs. 2 Satz 2 InvG).[18] Bei Garantiefonds kann die Beteiligung an Verlusten jedoch ganz oder teilweise ausgeschlossen werden.

V. Kollektive Vermögensverwaltung mit Fremdbezug

Die Anwendung der AIFM-Richtlinie steht und fällt damit, ob es sich bei der **14** von dem Verwalter erbrachten oder zu erbringenden Dienstleistung um eine **kollektive Vermögensverwaltung** mit Fremdbezug handelt oder nicht. Sie folgt darin der im europäischen und deutschen Finanzdienstleistungsrecht klassischen Abgrenzung zwischen der kollektiven und der individuellen Vermögensverwaltung. Erstere wird durch die OGAW-und die AIFM-Richtlinie und letzteres durch die MiFID geregelt, soweit es um Finanzinstrumente geht.

Das europäische und deutsche Recht (vgl. § 30 Abs. 5 InvG) ist bei dieser **15** Abgrenzung stets dem **formellen Ansatz** gefolgt und hat darauf abgestellt, welche Rechtsbeziehung zwischen dem Vermögensverwalter und dem Anleger besteht. Damit ist letztlich der **Wille der Parteien maßgebend.**[19] Wird der Verwalter auf der Grundlage eines Vermögensverwaltungsvertrages mit nur einem (und insoweit individuellen) Anleger tätig, so handelt es sich um individuelle Vermögensverwaltung. Im Unterschied hierzu regelt sich das Rechtsverhältnis der Fondsanleger zur KAG bzw. zum AIFM nach den (Allgemeinen und Besonderen) Vertragsbedingungen[20] bzw. der Satzung (im Falle einer Investmentaktiengesellschaft bzw. einer SICAV). Hierbei handelt es sich – ausgehend vom Grundfall des Publikumsfonds – den Anlegern von der KAG als Allgemeine Geschäftsbedingungen vorgegebene grundsätzlich für alle Anleger (einer Anteilsklasse) gleiche Regelungen.[21] Diese Vertragsbedingungen gelten auch für solche Anleger in grundsätzlich gleicher Weise, die erst im Laufe der Zeit Anteile zeichnen. Allerdings gilt das Gesagte im Bereich der an professionelle Anleger vertriebenen Fonds nur eingeschränkt. Bei Spezialfonds etwa werden die Vertragsbedingungen regelmäßig mit den Anlegern ausgehandelt bzw. auf deren Bedürfnisse zugeschnitten. Zudem erlaubt Art. 23 Abs. 1 lit. j) AIFM-RL eine Ungleichbehandlung der Anleger, sodass sich ein Anleger (zumeist mit großem Anlagevolumen) eine Vorzugsbehandlung auch gegenüber Anlegern derselben Anteilsklasse sichern kann. Dies ändert jedoch nichts an dem Umstand, dass die Vertragsbeziehung zwischen der KAG bzw. dem AIFM und allen Anlegern eines Fonds kollektiver Natur ist. Dies zeigt sich daran, dass der Verwalter seine Dienstleistung für alle Anleger auf der Grundlage einer gemeinsamen Anlagepolitik und -strategie erbringt. Ein Fondsanleger hat zwar die Wahl zwischen einer Vielzahl von Fonds. Entscheidet er sich jedoch für die Anlage in einen bestimmten Fonds, so gelten für ihn **dieselbe Anlagestrategie und -politik wie für alle anderen Anleger** dessel-

---

[18] Vgl. *Schmitz* in Berger/Steck/Lübbehüsen, InvG, § 31 Rn. 19 f.

[19] Ebendort, § 30 Rn. 40.

[20] Die Vertragsbedingungen sind Bestandteil des Investmentvertrages, den die KAG mit jedem Anleger des Sondervermögens schließt; vgl. eingehend *Schmitz* in Berger/Steck/Lübbehüsen, InvG, § 43 Rn. 6.

[21] Ebendort, Rn. 3.

ben Fonds. Damit sind Fonds im Grundsatz eine Art „Konfektionsware".[22] Wünscht ein Anleger ein auf seine individuellen Interessen (namentlich Risiko-Renditeprofil) maßgeschneidertes Produkt, so kommt eine individuelle Vermögensverwaltung in Betracht. Wie § 30 Abs. 5 InvG klarstellt, finden im Falle der individuellen Vermögensverwaltung die Schutzvorschriften für Sondervermögen keine Anwendung.[23]

16   Bei der **Abgrenzung zwischen individueller und kollektiver Vermögensverwaltung** kommt es somit nicht darauf an, in welcher Weise das eingesammelte Kapital angelegt wird. Auch bei der individuellen Vermögensverwaltung legt der Verwalter nicht zwingend nur das Geld eines Anlegers an. Vielfach wird vielmehr das Geld mehrerer Anleger mit gleichem oder ähnlichem Anlageprofil gemeinsam angelegt. Dies kann auch durch ein sog. virtuelles Pooling der Anlage geschehen. Hierdurch erlangen die Anleger jedoch – im Unterschied zur kollektiven Vermögensverwaltung – keinen Anteil in Form eines prozentualen Gegenwerts des kollektiv angelegten Vermögens. Jedem Anleger wird vielmehr nur ein bestimmter Wert auf einem Einzelkonto gutgeschrieben. Findet hingegen ein sog. **Assetpooling** statt, d.h. wird das eingesammelte Geld letztlich in einer Fondsstruktur angelegt, so dürften nach hier vertretener Ansicht die Grenzen zur kollektiven Vermögenslage überschritten sein. Ansonsten ließe sich die AIFM-Richtlinie leicht umgehen, was der Richtliniengeber durch den allumfassenden Ansatz gerade verhindern wollte. Die individuelle Vertragsgrundlage verdeckt dann lediglich die eigentliche kollektive Vermögensanlage, von deren Vorteilen (wie insbesondere Skaleneffekten) die Anleger profitieren.

C. Anwendungsbereich gemäß Absatz 1

I. Bei EU–AIFM (Abs. 1 lit. a))

17   Art. 2 Abs. 1 lit. a) stellt zunächst sicher, dass nach Ablauf der Umsetzungsfrist am 22.7.2013 künftig **alle Verwalter von Investmentfonds mit Sitz in der EU** bzw. in einem Mitgliedstaat des EWR (d.h. auch in Island, Liechtenstein und Norwegen) reguliert sein müssen, einer Zulassung durch die staatliche Aufsichtsbehörde benötigen und einer laufenden Aufsicht unterliegen. Dabei spielt es keine Rolle, ob sie AIF in der EU oder in einem Drittstaat verwalten und wo diese AIF vertreiben werden. Für alle EU-AIFM gelten künftig innerhalb der EU bzw. dem EWR weitgehend[24] einheitliche Regelungen. Der Richtliniengeber unterwirft damit alle Verwalter von Investmentfonds mit Sitz in der EU bzw. im EWR, welche nicht bereits unter die OGAW-Richtlinie[25] fallen, EU-weit einheitlichen Regulierungsstandards.

18   Bei EU-AIFM unterscheidet die Richtlinie zum einen nicht danach, ob dieser in der EU aufgelegte AIF (sog. **EU-AIF) oder Drittstaaten-AIF** verwaltet.

---

[22] Zum Sonderfall der sog. Einanlegerfonds (insbesondere bei Spezialfonds) vgl. unter Rn. 45 ff.

[23] *Schmitz* in Berger/Steck/Lübbehüsen, InvG, § 30 Rn. 39.

[24] Zu den Besonderheiten bei AIF, die (auch) an Kleinanleger vertrieben werden, vgl. die Kommentierung zu Art. 43.

[25] Richtlinie 2009/65/EG des Europäischen Parlaments und des Rates vom 13. Juli 2009 zur Koordinierung der Rechts- und Verwaltungsvorschriften betreffend Organismen für gemeinsame Anlagen in Wertpapieren (OGAW), ABl. L 302/32 ff. vom 17.11.2009.

Selbst wenn ein EU-AIFM ausschließlich Drittstaaten-AIF verwaltet, unterliegt er im vollen Umfang der AIFM-Richtlinie. Dies ist namentlich bei einer Vielzahl von britischen AIFM von Bedeutung.

Zum anderen differenziert die AIFM-Richtlinie nicht danach, ob die Anteile **19** des von einem EU-AIFM verwalteten AIF auch an Anleger in der EU vertrieben werden. Hingegen sollten nach Art. 2 Abs. 2 lit. b) des Kommissionsvorschlags EU-AIFM, sofern sie **ausschließlich Drittstaaten-AIF** verwalten und deren Anteile nicht in der EU vertreiben, aus dem Anwendungsbereich ausgenommen werden. Dem ist der Richtliniengeber jedoch nicht gefolgt, weil er den erforderlichen Bezug zum Hoheitsgebiet eines Mitgliedstaates bereits dann bejaht, wenn ein EU-AIFM eine Verwaltungstätigkeit in der EU erbringt. Dies ist insoweit konsequent, weil die AIFM-Richtlinie in erster Linie die Vermeidung systemischer Risiken zum Ziel hat, die von einem AIFM als dem zentralen Akteur ausgehen.[26]

Für die Anwendung der AIFM-Richtlinie ist es insbesondere bei AIF mit **20** Drittstaatenbezug von entscheidender Bedeutung, welcher der ggf. mehreren und ggf. in verschiedenen Staaten ansässigen Akteure als AIFM anzusehen ist. Für die Praxis besonders wichtig ist hierbei die Einordnung der sog. **Anlageberatung** (im anglo-amerikanischen Raum durch sog. *investment advisor*). Wie an anderer Stelle[27] eingehend dargestellt, folgt aus dem materiellen Investmentbegriff der AIFM-Richtlinie, dass ein Anlageberater dann AIFM ist, wenn der AIF – durch seine Organe oder einen bestellten externen Dienstleister, wie z. B. eine KAG-den Anlageempfehlungen des Anlageberaters regelmäßig folgt und keine eigenen, nicht von dem Anlageberater vorbereiteten Anlageentscheidungen trifft.

II. Bei Drittstaaten-AIFM (Abs. 1 lit. b) und c))

Daneben findet die AIFM auch auf bestimmte AIFM mit Sitz außerhalb der **21** EU bzw. des EWR (sog. Nicht-EU-AIFM oder nachfolgend „**Drittstaaten-AIFM**") Anwendung.

1. Verwaltung von EU-AIF durch Drittstaaten-AIFM (Abs. 1 lit. b)). **22**
Nach Abs. 1 lit. b) findet die AIFM-Richtlinie zum einen Anwendung, wenn ein Drittstaaten-AIFM einen oder mehrere in der EU aufgelegte(n) AIF (sog. EU-AIF) verwaltet. Dies ist unter den Voraussetzungen des Art. 37 bzw. des Art. 41 zulässig. Damit stellt die AIFM-Richtlinie auch Drittstaaten-AIFM den sog. EU-Verwaltungspass zur Verfügung. Anders als für OGAW müssen Drittstaaten-AIFM folglich nicht eine Tochtergesellschaft mit Sitz in der EU gründen, um in der EU aufgelegte AIF verwalten und unter den unter 2. dargestellten Voraussetzungen in der EU vertreiben zu können. In den großen europäischen Fondszentren (namentlich Irland und Luxemburg) hat es auch bisher schon EU-AIF gegeben, die auf der Grundlage nationalen Rechts von Drittstaaten-AIFM verwaltet worden sind. Die Regelung dient auch dem Ziel, sog. **Offshore-Fonds in die EU zurückzuholen.**

Für die Anwendung der AIFM-Richtlinie spielt es keine Rolle, ob die Anteile **23** des von dem Drittstaaten-AIFM verwalteten EU-AIF in der EU vertrieben werden sollen oder nicht. Selbst wenn ein **Vertrieb nur in Drittstaaten** erfolgen soll, findet die AIFM-Richtlinie Anwendung. Dies liegt daran, dass die AIFM-

---

[26] Vgl. insoweit auch den Kommissionsvorschlag, S. 6.
[27] Vgl. die Kommentierung in Art. 5 Rn. 36 und in Art. 20 Rn. 12.

Richtlinie entweder an die Erbringung der Dienstleistung des Verwaltens eines AIF oder die des Vertriebs von AIF in der EU anknüpft. Daher entfaltet die AIFM-Richtlinie in den Fällen des Abs. 1 lit. b) und c) keine (unzulässige) exterritoriale Wirkung.

24   **2. Vertrieb von AIF durch Drittstaaten-AIFM in der EU (Abs. 1 lit. c)).**
Zum anderen findet die AIFM-Richtlinie auch auf Drittstaaten-AIFM Anwendung, welche einen oder mehrere AIF in der EU vertreiben. Dabei spielt es keine Rolle, wo der AIF domiziliert ist. Für Drittstaaten-AIFM, welche einen EU-AIF in der EU vertreiben wollen, gelten die Anforderungen des Art. 37 i. V. m. Art. 39 und 40. Unter den Voraussetzungen dieser Vorschriften können Drittstaaten-AIFM **in der EU verwaltete AIF** ab dem 22.7.2013 mit einem EU-Vertriebspass in der EU an professionelle Anleger vertreiben. Unter bestimmten Bedingungen können Drittstaaten-AIFM jedoch auch Nicht-EU-AIF (sog. Drittstaaten-AIF) in der EU vertreiben. Unter den Voraussetzungen des Art. 42 kann ein Mitgliedstaat einem Drittstaaten-AIFM gestatten, einen **Drittstaaten-AIF** auf seinem Hoheitsgebiet zu vertreiben. Nach Ablauf einer Übergangsfrist bis 2018 kommt darüber hinaus unter den Voraussetzungen des Art. 40 auch ein Vertrieb mit einem EU-Pass in Betracht.

25   Für die Anwendung der AIFM-Richtlinie auf Drittstaaten AIFM kommt somit dem **Vertriebsbegriff** eine zentrale Bedeutung zu. Dessen Definition gehörte zu den umstrittensten Fragen der gesamten AIFM-Richtlinie. Die EU-Kommission hatte in Art. 3 lit. e) des Kommissionsvorschlags den Vertriebsbegriff bewusst deutlich gegenüber dem gängigen Vertriebsbegriff des europäischen Finanzdienstleistungsrechts erweitert. Die OGAW-Richtlinie und andere Finanzdienstleistungsrichtlinien beschränken den Vertriebsbegriff auf eine Aktivität, welche von der KAG bzw. dessen Vertriebsmittlern ausgehen muss (sog. **aktiver Vertrieb**). Dies hat zur Folge, dass danach kein Vertrieb vorliegt, wenn eine KAG oder deren Vertriebsmittler keine Vertriebsaktivität in der EU entfalten.[28] Anlegern bleibt es dann unbenommen, sich auf eigene Initiative an die KAG bzw. deren Vertriebsmittler zu wenden, um Fondsanteile zu zeichnen, z. B. indem sie in den USA Fondsanteile erwerben, welche nur dort (bzw. jedenfalls nicht in der EU) aktiv vertrieben werden (sog. **passiver Vertrieb** oder englisch *reverse sollicitation*). Die EU-Kommission sah bei einem solchermaßen engen Vertriebsbegriff zum einen die Gefahr, dass die AIFM-Richtlinie unterlaufen werden könne. Zum anderen befürchtete sie Wettbewerbsnachteile für die europäische Fondsindustrie, wenn europäische Anleger die Wahlmöglichkeit zwischen einer Anlage in regulierte europäische AIF und unregulierte bzw. nicht in vergleichbarer Weise regulierte Drittstaaten-AIF hätten, weil letztere mit geringeren Kosten verwaltet werden können. Deshalb umfasst der Vertriebsbegriff des Kommissionsvorschlags neben dem aktiven Vertrieb auch den passiven Vertrieb (auf Initiative des Anlegers). Jedoch konnte sich die EU-Kommission nicht mit dem weiten Vertriebsbegriff durchsetzen. Sowohl der Rat als auch das Europäische Parlament drangen darauf, an dem engen Vertriebsbegriff des europäischen Finanzdienstleistungsrechts festzuhalten. Damit sollte insbesondere institutionellen Investoren wie Versicherungen und Pensionsfonds die Möglichkeit erhalten werden, auf eigene Initiative Anlagen auch dann in außereuropäischen Fonds tätigen zu können, wenn deren Manager über keine AIFM-Zulassung verfügen. Damit hat sich der Richtliniengeber Lobbyinteressen gebeugt. Es bleibt abzuwarten, ob und inwieweit sich

---

[28] Eingehend hierzu unter Art. 4 Rn. 183 ff.

dies negativ auf den Anlegerschutz und die Wettbewerbsfähigkeit der europäischen Fondsindustrie auswirken wird.

Hinzuweisen ist jedoch darauf, dass es auch nach der Definition des Vertriebs **26** in Art. 4 Abs. 1 lit. x) nicht darauf ankommt, **an welchem Ort** sich die aktive Vertriebstätigkeit des AIFM oder seiner Vertriebsmittler entfaltet. Maßgebend ist allein, dass er sich (auch) an Anleger mit Wohnsitz oder Sitz in der EU richtet. Damit kann z. B. auch ein US-amerikanischer AIFM der AIFM-Richtlinie unterfallen, wenn er allein in den USA Vertriebsaktivitäten entfaltet und dabei nicht dafür Sorge trägt, dass kein Vertrieb an Anleger aus der EU erfolgt.

D. Der Begriff des AIF (Abs. 2)

Abs. 2 konkretisiert den allumfassenden Ansatz der AIFM-Richtlinie und damit **27** zugleich den materiellen Investmentbegriff, indem es den Begriff des AIF näher definiert.[29]

I. Sowohl offene als auch geschlossene Fonds (Abs. 2 lit. a))

Dabei stellt Abs. 2 lit. a) zunächst klar, dass AIF im Sinne der AIFM-Richtlinie **28** **sowohl offene als auch geschlossene Fonds** sein können. In gleicher Weise unterfallen auch Hybridformen der Richtlinie.

Die AIFM-Richtlinie findet grundsätzlich in selber Weise auf AIFM Anwen- **29** dung, welche offene oder geschlossene Fonds verwalten. An einigen Stellen trägt die Richtlinie jedoch den **Besonderheiten geschlossener Fonds** Rechnung. Dabei verwendet die Richtlinie nur an wenigen Stellen den Begriff „geschlossener AIF" oder „AIF des geschlossenen Typs" (vgl. z. B. Art. 16 Abs. 1, 19 Abs. 3 UAbs. 4, 61 Abs. 3 und 4). Die AIFM-Richtlinie enthält jedoch keine (ausdrückliche) Definition, wann es sich bei einem AIF um einen geschlossenen Fonds handelt. Jedoch paraphrasiert die Richtlinie diesen Begriff mehrfach (z. B. in Art. 3 Abs. 2 lit. b), 21 Abs. 3 UAbs. 3), indem sie einen geschlossenen Fonds damit umschreibt, dass dessen Anleger innerhalb von fünf Jahren nach Tätigung der ersten Anlage kein Rücknahmerecht ausüben können. Damit gibt der Richtliniengeber dem nationalen Gesetzgeber Kriterien für die Grenzziehung zwischen offenen und geschlossenen Fonds vor, weil die besonderen Vorschriften für geschlossene AIF hierauf aufbauen.

II. Rechtsform des AIF (Abs. 2 lit. b))

Abs. 2 lit. b) stellt – ebenfalls als Ausprägung des allumfassenden Ansatzes und **30** des materiellen Investmentbegriffs – klar, dass **alle nur denkbaren Rechtsformen von AIF** unter die AIFM-Richtlinie fallen.[30] Nicht nur die nach Art. 1 Abs. 3 OGAW-RL zugelassenen AIF der Vertragsform (wie namentlich Sonder-

---

[29] Dies geschieht letztlich nicht nur für die Zwecke des Art. 2 Abs. 1, sondern für die gesamte AIFM-Richtlinie. Der Wortlaut des Art. 2 Abs. 2 ist insoweit irreführend.

[30] Demgegenüber enthält der KAGB-Kabinettsentwurf einen Numerus clausus der zulässigen Rechtsformen von AIF. Hierbei handelt es sich um eine zulässige nationale Fondsregulierung. Aus der AIFM-Richtlinie folgt dann allerdings die Verpflichtung, inländischen Akteuren die Verwaltung und den Vertrieb von AIF in anderer Rechtsform zu verbieten, weil sonst die AIFM-Richtlinie umgangen werden kann. Hingegen folgt aus dem EU-Vertriebspass, dass EU-AIFM AIF in anderer Rechtsform an deutsche professionelle Anleger vertreiben dürfen.

vermögen und FCP) oder Gesellschaftsform (wie z. B. Investmentaktiengesellschaften oder SICAV) sowie Trusts unterfallen dem Anwendungsbereich der AIFM-Richtlinie. Anders als seit 2007 nach dem derzeit geltenden Investmentgesetz unterfallen neben Investmentaktiengesellschaften mit veränderlichem Kapital auch solche mit fixem Kapital der AIFM-Richtlinie. Somit unterfallen zahlreiche vermögensverwaltende Aktiengesellschaften dem Anwendungsbereich der Richtlinie. Auch auf alle anderen denkbaren Rechtsformen findet die AIFM-Richtlinie Anwendung. Auf diese Weise soll verhindert werden, dass die AIFM-Richtlinie durch Wahl einer anderen Rechtsform umgangen werden kann.

III. Rechtsstruktur des AIF (Abs. 2 lit. c))

31   Abs. 2 lit. c) stellt schließlich klar, dass es für die Anwendung der AIFM-Richtlinie unerheblich ist, über welche **rechtliche Struktur der AIF** verfügt. Dies ist letztlich notwendige Folge der Rechtsformunabhängigkeit gemäß lit. b).

32   Demgegenüber lässt das **Investmentgesetz** für offene Fonds bisher nur zwei Rechtsstrukturen zu: das **Sondervermögen** gemäß § 30 InvG und die **Investmentaktiengesellschaft** gemäß § 96 InvG. Letztere fällt derzeit nur mit variablem Kapital unter das Investmentgesetz.[31] Ein Sondervermögen muss wegen der fehlenden Rechtspersönlichkeit stets von einer KAG als externem Verwalter verwaltet werden. Hingegen können die Organe einer Investmentaktiengesellschaft zwischen einer internen Verwaltung und der Bestellung einer KAG als externem Verwalter wählen.

33   Demgegenüber sind **im Ausland zahlreiche andere Rechtsformen** bei offenen Fonds anerkannt (wie z. B. die SICAF oder die SICAR in Luxemburg oder der Unit Trust in Großbritannien und Irland). Dabei müssen Fonds ohne eigene Rechtspersönlichkeit durch einen externen Verwalter verwaltet werden, während Fonds in Gesellschaftsform zwischen einer internen und einer externen Verwaltung wählen können. Die konkrete Struktur des Fonds richtet sich jeweils nach dem nationalen (Gesellschafts-) Recht des Sitzstaates.

34   Hinzu kommt eine Vielzahl unterschiedlicher **Rechtsstrukturen bei geschlossenen Fonds.** In Deutschland sind insbesondere die GmbH & Co. KG, die GbR und die OHG verbreitet.[32] Bei inländischen Private Equity Fonds sind zusätzlich zu der GmbH & Co. KG die AG, GmbH und GmbH & Co. KGaA anzutreffen.[33] Ausländische Private Equity Fonds werden meist in der Rechtsform der Limited Partnership aufgelegt, die einer deutschen GmbH & Co. KG vergleichbar ist.[34] Die (organschaftlichen und sonstigen) Strukturen richten sich nach dem nationalen Recht des Fondsdomizils.

35   Ausweislich Erwägungsgrund 6 spielt es für die Anwendung der AIFM-Richtlinie schließlich keine Rolle, ob ein AIF börsennotiert ist oder nicht. Auch die Verwalter sog. **Exchange Traded Funds (ETF)** fallen folglich unter den Anwendungsbereich der AIFM-Richtlinie, soweit sich bei den ETF nicht um OGAW handelt.

---

[31] Die mit dem Investmentmodernisierungsgesetz eingeführte Investmentaktiengesellschaft mit fixem Kapital wurde hingegen durch das Investmentänderungsgesetz ersatzlos gestrichen; vgl. nur *Fischer/Steck* in Berger/Steck/Lübbehüsen, InvG, Vor §§ 96–111a Rn. 5. Gemäß KAGB-Kabinettsentwurf soll sie nun jedoch wieder eingeführt werden.

[32] Vgl. eingehend *Bost/Halfpap* in Lüdicke/Arndt, Geschlossene Fonds, 5. Aufl., S. 6 ff.

[33] *Schatz* in Jesch/Striegel/Boxberger, Rechtshandbuch Private Equity, S. 74 ff.

[34] *Boxberger* in Jesch/Striegel/Boxberger, Rechtshandbuch Private Equity, S. 109 ff.

IV. Anforderungen an das Vorliegen eines AIF

Aus der Definition des AIF in Art. 4 Abs. 1 lit. a) sowie aus Art. 2 Abs. 2 lassen **36** sich – zusätzlich zu dem unter I. bis III. Gesagtem – die folgende Anforderungen an das Vorliegen eines AIF ableiten. Wie soeben dargestellt, ist für den OGA keine Rechtsform oder Struktur vorgegeben. Der AIF muss daher weder in der Vertragsform (z. B. als Sondervermögen) noch in der Gesellschaftsform (z. B. als GmbH & Co. KG) aufgelegt sein

1. Jeder Organismus für gemeinsame Anlagen. Bei dem AIF kann es sich **37** nach Art. 4 Abs. 1 lit. a) um jede Art von **Organismus für gemeinsame Anlagen (OGA)** handeln. Dieser Begriff ist aus der OGAW-Richtlinie (vgl. dort Art. 3) sowie zahlreichen anderen Finanzdienstleistungsrichtlinien (z. B. MiFID, Prospekt- und Transparenzrichtlinie) übernommen worden. Er ist der Oberbegriff für OGAW und sonstige Kollektivanlagen (d.h. AIF), welche nicht die Anforderungen der OGAW-Richtlinie erfüllen.

2. Einsammeln von Kapital. Für das Vorliegen eines AIF ist zunächst das **38** **Einsammeln von Kapital** von Anlegern erforderlich. Hierbei ist der Begriff des Kapitals bewusst weit gewählt. Anleger werden für den Erwerb von Anteilen eines AIF regelmäßig **Geld** zahlen; dies ist jedoch nicht zwingend. Unter Kapital sind auch sonstige geldwerte Vorteile zu verstehen. In Betracht kommen somit alternativ auch **Sacheinlagen oder Sachübernahmen**[35]; ein Verbot von Sacheinlagen enthält die AIFM-Richtlinie im Unterschied zu § 23 Abs. 1 Satz 3 InvG gerade nicht.[36] Jedoch enthält auch die AIFM-Richtlinie die Pflicht zur Leistung des vollen Ausgabepreises.[37]

Im Unterschied zum Investmentgesetz schränkt die AIFM-Richtlinie die Art **39** des Einsammelns des Kapitals von Anlegern nicht ein. Während nur der **öffentliche Vertrieb** unter das Investmentgesetz fällt, unterscheidet der Vertriebsbegriff des Art. 4 Abs. 1 lit. x) nicht zwischen einem öffentlichen und einem nichtöffentlichen Vertrieb (d.h. der **Privatplatzierung**). Darüber hinaus setzt das Einsammeln von Kapital **nicht einmal zwingend eine Vertriebstätigkeit** des AIFM voraus.[38] Denkbar ist auch, dass ein AIF sein gesamtes Kapital auf Eigeninitiative der Anleger einsammelt, z. B. indem sich Anleger an einen AIFM wenden, um für sie einen AIF aufzulegen und zu verwalten.[39]

Die AIFM-Richtlinie gibt auch nicht vor, dass von den Anlegern **zunächst** **40** **Kapital einzusammeln** und anschließend eine oder mehrere Vermögensgegenstände anzuschaffen sind. Ebenso zulässig ist es – wie bei typischen deutschen

---

[35] Bei Sachübernahmen handelt es sich um eine von der BaFin bisher geduldete und insbesondere bei Einanleger-Spezialfonds weit verbreitete Praxis; vgl. nur *Köndgen* in Berger/Steck/Lübbehüsen, InvG, § 23 Rn. 8.

[36] Problematisch ist jedoch, dass die AIFM-Richtlinie selbst keine Regelungen zur oftmals schwierigen Bewertung der Sacheinlage enthält.

[37] Nach Art. 21 Abs. 7 hat die Depotbank zu prüfen, ob die Anleger im Zusammenhang mit der Zeichnung von Anteilen des AIF sämtliche Zahlungen erbracht haben.

[38] Zustimmend ESMA, Discussion paper, Key concepts of the Alternative Investment Fund Managers Directive and types of AIFM, S. 10, Tz. 26.

[39] Vgl. z. B. die Stellungnahmen von EFAMA, S. 7 und dem BVI, S. 6 zum Diskussionspapier von ESMA, beide abrufbar unter http://www.esma.europa.eu/consultation/Key-concepts-Alternative-Investment-Fund-Managers-Directive-and-types-AIFM.

geschlossenen Fonds üblich -, zunächst den Vermögensgegenstand in den AIF einzubringen, um anschließend das Kapital von den Anlegern einzusammeln.

41   Aus dem Umstand, dass AIF offene oder geschlossene Fonds sein können, folgt ferner, dass es unbeachtlich ist, ob **nur bei Auflegung des AIF** Kapital eingesammelt wird (wie bei geschlossenen Fonds) oder ob **fortlaufend neue Anteile** ausgegeben werden und damit Kapital eingesammelt wird.

42   Unproblematisch ist der bei Private Equity Fonds übliche Umstand, dass die Anleger nicht sofort das Kapital einzuzahlen, sondern sich hierzu zunächst lediglich verpflichten (sog. *commitment*). Erst wenn das Management vor dem Kauf eines Zielunternehmens steht, fordert es die Anleger auf, das zugesagte Kapital einzuzahlen (sog. *draw-down*).

43   ESMA hat die Auffassung vertreten, dass es in Sonderfällen sein kann, dass ein AIF **ausnahmsweise kein (neues) Kapital einsammelt.**[40] Das angegebene Beispiel eines liquidierten Fonds, dessen Kapital ganz oder teilweise in einen anderen neu aufgelegten Fonds fließt, überzeugt jedoch nicht. In diesem Fall lassen die Anleger ihr Kapital (teilweise) stehen, obwohl sie nach der Liquidation einen Anspruch auf Rückzahlung hätten. Das Einsammeln besteht hier in dem an die Anleger herangetragenen Verzicht auf die Rückzahlung.

44   **3. Anzahl von Anlegern.** Art. 4 Abs. 1 lit. a) setzt ferner voraus, dass der AIF von einer Anzahl von Anlegern Kapital einsammelt. Damit fordert die AIFM-Richtlinie – anders als Art. 1 Abs. 2 lit. a) OGAW-RL – kein Einsammeln von Kapital beim Publikum (d.h. durch **öffentlichen Vertrieb**).[41]

45   Fraglich ist allerdings erstens, **wie viel Anleger** ein Fonds mindestens haben muss, damit von einer „Anzahl von Anlegern" die Rede sein kann. Ebenfalls unklar ist zweitens, ob es hierfür auf die **tatsächlich vorhandene Anzahl der Anleger** ankommt oder ob es bereits ausreicht, wenn der Fonds ausweislich seiner Vertragsbedingungen für eine Anzahl von Anlegern offen ist, unabhängig von der tatsächlichen Anzahl der Anleger. Die AIFM-Richtlinie enthält für beides keine Anhaltspunkte. Da dem Richtliniengeber aus den Verhandlungen die Problematik der sog. Einanleger-Spezialfonds bekannt war, dürfte davon auszugehen sein, dass er die Auslegung bewusst der Verwaltungspraxis überlassen wollte.

46   Der Wortlaut legt nahe, dass ein Fonds **mindestens zwei ein oder mehr Anleger** haben muss, um AIF sein zu können. Bereits der zentrale Begriff des „Organismus für *gemeinsame* Anlagen" (bzw. englisch: *collective* investment undertaking) verdeutlicht, dass ein AIF mehr als einen Anleger haben muss.[42] Hierfür sprechen neben dem Terminus „Anzahl von Anlegern" zum einen auch der Umstand, dass Art. 4 Abs. 1 lit. a) voraussetzt, dass ein AIF von einer Anzahl von Anlegern Kapital *einsammelt*. Hat ein Anlagevehikel nur einen Anleger, so hat er auch nur von einem Anleger Kapital eingesammelt und nicht von einer Anzahl von Anlegern. Die bloße Absicht (oder besser gesagt: der fehlende Ausschluss in den Vertragsbedingungen) auch von anderen Anlegern Kapital einsammeln zu wollen, genügt nach dem Wortlaut nicht. Zum anderen setzt auch die Formulierung „zum Nutzen dieser Anleger" das Vorhandensein einer Mehrzahl von Anlegern voraus.

47   Auch der Sinn und Zweck sowie die systematische Auslegung sprechen dafür, dass ein Fonds, um AIF sein zu können, mindestens zwei Anleger haben muss.

---

[40] ESMA, Discussion paper, Key concepts of the Alternative Investment Fund Managers Directive and types of AIFM, S. 10, Tz. 27.
[41] Siehe bereits oben Rn. 25 f.
[42] Hervorhebungen durch den Verfasser.

Die AIFM-Richtlinie regelt ausschließlich die **kollektive Vermögensverwaltung**. Wie Erwägungsgrund 9 und Art. 6 Abs. 4 lit. a) klarstellen, ist die (kollektive)Verwaltung eines AIF abzugrenzen von der individuellen Vermögensverwaltung nach der MiFID. Wer ausschließlich Vermögensverwaltungsleistungen für einen einzelnen Kunden erbringt, bedarf keiner AIFM-Zulassung. Bei der Verwaltung eines Anlagevehikels mit nur einem Anleger handelt es sich jedoch um individuelle Vermögensverwaltung.

Zu einem anderen Ergebnis könnte man allenfalls durch Anwendung eines **48** *Look-through*-**Ansatzes** kommen, wenn man darauf abstellt, ob hinter dem Alleinanleger eine Anzahl von Anlegern stehen. Mit einer solchen Begründung (der sog. **Destinatär-Theorie**) ließ die deutsche Aufsicht ab 1968 Spezialfonds mit nur einem Anleger (wie z. B. einem Versicherungsunternehmen) zu, wenn hinter diesem eine Vielzahl von (wirtschaftlich) Begünstigten (wie z. B. Versicherungsnehmer) stehen. Solche Einanleger-Spezialfonds wurden seinerzeit Individualfonds genannt.[43] Die Investmentfondsbranche und die Aufsicht hätten seinerzeit durch ein „gentlemen's agreement" sichergestellt, dass solche Fonds nicht für einen oder wenige vermögende Privatanleger aufgelegt wurden.[44] Erst 1990 wurden Spezialfonds im KAGG geregelt, ohne dass länger auf die Destinatär-Theorie abgestellt wurde.[45] Vielmehr wurde seither – formal-juristisch den Anforderungen an eine kollektive Vermögensverwaltung folgend – nicht darauf abgestellt, wie viele Anleger ein Fonds tatsächlich hat, sondern ob die Vertragsbedingungen offen für die Aufnahme weiterer Anleger sind. Zusätzlich wurden dem Alleinanleger Einflussnahmemöglichkeiten auf den Spezialfonds zugestanden, die bei der individuellen Vermögensverwaltung (§ 7 Abs. 2 Nr. 1 InvG), der Finanzportfolioverwaltung (§ 1 Abs. 1a Satz 2 Nr. 1 KWG bzw. der Anlageverwaltung (§ 1 Abs. 1a Satz 2 Nr. 11 KWG) dazu führen können, dass deren Tatbestandsvoraussetzungen entfallen.[46] Der Alleinanleger gibt der von ihm für die Auflegung des Spezialfonds ausgewählten KAG i. d. R. seine Anlagestrategie (einschließlich der Festlegung der zulässigen und unzulässigen Vermögensgegenstände und Geschäftsarten, der Anlageschwerpunkte und strategische Assetallocation sowie einen Benchmark) durch die Vertragsbedingungen vor.[47] Regelmäßig findet bei Spezialfonds eine Mitwirkung des Alleinanlegers an der Anlageentscheidung statt. Zu diesem Zweck wird i. d. R. ein **Anlageausschuss** eingerichtet. In diesem hat häufig der Alleinanleger die entscheidende Stimme.[48] Der Anlageausschuss berät die KAG hinsichtlich der Anlagepolitik und kann dabei auch Anlagevorschläge unterbreiten. Die Entscheidung über die Verwendung der Erträge wird meistens an die Zustimmung des Anlageausschusses gebunden.[49]

Dessen ungeachtet hat die deutsche Aufsicht den privilegierten (Steuer-) Status **49** von Einanleger-Spezialfonds nicht in Frage gestellt. ESMA knüpft in ihrem Dis-

[43] Vgl. eingehend *Otterbach,* Verwaltung und Besteuerung von Spezialfonds nach dem KAGG, S. 15 ff.

[44] Ebendort, S. 19 m. w. N.

[45] Ebendort, S. 20.

[46] Diese setzen u.a. voraus, dass dem Verwalter ein Entscheidungsspielraum hinsichtlich der Anlageentscheidung zusteht. Dieser fehlt, wenn Anlageentscheidungen der Zustimmung des Kunden bedürfen; vgl. hierzu eingehend unter Rn. 60 ff.

[47] *Otterbach,* Verwaltung und Besteuerung von Spezialfonds nach dem KAGG, S. 42 sowie *Steck* in Berger/Steck/Lübbehüsen, InvG, Vor §§ 91 bis 95 Rn. 16.

[48] *Steck,* ebendort, Rn. 19.

[49] *Kandlbinder,* Spezialfonds als Anlageinstrument, S. 102 ff.

kussionspapier[50] hieran nahtlos an. Ohne Auseinandersetzung mit den für eine gegenteilige Auslegung sprechenden Gründen heißt es dort apodiktisch: *„It follows from the reference to ‚a number of investors' that the AIF' rules or instruments of incorporation cannot contain provisions which restrict the sale of units/shares to a single investor".* Doch selbst wenn die **Vertragsbedingungen eine Beschränkung auf nur einen Anleger** vorsehen, soll dies laut ESMA offenbar unschädlich sein, wenn hinter diesem Alleinanleger eine Anzahl wirtschaftlich Begünstigter stehen. ESMA kombiniert damit den derzeitigen Begründungsansatz der deutschen Aufsicht für die Zulässigkeit von Einanleger-Spezialfonds mit der früher vertretenen Destinär-Theorie. Auf diese Weise bezweckt ESMA, z. B. **Master-Feeder-Strukturen** mit nur einem Feeder oder Fonds mit einem **Treuhänder**[51], der eine Anzahl von (nur mittelbaren) Anlegern vertritt, unter den Anwendungsbereich der AIFM-Richtlinie fallen zu lassen.[52] Letztendlich wird von der Verwaltungspraxis zu klären sein, wie weit hierbei der Anlegerbegriff zu ziehen ist. Die OGAW-Richtlinie und das Investmentgesetz meinen mit Anleger stets nur den unmittelbaren Anleger. Etwaige hinter einem unmittelbaren Anleger (z. B. Treuhänder) stehende mittelbare Anleger sind danach keine Anleger im Sinne des Gesetzes. Ob die Verwaltung hieran auch für geschlossene Fonds mit Treuhandkommanditisten festhalten wird, bleibt abzuwarten. Denkbar ist insoweit, den Treuhänder seinerseits als AIF anzusehen.

50   In der Praxis ist daher davon auszugehen, dass unter den eben genannten Voraussetzungen **auch Einanlegerfonds unter die Definition des AIF** fallen.[53] Für diese Auslegung könnte sich Art. 3 Abs. 1 sprechen. Dort werden solche AIFM aus dem Anwendungsbereich der Richtlinie ausgenommen, welche einen oder mehrere AIF verwalten, deren einziger Anleger der AIF ist. Dies könnte dafür sprechen, dass der Richtliniengeber AIF mit nur einem einzigen Anleger für grundsätzlich möglich hält. Allerdings ist diese Argumentation wenig überzeugend, handelt es sich bei Art. 3 Abs. 1 noch um eine nicht verallgemeinerungsfähige Ausnahmeregelung, wie unter Art. 3 Rn. 3 dargestellt, sprechen die besseren Gründe dafür, wenn es sich bei einem „AIF", dessen einziger Anleger der AIFM ist, bereits um keinen AIF handelt. Im Übrigen ist darauf hinzuweisen, dass es nach der ESMA-Definition von „Anzahl von Anlegern" niemals dazu kommen kann, dass ein AIF seinen AIFM als einziger Anleger haben kann. Laut ESMA ist diese Anforderung nie erfüllt, wenn die Vertragsbedingungen offen für weitere Anleger sind. Dies ist jedoch bei einem „AIF" mit dem AIFM als einzigen Anleger nicht der Fall und undenkbar.

---

[50] ESMA, Discussion paper – Key concepts of the Alternative Investment Fund Managers Directive and types of AIFM, S. 10 Tz. 29.

[51] Dabei scheint sich die ESMA über die weit reichenden Folgen der Anerkennung von Fonds mit einem Treuhandanleger als AIF nicht bewusst zu sein. Ist der Treuhänder professioneller Anleger, so käme demnach ausschließlich die AIFM-Richtlinie zur Anwendung, selbst wenn hinter dem Treuhänder Kleinanleger stehen. Den Mitgliedstaaten könnte es dann verwehrt sein, im Einklang mit Art. 43 Abs. 1 UAbs. 2 strengere Anforderungen an den Vertrieb an Kleinanleger zu stellen. Das Rechtsverhältnis zwischen dem wirtschaftlich Berechtigten und dem Treuhänder fällt dann bereits nicht in den Anwendungsbereich der AIFM-Richtlinie, weil der AIF allein an den Treuhänder vertrieben wird.

[52] ESMA, Discussion paper – Key concepts of the Alternative Investment Fund Managers Directive and types of AIFM, S. 10 Tz. 29.

[53] In diesem Sinne auch *Weiser/Jang* BB 2012, 1219.

4. Kollektive Anlage. In Abgrenzung zur individuellen Vermögensverwal- 51
tung bzw. zur Finanzportfolioverwaltung muss ein AIF ein Vehikel für eine **kollektive Anlage** darstellen, in dem das von den Anlegern eingezahlte Kapital
(namentlich Geld) **gepoolt**[54] wird, um gemeinsam angelegt zu werden. Eine
kollektive Anlage setzt damit grundsätzlich mindestens zwei Anleger voraus. Zu
Einanlegerfonds vgl. jedoch oben unter 3.

Mit Einzahlung des Kapitals verlieren die Anleger ihr Eigentum hieran. Im 52
Gegenzug erlangen sie kein (Allein-) Eigentum an von dem AIF erworbenen
Vermögensgegenständen, sondern einen Anteil an dem AIF und damit einen
Anteil an einer Bruchteilsgemeinschaft.[55] Dieser Anteil ist häufig in einem
Anteilsschein verbrieft; dies ist jedoch nicht zwingend.

Nach dem Grundverständnis eines Fonds als kollektivem Anlagevehikel besteht 53
das Interesse eines Anlegers zum einen – wie bei der individuellen Vermögensverwaltung – darin, das angelegte Kapital von einem externen Dienstleister (hier:
dem AIFM) verwalten zu lassen. Im Unterschied zur individuellen Portfolioverwaltung ist ein Fondsanleger jedoch daran interessiert, sein Kapital zusammen mit
anderen Anlegern anzulegen, sei es, dass sich nur so bestimmte Anlagevolumina
oder bestimmte Skaleneffekte erzielen oder sich die Kosten in ein angemessenes
Verhältnis bringen lassen. All dies ist bei einem Alleinanleger grundsätzlich nicht
der Fall.[56]

Nach der von ESMA in ihrem Diskussionspapier geäußerten Ansicht setze ein 54
AIF darüber hinaus voraus, dass **durch den späteren Verkauf der Anlagegegenstände ein Ertrag** für die Anlage erzielt werden soll. Kein AIF liege laut
ESMA-Diskussionspapier[57] vor, wenn mit der Anlage während der Lebensdauer
des Unternehmens bzw. Vehikels **laufende Erträge** aus der Verwaltung der Anlagegegenstände (wie z. B. Dividenden oder Mieteinnahmen) erzielt werden sollen.
Diese Einschätzung geht jedoch zu weit und trägt den Realitäten vieler Assetklassen
nicht ausreichend Rechnung. Im Unterschied zu vielen OGAW zeichnen sich
viele AIF (wie z. B. Immobilienfonds oder Private Equity Fonds) dadurch aus,
dass ein vergleichsweiser geringer aktiver Handel erfolgt und aus den erworbenen
Vermögensgegenständen mittelfristig substanzielle Verwaltungserlöse erzielt werden. Daher sollten auch Anlagevehikel, die primär durch die Verwaltung ihrer
Anlagegegenstände laufende Erträge erzielen, AIF sein.[58] Es ist gerade ein Wesensmerkmal typischer geschlossener Fonds, dass sie während des Lebenszyklusses des
Fonds ausschließlich laufende Erträge aus der Verwaltung der Anlagegegenstände
erzielen. Diese von der ESMA aufgeworfene Frage ist dem deutschen Vermögensanlagerecht nicht fremd. Auch im Zusammenhang mit der Anlageverwaltung wird
beim Tatbestandsmerkmal des Anschaffens und Veräußerns von Finanzinstrumenten im Schrifttum die Frage aufgeworfen, ob dieser einen laufenden aktiven Handel

---

[54] *ESMA*, Discussion paper – Key concepts of the Alternative Investment Fund Managers
Directive and types of AIFM, S. 10 Tz. 28.

[55] Vgl. auch *ESMA*, ebendort, S. 11 Tz. 33.

[56] Aber auch bei der individuellen Vermögensverwaltung lassen sich Skaleneffekte erzielen, wenn die Gelder mehrerer Kunden mit gleichartiger Anlagestrategie gepoolt werden,
d.h. dass der Portfolioverwalter sie faktisch wie bei einer kollektiven Vermögensanlage anlegt.

[57] *ESMA*, Discussion paper – Key concepts of the Alternative Investment Fund Managers
Directive and types of AIFM, S. 10 Tz. 28.

[58] Zustimmend z. B. die Stellungnahmen von EFAMA, S. 7 und dem BVI, S. 5 zum
Diskussionspapier von ESMA, beide abrufbar unter http://www.esma.europa.eu/consulta-
tion/Key-concepts-Alternative-Investment-Fund-Managers-Directive-and-types-AIFM.

voraussetzt oder ob es genügt, wenn der Anbieter lediglich zu Laufzeitbeginn Finanzinstrumente erwirbt und zum Laufzeitende wieder veräußert.[59]

55   **5. Zum Nutzen der Anleger.** Die kollektive Anlage muss ferner zum Nutzen der Anleger erfolgen. Zweck der Anlage muss daher stets die **Erzielung eines Vermögenszuwachses** sein, mag dieser z.T. auch aus der steuerlichen Privilegierung des Fonds oder der Nutzung durch die Anlage generierter steuerlicher Verlustvorträge bestehen. Unter Umständen kann dem Anleger auch bereits genügen, sein Kapital zu erhalten (bzw. gegen Risiken, wie z. B. Inflations- oder Währungsrisiken) abzusichern. Der **Kapitalzuwachs bzw. Werterhalt** muss nicht alleiniges Ziel des Anlegers sein.[60] Die Verfolgung ausschließlich nicht kommerzieller Ziele stellt hingegen keine Fondsanlage dar.[61]

56   Weitere Voraussetzung ist, dass **alle Anleger an der positiven oder negativen Wertentwicklung**[62] der Anlagegegenstände des Fonds oder dessen Liquidation am Ende des Lebenszyklus **partizipieren.**[63] Dies geschieht durch einen entsprechend gestiegenen oder gesunkenen Wert des Fondsanteils und über die Höhe der ausgeschütteten oder thesaurierten Gewinne. Grundsätzlich partizipieren alle Anleger dabei pro gezeichnetem Anteil in selber Weise. Für bestimmte Assetklassen gelten jedoch Ausnahmen. Z.B. partizipiert das Management von Private Equity Fonds gemessen am eigenen Kapitaleinsatz überproportional. Der überschießende Teil stellt eine erfolgsabhängige Vergütung dar (Leistungsanreiz).

57   **6. Auf der Grundlage einer festgelegten Anlagestrategie.** Die Anlage eines AIF muss schließlich auf der Grundlage einer **festgelegten Anlagestrategie** erfolgen. Im Publikumsfondsbereich gibt der Fondsinitiator oder der AIFM den Investoren die Anlagestrategie in Form der Allgemeinen und Besonderen Vertragsbedingungen vor. Demgegenüber ist es bei Spezialfonds und anderen Fonds für professionelle Anleger üblich, dass der oder die Anleger vor Auflegung des Fonds entweder einseitige Vorgaben an die Anlagestrategie (einschließlich der Festlegung der zulässigen und unzulässigen Vermögensgegenstände und Geschäftsarten, der Anlageschwerpunkte und strategischen Assetallokation sowie einen Benchmark) machen oder dass hierüber verhandelt wird.[64] Dies ist, wie oben ausgeführt, solange unschädlich, wie dem **AIFM ein Entscheidungsspielraum** hinsichtlich der konkreten Anlageentscheidungen verbleibt.[65] Auch bei Fonds professioneller Anleger ist die Anlagestrategie in den Vertragsbedingungen bzw.

---

[59] Vgl. nur *v. Livonius/Bernau* WM 2009, 1216 (1218), welche sich dafür aussprechen, die Anlageverwaltung auf Fälle des laufenden aktiven Handels mit Finanzinstrumenten zu beschränken. Dies findet jedoch keine hinreichende Stütze im Gesetz.

[60] Auch mit der Anlage in sog. Ethikfonds oder Mikrofinanzfonds verfolgt der Anleger das Ziel des eigenen Kapitalzuwachses. Unbeachtlich ist, dass der Anleger daneben u.U. auch bestimmte soziale Projekte fördern möchte oder bereit ist, hierfür auf eine höhere Rendite zu verzichten.

[61] Vgl. *ESMA*, Discussion paper – Key concepts of the Alternative Investment Fund Managers Directive and types of AIFM, S. 10 Tz. 25.

[62] Eine Ausnahme bilden Garantiefonds, bei denen das Verlustrisiko ausgeschlossen oder begrenzt ist. Auch Garantiefonds können AIF sein, weil Anleger jedenfalls an seiner positiven Weiterentwicklung partizipieren.

[63] Vgl. zur Anlagevermittlung ebenso *v. Livonius/Bernau* WM 2009, 1216 (1219).

[64] *Steck* in Berger/Steck/Lübbehüsen, InvG, Vor §§ 91 bis 95 Rn. 16.

[65] Gibt z. B. ein Anleger dem Fondsinitiator eines Einobjektefonds vor, in welches Objekt der Fonds zu investieren hat, so findet demgemäß die AIFM-Richtlinie keine Anwendung.

der Satzung des AIF niederzulegen.[66] Die Anlagestrategie muss ebenso wie die Vertragsbedingungen als Ganzes spätestens feststehen, wenn die Anteile am AIF an die Anleger ausgegeben werden bzw. wenn – wie z. B. bei Private Equity Fonds – die Einzahlungsverpflichtungen der Anleger verbindlichen Charakter erlangen.[67] Die Anlagestrategie enthält die von dem AIFM zu beachtenden Anlagerichtlinien. Hierzu gehören u.a. folgende Vorgaben: nur in bestimmte Kategorien von Vermögensgegenstände anzulegen, eine bestimmte Assetallokation einzuhalten, bestimmte Strategien (wie z. B. Buy-and-hold) zu verfolgen, in bestimmten geografischen Regionen zu investieren, Beschränkungen zum Fremdkapitaleinsatz, bestimmte Mindesthaltefristen und die Einhaltung von Vorgaben zur Risikodiversifikation.[68]

Die **Anlagestrategie** muss ausdrücklich festgelegt sein und **den Anlegern** **58** **vor ihrer Anlage**[69] **mitgeteilt** werden. Änderungen der Anlagestrategie müssen ebenfalls den Anlegern mitgeteilt werden; vielfach sind solche Änderungen nur mit Zustimmung der Anleger möglich.[70]

Durch ihre Anlagestrategie unterscheiden sich AIF von gewöhnlichen Unter- **59** nehmen. Selbst eine relativ allgemein gehaltene Anlagestrategie eines AIF enthält gewöhnlich klarere Vorgaben als der Gesellschaftsvertrag von Unternehmen. Bei letzteren wird der Gesellschaftszweck bzw. die Geschäftsaktivität meist vergleichsweise abstrakt gefasst.[71]

7. Fremdverwaltung. Wie die individuelle Vermögensverwaltung, die **60** Finanzportfolioverwaltung und die Anlageverwaltung stellt auch die Verwaltung eines AIF eine **Dienstleistung für Dritte** dar. Ein AIFM verwaltet nicht oder jedenfalls nicht ausschließlich[72] eigenes Vermögen, sondern erbringt eine Leistung für Dritte (d.h. die Investoren).[73] Das liegt bei externen AIFM auf der Hand, gilt jedoch auch bei **selbstverwalteten AIF,** die zumeist in der Gesellschaftsform aufgelegt werden. Zwar verwalten dessen Organe (i. d. R. Vorstand) das Vermögen des AIF und erlangen die Anleger mitgliedschaftliche Rechte und Pflichten. Auch hier ist der AIF jedoch nur ein zwischengeschaltetes Vehikel. Nach der insoweit maßgebenden wirtschaftlichen Betrachtung verwaltet der AIF (bzw. dessen Organe) das Vermögen der Investoren, also fremder Personen.[74]

Ebenso wie bei der individuellen Vermögensverwaltung, der Finanzportfolio- **61** verwaltung und der Anlageverwaltung ist es Sinn und Zweck eines Fonds, dass

---

[66] Vgl. *ESMA*, Diskussionspapier, S. 11 Tz. 31.

[67] Ebendort.

[68] Ebendort.

[69] Dies muss spätestens zu dem Zeitpunkt geschehen sein, in dem sich Anleger rechtsverbindlich zur Einzahlung verpflichten. Bei Private Equity Fonds ist somit maßgebender Zeitpunkt das *commitment* und nicht erst der *draw-down.*

[70] *ESMA*, Diskussionspapier, S. 11, Tz. 31.

[71] Ebendort.

[72] Unbeachtlich ist somit, ob der AIFM – wie häufig bei Hedgefonds und Private Equity Fonds – zwecks Gleichlauf der Interessen auch eigenes Kapital investiert.

[73] Nach der Grundkonzeption des EU-Finanzdienstleistungsrechts stellt die Verwaltung eigenen Vermögens keine zulassungspflichtige Tätigkeit dar. Eine Ausnahme bildet jedoch das Eigengeschäft gemäß § 1 Abs. 1a Satz 3 KWG.

[74] Vgl. ausdrücklich Art. 2 Abs. 2 lit. b) AIFM-RL zu AIF des Gesellschaftstyps. Auch die Gesetzesbegründung zur Anlageverwaltung bringt unmissverständlich zum Ausdruck, dass gesellschaftsrechtliche Anlageformen als Fremdverwaltung angesehen werden; vgl. BT-Drs. 16/11130, S. 43; vgl. hierzu auch *Klebeck/Kolbe* ZIP 2010, 215 (216).

der Vermögensinhaber die Anlageentscheidungen einem professionellen Vermögensverwalter überträgt. Behält sich der **Vermögensinhaber** hingegen weiterhin
die **(Letzt-) Entscheidung** vor, so liegt weder eine individuelle noch eine kollektive Vermögensverwaltung vor. Dies ist immer dann der Fall, wenn Anlageentscheidungen die Zustimmung des oder der Anleger(s) bedürfen. Hingegen soll
ein reines Vetorecht der Anleger unschädlich sein[75]; insoweit dürfte es allerdings
auf die Umstände des Einzelfalls und die tatsächliche Handhabung ankommen.[76]
Keine Vermögensverwaltung für Dritte liegt ferner vor, wenn der oder die **Anleger dem Verwalter Weisungen erteilen** können.[77] Auch hier kommt es jedoch
nicht darauf an, ob der Wille des oder der Anleger(s) in einer formellen Weisung
zum Ausdruck kommt oder ob die Anleger informell Einfluss auf Anlageentscheidungen nehmen (z. B. über einen Anlageausschuss). Bereits wenn der Verwalter
Wünsche der Anleger regelmäßig umsetzt, kann von keiner (individuellen oder
kollektiven) Vermögensverwaltung die Rede sein.[78] Je nach Einzelfall handelt es
sich dann – soweit Finanzinstrumente betroffen sind – um eine Anlagevermittlung,
-beratung oder eine Abschlussvermittlung.

62   Das Erfordernis eines eigenen Entscheidungsspielraums des AIFM hat bei typischen deutschen geschlossenen Fonds, bei denen das (oder seltener die) Anlageob-
jekt(e) bereits vor Vertrieb feststehen zur Folge, dass AIFM nicht derjenige ist,
der das/die **Anlageobjekt(e) nur operativ verwaltet,** sondern wer die Entscheidung trifft, welches Anlageobjekt und zu welche Konditionen in den Fonds
eingebracht werden soll.[79] Denn bereits hieraus ergeben sich die wesentlichen
Anlagerisiken.[80]

63   Eine individuelle oder kollektive Vermögensverwaltung setzt stets voraus, dass
die Vermögensinhaber dem **Verwalter im Wesentlichen die Anlageentscheidungen überlassen.** Ebenso dürfen die Anleger nicht faktisch die Verwaltung
der Vermögensgegenstände des AIF ausüben.[81] Unschädlich ist hierbei, wenn die
professionellen Anleger dem Verwalter eine auf ihre individuellen Wünsche und
Bedürfnisse (wie z. B. aufsichtsrechtliche Anforderungen an Kreditinstitute, Versicherungsunternehmen oder Pensionsfonds) zugeschnittene Anlagestrategie und
-politik vorgeben. Diese können oftmals bereits sehr detailliert sein und z. B.

---

[75] Vgl. nur die herrschende Meinung zur Finanzportfolioverwaltung BVerwG, BKR
2005, 200 (201); *Schäfer* in Boos/Fischer/Schulte-Mattler, KWG, 4. Aufl., § 1 Rn. 125; *Sethe,*
Anlegerschutz im Recht der Vermögensverwaltung, S. 585 ff.

[76] Maßgebend ist daher nicht, ob die Vertragsbedingungen einen Zustimmungsvorbehalt
oder ein Vetorecht vorsehen, sondern in welcher Weise und wie häufig die Anleger von
dem Vetorecht Gebrauch machen. Je häufiger sie hiervon Gebrauch machen, desto weniger
kann von einer Fremdverwaltung die Rede sein. Zu berücksichtigen ist auch, ob und in
welchem Umfang Anleger informell Einfluss auf Anlageentscheidungen nehmen (z. B. über
einen Anlageausschuss).

[77] *v. Livonius/Bernau* WM 2009, 1216 (1220) zur Anlageverwaltung und unter Verweis
auf die Verwaltungspraxis der BaFin zu Investmentclubs.

[78] Keinesfalls tolerierbar ist die Einflussnahme des Anlegers auf das Tagesgeschäft des AIF.

[79] Vgl. eingehend unter Art. 5 Rn. 31.

[80] Nicht überzeugend ist der Versuch *v. Livonius/Bernau* WM 2009, 1216 (1222) in derartigen Fällen einen Entscheidungsspielraum damit zu verneinen, dass „dem Emittenten der
Erwerb bestimmter Finanzinstrumente durch den Prospekt, die Struktur und das Auszahlungsprofil des jeweiligen Zertifikats quasi vorgegeben ist". Sie verkennen, dass es gerade der
Emittent ist, der typischerweise diese Vorgaben macht.

[81] ESMA, Diskussionspapier, S. 11 Tz. 34.

eine prozentuale Aufteilung der Anlagen auf bestimmte Assetklassen beinhalten. Innerhalb dieser Vorgaben muss dem Verwalter jedoch ein **Entscheidungsspielraum verbleiben**. Ist dies nicht der Fall, so kann der Investor nicht die an das Vorhandensein eines Fonds geknüpften Vorteile für sich reklamieren, obwohl er faktisch selbst sein eigenes Vermögen verwaltet.

Durch die Fremdverwaltung unterscheidet sich ein AIF von einem typischen **64 Joint-Venture**. Bei einem Joint-Venture erfolgt die Verwaltung i. d. R. durch alle oder einen der zusammengeschlossenen Akteure (d.h. der „Anleger"). Regelmäßig übernimmt einer der Anleger die operative Geschäftsführung. Strategische Entscheidungen werden von allen Anlegern getroffen.[82] Zu diesem Zweck werden bestimmte wesentliche Entscheidungen in dem Gesellschaftsvertrag unter den Vorbehalt der Zustimmung aller Partner des Joint-Ventures gestellt.[83] Ein Joint-Venture (z. B. in der Immobilienbranche) ist ein (zumeist) projektbezogener Zusammenschluss von zwei oder mehr Akteuren zur Verfolgung eines gemeinsamen Ziels zum Vorteil aller beteiligten Akteure (wie z. B. zwecks Projektentwicklung oder Ankauf und Bestandsbewirtschaftung einer Immobilie). Ein Joint-Venture ermöglicht es den Akteuren, Ressourcen zu poolen.[84]

8. Keine Risikomischung erforderlich. Nach Art. 1 Abs. 2 lit. a) OGAW- **65** RL liegt ein OGAW nur vor, wenn dessen Anlagen nach dem **Grundsatz der Risikomischung** erfolgen. § 1 Satz 2 InvG hat dies für alle unter das Investmentgesetz fallende Anlageformen übernommen. Der Grundsatz der Risikomischung entstammt der finanzökonomischen Portfoliotheorie.[85] Die Risikomischung soll dem Schutz von (Klein-) Anlegern dienen, die i. d. R. weder über ausreichend Vermögen verfügen, um es auf verschiedene nicht diversifizierte Anlagen zu streuen noch sich im Einzelnen des Erfordernisses einer Risikomischung bewusst sind. Nach der Verwaltungspraxis der BaFin bedarf es hierzu einer (quantitativen) Risikostreuung und einer (qualitativen) Risikomischung.[86] Die **Risikostreuung** setzt dabei die Verteilung des Anlagekapitals auf eine möglichst große Zahl von Anlagegegenständen voraus. Die **Risikomischung** erfordert daneben, auf eine möglichst unterschiedliche Wertentwicklung der Einzelanlagen (sog. negative Korrelation) zu achten.[87] Allerdings ist auch in der OGAW-Richtlinie und im Investmentgesetz in jüngerer Zeit eine weniger strenge Anwendung des Grundsatzes der Risikomischung zu beobachten.[88] Dieser Bedeutungswandel trägt letztlich dem Umstand Rechnung, dass sich die OGAW-Richtlinie und das KAGG/Investmentgesetz immer stärker vom Leitbild des risikoscheuen Kleinanlegers getrennt und sich dem institutionellen oder semi-institutionellen Anleger geöffnet

---

[82] Vgl. hierzu auch die Stellungnahmen von EFAMA, S. 5 und von EPRA, S. 2 f. zu ESMA, Diskussionspapier. Maßgebend sind wiederum nicht allein die vertraglichen Rechte, sondern die gelebte Praxis.

[83] Vgl. etwa Stellungnahme von EPRA, S. 3, zu ESMA, Diskussionspapier.

[84] In zahlreichen Drittstaaten sind Joint-Ventures mit einheimischen Unternehmen die einzige Möglichkeit für Ausländer, um in dem Staat wirtschaftlich tätig werden zu können.

[85] Vgl. nur *Fleischer/Schmolke* ZHR 2009, 648 (668 f.) sowie *Schäfer,* Anlegerschutz und die Sorgfalt eines ordentlichen Kaufmanns bei der Anlage der Sondervermögen durch Kapitalanlagegesellschaften, S. 58 ff.

[86] Vgl. BaFin-Schreiben WA 41 – Wp 2136 – 2008/0001 vom 28.7.2009, S. 5. Eingehend hierzu *Köndgen* in Berger/Steck/Lübbehüsen, InvG, § 1 Rn. 26.

[87] Ebendort.

[88] § 62 InvG erlaubt z. B. für Schuldtitel der öffentlichen Hand Ein-Emittentenfonds.

haben. Gleichwohl fordert das Investmentgesetz z. B. für offenen Immobilien-Publikumsfonds gemäß § 73 InvG eine Mindestanlage in sieben Immobilien. Offene Immobilien-Spezialfonds können hiervon nach § 91 Abs. 3 InvG abweichen. Gleichwohl sind auch sie an den allgemeinen Grundsatz der Risikomischung gemäß § 1 Abs. 1 Satz 2 InvG gebunden. Eine Investition des gesamten Anlagekapitals in nur ein Anlageobjekt ist auch Spezialfonds – mit Ausnahme von Sonderfällen[89] – nicht gestattet.[90]

66   Demgegenüber setzt die **Anlageverwaltung** gemäß § 1 Abs. 1a Satz 2 Nr. 11 KWG **keine Risikomischung** voraus.[91] Auch zahlreiche bisher nicht regulierte Fondstypen (wie namentlich typische geschlossene Fonds) legen nicht nach dem Grundsatz der Risikomischung an. So besteht ein großer Anteil deutscher **geschlossener Fonds in Einobjektefonds.** Auch viele Private Equity Fonds legen das Anlagekapital in nur wenige Unternehmen an. Der Richtliniengeber der AIFM-Richtlinie war sich dieser tatsächlichen Umstände bewusst. Zudem hat er im Hinblick darauf, dass die Richtlinie im Wesentlichen nur für an professionelle Anleger vertriebene AIF greift, **keine Verpflichtung zur Risikomischung** aufgenommen. Der Richtliniengeber unterstellt dabei, dass professionelle Anleger sowohl aufgrund ihrer Vermögensverhältnisse als auch ihrer Anlageerfahrungen in der Lage sind, z. B. durch Anlage in mehrere AIF selbst für eine Risikomischung zu sorgen. Da eine Verpflichtung zur Risikomischung eine fondsbezogene Regelung darstellt, bleibt es den Mitgliedstaaten jedoch überlassen, für professionelle Anleger und erst recht für **Kleinanleger** nach nationalem Recht eine Verpflichtung zur Risikomischung vorzuschreiben.[92] Deutschland beabsichtigt, bei geschlossenen Publikums-AIF – abweichend von der geltenden Praxis – einen Grundsatz der Risikomischung einzuführen. Einobjektefonds, die bisher die große Mehrzahl der geschlossenen Fonds bilden, dürfen dann nur unter bestimmten Voraussetzungen an sog. Privatanleger vertrieben werden. Dies ist u.a. erst ab einer Mindestanlage von 20.000 € zulässig.

67   **9. Erwerb einer unternehmerische Kontrolle.** Sowohl die OGAW-Richtlinie (vgl. Art. 56 Abs. 1) als auch das Investmentgesetz beruhen auf dem Grundsatz der (passiven) kapitalwertsichernden Geldanlage. Demgemäß dürfen OGAW zwar in Unternehmen investieren; sie dürfen hierdurch jedoch keine sog. **unternehmerische Beteiligung** erlangen, die es ihnen (z. B. aufgrund ihrer Stimmrechte) ermöglicht, einen beherrschenden Einfluss auf das Unternehmen auszuüben.[93]

68   Demgegenüber ist es gerade ein **Wesensmerkmal von Private Equity und Venture Capital Fonds** sowie in geringerem Umfang bei sog. aktivistischen Hedgefonds, einen (beherrschenden) Einfluss auf das Zielunternehmen auszuüben. Dies steht der Anwendung der AIFM-Richtlinie nicht entgegen. Vielmehr

---

[89] Ein Ausnahmefall liegt vor, wenn der Spezialfonds als Feeder sein gesamtes Anlagevermögen in einen Masterfonds anlegt.

[90] *Steck* in Berger/Steck/Lübbehüsen, InvG, § 91 Rn. 14 f.

[91] *v. Livonius/Bernau* WM 2009, 1216 (1219).

[92] Laut Erwägungsgrund 10 steht es den Mitgliedstaaten frei, fondsgebundene Regelungen aufrechtzuerhalten oder neu zu erlassen.

[93] Bei *Pfüller/Schmitt* in Brinkhaus/Scherer, AuslInvestmentG, § 1 Rn. 55 heißt es, dass ein beherrschender Einfluss auf Beteiligungsunternehmen mit dem Wesen des Investments nicht vereinbar sei. Vgl. auch Ziffer I.4. des BaFin-Rundschreibens 14/2008 (WA) zum Anwendungsbereich des Investmentgesetzes vom 22.12.2008.

enthält diese in Art. 26 ff. selbst Regelungen zu AIF, welche die Kontrolle über Unternehmen erlangen.

10. Sonderfragen. a) Mehrstufige AIF-Strukturen. In der Praxis sind nicht 69 selten mehrstufige Fondsstrukturen (namentlich **Master-Feeder-** oder **Dachfondskonstruktionen**) anzutreffen, sodass zu klären ist, wie die AIFM-Richtlinie auf sie und ihre Verwalter anzuwenden ist.

Wie schon die OGAW-Richtlinie (vgl. z. B. Art. 58 Abs. 1) erfasst auch die 70 AIFM-Richtlinie **jeden einzelnen Fonds** und seinen Verwalter, der in einer mehrstufigen Fondsstruktur beteiligt ist.[94] Bei einer Master-Feeder-Struktur unterfallen somit **sowohl der Master- als auch alle Feeder-AIF**[95] dem Anwendungsbereich der AIFM-Richtlinie, sofern die Voraussetzungen des Art. 2 Abs. 1 und 2 erfüllt sind.[96]

Sowohl nach der OGAW- als auch nach der AIFM-Richtlinie muss nicht nur 71 der **Master-AIF,** sondern auch der **Feeder-AIF** einen Verwalter haben. **Beide Verwalter benötigen eine AIFM-Zulassung,** werden laufend überwacht und müssen jederzeit die Anforderungen der Richtlinie einhalten. Dies gilt uneingeschränkt auch für den Verwalter des Feeder-AIF, auch wenn dessen Verwaltungstätigkeit von geringem Umfang ist, weil ein Feeder-AIF mindestens 85 Prozent seines Vermögens in einen Master-AIF anlegen muss.

Dasselbe gilt auch für **Dachfondsmanager.** Auch sie unterliegen im vollen 72 Umfang der AIFM-Richtlinie, unabhängig davon, dass die unmittelbare Verwaltung der konkreten Vermögensgegenstände durch die Verwalter der Zielfonds erfolgt.

b) Anlage über Zweckgesellschaften/SPV. In manchen Fällen erwirbt der 73 AIF nicht oder nicht unmittelbar die Anlagegegenstände. Z.B. bei Immobilienfonds oder Private Equity Fonds ist die Zwischenschaltung von Zweckgesellschaften (sog. **Special Purpose Vehicle** oder **SPV**) häufig (vgl. nur § 68 InvG zu Immobiliengesellschaften). In Fondsstrukturen mit Nutzung von SPV ist der AIF „Mutterunternehmen". Nur der Verwalter des AIF unterliegt der AIFM-Richtlinie. Die Geschäftsführer des SPV sind kein AIFM, selbst wenn an dem SPV mehrere Geldgeber beteiligt sind. Der AIF bzw. sein AIFM hat jedoch über **Kontrollrechte** sicherzustellen, dass das SPV alle Anforderungen der AIFM-Richtlinie erfüllt.[97]

c) Verhältnis zur Anlageverwaltung (§ 1 Abs. 1a Satz 2 Nr. 11 KWG). 74 Deutschland hat die kollektive Vermögensverwaltung bisher nicht abschließend

---

[94] Dies zeigt sich schon daran, dass in Art. 4 Abs. 1 neben dem Feeder-AIF (lit. m)) auch der Master-AIF (lit. y) definiert ist und den Vertriebs- und Drittstaatenregelungen den Vertrieb von Feeder-AIF an bestimmte Voraussetzungen an den Master-AIF knüpfen.

[95] In einer Master-Feeder-Struktur dürfen laut Art. 58 Abs. 1 OGAW-Richtlinie sowie Art. 4 Abs. 1 lit. m) und y) AIFM-Richtlinie entweder nur OGAW oder aber nur AIF beteiligt sein. Strukturen teils mit OGAW und teils mit AIF scheiden somit aus.

[96] Hinzuweisen ist darauf, dass nicht jede in der Praxis bisher verwendete Master-Feeder-Struktur von der AIFM-Richtlinie auch als Master-Feeder-Struktur angesehen wird. Nur solche Strukturen, welche die Anforderungen der Legaldefinition des Feeder-AIF (Art. 4 Abs. 1 lit. m)) und des Master-AIF (Art. 4 Abs. 1 lit. y)) erfüllen, werden als Master-Feeder-AIF angesehen.

[97] Vgl. auch Stellungnahme des BVI, S. 6 zum ESMA Diskussionspapier, abrufbar unter http://www.esma.europa.eu/consultation/Key-concepts-Alternative-Investment-Fund-Managers-Directive-and-types-AIFM.

im Investmentgesetz geregelt. Auch das Kreditwesengesetz enthält in § 1 Abs. 1a Satz 2 Nr. 11 mit der **Anlageverwaltung** eine erlaubnispflichtige Tätigkeit der kollektiven Vermögensverwaltung. Ziel dieser Regelung ist es, kollektive Anlagemodelle, bei denen Privatanleger an einem Portfolio aus Finanzinstrumenten partizipieren, zur Verbesserung des Anlegerschutzes und zu Schutz der Integrität der Finanzmärkte einer Institutsaufsicht nach dem Kreditwesengesetz zu unterstellen.[98] Die Anlageverwaltung ist gegenüber den im Investmentgesetz als lex specialis geregelten Formen der kollektiven Vermögensanlage subsidiär. Dieser Tatbestand wurde 2009 eingefügt, nachdem das Bundesverwaltungsgericht[99] am 27.2.2008 die vorherige Verwaltungspraxis der BaFin, verschiedene nicht unter das Investmentgesetz fallende Formen der kollektiven Vermögensverwaltung als erlaubnispflichtiges Finanzkommissionsgeschäft zu behandeln, für unzulässig erklärt hat.

75   Die Einführung der **Anlageverwaltung** ist eine **Folge des formellen Investmentbegriffs** der OGAW-Richtlinie und des Investmentgesetzes. Dieser hat zur Folge, dass alle nicht die formellen Vorgaben des Investmentgesetz erfüllenden sonstigen Formen der kollektiven Vermögensanlage nicht dem Investmentgesetz unterfallen (z. B. weil die Anlage nicht über ein Sondervermögen oder eine Investmentaktiengesellschaft erfolgt oder der Verwalter keine KAG ist). Mit der Einfügung der Anlageverwaltung erkannte der deutsche Gesetzgeber die Notwendigkeit an, auch nicht vom Investmentgesetz erfasste Formen der kollektiven Anlage zu regulieren, um einen Anlegerschutz zu gewähren. Allerdings ist die Anlageverwaltung bewusst nicht als Auffangtatbestand für alle sonstigen Formen der kollektiven Vermögensanlage konzipiert. Die Anlageverwaltung wird definiert als „die Anschaffung und die Veräußerung von Finanzinstrumenten für eine Gemeinschaft von Anlegern, die natürliche Personen sind, mit Entscheidungsspielraum bei der Auswahl der Finanzinstrumente, sofern dies ein Schwerpunkt des angebotenen Produktes ist und zu dem Zweck erfolgt, dass diese Anleger an der Wertentwicklung der erworbenen Finanzinstrumente teilnehmen". Keine Anlageverwaltung liegt demnach vor, wenn eine kollektive Vermögensverwaltung auch an nicht natürliche Personen erbracht wird und deren Schwerpunkt in anderen Vermögensgegenständen als Finanzinstrumente hat.

76   Der Tatbestand der Anlageverwaltung überschneidet sich demgemäß zum Teil mit dem Anwendungsbereich der AIFM- sowie der OGAW-Richtlinie. Beide gehen als **lex specialis** vor.

77   Bestimmte, **nicht unter die Definition des AIF fallende Produkte** (wie z. B. **Optionen** und **Zertifikate**)[100] unterfallen daher zumindest über die Anlageverwaltung der Institutsaufsicht des Kreditwesengesetzes, soweit diese Produkte jedenfalls auch an natürliche Personen vertrieben werden.

78   **d) Künftige Zulässigkeit der kollektiven Vermögensverwaltung in anderen als vom KAGB zugelassenen Rechtsformen.** Wie dargelegt, ist ab dem 22.7.2013 die kollektive Vermögensverwaltung durch inländische Akteure nur noch nach Maßgabe des Kapitalanlagegesetzbuches bzw. der subsidiären Anlageverwaltung gemäß § 1 Abs. 1a Satz 2 Nr. 11 KWG zulässig. Der KAGB-Kabinettsentwurf enthält sowohl für AIFM (vgl. § 18) als auch für AIF (vgl. §§ 91

---

[98] Vgl. Entwurf eines Gesetzes zur Fortentwicklung des Pfandbriefrechts, BT-Drs. 16/11130, S. 28.

[99] WM 2008, 1359 ff. Vgl. hierzu eingehend *v. Livonius/Bernau* WM 2009, 1216 f.

[100] Vgl. *v. Livonius/Bernau* WM 2009, 1216 (1217).

und 139) zwingende Vorschriften zur Rechtsform.[101] Hieraus folgt, dass ab dem 22.7.2013 keine inländischen Verwalter mehr in Deutschland Investmentfonds verwalten und vertreiben dürfen, welche nicht die vorgegebenen Rechtsformen beachten. Etwas anderes gilt jedoch für sog. kleine AIFM, die gemäß § 2 Abs. 4 KAGB-Kabinettsentwurf weitgehend aus dem Anwendungsbereich des KAGB ausgenommen sind. Für geschlossenen Fonds sind zudem die Übergangsbestimmungen des Art. 61 zu beachten. Hingegen können EU-AIFM AIF auch dann auf der Grundlage des EU-Vertriebspasses an deutsche professionelle Anleger vertreiben, wenn der EU-AIFM und/oder der AIF eine andere Rechtsform hat als für inländische Kapitalverwaltungsgesellschaften bzw. AIF vorgeschrieben. Maßgebend sind insoweit nur die nationalen Rechtsvorschriften des betreffenden Herkunftsstaates bzw. ergänzend Art. 4 Abs. 1 lit. b) AIFM-RL, welcher für AIFM zwingend die Rechtsform einer juristischen Person fordert.

E. Von der Richtlinie ausgenommene Gesellschaften bzw. Organisationen (Abs. 3)

I. Einleitung

Wie schon beim früheren Auslandsinvestment-Gesetz führt der materielle **79** Investmentbegriff auch bei der AIFM-Richtlinie zu der Notwendigkeit, AIFM bzw. AIF von anderen Anlageformen abzugrenzen. Dabei verfangen sich – bildlich gesprochen – im Netz des allumfassenden Ansatzes auch einige Fische, die zurück ins Meer zu werfen sind. Dies war bereits der EU-Kommission bewusst, als sie ihren Vorschlag vorgelegte. Art. 2 Abs. 2 des Kommissionsvorschlags enthielt bereits zahlreiche Ausnahmen. In den Verhandlungen mit dem Rat und dem Europäischen Parlament wurde diese Liste noch erweitert. Zugleich wurden andere Organisationen, bei denen relativ klar war, dass sie nicht unter die AIFM-Richtlinie fallen, aus der Liste gestrichen (zu Letzteren vgl. unter F.).

II. Holdinggesellschaften (Abs. 3 lit. a))

Nach Abs. 3 lit. a) sind **Holdinggesellschaften** aus dem Anwendungsbereich **80** der Richtlinie ausgenommen. Allerdings sind nicht jegliche Holdinggesellschaften ausgenommen, sondern nur solche, welche unter die Definition der Holdinggesellschaft in Art. 4 Abs. 1 lit. o) fallen.

1. Hintergrund. Der weitreichende materielle Investmentbegriff macht es **81** erforderlich, AIF von **industriellen Holdinggesellschaften** abzugrenzen.[102] Zweck industrieller Holdinggesellschaften ist es, über das Halten von Gesellschaftsanteilen unternehmerischen Einfluss auf Beteiligungsunternehmen auszuüben, sie zu kontrollieren und zu verwalten.[103] Die Holdinggesellschaft ist selbst nicht operativ tätig. Derartige Holdinggesellschaften sind als Konzernobergesell-

---

[101] Ersteres konkretisiert Art. 4 Abs. 1 lit. b) AIFM-RL und Letzteres stellt eine nach Erwägungsgrund 10 zulässige Form der nationalen Fondsregulierung dar.

[102] Die Ausnahme für industrielle Holdinggesellschaften ist erst in den Verhandlungen in den Richtlinientext aufgenommen worden.

[103] So bereits die Definition des Reichsfinanzhofs aus dem Jahre 1930, RFHE 26, 254 sowie *Pfüller/Schmitt* in Brinkhaus/Scherer, KAGG/Auslandsinvestment-Gesetz, AuslInvG, § 1 Rn. 56.

schaften in allen Unternehmensbranchen anzutreffen.[104] Anhand ihres unternehmerischen Einflusses sind derartige Holdinggesellschaften leicht von OGAW sowie sonstigen Investmentvermögen nach dem Investmentgesetz abzugrenzen.[105] Die Abgrenzung zu AIF ist jedoch schwieriger, weil z. B. Private Equity und Venture Capital Fonds ebenfalls unternehmerischen Einfluss auf Zielunternehmen ausüben und die AIFM-Richtlinie dies auch gestattet (vgl. Art. 26 ff.).

82   **2. Notwendige Abgrenzung zu Private Equity Investitionen.** Der Richtliniengeber hat davon abgesehen, sämtliche Arten von Holdinggesellschaften aus dem Anwendungsbereich der AIFM-Richtlinie auszunehmen. Dies hat seinen Grund darin, weil auch **für Private Equity Investitionen Holdinggesellschaften** gebräuchlich sind. Häufig werden im Rahmen von Private-Equity-Transaktionen ein oder mehrere operativ tätige Portfoliounternehmen über eine Holdinggesellschaft gehalten.[106] Um eine Umgehung der AIFM-Richtlinie durch Nutzung von Holdinggesellschaften zu vermeiden, hat der Richtliniengeber in Art. 4 Abs. 1 lit. o) versucht, industrielle Holdinggesellschaften von Holdinggesellschaften abzugrenzen, welche für Private Equity Investitionen genutzt werden. Zu diesem Zweck wird der Geschäftsgegenstand von industriellen Holdinggesellschaften dahingehend umschrieben, dass sie durch ihre Tochtergesellschaften, verbundenen Unternehmen oder Beteiligungen eine Geschäftsstrategie zur **Förderung des langfristigen Werts der Beteiligungsunternehmen** verfolgen. Hiervon werden solche Holdinggesellschaften unterschieden, deren Hauptzweck darin besteht, ihren Anlegern durch Veräußerung ihrer Tochterunternehmen oder verbundenen Unternehmen eine **Rendite** zu verschaffen.[107]

III. Einrichtungen der betrieblichen Altersversorgung (Abs. 3 lit. b))

83   Abs. 3 lit. b) nimmt **Einrichtungen der betrieblichen Altersversorgung** (namentlich Pensionsfonds) gemäß Richtlinie 2003/41/EG (sog. IORP-Richtlinie)[108], in Deutschland umgesetzt durch §§ 112 ff. VAG, und ihre Verwalter aus dem Anwendungsbereich der AIFM-Richtlinie aus. Dies gilt jedoch ausdrücklich nur, sofern sie keine AIF verwalten

84   **1. Pensionsfonds als kollektive Vermögensverwaltung.** Die Herausnahme der Pensionsfonds aus dem Anwendungsbereich der AIFM-Richtlinie überrascht auf den ersten Blick, weil das Geschäft der Pensionsfonds denen von Investmentfonds ähnelt.[109] Beide betreiben eine **kollektive Vermögensanlage.**

---

[104] So ist beispielsweise der Allianz-Konzern mit der Allianz SE als Holdinggesellschaft und zahlreichen operativen Tochtergesellschaften (wie z. B. der Allianz Deutschland AG und der Allianz Global Investors AG) aufgestellt; vgl. nur http://de.wikipedia.org/wiki/Allianz_ SE.

[105] *Pfüller/Schmitt* in Brinkhaus/Scherer, KAGG/Auslandsinvestment-Gesetz, AuslInvG, § 1 Rn. 56.

[106] Vgl. nur *Hertz-Eichenrode/Illenberger/Jesch/Keller/Klebeck/Rocholl,* Private-Equity-Lexikon, S. 86 (zum Begriff „Holding company").

[107] Vgl. eingehend Art. 4 Rn. 116 ff.

[108] Richtlinie 2003/41/EG des Europäischen Parlaments und des Rates vom 3. Juni 2003 über die Tätigkeit und die Beaufsichtigung von Einrichtungen der betrieblichen Altersvorsorge, ABl. L 235 vom 23.9.2003, S. 10 ff (sog. IORP-Richtlinie).

[109] Vgl. nur *Köndgen* in Berger/Steck/Lübbehüsen, InvG, § 1 Rn. 11.

2. IORP-Richtlinie als lex specialis. Mit der Ausnahme der Pensionsfonds 85
gemäß IORP-Richtlinie folgt der Richtliniengeber dem sektoralen Ansatz des
europäischen Finanzmarktrechts. Danach geht die **IORP-Richtlinie** der AIFM-
Richtlinie **als lex specialis** vor.[110] Dieser Ansatz führt im Umkehrschluss dazu,
dass solche Pensionsfonds und ihre Verwalter, welche nicht unter die IORP-
Richtlinie fallen, von der AIFM-Richtlinie erfasst werden.

3. Unlevel playing field. Die Herausnahme der IORP-Pensionsfonds und 86
ihrer Verwalter aus der AIFM-Richtlinie führt zu einem markanten unlevel playing field. Die IORP-Richtlinie enthält **keine auch nur ansatzweise der AIFM-
bzw. der OGAW-Richtlinie vergleichbaren Regelungen zum Anlegerschutz.** Dies führt zu dem kaum haltbaren Zustand, dass die Kleinanleger von
Pensionsfonds deutlich schlechter geschützt werden als professionelle Anleger von
AIF. Der Richtliniengeber ist daher mittelfristig gefordert, die aus dem Jahre
2003 stammende IORP-Richtlinie an das Schutzniveau der AIFM-Richtlinie
anzugleichen.[111]

4. Bei Verwaltung von AIF. Die Ausnahme für Pensionsfonds und ihre 87
Verwalter greift nur, soweit sie Tätigkeiten im Sinne der IORP-Richtlinie erbringen. Abs. 3 lit. b) stellt hingegen klar, dass die AIFM-Richtlinie anwendbar ist,
wenn der Verwalter eines Pensionsfonds einen oder mehrere AIF verwaltet.

a) Doppelfunktion des Verwalters. Verwaltet eine Gesellschaft nicht nur 88
Pensionsfonds, sondern **daneben auch AIF,** so ist die Rechtslage vergleichbar
mit dem Fall, dass eine Verwaltungsgesellschaft sowohl OGAW als auch AIF
verwaltet. Der Verwalter benötigt in beiden Fällen zwei Zulassungen und unterliegt zwei unterschiedlichen Regimen, je nachdem, ob er einen Pensionsfonds
oder einen AIF verwaltet.

b) Pooling von Pensionsfonds. Eine AIFM-Zulassung kann darüber hinaus 89
auch dann erforderlich sein, wenn der Verwalter ausschließlich im Bereich von
Einrichtungen der betrieblichen Altersvorsorge tätig ist, nämlich beim sog. Pooling von Pensionsfonds.[112] Hierunter versteht man die gemeinsame Verwaltung
aller oder bestimmter Vermögensgegenstände verschiedener Pensionsfonds.
Geschieht dies nicht in einem für diese Zwecke formierten Pensionsfonds (vergleichbar einem Masterfonds), sondern in einem sonstigen Anlagevehikel, so findet die IORP-Richtlinie keine Anwendung. Da es sich um eine kollektive Vermögensanlage mit den beteiligten Pensionsfonds als Anlegern handelt, ist die
AIFM-Richtlinie einschlägig.[113]

III. Supranationale Institutionen (Abs. 3 lit. c))

Nach Abs. 3 lit. c) sind **supranationale Institutionen** grundsätzlich aus dem 90
Anwendungsbereich der AIFM-Richtlinie ausgenommen. Genannt werden bei-

---

[110] Die IORP-Richtlinie ist zugleich lex specialis zur OGAW-Richtlinie.

[111] Dasselbe gilt letztlich auch für die OGAW-Richtlinie, welche in Sachen Anlegerschutz
an verschiedenen Stellen hinter der AIFM-Richtlinie zurückbleibt.

[112] Hinzuweisen ist auch das in der Versicherungsbranche gebräuchliche Pooling; vgl.
hierzu Rn. 123.

[113] Die Schaffung der offenen Investmentkommanditgesellschaft soll nach der Begründung
des Diskussionsentwurfs des Bundesministeriums der Finanzen, S. 413 zu § 123 Absatz 1 insbesondere dazu dienen, in Deutschland attraktivere Rahmenbedingungen für das Pooling
von Assets von Pensionsfonds zu schaffen.

spielhaft die Europäische Zentralbank, die Europäische Investitionsbank, die Europäischen Investitionsfonds, die Europäischen Entwicklungsfinanzierungsinstitute und bilaterale Entwicklungsbanken, die Weltbank und der Internationale Währungsfonds. Diese Aufzählung ist jedoch ausdrücklich nicht abschließend[114]. Diese Ausnahme überrascht, weil es auf den ersten Blick fernliegend erscheint, dass derartige supranationalen Institutionen oder internationale Organisationen unter die Definition des AIFM fallen können. Gleichwohl verwalten einige der genannten supranationalen Institutionen durchaus AIF. Zu nennen ist etwa der European Investment Fund (EIF), der zur Europäischen Investmentbank (EIB) gehört. Der EIF legt auf und verwaltet Venture Capital Fonds, um hierdurch innovative kleine und mittlere Unternehmen zu fördern, die ansonsten keinen Zugang zu Kapital hätten. Da dies im **öffentlichen Interesse** (d.h. Förderung innovativer Unternehmen) geschieht, soll die AIFM-Richtlinie keine Anwendung finden. Die AIFM-Richtlinie ist jedoch nach dem unzweideutigen Wortlaut anwendbar, wenn eine supranationale Institution einen AIF verwaltet, ohne damit ein öffentliches Interesse zu verfolgen (d.h. in reiner Gewinnerzielungsabsicht) Die Ausnahme greift ferner nicht, wenn nationale Fördereinrichtungen (wie z. B. die KfW oder die Investitionsbanken der Bundesländer) AIF verwalten und zwar unabhängig davon, ob dies einem öffentlichen Zweck dient. Abs. 3 lit. c) nimmt nur supranationale und internationale Organisationen aus.

IV. Nationale Zentralbanken (Abs. 3 lit. d))

91   Abs. 3 lit. d) nimmt generell alle **nationalen**[115] **Zentralbanken** aus dem Anwendungsbereich aus. Im Unterschied zu Abs. 3 lit. c) soll dies unabhängig davon gelten, ob sie einen AIF im öffentlichen Interesse oder in reiner Gewinnerzielungsabsicht verwalten. Letzteres dürfte den meisten Zentralbanken nach den auf sie anwendbaren gesetzlichen Bestimmungen ohnehin nicht gestattet sein. Ausgenommen ist nach dem eindeutigen Wortlaut nur die Zentralbank auf zentralstaatlicher Ebene, wie in Deutschland die Deutsche Bundesbank, nicht jedoch etwaige „Landeszentralbanken" bei Staaten mit föderativen Strukturen. Die Ausnahme ist nicht auf Zentralbanken von Mitgliedstaaten der EU bzw. des EWR beschränkt, sondern gilt für alle Zentralbanken weltweit.

V. Verwaltung von Fonds zur Unterstützung von Sozialversicherungs- und Pensionssystemen (Abs. 3 lit. e))

92   Abs. 3 lit. e) nimmt ferner Gebietskörperschaften (wie z. B. den Bund oder die Bundesländer), sonstige staatliche Stellen oder andere Einrichtung (wie z. B. die Rentenversicherung Bund, die Beamtenversorgungswerke des Bundes und der Länder, die Bundesagentur für Arbeit) aus dem Anwendungsbereich aus, wenn diese Fonds verwalten und dies zur **Unterstützung von Sozialversicherungs- und Pensionssystemen** geschieht. Mit (staatlichen) Sozialversicherungssystemen ist insbesondere die Arbeitslosenversicherung gemeint. Aus dem Begriffs der „Sozialversicherung" dürfte folgen, dass es allein um die Verwaltung von Geldern geht, die zumindest teilweise von den späteren Anspruchsberechtigten eingezahlt

---

[114] Es heißt dort ausdrücklich „und sonstige supranationale Einrichtungen und ähnliche internationale Organisationen".

[115] Die Europäische Zentralbank fällt demnach nicht hierunter. Sie ist jedoch bereits nach Abs. 3 lit. c) ausgenommen.

worden sind und nicht auch **Sozialleistungen** (wie z. B. das Arbeitslosengeld II oder das BAföG) erfasst werden, welche nicht aus Versicherungsleistungen gespeist werden.

Der Begriff der **Pensionssysteme** ist nicht auf Beamtenpensionen beschränkt, 93 sondern umfasst auch Rentenansprüche sonstiger Anspruchsberechtigter, denen aus der gesetzlichen Säule Rentenansprüche zustehen. Hintergrund der Ausnahme ist, dass die Anlage der Gelder im **öffentlichen Interesse** (z B. Sicherung von Rentenansprüchen) erfolgt. So bedarf z. B. die Rentenversicherung Bund keiner AIFM-Zulassung, wenn sie Rentenversicherungsbeiträge investiert, um das so angewachsene Kapital später an Rentner auszuzahlen.

VI. Arbeitnehmerbeteiligungssysteme oder Arbeitnehmersparpläne (Abs. 3 lit. f))

Während Abs. 3 lit. e) – wie dargestellt – u.a. die Anlage von (Versicherungs-) 94 Geldern der gesetzlichen Altersvorsorge und Abs. 3 lit. b) Pensionsfonds erfassen, regelt Abs. 3 lit. f) weitere Formen der betrieblichen und der privaten Altersvorsorge sowie sonstige Beteiligungen der Arbeitnehmer am Unternehmenserfolg. Da diese einem **öffentlichen Zweck** dienen (d.h. der Ergänzung der gesetzlichen Altersvorsorge), soll die Kapitalanlage nicht durch die Anwendung der AIFM-Richtlinie erschwert werden.

1. Betriebliche Altersvorsorge. Unter die Ausnahme fallen zunächst alle 95 Arten der betrieblichen Altersvorsorge mit Ausnahme von Pensionsfonds, welche bereits nach Abs. 3 lit. b) ausgenommen sind. Die Betriebliche Altersvorsorge richtet sich in Deutschland nach dem Gesetz zur Verbesserung der betrieblichen Altersvorsorge (sog. Betriebsrentengesetz). Hierunter fallen Leistungen der Alters-, Invaliditäts- oder Hinterbliebenenversorgung, die der Arbeitgeber dem Arbeitnehmer aus Anlass des Arbeitsverhältnisses erteilt.[116] Dabei spielt es keine Rolle, in welcher rechtlichen Gestalt die betriebliche Altersvorsorge erfolgt. Die Ausnahme greift auch bei Direktzusagen, die aus Pensionsrückstellungen des Arbeitgebers finanzieren, Pensionskassen (d.h. rechtlich selbständige Unternehmen, welche einen Rechtsanspruch auf die zugesagte Versorgungsleistung gewähren) und Direktversicherungen, bei denen der Arbeitgeber per Einzel- oder Gruppenvertrag eine Lebensversicherung für seine Arbeitnehmer abschließt.[117]

Ihrem Normzweck entsprechend, angesichts der demografischen Entwicklung 96 in den meisten EU-Mitgliedstaaten Ansprüche der gesetzlichen Rentenversicherung durch betriebliche Vorsorge zu ergänzen, um Arbeitnehmern ein auskömmliches Leben im Alter zu ermöglichen, ist Abs. 3 lit. f) nach hier vertretener Ansicht weit auszulegen. Die Begriffe „betrieblich" und „Arbeitnehmer" sind daher nicht im engen Sinne des deutschen Arbeitsrechts auszulegen. Unter die Ausnahme fallen daher alle Formen der Altersvorsorge für unselbständig Beschäftigte, unabhängig davon, ob sie **Arbeiter, Angestellte**[118], **Beamte, Richter Soldaten oder Tarifbeschäftigte** im öffentlichen Dienst sind. Auch die öffentliche Verwaltung kann daher ein „Betrieb" im Sinne der Vorschrift sein. Hingegen dürften Altersversorgungen durch **Selbständige** (einschließlich von Organen juristischer Personen) nicht hierunter fallen, weil sie keine Arbeitnehmer sind.

---

[116] *Schwarz* in Berger/Steck/Lübbehüsen, InvG, Vor §§ 87–90 Rn. 8.
[117] Ebendort.
[118] Dies dürfte auch für leitende Angestellte gelten.

97   **2. Sonstige Arbeitnehmerbeteiligungen.** Der Begriff „Arbeitnehmerbeteiligungssysteme" ist jedoch nicht nur auf die betriebliche Altersvorsorge beschränkt. Er schließt auch **andere Formen der Beteiligung der Arbeitnehmer** am Erfolg eines Unternehmens ein.

98   Entsprechende Ausnahmen fanden sich bereits in Art. 2 Abs. 2 lit. d) der Wertpapierdienstleistungsrichtlinie sowie in Art. 2 Abs. 1 lit. c) der Finanzmarktrichtlinie. Dementsprechend enthalten bereits § 2 Abs. 1 Nr. 6 KWG und § 2a Abs. 1 Nr. 2 WpHG vergleichbare Ausnahmen. Letztere sind jedoch enger gefasst und erfassen nur Beteiligung von Arbeitnehmern am eigenen Unternehmen, nicht jedoch an **Konzernunternehmen.**[119] Eine ebenso enge Umsetzung ist nach Art. 2 Abs. 3 lit. f) AIFM-RL nicht geboten.

99   Die Beteiligung von Arbeitnehmern am Unternehmenserfolg geschieht häufig in Form der **bevorzugten Ausgabe von Aktien.** Können in einem Konzern tätige Arbeitnehmer jedoch bevorrechtigt oder verbilligt Aktien verschiedener Konzernunternehmen erwerben, so kann hieraus ein Portfolio entstehen.

100   Nicht hierunter fällt die Zahlung des Arbeitgeberanteils an den **vermögenswirksamen Leistungen,** wenn der Arbeitnehmer diese zur Anlage in einen AIF verwendet. Es fehlt dann an einer Beteiligung des Arbeitnehmers am Erfolg seines Unternehmens.

101   **3. Arbeitnehmersparpläne.** Nach Abs. 3 lit. f) sind ferner Arbeitnehmersparpläne aus dem Anwendungsbereich der Richtlinie ausgenommen. Auch insoweit enthält die Richtlinie keine Definition. Dabei spielt es keine Rolle, ob diese staatlich gefördert werden (z. B. durch Zulagen oder Steuervorteile, wie bei der Riester-Rente) oder nicht. Ebenso wenig kommt es darauf an, ob der Arbeitnehmer[120] Sparleistungen vollständig allein aufbringt oder es sich hierfür Zuschüsse (z. B. seines Arbeitgebers, wie etwa bei vermögenswirksamen Leistungen) in Anspruch nimmt. Entscheidend ist, dass es sich um eine **individuelle Form der Altersvorsorge** handeln muss. Diese muss durch Sparplan erfolgen, ohne dass Abs. 3 lit. f) allerdings Anforderungen darüber aufstellt, wie solche Sparpläne im Einzelnen ausgestaltet sein müssen. Dies bleibt weiterhin vollständig den nationalen Gesetzgebern überlassen.

102   In Deutschland enthalten die §§ 87 ff. InvG Regelungen zu **Altersvorsorge-Sondervermögen.** Insoweit handelt es sich um Arbeitnehmersparpläne im Sinne des Abs. 3f). Deutschland steht es daher weiterhin frei, die Regelungen der §§ 87 ff. InvG – ggf. transferiert in das geplante Kapitalanlagegesetzbuch – aufrechtzuerhalten.

VII. Verbriefungszweckgesellschaften (Abs. 3 lit. g))

103   Auf Wunsch des Rates während der Verhandlungen eingefügt wurde die Ausnahme für **Verbriefungszweckgesellschaften.** Der Kommissionsvorschlag enthielt keine derartige Ausnahme. Dies dürft daran gelegen haben, dass sich Verbriefungsprodukte von ihrer **rechtlichen Natur** (i. d. R. Schuldverschreibungen, teils Schuldscheindarlehen) von einem Fondsanteil unterscheiden. Trotz des Umstands, dass Verbriefungen dem Anleger wirtschaftlich einen Zugang zu einem Portfolio aus verschiedenen Vermögensgegenständen gewähren und es sich auch

---

[119] Zur Kritik hieran vgl. *Schäfer* in Boos/Fischer/Schulte-Mattler, KWG, 4. Aufl., § 2 Rn. 54a.

[120] Es gilt auch hier der oben unter Rn. 96 dargestellte weite Arbeitnehmerbegriff.

hier um eine kollektive Vermögensanlage handelt, sorgt die formelle Abgrenzung, welche die AIFM-Richtlinie zwischen Fonds und sonstigen Finanzdienstleistungsprodukten vornimmt, dafür, dass die Produktion von Verbriefungen durch Verbriefungszweckgesellschaften nicht unter die AIFM-Richtlinie fällt – im Unterschied zum Erwerb von Verbriefungen durch AIF bzw. deren AIFM (vgl. Art. 17). Der **Begriff der Verbriefungszweckgesellschaft** ist in Art. 4 Abs. 1 lit. an) **104** legal definiert als Gesellschaften, deren einziger Zweck darin besteht, eine oder mehrere Verbriefungen durchzuführen. Für die Frage, was genau unter einer Verbriefung zu verstehen ist, nimmt die Definition Bezug auf Art. 1 Abs. 2 der Verordnung (EG) Nr. 24/2009 der Europäischen Zentralbank und damit auf einen teils **anderen Verbriefungsbegriff als in Art. 17** bzw. der Bankenrichtlinie (2006/48/EG) und deren deutscher Umsetzung (z. B. in § 334 SolV). Die Verwendung von zwei verschiedenen Verbriefungsbegriffen in einer Richtlinie ist kein Musterbeispiel für Gesetzgebungskunst.

F. Sonstige von der Richtlinie ausgenommene Gesellschaften oder Anlageformen

I. Einleitung

Wie dargestellt, führt Abs. 3 zahlreiche Einrichtungen oder Anlageformen auf, **105** die aus dem Anwendungsbereich der Richtlinie ausgenommen werden. Diese Liste ist jedoch nicht abschließend. In den Erwägungsgründen werden weitere Einrichtungen (wie z. B. **Family Offices**) genannt, die nicht unter die Richtlinie fallen sollen. Daneben macht der materielle Investmentbegriff es erforderlich, AIFM und AIF von weiteren (kollektiven) Anlageformen abzugrenzen. Das Erfordernis einer Abgrenzung durch Auslegung war dem Richtliniengeber bereits durch zahlreiche Stellungnahmen von Verbänden während der Verhandlungen bewusst. Hierbei ging es beispielsweise darum, ob Real Estate Investment Trusts (REITs), Joint Ventures oder das Pooling (z. B. von Pensionsfonds oder Versicherungen) von der Richtlinie umfasst sind.

II. OGAW-Verwaltungsgesellschaften

Nicht mehr ausdrücklich unter den Ausnahmen in Abs. 3 aufgeführt sind **106** OGAW-Verwaltungsgesellschaften. Dies hat seinen Grund darin, dass bereits die Definition des AIFM in Verbindung mit der Definition des AIF (vgl. Art. 4 Abs. 1 lit. a) und b)) hinreichend klarstellt, dass AIFM nur sein kann, wer andere Fonds als OGAW verwaltet. Dies bedeutet, dass **KAG, die keine anderen Fonds als OGAW (d.h. richtlinienkonforme Sondervermögen oder Investmentaktiengesellschaften) verwalten**, nicht unter die AIFM-Richtlinie fallen.

Wie Art. 6 Abs. 2 klarstellt, kann eine KAG jedoch sowohl OGAW als auch **107** AIF verwalten. In diesem Fall fällt sie sowohl unter die OGAW- als auch unter die AIFM-Richtlinie und bedarf daher der Zulassung nach beiden Richtlinien (sog. **Doppelzulassung**).

Aus der Ausnahme für Arbeitnehmersparpläne in Abs. 3 lit. f) folgt, dass KAG, **108** soweit sie nur Altersvorsorge-Sondervermögen verwalten, nicht unter die AIFM-Richtlinie fallen. In allen anderen Fällen dürften KAG, wenn sie Sondervermögen, Investmentaktiengesellschaften und Investmentkommanditgesellschaften verwalten, bei denen es sich um keine OGAW handelt, stets AIFM sein.

III. Kreditinstitute

109   Nicht unter die AIFM-Richtlinie fallen Kreditinstitute.

110   **1. Vertrieb von AIF.** Kreditinstitute sind zum **Vertrieb von AIF** berechtigt. Sie dürfen AIF aber nur vertreiben, wenn der betreffende AIFM sämtliche Anforderungen an den Vertrieb eines AIF in einem bestimmten Mitgliedstaat bzw. für den grenzüberschreitenden Vertrieb erfüllt (vgl. Art. 31 ff.). Einen Vertrieb bestimmter AIF an Kleinanleger im Sinne von Art. 4 Abs. 1 lit. aj) kann das nationale Recht ausschließen oder von zusätzlichen Anforderungen abhängig machen.

111   **2. Auflegung strukturierter Produkte.** Kreditinstitute sind **nicht zur kollektiven Vermögensverwaltung berechtigt;** sie dürfen **weder OGAW noch AIF** verwalten. Dies ist aufgrund des Spezialitätsgrundsatzes ausschließlich KAG bzw. AIFM vorbehalten.

112   Kreditinstitute fallen auch dann nicht unter die AIFM-Richtlinie, wenn sie **Zertifikate, Wertpapier- und Rohstoffbaskets**[121] oder **sonstige strukturierte Produkte**[122], d.h. Schuldverschreibungen gemäß §§ 793 ff. BGB, emittieren. Dies gilt nach hier vertretener Auffassung selbst dann, wenn die strukturierten Produkte an die **Performance eines oder mehrerer AIF** (wie z. B. Hedgefonds) bzw. von AIF-Indices (wie z. B. Hedgefondsindices) **gekoppelt** sind. Sie sind dann zwar, wie *Köndgen*[123] zutreffend hervorhebt, **Investmentfonds wirtschaftlich und funktional vergleichbar** und werden oft aufgelegt, um investmentrechtliche Beschränkungen auszuhebeln (wie z. B. das Verbot des öffentlichen Vertriebs von Single Hedgefonds) oder um die Zeit zwischen Produktauflegung und Vertrieb zu verkürzen (mangels Genehmigungs- oder Notifizierungspflichten). Dass **strukturierte Produkte keine AIF** sind, folgt schon daraus, dass es gerade an der Bildung einer Fondsstruktur fehlt, an der die Anleger in Höhe ihres Anteils beteiligt sind. Stattdessen haben die Anleger von Zertifikaten und sonstigen strukturierten Produkten im Unterschied zu Anlegern von Investmentfonds nur einen schuldrechtlichen Anspruch gegen den Emittenten und tragen damit das Insolvenzrisiko des Emittenten (sog. **Emittentenrisiko**).[124] Etwas anderes kann im Einzelfall bei Wertpapier- und Rohstoffbaskets gelten, wenn den Anlegern eine Mitberechtigung an den angeschafften Vermögensgegenständen eingeräumt wird. **Baskets können dann u.U. als AIF angesehen werden.**

113   Die EU-Kommission war sich des Umstands bewusst, dass es z. B. mit **Zertifikaten oder managed accounts** Produkte gibt, die Investmentfonds wirtschaftlich vergleichbar sind. Gleichwohl hat die EU-Kommission mit ihrem Richtlinienvorschlag an der Sektor spezifischen Regulierung auf europäischer Ebene festgehalten.[125]

---

[121] Vgl. zur rechtlichen Konstruktion von Baskets nur *Melzer* BKR 2003, 366 ff.

[122] Zu strukturierten Produkten vgl. nur *Mülbert* WM 2007, 1149; *Witte/Mehrbrey* ZIP 2009, 744 (745).

[123] In Berger/Steck/Lübbehüsen, InvG, § 1 Rn. 14.

[124] Zu Vorschlägen de lege ferenda *Köndgen/Schmies* in Schimansky/Bunte/Lwowski, Bankrechts-Handbuch, § 113 Rn. 56.

[125] Vereinzelte horizontale Ansätze der EU-Kommission wie zu PRIPs bestätigen als Ausnahme die Regel; vgl. insoweit nur http://ec.europa.eu/internal_market/finservices-retail/investment_products_en.htm#consultation.

IV. Wertpapierdienstleistungsunternehmen

Wertpapierdienstleistungsunternehmen[126] sind zum **Vertrieb von AIF** be- 114
rechtigt, ohne hierfür eine AIFM-Zulassung zu benötigen. Sie dürfen AIF aber
nur vertreiben, wenn der betreffende AIFM sämtliche Anforderungen an den
Vertrieb eines AIF in einem bestimmten Mitgliedstaat bzw. für den grenzüberschreitenden Vertrieb erfüllt (vgl. Art. 31 ff.). Einen Vertrieb bestimmter AIF an
Kleinanleger im Sinne von Art. 4 Abs. 1 lit. aj) kann das nationale Recht ausschließen oder von zusätzlichen Anforderungen abhängig machen.

V. Finanzdienstleistungsinstitute

1. Individuelle Vermögensverwaltung. Finanzdienstleistungsinstitute dür- 115
fen **individuelle Vermögensverwaltung**[127] für einzelne Anleger erbringen,
soweit diese Finanzinstrumente betrifft (sog. Finanzportfolioverwaltung gemäß
§ 1 Abs. 1a Nr. 3 KWG). Sie dürfen jedoch **keine kollektive Vermögensverwaltung** für einen OGAW oder AIF erbringen. Daneben kann ein AIFM
bestimmte Aufgaben (z. B. der Portfolioverwaltung) an ein Finanzdienstleistungsinstitut auslagern. Das Finanzdienstleistungsinstitut erbringt jedoch auch dann
keine kollektive Vermögensverwaltung. Vielmehr wird es für den AIFM als Ein-
zelkunden tätig und erbringt diesem gegenüber eine individuelle Vermögensverwaltung. Hierfür benötigt es keine AIFM-Zulassung.

2. Anlageverwaltung. Deutschland hat die kollektive Vermögensverwaltung 116
bisher nicht abschließend im Investmentgesetz geregelt. Auch das Kreditwesengesetz enthält in § 1 Abs. 1a Satz 2 Nr. 11 mit der **Anlageverwaltung** eine erlaubnispflichtige Tätigkeit der kollektiven Vermögensverwaltung. Ziel dieser Regelung ist es, kollektive Anlagemodelle, bei denen Privatanleger an einem Portfolio
aus Finanzinstrumenten partizipieren, zur Verbesserung des Anlegerschutzes und
zum Schutz der Integrität der Finanzmärkte einer Institutsaufsicht nach dem Kreditwesengesetz zu unterstellen.[128] Die Anlageverwaltung tritt hinter die im
Investmentgesetz als lex specialis geregelten Formen der kollektiven Vermögensanlage zurück. Dasselbe wird nach Inkrafttreten des Kapitalanlagegesetzbuches der Fall sein. Der Tatbestand der Anlageverwaltung wurde 2009 eingefügt,
nachdem das Bundesverwaltungsgericht[129] am 27.2.2008 die vorherige Verwaltungspraxis der BaFin, verschiedene nicht unter das Investmentgesetz fallende
Formen der kollektiven Vermögensverwaltung als erlaubnispflichtiges Finanzkommissionsgeschäft zu behandeln, für unzulässig erklärt hatte.

Die Einführung der Anlageverwaltung ist eine Folge des **formellen Invest-** 117
mentbegriffs der OGAW-Richtlinie und des Investmentgesetzes. Dieser hat zur
Folge, dass alle nicht die formellen Vorgaben des Investmentgesetz erfüllenden

---

[126] Auf europäischer Ebene ist meist von „Wertpapierfirma" die Rede. Der Terminologie
des Wertpapierhandelsgesetzes folgend wird hier jedoch der Begriff des Wertpapierdienstleis-
tungsunternehmens verwandt.

[127] Daneben dürfen aus KAG gemäß § 7 Abs. 2 Nr. 1 InvG individuelle Vermögensverwaltung erbringen. Zudem dürfen KAG, welche Immobilien-Sondervermögen verwalten,
einzelne in Immobilie angelegte Vermögen für andere verwalten (§ 7 Abs. 2 Nr. 2 InvG).
Für diese Tätigkeiten gilt das zur Finanzportfolioverwaltung Gesagte entsprechend.

[128] Vgl. Entwurf eines Gesetzes zur Fortentwicklung des Pfandbriefrechts, BT-Drs. 16/
11130, S. 28.

[129] WM 2008, 1359 ff. Vgl. hierzu eingehend *v. Livonius/Bernau* WM 2009, 1216 f.

sonstigen Formen der kollektiven Vermögensanlage nicht dem Investmentgesetz unterfallen (z. B. weil die Anlage nicht über ein Sondervermögen oder eine Investmentaktiengesellschaft erfolgt oder der Verwalter keine KAG ist). Mit der Einfügung der Anlageverwaltung erkannte der deutsche Gesetzgeber die Notwendigkeit an, auch nicht vom Investmentgesetz erfasste Formen der kollektiven Anlage zu regulieren, um einen Anlegerschutz zu gewähren. Allerdings ist die Anlageverwaltung bewusst nicht als Auffangtatbestand für alle sonstigen Formen der kollektiven Vermögensanlage konzipiert. Die Anlageverwaltung wird definiert als „die Anschaffung und die Veräußerung von Finanzinstrumenten für eine Gemeinschaft von Anlegern, die natürliche Personen sind, mit Entscheidungsspielraum bei der Auswahl der Finanzinstrumente, sofern dies ein Schwerpunkt des angebotenen Produktes ist und zu dem Zweck erfolgt, dass diese Anleger an der Wertentwicklung der erworbenen Finanzinstrumente teilnehmen". Keine Anlageverwaltung liegt demnach vor, wenn eine kollektive Vermögensverwaltung auch an nicht natürliche Personen erbracht wird und/oder den Schwerpunkt in anderen Vermögensgegenständen als Finanzinstrumenten hat.

118   Der Tatbestand der Anlageverwaltung überschneidet sich demgemäß zum Teil mit dem **Anwendungsbereich der AIFM- sowie der OGAW-Richtlinie.** Beide gehen der Anlageverwaltung als lex specialis vor.

119   Gleichwohl wird auch weiterhin für die Anlageverwaltung ein eigener Anwendungsbereich eröffnet bleiben. Bestimmte, **nicht unter die Definition des AIF fallende Produkte** (wie z. B. **Optionen und Zertifikate**)[130] fallen weiterhin unter die Anlageverwaltung. Dies hat zwar – anders als nach dem Investmentgesetz – keine Produktregulierung zur Folge, bedeutet aber, dass zumindest über die Anlageverwaltung eine **Institutsaufsicht** nach dem Kreditwesengesetz erfolgt, soweit diese Produkte jedenfalls auch an natürliche Personen vertrieben werden.

120   Die Schaffung eines Kapitalanlagegesetzbuches böte die sinnvolle Gelegenheit, die **Anlageverwaltung in das Kapitalanlagegesetzbuch zu integrieren.** Dann könnten wirtschaftlich ähnliche Produkte wie Zertifikate und Investmentfonds in gleicher Weise reguliert werden. Die derzeitige Rechtslage führt zu einer auffallenden **Diskrepanz beim Anlegerschutz** sowie zu **ungleichen Wettbewerbsbedingungen** für Anbieter von Investmentfonds und von Zertifikaten. Zudem böte das Kapitalanlagegesetzbuch die Gelegenheit, den Flickenteppich bei der Regulierung kollektiver Anlageformen zu beseitigen.

VI. Managed accounts

121   Wie dargestellt, kommt es nach dem sektoralen Ansatz der AIFM-Richtlinie für die Abgrenzung zwischen kollektiver und individueller Vermögensverwaltung auf die **formelle Rechtsbeziehung** zwischen dem Vermögensverwalter und dem Anleger und nicht auf die Art der vom Vermögensverwalter vorgenommenen Anlagetätigkeit an. Dies erleichtert die Abgrenzung, hat jedoch zur Folge, dass Verwalter und Anleger durch die Wahl der Rechtsbeziehung Einfluss darauf nehmen können, ob sie der AIFM-Richtlinie unterfallen oder nicht. So verwalten z. B. viele Manager nicht nur Hedgefonds, sondern bieten dieselbe Anlagestrategie für vermögende Kunden auch im Wege der individuellen Vermögensverwaltung, in Form sog. **managed accounts**[131] an. Im Unterschied zu einer Fondsbeteili-

---

[130] Vgl. *v. Livonius/Bernau* WM 2009, 1216 (1217).
[131] Vgl. hierzu *Cottier,* Hedge Funds and Managed Futures, 3. Aufl., 2000, S. 61 f.; *Köndgen* in Berger/Steck/Lübbehüsen, InvG, § 1 Rn. 18.

gung werden hier für jeden Anleger getrennt geführte Unterdepots verwaltet. Problematisch ist die rein formelle Abgrenzung vor dem Hintergrund, dass bei managed accounts die Vermögensgegenstände meist nicht wirklich individuell, sondern die Unterdepots mit derselben Anlagestrategie gemeinsam verwaltet wurden (sog. **Pooling**).[132] Dieses Dilemma konnte die AIFM-Richtlinie als Fondsmanager-Richtlinie nicht auflösen. Hierzu wäre eine alle Finanzinstrumente und darüber hinaus weitere Vermögensgegenstände einschließende Richtlinie erforderlich gewesen. Abzuwarten bleibt jedoch, ob die **individuelle Vermögensverwaltung nach der MiFID mittelfristig an das höhere Schutzniveau der AIFM-Richtlinie angepasst werden wird,** was konsequent wäre.

VII Versicherungsunternehmen

Bei **Versicherungsunternehmen** stellt sich in dreierlei Hinsicht die Frage, **122** ob sie unter die AIFM-Richtlinie fallen.

1. Fondsgebundene (Lebens-) Versicherungen. Legen Versicherungen **123** **fondsgebundene (Lebens-) Versicherungen** auf, so gilt das oben zu strukturierten Produkten Gesagte entsprechend. Nicht ausreichend ist die Fondsgebundenheit eines Produkts, wenn dieses gerade nicht in Gestalt eines Fonds, sondern als Versicherung aufgelegt wird. Erwägungsgrund 8 stellt demgemäß klar, dass Versicherungsverträge nicht unter die AIFM-Richtlinie fallen.

2. Anlage der Versicherungsprämien. Darüber hinaus fragt sich, ob Versi- **124** cherungsunternehmen, indem sie die **Prämien der Versicherungsnehmer gewinnbringend anlegen,** nicht als AIFM tätig werden. Dies ist zu verneinen, weil die Anleger zum einen nicht an einer Fondsstruktur beteiligt sind, sondern einen Versicherungsvertrag abgeschlossen haben (auch im Falle einer fondsgebundenen Versicherung). Zum anderen erlangen die Versicherungsnehmer nicht einen prozentualen Anteil am Anlageergebnis entsprechend der Höhe ihrer Beteiligung. Vielmehr dient die Anlage primär dazu, bestimmte Versicherungsrisiken abzudecken. Selbst der überschießende Betrag kommt nicht in voller Höhe den Versicherungsnehmern zugute, sondern beinhaltet auch die Gewinnmarge des Versicherungsunternehmens.

3. Pooling durch Versicherungsunternehmen. Dies bedeutet jedoch **125** nicht, dass jede Anlage durch Versicherungsunternehmen per se aus dem Anwendungsbereich der AIFM-Richtlinie fällt. Eine AIFM-Zulassung kann vielmehr erforderlich sein, wenn Versicherungen (ggf. zusammen mit anderen Arten von Anlegern) ihre Anlage poolen (sog. **Versicherungs-Pooling**). Insoweit gilt das zum **Pooling von Pensionsfonds** Gesagte entsprechend.[133] Erfolgt die gemeinsame Anlage nicht im Mantel einer Versicherung, so handelt es sich um eine kollektive Vermögensanlage mit den beteiligten Versicherungen als Anlegern und die AIFM-Richtlinie ist einschlägig.[134]

---

[132] Vgl. zu einem solchen Fall *BVerwG* ZIP 2002, 1569 (1572 f.).

[133] Vgl. hierzu Rn. 89.

[134] Der KAGB-Kabinettsentwurf sieht mit der offenen Investmentkommanditgesellschaft gemäß § 124 ff. eine Rechtsform vor, die attraktive Rahmenbedingungen für das Pooling bieten soll.

VIII. Verwaltung des eigenen Vermögens

126   Die reine **Verwaltung eigenen Vermögens** bleibt weiterhin erlaubnisfrei.[135] Hieran ändert die AIFM-Richtlinie nichts. Sie stellt dies vielmehr in Art. 3 Abs. 1 klar. Danach sind AIFM von der Richtlinie ausgenommen, wenn der AIFM der einzige Anleger des AIF ist. Damit fallen **Vermögensverwaltungsgesellschaften,** welche nur das Vermögen einer oder mehrerer Personen verwalten, nicht unter die AIFM-Richtlinie, sofern es an einem **Fremdbezug** der Vermögensverwaltung fehlt. Ein Fremdbezug ist gegeben, wenn die Vermögensverwaltung nicht durch den oder die Vermögensinhaber selbst geschieht, sei es, dass ein externer Verwalter bestellt wird oder die Verwaltung durch ein Organ der Gesellschaft erfolgt, das nicht nur mit Vermögensinhabern (z. B. als geschäftsführende Gesellschafter) besetzt ist.

IX. Family Offices

127   Der materielle Investmentbegriff macht es erforderlich zu klären, ob **Family Offices** unter die AIFM-Richtlinie fallen. Unter einem Family Office werden Organisationsformen verstanden, welche sich mit der Verwaltung privater Großvermögen befassen. Aufgabe des Family Offices ist es, den oder die Vermögensinhaber bei der Verwaltung seines Vermögens zu entlasten.[136] Neben der Vermögensbetreuung werden von Family Offices zuweilen sonstige Dienstleistungen für den oder die Vermögensinhaber erbracht (wie z. B. Reisebuchungen, die Verwaltung selbstgenutzter Immobilien, Nachfolgeplanung, Rechts- und Steuerberatung).[137] Im Zentrum der Tätigkeit eines Family Offices stehen jedoch die **Vermögensverwaltungsdienstleistungen** im weiteren Sinne (Asset Management) und das damit zusammenhängende Risikomanagement sowie das Controlling.[138]

128   Es sind zwei Formen von Family Offices zu unterscheiden: zum einen das sog. **Single Family Office** (auch privates oder selbständiges Family Office), welches nur das Vermögens eines Vermögensinhabers bzw. einer Familie verwaltet, wobei es sich auch um eine weitverzweigte Familie handeln kann. Zum anderen das sog. **Multi Family Office** (auch institutionelles Family Office).[139] Diese sind für mehrere Familien tätig.

129   Family Offices verwalten dann nicht lediglich eigenes Vermögen, wenn sie als **externer Dienstleister** aufgrund eines Geschäftsbesorgungsvertrages tätig werden.[140] In diesem Fall liegt jedenfalls bei einem **Multi Family Office** ein AIFM vor. Ob auch ein externes **Single Family Office** AIFM ist, hängt nach hier vertretener Auffassung davon ab, ob es das Vermögen mehrerer Vermögensinhaber (wie z. B. des Vaters und eines volljährigen Sohnes) verwaltet. Dabei spielt es keine

---

[135] Zur Erlaubnisfreiheit der Verwaltung eigenen Vermögens nach dem Kreditwesengesetz vgl. *Waclawik* ZBB 2005, 401 (404).

[136] Vgl. nur *Farkas-Richling* in Hertz-Eichenrode/Illenberger/Jesch/Keller/Klebeck/Rocholl, Private-Equity-Lexikon, S. 63 ff.

[137] Vgl. nur *Krause/Klebeck* BB 2012, 2063 (2065).

[138] Ebendort.

[139] Multi Family Offices sind wiederum abzugrenzen von abhängigen Vermögensverwaltern sowie von Banken, welche sog. Family Office-Einheiten eingerichtet haben.

[140] Vgl. BaFin, „Merkblatt zur Erlaubnispflicht gemäß § 32 Abs. 1 KWG für Family Offices" vom 30.6.2008 (Stand: 10.2.2009) unter „6. Fallgruppen", abrufbar unter www.bafin.de/SharedDocs/Veroeffentlichungen/DE/Merkblatt/mb_080630_familyoffices.html.

Rolle, ob es sich hierbei um Familienmitglieder handelt oder nicht, weil weder die AIFM-Richtlinie noch die MiFID für die Frage, ob es sich nur um einen Kunden oder eine Anzahl von Anlegern handelt, danach unterscheiden, welche Verwandtschaftsverhältnisse oder sonstigen Näheverhältnisse zwischen den Personen bestehen.[141] Werden hingegen nur natürliche Personen als **Angestellte des Vermögensinhabers** tätig und verwalten dessen Vermögen, so wird ihre Tätigkeit dem Arbeitgeber zugerechnet. Dieser betreibt **erlaubnisfreie Eigengeschäfte** im Sinne des § 1 Abs. 1a Satz 3 KWG.[142] Überträgt der Vermögensinhaber hingegen Vermögen auf eine vermögensverwaltende Kapitalgesellschaft oder bringt er es als Kommanditeinlage in eine Kommanditgesellschaft ein, um es von dieser verwalten zu lassen, so fragt sich, ob es sich hierbei um erlaubnisfreie Eigengeschäfte oder um einen selbstverwalteten AIF handelt. Die BaFin hat Family Offices in Form von vermögensverwaltenden Kapitalgesellschaften oder Personengesellschaften vor Inkrafttreten der AIFM-Richtlinie bisher als sog. erlaubnisfreie Familienvermögensverwaltung angesehen, weil die Tätigkeit nicht am Markt angeboten werde, sondern nur auf den Familienkreis des Vermögensinhabers beschränkt sei.[143] Diese Argumentation vermag nicht zu überzeugen. Jedenfalls Multi Family Offices erbringen ihre Dienstleistungen für mehrere vermögende Familien und sind regelmäßig bemüht, den Kreis ihrer Kunden auszuweiten. Aber auch bei Single Family Offices dürfte diese Verwaltungspraxis durch die AIFM-Richtlinie überholt sein, wenn von der Gesellschaft letztlich das Vermögen mehr als einer natürlichen Personen verwaltet wird. Es liegt dann ein selbstverwalteter AIF vor. Nach der AIFM-Richtlinie kommt es gerade nicht darauf an, ob ein EU-AIF am Markt vertrieben wird. Schon die Verwaltung eines EU-AIF eröffnet den Anwendungsbereich der AIFM-Richtlinie. Das deutsche Recht kennt für die Frage der Erlaubnispflicht im Übrigen keine Unterscheidung zwischen „einfachen" und „sehr vermögenden" Kunden.[144] Ebenso wenig gestattet das Aufsichtsrecht, mehrere Mitglieder einer aus mehreren Personen bestehenden (und teils weit verzweigten) Familie[145] als einen Kunden/Anleger zu behandeln. Eine solche Differenzierung lässt sich weder aus Gründen des Anlegerschutzes noch der Finanzmarktstabilität rechtfertigen.

Nach Erwägungsgrund 7 sollen jedoch Family Offices, die das Privatvermögen **130** von Anlegern investieren, ohne Kapital von fremden, nicht zu der betreffenden Familie gehörenden Personen zu beschaffen, nicht unter den Anwendungsbereich

---

[141] A.A. *Krause/Klebeck* BB 2012, 2063 (2066), die sich allerdings der Argumentation im BaFin-Merkblatt folgend darauf beschränken, externes Kapital mit familienfremdem Kapital gleichzusetzen, als ob das Family Office Teil der Familie und nicht deren Dienstleister wäre. Die BaFin spricht insoweit von einer „erlaubnisfreien Familienvermögensverwaltung" und führt damit einen Begriff ein, den das deutsche Recht nicht kennt.

[142] Ebendort.

[143] BaFin, ebendort. Zustimmend *Krause/Klebeck* BB 2012, 2063. Anders hingegen *Waclawik* ZBB 2005, 401 (405) u.a. unter Verweis auf die Rechtsprechung des Bundesverwaltungsgerichts, ZIP 2005, 385 (388), wonach bereits die Tätigkeit für einen Vermögensinhaber genüge, um eine Tätigkeit „für andere" zu erbringen.

[144] Eine solche Unterscheidung liegt jedoch offenbar der unterschiedlichen Verwaltungspraxis der BaFin zu Investmentclubs und Family Offices zugrunde.

[145] Ausweislich des BaFin-Merkblatts erkennt die BaFin Angehörige wie Ehegatten, Eltern, Geschwister, Kinder, Neffen, Nichten und Enkel des Vermögensinhabers als eine Familie und damit einen Kunden an.

der Richtlinie fallen.[146] Danach wird ein Ausschluss von Family Offices mit einem **angeblich fehlenden Fremdbezug der Dienstleistung** begründet. Dies ist jedoch – wie gerade dargestellt – jedenfalls bei **Multi Family Offices,** oft auch bei Single Family Offices, ein Trugschluss. Da Family Offices nicht ausdrücklich in den Ausnahmetatbeständen der Richtlinie aufgeführt und die Erwägungsgründe von EU-Richtlinie rechtlich nicht verbindlich sind, muss sich ein Ausschluss von Family Offices aus der Definition des AIF bzw. des AIFM herleiten lassen. Wie dargelegt, fallen Multi Family Offices jedoch stets und Single Family Offices unter den oben genannten Voraussetzungen unter den Anwendungsbereich der AIFM-Richtlinie.

131   Bei der Beurteilung der Tätigkeit von Family Offices stellt das aufsichtsrechtliche Schrifttum[147] – soweit ersichtlich – allein darauf ab, welche Rolle das Family Office bei einer **konkreten Anlageentscheidung** spielt. Dieser Ansatz ist jedoch zu eng und wird der wesentlichen Aufgabe von Family Offices nicht gerecht. Wesentliche Aufgabe von Family Offices ist Folgendes: Das Family Office führt zu Beginn der Tätigkeit eine Bestandsaufnahme des Gesamtvermögens des Mandanten durch. Dem schließt sich eine ganzheitliche Analyse des Vermögens unter Berücksichtigung der finanziellen, (erb-) rechtlichen und steuerlichen Eckdaten sowie der regionalen und sektoralen Streuung an. Die Ergebnisse der Analyse werden mit den Zielen und Wünschen des Mandanten an sein Gesamtvermögen abgeglichen. Abschließend werden Vorschläge zur Weiterentwicklung des Mandantenvermögens im Sinne einer strategischen Assetallokation erarbeitet. Ändern sich die Ziele oder Rahmenbedingungen des Mandanten, unterbreitet das Family Office Vorschläge für eine geänderte Assetallokation.[148] Häufig nimmt das Family Office jedoch die Investitionen, die der Umsetzung der von ihm erarbeiteten Anlagestrategie dienen, nicht selbst vor. Stattdessen sucht das Family Office auf einzelne Assetklassen spezialisierte Vermögensverwalter aus oder schlägt sie dem Mandanten vor.[149] *Kühne/Eberhardt*[150] vertreten die Ansicht, nur die von dem Family Office vorgeschlagenen Vermögensverwalter würden eine erlaubnispflichtige Finanzdienstleistung (entweder Finanzportfolioverwaltung oder Anlageberatung) erbringen, weil nur diese sich auf ein bestimmtes Finanzinstrument beziehe. Demgegenüber geht *Waclawik*[151] für den Regelfall davon aus, dass ein Family Office einer **erlaubnispflichtigen Finanzportfolioverwaltung** erbringt, weil es dem Vermögensinhaber die Last der Vermögensverwaltung abnimmt. Für die von *Waclawik* vertretene Auffassung spricht nicht zuletzt, dass Family Offices häufig auch das Risikomanagement (wie z. B. das Setzen sog. stopp-loss-Marken)[152] und das Investment-Controlling übernehmen[153], was von *Kühne/Eberhardt* bei der Bewertung ausgeblendet wird.

---

[146] Die deutsche Übersetzung des Erwägungsgrundes ist durch eine verunglückte Übersetzung nur schwer verständlich. Der Sinn des Erwägungsgrundes lässt sich jedoch aus der englischen Fassung herleiten. Dort heißt es: *„Investment undertakings, such as family office vehicles, which invest the private wealth of investors without raising external capital, should not be considered to be AIF in accordance with this Directive".*

[147] Vgl. nur *Waclawik* ZBB 2005, 401 (404 f.); *Kühne/Eberhard* BKR 2008, 133 (134 ff.); *Krause/Klebeck* BB 2012, 2063 (2065 ff.).

[148] *Kühne/Eberhardt* BKR 2008, 133 (137).

[149] Ebendort.

[150] BKR 2008, 133 (137).

[151] ZBB 2005, 401 (404 f.).

[152] *Kühne/Eberhardt* BKR 2008, 133 (138).

[153] *Kühne/Eberhardt* BKR 2008, 133 (137); *Krause/Klebeck* BB 2012, 2063 (2065).

Family Offices erbringen somit Tätigkeiten, welche zu den Kernkompetenzen **132** eines AIFM gehören müssen: das **Portfolio- und das Risikomanagement** (vgl. nur Anhang I Nummer 1). Kern des Portfoliomanagements ist die Erarbeitung einer Assetallokation sowie die Konkretisierung des Grundsatzes der Risikomischung. Diese sind oft wichtiger als die Auswahl der konkreten Anlageobjekte.[154] Die (teilweise) Übertragung der konkreten Anlageentscheidung auf Vermögensverwalter kann – je nach Gestaltung des Einzelfalls – eine **Auslagerung** von Aufgaben der Portfolioverwaltung gemäß Art. 20 darstellen.

Fraglich ist allerdings, ob Family Offices das Kapital von einer Anzahl von **133** Anlegern einsammeln. Hierfür spielt es keine Rolle, ob es sich bei den Anlegern um einen geschlossenen Familienverbund oder um nicht miteinander verbundene Anleger handelt.[155] Eine Tätigkeit am Markt ist gerade nicht Voraussetzung. Nur wenn ein Family Office das **Vermögen einer einzigen natürlichen**[156] **Person** verwaltet, dürfte anstelle einer kollektiven eine individuelle Vermögensverwaltung (d.h. entweder Finanzportfolio- oder Anlageverwaltung) vorliegen. Regelmäßig ist jedoch nicht nur ein einziges Familienmitglied alleiniger Vermögensinhaber des vom Family Offices verwalteten Familienvermögens, sodass gewöhnlich eine **kollektive Vermögensanlage** erfolgt.

Nach Art. 4 Abs. 1 lit. a) i. V. m. b) ist ein Family Office jedoch nur dann **134** AIFM, wenn es das Kapital der Vermögensinhaber auch (gemäß der von ihm erarbeiteten Anlagestrategie) investiert. Dies setzt voraus, dass das Family Office nicht nur die Anlagestrategie aufstellt, sondern auch die **Anlageentscheidungen für die Vermögensinhaber höchstpersönlich trifft** oder in eigener Verantwortung an Dritte auslagert.[157] Ob und inwieweit dies der Fall ist, ist in jedem Einzelfall zu beurteilen.[158] Maßgebend sind hierbei nicht die rechtlichen Vereinbarungen, sondern ist die gelebte Praxis. An einer Investitionstätigkeit durch das Family Office fehlt es, wenn dieses den Vermögensinhabern gegenüber nur Anlageberatung[159] erbringt oder zwar das Family Office Anlageentscheidungen trifft,

---

[154] So ist es nach *Köndgen* in Berger/Steck/Lübbehüsen, InvG, § 1 Rn. 25 ff. zentrale Aufgabe des Fondsverwalters, einen konkreten Risiko-Rendite-Mix durch sog. portfolio selection vorzugeben. Besondere Bedeutung komme dabei der Assetallokation zu.

[155] A.A. *Krause/Klebeck* BB 2012, 2063 (2066), ohne jedoch überzeugende Gründe zu nennen.

[156] Verwaltet das Family Office hingegen das Vermögen einer Kapitalgesellschaft, einer Personengesellschaft oder einer Stiftung, so dürfte es auf die Zahl der dahinter stehenden wirtschaftlich Berechtigten ankommen; vgl. ESMA, Discussion paper – Key concepts of the Alternative Investment Fund Managers Directive and types of AIFM, S. 10 Tz. 29.

[157] Für eine Auslagerung von Teilaufgaben durch das Family Office (und nicht durch die Vermögensinhaber) auf externe Vermögensverwalter spricht, dass es gerade Aufgabe des Family Offices ist, die externen Vermögensverwalter hinsichtlich der Umsetzung der ihnen übertragenen Aufgaben sowie der Einhaltung der Anlagerichtlinien und Kostenvereinbarungen zu überprüfen; vgl. nur *Kühne/Eberhardt* BKR 2008, 133 (137).

[158] Dabei dürfte weder die von *Kühne/Eberhardt* BKR 2008, 133 vertretene Auffassung, dass Multi Family Offices fast ausschließlich Anlageberatung erbringen, noch die von *Wadawik* ZBB 2005, 401 (405) vertretene Gegenauffassung verallgemeinerungsfähig sein.

[159] Auch insoweit kommt es jedoch allein auf die gelebte Praxis an. Bereitet das Family Office alle Anlageentscheidungen vor und nicken die Vermögensinhaber diese regelmäßig nur ab, ohne selbst alternative (nicht vom Family Office vorbereitete) Anlageentscheidungen in Erwägung zu ziehen, so liegt nicht lediglich eine Anlageberatung vor. Vgl. eingehend zum vermeintlichen Anlageberatermodell nur Art. 5 Rn. 36 und Art. 20 Rn. 12.

diese jedoch unter dem Zustimmungsvorbehalt der Vermögensinhaber stehen.[160] Dann fehlt der für die Bejahung des Vorliegens eines AIFM hinreichende **eigene Entscheidungsspielraum**[161], wobei es auch hier nicht maßgebend auf vertragliche Regelungen, sondern auf die gelebte Praxis ankommt. Nicken die Vermögensinhaber die Anlageentscheidungen des Family Offices regelmäßig ab, so steht dies einem Entscheidungsspielraum des Family Offices nicht entgegen.[162] Unter den genannten Voraussetzungen können somit **sowohl Single als auch Multi Family Offices** AIFM sein und unter den Anwendungsbereich der AIFM-Richtlinie fallen.[163]

X. Real Estate Investment Trusts (REITs)

135   **Real Estate Investment Trusts (REITs)** sind Immobilienaktiengesellschaften, welche aufgrund nationaler Sondergesetze (wie in Deutschland dem Gesetz über deutsche Immobilien-Aktiengesellschaften mit börsennotierten Anteilen, dem sog. G-REIT, vom 28.5.2007)[164] bei Einhaltung bestimmter gesetzlicher Anforderungen steuerlich privilegiert werden, ohne jedoch der Aufsicht der BaFin zu unterliegen. Sie werden dann wie offene Immobilienfonds steuertransparent behandelt. Immobilienaktiengesellschaften steht es frei, ob sie für den **REIT-Status optieren** wollen oder nicht.

136   Die nationalen REIT-Gesetze enthalten eine indirekte Art der Regulierung, indem sie Steuerprivilegien an die Einhaltung bestimmter Anforderungen knüpfen. Ein Teil dieser Anforderung soll das Steueraufkommen des Staates sichern, wie namentlich die Regelungen zur verpflichtenden Ausschüttung von 90% der Gewinne nach § 13 Abs. 1 G-REIT. Der überwiegende Teil der Anforderungen dient jedoch dem **Anlegerschutz** (z. B. die Beschränkung der zulässigen Tätigkeiten, Schwerpunkt auf Bestandsbewirtschaftung (§ 14), die Pflicht zur Börsennotierung (§ 10) und Vorgaben zur maximalen Fremdkapitalquote (§ 15)). REITs wurden vom Gesetzgeber bewusst als alternatives Anlageprodukt zu offenen und geschlossenen Immobilienfonds eingeführt. Auch diese können künftig[165] in der Rechtsform der (Investment-) Aktiengesellschaft – sowohl mit variablem als auch mit fixem Kapital – aufgelegt werden.

137   Allerdings unterscheiden sich REITs ebenso wie andere Immobilienaktiengesellschaften in einem wesentlichen Punkt von offenen oder geschlossenen Immobilienfonds. REITs und Immobilienaktiengesellschaften sammeln zwar, wie jede werbende Gesellschaft, Kapital ein. Ihr **primärer Geschäftszweck** ist jedoch **nicht die Kapitalanlage zugunsten der Anleger.** Wie Kapitalgesellschaften

---

[160] Vgl. nur die herrschende Meinung zur Finanzportfolioverwaltung BVerwG BKR 2005, 200 (201); *Schäfer* in Boos/Fischer/Schulte-Mattler, KWG, 4. Aufl., § 1 Rn. 125; *Sethe,* Anlegerschutz im Recht der Vermögensverwaltung, S. 585 ff.

[161] Hingegen ist ein Vetorecht der Vermögensinhaber unschädlich; vgl. BVerwG BKR 2005, 200 (201); *Schäfer* in Boos/Fischer/Schulte-Mattler, KWG, 4. Aufl., § 1 Rn. 125; *Sethe,* Anlegerschutz im Recht der Vermögensverwaltung, 2005, S. 585 ff.

[162] Dies verkennen *Kühne/Eberhardt* BKR 2008, 133 (137).

[163] Zu der Überlegung, Family Offices unter Verweis auf die Konzernklausel nach Art. 3 Abs. 1 von der Richtlinie auszunehmen vgl. *Krause/Klebeck* BB 2012, 2063(2067).

[164] BGBl. I, S. 914 ff.

[165] In Deutschland werden offene Immobilienfonds bisher durchgängig als Sondervermögen und geschlossene Immobilienfonds meist als GmbH & Co. KG aufgelegt. Beide Rechtsformen scheiden bei REITs schon wegen der obligatorischen Börsennotierung aus.

jeder anderen Branche sammeln sie vielmehr Kapital ein, um es zur **Verfolgung ihrer operativen Zwecke** zu investieren. Sie agieren als aktives Unternehmen und nicht als reiner (passiver) Investor. Dies zeigt sich z. B. daran, dass Immobiliengesellschaften bestrebt sind, zur Reduzierung der anteiligen Verwaltungskosten und Ausnutzung sonstiger Skaleneffekte möglichst viele Immobilien eines Segments (z. B. Bürogebäude) in einer vergleichsweise eng umgrenzten Anlageregion zu erwerben. Dieser mit der Gefahr der Bildung von Klumpenrisiken verbundene Ansatz läuft der Portfoliotheorie zuwider. Diese fordert eine Streuung der Anlage auf verschiedene geografische Zonen und Anlagesegmente. Hinzu kommt, dass REITs und andere Immobilienaktiengesellschaften regelmäßig in weit stärkerem Maße die Wertschöpfungskette selbst abdecken als offene und geschlossene Immobilienfonds. Die Tätigkeit des Fondsmanagers eines offenen Immobilienfonds besteht in erster Linie darin, auf der Grundlage einer Anlagestrategie geeignete Immobilien möglichst günstig zu erwerben und andere Immobilien mit möglichst viel Gewinn zu veräußern. Regelmäßig werden viele zentrale immobilienwirtschaftliche Dienstleistungen ausgelagert (wie z. B. die Objektverwaltung und das Vermietungsgeschäft). Hingegen ist gerade das **Vermietungsgeschäft** typischer Weise eine **zentrale Tätigkeit einer Immobilienaktiengesellschaft,** sodass sie eigenes Personal vorhalten wird. Diese wird oft auch nicht nur Objekte ankaufen, sondern selbst entwickeln.

Ein weiterer wesentlicher Unterschied ist schließlich, dass REITs und andere **138** Immobilienaktiengesellschaften eine **Unternehmensstrategie** verfolgen. Sie sind häufig bestrebt, Marktführer in einer bestimmten Region oder in einem bestimmten Segment zu werden

Nach alledem fallen REITs und andere Immobilienaktiengesellschaften nach **139** hier vertretener Ansicht **nicht unter den Anwendungsbereich der AIFM-Richtlinie.**[166]

XI. Joint Ventures

Nicht unter den Anwendungsbereich der Richtlinie fallen ferner sog. **unter- 140 nehmerische Joint Ventures** (vgl. auch bereits Erwägungsgrund 8). Joint Venture ist ein Sammelbegriff für verschiedene Kooperationsformen zwischen i. d. R. zwei Unternehmen bzw. Investoren, die ansonsten unabhängig voneinander tätig sind. Im Gegensatz zu einem Konsortium, bei dem die Zusammenarbeit typischerweise auf ein konkretes Projekt bezogen ist, zielt ein Joint Venture auf eine **langfristige Kooperation,** um insbesondere Synergieeffekte zu erzielen, Ressourcen zu bündeln oder Projektrisiken aufzuteilen.[167] Joint Ventures sind bei Immobilienanlagen weit verbreitet, insbesondere bei größeren Projektentwicklungen oder auch bei der (nachfolgenden) Bestandsverwaltung.

Unternehmerische Joint Ventures zeichnen sich dadurch aus, dass **kein exter- 141 ner Manager** mit der Verwaltung des Objekts bzw. des Portfolios betraut wird, sondern dass typischerweise einer der beteiligten Joint Venture Partner die **operative Geschäftsführung** übernimmt. Alle wesentlichen (strategischen) Entschei-

---

[166] Wenig überzeugend sind hingegen die vom Europäischen Branchenverband der börsennotierten Immobiliengesellschaften EPRA in der Stellungnahme zum Diskussionspapier der ESMA vorgebrachten Argumente dafür, dass REITs keine AIF sind; S. 4 ff.; abrufbar unter: http://www.esma.europa.eu/consultation/Key-concepts-Alternative-Investment-Fund -Managers-Directive-and-types-AIFM.

[167] *Hertz-Eichenrode/Illenberger/Jesch/Keller/Klebeck/Rocholl,* Private-Equity-Lexikon, S. 101.

dungen werden jedoch von allen Joint Venture Partnern gemeinsam getroffen.
Die Gesellschaftsverträge sehen hierfür i. d. R. entsprechende Zustimmungsvorbehalte vor.[168]

142 Unternehmerische Joint Ventures unterscheiden sich somit regelmäßig durch das **Fehlen einer Fremdverwaltung** von AIF. Statt eines (externen) Managers führt gewöhnlich ein Joint Venture Partner das operative Geschäft und treffen alle Joint Venture Partner gemeinsam alle wesentlichen Entscheidungen. Selbst wenn im Einzelfall die Verwaltung auf einen externen Manager ausgelagert sein sollte, fehlt diesem bei einem unternehmerischen Joint Venture regelmäßig der erforderliche **Entscheidungsspielraum,** um als AIFM angesehen werden zu können, weil alle wesentlichen Entscheidungen von den Joint Venture Partnern gemeinsam getroffen werden.

143 Entscheidend ist jedoch stets die tatsächliche Gestaltung des Einzelfalls. Bei **untypischen Joint Ventures,** bei denen einem externen Manager ein eigener Entscheidungsspielraum eingeräumt wird, kann hingegen die AIFM-Richtlinie eröffnet sein.

XII. Investmentclubs

144 Fraglich ist auch, ob die Tätigkeit der **Geschäftsführung eines sog. Investmentclubs** unter die AIFM-Richtlinie fällt. Investmentclubs sind i. d. R. als Gesellschaft bürgerlichen Rechts oder als nicht rechtsfähiger Verein organisiert, sodass sie ein Sondervermögen bilden.[169] Dieses wird jedoch nicht von einer KAG verwaltet, die nach § 6 Abs. 1 Satz 2 InvG nur GmbH oder AG sein kann. Wie an anderer Stelle[170] dargelegt, fallen jedoch AIF aller Rechtsformen unter die AIFM-Richtlinie. Lediglich für externe AIFM fordert Art. 4 Abs. 1 lit. b), dass es sich um eine juristische Personen handeln muss. Investmentclubs werden jedoch i. d. R. intern (durch die Geschäftsführung bzw. den Vorstand) verwaltet. Hierbei wird man wie bei einem externen AIFM[171] fordern müssen, dass die Tätigkeit **geschäftsmäßig**[172] erfolgt. Dies dürfte sich mit dem Erfordernis der Gewerbsmäßigkeit decken, das die BaFin bisher für eine Zulassungspflicht von Investmentclubs als Finanzportfolioverwalter voraussetzt. Dies setzt nach der bisherigen Verwaltungspraxis der BaFin zum einen eine Vergütung der Geschäftsführung und zum anderen ein Anlagevolumen von mindestens 500.000 EUR oder mehr als 50 Anleger voraus.[173] Investmentclubs, bei denen diese Voraussetzungen nicht erfüllt sind, dürften daher auch weiterhin keiner Regulierung unterfallen. Für die Frage, ob gewerbsmäßig handelnde Investmentclubs unter die AIFM-Richtlinie fallen oder ihre Tätigkeit als Finanzportfolioverwaltung einzustufen ist, kommt es auf den Einzelfall an. Maßgebend ist, ob zwischen dem einzelnen Anleger und dem Investmentclub ein individuelles Rechtsverhältnis besteht,

---

[168] Vgl. z. B. die eingehende Darstellung von EPRA in der Stellungnahme zum Diskussionspapier der ESMA, S. 2 f. und der EVCA, S. 2; abrufbar unter: http://www.esma.europa.eu/consultation/Key-concepts-Alternative-Investment-Fund-Managers-Directive-and-types-AIFM.

[169] Vgl. *Köndgen* in Berger/Steck/Lübbehüsen, InvG, § 1 Rn. 16.

[170] Vgl. Rn. 30.

[171] Vgl. Art. 4 Rn. 48 ff.

[172] Art. 4 Abs. 1 lit. b) spricht von regulärer Geschäftstätigkeit.

[173] Vgl. das BaFin-Rundschreiben vom 21.2.2003, abgedruckt in *Reischauer/Kleinhans*, KWG, Anhang 1.

sodass der Investmentclub nur individuell für den Anleger tätig wird[174] oder ob eine kollektive Anlage erfolgt. Im letztgenannten Fall wäre die AIFM-Richtlinie bei gewerbsmäßigen Investmentclubs eröffnet. Allerdings dürften Investmentclubs stets unter die Ausnahmeregelung des Art. 3 Abs. 2 fallen, weil sie weniger als 100 Mio. EUR verwalten, sodass für Investmentclubs nur die Regelungen des Art. 3 Abs. 3 und 4 zur Anwendung kommen.

G. Sicherstellung der Einhaltung der Anforderungen der AIFM-Richtlinie (Abs. 4)

Abs. 4 verpflichtet die Mitgliedstaaten, die erforderlichen Maßnahmen zu **145** ergreifen, um sicherzustellen, dass die unter die Richtlinie fallenden AIFM (gemäß Abs. 1) die AIFM-Richtlinie jederzeit einhalten.

Hieraus folgt zunächst die Verpflichtung, die AIFM-Richtlinie ordnungsgemäß **146** ins nationale Recht umzusetzen. Zweitens folgt hieraus, dass die Mitgliedstaaten eine effektive Aufsicht über AIFM (im Einklang mit den Bestimmungen des Art. 46) ausüben. Hierbei darf es sich nicht lediglich um eine einmalige Überprüfung bei Zulassung, sondern muss es sich um eine fortlaufende Aufsicht handeln. Das nationale Recht muss auch Sanktionen bei Verstößen gegen die Anforderungen enthalten, welche geeignet sind, AIFM zur Rechtstreue zu veranlassen. Nur dann lässt sich sicherstellen, dass AIFM jederzeit die Anforderungen der AIFM-Richtlinie einhalten.

H. Bezüge zum KAGB-E

Art. 2 ist die zentrale Vorschrift zum Geltungsbereich der AIFM-Richtlinie. **147** Sie liegt implizit auch dem KAGB-Kabinettsentwurf zugrunde. Dieser enthält jedoch keine eigene Vorschrift, in der umfassend der Geltungsbereich des Kapitalanlagegesetzbuches dargelegt wird. Allerdings folgt aus der Begriffsbestimmung nach § 1 Abs. 2 und 3 KAGB-Kabinettsentwurf, dass das Gesetz – wie auch die AIFM-Richtlinie – die Verwaltung von Investmentvermögen, d.h. von Organismen für gemeinsame Anlagen (OGA) zum Gegenstand hat, worunter einerseits OGAW und andererseits AIF fallen. § 1 Abs. 4 und S 1 Abs 5 KAGB-Kabinettsentwurf stellen, wie schon Art. 2 Abs. 2 lit. a) AIFM-RL, klar, dass es sich bei AIF sowohl um offene als auch geschlossene Investmentvermögen handeln kann.

Während Art. 2 lit. b) und c) AIFM-RL die Richtlinie für alle Arten von AIF **148** unabhängig von ihrer **Rechtsform** für anwendbar erklärt, schränken die §§ 91 und 139 KAGB-Kabinettsentwurf die zulässigen Arten und Rechtsformen ein. Inländische AIF können – wie schon inländische OGAW – nur in der Vertrags- und der Gesellschaftsform aufgelegt werden. Ersteres ist nur in der Rechtsform des Sondervermögens zulässig. Letzteres ist bei offenen AIF entweder als Investmentaktiengesellschaft mit variablem Kapital oder durch die neue Rechtsform der offenen Investmentkommanditgesellschaft zulässig.[175] Geschlossene AIF kommen

---

[174] Hiervon geht die BaFin in ihrer bisherigen, vom Bundesverwaltungsgericht (ZIP 2005, 385) bestätigten Verwaltungspraxis aus. Vgl. auch *Schäfer* in Boos/Fischer/Schulte-Mattler, KWG, 4. Aufl., § 1 Rn. 127 ff.

[175] Die offene Investmentkommanditgesellschaft soll insbesondere zum Assetpooling von Pensionsfonds oder Versicherungen genutzt werden können.

künftig nur noch als Investmentaktiengesellschaft mit fixem Kapital oder als geschlossene Investmentkommanditgesellschaft in Betracht. Damit scheidet künftig eine Vielzahl der bisher bei geschlossenen Fonds gebräuchlichen Rechtsformen (wie z. B. die GbR, die OHG und die GmbH) aus. Der deutsche Gesetzgeber gibt somit – anders als die AIFM-Richtlinie – für inländische AIF einen **Numerus clausus** an zulässigen Rechtsformen vor. Insoweit handelt es sich um eine zulässige nationale Fondsregulierung (vgl. Erwägungsgrund 10). Die Auflegung bzw. Verwaltung von inländischen AIF mit anderer Rechtsform ist verboten. Jedoch dürfen EU-AIFM aufgrund des EU-Vertriebspasses AIF mit anderer Rechtsform an deutsche professionelle Anleger vertreiben.

149   Die Regelung des Art. 2 Abs. 3 AIFM-RL zu den Einrichtungen, die nicht unter den Anwendungsbereich fallen, ist von § 2 Abs. 1 KAGB-Kabinettsentwurf nahezu wortgleich übernommen worden. Auf die Kommentierung hierzu kann daher uneingeschränkt verwiesen werden.

150   Der KAGB-Kabinettsentwurf enthält keine Regelungen darüber, ob das Pooling von Assets (z. B. von Pensionsfonds oder Versicherungen), Family Offices, Real Estate Investment Trusts (REITs), Joint Ventures und Investmentclubs unter das Gesetz fallen. Die Kommentierung hierzu kann gleichermaßen zur Auslegung des Kapitalanlagegesetzbuches herangezogen werden.

151   Die Verpflichtung der Mitgliedstaaten nach Art. 2 Abs. 4 AIFM-RL, dafür Sorge zu tragen, dass AIFM die Anforderungen der Richtlinie jederzeit einhalten, ist in § 5 KAGB-Kabinettsentwurf umgesetzt worden. Dort werden die eingehenden Befugnisse der BaFin aufgeführt, mit deren Hilfe dies sichergestellt werden soll.

Artikel 3 Ausnahmen

AIFM-Richtlinie	KAGB-E
Artikel 3 **Ausnahmen**	**§ 2** **Ausnahmebestimmungen**
(1) Diese Richtlinie gilt nicht für AIFM, soweit sie einen oder mehrere AIF verwalten, deren einzige Anleger der AIFM oder die Muttergesellschaften oder die Tochtergesellschaften des AIFM oder andere Tochtergesellschaften jener Muttergesellschaften sind, sofern keiner dieser Anleger selbst ein AIF ist.	(3) Dieses Gesetz ist nicht anzuwenden auf AIF-Kapitalverwaltungsgesellschaften, soweit sie einen oder mehrere AIF verwalten, deren Anleger 1. ausschließlich eine der folgenden Gesellschaften sind:
(2) Unbeschadet der Anwendung des Artikels 46 gelten für die folgenden AIFM nur die Absätze 3 und 4 dieses Artikels:	a) die AIF-Kapitalverwaltungsgesellschaft selbst,
a) AIFM, die entweder direkt oder indirekt über eine Gesellschaft, mit der der AIFM über eine gemeinsame Geschäftsführung, ein gemeinsames Kontrollverhältnis oder durch	b) eine Muttergesellschaft der AIF-Kapitalverwaltungsgesellschaft, c) eine Tochtergesellschaft der AIF-Kapitalverwaltungsgesellschaft oder d) eine andere Tochtergesellschaft einer Muttergesellschaft der AIF-Kapitalverwaltungsgesellschaft und 1. selbst keine AIF sind. (4) Auf eine AIF-Kapitalverwaltungsgesellschaft sind nur die §§ 1 bis 17, 42,

AIFM-Richtlinie	KAGB-E
eine wesentliche direkte oder indirekte Beteiligung verbunden ist, die Portfolios von AIF verwalten, deren verwaltete Vermögenswerte – einschließlich der durch Einsatz von Hebelfinanzierungen erworbenen Vermögenswerte – insgesamt nicht über einen Schwellenwert von 100 Mio. EUR hinausgehen, oder b) AIFM, die entweder direkt oder indirekt über eine Gesellschaft, mit der sie über eine gemeinsame Geschäftsführung, ein gemeinsames Kontrollverhältnis oder durch eine wesentliche direkte oder indirekte Beteiligung verbunden sind, die Portfolios von AIF verwalten, deren verwaltete Vermögenswerte insgesamt nicht über einen Schwellenwert von 500 Mio. EUR hinausgehen, wenn die Portfolios dieser AIF aus nicht hebelfinanzierten AIF bestehen, die für einen Zeitraum von fünf Jahren nach der Tätigung der ersten Anlage in jeden dieser AIF keine Rücknahmerechte ausüben dürfen. (4) Die in Absatz 2 genannten AIFM kommen nicht in den Genuss der mit dieser Richtlinie eingeräumten Rechte, es sei denn, sie beschließen, sich dieser Richtlinie zu unterwerfen. Unterwerfen AIFM sich dieser Richtlinie, so findet diese Richtlinie in ihrer Gesamtheit Anwendung.	44 sowie die §§ 343, 345, 346, 350, 351 und 353 anzuwenden, wenn 1. die AIF-Kapitalverwaltungsgesellschaft entweder direkt oder indirekt über eine Gesellschaft, mit der die AIF-Kapitalverwaltungsgesellschaft über eine gemeinsame Geschäftsführung, ein gemeinsames Kontrollverhältnis oder durch eine wesentliche unmittelbare oder mittelbare Beteiligung verbunden ist, ausschließlich Spezial-AIF verwaltet, und 2. die verwalteten Vermögensgegenstände der verwalteten Spezial-AIF a) einschließlich der durch den Einsatz von Leverage erworbenen Vermögensgegenstände insgesamt nicht den Wert von 100 Mio Euro überschreiten oder b) insgesamt nicht den Wert von 500 Millionen Euro überschreiten, sofern für die Spezial-AIF kein Leverage eingesetzt wird und die Anleger für die Spezial-AIF Rücknahmerechte nur innerhalb von fünf Jahren nach Tätigung der ersten Anlagen ausüben können, und 3. die AIF-Kapitalverwaltungsgesellschaft nicht beschlossen hat, sich diesem Gesetz in seiner Gesamtheit zu unterwerfen Die Berechnung der in Satz 1 Nummer 2 Buchstabe a und b genannten Schwellenwerte und die Behandlung von AIF-Kapitalverwaltungsgesellschaften im Sinne von Satz 1, deren verwaltete Vermögensgegenstände innerhalb eines Kalenderjahres gelegentlich den betreffenden Schwellenwert über- oder unterschreiten, bestimmen sich nach Artikel 2 bis 5 der Verordnung (EU) Nr. .../2013 [Level 2-Verordnung gemäß Artikel 3 Absatz 6, Bucstabe a Richtlinie 2011/61/EU]. (5) Auf eine AIF-Kapitalverwaltungsgesellschaft sind nur die 1. §§ 1 bis 17, 42

AIFM-Richtlinie	KAGB-E
	2. §§ 26 bis 28, wobei sich die Ausgestaltung der in diesen Vorschriften geforderten Verhaltens- und Organisationspflichten nach dem Prinzip der Verhältnismäßigkeit richtet, indem die Art, der Umfang und die Komplexität der Geschäfte der AIF-Kapitalverwaltungsgesellschaft und der von AIF-Kapitalverwaltungsgesellschaft verwalteten AIF berücksichtigt werden,
	3. §§ 44 bis 48,
	4. §§ 80 bis 90,
	5. §§ 169, 261 bis 270, § 271 Absatz 1 und 4 sowie § 272,
	6. §§ 293, 295 bis 297, 300 bis 306, 314 und § 316 mit der Maßgabe, dass in dem Verkaufsprospekt und den wesentlichen Anlegerinformationen die Anleger drucktechnisch herausgestellt an hervorgehobener Stelle darauf hinzuweisen sind, dass die AIF-Kapitalverwaltungsgesellschaft nicht über eine Erlaubnis nach diesem Gesetz verfügt und daher bestimmte Anforderungen dieses Gesetzes nicht eingehalten werden müssen, sowie
	7. die §§ 342, 343, 353 und 354 entsprechend anzuwenden, wenn
	8. die AIF-Kapitalverwaltungsgesellschaft entweder direkt oder indirekt über eine Gesellschaft, mit der die AIF-Kapitalverwaltungsgesellschaft über eine gemeinsame Geschäftsführung, ein gemeinsames Kontrollverhältnis oder durch eine wesentliche unmittelbare oder mittelbare Beteiligung verbunden ist, ausschließlich inländische geschlossene AIF verwaltet,
	9. die verwalteten Vermögensgegenstände der verwalteten inländischen geschlossenen AIF einschließlich der durch den Einsatz von Leverage erworbenen Vermögensgegenstände insgesamt nicht den Wert von

AIFM-Richtlinie	KAGB-E
	100 Millionen Euro überschreiten, und
	10. die AIF-Kapitalverwaltungsgesellschaft nicht beschlossen hat, sich diesem Gesetz in seiner Gesamtheit zu unterwerfen.
	Die Berechnung des in Satz 1 genannten Schwellenwerts und die Behandlung von AIF-Kapitalverwaltungsgesellschaft im Sinne des Satzes 1, deren verwaltete Vermögensgegenstände innerhalb eines Kalenderjahres gelegentlich den betreffenden Schwellenwert über- oder unterschreiten, bestimmen sich nach Artikel 2 bis 5 der Verordnung (EU) Nr. .../2013 [Level 2-Verordnung gemäß Artikel 3 Absatz 6 Buchstabe a der Richtlinie 2011/61/EU].
Artikel 3 (Fortsetzung)	**§ 44** **Pflichten für AIF-Kapitalverwaltungsgesellschaften, die kleine Spezial-AIF verwalten**
(3) Die Mitgliedstaaten stellen sicher, dass die in Absatz 2 genannten AIFM zumindest a) einer Registrierung bei den zuständigen Behörden ihres Herkunftsmitgliedstaats unterliegen, b) sich und die von ihnen verwalteten AIF zum Zeitpunkt ihrer Registrierung gegenüber den zuständigen Behörden ihres Herkunftsmitgliedstaats ausweisen, c) den zuständigen Behörden ihres Herkunftsmitgliedstaats zum Zeitpunkt ihrer Registrierung Informationen zu den Anlagestrategien der von ihnen verwalteten AIF vorlegen, d) die zuständigen Behörden ihres Herkunftsmitgliedstaats regelmäßig über die wichtigsten Instrumente, mit denen sie handeln, und über die größten Risiken und Konzentration der von ihnen verwalteten AIF unterrichten, um den zuständigen Be-	(1) AIF-Kapitalverwaltungsgesellschaften, die die Bedingungen nach § 2 Absatz 4 oder 5 erfüllen 1. sind zur Registrierung bei der Bundesanstalt verpflichtet, 2. weisen sich und die von ihnen zum Zeitpunkt der Registrierung verwalteten AIF gegenüber der Bundesanstalt aus, 3. legen der Bundesanstalt zum Zeitpunkt ihrer Registrierung Informationen zu den Anlagestrategien der von ihnen verwalteten AIF vor, 4. unterrichten die Bundesanstalt regelmäßig über a) die wichtigsten Instrumente, mit denen sie handeln, und b) die größten Risiken und Konzentration der von ihnen verwalteten AIF, um der Bundesanstalt eine effektive Überwachung der Systemrisiken zu ermöglichen, 5. teilen der Bundesanstalt unverzüglich mit, wenn die in § 2 Absatz 4

AIFM-Richtlinie	KAGB-E
hörden eine effektive Überwachung der Systemrisiken zu ermöglichen, und e) den zuständigen Behörden ihres Herkunftsmitgliedstaats gegebenenfalls mitteilen, dass sie die in Absatz 2 genannten Voraussetzungen nicht mehr einhalten. Dieser Absatz und Absatz 2 gelten vorbehaltlich strengerer Regelungen der Mitgliedstaaten in Bezug auf die in Absatz 2 genannten AIFM. Die Mitgliedstaaten ergreifen die erforderlichen Maßnahmen, um sicherzustellen, dass der betroffene AIFM binnen 30 Kalendertagen eine Zulassung nach den in dieser Richtlinie dargelegten Verfahren beantragt, wenn die in Absatz 2 genannten Voraussetzungen nicht mehr eingehalten sind. (5) Die Kommission erlässt Durchführungsrechtsakte zur genauen Festlegung der Verfahren, die auf AIFM, die beschließen, sich gemäß Absatz 4 dieser Richtlinie zu unterwerfen, anzuwenden sind. Diese Durchführungsrechtsakte sind nach dem in Artikel 59 Absatz 2 genannten Prüfverfahren zu erlassen. (6) Die Kommission erlässt gemäß Artikel 56 und nach Maßgabe der Bedingungen der Artikel 57 und 58 delegierte Rechtsakte, mit denen Folgendes festgelegt wird: a) die Berechnung der in Absatz 2 genannten Schwellenwerte und die Behandlung von AIFM, die AIF verwalten, deren verwaltete Vermögenswerte – einschließlich der unter Einsatz von Hebelfinanzierungen erworbenen Vermögenswerte – innerhalb eines Kalenderjahres gelegentlich den betreffenden Schwellenwert überschreiten und/ oder unterschreiten, b) die Pflicht zur Registrierung und zur Vorlage von Informationen, um eine effektive Überwachung der	oder 5 genannten Voraussetzungen nicht mehr erfüllt sind, und 6. müssen juristische Personen oder Personenhandelsgesellschaften sein. (2) Sind die in § 2 Absatz 4 oder 5 genannten Voraussetzungen nicht mehr erfüllt, hat die AIF-Kapitalverwaltungsgesellschaft die Erlaubnis nach den §§ 20 und 22 innerhalb von 30 Kalendertagen zu beantragen. (3) Die Verfahren, die auf AIF-Kapitalverwaltungsgesellschaften anzuwenden sind, die beschließen, dieses Gesetz in seiner Gesamtheit anzuwenden, bestimmen sich nach Verordnung (EU) Nr. .../2013 [Level 2-Verordnung gemäß Artikel 3 Absatz 5 Richtlinie 2011/61/EU]. (4) Nähere Bestimmungen zu den Pflichten der AIF-Kapitalverwaltungsgesellschaften zur Registrierung und zur Vorlage von Informationen, um eine effektive Überwachung von Systemrisiken zu ermöglichen, und zur Mitteilungspflicht gegenüber den zuständigen Behörden nach Absatz 1, ergeben sich aus Artikel 2 bis 5 der Verordnung (EU) Nr. .../2013 [Level 2-Verordnung gemäß Artikel 3 Absatz 6b und c der Richtlinie 2011/61/EU].

AIFM-Richtlinie	KAGB-E
Systemrisiken gemäß Absatz 3 zu ermöglichen, und c) die Mitteilungspflicht gegenüber den zuständigen Behörden nach Absatz 3.	

Literatur: *Bost/Halfpap,* in: Lüdicke/Arndt (Hrsg.), Geschlossene Fonds, 5. Aufl., München 2009; *Boxberger,* in: Jesch/Striegel/Boxberger (Hrsg.), Rechtshandbuch Private Equity, München 2010; *ESMA,* Discussion paper: Key concepts of the Alternative Investment Fund Managers Directive and types of AIFM, Stand: 23.2.2012; *Dieselbe,* ESMA's technical advice to the European Commission on possible implementing measuresof the Alternative Investment Fund Managers Directive, Final Report, vom 16.11.2011, ESMA/2011/379, abrufbar unter: http://www.esma.europa.eu/system/files/2011_379.pdf (nachfolgend *„ESMA-Empfehlung"*); EU-Kommission, Vorschlag für eine Richtlinie des Europäischen Parlaments und des Rates über die Verwalter alternativer Investmentfonds vom 30.4.2009, KOM(2009) 207 endgültig, abrufbar unter: http://ec.europa.eu/internal_market/investment/docs/alternative_investments/fund_managers_proposal_de.pdf (nachfolgend: „Kommissionsvorschlag"); *Helios/Kloster/Tcherveniachki,* in: Jesch/Striegel/Boxberger, Rechtshandbuch Private Equity, München 2010; *Lorz,* in: Ebenroth/Boujong/Joost/Strohn, Handelsgesetzbuch, Band 1, §§ 1–342e, 2. Aufl., München 2008; *Schäfer,* in: Boos/Fischer/Schulte-Mattler (Hrsg.), Kreditwesengesetz, 4. Aufl., München 2012; *Schmitz,* in: Berger/Steck/Lübbehüsen (Hrsg.), Investmentgesetz/Investmentsteuergesetz, München 2010; *Zerwas/Hanten,* ZBB 2000, 44 ff.

Übersicht

A. Einleitung

1   Art. 2 Abs. 3 erklärt die AIFM-Richtlinie für bestimmte Institutionen oder Gesellschaften für nicht anwendbar, weil der Richtliniengeber in den dort genannten Fällen die Anforderungen an das Vorliegen eines AIFM als nicht erfüllt ansieht.[1] Demgegenüber nimmt Art. 3 zwei Fallgruppen von der AIFM-Richtlinie aus, obwohl an sich die Anforderungen an das Vorliegen eines AIFM erfüllt sind. Hierbei handelt es sich zum einen um das sog. **Konzernprivileg** (Abs. 1) und zum anderen um sog. **kleine AIFM** (Abs. 2). Greift das Konzernprivileg, so findet die ganze AIFM-Richtlinie keine Anwendung. Demgegenüber sind sog. kleine AIFM zwar sehr weitgehend von der AIFM-Richtlinie befreit. Gleichwohl gelten für sie die Vorschriften der Abs. 3 bis 4 sowie Art. 46 („unbeschadet").

B. AIFM als einziger Anleger (Abs. 1)

2   Nach Abs. 1 unterfallen AIFM insoweit nicht der AIFM-Richtlinie als sie nur AIF verwalten, deren **einziger Anleger** der AIFM ist. Diese im Kommissionsvorschlag nicht enthaltene Ausnahme wurde in den Verhandlungen auf Wunsch des Rates aufgenommen.

3   Ist der AIFM der **einzige Anleger,** so fehlt es an dem für die kollektive Vermögensverwaltung zwingenden Fremdbezug der Dienstleistung des AIFM. Es liegt vielmehr nur eine **nicht erlaubnispflichtige Verwaltung eigenen Vermögens** vor.[2] Ob es einer solchen Ausnahme überhaupt bedarf, erscheint fraglich. Hat ein Anlagevehikel nur den AIFM als einzigen Anleger, so liegt bereits kein AIF vor, weil Art. 4 Abs. 1 lit. a) eine Anzahl von Anlegern voraussetzt. Dies erfordert nach hier vertretener Auffassung, dass ein AIF faktisch mindestens zwei Anleger haben muss. Aber selbst nach der Auffassung der ESMA[3] liegt bei einem Anlagevehikel mit faktisch nur einem Anleger nur dann ein AIF vor, wenn die Vertragsbedingung oder die Satzung die Anlage nicht per se auf den einen Anleger beschränkt. Wie abwegig die ESMA-Definition der „Anzahl von Anlegern" ist, zeigt sich im Kontext des Art. 3 Abs. 1. Ist der AIF über den AIFM hinaus für weitere Anleger offen, so liegt eine Anzahl von Anlegern vor. Die Ausnahme des

---

[1] Allerdings ist diese Kategorisierung nicht durchgängig gelungen. Art. 2 Abs. 3 lit. c) nimmt supranationale Organisationen selbst dann aus dem Anwendungsbereich aus, wenn diese AIF verwalten, sofern dies im öffentlichen Interesse geschieht. Hier hätte es näher gelegen, diese Fallgruppe in die Ausnahmen gemäß Art. 3 aufzunehmen.

[2] Vgl. auch Art. 2 Abs. 1 lit. d) der Richtlinie 2004/39/EG (nachfolgend „MiFID").

[3] ESMA, Discussion paper: Key concepts of the Alternative Investment Fund Managers Directive and types of AIFM, Stand: 23.2.2012, S. 7, Tz. 10.

Art. 3 Abs. 1 greift dann nicht. Ist hingegen die Anlage gemäß Vertragsbedingung oder Satzung nur dem AIFM gestattet, fehlt es an einer Anzahl von Anlagen, so dass bereits kein AIF vorliegt. Der Ausnahme des Art. 3 Abs. 1 bedürfte es dann nicht. Für sie bleibt, unter Zusammenlegung der ESMA-Definition überhaupt kein Raum.

In der Praxis sind durchaus Fälle anzutreffen, in denen der AIFM einziger **4** Anleger eines Anlagevehikels ist, so etwa beim sog. **Carry-Vehikel** im Rahmen von Private Equity Fonds.[4] AIFM von Private Equity Fonds verwalten daneben jedoch AIF mit weiteren Anlegern, sodass sie nur hinsichtlich der Carry-Vehikel u.U. von der AIFM-Richtlinie ausgenommen sind.[5]

Nicht unter die Ausnahme des Abs. 1 fallen AIFM, die sich zwar bei Auflegung **5** des AIF hieran beteiligen, dabei jedoch von Anfang an bestrebt sind, **weitere Anleger aufzunehmen** bzw. selbst als Anleger auszuscheiden. In derartigen Fällen findet die AIFM-Richtlinie nicht erst ab dem Zeitpunkt Anwendung, ab dem der AIF mindestens einen weiteren Anleger hat. Dies liefe dem Erfordernis zuwider, dass ein AIFM vor Aufnahme seiner Tätigkeit (d.h. dem Beginn der Verwaltung eines AIF) einer AIFM-Zulassung bedarf und der Vertrieb des AIF erst nach Zulassung des AIFM und zusätzlicher Vertriebsanzeige zulässig ist. Dies hat zur Folge, dass bereits mit Auflegung des AIF die Anforderungen der AIFM-Richtlinie gelten. Bei typischen deutschen geschlossenen Fonds bedeutet dies etwa, dass bereits für die Einbringung des Anlageobjekts die Regelungen z. B. zum Risikomanagement gelten, auch wenn der Fonds zu diesem Zeitpunkt noch nicht vertrieben wird.

Wie das „soweit" verdeutlicht, gilt die Ausnahme nur bezüglich solcher AIF, **6** deren einziger Anleger der AIFM ist. Verwaltet der AIFM daneben auch AIF, in die der AIFM nicht investiert ist oder an denen auch andere Anleger beteiligt sind, so unterfällt der AIFM bezüglich dieser AIF der AIFM-Richtlinie. Folge hiervon ist, dass der AIFM dann einer AIFM-Zulassung bedarf. Nur hinsichtlich jener AIF, bei denen der AIFM nicht einziger Anleger ist, gelten die Anforderungen der AIFM-Richtlinie. So bedürfen z. B. nur solche AIF, die (auch) **mindestens einen anderen Anleger** haben oder für diese offen sind, einer Depotbank, während dies für jene AIF, deren einziger Anleger der AIFM ist, nicht vorgeschrieben ist.

Unklar ist, ob z. B. für die Berechnung der zusätzlichen Eigenmittel nach Art. 9 **7** Abs. 3 und 4 auch auf die AuM solcher AIF abzustellen ist, deren einziger Anleger der AIFM ist. Dies dürfte zu verneinen sein. Andernfalls würde über die Hintertür die Ausnahme nach Art. 3 Abs. 1 ausgehebelt. Im Übrigen muss ein AIFM nicht vor sich selbst geschützt werden.

C. Das Konzernprivileg (Abs. 1)

I. Einleitung und Normzweck

Der Kommissionsvorschlag enthielt noch kein **Konzernprivileg.** Er wurde **8** in den Verhandlungen auf Wunsch des Rates eingefügt. Dies wurde mit einer Angleichung der AIFM-Richtlinie an Art. 2 Abs. 1 lit. b) der MiFID begründet.

---

[4] Vgl. nur *Boxberger* in Jesch/Striegel/Boxberger, Rechtshandbuch Private Equity, S. 132 ff.

[5] Für das Carry-Vehikel gelten dann jedoch nicht die Anforderungen der AIFM-Richtlinie.

Ausnahmeregelungen für konzerninterne Tätigkeiten sind daher dem deutschen Recht nicht fremd (vgl. nur § 2 Abs. 1 Nr. 7 KWG und § 2a Abs. 1 Nr. 1 WpHG).

9   Das Konzernprivileg wird damit gerechtfertigt, dass bei **rein konzerninternen Sachverhalten** ein aufsichtsrechtlicher Schutz Dritter nicht erforderlich sei.[6] Hierin wird **keine Tätigkeit mit Fremdbezug** gesehen, derer es für das Vorliegen eines AIF bedarf. Diese Begründung überzeugt jedoch nicht.[7] Zum einen kann gerade in einem Konzern ein besonderes Schutzbedürfnis des beherrschten Unternehmens und seiner Anteilseigner bestehen. Zum anderen dient die AIFM-Richtlinie nicht allein dem Anlegerschutz, sondern auch der **Integrität und Stabilität des Finanzmarktes**. Würden etwa große Versicherungsunternehmen die Prämien der Versicherungsnehmer durch einen zum selben Konzern gehörenden AIFM verwalten lassen, so wäre die AIFM-Richtlinie auch dann nicht anwendbar, wenn es um die Anlage sehr hoher Milliardenbeträge ginge.

10   Das Konzernprivileg unterscheidet nicht zwischen **EU-AIFM und Drittstaaten-AIFM**. Es ist daher davon auszugehen, dass auch Konzerne, die sich gänzlich oder jedenfalls teilweise in einem Drittstaaten befinden, unter das Konzernprivileg fallen. Hat z. B. eine Versicherung ihre Konzernzentrale in der Schweiz und einen AIFM als Tochtergesellschaft in Deutschland, so kann sie durch diesen Anlagen in einem Spezialfonds verwalten lassen, ohne unter die AIFM-Richtlinie zu fallen.

II. Welche Konzernstrukturen werden erfasst?

11   Das Konzernprivileg greift nur, soweit ein AIF einschließlich Anleger hat, die zum Konzernverbund des AIFM gehören. Dabei muss es sich bei jedem dieser Anleger um eine **Gesellschaft** handeln. Im Unterschied zu § 2 Abs. 1 Nr. 7 KWG ist in Art. 3 Abs. 1 AIFM-RL ausdrücklich von (Mutter- bzw. Tochter-) Gesellschaften und nicht von Unternehmen die Rede. Daher stellt sich bei Art. 3 Abs. 1 – im Unterschied zu § 2 Abs. 1 Nr. 7 KWG – nicht die Frage, ob auch natürliche Personen unter das Konzernprivileg fallen können. Das Konzernprivileg greift im Übrigen nur, wenn es sich um einen **Über-/Unterordnungskonzern** handelt. Wie nach Art. 2 Abs. 1 lit. b) MiFID schließt der Wortlaut Gleichordnungskonzerne aus.[8]

12   Nach dem ausdrücklichen Wortlaut darf es sich entweder nur um eine oder mehrerer **Muttergesellschaft**(en), eine oder mehrere **Tochtergesellschaft**(en) des AIFM oder andere Tochtergesellschaften jener Muttergesellschaften handeln. Hinsichtlich der Begriffe der Muttergesellschaft bzw. der Tochtergesellschaft wird auf die Kommentierung in Art. 4 verwiesen.[9]

13   Das Konzernprivileg greift ferner nicht, wenn mindestens einer der Anleger ein AIF ist, d.h. z. B. wenn ein **Dachfonds** oder ein **Feeder-Fonds** an dem AIF beteiligt ist. Dann soll zum Schutz jenes AIF und seiner Anleger die AIFM-

---

[6] Vgl. nur *Schäfer* in Boos/Fischer/Schulte-Mattler, KWG, 4. Aufl., § 2 Rn. 22.

[7] Vgl. auch die Kritik von *Zerwas/Hanten* ZBB 2000, 44 (50 f.) zum Konzernprivileg nach § 2 Abs. 1 Nr. 7 KWG.

[8] Vgl. zum gleichgelagerten § 2 Abs. 1 Nr. 7 KWG nur *Schäfer* in Boos/Fischer/Schulte-Mattler, KWG, 4. Aufl., § 2 Rn. 24.

[9] Vgl. Art. 4 Rn. 210 ff (zur Muttergesellschaft) bzw. Art. 4 Rn. 245 ff. (zur Tochtergesellschaft).

Richtlinie Anwendung finden. Dasselbe dürfte entsprechend gelten, wenn einer der Anleger ein OGAW ist.[10] Erstaunlicherweise wird damit ein *Look-through*-Ansatz verfolgt, während dieser bei Konzerngesellschaften, die ja selbst auch Anteilseigner oder sonstige wirtschaftlich Betroffene (wie z. B. Versicherungsnehmer) haben können, ausgeblendet wird. Die unterschiedliche Behandlung ist wenig überzeugend und führt in Sachen Anlegerschutz zu einer Zweiklassengesellschaft.

In gleicher Weise greift das Konzernprivileg bei AIFM, die Teil eines **Bank-** 14 **oder Finanzdienstleistungskonzerns** sind. Auf diese Weise können Banken Eigenmittel in einem Spezialfonds verwalten lassen, ohne dass die AIFM-Richtlinie anwendbar ist. Fraglich ist, ob dies selbst dann gelten soll, wenn hierdurch Kundengelder einer Bank oder eines Finanzdienstleisters von dem AIFM verwaltet werden. Hierzu könnte es z. B. kommen, wenn ein Finanzdienstleister die **individuelle Vermögensverwaltung** für eine Vielzahl individueller Kunden erbringt, die Anlagegelder der Kunden jedoch nicht selbst anlegt, sondern von dem AIFM in einem AIF anlegen lässt. Nach hier vertretener Auffassung fallen **Kundengelder** nicht unter das Konzernprivileg. Sie sind in gleicher Weise schützenswert wie die Anleger eines AIF, welche ausdrücklich ausgenommen sind. Insoweit dürfte eine unbeabsichtigte Regelunglücke vorliegen.

Das Konzernprivileg findet z. B. Anwendung, wenn der AIFM Teil eines Ver- 15 sicherungskonzerns ist. Dann kann der AIFM etwa Spezialfonds auflegen, in dem z. B. sein Mutterunternehmen, das als Versicherungsunternehmen tätig ist, Prämien seiner Versicherungsnehmer anlegt. Dasselbe gilt, wenn in dem Spezialfonds die Anlagegelder verschiedener Versicherungsunternehmen desselben Konzerns angelegt werden. Insoweit stellt das Konzernprivileg eine Rückausnahme für das **Versicherungs-Pooling**[11] dar, das, wenn es in einem AIF erfolgt, grundsätzlich unter die AIFM-Richtlinie fällt.[12]

Anders als nach § 2 Abs. 1 Nr. 7 KWG fällt auch die **Mehrmütterschaft** bereits 16 vom Wortlaut unter die Ausnahme des Art. 3 Abs. 1 AIFM-RL. Dies eröffnet weit reichende Gestaltungsmöglichkeiten, weil dann auch sog. Gemeinschaftsunternehmen von dem Konzernprivileg profitieren dürften. Unklar ist, wo hierbei die Grenzen zu ziehen sind. Im Rahmen des Konzernprivilegs nach § 2 Abs. 1 Nr. 7 KWG soll eine Mehrmütterschaft anerkannt sein, wenn sich vier Unternehmen mit je 25% an einem Gemeinschaftsunternehmen beteiligen.[13] Die Mehrmütterschaft könnte dazu verhelfen, das **Versicherungs-Pooling** aus dem Anwendungsbereich der AIFM-Richtlinie zu halten. Die an dem Pooling Beteiligten müssten hierzu ein Gemeinschaftsunternehmen gründen, welches Konzernobergesellschaft des AIFM ist, der wiederum mit dem Pooling betraut wird. Entsprechendes gilt beim **Pooling von Pensionsfonds.** Denkbar ist auch die Nutzung der Mehrmütterschaft in **Bankenverbünden** oder im Zusammenhang mit **Multi Family Offices**[14].

---

[10] Insoweit dürfte eine unbeabsichtigte Regelunglücke vorliegen. OGAW dürfen unter den Voraussetzungen des Art. 50 Abs. 1 lit. e) OGAW-Richtlinie in AIF investieren.

[11] Entsprechendes gilt zum Pooling von Pensionsfonds.

[12] Vgl. zum Versicherungs-Pooling Art. 2 Rn. 125.

[13] Vgl. nur *Schäfer* in Boos/Fischer/Schulte-Mattler, KWG, 4. Aufl., § 2 Rn. 25.

[14] Hierzu müsste das Family Office zu einem Konzernverbund mit einem Gemeinschaftsunternehmen gehören, an dem die vermögensverwaltenden (Kapital- oder Personen-) Gesellschaften der Vermögensinhaber beteiligt sind.

D. Kleine AIFM (Abs. 2)

I. Einleitung

17   Bereits Art. 2 Abs. 2 lit. a) des Kommissionsvorschlags enthielt eine Ausnahme für sog. kleine AIFM. Diese Ausnahme war zwar im Rahmen der Verhandlungen im Rat umstritten. Sie wurde von einigen Mitgliedstaaten unter Verweis darauf abgelehnt, dass Anleger eines von einem kleinen AIFM verwalteten AIF nicht schlechter geschützt werden dürften als solche eines großen AIFM. Gleichwohl ist die Ausnahme für kleine AIFM beibehalten worden. Diese Ausnahme gilt sowohl für externe als auch für interne AIFM im Sinne von Art. 5 Abs. 1. Kleine AIFM werden jedoch nicht von der gesamten AIFM-Richtlinie ausgenommen. Für sie gelten weiterhin die Bestimmungen des Art. 46 (zu den Befugnissen der Heimatbehörde) sowie die Abs. 3 und 4.

18   Abs. 2 spricht von „AIFM", ohne hierbei dem Wortlaut nach zwischen EU-AIFM und Drittstaaten-AIFM zu unterscheiden. Gleichwohl kann die Ausnahme für kleine AIFM seinem Sinn und Zweck nach nur **für EU-AIFM** anwendbar sein. Nur für sie stellt sich die Frage, ob sie außerhalb der AIFM-Richtlinie tätig werden wollen oder sich freiwillig der AIFM-Richtlinie unterwerfen wollen. Demgegenüber findet die AIFM-Richtlinie ausweislich Art. 2 Abs. 1 lit. b) und c) ohnehin nur auf **Drittstaaten-AIFM** Anwendung, welche diese Entscheidung bereits getroffen haben, indem sie von einer der beiden folgenden in der AIFM-Richtlinie verankerten Freiheiten Gebrauch machen. Verwaltet ein Drittstaaten-AIFM einen EU-AIF, so macht er von einem Recht nach Art. 37 der AIFM-Richtlinie Gebrauch. Dasselbe gilt für einen Drittstaaten-AIFM, der einen von ihm verwalteten EU-AIF oder Drittstaaten-AIF in der EU vertreibt (vgl. Art. 37, 39 ff. AIFM-RL). Für sie besteht daher die Optionsmöglichkeit für kleine EU-AIFM gemäß Art. 3 Abs. 4 nicht. Überdies ließe sich bei kleinen Drittstaaten-AIFM auch nicht überwachen, ob sie tatsächlich den Schwellenwert unterschreiten. Art. 3 Abs. 2 ist daher nach hier vertretener Auffassung einschränkend dahingehend auszulegen, dass nur EU-AIFM als kleine AIFM von der AIFM-Richtlinie teilweise befreit sind.

II. Normzweck

19   Die De-minimis-Regelung gemäß Abs. 2 wird mit dem **Verhältnismäßigkeitsprinzip** begründet.[15] Für AIFM, die ein Portfolio mit AuM von weniger als 100 Mio. EUR[16] verwalten, wäre es mit unverhältnismäßigem Aufwand verbunden, die Anforderungen der gesamten AIFM-Richtlinie zu erfüllen. Dies stünde außer Verhältnis zu den Vorteilen einer Anwendung der AIFM-Richtlinie, weil es unwahrscheinlich sei, dass von ihnen wesentliche **Risiken für die Finanzmarktstabilität** und die Markteffizienz ausgehen. Von den beiden genannten Begründungen kann allein das Verhältnismäßigkeitsprinzip ansatzweise überzeugen. Hingegen hat gerade die jüngste Finanzkrise gezeigt, dass systemische Risiken

---

[15] Vgl. Kommissionsvorschlag für eine AIFM-Richtlinie, Begründung, S. 5 f.

[16] Verwaltet der AIFM nur AIF, welche auf Fondsebene kein Fremdkapital einsetzen und bei denen die Anteilsrückgabe für mindestens fünf Jahre nicht möglich ist (wie meist bei Private Equity und Venture Capital Fonds), so gilt Entsprechendes. Der deutlich höhere Schwellenwert wird in der Begründung des Kommissionsvorschlags damit gerechtfertigt, dass es unwahrscheinlich ist, dass von ihnen systemische Risiken ausgehen.

nicht allein von großen Akteuren, sondern auch von vielen kleinen Akteuren ausgehen, welche – dem „Herdentrieb" folgend – vergleichbare Anlagestrategien verfolgen.

III. Überblick

Abs. 2 enthält zwei verschiedene Schwellenwerte für sog. kleine AIFM: zum **20** einen den allgemeinen Schwellenwert von 100 Mio. EUR für alle AuM von AIF, welche von dem AIFM verwaltet werden; zum anderen einen besonderen Schwellenwert von 500 Mio. EUR für geschlossene Fonds, die auf Fondsebene kein Fremdkapital einsetzen und bei denen die Anteilsrückgabe für mindestens fünf Jahre nach Tätigung der ersten Anlage nicht möglich ist.

Sog. kleine AIFM müssen mit Ausnahme von Art. 3 Abs. 3 keine Anforderun- **21** gen der AIFM-Richtlinie erfüllen. Ob und ggf. wie kleine AIFM darüber hinausgehend reguliert werden sollen, bleibt den Mitgliedstaaten überlassen.

Da kleine AIFM nicht den vollen Pflichten der AIFM-Richtlinie ausgesetzt **22** sind, profitieren sie auch nicht von den durch die Richtlinie eingeräumten Rechten. Allerdings gestattet Abs. 4 es ihnen, sich freiwillig der vollständigen AIFM-Richtlinie zu unterwerfen. In diesem Fall können auch kleine AIFM in den Genuss des EU-Vertriebs- bzw. Verwaltungspasses kommen.

Abs. 4 verpflichtet die EU-Kommission zum Erlass von Durchführungsakten, **23** um das Verfahren näher zu konkretisieren, mit dem ein kleiner AIFM freiwillig für die Anwendung der kompletten AIFM-Richtlinie optieren kann. Bei Drucklegung dieser Auflage hatte die EU-Kommission jedoch noch keine Durchführungsakte erlassen. Abs. 5 ermächtigt die EU-Kommission zum Erlass von delegierten Rechtsakten, um Einzelheiten für die Anwendung der Abs. 2 und 3 festzulegen.

IV. Allgemeiner Schwellenwert (Abs. 2 lit. a))

Der allgemeine Schwellenwert beträgt für alle Assetklassen und Rechtsformen **24** 100 Mio. EUR. AIFM, die AIF mit AuM von weniger als 100 Mio. EUR verwalten, gelten als kleine AIFM. Dabei spielt es keine Rolle, wie viele AIF ein AIFM verwaltet; auch ein AIFM mit nur einem AIF kann unter die Ausnahme fallen. Bei der Berechnung des Schwellenwertes werden **alle Vermögensgegenstände** der verwalteten AIF einbezogen, unabhängig davon, ob sie mit Eigen- oder Fremdkapital angeschafft worden sind. In die Berechnung fließen jedoch nur die Vermögensgegenstände von AIF ein, die der AIFM im Rahmen der kollektiven Vermögensverwaltung verwaltet. Hierzu gehören auch die Vermögensgegenstände solcher AIF, deren Portfolioverwaltung der AIFM ausgelegt hat. Unberücksichtigt bleiben daher AIF, bei denen der AIFM lediglich als Auslagerungsunternehmen tätig wird. Dasselbe gilt für nicht in AIF gehaltene Portfolien, d.h. z. B. für OGAW oder Portfolien im Rahmen individueller Vermögensverwaltungsmandate.

Um Gestaltungsmöglichkeiten zu verhindern, künstlich unter dem Schwellen- **25** wert zu bleiben, stellt Abs. 2 nicht allein auf einen einzelnen AIFM, sondern auf den **Konzern des AIFM** ab. Der Schwellenwert kann nicht dadurch unterschritten werden, dass ein Fondsinitiator statt eines AIFM mehrere AIFM für von ihm aufgelegte AIF nutzt. In einem solchen Fall sind die AuM aller AIF in die Berechnung einzubeziehen, welche von AIFM verwaltet werden, die zum selben Konzernverbund[17] gehören.

V. Besonderer Schwellenwert (Abs. 2 lit. b))

26   Nach Abs. 2 lit. b) gilt hingegen in bestimmten Fällen ein deutlich höherer Schwellenwert von 500 Mio. EUR. Dieser greift dann, wenn folgende zwei Voraussetzungen erfüllt sind: erstens dürfen die Portfolien aller von dem AIFM (bzw. aus dem Konzernverbund) verwalteten AIF **nicht hebelfinanziert** sein. Zweitens darf den Anlegern frühestens fünf Jahre nach Tätigung der ersten Anlage ein **Rückgaberecht** zustehen.

27   Der besondere Schwellenwert nach Abs. 2 lit. b) zielt darauf ab, einen großen Teil der Verwalter von **Venture Capital Fonds** sowie kleine Verwalter von **Private Equity Fonds** aus dem Anwendungsbereich der Richtlinie auszunehmen. Die beiden genannten zusätzlichen Voraussetzungen charakterisieren typische Private Equity und Venture Capital Fonds und unterschieden sie von vielen anderen Assetklassen. Auch sie setzen zwar regelmäßig Fremdkapital ein. Dies geschieht jedoch nicht auf Fondsebene. Als die Kommission im April 2009 ihren Vorschlag veröffentlichte, herrschte inmitten der weltweiten Finanzkrise die Sorge vor, dass (namentlich kleine oder mittlere) Unternehmen seinerzeit oftmals keinen oder nur unter sehr erschwerten Bedingungen Zugang zu Bankkrediten hatten. Deshalb sollte der Zugang zu Eigenkapital durch Private Equity oder Venture Capital Fonds – jedenfalls soweit sie von kleineren AIFM verwaltet werden – nicht über Gebühr erschwert werden.

28   **1. Keine Hebelfinanzierung auf AIF-Ebene.** Nach Abs. 2 lit. b) dürfen die betreffenden AIF keine Hebelfinanzierung (bzw. englisch *leverage*) auf Fondsebene haben. Der Begriff der Hebelfinanzierung ist in Art. 4 Abs. 1 lit. v) legal definiert. Hebelfinanzierung meint danach jede Methode, mit der ein AIFM das Risiko eines von ihm verwalteten AIF durch Kreditaufnahme, Wertpapierleihe, in Derivate eingebettete Hebelfinanzierungen oder auf andere Weise erhöht. Vergleiche zum Begriff der „Hebelfinanzierung" die Kommentierung zu Art. 4.[18] Im Unterschied zu den meisten anderen Assetklassen setzen Private Equity und Venture Capital Fonds **auf Fondsebene** typischerweise **keine Hebelfinanzierung** ein. Der Einsatz von Fremdkapital erfolgt vielmehr außerhalb des Fonds, typischerweise durch einen sog. Debt-push-down auf die erworbene Zielgesellschaft.[19] Hierzu wird häufig die Erwerbszweckgesellschaft auf die Zielgesellschaft verschmolzen (sog. Down-stream merger). Die Akquisitionsfinanzierung geht dann im Wege der Gesamtrechtsnachfolge gemäß § 20 Abs. 1 Nr. 1 UmwG auf die Zielgesellschaft über. Dasselbe wirtschaftliche Ergebnis tritt auch im umgekehrten Fall einer Verschmelzung des Ziels auf die Erwerbszweckgesellschaft (sog. Upstream merger) ein. Daneben finden sich zahlreiche weitere Gestaltungsvarianten,

---

[17] Abs. 2 lit. a) umschreibt den Konzernverbund mit „AIFM, die entweder direkt oder indirekt über eine Gesellschaft, mit der der AIFM über eine gemeinsame Geschäftsführung, ein gemeinsames Kontrollverhältnis oder durch eine wesentliche direkte oder indirekte Beteiligung verbunden ist".

[18] Vgl. Art. 4 Rn. 153 ff.

[19] Vgl. eingehend hierzu *Helios/Kloster/Tcherveniachki* in Jesch/Striegel/Boxberger, Rechtshandbuch Private Equity, S. 310 ff.

die im wirtschaftlichen Ergebnis dafür sorgen, dass die Akquisitionsfinanzierung der Zielgesellschaft aufgebürdet[20] wird.[21]

2. Kein Rückgaberecht für fünf Jahre. Der besondere Schwellenwert setzt 29 ferner voraus, dass den Anlegern sämtlicher von dem AIFM verwalteter AIF kein Rückgaberecht[22] für ihre Anteile für einen Zeitraum von mindestens fünf Jahren nach Tätigung der ersten Anlage zusteht. Auch diese Anforderung ist gezielt auf Private Equity und Venture Capital Fonds zugeschnitten, die als geschlossene Fonds aufgelegt werden und deren Lebenszyklus regelmäßig länger als fünf Jahre beträgt. Ein Rückgaberecht entsteht dann **erst bei Liquidation des Fonds.** Der Kommissionsvorschlag stellte für den Beginn der Fünfjahresfrist noch auf den Zeitpunkt der Auflegung des AIF ab. Der Richtlinientext trägt nunmehr dem Umstand Rechnung, dass zwischen Auflegung eines Private Equity oder Venture Capital Fonds und seiner ersten Investition häufig ein längerer Zeitraum vergeht, in der der AIFM geeignete potenzielle Zielgesellschaften auswählt und häufig langwierige Kaufverhandlungen für deren Erwerb führen muss.

Mit dem Begriff des Rückgaberechts hat der Richtliniengeber einen nur bei 30 offenen Fonds gebräuchlichen Terminus verwendet. Bei **geschlossenen Fonds** ist hingegen das Recht zur Rückgabe ausgeschlossen. Anleger deutscher geschlossene Fonds sind entweder unmittelbar oder mittelbar – z. B. über einen Treuhänder, eine stille Gesellschaft oder eine Unterbeteiligung[23] – Gesellschafter des in der Rechtsform einer Gesellschaft konstituierten geschlossenen Fonds. An die Stelle des bei offenen Fonds üblichen Rückgaberechts tritt bei ihnen das Kündigungsrecht sowie das Widerrufsrecht. **Das ordentliche Kündigungsrecht** der Gesellschafter ist bei deutschen geschlossenen Fonds typischerweise während der vorgegebenen Laufzeit des Fonds, welche gewöhnlich länger als fünf Jahre ist, ausgeschlossen.[24] Allerdings steht Anlegern deutscher geschlossener Fonds ein **Kündigungsrecht aus wichtigem** Grund zu.[25] Nach ständiger Rechtsprechung des Bundesgerichtshofs[26] besteht dieses unabhängig von einer gesellschaftsvertraglichen Regelung[27]. Ebenso können Anleger geschlossener Fonds, sofern sie Verbraucher im Sinne des § 13 BGB sind, nach diversen EU-Richtlinien (insbesondere Haustürwiderrufs- und Verbraucherkreditrichtlinie)[28] ihre Beteiligung u.U.

---

[20] Vgl. jedoch das Verbot des sog. Asset Stripping nach Art. 30.

[21] Zu den Einzelheiten vgl. *Helios/Kloster/Tcherveniachki* in Jesch/Striegel/Boxberger, Rechtshandbuch Private Equity, S. 310 ff.

[22] In der deutschen Fassung ist fälschlicherweise von einem „Rücknahmerecht" die Rede, was impliziert, dass der AIFM das Recht hat, von dem Anleger die Rücknahme zu verlangen. Tatsächlich geht es jedoch darum, ob der Anleger das Recht hat, die Anteile Zug um Zug gegen Zahlung des Anteilspreises zurückzugeben. Der AIFM hat dann eine Rücknahmepflicht.

[23] Vgl. eingehend hierzu *Bost/Halfpap* in Lüdicke/Arndt, Geschlossene Fonds, 5. Aufl., S. 20 ff.

[24] Ebendort, S. 53.

[25] *Lorz* in Ebenroth/Boujong/Joost/Strohn, HGB, 2. Aufl., § 133, Rn. 44 und 46 sowie *Bost/Halfpap* in Lüdicke/Arndt, Geschlossene Fonds, 5. Aufl., S. 53.

[26] BGH, Urt. vom 12.5.1977, II ZR 89/75, BGHZ 69, 160 (162); Urt. vom 13.3.1978, II ZR 63/77, BGHZ 71, 53 (60); Urt. vom 15.11.1982, II ZR 62/82, BGHZ 85, 350 (361).

[27] BGH, Urt. vom 19.12.1974, II ZR 27/73, BGHZ 63, 338 ff.; Urt. vom 17.11.1980, II ZR 242/79, WM 1981, 452 f.

[28] Vgl. hierzu eingehend *Bost/Halfpap* in Lüdicke/Arndt, Geschlossene Fonds, 5. Aufl., S. 59 ff.

innerhalb einer gewissen Frist nach Zeichnung widerrufen. Vor dem Hintergrund des außerordentlichen Kündigungsrechts und des **Widerrufsrechts** fragt sich, ob deutsche **geschlossene Fonds mit befristeter Laufzeit** kleine AIFM im Sinne von Art. 3 Abs. 2 lit. b) sein können. Dies ist zu bejahen. Dass das Widerrufsrecht nach den EU-Richtlinien dem nicht entgegensteht, ergibt sich bereits daraus, dass die AIFM-Richtlinie diese nicht verdrängt. Da alle natürlichen Personen Verbraucher gemäß § 13 BGB sind und natürliche Personen unter bestimmten Umständen professionelle Anleger[29] sein können, war dem Richtliniengeber bekannt, dass Anlegern geschlossener Fonds ein europarechtliches Widerrufsrecht zustehen kann. Nichts anderes gilt für das Anlegern deutscher geschlossener Fonds zustehende außerordentliche Kündigungsrecht. Wie das Widerrufsrecht besteht das außerordentliche Kündigungsrecht nur in seltenen, atypischen Ausnahmefällen, z. B. wenn der Anleger in Vermögensverfall geraten ist. Damit ist es aber nicht mit einem Rückgaberecht im Sinne von Art. 1 Abs. 2 lit. b) OGAW-RL oder § 37 Abs. 1 i. V. m. § 43 Abs. 4 Nr. 4 InvG vergleichbar. Denn bei offenen Fonds steht dem Anleger grundsätzlich ein jederzeitiges Rückgaberecht zu. Dieses unterscheidet einen offenen Fonds wesensmäßig von einem geschlossenen.[30] Das Rückgaberecht ist an keine besonderen Umstände geknüpft, sondern allein vom Willen des Anlegers abhängig.[31] Lediglich ein ordentliches Kündigungsrecht wäre mit einem Rückgaberecht vergleichbar.

31   Ein ordentliches Kündigungsrecht steht allerdings Anlegern deutscher geschlossener Fonds mit unbefristeter Laufzeit zu. Dieses kann nach ständiger Rechtsprechung des Bundesgerichtshofs[32] auch nicht ausgeschlossen werden. Daher kann sich ein AIFM nicht auf den besonderen Schwellenwert berufen, wenn er auch mindestens einen deutschen geschlossenen Fonds mit unbefristeter Laufzeit verwaltet.

VI. Verhältnis zwischen allgemeinem und besonderen Schwellenwert

32   Der allgemeine und der besondere Schwellenwert stehen in **keinem Ausschließlichkeitsverhältnis** zueinander. Ein AIFM, welcher sowohl die Anforderungen nach Abs. 2 lit. a) als auch nach lit. b) erfüllt, kann frei wählen, auf welchen Schwellenwert er sich beruft, wenn er aus dem Anwendungsbereich der Richtlinie ausgenommen werden möchte. Da der allgemeine Schwellenwert an geringere Voraussetzung anknüpft, ist es für den AIFM u.U. leichter, sich auf den allgemeinen Schwellenwert zu berufen. Übersteigen die AuM der von dem AIFM verwalteten AIF im Laufe der Zeit den allgemeinen Schwellenwert von 100 Mio. EUR, so kann sich der AIFM dann auf den besonderen Schwellenwert berufen. Hierzu muss er jedoch die zusätzlichen Anforderungen nach Abs. 2 lit. b) nachweisen. Dasselbe gilt im umgekehrten Fall, wenn der AIFM zunächst AuM von zunächst mehr als 100 Mio. EUR verwaltet und er sich daher auf den besonderen Schwellenwert beruft, die AuM aber im Zeitverlauf unter den Schwellenwert herabsinken.[33]

---

[29]   Vgl. hierzu eingehend Art. 4, Rn. 220 ff.

[30]   Vgl. *Schmitz* in Berger/Steck/Lübbehüsen, InvG, § 37, Rn. 4.

[31]   Ebendort, Rn. 7.

[32]   Vgl. nur BGH, Urt. vom 16.12.1991, II ZR 58/91, BGHZ 116, 359 ff. sowie *Bost/Halfpap* in Lüdicke/Arndt, Geschlossene Fonds, 5. Aufl., S. 58.

[33]   In diesem Fall könnte der AIFM auch andere AIF als Private Equity und Venture Capital Fonds verwalten, welche nicht die Anforderungen des Abs. 2 lit. b) erfüllen.

Bedeutsam ist die Möglichkeit des **Wechsels zwischen den Schwellenwer-** 33
ten auch für AIFM, die zeitweilig AIF verwalten, welche nicht die besonderen
Anforderungen des Abs. 2 lit. b) erfüllen. Verwaltet etwa ein AIFM zunächst
neben Private Equity und Venture Capital Fonds z. B. auch AIF, die Fremdkapital
auf Fondsebene einsetzen (wie z. B. i. d. R. bei Immobilienfonds), so kann er
sich nur auf den allgemeinen Schwellenwert berufen. Nach Liquidation aller
sonstigen AIF kann der AIFM sich jedoch auf den besonderen Schwellenwert
berufen. Dies eröffnet ihm die Möglichkeit einer deutlichen Expansion.

VII. Berechnung der Schwellenwerte

Abs. 6 lit. a) verpflichtet die EU-Kommission, im Wege von Durchführungsbe- 34
stimmungen näher festzulegen, wie die Schwellenwerte in Abs. 2 zu berechnen
sind. Dem ist die EU-Kommission in Art. 3 der Durchführungsverordnung nachgekommen.

Art. 3 Abs. 1 der Durchführungsverordnung stellt zunächst klar, dass sowohl 35
externe AIFM als auch selbst verwaltete AIF unter die Ausnahme nach Art. 3
Abs. 2 AIFM-RL fallen können. Bei einem selbstverwalteten AIF darf der nach
Maßgabe der einschlägigen (nationalen) Bewertungsvorschriften ermittelte Wert
seiner sämtlichen Vermögensgegenstände grundsätzlich **zu keiner Zeit**[34] **den
Schwellenwert übersteigen.** Dabei spielt es keine Rolle, ob die Vermögensgegenstände mit oder ohne Hebelfinanzierung[35] erworben worden sind. Bei externen AIFM gilt das Gesagte entsprechend; hierbei sind die Vermögensgegenstände
aller AIF einzubeziehen, bei denen der AIFM zum Verwalter bestellt worden ist.
Dabei spielt es keine Rolle, ob der AIFM Aufgaben der Portfolioverwaltung
ausgelagert hat (vgl. Art. 3 Abs. 2 UAbs. 2 der Durchführungsverordnung). Nicht
in die Berechnung fließen hingegen Vermögensgegenstände von AIF ein, die der
AIFM selbst nur als Auslagerungsunternehmen im Auftrag des dortigen AIFM
verwaltet (vgl. Art. 3 Abs. 2 UAbs. 2 der Durchführungsverordnung).

Wie Art. 3 Abs. 2 UAbs. 1 der Durchführungsverordnung klarstellt, fließen 36
in die Berechnung der Schwellenwerte **keine Vermögensgegenstände von
OGAW** ein, wenn der AIFM neben AIF auch OGAW verwaltet. Da der AIFM
für die Verwaltung von OGAW einer Zulassung als OGAW-Verwaltungsgesellschaft bedarf und vollständig den Anforderungen der OGAW-Richtlinie unterliegt, wäre es sinnwidrig, die AuM der OGAW in die Berechnung mit einzubeziehen. Auf diese Weise wird es OGAW-Verwaltungsgesellschaften ermöglicht, als
Nebentätigkeit AIF zu verwalten, ohne einer zusätzlichen AIFM-Zulassung zu
bedürfen, sofern die Schwellenwerte nicht überschritten werden und diese nur
im Herkunftsstaat vertrieben werden sollen. Als Verwalter von AIF unterliegen
sie dann jedoch einer Registrierungspflicht.

Art. 3 Abs. 3 der Durchführungsverordnung regelt, wie **Derivate** bzw. in 37
Wertpapiere eingebettete Derivate bei der Berechnung der Schwellenwerte zu
behandeln sind. Danach sollen die Derivate oder derivativen Elemente in die
ihnen zugrunde liegenden Vermögensgegenstände (den sog. *underlying assets*) nach
Maßgabe der in Art. 12 der Durchführungsverordnung vorgegebenen Methoden
umgerechnet werden. Der sich hieraus ergebende absolute Betrag soll bei der
Berechnung des Schwellenwerts berücksichtigt werden. Gemäß der ESMA-Emp-

---

[34] Zu Ausnahmen bei nur kurzfristiger Überschreitung eines Schwellenwerts vgl. unten
unter Rn. 41.
[35] Zum Begriff der Hebelfinanzierung vgl. eingehend Art. 4 Rn. 153 ff.

fehlung nicht in die Berechnung aufgenommen werden müssen hingegen Derivate, die nicht zu Anlagezwecken, sondern lediglich zur Absicherung von Risiken (d.h. zum *Hedging*) erworben worden sind.[36]

38   Art. 3 Abs. 4 der Durchführungsverordnung klärt, wie die Berechnung des Schwellenwerts im Falle sog. **Querinvestitionen** zu erfolgen hat. Eine Querinvestition liegt vor, wenn ein AIF einen Teil seines Vermögens in einen AIF anlegt, der von demselben AIFM verwaltet wird. Dies spielt namentlich bei Dachfonds sowie bei Master-Feeder-AIF eine Rolle. Solche Querinvestitionen können bei der Berechnung des Schwellenwerts außer Betracht gelassen werden. Dies ist unmittelbar nachvollziehbar. Investiert z. B. ein Feeder-AIF 20 Mio. EUR in einen Master-AIF desselben AIFM, so erhöhen sich die vom AIFM verwalteten AuM nicht, weil sie bereits auf Ebene des Feeder-AIF berücksichtigt werden.

VIII. Häufigkeit der Berechnung der Schwellenwerte

39   Nach Art. 3 Abs. 5 der Durchführungsverordnung muss jeder AIFM, der sich auf eine der beiden Ausnahmen nach Art. 3 Abs. 2 AIFM-RL als sog. kleiner AIFM beruft, mindestens einmal pro Jahr den Wert der von ihm verwalteten AuM (vgl. hierzu oben Rn. 35 ff.) berechnen. Hierzu muss der AIFM einmalig einen **Stichtag** für die Berechnung wählen und in den Folgejahren die Berechnung jeweils auf diesen Stichtag vornehmen. Durch die Festlegung eines fixen Stichtags soll verhindert werden, dass sich der AIFM **Marktschwankungen** zu Nutze macht. Dieser Stichtag soll so gewählt werden, dass er zu der Häufigkeit der Bewertung der Vermögensgegenstände passt.[37] Für die Berechnung muss der AIFM die zuletzt nach Maßgabe des Art. 19 Abs. 3 AIFM-RL ermittelten Verkehrswerte der Vermögensgegenstände zugrunde legen. Dies bedeutet, dass die Bewertung unter keinen Umständen länger als zwölf Monate zurückliegen darf. Je nachdem, um welche Vermögensgegenstände es sich handelt und ob es um einen AIF des offenen oder geschlossenen Typs geht, muss die Bewertung zum Teil sehr viel jüngeren Datums sein.[38]

40   Neben der jährlichen Berechnung müssen AIFM jedoch nach Art. 4 der Durchführungsverordnung fortlaufend beobachten, wie sich die AuM entwickeln. Hierbei müssen sie **fortlaufend den aktuellen Wert der AuM berechnen.** Dabei müssen sie auch die Ausgabe und Rücknahme von Anteilen oder Ausschüttungen an die Anleger berücksichtigen. Ebenso hat hierin der Wert neu erworbener Vermögensgegenstände einzufließen. Zeigt die fortlaufende Beobachtung, dass sich die AuM dem Schwellenwert stark angenähert haben oder die Ausgabe- oder Rücknahmepolitik dies erwarten lässt, so muss der AIFM grundsätzlich eine außerordentliche Berechnung des Werts der AuM vornehmen. Steht allerdings der nächste Berechnungsstichtag in vergleichsweise kurzer Zeit bevor, so kann der AIFM aus Gründen der Verhältnismäßigkeit hiervon absehen.[39]

---

[36] Vgl. ESMA-Empfehlung, S. 20 Tz. 11. ESMA nennt dort beispielsweise Absicherungen gegen Währungs- oder Zinsänderungsrisiken.

[37] Auf diese Weise soll verhindert werden, dass veraltete Verkehrswerte verwendet werden und der AIFM so länger unter einen Schwellenwert fällt als es den gegenwärtigen Verhältnissen entspricht.

[38] Vgl. eingehend Art. 19 Rn. 156 ff.

[39] Vgl. ESMA-Empfehlung, S. 20 Tz. 14. Unklar ist dann jedoch, inwieweit eine solche Verzögerung bei der Frage zu berücksichtigen ist, ob ein AIFM nur gelegentlich den Schwellenwert übersteigt.

IX. Gelegentliche Überschreitungen des Schwellenwerts

Art. 3 Abs. 6 lit. a) AIFM-RL verpflichtet die EU-Kommission, ein Verfahren **41** vorzusehen, wenn die AuM eines AIFM innerhalb eines Kalenderjahres gelegentlich den Schwellenwert übersteigen. Dies bedeutet, dass nicht jede nur temporäre Überschreitung eines Schwellenwerts dazu führt, dass der AIFM nunmehr vollständig unter die AIFM-Richtlinie fällt. Dieses Verfahren ist in Art. 5 der Durchführungsverordnung geregelt. Stellt der AIFM im Rahmen der nach Art. 3 erfolgten Berechnung des Gesamtvermögenswerts zum Stichtag oder bei der fortlaufenden Beobachtung nach Art. 4 fest, dass der oder beide Schwellenwerte überschritten wird/werden, so ist der AIFM nach Art. 5 der Durchführungsverordnung verpflichtet zu prüfen, ob es sich hierbei nur um eine **kurzfristige und vorübergehende Überschreitung** handelt oder nicht. Dies ist nach Art. 5 Abs. 4 der Durchführungsverordnung nur dann anzunehmen, wenn die Überschreitung voraussichtlich einen Zeitraum von drei Monaten nicht übersteigt.

Ist dabei von Anfang an absehbar, dass die **Überschreitung dauerhaft** sein **42** wird, d.h. jedenfalls länger als drei Monate dauern wird, so muss der AIFM dies gemäß Art. 5 Abs. 2 der Durchführungsverordnung seiner Heimatbehörde anzeigen und innerhalb von 30 Kalendertagen einen Antrag auf Zulassung als AIFM gemäß Art. 7 AIFM-RL stellen. Bereits im Zulassungsantrag muss der AIFM nachweisen, dass er in der Lage ist, die kompletten Anforderungen der AIFM-Richtlinie zu erfüllen. Kann er dies nicht, wird die Heimatbehörde die Erteilung einer AIFM-Zulassung ablehnen. Dies führt dazu, dass der AIFM ab Ablehnung des Zulassungsantrages sowohl die Tätigkeit der Verwaltung von AIF als auch den Vertrieb einstellen muss. Fraglich ist, ob ein ehemals kleiner AIFM u.U. seine Tätigkeit schon früher einstellen muss, z. B. wenn absehbar ist, dass er die Zulassungsanforderungen nach Art. 7 f. AIFM-RL nicht erfüllen kann. Die AIFM-Richtlinie enthält keine klaren Vorgaben hierfür. Grundsätzlich darf ein AIFM nur nach Erteilung einer AIFM-Zulassung AIF verwalten und vertreiben. Allerdings enthält Art. 3 Abs. 3 UAbs. 2 AIFM-RL eine Spezialregelung, die es kleinen AIFM gestattet, ihren Geschäftsbetrieb auch nach Überschreitung des Schwellenwertes fortzusetzen, vorausgesetzt sie stellen innerhalb von 30 Kalendertagen einen Zulassungsantrag. Hieraus folgt, dass sie jedenfalls bis zur endgültigen Ablehnung der Zulassung durch die Heimatbehörde befugt sind, ihre Tätigkeit als AIFM fortzusetzen.

Die **30-Tage-Frist** ist sehr kurz bemessen. Innerhalb dieser Zeit werden **43** AIFM, welche bisher nur die Mindestanforderungen nach Art. 3 Abs. 3 eingehalten haben, kaum in der Lage sein, die kompletten Anforderungen der AIFM-Richtlinie zu erfüllen. Bereits die Bestellung einer Depotbank und ggf. eines externen Bewerters dürfte wohl mehr Zeit benötigen. Daher sind kleine AIFM, die bei der fortlaufenden Beobachtung ihrer AuM feststellen, dass sie die Schwelle in der Zukunft wohl dauerhaft überschreiten werden, gut beraten, frühzeitig die Umstellung auf die Erfordernisse der kompletten AIFM-Richtlinie in die Wege zu leiten oder dafür Sorge zu tragen, dass sie unterhalb der relevanten Schwellenwerte bleiben.

Alternativ steht es kleinen AIFM frei, gezielt dafür zu sorgen, dass die Schwelle **44** nicht überschritten wird, damit sie auch weiterhin von der Ausnahme profitieren können. Hierzu können sie etwa die Ausgabe neuer Anteile einstellen, Vermögensgegenstände veräußern und die Erträge an die Anleger auskehren oder die

Verwaltung einzelner AIF beenden, z. B. durch Übertragung der Verwaltung auf einen AIFM außerhalb des Konzernverbunds.

45   Aber auch dann, wenn der AIFM eine Überschreitung des Schwellenwerts feststellt und der Auffassung ist, dass die **Überschreitung des Schwellenwertes nur vorübergehender Natur** ist, muss der AIFM dies unverzüglich seiner Heimatbehörde anzeigen (vgl. Art. 5 Abs. 3 der Durchführungsverordnung). Der AIFM muss hierbei darlegen, weshalb er von einer nur vorübergehenden Überschreitung des Schwellenwerts ausgeht.

46   Stellt der AIFM nach Überschreitung des Schwellenwerts nicht binnen 30 Kalendertagen einen Antrag auf Zulassung als AIFM, weil er davon ausgeht, dass diese nur vorübergehender Natur ist, so muss der AIFM gemäß Art. 5 Abs. 5 der Durchführungsverordnung drei Monate nach Überschreitung eine vollständige **Neuberechnung seiner AuM** nach Maßgabe des Art. 3 der Durchführungsverordnung vornehmen. Ergibt diese, dass der Schwellenwert nunmehr unterschritten wird, so profitiert der AIFM weiterhin von der Ausnahme nach Art. 3 Abs. 2 AIFM-RL als kleiner AIFM. Ansonsten muss der AIFM binnen 30 Kalendertagen einen **Antrag auf Zulassung als AIFM** stellen oder dafür sorgen, dass er den Schwellenwert nicht länger überschreitet.

47   Art. 6 der Durchführungsverordnung stellt klar, dass die Heimatbehörde berechtigt ist, alle in Art. 46 AIFM-RL genannten Befugnisse einzusetzen, um zu überprüfen, ob der AIFM die Anforderungen der Art. 3–5 der Durchführungsverordnung eingehalten hat.[40]

X. Gelegentliche Unterschreitung des Schwellenwerts

48   Weder die AIFM-Richtlinie noch die Durchführungsverordnung regeln, welche Folgen es hat, wenn ein zugelassener AIFM im Laufe der Zeit unter einen Schwellenwert nach Art. 3 Abs. 2 AIFM-RL fällt. Die EU-Kommission hat von der Befugnis nach Art. 3 Abs. 6 lit. a) AIFM-RL, die Folgen einer **gelegentlichen Unterschreitung** eines Schwellenwerts zu regeln, keinen Gebrauch gemacht, obwohl ihr die Vorschrift kein Wahlrecht einräumt („erlässt"). Eine nur gelegentliche Unterschreitung dürfte praktisch irrelevant sein. Hingegen stellt sich die Frage, welche Möglichkeiten ein zugelassener AIFM hat, der absehbar dauerhaft unter eine der relevanten Schwellenwerte fällt. Einem solchen AIFM steht es frei, sich auf die Ausnahme als kleiner AIFM gemäß Art. 3 Abs. 2 AIFM-RL zu berufen. Dies setzt jedoch zwingend voraus, dass der AIFM nach Art. 11 lit. a) AIFM-RL ausdrücklich auf seine Zulassung als AIFM verzichtet. Nur so kann sichergestellt werden, dass der AIFM nicht einerseits von den Erleichterungen als kleiner AIFM profitiert, andererseits aber weiterhin in den Genuss der Rechte eines zugelassenen AIFM kommt, d.h. namentlich den EU-Vertriebs- bzw. den EU Verwaltungspass nutzen kann.

XI. Anforderungen an kleine AIFM (Abs. 3)

49   Kleine AIFM sind von einem Großteil der Anforderungen der AIFM-Richtlinie befreit. Auf sie finden jedoch zwingend die in Abs. 3 genannten Bestimmungen Anwendung. Daneben können die Mitgliedstaaten nach nationalem Recht strengere Regelungen für kleine AIFM vorsehen. Den Mitgliedstaaten steht es

---

[40] Vgl. zu den Sanktionsmöglichkeiten auch die Kommentierung zu Art. 46.

hierbei sogar frei, für kleine AIFM dieselben Regelungen wie für große AIFM einzuführen.

1. Registrierung. Kleine AIFM, die von der Ausnahme nach Art. 3 Abs. 2 **50** Gebrauch machen wollen, benötigen keine AIFM-Zulassung. Dies bedeutet jedoch nicht, dass sie vollständig unreguliert sind. Art. 3 Abs. 3 schreibt vor, dass sich kleine AIFM bei ihrer Heimatbehörde registrieren lassen und dieser einige Informationen zukommen lassen müssen. Eine reine Registrierungspflicht kennt das deutsche Investmentrecht bisher nicht. Bisher benötigten auch kleine KAG eine Erlaubnis. Eine **Registrierung** stellt eine **deutlich weniger intensivere Form der Aufsicht** dar als bei einer ex-ante Erlaubnis nebst laufender Aufsicht. Während eine AIFM-Zulassung nur erteilt wird, wenn sämtliche der in Art. 7 und 8 genannten Voraussetzungen erfüllt, setzt eine Registrierung lediglich die Mitteilung voraus, dass der Betreffende eine Tätigkeit als kleiner AIFM aufzunehmen beabsichtigt. Die Aufsichtsbehörde kann die Registrierung grundsätzlich nicht ablehnen, es sei denn, der AIFM kann nicht nachweisen, dass seine AuM unterhalb des betreffenden Schwellenwerts liegen.[41] Folge einer reinen Registrierung ist ferner, dass kleine AIFM nach der Konzeption des Art. 3 Abs. 3 keiner fortlaufenden Aufsicht unterliegen. Die Aufsichtsbehörde kann allein prüfen, ob der kleine AIFM seinen Verpflichtungen aus Abs. 3 nachkommt und seine AuM weiterhin unterhalb des betreffenden Schwellenwerts liegen.

2. Informationen im Zeitpunkt der Registrierung. Bei Registrierung **51** muss ein kleiner AIFM seiner Heimatbehörde die in Abs. 3 lit. b) und c) genannten Informationen zur Kenntnis geben. Zunächst muss der AIFM seine Heimatbehörde über sich und alle von ihm verwalteten AIF informieren. Diese Informationen können weniger detailliert sein als die in Art. 8 Abs. 2 genannten Angaben, die im Rahmen einer AIFM-Zulassung erforderlich sind. Nach Art. 7 Abs. 1 der Durchführungsverordnung ist zudem eine **Mitteilung über den Gesamtwert aller AuM** der von dem AIFM verwalteten AIF erforderlich. Nur hierdurch ist die Aufsichtsbehörde in der Lage zu prüfen, ob der betreffende Schwellenwert tatsächlich unterschritten ist. Ferner muss der AIFM die Aufsichtsbehörde über die Anlagestrategien der von ihm verwalteten AIF informieren. Hierzu gehören mindestens a) die Hauptanlagegegenstände, in die ein jeder der AIF investieren darf. Daneben muss b) angegeben werden, auf welche Branche, geografische Region, Marktsektor und Assetklassen die Investitionen zugeschnitten sind. Hinzu kommen gemäß Art. 7 Abs. 2 lit. c) Angaben zum Umgang mit Krediten und zu Hebelfinanzierungen *(leverage)*. Wie Art. 7 Abs. 2 der Durchführungsverordnung ergänzt, muss der AIFM seiner Heimatbehörde hierzu für jeden von ihm verwalteten AIF den Verkaufsprospekt oder einen Auszug hieraus mit der Beschreibung der Anlagestrategie übergeben. Der Aufsichtsbehörde soll auf diese Weise ermöglicht werden, **systemische Risiken,** welche von bestimmten Anlagestrategien ausgehen, zu erfassen und ggf. deren Eingehung zu verbieten (vgl. Erwägungsgrund 17). Dabei braucht sie nicht allein isoliert auf den einzelnen AIF, sondern kann auf alle AIF mit vergleichbarer Anlagestrategie schauen. Systemische Risiken können auch von einer Vielzahl von für sich genommen nicht systemrelevanten AIFM ausgehen, die eine vergleichbare Anlagestrategie verfolgen und dabei z. B. vergleichbare Geschäfte tätigen.

---

[41] Daneben kann das nationale Recht Gründe für die Versagung der Registrierung festlegen, wie etwa bei fehlender Zuverlässigkeit der Geschäftsleitung.

52   Nach Art. 7 Abs. 5 der Durchführungsverordnung muss der AIFM die bei der Registrierung gemachten Angaben mindestens einmal jährlich auf den aktuellen Stand bringen und seiner Heimatbehörde mitteilen.

53   **3. Regelmäßige Informationen an die Aufsichtsbehörde.** Nach Art. 3 Abs. 3 lit. d) muss der AIFM der Aufsichtsbehörde ferner regelmäßig mitteilen, a) welches die **wichtigsten Anlagegegenstände** sind, mit denen er handelt[42]. Darüber hinaus muss der AIFM seine Aufsichtsbehörde pro verwaltetem AIF über die **größten Risiken und Konzentrationen** unterrichten. Die genauen Einzelheiten zu den erforderlichen Angaben sind in Art. 111 der Durchführungs-verordnung aufgeführt. Zur Vermeidung von Wiederholungen wird insoweit auf die Kommentierung zu Art. 24 verwiesen, für den dieselben Informationspflichten gelten.

54   Wie Abs. 3 lit. d) klarstellt, geht es hierbei ausschließlich um die **Überwachung systemischer Risiken.** Gesichtspunkte des **Anlegerschutzes** bleiben hingegen unberücksichtigt. Die Aufsichtsbehörde soll hierdurch gewonnene Erkenntnisse bei Bedarf mit der ESMA und dem European Systemic Risk Board (ESRB)[43] teilen, damit diese in die Auswertung und Bekämpfung systemischer Risiken einfließen können. Ziel ist es, frühzeitig zu erkennen, wenn z. B. über Leerverkäufe großvolumige Wetten über das Schicksal systemrelevanter Banken oder von Staaten abgeschlossen werden, um ggf. ein Leerverkaufsverbot verhängen zu können.

55   **4. Voraussetzungen der Ausnahme liegen nicht länger vor.** Abs. 3 lit. e) verpflichtet den AIFM, seiner Heimatbehörde unverzüglich mitzuteilen, wenn die **Voraussetzungen** für eine Ausnahme als kleiner AIFM nach Abs. 2 **nicht länger vorliegen.** Eine solche Mitteilungspflicht besteht zum einen beim Über-schreiten des betreffenden Schwellenwerts; diesbezüglich enthält Art. 5 der Durchführungsregelung jedoch eine dem Art. 3 Abs. 3 lit. e) AIFM-RL vorge-hende Spezialregelung. Zum anderen besteht eine Mitteilungspflicht, wenn der AIFM nicht länger die zusätzlichen Anforderungen des besonderen Schwellen-werts erfüllt und entweder auch auf Fondsebene eine Hebelfinanzierung einsetzt oder die Anleger eines oder mehrerer AIF ihre Anteile bereits früher als fünf Jahre nach Tätigung der ersten Anlage zurückgeben dürfen, z. B., weil dem AIFM die erste Anlage erst viel später als geplant gelingt.

XII. Rechtsfolgen, wenn die Voraussetzungen der Ausnahme nicht länger vorliegen (Abs. 3 UAbs. 3)

56   Abs. 3 UAbs. 3 regelt die Rechtsfolgen, wenn die Voraussetzung für die Aus-nahme des AIFM entfallen. Hat sich ein AIFM bisher auf den besonderen Schwel-lenwert nach Abs. 2 lit. b) berufen und verwaltet er nunmehr auch AIF, die auf Fondsebene eine Hebelfinanzierung einsetzen und/oder eine Rücknahme der Anteil von weniger als fünf Jahre nach Tätigung der ersten Anlage gestatten, so ist der AIFM nach Abs. 3 UAbs. 3 verpflichtet, innerhalb von 30 Kalendertagen nach Wegfall der Voraussetzung der Privilegierung gemäß Art. 7 Abs. 1 einen **Antrag auf Zulassung als AIFM** zu stellen. Etwas anderes gilt nur dann, wenn er sich nunmehr auf die Ausnahme nach Abs. 2 lit. a) berufen kann. Bis zur Ablehnung des Zulassungsantrags kann der AIFM seine Tätigkeit unter denselben

---

[42] Diese Anforderung zielt damit ausschließlich auf aktiv handelnde AIFM.
[43] Vgl. zum ESRB nur Art. 25.

Voraussetzungen wie zuvor als kleiner AIFM fortsetzen. Für das Zulassungsverfahren muss der AIFM jedoch bereits nachweisen, dass er zur Einhaltung der Anforderungen der AIFM-Richtlinie in der Lage ist. Eine solche Umstellung lässt sich nicht innerhalb von 30 Kalendertagen bewältigen. Da die AIFM-Richtlinie jedoch keine Übergangsfrist vorsieht, sollte ein kleiner AIFM im eigenen Interesse rechtzeitig vor Wegfall der Voraussetzungen des Abs. 2 damit beginnen, die Umsetzung der vollständigen AIFM-Richtlinie vorzubereiten.

Fallen die Voraussetzungen der Ausnahme als kleiner AIFM deshalb weg, weil **57** der AIFM den betreffenden Schwellenwert überschreitet und greift auch nicht der zweite Schwellenwert, so findet Abs. 3 UAbs. 3 in leicht modifizierter Form Anwendung, weil Art. 5 der Durchführungsverordnung hierfür Sonderregelungen enthält. Danach führt nicht jedes (kurzfristige) Überschreiten des Schwellenwerts dazu, dass ein Antrag auf Zulassung als AIFM zu stellen ist. Nach Art. 5 Abs. 1 der Durchführungsverordnung muss ein AIFM, der entweder an dem Bewertungsstichtag oder bei der laufenden Überprüfung der AuM feststellt, dass der Schwellenwert überschritten ist, beurteilen, ob die Überschreitung dauerhafter oder nur vorübergehender Natur ist.[44] Gelangt der AIFM zu dem Urteil, dass sie nicht lediglich vorübergehender Natur ist, so hat er dies nach Art. 5 Abs. 2 der Durchführungsverordnung unverzüglich seiner Heimatbehörde mitzuteilen und innerhalb von 30 Kalendertagen einen **Zulassungsantrag** zu stellen.

Gelangt der AIFM hingegen zu der Einschätzung, dass die **Überschreitung 58 nur vorübergehender Natur** ist, so hat er dies nach Art. 5 Abs. 3 der Durchführungsverordnung unverzüglich seiner Heimatbehörde mitzuteilen und ihr dies darzulegen. Gelingt ihm diese Darlegung nicht, so ist er verpflichtet, innerhalb von 30 Kalendertagen einen Zulassungsantrag zu stellen. Anderenfalls darf er seine Tätigkeit als kleiner AIFM fortsetzen. Art. 5 Abs. 5 der Durchführungsverordnung verpflichtet ihn jedoch, drei Monate nach Überschreitung des Schwellenwerts eine erneute Berechnung der AuM vorzunehmen, um zu zeigen, ob das Problem behoben ist. Ergibt sich hierbei, dass der Schwellenwert erneut überschritten wird, so muss der AIFM innerhalb von 30 Kalendertagen die Zulassung als AIFM beantragen. Alternativ steht es dem AIFM frei, für das Wiedervorliegen der Voraussetzungen an die Ausnahme als kleiner AIFM zu sorgen (z. B. durch rechtzeitige Kündigung der Verwaltungstätigkeit für einzelne AIF oder Aussetzung der Ausgabe neuer Anteile).

XIII. Rechtsstellung kleiner AIFM (Abs. 4)

Abs. 4 regelt die Rechtsstellung kleiner AIFM nach Maßgabe der AIFM-Richt- **59** linie, welche nicht von dem Optionsrecht (vgl. hierzu nachfolgend unter XIV.) Gebrauch machen. Den Mitgliedstaaten steht es frei, die Rechtsstellung kleiner AIFM noch weiter einzuschränken, z. B. indem bestimmten Investorengruppen (wie z. B. Kleinanlegern oder regulierten Investoren wie Versicherungen oder Pensionsfonds) die **Anlage in von kleinen AIFM verwalteten AIF verboten** oder quantitativ begrenzt wird.

Nach Abs. 4 kommen kleine AIFM nicht in den Genuss der in der AIFM- **60** Richtlinie eingeräumten Rechte. Unklar ist, welche Rechte hiermit genau gemeint sind. Nach Sinn und Zweck der Regelung und dem historischen Willen des Richtliniengebers sollen kleinen AIFM **jedenfalls nicht der EU-Vertriebs-**

---

[44] Nach Art. 5 Abs. 4 der Durchführungsverordnung ist sie dauerhafter Natur, wenn sie wahrscheinlich länger als drei Monate anhalten wird.

und Verwaltungspass zustehen. Hingegen soll es ihnen offensichtlich gestattet sein, AIF zu verwalten (vgl. Art. 3 Abs. 2), auch wenn dies streng genommen ebenfalls ein Recht ist, dass Art. 6 Abs. 1 UAbs. 1 nur solchen AIFM gewährt, welche über eine Zulassung verfügen.[45] Fraglich ist jedoch insbesondere, ob kleine AIFM ohne separate MiFID-Zulassung berechtigt sind, die in Art. 6 Abs. 4 genannten Dienstleistungen, wie z. B. die **individuelle Vermögensverwaltung**, zu erbringen. Dies dürfte zu verneinen sein, weil sonst das Erfordernis der MiFID-Zulassung umgangen werden könnte, indem eine Gesellschaft in geringem Umfang AIF verwaltet und hierdurch der geringen Regulierung als kleiner AIFM unterliegt, zugleich aber in unbegrenztem Umfang die in Art. 6 Abs. 4 genannten Dienstleistungen und Nebendienstleistungen erbringen könnte. Bei den in Art. 6 Abs. 4 genannten Tätigkeiten handelt es sich nach hier vertretener Auffassung um Rechte, welche die Zulassung als AIFM voraussetzen (vgl. Art. 6 Abs. 1 UAbs. 1). Nur dann entfällt aufgrund des Spezialitätsprinzips das Erfordernis einer MiFID-Zulassung, um die in Art. 6 Abs. 4 genannten Dienstleistungen erbringen zu können.

XIV. Optionsrecht kleiner AIFM (Abs. 4 Satz 2)

61   Abs. 4 Satz 2 ermöglicht es kleinen AIFM, sich freiwillig der AIFM-Richtlinie zu unterwerfen. In diesem Fall werden **kleine AIFM genauso behandelt wie andere AIFM**. Auf der einen Seite unterliegen sie dann allen Verpflichtungen der Richtlinie (einschließlich der Pflicht zur AIFM-Zulassung). Auf der anderen Seite können sich „kleine AIFM" dann auf alle Rechte der AIFM-Richtlinie berufen. Hierzu gehören insbesondere der EU-Vertriebspass bzw. der EU-Verwaltungspass sowie das Recht, die in Art. 6 Abs. 4 genannten Dienstleistungen zu erbringen, ohne eine MiFID-Erlaubnis zu benötigen.

62   Die EU-Kommission ist nach Abs. 5 verpflichtet, **Durchführungsrechtsakte** zur Festlegung der Details dieses Opt-in-Verfahrens zu erlassen. Bis zum Redaktionsschluss dieser Auflage hat die EU-Kommission jedoch keine derartigen Rechtsakte erlassen.

E. Bezüge zum KAGB-E

I. AIFM als einiger Anleger (Abs. 1)

63   Die Ausnahme von AIFM, welche nur AIF verwalten, deren einziger Anleger sie selbst sind (vgl. Art. 3 Abs. 1 AIFM-RL), ist in § 2 Abs. 3 Nummer 1 lit. a) KAGB-E ohne Änderungen übernommen worden. Die obige Kommentierung unter Rn. 2 ff. kann somit uneingeschränkt zum Verständnis des § 2 Abs. 3 KAGB herangezogen werden.

II. Das Konzernprivileg (Abs. 1)

64   Auch das Konzernprivileg gemäß Art. 3 Abs. 1 AIFM-RL ist in § 2 Abs. 3 KAGB-E inhaltlich unverändert übernommen worden.[46] Die Kommentierung

---

[45] Art. 3 Abs. 2 setzt voraus, dass es kleine AIFM gibt, die AIF verwalten, ohne dies davon abhängig zu machen, dass das nationale Recht ihnen das Recht hierzu gewährt. Daher ist das Recht kleiner AIFM, AIF zu verwalten, nicht davon abhängig, dass Mitgliedstaaten ihnen dieses Recht verleihen.

[46] Sprachlich weicht § 2 Abs. 3 KAGB-E wegen der teils anderweitigen Terminologie geringfügig von Art. 3 Abs. 1 AIFM-RL ab.

unter Rn. 8 ff. kann uneingeschränkt zum Verständnis des § 2 Abs. 3 KAGB herangezogen werden.

III. Kleine AIFM (Abs. 2)

Der KAGB-Diskussionsentwurf hat die Ausnahme des Art. 3 Abs. 2 AIFM- **65** RL für kleine AIFM in § 2 Abs. 4 KAGB-E inhaltlich unverändert übernommen. Auch die für kleine AIFM geltenden Bestimmungen gemäß Art. 3 Abs. 3 und 4 AIFM-RL wurden in § 44 KAGB-E unverändert übernommen. Obwohl Art. 3 Abs. 3 UAbs. 2 AIFM-RL den Mitgliedstaaten das Wahlrecht einräumt, für kleine AIFM strengere nationale Vorschriften einzuführen, plant Deutschland, hiervon keinen Gebrauch zu machen. § 44 Abs. 1 KAGB-E folgt vielmehr der AIFM-Richtlinie und führt für kleine AIFM eine bloße **Registrierungspflicht** ein. Insoweit kann auf die Kommentierung unter Rn. 17 ff. verwiesen werden. Hinzuweisen ist lediglich auf folgende zusätzliche nationale Regelung: § 44 Abs. 1 Nummer 6 KAGB-E sieht für kleine AIFM vor, dass es sich bei ihnen entweder um eine juristische Person oder einer Personenhandelsgesellschaft handeln muss. Diese Regelung ist liberaler als bei sonstigen AIFM, die gemäß Art. 4 Abs. 1 lit. b) eine juristische Person sein müssen.

Artikel 4 Definitionen

AIFM-Richtlinie	KAGB-E
Artikel 4 **Definitionen**	**§ 1** **Begriffsbestimmungen**
(1) Für die Zwecke dieser Richtlinie gelten folgende Begriffsbestimmungen:	
a) „AIF" ist jeder Organismus für gemeinsame Anlagen einschließlich seiner Teilfonds, der i) von einer Anzahl von Anlegern Kapital einsammelt, um es gemäß einer festgelegten Anlagestrategie zum Nutzen dieser Anleger zu investieren, und ii) keine Genehmigung gemäß Artikel 5 der Richtlinie 2009/65/EG benötigt.	(1) Investmentvermögen ist jeder Organismus für gemeinsame Anlagen, der von einer Anzahl von Anlegern Kapital einsammelt, um es gemäß einer festgelegten Anlagestrategie zum Nutzen dieser Anleger zu investieren. und der kein operativ tätiger Unternehmen außerhalb des Finanzsektors ist. Eine Anzahl von Anlegern im Sinne des Satzes 1 ist gegeben, wenn die Anlagebedingungen, die Satzung oder der Gesellschaftsvertrag des Organismus für gemeinsame Anlagen die Anzahl möglicher Anleger nicht auf einen Anleger begrenzen. (2) Organismen für gemeinsame Anlagen in Wertpapiere (OGAW) sind Investmentvermögen, die Anforderungen der Richtlinie 2009/65/EG des Europäischen Parlamentes und des Rates vom 13. Juli 2009 zur Koordinierung des Rechts- und Verwaltungsvorschrif-

AIFM-Richtlinie	KAGB-E
	tes betreffend bestimmte Organismen für gemeinsame Anleger in Wertpapieren (OGAW) (ABl. L 302 vom 17.11. 2009, S. 1) erfüllen. (3) Alternative Investmentfonds (AIF) sind alle Investmentvermögen, die keine ODAW sind.
b) „AIFM" ist jede juristische Person, deren reguläre Geschäftstätigkeit darin besteht, einen oder mehrere AIF zu verwalten.	§ 17 Kapitalverwaltungsgesellschaften (1) Kapitalverwaltungsgesellschaften sind Unternehmen mit satzungsmäßigen Sitz und Hauptverwaltung im Inland, deren Geschäftsbereich darauf gerichtet ist, inländische Investmentvermögen, EU-Investmentvermögen oder ausländische AIF zu verwalten. (...) (2) Die Kapitalverwaltungsgesellschaft ist entweder 1. eine externe Kapitalverwaltungsgesellschaft, die vom Investmentvermögen oder im Namen des Investmentvermögen bestellt ist aufgrund dieser Bestellung für die Verwaltung des Investmentvermögens verantwortlich ist (externe Kapitalverwaltungsgesellschaft), oder 2. Investmentvermögen selbst, wenn die Rechtsform des Investmentvermögens eine interne Verwaltung zulässt und der Vorstand oder die Geschäftsführung des Investmentvermögens entscheidet, keine externe Kapitalverwaltungsgesellschaft zu bestellen (interne Kapitalverwaltungsgesellschaft). In diesem Fall wird das Investmentvermögen als Kapitalverwaltungsgesellschaft zugelassen. § 1 Begriffsbestimmungen (16) AIF-Kapitalverwaltungsgesellschaften sind Kapitalverwaltungsgesellschaften gemäß § 17, die mindestens einen AIF verwalten oder zu verwalten beabsichtigen. (17) EU-Verwaltungsgesellschaften sind Unternehmen mit Sitz in einem anderen Mitgliedstaat der Europäischen Union oder einem anderen Vertragsstaat des Abkommens über den

AIFM-Richtlinie	**KAGB-E**
	Europäischen Wirtschaftsraum, die den Anforderungen.
	1. an eine Verwaltungsgesellschaft oder an eine intern verwaltete Investmentgesellschaft im Sinne der Richtlinie 2009/65/EG oder.
	2. an einen Verwalter alternativer Investmentfonds im Sinne der Richtlinie 2011/61/EU des Europäischen Parlaments und des Rates vom 8. Juni 2011 über die Verwalter alternativer Investmentfonds und zur Änderung der Richtlinien 2003/41/EG und 2009/65/EG und der Verordnungen (EG) Nr. 1060/2009 und (EU) Nr. 1095/2010 (ABl. L 174 vom 1.7.2011, S. 1) entsprechen.
	(18) AIF-Verwaltungsgesellschaften Ausländische AIF-Verwaltungsgesellschaften sind Unternehmen mit Sitz in einem Drittstaat, die den Anforderungen an einen Verwalter alternativer Investmentfonds im Sinne der Richtlinie 2011/61/EU entsprechen.
c) „Zweigniederlassung" in Bezug auf einen AIFM ist eine Betriebsstelle, die einen rechtlich unselbstständigen Teil eines AIFM bildet und die die Dienstleistungen erbringt, für die dem AIFM eine Zulassung erteilt wurde; alle Betriebsstellen eines AIFM mit satzungsmäßigem Sitz in einem anderen Mitgliedstaat oder einem Drittland, die sich in ein und demselben Mitgliedstaat befinden, gelten als eine einzige Zweigniederlassung.	§ 1 Abs. 19 Nummer 38: (74) Zweigniederlassung ist in Bezug auf eine Verwaltungsgesellschaft eine Betriebsstelle, die einen rechtlich unselbstständigen Teil der Verwaltungsgesellschaft bildet und die die Dienstleistungen erbringt, für die der Verwaltungsgesellschaft eine Zulassung oder Genehmigung erteilt wurde; alle Betriebsstellen einer Verwaltungsgesellschaft mit satzungsmäßigem Sitz in einem anderen Mitgliedstaat oder einem Drittstaat, die sich in ein und demselben Mitgliedstaat befinden, gelten als eine einzige Zweigniederlassung.
d) „Carried interest" ist ein Anteil an den Gewinnen des AIF, die ein AIFM als Vergütung für die Verwaltung des AIF erhält, hiervon sind sämtliche Anteile an den Gewinnen des AIF ausgeschlossen, die der AIFM als Rendite für Anlagen des AIFM in den AIF bezieht.	§ 1 Abs. 19 Nummer 7: (49) Carried interest ist der Anteil an den Gewinnen des AIF, den eine AIF-Verwaltungsgesellschaft als Vergütung für die Verwaltung des AIF erhält, der Carried interest umfasst nicht den Anteil der AIF-Verwaltungsgesellschaft an den Gewinnen des AIF, den die AIF-

AIFM-Richtlinie	KAGB-E
	Verwaltungsgesellschaft als Gewinn für Anlagen der AIF-Verwaltungsgesellschaft in den AIF bezieht.
e) „Enge Verbindungen" ist eine Situation, in der zwei oder mehrere natürliche oder juristische Personen verbunden sind durch i) Beteiligung, d.h. das direkte Halten oder das Halten im Wege der Kontrolle von mindestens 20% der Stimmrechte oder des Kapitals an einem Unternehmen; ii) Kontrolle, d.h. das Verhältnis zwischen einem Mutterunternehmen und einem Tochterunternehmen gemäß Artikel 1 der Siebten Richtlinie 83/349/EWG des Rates vom 13. Juni 1983 über den konsolidierten Abschluss oder ein ähnliches Verhältnis zwischen einer natürlichen oder juristischen Person und einem Unternehmen; für die Zwecke dieses Buchstabens wird ein Tochterunternehmen eines Tochterunternehmens auch als Tochterunternehmen des Mutterunternehmens angesehen. Eine Situation, in der zwei oder mehr natürliche oder juristische Personen durch ein Kontrollverhältnis mit ein und derselben Person dauerhaft verbunden sind, gilt auch als „enge Verbindung" zwischen diesen Personen.	§ 1 Abs. 19 Nummer 10: (53) Eine enge Verbindung besteht, wenn eine Kapitalverwaltungsgesellschaft oder eine extern verwaltete Investmentgesellschaft und eine andere natürliche oder juristische Person verbunden sind a) durch das unmittelbare oder mittelbare Halten durch ein oder mehrere Tochterunternehmen oder Treuhänder von mindestens 20 Prozent des Kapitals oder der Stimmrechte oder b) als Mutter- und Tochterunternehmen, durch ein gleichartigen Verhältnis oder als Schwesterunternehmen.
f) „Zuständige Behörden" sind die nationalen Behörden der Mitgliedstaaten, die aufgrund von Rechts- oder Verwaltungsvorschriften zur Beaufsichtigung von AIFM befugt sind.	**§ 5** **Zuständige Behörde, Aufsicht, Anordnungsbefugnis** (1) Die Bundesanstalt übt die Aufsicht nach den Vorschriften dieses Gesetzes aus.
g) „Zuständige Behörden" in Bezug auf eine Verwahrstelle sind i) die zuständigen Behörden im Sinne des Artikels 4 Nummer 4 der Richtlinie 2006/48/EG, wenn die Verwahrstelle ein nach	**§ 5** **Zuständige Behörde, Aufsicht, Anordnungsbefugnis** (1) Die Bundesanstalt übt die Aufsicht nach den Vorschriften dieses Gesetzes aus.

AIFM-Richtlinie	KAGB-E
jener Richtlinie zugelassenes Kreditinstitut ist; ii) die zuständigen Behörden im Sinne des Artikels 4 Absatz 1 Nummer 22 der Richtlinie 2004/39/EG, wenn die Verwahrstelle eine nach jener Richtlinie zugelassene Wertpapierfirma ist; iii) die nationalen Behörden des Herkunftsmitgliedstaats der Verwahrstelle, die aufgrund von Rechts- oder Verwaltungsvorschriften zur Beaufsichtigung von Kategorien von Einrichtungen im Sinne von Artikel 21 Absatz 3 Unterabsatz 1 Buchstabe c dieser Richtlinie, wenn die Verwahrstelle zu einer in jener Vorschrift genannten Kategorie von Einrichtungen gehört; iv) die nationalen Behörden des Mitgliedstaats, in dem ein Unternehmen im Sinne von Artikel 21 Absatz 3 Unterabsatz 3 dieser Richtlinie seinen satzungsmäßigen Sitz hat, wenn die Verwahrstelle ein in jener Vorschrift genanntes Unternehmen ist, und die aufgrund von Rechts- oder Verwaltungsvorschriften zur Beaufsichtigung eines solchen Unternehmens befugt sind, oder die amtliche Stelle, die für die Registrierung oder Beaufsichtigung eines solchen Unternehmens gemäß den für dieses geltenden berufsständischen Regeln zuständig ist; v) die betreffenden nationalen Behörden des Drittlands, in dem die Verwahrstelle ihren satzungsmäßigen Sitz hat, wenn die Verwahrstelle gemäß Artikel 21 Absatz 5 Buchstabe b dieser Richtlinie als Verwahrstelle für einen Nicht-EU-AIF benannt wird und nicht unter die Ziffern i bis iv dieses Buchstabens fällt.	

AIFM-Richtlinie	KAGB-E
h) „Zuständige Behörden des EU-AIF" sind die nationalen Behörden eines Mitgliedstaats, die aufgrund von Rechts- oder Verwaltungsvorschriften zur Beaufsichtigung von AIF befugt sind.	Der KAGB-Regierungsentwurf enthält keine diesbezügliche Definition.
i) „Kontrolle" ist die Kontrolle im Sinne des Artikels 1 der Richtlinie 83/349/EWG.	Der KAGB-Regierungsentwurf enthält keine diesbezügliche Definition.
j) „Mit Sitz in" bezeichnet i) bei AIFM: „mit satzungsmäßigem Sitz in"; ii) bei AIF: „zugelassen oder registriert in"; oder, falls der AIF nicht zugelassen oder registriert ist: „mit satzungsmäßigem Sitz in"; iii) bei Verwahrstellen: „mit satzungsmäßigem Sitz oder Zweigniederlassung in"; iv) bei gesetzlichen Vertretern, die juristische Personen sind: „mit satzungsmäßigem Sitz oder Zweigniederlassung in"; v) bei gesetzlichen Vertretern, die natürliche Personen sind: „mit Wohnsitz in".	§ 1 Abs. 19 Nummer 34: Sitz eines a) AIF ist der satzungsmäßige Sitz oder, falls der AIF keine eigene Rechtspersönlichkeit hat, der Staat, dessen Recht der AIF unterliegt; b) die gesetzlichen Vertreters, der eine juristische Person ist, ist der satzungsmäßige Sitz oder die Zweigniederlassung der juristischer Person; c) gesetzlichen Vertreters, der eine natürliche Person ist, ist sein Wohnsitz,
k) „EU-AIF" bezeichnet i) einen AIF, der nach einschlägigem nationalen Recht in einem Mitgliedstaat zugelassen oder registriert ist, oder ii) einen AIF, der nicht in einem Mitgliedstaat zugelassen oder registriert ist, dessen satzungsmäßiger Sitz und/oder Hauptverwaltung sich jedoch in einem Mitgliedstaat befindet.	(8) EU-Investmentvermögen sind Investmentvermögen, die dem Recht eines anderen Mitgliedstaates der Europäischen Union oder eines anderen Vertragsstaates des Abkommens über den Europäischen Wirtschaftsraum unterliegen.
l) „EU-AIFM" bezeichnet einen AIFM mit satzungsmäßigem Sitz in einem Mitgliedstaat.	(17) EU-Verwaltungsgesellschaften sind Unternehmen mit Sitz in einem anderen Mitgliedstaat der Europäischen Union oder einem anderen Vertragsstaat des Abkommens über den Europäischen Wirtschaftsraum, die den Anforderungen. 1. an eine Verwaltungsgesellschaft oder an eine intern verwaltete Invest-

AIFM-Richtlinie	KAGB-E
	mentgesellschaft im Sinne der Richtlinie 2009/65/EG oder
	2. an einen Verwalter alternativer Investmentfonds im Sinne der Richtlinie 2011/61/EU des Europäischen Parlaments und des Rates vom 8. Juni 2011 über die Verwalter alternativer Investmentfonds und zur Änderung der Richtlinien 2003/41/EG und 2009/65/EG und der Verordnungen (EG) Nr. 1060/2009 und (EU) Nr. 1095/2010 (ABl. L 174 vom 1.7.2011, S. 1) entsprechen.
m) „Feeder-AIF" bezeichnet einen AIF, der i) mindestens 85% seiner Vermögenswerte in Anteilen eines anderen AIF („Master-AIF") anlegt, oder ii) mindestens 85% seiner Vermögenswerte in mehr als einem Master-AIF anlegt, wenn diese Master-AIF identische Anlagestrategien verfolgen, oder iii) anderweitig ein Engagement von mindestens 85% seiner Vermögenswerte in solch einem Master-AIF hat.	§ 1 Abs. 19 Nummer 13: (28) Feeder-AIF bezeichnet einen AIF, der a) mindestens 85 Prozent seines wertes in Anteilen eines Master-AIF anlegt, oder b) mindestens 85 Prozent seines wertes in mehr als einem Master-AIF anlegt, die jeweilsidentische Anlagestrategien verfolgen, oder c) anderweitig ein Engagement von mindestens 85 Prozent seines wertes in einem Master-AIF hat.
n) „Finanzinstrument" ist eines der in Anhang I Abschnitt C der Richtlinie 2004/39/EG genannten Instrumente.	Der KAGB-Regierungsentwurf enthält keine diesbezügliche Definition.
o) „Holdinggesellschaft" ist eine Gesellschaft, die an einem oder mehreren anderen Unternehmen eine Beteiligung hält, deren Geschäftsgegenstand darin besteht, durch ihre Tochterunternehmen oder verbundenen Unternehmen oder Beteiligungen eine Geschäftsstrategie oder -strategien zur Förderung deren langfristigen Werts zu verfolgen, und bei der es sich um eine Gesellschaft handelt, die entweder i) auf eigene Rechnung tätig ist und deren Anteile zum Handel auf	§ 2 Abs. 1 Nummer 1: Ausnahmebestimmungen (60) Holdinggesellschaften Gesellschaft, die eine Beteiligung an einem oder mehreren anderen Unternehmen halten, a) deren Unternehmensgegenstande dann besteht, darin besteht, durch ihre Tochterunternehmen oder verbundenen Unternehmen oder Beteiligungen jeweils eine Geschäftsstrategie zu verfolgen, b) den langfristigen Wert der Tochterunternehmen, der verbundenen

AIFM-Richtlinie	KAGB-E
einem geregelten Markt in der Union zugelassen sind, oder ii) die ausweislich ihres Jahresberichts oder anderer amtlicher Unterlagen nicht mit dem Hauptzweck gegründet wurde, ihren Anlegern durch Veräußerung ihrer Tochterunternehmen oder verbundenen Unternehmen eine Rendite zu verschaffen.	Unternehmen oder der Beteiligungen zu fördern, und aa) entweder auf eigene Rechnung tätig sind und deren Anteile zum Handel auf einem organisierten Markt im Sinne des § 2 Absatz 5 des Wertpapierhandelsgesetz in der Europäischen Union zugelassen sind, oder in der Union zugelassen sind, oder bb) ausweislich ihres Jahresberichts oder anderer amtlicher Unterlagen nicht mit dem Hauptzweck gegründet wurden, ihren Anlegern durch Veräußerung ihrer Tochterunternehmen oder verbundenen Unternehmen eine Rendite zu verschaffen.
p) „Herkunftsmitgliedstaat des AIF" ist: i) der Mitgliedstaat, in dem der AIF nach den geltenden nationalen Rechtsvorschriften zugelassen oder registriert ist, oder im Falle mehrfacher Zulassungen oder Registrierungen der Mitgliedstaat, in dem der AIF zum ersten Mal zugelassen oder registriert wurde, oder ii) wenn der AIF in keinem Mitgliedstaat zugelassen oder registriert ist, der Mitgliedstaat, in dem der AIF seinen Sitz und/oder seine Hauptverwaltung hat;	§ 1 Abs. 19 Nummer 18: Begriffsbestimmungen (57) Herkunftsmitgliedstaat des AIF ist a) der Mitgliedstaat der Europäischen Union, in dem der AIF zugelassen oder registriert ist, oder im Falle der mehrfachen Zulassung oder Registrierung der Mitgliedstaat, in dem der AIF zum ersten Mal zugelassen oder registriert wurde, oder b) für den Fall, dass der AIF in keinem Mitgliedstaat der Europäischen Union zugelassen oder registriert ist, der Mitgliedstaat der Europäischen Union, in dem der AIF seinen Sitz oder seine Hauptverwaltung hat.
q) „Herkunftsmitgliedstaat des AIFM" ist der Mitgliedstaat, in dem der AIFM seinen satzungsmäßigen Sitz hat; im Falle von Nicht-EU-AIFM ist bei allen Bezugnahmen in dieser Richtlinie auf den „Herkunftsmitgliedstaat des AIFM" immer der „Referenzmitgliedstaat" gemeint, wie in Kapitel VII vorgesehen.	§ 1 Abs. 19 Nummer 20: (59) Herkunftsmitgliedstaat der AIF-Verwaltungsgesellschaft ist, a) im Fall einer EU-Verwaltungsgesellschaft oder einer AIF-Kapitalverwaltungsgesellschaft der Mitgliedstaat der Europäischen Union, in dem diese AIF-Verwaltungsgesellschaft ihren satzungsmäßigen Sitz hat, b) im Fall einer ausländischen Verwaltungsgesellschaft der Referentmitgliedstaat im Sinne von Artikel 37 der Richtlinie 2011/61/EU.

AIFM-Richtlinie	KAGB-E
r) „Aufnahmemitgliedstaat des AIFM" ist: i) ein Mitgliedstaat außer dem Herkunftsmitgliedstaat, in dem ein EU-AIFM EU-AIF verwaltet; ii) ein Mitgliedstaat außer dem Herkunftsmitgliedstaat, in dem ein EU-AIFM Anteile eines EU-AIF vertreibt; iii) ein Mitgliedstaat außer dem Herkunftsmitgliedstaat, in dem ein EU-AIFM Anteile eines Nicht-EU-AIF vertreibt; iv) ein Mitgliedstaat außer dem Referenzmitgliedstaat, in dem ein Nicht-EU-AIFM EU-AIF verwaltet; v) ein Mitgliedstaat außer dem Referenzmitgliedstaat, in dem ein Nicht-EU-AIFM Anteile eines EU-AIF vertreibt, oder vi) ein Mitgliedstaat außer dem Referenzmitgliedstaat, in dem ein Nicht-EU-AIFM Anteile eines Nicht-EU-AIF vertreibt.	§ 1 Abs. 19 Nummer 4: (47) Aufnahmemitgliedstaat einer AIF-Kapitalverwaltungsgesellschaft ist ein anderer Mitgliedstaat der Europäischen Union oder ein anderer Vertragsstaat des Abkommens über den Europäischen Wirtschaftsraum, in dem eine AIF-Kapitalverwaltungsgesellschaft a) einen EU-AIF verwaltet oder b) Anteile oder Aktien an einem AIF vertreibt.
s) „Anfangskapital" bezeichnet Mittel im Sinne von Artikel 57 Absatz 1 Buchstaben a und b der Richtlinie 2006/48/EG.	§ 1 Abs. 19 Nummer 1: (44) Anfangskapital sind a) bei Aktiengesellschaften das eingezahlte Grundkapital ohne die Aktien, die mit einem nachzuzahlenden Vorzug bei der Verteilung des Gewinns ausgestattet sind (Vorzugsaktien), und die Rücklagen b) ?bei Gesellschaften mit beschränkter Haftung das eingezahlte Stammkapital und die Rücklagen, c) ?bei Kommanditgesellschaften das eingezahlte Geschäftskapital und die Rücklagen nach Abzug der Entnahmen der persönlich haftenden Gesellschafter und der diesen gewährten Kredite. Als Rücklagen im Sinne der Buchstaben a bis c gelten die Posten im Sinne des Artikels 24 Absatz 1 Buchstabe b bis d in Verbindung mit Artikel 24 Absatz 2 bis 4 der Verordnung (EU) Nr. …/2013 der Europäischen Parla-

AIFM-Richtlinie	KAGB-E
	ments und des Rates vom [...] über die Aufsichtsanforderungen an Kreditinstitute und Wertpapierfirmen (ABl. L [...] vom [...], S. [...]) [CRR-Verordnung].
t) „Emittent" ist jeder Emittent im Sinne von Artikel 2 Absatz 1 Buchstabe d der Richtlinie 2004/109/EG, der seinen satzungsmäßigen Sitz in der Union hat, und dessen Wertpapiere im Sinne von Artikel 4 Absatz 1 Nummer 14 der Richtlinie 2004/39/EG zum Handel auf einem geregelten Markt zugelassen sind.	Der KAGB-Regierungsentwurf enthielt diesbezüglich keine Definition
u) „Gesetzlicher Vertreter" ist jede natürliche Person mit Wohnsitz in der Union oder jede juristische Person mit Sitz in der Union, die von einem Nicht-EU-AIFM ausdrücklich dazu ernannt worden ist, im Namen dieses Nicht-EU-AIFM gegenüber Behörden, Kunden, Einrichtungen und Gegenparteien des Nicht-EU-AIFM in der Union hinsichtlich der Verpflichtungen des Nicht-EU-AIFM nach dieser Richtlinie zu handeln.	§ 1 Abs. 19 Nummer 16: (55) Gesetzlicher Vertreter einer ausländischen AIF-Verwaltungsgesellschaft ist jede natürliche Person mit Wohnsitz in der Europäischen Union oder jede juristische Person mit satzungsmäßigen Sitz oder Zweigniederlassung in der Europäischen Union, die von einer ausländischen AIF-Verwaltungsgesellschaft ausdrücklich dazu ernannt worden ist, im Namen dieser ausländischen AIF-Verwaltungsgesellschaft gegenüber Behörden, Kunden, Einrichtungen und Gegenparteien der ausländischen AIF-Verwaltungsgesellschaft in der Europäischen Union hinsichtlich der Verpflichtungen der ausländischen AIF-Verwaltungsgesellschaft nach der Richtlinie 2011/61/EU zu handeln.
v) „Hebelfinanzierung" ist jede Methode, mit der ein AIFM das Risiko eines von ihm verwalteten AIF durch Kreditaufnahme, Wertpapierleihe, in Derivate eingebettete Hebelfinanzierungen oder auf andere Weise erhöht.	§ 1 Abs. 19 Nummer 25: (61) Leverage ist jede Methode, mit der die Verwaltungsgesellschaft den Investitionsgrad eines von ihr verwalteten Investmentvermögens durch Kreditaufnahme, Wertpapierdarlehen, in Derivate eingebettete Hebelfinanzierungen oder auf andere Weise erhöht. Kriterien a) zur Festlegung der Methoden für Leverage von AIF, einschließlich jeglicher Finanz- oder Rechtsstrukturen, an denen Dritte beteiligt sind, die von dem betreffenden AIF kontrolliert werden, und

AIFM-Richtlinie	KAGB-E
	b) darüber, wie Leverage von AIF zu berechnen ist, ergeben sich aus Artikel 6 bis 10 der Verordnung (EU) Nr. .../2013 [Level 2-Verordnung gemäß Artikel 4 Absatz 3 der Richtlinie 2011/61/EU].
w) „Verwaltung von AIF" bedeutet, dass mindestens die in Anhang I Nummer 1 Buchstaben a oder b genannten Anlageverwaltungsfunktionen für einen oder mehrere AIF erbracht werden.	§ 17 Abs. 1 Satz 2 Kapitalverwaltungsgesellschaften (73) Verwaltung eines Investmentvermögens liegt vor, wenn mindestens die Portfolioverwaltung oder das Risikomanagement für ein oder mehrere eines Investmentvermögen erbracht wird.
x) „Vertrieb" ist das direkte oder indirekte, auf Initiative des AIFM oder in dessen Auftrag erfolgende Anbieten oder Platzieren von Anteilen an einem vom AIFM verwalteten AIF an Anleger oder bei Anlegern mit Wohnsitz oder Sitz in der Union.	§ 293 Allgemeine Vorschriften (1) Vertrieb ist das direkte oder indirekte Anbieten oder Platzieren von Anteilen oder Aktien eines Investmentvermögens oder das Werben für ein Investmentvermögen. Als Vertrieb gilt nicht, wenn 1. Investmentvermögen nur namentlich benannt werden, 2. nur die Nettoinventarwerte und die an einem organisierten Markt ermittelten Kurse oder die Ausgabe- und Ausgabe- und Rücknahmepreise von Anteilen oder Aktien eines Investmentvermögens genannt oder veröffentlicht werden, 3. Verkaufsunterlagen eines Investmentvermögens mit mindestens einem Teilinvestmentvermögen, dessen Anteile oder Aktien im Geltungsbereich dieses Gesetzes an eine, mehrere oder den Anlegergruppen im Sinne des § 1 Absatz 19 Nummer 31 bis 33 vertrieben werden dürfen, verwendet werden, und diese Verkaufsunterlagen auch Informationen über weitere Teilinvestmentvermögen enthalten, die im Geltungsbereich dieses Gesetzes nicht oder nur an eine andere Anlegergruppe vertrieben werden dürfen, sofern in den Verkaufsunterlagen jeweils drucktechnisch herausgestellt an hervorgehobener Stelle darauf hingewiesen

AIFM-Richtlinie	KAGB-E
	wird, dass die Anteile oder Aktien der weiteren Teilinvestmentvermögen im Geltungsbereich dieses Gesetzes nicht vertrieben werden dürfen oder, sofern sie an einzelne Anlegergruppen vertrieben werden dürfen, an welche Anlegergruppe im Sinne des § 1 Absatz 19 Nummer 31 bis 33 sie nicht vertrieben werden dürfen,

4. die Besteuerungsgrundlagen nach § 5 des Investmentsteuergesetzes genannt oder bekannt gemacht werden,

5. in einen Prospekt für Wertpapiere Mindestangaben nach § 7 des Wertpapierprospektgesetzes oder Zusatzangaben gemäß § 268 oder § 307 oder in einen Prospekt für Vermögensanlagen Mindestangaben nach § 8g des Verkaufsprospektgesetzes oder des § 7 Vermögensanlagengesetz aufgenommen werden,

6. Verwaltungsgesellschaften nur ihre gesetzlichen Veröffentlichungspflichten im Bundesanzeiger oder ausschließlich ihre regelmäßigen Informationspflichten gegenüber dem bereits in das betreffende Investmentvermögen investierten Anleger nach diesem Gesetz erfüllen,

7. ein EU-Master-OGAW ausschließlich Anteile an einen oder mehrere inländische OGAW-Feederfonds ausgibt, und darüber hinaus kein Vertrieb im Sinne des Satzes 1 stattfindet. Ein Vertrieb an semi-professionelle und professionelle Anleger ist nur dann gegeben, wenn dieser auf Initiative der Verwaltungsgesellschaft oder in deren Auftrag erfolgt und sich an semi-professionelle und professionelle Anleger mit Wohnsitz oder Sitz im Inland oder einem anderen Mitgliedstaat der Europäischen Union oder Vertragsstaat des Abkommens über den Europäischen Wirtschaftsraum richtet. Die Bundesanstalt

AIFM-Richtlinie	KAGB-E
	für Finanzdienstleistungsaufsicht (Bundesanstalt) kann Richtlinien aufstellen, nach denen sie für den Regelfall beurteilt, wann ein Vertrieb im Sinne des Satzes 1 und 3 vorliegt.
y) „Master-AIF" ist jeder AIF, in den ein anderer AIF investiert oder Risiken an ihm gemäß Buchstabe m übernommen hat.	§ 1 Abs. 19 Nummer 14: (29) Master-AIF sind AIF, an den ein Feeder-AIF Anteile hält.
z) „Referenzmitgliedstaat" ist der gemäß Artikel 37 Absatz 4 festgelegte Mitgliedstaat.	Der KAGB-Regierungsentwurf enthält diesbezüglich keine Definition.
aa) „Nicht-EU-AIF" ist ein AIF, der kein EU-AIF ist.	(9) Ausländische AIF sind AIF, die dem Recht eines Drittstaates unterstehen.
ab) „Nicht-EU-AIFM" ist ein AIFM, der kein EU-AIFM ist.	(18) Ausländische AIF-Verwaltungsgesellschaften sind Unternehmen mit Sitz in einem Drittstaat, die den Anforderungen an einen Verwalter alternativer Investmentfonds im Sinne der Richtlinie 2011/61/EU entsprechen.
ac) „Nicht börsennotiertes Unternehmen" ist ein Unternehmen, das seinen satzungsmäßigen Sitz in der Union hat und dessen Anteile im Sinne von Artikel 4 Absatz 1 Nummer 14 der Richtlinie 2004/39/EG nicht zum Handel auf einem regulierten Markt zugelassen sind.	Abs. 1 Nummer 27 (63) Nicht börsennotiertes Unternehmen ist ein Unternehmen, das seinen satzungsmäßigen Sitz in der Europäischen Union hat und dessen Anteile im Sinne von Artikel 4 Absatz 1 Nummer 14 der Richtlinie 2004/39/EG des Europäischen Parlaments und des Rates vom 21. April 2004 über Märkte für Finanzinstrumente (ABl. L 145 vom 30.4.2004, S. 1) nicht zum Handel auf einem regulierten Markt zugelassen sind.
ad) „Eigenmittel" sind Eigenmittel gemäß Artikel 56 bis 67 der Richtlinie 2006/48/EG.	§ 1 Abs. 19 Nummer 9 (52) Eigenmittel sind Eigenmittel gemäß Artikel 69 der Verordnung (EU) Nr. .../2013 [CRR-Verordnung].
ae) „Mutterunternehmen" ist ein Mutterunternehmen im Sinne der Artikel 1 und 2 der Richtlinie 83/349/EWG.	§ 1 Abs. 19 Nummer 26: (62) Mutterunternehmen im Sinne dieses Gesetzes sind Unternehmen, die Mutterunternehmen im Sinne des § 290 des Handelsgesetzbuchs sind.
af) „Primebroker" ist ein Kreditinstitut, eine regulierte Wertpapierfirma oder eine andere Einheit, die einer	§ 1 Abs. 19 Nummer 30: (66) Primebroker ist ein Kreditinstitut im Sinne des Artikels 4 Nummer 1

AIFM-Richtlinie	KAGB-E
Regulierungsaufsicht und ständigen Überwachung unterliegt und professionellen Anlegern Dienstleistungen anbietet, in erster Linie, um als Gegenpartei Geschäfte mit Finanzinstrumenten zu finanzieren oder durchzuführen, und die möglicherweise auch andere Dienstleistungen wie Clearing und Abwicklung von Geschäften, Verwahrungsdienstleistungen, Wertpapierleihe und individuell angepasste Technologien und Einrichtungen zur betrieblichen Unterstützung anbietet.	der Verordnung EU Nr. .../2013 [CRR-Verordnung], eine Wertpapierfirma im Sinne des Artikels 4 der Richtlinie 2004/39/EG oder eine andere Einheit, die einer Regulierungsaufsicht und ständigen Überwachung unterliegt und professionellen Anlegern Dienstleistungen anbietet, in erster Linie, um als Gegenpartei Geschäfte mit Finanzinstrumenten im Sinne der Richtlinie 2011/61/EU zu finanzieren oder durchzuführen, und die möglicherweise auch andere Dienstleistungen wie Clearing und Abwicklung von Geschäften, Verwahrungsdienstleistungen, Wertpapierdarlehen und individuell angepasste Technologien und Einrichtungen zur betrieblichen Unterstützung anbietet.
ag) „Professioneller Anleger" ist jeder Anleger, der im Sinne von Anhang II der Richtlinie 2004/39/EG als ein professioneller Kunde angesehen wird oder auf Antrag als ein professioneller Kunde behandelt werden kann.	§ 1 Abs. 19 Nummer 32: Professioneller Anleger ist jeder Anleger, der im Sinne von Anhang II der Richtlinie 2004/39/EG als professioneller Kunde angesehen wird oder auf Antrag als ein professioneller Kunde behandelt werden kann.
ah) „Qualifizierte Beteiligung" ist das direkte oder indirekte Halten von mindestens 10% des Kapitals oder der Stimmrechte eines AIFM nach den Artikeln 9 und 10 der Richtlinie 2004/109/EG, unter Berücksichtigung der Bedingungen für das Zusammenrechnen der Beteiligungen nach Artikel 12 Absätze 4 und 5 der genannten Richtlinie oder die Möglichkeit zur Ausübung eines maßgeblichen Einflusses auf die Geschäftsführung des AIFM, an dem diese Beteiligung gehalten wird.	§ 1 Abs. 19 Nummer 6: (48) Eine bedeutende Beteiligung besteht, wenn unmittelbar oder mittelbar über ein oder mehrere Tochterunternehmen oder über ein gleichartiges Verhältnis oder im Zusammenwirken mit anderen Personen oder Unternehmen mindestens 10 Prozent des Kapitals oder der Stimmrechte einer Verwaltungsgesellschaft im Eigen- oder Fremdinteresse gehalten werden oder wenn auf die Geschäftsführung einer Verwaltungsgesellschaft ein maßgeblicher Einfluss ausgeübt werden kann. Für die Berechnung der Anteile der Stimmrechte gelten § 22 Absatz 1 bis 3a des Wertpapierhandelsgesetzes in Verbindung mit der Rechtsverordnung nach § 22 Absatz 5 und § 23 des Wertpapierhandelsgesetzes entsprechend. Die mittelbar gehaltenen Beteiligungen sind den mittelbar beteiligten Personen und Un-

AIFM-Richtlinie	KAGB-E
	ternehmen in vollem Umfang zu zurechnen.
ai) „Arbeitnehmervertreter" sind Vertreter der Arbeitnehmer im Sinne von Artikel 2 Buchstabe e der Richtlinie 2002/14/EG.	§ 1 Abs. 19 Nummer 2 (45) Arbeitnehmervertreter sind Vertreter der Arbeitnehmer im Sinne von Artikel 2 Buchstabe e der Richtlinie 2002/14/EG des Europäischen Parlaments und des Rates vom 11. März 2002 zur Festlegung eines allgemeinen Rahmens für die Unterrichtung und Anhörung der Arbeitnehmer in der Europäischen Gemeinschaft (ABl. L 80 vom 23.3.2002, S. 29).
aj) „Kleinanleger" ist ein Anleger, bei dem es sich nicht um einen professionellen Anleger handelt.	§ 1 Abs. 19 Nummer 31 (67) Privatanleger sind alle Anleger, die weder professionelle noch semiprofessionelle Anleger sind.
ak) „Tochterunternehmen" ist ein Tochterunternehmen gemäß der Definition in Artikel 1 und 2 der Richtlinie 83/349/EWG.	§ 1 Abs. 19 Nummer 35 (69) Tochterunternehmen sind Unternehmen, die Tochterunternehmen im Sinne des § 290 des Handelsgesetzbuchs sind.
al) „Aufsichtsbehörden" in Bezug auf Nicht-EU-AIF sind die nationalen Behörden eines Drittlands, die aufgrund von Rechts- oder Verwaltungsvorschriften zur Beaufsichtigung von AIF befugt sind.	Der KAGB-Regierungsentwurf enthält keine diesbezügliche Definition.
am) „Aufsichtsbehörden" in Bezug auf Nicht-EU-AIFM sind die nationalen Behörden eines Drittlands, die aufgrund von Rechts- oder Verwaltungsvorschriften zur Beaufsichtigung von AIFM befugt sind.	Der KAGB-Regierungsentwurf enthält keine diesbezügliche Definition.
an) „Verbriefungszweckgesellschaften" sind Gesellschaften, deren einziger Zweck darin besteht, eine oder mehrere Verbriefungen im Sinne von Artikel 1 Absatz 2 der Verordnung (EG) Nr. 24/2009 der Europäischen Zentralbank vom 19. Dezember 2008 über die Statistik über die Aktiva und Passiva von finanziellen Mantelkapitalgesellschaften, die Verbriefungsgeschäfte betreiben, und weitere zur Erfüllung die-	§ 1 Abs. 19 Nummer 36 (70) Verbriefungszweckgesellschaften sind Gesellschaften, deren einziger Zweck darin besteht, eine oder mehrere Verbriefungen im Sinne von Artikel 1 Absatz 2 der Verordnung (EG) Nr. 24/2009 der Europäischen Zentralbank vom 19. Dezember 2008 über die Statistik über die Aktiva und Passiva von finanziellen Mantelkapitalgesellschaften, die Verbriefungsgeschäfte betreiben (ABl. L 15 vom 20.1.2009,

AIFM-Richtlinie	KAGB-E
ses Zwecks geeignete Tätigkeiten durchzuführen.	S. 1), und weitere zur Erfüllung dieses Zwecks geeignete Tätigkeiten durchzuführen.
ao) „OGAW" sind Organismen für gemeinsame Anlagen in Wertpapieren, die gemäß Artikel 5 der Richtlinie 2009/65/EG zugelassen sind.	(2) Organismen für gemeinsame Anlagen in Wertpapiere (OGAW) sind Investmentvermögen, die Anforderungen der Richtlinie 2009/65/EG des Europäischen Parlaments und des Rates vom 13. Juli 2009 zur Koordinierung der Rechts- und Verwaltungsvorschriften betreffend bestimmte Organismen für gemeinsame Anlagen in Wertpapieren (OGAW) (ABl. L 302 vom 17.11.2009, S. 1) erfüllen.
(2) Für die Zwecke von Absatz 1 Buchstabe ad dieses Artikels finden die Artikel 13 bis 16 der Richtlinie 2006/49/EG des Europäischen Parlaments und des Rates vom 14. Juni 2006 über die angemessene Eigenkapitalausstattung von Wertpapierfirmen und Kreditinstituten entsprechend Anwendung.	
(3) Die Kommission erlässt gemäß Artikel 56 und nach Maßgabe der Bedingungen der Artikel 57 und 58 delegierte Rechtsakte mit Vorschriften: a) zur Festlegung der Methoden für Hebelfinanzierungen im Sinne des Absatzes 1 Buchstabe v, einschließlich jeglicher Finanz- und/oder Rechtsstrukturen, an denen Dritte beteiligt sind, die von dem betreffenden AIF kontrolliert werden, und b) dazu, wie Hebelfinanzierungen zu berechnen sind.	
(4) Die Europäische Finanzaufsichtsbehörde (Europäische Wertpapieraufsichtsbehörde) (ESMA) erarbeitet Entwürfe für technische Regulierungsstandards, um die Arten von AIFM, soweit dies für die Anwendung dieser Richtlinie und zur Sicherstellung einheitlicher Bedingungen für die Anwendung dieser Richtlinie relevant ist, zu bestimmen.	

AIFM-Richtlinie	KAGB-E
Der Kommission wird die Befugnis übertragen, die in Unterabsatz 1 genannten technischen Regulierungsstandards gemäß den Artikeln 10 bis 14 der Verordnung (EU) Nr. 1095/2010 zu erlassen.	

Literatur: *Baur*, in: Assmann/Schütze (Hrsg.), Handbuch des Kapitalanlagerechts, 3. Aufl., München 2007; *Blankenheim*, in: Berger/Steck/Lübbehüsen (Hrsg.), Investmentgesetz/Investmentsteuerrecht, München 2010; *Boos*, in: Boos/Fischer/Schulte-Mattler (Hrsg.), Kreditwesengesetz, 4. Aufl., München 2012; *Braun*, in: Boos/Fischer/Schulte-Mattler (Hrsg.), Kreditwesengesetz, 4. Aufl., München 2012; *BVI*, Stellungnahme zu ESMA, Discussion paper, Key concepts of the Alternative Investment Fund Managers Directive and types of AIFM, 23. Februar 2012, ESMA/2012/117, abrufbar unter: http://www.esma.europa.eu/consultation/Key-concepts-Alternative-Fund-Managers-Directive-and-types-AIFM; CESR's Guidelines on Risk Measurement and the Calculation of Global Exposure and Counterparty Risk for UCITS vom 28.7.2010 (CESR/10-788), abrufbar auf der ESMA-Homepage unter http://www.esma.europa.eu/system/files/10_788.pdf; *EFAMA*, Stellungnahme zu ESMA, Discussion paper, Key concepts of the Alternative Investment Fund Managers Directive and types of AIFM, 23. Februar 2012, ESMA/2012/117, abrufbar unter: http://www.esma.europa.eu/consultation/Key-concepts-Alternative-Investment-Fund-Managers-Directive-and-types-AIFM; *Erhard*, in: Berger/Steck/Lübbehüsen (Hrsg.), Investmentgesetz/Investmentsteuergesetz, München 2010; *EPRA*, Stellungnahme zu ESMA, Discussion paper, Key concepts of the Alternative Investment Fund Managers Directive and types of AIFM, 23. Februar 2012, ESMA/2012/117, abrufbar unter: http://www.esma.europa.eu/consultation/Key-concepts-Alternative-Investment-Fund-Managers-Directive-and-types-AIFM; *ESMA*, Technical Advice to the European Commission on possible implementing measures of the Alternative Investment Fund Managers Directive, 2011/ESMA/2011/379, vom 16.11.2011; *dieselbe*, Discussion paper, Key concepts of the Alternative Investment Fund Managers Directive and types of AIFM, 23. Februar 2012, ESMA/2012/117, abrufbar unter: http://www.esma.europa.eu/system/files/2012-117.pdf; *dieselbe*, FAQ 'Risk Measurement and Calculation of Global Exposure and Counterparty Risk for UCITS' vom 9.7.2012 (ESMA/2012/429), abrufbar unter: http://www.esma.europa.eu/system/files/2012-429.pdf; *Fischer*, in: Berger/Steck/Lübbehüsen (Hrsg.), Investmentgesetz/Investmentsteuergesetz, München 2010; *Fischer/Steck*, in: Berger/Steck/Lübbehüsen (Hrsg.), Investmentgesetz/Investmentsteuergesetz, München 2010; *Fleischer/Schmolke*, Klumpenrisiken im Bankaufsichts-, Investment und Aktienrecht, ZHR 2009, 648 ff.; *Kandlbinder*, Spezialfonds als Anlageinstrument, Frankfurt a.M. 1991; *Hertz-Eichenrode/Illenberger/Jesch/Keller/Klebeck/Rocholl*, Private-Equity-Lexikon, Stuttgart 2011; *Klebeck/Kolbe*, Anlageverwaltung und Finanzmarktaufsicht, ZIP 2010, 215 ff.; *Köndgen*, in: Berger/Steck/Lübbehüsen (Hrsg.), Investmentgesetz/Investmentsteuerrecht, München 2010; *Kuntz*, ZBB 2005, 412 ff.; *Otterbach*, Verwaltung und Besteuerung von Spezialfonds nach dem KAGG, Tübingen 2004; *Pfüller/Schmitt*, Brinkhaus/Scherer (Hrsg.), Kapitalanlagesetz/Auslandsinvestmentgesetz; München 2003; *Schäfer*, Anlegerschutz und die Sorgfalt eines ordentlichen Kaufmanns bei der Anlage der Sondervermögen durch Kapitalanlagegesellschaften, Baden-Baden 1987; *derselbe*, in: Boos/Fischer/Schulte-Mattler (Hrsg.), Kreditwesengesetz, 4. Aufl., München 2012; *Sethe*, Anlegerschutz im Recht der Vermögensverwaltung, Köln 2005; *Schmitz*, in: Berger/Steck/Lübbehüsen (Hrsg.), Investmentgesetz/Investmentsteuergesetz, München 2010; *Schuster/Binder*, WM 2004, 1665 ff., *Steck*, ZBB 2000, 115 ff.; *derselbe*, in: Berger/Steck/Lübbehüsen (Hrsg.), Investmentgesetz/Investmentsteuergesetz, München 2010; *Steck/Gringel*, in: Berger/Steck/Lübbehüsen (Hrsg.), Investmentgesetz/Investmentsteuergesetz, München 2010;

Steck/Schmitz, Die Investmentaktiengesellschaft mit veränderlichem und fixem Grundkapital: Eine neue Rechtsform für Kapitalanlagen, AG 2004, 658 ff.; *Tollmann,* in: Boos/Fischer/ Schulte-Mattler (Hrsg.), Kreditwesengesetz, 4. Aufl., München 2012; *Vahldiek,* in: Boos/ Fischer/Schulte-Mattler (Hrsg.), Kreditwesengesetz, 4. Aufl., München 2012; *von Caemmerer,* Kapitalanlage- oder Investmentgesellschaften, JZ 1958, 41 ff.; *von Kuhlberg/Seidel,* Rechtshandbuch Private Equity, München 2010; *von Livonius/Bernau,* Der neue Tatbestand der „Anlage-Verwaltung" der erlaubnispflichtige Finanzdienstleistung, WM 2009, 1216 ff.; *Weiser/Jang,* Die nationale Umsetzung der AIFM-Richtlinie und ihre Auswirkungen auf die Fondsbranche in Deutschland, BB 2012, 2019 ff.

Übersicht

A. Einleitung und Überblick über die Norm

In Art. 4 AIFM-RL werden die **zentralen Begriffe** der Richtlinie **definiert.** 1
Art. 4 Abs. 1 definiert Begriffe, welche für die gesamte Richtlinie bedeutsam sind.
Eine Vielzahl dieser Definitionen findet sich bereits inhaltsgleich oder ähnlich in
Art. 2 der OGAW-RL bzw. in § 2 InvG. Hinzu gekommen sind jedoch einige
neue Definition aufgrund der Besonderheiten alternativer Investmentfonds und
ihrer Verwalter.

2   Art. 4 Abs. 2 erklärt bestimmte Vorschriften der Kapitaladäquanzrichtlinie (Richtlinie 2006/49/EG) zur Auslegung des Begriffs „Eigenmittel" in Art. 4 Abs. 1 lit. ad) AIFM-RL für entsprechend anwendbar.

3   Art. 4 Abs. 3 ermächtigt die EU-Kommission zum Erlass delegierter Rechtsakte (sog. Level-II-Maßnahmen) im Zusammenhang mit Hebelfinanzierungen.

4   Art. 4 Abs. 4 verpflichtet die ESMA zur Erarbeitung technischer Regulierungsstandards zu den Arten von AIFM und um die einheitliche Anwendung der Richtlinie sicherzustellen.

B. Die Definitionen nach Absatz 1

I. Definition des Alternativen Investmentfonds bzw. AIF (Abs. 1 lit. a))

5   **1. Kontext und Bedeutung der Definition.** Bei dem alternativen Investmentfonds (AIF) handelt es sich um einen zentralen Begriff der Richtlinie. Auch der Begriff des Verwalters eines alternativen Investmentfonds baut auf dieser Definition auf.[1]

6   **2. Die Anforderungen an das Vorliegen eines AIF.** Art. 4 Abs. 1 lit. a) definiert den AIF als a) Organismus für gemeinsame Anlagen einschließlich seiner Teilfonds, der b) von einer Anzahl von Anlegern c) Kapital einsammelt, um es d) gemäß einer festgelegten Anlagestrategie e) zum Nutzen dieser Anleger zu investieren und f) keine OGAW-Genehmigung benötigt.

7   **a) Jeder Organismus für gemeinsame Anlagen.** Bei AIF handelt es sich nach Art. 4 Abs. 1 lit. a) um **Organismen für gemeinsame Anlagen (OGA)**. Dieser Begriff ist aus der OGAW-Richtlinie (vgl. dort Art. 3) sowie zahlreichen anderen Finanzdienstleistungsrichtlinien (z. B. MiFID, Prospekt- und Transparenzrichtlinie) übernommen worden. Er ist der Oberbegriff für alle Investmentfonds. Dabei spielt es keine Rolle, welche Rechtsform die Investmentfonds haben und ob es sich um offene oder geschlossene Fonds handelt.[2] Es gibt zwei Unterarten von OGA: OGAW und AIF. AIF sind alle Investmentfonds, welche keine Genehmigung als OGAW gemäß Art. 5 OGAW-RL benötigen. Kein Manager ist verpflichtet, eine Genehmigung als OGAW für einen von ihm verwalteten Fonds zu beantragen, selbst wenn dieser die Anforderungen der OGAW-Richtlinie erfüllen sollte. Dies ist Folge des **formellen Investmentbegriffs,** dem die OGAW-Richtlinie und das Investmentgesetz folgen. Demgegenüber folgt die AIFM-Richtlinie dem **materiellen Investmentbegriff.** Das bedeutet, dass dem Manager kein Wahlrecht zusteht, ob er reguliert sein möchte oder nicht. Die AIFM-Richtlinie ist vielmehr auf alle Manager anwendbar, welche die Anforderungen an einen AIFM erfüllen, und somit mittelbar auch auf alle AIF.

8   **b) Einsammeln von Kapital.** Konstitutives Element eines AIF ist das **Einsammeln von Kapital** von Anlegern. Hierbei ist der Begriff des Kapitals bewusst weit gewählt. Anleger werden für den Erwerb von Anteilen eines AIF regelmäßig **Geld** zahlen; dies ist jedoch nicht zwingend. Unter Kapital sind auch sonstige geldwerte Vorteile zu verstehen. In Betracht kommen somit alternativ auch **Sach-**

---

[1] Vgl. hierzu unter Rn. 54 f.
[2] Vgl. hierzu eingehend Art. 2 Rn. 36 ff.

einlagen oder Sachübernahmen[3]; ein Verbot von Sacheinlagen enthält die AIFM-Richtlinie im Unterschied zu § 23 Abs. 1 Satz 3 InvG gerade nicht.[4] Jedoch enthält auch die AIFM-Richtlinie die Pflicht zur Leistung des vollen Ausgabepreises.[5]

Im Unterschied zum Investmentgesetz schränkt die AIFM-Richtlinie die Art **9** des Einsammelns des Kapitals von Anlegern nicht ein. Während nur der **öffentliche Vertrieb** unter das Investmentgesetz fällt, unterscheidet der Vertriebsbegriff des Art. 4 Abs. 1 lit. x) nicht zwischen einem öffentlichen und einem nichtöffentlichen Vertrieb (d.h. der **Privatplatzierung**). Darüber hinaus setzt das Einsammeln von Kapital **nicht einmal zwingend eine Vertriebstätigkeit** des AIFM voraus.[6] Denkbar ist auch, dass ein AIF sein gesamtes Kapital auf Eigeninitiative der Anleger einsammelt, z. B. indem sich Anleger an einen AIFM wenden, um für sie einen AIF aufzulegen und zu verwalten.[7]

Die AIFM-Richtlinie gibt auch nicht vor, dass von den Anlegern **zunächst 10 Kapital einzusammeln** und anschließend eine oder mehrere Vermögensgegenstände anzuschaffen sind. Ebenso zulässig ist es – wie bei typischen deutschen geschlossenen Fonds üblich –, zunächst den Vermögensgegenstand in den AIF einzubringen, um anschließend das Kapital von den Anlegern einzusammeln.

Aus dem Umstand, dass AIF offene oder geschlossene Fonds sein können, **11** folgt ferner, dass es unbeachtlich ist, ob **nur bei Auflegung des AIF** Kapital eingesammelt wird (wie bei geschlossenen Fonds) oder ob **fortlaufend neue Anteile** ausgegeben werden und damit Kapital eingesammelt wird.

Unproblematisch ist der bei Private Equity Fonds übliche Umstand, dass die **12** Anleger nicht sofort das Kapital einzahlen, sondern sich hierzu zunächst lediglich verpflichten (sog. *commitment*). Erst wenn das Management vor dem Kauf eines Zielunternehmens steht, fordert es die Anleger auf, das zugesagte Kapital einzuzahlen (sog. *draw-down*).

ESMA hat die Auffassung vertreten, dass es in Sonderfällen sein kann, dass **13** ein AIF **ausnahmsweise kein (neues) Kapital einsammelt.**[8] Das angegebene Beispiel eines liquidierten Fonds, dessen Kapital ganz oder teilweise in einen anderen neu aufgelegten Fonds fließt, überzeugt jedoch nicht. In diesem Fall lassen die Anleger ihr Kapital (teilweise) stehen, obwohl sie nach der Liquidation einen Anspruch auf Rückzahlung hätten. Das Einsammeln besteht hier in dem an die Anleger herangetragenen Verzicht auf die Rückzahlung.

c) Anzahl von Anlegern. Art. 4 Abs. 1 lit. a) setzt ferner voraus, dass der AIF **14** von einer Anzahl von Anlegern Kapital einsammelt. Damit fordert die AIFM-

---

[3] Bei Sachübernahmen handelt es sich um eine von der BaFin bisher geduldete und insbesondere bei Einanleger-Spezialfonds weit verbreitete Praxis; vgl. nur *Köndgen* in Berger/ Steck/Lübbehüsen, InvG, § 23 Rn. 8.

[4] Problematisch ist jedoch, dass die AIFM-Richtlinie selbst keine Regelungen zur oftmals schwierigen Bewertung der Sacheinlage enthält.

[5] Nach Art. 21 Abs. 7 hat die Depotbank zu prüfen, ob die Anleger im Zusammenhang mit der Zeichnung von Anteilen des AIF sämtliche Zahlungen erbracht haben.

[6] Zustimmend *ESMA*, Discussion paper, Key concepts of the Alternative Investment Fund Managers Directive and types of AIFM, S. 10, Tz. 26.

[7] Vgl. z. B. die Stellungnahmen von *EFAMA*, S. 7 und dem *BVI*, S. 6 zum Diskussionspapier von ESMA, beide abrufbar unter http://www.esma.europa.eu/consultation/Key-concepts-Alternative-Investment-Fund-Managers-Directive-and-types-AIFM.

[8] *ESMA*, Discussion paper, Key concepts of the Alternative Investment Fund Managers Directive and types of AIFM, S. 10, Tz. 27.

Richtlinie – anders als Art. 1 Abs. 2 lit. a) OGAW-RL – kein Einsammeln von Kapital beim Publikum (d.h. durch **öffentlichen Vertrieb**).[9]

15   Fraglich ist allerdings erstens, **wie viel Anleger** ein Fonds mindestens haben muss, damit von einer „Anzahl von Anlegern" die Rede sein kann. Ebenfalls unklar ist zweitens, ob es hierfür auf die **tatsächlich vorhandene Anzahl der Anleger** ankommt oder ob es bereits ausreicht, wenn der Fonds ausweislich seiner Vertragsbedingungen für eine Anzahl von Anlegern offen ist, unabhängig von der tatsächlichen Anzahl der Anleger. Die AIFM-Richtlinie enthält für beides keine Anhaltspunkte. Da dem Richtliniengeber aus den Verhandlungen die Problematik der sog. Einanleger-Spezialfonds bekannt war, dürfte davon auszugehen sein, dass er die Auslegung bewusst der Verwaltungspraxis und der Wissenschaft überlassen wollte.

16   Der Wortlaut legt nahe, dass ein Fonds **mindestens zwei oder mehr Anleger** haben muss, um AIF sein zu können. Bereits der zentrale Begriff des „Organismus für *gemeinsame* Anlagen" (bzw. englisch: *collective* investment undertaking) verdeutlicht, dass ein AIF mehr als einen Anleger haben muss.[10] Hierfür sprechen neben dem Terminus „Anzahl von Anlegern" zum einen auch der Umstand, dass Art. 4 Abs. 1 lit. a) voraussetzt, dass ein AIF von einer Anzahl von Anlegern Kapital *einsammelt*. Hat ein Anlagevehikel nur einen Anleger, so hat er auch nur von einem Anleger Kapital eingesammelt und nicht von einer Anzahl von Anlegern. Die bloße Absicht (oder besser gesagt: der fehlende Ausschluss in den Vertragsbedingungen) auch von anderen Anlegern Kapital einsammeln zu wollen, genügt nach dem Wortlaut nicht. Zum anderen setzt auch die Formulierung „zum Nutzen dieser Anleger" das Vorhandensein einer Mehrzahl von Anlegern voraus.

17   Auch der Sinn und Zweck sowie die systematische Auslegung sprechen dafür, dass ein Fonds, um AIF sein zu können, mindestens zwei Anleger haben muss. Die AIFM-Richtlinie regelt ausschließlich die **kollektive Vermögensverwaltung**. Wie Erwägungsgrund 9 und Art. 6 Abs. 4 lit. a) klarstellen, ist die (kollektive) Verwaltung eines AIF abzugrenzen von der individuellen Vermögensverwaltung nach der MiFID. Wer ausschließlich Vermögensverwaltungsleistungen für einen einzelnen Kunden erbringt, bedarf keiner AIFM-Zulassung. Bei der Verwaltung eines Anlagevehikels mit nur einem Anleger handelt es sich jedoch um individuelle Vermögensverwaltung.

18   Zu einem anderen Ergebnis könnte man allenfalls durch Anwendung eines **Look-through-Ansatzes** kommen, wenn man darauf abstellt, ob hinter dem Alleinanleger eine Anzahl von Anlegern stehen. Mit einer solchen Begründung (der sog. **Destinatär-Theorie**) ließ die deutsche Aufsicht ab 1968 Spezialfonds mit nur einem Anleger (wie z. B. einem Versicherungsunternehmen) zu, wenn hinter diesem eine Vielzahl von (wirtschaftlich) Begünstigten (wie z. B. Versicherungsnehmer) stehen. Solche Einanleger-Spezialfonds wurden seinerzeit Individualfonds genannt.[11] Die Investmentfondsbranche und die Aufsicht hätten seinerzeit durch ein „gentlemen's agreement" sichergestellt, dass solche Fonds nicht für einen oder wenige vermögende Privatanleger aufgelegt wurden.[12] Erst 1990 wurden Spezialfonds im KAGG geregelt, ohne dass länger auf die Destinatär-Theorie abgestellt wurde.[13] Vielmehr wurde seither – formal-juristisch den Anforderungen

---

[9] Siehe bereits oben Rn. 25 f.

[10] Hervorhebungen durch den Verfasser.

[11] Vgl. eingehend *Otterbach,* Verwaltung und Besteuerung von Spezialfonds nach dem KAGG, S. 15 ff.

[12] Ebendort, S. 19 m. w. N.

[13] Ebendort, S. 20.

an eine kollektive Vermögensverwaltung folgend – nicht darauf abgestellt, wie viele Anleger ein Fonds tatsächlich hat, sondern ob die Vertragsbedingungen offen für die Aufnahme weiterer Anleger sind. Zusätzlich wurden dem Alleinanleger Einflussnahmemöglichkeiten auf den Spezialfonds zugestanden, die bei der individuellen Vermögensverwaltung (§ 7 Abs. 2 Nr. 1 InvG), der Finanzportfolioverwaltung (§ 1 Abs. 1a Satz 2 Nr. 1 KWG bzw. der Anlageverwaltung (§ 1 Abs. 1a Satz 2 Nr. 11 KWG) dazu führen können, dass deren Tatbestandsvoraussetzungen entfallen.[14] Der Alleinanleger gibt der von ihm für die Auflegung des Spezialfonds ausgewählten KAG i. d. R. seine Anlagestrategie (einschließlich der Festlegung der zulässigen und unzulässigen Vermögensgegenstände und Geschäftsarten, der Anlageschwerpunkte und strategischen Assetallokation sowie einen Benchmark) durch die Vertragsbedingungen vor.[15] Regelmäßig findet bei Spezialfonds eine Mitwirkung des Alleinanlegers an den Anlageentscheidung statt. Zu diesem Zweck wird i. d. R. ein **Anlageausschuss** eingerichtet. In diesem hat häufig der Alleinanleger die entscheidende Stimme.[16] Der Anlageausschuss berät die KAG hinsichtlich der Anlagepolitik und kann dabei auch Anlagevorschläge unterbreiten. Die Entscheidung über die Verwendung der Erträge wird meistens an die Zustimmung des Anlageausschusses gebunden.[17]

Dessen ungeachtet hat die deutsche Aufsicht den privilegierten (Steuer-) Status **19** von Einanleger-Spezialfonds nicht in Frage gestellt. ESMA knüpft in ihrem Diskussionspapier[18] hieran nahtlos an. Ohne Auseinandersetzung mit den für eine gegenteilige Auslegung sprechenden vielfältigen Gründen heißt es dort apodiktisch: *„It follows from the reference to ‚a number of investors‘ that the AIF' rules or instruments of incorporation cannot contain provisions which restrict the sale of units/shares to a single investor"*. Doch selbst wenn die **Vertragsbedingungen eine Beschränkung auf nur einen Anleger** vorsehen, soll dies laut ESMA offenbar unschädlich sein, wenn hinter diesem Alleinanleger eine Anzahl wirtschaftlich Begünstigter stehen. ESMA kombiniert damit den derzeitigen Begründungsansatz der deutschen Aufsicht für die Zulässigkeit von Einanleger-Spezialfonds mit der früher vertretenen Destinar-Theorie. Auf diese Weise bezweckt ESMA, z. B. **Master-Feeder-Strukturen** mit nur einem Feeder oder Fonds mit einem **Treuhänder**[19], der eine Anzahl von (nur mittelbaren) Anlegern

---

[14] Diese setzen u.a. voraus, dass dem Verwalter ein Entscheidungsspielraum hinsichtlich der Anlageentscheidung zusteht. Dieser fehlt, wenn Anlageentscheidungen der Zustimmung des Kunden bedürfen; vgl. hierzu eingehend unter Rn. 60 ff.

[15] *Otterbach,* Verwaltung und Besteuerung von Spezialfonds nach dem KAGG, S. 42 sowie *Steck* in Berger/Steck/Lübbehüsen, InvG, Vor §§ 91 bis 95 Rn. 16.

[16] *Steck,* ebendort, Rn. 19.

[17] *Kandlbinder,* Spezialfonds als Anlageinstrument, S. 102 ff.

[18] ESMA, Discussion paper – Key concepts of the Alternative Investment Fund Managers Directive and types of AIFM, S. 10 Tz. 29.

[19] Dabei scheint sich die ESMA der weit reichenden Folgen der Anerkennung von Fonds mit einem Treuhandanleger als AIF nicht bewusst zu sein. Ist der Treuhänder professioneller Anleger, so käme demnach ausschließlich die AIFM-Richtlinie zur Anwendung, selbst wenn hinter dem Treuhänder Kleinanleger stehen. Den Mitgliedstaaten könnte es dann verwehrt sein, im Einklang mit Art. 43 Abs. 1 UAbs. 2 strengere Anforderungen an den Vertrieb an Kleinanleger zu stellen. Das Rechtsverhältnis zwischen den wirtschaftlich Berechtigten und dem Treuhänder fällt dann bereits nicht in den Anwendungsbereich der AIFM-Richtlinie, weil der AIF allein an den Treuhänder vertrieben wird. Zu einem anderen Ergebnis kann man dann nur gelangen, wenn man in dem Rechtsverhältnis zwischen Treuhänder und den wirtschaftlichen Berechtigten (zumeist ist dies eine Innengesellschaft) wiederum einen Vertrieb sieht.

vertritt, unter den Anwendungsbereich der AIFM-Richtlinie fallen zu lassen.[20] Letztendlich wird von der Verwaltungspraxis zu klären sein, wie weit hierbei der Anlegerbegriff zu ziehen ist. Die OGAW-Richtlinie und das Investmentgesetz meinen mit Anleger stets nur den unmittelbaren Anleger. Etwaige hinter einem unmittelbaren Anleger (z. B. Treuhänder) stehende mittelbare Anleger sind danach keine Anleger im Sinne des Gesetzes. Ob die Verwaltung hieran auch für geschlossene Fonds mit Treuhandkommanditisten festhalten wird, bleibt abzuwarten. Denkbar ist insoweit, die Treuhandgesellschaft ihrerseits als AIF anzusehen. Alternativ könnte auch die mittelbare Beteiligung über Treuhänder untersagt werden, wenn dies dazu führt, dass der AIF – ohne eine entsprechende Vertriebszulassung – mittelbar an Kleinanleger vertrieben wird.

20   In der Praxis ist daher davon auszugehen, dass unter den eben genannten Voraussetzungen **auch Einanlegerfonds unter die Definition des AIF** fallen.[21] Für diese Auslegung lässt sich Art. 3 Abs. 1 anführen. Dort werden solche AIFM aus dem Anwendungsbereich der Richtlinie ausgenommen, welche einen oder mehrere AIF verwalten, deren einziger Anleger der AIF ist. Dies könnte dafür sprechen, dass der Richtliniengeber AIF mit nur einem einzigen Anleger für grundsätzlich möglich hält. Allerdings ist diese Argumentation wenig überzeugend, handelt es sich bei Art. 3 Abs. 1 doch um eine Ausnahmeregelung. Wie unter Art. 3 Rn. 3 dargestellt, sprechen die besseren Gründe dafür, dass es sich bei einem „AIF", dessen einziger Anleger der AIFM ist, bereits um keinen AIF handelt. Im Übrigen ist darauf hinzuweisen, dass es nach der ESMA-Definition von „Anzahl von Anlegern" niemals dazu kommen kann, dass ein AIF seinen AIFM als einzigen Anleger haben kann. Laut ESMA ist diese Anforderung nur erfüllt, wenn die Vertragsbedingungen offen für weitere Anleger sind. Dann ist jedoch für die Ausnahme nach Art. 3 Abs. 1 kein Anwendungsbereich mehr denkbar (vgl. Art. 3 Rn. 3).

21   **d) Kollektive Anlage.** In Abgrenzung zur individuellen Vermögensverwaltung bzw. zur Finanzportfolioverwaltung muss ein AIF ein Vehikel für eine **kollektive Anlage** darstellen, in dem das von den Anlegern eingezahlte Kapital (namentlich Geld) **gepoolt**[22] wird, um gemeinsam angelegt zu werden. Eine kollektive Anlage setzt damit grundsätzlich mindestens zwei Anleger voraus. Zu Einanlegerfonds vgl. jedoch oben unter c).

22   Mit Einzahlung des Kapitals verlieren die Anleger ihr Eigentum hieran. Im Gegenzug erlangen sie kein (Allein-) Eigentum an von dem AIF erworbenen Vermögensgegenständen, sondern einen Anteil an dem AIF und damit einen **Anteil an einer Bruchteilsgemeinschaft.**[23] Dieser Anteil ist häufig in einem Anteilsschein verbrieft; dies ist jedoch nicht zwingend.

23   Nach dem Grundverständnis eines Fonds als kollektivem Anlagevehikel besteht das Interesse eines Anlegers zum einen – wie bei der individuellen Vermögensverwaltung – darin, das angelegte Kapital von einem externen Dienstleister (hier: dem AIFM) verwalten zu lassen. Im Unterschied zur individuellen Portfolioverwaltung ist ein Fondsanleger jedoch daran interessiert, sein Kapital zusammen mit anderen Anlegern anzulegen, sei es, dass sich nur so bestimmte Anlagevolumina oder

---

[20] ESMA, Discussion paper – Key concepts of the Alternative Investment Fund Managers Directive and types of AIFM, S. 10 Tz. 29.

[21] In diesem Sinne auch *Weiser/Jang* BB 2012, 1219.

[22] *ESMA*, Discussion paper – Key concepts of the Alternative Investment Fund Managers Directive and types of AIFM, S. 10 Tz. 28.

[23] Vgl. auch *ESMA*, ebendort, S. 11 Tz. 33.

bestimmte Skaleneffekte erzielen oder sich die Kosten in ein angemessenes Verhältnis bringen lassen. All dies ist bei einem Alleinanleger grundsätzlich nicht der Fall.[24]

Nach der von ESMA in ihrem Diskussionspapier geäußerten Ansicht setze ein **24** AIF darüber hinaus voraus, dass **durch den späteren Verkauf der Anlagegegenstände ein Ertrag** für die Anlage erzielt werden soll. Kein AIF liege laut ESMA-Diskussionspapier[25] vor, wenn mit der Anlage während der Lebensdauer des Unternehmens bzw. Vehikels primär **laufende Erträge** aus der Verwaltung der Anlagegegenstände (wie z. B. Dividenden oder Mieteinnahmen) erzielt werden sollen. Diese Einschätzung geht jedoch zu weit und trägt den Realitäten vieler Assetklassen nicht ausreichend Rechnung. Im Unterschied zu vielen OGAW zeichnen sich viele AIF (wie z. B. Immobilienfonds oder Private Equity Fonds) dadurch aus, dass ein vergleichsweiser geringer aktiver Handel erfolgt und aus den erworbenen Vermögensgegenständen mittelfristig substanzielle Verwaltungserlöse erzielt werden. Daher sollten auch Anlagevehikel, die durch die Verwaltung ihrer Anlagegegenstände in nennenswertem Umfang laufende Erträge erzielen, AIF sein.[26] Es ist gerade ein Wesensmerkmal typischer geschlossener Fonds, dass sie während des Lebenszyklusses des Fonds ausschließlich laufende Erträge aus der Verwaltung der Anlagegegenstände erzielen. Diese von der ESMA aufgeworfene Frage ist dem deutschen Vermögensanlagerecht nicht fremd. Auch im Zusammenhang mit der Anlageverwaltung wird beim Tatbestandsmerkmal des Anschaffens und Veräußerns von Finanzinstrumenten im Schrifttum die Frage aufgeworfen, ob dieser einen laufenden aktiven Handel voraussetzt oder ob es genügt, wenn der Anbieter lediglich zu Laufzeitbeginn Finanzinstrumente erwirbt und zum Laufzeitende wieder veräußert.[27]

e) Zum Nutzen der Anleger. Die kollektive Anlage muss ferner **zum Nut-** **25** **zen der Anleger** erfolgen. Zweck der Anlage muss daher stets die **Erzielung eines Vermögenszuwachses** sein, mag dieser auch aus der steuerlichen Privilegierung des Fonds oder der Nutzung durch die Anlage generierter steuerlicher Verlustvorträge bestehen. Unter Umständen kann dem Anleger auch bereits genügen, sein Kapital zu erhalten (bzw. gegen Risiken, wie z. B. Inflations- oder Währungsrisiken) abzusichern. Der **Kapitalzuwachs bzw. Werterhalt** muss nicht alleiniges Ziel des Anlegers sein.[28] Die Verfolgung ausschließlich nicht kommerzieller Ziele stellt hingegen keine Fondsanlage dar.[29]

---

[24] Aber auch bei der individuellen Vermögensverwaltung lassen sich Skaleneffekte erzielen, wenn die Gelder mehrerer Kunden mit gleichartiger Anlagestrategie gepoolt werden, d.h. dass der Portfolioverwalter sie faktisch wie bei einer kollektiven Vermögensanlage anlegt.

[25] *ESMA*, Discussion paper – Key concepts of the Alternative Investment Fund Managers Directive and types of AIFM, S. 10 Tz. 28.

[26] Zustimmend z. B. die Stellungnahmen von *EFAMA*, S. 7 und dem *BVI*, S. 5 zum Diskussionspapier von ESMA, beide abrufbar unter http://www.esma.europa.eu/consultation/Key-concepts-Alternative-Investment-Fund-Managers-Directive-and-types-AIFM.

[27] Vgl. nur *v. Livonius/Bernau* WM 2009, 1216 (1218), welche sich dafür aussprechen, die Anlageverwaltung auf Fälle des laufenden aktiven Handels mit Finanzinstrumenten zu beschränken. Hierfür findet sich jedoch keine hinreichende Stütze im Gesetz.

[28] Auch mit der Anlage in sog. Ethikfonds oder Mikrofinanzfonds verfolgt der Anleger das Ziel des eigenen Kapitalzuwachses. Unbeachtlich ist, dass der Anleger daneben u.U. auch bestimmte soziale Projekte fördern möchte oder bereit ist, hierfür auf eine höhere Rendite zu verzichten.

[29] Vgl. *ESMA*, Discussion paper – Key concepts of the Alternative Investment Fund Managers Directive and types of AIFM, S. 10 Tz. 25.

26   Weitere Voraussetzung ist, dass **alle Anleger an der positiven oder negativen Wertentwicklung** der Anlagegegenstände des Fonds oder dessen Liquidation am Ende des Lebenszyklus **partizipieren.**[30] Unschädlich ist, wenn bei sog.
Garantiefonds die Beteiligung an der negativen Weiterentwicklung angeschlossen
oder begrenzt ist. Dies geschieht durch einen entsprechend gestiegenen oder
gesunkenen Wert des Fondsanteils und über die Höhe der ausgeschütteten oder
thesaurierten Gewinne. Grundsätzlich partizipieren alle Anleger dabei pro
gezeichnetem Anteil in selber Weise. Für bestimmte Assetklassen gelten jedoch
Ausnahmen. Z.B. partizipiert das Management von Private Equity Fonds gemessen am eigenen Kapitaleinsatz überproportional. Der überschießende Teil stellt
eine erfolgsabhängige Vergütung dar (Leistungsanreiz).

27   **f) Auf der Grundlage einer festgelegten Anlagestrategie.** Die Anlage
eines AIF muss schließlich auf der Grundlage einer **festgelegten Anlagestrategie**
erfolgen. Im Publikumsfondsbereich gibt der Fondsinitiator oder der AIFM den
Investoren die Anlagestrategie in Form der Allgemeinen und Besonderen Vertragsbedingungen vor. Demgegenüber ist es bei Spezialfonds und anderen Fonds
für professionelle Anleger üblich, dass der oder die Anleger vor Auflegung des
Fonds entweder einseitige Vorgaben an die Anlagestrategie (einschließlich der
Festlegung der zulässigen und unzulässigen Vermögensgegenstände und Geschäftsarten, der Anlageschwerpunkte und strategischen Assetallokation sowie einen
Benchmark) machen oder dass hierüber verhandelt wird.[31] Dies ist, wie oben
ausgeführt, solange unschädlich, wie dem **AIFM ein Entscheidungsspielraum**
hinsichtlich der konkreten Anlageentscheidungen verbleibt.[32] Auch bei Fonds
professioneller Anleger ist die Anlagestrategie in den Vertragsbedingungen bzw.
der Satzung des AIF niederzulegen.[33] Die Anlagestrategie muss ebenso wie die
Vertragsbedingungen als Ganzes spätestens feststehen, wie die Anteile am AIF
an die Anleger ausgegeben werden bzw. wenn – wie z. B. bei Private Equity
Fonds – die Einzahlungsverpflichtungen der Anleger verbindlichen Charakter
erlangen.[34] Die Anlagestrategie enthält die von dem AIFM zu beachtenden Anlagerichtlinien. Hierzu gehören u.a. folgende Vorgaben: nur in bestimmte Kategorien von Vermögensgegenständen anzulegen, eine bestimmte Assetallokation einzuhalten, bestimmte Strategien (wie z. B. Buy-and-hold) zu verfolgen, in
bestimmten geografischen Regionen zu investieren, Beschränkungen zum Fremdkapitaleinsatz, bestimmte Mindesthaltefristen und die Einhaltung von Vorgaben
zur Risikodiversifikation.[35]

28   Die **Anlagestrategie** muss ausdrücklich festgelegt sein und **den Anlegern
vor ihrer Anlage**[36] **mitgeteilt** werden. Änderungen der Anlagestrategie müssen
ebenfalls den Anlegern mitgeteilt werden; vielfach sind solche Änderungen nur
mit Zustimmung der Anleger möglich.[37]

---

[30] Vgl. zur Anlagevermittlung ebenso *v. Livonius/Bernau* WM 2009, 1216 (1219).

[31] *Steck* in Berger/Steck/Lübbehüsen, InvG, Vor §§ 91 bis 95 Rn. 16.

[32] Gibt z. B. ein Anleger dem Fondsinitiator eines Einobjektefonds vor, in welches Objekt
der Fonds zu investieren hat, so findet demgemäß die AIFM-Richtlinie keine Anwendung.

[33] Vgl. *ESMA*, Diskussionspapier, S. 11 Tz. 31.

[34] Ebendort.

[35] *ESMA*, Diskussionspapier, S. 11 Tz. 31.

[36] Dies muss spätestens zu dem Zeitpunkt geschehen sein, in dem sich Anleger rechtsverbindlich zur Einzahlung verpflichten. Bei Private Equity Fonds ist somit maßgebender Zeitpunkt das *commitment* und nicht erst der *draw-down*.

[37] Ebendort.

Durch ihre Anlagestrategie unterscheiden sich AIF von gewöhnlichen Unter- **29** nehmen. Selbst eine relativ allgemein gehaltene Anlagestrategie eines AIF enthält gewöhnlich klarere Vorgaben als der Gesellschaftsvertrag von Unternehmen. Bei letzteren wird der Gesellschaftszweck bzw. die Geschäftsaktivität meist vergleichsweise abstrakt gefasst.[38]

g) Fremdverwaltung. Wie die individuelle Vermögensverwaltung, die Fi- **30** nanzportfolioverwaltung und die Anlageverwaltung stellt auch die Verwaltung eines AIF eine **Dienstleistung für Dritte** dar. Ein AIFM verwaltet nicht oder jedenfalls nicht ausschließlich[39] eigenes Vermögen, sondern erbringt eine Leistung für Dritte (d.h. die Investoren).[40] Das liegt bei externen AIFM auf der Hand, gilt jedoch auch bei **selbstverwalteten AIF,** die zumeist in der Gesellschaftsform aufgelegt werden. Zwar verwalten dessen Organe (i. d. R. Vorstand) das Vermögen des AIF und erlangen die Anleger mitgliedschaftliche Rechte und Pflichten. Auch hier ist der AIF jedoch nur ein zwischengeschaltetes Vehikel. Nach der insoweit maßgebenden wirtschaftlichen Betrachtung verwaltet der selbstverwaltetet AIF (bzw. dessen Organe) das Vermögen der Investoren, also fremder Personen.[41]

Ebenso wie bei der individuellen Vermögensverwaltung, der Finanzportfolio- **31** verwaltung und der Anlageverwaltung ist es Sinn und Zweck eines Fonds, dass der Vermögensinhaber die Anlageentscheidungen einem professionellen Vermögensverwalter überträgt. Behält sich der **Vermögensinhaber** hingegen weiterhin die (Letzt-) Entscheidung vor, so liegt weder eine individuelle noch eine kollektive Vermögensverwaltung vor. Dies ist immer dann der Fall, wenn Anlageentscheidungen die Zustimmung des oder der Anleger(s) bedürfen. Hingegen soll ein reines Vetorecht der Anleger unschädlich sein[42]; insoweit dürfte es allerdings auf die Umstände des Einzelfalls und die tatsächliche Handhabung ankommen.[43] Keine Vermögensverwaltung für Dritte liegt ferner vor, wenn der oder die **Anleger dem Verwalter Weisungen erteilen** können.[44] Auch hier kommt es jedoch

---

[38] Ebendort.

[39] Unbeachtlich ist somit, ob der AIFM – wie häufig bei Hedgefonds und Private Equity Fonds – zwecks Gleichlaufs der Interessen auch eigenes Kapital investiert. Unbeachtlich ist, in welchem Umfang der AIFM eigenes und fremdes Kapital verwaltet.

[40] Nach der Grundkonzeption des EU-Finanzdienstleistungsrechts stellt die Verwaltung eigenen Vermögens keine zulassungspflichtige Tätigkeit dar. Eine Ausnahme bildet jedoch das Eigengeschäft gemäß § 1 Abs. 1a Satz 3 KWG.

[41] Vgl. ausdrücklich Art. 2 Abs. 2 lit. b) AIFM-RL zu AIF des Gesellschaftstyps. Auch die Gesetzesbegründung zur Anlageverwaltung bringt unmissverständlich zum Ausdruck, dass gesellschaftsrechtliche Anlageformen als Fremdverwaltung angesehen werden; vgl. BT-Drs. 16/11130, S. 43; vgl. hierzu auch *Klebeck/Kolbe* ZIP 2010, 215 (216).

[42] Vgl. nur die herrschende Meinung zur Finanzportfolioverwaltung BVerwG, BKR 2005, 200 (201); *Schäfer* in Boos/Fischer/Schulte-Mattler, KWG, 4. Aufl., § 1 Rn. 125; *Sethe,* Anlegerschutz im Recht der Vermögensverwaltung, S. 585 ff.

[43] Maßgebend ist daher nicht, ob die Vertragsbedingungen einen Zustimmungsvorbehalt oder ein Vetorecht vorsehen, sondern in welcher Weise und wie häufig die Anleger von dem Vetorecht Gebrauch machen. Je häufiger sie hiervon Gebrauch machen, desto weniger kann von einer Fremdverwaltung die Rede sein. Zu berücksichtigen ist auch, ob und in welchem Umfang Anleger informell Einfluss auf Anlageentscheidungen nehmen (z. B. über einen Anlageausschuss).

[44] Vgl. *v. Livonius/Bernau* WM 2009, 1216 (1220) zur Anlageverwaltung und unter Verweis auf die Verwaltungspraxis der BaFin zu Investmentclubs.

nicht darauf an, ob der Wille des oder der Anleger(s) in einer formellen Weisung zum Ausdruck kommt oder ob die Anleger informell Einfluss auf Anlageentscheidungen nehmen (z. B. über einen Anlageausschuss). Bereits wenn der Verwalter Wünsche der Anleger regelmäßig umsetzt, kann von keiner (individuellen oder kollektiven) Vermögensverwaltung die Rede sein.[45] Je nach Einzelfall handelt es sich dann – soweit Finanzinstrumente betroffen sind – um eine Anlagevermittlung, -beratung oder eine Abschlussvermittlung.

32   Das Erfordernis eines eigenen Entscheidungsspielraums des AIFM hat bei typischen deutschen geschlossenen Fonds, bei denen das (oder seltener die) Anlageobjekt(e) bereits vor Vertrieb feststehen zur Folge, dass AIFM nicht derjenige ist, der das/die **Anlageobjekt(e) nur operativ verwaltet,** sondern wer die Entscheidung trifft, welches Anlageobjekt und zu welche Konditionen in den Fonds eingebracht werden soll.[46] Denn bereits hieraus ergeben sich die wesentlichen Anlagerisiken.[47]

33   Eine individuelle oder kollektive Vermögensverwaltung setzt stets voraus, dass die Vermögensinhaber dem **Verwalter im Wesentlichen die Anlageentscheidungen überlassen.** Ebenso dürfen die Anleger nicht faktisch die Verwaltung der Vermögensgegenstände des AIF ausüben.[48] Unschädlich ist hierbei, wenn die professionellen Anleger dem Verwalter eine auf ihre individuellen Wünsche und Bedürfnisse (wie z. B. aufsichtsrechtliche Anforderungen an Kreditinstitute, Versicherungsunternehmen oder Pensionsfonds) zugeschnittene Anlagestrategie und -politik vorgeben. Diese können oftmals bereits sehr detailliert sein und z. B. eine prozentuale Aufteilung der Anlagen auf bestimmte Assetklassen beinhalten. Innerhalb dieser Vorgaben muss dem Verwalter jedoch ein **Entscheidungsspielraum verbleiben.** Ist dies nicht der Fall, so kann der Investor nicht die an das Vorhandensein eines Fonds geknüpften Vorteile für sich reklamieren, obwohl er faktisch selbst sein eigenes Vermögen verwaltet.

34   Durch die Fremdverwaltung unterscheidet sich ein AIF von einem typischen **Joint-Venture.** Bei einem Joint-Venture erfolgt die Verwaltung i. d. R. durch alle oder einen der zusammengeschlossenen Akteure (d.h. der „Anleger"). Regelmäßig übernimmt einer der Anleger die operative Geschäftsführung. Strategische Entscheidungen werden von allen Anlegern getroffen.[49] Zu diesem Zweck werden bestimmte wesentliche Entscheidungen in dem Gesellschaftsvertrag unter dem Vorbehalt der Zustimmung aller Partner des Joint-Ventures gestellt.[50] Ein Joint-Venture (z. B. in der Immobilienbranche) ist ein (zumeist) projektbezogener Zusammenschluss von zwei oder mehr Akteuren zur Verfolgung eines gemeinsamen Ziels zum Vorteil aller beteiligten Akteure (wie z. B. zwecks Projektentwick-

---

[45] Keinesfalls tolerierbar ist die Einflussnahme des Anlegers auf das Tagesgeschäft des AIF.

[46] Vgl. eingehend unter Art. 5 Rn. 30 f.

[47] Nicht überzeugend ist der Versuch *v. Livonius/Bernau* WM 2009, 1216 (1222) in derartigen Fällen einen Entscheidungsspielraum damit zu verneinen, dass „dem Emittenten der Erwerb bestimmter Finanzinstrumente durch den Prospekt, die Struktur und das Auszahlungsprofil des jeweiligen Zertifikats quasi vorgegeben ist". Sie verkennen, dass es gerade der Emittent ist, der typischerweise diese Vorgaben macht.

[48] *ESMA,* Diskussionspapier, S. 11 Tz. 34.

[49] Vgl. hierzu auch die Stellungnahmen von *EFAMA,* S. 5 und von *EPRA,* S. 2 f. zu ESMA, Diskussionspapier. Maßgebend sind wiederum nicht allein die vertraglichen Rechte, sondern die gelebte Praxis.

[50] Vgl. etwa Stellungnahme von *EPRA,* S. 3, zu ESMA, Diskussionspapier.

lung oder Ankauf und Bestandsbewirtschaftung einer Immobilie). Ein Joint-Venture ermöglicht es den Akteuren, Ressourcen zu poolen.[51]

h) Keine Risikomischung erforderlich. Nach Art. 1 Abs. 2 lit. a) OGAW- **35**
RL liegt ein OGAW nur vor, wenn dessen Anlagen auf dem **Grundsatz der Risikomischung** erfolgten. § 1 Satz 2 InvG hat dies für alle unter das Investmentgesetz fallenden Anlageformen übernommen. Der Grundsatz der Risikomischung entstammt der finanzökonomischen Portfoliotheorie.[52] Die Risikomischung soll dem Schutz von (Klein-) Anlegern dienen, die i. d. R. weder über ausreichend Vermögen verfügen, um es auf verschiedene nicht diversifizierte Anlagen zu streuen noch sich im Einzelnen des Erfordernisses einer Risikomischung bewusst sind. Nach der Verwaltungspraxis der BaFin bedarf es hierzu einer (quantitativen) Risikostreuung und einer (qualitativen) Risikomischung.[53] Die **Risikostreuung** setzt dabei eine Verteilung des Anlagekapitals auf eine möglichst große Zahl von Anlagegegenständen voraus. Die **Risikomischung** erfordert daneben auf eine möglichst unterschiedliche Wertentwicklung der Einzelanlagen (sog. negative Korrelation) zu achten.[54] Allerdings ist auch in der OGAW-Richtlinie und im Investmentgesetz in jüngerer Zeit eine weniger strenge Anwendung des Grundsatzes der Risikomischung zu beobachten.[55] Dieser Bedeutungswandel trägt letztlich dem Umstand Rechnung, dass sich die OGAW-Richtlinie und das KAGG/Investmentgesetz immer stärker vom Leitbild des risikoscheuen Kleinanlegers getrennt und sich dem institutionellen oder semi-institutionellen Anleger geöffnet haben. Gleichwohl fordert das Investmentgesetz z. B. für offenen Immobilien-Publikumsfonds gemäß § 73 InvG eine Mindestanlage in sieben Immobilien. Offene Immobilien-Spezialfonds können hiervon nach § 91 Abs. 3 InvG abweichen. Gleichwohl sind auch sie an den allgemeinen Grundsatz der Risikomischung gemäß § 1 Abs. 1 Satz 2 InvG gebunden. Eine Investition des gesamten Anlagekapitals in nur ein Anlageobjekt ist auch Spezialfonds – mit Ausnahme von Sonderfällen[56] – nicht gestattet.[57]

Demgegenüber setzt die **Anlageverwaltung** gemäß § 1 Abs. 1a Satz 2 Nr. 11 **36**
KWG **keine Risikomischung** voraus.[58] Auch zahlreiche bisher nicht regulierte Fondstypen (wie namentlich typische geschlossene Fonds) legen nicht nach dem Grundsatz der Risikomischung an. So besteht ein großer Anteil deutscher **geschlossener Fonds in Einobjektefonds.** Auch viele Private Equity Fonds legen das Anlagekapital in nur wenige Unternehmen an. Der Richtliniengeber der AIFM-Richtlinie war sich dieser tatsächlichen Umstände bewusst. Zudem hat er im Hinblick darauf, dass die Richtlinie im Wesentlichen nur für an profes-

---

[51] In zahlreichen Drittstaaten sind Joint-Ventures mit einheimischen Unternehmen die einzige Möglichkeit für Ausländer, um in dem Staat wirtschaftlich tätig werden zu können.

[52] Vgl. nur *Fleischer/Schmolke* ZHR 2009, 648 (668 f.) sowie *Schäfer*, Anlegerschutz und die Sorgfalt eines ordentlichen Kaufmanns bei der Anlage der Sondervermögen durch Kapitalanlagegesellschaften, S. 58 ff.

[53] Vgl. BaFin-Schreiben WA 41 – Wp 2136 – 2008/0001 vom 28.7.2009, S. 5. Eingehend hierzu *Köndgen* in Berger/Steck/Lübbehüsen, InvG, § 1 Rn. 26.

[54] Ebendort.

[55] § 62 InvG erlaubt z. B. für Schuldtitel der öffentlichen Hand Ein-Emittentenfonds.

[56] Ein Ausnahmefall liegt vor, wenn der Spezialfonds als Feeder sein gesamtes Anlagevermögen in einen Masterfonds anlegt.

[57] *Steck* in Berger/Steck/Lübbehüsen, InvG, § 91 Rn. 14 f.

[58] *v. Livonius/Bernau* WM 2009, 1216 (1219).

sionelle Anleger vertriebene AIF greift, **keine Verpflichtung zur Risikomischung** aufgenommen. Der Richtliniengeber unterstellt dabei, dass professionelle Anleger sowohl aufgrund ihrer Vermögensverhältnisse als auch ihrer Anlageerfahrungen in der Lage sind, z. B. durch Anlage in mehrere AIF selbst für eine Risikomischung zu sorgen. Da eine Verpflichtung zur Risikomischung eine fondsbezogene Regelung darstellt, bleibt es den Mitgliedstaaten jedoch überlassen, für professionelle Anleger und erst recht für **Kleinanleger** nach nationalem Recht eine Verpflichtung zur Risikomischung vorzuschreiben.[59] Ausweislich § 262 Abs. 1 KAGB-Diskussionsentwurf beabsichtigt Deutschland, bei geschlossenen Publikums-AIF – abweichend von der geltenden Praxis – einen Grundsatz der Risikomischung einzuführen. Einobjektefonds, die bisher die große Mehrzahl der geschlossenen Fonds bilden, dürfen dann nur unter den besonderen Voraussetzungen des § 262 Abs. 1 an sog. Privatanleger vertrieben werden. Dies ist u.a. erst ab einer Mindestanlage von 20.000 € zulässig.

37   **i) Erwerb einer unternehmerische Kontrolle.** Sowohl die OGAW-Richtlinie (vgl. Art. 56 Abs. 1) als auch das Investmentgesetz beruhen auf dem Grundsatz der (passiven) kapitalwertsichernden Geldanlage. Demgemäß dürfen OGAW zwar in Unternehmen investieren; sie dürfen hierdurch jedoch keine sog. **unternehmerische Beteiligung** erlangen, die es ihnen (z. B. aufgrund ihrer Stimmrechte) ermöglicht, einen beherrschenden Einfluss auf das Unternehmen auszuüben.[60]

38   Demgegenüber ist es gerade ein **Wesensmerkmal von Private Equity und Venture Capital Fonds** sowie in geringerem Umfang bei sog. aktivistischen Hedgefonds, einen (beherrschenden) Einfluss auf das Zielunternehmen auszuüben. Dies steht der Anwendung der AIFM-Richtlinie nicht entgegen. Vielmehr enthält diese in Art. 26 ff. selbst Regelungen zu AIF, welche die Kontrolle über Unternehmen erlangen.

39   **3. Sonderfragen. a) Teilfonds.** Art. 4 Abs. 1 lit. a) stellt klar, dass auch Teilfonds (englisch: *compartments*) eines AIF unter die Definition des AIF fallen. Durch Teilfonds (vgl. § 34 Abs. 2 InvG) können mehrere AIF zu einem Umbrella zusammengefasst werden. Dasselbe gilt für OGAW. Unzulässig ist hingegen ein Umbrella bestehend aus OGAW- und AIF-Teilfonds, weil insoweit auf Ebene der Verwaltungsgesellschaft unterschiedlich, nicht immer kompatible Anforderungen gelten[61]. Eine Umbrella-Konstruktion besteht demnach aus mehreren OGA, die sich hinsichtlich der Anlagepolitik oder eines anderen Ausstattungsmerkmals unterscheiden.[62] Sie legen üblicherweise in verschiedene Vermögensgegenstände an. Das Vermögen eines jeden Teilfonds wird getrennt investiert und verwaltet.[63] Umbrella-Konstruktionen sollen es Anlegern ermöglichen, kostengünstig zwi-

---

[59] Laut Erwägungsgrund 10 steht es den Mitgliedstaaten frei, fondsgebundene Regelungen aufrechtzuerhalten oder neu zu erlassen.

[60] Bei *Pfüller/Schmitt* in, Brinkhaus/Scherer, AuslInvestmentG, § 1 Rn. 55 heißt es, dass ein beherrschender Einfluss auf Beteiligungsunternehmen mit dem Wesen des Investments nicht vereinbar sei. Vgl. auch Ziffer I.4. des BaFin-Rundschreibens 14/2008 (WA) zum Anwendungsbereich des Investmentgesetzes vom 22.12.2008.

[61] Etwas anderes mag gelten, wenn die KVG sowohl über eine OGAW- als auch eine AIFM-Zulassung verfügt und sie (freiwillig) die jeweils weitestgehenden regulatorischen Anforderungen erfüllt.

[62] *Schmitz* in Berger/Steck/Lübbehüsen, InvG, § 34 Rn. 26.

[63] *Baur* in Assmann/Schütze, Handbuch Investmentrecht, § 20 Rn. 177.

schen den einzelnen Teilfonds zu wechseln.[64] Praktische Bedeutung haben Teilfonds (in Form von Teilgesellschaftsvermögen) insbesondere bei Investmentaktiengesellschaften erlangt.[65] Dies hat den Vorteil, dass eine Investmentaktiengesellschaft mehrere Fonds auflegen kann.[66]

b) Mehrstufige AIF-Strukturen. In der Praxis sind nicht selten mehrstufige **40** Fondsstrukturen (namentlich **Master-Feeder**[67] – oder **Dachfondskonstruktionen**) anzutreffen.

Wie schon die OGAW-Richtlinie (vgl. z. B. Art. 58 Abs. 1) erfasst auch die **41** AIFM-Richtlinie **jeden einzelnen Fonds** und seinen Verwalter, der in einer mehrstufigen Fondsstruktur beteiligt ist.[68] Bei einer Master-Feeder-Struktur sind **sowohl der Master als auch alle Feeder** OGA, und somit entweder OGAW oder AIF.[69]

Sowohl nach der OGAW- als auch nach der AIFM-Richtlinie muss nicht nur **42** der **Master-AIF,** sondern auch der **Feeder-AIF** einen Verwalter haben. **Beide Verwalter benötigen eine AIFM-Zulassung,** werden laufend überwacht und müssen jederzeit die Anforderungen der Richtlinie einhalten. Dies gilt uneingeschränkt auch für den Verwalter des Feeder-AIF, auch wenn dessen Verwaltungstätigkeit von geringem Umfang ist, weil ein Feeder-AIF mindestens 85 Prozent seines Vermögens in einen oder mehrere Master-AIF anlegen muss.

Dasselbe gilt für **Dachfonds.** Sie sind genauso AIF wie die Zielfonds, in die **43** sie investieren. Anders als bei Master-Feeder-Strukturen verbieten weder die OGAW-noch die AIFM-Richtlinie Dachfonds, sowohl in OGAW als auch in AIF anzulegen.[70]

c) Anlage über Zweckgesellschaften/SPV. In manchen Fällen erwirbt der **44** AIF nicht oder nicht unmittelbar die Anlagegegenstände. Z.B. bei Immobilienfonds oder Private Equity Fonds ist die Zwischenschaltung von Zweckgesellschaften (sog. **Special Purpose Vehicle** oder **SPV**) häufig (vgl. nur § 68 InvG zu sog. Immobiliengesellschaften). In Fondsstrukturen mit Nutzung von SPV ist der AIF „Mutterunternehmen". Das SPV selbst ist kein AIF, selbst wenn an dem SPV mehrere Geldgeber beteiligt sind. Der AIF bzw. sein AIFM hat jedoch über **Kontrollrechte** sicherzustellen, dass das SPV alle Anforderungen der AIFM-Richtlinie erfüllt.[71]

4. Bezüge zum KAGB-E. Art. 4 Abs. 1 lit. a) AIFM-RL ist in § 1 Abs. 1 **45** und 3 KAGB-E umgesetzt worden. Hierbei handelt es sich um eine weitgehende

---

[64] *Schmitz* in Berger/Steck/Lübbehüsen, InvG, § 34 Rn. 27.

[65] Ebendort, Rn. 28.

[66] *Steck/Schmitz* AG 2004, 658 ff.

[67] Zu den Definitionen des Feeder-AIF und des Master-AIF vgl. Art. Art. 4 Abs. 1 lit. m) (Rn. 106 ff.) und y) (Rn. 192).

[68] Dies zeigt sich schon daran, dass in Art. 4 Abs. 1 neben dem Feeder-AIF (lit. m)) auch der Master-AIF (lit. y) definiert ist und die Vertriebs- und Drittstaatenregelungen den Vertrieb von Feeder-AIF an bestimmte Voraussetzungen an den Master-AIF knüpfen.

[69] In einer Master-Feeder-Struktur dürfen laut Art. 58 Abs. 1 OGAW-Richtlinie sowie Art. 4 Abs. 1 lit. m) und y) AIFM-Richtlinie entweder nur OGAW oder aber nur AIF beteiligt sein. Strukturen teils mit OGAW und mit AIF scheiden somit aus.

[70] Vgl. nur Art. 50 Abs. 1 lit. e) OGAW-RL.

[71] Vgl. auch Stellungnahme des *BVI*, S. 6 zum ESMA Diskussionspapier, abrufbar unter http://www.esma.europa.eu/consultation/Key-concepts-Alternative-Investment-Fund-Managers-Directive-and-types-AIFM.

eins-zu-eins Umsetzung. Die Kommentierung kann daher uneingeschränkt zur Auslegung des Kapitalanlagegesetzbuches herangezogen werden. § 1 Abs. 1 Satz 2 KAGB-E stellt lediglich (rein deklaratorisch) klar, dass ein Investmentvermögen kein operativ tätiger Unternehmer außerhalb des Finanzsektors sein kann. Dies ergibt sich jedoch schon aus der Definition des AIF. Hinzuweisen ist darauf, dass in § 1 Abs. 1 und 3 KAGB-E nicht nur der AIF definiert wird. Vielmehr wird mit dem Begriff des „Investmentvermögens" ein Oberbegriff geschaffen, der alle OGAW und AIF umschließt. Nach § 1 Abs. 3 KAGB-E sind AIF alle Investmentvermögen, welche keine OGAW-Genehmigung gemäß Art. 5 der OGAW-RL sind.

46 In § 1 Abs. 1 Satz 3 KAGB-E ist die von der ESMA[72] vertretene Auffassung aufgenommen worden, dass eine Anzahl von Anlegern bereits dann vorliege, wenn die Anlagebedingungen, die Satzung oder der Gesellschaftsvertrag die Anzahl möglicher Anleger nicht auf einen Anleger begrenzen. Damit werden – insbesondere bei Spezialfonds weit verbreitete – **Einanlegerfonds** erstmals ausdrücklich vom Gesetzgeber anerkannt. Zur Kritik an dieser Auffassung im Kontext der AIFM-Richtlinie vgl. oben Rn. 14 ff. Nicht nachvollziehbar ist, weshalb Satz 3 sich auf alle Investmentvermögen bezieht, d.h. neben AIF auch für OGAW gelten soll. Jedenfalls für OGAW ist § 1 Abs. 1 Satz 3 KAGB-E **europarechtswidrig.** Art. 1 Abs. 2 lit. a) OGAW-RL definiert einen OGAW u.a. dahingehend, dass er beim Publikum Gelder beschaffen muss. Von einem Publikum kann aber keine Rede sein, wenn ein OGAW faktisch nur einen Anleger hat. In einem solchen Fall greift Art. 3 lit. b) OGAW-RL, demzufolge die OGAW-RL gerade keine Anwendung findet, wenn ein OGA seine Anteile nicht beim Publikum in der EU vertreibt. Vor diesem Hintergrund ist auch der durch die OGAW-IV-Richtlinie neu eingefügte Art. 58 Abs. 4 lit. a) OGAW-RL zu verstehen. Dieser besagt, dass ein Master-OGAW dann nicht an das Publikum vertrieben werden muss, wenn er mindestens zwei Feeder-OGAW als Anleger hat. Selbst in diesem Fall hielt es der Richtliniengeber für erforderlich, einen solchen Master-OGAW von der Anforderung des Vertriebs an ein Publikum zu befreien. § 1 Abs. 1 Satz 3 KAGB-E öffnet (ggf. unbeabsichtigt) die von der Aufsicht stets abgelehnte Möglichkeit, auch für Privatanleger Finanzlegerfonds aufzulegen.[73] Dies ist abzulehnen.

II. Definition des Verwalters alternativer Investmentfonds (AIFM) (Abs. 1 lit. b))

47 **1. Kontext und Bedeutung der Definition.** Der AIFM ist der zentrale Akteur der AIFM-Richtlinie. Der AIFM ist der Adressat nahezu aller Rechte und Pflichten der Richtlinie; dies ist Folge der Managerregulierung. Die Definition des AIFM ist somit von wesentlicher Bedeutung für das Verständnis der Richtlinie. Zum Verständnis des Begriffs des „AIFM" müssen folgende Definitionen im Zusammenhang gelesen werden: Art. 4 lit. b) i. V. m. lit. a) und w) sowie Anhang I Nummer 1. Dieser werden daher hier zusammen dargestellt.

---

[72] Discussion paper – Key concepts of the Alternative Investment Fund Managers Directive and types of AIFM, S. 10 Tz. 29.

[73] Vgl. die eingehende Darstellung oben unter Rn. 18 sowie *Otterbach*, Verwaltung und Besteuerung von Spezialfonds nach dem KAGG, S. 15. ff.

2. Die Anforderungen an das Vorliegen eines AIFM. Art. 4 Abs. 1 lit. b) **48**
definiert den AIFM. Danach muss es sich bei einem AIFM (1.) um eine juristische
Person handeln, (2.) deren reguläre Geschäftstätigkeit darin besteht, (3.) einen
oder mehrere AIF zu verwalten.

a) Juristische Person. Nur juristische Personen sind befugt, als AIFM tätig **49**
zu werden. Eine Zulassung als AIFM ist abzulehnen, wenn dieser keine juristische
Person ist. Art. 4 Abs. 1 lit. b) AIFM-RL folgt damit demselben Ansatz wie § 6
Abs. 1 Satz 2 InvG, der für Kapitalanlagegesellschaften vorschreibt, dass sie zwingend die Rechtsform einer **Aktiengesellschaft** oder einer **GmbH** haben müssen.[74] Neben der Rechtsform der AG und der GmbH kommen für AIFM jedoch
auch andere nach dem nationalen Recht des Herkunftsstaates zulässige juristische
Personen in Betracht. Hierzu gehört etwa die **SE.** Daneben gibt es in Deutschland
andere juristische Personen wie den rechtsfähigen Verein oder Stiftungen. Eine
andere Frage ist jedoch, ob sie als Rechtsform für einen AIFM geeignet sind.
Unter den Begriff der juristischen Person fallen daneben auch **juristische Personen des öffentlichen Rechts.** Aus Art. 2 Abs. 3 lit. c), d) und e) folgt, dass ein
AIFM grundsätzlich auch eine juristische Person des öffentlichen Rechts sein
kann. Anderenfalls hätte es z. B. der Ausnahme für internationale und supranationale Institutionen und nationale Zentralbanken nicht bedurft. Aufgrund dieser
Ausnahmen dürfte es jedoch voraussichtlich keinen praktischen Anwendungsbereich für AIFM in der Rechtsform einer juristischen Person des öffentlichen
Rechts geben.

Für bereits bisher unter das Investmentgesetz fallende Kapitalanlagegesellschaf- **50**
ten erweitert Art. 4 Abs. 1 lit. b) AIFM-RL somit die zulässigen Rechtsformen.
§ 18 Abs. 1 KAGB-E schränkt dies jedoch für inländische Kapitalverwaltungsgesellschaften wieder ein. Diese müssen zwingend eine AG oder eine GmbH sein,
so dass eine SE des Rechtsform ausscheidet.. Insoweit liegt eine europarechtlich
zulässige **Inländerdiskriminierung** vor. Daneben darf gemäß § 18 Abs. 1
KAGB-E auch eine GmbH&Co. KG eine KVG sein.[75]

Personengesellschaften (wie z. B. eine OHG oder eine KG) oder gar **natür- 51**
liche Personen dürfen demnach nicht AIFM sein. Hingegen sah Art. 3 lit. b)
des Kommissionsvorschlags vor, dass neben juristischen auch natürlichen Personen
AIFM sein können. Der Richtliniengeber sah dies jedoch als zu weitgehend an.
In den Verhandlungen wurde die Definition des AIFM bewusst auf juristische
Personen beschränkt. Der Richtliniengeber hat sich überdies bewusst dagegen
entschieden, die weitere Definition der Verwaltungsgesellschaft gemäß Art. 2
Abs. 1 lit. b) OGAW-RL zu übernehmen, nach deren Wortlaut jede Gesellschaft,
d.h. offenbar auch Personengesellschaften, einen OGAW verwalten können. Es ist
daher nicht zulässig, Art. 4 Abs. 1 lit. b) AIFM-RL entgegen seinem eindeutigen
Wortlaut und des historischen Willens des Richtliniengebers dahingehend auszulegen, dass ein AIFM eine andere Rechtsform als die einer juristischen Person
haben darf. § 18. Abs. 1 KVG dürfte daher europarechtswidrig sein insoweit er
GmbH&Co. KG als Rechtform einer externen KVG zulässt, weil es sich gerade
nicht um eine juristische Person, sondern eine Personengesellschaft handelt.

---

[74] Kritisch zu der Beschränkung der Rechtsformwahl *Steck/Gringel* in Berger/Steck/Lüb-
behüsen, InvG, § 6 Rn. 6 f.
[75] Zur (Un-)zulässigkeit einer GmbH&Co., KG der Rechtsform einer KVG vgl. nachfolgend unter Rn. 51.

52   Der Rechtsformzwang wird bei geschlossenen Fonds, wie z. B. bei Private
Equity Fonds, dazu führen, dass manche bisher gängige Strukturen ab dem
23.7.2013 nicht länger zulässig sein werden. Es werden teils **erhebliche
Umstrukturierungen** erforderlich. Bei Private Equity Fonds ist der Fondsmanager (wie z. B. der **General Partner einer Limited Partnership**) bisher oftmals
keine juristische Person. Dasselbe gilt z. B. bei dem **Komplementär einer KG.**[76]

53   **b) Reguläre Geschäftstätigkeit.** Wie nach Art. 2 Abs. 1 lit. b) OGAW-RL
und § 6 Abs. 1 Satz 1 InvG muss die reguläre Geschäftstätigkeit in der Verwaltung
von AIF bestehen. Diese Vorschrift darf nicht dahingehend missverstanden wurden, dass juristische Personen, die lediglich als Nebentätigkeit AIF verwalten,
nicht AIFM seien. Vielmehr bringt die Vorschrift das sog. **Spezialitätsprinzip**
zum Ausdruck. In der Definition des AIFM wird damit bereits auf die in Art. 6
Abs. 2 bis Abs. 4 konkret niedergelegte Beschränkung des Tätigkeitsbereichs von
AIFM hingewiesen. Ein AIFM darf keine anderen als die dort genannten Tätigkeiten ausüben. Durch den eingeschränkten Tätigkeitsbereich soll erreicht werden,
dass der AIFM sich auf diese Tätigkeiten fokussiert und das erforderliche Spezial-
wissen aufbaut, welches den Anlegern zugutekommen soll.[77] Daneben soll das
Spezialitätsprinzip helfen, Interessenkonflikte zu vermeiden.[78]

54   **c) Verwaltung von AIF.** Zentrales Element der Definition ist jedoch die
Tätigkeit des Verwaltens eines oder mehrerer AIF. Auch darin kommt der materielle Managerbegriff zum Ausdruck. Die Definition nimmt hierbei Bezug auf das
Verwalten von AIF, welches in lit. w) definiert ist und seinerseits die Definition
des AIF in lit. a) voraussetzt. Die Definition in lit. w) wiederum verweist auf
die Nummer 1 des Anhangs I. Nach Nummer 1 muss ein AIFM mindestens im
Rahmen der Verwaltung eines AIF a) **die Portfolioverwaltung und b) das
Risikomanagement** übernehmen, um AIFM sein zu können. Dasselbe folgt
auch aus Art. 6 Abs. 5 lit. d).[79] Daneben kann ein AIFM freiwillig die in Nummer 2 genannten Funktionen – wie namentlich administrative Tätigkeiten und
den Vertrieb des AIF – übernehmen, muss dies jedoch nicht. Hingegen spricht
Art. 4 Abs. 1 lit. w) davon, dass ein AIFM mindestens entweder die Portfolio-
waltung **oder** das Risikomanagement wahrnehmen muss.[80] Hieraus folgert die
ESMA, dass es für einen AIFM ausreicht, wenn er eine der beiden vorgenannten
Funktionen wahrnimmt.[81] Dies ist nach hier vertretener Auffassung abzulehnen.[82]

55   Nach hier vertretener Auffassung muss ein AIFM mindestens die Letztverantwortung für die Portfolioverwaltung **und** das Risikomanagement innehaben. Wegen des
materiellen Managerbegriffs genügt dies jedoch allein nicht. Der AIFM muss
darüber hinaus auch tatsächlich der zentrale Akteur **im Hinblick auf die Portfolioverwaltung und das Risikomanagement** sein und **wesentliche** aus den Funktio-

---

[76] Vgl. nur *Hertz-Eichenrode/Illenberger/Jesch/Keller/Klebeck/Rocholl*, Private-Equity-Lexikon, S. 78.

[77] Vgl. *Steck/Gringel* in Berger/Steck/Lübbehüsen, InvG, § 6 Rn. 5.

[78] Vgl. *von Caemmerer* JZ 1958, 41 (45).

[79] Dort heißt es, dass ein AIFM nicht zur Erbringung der Dienstleistung der Portfolioverwaltung ohne die gleichzeitige Zulassung zum Risikomanagement zugelassen werden dürfe
und umgekehrt.

[80] Vgl. hierzu eingehend unter Art. 4 Rn. 174 ff und Anhang I Rn. 2 ff.

[81] *ESMA,* Discussion paper, Key concepts of the Alternative Investment Fund Managers
Directive and types of AIFM, 23.2.2012, ESMA/2012/117, S. 6, Tz. 6.

[82] Vgl. die eingehende Darstellung unter Art. 5 Rn. 9 f und Anhang I Rn. 2 f.

nen resultierende **Aufgaben höchstpersönlich wahrnehmen.** Dies bedeutet nicht, dass eine Auslagerung von Aufgaben der Portfolioverwaltung oder des Risikomanagements gar nicht mehr möglich ist. Aus Art. 20 Abs. 1 Satz 2 lit. c) folgt vielmehr, dass dies – allerdings in gewissen Grenzen – zulässig ist. Dies bedeutet zum einen, dass der AIFM keine der beiden genannten Funktionen in Gänze auslagern darf. Ausgelagert werden können vielmehr nur einzelne Aufgaben der Portfolioverwaltung oder des Risikomanagements. Dabei ist es unerheblich, ob der AIFM Aufgaben nur an ein oder mehrere Auslagerungsunternehmen überträgt. Maßgebend ist nicht, in welchem Umfang der AIFM Aufgaben an ein einzelnes Auslagerungsunternehmen ausgelagert hat. Entscheidend ist vielmehr, welche konkreten Aufgaben (d.h. mit welcher Bedeutung) und in welchem Umfang übertragen worden sind. Hieraus folgt zum anderen, dass der AIFM stets weiterhin Aufgaben der Portfolioverwaltung **und** des Risikomanagements von wesentlicher Bedeutung und in nennenswertem Umfang höchstpersönlich erbringen muss. Anderenfalls wird das nach Art. 20 Abs. 3 zulässige Maß der Auslagerung überschritten und der AIFM kann nicht länger als Verwalter des AIF angesehen werden.

3. Auswirkungen der AIFM-Definition. a) Auswirkungen für das Mas- 56 **ter-KAG-Modell.** Aus der Definition des AIFM i. V. m. Art. 5 Abs. 1 und Nummer 1 des Anhangs I folgt zum einen, dass das in Deutschland bei Spezialfonds weit verbreitete **Master-KAG-Modell**[83] in seiner jetzigen Form nicht länger zulässig sein wird. Bei der als AIFM zugelassenen Gesellschaft muss es sich ausweislich Nummer 1 des Anhangs I zwingend um diejenige handeln, welche kraft Bestellung die Letztverantwortung für die Portfolioverwaltung und das Risikomanagement innehat. Dies ist bei einer Master-KAG jedoch nicht der Fall. Diese zeichnet sich vielmehr dadurch aus, dass sie die administrativen Tätigkeiten für diverse Sondervermögen erbringt, die **Portfolioverwaltung** jedoch einem oder mehreren **Auslagerungsunternehmen** überträgt. Folglich darf eine solche Master-KAG nicht als AIFM zugelassen werden.[84]

b) Auswirkungen auf das White Labeling-Modell. Ähnliche Auswirkun- 57 gen hat der in der AIFM-Definition zum Ausdruck kommende materielle Managerbegriff auf das sog. **White Labeling-Modell** auch Private **Labeling-Modell** genannt).[85] Darunter versteht man, dass zugelassene KAG Vermögensverwaltern die Möglichkeit bieten, eigene Fonds aufzulegen und sie von der KAG verwalten zu lassen, wobei zumindest das **Portfoliomanagement** tatsächlich oder faktisch an den Vermögensverwalter **ausgelagert** wird.[86] Dies gestattet es Vermögensverwaltern, Fonds unter eigenem Namen auflegen und vertreiben zu können, ohne selbst über eine KAG-Erlaubnis verfügen zu müssen. Wie beim Master KAG-Modell fallen auch beim White Labeling-Modell die Erbringung der Kernfunktionen eines AIFM und die KAG-Erlaubnis auseinander. Dies führt zu einer nicht hinnehmbaren Aushöhlung des Anlegerschutzes und der Aufsicht, weil der Vermögensverwalter trotz seiner Stellung als zentraler Akteur nicht – bzw. jedenfalls nicht im Hinblick auf die kollektive Vermögensverwaltung – der Aufsicht unterliegt.

---

[83] Vgl. hierzu *Baur* in Assmann/Schütze, Handbuch des Kapitalanlagerechts, 3. Aufl., § 20 Rn. 250 sowie *Steck* in Berger/Steck/Lübbehüsen, InvG, § 16 Rn. 24.

[84] Etwas anderes könnte gelten, wenn sich die Auffassung der ESMA (vgl. oben Rn. 9) durchsetzt und die Master-KAG jedenfalls das Risikomanagement höchstpersönlich wahrnimmt.

[85] Vgl. hierzu nur *Fischer/Steck* in Berger/Steck/Lübbehüsen, InvG, § 96 Rn. 32.

[86] Der Vermögensverwalter fungiert dann vielfach als sog. Anlageberater.

58   **4. Bezüge zum KAGB-E.** Art. 4 Abs. 1 lit. b) AIFM-RL ist in § 1 Abs. 16, 17 und 18 sowie § 17 Abs. 1 und 2 KAGB-E umgesetzt worden. Die Definition des AIFM wurde weitgehend eins-zu-eins umgesetzt. Die Kommentierung kann daher ohne weiteres auch zur Auslegung des Kapitalanlagegesetzbuches herangezogen werden. Abweichend von Art. 4 Abs. 1 lit. b) AIFM-RL lässt jedoch § 18 Abs. 1 KAGB-E auch die Rechtsform der GmbH&Co. KG für enterne KVG zu, obwohl es sich bei dieser gerade nicht um eine juristische Person handelt[87]. Hierbei ist anstelle des Begriffs „AIFM" von **AIF-Verwaltungsgesellschaft** die Rede. Inländische AIFM werden in § 1 Abs. 16 KAGB-E als **AIF-Kapitalverwaltungsgesellschaften bezeichnet.** Klarstellend stellt § 1 Abs. 16 KAGB-E zutreffend nicht nur darauf ab, dass eine AIF-Kapitalverwaltungsgesellschaft bereits dann vorliegt, wenn sie schon einen oder mehrere AIF verwaltet, sondern auch dann, wenn sie dies beabsichtigt. Neu aufgelegte AIF-Kapitalverwaltungsgesellschaften können nur dann AIF verwalten, wenn sie zuvor zugelassen sind.

59   Neben der AIF-Kapitalverwaltungsgesellschaft definiert § 1 Abs. 17 EU-Verwaltungsgesellschaften und § 1 Abs. 18 ausländische AIF-Verwaltungsgesellschaften.

I. Definition der Zweigniederlassung (Abs. 1 lit. c)

60   **1. Kontext und Bedeutung.** Wie OGAW-Verwaltungsgesellschaften dürfen auch AIFM innerhalb der EU bzw. des EWR grenzüberschreitend tätig werden. Der **EU-Verwaltungspass** gestattet es ihnen, einen OGAW bzw. AIF grenzüberschreitend zu verwalten. Dies kann entweder unmittelbar aus dem Herkunftsmitgliedstaat heraus (sog. direkte Verwaltung) oder aber durch eine Zweigniederlassung im Sitzstaat des OGAW bzw. AIF (sog. indirekte Verwaltung) geschehen.[88]

61   Art. 33 AIFM-RL greift für die grenzüberschreitende Verwaltung von AIF durch **EU-AIFM** auf die Regelungen des Art. 17 OGAW-RL zurück, der durch § 12 InvG in Deutschland umgesetzt worden ist. In der AIFM-Richtlinie spielt der Begriff der Zweigniederlassung darüber hinaus in Art. 41 eine Rolle. Dieser regelt die grenzüberschreitende Verwaltung von EU-AIF durch einen **Drittstaaten-AIFM.**

62   Ferner enthält Art. 45 Abs. 2 AIFM-RL Regelungen darüber, in welchen Fällen die **Aufsichtsbehörde** des Herkunftsmitgliedstaates oder des Sitzstaates der Zweigniederlassung zuständig ist.

63   **2. Vergleich mit der OGAW-Richtlinie und dem Investmentgesetz.** Die Definition der Zweigniederlassung eines AIFM gemäß Art. 4 Abs. 1 lit. c) AIFM-RL deckt sich im Wesentlichen mit der Definition der Zweigniederlassung einer OGAW-Verwaltungsgesellschaft in Art. 2 Abs. 1 lit. g) OGAW-RL. Hingegen erhält das Investmentgesetz keine Definition der Zweigniederlassung. Dieser Begriff wird vielmehr von § 12 InvG vorausgesetzt.

64   **3. Anforderungen an das Vorliegen einer Zweigniederlassung.** Eine Zweigniederlassung ist nach Art. 4 Abs. 1 lit. c) (1.) eine Betriebsstelle, die (2.) einen rechtlich unselbständigen Teil eines AIFM bildet und die (3.) die Dienstleistungen erbringt, für die dem AIFM eine Zulassung erteilt wurde. Verfügt der AIFM in einem anderen Mitgliedstaat oder in einem Drittstaat über mehrere

---

[87] Vgl. eingehend oben unter Rn. 50 f.
[88] Vor der OGAW-IV-Richtlinie war Verwaltungsgesellschaften eine direkte Verwaltung eines OGAW in einem Mitgliedstaat ohne Zweigniederlassung nicht gestattet.

Betriebsstellen, so gelten diese (4.) als eine Zweigniederlassung. Bei mehreren Betriebsstellen in einem anderen Staat (sog. Aufnahme(-mitglied)staat) ist eine als „Kopfstelle" zu bezeichnen.[89]

a) Betriebsstelle. Eine Zweigniederlassung (englisch: *branch*) setzt – im Einklang **65** mit der gängigen Terminologie des EU-Finanzdienstleistungsrechts[90] – eine **dauerhafte physische Präsenz** in einem anderen Mitgliedstaat bzw. in einem Drittstaat voraus.[91] Sie erfordert i. d. R. Personal und Räumlichkeiten in dem anderen Staat. In den Mitgliedstaaten herrscht teilweise ein unterschiedliches Verständnis vor, wann von einer Zweigniederlassung auszugehen ist.[92] In der Praxis kann es schwierig sein abzugrenzen, ob ein AIFM seine Dienstleistung in einem anderen Staat aus seinem Herkunftsstaat direkt erbringt oder ob in dem anderen Staat eine dauerhafte physische Präsenz gegeben ist. Im Zweifel ist letzteres anzunehmen.[93] Wegen der Gleichbehandlung der direkten Dienstleistungserbringung aus dem Herkunftsstaat des AIFM heraus und der Erbringung über eine Zweigstelle ist diese Abgrenzung mittlerweile aufsichtsrechtlich weniger bedeutsam. Sie spielt jedoch weiterhin eine Rolle für die Zuständigkeitsverteilung zwischen den beteiligten Aufsichtsbehörden. Nach Art. 45 Abs. 2 ist die Behörde am Sitz einer Zweigniederlassung (d.h. die Behörde des Aufnahmemitgliedstaates) für die Einhaltung der Art. 12 bis 14 AIFM-RL zuständig. Bei direkter Leistungserbringung aus dem Herkunftsstaat ist hingegen ausschließlich dessen Aufsichtsbehörde zuständig.

Nach Art. 32 Abs. 2 lit. c) und d) MiFID (Richtlinie 2004/39/EG) setzt eine **66** Zweigniederlassung eine feste Anschrift und eine Niederlassungsleitung voraus.[94] Nach Auffassung der EU-Kommission[95] muss die Niederlassungsleitung über eine eigene Entscheidungsbefugnis für ihren Tätigkeitsbereich verfügen. Die Hauptverwaltung des AIFM muss sich hingegen in seinem Sitzstaat (d.h. dem Herkunftsstaat) befinden. Unzulässig ist es, die eigentliche Hauptverwaltungstätigkeit in einer Zweigniederlassung zu erbringen und die Hauptverwaltung zu einer „leeren Hülle" oder Briefkastenfirma zu verwandeln.[96]

Nach der Verwaltungspraxis der EU-Kommission ist auch bei sog. gebundenen **67** Vermittlern u.U. von einer Zweigniederlassung auszugehen.[97] Es ist dann teils von „Zweigniederlassung ohne Zweigniederlassung" die Rede.[98]

---

[89] *Blankenheim* in Berger/Steck/Lübbehüsen, InvG, § 12 Rn. 6; *Braun* in Boos/Fischer/Schulte-Mattler, KWG, 4. Aufl., § 24a Rn. 23.

[90] Vgl. zum Begriffe der „Zweigniederlassung" im Kreditwesengesetz nur *Braun* in Boos/Fischer/Schulte-Mattler, KWG, 4. Aufl., § 24a Rn. 1 ff. und *Vahldiek,* ebendort, § 53b Rn. 34 ff.

[91] Vgl. nur EuGH, Urteil vom 4.12.1996, NJW 1987, 572 (573) sowie *Blankenheim* in Berger/Steck/Lübbehüsen, InvG, § 12 Rn. 5.

[92] *Braun* in Boos/Fischer/Schulte-Mattler, KWG, 4. Aufl., § 24a Rn. 34.

[93] *Blankenheim* in Berger/Steck/Lübbehüsen, InvG, § 12 Rn. 5.

[94] *Vahldiek* in Boos/Fischer/Schulte-Mattler, KWG, 4. Aufl., § 53b Rn. 34 ff.

[95] Mitteilung der Kommission zu Auslegungsfragen über den freien Dienstleistungsverkehr und das Allgemeininteresse in der Zweiten Bankenrichtlinie, ABl. C 209 vom 10.7.1997, S. 11.

[96] *Vahldiek* in Boos/Fischer/Schulte-Mattler, KWG, 4. Aufl., § 53b Rn. 36; *Schuster/Binder* WM 2004, 1665 ff.; a. A. Kuntz, ZBB 2005, 412 ff.

[97] Vgl. Mitteilung der Kommission zu Auslegungsfragen über den freien Dienstleistungsverkehr und das Allgemeininteresse in der Zweiten Bankenrichtlinie, ABl. C 209 vom 10.7.1997, S. 10 ff.

[98] Vgl. nur *Vahldiek* in Boos/Fischer/Schulte-Mattler, KWG, 4. Aufl., § 53b Rn. 37 ff.

68   Bedeutsam ist die Abgrenzung hingegen weiterhin aus **steuerlicher Sicht.** In der englischen Fassung sowohl des Art. 4 Abs. 1 lit. c) AIFM-RL als auch des Art. 2 Abs. 1 lit. g) OGAW-RL ist jeweils von *„place of business"* die Rede, was sich mit dem steuerlichen Begriff der **Betriebsstätte** übersetzen lässt. Jedoch greift die deutsche Übersetzung bedauerlicherweise nicht auf diesen Fachbegriff zurück. Vielmehr ist in Art. 4 Abs. 1 lit. c) AIFM-RL von „Betriebsstelle" und in Art. 2 Abs. 1 lit. g) OGAW-RL von „Niederlassung" die Rede.

69   **b) Rechtlich unselbständiger Teil.** Bei einer Zweigniederlassung muss es sich um einen rechtlich unselbständigen Teil des AIFM handeln. Keine Zweigniederlassung läge demgemäß bei Errichtung einer Tochtergesellschaft vor. AIFM sind jedoch nicht befugt, Tochtergesellschaften zu errichten. Sie dürfen im Ausland nur über Zweigniederlassungen tätig werden.

70   **c) Erbringung von Dienstleistungen im Rahmen der AIFM-Zulassung.** Ein AIFM darf in einem anderen Mitgliedstaat über eine Zweigniederlassung diejenigen Tätigkeiten erbringen, für die er gemäß Art. 6 Abs. 2 bis 4 eine Zulassung verfügt. Zur Befugnis, in einem anderen Mitgliedstaat EU-AIF zu verwalten, vgl. Art. 33. Nach Art. 6 Abs. 4 dürfen AIFM zwar **weitere Dienstleistungen und Nebendienstleistungen** erbringen. Anders als nach Art. 17 Abs. 1 OGAW-RL wurde ein diesbezüglicher EU-Pass jedoch (offenbar versehentlich) nicht in der AIFM-Richtlinie aufgenommen.

71   **4. Bezüge zum KAGB-E.** In § 1 Abs. 19 Nummer 38 KAGB-E ist die Definition der „Zweigstelle" nach Art. 4 Abs. 1 lit. c) AIFM-RL eins-zu-eins umgesetzt worden. Die Kommentierung kann somit uneingeschränkt zur Auslegung des Kapitalanlagegesetzbuches herangezogen werden.

II. Definition des carried interest (Abs. 1 lit. d))

72   **1. Kontext und Überblick.** Beim carried interest[99] (oder kurz: „carry") handelt es sich handelt es sich um eine für Private Equity und Venture Capital Fonds typische Form der Vergütung des Fondsmanagers. Demgemäß spielt der Begriff „carried interest" eine Rolle im Zusammenhang mit der Vergütung derartiger AIF. Der Begriff wird erwähnt in Anhang II Nr. 2, der die Regelung des Art. 13 Abs. 1 UAbs. 2 zur Vergütungspolitik ergänzt.[100] Darüber hinaus muss der Jahresbericht gemäß Art. 22 Abs. 2 lit. e) bei der Gesamtvergütung auch Angaben zum carried interest enthalten, falls ein solcher gewährt worden ist.

73   **2. Anforderungen an das Vorliegen von carried interest.** Der carried interest bezeichnet einen (1.) Gewinnanteil an einem AIF (i. d. R. Private Equity oder Venture Capital Fonds), den (2.) der AIFM als Vergütung für die Verwaltung des AIF erhält. Kein carried interest sind hingegen Gewinnanteile am AIF, den der AIFM als Rendite für Anlagen in dem AIF erhält.

74   Bei der carried interest handelt es sich um eine besondere Form der (variablen) Vergütung eines AIFM. Sie erfolgt in einer Gewinnbeteiligung an dem vom AIFM verwalteten AIF. Diese Gewinnbeteiligung fällt höher aus als dies bei proportionaler Gewinnbeteiligung aufgrund des vom AIFM eingesetzten Kapitals der Fall wäre (sog. **disproportionale Gewinnbeteiligung** oder **Übergewinn-**

---

[99] Bundesministerium der Finanzen, Schreiben vom 16.12.2003, IV A 6 – S 2240 – 153/03, BStBl. 2004 I, S. 40 Tz. 3.

[100] Vgl. daher die eingehende Kommentierung des Art. 13 sowie des Anhangs II.

anteil).[101] Der carried interest wird unter den für den AIFM handelnden wesentlichen Akteuren (den Fondsmanagern) aufgeteilt.[102] Regelmäßig greift der carried interest erst nach Überschreiten einer bestimmten Mindestverzinsung für die Anleger (sog. Hurdle rate) ein. Erst wenn diese überschritten wird, erhält der AIFM den carried interest.

Beim carried interest liegt eine jedenfalls im Grundsatz (gerechtfertigte) Form **75** der Ungleichbehandlung der Anleger im Sinne von Art. 23 Abs. 1 lit. j). Die **Ungleichbehandlung** wird damit begründet, dass die disproportionale Gewinnbeteiligung der Vergütung des AIFM für die Verwaltung des AIF dient. Ob auch die Höhe der Gewinnbeteiligung gerechtfertigt ist, ist eine andere Frage. Insoweit wird der Grundsatz der Privatautonomie nunmehr eingeschränkt durch Art. 12 Abs. 1 lit. b) AIFM-RL eingeschränkt, der den AIFM verpflichtet, auch bei der Vergütung im besten Interesse der Anleger zu handeln.

Sinn und Zweck des carried interest ist es zum einen, für einen Gleichlauf **76** der Interessen zwischen AIFM und (sonstigen) Anlegern zu sorgen. Zum anderen soll der AIFM zusätzlich motiviert werden, die Investmentziele des AIF zu verwirklichen.[103]

3. Bezüge zum KAGB-E. § 1 Abs. 19 Nummer 7 KAGB-E setzt die Defini- **77** tion des „carried interest" in Art. 4 Abs. 1 lit. d) AIFM-RL eins-zu-eins um. Dementsprechend kann die Kommentierung uneingeschränkt zur Auslegung des Kapitalanlagegesetzbuches herangezogen werden. Im deutschen Steuerrecht hatte der Begriff des „carried interest" bereits vor längerer Zeit Eingang gefunden.[104]

III. Definition der engen Verbindung (Abs. 1 lit. e)

1. Kontext und Überblick. Der Begriff der „engen Verbindung" ist schon in **78** derselben Weise in Art. 2 Abs. 1 lit. i) OGAW-RL sowie in § 2 Abs. 19 InvG definiert. Letzterer verweist auf die Definition des § 1 Abs. 10 KWG. In der AIFM-Richtlinie wird der Begriff der „engen Verbindung" an zwei Stellen verwandt: Zum einen in Art. 8 Abs. 3 lit. a) und zum anderen bei Art. 19 Abs. 4 lit. a). Bei der Zulassung eines AIFM muss dessen Herkunftsbehörde gemäß Art. 8 Abs. 3 lit. a) AIFM-RL u.a. prüfen, ob eine **wirksame Aufsicht** durch eine enge Verbindung zwischen dem AIFM und anderen natürlichen oder juristischen Personen beeinträchtigt wird. Deshalb muss der Zulassungsantrag gemäß Art. 7 Abs. 2 lit. b) auch Angaben zu qualifizierten Beteiligungen enthalten. Dasselbe gilt bereits gemäß § 7a Abs. 1 Nr. 6 InvG nach geltendem Recht. § 7b Nr. 5 oder 6 InvG bestimmt zudem, dass einer KAG die Erlaubnis versagt werden darf, wenn eine solche enge Verbindung die ordnungsgemäße Aufsicht behindert. Hierdurch soll verhindert werden, dass **Intransparenz** darüber herrscht, welche Weisungsrechte oder sonstigen Einflussmöglichkeiten zwischen den verbundenen Unternehmen bestehen oder Verantwortlichkeiten bzw. Entscheidungskompetenzen unklar sind.[105]

---

[101] *Hertz-Eichenrode/Illenberger/Jesch/Keller/Klebeck/Rocholl,* Private-Equity-Lexikon, S. 32.

[102] *von Kuhlberg/Seidel* in Jesch/Striegel/Boxberger, Rechtshandbuch Private Equity, S. 43.

[103] Ebendort. Dem liegt allerdings ein hinterfragenswertes Verständnis von den Sorgfaltspflichten des AIFM zugrunde. Auch ohne zusätzlichen finanziellen Anreiz ist ein AIFM nach Art. 12 Abs. 1 lit. b) AIFM-RL stets verpflichtet, im besten Interesse der Anleger zu handeln.

[104] Bundesministerium der Finanzen, Schreiben vom 16.12.2003, IV A 6 – S 2240 – 153/ 03, BStBl. 2004 I, S. 40 Tz. 3.

[105] Vgl. *Steck/Gringel* in Berger/Steck/Lübbehüsen, InvG, § 7b Rn. 21.

79   Zur Sicherung der **Unabhängigkeit des externen Bewerters** sieht Art. 19
Abs. 4 lit. a) AIFM-RL vor, dass der externe Bewerter nicht nur von dem AIF
und AIFM, sondern auch von Personen mit engen Verbindungen zum AIF und
zum AIFM unabhängig sein muss.

80   Ein verwandter Begriff ist derjenige der „**qualifizierten Beteiligung**" gemäß
Art. 4 Abs. 1 lit. b) AIFM-RL bzw. Art. 2 Abs. 1 lit. j) OGAW-RL und § 2
Abs. 20 InvG; bei letzterem ist allerdings von bedeutender Beteiligung die
Rede.[106] Zudem ist in der AIFM-Richtlinie an verschiedenen Stellen (vgl. nur
Art. 3 Abs. 2 und Art. 26) von anderen Kontrollverhältnissen die Rede.

81   **2. Anforderungen an das Vorliegen einer engen Verbindung.** In den
folgenden drei Konstellationen liegt eine enge Verbindung vor.

82   Eine enge Verbindung liegt erstens vor, wenn eine (natürliche oder juristische)
Person an einer juristischen Personen (namentlich dem AIFM) bzw. ggf. einer
Personengesellschaft (wie z. B. einem externen Bewerter) unmittelbar oder mittel-
bar (im Wege der Kontrolle)[107] mindestens **20% der Stimmrechte oder des
Kapitals** hält.

83   Zweitens kann eine enge Verbindung zwischen einem **Mutterunternehmen
und einem Tochter- bzw. Enkelunternehmen**[108] bestehen. Die Begriffe des
„Mutterunternehmens" und des „Tochterunternehmens" sind in Art. 4 Abs. 1
lit. ae) und ak) AIFM-RL definiert.

84   Dem ist drittens eine Situation gleichgestellt, in der zwei oder mehr natürliche
oder juristische Personen durch ein Kontrollverhältnis mit ein und derselben
Person dauerhaft verbunden sind. Dies ist z. B. bei **Schwesterunternehmen** der
Fall. Dieser Begriff ist allerdings weder in der AIFM- bzw. OGAW-Richtlinie
noch im Investmentgesetz definiert, sodass in Deutschland auf § 1 Abs. 7 Satz 2
KWG zurückzugreifen ist.[109]

85   **3. Bezüge zum KAGB-E.** § 1 Abs. 19 Nummer 10 KAGB-E setzt Art. 4
Abs. 1 lit. e) AIFM-RL inhaltlich eins-zu-eins um. Die sprachlichen Unterschiede
sind inhaltlich ohne Bedeutung. Die Kommentierung kann daher auch zur Auslegung des Kapitalanlagesetzbuches herangezogen werden.

IV. Definition der zuständigen Behörde (Abs. 1 lit. f))

86   Art. 4 Abs. 1 lit. f) definiert die zuständige Behörde. Diese Definition findet
keine Entsprechung in der Begriffsbestimmung nach § 1 KAGB-E. Vielmehr heißt
es in § 5 Abs. 1 KAGB-E, dass die Bundesanstalt die Aufsicht nach den Vorschriften dieses Gesetzes ausübt.[110]

---

[106] Zu den Unterschieden zwischen „qualifizierter Beteiligung" und „engen Verbindung"
vgl. *Köndgen* in Berger/Steck/Lübbehüsen, InvG, § 2 Rn. 100.

[107] Ein mittelbares Halten kann z. B. über ein Tochterunternehmen oder einen Treuhänder erfolgen.

[108] Bei einem Enkelunternehmen handelt es sich um ein Tochterunternehmen eines
Tochterunternehmens.

[109] Vgl. *Köndgen* in Berger/Steck/Lübbehüsen, § 2 Rn. 99.

[110] Soweit der Anwendungsbereich der AIFM-Richtlinie eröffnet ist, übt die BaFin
grundsätzlich keine Aufsicht über Spezial-AIF aus, soweit Deutschland nicht im Einzelnen
eine Fondsregulierung erlassen hat, wie z. B. in § 276 (Leerverkäufe) und in § 282 und 284
(Anlageobjekte).

V. Zuständige Behörde der Verwahrstelle (Abs. 1 lit. g)

Art. 4 Abs. 1 lit. g) enthält eine umfassende Definition der zuständigen Behörde **87** der Verwahrstelle gemäß Art. 21.[111] Für alle Verwahrstellen mit Sitz im Inland ist gemäß § 5 Abs. 1 KAGB-E die BaFin zuständig. Da die BaFin Allfinanzaufsicht ist, bedurfte es – anders als in der AIFM-Richtlinie – bei der deutschen Umsetzung keine Differenzierung nach den verschiedenen Arten von Unternehmen, die Verwahrstelle/Depotbank sein können.

VI. Zuständige Behörde des EU-AIF (Abs. 1 lit. h))

Während Art. 4 Abs. 1 lit. f) die für die Beaufsichtigung des AIFM zuständige **88** Behörde definiert wird, enthält lit. h) eine Definition der zuständigen Behörde des EU-AIF. Letzteres setzt eine (nationale) Fondsregulierung[112] voraus, weil die AIFM-Richtlinie selbst keine Regulierung von bzw. Aufsicht über AIF vorsieht. Besteht eine nationale Fondsregulierung, so ist in diesem Mitgliedstaat ein und dieselbe Aufsichtsbehörde für die Beaufsichtigung des AIFM und des AIF zuständig sofern der AIFM seinen Sitz in demselben Mitgliedstaat hat. Zu einem Auseinanderfallen der Zuständigkeit kommt es jedoch im Falle der grenzüberschreitenden Verwaltung eines EU-AIF gemäß Art. 33. Verwaltet etwa ein deutscher AIFM grenzüberschreitend einen luxemburgischen AIF, so ist die BaFin zuständige Behörde für den AIFM und die CSSF für den EU-AIF. Die Definition der zuständigen Behörde des EU-AIF spielt bei Art. 42 Abs. 1 UAbs. 1 eine Rolle. Im KAGB-Regierungsentwurf findet sich hingegen keine Definition der zuständigen Behörde des EU-AIF.

VII. Kontrolle (Abs. 1 lit. i)

1. Kontext und Überblick. Der Begriff der „Kontrolle" spielt in Kapitel V **89** Abschnitt 2 im Zusammenhang mit Private Equity und Venture Capital Fonds eine wesentliche Rolle, wenn diese die Kontrolle über ein börsennotiertes Unternehmen übernehmen. Art. 4 Abs. 1 lit. i) AIFM-RL führt keine neue Definition der „Kontrolle" ein, sondern greift auf seit langem bestehende europarechtliche Definition in Art. 1 der Richtlinie 83/349/EWG über den konsolidierten Abschluss zurück.

2. Anforderungen an das Vorliegen von Kontrolle. Art. 1 der Richtlinie **90** 83/349/EWG, der in Deutschland durch § 290 HGB umgesetzt worden ist, unterscheidet die fünf nachfolgenden Fälle der Kontrolle. Kontrolle liegt demnach erstens vor, wenn ein Mutterunternehmen die Mehrheit der Stimmrechte an einem Tochterunternehmen hat. Dem gleichgestellt ist zweitens der Fall, dass ein Mutterunternehmen kraft seiner Gesellschafterstellung an einem Tochterunternehmen das Recht hat, die Mehrheit der Mitglieder des Verwaltungs-, Leitungs[113] – oder Aufsichtsorgans[114] dieses Unternehmens zu bestellen oder abzuberufen. Ein weiterer Fall der Kontrolle ist drittens das Recht eines Mutterunternehmens, an einem Tochterunter-

---

[111] In der Kommentierung zu Art. 21 ist statt vor Verwahrstelle im Einklang mit der bisher gängigen deutschen Terminologie von „Depotbank" die Rede.

[112] Erwägungsgrund 10 gestattet den Mitgliedstaaten nationale Vorschriften für eine nationale Fondsregulierung.

[113] D.h. z. B. des Vorstands einer Aktiengesellschaft oder der Geschäftsführung einer GmbH.

[114] D.h. z. B. des Aufsichtsrates einer Aktiengesellschaft bzw. ggf. einer GmbH.

nehmen einen beherrschenden Einfluss auszuüben. Ein solches Recht kann sich z. B. aus einem Beherrschungsvertrag gemäß § 304 Abs. 1 Satz 2 AktG oder einer Satzungsbestimmung herrühren (z. B. in Form sog. „goldener Aktien"). Viertens ist von einer Kontrolle auszugehen, wenn das Mutterunternehmen, ohne die Mehrheit der Stimmrechte innezuhaben, faktisch in der Lage ist, (z. B. aufgrund geringer Präsenz des versammelten Kapitals auf der Hauptversammlung) die Mehrheit der Mitglieder des Verwaltungs-, Leitungs- oder Aufsichtsorgans des Tochterunternehmens, die während des laufenden und des vorhergehenden Geschäftsjahres bestellt worden sind, zu bestimmen.[115] Fünftens ist eine Kontrolle gegeben, wenn ein Gesellschafter durch eine Vereinbarung mit anderen Gesellschaftern die Mehrheit der Stimmrechte an dem Tochterunternehmen erlangt (z. B. durch sog. Stimmrechtsvereinbarungen bzw. *acting in concert*).

91   Hinzuweisen ist darauf, dass die Richtlinie 83/349/EWG den Mitgliedstaaten einen gewissen Spielraum darüber einräumt, unter welchen Voraussetzungen von einer „Kontrolle" auszugehen ist. So räumt Art. 1 Abs. 2 der Richtlinie 83/349/ EWG den Mitgliedstaaten das Wahlrecht ein, noch in den beiden folgenden Fallkonstellationen von einer „Kontrolle" auszugehen. Kontrolle liegt demnach sechstens vor, wenn ein Mutterunternehmen einen tatsächlich beherrschenden Einfluss über ein Tochterunternehmen ausübt. Siebtens kann Kontrolle auch dann vorliegen, wenn Mutter- und Tochterunternehmen unter einheitlicher Leitung des Mutterunternehmens stehen. Vor dem Hintergrund des nationalen Umsetzungsspielraums bei Art. 1 Richtlinie 83/349/EWG sollte das einschlägige nationale Recht eingehend geprüft werden. Nur so lässt sich abschließend klären, welche Fallkonstellationen der „Kontrolle" einschlägig sind.

92   **3. Bezüge zum KAGB-E.** Der KAGB-Regierungsentwurf enthält – soweit ersichtlich – keine Definition des Begriffs der „Kontrolle", die sich an Art. 1 der Richtlinie 83/349/EWG ausrichtet.

VIII. Definition „Mit Sitz in" (Abs. 1 lit. j)

93   **1. Bei AIFM.** Gemäß Abs. 1 lit. j) ii) AIFM-RL kommt es für den Sitz eines AIFM auf dessen satzungsmäßigen Sitz an. Der KAGB-Regierungsentwurf definiert zwar nicht den Sitz der AIF-Verwaltungsgesellschaft. Dafür heißt es jedoch in § 17 Abs. 1 KAGB-E, dass Kapitalverwaltungsgesellschaften Unternehmen sind mit satzungsmäßigem Sitz und Hauptverwaltung im Inland.[116] Der deutsche Gesetzgeber kombiniert insoweit die Definition des Abs. 1 lit. j) ii) mit Art. 8 Abs. 1 lit. e) AIFM-RL, welcher fordert, dass Hauptverwaltung und Sitz eines AIFM in demselben Staat sein müssen.

94   **2. Bei AIF.** Gemäß Art. 4 Abs. 1j) ii) haben AIF ihren „Sitz"[117] primär dort, wo sie „zugelassen oder registriert sind". § 1 Abs. 19 Nummer 34 lit. a) KAGB-E

---

[115] Dieser Fall der Kontrolle findet allerdings keine Anwendung, wenn ein anderes Unternehmen an dem Tochterunternehmen eine stellung wie in einem der zuvor genannten Kontrollfälle innehat. Darüber hinaus können die Mitgliedstaaten die Fallkonstellation 4 davon abhängig machen, dass mindestens 20% der Stimmrechte gehalten werden.

[116] Vergleiche im Unterschied dazu § 1 Abs. 17 (zu EU-Verwaltungsgesellschaften) und § 1 Abs. 18 (zu ausländischen AIF-Verwaltungsgesellschaften).

[117] Der Begriff des „Sitzes" (oder englisch: *establishment*) passt eigentlich nur bei AIF mit eigener Rechtspersönlichkeit. AIF ohne Rechtspersönlichkeit haben keinen Sitz. Im europäischen Recht ist insoweit von Ansässigkeit (oder englisch: *domicile*) die Rede; vgl. auch *Blankenheim* in Berger/Steck/Lübbehüsen, InvG, Vor §§ 128 bis 133, Rn. 1.

setzt dies weitgehend eins-zu-eins um. Allerdings stellt es bei AIF ohne eigene Rechtspersönlichkeit gar nicht durchaus ab, ob eine Zulassung oder Registrierung des AIF erfolgt ist. Damit soll offenbar dem Umstand Rechnung getragen werden, dass Deutschland AIF nicht durchgehend reguliert und, soweit sie nicht an Kleinanleger vertrieben werden, keine Zulassung oder Regulierung fordert. Stattdessen ist in § 1 Abs. 19 Nummer 34 lit. c) KAGB-E recht unbestimmt von dem Streit die Rede, dessen Recht der AIF unterliegt. Da die AIFM-Richtlinie den AIF selbst nicht reguliert und weder eine Zulassung noch eine Registrierung des AIF vorschreibt, kann sich die Zulassung oder Registrierung allein aus dem nationalen Recht ergeben.

Subsidiär kommt es für AIF auf den „satzungsmäßigen Sitz" an. Im strengen **95** Sinne haben jedoch nur AIF mit eigener Rechtspersönlichkeit (wie z. B. Investmentaktiengesellschaften oder SICAV) einen Sitz. Demgegenüber kann man bei AIF der Vertragsform (wie z. B. Sondervermögen oder FCP) streng genommen nicht von einem Sitz, sondern nur von Ansässigkeit sprechen. Gleichwohl knüpfel auch die Definitionen des inländischen Investmentvermögen in § 1 Abs. 7 an den Sitz des Fonds an, ohne zwischen Investmentvermögen mit oder ohne Rechtpersönlichkeit zu unterscheiden.

3. Bei Verwahrstellen. Der Sitz einer Verwahrstelle ist nach Art. 4 Abs. 1 **96** lit. j) iii) dort, wo die Verwahrstelle ihren satzungsmäßigen Sitz oder ihre Zweigniederlassung hat. Letzteres dürfte insbesondere für Verwahrstellen aus Drittstaaten bedeutsam sein, welche in der EU über eine Zweigniederlassung tätig sind.

Der KAGB-Regierungsentwurf enthält keine Definition des Sitzes der Ver- **97** wahrstelle. Allerdings enthält § 80 Abs. 2 KAGB-E, wie schon Art. 21 Abs. 3 AIFM-RL, den Hinweis zum Sitz der Verwahrstelle.

4. Bei gesetzlichen Vertretern. Nach Art. 37 Abs. 3 müssen Drittstaaten- **98** AIFM einen gesetzlichen Vertreter in ihrem Referenzmitgliedstaat benennen, um in der EU AIF verwalten oder vertreiben zu können. Der Begriff des gesetzlichen Vertreters ist in Art. 4 Abs. 1 lit. u) definiert. Er entspricht dem des Repräsentanten gemäß § 138 InvG. Art. 4 Abs. 1 lit. j) iv) und v) definieren, wo ein gesetzlicher Vertreter seinen Sitz hat. Handelt es sich bei dem gesetzlichen Vertreter um eine juristische Person (wie z. B. ein Kreditinstitut), so hat er seinen Sitz dort, wo die juristische Person ihren Sitz oder ihre Zweigniederlassung hat. Entsprechendes dürfte bei gesetzlichen Vertretern gelten, bei denen es sich um Personengesellschaften handelt. Eine Zweigniederlassung spielt insbesondere bei gesetzlichen Vertretern aus dem Ausland eine Rolle. Ist der gesetzliche Vertreter eine natürliche Person (wie z. B. ein Rechtsanwalt), so ist mit „Sitz" dessen Wohnsitz gemeint.

Im KAGB-Diskussionsentwurf ist der gesetzliche Vertreter in § 1 Abs. 19 **99** Nummer 16 definiert. Eine Definition des Sitzes des gesetzlichen Vertreters findet sich in § 1 Abs. 19 Nummer 34 lit. b) und c).

IX. Definition des EU-AIF (Abs. 1 lit. k))

1. Kontext und Überblick. Die AIFM-Richtlinie unterscheidet in geografi- **100** scher Hinsicht zwei Arten von AIF: zum einen EU-AIF und zum anderen Nicht-EU-AIF (hier: „Drittstaaten-AIF" genannt). Im KAGB-Regierungsentwurf kommt als dritte Kategorie noch der inländische AIF hinzu. Der Drittstaaten-AIF wird dort als ausländischer AIF bezeichnet. Der Begriff des „EU-AIF" spielt insbesondere in Kapitel VI eine wichtige Rolle.

101   **2. Anforderungen an das Vorliegen eines EU-AIF.** Für die Definition des EU-AIF greift Art. 4 Abs. 1 lit. k) auf die vorgenannte Definition des „Sitzes eines AIF" (vgl. lit. j)) zurück. Die Definition stellt primär darauf ab, ob der AIF nach dem maßgebenden nationalen Recht in einem Mitgliedstaat zugelassen oder registriert ist. Ist dies – mangels Regulierung des AIF – nicht der Fall, liegt dann ein EU-AIF vor, wenn dieser seinen satzungsmäßigen Sitz und/oder seine Hauptverwaltung in einem Mitgliedstaat hat. Auf das oben zu Rn. 94 f. Gesagte kann verwiesen werden. Ist auch dieses zu verneinen, so liegt ein Drittstaaten-AIF vor. Fraglich ist, ob diese Definition bei AIF des Vertragstyps, die mangels Rechtspersönlichkeit keinen Sitz haben, hinreichend präzise ist. Herkömmlich wurde bei ihnen auf den Sitz der Verwaltungsgesellschaft abgestellt. Dies ist jedoch nach Einführung des EU-Verwaltungspasses nicht länger ohne weiteres möglich, weil der Sitz des AIFM und die Ansässigkeit bei grenzüberschreitender Verwaltung auseinanderfallen.

102   **3. Bezüge zum KAGB-E.** Offenbar aufgrund der zuvor genannten Unzulänglichkeit der Definition ist der KAGB-Diskussionsentwurf nicht dieser Definition gefolgt. § 1 Abs. 8 definiert EU-Investmentvermögen als Investmentvermögen, die dem Recht eines anderen Mitgliedstaates der EU bzw. eines anderen Vertragsstaates des EWR unterliegen. Damit wird bei AIF mit eigener Rechtspersönlichkeit ohne Not die klare Anknüpfung an den Sitz aufgegeben. Bei AIF des Vertragstyps bleibt der Begriff des „dem Recht eines anderen Mitgliedstaates unterstehen" letztlich ähnlich vage wie die Ansässigkeit. Kennen etwa zwei Mitgliedstaaten dieselbe Rechtsform eines AIF (wie z. B. das Sondervermögen), so hat danach der AIFM, zumal, wenn er seinen Sitz in einem dritten Mitgliedstaat hat, letztlich das Wahlrecht, wo der EU-AIF seinen Sitz hat.

X. Definition des EU-AIFM (Abs. 1 lit. l))

103   **1. Kontext und Überblick.** Die AIFM-Richtlinie unterscheidet in geografischer Hinsicht zwei Arten von AIFM: zum einen EU-AIF und zum anderen Nicht-EU-AIFM (hier: „Drittstaaten-AIFM" genannt). Im KAGB-Regierungsentwurf kommt als dritte Kategorie noch die (inländische) Kapitalverwaltungsgesellschaft hinzu. Der EU-AIFM wird dort als EU-Verwaltungsgesellschaft und der Drittstaaten-AIFM als ausländische Verwaltungsgesellschaft bezeichnet. Der Begriff des „EU-AIFM" spielt insbesondere in den Kapiteln VI und VII eine wichtige Rolle.

104   **2. Anforderungen an das Vorliegen eines EU-AIFM.** Für die Definition des EU-AIFM greift Art. 4 Abs. 1 lit. l) auf die vorgenannte Definition des „Sitzes eines AIFM" (vgl. lit. j)) zurück. Ein EU-AIFM liegt danach vor, wenn ein AIFM (vgl. die Definition in Abs. 1 lit. b)) seinen satzungsmäßigen Sitz in einem Mitgliedstaat hat.

105   **3. Bezüge zum KAGB-E.** Im KAGB-Regierungsentwurf ist der EU-AIFM in § 1 Abs. 17 Nummer 2 definiert.

XI. Definition des Feeder-AIF (Abs. 1 lit. m))

1. Kontext und Überblick. Im Unterschied zu Art. 58 ff. OGAW-RL ent- **106**
hält die AIFM-Richtlinie mangels Regulierung des AIF selbst keine materiellen
Vorschriften zu Master-Feeder-Strukturen. Gleichwohl sind Master-Feeder-
Strukturen auch bei AIF häufig anzutreffen, namentlich bei Hedgefonds. In den
Vertriebsvorschriften der AIFM-Richtlinie (vgl. Art. 31 Abs. 1 UAbs. 2, Art. 35
Abs. 1 und Art. 36 Abs. 1) finden sich daher Regelungen zu Feeder-AIF und
Master-AIF. Ihr Sinn und Zweck besteht darin sicherzustellen, dass die Vertriebsvorschriften nicht mit Hilfe von Master-Feeder-Strukturen umgangen werden
können. Insbesondere soll verhindert werden, dass als EU-AIF auch ein Hierdurch
soll verhindert werden, dass die Regelungen zu Drittstaaten-AIFM und dem
Vertrieb von Drittstaaten-AIF durch Nutzung von Master-Feeder-Strukturen
umgangen werden angesehen wird, der in einen Master-AIF aus einem Drittstaat
anlegt.

2. Anforderungen an das Vorliegen eines Feeder-AIF. Die Anforderun- **107**
gen an das Vorliegen eines Feeder-AIF gemäß Art. 4 Abs. 1 lit. m) AIFM-RL
sind an Art. 58 Abs. 1 OGAW-RL angelehnt, unterscheiden sich in wesentlichen
Aspekten jedoch auch davon. Sie folgen dem von der OGAW-Richtlinie vorgegebenen Konzept, dass jeder Feeder mindestens 85% Exposure zu dem Master
haben muss. Anders als nach Art. 58 Abs. 1 OGAW-RL muss dieses Exposure
jedoch nicht zwingend dadurch erfolgen, dass der Feeder-AIF mindestens 85%
seines Wortes in Anteile eines anderen AIF anlegt. Nach Art. 4 Abs. 1 lit. m) iii)
kann dieses Exposure auch auf andere Weise, d.h. synthetisch (z. B. über Derivate)
erreicht werden. Eine weitere Abweichung besteht darin, dass Feeder-AIF in
mehrere Master-AIF investieren dürfen (vgl. Art. 4 Abs. 1 lit. m) ii)). Eine Master-
Feeder-Struktur im Sinne der AIFM-Richtlinie liegt demnach auch vor, wenn
der AIF mindestens 85% seiner Vermögenswerte in Anteile mehrerer Master-AIF
anlegt. Allerdings müssen die Master-AIF dann eine identische Anlagestrategie
verfolgen. Im Unterschied zu Art. 58 Abs. 2 OGAW-RL schreibt Art. 4 Abs. 1
lit. m) AIFM-RL nicht vor, in welche anderen Vermögensgegenstände ein Feeder-AIF sein restliches Vermögen investieren muss, wenn er nicht zu 100% in
(einen) Master-AIF anlegt.

Die genannten Abweichungen zur OGAW-Richtlinie dienen dazu, Umge- **108**
hungsmöglichkeiten zu schließen.

3. Bezüge zum KAGB-E. § 1 Abs. 19 Nummer 13 KAGB-Regierungsent- **109**
wurf setzt Art. 4 Abs. 1 lit. m) AIFM-RL eins-zu-eins um. Die Kommentierung
kann daher uneingeschränkt auch zur Auslegung des Kapitalanlagegesetzbuches
herangezogen werden.

XII. Definition des Finanzinstruments (Abs. 1 lit. n))

1. Kontext und Überblick. Finanzinstrumente sind eine zentrale Gattung **110**
von Vermögensgegenständen, in die AIF investieren. Die Definition des „Finanzinstruments" ist von wesentlicher Bedeutung bei der Verwahrung durch die
Depotbank (vgl. nur Art. 21 Abs. 8, 11–13). Daneben spielt der Begriff eine Rolle
bei den nach Art. 6 Abs. 4 zulässigen Dienstleistungen und Nebendienstleistung.

2. Anforderungen an das Vorliegen eines Finanzinstruments. Die **111**
AIFM-Richtlinie enthält keine eigenständige Definition des „Finanzinstruments",

sondern verweist in Art. 4 Abs. 1 lit. n) auf den Anhang I Abschnitt C der MiFID (Richtlinie 2004/39/EG), auf den die Definitionsnorm des Art. 4 Nr. 17 MiFID seinerseits verweist.

112 In Anhang I Abschnitt C der MiFID werden als Finanzinstrument aufgeführt:
1. Übertragbare Wertpapiere
2. Geldmarktinstrumente
3. Anteile an Organismen für gemeinsame Anlagen
4. Optionen, Terminkontrakte, Swaps, Zinsausgleichsvereinbarungen und alle anderen Derivatkontrakte in Bezug auf Wertpapiere, Währungen, Zinssätze oder -erträge, oder andere Derivat-Instrumente, finanzielle Indizes oder Messgrößen, die effektiv geliefert oder bar abgerechnet werden können
5. Optionen, Terminkontrakte, Swaps, Termingeschäfte und alle anderen Derivatkontrakte in Bezug auf Waren, die bar abgerechnet werden müssen oder auf Wunsch einer der Parteien (anders als wegen eines zurechenbaren oder anderen Beendigungsgrunds) bar abgerechnet werden können
6. Optionen, Terminkontrakte, Swaps und alle anderen Derivatkontrakte in Bezug auf Waren, die effektiv geliefert werden können, vorausgesetzt, sie werden an einem geregelten Markt und/oder über ein MTF gehandelt
7. Optionen, Terminkontrakte, Swaps, Termingeschäfte und alle anderen Derivatkontrakte in Bezug auf Waren, die effektiv geliefert werden können, die sonst nicht in Abschnitt C Nummer 6 genannt sind und nicht kommerziellen Zwecken dienen, die die Merkmale anderer derivativer Finanzinstrumente aufweisen, wobei unter anderem berücksichtigt wird, ob Clearing und Abrechnung über anerkannte Clearingstellen erfolgen oder ob eine Margin-Einschussforderung besteht
8. derivative Instrumente für den Transfer von Kreditrisiken
9. Finanzielle Differenzgeschäfte
10. Optionen, Terminkontrakte, Swaps, Termingeschäfte und alle anderen Derivatkontrakte in Bezug auf Klimavariablen, Frachtsätze, Emissionsberechtigungen, Inflationsraten und andere offizielle Wirtschaftsstatistiken, die bar abgerechnet werden müssen oder auf Wunsch einer der Parteien (anders als wegen eines zurechenbaren oder anderen Beendigungsgrunds) bar abgerechnet werden können, sowie alle anderen Derivatkontrakte in Bezug auf Vermögenswerte, Rechte, Obligationen, Indizes und Messwerte, die sonst nicht im vorliegenden Abschnitt C genannt sind und die die Merkmale anderer derivativer Finanzinstrumente aufweisen, wobei unter anderem berücksichtigt wird, ob sie auf einem geregelten Markt oder einem MTF gehandelt werden, ob Clearing und Abrechnung über anerkannte Clearingstellen erfolgen oder ob eine Margin-Einschussforderung besteht.

113 Deutschland hat die Definition des „Finanzinstruments" in § 1 Abs. 11 KWG umgesetzt.[118] Auf diese Vorschrift sowie die diesbezügliche Kommentierung, z. B. von *Schäfer*[119], wird zur Vermeidung von Wiederholungen verwiesen. Erwähnt sei hier nur, dass unter den Begriff des „Finanzinstruments" nach dem Vermögensanlagengesetz nunmehr auch Beteiligungen an geschlossenen Fonds, d.h. i. d. R. Beteiligungen an Personengesellschaften, einfallen.

114 **3. Bezüge zum KAGB-E.** Der KAGB-Regierungsentwurf enthält keine Definition des „Finanzinstruments". Es ist daher davon auszugehen, dass auf die

---

[118] Vgl. nur *Schäfer* in Boos/Fischer/Schulte-Mattler, KWG, 4. Aufl., § 1 Rn. 217.
[119] Ebendort, Rn. 217 ff.

Definition in § 1 Abs. 11 KWG zurückzugreifen ist, um den an zahlreichen Stellen des KAGB-Regierungsentwurfs verwendeten Begriff des „Finanzinstruments" auszulegen.

XIII. Definition der Holdinggesellschaft (Abs. 1 lit. o))

1. Kontext und Überblick. Der Begriff der „Holdinggesellschaft" wird in **115** Art. 2 Abs. 3 lit. a) verwandt. Danach werden Holdinggesellschaften aus dem Anwendungsbereich der AIFM-Richtlinie ausgenommen. Aufgabe der Definition in Art. 4 Abs. 1 lit. o) ist es, sog. industrielle Holdinggesellschaft von Holdingstrukturen abzugrenzen, die bei Private Equity und Venture Capital Fonds verwendet werden. Letztere sollen unter den Anwendungsbereich der Richtlinie fallen. Zweck industrieller Holdinggesellschaften ist es, über das Halten von Gesellschaftsanteilen unternehmerischen Einfluss auf Beteiligungsunternehmen auszuüben, sie zu kontrollieren und zu verwalten.[120] Die Holdinggesellschaft ist selbst nicht operativ tätig. Derartige Holdinggesellschaften sind als Konzernobergesellschaften in allen Unternehmensbranchen anzutreffen.[121] Anhand ihres unternehmerischen Einflusses sind derartige Holdinggesellschaften leicht von OGAW sowie sonstigen Investmentvermögen nach dem Investmentgesetz abzugrenzen.[122] Die Abgrenzung zu AIF ist jedoch schwieriger, weil z. B. Private Equity und Venture Capital Fonds ebenfalls unternehmerischen Einfluss auf Zielunternehmen ausüben und die AIFM-Richtlinie dies auch gestattet (vgl. Art. 26 ff.). Häufig werden im Rahmen von Private-Equity-Transaktionen ein oder mehrere operativ tätige Portfoliounternehmen über eine Holdinggesellschaft gehalten. Dies kann sowohl operative als auch steuerliche und finanzierungstechnische Gründe haben.[123]

2. Anforderungen an das Vorliegen einer (industriellen) Holdingge- 116 sellschaft. Art. 4 Abs. 1 lit. o) definiert die nach Art. 2 Abs. 3 lit. a) aus dem Anwendungsbereich der Richtlinie ausgenommenen (industriellen) Holdinggesellschaften – zwecks Abgrenzung zu den Holdinggesellschaften, welche für Private Equity Investitionen genutzt werden – wie folgt:

Eine Holdinggesellschaft ist erstens eine Gesellschaft, die an einem oder mehre- **117** ren anderen Unternehmen eine Beteiligung hält. Geschäftsgegenstand dieser Beteiligung(en) muss es zweitens sein, durch diese Beteiligung[124] eine Geschäftsstrategie zur **Förderung des langfristigen Werts der Beteiligungsunternehmen** verfolgen. Im Unterschied hierzu besteht bei Holdinggesellschaften von Private Equity Fonds der Hauptzweck darin, ihren Anlegern durch Veräußerung

---

[120] So bereits die Definition des Reichsfinanzhofs aus dem Jahre 1930, RFHE 26, 254 sowie *Pfüller/Schmitt* in Brinkhaus/Scherer, KAGG/Auslandsinvestment-Gesetz, AuslInvG, § 1 Rn. 56.

[121] So ist beispielsweise der Allianz-Konzern mit der Allianz SE als Holdinggesellschaft und zahlreichen operativen Tochtergesellschafen (wie z. B. der Allianz Deutschland AG und der Allianz Global Investors AG) aufgestellt; vgl. nur http://de.wikipedia.org/wiki/Allianz_SE.

[122] *Pfüller/Schmitt* in Brinkhaus/Scherer, KAGG/Auslandsinvestment-Gesetz, AuslInvG, § 1 Rn. 56.

[123] Vgl. nur *Hertz-Eichenrode/Illenberger/Jesch/Keller/Klebeck/Rocholl,* Private-Equity-Lexikon, S. 86 (zum Begriff „Holding company").

[124] Die Definition erwähnt hierbei Tochtergesellschaften, verbundene Unternehmen oder Beteiligungen, ohne dass ein Unterschied erkennbar wird.

ihrer Tochterunternehmen oder verbundenen Unternehmen eine **Rendite** zu verschaffen. Drittens muss es sich bei der Holdinggesellschaft um eine Gesellschaft handeln die alternativ die nachfolgenden Voraussetzungen erfüllt:

118   1. Alternative: Die Holdinggesellschaft handelt für eigene Rechnung, d.h. gerade nicht für ein hinter ihr stehendes Fondsvehikel. Unklar ist jedoch, ab wann eine Gesellschaft aufhört, für eigene Rechnung zu handeln. Maßgebend dürfte die Anteilseignerstruktur sein. Bei einer Gesellschaft, deren Anteile sich überwiegend im Streubesitz befinden, wird man eher davon ausgehen können, dass sie auf eigene Rechnung handelt als bei einer Gesellschaft mit wenigen wirtschaftlich Berechtigten, welche entsprechenden Einfluss auf die Gesellschaft ausüben können. Übt ein Dritter Kontrolle über die Gesellschaft aus, so wird kaum davon die Rede sein können, dass sie für eigene Rechnung handelt.

119   Zudem müssen die Anteile der Gesellschaft zum Handel auf einem geregelten Markt (im Sinne von Art. 4 Abs. 1 Nr. 14 MiFID), wie z. B. der Amtliche Handel an der Deutschen Börse, in der EU zugelassen sein. Hintergrund dieser Anforderung dürfte sein, dass Holdinggesellschaften von Private Equity Fonds typischerweise nicht börsennotiert sind. Ihr Zweck besteht nicht darin, Eigenkapital über den Kapitalmarkt zu beschaffen; das Eigenkapital stellen bereits die Fondsanleger bereit. Sie dienen vielmehr dazu, mehrere operative Portfoliounternehmen zu bündeln. Daneben spielen auch steuerliche und finanzierungstechnische Gründe eine Rolle.

120   2. Alternative: Die Holdinggesellschaft muss mit Hilfe ihres Jahresberichtes bzw. anderen Unterlagen[125] nachweisen können, dass sie nicht mit dem Hauptzweck gegründet worden ist, ihren Anlegern durch Veräußerung ihrer Tochterunternehmen oder verbundenen Unternehmen eine Rendite zu verschaffen. Hierdurch wird eine Abgrenzung zu Holdinggesellschaften von Private Equity Fonds erreicht. Für deren Beteiligungsgesellschaften ist von vornherein ein Exit geplant. Demgegenüber halten industrielle Holdinggesellschaften ihre Beteiligungen langfristig und mit dem vorrangigen Ziel, Gewinne aus dem operativen Geschäft zu erzielen. Dies schließt nicht aus, dass auch eine industrielle Holdinggesellschaft Beteiligungen veräußert oder ihre Beteiligung über einen Börsengang zurückführt. Dieses Ziel darf jedoch nicht bereits bei Gründung der Holdinggesellschaft bestehen. Da sich die Motive für die Gründung einer Holdinggesellschaft schwer verifizieren lassen, stellt die Definition auf einen Nachweis z. B. anhand des Jahresberichts ab. Der Richtliniengeber geht offenbar davon aus, dass der Jahresbericht Auskunft darüber gibt, mit welcher Motivationslage die Holdinggesellschaft die Beteiligung erworben hat. Ob dies tatsächlich der Fall ist, erscheint fraglich. Denn auch bei Holdinggesellschaften von Private Equity Fonds besteht nach dem Erwerb von Portfoliounternehmen i. d. R. das Ziel, deren Profitabilität durch Effizienzsteigerungsmaßnahmen und/oder strategische Neuausrichtung zu erhöhen. Vor dem Exit führt die Holdinggesellschaft ein Portfoliounternehmen regelmäßig mehrere Jahre. In dieser Zeit dürften kaum Unterschiede zu industriellen Holdinggesellschaften aufgrund des Jahresberichtes offenbar werden. Die Motivationslage dürfte daher eher den Vertragsbedingungen des hinter der Holdinggesellschaft stehenden Private Equity Fonds zu entnehmen sein.

121   **3. Bezüge zum KAGB-E.** Die Definition der (industriellen) Holdinggesellschaft findet sich im KAGB-Regierungsentwurf nicht bei den Begriffsbestimmun-

---

[125] Der Begriff der „amtlichen" Unterlagen ist irreführend. Privatunternehmen verfügen über keine amtlichen Unterlagen. Gemeint sein dürften vielmehr gesetzlich geforderte Unterlagen (wie z. B. die Bilanz).

gen in § 1, sondern unmittelbar bei der Ausnahmeregelung in § 2 Abs. 1 Nummer 1. Dieser setzt Art. 4 Abs. 1 lit. o) AIFM-RL eins-zu-eins um. Die Kommentierung kann daher uneingeschränkt zur Auslegung des Kapitalanlagegesetzbuches herangezogen werden.

XIV. Definition des Herkunftsmitgliedstaats des AIF (Abs. 1 lit. p))

1. Kontext und Überblick. Der Begriff des „Herkunftsmitgliedstaats" ist **122** sowohl für AIF als auch für AIFM (vgl. nachfolgend Abs. 1 lit. q)) bedeutsam. Er spielt in den Kapiteln VI und VII bei dem (grenzüberschreitenden) Vertrieb bzw. der (grenzüberschreitenden) Verwaltung von AIF eine wichtige Rolle. Auch in Art. 2 Abs. 1 lit. e) bzw. c) OGAW-RL finden sich Definitionen des „Herkunftsmitgliedstaats des OGAW" bzw. des „Herkunftsmitgliedstaats der (OGAW-) Verwaltungsgesellschaft". In beiden Richtlinien ist der Begriff des „Herkunftsmitgliedstaats" Ausfluss der dort eingeräumten EU-Vertriebs- bzw. EU-Verwaltungspässe (auch *Management Company Passport* genannt), und somit des EU-Binnenmarktes. Diese beruhen auf dem Prinzip der Kontrolle durch den Herkunftsmitgliedstaat.[126] Dies bedeutet im Kontext beider Richtlinien, dass lediglich die Aufsichtsbehörde des Herkunftsmitgliedstaats vor Aufnahme der Geschäftätigkeit prüft, ob eine Verwaltungsgesellschaft die Zulassungsvoraussetzungen der betreffenden Richtlinie erfüllt.[127] Eine in ihrem Herkunftsmitgliedstaat zugelassene OGAW- oder AIF-Verwaltungsgesellschaft darf die Tätigkeiten, für welche sie zugelassen worden ist, in jedem anderen Mitgliedstaat der EU sowie in jedem Vertragsstaat des EWR erbringen, ohne in dem sog. „Aufnahme(mitglied)staat" hierfür erneut zugelassen werden zu müssen. Voraussetzung für die Aufnahme der Tätigkeit in dem Aufnahme(mitglied)staat ist allein die Mitteilung der Absicht (sog. Notifizierungsverfahren), dort tätig werden zu wollen (vgl. hierzu eingehend Art. 33 AIFM-Richtlinie). Das nationale Recht des Aufnahmemitgliedstaats darf die grenzüberschreitende Tätigkeit der zugelassenen OGAW- oder AIF-Verwaltungsgesellschaft von keinen über die harmonisierten Regelungen der betreffenden Richtlinie hinausgehenden Bedingungen abhängig machen.[128] Andernfalls kann ein EU-Binnenmarkt nicht funktionieren. Nur für inländische Verwaltungsgesellschaft darf das nationale Recht weitergehende Regelungen vorsehen (sog. Inländerdiskriminierung).

Das Prinzip der Kontrolle durch den Herkunftsmitgliedstaat gilt nach der **123** OGAW-Richtlinie auch für OGAW. Ein in seinem Herkunftsmitgliedstaat zugelassener OGAW darf in jedem anderen Mitgliedstaat vertrieben werden, ohne dort erneut zugelassen werden zu müssen. Die OGAW-Verwaltungsgesellschaft muss die Vertriebsabsicht lediglich der Behörde ihres Herkunftsmitgliedstaates anzeigen (vgl. Art. 93 OGAW-RL). Sobald die Behörde des Herkunftsmitgliedstaates die vollständigen Informationen an die Behörde des Aufnahmemitgliedstaates übermittelt hat, darf mit dem Vertrieb des OGAW in jenem Staat begonnen werden (vgl.

---

[126] Vgl. *Blankenheim* in Berger/Steck/Lübbehüsen, Vor §§ 12 bis 14, Rn. 1.

[127] Dies wiederum setzt voraus, dass die EU-Kommission und die ESMA darüber wachen, dass die Richtlinien von allen Mitgliedstaaten ordnungsgemäß umgesetzt worden sind und die Verwaltungspraxis richtlinienkonform ist.

[128] Vgl. insoweit den allgemeinen europarechtlichen Rechtsgedanken im letzten Satz von Erwägungsgrund 10 der AIFM-Richtlinie. Vgl. insoweit auch Art. 91 Abs. 2 OGAW-RL für OGAW.

Art. 93 Abs. 3 UAbs. 3 Satz 2 OGAW-RL). Art. 32 AIFM-RL hat die Regelungen der OGAW-Richtlinie zum Notifizierungsverfahren weitgehend übernommen. Allerdings zum einen mit dem Unterschied, dass die AIFM-Richtlinie keine Zulassung des AIF vorsieht und zum anderen, dass ein grenzüberschreitender Vertrieb ausschließlich an professionelle Anleger möglich ist (vgl. Art. 32 AIFM-RL).

124   **2. Anforderungen an das Vorliegen eines „Herkunftsmitgliedstaats des AIF".** Art. 4 Abs. 1 lit. p) greift bei der Definition des „Herkunftsmitgliedstaats des AIF" weitgehend auf die Definition des „Sitzes des AIF" gemäß Art. 4 Abs. 1 lit. j) ii) bzw. des „EU-AIF" gemäß Art. 4 Abs. 1 lit. k) zurück. Der Herkunftsmitgliedstaat eines EU-AIF soll sich primär danach bestimmen, wo dieser zugelassen oder registriert ist. Da die AIFM-Richtlinie den AIF selbst nicht reguliert und weder eine Zulassung noch eine Registrierung des AIF vorschreibt, kann sich die Zulassung oder Registrierung allein aus dem nationalen Recht ergeben. Der KAGB-Regierungsentwurf sieht jedoch für AIF, die nur an professionelle Anleger vertrieben werden, keine Zulassung/Registrierung des AIF vor. Nur für auch an Kleinanleger vertriebene AIF (sog. Publikums-AIF) kommt daher dieses Kriterium zum Tragen. Bedeutsam ist dieses Kriterium hingegen in Mitgliedstaaten, deren nationales Recht eine Zulassung oder Registrierung des AIF vorsieht. Art. 4 Abs. 1 lit. p) i) enthält zudem eine Regelung darüber, was zu gelten habe, wenn ein AIF in mehreren Mitgliedstaaten nach dem jeweiligen nationalen Recht zugelassen oder registriert sein sollte. Hierzu kann es bei an professionelle Anleger vertriebenen AIF eigentlich nicht kommen, weil die Aufnahmemitgliedstaaten den Vertrieb nicht von einer Zulassung des AIF nach ihrem nationalen Recht abhängig machen können. Bedeutsam ist diese Regelung somit nur für AIF, die auch an Kleinanleger vertrieben werden.[129] In diesem Fall gilt der Mitgliedstaat als Herkunftsmitgliedstaat des AIF, in dem der AIF zum ersten Mal zugelassen oder registriert worden ist.

125   Subsidiär bestimmt sich der Herkunftsmitgliedstaat des AIF danach, wo dieser seinen satzungsmäßigen Sitz und/oder seine Hauptverwaltung hat. Im strengen Sinne haben jedoch nur AIF mit eigener Rechtspersönlichkeit (wie z. B. Investmentaktiengesellschaften oder SICAV) einen Sitz. Demgegenüber kann man bei AIF der Vertragsform (wie z. B. Sondervermögen oder FCP) streng genommen nicht von einem Sitz sprechen. Gleichwohl knüpft auch die Definitionen des inländischen Investmentvermögen in § 1 Abs. 7 an den Sitz des Fonds an. Herkömmlich erweise wurde bei Fonds des Vertragstyps auf den Sitz der Verwaltungsgesellschaft abgestellt. Dies ist jedoch nach Einführung des EU-Verwaltungspasses nicht länger ohne weiteres möglich, weil der Sitz des AIFM und die Ansässigkeit bei grenzüberschreitender Verwaltung auseinanderfallen können.

126   Gemeint sein dürfte damit bei AIF des Vertragstyps (wie insbesondere Sondervermögen) somit die Ansässigkeit. Diese richtet sich praktisch nach dem Recht des Mitgliedstaates, nach dessen Recht der AIF aufgelegt wird. Dessen nationales Recht muss die Rechtsform (z. B. des Sondervermögens) vorhalten, damit eine solche Auflage möglich ist.

127   **3. Bezüge zum KAGB-E.** Deutschland hat die Definition des „Herkunftsmitgliedstaats des AIF" in § 1 Abs. 19 Nummer 18 KAGB-E eins-zu-eins umgesetzt. Die Kommentierung kann daher uneingeschränkt zur Auslegung des Kapi-

---

[129] Fraglich bleibt gleichwohl, inwieweit diese Regelung eine praktische Bedeutung erlangen wird.

talanlagegesetzbuches herangezogen werden. Es wurden lediglich sprachliche
Anpassungen an die Terminologie des Kapitalanlagegesetzbuche vorgenommen.

XV. Definition des Herkunftsmitgliedstaats des AIFM (Abs. 1 lit. q))

1. Kontext und Überblick. Es kann auf die eingehende Darstellung unter 128
Rn. 93 und Rn. 122 ff. verwiesen werden. Ergänzend ist darauf hinzuweisen,
dass die Definition des „Herkunftsmitgliedstaats des AIFM" in Art. 4 Abs. 1
lit. q) auch entsprechend für Drittstaaten-AIFM gilt. Für diese ist die Bezugnahme auf den „Herkunftsmitgliedstaat des AIF" immer als Bezugnahme auf
den „Referenzmitgliedstaat" gemäß Art. 4 Abs. 1 lit. z) i. V. m. Art. 37 Abs. 4
zu verstehen.

2. Anforderungen an das Vorliegen eines „Herkunftsmitgliedstaats des 129
AIFM". Art. 4 Abs. 1 lit. q) greift für diese Definition auf die Definitionen des
„EU-AIFM" (lit. l) und des „Sitzes eines AIFM" (lit. j)) zurück. Der **Herkunftsmitgliedstaat eines EU-AIFM** ist demnach derjenige Mitgliedstaat, in dem ein
EU-AIFM seinen satzungsmäßigen Sitz hat. Bei **Drittstaaten-AIFM** ist damit
der Referenzmitgliedstaat gemäß Art. 4 Abs. 1 lit. z) i. V. m. Art. 37 Abs. 4
gemeint.[130]

3. Bezüge zum KAGB-E. Deutschland hat die Definition des „Herkunfts- 130
mitgliedstaats des AIFM" gemäß Art. 4 Abs. 1 lit. q) AIFM-RL in § 1 Abs. 19
Nummer 20 KAGB-E umgesetzt. Die Umsetzung erfolgte weitgehend eins-zu-
eins.

XVI. Definition des „Aufnahmemitgliedstaat des AIFM" (Abs. 1 lit. r))

1. Kontext und Überblick. Die Definition des „Aufnahmemitgliedstaat des 131
AIFM" gemäß Art. 4 Abs. 1 lit. r) ist das Gegenstück zum Herkunftsmitgliedstaat
eines EU-AIFM gemäß Art. Abs. 1 lit. q) bzw. des Referenzmitgliedstaates eines
Drittstaaten-AIFM gemäß Art. 4 Abs. 1 lit. z) i. V. m. Art. 37 Abs. 4. Der Begriff
des „Aufnahmemitgliedstaat des AIFM" bezeichnet einen anderen Mitgliedstaat,
in dem ein AIFM im Rahmen der kollektiven Vermögensverwaltung grenzüber-
schreitend tätig wird. Er spielt in den Kapiteln VI und VII eine wichtige Rolle.
Es fällt auf, dass die Definition keinen Bezug auf die Dienstleistungen und Nebendienstleistungen nimmt, die ein externer AIFM bei Vorliegen der Zulassung nach
Art. 6 Abs. 4 erbringen darf, weil nur von der Verwaltung und dem Vertrieb des
AIF die Rede ist. Dies hängt damit zusammen, dass die AIFM-Richtlinie – im
Unterschied zur OGAW-Richtlinie – keinen Pass für die grenzüberschreitende
Erbringung der Dienstleistungen bzw. Nebendienstleistungen gemäß Art. 6 Abs. 4
enthält (vgl. Art. 33).

2. Anforderungen an das Vorliegen eines „Aufnahmemitgliedstaats 132
des AIFM". Die Definition des „Aufnahmemitgliedstaat des AIFM" gemäß
Art. 4 Abs. 1 lit. r) erfasst alle Fälle, in denen ein AIFM grenzüberschreitend einen
AIF in einem (anderen) Mitgliedstaat vertreibt oder verwaltet. Mangels EU-Passes
nicht erfasst ist hingegen die grenzüberschreitende Erbringung von Dienstleistungen oder Nebendienstleistungen gemäß Art. 6 Abs. 4.

---

[130] Vgl. die eingehende Kommentierung des Art. 37.

133   Unter die Definition des „Aufnahmemitgliedstaat des AIFM" fallen die folgenden sechs Fallgruppen:

134   Fallgruppe 1: Ein EU-AIFM mit Sitz in Mitgliedstaat A (z. B. Deutschland)
verwaltet einen in einem anderen Mitgliedstaat B (z. B. Luxemburg) aufgelegten
EU-AIF. Aufnahmemitgliedstaat ist in diesem Beispielsfall Luxemburg. Die grenzüberschreitende Verwaltung eines EU-AIF kann aufgrund des EU-Verwaltungspasses gemäß Art. 33 erfolgen.

135   Fallgruppe 2: Ein EU-AIFM mit Sitz in Mitgliedstaat A (z. B. Deutschland)
vertreibt (oder lässt über Vertriebsmittler vertreiben) die Anteile an einem von
ihm verwalteten EU-AIF in einem anderen Mitgliedstaat B (z. B. Frankreich).
Aufnahmemitgliedstaat ist in diesem Beispielsfall Frankreich. Hierbei spielt es
keine Rolle, wo der EU-AIF seinen Sitz hat. Das kann der Herkunftsmitgliedstaat
des AIFM oder, bei grenzüberschreitender Verwaltung, ein anderen Mitgliedstaat
(einschließlich des Vertriebsstaats) sein. Der Vertrieb erfolgt, solange er nur an
professionelle Anleger gerichtet ist, auf der Grundlage des EU-Vertriebspasses
gemäß Art. 32. Ist der Vertrieb auch oder nur an Kleinanleger gerichtet, so kann
er bei geschlossenen AIF auf der Grundlage der Prospektrichtlinie und im Übrigen
nur erfolgen, wenn das nationale Recht des Aufnahmemitgliedstaates dies zulässt.

136   Fallgruppe 3: Ein EU-AIFM mit Sitz in Mitgliedstaat A (z. B. Großbritannien)
vertreibt (oder lässt über Vertriebsmittler vertreiben) die Anteile an einem von
ihm verwalteten Drittstaaten-AIF (wie z. B. eines Hedgefonds aus den Cayman
Islands) in einem anderen Mitgliedstaat B (z. B. Deutschland). Aufnahmemitgliedstaat ist in diesem Beispielsfall Deutschland. Die Fallgruppe 3 ist in den Fällen der
Art. 35 und 36 von Bedeutung.

137   Fallgruppe 4: Ein Drittstaaten-AIFM mit Sitz z. B. in den USA verwaltet einen
in einem Mitgliedstaat (z. B. Irland) aufgelegten EU-AIF, ohne dass der Drittstaaten-AIFM jenen Staat zu seinem Referenzmitgliedstaat gewählt hat.[131] In diesem
Beispielsfall ist Irland der Aufnahmemitgliedstaat. Die Fallgruppe 4 ist für Art. 41
bedeutsam.

138   Fallgruppe 5: Ein Drittstaaten-AIFM mit Sitz z. B. in der Schweiz vertreibt
Anteile an einem EU-AIF in einem Mitgliedstaat (z. B. Deutschland), wobei der
Vertriebsstaat nicht sein Referenzmitgliedstaat ist.[132] In diesem Beispielsfall ist
Deutschland der Aufnahmemitgliedstaat. Die Fallgruppe 5 ist für Art. 39 bedeut-
sam. Sie setzt voraus, dass der Drittstaaten-AIFM sowohl einen AIF in der EU
verwaltet als auch vertreibt.

139   Fallgruppe 6: Ein Drittstaaten-AIFM mit Sitz z. B. in den USA vertreibt einen
Cayman Island Hedgefonds in einem Mitgliedstaat der EU (z. B. in Deutschland),
welcher nicht sein Referenzmitgliedstaat ist. Aufnahmemitgliedstaat ist im Beispielsfall Deutschland. Die Fallgruppe spielt für Art. 40 und 42 eine Rolle

140   **3. Bezüge zum KAGB-E.** Art. 4 Abs. 1 lit. r) AIFM-RL wird durch § 1
Abs. 19 Nummer 4 KAGB-E, allerdings nur für (inländische) AIF-Kapitalverwal-
tungsgesellschaften umgesetzt. Damit wird nur der Fall erfasst, dass deutsche AIF-
Kapitalverwaltungsgesellschaften im EU-Ausland grenzüberschreitend tätig wer-

---

[131] Hätte in dem Beispielsfall der Drittstaaten-AIFM Irland zu seinem Referenzmitgliedstaat gewählt, so läge keine grenzüberschreitende Verwaltung vor. Eine Definition des Aufnahmemitgliedstaates ist dann entbehrlich.
[132] Hätte in dem Beispielsfall der Drittstaaten-AIFM Deutschland zu seinem Referenzmitgliedstaat gewählt, so läge kein grenzüberschreitender Vertrieb vor. Eine Definition des Aufnahmemitgliedstaates ist dann entbehrlich.

den. Der umgekehrte Fall, dass EU-AIFM oder Drittstaaten-AIFM in Deutschland AIF verwalten oder vertreiben, ist hingegen nicht von dieser Definition erfasst.

XVII. Definition des „Anfangskapitals" (Abs. 1 lit. s))

1. Kontext und Überblick. Der Begriff des „Anfangskapitals" spielt im Zulas- 141 sungsverfahren für den AIFM eine wichtige Rolle. Nach Art. 8 Abs. 1 lit. b) i. V. m. Art. 9 muss ein AIFM für seine Zulassung nachweisen, dass er über das geforderte Anfangskapital verfügt.[133] Die Höhe des Anfangskapitals ist für intern verwaltete AIF in Art. 9 Abs. 1 und externe AIFM in Art. 9 Abs. 2 geregelt. Darüber hinaus müssen auch Wertpapierdienstleistungsunternehmen, wenn sie als Depotbank tätig werden wollen, gemäß Art. 21 Abs. 3 lit. b) über ein bestimmtes Anfangskapital verfügen.

2. Anforderungen an das Angangskapital. Im Unterschied zu § 2 Abs. 23 142 InvG definiert Art. 4 Abs. 1 lit. s) AIFM-RL nicht selbst das Anfangskapital, sondern verweist – wie schon Art. 2 Abs. 1 lit. k) OGAW-RL – auf Art. 57 Abs. 1 lit. a) und b) der Bankenrichtlinie (Richtlinie 2006/48/EG). Auf eine Erläuterung dieser sehr komplexen Vorschrift wird hier verzichtet und auf das bankenrechtliche Schrifttum[134] sowie die Umsetzung im KAGB-Regierunsentwurf (vgl. nachfolgend) verwiesen.

3. Bezüge zum KAGB-E. Der Begriff des „Anfangskapitals" wird in § 1 143 Abs. 19 Nummer 1 KAGB-E definiert. Dabei wird zwischen dem Anfangskapital bei Aktiengesellschaften, GmbH und Kommanditgesellschaften unterschieden. Bei ersteren ist mit Anfangskapital das eingezahlte Grund- oder Stammkapital gemeint. Hierbei nicht zu berücksichtigen sind jedoch bei Aktiengesellschaften etwaige Vorzugsaktien[135] und Rücklagen. Bei diesen Rücklagen handelt es sich nur um solche, „die in der letzten für den Schluss eines Geschäftsjahres festgestellten Bilanz als Rücklagen ausgewiesenen Beträge mit Ausnahme solcher Passivposten, die erst bei ihrer Auflösung zu versteuern sind". Insoweit entspricht die Definition des „Anfangskapitals" der Definition des § 2 Abs. 23 InvG. Aufgrund der Besonderheiten bei Personengesellschaften enthält lit. c) eine abweichende Definition des „Anfangskapitals" für Kommanditgesellschaften. Hierunter ist das eingezahlte Geschäftskapital und die Rücklagen der bis zum 31.12.2012 geltenden Fassung zu verstehen. Hiervon abzuziehen sind die Entnahmen der persönlich haftenden Gesellschafter und die diesen gewährten Kredite.

XVIII. Definition des „Emittenten" (Abs. 1 lit. t))

1. Kontext und Überblick. Der Begriff des „Emittenten" und sein Gegen- 144 satzpaar des nicht börsennotierten Unternehmens (vgl. Art. 4 Abs. 1 lit. ac) spielen in Kapitel V Abschnitt 2 eine zentrale Rolle. Dieser Abschnitt regelt die besonderen Pflichten von AIFM namentlich von Private Equity und Venture Capital Fonds, wenn diese die Kontrolle über ein Unternehmen erlangen.

2. Anforderungen an das Vorliegen eines Emittenten. Art. 4 Abs. 1 lit. t) 145 definiert den Begriff des „Emittenten" nicht selbst, sondern verweist auf die Defi-

---

[133] Vgl. insoweit auch §§ 7b, 11 Abs. 1 und 97 Abs. 1 Satz 2 InvG.

[134] Vgl. nur *Fischer* in Boos/Fischer/Schulte-Mattler, KWG, 4. Aufl., § 33 Rn. 6 ff.

[135] Der Begriff der Vorzugsaktie wird dort definiert als „Aktie, die mit einem nachzuzahlenden Vorzug bei der Verteilung des Gewinns ausgestattet ist".

nition in Art. 2 Abs. 1 lit. d) der Transparenzrichtlinie (Richtlinie 2004/109/EG). Bei einem Emittenten handelt es sich danach um eine juristische Person des privaten oder öffentlichen Rechts, einschließlich eines Staates, deren Wertpapiere zum Handel an einem geregelten Markt im Sinne von Art. 4 Abs. 1 Nr. 14 MiFID zugelassen sind. Der Begriff des „Emittenten" umschreibt somit für die Zwecke des Kapitels V Abschnitt 2 der AIFM-Richtlinie börsennotierte Unternehmen. Voraussetzung ist zusätzlich, dass die Aktien zum Handel an einem geregelten Markt gemäß Art. 4 Abs. 1 Nr. 14 MiFID zugelassen sind. Dies wird in Deutschland durch §§ 49 ff. BörsenG i. V. m. Börsenordnung umgesetzt. Wesentliche Voraussetzungen für die Erstzulassung von Aktien im geregelten Markt sind ein Bestehen des Unternehmens seit mindestens drei Jahren, eine Mindeststückzahl der Aktien von 10.000 Stückaktien und die Veröffentlichung eines Zulassungsdokuments, das über die tatsächlichen und rechtlichen Verhältnisse Auskunft gibt, die für die Beurteilung der Wertpapiere wesentlich sind. Der Unternehmensbericht muss richtig und vollständig sein und Bilanzen, Gewinn- und Verlust- sowie Kapitalflussrechnungen der letzten drei Geschäftsjahre sowie Anhang und Lagebericht für das vorangegangene Geschäftsjahr enthalten. Am geregelten Markt notierte Unternehmen müssen einen Jahresabschluss sowie einen Zwischenbericht für die ersten sechs Monate des Geschäftsjahres veröffentlichen.

146   Hinzuweisen ist allerdings darauf, dass nicht alle börsennotierte Unternehmen Emittent im Sinne der AIFM-Richtlinie sind. So sind beispielsweise Unternehmen, deren Aktien im Freiverkehr gemäß § 57 BörsenG zugelassen sind, keine Emittenten im Sinne von Art. 4 Abs. 1 lit. t) AIFM-RL Dies liegt daran, dass es auf europäischer Ebene allein für den geregelten Markt einheitliche Regelungen gibt und der Freiverkehr allein auf nationalem Recht beruht. Die auf den ersten Blick überraschende Folge ist, dass Unternehmen, die zwar börsennotiert sind, deren Aktien aber nicht zum Handel am geregelten Markt zugelassen sind, nach der Definition des „nicht börsennotierten Unternehmens" gemäß Art. 4 Abs. 1 lit. ac) AIFM-RL als nicht börsennotierte Unternehmen zu behandeln sind. Diese Definition umfasst alle Unternehmen mit Sitz in der EU, deren Anteile nicht zum Handel am geregelten Markt im Sinne des Art. 4 Abs. 1 Nr. 14 MiFID zugelassen sind.

147   **3. Bezüge zum KAGB-E.** Deutschland plant, den Begriff des „Emittenten" nicht zu definieren.

XIX. Definition des „gesetzlichen Vertreters" (Abs. 1 lit. u))

148   **1. Kontext und Überblick.** Der Begriff des gesetzlichen Vertreters spielt ausschließlich in Art. 37 eine Rolle. Drittstaaten-AIFM dürfen danach nur dann AIF in der EU verwalten oder vertreiben, wenn sie einen gesetzlichen Vertreter in ihrem Referenzmitgliedstaat ernennen (vgl. Art. 37 Abs. 3, Abs. 7 lit. b) und c), Abs. 8 lit. a) iv) und Abs. 11). Der Begriff des gesetzlichen Vertreters ist einen Synonym für den bisher im Investmentgesetz verwandten Begriff des Repräsentanten (vgl. nur §§ 137 Abs. 1 Satz 2 Nr. 2 und 138 InvG). Der gesetzliche Vertreter ist gemäß Art. 37 Abs. 7 lit. c) AIFM-RL neben dem AIFM selbst die Kontaktpersonen eines Drittstaaten-AIFM für die Anleger und die Aufsichtsbehörden. Er muss zumindest hinreichend ausgestattet sein, um die Compliance-Funktion nach dieser Richtlinie wahrnehmen zu können. Er stellt das Bindeglied zwischen den (deutschen) Anlegern und der (deutschen) Aufsichtsbehörde und dem Drittstaaten-AIFM dar. Dies soll sowohl den Anlegern als auch der Aufsichtsbehörde die Kommunikation und die effektive Rechtsdurchsetzung erleichtern.

2. Anforderungen an das Vorliegen eines gesetzlichen Vertreters. Art. 4 **149** Abs. 1 lit. u) stellt keine besonderen Anforderungen für gesetzliche Vertreter auf. Sowohl natürliche Personen als auch juristische Personen können danach gesetzliche Vertreter sein. Voraussetzung ist lediglich, dass die natürliche Person einen Wohnsitz oder die juristische Person ihren Sitz in der EU hat. Dabei muss es sich nicht zwingend um den alleinigen Wohnsitz oder Sitz handeln. Auch ist bei natürlichen Personen nicht erforderlich, dass sie die Staatsangehörigkeit eines Mitgliedstaats haben.[136] Nicht vorausgesetzt wird, dass sich der Wohnsitz oder Sitz in dem Referenzmitgliedstaat des Drittstaaten-AIFM befindet. Demgegenüber müssen Repräsentanten unter dem Investmentgesetz ihren (Wohn-) Sitz zwingend in Deutschland haben. Darüber hinaus ist nach dem Investmentgesetz erforderlich, dass es sich bei dem Repräsentanten um ein Kreditinstitut oder eine andere fachlich geeignete und zuverlässige Person handelt.[137]

Der gesetzliche Vertreter muss von dem Drittstaaten-AIFM ausdrücklich zu **150** seinem Amt ernannt werden. Einer Mitwirkung der Aufsichtsbehörde hieran bedarf es nicht. Bestimmungen darüber, wie die Stellung des gesetzlichen Vertreters begründet bzw. beendet wird, fehlen. Da auf den gesetzlichen Vertreter die Bestimmungen über die Stellvertretung (§§ 164 ff. BGB) Anwendung finden, ist davon auszugehen, dass das Amt des gesetzlichen Vertreters entweder durch Vertrag oder durch einseitigen Ernennungsakt erfolgen kann.

3. Aus der Definition folgende Rechtstellung des gesetzlichen Vertre- **151** **ters.** Gemäß Art. 4 Abs. 1 lit. u) ist der gesetzliche Vertreter befugt, im Namen des Drittstaaten-AIFM diesen gegenüber Behörden, Kunden, Einrichtungen und Gegenparteien zu **vertreten.** Dies umfasst wie bei § 138 Abs. 1 InvG sowohl die gerichtliche als auch die außergerichtliche Vertretung. Der gesetzliche Vertreter ist kraft Gesetzes aufgrund seiner Ernennung[138] nicht nur zur Abgabe von Willenserklärung für den Drittstaaten-AIFM, sondern auch zu deren Empfang bevollmächtigt.[139] Diese Vollmacht ist umfassend und kann im Außenverhältnis[140] nicht rechtsgeschäftlich eingeschränkt werden.[141] Aus der Definition des Art. 4 Abs. 1 lit. u) ergibt sich hingegen nicht, ob der gesetzliche Gerichtsstand des Drittstaaten-AIFM am Sitz des gesetzlichen Vertreters sein soll, wie dies § 138 Abs. 2 InvG vorsieht.

4. Bezüge zum KAGB-E. Die Definition des „gesetzlichen Vertreters" ist **152** in § 1 Abs. 19 Nummer 16 KAGB-E umgesetzt. Die Umsetzung erfolgte nahezu wortgleich. Allerdings wurde hinzugefügt, dass eine juristische Person nicht nur dann gesetzlicher Vertreter eines Drittstaaten-AIFM sein kann, wenn sie ihren Sitz in der EU hat. Daneben reiche auch eine Zweigniederlassung in der EU aus.

XX. Definition der Hebelfinanzierung (Abs. 1 lit. v))

1. Kontext und Überblick. Der Begriff der „Hebelfinanzierung" (englisch: **153** *leverage*) ist ein zentraler Begriff des Asset Managements und damit auch der AIFM-

---

[136] *Erhard* in Berger/Steck/Lübbehüsen, InvG, § 136 Rn. 11.
[137] Ebendort, Rn. 9 f.
[138] Zustimmend *Erhard* in Berger/Steck/Lübbehüsen, InvG, § 138 Rn. 1.
[139] Vgl. ebendort, Rn. 2 f.
[140] Hingegen ist eine Beschränkung im Innenverhältnis zulässig; vgl. ebendort, Rn. 4.
[141] Vgl. ebendort, Rn. 4.

Richtlinie. Aufgrund der mit dem Einsatz von Hebelfinanzierung verbundenen Risiken für die Anleger und u. U. für die Finanzmarktstabilität sieht das Aufsichtsrecht regelmäßig Beschränkungen des Einsatzes vor. Mit Hebelfinanzierung bzw. Leverage ist die Steigerung des Investitionsgrades des AIF gemeint.[142] Hierdurch können die Erträge in Bezug auf das eingesetzte Kapital deutlich gesteigert werden. Mit dem Einsatz von Leverage steigt aber auch das Verlustrisiko exponentiell.

154   In der AIFM-Richtlinie spielt der Begriff der „Hebelfinanzierung" namentlich in den folgenden Zusammenhängen eine Rolle.

155   Dies ist erstens von Bedeutung bei der besonderen Ausnahme von AIFM gemäß Art. 3 Abs. 2 lit. b), welche geschlossene Fonds ohne Hebelfinanzierung auf Fondsebene (wie Private Equity und Venture Capital Fonds) verwalten. Zweitens hat jeder AIFM gemäß Art. 7 Abs. 3 lit. a) im Zulassungsverfahren anzugeben, welche Grundsätze für die Hebelfinanzierung er bei der Verwaltung von AIF anzuwenden beabsichtigt. Dies steht drittens im Zusammenhang mit der Verpflichtung gemäß Art. 15 Abs. 4, wonach jeder AIFM im Rahmen seines Risikomanagements das Höchstmaß an Hebelfinanzierungen festlegen muss. Ferner muss jeder AIFM gemäß Art. 23 Abs. 1 lit. a) viertens seine Anleger vor deren Investition umfassend über den beabsichtigten Einsatz der Hebelfinanzierung informieren, damit die professionellen Anleger in der Lage sind, die damit verbundenen Risiken zu ermessen. Fünftens müssen AIFM, welche in beträchtlichem Umfang Hebelfinanzierungen einsetzen, ihrer Aufsichtsbehörde hiervon gemäß Art. 24 Abs. 4 Mitteilung zu machen. Schließlich widmet sich mit Art. 25 sechstens eine eigene Vorschrift den besonderen Anforderungen von AIFM, die hebelfinanzierte AIF verwalten sowie insbesondere der behördlichen Auswertung damit ggf. verbundener systemischer Risiken.

156   **2. Anforderungen an das Vorliegen einer Hebelfinanzierung.** Der Begriff der „Hebelfinanzierung" ist in Art. 4 Abs. 1 lit. v) in umfassender Weise definiert. Darunter ist jede Methode, mit der ein AIFM das Risiko[143] eines von ihm verwalteten AIF durch

• Kreditaufnahme,
• Wertpapierleihe,
• in Derivate eingebettete Hebelfinanzierungen oder
• auf andere Weise

erhöht.

157   Die Kreditaufnahme, die Wertpapierleihe und in Derivate eingebettete Hebelfinanzierungen bilden klassische Formen des Leverage. Die Formulierung „auf andere Weise" soll den Begriff für neue (technische) Entwicklungen offen halten, die zu einer Hebelfinanzierung führen können.

158   Wie in diesem Zusammenhang die Hebelfinanzierung zu berechnen ist, ergibt sich nicht unmittelbar aus der AIFM-Richtlinie selbst. Art. 4 Abs. 3 ermächtigt die EU-Kommission, hierfür delegierte Rechtsakte zu erlassen. Dem ist die EU-Kommission durch Art. 6 ff. der Durchführungsverordnung nachgekommen. Diese Regelungen greifen im Wesentlichen auf „ESMA's technical advice to the European Commission on possible implementing measures of the Alternative Investment Fund Managers Directive" (ESMA/2011/379)[144], zurück. Die

---

[142] *Gringel* in Berger/Steck/Lübbehüsen, InvG, § 112 Rn. 12.
[143] Dem Terminus „Risiko" entspricht in der englischsprachigen Fassung der AIFM-RL der Terminus „exposure".
[144] Abrufbar unter http://www.esma.europa.eu/system/files/2011_379.pdf.

ESMA-Vorschläge zur Hebelfinanzierung orientieren sich inhaltlich stark an den „CESR's Guidelines on Risk Measurement and the Calculation of Global Exposure and Counterparty Risk for UCITS".[145] Nachfolgend werden die wesentlichen Aspekte dargestellt.

Unter Hebelfinanzierung ist gemäß Art. 6 Abs. 1 Durchführungsverordnung **159** das Verhältnis von „Exposure" und dem Nettoinventarwert (Net Asset Value, NAV) auszuweisen ist.[146] Dies bedeutet, dass ein AIF, der lediglich Aktien an börsennotierten Unternehmen hält, nicht als hebelfinanziert einzustufen ist, solange die Aktien nicht über Fremdkapital finanziert werden. In dem Beispielsfall entspricht das Exposure dem NAV. Anders sieht es aus, wenn der AIF Optionen in Bezug auf einen Aktienindex erwirbt, weil hier das Exposure gegenüber dem jeweiligen Basisinvestments erhöht ist.[147]

Abgesehen von diesen einfachen Beispielen gestaltet sich die Ermittlung bzw. **160** Berechnung des Leverage in den meisten Fällen als komplex. Dabei können je nach gewähltem Ansatz die Ergebnisse deutlich unterschiedlich ausfallen. Für die Berechnung des AIF-Exposures sieht Art. 6 Abs. 2 Durchführungsverordnung vor, dass die Hebelfinanzierung von AIF parallel nach den folgenden Berechnungsmethoden zu ermitteln ist: zum einen die sog. **Gross Method** (Art. 7), zum anderen die sog. **Commitment Method** (Art. 8). ESMA hatte in ihrem Technical Advice sogar eine dritte Berechnungsmethode vorgeschlagen, die sog. Advanced Method[148], die jedoch von der EU-Kommission nicht übernommen worden ist. Die EU-Kommission muss gemäß Art. 6 Abs. 2 UAbs. 2 bis zum 21.7.2015 untersuchen, ob diese beiden Methoden geeignet sind, für alle Arten von AIF den Leverage angemessen zu ermitteln. Bei Bedarf soll sie eine neue Methode entwickeln.

Unabhängig von den beiden Berechnungsmethoden gelten dabei folgende all- **161** gemeine Grundsätze:

- Risiken die durch dritte Parteien entstehen, die von dem AIF kontrolliert werden, müssen grundsätzlich mit in die Berechnung des jeweiligen AIF einbezogen werden
- AIF, deren Strategie die Übernahme von nicht gelisteten Unternehmen ist (Private Equity), müssen jedoch den Leverage der Zielunternehmen nicht mit in ihre Berechnung einbeziehen
- Aufgenommene Kredite finden ebenfalls keine Berücksichtigung, wenn sie kurzfristig sind und durch Investoren besichert sind[149]
- Ein AIFM muss die Berechnung des Exposure anhand der Gross und Commitment Method regelmäßig durchführen und dokumentieren.

---

[145] CESR's Guidelines on Risk Measurement and the Calculation of Global Exposure and Counterparty Risk for UCITS vom 28.7.2010 (CESR/10-788), abrufbar auf der ESMA-Homepage unter http://www.esma.europa.eu/system/files/10_788.pdf; weiterführend hierzu der ESMA FAQ ‚Risk Measurement and Calculation of Global Exposure and Counterparty Risk for UCITS' vom 9.7.2012 (ESMA/2012/429), abrufbar auf der ESMA-Homepage unter: http://www.esma.europa.eu/system/files/2012-429.pdf.

[146] Vgl. hierzu auch ESMA-Advice ESMA/2011/379, Box 94, S. 192.

[147] Vgl. Erwägungsgrund 9 Durchführungsverordnung.

[148] Weiterführend vgl. ESMA Advice ESMA/2011/379, Box 97, S. 200 ff.

[149] „Besicherung" heißt in diesem Zusammenhang *„contractual commitment of an investor to provide the AIF with an agreed amount of investment on request by the AIFM"*, vgl. Art. 8 Abs. 4 Durchführungsverordnung.

162   **a) Brutto-Methode bzw. Gross Method (Art. 7 Durchführungsverordnung[150]).** Bei Anwendung der Brutto-Methode entspricht das Exposure der
Summe der (absoluten) Werte aller Positionen, deren Berechnung nach den in
Art. 19 AIFM-RL und den entsprechenden Durchführungsbestimmungen niedergelegten Grundsätzen zur Bewertung erfolgt[151]; vgl. Art. 7 Durchführungsverordnung. Wie schon durch die Terminologie zum Ausdruck kommt, geht es bei
dieser Methode um eine Brutto-Berechnung. Hedging- oder Netting-Vereinbarung finden also keine Berücksichtigung und können nicht abgezogen werden.
Alle Positionen, von Long-Positionen über Short Positionen, Darlehen, Derivate
und jedes Instrument, mit dem das Exposure erhöht wird und bei dem Risiken
und Erträge von Vermögensgegenständen und Verbindlichkeiten dem AIF zuzurechnen sind, sind in diese Berechnung einzubeziehen.

163   Dabei sind jedoch folgende Besonderheiten zu beachten:

- Hoch liquide Anlagen (Cash / Cash equivalents) in der Basis-Währung des
  AIFs, die ohne weiteres liquidiert werden können und nur einem geringen
  Risiko unterliegen, werden nicht in die Berechnung mit einbezogen, wenn
  ihre Rendite nicht höher als die von dreimonatigen Staatsanleihen ist,[152]
- kurzfristige Kredite, die in Bezug zu Einlagepflichten von Anlegern stehen und
  in dieser Höhe gedeckt sind, sind nicht anzurechnen,
- durch Kredite aufgenommene Mittel, die in hochliquiden Anlagen mit entsprechendem Wert angelegt werden, werden ebenfalls nicht miteinbezogen,
- werden durch Kredite aufgenommenen Gelder investiert, so erhöhen sie das
  Exposure und müssen mit einbezogen werden und sind mindestens in Höhe
  des Kreditbetrags anzusetzen,
- Derivate werden gem. Art. 12 und Art. 11 Nr. 4–9 und 14 der Durchführungsverordnung in eine dem Bezugsverhältnis entsprechende Position des Basiswerts umgerechnet,
- Repo, Reverse Repo sowie Wertpapierleih- und Wertpapierverleih- Geschäfte
  werden angerechnet.

164   In der ESMA-Konsultation wurde die Gross Method teils stark kritisiert, weil
auch Hedging und Nettingvereinbarungen anzurechnen sind, also das Exposure
erhöhen, selbst wenn diese zur Risikoreduzierung eingesetzt werden. Im Ergebnis
spiegelt diese Methode nicht exakt das Exposure des AIFs wieder und ist auch
für Investoren u.U. sogar irreführend, da sich aus dem ausgewiesenen Exposure
nicht der Anteil an Hedging bzw. Netting-Vereinbarungen ergibt. Trotz dieser
Kritik haben sich ESMA und die EU-Kommission dafür entschieden, dass eine
Berechnung auf Basis der Gross Method notwendig ist und den zuständigen
Aufsichtsbehörden relevante Informationen liefert.

165   **b) Commitment-Methode[153].** Neben der Verwendung der Brutto-Methode schreibt die Durchführungsverordnung für die Berechnung des Exposures
zwingend auch die Verwendung der sog. Commitment-Methode vor. Auch hier
wird das Exposure grundsätzlich als die Summe der absoluten Werte aller Positionen definiert, wobei die Werte anhand des in Art. 19 AIFM-RL niedergelegten
Bewertungsverfahrens ermittelt wird. Die Commitment-Methode ist im Ver-

---

[150] Weiterführend vgl. Art. 9 und Erwägungsgründe 11–14 AIFMD-DVO.
[151] Vgl. Art. 9 AIFMD-DVO.
[152] Vgl. Erwägungsgrund 12 AIFMD-DVO.
[153] Weiterführend vgl. Art. 8 und Erwägungsgründe 15 bis 31 der Durchführungsverordnung.

gleich zur Brutto Methode deutlich komplexer und enthält zudem zahlreiche Ausnahmeregelungen.

Ein wesentlicher Unterschied zur Brutto Methode besteht darin, dass Hedging- **166** und Netting-Vereinbarungen Berücksichtigung finden, also das Exposure nicht erhöhen, wenn bestimmte Kriterien erfüllt werden:

Bei Anlagen, die ausschließlich zu Hedging Zwecken getätigt werden, darf **167**
- mit den dem Hedging-Verhältnis zugrundeliegenden Positionen keine eigene Gewinnerzielung beabsichtigt sein (keine Renditeabsicht),
- die Positionen müssen nachweislich das Marktrisiko des AIF senken,
- die mit Derivaten verbundenen – allgemeinen und spezifischen – Risiken müssen vollständig ausgeglichen werden,
- die Hedging Positionen müssen sich auf die gleiche Assetklasse beziehen, und
- der Hedginganansatz muss auch in angespannten Marktphasen effizient funktionieren.

Auch ohne Vorliegen dieser Voraussetzungen können Derivate, die zur Absiche- **168** rung von Währungsrisiken eingesetzt werden (d.h., die kein incremental Exposure, Hebelwirkung und/oder andere Marktrisiken enthalten) bei der Berechnung des Exposures unberücksichtigt bleiben[154].

Für Derivate gilt nach der Commitment-Methode weiter, dass diese – ähnlich **169** wie bei der Brutto-Methode – gem. Art. 12 und Art. 11 Abs. 4–9 und 14 der Durchführungsverordnung in eine dem Bezugsverhältnis entsprechende Position des Basiswerts umzurechnen sind. Die Einzelheiten sind in der sogenannten Conversion Methodology niedergelegt.[155] In die Berechnung einzubeziehen ist das Exposure von Krediten, die reinvestiert werden und soweit es zu einer tatsächlichen Erhöhung des Exposures kommt. Als Betrag wird auch hier mindestens der Kreditbetrag angesetzt.

Positionen, die denselben Basiswert betreffen, dürfen gegeneinander aufgerech- **170** net werden (Netting), wenn die Investition ausschließlich darauf abzielt, Risiken anderer Positionen zu beseitigen. Positionen dürfen auch genettet werden, wenn es sich um Derivate handelt, die denselben Basiswert besitzen, aber verschiedene Laufzeiten haben. Basiswert der Derivate können übertragbare Wertpapiere, Geldmarktprodukte oder Fondsanteile sein. AIF, deren Strategie vorrangig durch Zinsderivate umgesetzt wird, dürfen spezielle Duration Netting Verfahren nutzen, um der Korrelation der „maturity segments" der Zinskurve. Rechnung zu tragen[156].

Die Durchführungsverordnung enthält darüber hinaus die folgenden weiteren **171** Vorgaben zur Berechnung des Exposures:
- Gelder, die durch Kredite aufgenommen und investiert werden, erhöhen das Exposure um mindestens den Kreditbetrag, es sei denn, sie verbleiben in Cash oder Cash nahen Investments
- Convertible Debt Positionen erhöhen das Exposure in der Höhe des aktuellen Marktwerts.
- Zinsswaps werden mit den jeweiligen Zahlungsverpflichtungen angesetzt.
- CFDs und Financial Spread Bets werden mit dem aktuellen Marktwert angesetzt.
- Futures werden bei der Berechnung des Exposure mit dem Marktwert des Basiswerts veranschlagt.

---

[154] Vgl. Art. 8 Abs. 7 der Durchführungsverordnung.
[155] Vgl. Art. 10 und i. V. mit Annex II der Durchführungsverordnung.
[156] Vgl. Art. 11 der Durchführungsverordnung.

- Total Return Swaps erhöhen das Exposure um den Marktwert des Underlying, das den Wert des Swaps beeinflusst.
- Forward Agreements werden entweder mit dem Marktwert des Underlying oder dem Nominalwert des Forwards berücksichtigt.
- Um das Exposure von Optionen zu erfassen, müssen diese in ihre Bestandteile zerlegt werden und entsprechend bewertet werden.
- Im Falle von Repo-Geschäften erhöht der Gegenwert des reinvestierten Cash Collaterals das Exposure.
- Reverse-Repo-Geschäfte hingegen erhöhen das Exposure nicht, da für den AIF sowohl der Kauf als auch der Wiederverkaufswert bereits zu Beginn der Transaktion bekannt sind.
- Wertpapierleihgeschäfte erhöhen nur das Exposure, wenn die erhaltene Leihgebühr in nicht Cash oder Cash nahe Anlagen reinvestiert wird. Andererseits erhöht sich das Exposure, wenn sich der AIF Wertpapiere leiht und diese verkauft. Der Aktuelle Marktwert der verkauften Wertpapiere erhöht das Exposure.
- CDS erhöhen das Exposure des Protection seller um den Marktwert des Underlying oder der Nominale, je nachdem was höher ist. Der Protection Buyer muss den Marktwert des Underlying ansetzen.

172   **3. Bezüge zum KAGB-E.** Die Definition der „Hebelfinanzierung" wird durch § 1 Abs. 19 Nummer 25 KAGB-E umgesetzt der stattdessen jedoch den in der Branche gebräuchlichen Begriff des Leverage verwendet. Im Übrigen ist die Definition wortgleich. In der Definition wird zur Konkretisierung auf die betreffenden Vorschriften der Durchführungsverordnung verwiesen.

173   Diese Kommentierung kann uneingeschränkt zur Auslegung des Kapitalanlagegesetzbuches herangezogen werden.

XXI. Definition der „Verwaltung von AIF" (Abs. 1 lit. w))

174   **1. Kontext und Überblick.** Der Begriff der „Verwaltung von AIF" ist angesichts des materiellen Managerbegriffs von elementarer Bedeutung in der AIFM-Richtlinie. Er spielt erstens in Art. 2 Abs. 2 eine zentrale Rolle für die Frage, welche Akteure unter den Anwendungsbereich der Richtlinie fallen. Mit dem AIFM erfasst die Richtlinie den Verwalter von AIF. Zweitens ist dieser Begriff wichtig für die Frage, welche Funktionen ein AIFM (höchstpersönlich) erbringen muss, um als zentraler Akteur eine AIFM-Zulassung erhalten zu können (vgl. nur Art. 5 und Anhang I) bzw. in welchem Umfang er Aufgaben an Dritte auslagern darf. Drittens ist das „Verwalten von AIF" bedeutsam im Zusammenhang mit dem EU-Verwaltungspass gemäß Art. 33.

175   **2. Anforderungen an das Verwalten von AIF.** Die Definition der „Verwaltung eines AIF" in Art. 4 Abs. 1 lit. w) verweist auf die Nummer 1 des Anhangs I. Danach muss ein AIFM mindestens die in Anhang I Buchstaben a) *oder* b) genannten Funktionen für die Anlageverwaltung erbringen. Hierbei handelt es sich in Buchstabe a) um die Portfolioverwaltung und in Buchstabe b) um das Risikomanagement[157]. Allerdings heißt es in Nummer 1 des Anhangs I abweichend hiervon, dass ein AIFM bei der Verwaltung eines AIF mindestens a) die

---

[157] Zu den Aufgaben des Risikomanagements vgl. Art. 15 und die hierzu erlassenen Durchführungsbestimmungen sowie die diesbezügliche Kommentierung zu Art. 15.

Portfolioverwaltung[158] *und* b) das **Risikomanagement** übernehmen muss, um AIFM sein zu können. In gleicher Weise schreibt auch Art. 6 Abs. 5 lit. d) vor, dass ein AIFM ohne gleichzeitige Zulassung für das Risikomanagement nicht für die Portfolioverwaltung zugelassen werden könne und umgekehrt. In diesem Sinne ist die AIFM-Richtlinie auch Gegenstand der Verhandlungen gewesen. Der Widerspruch zwischen Anhang I und Art. 6 Abs. 5 lit. d) auf der einen Seite und Art. 4 Abs. 1 lit. w) auf der anderen Seite ist daher offenbar auf ein Redaktionsversehen zurückzuführen. Dabei ist offensichtlich der Wortlaut der Definition in Art. 4 Abs. 1 lit. w) fehlerhaft. Aus Art. 15 Abs. 1 ergibt sich unzweifelhaft, dass ein AIFM sowohl für das Portfolioverwaltung als auch das Risikomanagement des AIF kraft seiner Bestellung verantwortlich ist. Die von der ESMA in einem noch nicht finalisierten Diskussionspapier vertretene gegenteilige Auffassung ist daher verfehlt.[159] Wie Anhang II der OGAW-Richtlinie stellt Anhang I Nummer 1 der AIFM-Richtlinie auf den die **kollektive Vermögensverwaltung**[160] umschreibenden Begriff der Anlageverwaltung ab. Dieser wird in Abgrenzung zur individuellen Vermögensverwaltung für Rechnung einzelner Anleger (vgl. Anhang I Abschnitt A Nummer 4 der MiFID sowie § 7 Abs. 2 Nr. 1 InvG) verwandt. Auch wenn Anhang II der OGAW-Richtlinie den Begriff der Anlageverwaltung nicht näher untergliedert, so besteht bei OGAW sowohl auf europäischer Ebene als auch im Investmentgesetz kein Zweifel daran, dass sich die Anlageverwaltung zum einen aus der **Portfolioverwaltung** und zum anderen aus dem **Risikomanagement**[161] zusammensetzt. Beides sind seit jeher die zentralen Funktion von Verwaltungsgesellschaften offener Fonds. Nichts anderes sollte nach der AIFM-Richtlinie gelten.

Im Unterschied zur OGAW-Richtlinie hat der Richtliniengeber der AIFM- **176** Richtlinie allerdings die bewusste Entscheidung getroffen, dass ein AIFM die in Nummer 2 des Anhangs I genannten Funktionen – namentlich administrative Tätigkeiten und den Vertrieb des AIF – nicht zwingend wahrnehmen muss, sondern lediglich freiwillig übernehmen kann. Damit wollte der Richtliniengeber den Besonderheiten von alternativen Investmentfonds wie z. B. Hedgefonds Rechnung tragen, bei denen der eigentlich zentrale Akteur (i. d. R. der *investment advisor*) diese Funktionen in vielen Mitgliedstaaten bisher meist nicht wahrgenommen hat. Dies hat zur Folge, dass der AIF bzw. sein Fondsinitiator unmittelbar einen externen Dritten mit der Wahrnehmung der freiwilligen Funktionen in Nummer 2 betrauen kann. Hierin liegt keine Auslagerung. Daher muss der AIFM den externen Dienstleister weder auswählen noch fortlaufend überwachen. Auch haftet er nicht für ein Verschulden externer Dienstleister, die unmittelbar vom AIF bzw. vom Fondsinitiator mit der Wahrnehmung der freiwilligen Funktionen betraut worden sind.

---

[158] Als Synonym wird vielfach der Begriff des Portfoliomanagements verwendet; vgl. nur *Gringel* in Berger/Steck/Lübbehüsen, InvG, § 120 Rn. 1.

[159] Vgl. *ESMA*, Discussion paper, Key concepts of the Alternative Investment Fund Managers Directive and types of AIFM, Tz. 4 ff., abrufbar unter: http://www.esma. europa.eu/system/files/2012-117.pdf sowie die eingehende Darstellung unter Art. 5 Rn. 36 und Art. 20 Rn. 12.

[160] § 7 Abs. 2 InvG spricht insoweit von „Verwaltung von Investmentvermögen", ohne dass sich hieraus ein inhaltlicher Unterschied ergäbe.

[161] Das Risikomanagement ist ausdrücklich in § 9a Satz 2 Nr. 1 InvG als Aufgabe der KAG geregelt.

177   **3. Bezüge zum KAGB-E.** Im Kapitalanlagegesetzbuch findet sich die Definition des Art. 4 Abs. 1 lit. w) AIFM-RL nicht bei den Begriffsbestimmungen in §1, sondern in § 17 Abs. 1 Satz 2 KAGB-E. Deutschland hat dort die Definition eins-zu-eins umgesetzt. Die Kommentierung kann daher uneingeschränkt zur Auslegung des Kapitalanlagegesetzbuches herangezogen werden.

XXII. Definition des „Vertriebs" (Abs. 1 lit. x))

178   **1. Kontext und Überblick.** Der Begriff des „Vertriebs" ist von zentraler Bedeutung für den Anwendungsbereich der AIFM-Richtlinie. Der Vertriebsbegriff gehörte zu den strittigsten Fragen bei der Verhandlung der AIFM-Richtlinie. Nach Art. 2 Abs. 1 lit. c) knüpft die Anwendung der AIFM-Richtlinie auf Drittstaaten daran, ob sie AIF in der EU vertreiben. Der Vertriebsbegriff ist ferner in den Kapiteln VI und VII bedeutsam.

179   Die EU-Kommission beschritt mit dem Vertriebsbegriff gemäß Art. 3 lit. e) des **Kommissionsvorschlags** in mehrfacher Hinsicht Neuland. Während sowohl Art. 1 Abs. 2 lit. a) OGAW-RL als auch § 2 Abs. 11 InvG zwischen dem öffentlichen Vertrieb und der **Privatplatzierung**[162] unterscheiden, spielt diese Unterscheidung im Kommissionsvorschlag sowie in der AIFM-Richtlinie keine Rolle mehr. Dies trägt dem Umstand Rechnung, dass die AIFM-Richtlinie in erster Linie den Vertrieb von AIF an professionelle Anleger regelt. Viele AIF (wie insbesondere Hedgefonds und Private Equity Fonds) werden gegenwärtig jedoch überwiegend im Wege der Privatplatzierung, d.h. außerhalb einer aufsichtsrechtlichen Regulierung, vertrieben. Diese Regelungslücke wollte der Richtliniengeber mit der AIFM-Richtlinie bewusst schließen.

180   Der Vertriebsbegriff des Kommissionsvorschlags war jedoch vor allem deshalb so umstritten, weil er – abweichend von dem Vertriebsbegriff in der OGAW-Richtlinie und in sonstigen EU-Richtlinien – sowohl den sog. aktiven als auch den sog. passiven Vertrieb (auch sog. *reverse sollicitation*) umfasste. Dies bedeutet, dass es unbeachtlich ist, ob die Initiative für das Angebot von dem Manager bzw. von dem für diesen handelnden Vertriebsmittler oder von dem (potentiellen) Anleger ausgeht. Demgegenüber setzt der Vertriebsbegriff der OGAW-Richtlinie voraus, dass der Vertrieb auf Initiative der Verwaltungsgesellschaft erfolgen muss (sog. aktiver Vertrieb).

181   Der Vertriebsbegriff ist vor dem weiten Anwendungsbereich der AIFM-Richtlinie zu sehen. Die EU-Kommission wollte nicht lediglich ein harmonisiertes europäisches Privatplatzierungsregime schaffen, sondern Verwalter von AIF regulieren, deren Anteile von Anlegern mit Sitz oder Wohnsitz in der EU erworben werden. Eine effektive Begrenzung systemischer Risiken ist nur möglich, wenn die AIFM-Richtlinie alle AIFM erfasst, welche ihre Dienstleistungen an Investoren in der EU erbringen. Zudem befürchtete die EU-Kommission eine Wettbewerbsverzerrung, wenn EU-AIFM[163] die Anforderungen der AIFM-Richtlinie erfüllen müssen, um Anteile an ihren AIF an Anleger in der EU vertrieben zu können, während europäische Anleger auf eigene Initiative z. B. Anteile an AIF, die in der Schweiz verwaltet werden, erwerben können, ohne dass die AIFM-

---

[162] Zum Begriff der Privatplatzierung im Investmentgesetz vgl. § 2 Abs. 11 Satz 2 Nr. 2 InvG.

[163] Dies folgt bei EU-AIFM regelmäßig schon aus Art. 2 Abs. 1 lit. a), wonach bei ihnen die AIFM-Richtlinie schon deshalb anwendbar ist, weil sie einen oder mehrere AIF in der EU verwalten.

Richtlinie anwendbar wäre. Die EU-Kommission befürchtete, dass hierin ein Anreiz an EU-AIFM liegen könnte, in Drittstaaten abzuwandern.

Allerdings konnte sich die EU-Kommission mit ihrem Vertriebsbegriff nicht **182** durchsetzen. Sowohl der Rat als auch das Europarlament drängten darauf, den Vertriebsbegriff auf den aktiven Vertrieb zu begrenzen. Dies wurde einerseits mit einer Angleichung an den geltenden Vertriebsbegriff in der OGAW-Richtlinie und anderen Finanzdienstleistungsrichtlinien begründet. Zum anderen wurde befürchtet, dass professionelle Anleger einen Nachteil erleiden würden, wenn sie nicht länger Zugang zum globalen Asset Management Markt hätten.

2. Anforderungen an den Vertrieb. Demgemäß definiert Art. 4 Abs. 1 **183** lit. x) den „Vertrieb" als das direkte oder indirekte, auf Initiative des AIFM oder in dessen Auftrag erfolgende Anbieten oder Platzieren von Anteilen an einem vom AIFM verwalteten AIF an Anleger oder bei Anlegern mit Wohnsitz oder Sitz in der EU. Die Begriffe des „Anbietens" bzw. des „Platzierens" tragen dabei den unterschiedlichen Rechtsformen von AIF und den unterschiedlichen Vertriebsformen Rechnung. Bei AIF in der Rechtsform des Sondervermögens erfolgt der Vertrieb durch das Anbieten von Anteilen hieran. Bei Investmentaktiengesellschaft werden deren Aktien am Markt platziert.

Ein Vertrieb setzt somit stets ein aktives Tun des AIFM voraus. Vertrieb ist **184** jede Maßnahme der Absatzförderung durch den AIFM (bzw. dessen Personal) oder in dessen Auftrag durch Vertriebsmittler, d.h. durch einen vom AIFM eingesetzten Vertriebskanal.[164] Auf die äußere Form als Werbeaussage mit Überredungscharakter kommt es nicht an. Abstrakte Auskünfte reichen noch nicht aus. Gleichwohl können objektiv gehaltene Informationen Vertrieb sein, wenn sie einen Erwerbsanreiz für Anleger setzen.

Typische Vertriebsformen sind das gezielte Ansprechen oder Anschreiben von **185** (potenziellen) Anlegern durch den AIFM oder Personen, die zu seinem Vertriebsnetz gehören, sei es, dass (potenzielle) Anleger besucht oder zu Veranstaltungen (sog. Roadshows und anderen Werbeveranstaltungen) eingeladen bzw. schriftlich[165] kontaktiert werden. Dem steht es gleich, wenn (potenzielle) Anleger z. B. Banken/Sparkassen oder Vertriebsmittler aufsuchen, um sich über Anlagemöglichkeiten beraten zu lassen, und letztere gezielt auf Anteile an dem AIF hinweisen.[166] Dasselbe gilt für die Schaltung von Anzeigen (z. B. in Zeitungen, Zeitschriften, im Internet oder Rundfunk und Fernsehen).

Ein Vertrieb im Inland liegt hierbei stets dann vor, wenn eine Anzeige im **186** Inland geschaltet wird, auch wenn sie auf Englisch erfolgt, weil in der Finanzbranche entsprechende Fremdsprachenkenntnisse vorausgesetzt werden können.[167] Der Vertrieb über das Internet ist i. d. R. als weltweiter Vertrieb anzusehen. Nicht ohne Grund wird das Internet als *world wide web* bezeichnet. Etwas anderes gilt nur dann, wenn der Anbieter seine Webseite mit einem unübersehbaren Sperrhinweis

---

[164] Vgl. *Köndgen* in Berger/Steck/Lübbehüsen, InvG, § 2 Rn. 68.

[165] Dabei spielt es keine Rolle, mit welchem Medium der Kontakt erfolgt. Beispielsweise zu nennen sind: Brief, Fax, Email oder Online-Ordner von Internetbanken. Ohne Bedeutung ist, ob es sich um Massensendungen oder individuelle Kontaktaufnahmen handelt.

[166] Anders ist die Sachlage zu beurteilen, wenn der Anleger von sich aus in der Bank, beim Finanzvertrieb oder über das Internet darum bittet, Anteile an diesem AIF erwerben zu können, ohne dass zuvor ein Beratungsgespräch hierüber stattgefunden hat (sog. *execution only*).

[167] Vgl. *Köndgen* in Berger/Steck/Lübbehüsen, InvG, § 2 Rn. 71.

versieht.[168] Weder fremdsprachige Internetseiten noch die Abrechnung in Auslandswährung stehen – zumal bei professionellen Anlegern – für sich genommen einem Vertrieb im Inland entgegen.

187   Hinzuweisen ist darauf, dass die Definition in Art. 4 Abs. 1 lit. x) lediglich eine auf Anleger mit (Wohn-) Sitz in der EU gerichtete Vertriebsaktivität verlangt. Hierzu reicht bereits eine von einem Drittstaat an europäische Anleger gerichtete Aktivität aus. Eine Vertriebstätigkeit im Hoheitsgebiet eines Mitgliedstaats ist somit nicht erforderlich. Es reicht vielmehr aus, wenn z. B. ein AIFM mit Sitz in den USA deutsche Anleger kontaktiert. Hierzu genügt es auch, wenn dieser US-AIFM einen rechtlich unselbständigen Unternehmensteil (sog. US-Niederlassung) einer deutschen Gesellschaft kontaktiert. Bei natürlichen Personen mit einem[169] Wohnsitz in der EU genügt es ebenfalls, wenn die Kontaktaufnahme in dem Drittstaat erfolgt. Unbeachtlich ist dabei die Nationalität der Person. Ein Vertrieb im Inland kann somit selbst dann vorliegen, wenn ein US-AIFM eine Person mit US-Staatsangehörigkeit in den USA kontaktiert, wenn diese (auch) einen Wohnsitz in Deutschland hat. Ein inländischer Vertrieb ist auch dann zu bejahen, wenn ein Drittstaaten-AIFM einen Inländer zu einer Werbeveranstaltung einlädt. Dabei spielt es keine Rolle, wo diese Werbeveranstaltung stattfinden soll bzw. ob der Inländer hieran teilnimmt. Nach Art. 4 Abs. 1 lit. x) kommt es vielmehr darauf an, ob sich die Vertriebsaktivität (auch) an inländische Anleger richtet.

188   Kein Vertrieb liegt demgemäß vor, wenn sich Anleger auf eigene Initiative an einen (Drittstaaten-) AIFM wenden, um Anteile an dem von diesem verwalteten AIF zu erwerben, ohne dass dieser Vertriebsaktivitäten gegenüber Anlegern in der EU entfaltet. Bei AIF kommt es in der Praxis durchaus vor, dass – besonders erfolgreiche – AIFM keine Vertriebsaktivitäten entfalten müssen, sondern dass Anleger sich an sie wenden, um Anteile von AIF zu erwerben. Auch bei Spezialfonds ist dieses Phänomen zu beobachten. Hier wenden sich teils sogar Anleger an KAG mit dem Wunsch, für sie einen Einanleger-Spezialfonds aufzulegen.[170]

189   Kein Vertrieb läge nach der in einer Definition auch dann vor, wenn Anteile eines AIF erwerbbar sind (z. B. über freie Vermittler), der AIFM jedoch weder selbst noch über von ihm beauftragte Vertriebsmittler Anteile an Anleger in der EU vertreibt. Dies war jedoch erkennbar vom Richtliniengeber nicht gewollt. Aus Erwägungsgrund 9 Satz 2 folgt, dass Wertpapierfirmen Anteile an AIF nur dann an Anleger in der EU anbieten oder platzieren können, wenn dessen AIFM der Vertrieb der Anteile in der EU bzw. in dem betreffenden Mitgliedstaat gestattet ist.

190   Kein Vertrieb liegt in den Fällen des § 2 Abs. 11 Satz 2 Nr. 2 bis 7 InvG (sowie weitgehend inhaltsgleich § 293 Abs. 1 Satz 2 KAGB-E) vor.

191   **3. Bezüge zum KAGB-E.** Die Definition des „Vertriebs" soll durch § 293 Abs. 1 Satz 2 KAGB-E umgesetzt werden. Der KAGB-Regierungsentwurf geht hierbei über die Regelung des Art. 4 Abs. 1 lit. x) AIFM-RL hinaus, weil er nicht auf Vertriebsaktivitäten begrenzt ist, welche auf Initiative der AIF-Verwaltungsgesellschaft oder in deren Auftrag erfolgen. Unklar ist, ob damit eine alleinige Initiative des Anlegers ausreichen kann, um einen Vertrieb zu bejahen oder ob dies von § 293 Abs. 1 Satz 2 KAGB-E impliziert vorausgesetzt wird. Gleichwohl ist die

---

[168] Eingehend hierzu *Steck* ZBB 2000, 115 (115 f. und 117).

[169] Art. 4 Abs. 1 lit. x) fordert nicht, dass sich der alleinige Wohnsitz in der EU befinden muss. Dasselbe gilt für den Sitz von Gesellschaften.

[170] Insoweit findet die AIFM-Richtlinie jedoch kraft Verwaltung eines AIF Anwendung; vgl. Art. 2 Abs. 1 lit. a).

vorliegende Kommentierung auch zur Auslegung des Kapitalanlagegesetzbuches geeignet.

XXIII. Definition des „Master-AIF" (Abs. 1 lit. y))

1. Kontext und Überblick. Der Begriff des „Master-AIF" gemäß Art. 4 **192** Abs. 1 lit. z) ist das Pendant zum „Feeder-AIF" (lit. m)). Auf die Ausführungen hierzu kann verwiesen werden.

2. Anforderungen an das Vorliegen eines Master-AIF. Ein Master-AIF **193** liegt vor, wenn ein oder mehrere Feeder-AIF im Sinne von Artikel 4 Abs. 1 lit. m) in dem dort genannten Umfang in einen anderen AIF investieren oder synthetisch Risiken übernehmen. Diese Definition ist eindeutig, wenn es um Feeder-AIF gemäß lit. m) i) oder iii) geht. Investiert ein AIF sein Vermögen jedoch in mehrere AIF, so ist eine Master-Feeder-Struktur von einem Dachfonds abzugrenzen. Auch bei letzterem erfolgt eine Anlage in mehrere Fonds. Der entscheidende Unterschied besteht darin, dass die Master-AIF über eine identische Anlagestrategie verfolgen müssen.

3. Bezüge zum KAGB-E. § 1 Abs. 19 Nummer 14 KAGB-E setzt die Defi- **194** nition des Art. 4 Abs. 1 lit. y) AIFM-RL um, wobei der Wortlaut unglücklich gewählt worden ist. Im Falle des Art. 4 Abs. 1 lit. m) iii) muss ein Feeder-AIF nicht zwingend Anteile an einem Master-AIF halten; stattdessen genügt auch ein sonstiges Exposum von 85%, z.B. in synthetischer Weise durch Denivek.

XXIV. Definition des „Referenzmitgliedstaats" (Abs. 1 lit. z))

1. Kontext und Überblick. Der Begriff des „Referenzmitgliedstaats" ist in **195** Art. 37 von Bedeutung. Er bezeichnet den sog. *point of entry* für Drittstaaten-AIFM, welche AIF in der EU verwalten oder vertreiben wollen. Sie müssen hierzu gemäß Art. 37 in einem Referenzmitgliedstaat zugelassen werden.

2. Anforderungen an das Vorliegen des Referenzmitgliedstaats. Art. 37 **196** Abs. 4 bestimmt, welcher Mitgliedstaat Referenzmitgliedstaat eines Drittstaaten-AIFM ist. Auf die dortige Kommentierung wird verwiesen.

3. Bezüge zum KAGB-E. Der KAGB-Diskussionsentwurf enthält keine **197** Definition des „Referenzmitgliedstaats". Regelungen zum Referenzmitgliedstaat finden sich in § 56 KAGB-E.

XXV. Definition des „Nicht-EU-AIF" (Abs. 1 lit. aa))

1. Kontext und Überblick. Der Begriff des „Nicht-EU-AIF" (hier: Drittstaa- **198** ten-AIF) spielt insbesondere in Kapitel VII eine wichtige Rolle. Dort ist geregelt, unter welchen Voraussetzungen EU-AIFM bzw. Drittstaaten-AIFM Drittstaaten-AIF an professionelle Anleger in der EU vertreiben dürfen.

2. Anforderungen an das Vorliegen eines Nicht-EU-AIF. Der Begriff **199** des „Nicht-EU-AIF" ist das Gegensatzpaar zum EU-AIF gemäß Art. 4 Abs. 1 lit. k). Demgemäß definiert Art. 4 Abs. 1 lit. aa) den „Nicht-EU-AIF" auch als AIF, der kein EU-AIF ist. Nach dem Wortlaut wären AIF aus den EWR-Staaten Island, Liechtenstein und Norwegen Drittstaaten-AIF. Dies ist jedoch nicht zutreffend. Sie stehen vielmehr EU-AIF gleich.

200   **3. Bezüge zum KAGB-E.** § 1 Abs. 9 KAGB-E setzt die Definition des „Nicht-EU-AIF" um. Dort ist von ausländischen AIF die Rede, die dem Recht eines Drittstaats unterstehen.

XXVI. Definition des „Nicht-EU-AIFM" (Abs. 1 lit. ab))

201   **1. Kontext und Überblick.** Der Begriff des „Nicht-EU-AIFM" (hier: Dritt-staaten-AIFM) spielt in Kapitel VII eine wichtige Rolle. Dort geht es um die Frage, ob und unter welchen Voraussetzungen ein AIFM mit Sitz in einem Dritt-staat AIF in der EU verwalten und vertreiben darf.

202   **2. Anforderungen an das Vorliegen eines Nicht-EU-AIFM.** Der Begriff des „Nicht-EU-AIFM" ist das Gegensatzpaar zum EU-AIFM gemäß Art. 4 Abs. 1 lit. l). Demgemäß definiert Art. 4 Abs. 1 lit. ab) den „Nicht-EU-AIFM" als AIFM, der kein EU-AIFM ist. Hinzuweisen ist allerdings darauf, dass AIFM aus den drei EWR-Staaten Islands, Liechtenstein und Norwegen − entgegen dem Wortlaut dieser Definition − EU-AIFM gleichstehen.

203   **3. Bezüge zum KAGB-E.** § 1 Abs. 18 KAGB-E setzt die Definition des „Nicht-EU-AIFM" um und wählt dabei einen anderen Ansatz als Art. 4 Abs. 1 lit. ab) AIFM-RL. Ausländische AIF-Verwaltungsgesellschaften werden danach als Unternehmen mit Sitz in einem Drittstaat definiert, die den Anforderungen an einenVerwalter Alternativ Investmentfonds (AIFM) im Sinne der AIFM-Richtlinie entsprechen. Mit letzterem dürften insbesondere Art. 4 Abs. 1 lit. b) und w) i. V. m. Art. 5 und Anhang I Nummer 1 gemeint sein.

XXVII. Definition des „nicht börsennotierten Unternehmens" (Abs. 1 lit. ac)

204   **1. Kontext und Überblick.** Der Begriff des „nicht börsennotierten Unter-nehmens" gemäß Art. 4 Abs. 1 lit. ac) bildet das Gegenstück zum „Emittenten" (lit. t)). Beide Begriffe spielen in Kapitel V Abschnitt 2 eine zentrale Rolle. Dieser Abschnitt regelt die besonderen Pflichten von AIFM namentlich von Private Equity und Venture Capital Fonds, wenn diese die Kontrolle über ein Unternehmen erlangen.

205   **2. Anforderungen an das Vorliegen eines nicht börsennotierten Unter-nehmens.** Nach der Definition des Art. 4 Abs. 1 lit. ac) gelten alle Unternehmen mit satzungsmäßigem Sitz in der EU als nicht börsennotierte Unternehmen, wenn ihre Anteile nicht zum Handel an einem geregelten Markt im Sinne des Art. 4 Abs. 1 Nr. 14 MiFID zugelassen sind. Der Begriff des „nicht börsennotierten Unternehmens" ist daher irreführend. Er umfasst nämlich nicht nur Unterneh-men, die an keiner Börse notiert sind, sondern auch solche, die in einem anderen Börsensegment als dem geregelten Markt im Sinne des Art. 4 Abs. 1 Nr. 14 MiFID notiert sind (wie z. B. im Freiverkehr). Unter den Begriff des „nicht börsennotier-ten Unternehmens" fallen Gesellschaften aller Rechtsform, unabhängig davon, ob die Rechtsform für eine Börsennotierung geeignet ist.

206   **3. Bezüge zum KAGB-E.** Der Begriff des „nicht börsennotierten Unterneh-mens" gemäß Art. 4 Abs. 1 lit. ac) AIFM-RL wird durch § 1 Abs. 19 Nummer 27 KAGB-E eins-zu-eins umgesetzt. Diese Kommentierung kann daher uneinge-schränkt zur Auslegung des Kapitalanlagegesetzbuches herangezogen werden.

XXVIII. Definition der „Eigenmittel" (Abs. 1 lit. ad))

1. Kontext und Überblick. Der Begriff der „Eigenmittel" spielt in Art. 9 für **207** externe AIFM eine Rolle. Externe AIFM müssen zusätzlich zu dem nach Art. 9 Abs. 2 erforderlichen Anfangskapital gemäß Art. 9 Abs. 3 zusätzliche Eigenmittel vorhalten, wenn der Wert der von ihnen verwalteten Portfolien 250 Mio. € übersteigt.

2. Anforderung an die Eigenmittel. Art. 4 Abs. 1 lit. ad) enthält selbst keine **208** Definition der Eigenmittel, sondern verweist auf Art. 56 bis 67 der Bankenrichtlinie (Richtlinie 2006/48/EG). Damit verfährt sie in gleicher Weise wie Art. 2 Abs. 1 lit. l) OGAW- RL. § 2 Abs. 24 InvG enthält hingengen bereits – in Umsetzung der OGAW-Richtlinie – eine Definition der „Eigenmittel".

3. Bezüge zum KAGB-E. Die Definition der „Eigenmittel" erfolgt in § 1 **209** Abs. 19 Nummer 9 KAGB-E. Sie ist inhaltlich identisch mit der bisherigen Definition in § 2 Abs. 24 InvG, welche ihrerseits auf § 10 Abs. 2 KWG verweist. Zu den Eigenmitteln zählen das haftende Eigenkapital (d.h. Kernkapital und Ergänzungskapital) und die sog. Drittrangmittel. Zu weiteren Einzelheiten wird auf das bankenaufsichtsrechtliche Schrifttum verwiesen.[171]

XXIX. Definition des „Mutterunternehmens" (Abs. 1 lit. ae))

1. Kontext und Überblick. Der Begriff des „Mutterunternehmens" und sein **210** Gegensatzpaar des „Tochterunternehmens" (vgl. Art. 4 Abs. 1 lit. ak)) spielen bei der Zulassung des AIFM eine Rolle. Nach Art. 8 Abs. 2 muss die Herkunftsbehörde des AIFM vor dessen Zulassung die Aufsichtsbehörden anderer Mitgliedstaaten konsultieren, wenn es sich bei dem AIFM um eine Tochtergesellschaft eines AIFM, einer OGAW-Verwaltungsgesellschaft, einer Wertpapierfirma, eines Kreditinstituts oder einer Versicherungsgesellschaft (zusammen „Mutterunternehmen") handelt, die in einem anderen Mitgliedstaat zugelassen sind. Dasselbe gilt, wenn der zuzulassende AIFM eine Schwestergesellschaft einer der vorgenannten Gesellschaften mit Sitz in einem anderen Mitgliedstaat ist, d.h. beide dasselbe Mutterunternehmen haben.[172]

2. Anforderungen an das Vorliegen eines Mutterunternehmens. Art. 4 **211** Abs. 1 lit. ae) enthält keine eigene Definition, sondern verweist auf Art. 1 und 2 der Richtlinie 83/349/EWG über den konsolidierten Abschluss. Auf dieselben Vorschriften wird auch Bezug genommen bei der Definitionen der „engen Verbindung" (lit. e), der „Kontrolle" (lit. i)) und des Tochterunternehmens (lit. ak). Auch Art. 2 Abs. 21 InvG nimmt hierauf mittelbar Bezug, indem er auf § 290 HGB verweist, der Art. 1 der Richtlinie 83/349/EWG umsetzt. Zur Vermeidung von Wiederholung wird auf die Darstellung oben unter Rn. 81 ff. verwiesen.

3. Bezüge zum KAGB-E. Die Definition des „Mutterunternehmens" wird **212** eins-zu-eins durch § 1 Abs. 19 Nummer 26 KAGB-E umgesetzt. Dieser verweist auf die Definition des „Mutterunternehmens" in § 290 HGB, welcher seinerseits die Art. 1 und 2 der Richtlinie 83/349/EWG umsetzt.

---

[171] Vgl. z. B. *Boos* in Boos/Fischer/Schulte-Mattler, KWG, 4. Aufl., § 10 Rn. 44 ff.
[172] Vgl. eingehend die Kommentierung zu Art. 8.

XXX. Definition des „Primebrokers" (Abs. 1 lit. af)

213   **1. Kontext und Überblick.** Durch Art. 4 Abs. 1 lit. af) wird erstmals der Begriff des „Primebrokers" auf europäischer Ebene definiert. Demgegenüber findet sich im Investmentgesetz bereits seit dem Investmentänderungsgesetz in § 2 Abs. 15 eine Definition des Primebrokers.[173] Der Primebroker ist ein zentraler Dienstleister von Hedgefonds. In einigen angelsächsischen Staaten hat der Primebroker (bisher) zugleich die Funktion als Depotbank von Hedgefonds übernommen. Seine eigentliche Funktion geht jedoch über das Depotbankgeschäft hinaus bzw. führt zu unauflöslichen Interessenkonflikten. Daher darf ein Primebroker nach Art. 21 Abs. 4 lit. a) grundsätzlich nicht als Depotbank tätig sein.[174] Der Primebroker kann jedoch von der Depotbank als Unterverwahrer betraut werden. In der AIFM-Richtlinie finden sich daneben auch in Art. 14 Abs. 3 UAbs. 2 (im Zusammenhang mit Interessenkonflikten) Regelungen zur Auswahl und Bestellung von Primebrokern sowie zum Primebrokervertrag.

214   **2. Anforderungen an das Vorliegen eines Primebrokers.** Die Definition des Primebrokers in Art. 4 Abs. 1 lit. af) besteht aus drei Elementen: erstens der Definition der zulässigen Einrichtungen, welche Primebroker sein können, zweitens der Kerntätigkeiten eines Primebrokers und drittens weiterer Tätigkeiten, welche ein Primebroker erbringen kann, aber nicht muss.

215   Die Tätigkeit als Primebroker kann danach von Kreditinstituten, regulierten Wertpapierfirmen und anderen Einheiten, die einer Regulierungsaufsicht und ständigen Überwachung unterliegen, erbracht werden. Die Definition verweist somit auf dieselben drei Arten von Einrichtungen, die nach Art. 21 Abs. 3 UAbs. 1 Depotbank von AIF sein können.[175] Allerdings muss es sich bei den in Art. 21 Abs. 3 UAbs. 1 genannten Einrichtungen um solche mit Sitz und Beaufsichtigung in der EU handeln. Dies wird hingegen für den Primebroker nicht vorausgesetzt; die Definition enthält keine geografischen Restriktionen. Ein Primebroker kann somit z. B. auch ein Kreditinstitut oder eine regulierte Wertpapierfirma in einem Drittstaat sein.[176]

216   Nach Art. 4 Abs. 1 lit. af) muss die **Kernfunktion eines Primebrokers** darin bestehen, professionellen Anlegern (wie insbesondere AIF, namentlich Hedgefonds) Dienstleistungen anzubieten, bei denen sie Gegenpartei des professionellen Anlegers sind und diesem Geschäfte mit Finanzinstrumenten finanzieren oder durchführen. Gemeint ist damit insbesondere die Gewährung von Krediten zwecks Erwerbs von Finanzinstrumenten.[177]

217   Daneben kann ein Primebroker auch andere Dienstleistungen erbringen, muss dies jedoch nicht. Art. 4 Abs. 1 lit. af) nennt hierbei – nicht abschließend – folgende Dienstleistungen: das Clearing und Settlement, Verwahrungsdienstleistungen[178], die Gewährung oder Vermittlung von Wertpapierdarlehen, um Hedgefonds Leerverkäufe zu ermöglichen sowie individuell angepasste Technologien

---

[173] Vgl. zu dieser *Köndgen* in Berger/Steck/Lübbehüsen, InvG, § 2 Rn. 87 ff.

[174] Vgl. hierzu eingehend Art. 21 Rn. 87 ff.

[175] Nicht verwiesen wird auf die besondere Art von Depotbank für geschlossene AIF gemäß Art. 21 Abs. 3 UAbs. 3.

[176] Demgegenüber enthält § 112 Abs. 3 InvG eine geografische Beschränkung für Primebroker.

[177] *Lindemann* BB 2004, 2137; *Gringel* in Berger/Steck/Lübbehüsen, InvG, § 112 Rn. 36.

[178] Vgl. hierzu auch *Gringel* in Berger/Steck/Lübbehüsen, InvG, § 112 Rn. 37 und 41 ff.

und Einrichtungen zur betrieblichen Unterstützung. Hierzu gehört auch, dass ein Primebroker ihm als Sicherheit übertragene Vermögensgegenstände unter bestimmten Umständen[179] selbst als Sicherheit verwenden oder weiterveräußern darf (sog. **Wiederverwendung** oder **Rehypothication**).

Diese Definition unterscheidet sich namentlich dadurch signifikant von der **218** Definition in § 2 Abs. 15 InvG, dass die dort genannte Verwahrung von Vermögensgegenständen des Hedgefonds nach der AIFM-Richtlinie bewusst nicht Teil der Tätigkeit eines Primebrokers ist. Nach der Konzeption des Art. 21 AIFM-RL muss stets eine vom Primebroker verschiedene Depotbank die Verwahrfunktion wahrnehmen. Diese Funktion ist untrennbar mit der Depotbanktätigkeit verbunden, weil es sich zwingend um eine Tätigkeit als Treuhänder der Anleger handelt, während der Primebroker gerade gegenläufige eigene Interessen verfolgt.[180] Lagert die Depotbank Teile der Verwahraufgaben an einen Primebroker aus, so handelt es sich − nach der Konzeption der AIFM-Richtlinie − stets um eine Tätigkeit, die der Primebroker neben seiner eigentlichen Tätigkeit als Primebroker erbringt.

3. Bezüge zum KAGB-E. § 1 Abs. 19 Nummer 30 KAGB-E setzt die Defi- **219** nition des Primebrokers gemäß Art. 4 Abs. 1 lit. af) AIFM-RL nahezu wortgleich um. Die Kommentierung kann daher zur Auslegung des Kapitalanlagegesetzbuches herangezogen werden.

XXXI. Definition der „professionellen Anleger" (Abs. 1 lit. ag))

1. Kontext und Überblick. Der Begriff des „professionellen Anlegers" gemäß **220** Art. 4 Abs. 1 lit. ag) ist von zentraler Bedeutung. Nach der Konzeption der AIFM-Richtlinie sind die Anleger, die nicht professionelle Anleger sind, Kleinanleger gemäß lit. aj). Demgegenüber kommt das Kapitalanlagegesetzbuch daneben den semi-professionellen Anleger. Die Bedeutung der Abgrenzung des professionellen Anlegers von Kleinanleger hat seinen Grund darin, dass die AIFM-Richtlinie in Gänze nur auf AIF Anwendung findet, wenn diese an professionelle Anleger vertrieben werden. Der Richtliniengeber sah das Anlegerschutzniveau als nicht ausreichend an, um allein auf der Grundlage der AIFM-Richtlinie einen Vertrieb von AIF an Kleinanleger zu gestatten. Daher sieht Art. 43 Abs. 1 vor, dass die Mitgliedstaaten, darüber entscheiden können, welche AIF überhaupt an Kleinanleger vertrieben werden dürfen und dass das nationale Recht bei einem Vertrieb ab Kleinanleger zusätzliche Regelungen an den AIFM sowie eine Fondsregulierung vorsehen kann. Dementsprechend sieht der KAGB-Regierungsentwurf beim Vertrieb von AIF (auch) an Kleinanleger (sog. Publikums-AIF) umfangreiche weitergehende Regelungen vor und verbietet den Vertrieb bestimmter Arten von AIF an Kleinanleger (wie Single-Hedgefonds) oder machen sie von bestimmten Mindestanlagen abhängig (vgl. zu geschlossenen Einobjektefonds § 262 Abs. 2 KAGB-E, der eine Mindestanlage von 20.000 € voraussetzt).

Die Anknüpfung an den „professionellen" Anleger wird insbesondere bei deut- **221** schen Spezialfonds zu nennenswerten Änderungen gegenüber der bisherigen Rechtslage führen. § 2 Abs. 3 InvG grenzt bisher Spezialfonds von Publikums-

---

[179] Vgl. die eingehende Kommentierung in Art. 21 Rn. 303 ff.

[180] Demgegenüber musste die Verwahrung der Vermögensgegenstände eines Hedgefonds durch einen Primebroker nicht im Interesse der Anleger erfolgen; vgl. *Gringel* in Berger/Steck/Lübbehüsen, InvG, § 112 Rn. 43.

fonds dadurch ab, dass Spezialfonds ausschließlich an Anleger vertrieben werden dürfen, welche nicht natürliche Personen sind. Alle anderen Sondervermögen sind Publikumssondervermögen.

222   Zu den nicht natürlichen Personen gehören nicht nur die typischen institutionellen Anleger wie Versicherungen und Pensionsfonds, die auch professionelle Anleger im Sinne des Art. 4 Abs. 1 lit. ag) sind, sondern z. B. auch Stiftungen, Versorgungswerke und kirchliche Einrichtungen, die u.U. nicht professionelle Anleger sind. Dies ist insoweit problematisch, als die AIFM-Richtlinie bzw. der KAGB-Regierungsentwurf keinen Bestandsschutz für bestehende Spezialfonds mit nicht professionellen Anlegern vorsehen. Folge davon ist, dass solche Fonds ab dem 23.7.2013 als Publikumsfonds zu behandeln sind. Auch bei Single Hedgefonds, die nicht öffentlich vertrieben werden dürfen, wird der neue Begriff des professionellen Anlegers zu Änderungen führen.

223   Auf der anderen Seite führt das Abstellen auf „professionelle Anleger" zu einer Erweiterung des Anlegerkreises um vermögende Privatpersonen, welche die in Rn. 230 f. dargestellten Kriterien für gekorene professionelle Anleger erfüllen und den Antrag stellen, vom AIFM als professionelle Anleger behandelt zu werden.

224   **2. Anforderungen an das Vorliegen professioneller Anleger.** Art. 4 Abs. 1 lit. ag) AIFM-RL enthält selbst keine Definition des „professionellen Anlegers", sondern verweist hierbei auf die Definition des professionellen Kunden[181] in Anhang II der MiFID (Richtlinie 2004/39/EG), der durch § 31a WpHG in Deutschland umgesetzt worden ist. Anhang II der MiFID unterscheidet zwei Kategorien von professionellen Anlegern: geborene und gekorene professionelle Anleger. Sog. geborene professionelle Anleger sind gemäß § 31a WpHG stets als professionelle Anleger anzusehen. Demgegenüber sind sog. gekorene professionelle Anleger grundsätzlich als Kleinanleger zu behandeln. Sie können jedoch auf Antrag von dem AIFM bzw. dem AIF als professionelle Anleger behandelt werden.

225   § 31a Abs. 2 WpHG unterscheidet die folgenden Arten geborener professioneller Anleger. Erstens gehören hierzu bestimmte zulassungspflichtige Finanzunternehmen (wie Kreditinstitute, Versicherungsgesellschaften, Wertpapierfirmen, Pensionsfonds und OGAW bzw. AIF und deren Verwaltungsgesellschaften).

226   Zweitens fallen hierunter große Unternehmen, die zwei der drei nachfolgenden Kriterien erfüllen: 20 Mio. € Bilanzsumme, 40 Mio. € Umsatz oder 2 Mio. € Eigenmittel.

227   Drittens sind bestimmte öffentliche Einrichtungen (wie namentlich der Bund und die Länder) geborene professionelle Anleger.

228   Viertens sind nicht zulassungs- und aufsichtspflichtige Unternehmen, deren Haupttätigkeit in der Investition in Finanzinstrumenten besteht, geborene professionelle Anleger.

229   Schließlich sind Einrichtungen, die die Verbriefung von Vermögenswerten[182] und andere Finanzierungsgeschäfte betreiben, geborene professionelle Anleger.

---

[181] Im Zusammenhang mit der AIFM-Richtlinie ist der Begriff des „professionellen Kunden" mit dem „professionellen Anleger" gleichzusetzen.

[182] Vgl. nur die Definition der Verbriefungszweckgesellschaft in Art. 4 Abs. 1 lit. an) AIFM-RL sowie das Refinanzierungsunternehmen (§ 1 Abs. 24 KWG) und den Refinanzierungsmittler (§ 1 Abs. 25 KWG). Zu den beiden letztgenannten vgl. eingehend *Tollmann* in Boos/Fischer/Schulte-Mattler, KWG, 4. Aufl., § 1 Rn. 249 ff.

Gekorene Anleger sind demgegenüber Anleger, welche zwei der nachfolgen- **230** den drei Kriterien erfüllen: erstens durchschnittlich zehn Geschäfte von erheblichem Umfang[183] pro Quartal im vergangenen Jahr, zweitens Bankguthaben oder Finanzinstrumente[184] im Wert von 500.000 € oder mindestens einjährige Berufserfahrung am Kapitalmarkt.

Von einem Geschäft in einem erheblichem Umfang ist dabei auszugehen, wenn **231** dies 2,5–3% des Depotbestandes betrifft; dies setzt – auf das Jahr gerechnet – einen sehr umfangreichen Handel voraus. Dabei soll es ausreichen, wenn der Handel für fremde Rechnung erfolgt. Unklar ist, ob geborene professionelle Anleger nur dann als professionelle Anleger zu behandeln sind, wenn sie dies gegenüber dem AIFM beantragen oder sie dies per se sind. Der Wortlaut der Definition legt im Kontext der AIFM-Richtlinie Letzteres nahe, weil dort von „als ein professioneller Kunde behandelt werden *kann*" die Rede ist. Dies setzt nicht voraus, dass ein Antrag gestellt worden ist.

3. Bezüge zum KAGB-E. § 1 Abs. 19 Nummer 32 Satz 1 KAGB-E setzt die **232** Definition des „professionellen Anlegers" wörtlich um. Diese Kommentierung kann somit uneingeschränkt zur Auslegung des Kapitalanlagegesetzbuches herangezogen werden.

XXXII. Definition der „qualifizierten Beteiligung" (Abs. 1 lit. ah))

1. Kontext und Überblick. Wie schon Art. 2 Abs. 1 lit. j) OGAW-RL ent- **233** hält Art. 4 Abs. 1 lit. ah) AIFM-RL eine inhaltsgleiche Definition der „qualifizierten Beteiligung". Dieser Begriff ist für das Zulassungsverfahren von Bedeutung. Nach Art. 8 Abs. 1 lit. d) AIFM-RL müssen die Anteilseigner oder Mitglieder des AIFM, die eine qualifizierte Beteiligung an dem AIFM halten, über eine entsprechende Eignung verfügen und eine solide und umsichtige Verwaltung des AIFM gewährleisten.

In Deutschland ist der Begriff der „qualifizierten Beteiligung" bereits anderwei- **234** tig besetz; § 1 Abs. 15 KWG verwendet ihn als Bezeichnung für Beteiligungen außerhalb des Finanzsektors.[185] Daher spricht § 2 Abs. 20 InvG, der Art. 2 Abs. 1 lit. j) OGAW-RL umsetzt, als Synonym von „bedeutender Beteiligung". Auch § 1 Abs. 19 Nummer 6 KAGB-E spricht von „bedeutender Beteiligung" und verweist auf § 1 Abs. 9 Satz 1 KWG, der in Umsetzung der Art. 9, 10 und 12 Abs. 4 und 5 der Richtlinie 2004/09/EG für das deutsche Recht den Begriff der „bedeutenden Beteiligung" definiert.[186]

---

[183] Fraglich ist, ob es sich hierbei – wie im Kontext der MiFID und des § 31a WpHG – ausschließlich um Geschäfte in Finanzinstrumenten handeln muss. Dies dürfte zu verneinen sein, weil viele AIF gar nicht oder jedenfalls nicht überwiegend in Finanzinstrumente investieren.

[184] Unklar ist, ob im Kontext der AIFM-Richtlinie neben Bankguthaben oder Finanzinstrumenten auch andere Vermögenswerte (z. B. Immobilienanlagen) berücksichtigt werden sollten. Dies dürfte zu bejahen sein, weil AIF typischerweise nicht oder nur untergeordnet in Finanzinstrumente investieren.

[185] *Köndgen* in Berger/Steck/Lübbehüsen, InvG, § 2 Rn. 102.

[186] Vgl. die eingehende Darstellung von *Schäfer* in Boos/Fischer/Schulte-Mattler, KWG, 4. Aufl., § 1 Rn. 212 ff.

235   **2. Anforderungen an das Vorliegen einer qualifizierten Beteiligung.**
Eine qualifizierte bzw. bedeutende Beteiligung liegt demnach vor, „wenn unmittelbar oder mittelbar über ein oder mehrere Tochterunternehmen oder ein gleich-
artiges Verhältnis oder im Zusammenwirken mit anderen Personen oder Unternehmen" (sog. *acting in concert*) „mindestens 10 vom Hundert des Kapitals oder
der Stimmrechte eines dritten Unternehmens im Eigen- oder Fremdinteresse
gehalten werden oder wenn auf die Geschäftsführung eines anderen Unternehmens ein maßgeblicher Einfluss ausgeübt werden kann".

236   Es müssen somit im Regelfall mindestens 10% des Kapitals oder der Stimmrechte[187] am AIFM gehalten werden. Dies kann unmittelbar oder über eine Konzern-
struktur erfolgen, indem ein Mutterunternehmen über mehrere Tochterunternehmen insgesamt mindestens 10% des Kapitals oder der Stimmrechte am AIFM hält.
Dasselbe gilt, wenn mehrere Personen – z. B. über Stimmrechtsvereinbarungen –
zusammenwirken und gemeinsam mindestens 10% des Kapitals oder der Stimmrechte am AIFM halten. Der Auffangtatbestand des „ähnlichen Verhältnisses" soll
die Einschaltung von Strohmännern erfassen.[188] Zur Berechnung und Zurechnung der Stimmrechtsanteile vgl. nur *Köndgen*.[189]

237   Eine qualifizierte/bedeutende Beteiligung kann alternativ auch dann vorliegen,
wenn maßgeblicher Einfluss auf den Vorstand bzw. die Geschäftsführung des
AIFM genommen werden kann, selbst keine 10% des Kapitals oder der Stimmrechte gehalten werden. Es dürften allerdings kaum Anwendungsfälle hierfür vorliegen, ohne dass zugleich eine entsprechende Beteiligung an dem Kapital bzw.
den Stimmrechten besteht.

238   **3. Bezüge zum KAGB-E.** Die Definition der „qualifizierten Beteiligung"
wird durch § 1 Abs. 19 Nummer 6 KAGB-E umgesetzt, wo stattdessen allerdings
von „bedeutender Beteiligung" die Rede ist. Trotz des auch sonst abweichenden
Wortlauts wird Art. 4 Abs. 1 lit. ah) AIFM-RL eins-zu-eins umgesetzt. Daher
kann diese Kommentierung uneingeschränkt zur Auslegung des Kapitalanlagegesetzbuches herangezogen werden.

XXXIII. Definition des „Arbeitnehmervertreters" (Abs. 1 lit. ai))

239   **1. Kontext und Überblick.** Der Begriff des „Arbeitnehmervertreters" spielt
in Kapitel V, Abschnitt 2 im Zusammenhang mit dem Kontrollerwerb an Unternehmen durch AIF (namentlich Private Equity Fonds) eine Rolle. Ähnlich wie
nach § 106 BetrVG[190] räumt die AIFM-Richtlinie den Arbeitnehmervertreter
Informationsansprüche im Zusammenhang mit dem Kontrollerwerb an (nicht
börsennotierten) Unternehmen durch einen AIFM ein (vgl. nur Art. 27 Abs. 4,
Art. 28 Abs. 3 und Abs. 4 UAbs. 2 und 29 Abs. 3 lit. a)). Diese Ansprüche richten
sich gegen den AIFM.

---

[187] Selbst wenn der Kapitalanteil unter 10% liegt, kann eine qualifizierte/bedeutende
Beteiligung vorliegen, wenn z. B. über Stimmrechtskonsortien, -übertragungen oder -bevoll-
mächtigungen 10% der Stimmrechte wahrgenommen werden; *Köndgen* in Berger/Steck/
Lübbehüsen, InvG, § 2 Rn. 104.

[188] *Schäfer* in Boos/Fischer/Schulte-Mattler, KWG, 4. Aufl., § 1 Rn. 212.

[189] *Köndgen* in Berger/Steck/Lübbehüsen, InvG, § 2 Rn. 104.

[190] Nach § 106 BetrVG steht dem Wirtschaftsausschuss eines Unternehmens ein Aus-
kunftsanspruch gegen die Geschäftsleitung des Unternehmens, welches Gegenstand eines
Kontrollerwerbs ist zu. Dieser Anspruch besteht im Vorfeld des Kontrollerwerbs.

2. Anforderungen an das Vorliegen eines Arbeitnehmervertreters. 240
Art. 4 Abs. 1 lit. ai) AIFM-RL definiert den „Arbeitnehmervertreter" nicht selbst,
sondern verweist auf die Definition in Art. 2 lit. e) der Richtlinie 2002/14/EG.
In Deutschland sind dies regelmäßig der Betriebsrat bzw. der Gesamtbetriebsrat
eines Unternehmens. Allerdings müssen nicht die Unternehmen mit mehr einen
Betriebsrat einrichten. Bei Unternehmen ohne Betriebsrat dürfte es sich regelmäßig um kleine und mittlere Unternehmen (KMU) handeln, auf welche die Regelungen des Kapitel V Abschnitt 2 gemäß Art. 26 Abs. 2 AIFM-RL ohnehin keine
Anwendung finden.

3. Bezüge zum KAGB-E. § 1 Abs. 19 Nummer 2 KAGB-E setzt die Defini- 241
tion des „Arbeitnehmervertreters" gemäß Art. 4 Abs. 1 lit. ai) AIFM-RL wörtlich
um. Diese Kommentierung kann daher uneingeschränkt herangezogen werden.

XXXIV. Definition des „Kleinanlegers" (Abs. 1 lit. aj))

1. Kontext und Überblick. Der Begriff des „Kleinanlegers" ist das Gegen- 242
satzpaar zum „professionellen Anleger" gemäß Art. 4 Abs. 1 lit. ag). Der Vertrieb
von AIF an Kleinanleger ist gemäß Art. 43 Abs. 1 nur unter bestimmten Voraussetzungen zulässig. Nach dem KAGB-Regierungsentwurf dürfen nur sog. AIF-
Publikumsfonds an Kleinanleger, die dort Privatanleger genannt werden, vertrieben werden. Hingegen dürfen sog. Spezial-AIF ausschließlich an professionelle
und semi-professionelle[191] Anleger vertrieben werden (vgl. § 1 Abs. 15 Satz 1
KAGB-E).

2. Anforderungen an das Vorliegen eines Kleinanlegers. Nach Art. 4 243
Abs. 1 lit. aj) sind alle Anleger, die nicht per se professionelle Anleger sind (sog.
geborene professionelle Anleger) oder als gekorene professionelle Anleger gegenüber dem AIFM den Antrag gestellt haben, als professionelle Anleger behandelt
zu werden, Kleinanleger. Auf die Darstellung oben unter Rn. 224 ff. wird zur
Vermeidung von Wiederholungen verwiesen.

3. Bezüge zum KAGB-E. Der KAGB-Regierungsentwurf enthält keine 244
eigene Definition des „Kleinanlegers". Vielmehr enthält § 1 Abs. 19 Nummer 31
KAGB-E, der den „professionellen Anleger" definiert, die Aussage, dass alle übrigen Anleger „Privatanleger" sind. Dieser Begriff wird als Synonym für den „Kleinanleger" verwendet. Inhaltlich ergeben sich hieraus keine Abweichungen zu der
Definition des „Kleinanlegers" in Art. 4 Abs. 1 lit. aj) AIFM-RL. Diese Kommentierung kann daher zur Auslegung des Kapitalanlagegesetzbuches herangezogen
werden.

XXXV. Definition des „Tochterunternehmens" (Abs. 1 lit. ak))

1. Kontext und Überblick. Der Begriff des „Tochterunternehmens" und sein 245
Gegensatzpaar des „Mutterunternehmens" (vgl. Art. 4 Abs. 1 lit. ae)) spielen bei der
Zulassung des AIFM eine Rolle. Nach Art. 8 Abs. 2 muss die Herkunftsbehörde des
AIFM vor dessen Zulassung die Aufsichtsbehörden anderer Mitgliedstaaten konsul-
tieren, wenn es sich bei dem AIFM um eine Tochtergesellschaft eines AIFM, einer
OGAW-Verwaltungsgesellschaft, einer Wertpapierfirma, eines Kreditinstituts oder

---

[191] Bei der Einführung der zusätzlichen Anlegerkategorie der semi-professionellen Anleger
handelt es sich um eine nach Art. 43 Abs. 1 UAbs. 2 AIFM-RL i. V .m. Erwägungsgrund 10
zulässige Regelung nach nationalem Recht.

einer Versicherungsgesellschaft (zusammen „Mutterunternehmen") handelt, die in einem anderen Mitgliedstaat zugelassen sind. Dasselbe gilt, wenn der zuzulassende AIFM eine Schwestergesellschaft einer der vorgenannten Gesellschaften mit Sitz in einem anderen Mitgliedstaat ist, d.h. beide dasselbe Mutterunternehmen haben.[192]

246　　**2. Anforderungen an das Vorliegen eines Tochterunternehmens.** Art. 4 Abs. 1 lit. ak) enthält keine eigene Definition, sondern verweist auf Art. 1 und 2 der Richtlinie 83/349/EWG über den konsolidierten Abschluss. Auf dieselben Vorschriften wird auch Bezug genommen bei den Definitionen der „engen Verbindung" (lit. e)), der „Kontrolle" (lit. i)) und des Mutterunternehmens (lit. ak)). Auch § 2 Abs. 21 InvG nimmt hierauf mittelbar Bezug, indem er auf § 290 HGB verweist, der Art. 1 der Richtlinie 83/349/EWG umsetzt. Zur Vermeidung von Wiederholung wird auf die Darstellung oben unter Rn. 81 ff. verwiesen.

247　　**3. Bezüge zum KAGB-E.** Die Definition des „Tochterunternehmens" wird eins-zu-eins durch § 1 Abs. 19 Nummer 35 KAGB-E umgesetzt. Dieser verweist auf die Definition des „Tochterunternehmens" in § 290 HGB, welcher seinerseits die Art. 1 und 2 der Richtlinie 83/349/EWG umsetzt.

XXXVI. Definition der „Aufsichtsbehörde" eines Nicht–EU–AIF (Abs. 1 lit. al))

248　　**1. Kontext und Überblick.** Die Aufsichtsbehörde eines Nicht-EU-AIF spielt insbesondere in Kapitel VII eine Rolle, namentlich beim Vertrieb von Drittstaaten-AIF an professionelle Anleger in der EU (vgl. nur Art. 35 Abs. 2 lit. a), Art. 36 Abs. 1 lit. b) und Art. 40 Abs. 2 lit. a)).

249　　**2. Anforderungen an das Vorliegen einer Aufsichtsbehörde eines Nicht-EU-AIF.** Der Begriff der „Aufsichtsbehörde eines Nicht-EU-AIF" bezeichnet die Aufsichtsbehörde eines Drittstaates, die nach dessen Rechts- und Verwaltungsvorschriften zur Beaufsichtigung von AIF befugt ist. Hinzuweisen ist darauf, dass jeder Investmentfonds aus einem Drittstaat ein AIF ist, weil OGAW nur in der EU aufgelegt werden können. Fraglich ist dabei, was gilt, wenn Investmentfonds in einem Drittstaat keiner Aufsicht unterliegen sollten, z. B. weil nur deren Verwalter (d.h. der AIFM) reguliert ist. In diesem Fall dürfte mit „Aufsichtsbehörde eines Nicht-EU-AIF" im Zweifel die „Aufsichtsbehörde eines Nicht-EU-AIFM" gemeint sein.

250　　**3. Bezüge zum KAGB-E.** Der KAGB-Regierungsentwurf enthält keine Definition der „Aufsichtsbehörde eines Nicht-EU-AIF".

XXXVII. Definition der „Aufsichtsbehörde eines Nicht-EU-AIFM" (Abs. 1 lit. am))

251　　**1. Kontext und Überblick.** Der Begriff der „Aufsichtsbehörde eines Nicht-EU-AIFM" spielt in Kapitel VII eine Rolle im Zusammenhang mit der Befugnis von Drittstaaten-AIFM, EU-AIF zu verwalten oder AIF in der EU zu vertreiben.

252　　**2. Anforderungen an das Vorliegen einer Aufsichtsbehörde eines Nicht-EU-AIFM.** Der Begriff der „Aufsichtsbehörde eines Nicht-EU-AIFM" bezeichnet die Aufsichtsbehörde eines Drittstaates, die nach dessen Rechts- und Verwaltungs-

---

[192] Vgl. eingehend die Kommentierung zu Art. 8.

vorschriften zur Beaufsichtigung von AIFM befugt ist. Hinzuweisen ist darauf, dass jeder Verwalter eines Investmentfonds aus einem Drittstaat ein AIFM ist, weil OGAW-Verwaltungsgesellschaften ihren Sitz in der EU haben müssen.

3. Bezüge zum KAGB-E. Der KAGB-Regierungsentwurf enthält keine **253** Definition der „Aufsichtsbehörde eines Nicht-EU-AIFM".

XXXVIII. Definition der Verbriefungszweckgesellschaft (Abs. 1 lit. an))

1. Kontext und Überblick. Die AIFM-Richtlinie enthält an zwei Stellen **254** Regelungen zu Verbriefungszweckgesellschaften (Art. 2 Abs. 3 lit. g)) bzw. Verbriefungspositionen (Art. 17 bzw. 63). Misslich ist hierbei, dass insoweit zwei unterschiedliche Definitionen gelten. Während für Art. 17 und 63 die Definitionen der Verbriefung bzw. der Verbriefungszweckgesellschaft der Bankenrichtlinie gelten, findet auf Art. 2 Abs. 3 lit. g) die abweichende Definition gemäß Art. 4 Abs. 1 lit. ao) AIFM-RL Anwendung. Hierbei geht es darum, welche Gesellschaften nicht unter den Anwendungsbereich der AIFM-Richtlinie fallen, weil Art. 2 Abs. 3 lit. g) Verbriefungszweckgesellschaften aus dem Anwendungsbereich ausnimmt.

2. Anforderungen an das Vorliegen einer Verbriefungszweckgesellschaft. **255** Art. 4 Abs. 1 lit. ao) enthält selbst keine Definition der Verbriefungszweckgesellschaft, sondern verweist auf Art. 1 Abs. 2 der Verordnung (EG) Nr. 24/2009 der Europäischen Zentralbank über die Statistik über die Aktiva und Passiva von finanziellen Mantelkapitalgesellschaften, die Verbriefungsgeschäfte betreiben.

3. Bezüge zum KAGB-E. § 1 Abs. 19 Nummer 36 KAGB-E setzt die Defi- **256** nition der „Verbriefungszweckgesellschaft" gemäß Art. 4 Abs. 1 lit. ao) AIFM-RL wörtlich um. Diese Kommentierung kann daher uneingeschränkt zur Auslegung des Kapitalanlagegesetzbuches herangezogen werden.

XXXIX. Definition des „OGAW" (Abs. 1 lit. ao)

1. Kontext und Überblick. Die Definition des „OGAW" spielt in der **257** AIFM-Richtlinie bei der Definition des AIF (Art. 4 Abs. 1 lit. a)) und bei den zulässigen Tätigkeiten eines externen AIFM gemäß Art. 6 Abs. 2 eine Rolle.

2. Anforderungen an das Vorliegen eines OGAW. Nach der Definition **258** des AIF sind AIF solche Organismen für gemeinsame Anlagen, die keiner OGAW-Zulassung nach Art. 5 OGAW-RL bedürfen, während OGAW dadurch definiert werden, dass sie einer eben solchen Zulassung bedürfen.

Unter die Definition des OGAW können nur solche Investmentfonds fallen, wel- **259** che die Voraussetzungen der OGAW-Richtlinie erfüllen. Doch selbst Investmentfonds, welche diese Anforderungen erfüllen, müssen nicht OGAW sein. Nach dem bei der OGAW-Richtlinie geltenden formellen Investmentfondsbegriff kann die Verwaltungsgesellschaft frei wählen, ob sie eine OGAW-Zulassung beantragen und damit von den Vorteilen der OGAW-Richtlinie (wie namentlich dem EU-Vertriebs- sowie dem EU-Verwaltungspass) profitieren will. Hingegen besteht nach dem materiellen Investmentfondsbegriff bei AIF ein solches Wahlrecht nicht.

3. Bezüge zum KAGB-E. § 1 Abs. 2 KAGB-E setzt Art. 4 Abs. 1 lit. ao) **260** AIFM-RL um. § 1 Abs. 2 KAGB-E stellt dabei nicht auf die Zulassung des OGAW, sondern darauf ab, ob das Investmentvermögen die Anforderungen der

OGAW-Richtlinie erfüllt. Hieraus dürfen sich keine praktischen Unterschiede ergeben, weil zu den Anforderungen auch die Zulassung des OGAW gehört. Diese Kommentierung kann daher uneingeschränkt zur Auslegung des Kapitalanlagegesetzbuches herangezogen werden.

C. Die verschiedenen Arten von AIFM

261   Art. 4 Abs. 4 verpflichtet die ESMA, einen Entwurf für technische Regulierungsstandards zur Festlegung der verschiedenen **Arten von AIFM** vorzulegen. Es handelt sich um die einzige Norm der AIFM-Richtlinie, welche die ESMA zur Erarbeitung technischer Regulierungsstandards verpflichtet.

262   Art. 4 Abs. 4 ist im **Kontext des Zulassungsverfahrens** für AIFM zu sehen. Nach Art. 8 Abs. 1 lit. c) müssen der Geschäftsleiter des AIFM u. a. über ausreichende Erfahrung in Bezug auf die Anlagestrategien der vom AIFM verwalteten AIF verfügen. Dabei sind sehr unterschiedliche Erfahrungen erforderlich, je nachdem um welche **Assetklassen** es sich handelt. Ein AIFM und seine Geschäftsleiter sowie Mitarbeiter, der nur Immobilienfonds verwaltet, benötigt ein anderes Fachwissen und Erfahrung als der Manager von Hedgefonds. Art. 4 Abs. 4 ist als Ergebnis der Verhandlungen mit dem Rat und dem Europaparlament eingefügt worden. Die Bestimmung der Arten von AIFM (ausgehend von den verschiedenen Assetklassen) sollte verhindern, dass ein AIFM für seine Zulassung Fachkenntnisse und Erfahrungen für alle erdenklichen Assetklassen nachweisen muss, obwohl er nur AIF mit bestimmten Assetklassen verwalten möchte. Art. 4 Abs. 4 ist somit Ausdruck des Verhältnismäßigkeitsprinzips. Er trägt dem Umstand Rechnung, dass die AIFM-Richtlinie den AIF selbst nicht reguliert, so dass die verschiedenen Assetklassen nicht unterschieden werden.[193]

263   Bis zur Drucklegung dieser Auflage hat die ESMA keine Entwürfe für technische Regulierungsstandards nach Art. 4 Abs. 4 vorgelegt. Es liegt lediglich ein Konsultationspapier der ESMA vom 19.12.2012 vor.[194] Dies wird allerdings nicht den Erwartungen gerecht. Statt anhand der verschiedenen Assetklassen verschiedene Arten von AIFM zu definieren, wird nur eine – zudem inhaltlich fragliche – Abgrenzung zwischen Verwaltern **offener und geschlossener AIF** vorgenommen.

D. Bezüge zum KAGB-E

264   Die Bezüge zum KAGB-Diskussionsentwurf sind bereits bei jeder einzelnen Definition dargestellt.

---

[193] Etwas anderes gilt für die Sonderregelungen für Private Equity und Venture Capital Fonds nach Art. 26 ff.

[194] Dabei wird ohne Not und im Widerspruch zu dem Ansatz des Richtliniengebers von der bisher geltenden Unterscheidung zwischen offenen und geschlossenen Fonds abgewichen als nunmehr bereits solche Fonds als geschlossen angesehen werden, deren Anteile seltener als einmal im Jahr zurückgegeben werden dürfen. Demgegenüber hatte der Richtliniengeber an verschiedenen Stellen geschlossene Fonds dahingehend umschrieben (vgl. Art. 3 Abs. 2 lit b) und Art. 21 Abs. 3 UAbs. 3), dass Anlegern mindestens für fünf Jahre nach Tätigung der ersten Anlagen seitens des AIF kein Rückgaberecht zustehen darf. Dieses Konsultationspapier trägt nicht dazu bei, dass AIFM im Rahmen des Zulassungsverfahrens der Nachweis der Fachkenntnisse und Erfahrungen erleichtert wird.

Artikel 5 Bestimmung des AIFM

AIFM-Richtlinie	KAGB-E
Artikel 5 **Bestimmung des AIFM**	**§ 17** **Bestimmung der Kapitalverwaltungsgesellschaft**
(1) Die Mitgliedstaaten gewährleisten, dass für jeden AIF, der im Geltungsbereich dieser Richtlinie verwaltet wird, ein einziger AIFM zuständig ist, der für die Einhaltung dieser Richtlinie verantwortlich ist.	(3) Für jedes Investmentvermögen kann nur eine Kapitalverwaltungsgesellschaft zuständig sein, die für die Einhaltung der Anforderungen dieses Gesetzes verantwortlich ist.
	(1) Kapitalverwaltungsgesellschaften sind Unternehmen mit satzungsmäßigem Sitz und Hauptverwaltung im Inland, deren Geschäftsbereich darauf gerichtet ist, inländische Investmentvermögen, EU-Investmentvermögen oder ausländische AIF zu verwalten. Die Verwaltung eines Investmentvermögens liegt vor, wenn mindestens die Portfolioverwaltung oder das Risikomanagement für ein oder mehrere Investmentvermögen erbracht wird.
Der AIFM ist entweder a) ein externer Verwalter, der die vom AIF oder im Namen des AIF bestellte juristische Person ist und aufgrund dieser Bestellung für die Verwaltung des AIF verantwortlich ist (externer AIFM), oder b) der AIF selbst, wenn die Rechtsform des AIF eine interne Verwaltung zulässt und das Leitungsgremium des AIF entscheidet, keinen externen AIFM zu bestellen; in diesem Fall wird der AIF als AIFM zugelassen.	(2) Die Kapitalverwaltungsgesellschaft ist entweder 1. eine externe Kapitalverwaltungsgesellschaft, die vom Investmentvermögen oder im Namen des Investmentvermögen bestellt ist und aufgrund dieser Bestellung für die Verwaltung des Investmentvermögens verantwortlich ist (externe Kapitalverwaltungsgesellschaft), oder 2. das Investmentvermögen selbst, wenn die Rechtsform des Investmentvermögens eine interne Verwaltung zulässt und der Vorstand oder die Geschäftsführung des Investmentvermögens entscheidet, keine externe Kapitalverwaltungsgesellschaft zu bestellen (interne Kapitalverwaltungsgesellschaft). In diesem Fall wird das Investmentvermögen als Kapitalverwaltungsgesellschaft zugelassen.

AIFM-Richtlinie	KAGB-E
	§ 18 **Externe Kapitalverwaltungs-** **gesellschaft**
(2) In den Fällen, in denen ein externer AIFM nicht in der Lage ist, die Einhaltung der Anforderungen dieser Richtlinie sicherzustellen, für die der AIF oder eine andere in seinem Namen handelnde Stelle verantwortlich ist, unterrichtet der AIFM unverzüglich die zuständigen Behörden seines Herkunftsmitgliedstaats und, sofern anwendbar, die zuständigen Behörden des betreffenden EU-AIF. Die zuständigen Behörden des Herkunftsmitgliedstaats des AIFM machen es dem AIFM zur Auflage, die notwendigen Schritte zu unternehmen, um dem abzuhelfen. (3) Falls die Anforderungen trotz der in Absatz 2 genannten Schritte weiterhin nicht eingehalten werden, sollten die zuständigen Behörden des Herkunftsmitgliedstaats des AIFM verlangen, dass er als AIFM des betreffenden AIF zurücktritt, sofern es sich um einen EU-AIFM oder einen EU-AIF handelt. In diesem Fall darf der AIF nicht mehr in der Union vertrieben werden. Falls es einen Nicht-EU-AIFM betrifft, der einen Nicht-EU-AIF verwaltet, darf der AIF nicht weiter in der Union vertrieben werden. Die zuständigen Behörden des Herkunftsmitgliedstaats des AIFM setzen unverzüglich die zuständigen Behörden der Aufnahmemitgliedstaaten des AIFM in Kenntnis.	(7) In den Fällen, in denen eine externe AIF-Kapitalverwaltungsgesellschaft nicht in der Lage ist, die Einhaltung der Anforderungen dieses Gesetzes sicherzustellen, für die der AIF oder eine andere in seinem Namen handelnde Stelle verantwortlich ist, unterrichtet die externe AIF-Kapitalverwaltungsgesellschaft unverzüglich die Bundesanstalt und, sofern anwendbar, die zuständigen Behörden des betreffenden EU-AIF. Die Bundesanstalt kann die externe AIF-Kapitalverwaltungsgesellschaft verpflichten, notwendige Abhilfemaßnahmen zu treffen. (8) Falls die Anforderungen trotz der in Absatz 7 Satz 2 genannten Schritte weiterhin nicht eingehalten werden, fordert die Bundesanstalt, dass die externe AIF-Kapitalverwaltungsgesellschaft ihre Bestellung als externe AIF-Kapitalverwaltungsgesellschaft für diesen AIF kündigt, sofern es sich um einen inländischen AIF oder einen EU-AIF handelt. In diesem Fall darf der AIF nicht mehr in der Union vertrieben werden. Handelt es sich um eine ausländische AIF-Verwaltungsgesellschaft, die einen ausländischen AIF verwaltet, darf der AIF nicht mehr in den Mitgliedstaaten der Europäischen Union und den anderen Vertragsstaaten des Europäischen Wirtschaftsraums vertrieben werden. Die Bundesanstalt setzt hiervon unverzüglich die zuständigen Behörden der Aufnahmemitgliedstaaten der externen AIF-Kapitalverwaltungsgesellschaft in Kenntnis.

Literatur: *Baur,* in: Assmann/Schütze (Hrsg.), Handbuch des Kapitalanlagerechts, 3. Aufl., München 2007; *ESMA,* Discussion paper, Key concepts of the Alternative Investment Fund Managers Directive and types of AIFM, 23.2.2012, ESMA/2012/117, abrufbar unter: http://www.esma.europa.eu/system/files/2012-117.pdf; *Fischer/Steck,* in: Berger/Steck/Lübbehüsen (Hrsg.), Investmentgesetz/Investmentsteuergesetz, München 2010; *Hertz-Eichenrode/Illenberger/Jesch/Keller/Klebeck/Rocholl,* Private-Equity-Lexikon, Stuttgart 2011; *Köndgen,* in: Berger/Steck/Lübbehüsen (Hrsg.), Investmentgesetz/Investmentsteuergesetz, München 2010; *Skilken/Spangler*, in: Jesch/Striegel/Boxberger (Hrsg.), Rechtshandbuch Private Equity, München 2010; *Steck*, in: Berger/Steck/Lübbehüsen (Hrsg.), Investmentgesetz/Investmentsteuergesetz, München 2010.

Übersicht

A. Einleitung

Die AIFM-Richtlinie ist eine **Managerregulierung,** sodass der AIFM der **1** zentrale Adressat der Richtlinie ist. Nahezu alle in der Richtlinie enthaltenen Rechte und Pflichten beziehen sich auf den AIFM.[1] Daher ist es umso wichtiger, dass **zweifelsfrei feststeht, wer als AIFM mit der Verwaltung eines AIF betraut ist.** Dies umso mehr, als nach Art. 5 Abs. 1 jeder AIF nur von **einem**

---

[1] Folge hiervon ist beispielsweise, dass die AIFM-Richtlinie dem AIFM die Verpflichtung auferlegt, dass eine Depotbank nach Maßgabe des Art. 21 bestellt wird. Die Depotbank ist jedoch selbst nicht Normadressat der AIFM-Richtlinie.

AIFM verwaltet werden darf. Dies hat zur Folge, dass in der angelsächsischen Fondsbranche anzutreffende sog. *Multi-Manager-Funds* ab dem 22.7.2013 nicht mehr zulässig sind. Bei diesen handelt es sich häufig um gemischte Fonds, bei denen verschiedene Manager mit der Verwaltung der verschiedenen Assetklassen betraut werden. Künftig muss die Verwaltung aller Assetklassen eines solchen gemischten Fonds in der Letztverantwortung eines AIFM liegen. Der AIFM kann jedoch, in den Grenzen des Art. 20, Verwaltungsaufgaben auslagern.

2   Die Bestimmung des AIFM ist im Vergleich zur OGAW-Richtlinie und zum Investmentgesetz dadurch erschwert, dass die AIFM-Richtlinie dem **materiellen Managerbegriff** folgt, während sowohl die OGAW-Richtlinie als auch das Investmentgesetz dem formellen Managerbegriff folgen. Nach dem formellen Managerbegriff ist Verwaltungsgesellschaft bzw. KAG diejenige Gesellschaft, welche die Zulassung der Verwaltung eines konkreten OGAW bzw. Sondervermögens beantragt bzw. hierzu von der zuständigen Aufsichtsbehörde zugelassen worden ist. Diesem Ansatz ist die AIFM-Richtlinie bewusst nicht gefolgt. Dies hat seinen Hintergrund darin, dass gerade im anglo-amerikanischen Rechtsraum die als Manager firmierende Gesellschaft häufig nicht die Tätigkeiten einer KAG im Sinne von § 7 Abs. 1 InvG erbringt. Die kollektive Verwaltung wird faktisch vielmehr durch sog. *Investment advisor* **(Anlageberater)** erbracht, wobei der Begriff des Beraters angesichts des Umfangs seiner Kompetenzen irreführend ist. Die Aufgabe des *Investment Managers* beschränkt sich dabei häufig darauf, die von dem das operative Geschäft komplett übernehmenden *Investment Advisor* vorgeschlagenen Entscheidungen (z. B. über den Ankauf neuer Vermögensgegenstände) formal zu billigen. Ohne den *Investment Advisor* könnte der *Investment Manager* den AIF häufig nicht verwalten. Das Verhältnis zwischen *Investment Manager* und *Investment Advisor* entspricht dann demjenigen zwischen einer Verwaltungsgesellschaft und einem Auslagerungsunternehmen, an das alle wesentlichen Verwaltungsfunktionen ausgelagert worden sind.

3   Vor dem Hintergrund der jüngsten Finanzkrise hat der Richtliniengeber die Grundsatzentscheidung getroffen, dass diejenigen Manager, welche die tatsächliche Verwaltung des AIF in den Händen halten, als AIFM zugelassenen und beaufsichtigt werden müssen, damit die von der Verwaltung von AIF ausgehenden **Risiken für die Finanzmarktstabilität** effektiv verringert und der **Anlegerschutz** gestärkt werden kann (vgl. nur die Erwägungsgründe 1 und 2). Dies hat seinen Niederschlag zum einen in Art. 5 (vgl. hierzu sogleich) und zum anderen in Art. 20 Abs. 3 gefunden, welcher die Auslagerung von Verwaltungstätigkeiten begrenzt. Danach *„darf der AIFM seine Funktionen nicht in einem Umfang übertragen, der darauf hinausläuft, dass er nicht länger als Verwalter des AIF angesehen werden kann und er zu einem bloßen Briefkastenunternehmen wird"*. Hierdurch wurden die Möglichkeiten zur Auslagerung im Vergleich zur OGAW-Richtlinie und zum Investmentgesetz signifikant eingeschränkt.[2]

4   Für deutsche AIF hat dies im Wesentlichen zwei Folgen. Bei offenen Fonds ist das sog. **Master-KAG-Modell** – jedenfalls in seiner derzeitigen umfassenden Ausprägung – nicht mit der AIFM-Richtlinie vereinbar.[3] Zum anderen wird bei typischen deutschen geschlossenen Fonds nicht der das Objekt verwaltende Asset Manager, sondern regelmäßig **das Emissionshaus bzw. der Fondsinitiator** eine AIFM-Zulassung benötigen.[4]

---

[2] Vgl. hierzu die eingehende Kommentierung unter Art. 20 Rn. 124 ff.
[3] Vgl. hierzu eingehend unter Rn. 11.
[4] Vgl. unten unter Rn. 31.

B. Entstehungsgeschichte

Der Kommissionsvorschlag enthielt keine Bestimmung darüber, wer AIFM ist. **5**
Art. 5 wurde auf Wunsch des Rates eingefügt. In den Verhandlungen mit dem
Rat hatte sich anhand in der Praxis gebräuchlicher Fondsstrukturen gezeigt, wie
schwierig die Bestimmung des materiellen AIFM bei sog. **externen Verwaltern**
im Einzelfall sein kann.

Darüber hinaus wurde vom Rat auch ein Bedürfnis gesehen klarzustellen, in **6**
welcher Weise die AIFM-Richtlinie auf sog. **intern verwaltete AIF** (wie z. B.
bei Investmentaktiengesellschaften oder SICAV) anzuwenden ist. Hier stellt Art. 5
Abs. 1 Satz 2 lit. b) klar, dass bei ihnen der AIF selbst als AIFM anzusehen ist.
Der intern verwaltete AIF muss sich danach als AIFM zulassen und ist Adressat
aller Rechte und Pflichten eines AIFM. Die Vorschriften der AIFM-Richtlinie
finden dann auf den AIF entsprechende Anwendung.

C. Nur ein AIFM pro AIF (Abs. 1)

I. Grund

Nach Abs. 1 darf jeder unter den Anwendungsbereich der Richtlinie fallende **7**
AIF nur einen AIFM haben.[5] Dies hat seinen Grund darin, dass es einen zentralen
Akteur geben soll, der die tatsächliche Verwaltung des AIF in den Händen hält,
hierfür gegenüber dem AIF und dessen Anlegern die Verantwortung trägt und
damit eine effiziente Aufsicht ermöglicht. Die **AIFM-Richtlinie stärkt damit
den tatsächlichen Verwalter** und schränkt die Möglichkeiten der Auslagerung
und vergleichbarer Strukturen (wie z. B. das **Master-KAG-Modell**) bewusst signifikant ein. Die Fondsbranche hat in den vergangenen Jahren vielfach und im
großen Umfang ein Outsourcing zentraler Managerfunktionen erlebt. Dies zeigt
sich in Deutschland besonders plastisch am Master-KAG-Modell. Master-KAG
werden zu dem Zwecke aufgelegt, als KAG zugelassen zu werden. Sie selbst
erbringt jedoch im Wesentlichen nur administrative Funktionen. Die die Tätigkeit
einer Verwaltungsgesellschaft eigentlich prägenden und mit den meisten Risiken
für die Anleger und die Finanzmarktstabilität verbundenen Funktionen der Portfolioverwaltung und des Risikomanagements nehmen sie üblicherweise nicht
wahr. Vielmehr werden diese wesentlichen Funktionen ausgelagert.[6] Das Auslagerungsunternehmen kann, obwohl von ihm die größten Risiken ausgehen, faktisch
nicht in derselben Weise wie der AIFM von der Aufsichtsbehörde überwacht
werden. Hat es seinen Sitz in einem anderen Mitgliedstaat oder gar in einem
Drittstaat, so ist eine Aufsicht der Heimatbehörde des AIFM über diese zentralen
Funktionen schon aus tatsächlichen Gründen nicht oder allenfalls eingeschränkt
möglich. Eine Überwachung des Auslagerungsunternehmens durch die Master-
KAG ist kein angemessener Ersatz hierfür, zumal wenn diese gar nicht über die
entsprechenden Ressourcen und das fachliche und technische Know-how verfügt,
um die Tätigkeit der Auslagerungsunternehmen fachlich beurteilen zu können.

---

[5] Unklar ist, ob dies auch für sog. kleine AIFM gemäß Art. 3 Abs. 2 gilt.
[6] Vgl. zum Master-KAG-Modell nur *Baur* in Assmann/Schütze, Handbuch des Kapitalanlagerechts, 3. Aufl., § 20 Rn. 250 sowie *Steck* in Berger/Steck/Lübbehüsen, InvG, § 16
Rn. 24.

Daher hat sich der Richtliniengeber dafür entschieden, die Verantwortung des AIFM zu erhöhen.

II. Unzulässigkeit sog. Multi-Manager-Fonds

8   Dies hat erstens zur Folge, dass sog. *Multi-Manager-Fonds* nicht länger zulässig sind. Jeder AIF muss vielmehr einen (und nur einen!) AIFM haben, welcher allein kraft Bestellung bzw. kraft Gesetzes alle einem AIFM obliegenden (d.h. zwingenden) **Funktionen** wahrnimmt.

9   Aus Art. 4 Abs. 1 lit. b) und w) i. V. m. Nummer 1 des Anhangs I[7] ergibt sich, welches diese Funktionen sind. Art. 4 Abs. 1 lit. b) definiert den AIFM. Diese Definition nimmt Bezug auf das Verwalten von AIF, welches in Art. 4 Abs. 1 lit. w) definiert wird. Diese Definition wiederum verweist auf die Nummer 1 des Anhangs I. Nach Nummer 1 muss ein AIFM mindestens im Rahmen der Verwaltung eines AIF a) **die Portfolioverwaltung und b) das Risikomanagement** übernehmen, um AIFM sein zu können. Dasselbe folgt auch aus Art. 6 Abs. 5 lit. d).[8] Daneben kann ein AIFM freiwillig die in Nummer 2 genannten Funktionen – wie namentlich administrative Tätigkeiten und den Vertrieb des AIF – übernehmen, muss dies jedoch nicht. Hingegen spricht Art. 4 Abs. 1 lit. w) davon, dass ein AIFM mindestens entweder die Portfolioverwaltung **oder** das Risikomanagement wahrnehmen muss.[9] Hieraus folgert die ESMA, dass es für einen AIFM ausreicht, wenn er eine der beiden vorgenannten Funktionen wahrnimmt.[10] Dies ist nach hier vertretener Auffassung abzulehnen.[11]

10   Die Stellung als AIFM setzt nach hier vertretener Auffassung voraus, dass der AIFM mindestens die Letztverantwortung für die Portfolioverwaltung **und** das Risikomanagement inne hat und insoweit sowohl gegenüber dem AIF und dessen Depotbank sowie Anlegern als auch der Aufsichtsbehörde der alleinige Ansprechpartner ist. Wegen des **materiellen Managerbegriffs** genügt dies jedoch allein nicht. Der AIFM muss darüber hinaus auch tatsächlich der zentrale Akteur **im Hinblick auf die Portfolioverwaltung und das Risikomanagement** sein und **wesentliche** aus den Funktionen resultierende **Aufgaben höchstpersönlich wahrnehmen.** Dies bedeutet nicht, dass eine Auslagerung von Aufgaben der Portfolioverwaltung oder des Risikomanagements gar nicht mehr möglich ist. Aus Art. 20 Abs. 1 Satz 2 lit. c) folgt vielmehr, dass dies – allerdings in gewissen Grenzen – zulässig ist. Dies bedeutet zum einen, dass der AIFM keine der beiden genannten Funktionen in Gänze auslagern darf. Ausgelagert werden können vielmehr nur einzelne Aufgaben der Portfolioverwaltung oder des Risikomanagements. Dabei ist es unerheblich, ob der AIFM Aufgaben nur an ein oder mehrere Auslagerungsunternehmen überträgt. Maßgebend ist nicht, in welchem Umfang der AIFM Aufgaben an ein einzelnes Auslagerungsunternehmen ausgelagert hat. Entscheidend ist vielmehr, welche konkreten Aufgaben (d.h. mit welcher Bedeutung) und in welchem Umfang übertragen worden sind. Hieraus folgt zum ande-

---

[7] Vgl. hierzu die eingehende Kommentierung zu Art. 4 Rn. 175 ff.

[8] Dort heißt es, dass ein AIFM nicht zur Erbringung der Dienstleistung der Portfolioverwaltung ohne die gleichzeitige Zulassung zum Risikomanagement zugelassen werden dürfe und umgekehrt.

[9] Vgl. hierzu eingehend unter Art. 4 Rn. 175 ff. und Anhang I Rn. 2.

[10] *ESMA,* Discussion paper, Key concepts of the Alternative Investment Fund Managers Directive and types of AIFM, 23.2.2012, ESMA/2012/117, S. 6, Tz. 6.

[11] Vgl. die eingehende Begründung unter Art. 4 Rn. 175 ff. und Anhang I Rn. 2.

ren, dass der AIFM stets weiterhin Aufgaben der Portfolioverwaltung **und** des Risikomanagements von wesentlicher Bedeutung und in nennenswertem Umfang höchstpersönlich erbringen muss. Anderenfalls wird das nach Art. 20 Abs. 3 zulässige Maß der Auslagerung überschritten und der AIFM kann nicht länger als Verwalter des AIF angesehen werden.

III. Auswirkungen für das Master-KAG-Modell

Art. 5 Abs. 1 i. V. m. Nummer 1 des Anhangs I hat darüber hinaus zur Folge, **11** dass das in Deutschland bei Spezialfonds weit verbreitete **Master-KAG-Modell**[12] in seiner jetzigen Form nicht länger zulässig sein wird. Bei der als AIFM zugelassenen Gesellschaft muss es sich ausweislich Nummer 1 des Anhangs I zwingend um diejenige handeln, welche kraft Bestellung die Verantwortung für die Portfolioverwaltung und das Risikomanagement innehat. Dies ist bei einer Master-KAG jedoch nicht der Fall. Diese zeichnet sich vielmehr dadurch aus, dass sie die administrativen Tätigkeiten für mehrere Sondervermögen erbringt, die **Portfolioverwaltung** jedoch einem oder mehreren **Auslagerungsunternehmen** überträgt. Folglich darf eine solche Master-KAG nicht als AIFM zugelassen werden.[13] Hingegen bleibt es einem AIFM möglich, die in Nummer 2 des Anhangs I genannten Funktionen (insbesondere administrative Tätigkeiten und den Vertrieb des AIF) auszulagern, z. B. auch auf eine Master-KAG. Die Master-KAG kann jedoch nicht als AIFM zugelassen werden. Vielmehr ist das auslagernde Unternehmen AIFM. Wie oben dargelegt, muss es die Funktionen der Portfolioverwaltung und des Risikomanagements selbst wahrnehmen und darf nur einzelne Aspekte hiervon an Dritte übertragen.

IV. Auswirkungen auf das White Labeling-Modell

Ähnliche Auswirkungen hat der materielle Managerbegriff auf das sog. **White** **12** **oder Private Labeling-Modell.**[14] Darunter versteht man, dass zugelassene KAG Vermögensverwaltern die Möglichkeit bieten, eigene Fonds aufzulegen und sie von der KAG verwalten zu lassen, wobei zumindest das **Portfoliomanagement** oder faktisch an den Vermögensverwalter **ausgelagert** wird.[15] Dies gestattet es Vermögensverwaltern dezeit, Fonds unter eigenem Namen auflegen und vertreiben zu können, ohne selbst über eine KAG-Erlaubnis verfügen zu müssen. Wie beim Master KAG-Modell fallen auch beim White Labeling-Modell die Erbringung der Kernfunktionen eines AIFM und die KAG-Erlaubnis auseinander. Dies führt zu einer nicht hinnehmbaren Aushöhlung des Anlegerschutzes und der Beaufsichtigung, weil der Vermögensverwalter trotz seiner Stellung als zentraler Akteur nicht – bzw. jedenfalls nicht im Hinblick auf die kollektive Vermögensverwaltung – der Aufsicht unterliegt. Daher ist das White Labeling-Modell in seiner derzeitigen Ausprägung nach der AIFM-Richtlinie nicht länger zulässig. Etwas

---

[12] Vgl. zu diesem *Baur* in Assmann/Schütze, Handbuch des Kapitalanlagerechts, 3. Aufl., § 20 Rn. 250 sowie *Steck* in Berger/Steck/Lübbehüsen, InvG, § 16 Rn. 24.

[13] Etwas anderes könnte gelten, wenn sich die Auffassung der ESMA (vgl. oben Rn. 9) durchsetzt und die Master-KAG jedenfalls das Risikomanagement höchstpersönlich wahrnimmt.

[14] Vgl. hierzu nur *Fischer/Steck* in Berger/Steck/Lübbehüsen, InvG, § 96 Rn. 32.

[15] Der Vermögensverwalter fungiert dann vielfach als sog. Anlageberater statt als Auslagerungsunternehmen.

anderes würde nach Auffassung der ESMA gelten, wenn die zugelassene KVG zumindest das Risikomanagement komplett erbringt.

D. AIFM bei einem fremdverwalteten AIF (Abs. 1 Satz 2 lit. a))

I. Abgrenzung der Fremdverwaltung von der Selbstverwaltung

13   Bei Investmentfonds unterscheidet man zwischen selbst und fremdverwalteten. Nur Investmentfonds, welche über eine eigene Rechtspersönlichkeit verfügen, können selbst verwaltet werden. Investmentfonds ohne eigene Rechtspersönlichkeit benötigen hingegen eine juristische Person als Verwalter, um handlungsfähig zu sein. In Deutschland sind die **fremdverwalteten Fonds** mit Abstand am stärksten vertreten. Alle Sondervermögen müssen von einer KAG verwaltet, und damit durch eine fremde Gesellschaft, verwaltet werden. Art. 5 Abs. 1 Satz 2 lit. a) spricht insoweit von externer Verwaltung.

14   Anders als z. B. in Luxemburg (dort insbesondere SICAV) spielen **selbstverwaltete Fonds** in Deutschland bisher nur eine untergeordnete Rolle. Hierbei handelt es sich um Investmentaktiengesellschaften, welche die Entscheidung treffen, sich durch ihren Vorstand selbst verwalten zu lassen. Art. 5 Abs. 1 Satz 2 lit. b) spricht diesbezüglich von interner Verwaltung. Investmentaktiengesellschaften und SICAV steht es jedoch auch frei, sich von einer KAG fremdverwalten zu lassen.[16]

II. Bestellung des externen Verwalters

15   Die **externe Verwaltung** setzt gemäß Abs. 1 lit. a) voraus, dass der AIF, sofern er über eine eigene Rechtspersönlichkeit verfügt (wie z. B. die Investmentaktiengesellschaft) oder ansonsten der Fondsinitiator im Namen des AIF, eine juristische Person[17] zum AIFM bestellt[18]. Die **Bestellung** geht einher mit dem Abschluss eines geschäftsbesorgungsähnlichen Vertrages.[19] Sie ist jedoch mehr als der Abschluss eines zivilrechtlichen Vertrages, weil der AIFM mit der Bestellung kraft Gesetzes die sich aus der AIFM-Richtlinie bzw. deren nationaler Umsetzung ergebenden Rechte erlangt und Pflichten zu erfüllen hat. Aufgrund der zwingenden Natur der aufsichtsrechtlichen Regelungen kann der Vertrag zwischen AIF und AIFM diese Rechte und Pflichten nicht abbedingen. Auch ohne Vertragsbeziehungen zu den Anlegern des AIF trifft den AIFM kraft seiner Bestellung gemäß Art. 12 Abs. 1 lit. b) die Pflicht, seine Tätigkeit in deren Interesse auszuüben.

III. Abgrenzung der externen Verwaltung von der Auslagerung

16   Mit der Bestellung ist der AIFM unmittelbar vom AIF und mittelbar von dessen Anlegern legitimiert, die Verwaltung des AIF zu übernehmen. Dies unterscheidet

---

[16] Nach § 96 Abs. 4 Satz 1 InvG kann eine Investmentgesellschaft auch von einer KAG fremdverwaltet werden. Dasselbe gilt in Luxemburg für SICAV, von denen laut *Fischer/Steck* in Berger/Steck/Lübbehüsen, InvG, § 96 Rn. 31 ca. 90% fremdverwaltet sind.

[17] Vgl. hier Art. 4 Rn. 48 ff.

[18] Das Investmentgesetz spricht in § 96 Abs. 4 stattdessen von Benennung, ohne dass sich hieraus ein inhaltlicher Unterschied ergibt.

[19] Vgl. hierzu nur *Köndgen* in Berger/Steck/Lübbehüsen, InvG, § 9 Rn. 15.

den AIFM grundlegend von einem **Auslagerungsunternehmen**. Die Entscheidung über die Beauftragung eines Auslagerungsunternehmens und dessen Auswahl trifft regelmäßig[20] allein der AIFM. Auch hat das Auslagerungsunternehmen allein Rechtsbeziehungen zum AIFM und gerade nicht zum AIF. Anders als den AIFM kann der AIF das Auslagerungsunternehmen somit nicht abberufen.

Hinzu kommt, wie oben eingehend ausgeführt, dass der AIFM zwingend die **17** Funktionen der **Portfolioverwaltung und des Risikomanagements** höchstpersönlich wahrnehmen muss. Nur einzelne Aufgaben davon kann es an ein oder mehrere Auslagerungsunternehmen übertragen.

E. AIFM bei einem selbstverwalteten AIFM

AIF mit eigener Rechtspersönlichkeit (wie Investmentaktiengesellschaften oder **18** SICAV) können wählen, ob sie durch ihre Organe **selbst verwaltet** werden oder einen externen Verwalter bestellen wollen. Entscheidet z. B. der Vorstand einer Investmentaktiengesellschaft, keinen externen Verwalter zu bestellen, so handelt es sich um einen selbst verwalteten AIF. Für diesen Fall bestimmt Abs. 1 Satz 2 lit. b), dass der AIF selbst als AIFM anzusehen ist. Dies bedeutet nichts anderes als dass die Regelungen zum AIFM entsprechend auf den AIF Anwendung finden. Darüber hinaus enthält die AIFM-Richtlinie an vereinzelten stellen unmittelbar Regelung für selbst verwaltete AIF (vgl. nur Art. 9 Abs. 1).

Bei AIF mit eigener Rechtspersönlichkeit kann es im Einzelfall schwierig sein, **19** einen **selbstverwalteten AIF,** der einzelne Aufgaben ausgelagert hat, **von einem extern verwalteten AIF abzugrenzen.** Diese Abgrenzung hat danach zu erfolgen, ob das Leitungsorgan sämtliche der einem AIFM nach Nummer 1 des Anhangs I obliegenden Funktionen oder ob sie nur einzelne Aufgaben davon einem Dritten übertragen möchte, um selbst die Letztverantwortung zu haben. Im ersten Fall liegt eine externe Verwaltung und im zweiten ein selbst verwalteter AIF vor.

F. Fehlender Einfluss des AIFM auf die Erfüllung bestimmter Pflichten (Abs. 2 und 3)

I. Anwendungsbereich

Abs. 2 überrascht bei erster Lektüre, entsteht doch der (allerdings falsche) Ein- **20** druck, ein externer AIFM müsse nicht alle ihm obliegenden Pflichten erfüllen. Abs. 2 trägt dem Umstand Rechnung, dass es ein externer AIFM nicht in allen Fällen in der Hand hat, die Einhaltung der Verpflichtungen der AIFM-Richtlinie sicherzustellen. Dies gilt in Fällen, in denen der AIFM als einziger Normadressat einen bestimmten Erfolg (wie z. B. die Bestellung eines externen Bewerters oder einer Depotbank) sicherstellen muss, während die Handlung von einem Dritten (wie etwa dem AIF oder dem Fondsinitiator) vorzunehmen ist. Da der betreffende Dritte selbst nicht Normadressat ist, richtet sich die Verpflichtung an den externen AIFM. Der externe AIFM kann jedoch nur auf den Fondsinitiator einwirken, z. B. eine Depotbank im Einklang mit den Bestimmungen des Art. 21 zu bestellen.

---

[20] Der AIF kann sich jedoch vertraglich einen Zustimmungsvorbehalt oder ein Vetorecht sichern.

Kommt der Fondsinitiator dem nicht nach, so kann der AIFM die Bestellung vielfach nicht selbst vornehmen. Abs. 2 kommt somit in Fällen zur Anwendung, in denen dem **AIFM die Sicherstellung eines bestimmten Erfolges (subjektiv) unmöglich ist.**

II. Pflichten des AIFM

21   In allen Fällen, in denen ein externer AIFM den Eintritt eines bestimmten Erfolges sicherstellen muss, dieser jedoch von der Vornahme einer Handlung eines Dritten abhängt, ist der externe AIFM verpflichtet, solange auf den Dritten einzuwirken, bis der Erfolg eingetreten ist. **Lehnt der Dritte jedoch endgültig die Vornahme der gebotenen Handlung** (wie z. B. die Beauftragung eines Rechnungsprüfers) **ab,** so hat der externe AIFM unverzüglich seine Heimatbehörde sowie die hiervon ggf. abweichende Behörde des EU-AIF zu unterrichten. Auf diese Weise soll verhindert werden, dass den Anlegern ein Schaden entsteht.

III. Befugnisse der Heimatbehörde des AIFM

22   **1. Auflagen (Abs. 2).** Nach Abs. 2 kann die Heimatbehörde des AIFM in einem solchen Fall gegenüber dem **externen AIFM Auflagen verhängen,** welche sicherstellen sollen, dass der gebotene Erfolg eintritt. Ist für einen AIF z. B. eine Depotbank bestellt worden, welche nicht alle Anforderungen des Art. 21 erfüllt, so kann dem AIFM eine Frist gesetzt werden, bis zu der sämtliche Anforderungen erfüllt sein müssen. Zwar kann der AIFM u.U. die Depotbank nicht selbst bestellen oder allein dafür Sorge tragen, dass die Depotbank allen Anforderungen nach Art. 21 entspricht. Da der AIFM jedoch bei Nichterfüllung der Auflagen von seiner Tätigkeit zurücktreten muss (vgl. Abs. 3 Satz 1) und der AIF das Recht verliert, in der EU vertrieben zu werden (vgl. Abs. 3 Satz 2), sind den übrigen Akteuren (wie z. B. dem AIF oder dem Fondsinitiator) die weit reichenden Konsequenzen bewusst. Es ist daher zu erwarten, dass sie i. d. R. die Auflage erfüllen werden.

23   **2. Erzwungener Rücktritt des AIFM und Entzug der Vertriebserlaubnis (Abs. 3).** Führt die Auflage nicht zu dem Erfolg, weil auch nach Ablauf der gesetzten Frist die **Verstöße gegen die AIFM-Richtlinie fortbestehen,** so soll die Heimatbehörde des AIFM von diesem verlangen, dass er zurücktritt (Abs. 3 Satz 1).[21] Eine Verwaltung des AIF ist dann faktisch nicht länger möglich. Kommt der AIFM dem Rücktritt nicht zeitnah nach, so kann die Behörde ihm nach hier vertretener Auffassung die Zulassung entziehen.

24   Darüber hinaus kann die Heimatbehörde des AIFM den weiteren **Vertrieb des AIF in der EU unterbinden.** Genaue Verfahrensregelungen hierüber enthält die AIFM-Richtlinie nicht. In Abs. 3 Satz 2 heißt es jedoch unmissverständlich, dass der AIF dann nicht mehr in der EU vertrieben werden darf. Um dies gewährleisten zu können, muss die Heimatbehörde des AIFM zunächst die zuständigen Aufsichtsbehörden in allen anderen betroffenen Mitgliedstaaten[22] unverzüglich hiervon in Kenntnis setzen (Abs. 3 letzter Satz). Daneben muss die Heimatbehörde des AIFM die erteilten Vertriebserlaubnisse (z. B. nach Art. 31 Abs. 2 bzw. Art. 32 Abs. 2) entziehen.

---

[21] Diese Regelung findet nur auf EU-AIFM sowie auf Drittstaaten-AIFM Anwendung, welche EU-AIF verwalten.

[22] Es geht namentlich um Mitgliedstaaten, in denen der AIF vertrieben wird.

IV. Rechtsfolgen, wenn die Erfüllung der Pflicht misslingt

Gelingt es dem AIFM nicht, die Auflagen fristgerecht zu erfüllen, so muss der **25**
AIFM a) von seiner Tätigkeit zurücktreten und darf der AIF b) nicht länger in
der EU (aktiv) vertrieben werden. Dauert dieser Umstand länger, so kann dies
dazu führen, dass der **AIF liquidiert** werden muss. Besteht hingegen die Aussicht,
dass im Falle der Bestellung eines anderen AIFM die Auflage zeitnah umgesetzt
wird, so kann der AIF fortbestehen. Die Regelung des Abs. 3 ist Ultima ratio,
wenn der Versuch gescheitert ist, die Einhaltung der Pflichten durch Auflagen zu
erreichen.

Es fragt sich, ob es auch Fälle einer Nichterfüllung von Pflichten gibt, bei **26**
denen das **Vertriebsverbot ohne vorausgehende Auflagenerteilung** greift.
Drohen dem AIF, den Anleger oder der Allgemeinheit (z. B. wegen Risiken
für die Finanzmarktstabilität) erhebliche Schäden, so muss nach hier vertretener
Auffassung nicht zunächst der Versuch unternommen werden, über Auflagen
gemäß Abs. 2 doch noch zu einem regelkonformen Verhalten z. B. des AIF, des
Fondsinitiators oder der Depotbank zu kommen. Dasselbe dürfte gelten, wenn
der betreffende Akteur die Erfüllung der Pflicht endgültig abgelehnt hat oder
hierzu erkennbar nicht in der Lage ist. Bei Gefahr im Verzug dürfte das Interesse
an der Abwendung des Schadens i. d. R. höher zu gewichten sein als die Belange
des betroffenen Akteurs.

V. Unterrichtung der anderen Aufsichtsbehörden (Abs. 3 Satz 4)

Zur Absicherung des EU-weiten Vertriebsverbots nach Abs. 3 ist die Heimat- **27**
behörde des AIFM verpflichtet, unverzüglich nach Erlass dieses Verbots alle Aufsichtsbehörden derjenigen Mitgliedstaaten zu unterrichten, in denen der betreffende AIF vertrieben werden darf oder in dem der AIF verwaltet wird. Hierdurch
sollen die zuständigen Behörden in die Lage versetzt werden, für die **lückenlose
Umsetzung des Verbots** zu sorgen.

G. Wer ist AIFM bei in Deutschland gängigen AIF?

I. Bei Sondervermögen

Da Sondervermögen – sowohl im Spezialfonds- als auch im Publikumsfondsbe- **28**
reich – keine eigene Rechtspersönlichkeit haben, benötigen sie einen externen
Verwalter. Sie konnten bisher nur von Kapitalanlagegesellschaften gemäß § 6 InvG
verwaltet werden. Sondervermögen können künftig von inländischen Kapital-
Verwaltungsgesellschaften von EU-Verwaltungsgesellschaften und, unter
bestimmten Voraussetzungen, von Verwaltungsgesellschaften aus Drittstaaten verwaltet werden. Nicht alle Anforderungen an Kapitalanlagegesellschaften gelten
für AIFM nach der AIFM-Richtlinie. Abzuwarten bleibt, ob Deutschland an den
darüber hinausgehenden Regelungen (wie z. B. der Pflicht zur Bestellung eines
Aufsichtsrats nach § 6 Abs. 2 InvG) festhalten wird.

II. Bei Investmentaktiengesellschaften

Wie schon nach geltendem Recht (vgl. § 96 Abs. 4 InvG) kann eine Investmen- **29**
taktiengesellschaft entscheiden, ob sie von ihrem Vorstand selbstverwaltet oder

ob ein externer AIFM bestellt werden soll. Im ersten Fall ist die **Investmentakti-engesellschaft selbst AIFM.** Im letzten Fall kommt die Bestellung einer inländischen KAG oder eines entsprechenden AIFM aus einem anderen Mitgliedstaat in Betracht.

III. Bei typischen geschlossenen Fonds

30   **1. Einleitung.** Typische deutsche geschlossene Fonds weisen zum einen vollständig andere Strukturen auf als offene Fonds. Zum anderen zeichnet sie eine andere Anlagepolitik aus. Beides hat zur Folge, dass die auf offene Fonds zugeschnittenen Kriterien für die Bestimmung des AIFM gemäß Art. 5 nicht ohne weiteres auf geschlossene Fonds übertragbar sind. Die Mehrzahl deutscher geschlossener Immobilien- und Schiffsfonds investieren in nur ein Objekt (sog. **Ein-Objekt-Fonds**). Dies unterscheidet sie wesentlich von offenen Immobilienfonds, die i. d. R. aus einem sich beständig ändernden Portfolio zusammensetzen, weil Immobilien gekauft bzw. verkauft werden. Die wesentlichen Risiken für Anleger offener Immobilienfonds ergeben sich erst nach Auflegung des Fonds. Sie resultieren insbesondere daraus, dass die KAG bestimmte Entscheidungen über den Ankauf von Immobilien (z. B. Auswahl von Nutzungsart, Standort, Vermietungsgrad, Kaufpreis, Fremdfinanzierungsgrad und -konditionen) bzw. deren Verkauf trifft. Daneben spielt der Zu- und Abfluss von Liquidität eine entscheidende Rolle. Hingegen ändert sich bei geschlossenen Fonds mit Ausnahme sog. Blindpools[23] die Zusammensetzung des Anlagevermögens zwischen Auflegung und Liquidation des Fonds nicht und fließt dem Fonds auch nach Ende der Zeichnungsphase keine neue Liquidität zu.

31   **2. Fondsinitiator bzw. Emissionshaus als AIFM.** Dies hat zur Folge, dass die **wesentlichen Anlagerisiken** bei geschlossenen Fonds **bereits mit Auflegung des Fonds geschaffen** werden. Ziel der AIFM-Richtlinie ist es, mit dem AIFM denjenigen zentralen Akteur zu regulieren, welcher die wesentlichen Anlagerisiken steuernd in den Händen hält. Für die Bestimmung des AIFM geschlossener Fonds muss daher auf die Definition des AIFM abgestellt werden. Nach Art. 4 Abs. 1 lit. c) definiert sich ein AIFM u.a. dadurch, dass er einen oder mehrere AIF verwaltet. Mit „Verwaltung eines AIF" ist gemäß Art. 4 Abs. 1 lit. w) gemeint, dass ein AIFM mindestens die in Anhang I Ziffer 1 genannten Funktionen erbringen muss. Dies sind die Portfolioverwaltung und das Risikomanagement. Beide Funktionen charakterisieren die Tätigkeit eines AIFM. Daher ist weder der Property Manager, dessen Aufgabe es ist, die Immobilie zu verwalten, noch der Verwalter, welche die Rechte des Fonds gegenüber den Anlegern wahrnimmt, AIFM. Keiner von beiden trifft die insoweit maßgebende **Entscheidung,** welches Objekt zu welchen Konditionen in den Fonds eingebracht werden soll. Dies entscheidet bei typischen deutschen geschlossenen Fonds vielmehr der **Fondsinitiator** bzw. das **Emissionshaus.** Dem steht nicht entgegen, dass die wesentliche Tätigkeit des Fondsinitiators bzw. Emissionshauses mit der Fondsauflegung abgeschlossen ist.

32   **2. Sonderfall der Blindpools.** Etwas anderes gilt jedoch bei sog. **Blindpools.** Hierbei handelt es sich um solche geschlossenen Fonds, bei denen die Anleger – ähnlich wie bei offenen Fonds – im Zeitpunkt der Zeichnung der Anteile nicht

---

[23] Vgl. zu Blindpools Rn. 32.

wissen, welche Anlagen der Fonds tätigen wird.[24] Derartige Fonds benötigen einen **aktiven Manager,** welcher Entscheidungen über den An- und Verkauf von Anlageobjekten trifft und die damit einher gehenden Risiken verwaltet. Dieser ist dann AIFM.

IV. Bei typischen deutschen Private Equity Fonds

Für deutsche Private Equity Fonds werden unterschiedliche Strukturen und **33** Rechtsformen verwandt. Den allermeisten ist gemeinsam, dass das Management des Fonds, also das Team des Private Equity Hauses, über eine Management-Gesellschaft tätig ist. Diese kann entweder als persönlich haftender Gesellschafter (ohne Kapitalanteil) oder als Kommanditist an den Fonds gebunden sein. In diesem Fall handelt es sich bei der **Management-Gesellschaft** um einen **externen Verwalter** im Sinne von Art. 5 Abs. 1 Satz 2 lit. a). Denkbar – jedoch selten – sind Private Equity Fonds in der Rechtsform einer Kapitalgesellschaft. In diesem Fall wird das Management als Vorstand bzw. Geschäftsführung tätig. Es liegt dann ein Fall eines selbstverwalteten AIF gemäß Abs. 5 Satz 2 lit. b) vor.

Im anglo-amerikanischen Rechtsraum werden Private Equity Fonds überwie- **34** gend als *limited partnership,* d.h. als Personengesellschaft, aufgelegt.[25] Dem *general partner* (vergleichbar dem Komplementär) kommt die Aufgabe zu, den eigentlichen Fondsmanager (oft *investment advisor* genannt) auszuwählen und zu überwachen. In derartigen Fällen bereitet i. d. R. der *investment advisor* Vorschläge zum An- und Verkauf von Beteiligungsgesellschaften vor. Die (oft nur formale) Letztentscheidung trifft der *general partner* bzw. ein Investmentkommitee. In derartigen Fällen wird häufig aufgrund des materiellen Managerbegriffs der *investment advisor* (und gerade nicht der general partner) als AIFM anzusehen sein. Maßgebend dürfte nach hier vertretener Auffassung sein, ob Anlagen ausschließlich getätigt werden, wenn der *investment advisor* einen entsprechenden Vorschlag unterbreitet hat oder ob der *general partner* unabhängig von dem *investment advisor* Anlageobjekte aussuchen kann und der *investment advisor* somit tatsächlich nur als Berater fungiert. Weiteres Indiz ist, ob Anlageempfehlungen des *investment advisors* regelmäßig vom *general partner* „abgenickt" werden. Im erstgenannten Fall ist der *investment advisor* und im zweiten Fall der *general partner* als AIFM anzusehen.

V. Einsatz von sog. Anlageberatern

Das in Rn. 34 Gesagte gilt auch bei anderen Assetklassen (wie z. B. Hedge- **35** fonds), wenn die Anlageentscheidungen faktisch nicht von dem zugelassenen AIFM, sondern von einem sog. Anlageberater getroffen werden.

H. Bezüge zum KAGB-E

Die Regelung des Art. 5 ist in den § 17 und § 18 KAGB-E ohne inhaltliche **36** Änderungen umgesetzt worden. § 17 Abs. 3 KAGB-E enthält zunächst die – auch zuvor bereits nach dem Investmentgesetz implizit geltende Verpflichtung, dass jeder AIF nur von einer Kapitalanlageverwaltungsgesellschaft verwaltet werden

---

[24] Vgl. nur *Hertz-Eichenrode/Illenberger/Jesch/Keller/Klebeck/Rocholl,* Private-Equity-Lexikon, 2011, S. 25.

[25] *Skilken/Spangler* in Jesch/Striegel/Boxberger, Rechtshandbuch Private Equity, 2011, S. 781 und 795.

darf. § 17 Abs. 1 KAGB-E definiert die Kapitalanlageverwaltungsgesellschaft. § 17 Abs. 2 KAGB-E bestimmt, dass AIF entweder von einer externen Kapitalanlageverwaltungsgesellschaft oder aber selbst verwaltet werden dürfen. Die Regelungen des Art. 5 Abs. 2 und 3 AIFM-RL sind schließlich unverändert in § 18 Abs. 7 und 8 KAGB-E umgesetzt.

37   Da die §§ 17 und 18 KAGB-E den Art. 5 AIFM-RL unverändert umsetzen, kann die obige Kommentierung uneingeschränkt zu ihrer Auslegung herangezogen werden.

Kapitel II Zulassung von AIFM

Vorbemerkung zu Kapitel II – Zulassung von AIFM

Literatur: *Nietsch/Graef,* Aufsicht über Hedgefonds nach dem AIFM-Richtlinienvorschlag, ZBB 2010, S. 12; *Spindler/Tancredi,* Die Richtlinie über Alternative Investmentfonds (AIFM-Richtlinie), WM 2011, S. 1393 und 1441; *Wallach,* Alternative Investment Funds Manager Directive – ein neues Kapitel des europäischen Investmentrechts, RdF 2011, S. 80; *Weiser/Jang,* Die nationale Umsetzung der AIFM-Richtlinie und ihre Auswirkung auf die Fondsbranche in Deutschland, BB 2011, S. 1219.

A. Allgemeines

In Kapitel II finden sich die Vorschriften für die Zulassung von AIFM. Die **1** Zulassung ist für die Verwaltung und den Vertrieb von AIF durch AIFM erforderlich. Hier verfolgt die AIFM-Richtlinie den konzeptionellen Ansatz der Gewährung zweier unterschiedlicher **EU-Pässe**[1]: Der **Verwaltungspass** (auch Managerpass genannt) berechtigt innerhalb der EU zur Verwaltung von (i) EU-AIF oder Nicht-EU-AIF durch EU-AIFM und (ii) EU-AIF durch Nicht-EU-AIFM. Der **Vertriebspass** (auch Produktpass genannt) erlaubt den Vertrieb von EU-AIF und Nicht-EU-AIF durch EU-AIFM und Nicht-EU-AIFM an professionelle Anleger innerhalb der EU.

Die Regeln für die Zulassung von AIFM und die bisherigen Regeln des an die **2** OGAW-Richtlinie angelehnten Investmentrechts für Kapitalanlagegesellschaften ähneln sich[2]. Unterschiede bestehen jedoch beispielsweise hinsichtlich der Rechtsform der Verwalter, des Umfangs ihrer Geschäftstätigkeiten, der Höhe des Anfangskapitals und der Bereitstellung zusätzlicher Eigenmittel bzw. dem Abschluss einer Berufshaftpflichtversicherung. Im Rahmen der Implementierung der AIFM-Richtlinie in das deutsche Recht müssen insofern diejenigen Regeln des Investmentrechts eine Anpassung erfahren, die im Vergleich zu der AIFM-Richtlinie weniger streng geregelt sind, da die AIFM-Richtlinie das Mindestmaß an Regulierung vorgibt. Regelungen, die hingegen im nationalen Recht strenger normiert sind, müssen aus europarechtlichen Gesichtspunkten nicht angepasst werden, allerdings würden strengere Anforderungen deutsche AIFM im Wettbewerb zu anderen EU-AIFM benachteiligen, die in ihrem Herkunftsmitgliedstaat einer weniger strengen Regulierung unterliegen. Die sich hieraus ergebende **Inländerdiskriminierung** wäre rechtlich zulässig.

Da die AIFM-Richtlinie sämtliche Verwalter von Investmentfonds erfasst, die **3** nicht bereits unter die OGAW-Richtlinie fallen, wird sie in Deutschland auch die bislang nicht regulierten Verwalter solcher Fonds betreffen, die dem sogenannten **Grauen Kapitalmarkt** zugeordnet sind (z. B. Private Equity Fonds und geschlossene Immobilienfonds). Fraglich ist, ob auch Verwalter von **Ein-Anleger-Fonds**

---

[1] Vgl. *Wallach* RdF 2011, 80, 86; *Weiser/Jang* BB 2011, 1219, 1224.
[2] *Wallach* RdF 2011, 80, 81; *Weiser/Jang* BB 2011, 1219, 1221; *Spindler/Tancredi* WM 2011, 1393, 1399.

(wie beispielsweise Kapitalanlagegesellschaften von Spezialfonds)[3] oder REITs[4] vom Anwendungsbereich der AIFM-Richtlinie erfasst werden. Während bei AIF des offenen Typs i. d. R. zweifelsfrei feststeht, wer AIFM ist, ist dies bei geschlossenen Fonds nicht immer leicht zu beantworten. Diese Frage stellt sich insbesondere bei GmbH & Co. KG-Strukturen im Hinblick auf einen beteiligten Komplementär oder geschäftsführenden Kommanditisten bzw. deren Beratergesellschaftern[5]. Diese Unklarheit beruht zum einen darauf, dass der insoweit maßgebende Art. 5 von seiner Konzeption primär auf Strukturen bei offenen Fonds ausgerichtet ist. Zum anderen folgt dies daraus, dass es bei geschlossenen Fonds – mangels Regulierung – bisher nicht darauf ankam, wer als Manager anzusehen ist, während in Deutschland die Kapitalanlagegesellschaft bei offenen Fonds seit jeher als Manager reguliert ist.

4   Die AIFM-Richtlinie folgt nicht dem formellen Ansatz der OGAW-Richtlinie und des Investmentgesetzes, bei dem die Erlaubnispflicht der Kapitalanlagegesellschaft sich aus der (bewussten Entscheidung zur) Verwaltung nur eines bestimmten Fondstypus, dem Sondervermögen, ergibt. Nach dem materiellen Ansatz der AIFM-Richtlinie folgt die Eigenschaft als AIFM vielmehr zwingend aus der Funktion des Verwaltens eines AIF gemäß Art. 5 Abs. 1 i. V. m. Art. 4 Abs. 1 lit. w). Gemäß Art. 4 Abs. 1 lit. b) kommen nur juristische Personen, deren regulärer Geschäftsbetrieb darin besteht, einen oder mehrere AIF zu verwalten, als AIFM in Frage. Weitere Voraussetzung der Zulassung ist ferner, dass diese juristische Person einen AIF verwaltet, d.h. gemäß Art. 4 Abs. 1 lit. w) mindestens die in Anhang I Nr. 1 lit. a) oder b) genannten Anlageverwaltungsfunktionen erbringt bzw. erbringen möchte.[6] Eine Person, welche diese Voraussetzungen nicht erfüllt, kann nicht als AIFM zugelassen werden und damit auch keinen AIF verwalten und vertreiben. Ein reiner Berater wäre demnach grundsätzlich nicht erfasst, es sei denn, man sieht in seiner Tätigkeit eine Portfolio- und/oder Risikomanagementfunktion. Dies scheint aber nicht gewollt zu sein. So stellt die Europäische Kommission in der Durchführungsverordnung ausdrücklich fest, dass die Portfolioverwalter und Risikomanager nur sein kann, wem die **Letztentscheidungsbefugnis** zusteht.

B. Entwicklung der Vorschriften

5   Kern der AIFM-Richtlinie ist die Zulassungspflicht für AIFM, die AIF in der EU verwalten und/oder vertreiben[7]. Ausdrücklich nicht geregelt werden sollen gemäß Erwägungsgrund (10) die AIF. Ob und in welchem Umfang eine Regulierung des AIF erfolgt, wird durch das nationale Recht geregelt. Denn *„es wäre unverhältnismäßig, die Portfoliostruktur und -zusammensetzung der von AIFM verwalteten AIF auf Unionsebene zu regeln; zudem wäre es angesichts der äußerst unterschiedlichen Arten der von AIFM verwalteten AIF schwierig, zu einer derart umfassenden Harmonisierung zu gelangen“.*

---

[3] Vgl. hierzu die Kommentierung in Art. 2 Rn. 44 ff.

[4] Vgl. hierzu die Kommentierung in Art. 2 Rn. 134 ff.

[5] Vgl. hierzu die Kommentierung in Art. 5 Rn. 33.

[6] Zu der Frage, ob ein AIFM nur die Funktionen unter Anhang I Nummer 1 lit. a) oder b) oder aber beide dieser Funktionen erfüllen muss, vgl. die Kommentierung von Art. 4 und Anhang I.

[7] Vgl. *Nietsch/Graef* ZBB 2010, 12, 14.

Dieser Ansatz wurde bereits in dem Entschließungsantrag des Europäischen **6** Parlaments vom 9.7.2008 formuliert, in welchem die Kommission ersucht wurde, *„eine oder mehrere Richtlinien vorzuschlagen, durch die ein gemeinsamer Transparenzstandard gewährleistet wird und Fragen im Zusammenhang mit Hedge Fonds und Private Equity geregelt werden"*[8]. Dabei sollten *„die Adressaten dieser gemeinschaftlichen Regelungen die Manager solcher Fonds sein"*[9]. Diesen „personalistischen Ansatz"[10] begründet die Kommission damit, dass die Risiken für Marktstabilität, Markteffizienz und Anleger hauptsächlich aus dem Verhalten und der Organisation von AIFM und anderen, für die Führungsstruktur des Fonds und die Wertschöpfungskette zentralen Akteuren resultiere. Diesen Risiken könne am wirksamsten dadurch begegnet werden, dass der Schwerpunkt auf die Stellen gelegt werde, die für die mit der Verwaltung des AIF verbundenen Risiken eine entscheidende Rolle spielen[11]. Der Europäische Wirtschafts- und Sozialausschuss begründet den Verzicht auf eine direkte Produktregelung damit, *„dass alternative Investmentfonds sich nur nach dem Ausschlussprinzip definieren lassen, da sie nicht nach der OGAW-Richtlinie harmonisiert sind, und die Kommission davon ausgeht, dass jeder Versuch einer direkten Produktregelung schon bald hinfällig und überholt wäre"*[12]. Eine Produktregulierung sollte daher jedenfalls für bisher unregulierte Fonds/Fondsmanager unterbleiben, da andernfalls der Standort Deutschland für diese Fonds starken Schaden nehmen würde. Bei der Unternehmensbeteiligungsgesellschaft im Sinne des UBGG könnte allerdings die Beibehaltung der Produktregulierung wegen § 24 UBGG (Ausschluss der Eigenkapitalersatzregelung bei Gesellschafterdarlehen und zur Aufrechterhaltung des Sicherungsstandards) gegebenenfalls geboten sein. Dennoch finden sich in der AIFM-Richtlinie Vorschriften zur Regulierung von AIFM, die hebelfinanzierte AIF (Art. 25) und AIF, die die Kontrolle über nicht börsennotierte Unternehmen und Emittenten erlangen (Art. 26 ff.).

C. Überblick über die Regelungen der Art. 6 bis 11

Art. 6 bis 8 regeln das Zulassungsverfahren für AIFM, wobei Art. 6 die Zulas- **7** sungsplicht beinhaltet und in Verbindung mit Anhang I die zulässigen Tätigkeiten von AIFM abschließend auflistet. Art. 7 enthält die Anforderungen an den Zulassungsantrag und Art. 8 die Zulassungsvoraussetzungen. Die Höhe des notwendigen Anfangskapitals des AIFM und das Erfordernis von zusätzlichen Eigenmitteln werden in Art. 9 normiert. In Art. 10 wird die Mitteilungspflicht der AIFM bei wesentlichen Änderungen der Voraussetzungen für die Erstzulassung geregelt. Art. 11 listet die Voraussetzungen für den Entzug der erteilten Zulassung auf.

---

[8] Entschließungsantrag des Europäischen Parlaments mit Empfehlungen an die Kommission zur Transparenz institutioneller Investoren (2007/2239(INI)) vom 9.7.2008, S. 10.

[9] Entschließungsantrag des Europäischen Parlaments mit Empfehlungen an die Kommission zur Transparenz institutioneller Investoren (2007/2239(INI)) vom 9.7.2008, S. 12.

[10] *Spindler/Tancredi* WM 2011, 1393, 1396.

[11] Vorschlag der Europäischen Kommission für eine Richtlinie über die Verwalter alternativer Investmentfonds (KOM(2009) 207) vom 30.4.2009, S. 6.

[12] Stellungnahme des Europäischen Wirtschafts- und Sozialausschuss (INT/488) vom 29.4.2010, Rn. 3.1.

D. Ausnahme von der Zulassungserfordernis

8   Keiner Zulassung, sondern lediglich einer Registrierung bedürfen nach der AIFM-Richtlinie sog. kleine AIFM im Sinne des Art. 3 Abs. 2. Allerdings steht es den Mitgliedstaaten gemäß Art. 3 Abs. 3 frei, strengere Regelungen für inländische kleine AIFM zu erlassen und für diese auch eine volle Erlaubnispflicht vorzusehen.

9   Art. 61 enthält Bestandsschutzbestimmungen für die Verwaltung von geschlossenen AIF. Soweit AIFM geschlossene AIF verwalten, bei denen entweder (i) gemäß Art. 61 Abs. 3 nach dem 22.7.2013 keine zusätzlichen Anlagen getätigt werden oder (ii) gemäß Art. 61 Abs. 4 die Zeichnungsfrist vor Inkrafttreten der AIFM-Richtlinie ausgelaufen ist und die Laufzeit des AIF spätestens am 22.7.2016 abläuft, bedürfen solche AIFM keine Zulassung[13].

10   Fraglich im Hinblick auf (i) ist, was unter „zusätzlichen Anlagen tätigen" zu verstehen ist; insbesondere ist bei Private Equity–AIF unklar, ob z. B. Nachfolgefinanzierungen in bestehenden Portfoliogesellschaften nach dem 22.7.2013 dazu führen, dass der Bestandsschutz nicht greift. Ausschlaggebend sollte der Ablauf der Anlageperiode sein, in der die Portfoliogesellschaften ausgesucht und erworben werden. Noch offensichtlicher ist dies bei Dachfonds: Hier kann allein ausschlaggebend sein, wann der Dachfonds seine Kapitalzusage abgibt und nicht das Abrufen des Kapitals durch den Zielfonds aus dieser Kapitalzusage.

Artikel 6 Bedingungen für die Aufnahme der Tätigkeit als AIFM

AIFM-Richtlinie	KAGB-E
Art. 6 **Bedingungen für die Aufnahme der Tätigkeit als AIFM**	**§ 20** **Erlaubnis zum Geschäftsbetrieb**
(1) Die Mitgliedstaaten schreiben vor, dass AIFM nur dann AIF verwalten dürfen, wenn sie gemäß dieser Richtlinie zugelassen wurden. Gemäß dieser Richtlinie zugelassene AIFM müssen die in dieser Richtlinie festgelegten Voraussetzungen für eine Zulassung jederzeit einhalten.	(1) Der Geschäftsbetrieb einer Kapitalverwaltungsgesellschaft bedarf der schriftlichen Erlaubnis der Bundesanstalt. [...]
(2) Die Mitgliedstaaten schreiben vor, dass ein externer AIFM keine anderen Tätigkeiten ausüben darf als die in Anhang I dieser Richtlinie genannten Tätigkeiten und die zusätzliche Verwaltung von OGAW vorbehaltlich einer Genehmigung nach Richtlinie 2009/65/EG.	(3) Externe AIF-Kapitalverwaltungsgesellschaften dürfen neben der kollektiven Vermögensverwaltung von AIF folgende Dienstleistungen und Nebendienstleistungen erbringen: [...] 7. soweit der externen AIF-Kapitalverwaltungsgesellschaft zusätzlich eine Erlaubnis als externe OGAW-Kapitalverwaltungsgesellschaft erteilt wurde, die Verwaltung von OGAW

---

[13] Vgl. hierzu die Kommentierung in Art. 61 Rn. 66 ff.

AIFM-Richtlinie	KAGB-E
	sowie Dienstleistungen und Nebendienstleistungen nach Absatz 2, [...]
(3) Die Mitgliedstaaten schreiben vor, dass ein intern verwalteter AIF keine andere Tätigkeit ausüben darf als die interne Verwaltung dieses AIF gemäß Anhang I.	(7) [...]; intern verwaltete AIF-Kapitalverwaltungsgesellschaften dürfen keine andere Tätigkeit ausüben als die Verwaltung des eigenen AIF.
(4) Abweichend von Absatz 2 können die Mitgliedstaaten einem externen AIFM die Zulassung zur Erbringung der folgenden Dienstleistungen erteilen:	(3) Externe AIF-Kapitalverwaltungsgesellschaften dürfen neben der kollektiven Vermögensverwaltung von AIF folgende Dienstleistungen und Nebendienstleistungen erbringen:
a) Individuelle Verwaltung einzelner Portfolios, einschließlich solcher, die von Pensionsfonds und Einrichtungen der betrieblichen Altersversorgung gehalten werden, gemäß Artikel 19 Absatz 1 der Richtlinie 2003/41/EG und im Einklang mit von den Anlegern erteilten Einzelmandaten mit Ermessensspielraum,	1. die Verwaltung einzelner nicht in Finanzinstrumenten im Sinne des § 1 Absatz 11 des Kreditwesengesetzes angelegter Vermögen für andere mit Entscheidungsspielraum sowie die Anlageberatung (individuelle Vermögensverwaltung und Anlageberatung),
b) als Nebendienstleistungen:	2. die Verwaltung einzelner in Finanzinstrumenten im Sinne des § 1 Absatz 11 des Kreditwesengesetzes angelegter Vermögen für andere mit Entscheidungsspielraum einschließlich der Portfolioverwaltung fremder Investmentvermögen (Finanzportfolioverwaltung),
i) Anlageberatung,	
ii) Verwahrung und Verwaltung im Zusammenhang mit Anteilen an Organismen für gemeinsame Anlagen,	3. soweit die Erlaubnis die Dienstleistung nach Nummer 2 umfasst, die Anlageberatung,
iii) Annahme und Übermittlung von Aufträgen, die Finanzinstrumente zum Gegenstand haben.	4. soweit die Erlaubnis die Dienstleistung nach Nummer 2 umfasst, die Verwahrung und Verwaltung von Anteilen an inländischen Investmentvermögen, EU-Investmentvermögen oder ausländischen AIF für andere,
	5. soweit die Erlaubnis die Dienstleistung nach Nummer 2 umfasst, die Vermittlung von Geschäften über die Anschaffung und Veräußerung von Finanzinstrumenten (Anlagevermittlung),
	6. den Vertrieb von Anteilen oder Aktien an fremden Investmentvermögen,

AIFM-Richtlinie	KAGB-E
	7. soweit der externen AIF-Kapital-verwaltungsgesellschaft zusätzlich eine Erlaubnis als externe OGAW-Kapitalverwaltungsgesellschaft erteilt wurde, die Verwaltung von OGAW sowie Dienstleistungen und Nebendienstleistungen nach Absatz 2,
	8. den Abschluss von Altersvorsorge-verträgen gemäß § 1 Absatz 1 des Altersvorsorgeverträge Zertifizie-rungsgesetzes sowie von Verträgen zum Aufbau einer eigenen kapital-gedeckten Altersversorgung im Sinne des § 10 Absatz 1 Nummer 2 Buchstabe b des Einkommensteuer-gesetzes,
	9. sonstige Tätigkeiten, die mit den in diesem Absatz genannten Dienstleis-tungen und Nebendienstleistungen unmittelbar verbunden sind.
(5) AIFM dürfen nach dieser Richt-linie nicht zugelassen werden, um a) ausschließlich die in Absatz 4 ge-nannten Dienstleistungen zu erbrin-gen, b) die unter Absatz 4 Buchstabe b ge-nannten Nebendienstleistungen zu erbringen, ohne auch für die Erbrin-gung der Dienstleistungen gemäß Absatz 4 Buchstabe a zugelassen zu sein, c) ausschließlich die in Anhang I Num-mer 2 genannten Tätigkeiten zu er-bringen, oder d) die in Anhang I Nummer 1 Buchsta-be a genannten Dienstleistungen zu erbringen, ohne auch die in An-hang I Nummer 1 Buchstabe b ge-nannten zu erbringen; dasselbe gilt im umgekehrten Fall.	(4) Externe OGAW-Kapitalverwal-tungsgesellschaften und externe AIF-Kapitalverwaltungsgesellschaften dürfen nicht ausschließlich die in Ab-satz 2 Nummer 1 bis 4 und in Absatz 3 Nummer 1 bis 6 genannten Dienstleis-tungen und Nebendienstleistungen er-bringen, ohne auch die kollektive Ver-mögensverwaltung zu erbringen.
(6) Für die Erbringung der in Ab-satz 4 dieses Artikels genannten Dienst-leistungen durch AIFM gelten Arti-kel 2 Absatz 2 und Artikel 12, 13 und 19 der Richtlinie 2004/39/EG.	**§ 5** **Zuständige Behörde; Aufsicht;** **Anordnungsbefugnis** (2) Soweit die externe Kapitalver-waltungsgesellschaft Dienst- und Ne-bendienstleistungen im Sinne des § 20

AIFM-Richtlinie	KAGB-E
	Absatz 2 Nummer 1 bis 3 und Absatz 3 Nummer 2 bis 5 erbringt, gelten die §§ 31 bis 31b, 31d und 33 bis 34a des Wertpapierhandelsgesetzes entsprechend. **§ 54** **Zweigniederlassung und grenzüberschreitender Dienstleistungsverkehr von EUAIF-Verwaltungsgesellschaften im Inland** (4) Auf die Zweigniederlassungen im Sinne des Absatzes 1 sind § 3 Absatz 1, 4 und 5, § 14, § 26 Absätze 2 und 3 und Absatz 7, § 27 Absätze 1 bis 4, §§ 31, 33, 34 Absatz 3 Nummer 8 sowie § 295 Absatz 5 und 7, § 307 und 308 entsprechend anzuwenden. Auf die Tätigkeiten im Wege des grenzüberschreitenden Dienstleistungsverkehrs nach Absatz 1 Satz 1 sind die §§ 14, 295 Absatz 5 und 7, §§ 307 und 308 entsprechend anzuwenden. **§ 66** **Inländische Zweigniederlassung und grenzüberschreitender Dienstleistungsverkehr von ausländischen AIF-Verwaltungsgesellschaften, deren Referenzmitgliedsstaat nicht die Bundesrepublik Deutschland ist** (4) Auf die Zweigniederlassungen im Sinne des Absatz 1 sind § 3 Absatz 1, 4 und 5, 14, § 26 Absätze 2 und 3 und Absatz 7, § 27 Absätze 1 bis 4, § 33 § 34 Absatz 3 Nummer 8 sowie die §§ 293, 295 Absatz 5, §§ 307 und 308 entsprechend anzuwenden. Auf die Tätigkeiten im Wege des grenzüberschreitenden Dienstleistungsverkehrs nach Absatz 1 Satz 1 sind die §§ 14, 293, 295 Absatz 5, §§ 307 und 308 entsprechend anzuwenden.

AIFM-Richtlinie	KAGB-E
	§ 34 **Anzeigepflichten von Verwaltungsgesellschaften gegenüber der Bundesanstalt**
(7) Die Mitgliedstaaten schreiben vor, dass die AIFM den zuständigen Behörden ihres Herkunftsmitgliedstaats die erforderlichen Angaben vorlegen, damit sie die Einhaltung der in dieser Richtlinie genannten Voraussetzungen zu jeder Zeit überwachen können.	(3) Unbeschadet der Bestimmungen des Absatzes 1 hat eine Kapitalverwaltungsgesellschaft der Bundesanstalt unverzüglich anzuzeigen:

Fortsetzung der rechten Spalte:

1. den Vollzug der Bestellung einer Person zum Geschäftsleiter;
2. das Ausscheiden eines Geschäftsleiters;
3. die Übernahme und die Aufgabe einer unmittelbaren oder mittelbaren Beteiligung an einem anderen Unternehmen; als Beteiligung gilt das unmittelbare oder mittelbare Halten von mindestens 25 Prozent der Anteile am Kapital oder Stimmrechte des anderen Unternehmens;
4. die Änderung der Rechtsform und der Firma;
5. bei externen OGAW-Kapitalverwaltungsgesellschaften und AIF-Kapitalverwaltungsgesellschaften, die Publikums-AIF verwalten, sowie bei extern verwalteten Investmentgesellschaften, die Publikums-AIF sind, jede Änderung ihrer Satzung oder ihres Gesellschaftsvertrages;
6. die Absenkung der Eigenmittel unter die in § 25 vorgesehenen Schwellen;
7. die Verlegung der Niederlassung oder des Sitzes, die Errichtung, Verlegung oder Schließung einer Zweigstelle in einem Drittstaat sowie die Aufnahme oder Beendigung der Erbringung grenzüberschreitender Dienstleistungen ohne Errichtung einer Zweigstelle;
8. die Einstellung des Geschäftsbetriebes;
9. die Absicht ihrer Geschäftsleiter, eine Entscheidung über die Auflösung der Kapitalverwaltungsgesellschaft herbeizuführen;

AIFM-Richtlinie	KAGB-E
	10. den Erwerb oder die Aufgabe einer bedeutenden Beteiligung an der eigenen Gesellschaft, das Erreichen, das Über- und Unterschreiten der Beteiligungsschwellen von 20 Prozent, 30 Prozent und 50 Prozent der Stimmrechte oder des Kapitals sowie die Tatsache, dass die Kapitalverwaltungsgesellschaft Tochterunternehmen eines anderen Unternehmens wird oder nicht mehr ist, soweit die Kapitalverwaltungsgesellschaft von der bevorstehenden Änderung dieser Beteiligungsverhältnisse Kenntnis erlangt;
	11. die Absicht der Vereinigung mit einer anderen Kapitalverwaltungsgesellschaft.
	(4) Die Kapitalverwaltungsgesellschaft hat der Bundesanstalt jährlich anzuzeigen
	1. den Namen und die Anschrift der an ihr bedeutend beteiligten Inhaber sowie die Höhe ihrer Beteiligung,
	2. die Errichtung, Verlegung oder Schließung einer inländischen Zweigstelle und
	3. die Begründung, Änderung oder die Beendigung einer engen Verbindung.
	(5) Die Geschäftsleiter der Kapitalverwaltungsgesellschaft haben der Bundesanstalt unverzüglich anzuzeigen
	1. die Aufnahme und die Beendigung einer Tätigkeit als Geschäftsleiter oder als Aufsichtsrats- oder Verwaltungsratsmitglied eines anderen Unternehmens und
	2. die Übernahme und die Aufgabe einer unmittelbaren Beteiligung an einem Unternehmen sowie Veränderungen in der Höhe der Beteiligung.
	Als unmittelbare Beteiligung im Sinne des Satzes 1 Nummer 2 gilt das Halten von mindestens 25 Prozent der Anteile am Kapital des Unternehmens.

AIFM-Richtlinie	KAGB-E
	§ 2 **Ausnahmebestimmungen**
(8) Wertpapierfirmen, die nach der Richtlinie 2004/39/EG zugelassen sind und Kreditinstitute, die nach der Richtlinie 2006/48/EG zugelassen sind, sind nicht dazu verpflichtet, für die Erbringung von Wertpapierdienstleistungen, wie etwa der individuellen Portfolioverwaltung für AIF, eine Zulassung nach dieser Richtlinie zu erhalten. Wertpapierfirmen dürfen Anteile an AIF allerdings nur dann direkt oder indirekt Anlegern in der Union anbieten oder bei diesen platzieren, wenn die Anteile gemäß dieser Richtlinie vertrieben werden können.	(2) Finanzdienstleistungsinstitute und Kreditinstitute, die über eine Erlaubnis nach dem Kreditwesengesetz verfügen, bedürfen für die Erbringung von Wertpapierdienstleistungen im Sinne von § 2 Absatz 3 des Wertpapierhandelsgesetzes für AIF, keiner Erlaubnis nach diesem Gesetz.

Literatur: Beckmann/Scholtz/Vollmer, Investment, Berlin; Berger/Steck/Lübbehüsen, Investmentgesetz, München 2010; *Bödecker,* Handbuch Investmentrecht, Bad Soden/Ts. 2007; *Kramer/Recknagel,* Die AIFM-Richtlinie – Neuer Rechtsrahmen für die Verwaltung alternativer Investmentfonds, DB 2011, S. 2077; *Weitnauer,* Die AIFM-Richtlinie und ihre Umsetzung, BKR 2011, S. 143.

Übersicht

A. Entstehungsgeschichte

Art. 4 des Kommissionsvorschlags beinhaltete lediglich die Zulassungspflicht 1
für die Erbringung von Verwaltungsdiensten für einen AIF und/oder den Vertrieb
von dessen Anteilen. Im Vergleich hierzu wurde Art. 6 stark erweitert. Unter
anderem wird im Gegensatz zum Kommissionsvorschlag zwischen externen und
internen AIFM unterschieden. Auch sind die Tätigkeiten des AIFM durch Art. 6
Abs. 4 und Anhang I konkretisiert worden, wohingegen Art. 4 des Kommissionsvorschlags die Tätigkeit des AIFM lediglich allgemein als „Verwaltungsdienste"
bezeichnet hat.

Art. 6, der die Bedingungen für die Aufnahme der Tätigkeit als AIFM normiert, 2
ist weitgehend Art. 6 OGAW-RL nachempfunden, welcher eine entsprechende
Regelung für OGAW-Verwaltungsgesellschaften enthält. Unterschiede bestehen
hinsichtlich der zulässigen Tätigkeiten und Nebendienstleistungen: Art. 6 Abs. 4
erweitert die zulässigen Nebendienstleistungen für externe AIFM um die
Annahme und Übermittlung von Aufträgen, die Finanzinstrumente zum Gegenstand haben. Zu den originären Funktionen des AIFM gehören das Risikomanagement und die Portfolioverwaltung. Für diese muss der AIFM zwingend verantwortlich sein. Darüber hinaus steht es den AIFM frei, noch weitere in Anhang I
Nr. 2 aufgeführte Aufgaben zu übernehmen. Im Gegensatz hierzu beinhaltet die
Verwaltungstätigkeit einer OGAW-Verwaltungsgesellschaft lediglich die kollektive Portfolioverwaltung, aber nicht zwingend das Risikomanagement, obwohl
dies so gesehen wird[1].

B. Normzweck

Die Norm verpflichtet einen AIFM, vor Aufnahme seiner Tätigkeit eine Zulas- 3
sung von der zuständigen Behörde einzuholen. Es handelt sich um ein präventives
„Tätigkeitsverbot mit Erlaubnisvorbehalt"[2]. Diese Zulassungspflicht bezweckt
gemäß Erwägungsgrund (2) zum einen den Anlegerschutz und zum anderen die
Finanzmarktstabilität.

Des Weiteren listet die Norm die zulässigen bzw. unzulässigen Tätigkeiten 4
eines AIFM abschließend auf, wobei hinsichtlich der Tätigkeiten zwischen externen und internen AIFM differenziert wird.

C. Einzelne Regelungskomplexe

I. Tätigkeitsverbot mit Erlaubnisvorbehalt (Art. 6 Abs. 1)

Ein AIFM benötigt für die Aufnahme seiner Geschäftstätigkeit eine **Zulassung**, 5
deren Voraussetzungen jederzeit eingehalten werden müssen. Gemäß Art. 4

---

[1] Vgl. Rn. 12 unten.
[2] *Kramer/Recknagel* DB 2011, 2077, 2080; *Weitnauer* BKR 2011, 143, 145.

Abs. 1 lit. b) besteht die **reguläre Geschäftstätigkeit** eines **AIFM** darin, einen oder mehrere AIF zu verwalten.

6   Die Antragstellung hat vor der Aufnahme der Tätigkeit zu erfolgen. Eine Übergangsbestimmung gilt für AIFM, die vor dem 22.7.2013 ihre Geschäftstätigkeit ausüben. Diese dürfen gemäß Art. 61 Abs. 1 ihre Geschäftstätigkeit weiterhin ausüben, müssen allerdings alle erforderlichen Maßnahmen ergreifen, um dem aufgrund der AIFM-Richtlinie erlassenen nationalen Recht nachzukommen und einen Zulassungsantrag innerhalb eines Jahres nach Ablauf des 22.7.2013 stellen. Da nach dem Wortlaut der Norm bis zum 22.7.2014 lediglich ein Antrag auf Zulassung zu stellen ist und nicht bereits die Zulassung vorliegen muss, wird der AIFM während der Bearbeitungsphase des Zulassungsantrag gemäß Art. 8 Abs. 5 ausnahmsweise über den 22.7.2014 hinaus seine Geschäftstätigkeit auch ohne Vorliegen der Erlaubnis ausüben dürfen. Er muss aber nach dem Wortlaut im Übrigen alles Mögliche tun, um die Vorgaben der Richtlinie einzuhalten Um dem Grundsatz des Tätigkeitsverbots mit Erlaubnisvorbehalt gemäß Art. 6 Abs. 1 zu entsprechen muss das Vorliegen der Erlaubnis fingiert werden, so dass die Erteilung der Erlaubnis rückwirkend zum 22.7.2013 gelten würde. Diese Fiktion gilt allerdings nur, wenn auch tatsächlich ein Antrag auf Zulassung gestellt wird.

7   AIFM, die nach dem 22.7.2013 erstmalig Tätigkeiten nach der AIFM-Richtlinie ausüben, unterfallen hingegen nicht der Übergangsbestimmung. Daher müssen solche AIFM vor Aufnahme ihrer Geschäftstätigkeit zugelassen worden sein. Die bloße Beantragung der Zulassung genügt nicht. Fraglich ist, wie mit Fällen umzugehen ist, in denen ein AIFM erstmals einen AIF auflegt und das Fundraising vor dem 22.7.2013 beginnt. Auf Grund des weiten Wortlauts des Art. 61 Abs. 1 („performing activities under this Directive") müsste er noch unter die Übergangsregelung fallen können, da auch Vertriebstätigkeiten Tätigkeiten nach der AIFM-Richtlinie sind.

II. Zulässige Tätigkeiten eines externen AIFM (Art. 6 Abs. 2 und 4)

8   Externe AIFM dürfen gemäß Art. 6 Abs. 2 die in Anhang I genannten Tätigkeiten ausüben und vorbehaltlich einer OGAW-Genehmigung auch OGAW verwalten. Zusätzlich können die Mitgliedstaaten externen AIFM die Zulassung zur Erbringung weiterer bestimmter Dienstleistungen gemäß Art. 6 Abs. 4 erteilen.

9   **1. Anlageverwaltungsfunktionen (Art. 6 Abs. 2 i. V. m. Anhang I Nr. 1).** Anlageverwaltungsfunktionen, die ein AIFM bei der Verwaltung eines AIF mindestens übernehmen muss, sind die Portfolioverwaltung und das Risikomanagement. Gemäß Art. 6 Abs. 5 lit. d) und Erwägungsgrund (21) muss ein einzelner AIFM die Verantwortung für sowohl die Portfolioverwaltung als auch das Risikomanagement vorbehaltlich der Möglichkeiten zur Auslagerung übernehmen.[3]

10   **a) Portfolioverwaltung (Art. 6 Abs. 2 i. V. m. Anhang I Nr. 1 lit. a)).** Der Begriff der Portfolioverwaltung ist in der AIFM-Richtlinie nicht definiert. Allerdings ergibt sich aus Erwägungsgrund (20), dass sich die kollektive Portfolioverwaltung gemäß der AIFM-Richtlinie von der Portfolioverwaltung gemäß Art. 4 Abs. 1 Nr. 9 MiFID unterscheidet. Letztere meint die Verwaltung von

---

[3] Vgl. hierzu die Kommentierung in Art. 20 Rn. 28.

Portfolios auf Einzelkundenbasis mit Ermessensspielraum, die sich als Finanzportfolioverwaltung in § 1 Abs. 1a Nr. 3 KWG bzw. § 2 Abs. 3 Nr. 7 WpHG wiederfindet. Die kollektive Portfolioverwaltung gemäß Anhang I Nr. 1 lit. a) meint im Gegensatz hierzu die Verwaltung von AIF analog zu der Legaldefinition der gemeinsamen Portfolioverwaltung von OGAW gemäß Art. 2 Abs. 1 lit. b) OGAW-RL und somit die kollektive Vermögensverwaltung im Sinne des § 9 Abs. 1 InvG. Hierunter ist jedenfalls die Anschaffung, Veräußerung von und Einkunfterzielung aus Vermögensgegenständen für gemeinschaftliche Rechnung der Anleger zu verstehen[4]. Inwieweit auch darüber hinausgehende Tätigkeiten zwingend als „Verwaltungstätigkeiten" anzusehen sind, wird sich zeigen. Dies ist insbesondere relevant in Bezug auf Tätigkeiten, die im Zusammenhang mit dem Kauf und Verkauf erfolgen, wie Due Diligence, Beobachtung, Betreuung von Portfoliogegenständen (relevant bei Private Equity und Immobilien). Fraglich ist, inwieweit die Verwaltung von Spezial-Sondervermögen als solche qualifiziert wird, wenn es sich nur um einen Anleger handelt.[5] Die bisherige Verwaltungsauffassung in Deutschland ist, dass die Möglichkeit der Annahme mehrerer Anleger für die Annahme einer „kollektiven Vermögensverwaltung" ausreichend ist. Schwierig ist die Abgrenzung im Zusammenhang mit Joint Ventures bzw. Holding Gesellschaften und Immobiliengesellschaften. Jedenfalls wenn der Gesellschaftszweck in dem reinen Halten eines Gegenstandes liegt ohne Verkaufsabsichten, handelt es sich nach der hier vertretenen Auffassung nicht um einen AIF bzw. Portfolioverwaltung, sondern um eine Holding- bzw. Immobiliengesellschaft.

b) Risikomanagement (Art. 6 Abs. 2 i. V. m. Anhang I Nr. 1 lit. b)). 11
Erwägungsgrund (21) und Art. 6 Abs. 5 lit. d) sehen in dem Risikomanagement eine originäre Geschäftstätigkeit eines AIFM. Insofern darf das Risikomanagement gemäß Art. 20 Abs. 1 lit. c) nur an Unternehmen ausgelagert werden, die für Zwecke der Vermögensverwaltung zugelassen und registriert sind und einer Aufsicht unterliegen, oder, wenn diese Bedingung nicht eingehalten werden kann, nur nach vorheriger Genehmigung durch die zuständigen Behörden des Herkunftsmitgliedstaats des AIFM. Gemäß Art. 15 Abs. 2 Satz 1 setzten AIFM angemessene Risikomanagementsysteme ein zur hinreichenden Feststellung, Bewertung, Steuerung und Überwachung von allen Risiken, die für die einzelnen AIF-Anlagestrategien wesentlich sind und denen jeder AIF unterliegt oder unterliegen kann.

Im Unterschied dazu wird in der OGAW-Richtlinie der Begriff der Anlageverwaltung nicht weiter untergliedert. Was genau unter „Anlageverwaltung" zu verstehen ist und ob hierzu auch das Risikomanagement gehört, lässt sich aus Anhang II der OGAW-Richtlinie nicht unmittelbar entnehmen. Gleichwohl ist das Risikomanagement selbstverständlicher Teil der Anlageverwaltung. Hiervon geht auch § 9a Abs. 1 Satz 2 Nr. 1 InvG ausdrücklich aus. 12

2. Andere Aufgaben (Art. 6 Abs. 2 i. V. m. Anhang I Nr. 2). Andere 13
Aufgaben, die ein AIFM im Rahmen der kollektiven Verwaltung eines AIF zusätzlich ausüben kann, sind gemäß Anhang I Nr. 2 administrative Tätigkeiten, der Vertrieb und Tätigkeiten im Zusammenhang mit den Vermögenswerten des AIF. Da ein AIFM lediglich die in Art. 6 i. V. m. Anhang I genannten Tätigkeiten

---

[4] *Köndgen* in Berger/Steck/Lübbehüsen, InvG, § 9 Rn. 21.
[5] Zu dem Begriff des AIF vgl. eingehend die Kommentierung zu Art. 4 Abs. 1 lit. a).

ausüben darf, sind die in Anhang I Nr. 2 aufgezählten anderen Aufgaben abschließend.

14   **a) Administrative Tätigkeiten (Art. 6 Abs. 2 i. V. m. Anhang I Nr. 2 lit. a))**. Bei den zulässigen administrativen Tätigkeiten handelt es sich gemäß Anhang I Nr. 2 lit. a) um (i) rechtliche Dienstleistungen sowie Dienstleistungen der Fondsbuchhaltung und Rechnungslegung, (ii) Kundenanfragen, (iii) Bewertung und Preisfestsetzung, einschließlich Steuererklärungen, (iv) Überwachung der Einhaltung der Rechtsvorschriften, (v) Führung eines Anlegerregisters, (vi) Gewinnausschüttung, (vii) Ausgabe und Rücknahme von Anteilen, (viii) Kontraktabrechnungen, einschließlich Versand der Zertifikate und (ix) Führung von Aufzeichnungen.

15   Viele der aufgezählten Aufgaben beziehen sich auf typische Tätigkeiten von OGAW, auf Private Equity-Fonds und anderen geschlossenen Fonds passen sie nicht. Insbesondere die Aufgabe der Ausgabe und Rücknahme von Anteilen ist naturgemäß bei geschlossenen Fonds nicht existent. Auch war die Überwachung der Einhaltung der Rechtsvorschriften bei Fonds des sog, Grauen Kapitalmarkts mangels gesetzlicher Vorgaben nicht erforderlich.

16   **b) Vertrieb (Art. 6 Abs. 2 i. V. m. Anhang I Nr. 2 lit. b))**. Gemäß Art. 4 Abs. 1 lit. x) ist Vertrieb das direkte oder indirekte, auf Initiative des AIFM oder in dessen Auftrag erfolgende Anbieten oder Platzieren von Anteilen an einem vom AIFM verwalteten AIF an Anleger oder bei Anlegern mit Wohnsitz oder Sitz in der Union.

17   Interessant ist in diesem Zusammenhang, dass § 7 Abs. 2 Nr. 5 InvG a. F., in welchem die Nebentätigkeit des Vertriebs von Anteilen an in- und ausländischen Investmentvermögen durch eine Kapitalanlagegesellschaft geregelt war, im Rahmen des OGAW-IV-Umsetzungsgesetzes[6] weggefallen ist. Der Gesetzgeber begründet diesen Schritt damit, dass der Vertrieb gemäß Erwägungsgrund (12) und Anhang II OGAW-RL zu den Aufgaben gehöre, die von der kollektiven Portfolioverwaltung umfasst seien und daher nicht als selbständige Nebendienstleistung zu qualifizieren sei. Die Streichung diene insofern der Klarstellung und Anpassung an die europarechtliche Vorgabe, beinhalte jedoch keine materiellrechtliche Änderung zur bisherigen Rechtslage. Die Kapitalanlagegesellschaft könne daher wie bisher auch weiterhin Investmentanteile an nicht-richtlinienkonformen Investmentvermögen vertreiben[7].

18   Anlage- und Abschlussvermittler dürfen Anteile an AIF im Rahmen ihrer MiFID-Erlaubnis vertreiben, da es sich bei Anteilen an AIF um Anteile an Organismen für gemeinsame Anlagen im Sinne des Anhang I Abschnitt C Nr. 3 MiFID handelt. Allerdings können nach der Konzeption der AIFM-Richtlinie (wie auch schon der OGAW-Richtlinie) Vermittler OGAW- oder AIF-Anteile nur vertreiben, wenn der AIFM im Einklang mit der AIFM-Richtlinie zugelassen ist. In Deutschland wurde mit der Novellierung des Finanzanlagenvermittler- und Vermögensanlagenrechts der Finanzinstrumentebegriff gemäß § 1 Abs. 11 KWG und § 2 Abs. 2b WpHG (neben Anteilen an nach dem InvG regulierten Investmentvermögen) auf Anteile an geschlossenen Fonds erweitert, so dass der Vertrieb von

---

[6] Gesetz zur Umsetzung der Richtlinie 2009/65/EG zur Koordinierung der Rechts- und Verwaltungsvorschriften betreffend bestimmter Organismen für gemeinsame Anlagen in Wertpapieren vom 22.6.2011.

[7] BT-Drs. 17/4510, S. 102.

Anteilen an einem AIF durch Anlage- und Abschlussvermittler grundsätzlich der KWG-Erlaubnis bedarf, es sei denn, die Ausnahmeregelung gemäß § 2 Abs. 6 Nr. 8 KWG wäre einschlägig. Ferner können Finanzanlagevermittler Investmentanteile und Vermögensanlagen (d.h. insbesondere Anteile an geschlossenen Fonds) mit einer Gewerbeerlaubnis gemäß § 34f GewO vermitteln.

c) Tätigkeiten im Zusammenhang mit den Vermögenswerten des AIF 19
(Art. 6 Abs. 2 i. V. m. Anhang I Nr. 2 lit. c)). Zu den Tätigkeiten im Zusammenhang mit den Vermögenswerten des AIF gehören gemäß Anhang I Nr. 2 lit. c) Dienstleistungen, die zur Erfüllung der treuhänderischen Pflichten des AIFM erforderlich sind, das Facility Management, die Immobilienverwaltung (die zuvor genannten Tätigkeiten beziehen sich speziell für AIF mit illiquiden Vermögensgegenständen), die Beratung von Unternehmen über die Kapitalstruktur, die industrielle Strategie und damit verbundene Fragen, Beratungs- und Dienstleistungen im Zusammenhang mit Fusionen und dem Erwerb von Unternehmen und weitere Dienstleistungen in Verbindung mit der Verwaltung der AIF und der Unternehmen und anderer Vermögenswerte, in die die AIF investiert haben. Damit wären wohl die Due Diligence und die aktive Überwachung durch Private Equity-Fonds auch erfasst. Fraglich ist vor diesem Hintergrund, wie zukünftig die Tätigkeit der Beratungsunternehmen zu werten ist.

Die aufgezählten Tätigkeiten haben ihren Ursprung nicht in der OGAW- 20 Richtlinie, sondern tragen bestimmten Assetklassen Rechnung (z. B. Facility Management und Immobilienverwaltung). Im Übrigen wurde der Katalog auf Drängen Großbritanniens – hinsichtlich der Investmentbank typischen Leistungen – sehr weit gefasst.

Das Investmentgesetz erlaubt Kapitalanlagegesellschaften, neben der Verwal- 21 tung von Investmentvermögen die Erbring vergleichbarer Dienstleistungen und Nebendienstleistungen: die Verwaltung in Immobilien angelegter Vermögen gemäß § 7 Abs. 2 Nr. 2 InvG und die Erbringung sonstiger unmittelbar verbundener Tätigkeiten gemäß § 7 Abs. 2 Nr. 7 InvG.

3. Behandlung von OGAW-Verwaltungsgesellschaften (Art. 6 Abs. 2). 22 Vorbehaltlich einer Genehmigung nach der OGAW-Richtlinie kann ein externer AIFM die zusätzliche Verwaltung von OGAW ausüben.

Gleichzeitig kann eine OGAW-Verwaltungsgesellschaft einen AIF verwalten, 23 wenn sie über die entsprechende AIFM-Zulassung verfügt. OGAW-Verwaltungsgesellschaften können ferner weitere Dienstleistungen an AIF erbringen, insbesondere das Portfoliomanagement, ohne AIFM dieses AIF zu sein. Für diese Zwecke kann die OGAW-Verwaltungsgesellschaft im Rahmen der Auslagerung gemäß Art. 20 ihre Aktivitäten aufgrund ihrer OGAW-Zulassung erbringen und benötigt keine AIFM-Zulassung. Eine einzelne Gesellschaft kann insofern sowohl eine AIFM als auch eine OGAW-Zulassung haben[8].

4. Zulässige Dienstleistungen (Art. 6 Abs. 4). Zusätzlich zu den Geschäfts- 24 tätigkeiten gemäß Anhang I können die Mitgliedstaaten einem externen AIFM die Zulassung zur Erbringung weiterer Dienstleistungen gemäß Art. 6 Abs. 4 erteilen. Art. 6 Abs. 4 entspricht der Regelung in Art. 6 Abs. 3 OGAW-RL.

---

[8] ESMA Diskussionspapier vom 23.2.2012 zu Schlüsselbegriffen der AIFM-Richtlinie und Arten von AIFM (ESMA/2012/117), Abschnitt VI.

25   **a) Individuelle Portfolioverwaltung (Art. 6 Abs. 4 lit. a)).** Die individuelle Portfolioverwaltung meint gemäß Art. 6 Abs. 4 lit. a) die individuelle Verwaltung einzelner Portfolios im Sinne des Art. 4 Abs. 1 Nr. 9 MiFID, einschließlich solcher, die von Pensionsfonds und Einrichtungen der betrieblichen Altersversorgung gehalten werden, gemäß Art. 19 Abs. 1 der Richtlinie 2003/41/EG[9] und im Einklang mit von den Anlegern erteilten Einzelmandaten mit Ermessensspielraum.

26   Auch nach bisheriger Rechtslage kann die Kapitalanlagegesellschaft gemäß § 7 Abs. 2 Nr. 1 InvG die individuelle Vermögensverwaltung erbringen, die als Verwaltung einzelner in Finanzinstrumente im Sinne des § 1 Abs. 11 KWG angelegter Vermögen für andere mit Entscheidungsspielraum einschließlich der Portfolioverwaltung fremder Investmentvermögen legal definiert wird. Damit entspricht sie der Finanzportfolioverwaltung gemäß § 1 Abs. 1a Satz 2 Nr. 3 KWG und der Portfoliverwaltung gemäß Art. 4 Abs. 1 Nr. 9 MiFID.

27   **b) Nebendienstleistungen (Art. 6 Abs. 4 lit. b)). aa) Anlageberatung (Art. 6 Abs. 4 lit. b) i)).** Die Anlageberatung wird in der AIFM-Richtlinie nicht definiert. In Anlehnung an Art. 6 Abs. 3 lit. b) i) OGAW-RL, die auf Art. 4 Abs. 1 Nr. 4 MiFID verweist, handelt es sich bei der Anlageberatung um die Abgabe persönlicher Empfehlungen an einen Kunden entweder auf dessen Aufforderung oder auf Initiative des AIFM, der sich auf ein oder mehrere Geschäfte mit Finanzinstrumenten bezieht.

28   Auch die Kapitalanlagegesellschaft ist über § 7 Abs. 2 Nr. 3 InvG berechtigt, Anlageberatung zu betreiben, soweit sie eine Erlaubnis für die individuelle Vermögensverwaltung besitzt. Der Begriff der Anlageberatung gemäß § 7 Abs. 2 Nr. 3 InvG stimmt mit § 1 Abs. 1a Nr. 1a KWG und § 2 Abs. 3 Nr. 9 WpHG überein[10] und bezieht sich auf persönliche Empfehlungen im Hinblick auf die Anlage in Finanzinstrumente.

29   **bb) Verwahrung und Verwaltung (Art. 6 Abs. 4 lit. b) ii)).** AIFM dürfen als Nebendienstleistung Anteile an Organismen für gemeinsame Anlagen verwahren und verwalten. Hingegen ist die Verwahrung und Verwaltung von den Vermögenswerten des AIF (Finanzinstrumente und sonstige Vermögenswerte) gemäß Art. 21 Abs. 8 den Verwahrstellen vorbehalten. Die AIFM darf insoweit nur eingeschränkt dem Depotgeschäft nachkommen.

30   Entsprechend sieht auch das InvG derzeit vor, dass Kapitalanlagegesellschaften gemäß § 7 Abs. 2 Nr. 4 InvG lediglich Anteile für andere verwahren dürfen, die nach den Vorschriften des InvG oder von ausländischen Investmentgesellschaften ausgegeben worden sind. In Folge der Implementierung der AIFM-Richtlinie in das deutsche Recht wird § 7 Abs. 2 Nr. 4 InvG auf Anteile an allen fremden Organismen für gemeinsame Anlagen erweitert werden müssen.

31   **cc) Annahme und Übermittlung von Aufträgen (Art. 6 Abs. 4 lit. b) iii)).** AIFM dürfen Aufträge, die Finanzinstrumente zum Gegenstand haben, annehmen und übermitteln. Hierbei handelt es sich um eine Wertpapierdienstleistung gemäß Anhang I Abschnitt A Nr. 1 MiFID, die im deutschen Recht als Anlagevermittlung in § 1 Abs. 1a Satz 2 Nr. 1 KWG bzw. § 2 Abs. 3 Satz 1 Nr. 4 WpHG geregelt ist. Eine Vermittlung im Sinne dieser Vorschriften liegt vor,

---

[9] Richtlinie 2003/41/EG des Europäischen Parlaments und de Rates vom 3. Juni 2003 über die Tätigkeiten und die Beaufsichtigung von Einrichtungen der betrieblichen Altersversorgung.

[10] *Steck/Gringel* in Berger/Steck/Lübbehüsen, § 7 Rn. 27.

wenn die Willenserklärung des Anlegers, die auf die Anschaffung oder die Veräußerung von Finanzinstrumenten gerichtet ist, durch einen Boten an denjenigen weitergeleitet wird, mit dem der Anleger ein solches Geschäft abschließen will[11]. Art. 6 Abs. 4 lit. b) iii) umfasst nicht die Abschlussvermittlung gemäß § 1 Abs. 1a Satz 2 Nr. 2 KWG bzw. § 2 Abs. 3 Satz 1 Nr. 3 WpHG, da diese auf Anhang I Abschnitt A Nr. 2 MiFID beruht (Ausführung von Aufträgen im Namen von Kunden). Art. 6 Abs. 4 lit. b) iii) unterscheidet sich dahingehend vom Vertrieb gemäß Art. 6 Abs. 2 i. V. m. Anhang I Nr. 2 lit. b), dass letzteres den Vertrieb von Anteilen an einem von dem AIFM selbst verwalteten AIF meint (Selbstvertrieb), wohingegen die Annahme und Übermittlung von Aufträgen die Vermittlungstätigkeit zwischen einem Anleger und einem Emittenten eines Finanzinstruments ist.

c) Anwendung der MiFID für die Erbringung von Dienstleistungen im 32
Sinne des Art. 6 Abs. 4 (Art. 6 Abs. 6). Gemäß Art. 6 Abs. 6 finden auf die Erbringung der in Art. 6 Abs. 4 genannten Dienstleistungen die Ausnahmeregelung gemäß Art. 2 Abs. 2 MiFID, die Vorschrift zur Anfangskapitalausstattung gemäß Art. 12 MiFID, die organisatorischen Anforderungen an Wertpapierfirmen gemäß Art. 13 und die Wohlverhaltensregeln bei der Erbringung von Wertpapierdienstleistungen für Kunden gemäß Art. 19 MiFID Anwendung. Hintergrund dieser Regelung ist das Spezialitätsprinzip, wonach ein Unternehmen entweder AIFM oder MiFID-Wertpapierfirma sein kann. Im Gegensatz zu der erlaubten Doppelzulassung als AIFM und OGAW-Verwaltungsgesellschaft sieht die AIFM-Richtlinie keine Doppelzulassung als AIFM und Wertpapierfirma bzw. Kreditinstitut vor. Eine unter der MiFID zugelassene Gesellschaft bzw. ein gemäß der Banken-Richtlinie erlassenes Kreditinstitut kann weder als AIFM eines AIF bestimmt werden noch die Zulassung als AIFM beantragen. Insofern finden die Regelungen der AIFM-Richtlinie, insbesondere die Schwellenwerte für kleine AIFM gemäß Art. 3 Abs. 2, keine Anwendung auf MiFID-regulierte Unternehmen bzw. Kreditinstitute im Sinne der Bankenrichtlinie[12]. Ein AIFM (ebenso wie schon eine OGAW-Verwaltungsgesellschaft) soll keine MiFID-Zulassung benötigen, um die MiFID-Dienstleistungen im Sinne des Art. 6 Abs. 4 erbringen zu können.

Der Verweis auf Art. 2 Abs. 2 MiFID hat zur Konsequenz, dass die AIFM- 33
Richtlinie keine Anwendung findet bei der Erbringung von Dienstleistungen als Gegenpartei bei Geschäften, die von staatlichen Stellen der staatlichen Schuldenverwaltung oder von Mitgliedern des Europäischen Systems der Zentralbanken in Wahrnehmung ihrer Aufgaben gemäß dem Vertrag und dem Statut des Europäischen Systems der Zentralbanken und der Europäischen Zentralbank oder in Wahrnehmung vergleichbarer Aufgaben gemäß nationalen Vorschriften getätigt werden.

Mit dem Verweis auf die Anfangskapitalausstattung von Wertpapierfirmen 34
gemäß Art. 12 MiFID wird klargestellt, dass externe AIFM für die Erbringung der in Art. 6 Abs. 4 genannten Dienstleistungen nicht die höheren Anfangskapitalanforderungen der AIFM-Richtlinie erfüllen müssen. Gemäß Art. 12 MiFID sollen Wertpapierfirmen über ein Mindestanfangskapital verfügen, welches gemäß

---

[11] BaFin-Merkblatt – Hinweise zum Tatbestand der Anlagevermittlung vom 17.5.2011, Ziff. 1.a).

[12] ESMA Diskussionspapier vom 23.2.2012 zu Schlüsselbegriffen der AIFM-Richtlinie und Arten von AIFM (ESMA/2012/117), Abschnitt VII.

dem Verweis auf Richtlinie 93/6/EG nach der zu erbringenden Dienstleistung variiert. Zwischenzeitlich wurde Richtlinie 93/6/EG durch die Kapitaladäquanz-Richtlinie 2006/49/EG ersetzt. Das Anfangskapital von Wertpapierfirmen im Sinne des Art. 5 Abs. 1 der Kapitaladäquanz-Richtlinie 2006/49/EG beträgt mindestens EUR 125.000 und ist somit identisch mit dem Mindestanfangskapital eines externen AIFM. Allerdings wird von Wertpapierfirmen keine zusätzlichen Eigenmittel entsprechend Art. 9 Abs. 3 verlangt.

35   Über die Verweise auf Art. 13 und 19 MiFID finden die organisatorischen Anforderungen und Wohlverhaltensregeln für die Erbringung von Wertpapier-dienstleistungen auf den AIFM Anwendung.

III. Zulässige Tätigkeiten eines internen AIFM (Art. 6 Abs. 3)

36   Ein intern verwalteter AIF darf keine andere Tätigkeit als die interne Verwaltung nur eines AIF gemäß Anhang I ausüben. Ähnlich formuliert es Art. 28 OGAW-RL, wonach eine Investmentgesellschaft keine anderen Tätigkeiten ausüben darf als die gemeinschaftliche Portfolioverwaltung. Dementsprechend beschränkt § 96 Abs. 2 InvG die Tätigkeit einer selbstverwalteten InvAG auf die Anlage und Verwaltung ihrer Mittel. Ihr sind weitere Geschäftstätigkeiten aus § 7 InvG nicht gestattet[13].

IV. Unzulässige Tätigkeiten (Art. 6 Abs. 5)

37   Ein AIFM darf nicht zugelassen werden, um (i) ausschließlich Dienstleistungen gemäß Art. 6 Abs. 4 zu erbringen, (ii) Nebendienstleistungen gemäß Art. 6 Abs. 4 lit. b) ohne Zulassung zur Erbringung der Dienstleistungen gemäß Art. 6 Abs. 4 lit. a) zu erbringen, (iii) ausschließlich Tätigkeiten gemäß Anhang I Nr. 2 zu erbringen oder (iv) Dienstleistungen gemäß Anhang I Nr. 1 lit. a ohne Erbringung der Dienstleistungen gemäß Anhang I Nr. 1 lit. b) und umgekehrt zu erbringen. Insoweit wird klargestellt, dass die Anlageverwaltungsfunktion maßgeblich für einen AIFM ist, so dass der AIFM ohne diese seine Geschäftstätigkeit nicht erbringt.

38   Auch § 7 Abs. 2 InvG koppelt die Zulässigkeit bestimmter Tätigkeiten an die Erlaubnis zur Ausübung bestimmter anderer Tätigkeiten. So kann beispielsweise die Kapitalanlagegesellschaft gemäß § 7 Abs. 2 Nr. 3 InvG die Anlageberatung und gemäß Nr. 4 die Verwahrung und Verwaltung von Anteilen nur erbringen, wenn sie eine Erlaubnis für die individuelle Vermögensverwaltung besitzt.

VI. Überwachungsbehörde (Art. 6 Abs. 7)

39   Die zuständigen Behörden des Herkunftsmitgliedstaats des AIFM im Sinne von Art. 4 Abs. 1 lit. q) überwachen den AIFM. Im Rahmen des Art. 6 Abs. 7 haben die AIFM den zuständigen Behörden ihres Herkunftsmitgliedstaats die Angaben vorzulegen, die zur Überwachung der Einhaltung der in der AIFM-Richtlinie enthaltenen Anforderungen erforderlich sind. Der Umfang der von einem AIFM vorzulegenden Angaben ergibt sich für das Zulassungsverfahren aus Art. 7 Abs. 2 und Abs. 3 sowie bei Änderungen des Umfangs der Zulassung aus Art. 10. Die Vorlage der erforderlichen Angaben hat gemäß Art. 7 Abs. 2 bei Beantragung der Zulassung bzw. gemäß Art. 10 Abs. 1 vor der Anwendung der Änderungen zu erfolgen.

---

[13] *Hackländer/Iken* in Beckmann/Scholtz/Vollmer, Investment, 7/08, § 96 Rn. 14.

VII. Sonderregeln für Wertpapierfirmen und Kreditinstitute (Art. 6 Abs. 8)

Wie Art. 6 Abs. 8 klarstellt, benötigen Wertpapierfirmen, die nach der MiFID **40** zugelassen sind, und Kreditinstitute, die nach der Banken-Richtlinie 2006/48/ EG zugelassen sind, für die Erbringung von Wertpapierdienstleistungen für AIF, wie etwa die individuelle Portfolioverwaltung, keine zusätzliche Zulassung nach der AIFM-Richtlinie. Hierfür genügen die jeweiligen bereits vorhandenen Zulassungen. Daher können Wertpapierfirmen und Kreditinstitute aufgrund ihrer bereits vorhandenen Zulassungen im Rahmen einer Auslagerungsvereinbarung ihre Dienstleistungen gegenüber einem AIF erbringen.

Allerdings dürfen Wertpapierfirmen oder Kreditinstitute sowie sonstige Ver- **41** mittler (insbesondere von geschlossenen Fonds) Anteile an AIF nur dann direkt oder indirekt Anlegern in der EU anbieten oder bei diesen platzieren, wenn die Anteile gemäß der AIFM-Richtlinie vertrieben werden können. Dasselbe gilt bereits für OGAW. Beides ist Folge des Spezialitätsprinzips. Sowohl die OGAW- als auch die AIFM-Richtlinie regeln, unter welchen Umständen und ggf. an wen OGAW bzw. AIF vertrieben werden dürfen. Daher finden hier die Vertriebsvorschriften der Kapitel VI und VII Anwendung.

D. Änderungen gegenüber der bisherigen Rechtslage in Deutschland für den AIFM

I. Fonds

Bislang existiert in Deutschland lediglich eine Erlaubnispflicht für Kapitalanla- **42** gegesellschaft und Investmentaktiengesellschaften. Das Investmentgesetz bezieht sich derzeit nur auf Fonds, die mit Rücknahmerechten ausgestaltet und in Anlagegegenstände nach § 2 Abs. 4 investiert sind. Der deutsche sog. Graue Kapitalmarkt ist derzeit nicht reguliert, so dass Verwalter von bspw. deutschen geschlossenen Fonds und Private Equity-Fonds bisher keiner Zulassung bedürfen. Durch die AIFM-Richtlinie und die OGAW-Richtlinie werden nunmehr die Verwalter aller Assetklassen reguliert. Für Kapitalanlagegesellschaften und Investmentaktiengesellschaften führt die AIFM-Richtlinie zu keinen grundsätzlichen Änderungen. Ein Zulassungserfordernis nach der AIFM-Richtlinie ist aber neu für AIFM von Fonds, die bislang nicht im InvG reguliert werden.

Kapitalanlagegesellschaften nach dem Investmentgesetz dürfen nur in der **43** Rechtsform der AG oder GmbH betrieben werden. Eine entsprechende Regelung findet sich in Art. Art. 4 Abs. 1 lit. b), wonach ein AIFM als eine juristische Person (*„legal person"*), deren Zweck in der Verwaltung von AIF liegt, definiert wird. Fraglich ist, ob damit bewusst Personengesellschaften ausgeschlossen werden sollten. Die deutsche GmbH & Co. KG ist im Rechtsverkehr jedenfalls als „quasi" juristische Person anzusehen und sollte daher zulässig sein.

Im Unterschied zu Art. 6 Abs. 2 gestaltet § 9a Abs. 1 Nr. 1 InvG das Risikoma- **44** nagement nicht als selbständige zulässige Geschäftstätigkeit im Sinne des § 7 Abs. 2 InvG, sondern als Organisationspflicht, die von der Kapitalanlagegesellschaft gewährleistet werden muss. Insbesondere ist das Risikomanagement nicht als sonstige Dienstleistung im Sinne des § 7 Abs. 2 Nr. 7 InvG subsumierbar, da es gegenüber dem Investmentgeschäft keine untergeordnete Bedeutung hat. Beispiele für solche untergeordnete Dienstleistungen sind die Vermietung überschüssiger Com-

puterkapazitäten der Kapitalanlagegesellschaft sowie die Gründung von Vertriebs-
gesellschaften durch Investmentgesellschaften[14], als auch die kommerzielle Nutzung von den Kenntnissen und Fähigkeiten der Kapitalanlagegesellschaft in den
Bereichen Kapitalmarktforschung und Kapitalanlageplanung[15]. Im Rahmen der
Implementierung der Richtlinie in das deutsche Recht wird die zulässige
Geschäftstätigkeit der Kapitalanlagegesellschaft um das Risikomanagement erweitert werden.

45   Im Gegensatz zu Art. 6 Abs. 4 lit. b) iii) ist die Tätigkeit der Anlagevermittlung
in der abschließenden Aufzählung[16] des § 7 Abs. 2 InvG nicht enthalten, so dass
es sich um keine zulässige Geschäftstätigkeit der Kapitalanlagegesellschaft handelt.
Andere als die aufgeführten Geschäftstätigkeiten darf eine Kapitalanlagegesellschaft
nicht erbringen[17]. Bei der Umsetzung der AIFM-Richtlinie in deutsches Recht
ist dies zu berücksichtigen, indem der Tätigkeitskatalog deutscher AIFM um die
Anlagevermittlungstätigkeit ergänzt wird. Ferner ist zu beachten, dass die Anlagevermittlung gemäß § 32 Abs. 1 KWG erlaubnispflichtig ist. Folglich müsste auch
die Ausnahmeregelung des § 2 Abs. 6 Satz 1 Nr. 5a KWG, aufgrund derer eine
Kapitalanlagegesellschaft nicht als Finanzdienstleistungsinstitut gilt, obwohl sie
Finanzdienstleistungen wie die individuelle Vermögensverwaltung, die Anlageberatung oder sonstige Dienstleistungen und Nebendienstleistungen erbringt, um
den Tatbestand der Anlagevermittlung ergänzt werden.

II. Unternehmensbeteiligungsgesellschaften

46   Fraglich ist derzeit, welche Auswirkungen die AIFM-Richtlinie und ihre
Umsetzung in Deutschland auf die Regelungen von Unternehmensbeteiligungsgesellschaften (UBG) nach dem Gesetz über Unternehmensbeteiligungsgesellschaften (UBGG) haben werden.

47   Bei einer UBG handelt es sich um eine Gesellschaft in der Rechtsform der
AG, GmbH, KG oder KGaA, die als Unternehmensgegenstand ausschließlich den
Erwerb, das Halten, die Verwaltung und die Veräußerung von Unternehmensbeteiligungen hat. Sie bedarf gemäß § 1a Abs. 1 UBGG der Anerkennung der zuständigen Behörde zur Verwendung der Bezeichnung „Unternehmensbeteiligungsgesellschaft". Hierbei soll es sich um eine Art staatliches Gütesiegel handeln[18].

48   **1. Anwendungsbereich der AIFM-Richtlinie.** UBG fallen unter den
Anwendungsbereich der AIFM-Richtlinie, wenn ihre Verwalter als AIFM qualifizieren. Dafür ist erforderlich, dass es sich bei der UBG um ein AIF im Sinne des
Art. 4 Abs. 1 lit. a) AIFM-RL handelt. Dies dürfte sowohl bei offenen, als auch
integrierten UBG der Fall sein, wenn das eingesammelte Kapital zum Nutzen
einer Vielzahl von Anlegern investiert wird, es sei denn, die UBG qualifizieren
als „Holding-Gesellschaft" i. S. d. Art. 4 Abs. 1 lit. h) AIFM-RL.

---

[14] BT-Drs. 11/6262, S. 28.

[15] *Beckmann* in Beckmann/Scholtz/Vollmer Investmentrecht, 9/09, § 7 Rn. 48; *Steck/
Gringel* in Berger/Steck/Lübbehüsen, InvG, § 7 Rn. 38; *Vahldiek* in Bödecker, Handbuch
Investmentrecht, § 7 B.II.7.c).

[16] BT-Drs. 15/1553, S. 77.

[17] *Steck/Gringel* in Berger/Steck/Lübbehüsen, InvG, § 7 Rn. 13.

[18] *Vollmer* in Beckmann/Scholtz/Vollmer Investmentrecht, 1/09, UBGG/WKBG-Einlei-
tung Rn. 143.

a) Offene UBG. Offene UBG dürfen gemäß § 7 Abs. 1 Satz 1 UBGG spätes- **49** tens fünf Jahre nach ihrer Anerkennung als UBG kein Tochterunternehmen mehr sein, d.h. ein Anteilsinhaber darf unmittelbar oder mittelbar nicht mehr als 40% des Kapitals bzw. der Stimmrechte an der UBG halten. Eine offene UBG steht also einer Anzahl von Anlegern offen. Wenn das von den Anlegern eingesammelte Kapital auch gemäß einer festgelegten Anlagestrategie zum Nutzen dieser Anleger investiert wird, sind die Tatbestandsmerkmale des AIF grundsätzlich erfüllt. Der Verwalter einer solchen offenen UBG muss den Vorschriften der AIFM-Richtlinie nachkommen. Ist die UBG selbstverwaltet, erfüllt sie den Tatbestand eines intern verwalteten AIF und müsste selbst die Anforderungen der AIFM-Richtlinie erfüllen.

Auch für offene UBG gelten die Schwellenwerte des Art. 3 Abs. 2 AIFM-RL, **50** so dass der AIFM der UBG bzw. die intern verwaltete UBG selbst, dessen/deren verwaltetes Vermögen die Schwellenwerte nicht übersteigen, entweder lediglich eine Registrierung vornehmen oder aber von der Opt-In-Möglichkeit gemäß Art. 3 Abs. 4 AIFM-RL Gebrauch machen kann und sich freiwillig der vollen Regelung der AIFM-Richtlinie unterwirft.

b) Integrierte UBG. Hingegen handelt es sich bei integrierten UBG im Sinne **51** des § 1a Abs. 2 Satz 2 UBGG regemäßig um 100%-ige unmittelbare oder mittelbare Tochtergesellschaft. Aufgrund des Konzernprivilegs gemäß Art. 3 Abs. 1 AIFM-RL befinden sich solche integrierten UBG außerhalb des Anwendungsbereichs der AIFM-Richtlinie.

2. Beaufsichtigung. UBG unterliegen gemäß §§ 14 ff. UBGG der Aufsicht **52** der zuständigen obersten Landebehörden. Deutsche AIFM unterliegen dem Zulassungsverfahren gemäß der AIFM-Richtlinie und der Beaufsichtigung durch die BaFin. Es ist fraglich, wie in Zukunft die Zuständigkeit hinsichtlich der Beaufsichtigung geregelt werden wird. Eine mögliche Doppelregulierung durch die BaFin und die zuständigen obersten Landebehörden bedarf einer klaren Abgrenzung der jeweiligen Zuständigkeiten, da ansonsten Kompetenzstreitigkeiten eine effektive Beaufsichtigung der UBG erschwert wäre. Ferner ist die mit einer Doppelregulierung einhergehende Doppelbelastung der UBG zu berücksichtigen (z. B. fordern beide Regime bestimmte Mitteilungspflichten gegenüber den zuständigen Behörden). Für Zwecke einer effizienten Beaufsichtigung wäre die Aufsicht durch eine einzelne Behörde vorteilhaft, namentlich durch die BaFin als zuständige Aufsichtsbehörde für AIFM und AIF.

3. Produktregulierung. Soweit die UBG in den Anwendungsbereich der **53** AIFM-Richtlinie fällt, hat ihr AIFM die Vorschriften der AIFM-Richtlinie einzuhalten. Hier ist insbesondere auf die Produktregeln für Private Equity Fonds gemäß Art. 26–30 AIFM-RL zu verweisen. Daneben muss die UBG, um ihren Status als UBG zu behalten, die Produktregen in dem UBGG berücksichtigen (Verbot der unzulässigen Geschäfte gemäß § 5 UBGG, Berücksichtigung der Anlagegrenzen des § 4 UBGG). Da hinsichtlich der beiden Produktregeln keine Widersprüche grundsätzlicher Art bestehen, haben UBG beide zu berücksichtigen.

E. Bezüge zum KAGB-E

Art. 6 soll im Wesentlichen in § 20 KAGB-E umgesetzt werden. Weitere **54** Umsetzungen des Art. 6 finden sich in §§ 5 Abs. 2 und 2 Abs. 2 KAGB-E. Der

Richtlinientext soll im KAGB-E im Wesentlichen unverändert übernommen werden. § 34 Abs. 3 bis 5 KAG-E dient der Konkretisierung des Art. 6 Abs. 7 und beruht im Wesentlichen auf § 19c des aufzubebenden Investmentgesetzes, der die Anzeigepflicht von KAGen gegenüber der BaFin regelt.

55 Ergänzend erlaubt § 20 Abs. 3 Nr. 9 KAGB-E sonstige mit den in § 20 Abs. 3 KAGB-E genannten Dienstleistungen und Nebendienstleistungen unmittelbar verbundenen Tätigkeiten. Diese Regelung entspricht im Wesentlichen der des aufzuhebenden § 7 Abs. 2 Nr. 7 InvG.

56 §§ 54 Abs. 4 und 66 Abs. 4 KAGB-E konkretisieren Art. 6 Abs. 6 dahingehend, welche Normen EU-AIFM und Drittstaaten-AIFM einzuhalten haben, wenn diese Tätigkeiten im Inland über eine Zweigniederlassung bzw. im Wege des grenzüberschreitenden Dienstleistungsverkehrs erbringen. Gemäß Art. 33 Abs. 5 bzw. Art. 41 Abs. 5 dürfen den AIFM von der Bundesrepublik als Aufnahmemitgliedstaat in den von der AIFM-Richtlinie erfassten Bereichen keine zusätzlichen Anforderungen auferlegt werden.[19]

Artikel 7 Antrag auf Zulassung

AIFM-Richtlinie	KAGB-E
Artikel 7 **Antrag auf Zulassung**	**§ 20** **Erlaubnis zum Geschäftsbetrieb**
(1) Die Mitgliedstaaten schreiben vor, dass AIFM bei den zuständigen Behörden ihres Herkunftsmitgliedstaats eine Zulassung beantragen.	(1) Der Geschäftsbetrieb einer Kapitalverwaltungsgesellschaft bedarf der schriftlichen Erlaubnis der Bundesanstalt. Die Bundesanstalt kann die Erlaubnis auf die Verwaltung bestimmter Arten von inländischen Investmentvermögen beschränken. Die Bundesanstalt kann die Erlaubnis mit Nebenbestimmungen verbinden.
	§ 22 **Erlaubnisantrag für eine AIF-Kapitalverwaltungsgesellschaft und Erlaubniserteilung**
(2) Die Mitgliedstaaten schreiben vor, dass ein AIFM, der eine Zulassung beantragt, den zuständigen Behörden seines Herkunftsmitgliedstaats Folgendes betreffend diesen AIFM vorlegt: a) Auskünfte über die Personen, die die Geschäfte des AIFM tatsächlich führen; b) Auskünfte über die Identität aller Anteilseigner oder Mitglieder des AIFM, die eine qualifizierte Beteili-	(1) Der Erlaubnisantrag für eine AIF-Kapitalverwaltungsgesellschaft muss enthalten: 1. einen geeigneten Nachweis der zum Geschäftsbetrieb erforderlichen Mittel nach § 25, 2. die Angabe der Geschäftsleiter, 3. Angaben zur Beurteilung der Zuverlässigkeit der Geschäftsleiter, 4. Angaben zur Beurteilung der fachlichen Eignung der Geschäftsleiter,

---

[19] Begründung zum Kabinettsentwurf des AIFM-Umsetzungsgesetzes vom 12.12.2012, S. 413, 420.

AIFM-Richtlinie	KAGB-E
gung an ihm halten, unabhängig davon, ob diese Beteiligung direkt oder indirekt ist oder es sich um natürliche oder juristische Personen handelt, sowie die Höhe dieser Beteiligungen,	5. die Namen der an der AIF-Kapitalverwaltungsgesellschaft bedeutend beteiligten Inhaber sowie Angaben zur Beurteilung ihrer Zuverlässigkeit und zur Höhe ihrer jeweiligen Beteiligung,
c) einen Geschäftsplan, der neben der Organisationsstruktur des AIFM auch Angaben darüber enthält, wie der AIFM seinen Pflichten nach den Kapiteln II, III, IV und gegebenenfalls den Kapiteln V, VI, VII und VIII nachkommen will,	6. die Angaben der Tatsachen, die auf eine enge Verbindung zwischen der AIF-Kapitalverwaltungsgesellschaft und anderen natürlichen oder juristischen Personen hinweisen,
d) Angaben über die Vergütungspolitik und -praxis gemäß Artikel 13,	7. einen Geschäftsplan, der neben der Organisationsstruktur der AIF-Kapitalverwaltungsgesellschaft auch Angaben darüber enthält, wie die AIF-Kapitalverwaltungsgesellschaft ihren Pflichten nach diesem Gesetz nachkommen will,
e) Angaben über Vereinbarungen, die zur Übertragung und Weiterübertragung von Funktionen im Sinne von Artikel 20 an Dritte getroffen wurden.	8. Angaben über die Vergütungspolitik und Vergütungspraxis nach § 37,
	9. Angaben über Auslagerungsvereinbarungen nach § 36,
(3) Die Mitgliedstaaten schreiben vor, dass ein AIFM, der eine Zulassung beantragt, den zuständigen Behörden seines Herkunftsmitgliedstaats außerdem Folgendes zu den AIF, die er zu verwalten beabsichtigt, vorlegt:	10. Angaben zu den Anlagestrategien, einschließlich
a) Angaben zu den Anlagestrategien, einschließlich der Arten der Zielfonds, falls es sich bei dem AIF um einen Dachfonds handelt, und der Grundsätze, die der AIFM im Zusammenhang mit dem Einsatz von Hebelfinanzierungen anwendet sowie der Risikoprofile und sonstiger Eigenschaften der AIF, die er verwaltet oder zu verwalten beabsichtigt, einschließlich Angaben zu den Mitgliedstaaten oder Drittländern, in denen sich der Sitz solcher AIF befindet oder voraussichtlich befinden wird,	a) der Arten der Zielfonds, falls es sich bei dem AIF um einen Dachfonds handelt,
	b) der Grundsätze, die die AIF-Kapitalverwaltungsgesellschaft im Zusammenhang mit dem Einsatz von Leverage anwendet, sowie
	c) der Risikoprofile und sonstiger Eigenschaften der AIF, die die AIF-Kapitalverwaltungsgesellschaft verwaltet oder zu verwalten beabsichtigt, einschließlich Angaben zu den Mitgliedstaaten oder Drittstaaten, in denen sich der Sitz solcher AIF befindet oder voraussichtlich befinden wird,
b) Angaben zum Sitz des Master-AIF, falls es sich bei dem AIF um einen Feeder-AIF handelt,	11. wenn es sich bei dem AIF um einen Feederfonds oder einen Feeder-AIF handelt, Angaben zum Sitz des Masterfonds oder des Master-AIF,
c) die Vertragsbedingungen oder Satzungen aller AIF, die der AIFM zu verwalten beabsichtigt,	12. die Anlagebedingungen, Satzungen oder Gesellschaftsverträge aller AIF, die die AIF-Kapitalverwaltungsgesellschaft zu verwalten beabsichtigt, sowie die Satzung oder den Gesell-

AIFM-Richtlinie	KAGB-E
d) Angaben zu den Vereinbarungen zur Bestellung der Verwahrstelle gemäß Artikel 21 für jeden AIF, den der AIFM zu verwalten beabsichtigt, e) alle in Artikel 23 Absatz 1 genannten weiteren Informationen für jeden AIF, den der AIFM verwaltet oder zu verwalten beabsichtigt.	schaftsvertrag der AIF-Kapitalverwaltungsgesellschaft selbst, wenn sie als externe Kapitalanlagegesellschaft die Verwaltung von Publikums-AIF beabsichtigt, 13. Angaben zu den Vereinbarungen zur Beauftragung der Verwahrstelle nach § 80 für jeden AIF, den die AIF-Kapitalverwaltungsgesellschaft zu verwalten beabsichtigt, und 14. alle in den §§ 165, 269 und 307 Absatz 1 genannten weiteren Informationen für jeden AIF, den die AIF-Kapitalverwaltungsgesellschaft verwaltet oder zu verwalten beabsichtigt. **§ 267** **Genehmigung der Anlagebedingungen** (1) Die Anlagebedingungen sowie Änderungen der Anlagebedingungen bedürfen der Genehmigung der Bundesanstalt. Die Genehmigung kann nur von solchen AIF-Kapitalverwaltungsgesellschaften beantragt werden, die die betroffene Art von AIF verwalten dürfen.
	§ 21 **Erlaubnisantrag für eine OGAW-Kapitalverwaltungsgesellschaft und Erlaubniserteilung**
(4) Beantragt eine Verwaltungsgesellschaft, die gemäß Richtlinie 2009/65/EG zugelassen ist (im Folgenden „OGAW-Verwaltungsgesellschaft"), eine Zulassung als AIFM nach dieser Richtlinie, so schreiben die zuständigen Behörden der OGAW-Verwaltungsgesellschaft nicht vor, dass sie Angaben bzw. Unterlagen vorlegen muss, die sie bereits bei der Beantragung der Zulassung nach Richtlinie 2009/65/EG vorgelegt hat, sofern diese Angaben bzw. Unterlagen nach wie vor auf dem neuesten Stand sind.	(5) Beantragt eine OGAW-Kapitalverwaltungsgesellschaft zusätzlich die Erlaubnis zur Verwaltung von AIF nach § 22, muss sie diejenigen Angaben und Unterlagen, die sie bereits mit dem Erlaubnisantrag nach Absatz 1 eingereicht hat, nicht erneut einzureichen, sofern diese Angaben und Unterlagen noch aktuell sind.

AIFM-Richtlinie	KAGB-E
	§ 12 **Meldungen der Bundesanstalt an die Europäische Kommission und die Europäische Wertpapier- und Marktaufsichtsbehörde**
(5) Die zuständigen Behörden unterrichten die ESMA vierteljährlich über die nach diesem Kapitel erteilten Zulassungen und Rücknahmen von Zulassungen. Die ESMA führt ein öffentliches Zentralregister, aus dem jeder nach dieser Richtlinie zugelassene AIFM, eine Liste der in der Union von solchen AIFM verwalteten und/oder vertriebenen AIF und die für jeden solchen AIFM zuständige Behörde hervorgeht. Das Register wird in elektronischer Form zugänglich gemacht.	(5) Die Bundesanstalt meldet der Europäischen Wertpapier- und Marktaufsichtsbehörde vierteljährlich 1. die nach § 22 erteilten Erlaubnisse und nach § 39 aufgehobenen Erlaubnisse, 2. Informationen zu AIF-Verwaltungsgesellschaften, die der Aufsicht der Bundesanstalt unterliegende AIF entweder gemäß der unionsrechtlich vorgesehenen Passregelung oder den nationalen Regelungen verwalten oder vertreiben.
(6) Um eine konsequente Harmonisierung dieses Artikels zu gewährleisten, kann die ESMA Entwürfe für technische Regulierungsstandards ausarbeiten, um die den zuständigen Behörden in einem Zulassungsantrag eines AIFM vorzulegenden Angaben, einschließlich des Geschäftsplans, zu präzisieren. Der Kommission wird die Befugnis übertragen, die in Unterabsatz 1 genannten technischen Regulierungsstandards gemäß Artikel 10 bis 14 der Verordnung (EU) Nr. 1095/2010 zu erlassen.	
(7) Um einheitliche Bedingungen für die Anwendung dieses Artikels zu gewährleisten, kann die ESMA Entwürfe für technische Durchführungsstandards ausarbeiten, um Standardformulare, Mustertexte und Verfahren für die Vorlage von Angaben im Sinne von Absatz 6 Unterabsatz 1 festzulegen. Der Kommission wird die Befugnis übertragen, die in Unterabsatz 1 genannten technischen Durchführungsstandards gemäß Artikel 15 der Verordnung (EU) Nr. 1095/2010 zu erlassen.	

Artikel 7

Literatur: Boos/Fischer/Schulte-Mattler, Kreditwesengesetz, 3. Auflage München 2008; Berger/Steck/Lübbehüsen, Investmentgesetz, München 2010; Striegel/Wiesbrock/Jesch, Kapitalbeteiligungsrecht, Stuttgart 2009.

Übersicht

A. Entstehungsgeschichte

1   Im Vergleich zum ursprünglichen Kommissionsvorschlag wurden die notwendigen Angaben um Auskünfte über die Geschäftsleiter des AIFM, über die Vergütungspolitik und zum Sitz des Master-AIF ergänzt.

2   Eine vergleichbare Regelung besteht in der OGAW-Richtlinie nicht: Art. 7 Abs. 1 letzter Satz OGAW-RL besagt lediglich, dass die OGAW-Verwaltungsgesellschaft die von den zuständigen Behörden verlangten Angaben an diese übermittelt. Es werden außer der Beifügung eines Geschäftsplans bei der Antragstellung gemäß Art. 7 Abs. 1 lit. c) OGAW-RL keine konkreten Angaben aufgelistet. Allerdings ist die Norm mit den investmentrechtlichen und KWG-rechtlichen Regelungen zum Inhalt des Erlaubnisantrags vergleichbar (§ 7a Abs. 1 InvG, der wiederum auf § 32 Abs. 1 Satz 2 KWG beruht).

B. Normzweck

3   Die Vorschrift regelt das formelle Erlaubnisverfahren und zählt die Angaben auf, die im Rahmen des **Zulassungsantrags** der zuständigen Behörde, d.h i. d. R. der Aufsichtsbehörde des Herkunftsmitgliedstaates des AIFM, vorgelegt werden müssen, welche die Aufsicht über den AIFM ausübt. Die Aufsicht durch die nationalen Behörden wird künftig ergänzt durch die neue Aufsichtsbehörde ESMA. ESMA wird in Art. 7 Abs. 7 zum Erlass technischer Standards ermächtigt. Dies soll für eine europaweit einheitliche Auslegung der verfahrensrechtlichen Vorschriften sorgen

C. Einzelne Regelungskomplexe

I. Zuständige Behörde für Antragstellung (Art. 7 Abs. 1)

Der Zulassungsantrag ist bei den zuständigen Behörden des Herkunftsmitglied- 4
staats des AIFM zu stellen. Der Herkunftsmitgliedstaat des AIFM definiert sich
gemäß Art. 4 Abs. 1 lit. q) nach dem satzungsmäßigen Sitz des AIFM. Handelt es
sich bei dem AIFM um einen Nicht-EU-AIFM, ist anstelle des Herkunftsmitgliedstaats der Referenzmitgliedstaat anwendbar. Der Referenzmitgliedstaat wird
nach Art. 37 Abs. 4 bestimmt.

II. Inhalte des Erlaubnisantrags

Bei der Antragstellung müssen den zuständigen Behörden bestimmte Informa- 5
tionen hinsichtlich des AIFM und der AIF, die er zu verwalten beabsichtigt,
vorgelegt werden.

1. Angaben zum AIFM (Art. 7 Abs. 2). a) Angaben zu den Geschäfts- 6
leitern (Art. 7 Abs. 2 lit. a)). Der Antrag muss Auskünfte über die Personen
enthalten, die die Geschäfte des AIFM tatsächlich führen. Hierbei handelt es sich
regelmäßig um die Organvertreter, die sich nach nationalem Recht bestimmen.

Da die Auskünfte zur Beurteilung der Zuverlässigkeit der Geschäftsleiter gemäß 7
Art. 8 Abs. 1 lit. c) dienen sollen, könnte entsprechend der Regelungen für Kapitalanlagegesellschaften auch für den AIFM auf einen Lebenslauf und eine Straffreiheitserklärung gemäß § 14 Abs. 4 i. V. m. § 5 Abs. 1 AnzV zurückgegriffen werden. Gemäß § 5 Abs. 1 Nr. 1 AnzV muss der Lebenslauf lückenlos und
eigenhändig unterzeichnet sein sowie sämtliche Vornamen, den Geburtsnamen,
den Geburtstag und -ort, die Privatanschrift und die Staatsangehörigkeit, eine
eingehende Darlegung der fachlichen Vorbildung, die Namen aller Unternehmen,
für die diese Person tätig gewesen ist, und Angaben zur Art der jeweiligen Tätigkeit, einschließlich Nebentätigkeiten, mit Ausnahme ehrenamtlicher, enthalten;
bei der Art der jeweiligen Tätigkeit sind insbesondere die Vertretungsmacht dieser
Person, ihre internen Entscheidungskompetenzen und die ihr innerhalb des
Unternehmens unterstellten Geschäftsbereiche darzulegen. Gemäß § 5 Abs. 1
Nr. 2 AnzV handelt es sich bei der Straffreiheitserklärung um eine eigenhändig
unterzeichnete Erklärung dieser Person, ob derzeit gegen sie ein Strafverfahren
geführt wird, ob zu einem früheren Zeitpunkt ein Strafverfahren wegen eines
Verbrechens oder Vergehens gegen sie geführt worden ist oder ob sie oder ein
von ihr geleitetes Unternehmen als Schuldnerin in ein Insolvenzverfahren oder
in ein Verfahren zur Abgabe einer eidesstattlichen Versicherung oder ein vergleichbares Verfahren verwickelt ist oder war.

b) Angaben zu Inhabern bedeutender Beteiligungen und engen Ver- 8
bindungen (Art. 7 Abs. 2 lit. b)). Der Zulassungsantrag hat Auskünfte über
die Identität aller Anteilseigner oder Mitglieder des AIFM zu enthalten, die direkt
oder indirekt eine qualifizierte Beteiligung an ihm halten, unabhängig davon, ob
es sich um natürliche oder juristische Personen handelt, sowie die Höhe der
Beteiligungen. Eine qualifizierte Beteiligung ist gemäß Art. 4 Abs. 1 lit. ah) das
direkte oder indirekte Halten von mindestens 10% des Kapitals oder der Stimmrechte eines AIFM.

Ferner müssen unter Berücksichtigung von Art. 8 Abs. 1 lit. d) Angaben über 9
die entsprechende Eignung dieser Anteilseigner oder Mitglieder des AIFM vorge-

legt werden, wobei der Notwendigkeit Rechnung zu tragen ist, die solide und umsichtige Verwaltung des AIFM zu gewährleisten. Diese Angaben entsprechen den Angaben zur Beurteilung der Zuverlässigkeit der Geschäftsleiter des AIFM. Handelt es sich bei den Anteilseignern oder Mitgliedern des AIFM um juristische Personen oder eine Personenhandelsgesellschaft, müssen die entsprechenden Angaben für deren gesetzliche Vertreter bzw. deren persönlich haftende Gesellschafter abgegeben werden[1].

10   **c) Angaben zur Organisationsstruktur (Art. 7 Abs. 2 lit. c)).** Der AIFM hat den zuständigen Behörden einen Geschäftsplan vorzulegen, der neben der Organisationsstruktur des AIFM auch Angaben darüber enthält, wie der AIFM seinen Pflichten aus der AIFM-Richtlinie nachkommen will.

11   Entsprechend den bestehenden investmentrechtlichen Vorgaben für Kapitalanlagegesellschaften wird wohl der Geschäftsplan in Anlehnung an § 14 Abs. 7 AnzV Angaben enthalten müssen über: (i) die Art der geplanten Geschäfte unter begründeter Angabe ihrer künftigen Entwicklung durch die Vorlage von Planbilanzen und Plangewinn- und -verlustrechnungen für die ersten drei vollen Geschäftsjahre nach Aufnahme des Geschäftsbetriebs enthalten; (ii) die Darstellung des organisatorischen Aufbaus des AIFM unter Beifügung eines Organigramms, welches insbesondere die Zuständigkeiten der Geschäftsleiter erkennen lässt sowie ob und wo Zweigstellen errichtet werden sollen; und (iii) die Darstellung der geplanten internen Kontrollverfahren des AIFM sowie die Verteilung von Portfolio- und Risikomanagementaufgaben bzw. die geforderte Funktionstrennung.

12   **d) Angaben zur Vergütungspolitik (Art. 7 Abs. 2 lit. d)).** Art. 7 Abs. 2 lit. d) verlangt Angaben über die Vergütungspolitik und -praxis. Diese Verpflichtung resultiert aus Art. 13 in Verbindung mit Anhang II, wonach ein AIFM eine Vergütungspolitik und -praxis für bestimmte Kategorien von Mitarbeitern festzulegen hat, die mit einem soliden und wirksamen Risikomanagement vereinbar und diesem förderlich ist und nicht zur Übernahme von Risiken ermutigen, die nicht mit dem Risikoprofil, den Vertragsbedingungen oder der Satzung der von ihnen verwalteten AIF vereinbar sind. Gemäß Erwägungsgrund (26) stimmen die in der Empfehlung der Kommission vom 30. April 2009 zur Vergütungspolitik im Finanzdienstleistungssektor (2009/384/EG) festgelegten Grundsätzen mit den in Art. 13 und Anhang II festgelegten Grundsätzen überein und ergänzen diese. Sie sind durch ESMA Technical Standards zu ergänzen unter Berücksichtigung der Art, Größe, Natur und Komplexität der Aktivitäten des AIFM[2].

13   **e) Angaben zu beabsichtigten Auslagerungen (Art. 7 Abs. 2 lit. e)).** Die Übertragung, d.h. Auslagerung, von Aufgaben des AIFM muss gemäß Art. 20 Abs. 1 vor Inkrafttreten der Vereinbarung zur Übertragung den zuständigen Behörden des Herkunftsmitgliedstaats des AIFM gemeldet werden. Insofern muss der AIFM gemäß Art. 7 Abs. 2 lit. e) bereits im Rahmen seiner Zulassung Angaben zu beabsichtigten Auslagerungen und ggf. Weiterauslagerung von Aufgaben im Sinne des Art. 20 machen.

14   **2. Angaben zum AIF (Art. 7 Abs. 3). a) Angaben zu Investmentstrategie, einschließlich Leverage, Herkunftsland, Zielland etc. (Art. 7 Abs. 3**

---

[1] *Fischer* in Boos/Fischer/Schulte-Mattler, KWG, § 32 Rn. 40; *Steck/Gringel* in Berger/Steck/Lübbehüsen, InvG, § 7a Rn. 8.

[2] Vgl. ESMA Consultation Paper on Guidelines on Sound Remuneration Policies under the AIFMD (ESMA/2012/406), Nr. 34.

lit. a)). Der AIFM muss im Rahmen seiner Zulassung Angaben zu den Anlagestrategien der AIF vorlegen, die er verwaltet oder zu verwalten beabsichtigt, einschließlich Angaben zu den Mitgliedstaaten oder Drittländern, in denen sich der Sitz solcher AIF befindet oder voraussichtlich befinden wird, zum Einsatz von Leverage sowie zu den Risikoprofilen und sonstigen Eigenschaften der AIF. Wenn es sich um einen Dachfonds handelt, sollen auch die Informationen zu den Arten der Zielfonds geliefert werden

b) Angaben zum Sitz des Master-AIF, falls relevant (Art. 7 Abs. 3 15 **lit. b))**. Der AIFM hat den Sitz eines Master-AIF anzugeben, soweit es sich bei dem AIF um einen Feeder-AIF handelt. Ein Master-AIF ist gemäß Art. 4 Abs. 1 lit. y) jeder AIF, in dem ein anderer AIF investiert oder Risiken an ihm gemäß Art. 4 Abs. 1 lit. m) übernommen hat. Hiernach bezeichnet ein Feeder-AIF einen AIF der (i) mindestens 85% seiner Vermögenswerte in Anteilen eines Master-AIF anlegt, oder (ii) mindestens 85% seiner Vermögenswerte in mehr als einem Master-AIF anlegt, wenn diese Master-AIF identische Anlagestrategien verfolgen, oder (iii) anderweitig ein Engagement von mindestens 85% seiner Vermögenswerte in solch einem Master-AIF hat. Sowohl der Master- als auch der Feeder-AIF benötigen jeweils einen zugelassenen AIFM. In der Praxis dürfte es sich in der Regel um den gleichen AIFM handeln.

c) Gründungsdokumente der AIF (Art. 7 Abs. 3 lit. c)). Die Vertragsbe- 16 dingungen oder Satzung aller AIF, die der AIFM zu verwalten beabsichtigt, sind der zuständigen Behörde vorzulegen.

Auch nach derzeitigen investmentrechtlichen Regeln sind die Vertragsbedin- 17 gungen, nach denen sich das Rechtsverhältnis der Kapitalanlagegesellschaft zu seinen Anlegern bestimmt, der BaFin vorzulegen, da sie gemäß § 43 Abs. 2 Satz 1 InvG jedenfalls bei Publikumsfonds der Genehmigung durch die BaFin bedürfen. Dies ist hier aber gerade nicht der Fall: Die Bedingungen des AIF bedürfen nach der AIFM-Richtlinie gerade nicht der Genehmigung durch die zuständige Behörde, es steht aber dem nationalen Gesetzgeber gemäß Erwägungsgrund (10) frei, eine entsprechende Genehmigungspflicht bei nationalen AIF vorzusehen. Gleiches gilt für ausländische AIF, soweit sie auch an professionelle Kunden vertrieben werden. Zu beachten ist, dass es sich bei der Dokumentation einiger AIF-Typen gerade nicht um standardisierte Muster vergleichbar den allgemeinen und besonderen Vertragsbedingungen der deutschen Investmentvermögen handelt, sondern um komplexe und mit den Investoren ausverhandelte Gesellschaftsverträge. So verhält es sich beispielsweise bei Private Equity-Fonds, bei denen die Vertragsbedingungen noch während des Fundraisingprozesses mit den Investoren verhandelt werden; hier stellt sich die Frage, inwieweit die zum Zeitpunkt der Zulassungsbeantragung noch nicht abschließend festgelegten Vertragsbedingungen vorgelegt werden können. Art. 8 Abs. 5 UAbs. 2 AIFM-RL betrachtet einen Zulassungsantrag bereits dann als vollständig, selbst wenn die Vertragsbedingungen noch nicht vorgelegt werden. Art. 8 Abs. 5 UAbs. 3 AIFM-RL gestattet ausdrücklich, dass die Vertragsbedingungen im Sinne des Art. 7 Abs. 3 lit. c) AIFM-RL nachgereicht werden können. Allerdings darf der AIFM frühestens ein Monat nach der Nachreichung der fehlenden Vertragsbedingungen (und eventuell anderer fehlender Angaben) mit der Verwaltungstätigkeit beginnen. Fraglich ist, wann die Vertriebstätigkeit aufgenommen werden darf. Gemäß Art. 31 Abs. 3 AIFM-RL darf nach 20 Arbeitstagen nach Einreichung einer vollständigen Vertriebsanzeige mit dem Vertrieb begonnen werden. Soweit sich im Rahmen der Vertragsverhandlungen mit Investoren noch wesentliche Änderungen ergeben, müssen diese auch nachgereicht werden und das Closing darf dann erst einen Monat nach Anzeige erfolgen. Wesentliche Änderungen sind z. B. wohl Änderungen der Anlagestrategie und des Einsatzes von Leverage.

18   **d) Angaben zur Depotbank (Art. 7 Abs. 3 lit. d)).** Für jeden von ihm verwalteten AIF muss der AIFM gemäß Art. 21 Abs. 1 eine einzige Verwahrstelle bestellen. Diesen Nachweis muss der AIFM der zuständigen Behörde im Rahmen des Zulassungsverfahrens erbringen.

19   Vermutlich wird hierfür entsprechend der derzeitigen investmentrechtlichen Verwaltungspraxis der Depotbankvertrag einzureichen sein.[3]

20   **e) Weitere Informationen (Art. 7 Abs. 3 lit. e)).** Weiterhin hat der AIFM alle in Art. 23 Abs. 1 genannten weiteren Informationen für jeden AIF, den der AIFM verwaltet oder zu verwalten beabsichtigt, vorzulegen. Bei den Informationen handelt es sich um solche, die der AIFM den Anlegern der AIF zur Verfügung zu stellen hat, u.a. eine Beschreibung des Bewertungsverfahrens und des Liquiditätsmanagements des AIF sowie den letzten Jahresbericht und den jüngsten Nettoinventarwert des AIF oder den jüngsten Marktpreis der Anteile des AIF. Die letztgenannten Angaben entfallen bei neu aufgelegten AIF.

III. Antragstellung durch OGAW-Verwaltungsgesellschaften (Art. 7 Abs. 4)

21   Gemäß Art. 6 Abs. 2 darf ein AIFM auch als OGAW-Verwaltungsgesellschaft tätig werden, soweit er über die erforderliche OGAW-Zulassung verfügt. Im umgekehrten Fall kann eine OGAW-Verwaltungsgesellschaft gemäß Art. 6 Abs. 2 OGAW-RL neben der Verwaltung von OGAW zusätzlich die Verwaltung anderer Organismen für gemeinsame Anlagen ausüben, die nicht unter die OGAW-Richtlinie fallen und für die die OGAW-Verwaltungsgesellschaft einer Aufsicht unterliegt. Im Hinblick auf die Verwaltung eines AIF unterliegt die OGAW-Verwaltungsgesellschaft dann nicht dem Regime der OGAW-Richtlinie, sondern den Regelungen der AIFM-Richtlinie. Für die Verwaltung von AIF benötigt die OGAW-Verwaltungsgesellschaft eine zusätzliche AIFM-Zulassung.[4] Bei der Beantragung der zusätzlichen AIFM-Zulassung ist die OGAW-Verwaltungsgesellschaft grundsätzlich verpflichtet, die Angaben bzw. Unterlagen gemäß Art. 7 Abs. 2 und 3 vorzulegen. Allerdings müssen gemäß Art. 7 Abs. 4 Informationen, die den zuständigen Behörden bereits aufgrund einer vorherigen OGAW-Zulassung vorliegen, nicht erneut vorgelegt werden, sofern diese Angaben nach wie vor dem aktuellen Stand entsprechen.

IV. Rolle der ESMA im Zulassungsverfahren (Art. 7 Abs. 5, 6 und 7)

22   Das Zulassungsverfahren selbst wird von den Behörden des zuständigen Mitgliedstaats durchgeführt. Die ESMA hat hingegen eine allgemeine Koordinierungsfunktion.[5] Sie führt ein öffentliches Zentralregister, aus dem jeder zugelas-

---

[3] *Köndgen* in Berger/Steck/Lübbehüsen, InvG, § 21 Rn. 3.

[4] ESMA Discussion Paper on Key Concepts of the AIFMD and Types of AIFM (ESMA/2012/117), Nr. 48.

[5] Vgl. Erwägungsgrund (73) AIFM-RL.

sene AIFM und seine in der Europäischen Union verwalteten und/oder vertriebenen AIF sowie die für den AIFM zuständige Behörde hervorgeht. Dieses Register ist in elektronischer Form zugänglich zu machen. Die Informationen des Zentralregisters stammen von den zuständigen Behörden der AIFM, die die ESMA vierteljährlich über die erteilten Zulassungen und Rücknahmen von Zulassungen zu unterrichten haben. Zur Sicherstellung konsistenter Harmonisierung bezüglich des Zulassungsantrags kann die ESMA gemäß Art. 7 Abs. 6 Entwürfe für technische Regulierungsstandards- ausarbeiten, um die den zuständigen Behörden in einem Zulassungsantrag eines AIFM vorzulegenden Angaben, einschließlich des Geschäftsplans, zu präzisieren. Ferner kann die ESMA gemäß Art. 7 Abs. 7 Entwürfe für technische Durchführungsstandards ausarbeiten. Hierzu soll die ESMA gegenüber den zuständigen Behörden der AIFM Standardformulare, Mustertexte und Verfahren für die Vorlage von den im Rahmen ihrer Entwürfe für technische Regulierungsstandards gemäß Art. 7 Abs. 6 präzisierten Informationen festlegen.

D. Änderungen gegenüber der bisherigen Rechtslage in Deutschland für den AIFM

Im Hinblick auf die durch das Investmentgesetz regulierten offenen Fonds **23** sind die Angaben bei der Antragstellung in der AIFM-Richtlinie umfangreicher ausgestaltet, insbesondere müssen bei der Antragstellung einer Kapitalanlagegesellschaft gemäß § 7a InvG keine Angaben zum Sondervermögen gemacht werden, ferner keine Angaben zur Vergütungspolitik und zu beabsichtigten Auslagerungen. § 41 Abs. 1 Satz 1 InvG verlangt von der Kapitalanlagegesellschaft lediglich die Information, nach welcher Methode, in welcher Höhe und auf Grund welcher Berechnung die Vergütungen aus dem Sondervermögen an sie zu leisten sind. Eine inhaltliche Regelung erfolgt nicht.

Verwalter von geschlossenen Fonds waren in Deutschland bislang nicht zulas- **24** sungspflichtig. Insofern führt die AIFM-Richtlinie völlig neuartige, aufsichtsrechtliche Rahmenbedingungen ein, auf welche sich die Branche einstellen muss.

E. Bezüge zum KAGB-E

Art. 7 soll im Wesentlichen in § 22 Abs. 1 KAGB-E umgesetzt werden. Weitere **25** Umsetzungen des Art. 7 finden sich in §§ 12 Abs. 5 20 Abs. 1 Satz 1 und 21 Abs. 5 KAGB-E. Der Richtlinientext soll im KAGB-E im Wesentlichen unverändert übernommen werden.

§ 22 Abs. 1 Nr. 1 KAGB-E dient der Klarstellung, dass ein geeigneter Nachweis **26** hinsichtlich der Einhaltung der Kapitalanforderungen gemäß § 25 KAGB-E beim Erlaubnisantrag vorgelegt werden muss, obwohl dies nicht explizit in Art. 7 aufgelistet ist. Denn gemäß Art. 8 Abs. 1 lit. b) handelt es sich bei dieser Angabe um eine Zulassungsvoraussetzung,

§ 22 Abs. 1 Nr. 2 bis 4 KAGB-E konkretisiert die Auskünfte gemäß Art. 7 **27** Abs. 2 lit. b) über die Person, die die Geschäfte des AIFM tatsächlich führen.

Gemäß Art. 7 Abs. 3 lit. c) hat der AIFM die Vertragsbedingungen oder Satzun- **28** gen aller AIF, die er zu verwalten beabsichtigt, der zuständigen Behörde lediglich vorzulegen. § 267 Abs. 1 geht hinsichtlich Publikums-AIF über diese Anforderung hinaus und verlangt, dass die Anlagebedingungen von Publikums-AIF von der BaFin genehmigt werden müssen.[6] Insoweit macht Deutschland von dem in Art. 43 Abs. 1 UAbs, 2 verankerten Recht Gebrauch, für (auch) an Kleinanleger vertriebene AIF strengere Anforderungen aufzustellen bzw. gemäß Erwägungsgrund (10) eine Fondsregulierung vorzusehen.

Artikel 8 Zulassungsvoraussetzungen

AIFM-Richtlinie	KAGB-E
Art. 8 **Zulassungsvoraussetzungen**	**§ 23** **Versagung der Erlaubnis einer Kapitalverwaltungsgesellschaft**
(1) Die zuständigen Behörden des Herkunftsmitgliedstaats des AIFM erteilen keine Zulassung bevor nicht folgende Voraussetzungen erfüllt sind: a) Sie sind davon überzeugt, dass der AIFM zur Einhaltung der in dieser Richtlinie festgelegten Bedingungen in der Lage ist. b) Der AIFM verfügt über ausreichendes Anfangskapital und Eigenmittel gemäß Artikel 9. c) Die Personen, die die Geschäfte der AIFM tatsächlich führen, sind ausreichend zuverlässig und verfügen auch in Bezug auf die Anlagestrategien der vom AIFM verwalteten AIF über ausreichende Erfahrung; die Namen dieser Personen sowie aller ihrer Nachfolger werden den zuständigen Behörden des Herkunftsmitgliedstaats des AIFM unverzüglich mitgeteilt; über die Geschäftsführung des AIFM bestimmen mindestens zwei Personen, die die genannten Bedingungen erfüllen. d) Die Anteilseigner oder Mitglieder des AIFM, die eine qualifizierte Beteiligung an ihm halten, verfügen über die entsprechende Eignung, wobei der Notwendigkeit, die solide und umsichtige Verwaltung des AIFM zu gewährleisten, Rechnung zu tragen ist, und	Einer Kapitalverwaltungsgesellschaft ist die Erlaubnis zu versagen, wenn 1. das Anfangskapital und die zusätzlichen Eigenmittel nach § 25 nicht zur Verfügung stehen, 2. die Kapitalverwaltungsgesellschaft nicht mindestens zwei Geschäftsleiter hat, 3. Tatsachen vorliegen, aus denen sich ergibt, dass die Geschäftsleiter der Kapitalverwaltungsgesellschaft nicht zuverlässig sind oder die zur Leitung erforderliche fachliche Eignung im Sinne von § 25c Absatz 1 des Kreditwesengesetzes nicht haben, 4. Tatsachen die Annahme rechtfertigen, dass der Inhaber einer bedeutenden Beteiligung nicht zuverlässig ist oder aus anderen Gründen nicht den im Interesse einer soliden und umsichtigen Führung der Kapitalverwaltungsgesellschaft zu stellenden Ansprüchen genügt, [...] 7. die Hauptverwaltung oder der satzungsmäßige Sitz der Kapitalverwaltungsgesellschaft sich nicht im Inland befindet, 8. die Kapitalverwaltungsgesellschaft nicht bereit oder in der Lage ist, die erforderlichen organisatorischen Vorkehrungen zum ordnungsgemäßen Betreiben der Ge-

---

[6] Begründung zum Kabinettsentwurf des AIFM-Umsetzungsgesetzes vom 12.12.2012, S. 501.

AIFM-Richtlinie	KAGB-E
e) die Hauptverwaltung und der Sitz des AIFM befinden sich in ein und demselben Mitgliedstaat. Die Zulassung gilt in allen Mitgliedstaaten.	schäfte, für die sie die Erlaubnis beantragt, zu schaffen, und nicht in der Lage ist, die in diesem Gesetz festgelegten Anforderungen einzuhalten,
	9. die Kapitalverwaltungsgesellschaft ausschließlich administrative Tätigkeiten, den Vertrieb von eigenen Investmentanteilen oder Tätigkeiten im Zusammenhang mit den Vermögensgegenständen des AIF erbringt, ohne auch die Portfolioverwaltung und das Risikomanagement zu erbringen,
	10. die Kapitalverwaltungsgesellschaft die Portfolioverwaltung erbringt ohne auch das Risikomanagement zu erbringen; dasselbe gilt im umgekehrten Fall,
	11. andere als die in Nummer 1 bis 10 aufgeführten Voraussetzungen für die Erlaubniserteilung nach diesem Gesetz nicht erfüllt sind.
	§ 24 **Anhörung der zuständigen Stellen eines anderen Mitgliedstaats der Europäischen Union oder eines anderen Vertragsstaats des Abkommens über den Europäischen Wirtschaftsraum; Aussetzung oder Beschränkung der Erlaubnis bei Unternehmen mit Sitz in einem Drittstaat**
(2) Bevor den folgenden AIFM die Zulassung erteilt wird, sind die betreffenden zuständigen Behörden der anderen betroffenen Mitgliedstaaten zu konsultieren: a) eine Tochtergesellschaft eines anderen AIFM, einer „OGAW-Verwaltungsgesellschaft", einer Wertpapierfirma, eines Kreditinstituts oder einer Versicherungsgesellschaft, die/das in einem anderen Mitgliedstaat zugelassen ist, b) ein Tochterunternehmen des Mutterunternehmens eines anderen AIFM, einer OGAW-Verwaltungs-	(1) Soll eine Erlaubnis einer OGAW-Kapitalverwaltungsgesellschaft oder einer AIF-Kapitalverwaltungsgesellschaft erteilt werden, die 1. Tochter- oder Schwesterunternehmen einer anderen EU-Verwaltungsgesellschaft oder einer ausländischen AIF-Verwaltungsgesellschaft, einer Wertpapierfirma im Sinne des Artikels 4 Absatz 1 Nummer 1 der Richtlinie 2004/39/EG, eines Kreditinstituts im Sinne des Artikels 4 Nummer 1 der Verordnung (EU) Nr. .../2013 [CRR-Verordnung] oder eines Versicherungsunterneh-

AIFM-Richtlinie	KAGB-E
gesellschaft, einer Wertpapierfirma, eines Kreditinstituts oder einer Versicherungsgesellschaft, die/das in einem anderen Mitgliedstaat zugelassen ist, und c) eine Gesellschaft, die von denselben natürlichen oder juristischen Personen kontrolliert wird wie die, die einen anderen AIFM, eine OGAW-Verwaltungsgesellschaft, eine Wertpapierfirma, ein Kreditinstitut oder eine Versicherungsgesellschaft, die/das in einem anderen Mitgliedstaat zugelassen ist, kontrollieren.	mens ist, das in einem anderen Mitgliedstaat der Europäischen Union oder einem anderen Vertragsstaat des Abkommens über den Europäischen Wirtschaftsraum zugelassen ist, oder 2. durch dieselben natürlichen oder juristischen Personen kontrolliert wird, die eine in einem anderen Mitgliedstaat der Europäischen Union oder einem anderen Vertragsstaats des Abkommens über den Europäischen Wirtschaftsraum zugelassene EU-Verwaltungsgesellschaft oder eine ausländische AIF-Verwaltungsgesellschaft, eine Wertpapierfirma im Sinne des Artikels 4 Absatz 1 Nummer 1 der Richtlinie 2004/39/EG, ein Kreditinstitut im Sinne des Artikels 4 Nummer 1 der Verordnung (EU) Nr. …/2013 [CRR-Verordnung] oder ein Versicherungsunternehmen kontrollieren, hat die Bundesanstalt vor Erteilung der Erlaubnis die zuständigen Stellen des Herkunftsstaats anzuhören.
	§ 23 **Versagung der Erlaubnis einer** **Kapitalverwaltungsgesellschaft**
(3) Die zuständigen Behörden des Herkunftsmitgliedstaats des AIFM verweigern die Zulassung, wenn die wirksame Wahrnehmung ihrer Aufsichtsfunktionen durch einen der folgenden Umstände verhindert wird: a) enge Verbindungen zwischen dem AIFM und anderen natürlichen oder juristischen Personen; b) die Rechts- und Verwaltungsvorschriften eines Drittlands, denen natürliche oder juristische Personen unterliegen, mit denen der AIFM eng verbunden ist; c) Schwierigkeiten bei der Durchsetzung dieser Rechts- und Verwaltungsvorschriften.	Einer Kapitalverwaltungsgesellschaft ist die Erlaubnis zu versagen, wenn […] 5. enge Verbindungen zwischen der Kapitalverwaltungsgesellschaft und anderen natürlichen oder juristischen Personen bestehen, die die Bundesanstalt bei der ordnungsgemäßen Erfüllung ihrer Aufsichtsfunktionen behindern, 6. enge Verbindungen zwischen der Kapitalverwaltungsgesellschaft und anderen natürlichen oder juristischen Personen bestehen, die den Rechts- und Verwaltungsvorschriften eines Drittstaates unterstehen, deren Anwendung die Bundesanstalt bei der ordnungsgemäßen Erfüllung ihrer Aufsichtsfunktionen behindern, […]

AIFM-Richtlinie	KAGB-E
	§ 20 **Erlaubnis zum Geschäftsbetrieb**
(4) Die zuständigen Behörden des Herkunftsmitgliedstaats des AIFM können den Umfang der Zulassung beschränken, was insbesondere für die Anlagestrategien der AIF, zu deren Verwaltung der AIFM berechtigt ist, gilt.	(1) […] Die Bundesanstalt kann die Erlaubnis auf die Verwaltung bestimmter Arten von inländischen Investmentvermögen beschränken. Die Bundesanstalt kann die Erlaubnis mit Nebenbestimmungen verbinden.
	§ 22 **Erlaubnisantrag für eine AIF-Kapitalverwaltungsgesellschaft und Erlaubniserteilung**
(5) Die zuständigen Behörden des Herkunftsmitgliedstaats des AIFM teilen dem Antragsteller binnen drei Monaten nach Einreichung eines vollständigen Antrags schriftlich mit, ob die Zulassung erteilt ist. Die zuständigen Behörden können diesen Zeitraum um bis zu drei zusätzliche Monate verlängern, wenn sie dies aufgrund der besonderen Umstände des Einzelfalls und nach einer entsprechenden Benachrichtigung des AIFM für notwendig erachten.	(2) Die Bundesanstalt hat über die Erteilung der Erlaubnis innerhalb von drei Monaten nach Einreichung des vollständigen Antrags zu entscheiden. Die Bundesanstalt kann diesen Zeitraum um bis zu drei Monate verlängern, wenn sie dies aufgrund der besonderen Umstände des Einzelfalls für notwendig erachtet. Sie hat den Antragsteller über die Verlängerung der Frist nach Satz 2 zu informieren.
Für die Zwecke dieses Absatzes gilt ein Antrag als vollständig, wenn der AIFM mindestens die in Artikel 7 Absatz 2 Buchstaben a bis d und Artikel 7 Absatz 3 Buchstaben a und b genannten Angaben vorgelegt hat.	(3) Für die Zwecke des Absatzes 2 gilt ein Antrag als vollständig, wenn die AIF-Kapitalverwaltungsgesellschaft mindestens die in Absatz 1 Nummer 1 bis 5, 7, 8, 10 und 11 genannten Angaben und Nachweise eingereicht hat.
AIFM können mit der Verwaltung von AIF mit den gemäß Artikel 7 Absatz 3 Buchstabe a in dem Antrag beschriebenen Anlagestrategien in deren Herkunftsmitgliedstaat beginnen, sobald die Zulassung erteilt ist, frühestens jedoch einen Monat nachdem sie etwaige fehlende, in Artikel 7 Absatz 2 Buchstabe e und Artikel 7 Absatz 3 Buchstaben c, d und e genannte Angaben, nachgereicht haben.	(4) Die AIF-Kapitalverwaltungsgesellschaft kann mit der Verwaltung von AIF unter Verwendung der gemäß Absatz 1 Nummer 10 im Erlaubnisantrag beschriebenen Anlagestrategien beginnen, sobald die Erlaubnis erteilt ist, frühestens jedoch einen Monat nachdem sie etwaige fehlende in Absatz 1 Nummer 6, 9, 12, 13 und 14 genannten Angaben nachgereicht hat.
(6) Um eine kohärente Harmonisierung dieses Artikels zu gewährleisten, kann die ESMA Entwürfe technischer	

AIFM-Richtlinie	KAGB-E
Regulierungsstandards ausarbeiten, um Folgendes festzulegen: a) die auf AIFM nach Absatz 3 anwendbaren Anforderungen, b) die auf in Absatz 1 Buchstabe d genannten Anteilseigner und Mitglieder mit qualifizierten Beteiligungen anwendbaren Anforderungen, c) auf die Umstände, die die zuständige Behörde bei der wirksamen Erfüllung ihrer Aufsichtsaufgaben behindern könnten. Der Kommission wird die Befugnis erteilt, die in Unterabsatz 1 genannten technischen Regulierungsstandards gemäß Artikel 10 bis 14 der Verordnung (EU) Nr. 1095/2010 anzunehmen.	

Literatur: Beckmann/Scholtz/Vollmer, Investment, Berlin; Berger/Steck/Lübbehüsen, Investmentgesetz, München 2010; Boos/Fischer/Schulte-Mattler, Kreditwesengesetz, 3. Auflage München 2008; *Möllers/Harrer/Krüger,* Die Regelung von Hedgefonds und Private Equity durch die neue AIFM-Richtlinie, WM 2011, S. 1537; *Spindler/Tancredi,* Die Richtlinie über Alternative Investmentfonds (AIFM-Richtlinie), WM 2011, S. 1393 und 1441; *Wallach,* Alternative Investment Funds Manager Directive – ein neues Kapitel des europäischen Investmentrechts, RdF 2011, S. 80; *Weiser/Jang,* Die nationale Umsetzung der AIFM-Richtlinie und ihre Auswirkung auf die Fondsbranche in Deutschland, BB 2011, S. 1219; *Weitnauer,* Die AIFM-Richtlinie und ihre Umsetzung, BKR 2011, S. 143.

Übersicht

A. Entstehungsgeschichte

Die Zulassungsvoraussetzungen lehnen sich im Wesentlichen an die OGAW- **1**
Richtlinie an.[1] Entsprechende Regelung finden sich in Art. 7 Abs. 1, 2, 3, Art. 8
Abs. 1 und 3 und Art. 10 Abs. 1 OGAW-RL. Nicht geregelt in der OGAW-
Richtlinie ist hingegen die Möglichkeit der zuständigen Behörde gemäß Art. 8
Abs. 4, den Umfang der Zulassung des AIFM zu beschränken. Zudem besteht
gemäß Art. 7 Abs. 3 OGAW-RL eine sechsmonatige Entscheidungsfrist der
zuständigen Behörde nach Einreichung des vollständigen Zulassungsantrags.
Gemäß der OGAW-Richtlinie besteht grundsätzlich eine Dreimonatsfrist mit
Option auf eine Verlängerung um drei weitere Monate.

Im Vergleich zu Art. 6 des Kommissionsvorschlags wurde die Regelung in der **2**
AIFM-Richtlinie stark erweitert: Zum einen findet sich nunmehr eine Auflistung
der Zulassungsvoraussetzungen. Zum anderen wurden die Verweigerungsgründe
um einen Umstand ergänzt (enge Verbindung zwischen AFM und anderen Personen) und die Konsultationspflicht mit anderen zuständigen Behörden eingeführt.
Ferner hat sich die Entscheidungsfrist der zuständigen Behörde deutlich verlängert
(im Kommissionsentwurf lediglich 2 Monate ohne Verlängerungsoption).

B. Normzweck

Die Norm konkretisiert die materiellen Zulassungsvoraussetzungen. Die Zulas- **3**
sung gilt in allen Mitgliedstaaten.

C. Einzelne Regelungskomplexe

I. Zulassungsvoraussetzungen

1. Überzeugung hinsichtlich der Einhaltung der Regelungen (Art. 8 **4**
Abs. 1 lit. a). Die zuständigen Behörden des Herkunftsmitgliedstaats des AIFM
müssen davon überzeugt sein, dass der AIFM zur Einhaltung der in der AIFM-
Richtlinie festgelegten Bedingungen in der Lage ist. Eine konkrete Auslegungshilfe zur Bildung dieser Überzeugung liefert die AIFM-Richtlinie nicht. Allerdings wird bereits aus dem Wortlaut des Art. 8 Abs. 1 lit. a) klar („Sie sind davon
überzeugt"), dass die zuständige Behörde eine materielle Prüfung der Zulassungsvoraussetzungen vornehmen muss. Auch der Kommissionsvorschlag gibt einen
Hinweis auf die materielle Prüfung der zuständigen Behörde, da die „AIFM
die zuständige Behörde von der Solidität seiner internen Organisation [wird]
überzeugen müssen, worunter das Risikomanagement, insbesondere die Steuerung der mit Leerverkäufen verbundenen Liquiditäts- und zusätzlichen operationellen und Gegenparteiausfallrisiken, die Steuerung und Offenlegung von Interes-

---

[1] *Wallach* RdF 2011, 80, 81.

senkonflikten, die Bewertung des Anlagevermögens zum Marktwert und die Sicherheit von Depot/Verwahrung fallen"[2]. Bei Art. 8 Abs. 1 lit. a) handelt es sich um eine Generalklausel, die der zuständigen Behörde ein umfassendes Prüfungsrecht formeller und materieller Art hinsichtlich der zuzulassenden AIFM gibt[3].

5   **2. Ausreichendes Anfangskapital und Eigenmittel (Art. 8 Abs. 1 lit. b).**
Der AIFM muss über das entsprechende **Anfangskapital** und die entsprechenden **Eigenmittel** gemäß Art. 9 verfügen. Als Anfangskapital definiert Art. 9 Abs. 1 EUR 300.000 für interne AIFM[4] und Art. 9 Abs. 2 EUR 125.000 für externe AIFM zuzüglich zusätzlicher Eigenmittel für AIFM, die insgesamt ein Portfolio verwalten, das einen Wert von EUR 250 Mio. übersteigt (Art. 9 Abs. 3)[5]. Des Weiteren muss der AIFM gemäß Art. 9 Abs. 7 über eine Berufshaftpflichtversicherung verfügen oder über zusätzliche Eigenmittel verfügen, um potenzielle Haftungsrisiken aus beruflicher Fahrlässigkeit angemessen abzudecken[6]. Diese Eigenmittel sind in bar/liquiden Mitteln vorzuhalten.

6   **3. Zuverlässigkeit und Erfahrung der mindestens zwei Geschäftsleiter (Art. 8 Abs. 1 lit. c).** Der AIFM muss mindestens zwei Personen zur tatsächlichen Führung seiner Geschäfte bestimmen („**Vier-Augen-Prinzip**"), die ausreichend zuverlässig sind und bezüglich der Anlagestrategien der vom AIFM verwalteten AIF über ausreichende Erfahrung verfügen.

7   **a) Zuverlässigkeit.** Die Beurteilung der Zuverlässigkeit der Geschäftsleiter ist mittels einer Prognose über deren Zukunftsverhalten vorzunehmen. Die Prognoseentscheidung basiert auf in der Vergangenheit liegenden und für die Beurteilung relevante Tatsachen. Die persönliche Zuverlässigkeit der Geschäftsleiter muss nicht positiv nachgewiesen werden, sondern wird unterstellt, sofern keine Tatsachen vorliegen, aus denen sich eine Unzuverlässigkeit der Geschäftsleiter ergibt[7]. Eine Person ist unzuverlässig, wenn sie ihrer gesamten Persönlichkeit nach nicht Gewähr dafür bietet, dass sie die ihr übertragenen Tätigkeiten in Zukunft ordnungsgemäß ausüben wird[8]. Nach der bisherigen Verwaltungspraxis müssen die Tatsachen, aus denen sich die Unzuverlässigkeit ergeben soll, in einem Zusammenhang mit der auszuübenden Tätigkeit stehen. Danach wurde bisher die Unzuverlässigkeit einer Person aus kriminellen Handlungen, insbesondere bei Vermögensdelikten, schwerwiegenden oder häufigen Verstößen gegen Ordnungsvorschriften des InvG oder des KWG, bei krankhaften Störungen, Alkoholismus oder bei mangelnder Sorgfalt in der Führung von Geschäften angenommen.

8   **b) Erfahrung.** Bisher gibt es keinen Leitfaden der ESMA zu der Auslegung dieses Begriffs. Nach der bisherigen deutschen investmentrechtlichen Praxis müssen die Geschäftsleiter in ausreichendem Maß über theoretische und praktische

---

[2] Vorschlag der Europäischen Kommission für eine Richtlinie über die Verwalter alternativer Investmentfonds (KOM(2009) 207) vom 30.4.2009, S. 9.

[3] So auch *Spindler/Tancredi* WM 2011, 1393, 1399; vgl. auch *Möllers/Harrer/Krüger* WM 2011, 1537, 15, 1539.

[4] Vgl. zur Definition des internen AIFM die Kommentierung in Art. 5.

[5] Vgl. zur Definition des externen AIFM die Kommentierung in Art. 5.

[6] Vgl. hierzu die Kommentierung in Art. 9 Rn. 18 ff.

[7] *Steck/Gringel* in Berger/Steck/Lübbehüsen, InvG, § 7b Rn. 12; vgl. auch *Fischer* in Boos/Fischer/Schulte-Mattler, KWG, § 33 Rn. 33.

[8] BVerwG 68, 1; *Steck/Gringel* in Berger/Steck/Lübbehüsen, InvG, § 7b Rn. 12.

Kenntnisse in den betreffenden Geschäften und über Leitungserfahrung verfügen. Danach müssten sich die Kenntnisse sowohl auf das Investmentgeschäft als auch auf die einzelnen Arten der von dem AIFM verwalteten Vermögen beziehen. Nach der bisherigen investmentrechtlichen Praxis musste ein Geschäftsleiter darüber hinaus auch Erfahrungen in den sogenannten Nebentätigkeiten aufweisen, soweit diese auch von dem AIFM erbracht werden. Das Erfordernis der Leitungserfahrung setzt voraus, dass die Person bereits eine Tätigkeit mit ausreichendem Maß an Eigenverantwortung und Entscheidungskompetenz ausgeübt hat[9]. Hierzu wird vertreten, dass die Leitungserfahrung auch außerhalb des Investmentbereiches erworben worden sein kann[10]. Nach der KWG-rechtlichen und der investmentrechtlichen Praxis wird eine fachliche Eignung und ausreichende Erfahrung vermutet, wenn eine dreijährige leitende Tätigkeit bei einem entsprechenden Unternehmen vergleichbarer Größe und Geschäftsart gegeben ist[11].

4. Eignung der Inhaber qualifizierter Beteiligung (Art. 8 Abs. 1 lit. d). 9
Die Zulassung des AIFM setzt voraus, dass die Inhaber einer qualifizierten Beteiligung an dem AIFM über die entsprechende Eignung verfügen. Inhaber einer qualifizierten Beteiligung sind gemäß Art. 4 Abs. 1 lit. ah) solche, die direkt oder indirekt mindestens 10% des Kapitals und der Stimmrechte eines AIFM unter Berücksichtigung der Art. 9, 10 und 12 Abs. 4 und 5 der Wertpapierinfo-Transparenzrichtlinie 2004/109/EG halten oder die Möglichkeit zur Ausübung eines maßgeblichen Einflusses auf die Geschäftsführung des AIFM besitzt.

Eine vergleichbare Regelung findet sich in Art. 8 Abs. 1 OGAW-RL. Diese 10 soll vornehmlich die Ausübung eines schädigenden Einflusses der Gesellschafter auf den OGAW vermeiden, so dass dieser nicht zu Zwecken der organisierten Kriminalität oder zur Geldwäsche missbraucht wird[12]. Ferner wird der aus dem im Banken- und Versicherungsaufsichtsrecht verfolgte Ansatz verfolgt, gegebenenfalls auch Inhaber einer qualifizierten Beteiligung in die Pflicht zu nehmen.[13]

Nach einigen Stimmen in der Literatur beurteilt sich die entsprechende Eig- 11 nung des Inhabers der qualifizierten Beteiligung für die Gewährleistung der soliden und umsichtigen Verwaltung des AIFM aufgrund seiner Einflussmöglichkeit auf die Geschäftsleiter des AIFM nach den gleichen Maßstäben wie die Zuverlässigkeit der Geschäftsleiter des AIFM[14]. Dies ist abzulehnen. Nicht der Inhaber führt die Geschäfte, sondern die Geschäftsleitung. Auch wenn hier der bei Geschäftsleitern anzuwendende Maßstab zur Beurteilung der Qualifikation der Inhaber qualifizierter Beteiligungen sinnvoll ist, kann diese nicht so weit gehen wie bei der Geschäftsleitung selbst.

Gemäß Art. 8 Abs. 6 lit. b) kann die ESMA Entwürfe technischer Regulie- 12 rungsstandards ausarbeiten, um die auf Anteilseigner und Mitglieder mit qualifizierten Beteiligungen anwendbaren Anforderungen festzulegen.

5. Hauptverwaltung und Sitz des AIFM (Art. 8 Abs. 1 lit. e). Die Haupt- 13 verwaltung und der Sitz des AIFM müssen sich aufgrund des Prinzips der Einheit des Sitz- und Hauptverwaltungsstaats in ein und demselben Mitgliedstaat befinden.

---

[9] Vgl. *Fischer* in Boos/Fischer/Schulte-Mattler, KWG, § 33 Rn. 54.

[10] Vgl. *Steck/Gringel* in Berger/Steck/Lübbehüsen, InvG, § 7b Rn. 15.

[11] Vgl. *Steck/Gringel* in Berger/Steck/Lübbehüsen, InvG, § 7b Rn. 16.

[12] *Steck/Gringel* in Berger/Steck/Lübbehüsen, InvG, § 7b Rn. 16 m. w. N.

[13] *Spindler/Tancredi* WM 2011, 1393, 1401.

[14] Vgl. *Steck/Gringel* in Berger/Steck/Lübbehüsen, InvG, § 7b Rn. 18; *Beckmann* in Beckmann/Scholtz/Vollmer, Investment, 9/09, § 7b Rn. 60.

Der Sitz des AIFM ergibt sich gemäß Art. 4 Abs. 1 lit. j) Nr. i) aus seiner Satzung. Der Ort der Hauptverwaltung richtet sich hingegen nach dem Ort der tatsächlichen Geschäftstätigkeit[15].

II. Entscheidung über Zulassungsantrag bei bestimmten AIFM

14   **1. Konsultation anderer zuständiger Behörden (Art. 8 Abs. 2).** Bei der Erteilung der Zulassung bei bestimmten AIFM müssen die betreffenden zuständigen Behörden der anderen betroffenen Mitgliedstaaten konsultiert werden.

15   Diese Bestimmung normiert die Zulassung von AIFM mit einem Auslandsbezug, d.h. wenn kein rein nationaler Sachverhalt vorliegt, sondern es sich bei AIFM und/oder AIF um einen solchen handelt, der in einem anderen Mitgliedstaat oder in einem Drittstaat zugelassen oder registriert ist. Sie lehnt sich an die Regelung des Art. 8 Abs. 3 OGAW-RL an. Die Anhörungspflicht entsteht danach nur, wenn im Übrigen die Voraussetzungen der Zulassung vorliegen. Durch die Anhörungspflicht erhält die nationale Aufsichtsbehörde weitergehende Erkenntnisse über die Personen und Unternehmen, die einen beherrschenden Einfluss auf den zuzulassenden AIFM ausüben werden. Insbesondere kann sie so möglicherweise relevante Informationen im Hinblick auf die Versagungsgründe (s. unten) erlangen[16].

16   **a) Tochtergesellschaft eines anderen AIFM, einer OGAW-Verwaltungsgesellschaft, einer Wertpapierfirma, eines Kreditinstituts oder einer Versicherungsgesellschaft (Art. 8 Abs. 2 lit. a)).** Handelt es sich bei dem zuzulassenden AIFM um eine Tochtergesellschaft eines anderen AIFM, einer OGAW-Verwaltungsgesellschaft, einer Wertpapierfirma, eines Kreditinstituts oder einer Versicherungsgesellschaft, die/das in einem anderen Mitgliedstaat zugelassen ist, ist die betreffende zuständige Behörde vor Erteilung der Zulassung zu konsultieren.

17   Der Begriff der Tochtergesellschaft ist in der AIFM-Richtlinie nicht definiert. Es ist zu beachten, dass in der englischen Fassung der AIFM-Richtlinie nicht zwischen Tochtergesellschaft gemäß Art. 8 Abs. 2 lit. a) und Tochterunternehmen gemäß Art. 8 Abs. 2 lit. b) unterschieden wird, sondern einheitlich von der „subsidiary" die Rede ist. Insofern müssen die beiden Begriffe als Synonyme verstanden werden. Der Begriff Tochterunternehmen ist europarechtlich definiert: So nimmt etwa Art. 4 Nr. 13 der Banken-Richtlinie 2006/48/EG oder auch Art. 4 Nr. 29 MiFID auf den Begriff „Tochterunternehmen" Bezug. Jeweils wird zur Definition auf die Art. 1 und 2 der Richtlinie 83/349/EWG verwiesen. Dort befindet sich eine ausführliche Definition dieses Begriffs, die inhaltlich weitgehend der Regelung in § 290 HGB entspricht Dies entspricht auch der bisherigen KWG und investmentrechtlichen Praxis, bei der auf die Definition des § 290 Abs. 1 HGB zurückgegriffen wird.

19   Der KWG-rechtliche Begriff geht unter Umständen etwas weiter: Danach besteht ein Tochterunternehmen im Sinne des § 1 Abs. 7 Satz 1 KWG generell, wenn auf das Unternehmen ein beherrschender Einfluss ausgeübt werden kann. Auf die Rechtsform und den Sitz soll es dabei nicht ankommen. Die Ausübung des beherrschenden Einflusses setzt keine vertragliche oder gesellschaftsrechtliche

---

[15] *Beckmann* in Beckmann/Scholtz/Vollmer, Investment, 9/09, § 7b Rn. 78.
[16] Vgl. *Steck/Gringel* in Berger/Steck/Lübbehüsen, InvG, § 8 Rn. 9.

Beziehung zwischen den beiden Unternehmen voraus. Ausreichend ist danach alleine die Möglichkeit der Ausübung des beherrschenden Einflusses[17].

b) Tochterunternehmen des Mutterunternehmens eines anderen AIFM, 20 **einer OGAW-Verwaltungsgesellschaft einer Wertpapierfirma, eines Kreditinstituts oder einer Versicherungsgesellschaft (Art. 8 Abs. 2 lit. b)).** Ist der zuzulassende AIFM ein Schwesterunternehmen eines anderen AIFM, einer OGAW-Verwaltungsgesellschaft, einer Wertpapierfirma, eines Kreditinstituts oder einer Versicherungsgesellschaft, die/das in einem anderen Mitgliedstaat zugelassen ist, bedeutet dies, dass sie alle das gleiche Mutterunternehmen haben.

c) Kontrolle durch natürliche oder juristische Personen (Art. 8 Abs. 2 21 **lit. c)).** Gleiches gilt, wenn der zuzulassende AIFM von denselben natürlichen oder juristischen Personen kontrolliert wird, die auch einen anderen AIFM, eine OGAW-Verwaltungsgesellschaft, eine Wertpapierfirma, ein Kreditinstitut oder eine Versicherungsgesellschaft, die in einem anderen Mitgliedstaat zugelassen ist, kontrollieren. Der Begriff der Kontrolle ist hier ebenfalls nicht definiert. Aufgrund des Gleichlaufs mit § 33b Satz 1 Nr. 2 KWG, der auf Art. 7 der Zweiten Bankrechtskoordinierungs-Richtlinie 89/646/EWG zurückgeht, wird im Investmentrecht auf die Definition des KWG zurückgegriffen. Danach fungiert diese Bestimmung als Auffangtatbestand und erfasst alle nicht bereits durch § 33b Satz 1 Nr. 1 KWG erfassten Abhängigkeitsverhältnisse, insbesondere Fälle der Kontrolle durch eine natürliche Person. Insofern könnte Art. 8 Abs. 2 lit. c) den Auffangtatbestand für alle nicht bereits durch Art. 8 Abs. 2 lit. a) und b) abgedeckten Fälle bilden.

2. Verweigerung der Zulassung aufgrund Verhinderung der Aufsichts- 22 **funktionen (Art. 8 Abs. 3).** Die zuständigen Behörden des Herkunftsmitgliedstaats des AIFM verweigern die Zulassung, wenn die wirksame Wahrnehmung ihrer Aufsichtsfunktionen behindert wird durch:
– enge Verbindungen zwischen dem AIFM und anderen natürlichen oder juristischen Personen;
– die Rechts- und Verwaltungsvorschriften eines Drittlands, denen natürliche oder juristische Personen unterliegen, mit denen der AIFM eng verbunden ist;
– Schwierigkeiten bei der Durchsetzung dieser Rechts- und Verwaltungsvorschriften.

Gemäß Art. 8 Abs. 6 lit. a) kann die ESMA Entwürfe technischer Regulierungs- 23 standards ausarbeiten, um die auf AIFM gemäß diesem Absatz anwendbaren Anforderungen festzulegen.

III. Beschränkung des Umfangs der Zulassung (Art. 8 Abs. 4)

Gemäß Art. 8 Abs. 4 können die zuständigen Behörden des Herkunftsmitglied- 24 staats des AIFM den Umfang der Zulassung beschränken, was insbesondere für die Anlagestrategien der von ihm verwalteten AIF gilt. Die Beschränkung der Anlagestrategie wird insbesondere dann vorgenommen werden, wenn die zuständigen Behörden der Ansicht sind, dass die Geschäftsleiter der AIFM lediglich in Bezug auf bestimmte Anlagestrategien über ausreichende Erfahrung verfügen.

---

[17] *Steck/Gringel* in Berger/Steck/Lübbehüsen, InvG, § 8 Rn. 5.

IV. Mitteilungsfrist (Art. 8 Abs. 5)

25   Die zuständige Behörde des Herkunftsmitgliedstaats des AIFM hat grundsätzlich innerhalb von drei Monaten nach Einreichung eines vollständigen Antrags schriftlich mitzuteilen, ob die Zulassung erteilt wird. Es besteht die Möglichkeit der einseitigen Verlängerung der Mitteilungsfrist durch die zuständige Behörde um bis zu drei Monate, wenn die zuständige Behörde dies aufgrund der besonderen Umstände des Einzelfalls und nach einer entsprechenden Benachrichtigung des AIFM für notwendig erachtet.

26   Für Zwecke des Beginns der Mitteilungsfrist ist die Vollständigkeit des Antrags bereits gegeben, wenn der AIFM mindestens die in Art. 7 Abs. 2 lit. a) bis d) und Art. 7 Abs. 3 lit. a) und b) genannten Angaben vorgelegt hat. Die Verwaltungstätigkeit kann der AIFM allerdings erst aufnehmen, wenn die vollständigen Angaben gemäß Art. 7 Abs. 2 und 3 vorgelegt wurden. Soweit der AIFM die restlichen Angaben gemäß Art. 7 Abs. 2 lit. e) und Art. 7 Abs. 3 lit. c) bis e) nachreichen muss, kann der AIFM die Verwaltung frühestens einen Monat nach der Nachreichung der fehlenden Angaben aufnehmen (vgl. zum Fundraising Prozess die Kommentierung zu Art. 7 Rn. 17).

V. Regulierungsstandards der ESMA (Art. 8 Abs. 6)

27   Die ESMA kann zur Gewährleistung einer kohärenten Harmonisierung des Art. 8 Entwürfe technischer Regulierungsstandards ausarbeiten, um (i) die auf AIFM nach Art. 8 Abs. 3 anwendbaren Anforderungen, (ii) die auf in Art. 8 Abs. 1 lit. d) genannten Anteilseigner und Mitglieder mit qualifizierten Beteiligungen anwendbaren Anforderungen sowie (iii) auf die Umstände, die die zuständige Behörde bei der wirksamen Erfüllung ihrer Aufsichtsaufgaben behindern könnten, festzulegen. Die Kommission darf diese technischen Regulierungsstandards gemäß Art. 10 bis 14 der Verordnung (EU) Nr. 1095/2010 annehmen.

28   Die Entwürfe technischer Regulierungsstandards durch ESMA stehen derzeit noch aus.

D. Änderungen gegenüber der bisherigen Rechtslage in Deutschland für den AIFM

29   Die Zulassungsvoraussetzungen für AIFM und Kapitalanlagegesellschaften sind vergleichbar, jedoch sind auch Unterschiede vorhanden[18]. Entsprechende Regelungen finden sich in § 7b InvG. Der augenscheinlichste Unterschied ist jedoch, dass gemäß § 7a Abs. 2 InvG die BaFin innerhalb von 6 Monaten nach Einreichung des vollständigen Antrags ihrer Mitteilungspflicht nachkommen muss.

30   Große Änderungen ergeben sich für bislang regulierte offene Investmentfonds nicht.

31   Für geschlossene Fonds bringen die Zulassungsvoraussetzungen gemäß Art. 8 AIFM-RL große Veränderungen mit sich, da geschlossene Fonds und der Vertriebsprozess bislang in Deutschland nicht reguliert waren und daher auch keine aufsichtsrechtlichen Zulassungsvoraussetzungen erfüllen mussten (es sei denn, sie wurden öffentlich platziert).

---

[18] *Spindler/Tancredi* WM 2011, 1393, 1399; *Weiser/Jang* BB 2011, 1219, 1221; *Weitnauer* BKR 2011, 143, 146.

E. Bezüge zum KAGB-E

Art. 8 soll im Wesentlichen in § 23 KAGB-E umgesetzt werden. Weitere **32** Umsetzungen des Art. 8 finden sich in §§ 24 Abs. 1, 20 Abs. 1 Satz 2 und 3 sowie § 22 Abs. 2 bis 4 KAGB-E. Der Richtlinientext soll im KAGB-E im Wesentlichen unverändert übernommen werden.

§ 23 Nr. 9 und 10 KAGB-E dienen der Klarstellung und beruhen auf Art. 6 **33** Abs. 5 lit. c) und d), wonach AIFM nicht zugelassen werden dürfen, wenn sie nur bestimmte Tätigkeiten ausüben. § 23 Nr. 11 KAGB-E dient der Klarstellung, dass ein AIFM auch dann nicht zugelassen werden soll, wennandere als die in Nr. 1 bis 10 aufgeführten Voraussetzungen für die Erlaubniserteilung nicht erfüllt sind.

Artikel 9 Anfangskapital und Eigenmittel

AIFM–Richtlinie	KAGB-E
Artikel 9 **Anfangskapital und Eigenmittel**	**§ 25** **Kapitalanforderungen**
(1) Die Mitgliedstaaten schreiben vor, dass ein AIFM, der ein intern verwalteter AIF ist, über ein Anfangskapital von mindestens 300 000 EUR verfügt.	(1) Eine Kapitalverwaltungsgesellschaft muss 1. mit einem Anfangskapital von a) mindestens 300 000 Euro ausgestattet sein, sofern es sich um eine interne Kapitalverwaltungsgesellschaft handelt,
(2) Ein AIFM, der zum externen Verwalter von AIF bestellt wird, verfügt über ein Anfangskapital von mindestens 125 000 EUR.	b) mit einem Anfangskapital von mindestens 125 000 Euro ausgestattet sein, sofern es sich um eine externe Kapitalverwaltungsgesellschaft handelt,
(3) Übersteigt der Wert der von dem AIFM verwalteten AIF-Portfolios 250 Mio. EUR, bringt der AIFM zusätzliche Eigenmittel ein; diese zusätzlichen Eigenmittel entsprechen 0,02% des Betrags, um den der Wert der Portfolios des AIFM 250 Mio. EUR übersteigt; die erforderliche Gesamtsumme aus Anfangskapital und zusätzlichem Betrag übersteigt jedoch nicht 10 Mio. EUR.	2. über zusätzliche Eigenmittel in Höhe von wenigstens 0,02 Prozent des Betrages, um den der Wert der verwalteten Investmentvermögen 250 Millionen Euro übersteigt, verfügen wenn der Wert der von der AIF-Kapitalverwaltungsgesellschaft oder von der externen OGAW-Kapitalverwaltungsgesellschaft verwalteten Investmentvermögen 250 Millionen Euro überschreitet; die geforderte Gesamtsumme des Anfangskapitals und der zusätzlichen Eigenmittel darf jedoch 10 Millionen Euro nicht überschreiten.
(4) Für die Zwecke des Absatzes 3 gelten die vom AIFM verwalteten AIF, einschließlich AIF, für die der AIFM	(3) Für die Zwecke des Absatzes 1 gelten die von der Kapitalverwaltungsgesellschaft verwalteten Investment-

AIFM-Richtlinie	KAGB-E
gemäß Artikel 20 Funktionen an Dritte übertragen hat, jedoch mit Ausnahme von AIF-Portfolios, die der AIFM im Auftrag Dritter verwaltet, als die Portfolios des AIFM.	vermögen, einschließlich der Investmentvermögen, mit deren Verwaltung sie Dritte beauftragt hat, als Investmentvermögen der Kapitalverwaltungsgesellschaft; Investmentvermögen, die die externe Kapitalverwaltungsgesellschaft im Auftrag Dritter verwaltet, werden nicht berücksichtigt. [...]
(5) Ungeachtet des Absatzes 3 verfügen AIFM stets über Eigenmittel in Höhe von mindestens dem in Artikel 21 der Richtlinie 2006/49/EG geforderten Betrag.	(4) Unabhängig von der Eigenmittelanforderung in Absatz 1 müssen die AIF-Kapitalverwaltungsgesellschaft und die externe OGAW-Kapitalverwaltungsgesellschaft zu jeder Zeit Eigenmittel aufweisen, die mindestens einem Viertel ihrer Kosten entsprechen, die in der Gewinn- und Verlustrechnung des letzten Jahresabschlusses unter den allgemeinen Verwaltungsaufwendungen sowie den Abschreibungen und Wertberichtigungen auf immaterielle Anlagewerte und Sachanlagen ausgewiesen sind. Liegt für das erste abgelaufene Geschäftsjahr noch kein Jahresabschluss vor, sind die Aufwendungen auszuweisen, die im Geschäftsplan für das laufende Jahr für die entsprechenden Posten vorgesehen sind. Die Bundesanstalt kann 1. die Anforderungen nach den Sätzen 1 und 2 heraufsetzen, wenn dies durch eine Ausweitung der Geschäftstätigkeit der AIF-Kapitalverwaltungsgesellschaft oder der externen OGAW- Kapitalverwaltungsgesellschaft angezeigt ist oder 2. die bei der Berechnung der Relation nach den Sätzen 1 und 2 anzusetzenden Kosten für das laufende Geschäftsjahr auf Antrag der Kapitalverwaltungsgesellschaft herabsetzen, wenn dies durch eine gegenüber dem Vorjahr nachweislich erhebliche Reduzierung der Geschäftstätigkeit der AIF-Kapitalverwaltungsgesellschaft oder der externen OGAW-Kapitalverwaltungsgesellschaft im laufenden Geschäftsjahr angezeigt ist.

AIFM-Richtlinie	KAGB-E
	AIF-Kapitalverwaltungsgesellschaften und externe OGAW-Kapitalverwaltungsgesellschaften haben der Bundesanstalt die Angaben und Nachweise zu übermitteln, die für die Überprüfung der Relation und der Erfüllung der Anforderungen nach den Sätzen 1 und 3 erforderlich sind. (5) Werden Altersvorsorgeverträge nach § 20 Absatz 2 Nummer 6 oder § 20 Absatz 3 Nummer 8 abgeschlossen oder Mindestzahlungszusagen nach § 20 Absatz 2 Nummer 7 abgegeben, müssen externe Kapitalverwaltungsgesellschaften im Interesse der Erfüllung ihrer Verpflichtungen gegenüber Anlegern und Aktionären, insbesondere im Interesse der Sicherheit der ihnen anvertrauten Vermögenswerte, über angemessene Eigenmittel verfügen.
(6) Die Mitgliedstaaten können von der Bereitstellung von bis zu 50% der in Absatz 3 genannten zusätzlichen Eigenmittel durch AIFM absehen, wenn diese über eine Garantie in derselben Höhe verfügen, die von einem Kreditinstitut oder einem Versicherungsunternehmen gestellt wird, das seinen Sitz in einem Mitgliedstaat hat, oder in einem Drittland, sofern es dort Aufsichtsbestimmungen unterliegt, die nach Auffassung der zuständigen Behörden mit dem Unionsrecht gleichwertig sind.	(2) Eine AIF-Kapitalverwaltungsgesellschaft oder eine externe OGAW-Kapitalverwaltungsgesellschaft braucht die Anforderung, zusätzliche Eigenmittel nach Absatz 1 Satz 1 Nummer 2 in Höhe von bis zu 50 Prozent aufzubringen, nicht zu erfüllen, wenn sie über eine Garantie in derselben Höhe verfügt, die von einem der folgenden Institute oder Unternehmen gestellt wird: 1. Kreditinstitut im Sinne des Artikels 4 Nummer 1 der Verordnung (EU) Nr. .../2013 [CRR-Verordnung] oder Versicherungsunternehmen, die ihren Sitz in einem Mitgliedstaat der Europäischen Union oder in einem anderen Vertragsstaat des Abkommens über den Europäischen Wirtschaftsraum haben, oder 2. Kreditinstitut oder Versicherungsunternehmen mit Sitz in einem Drittstaat, wenn diese Aufsichtsbestimmungen unterliegen, die nach Auffassung der Bundesanstalt denen des Unionsrechts gleichwertig sind.
(7) Um die potenziellen Berufshaftungsrisiken aus den Geschäftstätigkei-	(6) Um die potenziellen Berufshaftungsrisiken aus den Geschäftstätigkei-

AIFM-Richtlinie	KAGB-E
ten, denen die AIFM nach dieser Richtlinie nachgehen können, abzudecken, verfügen sowohl intern verwaltete AIF als auch externe AIFM über a) zusätzliche Eigenmittel, um potenzielle Haftungsrisiken aus beruflicher Fahrlässigkeit angemessen abzudecken, oder b) eine Berufshaftpflichtversicherung für die sich aus beruflicher Fahrlässigkeit ergebenden Haftung, die den abgedeckten Risiken entspricht.	ten, denen die AIF-Kapitalverwaltungsgesellschaften nach der Richtlinie 2011/61/EU nachgehen können, abzudecken, müssen AIF-Kapitalverwaltungsgesellschaften über 1. zusätzliche Eigenmittel, um potenzielle Haftungsrisiken aus beruflicher Fahrlässigkeit angemessen abzudecken, oder 2. eine bezüglich der abgedeckten Risiken geeignete Versicherung für die sich aus beruflicher Fahrlässigkeit ergebende Haftung verfügen.
(8) Eigenmittel, einschließlich der zusätzlichen Eigenmittel gemäß Absatz 7 Buchstabe a, werden in flüssige Vermögenswerte oder Vermögenswerte investiert, die kurzfristig unmittelbar in Bargeld umgewandelt werden können und keine spekulativen Positionen enthalten.	(7) Eigenmittel, einschließlich der zusätzlichen Eigenmittel gemäß Absatz 6 Nummer 1, sind entweder in liquiden Mitteln zu halten oder in Vermögensgegenstände zu investieren, die kurzfristig unmittelbar in Bankguthaben umgewandelt werden können und keine spekulativen Positionen enthalten.
(9) Die Kommission erlässt gemäß Artikel 56 und nach Maßgabe der Bedingungen der Artikel 57 und 58 delegierte Rechtsakte, mit denen in Bezug auf Absatz 7 dieses Artikels Folgendes festgelegt wird: a) die Risiken, die durch die zusätzlichen Eigenmittel oder die Berufshaftpflichtversicherung gedeckt werden müssen, b) die Voraussetzungen für die Bestimmung der Angemessenheit der zusätzlichen Eigenmittel oder der Deckung durch die Berufshaftpflichtversicherung und c) die Vorgehensweise bei der Bestimmung fortlaufender Anpassungen der Eigenmittel oder der Deckung durch die Berufshaftpflichtversicherung.	(8) Für AIF-Kapitalverwaltungsgesellschaften bestimmen sich die Kriterien zu den Risiken, die durch die zusätzlichen Eigenmittel oder die Berufshaftpflichtversicherung gedeckt werden müssen, die Voraussetzungen für die Bestimmung der Angemessenheit der zusätzlichen Eigenmittel oder der Deckung durch die Berufshaftpflichtversicherung und die Vorgehensweise bei der Bestimmung fortlaufender Anpassungen der Eigenmittel oder der Deckung nach Artikel 12 bis 15 der Verordnung (EU) Nr. .../2013 [Level 2-Verordnung gemäß Artikel 9 Absatz 9 der Richtlinie 2011/61/EU].
(10) Mit Ausnahme der Absätze 7 und 8 und der nach Absatz 9 erlassenen delegierten Rechtsakte gilt dieser Artikel nicht für AIFM, die zugleich auch OGAW-Verwaltungsgesellschaften sind.	(3) [...] Für die Zwecke des Absatzes 1 und 4 gelten für eine externe AIF-Kapitalverwaltungsgesellschaft, die ebenfalls eine externe OGAW-Kapitalverwaltungsgesellschaft ist, ausschließlich die Vorschriften für die externe OGAW-Kapitalverwaltungsgesellschaft.

Literatur: Beckmann/Scholtz/Vollmer, Investment, Berlin; Berger/Steck/Lübbehüsen, Investmentgesetz, München 2010; Boos/Fischer/Schulte-Mattler, Kreditwesengesetz, 3. Auflage München 2008; *Engert,* Kapitalanlagegesellschaften sind keine Banken: Die Ausgliederung der kollektiven Vermögensverwaltung aus dem Kreditgesetz, Der Konzern 2007, S. 477; Schwennicke/Auerbach, Kreditwesengesetz, München 2009.

Übersicht

A. Entstehungsgeschichte

Eine entsprechende Regelung findet sich in Art. 7 Abs. 1 OGAW -RL für **1** OGAW-Verwaltungsgesellschaften (und Art. 29 Abs. 1 OGAW- RL für Investmentgesellschaften), die entsprechendes Anfangskapital vorsieht und für eine Mindestkapitalausstattung auf Art. 21 der Kapitaladäquanz-Richtlinie 2006/49/EG verweist. Allerdings geht die AIFM-Richtlinie über die Anforderungen der OGAW-Richtlinie hinaus: So verlangt die OGAW-Richtlinie keine zusätzlichen Eigenmittel bzw. den Abschluss einer Berufshaftpflichtversicherung zur Abdeckung potenzieller Berufshaftungsrisiken wie sie in Art. 9 Abs. 5 vorgesehen sind. Diese auf Forderung des Europaparlaments aufgenommene Regelung soll bewirken, dass der AIFM finanziell in die Lage versetzt wird, im Falle von Pflichtverletzungen Schadenersatzansprüche seiner Anleger zu erfüllen. Das Anfangskapital ist hierfür regelmäßig zu gering. Im Hinblick auf die hier geforderten zusätzlichen Eigenmittel als Alternative zur Berufshaftpflicht stellt ESMA in seinem Anschlussbericht zum Teil auch auf die komplexe Risikobemessungsmethode der Kapitaladäquanz-Richtlinie 2006/48/EG ab, was in der Level II-Verordnung aufgegriffen wird. Dieser Ansatz ist umstritten: so geht der Richtliniengeber in Art. 9 Abs. 7 nicht nur über die Eigenkapitalregelungen der OGAW-Richtlinie und für Finanzportfolioverwalter, die nicht das Recht haben, sich Besitz oder Eigentum an Gelder oder Wertpapieren zu verschaffen, hinaus. Darüber hinaus wendet er die für Kreditinstitute geltenden Maßstäbe der Kapitaladäquanz-Richtlinie 2006/48/EG an, von denen Art. 21 der Kapitaladäquanz-Richtlinie 2006/48/EG (Art. 9 Abs. 5 AIFM-RL) gerade ausnehmen will. Der Kommissionsvorschlag sah ursprünglich keine zusätzlichen Eigenmittel bzw. Berufshaftpflichtversicherung zur (weiteren) Abdeckung potenzieller Berufshaftungsrisiken vor.

2   Die Bezugnahme auf Art. 21 der Kapitaladäquanz-Richtlinie 2006/48/EG in Art. 9 Abs. 5 wird voraussichtlich anzupassen sein, da diese durch CRD IV und die entsprechende EU-Verordnung (Capital Requirements Regulation „CRR") vom 20. Juli 2011 ersetzt werden wird. Danach wäre die Bezugnahme auf Art. 21 der Kapitaladäquanz-Richtlinie 2006/48/EG durch eine Bezugnahme auf Art. 92 der CRR zu ersetzen. Die Berechnung des Wertes nach Art. 21 der Kapitaladäquanz-Richtlinie 2006/48/EG war bisher in den Händen der nationalen Gesetzgeber. Zukünftig wird es hier weniger Flexibilität geben, da nach CRD IV die European Banking Authority (EBA) diese Auslegungsfunktion wahrnehmen wird.

B. Normzweck

3   Zweck der Regelungen zur Kapitalausstattung eines AIFM ist die Sicherstellung der Erfüllung der laufenden Verpflichtungen des AIFM gegenüber den Gläubigern und den Tatbestand der Verwaltung für eine Übergangszeit von 3 Monaten im Falle der Insolvenz. Darüber hinaus soll das Eigenkapital gemäß Erwägungsgrund (23) auch als Haftungsmasse dienen für mögliche Schadensersatzansprüche, die aus operationellen Risiken des AIFM entstehen können. Den ohnehin fraglichen Zweck der Bildung einer Haftungsmasse[1] bilden hier damit dann gleich zwei Regelungen der AIFM-Richtlinie ab: so sollen neben dem Anfangskapital die dynamischen Kapitalanforderungen des Art. 9 Abs. 3 und 5 und darüber hinaus auch noch die Anforderungen an eine Berufshaftpflicht oder, alternativ, zusätzlich zu den dynamischen Kapitalanforderungen weitere Eigenmittelanforderungen des Art. 9 Abs. 7 bestehen.

C. Einzelne Regelungskomplexe

I. Anfangskapital (Art. 9 Abs. 1 und 2)

4   Hinsichtlich des Anfangskapitals wird zwischen eigenverwalteten AIF (sog. interne AIFM) und fremdverwalteten AIF (also durch „externe AIFM" verwaltete AIF) unterschieden. Ein interner AIFM hat über ein Anfangskapital von mindestens EUR 300.000, ein externer AIFM von mindestens EUR 125.000 zu verfügen. Dies entspricht den Regelungen der OGAW-Richtlinie.

5   Der Begriff des Anfangskapitals ist in Art. 2 Abs. 1 lit. s) als das in Art. 57 Abs. 1 lit. a) und b) der Banken-Richtlinie 2006/48/EG bezeichneten Mittel definiert: danach zählt hierunter das eingezahlte Grund- oder Stammkapital sowie Rücklagen im Sinne von § 10 Abs. 3a KWG *(„die in der letzten für den Schluss eines Geschäftsjahres festgestellten Bilanz als Rücklagen ausgewiesenen Beträge mit Ausnahme solcher Passivposten, die erst bei ihrer Auflösung zu versteuern sind")*. Rücklagen, die aus Erträgen gebildet worden sind, auf die erst bei Eintritt eines künftigen Ereignisses Steuern zu entrichten sind, brauchen gemäß § 10 Abs. 3a Satz 2 KWG nur in Höhe von 45% berücksichtigt zu werden. Das Grund- und Stammkapital muss beim Zeitpunkt der Erteilung der Erlaubnis voll eingezahlt sein und zur freien Verfügung der Geschäftsleitung des AIFM stehen.

6   Nach den entsprechenden Regelungen im InvG und KWG ist das Vorhandensein des Anfangskapitals für die Erlaubniserteilung nachzuweisen. Bisher erfolgt

---

[1] Vgl. *Engert* Der Konzern 2007, 477, 480.

dies regelmäßig in Form einer Bestätigung eines Einlagenkreditinstituts mit Sitz in einem Vertragsstaat des Abkommens über den EWR, aus der hervorgeht, dass das Anfangskapital eingezahlt worden und frei von Rechten Dritter ist und zur freien Verfügung der Geschäftsleiter steht[2].

Fraglich ist, ob das Anfangskapital lediglich bei Erlaubniserteilung des AIFM   7 zur freien Verfügung stehen muss. § 17 Abs. 2 Nr. 2 InvG regelt, dass die vom Anfangskapital zu unterscheidenden Eigenmittel nicht unter das Anfangskapital absinken dürfen. Auch nach dem entsprechenden Regelungen des § 33 KWG muss das Anfangskapital nicht nur bei Aufnahme der Geschäftstätigkeit vorhanden sein; vielmehr stellt es auch da die von einem Institut laufend vorzuhaltende Mindestkapitalausstattung dar, bei deren Unterschreiten, eine Aufhebung der Erlaubnis in Betracht kommt[3].

II. Dynamische Kapitalanforderungen

1. Zusätzliche Eigenmittel (Art. 9 Abs. 3). a) Höhe der zusätzlichen   8 **Eigenmittel.** Zusätzliche Eigenmittel sind erforderlich in Höhe von 0,02% des Betrags, um den der Wert aller Portfolios von AIF, welche der AIFM verwaltet, EUR 250 Mio. übersteigt.

Durch diese – der OGAW-Richtlinie nachgebildete – Regelung soll sicherge-   9 stellt werden, dass die Eigenmittel der AIFM durchgehend in einer angemessenen Relation zu dem Volumen der von der AIFM veralteten Vermögensgüter stehen. Nach Art. 2 Abs. 1 lit. ad), der seinerseits auf Art. 56 bis 67 der Banken-Richtlinie 2006/48/EG verweist, erfasst der Begriff der Eigenmittel das haftende Eigenkapital (= Kernkapital + Ergänzungskapital) und die Drittrangmittel[4].

Die Gesamtsumme der Kapitalforderungen an einen AIFM darf einen Betrag   10 in Höhe von EUR 10 Mio. nicht überschreiten. Darüberhinausgehende Eigenmittelanforderungen können sich jedoch aus der Regelung des Art. 9 Abs. 5 ergeben (s. unten Rn. 17).

b) Begriff des Werts des Portfolios. Die dynamische Kapitalanforderung   11 bestimmt sich nach dem Wert der von dem AIFM verwalteten Portfolios. Dieser ist gemäß Art. 19 zu bewerten[5]. Gemäß Art. 2 Abs. 6 der Level II-Verordnung ist der Wert des Portfolios zumindest einmal im Jahr unter Verwendung der zuletzt verfügbaren Werte der Vermögensgegenstände zu erfolgen. Unklar ist, ob entsprechende Anpassungen bei unterjährigen Wertveränderungen vorzunehmen sind, oder ob der einmalig ermittelte Portfoliowert für das gesamte Jahr als Basiswert verwendet werden darf.

In Bezug auf die Berechnung des Wertes des Portfolios sind sog. **cross-hol-**   12 **dings** nur einmal zu berücksichtigen. Unter cross-holdings versteht man Fälle, in denen ein AIF wiederum in einen anderen AIF investiert ist, der von demselben AIFM verwaltet wird. Der in den anderen AIF investierte Betrag kann entsprechend abgezogen werden (also nur einmalige Berücksichtigung des in beide AIF investierten Betrags)[6].

---

[2] Vgl. *Steck/Gringel* in Berger/Steck/Lübbehüsen, InvG, § 11 Rn. 5.
[3] Vgl. *Schwennicke* in Schwennicke/Auerbach, KWG, § 33 Rn. 10.
[4] Vgl. § 10 Abs. 2 Satz 1 KWG zu den einzelnen Definitionen.
[5] Vgl. die Kommentierung in Art. 19.
[6] Vgl. Art. 2 Abs. 4 Level II-Verordnung.

13   **c) Ersatz der zusätzlichen Eigenmittel durch Garantien (Art. 9 Abs. 6).**
Gemäß Art. 9 Abs. 6 steht es den Mitgliedstaaten frei, dem AIFM zu gestatten,
die zusätzlichen dynamischen Kapitalanforderungen gemäß Art. 9 Abs. 3 in Höhe
von bis zu 50% nicht zu erfüllen, wenn er über eine von einem Kreditinstitut
oder einem Versicherungsunternehmen gestellte Garantie in derselben Höhe verfügt. Das Kreditinstitut oder Versicherungsunternehmen muss seinen Sitz in einem
Mitgliedstaat der EU, einem Vertragsstaat des Abkommens über den EWR oder
in einem Drittstaat haben, in dem es Aufsichtsbestimmungen unterliegt, die nach
Auffassung der Aufsicht denen des Gemeinschaftsrechts gleichwertig sind. Auch
diese Regelung ist der OGAW-Richtlinie entnommen.

14   **d) Keine Anwendbarkeit auf intern verwaltete AIF.** Der Wortlaut des
Art. 9 Abs. 3 stellt nicht explizit auf externe bzw. interne AIFM ab (anders als in
Abs. 1 bzw. 2). Allerdings könnte sich aus dem Vergleich mit der Systematik der
OGAW-Richtlinie ergeben, dass die dynamische Kapitalanforderung des Abs. 3
lediglich für externe AIFM gelten soll[7]: Die entsprechende Regelung aus Art. 7
Abs. 1 lit. a) i) OGAW-RL verweist nicht auf Investmentgesellschaften. Die ein-
zige Kapitalanforderung an Investmentgesellschaften ist gemäß Art. 29 Abs. 1
OGAW-RL das Mindestanfangskapital in Höhe von EUR 300.000. Auch § 96
Abs. 5 InvG fordert von einer Investmentaktiengesellschaft nur ein Anfangskapital
in Höhe von EUR 300.000. Zusätzliche Eigenmittel müssen gemäß § 11 Abs. 1
Nr. 2 InvG lediglich Kapitalanlagegesellschaften zur Verfügung stellen.

15   Diese Auslegung hat jedoch keinen Einfluss auf das Erfordernis zur Bereitstel-
lung zusätzlicher Eigenmittel zur Abdeckung der Berufshaftungsrisiken gemäß
Art. 9 Abs. 7. Dieses findet sowohl auf einen internen als auch externen AIFM
Anwendung.

16   **2. Auslagerung (Art. 9 Abs. 4).** Gemäß Art. 9 Abs. 4 bestimmen sich die
dynamischen Kapitalanforderungen nach dem Wert der von dem AIFM verwalteten AIF, wobei AIF, deren Verwaltung der AIFM auf Dritte übertragen hat,
weiterhin als AIF des betreffenden AIFM gelten. AIF, die der AIFM im Auftrage
Dritter verwaltet, werden daher gemäß dieser Regelung nicht berücksichtigt[8].

17   **3. Kostenabhängige Kapitalanforderungen (Art. 9 Abs. 5).** Ungeachtet
der zusätzlichen Eigenmittel gemäß Art. 9 Abs. 3 hat ein AIFM eine **Mindestei-
genkapitalunterlegung** gemäß Art. 21 der Kapitaladäquanz-Richtlinie 2006/
49/EG aufzuweisen, die 25% seiner fixen Kosten im Vorjahr entspricht. Die fixen
Kosten ergeben sich für diese Zwecke aus der Gewinn- und Verlustrechnung des
letzten Jahresabschlusses, in der allgemeine Verwaltungsaufwendungen, Abschrei-
bungen und Wertberichtigungen auf immaterielle Anlagewerte und Sachanlagen
ausgewiesen sind. Sofern im ersten Geschäftsjahr noch kein Jahresabschluss vorliegt, sind die für die jeweiligen Positionen im Geschäftsplan veranschlagten
Beträge anzusetzen. Diese auf die Kapitaladäquanz-Richtlinie 2006/49/EG
zurückgehende Regelung soll eine ordnungsgemäße Abwicklung solcher Unternehmen sicherstellen, die in die Verlustzone geraten[9]. Damit soll verhindert werden, dass ein AIF liquidiert werden muss, weil sich der ihn verwaltende AIFM
in wirtschaftlichen Schwierigkeiten befindet. Die zusätzlichen Eigenmittel sollen

---

[7] So auch Financial Services Authority, Discussion Paper DP 12/1, Implementation of
the Alternative Investment Fund Managers Directive, Januar 2012, Rn. 4.63.

[8] Vgl. Art. 2 Abs. 2 UAbs. 2 Level II-Verordnung.

[9] Vgl. *Boos* in Boos/Fischer/Schulte-Mattler, KWG, § 10 Rn. 218.

helfen, die Zeit bis zur Bestellung eines anderen AIFM zum Verwalter zu überbrücken.

4. Abdeckung der Berufshaftungsrisiken (Art. 9 Abs. 7). a) Regelungs- 18
zweck. Um gemäß Erwägungsgrund (23) die potenziellen Risiken von AIFM im Rahmen ihrer Berufshaftpflicht hinsichtlich all ihrer Tätigkeiten abzudecken, hat der AIFM nach seiner Wahl entweder zusätzliche Eigenmittel oder eine Berufshaftpflichtversicherung bereitzustellen.

Gemäß Art. 9 Abs. 9 erlässt die Kommission im Rahmen von Level II Maßnah- 19
men delegierte Rechtsakte, die folgendes festlegen: (i) die Risiken, die durch die zusätzlichen Eigenmittel oder die Berufshaftpflichtversicherung gedeckt werden müssen, (ii) die Voraussetzungen für die Bestimmung der Angemessenheit der zusätzlichen Eigenmittel oder der Deckung durch die Berufshaftpflichtversicherung und (iii) die Vorgehensweise bei der Bestimmung fortlaufender Anpassungen der Eigenmittel oder der Deckung durch die Berufshaftpflichtversicherung.

b) Potenzielle Berufshaftungsrisiken. Bei den gemäß Art. 9 Abs. 7 abzusi- 20
chernden Risiken handelt es sich um Berufshaftungsrisiken, d.h. um Haftungsrisiken aus der Verletzung beruflicher Sorgfaltspflichten. Art. 12 Abs. 1 der Level II-Verordnung definiert Berufshaftungsrisiken als Verlust- oder Schadensrisiken, die durch eine relevante Person aufgrund fahrlässiger Durchführung der Aktivitäten, für die der AIFM rechtlich verantwortlich ist, verursacht werden.

aa) Relevante Personen. Für Zwecke der Berufshaftungsrisiken sind rele- 21
vante Personen gemäß Art. 1 Abs. 2 der Level II-Verordnung die folgenden Personen:
– Geschäftsleiter *(director),* Partner (oder deren Pendant) oder Manager eines AIFM;
– Sowohl Mitarbeiter des AIFM als auch jede andere natürliche Person, deren Dienste dem AIFM zur Verfügung stehen und von diesem kontrolliert werden und die bei den Diensten zur gemeinsamen Portfolioverwaltung durch den AIFM beteiligt sind;
– Natürliche oder juristische Personen, die unmittelbar bei der Erbringung von Dienstleistungen an den AIFM gemäß einer Auslagerungsvereinbarung auf dritte Parteien beteiligt sind, und deren Zweck die Erbringung von Dienstleistungen zur kollektiven Portfolioverwaltung ist.

bb) Berufshaftungsrisiken. Hierbei handelt es sich gemäß Art. 12 Abs. 2 der 22
Level II-Verordnung insbesondere um
– den Verlust von Dokumenten, welche die Eigentümerstellung des AIF nachweisen,
– falsche oder irreführende Angaben gegenüber dem AIF oder seinen Anlegern,
– Handlungen, Fehler oder Unterlassungen, die zu folgenden Verletzungen führen:
  • rechtliche oder aufsichtsrechtliche Pflichten;
  • Sorgfaltspflichten gegenüber dem AIF und seinen Anlegern;
  • treuhänderische Pflichten;
  • Geheimhaltungspflichten;
  • Richtlinien oder Satzung des AIF;
  • Vereinbarung über die Bestellung des AIFM durch den AIF;
– das Scheitern, angemessene Maßnahmen festzulegen, umzusetzen und einzuhalten, die Unehrlichkeit, Betrug und arglistige Handlungen vorbeugen;

– unrichtige Bewertung der Vermögensgegenstände und Berechnung der Anteilspreise;
– Verluste durch Betriebsstörungen, Systemausfälle, Fehlschläge bei Transaktionsprozessen oder beim Prozessmanagement.

23 Das ursprünglich angedachte Haftungsrisiko für Betrug wurde von ESMA in ihrem Abschlussbericht als nicht versicherbares Risiko qualifiziert[10]. ESMA hat klargestellt, dass der AIFM lediglich für die mit Betrug verbundenen Verluste verantwortlich ist, die sich daraus ergeben, dass dessen leitende Angestellte *(„senior management")* versäumen, Maßnahmen zur Vermeidung von unehrlichen, betrügerischen oder arglistigen Handlungen innerhalb der Organisation des AIFM einzusetzen.

24 **c) Zusätzliche Eigenmittel.** Die zusätzlichen Eigenmittel sollen gemäß Art. 9 Abs. 7 lit. a) potenzielle **Haftungsrisiken** aus beruflicher Fahrlässigkeit angemessen abdecken. Die Konkretisierung dieser Norm ist Gegenstand von Art. 13 (qualitative Anforderungen) und Art. 14 (quantitative Anforderungen) der Level II-Verordnung.

25 **aa) Qualitative Anforderungen.** Die qualitativen Anforderungen an den zusätzlichen Eigenmitteln basieren gemäß Box 6 Abs. 8 des ESMA-Abschlussberichts auf Anhang X Teil 3 der Banken-Richtlinie 2006/48/EG. Art. 13 Abs. 1 der Level II-Verordnung verlangt die Einführung von effektiven internen operativen Risikomanagementrichtlinien und -maßnahmen. Dieser beinhaltet, soweit hinsichtlich der Größe und der Organisation des AIFM und der Art, des Umfangs und der Komplexität seines Geschäfts angemessen, die Einführung einer separaten operativen Risikomanagementfunktion, welche eine unabhängige interne Überwachung und die Einführung des „Vier-Augen-Prinzips" sicherstellt. Dadurch soll verhindert werden, dass Fehler verborgen bleiben können[11].
– Der AIFM muss effektive interne operative Risikomanagementrichtlinien und -maßnahmen umsetzen, um angemessen operative Risiken (u.a. Berufshaftungsrisiken, die der AIFM ausgesetzt sein könnte) zu identifizieren, zu messen, zu verwalten und zu überwachen. Die operativen Risikomanagementaktivitäten müssen unabhängig ausgeübt werden.
– Der AIFM hat eine historische Verlustdatenbank einzurichten, in der jedes operative Versäumnis und Schadenserfahrungen aufgezeichnet werden.
– Im Rahmen des Risikomanagements muss der AIFM seine historischen internen Verlustdaten und, soweit erforderlich, externe Daten, Szenarioanalysen und Faktoren verwenden, die das Geschäftsumfeld und die internen Kontrollsysteme wiedergeben.
– Operative Risiken und Verlusterfahrungen müssen laufend überwacht werden und Gegenstand regelmäßiger interner Berichterstattung sein.
– Die operativen Risikomanagementrichtlinien und -maßnahmen müssen gut dokumentiert werden und sind Gegenstand regelmäßiger, jährlicher Überprüfung. Der AIFM muss über Regelungen verfügen, die sicherstellen, dass die Risikomanagementrichtlinien eingehalten werden. Der AIFM muss über Maßnahmen verfügen, um angemessene Korrekturen durchführen zu können.
– Der AIFM soll finanzielle Reserven vorhalten, die seinem berechneten Risikoprofil entsprechen.

---

[10] Ziffer 44 zu Anhang III des ESMA-Abschlussberichts.
[11] Anmerkung 11 zu Ziffer IV.I. des ESMA-Abschlussberichts.

Die Bezugnahme auf diese Regeln der Banken-Richtlinie 2006/48/EG wird stark **26** kritisiert und als unverhältnismäßig für AIFM betrachtet. Zum einen dürften viele AIFM nicht über die geforderten historischen Daten verfügen, um die qualitativen Anforderungen erfüllen zu können. Zum anderen wird angemerkt, dass von diesen Regeln der Banken-Richtlinie 2006/48/EG gerade OGAW-Verwaltungsgesellschaften und Finanzportfolioverwalter, die nicht befugt sind, sich Besitz oder Eigentum an Geldern oder Wertpapieren zu verschaffen, ja gerade in Folge der in Art. 9 Abs. 5 angewandten Spezialregelung des Art. 21 der Kapitaladäquanz-Richtlinie 2006/49/EG ausgenommen sind. Diese Regelungen machen nur bei Kreditinstituten und Wertpapierfirmen Sinn, bei denen sich das Handelsrisiko in den eigenen Bilanzen widerspiegelt. Dies ist beim AIFM nicht der Fall. Indem die AIFM-Richtlinie auf diese Regel gerade auch in Art. 9 Abs. 5 Bezug nimmt, wird ESMA in seinem Abschlussbericht durch das Abstellen der qualitativen Methode der Kapitaladäquanz-Richtlinie 2006/49/EG den Wertungen des Richtliniengebers nicht gerecht.

bb) Quantitative Anforderungen. Die quantitativen Anforderungen an den **27** zusätzlichen Eigenmitteln bestimmten sich nach Art. 14 der Level II-Verordnung.
– Die Höhe der zusätzlichen Eigenmittel für Haftungsrisiken beträgt mindestens 0,01% des Portfoliowerts des von dem AIFM verwalteten AIF.
– Die Höhe der zusätzlichen Eigenmittel wird am Ende jedes Geschäftsjahrs neu berechnet und, falls erforderlich, entsprechend angepasst. Hierfür hat der AIFM Prozesse festzulegen, umzusetzen und einzuhalten, um den Portfoliowert laufend zu überwachen. Falls sich der Portfoliowert vor der jährlichen Berechnung wesentlich erhöht, hat der AIFM ohne schuldhaftes Zögern die Neuberechnung der zusätzlichen Eigenmittel vornehmen.
– Die zuständige Behörde des Heimatmitgliedstaats des AIFM kann dem AIFM erlauben, die Höhe der zusätzlichen Eigenmittel auf 0,008% zu reduzieren, wenn der AIFM nachweisen – auf der Grundlage der historischen Verlustdaten und einer Mindestdauer einer historischen Beobachtung von drei Jahren – kann, dass sein Haftungsrisiko angemessen erfasst ist. Im Gegenzug kann die zuständige Behörde die zusätzlichen Eigenmittel anheben, wenn sie nicht ausreichen, um das Haftungsrisiko aus der Verletzung beruflicher Sorgfaltspflichten angemessen zu erfassen. Letzteres führt im Ergebnis dazu, dass die qualitative Methode vorgeht, was aus den genannten Gründen kritisch gesehen wird.

d) Berufshaftpflichtversicherung. Alternativ kann der AIFM eine Berufs- **28** haftpflichtversicherung für die sich aus beruflicher Fahrlässigkeit ergebenden Haftung abschließen, die den abgedeckten Risiken entspricht. Die Anforderungen an die Berufshaftpflichtversicherung werden in Art. 15 der Level 2-Verordnung konkretisiert. Gemäß Art. 15 Abs. 5 der Level II-Verordnung muss der AIFM die Berufshaftpflichtversicherung und seine Einhaltung mit den Anforderungen mindestens jährlich bzw. im Falle einer Änderung, die die Einhaltung der Anforderungen der Versicherung betrifft, überprüfen.

aa) Anforderungen an die Berufshaftpflichtversicherung.
– Die Berufshaftpflichtversicherung muss eine Vertragsdauer von mindestens **29** einem Jahr haben.
– Die Kündigungsfrist muss mindestens 90 Tage betragen.
– Es müssen die potenziellen Berufshaftungsrisiken (s.o.) abgedeckt sein.

– Das Versicherungsunternehmen, bei dem die Berufshaftpflichtversicherung abgeschlossen wird, muss nach dem EU-Recht oder dem nationalen Recht für die Berufshaftpflichtversicherung zugelassen sein. Es kann sich um ein EU- oder Drittlandsunternehmen handeln.

– Die Versicherung muss mit einem Dritten abgeschlossen werden.

30   **bb) Mindestversicherungssumme.** Die Mindestversicherungssumme für jeden Schadensfall muss gemäß Art. 15 Abs. 3 der Level II-Verordnung zumindest 0,7% und für sämtliche Schadensfälle pro Jahr gemäß Art. 15 Abs. 4 der Level II-Verordnung zumindest 0,9% des Portfoliowerts des AIFM gemäß Art. 14 Abs. 2 UAbs. 2 der Level II-Verordnung betragen. Die in Box 8 Abs. 2 und 3 des ESMA-Abschlussberichts festgelegte höhenmäßige Beschränkung der Mindestversicherungssumme wurde nicht in der Level II-Verordnung aufgegriffen. Danach betrug die Mindestversicherungssumme für Einzelschadensfälle gleich dem höheren der folgenden Beträge:

– 0,75% des Betrags, der den Wert des Portfolios des AIFM in Höhe von 250 Mio. EUR übersteigt, jedoch höchstens 20 Mio. EUR;

– 2 Mio. EUR.

31   **e) Kombination von zusätzlichen Eigenmitteln und Berufshaftpflichtversicherung.** Entgegen dem Wortlaut des Art. 9 Abs. 7 („oder") erlaubte ESMA in Box 9 des ESMA-Abschlussberichts eine Kombination von zusätzlichen Eigenmitteln und Berufshaftpflichtversicherung zur Abdeckung von Berufshaftungsrisiken[12].

32   Allerdings findet sich die Möglichkeit der Kombination von zusätzlichen Eigenmitteln und Berufshaftpflichtversicherung nicht mehr in der Level II-Verordnung. Vielmehr heißt es in Art. 12 Abs. 3 der Level II-Verordnung lediglich, dass Berufshaftungsrisiken jederzeit entweder durch angemessene Eigenmittel oder durch eine angemessene Berufshaftpflichtversicherung abgedeckt werden müssen.

33   **5. Form der Eigenmittel (Art. 9 Abs. 8).** Die Eigenmittel einschließlich solcher gemäß Art. 9 Abs. 7 lit. a) müssen in liquide und kurzfristig zu realisierende Vermögenswerte, die keine spekulativen Positionen enthalten, angelegt werden.

34   Zur Aufbringung des Anfangskapitals kommen nach der bisherigen Praxis im Investmentrecht und KWG außer Geldmittel auch fungible Sachwerte in Betracht, wenn deren nachgewiesener Wert den erforderlichen Betrag erreicht, die Sachwerte jederzeit in Geld umtauschbar sind und die Werthaltigkeit analog den Sachgründungsvorschriften des Aktien- und GmbH-Rechts durch eine Bestätigung eines Wirtschaftsprüfers nachgewiesen sind[13]. Es bleibt abzuwarten, ob sich diese Regelungen und Praktiken auch im Rahmen der Umsetzung der AIFM-Richtlinie durchsetzen werden.

III. Delegierte Rechtsakte (Art. 9 Abs. 9)

35   Level 2-Maßnahmen der Kommission konkretisieren Haftungsrisiken und die Angemessenheit der zusätzlichen Eigenmittel bzw. die Deckung durch die Berufshaftpflichtversicherung sowie die Vorgehensweise bei der Bestimmung der laufenden Anpassungen der Eigenmittel oder der Deckung durch die Berufshaftpflichtversicherung.

---

[12] Ziffer 33 zu Anhang III des ESMA-Abschlussberichts.

[13] Vgl. *Schwennicke* in Schwennicke/Auerbach, KWG, § 33 Rn. 8.

IV. Ausnahmen (Art. 9 Abs. 10)

Art. 9 findet mit Ausnahme der Abs. 7, 8 und der der nach Abs. 9 erlassenen **36** delegierten Rechtsakte keine Anwendung auf AIFM, die zugleich als OGAW-Verwaltungsgesellschaften zugelassen sind. Grund hierfür ist, dass für OGAW-Verwaltungsgesellschaften bereits die Kapitalanforderungen der OGAW-Richtlinie gelten.

Verwaltet der OGAW auch AIF-Portfolios dürfte dies zu einer Anpassung der **37** zusätzlichen Eigenmittel der OGAW-Verwaltungsgesellschaft führen, soweit der Wert der Portfolios der OGAW-Verwaltungsgesellschaft gemäß Art. 7 Abs. 1 lit. a) i) OGAW-RL EUR 250 Mio. überschreitet, da die AIF-Portfolios unter Art. 7 Abs. 1 lit. a) ii) 3. Spiegelstrich subsumierbar sind („andere von der Verwaltungsgesellschaft verwaltete Organismen für gemeinsame Anlagen").

D. Änderungen gegenüber der bisherigen Rechtslage in Deutschland für den AIFM

Das Anfangskapital im Investmentgesetz für extern verwaltete (Kapitalanlagege- **38** sellschaften) und intern verwaltete Fonds (Investmentaktiengesellschaft) beträgt einheitlich EUR 300.000. Insoweit geht das Investmentgesetz bei extern verwalteten OGAW über die Anforderungen der OGAW-Richtlinie hinaus, welche insoweit nur ein Anfangskapital von EUR 125.000 – wie in der AIFM-Richtlinie – vorschreibt. Zusätzliche Eigenmittel sind gemäß § 11 Abs. 1 Satz 1 Nr. 2 InvG erst bei Überschreiten von EUR 1,125 Mrd. erforderlich. Im Gegensatz zu Art. 9 Abs. 7 sind keine zusätzlichen Eigenmittel bzw. Berufshaftpflichtversicherung zur Abdeckung potenzieller Berufshaftungsrisiken notwendig.

Es ist zu hoffen, dass der deutsche Gesetzgeber im Rahmen der Umsetzung **39** der AIFM-Richtlinie das Anfangskapital für externe AIFM auf EUR 125.000 absenken wird, da es sonst zu einer Inländerdiskriminierung deutscher AIFM kommen würde. Demgegenüber muss der deutsche Gesetzgeber für AIFM die Grenze für die dynamische Kapitalanforderung auf EUR 250 Mio. absenken, um die AIFM-Richtlinie europarechtskonform umzusetzen.

E. Bezüge zum KAGB-E

Art. 9 soll in § 25 KAGB-E umgesetzt werden. Der Richtlinientext soll im **40** KAGB-E im Wesentlichen unverändert übernommen werden.

Artikel 10 **Änderungen des Umfangs der Zulassung**

AIFM-Richtlinie	KAGB-E
Artikel 10 **Änderungen des Umfangs der** **Zulassung**	**§ 34** **Anzeigepflichten von Verwal-** **tungsgesellschaften gegenüber der** **Bundesanstalt**
(1) Die Mitgliedstaaten schreiben vor, dass AIFM den zuständigen Behörden ihres Herkunftsmitgliedstaats	(1) Eine Kapitalverwaltungsgesellschaft hat der Bundesanstalt alle wesentlichen Änderungen der Vorausset-

AIFM-Richtlinie	KAGB-E
alle wesentlichen Änderungen der Voraussetzungen für die Erstzulassung vor deren Anwendung mitteilen; dies gilt insbesondere für wesentliche Änderungen der gemäß Artikel 7 vorgelegten Angaben.	zungen für die Erlaubnis, insbesondere wesentliche Änderungen der nach § 21 Absatz 1 und § 22 Absatz 1 vorgelegten Angaben, vor Umsetzung der Änderung mitzuteilen.
(2) Beschließen die zuständigen Behörden des Herkunftsmitgliedstaats, Beschränkungen vorzuschreiben oder diese Änderungen abzulehnen, so setzen sie den AIFM innerhalb eines Monats nach Erhalt der Mitteilung davon in Kenntnis. Die zuständigen Behörden können diesen Zeitraum um bis zu einen Monat verlängern, wenn sie dies aufgrund der besonderen Umstände des Einzelfalls und nach einer entsprechenden Benachrichtigung des AIFM für notwendig erachten. Werden die Änderungen innerhalb des vorgesehenen Beurteilungszeitraums nicht von den zuständigen Behörden abgelehnt, so werden sie vorgenommen.	(2) Beschließt die Bundesanstalt, Beschränkungen vorzuschreiben oder eine nach Absatz 1 mitgeteilte Änderung abzulehnen, so setzt sie eine Kapitalverwaltungsgesellschaft innerhalb eines Monats nach Erhalt der Mitteilung davon in Kenntnis. Die Bundesanstalt kann diesen Zeitraum um bis zu einen Monat verlängern, wenn sie dies aufgrund der besonderen Umstände des Einzelfalls der Kapitalverwaltungsgesellschaft für notwendig erachtet. Sie hat die Kapitalverwaltungsgesellschaft über die Verlängerung der Frist nach Satz 2 zu informieren.

Literatur: Beckmann/Scholtz/Vollmer, Investment, Berlin; Berger/Steck/Lübbehüsen, Investmentgesetz, München 2010.

A. Entstehungsgeschichte

1   Im Vergleich zu Art. 7 des Kommissionsvorschlags ist die Möglichkeit der Fristverlängerung um einen weiteren Monat in die AIFM-Richtlinie hinzugekommen. In der OGAW-Richtlinie findet sich keine detaillierte Regelung von Anzeigepflichten[1].

B. Normzweck

2   Die Norm schreibt vor, dass ein AIFM der zuständigen Behörde alle wesentlichen Änderungen der Voraussetzungen für die Erstzulassung vor deren Anwendung mitteilt. Zur Wirksamkeit der Änderungen bedarf es einer Zustimmung der zuständigen Behörde. Hierdurch wird gewährleistet, dass die zuständigen Behörden laufend über Änderungen der Voraussetzungen für die Erstzulassung der betroffenen AIFM informiert sind. Die Zustimmung wird fingiert, wenn die zuständige Behörde sie nicht binnen eines Monats nach Zugang der Änderungsmitteilung abgelehnt hat.

---

[1] Vgl. *Beckmann* in: Beckmann/Scholtz/Vollmer, Investment, 1/11, § 19c Rn. 2.

C. Einzelne Regelungskomplexe

I. Mitteilungspflicht über wesentliche Änderungen (Art. 10 Abs. 1)

Der AIFM hat die zuständige Behörde über wesentliche Änderungen hinsicht- 3
lich der Angaben in Kenntnis zu setzen, die im Rahmen der Erstzulassung mittge-
teilt wurden. Insbesondere hat der AIFM die zuständige Behörde über wesentliche
Änderungen der Angaben gemäß Art. 7 zu informieren.

Eine Änderung liegt nur vor, wenn von einer im Zulassungsverfahren oder bei 4
der Vertriebsanzeige gemachten Angabe abgewichen werden soll. Wesentlich sind
Änderungen, wenn sie gemäß Art. 8 Abs. 5 UAbs. 2 Änderungen zu Art. 7 Abs. 2
lit. a bis d (Angaben zum AIFM hinsichtlich der Geschäftsleiter, den Inhabern
bedeutender Beteiligungen, der Organisationsstruktur sowie der Vergütungspolitik) und Art. 7 Abs. 3 lit. a) und b (Angaben zum AIF hinsichtlich der Investmentstrategie sowie des Sitzes des Master-AIF) genannten Angaben betreffen. Denn
nur bei Vorliegen dieser Angaben ist ein vollständiger Antrag eingereicht worden.
Bei Fehlen einer dieser Angaben liegt kein vollständiger Antrag vor und die
Entscheidungsfrist gemäß Art. 8 Abs. 5 UAbs. 1 beginnt nicht zu laufen.

Es bestehen keine Vorgaben hinsichtlich der Form der Mitteilung. Die Mittei- 5
lung über wesentliche Änderungen hat vor deren Anwendung zu erfolgen.

II. Entscheidung nach Änderungsmitteilung; Frist (Art. 10 Abs. 2)

1. Zustimmungserfordernis. Änderungen bedürfen zu ihrer Wirksamkeit 6
grundsätzlich der Zustimmung der zuständigen Behörde. Erfolgt innerhalb der
Entscheidungsfrist keine Ablehnung der Änderung des Zulassungsumfangs, gilt
das Schweigen der zuständigen Behörde als Zustimmung. Durch diese Fiktions-
wirkung wird die zuständige Behörde gezwungen, zeitnah eine Entscheidung zu
treffen. Die zuständige Behörde kann die Änderung auch ablehnen oder beschränken.

2. Frist. Die Entscheidung der zuständigen Behörde hat innerhalb eines 7
Monats nach Erhalt der Mittelung zu erfolgen; eine Fristverlängerung um einen
Monat aufgrund besonderer Umstände des Einzelfalls und nach Benachrichtigung
des AIFM ist möglich.

Bei Fristablauf ohne Ablehnung durch die zuständige Behörde können die 8
angezeigten Änderungen ex tunc umgesetzt werden.

D. Änderungen gegenüber der bisherigen Rechtslage in Deutschland für den AIFM

Eine unverzügliche Anzeigepflicht für die Zulassung wesentlicher personeller, 9
organisatorischer, rechtlicher bzw. für die Eigenmittelanforderung wesentlicher
wirtschaftlicher Veränderungen der Kapitalanlagegesellschaft besteht gemäß § 19c
InvG. Anders als in der AIFM-Richtlinie bedarf es jedoch zur Wirksamkeit der
Änderungen keiner Zustimmung der BaFin. Die Verletzung der Anzeigepflicht
gemäß Investmentgesetz ist nicht bußgeldbewährt[2], allerdings besteht gemäß § 17

---

[2] *Steck* in Berger/Steck/Lübbehüsen, InvG, § 19c Rn. 2.

Abs. 2 Nr. 4 InvG die Möglichkeit der Aufhebung der Erlaubnis bei nachhaltigem Verstoß gegen die Anzeigepflicht.

E. Bezüge zum KAGB-E

10   Art. 10 Abs. 1 und 2 soll in § 34 KAGB-E umgesetzt werden. Der Richtlinientext soll im KAGB-E unverändert übernommen werden.

Artikel 11 Entzug der Zulassung

AIFM-Richtlinie	KAGB-E
Artikel 11 **Entzug der Zulassung**	**§ 39** **Erlöschen und Aufhebung der Erlaubnis**
Die zuständigen Behörden des Herkunftsmitgliedstaats des AIFM können die einem AIFM erteilte Zulassung entziehen, wenn dieser AIFM a) von der Zulassung nicht binnen zwölf Monaten Gebrauch macht, ausdrücklich auf sie verzichtet oder die in dieser Richtlinie genannten Tätigkeiten in den vorangegangenen sechs Monaten nicht ausgeübt hat, es sei denn, der betreffende Mitgliedstaat sieht in diesen Fällen das Erlöschen der Zulassung vor; b) die Zulassung aufgrund falscher Angaben oder auf andere rechtswidrige Weise erhalten hat; c) die Voraussetzungen, unter denen die Zulassung erteilt wurde, nicht mehr einhält; d) die Richtlinie 2006/49/EG nicht mehr erfüllt, wenn seine Zulassung sich auch auf die Dienstleistung der Portfolioverwaltung mit Ermessensspielraum gemäß Artikel 6 Absatz 4 Buchstabe a dieser Richtlinie erstreckt; e) in schwerwiegender Weise oder systematisch gegen die nach dieser Richtlinie erlassenen Bestimmungen verstoßen hat oder f) einen der Fälle erfüllt, in denen das nationale Recht bezüglich Angele-	(1) Die Erlaubnis erlischt, wenn die Kapitalverwaltungsgesellschaft 1. von ihr nicht innerhalb eines Jahres seit ihrer Erteilung Gebrauch macht, 2. den Geschäftsbetrieb, auf den sich die Erlaubnis bezieht, seit mehr als sechs Monaten nicht mehr ausübt, oder 3. ausdrücklich auf sie verzichtet. Bei Investmentaktiengesellschaften mit veränderlichem Kapital, bei Investmentaktiengesellschaften mit fixem Kapital, bei offenen Investmentkommanditgesellschaften oder bei geschlossenen Investmentkommanditgesellschaften muss der Verzicht im Sinne von Satz 1 Nummer 3 gegenüber der Bundesanstalt durch Vorlage eines Handelsregisterauszuges nachgewiesen werden, aus dem sich die entsprechende Änderung des Unternehmensgegenstandes wie auch die Änderung der Firma ergibt. (2) Soweit die externe Kapitalverwaltungsgesellschaft auch über die Erlaubnis zur Finanzportfolioverwaltung nach § 20 Absatz 2 Nummer 1 oder Absatz 3 Nummer 2 verfügt, erlischt diese Erlaubnis, wenn die Kapitalverwaltungsgesellschaft nach § 11 des Einlagen- und Anlegerentschädigungsgesetzes von der Entschädigungseinrichtung ausgeschlossen wird.

AIFM-Richtlinie	KAGB-E
genheiten, die außerhalb des Anwendungsbereichs dieser Richtlinie liegen, den Entzug vorsieht.	(3) Die Bundesanstalt kann die Erlaubnis außer nach den §§ 48 und 49 des Verwaltungsverfahrensgesetzes aufheben, wenn 1. die Kapitalverwaltungsgesellschaft die Erlaubnis aufgrund falscher Erklärungen oder auf sonstige rechtswidrige Weise erwirkt hat, 2. die Eigenmittel der Kapitalverwaltungsgesellschaft unter die in § 25 vorgesehenen Schwellen absinken und die Gesellschaft nicht innerhalb einer von der Bundesanstalt zu bestimmenden Frist diesen Mangel behoben hat, 3. der Bundesanstalt Tatsachen bekannt werden, die eine Versagung der Erlaubnis nach § 23 Nummer 2 bis 11 rechtfertigen würden, 4. die externe Kapitalverwaltungsgesellschaft auch über die Erlaubnis zur Finanzportfolioverwaltung nach § 20 Absatz 2 Nummer 1 oder Absatz 3 Nummer 2 verfügt und die Verordnung (EU) Nr. .../2013 [CRR-Verordnung] nicht mehr erfüllt, 5. die Kapitalverwaltungsgesellschaft nachhaltig gegen die Bestimmungen dieses Gesetzes verstößt. (4) § 38 des Kreditwesengesetzes ist entsprechend anzuwenden, wenn die Bundesanstalt die Erlaubnis der Kapitalverwaltungsgesellschaft aufhebt oder die Erlaubnis erlischt. **§ 40** **Abberufung von Geschäftsleitern** (1) In den Fällen des § 39 Absatz 3 kann die Bundesanstalt statt der Aufhebung der Erlaubnis die Abberufung der verantwortlichen Geschäftsleiter verlangen und ihnen die Ausübung ihrer Tätigkeit untersagen. (2) Die Bundesanstalt kann die Organbefugnisse abberufener Geschäftsleiter so lange auf einen geeigneten Sonderbeauftragten übertragen, bis die Ka-

AIFM-Richtlinie	KAGB-E
	pitalverwaltungsgesellschaft über neue Geschäftsleiter verfügt, die den in § 23 Nummer 3 genannten Anforderungen genügen. § 45c Absatz 6 und 7 des Kreditwesengesetzes ist entsprechend anzuwenden. **§ 41** **Maßnahmen bei unzureichenden Eigenmitteln** Entsprechen bei einer Kapitalverwaltungsgesellschaft die Eigenmittel nicht den Anforderungen des § 25, kann die Bundesanstalt Anordnungen treffen, die geeignet und erforderlich sind, um Verstöße gegen § 25 zu unterbinden. Sie kann insbesondere Entnahmen durch Gesellschafter und die Ausschüttung von Gewinnen untersagen oder beschränken. Beschlüsse über die Gewinnausschüttung sind insoweit nichtig, als sie einer Anordnung nach Satz 1 widersprechen. § 45 Absatz 5 Satz 1 des Kreditwesengesetzes ist entsprechend anzuwenden. **§ 42** **Maßnahmen bei Gefahr** Die Bundesanstalt kann zur Abwendung einer Gefahr in folgenden Fällen geeignete und erforderliche Maßnahmen ergreifen: 1. bei einer Gefahr für die Erfüllung der Verpflichtungen einer Kapitalverwaltungsgesellschaft gegenüber ihren Gläubigern, 2. bei einer Gefahr für die Sicherheit der Vermögensgegenstände, die der Kapitalverwaltungsgesellschaft anvertraut sind, oder 3. beim begründeten Verdacht, dass eine wirksame Aufsicht über die Kapitalverwaltungsgesellschaft nach den Bestimmungen dieses Gesetzes nicht möglich ist.

AIFM-Richtlinie	KAGB-E
	§ 43 **Insolvenzantrag, Unterrichtung der** **Gläubiger im Insolvenzverfahren** (1) Auf den Fall der Zahlungsunfähigkeit, der Überschuldung oder der drohenden Zahlungsunfähigkeit einer Kapitalverwaltungsgesellschaft ist § 46b Absatz 1 des Kreditwesengesetzes entsprechend anzuwenden. (2) Die Gläubiger sind über die Eröffnung des Insolvenzverfahrens in entsprechender Anwendung des § 46f des Kreditwesengesetzes zu unterrichten.

Literatur: Beckmann/Scholtz/Vollmer, Investment, Berlin; Berger/Steck/Lübbehüsen, Investmentgesetz, München 2010; Schwennicke/Auerbach, Kreditwesengesetz, München 2009.

Übersicht

A. Entstehungsgeschichte

Die Regelung entspricht Art. 7 Abs. 5 OGAW-RL und Art. 8 MiFID, die **1** ihrerseits den Entzug der Zulassung bei OGAW-Verwaltungsgesellschaften bzw. Wertpapierfirmen regeln.

Der Kommissionsvorschlag enthielt in Art. 8 lediglich die folgenden Entzugs- **2** gründe: (i) Zulassung aufgrund falscher Angaben oder auf andere rechtswidrige

Weise, (ii) Nichterfüllen der Zulassungsvoraussetzungen und (iii) schwerwiegender oder systematischer Verstoß gegen die AIFM-Richtlinie.

B. Normzweck

3   Die Norm listet in Art. 11 lit. a) bis e) die Voraussetzungen auf, nach welchen die zuständige Behörde einem AIFM die **Zulassung entziehen** kann. Daneben können nationale Regelungen den Entzug der Zulassung regeln (Art. 11 lit. f)). Der **Entzug** der **Zulassung** erfolgt durch Verwaltungsakt.

4   Aufgrund des Wortlauts der Norm steht den zuständigen Behörden des Herkunftsmitgliedstaats des AIFM ein pflichtgemäßes Ermessen bei der Entscheidung über den **Entzug** der **Zulassung** zu, wobei der **Entzug** der **Zulassung** die Ultima ratio wäre. Da auch hier der Grundsatz der Verhältnismäßigkeit gilt, müssen die Mitgliedstaaten bei der Umsetzung der AIFM-Richtlinie mildere Mittel berücksichtigen. Im Investmentgesetz findet sich beispielsweise in § 17a InvG die Möglichkeit, dass die BaFin statt der Aufhebung der Erlaubnis die Abberufung der verantwortlichen Geschäftsleiter verlangen und ihnen die Ausübung ihrer Tätigkeit untersagen kann, obwohl sich eine solche Regelung nicht in der OGAW-Richtlinie enthalten ist.

C. Einzelne Regelungskomplexe

I. Entzug der Zulassung

5   **1. Nichtgebrauch, Verzicht, Einstellung der Geschäftstätigkeit (Art. 11 lit. a)).** Die erteilte Zulassung ist dem AIFM zu entziehen, wenn der AIFM (i) von der Zulassung innerhalb eines Jahres keinen Gebrauch macht, (ii) ausdrücklich auf sie verzichtet oder (iii) seine Geschäftstätigkeit seit mehr als sechs Monaten nicht mehr ausübt, es sei denn, dass der betreffende Mitgliedstaat in diesen Fällen das Erlöschen der Zulassung vorsieht[1].

6   **a) Nichtgebrauch.** Unter Nichtgebrauch wird verstanden, dass trotz Vorliegen einer Zulassung der Geschäftsbetrieb nicht aufgenommen wird[2]. Für externe AIFM ist die alleinige Erbringung von Dienst- und Nebendienstleistungen im Sinne des Art. 6 Abs. 4 nicht ausreichend, da diese gemäß Art. 6 Abs. 5 immer neben den Tätigkeiten im Sinne des Anhang I erbracht werden müssen[3]. Auch sind bloße Vorbereitungshandlungen, wie die Anmietung von Büroräumen und die Einstellung von Personal nicht ausreichend[4]. Wird der Geschäftsbetrieb nach Gebrauchmachen der Zulassung wieder eingestellt, so gilt die Sechsmonatsfrist gemäß Art. 11 lit. a) Var. 3 (Einstellung der Geschäftstätigkeit)[5].

---

[1] Für Einzelheiten vgl. *Steck* in Berger/Steck/Lübbehüsen, InvG, § 17 Rn. 3–6; *Schwennicke* in Schwennicke/Auerbach, KWG, § 35 Rn. 4–8 und 21–24.

[2] *Steck* in Berger/Steck/Lübbehüsen, InvG, § 17 Rn. 3.

[3] Vgl. *Beckmann* in Beckmann/Scholtz/Vollmer, Investment, 3/11, § 17 Rn. 9; *Steck* in Berger/Steck/Lübbehüsen, InvG, § 17 Rn. 3.

[4] Vgl. *Beckmann* in Beckmann/Scholtz/Vollmer, Investment, 3/11, § 17 Rn. 9; *Steck* in Berger/Steck/Lübbehüsen, InvG, § 17 Rn. 3; *Schwennicke* in Schwennicke/Auerbach, KWG, § 35 Rn. 5.

[5] Vgl. *Beckmann* in Beckmann/Scholtz/Vollmer, Investment, 3/11, § 17 Rn. 7.

Die Jahresfrist beginnt mit dem Zugang der Zulassung. Diese Regelung dient 7
der Verhinderung von Vorrats- und Mantelgründungen, da hierdurch verhindert
wird, dass durch unausgenutzte Genehmigungen die Übersicht über den Bestand
an arbeitenden AIFM erschwert wird[6].

b) Verzicht. Erforderlich ist eine ausdrückliche Verzichtserklärung des AIFM 8
gegenüber der zuständigen Behörde.

c) Einstellung der Geschäftstätigkeit. Die Zulassung kann ferner entzogen 9
werden, wenn die Geschäftstätigkeit des AIFM seit mehr als sechs Monaten nicht
mehr ausgeübt wird. Die Sechsmonatsfrist beginnt mit dem Abschluss der letzten
Geschäftstätigkeit. Insofern unterscheidet sich diese Regelung von Art. 11 lit. a)
Var. 1 (Nichtgebrauch), dadurch dass zumindest einmal von der Zulassung
Gebrauch gemacht wurde.

Die Einstellung der Geschäftstätigkeit muss sich auf die Erbringung der in 10
Anhang I genannten Tätigkeiten beziehen. Die alleinige Erbringung von Dienst-
und Nebendienstleistungen im Sinne des Art. 6 Abs. 4 durch einen externen
AIFM führt zum Entzug der Zulassung, da diese gemäß Art. 6 Abs. 5 lit. a) nur
neben den Tätigkeiten gemäß Anhang I erbracht werden können.

2. Zulassung aufgrund falscher Angaben oder auf andere rechtswidrige 11
Weise (Art. 11 lit. b)). Art. 11 lit. b) stellt klar, dass **rechtswidrig erlangte**
Zulassungen entzogen werden können, d.h. Zulassung aufgrund falscher Angaben
oder auf andere rechtswidrige Weise.

Die falschen Angaben müssen im Zulassungsantrag gemäß Art. 7 Abs. 1 12
gemacht worden und für die Zulassungserteilung von entscheidungserheblicher
Bedeutung sein. Falsch sind die Angaben, wenn sie in wesentlicher Beziehung
unrichtig oder unvollständig waren[7]. Aufgrund des Wortlauts des Art. 11 lit. b)
ist die Vornahme der falschen Angaben verschuldensunabhängig.

Andere rechtswidrige Weisen meint die arglistige Täuschung, die Drohung 13
oder die Bestechung.

3. Nichterfüllen der Zulassungsvoraussetzungen (Art. 11 lit. c)). Wenn 14
der AIFM die Voraussetzungen, untern denen die Zulassung erteilt wurde, nicht
mehr einhält, kann die zuständige Behörde gemäß Art. 11 lit. c) die erteilte Zulassung entziehen. In diesem Fall verstößt der AIFM gegen die in Art. 6 Abs. 1
UAbs. 2 normierte Verpflichtung, die in der AIFM-Richtlinie festgelegten
Voraussetzungen für eine Zulassung jederzeit einzuhalten.

4. Nichterfüllen der Richtlinie 2006/49/EG (Art. 11 lit. d)). Wenn die 15
Zulassung sich auf die Dienstleistung der individuellen Portfolioverwaltung gemäß
Art. 6 Abs. 4 lit. a) erstreckt, kann dem externen AIFM die AIFM-Zulassung
entzogen werden, wenn er die Vorgaben der Kapitaladäquanz-Richtlinie 2006/
49/EG nicht mehr erfüllt.

5. Schwerwiegender oder systematischer Verstoß gegen die Richtlinie 16
(Art. 11 lit. e)). Verstößt der AIFM in schwerwiegender Weise oder systematisch
gegen die nach der AIFM-Richtlinie erlassenen Bestimmungen, kann die zuständige Behörde die erteilte Zulassung entziehen. Weder die Richtlinie noch die
entsprechenden Regelungen in Art. 7 Abs. 5 lit. e) OGAW-RL und Art. 8 lit. d)

---

[6] Vgl. BT-Drs. 3/1114, S. 30 für die Regierungsbegründung zum KWG 1961.
[7] Vgl. *Beckmann* in Beckmann/Scholtz/Vollmer, Investment, 3/11, § 17 Rn. 30.

MiFID definieren einen schwerwiegenden oder systematischen Verstoß. Da es sich bei dem Entzug der Zulassung jedoch um die Ultima ratio handeln muss, kann ein schwerwiegender Verstoß nur dann angenommen werden, wenn es sich um einen gravierenden, ins Gewicht fallenden und sich nachteilig auswirkenden Verstoß handelt[8]. Unter einem systematischen Verstoß ist ein methodisch, planmäßiger Verstoß zu verstehen.

17 **6. Entzug nach nationalem Recht (Art. 11 lit. f)).** Die Zulassung kann entzogen werden, wenn das nationale Recht bezüglich Angelegenheiten, die außerhalb des Anwendungsbereichs der AIFM-Richtlinie liegen, den Entzug vorsieht. § 17 Abs. 1 Satz 2 InvG normiert das Erlöschen der Erlaubnis zur individuellen Vermögensverwaltung gemäß § 7 Abs. 1 InvG, soweit die Kapitalanlagegesellschaft auch über diese Erlaubnis verfügt, wenn die Kapitalanlagegesellschaft nach § 11 des Einlagensicherungs- und Anlegerentschädigungsgesetztes von der Entschädigungseinrichtung ausgeschlossen wird. Diese Regelung ist § 35 Abs. 1 Satz 2 KWG nachgebildet[9]. Eine solche Regelung könnte der deutsche Gesetzgeber auch für externe AIFM einführen, deren AIFM-Erlaubnis die Erbringung individueller Portfolioverwaltung umfasst und die von der Entschädigungseinrichtung ausgeschlossen werden.

II. Rechtsfolgen des Entzugs der Zulassung

18 Mangels Vorliegen einer Zulassung nach Entzug derselben darf der AIFM seine Geschäftätigkeit nicht mehr ausüben. Nichtsdestotrotz muss es einem AIFM trotz allem aus Anlegerschutzgesichtspunkten möglich sein, weiterhin Abwicklungsgeschäfte durchzuführen, obwohl die AIFM-Richtlinie dies nicht ausdrücklich erlaubt[10].

19 Zu beachten ist gemäß Art. 7 Abs. 5 UAbs. 1 Var. 2 die vierteljährliche Unterrichtungspflicht der zuständigen Behörden an die ESMA über die Rücknahme von Zulassungen.

D. Änderungen gegenüber der bisherigen Rechtslage in Deutschland für den AIFM

20 Eine vergleichbare Regelung findet sich in § 17 InvG, insbesondere das Erlöschen der Erlaubnis wegen Untätigkeit, Verzicht und Ruhen und die Aufhebung der Erlaubnis aufgrund falscher Erklärungen oder auf sonstige rechtswidrig Weise. Im Gegensatz zu Art. 11 lit. a) bestimmt § 17 Abs. 1 InvG, dass die Erlaubnis bei Nichtgebrauch, Verzicht oder Einstellung der Geschäftätigkeit erlischt. Die Wirksamkeit der Zulassung fällt also kraft Gesetzes und ohne weiteres Zutun der zuständigen Behörde weg[11]. Es bleibt abzuwarten, ob das deutsche Umsetzungsgesetz der AIFM-Richtlinie bei dem Wortlaut des Art. 11 bleibt oder eine schärfere Regelung entsprechend § 17 InvG formuliert.

21 Im Gegensatz zu Art. 11 kann die BaFin gemäß § 17a InvG statt der Aufhebung der Erlaubnis auch nur die Abberufung der verantwortlichen Geschäftsleiter ver-

---

[8] Vgl. *Beckmann* in Beckmann/Scholtz/Vollmer, Investment, 7/11, § 17 Rn. 59.

[9] BT-Drs. 16/5576, S. 62.

[10] Vgl. § 38 KWG bzw. § 17b InvG; allerdings haben weder die MiFID noch die OGAW-Richtlinie Regelungen hinsichtlich der Abwicklung nach Entzug der Zulassung.

[11] *Steck* in Berger/Steck, InvG, § 17 Rn. 2.

langen. Eine entsprechende Regelung findet sich nicht in der OGAW-Richtlinie. Damit verfügt die BaFin über ein milderes Mittel zur Aufhebung der Erlaubnis zum Geschäftsbetrieb einer Kapitalanlagegesellschaft. Die AIFM-Richtlinie nennt zwar auch lediglich die Aufhebung der Erlaubnis, allerdings müssen die Mitgliedstaaten bei der Umsetzung der AIFM-Richtlinie mildere Mittel berücksichtigen.

In § 35 KWG findet sich eine vergleichbare Norm für das Erlöschen und die **22** Aufhebung der Erlaubnis von Kreditinstituten und Finanzdienstleistungsunternehmen. Auch das KWG gewährt gemäß § 36 KWG in bestimmten Fällen die Option der Abberufung von Geschäftsleitern.

E. Bezüge zum KAGB-E

Art. 11 soll in § 39 KAGB-E umgesetzt werden. Der Richtlinientext soll im **23** KAGB-E im Wesentlichen unverändert übernommen werden.

§ 39 Abs. 1 Satz 2 KAGB-E verlangt im Gegensatz zur Regelung im Richtli- **24** entext, dass bei Investmentaktiengesellschaften und Investmentkommanditgesellschaften der Verzicht auf die Zulassung durch Vorlage eines Handelsregisterauszugs dokumentiert wird. Er basiert auf den Regelungen des aufzuhebenden § 97 Abs. 2 Satz 2 InvG.[12]

Ferner hat der deutsche Gesetzgeber in §§ 39 bis 43 KAGB-E mildere Mittel **25** berücksichtigt, die auf §§ 17a, 19i und 19j des aufzuhebenden Investmentgesetzes beruhen.

---

[12] Begründung zum Kabinettsentwurf des AIFM-Umsetzungsgesetzes vom 12.12.2012, S. 408.

Kapitel III Bedingungen für die Ausübung der Tätigkeit der AIFM

Vorbemerkung zu Kapitel III

Kapitel III hat die sog. Bedingungen zur Ausübung der Tätigkeiten von AIFM **1** zum Inhalt. Es umfasst die Art. 12 bis 21 und gliedert sich in vier Abschnitte. Abschnitt 1 ist mit „Allgemeine Grundsätze" umschrieben. Es umfasst die **2** Art. 12 bis 17. Hierzu gehören zunächst in Art. 12 die Wohlverhaltenspflichten, die stark an die allgemeinen Verhaltensregeln des § 9 InvG angelehnt sind. Hervorzuheben ist das zentrale Gebot, dass der AIFM stets im besten Interesse des von ihm verwalteten AIF und dessen Anleger handeln muss.

Die allgemeinen Grundsätze des Art. 12 werden namentlich durch die Art. 13 **3** und 14 weiter konkretisiert. Art. 13 i. V. m. Anhang II führt erstmals für die Asset Management Branche verbindliche Regeln für die Vergütung der Geschäftsführung und leitenden Angestellten von Verwaltungsgesellschaften ein. Der Richtliniengeber zieht damit Lehren aus der jüngsten Finanzkrise. Deren Ausbruch ist nicht zuletzt durch massive Fehlanreize der Vergütungssysteme in der Finanzbranche begünstigt worden. Die Vergütungsregelungen sollen insbesondere verhindern, dass AIFM übermäßige Risiken für Rechnung der von ihnen verwalteten AIF eingehen. Die variable Vergütung muss daher überwiegend an den langfristigen Erfolg des AIF anknüpfen. Bei den Vergütungsregelungen handelt es sich um horizontale Maßnahmen für alle Segmente der Finanzdienstleistungsbranche.

Bereits Art. 12 Abs. 1 lit. c) enthält die organisatorische Vorgabe, Interessen- **4** konflikte zu vermeiden. Dies wird mit Art. 14 durch materielle Regelungen zur Vermeidung von Interessenkonflikten ergänzt. Diese Regelungen lehnen sich stark an die Regelungen zu Interessenkonflikten in der MiFID an. AIFM müssen geeignete Maßnahmen ergreifen, um (potenzielle) Interessenkonflikte zu erkennen. Primäres Ziel ist es, (potenzielle) Interessenkonflikte zu vermeiden. Vermeidbare Interessenkonflikte muss der AIFM vermeiden. Nur wenn dies nicht oder nur mit unverhältnismäßigem Aufwand möglich ist, dürfen Interessenkonflikte hingenommen werden. Dies setzt allerdings voraus, dass die Anleger vor ihrer Investition über (potenzielle) Interessenkonflikte und deren Unvermeidbarkeit aufgeklärt worden sind.

Als weitere Lehre aus der jüngsten Finanzkrise enthalten die Art. 15 und 16 **5** umfassende Regelungen zum Risiko- und Liquiditätsmanagement. Die Finanzkrise wurde auch durch ein unzureichendes Risikomanagement sowohl im Banken- als auch im Fondssektor begünstigt. Insbesondere wurde das Liquiditätsrisiko (z. B. von ABS-Strukturen) massiv unterschätzt. Viele AIF investieren jedoch gerade in Vermögensgegenstände mit eingeschränkter Liquidität. Die Regelungen der Art. 15 und 16 lehnen sich stark an die Regelungen des § 80b InvG zum Risikomanagement offener Immobilienfonds an. Von wesentlicher Bedeutung für das Liquiditätsmanagement ist, dass die Rücknahme- und Ausgabepolitik eines AIF im Einklang mit der Liquidierbarkeit der investierten Vermögensgegenstände stehen muss. Je illiquider die Vermögensgegenstände, desto seltener darf die Ausgabe und Rücknahme der Anteile erfolgen.

6 Die AIFM-Richtlinie hat z. B. in Anhang I Nummer 1 zum Ausdruck gebracht, dass des Risikomanagement (einschließlich des Liquiditätsrisikomanagements) zu den Kernfunktionen eines AIFM gehört. das Risikomanagement ist von zentraler Bedeutung sowohl für den Schutz der Anleger als auch zur Sicherung der Finanzmarktstabilität. Da die Funktionen des Portfolio- und des Risikomanagements teils gegenläufige Interessen verfolgen, schreibt Art. 15 Abs. 1 eine funktionale und hierarchische Trennung beider Funktionen vor.

7 Art. 17 schließlich enthält Regelungen für den Fall, dass AIFM für Rechnung von AIF in sog. Verbriefungspositionen (vgl. hierzu auch Art. 63 bei OGAW) investieren. Hierbei handelt es sich um eine horizontale Maßnahme, die in gleicher Weise auch für Kreditinstitute und Versicherungen gilt. Sie soll als weitere Lehre aus der Finanzkrise verhindern, dass sich Emittenten von Verbriefungsstrukturen sämtlicher Risiken begeben können und deshalb übermäßige Risiken in dem Wissen eingehen, diese an Dritte auszuplatzieren. Die Regelungen sollen stattdessen für einen Gleichlauf der Interessen des Emittenten mit den Erwerbern von Verbriefungspositionen sorgen.

8 Abschnitt 2 umfasst die Art. 18 und 19. Art. 18 enthält Anforderungen an organisatorische Maßnahmen. Hierzu gehören namentlich Anforderungen an ausreichende und geeignete personelle und technische Ressourcen sowie an eine angemessene Verwaltung und Buchhaltung.

9 Art. 19 führt erstmals auf europäischer Ebene eingehende Regelungen zur Bewertung von Vermögensgegenständen von Fonds ein. Sie gehen deutlich über die nur kursorischen Bewertungsregelungen der OGAW-Richtlinie hinaus. Sie tragen insbesondere dem Umstand Rechnung, dass viele AIF in Vermögensgegenstände (wie z. B. Immobilien, Schiffe oder Erneuerbare Energien) investieren, welche über keinen Börsenkurs oder sonst leicht ermittelbaren Verkehrswert verfügen.

10 Abschnitt 3 besteht aus Art. 20. Dieser enthält Regelungen zur Auslagerung von Aufgaben des AIFM. Art. 20 ist weitgehend an die Regelungen zur Auslagerung in der OGAW-Richtlinie sowie in § 16 InvG angelehnt. Allerdings zielt Art. 20 darauf, die in der Praxis teils übermäßige Auslagerung einzuschränken. Auslagerungen sind daher künftig nur noch zulässig, wenn sie durch einen objektiven Grund gerechtfertigt sind. Auch die Regelungen zu den Grenzen der Auslagerung wurden verschärft. Der materielle Managerbegriff bedingt, dass ein AIFM seine Kernfunktionen des Portfolio- **und** des Risikomanagements weitgehend höchstpersönlich erbringen muss. Anderenfalls kann nicht länger von einem Verwalter eines AIF die Rede sein.

11 Abschnitt 4 schließlich besteht aus Art. 21. Dieser enthält mit der Regelung zur Depotbank eine zentrale Regelung der AIFM-Richtlinie. Wie schon bei offenen Fonds üblich, ist nunmehr für alle Arten von Fonds eine Depotbank vorgeschrieben. Diese handelt als Treuhänder im Interesse der Anleger. Die Depotbank hat drei Funktion: die Zahlstellen-, die Verwahr- und die Kontrollfunktion. Zur Zahlstellenfunktion gehört die Überwachung sämtlicher Zahlungsströme des AIF. Die Verwahrfunktion entspricht, wie es um die Verwahrung von verwahrfähigen Finanzinstrumenten geht, derjenigen der Depotbank nach der OGAW-Richtlinie bzw. § 24 Abs. 1 InvG. Allerdings investieren viele AIF in nicht verwahrfähige Vermögensgegenstände wie Immobilien, Schiffe oder Erneuerbare Energien. Insoweit tritt an die Stelle der Verwahrung eine Prüfung der Eigentumsverhältnisse nach dem Vorbild von § 24 Abs. 3 InvG. Hingegen ist die Kontrollfunktion weniger umfassend als nach dem Investmentgesetz; insbesondere sind keine Zustimmungsvorbehalte zugunsten der Depotbank vorgesehen. Art. 21 schränkt die Auslagerung von Aufgaben der Depotbank ein. Es dürfen nur einzelne Verwahraufgaben ausgelagert werden und auch dies nur, wenn hierfür ein objektiver Grund besteht und ein umfangreicher Katalog von Anforderungen erfüllt wird. Schließlich enthält Art. 21 umfassende Haftungsregelungen. Neu sind die verschuldensunabhängige Haftung der Depotbank für abhandengekommene verwahrte Finanzinstrumente sowie der Umstand, dass die Depotbank stets für das Verschulden eines Unterverwahrers haftet.

Abschnitt 1 Operationelle Anforderungen

Artikel 12 Allgemeine Grundsätze

AIFM-Richtlinie	KAGB-E
Art. 12 **Allgemeine Grundsätze**	**§ 26** **Allgemeine Verhaltensregeln; Verordnungsermächtigung**
(1) Die Mitgliedstaaten stellen sicher, dass AIFM stets: a) ihrer Tätigkeit ehrlich, mit der gebotenen Sachkenntnis, Sorgfalt und Gewissenhaftigkeit und redlich nachgehen; b) im besten Interesse der von ihnen verwalteten AIF oder der Anleger dieser AIF und der Integrität des Marktes handeln; c) über die für eine ordnungsgemäße Ausübung ihrer Geschäftätigkeit erforderlichen Mittel und Verfahren verfügen und diese wirksam einsetzen; d) alle angemessenen Maßnahmen zur Vermeidung von Interessenkonflikten und, wo diese nicht vermieden werden können, zur Ermittlung, Beilegung, Beobachtung und gegebenenfalls Offenlegung dieser Interessenkonflikte treffen, um zu vermeiden, dass sich diese nachteilig auf die Interessen der AIF und ihrer Anleger auswirken, und um sicherzustellen, dass den von ihnen verwalteten AIF eine faire Behandlung zukommt; e) alle auf die Ausübung ihrer Geschäftätigkeit anwendbaren regula-	(1) Die Kapitalverwaltungsgesellschaft handelt bei der Wahrnehmung ihrer Aufgaben unabhängig von der Verwahrstelle und ausschließlich im Interesse der Anleger. (2) Die Kapitalverwaltungsgesellschaft ist verpflichtet, 1. ihrer Tätigkeit ehrlich, mit der gebotenen Sachkenntnis, Sorgfalt und Gewissenhaftigkeit und redlich nachzugehen, 2. im besten Interesse der von ihr verwalteten Investmentvermögen oder der Anleger dieser Investmentvermögen und der Integrität des Marktes zu handeln, 3. alle angemessenen Maßnahmen zur Vermeidung von Interessenkonflikten und, wo diese nicht vermieden werden können, zur Ermittlung, Beilegung, Beobachtung und gegebenenfalls Offenlegung dieser Interessenkonflikte zu treffen, um a) zu vermeiden, dass sich diese nachteilig auf die Interessen der Investmentvermögen und der Anleger auswirken, und b) sicherzustellen, dass den von ihr verwalteten Investmentvermögen eine faire Behandlung zukommt,

AIFM-Richtlinie	KAGB-E
torische Anforderungen erfüllen, um das beste Interesse der von ihnen verwalteten AIF oder der Anleger dieser AIF und die Integrität des Marktes zu fördern; f) alle Anleger der AIF fair behandeln. Kein Anleger in einen AIF darf eine Vorzugsbehandlung erhalten, es sei denn, eine solche Vorzugsbehandlung ist in den Vertragsbedingungen oder in der Satzung des entsprechenden AIF vorgesehen.	4. über die für eine ordnungsgemäße Geschäftstätigkeit erforderlichen Mittel und Verfahren zu verfügen und diese wirksam einzusetzen, 5. alle auf die Ausübung ihrer Geschäftstätigkeit anwendbaren regulatorischen Anforderungen zu erfüllen, um das beste Interesse der von ihr verwalteten Investmentvermögen oder der Anleger dieser Investmentvermögen und die Integrität des Marktes zu fördern, und 6. alle Anleger der Investmentvermögen fair zu behandeln. (3) Die AIF-Kapitalverwaltungsgesellschaft darf keinem Anleger in einem AIF eine Vorzugsbehandlung gewähren, es sei denn, eine solche Vorzugsbehandlung ist in den Anlagebedingungen, in der Satzung oder dem Gesellschaftsvertrag des entsprechenden AIF vorgesehen.
(2) Ein AIFM, dessen Zulassung sich auch auf die Portfolioverwaltung mit Ermessensspielraum gemäß Artikel 6 Absatz 4 lit. a erstreckt, a) darf das Portfolio des Kunden weder ganz noch teilweise in Anteilen der von ihm verwalteten AIF anlegen, es sei denn, er hat zuvor eine allgemeine Zustimmung des Kunden erhalten; b) unterliegt in Bezug auf die Dienstleistungen gemäß Artikel 6 Absatz 4 den Vorschriften der Richtlinie 97/9/EG des Europäischen Parlaments und des Rates vom 3. März 1997 über Systeme für die Entschädigung der Anleger.	(4) Eine Kapitalverwaltungsgesellschaft, deren Erlaubnis auch die in § 20 Absatz 2 Nummer 1 (Finanzportfolioverwaltung) oder die in § 20 Absatz 3 Nummer 1 (individuelle Vermögensverwaltung) oder Nummer 2 (Finanzportfolioverwaltung) genannte Dienstleistung umfasst, darf das Vermögen des Kunden weder ganz noch teilweise in Anteilen der von ihr verwalteten Investmentvermögen anlegen, es sei denn, der Kunde hat zuvor eine allgemeine Zustimmung hierzu gegeben. (5) Die Kapitalverwaltungsgesellschaft muss insbesondere über geeignete Verfahren verfügen, um bei Investmentvermögen unter Berücksichtigung des Wertes des Investmentvermögens und der Anlegerstruktur eine Beeinträchtigung von Anlegerinteressen durch unangemessene Kosten, Gebühren und Praktiken zu vermeiden. (6) Die Kapitalverwaltungsgesellschaft hat angemessene Grundsätze und Verfahren anzuwenden, um eine Beeinträchtigung der Marktstabilität und

AIFM-Richtlinie	KAGB-E
	Marktintegrität zu verhindern. Missbräuchliche Marktpraktiken sind zu verhindern, insbesondere die kurzfristige, systematische Spekulation mit Investmentanteilen durch Ausnutzung von Kursdifferenzen an Börsen und anderen organisierten Märkten und damit verbundene Möglichkeiten, Arbitragegewinne zu erzielen.
(3) Die Kommission erlässt gemäß Artikel 56 und nach Maßgabe der Bedingungen der Artikel 57 und 58 delegierte Rechtsakte zur Festlegung der Kriterien, nach welchen die betreffenden zuständigen Behörden zu beurteilen haben, ob AIFM ihren in Absatz 1 genannten Pflichten nachkommen.	(7) Für AIF-Kapitalverwaltungsgesellschaften bestimmen sich die Kriterien, nach welchen die Bundesanstalt beurteilt, ob AIF-Kapitalverwaltungsgesellschaften ihren in Absatz 1 und 2 genannten Pflichten nachkommen, nach Artikel 16 bis 29 der Verordnung (EU) Nr. ___/2013 [Level 2-Verordnung gemäß Artikel 12 Absatz 3 der Richtlinie 2011/61/EU].
	(8) Das Bundesministerium der Finanzen hat durch Rechtsverordnung, die nicht der Zustimmung des Bundesrates bedarf, für Kapitalverwaltungsgesellschaften in Bezug auf Publikums-AIF zusätzliche Bestimmungen zu den in Artikel 16 bis 29 der Verordnung (EU) Nr. .../2013 [Level 2-Verordnung gemäß Artikel 12 Absatz 3 der Richtlinie 2011/61/EU] aufgeführten Kriterien nach Absatz 7 und in Bezug auf OGAW nähere Bestimmungen zu erlassen
	1. zu Verhaltensregeln, die den Anforderungen nach den Absätzen 1 und 2 Nummer 1 und 2 entsprechen und
	2. über die Mittel und Verfahren, die für eine ordnungsgemäße Geschäftstätigkeit solcher Kapitalverwaltungsgesellschaften erforderlich sind.
	Das Bundesministerium der Finanzen kann die Ermächtigung durch Rechtsverordnung auf die Bundesanstalt übertragen.

Literatur: *Beckmann,* in: Beckmann/Scholtz/Vollmer, Investment-Handbuch, Berlin, 2012; *Investment 2010,* Bundesverband Investment und Asset Management e.V. Frankfurt am Main, 2010; *Köndgen,* in: Berger/Steck/Lübbehausen, Investmentgesetz/Investmentsteuergesetz, München 2010; *Koller,* in: Assmann/Uwe H. Schneider (Hrsg.), Wertpapierhandelsgesetz, 6. Aufl., Köln 2012; *Memo*/10/572 der EU-Kommission zur AIFM-Richtlinie: Frequently Asked Questions vom 11.11.2010, Seite 1; *Swoboda/Schatz*, Entwurf der AIFM-Richtlinie, in: Striegel/Wiesbrock/Jesch, Kapitalbeteiligungsrecht, 2009, Seite 859, Tz. 61.

Übersicht

A. Entstehungsgeschichte

1   Der **Kommissionsvorschlag** zur AIFM-Richtlinie[1] enthielt in Kapitel III Abschnitt 1 unter dem Titel „Wohlverhaltensregeln" Allgemeine Grundsätze, nach denen AIFM ihre Tätigkeit als Verwalter von AIF ausüben müssen.

2   Gegenüber dem Kommissionsvorschlag wurden die Allgemeinen Grundsätze in der finalen Fassung der AIFM-Richtlinie um die lit. c), d) und e) sowie Absatz 2 erweitert. Die folgende **Übersicht** verdeutlicht die gegenüber dem Kommissionsvorschlag erweiterten Regelungen.

Regelungsgegenstand	Kommissionsvorschlag zur AIFM-Richtlinie	AIFM-Richtlinie
Ausübung der Tätigkeit: ehrlich, mit Sachkenntnis, Sorgfalt, Gewissenhaftigkeit und redlich	Art. 9 Abs. 1 lit. a)	Art. 12 Abs. 1 lit. a)

---

[1] Vorschlag für eine Richtlinie des Europäischen Parlaments und des Rates über die Verwalter alternativer Investmentfonds und zur Änderung der Richtlinien 2004/39/EG und 2009/.../EG, v. 30.4.2009; KOM(2009) 207 endgültig.

Regelungsgegenstand	Kommissionsvorschlag zur AIFM-Richtlinie	AIFM-Richtlinie
Handeln im besten Interesse der Anleger und der Integrität des Marktes	Art. 9 Abs. 1 lit. b)	Art. 12 Abs. 1 lit. b)
Einsatz wirksamer Mittel und Verfahren		Art. 12 Abs. 1 lit. c)
Interessenkonfliktmanagement		Art. 12 Abs. 1 lit. d)
Einhaltung regulatorischer Anforderungen		Art. 12 Abs. 1 lit. e)
Faire Behandlung der Anleger	Art. 9 Abs. 1 lit. a)	Art. 12 Abs. 1 lit. f)
Keine Vorzugsbehandlung einzelner Anleger	Art. 9 Abs. 1 letzter Satz	Art. 12 Abs. 1 letzter Satz
Anlagerestriktion bei individueller Portfolioverwaltung		Art. 12 Abs. 2
Delegierte Rechtsakte	Art. 9 Abs. 2	Art. 12 Abs. 3

Die Anpassungen führten zu einer nahezu vollständigen Angleichung an den **4** Wortlaut des Art. 14 der in 2010 neu gefassten OGAW-Richtlinie. Die Regelungen des Art. 14 OGAW-RL wurde allerdings in 2010 nicht gänzlich neu gefasst, sondern bereits durch Art. 5h und Art. 5f Absatz 2 der Verwaltungsgesellschafts-Richtlinie 2001/107/EG[2] aufgenommen. Die Aufnahme dieser Regelungen wurde in Erwägungsgrund 10 der Richtlinie damit begründet, dass die Verwaltung von Anlageportfolios eine Wertpapierdienstleistung darstellt, die bereits von der **Wertpapierdienstleistungsrichtlinie 93/22/EWG**[3] abgedeckt ist. Die Wertpapierdienstleistungsrichtlinie ist im Jahre 2004 durch die Finanzmarktrichtlinie (MiFID) ersetzt worden. Um einen einheitlichen Rechtsrahmen in diesem Bereich zu gewährleisten, wurden die Verwaltungsgesellschaften, deren Zulassung auch Wertpapierdienstleistungen abdeckt, den Bedingungen jener Richtlinie für die Ausübung der Tätigkeit unterworfen.

Art. 14 OGAW-RL ist in Deutschland durch § 9 InvG umgesetzt worden.[4] **5**

Der **Ursprung der Norm** des Art. 12 liegt demnach in der Regulierung von **6** **Wertpapierfirmen** bei der Erbringung von Wertpapierdienstleistungen. Wegen der Gleichartigkeit der Dienstleistung, nämlich der Verwaltung von Finanzportfolien (zum Anwendungsbereich der Richtlinie vgl. Abschnitt A und B des Anhangs zu Richtlinie 93/22/EWG des Rates vom 10. Mai 1993 über Wertpapierdienstleistun-

---

[2] Richtlinie 2001/107/EG des Europäischen Parlaments und des Rates vom 21. Januar 2002 zur Änderung der Richtlinie 85/611/EWG des Rates zur Koordinierung der Rechts- und Verwaltungsvorschriften betreffend bestimmte Organismen für gemeinsame Anlagen in Wertpapieren (OGAW) zwecks Festlegung von Bestimmungen für Verwaltungsgesellschaften und vereinfachte Prospekte, ABL L 41/20 vom 13.2.2002.

[3] Richtlinie 93/22/EWG des Rates vom 10. Mai 1993 über Wertpapierdienstleistungen ABl. L 141/27 vom 11.6.1993.

[4] *Köndgen* in Berger/Steck/Lübbehausen, InvG, § 9 Rn. 1 ff.

gen, ABl. L 141/27 vom 11.6.1993), wurden die Wohlverhaltensregeln auch auf OGAW-Verwaltungsgesellschaften übertragen. Mit der Angleichung von Art. 12 an Art. 14 OGAW-RL werden die ursprünglich Wertpapier-bezogenen Regelungen auch auf Verwalter von Portfolien in Nicht-Finanzinstrumenten, wie z. B. die Verwalter geschlossener Schiffsfonds, übertragen. Dies ist insoweit unproblematisch als die Regelungen des Art. 12 Abs. 1 nicht auf bestimmte Assetklassen zugeschnitten sind. Sie können vielmehr Geltung für alle Fälle beanspruchen, in denen der Verwalter eines Fonds die Rolle als Treuhänder der Fondsanleger innehat.

B. Normzweck

7   Den Erwägungsgründen der AIFM-Richtlinie, der OGAW-Richtlinie und der Wertpapierdienstleistungsrichtlinie kann der **Normzweck** nicht direkt entnommen werden. Vielmehr muss er aus den übergeordneten Zielen der Richtlinien abgeleitet werden.

8   Auf die Wertpapierdienstleistungsrichtlinie geht insbesondere die im Art. 12 umgesetzte Formulierung eines **doppelten Schutzzwecks** der Verhaltensregeln zurück.[5] Danach dienen die Verhaltensregeln dem Anlegerschutz und der Stabilität des Finanzsystems.

9   In den Erwägungsgründen wird das Ziel der AIFM-RL darin gesehen, gemeinsame Anforderungen für die Zulassung von und Aufsicht über AIFM festzulegen, um für die damit zusammenhängenden Risiken und deren Folgen für Anleger und Märkte in der Union ein kohärentes Vorgehen zu gewährleisten.[6]

10   Insbesondere die Finanzmarktkrise von 2008 hat Schwächen unter anderem bei der Ausübung angemessener Sorgfalt durch AIFM aufgezeigt.[7] Im Zuge der Aufarbeitung der Ursachen für die Finanzmarktkrise weist der sog. de **Larosière-Bericht** darauf hin, dass vielen Geschäftsleitungen die Merkmale der neuen, hochkomplexen Finanzprodukte sowie das mit der Investition in solche Finanzprodukte verbundene Gesamtrisiko nicht bewusst war und unterschätzt wurde.[8] Insbesondere bei einer Anlageentscheidung im Rahmen der Portfolioverwaltung ist nicht nur die erforderliche Sachkenntnis anzuwenden, sondern auch das mit der Anlage verbundene Chancen-/Risikoprofil mit der gebotenen Sorgfalt abzuwägen, um unangemessene Risiken für die Anleger und den Finanzmarkt zu vermeiden.

11   Diesen Risiken soll mit der in Art. 12 Abs. 1 lit. b) aufgenommenen Forderung, dass AIFM stets im besten **Interesse der Anleger** und der **Integrität des Marktes** handeln müssen, Rechnung getragen werden.

C. Überblick über die Norm

12   Die ursprünglich im Kommissionsvorschlag enthaltenen Regelungen (siehe oben Rn. 2) stellen Vorgaben an das Verhalten des AIFM bei der Ausübung seiner

---

[5] *Köndgen* in Berger/Steck/Lübbehausen Kommentierung zu § 9 InvG Rn. 2.

[6] Erwägungsgrund 2 zur Richtlinie 2011/61/EU des Europäischen Parlaments und des Rates vom 8. Juni 2011 über die Verwalter alternativer Investmentfonds und zur Änderung der Richtlinien 2003/41/EG und 2009/65/EG und der Verordnungen (EG) Nr. 1060/2009 und (EU) Nr. 195/2010, ABl. L 174/1 vom 1.7.2011.

[7] Memo/10/572 der Kommission zu AIFM-Richtlinie: Frequently Asked Questions vom 11.11.2010, Seite 1.

[8] Report of the High-Level Group on Financial Supervision in the EU, Brüssel, 25.2.2009, Seite 11, Rn. 23.

Tätigkeit dar. Der AIFM soll sich beispielsweise ehrlich, redlich und Gewissenhaft verhalten. Er soll im besten Interesse der Anleger und der Integrität des Marktes handeln. Die Vorgaben an das Verhalten des AIFM stellen **Verhaltensnormen im engeren Sinne** dar.

Demgegenüber haben die erst im Laufe des Verfahrens hinzugefügten weiteren **13** Regelungen eher organisatorischen Charakter. Sie enthalten unmittelbare Anforderungen z. B. an den Einsatz erforderlicher Mittel und Verfahren oder die Ergreifung von Maßnahmen zur Vermeidung von **Interessenkonflikten**. Abs. 2 stellt den Sonderfall eines potentiellen Interessenkonflikts zwischen AIFM und Individualkunden dar. Für den Fall, dass der AIFM neben der kollektiven Vermögensverwaltung auch die individuelle Portfolioverwaltung betreibt, sind zum Schutz des Individualkunden besondere Maßnahmen erforderlich.

Zur Konkretisierung der Pflichten von AIFM nach Abs. 1 ist die EU-Kommis- **14** sion nach Abs. 2 verpflichtet, sog. Level-II-Maßnahmen nach Einholung einer Empfehlung der ESMA zu erlassen. Dem ist die EU-Kommission durch die Durchführungsverordnung nachgekommen.

D. Verhaltensnormen im engeren Sinne (Abs. 1 lit. a), b), f) und letzter Satz)

I. Generalnorm (Abs. 1 lit. a))

Ein AIFM hat sich bei seiner Tätigkeit ehrlich und redlich zu verhalten. Er **15** hat den AIF mit der gebotenen Sachkenntnis, Sorgfalt und Gewissenhaftigkeit zu verwalten. Diese Generalnorm wird in den nachfolgenden Artikeln der AIFM-Richtlinie weiter ausgestaltet.[9] Die Verhaltensnormen im engeren Sinne, die in Deutschland in § 9 InvG geregelt sind, begründen sich aus der Tatsache, dass der AIFM das Vermögen der Anleger als **Treuhänder** verwaltet.[10] Dabei wird der AIFM auf Grundlage eines Geschäftsbesorgungsvertrages tätig, der die Verpflichtung zu professioneller Sorgfaltswaltung, zu eigenverantwortlicher Geschäftsführung sowie zu optimaler Interessenwahrung, einschließlich der Vermeidung von Interessenkonflikten umfasst.[11]

In der Durchführungsverordnung[12] hat die Kommission **Mindestkriterien 16** festgelegt, die die Aufsichtsbehörden bei der Beurteilung der Einhaltung der Anforderungen des Art. 12 Abs. 1 zu Grunde legen sollen.

Art. 20 der Durchführungsverordnung verlangt neben einem „hohen Maß" an **17** **Sorgfalt** bei der Investitionsentscheidung und der Überwachung der Vermögensgegenstände auch adäquate **Sachkenntnisse** bezüglich der Assets, in die der AIF investieren darf. Weiterhin undefiniert bleiben naturgemäß die Begriffe „hohes Maß" an Sorgfalt und „adäquate" Sachkenntnisse. Hierzu wird es eigener Ausle-

---

[9] *Swoboda/Schatz,* Entwurf der AIFM-Richtlinie, in Striegel/Wiesbrock/Jesch, Kapitalbeteiligungsrecht, 2009, Seite 859, Tz. 61.

[10] *Beckmann* in Beckmann/Scholtz/Vollmer, Investment-Handbuch, 410 § 9 Rn. 70.

[11] *Köndgen* in Berger/Steck/Lübbehausen Kommentierung zu § 9 InvG Rn. 16.

[12] Art. 16 bis 29 der Durchführungsverordnung (ED) No (zum Zeitpunkt der Durchlegung noch nicht im Amtsblatt veröffentlicht) supplementing Directive 2011/61/EU of the European Parliament and of the Council with regard to exemptions, general operating conditions, depositaries, leverage, transparency and supervision.

gungen des AIFM bedürfen, der dabei die Art, den Umfang und die Komplexität der getätigten Geschäfte berücksichtigen wird.

18   Hingegen lassen die Anforderung, über dokumentierte Richtlinien zu verfügen und wirksame Verfahren zu implementieren, die sicherstellen, dass die Investmententscheidungen im Einklang mit der Investmentstrategie und etwaigen Risikovorgaben stehen, weniger Spielraum für Interpretationen.[13]

19   Art. 19 der Durchführungsverordnung stellt zahlreiche **Dokumentationsanforderungen** für den Fall, dass der AIFM in Vermögensgegenstände mit eingeschränkter Liquidität investiert, auf. Diese Anforderung mag aus der Sicht der Finanzmarktkrise für Wertpapier-Portfolios nachvollziehbar und sachgerecht erscheinen. Aus dem Blickwinkel der nunmehr auch unter den Anwendungsbereich der AIFM-Richtlinie fallenden geschlossenen Fonds (z. B. Schiffsfonds) oder Private Equity-Fonds, gehen diese Anforderungen aufsichtsrechtlich ins Leere. Dies ergibt sich aus den unterschiedlichen Geschäftsmodellen der AIFM. Während in der bisher schon investmentrechtlich regulierten Branche die Liquidität der Vermögensgegenstände eine hohe Priorität hat und dies im Zusammenhang mit der börsentäglichen Rückgabemöglichkeit der Anteilscheine auch durchaus angemessen ist, besteht das Geschäftsmodell der geschlossenen Fonds und Private-Equity-Fonds gerade darin in nicht liquide Vermögensgegenstände zu investieren. Somit wäre der zu dokumentierende Sonderfall bei Wertpapier-Portfolien der Regelfall bei geschlossenen Fonds und Private-Equity-Fonds.

20   Ebenso verhält es sich mit den Anforderungen des Art. 20 der Durchführungsverordnung zu der erforderlichen Sorgfalt bei der Auswahl der **Gegenpartei** bei Abschluss eines Geschäftes und des **Primebrokers**. Für beide gilt, dass sie einer öffentlichen Aufsicht unterliegen müssen und neben einwandfreien finanziellen Verhältnissen über die erforderlichen organisatorischen Strukturen und Ressourcen für die Erbringung ihrer Dienstleistung verfügen müssen.[14]

21   Eine Ausübung der Tätigkeit des AIFM im Rahmen der Generalnorm setzt voraus, dass die **Organe** des AIFM (in Deutschland die Geschäftsführung und der Aufsichtsrat) über ausreichende Erfahrungen, Fähigkeiten, Produkt- und Marktkenntnisse verfügen sowie ausreichend Zeit für Ihre Aufgaben allokieren und sich angemessen weiterbilden.[15] Letztere Anforderungen dürften sich eher auf den in Deutschland vorgeschriebenen Aufsichtsrat gemäß § 6 Abs. 2 InvG bzw. § 18 Abs. 2 KAGB beziehen.

22   Die Grundsätze des ehrlichen, gewissenhaften und am besten Anlegerinteresse ausgerichteten Verhalten sind auch bedeutsam für die Frage, welche Gebühren, Provisionen oder sonstigen Geldleistungen und geldwerten Vorteile **(Zuwendungen) ein** AIFM entgegennehmen oder gewähren darf. Art. 24 der Durchfüh-

---

[13] Art. 19 Nr. 3 der Durchführungsverordnung (ED) No (zum Zeitpunkt der Durchlegung noch nicht im Amtsblatt veröffentlicht) supplementing Directive 2011/61/EU of the European Parliament and of the Council with regard to exemptions, general operating conditions, depositaries, leverage, transparency and supervision, ABl. _/_.

[14] Art. 20 Nr. 2 der Durchführungsverordnung (ED) No (zum Zeitpunkt der Durchlegung noch nicht im Amtsblatt veröffentlicht) supplementing Directive 2011/61/EU of the European Parliament and of the Council with regard to exemptions, general operating conditions, depositaries, leverage, transparency and supervision, ABl. _/_.

[15] Art. 21 der Durchführungsverordnung (ED) No (zum Zeitpunkt der Durchlegung noch nicht im Amtsblatt veröffentlicht) supplementing Directive 2011/61/EU of the European Parliament and of the Council with regard to exemptions, general operating conditions, depositaries, leverage, transparency and supervision, ABl. _/_.

rungsverordnung enthält einen Katalog von zulässigen Zuwendungen. Das sind unter anderem Zuwendungen, die für Rechnung des AIF oder der Anleger gewährt bzw. entgegengenommen werden oder Zuwendungen, die notwendig sind, um bestimmte Dienstleistungen, die für die Verwaltung des AIF erforderlich sind zu erhalten (z. B. Settlement Fees, Rechtskosten). Naturgemäß enthält die Durchführungsverordnung keine Angaben zur Höhe der angemessenen Gebühren. Dies kann auch angesichts des weiten Anwendungsbereichs der Richtlinie nicht ernsthaft erwartet werden. Problematischer erscheint dagegen, dass der Begriff der „sachgerechten Gebühren, die die Erbringung der betreffenden Dienstleistung ermöglichen oder dafür notwendig sind", nicht weiter konkretisiert wird.[16]

Art. 25 bis 29 der Durchführungsverordnung enthalten Konkretisierungen zu **23** **Orderabwicklung, Blocktrades, Informationspflichten zu** Anteilscheingeschäften und **Best Execution.** Diese Konkretisierungen sind insoweit unproblematisch, als das sie in Deutschland bereits durch die BVI-Wohlverhaltensregeln bzw. die InvVerOV umgesetzt sind. Diese gelten aber bisher nur für Kapitalanlagegesellschaften. Die Branche der geschlossenen Fonds oder Private Equity unterliegen diesen Anforderungen bisher nicht. Weitere Konkretisierungen für diese Branchen wären wünschenswert gewesen. Insbesondere deswegen, weil die vorgenannten Konkretisierungen den Handel in Wertpapieren (und damit den Kauf bzw. Verkauf der Vermögensgegenstände des Portfolios) betreffen. Eine Konkretisierung für geschlossene Fonds und Private Equity könnte beispielsweise dahin gehend ausgestaltet sein, dass es Pflichten zur Dokumentation des Auswahlverfahrens beim Erwerb der Vermögensgegenstände (z. B. Immobilien, Schiffe, Beteiligungen etc.) regelt. So könnte nachvollziehbar dokumentiert werden warum ein bestimmter Vermögensgegenstand erworben wurde, welche Vorteile er gegenüber einem Alternativinvestment hat und welche Ertragserwartungen gerade für diese Entscheidung ausschlaggebend waren. Somit könnte auch der AIFM dokumentieren, dass er im Rahmen der Generalnorm gehandelt hat, nämlich mit Sachkenntnis, Sorgfalt und Gewissenhaftigkeit.

II. Anlegerinteresse und Integrität des Marktes (Abs. 1 lit. b))

Die zivilrechtliche Pflicht des AIFM, die Interessen der Anleger wahrzuneh- **24** men, ergibt sich bereits aus dem Vertragsverhältnis zwischen dem Anleger und dem AIFM, der als **Geschäftsbesorgungsvertrag** i.S.v. § 675 BGB anzusehen ist.[17]

Nach Art. 12 Abs. 1 lit. b) muss ein AIFM im besten Interesse der Anleger und **25** des AIF handeln. Anders als bei der individuellen Vermögensverwaltung oder bei der Verwaltung eines Spezial-AIF mit einem Anleger kann der AIFM nicht nach **unterschiedlichen Anlegerinteressen** differenzieren; die Richtschnur wird hier das Interesse eines durchschnittlichen Investmentkunden sein.[18] Die Definition des durchschnittlichen Anlegerinteresses erscheint allerdings bei Publikums-AIF problematisch. Der AIFM kennt in der Regel den Anleger im Publikums-AIF

---

[16] Art. 24 Abs. 1 lit. c) der Durchführungsverordnung (ED) No (zum Zeitpunkt der Durchlegung noch nicht im Amtsblatt veröffentlicht) supplementing Directive 2011/61/EU of the European Parliament and of the Council with regard to exemptions, general operating conditions, depositaries, leverage, transparency and supervision, ABl. _/_.

[17] *Beckmann* in Beckmann/Scholtz/Vollmer, Investment-Handbuch, 410 § 9 Rn. 171.

[18] *Köndgen* in Berger/Steck/Lübbehüsen, InvG § 9 InvG Rn. 35.

nicht. Der Anleger erwirbt die Anteile am AIF im Allgemeinen bei seiner Bank oder über andere Vetriebsnetze (z. B. Internet). Da ebenso institutionelle Anleger in Publikums-AIF investieren dürfen, kann die Anlegerstruktur in solchen Fällen sehr heterogen aus professionellen, semi-professionellen und Privatanlegern bestehen. Primär muss der AIFM davon ausgegangen, dass der Anleger ein Interesse daran hat, das der AIF im Rahmen der **Vertragsbedingungen/Satzung** verwaltet wird. Schließlich kommen dort die Anlagestrategie, das Risikoprofil und damit einhergehend auch eine gewisse, wenn auch mit Ausnahme von Garantiefonds nicht näher spezifizierte, Ertragserwartung zum Ausdruck. In besonderen Fällen, wie z. B. bei der Aussetzung der Rücknahme der Anteilscheine wird der AIFM die Interessen der Anleger in Abstimmung mit der BaFin wahren. So kann es beispielsweise nach der Aussetzung der Rücknahme der Anteilscheine und anschließender, jahrelanger Abwicklung eines AIF, der ursprünglich als thesaurierender AIF aufgelegt wurde, nach Abstimmung mit der BaFin, durchaus zu Ausschüttung von Liquidität aus zwischenzeitig liquidierten Vermögensgegenständen kommen.

26   Die Vorschrift bedeutet nicht, dass der AIFM nicht auch eigene Interessen bei seiner Tätigkeit verfolgen darf, solange es nicht zu einer **Interessenkollision** mit den Interessen der Anleger kommt.[19] Ist eine Verwaltungsentscheidung auch für den AIFM oder Dritte (z. B. Depotbank, Prime Broker) vorteilhaft, führt das wegen der Indizien für eine Interessenkollision zu einer Beweislastumkehr zu Ungunsten des AIFM und bedarf der Dokumentation der Entscheidungsgründe[20]

27   Neben den Anlegerinteressen hat der AIFM auch die Integrität des Marktes zu wahren. Die Marktintegrität beruht darauf, dass alle Marktteilnehmer **Vertrauen** in die **Funktionsfähigkeit, Stabilität und Transparenz des Marktes** haben.[21] Das Wohlverhalten des AIFM dient dazu dieses Vertrauen nicht zu beeinträchtigen.

28   Die Durchführungsverordnung verlangt hier für ein aktives Handeln des AIFM. Art. 17 der Durchführungsverordnung fordert die Anwendung von Grundsätzen und Verfahren zu Verhinderung unzulässiger Praktiken, die die Marktstabilität und -integrität beeinträchtigen.

29   In der Praxis werden hierfür sog. **Wohlverhaltens-Handbücher** (siehe auch Abschnitt H.) erstellt, die den Anforderungen Rechnung tragen sollen. Beispielsweise werden dort organisatorische Vorkehrungen gegen Market Timing oder Late Trading getroffen, die Kursmanipulation und damit ein Handeln gegen die Marktintegrität vorbeugen sollen.

30   Das Handeln im besten Interesse des Anlegers steht zumindest in einem Punkt naturgemäß im Spannungsfeld mit den Interessen des AIFM. Nämlich bei der Frage wie viel **Entgelt** (Vergütung, Provisionen) darf sich der AIFM aus dem AIF entnehmen? Das Interesse des Anlegers liegt sicher darin, dass möglichst wenige Aufwendungen (z. B. Entnahmen des AIFM als eigene Vergütung) im AIF entstehen und somit möglichst viel von seinem Geld in Ertrag generierenden Vermögensgegenständen investiert ist. Dem steht das Interesse des AIFM entgegen eine (angemessene) Vergütung für seine Portfolioverwaltung zu erhalten. Problemfelder können hierbei nicht nur die Höhe der Vergütungen, sondern bestimmte Formen der Ausgestaltung von Geschäftsmodellen sein. Zum Beispiel

---

[19] *Beckmann* in: Beckmann/Scholtz/Vollmer, Investment-Handbuch, 410 § 9 Rn. 177 f.

[20] *Beckmann* in: Beckmann/Scholtz/Vollmer, Investment-Handbuch, 410 § 9 Rn. 178.

[21] *Beckmann* in: Beckmann/Scholtz/Vollmer, Investment-Handbuch, 410 § 9 Rn. 180.

das Erbringen von (zusätzlichen) Dienstleistungen von dem AIFM nahestehenden Unternehmen, sofern das Entgelt für diese Dienstleistungen nicht den Marktgegebenheiten entspricht oder diese Dienstleistungen gänzlich nicht erforderlich wären. Problematisch ist z. B. im Bereich der geschlossenen Fonds auch die Einbringung von Vermögensgegenständen aus dem Eigentum des Fondsinitiators in den AIF. Eine denkbare Lösung dieses potentiellen Problemfeldes besteht in der Möglichkeit die Interessen des AIF mit denen des AIFM in direkten Zusammenhang zu bringen **(alignment of interest)**. So regelt z. B. Art. 13, dass zumindest die Hälfte der variablen Vergütung von Führungskräften und bestimmten Mitarbeiterkategorien aus Anteilen des AIF bestehen soll und diese wiederrum zumindest zu 40% über einen Zeitraum, der dem Lebenszyklus des AIF (mindestens 3– 5 Jahre) entsprechen soll, verteilt wird (vgl. zu Details die Kommentierung zu Art. 13). Damit wird zumindest eine gewisse Übereinstimmung der Interessen der Anleger im AIF und des AIFM erreicht.

III. Faire Behandlung der Anleger und keine Vorzugsbehandlung einzelner Anleger (Abs. 1 lit. f) und letzter Satz)

Die Norm verpflichtet AIFM alle Anleger fair zu behandeln. Im Kontext mit 31 der nachfolgenden Norm die die **Vorzugsbehandlung** einzelner Anleger regelt, steht das Adjektiv fair für gerecht oder anständig. Durch den Begriff „Fairness" wird deutlich, dass selbst bei vergleichbaren Sachverhalten eine unterschiedliche Behandlung möglich ist, wenn ein gerechtes Verhalten eingehalten wird.[22]

Da die Konkretisierung von gerechtem Verhalten für den weiten Anwendungs- 32 bereich der Richtlinie praktisch unmöglich ist und eine allgemeingültige Definition von **Fairness** bei der Auslegung nicht weiter hilft, beschränkt sich die Durchführungsverordnung darauf, dem AIFM dazu zu verpflichten, dass die gerechte Behandlung von Anlegern ein entscheidender Bestandteil seiner Geschäftsorganisation sein soll.[23]

Der letzte Satz von Abs. 1 verlangt, dass kein Anleger eine Vorzugsbehandlung 33 erfährt. Die Möglichkeit einer Vorzugsbehandlung besteht unter zwei Voraussetzungen. Erstens muss zwangsläufig mehr als einen Anleger vorhanden sein. Zweitens müssen die Anleger dem AIFM bekannt sein. Nur dann kann es zu einer willentlichen Vorzugsbehandlung kommen. Und nur eine willentliche Vorzugsbehandlung kann hier gemeint sein. Der Ausschluss einer Vorzugsbehandlung bedeutet auch nicht zwingend, dass alle Anleger gleichbehandelt werden müssen.[24] Explizit zum Ausdruck kommt die nicht erforderliche **Gleichbehandlung** in der Norm selbst, da sie einschränkend formuliert, dass eine Vorzugsbehandlung dann zulässig ist, wenn sie vertraglich vereinbart ist. Damit trägt der Richtliniengeber den bei einigen Fondskategorien weit verbreiteten Vorzugsbehandlungen einzelner Anleger Rechnung (sog. side letters, etwa bei Hedgefonds). Das setzt notwendigerweise voraus, dass über die Vorzugsbehandlung Transparenz bei allen

---

[22] *Swoboda/Schatz,* Entwurf der AIFM-Richtlinie, in Striegel/Wiesbrock/Jesch, Kapitalbeteiligungsrecht, 2009, Seite 859, Tz. 69.

[23] Art. 23 Nr. 1 der Durchführungsverordnung (ED) No (zum Zeitpunkt der Durchlegung noch nicht im Amtsblatt veröffentlicht) supplementing Directive 2011/61/EU of the European Parliament and of the Council with regard to exemptions, general operating conditions, depositaries, leverage, transparency and supervision, ABl. _/_.

[24] *Swoboda/Schatz,* Entwurf der AIFM-Richtlinie, in Striegel/Wiesbrock/Jesch, Kapitalbeteiligungsrecht, 2009, Seite 859, Tz. 69.

Anlegern herrscht. Nur wenn alle Anleger über ihren und den Status der anderen Anleger informiert sind, kann eine faire Behandlung gewährleistet sein. Daher verpflichtet Art. 23 Abs. 1 lit. j) den AIFM, die Anleger vor ihrer Anlageentscheidung über etwaige Vorzugsbehandlungen eines oder mehrerer Anleger unter Erläuterung der privilegierten Behandlung, der Art der Anleger sowie ggf. der rechtlichen oder wirtschaftlichen Behandlung zwischen diesen Anlegern und dem AIF bzw. dem AIFM zu informieren.

34   Allerdings darf die zulässige Vorzugsbehandlung einzelner Anleger nicht zu einer wesentlichen Benachteiligung anderer Anleger führen.[25] Zulässige Vorzugsbehandlungen könnten hinsichtlich Investitionsbedingungen oder Gewinnbezugsberechtigungen vorstellbar sein.[26] **Unzulässige Vorzugsbehandlungen** könnten hingegen gegeben sein, wenn bestimmten Anlegern abweichende Ausgabe- und Rücknahmezeiten für ihre Anteile eingeräumt werden.[27]

E. Wirksamer Einsatz von Mitteln und Verfahren (Abs. 1 lit. c))

35   Art. 12 Abs. 1 lit. c) schreibt das Vorhalten der für eine ordnungsgemäße Ausübung erforderlichen Mittel und Verfahren sowie deren **wirksamen** Einsatz vor. Mit Mitteln sind die personelle und die technische Ausstattung des AIFM gemeint.

36   Bei der **Personalausstattung** des AIFM sind sowohl die quantitativen als auch die qualitativen Anforderungen an eine ordnungsgemäße Ausübung der Tätigkeit zu berücksichtigen.[28] In der Durchführungsverordnung werden die Anforderungen an die personellen Ressourcen in Art. 22, weiter erläutert. Danach sollen die Mitarbeiter über die relevanten Fähigkeiten, Fachkenntnisse und Erfahrungen verfügen, die sie zur Ausübung ihrer jeweiligen Tätigkeit benötigen. Ferner dürfen sie mit keinen anderen Tätigkeiten betraut sein, die sie davon abhalten, ihre Aufgaben gründlich, redlich und professionell durchzuführen.[29] Bei den qualitativen Anforderungen an die Mitarbeiter handelt es sich nicht um eine einmal bei der Einstellung zu überprüfende Qualifikation. Vielmehr muss durch regelmäßige und angemessene Weiterbildungsmaßnahmen auch nachhaltig gewährleistet sein, dass die Mitarbeiter über die erforderlichen Kenntnisse und Fähigkeiten zur Ausübung ihrer Tätigkeit verfügen. Dabei haben sich der Turnus und der Inhalt der Weiterbildungsmaßnahmen am Umfang und Komplexität der von dem relevanten Mitarbeiter/in getätigten Geschäfte zu orientieren. Ebenso muss der Risikogehalt der durchgeführten Tätigkeiten berücksichtigt werden. Das setzt voraus, dass im

---

[25] Art. 23 Nr. 2 der Durchführungsverordnung (ED) No (zum Zeitpunkt der Durchlegung noch nicht im Amtsblatt veröffentlicht) supplementing Directive 2011/61/EU of the European Parliament and of the Council with regard to exemptions, general operating conditions, depositaries, leverage, transparency and supervision, ABl. _/_.

[26] *Swoboda/Schatz,* Entwurf der AIFM-Richtlinie, in Striegel/Wiesbrock/Jesch, Kapitalbeteiligungsrecht, 2009, Seite 859, Tz. 70.

[27] *Köndgen* in Berger/Steck/Lübbehüsen, InvG § 9 InvG Rn. 41.

[28] Abschnitt 5 Nr. 1 und 2 Rundschreiben 5/2010 (WA) vom 30.6.2010 zu den Mindestanforderungen an das Risikomanagement für Investmentgesellschaften – InvMaRisk vom 30. Juni 2010 der BaFin.

[29] So auch § 4 Verordnung zur Konkretisierung der Verhaltensregeln und Organisationsregeln nach dem Investmentgesetz (Investment-Verhaltens- und Organisationsverordnung – InvVerOV), BGBl. I S. 1288.

Rahmen der Personalführung ein Trainingsplan erstellt wird und eine von der operativen Tätigkeit unabhängige Stelle (z. B. Personalabteilung, Geschäftsleitung) in die zu absolvierenden Trainingsmaßnahmen involviert ist.

Unter der **technischen Ausstattung** eines AIFM werden im Allgemeinen die **37** erforderliche Büroausstattung und insbesondere die Ausstattung mit IT-Hardware und IT-Software verstanden. Zur Erfüllung der Anforderungen ist die technische Ausstattung regelmäßig zu warten und in einem funktionsfähigen Zustand zu erhalten.

Der AIFM muss über die für eine ordnungsgemäße Ausübung der Tätigkeit **38** erforderlichen **Verfahren** verfügen. Unter Verfahren sind die Geschäftsprozesse zur Durchführung einer Aufgabe, die internen Regeln, nach denen der AIFM arbeitet, zu verstehen.[30] Die Verfahren müssen in Form von Handbüchern, Arbeitsplatz- und Arbeitsablaufbeschreibungen dokumentiert vorliegen und den relevanten Mitarbeitern zeitnah zugänglich sein.[31] Die Dokumentation erleichtert nicht nur das Einarbeiten neuer Mitarbeiter, sondern gewährleistet im Vertretungsfall und bei Ausscheiden von Mitarbeitern die Kontinuität in der Ausübung der Tätigkeiten. Ferner wird dadurch auch das Erreichen der gewünschten Verfahrensergebnisse sichergestellt.

Die Pflicht des AIFM ist nicht auf das Vorhalten der erforderlichen Mittel und **39** Verfahren beschränkt, vielmehr müssen die auf Grund der Mittel und Verfahren ergriffenen Maßnahmen geeignet sein den Normzweck zu erfüllen, was durch **interne Kontrollmaßnahmen** zu überwachen ist.[32]

F. Interessenkonflikt-Management (Abs. 1 lit. d) und Abs. 2))

Kern der Regelung von Art. 12 ist der **Schutz der Interessen** des AIF und **40** ihrer Anleger vor Risiken, die sich aus Interessenkonflikten für den AIF und deren Anleger ergeben können. Mit den Interessen der Anleger eines AIF sind die Interessen der Anleger in ihrer spezifischen Eigenschaft als Anleger im AIF und nicht ihre individuellen Interessen gemeint.[33]

Interessenkonflikte können immer dann entstehen, wenn mehrere Personen **41** oder Unternehmen an der Verwaltung des AIF beteiligt sind und eine Person davon abhängig ist, dass eine andere Person Entscheidungen trifft.[34]

Grundsätzlich wäre das im **Investmentdreieck**[35] zwischen Anleger, Verwahr- **42** stelle und AIFM strukturell immer gegeben. Allerdings liegt nur dann ein aufsichtsrechtlich relevanter Interessenkonflikt vor, wenn dem AIF und seinen Anle-

---

[30] *Beckmann* in Beckmann/Scholtz/Vollmer, Investment-Handbuch, 410 § 9 Rn. 468.

[31] Abschnitt 7.1 Nr. 1 Rundschreiben 5/2010 (WA) vom 30.6.2010 zu den Mindestanforderungen an das Risikomanagement für Investmentgesellschaften – InvMaRisk vom 30. Juni 2010 der BaFin.

[32] *Beckmann* in Beckmann/Scholtz/Vollmer, Investment-Handbuch, 410 § 9 Rn. 469.

[33] Erwägungsgrund 12 der Richtlinie 2011/61/EU des Europäischen Parlaments und des Rates vom 8. Juni 2011 über die Verwalter alternativer Investmentfonds und zur Änderung der Richtlinien 2003/41/EG und 2009/65/EG und der Verordnungen (EG) Nr. 1060/2009 und (EU) Nr. 195/2010, ABl. L 174/1 vom 1.7.2011.

[34] *Koller* in Assmann/Uwe H. Schneider (Hrsg.), WpHG, 6. Aufl. 2012, § 33 Rn. 38.

[35] Vgl. Investment 2010, Bundesverband Investment und Asset Management e.V. Frankfurt am Main, 2010, Seite 32.

gern ein potentieller **Nachteil** entstehen kann; es reicht nicht aus, dass einer anderen Person ein Vorteil entsteht.[36]

43   Die Regelung verlangt zunächst angemessene Maßnahmen zur Vermeidung von Interessenkonflikten zu ergreifen. Erst wenn der Interessenkonflikt unvermeidbar ist, sind organisatorische Maßnahmen zur Ermittlung, Beilegung, Beobachtung und ggf. Offenlegung zu treffen. Die **Organisationsmaßnahmen** müssen so ausgestaltet sein, dass sie nachteilige Auswirkungen von Interessenkonflikten auf den AIF und ihrer Anleger verhindern.

44   Art. 12 regelt die grundsätzliche **Vorgehensweise**, die der AIFM beim Interessenkonflikt-Management beachten muss. Demgegenüber beschreibt Art. 14 (Interessenkonflikte) Arten von Interessenkonflikten und legt dem AIFM weitergehende Organisations- und Offenlegungspflichten auf. Die Konkretisierung von Art. 14 erfolgt in Art. 30 bis 37 der Durchführungsverordnung. Zu weiteren Aspekten des Interessenkonflikt-Managements sei deshalb auch auf die Kommentierung zu Art. 14 verwiesen.

45   Ein **Sonderfall** von Interessenkonflikten wurde in Abs. 2 aufgenommen. Für den Fall, dass der AIFM neben der kollektiven Verwaltung von AIF noch über eine Zulassung zur individuellen Vermögensverwaltung gemäß Art. 6 Abs. 4 lit. a) verfügt, und diese auch ausübt, gelten besondere Vorschriften.

46   Hierbei steht nicht der Schutz des AIF und seiner Anleger im Vordergrund, sondern der Schutz des Kunden des **Individualportfolios**. Der Erwerb von Anteilen des AIF in ein individuelles Kundenportfolio hat für den AIFM grundsätzlich den Vorteil, dass mit der im AIF zufließenden Liquidität auch das Fondsvolumen steigt. In aller Regel ermittelt sich die Vergütung des AIFM als Bruchteil (Prozent- oder Promillesatz) vom Fondsvermögen. Der daraus für den AIFM entstehende finanzielle Vorteil im Gegensatz zu einem Investment in einen anderen Vermögensgegenstand ohne Bezug zum AIFM, der keinen zusätzlichen Nutzen für den AIFM generiert, begründet den Interessenkonflikt. Diesem bestehenden Interessenkonflikt wird dadurch Rechnung getragen, dass vor Erwerb der Anteile die **Zustimmung** des Individualkunden einzuholen ist. Diese Zustimmung kann für den Einzelfall eingeholt werden, sie kann aber auch in einer generellen Zustimmung zum Erwerb von Anteilen der vom AIFM verwalteten AIF erfolgen. Der AIFM hat die Zustimmung in jedem Fall zu dokumentieren.

47   Die Zustimmungspflicht des Individualkunden begründet eine **Einschränkung des eigenen Ermessungsspielraumes** des AIFM, den er grundsätzlich mit der Zulassung nach Art. 6 Abs. 4 lit. a) erhalten hat. Diese Einschränkung ist aber im Hinblick auf die Schutzwirkung des Individualkunden geboten. Sie entfaltet in gewisser Form auch Schutzwirkung für den AIFM, der sich nicht per se dem Vorwurf im Eigeninteresse zum Nachteil des Kunden gehandelt zu haben, ausgesetzt sehen muss.

48   Die Richtlinie enthält nicht nur in Art. 12 und Art. 14, sondern auch an zahlreichen anderen Stellen Regelungen zu potentiellen Interessenkonflikten. So können z. B. Interessenkonflikte zwischen **Risikomanagement- und Portfoliomana-**

---

[36] Erwägungsgrund 24 der Richtlinie 2006/73/EG des Europäischen Parlaments und des Rates vom 10. August 2006 zur Durchführung der Richtlinie 2004/39/EG des Europäischen Parlaments und des Rates in Bezug auf die organisatorischen Anforderungen an Wertpapierfirmen und die Bedingungen für die Ausübung ihrer Tätigkeit sowie in Bezug auf die Definitionen bestimmter Begriffe für die Zwecke der genannten Richtlinie), ABl. L 241/26 vom 2.9.2006.

gementfunktion des AIFM (Art. 15 Abs. 1), bei der **Übertragung von Aufgaben** an Auslagerungsunternehmen (Art. 20 Abs. 2) oder in der Zusammenarbeit mit der **Verwahrstelle** (Art. 21 Abs. 4) auftreten.

G. Einhaltung regulatorischer Anforderungen (Abs. 1 lit. e))

Die Regelung des Art. 12 Abs. 1 lit. e) verlangt vom AIFM alle anwendbaren **49** regulatorischen Anforderungen bei der Ausübung ihrer Tätigkeit zu erfüllen. Zugleich wird der **Regelungszweck** erläutert. Die Einhaltung der regulatorischen Anforderungen dient dem Anlegerinteresse und der Integrität der Märkte.

Regulatorische Anforderungen ergeben sich für den AIFM in erster Linie aus **50** den von ihm bei der Ausübung seiner Tätigkeit zu beachtenden **Gesetzen**. In Deutschland wird das Investmentgeschäft bisher zentral im Investmentgesetz reguliert. Das Investmentgesetz soll mit dem AIFM-UmsG aufgehoben und durch das Kapitalanlagegesetzbuch (KAGB) ersetzt werden.[37] Zukünftig wird das Kapitalanlagegesetzbuch zentrale Rechtsgrundlage für alle Verwalter von OGAW und AIF und auch für die von Ihnen verwalteten Produkte. Das Investmentgesetz (analog der Entwurf zum KAGB) verweist wiederrum auf Normen zahlreicher andere Gesetze, wie z. B. des Kreditwesengesetzes, des Wertpapierhandelsgesetzes, des Geldwäschegesetzes und des Handelsgesetzbuches.

Zu diesen Gesetzen sind zahlreiche **Verordnung** durch das BMF bzw. die **51** BaFin erlassen worden, die einzelne Regelungen weiter konkretisieren und die als regulatorische Anforderungen von den AIFM ebenfalls einzuhalten sind. Zum Beispiel erfolgte die Konkretisierung der Anforderungen zu den Wohlverhaltensregeln des InvG in der InvVerOV.[38]

Neben Gesetzen und Verordnungen werden einzelne Themenbereiche durch **52** die Bundesanstalt für Finanzdienstleistungsaufsicht (BaFin) in Form von **Rundschreiben** (beispielsweise die InvMaRisk[39]) oder **Schreiben** zu einzelnen Fragestellung die sich im Zuge der Rechtsauslegung ergeben (beispielsweise zur Anwendung der BVI-Wohlverhaltensregeln[40]) reguliert.

Zu den nationalen regulatorischen Grundlagen kommen die **EU-Verordnun-** **53** **gen** hinzu, die unmittelbare Wirkung in den Mitgliedstaaten entfalten und keiner weiteren Umsetzung durch nationale Gesetzgeber erfordern (z. B. die Durchführungsverordnung zur AIFM-RL).

Die ausdrückliche Aufforderung zur Einhaltung aller regulatorischen Anforde- **54** rungen in Art. 12 verwundert angesichts der Tatsache, dass die sorgfältige Verwaltung der AIF gesetzmäßiges Verhalten eines ordentlichen Kaufmanns voraussetzt.[41] Auch handelt es sich nicht um eine bloße Organisationspflicht zur

---

[37] Gesetzentwurf der Bundesregierung Entwurf eines Gesetzes zur Umsetzung der Richtlinie 2011/61/EU über die Verwalter alternativer Investmentfonds (AIFM-Umsetzungsgesetz – AIFM-UmsG), 2012.

[38] Investment-Verhaltens- und Organisationsverordnung vom 28. Juni 2011 (BGBl. I S. 1288).

[39] Rundschreiben 5/2010 (WA) vom 30.6.2010 zu den Mindestanforderungen an das Risikomanagement für Investmentgesellschaften – InvMaRisk vom 30. Juni 2010 der BaFin.

[40] BaFin-Schreiben vom 20. Januar 2010 GZ: WA 41 – Wp 2136 – 2008/2009.

[41] *Beckmann* in Beckmann/Scholtz/Vollmer, Investment-Handbuch, 410 § 9 Rn. 95.

Qualitätssicherung; vielmehr wollte die Kommission dem AIFM eine Installierung einer unternehmensinternen Compliance-Funktion aufgeben.[42]

55   Unter Compliance versteht man die Sicherung der **Gesetzgebungsbefolgung** durch das Unternehmen und seine Organe und Mitarbeiter und damit letztlich dem Selbstschutz des Unternehmens vor aufsichtsrechtlichen Sanktionen und Reputationsschäden.[43]

56   Die **Compliance-Funktion** ist Bestandteil des internen Kontrollsystems und muss ihre Tätigkeit kontinuierlich, dauerhaft und unabhängig ausüben und hat dies in ihren Arbeits- und Organisationsanweisungen zu dokumentieren.[44]

57   In Art. 61 der Durchführungsverordnung werden in Konkretisierung von Art. 18 (Organisatorische Anforderungen – Allgemeine Grundsätze) weitere Anforderungen an die Ausgestaltung der Compliance-Funktion gestellt. Deshalb sei an dieser Stelle auf die Kommentierung zu Art. 18 verwiesen.

H. Wohlverhaltensregeln einzelner Branchen

I. Bundesverband Investment und Asset Management e.V. (BVI)

58   Für den Bereich der im InvG regulierten Wertpapier- und Immobilienfonds hat der BVI die sog. **BVI-Wohlverhaltensregeln** formuliert.[45] Die BVI-Wohlverhaltensregeln haben den Charakter einer **freiwilligen Selbstverpflichtung** der im BVI organisierten Kapitalanlagegesellschaften. Die BVI-Wohlverhaltensregeln gliedern sich in zwei Teile und insgesamt 16 Wohlverhaltensregeln. Der erste Teil normiert die Auslegung der im § 9 InvG geregelten Wohlverhaltensregeln (Handeln im Anlegerinteresse und Integrität des Marktes, Interessenkonflikte und Ausführung von Geschäften). Der zweite Teil formuliert Regeln zu Informationspflichten der Gesellschaften, Corporate Governance und Depotbank.

59   Vor Umsetzung des Art. 14 OGAW-RL in § 9 InvG und der damit einhergehenden Konkretisierung der Anforderungen durch die BaFin mittels der InvVerOV[46] zum 1. Juli 2011 hat die BaFin erklärt, die BVI-Wohlverhaltensregeln zur Auslegung der soweit relevanten Regelungen des InvG heranzuziehen.[47] Dadurch erlangten die BVI-Wohlverhaltensregeln zeitweise den Charakter einer **Allgemeinverbindlichkeit.**

II. Bundesverband Deutscher Kapitalbeteiligungsgesellschaften e.V. (BVK)

60   Für die Private Equity-Branche hat der **BVK Branchenrichtlinien** zu Corporate Governance und anderen Themen, wie z. B. Bewertung, Transparenz und

---

[42] Vgl. zum Investmentgesetz *Köndgen* in Berger/Steck/Lübbehüsen, InvG, § 9 Rn. 46.

[43] Vgl. zum Investmentgesetz *Köndgen* in Berger/Steck/Lübbehüsen, InvG, § 9 Rn. 47.

[44] *Koller* in Assmann/Uwe H. Schneider (Hrsg.), WpHG, 6. Aufl. 2012, § 33 Rn. 18.

[45] Handeln im Interesse der Anleger, Regelbuch für Kapitalanlagegesellschaften, Hrsg. Bundesverband Investment und Asset Management e.V., Frankfurt am Main, 2001.

[46] Verordnung zur Konkretisierung der Verhaltensregeln und Organisationsregeln nach dem Investmentgesetz (Investment-Verhaltens und Organisationsverordnung – InvVerOV), BGBl. I S. 1288.

[47] BaFin-Schreiben vom 20. Januar 2010 GZ: WA 41 – Wp 2136 – 2008/2009.

Reporting eingeführt.[48] Sie orientieren sich dabei an den **Standards der European Private Equity and Venture Capital Association**, Brüssel.[49]

Zentraler Wohlverhaltens-Standard der Branche ist der **BVK-Verhaltensko-** **61** **dex**[50] (zuletzt aktualisiert April 2009). Der Verhaltenskodex enthält die folgenden sechs Leitsätze:

1. Handeln Sie integer
2. Halten Sie Ihre Versprechen
3. Legen Sie Interessenkonflikte offen
4. Handeln Sie fair
5. Wahren Sie Vertraulichkeit
6. Schaden Sie der Branche nicht

Im Kodex werden die einzelnen Leitsätze kurz erläutert. Im Vergleich zu den **62** BVI-Wohlverhaltensregeln enthalten sie keine organisatorischen Empfehlungen zur Umsetzung der Leitsätze. Dies ist auch weitgehend verständlich, da die Geschäftsprozesse in der Private Equity-Branche nicht mit dem standardisierten Wertpapiergeschäft der Kapitalanlagegesellschaften vergleichbar sind. Letzteres erfährt schon seit langem eine branchenübliche Regulierung, beispielsweise durch die Mindestanforderungen an das Betreiben von Handelsgeschäfte (MaH) vom 23. Oktober 1995, aufgehoben durch die Mindestanforderungen an das Risikomanagement am 20. Dezember 2005. Die Mindestrichtlinien des BVK-Verhaltenskodex sind von allen Mitgliedern und deren Mitarbeitern zwingend einzuhalten und entsprechen dem „Code of Conduct" der European Private Equity and Venture Capital Association, Brüssel, von 2008.[51]

III. Verband Geschlossene Fonds e.V. (VGF)

Der VGF hat die folgenden, über die gesetzliche Prospektpflicht hinaus gehen- **63** den Standards und Empfehlungen für Ihre Mitglieder eingeführt, um zusätzliches **Vertrauen und Transparenz** in der Branche zu schaffen:[52]

– VGF-Standards
  – Ombudsstelle Geschlossene Fonds
  – Leistungsbilanzen
  – Prospekte / IDW S4
– VGF-Empfehlungen
  – Musterkaufvertrag Zweitmarkt
  – Vermögensanlagen-Informationsblatt
  – Vermittlungsdokumentation

Die **Verpflichtung** zur Einhaltung der VGF-Standards ist Bestandteil des Aufnah- **64** meantrags zum VGF.[53] Die Standards und Empfehlungen führen zur Standardisierung einzelner Branchenaspekte. Ein übergeordnetes Regelwerk zum Wohlver-

---

[48] Vgl. http://www.bvkap.de/privateequity.php/cat/150/aid/546/title/Branchenrichtlinien.

[49] Vgl. http://www.evca.eu/toolbox/default.aspx?id=504.

[50] BVK-Verhaltenskodex, Hrsg. Bundesverband Deutscher Kapitalbeteiligungsgesellschaften e.V., Berlin, 2009.

[51] BVK-Verhaltenskodex, Hrsg. Bundesverband Deutscher Kapitalbeteiligungsgesellschaften e.V., Berlin, 2009, Seite 1.

[52] http://www.vgf-online.de/standards-empfehlungen.html.

[53] Aufnahmeantrag VGF Verband Geschlossenen Fonds e.V., Berlin, Seite 2 Nr. 3 bis 5, sowie Anlage zum Aufnahmeantrag Aufnahmekriterien und -verfahren VGF-Mitgliedschaft, S. 2 II. Verpflichtungen.

halten zum Handeln im Interesse der Anleger und der Integrität des Marktes stellen sie aber auch in der Gesamtbetrachtung nicht dar.

IV. Auswirkungen

65   **1. Bisher aufsichtsrechtlich regulierte Investmentbranche.** Die in den Anwendungsbereich des heutigen Investmentgesetzes fallenden Kapitalanlagegesellschaften stehen bereits seit 1957 unter einer aufsichtsrechtlichen Regulierung. So verlangte bereits das **Gesetz über Kapitalanlagegesellschaften** (KAGG) von 1957 in § 10, dass die Kapitalanlagegesellschaft mit der Sorgfalt eines ordentlichen Kaufmanns bei der Wahrnehmung ihrer Aufgaben unabhängig von der Depotbank und ausschließlich im Interesse der Anteilinhaber handeln muss.[54] Diese aus dem Treuhandverhältnis gegenüber dem Anleger resultierende Grundnorm wurde im Laufe zahlreicher Gesetzänderungen, der Novellierung des Investmentrechts im Investmentgesetz und zuletzt durch das OGAW IV-Umsetzungsgesetz (vgl. Tz. 4 f.) weiterentwickelt.

66   Seit dem 1. Juli 2011 ist die Norm des Art. 12 in Deutschland bereits in § 9 InvG verankert. Da das Investmentgesetz bei der Regulierung der Kapitalanlagegesellschaft grundsätzlich keine Unterscheidung nach verwalteten Sondervermögen enthält, unterliegen auch bestimmte AIFM bereits den Anforderungen des Art. 12. Dies betrifft z. B. AIFM, die Spezialfonds i.S.v. § 2 Abs. 3 InvG oder Immobilien-Sondervermögen gemäß § 66 InvG verwalten.

67   Art. 12 entfaltet für die bereits durch das Investmentgesetz regulierten AIFM keine zusätzlichen Auswirkungen.

68   **2. Bisher aufsichtsrechtlich nicht regulierte Fondsbranchen.** Durch die AIFM-Richtlinie[55] unterliegen auch die Verwalter von Private Equity-Beteiligungen und die Verwalter geschlossener Fonds den Anforderungen des Art. 12.

69   Zur Beurteilung, mit welchen Auswirkungen bei den bisher nicht aufsichtsrechtlich regulierten Branchen zu rechnen ist, muss unterstellt werden, dass die Branchenstandards von den Verwaltern umgesetzt wurden. Dieses unterstellte Ist-Szenario muss den Soll-Vorgaben des Art. 12 gegenübergestellt werden.

70   Die Private Equity-Branche hat sich mit dem unter Abschnitt H. II. beschriebenen Regelwerk bereits einige Branchenstandards gesetzt, die im Wesentlichen auf **EVCA Standards und Guidelines** basieren. Die BVK-Leitsätze enthalten einige Elemente, wie z. B. Integrität, Interessenkonflikte, Fairness, des Regelungsbereichs von Art. 12. Inhaltlich sind sie aber keinesfalls ausreichend, um die in Art. 12 geforderten Regelungen einzuhalten.

71   Das **VGF-Regelwerk** enthält keine mit den Anforderungen des Art. 12 vergleichbaren Vorschriften oder Regeln.

72   Unterstellt man, dass die entsprechenden Branchenstandards in Organisationsmaßnahmen umgesetzt wurden, ist auf Grund des geringen Deckungsgrades, gerade auch mit den Anforderungen der Durchführungsverordnung, mit erheblichen zusätzlichen Anstrengungen zur Erreichung der Einhaltung der Normen des

---

[54] § 10 Abs. 1 Gesetz über Kapitalanlagegesellschaften vom 16. April 1957, BGBl. I 1957, S. 378.

[55] Art. 4 Abs. 1 lit. a) und b) der Richtlinie 2011/61/EU des Europäischen Parlaments und des Rates vom 8. Juni 2011 über die Verwalter alternativer Investmentfonds und zur Änderung der Richtlinien 2003/41/EG und 2009/65/EG und der Verordnungen (EG) Nr. 1060/2009 und (EU) Nr. 195/2010, ABl. L 174/1 vom 1.7.2011.

Art. 12 zu rechnen. Die Etablierung einer **Compliance-Funktion** (inkl. eines Compliance-Beauftragten) sowie zahlreiche **Dokumentationsanforderungen** seien an dieser Stelle exemplarisch genannt.

Andererseits entstehen durch die Schaffung eines einheitlichen Regelwerks **73** für bisher nicht investmentrechtlich regulierte Branchen auch Chancen. Insbesondere können sich die jetzt neu regulierten AIFM durch zügige Umsetzung der Anforderungen des Art. 12 und der anderen neuen Anforderungen Reputationsvorteile verschaffen (**gold plating**). Ferner entsteht durch die Regulierung ein zusätzliches Anlegerpotential, das sich bisher auf Grund der mangelnden Regulierung vor Investitionen in AIF eher zurückhaltend verhalten hat. Und es besteht nach Umsetzung der AIFM-RL in nationales Recht und Zulassung als AIFM-Verwaltungsgesellschaft die Möglichkeit die ganze Bandbreite der nach dem zukünftigen KAGB zulässigen Investmentvehikel zu verwalten und zu vertreiben.

J. Bezüge zum KAGB-E

§ 26 KAGB-E setzt Art. 12 der AIFM-RL weitgehend eins-zu-eins um. Hinzu- **74** weisen ist lediglich auf die nachfolgenden Besonderheiten.

§ 26 Abs. 1 KAGB-E setzt die Regelung des Art. 21 Abs. 10 UAbs. 1 AIFM- **75** RL an geeigneterer Stelle, d.h. bei den Regelungen zur Kapitalverwaltungsgesellschaft anstelle der Verwahrstelle, um.

In § 26 KAGB-E fehlt eine Regelung zu Entschädigungseinrichtungen, wie **76** Art. 12 Abs. 2 lit. b) AIFM-RL sie vorsieht, wenn AIFM als Nebentätigkeiten Dienstleistungen gemäß Art. 6 Abs. 4 AIFM-RL, d.h. insbesondere die individuelle Vermögensverwaltung, erbringt. Hierzu findet sich allerdings eine Regelung in § 32 KAGB-E.

Mit den Abs. 5 und 6 enthält § 26 KAGB-E Regelungen, die über Art. 12 **76** AIFM-RL hinausgehen. Abs. 5 geht auf § 9 Abs. 3 Satz 2 InvG zurück. Dort ist diese Regelung allerdings auf Publikumsfonds beschränkt, sodass es verwundert, dass sie im KAGB-Regierungsentwurf auf alle (inländischen) Kapitalverwaltungsgesellschaften ausgeweitet wird. Abs. 6 entspricht weitgehend der geltenden Regelung in § 9 Abs. 3b InvG.

Artikel 13 Vergütung

AIFM-Richtlinie	KAGB-E
Artikel 13 **Vergütung**	**§ 37** **Vergütungssysteme; Verordnungs-** **ermächtigung**
(1) Die Mitgliedstaaten verpflichten die AIFM dazu, für alle Kategorien von Mitarbeitern einschließlich der Führungskräfte, Risikoträger, und Mitarbeiter mit Kontrollfunktionen und aller Mitarbeiter, die eine Gesamtvergütung erhalten, aufgrund	(1) AIF-Kapitalverwaltungsgesellschaften legen jeweils für Geschäftsleiter, Mitarbeiter, deren Tätigkeiten einen wesentlichen Einfluss auf das Risikoprofil der Verwaltungsgesellschaft oder der verwalteten Investmentvermögen haben (Risikoträger), Mitarbeiter mit Kontrollfunk-

AIFM-Richtlinie	KAGB-E
derer sie sich in derselben Einkommensstufe befinden wie die Führungskräfte und Risikoträger, deren berufliche Tätigkeit sich wesentlich auf die Risikoprofile der AIFM oder auf die Risikoprofile der von ihnen verwalteten AIF auswirkt, eine Vergütungspolitik und -praxis festzulegen, die mit einem soliden und wirksamen Risikomanagement vereinbar und diesem förderlich sind und nicht zur Übernahme von Risiken ermutigen, die nicht mit dem Risikoprofil, den Vertragsbestimmungen oder der Satzung der von ihnen verwalteten AIF vereinbar sind. Die AIFM setzen die Vergütungspolitik und -praxis gemäß Anhang II fest.	tionen und alle Mitarbeiter, die eine Gesamtvergütung erhalten, aufgrund derer sie sich in derselben Einkommensstufe befinden wie Geschäftsleiter und Risikoträger, ein Vergütungssystem stet, das mit einem soliden und wirksamen Risikomanagementsystem vereinbar und diesem förderlich ist und keine Anreize setze zur Eingehung von Risiken, die nicht mit dem Risikoprofil, den Anlagebedingungen, der Satzung oder dem Gesellschaftsvertrag der von ihnen verwalteten Investmentvermögen vereinbar sind.
(2) Die ESMA stellt sicher, dass Leitlinien für eine solide Vergütungspolitik existieren, die Anhang II entsprechen. In den Leitlinien werden die in der Empfehlung 2009/384/EG enthaltenen Grundsätze für eine solide Vergütungspolitik, die Größe der AIFM und die Größe der von ihnen verwalteten AIF, ihre interne Organisation und die Art, der Umfang und die Komplexität ihrer Geschäftstätigkeiten berücksichtigt. Die ESMA arbeitet mit der Europäischen Finanzaufsichtsbehörde (Europäische Bankaufsichtsbehörde) (EBA) zusammen.	(2) Die Anforderungen an das Vergütungssystem bestimmen sich näher nach Anhang II der Richtlinie 2011/61/EU.
	(3) Das Bundesministerium der Finanzen wird ermächtigt, durch Rechtsverordnung, die nicht der Zustimmung des Bundesrates bedarf, zur Ausgestaltung und Ergänzung der Vorgaben nach Anhang II der Richtlinie 2011/61/EU nähere Bestimmungen zu erlassen über 1. die Ausgestaltung der Vergütungssysteme, einschließlich der Entscheidungsprozesse und Verantwortlichkeiten, der Zusammensetzung der Vergütung, der Ausgestaltung positiver und negativer Vergütungspara-

AIFM-Richtlinie	KAGB-E
	meter, der Leistungszeiträume sowie der Berücksichtigung der Anlagestrategie, der Ziele, der Werte und der langfristigen Interessen der AIF-Kapitalverwaltungsgesellschaften und der verwalteten AIF,
	2. die Überwachung der Angemessenheit und Transparenz der Vergütungssysteme durch die AIF-Kapitalverwaltungsgesellschaft und die Weiterentwicklung der Vergütungssysteme,
	3. die Möglichkeit die Auszahlung variabler Vergütungsbestandteile zu untersagen oder auf einen bestimmten Anteil des Jahresergebnisses zu beschränken,
	4. die Offenlegung der Ausgestaltung der Vergütungssysteme und der Zusammensetzung der Vergütung sowie das Offenlegungsmedium und die Häufigkeit der Offenlegung. Die Regelungen haben sich insbesondere an Größe und Vergütungsstruktur der AIF-Kapitalverwaltungsgesellschaft und der von ihr verwalteten AIF sowie ihrer internen Organisation und der Art, des Umfangs, der Komplexität, des Risikogehalts und der Internationalität ihrer Geschäfte zu orientieren. Im Rahmen der Bestimmungen nach Satz 1 Nummer 4 müssen die auf Offenlegung der Vergütung bezogenen handelsrechtlichen Bestimmungen nach § 340a Absatz 1 und 2 in Verbindung mit § 340l Absatz 1 Satz 1 des Handelsgesetzbuchs unberührt bleiben. Das Bundesministerium der Finanzen kann die Ermächtigung durch Rechtsverordnung auf die Bundesanstalt übertragen.

Literatur: *Jesch/Striegel/Boxberger,* Rechtshandbuch Private Equity, Verlag C.H. Beck, 2010; *Lehne,* Finanzmarktkrise – Schafft die neue EU-Richtlinie mehr Stabilität, Die AIFM-Richtlinie aus Sicht des europäischen Gesetzgebers, DB 2010, 81; *Möllers/Hailer,* Management und Vertriebsvergütungen bei Alternativen Investmentfonds, ZBB/JBB, 2012, 178; *von Livonius/Schatz,* Die AIFM-Richtlinie – Handlungsbedarf für Fondsmanager, Absolut|report 2011, 54; *Weitnauer,* Die AIFM-Richtlinie und ihre Umsetzung, BKR 2011, 143.

A. Einleitung / Entstehungsgeschichte der Norm

1   Ausgangspunkt für die aufsichtsrechtliche Regulierung der Vergütungspolitik und -praxis ist auch hier die Finanzmarktkrise. Die Regulierung der Vergütung von Finanzmarktakteuren soll zukünftig die übermäßige Übernahme von Risiken durch diese, welche als Mitursache der Finanzmarktkrise ausgemacht wurde, vermeiden. Die bisherige Vergütungspolitik sei geprägt gewesen durch die Belohnung kurzfristiger Erfolge, während Misserfolge oft ohne Konsequenzen geblieben seien. Auch der langfristige und nachhaltige Unternehmenserfolg soll oftmals aus dem Fokus geraten sein. Die Regulierung der **Vergütungspolitik** zielt als **Teil des Risikomanagements** auf einen Gleichlauf der unterschiedlichen Interessen der Marktteilnehmer ab, mithin Renditeerwartung und Risikoappetit einerseits und Anlegerschutz sowie öffentliches Interesse an einer Finanzmarktstabilität andererseits.[1]

2   Auf ihrem Gipfel in Pittsburgh im September 2009 verständigte sich die Gruppe der zwanzig wichtigsten Industrie- und Schwellenländer zunächst auf die sog. **Principles for Sound Compensation Practices** des **Financial Stability Board** (FSB). Diese sehen neben Vergütungsbeschränkungen vor, dass sich die Vergütung an den nachhaltigen Interessen der Unternehmen orientiert und die Übernahme von Risiken durch Finanzmarktakteure vermieden wird. Im Banken- und Versicherungssektor unterzeichneten in der Folgezeit in Deutschland acht Banken und drei Versicherungsunternehmen **Selbstverpflichtungen**, diese Standards des FSB schnellstmöglich umzusetzen.

3   Im Anschluss an die erwähnten Selbstverpflichtungen ergingen im Dezember 2009 die **BaFin-Rundschreiben RS 22/2009** und **RS 23/2009** hinsichtlich der aufsichtsrechtlichen Anforderungen an die Vergütungssysteme von Banken respektive Versicherungsunternehmen.[2] Auf europäischer Ebene wurden die FSB-Standards in der so genannten **Capital Requirements Directive III** (CRD

---

[1] *Weitnauer* BKR 2011, 143.
[2] Rundschreiben RS 22/2009 und RS 23/2009 vom 21.12.2009.

III) nachgezogen.[3] Ferner wurden durch das Gesetz über die aufsichtsrechtlichen Anforderungen an die Vergütungssysteme von Instituten und Versicherungsunternehmen,[4] die FSB-Standards auf eine nationale gesetzliche Grundlage gestellt. Die am 13.10.2010 in Kraft getretene, dieses Gesetz konkretisierende Verord- **4** nung über die aufsichtsrechtlichen Anforderungen an Vergütungssysteme von Instituten **(InstitutsVergV)** ersetzt die vorgenannten BaFin-Schreiben. Die InstitutsVergV beinhaltet die bankenaufsichtsrechtlichen Mindestanforderungen an die Vergütungspolitik von Bankinstituten.

Diese im Bankensektor (und im Versicherungssektor) bereits umgesetzte auf- **5** sichtsrechtliche Regulierung der Vergütungspolitik war auch Vorbild für die Konkretisierung der Richtlinienvorgaben auf europäischer Ebene und dürfte ferner den deutschen Aufsichtsbehörden (BaFin) bei der Ausgestaltung einer Verwaltungspraxis Pate stehen. Es bleibt zu hoffen, dass die BaFin dabei die drohenden Zielkonflikte zwischen Aufsichtsrecht einerseits und Gesellschafts-, Steuer-, sowie Arbeitsrecht andererseits einer Lösung zuführt. Parallel dazu gilt branchenübergreifend das Gesetz zur Angemessenheit der Vorstandsvergütung **(VorstAG)** im Aktienrecht, insbesondere § 87 AktG, der Grundsätze für die Bezüge der Vorstandsmitglieder von Aktiengesellschaften beinhaltet.

Jenseits der klassischen Finanzindustrie ist nun mit Artikel 13 AIFM-RL eben- **6** falls eine Regelung über Vergütungspolitik relativ spät unter der Schwedischen Ratspräsidentschaft in die Richtlinie eingefügt worden, die ebenfalls schädliche Anreize zur Eingehung unverhältnismäßig hoher Risiken unterbinden soll. Flankiert wird Artikel 13 AIFM-RL durch **Anhang II „VERGÜTUNGSPOLI-TIK"** zur AIFM-RL und **Empfehlung 2009/384/EG** der Kommission vom 30. April 2009 zur Vergütungspolitik im Finanzdienstleistungssektor. Erwägungsgrund 26 der AIFM-RL führt aus, dass die in der Empfehlung 2009/384/EG festgelegten Grundsätze für eine solide Vergütungspolitik (sog. **CEBS–Leitlinien**, siehe Rn. 22) mit den in der AIFM-RL festgelegten **Grundsätzen** übereinstimmen und diese ergänzen. Entsprechend den Leitsätzen der FSB-Standards, soll sich die Vergütung an den Interessen der Investoren, also einer langfristig guten Performance des AIF ausrichten sowie die Übernahme übermäßiger Risiken verhindern.

Der finale Abschlussbericht der Europäischen Wertpapier- und Marktaufsichts- **7** behörde **(ESMA),** der grundsätzlich Empfehlungen zu Durchführungsmaßnahmen (sog. **Level II-Maßnahmen)** an die Europäische Kommission vorsieht, enthält keine Empfehlungen im Hinblick auf Vergütungsregeln. Deren konkrete Ausgestaltung ist Gegenstand einer separaten Anleitung der ESMA, **sog. ESMA-Leitlinien** vom 11.02.2013, im Folgenden „Leitlinien" (siehe dazu nachfolgend unter C.3).

B. Verortung der Vergütungspolitik und -praxis

Durch die angestrebte Einschränkung der übermäßigen Übernahme von Risi- **8** ken ist die Vergütungspolitik primär **Bestandteil des Risikomanagements.**

---

[3] Richtlinie 2010/76/EU v. 24.11.2010 zur Änderung der RL 2006/48/EG und 2006/49/EG im Hinblick auf die Eigenkapitalanforderungen für Handelsbuch und Wiederverbriefungen und im Hinblick auf die aufsichtliche Überprüfung der Vergütungspolitik (sog. RV–Richtlinie, über Eigenkapitalanforderungen), Abl. EU L 329/3.

[4] BGBl. Jahrgang 2010 Teil I Nr. 38 v. 26.7.2010, 950.

Das Verbot der Risikoinzentivierung ist zudem ein Aspekt, der bei der **Vermeidung von Interessenkonflikten** helfen soll. Die Fondsmanager, die das Risiko des Fonds respektive seiner Investments einzuschätzen haben, sollen grundsätzlich vom Erfolg des Fonds entkoppelt werden, da man der Aussicht auf hohe variable, erfolgsabhängige Vergütungsbestandteile negative Auswirkungen auf das Risikobewusstsein bis hin zu Fehleinschätzungen nachsagt.[5]

9   Die Vergütungspolitik ist zudem eine Bedingung für die Ausübung als AIFM, denn diese stellt eine **Genehmigungsanforderung** dar und ist als solche **Pflichtangabe im Zulassungsantrag** (Art. 7 Abs. 2 lit. d) AIFM-RL).

10   Schließlich ist die Vergütungspolitik Gegenstand der **Transparenzanforderungen**, denn sie ist **Bestandteil der Informationspflichten** gegenüber potentiellen und gegenwärtigen Anlegern, also insbesondere **Inhalt des Jahresberichts**, Art. 22 Abs. 2 lit. e) und f) AIFM-RL sowie Art. 23 Abs. 1 lit. j) AIFM-RL (vgl. Rn. 59 ff.).

C. Die Norm im Einzelnen

11   Die Vergütungsregeln und ihre Konkretisierung über Anhang II der AIFM-RL sowie den Leitlinien gelten für AIFM im Sinne von Art. 2 Abs. 1 lit. a) bis lit. c) AIFM-RL, die einer Erlaubnispflicht und einer Aufsicht der zuständigen Aufsichtsbehörde unterliegen. Auf Nicht-EU-AIFM finden die Vergütungsregeln (noch) keine Anwendung, solange deren Vertrieb sich nach den nationalen **Privatplatzierungsvorschriften** richtet, also der Vertrieb von AIFs ohne (den zukünftig gemäß Artikel 37 bis 41 AIFM-RL EU-weit zwingenden) EU-Vertriebspass nach nationalem Recht an professionelle Investoren gestattet ist.[6]

12   Diese Ausnahme gilt nicht für die **Offenlegungspflichten** gemäß Art. 22 Abs. 2 lit. e) und f) AIFM-RL und Box 107 ESMA-Empfehlungen. Denn innerhalb des Zeitraums, in dem Nicht-EU-AIFM der Vertrieb von AIFs ohne EU-Vertriebspass nach nationalem Recht noch gestattet ist, müssen diese gleichwohl, die nach Artikel 42 Abs. 1 lit. a) AIFM bestehenden Transparenzpflichten gegenüber den Mitgliedstaaten, inklusive Veröffentlichung der Vergütung im Jahresbericht gemäß Art. 22 Abs. 2 lit. e) und f) AIFM-RL, nachkommen. Allerdings muss nach Ansicht des Verf. die Vergütungspolitik als solche nicht richtlinienkonform sein, da man ansonsten eine Vergütungsregulierung „durch die Hintertür" etablieren würde.

13   Im Einklang mit der Differenzierung gemäß Art. 5 Abs. 1 lit. a) und b) AIMF-RL ist Adressat der Vergütungsregeln entweder der **externe Verwalter** oder der AIF selbst im Fall der **internen Verwaltung**.[7]

14   Folglich sollte ein AIF durch Auslagerung seiner Verwaltung insbesondere auch die Transparenzanforderungen an Dritte auslagern können. Im Fall der Auslagerung von Teilbereichen der Portfolioverwaltung und/oder des Risikomanagements muss der AIFM allerdings sicherstellen, dass das Auslagerungsunternehmen regulatorischen Vergütungsvorgaben unterliegt, die vergleichbar den Leitlinien sind und, dass zusätzlich geeignete vertragliche Vereinbarungen mit dem **Ausla-**

---

[5] *Lehne* DB 2010, 81 (82).

[6] Siehe Tz. 1 der Leitlinien. Die nationalen Privatplatzierungsvorschriften werden in Deutschland mit der Umsetzung der AIFM-RL durch das KAGB ab 22.07.2013 emsp13ö 2013 abgeschafft, in vereinzelten EU-Mitgliedstaaten voraussichtlich erst in 2018.

[7] Tz. 2 Leitlinien.

gerungsunternehmen bestehen, die gewährleisten, dass keine Umgehung der Vergütungsregulierung erfolgt (Tz. 18 Leitlinien). Schließlich ist zu beachten, dass die Vergütungsregeln und ihre Konkretisierung durch die Leitlinien auch auf AIFM anwendbar sind, die Tochtergesellschaften von Kreditinstituten sind (**keine Bereichsausnahme**) und folglich bereits in den Regelungsbereich der Vergütungsgrundsätze gemäß CEBS-Leitlinien (siehe Rn. 22) fallen. ESMA will sicherstellen, dass ein geduldeter Grad an Risikoübernahme auf Ebene des Kreditinstitutes nicht auf Ebene des Tochter-AIFM ausgehöhlt wird und verweist dabei auf § 30 CEBS-Leitlinien, wonach **sektorale Vergütungsregulierungen** (z. B. für Banken oder Versicherungen und nunmehr alternativer Anlageverwaltung) vorrangig und in der Gruppe parallel Anwendung finden sollen.[8]

I. Persönlicher Anwendungsbereich

Vom persönlichen Anwendungsbereich des Art. 13 AIFM-RL sollen alle Kategorien von Mitarbeitern umfasst werden, einschließlich der **Führungskräfte, Risikoträger,** und **Mitarbeiter mit Kontrollfunktionen** sowie alle Mitarbeiter, die eine Gesamtvergütung erhalten, aufgrund derer sie sich in derselben Einkommensstufe befinden wie die Führungskräfte und Risikoträger, deren berufliche Tätigkeit sich wesentlich auf die Risikoprofile der AIFM oder auf die Risikoprofile der von ihnen verwalteten AIF auswirkt. Dieser reichlich unbestimmte[9] und verklausulierte Wortlaut dürfte auf sämtliche Mitarbeiter abzielen, deren Tätigkeit sich wesentlich auf das Risikoprofil der AIFM und vor allem der von diesen verwalteten AIF auswirkt (so genannte „**identifizierte Mitarbeiter**").[10] Eine konkrete Auslegungshilfe hält bereits **Erwägungsgrund 24 der AIFM-RL** vor, wonach vom persönlichen Anwendungsbereich mindestens die Geschäftsleitung, Risikoträger, Mitarbeiter mit Kontrollfunktionen und alle Mitarbeiter, die eine Gesamtvergütung wie Geschäftsleitung oder Risikoträger haben, umfasst werden sollen. Laut Tz. 19 und 20 der Leitlinien haben die folgenden (nicht abschließenden) Kategorien von Mitarbeitern des AIFM respektive des AIF (im Fall der internen Verwaltung) einen wesentlichen Einfluss auf das Risikoprofil, wobei jederzeit die Möglichkeit des Gegenbeweises existiert: Mitglieder der Geschäftsleitung des AIFM, das heißt abhängig von der rechtlichen Ausgestaltung des AIFM insbesondere die **Geschäftsführer, Vorstände** und **Gesellschafter,** also hauptsächlich Organe mit gesetzlicher Vertretungs- und Weisungsbefugnis aber auch Organhaftungsfunktion. Ferner Führungskräfte im Sinne von **Senior Management,** also Personen die die Geschäfte der AIFM tatsächlich führen (Art. 8 Abs. 1 lit. c) AIFM-RL), beispielsweise Mitglieder des Investmentausschusses und Personen mit rechtsgeschäftlicher Vertretungsbefugnis, auch wenn diese im Innenverhältnis durch Kompetenzordnungen beschränkt sein sollte. Des Weiteren Mitarbeiter mit Kontrollfunktionen, mithin leitende Verantwortliche in den Bereichen Risikomanagement, Compliance, interne Revision und ähnliche Funktionen (beispielsweise der **Risikovorstand** in dem Umfang, in dem er für den Jahresabschluss verantwortlich zeichnet). Desgleichen Mitarbeiter, die verantwortlich sind für die Leitung des Portfoliomanagements, Verwaltung, Marketing und Personal. Schließlich **Risikokäufer**[11], also **Führungskräfte,** die mit Ent-

15

---

[8] Tz. 47 Konsultationspapier und Tz. 32 und 33 Leitlinien.

[9] Ebenso, von *Livonius/Schatz,* Absolut|report 6/2010, 54 (59).

[10] Tz. 3 ESMA-Leitlinien.

[11] *Vulgo* „**Risk-Taker**", vgl. von *Livonius/Schatz,* Absolut|report 6/2010, 54 (59).

scheidungsbefugnissen, beispielsweise die Übernahme von Anlagerisiken, mit Wirkung zugunsten oder zuungunsten der AIFM oder der von ihnen verwalteten AIF ausgestattet sind (z. B. **Wertpapierhändler** oder Mitarbeiter von **Handelsplattformen**). Gleiches gilt für sämtliche Mitarbeiter, die eine Gesamtvergütung erhalten, aufgrund derer sie sich in derselben Einkommensstufe befinden wie vorgenannte Mitglieder der Geschäftsleistung und Risikoträger ergo mit diesen vergleichbar erscheinen.

16   Es obliegt den AIFM mittels zu dokumentierenden Funktions- und Verantwortlichkeitsanalysen der einzelnen Tätigkeiten herauszufinden, ob Mitarbeiter einen wesentlichen Einfluss auf das Risikoprofil des AIFM bzw. AIF haben könnten („could materially affect") und folglich als identifizierte Mitarbeiter qualifizieren.[12]

II. Sachlicher Anwendungsbereich

17   Der sachliche Anwendungsbereich der Norm erfasst „alle Arten" von Vergütungen, die vom jeweiligen AIFM oder direkt von AIF, inklusive *Carried Interest* oder Gesellschaftsanteile bzw. Aktien des AIF, als Entgelt für die berufliche Dienstleistung der AIFM-Mitarbeiter gezahlt werden.[13] Es werden **feste Vergütungsbestandteile** ohne erfolgsabhängige Komponente und **variable Vergütungsbestandteile**, also zusätzliche Vergütungszahlungen, die erfolgsabhängig gezahlt werden, erfasst. Ferner bare (Gehalt) sowie unbare Vergütungsbestandteile, z. B. **Aktien, Optionsrechte, Verzicht auf Mitarbeiterdarlehen** im Kündigungsfall, **freiwillige Altersvorsorgeleistungen** als auch Gehaltsnebenleistungen wie Arbeitnehmerrabatte, Dienstwagen und IT-Ausstattung.

18   In Anlehnung an die Auslegung des branchenübergreifenden § 87 AktG dürfte damit die Gesamtheit aller monetären oder monetär bewertbaren Leistungen, die ein Mitarbeiter im Rahmen seiner beruflichen Tätigkeit von AIFM und AIF erhält, erfasst sein.

19   Vom Anwendungsbereich ausgeschlossen sind Nebenleistungen oder Vorteile, die Teil einer allgemeinen, verbindlichen, AIFM-weiten Politik sind und keine **Risikoinzentivierung** darstellen.[14] Das entspricht der in § 2 der InstitutsVergV enthaltende Klarstellung, wonach monetär oder monetär bewertbare **Nebenleistungen** gewöhnlich die keinen Risikoanreiz im Hinblick auf die Eingehung von Risikopositionen bieten, beispielsweise ermessensunabhängige tarifliche und betriebliche Versicherungs- und Sozialleistungen nicht erfasst werden.

20   Ferner unterliegen Gebühren und Provisionen, die Finanzintermediäre und externe Dienstleister im Rahmen einer ausgelagerten Tätigkeit erhalten, nicht dem Anwendungsbereich. In diesem Zusammenhang haben AIFM allerdings sicherzustellen, dass die Vorgaben einer soliden Vergütungspolitik und -praxis gemäß AIFM-RL und Leitlinien nicht durch **künstliche Gestaltungen** umgangen werden. Insbesondere variable Vergütungskomponenten dürfen nicht durch Vehikel bzw. Methoden „geroutet" werden, die das Ziel verfolgen, aus der Vergütungsregulierung herauszufallen. Als **Umgehungstatbestände** nennt ESMA explizit die „Beauftragung" von **Scheinselbständigen** oder die Auslagerung von Tätigkeiten auf Unternehmen, die nicht unter den Anwendungsbereich der AIFM-RL fallen. Die Leitlinien stellen klar, dass die Zahlung von *Carried Interest*

---

[12] Tz. 19 Leitlinien.
[13] Tz. 10 Leitlinien.
[14] Tz. 11 Leitlinien.

durch den AIF über das in vielen Fällen etablierte *Carried Interest-Vehikel* zulässig ist, allerdings *Carried Interest* den Vergütungsregeln unterliegt (siehe zum *Carried Interest* nachfolgend Rn. 44 ff.. Schließlich sind ausweislich der Leitlinien **Dividenden und Ausschüttungen an Anteilseigner eines AIFM** grundsätzlich nicht von den Vergütungsanforderungen erfasst, solange keine Umgehung der Vergütungsregulierung vorliegt.[15]

III. Grundsätze Anhang II AIFM-RL / ESMA-Leitlinien

Die Vergütungspolitik ist anhand der nachfolgend dargestellten Grundsätze in **21** Anhang II der AIFM-RL festzulegen. Diese, Grundsätze bedürfen allerdings noch einer Konkretisierung durch Leitlinien der ESMA. Ausweislich Art. 13 Abs. 2 und Erwägungsgrund 27 AIFM-RL obliegt es ESMA, sicherzustellen, dass Leitlinien für eine solide Vergütungspolitik existieren, die Anhang II entsprechen, sog. **Level 3-Maßnahmen.** In den Leitlinien werden die in der Empfehlung 2009/384/EG enthaltenen Grundsätze für eine solide Vergütungspolitik, die Größe der AIFM und die Größe der von ihnen verwalteten AIF, ihre interne Organisation und die Art, der Umfang und die Komplexität ihrer Geschäftätigkeiten berücksichtigt. Die ESMA kooperiert dabei eng mit der Europäischen Finanzaufsichtsbehörde **(Europäische Bankaufsichtsbehörde-EBA).**

Am 28. Juni 2012 hat ESMA ein Konsultationspapier zu Leitlinien nebst Ent- **22** wurf solcher Leitlinien betreffend eine solide Vergütungspolitik im Sinne der AIFM-RL veröffentlicht. Die Konsultation der Leitlinien lief bis zum 27. September 2012. ESMA hat am 11.02.2013 die finalen Leitlinien in einem Abschlussbericht veröffentlicht[16]. Die Leitlinien konkretisieren die entsprechenden Vergütungsbestimmungen der AIFM-RL und streben eine Angleichung mit den noch ausstehenden sog. MiFID-Vergütungsleitlinien für Investmentfirmen (vgl. Art. 14a, 14b des Kommissionsvorschlags v. 03.07.2012 zur OGAW V-Richtlinie) an und sind weitestgehend vergleichbar mit sowie basieren auf den Vergütungsleitlinien resultierend aus der EU-Richtlinie über Eigenkapitalanforderungen,[17] sog. **CEBS Leitlinien,**[18] die auf Kreditinstitute und Investmentbanken Anwendung finden, die wiederum auf vorgenannter Empfehlung der EU-Kommission 2009/384/EC vom 30. April 2009 zur Vergütungspolitik im Finanzdienstleistungssektor basieren. Wesenliche Elemente der Leitlinien sind Regelungen zur AIFM internen Governance, Bestimmung der Mitarbeitergruppen, für die die Vergütungsbestimmungen gelten und Regelungen zur Art der Vergütungen, die erfasst sind.

Daraus folgt ebenfalls, dass in Deutschland bei der Anwendung der Leitlinien **23** und der Ausgestaltung einer Aufsichtspraxis die Grundsätze der InstitutsVergV eine gewichtige Rolle spielen dürften. Durch die Aufnahme einer Verordnungsermächtigung in § 37 Abs. 3 KAGB-Kabinettsentwurf vom 12.12.2012 (siehe Rn. 70/6) hat sich der Gesetzgeber den Erlass einer separaten Vergütungsverordnung jenseits der klassischen Finanzindustrie vorbehalten.

---

[15] Tz. 15 bis 18 Leitlinien.

[16] ESMA Final Report „Guidelines on sound remuneration policies under the AIFMD".

[17] Capital Requirement Directive, 2006/48/EG.

[18] Committee of European Banking Supervisors Guidelines on Renumeration Policies and Practices vom 10. Dezember 2010.

24   ESMA entwickelt diese Leitlinien im Rahmen ihrer Ermächtigung gemäß Artikel 16 der ESMA-Verordnung.[19] Diese dienen einer effizienten und einheitlichen Aufsicht sowie einheitlichen Anwendung von Unionsrecht und sind unmittelbar an die lokalen Aufsichtsbehörden gerichtet. Sie finden Anwendung auf AIFMs sowie Aufsichtsbehörden und geben primär den Aufsichtsbehörden Leitlinien an die Hand zur Ausgestaltung der Verwaltungspraxis. In Deutschland obliegt es somit der BaFin, die Leitlinien in ihrer Aufsichtsarbeit zu berücksichtigen. Die Leitlinien geben zwar den aufsichtsrechtlichen Prüfungsrahmen der BaFin hinsichtlich Compliance des jeweiligen AIFM mit Artikel 13 und Anhang II der AIFM-RL vor. Die (unmittelbare) Auswirkung auf die Marktteilnehmer dürfte dann allerdings durch eine entsprechende nationale Verwaltungspraxis erfolgen. Dem Vernehmen nach soll in Deutschland durch vorgenennt Verordnungsermächtigung, die durch das BMF auf die BaFin übertragen werden kann, die nationale Verwaltungspraxis durch eine separate **AIFM-Vergütungsverordnung** konkretisiert werden. Dabei steht jedoch, je nach lokaler Aufsichtsbehörde, eine strengere oder flexiblere Anwendung dieser Leitlinien, mithin **Regulierungs-Arbitrage** innerhalb der EU zu befürchten.

25   Die finalen Leitlinien sind ab 22. Juli 2013 anwendbar.[20] Im Gegensatz zu AIFMs sind die Aufsichtsbehörden innerhalb von zwei Monaten nach Veröffentlichung der in die Amtssprachen der EU übersetzen Leitlinien verpflichtet, ESMA mitzuteilen, ob sie die Leitlinien durch Übernahme in ihre aufsichtsrechtliche Verwaltungspraxis anwenden werden. Andernfalls gelten diese als non-compliant. Auch eine etwaige Nichtanwendung ist zu begründen.[21]

26   Die nachfolgende Synopse stellt die Grundsätze des Anhang II zur AIFM-RL und die Fundstelle der korrespondierenden Leitlinien nebst entsprechendem Anwendungsbereich gegenüber:

Annex II AIFM-RL	Paragraf ESMA-Konsultationspapier	Anwendungsbereich
Par. 1 (a)	78–81	Nur auf identifizierte Mitarbeiter AIFM-globale Anwendung wird sehr empfahlen
Par. 1 (b)	78 – 81 38 – 51	Nur auf „identifizierte Mitarbeiter", AIFM-globale Anwendung wird sehr empfohlen AIFM-global Verpflichtung
Par. 1 (c)	38 – 51	AIFM-globale Verpflichtung
Par. 1 (d)	48 – 51	AIFM-globale Verpflichtung
Par. 1 (e)	70 – 76	AIFM-globale Verpflichtung
Par. 1 (f)	70 – 76	AIFM-globale Verpflichtung
Par. 1 (g)	101 – 106 110 – 113	Nur auf „identifizierte Mitarbeiter", AIFM-globale Anwendung wird sehr empfohlen

---

[19] Verordnung (EU) Nr. 1095/2010 des Europäischen Parlaments und des Europäischen Rates vom 24. November 2010 zur Errichtung einer Europäischen Aufsichtsbehörde (Europäische Wertpapier- und Marktaufsichtsbehörde).

[20] Tz. 4 Leitlinien.

[21] „Comply or explain-Prinzip", vgl. Tz. 8 Leitlinien.

Annex II AIFM-RL	Paragraf ESMA-Konsultationspapier	Anwendungsbereich
Par. 1 (h)	99 – 100 127 – 131	Nur auf „identifizierte Mitarbeiter", freiwillige AIFM-globale Anwendung immer möglich
Par. 1 (i)	n/a	AIFM-globale Verpflichtung
Par. 1 (j)	94	Nur auf „identifizierte Mitarbeiter", AIFM-globale Anwendung wird sehr empfohlen
Par. 1 (k)	87 – 89	AIFM-globale Verpflichtung
Par. 1 (l)	107 – 109 117 – 124	Nur auf „identifizierte Mitarbeiter", AIFM-globale Anwendung wird sehr empfohlen
Par. 1 (m)	132 – 147	Nur auf „identifizierte Mitarbeiter", freiwillige AIFM-globale Anwendung immer möglich
Par. 1 (n)	125 – 131	Nur auf „identifizierte Mitarbeiter", freiwillige AIFM-globale Anwendung immer möglich
Par. 1 (o)	34 – 36 117 – 124 148 – 158	Nur auf „identifizierte Mitarbeiter", freiwillige AIFM-globale Anwendung immer möglich
Par. 1 (p)	78 – 86	Nur auf „identifizierte Mitarbeiter", AIFM-globale Anwendung wird sehr empfohlen
Par. 1 (q)	90 – 92	Nur auf „identifizierte Mitarbeiter", AIFM-globale Anwendung wird sehr empfohlen
Par. 1 (r)	15 – 18	AIFM-globale Verpflichtung
Par. 2	10 – 22	AIFM-globale Verpflichtung
Par. 3	52 – 64	AIFM-globale Verpflichtung

Laut ESMA haben nicht alle AIFM die Anforderungen an die Vergütungssysteme **28** in derselben Art und Weise und in demselben Umfang zu erfüllen. Das folge aus der Anwendung des **Verhältnismäßigkeitsgrundsatzes.**[22] ESMA zielt auf eine maßgeschneiderte Anwendung der Vergütungspolitik ab. Diese soll kein starres Gerüst sein, sofern das vereinbar ist mit dem Risikoprofil und der Risikoneigung sowie der Strategie des AIFM und der von ihm verwalteten AIF.[23] Allerdings

---

[22] Vgl. Erwägungsgrund 94 AIFM-RL in Verbindung mit Art. 5 des Vertrages über die Europäische Union.
[23] Tz. 23 ff. Leitlinien.

muss ein AIFM jedwede maßgeschneiderte Anwendung der Vergütungsregeln gegenüber den Aufsichtsbehörden erläutern können. Gegenstand individueller Ausgestaltung können laut ESMA beispielsweise die variable Vergütung in Anteilen der vom AIFM verwalteten AIF oder gleichwertige Beseitigungen, das Erfordernis zur Errichtung eines Vergütungsausschusses. und etwaige Zurückbehalt- oder Stundungsmechanismen sein. Die Anwendung des Verhältnismäßigkeitsgrundsatzes ist abhängig sowohl von der **Größe des AIFM als auch seiner verwalteten AIF** (z.B. Gesellschaftsvermögen des AIFM und Wert des verwalteten AIF-Vermögens, Mitarbeiter, Niederlassungen und Tochtergesellschaften), seiner **internen Organisation** (z.B. rechtlicher Aufbau als auch Governance-Strukturen) sowie **Art, Umfang und Komplexität seiner Geschäfte** (z. B. Art der erlaubnispflichtigen Geschäfte, Investmentpolitik, grenzüberschreitende Aktivitäten und parallele Verwaltung von OGAWS/UCITS).

29   Den Aufsichtsbehörden obliegt es dabei, sicherzustellen, dass die Anwendung des Verhältnismäßigkeitsgrundsatzes nicht den Zweck der Vergütungsregulierung beeinträchtigt und **gleiche Wettbewerbsbedingungen** für alle AIFM in sämtlichen EU-Mitgliedsstaaten herrschen.[24]

30   Die Grundsätze des Kataloges in **Anhang II** der AIFM-RL sehen unter Nr. 1 vor, dass bei der Festlegung und Anwendung der gesamten Vergütungspolitik einschließlich der Gehälter und freiwilligen Altersversorgungsleistungen für jene Mitarbeiterkategorien, einschließlich Geschäftsleitung, Risikoträger und Mitarbeiter mit Kontrollfunktionen und aller Mitarbeiter, die eine Gesamtvergütung erhalten, aufgrund derer sie sich in derselben Einkommensstufe befinden wie Mitglieder der Geschäftsleistung und Risikoträger, deren Tätigkeit sich wesentlich auf die Risikoprofile der AIFM oder von ihnen verwalteter AIF auswirkt, AIFM die nachstehend genannten Grundsätze **nach Maßgabe ihrer Größe,** ihrer **internen Organisation** und der **Art, dem Umfang** und der **Komplexität** ihrer Geschäfte anwenden.

31   Die 18 Grundsätze des Anhangs II im Einzelnen (siehe auch Anhang II Rn. 1 ff.):
a) Die Vergütungspolitik ist mit einem soliden und **wirksamen Risikomanagement vereinbar** und diesem förderlich und ermutigt nicht zur Übernahme von Risiken, die unvereinbar sind mit den Risikoprofilen, Vertragsbedingungen oder Satzungen der von ihnen verwalteten AIF (**Vereinbarkeit mit Risikomanagement** und **Verbot der Risikoincentivierung**);
b) Vergütungspolitik steht mit Geschäftsstrategie, Zielen, Werten und Interessen des AIFM und der von ihm verwalteten AIF oder der Anleger solcher AIF in Einklang und umfasst auch Maßnahmen zur **Vermeidung von Interessenkonflikten** (also **Interessengleichlauf mit AIF** und dessen **Anlegern** und **Einklang mit Geschäftsstrategie**);
c) Das Leitungsorgan des AIFM legt in seiner Aufsichtsfunktion die allgemeinen Grundsätze der Vergütungspolitik fest, überprüft sie regelmäßig und ist für ihre Umsetzung verantwortlich (**regelmäßige Vergütungskontrolle**). ESMA konkretisiert diese Vergütungskontrolle hinsichtlich der Verantwortlichkeit für die Festlegung und Umsetzung der Vergütungspolitik, das Erfordernis eines Vergütungsausschusses nebst Zusammensetzung und Aufgabe sowie die Vergütung von Personal mit Kontrollfunktionen. Danach obliegt der so genannten **Aufsichtsfunktion,** mithin Personen oder Organen, die für die Aufsicht des Senior Mana-

---

[24] Tz. 39 Konsultationpapier.

gements verantwortlich zeichnen oder in Ermangelung einer separaten Aufsichtseinheit dem Leitungsorgan in seiner Aufsichtsfunktion, die Zustimmung, Umsetzung, jedwede Modifikation und Aufrechterhaltung der Vergütungspolitik sowie die ordnungsgemäße Dokumentation im Hinblick auf Entscheidungsprozesse, Auswahl der identifizierten Mitarbeiter, Vermeidung von Interessenkonflikten und Risikoanpassungsmechanismen.[25] Letztendlich soll die Aufsichtsfunktion sicherstellen, dass die Vergütungspolitik im Einklang ist mit einem effektiven Risikomanagement und dieses fördert.

Ferner sollte eine klare Trennung zwischen operativen und kontrollierenden Funktionen/Bereichen, die Qualifikation und Unabhängigkeit der Mitglieder des Leitungsorgans sowie Vermeidung von Interessenkonflikten gewährleistet sein.[26] In der Praxis allerdings wird im Bereich der geschlossenen Fonds, insbesondere der Private-Equity-Fonds, regelmäßig auch den institutionellen Investoren mit entsprechender Marktposition ein Mitspracherecht in Vergütungsfragen zuteil und sowie der Vermeidung von Interessenkonflichten Rechnung getragen;

d) Mindestens einmal jährlich wird im Rahmen einer zentralen und unabhängigen internen Überprüfung festgestellt, ob die Vergütungspolitik gemäß den durch die Aufsichtsfunktion festgelegten Vergütungsvorschriften und -verfahren umgesetzt wurde. Darüber hinaus verlangt ESMA einen Abhilfeplan, sollte die Vergütungspolitik nicht entsprechend den Vorgaben gelebt werden. Die jährliche Überprüfung kann an dritte Dienstleister vergeben werden, allerdings sind große und „komplexe" AIFM gehalten, ausreichend Personal intern bereit zu halten, um eine interne Überprüfung vorzunehmen, die unter Umständen durch externe Berater unterstützt werden kann. Erleichterungen sieht ESMA für kleinere und weniger „komplexe" AIFM vor, die eine Überprüfung vollends an Dritte auslagern dürfen oder auch den jährlichen Turnus verlängern dürfen;[27]

e) Die Mitarbeiter, die Kontrollfunktionen innehaben, werden entsprechend der Erreichung der mit ihren Aufgaben verbundenen Ziele entlohnt, und zwar unabhängig von den Leistungen in den von ihnen kontrollierten Geschäftsbereichen. Laut ESMA sollten Angehörige der Aufsichtsfunktion nicht ihre eigene Vergütung festlegen, sondern gegebenenfalls die Billigung der Vergütung auf die Gesellschafterversammlung des AIFM übertragen. Zwecks Vermeidung von Interessenkollisionen kann es geboten sein, dass Personen mit Aufsichtsfunktion ausschließlich eine feste Vergütungskomponente erhalten.[28] Die Aufsichtsfunktion sollte allerdings die Vergütung der Geschäftsleitung und des Senior Managements zustimmen und überwachen. Des Weiteren sollte die Vergütung auf Ebene der Mitarbeiter in Kontrollfunktionen den AIFM ermöglichen, qualifizierte und erfahrene Mitarbeiter in diesen Bereichen einzustellen. Im Fall einer variablen Vergütung muss diese funktionsbezogen sein und nicht nur abhängig von erfolgsabhängigen Kriterien[29];

f) Die Vergütung höherer Führungskräfte in den Bereichen Risikomanagement und Compliance-Aufgaben wird vom Vergütungsausschuss unmittelbar überprüft;

---

[25] Tz. 39 Leitlinien.
[26] Tz. 42 Leitlinien.
[27] Tz. 51 Leitlinien.
[28] Tz. 45 Leitlinien.
[29] Tz. 71 Leitlinien.

g) Bei **erfolgsabhängiger Vergütung** liegt der Vergütung insgesamt eine Bewertung sowohl der Leistung des betreffenden Mitarbeiters und seiner Abteilung bzw. des betreffenden AIF als auch des Gesamtergebnisses des AIFM zugrunde, und bei der Bewertung der individuellen Leistung werden **finanzielle** wie auch nicht-finanzielle Kriterien berücksichtigt. In die **nicht finanziellen Bewertungsparameter** dürften beispielsweise die Kunden-/Investorenzufriedenheit aber auch ein erfolgreiches **Fundraising,** also das Einsammeln von Investorengeldern einfließen. Laut ESMA ist eine zur Gänze flexible Strategie bezüglich variabler Gehaltskomponenten erforderlich, die auch impliziert, dass die variable Vergütung als Folge einer negativen Leistungsbewertung gegebenenfalls bis auf null reduziert werden kann. Andererseits setzt das voraus, dass die feste Vergütungskomponente entsprechend der Ausbildung, Seniorität und Expertise entsprechend angemessen hoch sein muss und die tatsächliche Tätigkeit entsprechend sachgerecht vergütet wird. ESMA differenziert in Leistungs- und Risikobemessung, Prämierung und Auszahlung. Im Rahmen der Leistungsbemessung werden Ziele des AIFM und die Investmentstrategie der verwalteten AIF definiert, mit deren Erreichen sich die leistungsbezogene Vergütung materialisiert. Für die Leistungsbewertung dürfen ausschließlich die tatsächlichen Ergebnisse berücksichtigt werden. Die Auszahlung der variablen Vergütung ist schließlich am **Lebenszyklus** und Investmentrisiken der vom AIFM verwalteten AIF auszurichten und sollte daher teilweise kurzfristig nach entsprechender Prämierung und teilweise hinausgeschoben werden. Die langfristige Komponente sollte Mitarbeitern vorbehaltlich einer so genannten **Ex-Post Risikoadjustierung** am Ende des Stundungszeitraums ausbezahlt werden, wobei ESMA insoweit auf die strengen Zurückbehaltungsmechanismen (vgl. lit. n) verweist, wonach **mindestens 40% (zum Teil 60%)** abgestuft ausbezahlt werden müssen;

h) Um zu gewährleisten, dass die Beurteilung auf die längerfristige Leistung abstellt und die tatsächliche Auszahlung erfolgsabhängiger Vergütungskomponenten über einen Zeitraum verteilt ist, der der Rücknahmepolitik der von ihm verwalteten AIF und ihren Anlagerisiken Rechnung trägt, sollte die Leistungsbeurteilung in einem mehrjährigen Rahmen erfolgen, der dem Lebenszyklus der vom AIFM verwalteten AIF entspricht **(langfristige Leistungsbeurteilung);** für das Merkmal der Langfristigkeit könnte bei der innerstaatlichen Umsetzung § 87 Abs. 1 AktG in Verbindung mit § 197 Abs. 2 AktG stehen, wonach der Beschluss über bedingte Kapitalerhöhungen hinsichtlich der bezugsberechtigten Organe einer Aktiengesellschaft eine Mindestwartezeit bis zur Ausübung des Bezugsrechts von 4 Jahren vorsieht;

i) Eine garantierte variable Vergütung kann nur in Ausnahmefällen im Zusammenhang mit der Einstellung neuer Mitarbeiter gezahlt werden und ist auf das erste Jahr beschränkt. Dieser **Grundsatz, keine Garantie variabler Gehaltskomponenten** zielt auf die Vermeidung signifikanter Abhängigkeit von variablen Vergütungskomponenten ab. Grundsätzlich sollte auch ganz auf variable Gehaltskomponenten verzichtet werden können, obgleich ein gewisser Verhaltensanreiz bestehen bleiben soll. Die Ausnahmeregelung für Neueinstellungen will die Einstellung talentierter Bewerber ermöglichen, wobei die Praxis lehrt, dass eine garantierte variable Vergütung oft auf zwei oder mehr Jahre ausgelegt ist;

j) Bei der Gesamtvergütung stehen feste und variable Bestandteile in einem angemessenen Verhältnis und der Anteil der festen Komponente an der Gesamtvergütung ist genügend hoch, sodass eine flexible Politik bezüglich der variablen Komponente uneingeschränkt möglich ist und auch ganz auf die Zahlung einer variablen Komponente verzichtet werden kann **(angemessenes Verhältnis fixer/variabler Komponenten).** ESMA betont, dass die Anforderungen an variable Vergütungskomponenten nicht durch artifizielle Gestaltungen oder Zahlungswege wie beispielsweise konstruierte Dividendenzahlungen oder unsachgemäße Umdeklarierung von *Performance Fees,* umgangen werden dürfen.[30] Die geforderte Angemessenheit dürfte analog **§ 3 Abs. 5 Instituts-VergV** abstrakt gewahrt sein, wenn einerseits keine signifikante Abhängigkeit von der variablen Vergütung besteht (und notfalls entfallen kann), die variable Vergütung aber andererseits einen wirksamen Verhaltensanreiz setzen kann. Es sollte also sowohl eine angemessene **Erfolgs-** als auch **Misserfolgsbeteiligung** der AIFM gewährleistet sein.[31] Allerdings fällt positiv auf, dass weder Art. 13 Abs. 2 AIFM-RL in Verbindung mit Anhang II noch die Leitlinien eine betragsmäßige Begrenzung der Vergütung vorsehen. Bei entsprechender Performance der AIFM dürften nach oben keine Grenzen gesetzt sein („sky's the limit");

k) Zahlungen im Zusammenhang mit der vorzeitigen Beendigung eines Vertrags spiegeln die im Laufe der Zeit erzielten Ergebnisse wider und sind so gestaltet, dass sie Versagen nicht belohnen **(Leistungsbezogene Abfindungszahlungen).** Laut ESMA sollten Abfindungszahlungen, Zahlungen im Zusammenhang mit der Dauer einer Kündigungsfrist und Redundanzvergütungen für den Verlust des Arbeitsplatzes im Einklang mit den allgemeinen Governance-Strukturen des AIFM stehen und **keine Belohnung für Versagen** beinhalten, insbesondere der sogenannte **„Goldene Handschlag"** wird als unangemessen erachtet[32]

l) Die Erfolgsmessung, anhand derer **variable Vergütungskomponenten** oder Pools von variablen Vergütungskomponenten berechnet werden, schließt einen **umfassenden Berichtigungsmechanismus** für alle einschlägigen Arten von laufenden und künftigen Risiken ein;

m) Je nach der rechtlichen Struktur des AIF und seiner Vertragsbedingungen oder seiner Satzung muss ein erheblicher Anteil der variablen Vergütungskomponente, und in jedem Fall **mindestens 50%,** aus Anteilen des betreffenden AIF oder gleichwertigen Beteiligungen oder mit Anteilen verknüpften Instrumenten oder gleichwertigen **unbaren Instrumenten** bestehen; der Mindestwert von 50% kommt jedoch nicht zur Anwendung, wenn weniger als 50% des vom AIFM verwalteten Gesamtportfolios auf AIF entfallen. Für die Instrumente nach diesem Buchstaben gilt eine geeignete **Rückstellungspolitik,** die darauf abstellt, die Anreize an den Interessen des AIFM und der von diesem verwalteten AIF sowie an den Interessen der Anleger der AIF auszurichten. Die Mitgliedstaaten bzw. die zuständigen nationalen Behörden können Einschränkungen betreffend die Arten und Formen dieser Instrumente beschließen oder, sofern dies angemessen ist, bestimmte Instrumente verbieten. Diese Bestimmung ist sowohl auf den Anteil der variablen Vergütungskomponente anzuwenden, die gemäß Buchstabe n) zurückgestellt wird, als auch auf den Anteil der nicht zurückgestellten variablen Vergütungskomponente. Es bleibt

---

[30] Tz. 23 Konsultationspapier.
[31] *Möllers/Hailer* ZBB/JBB 2012, 178 (192).
[32] Tz. 87 bis 99 Leitlinien.

abzuwarten, wie die letztendliche Umsetzung den Zielkonflikt insbesondere im Bereich der geschlossenen Fonds in Bezug auf dem Mitarbeiter gewährte Anteile an laufzeitbegrenzten Fonds lösen wird;[33]

n) Ein wesentlicher Anteil der variablen Vergütungskomponente, und in jedem Fall mindestens **40%,** wird über einen Zeitraum **zurückgestellt,** der angesichts des **Lebenszyklus** und der Rücknahmegrundsätze des betreffenden AIF angemessen ist und ordnungsgemäß auf die Art der Risiken dieses AIF ausgerichtet ist. Der Zeitraum nach diesem Buchstaben sollte **mindestens drei bis fünf Jahre** betragen, es sei denn der Lebenszyklus des betreffenden AIF ist kürzer. Die im Rahmen von Regelungen zur Zurückstellung der Vergütungszahlung zu zahlende Vergütung wird nicht rascher als auf anteiliger Grundlage erworben. Macht die variable Komponente einen besonders hohen Betrag aus (ESMA schweigt danüber wann das der Fall ist) oder ist die Risikoverantwortung sehr hoch, so wird die Auszahlung von mindestens 60% des Betrags zurückgestellt **(Geeignete Rückstellungspolitik);**

o) Die variable Vergütung, einschließlich des zurückgestellten Anteils, wird nur dann ausgezahlt oder erworben, wenn sie angesichts der Finanzlage des AIFM insgesamt tragbar ist und nach der Leistung der betreffenden Geschäftsabteilung, des AIF und der betreffenden Person gerechtfertigt ist. Eine schwache oder negative finanzielle Leistung des AIFM oder der betreffenden AIF führt in der Regel zu einer erheblichen Schrumpfung der gesamten variablen Vergütung, wobei sowohl laufende Kompensationen als auch Verringerungen bei Auszahlungen von zuvor erwirtschafteten Beträgen, auch durch Malus- oder Rückforderungsvereinbarungen, berücksichtigt werden **(Malus– oder Rückforderungsvereinbarung).** Schwache oder negative finanzielle Leistungen des AIFM oder AIF können zur Reduzierung der variablen Vergütung führen. Die möglichen negativen Erfolgsbeiträge des einzelnen Mitarbeiters sollen sich in diesem Fall auf die Höhe der variablen Vergütung auswirken. Die bereits existierenden Malus- oder Rückforderungsvereinbarungen gemäß § 87 AktG bzgl. der Organe von Aktiengesellschaften dürften für die innerstaatliche Aufsichtsrechtspraxis Pate stehen. Damit der AIFM jederzeit den Anforderungen an Anfangs- und Eigenkapitalausstattung gemäß Art. 9 AIFM-RL Rechnung trägt, hat dieser hinsichtlich variabler Vergütungskomponenten umsichtig vorzugehen. Insbesondere sollte der AIMF sicherstellen, dass durch die Gewährung oder Auszahlung variabler Gehaltskomponenten eine solide Finanzlage nicht gefährdet wird. Andererseits sollten Gefährdungstatbestände Auslöser für die Reduzierung variabler Gehaltskomponenten, Anwendung von Erfolgsanpassungsmaßnahmen (Malus oder so genannte *Clawbacks*) sein. Gleichfalls sollte die Stundung zwecks Festigung der angeschlagenen Finanzlage in Betracht gezogen werden;[34]

p) Die **Altersversorgungsregelungen** stehen mit Geschäftsstrategie, Zielen, Werten und langfristigen Interessen des AIFM und der von diesem verwalteten AIF in Einklang. Verlässt der Mitarbeiter den AIFM vor Eintritt in den Ruhestand, sollten freiwillige Altersversorgungsleistungen vom AIFM fünf Jahre lang in Form der unter Buchstabe m) festgelegten Instrumente zurückbehalten werden. Tritt ein Mitarbeiter in den Ruhestand, sollten die freiwilligen Altersversorgungsleistungen dem Mitarbeiter in Form der unter Buchstabe m) festge-

---

[33] *von Livonius/Schatz,* Absolut|report 6/2010, 54 (59).
[34] Tz. 34–36 Leitlinien.

legten Instrumente nach einer Wartezeit von fünf Jahren ausgezahlt werden. Regelungen, die auf Tarifverträge zurückgehen, dürften danach per se diesen Grundsätzen Rechnung tragen;

q) Von den Mitarbeitern wird verlangt, dass sie sich verpflichten, auf keine persönlichen Hedging-Strategien oder vergütungs- und haftungsbezogene Versicherungen zurückzugreifen, um die in ihren Vergütungsregelungen verankerte Ausrichtung am Risikoverhalten zu unterlaufen (**Verbot des persönlichen Hedging**). ESMA betont, dass ein wirksamer Interessengleichlauf der Vergütungspolitik auch gelegentlich zu einer Reduzierung von variablen Gehaltsbestandteilen führen und dieser Interessengleichlauf erheblich geschwächt würde, falls die Mitarbeiter in der Lage wären, das Risiko negativer Vergütungsanpassungen mittels Optionsgeschäften, sonstiger Derivate oder Versicherungsverträge auf Dritte zu verlagern.[35] Das Verbot von Hedging-Strategien will die Umgehung des Risikoverhaltens verhindern. Mit anderen Worten soll die variable und somit risikoorientierte Vergütung nicht durch die Hintertür zur Fixvergütung ausgestaltet werden. Daher darf die Risikovergütung nicht durch Absicherung oder sonstige Gegenmaßnahmen wieder aufgehoben werden. In Anlehnung an die vielerorts in der klassischen Finanzindustrie bereits gelebten Einschränkungen könnte beispielsweise die **arbeitsvertragliche Untersagung von Options- und Derivategeschäften** ein probates Mittel sein;

r) Die variable Vergütung wird nicht in Form von Instrumenten oder Verfahren gezahlt, die eine Umgehung der Anforderungen dieser Richtlinie erleichtern (**Verbot von Umgehungsgestaltungen**).

Hinsichtlich des sachlichen Anwendungsbereiches führt Anhang II weiter aus: **32** Die in Absatz 1 genannten Grundsätze gelten für alle Arten von Vergütungen, die von AIFM gezahlt werden, für jeden direkt von dem AIF selbst gezahlten Betrag, einschließlich *Carried Interest,* und für jede Übertragung von Anteilen des AIF, die zugunsten derjenigen Mitarbeiterkategorien, einschließlich der Geschäftsleitung, Risikokäufer, Mitarbeiter mit Kontrollfunktionen und aller Mitarbeiter, die eine Gesamtvergütung erhalten, aufgrund derer sie sich in derselben Einkommensstufe befinden wie Mitglieder der Geschäftsleistung und Risikokäufer, vorgenommen werden, deren berufliche Tätigkeit sich wesentlich auf ihr Risikoprofil oder auf die Risikoprofile der von ihnen verwalteten AIF auswirkt (Anhang II Tz. 2). Im Rahmen der innerstaatlichen Umsetzung bzw. aufsichtsrechlichen Anwendung der Vergütungsregeln gilt es zu beachten, dass in existierende Vergütungsvereinbarungen eingegriffen werden könnte und eine Anpassung dieser im Rahmen des zivil- und arbeitsrechtlich Möglichen zulässig sein müsste. Insoweit könnte man auf die InstitutsVergV rekurrieren und sich einer analogen Anwendung der dortigen Regelung behelfen, wonach nicht zwangsläufig in bestehende Arbeitsverträge eingegriffen werden müsste, sofern der AIFM nachweist, dass er (erfolglos) darauf hingewirkt hat, dass die mit identifizierten Mitarbeitern bestehenden Verträge sowie betriebliche Übungen, die mit Art. 13 AIFM-RL, Anhang II oder den Leitlinien nicht vereinbar sind, soweit rechtlich zulässig auf Grundlage einer für Dritte nachvollziehbar fundierten juristischen Begutachtung der Rechtslage und unter Berücksichtigung der konkreten Erfolgsaussichten angepasst werden.[36]

---

[35] Tz. 90 bis 92 Leitlinien.
[36] § 10 InstitutsVergV.

33   Anhang II Tz. 3 führt weiter aus, dass AIFM, die aufgrund ihrer Größe oder der Größe der von ihnen verwalteten AIF, ihrer internen Organisation und der Art, des Umfangs und der Komplexität ihrer Aktivitäten von erheblicher Bedeutung sind, einen **Vergütungsausschuss** ein richten, wobei laut ESMA alle drei Faktoren berücksichtigt werden müssen. Beispielsweise soll ein signifikant großer AIFM, der nicht signifikant in Bezug auf seine interne Organisation und/oder der Art, Umfang und Komplexität seiner Aktivitäten ist, keinen Vergütungsausschuss einrichten müssen.[37] ESMA sah sich jedoch außerstande, eine abschließende Liste von Kriterien, die für eine Wesentlichkeit sprechen, aufzustellen. Allerdings nennt ESMA Beispiele, bei denen kein Vergütungsausschuss errichtet werden muss: AIFM, deren von ihnen verwaltete Portfolien von AIFs ein Vermögen von 1,25 Mrd. EUR nicht überschreiten und die nicht mehr als 50 Mitarbeiter beschäftigen. Ferner sind AIFM befreit, die Tochtergesellschaften von Kreditinstituten sind, die ihrerseits verpflichtet sind, einen Vergütungsausschuss zu etablieren, der dessen Aufgaben für die gesamte Gruppe wahrnimmt.[38]

34   Der Vergütungsausschuss ist auf eine Weise zu errichten, die es ihm ermöglicht, kompetent und unabhängig über die Vergütungsregelungen und -praxis sowie die für das Management der Risiken geschaffenen Anreize zu urteilen. Den Vorsitz im Vergütungsausschuss führt ein Mitglied der Aufsichtsfunktion, das in dem betreffenden AIFM keine Führungsaufgaben wahrnimmt. Die Mitglieder des Vergütungsausschusses sind Mitglieder der Leitungsorgans, die in dem betreffenden AIFM keine Führungsaufgaben wahrnehmen. ESMA konkretisiert das dahingehend, dass es dabei um Mitglieder der Aufsichtsfunktion handeln sollte, die keine operative Tätigkeit ausüben und zumindest die Mehrheit als unabhängig qualifizieren muss. Gleiches gilt für den Vorsitz. Allerdings bleibt offen, was ESMA unter „unabhängig" versteht.[39]

35   Wenig realistisch erscheint der Grundsatz, wonach der Vergütungsausschuss mit unabhängigen Mitgliedern der Aufsichtsfunktion besetzt werden muss, die in dem betreffenden AIFM keine Führungsaufgaben wahrnehmen. Eine Kontrolle der Vergütung der Geschäftsleitung durch „Non-Executive-Mitglieder" dürfte eine Herausforderung für die Betroffenen darstellen. Gerade im Private-Equity-Bereich dürften die Mitglieder der Geschäftsleitung typischerweise Exekutivfunktionen haben und nicht als unabhängig qualifizieren. Da ESMA insoweit den Bedarf an interner (Revision und Risikocontrolling) als auch externer Beratung sieht, könnte insoweit eines **neues Betätigungsfeld für Steuerberatungs- und Wirtschaftsprüfungsgesellschaften** entstehen.

36   Der Vergütungsausschuss ist für die Ausarbeitung von Entscheidungen über die Vergütung zuständig, einschließlich Mitgliedern der Geschäftsleitung und Spitzenverdienern sowie derjenigen mit Auswirkungen auf das Risiko und das Risikomanagement des AIFM oder der betreffenden AIF; diese Entscheidungen sind vom Leitungsorgan in seiner Aufsichtsfunktion zu fassen. ESMA konkretisiert weiter, dass es die Rolle des Vergütungsausschusses sei, die Aufsichtsfunktion hinsichtlich der Bestimmung und die Umsetzung der Vergütungspolitik zu beraten. Dem Vergütungsausschuss kommt die Aufgabe zu, die Angemessenheit der Vergütung zu überwachen. Diesem obliegt es einmal jährlich einen Bericht über Ausgestaltung, Überprüfung und Weiterentwicklung des Vergütungssystems zu

---

[37] Tz. 53 Leitlinien.
[38] Tz. 53 Leitlinien.
[39] Tz. 58–61 Leitlinien.

erstellen und zu veröffentlichen. Dafür ist dem Vergütungsausschuss uneingeschränkter Zugang zu Information aller beteiligten Bereiche des AIFM zu gewähren. Des Weiteren überprüft der Vergütungsausschuss die Beauftragung externer
Vergütungsberater durch die Aufsichtsfunktion.

D. Vergütungselemente

Insbesondere im Bereich von geschlossenen Fonds existieren bereits über Jahre   **37**
in Verhandlungen zwischen Fondsmanagement und Investoren austarierten Vergütungsstrukturen, die in der Regel bereits auf langfristige Erfolgsparameter angelegt sind und folglich auf einen Interessengleichlauf der Vergütung von Fondsprofessionals mit den Risikoprofilen, dem Gesellschaftsvertrag und Anlagezielen des
AIF respektive seiner Anleger ausgerichtet sind.

Unabhängig von der letztendlichen Ausgestaltung und innerstaatlichen Umset-   **38**
zung ist bereits offensichtlich, dass die Regulierung der Vergütungspolitik nach
Maßgabe der AIFM-RL gegenüber den Vorgaben aus § 41 InvG für Kapitalanlagegesellschaften wesentlich umfangreicher sein dürften. Die Regelung des InvG
enthält lediglich **formale Vorgaben** an die Vergütungspolitik im Hinblick auf
Transparenz, d.h. **Methode, Höhe und Grund der Vergütungen aus dem
Sondervermögen**, jedoch **keine materiellen Vorgaben,** wie die Vergütungspolitik ausgestaltet sein muss vergleichbar den Vorgaben der AIFM-RL. Der
Regelungszweck des § 41 InvG dient vornehmlich der **Informationspflicht**
gegenüber Anlegern, damit diese in die Lage versetzt werden, Kriterien der Vergütung und etwaige Anreize zu erkennen und weniger dem **Verbot der Risikoinzentivierung.**

Im Folgenden wird am Beispiel gängiger Vergütungsmodelle im Bereich von   **39**
Private-Equity-Fonds dieser sachgerechte Interessenausgleich zwischen Management und Investoren aufgezeigt. Vorab gilt zu konstatieren, dass diese dargestellten
Vergütungsmodelle sich langfristiger Leistungsbeurteilung bedienen und damit im
Wesentlichen zukünftige aufsichtsrechtliche Anforderungen durch die AIFM-RL
an eine solide Vergütungspolitik und deren innerstaatliche Umsetzung Rechnung
tragen dürften. Allerdings sind die konkreten Ausgestaltungen in der Praxis vielfältig.

I. Management Fee

Empfänger dieser Verwaltungsgebühr kann neben dem AIFM auch eine AIFM-   **40**
nahe, separate Managementgesellschaft, in vielen Fällen die Komplementärgesellschaft, also der persönlich haftende Gesellschafter des AIF sein. Gesellschafter der
Managementgesellschaft sind die Initiatoren und das Management Team, also die
AIFM. In einer Vielzahl der Fälle wird diese **Management Fee** unter Beratungs-
verträgen zwischen der Komplementärgesellschaft und Beratungsgesellschaften der
AIFM, als sogenannte Advisory Fee (Beratungsgebühr) an letztere weitergereicht.

Die Management Fee wird für die Wahrnehmung der laufenden Verwaltungs-   **41**
tätigkeit inklusive Vorbereitung und Durchführung der Kauf- und Verkaufsentscheidungen[40], Kapitalabrufe, Beteiligungsüberwachung, Betreuung der Anleger

---

[40] Die Kauf- und Verkaufsentscheidungen trifft letztendlich das sog. Carried-Interest-
Vehikel.

etc. gezahlt[41] und wird unter anderem für feste Vergütungsbestandteile der identifizierten Mitarbeiter des AIFM (Gehalt) verwendet.

42   Die Höhe dieser fixen Management Fee beträgt branchenüblich zwischen 1,5% und 2% bezogen auf die Kapitaleinzahlungsverpflichtungen (Capital Commitments) während der Investitionsphase und im Anschluss an die Investitionsphase des AIF bezogen auf das tatsächlich investierte und noch nicht zurückgezahlte Kapital. Gerade die Bezugsgröße des tatsächlich investierten Kapitals ist geeignet, Interessenkonflikten mit den Investoren vorzubeugen. Den anderen Bezugsgrößen ist die Gefahr immanent, dass eine hohe jährliche Management Fee anfällt, obwohl mangels Opportunitäten keine Investitionen in Zielunternehmen mithin umfangreiche, abzugeltende Verwaltungstätigkeit anfällt (Verwaltung sog. **„Zombie-Portfolios")**.[42] Der Interessengleichlauf zwischen AIFM und Anlegern wird ebenfalls durch die feste, erfolgsunabhängige Bezugsgröße der Management Fee gewahrt. Es besteht insoweit kein Anreiz des Managements, den Wert des Portfolios künstlich in die Höhe zu treiben. Zudem zwingt die feste Kostenpauschale zu effektiver und effizienter Erledigung der Verwaltungs- und Managementaufgaben. So wird auch bereits vertreten, dass die Management Fee mit Blick auf den Zweck der Vergütungsregulierung per se nicht unter diese fallen sollte.[43] Allerdings dürfte das allenfalls nur bei Ausgestaltung der Management Fee als Vorabgewinn verfangen.

43   Nur vereinzelt durchsetzen konnte sich insoweit sog. Zero-Budgeting-Ansätze, bei dem gegenüber den Investoren periodisch nur einzeln nachgewiesene Managementleistungen abgerechnet werden. Insbesondere im Segment der Venture-Capital- und Private-Equity-Fonds dürfte es insoweit oftmals schlicht an der notwendigen Liquidität mangeln.

II. Carried Interest

44   In einer Vielzahl der Fondsstrukturen beteiligt sich das Management über eine sog. *Carried Interest*-Gesellschaft **(Carry-Vehikel)** als Kommanditist am Fondsvehikel. Das Carry-Vehikel trifft unter anderem die endgültigen Investitions- und De-Investitionsentscheidungen für das Fondsvehikel. Die vermögensmäßige Beteiligung des Carry-Vehikels am Fonds beträgt üblicherweise ca. 1% und stellt folglich insoweit eine pro rata Partizipation am Gewinn des Fonds dar. Zusätzliche erhält das Carry-Vehikel eine Erfolgsbeteiligung in Form des *Carried Interest* in Höhe von regelmäßig 20% (mithin disproportional gegenüber der vermögensmäßigen Beteiligung) des Gesamtgewinns für die finalen Anlageentscheidungen sowie immaterielle Gesellschafterbeiträge des Carry-Vehikels, also insbesondere Bereitstellung von Kontakten, Branchen-Know-how und Reputation von Fondsprofessionals zwecks erfolgreicher Kapitalaufbringung.[44] Grundsätzlich handelt es sich bei *Carried Interest* folglich um einen (disproportionalen) Gewinnanteil mit Vergütungscharakter.[45]

---

[41] Und zukünftig vermutlich auch für die AIFM-RL/KAGB-Implementierung- und Compliance-Kosten kosten .

[42] „Dry Powder"-Argument.

[43] Stellungnahme der Schweizerischen Vereinigung für Unternehmensfinanzierung SECA v. 10.9.2012.

[44] Vertiefend zu *Carried Interest* vgl. *Boxberger* in Jesch/Striegel/Boxberger, Rechtshandbuch Private Equity, Seite 132 ff.

[45] A.A. die deutsche Finanzverwaltung, die darin eine Service-Fee also ein Dienstleistungsentgelt sieht, BMF-Schreiben v. 16.12.2003, BStBl. I 2004, 40, berichtigt 2006, 632.

Ausweislich der erstmaligen „**gesetzlichen**" **Legaldefinition** in Art. 4 Abs. 1 **45**
lit. d) AIFM-RL handelt es sich bei *Carried Interest* um einen „Anteil an den
Gewinnen des AIF, die ein AIFM als Vergütung für die Verwaltung des AIF
erhält, wovon sämtliche Anteile an den Gewinnen des AIF ausgeschlossen sind,
die der AIFM als Rendite für Anlagen des AIFM in den AIF bezieht." Der
sachliche Anwendungsbereich des Art. 13 AIFM-RL ist unstreitig eröffnet.

Allerdings konkretisiert ESMA diese fehlerhafte Legaldefinition in der Richtli- **46**
nie und unterscheidet korrekterweise explizit in *Carried Interest* und Co-Investment. **ESMA differenziert in** Pro-Rata-Anteilen an den Gewinnen des AIF aus
Investments der identifizierten Mitarbeiter in den AIF, die nicht als Vergütung
im Sinne der AIFM-RL qualifizieren **(Co-Investments)** und folglich auch nicht
unter die Vergütungsregeln der Richtlinie respektive der Leitlinien fallen sowie
disproportionale Gewinnanteile *(Carried Interest),* die über den vorgenannten
Pro-Rata-Vermögensanteil hinausgehen und folglich laut ESMA Vergütung für
die Verwaltung des AIF darstellen und damit den Vergütungsregeln der Richtlinie
nebst Leitlinien unterliegen, unerheblich ob diese unmittelbar oder mittelbar über
ein Carry-Vehikel erhalten werden.[46] AIFM müssen die Identifizierung und
Trennung der entsprechenden Vergütungsbestandteile (Co-Investment versus
Carried Interest) vorhalten können.[47] Im Fall des Co-Investments sieht ESMA
durch die kapitalmäßige Beteiligung der identifizierten Mitarbeiter bereits den
Interessengleichlauf mit dem AIFM und auch den AIF bzw. ihrer Investoren
als gegeben an und hält insoweit keine zusätzlichen Sicherungsmechanismen für
erforderlich.

Allerdings setzt diese Befreiung des Co-Investments von der Regulierungsauf- **47**
sicht voraus, dass der identifizierte Mitarbeiter tatsächlich einen vermögensmäßigen Betrag geleistet hat. ESMA sieht Darlehen, die der AIFM an identifizierte
Mitarbeiter zwecks Finanzierung eines Co-Investments gewährt, als schädlich für
vorgenannte Ausnahme an, sofern diese **Mitarbeiter-Darlehen** zum Zeitpunkt
der Gewinnauszahlung nicht durch den Mitarbeiter getilgt wurden **(sog. Non-
Recourse-Loan)**.[48]

Die Klarstellung der ESMA ist grundsätzlich zu begrüßen. Allerdings kann **48**
die explizite Charakterisierung des *Carried Interest* als Dienstleistungsentgelt aus
deutscher steuerrechtlicher Sicht zu einer nachteiligen Besteuerung führen. Nach
Auffassung des Verfassers sollte die explizite Charakterisierung des *Carried Interest*
als Dienstleistungsentgelt keine indizielle Wirkung für die deutsche steuerrechtliche Beurteilung haben, denn ESMA stellt klar, dass diese Charakterisierung einzig
und allein für Zwecke der Leitlinien und Anhang II der AIFM-RL erfolgt (Tz. 10
Leitlinien). Folgerichtig sollte es konträr zur Auffassung der deutschen Finanzverwaltung bei der Charakterisierung des *Carried Interest* als (disproportionalen)
Gewinnanteil mit entsprechender Besteuerung im Nichtanwendungsfall respektive im Fall der Abschaffung des § 18 Abs. 1 Nr. 4 EStG in Verbindung mit § 3
Nr. 40a EStG kommen. Mit anderen Worten ist außerhalb des Anwendungsbereiches von § 18 Abs. 1 Nr. 4 EStG nach der hier vertretenen Auffassung für die
Steuerbelastung auf Ebene des Fondsmanagers ausschlaggebend, ob der *Carried
Interest* aus Veräußerungsgewinnen, Dividenden oder Zinsen resultiert. Schließlich
könnte die Identifikation und Kalkulation entsprechender Ertragskomponenten

---

[46] Tz. 20 und 24 Konsultationspapier und Tz. 12 und 16 Leitlinien.
[47] Tz. 21 Konsultationspapier.
[48] Tz. 12 Leitlinien.

im Fall von Carry-Vehikeln die zusätzlich als Co-Investment-Vehikel fungieren, erschwert werden und in vereinzelten Jurisdiktionen zu nachteiliger Besteuerung führen.

49   Unter Rn. 31 wurde dargestellt, dass die variable Vergütung Gegenstand komplexer Regelungen zum Interessengleichlauf im Hinblick auf Aufteilung in feste und variable Bestandteile, Aufschub- und Zurückbehaltungsmechanismen ist.

50   ESMA konzediert, dass dieser Interessengleichlauf durch bestimmte Vergütungsstrukturen erfüllt werden kann. Beispielsweise, sofern der AIFM entsprechend eines *Distribution Waterfalls* zunächst sämtliche von den Investoren des AIF eingezahlte Gelder zuzüglich eines im Vorhinein vereinbarten garantierten Profits [sic!] entsprechend einer im Vorfeld vereinbarten Vorabverzinsung (**„Hurdle Rate"**) an die Investoren zurückzahlt, bevor die identifizierten Mitarbeiter jede Art von Vergütung für die Verwaltung des AIF erhalten dürfen; und die von den identifizierten Mitarbeitern erhaltene Vergütung bis zur Liquidation des entsprechenden AIF einer *Clawback*-Vereinbarung unterliegt.[49] ESMA sieht bei diesen Strukturen die Vorgaben an Zurückbehaltung und Stundung als erfüllt an. Obwohl *Carried Interest* in diesem Zusammenhang keine explizite Erwähnung durch ESMA erfahren hat, dürfte dieser bei so genannten **Fund-as-a-whole**-Strukturen mit vereinbarter Vorabverzinsung und *Clawback* als ein spezielles Modell zur Wahrung dieses Interessausgleichlaufs durch ESMA angesehen werden.[50] Allerdings sei bei den vorgenannten Strukturen eine Einzelfallprüfung laut ESMA unerlässlich. Im Konsulationspapier hat ESMA die vollständige Befreiung von AIFM mit entsprechenden Vergütungsstrukturen von den speziellen Anforderungen an den Interessengleichlauf verworfen und die Einzelfallbetrachtung als einen vermittelnden Ansatz gewählt.[51]

51   Die gängigen Vertragswerke im Fall von **Fund-as-a-whole-Strukturen** sehen unter dem sog. „Distribution Waterfall" zunächst die Rückzahlung der vollständigen Kapitaleinlage an sämtliche Anleger zuzüglich einer Basisverzinsung von branchenüblich 8% (besagte **Hurdle Rate**) vor. Erst im Anschluss daran ist die Auszahlung des *Carried Interest* garantiert. Sog. **Clawback-Regelungen** sehen zudem eine etwaige Rückzahlungsverpflichtung von zu viel ausgezahltem *Carried Interest* zum Zeitpunkt der endgültigen Abrechnung der Fondserträge am Laufzeitende des Fonds vor. Diese Kriterien sorgen dafür, dass es sich bei *Carried Interest* um eine „quasi" unbare Vergütungskomponente handelt, deren langfristige Vergütungsauszahlung sichergestellt ist. Vor allem schlagen sich eine negative Entwicklung des Fonds als auch ein negativer Beitrag des Fondsmanagers im Fondsergebnis mithin in der Höhe des *Carried Interest* nieder.

52   Darüber hinaus dürften vorgenannte **Clawback-Regelungen** den geforderten **Berichtigungsmechanismen** bzw. **Malusregelungen** entsprechen. Diese sehen vor, dass bei Laufzeitende errechnet wird, ob tatsächlich die vereinbarten 20% *Carried Interest* ausgezahlt wurden und zu viel gezahlter *Carried Interest* zurückgezahlt werden muss.

---

[49] Tz. 159 Leitlinien.

[50] Fraglich ist, ob auch die Zahlung einer Management-Gebühr oder eines Vorabgewinns erfasst wird. ESMA geht davon aus, dass jegliche Vergütung unter dem beschriebenen Vorbehalt des *Distribution Waterfalls* steht. In der Praxis erfolgt allerdings zunächst die Auszahlung der Management-Gebühr (Vorabgewinns) an die Fondsmanager, bevor Ausschüttungen an Investoren und *Carried Interest*-Ausschüttungen erfolgen.

[51] Tz. 34 bis 36 Annex VI Konsultationspapier.

Ferner dürfte auch die grundsätzliche **Rückstellungsverpflichtung** im Fall 53
variabler Vergütungskomponenten durch Treuhandkonten **(sog. Escrow
Accounts)** erfüllt sein. Diese sehen eine Zurückbehaltung eines Teils des *Carried
Interest* vor, dessen Auszahlung gesperrt ist. Das kann allerdings zur Folge haben,
dass diese einbehaltenen Beträge dennoch der sofortigen Besteuerung auf Ebene
des Begünstigten führen. Um das zu verhindern, sehen die gängigen Vertragswerke zumindest Entnahmerechte der Begünstigten in Höhe der prognostizierten
Steuer auf dieses **Phantomeinkommen** vor („**phantom oder dry taxable
income**"). Insoweit ist noch nicht geklärt, ob die vorgenannte Clawback-Verein-
barung den brutto Anspruch auf *Carried Interest* oder nur den netto Nachsteuerbe-
trag abdecken muss.

Des Weiteren geht mit der **eigenen Kapitalbeteiligung** der Fondsmanager[52] 54
ein originäres wirtschaftliches Interesse an der Wertermittlung des Fonds einher,
das ebenfalls einen Interessengleichlauf mit den Investoren sichergestellt und ein
fehlender Anreiz für eine übermäßige Risikoübernahme darstellen dürfte.

Schließlich dürften auch sog. **Good & Bad Leaver-Klauseln** in Fondsverträ- 55
gen, die das vorzeitige Ausscheiden von Fondsmanagern regeln, den Vorgaben
der Richtlinie betreffend leistungsbezogene Abfindungszahlungen berücksichtigen.

Vereinzelten Stimmen, die infolge der innerstaatlichen Umsetzung ins nationale 56
Recht für viele Fondshäuser Anpassungsbedarf an die neue Rechtslage insbesondere ihrer Vergütungsregeln zum *Carried Interest* sehen, dürften mittlerweile kein
Gehör mehr finden. Dieser vermeintliche Handlungsbedarf ist aus vorgenannten
Gründen nicht ersichtlich. Branchenüblich haben sich über langjährige Verhandlungen zwischen Fondsmanagement und institutionellen Investoren Vergütungsstrukturen für Fondsmanager etabliert, die auf langfristige Performance der Fonds
angelegt sind. Eine Risikoincentivierung ist infolge des grundsätzlich disproportionalen Gewinnanteils nicht ersichtlich.

Die momentan in Europa gängigen *Carried-Interest*-Strukturen, die als Fund- 57
as-a-whole ausgestaltet sind, dürften daher die Anforderungen der AIFM-RL an
eine solide Vergütungspolitik und -praxis insbesondere den darin geforderten
Interessengleichlauf bereits heute erfüllen.[53] Allerdings werden AIFM eine
erhöhte Bereitschaft zur Dokumentation und Offenlegung ihrer Vergütungsstrukturen an den Tag legen müssen (siehe Rn. 59 ff.).

III. Co-Investment

Mit Co-Investment im Kontext von Vergütungsmodellen ist die Kapitalbeteili- 58
gung der Initiatoren an AIF mithin deren Partizipation an der Wertentwicklung
des Fonds gemeint und nicht die ebenfalls existierende Co-Investment-Möglich-
keit parallel zum Fonds für sog. Key-Investoren, die diesen in Ermangelung von
Management Fee und *Carried Interest* ein zusätzliches, günstigeres Investment
ermöglichen.[54] Das Co-Investment der Fondsprofessionals erfolgt entweder direkt
in Zielunternehmen oder mittelbar über das Carry-Vehikel respektive den Fonds
in Zielunternehmen. Dieses **sog. Stapling** von *Carried Interest* und Co-Investment dient im Übrigen auch zur steuerlichen Optimierung des *Carried Interest* im

---

[52] „**Skin in the Game**"-Argument.
[53] Die Behandlung der US-amerikanischen ***Deal-by-Deal*** – Carried Intereststrukturen ist
allerdings noch offen.
[54] Lower economics-Argument.

Fall eines gewerblichen Fonds. Die Kapitalbeteiligung der Initiatoren stellt ein originäres, eigenes wirtschaftliches Interesse an der Wertsteigerung des Fonds sicher. Es dürfte ebenfalls keinen Anreiz darstellen, unverhältnismäßig hohe Risiken einzugehen und fördert somit ein risikoaverses Management. Als Bewertungsparameter dient auch in diesem Fall der Gesamterfolg des AIF, sodass dieses sog. „Skin in the Game" einen Interessengleichlauf mit Investoren gewährleisten sollte. Wie bereits unter Rn. 46 erläutert, handelt es sich laut ESMA im Fall von Pro-Rata-Anteilen an den Gewinnen des AIF aus vermögensmäßiger Beteiligung der identifizierten Mitarbeiter in den AIF nicht um eine Vergütung im Sinne der AIFM-RL **(Co-Investments)** mit der Folge, dass diese auch nicht unter die Vergütungsregeln der Richtlinie respektive der Leitlinien fallen.[55]

E. Transparenzpflichten / Sanktionen

I. Transparenzpflichten

59   Der AIFM hat für jeden von ihm verwalteten EU-AIF und für jeden von ihm in der EU vertriebenen AIF für jedes Geschäftsjahr spätestens sechs Monate nach Ende des Geschäftsjahres einen **Jahresbericht** vorzulegen. Auf Anfrage wird dieser Jahresbericht den Anlegern vorgelegt. Gleichfalls ist der Jahresbericht den zuständigen Behörden des Herkunftsmitgliedstaats des AIFM und gegebenenfalls dem Herkunftsmitgliedstaat des AIF zur Verfügung zu stellen, Art. 22 Abs. 1 AIFM-RL.

60   Der Jahresbericht hat gemäß Art. 22 Abs. 2 lit. e) und f) AIFM-RL hinsichtlich der Vergütung folgende **Mindestangaben** zu enthalten: e) die Gesamtsumme der im abgelaufenen Geschäftsjahr gezahlten Vergütungen, gegliedert in feste und variable vom AIFM an seine Mitarbeiter gezahlte Vergütungen, die Zahl der Begünstigten und gegebenenfalls vom AIF gezahlten *Carried Interest* sowie f) die Gesamtsumme der gezahlten Vergütungen, aufgegliedert nach Führungskräften und Mitarbeitern des AIFM, deren Tätigkeit sich wesentlich auf das Risikoprofil des AIF auswirkt.

61   Ausweislich **Box 106** und **107 ESMA-Empfehlung** müssen die Angaben zur Vergütung enthalten (1) die Gesamtvergütung pro Jahr getrennt nach festen und variablen Komponenten, (2) **die Zahl der Begünstigten ohne dass daraus Rückschlüsse auf die Höhe der Vergütung einzelner Mitarbeiter möglich ist**, (3) eine Aufgliederung der Zahlungen an Führungskräfte und Mitarbeiter mit risikobehafteter Tätigkeit, wobei laut ESMA-Empfehlung auch eine Trennung in Zahlungen des AIFM und des AIF erforderlich ist, (4) *Carried Interest*, der vom AIF gezahlt wird und schließlich (5) eine Allokation auf jeden AIF, sofern darstellbar.

62   Zusätzlich zu den vorgenannten Veröffentlichungspflichten sollten AIFM die Empfehlungen 2009/384/EC der EU-Kommission zur Vergütungspolitik im Finanzdienstleistungssektor berücksichtigen[56] und detaillierte Informationen zur Vergütungspolitik und -praxis jährlich veröffentlichen. Dazu zählen auch allgemeine Informationen zur Charakteristik ihrer AIFM-weiten Vergütungspolitik und -praxis. Es steht den AIFM frei, diese zusätzliche Informationen ebenfalls im Jahresbericht oder in einem separaten **Vergütungsreport**, bzw. in einer anderen Form zu veröffentlichen, vorausgesetzt diese sind öffentlich zugänglich und leicht

---

[55] Tz. 12 und 13 ESMA-Konsultationspapier und Tz. 12 Leitlinien.
[56] Empfehlung 2009/384/EC v. 30.4.2009.

verständlich.[57] Die Veröffentlichung sollte in der Verantwortlichkeit des Geschäftsleitungsorgans sein, das auch die Entscheidungsbefugnis für Vergütungsentscheidungen innehat.[58] Laut ESMA sollen folgende zusätzliche Informationen offengelegt werden: Entscheidungsprozesse zur Bestimmung und Entwicklung der Vergütungspolitik einschließlich Governance und Organe (z. B. Vergütungsausschuss und externe Berater), regionale Reichweite der Vergütungspolitik, Art der Mitarbeiter, die als Risikoträger angesehen werden und die Kriterien zur Bestimmung solcher Mitarbeiter[59]. Ferner die Parameter für erfolgsabhängige Zahlungen, die verschiedenen Formen variabler Vergütung (bare und unbare wie Anteile, Optionsrechte etc.), Gründe für ihre Anwendung bzw. Zuordnung auf verschiedene Mitarbeiterkategorien, Parameter für Zurückbehaltungsmechanismen[60] Schließlich Informationen zu den Kriterien, die für die Risikoermittlung, -messung und -anpassung verwendet werden sowie über die quantitativen (finanziellen) und qualitativen (nicht-finanziellen) Parameter für die Bewertung von individuellen Leistungen innerhalb der gelebten Vergütungspolitik.[61]

Als probates Veröffentlichungsinstrument dürfte der praxisbewährte **Vergü- 63 tungsbericht** gemäß InstitutsVergV auch für den nunmehr geforderten Vergütungsreport für AIFM Pate stehen.

Vorgenannte Offenlegungspflichten sind in einem ausgewogenen Verhältnis zu **64** befolgen, da auch insoweit der Verhältnismäßigkeitsgrundsatz gilt. Daraus folgt auch, dass laut ESMA von kleinen oder nicht-komplexen AIFM/AIF nicht erwartet wird, dass sie alle zusätzlichen Informationen offenlegt, sondern lediglich einige qualitative und sehr grundsätzliche quantitative Informationen.[62]

Schließlich hat der AIFM die Vergütungspolitik auch intern seinen Mitarbeiter **65** entsprechend dem externen Detaillierungsgrad zur Verfügung zu stellen. Allerdings sollten vertrauliche quantitative (finanzielle) Vergütungsaspekte von einzelnen Mitarbeitern weder Gegenstand der internen Offenlegungspflichten[63] und im Umkehrschluss auch nicht der externen Offenlegungspflichten sein.

II. Sanktionen

Die innerstaatliche Umsetzung möglicher Sanktionen bei Verstößen gegen das **66** Verbot unsolider Vergütungspolitik bleibt abzuwarten. In Betracht kommt insbesondere der Widerruf der Zulassung als AIFM (Art. 11 lit. e) AIFM-RL) durch die Aufsichtsbehörden, soll die Regulierung der Vergütungspolitik nicht von Anfang an ein zahnloser Tiger sein.

Kommt ein Nicht-EU-AIFM seinen Transparenz- bzw. Offenlegungspflichten **67** hinsichtlich der Vergütung im jeweiligen EU-Vertriebsland nicht nach, droht diesem schlimmstenfalls ein Vertriebsverbot. Folglich stellen diese Anforderungen auch für Nicht-EU-AIFM bereits ab 2013, trotz befristeter Befreiung von der Anwendung der Vergütungsregulierung (siehe Rn. 11) eine kostenintensive und bürokratische Übung dar.

Einstweilen frei.   **68**

---

[57] Tz. 160–164 Leitlinien.
[58] Tz. 169 Leitlinien.
[59] Tz. 165 Leitlinien.
[60] Tz. 166 Leitlinien.
[61] Tz. 168 Leitlinien.
[62] Tz. 162 Leitlinien.
[63] Tz. 170 Leitlinien.

F. Bezüge zum KAGB-E

69 Ausweislich der Gesetzesbegründung dient § 37 KAGB-Diskussionsentwurf der Umsetzung von Artikel 13 der AIFM-RL. Darüber hinaus bestimmt der Diskussionsentwurf, dass die Anforderungen an das Vergütungssystem sich nach Anhang II der AIFM-RL bestimmen. Auch die Definition von *Carried Interest* in § 1 Abs. 19 Nr. 7 entspricht der Definition in Art. 4 Absatz 1 lit. d) AIFM-RL.

70 Der Richtlinientext wurde im Kabinettsentwurf zum KAGB mit Ausnahme der erforderlichen Anpassung an die KAGB-Terminologie (beispielsweise Kapitalverwaltungsgesellschaft anstelle von AIFM) hinsichtlich des Regelungsgehalts unverändert übernommen. Allerdings enthält der Kabinettsentwurf zusätzlich eine **Legaldefinition** des Begriffs **Risikoträger**. Die Kommentierung von Art. 13 AIFM-RL kann somit auch zur Auslegung des § 37 KAGB-E herangezogen werden. Abschließend ist darauf hinzuweisen, dass AIFM im Sinne des § 2 Abs. 4 KAGB-E, die ausschließlich Spezial-AIF verwalten und die die genannten Schwellenwerte des verwalteten Vermögens nicht überschreiten sowie „Kleine" AIFM im Sinne des § 2 Abs. 5 KAGB-E nicht unmittelbar in den Anwendungsbereich der Vergütungsregulierung fallen. Ferner wurde im Kabinettsentwurf in § 37 Abs. 3 eine Verordnungsermächtigung aufgenommen, die vom Bundesministerium der Finanzen auf die BaFin übertragen werden kann. Die nationale Verwaltungspraxis dürfte folglich durch eine separate **AIFM-Vergütungsverordnung** der BaFin konkretisiert werden.

Artikel 14 Interessenkonflikte

AIFM-Richtlinie	KAGB-E
Artikel 14 **Interessenkonflikte**	**§ 27** **Interessenkonflikte**
(1) Die Mitgliedstaaten verpflichten die AIFM, alle angemessenen Maßnahmen zu treffen, um Interessenkonflikte zu ermitteln, die im Zusammenhang mit der Verwaltung von AIF zwischen a) dem AIFM sowie seinen Führungskräften, Mitarbeitern oder jeder anderen Person, die über ein Kontrollverhältnis direkt oder indirekt mit dem AIFM verbunden ist, und dem von ihm verwalteten AIF oder den Anlegern dieses AIF, b) dem AIF oder den Anlegern dieses AIF und einem anderen AIF oder den Anlegern jenes AIF, c) dem AIF oder den Anlegern dieses AIF und einem anderen Kunden des AIFM, d) dem AIF oder den Anlegern dieses AIF und einem von dem AIFM verwalteten OGAW oder den Anlegern diese OGAW oder	(1) Eine Kapitalverwaltungsgesellschaft hat alle angemessenen Maßnahmen zu treffen, um Interessenkonflikte zu ermitteln, die im Zusammenhang mit der Verwaltung von Investmentvermögen auftreten zwischen 1. der Kapitalverwaltungsgesellschaft sowie ihren Führungskräften, Mitarbeitern oder jeder anderen Person, die über ein Kontrollverhältnis direkt oder indirekt mit der Kapitalverwaltungsgesellschaft verbunden ist, und dem von ihr verwalteten Investmentvermögen oder den Anlegern dieses Investmentvermögens, 2. dem Investmentvermögen oder den Anlegern dieses Investmentvermögens und einem anderen Investmentvermögen oder den Anlegern jenes Investmentvermögens, 3. dem Investmentvermögen oder den Anlegern dieses Investmentvermö-

AIFM-Richtlinie	KAGB-E
e) zwei Kunden des AIFM auftreten.	gens und einem anderen Kunden der Kapitalverwaltungsgesellschaft, 4. zwei Kunden der Kapitalverwaltungsgesellschaft.
AIFM müssen wirksame organisatorische und administrative Vorkehrungen zur Ergreifung aller angemessen Maßnahmen zur Ermittlung, Vorbeugung, Beilegung und Beobachtung von Interessenkonflikten treffen und beibehalten, um zu verhindern, dass diese den Interessen der AIF und ihrer Anleger schaden.	(2) Eine Kapitalverwaltungsgesellschaft muss wirksame organisatorische und administrative Vorkehrungen, die es ermöglichen alle angemessenen Maßnahmen zur Ermittlung, Vorbeugung, Beilegung und Beobachtung von Interessenkonflikten zu ergreifen treffen und beibehalten, um zu verhindern, dass Interessenkonflikte den Interessen der Investmentvermögen und ihrer Anleger schaden.
Innerhalb ihrer eigenen Betriebsabläufe trennen AIFM Aufgaben und Verantwortungsbereiche, die als miteinander unvermeidbar angesehen werden könnten oder potenziell systematische Interessenkonflikte hervorrufen könnten. AIFM prüfen, ob die Bedingungen der Ausübung ihrer Tätigkeit wesentliche andere Interessenkonflikte nach sich ziehen könnten und legen diese den Anlegern der AIF gegenüber offen.	(3) Innerhalb ihrer eigenen Betriebsabläufe haben AIF-Kapitalverwaltungsgesellschaften Aufgaben und Verantwortungsbereiche, die als miteinander unvereinbar angesehen werden könnten oder potenziell systematische Interessenkonflikte hervorrufen könnten, zu trennen. AIF-Kapitalverwaltungsgesellschaften haben zu prüfen, ob die Bedingungen der Ausübung ihrer Tätigkeit wesentliche andere Interessenkonflikte nach sich ziehen könnten, und legen diese den Anlegern der AIF gegenüber offen.
(2) Reichen die von den AIFM zur Ermittlung, Vorbeugung, Beilegung und Beobachtung von Interessenkonflikten getroffenen organisatorischen Vorkehrungen nicht aus, um nach vernünftigen Ermessen zu gewährleisten, dass das Risiko einer Beeinträchtigung von Anlegerinteressen vermieden wird, so setzt der AIFM die Anleger – bevor er in ihrem Auftrag Geschäfte tätigt – unmissverständlich über die allgemeine Art bzw. die Quellen der Interessenkonflikte in Kenntnis und entwickelt angemessene Strategien und Verfahren.	(4) Reichen die von der AIF-Kapitalverwaltungsgesellschaft zur Ermittlung, Vorbeugung, Beilegung und Beobachtung von Interessenkonflikten getroffenen organisatorischen Vorkehrungen nicht aus, um nach vernünftigem Ermessen zu gewährleisten, dass das Risiko einer Beeinträchtigung von Anlegerinteressen vermieden wird, so setzt die AIF-Kapitalverwaltungsgesellschaft die Anleger, bevor sie in ihrem Auftrag Geschäfte tätigt, unmissverständlich über die allgemeine Art und die Quellen der Interessenkonflikte in Kenntnis und entwickelt angemessene Strategien und Verfahren.

AIFM-Richtlinie	KAGB-E
	§ 31 **Primebroker**
(3) Wenn AIFM für einen AIF die Dienste eines Primebroker in Anspruch nehmen, müssen die Bedingungen in einem schriftlichen Vertrag vereinbart werden. Insbesondere muss die Möglichkeit einer Übertragung und Wiederverwendung von Vermögenswerten des AIF in diesem Vertrag vereinbart werden und den Vertragsbedingungen oder der Satzung des AIF entsprechen. In dem Vertrag muss festgelegt werden, dass die Verwahrstelle von dem Vertag in Kenntnis gesetzt wird. Bei der Auswahl und Benennung der Primebroker, mit denen ein Vertrag geschlossen wird, gehen die AIFM mit der gebotenen Sachkenntnis, Sorgfalt und Gewissenhaftigkeit vor.	(1) Nimmt die AIF-Kapitalverwaltungsgesellschaft für Rechnung des AIF die Dienstleistungen eines Primebrokers in Anspruch, müssen die Bedingungen in einem schriftlichen Vertrag vereinbart werden. Insbesondere muss die Möglichkeit einer Übertragung und Wiederverwendung von Vermögensgegenständen des AIF in diesem Vertrag vereinbart werden und den Anlagebedingungen, der Satzung oder des Gesellschaftsvertrages des AIF entsprechen. In dem Vertrag muss festgelegt werden, dass die Verwahrstelle über den Vertrag in Kenntnis gesetzt wird. (2) Die AIF-Kapitalverwaltungsgesellschaft hat die Auswahl und Benennung der Primebroker, mit denen ein Vertrag geschlossen wird, mit der gebotenen Sachkenntnis, Sorgfalt und Gewissenhaftigkeit vorzunehmen.
	§ 27 **Interessenkonflikte**
(4) Die Kommission erlässt gemäß Artikel 56 und nach Maßgabe der Bedingungen der Artikel 57 und 58 delegierte Rechtsakte, mit denen Folgendes festgelegt wird: a) die in Absatz 1 genannten Arten von Interessenkonflikten, b) die angemessenen Maßnahmen, die hinsichtlich der Strukturen und der organisatorischen und administrativen Verfahren von einem AIFM erwartet werden, um Interessenkonflikte zu ermitteln, ihnen vorzubeugen, sie zu steuern, zu beobachten bzw. offenzulegen.	(5) Im Hinblick auf AIF-Kapitalverwaltungsgesellschaften bestimmen sich die Arten der in Absatz 1 genannten Interessenkonflikte und die angemessenen Maßnahmen, die hinsichtlich der Strukturen und der organisatorischen und administrativen Verfahren von einer AIF-Kapitalverwaltungsgesellschaft erwartet werden, um Interessenkonflikte zu ermitteln, ihnen vorzubeugen, sie zu steuern, zu beobachten und offen zu legen nach Artikel 30 bis 37 Verordnung (EU) Nr. ___/2013 [Level 2-Verordnung gemäß Artikel 14 Absatz 4 der Richtlinie 2011/61/EU]. (6) Das Bundesministerium der Finanzen wird ermächtigt durch Rechtsverordnung, die nicht der Zustimmung des Bundesrates bedarf, für Kapitalverwaltungsgesellschaften in Bezug

AIFM-Richtlinie	KAGB-E
	auf Publikums-A zusätliche Bestimmungen zu den Artikeln 30 bis 37 der Verordnung (EU) Nr. ___/2013[Level 2-Verordnung gemäß Artikel 14 Absatz 4 der Richtlinie 2011/61/EU] aufgeführten Maßnahmen und Verfahren nach Absatz 5 und in Bezug auf OGAW jeweils nähere Bestimmungen zu erlassen 1. über die Maßnahmen, die eine solche Kapitalverwaltungsgesellschaft zu ergreifen hat, a) um Interessenkonflikte zu erkennen, ihnen vorzubeugen, mit ihnen umzugehen und sie offen zu legen sowie b) um geeignete Kriterien zur Abgrenzung der Arten von Interessenkonflikten festzulegen, die den Interessen des Investmentvermögens schaden könnten, und 2. über die Strukturen und organisatorischen Anforderungen, die zur Verringerung von Interessenkonflikten nach Absatz 1 erforderlich sind. Das Bundesministerium der Finanzen kann die Ermächtigung durch Rechtsverordnung auf die Bundesanstalt übertragen.

Literatur: *Beckmann/Scholtz/Vollmer* (Hrsg.), Investment, Loseblattsammlung; *Berger/Steck/Lübbehüsen* (Hrsg.), Investmentgesetz/Investmentsteuergesetz, München 2010; *ESMA,* Technical advice to the European Commission on possible implementing measures of the Alternative Investment Fund Managers Directive (2011 | ESMA/2011/379), Paris, 16. November 2011.

Übersicht

A. Entstehungsgeschichte

1   Im ursprünglichen Kommissionsvorschlag vom 30.4.2009[1] waren die Regelungen zu **Interessenkonflikten** in Art. 10 enthalten. Der Wortlaut des ursprünglichen Vorschlags war im Vergleich zum Wortlaut des finalen Art. 14 verhältnismäßig kurz und orientierte sich stark an dem in Art. 12 Abs. 1 S. 2 lit. b)[2] enthaltenen Wortlaut.

2   Im Rahmen des weiteren Verfahrens wurde der Wortlaut und der Umfang der Regelungen zu Interessenkonflikten deutlich erweitert und konkretisiert[3]. Diese Anpassungen haben dazu geführt, dass sich der finale Wortlaut des Art. 14 z.T. zwar von der derzeitigen Regelung zu Interessenkonflikten in der OGAW-Richtlinie wie auch in der hierzu ergangenen konkretisierenden RL 2010/43/EU unterscheidet. Aus den Begründungen zur AIFM-Richtlinie ergeben sich jedoch keine Anhaltspunkte für die Gründe für diese unterschiedlichen Ausgestaltungen. Trotz der sprachlichen Unterschiede zwischen den beiden Regelungen decken sich die Vorgaben zu Interessenkonflikten bei OGAW und AIFM inhaltlich jedoch weitgehend.

3   Die zu Art. 14 von der EU-Kommission erlassenen Level-2-Verordnung AIFM-DV enthält insbesondere Erläuterungen und Definitionen zu den in Art. 14 genannten Konstellationen von Interessenkonflikten, zu den allgemeinen Anforderungen an die Grundsätze für den Umgang mit Interessenkonflikten und zur Unabhängigkeit des Interessenkonfliktmanagements. Des Weiteren beinhaltet die AIFM-DV Ausführungen zur Aufzeichnung von Tätigkeiten, die einen nachteiligen Interessenkonflikt auslösen, und insbesondere zur Art der Offenlegung von Interessenkonflikten gegenüber Anlegern. Schließlich konkretisiert die AIFM-DV die Anforderungen an die Strategien zur Ausübung von Stimmrechten.

B. Normzweck

4   Normzweck des Art. 14 ist der **Schutz der Anleger** der von dem AIFM verwalteten AIF sowie sonstiger Kunden des AIFM (wie z. B. Kunden, für die der AIFM im Rahmen der individuellen Vermögensverwaltung tätig wird) vor Risiken, die sich aus dem Entstehen bzw. Bestehen von vermeidbaren oder unvermeidbaren Interessenkonflikten ergeben bzw. ergeben können.

5   Art. 14 rechtfertigt sich aus der Erkenntnis, dass notwendigerweise jeder auftretende Interessenkonflikt, der im Rahmen der Tätigkeit eines AIFM für die Anleger von AIF oder für Kunden auftritt, potentiell die Gefahr mit sich bringt, dass der entsprechende Interessenkonflikt zum Nachteil einzelner Anleger oder Kunden gelöst wird. Vor diesem Hintergrund soll die AIFM-Richtlinie gewährleisten, dass die „Führung eines AIFM soliden Kontrollen unterliegt"[4]. Ferner sollen die „Leitung und Organisation eines AIFM [...] darauf ausgerichtet sein,

---

[1] Vorschlag für eine Richtlinie des Europäischen Parlaments und des Rates über die Verwalter alternativer Investmentfonds und zur Änderung der Richtlinien 2004/39/EG und 2009/.../EG, v. 30.4.2009; KOM(2009) 207 endgültig.

[2] Vgl. hierzu auch § 9 InvG.

[3] Vgl. Proposal for a Directive of the European Parliament and of the Council on Alternative Investment Fund Managers and amending Directives 2004/39/EC and 2009/65/EC – Text agreed in the trilogue on 26 October 2010, EF 140, ECOFIN 634, CODEC 1069.

[4] Vgl. Tz. 22 AIFM-RL.

Interessenkonflikte so gering wie möglich zu halten".[5] Denn je weniger Interessenkonflikte entstehen, desto geringer ist das Risiko, dass diese zu Lasten einzelner Anleger oder Kunden gelöst werden müssen.

Die Verpflichtung zur **Vermeidung von Interessenkonflikten** ergibt sich   6
auch aus der Pflicht des AIFM zur Wahrung der Interessen der von ihm verwalteten AIF und deren Anleger gemäß Art. 12 Abs. 1 lit. b).

C. Überblick über die Norm

Art. 14 enthält in den Abs. 1 und 2 Regelungen zu verschiedenen Aspekten   7
des Umgangs mit Interessenkonflikten, namentlich zur **Identifizierung von Interessenkonflikten**, zu organisatorischen und administrativen Anforderungen an das **Interessenkonfliktmanagement** und zu den Informationspflichten gegenüber den Anlegern in Bezug auf Interessenkonflikte. Darüber hinaus enthält Abs. 3 spezielle Regelungen in Bezug auf Interessenkonflikte im Zusammenhang mit dem Einsatz von Primebrokern. Abs. 4 enthält schließlich die Ermächtigung an die Kommission, konkretisierende Bestimmungen zu einzelnen Aspekten des Interessenkonfliktmanagements zu erlassen.

Nach Abs. 1 S. 1 müssen die Mitgliedstaaten die AIFM dazu verpflichten, alle   8
angemessenen Maßnahmen zu treffen, um Interessenkonflikte zu ermitteln, die im Zusammenhang mit der Verwaltung von AIF auftreten (**Identifikationspflicht**). Diese Identifikationspflicht gilt dabei nach dem Wortlaut der Richtlinie nicht allgemein, sondern nur konkret in Bezug auf die fünf in der AIFM-RL ausdrücklich definierten Konstellationen von potentiellen Interessenkonflikten.

Neben die Identifikationspflicht tritt in Abs. 1 S. 2 die Verpflichtung des AIFM   9
zur Schaffung eines effektiven **Interessenkonfliktmanagements**. Abs. 1 S. 2 sieht insoweit vor, dass jeder AIFM wirksame organisatorische und administrative Vorkehrungen zur Ergreifung aller angemessenen Maßnahmen zur Ermittlung, Vorbeugung, Beilegung und Beobachtung von Interessenkonflikten zu treffen und beizubehalten hat, um zu verhindern, dass diese den Interessen der AIF und ihrer Anleger schaden. Ferner enthält Abs. 1 S. 3 in organisatorischer Hinsicht die Vorgabe, dass in der internen Betriebsorganisation des AIFM Aufgaben und Verantwortungsbereiche zu trennen sind, die als miteinander unvereinbar anzusehen sind oder potenziell systematische Interessenkonflikte hervorrufen können.

Überdies hat der AIFM im Rahmen seiner Organisation zu prüfen, ob die   10
Bedingungen der Ausübung seiner Tätigkeit wesentliche andere, nicht ausdrücklich in Abs. 1 aufgeführte Interessenkonflikte nach sich ziehen können. Falls derartige Interessenkonflikte bestehen, sind diese den Anlegern gegenüber offen zu legen.

Abs. 2 regelt die Vorgehensweise für den Fall, dass die getroffenen organisatori-   11
schen Vorkehrungen des AIFM nicht ausreichen, um nach vernünftigem Ermessen zu gewährleisten, dass das Risiko einer Beeinträchtigung von Anlegerinteressen vermieden wird. In diesem Fall hat der AIFM die Anleger unmissverständlich über die allgemeine Art und Quelle der Interessenkonflikte zu informieren und zwar bevor er in deren Auftrag Geschäfte tätigt.

Abs. 3 enthält spezifische Vorgaben zur Inanspruchnahme von Diensten eines   12
Primebrokers durch den AIFM, zur Auswahl des Primebrokers und zur Ausge-

---

[5] Ebda.

staltung des Vertrages mit dem Primebroker, weil sich hieraus Interessenkonflikte ergeben können.

13   Abs. 4 ermächtigt die Kommission zum Erlass delegierter Rechtsakte zur Festlegung der in Abs. 1 genannten Interessenkonflikte und zur Festlegung der angemessenen Maßnahmen betreffend die organisatorischen und administrativen Verfahren zur Ermittlung, Vorbeugung, Steuerung, Beobachtung und Offenlegung von Interessenkonflikten.

D. Arten von Interessenkonflikten (Abs. 1 S. 1)

14   Abs. 1 S. 1 definiert fünf grundlegende und typische **Interessenkonfliktsituationen**, auf die sich die Pflicht zur Interessenkonfliktidentifikation nach Abs. 1 bezieht. Hierbei erfolgt die Definition personenbezogen, d.h., im Hinblick auf die am Interessenkonflikt beteiligten Personen.

15   Im Einzelnen behandelt die AIFM-RL die folgenden Konfliktsituationen:

a) Interessenkonflikte zwischen dem AIFM sowie seinen Führungskräften, Mitarbeitern oder jeder anderen Person, die über ein Kontrollverhältnis direkt oder indirekt mit dem AIFM verbunden ist, und dem von ihm verwalteten AIF oder den Anlegern dieses AIF

In dieser Konstellation kollidieren die Eigeninteressen des AIFM bzw. der Führungskräfte, Mitarbeiter und sonstigen mit dem AIFM verbundenen Personen mit den Interessen eines AIF. Derartige Konflikte stellen in der Praxis einen durchaus häufigen Konfliktfall dar, der in der Regel auch die größten Schwierigkeiten bei der Beilegung bereitet, da der AIFM zur Beilegung des Konflikts seine Eigeninteressen gegenüber den Interessen des AIF und dessen Anlegern zurückzustellen hat.

Typische Beispiele für derartige Konflikte bestehen z. B. darin, dass der AIFM oder die Mitarbeiter am Erwerb eines Vermögensgegenstandes wegen der vereinbarten Ankaufsvergütung ein finanzielles Eigeninteresse haben, der Erwerb des Vermögensgegenstands jedoch nicht den Interessen der Anleger des AIF entspricht. Als weiteres Beispiel kann die Vergabe von Dienstleistungen aufgeführt werden, die an konzernangehörige Gesellschaften erfolgt, obgleich die Leistung am Markt besser oder günstiger eingekauft werden könnte.[6]

b) Interessenkonflikte zwischen dem AIF oder den Anlegern dieses AIF und einem anderen AIF oder den Anlegern jenes AIF

Eine ebenfalls in der Praxis vielfach zu beobachtender Interessenkonfliktkonstellation besteht zwischen verschiedenen AIF bzw. den Anlegern verschiedener AIF.[7] Bei derartigen Konflikten besteht die Schwierigkeit des AIFM insbesondere darin, die Interessen beider AIF bzw. der Anleger beider AIF in einen gerechten Ausgleich zu bringen.

Typische Beispiele für derartige Konstellationen sind z. B. die Möglichkeit des Erwerbs eines attraktiven Vermögensgegenstandes, der mit der Anlagestrategie zweier AIF in Übereinstimmung steht oder der Verkauf eines Vermögensgegenstandes von einem AIF an einen anderen AIF.

---

[6] Vgl. zum Konfliktfeld zwischen einer Kapitalanlagegesellschaft und den Anlegern eines OGAW auch *Köndgen* in B/S/L, § 9 Rn. 39 ff. und *Beckmann* in B/S/V, § 9 Rn. 144 ff. sowie 171 ff.

[7] Vgl. zu derartigen Konflikten bei OGAW auch *Beckmann* in B/S/V, § 9 Rn. 169 ff.

c) Interessenkonflikte zwischen dem AIF oder den Anlegern dieses AIF und einem anderen Kunden des AIFM
   Diese Konfliktsituation kann nur bei solchen AIFM auftreten, die sowohl AIF verwalten als auch sonstige Tätigkeiten für andere Kunden (wie z. B. die individuelle Vermögensverwaltung) anbieten. In einer derartigen Situation können im Ergebnis die gleichen Interessenkonflikte auftreten wie zwischen zwei verschiedenen AIF.

d) Interessenkonflikte zwischen dem AIF oder den Anlegern dieses AIF und einem von dem AIFM verwalteten OGAW oder den Anlegern dieses OGAW
   Bei einem AIFM, der neben AIF zugleich auch OGAW verwaltet, kommt ferner ein Interessenkonflikt auch zwischen OGAW und AIF bzw. deren jeweiligen Anlegern in Betracht. Es gilt das unter b) Gesagte entsprechend.
   Eine derartige Konstellation kann beispielsweise eintreten, wenn der OGAW im Hinblick auf einen bestimmten Vermögensgegenstand gegenläufige Interessen verfolgt als der AIF.

e) Interessenkonflikte zwischen zwei Kunden des AIFM
   Soweit der AIFM neben der Verwaltung von AIF auch sonstige Dienstleistungen für verschiedene Kunden erbringt (z. B. die individuelle Vermögensverwaltung für zwei verschiedene Kunden), können insoweit vergleichbare Interessenkonflikte auftreten wie in der Konstellation zwischen zwei AIF.

Nicht ausdrücklich in Abs. 1 S. 1 genannt sind Interessenkonflikte zwischen verschiedenen Anlegern oder Anlegergruppen eines AIF.[8] Naturgemäß können aber auch Interessenkonflikte zwischen verschiedenen Anlegern oder Anlegergruppen eines AIF kommen. Art. 32 AIFM-DV nennt insoweit bezogen auf offene AIF den Interessenkonflikt zwischen Anlegern, die eine Rücknahme ihrer Beteiligung am AIF wünschen, und den Anlegern, die an ihrer Beteiligung am AIF festhalten wollen. Auch derartige Konflikte sind zu identifizieren (vgl. hierzu die nachfolgenden Erläuterungen zu Abs. 1 S. 2). **16**

E. Interessenkonfliktmanagement (Abs. 1 S. 2)

Die Vorgaben in Abs. 1 S. 2 zum **Interessenkonfliktmanagement** sind allgemeiner Natur. Jeder AIFM ist hiernach verpflichtet, wirksame organisatorische und administrative Vorkehrungen zur Ergreifung von Maßnahmen zur Ermittlung, Vorbeugung, Beilegung und Beobachtung von Interessenkonflikten zu treffen. Sprachlich erscheint diese Regelung missglückt, da es naturgemäß nicht ausreichen kann, wenn der AIFM lediglich „organisatorische und administrative Vorkehrungen zur Ergreifung von Maßnahmen", also vorbereitende Maßnahmen, trifft. Vielmehr hat der AIFM diese erforderlichen organisatorischen und administrativen Maßnahmen zur Ermittlung, Vorbeugung, Beilegung und Beobachtung von Interessenkonflikten auch tatsächlich zu implementieren. **17**

Das Interessenkonfliktmanagement umfasst nach dieser Regelung die folgenden Aspekte: **18**

a) **Identifikation** von potentiellen Interessenkonflikten
   Die Identifikation von potentiellen Interessenkonflikten stellt eine wesentliche Grundlage für das Interessenkonfliktmanagement dar, da nur solche potentiellen oder tatsächlichen Interessenkonflikte, die auch tatsächlich identifiziert worden sind, entweder vermieden oder angemessen beigelegt werden können.

---

[8] Vgl. zu derartigen Konflikten bei OGAW auch *Beckmann* in B/S/V, § 9 Rn. 163 ff.

Das Ziel der Identifikation ist eine möglichst vollständige Erfassung aller abstrakten und konkreten Interessenkonflikte.

Dabei stellt die Identifikation keinen einmaligen, punktuellen Vorgang dar. Vielmehr ist die Identifikation eine fortlaufende Aufgabe für den AIFM, damit dieser ggf. neu entstehende abstrakte Interessenkonflikte als auch während der Tätigkeit des AIFM konkret auftretende Interessenkonflikte rechtzeitig erkennt und frühzeitig gegensteuern kann.

In die Identifikation sind alle Tätigkeiten des AIFM, also sowohl die kollektive Portfolioverwaltung als auch sonstige Tätigkeiten nach Art. 6 Abs. 2 und 4, und alle Arbeitsbereiche des AIFM (einschließlich ausgelagerter Tätigkeiten) mit einzubeziehen, da die Identifikation anderenfalls nicht vollständig erfolgen kann.

In Art. 30 AIFM-DV wurden verschiedene Kriterien definiert, die bei der Identifikation von Interessenkonflikten im Zusammenhang mit der Verwaltung eines AIF vom AIFM mindestens berücksichtigt werden müssen, da bei diesen der Interessenkonflikt deutlich zu Tage tritt. Hiernach hat der AIFM insbesondere zu prüfen, ob auf den AIFM, eine relevante Person oder eine Person, die direkt oder indirekt durch Kontrolle mit dem AIFM verbunden ist, eine der folgenden Situationen zutrifft:

– Der AIFM oder die betreffende Person werden auf Kosten des AIF voraussichtlich einen finanziellen Vorteil erzielen oder einen finanziellen Verlust vermeiden.

Als Beispiele für derartige Fälle nennt die ESMA[9] z. B. den Erwerb eines Vermögensgegenstandes durch den AIF von einer mit dem AIFM verbundenen Gesellschaft oder die Auslagerung von Dienstleistungen vom AIFM auf eine mit diesem verbundene Gesellschaft.

– Der AIFM oder die betreffende Person hat am Ergebnis einer für den AIF oder dessen Anleger oder einen anderen Kunden erbrachten Dienstleistung oder Tätigkeit oder eines für den AIF oder einen anderen Kunden getätigten Geschäfts ein Interesse, das sich nicht mit dem Interesse des AIF an diesem Ergebnis deckt.

Als Beispiele für derartige Fälle führt die ESMA[10] z. B. den Erwerb von Vermögensgegenständen von einer relevanten Person, den Erwerb einer Gesellschaftsbeteiligung an einer Gesellschaft, die ein Darlehen von einer relevanten Person erhalten hat oder die Vergabe von Aufträgen durch den AIFM an eine relevante Person an.

– Für den AIFM oder die betreffende Person gibt es einen finanziellen oder sonstigen Anreiz, (i) die Interessen eines OGAW, eines Kunden oder einer Kundengruppe oder eines anderen AIF über die Interessen des AIF zu stellen

---

[9] Vgl. ESMA's technical advice to the European Commission on possible implementing measures of the Alternative Investment Fund Managers Directive (2011 | ESMA/2011/379), Paris, 16. November 2011, S. 53 f. Die ESMA weist auf S. 52 darauf hin, dass einige der Beispiele dem IOSCO report „Private Equity Conflicts of Interests" vom November 2010 entnommen sind.

[10] Vgl. ESMA's technical advice to the European Commission on possible implementing measures of the Alternative Investment Fund Managers Directive (2011 | ESMA/2011/379), Paris, 16. November 2011, S. 54. Die ESMA weist auf S. 52 darauf hin, dass einige der Beispiele dem IOSCO report „Private Equity Conflicts of Interests" vom November 2010 entnommen sind.

oder (ii) die Interessen eines Anlegers über die Interessen eines anderen Anlegers oder Anlegergruppe desselben AIF zu stellen.

Unter diese Fallgruppe fallen nach den Ausführungen der ESMA[11] z. B. die Verringerung der für einen AIF tätigen Mitarbeiterzahl zugunsten eines anderen AIF, die Vereinbarung von Sonderregelungen für einzelne Anleger, der Erwerb von Vermögensgegenständen für den AIF von einem Anleger, das Halten gegenläufiger Positionen für verschiedene AIF oder einen AIF und einen OGAW.

- Der AIFM oder die betreffende Person erbringt für den AIF und für einen anderen AIF, einen OGAW oder einen Kunden dieselben Leistungen.

Hierunter fällt nach den von der ESMA[12] genannten Beispielen u.a. die Situation, in der ein AIFM noch während der Investitionsphase eines AIF einen weiteren AIF mit einer vergleichbaren Anlagestrategie auflegt und die sich bietenden Investmentmöglichkeiten ohne sachlichen Grund zunächst dem neuen AIF zuweist.

- Der AIFM oder die betroffene Person erhält aktuell oder künftig von einer anderen Person als dem AIF oder dessen Anlegern in Bezug auf Leistungen der gemeinsamen Portfolioverwaltung, die für den AIF erbracht werden, zusätzlich zu den hierfür üblichen Provision oder Gebühr einen Anreiz in Form von Geld, Gütern oder Dienstleistungen.

Typische Interessenkonflikte dieser Art entstehen laut ESMA[13] z. B. wenn der AIFM von einer für den AIF gehaltenen Gesellschaft laufende Einnahmen oder Gebühren bezieht.

b) **Vorbeugung** von potentiellen Interessenkonflikten

Das primäre Ziel des Interessenkonfliktmanagements besteht naturgemäß darin, potentielle Interessenkonflikte zu verhindern bzw. der Verwirklichung abstrakt bestehender Interessenkonflikte vorzubeugen. Insoweit hat der AIFM ihm zumutbare geeignete Maßnahmen zu ergreifen, die möglichst verhindern sollen, dass die identifizierten abstrakten Interessenkonflikte eintreten.[14]

c) **Beilegung** von aufgetretenen Interessenkonflikten

Trotz der Bemühungen um die Vermeidung von Interessenkonflikten lassen sich Interessenkonflikte in der Praxis nie ganz vermeiden. Dieser Tatsache trägt der Wortlaut der Richtlinie Rechnung, in dem sie auch die Beilegung

---

[11] Vgl. ESMA's technical advice to the European Commission on possible implementing measures of the Alternative Investment Fund Managers Directive (2011 | ESMA/2011/379), Paris, 16. November 2011, S. 54 f. Die ESMA weist auf S. 52 darauf hin, dass einige der Beispiele dem IOSCO report „Private Equity Conflicts of Interests" vom November 2010 entnommen sind.

[12] Vgl. ESMA's technical advice to the European Commission on possible implementing measures of the Alternative Investment Fund Managers Directive (2011 | ESMA/2011/379), Paris, 16. November 2011, S. 55. Die ESMA weist auf S. 52 darauf hin, dass einige der Beispiele dem IOSCO report „Private Equity Conflicts of Interests" vom November 2010 entnommen sind.

[13] Vgl. ESMA's technical advice to the European Commission on possible implementing measures of the Alternative Investment Fund Managers Directive (2011 | ESMA/2011/379), Paris, 16. November 2011, S. 55. Die ESMA weist auf S. 52 darauf hin, dass einige der Beispiele dem IOSCO report „Private Equity Conflicts of Interests" vom November 2010 entnommen sind.

[14] Vgl. zur Pflicht, Interessenkonflikte bei OGAW möglichst gering zu halten, auch *Beckmann* in B/S/V, § 9 Rn. 135 ff.

von Interessenkonflikten erwähnt. In derartigen Fällen besteht das Erfordernis, diese Interessenkonflikte möglichst sachgerecht und unter angemessener Wahrung der gegenläufigen Interessen einer Lösung zuzuführen.[15] Soweit dies abstrakt möglich ist, hat der AIFM daher Grundsätze für die möglichst objektive und sachgerechte Beilegung von Interessenkonflikten zu entwickeln.

   d) **Beobachtung** von Interessenkonflikten

     Sind Interessenkonflikte bereits aufgetreten, hat der AIFM diese zu beobachten. Diese Beobachtung dient insbesondere dazu, zu kontrollieren, dass sich im weiteren Verlauf die ergriffenen Maßnahmen zur Beilegung des Interessenkonflikts als sachgerecht und angemessen herausstellen. Zeigt sich für den AIFM, dass der Interessenkonflikt nicht erfolgreich und endgültig beigelegt werden konnte oder sich gar verschärft, hat der AIFM weitergehende Schritte zu dessen Beilegung zu ergreifen.

19 Die ESMA hat im Hinblick auf die Vorgaben zum Interessenkonfliktmanagement, also hinsichtlich der erwarteten Schritte betreffend die Ermittlung, Vorbeugung, Beilegung, Überwachung und Offenlegung ausdrücklich empfohlen, eine Konsistenz mit den Vorgaben für OGAW und mit den Vorgaben nach der MiFiD herzustellen.[16] Von daher verwunderte es nicht, dass die Regelungen in der Durchführungsverordnung insoweit größtenteils identisch sind mit den für OGAW geltenden Vorgaben.[17]

20   Nach Art. 31 AIFM-DV soll jeder AIFM wirksame Grundsätze für den Umgang mit Interessenkonflikten festlegen, umsetzen[18] und aufrechterhalten. Diese Grundsätze sind schriftlich festzulegen und müssen der Größe und der Organisation des AIFM sowie der Art, dem Umfang und der Komplexität der Geschäfte des AIFM entsprechen (Verhältnismäßigkeitsprinzip oder **Proportionalitätsprinzip**). Gehört der AIFM einem Konzern/einer Gruppe an, müssen die aufzustellenden Grundsätze zudem alle Umstände berücksichtigen, die dem AIFM bekannt sind oder sein sollten und die aufgrund der Struktur und der Geschäftstätigkeiten anderer Mitglieder des Konzerns/der Gruppe zu Interessenkonflikten führen können.

21   Die Interessenkonfliktgrundsätze haben folgende Aspekte zu umfassen:

   a) die **Identifikation** von Umständen im Zusammenhang mit den Tätigkeiten, die vom AIFM oder im Auftrag des AIFM durch Insourcer, Sub-Insourcer, externe Bewerter oder Vertragspartner ausgeübt werden und die Interessenkonflikte darstellen oder Interessenkonflikte nach sich ziehen können, welche ein wesentliches Risiko von Schäden für die Interessen des AIF oder der Anleger des AIF begründen; die Identifikation der potentiellen Interessenkonflikte soll dabei ausdrücklich nicht auf die Tätigkeiten im Rahmen der gemeinsamen Portfolioverwaltung beschränkt sein, sondern auch die nach Art. 6 Abs. 2 und 4 zugelassenen Tätigkeiten umfassen. Zudem sollen insbesondere

---

[15] Kritisch zu der entsprechenden Formulierung im InvG *Köndgen* in B/S/L, InvG InvStG, § 9 Rn. 39 ff.

[16] ESMA's technical advice to the European Commission on possible implementing measures of the Alternative Investment Fund Managers Directive (2011 | ESMA/2011/379), Paris, 16. November 2011, Satz 52.

[17] Vgl. RL 2010/43/EU Art. 33 AIFM-DV.

[18] Der Begriff „implement" bedeutet eher „umsetzen" als „einhalten". Gleichwohl verwendet die amtliche Übersetzung der RL 2010/43/EU an dieser Stelle den Begriff „einhalten". Im Ergebnis dürfte dies jedoch unerheblich sein, da die aufgestellten Grundsätze ihrem Sinn nach natürlich zunächst umgesetzt und anschließend eingehalten werden müssen.

auch die ausgelagerten oder Dritten obliegenden Tätigkeiten bei der Identifikation berücksichtigt werden;

b) einzuhaltende **Verfahren und** zu treffende **Maßnahmen** zum Management derartiger Konflikte.

Über diese beiden generellen Mindestvorgaben hinaus verzichtet die AIFM-DV hinsichtlich der konkreten Ausgestaltung der Interessenkonfliktgrundsätze auf strikte Vorgaben, sondern verlangt, dass diese sich an den konkreten Begebenheiten bei den einzelnen AIFM orientiert. Diese Zurückhaltung entspricht dem **Proportionalitätsprinzip** und dem Prinzip der Eigenverantwortlichkeit und ist daher rechtspolitisch zu begrüßen, da insbesondere aufgrund des weiten Anwendungsbereichs der AIFM-RL sehr verschiedene Unternehmen reguliert werden und allgemeinverbindliche Vorgaben damit unangebracht wären. Im Ergebnis hat somit jeder AIFM für sich anhand seiner Größe, seiner Organisation und seiner konkreten Geschäftstätigkeiten eigenverantwortlich zu definieren, in welchem Umfang bei ihm **Interessenkonfliktgrundsätze** erforderlich sind und wie diese bei ihm angemessen ausgestaltet werden müssen, um dem Sinn der Richtlinie zu entsprechen. Die AIFM-DV folgt damit dem schon in der OGAW-RL und der MiFID gewählten Ansatz. In der Praxis bedeutet dies, dass kleinere AIFM, deren Tätigkeiten eine geringe Komplexität aufweisen, geringeren Anforderungen unterliegen, als größere AIFM bzw. AIFM, deren Tätigkeiten eine höhere Komplexität aufweisen.

F. Trennung unvereinbarer Verantwortungsbereiche (Abs. 1 S. 3)

Wie bereits für den Bereich der OGAW[19] sieht Art. 14 Abs. 1 S. 3 RL auch für den Bereich der AIFM vor, dass diese innerhalb der eigenen Betriebsabläufe Aufgaben und Verantwortungsbereiche, die als miteinander unvereinbar angesehen werden können oder potenziell systematische Interessenkonflikte hervorrufen können, zu trennen haben. Ziel dieser Regelung ist es, bereits durch betriebsorganisatorische Maßnahmen das Entstehen von vorhersehbaren oder **systematischen Interessenkonflikten** zu verhindern.

Die AIFM-DV hat diese Anforderungen in fast wörtlicher Übereinstimmung mit den für OGAW geltenden Regelungen[20] übernommen. Durch den AIFM ist sicherzustellen, dass die Trennung der konfliktträchtigen Arbeitsbereiche derartig erfolgt, dass die betroffenen Personen ihre jeweiligen Tätigkeiten mit einem Grad an Unabhängigkeit ausführen, der der Größe und dem Betätigungsfeld des AIFM und des Konzerns, zu dem der AIFM gehört, sowie der Erheblichkeit des Risikos, dass die Interessen der Anleger geschädigt werden, angemessen ist. Wie für den Bereich der OGAW sieht die AIFM-DV insoweit keine strikten Vorgaben für die Ausgestaltung dieses Unabhängigkeitsgrundsatzes vor. Vielmehr soll die konkrete Ausgestaltung die jeweiligen Besonderheiten des AIFM (Größe, Geschäftsfelder) im Sinne des **Proportionalitätsprinzips** berücksichtigen, da die Möglichkeit einer strikten Trennung insbesondere von der Größe des AIFM und das Erfordernis und die Ausgestaltung einer derartigen Trennung von den jeweiligen Geschäftstätigkeiten des AIFM und der Erheblichkeit des Risikos der Interessenschädigung abhängt. Die Ausgestaltung ist damit unternehmensindividuell unter Berücksichti-

22

23

24

---

[19] Art. 19 Abs. 1 der Rl 2010/43/EU; § 18 Abs. 2 und 3 InvVerOV.

[20] Art. 19 Abs. 2 der RL 2010/43/EU; § 18 Abs. 2 und 3 InvVerOV. Vgl. hierzu auch *Beckmann* in B/S/V, § 9 Rn. 186 ff.

gung der jeweiligen Gegebenheiten (Art, Umfang und Komplexität der Tätigkeiten) vorzunehmen. In der Praxis bedeutet dies, dass kleinere AIFM, deren Tätigkeiten eine geringe Komplexität aufweisen, insoweit geringeren Anforderungen unterliegen, als größere AIFM bzw. AIFM, deren Tätigkeiten eine höhere Komplexität aufweisen.

25   Art. 33 AIFM-DV definiert wiederum in Übereinstimmung mit den Vorgaben zu OGAW fünf Mindestanforderungen an die **Verfahren und Maßnahmen** zur Sicherstellung des erforderlichen Grades an **Unabhängigkeit** der verschiedenen Bereiche definiert:

a) Einrichtung wirksamer Verfahren, die den Austausch von Informationen zwischen relevanten Personen, die in der kollektiven Portfolioverwaltung oder anderen Tätigkeiten gemäß Art. 6 Abs. 2 und Abs. 4 tätig sind und deren Tätigkeit einen Interessenkonflikt nach sich ziehen kann, verhindern oder kontrollieren, wenn dieser Informationsaustausch den Interessen eines oder mehrerer AIF oder deren Anlegern schaden könnte

Hierbei handelt es sich im Ergebnis um das Aufstellen von effektiven Regelungen und Verfahren zu sog. **Chinese Walls**. Derartige Verfahren umfassen sowohl betriebsinterne Verhaltensregelungen als auch betriebsorganisatorische Maßnahmen wie z. B. die Sicherstellung einer räumlichen und IT-technischen Trennung derartiger Bereiche, durch die Schaffung von Zutrittsbeschränkungen oder die Einschränkung von Zugriffsrechten der einzelnen Mitarbeiter auf die bestimmte Teile der verfügbaren Daten.

b) Einrichtung einer gesonderten Beaufsichtigung relevanter Personen, zu deren Hauptaufgaben die kollektive Portfolioverwaltung oder die Erbringung von Dienstleistungen für Kunden oder Anleger gehört, deren Interessen möglicherweise kollidieren oder die in anderer Weise möglicherweise kollidierende Interessen vertreten, was auch die Interessen des AIFM einschließt

Diese Anforderung entspricht im Ergebnis der bereits aus anderen gesetzlichen Regelungen bekannten Forderung nach einer **Funktionstrennung** nicht nur auf Arbeitsebene, sondern auch auf Ebene der übergeordneten Stellen.[21] Im Ergebnis verlangt diese Anforderung, dass die Unabhängigkeit bis auf Ebene der Geschäftsleitung des AIFM durchgehalten wird. In der Praxis ist dies durch die Schaffung gesonderter Geschäftsbereiche und Überwachungszuständigkeiten auf Ebene der Geschäftsleitung durch einen entsprechenden Geschäftsverteilungsplan zu gewährleisten, der die potentiellen Interessenkonflikte angemessen berücksichtigt. Derartige Funktionstrennungen sind bereits bei den bestehenden Kapitalanlagegesellschaften üblich, bei geschlossenen Fonds sind derartige Funktionstrennungen bislang nicht gesetzlich gefordert.

c) Beseitigung jeder direkten Verbindung zwischen der **Vergütung** relevanter Personen, die sich hauptsächlich mit einer Tätigkeit beschäftigen, und der Vergütung oder den Einnahmen anderer relevanter Personen, die sich hauptsächlich mit anderen Tätigkeiten beschäftigen, wenn bei diesen Tätigkeiten ein Interessenkonflikt entstehen kann

Diese Anforderung rechtfertigt sich daraus, dass derartige finanzielle Verbindungen die Unabhängigkeit der einzelnen Mitarbeiter infolge des Eigeninteresses der betroffenen Personen faktisch beeinflussen kann. Denkbar erscheinen derartige Verknüpfungen beispielsweise, wenn die Researchabteilung oder Due Diligence Abteilung eines AIFM im Zusammenhang mit dem Ankauf

---

[21] Vgl. Art. 19 Abs. 2 der RL 2010/43/EU; § 80b Abs. 2 InvG.

eines Vermögensgegenstandes durch das Portfoliomanagement unmittelbar finanzielle Vorteile (Bonuszahlungen) erhält.

d) Ergreifen von Maßnahmen, die jeden unangemessenen Einfluss auf die Art und Weise, in der eine relevante Person die gemeinsame **Portfolioverwaltung** ausführt, verhindern oder einschränken

Die vorstehende Anforderung soll verhindern, dass Dritte in die Arbeit des für die Portfolioverwaltung zuständigen Mitarbeiters z. B. durch übermäßige Weisungen eingreifen und hierdurch die Unabhängigkeit der Portfolioverwaltung gefährden. Dies bedeutet nicht, dass der Bereich des Portfoliomanagements einen weisungsfreien Raum darstellen würde. Lediglich unangemessene Eingriffe durch Dritte sollen verhindert werden, um die Unabhängigkeit des Portfoliomanagements von anderen Bereichen zu wahren.

In der amtlichen Übersetzung der wortgleichen Passage zu Art. 19 Abs. 2 lit. c) RL 2010/43/EU wird insoweit nicht der Begriff „unangemessen", sondern „ungebührlich" verwendet. Der englische Begriff „inappropriate" dürfte jedoch besser mit dem Begriff „unangemessen" zu übersetzen sein. Praktisch dürfte dies allerdings nicht zu einer anderen Auslegung führen.

e) Ergreifen von Maßnahmen, die die gleichzeitige oder anschließende Beteiligung einer relevanten Person an einer anderen gemeinsamen **Portfolioverwaltung** oder anderen Tätigkeiten nach Art. 6 Abs. 2 und Abs. 4 verhindern oder kontrollieren, wenn eine solche Beteiligung einem einwandfreien Interessenkonfliktmanagement im Wege stehen könnte

Diese Anforderung berücksichtigt die Tatsache, dass bei gleichzeitigen oder aufeinanderfolgenden Tätigkeiten eines Mitarbeiters im Rahmen der Verwaltung verschiedener Portfolien der betreffende Mitarbeiter ggf. aus seiner Tätigkeit für einen AIF konfliktträchtige Informationen für einen anderen AIF erlangen kann. Derartige Konflikte lassen sich nur durch entsprechende organisatorische Trennungen oder entsprechende innerbetriebliche Anweisungen regeln.

Soweit die vorstehenden Maßnahmen und Verfahren nicht das erforderliche Maß **26** an Unabhängigkeit sicherstellen können, sind die AIFM verpflichtet, alternative oder zusätzliche Maßnahmen zu ergreifen, die erforderlich und notwendig sind, um das Ziel der Unabhängigkeit zu erreichen. Diese Maßnahmen sind vom jeweiligen AIFM im Einzelfall anhand seiner unternehmensspezifischen Situation zu definieren und umzusetzen.

G. Wesentliche andere Interessenkonflikte (Abs. 1 S. 4)

Abs. 1 S. 4 enthält ferner die Verpflichtung des AIFM, zu überprüfen, ob die Be- **27** dingungen der Ausübung seiner Tätigkeit wesentliche andere, nicht ausdrücklich in Abs. 1 aufgeführte Interessenkonflikte nach sich ziehen können. Der deutsche Text der AIFM-RL ist an dieser Stelle nur schwer verständlich. Aus der englischen Fassung der Richtlinie ergibt sich, dass der AIFM verpflichtet ist, über die in Abs. 1 S. 3 beschriebene Trennung unvereinbarer oder konfliktträchtiger Tätigkeitsbereiche auch seine sonstigen **innerbetrieblichen Bedingungen** („operative conditions") darauf zu überprüfen hat, ob sich aus diesen potentielle wesentliche Interessenkonflikte ergeben können. Durch das Wort „wesentliche" hat der Richtliniengeber jedoch klargestellt, dass insoweit nicht jeder Interessenkonflikt relevant ist, sondern nur solche, die tatsächlich von gewissem Gewicht sind. Dies ist in jedem Fall eine Frage des Einzelfalls und anhand der jeweiligen Gesamtumstände zu überprüfen.

28   Falls die Überprüfung der innerbetrieblichen Bedingungen ergeben sollte, dass derartige Interessenkonflikte vorliegen, hat der AIFM dies den Anlegern des AIF gegenüber offenzulegen. Wie diese **Offenlegung** zu erfolgen hat, schreibt die AIFM-RL nicht vor. Hinsichtlich der Art der Information geht Art. 36 AIFM-DV davon aus, dass die Information entweder in Form eines dauerhaften Datenträgers oder in Form einer Information auf einer Internetseite erfolgen kann, wobei jedoch bei der Verwendung einer Internetseite sichergestellt sein muss, dass (i) dem Anleger die Internetseite (und den genauen Ort der Information auf der Internetseite) mitgeteilt worden ist und der Anleger mit der Bekanntmachung der Information über die Internetseite einverstanden ist, (ii) dass die Information aktuell ist und (iii) die Information auf der Internetseite mindestens für einen solchen Zeitraum dauerhaft verfügbar ist, die der Anleger vernünftigerweise benötigt, um diese zur Kenntnis zu nehmen.

H. Informationspflichten gegenüber den Anlegern (Abs. 2)

29   Unbeschadet der grundsätzlichen Verpflichtung des AIFM alle organisatorischen und administrativen Maßnahmen zur Vermeidung von Interessenkonflikten zu implementieren, hat der europäische Gesetzgeber in Abs. 2 anerkannt, dass es gleichwohl Fälle geben kann, in denen die vom AIFM ergriffenen Maßnahmen zur Ermittlung, Vorbeugung, Beilegung und Beobachtung von Interessenkonflikten nicht ausreichen, um nach vernünftigen Ermessen zu gewährleisten, dass das Risiko einer Beeinträchtigung der Anlegerinteressen vermieden wird. Für derartige Fälle sieht die Richtlinie die nachstehend beschriebenen Informationspflichten und die Verpflichtung zur Schaffung von Strategien und Verfahren zum Umgang mit derartigen Konflikten vor. Zu betonen ist, dass die Regelung des Abs. 2 es nicht ins Ermessen der AIFM stellt, entweder organisatorische und administrative Maßnahmen zur Vermeidung von Interessenkonflikten zu ergreifen oder die Anleger zu informieren. Die Verpflichtung zum Schaffen eines geeigneten Interessenkonfliktmanagements bleibt von der Regelung in Abs. 2 unberührt. Die Regelung in Abs. 2 deckt vielmehr lediglich diejenigen Fälle von Interessenkonflikten ab, die trotz der entsprechenden organisatorischen und administrativen Maßnahmen auftreten können.

30   Falls Interessenkonflikte trotz der ergriffenen organisatorischen Maßnahmen nicht ausgeschlossen werden können, ist der AIFM verpflichtet, die Anleger unmissverständlich über die allgemeine Art und die Quellen der Interessenkonflikte in Kenntnis zu setzten. Die vorstehende **Informationspflicht** bedeutet, dass die abstrakten Gründe, die für die Anleger nachteilige Interessenkonflikte verursachen können, den Anlegern klar, d.h. in einer nachvollziehbaren und verständlichen Weise mitgeteilt werden müssen. Den Anlegern muss demnach das Risiko von potentiellen, nicht auszuschließenden Interessenkonflikten klar vor Augen geführt werden, damit die Anleger dieses Risiko bei ihrer Anlageentscheidung berücksichtigen können. Hieraus ergibt sich auch der Grund, warum Abs. 2 ausdrücklich vorschreibt, dass den Anlegern die Information in zeitlicher Hinsicht zur Kenntnis gebracht werden muss, bevor der AIFM im Auftrag der Anleger Geschäfte tätigt. Optimalerweise müssen diese Informationen den Anlegern somit bereits vor ihrer Beteiligung am AIF dargelegt werden. Soweit die Interessenkonflikte daher bereits vor der Beteiligung der Anleger erkennbar sind, hat der AIFM die Anleger somit bereits vor Zeichnung zu informieren.

Vielfach werden sich potentielle Interessenkonflikte jedoch erst im Laufe der Zeit **31** zeigen, d.h. zu einem Zeitpunkt, wenn die Anleger bereits ihre Anlageentscheidung getroffen haben. Auch wenn sich dies aus dem Wortlaut der AIFM-Richtlinie nicht ausdrücklich ergibt, gilt die Informationspflicht natürlich auch dann, wenn der **nicht vermeidbare Interessenkonflikt** erst zu einem Zeitpunkt auftritt, zu dem der Anleger schon investiert hat. In diesem Fall hat der AIFM die Anleger unverzüglich zu informieren, und zwar bevor er ein Geschäft tätigt, bei dem der nachträglich erkannte Interessenkonflikt zum Tragen kommt. Nur so kann dem Anleger die Gelegenheit gegeben werden, gegebenenfalls noch vor der Tätigung des Geschäftes durch den AIF auf den Interessenkonflikt zu reagieren (z. B. durch Aufgabe seiner Beteiligung am AIF). Die Regelung in Art. 14 Abs. 2 AIFM-RL ähnelt der für OGAW geltenden Regelung, weicht jedoch von den Vorgaben bei OGAW leicht ab. So sieht die RL 2010/43/EU für den Fall eines erkannten Interessenkonfliktes zunächst vor, dass zunächst der Geschäftsleiter oder eine andere interne Stelle der Kapitalanlagegesellschaft zu informieren ist, die die notwendigen Entscheidungen zu treffen hat, um sicherzustellen, dass die Kapitalanlagegesellschaft stets im besten Interesse des betroffenen Investmentvermögens und der Anleger handelt. Die Anleger des OGAW sind über die Konfliktsituation mittels eines dauerhaften Datenträgers zu informieren und die hierzu ergangenen Entscheidungen sind dem Anleger mitzuteilen und zu begründen.[22] Anders als in der AIFM-RL vorgesehen, sind die Anleger bei einem OGAW damit nicht zwingend vor der Tätigung des Geschäfts, sondern erst dann zu informieren, wenn die Entscheidung der Kapitalanlagegesellschaft bereits getroffen worden ist. Der Grund für diese unterschiedliche Regelung wird nicht erläutert, lässt sich jedoch zum einen damit erklären, dass die AIFM-RL sich an den institutionellen Markt richtet und nicht an den Markt für Kleinanleger. Institutionelle Anleger verlangen und benötigen i. d. R. mehr Informationen als Kleinanleger. Zum anderen ist es gerade Ziel der AIFM-RL, die Aufklärungspflichten im Vergleich zur OGAW-RL zu erhöhen.

Analog zu Art. 20 der RL 2010/43/EU sieht Art. 35 AIFM-DV vor, dass jeder **32** AIFM die Tätigkeiten, aus denen potentielle für einen AIF oder dessen Anleger nachteilige Interessenkonflikte resultieren oder bei fortdauernden Tätigkeiten noch resultieren können, aufzuzeichnen und diese **Aufzeichnung** regelmäßig zu aktualisieren hat. Ferner muss der AIFM im Falle der Auslagerung (oder Unterauslagerung) des Portfoliomanagements zusätzlich zu den übrigen potentiellen Konflikten auch solche Konflikte offenlegen, die zwischen dem Portfoliomanager und dem AIFM oder den Anlegern des betroffenen AIF entstehen können. Hinsichtlich der Art der Information sieht Art. 36 AIFM-DV vor, dass die Information entweder in Form eines dauerhaften Datenträgers oder in Form einer Information auf einer Internetseite erfolgen kann, wobei jedoch bei der Verwendung einer Internetseite sichergestellt sein muss, dass (i) dem Anleger die Internetseite (und den genauen Ort der Information auf der Internetseite) mitgeteilt worden ist und der Anleger mit der Bekanntmachung der Information über die Internetseite einverstanden ist, (ii) dass die Information aktuell ist und (iii) die Information auf der Internetseite mindestens für einen solchen Zeitraum dauerhaft verfügbar ist, die der Anleger vernünftigerweise benötigt, um diese zur Kenntnis zu nehmen.

Neben der vorstehenden Informationspflicht verlangt Abs. 2 dass der AIFM **33** für die **nicht vermeidbaren Interessenkonflikte** angemessene Strategien und Verfahren entwickelt. Aus der AIFM-RL und deren Begründung selbst ergeben

---

[22] Vgl. Art. 20 Abs. 2 RL 2010/43/EU; § 18 Abs. 2 und 3 InvVerOV.

sich insoweit keine Anhaltspunkte, was der europäische Gesetzgeber unter diesen sehr vagen und allgemeinen Rechtsbegriffen verstanden hat. Auch die Durchführungsverordnung enthält insoweit keine detaillierten Angaben. Im Ergebnis wird der jeweilige AIFM hier im Rahmen seiner Grundsätze zum Umgang mit Interessenkonflikten möglichst objektive Kriterien zu definieren haben, anhand derer die Lösung derartiger Interessenkonflikte im besten Interesse des oder der betroffenen AIF und der Anleger des oder der betroffenen AIF zu erfolgen hat.

34   Zu den nach Abs. 2 verlangten Strategien und Verfahren zählen nach Art. 37 AIFM-DV auch die Strategien für die Ausübung von Stimm**rechten**. Dies entspricht den Vorgaben für OGAW[23]. AIFM müssen angemessene und wirksame Strategien im Hinblick darauf ausarbeiten, wann und wie sie die mit den vom bzw. für Rechnung eines AIF gehaltenen Vermögensgegenständen verbundenen Stimmrechte ausüben, damit dies ausschließlich im Interesse des betreffenden AIF und dessen Anlegern erfolgt. Hierzu gehört insbesondere, dass der AIFM in der Strategie Maßnahmen und Verfahren (i) zur Verfolgung der maßgeblichen Gesellschaftätigkeiten, (ii) zur Sicherstellung, dass die Ausübung der Stimmrechte in Übereinstimmung mit den Anlagezielen und der Anlagepolitik des betroffenen AIF übereinstimmt, und (iii) zur Vermeidung oder dem Management von Interessenkonflikten im Zusammenhang mit der Ausübung von Stimmrechten, festlegt. Klargestellt wird ferner, dass der AIFM trotz der Verpflichtung zur Erstellung von Strategien zur Stimmrechtsausübung auf eine Ausübung seiner Stimmrechte auch verzichten kann, wenn dies im Interesse des AIF und seiner Anleger ist. Abweichend von den Vorgaben für OGAW sollen den Anlegern durch den AIFM eine Zusammenfassung der Strategie und der aufgrund der Strategie getroffenen Maßnahmen lediglich auf deren Verlangen zur Verfügung gestellt werden[24]; dies wird damit begründet, dass die AIFM lediglich den Markt für institutionelle Anleger betrifft. Dies entspricht weitgehend der bisher bereits geltenden Regelung in § 19 Abs. 2 Satz 3 InvVerOV, wonach bei einem Spezial-Sondervermögen mit Zustimmung der Anleger auf die Bereitstellung dieser Informationen verzichtet werden kann.

I. Primebroker (Abs. 3)

35   Die AIFM-Richtlinie berücksichtigt die Tatsache, dass viele AIF (namentlich Hedgefonds) die Dienstleistungen von **Primebrokern**[25] in Anspruch nehmen.[26] Abs. 3 enthält **Grundregeln** für die Inanspruchnahme der Dienstleistungen eines Primebrokers für einen AIF.

36   Gemäß Abs. 3 ist jeder AIFM verpflichtet, bei der Inanspruchnahme eines Primebrokers einen schriftlichen Vertrag mit diesem abzuschließen. Nach Abs. 3

---

[23] Vgl. RL 2010/43/EU.

[24] Die RL 2010/43/EU sieht insoweit in Art. 21 Abs. 3 vor, dass die Zusammenfassung der Strategie den Anlegern auch ohne deren Verlangen zur Verfügung zu stellen ist und dass nur die Informationen zu den aufgrund der Strategie getroffenen Maßnahmen auf Verlangen bereitzustellen sind. Die InvVerOV konkretisiert diese Vorgabe in § 19 Abs. 3 dahingehend, dass die Zusammenfassung der Strategie auf der Internetseite der Kapitalanlagegesellschaft zur Verfügung zu stellen hat, wobei die Kapitalanlagegesellschaft mit Zustimmung der Anleger bei Spezial-Sondervermögen hierauf verzichten kann (§ 19 Abs. 3 Satz 3 InvVerOV).

[25] Die Funktion des Primebroker ist in Art. 4 Punkt af) AIFM-RL definiert; vgl. Artikel 4 AIFM-RL.

[26] Vgl. Tz. 41 AIFM-RL.

muss der Vertrag eine Regelung darüber enthalten, ob die Übertragung und **Wiederverwendung von Vermögenswerten** (sog. **Rehypothication**) zulässig sein soll. Eine derartige Vereinbarung darf nur getroffen werden, wenn und soweit die Vertragsbedingungen oder die Satzung des AIF die Übertragung und Wiederverwendung von Vermögenswerten gestatten. Zusätzlich ist in diesem Vertrag zu vereinbaren, dass die Verwahrstelle hinsichtlich des Vertrages in Kenntnis gesetzt wird. Die AIFM-RL enthält keine konkretisierenden Vorgaben dazu, wie diese Inkenntnissetzung zu erfolgen hat. Insbesondere ergibt sich aus ihr nicht, ob der Verwahrstelle der gesamte Vertrag zur Kenntnis zu geben ist oder ob der Verwahrstelle lediglich die Existenz des Vertragsverhältnisses mit dem Primebroker anzuzeigen ist. Nach Sinn und Zweck der Regelung erscheint eine Anzeige über das Bestehen des Vertrages alleine nicht ausreichend, da die Verwahrstelle die Informationen benötigt, ob und in welchem Umfang dem Primebroker die Möglichkeit eingeräumt wird, Vermögensgegenstände zu übertragen und wiederzuverwenden. Denn grundsätzlich ist die Verwahrstelle verpflichtet, alle Vermögensgegenstände zu verwahren. Nur bei zulässiger Übertragung an den Primebroker besteht keine Verwahrungspflicht der Verwahrstelle. Dies kann sie jedoch nur bei genauer Kenntnis der Regelungen des Primebrokervertrages und dessen Abgleich mit den Vertragsbedingungen prüfen.

Der Wortlaut des Abs. 3 scheint inzident davon auszugehen, dass der Primebro- **37** ker nicht zugleich die Funktion der Verwahrstelle übernimmt, da anderenfalls die Informationspflicht keinen Sinn zu machen scheint. Dies entspricht auch der in Art. 21 Abs. 4 lit. b) festgelegten Funktionstrennung, wonach ein Primebroker, der als Geschäftspartner eines AIF auftritt, nicht zugleich als Verwahrstelle dieses AIF auftreten darf. Allerdings sieht Art. 21 Abs. 4 lit. b) die Möglichkeit vor, dass ein- und dieselbe juristische Person Primebroker und Verwahrstelle sein kann, wenn beide Funktionen funktional und hierarchisch getrennt sind.[27] Falls dieselbe juristische Person die Funktionen als Primebroker und Verwahrstelle wahrnimmt, muss die in Art. 14 Abs. 3 vorgesehene Information der Verwahrstelle an die funktional und hierarchisch vom Primebroker getrennte Einheit erfolgen. Dieser bedarf es wegen der strengen Regelungen zu Chinese Walls auch.

Im Weiteren wird gefordert, dass der AIFM bei der **Auswahl und Benennung 38** des Primebroker mit der gebotenen Sachkenntnis, Sorgfalt und Gewissenhaftigkeit vorzugehen hat.[28] Abs. 3 wiederholt damit nochmals ausdrücklich die allgemeinen Anforderungen an die Verwaltung eines AIF, die bereits in Art. 12 niedergelegt sind und ausweislich von Art. 30 AIFM-DV ausdrücklich auch für die Auswahl und Beauftragung von Primebrokern gelten.[29]

J. Auswirkungen für AIFM/AIF

Für die bislang bereits durch das Investmentgesetz regulierten nicht-richtlinien- **39** konformen Publikums-Sondervermögen und Spezial-Sondervermögen werden die Vorgaben der AIFM-Richtlinie zu keinen wesentlichen Änderungen führen,

---

[27] Vgl. hierzu eingehend die Kommentierung zu Art. 21.

[28] Zu den Anforderungen an die Sachkenntnis, Sorgfalt und Gewissenhaftigkeit, vgl. Art. 12 AIFM-RL.

[29] Vgl. auch ESMA's technical advice to the European Commission on possible implementing measures of the Alternative Investment Fund Managers Directive (2011 | ESMA/2011/379), Paris, 16. November 2011, Satz 44 f.

da sich die Regelungen der AIFM-Richtlinie stark an die bereits in der OGAW-Richtlinie orientieren, die im Investmentgesetz bzw. der InvVerOV umgesetzt sind und damit bereits heute von den bestehenden Kapitalanlagegesellschaften anzuwenden sind. Für diese entsprechenden Kapitalanlagegesellschaften dürften damit nur wenige Anpassungen erforderlich sein.

40   Demgegenüber führen die Vorgaben zu Interessenkonflikten bei den bislang nicht vom Investmentgesetz regulierten künftigen AIF, insbesondere für geschlossene Fonds, zu erheblichen Änderungen. Da für die bislang nicht regulierten AIFM bislang keine dem Investmentgesetz vergleichbaren rechtlich verbindlichen Vorgaben zum Thema Interessenkonflikte bestanden, müssen diese Gesellschaften nunmehr zeitnah die organisatorischen, personellen und inhaltlichen Voraussetzungen schaffen, um den detaillierten Vorgaben der AIFM-RL zu entsprechen.

K. Bezüge zum KAGB-E

41   Die Regelungen des Art. 14 sind im derzeit vorliegenden Entwurf des KAGB (KAGB-E) in zwei Paragrafen umgesetzt worden. Die Regelungen zu Interessenkonflikten sind in § 27 KAGB-E, die Regelungen zu Primebrokern hingegen in § 31 KAGB-E enthalten.

42   Die Umsetzung des Richtlinientextes erfolgt dabei – abgesehen von den erforderlichen terminlogischen Anpassungen sowie Anpassungen an die übliche deutsche Rechtssprache – weitgehend unverändert. Dies gilt insbesondere für die Umsetzung der Regelungen zu Primebrokern. Auffällig ist auf den ersten Blick, dass in § 27 Abs. 1 KAGB-E lediglich vier Arten von Interessenkonflikten aufgeführt sind, während Art. 14 fünf Interessenkonfliktarten umfasst. Dieser scheinbare Widerspruch erklärt sich jedoch dadurch, dass die beiden in Art. 14 in Abs. 1 Buchstabe c) und d) genannten Arten von Interessenkonflikten durch die im KAGB-E verwendete Terminologie in § 27 Abs. 1 Ziffer 3 KAGB-E zusammengefasst werden konnte.

43   Hinsichtlich der näheren Ausgestaltung verweist § 27 KAGB-E auf die Durchführungsverordnung. Da diese Durchführungsverordnung auf AIFM, die OGAW und Publikums-AIF verwalten, keine Anwendung findet, enthält § 27 Abs. 6 KAGB-E insoweit eine Verordnungsermächtigung zugunsten des Bundesministeriums der Finanzen zur näheren Ausgestaltung der Regelungen zu Interessenkonflikten. Das Bundesministerium der Finanzen kann die Verordnungsermächtigung auf die Bundesanstalt für Finanzdienstleistungsaufsicht übertragen.

Artikel 15 Risikomanagement

AIFM-Richtlinie	KAGB-E
Artikel 15 **Risikomanagement**	**§ 29** **Risikomanagement;** **Verordnungsermächtigung**
(1) Die AIFM trennen die Funktionen des Risikomanagements funktional und hierarchisch von den operativen Abteilungen, auch von den Funktionen des Portfoliomanagements.	(1) Die Kapitalverwaltungsgesellschaft hat eine dauerhafte Risikocontrolling-Funktion einzurichten und aufrechtzuerhalten, die von den operativen Bereichen hierarchisch und

AIFM-Richtlinie	KAGB-E
Die funktionelle und hierarchische Trennung der Funktionen des Risikomanagements in Übereinstimmung mit Unterabsatz 1 wird von den zuständigen Behörden des Herkunftsmitgliedstaats des AIFM in Übereinstimmung mit dem Verhältnismäßigkeitsprinzip überwacht, in dem Sinn, dass der AIFM in jedem Fall in der Lage sein muss nachzuweisen, dass besondere Schutzvorkehrungen gegen Interessenkonflikte eine unabhängige Ausübung von Risikomanagement-maßnahmen ermöglichen und dass das Risikomanagement den Anforderungen dieses Artikels genügt und durchgehend wirksam ist.	funktionell unabhängig ist (Funktionstrennung). Die Bundesanstalt überwacht die Funktionstrennung nach dem Prinzip der Verhältnismäßigkeit. Die Kapitalverwaltungsgesellschaften, bei denen aufgrund der Art, des Umfangs und der Komplexität ihrer Geschäfte und der von ihnen verwalteten Investmentvermögen die Einrichtung einer hierarchisch und funktionell unabhängigen Risikocontrolling-Funktion unverhältnismäßig ist, müssen zumindest in der Lage sein, nachzuweisen, dass besondere Schutzvorkehrungen gegen Interessenkonflikte ein unabhängiges Risikocontrolling ermöglichen und dass der Risikomanagementprozess den Anforderungen der Absätze 1 bis 6 genügt und durchgehend wirksam ist.
(2) Damit alle Risiken, die für die einzelnen AIF-Anlagestrategien wesentlich sind und denen jeder AIF unterliegt oder unterliegen kann, hinreichend festgestellt, bewertet gesteuert und überwacht werden kann, setzen die AIFM angemessene Risikomanagementsysteme ein.	(2) Die Kapitalverwaltungsgesellschaft muss über angemessene Risikomanagementsysteme verfügen, die insbesondere gewährleisten, dass die für die jeweiligen Anlagestrategien wesentlichen Risiken der Investmentvermögen jederzeit erfasst, gemessen, gesteuert und überwacht werden können.
Die AIFM überprüfen die Risikomanagementsysteme in angemessenen zeitlichen Abständen, mindestens jedoch einmal jährlich, und passen sie erforderlichenfalls an.	Die Kapitalverwaltungsgesellschaft hat die Risikomanagementsysteme regelmäßig, mindestens jedoch einmal jährlich, zu überprüfen und erforderlichenfalls anzupassen.
(3) AIFM unterliegen zumindest folgenden Verpflichtungen:	(3) Die Kapitalverwaltungsgesellschaft unterliegt zumindest folgenden Verpflichtungen:
a) sie führen eine der Anlagestrategie, den Zielen und dem Risikoprofil des AIF angemessene, dokumentierte und regelmäßig aktualisierte Sorgfaltsprüfung (Due Diligence Prozess) durch, wenn sie für Rechnung des AIF Anlagen tätigen;	1. sie tätigt Anlagen für Rechnung des Investmentvermögens entsprechend der Anlagestrategie, den Zielen und dem Risikoprofil des Investmentvermögens auf Basis angemessener, dokumentierter und regelmäßig aktualisierter Sorgfaltsprüfungsprozesse;
b) sie gewährleisten, dass die mit den einzelnen Anlagepositionen des AIF verbundenen Risiken samt ihrer	2. sie gewährleistet, dass die mit den einzelnen Anlagepositionen des Investmentvermögens verbundenen

AIFM-Richtlinie	KAGB-E
Auswirkungen auf das Gesamtportfolio des AIF laufend – unter anderem auch durch die Nutzung angemessener Stresstests – ordnungsgemäß bewertet, eingeschätzt, gesteuert und überwacht werden können;	Risiken sowie deren jeweilige Wirkung auf das Gesamtrisikoprofil des Investmentvermögens laufend ordnungsgemäß erfasst, gemessen, gesteuert und überwacht werden können; sie nutzt hierzu unter anderem angemessene Stresstests;
c) sie gewährleisten, dass die Risikoprofile der AIF der Größe, der Portfoliostruktur und den Anlagestrategien und -zielen, wie sie in den Vertragsbedingungen oder der Satzung, dem Prospekt und den Emissionsunterlagen des AIF festgelegt sind, entsprechen.	3. sie gewährleistet, dass die Risikoprofile der Investmentvermögen der Größe, der Zusammensetzung sowie den Anlagestrategien und Anlagezielen entsprechen, wie sie in den Anlagebedingungen, dem Verkaufsprospekt und den sonstigen Verkaufsunterlagen des Investment-vermögens festgelegt sind.
(4) Die AIFM legen ein Höchstmaß an Hebelfinanzierungen fest, dass sie für jeden der von ihnen verwalteten AIF einsetzen können, ebenso wie den Umfang des Rechts der Wiederverwendung von Sicherheiten oder sonstigen Garantien, die im Rahmen der Vereinbarung über die Hebelfinanzierung gewährt werden könnten, wobei sie Folgendes berücksichtigen:	(4) Die Kazepitalverwaltungsgesellschaft legt ein Höchstmaß an Leverage fest, den sie für jedes der von ihr verwalteten Investmentvermögen einsetzen kann, sowie den Umfang des Rechts der Wiederverwendung von Sicherheiten oder sonstigen Garantien, die im Rahmen der Vereinbarung über den Leverage gewährt werden könnten, wobei sie Folgendes berücksichtigt:
a) die Art des AIF,	1. die Art des Investmentvermögens
b) die Anlagestrategie des AIF,	2. die Anlagestrategie des Investmentvermögens,
c) die Herkunft der Hebelfinanzierung des AIF,	3. die Herkunft des Leverage des Investmentvermögens,
d) jede andere Verbindung oder relevante Beziehung zu anderen Finanzdienstleistungsinstituten, die potenziell ein Systemrisiko darstellen,	4. jede andere Verbindung oder relevante Beziehung zu anderen Finanzdienstleistungsinstituten, die potenziell ein Systemrisiko darstellen,
e) die Notwendigkeit, das Risiko gegenüber jeder einzelnen Gegenpartei zu begrenzen,	5. die Notwendigkeit, das Risiko gegenüber jedem einzelnen Kontrahent zu begrenzen,
f) das Ausmaß, bis zu dem die Hebelfinanzierung abgesichert ist,	6. das Ausmaß, bis zu dem der Leverage abgesichert ist,
g) das Verhältnis von Aktiva und Passiva,	7. das Verhältnis von Aktiva und Passiva,
h) Umfang, Wesen und Ausmaß der Geschäftätigkeiten des AIFM auf den betreffenden Märkten.	8. Umfang, Art und Ausmaß der Geschäftätigkeiten der Kapitalverwaltungsgesellschaft auf den betreffenden Märkten.

AIFM-Richtlinie	KAGB-E
(5) Die Kommission erlässt gemäß Artikel 56 und nach Maßgabe der Bedingungen der Artikel 57 und 58 delegierte Rechtsakte, mit denen Folgendes festgelegt wird:	(5) Für AIF-Kapitalverwaltungsgesellschaften bestimmen sich für die von ihnen verwalteten AIF die Kriterien für
a) die Risikomanagementsysteme, die die AIFM in Abhängigkeit von den für Rechnung der von ihnen verwalteten AIF eingegangenen Risiken zu betreiben haben,	1. die Risikomanagementsysteme 2. die angemessenen zeitlichen Abstände zwischen den Überprüfungen des Risikomanagementsystems,
b) die angemessenen zeitlichen Abstände zwischen den Überprüfungen des Risikomanagementsystems,	3. die Art und Weise, in der die funktionale und hierarchische Trennung zwischen der Risikocontrolling-Funktion und den operativen Abteilungen, einschließlich der Portfolioverwaltung, zu erfolgen hat,
c) die Art und Weise, in der die funktionale und hierarchische Trennung zwischen der Risikomanagementfunktion und den operativen Abteilungen, einschließlich der Portfoliomanagementfunktion, zu erfolgen hat,	4. die besonderen Schutzvorkehrungen gegen Interessenkonflikte gemäß Absatz 1 Satz 3,
d) die besonderen Schutzvorkehrungen gegen Interessenkonflikte gemäß Absatz 1 Unterabsatz 2,	5. die Anforderungen nach Absatz 3 und
e) die Anforderungen nach Absatz 3.	6. die Anforderungen, die ein Originator, ein Sponsor oder ein ursprünglicher Kreditgeber erfüllen muss, damit eine AIF-Kapitalverwaltungsgesellschaft im Namen von AIF in Wertpapiere oder andere Finanzinstrumente dieses Typs, die nach dem 1. Januar 2011 emittiert werden, investieren darf, einschließlich der Anforderungen, die gewährleisten, dass der Originator, der Sponsor oder der ursprüngliche Kreditgeber einen materiellen Nettoanteil von mindestens fünf Prozent behält, sowie Absatz 7. die qualitativen Anforderungen, die AIF-Kapitalverwaltungsgesellschaften, die im Namen eines oder mehrerer AIF in Wertpapiere oder andere Finanzinstrument im Sinne von Nummer 6 investieren, erfüllen müssen,
[Art. 17; Anlagen in Verbriefungspositionen] Um sektorübergreifende Kohärenz zu gewährleisten und Divergenzen zwischen den Interessen von Firmen, die Kredite in handelbare Wertpapiere umwandeln, und Originatoren im Sinne von Art. 4 Abs. 41 der RL 2006/48/EG, und den Interessen von AIFM, die für Rechnung von AIF in diese Wertpapiere oder andere Finanzinstrumente investieren, zu beseitigen, erlässt die Kommission gemäß Art. 56 und nach Maßgabe der Bedingungen der Art. 57 und 58 delegierte Rechtsakte zu Folgendem:	
a) den Anforderungen, die ein Originator, ein Sponsor oder ein ursprünglicher Kreditgeber erfüllen muss, damit ein AIFM im Namen von AIF in Wertpapiere oder andere Finanzinstrumente dieses Typs, die nach dem 1. Jan. 2011 emittiert werden,	nach Artikel 38 bis 45 und 50 bis 56 der Verordnung (EU) Nr. ___/2013 [Level 2-Verordnung gemäß Artikel 15 Absatz 5 und Artikel 17 der Richtlinie 2011/61/EU].

AIFM-Richtlinie	KAGB-E
investieren darf, einschließlich der Anforderungen, die gewährleisten, dass der Originator, der Sponsor oder der ursprüngliche Kreditgeber einen materiellen Nettoanteil von mindestens fünf Prozent behält b) den qualitativen Anforderungen, die AIFM, die im Namen eines oder mehrerer AIF in diese Wertpapiere oder andere Finanzinstrumente investieren, erfüllen müssen.	
	(6) Das Bundesministerium der Finanzen wird ermächtigt, durch Rechtsverordnung, die nicht der Zustimmung des Bundesrates bedarf, nähere Bestimmungen für Kapitalverwaltungsgesellschaften, die OGAW oder Publikums-AIF verwalten, zu den Risikomanagementsystemen und -verfahren zu erlassen. Das Bundesministerium der Finanzen kann die Ermächtigung durch Rechtsverordnung auf die Bundesanstalt übertragen.

Literaturverzeichnis: *Anat Admati, Martin Hellwig* „The Bankers' New Clothes", Princeton University Press, 2013; *AIMA's* Road map to Hedgefunds, 2012 Edition, http://www.aima.org/download.cfm/docid/E9031A27-E978-4009-85EA1A8D325DAF7D; *ALFI* Risk Management Guidelines, updated version 07/11/2012, http://www.alfi.lu/sites/alfi.lu/files/ALFI-Risk-Management-170412.pdf; *Ang/Gorovyy/Inwegen,* Hedge Fund Leverage, Working Paper 16801, National Bureau of Economic Research 2011, Cambridge; *Berger/Steck/Lübbehüsen* (Hrsg.), Investmentgesetz/Investmentsteuerrecht, München 2010; *ESMA* 2011/379, Final report – ESMA's technical advice to the European Commission on possible implementing measures of the Alternative Investment Fund Managers Directive, Nov. 2011 (Im folgenden kurz als **„ESMA Advice"** referenziert) abrufbar unter http://www.esma.europa.eu/system/files/2011_379.pdf *ESMA/2012/117, Discussion Paper, Key Concepts of the AIFMD and types of AIFM,* 23. Febr. 2012; abrufbar unter http://www.esma.europa.eu/system/files/2012-117.pdf; *ESMA* 2012/845, Consultation paper – Guidelines on key concepts of the AIFMD, 19. December 2012 (im folgenden kurz als **„AIFMD Key Concepts (2012)"** referenziert). Abrufbar unter http://www.esma.europa.eu/consultation/Consultation-Guidelines-key-concepts-AIFMD; ESMA/2012/844, *Consultation paper, Draft regulatory technical standards on types of AIFMs,* 10. Dezember 2012; *ESMA/10-788 (Level 3 Guidelines):* Guidelines on Risk Measurement and the Calculation of Global Exposure and Counterparty Risk for UCITS; July 2010; *EU Commission,* Level 1, OGAW Richtlinie 2009/65/EC (OGAW-RL) *EU Commission,* Level 2, OGAW Durchführungsrichtlinie (OGAW-DR) 2010/43/EU; *European Commission,* Commission Staff Working Document, Impact Assessment, Accompanying the document ‚Commission Delegated Regulation' supplementing Directive 2011/61/EU, Brussels, 19.12.2012, SWD (2012) 387 final (Im Folgenden kurz als „AIFMD-IA" referenziert), abrufbar unter http://ec.europa.eu/internal_market/investment/alternative_investments/index_en.htm *ESRB:* Regulation (EU) No 1092/2010 of the European Parliament and of the Council of 24/11/2010 (the „ESRB Regulation"), abrufbar unter http://www.esrb.europa.eu/about/background/html/index.en.html BaFin-Rundschreiben 2/2007 (18.1.2007), abrufbar unter http://www.bafin.de/SharedDocs/Veroeffentlichungen/ DE/Rundschreiben/rs_0702_ba.html BaFin-Rundschreiben 14/2008 (WA), abrufbar unter http://www.bafin.de/SharedDocs/Veroeffentlichungen/DE/Rundschreiben/rs_0814_wa.html *BaFin*, Investment-Verhaltens- und Organisationsverordnung vom 28. Juni 2011 (InvVerOV) zur weiteren Umsetzung der OGAW-DR 2010/43/EU, abrufbar unter http://www.gesetze-im-internet.de/bundesrecht/invverov/gesamt.pdf; Bafin-Rundschreiben 5/2010 (WA), InvMaRisk, 30.6.2010; *K.Bosch*, Statistik für Nichtstatistiker: Zufall und Wahrscheinlichkeit, 2011, 6. Aufl., Oldenbourg Verlag, München. *CSSF*, Circular 12/546, 24. Okt. 2012 (nebst *CSSF* Press Release 12/45, 31. Okt. 2012), Luxembourg *Lloyd Dixon, Noreen Clancy, Krishna B. Kumar*, „HedgeFunds and Systemic Risk", RAND, 2012; www.rand.org *Jim Gatheral* „The Volatility Surface", 2006, Wiley Finance NY *John C. Hull*, Risikomanagement. Banken, Versicherungen und andere Finanzinstitute, 2. Auflage, 2011, Pearson Studium, München *Markowitz, H.*, Portfolio Selection, in: The Journal of Finance, Vol. VII, No. 1, March 1952 *Donald MacKenzie, Taylor Spears* „The Formula that Killed Wall Street? The Culture of Copulas and the Material Changes of Modelling", 06/2012, University of Edinbourg, abrufbar unter http://www.sps.ed.ac.uk/__data/assets/pdf_file/0003/84243/Gaussian14.pdf AIFM Durchführungverordnung (AIFM-DV) Nr. 213/2013 der Kommission vom 19. Dezember 2012 (delegierte Verordnung (EU) zur Ergänzung der AIFM-RL, die unmittelbar in den Mitgliedsstaaten gilt), veröffentlicht im Amtsblatt der EU am 22.3.2013. AIFM UmsG-E inklusive KAGB-E; Kabinettsentwurf; Stand Dezember 2012 (referenziert als KAGB-E), Deutscher Bundestag, Drucksache 17/12294; Sebastian Malaby, More Money Than God: Hedge Funds and the Making of a New Elite, London, 2010.

Übersicht

A. Einleitung und Normzweck

1 Das **Management eines AIF** durch einen AIFM umfasst nach Anhang I Nr. 1 der AIFM-Richtlinie zumindest die beiden Kerntätigkeiten Portfoliomanagement[1] und Risikomanagement.[2]

---

[1] Im KAGB-E als auch in der im EU Amtsblatt veröffentlichten deutschsprachigen Fassung der AIFM-RL wird durchgängig der Begriff „Portfolioverwaltung" verwendet.

[2] Siehe neben Art. 6 Abs. 5 lit. c auch recital (21) AIFM-RL und Nr. 4 ESMA/2012/117 Key Concepts, DP. Nach § 23 Nr. 10 KAGB-E ist einer Kapitalverwaltungsgesellschaft die Zulassung zu versagen, wenn sie nicht sowohl Portfolioverwaltung als auch Risikomanagement erbringen kann. Gemäß der zugehörigen Gesetzesbegründung wird nicht auf die tatsächliche Erbringung sondern auf die Fähigkeit beide Tätigkeiten ausüben zu können abgestellt und enthält somit eine Öffnungsklausel hinsichtlich Auslagerungsmöglichkeiten bis zu einem gewissen Umfang.

Ein AIFM ist nach Art. 15 verpflichtet, eine vom Portfoliomanagement **2** getrennte[3] **Risikomanagementfunktion** (*RM-Funktion*, siehe Rn. 140) mitsamt einem angemessenen **Risikomanagementprozess** (*RM-Prozess*, siehe Rn. 194) einzurichten. **Das Risikomanagementsystem** (*RM-System*, siehe Rn. 97) eines AIFM umfasst nach § 38 AIFM–DV Elemente der Aufbauorganisation (wobei der ständigen RM-Funktion eine zentrale Rolle zukommt), Leitlinien und Prozeduren für die Handhabung von Risiken im Zusammenhang mit den Investmentstrategien als auch Mittel und Methoden für die Risikomessung und dem Risikomanagement für alle von einem AIFM verwalteten AIF.[4]

I. Risiko und Risikomanagement

Die AIFM-RL gibt keine Legaldefinition der Begriffe Risiko und Risikomana- **3** gement.

Unter dem Begriff Risiko im engeren Sinne lässt sich die Möglichkeit des **4** Eintretens eines unerwünschten Ereignisses verstehen. Von Risiko ist nur die Rede, wenn die Folgen von Aktivitäten aufgrund der Unvorhersehbarkeit der Zukunft ungewiss sind. Die Etymologie des Begriffes ist nicht ganz eindeutig. Das arabische *rizq* bedeutet „Lebensunterhalt" bzw. „Versorgung" und stammt von den (alt-)persischen *rozi(k)* („Tagessold"). Das vulgärlateinische *riscare* bedeutet „etwas wagen" und „Klippen umschiffen" und ist zurückzuführen auf das altgriechische ῥίζα (*rhiza* „Wurzel, Klippe"). Im italienischen und spanischen ist *risco* die „Klippe". Das vulgärlateinische *resecum* („Felsklippe") meint als Verbalsubstantiv zu *resecare* („abschneiden") den „vom Festland abgeschnittenen Felsturm der zur Gefahr für Handelsschiffe wird". Der **Risikobegriff** hat somit seinen Ursprung offenbar in der Handelsschifffahrt.[5] Im spätmittelalterlichen Italien wurden Seeversicherungen als kommerzielle Versicherungen abgeschlossen zur Abwälzung von Risiken auf Versicherer.[6]

Risikomanagement bedeutet generell einen professionellen, systematischen **5** Umgang mit Risiken.[7] Durch das Risikomanagement soll ein Überblick und Verständnis der gegenwärtigen als auch der künftigen Risiken erreicht werden mitsamt der Entscheidung, ob ein Risiko vertretbar ist und falls nicht, was dagegen unternommen werden soll.[8]

Ein entscheidender Aspekt im Interesse der Reduzierung oder Vermeidung **6** negativer Auswirkungen ist vielfach die **frühzeitige Erkennung** von Risiken.[9]

Die erklärten **Ziele**[10] der **AIFM-RL** sind eine Aufsicht der AIFMs (*supervision*), eine verbesserte aufsichtsrechtliche Überwachung von systemischen Risiken (*systemic risk oversight*), ein erweitertes Risikomanagement durch AIFMs (*risk management*), ein einheitlicher Ansatz für ein hohes Maß an Anlegerschutz (*investor protection*), größere Transparenz bei der Investition von AIFMs in Unternehmen

---

[3] Kriterien für die funktionelle und hierarchische Trennung sind in Art. 42 No. 1 lit. (a)–(d) AIFM-DV genannt. Siehe Rn. 152 ff.

[4] Vgl. verwandte Definition eines angemessenen RM-Systems in Abschnitt 4.1 Tz. 1 InvMaRisk (2010).

[5] Siehe z. B. http://de.wikipedia.org/wiki/risiko.

[6] Siehe z. B. *Albrecht Cordes,* „Gut behütet über die Weltmeere", FAZ, 18. 6. 2011.

[7] *Klusak* in Berger/Steck/Lübbehüsen[2010], Rn. 1 § 80b InvG.

[8] Vgl. *John Hull*[2011], Einführung.

[9] Klusak in Berger/Steck/Lübbehüsen[2010], Rn. 3 § 80b InvG.

[10] Siehe auch Kommentar Einleitung, Rn. 17 ff. zu 4 Zielen hiervon.

(transparency) als auch größere Markteffizienz hinsichtlich des grenzüberschreitenden Vertriebes und der Verwaltung von AIFs *(market efficiency)*.[11] Alle diese Ziele werden durch Vorgaben an das Risikomanagement unterstützt wie etwa die Berechnung von Leverage. Das aufsichtsrechtliche Reporting dient allen Zielen außer dem Risikomanagement auf AIFM Ebene.[12]

II. Risiko auf Makroebene

8   Mit einem oder mehreren AIFs ist aufgrund der Unvorhersehbarkeit der Zukunft eine Vielfalt von Risiken verbunden im Sinne des möglichen Eintretens von unerwünschten Ereignissen. Risiken bestehen nicht nur für die Anleger eines AIF, sondern auch für das AIFM als auch für andere Parteien wie Kreditgeber und Kontrahenten. Es können durch hohe Risikokonzentrationen oder den Einsatz von erheblicher Hebelfinanzierung *(Leverage)* auch **systemische Risiken** auf Makroebene entstehen, welche die Stabilität und Integrität der Finanzmärkte beeinträchtigen.[13] Das European System Risk Board (ESRB) versteht unter systemischen Risiko „a *risk of disruption in the financial system with the potential to have serious negative consequences for the internal market and the real economy.*"[14] In der Definition von systemischen Risiko in Annex 1 (S. 59) des AIFMD-IA (2012) wird der Aspekt der Risikoansteckung betont: „*the risk that the inability of one participant to meet its obligations in a system will cause other participants to be unable to meet their obligations when they become due, potentially with **spill over effects** (e. g. significant liquidity or credit problems) threatening the stability of or confidence in the financial system. That inability to meet obligations can be caused by operational or financial problems*".

9   Die Recitals (1)–(3) der AIFM-RL weisen auf die Möglichkeit hin, dass AIFMs Märkte und Unternehmen *erheblich beeinflussen* und *Risiken im Finanzsystem verbreiten*. Anlagestrategien der AIFM können wesentliche Risiken für Anleger, andere Marktteilnehmer und Märkte enthalten. Daher soll durch die Richtlinie ein **Rahmen** geschaffen werden, um solchen Risiken entgegenzuwirken und eine wirksame Überwachung durch die zuständigen nationalen Behörden in der EU zu gewährleisten.[15] Vor diesem Hintergrund sind die regulatorischen Berichtsanforderungen und die Regelungen bzgl. Leverage zu verstehen. Regelungsziele der Richtlinie sind nicht in erster Linie der Anlegerschutz sondern die **systemischen Risiken** für den Finanzmarkt, die zum Beispiel von Hedgefonds ausgehen können.[16]

10   In den Recitals (49)–(52) wird auf die Möglichkeit der Entstehung von Systemrisiken und Marktstörungen durch erheblichen Einsatz von Leverage und auf die **Maßnahmen zur Begrenzung systemischer Risiken** eingegangen. Art 25 Abs. 3 Satz 2 und Abs. 7 der AIFM-RL erlauben der jeweiligen nationalen Aufsichtsbehörde die Verhängung von Beschränkungen. Auf dem G20 Gipfeltreffen im April 2009 wurde vereinbart, das Hedgefonds oder deren Manager registriert

---

[11] Diese Zusammenfassung der AIFM-RL Ziele in 6 spezifische Ziele (inkl. Risikomanagement) findet sich in Kap. 5 AIFMD-IA (2012).

[12] Siehe Kap. 5, Chart 1 AIFMD-IA (2012).

[13] Siehe auch Def. in Kommentar Einleitung, Rn. 18.

[14] Art. 2 (c) ESRB Regulation (2010).

[15] Siehe Recital (92).

[16] Angemerkt bereits von *Köndgen* in Berger/Steck/Lübbehüsen (2010), Einleitung, Rn. 38.

und einer fortlaufenden Aufsicht und aufsichtsrechtlichen Offenlegungspflicht unterliegen sollen, um zu gewährleisten, das sie über ein angemessenes Risikomanagement verfügen.[17]

In Annex 3 AIFMD-IA (S. 64) werden zwei Kanäle genannt, durch welche **11** ein AIF systemische Risiken verursachen kann, der **Credit Channel** und der **Market Channel**. In beiden Fällen betrachtet das Impact Assessment den Umfang des eingesetzten Leverage als maßgeblich für das potentielle systemische Risiko. Das Impact Assessment führt aus, das während der Finanzkrise viele ursprünglich hoch geleveragte AIFs bereits durch die Marktumstände gezwungen waren, ihr Leverage runterzufahren.[18] Ferner wird angemerkt, das der Einsatz von Leverage im Universum der institutionellen Fonds sehr unterschiedlich ist und „im Durchschnitt" erheblich niedriger ist als in einigen anderen Finanzsektoren.[19]

Hinsichtlich des **Credit Channels** stellt für Primebroker das Exposure zu AIFs **12** (insbesondere zu Hedgefonds) ein erhebliches Kontrahentenrisiko dar. Primebroker dienen AIFs als Anbieter von Leverage, z. B durch Kreditvergabe. Üblicherweise ist das Credit Exposure jedoch besichert und es sind Margin Call Verfahren eingerichtet. Die AIFMD-IA (2012) führt aus, dass es zu einem Versagen des Risikomanagement kommen kann, wenn ein AIF *gleichzeitig Kredit bei mehreren Primebrokern* aufnimmt und der einzelne Primebroker nicht informiert ist über das gesamte Leverage des AIF.[20] Das ist ein Hinweis auf eine erforderliche AIF Transparenz aus Sicht der Primebroker.

Während der Finanzkrise sind etwa 18% aller Hedgefonds liquidiert worden. **13** Es gibt aber kaum eine Indikation dafür, das Verluste von Hedgefonds zu signifikanten Verlusten bei Primebrokern oder anderen Gläubigern geführt hätten. Der Zusammenbruch zwei großer Bear Steams Hedgefonds im Frühjahr 2007 wurde vor allem aus Reputationsgründen aufgefangen von der Investmentbank Bear Stearns. Die Hedgefonds waren Long in MBS und CDOs (mit AA-AAA Rating) investiert mit einer gehebelten Finanzierung durch Repos. Fallende Preise der Assets führte zu Margin Calls und zu Notverkäufen der Assets und dadurch auch zu Anteilsrückgaben. Die Investmentbank Bear Stearns hatte den Zusammenbruch zwar aufgefangen, ist aber selber dann 1 Jahr später unter die Räder gekommen.[21]

Hinsichtlich des **Market Channels** können *große*, geleveragte Funds die in **14** Finanzinstrumente (*financial assets*) investieren, den Markt bewegen („*herding of positions in common trades*"). In Stresssituation kann die Auflösung von großen Positionen den Zusammenbruch von Marktpreisen und Illiquidität der Assets hervorrufen oder verstärken. Dieses Phänomen war zu Beginn der Krise 2007— zu beobachten, wo fallende Marktpreise dazu führten, das Primebroker die Kreditkonditionen verschärften, was wiederum Fonds dazu zwang, mehr Assets zu verkaufen (erzwungenes *Deleveraging*). „*Even though some hedge funds are highly leveraged, hedge fund leverage does not stand out as a central contributor to the financial crisis. ... At the peak of the crisis in 2008, investment banks had the highest leverage. No strong*

---

[17] Recital (89) gibt einen historischen Abriss. Letztlich hat sich auf EU-Ebene die Regulierung auf Managerebene durchgesetzt.

[18] Vgl. auch Kommentar Einleitung Rn. 18 bzgl. der Auswirkungen dieses Deleveragings.

[19] Annex 3 Nr. 4 (systemic risks) AIFMD-IA (2012), p. 65.

[20] Annex 3, Nr. 4 AIFDM-IA (2012). Als „Lesson learned" u. a. wg. Madoff ist umgekehrt eine Prime Broker Diversifizierung inzwischen marktüblich in dem Sinne, das Hedgefonds zumeist nicht nur einen Primebroker haben.

[21] *RAND* „Hedge funds and systemic Risk" (2012) Summary xv und p. 41 ff.

conclusions can be made about the extent to which hedge fund deleveraging contributed to the financial crisis."[22]

15   Während der Finanzkrise waren Hedgefonds einerseits Long investiert in MBS und CDOs, somit in Positionen die zur Immobilienblase beigetragen haben. Andererseits nahmen Hedgefonds auch oft die Short Gegenposition ein sowohl von Subprime Krediten als auch von Banken mit hohem Long Subprime Exposure. Es gibt keine starke Indikation, das Hedgefonds signifikant zur Bildung der Subprime Blase beigetragen hätten. Faktoren wie Verhalten der Ratingagenturen, CDOs mit unzureichenden Krediten und sorglose Kreditvergabe haben im Vergleich dazu eine höhere Relevanz.[23]

16   Nach Meinung von N. Taleb[24] fokussieren sich manche Diagnosen[25] der Finanzkrise 2007–2008 auf **„epiphänomenale Aspekte"** wie exzessive Kreditaufnahme, riskante Investments, Opazität der Märkte oder Versagen der Corporate Governance[26]. Hierbei ist mit „epiphänomenal" gemeint, das diese Aspekte auch in normalen Zeiten vorhanden sind und somit nicht als ursächlich für die Krise betrachtet werden können.

17   Taleb sieht als entscheidenden Faktor der Finanzkrise stattdessen das explosive Zusammenspiel von *„agency problems, moral hazard, and ‚scientism' -the illusion that ostensibly scientific techniques would manage risks and predict rare events in spite of the stark empirical and theoretical realities that suggested otherwise".*

18   Ein erhöhtes **Tail Risk** haben Investmentstrategien, deren Verluste in außergewöhnlichen Umständen erheblich höher sind als die kurzfristigen Gewinnmöglichkeiten.

19   Bei einem ungedeckten Verkauf von Puts (*naked put writing*) hat der Käufer das Recht, dem Verkäufer(Stillhalter) den Basiswert zu einem bestimmten Strike Preis zu verkaufen. Der Gewinn des Verkäufers ist limitiert auf die Vereinnahme der Optionsprämie. Wenn der Basiswert unterhalb den Strike der Option (abzgl. Optionsprämie) fällt, entsteht ein Verlust für den Verkäufer, da er gezwungen ist, den Basiswert zum Strike Preis zu kaufen. Der maximale Verlust des Verkäufers ist jedoch durch die Höhe des Strike Preises begrenzt, da der Basiswert maximal auf Null fallen kann.[27]

20   Durch unzureichendes Verstehen von elementaren probabilistischen Gewinn/ Verlust Konzepten können **asymmetrische Incentives** zugunsten von Tail Risks entstehen, z. B. wenn Manager zwar für Gewinne bezahlt werden, nicht aber im gleichen Ausmaß für Verluste gerade stehen müssen.[28] Ein Trader kann versucht sein, große Risiken einzugehen wenn er ein Vermögen verdient falls eine riskante Strategie Erfolg hat, er sich aber kaum an den Verlusten beteiligen muss wenn die Strategie fehlschlägt. Auch jährliche Bonuszahlungen können unter Umständen einen Anreiz für Manager sein, das Eintreten möglicher Verluste und

---

[22]   *RAND* „Hedge funds and systemic Risk" (2012) Summary xvii.

[23]   *RAND* „Hedge funds and systemic Risk" (2012) Summary xvi.

[24]   *N.N. Taleb and George A. Martin*, „How to Prevent Other Financial Crises", 2012; abrufbar unter http://papers.ssrn.com/sol3/papers.cfm?abstract_id=2029092.

[25]   Taleb zählt selbst die Untersuchung der *Financial Crisis Inquiry Commission* (FCIC) dazu, welche im Fazit „eine Kombination aus übermäßiger Kreditaufnahme, riskanten Investments und fehlender Transparenz" als maßgebliche Risikofaktoren für die Krise ansieht.

[26]   Im Sinne von Verhaltensgrundsätzen für die Leitung und Überwachung eines Unternehmens, siehe z. B. www.corporate-governance-code.de.

[27]   Bei Short Calls hingegen ist die Verlusthöhe des Stillhalters theoretisch unbegrenzt.

[28]   Taleb formuliert an dieser Stelle das Prinzip „Nobody should be in a position to have the upside without sharing the downside, particulary when others may be harmed".

negativer Konsequenzen aufzuschieben bis die Bonuszahlungen erfolgt sind. Ein wesentlicher Faktor für Krisen sind somit die Vergütungsregelungen, die aus diesem Grunde auch im Fokus der AIFM-RL stehen.[29] Allerdings spielen solche Asymmetrien vor allem in Banken eine Rolle. Bei Hedgefonds ist es oftmals üblich, das der Manager selber auch in seinen eigenen Fonds investiert, was zugleich ein wirkungsvoller Anreiz für die Vermeidung von Verlusten ist.[30]

Traditionell eingesetzte Risikomanagement**methoden** (wie z. B. herkömmli- **21** che VaR Ansätze) zeigen zumeist weder Tail Risiken noch systemische Risiken auf wie z. B. die Ansteckungsrisiken (*„Contagion Risk"*) zwischen Finanzinstituten. Es besteht ein Bedarf an erfolgreich verwendbaren Modellen zur Vorhersage systemischer Risiken. „**Tail Events**" spielen zwar in komplexen, globalen Systemen eine zunehmende Rolle, werden aber bisher unzureichend verstanden.

Man kann sich fragen in welchem Umfang durch die AIFM-RL **ursächliche 22 Faktoren für die Finanzkrise** 2007 oder für künftige Finanzkrisen adressiert werden. Dazu ist der kontrafaktischen Zusammenhanges zu klären, welchen Einfluss es auf den Verlauf der Finanzkrise gehabt hätte, wenn die AIFM-RL bereits im Jahre 2007 umgesetzt gewesen wäre. Aus plausiblen Argumenten für einen solchen Einfluss könnte eine krisenpräventive Wirksamkeit der Richtlinie abgeleitet werden. In der Tat haben zumindest große US Hedgefonds[31] eine Rolle in der Finanzkrise gespielt.[32] Die AIFM-RL mitsamt den nationalen Umsetzungen regelt die Vertriebszulassung ausländischer Fonds für den europäischen Markt und hat somit auch Auswirkungen auf die US Hedgefonds.

Entscheidungen, die von einem AIFM (oder allgemeiner von einem Akteur am **23** Finanzmarkt) getroffen werden, haben auch makroökonomische Konsequenzen. Aufgrund komplexer Zusammenhänge ist oft keine unmittelbare Zuordnung von Ursache/Wirkung im Sinne einer Zurechnung zu einem bestimmten Verursacher möglich. Das gilt auch für die unbeabsichtigten Auswirkungen von Investmententscheidungen.[33] Bei einer technischen Messung auf Mikroebene von Risiko als Produkt von Eintrittswahrscheinlichkeit und Verlusthöhe werden üblicherweise makroprudentielle Konsequenzen nicht eingerechnet. Selbst wenn systemische Folgen nicht beabsichtigt sind, kann es durchaus sein, das ein Akteur in der Lage ist, solche Folgen vorherzusehen, was dann bereits die Frage nach seiner **Verantwortlichkeit** aufwirft.[34]

---

[29] Siehe AIFM-RL Art. 13 nebst zugehörige Kommentierung Rn. 1 ff., Annex II als auch *ESMA/2013/201*, „Guidelines on sound remuneration policies under the AIFMD", Final Report, 11. 2. 2013. http://www.esma.europa.eu/system/files/2013-201.pdf.

[30] Vgl. *S. Mallaby* „More Money Than God" (2010), Introduction p. 12.

[31] Das Gesamtvolumen der US Hedgefonds beträgt ca. \$1400 Mrd. und das der europäischen Hedgefonds ca. \$400 Mrd. (*HedgeFund Intelligence,* Global Review *2012*).

[32] Ein aktuelles prominentes Beispiel sind die rechtlichen Streitigkeiten von Argentinien mit US Hedgefonds wegen der Rückzahlung der Nominalwerte von während des Staatsbankrottes (2001) zu sehr niedrigen Preisen erworbenen Staatsanleihen, siehe http://www.zeit.de/wirtschaft/geldanlage/2013-02/argentinien-anhoerung-staatspleite-new-york. Diese Hedgefonds verfolgen eine *distressed debt* Strategie. Der Ausgang des Argentinienstreites hat u. a. auch Auswirkungen auf Rückzahlung von griechischen Anleihen an Gläubiger, die nicht am Schuldenschnitt beteiligt sind, siehe http://hedgejournals.com/2012/12/12/id/1014/nouriel-roubini-on-greece.html.

[33] Siehe z. B. die Diskussion in *N. Luhmann,* „Soziologie des Risikos", 2003, Berlin, Kap. 6.

[34] Siehe z. B. Kap. 13 („others people money") in *A. Admati, Martin Hellwig,* The Bankers New Clothes" (2013).

III. Risiko auf Anlegerebene

24   Die AIFM-RL (Recital 92) weist auf die Due Diligence hin, die *von* professionellen Anlegern[35] eingehalten werden muss, mitsamt gegebenenfalls erforderlichen Verschärfungen bei Investitionen in Non-EU AIFs. Das AIFMD-IA (2012, Annex 3 „Lack of Transparency" S. 60) führt an, das professionelle Investoren während der Finanzkrise oftmals den Trends oder externen Ratings gefolgt sind statt selber eine angemessene Due Diligence durchzuführen und entsprechende Konsequenzen (wie Verkauf von Fondsanteilen) hieraus zu ziehen. Prominentes Beispiel sind CDOs auf ABSs, deren Senior Tranchen ohne größere Bedenken aufgrund eines AAA Ratings gekauft wurden.[36]

25   Anlegerschutz ist ein Regelungsziel der Richtlinie in dem Sinne, das professionellen Anleger zumindest zuverlässige und umfassende Informationen über die AIFs bereitgestellt werden sollen, wie z. B. über deren Risiko- und Liquiditätsmanagement. Es gibt allerdings auch Untersuchungen die zeigen, dass die Unterlagen „toxischer", synthetischer CDOs vor und während der Finanzkrise 2007–09 durchaus umfassende Risikohinweise enthielten, aber das dies selbst erfahrene, professionelle Investoren nicht zu einer weiteren Due Diligence veranlasst hat.[37] Seit der Finanzkrise lässt sich eine Verbesserung der Kommunikation von Investmentverwaltungsgesellschaften mit ihren institutionellen Investoren feststellen. Das beschränkt sich keineswegs auf formal vereinbarte, regelmäßige Berichte sondern beinhaltet auch andere Kommunikationsformen wie z. B. Conference Calls oder Newsletters.[38]

26   Institutionelle Investoren wie Banken, Versicherungen und Pensionskassen unterliegen bei Investitionen in AIFs selber regulatorischen Anforderungen hinsichtlich Eigenkapital (z. B. Basel II/III), Risikotragfähigkeit[39], Transparenzanforderungen, Offenlegungspflichten und Risikokennziffern (z. B. MaRisk). In der Praxis geht es daher keineswegs nur um Anlegerschutz sondern auch um regulatorisch bedingte **Anlegerbedürfnisse.** Diese Anlegeranforderungen sind jedoch oftmals nicht im Einklang mit den europäischen und nationalen Anforderungen an die Investmentvermögen.

IV. Risiko auf Mikroebene

27   Gegenstand von Artikel 15 ist vor allem das Risikomanagement auf der „Mikroebene" des AIFM. Wenn AIFMs ein solides Risiko- und Liquiditätsmanage-

---

[35] Nach Art. 4 Abs. 1 lit ag) ist ein „professioneller" Anleger im Sinne des Anhangs II der MIFID-RL 2004/39/EG enweder „geboren" (institutionell) oder „gekoren" (ab € 500 Td.).

[36] Die auf Basel III beruhende Capital Requirement Directive IV der EU sieht vor, dass ein ausschließlicher Rückgriff auf externe Ratings nicht mehr gestattet ist. Entsprechende Anpassungen sind auch für UCITS IV-RL und die AIFM-RL geplant, siehe Dossier des EU Rates vom Jan. 2013 http://www.parlament.gv.at/PAKT/EU/XXIV/EU/10/42/EU_104277/imfname_10390725.pdf.

[37] Siehe den Artikel in der NY Times von *S.M. Davidoff,* der mit der Aussage endet „*Until we better understand how sophisticated investors process and read disclosure, regulators should be wary of trying to solve the problem by simply requiring more disclosure*". http://dealbook.nytimes.com/2012/11/02/reading-the-fine-print-in-abacus-and-other-soured-deals/.

[38] Siehe z. B. PWC Report for the Association of Real Estate Funds „Unlisted funds-Lessons from the crisis" (01/2012), Chapter 10.

[39] Vgl. *BaFin,* Leitlinien zur Risikotragfähigkeit, 12/2011. Hierin wird z. B. für lange Haltedauern eine genauere Abbildung von Adressausfallrisiken gefordert, die es so nicht in den Risikomanagementanforderungen für AIFs oder OGAWs gibt.

ment betreiben, trägt das dazu bei, unerwünschte Verluste und Überraschungen zu begrenzen was grundsätzlich auch Auswirkungen auf systemische Risiken hat. Umgekehrt wirken sich makroökonomische Risiken je nach Art des AIFs auch auf AIFs und deren Risikomanagement aus. Die AIFM-RL verlangt, unter Anwendung des Prinzips der Verhältnismäßigkeit, dass das Risikomanagement der Größe, Art und Komplexität eines AIF angemessen sein soll. Große AIFs tragen eher zu systemische Risiken bei als kleine AIFs. Wenn sehr große Hedgefonds mit hohem Leverage in Schieflage geraten, können hierdurch Marktturbulenzen entstehen, siehe den Beinah-Kollaps des Finanzsystems durch den Hedgefonds Long Term Capital Management (LTCM) im Jahre 1998. Bei kleineren Hedgefonds („Small enough to Fail") ist eine solche Auswirkung trotz hohem Einsatz von Leverage kaum vorstellbar.[40] Wenn mehrere kleinere Hedgefonds gleichzeitig betroffen sind, sieht es eventuell anders aus.[41] AIFMs für kleine AIFs können sich unter Berufung auf das Prinzip der Verhältnismäßigkeit grundsätzlich auf Erleichterungen und Vereinfachungen bei der Umsetzung der AIFM-Richtlinie berufen (z. B. hinsichtlich der Funktionstrennung für das Risikomanagement), während das für große AIFs kaum möglich sein dürfte, es sei denn das systemische Risiken aufgrund geringer Komplexität und der Art der Geschäfte weitgehend ausgeschlossen werden können.[42]

Risiken aus Sicht der Investoren eines AIF sind das mögliche Eintreten von **28** Ereignissen, die zu Verlusten für den Anleger führen oder zu negativen Abweichungen von für den Anleger angestrebten oder erwarteten Renditen.[43]

Bei Investitionen gibt es einen Zusammenhang zwischen Risiko und erwarteter **29** Rendite im Sinne eines Zielkonfliktes.[44] Höhere erwartete Renditen bedingen normalerweise das Eingehen höherer Risiken.

In der jüngeren Vergangenheit ist das Risiko/Return Niveau bei Hedgefonds **30** beispielsweise niedrig, weil Hedgefonds offenbar in dem gegebenen Marktumfeld keine größeren Risiken eingehen wollen:

„Many investors have noticed that hedge fund returns since the financial crisis have been disappointing, with 2011 a particular poor year, although performance has recovered somewhat at the time of writing. A fact less well published is that risk taking has been low too. Returns are a function of taking risk."[45]

---

[40] Nach *Mallaby*, More Money of God (2010), S. 380, sind zwischen 2000–2009 etwa 5000 Hedgefonds fehlgeschlagen ohne das dies zu staatlichen Untersützungsmaßnahmen geführt hätte.

[41] In dem Papier *Michael R. King Philipp Maier* „Hedge fund and finanical stability: Regulating prime brokers will mitigate systemic risks", Journal of Financial Stability, 5(2009) wird z. B. auf die hohe Konzentration des Primebroker Geschäftes und die Bedeutung des Kontrahentenrisikomanagement hingewiesen.

[42] Siehe die Schwellenwerte (AuM € 100 Mill. bzw. € 500 Mill. wenn nur ungehebelte AIFs ohne Anteilsrücknahme in den ersten fünf Jahren) für die Ausnahmen in Art. 3 der AIFM-RL.

[43] *Klusak* in Berger/Steck/Lübbehüsen[2010] versteht jedoch in Rn. 2 § 80b InvG die Gefahr, *„das für die Sondervermögen eine Chance zur Verbesserung seiner Ertrags- oder Vermögensanlage verpasst wird"* nicht als ein Risiko im Sinne des Risikomanagements.

[44] Vgl. Portfoliotheorie von *Markowitz, H.* (1952).

[45] AIMA'S Roadmap to Hedgefunds (2012), p. 8. Das historisch niedrige Risiko/Rendite Niveau wird als Folge *„of something just not being right"* in der gegenwärtigen staatlichen, ökonomischen Umgebung angesehen.

31 Risikomanagement beinhaltet das systematische, bewusste Aufzeigen von Risiken im Sinne eines ausgewogenen Verhältnisses von Rendite, Risiko und gegebenenfalls Liquidität (letzteres vor allem für offene AIFs). Rendite lässt sich verstehen als Entschädigung für das eingegangene Risiko und künftige Entwicklungen sind per se mit Unsicherheit behaftet. Daher lassen sich Risiken nicht vermeiden, wenn bestimme Renditen angestrebt werden.

32 Bei Private Equity Investitionen wird eine Rendite durch Kapitalgewinne durch den Verkauf erfolgreicher Unternehmensbeteiligungen angestrebt. Rendite aber auch Risiko ist hierbei höher als z. B. bei einer Investition in einen OGAW Geldmarktfonds.

33 Die für einen Fonds eingegangen Risiken können jedoch auch unverhältnismäßig hoch sein. In solchen Fällen gehören Maßnahmen zur Verringerung der Wahrscheinlichkeit des Eintretens von unerwünschten Ereignissen oder zur Reduzierung der möglichen Höhe der negativen Abweichungen zum Risikomanagement. Der Risikomanagementansatz ist von der Idee her zwar zukunftsgerichtet, historische Ereignisse werden aber z. B. hinsichtlich Verlusthäufigkeiten und Verlusthöhen ausgewertet.

V. Prinzip der Risikodiversifizierung

34 Es ist kaum möglich Risiken einheitlich für alle Arten von AIF zu klassifizieren, das ist allenfalls für ähnliche Typen von AIF möglich. Es lassen sich jedoch einige allgemeine Prinzipien aufstellen, wie insbesondere das **Prinzip der Risikodiversifizierung** (*Risikomischung* oder *Risikostreuung*). Die AIFM-RL geht auf dieses Prinzip nicht weiter ein obwohl oft gerade die Diversifizierung eines AIF (im Gegensatz zu einem Direktinvestment) ein wesentliches Anlagemotiv für Investoren ist. Beispielsweise ist ein Portfolio bestehend aus sieben Windparkprojekten in der Regel weniger riskant als ein einzelner Windpark, da wenn einer ausfällt, immer noch sechs andere Windparks übrigbleiben. Durch Diversifikation können Risiken reduziert werden, wobei es allerdings **Korrelationseffekte** im Sinne von Wechselwirkungen zwischen Risiken gibt.[46] Je geringer die Entwicklung der Vermögensanlagen eines Investmentvermögens miteinander korreliert sind beim Eintreten bestimmter Ereignisse, desto höher ist seine Risikodiversifikation.[47] Nicht nur eine gleichläufige Entwicklung von Risiken (**Korrelationskoeffizient** nahe bei 1), sondern auch eine gegenläufige Entwicklung von Risiken (Korrelationskoeffizient nahe bei -1) ist nicht unbedingt eine angemessene Risikomischung. Kaum korreliert hingegen sind Risiken deren Korrelationskoeffizient nahe bei 0 liegt. Allerdings sind Korrelationen zwischen Assets und Assetklassen grundsätzlich nicht zeitstabil.[48] In Krisenzeiten streben mit ansteigender Volatilität die Korrelationskoeffizienten von bis dahin kaum korrelierten Assets und Assetklassen gegen +1 oder -1. Darüber hinaus ist insgesamt an den Märkten im Vergleich zu früheren Jahren ein höheres Volatilitäts- und Korrelationsniveau zu beobachten.[49] Öfters

---

[46] Die Korrelation wird üblicherweise, sofern quantifizierbar, gemessen durch einen Korrelationskoeffizienten mit Werten zwischen -1 und 1.

[47] Vgl. Markowitz (1952).

[48] Die angemessene Berücksichtigung von Korrelationsveränderungen in hypothetischen Stressszenarien ist in der Praxis nicht einfach.

[49] Es ist an den Märkten oftmals eine „Korrelation" zwischen ansteigenden Korrelationen und höheren Volatilitäten zu beobachten. Siehe z. B. Rede von *A. Haldane*, „The race to zero", Bank of England, July 2011, Chart 9, p. 8 ff.

sind auch erhebliche **sprunghafte Veränderungen** von Korrelationen und Volatilitäten zu verzeichnen.

Die Berechnung der klassischen Korrelationskoeffizienten beruht auf der Mes- 35 sung des statistischen, **linearen Zusammenhangs** von „Zufallsgrößen". Es gibt Weiterentwicklungen der Korrelationsbestimmung wie z. B. durch die Verwendung von **Copulas**[50] oder durch die Anwendung von in den Naturwissenschaften entwickelten **Netzwerktechnologien.**[51]

Gerne werden im traditionellen Asset Management alternative Assetklassen 36 beigemischt um durch die in der Regel eher niedrige Korrelation zwischen den alternativen und den traditionellen Assets die Diversifikation und damit das Risiko/Rendite Verhältnis zu verbessern.[52]

Aus der Sicht des Portfoliomanagers genügt es nicht, nur das Risiko/Rendite Ver- 37 hältnis eines einzelnen Assets zu betrachten, sondern es muss die Auswirkung auf das Risiko/Return Profil des gesamten Portfolios beachtet werden. Seitens der RM-Funktion wird hier explizit in der AIFM-RL (Art. 15 Abs. 3 lit. b) die genaue Messung des Beitrags einer einzelnen Position zum Gesamtrisiko verlangt. Das setzt aber implizit die Berücksichtigung der Diversifizierung und Korrelationen voraus, da sich das Risiko des Gesamtportfolios von der Summe der Risiken der Einzelpositionen unterscheidet. Bei Umfang und Art einer Diversifizierung kommt es auf die Investmentstrategie, die Anlagegrundsätzen und das vereinbarte Risikoprofil eines AIF an.

Auch innerhalb einer alternativen Assetklasse ist Diversifizierung grundlegend. 38 Im Private Equity[53] Bereich investieren institutionelle Investoren aus Gründen der **Risikodiversifizierung** häufig nicht direkt in ein einzelnes Unternehmen sondern in einen Private Equity Fonds oder gar in einen **Dachfonds** für Private Equity Fonds. Eine Diversifizierung kann hier zum Beispiel bzgl. Fondsmanager, Region, Branche als auch Finanzierungsphase erfolgen.

Der **Grundsatz der Risikomischung** wird in der AIFM-Richtlinie nicht 39 explizit gefordert da dies möglicherweise als eine Regelung auf Produktebene angesehen werden könnte.

Für Spezialfonds im Sinne des InvG gab es bereits in den letzten Jahren eine zuneh- 40 mende Aufweichung des Grundsatzes der Risikomischung im Zuge der Abweichungsmöglichkeit bzgl. Anlagegrenzen nach § 91 Abs. 3 InvG bei Zustimmung der

---

[50] Aber nicht nur die Ein-Faktor Gaußschen Copulas, deren marktgängigen Verwendung zur Modellierung der Korrelation der Tranchen von CDOs an ihre Grenzen gekommen ist, siehe den spannenden Quant Bericht von *D. MacKenzie, T. Spears* „The Formula thst Killed Wall Street? The Gaussian Copula and the Material Changes of Modelling", 06/2012, http://www.sps.ed.ac.uk/__data/assets/pdf_file/0003/84243/Gaussian14.pdf.

[51] Siehe z. B. *M.A. Miceli, G. Susinno* „Using trees to grow money", *Risk Net, 11/2003* http://www.risk.net/data/risk/pdf/special/1103_performance1.pdf als auch *J. Papenbrock,* „Finanzmarktnetzwerke (Teil I) -neue Technologie im Risiko- und Asset Management", Risikomanager, Ausgabe 20/2012. Finanzmarktnetzwerke (Teil II) -Anwendungsmöglichkeiten", Risikomanager, Ausgabe 21/2012 http://firamis.de/downloads/RM_21_2012_Papenbrock.pdf.

[52] *„Alternative assets can bring significant benefits to investment portfolios through diversifying exposure away from traditional fixed income and equity assets"* http://www.investopedia.com/articles/financial-theory/08/alternative-assets.asp#ixzz2Es4SFC6c.

[53] Private Equity kann als unabhängige, aktive und temporäre Beteiligung über Eigenkapital oder eigenkapitalähnliche Positionen an Unternehmen definiert werden, die zum Investitionszeitpunkt keine Börsenreife besitzen, siehe z. B. die Website http://www.wir-investieren.de/was-ist-private-equity/private-equity/ des Bundesverbandes Deutscher Kapitalbeteiligungsgesellschaften (BVK).

Anleger.[54] Der Grundsatz der Risikomischung gilt im KAGB-E für OGAWs (§ 210), offene inländische Publikums-AIFs (§ 214), Immobilienfonds (§ 243), geschlossene inländische Publikums-AIFs (§ 262), offene inländische Spezial AIFs (§ 282 Abs. 1) inkl. Hedgefonds (§ 283), (offene) Investment AGs mit veränderlichem Kapital (§ 110), offene Investmentkommanditgesellschaften (§ 125), Wertpapierindex-OGAWs (§ 209) und für inländische geschlossene Publikums-AIFs (§ 262 Abs. 1). Geschlossene inländische Publikums-AIFs können unter bestimmten Voraussetzungen von dem Grundsatz der Risikomischung bis zu einem gewissen Umfang abweichen, sofern keine nicht qualifizierten Privatanleger in dem Fonds investieren (§ 262 Abs. 2). Investieren jedoch Privatanleger in Fonds, die in Beteiligungen von nicht börsennotierten Unternehmen anlegen (Private Equity, Venture Capital), ist der Grundsatz der Risikomischung stets zu beachten (Begründung zu § 262 Abs. 2 KAGB-E). In § 1 des Investmentgesetzes (InvG) wurden Investmentvermögen grundsätzlich definiert als Vermögen zur gemeinschaftlichen Kapitalanlage, die als Generalklausel für die Anlagepolitik nach dem *Grundsatz der Risikomischung* in Vermögensgegenstände im Sinne des § 2 Abs. 4 InvG angelegt sind. In der zugehörigen BaFin Verwaltungspraxis wird zwischen *quantitativer Risikostreuung* im Sinne der Anzahl der gehaltenen Vermögensgegenstände und *qualitativer Risikomischung* im Sinne niedriger Korrelation der Vermögensgenstände unterschieden, wobei bislang überwiegend die Betrachtungsweise der quantitativen Risikostreuung unter Vernachlässigung von Korrelationen in der Aufsichtspraxis angewendet wurde. Für OGAWs ergibt sich das Prinzip der quantitativen Risikostreuung implizit bereits auch aus den Anlagegrenzen für das Emittentenrisiko.

41   Es können sinnvoll kaum quantitative Grenzen bzgl. Risikostreuung für alle Arten von OGAWs und AIFs gemacht werden. Risikodiversifizierung kann für jeden Typ von Investmentvermögen etwas anderes bedeuten, zum Beispiel bzgl. der Anzahl der Vermögensgegenstände, der relativen Gewichte. Risikocharakteristika und Korrelationen.[55]

42   Im Rahmen des Investmentgesetzes versteht § 73 InvG (als auch identisch § 243 KAGB-E) unter **Risikomischung für einen Immobilienfonds** das einerseits zum Zeitpunkt des Erwerbs der Wert einer Immobilie oder einer wirtschaftlichen Einheit nicht mehr als 15% des Fondsvermögens ausmacht und andererseits der Gesamtanteil alle Immobilien, deren Wert mehr als 10% des Fondsvermögens beträgt, auf maximal 50% des Fondswertes begrenzt ist. Korrelationsaspekte werden hierbei also nicht berücksichtigt.

43   Gemäß dem BaFin Rundschreiben 14/2008[56] über ausländischen Investmentanteils im Sinne des § 2 Abs. 9 InvG, die dem Grundsatz der Risikomischung genügen müssen, liegt eine Risikomischung vor, *„wenn das Vermögen zum Zwecke der Risikostreuung in mehr als drei Vermögensgegenständen mit unterschiedlichen Anlagerisiken angelegt ist."* Inländische, geschlossene Publikums AIF sollen gemäß § 262 Abs. 1 KAGB-E ebenfalls dem Grundsatz der Risikomischung genügen.[57] Das

---

[54] Grundsatz der Risikomischung nach § 1 InvG blieb aber grundsätzlich weiterhin bestehen für Spezialfonds.

[55] Vgl. BaFin Schreiben WA 41-Wp2136-2008/001 vom 28. 7. 2009 und *Köndgen* § 1 Rn 26 in Berger/Steck/Lübbehüsen (2010).

[56] Nebst präzisierendes BaFin Rundschreiben WA 41-Wp 2136-2008/0001 vom 21. 1. 2010.

[57] wobei nach Abs. 2 § 262 KAGB-E von dem Grundsatz der Risikomischung abgewichen werden kann wenn alle Privatanleger jeweils mindestens 20.000 € investieren und einige weitere Voraussetzungen erfüllt sind, siehe Rn. 40.

wird als erfüllt angesehen, wenn entweder rein quantitativ in mindestens 3 Sachwerte investiert wird deren Wertanteil am AIF im Wesentlichen gleichverteilt
ist (ohne jegliche Berücksichtigung von Korrelation) oder aber qualitativ *„bei
wirtschaftlicher Betrachtungsweise durch die Nutzungsstruktur des Sachwertes oder der Sachwerte eine* **Streuung des Ausfallsrisikos** *gewährleistet ist "*. Dieser qualitative Ansatz
lässt den risikomischenden Charakter eines einzigen Objektes zu (**Ein–Objekt-
Fonds**), etwa wenn ein Gebäudekomplex unterschiedlichen Zwecken dient und
dadurch eine breite Streuung von verschiedenen Arten von Mietverträgen aufweist mit geringer Korrelation bzgl. Ausfallwahrscheinlichkeit. Hierzu müssen
die einzelnen **Risikofaktoren** analysiert und bewertet werden. Wenn jedoch
beispielsweise die Lage des Objektes als ein Risikofaktor verstanden wird, ist dies
ein konzentrierter, nicht diversifizierter Faktor. Denn wenn die Lokation eines
Einkaufszentrum trotz diversifizierter Mieterstruktur zunehmend unattraktiver
wird, z. B. in einer Gegend mit Landflucht, dann wird auch eine Mietervielfalt
nicht vor abnehmenden Mieterträgen schützen. Man kann hinsichtlich Risikomischung auch das Argument anführen, das dem professionellen Anleger zugemutet
werden kann sein Portfolio selber zu diversifizieren und nicht ausschließlich in
einen Ein–Objekt-Fonds zu investieren.

VI. Delegierbarkeit des Risikomanagements

Eine **Auslagerung** (*delegation*) des Risikomanagements darf nach Art. 20 Abs. 1 **44**
lit. c nur an Unternehmen erfolgen, die für Zwecke der Vermögensverwaltung
zugelassen oder registriert sind und einer Aufsicht unterliegen, oder, – wenn diese
Bedingung nicht eingehalten werden kann -, nur nach vorheriger Genehmigung
durch die zuständigen Behörden des Herkunftsmitgliedstaats der AIFM.[58]

Diese Auslagerungsanforderung der AIFM-Richtlinie ist strikter als die für **45**
OGAWs, welche bisher gemäß Art. 13 Abs. 1 lit c) OGAW Richtlinie 2009/65/
EG nur für die Auslagerung des Portfoliomanagement die Vorgabe macht, dass
diese nur an Unternehmen zulässig ist, die „für die Zwecke der Vermögensverwaltung zugelassen oder eingetragen sind und einer Aufsicht unterliegen".[59] Eine
Zulassung dieser Art wird an dieser Stelle jedoch nicht verlangt für Unternehmen,
an die das Risikomanagement eines OGAW ausgelagert wird.

Durch den zweiten Halbsatz in Art 20 Abs. 1 lit. (c) besteht aber die Möglich- **46**
keit, unter der Bedingung einer Genehmigung durch die zuständigen nationalen
Aufsicht, das Risikomanagement für ein oder mehrere AIF an Unternehmen
auszulagern, die keine Zulassung zur Vermögensverwaltung (wie z. B. eine AIFM
Lizenz) besitzen.

In der Praxis wird im Einzelfall zu klären sein, z. B. bei Verwendung von **47**
technischen Dienstleistungen und externen Softwarelösungen als auch Zulieferun-
gen von Unternehmen für das Risikomanagement, wann genau der Tatbestand
einer Auslagerung gegeben ist. Recital (31) der Richtlinie stellt bereits klar, dass
die Übertragung von Hilfsaufgaben (*supporting tasks*) nicht unter die in der Richtlinie festgelegten spezifischen Einschränkungen und Auflagen fällt. Im Zweifelsfalle
kann ein Genehmigungsantrag bei der nationalen Behörde gestellt werden.

Kapitalverwaltungsgesellschaften, die bisher OGAWs als auch AIFs verwalten **48**
und hierbei das Risikomanagements an ein nicht zur Vermögensverwaltung zuge-

---

[58] Art 78 AIFM-DV regelt weitere Einzelheiten.
[59] Unter „Aufsicht" ist hierbei eine wirksame, öffentliche Aufsicht zu verstehen, vgl. § 16
InvG als auch zugehöriger Kommentar von *Steck* in Berger/Steck/Lübbehüsen (2010).

lassenes Unternehmen ausgelagert haben (z. B. an eine rechtlich eigenständige Einheit im Konzernverbund), können entweder diese Auslagerung durch die nationale Aufsicht genehmigen lassen oder eine Zulassung für das Auslagerungsunternehmen beantragen oder gegebenenfalls auch die Auslagerung auflösen (im Konzernverbund beispielsweise ersetzen durch Arbeitnehmerüberlassung im Rahmen der gesetzlichen Vorgaben oder die RM-Funktion in einer im Sinne von Art. 78 Abs. 2 AIFM-DV zugelassenen Konzerneinheit ansiedeln). In Art. 82 Abs. 1(d)viii ist in der letzten Fassung der AIFM-DV eine Öffnungsklausel aufgenommen worden für Delegation im Konzernverbund.

49   Um zu verhindern, dass der AIFM eine „Briefkastenfirma"[60] ist, dürfen nicht gleichzeitig sowohl Risikomanagement als auch Portfoliomanagement vollständig ausgelagert werden.[61] Hierbei gibt es Interpretationsspielraum, was unter einer vollständigen Auslagerung beider Tätigkeiten zu verstehen ist. Der zuletzt hinzugefügte Erwägungsgrund (92) der AIFM-DV macht deutlich, dass die Prüfung der Delegationskriterien ein komplexes Thema angesichts der Vielfalt der nationalen Fondsstrukturen und Anlagestrategien. Es sind nicht nur quantitative Kriterien sondern auch qualitative Kriterien zu berücksichtigen. Solche qualitativen Kriterien sind in Art. 82 Abs. 1(d) AIFM-DV aufgezählt und umfasst die Bedeutung der Assets (auf die sich die Auslagerung bezieht) für das Risiko- und Ertragsprofil des AIF, die Diversifikation der Assets, die Art der Anlagestrategie als auch die Struktur und Governance von Unter-Auslagerungsverhältnissen.

50   Art. 82 Abs. 1(d) verlangt das die ausgelagerten Investment Management Funktionen (Portfoliomanagement als auch Risikomanagement) nicht im erheblichen Umfang (*by a substantial margin*) die selbst wahrgenommenen Tätigkeiten überwiegen dürfen. Dies kann im einfachsten Fall dadurch gemessen ob die Auslagerung für mehr als etwa 75% des Vermögens des AIFM erfolgt oder nicht, setzt aber nichtsdestotrotz voraus, das der AIFM nicht nur im geringfügigen Umfang selber tatsächlich Kerntätigkeiten ausübt.

51   Es ist zumindest erforderlich, das ein AIFM über hinreichend Expertise und Ressourcen verfügt für eine wirksame Überwachung der Auslagerung mitsamt der Handhabung der mit der Auslagerung verbundenen Risiken und Anforderungen (*Outsourcing Controlling*).[62] Analog wie für OGAWs verbleibt die *Verantwortung* für die ausgelagerten Tätigkeiten mitsamt der zugehörigen Entscheidungsgewalt (*power to take decisions in key areas*) als auch die *Haftung* gegenüber dem AIF und seinen Anlegern stets beim AIFM.[63] Aufgrund der Anforderungen an das Outsourcing Controlling ist es grundsätzlich empfehlenswert, Auslagerungsketten kurz zu halten.

52   Wenn ein AIFM beispielsweise mehrere AIFs verwaltet und für nur einen AIF sowohl das Portfoliomanagement als auch das Risikomanagement auslagert, verbunden mit einer wirksamen Überwachung der Auslagerung, trifft gegebenenfalls keiner der in § 82 AIFM-DV beschriebenen vier Fälle zu.

---

[60] § 82 Abs. 1 (a)–(d) AIFM-DV beschreibt vier Fälle, in denen ein AIFM als Briefkastenfirma anzusehen ist.

[61] Explanatory Memorandum 3.2.10 der AIFM-DV: „*The AIFM has to perform at least functions relating to either risk or portfolio management*".

[62] Vgl. Art. 20 Abs. 1 f als auch AIFM-DV Art. 82 1c.

[63] Vgl. bzgl. Verantwortung Expl.Mem. 3.2.10 AIFM-DV und bzgl. Haftung Art. 20 Abs. 3.

VII. Risikoarten

Im Annex 3 des AIFMD-IA (2012) werden die *mikroprudentielle Risiken* eines **53** AIF in die fünf Risikokategorien Marktrisiko, Kontrahentenrisiko, Settlement Risiko (Abwicklungsrisiko), Liquiditätsrisiko und operationelles Risiko eingeteilt. Das Settlement Risiko umfasst die Risiken während des Settlement Prozesses und betrifft vor allem OTC Transaktionen, z. B. wenn ein Broker ausfällt bevor eine Transaktion vollständig abgewickelt ist, Assets verloren gehenoder ein Mismatch von Orders auftreten.[64] In der Regel wird das Abwicklungsrisiko als Unterkategorie des Kontrahentenrisikos betrachtet.

Neben weiteren allgemeinen Risikokategorien wie regulatorisches, politisches **54** und steuerliches Risiko, gibt es auch **produktspezifische Risiken.** Ein in Staatsanleihen investiertes AIF hat einen anderen Investmentprozess und ist anderen Arten von Risiken ausgesetzt als ein in Wasserkraftwerke investierter AIF. Durch weitere Differenzierung innerhalb einer Assetklasse lassen sich noch spezifischere Risiken feststellen.

Weitere typische Risiken sind das **Timing Risk** von Investments hinsichtlich **55** des Kauf- und Verkaufszeitpunkt oder das **Manager Selection Risk** bei Dachfonds.

Im Risikomanagement wird mittels einer strukturierten Vorgehensweise für **56** jeden AIF zunächst eine vollumfängliche Liste der bekannten, wesentlichen Risiken erstellt (vgl. *Risikoinventur*[65] als Teil der Risikoerkennung), am besten unter Einbeziehung der Erfahrung und Expertise von Spezialisten im jeweiligen Bereich. Diese Risiken sind a priori als auch fortlaufend mittels quantitativen oder qualitativen Methoden hinsichtlich Eintrittswahrscheinlichkeiten und möglichen Auswirkungen zu bewerten als Teil der Risikomessung. Empfehlenswert als Verfahren zur Risikoerkennung und Risikobewertung ist die Definition und Ermittlung von Indikatoren, die für jedes Risiko dessen tatsächliches oder wahrscheinliches Eintreten anzeigen. Darüber hinaus müssen vorab, als Bestandteil der Risikosteuerung, Maßnahmen des AIFM beschrieben werden wenn Risiken wahrscheinlich eintreten oder eingetreten sind.

Im Fokus des Art. 15 AIFM-RL stehen weniger die systemischen Risiken **57** sondern die Risiken aus Sicht des Anlegers und des AIFs.

Bei den für den Anleger wesentlichen Risiken handelt es sich vor allem um **58** **Finanzrisiken**, die sich ableiten aus der finanziellen Situation des AIF und seinen Anlagepositionen.

Es bestehen aber auch Risiken aus Sicht des AIFM, die zu Verlusten der **59** Gesellschaft führen können. Deutlich wird das beispielsweise für echte Garantiefonds „mit Mindestzahlungszusagen der Gesellschaft gegenüber dem Anleger", für welche zur Abdeckung der Risiken auf Ebene der Investmentverwaltungsgesellschaft in Deutschland eine Eigenkapitalunterlegung erforderlich ist.[66]

1. Operationelle Risiken. AIFMs operieren in einer komplexen Umgebung, **60** welche eine kontinuierliche Überwachung von Systemen und Verfahren erfordert.

---

[64] Vgl. Pflichten der Verwahrstelle im Bereich Abwicklung nach Art. 21.

[65] Die 3. Novelle der MaRisk (2010) hatte diesen Begriff eingeführt um eine strukturierte Vorgehensweise bei der Identifizierung der wesentlichen Risiken zu betonen, siehe z. B. *Stefan Hirschmann*, „Neue MaRisk verlangen Risikoinventur und Risikotragfähigkeitskonzept", Riskomanager, 12/2010.

[66] Vgl. BaFin-Rundschreiben 2/2007 vom 18. 1. 2007.

61   Operationelle Risiken sind möglichen Verluste aufgrund von unzureichenden internen Prozessen (Bewertungen, Abrechnungen, Abwicklungen, Abstimmprozessen etc.) und deren Kontrollen, materielle Beschwerden von Kunden wegen (vermeintlichen oder tatsächlichen) Fehlern des AIFM, Prospekthaftungsrisiko bei unzureichenden Angaben, Gerichtsverfahren, Fehlern von Mitarbeitern, Ausfall von Schlüsselpersonen und Leistungsträgern, Betrugsfälle und unzureichende Kontrollen zur Vorbeugung derselben, Versagen von technischen Systemen (z. B. Systemausfälle) oder externe Ereignissen (z. B. Umweltkatastrophen, Pandemien oder Terrorismus). Im Einzelfall sind Abgrenzungen zwischen operationellen Risiken und anderen Risikoarten vorzunehmen. Ein möglicher Verlust aufgrund einer unterdurchschnittlichen Portfoliomanagement Leistung, stellt kein operationelles Risiko dar.

62   Nach Art. 9(7) müssen AIFM, sofern keine entsprechende Berufshaftpflichtversicherung abgeschlossen wird, zusätzliches Eigenkapital (über die Basis EK Anforderungen hinaus) besitzen um potentielle Haftungsrisiken aus beruflicher Fahrlässigkeit abzudecken. Art. 14 Abs. 2 AIFM-DV gibt als Mindestsumme einen Betrag von 0,01% des Gesamtwertes aller verwalteten AIFs an. Für eine Verwaltung eines Vermögens im Wert von 100 Millionen Euro, wird also eine zusätzliche Eigenkapitalhinterlegung von mindestens 10.000 Euro benötigt.

63   Für das Management der operationellen Risiken muss ein allgemeiner Rahmen geschaffen werden analog wie für das Risikomanagement insgesamt. Dies umfasst das Erstellen einer internen Richtlinie für das operationelle Risikomanagement, das regelmäßige Berichtswesen als auch die Definition und Überwachung von risikoreduzierenden Maßnahmen bei identifizierten operationellen Risiken. Es muss eine historische **Verlustdatenbank** für die aufgetretenen Verluste und Fehler geführt werden (Art. 13 Abs. 2 AIFM-DV). Falls angemessen, sollen auch externe Verlustdaten verwendet werden. Im Einzelfall, je nach Typ des AIF, kann es allerdings schwierig sein, hierfür geeignete Quellen zu finden.

64   Operationelle Risiken sind für den AIFM relevant, denn für solche Verluste kommt in der Regel die Managementgesellschaft auf und der AIF und seine Anleger werden nicht unmittelbar belastet. Dennoch können operationelle Risiken auch zu Verlusten für den Anleger führen wie auch umgekehrt Finanzrisiken zu Verlusten der Gesellschaft. Beispielsweise können Finanzrisiken zu einer deutlichen Wertminderung des verwalteten Vermögens führen und damit einhergehend zu einer verringerten Vereinnahmung von Managementgebühren. Ein Sonderfall liegt bei den in Rn. 59 erwähnten Garantieprodukten vor, bei welchen den Anlegern eine Mindestrendite garantiert wird, da in einem solchen Falle Finanzrisiken für den AIF, die zu einer Unterschreitung der zugesagten Mindestrendite führen, unmittelbar zu Lasten der Gesellschaft gehen.

65   Angaben über die operationelle Risiken sind Teil der regelmäßigen, regulatorischen Berichtspflichten gemäß Art. 24 Abs. 2c. Nach Art. 13 Abs. 1 AIFM-DV ist ein AIFM verpflichtet, ein angemessenes Management der operationellen Risiken als Teil des unabhängigen Risikomanagements einzurichten.[67]

66   **2. Finanzrisiken.** Die Finanzrisiken werden vornehmlich in die Risikoarten *Markt-Liquiditäts- und Kontrahenten-Risiko* unterteilt. Neben der Beschreibung in Annex 3 des AIFMD-IA (2012) können im Großen und Ganzen auch die Begriffs-

---

[67] Details über das operationelle Risikomanagement sind in Art. 13 Abs. 2–7 AIFM-DV geregelt.

bestimmungen aus Art. 3 der OGAW-DR 2010/43/EU übernommen werden.[68] Je nach AIF Typ können jedoch Anpassungen erforderlich sein, vor allem für Produkttypen, die es bei OGAWs nicht gibt. Da die AIFM-RL kaum Vorgaben auf Produktebene macht, verzichtet sie auf eine genauere Klassifikation von Risiken für die verschiedenen Arten von AIFs, Assetklassen und Investmentstrategien. Die AIFM-RL fordert aber als Teil des Risikomanagements, das ein AIFM eine Klassifikation der Risiken der von ihm verwalteten AIFs vornimmt.

a) Marktrisiko. Unter dem **Marktrisiko** ist das Verlustrisiko für den AIF zu **67** verstehen, das aus Schwankungen des Marktwertes der Anlagepositionen resultiert aufgrund von Veränderungen von marktpreis- beeinflussenden Parametern wie z. B. Marktsentiments, ökonomische Fundamentaldaten, Zinssätzen, Wechselkursen, Aktienkursen, Rohstoffpreisen und Credit Spreads. Die mögliche Verlustgröße ist abhängig von der Art der investierten Assets und dem Gesamtexposure des AIF. Die **Volatilität** als Maß der Schwankung der Assetbewertung ist ein Indikator für die Bewertung des Marktrisikos eines Assets, insbesondere für Aktien. Für Bonds sind Zinsen und Credit Spreads maßgebliche Faktoren für das Marktrisiko, da bei steigenden Zinsen oder sich ausweitenden Credit Spreads die Bondkurse fallen. Für einzelne Commodities ist die Bewegung des Commodity Preises maßgeblich, der je nach Commodity (Öl, Kaffee, Gold etc.) von einer Vielzahl von Faktoren abhängt. Mitunter werden auch infolge von technologischen oder politischen Veränderungen manche Ressourcen durch andere ersetzt oder auch nicht (siehe z. B. zunächst fallende Uranpreise nach Fukushima Katastrophe im März 2011).

Für **Bestandsimmobilien** sind veränderte Marktrenditen (beeinflusst von **68** Nachfrage, Zinssatz der Refinanzierung, Inflationserwartung) und Marktprognosen für Mieten die Haupttreiber für das Marktrisiko. Zinsänderungen spielen vor allem bei Krediten mit variablen Zinssätzen eine Rolle. Bei auslaufenden vereinbarten Festzinskonditionen für Bankdarlehen kann es sein, dass für die Restlaufzeit eine benötigte Anschlussfinanzierung nur zu erhöhten Zinssätzen möglich sein wird. Bei Verbindlichkeiten in Fremdwährungen besteht ein Währungsrisiko.

Die Verkehrswerte der Immobilien können auch (z. B. länderspezifisch) in **69** einer bestimmten Marktphase sinken.[69]

Für ein AIF vom Typ „**Private Equity**" ist das Jahr der Gründung des Fonds **70** und der ersten Kapitalinvestition (*vintage year*[70]) ein Einflussfaktor für sein Marktrisiko, da möglicherweise während einer Boom Phase in einen überbewerteten Markt investiert wird.

Je nach Assetklasse gibt es spezifische, marktpreisbeeinflussende Faktoren. **71** Darüber hinaus ist das Marktrisiko aufgrund von Diversifikationseffekten auf Portfolioebene zu betrachten.[71]

b) Kontrahentenrisiko. **Kontrahentenrisiko** ist das Risiko, dass die Gegen- **72** partei eines Geschäftes nicht mehr in der Lage ist ihren Zahlungsverpflichtungen nachzukommen. Bei Zusammenarbeit mit einem externen Assetmanager kann

---

[68] Zu Marktrisiko siehe auch ESMA Advice Box 29, Anm. 30.

[69] Sogenannte sonstige Marktpreisrisiken, siehe *Klusak* in Berger/Steck/Lübbehüsen, Rn. 2 zu § 80b InvG.

[70] Werden im Gründungsjahr keine Beteiligungen erworben, so zählt das Jahr des erstmaligen Beteiligungserwerbs in der Praxis als vintage year.

[71] Risikomessung muss generell Einzelpositionen, aber auch deren Beitrag zum Risiko des Gesamtportfolios berücksichtigen nach Art. 15 Abs. 3b.

sich z. B. dessen Bonität und Rating verschlechtern bis hin zur Insolvenz. Für Wertpapiervermögen bezieht sich das Kontrahentenrisiko auf die Kontrahenten von OTC Geschäften wie Swaps, OTC Optionen und FX Forwards. Wenn der AIF beispielsweise eine OTC Option kauft und diese am Fälligkeitstermin im Geld ist, ist er darauf angewiesen, das der Kontrahent in der Lage ist den Gewinn zu bezahlen. Ferner können diverse Abwicklungsrisiken bei OTC Transaktionen bestehen.

73   In der Praxis hat sich vielfach bereits die Besicherung von OTC Geschäften (*collateral management*) eingebürgert zur Minderung des Kontrahentenrisikos. Mit dem Ziel im OTC Derivatemarkt höhere Transparenz zu schaffen und die systematischen Risiken zu begrenzen, wurde im Juli 2012 die europäische EMIR Regulierung[72] verabschiedet zur Standardisierung von OTC Derivaten, der Einführung des *Clearings* (Abwicklung) über zentrale Kontrahenten (CPPs) als auch für Besicherungsvorschriften (Austausch von *variation margins* und *initial margins*) und sonstige Risikomanagementanforderungen (*risk mitigation obligations* wie z. B. Abstimmungen und zeitnahe Bestätigungen) für solche OTC-Geschäfte, die wie bisher bilateral abgewickelt werden dürfen. AIFs bzw. AIFMs sind Kontrahenten im Sinne von EMIR und fallen daher unter diese Regelung. Bei Clearing über einen zentralen Kontrahenten sind in Abhängigkeit von Volumen und Risiko des OTC-Geschäftes entsprechende Sicherheiten seitens Käufer und Verkäufer an den CPP zu stellen. Der CPP übernimmt im Wesentlichen das Management der Kontrahentenrisiken und stellt im Falle des Ausfalles eines Kontrahenten die Fortführung der Transaktionen sicher. Ferner sind künftig grundsätzlich alle OTC-Derivate an ein zentrales Transaktionsregister zu melden.

74   Ein besonderes Ausfallrisiko besteht z. B. bei **Dachfonds von Private Equity Fonds** darin, dass ein Investor (*Limited Partner* „LP") einer vereinbarten Zahlungsverpflichtung nicht mehr nachkommen kann, diese Zahlung aber bereits für zugesagte Einzahlungen in Private Equity Funds (*Capital Commitments*) eingeplant worden ist. Diesem Risiko wird in der Praxis durch eine Diversifikation der Investorenbasis als auch einer Einschätzung der Investorenbonität bereits in der Phase des Einsammelns des Investorenkapitals (*fundraising*) begegnet.

75   **c) Liquiditätsrisiko.** Liquiditätsrisiko ist das Risiko, das der AIFM die **Zahlungsverpflichtungen** des AIF nicht ohne erhebliche Verluste erfüllen kann. Abhängig vom Typ und Strategie des AIF werden vielfach Kredite aufgenommen wodurch Risiken durch die Bedienung des Schuldendienstes oder hinsichtlich einer Anschlussfinanzierung auslaufender Kredite entstehen. Es können auch sonstige Zahlungsverpflichtungen bestehen, z. B. aus Termingeschäften oder aus Besicherungen. Die Marktliquidität bestehender Assets kann sich verändern, d. h. es kann mitunter schwieriger und langwieriger als geplant sein, Investitionen zu einem angemessen Preis zu veräußern. Bei Anlagen in Zielfonds die nicht an einem geregelten Markt gehandelt werden ist z. B. nach Art. 47 Abs. 1c AIFM-DV eine regelmäßige Überprüfung der Rücknahmegrundsätze der Zielfonds erforderlich. Für größere Positionen in Wertpapieren, für die es nur ein geringes durchschnittliches Handelsvolumen gibt, kann es erforderlich sein, einen geplanten Verkauf über einen längeren Zeitraum zu strecken.

76   Offene Fonds müssen hinsichtlich Liquiditätsmanagements vor allem die Rücknahme von Anteilen der Investoren antizipieren um Engpässe zu vermeiden.

---

[72] EU Verordnung 648/2012 des Europäischen Parlamentes und des Rates vom 4. Juli 2012 über OTC Derivate, zentrale Gegenparteien und Transaktionsregister.

Art. 16 Abs. 1 verlangt daher die Durchführung von mindestens jährlichen Stresstests unter normalen und außergewöhnlichen Liquiditätsbedingungen. Grundsätzlich müssen für jedes AIF Anlagestrategie, Liquiditätsprofil und Rücknahmegrundsätze im Einklang miteinander stehen nach Art. 16 Abs. 2. Da AIFs vorwiegend in illiquide Assets investieren, sind die Möglichkeiten der kurzfristigen Liquidierung von Assets zur Generierung der benötigten Mittel beschränkt. Vor diesem Hintergrund sollen gemäß Art. 47 Abs. 1e AIFMs effektive Mittel und Maßnahmen für das Liquiditätsmanagement vorsehen. Wegen seiner Bedeutsamkeit wird das Liquiditätsrisiko nicht im Rahmen von Art. 15 sondern gesondert in Artikel 16 im Rahmen des Liquiditätsmanagements behandelt.

VIII. Risikoprofil

1. Risikoprofil des AIFM. Ein **Risikoprofil** lässt sich auf der Ebene des 77 AIFM, des AIF oder auch auf Ebene eines Assets oder Assetklasse (als auch für Investoren, Investorengruppen oder auch Kontrahenten usw.) erstellen. Im Risikoprofil werden wesentliche Erkenntnisse und Informationen zusammengefasst um eine transparente Darstellung der Risikofaktoren zu bekommen.[73]

Auf AIFM Ebene gibt es das Konzept des **Risikodeckungspotential**[74] im 78 Sinne von ausreichendem Eigenkapital zur Abdeckung der wesentlichen Risiken. So Art. 13 Abs. 7 der AIFM-DV verlangt, das ein AIFM genügend finanzielle Ressourcen vorhalten muss, entsprechend seinem „bewerteten Risikoprofil".

Dieses für die Abdeckung von Risiken verfügbare Eigenkapital muss fortlaufend 79 dem Risikoprofil des AIFM angepasst werden.[75]

Für offene Fonds nach dem InvG sind Risikogrenzen auf Gesellschaftsebene 80 unter Berücksichtigung des Risikodeckungspotentials festzulegen, einzuhalten und in der passend zur Geschäftsstrategie erstellten **Risikostrategie** festzuhalten.[76] Für AIFMs finden sich in der AIFM-RL solche weitergehenden Vorgaben nicht.

2. Risikoprofil des AIF. Auf Ebene der AIFs gibt es für AIFMs ähnliche 81 Anforderungen hinsichtlich Abstimmung von Investmentstrategie, Anlagezielen und Risikoprofil wie für OGAWs. Der Begriff Risikoprofil wird grundsätzlich in zweifacher Bedeutung verwendet, einmal im Sinne eines anfänglich in Abstimmung mit der Investmentstrategie und den Anlagezielen festgelegten **„Ziel-Risikoprofils"** und andererseits als tatsächliches **aktuelles Risikoniveau** im Sinne des laufenden Risikoprofils. Aufgabe der RM-Funktion ist es, dafür zu sorgen, dass das laufende Risikoprofil noch im Rahmen des vereinbarten Ziel-Risikoprofils bleibt.[77]

Wie auch bei OGAWs ist bei Auflage eines AIF grundsätzlich immer ein 82 Risikoprofil passend zur beabsichtigten Investmentstrategie und den Anlagegrundsätzen zu erstellen. Beispielsweise sollte das Risikoprofil eines AIFs, der vorwie-

---

[73] Siehe z. B. http://www.finanz-lexikon.de/risikoprofil_4305.html.

[74] Dieses Konzept im Sinne des maximal verfügbaren Kapitals zur Risikoabdeckung ist wohlbekannt aus der Banken MaRisk (Tz. 1 AT 4.1), der InvMaRisk (4.3 Tz. 6; 4.4.5 Tz. 5–8) oder auch aus Basel II/III, wobei es hierbei bei der Berechnung auf den verwendeten Kapitalbegriff (ökonomisches Kapital oder regulatorisches EK) ankommt.

[75] AIFM-DV Expl.Mem. 3.2.3, Art. 13 Abs. 7.

[76] InvMaRisk 4.3 Tz. 6, 4.4.5 Tz. 5–8.

[77] Nach dem letzten Satz von Art. 40 Abs. 2 der OGAW-RL 2010/43/EU müssen hierbei die RM-Systeme der OGAW Verwaltungsgesellschaften grundsätzlich den von ihnen verwalteten OGAWs angemessen sein und dem OGAW Risikoprofil entsprechen.

gend in verzinsliche Wertpapiere investiert, eine Angabe über die **Zielduration** des Portfolios enthalten.[78]

83   Durch das Ziel-Risikoprofil werden übersichtlich an einer Stelle alle wesentlichen Risiken des AIF aufgeführt, sowohl die allgemeinen als auch die AIF spezifischen. Dadurch wird der **Risikoappetit** definiert in dem Sinne, dass ersichtlich wird, in welchem Umfang Risiken bestehen und eingegangen werden dürfen. Es genügt nicht nur allgemeine Risiken aufzuführen, sondern es sollten auch AIF-**spezifische Risiken** genannt werden.

84   Wenn etwa ein Fonds vorwiegend in Real Estate Investment Trusts (**REITs**) investiert, so ist zwar in der Regel ein solcher Fonds liquide, da die REITs als Aktien börsengehandelt sind, aber der Fondspreis kann zugleich volatiler sein als der europäische Aktienmarkt insgesamt. Zudem kann der Börsenkurs von Reits abweichen von dem einer auf Fundamentaldaten beruhenden Analyse. Bei Zinserhöhungen werden durch höhere Fremdfinanzierungskosten tendenziell die Gewinne von REITs kleiner.

85   Für OGAWs ist nach InvMaRisk (4.4.2 Tz. 3) die RM-Funktion *„bei der Festlegung des Risikoprofils der einzelnen Investmentvermögen und somit bei der Festlegung der grundsätzlichen Anlagestrategie einzubeziehen"* und sie *„unterstützt die Geschäftsleitung bei der Identifizierung, der Definition und bei Revisionen der Risikoprofile der einzelnen Investmentvermögen"* (InvMaRisk 4.4.2 Tz. 2).[79] Bei OGAWs ist die **Geschäftsleitung** verantwortlich für die Festlegung der Ziel-Risikoprofile. Eine explizite interne Genehmigungspflicht der Ziel-Risikoprofile durch die Geschäftsführung findet sich nicht in der AIFM-RL, jedoch muss es auch für AIFs zumindest eine Konsistenz zwischen dem allgemeinen Risikorahmen und dem aktuellen Risikoprofil geben. In der AIFM-RL findet sich keine explizite Anforderung hinsichtlich der Einbeziehung der RM-Funktion bei der Festlegung des Risikoprofils, da aber auf diesem Profil letztlich der Großteil der RM-Aufgaben beruht, kann eine solche Beteiligung als **best practice** betrachtet werden. Wenn beispielsweise keine angemessenen Risikogrenzen definiert sind, ist die laufende Überwachung der Einhaltung von Risikogrenzen wirkungslos. Wenn die Angabe und Beschreibung wesentlicher Risiken des AIF im vereinbarten Risikoprofil fehlt, ist die Gefahr groß, dass auch im laufenden Risikoprofil diese Risiken nicht berücksichtigt werden. Dann ist trotz Konsistenz zwischen aktuell festgestellten und vereinbarten Risikoprofil, die Anforderung der Erfassung und Steuerung aller wesentlichen Risiken verfehlt.

Beispiel

86   Angenommen ein geschlossener Fonds investiert langfristig in Windpark Projekte in einem bestimmten Land und das Inflationsrisiko ist nicht beachtet. Wenn die wesentlichen Ertragsquellen (Mieteinnahmen, fixe Einspeisevergütungen etc.) nicht hinreichend an den Inflationsindex gekoppelt wurden, kann das bei einer hohen Inflationsrate zu entsprechend hohen Verlusten führen.

87   Also ergibt sich bereits aus den grundlegenden Anforderungen zwingend, dass die RM-Funktion sicherstellen muss, dass das Ziel-Risikoprofil alle wesentlichen Risiken benennt. Das setzt somit eine Einbeziehung des Risikomanagements bei der Erstellung des Risikoprofils voraus, zumindest im Sinne einer Überprüfung

---

[78] AIFM-DV recital 27.
[79] Die InvMaRisk (8.1) verlangt auch für den „Neue Produkte Prozess" die Einbeziehung der RM-Funktion, siehe Rn. 310.

seiner Vollständigkeit und Angemessenheit hinsichtlich Investmentstrategie und Anlagezielen. Da es im Risikomanagement immer auch um Verfahren und Prozesse geht, sollte dann auch die Angemessenheit und Wirksamkeit der eingesetzten Verfahren zur Erstellung der Risikoprofile durch die RM-Funktion begutachtet und die Festlegung solcher Verfahren durch die RM-Funktion begleitet werden. Nur wenn geeignete Verfahren festgelegt sind, kann von einer angemessen strukturierten Erstellung des Risikoprofils ausgegangen werden.

Bei der aufsichtsrechtlichen Beantragung einer **AIFM-Lizenz** muss ein Mana- **88** ger auch Angaben machen über die (Ziel-) Risikoprofile der AIFs die er verwaltet oder beabsichtigt zu verwalten.[80]

Im Risikoprofil sind alle wesentlichen Risiken aufzuführen, aber auch verein- **89** barte Risikogrenzen, sowohl „harte" Grenzen als auch „weiche" Grenze (**„soft limits"** oder Schwellenwerte). Es empfiehlt sich intern, ein zentralisiertes, ausführliches Risikoprofil pro AIF anzulegen und zu pflegen, sodass auf diese Information für verschiedene Zwecke zugegriffen werden kann, sowohl für die Berichte an Investoren, Senior Management und Aufsichtsbehörden, als auch für die interne Verwendung im Risikomanagementprozess und im Portfoliomanagement.[81] Vor allem bei größeren Assetmanagern sind mitunter Funktionen des Risikomanagements auf verschiedene organisatorisch getrennte Einheiten verteilt. Die Überwachung von **Investment Guidelines** (Anlagegrenzen) kann z. B. im Compliance Bereich angesiedelt sein. Bei Asset Managern die zu einem Konzern gehören, kann für das operationelle Risiko eine zentralisierte Konzernfunktion zuständig sein. Liquiditäts-, Kontrahenten- und Marktrisiko werden gegebenenfalls von jeweils eigenen Teams überwacht. In solchen Fällen besteht die Herausforderung darin, trotz organisatorischer Trennung ein umfassendes Risikoprofil pro AIF zu erstellen, welches allen wesentlichen Risiken gerecht wird.

Die AIFM-RL macht im Gegensatz zu produkttypspezifischen, nationalen **90** Umsetzungsgesetzen keine Vorgaben bzgl. **Anlagegrenzen**[82], erachtet es aber als eine wesentliche Voraussetzung für das Risikomanagement, dass solche „Anlagegrenzen" in Form von vereinbarten Risikogrenzen a priori durch den AIFM aufgestellt werden. Grundsätzlich muss sichergestellt sein, dass das Risikoprofil der Größe, Portfoliostruktur, Investmentstrategie und den Anlagezielen, wie sie in den schriftlichen Unterlagen des AIF beschrieben sind, entspricht.[83] Das gilt sowohl für das vereinbarte Ziel-Risikoprofil als auch für das **aktuelle Risikoprofil.**

Maßgebliche Vorgabe für das Risikomanagement ist, dass das aktuelle, dem **91** Investor anfänglich (im Prospekt oder Informationsblatt) oder im Rahmen der regelmäßigen Berichtspflicht (Art. 23 Abs. 4 lit. c) offengelegte Risikoprofil, im Rahmen des vereinbarten Risikoprofils bleibt. Die Anleger werden regelmäßig über das aktuelle Risikoprofil des AIF und die vom AIFM zur Steuerung dieser Risiken eingesetzten Risikomanagementsysteme unterrichtet. Zu der Offenle-

---

[80] Art. 7 Abs. 3 lit. a.

[81] Bei OGAWs sind solche Informationen für das „Key Investor Document" erforderlich.

[82] z. B. die klassische 5/10/40 Emittentengrenze, die (abgesehen von Ausnahmen für Pfandbriefe, öffentliche Aussteller, Wertpapierindex-OGAWs) besagt, dass ein OGAW in Positionen eines Emittenten maximal 10% des NAV anlegen darf, und der Gesamtwert aller Positionen für die pro Emittent mehr als 5% angelegt wurde, maximal 40% des NAV ausmachen darf, siehe § 206 KAGB-E.

[83] Art. 15 Abs. 3 lit. c.

gung des Risikoprofil gegenüber den Investoren gehören erstens die Angaben von Messungen der Sensitivität des Portfolios bezüglich seiner wichtigsten tatsächlichen oder potentiellen Risiken und zweitens Angaben über die Umständen und ergriffene Maßnahmen bei überschrittenen Risikogrenzen oder zu erwartenden Überschreitungen von Risikogrenzen.[84]

92   Der aufsichtsrechtliche Bericht für AIFMs gemäß Annex IV AIFM-DV (siehe Rn. 132 ff.) enthält für alle AIFs u.a. das **Marktrisikoprofil** mit Angaben über erwartete Rendite und Volatilität in einem normalen Marktumfeld als auch das **Liquiditätsrisikoprofil** mit Angaben über die Liquidität der investierten Assets, über die Bedingungen der Anteilsrückgabe und die Bedingungen der Kredite von Kreditgebern.[85]

93   Es ist Kernaufgabe der RM-Funktion zu gewährleisten, dass nicht mehr Risiken durch den Portfoliomanager aufgrund seiner Investmententscheidungen eingegangen werden, als mit dem vereinbarten Risikoprofil verträglich (siehe AIFM-DV Recital 51).[86] Die Due Diligence beim Investmentprozess muss dem Risikoprofil des AIF angemessen sein, siehe Rn. 296 ff.[87]

94   Wenn es augenscheinlich wird, dass die tatsächlichen Risiken grundsätzlich nicht mehr im Einklang mit dem vereinbarten Ziel-Risikoprofil ist, hat das Senior Management im besten Interesse der Anleger Maßnahmen zur Sicherstellung eines effizienten Risikomanagementprozesses zu veranlassen.[88]

95   **3. Risikoprofil der Assets.** Risikoprofile werden auch auf Ebene einzelner Anlageobjekte betrachtet. Vor Investition in eine Verbriefungsstruktur zum Beispiel ist insbesondere eine nachweisbar dokumentierte Prüfung des Risikoprofils der Verbriefungsstruktur erforderlich.[89] Das **Risikoprofil der Verbriefungsstruktur** muss zur Größe, der Investmentstrategie und den Anlagegrundsätzen des AIFs passen.[90] Nach erfolgter Investition in eine Verbriefungsstruktur ist eine dem Risikoprofil des AIF angemessene fortlaufende Überwachung des in der Verbriefungsstruktur enthaltenen Kreditrisikos auf **„Look through"** Basis erforderlich.[91]

96   Es ist Aufgabe der Risikomanagementfunktion durch die Umsetzung geeigneter und wirkungsvoller Verfahren zu gewährleisten, das fortlaufend für die Vermögensanlagen des AIF nicht nur deren Risiken identifiziert und gemessen wird sondern auch der Beitrag dieser Einzelrisiken zu dem gesamten Risikoprofils des AIF.[92] Das ist analog wie für OGAWs.[93] Im Gegensatz zu OGAWs findet sich aber in der AIFM-RL oder der AIFM-DV keine spezifische Vorgabe hinsichtlich der Berechnung und Höhe eines **Gesamtrisiko**s, bei welchem „der Marktwert

---

[84] AIFM-DV Art. 108 Abs. 4 lit. a.

[85] AIFM-DV Art. 110 Abs. 2 lit. d.

[86] Für OGAWs ist es nach Art. 12 Abs. 3(d)i der OGAW-DR 2010/43/EU –ebenso wie für AIFs-Aufgabe der RM-Funktion für die „Kohärenz zwischen dem aktuellen Risikostand bei jedem verwalteten OGAW und dem für diesen vereinbarten Risikoprofil" zu sorgen.

[87] Art. 15 Abs. 3 lit. a.

[88] ESMA Advice, Erl. 16 zu Box 27.

[89] AIFM-DV Art. 53.

[90] ESMA Advice Box 38.

[91] ESMA Advice Box 39.

[92] AIFM-DV Art. 45 Abs. 3 lit. a.

[93] Art. 40 Abs. 2 lit. a OGAW-DR.

der Basiswerte, das Ausfallrisiko, künftige Marktfluktuationen und die Liquiditätsfrist der Positionen berücksichtigt" wird.[94]

B. Der Artikel im Einzelnen

I. Risikomanagementsystem

1. Überblick. Vor dem Hintergrund der erklärten Ziele der AIFM-RL (siehe **97** Rn. 7), wie z. B. der Gewährleistung eines hohen Anlegerschutzes, ist ein AIFM verpflichtet, für die korrekte Handhabung der tatsächlichen und möglichen Risiken jedes von ihm verwalteten AIFs, ein Risikomanagement in Form eines angemessenen **Risikomanagementsystems** einzurichten. Diese Anforderung bestand außer für OGAWs bisher bereits schon für einige Arten von AIF nach nationalem Recht[95], wird aber durch die AIFM-Richtlinie erstmalig insbesondere für geschlossene Fonds geregelt.

Das Risikomanagementsystem ist als eine **Gesamtheit von Prozessen und** **98** **formalen Strukturen**[96] zu verstehen und umfasst gemäß AIFM-Richtlinie und ESMA Advice die folgenden sechs Komponenten:

a) Risikomanagementprozess. Referenz: Art. 15 Abs. 3 lit. a; AIFM-DV **99** Art. 45; ESMA Advice Box 25.

Die Handhabung der Risiken unterteilt sich im *Risikomanagementprozess* in die **100** vier Phasen Risikoerkennung, Risikobewertung, Risikosteuerung und Risikoüberwachung.

b) Organisationsstruktur. Referenz: Art. 15. Abs. 1; AIFM-DV Art. 38, 39, **101** 42, 43; ESMA Advice Box 25 und 30.

Die *Organisationsstruktur* (Aufbau- und Ablauforganisation) des Risikomanage **102** ments beinhaltet insbesondere eine dauerhafte und vom Portfoliomanagement getrennte *Risikomanagementfunktion* (vgl. Art. 39 AIFM-DV), analog zu Art. 12 der OGAW-DR 2010/43/EU.

c) Risikomanagement Richtlinie. Referenz: AIFM-DV Art. 40; ESMA **103** Advice Box 26 und 27.

Die Erstellung einer internen *Risikomanagement Richtlinie* („Risk Management **104** Policy") durch den AIFM ist unverzichtbarer Bestandteil des Risikomanagementsystems. Diese Richtlinie beschreibt insbesondere die wesentlichen Risiken der von dem AIFM verwalteten AIFs. Dies ist analog zu den für OGAWs festzulegenden und umzusetzenden Risikomanagement-Grundsätzen gemäß Art. 38 der OGAW-DR 2010/43/EU.

d) Risikolimitsystem. Referenz: AIFM-DV Art. 44; ESMA Advice Box 29. **105** Ein AIFM hat für jeden von ihm verwalteten AIF ein *Limitsystem* für die **106** wesentlichen Risikoarten einzurichten. Dadurch soll eine Übereinstimmung der

---

[94] Art. 51 Abs. 3 OGAW-RL 2009/65/EG. Die in ESMA 10–788 spezifizierte Commitment Methode und die VaR Methoden werden allerdings diesem Anspruch nur teilweise gerecht, da z. B. die geforderte Marktliquidität der Assets dabei nicht berücksichtigt wird.

[95] Sie besteht in Deutschland bereits für alle unter das Investmentgesetz fallende AIF (wie Spezialfonds, offene Immobilienfonds, Infrastrukturfonds und sonstige Sondervermögen).

[96] Das Institut der Wirtschaftsprüfer definiert das Risikomanagement als „die Gesamtheit aller organisatorischen Regelungen und Maßnahmen zur Risikoerkennung und zum Umgang mit den Risiken unternehmerischer Betätigung." (IDW PS 340).

aktuellen Risikoprofile mit den vereinbarten *Risikoprofilen* (im Sinne von Art. 15 (3) lit. c) gewährleistet werden.

107   **e) Due Diligence im Investmentprozess.** Referenz: Art. 15 Abs. 3 lit. a); AIFM-DV Art. 18–20; ESMA Advice Box 11.

108   Die Anforderung der Due Diligence ist analog wie für OGAWs: *„In line with the approach applied to UCITS managers, AIFMs should ensure a high standard of diligence in the selection and monitoring of investments"* (AIFM-DV recital (40)).

109   **f) Begrenzung von Leverage.** Referenz: Art. 15 Abs. 4.

110   Leverage, erzeugt vor allem durch die Aufnahme von Fremdkapital oder den Einsatz von Derivaten, muss parallel nach zwei Methoden (Brutto- und Nettomethode) berechnet werden. Für beide Methoden ist jeweils vorab eine obere Grenze für den maximal erwarteten Leverage festzulegen und dem Investor jährlich, sowie bei Anpassungen offenzulegen (Art. 23 Abs. 1 lit. a); AIFM-DV Art. 108).

111   Falls das nach der Netto(Commitment)-Methode berechnete Leverage das Fondvermögen um einen Faktor größer als 3 übersteigt, gelten verschärfte aufsichtsrechtliche Überwachungsmaßnahmen (Art. 24 Abs. 4; AIFM-DV Art. 111).

112   Die Anforderungen für ein angemessenes Risikomanagementsystem zur Handhabung von operationellen Risiken werden separat in Art. 13 der AIFM-DV und in Box 6 des ESMA Advice beschrieben (siehe Rn. 60 ff.).

113   Keine weiteren Anforderungen oder Ausführungen finden sich in der AIFM-RL als auch in der AIFM-DV und dem ESMA Advice bzgl. einer *Risikokultur* inklusive einer *offenen Kommunikation von Risiken* innerhalb des AIFM, welche in der Lage ist, organisatorische Silos zu überwinden.[97] Jedoch sind dies nicht zu unterschätzende Faktoren für ein wirkungsvolles Risikomanagement innerhalb einer Verwaltungsgesellschaft, vor allem hinsichtlich *eines proaktiven Risikomanagements,* das schon im Vorfeld tätig ist, d. h. vor dem Eintreten von unerwünschten Ereignissen. In den „Internal Governance Richtlinien" der European Banking Authority (EBA) zum Beispiel wird die Anforderung der Entwicklung einer Risikokultur in Kreditinstituten gleich an den Anfang des Abschnittes über Risikomanagement gestellt: *„An institution shall develop an integrated and institution-wide risk culture, based on a full understanding of the risks it faces and how they are managed, taking into account its risk tolerance/appetite".*[98]

114   **2. Überprüfung des Risikomanagements.** Die Risikomanagementsysteme sind selbst Gegenstand regelmäßiger Überprüfung und Anpassung. Für diese Aufgabe und ihrer Durchführung ist das Senior Management des AIFM verantwortlich und es muss angemessene Ressourcen hierfür bereitstellen.[99] Der ESMA Advice fordert, dass das Senior Management diese Überprüfung als eine wesentliche Geschäftsaufgabe betrachtet und sich aktiv hieran beteiligt.

115   **a) Regelmäßige Überprüfung.** Der AIFM muss gemäß Art. 15 Abs. 2 Satz 2 regelmäßig eine Überprüfung der Risikomanagementsysteme, sowie bei Bedarf erforderliche Anpassungen durchführen (sogenannte regelmäßige Überprü-

---

[97] Die Einstufung des Risikomanagements als eine zur Portfolioverwaltung gleichwertige Kerntätigkeit ist ggf. förderlich für die Entwicklung einer Risikokultur.

[98] EBA Guidelines on Internal Governance (GL 44), Kap. C. 20, *London, Sept 2011.*

[99] Die RM-Funktion kann zwar eine regelmäßige Selbstreflexion (z. B. in Form von offsites u.ä.) vornehmen, aber schwerlich unbefangen und objektiv sich selber überprüfen aufgrund von möglichen Interessenkonflikten.

fung).[100] Die **Frequenz der Überprüfung** hängt dem Proportionalitätsprinzip folgend von Art/Größe/Komplexität des Geschäfts des AIFM als auch der von ihm verwalteten AIF ab. Die Überprüfung muss mindestens einmal im Jahr erfolgen, und zusätzlich immer dann, wenn die Gefahr besteht, dass die eingesetzten Risikomanagementsysteme nicht mehr angemessen sind.

In der Praxis wird bei OGAWs das Risikomanagement zumindest jährlich **116** durch die interne Revision überprüft.[101]

Im Einzelnen sind bei der regelmäßigen Überprüfung folgende Komponenten **117** der Risikomanagementsysteme eines AIFM hinsichtlich Angemessenheit und Wirksamkeit zu beachten und gegebenenfalls anzupassen:[102]
i) die internen RM-Richtlinien und deren Umsetzung
ii) der Risikomanagementprozess
iii) Maßnahmen zur Verbesserung von identifizierten Schwächen des Risikomanagementprozesses
iv) die RM-Funktion mitsamt den Maßnahmen zur Sicherstellung ihrer funktionellen und hierarchischen Trennung.

Punkt i. beinhaltet zum Beispiel eine Überprüfung, ob die in den internen Risiko- **118** richtlinien aufgestellten Grundsätze noch aktuell sind, tatsächlich umgesetzt worden sind und gelebt werden oder nicht. Punkt ii. betrachtet den Risikomanagementprozess in allen seinen Phasen mitsamt der Umsetzung wesentlicher Kontrollprozesse. Punkt iii. analysiert die Projektfortschritte im Risikomanagement. Punkt iv. adressiert Aspekte wie die personelle Ausstattung des Risikomanagements, die Organisationsstruktur und die Befugnisse des Risikomanagements.

Anpassungen des Risikomanagementsystems sind im Interesse des Investors **119** dann vorzunehmen, wenn erkennbar wird oder vermutet werden kann, dass die tatsächlichen Risiken eines AIF größer sind als im vereinbarten Risikoprofil des AIF angegeben.[103] In so einem Fall ist offenbar entweder das Risikomanagement oder das vereinbarte Risikoprofil unzureichend und eines von beiden anzupassen. Kommt es trotz mit den Anlegern vereinbarten Wertuntergrenzen (wie beispielsweise einer Verlustgrenze von maximal 10%), des Öfteren zu Unterschreitungen oder zu einer erhöhten Wahrscheinlichkeit von Unterschreitungen der Wertuntergrenzen, so kann dies als Hinweis aufgefasst werden, dass hier kein angemessenes Risikomanagementsystem besteht.

b) Ad Hoc Überprüfung. Eine Überprüfung ist zusätzlich ad hoc erforder- **120** lich, wenn das Risiko besteht, dass die Risikomanagementsysteme nicht angemessen und wirkungsvoll sind. Das ist insbesondere beim Eintreten *besonderer interner oder externer Umstände* gegeben wie:[104]
i) Wesentliche Änderungen des Risikomanagementsystems.
ii) Außergewöhnliche Marktereignisse.
iii) Außergewöhnliche Ereignisse innerhalb des AIF/AIFM.
iv) Wesentliche Änderungen der Investmentstrategie des AIF.

Zu wesentlichen Änderungen des RM-Systems gehört beispielsweise ein Wechsel **121** einer für die Risikomessung eingesetzten Systemlösung, als auch grundlegende organisatorische Veränderungen des RM die sich auf die Funktionstrennung zwi-

---

[100] Für OGAWs analog geregelt in Art. 39 OGAW-DR 2010/43/EU.
[101] Vgl. Art. 11 OGAW-DR 2010/43/EU über die Innenrevisionsfunktion.
[102] ESMA Advice Box 27, Erl. 15.
[103] ESMA Advice Box 27 Erl. 18.
[104] AIFM-DV Art. 41 Abs. 2, ESMA Advice Box 27.

schen Risikomanagement und Portfoliomanagement auswirken. Als Beispiel nicht für ein „außergewöhnliches Marktereignis" sondern für eine „außergewöhnliche Marktphase" sei ein Niedrigzinsumfeld genannt mit „negativen Zinsen" am kurzen Ende von Zinskurven. Hier ist zu prüfen, ob das für die Risikomessung von Zinsprodukten verwendete System mit negativen Zinsen angemessen umgeht oder ob Anpassungen erforderlich sind. Ein außergewöhnliches Ereignis innerhalb des AIF oder AIFM ist etwa die Fusion zweier AIFs oder AIFMs oder die Integration eines neuen Geschäftsbereiches in die Verwaltungsgesellschaft. Das führt zu notwendigen Anpassungen und Erweiterungen des Risikomanagementprozesses. Wesentliche Änderungen der Investmentstrategie eines AIF erfordert eine Anpassung der festgelegten Risikogrenzen als auch gegebenenfalls der eingesetzten Methoden zur Risikomessung.

122 **3. Offenlegungspflichten. a) Gegenüber Investoren. Bevor** ein Investor in einen AIF investiert, muss ihn der AIFM hinsichtlich Risikotransparenz informieren über:[105]

i)   Risiken, die mit den zur Investmentstrategie eingesetzten Techniken verbunden sind.

ii)   Investment Guidelines (Anlagegrenzen).

iii) Umstände, unter denen Leverage eingesetzt werden darf und die erlaubten Arten/Quellen.

iv)   Aufklärung über die mit Leverage verbundenen Risiken.

v)   Restriktionen hinsichtlich Leverage und der Wiederverwendbarkeit von Collaterals[106].

vi)   Angabe der festgelegten Grenzen für (Net- und Gross-) Leverage.

vii) Angaben über Berufshaftpflicht oder hinterlegtes Eigenkapital zur Abdeckung potentieller operativer Risiken.

viii) Angaben über eventuelle (Teil-)Auslagerung des Risikomanagements.

ix)   Beschreibung des Liquiditätsrisikomanagements und der Rücknahmebedingungen in normalen und in außergewöhnlichen Umständen.

x)   **Wesentliche Eigenschaften** der eingesetzten Risikomanagementsysteme für den Umgang der im Risikoprofil genannten **wesentlichsten** Risiken.

xi)   den letzten Jahresbericht des AIF (nach Art. 22).

xii) Wertentwicklung des AIF.

xiii) Schedule des regelmäßigen Berichtes für die Investoren.

123 Bezüglich der Frage, was an wesentlichen Eigenschaften des RM-Systems dem Investor offenzulegen ist, findet sich im ESMA Advice die salomonische Antwort

„In line with the principle of differentiation, and recognizing the diversity of AIF models, the disclosure required of an AIFM should vary according to AIF type and will depend on other factors including investment strategy and asset class."[107]

124 Man wird zumindest Angaben erwarten können hinsichtlich umgesetzter Funktionstrennung, adressierten wesentlichen Risikofaktoren, eingesetzten Hauptmethoden und Verfahren zur Risikoidentifizierung und Risikobewertung

---

[105] Art. 23 Abs. 1. Hierzu finden sich in der AIFM-DV und im ESMA-Advice keine weiteren Konkretisierungen.

[106] Die Leverage erhöhende Wirkung der Wiederverwendung von Collaterals (*Rehypothecation*) in der Finanzkrise ist beschrieben in: *Manmohan Singh and James Aitken* „The (Sizeable) Role of Rehypothecation in the Shadow Banking system", IMF July 2010.

[107] ESMA Advice Box 108, Nr. 13.

(Stresstests etc.), primär verwendeten Risikoindikatoren und ermittelten Kennziffern.

Der regelmäßige Bericht für die Investoren (im Sinne von Art. 23 Abs. 4 **125** und 5) muss hinsichtlich Risikomanagement zumindest folgende Informationen über Liquidität, Risikoprofil, RM-System und Leverage enthalten:

i) Informationen bzgl. Liquidität. Dazu gehört der Prozentsatz der illiquiden Assets für welche „spezielle Mittel und Methoden" (z. B. *Side Pockets* oder *Gates*; siehe Kapitel 16 Rn. *94–95*) angewendet werden. Falls in der Berichtsperiode neue Methoden und Regelungen für das Liquiditätsmanagement eingeführt wurden, sind diese anzugeben. Die Investoren müssen zudem unverzüglich informiert werden bei Maßnahmen wie Aktivierung von Side Pockets oder temporärerer Aussetzung von Rücknahmen.[108]

ii) Das aktuelle Risikoprofil des AIF. Hier sollen sowohl Kennzahlen für die wesentlichen Risiken des AIF angegeben werden als auch eventuelle (tatsächliche als auch erwartete) Überschreitungen von Risikogrenzen mitsamt der Beschreibung der Umstände der Überschreitungen und der getroffenen oder geplanten Gegenmaßnahmen.[109]

iii) Änderungen des RM-Systems und der erwarteten Auswirkung auf den AIF und die Investoren.[110]

iv) Leverage Informationen. Dazu gehören die Höhe des verwendeten Net- und Gross Leverages und eventuelle Änderungen der Begrenzungen für Leverage. Ebenso sind auch Änderungen hinsichtlich der eingeräumten Rechte für die Wiederverwendbarkeit von Collaterals oder Garantien, die im Rahmen von Leverage Vereinbarungen eingeräumt wurden, anzugeben.[111]

b) Gegenüber Aufsichtsbehörde. i) Informationspflichten bei Zulas- **126** **sung des AIFM.** Gemäß Art. 7 Abs. 3 lit. a sind der Aufsicht eine Leverage Richtlinie und Basisinformationen über die AIFs (wie z. B. deren festgelegten Risikoprofile) zur Verfügung zu stellen. Nach Art. 7 Abs. 3 lit. e, (der auf Art. 23 Abs. 1 verweist), zudem auch die in Rn. 122 beschriebenen, dem Investor vor seiner Anlage zur Verfügung zu stellenden Informationen. Gemäss Art. 24 Abs. 2 lit. c der AIFM-RL müssen die verwendeten RM-Systeme für die Handhabung von Marktrisiko, Liquiditätsrisiko, Kontrahentenrisiko und operationelles Risiko angegeben werden.

ii) Wesentliche Änderungen der Risikomanagementsysteme. müssen **127** der regulatorischen Aufsicht des Heimatlandes zeitnah mitgeteilt werden (vgl. ESMA Advice Box 27.2 und zugehöriger Erläuterung Nr. 17).

Für deutsche OGAWs besteht analog nach § 28 Abs. 2 InvVerOV die Pflicht **128** der BaFin unverzüglich alle wesentlichen Änderungen des RM-Prozesses mitzuteilen. Dieser Absatz setzt Art. 39 Abs. 2 der OGAW-DR 2010/43/EU um.

Die Beurteilung, ob eine Änderung als wesentlich eingestuft wird, bleibt im **129** Wesentlichen den Verwaltungsgesellschaften überlassen. Der Bundesverband Investment- und Asset Management e. V. (BVI) hat daher für seine Mitglieder im November 2011 „BVI Leitlinien zur BaFin-Meldung der wesentlichen Änderungen des Risikomanagementprozesses" aufgestellt. Nach diesen Richtlinien

---

[108] Art. 108 Abs. 3 AIFM-DV.
[109] Art. 108 Abs. 4 AIFM-DV, ebenso auch ESMA Advice Box 108 Nr. 7.
[110] Art. 108 Abs. 5 AIFM-DV.
[111] Siehe Rn. 153 und Art. 109 Abs. 2 AIFM-DV.

liegt eine wesentliche Änderung des RM-Prozesses dann vor, wenn sich die internen Verfahren zur Erfassung, Messung, Steuerung und Überwachung grundlegend ändern. Dazu zählen u.a.

1. Organisatorische Änderungen, die sich maßgeblich auf die Funktionstrennung oder Kommunikationswege auswirken.
2. Änderungen hinsichtlich Methoden und Verfahren, wie Wechsel von Softwaresystemen für die Limitüberwachung oder für die Erzeugung von Risikokennziffern, Einführung einer grundlegend neuen Methodik (jedoch keine Release Updates), Änderungen von Parametern die signifikanten Einfluss auf die Ergebnisse der Risikorechnung haben oder wesentliche Modellanpassungen im Rahmen des obligatorischen, jährlichen Überprüfungsprozesses.
3. Änderungen hinsichtlich der Auslagerung von wesentlichen Komponenten des RM-Systems.

130   Nicht als anzuzeigende Änderung des RM-Systems werden unter anderem Anpassungen der RM-Richtlinien, Umstellung der RM-Systeme an neue regulatorische Erfordernisse, Änderungen einzelner Parameter, Anpassungen von Risikoberichten, Abbildung neuer Produkte, Änderungen bei verwendeten Daten, Erweiterungen von Stressszenarien, personelle Neu-/-Umbesetzungen der Verantwortlichen und Gremien eingestuft.

131   Wichtig ist die Empfehlung (da unmittelbar übertragbar auf AIFMs egal welchen Typs), dass die Verwaltungsgesellschaft in ihren internen Richtlinien und/ oder Organisationshandbüchern definieren und dokumentieren soll, wann eine wesentliche Änderung des RM-Prozesses vorliegt. Diese Dokumentation ist nicht der BaFin zu melden. Die BaFin ist nur dann unverzüglich zu informieren, wenn eine der intern dokumentierten, wesentlichen Änderungen des RM-Prozesses eintritt.

132   **iii) Regelmäßiger aufsichtsrechtlicher Bericht.** Es ist seitens des AIFM regelmäßig ein Bericht an die Aufsichtsbehörde zu erstellen nach Art. 24.[112] Ein Template[113] hierfür findet sich in AIFM-DV Annex IV. Gemäß Art. 110 Abs. 3 AIFM-DV muss dieser Bericht je nach Größe des AIFMs und seiner AIFs quartalsweise, halbjährlich oder jährlich erfolgen. Quartalsberichte sind demnach insbesondere erforderlich für EU AIFs mit einem Vermögen größer als 500 Millionen EUR, und für AIFMs die insgesamt AIFs (aufgelegt oder vermarket in der EU) mit einem Vermögen größer als 1 Milliarde EUR verwalten.

133   Der Bericht enthält zunächst aggregierte Informationen auf AIFM-Ebene über die 5 wichtigsten Märkte und Assettypen, als auch einen Überblick der verwalteten AIFs hinsichtlich Art und Investmentstrategie. Pro AIF sind hinsichtlich seiner Struktur recht ausführliche Angaben über das Exposure (long und short) und die Konzentrationen per Assetklasse, Region, Marktsegment als auch Investoren erforderlich. Hierbei ist eine detaillierte Kategorisierung der Assets bereits vorgegeben. Es ist die **Turnover Ratio** für jede Assetklasse (Verhältnis des Wertes der Transaktionen zum NAV) für die Berichtsperiode anzugeben. Bezüglich des Risikomanagements sind Angaben zum Marktrisiko, Kontrahentenrisiko, Liquidi-

---

[112] Vgl. Art. 24 Abs. 1 mit Art. 3 Abs. 3(d), wonach der regelmäßige aufsichtsrechtliche Bericht über wesentliche Konzentrationen und Exposures auch für die in Art. 23 Abs. 2 benannten AIFM Ausnahmen erforderlich ist.

[113] Angelehnt an eine IOSCO Vorlage für Hedgefonds (ESMA Advice Kap. VIII.III Nr. 5).

tätsrisiko, Exposure bzgl. Leverage, operationelle Risiken sowie die Angabe von Stresstestergebnissen notwendig.

In der Rubrik für **operationelle Risiken** findet sich zunächst die „Anzahl der **134** offenen Positionen" als Indikator für die Komplexität des AIF. Ferner sind hier Angaben zur monatlichen Wertentwicklung (sowohl Brutto als auch nach Abzug von Management- und Performance Fee, mit und ohne Auswirkung von Mittelbewegungen seitens Anleger) erforderlich als auch die monatlichen Ab- und Zuflüsse seitens der Anleger.

Beim **Marktrisikoprofil** ist die interne Zinsfußmethode Internal Rate of **135** Return (**IRR**) als jährliche Rendite des AIF oder die **erwartete jährliche Rendite** des AIF anzugeben. Ferner **Sensitivitätskennziffern** bzgl. Zinsen (*DV01*), Credit Spreads (*CV01*) und Aktienpreise (*Net Equity Delta*), die vor allem im Hedgefondsbereich oder teilweise auch im traditionellen Asset Management verwendet werden.

Für das **Kontrahentenrisikoprofil** geht es um den Handel und das Clearing **136** mit Kontrahenten. Es ist das Mark to Market Net Credit Exposure für die fünf größten Kontrahenten anzugeben, sowohl aus Sicht der Kontrahenten als auch aus Sicht des AIF. Ferner der Anteil börsengehandelter bzw. OTC gehandelter Finanzinstrumente, sowohl für Wertpapiere als auch für Derivate. Ebenso der Anteil bilateral bzw. per CPP geclearten Derivate, analog auch für Repos. Ferner müssen Detailangaben über die Top 3 verwendeten CPPs erfolgen. Vor allem sind auch Angaben über die gestellten Sicherheiten (Collaterals) zu machen hinsichtlich der Volumina je Typ (Cash, Securities. Others), als auch Angaben über die Wiederverwendung von Collaterals durch den Kontrahenten (*rehypothecation,* siehe Rn. 390).

Beim **Liquiditätsrisikoprofil** sind hinsichtlich Marktliquidität einerseits die **137** Cash Quote als auch die „**Time to Liquidity**" der Assets für die sieben Zeiträume (1 Tag, 1 Woche, 1 Monat, 3 Monate, 6 Monate, 1 Jahr, mehr als 1 Jahr) anzugeben. Hierbei ist gemeint, welcher Prozentsatz des AIF sich „marktschonend" zu fairen Marktpreisen ohne wesentliche Abschläge in den genannten Zeiträumen veräußern lässt. Hinsichtlich des Liquiditätsprofils der Investoren ist für die obigen 7 Zeiträume anzugeben, wie viel Prozent des Investorenkapitals jeweils zurückbezahlt werden kann. Bei Verwendung von Leverage durch Kreditaufnahme oder Derivateeinsatz können diese Kennzahlen von den Prozentsätzen bzgl. Assetliquidität abweichen. Es sind Rücknahmeeinschränkungen wie z. B. Ankündigungsfristen für Rückgaben und „Lock Up" Zeiträume, als auch die Details bzgl. spezieller eingesetzter Methoden und Mittel (Gates, Side Pockets, Rücknahmeaussetzung) anzugeben Ebenso sind Informationen bzgl. der Investorenstruktur und eventuell bevorzugter Behandlung einzelner Investoren offenzulegen. Bei Fremdkapitalaufnahme sind Details der Finanzierungsdauer bzgl. der obigen 7 Zeitspannen notwendig.

In der Rubrik „**Borrowing and Exposure Risk**" ist hinsichtlich **Kreditauf- 138 nahme** neben der Höhe der unbesicherten Kredite die jeweils via Prime Broker, (Reverse) Repos oder anderen Quellen besicherten Kredite anzugeben als auch der Gesamtwert der für Short Positionen ausgeliehenen Wertpapiere. Darüber hinaus muss das **Gross Exposure (abzüglich Margin) aus dem Einsatz von Derivaten** (aufgeteilt in börsengelistete Derivate und OTC Derivate) ausgewiesen werden. Falls es im Sinne von Recital 78 der AIFM-RL (insbesondere bei Private Equity) Exposure durch vom AIF kontrollierte rechtlichen oder finanziellen Strukturen gibt, sind hierzu Details anzugeben. Die Höhe des vom AIF verwendeten **Gross- und Net Leverage** sind aufzuführen. Falls das Net Leverage größer als 3 ist, sind wertmäßig die „Top 5" Quellen für die Kreditaufnahme oder das Ausleihen von Wertpapieren zu nennen.

139   Da dieses Template ursprünglich für Hedgefonds erstellt wurde, bedarf es pro Typ von AIF einer genaueren Analyse, wie die angegebenen Informationen genau zu verstehen und bereitgestellt werden können.

II. Risikomanagementfunktion

140   **1. Aufgaben. a) Überblick.** Ein zentrales Element des Risikomanagement-systems eines AIFM ist eine dauerhafte Risikomanagementfunktion (im Folgenden als **RM-Funktion** bezeichnet) mit ähnlichen Aufgaben wie die RM-Funktion von OGAWs.[114]

141   Art. 39 der AIFM-DV beschreibt fünf Kernaufgaben der RM-Funktion:[115]

i)   Implementierung effizienter RM-Richtlinien und Verfahren zur Durchführung des Risikomanagementprozesses.

ii) Sicherstellen, dass das aktuelle Risikoprofil[116] des AIF im Einklang ist mit den vereinbarten Risikogrenzen.

iii) Überwachung der Einhaltung der Risikogrenzen und Eskalation von tatsächlichen oder zu erwartenden Überschreitungen.

iv) Regelmäßige Berichtserstattung an die Geschäftsführung (*governing body*) und, sofern vorhanden, an den Aufsichtsrat (*supervisory body*).

v)   Regelmäßige Berichtserstattung an das Senior Management hinsichtlich der Höhe der Risiken jedes einzelnen AIF und der tatsächlichen oder zu erwartenden Überschreitungen von Risikogrenzen.

142   Von den fünf Kernaufgaben beziehen sich also zwei auf das Risikoreporting, zwei auf die Einhaltung von Risikogrenzen und eine auf die Durchführung des Risikomanagementprozesses.

143   **Ad i).** Im Fokus der ersten Aufgabe steht der eigentliche Risikomanagement-prozess. Es muss eine Risikomanagement Richtlinie erstellt und umgesetzt werden.

144   Die Implementierung der RM-Richtlinie bedeutet, dass die in der RM-Richt-linie beschriebenen Methoden und Verfahren für die fortlaufende Erkennung, Messung, Steuerung und Überwachung wesentlicher Risiken tatsächlich einge-führt und gelebt werden. Aber auch die in der Richtlinie beschriebenen Rollen, Verantwortlichkeiten, Befugnisse und Governancestrukturen müssen umgesetzt werden. Die RM-Richtlinie und die RM-Verfahren müssen **effizient** sein, also dazu führen, das tatsächlich die wesentlichen Risiken jedes AIF identifiziert, bewertet, gesteuert und überwacht werden. Wenn beispielsweise überraschend für einen AIF hohe Verluste eintreten, ohne dass hier zuvor erhöhte Risiken im RM-Prozess identifiziert wurden, stellt sich die Frage nach der Wirksamkeit der eingesetzten Verfahren zur Risikoerkennung.[117] Im Management operationeller Risiken sind umgehende „Lessons Learned" Aktivitäten in der Praxis üblich, für

---

[114] beschrieben in Kap. VI der OGAW-DR 2010/43/EU.

[115] in Einklang mit ESMA Advice Box 25.

[116] So wie es regelmäßig (mindestens jährlich) dem Investor offengelegt wird nach Art. 23 Abs. 4 lit. c der AIFM-RL.

[117] Vgl. *Talebs* „Black Swans" in Extremistan, also kaum vorhersehbare, seltene Ereignisse mit gravierenden Folgen.

andere Risikoarten eher weniger. Bei Anwendung von VaR Methoden bei OGAWs ist zumindest ein Backtesting (Überprüfung der Prognosegüte) erforderlich (mitsamt aufsichtsrechtlicher Anzeige der Ausreisseranzahlen).[118] Auch für AIFMs ist bei Anwendung von Modellen, welche quantitative Abschätzungen beinhalten, ein Backtesting im Sinne einer periodische Validierung mittels empirischer Daten erforderlich (siehe Rn. 253).

Ad ii). ESMA betrachtet die **Festlegung von Risikogrenzen** in Einklang **145** mit der Anlagestrategie der AIFs als Verantwortung der Geschäftsführung oder des Senior Managements. Hierfür gibt es einen grundsätzlichen, allgemeinen Prozess bei AIFMs. Für die anschließende regelmäßige Sicherstellung, dass diese Risikogrenzen dem aktuellen Risikoprofil des AIF entsprechen, ist jedoch die RM-Funktion verantwortlich. Solche Grenzen gibt es für ein möglicherweise breites Spektrum von Einzelrisiken. Als Beispiel von Risikogrenzen können Investment Guidelines (Anlagegrenzen) betrachtet werden. Die Aufgabe der Sicherstellung der Einhaltung von Risikogrenzen ist eine typische Kontrollfunktion, selbst wenn (wie bei der ex ante Anlagegrenzprüfung von OGAWs) hierbei idealerweise vor Durchführung von wesentlichen Anlageentscheidungen deren Auswirkung auf das Risikoprofil untersucht wird. Neben den quantitativen Risikogrenzen kann es gemäß AIFM-DV jedoch auch „qualitative Risikogrenzen" geben. Das bezieht sich auf Risiken, die nicht quantitativ gemessen werden sondern „qualitativ" aufgrund einer mehr oder weniger subjektiven Einschätzung (mittels Scoring Verfahren o.ä.) bewertet werden. Typisches Beispiel hierfür sind Reputationsrisiken oder rechtliche Risiken. Unvorhersehbare Ereignisse lassen sich nicht vermeiden und tendenziell ist der Einsatz von hohem Leverage als auch komplexer Strukturen verlustanfälliger in Stresssituationen im Vergleich zu ungehebelten oder einfachen Strukturen.

Ad iii). Die RM-Funktion muss einen Prozess einrichten um die fortlaufende **146** Einhaltung der Risikogrenzen zu überwachen. Bei OGAWs erfolgt das für die quantitativen Grenzen von Finanzrisiken zumeist auf täglicher Basis, da hier auch eine tägliche NAV Berechnung stattfindet. In der Regel erfolgt die Überwachung der aufsichtsrechtlich relevanten Grenze für das Marktrisikopotential bei einem VaR Ansatz ex post. Überschreitungen dieser Grenze sind trotzdem äußerst selten, nicht zuletzt aufgrund zusätzlich Warngrenzen, die unterhalb der aufsichtsrechtlichen Grenze definiert werden. Auslastungen anderer Grenzen, wie etwa der Anteil illiquider Produkte pro AIF, werden ggf. auch wöchentlich oder monatlich analysiert.

Wenn Risikogrenzen überschritten werden oder ein Überschreiten wahr- **147** scheinlich ist, muss der Risikomanager zeitnah die Geschäftsführung und auch den Aufsichtsrat bzw. Verwaltungsrat („supervisory board"; falls vorhanden) informieren. Für diese Eskalation müssen die Kommunikationswege und Verfahren festgelegt werden. Ebenso müssen gemäß AIFM-DV[119] angemessene Verfahren und Abhilfemaßnahmen festgelegt werden, die im Falle von tatsächlichen oder zu erwartenden Verstößen der Risikogrenzen ergriffen werden können.

Ad iv). Es ist erstens über die in Punkt iii. beschriebene Überwachung zu **148** berichten, also inwieweit in der Berichtperiode die vereinbarten Risikogrenzen eingehalten wurden oder es zu Grenzüberschreitungen gekommen ist und inwie-

---

[118] ESMA 10–788 Box 18.
[119] Siehe Art. 45 Abs. 3 lit. e AIFM-DV.

weit das den Investoren (gemäß Art. 23 Abs. 4 lit. c) angezeigte aktuelle Risikoprofil im Einklang ist mit dem Ziel Risikoprofil.

149   Zweitens ist über die Angemessenheit und Effizienz des RM-Prozesses zu berichten. Ein unzureichender RM-Prozesss stellt selber ein Risiko dar. Daher kann eine regelmäßige Überprüfung des RM-Prozesses erforderlich sein. Insbesondere ist im Fall von identifizierten oder antizipierten Schwächen des RM-Prozesses darzulegen, ob angemessene Gegenmaßnahmen ergriffen wurden oder geplant sind.

150   **Ad v).** ESMA empfiehlt einen proaktiven Ansatz hinsichtlich tatsächlicher oder voraussehbarer Grenzüberschreitungen, um zeitnah angemessen gegensteuern zu können. Die Durchführung von Stresstests kann hierbei hilfreich sein um Szenarien zu ermitteln, die eine Überschreitung von Risikogrenzen zur Folge haben.[120]

151   Die RM-Funktion muss damit sie ihre Aufgaben wahrnehmen kann mit hinreichenden **Befugnissen** ausgestattet sein und **Zugangsrechte** zu allen benötigten Informationen verfügen.

152   **2. Unabhängigkeit der RM-Funktion.** Art. 15 Abs. 1 der AIFM-RL fordert die **funktionale** und **hierarchische** Trennung der Funktionen des Risikomanagements von operativen Abteilungen, insbesondere von den Funktionen des Portfoliomanagements. Die Anforderung der Funktionstrennung entspricht weitgehend der Anforderung der OGAW-DR 2010/43/EU. Es wird verlangt, dass die dauerhafte RM-Funktion von einer eigenen organisatorischen Einheit wahrgenommen wird, welche vom Portfoliomanagement und sonstigen operativen Bereichen organisatorisch, personell und hierarchisch getrennt ist. Unter Anwendung des Verhältnismäßigkeitsprinzips kann jedoch in einigen Fällen durchaus von der Vorgabe der Funktionstrennung bis zu einem gewissen Grad abgewichen werden.

153   **a) Zweck der Trennung.** Durch die Trennung soll möglichen **Interessenkonflikten** vorgebeugt und eine unabhängige Ausübung des Risikomanagements ermöglicht werden. Zudem soll gewährleistet werden, dass der Risikomanagementprozess den Anforderungen des Art. 15 genügt, durchgehend wirksam ist und von entsprechend qualifiziertem Personal ausgeübt wird. Die RM-Funktion wird als eine dem Portfoliomanagement gleichberechtigte, unabkömmliche Kernfunktion betrachtet, obwohl sie keine Anlageentscheidungen trifft.

154   **i) Operative Bereiche.** Gemäß Art. 15 Abs. 1 muss die RM-Funktion klar vom Portfoliomanagement und anderen operativen Bereichen getrennt sein. Auf die anderen operativen Bereiche geht die AIFM-Richtlinie nicht ein. In der Begründung zu Absatz 1 und 2 von § 10 der deutschen Investment-Verhaltensund Organisationsverordnung (InvVerOV) zur Umsetzung der OGAW-DR 2010/43/EU wird ausgeführt, dass Bereiche mit reinen Abwicklungs- und Kontrolltätigkeiten nicht zu den operativen Bereichen gehören. Als Beispiele hierfür werden die ex-post Anlagegrenzprüfung und die Compliance Funktion genannt. Innere Revision kann daher ebenfalls als nicht operativer Bereich angesehen werden, während z. B. Produktmanagement und „Client Relationship Management" (Betreuung institutioneller Kunden) eher als operative Bereiche einzustufen sind. Das an die AIFM Richtlinie angelehnte CSSF Rundschreiben 12/546 für die

---

[120] ESMA Box 25, Nr. 10.

Verwaltungsgesellschaften von UCITS und selbstgemanagte Sicavs[121] enthält in Abschnitt 5.2.4.1 die Vorgabe, dass die RM-Funktion nicht kombiniert werden kann mit der Funktion der Internen Revision, wohl aber mit der Compliance Funktion. Ferner darf gemäß diesem CSSF Rundschreiben die RM-Funktion nicht von einem Mitglied des „board of directors" ausgeübt werden. Hierbei ist zu beachten, dass bei einem dualistischen System für die Unternehmensführung hierunter insbesondere in Luxembourg der Verwaltungsrat (bzw. der Aufsichtsrat, falls vorhanden) und nicht die operative Geschäftsführung zu verstehen ist.

Aus dem Bankenbereich ist wohlbekannt, dass Händler, die zuvor im Back **155** Office Bereich gearbeitet haben und daher bestens vertraut sind mit den zugehörigen Prozessen, ein erhöhtes operatives Risiko darstellen hinsichtlich der Lücken oder der Umgehung von Kontrollprozessen.[122] Bei Verwaltungsgesellschaften kommt es z. B. durchaus vor, dass Personen vom Risikomanagement ins Portfoliomanagement wechseln, und grundsätzlich die eine oder andere Schwachstelle der Risikomanagementsysteme kennen. In der Praxis arbeiten aber in der Regel Portfoliomanagement und Risikomanagement konstruktiv zusammen, so dass es von Vorteil ist, wenn die eine Funktion vertiefte Kenntnisse über die andere Funktion hat.

Falls in einem kleineren AIFM das Risikomanagement nicht komplett eigen- **156** ständig, sondern in einem bestimmten anderen Bereich (wie z. B. im Finance Bereich) angesiedelt werden soll, sind im Zweifelsfall mögliche Interessenkonflikte zu untersuchen um ein effektives Interessenkonfliktmanagement zu gewährleisten.

b) Art der Trennung. Es wird sowohl eine hierarchische als auch eine funk- **157** tionale Trennung des Risikomanagements von den operativen Abteilungen verlangt. Damit einhergehen dürfte auch eine personelle Trennung, sowohl auf der Ebene der Mitarbeiter als auch der Berichtslinien bis hin auf die Ebene der Geschäftsführung. Auch die Vergütung der Risikomanager muss unabhängig von den gegebenenfalls für das Portfoliomanagement bestehenden Leistungsanreizen sein. Ab einer gewissen Unternehmensgröße muss ein Vergütungskomitee eingerichtet werden, welches die Einhaltung der Vergütungsregelungen überwacht.

Funktionale Trennung bedeutet, dass Portfoliomanager nicht gleichzeitig in **158** Personalunion Funktionen des Risikomanagements im Sinne der Art. 15 wahrnehmen und umgekehrt Risikomanager keine Anlageentscheidungen treffen dürfen. Die funktionale Trennung bedeutet, dass es eine klare Aufgabenverteilung zwischen Risiko- und Portfoliomanagement geben muss. Das Portfoliomanagement ist operativ tätig und trifft Anlageentscheidungen im vorgegebenen Risikorahmen.

Dies impliziert somit bereits eine Risikosteuerung durch das Portfoliomanage- **159** ment. Beim Treffen von Anlageentscheidungen ist es erforderlich, sich der damit verbundenen Risiken bewusst zu werden. Die Abstimmung des Risikorahmens, als auch eine unabhängige Überwachung der Einhaltung von Risikogrenzen gehört hingegen zu den Aufgaben des Risikomanagements.

Nach dem Sinn und Zweck der Regelung, als Lehre aus der Finanzkrise das **160** Eingehen (insbesondere) systemischer Risiken zu begrenzen als auch einen Standard und Rahmen hinsichtlich mikroprudentiellem Risikomanagement zu schaf-

---

[121] CSSF Circular 12/546, 24. 10. 2012.

[122] z. B. *Jerome Kerviel* der bei der Societe General nach mehreren Jahren im Back Office 2005 in die Eigenhandel Abteilung wechselte und bis Januar 2008 fast 5 Milliarden Verlust verursachte, http://www.riskprofessional-digital.com/riskprofessional/201006?folio=47#pg51.

fen, wird gefordert, dass in der Risikomanagementabteilung andere Personen tätig werden müssen als im Portfoliomanagement bzw. den übrigen operativen Abteilungen. Ein mit der Wahrnehmung der unabhängigen Funktion des Risikomanagements beauftragter Mitarbeiter darf keine Anlageentscheidungen treffen und umgekehrt ein Mitarbeiter, welcher Anlageentscheidungen trifft, nicht die unabhängige Funktion des Risikomanagements durchführen. Nur durch eine solche **personelle Trennung** lässt sich erreichen, dass die Risikomanagementabteilung ihre Funktion unbeeinflusst von den Leistungsanreizen für Portfoliomanager allein unter Gesichtspunkten des Risikomanagements ausüben kann. Art. 42 Abs. 1(c) AIFM-DV verlangt auch explizit daher das die Vergütung des Risikomanagers nicht von der Performance der operativen Einheiten abhängen darf.

161   **Hierarchische Trennung** bedeutet, dass das Risikomanagement von einem Mitglied der Geschäftsführung verantwortet werden muss, welches nicht zugleich für das Portfoliomanagement und sonstige operative Abteilung verantwortlich ist. Hierdurch soll sichergestellt werden, dass Gesichtspunkte des Risikomanagements in alle von der Geschäftsführung zu verantwortenden Entscheidungen Eingang finden. Nicht ein- und derselbe Geschäftsführer soll vor einer Anlageentscheidung darüber befinden dürfen, ob diese im Einklang mit den Grundsätzen des Risikomanagements steht. Auf diese Weise soll die Bedeutung des Risikomanagements gestärkt werden. Es obliegt jedoch der Verantwortung des AIFM diese Vorgaben derart umzusetzen, dass sie letztlich zu guten Investmententscheidungen und sorgfältigen Risikoanalysen führen.

162   **c) Verhältnismäßigkeit.** Analog zu Art. 12 Abs. 2 der OGAW-DR stellt auch Art. 15 Abs. 1 Satz 2 die funktionale und hierarchische Trennung des Risikomanagements unter den Vorbehalt der Verhältnismäßigkeit. Sofern der AIFM nachweisen kann, das die unter „Zweck der Trennung" genannten Bedingungen (siehe Rn. 153) erfüllt werden, können unter bestimmten Bedingungen die Anforderungen an eine funktionelle und hierarchische Funktionstrennung abgeschwächt werden.

163   In dem ESMA Advice Box 30 finden sich genauere Mindestkriterien (siehe Rn. 171) die bei einer Abschwächung einzuhalten sind.

164   In welchen Fällen kann eine Trennung unverhältnismäßig sein? In Kap. IV.IV. Anm. 2 und 3 des ESMA Advice wird auf die Schwierigkeit vollumfänglicher Trennung der RM Funktion für die Bereiche Private Equity, Venture Capital und kleine, selbstgemanagte AIFs hingewiesen.

165   Nach dem Sinn und Zweck der AIFM-Richtlinie – wie schon in der OGAW-Richtlinie – muss nach der Größe des AIFM/AIF und der Komplexität der von ihm ausgehenden Risiken differenziert werden. Für einen kleinen AIFM mit nur wenigen Mitarbeitern kann es allein schon aus Kostengründen unverhältnismäßig sein, eine eigenständige Risikomanagementabteilung aufzubauen.

166   Die Identifizierung und inhaltliche sachgerechte Einschätzung von Risiken verlangt mitunter ein hohes Expertenwissen und es kann unverhältnismäßig sein, dieses Expertenwissen doppelt vorzuhalten, einerseits im Portfoliomanagement und anderseits im Risikomanagement. Selbst im Falle des Vorliegens einer personellen Trennung von Portfolio- und Risikomanagement ist im Einzelfall die genaue Ausgestaltung der Funktionstrennung festzulegen.

167   Bei Anlagen in eher illiquide Anlageobjekte mit einem langen Anlagehorizont (z. B. Wälder, Kraftwerke, Beteiligungen an nicht börsennotierten Unternehmen o.ä.) ist vor allem die Due Diligence zum Erwerbszeitpunkt wesentlich, die bereits vom Portfoliomanager ggf. mit externer Unterstützung (Gutachten etc.) durchgeführt wird, sodass hierbei Risikomanagement- und Portfoliomanagement-funktion sich nicht so leicht voneinander trennen lassen oder sich die RM-Funktion auf eine Due Diligence beschränkt im Sinne einer Qualitäts- und Vollständig-keitsprüfung der vom Portfoliomanager durchgeführten Due Diligence.

d) Mindestkriterien. Selbst wenn aus Verhältnismäßigkeitsgründen auf eine **168** Trennung des Risikomanagements verzichtet wird, ergibt sich aus Art. 15 Abs. 1 Satz 2 analog zu Art. 12 Abs. 2 der OGAW-DR, dass der AIFM in jedem Fall in der Lage sein muss, zwei Dinge nachzuweisen:
1. Angemessene Schutzvorkehrungen gegen Interessenkonflikte bzgl. einer unab-hängigen, wirksamen RM-Funktion
2. Wirksame Erfüllung der funktionellen Anforderungen an das Risikomanage-ment gemäß Art. 15.

Punkt 1 bedeutet, dass es in der internen Risikomanagementrichtlinie eine **169** Beschreibung der möglichen Interessenkonflikte und zugehöriger Schutzmaßnah-men geben muss. Das ist genauer in Art. 43 AIFM-DV (als auch Box 26 des ESMA Advice) ausgeführt. Demnach muss die Beschreibung die Natur des Inte-ressenkonfliktes, implementierte Schutzmaßnahmen und Erläuterungen wieso durch diese Schutzmaßnahmen ein unabhängiger Risikomanagementprozess plau-sibel erwartet werden kann, enthalten.

Hingewiesen sei darauf, dass der Schutz vor Interessenkonflikten allgemeiner **170** in Artikel 14 behandelt wird. Insbesondere kann es hier auch zu Überschneidun-gen der internen Risikomanagementrichtlinie mit der internen Richtlinie bzgl. Interessenkonflikte kommen.

Zu den Schutzmaßnahmen gehören zumindest (siehe Box 30 Abs. 3 ESMA **171** Advice als auch Art. 43 AIFM-DV) die Punkte:
a) Verfahren zur **Sicherstellung verlässlicher Daten** für das Risikomanagement. Die Daten müssen einem angemessen Maß an Überwachung durch die RM-Funktion unterliegen. Hier geht es um eine kontrollierte, unabhängige Daten-versorgung für das Risikomanagement.
b) Die **Vergütung** der mit dem Risikomanagement beauftragten Personen darf nicht abhängig vom Anlageerfolg des durch die RM-Funktion überwachten Bereiches sein.[123] Die Vergütung hat sich stattdessen an den Zielen der RM-Funktion selbst zu orientieren. Falls die Vergütung des Risikomanagers von der Performance eines AIF abhängt, könnte er versucht sein, erhöhte Risiken in Kauf zu nehmen, um seine Vergütung zu erhöhen. Dies gilt vor allem dann, wenn es eine Partizipation an Gewinnen aber keine Partizipation an Verlusten gibt.
c) Es muss eine angemessene **unabhängige Überprüfung der RM-Funktion** geben um sicherzustellen, dass die RM-Funktion auf unabhängiger Weise zu ihren Entscheidungen und Schlussfolgerungen kommt. Hier gilt es zu vermeiden, das die RM-Funktion lediglich eine Alibifunktion ist. Je nach Größe, Art und Komplexität des AIFMs kann es angemessen sein, dass die RM-Funktion durch einen externen Prüfer oder durch die Innere Revision überprüft wird. Es ist nicht ausreichend, das sich die RM-Funktion selber überprüft hinsichtlich ihres Entscheidungsprozesses.
d) **Trennung von Pflichtenkollisionen** („Segregation of conflicting duties"). Hier kann überprüft werden, welche Aufgaben der Risikomanager zusätzlich zur

[123] Vgl. Art. 42 Abs. 1c AIFM-DV.

RM-Funktion wahrnimmt. Wenn der Risikomanager beispielsweise gleichzeitig auch für das Marketing und das Risikoreporting für institutionelle Kunden verantwortlich ist, könnte das potentiell zu beschönigten Risikoberichten führen. Ein anderes Beispiel ist, wenn der Vorgesetzte des Risikomanagers selber involviert ist in den Investmententscheidungen des AIFs, da letzteres im Konflikt mit der Risikoeinschätzung stehen kann.

    e) Je nach Größe, Art und Komplexität des AIFMs kann es als Governance der RM-Funktion sinnvoll sein, ein angemessen ausgestattetes *Risikokomitee* einzurichten, welches direkt an die Geschäftsführung des AIFM berichtet. Diejenigen Mitglieder des Komitees, welche nicht unabhängig vom Portfoliomanagement sind, dürfen keinen übermäßigen Einfluss auf die Entscheidungsprozesse des Komitees haben.

172 Diese Schutzmaßnahmen müssen regelmäßig durch die Geschäftsführung und, sofern vorhanden, auch durch den Aufsichtsrat überprüft und entsprechende Maßnahmen zur Beseitigung von festgestellten Schwachstellen initiiert werden.

173   In Anmerkung 35 zu Box 30 des ESMA Advice sind sechs Kriterien genannt, welche nationale Aufsichtsbehörden anwenden können bei der Bewertung des Umfanges der funktionellen und hierarchischen Trennung des Risikomanagements unter Berücksichtigung des Prinzips der Verhältnismäßigkeit und der vorhandenen Schutzmaßnahmen:

    1. Ablauforganisation des AIFM und des AIF und die Risiken fehlender Unabhängigkeit des Risikomanagements bei Nichterfüllung der empfohlenen funktionellen und hierarchischen Trennung der RM-Funktion

    2. Vorhandene Corporate Governance innerhalb des AIFM/AIF

    3. Kosten/Nutzen-Analyse der Implementierung der Schutzmaßnahmen (*marginal benefits vs. costs to investors*)

    4. Trennbarkeit der RM-Funktion von der Portfoliomanagementfunktion

    5. Mitarbeiterkompetenz und allgemeines Kontrollumfeld

    6. Investorenerwartungen bzgl. des Nutzens von Änderungen der RM-Funktion

174 Es werden hier Öffnungsklauseln mit Interpretationsspielraum deutlich, die es gemäß dem Prinzip der Verhältnismäßigkeit einigen AIFs ermöglichen dürften, auf eine vollumfängliche funktionelle und hierarchische Trennung der RM-Funktion zu verzichten.

175   **3. Vergütungsgrundsätze.** Zur Unabhängigkeit des Risikomanagements gehört auch, dass die Vergütung des Risikomanagers grundsätzlich unabhängig von der erzielten Performance des Portfoliomanagements erfolgt. Andernfalls könnte es einen möglichen Interessenkonflikt geben und die Objektivität des Risikomanagers bei der Überwachung der Risiken eingeschränkt sein, wenn er zugleich auf Performance aus ist. Zur Festlegung der Vergütungsgrundsätze soll es gegebenenfalls einen Vergütungsausschuss geben. Die Vergütung von Senior Risikomanagern muss dann von diesem Vergütungsausschuss überwacht werden, siehe Art. 42 Abs. 1d AIFM-DV. Somit muss der AIFM hierfür geeignete Prozesse einrichten oder bestehende Prozesse für die Vergütung überprüfen und anpassen.

III. Risikomanagement Richtlinie

176   **1. Zusammenfassung.** Die Risikomanagement Richtlinie (im folgenden kurz **RM-Richtlinie** genannt) ist eine unverzichtbare Kernkomponente des Risikomanagementsystems des AIFM. Diese grundlegende Dokumentationsanforderung basiert auf den Regelungen in Art. 39 der OGAW-DR 2010/43/EU.[124] Durch die RM-Richtlinie wird ein robuster, transparenter Rahmen für das Risikomanagement geschaffen, auf den sich verschiedene Einheiten sowie sonstige Dokumentationen beziehen können.

Die RM-Richtlinie muss vor allem die Rollen und Verantwortlichkeiten der **177** RM-Funktion beschreiben als auch die eingesetzten Methoden und Verfahren im Risikomanagementprozess, also für die Risikoerkennung, Risikobewertung und Risikomessung, Risikosteuerung als auch der Risikoüberwachung der verwalteten AIFs.[125] Die Beschreibung der Zuordnung von **Verantwortlichkeiten** und der Rollen für das Risikomanagement innerhalb des AIFM kann beispielsweise eine klare Definition von Befugnissen, der hierarchischen Organisation und der Kommunikationswege (z. B. zur Geschäftsführung) enthalten, aber auch Angaben hinsichtlich Anzahl benötigter Personen im Risikomanagement und der Verantwortlichkeit für die internen Genehmigung der RM-Richtlinie.

Inhalt, Häufigkeit und die Empfänger der verschiedenen Risikoberichte der **178** RM-Funktion sind in der RM- Richtlinie zu beschreiben.[126]

Der Umfang und die Ausführlichkeit der RM-Richtlinie muss der Art, der **179** Größe und Komplexität der Geschäftsaktivitäten des AIFM und der von ihm verwalteten AIFs angemessen sein.[127]

2. Anpassungen. Die RM-Richtlinie muss regelmäßig (mindestens jährlich) **180** überprüft und gegebenenfalls angepasst werden hinsichtlich ihrer Wirksamkeit und Angemessenheit. Wesentliche Änderungen der RM-Richtlinie müssen der nationalen Aufsichtsbehörde angezeigt werden.[128] Solche wesentliche Änderungen können z. B. in Folge von grundlegenden Änderungen einerseits der Organisationsstruktur und zugeordneten Verantwortlichkeiten und andererseits hinsichtlich der eingesetzten Verfahren im Risikomanagementprozess entstehen. Es ist empfehlenswert, in den internen Richtlinien und/oder Organisationshandbüchern selber zu definieren und zu dokumentieren, wann eine wesentliche Änderung vorliegt.[129]

3. Struktur. In der Praxis wird oft zunächst ein grundlegendes Rahmendoku- **181** ment für das Risikomanagement erstellt und dieses Dokument ergänzt durch weitere Dokumentation z. B. hinsichtlich verwendeten Techniken für die Steuerung von Risiken und der detaillierten Beschreibung von Arbeitsabläufen (*operating procedures*).

Bei global agierenden Gesellschaften kann es beispielsweise eigene regionale **182** Richtlinien geben. Diese gesamte Dokumentation kann dann als RM-Richtlinie(n) verstanden werden.

4. Wesentliche Risiken. Die RM-Richtlinie des AIFM muss in angemesse- **183** ner Ausführlichkeit alle **wesentlichen Risiken beschreiben**, den die von ihm

---

[124] Siehe ergänzend auch die ESMA/09–178 Risk Management Principles for UCITS.

[125] AIFM-DV Erwäg.grund 52, Art. 40 Abs. 2 und Abs. 3 lit. a; ESMA Advice Box 26, Erl. 14.

[126] AIFM-DV Art. 40, Abs. 3 lit. e.

[127] AIFM-DV Art. 40 Abs. 5.

[128] AIFM-DV Art. 41, Abs. 4.

[129] Vgl. BVI Leitlinien zur BaFin Meldung wesentlicher Änderungen des RM-Prozesses gemäß § 28 Abs. 2 InvverOV (11/2011).

verwalteten AIFs ausgesetzt sind oder ausgesetzt sein könnten.[130] Es gibt zunächst allgemeine Risiken, denen alle AIFs eines bestimmten Typs ausgesetzt sind oder ausgesetzt sein können. Solche Risiken können Marktrisiken, Liquiditätsrisiken, Kontrahentenrisiken aber auch operationelle Risiken sein. Eine genaue Definition welche Risiken wesentlich sind oder nicht wird in der AIFM-DV nicht gegeben. Ein Risiko wird als wesentlich angesehen, wenn ein nicht nur geringfügiger materieller Verlust für den Anleger, den AIFM (z. B. Reputationsrisiko) oder eine Gefährdung des Marktes (oder auch der Umwelt usw.) entstehen kann.

184   Es bestehen aber auch wesentliche AIF-spezifische Risiken. Diese Risiken sind im Risikoprofil des AIF dokumentiert, so dass diese Risikoprofile als AIF-spezifische Ergänzungen zu einer mehr grundlegenden RM-Richtlinie verstanden werden können. Die Risikoprofile enthalten auch die definierten Risikolimite der AIFs. Die RM-Richtlinie soll grundsätzlich die definierten **Risikogrenzen** der AIFs adressieren z. B. hinsichtlich ihrer Angemessenheit. Sie soll erläutern, wie die Risikogrenzen an dem den Investoren offengelegten Risikoprofil der AIFs angepasst oder werden.[131] Somit geht es in der Richtlinie an dieser Stelle um die angewandten Verfahren und Kriterien für die Definition, Anpassung und Überwachung von Risikogrenzen.

185   In der RM-Richtlinie sollen auch Grundsätze und Verfahren für das Management **von operationellen Risiken** enthalten sein.[132] Ebenso sind auch die Verwendete Techniken, Mittel und Verfahren für die Bewertung und die Steuerung von **Liquiditätsrisiken in der RM-Richtlinie**, sowohl unter normalen als auch außergewöhnlichen Umständen, mitsamt der Beschreibung der eingesetzten Stresstests.[133]

186   In der Praxis von OGAW-Verwaltungsgesellschaften gibt es oftmals RM-Richtlinien pro Risikoart (Marktrisiko, Kontrahentenrisiko, Liquiditätsrisiko, operationelles Risiko), mitunter trotzdem noch zusätzlich eine übergreifende RM-Richtlinie um den ganzheitlichen Aspekten des Risikomanagements mitsamt den Wechselwirkungen von Risiken gerecht zu werden.[134]

187   **5. Interessenkonflikte.** In den Fällen, wo nach Art. 15 Abs. 1 eine vollumfängliche funktionelle und hierarchische Funktionstrennung der RM-Funktion aus Gründen der Verhältnismäßigkeit nicht gegeben ist, muss in der RM-Richtlinie hinsichtlich der möglicher Interessenkonflikten zumindest beschrieben werden:[135]

i)   die Art der möglichen Interessenkonflikte.

ii)   die vorbeugenden getroffenen Schutzvorkehrungen zur Vermeidung der Interessenkonflikte.

iii) Gründe, wieso diese vorbeugenden Schutzvorkehrungen eine unabhängige Ausführung der RM-Funktion erwarten lassen.

iv)   Erläuterung, wieso der AIFM erwartet, dass die durchgängige Wirksamkeit der Schutzvorkehrungen gewährleistet ist.

188   Möglicherweise könnte hier eine Referenz auf die nach AIFM-DV Art. 31 erforderliche eigene Richtlinie für Interessenkonflikte genügen, falls in der letzteren die obigen Punkte entsprechend ausgeführt sind.

---

[130] AIFM-DV Art. 40 Abs. 1, ESMA Advice Box 26, Nr. 1.
[131] AIFM-DV Art. 40 Abs. 3 lit. d.
[132] AIFM-DV recital 34 nebst AIFM-DV Art. 40 Abs. 2.
[133] AIFM-DV Art. 40 Abs. 3 lit. b.
[134] regulatorisch insbesondere in der deutschen InvMaRisk gefordert.
[135] AIFM-DV Art. 40 Abs. 4.

IV. Risikolimitsystem

Ein wesentliches Element der Risikomessung ist die Einrichtung eines Systems **189** von quantitativen als auch qualitativen *Risikogrenzen* (ESMA Advice Box 29;AIFM-DV Art. 44).

Dieser Ansatz für die Risikobegrenzung gilt übergreifend für alle Arten von **190** AIF, analog wie für OGAW.

Die Risikogrenzen müssen hierbei abgestimmt sein auf das Risikoprofil des **191** AIF. Diese Abstimmung gehört zu den Aufgaben der RM-Funktion. Durch die Überwachung der fortlaufenden Einhaltung der Risikogrenzen wird kontrolliert, ob die Höhe der tatsächlichen Risiken kompatibel mit dem vereinbarten Risikoprofil ist.

Die RM-Funktion hat bzgl. Risikogrenzen zusammenfassend die Aufgabe, **192** geeignete Grenzen festzulegen in Abstimmung mit dem Risikoprofil. Zudem ist die Auslastung der Risikogrenzen zu ermitteln, zu überwachen und zeitnah zu berichten. Ferner sind tatsächliche Überschreitungen sowie erwartete Überschreitungen nachzuverfolgen.

Bei Investitionen in nicht börsennotierte Unternehmen wird zum Beispiel **193** mitunter die **Debt-Service Coverage Ratio** (DSCR) als Kennziffer auf (Objekt- und ggf. auch auf Portfolioebene) verwendet, definiert als Verhältnis des Cashflows des Nettoerlöses zu den Verbindlichkeiten (Tilgung und Zinsen). Ein DCSR von 200% bedeutet, das auf 50% der Einnahmen verzichtet werden könnte, um den Zahlungsverpflichtungen noch nachkommen zu können. Es kann also z. B. intern als Teil des Frühwarn- und Limitsystems ein unterer Schwellwert für diese Kennziffer festgelegt werden. Verwandte Kennziffern sind die Volatilität der Cash Flows und die Fremdkapitalquote pro Objekt.

V. Risikomanagementprozess[136]

Der Risikomanagementprozess (**RM-Prozess**) besteht aus den vier Kernaktivi- **194** täten Risikoerkennung, Risikobewertung, Risikosteuerung und Risikoüberwachung. Die Anforderungen in Art. 15 Abs. 3 lit. b) basieren auf den Anforderungen von Art. 40 der OGAW-Durchführungsrichtlinie 2010/43/EU.

Der Prozess ist anzuwenden auf die einzelnen Anlagepositionen, also nicht nur **195** auf aggregierter Ebene. Es ist auch die Auswirkung der Risiken von Einzelpositionen auf das Gesamtportfolio zu erfassen, messen, steuern und zu überwachen.

Der RM-Prozess ist wie für OGAWs als ganzheitlicher Prozess zu verstehen, **196** der alle wesentlichen Risiken eines AIF berücksichtigt.[137] ESMA hat bewusst davon abgesehen genauere Empfehlungen zu machen, welche Risiken relevant sind für bestimmte Investmentstrategien.[138] Es verbleibt somit im Ermessen des AIFM die wesentlichen Risiken für ein AIF zu identifizieren. Die AIFM-RL konzentriert sich auf Governance Strukturen für das Risikomanagement. So muss durch ein zuverlässiges Kontrollumfeld sichergestellt werden, dass das Risikoprofil, welches regelmäßig dem Investor berichtet wird mit dem tatsächlichen Risikoprofil übereinstimmt!

---

[136] Art. 15 Abs. lit. b).

[137] Siehe z. B. ESMA Advice Erl. 27 zu Box 29, „investment risks will depend on the risk profile of the AIF and the AIFM should seek to manage market, credit, liquidity, counterparty and operational risks".

[138] ESMA Advice Ch. IV.IV Nr. 8.

197   Der für OGAWs bestehende und praktizierte Grundsatz, dass nur solche Vermögensgegenstände erworben werden dürfen, deren Risiken im Risikomanagement angemessen abgebildet werden können, kann auch auf AIFMs übertragen werden, mitsamt des Prinzips, das die Verwaltungsgesellschaft selber verantwortlich ist für die Entscheidung, welche Methoden und Verfahren für die Abbildung der wesentlichen Risiken angemessen sind.[139]

198   Über die Frequenz der Risikomessung finden sich außer der Anforderung eines laufenden Prozesses auch im ESMA Advice keine näheren Angaben. Für OGAW gilt die Anforderung einer mindestens täglichen Risikomessung, d. h. bestimmte Investmentstrategien können hier sogar eine **untertägige Risikomessung** erforderlich machen.

199   Der Risikomanagementprozess muss auch auf Liquiditätsrisiken angewendet werden.[140] Näheres dazu wird in Art. 16 AIFM-RL und Art. 46 ff. AIFM-DV geregelt.

200   **1. Risikoerkennung. a) Überblick.** Die möglichst vollständige Identifizierung und Klassifizierung der wesentlichen Risiken des AIF ist Bestandteil der Erstellung des vereinbarten Risikoprofils bei Auflage des AIF.

201   Nach Art. 15 Abs. 2 AIFM-RL und Art. 43 Abs. 1 lit. a AIFM-DV wird darüber hinaus verlangt, dass der AIFM über *geeignete* und *wirkungsvolle* Methoden, **Verfahren** und Techniken zur **laufenden Erfassung** der für die Investmentstrategie wesentlichen tatsächlichen als auch potentiellen Risiken verfügt.

202   Es bedarf wirkungsvoller, geeigneter Verfahren sowohl für die Erstellung des anfänglichen Risikoprofils (etwa im Sinne einer Risikoinventur) als auch für die Strukturierung der fortlaufenden Risikoerkennung (*„at any time"*) und die Sicherstellung der Konsistenz zwischen dem vereinbarten und dem aktuellen Risikoprofil.[141]

203   Gerade beim Prozess der Risikoerkennung ist organisatorisch die Interaktion zwischen Portfoliomanagement-Funktion und Risikomanagement-Funktion zu regeln. Bei einem reinen Controlling Verständnis der RM-Funktion würde die Risikoerkennung ausschließlich Sache des Portfoliomanagers sein und der Risikocontroller sich auf die Überprüfung der Einhaltung der vereinbarten Risikogrenzen beschränken. Es ist zumindest Aufgabe der unabhängigen RM-Funktion zu gewährleisten, dass geeignete und wirkungsvolle Verfahren bestehen und angewendet werden für die Risikoerkennung. Die Angemessenheit und Wirksamkeit der Verfahren wird regelmäßig überprüft (siehe Rn. 114 ff.).

204   Auch wenn das vereinbarte Risikoprofil eine ausführliche Beschreibung der potentiellen Risiken enthält, ändert sich das tatsächliche Risikoprofil des AIF fortlaufend. Nicht nur, weil neue Arten von Risiken, die anfänglich kaum eine Rolle spielten, an Bedeutung gewinnen können, sondern vor allem weil die im vereinbarten Risikoprofil beschriebenen Risiken des dann ins Leben gerufenen AIF-Portfolios angesichts ständig sich ändernden, risikobeeinflussenden Gegebenheiten an Farbe und damit Profil gewinnen. Im vereinbarten Risikoprofil mag stehen, dass für eine bestimmte Assetklasse Zinsrisiken, Währungsrisiken oder Aktienpreisrisiken bestehen. Je nach Assetklasse gilt es dann diese Risiken spezifisch im aktuellen Umfeld zu erkennen und einzuschätzen, angesichts von möglichen Szenarien wie etwa eines US Fiscal Cliffs, eines stark fallenden Öl- oder

---

[139] Vgl. z. B. *Brümmer* in: Berger/Steck/Lübbehüsen (2010), InvG § 51, Rn. 13.
[140] Art. 45 Abs. 3 lit. (f) AIFM-DV.
[141] Art. 45 Abs. 2 AIFM-DV.

Goldpreises, eines stärkeren Euros oder eines „Grexits" in 2013/14. Das fortlaufende Risikoprofil ist konkreter im Vergleich zum vereinbarten Risikoprofil. Der Übergang zur Risikobewertung ist fließend in dem Sinne, dass wenn beispielsweise möglicherweise eine Zinserhöhung ansteht, für einen geschlossenen Fonds unmittelbar eine erste Risikobewertung stattfindet inwieweit davon die Bewertung der Assets und die Fremdkapitalfinanzierung betroffen sind.

Der Prozess der laufenden Risikoerfassung ist eng verwandt mit dem nach **205** Art. 15 Abs. 3 lit. a erforderlichen Due Diligence hinsichtlich der fortlaufenden Überwachung der getätigten Investitionen, siehe Rn. 296 ff. Die fortlaufende Risikoerfassung gehört als Teil des RM-Prozesses zu den Kernaufgaben der RM-Funktion (siehe Rn. 141), während die fortlaufende DD zur Verantwortung der Portfoliomanagement-Funktion gehört (siehe Rn. 332). In der Praxis kann es sinnvoll sein, eine angemessene Schnittstelle zwischen beiden Aufgaben zu definieren. Nicht zu unterschätzen ist, das Portfoliomanager als „Risk Taker" mit etlichen Aspekten der mit einer Investition verbundenen Risiken bestens vertraut sind und allein schon dadurch für den Risikomanager eine wertvolle Quelle für die Risikoerkennung sind. Andererseits wäre wiederum eine übermäßiges sich Verlassen des Risikomanagers auf die durch den Portfoliomanager erkannten Risiken verfehlt, da der Risikomanager selber verantwortlich ist für das Erkennen der Risiken.

b) Frühwarnindikatoren. Ein wichtiger Aspekt der laufenden Risikoerfas- **206** sung sind Methoden und Verfahren für die möglichst **frühzeitige Erkennung** von Risiken, z. B. durch die Definition geeigneter **Frühwarnindikatoren.**[142] Explizit ist die Anforderung der frühzeitigen Risikoerkennung in der AIFM-RL nicht zu finden.[143] In der InvMaRisk (4.3.5) wird hingegen explizit die frühzeitige Erkennung, vollständige Erfassung und angemessene Darstellung von wesentlichen Risiken als allgemeine Anforderung gestellt. Nach InvMaRisk (4.3.7) muss das RM-System ein Verfahren zur Früherkennung von Risiken vorhalten, welches der Gesellschaft die frühzeitige Einleitung von erforderlichen Gegenmaßnahmen ermöglicht. Nach InvMaRisk (4.4.5 Tz. 12) muss ein **Frühwarnsystem** für Liquiditätsengpässe eingerichtet sein. Nach Art. 45 Abs. 1(a) AIFM-DV müssen die Verfahren zur Erkennung und Steuerung der Risiken geeignet und wirkungsvoll sein, dazu gehört dann aber auch die frühzeitige Risikoerkennung!

Weinreich (2012)[144] gibt als **Frühwarnradar** für die Einschätzung eines Unter- **207** nehmens jeweils 4 Indikatoren für die Bereiche Markt, Organisation, Risiko und Finanzen an. Hinsichtlich Markt- und Organisation beispielsweise die Einschätzung der **strategischen Kompetenz** (im Sinne von Führungsqualität der Geschäftsleitung; überzeugendes, zukunftsorientiertes Businessmodell und Wettbewerbsfähigkeit), der Marktkompetenz (z. B. ob klare Ausrichtung auf Zielgruppen mit Potential), der Begünstigung/Benachteiligung durch **Trends** (ökonomisch, ökologisch, technologisch usw.) und der Innovationskompetenz (z. B. ob eine konsequente Umsetzung erkennbar ist). Hinsichtlich Risiken können u.a. Einschätzungen der **Reputationsrisiken** (öffentliche Meinung), operative Risiken und Investitions-/Projektrisiken als Indikator dienen. Aus dem Bereich Finanzen können das langfristiges „Potentialratin**g**" (Beurteilung von Strategie für

---

[142] „An ounce of prevention is worth a pound of cure" (B. Franklin).

[143] Siehe z. B. Hinweis auf **proaktives** RM in ESMA Advice Box 25, Erl. 10.

[144] *G. Weinrich* in: J. Jacobs (Hrsg), „Frühwarnindikatoren und Krisenfrühaufklärung", Springer-Gabler, Wiesbaden (2012), Abb. 6.3, p. 388.

Wachstum, Rationalisierung, Finanzierung, Investition), das normale Kreditrating, die „Wertschaffung" (Kundennutzen und Ertragsmodell; EBIT) und ein Peer Group Vergleich als Indikator genommen werden.

208 Für das Management **operationeller Risiken** werden üblicherweise Risikoindikatoren mit zugehörigen Schwellenwerten als Instrument zur Frühwarnung eingesetzt, wie die Anzahl der Kundenbeschwerden, der aktiven Anlagegrenzverletzungen, der Stornoquote bei der Eingabe von Handelsgeschäften usw.

209 Analog lassen sich in der Praxis grundsätzlich für die meisten wesentlichen Risikoarten geeignete Indikatoren definieren und beobachten, wobei es jeweils darauf ankommt, passende Indikatoren zu definieren. Manchmal bildet man für Frühindikatoren „Kausalketten". Umsatzzahlen etwa sind abhängig von vorher erfolgten Auftragseingängen und dann schaut man weiter, von welchen Faktoren die Auftragseingänge wesentlich beeinflusst werden. Ein solches Analysieren von Zusammenhängen unterstützt das Erkennen von möglichen Risiken.

210 In der Literatur werden (zumindest) drei Generationen von **Frühwarnsystemen** unterschieden.[145] Erstens kennzahlen- und prognoseorientierte Indikatoren zur Identifizierung von Abweichung von Plangrößen (z. B. VaR, Cash Flow Zahlen, KPIs), zweitens „Leading Indicators" in Ursache/Wirkungszusammenhängen für frühzeitige Indikation von möglichen Veränderungen für einen bestimmten Zeithorizont in einem bestimmten Bereich, und drittens (auf der Theorie der schwachen Signale von Ansoff beruhend), ein Scannen aller möglichen schwachen Signale hinsichtlich Diffusion/Häufung im Umfeld eines identifizierten Risikos um eine strategischen Trend zu identifizieren („strategische Frühaufklärung").

211 Solche Screening Methoden werden natürlich auch im Portfoliomanagement zur Identifizierung von Investmentgelegenheiten (long oder short) eingesetzt.

212 Frühindikatoren können Hinweise auf mögliche Risiken geben, die dann einer weiteren Analyse bedürfen, ehe es zu Entscheidungen kommt. A. Kastner (2012)[146] gibt zwei einfache Beispiele für voreilige Entscheidungen:

i) Aufgrund von kurzfristigem Preisanstieg in Rohstoffen wird fälschlicherweise auf eine nachhaltige Preissteigerung geschlossen und ein Long Kontrakt gekauft.

ii) Ein Unternehmen benötigt kurzfristig einen erhöhten Kontokorrentkredit. Da gleichzeitig ein kurzfristiger Umsatzeinbruch vorliegt, wird die Erhöhung des Kredits durch den Kreditgeber abgelehnt und das Unternehmen gerät in Zahlungsschwierigkeiten.

213 Die AIFM-Richtlinie gibt nicht pauschal vor, welche Risiken als wesentlich einzustufen sind und welche nicht. Es sind aber, analog wie für OGAWs, zumindest die Risikoarten Kontrahentenrisiko, Marktrisiko, Liquiditätsrisiko und operationelles Risiko abzudecken. Es sei denn, aufgrund des AIF Typs und der investierten Assetklassen ist klar, das die eine oder andere Risikoart unwesentlich ist. Sinnvoll können für die Risikoidentifikation auch gezielte Analysen zur Aufdeckung von Schwächen sein, als auch reverse Stresstests. Je nach Typ des AIF sind unterschiedliche Arten von Risiken relevant. Letztlich geht es immer wieder darum, nicht die Risiken zu eliminieren sondern aufzuzeigen um dann die Risiken entweder bewusst in Kauf zu nehmen, besondere Sorgfalt walten zu lassen oder die Situation gründlicher zu analysieren, sofern denn Zeit dafür ist.

---

[145] Siehe z. B. http://www.daswirtschaftslexikon.com/d/früherkennungsmodelle.

[146] *Kastner* in:*A. Becker/H. Schulte-Mattler (Hrsg)* „Finanzkrise 2.0 und Risikomanagement von Banken", (2012) ES-Verlag Berlin, p. 112.

Bei geschlossenen Fonds bestehen aus Sicht des AIFM erhöhte unternehmeri- **214**
sche Risiken in der Phase der Produktkonzeption als auch der Platzierung des
Produktes, während für den Anleger auch steuerliche Aspekte ein erhebliches
Risiko darstellen können, die daher am besten von dem AIFM von vornherein
gleich mit zu berücksichtigen sind. Das **Platzierungsrisiko** besteht darin, dass es
nicht gelingt genügend Kapital von potentiellen Investoren in der Platzierungsphase einzusammeln mit der Konsequenz, dass der Fonds nicht aufgelegt werden
kann. Ein Frühindikator ist das Interesse von potentiellen Anlegern an dem
geplanten Produkt. Vor allem bei einem längeren Platzierungsphase besteht auch
für die Anleger durch die Kapitalbindung als auch, je nach Zeichnungsvereinba-
rung, einer Kostenbeteiligung (z. B. 5%) bei der Rückzahlung des eingezahlten
Betrages, ein Platzierungsrisiko, das es nicht zu einer Vollplatzierung oder Min-
destplatzierung kommt. Oftmals wird auch auf eine Kostenbeteiligung durch den
Anleger verzichtet, in diesem Fall trägt der AIFM als Fondsinitiator die bereits
angefallenen Kosten (für die Due Diligence etc.) alleine.

2. Risikobewertung. Ein verbreiteter Ansatz ist die Zerlegung eines Risikos **215**
in weitere einzelne messbare **Risikofaktoren** im Sinne von wesentlichen Faktoren, von welchen das Risiko beeinflusst wird. Für dieses Risikofaktoren werden,
soweit möglich, **Eintrittswahrscheinlichkeiten** ermittelt oder geschätzt, und
gegebenenfalls eine **Verteilungsfunktion.** Bei der *Risikobewertung* werden für
die erkannten möglichen Verluste deren **Höhe** als auch die **Eintrittswahrscheinlichkeiten** bestimmt oder abgeschätzt. Aus Verlusthöhe und Eintrittswahrscheinlichkeit ergeben sich in der Praxis auch Schwellenwerte für die Bestimmung der
Wesentlichkeit von Risiken. Ein Risiko, das zu einem hohen Verlust für den
Anleger führen kann mit einer nicht zu vernachlässigenden Eintrittswahrscheinlichkeit, wird in der Regel als ein wesentliches Risiko eingeschätzt.

a) Quantitative und qualitative Methoden. Die AIFM-RL spricht in **216**
Art. 15 Art. 2 (ebenso Art. 45 AIFM-DV und ESMA Advice Box 28) von der
Risikomessung, wodurch der quantitative Ansatz der Abschätzung einer möglichen Verlusthöhe betont wird. In Erläuterung 21 des ESMA Advices zu Box 28
findet sich jedoch der Hinweis, dass es nicht genügt, messbare Risiken zu messen
und das die „Risikomessung" hinsichtlich „nicht quantifizierbarer" Risiken qualitative Methoden anzuwenden habe. Da in diesem Fall keine „Risikomessung" im
engeren Sinne erfolgt, erscheint der allgemeinere Begriff der **Risikobewertung**
zutreffender. Erläuterung 28 zu Box 29 des ESMA Advice stellt jedoch im Zusammenhang mit der Festlegung von Risikogrenzen klar, dass die Verwendung qualitativer Risikogrenzen eher die Ausnahme als die Regel ist, und daher der AIFM
in der Lage sein muss, einen völligen Verzicht auf quantitative Risikogrenzen
gegenüber der Aufsichtsbehörde zu begründen. Nach Einschätzung der ESMA
ist es für die meisten Risiken möglich, quantitative Grenzen festzulegen. Festleg-
barkeit von quantitativen Grenzen bedeutet, dass die Risiken gemessen werden
können und umgekehrt, somit sollten qualitative Risikobewertungen im Vergleich zu den Messungen in der Minderheit sein, nichtsdestotrotz explizit auch
vorhanden sein.

Eine beliebte Methoden zur qualitativen Risikobewertung ist beispielsweise **217**
die Verwendung einer visuell farblich entsprechend eingefärbten Risiko „Heat
Map" in Form einer 3x3 Matrix, wobei in den Zeilen die Eintrittswahrscheinlichkeit und in den Spalten die möglichen Auswirkungen jeweils drei Kategorien
eingeschätzt werden. Ein solcher Ansatz lässt sich kombinieren und erweitern

(z. B. 5x5 Matrix etc.) insbesondere auch mit quantitativen Regeln und Messungen.[147] Der Vorteil einer Heat Map ist ihr visueller Charakter, der sie besonders geeignet für die Risikokommunikation macht.[148] Bei einem **Scoring Modell** wird zunächst ein Gewichtungsfaktor für jeden Risikofaktor festgelegt, je nach eingeschätzter Relevanz für das Gesamtrisiko. Gegebenen Ausprägungen der Risikofaktoren werden dann „Scores" (z. B. Punkteskala von 1 bis 6 aufgrund von Expertenschätzungen) zugeordnet, um anschließend eine gewichtete Addition vorzunehmen. Der Ansatz lässt sich auch mit quantitativen Methoden kombinieren. Korrelationen zwischen den Risikofaktoren werden nur indirekt durch die Gewichtungsfaktoren berücksichtigt. Typisches Beispiel einer qualitativen Risikobewertung (unter Berücksichtigung quantitativer Aspekte) ist die Bewertung der Bonität von Finanzinstituten und Staaten durch Einstufung in vordefiniere **Ratingkategorien.**

218   **b) Einfache Verlustmaße. Risikomaße** sind statistische Kennzahlen, abgeleitet aus einer Quantifizierung von identifizierten Risiken durch Verteilungsfunktionen, welche den möglichen Ereignissen gewisse Wahrscheinlichkeiten zuordnen. Durch solche Kennzahlen werden Risiken vergleichbar.

219   Es gibt zunächst einige **einfache Verlustmaße.** So gibt die Kennzahl des **Maximalverlustes** den größtmöglichen Verlust hinsichtlich eines Ereignisses oder einer Entscheidung an, ohne Berücksichtigung von Eintrittswahrscheinlichkeiten. Wenn für ein Risiko sogar der Maximalverlust unterhalb der vereinbarten Risikogrenze bleibt, vereinfacht das die Sicherstellung der Einhaltung der Risikogrenze. Falls ein durch komplexere Methoden errechneter Verlust größer ist als der Maximalverlust, ist das ein Fehlerhinweis, somit ist der Maximalverlust brauchbar als Plausibilitätskontrolle. Der **erwartete Verlust** (*Expected Loss*; EL) ist die mit der Eintrittswahrscheinlichkeit gewichtete Summe der möglichen Verluste. Allerdings lässt diese Kennzahl nicht die Struktur der Verteilung, die Relation zum Gesamtvermöge und die Gewinnmöglichkeiten erkennen.

220   **c) Historische Volatilität.** Die historische *(realized)* **Volatilität** ist ein Maß der Schwankung oder Streuung von Daten wie Preisen, Renditen und Cash Flows um den erwarteten Mittelwert. Die historische, empirische Volatilität wird mittels der statistischen, empirischen **Standardabweichung σ** gemessen.[149] Die Standardabweichung ist die Quadratwurzel der **Varianz.** Die empirische Varianz ergibt sich als der Durchschnitt der quadrierten Abweichungen vom Mittelwert. Unter der historischen Volatilität wird **die annualisierte Standardweichung σ_{ann}** vom verstanden. Bei Verwendung z. B. monatlicher (log) Renditen, erfolgt eine Annualisierung der Standardabweichung σ durch Multiplikation mit $\sqrt{12}$.[150] Markowitz und die **Moderne Portfoliotheorie** (MPT) haben unter **Risiko** die annualisierte Standardabweichung verstanden. Das ist allenfalls sinnvoll unter der Annahme (log)normalverteilter Renditen. Eine Renditezeitreihe, die fast immer

---

[147]   z. B. *CGMA Tools* „How to communicate risks using a heat map", Nov. 2012 http://www.cgma.org/resources/tools/pages/communicate-risks-using-heatmap.aspx.

[148]   In dem MCKinsey ‚Working Papers on Risk' No. 17 „*How institutional investors can rethink risk management*" (04/2010) wird empfohlen (p. 12): „**Comprehensive risk heat maps** *can provide the institution with a holistic view of exposure across risk types (market, credit, concentration and liquidity) and for all asset classes and instruments.*"

[149]   Meistens werden die logarithmierten Renditen verwendet.

[150]   Hier geht bereits die „Wurzel Zeit" Regel ein, welche im Sinne der Brownschen Bewegung die Unabhängigkeit der (ggf. logarithmierten) Renditeveränderungen annimmt.

konstant ist und nur einige wenige Male heftig nach unten ausschlägt, ist nicht normalverteilt[151], kann aber eine geringere Standardabweichung haben als etwa eine normalverteilte Zeitreihe, die mäßig aber fortlaufend um den Nullwert schwankt.[152] Da an sich die erste Zeitreihe ein größeres Risiko aufweist, wird das Risiko also im „nichtnormalen" Fall durch die Volatilität nicht hinreichend gut beschrieben. Volatilität beinhaltet Verlust- und Gewinnmöglichkeiten und entspricht damit eher dem Risikobegriff im weiteren Sinne, der auch die Gewinnmöglichkeiten umfasst. In der Volatilität als Ausdruck von Marktpreisschwankungen sind Ausfallrisiken, Liquiditätsrisiken oder Inflationsrisiken (z. B. bei Anleihen) kaum berücksichtigt.

d) Implizite Volatilität. Für Märkte, an denen Optionen auf Basiswerte   **221** gehandelt werden, drückt die **implizite Volatilität** die Markterwartung hinsichtlich der Volatilität des Basiswertes aus. Kurz vor anstehenden Ereignissen (Ankündigung von Ernte Voraussagen für Soft Commodities, Ankündigungen von Zentralbanken für Zins Futures, Unternehmenszahlen) als auch bei unerwarteten Ereignissen steigen die impliziten Volatilitäten. Am Tag des Ereignisses selbst steigt dann auch die realisierte Volatilität. Nach einem Crash des Aktienmarktes ist in der Regel die implizite Volatilität von Optionen auf einzelne Aktien für eine gegebene Laufzeit je höher, desto niedriger der Strike Preis ist.

Die implizite Volatilität ergibt sich relativ zu einem Optionsbewertungsmodel   **222** (etwa Black Scholes) als diejenige erwartete Volatilität des Basiswertes, welche man in die Bewertungsformel einsetzen muss, damit sich genau der Marktpreis der Option ergibt. Ein solcher Prozess, wo Parameter für ein Risikomodell (oder Bewertungsmodell) derart gesucht und gewählt werden, dass der theoretische Preis des Modells den Marktpreis ergibt, wird **Kalibrierung** des Modells genannt.[153] Im Black-Scholes Modell haben jedoch für eine bestimmte Restlaufzeit die Optionen die *in the money* oder *out the money* sind eine andere implizite Volatilität als die Optionen die *at the money* sind.[154] Dieses Phänomen des Volatility Smile oder allgemeiner des **Volatility Skew** widerspricht der Black Scholes Formel, die von einer konstanten Volatilität ausgeht. Es erscheint auch unlogisch, das die erwartete Volatilität des Basiswertes abhängt von den Optionen auf den Basiswert. Die Crux liegt in der Annahme des Black Scholes verborgen, das die logarithmierten Renditen des Basiswertes normalverteilt sind, der Fehler drückt sich dann gerade im *Volatility Skew* aus. Da die Normalverteilung das Eintreten extremer Ereignisse unterschätzt, errechnet die Black Scholes Formel insbesondere zu niedrige theoretische Preise für *out the money Puts*, was dann in der Praxis „als Kalibrierung des Modells" durch höhere implizite Volatilitäten korrigiert wird.

Die Schwankungen ändern sich im Zeitverlauf[155], aber nicht zufällig sondern   **223** es lassen sich Perioden hoher als auch Perioden niedriger Volatilität beobachten

---

[151] Am relativ illiquiden Genussscheinmarkt sind manchmal solche Sprünge zu beobachten. Eine ähnliche Beobachtung gilt aber auch schon für illiquide Aktien im Vergleich zu liquiden Aktien.

[152] Ein solches Beispiel gibt *Danielsson* in *Szegö* (2004), p. 26 an.

[153] In der Praxis werden die Parameter durch Computer Algorithmen ermittelt.

[154] Die Existenz des „Volatility Smile" bzw. des „Volatility Skew" verweist auf einen Schwachpunkt der Black Scholes Formel bzgl. der Annahme einer konstanten Volatilität. Es gibt eine Reihe von Erweiterungsansätzen.

[155] Trotzdem basieren die marktgängigen Methoden der Risikomessung derivativer Finanzinstrumente häufig auf der vereinfachenden Annahme einer konstanter Volatilität.

(**Volatilitätscluster**). Es gibt eine Reihe von Ansätzen für die Modellierung der zeitabhängigen Volatilität, wie z. B. (**G**) **ARCH Modelle**[156] **und stochastische Volatilitätsmodelle (z. B. Heston Modell).** Empirische Finanzmarktdaten haben im Zeitverlauf die Eigenschaft, dass häufig große Schwankungen als auch sehr kleine Schwankungen jeweils nicht nur einzeln sondern geclustert auftreten (**Volatilitätscluster**).[157]

224   **e) Rendite/Risikokennzahlen.** Es gibt einige verbreitete Kennzahlen zur Messung des Rendite/Risiko Verhältnisses.

225   Die **Sharpe Ratio (SR)** ist eine grundlegende *ex post* Kennzahl zur Messung des Verhältnisses von Rendite zu Risiko. Hierbei wird unter „Risiko" die annualisierte Standardabweichung σ_f der Renditen und unter Rendite die Überschussrendite oberhalb des „risikofreien" Zinssatzes[158] r_f verstanden:

$$Sharpe\ Ratio = (r_p - r_f)\ /\ \sigma_f$$

226   Da im Nenner lediglich die historische Volatilität steht, kann man am Sharpe Ratio nicht erkennen, welche Risiken tatsächlich eingegangen wurden.[159] Bei einer negativen Sharp Ratio wird der risikolose Zins nicht erreicht und stattdessen vermutlich Verluste erwirtschaftet. Die Sharpe Ratio betrachtet **Differenzrenditen.** Wenn etwa Portfolio X eine absolute Rendite von 5% und Standardabweichung von 10% und Portfolio Y eine absolute Rendite von 8% und eine Standardabweichung von 20% hat, dann ist das Portfolio X hinsichtlich des Verhältnisses der absoluten Rendite zur Standardabweichung zu bevorzugen. Bei einem risikofreien Zins von 2% hat aber Portfolio Y eine höhere Sharpe Ratio als X. Wenn eine Standardabweichung von 10% angestrebt wird, ist es für den Investor zu bevorzugen, 50% in Portfolio Y und 50% in die risikofreie Anlage zu investieren statt 100% in Portfolio X, da die Kombination eine Rendite von 5,5% hat bei gleicher Standardabweichung von 10%.[160]

227   Es stellt sich die Frage nach der Aussagekraft einer ex post Kennzahl hinsichtlich künftiger Entwicklungen. Man kann nur bedingt davon ausgehen, dass wenn ein

---

[156] R. Engle führte 1982 einen Moving-Average-Prozess für die Varianz ein.

[157] Bereits 1963 von *B. Mandelbrot* beschrieben in „The variation of certain speculative prices", Journal of Business, XXXVI (1963), p. 418 https://web.williams.edu/go/math/sjmiller/public_html/341Fa09/econ/Mandelbroit_VariationCertainSpeculativePrices.pdf: *„one notes that large price changes are not isolated between periods of slow change; they rather tend to be the result of several fluctuations, some of which „overshoot" the final change. Similarly, the movement of prices in periods of tranquillity seem to be smoother than predicted by my process. In other words, large changes tend to be followed by large changes-of either sign-and small changes tend to be followed by small changes".* R. Engle führte 1982 einen Moving-Average-Prozess für die Varianz ein.

[158] Der risikolose Zins kommt zwar in vielen Formeln der Finanzmarkttheorie vor und war in der Vergangenheit eine Selbstverständlichkeit, doch wegen dem *Contagion Risk* zwischen den Staaten, dem Inflationsrisiko als auch wegen teilweise negativen Realzinsen ist es etwas obsolet, die Rendite aus Staatsanleihen als risikolosen Zins zu betrachten. Ein negativer risikoloser Zins erhöht die volatilitätsadjustierte Renditeentwicklung.

[159] Sharpe (1966) nannte die Kennzahl selber ursprünglich *„reward-to-variability ratio".*

[160] Siehe *W.F. Sharpe* „The Sharpe Ratio", The Journal of Portfolio Management, Herbst 1994 für Varianten der Sharp Ratio, z. B. wenn im Zähler die Differenzrendite $(r_p - r_B)$ des Portfolios bzgl. der Rendite einer Benchmark oder eines Finanzinstrumentes genommen wird, als auch auch im Zusammenhang mit Leverage durch Short Positionen und Ansätzen für eine *ex ante* Sharp Ratio.

Fonds bisher eine gute volatilitätsadjustierte Performance hatte, dies auch künftig so sein wird.

Das **Sortino Ratio** ist dem Sharpe Ratio verwandt, berücksichtigt aber im 228 Nenner nur die Downside Volatilität. Das **Omega Ratio**[161] ist das wahrscheinlichkeitsadjustierte Verhältnis der Rendite zum Verlust relativ zu einer Zielrendite. Im Gegensatz zum Sortino Ratio werden beim Omega auch höhere Momente der Verteilung wie **Schiefe** (Neigung der empirischen Verteilung nach links oder rechts) und **Kurtosis** (Steilheit der empirischen Verteilung) berücksichtigt.

Die **Information Ratio (IR)** ist das Verhältnis von **Alpha** zu **Tra-** 229 **cking Error (TE)**. Alpha ist hierbei die Outperformance $r_p - r_B$ des Portfolios gegenüber seiner Benchmark und der ex post TE die Standardabweichung der Differenzrendite.[162]

Diese Kennzahl macht vor allem Sinn im traditionellen Assetmanagement, wo 230 es zumeist das Anlageziel ist, eine Überrendite relativ zu einer Benchmark zu erzielen. Die IR ist aber nicht notwendiger zeitstabil, d. h. eine Outperformance muss nicht beständig über mehrere Perioden sein.

Ein wichtige Steuerungskennzahl für das Portfoliomanagement ist hier daher 231 oft das **ex ante TE** im Sinne des erwarteten, künftigen Tracking Errors. Je kleiner der TE, desto kleiner das Risiko eine schlechtere Rendite als die Benchmark zu erzielen, aber desto kleiner auch die Möglichkeiten für ein aktives Portfoliomanagement. Ein TE nahe bei Null bedeutet ein passiv gemanagtes, benchmarknahes Portfolio, wie es etwa bei den **ETFs** (Exchange Traded Funds) der Fall ist.

Die gegenteilige Anlagestrategie haben vor allem Hedgefonds, wo es nicht 232 mehr darum geht, einen Index abzubilden oder zu schlagen, sondern einen absoluten Return zu erzielen. Die Wahl geeigneter Risikokennzahlen hängt immer auch von der grundlegenden Anlagestrategie als auch den Eigenschaften der investierten Assetklassen ab. Generell ist es oft nützlich, mehrere Kennzahlen kombiniert zu betrachten.

Wenn man unter dem **Risikobudget** eines Investors die Aufteilung seines 233 Gesamtrisikos auf das aktive Risiko (Managerrisiko, absoluter Return Ansatz, hohe IR, Alpha Strategien) und das passive Risiko (Benchmark- oder Marktrisiko, Beta Strategien) versteht, lässt sich das Risikobudget beispielsweise modellieren durch das Verhältnis von IR und Sharpe Ratio unter Berücksichtigung des Korrelationskoeffizienten ϱ zwischen Alpha und Beta mit einem optimierten Wert:[163]

$$Optimales\ RisikoBudget = (IR - \varrho\ SR\ )\ /\ (SR - \varrho\ IR)$$

Durch Multiplikation dieses Wertes mit der Standardabweichung der Bench- 234 mark, erhält man eine Vorgabe für den optimalen TE.

f) Extremereignisse. Kendall (1953), der als einer der ersten gilt, die beschrie- 235 ben haben, das die Kurse von Aktienindices und Commodities einem Random

---

[161] C. Keating, W. Shadwick „An Introduction to Omega", 1992, Finance Dev. Centre, p. 3.

[162] In den letzten Jahren waren im traditionellen Asset Management *Portable Alpha* Konzepte zur *Trennung von Alpha und Beta* populär. Das Beta ist ein Maß für die Sensitivität des Portfolios zu seiner Benchmark. Nach dem CAP Modell ist die erwartete Portfoliorendite *Alpha* $+ r_f + Beta(\ E(r_B) - r_f)$.

[163] Siehe Scott in Börsenzeitung vom 24. 11. 2012 über Risikobudgetierung und das Abwägen von http://www.boersen-zeitung.de/index.php?li=1&artid=2012228347&titel= Der-Weg-zur-optimalen-Risikobudgetierung, nebst Scott, „Risikobudgetierung: Die Nutzung des TE", 07/2012, www.schroders.com.

Walk zu folgen scheinen, hat zugleich auch sehr früh die **Leptokursosis** der empirischen Verteilungsfunktion der Renditen bemerkt: *„Kendall is one of the first to observe that price changes in commom stocks are **approximately** normally distributed, but with too many obervations near the mean and too many in the extreme tails.* "[164]

236   Die jüngere Vergangenheit macht deutlich, dass als unwahrscheinlich erachtete Ereignisse häufiger eintreten als gedacht,[165] sodass auch das Risiko des Eintretens von Extremereignissen (sogenanntes **„Tail Risk"**) nicht außer Acht gelassen werden kann. Gemäß der **Drei–Sigmaregel**[166] gilt unter der Annahme einer Normalverteilung, das 99,74% der Wertveränderungen nicht mehr als 3 Standardabweichungen vom Mittelwert abweichen. Die Ausreißer sind die Extremereignisse und kommen unter dieser Prämisse also nur mit einer Wahrscheinlichkeit von 0,26% vor. De facto treten sie aber wesentlich häufiger auf.

237   Die Annahmen, die der Einschätzung von Eintrittswahrscheinlichkeiten zugrunde liegen sind somit kritisch zu hinterfragen. Extremereignisse können nicht genau vorhergesagt werden, es können allenfalls die Verluste abgeschätzt werden.

238   **g) Value at Risk.** Das populärste Risikomaß für die Abschätzung des Verlustes eines Wertpapierportfolios für einen bestimmten Zeithorizont mit einer bestimmten Wahrscheinlichkeit ist das Value-at-Risk (VaR). Es ist die in Banken als auch OGAWs eingesetzte Standardmethode für die Quantifizierung des Marktrisikos von Portfolien.[167] Beispielsweise schätzt das VaR den Verlust nur für ein punktuelles Quantil der (Gewinn &) Verlustverteilung ab und nicht die Höhe der größeren Verluste am Rande der Verteilung. Es macht somit für Extremereignisse nur eine Abschätzung darüber wie hoch der Verlust mindestens ist, ohne Beachtung der höheren Verluste in der Verteilung, die somit auch ein Vielfaches des VaR sein können.

239   Das VaR ist das Quantil einer Verlustverteilung. Für ein bestimmtes Konfidenzniveau α, z. B. $\alpha = 95\%$, ist das 95% VaR definiert als die **kleinste** Zahl v mit der Eigenschaft, das die Wahrscheinlichkeit eines v übersteigenden Verlustes für einen gegebenen Zeithorizont nicht größer als 5% ist:[168]

$$\text{VaR}_{\alpha} = \inf \{ \ v \ \varepsilon \ \text{IR} : P(L > v) <= 1\text{-} \ \alpha \ \}.$$

240   Es gibt die drei Grundmethoden parametrischer Delta Normal Ansatz (mittels Kovarianzmatrix), **Monte Carlo Simulation** und **historische Simulation.** Ferner lassen sich die Ansätze hinsichtlich der Methode zur **Bewertung der Finanzinstrumente** in den Szenarien (full Revaluation oder durch Sensitivitäten) differenzieren. Der parametrische Ansatz basiert auf Sensitivitäten. Bei den anderen Methoden hängt die Bewertungsmethode mitunter von der Assetklasse ab, da z. B. eine volle Neubewertung komplexer Verbriefungsstrukturen für jedes Szenario sehr aufwendig sein kann.

---

[164] *Mark Rubinstein,* „A History oft the Theory of Investments", 2006, Wiley, NY, p. 117.

[165] Die Extremrisiken werden insb. unterschätzt unter Normalverteilungsannahmen.

[166] Siehe z. B. *Bosch* (2011), Statistik für Nichtstatistiker, Seite 149.

[167] Siehe z. B. *J. Danielsson,* Limits to Risk Modelling, Seite 26 ff, in *Szegö* (Hrsg) „Risk measures for the 21st century", 2004, Wiley Finance, London.

[168] Siehe z. B. *Neils, Frey, Embrechts* „Quantitative Risk Management" 2005, Princeton, p. 38.

Bei der historischen Simulation sind wichtige Parameter die Länger der ver- **241** wendeten Zeitreihen und eine höhere Gewichtung der relativen Veränderungen der jüngeren Vergangenheit. Bei Anwendung einer solchen Gewichtung werden die Anzahl der Ausreißer beim Backtesting verringert, weil sich das VaR die aktuellen Schwankungen durch die Höhergewichtung besser berücksichtigt. Für OGAWs wird in der Industrie vielfach die historische Simulation mit einem einjährigen historischen Beobachtungszeitraum mit Gleichgewichtung der Veränderungen verwendet.[169] Somit hat die aktuelle VaR-Berechnung die Finanzkrise 2007–09 bereits längst vergessen, da die Kursschwankungen aus dieser Zeit bereits schon nicht mehr relevant sind. Bei Verwendung längerer historischer Beobachtungszeiträume bei Gleichgewichtung der Returns würde das VaR steigen. Allerdings wird es dadurch auch „träger" und auf neuere normale Schwankungen weniger reagieren. Für OGAWs mit relativem Renditeziel wird das Marktrisiko durch das Verhältnis $VaR(Portfolio)/VaR(Benchmark)$[170] dargestellt (bzgl. einer Konfidenz von 99%, wobei das VaR jeweils in Prozent dargestellt wird) mit einem regulatorisch vorgegebenen Limit von 2. Für OGAWSs mit absolutem Renditeziel gibt es eine obere Grenze von 20% für das 99% VaR bzgl. einer Haltedauer von 1 Monat (21 Börsentage).[171]

Das **Conditional Value at Risk** (CVaR oder Expected Shortfall) quantifiziert **242** den Verlust, für den Fall, das der VaR unterschritten wird. Er ist der Mittelwert aller Verluste, die größer oder gleich dem VaR sind. Im Gegensatz zum VaR ist das CVaR subadditiv, d. h. das CVaR eines Portfolios ist niemals größer als die Summe der CVaRs der einzelnen Positionen.

In der AIFM-RL nebst Durchführungsverordnung und ESMA Advice wird **243** die VaR Methode nicht erwähnt. In dem AIFMD-IA wird lediglich im Zusammenhang möglicher Methoden zur Berechnung von Leverage erörtert, das eine auf einem VaR Ansatz beruhende Methode zur Berechnung von Leverage verworfen wurde. Ein solcher Ansatz steht im Wesentlichen nur für solche Typen von AIFs zur Verfügung, die in Finanzinstrumente investieren. Ferner ist es nicht klar, ob durch den für OGAWs zur Messung des Marktrisikopotentials vielfach eingesetzten relativen VaR Ansatz[172] überhaupt Leverage angemessen erfasst wird.[173]

Somit wird von der AIFM-RL nicht festgelegt und es gibt im Zusammenhang **244** mit ihr derzeit keine ESMA Empfehlung, welche Risikomaße (abgesehen von den allgemeinen Vorgaben für das Leverage) für bestimmte Arten von AIFs einzusetzen sind oder nicht.

h) Zusammenspiel von Risiken. Für ein angemessenes Risikomanagement **245** ist auch das Zusammenspiel einzelner Risiken zu bewerten.[174] Es finden sich hierzu zwar in der AIFM Richtlinie keine expliziten Ausführungen, implizit ergibt

---

[169] In Deutschland vor allem aufgrund von § 11 DerivateV.

[170] Hinsichtlich Risikoattribution aufschlussreicher ist das *VaR (Portfolio-Benchmark)*, welches als Spezialfall den ex ante Tracking Errror ergibt.

[171] Das bzgl. Marktrisiko limitierte „global exposure" eines UCITS (Art. 51(3) UCITS IV-RL) kann nach ESMA Guidelines 10–788 Box 11(1) insbesondere nach dem relativen oder dem absoluten VaR Ansatz berechnet werden.

[172] Vgl. ESMA Guidelines 10–788, Box 11.

[173] AIFMD-IA Sect. 6.3, Option 2 (VaR).

[174] Vor allem die deutsche InvMaRisk macht hierzu Vorgaben, siehe z. B. InvMaRisk 4.1.2.

sich das aber durch den in der Richtlinie zentral verwendeten Begriff des Risikoprofils. Ein solches Profil soll einen Überblick aller (wesentlichen) Risiken geben, denen ein AIF ausgesetzt ist, und die Verstärkung von Risiken durch das Zusammenspiel von Einzelrisiken ist somit selbst ein Risikoaspekt.

246 **i) Datengrundlage.** Analog zu Art. 40 Abs. 2 lit. a OGAW-DR 2010/43/
EU wird in Art. 45 Abs. 3 lit. a AIFM-DV verlangt, dass die Risikomessung auf der Grundlage verlässlicher und einwandfreier Daten zu erfolgen hat und die Verfahren und Methoden des Risikomanagementprozesses angemessen zu dokumentieren sind.

247 Im Umkehrschluss lässt sich hieraus ableiten, dass beim Fehlen einer ausreichenden Datengrundlage ein geeigneter Risikomanagementprozess nur bedingt gegeben ist, zumindest wenn es Komponenten zur Quantifizierung von Risiken enthält. Es besteht in solchen Fällen die Gefahr, auf eine „Quantifizierung" zu verzichten und dadurch das Risiko zu ignorieren. Eine schlechte Datenlage bedeutet jedoch nicht, dass kein hohes Risiko vorliegt. Man muss daher in solchen Fällen alternative Methoden definieren, wie z. B. subjektive (Experten-)Schätzungen oder Verfahren und Kriterien für die Approximationen und Bildung von Schätzwerte. Für eine Risikomessung komplexer Produkte können sehr spezielle und umfangreiche Daten benötigt werden, die mit vertretbarem Aufwand oft kaum zur Verfügung stehen, sodass man auf Approximationen angewiesen ist.

248 Durch die Verwendung fehlerhafter oder unzureichender Daten können die Risiken deutlich über- oder unterschätzt werden. Dem kann z. B. durch den Einbau von automatisierten Plausibilisierungskontrollen (Toleranzgrenzen für wertebereiche etc.) und durch die Analyse von Über- bzw. Unterschreitungen von Grenzwerten begegnet werden.

249 Die Sicherstellung und Prüfung der Datengrundlage stellt in der Praxis eine wesentliche Komponente des Risikomanagementprozesses dar. Auch die Aktualität der Daten und ihrer Lieferung spielt eine Rolle.

250 Die Prüfung der Datenqualität kann z. B. durch Stichproben, Vergleich verschiedener Datenquellen oder der Analyse von statistischen Ausreißern in Zeitreihen oder sonstigen Verfahren zur Plausibilisierung erfolgen. Es lässt sich ggf. eine generelle Einschätzung der Qualitätseinschätzung bestimmter Datenquellen vornehmen anhand von Kennzahlen wie der beobachteten, durchschnittlichen Fehlerhäufigkeit mitsamt der Auswirkungen von Fehlern auf die Risikokennziffern.

251 Gegebenenfalls spielt es auch eine Rolle, wie im AIFM die Systeme und Schnittstellen für die Datenversorgung konzipiert, gepflegt und überwacht werden und mit welchem Automatisierungsgrad. Die gleichen Daten sind oft auch relevant für das Portfoliomanagement, die Abwicklung und das Berichtswesen. Wenn die Datenversorgung und Datenqualität insgesamt Mängel aufweist, stellt das ein erhöhtes operationelles Risiko dar.

252 **j) Validierung von Risikomodellen.** Es sollten geeignete Verfahren für die Validierung von Risikomodellen festgelegt werden. Validierung und Angemessenheit sind angemessen zu dokumentieren und das Risikomodell ist bei Bedarf anzupassen. Es ist zunächst erforderlich, dass es ein *Verfahren* für die Validierung der Risikomodelle geben muss. Die Validierung selbst muss sich mit den Einzelheiten und Annahmen der angewendeten Modelle auseinandersetzen. Es muss geprüft werden, ob alle *wesentlichen* Risiken in angemessener Weise durch das Modell abgedeckt werden, wozu auch geeignete Tests durchzuführen sind, um

plausibel zu machen, dass das Modell „das tut was es verspricht". Nach Anm. 22 zu Box 28 des ESMA Advice soll die Fehleranfälligkeit von Risikomodellen gezielt durch Stresstests, Szenario Analysen und Backtesting analysiert und reduziert werden.

k) Backtesting. Auf Modellen beruhende Voraussagungen und Abschätzun- 253 gen müssen, auch wenn die Vorhersagen und Abschätzungen mit Unsicherheitseinschränkungen versehen sein mögen, mit den tatsächlich eingetretenen Ereignissen und empirischen Daten verglichen werden. Unter **Backtesting** wird die periodische Überprüfung der Modellannahmen der Risikomessung verstanden. Eine solche Überprüfung ist nach Art. 45 Abs. 3 lit. b AIFM-DV für solche Methoden anzuwenden, welche entweder Prognosen für die Zukunft oder Abschätzungen für empirische Daten enthalten.[175] Auch die Prognose von Cash Flows aus langfristigen Investitionsobjekten sollte somit mit den tatsächlichen Cash Flows verglichen werden. Beim Backtesting von Verlustprognosen werden die von der Risikomessung vorausgesagten Verluste mit den tatsächlich entstandenen Verlusten verglichen. Bei Verwendung beispielsweise des 99% VaR für eine Haltedauer von einem Tag, wird unterstellt das mit 99% Wahrscheinlichkeit eine prognostizierte Verlustgrenze für den Folgetag nicht überschritten wird. In diesem Fall ist der statistische Signifikanz der Anzahl der Fälle pro Jahr zu überprüfen, wo die tatsächlichen Verluste höher als das 1 Tages VaR waren. Bei 250 Handelstagen wäre das durchschnittlich 2–3 mal im Jahr zu erwarten, statistisch signifikant wird in der OGAW Praxis eine Anzahl von Ausreißern größer als 6, spätestens jedoch ab 10 Ausreißern angesehen. Da das Backtesting nicht wie die 200% Grenze für das Marktrisiko relativ zu einer Benchmark erfolgt, kommt es immer wieder in volatilen Marktphasen zu einer Häufung von Ausreißern beim Backtesting des VaR, insbesondere bei AIFs die vorwiegend in bestimmten Assetklassen investieren.

3. Risikosteuerung. *Risikosteuerung* im Sinne des bewussten Umgangs mit 254 den festgestellten tatsächlichen und potentiellen Risiken bezieht sich auf aus Sicht der unabhängigen RM-Funktion auf **Maßnahmen** die sicherstellen, dass die bewerteten Risiken im Einklang mit dem vereinbarten Risikoprofil des AIF bleiben.

Grundsätzlich werden durch die fortlaufende Risikosteuerung Risiken beein- 255 flusst und verändert. Die Risiken eines AIF werden unmittelbar durch Investmententscheidungen beeinflusst, somit erfolgt eine Risikosteuerung durch den Portfoliomanager. Die Risikosteuerung der unabhängigen RM-Funktion kommt erst ins Spiel, wenn die Risikosteuerung des Portfoliomanagers „grenzwertig" wird, was auch durch besondere Marktereignisse ausgelöst werden kann. Risikosteuerung aus Sicht des unabhängigen Risikomanagementprozesses muss also unterschieden werden von der Risikosteuerung, die mit jeder Anlageentscheidung des Portfoliomanagers einhergeht. Anlageentscheidungen sind per se risikobehaftet und mit einem Abwägen von Risiko und Rendite verbunden. Die unabhängige RM-Funktion stellt sicher, dass die Anlageentscheidungen im Einklang mit dem vereinbarten Risikoprofil sind.

Die AIFM-DV verlangt, das der AIFM geeignete **Verfahren** definiert, umsetzt 256 und unterhält, die im Fall von tatsächlichen oder absehbaren Überschreitungen von Risikogrenzen zur zeitnahen Ergreifung von Gegenmaßnahmen führen, im

---

[175] Diese Anforderung ist analog Art. 40 Abs. 2 lit. b OGAW-DV 2010/43/EU.

besten Interesse der Anleger.[176] Hierfür muss die RM-Funktion über die notwendigen Befugnisse verfügen (siehe Art. 39 Abs. 2 AIFM-DV).

257   In der Risiko-Richtlinie (oder in einem AIF spezifischen Risikoprofil Dokument) sollten neben der Beschreibung, durch welches Ereignis ein Risiko auftritt und welche Auswirkungen es hat, auch Maßnahmen zur Risikosteuerung angegeben werden. Dem Lebenszyklus von Risiken folgend, kann hier differenziert werden zwischen erstens möglichen **Präventivmaßnahmen**, die dazu beitragen, dass das Risiko gar nicht erst eintritt, zweitens Maßnahmen für den Fall, dass das Risiko droht, einzutreten und drittens Maßnahmen falls das Risiko schon eingetreten ist. Die Vorabdefinition von solchen Maßnahmen unterstützt eine zeitnah agierende, zielorientierte Risikosteuerung.

258   Solche Maßnahmen müssen nicht notwendigerweise nur risikobegrenzend wirken. Wenn z. B. im Sinne eines vereinbarten Rendite-Risikoprofils die festgestellten Risiken so niedrig sind, dass die erwartete Rendite nicht erzielt werden kann, kann es im besten Interesse der Anleger eine geeignete Maßnahme sein, nach Möglichkeiten zu suchen das Risiko angemessen zu erhöhen. Beispielsweise kann es sein, das ein offener Fonds der in eher langfristige Anlagen (Immobilien etc.) investiert, durch Mittelzuflüsse eine hohe Cash Quote hat und vorbereitend schon eine Liste potentielle Anlageobjekte vorrätig haben könnte.

259   Das letzte Beispiel wäre aber ein Verfahren für Maßnahmen, welches eher im Portfoliomanagement als im Risikocontrolling anzusiedeln wäre.

260   **4. Risikoüberwachung. a) Überblick.** Die *Risikoüberwachung* beinhaltet zum einen das Überwachen der Umsetzung von Maßnahmen. Zum anderen gehören hierzu die Beobachtung des Eintritts oder der Veränderung von identifizierten Risiken sowie das Berichtswesen. Überwachung der Umsetzung von Maßnahmen beinhaltet z. B. die Interaktion mit den Portfoliomanagern.

261   Die Risikoüberwachung umfasst nicht nur die Kontrolle der Risiken, sondern überprüft auch den Risikomanagementprozess selbst.

262   **b) Risikoreporting.** Geeignetes Risikoreporting vor allem an das Senior Management ist ein integraler Bestandteil des RM-Prozesses um der Verantwortlichkeit der Geschäftsführung und des Senior Managements gerecht zu werden. Das Reporting hat regelmäßig (z. B. monatlich) als auch ad hoc (bei wesentlichen Ereignissen) zu erfolgen. In der Praxis werden **KRIs** (*Key Risk Indicators*) definiert und in das regelmäßige Reporting einbezogen. Das Risikoreporting muss alle wesentlichen Risikoarten abdecken und einen Überblick über die aktuellen Risikoprofile geben als auch der wesentlichen Überschreitungen von Risikogrenzen.

VI. Stresstests

263   Die Durchführung von Stresstests mitsamt der Ableitung von risikosteuernden Maßnahmen ist ein unverzichtbares Verfahren des proaktiven Risikomanagements für AIF.[177] Dies gilt für AIFs noch stärker als für OGAWs aufgrund der oftmals illiquiden, langfristigen Vermögensanlagen.

264   Weitere Stresstests sind gemäß Art. 16 Abs. 1 im Rahmen des Liquiditätsrisikomanagements erforderlich hinsichtlich Mittelabflüssen durch Anleger und der Marktliquidität der investierten Assets. Stresstestergebnisse sind gemäß Art. 24 Abs. 2 regelmäßig der regulatorischen Aufsicht zu berichten.

---

[176] Art. 45, Abs 3, lit. e AIFM-DV.
[177] Art. 15 Abs. 3 lit. b).

1. Zweck. Eine wesentliche Anforderung von Art. 15 Abs. 3 lit. b) an das **265** Risikomanagement ist die regelmäßige („fortlaufende") Durchführung angemessener Stresstests für den AIF. Was unter Stresstests zu verstehen ist und wie die Stresstests produktspezifisch zu gestalten sind, wird weder in der AIFM-Richtlinie, in der Durchführungsverordnung noch in dem zugehörigen ESMA Advice genauer ausgeführt.[178] Es werden aber zwei grundsätzliche Zwecke aufgeführt, denen Stresstests dienen.

Sie dienen *erstens* im proaktiven Risikomanagement der Ermittlung von mögli- **266** chen Szenarien, welche zur Überschreitung von (intern oder extern) festgelegten Risikolimiten führen (ESMA Advice Box 25 Erl. 10).[179] Dies ist eine Art von „umgekehrten Stresstest", da die Szenarien noch nicht vorher bekannt die zu Überschreitung der Verlustgrenzen führen. Es gibt durchaus automatisierte Algorithmen für die Identifizierung von Szenarien die zu großen Verlusten führen.[180] Die Stresstests dienen *zweitens*, wortgleich wie für OGAWs[181], der *„Erfassung der Risiken aus potentiellen Veränderungen der Marktbedingungen die sich nachteilig auf den AIF (bzw. OGAW) auswirken können"* (Art. 46 Abs. 3 lit. c). Es wird also untersucht, welche Verluste entstehen können, falls sich bestimmte Marktparameter ändern.

Während die von der BaFin erlassene InvVerOV[182] die Durchführung von **267** Stresstests und Szenarioanalysen einschränkend nur dann verlangt, wenn die Durchführung *angemessen* ist (§ 29 Abs. 2 Satz InvVerOV), ist dieser Angemessenheitsvorbehalt der AIFM-RL (Abs. 15 Abs. 3 lit. b) ersetzt durch die Anforderung der Angemessenheit der durchgeführten Stresstests und Szenarioanalysen.[183]

Somit ist die Durchführung von Stresstests für AIF nicht optional sondern **268** rechtsverbindlich erforderlich.

Allerdings stellt sich in der Praxis hierbei durchaus die in dem Buch „Risk **269** Management&Financial Institutions" von *Hull* (2012) in Kapitel 19.3 *„what to do with the results"* erörterte Frage:

> *„The biggest problem in stress testing is using the results effectively. All too often, the results of stress testing are ignored by senior management."*

In der Risikomanagementpraxis für OGAWs stellt sich ferner die Frage nach **270** der Aussagekraft von Stresstests für „einfache" Investmentvermögen, wenn diese keine Derivate oder höchstens Derivate zur Absicherung von Währungsrisiken enthalten. Beispielsweise würde ein Aktienportfolio, welches ziemlich genau den

---

[178] *„ESMA has not provided advice on the specific construction of the portfolio stress tests that AIFMs may perform. ESMA considers it is more appropriate to focus on and enhance the governance structures..."* (ESMA Advice IV.IV 8).

[179] Für manche OGAWs wird beispielsweise in ESMA 10–788 Box 20 Nr. 2 die Identifizierung von Szenarien empfohlen die zu einem negativen NAV führen durch Einsatz von übermäßigem Leverage.

[180] z. B. *Hull*, „Risk Management & Financial Institutions", Ch. 19.1, 3th ed,., New Jersey, 2012.

[181] Art. 40 Abs. 2 lit. c) OGAW-DR 2010/43/EU.

[182] zur weiteren Umsetzung der EU Richtlinie 2010/43/EU für OGAWs.

[183] Dieser Unterschied wird aber an anderer Stelle wieder weitgehend nivelliert, einerseits für deutsche OGAW durch die Notwendigkeit der Durchführung von Stresstests für **alle** Sondervermögen die Derivate enthalten gemäß § 23 DerivateV, andererseits als EU Empfehlung für OGAWs die einen VaR Ansatz anwenden durch die Stresstestanforderungen in Abschnitt 3.6.5 der ESMA RM Guidelines 10–788 (07/2010).

DAX repliziert, in einem Szenario eines 20%igen Aktienmarkt Crashs mehr oder weniger überraschungsfrei ebenfalls 20% Verlust erleiden. Durch einen solchen Stresstest wird allenfalls die Übereinstimmung des Portfolios mit seiner Anlagestrategie überprüft, da es auffällig wäre, wenn dieser Stresstest zu deutlich niedrigeren oder höheren Ergebnissen führt.

271   **2. Angemessenheit.** Was ist ein angemessener Stresstest? Die Angemessenheit ist zunächst vor allem[184] auf das Risikoprofil des AIF zu beziehen, d. h. für AIF die ein komplexes Risikoprofil haben, sollten die Stresstests dieser Komplexität gerecht werden während für AIF mit geringen Risiken einfachere Stresstests ausreichend sind.

272   Unter Angemessenheit von Stresstests kann man ferner in Analogie zu den entsprechenden Anforderungen für OGAW (ESMA Guidelines 10–788, Box 20, Tz. 1 und 3) verstehen, dass **alle wesentlichen Risiken eines AIF** durch die Stresstests abgedeckt werden, insbesondere solche, die in außergewöhnlichen Umständen („Extremszenarien") zum Tragen kommen, sofern letztere durch andere angewandte Messmethoden nicht hinlänglich erfasst werden.

273   Bei einem parametrischen, auf Gaußscher Normalverteilungsannahme basierenden VaR Ansatz[185] wird z. B. unterstellt, dass 95% aller Wertveränderungen innerhalb von zwei Standardabweichungen (Sigma) vom Durchschnitt liegen. Eine Änderung eines Marktrisikofaktors mit täglich verfügbaren Daten ändert sich unter Normalverteilungsannahmen in der Größenordnung von 5 Standardabweichungen höchstens einmal alle 7000 Jahre. Während der letzten 30 Jahre sind aber des Öfteren noch extremere Ereignisse und Veränderungen von Marktrisikofaktoren eingetreten, die mit diesem Modellansatz nicht erklärbar sind.[186]

274   **3. Kontext und Ansatz.** Die Durchführung von Stresstests ist in der Finanzindustrie als auch in anderen Bereichen (siehe z. B. Belastungstests in der Humanmedizin und Psychologie, Lasttests in der Informatik, Stresstests für Kernkraftwerke) ein weithin akzeptiertes und eingesetztes Verfahren im Risikomanagement zur rechtzeitigen Erkennung von Schwachstellen[187]. In der Finanzindustrie dienen Stresstests dazu, die Verlustanfälligkeit und Robustheit von Kreditinstituten (als auch Gruppen von Kreditinstituten oder des nationalen oder europäischen Finanzsystems) sowie einzelner AIF und OGAW zu prüfen.

275   Bei den Makro Bankenstresstests der EU Bankenaufsicht EBA werden für ein Basisszenario als auch für ein adverses Szenario die Auswirkung auf die Mindesteigenkapitalquote untersucht. Ein Liquiditätsrisikomanagement wird im Bankenbereich künftig im Rahmen von Basel III die Berechnung der sognannten Liquidity Coverage Ratio (LCR) verpflichtend, die als Quotient zwischen dem Wert der hochliquiden Assets und den Nettoabflüssen der nächsten 30 Tage unter einem bestimmten Markt- und Liquiditätsstressszenario definiert ist.

---

[184] in Anlehnung an ESMA Guidelines 10–788, Box 19, Nr. 61 für OGAWs als auch des Verhältnismäßigkeitprinzips.

[185] Im Gegensatz dazu kommt der VaR Ansatz mittels historischer Simulation der Portfoliorenditen ohne Normalverteilungsannahme aus, ist aber ebenso beschränkt in der Risikoprognose durch die ausschließliche Verwendung der historischen Zeitreihen, bei OGAWs zudem zumeist nur der letzten 1–2 Jahre.

[186] Siehe z. B. *Hull*, „Risk Management & Financial Institutions" 3.ed, Ch. 18.1, New Jersey, 2012.

[187] „Stresstest" wurde von der Gesellschaft für deutsche Sprache (GfdS) „zum Wort des Jahres 2011 gewählt und hat somit Einzug in die Alltagssprache genommen.

Der Grundansatz von Stresstests besteht in der Untersuchung der Auswirkung **276** der Veränderung von Risikofaktoren.[188] Unter einem Risikofaktor wird hierbei im Allgemeinen eine messbare Größe (wie z. B. Inflationsrate, Zinsraten, Credit Spreads, implizite Volatilitäten, Korrelationen) verstanden, welche den Wert eines Vermögengegenstandes oder eines Portfolios beeinflussen kann. Marktveränderungen und außergewöhnliche, aber dennoch plausible oder denkbare Ereignisse werden übersetzt in die Veränderungen entsprechender Risikofaktoren um dann die Auswirkung auf einen AIF oder OGAW zu bewerten und soweit möglich zu messen. Stresstests können für alle Risikoarten angewandt werden, also insbesondere für Marktrisiko, Kreditrisiko, Liquiditätsrisiko und operationelles Risiko.

4. Typen von Stresstests. Die AIFM-DV verwendet neben dem Begriff des **277** „Stresstests" auch die Begriffe „Szenarioanalyse" und „Sensitivitätsanalyse".

Szenarioanalysen und Sensitivitätsanalysen sind die beiden Haupttypen von **278** Stresstests. Bei *Sensitivitätsanalysen* wird die Auswirkung der Veränderung („Sensitivität") nur eines einzigen Risikofaktors (wie z. B. einzelne Zinssätze, Preise von einzelnen Aktienindizes, Wechselkurse, Credit Spreads, Ausfall eines einzelnen Kontrahenten) auf den AIF untersucht. Sensitivitätsanalysen sind in der Regel schnell durchzuführen, intuitiv verständlich und werden oft im Portfoliomanagement genutzt, um sich einen ersten Überblick über die Auswirkung der Veränderung einzelner Marktparameter zu verschaffen, zumeist für einen kurzen Zeithorizont[189]. Wechselwirkungen zwischen verschiedenen Risikofaktoren werden jedoch bei Sensitivitätsanalysen ignoriert.

Bei *Szenarioanalysen* wird die Auswirkung der gleichzeitigen Veränderung meh- **279** rerer Risikofaktoren untersucht. Hierbei werden historische Szenarien von hypothetischen, zukunftsgerichteten Szenarien unterschieden.

Bei den *historischen Szenarioanalysen* werden für einen bestimmten Zeitraum der **280** Vergangenheit die damalige Marktumgebung und die damalige Veränderung der Risikofaktoren auf das aktuelle Portfolio angewendet. Dadurch wird ermittelt, wie sich das erneute Eintreten des ausgewählten historischen Ereignisses (wie z. B. 11/01 oder Finanzkrise 2007–2009) auf das aktuelle Portfolio auswirken würde. Aktuelle Marktentwicklungen oder Verlustanfälligkeiten eines Portfolios werden nicht berücksichtigt.

Eine besondere Stärke von Stresstests ist, dass durch sie gezielt die Auswirkun- **281** gen *hypothetischer, zukunftsgerichteter Szenarien* untersucht werden können, also insbesondere auch solcher Szenarien, die in der Vergangenheit noch nicht aufgetreten sind.

Im Gegensatz dazu sind zum Beispiel VaR-Methoden erstens nur für bestimmte **282** Arten von AIF anwendbar und zweitens eher vergangenheitsorientiert, da hierbei potentiell denkbare Ereignisse nicht berücksichtigt werden, wenn sie nicht eingetreten sind.[190] Es ist insofern nachvollziehbar, dass die Anwendung von VaR-

---

[188] Die AIFM-Richtlinie enthält jedoch für AIF oder Gruppen von AIF keine Typologie zur Klassifikation verschiedener Arten von Risikofaktoren.

[189] Die Auswirkung einer kleinen Veränderung eines Marktparameters wird durch ihr Delta gemessen.

[190] Es kann aber auch der VaR innerhalb von Stresstests berechnet werden. Der Basler Ausschuss für Bankaufsicht verlangt für die Bestimmung der Mindesteigenkapitalquote von Banken die Verwendung der „Stressed VaR Methode". Dabei wird der VaR bzgl. eines historischen einjährigen Zeitraum mit hohen Verlusten ermittelt wird.

Methoden weder in der AIFM-Richtlinie noch in der Durchführungsverordnung gefordert wird.

283 Die European Banking Authority (EBA; vormals CEBS) verlangt für die internen Stresstests der Banken explizit auch die Verwendung hypothetischer Szenarien.[191] Das gilt nicht explizit für AIFs, lässt sich aber je nach Typ und Komplexität des AIFs aus der Bedingung ableiten, das angemessene Stresstests durchzuführen sind, da die ausschließliche Verwendung historischer Stresstest oft kaum als angemessen betrachtet werden kann.

284 Eine Herausforderung in der Praxis ist generell die geeignete Definition und Auswahl von Szenarien (im Sinne eines Gedankenexperimentes) um hierdurch zum Beispiel möglichst vollständig alle wesentlichen Risiken (auch qualitativer Natur, wie z. B. Reputationsrisiken) zu erfassen die sich nachteilig auf den AIF auswirken können.

285 **5. Verwendung und Einsatz.** Stresstests werden für AIF als sinnvolles Mittel erachtet um *vorausschauend* solche Szenarien zu ermitteln und der Geschäftsführung zu berichten, welche zu einer Überschreitung von Risikogrenzen führen würden.[192] Diese Art von Stresstest für AIF sind sogenannte inversen (oder reverse) Stresstests, bei welchen allgemein umgekehrt die *„Änderungen der wertbestimmenden Parameter und ihrer Zusammenhänge"* (§ 23 Abs. 2 DerivateV) ermittelt werden, welche einen besonders großen Wertverlust des Portfolios (oder wie im obigen Falle eine Limit-Überschreitung) verursachen. Solche inversen Stresstests werden, soweit angemessen, für OGAWs gemäß ESMA Guidelines 10–788, Box 19.2 gefordert ebenso wie für Kreditinstitute (CEBS Guidelines on Stress Testing (2010), Guideline 11). Eine angemessene Implementierung von inversen Stresstests gestaltet sich in der Praxis des Risikomanagements für OGAW jedoch mitunter recht aufwendig und man bedient sich manchmal starker Vereinfachungen.

286 Um zu verhindern, dass die Ergebnisse von Stresstests ignoriert werden, muss sichergestellt werden, dass diese hinreichend im Investmentprozess berücksichtigt werden. In der Praxis ist dies auch für OGAW nicht immer einfach zu bewerkstelligen. Ein Ansatz kann sein, interne Limits für die Ergebnisse der Stresstests in Abhängigkeit von dem Typ des Stresstests und des AIF aufzustellen und geeignete interne Analysen und ein Eskalationsverfahren zu etablieren, falls die Limits verletzt werden. Dieser Ansatz ist insbesondere konsistent mit ESMA Advice Box 25, Erl. 10 (vgl. AIFM-DV recital 56). Wenn durch Stresstests besondere Gefährdungen des AIF aufgezeigt werden, sind analog wie für OGAWs[193] zeitnah korrigierende Maßnahmen zu ergreifen (AIFM-DV Erw.grund 56; ESMA Advice Box 28, Erl. 22). Somit ist aus regulatorischer Sicht der Einsatz von Stresstests ein Mittel der Risikosteuerung, um bei Bedarf risikomindernde Maßnahmen auszulösen.

287 Die *Frequenz der Stresstests* ist in der AIFM-RL nicht weiter spezifiziert. Es ergibt sich aber eine indirekte Anforderung der Aktualisierung aufgrund der regelmäßigen aufsichtsrechtlichen Berichtsplicht (Art. 24 Abs. 2).

288 Lediglich für Stresstests bzgl. Liquiditätsrisiko findet sich (AIFM-DV Expl. Mem. 3.2.6; ESMA Advice Box 33 Erl. 26) die Vorgabe, dass Stresstests mindestens jährlich durchzuführen sind. Für deutsche richtlinienkonforme Sondervermögen gilt die Vorgabe, dass geeignete Stresstests mindestens monatlich durchzuführen sind (siehe z. B. § 25 DerivateV).

---

[191] CEBS Guidelines on Stress Testing (GL32), 10/2010.
[192] ESMA Advice Box 25, Erl. 10.
[193] ESMA/10–788, Box 19, Expl. 65.

Für OGAW, die vornehmlich in Wertpapiere und Derivate investieren gibt **289** es in der Regel eine hinreichend gute und umfassende Datengrundlage für die Anwendung von quantitativen Methoden vor allem des Marktrisikos, insbesondere durch einen in der Regel auf statistischen Methoden beruhenden VaR-Ansatz. Wegen der Schwächen des VaR-Ansatzes[194] ist es jedoch für OGAW regulatorisch erforderlich, ergänzend systematisch Stresstests durchzuführen um insbesondere solche Risiken aufzuzeigen, die durch den VaR-Ansatz nicht hinreichend abgedeckt werden. In diesem Zusammenhang sei *González-Páramo* zitiert, der auf die zunehmende Bedeutung von Stresstests im Vergleich zu bekannten quantitativen Risikomessmethoden nach der Finanzkrise 2007–2009 hinweist:

„What constitutes a severe problem is not so much the use of risk measures like Value at Risk, models like the single-factor Gaussian copula model for credit risk, and risk opinions like external ratings, but rather the lack of understanding of the limitations of those measures and models. ... stress testing is seen as one of the core elements of a modern risk management function. The design of plausible yet demanding (forward-looking) stress tests, both at the business area and at a firm-wide level can significantly contribute to understanding the sources and the consequences of the risks faced by the different institutions."[195]

Mitunter ist z. B. die Risikomodellierung komplexer Finanzinstrumente im **290** VaR-Ansatz unzureichend und sollte dann durch Worst Case Szenarioanalysen ergänzt werden. Ein klassisches Beispiel sind die CDOs für welche insbesondere die VaR-Modelle in der Subprime-Krise weitgehend versagten. Für AIF, die Verbriefungspositionen (im Sinne von Art. 17) im Bestand haben, ist die regelmäßige Durchführung von Stresstests erforderlich, welche auch die Abhängigkeit zu den sonstigen Positionen des AIF berücksichtigen (Art. 53 AIFM-DV; ESMA Advice Box 40), siehe Rn. 410.

In Krisenzeiten steigen nicht nur die Volatilitäten sondern auch die Korrelatio- **291** nen von Assetklassen, was in den VaR-Ansätzen im Allgemeinen nicht hinreichend berücksichtigt wird (siehe ESMA Advice Kap. VI Anm. 12).[196] Es ist allerdings, je nach eingesetztem Risikomodell und Risikosystem, nicht so einfach, Korrelationen zu stressen und die Auswirkungen stark veränderter Korrelationen zu erfassen. Man behilft sich daher in der Praxis mitunter durch die Verwendung historischer Zeiträume, in denen es starke Korrelationsveränderungen gab.

Da in der Regel Liquiditätsrisiken nicht durch den VaR-Ansatz erfasst werden, **292** sind im Liquiditätsrisikomanagement Stresstests erforderlich.[197]

Für AIF, die vornehmlich in illiquide, alternative Assetklassen investieren, ste- **293** hen quantitative Methoden zur Marktrisikomessung wie z. B. das VaR aufgrund

---

[194] Diese wurden besonders augenfällig während der Finanzkrise 2007–2009, z. B. die Vernachlässigung von Extremereignissen („tail risks"). Das Conditional VaR (CVaR), auch Expected Shortfall (ES) genannt, definiert als durchschnittlicher erwarteter Verlust, falls der Verlust des Portfolios in einer Periode größer ist als ein gegebenes VaR-Niveau, berücksichtigt etwas besser solche Randereignisse und wurde daher z. B. im Mai 2012 vom Basler Ausschuss in der Konsultation „Fundamental Review of the Trading Book" als Alternative zum VaR vorgeschlagen (http://www.bis.org/publ/bcbs219.htm).

[195] Talk „Rethinking risk management – from lessons learned to taking action" 03/2011, http://www.bis.org/review/r110307c.pdf

[196] Von der ESMA an dieser Stelle als Grund aufgeführt, warum ein VaR Ansatz (im Gegensatz zur Commitment Methode) zur Berechnung des Leverage verworfen wurde: *„a VaR approach utilises correlations which have a propensity to break down in stressed market conditions"*.

[197] AIFM-DV Art 48; ESMA Advice, Box 33; Kommentierung zu Art. 16.

fehlender Datengrundlagen kaum zur Verfügung. Daher sind für solche AIF die Durchführung von Stresstests und Worst Case Szenarien von besonderer Bedeutung. Der erste Schritt hierfür ist die Bestimmung der wesentlichen Risikofaktoren.

294   Risikofaktoren für Immobilien sind zum Beispiel Faktoren bzgl. Immobilienmarkt und Standort (Mietniveau, Renditen, Währungskurse, Inflationsprognosen), objektspezifische Faktoren (Bausubstanz, Lage und Umgebung des Objektes), finanzielle Faktoren wie Änderung des Zinsniveaus und der Finanzierungskonditionen, verspätete oder widerrufene Zahlungen von Investoren während der Investitionsphase, Ausfall von Darlehens- oder Garantiegebern, Mieterausfall, vertragliche und regulatorische Risikofaktoren wie z. B. geänderte Steuergesetze und operationelle Risikofaktoren. Für jedes Objekt kann zunächst ein Business Case über die prognostizierte Renditeentwicklung erstellt werden und anschließend verschiedenen Szenarien gegenübergestellt werden, die sich durch Veränderungen der zuvor identifizierten Risikofaktoren ergeben.

295   Die AIFM-Richtlinie stellt keine Anforderungen bzgl. AIF übergreifenden Stresstests auf AIFM-Ebene wie es in Deutschland durch die InvMaRisk (4.3 Tz. 6, 8–10 und 4.4.5 Tz. 9) für OGAW-Verwaltungsgesellschaften verlangt wird.

VII. Due Diligence bei Investments[198]

296   **1. Allgemeine DD Grundsätze.** Die vier in Art. 18 der AIFM-DV genannten allgemeinen Due Diligence (DD) Anforderungen für AIF-Verwaltungsgesellschaften beruhen auf Art. 12 der AIFM-RL und gelten gleichermaßen auch für OGAW-Verwaltungsgesellschaften.[199] Eine gut dokumentierte Due Diligence als sorgfältige Prüfung und Auswahl der Anlageobjekte als auch deren fortlaufende Überwachung ist Teil des Investmentprozesses und eine grundlegende Verpflichtung von Verwaltungsgesellschaften. Eine solche Due Diligence hat **im besten Interesse der Anleger**, der Verwaltungsgesellschaft und der **Marktintegrität** zu erfolgen.[200]

297   **a) Qualitätsstandard.** Die erste Anforderung besagt, dass ein „hoher Standard" von Due Diligence bei der Auswahl der Anlageobjekte als auch deren fortlaufenden Überwachung anzuwenden ist.[201]

298   In der Praxis ist die Qualität von Due Diligence Prozessen recht unterschiedlich hinsichtlich Gründlichkeit, strukturierter Vorgehensweise, angewandter Kriterien und Dokumentation.

299   DD Verfahren müssen dem Typ der investierten Assets und der Art, Größe und Komplexität des AIF angemessen sein.[202]

300   Abweichend von der sonstigen Gepflogenheit, Regelungen vornehmlich auf Managerebene vorzunehmen, enthält die AIFM-DV weitergehende Due Diligence Anforderungen für Investments in Verbriefungsstrukturen als auch für langfristige Investments.[203]

---

[198] Siehe insb. Art 15 Abs. 3 lit. a).
[199] OGAW-DR Art. 23; AIFM-DV Expl.Mem. 3.2.4.
[200] Art. 12 Abs. 1 lit. b; OGAW-DR Art. 23 Abs. 1; ESMA Advice Box11 Nr. 1.
[201] AIFM-DV Art. 18 Abs. 1; OGAW-DR Art. 23 Abs. 1.
[202] ESMA Advice Box11, Erl. 13.
[203] Siehe Rn. 410 und Rn. 314.

b) Expertise. Der Manager eines Investmentvermögens muss ein angemesse- **301** nes Wissen und Verständnis hinsichtlich der investierten Assets haben.[204] Der Anleger wünscht sich natürlich darüber hinaus z. B. auch Expertise bei der Umsetzung der Investmentstrategie, das Verstehen der wesentlichen Einflussfaktoren des Marktumfeldes auf die Assets als auch den Einfluss eines einzelnen Assets auf das gesamte Portfolio.

Bei Investition in Sachwerten gilt es z. B. versteckte Mängel und Nachteile zu **302** erkennen und die Cash Flow Prognosen zu beurteilen. Da die Expertise für Investitionen in intransparente Verpackungsstrukturen[205] und andere komplexe Finanzinstrumente nicht ganz selbstverständlich ist, darf in Verbriefungsstrukturen nur noch investiert werden, wenn eine hinreichende Transparenz gewährleistet ist.[206] Es stellt sich hier auch die Frage, wie weit sich der Manager auf externe Einschätzungen (Ratingagenturen[207], Research- und Brokerempfehlungen, Sachverständige) verlassen kann oder wieweit er sich selber ein umfassendes Bild machen muss.

c) Interne DD-Richtlinien. Um sicherzustellen das die Anlageentscheidun- **303** gen in Einklang mit der **Investmentstrategie**, den **Anlagezielen** und den **Risikolimiten** der verwalteten Investmentvermögen sind, müssen interne DD-Richtlinien und Verfahren festgelegt und umgesetzt werden.[208]

Nach Art. 15 Abs. 3 lit. a muss die Due Diligence wiederum der Investment- **304** strategie, den Anlagezielen und dem Risikoprofil des AIF angemessen sein. Die Risikolimite sind insbesondere Bestandteil des Risikoprofils (siehe Rn. 89). Durch die Due Diligence soll sichergestellt werden, das die Anlageentscheidungen zu der Investmentstrategie und den Anlagezielen passen und diese umsetzen, als auch das die mit der Investition verbundenen Risiken nicht zu einer Überschreitung der vereinbarten Risikolimite führen.[209] Damit dieses Ziel durchgängig und systematisch umgesetzt wird, ist es zunächst erforderlich, geeignete Richtlinien und Verfahren festzulegen und zu dokumentieren und anschließend umzusetzen.

In Art. 23 Abs. 3 OGAW-DR 2010/43/EU findet sich die analoge Anforde- **305** rung, das Grundsätze und Verfahren zum Thema Sorgfaltspflichten in einer internen Richtlinie zu formulieren und weitere wirksame Vorkehrungen zu treffen sind, um zu gewährleisten, dass die Anlageentscheidungen mit den Zielen, Anlagestrategien und Risikogrenzen des OGAW übereinstimmen.

Die AIFM-RL gibt so gut wie keine produktspezifischen Investment Guide- **306** lines oder Anlagegrenzen vor im Gegensatz zur OGAW Richtlinie.[210] Es gibt kaum Vorgaben hinsichtlich Anlagerestriktionen, zulässigen Assets oder Risikodi-

---

[204] Vgl. Art. 12 Abs. 1 lit. a.

[205] Wenn etwa nachrangige Tranchen einer Subprime MBS verpackt wurden in ein CDO auf ein RBMS, welches neben einer Senior Tranche auch nachrangige Tranchen emittierte und die nachrangigen Tranchen erneut in ein CDO auf ein CDO verpackt wurden, entstand ein „CDO squared" mit einer AAA gerateten Senior Tranche.

[206] das ist nicht zuletzt eine Lehre aus der Finanzkrise 2007–09; siehe Rn. 95 hinsichtlich Look Through Anforderungen.

[207] Siehe Rn. 418 bzgl. Regelung zum Abbau übermäßigen Rückgriffs auf externe Ratings.

[208] AIFM-DV Art. 18 Abs. 3; ESMA Advice Box11 Nr. 3.

[209] Die analoge Regelung für OGAWs findet sich in Art. 23 Abs. 3 der OGAW-DR.

[210] Siehe z. B. Art. 52 der OGAW-Richtlinie 2009/65/EG.

versifikation.[211] Die Anforderung des Art. 15 Abs. 3 lit. a einer dokumentieren Prüfung sowohl beim Erwerb als auch fortlaufend nach Erwerb, ob die Anlagen zu der Anlagestrategie und dem Risikoprofil des AIF passen, stellt eine Verpflichtung zu einer Art „generischen Anlagegrenzprüfung" für AIFs dar, sowohl Pre-Trade als auch Post-Trade.

307 Umgekehrt kann eine implementierte Anlagegrenzprüfung (Pre-Trade, aber auch Post-Trade) zusammen mit den erforderlichen Überprüfungen der rechtlichen Erwerbbarkeitsvoraussetzungen als Bestandteil der Due Diligence betrachtet werden. Für die Durchführung der Anlagegrenzprüfung und Prüfung der Erwerbbarkeitsvoraussetzungen bei OGAWs[212] gibt es interne Richtlinien und dokumentierte Verfahren. Analog können somit die für AIFM festgelegte Richtlinien und Verfahren zur Prüfung der Einhaltung spezifischer Risikolimite sowohl vor als auch nach Durchführung einer Transaktion als Teil der DD-Richtlinien und Verfahren verstanden werden. Ähnliches gilt für die Prüfung, ob eine geplante Anlage zu den Anlagezielen des AIF passt.

308 OGAWs müssen sogar umfassender vor einer geplanten Anlage, soweit der Art der geplanten Anlage angemessen, im Rahmen der Umsetzung der Risikomanagement-Grundsätze, *Prognosen abgeben und Analysen durchführen hinsichtlich des Beitrages, den die geplante Anlage zur Zusammensetzung des Investmentvermögens, zu dessen Liquidität und zu dessen Risiko- und Ertragsprofil leistet.* Die Analysen dürfen sich quantitativ und qualitativ nur auf verlässliche und aktuelle Daten stützen.[213] Die Begründung der BaFin zu § 20 Abs. 4 der InvVerOV führt dazu aus, das bei geplanten Anlagen **zumindest** eine Bewertung unter anderem hinsichtlich der folgenden Punkte vorzunehmen ist:

i) Zulässigkeit der Anlage nach der Eligible Asset Richtlinie 2007/16/EG.

ii) Übereinstimmung der Anlageentscheidung mit dem Risikoprofil, der Anlagestrategie und den Anlagezielen des Investmentvermögens, sowie mit den **Grundsätzen zum Interessenkonfliktmanagement.**

iii) Die Vereinbarkeit der Anlage mit den Anforderungen an die **Bewertung** des Investmentvermögens und die **Liquidität** der Anlage.

iv) Umfassende Prüfung im Falle von Anlage in „neuen Produkten" oder komplexe Produkte.[214]

v) Zusätzliche spezifische Prüfungspflichten bei Anlage in andere Investmentvermögen.

309 Für AIFMs lassen sich die Punkte ii. und iiii. hinsichtlich Berücksichtigung der Aspekte Interessenkonflikte (vgl. Art. 14), Bewertung (vgl. Art. 19) und Liquidität (vgl. Art. 16) bei der DD aufgrund ihres allgemeinen Charakters übernehmen, auch wenn nicht explizit erwähnt in der AIFM-DV. Die BaFin Begründung führt ferner aus, das die Verwaltungsgesellschaft ihre Einschätzung in Bezug auf die jeweilige Anlage rechtfertigen können und zu diesem Zweck geeignete Verfahren festlegen soll, die etwa eine Prüfliste der Kriterien vorsehen könnte, die bei der

---

[211] Eine Ausnahme ist etwa die Regelung hinsichtlich zulässiger Verbriefungsstrukturen, siehe Art. 17.

[212] z. B. hinsichtlich der Eligible Asset Richtlinie 2007/16/EG für OGAWs.

[213] Art. 23 Abs. 4 der OGAW-DR 2010/43/EU; in Deutschland umgesetzt durch § 20 Abs. 4 InvVerOV, In Luxembourg durch Art. 26 Abs. 4 der CSSF Verordnung 10–4.

[214] Für Verbriefungsstrukturen ist eine DD inkl. Durchschau auf die unterliegenden Werte für deutsche OGAWs auch nach 8.2. InvMaRisk und für AIFMs nach Art. 17 AIFM-RL erforderlich.

DD zu beachten sind, als auch ihre Einschätzung von den jeweiligen Anlagen dokumentieren und aufbewahren soll. Letzteres gilt ebenso auch für AIFMs. In der Tat, gerade für langfristige Investitionen ist beispielsweise die Verwendung von Checklisten für die DD in der Pre-Investitionsphase üblich (siehe Rn 324).

Hinsichtlich des obigen Punktes iv. sei auch hingewiesen auf die Reglungen **310** des für OGAWs gemäß 8.1 der InvMaRisk obligatorischen sogenannten „Neue Produkte Prozess" für Aktivitäten in (für die Verwaltungsgesellschaft) neuen Produkten (z. B. Finanzinnovationen) oder neuen Märkten. Dieser Prozess soll sicherstellen, dass die mit den neuen Aktivitäten verbundenen Risiken und die Auswirkungen auf das Gesamtrisikoprofil (des Investmentvermögens, Individualportfolios bzw. der Gesellschaft) angemessen erfasst, gemessen, überwacht und gesteuert werden können.[215] Es kann sinnvoll für AIFMs sein die Grundideen eines solchen Prozesses effizient zu implementieren, beispielsweise bei der Auflage eines neuen geschlossenen AIFs.

d) Regelmäßige Anpassung der DD-Richtlinien. Die DD-Richtlinien **311** und Verfahren sollen regelmäßig überprüft und angepasst werden.[216]

Dies könnte z. B. bei wesentlichen Änderungen der Art der Investments und **312** der Anlagestrategie, aber auch bei veränderten Marktbedingungen erforderlich sein.

2. DD von langfristigen Investitionen. Langfristige Investitionen, insbe- **313** sondere in Form von geschlossenen AIFs durchlaufen einen Lebenszyklus mit mehreren Phasen (Konzeption, Investition, Bewirtschaftung, Auflösung/Verkauf).

Jede Phase enthält Risiken und bedarf eines Risikomanagements als auch Due **314** Diligence Verfahren. Für Investitionen in illiquide Assets mit einem langfristigen Investitionshorizont werden in Art. 19 der AIFM-DV als auch im ESMA Advice Box 11 Anforderungen für die Due Diligence für die Phasen vor der Investition, für die Investitionsphase selbst als auch für die Phasen nach der Investition gestellt.[217]

In der Produktions- oder Konzeptionsphase wird das Produkt bzw. der AIF **315** selbst konzipiert bis hin zur Verhandlung von Verträgen. Ein AIFM, der für ein AIF langfristige Transaktionen durchführen will, muss (noch vor der Gründung des AIF) einen **Businessplan**[218] hinsichtlich der Wirtschaftlichkeit des AIF erstellen. Geplante Transaktionen müssen mit dem Businessplan übereinstimmen. Der Businessplan muss später regelmäßig hinsichtlich der Übereinstimmung mit der Laufzeit des AIF und den Marktbedingungen aktualisiert werden.[219] Eine solche Aktualisierung ist erforderlich bei wesentlichen Änderungen der Investmentstrate-

---

[215] Der Prozess ist angelehnt an den für Kreditinstitute bestehenden Neu-Produkte-Prozess gemäß AT8 MaRisk, bei dem insbesondere das Risikocontrolling zu beteiligen ist.

[216] AIFM-DV Art. 18 Abs. 3–4;ESMA Advice Box 11 Nr. 2–3.

[217] Auf die Auflösungs- bzw. Verkaufsphase geht ESMA nicht weiter ein, oft spielt aber z. B. aufgrund von Marktzyklen der Wahl des gewählten Verkaufszeitpunktes eine erhebliche Rolle hinsichtlich des erzielbaren Verkaufspreises.

[218] Vgl. auch 8.1. InvMaRisk, wonach für neue Produkte vorab ein Konzept basierend auf Ergebnis der Analyse des Risikogehalts der neuen Geschäftsaktivitäten zu erstellen ist. In dem Konzept sind die sich daraus ergebenden wesentlichen Konsequenzen für das Management der Risiken darzustellen.

[219] AIFM-DV Art. 19 Abs. 1 lit. a–b.

gie oder des Marktumfeldes.[220] Die tatsächliche Entwicklung des AIF ist regelmäßig dem Businessplan gegenüberzustellen.

316   In der eigentlichen Investitionsphase werden Anlageobjekte ausgewählt, errichtet oder erworben, die zum Businessplan des AIF, seinen Anlagezielen und seinem Risikoprofil passen.

317   Bei Investitionen in Immobilien oder Beteiligung an einer Personengesellschaft oder Gesellschaftsanteilen gibt es vorab oftmals eine langandauernden Due Diligence Prozess oder Verhandlungsphase.

318   ESMA betrachtet es vor allem als erforderlich, Verfahren und Anforderungen für die DD bereits für die Phase vor Kauf der Assets festzulegen. Insbesondere wird hierbei von der ESMA auf Dokumentationspflichten hingewiesen. Beispielsweise sollen die die im Zusammenhang der Transaktion anfänglich untersuchten wesentlichen Anlagegelegenheiten und Alternativen dokumentiert werden, oder eine Liste der besuchten Firmen in einem Industriesektor oder die ernsthaft in Betracht gezogenen Immobilien erstellt werden. Die Aktivitäten des AIFM auch in der Phase vor Abschluss einer Transaktion müssen somit gut dokumentiert sein. Es muss durch die Dokumentation nachgewiesen werden können, dass eine Transaktion im Einklang mit dem Businessplan des AIF ist. Insbesondere sollen Protokolle wesentlicher Besprechungen als auch zugehörige vorbereitende Dokumente aufbewahrt werden. Ebenso die Unterlagen von wirtschaftliche und finanzielle Analysen hinsichtlich der Umsetzbarkeit des Investitionsvorhabens und der vertraglichen Verpflichtung.[221]

319   Die Dokumentation der Due Diligence ist mindestens 5 Jahre aufzubewahren.[222] Dokumentationspflichten sind in der Praxis bisher nicht immer durchgehend implementiert und dürften daher zusätzliche Aufwände verursachen, aber letztlich die Transparenz des tatsächlichen Investmentprozesses erhöhen.

320   Aufgrund der Langfristigkeit der Investitionen liegt der Schwerpunkt der Risikoidentifikation durch die Due Diligence auf die Phasen vor und während der Investitionsphase. In diesen Phasen wird teilweise auch Einfluss auf die Ausgestaltung der Anlagen genommen.

321   Eine Due Diligence ist aber grundsätzlich nicht nur erforderlich beim Erwerb von Vermögensgegenständen, sondern auch während der Betriebsphase.[223]

322   Eine zentrale Frage für die Due Diligence bei einer geplanten Anlage in ein Unternehmen ist, wie hoch das Risiko eingeschätzt wird, dass das Unternehmen nicht längerfristig (je nach Anlagehorizont) am Markt überlebt. Aufgrund der mit Unsicherheiten und Unwägbarkeiten behafteten Zukunft gibt es für so gut wie jedes Unternehmen und Geschäftsmodell das Risiko des Scheiterns und Untergangs. Die Due Diligence findet hinsichtlich verschiedener Aspekte (z. B. steuerlich, rechtlich, finanziell, technisch) statt in Abhängigkeit der Art des Anlageobjektes. Je nach Natur und Komplexität der Anlageobjekte werden mitunter hierbei auch externe Parteien wie Gutachter und Anwaltskanzleien eingeschaltet. Darüber hinaus stellt sich die Frage, wie gut ein Anlageobjekt zur Investmentstrategie passt. Doch auch bereits bei einem aktiv gemanagten Aktienportfolio wird je nach Managementstil in der Regel eine Due Diligence stattfinden um Informationen über das Unternehmen wie z. B. die erwarteten Aktiengewinne und Cashflows

---

[220] ESMA Advice Box 11 Erl. 12.
[221] ESMA Advice Box 11 Erl. 14.
[222] ESMA Advice Box 11 Nr. 5.
[223] AIFM-DV Art. 18 Abs. 1.

zu erhalten und zu analysieren. Neben Auswertung von Research können z. B. Besuche vor Ort und Treffen mit Unternehmensvertretern üblich sein.

Zu analysierende Aspekte bei einer geplanten Transaktion wie etwa der Investi- **323** tion in eine Unternehmung oder Immobilie sind in der Regel[224]

- Markt Due Diligence
- Finanzielle Due Diligence
- Steuerliche und rechtliche Due Diligence
- Technische Due Diligence
- Organisatorische Due Diligence
- Due Diligence der Nachhaltigkeit.

Die Analysen werden zumeist mittels entsprechende Fragebögen und Checklisten **324** durchgeführt um systematisch Informationen zu sammeln und auszuwerten. Die **Markt Due Diligence** analysiert die Robustheit und Zukunftsträchtigkeit des Marktsegmentes als auch die Wettbewerbsfähigkeit des Objektes in seinem Marktsegment. Im Fokus der **finanziellen DD** sind Faktoren, welche die Bewertung und die Finanzdaten des Objektes betreffen, wobei auch historische Daten aus vergangenen Jahren berücksichtigt werden. Es werden beispielsweise Jahresabschlüsse, GuV, Finanzplan, Forderungen und Verbindlichkeiten, Vermögenswerte, Eigenkapital und Liquidität des Objektes geprüft. Bei der **steuerlichen DD** werden vor allem die steuerrechtlichen Auswirkungen einer Anlage untersucht. Die **rechtliche DD** betrachtet die externen und internen Rechtsverhältnisse eines Objektes, wie z. B. Gesellschaftsverträge, notarielle Urkunden oder Kooperationsabkommen, anhängige Rechtsstreitigkeiten. Die **technische DD** untersucht den technischen Zustand zum Beispiel von Gebäuden, Anlagen, Verfahren, Analyse des Produktionsbereiches und Effizienz von Produktionsprozessen, Bodenbeschaffenheit. Die **organisatorische DD** bezieht sich z. B. auf die Aufbau- und Ablauforganisation, der Kommunikation und Abstimmung zwischen den wesentlichen Unternehmensbereichen, die Geschäftsprozesse und das Management. Die **DD der Nachhaltigkeit** beschäftigt sich mit Aspekten aus dem Spektrum des Bereiches „Environmental, Social und Governance" (*ESG*)[225], messbar teilweise durch ESG Indikatoren, Ratings und Kriterien. Hierzu gehört beispielsweise die Prüfung der Energieeffizienz und Schadstofffreiheit eines Gebäudes. Die verschiedenen DD Ergebnisse müssen zusammengeführt werden. Oftmals werden auch Szenarioanalysen durchgeführt, z. B. Best-Case und Worst-Case Szenarien. Daneben muss beurteilt werden, wie gut das Anlageobjekt zur Investmentstrategie und dem angestrebten Risikoprofil des AIF passt im Sinne eines akzeptierten Verhältnisses von Renditeerwartung zu den möglichen Risiken.

Der AIFM muss dem Senior Management ein Dokument für das Investitions- **325** vorhaben (in eine Immobilie oder Firmenbeteiligung etc.) vorlegen welches die Vor- und Nachteile als auch die **Exit-Strategie(n)** darlegt.[226]

Bei Private Equity Transaktionen schlägt sich der Aspekt der Exit-Strategie vor **326** bereits in der Phase der Gestaltung der Gesellschaftsstrukturen und Kaufverträge nieder um eine schnelle und steuergünstige Veräußerung der Eigenkapitalbeteiligung an einen strategischen Investor (*Trade Sale*) oder einen anderen Finanzinvestor (*Secondary Buyout*) zu ermöglichen.[227]

---

[224] Vgl. auch die in ESMA Advice Box 11 Nr. 4 lit. c genannten Aspekte.

[225] Siehe z. B. die sechs UNPRI Prinzipien für verantwortliches Investieren http://www.unpri.org/ als auch den europäischen Zusammenschluss http://www.eurosif.org/.

[226] ESMA Advice Box 11, Erl. 14.

[227] *Eilers/Koffka/Mackensen*, „Private Equity" (2012), Einleitung, Rn. 12 und Kap. III.1.

327   Bereits vor dem Erwerb einer Zielgesellschaft durch den Investor müssen die steuerlichen Aspekte (z. B. hinsichtlich) Ausstiegs analysiert werden, z. B. hinsichtlich Ertragssteuer, aber auch Grunderwerbssteuer falls Immobilien zum Zielunternehmen gehören.[228] Oft wird deshalb anfangs zwischen dem PE Fonds und der die Zielgesellschaften haltenden Gesellschaft eine steuerlich abkommensberechtigte, ausländische Akquisitionsgesellschaft gegründet.

328   Es wird in der Regel die Möglichkeit eines „Clean Exits" angestrebt, wo nach dem Verkauf (*Closing* der PE Transaktion) keine wesentlichen Haftungsrisiken oder mögliche Inanspruchnahme aus Garantien, nachvertragliche Kaufpreisanpassungen und Freistellungen (z. B. für Steuern und Umweltrisiken).[229] Die Ausschüttung des Verkaufserlöses an die Investoren kann sich schwierig gestalten, wenn noch etwaige Ansprüche des Käufers bestehen bleiben.

329   Wenn der AIF z. B. Mehrheitsgesellschafter ist, sollte geklärt sein, ob er die Minderheitsgesellschafter zum Mitverkauf ihrer Anteile an einen Dritten oder die Übertragung an den Mehrheitsgesellschafter zwingen kann im Interesse der der Realisierbarkeit des vollen Wertpotentials bei der Veräußerung.[230]

330   Vor Eröffnung eines strukturierten Bieterverfahrens für den Verkauf einer Unternehmens durch einen PE Fonds wird oftmals ein „Fact Book" durch eine **Vendor Due Diligence** erstellt und den Bietern zur Verfügung gestellt. Je nach Datenlage und Komplexität des Unternehmens kann eine solche Vendor DD recht aufwendig sein und mehrere Monate dauern.[231]

331   Eine Platzierung der Aktien des Unternehmens am Kapitalmarkt durch einen Börsengang (*IPO*) kommt als Exit Kanal im Sinne eines Deinvestments in Betracht, falls das Unternehmen eine börsenfähige Größenordnung erreicht hat und auch das Grundkapital groß genug ist. Wesentlicher Bestandteil der Vorbereitung eines IPOs ist die Due Diligence (im Interesse der Konsortialbanken und der Emissionsbank), für welche auf die bereits durchgeführte DD des Unternehmens beim Erwerb zurückgegriffen werden kann.

332   **3. Zuständigkeiten.** Due Diligence als Teil des Investmentprozesses ist primär eine Aufgabe des Portfoliomanagements. Die Anforderung, bei der Tätigung von Anlagen eine der Anlagestrategie, den Zielen und dem Risikoprofil des AIF angemessene, dokumentierte und regelmäßig aktualisierte DD durchzuführen, steht jedoch in dem Art. 15 über das Risikomanagement. Bei der Auflistung der Aufgaben der Risikomanagementfunktion in Art. 39 der AIFM-DV ist die Due Diligence nicht genannt. Eine Due Diligence hat jedoch nicht zuletzt auch die Funktion, Risiken zu erkennen und kann in diesem Sinne auch als Teil des Risikomanagementprozesses verstanden werden. Die mit der Due Diligence bei einer geplanten Transaktion verbundenen Tätigkeiten wie Besuche vor Ort und eingehende Analysen der Wirtschaftlichkeit sind sicherlich im Portfoliomanagement anzusiedeln oder durch externe Sachverständige zu erbringen. Da durch die DD auch geprüft werden soll, ob eine geplante Transaktion mit dem **Risikoprofil** des AIF übereinstimmt, lässt sich an dieser Stelle gut auch das Risikomanagement einbinden. Die BaFin führt beispielsweise in der Erläuterung zu Abschnitt 4.4.2.1 der InvMaRisk für OGAWs aus, das die Risikocontrollfunktion keine nachgela-

---

[228] zum steuerlichen Aspekt bei Trade Sales siehe *Eilers* in *Eilers/Koffka/Mackensen*, „Private Equity" (2012), Kap. VIII.4.

[229] *Ellrot* in: *Eilers/Koffka/Mackensen*, „Private Equity" (2012), VIII.1 Rn. 10 ff.

[230] *Ellrot* in: *Eilers/Koffka/Mackensen*, „Private Equity" (2012), VIII.1 Rn. 9.

[231] *Ellrot* in: *Eilers/Koffka/Mackensen*, „Private Equity" (2012), VIII.1 Rn. 24.

gerte Organisationseinheit ist und vielmehr schon im Vorfeld der Anlagetätigkeit des Fondsmanagements einzubeziehen ist, wenn die Anlegeentscheidungen wesentliche Auswirkungen auf das Investmentvermögen haben.

VIII. Leverage

1. Zusammenfassung. Leverage ist ein Schlüsselbegriff der AIFM-Richtlinie. **333** Durch Leverage erhöht sich das Exposure des AIF im Verhältnis zu seinem Net Asset Value. Es entsteht unter anderem durch Kreditaufnahme, Wertpapierleihe und Einsatz von Derivaten. Die Frage, inwiefern ein AIF Leverage aufweist ist oder nicht, ist vor allem für solche AIFMs relevant, die Assets im Gesamtwert zwischen 100–500 Mio. EUR verwalten (für AIFs ohne Rückgaberechte in den ersten fünf Jahren) und daher von der Ausnahmeregelung des Art. 3b) Gebrauch machen wollen.

Die AIFM Richtlinie adressiert erstens die **Transparenz für Investoren und** **334** **Aufsicht** über das Ausmaß des von AIFMs verwendeten Leverage. Hierfür ist die Standardisierung der Berechnungsmethoden[232] erforderlich, um eine Vergleichbarkeit der Angabe des eingesetzten Leverage der AIFs über AIFMs und Ländergrenzen hinweg zu erreichen.[233] Die AIFM-DV schreibt zwei[234] gleichzeitig anzuwendende Berechnungsmethoden (sogenannte **Brutto Methode** und **Commitment Methode**) vor.[235] Das nach der Bruttomethode berechnete **Gross Leverage** wird vor allem als Indikator für makroprudentielle Risiken und das nach der Commitment Methode berechnete **Net Leverage** vor allem als Indikator für mikroprudentielle Risiken betrachtet. Gross und Net Leverage sind kombiniert mitsamt der Differenz zwischen beiden zu betrachten.[236] Bis spätestens Juli 2015 soll die Methodenvorgabe jedoch durch die EU-Kommission einer Überprüfung unterzogen werden.[237]

Zweitens wird dem AIFM gemäß Art. 15 Abs. 4 eine angemessene **Begren-** **335** **zung des Leverage** der von ihm verwalteten AIFs vorgeschrieben, mitsamt Sicherstellung der fortlaufenden Einhaltung dieser Grenze, wobei die Höhe der Begrenzung vom AIFM selber festzulegen ist.[238] Bereits bei der Beantragung der Zulassung als AIFM muss eine „Leverage Policy" eingereicht werden.[239]

Drittens bestehen bei Einsatz von **Leverage im substantiellen Umfang** **336** zusätzliche regulatorische Informationspflichten für den AIFM.[240]

Viertens gibt es **erleichterte AIFMD Anforderungen** („AIFMD Light") für **337** kleinere AIFMs (mit verwaltetem AuM von max. 500 Mill. Euro) die nur AIFs

---

[232] Die Berechnung von Leverage ist Gegenstand von Art. 6–11 der AIFM-DV.

[233] AIFM-DV Abs. 3.2.2 nebst AIFMD-IA, Sect. 3.2, Issue 2.

[234] Der ESMA Advice erlaubte alternativ für Leverage noch eine flexible „Advanced Method" vor, z. B. auch einen VaR Ansatz. Die AIFM-DV (Expl.Mem. 3.2.2) erlaubt eine advanced Methode nur noch zusätzlich zur Gross- und Net-Leverage Methode.

[235] Für OGAWs ist nur die Brutto Methode Pflicht nach ESMA FAQ 2012/ESMA/429; auch in Luxembourg ab 1. 1. 2013 gemäß CSSF Pressemitteilung vom 31. 10. 2012. In Deutschland ist der alleinige Verwendung der Commitment Methode für OGAWs (noch) zulässige Verwaltungspraxis.

[236] AIFM-DV recital 11 und 12.

[237] AIFM-DV Art. 6 Abs. 2.

[238] Siehe auch recital 50.

[239] Art. 7 Abs. 3a; nebst AIFM-DV Art. 5 Abs. 2c.

[240] Art. 24 Abs. 4; nebst recital 49 und 84.

ohne Einsatz von Leverage verwalten und jeweils in den ersten 5 Jahren den Anlegern keine Rückgaberechte einräumen.[241]

338   **2. Definition. a) Leveragebegriff.** Die AIFM Richtlinie enthält folgende Legaldefinition für das Leverage:

339   *„Leverage means any method, by which the AIFM **increases the exposure** of an AIF it manages, whether through **borrowing** of cash or securities, or leverage embedded in **derivative positions** or **by any other means.** "*[242]

340   Durch Leverage wird somit per Definition das Exposure eines AIF erhöht. Für OGAWs wird der Begriff Leverage übersetzt als **Hebelwirkung,** für AIFs hingegen als **Hebelfinanzierung.** Das liegt darin begründet, dass die Kreditaufnahme bei OGAWs auf 10% des NAV begrenzt ist, für AIFs eine solche Einschränkung hingegen grundsätzlich nicht besteht, von nationalen, Regelungen für bestimmte Typen von AIFs abgesehen.[243] Das Leverage kann eingesetzt werden, um die Rendite zu erhöhen oder auch als Teil der Investmentstrategie um z. B. eine Anlage zu finanzieren. Arbitrage Strategien von Hedgefonds zur Ausnutzung geringfügiger Ineffizienzen am Markt setzen „vervielfachen" durch Leverage das Risiko/Renditeverhältnis dieser geringfügigen Ineffizienzen.[244]

341   Das Leverage wird quantitativ als der Quotient[245]

$$\text{Leverage} = \text{Exposure} / \text{NAV}$$

dargestellt[246], wobei der **Net Asset Value** (NAV) des AIF gemäß den in Art. 19 beschriebenen Methoden und Prinzipien zu ermitteln ist.[247] Die möglichen Berechnungsmethoden für das Leverage unterscheiden sich durch die Methoden, wie das Exposure des AIF ermittelt wird.

342   Aus dem engen Zusammenhang mit der Bewertung ergibt sich, dass die Frequenz einer **genauen** Berechnung des Leverage nicht häufiger sein kann als die Frequenz der Berechnung des NAV. Gemäß Art. 19 Abs. 3 muss der NAV zumindest einmal im Jahr berechnet werden und auch immer dann, wenn Evidenz besteht, dass der NAV nicht mehr fair oder richtig ist. Andererseits muss eine fortlaufende Einhaltung der Leverage Begrenzung gewährleistet werden. Das erfordert eine Überwachung der Erhöhung des Exposures durch alle hierfür relevanten Transaktionen hinsichtlich des Auslastungsgrades bzgl. der gesetzten Begrenzung, idealerweise ex ante vor Durchführung von Transaktionen. Auch durch eine konservative Abschätzung des Leverage kann grundsätzlich gewährleistet werden, dass die Leverage Begrenzung

---

[241] Recital 17 und 79; Art. 3 Abs. 2 lit. b.

[242] Art. 4, Abs. 1 lit. v.

[243] Das KAGB-E sieht beispielsweise eine Obergrenze von 60% für die Kreditaufnahme bei geschlossenen Publikums AIFs vor.

[244] AIMA's Roadmap to Hedge funds (2012), p. 135.

[245] Nicht zu verwechseln mit der Basel III Leverage Ratio = Tier-1 Kapital/Verschuldung, wobei unter ‚Verschuldung' die Summe der nicht risikogewichteten Aktiva verstanden werden kann.

[246] Art. 6, Abs. 1 AIFM-DV.

[247] Bei der NAV Berechnung kann es je nach nationaler Legislation gemäß Art. 19 Abs. 2–3 länderspezifische Besonderheiten geben, die somit auch die Harmonisierung der Leverageberechnung beeinträchtigen.

eingehalten wird. Auf eine genaue Berechnung kann daher für diesen Zweck gegebenenfalls verzichtet werden wenn sie unverhältnismäßig ist.

b) Exposurebegriff. Der Begriff „Exposure" eines AIF bezieht sich auf das **343** Ausmaß der möglichen Beeinflussung des NAV durch Änderungen in einem gegebenen finanziellen Mark, insbesondere in welchem Umfange das AIF Marktrisiken, aber auch Kreditrisiken und anderen Risiken ausgesetzt ist.[248]

c) Beispiele. i) In der AIFMD-IA (Annex 5) werden zur Erläuterung von **344** Exposure und der Wirkung von Leverage als Beispiel zwei AIFs beschrieben, in welchen Investoren jeweils 100 Millionen Euro anlegen und der AIFM diesen Betrag jeweils in die gleiche Aktie investiert. Für den ersten AIF gibt es weiter keine Aktivitäten, der AIF ist ohne Leverage und das Exposure des AIF stimmt mit seinem NAV überein. Der zweite AIF hingegen nimmt einen Kredit von 100 Mill. Euro auf und investiert diese 100 Millionen Euro ebenfalls in die gleiche Aktie. Das Exposure dieses AIF verdoppelt sich dadurch bei zunächst gleichem NAV (bzw. eingesetztem Investorenkapital), sodass er um 100% gehebelt ist.[249] Als absolute Zahl ausgedrückt ist das Leverage $200/100 = 2$.[250]

Wenn für einen Zeithorizont von einem Jahr ein Zinssatz von 2% für den **345** Kredit angenommen wird, würde im Falle, dass die Aktie um 10% steigt, der NAV des ersten AIF ebenfalls um 10% von 100 auf 110 Millionen Euro steigen. Der zweite AIF hätte hingegen eine Wertsteigerung von 18% aufgrund eines Gewinns von 20 Millionen Euro aus der doppelt so hohen Aktieninvestition abzgl. 2 Millionen Euro Kreditzinsen.

Wenn in diesem Szenario hingegen der Aktienpreis um 10% fällt, hätte bzgl. des **346** jeweils eingesetzten Investorenkapitals von jeweils 100 Mill. Euro für den ungehebelte AIF einen Verlust von 10%, der gehebelte AIF hingegen einen Verlust von 22% (20 Millionen Euro Verlust aus der Aktieninvestition zuzüglich Kreditzinsen).

Dieses Beispiel wird als Erläuterung dafür genommen, das grundsätzlich die Vola- **347** tilität des NAV eines gehebelten AIF höher ist als die eines ungehebelten AIFs, wenn beide in die gleichen Assets investieren. Das gilt allerdings nicht, wenn der Kredit zur besseren Absicherung bestehender Positionen verwendet wird.

---

[248] Vgl. ESMA Advice Kap. VI Nr. 13 nebst AIFMD-IA Annex 1. In der deutschen Übersetzung der Leverage Definition in Art. 4, wird der Begriff „Exposure" als „Risiko" übersetzt, was zwar ungenau ist, aber dennoch den Risikobezug des Exposures klar zum Ausdruck bringt.

[249] Es sei angemerkt, dass die Kreditaufnahme als solches, ohne Reinvestition in ein risikobehaftetes Asset noch kein Leverage erzeugt.

[250] Die Darstellung von Leverage ist nicht immer eindeutig, jedoch relevant im Interesse der Vergleichbarkeit (auch zwischen OGAWs und AIFs). Das Leverage kann additiv oder multiplikativ, als Prozent oder als absoluter Wert dargestellt werden. Wenn etwa einem Fonds ohne Leverage ein Leverage von 0 zugeordnet wird, müsste das Leverage eines 100% gehebelten Fonds folglich 1 sein. Die ESMA Guidelines 10–788 definieren (z. B. in Box 24) für OGAWs das Gross Leverage additiv als die „Summe der Nominale der eingesetzten Derivate", was ein Leverage von 0 (und nicht 1) ergäbe für ungehebelte OGAWs die keine Derivate einsetzen. Die AIFM-DV Definition von Leverage=Exposure/NAV ergibt natürlich ein Leverage von 1 bei ungehebelten AIFs.Im BaF in Merkblatt (2012) zur Abgabe von Meldungen für Publikumsfonds gemäß § 28c DerivateV wird im Abs. 2.1. Nr. 13 auch im Falle der Verwendung des Gross Leverage eine multiplikative Darstellung gefordert, die nicht kleiner als 1 sein kann durch die dort angegebene Formel Leverage = [Anrechnungsbetrag+NAV] / NAV.

348   In einem etwas extremeren Szenario von 60% Wertverlust der Aktie, würde der zweite Fonds sogar 122 Mill Euro verlieren, der verbleibende Aktienwert von 78 Mill Euro würde nicht mehr ausreichen den Kredit von 100 Mill Euro zurückzuzahlen! Das zeigt auf, das Leverage Strategien vor allem bei Extremereignissen zum Kollaps führen können.

349   ii) Nehmen wir an, das in dem obigen Beispiel der zweite Fonds einen Kredit von 500 Millionen EUR aufnimmt und in die gleiche Aktie investiert, statt nur 100 Millionen EUR. Das Leverage beträgt nun 600/100= 6. Ein Anstieg des Aktienpreises führt jetzt zu einer Performance von 58% des. AIF Ein Rückgang des Aktienpreises um 10% führt hingegen zu einem Verlust von 62% für die Investoren. Bei einem stärken Rückgang von 20% der Aktie reicht das verbleibende Vermögen nicht mehr aus, um den Kredit zurückzahlen zu können.

350   iii) Nehmen wir im Beispiel i) an, das der zweite Fonds die 100 Millionen Euro der Investoren bei einem Prime Broker hinterlegt als Cash Collateral für die Ausleihe der Aktie im Werte von 500 Millionen Euro, und die Aktie in diesem Umfang am Markt verkauft, somit die Aktie 500 Millionen Euro Short ist. Das (Gross) Leverage beträgt in diesem Falle 500/NAV = 5. Wenn die Aktie 10% im Wert steigt, macht der Fonds 50 Millionen Euro Verlust und damit hat der Anleger einen Wertverlust von 50%. Wenn die Aktie andererseits um 10% steigt, steigt der NAV um 50% bei Auflösung der Short Position. Gewinn und Verlust sind hier also um das Fünffache gehebelt.

351   **d) Leverage Risiken.** Durch Leverage kann ein erhöhtes Verlustrisiko (wenn gleich auch erhöhte Gewinnmöglichkeiten) unter einer höhere Volatilität des NAV entstehen, eine erhöhte Verlustanfälligkeit in Extremszenarien aber auch ein höheres Risiko für Kontrahenten (als Kreditgeber oder Derivatekontrahent). Eine hohe Fremdkapitalquote schafft Abhängigkeiten bzgl. Zinssätzen und Zinsniveau, Anforderungen an die zu stellenden Sicherheiten, Ausfall/Volatilität von erwarteten Zahlungsströmen und sonstigen Marktereignissen und Einschätzung der eigenen Kreditwürdigkeit durch Kreditgeber.

352   Allerdings können Derivate und Fremdkapital auch zur Absicherung von Risiken bestehender Investitionen eingesetzt werden.

353   **3. Berechnung des Exposures.** Es wird wie oben dargestellt ausgehend von der Bewertung des Assets des NAV zunächst von der Summe der absoluten Marktwerte aller Vermögensgegenstände ausgegangen. Bei Investitionen ohne Leverage stimmt daher ihr absoluter Marktwert mit ihrem Exposure überein. Zur Ermittlung des Leverage sind diejenigen Transaktionen und Investitionen zu bestimmen die das Exposure im Vergleich zum Marktwert erhöhen. Vor allem im ESMA Advice finden sich Details, Erläuterungen und Beispiele dazu, wann Transaktionen das Exposure erhöhen und wann nicht.[251]

354   Es finden einige grundsätzliche Modifikationen für die Bestimmung des Exposures statt:

355   **a) Basiswertäquivalente.** Als Exposure einer Derivateposition ist derjenige Marktwert des zugehörigen Basiswertes anzusetzen, welches durch die Derivateposition gekauft (bei einer Long Position) bzw. verkauft (bei einer Short Position) werden kann. Das ist das sogenannte **Basiswertäquivalent** der Derivateposition.

356   Für Standardderivate sind die Formeln für die Umwandlung in ihr Basiswertäquivalent im Annex 2 der AIFM-DV angegeben. Sie stimmen im Wesentlichen

---

[251] ESMA Advice Ch. VI.

überein mit den in Abschnitt 2 der ESMA Guidelines 10–788 aufgeführten Formeln im Rahmen des Commitment Ansatzes für die Messung des Marktrisikos.[252]

Derivat	Konvertierungsformel
Futures	Nominal x Kontraktgröße x Marktpreis Basiswert
Plain Vanilla Optionen	Nominal x Kontraktgröße x Marktpreis Basiswert x Delta
Plain Vanilla (Zins- bzw. FX-) Swaps und Inflationsswaps	Nominal
FX Forwards	Nominal
Basis Total Return Swaps	Marktwert von Referenzasset
Single Name CDS	Protection Seller: Max(Nominal, Marktwert Referenzasset) Protection Buyer: Marktwert Referenzasset

Bei Futures auf Wechselkurse und Zinsen ist die Konvertierungsformel Nominal **357** x Kontraktgröße, da der Marktwert des Basiswertes sozusagen 1 ist in diesem Fall. Analoges gilt für FX- und Zinsoptionen. Bei Bond Futures ist die Konvertierung wohl gegeben durch die Formel Nominal x Kontraktgröße x (Marktpreis der CTD Anleihe/100) x Conversion Factor.[253]

Generell sei noch angemerkt, das bei Derivaten in der Praxis je nach System **358** im Nominal manchmal schon Kontraktgröße und/oder Preis des Basiswertes eingerechnet ist. Somit kann, je nach Interpretation des Begriffes „Notional", die „Sum of Notional" Definition für das Gross Leverage in der ESMA Guideline 10–744 für UCITS noch als kompatibel mit der z. B. durch die Vorgabe der Verwendung von deltaadjustierten Basiswertäquivalents gemäß AIFM-DV weit ausführlicher spezifizierten Gross Leverage Methode angesehen werden.

Auch für strukturierte Produkte mit eingebetteten Derivaten (insbesondere für **359** Convertibles und Credit Linked Notes) als auch für exotische oder komplexe Derivate sind in AIFM-DV Annex 2 teilweise Konvertierungsformeln angegeben. Schon in den ESMA Guidelines 10–788 für das Risikomanagement von UCITS wird jedoch für komplexe Derivate auf die Grenzen einer Konvertierung in Basiswertäquivalente hingewiesen.[254]

Vor allem bei strukturierten Produkten als auch exotischen Derivaten **360** ist es erforderlich genauer zu untersuchen ob und wie eine angemessene Konvertierung möglich und das Ergebnis in die Leverage Berechnung des Portfolios einzubeziehen ist, zumal per Definition nur exposureerhöhende Effekte relevant sind für das Leverage. Für Wandelanleihen wird als Konvertierungsformel (sowohl in ESMA 10–788 als auch in Annex 2 der AIFM-DV) für Wandelanleihen das Basiswertäquivalent der eingebetteten Aktienoption genommen, was aber eine etwas ungenaue Darstellung des Risikoprofils einer Wandelanleihe darstellt.

---

[252] Einen kleinen Unterschied in der Konvertierungsformel gibt es bei Barrier Optionen.
[253] Der Conversion Factor ist allerdings in AIFM-DV Annex 1 nicht angegeben.
[254] ESMA/10–788, Box 2, Erl. 5–9.

361   Der Commitment Ansatz hat Schwächen das Exposure sachgerecht abzubilden, wenn in einem komplexen Derivat oder strukturierten Produkt gleichzeitig mehrere Risikoarten (Aktienrisiko, Zinsrisiko, Währungsrisiko) vorhanden sind.

362   Für einige AIFs sind die Ergebnisse des Net Leverage möglicherweise deshalb irreführend, da beim Commitment Ansatz nicht die Konvexität (Gamma) in der Beziehung zwischen Veränderung des Exposures und Veränderungen des Basiswertes berücksichtigt wird und dadurch in manchen Fällen die Hebelwirkung überschätzt wird.[255]

363   Im ESMA Advice VI. 9.ff wird auf die Schwierigkeit eingegangen, eine Berechnungsmethode der Hebelwirkung für AIF zu definieren, die einerseits im Einklang mit den für OGAW in den ESMA Guidelines 10–788 definierten (Commitment-) Methode für die Berechnung des sogenannten „Global Exposures" für das Marktrisiko steht und andererseits dem heterogenen AIF-Universum gerecht wird. Es wird z. B. auf AIF hingewiesen, welche Derivate innerhalb komplexer Investmentstrategien einsetzen.

364   Bezüglich des sogenannten Commitment Ansatzes (siehe ESMA Guidelines 10–788, Kapitel 2) enthält ESMA Advice VI.14 die Aussage, dass dieser Ansatz zwar von den meisten AIF berechnet werden könnte, jedoch die Ergebnisse für einige AIF hierbei möglicherweise irreführend sind. Grund hierfür ist, dass der Commitment Ansatz nicht die Konvexität (Gamma) in der Beziehung zwischen Veränderung des Exposures und Veränderungen des Basiswertes berücksichtigt. Dies hat zur Folge, dass in manchen Fällen die Hebelwirkung überschätzt wird.

365   **b) Weglassen von risikoarmen Anteilen.** Bei der Bestimmung des Exposures werden diejenigen Teile weggelassen, die kaum Markt- oder Kreditrisiken enthalten, da sie nicht als exposureerhöhend zu betrachten sind.[256] Dazu gehören:

i)   **Cash und Cash Äquivalente** (in der Basiswährung des AIF), falls sie kaum Marktrisiko enthalten, eine Restlaufzeit kleiner **als drei Monate** und eine Rendite die kleiner ist als die von hochwertigen Staatsanleihen (z. B. mit AAA Rating) haben.[257]

ii) **Kurzfristige Kredite**
     Kurzfristige Kredite werden bei der Berechnung des Exposures ausgenommen, wenn sie vollständig durch Zahlungszusagen seitens Investoren abgesichert sind.[258] Revolvierende Kreditlinien sind jedoch nicht als kurzfristige Kredite zu betrachten und daher in die Exposure Berechnung miteinzubeziehen.[259] Beispielsweise werden kurzfristige valutarische Kontoüberziehungen aufgrund von verspäteten Zahlungseingängen bzw. Buchungen ausgenommen, da sie auf entsprechenden Zusagen beruhen. Der Begriff der Kurzfristigkeit (*temporary*) ist nicht exakt definiert, Der ESMA Advice (Box 95, Step 5) betrachtet es auch nicht als angemessen dies zu tun. Üblicherweise werden hierbei zulässige Zeiträume von drei Monaten bis maximal zu einem Jahr verstanden.[260]

---

[255] ESMA Advice Ch. VI Nr. 14.

[256] AIFMD-IA Sect. 6.3, Fußnoten 20, 22; AIFM-DV Annex I No1.

[257] AIFM-DV Art. 7(a) speziell für Gross Exposure;AIFM-DV Annex I, Nr. 1–2 im Allgemeinen. Im ESMA Advice (Box 95 Step 2) wird die genaue Einschätzung von Cash Äquivalents dem AIFM überlassen.

[258] AIFM-DV Art. 6 Abs. 4; ESM Advice Ch. VI. No. 17, Box 94 no. 5; speziell für Gross Exposure nochmal in AIFM-DV Art. 7(c).

[259] ESMA Advice Box 95 Step 5.

[260] Siehe *Brümmer* in Berger/Steck/Lübbehüsen (2010), p. 564 ff. nebst dort zitierten BaFin FAQ zu InvG § 53 (Stand 12/2009). In diesem FAQ wird in Pkt. 8 im Zusammenhang

Auch **Kredite** (*borrowings*) die stabiler Natur sind (z. B. Bankdarlehen) werden **366** weggelassen, falls die durch diese Kredite finanzierten Investments einen Exposure haben, welches den Kreditwert übersteigt. Diese Bedingung hat den Sinn, eine doppelte Exposure Anrechnung (einmal als Kredit und einmal über das reinvestierte Asset) zu vermeiden.[261]

Das Exposure und damit das Leverage wird generell erhöht durch das Reinvest- **367** ment von unbesicherten und besicherten Krediten (gemäß den Vorgaben von AFM-DV Annex I, Abs. 1 und 2).

c) Wiederanlage von Collaterals. Risikobehaftete Wiederanlagen aus der **368** Leihe von Cash oder Wertpapieren werden grundsätzlich berücksichtigt.[262]

Der Marktwert der Wiederanlage von Cash Collaterals (als auch von wiederver- **369** wendeten anderen Collaterals) von Repo Geschäften, Marktwert von wiederverwendeten Wertpapieren aus Reverse Repos, Wiederverwendung von Collaterals aus Wertpapierleihe als auch die Wiederanlage von erhaltenen Cash aus Short Positionen in Wertpapieren (AIFM-DV Annex I, Nr. 10–13) sind in das Exposure mit einzubeziehen.

d) Exposure aus sonstigen Transaktionen. Die häufigsten Methoden für **370** Leverage sind Kreditaufnahme, Wertpapierleihe und Einsatz von Derivaten die auch explizit in der Definition genannt sind. Im ESMA Advice werden darüber hinaus einige mögliche weitere Methoden erörtert. In Box 98 des Advice wird hierzu eine „Indikative Liste" von 14 Methoden (inklusive Repos und Reverse Repos) angegeben. Als Grundprinzip wird darauf hingewiesen, dass bei der Einschätzung des Leverage ein **„Look Through"** angewendet werden soll und nicht nur die Beachtung der Rechtsform einer Transaktion.

e) Exposure aus nichtgelisteten Firmen. Für AIFs die vorwiegend in nicht- **371** gelistete Firmen investieren mit dem Ziel Kontrolle über diese Firmen zu erlangen, wie z. B. Private Equity Fonds, ist das Exposure, welches auf der Ebene der nichtgelisteten Firmen besteht, nicht in die Exposureberechnung des AIF mit einzubeziehen. Es sei denn, der AIF ist über seine Investition hinaus verpflichtet, potentielle Verluste in der nichtgelisteten Firma zu tragen.[263] Diese Regelung dürfte es einigen kleineren Private Equity Fonds ermöglichen unter die Ausnahme des Art. 3(2)b zu fallen.

4. Gross Leverage. Das Gross Leverage verrechnet nicht Long- und Shortpo- **372** sitionen miteinander und unterscheidet nicht, ob das zusätzliche Exposure (vor allem durch Kreditaufnahme oder Derivateeinsatz) zur Reduzierung bzw. Absicherung von Risiken eingesetzt wird oder nicht Es wird daher als ein Maß für den „footprint" des AIF hinsichtlich des Ausmaßes seiner Aktivitäten am Markt bzgl. Einsatz von Derivaten und Aufnahme von Fremdkapital. Dadurch wird es als ein Indikator vor allem für die Aufsicht hinsichtlich makroökonomischer Risiken angesehen. Es wird auf die Möglichkeit hingewiesen, dass ein AIFM dessen AIFs nur geringes Net Leverage und VaR Exposure aufweisen, dennoch ein Key Player bzgl. solcher Marktaktivitäten sein kann. Dies würde jedoch durch das Gross

---

mit der OGAW-RL u.a. der sog. Vandamme-Bericht zitiert, der eine Obergrenze von drei Monaten nennt. Laut BaFin FAQ soll die Entscheidung, ob ein Kredit als kurzfristig einzustufen ist, die Umstände des Einzelfalles berücksichtigen.

[261] ESMA Advice, Box 95, Step 4.
[262] AIFM-DV Art. 7(e).
[263] AIFM-DV Art. 6 Abs. 3.

Leverage angezeigt werden. Es wird jedoch explizit im Impact Assessment bestätigt, dass Gross Leverage *„does not take the **economic impact** of investments on the risk profile of a fund into account"*.[264] Die genaue Berechnung des Gross Leverage ergibt sich aus AIFM-DV Art. 7 nebst ESMA Advice Box 95. In der Erläuterung 25 zu Box 95 stellt die ESMA klar, dass die Methode zur Berechnung analog zu den ESMA Guidelines 10–744 für UCITs zu erfolgen hat, diese Guidelines daher von der ESMA nicht wiederholt werden sondern lediglich ergänzt durch Prinzipien, auf welchen die Guidelines beruhen. Somit sind die ESMA Guidelines für UCITS bzgl. Gross Leverage auch als gültig für AIFs zu betrachten.

373   Als ein Beispiel wo Gross Leverage eine nützlichere Information im Vergleich zu Net Leverage liefert, seien *Short Straddles* angeführt, wo gleichzeitig Calls und Puts auf den gleichen Basiswert verkauft werden mit ähnlichen Strikes und Laufzeiten. Bei nur geringer Preisänderung des Basiswertes entsteht ein Gewinn, bei größeren Wertveränderungen nach ohne oder unten jedoch ein zunehmend größerer Verlust ohne Beschränkung. Das Net Leverage des Short Straddles ist jedoch sehr gering, da die Calls und Puts miteinander verrechnen lassen, das tatsächliche Exposure wird hier aber durch das Gross Leverage angezeigt. Solche Short Straddles auf den Nikkei 225 haben durch den stark fallenden Nikkei wegen dem Erdbeben in Kobe am 17. 1. 1995 zu dem Zusammenbruch der Manipulationen von Nick Leeson und dann der gesamten Barings Bank geführt.[265]

374   **5. Net Leverage.** Das durch die Commitment Methode berechnete Exposure und Leverage nennen wir hier kurz Netto (oder Net) Exposure und Netto (oder Net) Leverage. Die AIFMD Berechnungsmethode für das Net Leverage ist im Wesentlichen identisch mit der in ESMA 10–788 Kap. 2 für UCITS beschriebenen Methode für die Berechnung des sogenannten „Global Exposure" mittels des Commitment Ansatzes.[266]

375   Wenn etwa ein in Titeln des Euro Stoxx 50 investiertes Aktienportfolio eine Short Future Position auf den Euro Stoxx 50 eingeht, entsteht zwar Gross Leverage, wenn der Future aber die Absicht hat, das Aktienportfolios gegenüber seinem Marktrisiko abzusichern, wird je nach dem wie perfekt das Hedging ist, die Erhöhung des Netto Exposures nach Anwendung der Hedging Regeln entsprechend gering sein.[267]

376   Hierzu werden wie beim Gross Leverage zunächst als ersten Schritt auf Basis von Art. 19 (die absoluten) Marktwerte alles Vermögensgegenstände ermittelt und dann die Derivate konvertiert in ihre Basiwertäquivalente gemäß den Formeln in AIFM-DV Annex II. Falls jedoch durch bestimmte Derivate das Marktrisiko anderer Positionen des AIF abgesichert werden soll, ist eine Konvertierung nach Recital 15 der AIFM-DV nicht wirklich erforderlich bzw. wird durch Anwendung von Hedging Regeln wieder zum Abzug gebracht. Als Beispiel wird genannt, dass wenn das Portfolio in einem bestimmten Index investiert ist und durch einen Swap die Performance dieses Index ersetzt wird durch die Performance eines anderen Index, es de facto kein Net Exposure bzgl. des ersten Index gibt sondern nur bzgl. des zweiten Index. Als weiteres Beispiel ist ein Future Kontrakt auf einen Index genannt für den gleichzeitig absichernd der Cash Betrag des vollen unterliegenden Kontraktwertes im Bestand

---

[264] AIFMD-IA Sect. 6.3, Option 3 (Gross Method).

[265] Vgl. z. B. *R. Erben* „Sandbank: Wie Barings & Co. Schiffbruch erlitten hat", 2004 WILEYVerlag, Weinheim, http://onlinelibrary.wiley.com/doi/10.1002/risk.200490009/abstract.

[266] Wir verzichten daher auf eine Kommentierung aller Details.

[267] Siehe ESMA Advice Ch. VI No. 8.

gehalten wird. Dieses kombinierte Investment ist äquivalent zu einer direkten Investition in den unterliegenden Basiswert. Beide Beispiele lassen sich aus der Anwendung von Hedging Regeln ableiten.

Im zweiten Schritt der Net Exposure Berechnung wird generell Netting und **377** Hedging berücksichtigt. Zunächst werden dazu die gleich unten näher noch etwas näher beschriebenen Hedging Regeln angewendet, d. h. einige Exposures pro Assetklasse können wenn die Bedingungen für eine Absicherung gegeben sind, miteinander verrechnet werden. Ferner werden auf die noch nicht verrechneten Positionen Netting Regeln angewendet. Insbesondere werden dadurch die Long und Short Positionen bzgl. gleicher Assets miteinander verrechnet.[268]

a) Netting Regeln. Netting erlaubt das Verrechnen von Long/Short Positio- **378** nen als auch Derivatepositionen nur bzgl. des gleichen unterliegenden Assets, sofern die sich mit diesen Positionen verbundenen Risiken ausgleichen ohne wesentliche, verbleibende Restrisiken.[269]

Es genügt jedoch nicht, dass die unterliegenden Assets hoch korreliert sind um ein **379** Netting anwenden zu können, sondern sie müssen identisch sein. Netting ist nicht anwendbar auf Arbitrage Strategien zur Ausnutzung von Preisdifferenzen von Derivaten unterschiedlicher Laufzeit auf das gleiche unterliegende Asset oder ähnliche Spread Konstruktionen. Es kommt hier also für die Anwendung des Netting auch auf die Absicht der via Netting zu verrechnenden Derivatetransaktionen an, da sie das Ziel haben müssen, die Risiken bzgl. des unterliegenden Assets zu eliminieren.

b) Netting von Zinsprodukten. In AIFM-DV Art. 11 zusammen mit **380** AIFM-DV Annex III sind die Regeln und Voraussetzungen bzgl. Netting von Duration von Zinsprodukten beschrieben. Das Netting für Duration ist übernommen worden von dem im Rahmen des Commitment Ansatzes für die Messung des Marktrisiko spezifizierten Verfahren für OGAWs.[270]

Unter Duration wird die Sensitivität des Marktwertes eines Zinsproduktes bzw. **381** Portfolios zu Zinsänderungen verstanden. Die Regeln für das Netting von Duration sollen beispielsweise nicht angewendet werden, wenn sie zu einer verfälschten Darstellung des Risikoprofils des AIF oder einem übermäßigem Exposure in kurzlaufende Zinsderivate führen. Für das Netting der Duration wird das wie bei der Gross Methode gebildete Basisäquivalent von Zinsderivaten zunächst durationsadjustiert durch Multiplikation eines Durationsfaktors, der definiert ist als das Verhältnis der Duration des Derivates zur sogenannten Zielduration des AIF. Unter normalen Marktbedingungen entspricht die Zielduration der Duration des AIF, unter Stressbedingungen kann sie hiervon abweichen.

Durch die Berücksichtigung der Zielduration des Portfolios wird dem Tatbe- **382** stand gerecht, dass z. B. der Kauf einer Position von Long Bond Futures mittlerer Duration das Risiko eines Portfolios mit kurzer Duration viel mehr erhöht als das Risiko eines Portfolio mit langer Duration. Somit hängt das Net Leverage einer Zinsderivateposition ab von der Duration des Gesamtportfolios.[271]

---

[268] Die weiteren Schritte sind dann wie generell weiter oben beschrieben, die Bestimmung des erhöhten Exposures aus der Wiederanlage von Krediten und Collaterals, z. B. aus Wertpapierleihe oder Repogeschäften.

[269] AIFM-DV Art. 8 Abs. 3 lit. a.

[270] *ESMA*/10–788, Box 7.

[271] Ähnlich wie bei der Bildung des deltaadjustierten Basiswertäquivalents für Optionen in der Bruttomethode erscheint es an sich sachgerecht auch bei der Bruttomethode für Zinsderivate einen durationsadjustierten Basiswertäquivalent zu verwenden (ohne Anwendung des anschliessenden Nettings), das ist jedoch in der AIFM-DV oder im ESMA Advice nicht erwähnt.

383   Die Zinsderivate werden für das Netting in die vier Laufzeitbänder 0–2 Jahre, 2–7 Jahre, 7–15 Jahre und länger als 15 Jahre gruppiert. Zunächst werden pro Laufzeitband die Long- und Shortpositionen der durationsadjustierten Basisäquivalente miteinander verrechnet. Anschließend werden nach genau vorgegebenen Regeln die Beträge zwischen den Laufzeitbändern miteinander verrechnet.

384   **c) Hedging Regeln.** Die Anwendung von **Hedging Regeln** hingegen sind nicht nur bzgl. des gleichen unterliegenden Assets sondern bzgl. der gleichen Assetklasse möglich.[272] Diese Regeln besagen nach AIFM-DV Art. 8 Abs. 6, das die folgenden Bedingungen erfüllt sein müssen:[273]

- Die Positionen innerhalb der Hedging Beziehung dürfen keine Gewinnabsicht haben; allgemeine und spezifische Risiken müssen durch die Kombination der Positionen reduziert werden.
- Das Marktrisiko des AIF muss durch das Hedging insgesamt nachweisbar reduziert werden.
- Das Hedging Beziehung muss auch unter Stressbedingungen wirksam sein.

385   Beispielsweise kann, sofern diese Hedging Kriterien eingehalten sind, die Verringerung der Duration eines Bondportfolios durch Zinsswaps oder durch Short Positionen in Bond Futures als Hedging in Abzug gebracht werden.[274]

386   Die Hedging Kriterien werden als erfüllt angesehen, wenn ein Long Aktienportfolio mit einem geringen Tracking Error zu einem Aktienindex das systematische Marktrisiko durch einen Short Future auf den Aktienindex reduziert.[275] Nicht hingegen als Hedging einer bestehenden Long Aktienposition wird eine (z. B. durch ein Derivat dargestellte) Short Position auf eine andere Aktie akzeptiert, auch wenn diese mit der ersteren hoch korreliert ist, da hierbei nur das allgemeine, nicht aber auch das spezifische Risiko reduziert wird, wie aber in den Hedging Bedingungen verlangt.[276]

387   Analoges gilt für die Absicherung des allgemeinen Marktrisikos („Betas") eines Aktienbaskets durch ein Short Index Future, da das spezifische Alpha Risiko bestehen bleibt

388   **6. Begrenzung des Leverage. a) Begrenzung von Gross und Net Leverage.** Nach Art. 15 Abs. 4 muss der AIFM angemessene Grenzen für das Leverage jedes von vom ihm verwalteten AIFs festlegen, überwachen und dem Investor offenlegen. Nach Art. 25 Abs. 3 ist die Angemessenheit und fortlaufende Einhaltung der Grenzen auch der Aufsicht zu zeigen.

389   Aus AIFM-DV Art. 109 Abs. 2 lit. a kann gefolgert werden, das eine Grenze sowohl für das Gross Leverage als auch für das Net Leverage festzulegen und einzuhalten ist. Es besteht die Möglichkeit, die Grenzen anzupassen. Das muss aber dem Investor im Rahmen der regelmäßigen Berichtpflicht mitgeteilt werden.

390   **b) Begrenzung von Rehypothecation.** Neben dem Leverage ist gemäß Art. 15 Abs. 4 auch die Wiederverwendbarkeit von Collaterals und Garantien (*rehypothecation*) zu begrenzen.

---

[272] AIFMD-IA Sect. 6.3, Opt. 4; AIFM-DV recital 18.
[273] Identisch mit den in ESMA 10–788, Box 8 genannten Bedingungen für UCITS.
[274] AIFM-DV recital 19.
[275] AIFM-DV recital 20.
[276] AIFM-DV recital 22 und 24.

Hier ist auf den ersten Blick nicht ganz klar, ob solche Sicherheit und Garantien **391** gemeint sein, die dem AIFM von einem Kontrahenten eingeräumt wurden. Die Wiederverwendbarkeit solcher Sicherheiten erhöht ja das Leverage.

Es kann aber durch Beachtung des Zusammenhanges davon ausgegangen wer- **392** den, das hier die Sicherheiten und Garantien gemeint, die dem Kontrahenten eingeräumt werden im Rahmen von Kreditaufnahme, dem Einsatz von Derivaten oder aus anderen Leverage erzeugenden Transaktionen im Sinne von AIFM-DV Annex 1. Im regelmäßigen regulatorischen Bericht muss beispielsweise explizit im Kontrahentenrisikoprofil als nochmal im Fall des Einsates von Leverage im beträchtlichen Umfang (siehe AIFM-DV Annex IV zu Art. 24(2) und (4)) der Prozentsatz der Kontrahenten überlassenen Sicherheiten angegeben werden, die seitens der Kontrahenten weiterverpfändet werden (*Rehypothecation*). In Amerika gibt es im Gegensatz zu Europa hierfür regulatorische Grenzen, z. B. durch Regulation T und SEC's Rule 15c 3. Aggressive US Hedgefonds nehmen daher Primebroker Buchungen offshore (z. B. in UK) vor um mehr Leverage durch Wiederverwendung von Collaterals seitens Primebroker zu ermöglichen.[277]

Das European Systemic Risk Board (ESRB) empfiehlt in seinem Advice an **393** die ESMA vom 31. 7. 2012 über Collaterals bei OTCs für CCPs (central clearing counterparties) in Nr 3.6: *„To ensure legal certainty and market predictability, the ability of a CPP to re-use or accept rehypothecated collateral should be clarified by the legislation, considering its strong macroprudential implications"*.[278]

Rehypothecation ist üblich bei Primebrokern von Hedgefonds um eine kosten- **394** effiziente Kapitalbereitstellung zu ermöglichen.[279]

Die Fragestellung von Regelungen hinsichtlich der dem Kontrahenten gestell- **395** ten Sicherheiten kann auch auf Mikroebene bei einem Immobilienfonds eine Rolle spielen, der eine Beteiligungsgesellschaft im Bestand hat und für ein Objekt dieser Beteiligungsgesellschaft eine Fremdfinanzierung vornimmt. Wenn diese Kreditaufnahme durch den Fonds selbst besichert wird und dadurch dem Kontrahenten Rückgriffsrechte auf das AIF selbst eingeräumt werden (Recourse Finanzierung), kann dies ein erhöhtes Risiko bedeuten.

Generell ist bei der Festlegung von angemessenen Leverage Grenzen die Invest- **396** mentstrategie und Art des AIFs Aspekt der Art zu berücksichtigen, inwieweit Kontrahentenrisiko entsteht bzw. abgesichert werden kann, die Art des verwendeten Leverage (Derivateeinsatz, Kreditaufnahme oder andere Methoden), das Verhältnis zu Umfang, Art und Komplexität der Aktivitäten des AIFM am Markt insgesamt, die Art der Verbindung zu eventuell systemkritischen Finanzdienstleistungsinstituten als auch das Verhältnis von NAV zu Verbindlichkeiten (ggf. inkl. maximal erwarteter Anteilsrückgaben durch Investoren).[280] Grundsätze hierfür sollten in der internen Leverage Policy festgelegt werden.

7. Leverage in beträchtlichem Umfang. Gemäß der Legaldefinition in **397** AIFM-DV § 111 wird Leverage „in beträchtlichem Umfang" (leverage on a *substantial base*) eingesetzt, wenn das Net Leverage größer als drei, d. h. das Net Exposure größer als das dreifache NAV ist. Konsequenz eines Net Leverage von größer als drei ist eine ausführliche Berichterstattung an die nationale Aufsicht (Art. 24 Abs. 4–5), eine mögliche auf-

---

[277] *Manmohan Singh*, „The (Other) Deleveraging", IMF WP/12/179, July 2012, p. 6.

[278] Abrufbar unter http://www.esma.europa.eu/system/files/response_emir_46_advice.pdf

[279] Siehe z. B. „AIMA's Roadmap to Hedge Funds" (2012), p. 90 f.

[280] Art. 15 Abs. 4.

sichtsrechtliche Einschätzung als ein systemisches Risiko mitsamt einer möglichen aufsichtsrechtlichen Verhängung von Beschränkungen.

398   In den Recitals 49 und 50 ist ausgeführt, dass es unter bestimmten Umständen möglich ist, dass die Hebelfinanzierungen eines AIFM Systemrisiken erzeugen oder zu Marktstörungen beitragen können und daher speziellen Anforderungen unterworfen werden sollen. Ferner ist es erklärtes Ziel der AIFM-Richtlinie zur Sicherstellung der Stabilität der Finanzmärkte die durch Hebeleffekte entstehenden Risiken in der EU einheitlich auf Ebene des Europäischen Ausschusses für Systemrisiken (ESRB, angegliedert an die EZB in Frankfurt) zu sammeln. Hierdurch sollen systemische Risiken leichter und schnellerentdeckt, verfolgt und eingedämmt werden. Eine erhöhte Informationspflicht besteht demnach für AIFM, welche auf Ebene der AIF Hebelfinanzierung im beträchtlichen Umfang *(substantial use)* einsetzen. Zur Einschätzung der Risiken aus der Hebelwirkung müssen AIFM gemäß Art. 25 Abs. 3 AIFM-RL für jeden AIF gegenüber ihrer Aufsichtsbehörde anzeigen, ob der Umfang der eingesetzten Hebelwirkung innerhalb eines bestimmten Rahmens bleibt. Auf diese Weise wird implizit ein Höchstmaß für die Hebelwirkung festgelegt, das von jedem AIF einzuhalten ist. Darüber hinaus ermächtigt die AIFM-Richtlinie die Aufsichtsbehörden, das zulässige Maß der Hebelwirkung weiter zu beschränken, um dadurch einer Bedrohung der Stabilität und Integrität des Finanzsystems zu begegnen.

399   8. Offenlegungspflichten. a) Gegenüber Investoren. Bevor ein Investor Kapital investiert, müssen ihm Informationen zur Verfügung gestellt worden sein, die hinsichtlich des Einsatzes von Leverage die folgenden Angaben enthalten sollen:[281]

i)   Die Umstände, unter denen der AIF Leverage einsetzen kann

ii)   Art und Herkunft des zulässigen Leverage

iii)   Mit dem Einsatz von Leverage verbundener Risiken

iv)   Sonstige Einschränkungen hinsichtlich des Einsatzes von Leverage und der Wiederverwendbarkeit von Sicherheiten

v)   Obergrenzen für das Gross Leverage und das Net Leverage

400   Wesentliche Änderungen dieser Informationen sind in dem für Anleger verfügbaren Jahresbericht aufzuführen.[282]

401   Die regelmäßigen Berichte für Investoren nach Art. 23 Abs. 4 müssen Angaben darüber enthalten, falls die Leverage Grenzen überschritten wurden oder eine Überschreitung zu erwarten ist.[283]

402   Gemäß Art. 23 Abs. 5 müssen dem Investor zeitnah Änderungen von festgelegten Grenzen für das Net Leverage, das Gross Leverage und die Wiederverwendbarkeit von Sicherheiten oder Garantien mitgeteilt werden unter Angabe der bisherigen als auch der neuen Grenze.[284]

403   Die Höhe des eingesetzten Gross Leverage und Net Leverage ist in die regelmäßigen Investorenberichte anzugeben.[285] Der ESMA Advice empfiehlt auch die Angabe von minimalen und durchschnittlich eingesetztem Leverage in einer Berichtsperiode.[286]

---

[281]   Art. 23 Abs. 1 lit. a.
[282]   AIFM-DV Art. 22 Abs. 2 lit. d.
[283]   AIFM-DV Art. 108 Abs. 4.
[284]   AIFM-DV Art. 109 Abs. 2.
[285]   AIFM-DV Art. 109 Abs. 3.
[286]   ESMA Advice Box 108, Nr. 19.

b) Verwendung durch Investoren. Durch die Informationen über Leverage   **404**
auf Basis von vereinheitlichten Berechnungsmethoden sollen Anleger in ihrem
Entscheidungsprozess und in ihrer Due Diligence bei der Anlage in AIFs unterstützt werden.[287] Die Höhe des eingesetzten Leverage ist ein möglicher Indikator
für die Volatilität der Wertentwicklung des AIF in Abhängigkeit von seiner Anlagestrategie.

Durch den Einsatz von Futures beispielsweise kann einerseits das Marktrisiko   **405**
eines Aktienportfolios durch die Hebelwirkung erhöht werden, aber andererseits
auch reduziert werden falls die Futures zur Absicherung anderer Positionen verwendet werden. Beim Gross Leverage wird hier allerdings nicht zwischen diesen
beiden unterschiedlichen Investitionszwecken unterschieden, wohl aber beim Net
Leverage.

Das Net Leverage kann bis zu einem gewissen Grad als Faktor bei der Beurtei-   **406**
lung der Wertentwicklung eines AIF in seiner Peer Gruppe herangezogen werden.
Wenn zwei AIFs ähnliche Wertentwicklung haben aber deutlich unterschiedliches
Net Leverage, könnte das ein Indikator für die jeweils eingegangenen Risiken
dienen. Ein hohes Leverage kann mit einer Anfälligkeit des AIF in bestimmten
Stresssituationen verbunden sein.

Die Höhe des Gross Leverage kann eine irreführende Information für den   **407**
Anleger sein, da sie wenig über die Risiken und das ökonomische Exposure des
AIFs aussagt. Es könnte daher sinnvoll für den AIFM sein, eine Aufklärungskam-
pagne durchzuführen um das Konzept des Gross Leverage zu erläutern, insbesondere dann wenn es beabsichtigt ist, den AIF auch an Privatanleger zu vermarkten.[288]

c) Gegenüber Aufsichtsbehörde. In dem regelmäßigen aufsichtsrechtlichen   **408**
Bericht muß die Höhe des Net Leverage und des Gross Leverage ausgewiesen,
aber auch die Höhe sowohl von besicherter als auch unbesicherter Kreditaufnahme. Ferner das Gross Exposure aus Derivaten, der Umfang geliehener Wertpapiere die für Short Positionen verwendet werden, Exposure aus bestimmten kontrollierten Finanz- und/oder Rechtsstrukturen, an denen Dritte beteiligt sind.[289]

Der prozentuellen Anteil der Weiterverpfändung von Sicherheiten und ande-   **409**
ren Kredit Fazilitäten, die der AIF Kontrahenten überlassen hat, als auch die
Angabe der 5 größten Kreditgeber ist nur im Fall der Verwendung von Leverage
im beträchtlichen Umfang anzugeben.

IX. Risikomanagement für Verbriefungen

Bei Anlagen in Verbriefungsstrukturen bestehen erhöhte Due Diligence Anfor-   **410**
derungen.[290] Insbesondere muss der Manager sich gemäß Art. 17 davon vergewissern, dass der Originator, Sponsor oder Kreditgeber der Verbriefung (sofern nach

---

[287] Vgl. AIFMD–IA Abs. 6.3 p. 21.

[288] AIFMD–IA Abs. 6.3, p. 23.

[289] AIFM-DV Annex IV Nr. 26–30 bzgl. Art. 24 Abs. 2. Jedoch findet sich in Art. 24 die
Anforderung bzgl. Offenlegung des Leverage nur in Absatz 4 im Fall des Einsatzes von Leverage im beträchtlichen Umfang, In AIFM-DV Annex IV bzgl. Art. 24 Abs4. sind die Anforderungen nochmal aufgeführt in Nr. 1–7. sodass die AIFM-DV hier redundant ist.

[290] AIFM-DV recital 67, Art. 52 und Art. 53 Abs. 1.

dem 1. Januar 2011 emittiert)[291] mindestens einen materiellen Nettoanteil (*Selbstbehalt*) von 5% behält.[292] Er muss aber auch sicherstellen, dass er die benötigten Daten bekommt für Stresstests von Zahlungsströmen und dem Wert der Sicherheiten für die unterliegenden Kredite der Verbriefungen.[293] Solche Stresstests sind regelmäßig von dem AIFM durchzuführen, sofern er mehr als nur geringfügig für einen oder mehreren AIF in eine Verbriefung investiert ist. Der AIFM muss eine ausführliche Überwachung des Kreditrisikos der unterliegenden Werte von Verbriefungen implementieren.[294] Die Auswirkung der Verbriefungen auf das Risikoprofil der AIFs müssen überwacht und an das Senior Management berichtet werden.[295]

411   Art. 63 der AIFM-RL ändert in diesem Zusammenhang sogar die OGAW-Richtlinie 2009/65/EG durch Hinzufügen eines Art. 50a, der im Wesentlichen dem Art. 17 der AIFM-RL entspricht.

C. Bezüge zum KAGB-E

412   Die Regelung des Art. 15 ist in dem § 29 KAGB-E ohne inhaltliche Änderungen umgesetzt, wobei im Vergleich zu Art. 15 der § 29 KAGB-E vier Erweiterungen enthält.

I. Anwendung auf AIFs und OGAWS

413   Art. 15 Abs. 1–4 gilt nicht nur für AIF Verwaltungsgesellschaften sondern einheitlich auch für OGAW- Kapitalverwaltungsgesellschaften. Die zugehörigen Regelungen der AIFM-DV oder gar des ESMA Advice sind jedoch per Definition nicht rechtswirksam für OGAWs, können jedoch als „best practice" einer Umsetzung in die Verwaltungspraxis Eingang finden.

414   Basierend auf entsprechende Ermächtigungen in Art. 4 Abs. 3, Art. 12. Abs. 3, Art. 15 Abs. 5, Art. 16 Abs. 3, Art. 17, Art. 23 Abs. 6 und Art. 24 Abs. 6 enthält die AIFM-DV insbesondere Konkretisierungen hinsichtlich

- Risikomanagementsystem (Art. 38 AIFM-DV)
- Frequenz des RM-System Reviews (Art. 41 AIFM-DV)
- Funktionstrennung (Art. 42 AIFM-DV)
- Schutzvorkehrungen für Interessenkonflikte (Art. 43 AIFM-DV)
- Anforderungen hinsichtlich Due Diligence, RM-Richtlinie, Angemessenheit von Risikoprofilen, fortlaufende Risikoüberwachung (Art. 16–19, Art. 40, Art. 44, Art. 45 AIFM-DV)
- Anforderungen an das Liquiditätsmanagement (Art. 46–48 AIFM-DV)
- Übereinstimmung von Liquiditätsprofil, Investmentstrategie und Rücknahmegrundsätze (Art. 49 AIFM-DV)
- Methoden und Details zur Berechnung des Leverage (Art. 6–11 AIFM-DV)
- Operationelles Risiko und Risikodeckungspotenzial (Art. 12–13 AIFM-DV)

---

[291] Die Begriffe Verbriefung, Sponsor und Originator werden hierbei im Sinne von Art. 4 der Bankenrichtlinie 2006/48/EC verwendet; geändert durch das CRD-Änderungen-Umsetzungsgesetz (24. Nov. 2010).

[292] Vgl. AIFM-DV recital 68–69. Art. 51 und ESMA Advice Box 35.

[293] AIFM-DV Art. 52 lit. e.

[294] AIFM-DV Art. 53 Abs. 2.

[295] AIFM-DV Art. 53 Abs. 3–4.

- Risikomanagement für Verbriefungsstrukturen (Art. 53 AIFM-DV)
- Berichtspflichten an Investoren (Art. 108–109 AIFM-DV)
- Berichtspflichten an Aufsichtsbehörde (Art. 110, Annex IV AIFM-DV)
- Leverage im beträchtlichen Umfang (Art. 111 AIFM-DV).

Für offene Publikums-AIF und offene Spezial-AIF mit festen Anlagebedingungen **415**
sind zusätzlich zur europäischen AIFM-DV in Nachfolge der bisherigen Derivateverordnung als auch der InvRBV entsprechende aktualisierte nationale Verordnungen zu erwarten.

II. Externe Ratings

Der KAGB-E Diskussionsentwurf enthielt im Juli 2012 im Vergleich zu Art. 15 **416**
die Ergänzung, dass die Kapitalverwaltungsgesellschaft sich bei der Bewertung
der Kreditwürdigkeit der Vermögensgegenstände des Investmentvermögens, sich
nicht ausschließlich oder automatisch auf externe Ratings stützen soll.

Dadurch sollten geplante, entsprechende Änderungen der UCITS Richtlinie **417**
2011/61/EU (Art. 51 Abs. 2) bzw. von Art. 15 Abs. 2 der AIFM-RL bereits
berücksichtigt werden.

In der Finanzkrise haben sich Investoren zu sehr auf die externen Ratings ihrer **418**
Investitionen verlassen, ohne eine eigene Bewertung der Bonität eines Emittenten
durchzuführen. Es soll daher ein grundlegendes Prinzip des Risikomanagementprozesses werden, einen übermäßigen Rückgriff auf externe Ratings zu vermeiden.[296] Es geht hier in erster Linie durch von Ratingagenturen hinsichtlich Kreditqualität beurteilte Emittenten und die von Emittenten begebenen Kreditverpflich-
tungen, Schuldtitel oder schuldtitelähnliche Instrumente adressiert werden, und
nicht etwa durch externe Gutachter geprüfte Sachanlagen wie z. B. Immobilien.
Da die geplanten Änderungen auf EU Ebene noch nicht final verabschiedet sind,
wurde im KAGB_E Kabinettsentwurf dieses Anforderung wieder gestrichen.

III. Verbriefungsstrukturen

In § 29 Abs. 5 KAGB-E wird der Art. 17 über Verbriefungsstrukturen umge- **419**
setzt, jedoch nur für AIFMs, also nicht für OGAWs und mit explizitem Verweis
auf die AIFM-DV Art. 50–56.

Wegen der Änderung der OGAW Richtlinie durch Art. 63 der AIFM-RL ist **420**
nicht ganz klar, warum OGAWs in § 29 Abs. 5 KAGB-E ausgenommen sind.

IV. Nationale Verordnungsermächtigung

Die Ermächtigung zu einer nationalen Verordnung zwecks näheren Bestim- **421**
mung des Risikomanagements bezieht sich nur auf Kapitalverwaltungsgesellschaften, die **Publikums AIF** oder OGAWSs verwalten. Sie ist aber nicht eingeschränkt auf offene AIFs, sodass eine solche Verordnung auch auf geschlossene
Publikums AIFs angewendet werden kann, zusätzlich zur AIFM-DV.

---

[296] Siehe Bericht von *Leonardo Domenici* vom 28. 6. 2012 zur Änderung der OGAW
Richtlinie 2009/65/EG und der AIFM-RL 2011/61/EU im Hinblick auf den übermäßigen
Rückgriff auf Ratings (COM(2011)0746 – C7-0419/2011 – 2011/0360(COD)), abrufbar
unter http://www.europarl.europa.eu/sides/getDoc.do?pubRef=-//EP//TEXT+REPORT
+A7-2012-0220+0+DOC+XML+V0//DE

422 Eine Verordnungsermächtigung bzgl. einer „Derivateverordnung" für OGAWs im Zusammenhang der Limitierung des Marktrisikopotentials findet sich in § 197 KAGB-E.

423 Für die in § 284 KAGB-E geregelten **offenen Spezial AIF mit festen Anlagebedingungen** gelten grundsätzlich (ähnlich wie bisher für Spezialfonds nach § 91 InvG) hinsichtlich der Vermögensgegenstände und Anlagegrenzen die Regelungen für offene Publikumsfonds.[297] Somit dürfte für diese Gruppe von Fonds neben AIFM-DV sowohl Derivateverordnung zu § 197 Abs. 2 als auch ggf. eine künftige Verordnung zu § 29 anzuwenden sein.

Artikel 16 Liquiditätsmanagement

AIFM-Richtlinie	KAGB-E
Artikel 16 **Liquiditätsmanagement**	**§ 30** **Liquiditätsmanagement; Verordnungsermächtigung**
(1) Die AIFM verfügen für jedes von ihnen verwaltetes AIF, bei dem es sich nicht um einen AIF des geschlossenen nicht hebelfinanzierten Typs handelt, über ein angemessenes Liquiditätsmanagementsystem und legen Verfahren fest, die es ihnen ermöglichen, die Liquiditätsrisiken des AIF zu überwachen und zu gewährleisten, dass sich das Liquiditätsprofil der Anlagen des AIF mit seinen zugrundeliegenden Verbindlichkeiten deckt.	(1) Die Kapitalverwaltungsgesellschaft muss über ein angemessenes Liquiditätsmanagementsystem für jedes von ihr verwaltete Investmentvermögen[1] verfügen, es sei denn, es handelt sich um ein geschlossenes Investmentvermögen, für das kein Leverage eingesetzt wird. Die Kapitalverwaltungsgesellschaft hat Verfahren festzulegen, die es ihr ermöglicht, die Liquiditätsrisiken des Investmentvermögen zu überwachen und hat zu gewährleisten, dass sich das Liquiditätsprofil der Anlagen des Investmentvermögens mit den zugrunde liegenden Verbindlichkeiten des Investmentvermögens deckt.
Die AIFM führen regelmäßig Stresstests durch, unter Zugrundelegung von sowohl normalen als auch außergewöhnlichen Liquiditätsbedingungen, mit denen sie die Liquiditätsrisiken der AIF bewerten und die Liquiditätsrisiken der AIF entsprechend überwachen können.	(2) Die Kapitalverwaltungsgesellschaft hat regelmäßig Stresstests durchzuführen und dabei sowohl normale als auch außergewöhnlichen Liquiditätsbedingungen zugrunde zu legen, die die Bewertung und Überwachung der Liquiditätsrisiken der Investmentvermögen ermöglichen.[2]

---

[297] Offene Spezial AIFs können aber z. B. im Gegensatz zu offenen Publikums AIFs bis zu 20% in Unternehmensbeteiligungen investieren.

[1] Der Begriff Investmentvermögen wird im KAGB-E Kap 1 Abs. 1 § 1(1) als Oberbegriff für AIFs und OGAWs verwendet.

[2] Abschnitte (1) und (2) des § 30 KAGB-E gelten einheitlich für die Verwalter von AIFs und OGAWs, unterscheiden sich aber in den Durchführungsbestimmungen.

AIFM-Richtlinie	KAGB-E
(2) Die AIFM gewährleisten, dass die Anlagestrategie, das Liquiditätsprofil und die Rücknahmegrundsätze eines jeden von ihnen verwalteten AIF schlüssig ineinander greifen.	(3) Die Kapitalverwaltungsgesellschaft hat zu gewährleisten, dass die Anlagestrategie, das Liquiditätsprofil und die Rücknahmegrundsätze eines jeden von ihr verwalteten Investmentvermögens übereinstimmen.
(3) Die Kommission erlässt gemäß Artikel 56 und nach Maßgabe der Bedingungen der Artikel 57 und 58 delegierte Rechtsakte, mit denen Folgendes festgelegt wird: a) die Liquiditätsmanagementsysteme und -verfahren; und b) der Gleichklang von Anlagestrategie, Liquiditätsprofil und Rücknahmegrundsätzen nach Absatz 2.	(4) Für AIF-Kapitalverwaltungsgesellschaften bestimmen sich für die von ihnen verwalteten AIF die Kriterien für die Liquiditätsmanagementsysteme und -verfahren und die Übereinstimmung von Anlagestrategie, Liquiditätsprofil und Rücknahmegrundsätzen nach Absatz 3 nach Artikel 46–49 der Verordnung (EU) Nr. ___/2013 [Level 2-Verordnung gemäß Artikel 16 Absatz 3 der Richtlinie 2011/61/EU][3].
	Das Bundesministerium der Finanzen wird ermächtigt, durch Rechtsverordnung, die nicht der Zustimmung des Bundesrates bedarf, für Kapitalverwaltungsgesellschaften in Bezug auf Publikums-AIF[4] zusätzliche Bestimmungen zu den in Artikel 46 bis 49 der Verordnung (EU) Nr. .../2013 [Level 2-Verordnung gemäß Artikel 16 Absatz 3 der Richtlinie 2011/61/EU] aufgeführten Kriterien nach Absatz 4 und in Bezug auf OGAW nähere Bestimmungen zu den Liquiditätsmanagementsystemen und -verfahren zu erlassen. Das Bundesministerium der Finanzen kann die Ermächtigung durch Rechtsverordnung auf die Bundesanstalt übertragen.

Literatur: *Basel Committee on Banking Supervision (BCBS),* Principles for Sound Liquidity Risk Management and Supervision, 2008, abrufbar unter www.bis.org/publ/bcbs144.pdf *BCBS:* Basel III:International framework for liquidity risk measurement, standards and monitoring, 12/2010 *Berger/Steck/Lübbehüsen* (Hrsg.), Investmentgesetz/Investmentsteuergesetz, München, 2010 *European Commission,* Accompanying the proposal for a AIFMD, Impact Assessment, SWD (2012) 576, Brussels, 19. Dec. 2012 http://ec.europa.eu/internal_market/investment/docs/20121219-directive/ia_en.pdf *ESMA/2012/845,* Consultation Paper,

[3] Diese im vorliegenden Kommentar zu § 16 mit AIFM-DV bezeichnete Level 2 Verordnung zur AIFM-RL gilt naturgemäß nicht für OGAWs. Weitere Bestimmungen für OGAWs können jedoch gemäß der Ermächtigung in § 30 Abs. 5 KAGB-E erlassen werden.

[4] Spezial-AIF sind somit von dieser möglichen Rechtsverordnung ausgenommen. Publikums-AIF hingegen fallen sowohl unter eine solche Rechtsverordnung als auch unter die AIFM-DV.

Guidelines on key concepts of the AIFMD, 19. Dec. 2012, http://www.esma.europa.eu/ system/files/2012-845.pdf *European Commission*: UCITS VI Consultation (07/2012), http:// ec.europa.eu/internal_market/consultations/docs/2012/ucits/ucits_consultation_en.pdf *Fiedler, R.*, Liquidity Modelling, London, 2011 *Institute of International Finance (IIF)*: **Principles of Liquidity Risk Management, 03/2007,** http://www.iif.com/download.php?id= tv/yzuHHXJ0= *IOSCO,* Principles on Suspensions of Redemptions in Collective Investment Schemes, Final Report, 01/2012, http://www.iosco.org/library/pubdocs/pdf/IOSCO PD367.pdf *IOSCO,* Principles of Liquidity Risk Management for Collective Investment Schemes, Final Report, Madrid, März 2013, http://www.iosco.org/library/index.cfm?sec tion=pubdocs&publicDocID=405 *IOSCO,*Principles of Liquidity Risk Management for Collective Investment Schemes, Consultation Report, 26/4/2012, http://www.iosco.org/ library/pubdocs/pdf/IOSCOPD378.pdf *Klebeck,* Side Pockets ZBB 2012, 30 ff. *Paul,* Das neue Recht der offenen Immobilienfonds, Arbeitspapier 2011, Universität Mainz http:// www.institut-kreditrecht.de *Reinhart/Rogoff*, Dieses Mal ist alles anders, 4. Aufl., München 2011 *Weistroffer,* Liquidity Creation and Financial Fragility: An Analysis of Open-End Real Estate Funds, Dissertation Frankfurt a.M. 2010

Übersicht

A. Überblick, Entstehungsgeschichte und Normkontext

Artikel 16 bezweckt eine Verbesserung der **Schutzmaßnahmen bei Invest-** 1
ments in illiquide Assets[5], vor allem auch vor dem Hintergrund der Erfahrungen der Finanzkrise. Es soll gewährleistet werden, dass der AIFM selbst bei außergewöhnlichen Marktumständen noch in der Lage ist, für jeden von ihm verwaltete AIF dessen Zahlungsverpflichtungen gegenüber Investoren, Kontrahenten, Kreditgebern und sonstigen Parteien zu erfüllen. Aufgrund des heterogenen, breiten Spektrums von AIF Typen[6], stehen allgemeine Vorgaben für das Liquiditätsmanagement im Vordergrund. Solche Vorgaben sind im Rahmen des Verhältnismäßigkeitsprinzipes durch den AIFM genauer auszugestalten und umzusetzen je nach Größe (im Sinne einer Beeinflussbarkeit des Marktes durch Käufe und Verkäufe), Typ (hinsichtlich der Assetklassen als auch des mit dem AIF verbundenen Liquiditätsrisikos z. B. aufgrund der Rücknahmebedingungen) und der Komplexität des Prozesses, Assets zu liquidieren oder zu verkaufen.[7]

I. Zusammenfassung

Für jeden AIF, der gehebelt (im Sinne des Einsatzes von Fremdfinanzierung 2
oder der Verwendung derivativer Finanzinstrumente) oder vom offenen Typ ist, muss der AIFM ein angemessenes **Liquiditätsmanagementsystem** betreiben. Dies ist zwingender Teil des unabhängigen Risikomanagements. Aufgabe des Liquiditätsmanagements ist es, das Liquiditätsrisiko des AIF zu identifizieren, laufend zu überwachen und für einen Einklang des Liquiditätsprofils und der Investmentstrategie mit den Zahlungsverpflichtungen des AIF zu sorgen. Bei der Due Diligence von Investments muss die Auswirkung beschränkter Liquidität des Investments auf das Liquiditätsprofil des AIF berücksichtigt werden. Ziel ist es, die Liquiditätsrisiken frühzeitig zu identifizieren und angemessen zu steuern.

Die nationale Fondsregulierung einiger Staaten gestattet AIFMs im Falle von 3
Liquiditätskrisen bestimmte Mittel und Verfahren zu verwenden, wie z. B. die temporäre Aussetzung der Rücknahme bis hin zur Bildung von *side pockets* zur Abtrennung illiquider Assets von liquiden Assets. Derartige Notsituationen treten ein, wenn Anleger von AIFs des offenen Typs im großen Umfang die Rücknahme ihrer Anteile verlangen und die vorhandene Liquidität nicht ausreicht, um die Anteile zurücknehmen zu können. Liquiditätskrisen können insbesondere bei offenen AIFs auftreten, welche in illiquide Vermögensgegenstände (wie zum Beispiel Immobilien) investieren.

Ein AIFM muss mindestens einmal jährlich **Liquiditätsstresstests** durchführen 4
und die Stresstestergebnisse der nationalen Aufsichtsbehörde mitteilen.[8] Falls verhältnismäßig, sollen Risikolimite für die Liquidität/Illiquidität des AIF im Einklang mit seinen Rücknahmegrundsätzen definiert und verwendet werden.[9] Es müssen geeignete Eskalationsmaßnahmen und Kommunikationswege eingerichtet

---

[5] In der Einleitung (p. 4) des AIFMD Impact Assessment (2012) werden beispielsweise Immobilien, Private Equity, Infrastruktur, Commodities und Güter wie Wein und Kunst als Beispiele für illiquide Assetklassen aufgeführt. Aber selbst Positionen in börsennotierten Aktien (z. B. Small Caps) sind nicht notwendigerweise immer liquide.

[6] Vgl. die Mapping Liste Nr. 20 a)–f) ESMA/2012/117 Key Concepts.

[7] AIFM-DV Recitals 57–58; ESMA Advice Box 32 Erl. 8–12.

[8] AIFM-DV Recital 62, Art. 24 Abs. 2 lit. (e).

[9] Recital 61 AIFM-DV.

werden, damit tatsächliche oder absehbare Liquiditätsengpässe für einen AIF rechtzeitig und effizient adressiert werden können.[10]

II. Entwicklung des Liquiditätsmanagements

5 **1. Banken.** Im Februar 2000 wurden vom Baseler Ausschuss (BCBS) die *Sound Practices for Managing Liquidity in Banking Organisations* veröffentlicht.[11] Sie enthalten Empfehlungen zur Organisation des Liquiditätsmanagements (Prinzipien 1–4), des Refinanzierungsbedarf (*net funding requirements*; Prinzipien 5–7), des Marktzugangs (*market access*; Prinzip 8), der Notfallplanung (*contingency planning*; Prinzip 9), der Fremdwährungsrisiken (*FX Liquidity Management*; Prinzip 10–11), der internen Kontrollen (Prinzip 12), der Öffentlichkeitsarbeit (*public disclosure*, Prinzip 13) und zur regulatorische Aufsicht (Prinzip 14).

6 Diese Prinzipien wurden 2005 in den Mindestanforderungen an das Risikomanagement (MaRisk) berücksichtigt.[12] Ende 2006 wurde von der BaFin die **Liquiditätsverordnung** (LiqV) erlassen, welche Kreditinstitute und Finanzdienstleistungsinstitute verpflichtet, über ausreichend Liquidität zu verfügen, um Liquiditätsengpässe zu vermeiden.[13]

7 Eine ausreichende **Liquiditätsausstattung** ist laut § 2 der LiqV dann gegeben, wenn die binnen eines Monats verfügbaren liquiden Mittel die Zahlungsverpflichtungen in diesem Zeitraum decken. Für die Laufzeitbänder 1–3 Monate, 3–6 Monate und 6–12 Monate sind Beobachtungskennzahlen für das Verhältnis von verfügbaren liquiden Mitteln und Zahlungsverpflichtungen zu berechnen. Im Vergleich dazu ist für AIFs nach Art. 24(2) AIFM-RL und Annex IV AIFM-DV im regelmäßigen Bericht an die nationale Aufsichtsbehörde eine Liquidierbarkeitsklassifizierung aller Assets in die sieben Laufzeitbänder 1 Tag, 2–7 Tage, 8–30 Tage, 1–3 Monate, 3–6 Monate, 1 Jahr und mehr als 1 Jahr vorzunehmen und den potentiellen Rückgaben durch Investoren gegenüberzustellen. Die AIFM-RL enthält aber keine explizite Vorgabe das bei einem offenen AIF mit täglichen Rückgaberechten, 100% der Assets innerhalb eines Tages oder eines Monats zu fairen Preisen in liquide Mittel umgewandelt werden können müssen um eine theoretisch denkbare 100% Zahlungsverpflichtung erfüllen zu können. Die Formulierung der AIFM-RL, das die Zahlungsverpflichtungen (insbesondere durch Anteilsrückgaben) im Einklang sein sollen mit dem Liquiditätsprofil der Assets, ermöglicht spezifische Gestaltungsmöglichkeiten da auf harte Limite und Vorgaben verzichtet wurde. Es wird jedoch erwartet das ein AIFM einen Katalog von Maßnahmen vorsieht um außergewöhnliche Liquiditätsengpässe handhaben zu können.[14] Die Auswirkungen von außergewöhnlichen Umständen und Ereignissen auf das AIF müssen nach Art. 16 Abs. 1 Satz 2 regemäßig durch Stresstests für das Liquiditätsrisiko abgeschätzt werden.

---

[10] Art. 47 Abs. 3 AIFM-DV.

[11] Abrufbar unter http://www.bis.org/publ/bcbs69.pdf.

[12] Zuletzt geändert durch das BaFin Rundschreiben 11/2010, Entwurf für Überarbeitung wurde in 4/2012 von der BaFin veröffentlicht unter http://www.bafin.de/SharedDocs/Veroeffentlichungen/DE/Konsultation/2012/kon_0112_ueberarbeitung_marisk_ba.html.

[13] http://www.gesetze-im-internet.de/liqv/index.html. Eine Öffnungsklausel in § 10 LiqV ermöglicht alternativ zu den vorgegebenen Kennziffern eigene Verfahren für das Liquiditätsrisikomanagement.

[14] Art. 47 Abs. 1(e) AIFM-DV.

Der Basler Ausschuss hat die **Liquiditätsmanagementprinzipien** für Banken **8** als Reaktion auf die Finanzkrise im September 2008 überarbeitet; das Dokument *Principles for Sound Liquidity Risk Management and Supervision*[15] enthält 17 Prinzipien und 18 **Frühwarnindikatoren** für das Liquiditätsrisiko. Neu waren hierbei u. a. die *liquidity risk tolerance* (Prinzip 2), die Bestimmung und Allokation von Liquiditätskosten *(liquidity costs;* Prinzip 4) sowie die Verpflichtung zu **Liquiditätsstresstests** (Prinzip 10). Die überarbeiteten Prinzipien fanden Eingang in die zweite Novelle der MaRisk im Jahre 2009, die somit bereits erste Konsequenzen aus der Finanzkrise für das Risikomanagement berücksichtigte.

Das genannte Dokument des Basler Ausschusses unterteilt das Liquiditätsrisiko **9** in **Cash Flow Risiko** *(funding liquidity risk)* und **Marktliquiditätsrisiko** *(market liquidity risk)* wobei im Fokus das Funding Liquidity Risk steht.[16] Es wird vom Basler Ausschuss definiert als *„the risk that the firm will not be able to meet efficiently both expected and unexpected current and future cash flow and collateral needs without affecting either daily operations or the financial condition of the firm".*[17] Es geht somit um das Risiko, dass die liquiden Mittel nicht ausreichen, um Zahlungsverpflichtungen ohne Notverkäufe oder ähnlichen Maßnahmen nachkommen zu können. In dem Impact Assessment (2012) zur AIFMD wird im Annex 3 das Liquiditätsrisiko ebenfalls in funding liquidity risk und market liquidity risk unterteilt. Allerdings wird an dieser Stelle funding liquidity risk nur im engeren Sinne verstanden als das mit einer Kreditaufnahme verbundenen Risiko, z. B. hinsichtlich einer Anschlussfinanzierung.

Das **Marktliquiditätsrisiko** wird von BCBS definiert als *„the risk that a firm* **10** *cannot easily offset or eliminate a position at the market price because of inadequate market depth or market disruption."*[18] Es ist das Risiko, dass ein Asset nicht schnell genug oder nicht zu fairen Preisen verkauft werden bzw. eine offene Position am Markt geschlossen werden kann, also das Risiko dass ein Asset illiquide ist oder wird. Es wird oft auch als eine Unterkategorie des Marktrisikos angesehen.[19] Im Annex 3 des AIFMD Impact Assessments (2012) wird darauf hingewiesen, das die Liquidierbarkeit von Aktien und Bonds hinsichtlich Preis und benötigtem Zeitraum vom Verhältnis der Größe der Position zu dem durchschnittlichen Handelsvolumen abhängt. Auch wird angemerkt, das ein schneller Verkauf einer relativ großen Position möglicherweise einen deutlich niedrigeren Marktpreis bewirkt.

In den im März 2007 von der globalen Vereinigung von Finanzinstituten Insti- **11** tute of International Finance (IIF) veröffentlichten *Principles of Liquidity Risk*[20] wird ebenfalls unterschieden zwischen *„funding liquidity risk"* und *„market liquidity risk"*, zugleich aber auch auf die **Wechselwirkungen** zwischen diesen beiden Aspekten des Liquiditätsrisikos hingewiesen. Auch nach Empfehlung 2 der IIF Prinzipien von 2007 sollen Kreditinstitute in ihrem Risikomanagement klar zwi-

---

[15] www.bis.org/publ/bcbs144.htm.

[16] Das BCBS Dokument beginnt mit der Definition: *„Liquidity is the ability of a bank to fund increases in assets and meet obligations as they come due, without incurring unacceptable losses".* Die AIFM-RL legt im Bereich Liquiditätsmanagement ebenfalls ihr Hauptaugenmerk auf das Risiko, Zahlungsverpflichtungen nicht nachkommen zu können.

[17] BCBS (2008), Fußnote 2.

[18] Ebendort.

[19] IIF, Principles of Liquidity Risk, 2007, S. 19.

[20] Die IIF-Prinzipien sind nicht direkt aufsichtsrechtlich verbindlich, sondern stellen eine Selbstverpflichtung dar.

schen diesen beiden Aspekten des Liquiditätsrisikos unterscheiden. Das **Funding Liquidity Risk** wird hier weiter unterteilt in ein langfristiges (strukturelles) und ein kurzfristiges (taktisches) Risiko.

12   Die dritte MaRisk Novelle wurde im Dezember 2010 von der BaFin veröffentlicht.[21] Sie enthält für kapitalmarktorientierte Institute (im Sinne des § 264d HGB) ein neues Teilmodul BTR 3.2 mit erhöhten Anforderungen für ausreichende **Liquiditätsreserven** bzgl. kurzfristiger Zeithorizonte (1 Woche bzw. 1 Monat) und bzgl. der zu betrachtenden Szenarien in Liquiditätsstresstests.[22]

13   Die im Januar 2013 in Kraft getretene vierte Novelle der MaRisk (12/2012)[23] ist verzahnt mit dem Entwurf des CRD IV-Umsetzungsgesetzes (nationale Umsetzung von Basel III), das vor allem erhöhte Eigenkapitalanforderungen stellt.[24] Das Liquiditätsmanagement in Basel III gibt zwei quantitative Liquiditätskennzahlen vor, die *Liquidity Coverage Ratio* (LCR, „Mindestliquiditätsquote", geplant ab 2015) und die *Net Stable Funding Ratio* (NSFR, „strukturelle Liquiditätsquote", geplant ab 2018). Hierdurch wird das Liquiditätsmanagement wesentlicher Bestandteil des Risikomanagementprozesses, kann aber auch zugleich auch zu einer höheren Kostenbelastung führen. Die Kennzahlen sollen nicht mehr nur monatlich berechnet und gemeldet sondern auch täglicher Basis in die Liquiditätssteuerung einbezogen werden.

14   Die Liquidity Coverage Ratio soll mittels eines Sicherheitspuffers die kurzfristige Zahlungsfähigkeit auf einen Zeithorizont von einem Monat auch unter Stressbedingungen sicherstellen und setzt den Anteil erstklassiger, hochliquider Assets (*HQLAs Level 1 und max. 40% Level 2; Liquiditätspuffer*) ins Verhältnis zu den Nettoabflüssen der nächsten 30 Tage (*TNCOs*) in einem aufsichtsrechtlich definierten Stressszenario (teilweiser Einlagenabzug, außerplanmäßige Inanspruchnahme von zugesagten, aber bisher ungenutzten Kreditlinien, Verlust der ungesicherten Refinanzierung). In diesem Zusammenhang ist es erforderlich, Kriterien zu bestimmen für die **Liquidität von Assets.**[25] Hierbei wird in dem EBA Diskussionspapier nicht nur die Assetklasse berücksichtigt sondern auch andere Faktoren wie z. B. Handelsvolumen, Bid/Ask Spreads, Preisstabilität, Time to Maturity, Emissionsvolumen. Solche Kriterien lassen sich ebenso für die Bestimmung der Marktliquidität von Finanzinstrumente in AIFs anwenden. Somit dürfte die aktuelle Entwicklung für CRR auch die Verfahren für das Liquiditätsmanagement von OGAWs und AIFMs befruchten.

---

[21] Rundschreiben 11/2010 (BA).

[22] Siehe z. B. MaRisk, Leitfaden des *Deutscher Sparkassen- und Giroverbandes* (2011), „Mindestanforderungen an das Risikomanagement. Interpretationsleitfaden", Vers. 4.0, abrufbar auf http://www.s-rating-risikosysteme.de.

[23] http://www.bafin.de/SharedDocs/Veroeffentlichungen/DE/Rundschreiben/rs_1210_anschreiben_ba.html.

[24] Ende Febr. 2013 gab es eine politische Einigung über das CRD-IV Paket (Capital Requirements Directive CRD und Capital Requirements Regulation CRR als EU Umsetzung von Basel III/G20 Ebene) zwischen Europäische Parlament, Rat und EU Kommission. Ein Inkrafttreten in Deutschland verbunden mit den Trilog-Verhandlungen in 2013 auf EU Ebene wird frühestens erwartet für Januar 2014. Einzelne Vorschriften werden während der Übergangsphase bis 2019 wirksam. Siehe BaFin Journal vom März 2013, abrufbar unter http://www.bafin.de/SharedDocs/Downloads/DE/BaFinJournal/2013/bj_1303.html.

[25] Siehe EBA/DP/2013/01, On Defining Liquid Assets in the LCR under the draft CRR, Februar 2013.

Die NSFR Kennzahl setzt den verfügbaren Betrag stabiler **Refinanzierung** 15 (Available Stable Funding *ASF* current liabilities) in das Verhältnis zu dem erforderlichen Betrag stabiler Refinanzierung (*RSF; current assets and off balance sheet exposures*). Sie soll für einen Zeithorizont von einem Jahr zu einer tragfähigen **Fristenstruktur** von Aktiva und Passiva und einer Finanzierung der Aktiva aus stabileren, längerfristigen Refinanzierungsquellen führen.[26]

2. OGAW. a) Mindestanforderungen an das Risikomanagement der 16 **Investmentgesellschaften (InvMaRisk)**[27]. Die InvMaRisk vom 30.6.2010 macht ausführliche Vorgaben bzgl. des **Liquiditätsmanagementprozesses** für Investmentvermögen. Dies beinhaltet u. a. die Einschätzung der Marktliquidität einzelner Assets und der Auswirkung auf das Gesamtportfolio (Liquiditätsquote), des Anlegerverhaltens (Nettomittelbewegungen), der Übereinstimmung von Marktliquidität mit den Rücknahme- und sonstigen Zahlungsverpflichtungen. Darüberhinaus das Einrichtens eines Limitsystem, eines Frühwarnsystem und eines Notfallplanes. Ferner die Durchführung und Berücksichtigung von Stresstests als auch die Risikoberichte an Geschäftsführung und Aufsichtsrat.[28]

b) OGAW IV-Durchführungsrichtlinie. In der OGAW-IV-DR 2010/43/ 17 EU wird das **Liquiditätsrisiko** definiert als *„das Risiko, dass eine Position im OGAW- Portfolio nicht innerhalb hinreichend kurzer Zeit mit begrenzten Kosten veräußert, liquidiert oder geschlossen werden kann und dass dies die Fähigkeit des OGAW, den Anforderungen des Artikels 84 Absatz 1 der Richtlinie 2009/65/EG allzeit nachzukommen, beeinträchtigt“.*[29] In dieser Formulierung werden also Funding Liquidity Risk und Market Liquidity Risk miteinander verknüpft. Die Formulierung impliziert jedoch nicht, dass das Liquiditätsrisiko eliminiert werden soll. Art 84 Abs. 1 der OGAW-RL 2009/65/EG besagt, dass ein OGAW auf Verlangen eines Anteilinhabers dessen Anteile zurücknehmen muss gegen Auszahlung des Anteilswertes (ggf. abzüglich von Rücknahmeabschlägen). Nach Art. 84 Abs. 2 der OGAW-IV-RL kommt jedoch in außergewöhnlichen Umständen eine vorläufige Aussetzung der Anteilrücknahme in Betracht.[30] Im Interesse der Anteilinhaber oder im öffentlichen Interesse kann nach Art. 84 Abs. 2b der OGAW-IV-RL auch die nationale Aufsichtsbehörde die Aussetzung der Rücknahme verlangen.[31]

---

[26] Siehe z. B. R. *Fielder*, Liquidity Modelling, London 2011, Kapitel 10.

[27] BaFin Rundschreiben 5/2010 (WA) vom 30.6.10 zu den Mindestanforderungen an das Risikomanagement der Investmentgesellschaften inkl. Erläuterungen (InvMaRisk) zur Konkretisierung des § 9a InvG. Durch die Novellierung des Investmentgesetzes (InvG) im Jahre 2007 ist die Kreditinstitutseigenschaft von Investmentgesellschaften weggefallen und damit auch die formale Anwendbarkeit der MaRisk (Ma). Diese Lücke wurde durch die InvMaRisk geschlossen.

[28] Abs. 4.4.5.10 ff InvMaRisk.

[29] Art. 3 Abs. 8 OGAW-DR 2010/43/EU.

[30] Die Rechtsfolgen einer solchen Aussetzung der Anteilsrücknahme sind in der AIFM-DV liberaler und umfassender geregelt als in Art. 84 OGAW-RL. Im Falle einer Aussetzung der Rücknahme haben AIFM zumindest die Pflicht, diese angemessen intern zu dokumentieren, den Anlegern unmittelbar offenzulegen (Art. 108 Abs. 3b AIFM-DV) und der für den AIF zuständigen nationalen Aufsichtsbehörde mitzuteilen.

[31] Die Befugnis der Aufsichtsbehörde, die Aussetzung der Rücknahme zu verlangen, findet sich nicht explizit in der AIFM-RL, lässt sich aber unter Umständen ableiten aus Art. 46 Abs. 4 der AIFM-RL sofern durch eine solche Aussetzung eine Beeinträchtigung der ordnungsgemäßen Funktionsfähigkeit des Marktes verringert wird.

18   Die Mitgliedstaaten stellen sicher, dass die Verwaltungsgesellschaften einen angemessenen **Risikomanagement-Prozess für Liquiditätsrisiken** anwenden, um zu gewährleisten, dass jeder von ihnen verwaltete OGAW jederzeit zur Erfüllung von Artikel 84 Absatz 1 der OGAW-RL 2009/65/EG imstande ist. Um die Liquiditätsrisiken auch unter außergewöhnlichen Umständen bewerten zu können, werden von den Verwaltungsgesellschaften „gegebenenfalls" auch Stresstests durchgeführt.[32] Den Zusatz „gegebenenfalls" gibt es nicht bei der entsprechenden Regelung für AIFs, sodass bei letzteren auf die Durchführung von Liquiditätsstresstests wörtlich genommen nicht verzichtet werden kann, es sei denn es wird im Einzelfall Rückgriff auf das grundlegende Verhältnismäßigkeitsprinzip der AIFM-RL genommen.

19   Das **Liquiditätsprofil eines OGAW** muss seinen im Prospekt oder in seiner Satzung festgelegten Rücknahmegrundsätzen entsprechen.[33]

20   Bei der Anlage von Assets muss, soweit dies der Art der geplanten Investition angemessen ist, vor Durchführung der Anlage die Auswirkung auf die Liquidität des OGAW Portfolios auf Basis verlässlicher und aktueller Daten analysiert und prognostiziert werden.[34] Auch diese **Due Diligence** Anforderung wurde in der AIFM-Richtlinie übernommen. So müssen für AIFs Verfahren eingerichtet werden, um die Marktliquidität beabsichtigter Investitionen mitsamt der Auswirkung auf die Liquidität des AIF zu verstehen und angemessen zu quantifizieren, sofern von einer wesentlichen Auswirkung auf das Liquiditätsprofil des AIF ausgegangen werden kann.[35]

21   **c) Konsultation OGAW VI Richtlinie.** Die von der EU-Kommission am 26.7.2012 publizierte Konsultation[36] für die OGAW VI Richtlinie enthält als eines von 8 Schwerpunktthemen die Vereinheitlichung der Regeln und Mittel für das Liquiditätsmanagement.[37] Ziel ist eine genauere Beschreibung der **„außerordentlichen" Umstände** unter denen eine vorübergehende Aussetzung der Anteilsrücknahme gestattet ist, eine Festlegung von quantitativen und zeitlichen Grenzen für aufgeschobene Rücknahmen (*deferred redemptions*) bei ungewöhnliche hohen Anteilsrückgaben[38], eine event. zeitliche Limitierung (wie z. B. 3 Jahre) der maximal erlaubten Dauer vorrübergehender Aussetzung der Anteilsrück-

---

[32] Art. 40 Abs. 3 Satz 2 der OGAW-DR 2010/43/EU.

[33] Art. 40 Abs. 4 der OGAW-DR 2010/43/EU. Diese Anforderung findet sich auch in Art. 46 AIFM-RL. nur das bei AIFs zusätzlich als dritte Komponente noch die Investmentstrategie in Einklang zu bringen ist mit dem Liquiditätsprofil und den Rücknahmegrundsätzen.

[34] Art. 23 Abs. 3 OGAW-DR 2010/43/EU.

[35] Art. 47 Abs. 1d AIFM-DV.

[36] Durch die Konsultation sollen u. a. die Zusammenhänge zwischen der Debatte über das Schattenbankwesen und der Rolle der Investmentfonds näher beleuchtet werden, wobei unter dem Begriff „Schattenbanken" alle Einrichtungen zusammengefasst werden, die Geschäfte mit Fristentransformation vornehmen, ohne jedoch der Bankenregulierung zu unterliegen, siehe http://ec.europa.eu/internal_market/investment/ucits_directive_de.htm.

[37] Abs. 5 (Extraordinary Liquidity Management Tools), Box 4 UCITS VI Consultation (07/2012) in Verbindung mit Art. 84 der OGAW IV Richtlinie.

[38] Hierzu finden sich jedoch teilweise Vorgaben in der nationalen Gesetzgebung, siehe z. B. die 50 Tage Regelung für Dachhedgefonds in § 116 InvG bzw. § 227(4) KAGB-E. Aufgeschobene Rücknahmen können ggf. sinnvoll sein, um Marktpreisverluste aufgrund hoher kurzfristiger Verkaufsvolumina zu vermeiden. Mitunter wird in UCITS Prospekten besondere Maßnahmen vorbehalten für den Fall, das die Anteilsrücknahmen 10% des Fondsvermögens übersteigen.

nahme, eine Regelung für den Einsatz von *side pockets* in OGAWs falls Teile des Portfolios illiquide werden[39] und Maßnahmen falls OGAW ETFs am Markt illiquide werden.[40] Da „spezielle Massnahmen" für das Liquiditätsmanagement in entsprechenden Fällen explizit in der AIFM-RL für AIFs vorgesehen sind[41], könnte es im Rahmen von OGAW VI, vor allem auch aufgrund der IOSCO Prinzipien zum Liquiditätsmanagement, zu einer weiteren Angleichung der Liquiditätsregeln für AIFs und OGAWs kommen. Abzuwarten bleibt beispielsweise ob der Einsatzes von Side Pockets auch für OGAWs künftig erlaubt sein wird.

Es wird in der OGAW VI Konsultation darauf hingewiesen, dass Art. 84 der   **22**
OGAW IV Richtlinie keine Zeitgrenze setzt, bis wann das Rücknahmeverlangen eines Anlegers konkret ausgeführt werden muss. Auch werden in Art. 84 der OGAW IV Richtlinie die „außerordentlichen" Umstände, unter denen eine **vorübergehende Aussetzung der Anteilsrücknahme** gestattet ist, nicht genauer erläutert, sodass es unterschiedliche nationale Auslegungen in den Mitgliedstaaten gibt. Es gibt fast 100 Stellungnahmen zu der OGAW VI Konsultation.[42] Vor dem Hintergrund, das gemäß Art. 47 Abs. 1e AIFM-DV für AIFs vorab die Umstände identifiziert werden müssen in denen spezielle Methoden und Tools für das Liquiditätsmanagement in Betracht kommen, lassen sich in diesen Stellungnahmen zu Box 4 der UCITS VI Konsultation einige Hinweise finden die auch für einige offene Typen von AIFs nützlich sind.[43] Die BVI Stellungnahme zur OGAW VI Konsultation[44] führt beispielsweise eine Situation an, wo eine Anteilsbewertung nicht möglich ist weil Börsen oder Devisenmärkte geschlossen sind oder aber auch eine Situation, wo die Erfüllung von Anteilsrückgaben erst nach einer Liquidierung von Assets möglich ist. Es wird hier zwar eine Liste von möglichen außergewöhnlichen Umständen als sinnvoll erachtet, aber gleichzeitig z. B. in der BVI Stellungnahme darauf hingewiesen, das eine vollständige Liste aufgrund der Vielfalt möglicher Umstände nicht erstellt werden kann. Die Stellungnahme des Bundesministeriums der Finanzen[45] führt verallgemeinernd zwei Arten von Kriterien an. Einerseits qualitative Kriterien bzgl. der Ermittlung des Fondspreises, andererseits quantitative Kriterien bzgl. Liquiditätseng-

---

[39] Side Pockets für OGAWs sind in den meisten EU Ländern bisher nicht erlaubt obgleich es kein explizites Verbot in der OGAW Richtlinie gibt, vereinzelt (z. B. in Irland) kommen sie lediglich für Non OGAWs vor.

[40] Die von der ESMA zunächst am 25.7.2012 publizierten und am 18.2.2013 in Kraft getretenen *ESMA Guidelines on ETFs and other UCITS issues (ESMA 2012/832,* http://www.esma.europa.eu/news/ESMA-has-published-official-translations-Guidelines-ETFs-and-other-UCITS-issues-ESMA2012832) enthalten u. a. Regeln, unter welchen Umständen die Investoren von OGAW ETFs direkt auf Ebene des OGAW ihre Anteile zurückgeben können.

[41] Siehe z. B. Art. 47 Abs. 1e AIFM-DV.

[42] Siehe http://ec.europa.eu/internal_market/consultations/2012/ucits/index_en.htm.

[43] In der UCITS VI Konsultation geht es nur um die Umstände für eine temporäre Aussetzung der Anteilsrücknahme. Nach Anm. 7 zu Box 31 ESMA Advice gehört eine solche Aussetzung nicht zu den „special arrangements" gemäß Box 31 ESMA Advice sondern ist nur als „arrangement" zu betrachten zur Handhabung von Liquiditätsrisiken in besonderen Umständen.

[44] http://ec.europa.eu/internal_market/consultations/2012/ucits/registered-organisations/bundesverband-deutscher-investment-gesellschaften_en.pdf; 18.10.2012, S. 17.

[45] http://ec.europa.eu/internal_market/consultations/2012/ucits/public-authorities/germany-bundesministerium-der-finanzen_en.pdf; S. 7.

pässen durch übermäßige Rückgabeverlangen. Die niederländische AFM (*Authority for the Financial Market*) sieht es für das Vorliegen eines außerordentlichen Umstandes für eine temporäre Aussetzung als erforderlich an, das der Umstand außerhalb des Einflusses des Portfolio Managers liegt und im besten Interesse der Investoren ist. Die meisten Stellungnahmen kommen zu der Schlussfolgerung, dass die Einschätzung, ob ein außergewöhnlicher Umstand vorliegt oder nicht, im Ermessen des Fondsmanagers liegen sollte.

23   **3. IOSCO Prinzipien für das Liquiditätsmanagement offener Fonds[46].** Der internationale Zusammenschluss der Wertpapieraufsichtsbehörden (IOSCO) hat im Januar 2012 als Konsequenz aus der Finanzkrise (2007–09) 15 **Prinzipien für die Aussetzung der Anteilsrücknahme von offenen Fonds** (*Principles on Suspensions of Redemptions in Collective Investment Schemes*) publiziert als „practical guide" für Aufsichtsbehörden und die Industrie. Die Prinzipien sind in sechs Gruppen eingeteilt:
– Liquiditätsmanagement[47]
– Ex Ante Offenlegung der Aussetzungsmöglichkeit gegenüber Investoren[48]
– Kriterien und Gründe der Aussetzung[49]
  • Gerechtfertigt nur in temporären, außergewöhnlichen Umständen im Interesse der Anleger und unter Wahrung der fairen Gleichbehandlung der Anleger und wenn zulässig in jeweiliger nationaler Gesetzgebung
  • Erläuterte Beispiele für außergewöhnliche Umstände, die ggf. eine Aussetzung der Anteilrücknahme rechtfertigen, sind unvorhergesehene *market failures, exchange closures, operational issues, natural disasters/catastrophes*
– Entscheidung der Aussetzung
  • Geregelter Aussetzungsprozess, inklusive Kommunikationswege und Notfallplan
– Während der Aussetzung
  • Grundsätzlich auch keine Ausgabe von Anteilen, falls die Anteilrücknahme suspendiert ist[50]
  • Begrenzung auf temporäre Aussetzung[51]
  • Regelmäßige Information an Aufsicht und Investoren
– Beispiele alternativer Maßnahmen für den Umgang mit Illiquidität im Rahmen der jeweiligen nationalen gesetzlichen Regelungen[52]
  • Gates
  • Side Pockets

24 Diese Prinzipien über die vorläufige Rücknahmeaussetzung wurden im April 2012 ergänzt durch einen IOSCO Konsultationsbericht über das Liquiditäts-

---

[46] ESMA weist in Kap. IV. Nr. 3 auf etliche weitere internationale Initiativen hin (z. B. AIMA, HFSB, MVA, Assets Managers' Committee of the US PwG).

[47] Analog Art. 16 Abs. 1 AIFM-RL.

[48] Analog Art. 23 Abs. 1 lit. h) AIFM-RL.

[49] In Box 32, Anmerkungen 18 und 19 ESMA Advice wird auf die IOSCO Principles Bezug genommen.

[50] Diese Regelung ist auch in § 37 Abs. 2 Satz 2 InvG sowie in § 94 Abs. 2 KAGB-E verankert.

[51] Siehe z. B. die kontinuierliche 30 Monatsfrist und 5 Jahresfrist in § 81 InvG bzw. in § 257 KAGB-E (wobei in letzteren die 30 Monatsfrist durch eine 36 Monatsfrist ersetzt wurde).

[52] Einige Beispiele solcher Maßnahmen sind in Box 31, Erl. 17 des ESMA Advice genannt.

management für (offene) Fonds[53]. Der finale Report wurde am 4. März 2013 von der IOSCO publiziert.[54] Da der Begriff „Collective Investment Scheme (CIS)" sehr weit gefasst ist, lassen sich sowohl UCITS als auch AIFs darunter subsumieren. Der Report behandelt die grundlegende Frage, wie ein CIS genügend Liquidität bereitstellen kann um seine potentielle Zahlungsverpflichtungen erfüllen zu können. In der Einleitung des Reportes wird auf den Unterschied des Liquiditätsmanagements zwischen Banken und CIS hingewiesen und wieso Liquiditätskrisen weniger wahrscheinlich „systemic confidence problems" in CIS als in Banken hervorrufen. Ferner wird darauf hingewiesen, dass ein effektives Liquiditätsrisikomanagement effektive und robuste Prozeduren für die Bewertung der Assets voraussetzt. Dieser Zusammenhang gilt insbesondere auch für AIFs.[55] Der IOSCO Report enthält 15 Prinzipien, eingeteilt in zwei Gruppen, dem Lebenszyklus des Fonds folgend.[56] Die erste Gruppe besteht aus 7 Prinzipien für die Planungsphase vor der Auflegung des Fonds, wie z. B. die **Definition von Limiten** für das Liquiditätsrisiko in Abhängigkeit der fondsspezifischen Investmentstrategie und Rücknahmegrundsätze (Prinzip 2), die Festlegung der Rücknahmegrundsätze in Abhängigkeit von der Investmentstrategie (Prinzip 3),[57] Beschreibung von **Tools und Maßnahmen bei Liquiditätsengpässen** im Prospekt (Prinzip 4), Beachtung von geplanten Vertriebskanälen auf die Liquidität (Prinzip 5), **Offenlegung des Liquiditätsrisikos** und des Liquiditätsmanagements gegenüber potentiellen Investoren (Prinzip 7)[58]. Die zweite Gruppe besteht aus Prinzipien für das fortlaufende Liquiditätsmanagement nach Auflegung des Fonds. Es wird auf die Bedeutung einer starken und effektiven **Governance** für den Liquiditätsmanagementprozess hingewiesen (Prinzip 9), inklusive einer holistischen Risikobetrachtung. Dazu gehört insbesondere die Beachtung der Wechselbeziehungen zwischen Liquidität und Bewertung[59] als auch mit anderen Risiken wie Marktrisiko und Reputationsrisiko. Die **Marktliquidität der Assets** soll regelmäßig eingeschätzt werden (Prinzip 10) unter Beachtung von Zahlungsverpflichtungen an Kontrahenten, Kreditgebern oder andere Parteien. Der **Zeitraum**, wie lange es dauert Assets am Markt zu verkaufen, der **erzielbare Verkaufspreis**, die Settlement Periode und die Abhängigkeiten vom Marktrisiko oder anderen Faktoren wird als Bestandteil der Bewertung der Marktliquidität der Assets angesehen. Liquiditätsaspekte sind bei Investmententscheidungen zu berücksichtigen (Prinzip 11).[60] Es sollte ein **Frühwarnsystem** für Liquiditätsengpässe eingerichtet werden (Prin-

---

[53] Manager geschlossener Fonds sollten prüfen, welche Prinzipien für sie relevant sind (Kap. 2, letzter Satz der IOSCO Principles). Dies bezieht sich z. B, auf Zahlungsverpflichtungen gegenüber Kontrahenten und Kreditgebern.

[54] *IOSCO*, Principles of Liquidity Risk Management for Collective Investment Schemes, Final Report (03/2013) http://www.iosco.org/library/pubdocs/pdf/IOSCOPD405.pdf.

[55] Vgl. Art. 19 AIFM-RL nebst zugehörigen *IOSCO* CR, Principles for the valuation of CIS, Febr. 2012, http://www.iosco.org/library/pubdocs/pdf/IOSCOPD370.pdf.

[56] Die Idee, das jede Phase im Lebenszyklus eines Fonds eigene Anforderungen an das Liquiditäts- und allgemeiner auch das Risikomanagement stellt, ist ein nützlicher Ansatz in der Ausgestaltung des Risikomanagements.

[57] Eine tägliche Rückgabemöglichkeit wird als ungeeignet erachtet für Fonds, die vorwiegend in illiquide Assets investieren.

[58] Vgl. Art 23 AIFM-RL.

[59] Zur Bewertung siehe Art. 19 AIFM-RL.

[60] Dies findet sich analog in Art. 47 Abs. 1 lit. (d) AIFM-DV.

zip 12), **Stressszenarien** durchgeführt werden (Prinzip 13) und ein **Berichtswesen** über die Effektivität des Liquiditätsmanagement bestehen (Prinzip 15).

25   **4. AIF.** Die Unterteilung des Liquiditätsrisikos in die beiden Dimensionen des Marktliquiditätsrisikos und des **Cash Flow Risikos** (funding liquidity risk) ist nicht nur für Kreditinstitute, sondern auch für Investmentvermögen (OGAW als auch AIF) sinnvoll und durchaus üblich.

26   In der 2009 Version des Impact Assessments (Kap. VI.2 Mikro-prudential risks) wird unter **funding liquidity risk** allerdings nur das Risiko verstanden *„that liabilities funding long asset positions cannot be rolled over at reasonable costs (i. e. the issue is the liquidity (maturity) mismatches between assets and liabilities and availability of cash)"*. Unter **Market Liquidity Risk** wird das Risiko verstanden *„that a financial instrument cannot be purchased or sold without a significant concession in price because of the market's potential inability to efficiently accommodate the desired trading size."* In der 2012 Version des Impact Assessments sind diese Definitionen sinngemäß ebenfalls enthalten (Annex 3) und noch weiter veranschaulicht anhand von Beispielen.

Im *AIFM Impact Assessment (2009)* der EU Kommission (in der *Risk Map* (Table 4, Kap. 1.4 *Micro-prudential risks*) wurde das Market Liquidity Risk als relevant für alle fünf dort aufgeführten AIF-Typen (Hedgefonds, Private Equity, Commodity Funds, Immobilienfonds und Infrastrukturfonds) angesehen, das funding liquidity risk für Private Equity, Infrastructure und Commodity Funds jedoch als nicht relevant eingestuft. In diesem AIFMD Impact Assessment von 2009 wurde unter anderem auch auf das Zusammenspiel der verschiedenen Aspekte des Liquiditätsrisikos als auch mit Bewertungsproblemen und dem Kontrahentenrisiko eingegangen:

27   *AIFM also faced severe risk management and valuation challenges, as asset prices plummeted, key counterparties failed (including prime brokers), credit and market liquidity dried up and redemption requests increased. The **combination of increasing redemption requests and illiquid asset markets** resulted in major funding liquidity risks for several business models. Many sectors experienced net outflows of funds. Others unable to exit illiquid investments had to activate gate provisions in order to limit withdrawals. Others offered lower fees in exchange for longer lock-up periods.*[61]

In dem AIFMD Impact Assessment (2012) wird im Annex 7, Issue 7 darauf hingewiesen, das wegen der Ähnlichkeit zum Liquiditätsmanagement für UCITs, auf ein detailliertes Impact Assessment verzichtet wird: *„Similar to the implementing measures on risk management the similarities with UCITS provide a strong case for basing AIFMD implementating measures on those for UCITS. The scope of relevant options is therefore substiantially restricted and does not provide a case for a detailed IA."*

III. Einordnung des Liquiditätsmanagements in Art. 16

28   Die AIFM-Richtlinie spricht vom *Liquiditätsmanagement* und nicht vom *Liquiditätsrisikomanagement.*

29   Das **Liquiditätsmanagement** umfasst insbesondere das Liquiditätsrisikomanagement, welches wiederum als Unterkategorie des Risikomanagements zu verstehen ist. Es wurde wegen seiner besonderen Bedeutung in einen eigenen Artikel ausgegliedert. Nichtsdestotrotz gelten die grundlegenden Ausführungen und organisatorischen Vorgaben des Art. 15 (nebst der zugehörigen Artikel 38–45 der

---

[61] bAIFMD IA (2009) Kap. 1.5 (*AIFM and the financial crisis*) Abschnitt *micro-prudential risk*. Einige Details der 2009 Version des IA finden sich nicht mehr in der 2012 Version .

AIFM-DV) zugleich auch für das Liquiditätsrisikomanagement. Insbesondere ist das Prinzip der funktionellen und hierarchischen Trennung von den operativen Einheiten des AIFM anzuwenden.[62]

Beim Liquiditätsmanagement kann grundsätzlich hinsichtlich der **zeitlichen** **30** **Komponente** zwischen langfristigem, mittelfristigem und kurzfristigem Liquiditätsmanagement unterschieden werden. Die **langfristige Liquiditätsplanung** prognostiziert die Zahlungsströme aus langfristigen Investitionen und das zugehörige Risikomanagement behandelt vor allem die damit verbundenen Unwägbarkeiten und Unsicherheiten. Das **kurzfristige Liquiditätsmanagement** stellt sicher, dass die Zahlungsverpflichtungen für einen Zeithorizont bis zu einem Monat erfüllt werden.

Neben dem Management der Liquiditätsrisiken umfasst das Liquiditätsmanage- **31** ment auch die **operative Steuerung** und Überwachung vor allem der kurzfristigen Liquidität des AIF. Bei einem offenen AIF mit **Mittelbewegungen** durch Ausgabe und Rückgabe von Anteilen der Anleger müssen diese Zahlungsströme durch das Portfoliomanagement entsprechend disponiert werden.

Unerwartet hohe **Mittelzuflüsse** etwa stellen den Portfoliomanager vor die **32** Aufgabe zur Anlagestrategie des Portfolios geeignete Investitionsobjekte zu finden, um die Renditeziele des AIF nicht zu gefährden. Dies gilt insbesondere dann, wenn der AIF in eher langfristige Objekte investiert die in der Regel auch eine längere Due Diligence und vorbereitende Phase vor der eigentlichen Investition benötigen. Es gibt beispielsweise Hedgefonds, deren Strategie (z. B. bei Arbitrage Strategien) nicht mehr funktioniert bei großen Mittelzuflüssen und die daher ab einer gewissen Größe die Anteilsausgabe bewusst aussetzen. Für manche illiquide Assetklassen und Investmentstrategien sind daher AIF vom geschlossenen Typ eher geeignet, oder zumindest eine bessere Planung der Mittelzuflüsse anstrebenswert durch Ankündigungsperioden oder Beschränkung auf bestimmte Termine.

Zusätzlich sind **Zahlungsströme bzgl. der Assets** selbst zu überwachen[63] **33** und zu planen und entsprechend im Portfoliomanagement zu berücksichtigen. Auf der Einnahmenseite gehören dazu Kuponzahlungen von Rentenpapieren und Zinserträge aller Art, Dividendenzahlungen von Aktien, Ausschüttungen aus Beteiligungsgesellschaften, Zahlungseingänge aus fälligen Wertpapieren oder Termingeschäften oder Mieteinnahmen von Immobilien. Ausgaben sind etwa Schuldendienstzahlungen für Fremdkapital, operative Kosten der Assets, fällige Steuern und Zahlungen aus Geschäften in Finanzinstrumenten. Diese Komponente des Liquiditätsmanagement ist eine operative Kernaufgabe des Portfoliomanagements und somit keine Aufgabe für das unabhängige Risikomanagement. Das Portfoliomanagement ist verantwortlich für die Anlageentscheidungen und dazu kann auch die Identifizierung einer geeigneten Gelegenheit zur Veräußerung eines Objekt oder der Ersetzung durch ein **fungibleres Objekt** gehören um insgesamt das Liquiditätsprofil des AIF zu verbessern.

Im Fokus des Art. 16 steht vor allem das Risikomanagement der Liquidität. **34** Auch bei der operativen Liquiditätssteuerung bestehen Risiken. Bereits **eingeplante Zahlungseingänge** können sich verzögern oder ausfallen z. B. durch Ausfall von Mietern oder Kontrahenten, oder es können erhöhte Zahlungen anfallen. Bei offenen AIFs kommt das Risikomanagement bzgl. Liquidität insbesondere für Anlagestrategien in eher illiquide Produkte im Zusammenhang mit

---

[62] Art. 42 AIFM-DV.
[63] Dies ist zugleich auch Aufgabe der Depotbank gemäß Art. 21 Abs. 7 der AIFM-RL.

unerwartet hohen Mittelbewegungen ins Spiel. Eine Aufgabe des Risikomanagements in Zusammenarbeit mit Portfoliomanagement und Vertrieb ist die **Reduzierung von Überraschungseffekten** durch verbesserte Vorausschau und das frühzeitige Ergreifen von vorbeugenden Maßnahmen.

B. AIF vom geschlossenen Typ

I. Definition

35 In der AIFM-RL findet sich keine formale Begriffsbestimmung wann ein **AIF vom geschlossenen Typ** ist. Das ESMA Diskussionspapier *„Key concepts of the Alternative Investment Fund Managers Directive and types of AIFM"*[64] vom Februar 2012 geht in den Punkten 37–41 auf die Begriffsbestimmung näher ein.

36 In Punkt 38 wird auf die Wichtigkeit der klaren **Unterscheidung zwischen offenen und geschlossenen AIFs** hingewiesen da dies für die Anwendung des Liquiditätsmanagement (Art. 16) als auch die Bewertungsfrequenz (Art. 19 Abs. 3) eine Rolle spielt. In Punkt 40 der Key Concepts wird ausgeführt, dass für einen AIF, welcher zwar „formal" vom offenen Typ ist, aber bei dem den Anlegern nicht wenigstens einmal im Jahr ein Rückgaberecht eingeräumt wird oder erst nach Ablauf einer Periode von fünf Jahren nach Erstinvestition, die Anforderungen des Art. 16 an das Liquiditätsmanagement unangemessen sein könnten. Daher sollte im Kontext der AIFM-Richtlinie ein solcher AIF als geschlossen angesehen werden.[65] Es wird in Punkt 41 darauf hingewiesen, dass diese Definition nur im Rahmen der AIFM-Richtlinie gilt und keinen Einfluss auf äquivalente Definitionen in anderen EU Gesetzen hat. In dem ESMA Consultation Paper „Draft regulatory technical standards on types of AIFMs"[66] wird in Abschnitt III auf die Problematik der Bestimmung des offenen bzw. geschlossenen Typs aufgrund der bisherigen Stellungnahmen näher eingegangen und einer weiteren Konsultation (bis Februar 2013) unterzogen. Das ESMA Proposal an dieser Stelle ist, Rücknahmerestriktionen durch anfängliche Lock Up Perioden ohne Rückgabemöglichkeit der Investoren als auch durch spezielle Maßnahmen (side pockets, gates etc.) nicht in der Definition von offen/geschlossen zu berücksichtigen. Annex IV von ESMA/2012/844 schlägt der EU Commission daher eine entsprechende Definition vor, wann ein AIF als offen bzw. geschlossen zu betrachten ist.

37 Es kann auch bei einem Investmentvermögen des geschlossenen Typs noch gewisse Rückgaberechte geben für den Anleger. Manche geschlossene Fonds räumen ihren Anlegern **Rückgaberechte in besonderen Härtefällen** ein.

38 Es ist nach höchstrichterlicher Rechtsprechung auch ein **Rückgaberecht aus wichtigem Grund** wie z. B. Arbeitslosigkeit anerkannt.

---

[64] Abrufbar unter http://www.esma.europa.eu/consultation/Key-concepts-Alternative-Investment-Fund-Managers-Directive-and-types-AIFM.

[65] Diese Auslegung durch die ESMA weicht möglicherweise von der ursprünglichen Konzeption der AIFM-RLab. Der Richtliniengeber hat an verschiedenen Stellen (z. B. Art. 3 Abs. 2 lit. b) und Art. 21 Abs. 3 U Abs. 2) indirekt zum Ausdruck gebracht, was er unter einem geschlossenen Fonds versteht. Sein Verständnis ist offenbar, dass ein Rückgaberecht mindestens für fünf Jahre nach der ersten Anlage ausgeschlossen sein muss. Darüberhinaus gibt die Zusammenfassung der Stellungnahmen zu der ESMA Auslegung in den Punkten 130–140 in dem CP ESMA/2012/845 eine Vielfalt von Meinungen wieder.

[66] ESMA/2012/844 vom 19. Dez. 2012.

Private Equity Fonds beispielsweise investieren grundsätzlich in langfristige **39** illiquide Assets und räumen daher in der Regel den Anlegern keine oder nur sehr eingeschränkte Rückgaberechte ein. Sie sind daher regelmäßig Fonds des geschlossenen Typs im Sinne der AIFM-Richtlinie.

Ein Sonderfall liegt vor, wenn vorübergehend die Rückgabemöglichkeit eines **40** bis dahin offenen AIF ausgesetzt wird. Wenn die **Aussetzung der Rücknahme** länger als ein Jahr andauert oder für mehr als ein Jahr geplant ist, stellt sich die Frage, ob der Fonds hierdurch zu einem geschlossenen AIF wird. Dies ist jedoch zu verneinen. Für die Abgrenzung zwischen offenen und geschlossenen Fonds kommt es allein auf die Fristen für gewöhnliche Rückgaben an. Außerordentliche Umstände (beispielsweise Liquiditätskrisen) bleiben außer Betracht. Andernfalls gäbe es gar kein Liquiditätsmanagement in Situationen (wie namentlich Liquiditätskrisen), in denen dieses im besonderen Maße vonnöten ist. In Punkt III.14 der Konsultation ESMA/2012/844 sieht es ESMA als sinnvoll an, Regeln für die Behandlung von „hybriden Strukturen" aufzustellen für Fälle, wo ein AIF aufgrund einer Änderung seiner Liquiditätsregeln vom offenen zum geschlossenen Typ wechselt oder umgekehrt.

Bei geschlossenen Investmentvermögen im üblichen Sinne ist auch die Kauf- **41** möglichkeit in der Regel beschränkt auf den anfänglichen **Platzierungszeitraum** bis zum Erreichen der geplanten Eigenkapitalquote. In Deutschland werden geschlossene Fonds bisher zumeist als Kommanditgesellschaft mit beschränkter Haftung (**GmbH & Co KG**)[67] konzipiert, sodass die Anleger rechtlich als Kommanditisten via Gesellschaftsvertrag oder Treuhandvertrag steuerlich und haftungsrechtlich[68] beteiligt und gebunden sind an in der Regel zeitlich befristeten, langfristigen projekt- oder objektbezogenen Investitionen. Die **Übertragung von Anteilen** von einem Anleger zu einem anderen ist relativ aufwendig und bedarf zumindest eines schriftlichen Vertrages.

II. Geschlossene Fonds als Finanzinstrumente

Seit dem 1.6.2012 werden aufsichtsrechtlich durch die am 6.12.2011 durch **42** den Bundestag beschlossene Novellierung des Finanzanlagenvermittler- und Vermögensanlagenrechts (FinAnlVG), mitsamt dem hierin enthaltenen Vermögensanlagengesetz (VermAnlG)[69], Anteile an geschlossenen Fonds als Vermögensanlagen im Sinne des VermAnlG und dadurch als Finanzinstrumente im Sinne des Kreditwesengesetzes (§ 1 Abs 11 KWG) und des Wertpapierhandelsgesetzes[70] eingestuft.[71] Der Entwurf des AIFM-UmsG sieht jedoch vor, dass das Vermögensanlagengesetz künftig nur noch für solche Vermögensanlagen gilt, die nicht von den Bestimmungen des KAGB erfasst werden. Anteile an geschlossenen Fonds fallen somit künftig nicht mehr unter das Vermögensanlagegestz.[72] Sowohl inlän-

---

[67] Das KAGB-E lässt als Rechtsform für geschlossene inländische Investmentvermögen nur Investmentaktiengesellschaften mit fixem Kapital (§ 139 ff) und geschlossene Investmentkommanditgesellschaften (§ 149 ff.) zu, wobei für letztere zusätzliche Auflagen zum Schutz der Anleger bestehen (§ 152 ff.).

[68] Es können mitunter auch Nachschusspflichten bestehen.

[69] Siehe die (geplante) Änderungen durch Art. 11 des AIFM UmsG.

[70] § 2 Abs. 2b WpHG.

[71] Dadurch sind auch die Wohlverhaltensregeln des §§ 31–34 WpHG einzuhalten.

[72] Begründung zu Art. 11 des AIFM UmsG Entwurfes.

dische als auch ausländische Investmentvermögen vom geschlossenen Typ werden aber auch dann weiterhin als **Finanzinstrumente** zu betrachten sein.[73]

III. Liquiditätsmanagement für geschlossene Fonds

43   Bei **AIF des geschlossenen Typs** (z. B. geschlossene Schifffonds, Immobilienfonds, Solarfonds, Medienfonds, Flugzeugfonds) können Liquiditätsengpässe durch Mittelabflüsse der Anleger weitgehend vernachlässigt werden, da es hier keine oder kaum Rückgaberechte für die Anleger gibt.[74] Jedoch hat auch ein geschlossener Fonds in der Regel diverse Zahlungsverpflichtungen, z. B. an Kreditgeber, zur Begleichung operativer Projektkosten oder an Kontrahenten von OTC Derivaten.

44   Für einen geschlossenen AIF ist seitens des AIFM ein Liquiditätsmanagement gemäß Art. 16 einzurichten, sofern das AIF eine **Hebelfinanzierung** aufweist. Nur für geschlossene Fonds ohne Hebelfinanzierung fordert die AIFM-Richtlinie kein Liquiditätsmanagement.[75]

45   **Hebelwirkung** ist in der AIFM-RL als jede Methode definiert, durch welche der AIFM das *Exposure* eines AIF erhöht, sei es durch die Aufnahme von Fremdkapital, die Leihe von Wertpapieren, die eingebettete Hebelwirkung von Derivatepositionen oder durch „irgendwelche anderen Mittel".

46   Geschlossene AIF investieren in der Regel in Sachwerte oder andere illiquide Assets unter Einsatz von **Fremdfinanzierung** durch Bankdarlehen bis zu einer gewissen Fremdkapitalquote. Ohne Einsatz von Fremdkapital sind viele Anlagestrategien und angestrebte Zielrenditen nicht umsetzbar. Teil der Fremdfinanzierung ist immer eine Planung bzgl. der erwarteten künftigen Cash Flows zur Deckung von Zinszahlungen und Tilgungen. Jedoch können auch unerwartete Ereignisse eintreten. Marktereignisse und Marktschwankungen oder auch schon Änderungen der Finanzierungskonditionen können insbesondere bei hoher Fremdkapitalquote zu Liquiditätsengpässen bei der Rückzahlung des Fremdkapitals führen, was somit die Einrichtung eines Liquiditätsmanagements rechtfertigt. Beispielsweise wird bei Immobilienfinanzierung oft eine *Loan-To-Value* (LTV) Klausel vereinbart bzgl. des Verhältnisses von Kredithöhe und Wert der unterliegenden Immobilie. Letzterer ist von Marktfaktoren wie zum Beispiel der erzielten Marktmiete abhängig. Wenn also der LTV Faktor steigt, können Forderungen wie Sondertilgungen und Vorfälligkeitsentschädigung der finanzierenden Bank entstehen oder eine benötigte Anschlussfinanzierung für das Fremdkapital gefährdet sein, sodass es zu Liquiditätsengpässen des geschlossenen AIF kommen kann. Hier stellt sich oftmals das Problem der Kapitalbeschaffung auch Ein erhöhte Risikokonzentration haben grundsätzlich **Ein Objekt Fonds**, die in nur ein einziges Asset (z. B. in ein Gebäude, Schiff, Flugzeug oder Übertragungsnetz) oder in ein einziges Projektvorhaben investieren. Wenn etwa bei einem Mietobjekt nach der Erstvermietungsphase eine Anschlussvermietung ansteht, besteht ein

---

[73] Siehe Begründung zu Buchstabe d Art. 18 des AIFM UmsG Entwurfes.

[74] Investoren haben aber teilweise die Möglichkeit, Anteile am Zweitmarkt zu veräußern. Siehe dazu auch die Konsultation III.13 und Q4 in ESMA/2012/844 hinsichtlich der Frage, ob ein bestehender Handel an „secondary market" bei der Bestimmung des AIF Typs berücksichtigt werden soll mitsamt der Anforderung, das für offene AIFs ein börsengehandelter Preis nicht zu stark abweichen soll vom NAV.

[75] Daraus kann aber nicht gefolgert werden, das ungehebelte geschlossene Fonds keine wesentlichen Liquiditätsrisiken haben können.

Risiko das die erzielbaren Mieten nicht ausreichen um den Schuldendienst aus der Fremdfinanzierung zu bedienen. Im Konsultationspapier ESMA/2012/845 wird z. B. im Feedback Nr. 13 zu § 7 erwähnt, das bei einem Ein-Objekt Fonds keine Käufe/Verkäufe stattfinden und es daher kein Portfoliomanagement im üblichen Sinne gibt. Wesentliche Entscheidungen werden hier oftmals durch die Investoren selbst getroffen (Feedback Nr. 128 zu Q10).

Ebenso sind auch **hochgehebelte Derivatestrategien** oftmals anfällig bei ext- **47** remen Marktereignissen.

Bei der Risikoeinschätzung sind neben der Höhe des Fremdkapitalanteils die **48** Sicherheit, Volatilität und Robustheit der Zahlungsströme zur Bedienung der Zinsen und Tilgungen als auch die Tilgungsmodalitäten zu betrachten.

C. Der Artikel im Einzelnen

I. Angemessenes Liquiditätsmanagement

Ein AIFM muss der nationalen Aufsichtsbehörde nachweisen können, dass es **49** über ein **angemessenes Liquiditätsmanagement** verfügt.[76]

Zur Angemessenheit des durch den AIFM eingerichteten Systems und der **50** Verfahren für das Liquiditätsmanagements gehört neben der Erstellung von internen Richtlinien (*policy*) für das Liquiditätsmanagement[77], die Berücksichtigung der *Investmentstrategie*[78], des *Liquiditätsprofils* und der *Rücknahmegrundsätze* für jeden von ihm verwalteten AIF.[79] Um zu gewährleisten, dass das aktuelle Liquiditätsprofil eines AIF ausreicht, um seinen unterliegenden Zahlungsverpflichtungen nachkommen zu können, muss für jeden AIF ermittelt oder abgeschätzt werden, welches die tatsächlichen, erwarteten oder potentiellen **Zahlungsverpflichtungen** sind. Zudem muss die Liquidität seiner Assets ermittelt und den Zahlungsverpflichtungen gegenüberstellt werden, wobei hinreichend große Liquiditätspuffer (*„level of liquidity"*) vorzuhalten sind.[80] Es werden hierbei aber in der AIFM-RL keine quantitativen Mindestquoten für liquide Mittel vorgegeben.

Es werden aber grundsätzlich die zwei Ausprägungen des Liquiditätsrisikos **51** unterschieden:

– Das Risiko, Zahlungsverpflichtungen nicht nachkommen zu können (**Cash Flow Risiko**),
– Das Risiko, dass Assets nicht schnell genug oder nicht zu fairen Preisen verkauft worden können (**Marktliquiditätsrisiko**).

Um das aktuelle Liquiditätsprofil des AIF abschätzen zu können, muss insbeson- **52** dere seine **Marktliquidität** bestimmt werden, die sich aus der Marktliquidität seiner Assets ergibt. Ein Asset ist liquide wenn es „leicht" in Cash verwandelt werden kann. Für die Einschätzung der Marktliquidität eines Assets sind drei Komponenten[81] zu beachten:

---

[76] Art. 46 AIFM-DV.

[77] Diese Richtlinien können auch Teil der Richtlinien des Risikomanagements sein.

[78] Siehe z. B. Nr. 30–32 ESMA/2012/117 Key Concepts über die Anforderungen an eine Investmentstrategie.

[79] Art. 46 AIFM-DV.

[80] Art. 47 1a AIFM-DV: *„the AIFM maintains a level of liquidity in the AIF appropriate to its underlying obligations"*.

[81] Art 47 Abs. 1(a) und Annex IV Reporting Template AIFM-DV.

- Die benötigte **Zeit**, um das Asset zu fairen Preisen verkaufen zu können (*Liquidity Horizon*)
- Der **Preis**, zu dem ein Asset innerhalb eines bestimmten Zeitraums verkauft werden kann (*Liquidation Cost*)
- **Sensitivität des Asset Preises** zu anderen (Markt-) Risikofaktoren.

53   Wenn es länger braucht, ein Asset in Cash zu verwandeln, ist es nicht so liquide. Dieser Liquiditätshorizont hängt von dem Typ des Assets, dem Volumen des Assets als auch dem Marktumfeld ab. Zunächst wird die Liquidität eines Assets maßgeblich von seiner Assetklasse bestimmt. Precious Metals (insbesondere Gold) gelten etwa als am liquidesten bei Commodities.[82] Eine Immobilie mittlerer Größe in guter Lage lässt sich leichter veräußern als ein Private Equity Investment mit einer komplexen Exit Strategie. Trotzdem ist eine Immobilie illiquide im Vergleich zu einer Wertpapierposition. Um jedoch eine sehr große Wertpapierposition am Markt „marktschonend" (d. h. ohne wesentlichen Einfluss auf die Marktpreise z. B. innerhalb der gegebenen Bid/Ask Spannen[83]) veräußern zu können, kann es erforderlich sein, über die Zeit verteilt die Position in kleineren Stückelungen zu veräußern. Es kann bei manchen Assets auch sein, dass sie nur in bestimmen Blöcken handelbar sein, so dass dann umgekehrt gerade kleine Mengen nicht so liquide sind.

54   In der Literatur werden für an geregelten Märkten gehandelte Finanzinstrumente bzgl. der **Liquidität eines Marktes** zumindest die drei Merkmale *Markttiefe* („market depth"; Volumen („number of units") das am Markt platziert werden kann ohne wesentlichen Einfluss auf die Preise), *Marktbreite* („market breadth"; gemessen durch Bid/Ask Spread, somit mit Bezug zu Liquidierungskosten jedoch ohne ohne Bezug zu Volumina) und *Marktelastizität* („market resilience", d. h. die Schnelligkeit, mit welcher der Markt wieder zum „Gleichgewicht" zurückkehrt, wenn die Preise durch größere Transaktionen stärker gefallen sind in Folge eines Liquiditätsschocks) unterschieden.[84] Mitunter wird zusätzlich noch der Aspekt betrachtet, wie lange es dauert eine große Order abzusetzen (*immediacy*). Es genügt also nicht nur einen Aspekt zu berücksichtigen, selbst bei engen bid/ask Spreads kann es sein, dass größere Transaktionen zu akzeptablen Preisen nicht zeitnah abgesetzt werden können.[85]

55   Die **Liquidierungskosten** (gemessen z. B. durch die Bid/Ask Spanne) hängen somit von der Marktbreite, dem Volumen des Assets (also der Markttiefe) sowie der Sensitivität des Preises zu Marktereignissen ab. Bereits für die Rentenmärkte stehen diese Bid/Ask Spannen derzeit nicht so leicht mit vertretbarem Aufwand hinreichend vollständig zur Verfügung[86] und müssen gegebenenfalls durch Experten als heuristisches Verfahren für die jeweiligen Assetklassen geschätzt oder durch quantitative Methoden approximiert werden.[87]

---

[82]   EBA/DP/2013/01 S. 36.

[83]   Der Bid/Ask Spread lässt sich als der Verlust beschreiben, der entsteht, wenn man ein Asset unmittelbar nach seinem Verkauf wieder zurückkauft.

[84]   *Bervas*,Banque de France, FSR No. 8, 2006, S. 63 ff.

[85]   EBA/DP/2013/01 S. 25.

[86]   ggf. ändert sich das in Zukunft durch die MIFID Reporting Anforderungen (siehe EBA/DP/2013/01 S. 37 ff.).

[87]   Bei der Aggregation der Liquidity Costs auf Portfolioebene können a) ein „pro rata" Ansatz entlang der Assetstruktur des Portfolios, b) opportunistische oder c) auch komplexere Verfahren unter Beachtung von Anlagegrenzen verwendet werden. Die Berechnung von Liquidierungskosten ist keine formale Anforderung der AIFM Richtlinie. Sie ist aber nützlich als Stressindikator.

Es wird im Wertpapierbereich als auch im Bankenbereich[88] mitunter als quanti- 56
tative Methode ein **liquiditätsadjustiertes Value at Risk** (*VLaR, Value Liquidity
at Risk*) verwendet um das Marktliquiditätsrisiko bei der Messung von Marktrisiken durch einen Value at Risk zu berücksichtigen. Bisher ist im Risikomanagement etwa von OGAWs ein solcher Ansatz kaum verbreitet, zumal eine solche
Methode sinnvoll nur in Verbindung mit einer ausreichenden Datenversorgung
eingesetzt werden kann.

II. Überwachung und Steuerung der Liquiditätsrisiken

1. Liquiditätslevel der Assets. Die AIFM hat sicherzustellen, dass jeder von 57
ihm verwalteter AIF über **angemessene Liquidität** verfügt oder sich beschaffen
kann, um seinen tatsächlichen oder potentiellen Zahlungsverpflichtungen fristgerecht nachkommen zu können.

Die **Zahlungsverpflichtungen** müssen hierbei durch liquide bzw. zeitnah 58
liquidierbare Assets gedeckt sein.[89]

Für jeden Typ von AIF stellt sich daher zunächst die Frage, welche Zahlungs- 59
verpflichtungen bestehen oder grundsätzlich auftreten können, und zwar sowohl
kurzfristig als auch längerfristig. Sodann muss versucht werden den Anteil der
liquiden Assets am Portfolio für verschiedene Liquiditätszeiträume zu bestimmen.

Im *Reporting Template* des Annex IV der AIFM-DV wird im Abschnitt „**Liqui-** 60
dity Profil" gefordert, den prozentuellen Anteil des Portfolios anzugeben, welcher marktschonend zu fairen Preisen jeweils innerhalb eines Tages, einer Woche,
eines Monat, drei Monaten, sechs Monaten, einem Jahr oder länger liquidiert
werden kann.

Je nach Typ des AIF kann es schwierig sein, diese **Liquidierbarkeit** zu bestim- 61
men, da es sich um keine statische Größe handelt. Bereits bei Finanzinstrumenten
hängt die Liquidierbarkeit nicht nur von der Art des Instruments, sondern auch
von dem Volumen und dem Marktumfeld ab. Für eine gegebene Position in
einem Finanzinstrument kann die benötigte Liquidierungsdauer als auch der
erzielbare Verkaufspreis unter anderem davon abhängen, ob zeitgleich weitere
Positionen dieses Assets in anderen AIFs veräußert werden sollen. Bei Aktien
wird vielfach die Liquidierungsquote im Verhältnis zum durchschnittlichen Handelsvolumen bestimmt, wobei man etwa annimmt, dass 10% des durchschnittlichen
täglichen Handelsvolumens problemlos veräußert werden kann. Vereinfachend
kann man in der Regel zumindest eine **Liquiditätsquote** als Liquiditätskennzahl
bestimmen als das Verhältnis von hochliquiden Assets zum Gesamtportfolio. Das
Reporting Template des Annex IV der AIFM-DV verlangt für das Liquiditätsprofil auch die Angabe des Wertes der nicht mit Sicherungsrechten Dritter belasteten
Barmittel (sog. „unencumbered cash") des AIF. Für kurzfristige Zahlungsverpflichtungen wird oftmals ein gewisser Mindestliquiditätspuffer vorgehalten.[90]

Die vorhandenen liquiden Assets müssen für offene AIFs für die gegebenen 62
Zeiträume den Rückzahlungsverpflichtungen aus Anteilsrückgaben der Investoren gegenübergestellt werden. Für deutsche OGAWs als auch Spezialfonds verlangt die InvMaRisk an dieser Stelle die Betrachtung von maximal erwarteten
Rückgaben unter normalen als auch unter gestressten Bedingungen. Im Liquidi-

---

[88] Siehe z. B. *Fiedler* (2011), Liquidity Modelling, Seite 39 ff.
[89] Art. 47 Abs. 1(a) AIFM-DV.
[90] Vgl. z. B. freiwillige BVI Liquiditätsquote von 10% für offene Immobilienfonds mit
bisher nach InvG noch täglichen Rücknahmerechten.

tätsmanagement (auch wenn nicht im *reporting template* des Annex IV der AIFM-DV enthalten) müssen auch sonstige Zahlungsverpflichtungen bei der Gegenüberstellung der liquiden Assets zu den Zahlungsverpflichtungen in Form einer abschätzbaren und limitierbaren Kennziffer für das Liquiditätsrisiko des AIF berücksichtigt werden.

63   **2. Überwachung des Liquiditätsprofils.** Beide Dimensionen der Liquidität eines AIF, die Marktliquidität seiner Assets wie auch seine Zahlungsverpflichtungen, sind nicht statisch, sondern verändern sich über die Zeit und werden von vielfachen Faktoren beeinflusst, wie z. B. Markt- oder Umweltereignissen. Hieraus ergibt sich eine Pflicht zur **Überwachung der Liquidität.** Bei offenen AIF, für welche der AIFM zur Rücknahme von Anteilen auf Verlangen der Investoren verpflichtet ist, stellt diese Rückgabemöglichkeit eine wesentliche potentielle Zahlungsverpflichtung dar, die besonders zu beachten und genauer zu analysieren ist.[91]

64   Grundsätzlich wichtig sind Informationen über die Art der Investoren und die prozentuellen Anteile von Investoren oder Investorenkategorien. Institutionelle Investoren oder *High Net Worth Individuals* (HNWI)verhalten sich zum Beispiel anders als private Kleinanleger. Das regulatorische Reporting Template enthält daher die Vorgabe, den prozentualen gehaltenen Anteil der Anteile pro Investorengruppe anzugeben, möglichst mit Durchschau auf die wirtschaftlichen Eigentümer (*benefical owners*).

65   Es sind aber auch weitere potentielle Zahlungsverpflichtungen zu beachten wie etwa die Bedienung von **Forderungen aus Fremdfinanzierung** oder OTC Kontrahenten.[92]

66   Mit einer ad hoc Überwachung des Liquiditätsprofils ist es in der Praxis nicht getan, vielmehr kommt es hier auf Prognose und **vorbeugende Maßnahmen** an. Mittelabflüsse kommen oft nicht unerwartet[93] sondern sind bedingt durch Faktoren wie Zinsniveau am Markt und Attraktivität der Assetklasse im aktuellen Marktumfeld.

67   In der Literatur wird auf den Zusammenhang zwischen Fondsperformance und Anlegerverhalten hingewiesen. Es ist ein nachvollziehbares Ergebnis, dass ein Fonds mit unterdurchschnittlicher Wertentwicklung in Folge **Mittelabflüsse** zu verzeichnen hat.[94] In diesem Zusammenhang können auch Rating Abstufungen und Verkaufsempfehlungen von Vertriebskanälen als **Indikator für Mittelabflüsse** herangezogen werden, ebenso auch Trendanalysen bzgl. der jüngsten Mittelbewegungen sowie Einschätzungen der Attraktivität des spezifischen Fondstyps im gegebenen Marktumfeld.

68   Darüberhinaus kann die **relativen Liquidität** von Assets auch einer illiquiden Assetklasse eingeschätzt werden. Bei der Beurteilung des Liquiditätsprofils eines offenen Immobilienfonds spielt neben der Vorhaltung eines ausreichenden Liquiditätspuffers zur Bedienung von Anteilrückgaben, der Anteil fungibler Objekte,

---

[91] Art. 47 Abs. 1 lit. (b) AIFM-DV.

[92] Auf diese Aspekte wird vor allem in den *IOSCO Principles of Liquidity Risk Management* (04/2012) hingewiesen.

[93] Zusätzlich gibt es immer wieder unerwartete Ereignisse wie z. B. Umweltkatastrophen und Finanzkrisen, die u. a. auch zu starken Mittelabflüssen führen können.

[94] Siehe z. B. Liquidity Creation and Financial Fragility, 2010, S. 4. Dieser Zusammenhang gilt nur unter normalen Marktbedingungen, nicht jedoch während Liquiditätskrisen im jeweiligen Marktsegment.

die sich bei Bedarf in kurzer Zeit veräußern lassen, eine wesentliche Rolle. Zur **Fungibilität eines Objektes** gehört, das es nicht oder allenfalls geringfügig durch Fremdkapital finanziert ist. Es dauert in der Regel seine Zeit ein großes Objekt zu veräußern, so dass fungible Objekte sich darüberhinaus durch kleine bis mittlere Investitionsvolumina auszeichnen.

3. Investition in Zielfonds. Falls ein offener AIF[95] in einen anderen AIF　69 investiert muss der AIFM die **Liquidität des Zielfonds** und eventuelle Änderungen der Rückgabebedingungen des Zielfonds überwachen.[96] Ausgenommen von der letzten Anforderung sind Zielfonds, die an einem geregelten Markt im Sinne der MIFID Richtlinie[97] oder einer äquivalenten Börse in einem Drittstaat gehandelt werden.

Bei **Dach Hedgefonds** im Sinne des InvG oder des KAGB-E beispielsweise　70 ist es Teil der erforderlichen Due Diligence für die Anlageentscheidung, dass Informationen über die Liquidität der Zielfonds vorliegen und der Dachfondsmanager sich regelmäßig vom Zielfondsmanager über das Risikoprofil des Zielfonds informieren lässt.[98]

Als Beispiel seien auch **offene Zielfonds** genannt, die aufgrund der Marktent-　71 wicklung einen hohen Anteil illiquider Assets und gleichzeitig signifikante Mittelabflüsse zu verzeichnen haben und für die dadurch eine hohe Wahrscheinlichkeit der Aussetzung der Rücknahme von Anteilen besteht. Dieser Fall trat in jüngerer Vergangenheit insbesondere bei deutschen offenen Immobilienfonds auf. In der Praxis stellt sich die Schwierigkeit, wie frühzeitig mit vertretbarem Aufwand solche AIFs mit erhöhter Wahrscheinlichkeit einer Aussetzung der Anteilsrückgabe identifiziert werden können. Zumindest können hier schon in Abhängigkeit von der Marktlage Kriterien anhand der Art des AIF entwickelt werden, da z. B. im obigen Beispiel nicht nur ein offener Immobilienfonds, sondern alle deutschen offenen Immobilien-Publikumsfonds gefährdet waren. Bedingt durch fallende Mieten bei deutschen gewerblichen Immobilien kam es zwischen Dezember 2005 und März 2006 zu unerwartet hohen Mittelabflüssen von ca. 13% der Assets aus offenen Immobilienfonds, was vor allem in Verbindung mit der notwendigen Neubewertung der Immobilien dazu führte, dass drei Fonds vorübergehend die Rücknahme von Anteilen suspendierten.[99] Während der Finanzkrise gab es im Herbst 2008 eine Welle von Schließungen bei offenen Immobilienfonds, bedingt vor allem durch den Abzug von Geldern seitens institutioneller Anleger.

In der Praxis stellt sich die Aufgabe, Verfahren und Kriterien für die Beurteilung　72 der **Liquidität von Zielfonds** zu erstellen, wobei insbesondere das Verhältnismäßigkeitsprinzip angewendet werden kann, z. B. ob ein Zielfonds gemäß seiner Anlagestrategie vornehmlich in liquide Assets oder illiquide Assets investiert. Im letzteren Falle sind gegebenenfalls differenziertere Kriterien erforderlich, wie etwa oben im Abschnitt über die Einschätzung des Liquiditätsprofils angegeben. Im Idealfall findet ein Look Through auf die Assets des Zielfonds statt, sodass die

---

[95] Geschlossene AIFs (auch wenn sie Hebelfinanzierung einsetzen) sind von der Anforderung der Liquiditätsüberwachung von Zielfonds nach ESMA Advice Box 32, Erl. 11 ausgenommen. Diese Ausnahme wird aber nicht bestätigt von Art. 47 Nr. 4 AIFM-DV.

[96] Art. 47 Abs. 1 lit. (c) AIFM-DV.

[97] Im Sinne Art. 4 Abs. 1 Nr. 14 der Richtlinie 2009/39/EG (MiFID).

[98] Siehe z. B. § 225 (5)-(6) (Dach-Hedgefonds) KAGB-E.

[99] Siehe *Weistroffer*, Liquidity Creation and Financial Fragility, 2010, S. 15,54 und *Paul*, Das neue Recht der offenen Immobilienfonds, 2011, S. 5.

Liquidität der Assets des Zielfonds genau bestimmt werden kann wie für die Assets der vom AIFM selbst verwalteten AIFs. In der Regel kann ein Look Through Ansatz nur gewählt werden, wenn der Zielfonds ebenfalls selbst vom AIFM verwaltet wird. Grundsätzlich erscheint ein solcher **Look Through** Ansatz insbesondere für Fremdfonds als nicht praktikabel, und es ist erforderlich, sich anderer Kriterien zu bedienen.

73 Es lassen sich drei Kategorien von **Kriterien zur Einschätzung der Liquidität** von Fonds unterscheiden:
   i. Grundsätzliche Kriterien bzgl. Anlagestrategie (Assetklassen), Rechtsform (OGAW, AIF Typ) und Rücknahmegrundsätze (offen/geschlossen, ETF).
   ii. Kennziffern aus der laufenden Liquiditätsrisikoüberwachung wie z. B. prozentualer Liquiditätspuffer zur Bedienung von Anteilsrückgaben, prozentualer Anteil fungibler Objekte, (relative) Performance, Trend und Schwankung der Mittelbewegungen.
   iii. Kennziffern bzgl. des Marktumfeldes (z. B. Einschätzung des Fondssegmentes, makroökonomische Frühindikatoren).

74 Die **Aussetzung der Rücknahme** von Fondsanteilen beruht oft aus einer Kombination aus fallenden Assetpreisen, ansteigenden Mittelbewegungen und Marktereignissen. Außerdem ist häufig ein ganzes Fondssegment betroffen, d. h. nicht nur ein Fonds setzt die Anteilspreise aus sondern gleich mehrere Fonds eines Fondstyps. Somit ist es ein (wenngleich recht spätes) Warnsignal für ein Fondssegment, wenn ein Vertreter dieses Segments die Anteilrücknahme aussetzt.

75 **4. Due Diligence.** Für jedes Investment eines AIF ist es erforderlich, eine Einschätzung vorzunehmen, ob und in welchem Umfang dieses Investment sich wesentlich auf das **Liquiditätsprofil** des AIF auswirkt. Auch für bereits bestehende Positionen sind die Risiken zu bewerten, die sich wesentlich auf das Liquiditätsprofil auswirken könnten.[100]

76 Diese beiden Bedingungen sind im Wesentlichen äquivalent zu den für OGAW bestehenden Anforderungen gemäß InvMaRisk[101] und **Investment-Verhaltens- und Organisationsverordnung** (InvVerOV)[102], nur dass sie jetzt auch sinngemäß für alternative Assetklassen (wie z. B. Immobilien, Rohstoffe, Energie, Infrastruktur) übertragen werden, also insbesondere auch für solche, die von Natur aus illiquide sind und einen längerfristigen Anlagehorizont haben. Bei Investition in solche Assetklassen beinhaltet eine **Due Diligence** oft eine Analyse der erwarteten Einnahmen aus dem Investitionen im Verhältnis zu den Zahlungsverpflichtungen z. B. aus Fremdkapitalaufnahme und laufenden Kosten unter Berücksichtigung eines ausreichenden Liquiditätspuffers. Welchen Einfluss hat die Investition auf die durchschnittliche Fremdkapitalquote des AIFs?

77 Wichtig ist auch die Einschätzung der **Fungibilität** eines Investments relativ zu den anderen Investments des AIF. Bei Immobilien etwa haben kleine bis mittlere Objekte in nachgefragter Toplage eine höhere Fungibilität als ein großes Objekt in eine schlechteren Lage. Wie lange wird es etwa dauern nach Erwerb einen Käufer für das Objekt zu finden und mit welchen Verkaufsabschlägen müsste gerechnet werden?

---

[100] Art. 47 Abs 1 lit. (d) Satz 1 und 2 AIFM-DV.
[101] Abs. 4.4.3.2 InvMaRisk.
[102] Die InvVerOV vom 28. 6. 2011 dient der weiteren Umsetzung der OGAW-RL 2010/43/EU. In § 20 der InvVerOV sind die Due Diligence Anforderungen geregelt.

Das Liquiditätsmanagement muss sicherstellen, dass der AIFM über hinreichen- **78** des Wissen und **Verständnis der Liquidität** der Assets verfügt, in die er investiert oder beabsichtigt zu investieren. Für Finanzinstrumente, die an einem geregelten Markt gehandelt werden, beinhaltet dies Informationen über Handelsvolumen, Sensitivität der Preise bzw. ggf. Spreads der einzelnen Assets sowohl unter normalen als auch außergewöhnlichen Liquiditätsbedingungen.

Die letzte Anforderung bzgl. Handelsvolumen, Preissensitivitäten und Bid/Ask **79** Spreads findet sich in dieser Detailliertheit nicht in Vorgaben für OGAW, ergibt sich aber im Wesentlichen aus dem Erfordernis einer Einschätzung der Liquidität von Finanzinstrumenten. Für Aktien sind hierbei **durchschnittliche Handelsvolumina** am Markt und für Bonds sowie Derivate vor allem **Bid/Ask Spreads** maßgeblich, wobei auch bei letzteren die Preise durch die Volumina beeinflusst werden können.

Aber auch bei Finanzinstrumenten ist das geforderte hinreichende **Verständnis 80 der Liquidität** von tatsächlichen oder geplanten Investments nicht immer vorhanden, wie in der Finanzkrise 2007–2009 augenscheinlich wurde.

Zum Verständnis dieses Sachverhaltes ist es hilfreich, neben der gegenwärtigen **81** Marktliquidität eines Assets (im Sinne wie leicht es möglich ist, das Asset an einen anderen Akteur zu einem fairen Preis zu veräußern) auch die durchschnittliche *Selbstliquidationsperiode*[103] zu beachten, welche definiert ist als diejenige Zeitspanne, die vergeht, bis sich die Investition in Cash transformiert. Bei Krediten (verbrieft oder unverbrieft) oder anderen zeitlich befristeten Investitionen ist das die Restlaufzeit. Bei zeitlich unbefristeten Investitionen kann hierunter die Dauer verstanden werden, bis sich die Investition aus den Erträgen der Investition amortisiert. Im Gegensatz zur Selbstliquidationsperiode weist die Marktliquidität eine relativ hohe subjektive Komponente (*perceived liquidity*) auf. Bis zur Finanzkrise 2007–2009 wurden insbesondere langfristige Hypothekenkredite verpackt in CDO Strukturen als relativ liquide Assets am Markt betrachtet. Ausgelöst durch Ausfälle im amerikanischen Markt für Hypotheken zweitrangiger Bonität (*Subprime Markt*), wurden CDO-Strukturen ab Sommer 2007 illiquide. Diese Hypotheken hingen oft von variablen Zinssätzen mit anfänglichen niedrigen Zinsen ab, was in einem Umfeld steigender Zinsen den Kreditnehmern es schwer machte, ihre Hypotheken zu bedienen.[104] Die Ausfälle hatten eine allgemeine Marktverunsicherung zur Folge. Die Spreads auf Verbriefungsstrukturen weiteten sich aus. und diese Verpackungsstrukturen wurden zunehmend illiquider und konnten – wenn überhaupt – nur noch mit hohen Abschlägen verkauft werden.

In die langlaufenden, aber prinzipiell handelbaren CDO Strukturen wurden in **82** durch von Banken betriebene Zweckgesellschaften (*Special Purpose Vehicles und Conduits*) investiert, die sich im Wege der **Fristentransformation** refinanzierten durch die Emission kurzlaufender Asset Backed Commercial Papers (ABCPs), die vielfach zusätzlich zur Besicherung aus den langfristigen Verbriefungsstrukturen im Falle von Zahlungsschwierigkeiten mit Liquiditätslinien (*liquidity facility*) versehen wurden um ein kurzfristiges AAA Rating zu bekommen. Im Rahmen von Basel I war keine Eigenkapitalunterlegung für diese Bankgarantien erforderlich, da die Laufzeit der ABCPs kleiner als ein Jahr war. Durch diese Konstruktion konnten Banken außerhalb der Bilanz in langlaufende Verbriefungsstrukturen

---

[103] Siehe z. B. *B. Rudolph,* in: Der langfristige Kredit, 1982, Vol. 33, S. 661.
[104] Siehe z. B. Kap. 13 (US Subprime Krise) in *C. Reinhart, K. Rogoff*(2011).

investieren und sich hierbei zu AAA Konditionen am Geldmarkt refinanzieren, selbst wenn das eigene Rating der Bank niedriger war.[105]

83   Durch die Ausfälle auf der CDO Seite und die zunehmenden Marktverwerfungen haben Investoren auch zu einem großem Teil nach Ablauf der kurzfristigen ABCP Programmen nicht mehr im für die **Refinanzierung** benötigten Umfang in solche Programme investiert, sodass damit ein implizit vorhandenes Liquiditätsrisiko dieser auf einer Fristentransformation beruhenden Konstruktion zum Tragen kam.

84   Es genügt also nicht für das Verständnis der Liquidität eines Assets nur die aktuelle Marktliquidität des Assets zu betrachten, sondern es sind auch **zugrundeliegende Merkmale** wie z. B. Restlaufzeit, Komplexität (bzgl. Struktur und Bewertungsmethodik), Korrelation mit riskanten Assetklassen oder Höhe von Markt- und Kreditrisiko zu beachten.[106]

85   In den letzten fünf Jahren vor der Subprime Krise stiegen die US Immobilienpreise weit über 100% an und ein solcher Anstieg gilt generell als **Frühindikator** für Finanzkrisen. Der Anstieg der US Immobilienpreise beruhte vor allem auf der wachsenden Verschuldung durch langfristige Hypotheken, die Anfang 2008 ca. 90% des BIP der USA betrugen.[107] Es gab somit durchaus frühzeitige Anhaltspunkte bzgl. der Liquiditäts- und Ausfallrisiken der in den Verpackungsstrukturen enthaltenen Hypothekenkredite.

86   Zweitens zeigt obiges Beispiel, dass ein auf einer **Fristentransformation** beruhendes Geschäftsmodell ein signifikantes Liquiditätsrisiko beinhaltet. Das gilt grundsätzlich für Banken, wo langfristig vergebenen Kredite finanziert sind durch kurzfristige Kundeneinlagen. Bei AIF (wie z. B. bei offenen Immobilienfonds) kann es eine **Fristeninkongruenz** geben, wenn auf der einen Seite vorwiegend in illiquide, langfristige Assets investiert wird und auf der anderen Seite den Investoren unbeschränkte, kurzfristige Rückgaberechte eingeräumt werden. Wenn Umstände eintreten, die dazu führen, dass die Investoren im größeren Umfange von ihren Rückgaberechten Gebrauch machen, entstehen Liquiditätsengpässe, die sich negativ auf die Performance des Fonds auswirken können oder gar zu einer Aussetzung der Anteilsrücknahme führen.[108] In der Vergangenheit wurde die Anlage in offenen Immobilienfonds teilweise als eine ähnliche Anlage wie in Tagesgeld angesehen und praktiziert, sowohl von Kunden aus auch im Vertrieb. Verfügbare Gelder wurden in offenen Immobilienfonds geparkt, was aber nicht kompatibel mit der Liquidität der Immobilien des Fonds ist. Aus solchen Erwägungen heraus wird empfohlen[109] und teilweise auch praktiziert oder regulatorisch vorgeschrieben[110], angemessene Einschränkungen der Rücknahmerechte in dem

---

[105] Diese Zweckgesellschaften gehörten damit insbesondere zu den *Schattenbanken*, worunter alle Einrichtungen verstanden werden, die Geschäfte mit Fristentransformationen vornehmen, vgl. http://ec.europa.eu/internal_market/bank/shadow_banking/index_de.htm.

[106] Dies ist aber keine explizite Anforderung der AIFM-RL oder der AIFM-DV.

[107] *Reinhart/Rogoff*, Dieses Mal ist alles anders, 4. Aufl., 2011, S. ???.

[108] Im Executive Summary (Ch. 1) der IOSCO *Principles of Liquidity Risk Management* for CIS (03/2013) wird hierzu gesagt, das Fristentransformation keine inhärente Eigenschaft offener Fonds ist und die meisten offenen Fonds nicht in einem Umfang in solche Transformationen wie Banken engagiert sind; vgl. S. 1.

[109] Siehe IOSCO Principles of Liquiditätsmanagement (03/2013), Principles 3–4.

[110] Anteilrückgaben sind bei deutschen Hedgefonds bis zu 40 Kalendertagen und bei Dachhedgefonds bis zu 100 Kalendertagen gemäß bisherigem InvG vorher anzukündigen. Die Zahlung muss gemäß § 116 InvG spätestens 50 Tage nach dem Rücknahmetermin erfolgen.

Verkaufsprospekt solcher Fonds vorzusehen, wie z. B. Vorankündigungsfristen für Rückgaben, prozentueller Abschlag bei vorzeitiger Rückgabe vor Ablauf einer vereinbarten Mindesthaltedauer, Vereinbarung einer Frist zwischen Rückgabeverlangen und Rücknahme.

Das Anlegerschutz- und Funktionsverbesserungsgesetz (AnsFuG) führte für **87** offene Immobilienfonds ab einer „Bagatellgrenze" von 30.000 Euro pro Halbjahr und Anleger eine zweijährige Mindestanlagedauer[111] und eine einjährige Kündigungsfrist[112] ein. Dieser Ansatz geht in die richtige Richtung, weil er versucht, eine Fristeninkongruenz zu vermeiden. Allerdings können aus der Sicht privater Anleger solche Auflagen bzgl. **Mindesthaltedauer** und **Kündigungsfrist** schon sehr einschränkend sein.

In der Praxis werden daher auch Anteilsklassen mit unterschiedlichen Gebühren **88** und Rücknahmekonditionen für verschiedene **Investorengruppen** aufgelegt, etwa um Anreize für institutionelle Anleger zu schaffen, längerfristig zu investieren (z. B. verknüpft mit vereinbarten Rücknahmeabschlägen bei vorzeitiger Anteilsrückgabe) und dadurch das Risiko der Fristeninkongruenz des Produktes zu verringern. Privaten Investoren wird hierbei versucht ein möglichst hohes Maß an Flexibilität zu gewähren hinsichtlich der Rückgabemöglichkeiten.

Eine andere Möglichkeit ist eine gewisse Liquidität durch den **Handel von 89 Anteilen** an einem geregelten Markt zu schaffen, wie es etwa für Immobilienfonds in der Schweiz praktiziert wird. Dort müssen Immobilienfonds zwingend börsennotiert sein. Die Schweiz zog damit die Lehre aus einer Liquiditätskrise offener Immobilienfonds.

5. Mittel und Methoden der Liquiditätssteuerung. Der AIFM muss für **90** jedes von ihm verwalteten AIF vom offenen Typ[113] Mittel und Methoden für die Steuerung des Liquiditätsrisikos vorsehen, sowohl unter normalen Bedingungen als auch vorausschauend für **außergewöhnliche Umstände.** Dazu sind vor allem Fälle von **Liquiditätsengpässen** zu zählen, die beispielsweise auftreten können aus abnehmender Marktliquidität und Bewertungsabschlägen der Assets kombiniert mit zunehmender Rückgabe von Anteilen seitens der Anleger.

An erster Stelle sollten freilich **präventive Maßnahmen** stehen die dazu beitragen, eine negative Produktperformance und einen **Vertrauensverlust** der **91** Anleger einzugrenzen. Über die Transparenzanforderung (Art. 23) dem Anleger gegenüber hinaus, empfiehlt sich hierfür einerseits fortlaufend den Anleger zu informieren und darüber hinaus in schwierigen Marktsituationen sehr zeitnah und frühzeitig mit dem Anleger zu kommunizieren, z. B. durch Publikation von aktuellen Informationen, Einschätzungen und Maßnahmen.

Bei der Anwendung von Mitteln und Methoden muss der Grundsatz der **92 Gleichbehandlung der Anleger** gewahrt bleiben. Es ist also grundsätzlich nicht zulässig, dass einigen Anlegern die Rückgabe von Anteilen erlaubt und gleichzeitig anderen verwehrt wird. Es kann in der Praxis ein Interessenkonflikt entstehen zwischen Anlegern, die Anteile zurückgeben wollen und Anlegern, die ihre Anteile im AIF behalten wollen.[114] Wenn etwa der AIFM dem Rücknahmever-

---

[111] § 80c Abs. 3 InvG.

[112] § 80c Abs. 4.

[113] Diese Einschränkung gemäß Art. 47 Abs. 4 AIFM-DV vernachlässigt offensichtlich die Vorgabe einer Liquiditätssteuerung bei Liquiditätsengpässen im Hinblick auf Verbindlichkeiten aus der Fremdfinanzierung bei gehebelten AIF des geschlossenen Typs.

[114] Gemäß Box 32 (g) nebst Erl. 22 ESMA Advice sind solche Interessenkonflikte zu identifizieren und zu überwachen.

langen nur durch Liquidierung der Assets mit erheblichen Preisabschlägen nachkommen kann, sinkt dadurch der Wert pro Anteil zum Nachteil der verbleibenden Anleger. Wenn der AIFM hingegen die Rücknahme aussetzt, braucht er keine Liquidierungskosten zu realisieren. Die Anleger, die ihre Anteile zurückgeben wollen, können dann jedoch keinen Gebrauch von ihrem Recht machen und bekommen keinen Zugang zu ihrem Geld.[115] In der Finanzkrise wurden zum Beispiel auch Asset-Backed-Securities (ABS) mit erstklassiger Kreditqualität illiquide und hatten Bewertungsabschläge zu verzeichnen. Für Geldmarktfonds, welche einen größeren ABS Anteil im Bestand hatten, führten die Bewertungsabschläge zu einer schlechten Performance, die wiederum Rückgaben von Anteilen auslösten. Die Rückgaben lösten weitere Verkäufe mit Preisabschlägen aus, was die Wertentwicklung noch mehr zum Nachteil der verbleibenden Anleger verschlechterte. In einer solchen Situation stellte sich die Frage, wie der Fondsmanager den Interessen der Anleger gerecht werden kann und wie Anleger fair und gleich behandelt werden können trotz unterschiedlicher Interessen.[116]

93   **Spezielle Mittel und Methoden** *(special arrangements*[117]*)* bzgl. der Einschränkung der Rückgabemöglichkeiten des Investors dürfen nur für bereits im Vorhinein den Anlegern gegenüber mitgeteilten Fälle angewandt werden.[118] Sie müssen der zuständigen Aufsichtsbehörde angezeigt werden.[119] ebenfalls Special Arrangements verlangen eine besondere Governance und Transparenz. Ihre Verwendung sollte von bestimmten Kriterien abhängig gemacht werden und es können Grenzen bzgl. Umfang und Dauer ihres Einsatzes definiert werden. Ihr Einsatz ist stark abhängig von den nationalen Regelungen im Sitzstaat des AIF in Ermangelung einer diesbezüglichen Regelung in der AIFM-Richtlinie. Die speziellen Mittel und Methoden müssen in den mindestens einmal im Jahr zu aktualisierenden internen Richtlinien für das Liquiditätsmanagement dokumentiert sein.[120] In diesen internen Richtlinien müssen generell Maßnahmen definiert werden für den Fall des tatsächlichen als auch zu erwartenden Eintretens von Liquiditätsengpässen oder anderen Störungen. Zu diesen Maßnahmen gehören die Beschreibung von Eskalationsverfahren, risikomindernde Gegenmaßnahmen oder eine Notfallplanung.

94   **6. Side Pockets.** Die AIFM-Richtlinie erlaubt prinzipiell der Erzeugung von Side Pockets für illiquide Assets in einem AIF als ein spezielles Mittel, um die während einer länger anhaltenden Zeitdauer Probleme bzgl. Bewertung oder Illiquidität bewältigen zu können. Die **Side Pocket Konstruktion** wird vor allem von Hedgefonds genutzt. Hierbei werden spezifische Assets von den restli-

---

[115] Das LG Frankfurt, WM 2007, 2108 ff. hat in einem Fall entschieden, dass bei massiven Rücknahmeverlangen die Interessen der verbleibenden Anleger höher zu werten seien als die Interessen der rückgabewilligen Anleger.

[116] Der Begriff Geldmarktfonds wurde in Folge im Sinne einer Produktklarheit und -wahrheit zum Schutz des Anlegerinteresses an Kapitalerhalt und täglicher Rückgabemöglichkeit neu definiert. Siehe ESMA 10–049 *Guidelines on a common definition of European money market funds* (Paris, 05/2010).

[117] Definiert in Box 31 ESMA Advice.

[118] Art. 23 Abs. 1(h), 2(a)-(b). Aussetzung der Anteilsrücknahme zählt ESMA nicht dazu gemäß Box 31, Erl. 7 ESMA Advice.

[119] Art 110 Abs. 2(b) AIFM-DV, Art. 24 Abs. 2(a)-(b).

[120] Art. 47 Abs. 2 AIFM-DV.

chen Assets abgetrennt in ein eigenes „Side Pocket" Anlagevehikel.[121] Das Side Pocket Konzept für AIFs hat Ähnlichkeiten mit dem Konzept der „Bad Bank" für Kreditinstitute, allerdings ist bei Side Pockets eine Haftungsübernahme seiner Risiken durch Dritte wie etwa dem Staat nicht vorgesehen. Die Grundidee eines Side Pockets ist, dass zumindest zum Zeitpunkt der Side Pocket Erzeugung die Liquidation der zum Side Pocket zugeordneten Assets nicht im besten Interesse der bestehenden AIF Investoren ist, z. B. aufgrund bestehender massiver Marktverwerfungen, es aber im besten Interesse der Investoren ist diese Assets zu einem späteren Zeitpunkt zu liquidieren. Die zugeordneten Assets werden daher im Side Pocket bis auf weiteres eingefroren bis ein geeigneter Zeitpunkt kommt, wo sie liquidiert werden können. Die Bewertung des Side Pockets erfolgt getrennt vom restlichen Teil des Portfolios. Bei der Bestimmung des Net Asset Values des AIF wird das Side Pocket außen vorgelassen und bleibt unberücksichtigt. Der Kauf von AIF Anteilen bezieht sich nur auf den restlichen Teil des Portfolios, ebenso sind Rückgaben nur bzgl. des restlichen Teils des Portfolios möglich. Die Investoren des ursprünglichen Gesamtportfolios partizipieren aber noch an der Wertentwicklung des Side Pocket inklusive eventueller Ausschüttungen. In IOSCO (01/2012, S. 18 f.) wird auf das Reputationsrisiko und **moral hazard problem** von Side Pockets hingewiesen, da Fondmanager Teile des Portfolios in ein Side Pocket auslagern könnten um die Performance des AIF optisch zu verbessern, also das Mittel der Side Pocket für andere Zwecke als nur für Liquiditätsmanagement im besten Interesse der Anleger einzusetzen. Die Möglichkeiten und Bedingungen der Verwendung von Side Pockets hängen von der jeweiligen nationalen Gesetzgebung ab. Da es sich hierbei um eine nationale Fondsregulierung handelt, ist dies ausweislich Erwägungsgrund 10 auch unter der AIFM-RL zulässig.

7. Gates[122]. Ein weiteres spezielles Mittel für die Handhabung ungewöhnlich **95** großer Rücknahmeverlangen (z. B. mehr als 10% des NAV) sind Gates, durch welche die Rücknahmen auf einen bestimmten prozentuellen Anteil pro Tag (z. B. 10% des NAV) und Rücknahmeverlangen begrenzt werden. Der verbleibende prozentuelle Anteil wird auf den Folgetag verschoben. Gates können ein geeignetes Mittel sein bei kurzfristig sehr hohem Rücknahmeverlangen, sind aber ungeeignet bei länger anhaltenden, stetigen Mittelabflüssen. In den *IOSCO Principles on Suspension (1/2012, S. 17)* wird bei **Aktivierung von Gates** auf die Transparenzanforderung und die Sicherstellung einer fairen Gleichbehandlung der Anleger hingewiesen.

III. Limitsystem

Ob die Einrichtung von internen Risikolimiten[123] für das Liquiditätsmanage- **96** ment eines AIF erforderlich ist oder nicht, hängt vor allem von seiner Art, der Größe und der Komplexität (*nature, scale and complexity*) ab. Solche Limite müssen konsistent sein mit den Zahlungsverpflichtungen, Rückgabegrundsätzen und der Anlagestrategie des AIF. Für geschlossene Fonds erachtet der ESMA Advice

---

[121] In den IOSCO Principles (01/2012) wird auch die mögliche Variantem erwähnt, dass die liquiden Assets in ein neues Portfolio übertragen werden und die illiquiden im bisherigen Portfolio verbleiben oder das bisherige Portfolio aufgelöst wird zugunsten zweier neuen Vehikels; vgl. S. 17 ff.

[122] Siehe IOSCO (1/2012), Principles on Suspensions, S. 17.

[123] Im Sinne von Art. 44 AIFM-DV.

(Box 32 Erl. 11 letzter Satz) ein Limitsystem nicht als erforderlich an. Es bieten sich bei offenen AIF z. B. Limite auf das Verhältnis der in einem bestimmten Zeitraum marktschonend liquidierbaren Assets zu den maximal erwarteten Mittelabflüssen durch Anteilsrückgaben in diesem Zeitraum an.[124] Limite sind als „weiche" Limite (*soft limits*) zu verstehen, deren Überschreitungen Anlass zu weiteren Analysen gibt, die je nach Umständen zu weiteren Überwachungen oder Maßnahmen führen.

97   Für Banken findet sich in der Liquiditätsverordnung[125] die Vorgabe der Identifizierung von Kenngrößen, die für eine Darstellung des Risikos einer nicht ausreichenden Liquidität besonders geeignet sind. Die InvMaRisk verlangt hier etwas strenger, dass für Investmentvermögen grundsätzlich Liquiditätsrisikolimite einzurichten sind, deren Einhaltung durch geeignete Maßnahmen sicherzustellen ist,[126] während Art. 48 Abs. 1 der AIFM-DV eher auf das Ergreifen geeigneter Maßnahmen bei tatsächlicher oder zu erwartender Überschreitung von Limiten abzielt.

IV. Stresstests[127]

98   Die regelmäßige Durchführung von Stresstests ist notwendig zur Bewertung des Liquiditätsrisikos. Die erforderliche Frequenz der Durchführung hängt von Art, Liquiditätsprofil, Investmentstrategie und Rücknahmegrundsätze des AIF sowie von der Art der Investoren ab. Die Stresstests müssen <u>mindestens einmal jährlich</u> durchgeführt werden.[128] Die Stresstests sollen quantitativ auf der Basis von aktuellen, verlässlichen Daten erfolgen oder auch auf qualitativen Experteneinschätzungen beruhen. Sofern angemessen, sollen Stressszenarien bzgl. der Liquidität der Assets als auch bzgl. ungewöhnlich hoher Mittelabflüsse durch die Anleger betrachtet werden, wobei beides oftmals kombiniert gleichzeitig eintritt und sich gegenzeitig beeinflusst Dadurch kann der AIF hinsichtlich seiner Fristeninkongruenz gestresst werden. Da die Liquidität von Assets am Markt zumeist in Folge von Marktereignissen abnimmt[129], sind auch Marktrisiken und andere Ereignisse wie Margin Calls, Besicherungsforderungen und Streichung von Kreditlinien (insbesondere bei wesentlichem Leverage), Downgrades von Emittenten und Bonds sowie die Sensitivität von Bewertungen bzgl. Marktverwerfungen zu beachten. Es empfiehlt sich auch die Erfahrungen aus der Vergangenheit zu berücksichtigen wie zum Beispiel die Folgen der Lehman Insolvenz. Bei sich abzeichnenden Marktliquiditätskrisen bevorzugen Marktteilnehmer im jeweiligen Marktumfeld als liquide wahrgenommene Assets (**perceived liquidity**) und meiden Assets die als eher illiquide gelten. Dadurch polarisiert sich die Situation und Assetklassen die etwas illiquide sind können schnell vollends illiquide werden. Wenn in normalem Umfeld es vielleicht möglich war eine Position innerhalb weniger Tage zu veräußern, kann in einem gestressten Umfeld ein Verkauf womöglich kaum noch möglich sein.

---

[124] Vgl. ESMA Avice, Erl. 24 zu Box 33.

[125] § 10 Abs. 3 Satz 2 LiqV.

[126] InvMaRisk Erl. 4.4.5 Limitsystem, 4.4.10 Liquiditätsrisikomanagementprozess.

[127] Siehe Art. 16 Abs. 1 AIFM-RL, Art. 48 AIFM-DV und Box 33, Erl. 24–27 ESMA Advice als auch IOSCO Principles of Liquiditätsmanagement (03/2013), Principle 14.

[128] Art. 48 Abs. 2 lit (e) AIFM-DV.

[129] Basierend auf dieser Beobachtung wird Liquiditätsrisiko mitunter sogar nicht als eigenständige Risikoart sondern als Folgerisiko von anderen Risikoarten betrachtet.

Als Beispiel für Letzteres seien die üblicherweise nach dem **Fair Value Prinzip** 99
(*Mark-to-Market*) bewerteten europäischen **Asset Backed Securities** genannt, die
in der Finanzkrise de facto kaum noch handelbar waren und starke Preisabschläge
verzeichneten, selbst bei erstrangigen unterliegenden Krediten. In Folge der Illiquidität wurden zumindest vorübergehend vielfach *Mark-to-Model* Bewertungsmethoden (zumeist jedoch noch unter Verwendung beobachtbarer Marktparameter) implementiert.[130] Das änderte nichts daran, dass tatsächliche Verkäufe, oft
bedingt durch anhaltend hohe Rückgabe von Anteilen, nur mit starken Preisabschlägen möglich waren, möglicherweise vor allem bedingt durch ein momentan
vorherrschendes Marktsentiment. In Folge kam es zur vorübergehenden Aussetzung der Anteilsrücknahme für eine Reihe von Publikumsfonds mit hohem Anteil
an Asset Backed Securities.

Aus den **Ergebnissen der Stresstests** muss der AIFM im besten Interesse der 100
Anleger die notwendigen Konsequenzen ziehen. In der Praxis ist es nicht einfach
zu beurteilen, wie wahrscheinlich extremere Szenarien sind. Es ist aber sinnvoll,
sich über mögliche Szenarien bewusst zu sein, die zu einem wesentlichen Anstieg
von Cash Flow Risiko und Marktliquiditätsrisiko führen.

Es empfiehlt sich in der Praxis anhand aktueller, krisenbehafteter Entwicklun- 101
gen nicht nur Standard Stresstests zu rechnen, sondern zusätzliche ad hoc Szenarien. Auch **„reverse Stresstests"** können aufschlussreich sein, wo es darum geht,
Szenarien für ein vorgegebenes Liquiditätsdefizit zu finden.

Der ESMA Advice enthält den Hinweis, dass, wenn keine verlässlichen, quanti- 102
tativen Daten für Stresstests verfügbar sind, sogar **innovative ad hoc Stresstests**
auf der Basis von Experteneinschätzungen entwickelt werden können.

V. Übereinstimmung von Liquiditätsprofil, Investmentstrategie und Rücknahmegrundsätze

Basiskriterium der AIFM Richtlinie für die Übereinstimmung (*alignment*) der 103
drei Komponenten „Investmentstrategie", „Liquiditätsprofil" und „Rücknahmegrundsätze (*redemption policy*)" ist, dass Anleger ihre Anteile zurückgeben können
im Rahmen der vertraglich vereinbarten Regelungen (unter Berücksichtigung
der Bedingungen für außergewöhnliche Umstände), ohne dass es hierbei zu einer
Beeinträchtigung des **Grundprinzips der fairen Behandlung der Anleger**
kommt.[131] Letzteres bedeutet, dass eine bevorzugte Behandlung eines oder mehrerer Investoren nicht eine wesentliche Benachteiligung anderer Investoren zur
Folge hat[132]

Durch die Investmentstrategie ist vorgegeben, in welche Assets investiert wird. 104
Dadurch wird auch das **Liquiditätsprofil** des AIF bestimmt, mitsamt des Anteils
an hochliquiden Assets und Barreserven und des Anteils relativ fungibler Objekte
als auch der Fremdfinanzierungsquote.

Vor allem eine **langfristige Investmentstrategie** mit langjährigen Invest- 105
mentzeiträumen ist eng mit einem entsprechend langfristig angelegten Liquiditätsmanagement verbunden, basierend auf Prognosen und Erwartungen künftiger
Zahlungsströme, die aber naturgemäß mit Unsicherheiten behaftet sind. Die prog-

---

[130] Vgl. die Klassifizierung illiquider Märkte und zugehöriger Bewertungsverfahren nach
International Accounting Standards IAS 39. Siehe auch Art. 19 der AIFM-RL.
[131] Erwägungsgrund (64) nebst Art. 49 AIFM-DV.
[132] Art. 23 Abs. 2 AIFM-DV. Siehe Box 19 Erl. 35–39 ESMA Advice wo erklärt wird,
warum auf eine umfassende Definition des Begriffs „Fairness" verzichtet wurde.

nostizierten und erwarteten Zahlungsströme bedürfen einer fortlaufenden Überwachung und eventuellen Anpassung mitsamt einer regelmäßigen Betrachtung möglicher Szenarien auch für unerwartete Ereignisse. Zudem müssen gegebenenfalls Liquiditätsreserven und Finanzierungsquellen in ausreichender Höhe vorgehalten und überwacht werden.

106   Für die Umsetzung einer rentablen Investmentstrategie bedarf es meist zumindest einer Mindestquote für die Fremdfinanzierung. Das Liquiditätsprofil hat Einfluss auf die Rendite der Investmentstrategie. Ein hoher Anteil „sicherer", hochliquider Assets ist ggf. nicht vereinbar mit den Renditezielen der Investmentstrategien. Eine gute Rendite wiederum führt in der Regel zu mehr Liquidität durch Mittelzuflüsse. Wenn genügend Liquidität zur Verfügung steht, kann es sinnvoll sein, die **Fremdfinanzierungsquote** zu reduzieren und umgekehrt.

107   Bei ansteigender Liquidität kann je nach Anlagestrategie der Anteil fungibler Objekte reduziert werden und umgekehrt. Die Fungibilität der investierten Objekte ist Ausdruck der Kapitalbindung und somit des Liquiditätsprofils.

108   Grundsätzlich ist bei offenen AIFs die in langfristige, illiquide Assets investieren, eine vollständige Fristenkongruenz zwischen Liquiditätsprofil und Rückgabemöglichkeit kaum möglich aufgrund der Struktur eines offenen AIFs. Wenn die Anlagestrategie Investitionszeiträume von mehr als 5 Jahren umfasst, kann es aufgrund bestimmter Ereignisse zu massiven Anteilsrückgabeverlangen der Investoren kommen. Somit bleibt hier ein **grundsätzliches Risiko der Fristeninkongruenz** bestehendas es zu bewältigen gilt durch präventive Maßnahmen und Voraussicht.

F. Bezüge zum KAGB-E

I. Offene und geschlossene Spezial-AIF

109   Die direkte Investition in **Spezial-AIFs** des offenen als auch des geschlossenen Typs ist ausschließlich professionellen und semi-professionellen Anlegern vorbehalten.[133]

110   Neben dem allgemeinen offenen Spezial-AIF ohne feste Anlagebedingungen gibt es nach § 282 KAGB-E auch den inländischen offenen Spezial-AIF mit festen Anlagebedingungen der sich grundsätzlich (jedoch mit Abweichungsmöglichkeiten) an den Regelungen für offene Publikumsfonds orientiert.[134] Die Vermögensgegenstände eines jeden offenen Spezial-AIF müssen in ihrer Zusammensetzung so liquide sein, dass sie die von dem offenen Spezial-AIF vorgesehenen Rücknahmen der Anteile oder Aktien erlauben.[135] Das bedeutet nicht zwangsläufig, das ein **offener Spezial-AIF** vorwiegend in Finanzinstrumente[136] wie übertragbare Wertpapiere, Geldmarktinstrumente, Anteile an Organismen für gemeinsame Anlagen und hinreichend liquide Arten von Derivate investiert sein muss.[137] In der Tat können auch Finanzinstrumente (wie z. B. CDO Strukturen) durchaus illiquide werden sodass die Unterscheidung zwischen Finanzinstrumenten und

---

[133] Siehe Begründung zu § 282 Abs. 1, § 285 KAGB-E.

[134] Siehe Begründung zu § 284 KAGB-E.

[135] § 282 (Anlageobjekte, Anlagegrenzen) Abs. 2 KAGB-E nebst zugehöriger Begründung.

[136] definiert als eines der 10 in Anh. I Abschnitt C der EG Finanzinstrumente RL 2004/39/EG genannten Instrumente.

[137] Diese Forderung fand sich noch im KAGB-E Diskussionsentwurf vom Juli 2012.

Nicht-Finanzinstrumenten kein hinreichendes Kriterium ist für den Einklang des Liquiditätsprofils des AIF mit seinen Rücknahmebedingungen.

Investition in Infrastruktur wie Häfen, Straßen, Tunnel, Wasserkraftwerke, **111** Funkmasten, Pflegeheime usw. sind keine liquide Vermögensanlagen, woraus sich ergibt, dass z. B. **Infrastrukturfonds** nur als geschlossene AIFs aufgelegt werden können.

Offene inländische Spezial AIFs unterliegen nach § 282 KAGB-E unabdingbar **112** dem **Grundsatz der Risikomischung**, geschlossene inländische Spezial-AIF hingegen nicht. Der Zusammenhang zwischen einer Risikomischung und einer Sicherstellung der Rücknahmemöglichkeit erschließt sich nicht unmittelbar, außer das durch ein erhöhtes Ausfallrisiko die Rücknahme gefährdet sein könnte. In der Tat kann nach Abs. 2 § 262 KAGB-E analog auch für geschlossene Publikumsfonds unter bestimmten Voraussetzungen vom Grundsatz der Risikomischung abgewichen werden falls nur (semi-)professionelle Anleger oder qualifizierte Privatanleger[138] investieren,

Der Grundsatz der Risikomischung wird im Gegensatz zu der Definition für **113** geschlossene Publikums-AIFs in § 262 KAGB-E für offene inländische Spezial-AIFs nicht explizit präzisiert, es wird in der Begründung zu § 282 KAGB-E auf den entsprechenden Grundsatz im aufzuhebendem Investmentgesetz für offene Spezial-AIF verwiesen, sodass von den Auslegungen der Risikomischung für offene Spezialfonds im Sinne des § 91 InvG ausgegangen werden kann.[139] Hier wurde zumeist von einer Investition in mindestens vier Vermögensgegenstände mit unterschiedlichen Anlagerisiken ausgegangen. Für Master-Feeder Konstruktionen als auch für Ein-Kontrahentenfonds mittels einem Portfolio Swap wurde jedoch auch noch eine **risikodiversifizierte Investition** in einen einzigen Vermögensgegenstand als kompatibel mit dem Grundsatz der Risikomischung angesehen.[140]

II. Offene Immobilienfonds

Die Regelungen für offene Immobilienfonds in § 255 KAGB-E sehen vor, das **114** eine Rücknahme von Anteilen nur einmal jährlich[141] und eine Ausgabe von Anteilen nur vierteljährlich zu jeweils vorab im Prospekt festgelegten Terminen erlaubt sein sollen zusätzlich zu einer zweijährigen Mindesthaltedauer und einer einjährigen Kündigungsfrist. Es bleibt abzuwarten, ob in der Praxis diese Einschränkungen kompensiert werden durch die Entwicklung eines hinreichend **liquiden Zweitmarktes.**

Die Liquiditätsvorschriften des § 283 KAGB-E entsprechen im wesentlichen **115** den Regelungen des bisherigen § 80 InvG. So darf der Fonds nicht mehr als 49% in liquide Mittel halten. Die bisherige **Mindestliquiditätsquote** von 5% ist aufgrund der geänderten Rücknahmeregelungen durch die allgemeine Formulie-

---

[138] Das private Investoren demnach in geschlossene Publikumsfonds ohne Risikomischung bereits ab einer Anlagesumme von 20000 Eur investieren können, wird kontrovers diskutiert, zumal beispielsweise im Vergleich dazu Single Hedgefonds künftig nur noch als Spezial AIF aufgelegt werden dürfen und demnach semiprofessionellen Anlegern vorbehalten bleiben sollen.

[139] Siehe *Zirlewagen* in Emde/Dornseifer/Dreibusch/Hölscher, InvG (2013), § 91 Rn. 20 ff.

[140] Siehe *Steck* in Berger/Steck/Lübbehüsen, InvG (2010), § 91, Rn. 15.

[141] Die Rückgabemöglichkeit auf Basis der Freibeträge nach dem seit Anfang 2013 in Kraft getretenen AnsFuG entfallen dadurch.

rung ersetzt worden, das genügend liquide Mittel für die Rücknahme von Anteilen verfügbar sein müssen.

116 Im §§ 257–259 KAGB-E sind die **Sanierungs- und Abwicklungsverfahren** beschrieben, die analog zu § 81–81b InvG im Falle von Liquiditätsengpässen auf einer Veräußerung der Vermögensgegenstände beruht.[142]

Artikel 17 Anlagen in Verbriefungspositionen

AIFM-Richtlinie	KAGB-E
Artikel 17 **Anlagen in** **Verbriefungspositionen**	**§ 26 Abs. 5 Nr. 6** **Risikomanagement**
Um sektorübergreifende Kohärenz zu gewährleisten und Divergenzen zwischen den Interessen von Firmen, die Kredite in handelbare Wertpapiere umwandeln, und Originatoren im Sinne von Artikel 4 Absatz 41 der Richtlinie 2006/48/EG, und den Interessen von AIFM, die für Rechnung von AIF in diese Wertpapiere oder andere Finanzinstrumente investieren, zu beseitigen, erlässt die Kommission gemäß Artikel 56 und nach Maßgabe der Bedingungen der Artikel 57 und 58 delegierte Rechtsakte zu Folgendem: a) den Anforderungen, die ein Originator, ein Sponsor oder ein ursprünglicher Kreditgeber erfüllen muss, damit ein AIFM im Namen von AIF in Wertpapiere oder andere Finanzinstrumente dieses Typs, die nach dem 1. Januar 2011 emittiert werden, investieren darf, einschließlich der Anforderungen, die gewährleisten, dass der Originator, der Sponsor oder der ursprüngliche Kreditgeber einen materiellen Nettoanteil von mindestens fünf Prozent behält, b) den qualitativen Anforderungen, die AIFM, die im Namen eines oder mehrerer AIF in diese Wertpapiere oder andere Finanzinstrumente investieren, erfüllen müssen.	§ 29 Abs. 5 Nr. 6 und Nr. 7 KAGB-E Risikomanagement; Verordnungsermächtigung (5) Für AIF-Kapitalverwaltungsgesellschaften bestimmen sich für die von ihnen verwalteten AIF die Kriterien für (…) 6. die Anforderungen, die ein Originator, ein Sponsor oder ein ursprünglicher Kreditgeber erfüllen muss, damit eine AIF-Kapitalverwaltungsgesellschaft im Namen von AIF in Wertpapiere oder andere Finanzinstrumente dieses Typs, die nach dem 1. Januar 2011 emittiert werden, investieren darf, einschließlich der Anforderungen, die gewährleisten, dass der Originator, der Sponsor oder der ursprüngliche Kreditgeber einen materiellen Nettoanteil von mindestens fünf Prozent behält, sowie 7. die qualitativen Anforderungen, die AIF-Kapitalverwaltungsgesellschaften, die im Namen eines oder mehrerer AIF in Wertpapiere oder andere Finanzinstrumente im Sinne von Nummer 6 investieren, erfüllen müssen, nach Artikel (…) und 50 bis 56 der Verordnung (EU) Nr. …/2013 [Level 2-Verordnung gemäß Artikel 15 Absatz 5 und Artikel 17 der Richt-linie 2011/61/EU].

---

[142] Siehe auch die Alternativvorschläge des „Regenburger Modells" *Madaus & Sebastian*, Stellungnahme zum AIFM-UmsG, Flexibilisierung der Fristentransformation bei offenen Immobilienfonds in Gründung, Verlauf und Krise, Uni Regensburg, März 2013, Seite 9 ff.

Literatur: *Boos/Fischer/Schulte-Mattler,* Kreditwesengesetz, 4. Aufl. München 2012; *Kreppel/Baierlein,* Des Kaisers neue Kleider: Der Risikoselbstbehalt bei Verbriefungen nach Artikel 122a CRD bzw. §§ 18a, 18b KWG, BKR 2011, 228 ff.; *Prüm/Thomas,* Die neuen Rahmenbedingungen für Verbriefungen, BKR 2011, 133 ff.

Übersicht

A. Entstehungsgeschichte

Als Reaktion auf die weltweite **Wirtschafts- und Finanzkrise** hatte die Europä- **1** ische Kommission in der **CRD-II-Konsultation**[1] zunächst den Ansatz einer direkten Regulierung der Originators (der Banken) verfolgt, da eine zu leichtfertige Kreditvergabepolitik als eine der Hauptursachen der Krise identifiziert wurde. Unter dem sog. „originate to distribute"-Modell versteht man eine Geschäftspraxis, bei der sich die Banken das „Warenlager" mit Kreditforderungen auffüllen, jedoch kein originäres Interesse an der Werthaltigkeit des Portfolios haben, da es von Anfang an Zweck des Herausreichens der Darlehen ist, die resultierenden Kreditforderungen an ein SPV zu verkaufen und abzutreten und so aus der Bankbilanz herauszulösen (true sale).[2] Als konkrete Reaktion darauf war ursprünglich die direkte Verpflichtung des Originators zum Rückbehalt eines materiellen Nettoanteils (materieller Nettorückbehalt) von 15% vorgesehen. Grundgedanke war (und ist auch nach Maßgabe des heutigen Regimes), dass sich die Banken der Bonitätsrisiken der Darlehensnehmer nicht zur Gänze entledigen können und daher bereits bei der Kreditvergabe hinreichende Qualitätsstandards einhalten. Gegen diese direkte Regulierungsoption wurde im Laufe der CRD-Konsultation vorgebracht, dass durch eine direkte Regulierung der europäischen Institute diese einen Wettbewerbsnachteil gegenüber nicht-europäischen Instituten haben könnten. Daher wurde als Ausweg der vorliegende Ansatz gewählt, nicht die Parteien einer spezifischen Verbriefungstransaktion zu regulieren, sondern die Investoren der Tranchen. Durch diese regulatorische Konstruktion ist es

---

[1] Vgl. hierzu die zusammenfassende Darstellung in der Auswirkungsstudie zur CRD II: Commission Staff Working Document, Accompanying document to the Proposal for a Directive of the European Parliament and of the Council amending Directives 2006/48/EC and 2006/49/EC as regards banks affiliated to central institutions, certain own funds items, large exposures, supervisory arrangements, and crisis management, Impact Assessment, COM(2008) 602 final, SEC(2008) 2533, S. 32 f. und 139 ff.

[2] Vgl. hierzu auch *Gerth* in Boos/Fischer/Schulte-Mattler, § 18a KWG Rn. 2 m. w. N.

möglich, die Anforderungen an den materiellen Nettorückbehalt durch faktischen, wirtschaftlichen Druck, d.h. im Wege der indirekten Regulierung, auch solchen Instituten aufzuerlegen, die nicht selbst in den Anwendungsbereich der europäischen Vorschriften fallen.

2   Der heutige Regulierungsansatz erfasst direkt nur den AIFM als Manager des AIF[3] ebenso wie OGAW-Verwaltungsgesellschaften (vgl. Art. 63), Kreditinstitute und Versicherungsunternehmen. Es handelt sich somit um eine spezifische Form der **indirekten Regulierung** von Verbriefungstransaktionen. Der Vorschlag für die AIFM-Richtlinie[4] enthält in Art. 13 eine Fassung der Vorschrift, die dem heutigen Wortlaut weitgehend entspricht. Neben rein formalen Unterschieden im Wortlaut[5] wird in jener frühen Fassung in Buchst. a) lediglich auf einen „Originator" und noch nicht auf die möglichen relevanten Parteien einer Verbriefungstransaktion **„Originator", „Sponsor"** oder **„ursprünglicher Kreditgeber"** Bezug genommen.[6]

3   Der Richtlinienvorschlag vom 12.10.2010[7] enthält in Art. 17 eine Version der Vorschrift, die der heutigen bis auf Anpassungen in den Verweisen voll entspricht.[8] Damit hat die Vorschrift während des Gesetzgebungsverfahrens im Wesentlichen formale Modifikationen erfahren. Dies erklärt sich aus der Tatsache, dass die Vorschrift eine Parallelvorschrift zu Art. 122a CRD[9], Art. 135 Abs. 2 Solvency II[10] (und Art. 63) darstellt und in diesem **horizontalen Normzusammenhang** Art. 122a CRD die wesentlichen regulatorischen Weichenstellungen und die Terminologie vorgibt. Daraus folgt weiter, dass die materiellen Regulierungsparameter in die Level-II-Maßnahmen „verschoben" wurden und diese sich wiederum ganz wesentlich an den „Vorgaben" der CRD orientieren.[11]

---

[3] Dies bewirkt wiederum die dargestellte indirekte Regulierung der Parteien der Verbriefungstransaktion.

[4] Vorschlag für eine Richtlinie des Europäischen Parlaments und des Rates über die Verwalter alternativer Investmentfonds und zur Änderung der Richtlinien 2004/39/EG und 2009/.../EG, v. 30.4.2009; KOM(2009) 207 endgültig.

[5] „Interessendivergenzen" anstatt „Divergenzen zwischen den Interessen".

[6] Der heutige erweiterte Wortlaut ist besser geeignet, eine Vielzahl möglicher Transaktionsstrukturen zu erfassen.

[7] Proposal (Council) for a Directive of the European Parliament and of the Council on Alternative Investment Fund Managers and amending directives 2003/41/EC and 2009/65/EC, v. 12.10.2010, (2009/0064(COD), 14737/10, EF 131 ECOFIN, 611 CODEC 1000).

[8] Jene Fassung verwies noch auf die Art. 54–56. Die Vorschrift hat ihre endgültige Fassung insoweit erst im Rahmen der juristischen Revision vor Richtlinienerlass erfahren.

[9] Richtlinie über Eigenkapitalanforderungen („Capital Requirements Directive"), hier Richtlinie 2006/48/EG in der Fassung der Richtlinie 2009/111/EG des Europäischen Parlaments und des Rates v. 16.9.2009 zur Änderung der Richtlinien 2006/48/EG, 2006/49/EG und 2007/64/EG hinsichtlich Zentralorganisationen zugeordneter Banken, bestimmter Eigenmittelbestandteile, Großkredite, Aufsichtsregelungen und Krisenmanagement.

[10] Richtlinie 2009/138/EG des Europäischen Parlaments und des Rates vom 25. November 2009 betreffend die Aufnahme und Ausübung der Versicherungs- und der Rückversicherungstätigkeit (Solvabilität II) (Neufassung).

[11] So war es auch ein expliziter Auftrag der Kommission an ESMA (CESR), die horizontale Kohärenz mit den Regelungen der CRD (und des zu Solvency II ergangenen CEIOPS Advice) bei der Ausarbeitung des Advice betreffend die Level-II-Maßnahmen herzustellen; vgl. hierzu den „Provisional request to CESR for technical advice on possible level 2 measures concerning the future Directive on Alternative Investment Fund Managers", S. 16; abrufbar unter: http://ec.europa.eu/internal_market/investment/docs/alternative_investments/level2/mandate_en.pdf.

B. Normzweck

Die Vorschrift implementiert den sog. „**materiellen Nettorückbehalt**" (oder 4
auch „**Selbstbehalt**"[12]) als Reaktion auf die Rolle von Verbriefungstransaktionen im Rahmen der weltweiten **Wirtschafts- und Finanzkrise**.[13] Durch dieses
Konzept des „**skin in the game**"[14] sollen diejenigen Personen, die für die Entstehung (Origination) der verbrieften Wirtschaftsgüter verantwortlich sind, angehalten werden, bereits bei der Entstehung, d.h. in der Regel bei Herausreichen des
Darlehens, die gebotene kaufmännische Sorgfalt walten zu lassen. Dies soll
dadurch erreicht werden, dass diese Personen über den Wirkungsmechanismus
des Selbstbehalts auch im Falle der Verbriefung einen Teil des Exposures der
Wirtschaftsgüter weiterhin wirtschaftlich tragen. Die Banken[15] haben durch
Implementierung des materiellen Nettorückbehalts bereits bei Herausreichen
eines Darlehens, das später verbrieft werden soll, ein originäres (Eigen-)Interesse,
hohe qualitative Anforderungen an die Kreditvergabepolitik zu stellen. Damit
wird den schädlichen Varianten des „originate to distribute"-Modells entgegengewirkt. Das massenweise Herausreichen und Verbriefen qualitativ minderwertiger
Darlehen insb. im Bereich der sog. Residential Mortgage-Backed Securities
(RMBS) stellt eine der wesentlichen Ursachen der Finanzkrise dar. Auch wenn
diese Geschäftspraxis mit deutschen Kreditvergabestandards nicht zu vereinbaren
war, so ermöglichte das Instrument der Verbriefung den Risikotransfer amerikanischer Exposures in deutsche und europäische Bankbilanzen.

Die Vorschrift dient in einem größeren Kontext der Herstellung **sektorüber-** 5
greifender (horizontaler) Kohärenz mit den entsprechenden Bestimmungen
der CRD[16], Solvency II[17] und Art. 63[18]. Die Einführung des verpflichtenden
materiellen Nettorückbehalts ist nur kohärent, wenn alle relevanten Investorengruppen, d.h. Kreditinstitute, Versicherungsunternehmen, AIFM/AIF und
OGAW, einer vergleichbaren materiellen Regulierung[19] unterworfen werden.

---

[12] § 18a KWG kennt die Termini „Selbstbehalt" und „Nettoanteil". Auch in Deutschland
wird häufig von „Retention Requirement" oder einfach „Retention" gesprochen.

[13] *Prüm/Thomas* BKR 2011, 133, 134 bezeichnen die Reaktion der Gesetzgeber auf die
Krise als eine „beachtliche und teilweise dissonante Dynamik der Entwicklung des regulatorischen Umfelds für Verbriefungen".

[14] So statt aller *Kreppel/Baierlein* BKR 2011, 228, 229.

[15] Im Regelfall (jedoch nicht darauf beschränkt) handelt es sich bei den Wirtschaftsgütern
um Darlehensforderungen.

[16] Art. 122a der Richtlinie über Eigenkapitalanforderungen („Capital Requirements
Directive"), hier Richtlinie 2006/48/EG in der Fassung der Richtlinie 2009/111/EG des
Europäischen Parlaments und des Rates v. 16.9.2009 zur Änderung der Richtlinien 2006/48/
EG, 2006/49/EG und 2007/64/EG hinsichtlich Zentralorganisationen zugeordneter Banken,
bestimmter Eigenmittelbestandteile, Großkredite, Aufsichtsregelungen und Krisenmanagement.

[17] Art. 135 Abs. 2 der Richtlinie 2009/138/EG des Europäischen Parlaments und des
Rates vom 25. November 2009 betreffend die Aufnahme und Ausübung der Versicherungs-
und der Rückversicherungstätigkeit (Solvabilität II) (Neufassung).

[18] Art. 63 ist die Parallelvorschrift für OGAW (UCITS).

[19] Dabei ist selbstverständlich, dass die jeweiligen Besonderheiten einer relevanten Investorengruppe zu berücksichtigen sind. Diese Besonderheiten sind jedoch primär auf der Ebene
der Regulierung des Investors selbst (die sog. „qualitativen Anforderungen" des Regulierungsregimes) und nicht auf der Ebene der Mikrostruktur des Selbstbehalts zu verorten.

Problematisch ist insoweit, dass eine vergleichbare Regelung für Pensionsfonds fehlt, obwohl auch diese nach Maßgabe der Richtlinie 2003/41/EG europaweit einheitlich reguliert sind. Dies kann u.U. zu Wettbewerbsverzerrungen führen. Es bleibt abzuwarten, ob sich ein eigenständiger Markt für Investments durch Pensionsfonds etablieren wird. Da es sich bei den Pensionsfonds um tendenziell risikoaverse Marktteilnehmer handelt, könnte es dazu kommen, dass diese die analoge Einhaltung der Anforderungen an den materiellen Nettorückbehalt von der relevanten Partei der Verbriefungstransaktion verlangen.

C. Überblick über die Norm

6 Die Norm enthält eine Ermächtigungsgrundlage für die *Europäische Kommission* zum Erlass delegierter Rechtsakte. Die Ermächtigungsgrundlage umfasst die Bestimmung der qualitativen und quantitativen Anforderungen an Verbriefungstransaktionen und den AIFM selbst, die erfüllt sein müssen, damit ein AIFM für Rechnung eines AIF in solche Produkte investieren darf.

7 „Quantitative Anforderungen an die Verbriefungstransaktion", in die investiert wird, im Sinne der Vorschrift bedeutet nicht, dass die Richtlinie an dieser Stelle Vorgaben hinsichtlich eines maximalen Exposures ggü. Verbriefungstransaktionen festlegt. Vielmehr muss eine bestimmte Partei der Verbriefungstransaktion an den verbrieften Vermögensgegenständen einen quantifizierbaren Anteil, konkret 5%, als materiellen Nettorückbehalt wirtschaftlich tragen.

8 Die qualitativen Anforderungen an den AIFM im Fall des Investments in Verbriefungstransaktionen umfassen beispielsweise besondere Due-Diligence-Pflichten, Anforderungen an das Risiko- und Liquiditätsmanagement, Überwachungspflichten, besondere Anforderungen an Stresstests und die innere Organisation des AIFM.

9 Wertvolle Hinweise für die Auslegung und Anwendung der Bestimmung geben die zu **Art. 122a der Kapitaladäquanzrichtlinie** erlassenen EBA-Guidelines[20] und der entsprechende EBA-Q&A[21]. Es bleibt abzuwarten, ob ESMA entsprechende Guidelines (und einen Q&A) herausgeben wird. Sollte ESMA dies tun, so wird der Schwerpunkt sicherlich auf den investmentspezifischen Anforderungen an den AIFM, d.h. den qualitativen Anforderungen liegen, da die quantitativen Anforderungen mit den Vorgaben des Art. 122a der Kapitaladäquanzrichtlinie deckungsgleich sind. Insofern hat EBA hinsichtlich der quantitativen Anforderungen die faktische „Deutungshoheit", weil in der AIFM-Richtlinie und in der Durchführungsverordnung weitgehend gleiche Regelungen wie in der CRD aufgenommen worden sind. EBA hat hiervon auch bereits durch die EBA-Guidelines und EBA-Q&A Gebrauch gemacht. Diese EBA-Standards werden ggf. in eine formal-juristisch „höherwertige" Rechtsnorm, konkret in einen regulatory technical standard (RTS), überführt werden.

---

[20] „EBA Guidelines to Article 122a of the Capital Requirements Directive", v. 31.12.2012, abrufbar unter: http://www.eba.europa.eu/cebs/media/Publications/ Standards%20and%20Guidelines/2010/
Application%20of%20Art.%20122a%20of%20the%20CRD/Guidelines.pdf.

[21] „EBA Q&A on Guidelines to Article 122a of the Capital Requirements Directive" v. 29.9.2011, abrufbar unter: http://www.eba.europa.eu/cebs/media/Publications/ Standards%20and%20Guidelines/2011/EBA-BS-2011-126-rev1(QA-on-guidelines-Artt122a).pdf.

D. Die einzelnen Regelungskomplexe

I. Vorliegen einer „Verbriefungstransaktion"

Um in den Anwendungsbereich der Vorschrift zu gelangen, muss ein Invest- 10
ment[22] in eine Verbriefung getätigt werden, d.h. eine **Verbriefungsposition**
bestehen **(Securitisation Position)**. Eine Verbriefung ist gem. der Definition
des Art. 50 Buchst. a Level-II-VO i. V. m. Art. 4 Abs. 36 der Kapitaladäquanz-
richtlinie[23] eine Transaktion oder Struktur, bei der das mit einer Forderung oder
einem Pool von Forderungen verbundene Kreditrisiko in Tranchen unterteilt
wird und (i) die im Rahmen dieser Transaktion oder dieser Struktur getätigten
Zahlungen von der Erfüllung der Forderung oder der im Pool enthaltenen Forderungen abhängen, und (ii) die Rangfolge der Tranchen über die Verteilung der
Verluste während der Laufzeit der Transaktion oder der Struktur entscheidet. Es
kommt entscheidend darauf an, dass das Kreditrisiko auf Tranchen verteilt wird
und das Kreditrisiko nicht zur Gänze gegenüber dem Originator besteht. Die
EBA-Guidelines führen dazu aus: „(...) *transactions that meet the Directive definition
of a securitisation in Article 4(36) would be subject to Article 122a. This definition captures
the tranching of credit risk, rather than specifying the need for the transfer of credit risk vis-
à-vis third parties. Therefore, where such tranching of credit risk occurs and the definition
is met, the requirements of Article 122a would apply. Nevertheless, when the tranching of
credit risk is made on the liabilities issued by an originator or multiple originators (including,
for instance, covered bonds), and such liabilities do not transfer the credit risk of third parties,
because the credit risk clearly remains with the originator (the originator is the final debtor
to the investor), it is clear that economic interests are already aligned and thus the requirement
for retention (...) may be deemed to be fulfilled automatically.* "[24]

II. Bestimmung der Parteien der Verbriefungstransaktion

Der materielle Nettorückbehalt ist durch den „Originator", „Sponsor" oder 11
„ursprünglicher Kreditgeber" zu erfüllen. Auch wenn die Definitionen in Art. 50
Level-II-VO den Begriff des „Originators"[25] nicht umfassen, ist der Begriff i. S. d.
Level-II-VO mit den Definitionen des Bankaufsichtrecht[26] deckungsgleich.
Danach ist „Originator" (i) ein Unternehmen, das entweder selbst oder über
verbundene Unternehmen direkt oder indirekt an der ursprünglichen Vereinba-
rung beteiligt war, die Verpflichtungen oder potenziellen Verpflichtungen des
Schuldners bzw. potenziellen Schuldners begründet und deren Forderungen nun
Gegenstand der Verbriefung sind, oder (ii) ein Unternehmen, das Forderungen
eines Dritten erwirbt, diese in seiner Bilanz ausweist und dann verbrieft. Im
Regelfall ist der Originator somit die Bank, die das später verbriefte Darlehen
herausgereicht hat. Die Definition des „Originators" ist insofern „umgehungsfest"

---

[22] Für ein „Investment" ist ausreichend, dass ein Exposure zu einer Verbriefung hergestellt
wird, d.h. ein sachenrechtlicher Erwerb einer der unter der Verbriefung emittierten Schuldverschreibungen (Notes) ist nicht Voraussetzung. Wegen der Einzelheiten vgl. auch die Ausführungen in den EBA-Guidelines, S. 8 ff.

[23] Richtlinie 2006/48/EG.

[24] EBA-Guidelines, S. 14 f.

[25] Art. 50 der Level-II-VO kennt jedoch den „Sponsor".

[26] s
Art. 4 Abs. 41 der Richtlinie 2006/48/EG.

als auch solche Unternehmen erfasst werden, die entsprechende Forderungen zunächst erwerben und sodann verbriefen. Der Begriff des „ursprünglichen Kreditgebers" ist mit dem Begriff des „Originators" in der Regel deckungsgleich.[27]

12   Der „Sponsor" ist ein Kreditinstitut, bei dem es sich nicht um einen Originator handelt, das ein **forderungsgedecktes Geldmarktpapier-Programm** oder ein anderes Verbriefungsprogramm, bei dem Forderungen Dritter aufgekauft werden, auflegt und verwaltet.[28] Damit werden unter anderem **ABCP-Programme** in den Anwendungsbereich der Vorschrift gebracht. Entscheidend ist, dass es sich bei den unter dem Programm verbrieften Wirtschaftsgütern nicht um solche handelt, bezüglich der das Kreditinstitut, das das Programm betreibt, Originator war. Daraus folgt, dass die Rollen der Parteien einer Verbriefungstransaktion für jede Transaktion gesondert zu ermitteln sind. So ist es z. B. denkbar und zulässig, dass ein Kreditinstitut bezüglich einer Transaktion die Rolle des Originators einnimmt, während dasselbe Kreditinstitut bezüglich einer anderen Transaktion als Sponsor agiert.

13   Neben dem Originator, Sponsor oder ursprünglichen Kreditgeber kann der materielle Nettorückbehalt unter bestimmten Voraussetzungen durch eine **„other Entity"** erfüllt werden. Bereits der ESMA-Advice[29] führte hierzu aus: *„There are circumstances in which there are entities that meet the definition of originator or sponsor, or fulfil the role of original lender; however, another entity that neither meets the definition of sponsor or originator, nor fulfils the role of original lender – but whose interests are most optimally aligned with those of investors – may seek to fulfil the retention requirement. For the avoidance of doubt, such other entity is not obliged to fulfil the retention requirement according to paragraph 1 if the retention requirement is fulfilled by the originator, sponsor or original lender."* Eine solche „other Entity" kann beispielsweise der Manager einer aktive gemanagten Verbriefung (z. B. CLO) sein oder eine Partei, die an der Auswahl der verbrieften Wirtschaftsgüter beteiligt war. Der Gedanke wird in Erwägungsgrund 68 der Level-II-VO aufgegriffen, findet jedoch keine explizite Umsetzung im eigentlichen Verordnungstext. Es handelt sich um einen sog. „floating recital". Wegen der Eigenschaft als floating recital ist das other-Entity-Konzept auf Ebene der Level-II-VO nicht justitiabel. Das ursprünglich aus dem EBA-Level-III stammende Konzept wird jedoch über die Auslegungs-Klausel des Art. 56 Level-II-VO rechtlich umgesetzt.

III. Rückbehalt eines materiellen Nettoanteils (materieller Nettorückbehalt, Retention Requirement)

14   Bevor der AIFM für Rechnung eines AIF in eine Verbriefung investieren darf, muss der AIFM nach Maßgabe des Art. 51 Abs. 1 Level-II-VO sicherstellen, dass die relevante Partei der Verbriefungstransaktion, d.h. der entsprechende Originator, Sponsor oder ursprüngliche Kreditgeber die Informationen offenlegt, aufgrund derer sich der AIFM versichern kann, dass die Anforderungen an den materiellen Nettorückbehalt erfüllt sind. Dabei sind in Art. 51 Abs. 1 Level-II-VO **fünf verbriefungsspezifische und vergleichsweise komplexe Strukturoptionen** für die Implementierung des **materiellen Nettorückbehalts** vorgesehen.

---

[27] Vgl. wegen der Einzelheiten EBA-Guidelines, S. 15.

[28] Vgl. insoweit die deutsche Fassung des Art. 4 Abs. 42 der Richtlinie 2006/48/EG.

[29] ESMA-Advice, Box 35 Abs. 2, abrufbar unter: http://www.esma.europa.eu/system/files/2011_379.pdf.

Bei der Prüfung der Offenlegung der erforderlichen Informationen handelt es **15** sich um das „Herzstück" der indirekten Regulierung, d.h. der AIFM stellt als Investor (für Rechnung eines AIF) sicher, dass die Verbriefungstransaktion die quantitativen Anforderungen erfüllt und dies durch die relevante Partei hinreichend offengelegt wird. Zum einen muss nachgewiesen sein, dass der materielle Nettorückbehalt der Höhe nach gewährleistet ist.[30] Darüber hinaus hat die relevante Partei der Verbriefungstransaktion darzulegen, dass der **materielle Nettorückbehalt** nicht durch eine strukturelle Komponente der Verbriefungstransaktion oder durch außerhalb der Transaktion liegende Zahlungsströme (z.B. Provisionszahlungen) gemindert wird.

Die relevante Partei der Verbriefungstransaktion hat gemäß Art. 52 Buchst. e **16** Level-II-VO auch sicherzustellen, dass der AIFM Zugang zu (i) allen materiell relevanten Daten in Bezug auf die Kreditqualität und Performance der verbrieften Wirtschaftsgüter, (ii) Daten zu Zahlungsströmen und Sicherheiten, die die verbrieften Wirtschaftsgüter unterstützen,[31] (iii) solche Informationen, die für die Durchführung von Stresstests erforderlich sind, hat. Je nach der spezifischen Natur der Informationskategorie sind die Umstände zum Zeitpunkt der Verbriefung oder laufende Informationen bereitzustellen. Im Hinblick auf die strukturellen Faktoren der Verbriefungstransaktion sind tendenziell die Informationen zum Zeitpunkt der Verbriefung relevant. In Bezug auf die Informationen, die die Durchführung von Stresstests ermöglichen sollen, sind tendenziell laufende Informationen relevant. Als Grundregel wird man konstatieren können, dass die Informationen bereitzustellen sind, die die relevante Partei vernünftiger Weise einer **Rating-Agentur** zur Verfügung stellen würde, damit diese das Rating laufend überwachen kann (einschließlich der Informationen in Bezug auf die Einhaltung des Retention Requirements).

IV. Rechtsfolgen der Unterschreitung des materiellen Nettorückbehalts

Art. 54 der Level-II-VO legt die Vorgaben an den AIFM bei einer **Unter-** **17** **schreitung des materiellen Nettorückbehalts** fest: Werden die quantitativen Anforderungen an den **materiellen Nettorückbehalt im** Laufe des Investments unterschritten oder stellt sich nach Tätigung des Investments heraus, dass die Offenlegung durch die relevante Partei der Verbriefungstransaktion die gesetzlichen Anforderungen nicht erfüllte, so muss der AIFM bei beiden Varianten im besten Interesse der Anleger des betroffenen AIF handeln. Es muss zunächst geprüft werden, ob sich die Unterschreitung der quantitativen Vorgaben, die nicht eine Folge des **„natural payment mechanism"** ist[32], korrigieren lässt. Dazu kann eine Kontaktaufnahme mit der relevanten Partei der Verbriefungstrans-

---

[30] Die quantitativen Anforderungen müssen dabei in t-0 der Transaktion erfüllt sein. Eine spätere Unterschreitung der quantitativen Anforderungen ist unbeachtlich, falls sich die Reduktion unter 5% als eine natürliche Folge der Performance der Assets darstellt, d.h. die relevante Partei der Transaktion den Verlust tatsächlich und endgültig trägt; vgl. den Rechtsgedanken in Art. 54 Abs. 2 Level-II-VO.

[31] Erfasst sind die transaktionsimmanenten Credit Enhancements (z.B. ein LoC) und Sicherheiten (im Falle von CMBS z.B. die Realsicherheiten).

[32] Nur eine solche „unnatürliche" Unterschreitung ist relevant, da es sich nicht um eine Folge des produktinhärenten Risikotransfers handelt.

aktion erforderlich werden.[33] Lässt sich das Unterschreiten nicht korrigieren, so ist der Interessengleichlauf zwischen der relevanten Partei der Verbriefungstransaktion und den Investoren des AIF nicht mehr sichergestellt, d.h. im Grundsatz ist die Position im Interesse der Investoren zu veräußern oder im Wege des Hedging[34] zu neutralisieren. Einen Automatismus, der zu einer zeitlich unmittelbaren Veräußerung der betroffenen Verbriefungsposition führt, gibt es jedoch nicht. Aus Gründen des Systemschutzes ist der AIFM folglich nicht gehalten, einen sog. „fire-sale" durchzuführen. Dieses Prinzip dient zugleich den Interessen der Investoren, denn je nach Ausmaß der Unterschreitung kann es nach einem anfänglich starken Kursverfall zu einer Erholung des Titels kommen. Das Realisieren erheblicher Verluste liegt nicht im Interesse der Investoren. Es ist daher nicht fehlerhaft, wenn der AIFM die „Marktpsychologie" zunächst kritisch beobachtet und sodann auf ausreichend informierter Grundlage die beste Entscheidung zur Wahrung der Interessen der Investoren trifft. Dies ist eine Frage des Einzelfalls.

V. Qualitative Anforderungen an die AIFM

18   Die **qualitativen Anforderungen an den AIFM** im Falle des Investments in Verbriefungspositionen dienen zum einen dem „**Verifizieren" des materiellen Nettorückbehalts** und bilden somit einen Teil der indirekten Regulierung der Parteien der Verbriefungstransaktionen[35]. Zum anderen dienen die qualitativen Anforderungen dem **Investorenschutz,** da der AIFM die gesetzlichen Anforderungen im Interesse der Investoren des jeweiligen AIF sicherstellt.

19   Über die Sicherstellung der Einhaltung der Anforderungen an den materiellen Nettorückbehalt durch die relevante Partei der Verbriefungstransaktion hinaus[36] hat der AIFM weitere Anforderungen zu verifizieren, die originär die relevante Partei der Verbriefungstransaktion betreffen. Zudem unterliegt der AIFM eigenen qualitativen Anforderungen.

20   Der AIFM hat sich zu vergewissern, dass die verbrieften Wirtschaftsgüter, d.h. i. d. R. die Darlehen unter Einhaltung einer **angemessenen Kreditvergabepolitik** herausgereicht wurden. Dazu hat die emittierende Bank (Originator oder ursprünglicher Kreditgeber) nach Maßgabe des Art. 52 Buchst. a bis d Level-II-VO Informationen die dort beschriebenen Prozesse offenzulegen, die belegen, dass (i) die Kreditvergabe nach soliden, klar definierten Kriterien erfolgt und die Verfahren für die Genehmigung, Änderung, Verlängerung und Refinanzierung von Krediten klar geregelt sind, (ii) die laufende Verwaltung und Überwachung der verschiedenen kreditrisikobehafteten Portfolios und Forderungen, auch zwecks Erkennung und Verwaltung von Problemkrediten sowie Vornahme adäquater Wertberichtigungen und Rückstellungen, über wirksame Systeme erfolgt, (iii) die Diversifizierung der Kreditportfolios den Zielmärkten und der allgemeinen Kreditstrategie des Kreditinstituts angemessen ist und (iv) das Risiko, dass die vom Kreditinstitut eingesetzten aufsichtlich anerkannten Kreditrisikominderungstech-

---

[33] Bei einer Unterschreitung der quantitativen Vorgaben durch (verbotenes) Hedging seitens der relevanten Partei der Verbriefungstransaktion hat es diese z. B. möglicher Weise in der Hand, dieses Hedging aufzulösen.

[34] Eine solche Korrektur-Maßnahme sollte wegen des Eingehens möglicher neuer Risiken jedoch mit den Aufsichtsbehörden abgestimmt werden.

[35] Damit werden in letzter Konsequenz die systemischen Implikationen der Verbriefungstransaktionen adressiert.

[36] Vgl. dazu bereits oben Abschnitt III.

niken weniger wirksam sind als erwartet, mittels schriftlich niedergelegter Vorschriften und Verfahrensweisen angesprochen und gesteuert wird. Diese spezifischen Anforderungen erhalten ihre Berechtigung aus dem Umstand, dass der AIFM mangels Kreditinstitutseigenschaft den Anforderungen an die Kreditvergabepolitik nach Maßgabe der Bankenregulierung, selbst nicht unterliegt. Über diese Anforderung wird der AIFM jedoch angehalten, sich auch diesbezüglich hinreichend „auszukennen". Darüber hinaus wird der entsprechende Originator hinsichtlich der Einhaltung der Anforderungen an die Kreditvergabe durch den AIFM überprüft. Dies rechtfertigt sich daraus, dass eine allzu leichtfertige Kreditvergabepolitik eine der Ursachen für die Krise war (Originate to Distribute).

Zu den qualitativen Anforderungen, denen der AIFM originär, d.h. aus seinem 21 eigenen Wesen heraus, unterliegt, zählen zunächst die spezifischen Anforderungen an das **Risiko- und Liquiditätsmanagement.** Der AIFM muss über ausreichende Expertise hinsichtlich der Verbriefungsinvestments verfügen, die spezifischen Anforderungen an das Investment in Verbriefungen durch adäquate organisatorische Prozesse abbilden und in der Lage sein, dies gegenüber den Aufsichtsbehörden zu belegen. Alle investmentspezifischen Risiken müssen identifiziert, gemessen, überwacht, gemanagt und kontrolliert werden; einschließlich eines spezifischen Reportings an das Senior Management. Im Bereich des Liquiditätsmanagements ist ein besonderer Fokus auf das **Asset-Liability-Management** zu legen, da die Krise gezeigt hat, welche extremen Auswirkungen ein sprunghaftes Absinken der Liquidität der Verbriefungsprodukte haben kann. Zudem sind im Falle wertmäßig hinreichender Exposures gegenüber Verbriefungen produktspezifische Stresstests durchzuführen.[37]

VI. Übergangsvorschriften

Dem Wortlaut der Vorschrift ist eindeutig zu entnehmen, dass grundsätzlich 22 Verbriefungstransaktionen erfasst werden, die nach dem 1.1.2011 emittiert wurden. Zu diesem Zeitpunkt war die Umsetzungsfrist der Richtlinie jedoch noch nicht abgelaufen.[38] Die Regulierung enthält somit ein gewisses **retrospektives Element**[39].

Art. 55 der Level-II-VO adressiert diesen Aspekt durch **Übergangsvorschrif-** 23 **ten,** die Art. 122a Abs. 8 der Kapitaladäquanzrichtlinie entsprechen. Danach gelten die Anforderungen nach dem 31.12.2014 für vor dem 1.1.2011 emittierte Verbriefungen, bei denen zugrunde liegende Forderungen nach diesem Datum, d.h. dem 31.12.2014[40], neu hinzukommen oder andere ersetzen. Dies bedeutet nach Maßgabe der über Art. 56 Level-II-VO auslegungsrelevanten EBA-Guidelines im Einzelnen: (i) Verbriefungen, die vor dem 1.1.2011 emittiert wurden und bei denen keine neuen Exposures hinzukommen oder andere ersetzen, sind niemals im Anwendungsbereich der Vorschrift, (ii) Verbriefungen, die vor dem 1.1.2011 emittiert wurden und bei denen neue Exposures nur bis zum 31.12.2014 neu hinzukommen oder andere ersetzen, sind niemals im Anwendungsbereich der Vorschrift, (iii) Verbriefungen, die vor dem 1.1.2011 emittiert wurden und bei denen neue Exposures (auch) nach dem 31.12.2014 neu hinzukommen oder andere ersetzen, sind im Anwendungsbereich der Vorschrift, (iv) Verbriefungen, die am oder nach dem 1.1.2011 emittiert wurden,

---

[37] Vgl. Art. 53 Abs. 2 Level-II-VO wegen der Einzelheiten.
[38] Vgl. hierzu Art. 70.
[39] I.S.v. „materieller Rückwirkung".
[40] Vgl. EBA-Guidelines, S. 53 f.

sind im Anwendungsbereich der Vorschrift. Wurden die Investments bereits vor Inkrafttreten des nationalen Umsetzungsgesetzes oder sogar vor dem 1.1.2011 getätigt, so kommen ggf. Erleichterungen in Betracht. Die Herausbildung der Verwaltungspraxis ist zu beobachten.

24   Die EBA-Guidelines bestimmen, dass es für das „Hinzukommen" oder „Ersetzen" keine Wesentlichkeitsschwelle gibt.[41] Die zuständigen Behörden können zudem beschließen, die Anforderungen an das Retention Requirement in Zeiten allgemein angespannter Marktliquidität zeitweise auszusetzen.

E. Bezüge zum KAGB-E

25   Art. 17 wird in § 29 Abs. 5 Nr. 6 und Nr. 7 KAGB-E umgesetzt. Der Richtlinientext wird bis auf die notwendigen Anpassungen an die Terminologie des KAGB-E unverändert übernommen, d.h. es handelt sich um eine Eins-zu-eins-Umsetzung.

26   Rechtstechnisch wird die Umsetzung durch einen Verweis auf die ohnehin ohne weiteren nationalen Umsetzungsakt geltende Level-II-VO realisiert. § 29 Abs. 5 Nr. 6 und Nr. 7 KAGB-E dienen damit vornehmlich der Transparenz.

Artikel 18 Allgemeine Grundsätze

AIFM-Richtlinie	KAGB-E
Art. 18 **Allgemeine Grundsätze**	**Art. 28** **Allgemeine** **Organisationspflichten;** **Verordnungsermächtigung**
(1) Die Mitgliedstaaten legen fest, dass die AIFM für die ordnungsgemäße Verwaltung der AIF jederzeit angemessene und geeignete personelle und technische Ressourcen einsetzen.	(1) Die Kapitalverwaltungsgesellschaft muss über eine ordnungsgemäße Geschäftsorganisation verfügen, die die Einhaltung der von der Kapitalverwaltungsgesellschaft zu beachtenden gesetzlichen Bestimmungen gewährleistet. Eine ordnungsgemäße Geschäftsorganisation umfasst insbesondere
Insbesondere schreiben die zuständigen Behörden des Herkunftsmitgliedstaats des AIFM – auch unter Berücksichtigung der Art der von dem AIFM verwalteten AIF – vor, dass der betreffende AIFM über eine ordnungsgemäße Verwaltung und Buchhaltung Kontroll- und Sicherheitsvorkehrungen in Bezug auf die elektronische Datenverarbeitung sowie angemessene interne Kontrollverfahren, zu denen insbesondere Regeln für persönliche Geschäfte ihrer Mitarbeiter und für das Halten oder Verwalten von	1. ein angemessenes Risikomanagement, 2. angemessene und geeignete personelle und technische Ressourcen, 3. geeignete Regelungen für die persönlichen Geschäfte der Mitarbeiter, 4. geeignete Regelungen für die Anlage des eigenen Vermögens der Kapitalverwaltungsgesellschaft, 5. angemessene Kontroll- und Sicherheitsvorkehrungen für den Einsatz

---

[41] Vgl. EBA-Guidelines, S. 54; siehe dort auch wegen der Sachverhalte, die kein „Hinzukommen" oder „Ersetzen" i. S. d. Übergangsvorschrift begründen.

AIFM-Richtlinie	KAGB-E
Anlagen zum Zwecke der Anlage auf dem eigenen Konto gehören, verfügt, durch die zumindest gewährleistet wird, dass jedes die AIF betreffende Geschäft nach Herkunft, Vertragsparteien, Art, Abschlusszeitpunkt und -ort rekonstruiert und dass die Vermögenswerte der vom AIFM verwalteten AIF gemäß den Vertragsbedingungen oder Satzungen der AIF und gemäß den geltenden rechtlichen Bestimmungen angelegt werden. (2) Die Kommission erlässt gemäß Artikel 56 und nach Maßgabe der Bedingungen der Artikel 57 und 58 delegierte Rechtsakte, mit denen die Verfahren und Regelungen gemäß Absatz 1 festgelegt werden	der elektronischen Datenverarbeitung; für die Verarbeitung und Nutzung personenbezogener Daten ist § 9 des Bundesdatenschutzgesetzes entsprechen anzuwenden, 6. eine vollständige Dokumentation der ausgeführten Geschäfte, die insbesondere gewährleistet, dass jedes das Investmentvermögen betreffende Geschäft nach Herkunft, Kontrahent, Art und Abschlusszeitpunkt und -ort rekonstruiert werden kann, 7. angemessene Kontrollverfahren, die insbesondere das Bestehen einer internen Revision voraussetzen und gewährleisten, dass das Vermögen der von der Kapitalverwaltungsgesellschaft verwalteten Investmentvermögen in Übereinstimmung mit den Anlagebedingungen, der Satzung oder dem Gesellschaftsvertrag des Investmentvermögens sowie den jeweils geltenden rechtlichen Bestimmungen angelegt wird, und 8. eine ordnungsgemäße Verwaltung und Buchhaltung. § 33 Absatz 1a des Wertpapierhandelsgesetzes gilt entsprechend. (2) ... (3) ... (4) Das Bundesministerium der Finanzen wird ermächtigt durch Rechtsverordnung, die nicht der Zustimmung des Bundesrates bedarf, nähere Bestimmungen für Kapitalverwaltungsgesellschaften, die OGAW und/oder Publikums-AIF verwalten, zu den Verfahren und Vorkehrungen für eine ordnungsgemäße Geschäftsorganisation nach den Absätzen 1 und 2 zu erlassen. Das Bundesministerium der Finanzen kann die Ermächtigung durch Rechtsverordnung auf die Bundesanstalt übertragen.

Literatur: *Adler/Düring/Schmaltz,* Rechnungslegung und Prüfung der Unternehmen, Kommentar zum HGB, AktG, GmbHG, PublG nach den Vorschriften des Bilanzrichtlinien-Gesetzes, Bearb.: Forster/Goerdeler/Lanfermann/H.-P. Müller/Siepe/Stolberg, 6. Auflage, Stuttgart, 1995 ff.; *Beckmann,* in: Beckmann/Scholtz/Vollmer (Hrsg.), Handbuch für das gesamte Investmentwesen, Loseblatt-Kommentar, 56. Ergänzungslieferung, Berlin 2006, 410, § 9a.

Übersicht

A. Entstehungsgeschichte

1   Die in dem Kommissionsvorschlag für die AIFM-Richtlinie enthaltene Formulierung des Art. 15 wurde bereits in der Fassung des Rates[1] vom 27.10.2010 deutlich erweitert und unverändert fortgeführt. Sie entspricht unverändert dem heutigen Art. 18 und spiegelt bis auf Satz 1 den Art. 12 der OGAW-RL wider. Anstelle des Art. 12 Satz 1 OGAW-RL wurde in Art. 18 Abs. 1 Satz 1 die Anforderung aufgenommen, jederzeit angemessene und geeignete personelle und technische Ressourcen einzusetzen.

B. Normzweck

1   Die Vorschrift verpflichtet AIFM durch die Vorgaben hinsichtlich der Organisation zu einem „soliden administrativen" Verhalten[2] in dem sie die organisatori-

---

[1] Proposal for a Directive of the European Parliament and of the Council on Alternative Investment Fund Managers and amending Directives 2004/39/EC and 2009/65/EC – Text agreed in the trilogue on 26 October 2010, EF 140, ECOFIN 634, CODEC 1069.

[2] Vgl. Erwägungsgrund 6 der Richtlinie 2010/43/EU der Kommission vom 1. Juli 2010 zur Durchführung der Richtlinie 2009/65/EG des Europäischen Parlaments und des Rates im Hinblick auf organisatorische Anforderungen, Interessenkonflikte, Wohlverhalten, Risikomanagement und den Inhalt der Vereinbarung zwischen Verwahrstelle und Verwaltungsgesellschaft, ABl. L 176/42 vom 10.7.2010, im Folgenden OGAW-RL Level II.

schen Rahmenbedingungen für AIFM hinsichtlich der Verwaltung der AIF vorgibt. Die gesetzlichen Anforderungen sollen die ordnungsmäßige Durchführung der durch den AIFM erbrachten Dienstleistungen gewährleisten.[3] Die vorgegebenen **Organisationspflichten** dienen darüber hinaus der Sicherung der verwalteten Vermögenswerte und damit dem Anlegerschutz.

C. Überblick über die Norm

Die Vorschrift legt in Abs. 1 Satz 1 fest, dass der AIFM über eine ordnungsge- 2 mäße Verwaltung verfügen muss. Neben den damit verbundenen allgemeinen Grundsätzen werden in der Vorschrift konkretisierende Elemente einer ordnungsgemäßen **Verwaltung** genannt. Hierzu gehören angemessene interne Kontrollverfahren (Abs. 2 Satz 2) und die in Abs. 1 Satz 1 aufgeführten personellen und technische Ressourcen, die angemessen und geeignet[4] sein müssen.

Daneben werden eine ordnungsgemäße Buchhaltung und angemessene Kon- 3 troll- und Sicherheitsverfahren in Bezug auf die eingesetzte EDV gefordert. Der AIFM muss zudem über Regelungen für die Anlage des eigenen Vermögens und für die persönlichen Geschäfte der Mitarbeiter verfügen.

Zur ordnungsgemäßen Verwaltung zählen auch definierte Aufzeichnungs- 4 pflichten in Bezug auf die für jeden AIF abgeschlossenen Geschäfte und Regelungen, die sicherstellen, dass die Vermögenswerte der vom AIFM verwalteten AIF nach den Vertragsbedingungen und den jeweils geltenden rechtlichen Bestimmungen angelegt worden sind.

Abs. 2 ermächtigt die Kommission zum Erlass delegierter Rechtsakte (sog. 5 Level-2-Maßnahmen), mit denen die Verfahren und Regelungen nach Abs. 1 konkretisiert werden.

Die EU-Kommission hat zu diesem Zweck eine Durchführungsverordnung[5] 6 erlassen, welche unmittelbar in den Mitgliedstaaten anwendbar ist. Die Art. 57 bis 66 der **Durchführungsverordnung** konkretisieren die in Art. 18 geforderten Maßnahmen und insbesondere werden in Art. 57 der Durchführungsverordnung die allgemeinen Anforderungen an die Verfahren und Organisation normiert. Neben weiteren Erläuterungen[6] z. B. zu Ressourcen, Datensicherheit, Buchhaltung und Internen Kontrollmechanismen zählen auch aufbauorganisatorische Elemente,[7] wie die Einrichtung einer ständigen Compliance-Funktion und einer Innenrevisionsfunktion, zu den Elementen einer ordnungsgemäßen Verwaltung.

Die in der Durchführungsverordnung aufgeführten Grundsätze und die in den 7 ESMA Empfehlungen genannten Erläuterungen entsprechen weitestgehend und in großen Teilen wörtlich den in der OGAW-RL Level II bereits festgelegten Anforderungen an eine ordnungsgemäße Organisation. Die Umsetzung in natio-

---

[3] Vgl. *Beckmann* in Beckmann/Scholtz/Vollmer, Investment-Handbuch, 410, § 9a Rn. 2 hier in Bezug auf Kapitalanlagegesellschaften.

[4] Damit werden sowohl quantitative als auch qualitative Anforderungen gestellt.

[5] Commission delegated Regulation (EU) No. …/… of 19.12.2012 supplementing Directive 2011/61/EU of the European Parliament and of the Council with regard to exemptions, general operating conditions, depositaries, leverage, transparency and supervision, im Folgenden Durchführungsverordnung genannt.

[6] Ebenda.

[7] Vgl. Art. 61 und 62 der Durchführungsverordnung.

nales Recht dürfte sich daher stark an den bereits existierenden investmentrechtlichen Vorschriften[8] orientieren. Auch der Diskussionsentwurf des Bundesministeriums der Finanzen für ein Gesetz zur Umsetzung der Richtlinie 2011/61/EU über die Verwalter alternativer Investmentfonds (AIFM-Umsetzungsgesetz)[9] zeigt, dass sich insbesondere die allgemeinen Organisationsanforderungen nicht wesentlich von den diesbezüglichen Vorschriften des Investmentgesetzes unterscheiden. Damit ist es sehr wahrscheinlich, dass auch die existierenden Verordnungen (z. B. InvVerOV oder InvMaRisk)[10] zur Präzisierung einzelner Anforderungen auf AIFM und der Organisation Anwendung finden.

D. Die einzelnen Regelungskomplexe

I. Proportionalitätsprinzip

8 In Art. 18 wird klargestellt, dass die organisatorischen Anforderungen und Kontrollmechanismen unter Berücksichtigung der Art, der von dem AIFM verwalteten AIF, d.h. in Abhängigkeit von der Art der verwalteten Vermögensgegenstände, umzusetzen sind. In verschiedenen Artikeln der Durchführungsverordnung wird dieser Grundsatz ebenfalls explizit genannt. Hierbei ist den Besonderheiten der verschiedenen Assetklassen und deren Verwaltung Rechnung zu tragen.

9 In Art. 57 Nr. 1 Satz 2 der Durchführungsverordnung wird dieser Grundsatz weiter präzisiert, in dem die Struktur der organisatorischen Anforderungen an der Art, dem Umfang und der Komplexität der Geschäfte sowie der Art und dem Spektrum der damit im Zusammenhang stehenden Dienstleistungen und Tätigkeiten auszurichten ist. Diese Vorgabe wurde ohne Einschränkungen aus der OGAW-RL Level II übernommen[11] und findet sich dementsprechend auch in der nationalen Umsetzung in der InvVerOV[12] wieder. Der Umfang der Organisationspflichten ist unter Berücksichtigung der Verhältnismäßigkeit[13] der aufgeführten Parameter determiniert.[14] Darüber hinaus ist das **Proportionalitätsprinzip** auch in anderen aufsichtsrechtlichen Regelungen enthalten und kann somit als allgemeiner Grundsatz angesehen werden.[15] Die Organisationspflichten sind damit branchenspezifisch und unternehmensindividuell unter Berücksichtigung der jeweiligen Gegebenheit, d.h. insbesondere unter Berücksichtigung der Beson-

---

[8] Z.B. *Investmentgesetz* (InvG) vom 15. Dezember 2003 (BGBl. I S. 2676) zuletzt geändert durch Artikel 1 des Gesetzes vom 22. Juni 2011 (BGBl. I S. 1126).

[9] Entwurf eines Gesetzes zur Umsetzung der Richtlinie 011/61/EU über die Verwalter alternativer Investmentfonds (AIFM-Umsetzungsgesetz – AIFM-UmsG) vom....

[10] *Rundschreiben 5/2010* (WA) vom 30.6.2010 zu den Mindestanforderungen an das Risikomanagement für Investmentgesellschaften – (InvMaRisk), WA 41-Wp 2136-2008/0009 vom 30. Juni 2010 oder *Investment-Verhaltens- und Organisationsverordnung* vom 28. Juni 2011 (InvVerOV), BGBl. I S. 1288.

[11] Vgl. Erwägungsgrund 3 der OGAW-RL Level II.

[12] Vgl. § 33 Abs. 1 Satz 2 InvVerOV.

[13] Vgl. Erwägungsgrund 5 der OGAW-RL Level II.

[14] Vgl. *Beckmann* in Beckmann/Scholtz/Vollmer, Investment-Handbuch, 410, § 9a Rn. 4, und BGHZ 80 S. 186, 193 BGH NJW 1975 S. 685.

[15] Vgl. z. B. als allgemeiner Grundsatz auch 1. Vorbemerkung Nr. 6 InvMaRisk, oder 4.3. Allgemeine Anforderungen Nr. 1 InvMaRisk in Bezug auf organisatorische Anforderungen oder 4.3. Allgemeine Anforderungen Nr. 8 InvMaRisk in Bezug auf Stresstests.

derheiten der jeweiligen Assetklasse und Art und Umfang der Geschäfte umzusetzen.

II. Personelle und technische Ressourcen

Art. 18 fordert für die Verwaltung der AIFM angemessene und geeignete personelle und technische **Ressourcen**. Im Rahmen der OGAW-Richtlinie gab es in Art. 12 OGAW-RL keine diesbezüglichen Anforderungen. Nach Art. 14 Abs. 1 lit. c) OGAW-RL muss eine OGAW-Verwaltungsgesellschaft über die für eine ordnungsgemäße Geschäftstätigkeit erforderlichen Mittel und Verfahren verfügen. „Mittel und Verfahren" wurden sowohl in Verwaltungsanforderungen[16] als auch in Kommentierungen[17] als personelle und technische Ressourcen angesehen. **10**

Art. 12 Abs. 1 lit. c) AIFM-RL enthält zum einen die Anforderung, über die für eine ordnungsgemäße Geschäftsausübung erforderlichen „Mittel und Verfahren" zu verfügen. Zum anderen fordert Art. 18 Abs. 1 jederzeit „angemessene und geeignete personelle und technische Ressourcen" einzusetzen. Beide Vorschriften sind nach der hier vertretenen Auffassung als substitutiv anzusehen. **11**

Mit der Formulierung in Abs. 1 werden sowohl quantitative als auch qualitative Vorgaben gemacht. Auch die personelle und technische Ausstattung ist an die unternehmensinternen Gegebenheiten im Sinne des Proportionalitätsprinzips auszurichten.[18] Die Anforderungen an die Ressourcen haben sich an der Art, dem Umfang und der Komplexität der Geschäfte und der dabei erbrachten Dienstleistungen, d.h. an dem allgemeinen in der AIFM-Richtlinie kodifizierten Proportionalitätsprinzip zu orientieren. **12**

1. Personelle Ressourcen. Die quantitative und qualitative **Personalausstattung** hat sich an den betriebsinternen Gegebenheiten zu orientieren. Die Mitarbeiter müssen zur Erfüllung ihrer Aufgaben über die notwendigen Fähigkeiten, Kenntnisse und Erfahrung verfügen. Dazu hat der AIFM nach Art. 57 Nr. 1 lit. b) der Durchführungsverordnung sicherzustellen, dass die für die Verwaltung der AIF relevanten Personen, die Verfahren, die für die ordnungsmäßige Wahrnehmung der Aufgaben einzuhalten sind, kennen und anwenden können. Dies bedeutet aber auch, dass ggf. durch regelmäßige Aus- und Weiterbildung das notwendige Qualifikationsniveau bei sich veränderten Verhältnissen aufrecht zu erhalten ist.[19] Je nach Größe und Komplexität des AIFM sind hierbei auch Personalentwicklungs- und -weiterbildungskonzepte zu integrieren. **13**

Neben der notwendigen quantitativen Ausstattung ist auch durch geeignete Maßnahmen sicherzustellen, dass die Mitarbeiter über die notwendige **Qualifikation** verfügen, um die Ihnen übertragenen Aufgaben sachgerecht erfüllen zu können. Dies bezieht sich auf alle Mitarbeiter, die in die betriebliche Leistungserbringung einbezogen sind. Hierzu kann es notwendig sein, für diese Mitarbeiter Stellenbeschreibungen oder Arbeitsablaufbeschreibungen zu implementieren. Abwesenheiten oder das Ausscheiden von Mitarbeitern sollten nicht zu erheblichen Störungen in den Betriebsabläufen führen.[20] Bei besonders relevanten oder **14**

---

[16] 7. Ressourcen InvMaRisk, a. a. O. Tz. 14 oder § 4 InvVerOV.

[17] Vgl. *Beckmann* in Beckmann/Scholtz/Vollmer, Investment-Handbuch, 410, § 9 Rn. 203 ff.

[18] Ebenda, Rn. 4.

[19] Vgl. *Beckmann* in Beckmann/Scholtz/Vollmer, Investment-Handbuch 410, § 9 Rn. 206 in Bezug auf fortlaufende Weiterbildung des Fondsmanagements.

[20] Ebenda, Rn. 11.

sensiblen Funktionen ist eine Vertretungsregelung zu implementieren, um im Urlaubs- oder Krankheitsfall eine Aufrechterhaltung der Arbeitsabläufe zu gewährleisten.

15   Des Weiteren hat der AIFM auch nach allgemeinen Grundsätzen zu berücksichtigen, dass relevante Personen, die mit mehreren Aufgaben betraut sind, dadurch gehindert werden, die betreffenden Aufgaben sachgerecht und professionell zu erfüllen. Hierbei ist auch zu berücksichtigen, dass sich Aufgaben und Funktionen bei Ausführung von Kontroll- oder Überwachungsfunktionen gegenseitig ausschließen. Auch hier sind mögliche Interessenskonflikte bei der Zuordnung von Aufgaben zu berücksichtigen und bei völlig unvereinbaren Tätigkeiten eine Funktionstrennung einzurichten.

16   **2. Technische Ressourcen.** Unter den technischen Ressourcen ist die technische **Ausstattung** des AIFM mit Büroeinrichtung, IT-Ausstattung und sonstigen technischen Anlagen bis hin zu adäquaten Räumlichkeiten zu verstehen.[21] Je nach Assetklasse stehen die IT-Systeme wegen ihrer Bedeutung für die Geschäftsprozesse im Vordergrund, wobei sich der Umfang und die Qualität der technisch-organisatorischen Ausstattung an betriebsinternen Erfordernissen, Geschäftsaktivitäten sowie insbesondere der Risikosituation zu orientieren hat.[22]

17   Spezielle Anforderungen an die **IT-Systeme** ergeben sich aus Art. 58 Nr. 1 der Durchführungsverordnung, nach dem angemessene Vorkehrungen für geeignete elektronische Systeme zu treffen sind, um eine zeitnahe und ordnungsmäßige Aufzeichnung jedes Portfoliogeschäfts und jedes Zeichnungs- und Rücknahmeauftrages sicherzustellen.

18   Die Anforderungen an die Gestaltung der **IT-Organisation**, als wesentliches Element der technischen Ausstattung, betreffen die dokumentierte Aufbau- und Ablauforganisation. Die Aufbauorganisation regelt die Einordnung des IT-Bereichs in die Organisationsstruktur des Gesamtunternehmens und den Aufbau des IT-Bereichs selbst und wird hinsichtlich ihrer Angemessenheit der personellen, organisatorischen und technischen Maßnahmen beurteilt.[23]

19   Im Rahmen der **Ablauforganisation** wird sowohl die Organisation der Entwicklung, Einführung und Änderung als auch die Steuerung des Einsatzes von IT-Anwendungen festgelegt und geregelt.[24] Auch im Rahmen des IT-Betriebs müssen Aufgaben, Kompetenzen und Verantwortlichkeiten mit Hilfe von Prozess- und Funktionsbeschreibungen oder Organisationshandbüchern definiert werden.[25]

III. Ordnungsmäßige Verwaltung und Buchhaltung

20   Nach Art. 18 Abs. 1 Satz 1 und Satz 2 hat der AIFM über eine ordnungsgemäße **Verwaltung** und Buchhaltung zu verfügen. Neben den hierzu explizit in Art. 18 aufgeführten Anforderungen sind in Art. 57 der Durchführungsverordnung allgemeine Anforderungen an die Verwaltung definiert. Daneben sind in Art. 58 und

---

[21] Vgl. *Beckmann* in Beckmann/Scholtz/Vollmer, Investment-Handbuch, 410, § 9 Rn. 209.

[22] Vgl. 7.2. Technisch-organisatorische Ausstattung, InvMaRisk.

[23] Vgl. Tz. 32 *IDW Prüfungsstandard : Abschlussprüfung bei Einsatz von Informationstechnologie* (IDW PS 330) vom 24.9.2002 hier mit detaillierten aufbauorganisatorischen Anforderungen.

[24] Vgl. Tz. 78 *IDW Stellungnahme: Grundsätze ordnungsmäßiger Buchführung bei Einsatz von Informationstechnologie* (IDW RS FAIT 1) vom 24.9.2002.

[25] Ebenda.

59 der Durchführungsverordnung sowohl die Anforderungen an die Rechnungslegung als auch Grundsätze für die elektronische Datenverarbeitung festgelegt.

1. Allgemeine Anforderungen. AIFM müssen über eine ordnungsmäßige 21 Verwaltung im Sinne einer ordnungsmäßigen **Geschäftsorganisation** verfügen, damit die Einhaltung der zu beachtenden gesetzlichen Anforderungen gewährleistet ist. Die Einhaltung der gesetzlichen Anforderungen ist Grundvoraussetzung um die ordnungsmäßige Durchführung der Dienstleistungen zu gewährleisten.[26] Die **Organisationspflichten** dienen darüber hinaus der Sicherung der verwalteten Vermögenswerte und damit dem Anlegerschutz. Bis zu einem gewissen Grad kann ein AIFM bei der Umsetzung seiner Organisationspflichten nach Art. 57 Nr. 1 Satz 2 der Durchführungsverordnung die Art, den Umfang und die Komplexität sowie den Risikogehalt der betriebenen Geschäfte berücksichtigen.

Die grundsätzlichen Anforderungen an eine ordnungsmäßige Verwaltung set- 22 zen angemessen dokumentierte Regelungen zur Aufbau- und Ablauforganisation voraus.[27] Im Rahmen der ablauforganisatorischen Regelungen sind Strukturen, d.h. die Organisationseinheiten, ihre Funktionen, Kompetenzen, Verantwortlichkeiten und die entsprechenden Kommunikationswege festzulegen und zu dokumentieren. Hinsichtlich der Aufbauorganisation gibt Art. 57 Nr. 1 lit. a) der Durchführungsverordnung dem AIFM hierzu auch vor, dass eine Organisationsstruktur zu schaffen ist, bei der Berichtspflichten, Funktionen und Aufgaben klar zugewiesen sind.

Im Rahmen der **Ablauforganisation** werden die eingesetzten Prozesse, d.h. 23 die Arbeitsabläufe und deren Strukturierung betrachtet. Hierbei sind insbesondere die mit den Prozessen verbundenen Aufgaben, Kompetenzen, Verantwortlichkeiten, Kontrollen sowie die Kommunikationswege klar zu definieren und aufeinander abzustimmen.[28] Dies bezieht auch die Prozesse in Bezug auf die Verwahrstelle und ausgelagerte Funktionen ein. Ausdrücklich wird in Art. 57 Nr. 1 lit. d) der Durchführungsverordnung hinsichtlich ablauforganisatorischer Vorgaben gefordert, dass eine reibungslos funktionierende interne Berichterstattung und Weitergabe von Informationen auf allen maßgeblichen Ebenen der Verwaltungsgesellschaft sowie ein reibungsloser Informationsfluss mit allen Beteiligten eingeführt und aufrechterhalten wird.

Sowohl die Aufbau- als auch die Ablauforganisation, die Kompetenzregelung 24 und das interne Kontrollsystem sind durch den AIFM zu dokumentieren,[29] d.h. dass alle Geschäftsaktivitäten auf Grundlage von **Organisationsrichtlinien** betrieben werden müssen. Organisationsrichtlinien sind. z. B. Handbücher, Arbeitsanweisungen oder Arbeitsablaufbeschreibungen, die schriftlich fixiert und den betroffenen Mitarbeitern in geeigneter Weise bekannt gemacht werden müssen.[30] Hierbei ist auch sicherzustellen, dass den Mitarbeitern die jeweils aktuellste Version zur Verfügung steht, wobei die Organisationsrichtlinien bei Veränderun-

---

[26] Vgl. *Beckmann* in Beckmann/Scholtz/Vollmer, Investment-Handbuch, 410, § 9a Rn. 2 hier in Bezug auf Kapitalanlagegesellschaften.

[27] So auch *Beckmann* in Beckmann/Scholtz/Vollmer, Investment-Handbuch, 410, 9a Rn. 7 in Bezug auf Kapitalanlagegesellschaften.

[28] Vgl. 4.3. Allgemeine Anforderungen, InvMaRisk.

[29] Vgl. Art. 57 Nr. 1 lit. e) der Durchführungsverordnung, oder 5. Organisationsrichtlinien, InvMaRisk.

[30] Vgl. 5. Organisationsrichtlinien, InvMaRisk.

gen der Aktivitäten und Prozesse zeitnah anzupassen sind.[31] Der Detaillierungsgrad der Organisationsrichtlinien ist ebenfalls von der Art, dem Umfang, der Komplexität und dem Risikogehalt der betrieben Geschäfte des AIFM abhängig.[32]

25   Die **Organisationsrichtlinien** haben zumindest folgende Bereiche abzudecken:
- Regelungen zur Aufbau- und Ablauforganisation
- Entscheidungsprozesse, Berichtspflichten, Kompetenzordnung und Verantwortlichkeiten
- Risikomanagement, d.h. Risikosteuerungs- und -controllingprozesse
- Regelungen über persönliche Geschäfte der Mitarbeiter
- Regelungen für die Anlage des eigenen Vermögens
- Regelungen zur Internen Revision
- Regelungen zur Compliance-Funktion
- Regelungen zur Einhaltung anderer gesetzlicher Bestimmungen (z. B. Datenschutz).

26   Die Organisation eines AIFM muss auch eine sorgfältige Gestaltung von **Verträgen**, insbesondere im Rahmen der Vermögensverwaltung, gewährleisten. Hierzu sind sämtliche Vereinbarungen mit Dritten aus Gründen der Rechtssicherheit schriftlich abzufassen, damit Rechtsrisiken vermieden werden und die Nachprüfbarkeit der Vereinbarungen des AIFM mit Dritten von der Internen Revision, dem Abschlussprüfer und den Aufsichtsbehörden gegeben ist.[33]

27   Hinsichtlich der Rückzahlungsmodalitäten an die Investoren hat der AIFM nach Art. 57 Nr. 5 der Durchführungsverordnung sicherzustellen, dass Organisationsanweisungen und Prozesse eingerichtet sind, sodass die Rückzahlungsmodalität den Investoren gegenüber in ausreichendem Maße offengelegt sind.

28   Die Einhaltung aller unter den allgemeinen Anforderungen des Art. 57 der Durchführungsverordnung aufgeführten Grundsätze sind nach Art. 57 Nr. 6 der Durchführungsverordnung regelmäßig zu überwachen und hinsichtlich ihrer Angemessenheit und Effektivität zu beurteilen.

29   **2. Rechnungslegung.** Art. 57 Nr. 4 der Durchführungsverordnung verpflichtet AIFM zur Festlegung, Umsetzung und Aufrechterhaltung von **Rechnungslegungsgrundsätzen** und -methoden, die es ihnen ermöglichen, der zuständigen Behörde auf Verlangen zeitnah Abschlüsse vorzulegen, die ein den tatsächlichen Verhältnissen entsprechendes Bild der Vermögens- und Finanzlage vermitteln und mit den geltenden Rechnungslegungsstandards und -vorschriften im Einklang stehen. Hierauf nimmt Art. 15/9 der Durchführungsverordnung Bezug, indem dort festgelegt wird, dass der AIFM zum Schutz der Anteilsinhaber die in Art. 57 Nr. 4 der Durchführungsverordnung genannten Rechnungslegungsgrundsätze und -methoden sicherzustellen hat. Darüber hinaus sind nach Art. 57 Nr. 4 der Durchführungsverordnung die Grundsätze und Methoden für die angewandten Bewertungsmethoden zu implementieren.

30   Hiermit werden organisatorische Anforderungen an den AIFM dokumentiert, die sicherstellen sollen, dass die allgemeinen Anforderungen an eine ordnungsgemäße Buchhaltung und Bilanzierung erfüllt werden. Es geht um die Implementierung geeigneter aufbau- und ablauforganisatorischer Vorkehrungen, damit die Abschlüsse der AIF den jeweils geltenden Rechnungslegungsstandards und -vor-

---

[31] Ebenda.
[32] Vgl. *Beckmann* in Beckmann/Scholtz/Vollmer, Investment-Handbuch, 410, 9a Rn. 8.
[33] Ebenda, Rn. 15.

schriften entsprechen und die nationalen Standards erfüllt werden. Hierzu zählen neben den allgemeinen Grundsätzen ordnungsmäßiger Buchhaltung, handelsrechtliche und steuerliche Vorschriften sowie für Investmentsondervermögen die Anforderungen der Investment-Rechnungslegungs- und Bewertungsverordnung.[34]

Hinsichtlich der Bestandteile und einzelnen Normen einer ordnungsmäßigen **31** **Buchhaltung** kann auf die umfangreiche handelsrechtliche Kommentierung verwiesen werden.[35] In Art. 59 Nr. 1 der Durchführungsverordnung wird explizit gefordert, dass alle Vermögensgegenstände und Verbindlichkeiten des AIF jederzeit direkt ermittelt werden können. Wenn für einen AIF verschiedene Teilfonds geführt werden, dann sind für jeden Teilfonds nach Art. 59 Nr. 2 der Durchführungsverordnung entsprechend getrennte Konten oder Kontensysteme zu führen.

3. Notfallkonzept. Nach Abs. 1 Satz 2 hat jeder AIFM Kontroll- und Sicher- **32** heitsvorkehrungen in Bezug auf die elektronische Datenverarbeitung zu implementieren, denn der Ausfall wesentlicher IT-Anwendungen ohne kurzfristige Ausweichmöglichkeit kann materielle und immaterielle Schäden verursachen.[36] Hierzu gehört nach Art. 57 Nr. 3 der Durchführungsverordnung auch die Einrichtung eines angemessenen Notfallplanes, der festzulegen, umzusetzen und aufrechtzuerhalten ist. Ein **Notfallplan** hat sicherzustellen, dass bei einer Störung der Systeme und Verfahren gewährleistet ist, dass wesentliche Daten und Funktionen erhalten bleiben und die ausgeübte Dienstleistung und Tätigkeit fortgeführt werden kann. Ist dies nicht möglich, muss mindestens gewährleistet sein, dass diese Daten und Funktionen zeitnah wieder hergestellt werden können. Entscheidend ist hierbei, dass für Notfälle von zeitkritischen Aktivitäten und Prozessen Vorsorge in Form eines dokumentierten Notfallkonzeptes zu treffen ist.[37]

Die Festlegung und Umsetzung des Notfallkonzeptes und damit die Anforde- **33** rungen sind nur unter Berücksichtigung einer risikoorientierten Analyse der Geschäftsprozesse möglich. Hierbei ist unter Risikogesichtspunkten zu beurteilen, wie wesentlich der einzelne IT-gestützte Geschäftsprozess ist, d.h. welcher Schaden für den AIFM bei Ausfall entsteht, bzw. welche maximal tolerierbare Ausfallzeit für einen kritischen Geschäftsprozess besteht.[38] Die Ergebnisse dieser risikoorientierten Analyse werden sehr von der verwalteten Asset Klasse abhängen, denn je kurzfristiger und volatiler Marktveränderungen der zugrundliegenden Vermögensgegenstände sind, desto kürzer sind tendenziell die tolerierbaren Ausfallzeiten der Geschäftsprozesse. Bei AIFM mit hoher Abhängigkeit von IT-Systemen sind besondere Anforderungen an die Qualität der Risikovorsorge und den Detaillierungsgrad der Notfallplanung zu stellen.[39] Insbesondere bei AIFM, die in volatile

---

[34] Vgl. *Investment-Rechnungslegungs- und Bewertungsverordnung* (InvRBV) vom 16. Dezember 2009 (BGBl. I S. 3871), geändert durch Artikel 3 der Verordnung vom 28. Juni 2011 (BGBl. I S. 1278).

[35] Vgl. nur *Adler/Düring/Schmaltz*, Rechnungslegung und Prüfung der Unternehmen, Kommentar zum HGB, AktG, GmbHG, PublG nach den Vorschriften des Bilanzrichtlinien-Gesetzes, 6. Auflage, 1995 ff.

[36] Vgl. Tz. 88 IDW RS FAIT 1.

[37] Vgl. 7.3. Notfallkonzept Nr. 1 InvMaRisk oder *Beckmann* in Beckmann/Scholtz/Vollmer, Investment-Handbuch, 410, § 9a Rn. 243.

[38] Vgl. *Beckmann* in Beckmann/Scholtz/Vollmer, Investment-Handbuch, 410, § 9a Rn. 255.

[39] Tz. 68 IDW PS 330.

Finanzinstrumente investieren oder komplexe Strategien umsetzen, dürften die Anforderungen an **Notfallkonzepte** deutlich höher sein, als z. B. an AIFM, die Private Equity Fonds verwalten. Sofern der AIFM bei der Analyse zu dem Ergebnis kommt, dass die Geschäftstätigkeit für einen begrenzten Zeitraum nur mit manueller Abwicklung fortgeführt werden kann, ist es vertretbar, unter Berücksichtigung wirtschaftlicher Gesichtspunkte unter Umständen auf entsprechende Maßnahmen zu verzichten.[40] In jedem Fall ist aber eine Datensicherung erforderlich, sodass die Programme und Datenbestände in angemessener Zeit wieder zur Verfügung stehen.[41]

34 Die nach der Analyse zu implementierenden Maßnahmen des Notfallkonzeptes umfassen organisatorische Regelungen zur Wiederherstellung der Betriebsbereitschaft und Maßnahmen bei **Systemstörungen** (Wiederanlaufkonzepte) bis hin zu Konzepten bei einem vollständigen Ausfall der IT-Systeme (Katastrophenfall-Konzept).[42] Die Szenarien, die zu einem eingeschränkten Betrieb führen könnten, sind im Notfallkonzept zu beschreiben und könnten Folgendes beinhalten[43]:

– Katastrophenfall
– Netzwerkausfall
– Partieller Netzwerkausfall
– Datenbankserver Ausfall
– Applikationsserverausfall
– Datenbankeninkonsistenzen.

35 Um den Ausfall einzelner Systemkomponenten in **Geschäftsprozessen** entgegenzuwirken, können fehlertolerante Systeme in Verbindung mit einer in Teilen redundanten Auslegung wichtiger Systemkomponenten eingesetzt werden.[44] Das Notfallkonzept für Katastrophenfall-Szenarien kann nachfolgende Elemente umfassen, wobei die Entscheidung, welches Szenario zum Einsatz kommt, maßgeblich von der Risikoanalyse, d.h. von der Abhängigkeit des AIFM von der Verfügbarkeit der IT-Anwendungen und der Art der eingesetzten IT-Infrastruktur, abhängig ist:[45]

– räumlich entfernte Rechenzentren, die gegenseitig die vollständige Rechnerkapazität übernehmen,
– Backup-Rechner innerhalb oder außerhalb des Unternehmens
– Notfallarbeitsplätze,
– Servicevereinbarung mit speziellen Back-up-Dienstleistern oder Hardwarehersteller und -lieferanten.

36 Die Maßnahmen zum Notfallbetrieb sind entsprechend festzulegen und in einem Handbuch zu dokumentieren. Darüber hinaus sollte gewährleistet sein, dass das Notfallkonzept Geschäftsfortführungs- und Wiederanlaufpläne beinhaltet.[46] Die Wirksamkeit und Angemessenheit des Notfallkonzeptes ist regelmäßig durch Notfalltests zu überprüfen und die Ergebnisse den jeweils Verantwortlichen mitzuteilen.[47] Die Durchführung und die jeweils in den Notfalltests einbezogenen Sach-

---

[40] Vgl. Tz. 92 IDW RS FAIT 1.
[41] Vgl. Tz. 92 IDW RS FAIT 1.
[42] Vgl. Tz. 87 IDW RS FAIT 1.
[43] Vgl. *Beckmann* in Beckmann/Scholtz/Vollmer, Investment-Handbuch, 410, § 9a Rn. 252.
[44] Vgl. Tz. 90 IDW RS FAIT 1.
[45] Vgl. Tz. 91 IDW RS FAIT 1.
[46] Vgl. 7.3. Notfallkonzept Nr. 2 Satz 1 InvMaRisk.
[47] Ebenda.

verhalte sollten dokumentiert werden. Die Häufigkeit der durchgeführten Notfalltests ist an der **Gefährdungsanalyse** auszurichten, sollten aber zumindest jährlich durchgeführt werden.[48] Im Rahmen des Notfallkonzeptes sind die jeweiligen Kommunikationswege zu definieren und festzulegen und das Notfallkonzept ist den beteiligten Mitarbeitern zur Verfügung zu stellen.[49]

Im Rahmen der nationalen Umsetzung der OGAW-Richtlinie, die durch die **37** InvMaRisk[50] ergänzt wird, zählen zu den Sachverhalten, die beim Notfallkonzept berücksichtigt werden müssen, insbesondere auch Auslagerungsverhältnisse und die Geschäftsbeziehung zur Depotbank.[51] Bei einer analogen Umsetzung haben im Falle von Auslagerungstatbeständen der auslagernde AIFM und das Auslagerungsunternehmen über aufeinander abgestimmte Notfallkonzepte zu verfügen.[52]

Bei den Depotbankfunktionen für OGAW-Fonds hat das Notfallkonzept auch **38** Alternativen für den Fall zu berücksichtigen, dass die Depotbank ihren Aufgaben nicht oder nur eingeschränkt nachkommen kann und muss Maßnahmen vorsehen, die die zeitnahe Einleitung eines Depotbankwechsels ermöglichen.[53]

IV. Datensicherheit

Nach Abs. 1 hat ein AIFM unter Berücksichtigung der Art der verwalteten **39** AIF auch über angemessene Kontroll- und Sicherheitsvorkehrungen in Bezug auf die elektronische Datenverarbeitung zu verfügen. Diese Anforderung ist schon im Rahmen der Umsetzung der OGAW – Richtlinie in § 9a InvG aufgenommen worden und für Investmentgesellschaften schon anzuwenden. Die in Art. 57 Nr. 2 der Durchführungsverordnung aufgenommenen Erläuterungen entsprechen den Regelungen in Art. 4 Abs. 2 und Art. 7 Abs. 2 OGAW-RL Level II. Danach ist der AIFM verpflichtet angemessene Systeme und Verfahren zum Schutz von Sicherheit, Integrität und Vertraulichkeit von Daten einzurichten, anzuwenden und aufrechtzuerhalten. Ein AIFM hat bei der elektronischen Datenverarbeitung ein hohes Maß an Sicherheit zu gewährleisten und für die Integrität und Vertraulichkeit der aufgezeichneten Daten zu sorgen.[54]

Insbesondere bei der Verwaltung von AIF, die Anlagegelder in Finanzinstru- **40** mente investieren, werden sowohl auf AIF-Ebene als auch auf AIFM-Ebene umfangreiche **Datenbestände** erfasst und verarbeitet, die i. d. R. ausschließlich in IT-Systemen vorgehalten werden, denn hier sind die Geschäftsprozesse weitestgehend IT-gestützt.[55] Bei der Verwaltung anderer Assetklassen, wie Private Equity oder Immobilienfonds, ist jeweils im Einzelfall die Komplexität und Einbindung der IT-Anwendungen und IT-Infrastruktur und damit die Abhängigkeit der Geschäftsprozesse von Daten und Datenständen zu beurteilen.

---

[48] Vgl. *Beckmann* in Beckmann/Scholtz/Vollmer, Investment-Handbuch, 410, § 9a Rn. 253.

[49] Vgl. 7.3. Notfallkonzept Nr. 2 Satz 3 und 4 InvMaRisk.

[50] Vgl. 7.3. Notfallkonzept, InvMaRisk.

[51] Vgl. 7.3. Notfallkonzept, Nr. 1 und Nr. 3 InvMaRisk.

[52] Vgl. 7.3. Notfallkonzept Nr. 1 InvMaRisk.

[53] Vgl. 7.3. Notfallkonzept Nr. 3 InvMaRisk.

[54] Vgl. Art. 57 Nr. 2 der Durchführungsverordnung oder Art. 7 Abs. 2 OGAW-RL Level II.

[55] Vgl. *Beckmann* in Beckmann/Scholtz/Vollmer, Investment-Handbuch, 410, § 9a Rn. 134.

41   Die Bandbreite des IT-Einsatzes bei einem AIFM reicht von der Unterstützung manueller Tätigkeiten durch PC-Standardapplikationen bis zu komplexen IT-Systemen, die als integrierte Systeme eine einheitliche Datenbasis zur Steuerung umfassender Unternehmensaktivitäten verwenden und durch eine weitgehende Verknüpfung von operativen und rechnungslegungsbezogenen Funktionen gekennzeichnet ist.[56] Insbesondere der Einsatz integrierter **Softwareanwendungen** führt dazu, dass rechnungslegungsrelevante Daten über betriebliche Aktivitäten direkt in Rechnungslegungssysteme und damit in die IT-gestützte Rechnungslegung einfließen.[57]

42   Nur wenn die Sicherheit rechnungslegungsrelevanter Daten und IT-Systeme gegeben ist, kann die Verlässlichkeit der in der Buchführung und Jahresabschluss enthaltenen Informationen auf AIF- und AIFM-Ebene gewährleistet werden. Durch die Verknüpfung der Rechnungslegungsprozesse mit den operativen Prozessen ist die Sicherheit und Zuverlässigkeit der IT-Systeme, d.h. der Hard- und Software, auch z. B. zentraler Bestandteil operationeller Risiken. Ein darauf aufbauendes Sicherheitskonzept beinhaltet die Bewertung der Sicherheitsrisiken aus dem Einsatz der IT-Systeme aus Sicht des AIFM. Daraus werden die technologischen und organisatorischen Maßnahmen abgeleitet, um eine angemessene IT-Infrastruktur für die IT-Anwendungen zu gewährleisten und die ordnungsmäßige und sichere Abwicklung der IT-gestützten Geschäftsprozesse sicherzustellen.[58]

43   Nach den InvMaRisk[59] müssen **IT-Systeme** und die diesbezüglichen IT-Prozesse die Integrität, die Verfügbarkeit, die Authentizität sowie die Vertraulichkeit der Daten sicherstellen. Diese **Sicherheitsanforderungen** an IT-Systeme bedeuten dabei:[60]

– **Integrität** von IT-Systemen ist dann gegeben, wenn die Daten und die IT-Infrastruktur sowie die IT-Anwendungen vollständig und richtig zur Verfügung stehen und vor Manipulation und ungewollten oder fehlerhaften Änderungen geschützt sind. Organisatorische Maßnahmen sind z. B. geeignete Test- und Freigabeverfahren. Technische Maßnahmen können der Einsatz von z. B. Firewalls und Virenscannern sein.

– **Verfügbarkeit** bedeutet zum einen, dass der AIFM zur Aufrechterhaltung des Geschäftsbetriebes die ständige Verfügbarkeit der IT-Infrastruktur, der IT-Anwendungen sowie der Daten gewährleistet. Zum anderen müssen die IT-Infrastruktur, die IT-Anwendungen sowie die Daten sowie die erforderliche IT-Organisation in angemessener Zeit funktionsfähig sein.

– **Authentizität** ist vorhanden, wenn ein Geschäftsvorfall einem Nutzer eindeutig zuzuordnen ist. Dies kann z. B. mit Hilfe von Berechtigungsverfahren, digitalen Signatur- oder passwortgeschützten Identifikationsverfahren erfolgen.

– **Vertraulichkeit** bedeutet, dass von Dritten erlangte Daten nicht unberechtigt weitergegeben oder veröffentlicht werden. Organisatorische und technische Maßnahmen, wie z. B. Verschlüsselungstechniken, umfassen u.a. Anweisungen zur Beschränkung der Übermittlung personenbezogener Daten an Dritte, die verschlüsselte Übermittlung von Daten an berechtigte Dritte und die eindeutige Identifizierung des Empfängers sowie die Verifizierung von Daten.

---

[56] Vgl. Abs. 15 IDW RS FAIT 1.
[57] Vgl. Abs. 16 IDW RS FAIT 1.
[58] Vgl. Abs. 22 IDW RS FAIT 1.
[59] Vgl. 7.2. Technisch-organisatorische Ausstattung, Nr. 3 InvMaRisk.
[60] Vgl. Abs. 23, IDW RS FAIT 1.

Bei der Beurteilung der Angemessenheit der Ausgestaltung der **IT-Systeme** und 44
der zugehörigen IT-Prozesse ist grundsätzlich auf gängige Standards abzustellen.
Maßnahmen zur Gewährleistung der Vertraulichkeit sind auch in Hinblick auf
die Einhaltung anderer Rechtsnormen wie das Bundesdatenschutzgesetz (BDSG)
oder der Telekommunikations-Datenschutzverordnung (TDSV) erforderlich.[61] Je
stärker der AIFM von IT-Systemen abhängig ist, desto höhere Anforderungen
sind an das Datensicherheitskonzept zu stellen. Die IT-Systeme müssen nach Art
der verwendeten Daten unter Berücksichtigung des technischen Standes und der
Kosten ein Schutzniveau aufweisen, das den von der Risikoanalyse abgeleiteten
Risiken und der Art der zu schützenden Daten nach angemessen ist.[62] Die Risiken
lassen sich hierbei wie folgt klassifizieren:[63]

– IT-Infrastrukturrisiken, die darin bestehen, dass die notwendige IT-Infrastruktur nicht bzw. nicht in dem erforderlichen Maß zur Verfügung steht.

– IT-Anwendungsrisiken, die aus fehlerhaften Funktionen in IT-Anwendungen,
  fehlenden oder nicht aktuellen Verfahrensregelungen und -beschreibungen
  sowie unzureichenden Eingabe-, Verarbeitungs- und Ausgabekontrollen von
  Daten in IT-Anwendungen entstehen.

– IT-Geschäftsprozessrisiken, die entstehen, wenn sich Sicherheits- und Ord-
  nungsmäßigkeitsanalysen nicht auf Geschäftsprozesse erstrecken, sondern nur
  auf Kontrollelemente einer funktional ausgerichteten Organisation. Das kann
  zur Intransparenz der Datenflüsse und zu einer unzureichenden Integration der
  Systeme führen.

Die aus der Risikoanalyse abgeleitete **Sicherheitsstrategie** mit den Sicherungs- 45
maßnahmen sollte insbesondere physische Sicherungsmaßnahmen, logische
Zugriffskontrollen und Datensicherungs- und Auslagerungsverfahren umfassen.[64]
Physische Sicherungsmaßnahmen zum Schutz der Hardware und der Programme
sowie Daten umfassen u.a. bauliche Maßnahmen, Zugangskontrollen, Feuer-
schutzmaßnahmen und Maßnahmen zur Sicherung der Stromversorgung.[65] Logische Zugriffskontrollen sind wesentliche Elemente der Datensicherheit und des
Datenschutzes und Voraussetzung zur Gewährleistung der Vertraulichkeit. Zur
Umsetzung der Sicherheitsanforderungen an die Autorisierung und Authentizität
sind zwingend logische Zugriffskontrollen erforderlich.[66] Hierbei sind organisatorische Verfahren zur Beantragung, Genehmigung und Einrichtung von Benutzer-
berechtigungen in IT-Systemen, sowohl auf Betriebssystemebene als auch Trans-
aktionsebene, einzurichten.[67] Datensicherungs- und Auslagerungsverfahren sind
Voraussetzung für die Funktionsfähigkeit der Datenverarbeitung und zur Erfüllung der Vollständigkeit und Verfügbarkeit der Daten und Programme.[68] Hierzu
zählen Maßnahmen zur Datensicherung (Mehr-Generationen-Prinzip mit Tages-,
Wochen-, Monats- und/oder Jahressicherungen) der verwendeten Medien und
Auslagerungsorte und -intervalle.

---

[61] Vgl. Abs. 24, IDW RS FAIT 1.
[62] Vgl. *Beckmann* in Beckmann/Scholtz/Vollmer, Investment-Handbuch, 410, § 9a
Rn. 140.
[63] Vgl. im Detail Abs. 21 ff., IDW PS 330.
[64] Vgl. 7.2. Technische –organisatorische Ausstattung, InvMaRisk. 14 oder Abs. 54 ff.,
IDW PS 330.
[65] Vgl. Abs. 54 IDW PS 330.
[66] Vgl. Abs. 57 IDW PS 330.
[67] Ebenda.
[68] Vgl. Abs. 59 IDW PS 330.

46   Daneben ist für die Ordnungsmäßigkeit und Sicherheit von IT-Anwendungen eine angemessene Organisation der Systementwicklung bzw. der Vorgehensweise bei der Auswahl von Standardsoftware notwendig.[69] Im IT-Sicherungskonzept sind nach derzeitiger aufsichtsrechtlicher Praxis auch Maßnahmen bei Entwicklungs- und Änderungsprozessen zu integrieren.[70] Diese dokumentierten Regelungen und Verfahren sind Bestandteil der **IT-Organisation** und definieren folgende Inhalte:[71]

– Entwicklung von Individualsoftware,
– Auswahl, Beschaffung, Anpassung und Einführung von Standardsoftware,
– Test- und Freigabeverfahren,
– Änderungen von IT-Anwendungen (Change-Management).

47   Im Rahmen der Datensicherheit sind daneben bei personenbezogenen Kundendaten die Anforderungen des Bundesdatenschutzgesetzes (BDSG) zu beachten und die entsprechenden technischen und organisatorischen Maßnahmen nach § 9 BDSG zu treffen.[72] Organisatorische und technische Maßnahmen umfassen hierbei z. B. Beschränkungen in der Übermittlung personenbezogener Daten, verschlüsselte Übermittlung von Daten, eindeutige Identifizierung von Empfängern oder die Einhaltung von Löschfristen in Bezug auf personenbezogene Daten.[73]

V. Angemessene interne Kontrollverfahren

48   Nach Art. 18 umfasst eine ordnungsgemäße **Geschäftsorganisation** angemessene interne Kontrollverfahren, zu denen neben den explizit in Art. 18 aufgeführten Elementen die Kontrollfunktion der Geschäftsführung und auf- und ablauforganisatorische Vorkehrungen zählen, die sicherstellen, dass die Vermögensgegenstände der vom AIFM verwalteten AIF gemäß den Vertragsbedingungen oder Satzungen der AIF und gemäß den geltenden rechtlichen Bestimmungen angelegt werden. Darüber hinaus gehören zu einem „angemessenen Kontrollverfahren" das interne Kontrollsystem, die Innenrevision und die Compliance-Funktion.

49   **1. Internes Kontrollsystem.** Nach Art. 18 Abs. 1 Satz 2 hat der AIFM über angemessene interne **Kontrollverfahren** zu verfügen, zu denen insbesondere Regelungen für persönliche Geschäfte ihrer Mitarbeiter und für die Anlage des eigenen Vermögens gehören, bzw. durch die zumindest gewährleistet wird, dass jedes einzelne AIF betreffende Geschäft mit den wesentlichen Inhalten dokumentiert wird und dass die Vermögenswerte des AIF gemäß den Vertragsbedingungen oder der Satzung angelegt werden. Neben diesen explizit aufgeführten Elementen von internen Kontrollverfahren wird insbesondere in der aufsichtsrechtlichen Gesetzgebung der Begriff des „internen Kontrollverfahrens" weiter gefasst. Nach § 25a KWG sind Kreditinstitute verpflichtet interne Kontrollverfahren mit einem

---

[69] Vgl. Abs. 76 IDW PS 330, oder auch 7.2. Technische – organisatorische Ausstattung, Nr. 4 und 5, InvMaRisk.

[70] Vgl. 7.2. Technische – organisatorische Ausstattung, InvMaRisk.

[71] Vgl. Abs. 77, IDW PS 330.

[72] Vgl. § 9 *Bundesdatenschutzgesetz* in der Fassung der Bekanntmachung vom 14. Januar 2003 (BGBl. I S. 66), zuletzt durch Artikel 1 des Gesetzes vom 14. August 2009 (BGBl. I S. 2814) geändert.

[73] Vgl. *Beckmann* in Beckmann/Scholtz/Vollmer, Investment-Handbuch, 410, § 9a, Rn. 156.

interne Kontrollsystem und einer Internen Revision einzurichten.[74] Das interne Kontrollverfahren besteht damit aus prozessabhängigen Kontrollen und einer prozessunabhängigen Überwachung. Das interne Kontrollsystem umfasst alle Überwachungsmaßnahmen, die unmittelbar oder mittelbar in die Arbeitsabläufe integriert sind.[75] Die Interne Revision überwacht als unternehmensinterne Stelle die Arbeits- und Geschäftsabläufe innerhalb des AIFM.

Unter dem internen **Kontrollsystem** werden die vom AIFM eingeführten 50 Grundsätze, Verfahren und Maßnahmen verstanden, die auf die organisatorische Umsetzung,
– der Sicherung der Wirksamkeit und Wirtschaftlichkeit der Geschäftstätigkeit (hierzu gehört auch der Schutz des Vermögens, einschließlich der Verhinderung und Aufdeckung von Vermögensschädigungen),
– der Ordnungsmäßigkeit und Verlässlichkeit der internen und externen Rechnungslegung sowie
– der Einhaltung der für das Unternehmen maßgeblichen rechtlichen Vorschriften gerichtet sind.[76]

Bei der Ausgestaltung des internen Kontrollsystems sind ebenfalls unter Berück- 51 sichtigung des **Proportionalitätsprinzips** u.a. folgende Einflussgrößen zu berücksichtigen:[77]
– Größe, Komplexität, Rechtsform und Organisation des AIFM,
– Art und Umfang der Geschäftstätigkeit,
– Komplexität und Risikogehalt der Geschäftstätigkeit,
– Methoden der Erfassung, Verarbeitung, Aufbewahrung und Sicherung von Informationen,
– Art und Umfang der zu beachtenden rechtlichen Vorschriften.

Nach § 25a Abs. 1 Satz 2 Nr. 1 KWG besteht das interne Kontrollsystem insbeson- 52 dere aus aufbau- und ablauforganisatorischen Regelungen mit klarer Abgrenzung der Verantwortungsbereiche und Prozesse zur Identifizierung, Beurteilung, Steuerung sowie Überwachung und Kommunikation der Risiken.

Zu den aufbau- und ablauforganisatorischen Vorgaben und den dokumentier- 53 ten Organisationsrichtlinien siehe oben Rn. 21 ff.

Zur Identifizierung, Steuerung, Überwachung und Kommunikation der Risi- 54 ken, d.h. den Risikosteuerungs- und -controllingprozessen siehe Kommentierung zu Art. 15.

2. Kontrollfunktion der Geschäftsleitung. Die Verantwortlichkeit und 55 **Kontrollfunktion** der Geschäftsführung für die Umsetzung und Einhaltung der Anforderungen der AIFM-Richtlinie ergibt sich zwar schon aus den gesellschaftsrechtlichen Strukturen, wird aber durch Art. 60 Nr. 1 der Durchführungsverordnung noch mal explizit hervorgehoben. So hat der AIFM bei der internen Aufgabenverteilung sicherzustellen, dass die Geschäftsführung und der Aufsichtsrat die Verantwortung für die Umsetzung der Pflichten aus der AIFM-Richtlinie tragen. Dazu gehören nach Art. 60 Nr. 2 und 3 der Durchführungsverordnung folgende Anforderungen:

---

[74] Vgl. § 25a Abs. 1 Satz 2 Nr. 1 Kreditwesengesetz.
[75] Vgl. *Beckmann* in Beckmann/Scholtz/Vollmer, Investment-Handbuch, 410, § 9a, Rn. 192.
[76] Vgl. Abs. 19 *IDW Prüfungsstandard: Feststellung und Beurteilung von Fehlerrisiken und Reaktionen des Abschlussprüfers auf die beurteilten Fehlerrisiken* (IDW PS 261) vom 9.9.2009.
[77] Vgl. Abs. 27 IDW PS 261.

- Einrichtung einer dauerhaften Compliance-Funktion, auch wenn diese an einen Dritten ausgelagert wurde,
- Regelmäßige Überprüfung der Wirksamkeit der eingeführten Grundsätze, Vorkehrungen und Verfahren zur Umsetzung der AIFM-Richtlinie,
- Einleiten von Maßnahmen, um etwaige Mängel zu beseitigen,
- Sicherstellung der Bewertungserfordernisse nach Art. 19 AIFM-Richtlinie,
- Einführung und Anwendung einer Vergütungssystematik, die den Anforderungen des Anhangs 2 der AIFM-Richtlinie entspricht,
- Regelmäßige, mindestens jährliche schriftliche Berichte zu Compliance-Fragen, Innenrevisionstätigkeiten und zum Risikomanagement,
- Implementierung und regelmäßige Überprüfung der im Risikomanagement eingesetzten Methoden, Verfahren und Techniken sowie des eingesetzten Limitsystems auf Ebene des AIF.

56 Die Geschäftsführung hat daher sicherzustellen, dass die notwendigen Funktionen und Anforderungen umgesetzt werden und ein angemessenes Informationssystem installiert wird. Die AIFM-Richtlinie bezieht in die hier aufgeführten Informationspflichten nach Art. 60 Nr. 6 der Durchführungsverordnung ausdrücklich einen Aufsichtsrat, soweit er nach nationalen Vorschriften zu bilden ist, mit ein, denn dieser hat die Berichte über die Einhaltung der AIFM-Richtlinie, der Innenrevision und zum Risikomanagement ebenfalls zu erhalten.

57 **3. Kontrolle des Investmentprozesses.** Den Geschäftsführern eines AIFM kommen umfangreiche **Kontrollpflichten** hinsichtlich der Anlage der Investorengelder zu. Neben den aus den jeweiligen gesellschaftsrechtlichen Vorgaben abgeleiteten Pflichten werden hierzu explizit in Art. 60 Nr. 2 der Durchführungsverordnung eine Reihe von Verantwortlichkeiten und Kontrollmechanismen aufgeführt. Zum einen trägt nach Art. 60 Nr. 2 lit. a der Durchführungsverordnung die Geschäftsführung die Verantwortung dafür, dass die allgemeine Anlagepolitik, wie sie im Prospekt, den Dokumenten oder Vertragsbedingungen festgelegt ist, bei jedem AIF umgesetzt wird und zum anderen stellt sie nach Art. 60 Nr. 2 lit. b der Durchführungsverordnung sicher, dass für jeden AIF die Genehmigung der Anlagestrategie überwacht wird.

58 Nach Art. 60 Nr. 2 lit. e) der Durchführungsverordnung hat der AIFM dafür Sorge zu tragen und regelmäßig zu überprüfen, dass die allgemeine **Anlagepolitik**, die Anlagestrategie und die Risikolimits jedes verwaltetet AIF ordnungsgemäß umgesetzt und eingehalten werden. Dies gilt auch, wenn die Risikomanagementfunktion ausgelagert worden ist. (Ebenfalls sind nach Art. 60 Nr. 2 lit. f) der Durchführungsverordnung die internen Verfahren, nach denen für jeden AIF die Anlageentscheidungen getroffen werden, festzuhalten und regelmäßig zu überprüfen, um sicherzustellen, dass die Investitionen mit den Anlagestrategien übereinstimmen.

59 Je nach Art des AIF können die oben aufgeführten Kontrollfunktionen in Bezug auf den **Investmentprozess** ohne größeren organisatorischen Aufwand umgesetzt werden. Bei AIF, die jeweils nur ein Investitionsobjekt haben, ist die Überwachung der Umsetzung der Anlagestrategie vergleichsweise einfach, denn es muss die Anschaffung des im Prospekt genannten Objektes überwacht werden. Allerdings sind nicht nur die sich aus der Erstinvestition ergebenen Anlagestrategien zu überwachen, sondern nach der hier vertretenen Auffassung auch die sich in der anschließenden Entscheidungen, die primär mit dem wirtschaftlichen Erfolg der Investition in Zusammenhang stehen. Ein AIFM, der mit einem Blind-Pool-

Konzept[78] oder ggf. einem doppelten Blind-Pool-Konzept arbeitet, hat ebenso die Anlagestrategien und -politik sowie die Übereinstimmung der Investition mit dem Prospektangabe zu überwachen.

4. Compliance-Funktion. Die Anforderungen an eine dauerhafte **Compli- 60 ance-Funktion** nach Art. 61 der Durchführungsverordnung sind analog dem Ansatz unter OGAW-Level II[79], sodass sich hier keine inhaltlichen Abweichungen ergeben. Der AIFM hat nach Art. 61 Nr. 1 der Durchführungsverordnung angemessene Verfahren und Grundsätze festzulegen, anzuwenden und aufrechtzuerhalten die sicherstellen, dass jedes Risiko einer Verletzung der AIFM-Richtlinie durch den AIFM sowie die mit einer solchen Verletzung verbundenen Risiken minimiert bzw. aufgedeckt werden. Auch hier werden organisatorische Maßnahmen in Form einer Compliance-Funktion gefordert, die sicherstellen sollen, dass der AIFM die aus der AIFM-Richtlinie und anderen Gesetzen resultierenden Regelungen und Anforderungen erfüllt. In Art. 61 Nr. 1 Satz 2 der Durchführungsverordnung wird zwar auch das Proportionalitätsprinzip aufgeführt, d.h. die AIFM können bei der organisatorischen Umsetzung der Compliance-Funktion die Art, Komplexität und Umfang der betriebenen Geschäfte berücksichtigen, allerdings bezieht sich dies nicht auf die Einrichtung der Compliance-Funktion dem Grunde nach, sondern auf die konkrete Ausgestaltung der Compliance-Funktion, hinsichtlich der personellen und technischen Ausstattung.[80]

Die **Compliance-Funktion** ist nach Art. 61 Nr. 2 der Durchführungsverord- 61 nung grundsätzlich durch eine unabhängige Stelle wahrzunehmen, was nach Art. 61 Nr. 3 der Durchführungsverordnung auch erfordert, dass die für Compliance Aufgaben vorgesehene Personen nicht in die von ihnen überwachten Dienstleistungen oder Tätigkeiten eingebunden sind und das Verfahren, nach dem die Bezüge des Compliance-Beauftragten bestimmt werden, die Objektivität des eingebundenen Mitarbeiters nicht beeinträchtigt. Eine Ausnahme von diesen beiden Grundsätzen ist nur möglich, wenn es aufgrund der Größe des Unternehmens oder Art, Umfang und Risikogehalt der Geschäftstätigkeit oder Art und Spektrum der angebotenen Dienstleistung unverhältnismäßig wäre, eine unabhängige, nicht mit der Erbringung der Dienstleistung involvierte Person mit der Compliance-Funktion zu betrauen.[81]

Sollte von der Ausnahmeregelung Gebrauch gemacht werden, kann die Funk- 62 tion des **Compliance-Beauftragten** nach Art. 61 Nr. 3 lit. b) der Durchführungsverordnung in analoger Anwendung der aufsichtsrechtlichen Praxis durch einen Geschäftsführer in Personalunion erfolgen, auch wenn dieser in operative

---

[78] Bei Private Equity Fonds kann es sein, dass die konkreten Investitionsobjekte zum Zeitpunkt der Auflage, sondern nur die Anlagekriterien feststehen. In solch einem Fall handelt es sich um sogenannte „Blind Pools". Stehen nicht nur die konkreten Investitionsobjekte sondern bei einer Dachfondsstruktur auch nicht die Zielfonds fest, spricht man von einem „Doppelten Blind Pool".

[79] Vgl. Art. 10 OGAW – Level II.

[80] Vgl. auch Explanatory Text Nr. 12 zu Box 49 Nr. 1 der ESMA-Empfehlungen.

[81] Vgl. Art. 61 Nr. 3 lit. c) und d) der Durchführungsverordnung oder aber auch *Rundschreiben 4/2010* (WA) – *Mindestanforderungen an die Compliance – Funktion und die weiteren Verhaltens-, Organisations- und Transparenzpflichten nach §§ 31 ff. WpHG für Wertpapierdienstleistungsunternehmen* (MaComp) vom 14. Juni 2011, Geschäftszeichen WA 31-Wp 2002–2009/ 0010.

Tätigkeiten eingebunden ist.[82] Des Weiteren kann die Auslagerung der Compliance-Funktion eine adäquate Maßnahme im Einzelfall sein. Wenn keine separate unabhängige Compliance-Funktion eingerichtet wird, sind die Gründe hierfür vom AIFM zu dokumentieren.[83]

63   Die **Compliance-Funktion** hat nach Art. 61 Nr. 2 lit. a) und b) der Durchführungsverordnung die Aufgabe, die festgelegten Maßnahmen, Grundsätze und Verfahren zu überwachen und regelmäßige Bewertungen der Angemessenheit vorzunehmen. Darüber hinaus hat die Compliance-Funktion die Mitarbeiter bei der Umsetzung der Verpflichtungen zu beraten und zu unterstützen sowie folgende Anforderungen umzusetzen bzw. zu erfüllen:
- Umfangreiche Befugnisse,
- Angemessene Ressourcen,
- Notwendige Fachkenntnisse,
- Zugang zu allen relevanten Informationen,
- Benennung eines Compliance – Beauftragten,
- Regelmäßige, mindestens jährliche Berichterstattung an die Geschäftsleitung.

64   Die Organisation der Compliance-Funktion umfasst insgesamt neben der Umsetzung der entwickelten Compliancestrategie und der sorgfältigen Personalauswahl auch Schulungen, detaillierte Prozess- und Organisationsbeschreibungen bis hin zu wirkungsvollen Aufsichts- und Kontrollsystemen.[84] Auch hier sind die jeweils eingerichteten Grundsätze und Verfahren im Rahmen einer ordnungsmäßigen **Geschäftsorganisation** zu dokumentieren, was häufig in der Form eines Compliancehandbuches erfolgt. Die Anforderungen an die Ausgestaltung der Compliance-Funktion und insbesondere die Anwendung der Ausnahmeregelung hinsichtlich der unabhängigen Funktion sind maßgeblich von der Struktur des AIFM und den verwalteten AIF abhängig.

65   **5. Innenrevisionsfunktion.** Bei der Umsetzung des Art. 12 der OGAW-RL in nationales Recht wurde die Interne Revisionsfunktion in § 9a InvG als ein Bestandteil der internen Kontrollverfahren aufgenommen.[85] In Art. 18 wird die Interne Revisionsfunktion nicht explizit erwähnt, aber in Art. 62 der Durchführungsverordnung beschrieben, der inhaltlich dem Art. 11 Abs. 1 OGAW-Level II entspricht.

66   AIFM haben nach Art. 62 Nr. 1 der Durchführungsverordnung eine von den übrigen Funktionen und Tätigkeiten getrennte unabhängige Innenrevisionsfunktion einzurichten. Hierbei besteht kein Ermessen hinsichtlich der Einrichtung der Innenrevisionsfunktion dem Grunde nach, denn jeder AIFM muss über eine funktionsfähige Interne Revision verfügen. Das in Art. 61 Nr. 1 der Durchführungsverordnung definierte **Proportionalitätsprinzip**, d.h. soweit die Einrichtung der Innenrevisionsfunktion angesichts der Art, des Umfangs und der Komplexität der Geschäfte sowie der Art und des Spektrums der im Zuge dieser Geschäfte erbrachten Portfoliodienstleistungen angemessen und verhältnismäßig ist, bezieht sich nur auf die Anforderung einer von anderen Funktionen getrennten und unabhängigen Innenrevisionsfunktion.

67   Bei unter das Investmentgesetz fallenden Kapitalanlagegesellschaften, bei denen aus Gründen der Größe und der Art, Umfang und Komplexität der betriebenen

---

[82] Vgl. BT 1.1.1. Unabhängigkeit MaComp.

[83] Vgl. Explanatory Text Nr. 13 zu Box 49 Nr. 1 der ESMA-Empfehlungen.

[84] Vgl. *Beckmann* in Beckmann/Scholtz/Vollmer, Investment-Handbuch, 410, 9a Rn. 20.

[85] Vgl. § 9a Abs. 1 Satz 2 Nr. 6 InvG.

Geschäfte, die Einrichtung einer separaten und unabhängigen Revisionseinheit unverhältnismäßig ist, können die Aufgaben der Internen Revision von einem Geschäftsleiter erfüllt werden.[86] Des Weiteren kann die Interne Revisionsfunktion nach derzeitigen aufsichtsrechtlichen Vorgaben auch **ausgelagert** werden.[87] Hierbei kann die Interne Revisionsfunktion auch von einer anderen Geschäftseinheit des AIFM durchgeführt werden, wenn die Anforderungen der Unabhängigkeit und der Separierung an eine eigene Revisionsfunktion aufgrund der Art, des Umfangs und der Komplexität ihrer Geschäfte unverhältnismäßig wäre.[88]

Die Interne Revisionsfunktion hat nach Art. 62 Nr. 2 der Durchführungsverordnung folgende Aufgaben: **68**

a) Erstellung, Umsetzung und Aufrechterhaltung eines Revisionsplanes, um die Angemessenheit und Wirksamkeit der Systeme, internen Kontrollmechanismen und Vorkehrungen des AIFM zu prüfen und zu bewerten.

b) Die Ausgabe von Empfehlungen auf der Grundlage der Ergebnisse der gemäß Buchstabe a) ausgeführten Arbeiten.

c) Überprüfung der unter Buchstabe b) genannten Empfehlungen.

d) Erstellung von Berichten in Bezug auf Interne Revisionsangelegenheiten.

Es gehört zu den Grundsätzen einer ordnungsmäßigen Geschäftsführung und zu **69** den Dokumentationspflichten, die **Rahmenbedingungen**, Aufgaben und Kompetenzen der Internen Revisionsfunktion schriftlich in Organisationsrichtlinien zu fixieren. Sie sind damit Bestandteil der Aufbau- und Ablauforganisation.

Hinsichtlich der auf die **Interne Revision** anzuwenden den Grundsätze wird **70** in der AIFM-Richtlinie keine weiteren Hinweise gegeben, allerdings dürfte es sich aus der Aufgabenstellung ergeben, dass die Interne Revision bei der Wahrnehmung ihrer Aufgaben selbstständig, unabhängig und weisungsfrei sein sowie ein vollständiges und uneingeschränktes Informationsrecht besitzen muss.[89] Zur Auslegung und Anwendung weiterer grundsätzlicher Anforderungen können die für Investmentgesellschaften geltenden InvMaRisk dienen.[90]

Die Interne Revision hat auf Grundlage eines risikoorientierten **Prüfungsan-** **71** **satzes** grundsätzlich alle Aktivitäten und Prozesse zu prüfen und zu beurteilen, unabhängig davon, ob sie ausgelagert sind oder nicht. Hierzu ist eine umfassende Prüfungsplanung, die jährlich fortzuschreiben ist, zu erstellen. Nach den InvMaRisk sind alle Aktivitäten und Prozesse grundsätzlich innerhalb von drei Jahren zu prüfen, wobei Prüfungsgebiete mit besonderen Risiken jährlich zu prüfen sind.[91]

Zu den Aufgaben der Internen Revision gehört u.a. die Prüfung[92] **72**
– der Geschäftsvorfälle im Prüfungszeitraum,
– der Funktionsfähigkeit, Wirksamkeit und Angemessenheit des internen Kontrollsystems,
– der Anwendung, Funktionsfähigkeit, Wirksamkeit und Angemessenheit des Risikomanagement- und -controllingsystems,

---

[86] Vgl. 12. Interne Revision, 12.1 Allgemeine Anforderungen, Nr. 1 in InvMaRisk.
[87] Vgl. 9. Outsourcing, Nr. 10 in InvMaRisk.
[88] Vgl. No. 16, Explanatory Text to Box 50, ESMA-Empfehlungen.
[89] Vgl. 12. Interne Revision, 12.1. Allgemeine Anforderungen, Nr. 4 InvMaRisk.
[90] Vgl. 12. Interne Revision, InvMaRisk.
[91] Vgl. 12. Interne Revision, 12.4. Prüfungsplanung und -durchführung, Nr. 1 InvMaRisk.
[92] Vgl. auch im Detail *Beckmann* in Beckmann/Scholtz/Vollmer, Investment-Handbuch, 410, § 9a Rn. 243.

– des Informationssystems und des Finanz- und Rechnungswesens,
– der Einhaltung geltender gesetzlicher und aufsichtsrechtlicher Anforderungen und sonstiger Regelungen,
– der Ordnungsmäßigkeit der Betriebs- und Geschäftsabläufe,
– der Anforderungen an Datensicherung und Datenschutz,
– der sich aus der AIFM-Richtlinie ergebenden besonderen Verpflichtungen an den AIFM (z. B. Anforderungen an Mitarbeitergeschäfte, Regelungen für die Anlage des eigenen Vermögen, Prüfung der Auslagerungen).

73 Die Interne Revision hat nach Art. 62 Nr. 2 lit. b) und c) der Durchführungsverordnung über jede Prüfung einen schriftlichen Bericht anzufertigen. Dieser muss neben der Darstellung des Prüfungsgebietes, insbesondere die **Prüfungsfeststellungen**, gegebenenfalls einschließlich der vorgesehenen oder eingeleiteten Maßnahmen, enthalten.[93] Auch unter der AIFM-Richtlinie hat die Interne Revision die fristgerechte Beseitigung festgestellter Mängel in geeignete Form zu überwachen und hierzu gegebenenfalls Nachschauprüfungen durchzuführen.

74 Die Berichtspflicht nach Art. 62 Nr. 2 lit. d) der Durchführungsverordnung erstreckt sich nicht nur auf die **Berichterstattung** zu einzelnen Prüfungen, sondern kann sich auch auf eine jährliche Berichterstattung gegenüber der Geschäftsführung beziehen.[94]

VI. Mitarbeitergeschäfte

75 Art. 18 verpflichtet den AIFM im Rahmen der Kontrollverfahren, geeignete Regelungen für persönliche Geschäfte der Mitarbeiter aufzustellen, was Art. 12 Abs. 1 Satz 2 lit. a) OGAW-RL entspricht. Die Regelung ist Bestandteil einer ordnungsmäßigen Geschäftsorganisation und wirkt auch zur Vermeidung von Interessenkonflikten.[95] Mitarbeiter können über **Insiderinformationen**, Daten von Anlegern und Kunden verfügen und diese für ihre eigenen Interessen bei eigenen Geschäften missbrauchen.[96] Dies kann sich nachteilig auf den AIFM oder Anleger auswirken und damit aber auch die Integrität des AIFM selbst oder des jeweiligen Marktes beeinflussen

76 Die in Art. 63 der Durchführungsverordnung normierten Maßnahmen basieren auf Art. 13 OGAW-Level II. Allerdings wird nicht ausschließlich auf Geschäfte in Finanzinstrumenten, sondern nach Art. 63 Nr. 1 lit. a) der Durchführungsverordnung auch auf Transaktionen in anderen Vermögensklassen abgestellt. Demnach sind nach Art. 63 Nr. 1 Satz 1 der Durchführungsverordnung angemessene Vorkehrungen festzulegen, umzusetzen und aufrechtzuerhalten, damit relevante Personen, deren Tätigkeiten zu einem **Interessenkonflikt** führen könnten oder die Zugang zu Insiderinformationen haben, definierte persönliche Geschäfte nicht durchführen können. Die zu verhindernden Geschäfte werden damit zum einen auf relevante Personen im Sinne dieser Vorschrift beschränkt, wobei Insiderinformationen im Sinne von Art. 1 Abs. 1 der Richtlinie 2003/6/EG[97] in § 13

---

[93] So auch 12. Interne Revision, 12.5. Berichtspflicht, Nr. 1 InvMaRisk.

[94] Vgl. 12. Interne Revision, 12.5. Berichtspflicht, Nr. 4 InvMaRisk.

[95] Vgl. *Beckmann* in Beckmann/Scholtz/Vollmer, Investment-Handbuch, 410, § 9a Rn. 115.

[96] Vgl. *Beckmann* in Beckmann/Scholtz/Vollmer, Investment-Handbuch, 410, § 9a Rn. 112.

[97] Vgl. Richtlinien 2003/6/EG des Europäischen Parlaments und des Rates vom 28. Januar 2003 über Insider-Geschäfte und Marktmanipulation (Marktmissbrauch) ABl. L 96/16 vom 12.4.2003.

WpHG[98] definiert sind. Zum anderen werden in Art. 63 Nr. 1 lit. a) bis c) der Durchführungsverordnung die Voraussetzungen aufgeführt, unter denen der Abschluss von persönlichen Geschäften unzulässig ist.

Nach Art. 63 Nr. 1 lit. a) i) bis iii) der Durchführungsverordnung sind persönli- **77** che Geschäfte dann nicht zulässig, wenn es sich um **Insidergeschäfte** handelt und damit gegen § 14 WpHG verstoßen würden, mit dem Missbrauch oder der vorschriftswidrigen Weitergabe vertraulicher Informationen verbunden ist oder gegen die Verpflichtung des AIFM aus der AIFM-Richtlinie verstoßen oder voraussichtlich verstoßen würde. Des Weiteren darf nach Art. 63 Nr. 1 lit. b) der Durchführungsverordnung außerhalb des Beschäftigungsverhältnisses keiner anderen Person ein Geschäft in Finanzinstrumenten oder anderen Assetklassen empfohlen werden, wenn es gegen die vorgenannten Grundsätze verstößt, im Zusammenhang mit der missbräuchlichen Nutzung von Finanzanalysen stehen würde oder einen anderen Missbrauch von Informationen über laufende Aufträge darstellt. Nach Art. 63 Nr. 1 lit. c) der Durchführungsverordnung sind Geschäfte zu verhindern, bei denen eine relevante Person außerhalb der vorgesehenen Tätigkeit einer anderen Person Informationen oder Meinungen weitergibt, wenn klar ist oder nach vernünftigen ermessen klar sein sollte, dass dies die andere Person veranlassen wird oder veranlassen dürfte ein solches Geschäft abzuschließen, das die Anforderungen des Art. 63 Nr. 1 lit. a) der Durchführungsverordnung erfüllt. Genauso sind Vorkehrungen zu treffen um zu verhindern, dass einer anderen Person zu einem solchen Geschäft geraten oder verholfen wird. Die ESMA macht aber in ihren Erläuterungen auch deutlich, dass es Assetklassen oder AIF gibt, bei denen es unwahrscheinlicher ist, dass Insiderinformationen existieren oder durch Mitarbeiter ausgenutzt werden könnten.[99]

Als **Mitarbeiter** sind alle Personen des AIFM anzusehen, die in einem aktiven **78** Dienst-, Arbeits- oder Ausbildungsverhältnis stehen, aber auch Leihmitarbeiter und freie Mitarbeiter.[100] Damit umfasst der Begriff Mitarbeiter nicht nur Mitarbeiter, die die unmittelbare Verwaltung des AIF ausüben, sondern auch alle in Stabs- oder Supportabteilungen bis hin zur Geschäftsführungsebene. Aus dieser Grundgesamtheit sind die „relevanten" Mitarbeiter, d.h. diejenigen zu selektieren, deren Tätigkeit Anlass zu einem Interessenskonflikt geben könnte oder die Zugang zu Insiderinformationen oder anderen vertraulichen Informationen haben. Damit sind zunächst Insiderinformationen gemäß § 13 WpHG maßgeblich, d.h. Informationen die geeignet sind im Falle ihres öffentlichen Bekanntwerdens den Börsen- oder Marktpreis des AIF oder der Vermögensgegenstände in die der AIF investiert hat erheblich zu beeinflussen. Mitarbeiter, die regelmäßig Zugang zu solchen compliance-relevanten Informationen haben, sind relevante Mitarbeiter im Sinne dieser Vorschrift.[101]

---

[98] Vgl. § 13 *Wertpapierhandelsgesetz* (WpHG) in der Fassung der Bekanntmachung vom 9. September 1998 (BGBl. I S. 2708), zuletzt geändert durch Artikel 2 Absatz 44 des Gesetzes vom 22. Dezember 2011 (BGBl. I S. 3044).

[99] Vgl. No. 19, Explanatory Text to Box 51 der ESMA-Empfehlungen.

[100] Vgl. *Beckmann* in Beckmann/Scholtz/Vollmer, Investment-Handbuch, 410, § 9a Rn. 115.

[101] Vgl. *Rundschreiben 8/2008 (WA)* – Überwachung von Mitarbeitergeschäften gemäß § 33b WpHG und § 25a KWG der Bundesanstalt für Finanzdienstleistungsaufsicht (BaFin) vom 18. August 2008 (Rundschreiben 8/2008 der BaFin) oder *Beckmann* in Beckmann/Scholtz/Vollmer, Investment-Handbuch, 410, § 9a Rn. 116.

79   Nach Art. 63 Nr. 4 der Durchführungsverordnung zählen zu den **Mitarbeiter-geschäften** alle Geschäfte des relevanten Mitarbeiters, die er für eigene Rechnung oder für Rechnung eines Dritten, insbesondere seines Ehegatten, seiner Eltern oder ihm nahestehender Personen durchführt. Unter den Geschäften für eigene Rechnung werden nach Art. 63 Nr. 4 lit. c) der Durchführungsverordnung aber auch alle Geschäfte subsumiert, in denen Zusammenhang ein Mitarbeiter ein direktes oder indirektes wirtschaftliches Interesse haben könnte.[102]

80   Der AIFM hat angemessene Vorkehrungen, d.h. Strategien und Verfahren zu entwickeln und umzusetzen, die gewährleisten, dass Mitarbeitergeschäfte nicht den Interessen des AIFM oder der Anleger zuwiderlaufen. Dazu gehören auch die in Art. 63 Nr. 2 lit. a) der Durchführungsverordnung genannten Vorkehrungen, nach denen die relevanten Personen über die Beschränkungen für persönliche Geschäfte und Vorkehrungen des AIFM im Hinblick auf **persönliche Geschäfte** zu informieren sind. Hierzu sind die relevanten Mitarbeiter zu definieren und Regelungen zur Funktionstrennung und Vertraulichkeitsbereiche einzuführen. Die insgesamt eingeführten Regelungen im Sinne von Verhaltensregeln zu Mitarbeitergeschäften, auch die organisatorischen und technischen Maßnahmen sowie die Kontrolle der Einhaltung der Verhaltensregeln sind den Mitarbeitern bekannt zu machen.[103] Die für die Umsetzung der Verhaltensregeln für Mitarbeitergeschäfte notwendigen angemessenen Verfahren können unterschiedliche Maßnahmen für unterschiedliche Mitarbeiter erforderlich machen, d.h. es können auch unterschiedliche Pflichten für verschiedene Mitarbeiter aufgestellt werden.[104]

81   Zu den geforderten Verfahren gehören auch Regelungen des AIFM, in welcher Weise er Kenntnis über Mitarbeitergeschäfte erlangt. Nach Art. 63 Nr. 2 lit. b) der Durchführungsverordnung ist der AIFM umgehend über jedes persönliche Geschäft einer **relevanten Person** entweder durch Meldung des Geschäftes oder durch andere Verfahren, die die Feststellung solcher Geschäfte ermöglichen, zu informieren. In der aufsichtsrechtlichen Praxis[105] sind die Übersendung von Zweitschriften über die getätigten Geschäfte durch die ausführende Stelle, die unaufgeforderte Anzeige in Verbindung mit regelmäßigen Vollständigkeitserklärungen der Mitarbeiter, die stichprobenartige Abfrage der Geschäfte oder die Einführung eines Zustimmungsvorbehaltes als geeignete Verfahren angesehen.

82   Der AIFM hat nach Art. 63 Nr. 2 lit. c) der Durchführungsverordnung alle relevanten Mitarbeitergeschäfte, von denen er Kenntnis erhält oder die ihm angezeigt werden sowie jede Erlaubnis oder jedes Verbot, die/das hierzu erteilt werden, zu dokumentieren und festzuhalten. Darüber hinaus hat der AIFM nach Art. 63 Nr. 2 Satz 2 der Durchführungsverordnung auch sicherzustellen, dass im Rahmen von Auslagerungsvereinbarungen die **Mitarbeitergeschäfte** von Personen des Auslagerungsunternehmens dokumentiert und diese Informationen auf Verlangen unverzüglich vorgelegt werden. Auch hierbei ist es Verwaltungspraxis,[106] dass auf die Dokumentation und Kontrolle verzichtet werden kann, wenn es sich ebenfalls um ein beaufsichtigtes Unternehmen handelt, das seinerseits die Anforderungen umzusetzen hat. Handelt es ich um ein Gruppenunternehmen,

---

[102] Vgl. *Rundschreiben 8/2008* der BaFin unter 2.

[103] Vgl. *Beckmann* in Beckmann/Scholtz/Vollmer, Investment-Handbuch, 410, § 9a, Rn. 118. (s.o.).

[104] Vgl. *Rundschreiben 8/2008* der BaFin unter 3b).

[105] Vgl. *Rundschreiben 8/2008* der BaFin unter 4a).

[106] Vgl. *Rundschreiben 8/2008* der BaFin unter 4b).

können die Aufzeichnungen auch zentral bei einem Unternehmen der Gruppe erfolgen.[107]
Nicht unter die Regelungen für Mitarbeitergeschäfte fallen nach Art. 63 Nr. 3 **83** der Durchführungsverordnung Geschäfte, die im Rahmen eines **privaten Vermögensverwaltungsvertrages** von einem beauftragten Vermögensverwalter initiiert werden, sofern vorher keine Kontakte zwischen diesem und der relevanten Person stattfinden. Des Weiteren fallen nach Art. 63 Nr. 3 lit. b) der Durchführungsverordnung Geschäfte mit OGAW-Fonds oder anderen AIF nicht unter die Regelungen für Mitarbeitergeschäfte, wenn die relevante Person nicht in das Management dieses Anlagegegenstandes involviert ist.

VII. Anlage des eigenen Vermögens

Nach Art. 18. gehören zu einer ordnungsgemäßen Geschäftsorganisation auch **84** Regeln für das Halten und Verwalten von Anlagen zum Zwecke der Anlage auf den eigenen Konten. In der OGAW-Richtlinie werden Regelungen für die Anlage des eigenen Vermögens in Finanzinstrumenten gefordert.[108] Die AIFM-Richtlinie erweitert dies um Regelungen für die **Anlage eigener Mittel**, sodass nunmehr alle Mittelanlagen im weitesten Sinne einer dokumentierten organisatorischen Grundlage bedürfen.

Im Rahmen der Geschäftsorganisation muss sichergestellt sein, dass auch die **85** Anlage der eigenen Mittel auf der Grundlage dokumentierter **Organisationsrichtlinien** erfolgt, in denen sich die Geschäfts- und Anlage-, Compliance- und Risikostrategie des AIFM widerspiegelt.[109]

Die Grundsätze nach denen die eigenen Mittel angelegt werden sollen, werden **86** in Art. 9 Abs. 8 AIFM-Richtlinie hinsichtlich der Anlage der **Eigenmittel** des AIFM definiert. Danach dürfen diese nur in hoch liquide Vermögensgegenstände oder kurzfristig unmittelbar in Bargeld umwandelbare Vermögenswerte angelegt werden, wobei die Eigenmittel alle Kapitalbestandteile nach Art. 9 AIFM-Richtlinie umfassen. Diese Mittel dürfen auch keine spekulativen Positionen enthalten.

Für die Anlage des über die Eigenmittel hinausgehenden eigenen Vermögens **87** in Finanzinstrumenten sind je nach Struktur der eingesetzten Finanzinstrumenten weitreichendere organisatorische Maßnahmen, insbesondere im Risikomanagement, zu fordern als bei der reinen Liquiditätsanlage auf laufenden Termin- oder Festgeldkonten.

Das **Risikomanagement** der Gesellschaft muss daher alle wesentlichen Risi- **88** ken bei der Anlage der eigenen Mittel umfassen, wozu insbesondere das Adressenausfall- und das Liquiditätsrisiko hinsichtlich der Anlage der Eigenmittel zählen.[110] Je nach Anlagestrategie kommen aber noch ggf. andere Risiken, wie z. B. das Marktpreisrisiko, zum Tragen.

Die für das Risikomanagement geltenden Anforderungen und Grundsätze für **89** Investmentgesellschaften wurden in Deutschland in den InvMaRisk umgesetzt und beziehen sich auch auf die Risiken bei der Anlage der eigenen Mittel.

---

[107] Vgl. *Rundschreiben 8/2008* der BaFin unter 4a).
[108] Vgl. Artikel 12 Abs. 1 Satz 2 lit. a) OGAW-RL.
[109] Vgl. *Beckmann* in Beckmann/Scholtz/Vollmer, Investment-Handbuch, 410, § 9a Rn. 126.
[110] Vgl. *Beckmann* in Beckmann/Scholtz/Vollmer, Investment-Handbuch, 410, § 9a Rn. 127.

VIII. Aufzeichnungs- und Aufbewahrungspflichten

90   Art. 18 schreibt vor, dass jedes einen AIF betreffende Geschäft nach Herkunft, Vertragsparteien, Art, Abschlusszeitpunkt und -ort rekonstruiert werden kann, was umfangreiche Aufzeichnungspflichten erfordert. Die Aufzeichnungspflichten, die den AIFM betreffen, ergeben sich schon aus den allgemeinen anzuwenden Vorschiften für Kaufleute[111], denn nach § 238 Abs. 1 HGB ist jeder Kaufmann verpflichtet, Bücher zu führen und in diesen seine Handelsgeschäfte und die Lage seines Vermögens nach den Grundsätzen ordnungsmäßiger Buchführung abzubilden. Die Geschäftsvorfälle müssen sich in ihrer Entstehung, Abwicklung und Erfassung in Buchführungssystemen verfolgen lassen.[112] Diese Grundsätze lassen sich auch auf die Aufzeichnungserfordernisse der AIFM-Richtlinie übertragen.

91   Handelsrechtliche Aufzeichnungen können nach § 239 Abs. 4 HGB in der geordneten Ablage von Belegen bestehen oder auf Datenträgern geführt werden, soweit diese den Grundsätzen ordnungsmäßiger Buchführung entsprechen. Bei der Führung der Bücher auf Datenträgern muss sichergestellt sein, dass die Daten während der Dauer der Aufbewahrung verfügbar und jederzeit lesbar gemacht werden können.[113] Hinsichtlich der Anforderungen an DV-gestützte Buchführungssysteme wie z. B. Beleg- und Journalfunktion oder Kontenfunktion sei hier auf die GoBS[114] verwiesen.

92   Im Rahmen der Konkretisierung der **Dokumentationspflichten** wird in der Durchführungsverordnung zwischen Aufzeichnung von Portfoliogeschäften[115], Aufzeichnung von Zeichnungs- und Rücknahmeaufträgen[116] sowie Aufbewahrungspflichten[117] unterschieden. Die entsprechenden Anforderungen orientieren sich weitestgehend an den OGAW-RL Level angepasst.

93   Bei der Aufzeichnung der **Portfoliogeschäfte** werden Transaktionen auf und Transaktionen außerhalb eines Handels- oder Ausführungsplatzes unterschieden.[118] Als Ausführungsplätze werden in Art. 64 Nr. 4 der Durchführungsverordnung genauso wie in Art. 14 Abs. 2 Satz 2 OGAW Level II ein geregelter Markt im Sinne von Art. 4 Nr. 14, ein multilaterales Handelssystem im Sinne von Artikel 4 Nr. 15, ein systematischer Internalisierer im Sinne von Artikel 4 Nr. 7 der MiFID (Richtlinie 2004/39/EG) oder ein Market Maker, ein sonstiger Liquiditätsgeber oder eine Einrichtung, die in einem Drittland eine ähnliche Funktion erfüllt, verstanden. Die Angaben zu Portfoliogeschäften auf einem Ausführungsplatz nach Art. 64 Nr. 2 lit. a) bis i) der Durchführungsverordnung beziehen sich der Art nach auf Geschäfte in Finanzinstrumenten und umfassen den Namen des AIF und der für den AIF handelnden Person, den zugrundeliegenden Vermögensgegenstand, wenn relevant die Menge, die Art des Auftrages oder Geschäftes, der

---

[111] Vgl. § 239 HGB.

[112] Vgl. *Beckmann* in Beckmann/Scholtz/Vollmer, Investment-Handbuch, 410, § 9a Rn. 172.

[113] Vgl. *Beckmann* in Beckmann/Scholtz/Vollmer, Investment-Handbuch, 410, § 9a Rn. 173.

[114] *BMF Schreiben vom 7.11.1995:* Grundsätze ordnungsgemäßer DV-gestützter Buchführungssysteme (GoBS), in: Der Betrieb, Beilage 2/96 zu Heft 3 vom 19.1.1996.

[115] Vgl. Art. 64 der Durchführungsverordnung.

[116] Vgl. Art. 65 der Durchführungsverordnung.

[117] Vgl. Art. 66 der Durchführungsverordnung.

[118] Vgl. Art. 64 Nr. 2 und Nr. 3 der Durchführungsverordnung.

Preis, bei Aufträge u.a. das Datum, die genaue Uhrzeit der Auftragsübermittlung und den Namen oder die sonstige Bezeichnung der Person, an die der Auftrag übermittelt wurde, den Namen der Person, die den Auftrag übermittelt oder das Geschäft ausführt, ggf. die Gründe für den Widerruf eines Auftrages sowie bei ausgeführten Geschäften die Gegenpartei und den Ausführungsplatz.

Bei Portfoliogeschäften außerhalb eines **Ausführungsplatzes,** wie dies z. B. **94** bei Investitionen von Private Equity oder Immobilienfonds i. d. R. der Fall ist, sind nach Art. 64 Nr. 3 der Durchführungsverordnung bei Portfoliogeschäften der Name oder die sonstige Bezeichnung des AIF, die zivilrechtliche oder andere Dokumentation, die die Grundlage für die Transaktion bildet und insbesondere der ausgeführte Vertrag und der Preis aufzuzeichnen. In diesen Assetklassen werden keine „Order" im klassischen Sinne ausgeführt, sondern Kauf- und Verkaufsverträge.

Nach der hier vertretenen Ansicht fallen aber nicht nur Kauf- und Verkaufs- **95** transaktionen unter die Aufzeichnungspflichten, sondern auch die im Investitionszeitraum mit dem Vermögensgegenstand im Zusammenhang stehenden sonstigen „Transaktionen". Hierzu gehören bei Immobilienfonds z. B. Kreditaufnahmen, der Abschluss von Mietverträgen oder Instandhaltungsaufträge. Bei Private Equity Fonds fallen z. B. alle Formen von Kapitalmaßnahmen, Ausschüttungen sowie Kreditaufnahmen und -gewährungen unter die **Aufzeichnungspflichten.**

Auch die Vorgaben für die Aufzeichnung von Zeichnungs- und Rücknahme- **96** aufträgen nach Art. 65 der Durchführungsverordnung lehnen sich an Art. 15 OGAW Level II an, wobei auch hier den unterschiedlichen Begriffsbestimmungen bei den unterschiedlichen Assetklassen Rechnung getragen wurde und nicht nur auf Zeichnungs- und Rücknahmeaufträge, sondern auch auf Kapitaleinzahlung und Kapitalzusagen verwiesen wird. Die einzelnen in diesem Zusammenhang aufzuzeichnenden spezifizierten Angaben sind in Art. 65 Nr. 2 lit. a) bis k) der Durchführungsverordnung definiert, aus denen sich jedoch keine Besonderheiten ergeben.

Die **Aufbewahrungsvorschriften** gemäß Art. 66 Nr. 1 Satz 1 der Durchfüh- **97** rungsverordnung sind analog der Vorschriften des Art. 16 OGAW-Level II. Danach sind die gemachten Aufzeichnungen mindestens für fünf Jahre aufzubewahren. Unter Umständen können die zuständigen Behörden jedoch nach Art. 66 Nr. 1 Satz 2 der Durchführungsverordnung verlangen, dass einige oder alle dieser Aufzeichnungen für einen längeren Zeitraum aufbewahrt werden, wenn dies notwendig ist. Nach § 257 Abs. 1 HGB ist jeder Kaufmann verpflichtet die dort aufgeführten Unterlagen geordnet aufzubewahren, wozu nach Nr. 4 Belege für Buchungen in den von dem Kaufmann nach § 238 Abs. 1 HGB zu führenden Büchern, d.h. Buchungsbelege gehören. Nach § 257 Abs. 4 HGB sind diese Unterlagen 10 Jahre und die sonstigen erforderlichen Aufzeichnungen 6 Jahre aufzubewahren. Somit gilt in Deutschland zwingend eine längere Aufbewahrungsfrist.

Darüber hinaus können die Mitgliedstaaten oder die zuständigen Behörden **98** nach Art. 66 Nr. 2 Satz 2 der Durchführungsverordnung verlangen, dass ein AIFM bei Übertragung der Aufgaben an einen anderen AIFM die Aufzeichnungen für die vorangegangenen fünf Jahre diesem AIFM zur Verfügung stellt.

Auch in Art. 66 Nr. 3 der Durchführungsverordnung werden analog zu Art. 16 **99** OGAW-Level II an die **Aufzeichnungen** qualitative Anforderungen gestellt, in dem diese auf einem Datenträger aufzubewahren sind und spezielle Anforderungen erfüllt sein müssen. Zum einen muss nach Art. 66 Nr. 3 lit. a) der Durchführungsverordnung die zuständige Behörde direkt auf die Aufzeichnungen zugreifen und jede relevante Stufe der Bearbeitung jedes einzelnen Portfoliogeschäftes rekonstruieren können und zum anderen muss nach Art. 66 Nr. 3 lit. b) der Durchführungsverordnung jede Korrektur oder Veränderung an den Aufzeichnungen als solche kenntlich gemacht sein. Die Aufzeichnungen dürfen auch nicht anderweitig manipulierbar oder zu verändern sein.[119] Darüber hinaus sind die GoBS zu beachten.[120]

E. Änderung gegenüber der bisherigen Rechtslage in Deutschland für die AIFM

100   Die Änderungen für unter die AIFM-Richtlinie fallenden AIFM sind für einen Großteil der AIFM weitreichend und umfangreich. Insbesondere für die geschlossenen Fondsinitiatoren, die bisher nicht unter ein Aufsichtsregime fallen, sind je nach Art, Umfang und Komplexität der betriebenen Geschäfte neue Organisations- und Dokumentationspflichten zu implementieren. Dies dürfte je nach zugrundeliegender Assetklasse und Anlagestrategie auch zu umfangreichem Anpassungsbedarf innerbetrieblicher Aufbau- und Ablaufprozesse führen, die unter den neuen Regelungen zu dokumentieren sind.

101   Die Anbieter von Spezialsondervermögen oder offenen Immobiliensondervermögen fallen derzeit schon unter die Regelungen des Investmentgesetz, das die OGAW Regelungen vollständig enthält. Die AIFM-Richtlinie hat aber im Bereich der Organisationspflichten die Anforderungen der OGAW Richtlinie vollständig übernommen, sodass hier kein Neuerungen oder umfangreichere Maßnahmen umzusetzen sind.

F. Bezüge zum KAGB-E

103   Der KAGB-Diskussionsentwurf enthält in § 30 die Umsetzung von Art. 18 AIFM-RL. Die Formulierungen entsprechen den bisherigen investmentrechtlichen Regelungen gemäß § 9a InvG. Aufgrund der teilweise wörtlichen Übereinstimmung des Art. 18 AIFM-RL mit der OGAW-RL war zu erwarten gewesen, dass die Regelung des § 9a InvG weitgehend unverändert in das Kapitalanlagegesetzbuch übernommen wird.

104   Wesentlicher Unterschied zum geltenden Recht ist, dass die AIFM-Richtlinie in den Art. 15 und 16 eigene Regelungen zum Risiko- und Liquiditätsmanagement enthält, während dies in § 9a InvG lediglich Teil der organisatorischen Anforderungen an Kapitalanlagegesellschaften ist bzw. sich dort nur für offene Immobilien-Publikumsfonds entsprechende Regelungen finden.

Artikel 19 Bewertung

(1) **Die AIFM stellen sicher, dass für jeden von ihnen verwalteten AIF geeignete und kohärente Verfahren festgelegt werden, so dass eine ordnungsgemäße und unabhängige Bewertung der Vermögenswerte des AIF gemäß diesem Artikel, den anzuwendenden nationalen Rechtsvorschrif-**

---

[119] Vgl. Art. 66 Nr. 3 lit. c) der Durchführungsverordnung.
[120] Vgl. GoBS.

ten und den Vertragsbedingungen oder der Satzung der AIF vorgenommen werden kann.

(2) Die für die Bewertung der Vermögenswerte und die Berechnung des Nettoinventarwerts je Anteil der AIF geltenden Vorschriften sind in dem Land, in dem der AIF seinen Sitz hat, gesetzlich oder in den Vertragsbedingungen oder der Satzung der AIF geregelt.

(3) Die AIFM stellen auch sicher, dass die Berechnung und Offenlegung des Nettoinventarwertes je Anteil des AIF gegenüber den Anlegern gemäß diesem Artikel, den anzuwendenden nationalen Rechtsvorschriften und den Vertragsbedingungen oder der Satzung des AIF erfolgt.

Durch die angewendeten Bewertungsverfahren wird sichergestellt, dass die Bewertung der Vermögenswerte und die Berechnung des Nettoinventarwerts je Anteil mindestens einmal jährlich erfolgt.

Handelt es sich um einen offenen AIF, sind solche Bewertungen und Berechnungen in einem zeitlichen Abstand durchzuführen, der den von dem AIF gehaltenen Vermögenswerten und seiner Ausgabe- und Rücknahmehäufigkeit angemessen ist.

Handelt es sich um einen geschlossenen AIF, sind solche Bewertungen und Berechnungen auch durchzuführen, wenn das Kapital des entsprechenden AIF erhöht oder herabgesetzt wird.

Die Anleger werden über die Bewertungen und Berechnungen entsprechend den diesbezüglichen Vertragsbedingungen oder der Satzung des AIF informiert.

(4) Die AIFM gewährleisten, dass die Bewertung von einer der folgenden Stellen durchgeführt wird:

a) einem externen Bewerter, der eine natürliche oder juristische Person unabhängig vom AIF, dem AIFM und anderen Personen mit engen Verbindungen zum AIF oder zum AIFM ist, oder

b) dem AIFM selbst, vorausgesetzt die Bewertungsaufgabe ist von der Portfolioverwaltung und der Vergütungspolitik funktional unabhängig, und die Vergütungspolitik und andere Maßnahmen stellen sicher, dass Interessenkonflikte gemindert und ein unzulässiger Einfluss auf die Mitarbeiter verhindert werden.

Die für einen AIF bestellte Verwahrstelle wird nicht als externer Bewerter dieses AIF bestellt, außer wenn eine funktionale und hierarchische Trennung der Ausführung ihrer Verwahrfunktionen von ihren Aufgaben als externer Bewerter vorliegt und die potenziellen Interessenkonflikte ordnungsgemäß ermittelt, gesteuert, beobachtet und den Anlegern des AIF gegenüber offengelegt werden.

(5) Wird *ein* externer Bewerter für die Bewertung herangezogen, so weist der AIFM nach, dass:

a) der externe Bewerter einer gesetzlich anerkannten obligatorischen berufsmäßigen Registrierung oder Rechts- und Verwaltungsvorschriften oder berufsständischen Regeln unterliegt;

b) der externe Bewerter ausreichende berufliche Garantien vorweisen kann, um wirksam die entsprechende Bewertungsfunktion gemäß den Absätzen 1, 2 und 3 ausüben zu können, und

c) die Bestellung des externen Bewerters den Anforderungen von Artikel 20 Absatz 1 und 2 und den gemäß Artikel 20 Absatz 7 erlassenen delegierten Rechtsakten entspricht.

(6) Der bestellte externe Bewerter darf die Bewertungsfunktion nicht an einen Dritten delegieren.

(7) Die AIFM teilen die Bestellung eines externen Bewerters den zuständigen Behörden ihres Herkunftsmitgliedstaats mit; diese können für den Fall, dass die Voraussetzungen nach Absatz 5 nicht erfüllt sind, die Bestellung eines anderen externen Bewerters verlangen.

(8) Die Bewertung hat unparteiisch und mit der gebotenen Sachkenntnis, Sorgfalt und Gewissenhaftigkeit zu erfolgen.

(9) Wird die Bewertung nicht von einem externen Bewerter vorgenommen, so können die zuständigen Behörden des Herkunftsmitgliedstaats des AIFM von diesem verlangen, dass seine Bewertungsverfahren und/ oder Bewertungen von einem externen Bewerter oder gegebenenfalls durch einen Rechnungsprüfer überprüft werden.

(10) [1]Die AIFM sind für die ordnungsgemäße Bewertung der Vermögenswerte der AIF, für die Berechnung des Nettoinventarwerts und die Bekanntgabe dieses Nettoinventarwerts verantwortlich. [2]Die Haftung des AIFM gegenüber dem AIF und seinen Anlegern darf deshalb nicht durch die Tatsache berührt werden, dass der AIFM einen externen Bewerter bestellt hat.

Ungeachtet des Unterabsatzes 1 und unabhängig von anderslautenden vertraglichen Regelungen haftet der externe Bewerter gegenüber dem AIFM für jegliche Verluste des AIFM, die sich auf fahrlässige oder vorsätzliche Nichterfüllung der Aufgaben durch den externen Bewerter zurückführen lassen.

(11) Die Kommission erlässt gemäß Artikel 56 und nach Maßgabe der Bedingungen der Artikel 57 und 58 delegierte Rechtsakte, mit denen Folgendes festgelegt wird:
a) die Kriterien für die Verfahren für die ordnungsgemäße Bewertung der Vermögenswerte und die Berechnung des Nettoinventarwerts pro Anteil;
b) die beruflichen Garantien, die der externe Bewerter bieten muss, um die Bewertungsfunktion wirksam wahrnehmen zu können;
c) die Bewertungshäufigkeit durch offene AIF, die den von ihnen gehaltenen Vermögenswerten und ihren Ausgabe- und Rücknahmegrundsätzen angemessen ist.

AIFM-Richtlinie	KAGB-E
Art. 19 **Bewertung**	**Art. 169** **Bewertungsverfahren**
(1) Die AIFM stellen sicher, dass für jeden von ihnen verwalteten AIF geeignete und kohärente Verfahren festgelegt werden, so dass eine ordnungsgemäße und unabhängige Bewertung der Vermögenswerte des AIF gemäß diesem Artikel, den anzuwendenden nationalen Rechtsvorschriften und den	(1) Die Kapitalverwaltungsgesellschaft hat eine interne Bewertungsrichtlinie zu erstellen. Die Bewertungsrichtlinie legt geeignete und kohärente Verfahren für die ordnungsgemäße, transparente und unabhängige Bewertung der Vermögensgegenstände des Investmentvermögens fest. Die Bewertungsrichtlinie

AIFM-Richtlinie	KAGB-E
Vertragsbedingungen oder der Satzung der AIF vorgenommen werden kann.	soll vorsehen, dass für jeden Vermögensgegenstand ein geeignetes, am jeweiligen Markt anerkanntes Wertermittlungsverfahren zugrunde zu legen ist und dass die Auswahl des Verfahrens zu begründen ist.
(2) Die für die Bewertung der Vermögenswerte und die Berechnung des Nettoinventarwerts je Anteil der AIF geltenden Vorschriften sind in dem Land, in dem der AIF seinen Sitz hat, gesetzlich oder in den Vertragsbedingungen oder der Satzung der AIF geregelt.	
(3) Die AIFM stellen auch sicher, dass die Berechnung und Offenlegung des Nettoinventarwertes je Anteil des AIF gegenüber den Anlegern gemäß diesem Artikel, den anzuwendenden nationalen Rechtsvorschriften und den Vertragsbedingungen oder der Satzung des AIF erfolgt. Durch die angewendeten Bewertungsverfahren wird sichergestellt, dass die Bewertung der Vermögenswerte und die Berechnung des Nettoinventarwerts je Anteil mindestens einmal jährlich erfolgt. Handelt es sich um einen offenen AIF, sind solche Bewertungen und Berechnungen in einem zeitlichen Abstand durchzuführen, der den von dem AIF gehaltenen Vermögenswerten und seiner Ausgabe- und Rücknahmehäufigkeit angemessen ist. Handelt es sich um einen geschlossenen AIF, sind solche Bewertungen und Berechnungen auch durchzuführen, wenn das Kapital des entsprechenden AIF erhöht oder herabgesetzt wird. Die Anleger werden über die Bewertungen und Berechnungen entsprechend den diesbezüglichen Vertragsbe-	**§ 170** **Veröffentlichung des Ausgabe- und Rücknahmepreises und des Nettoinventarwerts** Gibt die Kapitalverwaltungsgesellschaft oder die Verwahrstelle den Ausgabepreis bekannt, so ist sie verpflichtet, auch den Rücknahmepreis bekannt zu geben; wird der Rücknahmepreis bekannt gegeben, so ist auch der Ausgabepreis bekannt zu geben. Ausgabe- und Rücknahmepreis sowie der Nettoinventarwert je Anteil oder Aktie sind bei jeder Möglichkeit zur Ausgabe oder Rücknahme von Anteilen oder Aktien, für OGAW mindestens jedoch zweimal im Monat, in einer hinreichend verbreiteten Wirtschafts- oder Tageszeitung oder im Verkaufsprospekt oder in den in den wesentlichen Anlegerinformationen bezeichneten elektronischen Informationsmedien zu veröffentlichen.

AIFM-Richtlinie	KAGB-E
dingungen oder der Satzung des AIF informiert.	
	§ 217 **Häufigkeit der Bewertung und Berechnung; Offenlegung**
(3) Unterabs. 1: Die AIFM stellen auch sicher, dass die Berechnung und Offenlegung des Nettoinventarwertes je Anteil des AIF gegenüber den Anlegern gemäß diesem Artikel, den anzuwendenden nationalen Rechtsvorschriften und den Vertragsbedingungen oder der Satzung des AIF erfolgt.	(1) Die Bewertung der Vermögensgegenstände und die Berechnung des Nettoinventarwerts je Anteil oder Aktie sind in einem zeitlichen Abstand durchzuführen, der den zum Investmentvermögen gehörenden Vermögensgegenständen und der Ausgabe- und Rücknahmehäufigkeit der Anteile oder Aktien angemessen ist, jedoch mindestens einmal im Jahr.
	§ 272 **Häufigkeit der Bewertung und Berechnung; Offenlegung**
	(3) Die Bewertungen der Vermögensgegenstände und Berechnungen des Nettoinventarwertes je Anteil oder Aktie sind entsprechend den diesbezüglichen Anlagebedingungen gegenüber den Anlegern offen zu legen. Eine Offenlegung hat nach jeder Bewertung der Vermögensgegenstände und Berechnung des Nettoinventarwerts je Anteil oder Aktie zu erfolgen.
	§ 279 **Häufigkeit der Bewertung, Offenlegung**
	(3) Die Bewertungen der Vermögensgegenstände und Berechnungen des Nettoinventarwertes je Anteil oder Aktie sind entsprechend den diesbezüglichen Anlagebedingungen gegenüber den Anlegern offen zu legen.
	§ 286 **Bewertung, Bewertungsverfahren und Bewerter; Häufigkeit der Bewertung**
	(2) Für die Häufigkeit der Bewertung gilt § 272 entsprechend.

AIFM-Richtlinie	KAGB-E
	§ 217 **Häufigkeit der Bewertung und** **Berechnung; Offenlegung**
(3) Unterabs. 2: Durch die angewendeten Bewertungsverfahren wird sichergestellt, dass die Bewertung der Vermögenswerte und die Berechnung des Nettoinventarwerts je Anteil mindestens einmal jährlich erfolgt.	(1) Die Bewertung der Vermögensgegenstände und die Berechnung des Nettoinventarwerts je Anteil oder Aktie sind in einem zeitlichen Abstand durchzuführen, der den zum Investmentvermögen gehörenden Vermögensgegenständen und der Ausgabe- und Rücknahmehäufigkeit der Anteile oder Aktien angemessen ist, jedoch mindestens einmal im Jahr.
	§ 272 **Häufigkeit der Bewertung und** **Berechnung; Offenlegung**
	(1) Die Bewertung der Vermögensgegenstände und die Berechnung des Nettoinventarwerts je Anteil oder Aktie müssen mindestens einmal jährlich erfolgen. Die Bewertung und Berechnung sind darüber hinaus auch dann durchzuführen, wenn das Gesellschaftsvermögen des AIF erhöht oder herabgesetzt wird.
	§ 279 **Häufigkeit der Bewertung,** **Offenlegung**
	(1) Die Bewertung der Vermögensgegenstände und die Berechnung des Nettoinventarwerts je Anteil oder Aktie sind in einem zeitlichen Abstand durchzuführen, der den zum Spezial-AIF gehörenden Vermögensgegenständen und der Ausgabe- und Rücknahmehäufigkeit der Anteile oder Aktien angemessen ist, jedoch mindestens einmal jährlich.
	§ 286 **Bewertung, Bewertungsverfahren** **und Bewerter; Häufigkeit der** **Bewertung**
	(2) Für die Häufigkeit der Bewertung gilt § 272 entsprechend.

AIFM-Richtlinie	KAGB-E
	§ 217 **Häufigkeit der Bewertung und** **Berechnung; Offenlegung**
(3) Unterabs. 3: Handelt es sich um einen offenen AIF, sind solche Bewertungen und Berechnungen in einem zeitlichen Abstand durchzuführen, der den von dem AIF gehaltenen Vermögenswerten und seiner Ausgabe- und Rücknahmehäufigkeit angemessen ist.	(1) Die Bewertung der Vermögensgegenstände und die Berechnung des Nettoinventarwerts je Anteil oder Aktie sind in einem zeitlichen Abstand durchzuführen, der den zum Investmentvermögen gehörenden Vermögensgegenständen und der Ausgabe- und Rücknahmehäufigkeit der Anteile oder Aktien angemessen ist, jedoch mindestens einmal im Jahr.
	§ 279 **Häufigkeit der Bewertung,** **Offenlegung**
	(1) Die Bewertung der Vermögensgegenstände und die Berechnung des Nettoinventarwerts je Anteil oder Aktie sind in einem zeitlichen Abstand durchzuführen, der den zum Spezial-AIF gehörenden Vermögensgegenständen und der Ausgabe- und Rücknahmehäufigkeit der Anteile oder Aktien angemessen ist, jedoch mindestens einmal jährlich.
	§ 272 **Häufigkeit der Bewertung und** **Berechnung; Offenlegung**
(3) Unterabs. 4: Handelt es sich um einen geschlossenen AIF, sind solche Bewertungen und Berechnungen auch durchzuführen, wenn das Kapital des entsprechenden AIF erhöht oder herabgesetzt wird.	(1) Die Bewertung der Vermögensgegenstände und die Berechnung des Nettoinventarwerts je Anteil oder Aktie müssen mindestens einmal jährlich erfolgen. Die Bewertung und Berechnung sind darüber hinaus auch dann durchzuführen, wenn das Gesellschaftsvermögen des AIF erhöht oder herabgesetzt wird.
	§ 286 **Bewertung, Bewertungsverfahren** **und Bewerter; Häufigkeit der** **Bewertung**
	(2) Für die Häufigkeit der Bewertung gilt § 272 entsprechend.

AIFM-Richtlinie	KAGB-E
	§ 217 **Häufigkeit der Bewertung und** **Berechnung; Offenlegung**
(3) Unterabs. 5: Die Anleger werden über die Bewertungen und Berechnungen entsprechend den diesbezüglichen Vertragsbedingungen oder der Satzung des AIF informiert.	(3) Die Offenlegung des Nettoinventarwertes je Anteil oder Aktie erfolgt gemäß § 170. Die Bewertung der Vermögensgegenstände ist entsprechend den diesbezüglichen Anlagebedingungen offen zu legen; sie hat nach jeder Bewertung zu erfolgen.
	§ 279 **Häufigkeit der Bewertung, Offen-** **legung**
	(3) Die Bewertungen der Vermögensgegenstände und Berechnungen des Nettoinventarwertes je Anteil oder Aktie sind entsprechend den diesbezüglichen Anlagebedingungen gegenüber den Anlegern offen zu legen.
	§ 216 **Bewerter**
(4) Die AIFM gewährleisten, dass die Bewertung von einer der folgenden Stellen durchgeführt wird: a) einem externernen[1] Bewerter, der eine natürliche oder juristische Person unabhängig vom AIF, dem AIFM und anderen Personen mit engen Verbindungen zum AIF oder zum AIFM ist, oder b) dem AIFM selbst, vorausgesetzt die Bewertungsaufgabe ist von der Portfolioverwaltung und der Vergütungspolitik funktional unabhängig, und die Vergütungspolitik und andere Maßnahmen stellen sicher, dass Interessenkonflikte gemindert und ein unzulässiger Einfluss auf die Mitarbeiter verhindert werden. Die für einen AIF bestellte Verwahrstelle wird nicht als externer Bewerter dieses AIF bestellt, außer wenn eine funktionale und hierarchische Tren-	(1) Die Bewertung der Vermögensgegenstände ist durchzuführen 1. entweder durch einen externen Bewerter, der eine natürliche oder juristische Person oder eine Personenhandelsgesellschaft ist, die unabhängig vom offenen Publikums-AIF, von der AIF-Kapitalverwaltungsgesellschaft und von anderen Personen mit engen Verbindungen zum Publikums-AIF oder zur AIF-Kapitalverwaltungsgesellschaft ist, oder 2. von der AIF-Kapitalverwaltungsgesellschaft selbst, vorausgesetzt die Bewertungsaufgabe ist von der Portfolioverwaltung und der Vergütungspolitik funktional unabhängig und die Vergütungspolitik und andere Maßnahmen stellen sicher, dass Interessenkonflikte gemindert und ein unzulässiger Einfluss auf die Mitarbeiter verhindert werden.

---

[1] Richtig wohl: „externen".

AIFM-Richtlinie	KAGB-E
nung der Ausführung ihrer Verwahrfunktionen von ihren Aufgaben als externer Bewerter vorliegt und die potenziellen Interessenkonflikte ordnungsgemäß ermittelt, gesteuert, beobachtet und den Anlegern des AIF gegenüber offengelegt werden.	Die für ein Publikums-AIF bestellte Verwahrstelle kann nicht als externer Bewerter dieses Publikums-AIF bestellt werden, es sei denn, es liegt eine funktionale und hierarchische Trennung der Ausführung ihrer Verwahrfunktionen von ihren Aufgaben als externer Bewerter vor und die potenziellen Interessenkonflikte werden ordnungsgemäß ermittelt, gesteuert, beobachtet und den Anlegern des Publikums-AIF gegenüber offen gelegt.
	§ 216 **Bewerter**
(5) Wird eine[2] externer Bewerter für die Bewertung herangezogen, so weist der AIFM nach, dass: a) der externe Bewerter einer gesetzlich anerkannten obligatorischen berufsmäßigen Registrierung oder Rechts- und Verwaltungsvorschriften oder berufsständischen Regeln unterliegt; b) der externe Bewerter ausreichende berufliche Garantien vorweisen kann, um wirksam die entsprechende Bewertungsfunktion gemäß den Absätzen 1, 2 und 3 ausüben zu können, und c) die Bestellung des externen Bewerters den Anforderungen von Artikel 20 Absatz 1 und 2 und den gemäß Artikel 20 Absatz 7 erlassenen delegierten Rechtsakten entspricht.	(2) Wird eine externer Bewerter für die Bewertung herangezogen, so weist die AIF-Kapitalverwaltungsgesellschaft nach, dass: 1. der externe Bewerter einer gesetzlich anerkannten obligatorischen berufsmäßigen Registrierung oder Rechts- und Verwaltungsvorschriften oder berufsständischen Regeln unterliegt, 2. der externe Bewerter ausreichende berufliche Garantien vorweisen kann, um die Bewertungsfunktion wirksam ausüben zu können, und 3. die Bestellung des externen Bewerters den Anforderungen des § 36 Absatz 1, 2 und 10 entspricht.
	§ 216 **Bewerter**
(6) Der bestellte externe Bewerter darf die Bewertungsfunktion nicht an einen Dritten delegieren.	(4) Ein bestellter externer Bewerter darf die Bewertungsfunktion nicht an einen Dritten delegieren.
	§ 216 **Bewerter**
(7) Die AIFM teilen die Bestellung eines externen Bewerters den zuständigen Behörden ihres Herkunftsmitglied-	(5) Die AIF-Kapitalverwaltungsgesellschaft teilt die Bestellung eines externen Bewerters der Bundesanstalt mit.

---

[2] Richtig wohl: „ein".

AIFM-Richtlinie	KAGB-E
staats mit; diese können für den Fall, dass die Voraussetzungen nach Absatz 5 nicht erfüllt sind, die Bestellung eines anderen externen Bewerters verlangen.	Liegen die Voraussetzungen von Absatz 2 nicht vor, kann die Bundesanstalt die Bestellung eines anderen externen Bewerters verlangen.
	§ 216 Bewerter
(8) Die Bewertung hat unparteiisch und mit der gebotenen Sachkenntnis, Sorgfalt und Gewissenhaftigkeit zu erfolgen.	(2) Wird eine externer Bewerter für die Bewertung herangezogen, so weist die AIFKapitalverwaltungsgesellschaft nach, dass: 1. der externe Bewerter einer gesetzlich anerkannten obligatorischen berufsmäßigen Registrierung oder Rechts- und Verwaltungsvorschriften oder berufsständischen Regeln unterliegt, 2. der externe Bewerter ausreichende berufliche Garantien vorweisen kann, um die Bewertungsfunktion wirksam ausüben zu können, und 3. die Bestellung des externen Bewerters den Anforderungen des § 36 Absatz 1, 2 und 10 entspricht.
	§ 216 Bewerter
(9) Wird die Bewertung nicht von einem externen Bewerter vorgenommen, so können die zuständigen Behörden des Herkunftsmitgliedstaats des AIFM von diesem verlangen, dass seine Bewertungsverfahren und/oder Bewertungen von einem externen Bewerter oder gegebenenfalls durch einen Rechnungsprüfer überprüft werden.	(6) Wird die Bewertung nicht von einem externen Bewerter vorgenommen, kann die Bundesanstalt verlangen, dass die Bewertungsverfahren sowie Bewertungen der AIFKapitalverwaltungsgesellschaft durch den Abschlussprüfer im Rahmen der Jahresabschlussprüfung des Publikums-AIF zu überprüfen sind.
	§ 216 Bewerter
(10) Die AIFM sind für die ordnungsgemäße Bewertung der Vermögenswerte der AIF, für die Berechnung des Nettoinventarwerts und die Bekanntgabe dieses Nettoinventarwerts verantwortlich. Die Haftung des AIFM gegenüber dem AIF und seinen Anlegern darf deshalb nicht durch die Tatsache berührt werden, dass der AIFM einen externen Bewerter bestellt hat.	(7) Die AIF-Kapitalverwaltungsgesellschaft bleibt auch dann für die ordnungsgemäße Bewertung der Vermögensgegenstände des Publikums-AIF sowie für die Berechnung und Bekanntgabe des Nettoinventarwerts verantwortlich, wenn sie einen externen Bewerter bestellt hat. Ungeachtet von Satz 1 und unabhängig von anders lautenden vertraglichen Regelungen haftet der exter-

AIFM-Richtlinie	KAGB-E
Ungeachtet des Unterabsatzes 1 und unabhängig von anderslautenden vertraglichen Regelungen haftet der externe Bewerter gegenüber dem AIFM für jegliche Verluste des AIFM, die sich auf fahrlässige oder vorsätzliche Nichterfüllung der Aufgaben durch den externen Bewerter zurückführen lassen.	ne Bewerter gegenüber der AIF-Kapitalverwaltungsgesellschaft für jegliche Verluste der AIFKapitalverwaltungsgesellschaft, die sich auf fahrlässige oder vorsätzliche Nichterfüllung der Aufgaben durch den externen Bewerter zurückführen lassen.
	§ 216 **Bewerter**
(11) Die Kommission erlässt gemäß Artikel 56 und nach Maßgabe der Bedingungen der Artikel 57 und 58 delegierte Rechtsakte, mit denen Folgendes festgelegt wird: a) die Kriterien für die Verfahren für die ordnungsgemäße Bewertung der Vermögenswerte und die Berechnung des Nettoinventarwerts pro Anteil; b) die beruflichen Garantien, die der externe Bewerter bieten muss, um die Bewertungsfunktion wirksam wahrnehmen zu können; c) die Bewertungshäufigkeit durch offene AIF, die den von ihnen gehaltenen Vermögenswerten und ihren Ausgabe- und Rücknahmegrundsätzen angemessen ist.	(3) Die Kriterien und der Inhalt der erforderlichen beruflichen Garantien des externen Bewerters nach Buchstabe b bestimmen sich nach Artikel 73 der Verordnung (EU) Nr. .../2013 [Level 2-Verordnung nach Artikel 19 Absatz 11 Buchstabe b der Richtlinie 2011/61/EU].

Literatur: *Bleutge,* Die Hilfskräfte der Sachverständigenmitarbeiter ohne Verantwortung?, NJW 1985, 1185; *derselbe,* in: Landmann/Rohmer (Hrsg.), Gewerbeordnung, Band I, 60. Ergänzungslieferung, München, Stand: Januar 2009; *EU-Kommission,* Expert Group report: Open ended real estate funds, März 2008, abrufbar unter: http://ec.europa.eu/internal_market/investment/docs/other_docs/expert_groups/report_en.pdf; *dieselbe,* Expert Group report: Open ended real estate funds, Annex, Comparative legal table, März 2008, abrufbar unter: http://ec.europa.eu/internal_market/investment/docs/other_docs/expert_groups/report_annex_en.pdf; *IOSCO,* Consultation report, Principles for the valuation of hedge fund portfolios, März 2007, abrufbar unter: http://www.iosco.org/library/pubdocs/pdf/IOSCOPD240.pdf.; *dieselbe,* Consultation report, Principles for the valuation of collective investment schemes, Februar 2012, abrufbar unter: http://www.iosco.org/library/pubdocs/pdf/IOSCOPD370.pdf; *Klusak,* in: Berger/Steck/Lübbehüsen (Hrsg.), Investmentgesetz/Investmentsteuerrecht, München 2010; *Köndgen,* in: Berger/Steck/Lübbehüsen (Hrsg.), Investmentgesetz/Investmentsteuerrecht, München 2010; *Lindner-Figura,* in: Brinkhaus/Scherer (Hrsg.), Kapitalanlagegesetz/Auslandsinvestmentgesetz, München 2003; *Linner,* Outsourcing bei KAGs – auch für Spezialfonds?, ZgKW 2002, 815 ff.; *Müller,* Die Pflichten des Öffentlich bestellten und vereinigten Sachverständigen, DB 1972, 1809 (1811); *Schmitz,* in: Berger/Steck/Lübbehüsen (Hrsg.), Investmentgesetz/Investmentsteuerrecht, München 2010; *Zöll,* in: Beckmann/Scholtz/Vollmer, Investment, Loseblatt, Berlin.

Übersicht

A. Einleitung

I. Nur rudimentäre Regelungen zur Bewertung in der OGAW-Richtlinie

1   Die OGAW-Richtlinie enthält nur rudimentäre Regelungen zur Bewertung der Vermögensgegenstände von OGAW. In Art. 85 der OGAW-RL heißt es lediglich, dass die Regeln für die Bewertung des Sondervermögens sowie die Regeln für die Berechnung des Ausgabe- oder Rücknahmepreises der Anteile sich nach den anwendbaren nationalen Rechtsvorschriften oder den Vertragsbedingungen bzw. der Satzung bestimmen. Die OGAW-Richtlinie überlässt somit die Bewertung dem **nationalen Recht.** Enthält auch dieses keine Regelungen, so haben die Vertragsbedingung bzw. die Satzung Regelung zum Bewertungsverfahren zu enthalten.

§ 36 InvG enthält für alle unter das Investmentgesetz fallende Investmentvermögen Regelungen zur Bewertung der Vermögensgegenstände und zur Berechnung des Anteilswerts. Die Regelung des § 36 Abs. 2–4 InvG zur Bewertung der Vermögensgegenstände ist **stark an Wertpapieren und sonstigen Finanzinstrumenten ausgerichtet.** Deren Bewertung unterscheidet sich jedoch häufig stark von der Bewertung von Vermögensgegenständen vieler AIF. Viele AIF investieren in Vermögensgegenstände wie Immobilien, Schiffe, Flugzeuge, Erneuerbare Energien oder nicht-börsennotierte Unternehmen, die weder einen Börsenkurs oder sonstigen leicht zu ermittelnden Marktpreis haben noch für die geeignete Bewertungsmodelle vorhanden sind. Der Wert solcher oftmals individueller Vermögensgegenstände kann häufig nur durch einen Sachverständigen ermittelt werden. Dementsprechend enthält das Investmentgesetz in den § 77 und § 79 **Sonderregelungen für die Bewertung der Immobilien** offener Immobilienfonds.

II. Detaillierte Regelung der Bewertung in der AIFM-Richtlinie

Im Unterschied zur OGAW-Richtlinie enthält Art. 19 AIFM-RL vergleichsweise detaillierte Regelungen für die Bewertung der Vermögensgegenstände von AIF. Diese orientieren sich konzeptionell zum Teil an den Regelungen der §§ 77 und 79 InvG für offene Immobilienfonds.

Die Regelungen des Art. 19 tragen dem Umstand Rechnung, dass AIF – im Unterschied zu OGAW – vielfach nicht in Wertpapiere oder sonstige Finanzinstrumente investieren. Anders als bei OGAW werden die Vermögensgegenstände von AIF meist nicht an der Börse gehandelt und haben somit keinen **täglich verfügbaren, leicht ermittelbaren und transparenten Marktpreis.** Der Verkehrswert von Immobilien, Schiffen, Wäldern, Gemälden, Infrastrukturprojekten oder nicht-börsennotierten Unternehmen ist meist schwer zu ermitteln. Der Markt für diese und andere wenig liquiden oder illiquiden Vermögensgegenstände unterscheidet sich wesentlich von dem für übertragbare Wertpapiere, in die OGAW im Wesentlichen investieren.[3] Hinzu kommt, dass es sich hierbei oft um sehr individuelle Vermögensgegenstände handelt, für die es keine mittlere Art und Güte im Sinne einer Gattungsschuld gemäß § 243 Abs. 1 BGB gibt. Werden derartige Vermögensgegenstände in einem wettbewerbsorientierten Auktionsverfahren erworben oder veräußert (wie z. B. bei Unternehmenskäufen), so kann der Marktpreis durch Angebot und Nachfrage ermittelt werden. Für die laufende Bewertung fehlt jedoch häufig eine (aussagekräftige) Angebots- und Nachfragesituation. Daher muss für die Bewertung der Vermögensgegenstände von AIF häufig auf andere Bewertungsverfahren zurückgegriffen werden. Übliche Bewertungsverfahren sind das **Ertragswertverfahren** oder das **Discounted Cashflow-Verfahren.** Für die Bewertung von Immobilien ist in Deutschland daneben auch eine Bewertung nach den Vorschriften der §§ 194 ff. BauGB i. V. m. der Wertermittlungsverordnung gängig.[4]

Da die Bewertung vieler Vermögensgegenstände von AIF schwierig ist, gibt es häufig nicht einen Marktpreis, sondern einen gewissen **Einschätzungsspiel-**

---

[3] Vgl. hierzu auch IOSCO-Bericht, Principles for the valuation of hedge fund portfolios, S. 8.

[4] *Klusak* in Berger/Steck/Lübbehüsen, InvG, § 77 Rn. 8.

raum. So kommen etwa bei der Bewertung von Immobilien verschiedene Sachverständige häufig zu unterschiedlichen Verkehrswerten.

6   Dem steht gegenüber, dass die Vergütung des AIFM in starkem Maße von der Höhe des verwalteten Vermögens – und damit der Bewertung der Vermögensgegenstände – abhängt.[5] Damit gehen erhebliche **Interessenkonflikte** einher.[6] Bewertet der AIFM Vermögensgegenstände ohne leicht ermittelbaren und transparenten Marktpreis selbst, so besteht die Gefahr, dass der **AIFM Bewertungsspielräume ausnutzt**, um hierdurch einen eigenen Vorteil zu erzielen. Dieser kann neben einer höheren Vergütung auch darin bestehen, dass der AIF im Marktvergleich besonders erfolgreich erscheint. Auf diese Weise können ggf. neue Anleger gewonnen werden, was zu einer Erhöhung des Fondsvolumens und dies wiederum zu einer höheren Vergütung des AIFM führt.[7] Ein weiteres Risiko besteht darin, dass ein AIFM dem AIF Vermögensgegenstände des AIFM oder einer mit diesem verbundenen Person zu einem überhöhten Preis verkaufen oder umgekehrt von dem AIF zu einem zu niedrigen Preis erwerben könnte.[8]

7   Auf der anderen Seite gibt es derzeit für bestimmte, besonders komplexe Finanzinstrumente noch keine ausreichende Zahl von geeigneten externen Bewertern. In derartigen Fällen ist zuweilen **allein der AIFM in der Lage, den Vermögensgegenstand zu bewerten.**[9]

B. Vergleich mit den §§ 77 und 79 InvG

8   Das Investmentgesetz und zuvor das KAGG enthält bereits seit Jahrzehnten mit den Bestimmungen über die Bewertung von Immobilien offener Immobilienfonds (vgl. §§ 77 und 79 InvG) Spezialregelungen für die Bewertung vergleichsweise wenig liquider Vermögensgegenstände.

9   Wie die §§ 77 und 79 InvG soll Art. 19 AIFM-RL im Interesse der Anleger des AIF eine **faire und unabhängige Bewertung** der Vermögensgegenstände sicherstellen.

10   Hierzu schreiben weder die §§ 77 und 79 InvG noch der Art. 19 AIFM-RL bestimmte **Bewertungsmethoden** vor. Dies wäre angesichts der Vielzahl und Unterschiedlichkeit der von AIF gehaltenen Vermögensgegenstände sowie der verschiedenen in Betracht kommenden Bewertungsmethoden nicht möglich gewesen. Insoweit bleibt es daher beim Status quo. Über die anzuwendenden Bewertungsmethoden entscheiden die Marktteilnehmer, wobei sich vielfach Industriestandards herausgebildet haben. Vereinzelt kommen auch gesetzlich normierte Verfahren (wie z. B. nach §§ 194 ff. BauGB i. V. m. der Wertermittlungsverordnung) zur Anwendung.

11   Problematisch hieran ist, dass sich in den Mitgliedstaaten für einzelne Vermögensgegenstände teilweise unterschiedliche Bewertungsmethoden herausgebildet haben bzw. dieselben Methoden zum Teil anders angewandt werden. Dies zeigt

---

[5] Daneben spielt der Verkehrswert der Vermögensgegenstände auch für eine etwaige erfolgsabhängige Vergütung eine wichtige Rolle. Je niedriger die Vermögensgegenstände bei Erwerb bewertet werden desto leichter ist es, bestimmte Erfolgsschwellen zu erreichen.

[6] IOSCO-Bericht, Principles for the valuation of hedge fund portfolios, S. 9.

[7] Ebendort.

[8] IOSCO-Bericht, Principles for the valuation of collective investment schemes, S. 10.

[9] IOSCO-Bericht, Principles for the valuation of hedge fund portfolios, S. 9.

sich besonders deutlich bei der Bewertung von Immobilien in Deutschland und Großbritannien. Während Immobiliensachverständige in Deutschland auf den nachhaltig erzielbaren Wert abstellen, was zu einer Glättung der Wertentwicklung führt, kommt es für britische Bewerter auf den am Bewertungsstichtag am Markt erzielbaren Kaufpreis an, was eine weit stärkere Volatilität zur Folge hat. Da es künftig einen Binnenmarkt geben wird, in dem deutsche und britische Immobilienfonds miteinander im Wettbewerb stehen, kann die **fehlende Harmonisierung der Bewertungsmethoden** – bzw. deren praktische Handhabung – den **Wettbewerb verzerren.**[10] Der Anlegerschutz gebietet es daher, Anleger angemessen über die angewandten Bewertungsmethoden aufzuklären. Allenfalls dann werden professionelle Anleger in die Lage versetzt, den von einem Bewerter ermittelten Wert eines AIF sachgerecht beurteilen zu können. Durch die unterschiedlichen Bewertungsmethoden erhalten Anleger die Wahl, ob sie eher in einen geglätteten oder einen volatileren Immobilienfonds investieren wollen.

C. Entstehungsgeschichte

Die finale Fassung des Art. 19 unterscheidet sich wesentlich von Art. 16 des **12** Kommissionsvorschlags zur Bewertung. Der Kommissionsvorschlag sah zwingend eine Bewertung aller Vermögensgegenstände eines AIF durch einen **unabhängigen Bewerter** vor, wie sie nach § 77 InvG in Deutschland für die Bewertung bei offenen Immobilienfonds seit Jahrzehnten vorgeschrieben ist und sich bei offenen Immobilienfonds inzwischen zu einem europaweiten Marktstandard herausgebildet hat.[11] Dies stieß im Rat auf Widerstand, insbesondere bei südeuropäischen Staaten. In einer Reihe dieser Staaten sind etwa geschlossene Immobilienfonds, bei denen eine Bewertung, zumal durch einen unabhängigen Bewerter, meist nicht vorgeschrieben ist, verbreiteter als offene Immobilienfonds. Daher räumt Art. 19 AIFM-RL dem AIFM ein **Wahlrecht** ein, ob er einen unabhängigen **externen Bewerter** beauftragen oder aber die **Bewertung selbst vornehmen** will. Letzteres trägt auch dem Umstand Rechnung, dass viele AIF über Vermögensgegenstände (wie z. B. OTC-Derivate) verfügen, für die es keinen Markt für unabhängige externe Bewerter gibt. Der gefundene Kompromiss spiegelt somit z.T. auch die differenzierten Bewertungsregelungen der §§ 36, 77 und 79 InvG wider. Im Falle einer Bewertung durch den AIFM selbst muss allerdings sichergestellt sein, dass die Bewertungseinheit funktional von der Portfolioverwaltung getrennt ist und auch die Vergütungspolitik der Unabhängigkeit der Bewertungseinheit Rechnung trägt.[12] Auf diese Weise wird versucht, **Interessenkonflikte** zu mindern. Wird die Bewertung von dem AIFM selbst durchgeführt, so kann die Herkunftsbehörde nach Art. 19 Abs. 9 verlangen, dass der AIFM einen unabhängigen externen Bewerter oder einen Rechnungsprüfer beauftragt, um das vom AIFM gewählte Bewertungsverfahren und/oder Bewertungen selbst einer Prüfung zu unterziehen. Diese **Qualitätskontrolle** soll sicherstellen, dass die vom AIFM selbst durchgeführte Bewertung denselben Qualitätsstandards wie bei einer Bewertung durch einen unabhängigen externen Bewerter entspricht und insbesondere Interessenkonflikte nicht zu einer Fehlbewertung geführt haben.

[10] Abzuwarten bleibt, ob der Binnenmarkt mittel- bis langfristig zu einheitlichen Industriestandards für die Bewertung bestimmter Vermögensgegenstände führen wird.
[11] *EU-Kommission*, Expert Group report: Open ended real estate funds, März 2008, S. 29.
[12] Zu den Einzelheiten vgl. unten Rn. 74 ff.

13   Im Übrigen war Art. 16 des Kommissionsvorschlags deutlich kürzer und weniger detailliert als der jetzige Art. 19. In den Verhandlungen wurden namentlich die Anforderungen an einen externen Bewerter konkretisiert (vgl. Abs. 5).

D. Normzweck

14   Art. 19 dient in erster Linie dem **Anlegerschutz** und soll **eine verlässliche und objektive** Bewertung aller Vermögensgegenstände des AIF sowie eine ordnungsgemäße Berechnung des Anteilspreises sicherstellen.[13] Zur Erreichung dieses Ziels ist es erforderlich, dass die Bewertung der Vermögensgegenstände **unabhängig und unparteiisch** durch entsprechend qualifizierte Experten erfolgt und die Bewertung mit der erforderlichen Sachkenntnis, Sorgfalt und Gewissenhaftigkeit durchgeführt wird. Dabei sollen insbesondere **Interessenkonflikte** ausgeschaltet sein, zu denen es insbesondere bei einer internen Bewertung durch den AIFM kommen kann. Die Bewertung soll ferner Anleger vor **Schneeballsystemen** und sonstigem betrügerischen Handeln von AIFM schützen. Die Pflicht zur Bewertung erschwert es, dass Vorhandensein von Vermögensgegenständen vorzutäuschen. Darüber hinaus muss die Bewertung dafür sorgen, dass Anleger bei Erwerb und bei Veräußerung ihres Anteils einen angemessenen Preis zahlen und erhalten. Dies setzt voraus, dass der Anteilspreis den aktuellen Wert des Anteils widerspiegelt. Dies ist jedoch nur der Fall, wenn die Bewertung nicht bereits veraltet ist.

15   Um Anlegern eine Vergleichbarkeit der Produkte zu ermöglichen, muss die Bewertung nach einheitlichen Bewertungsverfahren und -methoden erfolgen.[14] Letzteres soll auch für **faire Wettbewerbsbedingungen** sorgen.[15]

E. Überblick über die Norm

16   Abs. 1 verpflichtet AIFM, für jeden von ihnen verwalteten AIF eine ordnungsgemäße und unabhängige Bewertung sicherzustellen. Hierzu muss der AIFM vor Vertrieb des AIF ein geeignetes und kohärentes Bewertungsverfahren (z. B. in den Vertragsbedingungen) festlegen.

17   Abs. 2 gibt vor, dass die Bewertung der Vermögensgegenstände sowie die Berechnung des Anteilspreises nach dem nationalen Recht des Sitzstaates des AIF zu erfolgen hat. In Ermangelung nationaler Vorschriften gelten die Vertragsbedingungen des AIF.

18   Abs. 3 regelt insbesondere die Bewertungsfrequenz. Jeder AIF muss mindestens einmal pro Jahr bewertet werden. Insbesondere bei offenen Fonds kann eine (deutlich) häufigere Bewertung geboten sein. Die Bewertungsfrequenz muss mit der Ausgabe- und Rücknahmepolitik des AIF im Einklang stehen.

---

[13] Vgl. Erwägungsgrund 29 Satz 1.

[14] Dieses Ziel ist jedoch nur teilweise erreicht, weil sich das Bewertungsverfahren gemäß Abs. 2 nach dem nationalen Recht des Sitzstaates des AIF bzw. nach den Vertragsbedingungen richtet. Zu dem regelt die AIFM-Richtlinie die Bewatungsmethoden überhaupt nicht. Daher müssen Anleger gemäß Art. 23 Abs. 1 lit. g) über die wesentlichen Charakteristika der Bewertungsverfahren und -methoden vor Tätigung der Anlage aufgeklärt werden.

[15] Solange jedoch die Bewertungsverfahren und -methoden nicht vereinheitlicht sind, wird es Anlegern schwerfallen, sich ein objektives Bild über den tatsächlichen Net Asset Value verschiedener AIF zu machen.

Abs. 4 hat beantwortet die Frage, wer die Bewertung der Vermögensgegen- 19
stände vornehmen darf. Er räumt dem AIFM ein Wahlrecht zwischen einem
externen Bewerter und einer Bewertung durch den AIFM selbst ein.
Abs. 5 stellt Anforderungen auf, die ein externer Bewerter erfüllen muss. Abs. 6 20
untersagt es einem externen Bewerter, die Bewertung an einen Dritten auszulagern. Nach Abs. 7 muss der AIFM die Bestellung eines externen Bewerters seiner
Herkunftsbehörde mitteilen. Die Aufsichtsbehörde muss zwar an der Bestellung
des externen Bewerters nicht mitwirken. Sie kann jedoch die Bestellung eines
anderen Bewerters verlangen, wenn der bestellte Bewerter nicht alle Anforderungen des Abs. 5 erfüllt.

Abs. 8 verpflichtet sowohl den externen Bewerter als auch eine interne Bewer- 21
tungseinheit des AIFM, die Bewertung unparteiisch und mit der gebotenen Sachkenntnis, Sorgfalt und Gewissenhaftigkeit vorzunehmen.

Nach Abs. 9 kann die Herkunftsbehörde bei einer internen Bewertung verlan- 22
gen, dass ein externer Bewerter oder ein Rechnungsprüfer das Bewertungsverfahren oder auch die einzelnen Bewertungen überprüft.

Abs. 10 statuiert, dass der AIFM für die ordnungsgemäße Bewertung der Ver- 23
mögensgegenstände und die Berechnung des Anteilspreises verantwortlich ist. Der
AIFM haftet dem AIF und dessen Anlegern für fehlerhafte Bewertung, auch wenn
die Bewertung von einem externen Bewerter durchgeführt worden ist. Letzterer
ist dem AIFM jedoch grundsätzlich – vorbehaltlich abweichender vertraglicher
Regelungen – zum Ausgleich von Schäden verpflichtet, die durch eine schuldhafte
Pflichtverletzung des externen Bewerters entstanden sind.

Art. 11 ermächtigt die EU-Kommission schließlich zum Erlass delegierter 24
Rechtsakte (sog. Level-II-Maßnahmen). Dem ist die EU-Kommission durch
Art. 68–75 der Durchführungsverordnung nachgekommen.

F. Bewertungspolitik und -verfahren (Abs. 1)

I. Einleitung

Nach Abs. 1 muss ein AIFM für jeden von ihm verwalten AIF vor Beginn der 25
Vertriebstätigkeit[16] ein den Vermögensgegenständen, in die der AIF investieren
darf, Rechnung tragendes **Bewertungsverfahren** festlegen. Dieses muss kohärent sein und eine im Einklang mit Art. 19 sowie dem nationalen Recht und/oder
den Vertragsbedingungen des AIF stehende und ordnungsgemäße Bewertung aller
Vermögensgegenstände des AIF gewährleisten.

Die genauen Anforderungen an das Bewertungsverfahren sind in Art. 68 ff. der 26
Durchführungsverordnung konkretisiert. Diese knüpft im Wesentlichen an die
Empfehlungen der ESMA an. Die ESMA selbst greift in ihren Empfehlungen in
sehr großem Umfang auf die von der **IOSCO** im Jahre 2007 in ihrem Bericht
„Principles for the valuation of hedge funds portfolios" zurück.[17] Viele dieser
Ergebnisse sind inzwischen in dem im Jahre 2012 veröffentlichten Bericht der

---

[16] Nur dann kann der von Art. 19 bezweckte Anlegerschutz gewährleistet werden und
der AIFM seiner Verpflichtung nach Art. 23 Abs. 1 lit. g) nachkommen und jeden Anleger
vor Tätigung der Anlage über die Grundzüge des Bewertungsverfahrens und der verwendeten
Bewertungsmethode zu informieren.

[17] Dieser IOSCO-Bericht ist abrufbar unter: http://www.iosco.org/library/pubdocs/pdf/
IOSCOPD240.pdf.

IOSCO „Principles for the valuation of collective investment schemes" eingeflossen. Das Aufbauen auf von der IOSCO herausgearbeiteten Bewertungsgrundsätzen verhindert, dass die EU bei der Bewertung von AIF einen Alleingang im globalen Wettbewerb einschlägt.

27   Die Bewertungspolitik und das Bewertungsverfahren müssen nach Art. 68 Abs. 1 UAbs. 1 Satz 1 der Durchführungsverordnung schriftlich niedergelegt werden. Der AIFM hat die Bewertungspolitik und das Bewertungsverfahren **konsistent für alle von ihm verwalteten AIF anzuwenden.**

II. Ziel der Festlegung der Bewertungspolitik und des Bewertungsverfahrens

28   Die Festlegung von Bewertungspolitik und -verfahren dient dazu, eine ordnungsgemäße, transparente und angemessen dokumentierte Bewertung sicherzustellen; dabei sind alle hierfür wesentlichen Aspekte umfassend darzustellen. Zur Transparenz gehört, dass die Bewertungspolitik für die Heimatbehörde des AIFM, für den Rechnungsprüfer des AIF und für die professionellen Anleger **nachvollziehbar** ist und ihnen ermöglicht, sie mit der Bewertungspolitik anderer AIF zu vergleichen.[18]

III. Bewertungsmethoden

29   Weder die AIFM-Richtlinie noch die Durchführungsverordnung schreibt vor, welche **Bewertungsmethoden** für die Bewertung von Vermögensgegenständen zu verwenden sind. Allerdings können das nationale Recht des Sitzstaates des AIF oder die Vertragsbedingungen bestimmte Bewertungsmethoden vorgeben. Die Bewertungspolitik muss nach Art. 68 Abs. 1 UAbs. 2 der Durchführungsverordnung für jede Art von Vermögensgegenstand, in die der AIF laut seinen Vertragsbedingungen investieren darf, angeben, welche Bewertungsmethode(n) angewandt werden soll(en). Dabei muss nicht zwingend nur eine Bewertungsmethode verwandt werden, sondern es können für die Bewertung eines Vermögensgegenstandes (z. B. Immobilien) durchaus parallel mehrere Bewertungsverfahren gewählt werden.[19] Gemäß Art. 68 Abs. 1 UAbs. 3 Satz 3 der Durchführungsverordnung muss der AIFM vor der Auswahl einer oder mehrerer Bewertungsmethoden prüfen, welche für die Bewertung der Vermögensgegenstände eines AIF geeigneten Methoden es gibt, soweit die Auswahl nicht bereits durch zwingende Vorgaben des nationalen Rechts eingeschränkt ist.[20] Zudem hat sich der AIFM eine Meinung über die am besten geeigneten Methoden zu bilden. Dabei soll er zum einen berücksichtigen, welche Auswirkungen Änderungen an den Kennziffern auf das Bewertungsergebnis haben. Zum anderen soll er darauf achten, in welcher Weise bestimmte Anlagestrategien sich auf den relativen Wert der Vermögensgegenstände in dem Portfolio auswirken.

30   Nach Art. 68 Abs. 1 UAbs. 2 Satz 3 der Durchführungsverordnung darf ein AIFM erst dann erstmals **in eine neue Art von Vermögensgegenstand inves-**

---

[18] Vgl. auch ESMA-Empfehlungen, Explanatory Text, S. 113, Tz. 9.

[19] Vgl. nur Art. 68 Abs. 1 UAbs. 2 Satz 3 der Durchführungsverordnung, der ausdrücklich von „Methode oder Methoden" spricht.

[20] Die Konsultation zu den ESMA-Empfehlungen ergab jedoch, dass es offenbar in keinem Mitgliedstaat bis dato zwingende Rechtsvorschriften zum Bewertungsverfahren gibt.

tieren, wenn zuvor in der Bewertungspolitik festgelegt worden ist, welche geeignete Bewertungsmethode(n) hierbei angewandt werden sollen.

IV. Quellen für Preise und Marktdaten

Art. 68 Abs. 1 UAbs. 3 der Durchführungsverordnung enthält ferner Vorgaben **31** zur Auswahl der **Quellen für Preise und Marktdaten** (z. B. von Derivaten). Die Bewertungspolitik muss Kriterien für die Auswahl dieser Quellen enthalten. Hierbei gilt der Grundsatz, dass Preise (z. B. von Kursen) von **unabhängigen Anbietern** (wie z. B. hierauf spezialisierten Anbietern) erworben werden müssen, um Interessenkonflikte und Manipulationsmöglichkeiten auszuschließen. Nur wenn es keine unabhängigen Anbieter gebeten sollte oder dem AIFM die Inanspruchnahme eines unabhängigen Preisanbieters nicht zumutbar wäre, können Preise auch von nicht unabhängigen Quellen verwandt werden. Letzteres ist jedoch nur in besonders gelagerten Ausnahmefällen gestattet, wenn auf andere Weise Interessenkonflikte ausgeschlossen werden können. Die zusätzlichen Kosten für einen unabhängigen Preisanbieter sind jedenfalls nach hier vertretener Auffassung kein Grund, von dieser Anforderung abzusehen. Der Schutz der Anleger und der Integrität des Marktes bzw. der Fondsbranche müssen insoweit Vorrang haben vor Kostenerwägungen.

Ein Preisanbieter ist jedenfalls dann **nicht unabhängig,** wenn er zu demselben **32** Konzern gehört wie der AIFM oder sonstige enge Verbindungen zwischen beiden bestehen, die zu Interessenkonflikten führen.

Nimmt ein AIFM die Leistungen von unabhängigen Preisanbietern an, so wird **33** letzterer **nicht als externer Bewerter**[21] tätig. Es liegt vielmehr eine interne Bewertung durch den AIFM vor.[22] Dabei handelt es sich um **keine Auslagerung der Bewertung,** sondern lediglich um die Inanspruchnahme einer externen Hilfstätigkeit.[23]

V. Klare Zuweisung der Pflichten, Rollen und Verantwortlichkeiten der an der Bewertung Beteiligten

Nach Art. 68 Abs. 2 UAbs. 1 der Durchführungsverordnung muss die Bewer- **34** tungspolitik auch eine **klare Zuweisung der Pflichten, Rollen und Verantwortlichkeiten** der an der Bewertung Beteiligten vornehmen. Dies gilt sowohl im Falle einer internen als auch einer externen Bewertung.[24] Dabei kann zwar den jeweiligen Organisationsstrukturen Rechnung getragen werden. Diese müssen sich jedoch ihrerseits an den Erfordernissen des Art. 19 AIFM-RL ausrichten.

Es dürfte ausreichen, wenn die Pflichten, Rollen und Verantwortlichkeiten **35** bestimmten Funktionsträgern (wie z. B. dem Leiter der Bewertungseinheit des AIFM oder dem für Bewertungsfragen zuständigen Mitglied der Geschäftsführung) zugewiesen werden. Eine namentliche Nennung in der Bewertungspolitik,

---

[21] Damit scheidet eine externe Bewertung praktisch für solche Vermögensgegenstände aus, welche einen Marktpreis oder sonstigen beobachtbaren Kurs haben. Die Tätigkeit eines externen Bewerters setzt demgemäß eine individuelle Bewertung der vom AIF gehaltenen Vermögensgegenstände voraus.

[22] So auch ESMA-Empfehlung, Explanatory Text, S. 113, Tz. 13.

[23] Vgl. zur ähnlich gelagerten Frage beim Risikomanagement Art. 20 Rn. 21 ff.

[24] So auch ESMA-Empfehlung, Explanatory Text, S. 113, Tz. 13.

von welchen natürlichen Personen diese Funktionen wahrgenommen werden, erscheint hingegen entbehrlich.

36   **1. Interne Bewertung.** Im Falle der internen Bewertung durch den AIFM bezieht sich diese Verpflichtung zunächst auf alle Funktionsträger der Bewertungseinheit des AIFM. Zwischen dieser Bewertungseinheit und der Portfolioverwaltung muss eine funktionelle und personelle Trennung erfolgen.[25] **Besondere Verantwortung** tragen der Leiter dieser Einheit sowie die Personen, welche die Bewertung von Vermögensgegenständen durchführen. Aber auch die Rolle der mit eher untergeordneten Back-office-Tätigkeiten betreuten Personen der Bewertungseinheit ist zu beschreiben. Die **Gesamtverantwortung** liegt bei demjenigen **Mitglied der Geschäftsführung**, das für die Bewertung zuständig ist. Die Ausgestaltung seiner Kontroll- und Überwachungsfunktion ist in der Bewertungspolitik darzustellen. Unklar ist, ob daneben auch die Rolle eines etwaigen Aufsichtsrats des AIFM im Zusammenhang mit der Bewertung zu beschreiben ist.[26]

37   Neben dem AIFM selbst können jedoch auch **weitere Akteure** an einer internen Bewertung mitwirken. Zu denken ist etwa an unabhängige Preisanbieter oder – unter den Voraussetzungen des Art. 19 Abs. 9 AIFM-RL – an den zur Kontrolle bestellten externen Bewerter oder den Rechnungsprüfer.

38   **2. Externe Bewertung.** Bei externer Bewertung muss die Bewertungspolitik zunächst den **Namen des oder der externen Bewerter**[27] nennen. Bei diesen wird es sich meist um Bewertungsgesellschaften oder -büros handeln. Daneben sind – wie bei der internen Bewertung – alle für den externen Bewerter konkret für die Bewertung der Vermögensgegenstände des AIF tätigen **Funktionsträger** mit ihrer jeweiligen Rolle und Verantwortung zu beschreiben.

39   Daneben ist eine **Beschreibung der auf Seiten des AIFM tätigen Personen** erforderlich. Hierzu gehören diejenigen Funktionsträger, welche für die Auswahl des externen Bewerters (einschließlich der Due Diligence) und dessen fortlaufende Überwachung zuständig sind. Ebenso sind diejenigen Funktionsträger innerhalb des AIFM zu benennen, welche den externen Bewerter mit allen für ihn erforderlichen Informationen zu versorgen haben. Wichtig ist auch die Darstellung der Funktionsträger, welche ggf. die konkreten Bewertungsergebnisse einer Überprüfung unterziehen. Schließlich ist auch die Rolle und Verantwortung der Geschäftsführung (bzw. des für die Bewertung zuständigen Mitglieds der Geschäftsführung) des AIFM zu beschreiben.

VI. Kompetenzen

40   Die Bewertungspolitik muss ferner festlegen, über welche **Kompetenzen** diejenigen Personen verfügen, welche die Bewertung unmittelbar durchführen, sei es auf Seiten des externen Bewerters oder bei der internen Bewertung. Hierbei geht es zum einen um die Verteilung der Zuständigkeiten innerhalb des Bewer-

---

[25] Vgl. eingehend unter Rn. 91 ff.

[26] Dies dürfte nach hier vertretener Auffassung nicht erforderlich sein, weil der Aufsichtsrat nicht operativ an der Bewertung mitwirkt, sondern generell die Tätigkeit der Geschäftsführung überwacht.

[27] Auch wenn Art. 19 AIFM-RL nur von einem externen Bewerter spricht, stellt z. B. Art. 70 Nr. 2 der Durchführungsverordnung klar, dass ein AIF mehrere externe Bewerter haben kann.

tungsteams. Zum anderen muss jedoch geregelt werden, mit welchem Verfahren das endgültige Bewertungsergebnis für einen bestimmten Vermögensgegenstand ermittelt wird. Dies ist besonders wichtig für individuell zu bewertende Objekte wie Immobilien, Schiffe oder nicht-börsennotierte Unternehmen. Um Manipulationsmöglichkeiten auszuschließen, muss die Bewertungspolitik eindeutig vorgeben, durch wie viele Personen die Bewertung erfolgen soll, ob es sich um eine Gremienentscheidung[28] (wie beim Sachverständigenausschuss nach § 77 InvG) oder individuelle Bewertungen mehrerer Bewerter handeln soll und wie die endgültige Bewertung zu ermitteln ist, wenn die einzelnen Bewertungsergebnisse divergieren. Weder die AIFM-Richtlinie noch die Durchführungsverordnung geben insoweit die Richtung vor, sodass der AIFM bei der Festlegung der Bewertungspolitik einen weitgehenden Spielraum hat. Diesen Spielraum muss der AIFM jedoch gemäß Art. 12 Abs. 1 lit. b) stets im besten Interesse des AIF und der Anleger nutzen.

Von großer Bedeutung ist auch die Frage, ob das **von den Bewertern ermit-** **41** **telte Bewertungsergebnis verbindlich ist** oder ob der AIFM bzw. dessen Geschäftsführung befugt ist, ein anderes Bewertungsergebnis zugrunde zu legen. Hierauf geben weder die AIFM-Richtlinie noch die Durchführungsverordnung eine eindeutige Antwort. Während die Unabhängigkeit der Bewertung (Art. 19 Abs. 1 AIFM-RL) und der Bewerter (Art. 68 Abs. 2 UAbs. 2 lit. a) Durchführungsverordnung) sowie die Pflicht zu einer unparteiischen Bewertung (Art. 19 Abs. 8 AIFM-RL) **gegen eine Abänderungsbefugnis** sprechen, könnte die Verantwortung des AIFM für die ordnungsgemäße Bewertung der Vermögensgegenstände (Art. 19 Abs. 10 AIFM-RL) dafür sprechen.[29] Aus der insoweit kontroversen Entstehungsgeschichte des Art. 19 und dem Umstand, dass die Rechtstraditionen in den Mitgliedstaaten in diesem Punkt sehr unterschiedlich sind, wird man schließen müssen, dass der Richtliniengeber insoweit bewusst keine Entscheidung getroffen hat. Dies ist in einem Binnenmarkt misslich, besteht doch die Gefahr, dass die Regelungen von den Mitgliedstaaten verschieden umgesetzt bzw. von den Aufsichtsbehörden verschieden ausgelegt werden.[30] Abzuwarten bleibt, ob sich mittelfristig einheitliche Marktstandards durchsetzen werden. Bei offenen Immobilienfonds z. B. erwarten die Investoren regelmäßig eine von der Geschäftsführung des AIFM nicht beeinflusste Bewertung, sodass sich insoweit bereits ein Marktstandard herausgebildet hat. Anders sieht die Lage bei geschlossenen Immobilienfonds aus.

VII. Unabhängigkeit

Die Bewertungspolitik muss überdies die **Unabhängigkeit** der an der Bewer- **42** tung beteiligten Personen regeln.[31] Dies gilt gleichermaßen für die externe als

---

[28] In diesem Fall dürfte auch die Geschäftsordnung dieses Gremiums Teil der Bewertungspolitik sein; vgl. zu § 77 InvG, *Klusak* in Berger/Steck/Lübbehüsen, InvG, § 77 Rn. 6.

[29] Beide Aspekte widersprechen sich diametral. Eine Bewertung kann nur unabhängig sein und unparteiisch durchgeführt werden, wenn die Geschäftsführung des AIFM sie nicht abändern kann. Andererseits liefe die Verantwortung des AIFM für eine ordnungsgemäße Bewertung leer, wenn er keinen Einfluss auf die Bewertung nehmen und insbesondere dafür sorgen könnte, dass als falsch erkannte Bewertungen korrigiert werden.

[30] Folge verschiedener Auslegungen wäre, dass die ESMA mittelfristig für eine einheitliche Verwaltungspraxis sorgen müsste.

[31] Zum Erfordernis der Unabhängigkeit vgl. eingehend unter Rn. 74 ff.

auch die interne Bewertung. Hieraus folgt zum einen, dass die Bewerter keine Weisungen ausführen und ihre Vorgesetzten ihnen keine Weisungen erteilen dürfen.[32] Zum anderen darf auf die Bewerter auch nicht in anderer Weise (ggf. mittelbar) Druck ausgeübt werden. Daher muss z. B. die funktionale und personelle Trennung vom Portfoliomanagement (im Falle der internen Bewertung) und die Vergütungs- und Beförderungspolitik der Unabhängigkeit des Bewerters. Rechnung tragen (vgl. auch Art. 68 Abs. 4 der Durchführungsverordnung).

VIII. Sonstiger Inhalt der Bewertungspolitik

43   Nach Art. 68 Abs. 2 UAbs. 2 der Durchführungsverordnung muss die Bewertungspolitik darüber hinaus zu den folgenden Aspekten Regelungen enthalten.

44   **1. Anlagestrategie und zulässige Vermögensgegenstände.** Die Bewertungspolitik muss für jeden von dem AIFM verwalteten AIF gesondert[33] aufführen, welche Anlagestrategie dieser verfolgt und in welche Arten von Vermögensgegenständen er anlegen darf. Hieraus ergeben sich zahlreiche Rückkoppelungen. Für **unterschiedliche Arten von Vermögensgegenständen** können z. B. **unterschiedliche Bewerter** mit jeweils unterschiedlichen Fachkenntnissen oder unterschiedliche Bewertungsmethoden erforderlich sein.[34]

45   Fraglich ist, ob z. B. bei einem Immobilienfonds die Angabe ausreicht, dass der AIF in Immobilien investieren darf. Vieles spricht dafür, dass wie nach § 77 Abs. 4 Satz 2 InvG z. B. auch die **Immobilienart** (z. B. Büro-, Logistik- oder Hotelsegment) und die **geografischen Anlageräume** anzugeben sind. Nur bei deren Kenntnis lässt sich z. B. zielführend ermitteln, über welche Fachkenntnisse die Bewerter im Einzelnen verfügen müssen.

46   **2. Kontrolle der Auswahl der Daten, Preisquellen und Bewertungsmethoden.** Die Bewertungspolitik muss ferner regeln, wer darüber entscheidet, welche Daten, Preisquellen und Bewertungsmethoden zugrunde gelegt werden. Dies ist zum einen wichtig bei Beauftragung eines **externen Bewerters**. In diesem Fall muss in der Bewertungspolitik festgelegt sein, ob a) der AIFM dem externen Bewerter z. B. vorgibt, welche Bewertungsmethoden dieser zu verwenden hat, b) ob der externe Bewerter die Bewertungsmethoden eigenständig auswählen darf oder c) ob der AIFM und der externe Bewerter hierüber eine Vereinbarung treffen.

47   Bei **interner Bewertung** sollte die Bewertungspolitik entweder bereits Angaben darüber enthalten, welche Bewertungsmethoden für bestimmte Arten von Vermögensgegenständen verwendet, welche Preisquellen für die Bewertung von Vermögensgegenständen mit Marktpreisen herangezogen oder welche Daten – z. B. bei Bewertungsmodellen – zugrunde gelegt werden sollen. Die Bewertungs-

---

[32] Selbst wenn man der Geschäftsführung des AIFM ein Recht zubilligen sollte, das Bewertungsergebnis abzuändern, muss jedoch schon aus Haftungsgründen sichergestellt werden, dass das von dem Bewerter ermittelte Ergebnis unbeeinflusst bleibt und unverändert dokumentiert wird.

[33] Wie bei den Allgemeinen und Besonderen Vertragsbedingungen dürfte es jedoch zulässig sein, dass ein AIFM über eine Allgemeine Bewertungspolitik verfügt, welche für jeden verwalteten AIF durch eine Besondere Bewertungspolitik ergänzt wird.

[34] Es spricht daher einiges dafür, von der bisherigen Praxis vieler Vertragsbedingungen abzuweichen, die dem AIF eine Anlage in eine Vielzahl von Vermögensgegenständen gestattet, ohne dass dieser hiervon vollumfänglich Gebrauch macht.

politik kann alternativ aber auch vorsehen, dass diese Entscheidung später getroffen werden kann, muss dann aber ein entsprechendes Verfahren hierfür vorsehen.

3. Eskalationsverfahren. Die Bewertungspolitik muss darüber hinaus ein sog. **48** **Eskalationsverfahren**[35] vorsehen. Damit ist ein Verfahren gemeint, das festlegt, was zu geschehen hat, wenn sich im Rahmen der Überprüfung der einzelnen Bewertungen nach Art. 72 der Durchführungsverordnung eine fehlerhafte Bewertung herausstellt. In der Bewertungspolitik sollte festgehalten werden, welcher Nachweis erbracht sein muss, um eine Bewertung als fehlerhaft zu identifizieren. Dies ist besonders wichtigen bei Vermögensgegenständen ohne Marktpreis, die nur durch individuelle Bewertung oder Bewertungsmodelle bewertet werden können.[36] Es dürfte zudem zulässig sein, in der Bewertungspolitik Schwellenwerte festzulegen. Eine Korrektur ist dann nur bei Überschreitung des Schwellenwerts erforderlich. Auf diese Weise kann dem Verhältnismäßigkeitsprinzip Rechnung getragen werden.

Schließlich muss in der Bewertungspolitik eindeutig geregelt werden, was zu **49** geschehen hat, wenn ein **Bewertungsfehler** nachgewiesen wird. Je nach Vermögensgegenstand (z. B. einer Immobilie) muss unter Umständen eine erneute Bewertung durch denselben Bewerter beauftragt werden. Kann der AIFM jedoch zweifelsfrei nachweisen, wie hoch der tatsächliche Wert ist, so erscheint eine Zweitbewertung entbehrlich.

4. Bewertungsanpassungen. Die Bewertungspolitik kann Regelungen zur **50** **Anpassung der Bewertung** in Abhängigkeit von der Größe und Liquidität der Positionen oder an geänderte Marktbedingungen enthalten. Fraglich ist, was mit dem Begriff der „Anpassung" gemeint ist. Nach hier vertretener Auffassung handelt es sich hierbei um eine außerordentliche Neubewertung aufgrund besonderer Umstände, wie sie Art. 75 Abs. 2 der Durchführungsverordnung vorschreibt, wenn der letzte ermittelte Wert nicht länger angemessen ist.[37] Das bedeutet, dass der AIFM nicht einfach eine von einem externen Bewerter vorgenommene **Bewertung abändern** darf, sondern dass der externe Bewerter eine neue Bewertung auf Ersuchen des AIFM vornehmen muss, wie dies auch bereits in § 79 Abs. 1 Satz 5 InvG für offene Immobilienfonds vorgesehen ist.[38] Auch bei interner Bewertung kann nicht einfach die Geschäftsführung des AIFM die Bewertung abändern. Vielmehr kann sie die Bewertungseinheit lediglich auffordern, eine Neubewertung vorzunehmen. Nur so kann die Unabhängigkeit der Bewertung, die Art. 19 Abs. 1 AIFM-RL fordert, gewahrt werden.

Hat ein AIF z. B. in einen anderen AIF investiert und wird dessen **Anteils- 51 rücknahme** mangels Liquidität für einen längeren Zeitraum **ausgesetzt,** sodass ein Verkauf nur über einen Zweitmarkt möglich ist, so kann eine Anpassung an die am Zweimarkt erzielbaren Preise angebracht sein, wenn der AIF nicht gewillt ist, die Anteile bis zum Ablauf der Aussetzung zu halten.

---

[35] Zum Begriff des Eskalationsverfahrens vgl. auch Art. 72 Abs. 3 der Durchführungsverordnung.

[36] Da eine Korrektur einer Bewertung einen Eingriff in die Unabhängigkeit der Bewertung darstellt, muss sichergestellt sein, dass eine Korrektur nur erfolgt, wenn zweifelsfrei eine fehlerhafte Bewertung vorliegt. Nicht ausreichend ist es hingegen, wenn der AIFM z. B. den Wert einer Immobilie als höher ansieht als von dem externen Bewerter ermittelt.

[37] Vgl. hierzu unten unter Rn. 163 ff.

[38] Vgl. *Klusak* in Berger/Steck/Lübbehüsen, InvG, 79 Rn. 6.

52   Bei einem Immobilienfonds ist eine **Neubewertung aufgrund geänderter Marktbedingungen** z. B. erforderlich, wenn ein wichtiger Mieter gekündigt hat bzw. insolvent ist oder sich die tatsächlichen Mieteinnahmen oder das Zinsniveau wesentlich geändert haben.[39]

53   **5. Schließung der Bücher zu Bewertungszwecken.** Insbesondere für AIF mit besonders aktivem Handel ist es erforderlich, in der Bewertungspolitik genau niederzulegen, wann die Bücher an bestimmten Stichtagen zu schließen sind, um die Bewertung vornehmen zu können. Bei einem AIF, dessen Anteile z. B. täglich zurückgegeben werden können, kann sich der Wert des Portfolios im Laufe des Tages – z. B. durch An- und Verkäufe – ändern. Daher ist es wichtig, dass eine genaue Uhrzeit festgelegt wird, ab der die Bewertung vorgenommen wird. Dies dürfte regelmäßig mit dem **Handelsschluss** übereinstimmen. Auf diese Weise wird auch sichergestellt, dass sich der Anteilswert auf das aktuelle Portfolio bezieht.

54   **6. Angemessene Bewertungsfrequenz.** Schließlich muss die Bewertungspolitik eine **angemessene Bewertungsfrequenz** für jeden Vermögensgegenstand, in den der AIF investieren darf, festlegen. Der AIFM muss sich hierbei im Rahmen der Vorgaben des Art. 19 Abs. 3 UAbs. 3 und 4 AIFM-RL i. V. m. Art. 75 Durchführungsverordnung[40] bewegen.

IX. Informationsaustausch zwischen AIFM und externem Bewerter

55   Führt ein externer Bewerter die Bewertung durch, so ist dieser darauf angewiesen, vom AIFM oder dessen sonstigen Dienstleistern alle für die Bewertung **relevanten Informationen** zu erhalten. Bei einem Immobilienfonds gehören hierzu insbesondere Angaben zu den vertraglich vereinbarten Soll-Mieten und ein Abgleich mit den Ist-Mieten, die Angabe der Leerstandsquote und der Vertragslaufzeiten der Mieten, Angaben zu Kündigungen oder Insolvenzen, Rechtsstreitigkeiten und die Vorlage der Verträge (z. B. mit Mietern).

X. Due Diligence bei der Auswahl des externen Bewerters

56   Nach Art. 68 Abs. 3 UAbs. 2 der Durchführungsverordnung ist der AIFM verpflichtet, wenn er einen externen Bewerter oder sonstige Dienstleister im Zusammenhang mit der Bewertung (wie z. B. Preisquellen oder Anbieter von Bewertungsmodellen) beauftragen will, sowohl vor dessen Auswahl als auch während des Mandats eine (fortlaufende) **Due Diligence** durchzuführen. Die Ziele und der Ablauf der anfänglichen sowie der periodischen Due Diligence sind in der Bewertungspolitik zu beschreiben.

57   Bei der Auswahl-Due Diligence ist sicherzustellen, dass die Auswahl nach objektiven Kriterien erfolgt. Zu diesem Zweck sind aus dem Kreis aller geeigneten externen Bewerter anhand vorgegebener Kriterien[41] die am besten geeigneten zu ermitteln. Diese sind jeweils einer eingehender Due Diligence zu unterziehen. Die Höhe der Vergütung ist dabei nur ein Aspekt unter vielen. Die Ergebnisse der Due Diligence hat der AIFM zu dokumentieren.

---

[39] Ebendort.

[40] Vgl. zur Bewertungsfrequenz eingehend unter Rn. 156 ff.

[41] Besonderes Augenmerk ist dabei den Anforderungen an den Bewerter nach der AIFM-Richtlinie und der Durchführungsverordnung zu widmen.

Bei der fortlaufenden Due Diligence ist insbesondere zu untersuchen, ob der **58** externe Bewerter bzw. der sonstige Dienstleister den Anforderungen der AIFM-Richtlinie und der Durchführungsverordnung gerecht geworden ist, wie fehleranfällig die Bewertungsergebnisse waren und ob sich die Einschätzung bei der Auswahl-Due Diligence bestätigt hat. Ziel der Due Diligence ist eine **Qualitätssicherung.** Der AIFM muss dafür Sorge tragen, dass dabei zu Tage getretene Mängel beseitigt werden. Ist der externe Bewerter hierzu nicht bereit oder in der Lage, so kann der AIFM verpflichtet sein, ihm zu kündigen.

XI. Bewertungsmodelle

Wie sich aus Art. 69 der Durchführungsverordnung ergibt, ist es dem AIFM **59** gestattet, für die Bewertung komplexer Vermögensgegenstände, für die es keinen Börsenkurs oder sonstigen Marktpreis gibt, die Bewertung anhand eines geeigneten Bewertungsmodells vorzunehmen. Da eine Bewertung durch ein Modell besonders Fehler anfällig ist, ist dies jedoch an bestimmte Voraussetzungen geknüpft.

1. Beschreibung und Begründung des Bewertungsmodells. In der **60** Bewertungspolitik ist das Modell mit seinen wesentlichen Eigenschaften zu beschreiben. Dabei ist darzulegen, weshalb das **Modell als geeignet erscheint,** bestimmte näher zu bezeichnende Vermögensgegenstände ordnungsgemäß zu bewerten. Ferner ist zu begründen, weshalb a) die Bewertung anhand eines Modells erfolgen soll und b) weshalb diesem Modell der Vorzug gegenüber anderen am Markt verfügbaren Modellen eingeräumt worden ist. Zudem ist zu dokumentieren, welche Daten für dieses Modell verwendet werden, welche wesentlichen Annahmen ihm zugrunde liegen und warum dies als angemessen erscheint sowie welches die Grenzen und Risiken des Modells sind.

2. Überprüfung des Bewertungsmodells. Ein Bewertungsmodell darf nach **61** Art. 69 Abs. 2 der Durchführungsverordnung nur verwendet werden, wenn es zuvor von einem einschlägigen Fachmann überprüft und als für die Bewertung des Vermögensgegenstandes als geeignet und hinreichend zuverlässig befunden worden ist. Diese **Überprüfung** muss dokumentiert werden. Um Interessenkonflikte auszuschließen, darf der Fachmann nicht selbst an der Entwicklung des Modells mitgewirkt haben. Er sollte auch nicht für den Betreiber des Modells tätig sein.

3. Zustimmung der Geschäftsführung zur Verwendung des Modells. **62** Eine Verwendung von Bewertungsmodellen ist nach Art. 69 Abs. 3 der Durchführungsverordnung nur zulässig, wenn die **Geschäftsführung des AIFM** dem zuvor zugestimmt hat. Grund für die zwingende Zuständigkeit der Geschäftsleitung ist die besondere Fehleranfälligkeit von Modellen und die damit verbundenen Risiken für die Anleger und die Marktintegrität.

XII. Kohärente Anwendung der Bewertungspolitik

1. Einheitlichkeit der Bewertung. Art. 70 der Durchführungsverordnung **63** verpflichtet den AIFM dafür Sorge zu tragen, dass die festgelegte Bewertungspolitik kohärent angewandt wird. Dies gilt gleichermaßen bei interner und externer Bewertung. Im letzteren Fall muss der AIFM den externen Bewerter vertraglich zur Einhaltung der Bewertungspolitik verpflichten und die Einhaltung der Verpflichtung fortlaufend im Rahmen seiner Due Diligence nach Art. 68 Abs. 3

UAbs. 2 der Durchführungsverordnung überwachen. Aus der Pflicht zur kohärenten Anwendung der Bewertungspolitik ergibt sich Folgendes:

64   Nach Art. 70 Abs. 2 der Durchführungsverordnung muss die Bewertungspolitik durchgängig auf die Bewertung aller Vermögensgegenstände eines AIF angewandt werden. Dies bedeutet jedoch nicht, dass alle Arten von Vermögensgegenständen in gleicher Weise bewertet werden müssen. Vielmehr muss die Bewertungspolitik – wie oben eingehend dargestellt – den Spezifika der verschiedenen Arten von Vermögensgegenständen Rechnung tragen. Allerdings müssen **alle Vermögensgegenstände einer Art** grundsätzlich nach denselben Bewertungsmethoden und -verfahren bewertet werden. Wichtig ist hierbei eine passgenaue Bestimmung der Arten von Vermögensgegenständen. So besteht nach hier vertretener Ansicht z. B. der Vermögensgegenstand „Immobilie" aus einer Vielzahl von Unterkategorien, die jeweils eine teils andere Bewertung erfordern.[42] Ebenso kann u.U. der Belegenheitsort einer Immobilie Einfluss auf die angemessene Bewertungsmethode haben; auch dies ist bei der Bestimmung der Arten zu berücksichtigen.

65   **2. Mehrere externe Bewerter.** Da ein AIF ausweislich von Art. 70 Abs. 2 der Durchführungsverordnung u.U. **mehrere externe Bewerter**[43] haben kann, stellt sich die Frage, wie sich dies auf die geforderte Einheitlichkeit der Bewertung auswirkt. Art. 70 Abs. 2 nennt das Vorhandensein mehrerer externer Bewerter als einen Grund für etwaige Abweichungen von der Einheitlichkeit der Bewertung. Dies ist nach hier vertretener Ansicht zu undifferenziert. Bereits die ESMA-Empfehlung hat es versäumt herauszuarbeiten, unter welchen besonderen Umständen es einem AIF gestattet ist, mehr als einen externen Bewerter zu beauftragen. Ebenso wenig finden sich in der ESMA-Empfehlung zu Box 57 sowie der diesbezüglichen Erläuterung auf S. 114 unter Tz. 16 Erläuterungen, inwieweit die Existenz **verschiedener externer Bewerter eine teilweise unterschiedliche Bewertung** rechtfertigen kann. Es bleibt daher der Verwaltungspraxis überlassen, dies näher zu konkretisieren. Nach hier vertretener Ansicht ist diese Ausnahme eng auszulegen und nur zulässig, wenn besondere Umstände eine Durchbrechung der Einheitlichkeit rechtfertigen. Andernfalls geriete die Aussagekraft und Nachvollziehbarkeit der Bewertung in Gefahr, was aus Gründen des Anlegerschutzes und der Marktintegrität problematisch wäre. Nach hier vertretener Ansicht können z. B. für einen Mischfonds mit einem sehr unterschiedlichen Anlageuniversum unterschiedliche externe Bewerter (z. B. für Immobilien einerseits und Schiffe andererseits) beauftragt werden. Dasselbe gilt bei Fonds, die zwar nur in eine Assetklasse investieren, ihre Anleger jedoch geografisch weit streuen. So ist es bei einem weltweit anlegenden Immobilienfonds nicht nur zulässig, sondern angezeigt, nicht alle Immobilien weltweit durch einen externen Bewerter bewerten zu lassen, sofern dieser nicht über lokale Bewertungsteams an den wesentlichen Belegenheitsorten und mit entsprechender lokaler Marktkenntnis verfügt. Da dies alles Aspekte sind, die für die Festlegung der Art der Vermögensgegenstände von Bedeutung sind, führt dies nicht zu einer Durchbrechung

---

[42] Dasselbe dürfte auch bei anderen Anlagegegenständen wie z. B. Schiffen gelten.

[43] In der AIFM-Richtlinie findet sich hingegen kein Anhaltspunkt dafür, dass ein AIF mehrere externe Bewerter haben darf. Dies ist auch vor dem Hintergrund der gebotenen Einheitlichkeit der Bewertung problematisch. Daher spricht Vieles dafür, dass eine Zulassung mehrerer externer Bewerter für einen AIF nur unter besonders gelagerten Umständen (z. B. bei Mischfonds mit sehr unterschiedlichen Vermögensgegenständen oder bei Fonds mit großer geografischer Streuung) zulässig ist.

der Einheitlichkeit der Bewertung, sondern vielmehr zu der gebotenen Ausdifferenzierung. Unzulässig ist es nach hier vertretener Ansicht jedoch z. B., für eine Art von Vermögensgegenständen verschiedene externe Bewerter zu mandatieren und/oder verschiedene Bewertungsmethoden und -verfahren zuzulassen.

3. Einheitliche Bewertungspolitik für alle von einem AIFM verwalte- 66
ten AIF. Nach Art. 70 Abs. 4 der Durchführungsverordnung muss ein AIFM eine kohärente Bewertungspolitik für alle von ihm verwaltete AIF haben. Verwaltet ein AIFM z. B. mehrere Immobilienfonds, so muss er danach grundsätzlich für alle Immobilienfonds dieselben Bewertungsmethoden verwenden. Fraglich ist allerdings, inwieweit sich diese Regelung mit dem Umstand verträgt, dass nach Art. 19 Abs. 2 AIFM-Richtlinie die nationalen Bestimmungen im Sitzstaat des jeweiligen AIF bzw. die Vertragsbedingungen des AIF im Wesentlichen maßgebend sein sollen für das anzuwendende Bewertungsverfahren. Verwaltet ein deutscher AIFM z. B. sowohl Immobilienfonds in Deutschland als auch in Großbritannien, so stellt sich ganz konkret die Frage, ob bei den britischen Fonds ebenso wie bei deutschen auf den nachhaltig erzielbaren Wert abzustellen ist. Ebenfalls stellt sich die Frage, in welcher Weise den (ggf. divergierenden) **Wünschen von Anlegern** verschiedener AIF Rechnung getragen werden soll, was Art. 19 Abs. 2 AIFM-Richtlinie mit dem Abstellen auf die Vertragsbedingungen ermöglicht. Art. 70 Abs. 4 der Durchführungsverordnung macht es letztlich einem AIFM unmöglich, den unterschiedlichen Bedürfnissen verschiedener Investorengruppen auch bei der Bewertung Rechnung zu tragen. Hierin liegt eine nach hier vertretener Ansicht unzulässige, weil von Level-1 nicht gedeckte Einschränkung des Binnenmarktes. Es ist nicht nachvollziehbar und auch in der ESMA-Empfehlung nicht einmal begründet worden, warum ein deutscher AIFM nicht beispielsweise für seine Immobilienfonds für an stabilen Cashflows interessierte Investoren (wie namentlich Versicherungen) eine Bewertung anhand der nachhaltigen Entwicklung des Werts und für eher Kapitalmarkt orientierte Investoren bei anderen Immobilienfonds eine stärker am Verkehrswert zum jeweiligen Stichtag orientierte Bewertung vornehmen können soll.

4. Änderung der Bewertungspolitik. Die Bewertungspolitik ist nach 67
Art. 70 Abs. 3 der Durchführungsverordnung solange einheitlich anzuwenden, bis sie nach dem hierfür vorgesehenen Verfahren geändert worden ist. Allerdings ist der AIFM verpflichtet, bei Anhaltspunkten für das Erfordernis einer Änderung die Bewertungspolitik zeitnah zu ändern. Unklar ist jedoch, was in der Zeit zwischen Feststellung eines Änderungsbedürfnisses und tatsächlicher Änderung gilt. Nach dem Wortlaut und Sinn und Zweck der Regelung ist davon auszugehen, dass nur in besonders gelagerten Ausnahmefällen (z. B. wenn sich ein Bewertungsmodell als ungeeignet herausgestellt hat) schon vor Inkrafttreten der Änderung vorübergehend eine von dem bisherigen Verfahren abweichende Bewertung vorgenommen werden kann, um hierdurch einen größeren Schaden abzuwenden. Insoweit hat eine Güterabwägung im Einzelfall zu erfolgen.

XIII. Fortlaufende Überprüfung und Änderung der Bewertungspolitik

1. Fortlaufende Überwachung. Der AIFM muss seine Bewertungspolitik 68
nach Art. 71 Abs. 1 der Durchführungsverordnung **fortlaufend überprüfen.**
Ziel ist hierbei deren fortlaufende Optimierung sowie Anpassung an geänderte Umstände bzw. neue Erkenntnisse. Die Überprüfung muss **mindestens einmal**

pro Jahr erfolgen. Beschließt der AIF, eine neue Anlagestrategie zu verfolgen und/oder in eine neue Art von Vermögensgegenstand zu investieren, so muss die Änderung der Bewertungspolitik rechtzeitig vorher durchgeführt werden.[44]

69   Die Überprüfung muss von den **Bewertungsexperten** des AIFM vorgenommen werden; auch bei externer Bewertung muss der AIFM über entsprechende Ressourcen verfügen bzw. sich notfalls durch externe Dienstleister verschaffen, um eine fachlich fundierte Überprüfung durchführen zu können. Zusätzlich kann der AIFM nach Art. 71 Abs. 3 der Durchführungsverordnung auch sein **Risikomanagement** in die Überprüfung einbeziehen. Dies ist empfehlenswert, weil eine fehlerhafte Bewertungspolitik (und in der Folge zahlreiche fehlerhafte Bewertungen) eine nennenswerte Risikoquelle ist. Eine ausschließliche Überprüfung durch das Risikomanagement genügt jedoch nicht, weil diesem i. d. R. die hinreichende Fachkenntnis fehlt.

70   Auch wenn Art. 71 Abs. 3 dies – im Unterschied zur Überprüfung von Bewertungsmodellen nach Art. 68 Abs. 2 Satz 1 der Durchführungsverordnung Lehrstelle – nicht ausdrücklich vorschreibt, sollte auch die Überprüfung der Bewertungspolitik von Personen erfolgen, welche die Bewertungspolitik nicht selbst ausgearbeitet haben.[45] Dies erhöht die **Objektivität.**

71   **2. Verfahren zur Änderung der Bewertungspolitik.** Die Bewertungspolitik muss nach Art. 71 Abs. 2 der Durchführungsverordnung zum einen ein **Verfahren zur Änderung der Bewertungspolitik** enthalten. Danach muss die Zuständigkeit, über derartige Änderungen zu beschließen, bei der Geschäftsführung liegen. Dies trägt der hohen Bedeutung der Bewertungspolitik Rechnung. Zum anderen muss die Bewertungspolitik Anhaltspunkte dafür enthalten, unter welchen Umständen eine Änderung angebracht erscheint.

G. Wesentliche Bewertungsgrundsätze
(Art. 19 Abs. 1 und 8)

72   Neben der geeigneten und kohärenten Bewertungspolitik fordert Art. 19 Abs. 1 AIFM-RL, dass die Bewertung der Vermögensgegenstände ordnungsgemäß und unabhängig zu erfolgen hat. Diese zentralen Bewertungsgrundsätze werden in Abs. 8 ergänzt durch die Verpflichtung, die Bewertung unparteiisch und mit der gebotenen Sachkenntnis, Sorgfalt und Gewissenhaftigkeit durchzuführen.

I. Ordnungsgemäße Bewertung

73   Ein AIFM kommt seiner Verpflichtung zur ordnungsgemäßen Bewertung nach, wenn er einerseits die sich aus Art. 19 AIFM-RL und der Durchführungsverordnung, den nationalen Rechtsvorschriften des Sitzstaates des AIF bzw. den Vertragsbedingungen und der Bewertungspolitik ergebenden Vorgaben erfüllt

---

[44] Wird hierbei nur die Bewertungspolitik hinsichtlich des neuen Vermögensgegenstandes ergänzt, aber nicht die gesamte Bewertungspolitik eingehend überprüft, so gilt dies nicht als jährliche Überprüfung.

[45] Noch weitergehend IOSCO-Bericht, Principles for the valuation of collective investment schemes, S. 15, der fordert, dass die Überprüfung durch Personen geschehen soll, die mit der Bewertung bzw. dem Bewertungsverfahren nicht befasst sind (Prinzip 7). Die IOSCO schlägt vor, dass dies durch eine dritte Partei, wie z. B. den Rechnungsprüfer oder die Depotbank erfolgen könne (Prinzip 8).

und die Bewertung andererseits entsprechend den für den jeweiligen Vermögensgegenstand geltenden **Branchenstandards** durchführt. Hierzu ist der Bewerter nur in der Lage, wenn er bzw. das gesamte Bewertungsteam über die erforderlichen **theoretischen Fachkenntnisse** und ausreichende **praktische Erfahrung** bei der Bewertung von Vermögensgegenständen der betreffenden Art verfügt und die Bewertung mit der verkehrsüblichen Sorgfalt und Gewissenhaftigkeit durchführt.

II. Unabhängige Bewertung

Sowohl bei der externen als auch bei der internen Bewertung muss die Bewer- **74** tung unabhängig erfolgen. **Unabhängigkeit** bedeutet, dass der Bewerter bei der Erbringung seiner Leistung keiner Einflussnahme von außen unterliegt, die geeignet ist, seine Bewertung so zu beeinflussen, dass die gebotene Objektivität der Bewertung nicht mehr gewährleistet ist.[46]

1. Externe Bewertung. a) Rechtliche Unabhängigkeit. Nach Art. 19 **75** Abs. 1 i. V. m. Abs. 4 UAbs. 1 lit. a) AIFM-RL muss ein externer Bewerter (d.h. entweder eine natürliche Person oder eine Bewertungsgesellschaft[47]) sowohl von dem AIFM als auch von dem AIF und auch von anderen Personen mit engen Verbindungen zum AIFM oder AIF rechtlich unabhängig sein. Der externe Bewerter darf daher nicht zum **Konzernverbund des AIFM** gehören.

b) Wirtschaftliche Unabhängigkeit. Die bloße rechtliche Unabhängigkeit **76** genügt jedoch nicht. Der externe Bewerter muss auch **wirtschaftlich** von dem AIFM oder einem Unternehmen aus dessen Konzernverbund **unabhängig** sein.[48] Dies setzt voraus, dass er den überwiegenden Teil seiner jährlichen Gesamteinnahmen für Dritte erzielt.[49] Dahinter steht die Erwägung, dass ein Bewerter, der ausschließlich oder zu einem hohen Prozentsatz nur für einen Auftraggeber tätig ist, in wirtschaftliche Abhängigkeit zu diesem gerät.[50]

Handelt es sich bei dem externen Bewerter um eine Bewertungsgesellschaft, **77** so ist hierbei nicht nur auf die Gesellschaft, sondern auch auf die Mitglieder des Bewertungsteams abzustellen. Weder die **Bewertungsgesellschaft** noch die **Mitglieder des Bewertungsteams** dürfen den überwiegenden Teil ihrer jährlichen Gesamteinnahmen aus der Bewertung des AIF bzw. anderer AIF desselben AIFM erzielen.

Eine wirtschaftliche Abhängigkeit kann sich auch daraus ergeben, dass der **78** externe Bewerter oder die Mitglieder des Bewertungsteams Anteile an dem AIF halten, dessen Vermögensgegenstände sie bewerten sollen, oder aber Gesellschafter des AIFM sind. Dasselbe gilt dann, wenn der externe Bewerter Gegenpartei des

---

[46] Vgl. *Bleutge* in Landmann/Rohmer, Gewerbeordnung, Band I, 60. Ergänzungslieferung, § 36 Rn. 101 (Stand: Januar 2009).

[47] Anders als nach § 77 Abs. 2 Satz 6 InvG können zum externen Bewerter nicht nur natürliche Personen, sondern auch Bewertungsgesellschaften als solche bestellt werden. Im letzteren Fall ist externer Bewerter nicht ein Berufsträger der Bewertungsgesellschaft in personam, sondern die Bewertungsgesellschaft selbst.

[48] Vgl. zu § 77 InvG *Klusak* in Berger/Steck/Lübbehüsen, InvG, § 77 Rn. 12.

[49] Anders als § 77 Abs. 2 Satz 3 und 4 InvG enthält die AIFM-Richtlinie hierfür keine Wertgrenzen.

[50] Vgl. *Bleutge* in Landmann/Rohmer, Gewerbeordnung, Band I, 60. Ergänzungslieferung, § 36 Rn. 101 (Stand: Januar 2009).

AIF bzw. des AIFM ist (z. B. als Mieter einer Immobilie des AIF) oder aber Dienstleistungen für den AIF oder aber dessen (potenzielle) Gegenparteien erbringt (wie z. B. Maklertätigkeiten oder Facility Management). Letzteres ist bei vielen größeren Bewertungsgesellschaften üblich. Die **Interessenkonflikte** lassen sich durch die Vereinbarung branchenüblicher Chinese Walls vermindern.

79   Zur wirtschaftlichen Unabhängigkeit gehört schließlich, dass der externe Bewerter oder bei Bewertungsgesellschaften die Berufsträger des konkreten Bewertungsteams in **geordneten wirtschaftlichen Verhältnissen** leben.[51]

80   **c) Personelle Verflechtungen.** Eine Abhängigkeit kann sich jedoch auch durch **personelle Verflechtungen** ergeben. Dies ist z. B. dann der Fall, wenn Mitglieder des Bewertungsteams oder die Geschäftsleitung bzw. leitende Angestellte des externen Bewerters zugleich eine Funktion für den AIFM oder dessen Konzernunternehmen wahrnehmen oder insoweit enge persönliche oder verwandtschaftliche Bande bestehen.

81   **d) Sonstige Interessenkonflikte.** Allgemein sollen keine Umstände vorliegen, die sachfremde Erwägungen des Bewerters bei seiner Tätigkeit auslösen können.[52] Dabei sollte bereits der **Anschein einer Interessenkollision** vermieden werden.[53]

82   **e) Kein Weisungsrecht.** Aus der Unabhängigkeit des externen Bewerters folgt umgekehrt, dass weder dem AIFM noch dem AIF, wenn dieser rechtlich selbständig ist, ein **Weisungsrecht** gegenüber dem externen Bewerter bzw. den Mitgliedern des Bewertungsteams zusteht. Es ist nicht nur dem externen Bewerter verboten, einer Weisung[54] des AIFM nachzukommen. Ebenso ist es dem AIFM verboten, eine Weisung auszusprechen. Besonders problematisch sind hierbei ergebnisbezogene Weisungen.

83   Dasselbe gilt im Verhältnis zwischen der Bewertungsgesellschaft und den Mitgliedern des Bewertungsteams.[55] Daher kommt die Bestellung einer Bewertungsgesellschaft zum externen Bewerter nur in Betracht, wenn sichergestellt ist, dass bei den für die Bewertung konkret vorgesehenen Berufsträgern vertraglich garantiert ist, dass sie die Bewertung eigenverantwortlich, weisungsfrei und ohne Mitzeichnung eines Vorgesetzten vornehmen können.[56] In jedem Fall unzulässig sind sog. Ergebnisweisungen. Zulässig sind hingegen grundsätzlich organisatorische Weisungen, wie z. B. bei der Zusammenstellung des Bewertungsteams für einen AIF.[57]

84   **f) Sonstige Rücksichtnahme auf den AIFM.** Mit der Unabhängigkeit des externen Bewerters unvereinbar ist es ferner, dass dieser in sonstiger Weise auf

---

[51] Vgl. BVerwG, Urteil vom 27.6.1974, GewA 74, 333 (337); VG Schleswig, Urteil vom 19.10.1988, GewA 1989, 63.

[52] *Klusak* in Berger/Steck/Lübbehüsen, InvG, § 77 Rn. 12.

[53] *Baur,* Investmentgesetze, 2. Auf., § 32 Rn. 11 m. w. N.

[54] Eine Weisung muss nicht als Weisung bezeichnet sein. Ausreichend ist, dass der externe Bewerter aus Rücksichtnahme auf den Willen seines Auftraggebers zu einem anderen Bewertungsergebnis gelangt oder aber andere Bewertungsmethoden verwendet als er dies nach rein fachlichen Kriterien müsste.

[55] Vgl. *Bleutge* in Landmann/Rohmer, Gewerbeordnung, Band I, 60. Ergänzungslieferung, § 36 Rn. 76 (Stand: Januar 2009).

[56] Ebendort, Rn. 102.

[57] Ebendort.

den AIFM Rücksicht nimmt (z. B. um eine **Verlängerung des Mandats**[58] zu erreichen). Daher ist es dem externen Bewerter nach hier vertretener Ansicht untersagt, sich vor der Finalisierung der Bewertung mit dem AIFM über den Bewertungsentwurf auszutauschen oder gar **Änderungswünschen des AIFM nachzukommen.**[59]

Die Unabhängigkeit schließt ferner aus, dass der Bewerter der Aufforderung **85** des Bewerters nachkommt, **von bestimmten Tatsachen auszugehen** oder **bestimmte Tatsachen nicht zu erwähnen.**

g) Vergütungspolitik. Auch die **Vergütung** des externen Bewerters darf **86** dessen Unabhängigkeit nicht entgegenwirken. Hierbei sind bei Bewertungsgesellschaften zwei Ebenen zu unterscheiden: zum einen die Vergütung der Bewertungsgesellschaft und zum anderen die Vergütung der von dieser konkret eingesetzten Personen (d.h. Berufsträger und deren Hilfskräfte). Handelt es sich bei dem externen Bewerter um eine natürliche Person, so gilt das Folgende entsprechend.

aa) Vergütung der Bewertungsgesellschaft. Die Vergütung der Bewer- **87** tungsgesellschaft darf zur Vermeidung von Interessenkonflikten zum einen **keine erfolgsabhängige Komponente** enthalten, bei der – in der einen oder anderen Form – an den Wert einzelner Vermögensgegenstände oder des gesamten Portfolios angeknüpft wird. Zum anderen darf die Vergütung **keine in das Ermessen des AIFM gestellten Elemente** enthalten, weil dies die Gefahr in sich birgt, dass die Bewertungsgesellschaft den Wünschen des AIFM Rechnung trägt.

bb) Vergütung der an der Bewertung Beteiligten. Zusätzlich zu dem **88** unter aa) Ausgeführten darf die Vergütung des an der Bewertung beteiligten Bewertungsteams sowie sonstiger Personen der Bewertungsgesellschaft nicht daran anknüpfen, dass es der Bewertungsgesellschaft gelungen ist, ein **Bewertungsmandat für einen AIF zu erhalten,** aufrecht zu erhalten oder zu verlängern. Ebenso wenig darf die Vergütung an die Zahl oder die Ergebnisse der erstellten Bewertungen geknüpft sein. Anderenfalls besteht die Gefahr, dass auf Kosten der Unabhängigkeit und Unparteilichkeit den Wünschen des AIFM bei der Bewertung entgegen gekommen wird.

h) Beförderungspolitik. Wie die Vergütungspolitik muss auch die **Beförde- 89 rungspolitik** des externen Bewerters der Unabhängigkeit der Bewerter und ihrer Hilfskräfte Rechnung tragen, weil von ihr wesentliche Leistungsanreize für die Mitglieder des Bewertungsteams ausgehen.

i) Zeitliche Befristung des Mandats und Rotation. Zur Absicherung der **90** Unabhängigkeit der Sachverständigen bestimmt § 77 Abs. 4 Satz 3 InvG, dass die **Amtszeit** eines Sachverständigen grundsätzlich nach fünf Jahren enden muss. Die AIFM-Richtlinie enthält zwar keine entsprechende Regelung. Zur Wahrung der Unabhängigkeit bleibt es den Mitgliedstaaten und den Aufsichtsbehörden jedoch unbenommen, eine Höchstdauer vorzugeben. Bei Bewertungsgesellschaften ist jedenfalls durch eine **angemessene Rotation** beim Bewertungsteam dafür zu sorgen, dass die Unabhängigkeit nicht beeinträchtigt wird. Insoweit enthält § 319a Abs. 1 Satz 1 Nr. 4 HGB bei einem ähnlich gelagerten Fall bereits eine Regelung zur Sicherung der Unabhängigkeit von Rechnungsprüfern. Da es sich hierbei um

---

[58] Ebendort, Rn. 101.
[59] Diese Problematik ist in Deutschland bereits seit langem im Verhältnis zwischen dem Sachverständigenausschuss eines offenen Immobilienfonds und dessen KAG bekannt.

einen allgemeinen Rechtsgedanken handelt, sollte diese Norm im Falle einer Regelungslücke entsprechend angewandt werden.

91   **2. Interne Bewertung.** Bei der internen Bewertung gilt vieles entsprechend. Die Bewertungseinheit ist zwar ein rechtlich unselbständiger Teil des AIFM und unterliegt damit grundsätzlich dem Weisungsrecht der Geschäftsführung. Jedoch stellt Art. 19 Abs. 4 UAbs. 1 lit. b) AIFM-RL klar, dass weder die Geschäftsführung noch sonstige Personen innerhalb des AIFM einen unzulässigen Einfluss auf die Mitarbeiter der Bewertungseinheit ausüben dürfen. Dem kann am besten durch eine **funktionale und hierarchische Trennung** der Bewertungseinheit von der Portfolioverwaltung und der Zuständigkeit eines Geschäftsführers für Bewertungsfragen Rechnung getragen werden. Dies soll sicherstellen, dass Aspekte der Bewertung ungefiltert in Entscheidungsprozesse der Geschäftsführung einfließen können.

92   Wesentlich ist ferner, dass die Vergütungspolitik die Unabhängigkeit nicht in Frage stellt (vgl. Art. 19 Abs. 4 UAbs. 1 lit. b) AIFM-RL). Daher darf die **Vergütung** der Mitglieder der Bewertungseinheit in keiner wie auch immer gearteten Form **an die Wertentwicklung des AIF oder die Höhe seiner AuM geknüpft** sein. Auch ist ein **diskretionärer Vergütungsbestandteil** unzulässig, weil dies die Gefahr birgt, dass sich Bewerter (freiwillig) den Wünschen der Geschäftsführung oder ihrer sonstigen Vorgesetzten unterwerfen. Die Vergütung sollte im Wesentlichen in einer Fixvergütung bestehen. Eine zusätzliche variable Vergütung muss anhand von leicht nachprüfbaren objektiven Kriterien bemessen werden und darf keine Interessenkonflikte begründen.

93   Auch die (gelebte) **Beförderungspolitik** des AIFM muss der Unabhängigkeit der Mitglieder der Bewertungseinheit Rechnung tragen. Da es gerade Aufgabe der Bewerter und ihres technischen Unterstützungsteams ist, die Bewertung unabhängig und unparteiisch durchzuführen, darf der Umstand, dass sie sich gegen eine Einflussnahme der Geschäftsführung oder sonstiger Vorgesetzter auf die Bewertung verwehrt haben, nicht negativ bewertet werden, sondern ist im Gegenteil positiv zu berücksichtigen.

III. Unparteiische Bewertung

94   Ähnlich wie § 77 Abs. 4 Satz 2 InvG fordert Art. 19 Abs. 8 AIFM-RL, dass die Bewertung[60] **unparteiisch**[61] zu erfolgen hat. Dies soll sicherstellen, dass die Bewertung **allein unter fachlichen Gesichtspunkten** erfolgt und es zu keiner Rücksichtnahme auf Interessen (z. B. des AIFM an einer möglichst hohen Bewertung oder von Kreditgebern bzw. Primebrokern des AIF an einer möglichst niedrigen Bewertung zwecks Nachbesicherung) kommt. Unparteilichkeit fordert vom Bewerter Unabhängigkeit von Person, Neutralität bei der Auftragsdurchführung und Objektivität in Sachfragen.[62] Der Bewerter muss bereits jeden Anschein von Parteilichkeit und Voreingenommenheit vermeiden.[63]

---

[60] Art. 19 Abs. 8 AIFM-RL stellt zutreffend darauf ab, dass die Bewertung unparteiisch erfolgen muss. Demgegenüber fordert § 77 Abs. 4 Satz 2 InvG, dass der Sachverständige als Person unparteilich ist. Letzteres muss sich jedoch in den konkreten Bewertungen und dem Verhalten gegenüber dem KAG manifestieren.

[61] Im Investmentgesetz ist hingegen von „unparteilich" die Rede, ohne dass sich hieraus Unterschiede ergeben.

[62] *Bleutge* in Landmann/Rohmer, Gewerbeordnung, Band I, 60. Ergänzungslieferung, § 36 Rn. 107 (Stand: Januar 2009).

[63] Ebendort, m. w. N.

Dies gilt auch dann, wenn die **Anleger des AIF bestimmte Wünsche** an **95**
die Bewertung äußern, weil Art. 19 Abs. 8 AIFM-RL nicht dispositiv ist. Im
Übrigen erfordert die Marktintegrität, dass Bewerter Einflussnahmeversuche jeglicher Art zurückzuweisen.

Bei Bewertungsgesellschaften richtet sich das Erfordernis der unparteiischen **96**
Bewertung in erster Linie an diejenigen Personen, welche die Bewertung durchführen. Schon aus der gebotenen Unabhängigkeit der Bewertungsgesellschaft folgt
jedoch, dass diese stets eine ausreichende **Neutralität und Distanz zu dem
AIFM** bzw. AIF zu wahren hat.

IV. Höchstpersönliche Tätigkeit

Der externe Bewerter bzw. die Mitglieder des Bewertungsteams einer Bewer- **97**
tungsgesellschaft haben die Bewertungen persönlich vorzunehmen. Nur bei persönlicher Leistungserbringung ist sichergestellt, dass die Bewertung von Personen
erbracht wird, welche die strengen Anforderungen an einen Bewerter erfüllen.[64]
Auf die **höchstpersönliche Leistungserbringung** kann auch nicht mit Zustimmung des Auftraggebers verzichtet werden.[65] Dies setzt voraus, dass alle Arbeiten,
welche eine **besondere Sachkunde** voraussetzten, von einem Berufsträger
erbracht werden. Ein Bewerter darf Hilfskräfte nur zu untergeordneten Vorarbeiten nach von ihm gemachten Vorgaben einsetzen, sie jedoch keineswegs zur
eigenverantwortlichen Gutachtenerstellung heranziehen.[66] Unzulässig ist es daher,
wenn ein Berufsträger ein Gutachten mit seinem Stempel und seiner Unterschrift
versieht, obwohl dies völlig selbständig von einem Angestellten erstellt worden
ist.[67]

Zur höchstpersönlichen Leistungserbringung gehört auch, dass der Bewerter **98**
das **Objekt** (wie z. B. eine Immobilie oder ein Schiff) **in eigener Person besichtigt.**[68] Eine Besichtigung durch Hilfskräfte genügt nicht.

Unklar ist, in welchem Umfang ein Bewerter **Hilfskräfte einsetzen** darf. **99**
Laut *Bleutge*[69] sollen Hilfskräfte Gutachten entwerfen dürfen, vorausgesetzt, der
Bewerter überprüft die wesentlichen Feststellungen und Schlussfolgerungen selbst.
Je besser die Hilfskräfte ausgebildet sind, desto mehr Aufgaben dürfen von ihnen
erledigt werden. Allerdings findet die Mitwirkung von Hilfskräften dort ihre
Grenzen, wo Beurteilungs- und Entscheidungsspielräume bestehen oder Wertungen vorzunehmen sind. Letzteres ist jedoch bei der Bewertung der Vermögensgegenstände von AIF nahezu immer der Fall.

Aus der Pflicht zur höchstpersönlichen Leistungserbringung folgt ferner, dass **100**
bei **Gemeinschaftsgutachten** kenntlich zu machen ist, welche Bewerter in welchem Umfang mitgewirkt haben. Anzugeben ist schließlich auch, welcher Bewerter für welche Bewertungen verantwortlich ist. Dies ist namentlich bedeutsam,
wenn die Bewertungsergebnisse der einzelnen Bewerter divergieren.[70]

---

[64] Ebendort, Rn. 103 (Stand: Januar 2009).
[65] Ebendort, Rn. 105.
[66] *Müller* DB 1972, 1809 (1811); *Bleutge* NJW 1985, 1185.
[67] *Bleutge* in Landmann/Rohmer, Gewerbeordnung, Band I, 60. Ergänzungslieferung,
§ 36 Rn. 104 (Stand: Januar 2009).
[68] OLG Hamm, Urteil vom 23.10.1990, WRP 1991, 250.
[69] In: Landmann/Rohmer, Gewerbeordnung, Band I, 60. Ergänzungslieferung, § 36
Rn. 104 (Stand: Januar 2009).
[70] *Bleutge* in Landmann/Rohmer, Gewerbeordnung, Band I, 60. Ergänzungslieferung,
§ 36 Rn. 105 (Stand: Januar 2009).

V. Gebotene Sachkenntnis, Sorgfalt und Gewissenhaftigkeit

101   Nach Abs. 8 muss die Bewertung überdies mit der gebotenen **Sachkenntnis, Sorgfalt und Gewissenhaftigkeit** durchgeführt werden. Dies bedeutet, dass der Bewerter die von ihm verlangte Leistung mit der Sorgfalt eines ordentlichen Bewerters im Einklang mit den gesetzlichen Vorgaben und unter Berücksichtigung des aktuellen Standes von Wissenschaft und Technik zu erbringen hat.[71] Hierzu gehört, dass der Bewerter die Bewertung nach bestem Wissen und Gewissen durchführt. Ausfluss der Gewissenhaftigkeit ist, dass der Bewerter bei Übernahme des Bewertungsauftrags zu prüfen hat, ob er hierfür über eine hinreichende Eignung verfügt. Andernfalls muss er den Auftrag zurückgeben.[72] Bei Bewertungsgesellschaften folgt hieraus, dass für die Bewertung eines Vermögensgegenstandes das jeweils am besten geeignete Bewertungsteam zusammenzustellen ist. Die Gewissenhaftigkeit schlägt sich jedoch auch in Form und Inhalt des Gutachtens nieder. Das Gutachten muss systematisch aufgebaut werden, übersichtlich gegliedert sein sowie nachvollziehbar und nachprüfbar begründet sein.[73] Der Bewerter sollte eine Bandbreite angeben, innerhalb der das Ergebnis noch als richtig angesehen wird.

VI. Rechtsfolgen bei Verstößen gegen die Bewertungsgrundsätze

102   Verstöße gegen die vorgenannten Bewertungsgrundsätze können eine **Haftung des externen Bewerters und des AIFM** nach sich ziehen.[74] Bei interner Bewertung besteht allein eine Außenhaftung des AIFM; allerdings können Regressansprüche gegen Mitglieder der Bewertungsteam bestehen.

103   Fraglich ist, in welcher Weise die Aufsichtsbehörde einschreiten kann, wenn sie auf **Verstöße gegen Bewertungsgrundsätze** stößt. Da der AIFM nach Art. 19 Abs. 1 die Einhaltung der Bewertungsgrundsätze sicherstellen muss, kann die Aufsichtsbehörde verlangen, dass er **Verstöße korrigiert** und für die Zukunft eine Wiederholung ausschließt. Bei schweren Verstößen des externen Bewerters kann die Heimatbehörde des AIFM gemäß Art. 19 Abs. 7 i. V. m. Abs. 5 und Art. 20 Abs. 1 UAbs. 1 lit. b), e) und f) verlangen, dass dieser durch einen anderen ersetzt wird.[75] Die Rechtslage ist insoweit eindeutiger als nach § 77 Abs. 3 InvG, der nur auf Eigenschaften des Sachverständigen, nicht aber auf die Ordnungsmäßigkeit der Bewertung selbst abstellt. Die Heimatbehörde des AIFM übt somit faktisch eine Aufsicht über externe Bewerter aus, auch wenn sie an dessen Bestellung nicht mitwirken und ihn insbesondere nicht zulassen muss.[76]

104   Treten bei einer **internen Bewertung** schwerwiegende Verstöße gegen Bewertungsgrundsätze auf, so kann dem AIFM als **ultima ratio** die **Zulassung entzogen** werden. In Betracht kommt auch die Verpflichtung, das betreffende Mitglied der Geschäftsführung (und ggf. weitere Verantwortliche) abzuberufen oder die Auflage, einen externen Bewerter zu bestellen. Letzteres dürfte sich

---

[71] Ebendort, Rn. 106.

[72] Ebendort.

[73] Ebendort m. w. N.

[74] Vgl. hierzu eingehend unter Rn. 173 ff.

[75] Bei Bewertungsgesellschaften dürfte im Rahmen des Verhältnismäßigkeitsprinzips zu prüfen sein, ob ein Wechsel des konkreten Bewertungsteams ausreichend ist.

[76] Art. 19 Abs. 7 AIFM-RL folgt dabei demselben Ansatz wie § 77 Abs. 3 InvG.

insbesondere dann empfehlen, wenn eine Überprüfung nach Art. 19 Abs. 9 erhebliche Mängel der internen Bewertung aufgezeigt hat.

H. Der Bewerter

I. Einleitung

Wie das Investmentgesetz gestattet die AIFM-Richtlinie sowohl eine externe **105**
als auch eine interne Bewertung durch den AIFM. Allerdings ist auf folgende
wesentlichen Unterschied hinzuweisen. Das Investmentgesetz enthält z. B. in
§ 77 eine zwingende Regelung, wonach Immobilien nur durch externe Bewerter (dem sog. Sachverständigenausschuss) bewertet werden dürfen. Eine vergleichbare Regelung fehlt in der AIFM-Richtlinie. Demgemäß haben AIFM
bei Immobilienfonds künftig ein **Wahlrecht zwischen externer und interner
Bewertung.** Damit hat der Richtliniengeber der unterschiedlichen Rechtstradition in den Mitgliedstaaten Rechnung getragen. Auch fehlen in der AIFM-
Richtlinie Regelungen, die mit § 36 InvG vergleichbar sind und festlegen, wie
der Wert von verschiedenen Arten von Vermögensgegenständen zu ermitteln
ist, was wiederum einen Rückschluss darauf zulässt, ob die Wertermittlung
durch die KAG selbst (z. B. durch Rückgriff auf veröffentlichte Marktpreise oder
Preisquellen) erfolgen kann oder durch einen ggf. externen Sachverständigen
erfolgen muss.

Die AIFM-Richtlinie sieht demgemäß die **externe und die interne Bewer-** **106**
tung als gleichwertig an, ohne hierbei nach Assetklassen bzw. Vermögensgegen-
ständen zu differenzieren. Allerdings bringt Art. 19 AIFM-RL an verschiedenen
Stellen die Skepsis einiger Mitgliedstaaten gegen die externe Bewertung (Art. 19
Abs. 5)[77] sowie anderer Mitgliedstaaten gegen die interne Bewertung (vgl. Art. 19
Abs. 9)[78] zum Ausdruck.

II. Einzel- oder Gremienentscheidung

Anders als § 77 InvG schreibt Art. 19 bei externer Bewertung **keine Gremi-** **107**
enentscheidung in Form eines Sachverständigenausschusses vor. Aus der Verwendung des Singulars in Abs. 4 UAbs. 1 lit. a) („eine natürliche oder juristische
Person") folgt vielmehr, dass es gestattet ist, einen Vermögensgegenstand (wie
z. B. eine Immobilie) nur durch eine natürliche Person bewerten zu lassen.
Anderenfalls könnten natürliche Personen nicht externe Bewerter sein oder
würde es nicht ausreichen – anders als von Art. 19 vorausgesetzt –, nur einen
externen Bewerter zu beauftragen. Die Bewertung durch nur einen Bewerter
entspricht nei Immobilien der Rechtstradition in einer Reihe von Mitgliedstaaten.[79]

---

[77] Es erscheint fraglich, weshalb allein ein externer Bewerter seine fachliche Eignung
nachweisen muss, nicht aber der AIFM im Falle interner Bewertung. Ebenso wenig nachvollziehbar ist, weshalb der AIFM einen objektiven Grund für die Beauftragung eines externen
Bewerters nachweisen muss (Art. 19 Abs. 5 lit. c) i. V. m. Art. 20 Abs. 1 UAbs. 1 lit. a)).

[78] Danach kann die Heimatbehörde des AIFM verlangen, dass die interne Bewertung von
einem externen Bewerter überprüft werden muss; vgl. eingehend unter Rn. 111 ff.

[79] Vgl. *EU-Kommission,* Expert Group Report on open ended real estate funds, Annex,
comparative legal table, abrufbar unter: http://ec.europa.eu/internal_market/investment/
docs/other_docs/expert_groups/report_annex_en.pdf.

108   Allerdings schreibt Art. 19 an keiner Stelle zwingend vor, dass die Bewertung nur durch eine natürliche Person zu erfolgen hat. Da in vielen Mitgliedstaaten[80] z. B. bei der Bewertung von Immobilien eine Bewertung durch ein Gremium bestehend aus zwei oder drei Bewertern üblich ist, dürften nach hier vertretener Auffassung auch Gremienentscheidungen (wie in Form eines Sachverständigenausschusses) weiterhin zulässig sein. Die Entscheidung, ob der AIFM **einen Bewerter oder ein Gremium** mit der Bewertung beauftragen möchte, liegt jedoch beim AIFM.[81] Dieser hat die Entscheidung nach Art. 12 Abs. 1 lit. b) im besten Interesse des AIF und dessen Anleger zu treffen. Dabei mag – trotz höherer Kosten – die höhere Aussagekraft und Ausgewogenheit für eine Gremienentscheidung sprechen. Ein weiterer Vorteil einer Gremienentscheidung ist die Möglichkeit der Rotation zwischen Haupt- und Nebengutachtern (vgl. § 77 Abs. 1a Satz 1 InvG).

III. Nur ein externer Bewerter?

109   Art. 19 spricht an verschiedenen Stellen (vgl. Abs. 4 bis 7) stets nur von einem Bewerter. Demgegenüber ist in Art. 70 Abs. 2 der Durchführungsverordnung davon die Rede, dass ein AIF u.U. mehrere externe Bewerter haben kann. Letzteres entspricht der Regelung in § 77 Abs. 1 Satz 1 InvG, wonach ein offener Immobilienfonds einen oder mehrere Sachverständigenausschüsse haben kann. Insbesondere dann, wenn einzelne natürliche Personen weiterhin berechtigt sein sollen, als externe Bewerter tätig zu werden, ist es bei größeren Fonds oder aber Fonds mit unterschiedlichen geografischen Anlageschwerpunkten häufig unvermeidbar, mehrere externe Bewerter zu beauftragen. Bei einem weltweit investierenden Immobilienfonds wäre ein externer Bewerter (selbst wenn es sich um eine große Bewertungsgesellschaft handelt) häufig nicht in der Lage, Bewerter mit Erfahrungen aus allen betreffenden regionalen Immobilienmärkten zur Verfügung zu stellen. Im Übrigen sind bei Mischfonds, welche z. B. in Immobilien und Schiffe investieren, u.U. externe Bewerter für die verschiedenen Arten von Vermögensgegenständen zu beauftragen.

110   Auf der anderen Seite erhöht eine **Mehrzahl von externen Bewertern** das Risiko der Uneinheitlichkeit der Bewertung, selbst wenn diese zur Beachtung einer einheitlichen Bewertungspolitik verpflichtet werden. Daher kommt nach hier vertretener Auffassung eine Beauftragung mehrerer externer Bewerter nur in Betracht, wenn der AIFM seiner Aufsichtsbehörde gemäß Art. 19 Abs. 5 lit. c) i. V. m. Art. 20 Abs. 1 UAbs. 1 lit. a) und e) nachweisen kann, dass es hierfür einen **objektiven Grund** gibt und dies im Interesse des AIF und seiner Anleger liegt.

IV. Überprüfung der internen Bewertung durch einen externen Bewerter oder einen Wirtschaftsprüfer

111   Entscheidet sich ein AIFM, alle oder bestimmte Arten von Vermögensgegenständen intern zu bewerten, so kann dessen Heimatbehörde nach Art. 19 Abs. 9 anordnen, dass das angewandte Bewertungsverfahren oder auch die einzelnen

---

[80] Ebendort.

[81] Die zwingende Vorgabe einer Gremienentscheidung durch die Mitgliedstaaten dürfte unzulässig sein, weil nach Art. 19 Abs. 4 UAbs. 1 lit. a) eine einzelne natürliche Person externer Bewerter sein kann.

Bewertungen von einem externen Bewerter oder, je nach Vermögensgegenstand, von einem Rechnungsprüfer zu überprüfen ist.

Hintergrund dieser Regelung ist, dass bei internen Bewertungen die **Interes-** 112 **senkonflikte** tendenziell größer sind als bei externer Bewertung. Durch die jederzeit drohende Möglichkeit der Anordnung einer Überprüfung sollen AIFM zu einer ordnungsgemäßen, unabhängigen und unparteiischen Bewertung angehalten werden. Aus Gründen der Marktintegrität können Mitgliedstaaten das Instrument der Überprüfung auch nutzen, um z. B. bei der Bewertung von Immobilien generell eine externe Bewertung oder aber eine Überprüfung der internen Bewertung anzuordnen. Auf diese Weise kann einem Misstrauen der Investoren in die Verlässlichkeit der intern ermittelten Bewertung entgegengewirkt werden.

Unklar ist allerdings, welche Rechtsfolgen es hat, wenn die Überprüfung **Män-** 113 **gel am Bewertungsverfahren** oder an **einzelnen Bewertungen** zu Tage fördert. Weder die AIFM-Richtlinie noch die Durchführungsverordnung enthalten hierfür Regelungen. Sind zweifelsfrei Mängel am Bewertungsverfahren festgestellt worden, so muss der AIFM dieses zeitnah mit Wirkung für die Zukunft ändern. Sich hieraus ergebende Mängel einzelner Bewertungen ist durch eine außerordentliche Bewertung aller hiervon betroffenen Vermögensgegenstände Rechnung zu tragen. Dasselbe gilt, wenn nachgewiesen wird, dass einzelne Bewertungen fehlerhaft sind. Soweit hierdurch ein beim AIF oder einzelnen (ehemaligen) Anlegern eingetretener Schaden nicht rückgängig gemacht werden kann, können diese vom AIFM unter den Voraussetzungen des Abs. 10 **Schadenersatz** verlangen. Dies kommt insbesondere in Betracht, wenn Anleger wegen der fehlerhaften Bewertung Anteile über oder unter Wert erworben oder zurückgegeben haben.

Besteht zwischen dem AIFM und seiner Aufsichtsbehörde Streit, ob die Über- 114 prüfung tatsächlich einen Fehler zu Tage gefördert hat, so dürfte die **Aufsichtsbehörde** befugt sein, den Wert der betroffenen Vermögensgegenstände durch einen weiteren externen Bewerter ermitteln zu lassen.

V. Wer kann externer Bewerter sein?

Nach Art. 19 Abs. 4 UAbs. 1 lit. a) kann es sich bei dem externen Bewerter 115 entweder um eine **natürliche Person** oder um **eine juristische Person** (sog. Bewertungsgesellschaft) handeln. Anerkannt ist somit – wie nach § 77 Abs. 2 Satz 6 InvG – auch eine Bewertung durch einen Zusammenschluss von Sachverständigen.

Allerdings weist die Regelung vier Unterschiede zum Sachverständigenaus- 116 schuss nach § 77 InvG auf. Anders als nach § 77 Abs. 2 Satz 6 InvG ist die **Bewertungsgesellschaft** und nicht ein einzelner Berufsträger als externer Bewerter zu qualifizieren. Jedoch muss nicht nur die Bewertungsgesellschaft, sondern auch die von dieser zusammengestellte Bewertungsmannschaft die Anforderungen an einen externen Bewerter erfüllen.[82]

Bei § 77 InvG geht zweitens die wohl h.M. davon aus, dass nur die **Gesell-** 117 **schafter einer Bewertungsgesellschaft** Mitglied des Sachverständigenausschusses sein können.[83] Dieser Streit ist im Anwendungsbereich der AIFM-Richtlinie

---

[82] Die Anforderungen der Abs. 4 und 5 sind primär auf natürliche Personen ausgerichtet. Eine Bewertungsgesellschaft kann z. B. selbst nicht über die nach Abs. 5 lit. c) i. V. m. Art. 20 Abs. 1 UAbs. 1 lit. f) erforderlichen Fachkenntnisse und Erfahrungen verfügen.

[83] Vgl. nur *Zöll* in Beckmann/Scholtz/Vollmer, Investment, § 77 InvG Rn. 7; *Klusak* in Berger/Steck/Lübbehüsen, InvG, § 77 Rn. 15, welche dies aus dem Begriff „Angehörige eines Zusammenschlusses von Sachverständigen" folgern.

nunmehr obsolet. Die Bewertungsgesellschaft kann alle ihre entsprechend qualifizierten Berufsträger mit der Bewertung betrauen.

118   Drittens ist unklar, ob auch Zusammenschlüsse von Sachverständigen in der
Rechtsform einer **Personengesellschaft** externer Bewerter sein dürfen, wie dies
nach § 77 Abs. 2 Satz 6 InvG möglich ist. Dem könnte entgegenstehen, dass es
sich bei diesen gerade um keine juristischen Personen handelt, wie Abs. 4 fordert.
Fraglich ist, ob hierin eine bewusste Beschränkung oder lediglich eine ungewollte
und durch Analogie zu schließende Regelungslücke zu sehen ist. Anders als bei
AIFM, bei denen es sich aus organisatorischen und haftungsrechtlichen Gründen
gemäß Art. 4 Abs. 1 lit. b) zwingend um eine juristische Person handeln muss,
sprechen beim externen Bewerter die besseren Gründe dafür, Zusammenschlüsse
von Bewertern **unabhängig von ihrer Rechtsform** zuzulassen. Kann nämlich
eine natürliche Person externer Bewerter sein, so können organisatorische Gründe
nicht gegen Bewertungsgesellschaften in der Rechtsform einer Personengesellschaft ins Feld geführt werden. Auch sprechen keine haftungsrechtlichen Gründe
hiergegen, weil die Haftungssumme einer Kapitalgesellschaft (z. B. einer GmbH)
niedriger sein kann als die einer Personengesellschaft. Ohnehin hat es die EU-
Kommission bei der Konkretisierung der beruflichen Garantien gemäß Abs. 5
lit. b) versäumt, Mindestkapitalanforderungen oder eine Berufshaftpflichtversicherung vorzuschreiben, damit Haftungsansprüche auch wirtschaftlich durchsetzbar
sind (vgl. Art. 74 der Durchführungsverordnung).

119   Hinzuweisen ist darauf, dass Art. 19 AIFM-RL im Unterschied zu § 77 Abs. 1
Satz 2 InvG nicht zwischen der **Erstbewertung** (vor Erwerb) und den **Folgebewertungen** (nach Erwerb) unterscheidet. Soweit eine Erstbewertung überhaupt
erfolgt, was Art. 19 nicht zwingend vorschreibt, kann diese genauso wie die Folgebewertungen von dem externen Bewerter durchgeführt werden. Demgegenüber
hat der deutsche Gesetzgeber mit dem Investmentänderungsgesetz die Erst- und
die Folgebewertungen bewusst getrennt. Die Erstbewertung soll nicht durch denselben Sachverständigenausschuss erfolgen wie die Folgebewertungen.[84] Der
Gesetzgeber wollte damit erreichen, dass die Bewertung von Immobilien dem
Urteil voneinander unabhängiger Sachverständiger unterworfen wird. Insbesondere sollte damit verhindert werden, dass eine ggf. zu hohe Erstbewertung bei
den Folgebewertungen fortgeschrieben werden könnte, was bei einer Bewertung
durch denselben Sachverständigen naheläge[85] würde.[86]

120   Nach Abs. 4 UAbs. 2 kann die **Depotbank** grundsätzlich nicht externer
Bewerter sein, weil sich dies nicht mit der unabhängigen Stellung der Depotbank
als Treuhänder der Anleger verträgt und es u.a. Aufgabe der Depotbank ist,
sicherzustellen, dass der Wert der Anteile des AIF ordnungsgemäß berechnet
worden ist. Allerdings sieht die Vorschrift eine Rückausnahme vor, wenn innerhalb ein und derselben Gesellschaft die Tätigkeiten als Depotbank und als externer
Bewerter **funktional und hierarchisch voneinander getrennt** sind.[87] Selbst
dann müssen jedoch die potenziellen Interessenkonflikte ordnungsgemäß ermittelt
und gesteuert werden.[88] Werden diese Voraussetzungen eingehalten, so kann

---

[84] Die Erstbewertung kann auch durch einen einzelnen Sachverständigen geschehen.

[85] Schon aus haftungsrechtlichen Gründen ist wenig wahrscheinlich, dass ein Sachverständiger seine Erstbewertung in den Folgebewertungen selbst als fehlerhaft bezeichnen wird.

[86] Vgl. *Klusak* in Berger/Steck/Lübbehüsen, InvG, § 77 Rn. 5.

[87] Vgl. zum Begriff der funktionalen und hierarchischen Trennung eingehend unter
Art. 21 Rn. 88 ff.

[88] Vgl. hierzu eingehend unter Art. 21 Rn. 91 und 92 ff.

eine Einheit derselben Gesellschaft, zu der auch die Depotbank gehört, externer Bewerter sein.

VI. Anforderungen an den externen Bewerter (Abs. 5)

Nach Abs. 5 i. V. m. Abs. 7 muss der AIFM **vor der Bestellung seiner Hei-** **121** **matbehörde** anzeigen, wen sie zum externen Bewerter bestellen möchte. Hierbei hat der AIFM nachzuweisen, dass der externe Bewerter die folgenden Anforderungen gemäß Abs. 5 erfüllt. Überdies hat er auch die Umstände darzulegen, aus denen sich die Unabhängigkeit des externen Bewerters ergibt. Die Heimatbehörde kann die Bestellung eines anderen externen Bewerters verlangen, wenn der Benannte nicht (oder nicht länger) alle Anforderungen erfüllt. Diese Regelungen entsprechen dem geltenden § 77 Abs. 3 InvG.

1. Regulierung des externen Bewerters. Als externer Bewerter darf nach **122** Abs. 5 lit. a) nur bestellt werden, wer für seine Sachverständigentätigkeit a) einer obligatorischen berufsmäßigen Registrierung, b) Rechts- und Verwaltungsvorschriften oder c) berufsständischen Regeln unterliegt.[89]

a) Registrierungspflicht. Bewerter unterliegen in Deutschland bisher keiner **123** generellen (aufsichtsrechtlichen) Registrierungspflicht, wie sie Art. 3 Abs. 3 lit. a) nunmehr für kleine AIFM einführt.[90] Einer einer Registrierungspflicht gleichwertigen Aufsicht unterliegen jedoch nach § 77 Abs. 3 InvG aktive **Mitglieder von Sachverständigenausschüssen** von offenen Immobilienfonds. Sie dürfen ihre Tätigkeit nur aufnehmen, nachdem die BaFin das Vorliegen der Anforderungen des § 77 InvG geprüft hat.

b) Rechts- und Verwaltungsvorschriften. Allerdings gelten in Deutschland **124** für **öffentlich bestellte** sowie **amtlich anerkannte Sachverständige**[91] nach § 36 GewO bzw. entsprechenden landesrechtlichen Regelungen Rechts- und Verwaltungsvorschriften.[92] Diese schreiben u.a. vor, dass der Sachverständige über eine angemessene Berufshaftpflichtversicherung zu verfügen hat. Der Verordnungsgeber hat in Art. 74 der Durchführungsverordnung versäumt, eine entsprechende EU-weite Regelung einzuführen.

c) Berufsständische Regeln. Einer Form von berufsständischer Regelung **125** unterliegen die **zertifizierten Sachverständigen.** Die Europäische Normenorganisation hat für sie ein Akkreditierungs- und Zertifizierungssystem eingeführt (vgl. Normenreihe 45000 ff.). Dieses ist in Deutschland als DIN-Norm (DIN EN ISO/IEC 17024) übernommen worden.[93] Hierbei handelt es sich um keine Rechts- oder Verwaltungsvorschrift, sondern um ein rein privatrechtlich geregeltes System. Dieses System funktioniert folgendermaßen. Eine autorisierte Stelle erkennt mit einer Akkreditierung die Kompetenz von Zertifizierungsstellen formal an. Zu diesem Zweck haben die Industrie- und Handelskammern zusammen

---

[89] Diese Anforderungen entsprechen denen nach Art. 21 Abs. 3 UAbs. 3 an die besondere Art von Depotbank für geschlossene Fonds; vgl. Art. 21 Rn. 43 ff.

[90] Auch der Kabinettsentwurf zum KAGB enthält hierzu keine Regelungen.

[91] Zu Sachverständigen für Grundstücke und Mieten vgl. z. B. FG Münster, Urteil vom 12.11.1996, EFG 1997, 420.

[92] Vgl. hierzu eingehend *Bleutge* in Landmann/Rohner, Gewerbeordnung, 60. Ergänzungslieferung, § 36 Rn. 17 (Stand: Mai 2008).

[93] Ebendort, Rn. 20.

mit Sachverständigenverbänden und Prüforganisationen unter dem Dach des Instituts für Sachverständigenwesen die IfS-Zert GmbH gegründet. Diese ist inzwischen als Zertifizierungsstelle u.a. für **Immobiliensachverständige** anerkannt.[94]

126   **d) Selbsternannte Sachverständige.** Nicht als externe Bewerter tätig werden dürfen sog. **selbsternannte Sachverständige,** weil diese weder a) einer obligatorischen berufsmäßigen Registrierung, b) Rechts- und Verwaltungsvorschriften noch c) berufsständischen Regeln unterliegen. Dies gilt nach hier vertretener Ansicht auch dann, wenn sie von einer Organisation (wie z. B. einem Sachverständigenverband) aufgrund privatrechtlicher Bestimmungen zum Sachverständigen ernannt worden sind, ohne dass damit eine Zertifizierung gemäß c) einhergeht.[95]

127   **2. Eignungsnachweise des Bewerters.** Nach Abs. 5 lit. b) muss der externe Bewerter **ausreichende berufliche Garantien** vorweisen können, um die Bewertung in Einklang mit den Bestimmungen des Art. 19 erbringen zu können. Art. 74 der Durchführungsverordnung konkretisiert, welche genauen Anforderungen hierbei zu stellen sind. Bei Bewertungsgesellschaften beziehen sich diese Nachweise teils auf die Gesellschaft (vgl. Art. 74 Abs. 2 lit. a) und b) sowie Abs. 3 der Durchführungsverordnung) und teils auf die konkreten Bewerter (vgl. Art. 74 Abs. 2 lit. c) und d)).

128   Bei den beruflichen Garantien muss es sich nach Art. 74 Abs. 1 Satz 2 der Durchführungsverordnung um eine schriftliche Unterlage handeln, welche von dem externen Bewerter, falls er eine natürliche Person ist, oder den gesetzlichen Vertretern der Bewertungsgesellschaft zu unterschreiben ist.

129   Hierzu gehört zunächst ein Nachweis, dass der externe Bewerter über **ausreichende personelle und technische Ressourcen** verfügt, um die Bewertung angemessen durchführen zu können. Diese Anforderungen gemäß Art. 74 Abs. 2 lit. a) der Durchführungsverordnung sind weniger detailliert als die inhaltlich gleichgerichtete Regelung in Art. 78 lit. a) bei der Auslagerung. Dort wird hervorgehoben, dass es nicht nur auf die Quantität der personellen Ressourcen, sondern insbesondere darauf ankommt, dass das eingesetzte Personal auch über das nötige Fachwissen und die erforderliche Erfahrung verfügen muss.[96]

130   Da Art. 19 Abs. 6 dem externen Bewerter die Auslagerung verbietet, muss er die Tätigkeit weitgehend mit **eigenen Ressourcen** beschreiten können. Zulässig ist es jedoch, dass er für Hilfstätigkeiten auf Dritte zurückgreift.[97]

131   Ferner muss der externe Bewerter darlegen, dass er angemessene Maßnahmen ergriffen hat, um die von Art. 19 Abs. 1 geforderte ordnungsgemäße und unabhängige Bewertung sicherzustellen (Art. 74 Abs. 2 lit. b)).

132   Der externe Bewerter muss zudem über angemessene **Fachkenntnisse** für die Bewertung der Vermögensgegenstände, mit denen er betraut werden soll, sowie über ein hinreichendes **Verständnis für die Anlagestrategie** des AIF verfügen

---

[94]   Ebendort.

[95]   Dem steht nicht entgegen, dass auch für selbsternannte Sachverständige nach der Rechtsprechung gewisse Mindestanforderungen an die Sachkunde, Unabhängigkeit und Unparteilichkeit gelten; vgl. hierzu nur BGH, Urteil vom 23.5.1984, NJW 1984, 2365.

[96]   Insoweit kann auf die eingehende Darstellung unter Art. 20 Rn. 58 ff. verwiesen werden.

[97]   Vgl. nur Erwägungsgrund 31 Satz 2 der AIFM-Richtlinie. Dieser gilt nach hier vertretener Auffassung für den externen Bewerter entsprechend.

(Art. 74 Abs. 2 lit. c)).[98] Dabei darf es sich nicht nur um theoretische Fachkenntnisse handeln.[99] Erforderlich ist vielmehr eine **ausreichende Erfahrung** mit der Bewertung entsprechender Vermögensgegenstände (Art. 74 Abs. 2 lit. d)). Dies setzt eine **mehrjährige Bewertungstätigkeit** voraus.[100] Damit entsprechen diese Anforderungen im Wesentlichen dem, was § 77 InvG für Sachverständige offener Immobilienfonds fordert. Allerdings ist Art. 74 der Durchführungsverordnung weniger detailliert als § 77 Abs. 2 InvG. Aus der Bezugnahme auf die Anlagestrategie dürfte nach hier vertretener Ansicht folgen, dass von einem Immobiliensachverständigen auch weiterhin angemessene Fachkenntnisse und ausreichende praktische Erfahrung hinsichtlich der zu bewertenden Immobilienart und des jeweiligen regionalen Immobilienmarktes gefordert werden. Investiert ein AIF z. B. ausschließlich in deutsche Büroimmobilien, so muss der externe Bewerter über langjährige Erfahrungen bei der Bewertung deutscher Büroimmobilien verfügen.[101] Zudem muss er sich mit den regionalen Märkten auskennen. Investiert der AIF nur in Deutschland, so wird dasselbe Bewertungsteam i. d. R. fachlich in der Lage sein, alle Objekte zu bewerten. Investiert der AIF jedoch in mehreren Staaten, so muss der externe Bewerter ein Bewertungsteam mit **Experten der jeweiligen Immobilienmärkte** zusammenstellen.[102] Ist dies nicht möglich, so muss der AIFM **mehrere externe Bewerter** bestellen, um sich so das jeweilige regionale Fachwissen zu sichern. Hingegen ist es wegen des Verbots der Auslagerung gemäß Art. 19 Abs. 6 unzulässig, dass deutsche Bewerter die weltweiten Immobilien eines AIF bewerten und sich das Fachwissen der regionalen Immobilienmärkte allein durch externe Dienstleister sichern.

Im Einklang mit der nach § 36 GewO geforderten besonderen Sachkunde setzt **133** die erforderliche Fachkenntnis des externen Bewerters bzw. der Mitglieder des Bewertungsteams den **Nachweis überdurchschnittlicher Kenntnisse, Erfahrungen und Fähigkeiten** auf dem betreffenden Sachgebiet voraus.[103] Hierzu gehört auch die Fähigkeit, ein Bewertungsgutachten in nachvollziehbarer, nachprüfbarer, verständlicher und ergebnisorientierter Form zu erstellen.[104]

---

[98] Auch insoweit sind die Regelungen zur Auslagerung gemäß Art. 78 lit. b) der Durchführungsverordnung detaillierter. Z.B. wird dort gefordert, dass die Ausbildung und die Funktionen, die jemand in der Vergangenheit wahrgenommen hat, für die nunmehr übernommene Aufgabe angemessen sein müssen. Dies ist nach hier vertretener Auffassung auch auf den externen Bewerter übertragbar, zumal Art. 19 Abs. 5 lit. c) gerade die Anforderungen an ein Auslagerungsunternehmen für entsprechend anwendbar erklärt. Vgl. hierzu eingehend unter Art. 20 Rn. 58 ff.

[99] So auch *Klusak* in Berger/Steck/Lübbehüsen, InvG, § 77 Rn. 11.

[100] Nicht ausreichend ist es, wenn der Bewerter nur über Fachkenntnisse und Erfahrungen verfügt, die er außerhalb der Bewertungstätigkeit z. B. als Architekt, Makler oder Mitarbeiter eines Bauunternehmens gesammelt hat. A.A. zu § 77 InvG *Klusak* in Berger/Steck/Lübbehüsen, InvG, § 77 Rn. 11.

[101] Ebendort.

[102] A.A. zu § 77 InvG *Klusak* in Berger/Steck/Lübbehüsen, InvG, § 77 Rn. 11, der jedoch dem Willen des Gesetzgebers und dem Wortlaut der Vorschrift („angemessene Fachkenntnisse du ausreichende praktische Erfahrungen hinsichtlich des jeweiligen Immobilienmarktes") nicht ausreichend Rechnung trägt.

[103] Vgl. BVerwG, Urteil vom 27.6.1974, GewA 1974, 333. Das OVG Münster, Urteil vom 17.11.1970, GewA 1971, 103 fordert sogar „hervorragende Fachkenntnisse". In der Muster-Sachverständigenverordnung des DIHK aus dem Jahre 2010 ist von „erheblich über dem Durchschnitt liegenden Fachkenntnissen" die Rede.

[104] *Bleutge* in Landmann/Rohner, Gewerbeordnung, 60. Ergänzungslieferung, § 36 Rn. 60 (Stand: Mai 2008).

134   Für den Nachweis der erforderlichen Sachkunde ist die Vorlage von vom Bewerber erstatteten Gutachten wichtig.[105] Daneben bietet sich oftmals die Einholung von Referenzen an.[106] Zentrales Element ist jedoch die **Überprüfung durch ein Fachgremium.**[107]

135   Schließlich muss der externe Bewerter über einen guten Leumund verfügen (Art. 74 lit. d der Durchführungsverordnung)). Art. 78 lit. c) der Durchführungsverordnung ist zu entnehmen, was hierunter zu verstehen ist.[108] Es kann daher auf die Darstellung in Rn. 148 ff. verwiesen werden. Dies deckt sich weitgehend mit den Anforderungen an die persönliche Eignung eines Sachverständigen nach § 36 GewO. Dieser muss neben seiner Sachkunde auch die Gewähr für die persönliche **Zuverlässigkeit** und **Vertrauenswürdigkeit** bieten.[109] Hieran fehlt es z. B., wenn der Bewerber gegenüber der Bestellungsbehörde unzutreffende Angaben gemacht hat[110] oder Gutachten vorlegt, die er zwar unterzeichnet, aber nicht selbst gefertigt hat.[111] Dasselbe gilt, wenn der Bewerber in der Vergangenheit Gefälligkeitsgutachten erstellt hat.[112] Auch einschlägige Vorstrafen können die Eignung entfallen lassen.[113] Dabei muss der **Straftatbestand** entweder mit der Tätigkeit als Bewerter im Zusammenhang stehen oder aber so schwerwiegend sein, dass das allgemeine Ansehen des Bewerters in der Öffentlichkeit Schaden leidet. Dies wird i. d. R. bei allen Vermögensdelikten anzunehmen sein.[114]

136   Bei Bewertungsgesellschaften muss nicht nur diese, sondern auch **jeder Berufsträger** aus dem konkreten Bewertungsteam über einen guten Leumund verfügen.

137   **3. Entsprechende Anwendung von Vorschriften zur Auslagerung.** Obwohl die Bestellung eines externen Bewerters gerade keine Auslagerung von Funktionen darstellt, erklärt Art. 19 Abs. 5 lit. c) den Art. 20 Abs. 1 und 2 und die nach Art. 20 Abs. 7 erlassenen delegierten Rechtsakte für entsprechend anwendbar.[115] Auf diese Weise kam der Richtliniengeber dem Wunsch derjenigen Mitgliedstaaten nach, die einer externen Bewertung eher skeptisch gegenüber standen.

---

[105] Vgl. VG Stuttgart, Urteil vom 26.8.1982, GewA 1983, 138.

[106] *Bleutge* in Landmann/Rohmer, Gewerbeordnung, 60. Ergänzungslieferung, § 36 Rn. 67 (Stand: Mai 2008).

[107] BVerwG, Urteil vom 26.6.1990, GewA 1990, 355; Urteil vom 23.10.1996, GewA 1997, 68.

[108] Die Anforderungen an ein Auslagerungsunternehmen (einschließlich des Art. 78 der Durchführungsverordnung)) finden gemäß Art. 19 Abs. 5 lit. c) AIFM-RL entsprechend auf externe Bewerter Anwendung.

[109] VGH Mannheim, Urteil vom 22.9.1976, GewA 1977, 19; OVG Münster, Urteil vom 25.11.1986, GewA 1987, 160.

[110] VG Karlsruhe, Urteil vom 4.2.1982, GewA 1982, 268.

[111] OVG Münster, DÖV 1983, 44.

[112] VG Minden, Urteil vom 10.2.1983, GewA 1983, 301.

[113] VGH Mannheim, Urteil vom 11.8.1986, GewA 1986, 329.

[114] Vgl. *Bleutge* in Landmann/Rohmer, Gewerbeordnung, Band I, 60. Ergänzungslieferung, § 36 Rn. 77 (Stand: Januar 2009).

[115] Eine Auslagerung gemäß Art. 20 liegt im Falle der externen Bewertung schon deshalb nicht vor, weil dies mit der Unabhängigkeit des externen Bewerters unvereinbar ist. Insoweit ist die Rechtslage des externen Bewerters vergleichbar mit derjenigen der Depotbank oder des Rechnungsprüfers. Wie bei Letzteren kann der AIFM auch dem externen Bewerter keine Weisungen erteilen.

a) Vorliegen eines „objektiven Grundes" für die externe Bewertung. 138
Der Verweis auf Art. 20 Abs. 1 UAbs. 1 lit. a) macht es erforderlich, dass der
AIFM seiner Heimatbehörde einen objektiven Grund für die externe Bewertung
nachweist. Hierdurch entsteht der falsche Eindruck, als ob der internen Bewertung
grundsätzlich ein Vorrang gegenüber der externen Bewertung zukommt. Dies
sollte jedenfalls bei Vermögensgegenständen (wie z. B. Immobilien), welche einer
individuellen Bewertung durch Sachverständige bedürfen, genau umgekehrt der
Fall sein. Aus Gründen des Anlegerschutzes und der Marktintegrität ist hier eine
externe Bewertung vorzugswürdig und wird bei offenen Immobilienfonds
auch von den Investoren erwartet.[116]

aa) Optimierung der Geschäftsabläufe. Ein objektiver Grund für die 139
externe Bewertung liegt entsprechend Art. 77 Abs. 1 Satz 2 lit. a) der Durchführungsverordnung vor, wenn dies der Optimierung der Geschäftsabläufe des AIFM
dient. Dies dürfte – jedenfalls bei Vermögensgegenständen ohne Marktpreis –
ohne weiteres zu bejahen sein, weil die externe Bewertung es dem AIFM gestattet,
sich auf seine **Kernkompetenzen**[117] im Portfolio- und Risikomanagement zu
konzentrieren. Wenn es aber dem AIFM gestattet ist, alle oder einzelne der in
Anhang I Nummer 2 aufgeführten freiwilligen administrativen und Vertriebstätigkeiten, die klassischerweise von Verwaltungsgesellschaften erbracht werden, nicht
wahrzunehmen, dann muss es ihm erst recht gestattet sein, einen externen Bewerter zu bestellen, zumal wenn dies (wie z. B. bei offenen Immobilienfonds) Marktstandard ist.
Verwaltet ein AIFM einen **Mischfonds,** der z. B. zu 90 Prozent in Aktien- 140
und Rentenpapiere und nur bis zu 10 Prozent in Immobilien investiert, so wäre es
oftmals unwirtschaftlich, Inhouse ein eigenes, auf die Bewertung von Immobilien
spezialisiertes Team aufzubauen.
Bei **Branchenfonds** gilt dasselbe hinsichtlich einzelner geografischer Märkte 141
oder einzelner „Unterbranchen".

bb) Kostenersparnis. Als objektiver Grund anerkannt ist ferner die **Kosten-** 142
ersparnis (vgl. Art. 77 Abs. 1 Satz 2 lit. b) der Durchführungsverordnung). Eine
externe Bewertung kann daher auch damit begründet werden, dass es günstiger ist,
ist, einen externen Bewerter zu bestellen als die Bewertung selbst vorzunehmen
und hierfür ggf. erst entsprechende Ressourcen aufzubauen.

cc) Besondere Fachkenntnisse des externen Bewerters. Als weiterer 143
objektiven Grund nennt Art. 77 Abs. 1 Satz 2 lit. c) der Durchführungsverordnung, dass der Dritte über **besondere Fachkenntnisse** verfügt, die dem AIFM
nicht zu eigen sind. Regelmäßig wird ein AIFM über keine Fachkenntnisse bei
der Bewertung individuell zu begutachtender Vermögensgegenstände wie z. B.
Immobilien oder Schiffe verfügen. Schon deshalb ist häufig eine Bestellung eines
externen Bewerters unvermeidlich. Da der Bewerter über mehrjährige Erfahrung
bei der Bewertung und Kenntnisse der regionalen Märkte verfügen muss, wird es
dem AIFM meist nicht möglich sein, kurzfristig eine eigene Bewertungsabteilung
aufzubauen.

b) Anforderungen an den externen Bewerter. Art. 20 Abs. 1 UAbs. 1 144
lit. b), c) und f) AIFM-RL i. V. m. Art. 78 der Durchführungsverordnung enthal-

---

[116] Die Bestellung eines externen Bewerters dürfte i. d. R. auf die Bewertung von Vermögensgegenständen ohne vom AIFM selbst leicht ermittelbarem Marktpreis beschränkt sein.
[117] Ähnlich *Linner* ZgKW 2002, 815.

ten zahlreiche Anforderungen, die sich jedoch überwiegend mit den Voraussetzungen nach Art. 19 Abs. 5 decken. Nachfolgend werden daher nur darüber hinausgehende Anforderungen dargestellt.

145   **aa) Ausreichende Ressourcen des externen Bewerters.** Nach Art. 20 Abs. 1 Satz 2 lit. b) ist eine Auslagerung nur zulässig, wenn das Auslagerungsunternehmen über ausreichende Ressourcen verfügt und für die übertragene Aufgabe bereitstellt.[118] Da es sich bei einer externen Bewertung regelmäßig um eine auf mehrere Jahre angelegte Partnerschaft handelt[119], muss dasselbe auch für den externen Bewerter gelten. Es muss gewährleistet sein, dass der externe Bewerter über ausreichende **finanzielle Ressourcen** verfügt, um seine Geschäftstätigkeit fortzusetzen und die Aufgabe (mit etwaigen gegenwärtig bzw. zukünftig hierfür erforderlichen Investitionen) ordnungsgemäß erbringen zu können. Dies setzt eine entsprechende Liquidität voraus. Insoweit kommt es jedoch auf die Besonderheiten eines jeden Einzelfalls an; einheitliche Mindestkapitalanforderungen für externe Bewerter stellt die AIFM-Richtlinie nicht auf.[120] Unternehmen in wirtschaftlichen Schwierigkeiten scheiden jedoch von vornherein als externe Bewerter aus.

146   Darüber hinaus muss der externe Bewerter über eine für die ordnungsgemäße Leistungserbringung **angemessene Organisationsstruktur** verfügen. Bestandteil einer jeden Organisationsstruktur muss ein **internes Qualitätsmanagement** sein. Eine periodische Qualitätsprüfung durch den AIFM genügt allein nicht. Auch muss der externe Bewerter in seiner Hierarchie eine Stelle bereitstellen, welche die Einhaltung der Anforderungen der AIFM-Richtlinie und der festgelegten Bewertungspolitik des AIF im Rahmen des Bewertungsmandats überwacht.

147   Schließlich muss der externe Bewerter über die **sachlichen und technischen Ressourcen** verfügen, derer es zur ordnungsgemäßen Erbringung der Bewertung bedarf. Dies schließt entsprechende Vorkehrung zur Einhaltung des Datenschutzes ein. Wichtig ist ferner, dass die Schnittstellen von externem Bewerter und AIFM kompatibel sind.

148   **bb) Guter Leumund der Bewerter.** Zudem müssen neben der Geschäftsleitung einer Bewertungsgesellschaft oder eines sonstigen Zusammenschlusses von Sachverständigen auch die Berufsträger, welche die Bewertung der Vermögensgegenstände tatsächlich durchführen sollen, nach Art. 77 lit. b) der Durchführungsverordnung über einen guten Leumund verfügen.

149   Art. 77 lit. c) der Durchführungsverordnung stellt klar, was unter einem guten Leumund zu verstehen ist und wie dieser nachgewiesen werden kann. Anhaltspunkte für das Fehlen eines guten Leumunds können sich zum einen aus **Eintragungen im polizeilichen Führungszeugnis** (z. B. aufgrund von Vorstrafen, Gerichtsverfahren oder behördlichen Sanktionen, wie z. B. Berufsverboten) ergeben. Dabei sind **Vermögensdelikte** besonders einschlägig. Zum anderen kann sich ein schlechter Leumund aus der **schlechten Leistungserbringungen** in der Vergangenheit ergeben. Ferner sind auch sonstige Information bei der Beurteilung

---

[118] Dass der externe Bewerter ausreichende Ressourcen hat, genügt allein nicht, wenn nicht sichergestellt ist, dass diese auch für die konkrete Bewertungstätigkeit zur Verfügung stehen.

[119] Zustimmend *Linner* ZgKW 2002, 815 (817).

[120] Mindestkapitalanforderungen können sich jedoch aus dem Erfordernis der Zulassung zur individuellen Vermögensverwaltung gemäß Art. 20 Abs. 1 Satz 2 lit. c) AIFM-RL ergeben.

zu berücksichtigen, aus denen sich Anhaltspunkte für eine fehlende Integrität oder Ehrenhaftigkeit ergibt. Insoweit dürften dieselben Grundsätze wie bei der Beurteilung der Zuverlässigkeit eines Sachverständigen nach § 77 Abs. 2 Satz 2 InvG gelten.[121]

cc) Zusätzliche Anforderungen an externe Bewerter aus Drittstaaten?. **150** Art. 19 enthält **keine geografische Beschränkung** für den externen Bewerter. Dieser muss seinen Wohnsitz bzw. Sitz somit nicht zwingend in der EU haben. Bei der Bewertung von in Drittstaaten belegenen Vermögensgegenständen (wie z. B. Immobilien) kann es wegen des Erfordernisses spezifischer Erfahrungen mit den regionalen Märkten gerade von Vorteil sein, wenn die Bewertung von lokalen Bewertern bzw. lokalen Niederlassungen europäischer Bewertungsgesellschaften durchgeführt werden. Da diese dieselben Qualitätsanforderungen wie Bewerter aus der EU erfüllen müssen, bestehen hiergegen keine grundsätzlichen Bedenken. Allerdings muss auch bei Bewertern aus Drittstaaten eine wirksame Aufsicht der Heimatbehörde des AIFM gewährleistet sein (vgl. Art. 20 Abs. 1 UAbs. 1 lit. e)). Da Bewerter i. d. R. keiner staatlichen Aufsicht unterliegen, scheidet jedoch der Ansatz des Art. 20 Abs. 1 UAbs. d) aus, wonach dies durch eine Zusammenarbeit zwischen den Aufsichtsbehörden sichergestellt sein muss. Eine besondere Bedeutung kommt daher der **Kooperationsbereitschaft des lokalen Bewerters** zu.

dd) Weisungsrecht gegenüber dem externen Bewerter?. Nach Art. 20 **151** Abs. 1 UAbs. 1 lit. f) muss der AIFM einem Auslagerungsunternehmen Weisungen erteilen dürfen. Hingegen steht dem AIFM **kein Weisungsrecht** gegenüber dem externen Bewerter, zumindest nicht in Bezug auf das konkrete Bewertungsergebnis, zu, weil dies der von Art. 19 Abs. 1 und 5 geforderten Unabhängigkeit und Unparteilichkeit der Bewertung widerspräche. Außer in den Fällen der Korrektur nachgewiesener fehlerhafter Bewertungen steht dem AIFM kein Recht zur Abänderung des Bewertungsergebnisses des externen Bewerters zu.

Ebenso wenig darf dem AIFM ein jederzeitiges ordentliches **Kündigungs-** **152** **recht** gegenüber dem externen Bewerter zustehen, weil dies dessen Unabhängigkeit aushöhlen würde. Davon unberührt ist das Recht zur außerordentlichen Kündigung aus wichtigem Grund.

I. Verbot der Auslagerung (Abs. 6)

Abs. 6 untersagt es dem bestellten externen Bewerter, die Bewertungsfunktion **153** für einen AIF als Ganzes oder Teilaufgaben hiervon auszulagern. Die Bewertung ist eine ähnlich wichtige Aufgabe wie die Tätigkeit der Depotbank. Wie diese[122] soll der externe Bewerter seine Aufgaben **höchstpersönlich** erbringen.[123] Hierdurch soll verhindert werden, dass die Qualität der Bewertung Schaden nimmt und die Überwachung des externen Bewerters durch den AIFM und dessen Aufsichtsbehörde erschwert wird. Der AIFM soll darauf vertrauen können, dass

---

[121] Vgl. hierzu nur *Klusak* in Berger/Steck/Lübbehüsen, InvG, § 77 Rn. 12.

[122] Die Depotbank darf jedoch gemäß Art. 21 Abs. 11 einzelne Verwahraufgaben auslagern.

[123] Vgl. eingehend hierzu oben unter Rn. 97 ff. sowie § 407a Abs. 2 ZPO, der es einem Sachverständigen verbietet, einen Auftrag an einen anderen Sachverständigen oder an eine Hilfskraft zu übertragen.

die Bewertung auch von demjenigen Bewerter durchgeführt wird, den er als den am besten geeignetsten ausgewählt hat.

154 Allerdings ist der Wortlaut von Abs. 6 zu eng gefasst. Auch im Falle der **internen Bewertung** darf der AIFM die Bewertung nicht auslagern. Der AIFM hat vielmehr nur die Möglichkeit, die Bewertung als Ganzes oder die Bewertung bestimmter Arten von Vermögensgegenständen einem externen Bewerter zu übertragen. Könnte der AIFM die Bewertung auch an einen sonstigen Dritten auslagern, so würden die Voraussetzungen des Abs. 5 umgangen. Ebenso würde der Heimatbehörde des AIFM das Widerspruchsrecht nach Abs. 7 genommen.

155 Das Auslagerungsverbot nimmt jedoch weder dem externen Bewerter noch dem AIFM (im Falle der internen Bewertung) die Möglichkeit, für **reine Hilfsaufgaben** (wie z. B. von Datenbanken wie IPD) auf einen externen Dienstleister zurückgreifen zu können.

J. Bewertungsfrequenz (Abs. 3)

I. Einleitung

156 Aus Gründen des Anlegerschutzes und der Marktintegrität ist es wichtig, dass der **Anteilspreis den aktuellen Wert des Portfolios widerspiegelt.** Besteht das Portfolio z. B. ausschließlich aus Aktien börsennotierter Unternehmen, so kann der Anteilspreis problemlos täglich berechnet werden. Die Aufgabe der Bewertung besteht dann weitgehend darin, jeden Tag den **Börsenkurs** der Aktien anhand der Angaben von Informationsdiensten abzugleichen. Weit schwieriger ist die Aufgabe, wenn das Portfolio des AIF aus Vermögensgegenständen **ohne Marktpreis** (wie z. B. bei Immobilien, Schiffen oder Windkraftanlage) besteht. Hier kann der Anteilspreis nur berechnet werden, nachdem der Verkehrswert jedes einzelnen Objektes in einem aufwendigen Bewertungsverfahren ermittelt worden ist. Deshalb sieht § 79 Abs. 1 Satz 3 InvG für offene Immobilienfonds vor, dass jede Immobilie mindestens einmal pro Jahr zu bewerten ist. Allerdings sehen andere Mitgliedstaaten eine deutlich höhere Bewertungsfrequenz vor.[124] Die Bewertungsfrequenz allein ist wenig aussagekräftig.[125] Sie muss vielmehr in Relation zu der Frequenz der Ausgabe- und Rücknahme der Anteile gesehen werden. Sieht z. B. ein Immobilienfonds vor, dass die Anteile nur einmal pro Jahr ausgegeben und zurückgenommen werden, so kann eine zeitnah vorher durchgeführte jährliche Bewertung sicherstellen, dass die Anteilspreise dem gegenwärtigen Wert des Portfolios entsprechen. Bei täglicher Ausgabe und Rücknahme ist dies jedoch nicht mehr unbedingt der Fall, weil es seit der letzten Bewertung erhebliche Änderungen der Marktlage oder auch der Risiken der einzelnen Immobilien (wie z. B. Kündigung oder Insolvenz eines wichtigen Mieters) gegeben haben kann. Trägt die Bewertung dem nicht (ausreichend) Rechnung, so besteht z. B. die Gefahr, dass einzelne Anleger ihre Anteile zu teuer und andere zu billig erworben haben. Dem trägt Abs. 3 Rechnung, indem er die Bewertungsfrequenz

---

[124] Vgl. grundlegend EU-Kommission, Expert Group report: Open ended real estate funds, Annex, Comparative legal table, abrufbar unter: http://ec.europa.eu/internal_market/investment/docs/other_docs/expert_groups/report_annex_en.pdf.

[125] Hinzuweisen ist auch darauf, dass in vielen Mitgliedstaaten zwischen einer z. B. jährlichen Vollbewertung der Immobilie und einer vierteljährlichen (z. B. in Frankreich) oder gar monatlichen (z. B. in Großbritannien) Desktop-Überprüfung unterschieden wird.

mit der Ausgabe- und Rücknahmepolitik in Einklang zu bringen versucht. Dies ist die zentrale Aufgabe des Liquiditätsmanagements (vgl. Art. 16 Abs. 2).

Daneben schreibt Abs. 3 für alle AIF eine mindestens jährliche Bewertung vor. **157** Diese Mindestbewertungsfrequenz wird insbesondere für **geschlossene Fonds** gelten. Dies erstaunt auf den ersten Blick, weil deren Anleger nach Ablauf der Zeichnungsfrist typischer weise weder Anteile erwerben noch zurückgeben dürfen. Gleichwohl hielt der Richtliniengeber es für wichtig, dass die (professionellen) Anleger geschlossener Fonds den aktuellen Verkehrswert ihrer Beteiligung mitgeteilt bekommen. Dies schafft nicht nur **mehr Transparenz,** sondern ermöglicht professionellen Anlegern, den aktuellen Wert ihrer Beteiligung in ihre **Bilanzen** einzustellen. Darüber hinaus erleichtert es auch eine fairere Preisbildung am **Zweitmarkt.** Der Verkauf von Anteilen geschlossener Fonds z. B. über sog. Fondsbörsen war bisher häufig nur mit hohen Abschlägen möglich.

II. Bewertungsfrequenz für offene AIF

Abs. 3 UAbs. 3 schreibt für AIF des offenen Typs vor, dass deren Vermögensge- **158** genstände in einem zeitlichen Abstand zu bewerten sind, der den Vermögensgegenständen und der Ausgabe- und Rücknahmepolitik angemessen ist.

1. Begriff des offenen AIF. Die AIFM-Richtlinie enthält selbst keine Defini- **159** tion, wann ein AIF als offener oder geschlossener Fonds anzusehen ist. Allerdings ist der Richtliniengeber hierin dem Verständnis der OGAW-Richtlinie und anderer Richtlinien[126] gefolgt. Nach Art. 1 Abs. 2 lit. b) OGAW-Richtlinie zeichnen sich **offene Fonds** dadurch aus, dass **Anleger fortlaufend Anteile erwerben und zurückgeben** können, während dies bei geschlossenen Fonds nicht möglich ist. Demgegenüber können **Anleger geschlossener Fonds nur während der Zeichnungsphase Anteile zeichnen.** Danach werden keine neuen Anteile ausgegeben. Eine Rücknahme von Anteilen ist bei geschlossenen Fonds bis zur Liquidation ausgeschlossen. Diese Abgrenzung entspricht dem allgemeinen Verständnis.[127] Unverständlich ist daher, weshalb § 1 Abs. 4 Nummer 2 KAGB-Regierungsentwurf i.V. mit Art. 7 Abs. 1 der VO (EU) zur Umsatzung von Art. 4 Abs. 4 von diesem allgemeinen Verständnis, das auch europarechtlich determiniert ist und dem Art. 19 Abs. 3 AIFM-RL zugrunde liegt, abweicht und einen geschlossenen Fonds bereits dann annimmt, wenn den Anlegern ein weniger häufiges als jährliches Rücknahmerecht zusteht. Dies widerspricht auch dem Art. 61 Abs. 4 AIFM-RL ausdrücklich zum Ausdruck gebrachten Verständnis, dass ein geschlossener Fonds nur in der Zeichnungsphase Anteile ausgibt.[128]

---

[126] Wie z. B. der MiFID, der Prospekt- und der Transparenzrichtlinie.

[127] Vgl. nur *Köndgen* in Berger/Steck/Lübbehüsen, InvG, Einleitung Rn. 4 f.

[128] Ebenso wird ignoriert § 1 dass in Art. 3 Abs. 2 lit. b) ein geschlossener Fonds damit umschrieben wird, dass ein Rücknahmerecht für mindestens fünf Jahre ausgeschlossen ist. Dieser Ansatz im KAGB-Regierungsentwurf in der oben genannten Verordnung geht zurück auf ein nicht finalisiertes Diskussionspapier der ESMA; vgl. Discussion paper, Key concepts of the Alternative Investment Funds Managers Directive and types of AIF, 23.2.2012, ESMA/2012/117, Tz. 39 ff., abrufbar unter: http://www.esma.europa.eu/system/files/2012-117.pdf. Dieser Ansatz ist vor dem Hintergrund des klaren anderen Konzepts der AIFM-Richtlinie als contra legem abzulehnen. Es gibt keinen Grund anzunehmen, dass der Richtliniengeber von den Begriffen „offener Fonds" oder „geschlossener Fonds" abweichen wollte. Diese Begriffe sind seit der OGAW-Richtlinie von 1985 europarechtlich determiniert und liegen einer Vielzahl anderer Richtlinien zugrunde.

160   **2. Bewertungsfrequenz von Finanzinstrumenten.** Nach Art. 19 Abs. 3 UAbs. richtet sich die Bewertungsfrequenz bei einem offenen AIF primär nach dessen Ausgabe- und Rücknahmepolitik. Nur wenn die Bewertung mit dieser im Einklang steht, können veraltete Anteilspreise vermieden werden. Dementsprechend schreibt Art. 75 Abs. 1 der Durchführungsverordnung vor, dass alle von einem offenen AIF gehaltenen **Finanzinstrumente** mit derselben Frequenz bewertet werden müssen wie Anteile ausgegeben oder zurückgenommen werden. Bei täglicher Anteilsausgabe und/oder Rücknahme muss folglich eine tägliche Bewertung erfolgen, bei weniger häufiger Ausgabe oder Rücknahme entsprechend seltener. Werden Anteile häufiger ausgegeben als zurückgenommen, so ist die Frequenz der Anteilsausgabe maßgebend und umgekehrt. Werden Anteile eines offenen AIF weniger als einmal pro Jahr ausgegeben oder zurückgenommen, so gilt gleichwohl die Mindestbewertungsfrequenz von einmal pro Jahr.

161   **3. Bewertungsfrequenz bei sonstigen Vermögensgegenständen.** Für **andere Vermögensgegenstände als Finanzinstrumente** (wie z. B. Immobilien, Schiffe, Windkraftanlagen oder nicht-börsennotierte Unternehmen) entkoppelt Art. 75 Abs. 2 der Durchführungsverordnung die Bewertungsfrequenz von der Ausgabe- und Rücknahmepolitik. Diese Vermögensgegenstände müssen danach regelmäßig **nur einmal pro Jahr bewertet** werden. Eine häufigere Bewertung ist nur erforderlich, wenn Anhaltspunkte dafür vorliegen, dass der letzte ermittelte Wert nicht länger marktgerecht ist. Dies entspricht der Regelung für offene Immobilienfonds nach § 79 Abs. 1 Sätze 4 und 5 InvG.

162   Die Regelung des Art. 75 Abs. 2 der Durchführungsverordnung erscheint problematisch. Sie führt im Ergebnis dazu, dass ein offener AIF (wie z. B. ein Mischfonds) mit täglicher Ausgabe- und Rücknahme Finanzinstrumente täglich, Immobilien jedoch nur jährlich bewerten muss. Damit wird der von Art. 19 Abs. 3 UAbs. 3 AIFM-RL bezweckte Gleichklang zwischen Ausgabe- und Rücknahmepolitik für sonstige Vermögensgegenstände in sein Gegenteil verkehrt. Der vom Richtliniengeber aufgrund der Liquiditätsproblematik insbesondere von offenen Immobilienfonds bezweckte Anreiz, die **Ausgabe- und Rücknahme häufigkeit bei AIF, welche in illiquide Vermögensgegenstände investieren begrenzen,** wird damit ignoriert.[129] Art. 75 Abs. 2 der Durchführungsverordnung konkretisiert nach hier vertretener Ansicht den Art. 19 Abs. 3 UAbs. 3 AIFM-RL nicht ordnungsgemäß. Der gewählte Ansatz weicht auch davon ab, was in einer Vielzahl von Mitgliedstaaten bei der Bewertung im Rahmen von offenen Immobilienfonds gilt.[130] Der Verordnungsgeber bzw. die ihn beratende ESMA haben es verpasst, zwischen einer z. B. jährlich vorzunehmenden Vollbewertung (einschließlich der Vorortbesichtigung des Objekts) und der unterjährigen Desktop-Untersuchung zu unterscheiden, wie dies mittlerweile z. B. in Großbritannien und Frankreich üblich ist.[131]

---

[129] Vgl. in diesem Zusammenhang auch den nichtssagenden Art. 50 der Durchführungsverordnung zur Konkretisierung des Art. 16 Abs. 2 AIFM-RL, welcher die Anpassung der Rücknahmepolitik an die Anlagestrategie und das Liquiditätsprofil des AIF zum Gegenstand hat.

[130] Vgl. EU-Kommission: Expert group report: Open ended real estate funds, Annex, Comparative legal table, abrufbar unter: http://ec.europa.eu/internal_market/investment/docs/other_docs/expert_groups/report_annex_en.pdf.

[131] Ebendort.

Nach Art. 75 Abs. 2 der Durchführungsverordnung ist zudem unklar, wer **163**
die Einschätzung vornimmt, dass der letzte **Wert nicht länger marktgerecht**
ist. Konkret ist fraglich, ob insoweit dem externen Bewerter (bzw.
der internen Bewertungseinheit des AIFM) die Einschätzungsprärogative zusteht oder ob
eine unterjährige (und damit mit Mehrkosten verbundene) Bewertung nur auf
Aufforderung des AIFM zulässig ist. Die Unabhängigkeit des Bewerters und
dessen Haftung für eine nicht marktgerechte Bewertung sprechen für eine **Einschätzungsprärogative des Bewerters.**

Zu klären ist schließlich, unter welchen Umständen die letzte Bewertung **164**
nicht länger als marktgerecht angesehen werden kann. Dies wird nachfolgend am Beispiel der Immobilienbewertung illustriert. Dies ist zum einen bei
einer wesentlichen (positiven oder negativen) Veränderung der Marktsituation
anzunehmen. Wurde die letzte Bewertung auf dem Höhepunkt einer Wirtschafts- oder Finanzkrise durchgeführt und erholen sich die (Immobilien-)
Märkte anschließend schnell, so kann eine Neubewertung erforderlich werden.
Ein weiterer Anwendungsfall sind wesentliche Änderungen der Zinspolitik oder
Inflationsgefahr bzw. der damit verbundenen Nachfrage nach Immobilien.
Neben makro- können auch mikroökonomische Änderungen Auslöser einer
Neubewertung sein. Dies ist bei Immobilien beispielsweise der Fall, wenn sich
die Angebots- und Nachfragesituation und damit verbunden die Leerstandsquote oder Miethöhe in einer Stadt oder Region wesentlich verändert hat.

Aber auch **wesentliche Veränderungen an der Immobilie** selbst können **165**
Grund für eine Neubewertung sein. Dies gilt z. B. bei Kündigung oder Insolvenz
eines wichtigen Mieters, Abschluss oder Verlängerung wichtiger Mietverträge,
Fertigstellung eines Neubaus[132] und Ersteinzug der Mieter sowie den Abschluss
von Revitalisierungs- oder Erweiterungsmaßnahmen.

III. Bewertungsfrequenz für geschlossene AIF

Bei geschlossenen AIF gilt gemäß Art. 19 Abs. 3 UAbs. 2 regelmäßig die **166**
jährliche Bewertungsfrequenz.[133] Eine Unterscheidung nach der Art der
Vermögensgegenstände findet nicht statt. Eine unterjährige Bewertung ist
gemäß Abs. 3 UAbs. 4 nur vorgeschrieben, wenn der geschlossene AIF eine
Kapitalerhöhung oder -herabsetzung durchführt. Auf diese Weise soll sichergestellt werden, dass für die neu herausgegebenen Anteile ein marktgerechter Preis
zu zahlen ist, damit die an der Kapitalerhöhung teilnehmenden Anleger weder
privilegiert noch benachteiligt werden.

K. Ermittlung des Anteilspreises

Die Regelungen des Art. 19 AIFM-RL zur **Ermittlung des Anteilspreises 167**
sind geringfügig detaillierter als Art. 85 OGAW-RL, bleiben in ihrer Detailliertheit jedoch deutlich hinter § 36 Abs. 1 InvG zurück.

Art. 19 Abs. 2 AIFM-RL verweist für die **Berechnung des Nettoinventar- 168**
wertes (Net Asset Value), d.h. des Anteilspreises, auf die nationalen Rechts-

---

[132] Vgl. *Klusak* in Berger/Steck/Lübbehüsen, InvG, § 79 Rn. 6; *Zöll* in Beckmann/
Scholtz/Vollmer, Investment, § 79 InvG Rn. 21.
[133] Zu den Gründen der jährlichen Bewertung auch bei geschlossenen Fonds vgl. oben
Rn. 157.

vorschriften des Sitzstaates des AIF oder, subsidiär, auf dessen Vertragsbedingungen. Bei deutschen AIF erfolgt die Berechnung des Nettoinventarwerts derzeit nach § 36 Abs. 1 InvG. § 168 Abs. 1 KAGB-Kabinettsentwurf enthält eine hiervon graduell abweichende Regelung. Die Literatur zu § 36 InvG kann gleichwohl weiterhin zur Auslegung herangezogen werden.[134]

L. Information der Anleger über die Bewertungen und den Anteilspreis

169   Art. 19 Abs. 3 UAbs. 1 verweist auch hinsichtlich der Regelungen zur Information der Anleger über den aktuellen Anteilspreis bzw. im Falle von Ausgabeaufschlägen – oder Rücknahmeabschlägen über den Ausgabe- und Rücknahmepreis auf die nationalen Rechtsvorschriften des Sitzstaats des AIF oder, subsidiär, dessen Vertragsbedingungen. Für deutsche AIF findet sich eine entsprechende Regelung bisher in § 36 Abs. 6 InvG. § 170 KAGB-Kabinettsentwurf enthält für offene Publikumsinvestmentvermögen eine wortgleiche Regelung. § 239 Abs. 3 KAGB-Kabinettsentwurf enthält Regelungen für geschlossene Publikums-AIF. Danach muss der Anteilspreis nach jeder Bewertung der Vermögensgegenstände berechnet und offengelegt werden, d.h. mindestens jährlich. Für offene inländische Spezial-AIF sieht § 279 Abs. 3 KAGB-Kabinettsentwurf lediglich vor, dass die Bewertung der Vermögensgegenstände und die Berechnung des Anteilspreises gemäß den Anlagebedingungen zu erfolgen haben und offenzulegen sind. Demgegenüber fehlt offenbar für geschlossene inländische Spezial-AIF eine diesbezügliche Regelung.[135]

M. Die Rolle der Depotbank bei der Berechnung des Anteilspreises (Art. 21 Abs. 9 lit. b))

170   Wie schon nach Art. 22 Abs. 3 lit. b) OGAW-RL und § 27 Abs. 1 Nr. 1 InvG hat die Depotbank nach Art. 21 Abs. 9 lit. b) AIFM-RL sicherzustellen, dass der Anteilspreis im Einklang mit dem anwendbaren nationalen Recht bzw. den Vertragsbedingungen des AIF berechnet worden ist. Die AIFM-Richtlinie verbietet nicht, dass die Depotbank die Berechnung des Anteilspreises selbst vornimmt (vgl. insoweit § 36 Abs. 1 Satz 2 InvG) statt die vom AIFM vorgenommene Berechnung zu kontrollieren.[136]

171   In den Verhandlungen zur AIFM-Richtlinie wurde zeitweilig diskutiert, dass die Depotbank auch das **Bewertungsverfahren** und die einzelnen **Bewertung**

---

[134] Vgl. nur *Schmitz* in Berger/Steck/Lübbehüsen, InvG, § 36.

[135] § 282 KAGB-Kabinettsentwurf erklärt zwar § 272 für entsprechend anwendbar. Dies gilt jedoch nur hinsichtlich der Häufigkeit der Bewertung, nach dem ausdrücklichen Wortlaut aber nicht für die in § 272 Abs. 3 geregelte Berechnung des Anteilspreises und dessen Offenlegung. Im Übrigen würde § 272 auch gar nicht für geschlossene AIF passen, weil die zweimal monatliche Veröffentlichung des Ausgabe- und Rücknahmepreises dem Wesen geschlossener Fonds widerspricht.

[136] Vgl. hierzu *Köndgen* in Berger/Steck/Lübbehüsen, InvG, § 27 Rn. 4.

der Vermögensgegenstände zu kontrollieren hat. Hiervon wurde jedoch schließlich Abstand genommen. Die Depotbank ist somit nicht verpflichtet zu prüfen, ob die Bewertung einzelner Vermögensgegenstände ordnungsgemäß erfolgt ist und ob der Wert des Portfolios des AIF richtig ermittelt worden ist.[137] Allerdings wird eine Depotbank eine solche Berechnung meist anstellen, um einen Vergleichswert für den vom AIFM ermittelten NAV zu haben und anhand dessen prüfen zu können, ob die nationalen Rechtsvorschriften und die Vertragsbedingungen eingehalten worden sind. In Deutschland übernimmt die Depotbank jedoch ohnehin häufig die Pflicht, den Wert des Fondsvermögens zu ermitteln.

Ermittelt der AIFM den **Anteilspreis fehlerhaft** und fällt dies der Depotbank **172** im Rahmen ihrer Kontrolltätigkeit nicht auf, so führt dies nicht automatisch zu einer Haftung der Depotbank. Vielmehr müssen Anleger nachweisen, dass die Depotbank ihre Kontrollpflicht verletzt hat.[138] Übernimmt hingegen die Depotbank die Pflicht zur Ermittlung des Anteilspreises, so haftet sie für schuldhafte Berechnungsfehler.

N. Verantwortlichkeit und Haftung

Im Unterschied zur OGAW-Richtlinie und zum Investmentgesetz enthält **173** Art. 19 Abs. 10 Regelungen zur Verantwortlichkeit und Haftung für Fehler bei der Bewertung von Vermögensgegenständen und die Berechnung des Anteilspreises (d.h. des Nettoinventarwertes) sowie dessen Bekanntgabe.

I. Letztverantwortlichkeit des AIFM

Abs. 10 UAbs. 1 weist die **Letztverantwortung** hierfür dem AIFM zu, und **174** zwar nicht nur bei interner, sondern erstaunlicherweise auch bei externer Bewertung. Damit weicht die AIFM-Richtlinie von den bis dato geltenden nationalen Regelungen in einigen Mitgliedstaaten ab. Vielfach liegt die Letztverantwortung für die Bewertung bisher bei dem Verwaltungsrat.[139] Wie nach Art. 20 Abs. 3 bei der Auslagerung haftet der AIFM in beiden Fällen für **schuldhaft begangene Bewertungsfehler, Anteilspreisberechnungen und unterlassene Bekanntgaben.** Dabei muss sich der AIFM schuldhafte Pflichtverletzungen des externen Bewerters gemäß § 278 BGB wie ein eigenes Verschulden zurechnen lassen. Die Haftung des AIFM ist somit nicht nur auf ein Auswahl- und Organisationsverschulden beschränkt. Da es sich um eine Haftung kraft Gesetzes handelt, kommt ein vertraglicher Haftungsausschluss oder eine vertragliche Einschränkung nicht in Betracht.

Diese weite Verantwortlichkeit und Einstandspflicht des AIFM für schuld- **175** hafte Pflichtverletzungen des externen Bewerters **passt nicht zum Wesen der externen Bewertung,** bei der es sich gerade nicht um eine Auslagerung handelt.[140] Dies ruft Konflikte mit der Unabhängigkeit und Unparteilichkeit des (externen ebenso wie des internen) Bewerters geradezu hervor. Will der AIFM eine Haftung vermeiden, so muss er die Tätigkeit des (externen) Bewerters

---

[137] Zum Investmentgesetz vgl. *Schmitz* in Berger/Steck/Lübbehüsen, InvG, § 36 Rn. 11.
[138] Ebendort.
[139] IOSCO-Bericht, Principles for the valuation of hedge fund portfolios, S. 10.
[140] Vgl. oben Rn. 137.

intensiv überwachen. Dies ist dann problematisch, wenn der AIFM zu einer anderen Einschätzung z. B. des Wertes einzelner Vermögensgegenstände gelangt. Aufgrund der geforderten unabhängigen und unparteiischen Bewertung darf der **AIFM keinen Einfluss auf die Einzelbewertungen** nehmen; eine Ausnahme gilt nur, wenn er einen Fehler nachweist, der eine Korrektur rechtfertigt. Gelingt ihm dies nicht, so haftet der AIFM, ohne dass er letztendlich Einfluss auf die Bewertung durch den (externen oder internen) Bewerter nehmen darf.

II. Anspruchsberechtigte

176   Abs. 10 UAbs. 1 sieht eine **Haftung des AIFM gegenüber dem AIF und dessen Anlegern** vor. Eine Haftung gegenüber Dritten (wie z. B. Kreditgebern des AIF oder dem Primebroker) besteht jedenfalls bei externer Bewertung nicht.

177   Wie nach Art. 20 Abs. 3 bei der Auslagerung können **sowohl der AIF als auch dessen Anleger** Ansprüche gegen den AIFM geltend machen. Aus der Formulierung *„gegenüber dem AIF **und** seinen Anlegern"* folgt, dass der Anspruch von Anlegern nicht lediglich subsidiär ist.

178   Fraglich ist, ob Anleger einen eigenen Schaden geltend machen und sodann Zahlung an sich verlangen können oder ob sie stets auf Zahlung an den AIF klagen müssen. Letzteres ist zu verneinen, weil dies nicht angeordnet wird. Können Anleger keinen individuellen Schaden nachweisen, so bleibt es ihnen – falls der AIF keinen Schaden geltend gemacht hat – unbenommen, Zahlung an den AIF zu verlangen.

III. Ausgleichspflicht des externen Bewerters

179   Abweichend von der bisherigen Rechtslage in Deutschland sieht Abs. 10 UAbs. 2 lediglich eine **Ausgleichs- und Freistellungspflicht** des externen Bewerters vor, wenn der AIFM aufgrund von fahrlässigen oder vorsätzlichen Pflichtverletzungen des externen Bewerters in Anspruch genommen worden ist. Die Ausgleichs- und Freistellungspflicht greift grundsätzlich auch bei leichter Fahrlässigkeit und ist betragsmäßig unbegrenzt. Allerdings stellt Abs. 10 UAbs. 2 dies unter den Vorbehalt anderslautender vertraglicher Regelungen. Dies ermöglicht es dem externen Bewerter, seine **Haftung z. B. auf grobfahrlässige und vorsätzliche Pflichtverletzungen zu begrenzen** und eine **Haftungshöchstgrenze** einzuziehen. Dies kann, wenn der AIFM nicht am Abschluss des Vertrages mit dem externen Bewerter beteiligt ist, zu einer Regelung zu seinen Lasten führen.

180   Eine Ausgleichpflicht des externen Bewerters besteht dann nicht, wenn der AIFM im Einklang mit Art. 73 der Durchführungsverordnung aufgrund einer vermeintlich fehlerhaften Bewertung eine Änderung der Bewertung vornimmt, sich die ursprüngliche Bewertung später jedoch als zutreffend erweist. Nimmt der AIFM allerdings außerhalb des nach Art. 73 der Durchführungsverordnung zulässigen Rahmens Einfluss auf die Bewertung durch den externen Bewerter und ändert dieser daraufhin seine eigene Bewertung ab, um dem AIFM zu Willen zu sein, so liegt hierin eine schuldhafte Pflichtverletzung des externen Bewerters wegen Verstoßes gegen die Unabhängigkeit und Unparteilichkeit.

181   Im Umkehrschluss zur Ausgleichs- und Freistellungspflicht des externen Bewerters folgt, dass der externe Bewerter weder unmittelbar gegenüber dem

AIF (als seinem möglichen Vertragspartner) noch gegenüber dessen Anlegern haftet.[141]

O. Bezüge zum KAGB-E

Die Bewertungsvorschriften des KAGB-E für auf professionelle Anleger zuge- **182** schnittene Fonds finden sich zum einen für offene Spezial-AIF in §§ 278 f. und für geschlossene Spezial-AIF in §§ 286 f. Beide verweisen hinsichtlich der Bewertung, des Bewertungsverfahrens und der Person des Bewerters auf die §§ 168, 169 und 216 KAGB-E, und damit auf die für offene Publikumsfonds geltenden Regelungen.

§ 168 KAGB-E greift inhaltlich die Regelung des § 36 InvG auf, weicht von **183** diesem jedoch zum Teil ab. § 168 Abs. 1 KAGB-E enthält zunächst Regelungen zur Berechnung des Nettoinventarwertes je Fondsanteil.[142] Es handelt sich insoweit um die in Art. 19 Abs. 2 AIFM-RL genannte nationale Rechtsvorschrift. Dem schließen sich in den folgenden Absätzen des § 169 KAGB-E Regelungen zu der Ermittlung des Verkehrswertes verschiedener Arten von Vermögensgegenständen, wie z. B. zum Handel an einer Börse zugelassene Vermögensgegenstände (Abs. 2), Schuldverschreibungen (Abs. 4) und Optionsrechte (Abs. 5), an. Auch insoweit knüpft § 169 KAGB-E an die Regelungen des § 36 InvG an und konkretisiert als nationale Rechtsvorschrift gemäß Art. 19 Abs. 2 AIFM-RL die Bewertung der Vermögensgegenstände.

§ 169 Abs. 1 KAGB-E setzt die Verpflichtung nach Art. 19 Abs. 1 AIFM-RL **184** um, für ein geeignetes und kohärentes Bewertungsverfahren zu sorgen. Die Verpflichtung nach Art. 19 Abs. 8 AIFM-RL, wonach die Bewertung unparteiisch und mit der gebotenen Sachkenntnis, Sorgfalt und Gewissenhaftigkeit zu erfolgen hat, ist in § 169 Abs. 2 KAGB-E wortgleich übernommen worden.

Hinsichtlich der Einzelheiten zum Bewertungsverfahren verweist § 169 Abs. 3 **185** KAGB-E auf die AIFM-Durchführungsverordnung.

§ 216 KAGB-E regelt, wer Bewerter sein kann und welche Anforderungen für **186** diesen gelten. Hierbei greift die Vorschrift – überwiegend wortgleich – auf die Regelungen des Art. 19 Abs. 4–7 zurück. Entscheidet sich der AIFM, die Bewertung intern durchzuführen, kann die BaFin nach § 216 Abs. 6 KAGB-E vorlangen, dass der AIFM, einen Wirtschaftsprüfer mit der Überprüfung des Bewertungsverfahrens sowie der Einzelbewertungen beauftragt. Es kann daher uneingeschränkt auf die Kommentierungen der betreffenden Absätze des Art. 19 AIFM-RL verwiesen werden. § 216 Abs. 7 KAGB-E regelt schließlich die Verantwortung und Haftung für die Bewertung. Insoweit gilt das oben unter M. Gesagte entsprechend.

Zur Häufigkeit der Bewertung knüpft § 251 KAGB-E für offene Spezial-AIF **187** an Art. 19 Abs. 3 UAbs. 2 AIFM-RL und verpflichtet den AIFM sicherzustellen, dass bei jeder Ausgabe oder Rücknahme von Anteilen eine neue Bewertung vorgenommen wird. Für geschlossene Spezial-AIF schreibt § 286 Abs. 2 i. V. m. § 272 Abs. 1 KAGB-E vor, dass mindestens einmal jährlich eine Bewertung durchzuführen ist. Dies entspricht dem Art. 19 Abs. 3 UAbs. 3 der AIFM-RL, sodass auch insoweit auf die obige Kommentierung verwiesen werden kann.

---

[141] Laut *Klusak* in Berger/Steck/Lübbehüsen, InvG, § 77 Rn. 17 und *Lindner-Figura* in Brinkhaus/Scherer, KAGG, § 32 Rn. 6 sollen allein dem Fonds, nicht aber dessen Anlegern Haftungsansprüche gegen Sachverständige zustehen, welche die Pflichtverletzungen begangen haben.

[142] Vgl. zu § 36 InvG nur *Schmitz* in Berger/Steck/Lübbehüsen, InvG, § 36 Rn. 5 ff.

Abschnitt 2 Übertragung von Aufgaben der AIFM

Artikel 20 Übertragung

AIFM-Richtlinie	KAGB-E
Art. 20 **Übertragung**	**§ 36** **Auslagerung**
(1) AIFM, die Dritten Aufgaben zur Ausübung in ihrem Namen übertragen wollen, melden dies der zuständigen Behörde ihres Herkunftsmitgliedstaats, bevor die Vereinbarung zur Übertragung in Kraft tritt. (...)	(2) Die Kapitalverwaltungsgesellschaft hat der Bundesanstalt eine Auslagerung anzuzeigen, bevor die Auslagerungsvereinbarung in Kraft tritt.
(Fortsetzung von Absatz 1) Die folgenden Bedingungen sind zu erfüllen: a) der AIFM muss in der Lage sein, seine gesamte Struktur zur Übertragung von Aufgaben mit objektiven Gründen zu rechtfertigen; b) der Beauftragte muss über ausreichende Ressourcen für die Ausführung der jeweiligen Aufgaben verfügen und die Personen, die die Geschäfte des Dritten tatsächlich führen, müssen gut beleumdet sein und über ausreichende Erfahrung verfügen; c) bezieht sich die Übertragung auf das Portfoliomanagement oder das Risikomanagement, so darf sie nur an Unternehmen erfolgen, die für die Zwecke der Vermögensverwaltung zugelassen oder registriert sind und einer Aufsicht unterliegen, oder, wenn diese Bedingung nicht eingehalten werden kann, nur nach vorheriger Genehmigung durch die zuständigen Behörden des Herkunftsmitgliedstaats des AIFM; d) bezieht sich die Übertragung auf das Portfoliomanagement oder das Risikomanagement und ist sie an ein Unternehmen aus einem Drittland erfolgt, so ist ergänzend zu den Anforderungen nach Buchstabe c	(1) Die Kapitalverwaltungsgesellschaft kann Aufgaben auf ein anderes Unternehmen (Auslagerungsunternehmen) unter den folgenden Bedingungen auslagern: 1. die Kapitalverwaltungsgesellschaft muss in der Lage sein, ihre gesamte Auslagerungsstruktur anhand von objektiven Gründen zu rechtfertigen, 2. das Auslagerungsunternehmen muss über ausreichende Ressourcen für die Ausführung der ihm übertragenen Aufgaben verfügen und die Personen, die die Geschäfte des Auslagerungsunternehmens tatsächlich leiten, müssen <u>zuverlässig</u> sein und über ausreichende Erfahrung verfügen, 3. sofern die Auslagerung bei einer OGAW Kapitalverwaltungsgesellschaft die Portofolioverwaltung und bei einer AIF-Kapitalverwaltungsgesellschaft die Portfolioverwaltung oder das Risikomanagement betrifft, dürfen damit nur Auslagerungsunternehmen beauftragt werden, die für die Zwecke der Vermögensverwaltung <u>oder Finanzportfolioverwaltung</u> zugelassen oder registriert sind und einer Aufsicht unterliegen; <u>§ 2 Absatz 6 Satz 1 Nummer 5 des Kreditwesengesetzes findet insoweit keine Anwendung; kann diese</u>

AIFM-Richtlinie	KAGB-E
sicherzustellen, dass die zuständigen Behörden des Herkunftsmitgliedstaats des AIFM und die für das Unternehmen zuständige Aufsichtsbehörde zusammenarbeiten;	Bedingung bei AIF-Kapitalverwaltungsgesellschaften, nicht erfüllt werden, kann eine Auslagerung nach Genehmigung durch die Bundesanstalt erfolgen,
e) die Übertragung darf die Wirksamkeit der Beaufsichtigung der AIFM nicht beeinträchtigen; insbesondere darf sie weder den AIFM daran hindern, im Interesse seiner Anleger zu handeln, noch verhindern, dass der AIF im Interesse der Anleger verwaltet wird;	4. wird die Portfolioverwaltung oder das Risikomanagement auf ein Unternehmen mit Sitz in einem Drittstaat ausgelagert, muss die Zusammenarbeit zwischen der Bundesanstalt und der zuständigen Aufsichtsbehörde des Drittstaates sichergestellt sein,
f) der AIFM muss nachweisen können, dass der betreffende Beauftragte über die erforderliche Qualifikation verfügt und in der Lage ist, die betreffenden Funktionen wahrzunehmen, dass er sorgfältig ausgewählt wurde und dass der AIFM in der Lage ist, jederzeit die übertragenen Aufgaben wirksam zu überwachen, jederzeit weitere Anweisungen an den Beauftragten zu erteilen und die Übertragung mit sofortiger Wirkung zurückzunehmen, wenn dies im Interesse der Anleger ist.	5. die Auslagerung darf die Wirksamkeit der Beaufsichtigung der Kapitalverwaltungsgesellschaft nicht beeinträchtigen; insbesondere darf sie weder die Kapitalverwaltungsgesellschaft daran hindern, im Interesse ihrer Anleger zu handeln, noch darf sie verhindern, dass das Investmentvermögen im Interesse der Anleger verwaltet wird,
Der AIFM überprüft fortwährend die von Beauftragten erbrachten Dienstleistungen.	6. die Kapitalverwaltungsgesellschaft muss <u>darlegen</u> können, dass das Auslagerungsunternehmen
(2) Keine Übertragung hinsichtlich des Portfoliomanagements oder des Risikomanagements erfolgt an:	a) unter Berücksichtigung der ihm übertragenen Aufgaben über die erforderliche Qualifikation verfügt,
a) die Verwahrstelle oder einen Beauftragten der Verwahrstelle, oder	b) in der Lage ist, die übernommenen Aufgaben ordnungsgemäß wahrzunehmen, und
b) ein anderes Unternehmen, dessen Interessen mit denen des AIFM oder der Anleger des AIF im Konflikt stehen könnten, außer wenn ein solches Unternehmen eine funktionale und hierarchische Trennung der Ausführung seiner Aufgaben bei der Portfolio-Verwaltung oder dem Risikomanagement von seinen anderen potenziell dazu im Interessenkonflikt stehenden Aufgaben vorgenommen hat und die potenziellen Interessenkonflikte ordnungsgemäß ermittelt, ge-	c) sorgfältig ausgewählt wurde,
	7. die Kapitalverwaltungsgesellschaft muss in der Lage sein, die ausgelagerten Aufgaben jederzeit wirksam zu überwachen; <u>sie hat sich insbesondere die erforderlichen Weisungsbefugnisse und die Kündigungsrechte vertraglich zu sichern</u>, und
	8. die Kapitalverwaltungsgesellschaft überprüft fortwährend die vom Auslagerungsunternehmen erbrachten Dienstleistungen.
	(3) Die Portfolioverwaltung oder das Risikomanagement dürfen nicht ausgelagert werden auf
	1. die Verwahrstelle oder einen Unterverwahrer, oder
	2. ein anderes Unternehmen, dessen Interessen mit denen der Kapitalverwal-

AIFM-Richtlinie	KAGB-E
steuert, beobachtet und den Anlegern des AIF gegenüber offengelegt werden.	tungsgesellschaft oder der Anleger des Investmentvermögens im Konflikt stehen könnten, außer wenn ein solches Unternehmen
(3) Die Haftung des AIFM gegenüber dem AIF und seinen Anlegern wird nicht durch die Tatsache berührt, dass der AIFM eigene Funktionen an Dritte übertragen hat, oder durch eine weitere Unterbeauftragung;	a) die Ausführung seiner Aufgaben bei der Portfolioverwaltung und dem Risikomanagement funktionell und hierarchisch von seinen anderen potenziell dazu im Interessenkonflikt stehenden Aufgaben trennt und
ferner darf der AIFM seine Funktionen nicht in einem Umfang übertragen, der darauf hinausläuft, dass er nicht länger als Verwalter des AIF angesehen werden kann und er zu einem bloßen Briefkastenunternehmen wird.	b) die potenziellen Interessenkonflikte ordnungsgemäß ermittelt, steuert, beobachtet und den Anlegern des Investmentvermögens gegenüber offengelegt.
(4) Dritte dürfen jede der ihnen übertragenen Funktionen weiterübertragen, sofern die folgenden Bedingungen eingehalten werden:	(4) Die Kapitalverwaltungsgesellschaft hat ein Verschulden des Auslagerungsunternehmens in gleichem Umfang zu vertreten wie eigenes Verschulden.
a) der AIFM hat vorher der Unterbeauftragung zugestimmt;	(5) Die Kapitalverwaltungsgesellschaft darf Aufgaben nicht in einem Umfang übertragen, der dazu führt, dass sie nicht länger als Verwaltungsgesellschaft angesehen werden kann und zu einem Briefkastenfirma wird.
b) der AIFM hat die zuständigen Behörden seines Herkunftsmitgliedstaats in Kenntnis gesetzt, bevor die Vereinbarung über die Unterbeauftragung in Kraft tritt;	
c) die in Absatz 1 festgelegten Bedingungen mit dem Verständnis, dass alle Bezugnahmen auf den „Beauftragten" als Bezugnahme auf den „Unterbeauftragten" zu verstehen sind.	(6) Das Auslagerungsunternehmen darf die auf ihn ausgelagerten Aufgaben unter den folgenden Bedingungen weiter übertragen (Unterauslagerung):
(5) Es erfolgt keine Unterbeauftragung hinsichtlich des Portfoliomanagements oder des Risikomanagements an:	1. die Kapitalverwaltungsgesellschaft hat der Unterauslagerung vorher zuzustimmen,
a) die Verwahrstelle oder einen Beauftragten der Verwahrstelle, oder	2. die Kapitalverwaltungsgesellschaft hat der Bundesanstalt die Unterauslagerung anzuzeigen, bevor die Unterauslagerungsvereinbarung in Kraft tritt,
b) ein anderes Unternehmen, dessen Interessen mit denen des AIFM oder der Anleger des AIF kollidieren könnten, außer wenn es eine funktionale und hierarchische Trennung der Ausführung seiner Aufgaben bei der Portfolioverwaltung oder dem Risikomanagement von seinen anderen potenziell dazu im Interessenkonflikt stehenden	3. die in Absatz 1 Nummer 2 bis 8 festgelegten Bedingungen werden auf das Verhältnis zwischen Auslagerungsunternehmen und Unterauslagerungsunternehmen entsprechend angewendet.
	(...)
	(7) Absatz 3 gilt entsprechend bei jeder Unterauslagerung der Portfolioverwaltung oder des Risikomanagements.
	Fortsetzung Abs. 6 Satz 2:

AIFM-Richtlinie	KAGB-E
Aufgaben vorgenommen hat und die potenziellen Interessenkonflikte ordnungsgemäß ermittelt, gesteuert, beobachtet und den Anlegern des AIF gegenüber offengelegt werden. Der entsprechende Beauftragte überprüft fortwährend die von Unterbeauftragten erbrachten Dienstleistungen. (6) Wenn der Unterbeauftragte irgendwelche an ihn übertragenen Funktionen weiterüberträgt, gelten die Bedingungen gemäß Absatz 4 entsprechend.	Satz 1 gilt entsprechend bei jeder weiteren Unterauslagerung.
	(8) Bei OGAW-Kapitalverwaltungsgesellschaften muss die Auslagerung mit den von der OGAW-Kapitalverwaltungsgesellschaft regelmäßig festgesetzten Vorgaben für die Verteilung der Anlagen in Einklang stehen.[1]
Eine entsprechende Regelung findet sich in Art. 23 Abs. 1 lit. f) AIFM-RL	(9) Die Kapitalverwaltungsgesellschaft hat im Verkaufsprospekt nach § 165 oder § 269 die Aufgaben aufzulisten, die sie ausgelagert hat.
(7) Die Kommission erlässt gemäß Artikel 56 und nach Maßgabe der Bedingungen der Artikel 57 und 58 delegierte Rechtsakte, mit denen Folgendes festgelegt wird: a) die Bedingungen zur Erfüllung der Anforderungen nach Absatz 1, 2, 4 und 5; b) die Umstände, unter denen angenommen wird, dass der AIFM im Sinne von Absatz 3 seine Funktionen in einem Umfang übertragen hat, der ihn zu einer Briefkastenfirma werden lässt und er somit nicht länger als Verwalter des AIF angesehen werden kann.	(10) Im Hinblick auf AIF-Kapitalverwaltungsgesellschaften bestimmen sich die Bedingungen zur Erfüllung der Anforderungen nach Absatz 1 bis 3 und 6 bis 7 sowie die Umstände, unter denen angenommen wird, dass die AIF-Kapitalverwaltungsgesellschaft im Sinne von Absatz 5 ihre Funktionen in einem Umfang übertragen hat, der sie zu einer Briefkastenfirma werden lässt und so dass sie nicht länger als Verwalter des AIF angesehen werden kann, nach Artikel 75 bis 82 der Verordnung (EU) Nr. .../2013 [Level 2-Verordnung gemäß Artikel 20 Absatz 7 der Richtlinie 2011/61/EU]. Für OGAW-Kapitalverwaltungsgesellschaften sind die Artikel 75 bis 82 der Verordnung (EU) Nr. .../2013 [Level 2-Verordnung gemäß Artikel 20 Absatz 7 der Richtlinie 2011/61/EU] hinsichtlich der Bedingungen zur Erfüllung der Anforderungen nach Absatz 1 bis 3

[1] Da es sich hier um eine Regelung zu OGAW-Kapitalanlagegesellschaften handelt, wird sie in diesem Werk nicht kommentiert.

AIFM-Richtlinie	KAGB-E
	und 6 bis 7 sowie der Umstände, unter denen angenommen wird, dass die OGAW-Kapitalverwaltungsgesellschaft im Sinne von Absatz 5 ihre Funktionen in einem Umfang übertragen hat, der sie zu einer Briefkastenfirma werden lässt so dass sie nicht länger als Verwalter des OGAW angesehen werden kann, entsprechend anzuwenden.

Literatur: *Baur,* in: Assmann/Schütze (Hrsg.), Handbuch des Kapitalanlagerechts, 3. Aufl., München 2007; *Campbell,* Modernisierung des Outsourcing-Regimes, ZBB 2008, 148 ff.; *Cottier,* Hedge Funds and Managed Futures, 3. Aufl., Bern 2000; *Dieterich,* Outsourcing bei Kapitalanlagegesellschaften, Frankfurt a.M. 2005; *ESMA,* Discussion paper, Key concepts of the Alternative Investment Fund Managers Directive and types of AIFM, 23. Februar 2012, ESMA/2012/117, abrufbar unter: http://www.esma.europa.eu/system/files/2012-117.pdf.; *Eyles,* Funktionsauslagerung (Outsourcing) bei Kredit- und Finanzdienstleistungsinstituten – Bank- und wertpapieraufsichtsrechtliche Rahmenbedingungen, WM 2000, 1217 ff.; *Fragos,* Das neue europäische und deutsche Investmentrecht, Frankfurt a.M. 2006; *Hanten,* Aufsichtsrechtliche Aspekte des Outsourcing bei Kapitalanlagegesellschaften, ZBB 2003; *Hertz-Eichenrode/Illenberger/Jesch/Keller/Klebeck/Rocholl,* Private-Equity-Lexikon, Stuttgart 2011; *Hübsch/Ketessidis,* in: Hanten/Görke/Ketessidis (Hrsg.), Outsourcing im Finanzsektor, Berlin 2011; *Ketessidis,* in: Hanten/Görke/Ketessidis (Hrsg.), Outsourcing im Finanzsektor, Berlin 2011; *derselbe,* Outsourcing: Neue Anforderungen als Chancen für Banken und Herausforderung für die Aufsicht, BaFin Journal 10/07, S. 11 ff.; *Klebeck,* Auslagerung von Anlageverwaltungsfunktionen, RdF 2012, 225 ff.; *Köndgen/Schmies,* Die Neuordnung des Investmentrechts, WM 2004, Sonderbeilage Nr. 1; *Linner,* Outsourcing bei KAGs – auch für Spezialfonds?, ZgKW 2002, 815 ff.; *Schäfer,* in: Boos/Fischer/Schulte-Mattler, Kreditwesengesetz, 4. Aufl., München 2012; *Steck,* in: Berger/Steck/Lübbehüsen (Hrsg.), Investmentgesetz/Investmentsteuergesetz, München 2010; *Steck/Gringel,* in: Berger/Steck/Lübbehüsen, Investmentgesetz/Investmentsteuergesetz, München 2010; *Vahldiek,* in: Bödecker (Hrsg.), Handbuch Investmentrecht, Bad-Soden 2007; *Wallach,* Alternative Investment Funds Managers Directive – ein neues Kapitel des europäischen Investmentrechts, RdF 2012, 80 ff.; *Zerwas/Hanten,* Outsourcing bei Kredit- und Finanzdienstleistungsinstituten, WM 1998, 110 ff.

Übersicht

A. Einleitung

I. Wirtschaftliche Bedeutung der Auslagerung

1   Ähnlich wie in anderen Bereichen des Finanzsektors hat das *Outsourcing* in der Investmentfondsbranche **große wirtschaftliche Bedeutung** erlangt. Viele Kapitalanlagegesellschaften handeln nach dem Motto: *„Do what you can best – outsource the rest".*[2]

2   Die Auslagerung dient dazu, **Unternehmensfunktionen und -prozesse zu optimieren und dadurch Kosten zu senken.**[3] Sie trägt dazu bei, dass sich der Fondsmanager auf sein Kerngeschäft konzentrieren kann, indem er z. B. administrative Tätigkeiten auslagert. Der Fondsmanager muss nicht das gesamte Spektrum der zur kollektiven Vermögensverwaltung gehörenden Funktionen gemäß Anhang I der AIFM-Richtlinie höchstpersönlich erbringen. Aber auch im Kernbereich kann eine Auslagerung wirtschaftlich sinnvoll sein, z. B. wenn sich der Fondsmanager hierdurch Expertise in einer geographischen Region oder einer Assetklasse „hinzukauft", in der er selbst über kein Know-how verfügt. Aus den

---

[2] Vgl. *Klebeck,* RdF, 2012, 225.

[3] *Zerwas/Hanten* WM 1998, 110; *Dieterich,* Outsourcing bei Kapitalanlagegesellschaften, 2005, S. 1; *Campbell* ZBB 2008, 148.

genannten Gründen gestatten sowohl die OGAW-Richtlinie (Art. 13) als auch § 16 InvG die Auslagerung.

II. Aufgaben von Kapitalanlagegesellschaften, die häufig ausgelagert werden

Besonders häufige von KAG ausgelagerte Tätigkeiten betreffen die Fondsbuch- **3** haltung, das Fondscontrolling und das Portfoliomanagement.[4] Die Fondsbuchhaltung ist Teil des sog. Back Office einer KAG, welcher sich besonders gut für Auslagerungen eignet. Aufgabe der **Fondsbuchhaltung** ist es insbesondere, das Zahlenwerk zu erstellen, welches die Grundlage bildet für u.a. den Rechenschaftsbericht, die Vermögensaufstellung, die Ertrags- und Aufwandsrechnung und die Entwicklung des Fondsvermögens.

Das **Fondscontrolling** gilt als zentrale Überwachungseinheit des Middle **4** Office.[5] Seine Aufgabe ist es, die den Fonds betreffenden Risiken zu steuern und zu überwachen. Hierzu gehört sowohl die ex post als auch z.T. die ex ante Prüfung der zu Lasten oder zugunsten des Fonds durchgeführten Geschäfte. Überwacht wird u.a., ob die gesetzlichen und vertraglichen Anlagegrenzen und -grundsätze eingehalten worden sind sowie die Aufsicht über Kreditaufnahmen.

Das **Portfoliomanagement** ist Teil des sog. Front Offices einer KAG. Es setzt **5** die in gesetzlichen Vorgaben, Anlagerichtlinien und Anlageausschusssitzungen formulierten Ziele in Kauf- und Verkaufsaufträge um.

III. Spannungsfeld

1. Risiken der Auslagerung. Allerdings gehen mit einer Auslagerung auch **6** erhebliche Risiken einher. Dies gilt namentlich, wenn für den Anlegerschutz wesentliche Funktionen – wie namentlich Aufgaben der Portfolioverwaltung oder des Risikomanagements – ausgelagert werden. Jede Auslagerung **erschwert die effiziente Aufsicht,** weil sie der Aufsichtsbehörde Kontrollmöglichkeiten nimmt und die Strukturen und Verantwortlichkeiten komplexer werden.[6] Wegen der größeren Zahl der handelnden Akteure können sich auch die **operationellen Risiken erhöhen.** Der auslagernde Fondsmanager trägt zudem das Risiko, das schwerwiegende Pflichtverletzungen des Auslagerungsunternehmens zu einem Vertrauensverlust der Anleger führen können. Auch kann sich der Fondsmanager mit der Auslagerung in eine Abhängigkeit zu dem Auslagerungsunternehmen begeben, insbesondere wenn nur wenige Dienstleister in diesem Bereich tätig sind.

2. Abgrenzung zwischen AIFM und Auslagerungsunternehmen. Nach **7** der OGAW-Richtlinie und dem Investmentgesetz ist die Abgrenzung zwischen Kapitalanlagegesellschaft und Auslagerungsunternehmen leicht, weil beide dem formellen Investmentbegriff[7] folgen. Manager eines OGAW ist stets diejenige KAG, die zur Verwaltung des OGAW bestellt und zugelassen worden ist, unabhängig davon, in welchem Umfang sie Funktionen bzw. Aufgaben an Auslagerungsunternehmen ausgelagert hat. Delegiert die KAG in zu starkem Umfang Funktionen bzw. Aufgaben, so kann die Aufsichtsbehörde dies unterbinden. Die

---

4 *Hanten* ZBB 2003, 291.
5 Vgl. Ebendort, S. 292.
6 Ähnlich auch *Steck* in Berger/Steck/Lübbehüsen, InvG, § 16 Rn. 5.
7 Vgl. hierzu nur *Köndgen* in Berger/Steck/Lübbehüsen, InvG, § 1 Rn. 8.

KAG bleibt jedoch auch dann stets Manager des OGAW. Im Unterschied dazu folgt aus dem nach der AIFM-Richtlinie geltenden **materiellen Investmentbegriff,** dass Verwalter eines AIF derjenige ist, der die Funktionen der Portfolioverwaltung und des Risikomanagements wahrnimmt. Lagert der zugelassene AIFM in zu starkem Umfang Aufgaben aus, so führt dies dazu, dass der AIFM nicht länger als Verwalter des AIF angesehen werden kann (vgl. Art. 20 Abs. 3). Es kann dann ein Zustand eintreten, dass ein AIFM vorübergehend bis zur Rückführung der Auslagerungen auf ein vertretbares Maß nicht länger befugt ist, denn AIF zu verwalten.

B. Entstehungsgeschichte

8   Der **Kommissionsvorschlag**[8] sah im Vergleich zur OGAW-Richtlinie und dem Investmentgesetz deutlich strengere Regelungen für die Auslagerung vor. Ziel der Kommission war es, das **Ausmaß der Auslagerung deutlich zu begrenzen,** um damit die Aufsicht zu verbessern und den Anlegerschutz zu erhöhen. Wesentliche Elemente von Art. 18 des Kommissionsvorschlags waren: a) die Pflicht, jede Auslagerung zuvor von der Aufsichtsbehörde genehmigen zu lassen. Darüber hinaus sollte b) die Portfolioverwaltung und das Risikomanagement nur an zugelassene AIFM delegiert werden können. Schließlich sollte c) jede Unterauslagerung verboten sein. Die Kommission konnte sich diesbezüglich nicht in den Verhandlungen mit Rat und Parlament durchsetzen. In den Verhandlungen wurden die Regelungen stark an die bestehende Regelung nach Art. 13 OGAW-Richtlinie angeglichen.

C. Vergleich mit der OGAW-Richtlinie und dem InvG

I. OGAW-Richtlinie

9   Auch wenn Art. 20 AIFM-Richtlinie in nennenswertem Umfang auf Regelungen des Art. 13 OGAW-Richtlinie aufbaut, gibt es jedoch auch größere Unterschiede. Während Art. 13 der OGAW-Richtlinie den Mitgliedstaaten noch ein Wahlrecht einräumt, ob sie KAG die Auslagerung gestatten wollen, steht dieses Recht nunmehr automatisch allen AIFM in der EU zu. Eine Neuerung ist, dass nach Art. 20 Abs. 1 Satz 2 lit. a) Auslagerungen nur noch zulässig sind, wenn ein objektiver Grund dies rechtfertigt.[9] Art. 20 Abs. 1 UAbs. 2 AIFM-Richtlinie erhöht die Kontrollpflichten des AIFM im Vergleich zur OGAW-Richtlinie. Danach hat der AIFM „fortwährend die von Beauftragten erbrachten Dienstleistungen" zu überprüfen. Darüber hinaus enthält die AIFM-Richtlinie strengere Regelungen hinsichtlich der Grenzen der Auslagerung als die OGAW-Richtlinie. Während die OGAW-Richtlinie nur Regelungen zu Inkompatibilitäten aufgrund von Interessenkonflikten im Falle der Auslagerung enthält, erweitert die AIFM-Richtlinie diese auf Unterauslagerungen. Schließlich schreibt die AIFM-Richtlinie vor, dass ein Auslagerungsunternehmen die ausgelagerte Aufgabe (oder Teile hiervon) nur unter denselben Voraussetzungen wie der AIFM unterauslagern darf und dass die Unterauslagerung der ausdrücklichen Zustimmung des AIFM bedarf.

---

[8] Vgl. Art. 18.
[9] Dies gilt in selber Weise auch bei der Auslagerung von Aufgaben der Verwahrung durch die Depotbank gemäß Art. 21 Abs. 11 UAbs. 2 lit. b).

Auf der anderen Seite ist die **AIFM-Richtlinie deutlich flexibler als die**   10
OGAW-Richtlinie und § 16 InvG, wenn es um andere Aufgaben als die Portfolioverwaltung und das Risikomanagement geht. Nach der OGAW-Richtlinie
und § 16 InvG finden hierauf zwingend die Vorschriften über die Auslagerung
Anwendung. Demgegenüber kann ein AIFM von vornherein nur mit der Portfolioverwaltung und dem Risikomanagement betraut werden. Folge hiervon ist,
dass der AIFM dann die administrativen Tätigkeiten und den Vertrieb nicht auslagern muss. Stattdessen kann der AIF bzw. der Fondsinitiator unmittelbar einen
Dienstleister hiermit beauftragen. Dies hat für den AIFM den Vorteil, dass er den
Dienstleister nicht auswählen und überwachen muss und für diesen auch nicht
haftet.

Die von der ESMA[10] vertretene Auffassung, dass in derartigen Fällen die Rege-   11
lungen zur Auslagerung entsprechend anzuwenden sind, ist abzulehnen. Der
Richtliniengeber hatte sich im Unterschied zur OGAW-Richtlinie bewusst dafür
entschieden, dass AIFM die in Anhang I Nummer 2 genannten freiwilligen Funktionen nicht wahrnehmen müssen, um den Besonderheiten vieler AIF Rechnung
zu tragen. Dies würde durch eine entsprechende Anwendung des Art. 20 konterkariert.

II. Investmentgesetz

In Deutschland haben die Regelungen zur Auslagerung von Tätigkeiten von   12
Kapitalanlagegesellschaften eine wechselhafte Vergangenheit. An ihnen lassen sich
besonders plastisch die sich wellenförmig vollziehenden Wechsel zwischen strenger und liberaler Regulierung nachvollziehen. Das KAGG enthielt keine Regelung zur Auslagerung; vielmehr kam auch für KAG als seinerzeitige Spezialkredit-
institute die Regelung des § 25a Abs. 2 KWG zur Anwendung. Die Aufsicht
nahm zur Auslagerung zunächst eine **restriktive Haltung** ein. Das Schreiben
des früheren Bundesaufsichtsamtes für das Kreditwesen (BAKred) vom 29.9.1997
verbot noch die Auslagerung der Fondsbuchhaltung (einschließlich der Anteilswertermittlung) und der Portfolioverwaltung.[11] Das BAKred hat jedoch seine
Position **bereits 2001 gelockert.** In seinem Rundschreiben 11/2001 vom
6.12.2001[12] heißt es in Textziffer 12, dass grundsätzlich die Auslagerung jedes
Tätigkeitsbereichs eines Instituts auslagerungsfähig sei. Hiervon wurden unter
Textziffer 13 lediglich zentrale Leitungsfunktionen ausgenommen, weil dies
ansonsten mit der Pflicht zur eigenverantwortlichen Unternehmensleitung unver-
einbar wäre. Hierunter Verstand das BAKred Maßnahmen der Unternehmenspla-
nung, -organisation, -steuerung und -kontrolle. Allerdings fasste die Aufsicht den
Begriff der zentralen Leitungsfunktion noch weit. Im Falle der Auslagerung von
Aufgaben der Portfolioverwaltung forderte das BAKred von KAG, dass sie dem
Auslagerungsunternehmen exakt vorherbestimmbare und nachprüfbare objektive
Beurteilungs- und Ergebnisfindungskriterien vorgeben, die den internen Hand-
lungsanweisungen entsprachen.[13] Damit sollte den Auslagerungsunternehmen

---

[10] *ESMA,* Discussion paper, Key concepts of the Alternative Investment Fund Managers
Directive and types of AIFM, 23. Februar 2012, ESMA/2012/117, abrufbar unter: http://
www.esma.europa.eu/system/files/2012-117.pdf.

[11] Vgl. nur *Hanten* ZBB 2003, 291 (294) und *Fragos,* Das neue europäische und deutsche
Investmentrecht, S. 102 m. w. N.

[12] Abgedruckt in: ZBB 2002, 66 ff.

[13] *Campbell* ZBB 2008, 148 (151).

kein eigener Ermessensspielraum verbleiben. Dies führte in der Praxis zu der – aufsichtsrechtlich problematischen[14], aber von der Aufsicht bisher akzeptierten – Umgehung durch Beauftragung sog. **Anlageberater** (auch *investment advisor*). Diese Anlageberater gaben Vorschläge und Empfehlungen zur Investition ab, welche die KAG akzeptieren oder ablehnen konnte. Praktisch folgen Kapitalanlagegesellschaften i. d. R. den Anlageempfehlungen des Anlageberaters.[15] Die Anlageberater durften dann ihre eigene Anlageempfehlung in Stellvertretung für die KAG ausführen.[16] *Campbell*[17] warnte zu Recht vor der Gefahr hin, dass hierdurch Geschäftsleiter zu bloßen Marionetten werden konnten, die Entscheidungen nur noch „abnicken". *Hanten*[18] wies frühzeitig darauf hin, dass es sich in Fällen, in denen das Fondsmanagement der KAG allein auf die Expertise des Anlageberaters vertraut und ausschließlich auf der Grundlage seiner Vorgaben entscheidet, um eine **vollständige Auslagerung des Fondmanagements** handelt.[19]

13   Die Aufsicht hat auch in der Folge sowohl im Banken- als auch im Wertpapierbereich im Wesentlichen an dieser Auffassung festgehalten.[20] Allerdings stellte sie nach Inkrafttreten des FRUG und der damit verbundenen Änderung des § 25a Abs. 2 KWG ihren Ansatz für die Prüfung von Auslagerungen um. An die Stelle mehr oder weniger konkreter Vorgaben durch das BAKred-Schreiben vom 6.12.2001 traten **flexiblere, einzelfallbezogene Regelungen.** Dieser Ansatz gilt auch nach dem Rundschreiben 5/2010 der BaFin vom 30.6.2010 zur InvMa-Risk fort.

14   Die **InvMaRisk** enthält einen eigenen Abschnitt 9 zum Outsourcing. Nach Textziffer 2 muss eine KAG aufgrund ihrer Risikountersuchung eigenverantwortlich festlegen, welche Aufgaben unter Risikogesichtspunkten ausgelagert werden können. Laut Textziffer 3 sind grundsätzlich alle Aufgaben – mit Ausnahme der Leitungsaufgaben – auslagerungsfähig. Allerdings darf die KAG durch die Gesamtheit der vorgenommenen Auslagerungen nicht zu einer bloßen Briefkastenfirma werden. Dies sei nach Auffassung der BaFin dann der Fall, wenn die KAG nicht (mehr) über eine **ausreichende technische und personelle Ausstattung mit Experten** verfüge, um die Tätigkeiten des Auslagerungsunternehmens laufend überwachen zu können. In Textziffer 4 enthält die InvMaRisk eine nach ihrem Normzweck für viele AIF anwendbare weitere Einschränkung der Auslagerung. Dort schreibt die BaFin vor, dass sich die KAG bei der Auslagerung des Portfoliomanagements von Immobilienfonds das **Letztentscheidungsrecht über den Erwerb und die Veräußerung von Immobilien** vorbehalten müsse. Dies wird damit begründet, dass es sich hierbei um eine Kernkompetenz der KAG handele, die nicht auslagerungsfähig sei. In Textziffer 10 stellt die BaFin klar, dass KAG auch die Interne Revision vollumfänglich auslagern dürfen. In einem solchen Fall

---

[14] Kritisch daher auch *Hanten* ZBB 2003, 291 (294).

[15] *Campbell* ZBB 2008, 148 (151).

[16] *Vahldiek* in Bödecker, Handbuch Investmentrecht, S. 151.

[17] ZBB 2008, 148 (151).

[18] ZBB 2003, 291 (294).

[19] Nach dem materiellen Managerbegriff der AIFM-Richtlinie führt dies dazu, dass der Anlageberater, wenn er faktisch die Anlageentscheidungen trifft, als der einzige AIFM des betreffenden AIF anzusehen ist und daher der Zulassung als AIFM bedarf; vgl. hierzu eingehend Art. 5 Rn. 36.

[20] Eingehend hierzu *Campbell* ZBB 2008, 148 (149 ff.); *Ketessidis* in Hanten/Görke/Kettessidis, Outsourcing im Finanzsektor, S. 47 ff.

muss die Geschäftsleitung jedoch innerhalb der KAG einen Revisionsbeauftragten benennen, welcher eine ordnungsgemäße Interne Revision gewährleisten muss.

D. Überblick über die Norm

Abs. 1 gestattet die Auslagerung von Aufgaben des AIFM, macht dies jedoch **15** von einer Mitteilung an die Aufsichtsbehörde abhängig. Daneben enthält Abs. 1 einen Katalog von Anforderungen, die erfüllt sein müssen, damit das Outsourcing zulässig ist. Abs. 2 nennt aus Gründen nicht vermeidbarer Interessenkonflikte Einrichtungen, an die das Portfolio- bzw. das Risikomanagement nicht ausgelagert werden darf. Dasselbe gilt nach Abs. 5 im Falle der Unterauslagerung. Abs. 3 besagt zum einen, dass die Auslagerung nicht zu einer Verschlechterung der haftungsrechtlichen Stellung des AIF und seiner Anleger führen darf. Zum anderen setzt Abs. 3 der Auslagerung Grenzen. Abs. 4 benennt die Anforderungen, die im Falle einer Unterauslagerung erfüllt sein müssen. Dasselbe gilt gemäß Abs. 6 im Falle von Unter-Unterauslagerungen. Abs. 7 schließlich ermächtigt die EU-Kommission, durch sog. delegierte Rechtsakte (sog. Level-2-Maßnahmen) zum einen die Anforderungen an die (Unter-) Auslagerung und zum anderen die zulässigen Grenzen der Auslagerung näher zu konkretisieren.

E. Normzweck

Art. 20 erkennt das Recht zur Auslagerung an, zieht dieser jedoch im Interesse **16** des **Anlegerschutzes,** einer **effizienten Beaufsichtigung** und der **Finanzmarktstabilität** Grenzen. Der Richtliniengeber trägt damit dem Umstand Rechnung, dass Auslagerungen vielfach ökonomisch sinnvoll sind, z. B. weil sie zu Kosteneinsparungen und höherer Professionalität aufgrund von Spezialisierungen führen können.

Da die Auslagerung jedoch zu **komplexeren Strukturen** führt und die effek- **17** tive Aufsicht erheblich erschwert bzw. teils unmöglich macht, versucht Art. 20, Auslagerungen bzw. Unterauslagerungen auf das notwendige Maß zu beschränken. Eine Auslagerung ist daher nur zulässig, wenn objektive Gründe sie rechtfertigen. Zudem darf die Auslagerung nicht die Wirksamkeit der Beaufsichtigung des AIFM beeinträchtigen.

Art. 20 soll darüber hinaus verhindern, dass die AIFM-Richtlinie über die **18** Hintertür der Auslagerung umgangen oder „durchlöchert" wird. Der Umfang und die Bedeutung der ausgelagerten Aufgaben dürfen daher nicht dazu führen, dass der zugelassene AIFM nicht länger als der Verwalter des AIF angesehen werden kann (vgl. Abs. 3). Die AIFM-Richtlinie als Managerregulierung kann nur funktionieren, wenn der **AIFM der zentrale Akteur** ist und – trotz Auslagerung einzelner Aufgaben – bleibt.

Um zu verhindern, dass die Auslagerung zu einer Verschlechterung der Leis- **19** tungserbringung und des Anlegerschutzes führt, enthält Art. 20 umfangreiche **Qualitätsanforderungen,** die das Auslagerungsunternehmen erfüllen muss. Auf diese Weise soll sichergestellt werden, dass sämtliche Anforderungen der AIFM-Richtlinie trotz Auslagerung einzelner Aufgaben erfüllt werden und die Anleger darauf vertrauen können, eine Managerleistung in branchenüblicher Qualität zu erhalten.

20 Da der AIFM gemäß Art. 12 Abs. 1 lit. b) als Treuhänder des AIF und seiner Anleger tätig wird, stellt Art. 20 Abs. 2 und 5 sicher, dass Aufgaben des Portfolio- und des Risikomanagements nicht an Personen wie die **Depotbank oder einen Unterverwahrer** ausgelagert werden dürfen, zu deren Aufgaben es gerade gehört, als Treuhänder der Anleger den AIFM zu überwachen. Ansonsten würde die Kontrollfunktion der Depotbank hinfällig.

F. Wann liegt überhaupt eine Auslagerung vor?

I. Begriff der Auslagerung

21 Wie schon die OGAW-Richtlinie (Art. 13) spricht auch die AIFM-Richtlinie nicht von *Outsourcing* oder Auslagerung, sondern davon, dass ein AIFM einem Dritten Aufgaben überträgt, damit dieser sie für ihn wahrnimmt. In § 16 InvG ist von Auslagerung die Rede; der Dritte wird dort als Auslagerungsunternehmen bezeichnet. In dieser Kommentierung wird daher die Terminologie des Investmentgesetzes aufgegriffen.

22 Ebenso wie die OGAW-Richtlinie und das Investmentgesetz enthält die AIFM-Richtlinie keine Definition der Auslagerung. Wenn man von der unter II. beschriebenen Besonderheit absieht, dürfte nach hier vertretener Auffassung davon auszugehen sein, dass Art. 20 weit gehend an die von der Aufsichtspraxis zur OGAW-Richtlinie und zu § 16 InvG entwickelten Definition anknüpft.

23 Die BaFin hat den Begriff der Auslagerung in Textziffer 1 der InvMaRisk wie folgt definiert:

„Eine Auslagerung liegt vor, wenn ein anderes Unternehmen mit der Wahrnehmung von Aufgaben betraut wird (Auslagerungsunternehmen), die zur Durchführung der Geschäfte der Gesellschaft wesentlich sind und die ansonsten von der Gesellschaft selbst erbracht würden".[21]

24 Zwar weicht der Richtliniengeber im Wortlaut des Art. 20 Abs. 1 AIFM-RL bewusst vom Wortlaut des § 16 InvG ab. Nach § 16 InvG gelten die dort genannten Anforderungen an die Auslagerung nur, wenn für die Durchführung der Geschäfte einer KAG **wesentliche Aufgaben** ausgelagert werden. Ob Deutschland damit Art. 13 OGAW-RL ordnungsgemäß umgesetzt hat, erscheint fraglich. Wie Art. 20 AIFM-RL enthält auch Art. 13 OGAW-RL keine Begrenzung auf wesentliche Aufgaben. Die Einbeziehung auch unwesentlicher Aufgaben ist schon deshalb aufsichtsrechtlich sinnvoll, weil einzelne Aufgaben für sich betrachtet unwesentlich sein können, die Auslagerung einer Vielzahl solcher Aufgaben jedoch unter Risikogesichtspunkten bedenklich sein kann. Diese Sichtweise hatte das BAKred bereits in Textziffer 17 seines Rundschreibens 11/2001 vertreten. Daher stellen Art. 20 AIFM-RL und die zu seiner Konkretisierung erlassenen Durchführungsbestimmungen zu Recht auch nicht auf die einzelne auszulagernde Aufgabe, sondern auf die Auslagerungsstruktur auf der einen und die bei dem AIFM verbliebenen Aufgaben auf der anderen Seite ab. Zu beachten ist jedoch Erwägungsgrund 31. Nach dessen Satz 2 soll Art. 20 auf bloße Hilfsaufgaben des AIFM, wie etwa administrative Tätigkeiten oder technische Funktionen, keine Anwendung finden. Hierbei handelt es sich um eine Ausprägung des Verhältnis-

---

[21] Zu der historischen Entwicklung des Begriffs der Auslagerung im deutschen Aufsichtsrecht vgl. eingehend *Eyles* WM 2000, 1217 ff.; *Campbell* ZBB 2008, 148 ff. und *Ketessidis* in Hanten/Görke/Kettesidis (Hrsg.), Outsourcing im Finanzsektor, S. 37 ff.

mäßigkeitsprinzips. In beiden Fällen geht es darum, Aufgaben aus dem Anwendungsbereich herauszunehmen, die weder für sich allein noch im Zusammenspiel mit anderen Aufgaben aufsichtsrechtlich relevante Risiken begründen.[22]

Es versteht sich heute von selbst, dass die im BAKred-Rundschreiben 11/2001 **25** genannten Beispiele unwesentlicher Bereiche wie die Wartung technischer Geräte und der Reinigungsdienst nicht unter § 16 InvG fallen. Insoweit erscheint heute bereits fraglich, ob derartige Leistungen überhaupt noch von KAG selbst erbracht werden oder ob nicht schon eine Auslagerung zu verneinen ist. Recht weit gehend erscheint hingegen die in der ESMA-Empfehlung[23] sowie im Schrifttum[24] genannte **Auslagerung der Rechtsabteilung** als Beispiel für eine Hilfsaufgabe. Weitere von der ESMA unter Rückgriff auf ähnliche Regelungen zur MiFID genannte Beispiele sind der Erwerb standardisierter Dienstleistungen wie etwa Marktinformationsdienste, Preisdaten oder von Standardsoftware, der Rückgriff auf externe Berater im Einzelfall (z. B. im Rahmen der Compliance, der Rechnungslegung und des Risikomanagements) sowie der Rückgriff auf IT-Dienstleister zur Unterstützung des Ablaufs der Standardsoftware.[25]

II. Besonderheiten bei AIFM

Wie bereits an anderer Stelle eingehend dargestellt, unterscheidet sich die **26** AIFM-Richtlinie in Sachen Auslagerung in einem wesentlichen Punkt von der OGAW-Richtlinie und § 16 InvG.[26] Nach letzteren ist die KAG neben der Portfolioverwaltung und dem Risikomanagement als Kernfunktionen auch stets für die **administrativen Tätigkeiten** und den **Vertrieb** verantwortlich. Will die KAG die administrativen Tätigkeiten und den Vertrieb nicht höchstpersönlich erbringen, so muss die KAG sie auslagern. Aber auch dann muss die KAG das Auslagerungsunternehmen ordnungsgemäß auswählen und laufend überwachen. Darüber hinaus haftet es für jede schuldhafte Pflichtverletzung des Auslagerungsunternehmens.

Demgegenüber ist es nach der AIFM-Richtlinie zulässig, den AIFM **aus-** **27** **schließlich** mit der **Portfolioverwaltung und** dem **Risikomanagement** zu betrauen.[27] Dies hat zur Folge, dass der AIF bzw. der Fondsinitiator unmittelbar einen Dienstleister für die administrativen Tätigkeiten und den Vertrieb beauftragen kann. Der AIFM ist dann weder für die Auswahl noch die laufende Überwachung jenes Dienstleister verantwortlich. Auch haftet er nicht für den Dienstleister. Damit kommt die AIFM-Richtlinie einem Bedürfnis der Praxis nach. Die Manager alternativer Fonds beschränken sich bei ihrer Dienstleistung oftmals auf die Portfoli-

---

[22] So auch ausdrücklich die ESMA-Empfehlung Box 63 Nummer 2. Zur Rechtslage nach § 16 InvG zustimmend *Steck* in Berger/Steck/Lübbehüsen, InvG, § 16 Rn. 9.

[23] Vgl. ESMA-Empfehlung, Box 63 Nummer 3a).

[24] Vgl. nur *Campbell* ZBB 2008, 148 (158); *Steck* in Berger/Steck/Lübbehüsen, InvG, § 16 Rn. 11.

[25] Vgl. ESMA-Empfehlung Box 63 Nummer 3b). Nach der derzeitigen Verwaltungspraxis der BaFin dürfte es sich hierbei um einen sog. sonstigen Fremdbezug von Leistungen handeln, welchen die BaFin nicht als Auslagerung ansieht; vgl. nur *Campbell* ZBB 2008, 148 (158); *Ketessidis* in Hanten/Görke/Kettessidis, Outsourcing im Finanzsektor, S. 44 ff.

[26] Vgl. Art. 5 Rn. 12.

[27] Selbstverständlich bleibt es auch weiterhin möglich, dass der AIFM zusätzlich die Verantwortung für die in Anhang I Nummer 2 genannten Funktionen, d.h. namentlich die administrativen Tätigkeiten und den Vertrieb, übertragen bekommt.

overwaltung und das Risikomanagement. Der Richtliniengeber hat es AIFM auf diese Weise einfach gemacht, sich auf seine Kernkompetenzen zu konzentrieren, ohne dass diese die übrigen Bereiche auslagern müssen. Da der Richtliniengeber die bewusste Entscheidung getroffen hat, dass ein AIFM die in Anhang I Nummer 2 genannten Funktionen nicht wahrnehmen muss, ist die von der ESMA[28] vertretene Ansicht abzulehnen, wonach die Regelungen zur Auslagerung entsprechend anwendbar sein sollen, wenn der AIF bzw. sein Initiator diese Funktionen unmittelbar einem externen Dienstleister überträgt. Dies negiert Wortlaut und Sinn des Anhangs I und konterkariert den Willen des Richtliniengebers.

28   Allerdings geht die beschriebene Erleichterung hinsichtlich der in Anhang I Nummer 2 genannten freiwilligen Funktionen eines AIFM einher mit einer Verschärfung der Anforderungen und insbesondere Grenzen einer Auslagerung von Aufgaben aus dem Katalog der zwingenden Funktionen eines AIFM nach Anhang I Nummer 1 (Portfolio- und Risikomanagement). Diese beiden Funktionen dürfen nicht vollständig ausgelagert werden, weil der AIFM sonst zu einem **Briefkastenunternehmen** bzw. einer **leeren Hülle** würde, was nach Art. 20 Abs. 3 unzulässig ist. Vielmehr können aus dem Portfolio- oder Risikomanagement **nur einzelne Aufgaben** ausgelagert werden. Dies darf vom Umfang bzw. der Bedeutung der ausgelagerten Aufgaben nicht dazu führen, dass der AIFM nicht länger als Verwalter des AIF angesehen werden kann.[29] Konkret bedeutet dies, dass ein AIFM alle wesentlichen Aufgaben des Portfolio- und Risikomanagements **höchstpersönlich erbringen** muss, weil es sich hierbei um die Kernkompetenzen eines AIFM handelt.

G. Rolle der Heimatbehörde des AIFM bei der Auslagerung

I. Ausgangslage

29   Auslagerungen erschweren die effektive Aufsicht und erhöhen tendenziell die Risiken für die Anleger. Die Heimatbehörde kann den im selben Mitgliedstaat ansässigen AIFM umfassend beaufsichtigen. Lagert dieser Aufgaben aus, so führt dies – unter dem Blickwinkel der effektiven Aufsicht – zu erheblichen Reibungsverlusten. Primärer (Normadressat) und Ansprechpartner der Aufsichtsbehörde ist und bleibt ausschließlich der AIFM. Dessen Heimatbehörde kann vielfach **nicht** daneben unmittelbar das **Auslagerungsunternehmen überwachen**. Dies ist offensichtlich, wenn das Auslagerungsunternehmen seinen Sitz in einem anderen Staat hat, gilt jedoch selbst dann, wenn es seinen Sitz in demselben Staat wie der AIFM hat. Die Heimatbehörde des AIFM kann vielmehr nur prüfen, ob der AIFM zur Auslagerung berechtigt war, ob er ein geeignetes Auslagerungsunternehmen ausgewählt hat und ob er dieses fortlaufend überwacht. Jede Auslagerung führt daher zu einem Rückzug der staatlichen Aufsicht zugunsten einer Kontrolle des Auslagerungsunternehmens durch den AIFM. Kommt der AIFM seiner Kontrollpflicht nicht ordnungsgemäß nach, so kann dies praktisch meist nicht durch dessen Heimatbehörde kompensiert werden.

---

[28] Vgl. *ESMA*, Discussion paper, Key concepts of the Alternative Investment Fund Managers Directive and types of AIFM, 23. Februar 2012, ESMA/2012/117, abrufbar unter: http://www.esma.europa.eu/system/files/2012-117.pdf.

[29] Vgl. eingehend unter Rn. 135 ff.

Wie so häufig in der Finanzdienstleistungsbranche bestehen die Defizite in der 30 geltenden Auslagerungspraxis darin, dass wesentliche gesetzliche Annahmen sich als **unhaltbare Fiktionen** erweisen. Sowohl Art. 13 OGAW-Richtlinie als auch § 16 InvG basieren auf der Fiktion, dass die KAG trotz Auslagerung über ausreichend eigene Ressourcen und Know-how verfügt, um die Qualität der von dem Auslagerungsunternehmen erbrachten Leistung angemessen beurteilen zu können. Da die Auslagerung jedoch meist zu dem Zweck erfolgt, Kosten zu sparen oder Kapazitäten „hinzuzukaufen", über welche die KAG selbst nicht verfügt oder bei dieser eingespart werden sollen, ist dies vielfach nicht gewährleistet.[30] Den Vorteilen der Auslagerung stehen dann erhebliche Risiken sowohl für die Anleger als auch unter Umständen für die Finanzmarktstabilität gegenüber.

II. Grundsätzlich keine Erlaubnispflichtigkeit der Auslagerung

Anders als von der EU-Kommission vorgeschlagen schreibt Art. 20 grundsätz- 31 lich[31] nicht vor, dass die Auslagerung der **Erlaubnis** der Heimatbehörde des AIFM bedarf. Stattdessen ist der AIFM nach Abs. 1 Satz 1 verpflichtet, seiner Heimatbehörde die Absicht der Auslagerung bestimmter Aufgaben auf ein Auslagerungsunternehmen zu melden, bevor die Auslagerungsvereinbarung in Kraft tritt.

Sinn und Zweck dieser **ex-ante Meldepflicht** ist es, die Heimatbehörde des 32 AIFM in die Lage zu versetzen zu prüfen, ob sämtliche Voraussetzungen einer Auslagerung erfüllt sind.

Mit der ex-ante Meldepflicht kehrt Deutschland zu der Rechtslage vor Inkraft- 33 treten des FRUG am 1.11.2007 zurück. Nach § 25a Abs. 2 Satz 3 KWG a. F. waren die Institute verpflichtet, der BaFin für jede einzelne Auslagerung sowohl eine **Absichts- als auch eine Vollzugsanzeige** zu erstatten.[32] An die Anzeige knüpfte sich das sog. **Vertragsprüfungsverfahren,** bei dem die BaFin die Entwürfe der Auslagerungsverträge auf ihre **aufsichtsrechtliche Unbedenklichkeit** überprüfte.[33] Diese Praxis wurde in Deutschland von einer sog. **Sammelanzeige** aller in einem Geschäftsjahr erfolgten Auslagerungen zu Beginn des neuen Geschäftsjahres abgelöst (vgl. § 16 Abs. 5 InvG). Diese Verwaltungsvereinfachung sowohl auf Seiten der KAG als auch der BaFin ging einher mit einem Anstieg an Rechtsunsicherheit und einer Einschränkung der effektiven Aufsicht. KAG konnten nun nicht mehr eine „aufsichtliche Vorgenehmigung" ihrer Auslagerung einholen.[34] Sie gingen damit das Risiko ein, dass im schlimmsten Fall eine aufwendige Auslagerung im Nachhinein rückabgewickelt werden muss.

Auch wenn Art. 20 AIFM-RL keine Fristen für die Meldung und die nachfol- 34 gende Umsetzung der Auslagerung enthält, sollte die beabsichtigte Auslagerung – im ureigenen Interesse des AIFM – mit ausreichendem Vorlauf gemeldet werden. Anderenfalls besteht die Gefahr, dass die Heimatbehörde des AIFM die Umsetzung der Auslagerung auf der Grundlage des Art. 46 Abs. 2 lit. e) i. V. m. lit. i) (vorübergehend) untersagt, weil sie ihre **Prüfung der Unbedenklichkeit** noch nicht abgeschlossen hat.[35] Aufgrund der umfangreichen Anforderungen an eine

---

[30] A.A. *Linner* ZgKW 2002, 815 (817).

[31] Zu der Ausnahme gemäß Abs. 1 Satz 2 lit. c) vgl. unten unter Rn. 36.

[32] *Campbell* ZBB 2008, 148 (153).

[33] *Ketessidis* BaFinJournal 10/07, S. 11 (12 f.).

[34] *Campbell* ZBB 2008, 148 (154).

[35] Zweifelnd, ob Art. 20 lediglich die Pflicht zur Absichts- und Vollzugsanzeige enthält oder ob eine behördliche Unbedenklichkeitsprüfung der Auslagerung hinzutreten muss, *Klebeck* RDF 2012, 225 (230).

Auslagerung hat der AIFM seiner Heimatbehörde detaillierte Angaben zu machen und zu erläutern, dass sämtliche Voraussetzungen eingehalten worden sind. Insbesondere wird die Aufsichtsbehörde den **Auslagerungsvertrag prüfen** müssen. Reichen der Aufsichtsbehörde die Angaben nicht zur Beurteilung aus, so kann sie von dem AIFM weitergehende Informationen bzw. die Vorlage entsprechender Unterlagen verlangen (vgl. nur Art. 77 Abs. 2 der Durchführungsverordnung). Faktisch entspricht dieses Verfahren weit gehend einem Erlaubnisverfahren. Ein wesentlicher Unterschied besteht allerdings darin, dass die Umsetzung der Auslagerung nicht von der Erteilung einer Erlaubnis, sondern – genau umgekehrt – davon abhängig ist, dass die Heimatbehörde die **Auslagerung nicht untersagt.** Im Unterschied zur Änderungsanzeige nach Art. 10 Abs. 2 enthält Art. 20 jedoch keine dahingehende Fiktion, dass die Auslagerung durchgeführt werden kann, wenn die Behörde sie nicht innerhalb einer gewissen Frist ablehnt. Dies ist zu bedauern, weil Art. 20 offen lässt, wann die Auslagerung umgesetzt werden kann. Dem Wortlaut nach könnte die Auslagerung wohl recht kurz nach Meldung umgesetzt werden. Ein derartiges Vorgehen wäre jedoch mit einem hohen Risiko behaftet, dass die Aufsichtsbehörde die Rückabwicklung der Auslagerung anordnet, sofern nicht unzweifelhaft alle Anforderungen erfüllt sind. Daher dürfte es sich empfehlen, die Auslagerung eingehend mit der Behörde abzustimmen und erst umzusetzen, wenn **alle Einwände der Behörde entkräftet oder umgesetzt** worden sind. Zu erwarten ist eine Rückkehr zu der Einholung einer „aufsichtsrechtlichen Unbedenklichkeitsbescheinigung". Dabei wird sich die Aufsichtsbehörde jedoch nicht nur isoliert die konkrete Auslagerung, sondern vielmehr die Auslagerungsstruktur in Gänze und die bei dem AIFM verbleibenden Aufgaben anschauen müssen.

35   Abs. 1 Satz 1 sagt nichts darüber aus, welche **Angaben** der AIFM seiner Aufsichtsbehörde bei der Meldung der beabsichtigten Auslagerung machen muss. Aus dem Sinn und Zweck der Regelung folgt jedoch, dass der AIFM der Aufsichtsbehörde im Einzelnen nachweisen muss, dass sämtliche Anforderungen an die Auslagerung erfüllt sind.[36]

III. Ausnahmsweise Erlaubnispflichtigkeit der Auslagerung (Abs. 1 Satz 2 lit. c))

36   Unter den Voraussetzungen des Abs. 1 Satz. 2 lit. c) bedarf die Auslagerung **ausnahmsweise der vorherigen Genehmigung** durch die Heimatbehörde des AIFM. Dies setzt (1.) voraus, dass die Auslagerung das Portfolio- oder das Risikomanagement betrifft. (2.) darf für die in Frage kommende Aufgabe kein geeignetes Auslagerungsunternehmen vorhanden sein, das für die Zwecke der Vermögensverwaltung zugelassen oder registriert ist und einer Aufsicht unterliegt. Art. 20 Abs. 1 Satz. 2 lit. c) entspricht damit vom Sachverhalt der Regelung des Art. 21 Abs. 11 UAbs. 3.[37] In beiden Fällen wird eine wegen des Fehlens einer wesentlichen Anforderung **eigentlich unzulässige Auslagerung** zugelassen. Doch während es nach Art. 21 Abs. 11 UAbs. 3 ausreicht, wenn der AIF bzw. der für ihn handelnde AIFM die Depotbank anweist, die Auslagerung trotz Nichtvorliegens der Anforderung durchzuführen, bedarf es im Rahmen des Art. 20 der Genehmigung der Aufsichtsbehörde. Ein weiterer Unterschied besteht darin, dass Art. 21 Abs. 11 UAbs. 3 lit. a) – anders als Art. 20 Abs. 1 Satz 2 lit. c) – voraussetzt, dass

---

[36] Vgl. hierzu die Darstellung unter Rn. 42 ff.
[37] Vgl. Art. 21 Rn. 362 ff.

die Anleger vor Investition über alle nicht den Anforderungen entsprechende Auslagerungen zu informieren sind. Dass eine solche Informationspflicht im Rahmen des Art. 20[38] fehlt, dürfte daher auf einem Redaktionsversehen beruhen.

IV. Laufende Aufsicht der Heimatbehörde des AIFM

Aufgabe der Heimatbehörde des AIFM im Falle von Auslagerungen ist es **37** zum einen, vor Wirksamwerden der Bestellung des Auslagerungsunternehmens zu prüfen, ob sämtliche **Anforderungen an eine Auslagerung** erfüllt sind.[39] Zum anderen hat die Aufsichtsbehörde nach Bestellung des Auslagerungsunternehmens zu untersuchen, ob die Voraussetzungen weiterhin gegeben sind und die Auslagerung nicht den Anlegerinteressen zuwider läuft.

1. Bei Auswahl des Auslagerungsunternehmens. Die Heimatbehörde des **38** AIFM muss die Meldung der beabsichtigten Auslagerung zum Anlass nehmen, die Auslagerungsfähigkeit der konkreten Aufgabe **vor Vollzug der Auslagerung** eingehend zu überprüfen. Art. 20 Abs. 1 Satz 2 enthält einen umfangreichen Katalog von Anforderungen, deren Einhaltung der AIFM nachweisen und deren Erfüllung seine Aufsichtsbehörde überprüfen muss. Dabei darf sich die Prüfung nicht auf die konkrete Auslagerung beschränken, sondern muss die **gesamte Auslagerungsstruktur** und die mit ihr verbundenen Risiken einschließen. Bei der Überprüfung ist zu unterscheiden zwischen Anforderungen an (1.) die konkrete Auslagerung bzw. die Auslagerungsstruktur, (2.) das Auslagerungsunternehmen, (3.) die Zusammenarbeit mit der Aufsichtsbehörde des Auslagerungsunternehmens, (4.) die Effektivität der Aufsicht und (5.) den AIFM. Sind die Anforderungen an die Auslagerung nicht vollständig erfüllt, so hat die Aufsichtsbehörde dem AIFM die Auslagerung zu untersagen. Unter Umständen kann sie dem AIFM auch auferlegen, bestimmte Maßnahmen zu ergreifen, um den Anforderungen zu genügen. In diesem Fall muss die Aufsichtsbehörde jedoch vor Wirksamwerden der Auslagerung überprüfen, ob der AIFM dem nachgekommen ist.

2. Laufende Aufsicht. Die Heimatbehörde des AIFM hat jedoch nicht nur **39** vor Beauftragung des Auslagerungsunternehmens die Auslagerungsfähigkeit zu überprüfen. Sie hat vielmehr gemäß Art. 46 Abs. 1 Satz 2 lit. i) **fortlaufend zu überprüfen,** ob der AIFM sowie das Auslagerungsunternehmen sich weiterhin an die auf sie anwendbaren Vorschriften halten.

V. Adressat der Aufsicht

Art. 20 lässt sich nicht eindeutig entnehmen, wer Adressat der Aufsicht ist. **40** Dahinter verbirgt sich die Frage, ob die Heimatbehörde nur befugt ist, den AIFM sowie dessen **laufende Kontrolle des Auslagerungsunternehmens** zu überwachen oder ob sie befugt ist, neben dem AIFM auch das Auslagerungsunternehmen zu überwachen – und dies auch dann, wenn es in einem anderen Staat seinen Sitz hat. Die AIFM-Richtlinie als Managerregulierung legt grundsätzlich nur dem

---

[38] Auch nach Art. 23 Abs. 1 lit. f) ist der AIFM lediglich verpflichtet, die Anleger des AIF über sämtliche vom AIFM vorgenommene Auslagerungen zu informieren, nicht jedoch, dass dies trotz Nichtvorliegens einer Zulassung oder Registrierung für die Vermögensverwaltung und/oder einer laufenden Aufsicht erfolgte.

[39] Daneben ist es auch Aufgabe der Aufsichtsbehörde zu prüfen, dass keine Auslagerungen ohne die erforderliche Meldung vollzogen werden.

AIFM Pflichten auf. Allerdings stellt Art. 20 nicht allein Anforderungen an den AIFM, sondern auch unmittelbar an das Auslagerungsunternehmen auf. So heißt es z. B. in Abs. 1 Satz 2 lit. b) Leerzeichen streichen, dass der Beauftragte (d.h. das Auslagerungsunternehmen) über ausreichende Ressourcen für die Ausführung der jeweiligen Aufgaben verfügen muss. Der Richtliniengeber ist somit nicht dem an anderen Stellen (vgl. nur Art. 21 Abs. 1) verfolgten Ansatz gefolgt, den AIFM zur Gewährleistung bestimmter Anforderungen Dritter zu verpflichten. Hieraus – sowie aus der passivischen Formulierung des Abs. 1 Satz 2 (*„Die folgenden Bedingungen sind zu erfüllen"*) – kann nach hier vertretener Auffassung geschlossen werden, dass die Heimatbehörde des AIFM nicht nur berechtigt, sondern auch verpflichtet ist, das **Auslagerungsunternehmen zu überwachen.** Hierfür spricht auch der Umstand, dass es nach Abs. 1 Satz 2 lit. d) bei Auslagerungsunternehmen mit Sitz in einem Drittstaat erforderlich ist, dass zwischen dessen Aufsichtsbehörde und der Heimatbehörde des AIFM die Zusammenarbeit sichergestellt ist.

41   Hat das Auslagerungsunternehmen seinen Sitz in demselben Mitgliedstaat wie der AIFM, so kann die Heimatbehörde des AIFM das Auslagerungsunternehmen **unmittelbar beaufsichtigen.** Hat das Auslagerungsunternehmen hingegen seinen Sitz in einem anderen Mitgliedstaat oder in einem Drittstaat, so hat die Beaufsichtigung mittelbar durch **Verwaltungszusammenarbeit** mit dessen Heimatbehörde zu erfolgen. Im ersten Fall ist die Verwaltungszusammenarbeit in Art. 50 geregelt. Im zweiten Fall bedarf es hierzu eines Kooperationsabkommens.

H. Voraussetzungen der Auslagerung

42   Abs. 1 stellt umfangreiche Anforderungen an eine Auslagerung von Aufgaben des AIFM auf, soweit es sich nicht lediglich um Hilfstätigkeiten des AIFM handelt.[40] Auf diese Weise soll sichergestellt werden, dass der **Anlegerschutz** und die **effektive Aufsicht** nicht durch die Auslagerung unverhältnismäßig beeinträchtigt werden.[41] Abs. 1 stellt Anforderungen an (1.) die konkrete Auslagerung bzw. die Auslagerungsstruktur, (2.) das Auslagerungsunternehmen, (3.) den auslagernden AIFM, (4.) die Effektivität der Aufsicht und (5.) die Zusammenarbeit mit der Aufsichtsbehörde des Auslagerungsunternehmen auf.

43   Soweit nicht im Folgenden besonders hervorgehoben, entsprechen die Anforderungen des Art. 20 Abs. 1 AIFM-RL denen des Art. 13 Abs. 1 OGAW-RL.

I. Anforderungen an die Auslagerungsstruktur

44   **1. Vergleich mit der OGAW-Richtlinie und dem Investmentgesetz.** Nach Art. 20 Abs. 1 Satz 2 lit. a) ist eine Auslagerung von Aufgaben nur zulässig, wenn der AIFM seiner Heimatbehörde nachweisen kann, dass seine gesamte Auslagerungsstruktur **mit objektiven Gründen gerechtfertigt** werden kann.[42] Auch Art. 21 Abs. 11 UAbs. 2 lit. b) fordert für die Auslagerung von Verwahraufgaben einer Depotbank einen objektiven Grund.[43] Weder in Art. 13 OGAW-RL noch in § 16 InvG findet sich eine solche Anforderung. Allerdings entspricht diese Anforderung inhaltlich der Forderung des Art. 13 Abs. 1 OGAW-RL und

---

[40] Zu letzteren vgl. oben unter Rn. 24.
[41] Jede Auslagerung erhöht jedoch grundsätzlich die Risiken.
[42] Zum Vorliegen eines objektiven Grundes vgl. eingehend unter Rn. 47 ff.
[43] Vgl. die eingehende Darstellung zu Art. 21 Rn. 191 ff.

des § 16 Abs. 1 Satz InvG, dass die Auslagerung zum Zwecke der effizienten Geschäftsführung erfolgt sein muss.[44] Die Auslagerung muss somit in irgendeiner Weise aus rechtlichen oder ökonomischen Gründen[45] erfolgen, wobei unklar ist, ob und in welchem Umfang die Vorteile spürbar den Anlegern zugutekommen müssen. Nach Auffassung der ESMA überwiegen bei einer die **Effizienz der Geschäftsführung** steigernden Auslagerung die Vorteile für den Fonds und seine Anleger die mit jeder Auslagerung verbundene Erhöhung der Komplexität und Erschwerung der wirksamen Aufsicht.[46] Dieser allzu pauschale Ansatz wird den u.U. mit einer Auslagerung verbundenen Risiken nicht gerecht. Erforderlich ist vielmehr – wie bisher schon in der deutschen Verwaltungspraxis – die Vornahme einer **Risikoeinschätzung.** Dass die Auslagerung z. B. zu einer Senkung der Kosten führt, sagt für sich noch nichts darüber aus, ob dies die Inkaufnahme der mit der Auslagerung verbundenen Risiken rechtfertigt. Dies kann nur durch einen **Vergleich der Vor- und Nachteile** geschehen. Hierbei können nur Vorteile berücksichtigt werden, die in konkret nachweisbarer Weise dem AIF und/oder seinen Anlegern zugutegekommen sind. Dass es einem AIFM mit einer Auslagerung gelingt, seine eigene Marge zu erhöhen, dürfte regelmäßig[47] nicht berücksichtigungsfähig sein.

2. Pflicht des AIFM zum Nachweis eines objektiven Grundes. Zu § 16 **45** InvG geht das Schrifttum davon aus, dass die KAG nicht im Einzelfall der Aufsichtsbehörde **nachweisen** müsse, dass die Auslagerung betriebswirtschaftlich vorteilhaft ist.[48] Im Unterschied dazu fordert Art. 20 Abs. 1 Satz 2 AIFM-RL i. V. m. Art. 77 Abs. 1 der AIFM-Durchführungsverordnung, dass der AIFM seiner Heimatbehörde detailliert beschreiben und erläutern muss, worin der objektive Grund für die Auslagerung besteht. Zusätzlich muss der AIFM Nachweise für das Vorliegen eines objektiven Grundes vorlegen.

3. Grenzen der Auslagerung. Selbst wenn der AIFM einen objektiven **46** Grund für eine Auslagerung nachweisen kann, kann dies nicht ein Überschreiten der durch die AIFM-Richtlinie gesetzten **Grenzen einer Auslagerung** rechtfertigen. So ist es nach Abs. 2 z. B. stets unzulässig, das Portfolio- oder das Risikomanagement auf die Depotbank auszulagern. Ebenso sind die durch Abs. 3 gesetzten Grenzen zu beachten. Abs. 3 gestaltet den materiellen Managerbegriff der AIFM-Richtlinie näher aus. Während ein AIFM die in Anhang I Nummer 2 genannten freiwilligen Funktionen vollständig auslagern darf, ist dies bei den zwingenden Funktionen nach Anhang I Nummer 1 (d.h. dem Portfolio- und Risikomanagement) nicht zulässig. Andernfalls würde der AIFM zu einem **Briefkastenunternehmen** bzw. zu einer leeren Hülle, was nach Abs. 3 unzulässig ist. Daher können insoweit nur einzelne Aufgaben ausgelagert werden. Auch dürfen nach hier vertretener Auffassung **keine zentralen Aufgaben des Portfolio- und/oder Risi-**

---

[44] Die ESMA-Empfehlung setzt in Box 65 ausdrücklich das Vorliegen eines objektiven Grundes mit der effizienten Geschäftsführung des AIFM gleich.

[45] Vgl. *Dieterich*, Outsourcing bei Kapitalanlagegesellschaften, S. 176; *Steck* in Berger/ Steck/Lübbehüsen, InvG, § 16 Rn. 16.

[46] Vgl. die Textziffer 22 des Erläuternden Textes zu Box 65 der ESMA-Empfehlung.

[47] Etwas anderes dürfte anzunehmen sein, wenn der AIFM nachweist, dass es ihm nur durch die Auslagerung möglich ist, seine Geschäftätigkeit profitabel zu erbringen. Anderenfalls müssten der AIF und seine Anleger fürchten, dass der AIFM seine Verwaltungstätigkeit nicht länger (ordnungsgemäß) erbringen kann.

[48] *Steck* in Berger/Steck/Lübbehüsen, InvG, § 16 Rn. 16.

komanagements ausgelagert werden. Zudem dürfen die ausgelagerten Aufgaben des Portfolio- und/oder Risikomanagements nicht einen Umfang annehmen, welcher dazu führt, dass der AIFM nicht länger als Verwalter des AIF angesehen werden kann. Folglich muss der AIFM alle wesentlichen Aufgaben des Portfolio- und Risikomanagements höchstpersönlich erbringen.

47 **4. Vorliegen eines objektiven Grundes.** Art. 77 Abs. 1 Satz 2 der Durchführungsverordnung führt 4 Kategorien von objektiven Gründen auf. Diese entsprechen den ESMA-Empfehlungen in Box 65. Während jedoch die dortige Liste ausdrücklich nicht abschließend[49] sein soll, sind die in der Durchführungsverordnung genannten vier Kategorien explizit **abschließend.**

48 **a) Optimierung der Geschäftsabläufe.** Ein eine Auslagerung rechtfertigender objektiver Grund liegt nach Art. 77 Abs. 1 Satz 2 lit. a) der Durchführungsverordnung vor, wenn entweder die Auslagerung der konkreten Aufgabe für sich genommen oder aber im Zusammenhang mit anderen ausgelagerten Aufgaben die **Geschäftsabläufe des AIFM optimiert.**

49 Dies ist namentlich dann der Fall, wenn die Auslagerung es dem AIFM ermöglicht, sich auf seine **Kernkompetenzen**[50] im Portfolio- und Risikomanagement zu konzentrieren. Ist ein AIFM über das Portfolio- und Risikomanagement hinaus mit allen oder einzelnen der in Anhang I Nummer 2 aufgeführten freiwilligen Tätigkeiten betraut worden, so kann der AIFM einzelne oder alle der dort genannten Funktionen (wie insbesondere administrative Tätigkeiten, den Vertrieb oder das Facility Management) auslagern, sofern hierdurch seine Geschäftsabläufe optimiert werden. Dies ermöglicht, knappe Ressourcen besser allokieren zu können und an Skaleneffekten des Auslagerungsunternehmens in Form von **Kosteneinsparungen** zu partizipieren.[51] Die AIFM-Richtlinie ermöglicht somit, wie bisher schon § 16 InvG, eine weit gehende Auslagerung von Back Office und Middle Office Funktionen[52]. Allerdings geht die AIFM-Richtlinie hierbei noch einen wesentlichen Schritt weiter als Art. 13 OGAW-RL und § 16 InvG, indem sie dem AIF bzw. dem Fondsinitiator die Möglichkeit einräumt, den AIFM von vornherein nur mit der Wahrnehmung der Funktionen gemäß Anhang I Nummer 1 (Portfolio- und Risikomanagement) zu betrauen. Dies hat den Vorteil, dass der AIF bzw. der Fondsinitiator unmittelbar einen externen Dienstleister für die Funktionen nach Anhang I Nummer 2 betrauen kann. Der AIFM ist dann für diese Funktionen nicht verantwortlich und muss sie daher nicht auslagern. Auch muss der AIFM den externen Dienstleister weder auswählen noch überwachen. Für Pflichtverletzungen des externen Dienstleisters haftet der AIFM dann nicht.

50 **b) Kostenersparnis.** Als objektiver Grund anerkannt ist ferner die **Kostenersparnis** (vgl. Art. 77 Abs. 1 Satz 2 lit. b) der Durchführungsverordnung). Sie ist in der Praxis regelmäßig der **Haupttreiber des Outsourcing.** Dies bedeutet vielfach, dass Tätigkeiten des Back Office oder des Middle Office, die bei dem AIFM von vergleichsweise gut bezahlten Angestellten erbracht werden müssen, auf externe Dienstleister ausgelagert werden, welche diese Leistungen billiger

---

[49] Vgl. nur ESMA-Empfehlung S. 412.

[50] Ähnlich *Linner* ZgKW 2002, 815.

[51] Ebendort.

[52] Wenn der AIFM von vornherein nicht mit der Wahrnehmung der Funktionen nach Anhang I Nummer 2 betraut werden muss, ist es konsequent, wenn er – falls der AIFM gleichwohl diese Funktionen erbringt – diese vollständig auslagern darf.

erbringen können. Dies ist oftmals dadurch möglich, dass die externen Dienstleister in Staaten mit niedrigem Lohnniveau tätig werden oder für ihn tarifliche Bindungen des AIFM nicht gelten.[53] Auf bestimmte Dienstleistungen fokussierte externe Dienstleister können zudem ihre Dienste aufgrund von **Skaleneffekten** günstiger anbieten.

c) Besondere Fachkenntnisse des Auslagerungsunternehmens. Als wei- **51** teren objektiven Grund nennt Art. 77 Abs. 1 Satz 2 lit. c) der Durchführungsverordnung, dass das Auslagerungsunternehmen über **besondere Fachkenntnisse** zu bestimmten Märkten oder Anlagen verfügt. Bei der Auslagerung administrativer Tätigkeiten werden regelmäßig vorrangig die unter a) und b) genannten Gründe zum Tragen kommen. Mit bestimmten Märkten dürften geografische Märkte gemeint sein, während Anlagen (englisch: *investments*) bestimmte Assetklassen bzw. innerhalb einer Assetklasse bestimmte Vermögensgegenstände oder Anlagetechniken bezeichnen.

Für einen weltweit anlegenden AIF und seine Anleger kann es von Vorteil **52** sein, wenn der AIFM lokale Expertise in Anspruch nimmt, sei es durch Anlageberater oder im Einzelfall durch Auslagerung. Dies darf jedoch nicht dazu führen, dass der AIFM die Portfolioverwaltung im großen Stil auslagert. Der AIFM muss vielmehr weiterhin alle wesentlichen Anlageentscheidungen selbst treffen. Denkbar ist jedoch, dass der AIFM für einen **prozentual untergewichteten geographischen Markt** das Portofoliomanagement an ein lokales Auslagerungsunternehmen vollständig auslagert. Dasselbe gilt für einen in einem bestimmten geografischen Raum (wie z. B. Südamerika) anlegenden AIFM. Hier muss der AIFM grundsätzlich selbst über die erforderlichen Kenntnisse der lokalen Märkte verfügen, sei es durch eigene Angestellte oder lokale Berater. Auch hier kann er lediglich für einen prozentual untergewichteten geographischen Teilmarkt (wie z. B. Bolivien) das Portofoliomanagement an ein lokales Auslagerungsunternehmen auslagern.

Bei **Mischfonds** kommen die eben genannten Grundsätze auch für einzelne **53** Assetklassen zur Anwendung. Investiert ein AIF z. B. zu 90 Prozent in Aktien- und Rentenpapiere und zu 10 Prozent in Immobilien, so darf der ihn verwaltende AIFM das Portofoliomanagement hinsichtlich der Immobilienanlagen an ein hierauf spezialisiertes Auslagerungsunternehmen auslagern. Gleichwohl muss der AIFM selbst über ausreichende Fachkenntnisse verfügen, um das Auslagerungsunternehmen angemessen überwachen zu können.

Bei **Branchenfonds** gilt dasselbe hinsichtlich einzelner geografischer Märkte **54** oder einzelner „Unterbranchen".

Auch wenn ein AIF **nur in eine Assetklasse** (wie z. B. Immobilien) anlegt, **55** kann es u.U. vorteilhaft sein, sich die besonderen Fachkenntnisse eines Auslagerungsunternehmens zu Nutze zu machen. Beispielsweise zu nennen sind besondere Fachkenntnisse bei der Gründung von Immobiliengesellschaften bzw. Joint Ventures in bestimmten Staaten oder bei besonderen Anlageformen (wie z. B. Erbbaurechten oder verbrieften oder unverbrieften Immobilienkrediten).

---

[53] Diese Folge der Globalisierung und die damit verbundenen aufsichtsrechtlichen Risiken werden sowohl im Schrifttum als auch in der Gesetzgebung zumeist ausgeblendet. Art. 20 AIFM-RL enthält lediglich bei der Auslagerung von Aufgaben des Portfolio- oder Risikomanagements Regelungen zum Drittstaatenbezug. Dabei können jedoch auch Fehler z. B. bei der Anteilswertermittlung erhebliche Schäden für den AIF und seine Anleger verursachen, trotz der Kontrollfunktion der Depotbank nach Art. 21 Abs. 9 lit. b).

56   **d) Zugang zu weltweiten Handelsplattformen.** Schließlich erkennt Art. 77 Abs. 1 Satz 2 lit. d) einen objektiven, die Auslagerung rechtfertigenden Grund auch dann an, wenn sich der AIFM mit Hilfe des Auslagerungsunternehmens **Zugang zu weltweiten Handelsplattformen** verschafft. Ein solcher Fall liegt z. B. vor, wenn der AIFM für einen bestimmten geografischen Wertpapiermarkt selbst über keine Vertragsbeziehungen zu einem Händler verfügt.[54]

II. Anforderungen an das Auslagerungsunternehmen

57   Art. 20 Abs. 1 Satz 2 lit. b), c) und f) AIFM-RL i. V. m. Art. 78 der Durchführungsverordnung enthalten zahlreiche Anforderungen, die das Auslagerungsunternehmen erfüllen muss.

58   **1. Ausreichende Ressourcen des Auslagerungsunternehmens.** Nach Art. 20 Abs. 1 Satz 2 lit. b) ist eine Auslagerung nur zulässig, wenn das Auslagerungsunternehmen über **ausreichende Ressourcen** verfügt und für die übertragene Aufgabe bereitstellt.[55] Diese Anforderung ist Folge der Verpflichtung gemäß Art. 12 Abs. 1 lit. c), wonach ein AIFM stets sicherzustellen hat, dass er über die für eine ordnungsgemäße Ausübung seiner Geschäftstätigkeit erforderlichen Mittel und Verfahren verfügt und diese wirksam einsetzt. Nimmt der AIFM nicht alle seine Aufgaben selbst wahr, so muss gewährleistet sein, dass an seiner Stelle das Auslagerungsunternehmen über die erforderlichen Ressourcen verfügt.

59   Eine gleichlautende Anforderung fehlt sowohl in Art. 13 OGAW-RL als auch in § 16 InvG. Allerdings deckt sich diese Voraussetzung zum Teil mit der Anforderung des Art. 13 lit. h) OGAW-RL bzw. des § 16 Abs. 1 Satz 2 InvG, dass das Auslagerungsunternehmen in der Lage sein muss, die übernommenen **Aufgaben ordnungsgemäß wahrzunehmen.** Letzteres wird auch von Art. 20 Abs. 1 Satz 2 lit. f) AIFM-RL vorausgesetzt.

60   Art. 20 Abs. 1 Satz 2 lit. b) ist nicht ohne weiteres zu entnehmen, um welche Ressourcen es hierbei geht. Art. 78 lit. a) der Durchführungsverordnung spricht insoweit nur von **personellen Ressourcen** und einer **angemessenen Organisationsstruktur.** Demgegenüber ist in der ESMA-Empfehlung in Box 66 sowie dem erläuternden Text davon die Rede, dass es sich hierbei um keine abschließende Aufzählung handelt.[56] Nach hier vertretener Auffassung muss das Auslagerungsunternehmen darüber hinaus auch über alle weiteren für die ordnungsgemäße Leistungserbringung erforderlichen Ressourcen verfügen. Um welche Ressourcen es sich hierbei handelt, hängt stark von der ausgelagerten Aufgabe ab. Neben der personellen Ressourcen und einer angemessenen Organisationsstruktur wird man jedoch stets einen Nachweis ausreichender **finanzieller und technischer Ressourcen** fordern müssen.

61   Da es sich bei einer Auslagerung regelmäßig um eine langfristig angelegte Partnerschaft handelt[57], muss gewährleistet sein, dass das Auslagerungsunternehmen über ausreichende **finanzielle Ressourcen** verfügt, um seine Geschäftstätig-

---

[54] Vgl. hierzu *Baur* in Assmann/Schütze, Handbuch des Kapitalanlagerechts, 3. Aufl., § 20 Rn. 63.

[55] Dass das Auslagerunternehmen ausreichende Ressourcen hat, genügt allein nicht, wenn nicht sichergestellt ist, dass diese auch für die konkret übertragene Aufgabe zur Verfügung stehen.

[56] In Box 66 der ESMA-Empfehlung ist von „… *consider at least the following factors"* und im erläuternden Text auf S. 127 unter Textziffer 24 von „*In particular"* die Rede.

[57] Zustimmend *Linner* ZgKW 2002, 815 (817).

keit fortzusetzen und die ausgelagerte Aufgabe (mit etwaigen gegenwärtig bzw. zukünftig hierfür erforderlichen Investitionen) ordnungsgemäß erbringen zu können. Dies setzt eine entsprechende **Liquidität** voraus. Insoweit kommt es jedoch auf die Besonderheiten eines jeden Einzelfalls an; einheitliche Mindestkapitalanforderungen stellt die AIFM-Richtlinie nicht auf.[58] Unternehmen in wirtschaftlichen Schwierigkeiten scheiden jedoch von vornherein als Auslagerungsunternehmen aus.

Zudem muss das Auslagerungsunternehmen über ausreichende **personelle** 62 **Ressourcen** verfügen. Dabei kommt es nicht allein darauf an, über wie viel Personal das Auslagerungsunternehmen verfügt und es bereit ist (auf der Grundlage einer vertraglichen Verpflichtung), für die ausgelagerte Aufgabe abzustellen. Entscheidend ist, dass die entsprechenden Mitarbeiter des Auslagerungsunternehmens über die für eine ordnungsgemäße Leistungserbringung **erforderlichen Fachkenntnisse und Erfahrungen**[59] verfügen (vgl. Art. 77 lit. a) der Durchführungsverordnung). Dies schließt die zur Einhaltung der regulatorischen Anforderungen erforderlichen Kenntnisse (z. B. zum Umgang mit Interessenkonflikten) ein.

Darüber hinaus muss das Auslagerungsunternehmen über eine für die ord- 63 nungsgemäße Leistungserbringung angemessene **Organisationsstruktur** verfügen. Dabei dürften je höhere Anforderungen zu stellen sein desto komplexer die ausgelagerten Aufgaben sind. Bestandteil einer jeden Organisationsstruktur muss ein **internes Qualitätsmanagement** des Auslagerungsunternehmens sein. Eine periodische Qualitätsprüfung durch den AIFM genügt allein nicht. Auch muss das Auslagerungsunternehmen in seiner Hierarchie eine Stelle bereitstellen, welche die **Einhaltung der Anforderungen der AIFM-Richtlinie** an das Auslagerungsunternehmen sowie an die konkrete Erbringung der Leistung überwacht.[60]

Schließlich muss das Auslagerungsunternehmen über die **sachlichen und** 64 **technischen Ressourcen** verfügen, derer es zur ordnungsgemäßen Erbringung der ausgelagerten Aufgaben bedarf. Dies schließt entsprechende Vorkehrung zur Einhaltung des Datenschutzes ein. Wichtig ist ferner, dass die Schnittstellen von Auslagerungsunternehmen und AIFM kompatibel sind.

2. Ausreichende Erfahrung der Personen, welche die Aufgaben erbrin- 65 **gen.** Nach Art. 77 lit. b) der Durchführungsverordnung muss das Personal, welches seitens des Auslagerungsunternehmens für die Erfüllung der ausgelagerten Aufgaben eingesetzt wird, über die hierzu erforderliche Erfahrung verfügen. Erforderlich sind vielfach Personen mit unterschiedlichen Erfahrungen. Maßgebend sind hierfür zum einen angemessene **theoretische Fachkenntnisse** und zum anderen angemessene **praktische Erfahrungen** bei der entsprechenden Funktion. Diese können einerseits durch entsprechende Berufsabschlüsse bzw. Fortbildungsmaßnahmen und andererseits durch nachgewiesene Berufserfahrung bei der Erbringung der in Rede stehenden Funktion nachgewiesen werden (Art. 77 der Durchführungsverordnung).

---

[58] Mindestkapitalanforderungen können sich jedoch aus dem Erfordernis der Zulassung zur individuellen Vermögensverwaltung gemäß Art. 20 Abs. 1 Satz 2 lit. c) AIFM-RL ergeben.

[59] Vgl. hierzu auch nachfolgend unter 2.

[60] Die Auslagerung führt gerade nicht dazu, dass sich der AIFM seiner Pflicht entledigen kann, jederzeit die Einhaltung aller Anforderungen der AIFM-Richtlinie sicherzustellen.

66   **3. Guter Leumund der Personen, welche die Aufgaben erbringen.**
Zudem müssen die Personen, welche die übertragenen Aufgaben tatsächlich
erbringen sollen, nach Art. 77 lit. b) der Durchführungsverordnung über einen
guten Leumund verfügen. Diese Anforderung ist bei hochwertigen oder komplexen Tätigkeiten selbstverständlich. Fraglich ist jedoch, ob das Vorliegen dieser
Anforderungen auch für jeden Mitarbeiter nachzuweisen ist, welcher für die
Erbringung eines standardisierten Massengeschäfts vorgesehen ist. Dies dürfte
nicht zu verlangen sein, zumal Art. 20 Abs. 1 Satz 2 lit. b) AIFM-RL insoweit –
anders als Art. 77 lit. b) der Durchführungsverordnung – offenbar nur auf die
Geschäftsleiter des Auslagerungsunternehmens abstellt. Aber auch in diesem Fall
dürfte ein guter Leumund der Geschäftsleiter allein nicht ausreichen. Zu fordern
ist stets auch ein guter Leumund zumindest der die Erbringung der Leistung intern
überwachenden Personen.

67   Art. 77 lit. c) der Durchführungsverordnung stellt klar, was unter einem guten
Leumund zu verstehen ist und wie dieser nachgewiesen werden kann. Ist das
Auslagerungsunternehmen in der EU zugelassen und wurde der gute Leumund
im Rahmen des Zulassungsverfahrens überprüft, so ist von einem (fortbestehenden) guten Leumund auszugehen. Etwas anderes gilt jedoch dann, wenn **Anhaltspunkte für das Fehlen eines guten Leumunds** vorhanden sind. Diese können
zum einen aus negativen Eintragungen im polizeilichen Führungszeugnis (z. B.
aufgrund von Vorstrafen, Gerichtsverfahren oder behördlichen Sanktionen, wie
z. B. Berufsverboten) resultieren. Dabei sind Vermögensdelikte (wie z. B. Betrug,
Insolvenzverschleppung oder Geldwäsche) besonders einschlägig. Zum anderen
kann sich ein schlechter Leumund aus der schlechten Leistungserbringung in der
Vergangenheit ergeben. Ferner sind auch sonstige Information bei der Beurteilung
zu berücksichtigen, aus denen sich Anhaltspunkte für eine fehlende Integrität oder
Ehrenhaftigkeit ergibt.[61]

68   **4. Erforderliche Qualifikation des Auslagerungsunternehmens und
Fähigkeit, die betreffende Aufgaben ordnungsgemäß wahrzunehmen.**
Wie schon Art. 13 Abs. 1 lit. h) OGAW-RL und § 16 Abs. 1 Satz 2 InvG verlangt
auch Art. 20 Abs. 1 Satz 2 lit. f) AIFM-RL, dass das Auslagerungsunternehmen
über die erforderliche **Qualifikation** verfügt und in der Lage ist, die ausgelagerte
Aufgabe ordnungsgemäß zu erfüllen. Hiervon dürfte bei Nachweis der unter 1.
bis 3. genannten Anforderungen auszugehen sein. Laut *Dieterich*[62] sind relevante
Kriterien hierfür die sachliche Ausstattung, Erfahrung, Eignung und Zuverlässigkeit.[63]

69   **5. Zusätzliche Anforderung bei Auslagerung von Aufgaben des Port-
folio- oder des Risikomanagements.** Art. 20 Abs. 1 Satz 2 lit. c) AIFM-RL
stellt darüber hinaus zusätzliche Anforderungen auf, wenn Aufgaben des **Portfo-
lio- oder Risikomanagements** ausgelagert werden sollen. Hintergrund hierfür
ist, dass es sich hierbei um die Kernfunktionen eines AIFM handelt. Eine nicht
ordnungsgemäße Erbringung dieser Funktionen kann zu erheblichen Schäden des
AIF und seiner Anleger führen und sich u. U. negativ auf die Finanzmarktstabilität
auswirken.

---

[61] Vgl. insoweit auch die Ausführungen zu Art. 21 Rn. 291.
[62] Outsourcing von Kapitalanlagegesellschaften, S. 182.
[63] Vgl. hierzu auch Art. 19 Rn. 137 ff.

Nach Art. 13 Abs. 1 lit. c) OGAW-RL und nach § 16 Abs. 2 Satz 1 InvG **70** dürfen Aufgaben des Portfoliomanagements nur an Unternehmen ausgelagert werden, welche für die Zwecke der **Vermögensverwaltung zugelassen oder registriert** sind und einer Aufsicht unterliegen. Auch Art. 20 Abs. 1 Satz 2 lit. c) AIFM-RL enthält eine entsprechende Anforderung ersteckt diese zusätlich aber auch auf die Auslegung des Risikomanagements. Jedoch schließt die AIFM-Richtlinie eine Auslagerung dann nicht aus, wenn diese Anforderungen nicht erfüllt werden kann. Die Aufsichtsbehörde kann hiervon im Einzelfall **Dispens** erteilen, indem sie die Auslagerung genehmigt. Eine solche Genehmigung kommt jedoch nur in Fällen in Betracht, in denen der AIFM auf die Auslagerung angewiesen ist und kein geeignetes Auslagerungsunternehmen zur Verfügung steht, dass die Anforderung des Art. 20 Abs. 1 Satz 2 lit. c) AIFM-RL erfüllt. Dies ist nur in Fällen denkbar, die der in Art. 21 Abs. 11 UAbs. 3 genannten Konstellation vergleichbar sind.[64] Derartige Genehmigungen sind somit nur in besonders gelagerten Einzelfällen zu erteilen, um zu verhindern, dass der Anlegerschutz erheblich beeinträchtigt wird. Der Umstand, dass Dienstleister, welche ausschließlich Tätigkeiten des Risikomanagements erbringen, oftmals über keine Zulassung zur Vermögensverwaltung verfügen, rechtfertigt einen solchen Dispens nicht. Anderenfalls wird diese Anforderung systematisch ausgehöhlt.

a) Zulassung zum Zwecke der Vermögensverwaltung und laufende **71** **Aufsicht.** Nach Art. 20 Abs. 1 Satz 2 lit. c) muss das Auslagerungsunternehmen zum Zwecke der Vermögensverwaltung zugelassen oder registriert sein und einer laufenden Aufsicht unterliegen, wenn es Aufgaben des Portfolio- oder Risikomanagements übernehmen soll. Art. 13 Abs. 1 lit. c) OGAW-RL und § 16 Abs. 2 Satz 2 InvG enthalten eine vergleichbare Regelung nur hinsichtlich des Portfoliomanagements. Die AIFM-Richtlinie wertet die Bedeutung des Risikomanagements für den Anlegerschutz und die Stabilität der Finanzmärkte erheblich auf. Dies kommt auch bei der Gleichstellung von Portfolio- und Risikomanagement im Rahmen des Art. 20 Abs. 1 Satz 2 lit. c) zum Ausdruck.

Wie Art. 13 Abs. 1 lit. c) OGAW-RL und § 16 Abs. 2 Satz 1 InvG ist mit **72** „**Vermögensverwaltung**" sowohl die **individuelle** Vermögensverwaltung für einzelne Kunden als auch die **kollektive Vermögensverwaltung** (durch OGAW-Verwaltungsgesellschaften oder AIFM) gemeint. Dabei geht jedoch der Begriff der (individuellen) Vermögensverwaltung über das hinaus, was hierunter im Rahmen der MiFID und des Investmentgesetzes (vgl. nur § 7 Abs. 2 Nr. 1 und § 16 Abs. 2 Satz 1 InvG) verstanden wird. Dort ist lediglich die Verwaltung einzelner in **Finanzinstrumenten** im Sinne des § 1 Abs. 11 KWG angelegter Vermögen für andere mit Entscheidungsspielraum einschließlich der Portfolioverwaltung fremder Investmentvermögen gemeint. Dies trägt dem Umstand Rechnung, dass der Anwendungsbereich der MiFID per definitionem auf Finanzinstrumente beschränkt ist und auch OGAW gemäß Art. 50 OGAW-RL weitgehend nur die Anlage in Finanzinstrumente gestattet ist. Insoweit unterscheidet sich jedoch die Anlagepolitik von AIF wesentlich von OGAW. Viele AIF zeichnen sich dadurch aus, dass sie nicht oder allenfalls untergeordnet in Finanzinstrumente investieren. Daher muss der Begriff der (individuellen) Vermögensverwaltung im Kontext der AIFM-Richtlinie nach hier vertretener Ansicht weiter gefasst werden, wie der Richtliniengeber durch Art. 6 Abs. 4 lit. a) AIFM-RL auch selbst anerkannt hat. Er schließt z. B. die **Verwaltung einzelner in Immobilien**

---

[64] Vgl. hierzu eingehend Art. 21 Rn. 212 ff.

angelegter Vermögen für andere ein; insoweit gibt es jedoch kein (europaweit einheitliches) Zulassungsverfahren. Dasselbe gilt für die Verwaltung sog. *managed accounts*, soweit es um die Anlage in andere Vermögensgegenstände als Finanzinstrumente geht. Hierbei handelt es sich um einen gerade bei Hedgefonds und Private Equity Fonds häufigen Ersatz für Fondsstrukturen.[65] Ein Fondsmanager verwaltet bei managed accounts das Vermögen eines oder mehrerer Kunden auf der Basis von Einzelverträgen anstelle kollektiver Vertragsbedingungen. Statt über eine Fondsstruktur wird das Vermögen eines jeden einzelnen Kunden getrennt auf Einzelkonten angelegt, wobei i. d. R. alle bei der kollektiven Vermögensverwaltungen gängigen Anlagestrategien genutzt werden können. Der Übergang zur kollektiven Vermögensverwaltung ist dort fließend, wo ein Manager das Vermögen einzelner Anleger mit gleichartiger Anlagestrategie poolt, um es faktisch gemeinsam anzulegen.[66]

73   Art. 79 Abs. 2 der Durchführungsverordnung trägt dem Umstand, dass AIF häufig nicht oder nur untergeordnet in Finanzinstrumente investieren, nicht gebührend Rechnung. Auch die ESMA-Empfehlung setzt sich mit dieser Thematik nicht auseinander.[67] Hinsichtlich der individuellen Vermögensverwaltung stellen beide ausschließlich auf eine Zulassung nach der MiFID ab, was Anlagen in andere Vermögensgegenstände als Finanzinstrumente ausschließt. Dabei wäre es geboten gewesen, auch weitere Zulassungen, wie etwa nach § 7 Abs. 2 Nr. 2 InvG zur individuellen Verwaltung von Immobilien oder von Managern sog. managed accounts, wenn dort andere Vermögensgegenstände als Finanzinstrumente verwaltet werden, einzubeziehen. Dies erstaunt umso mehr als externe AIFM gemäß Art. 6 Abs. 4 lit. a) AIFM-RL die Zulassung zur individuellen Verwaltung einzelner Portfolios erhalten können. Dabei schränkt Art. 6 Abs. 4 lit. a) AIFM-RL dies – im Unterschied zu Art. 6 Abs. 3 lit. a) OGAW-RL – ausdrücklich nicht auf Portfolios aus Finanzinstrumenten ein, um den Besonderheiten von AIF Rechnung zu tragen.

74   Unklar ist somit, ob z. B. eine Auslagerung auf den Manager eines managed accounts ausscheidet, wenn es um die Anlage von anderen Vermögensgegenständen als Finanzinstrumenten geht und dieser Manager über keine Zulassung zur kollektiven Vermögensverwaltung verfügt. Nach hier vertretener Auffassung sollte dies jedenfalls dann zulässig sein, wenn der Manager für diese Tätigkeit über eine Zulassung aufgrund nationalen Rechts verfügt. Ihm darf der Umstand nicht zum Nachteil gereichen, dass es die EU bisher nicht für erforderlich gehalten hat, EU-weit einheitliche Regelung für die individuelle Verwaltung von Portfolien zu schaffen, die überwiegend in andere Vermögensgegenstände als Finanzinstrumente investieren. Allerdings dürften auch nach nationalem Recht insoweit in seltenen Fällen Zulassungen erforderlich sein.

75   Nach Art. 79 Abs. 2 der Durchführungsverordnung liegt bei den nachfolgenden Instituten die erforderliche Zulassung zur Vermögensverwaltung vor. Darüber hinaus müssen sie einer laufenden staatlichen Aufsicht unterliegen.

76   **aa) OGAW-Verwaltungsgesellschaften (Art. 79 Abs. 2 lit. a)).** Nach Art. 79 Abs. 2 lit. a) der Durchführungsverordnung gelten auf der Grundlage der OGAW-Richtlinie zugelassene Verwaltungsgesellschaften als zum Zwecke der

---

[65] Vgl. nur *Cottier*, Hedge Funds and Managed Futures, 3. Aufl., S. 61 f. und *Hertz-Eichenrode/Illenberger/Jesch/Keller/Klebeck/Rocholl*, Private-Equity-Lexikon, S. 116.
[66] Zu der Frage, ob Pooling-Strukturen AIF sein können, vgl. Art. 2 Rn. 89 und 123.
[67] Vgl. ESMA-Empfehlung, S. 128 f.

Vermögensverwaltung zugelassen. In Deutschland betrifft dies KAG, welche über eine Erlaubnis zur Verwaltung richtlinienkonformer Sondervermögen verfügen. Diese unterliegen der laufenden Aufsicht der BaFin nach dem Investmentgesetz bzw. künftig nach dem Kapitalanlagegesetzbuch. Zusätzlich ist jedoch gemäß Art. 20 Abs. 1 Satz 2 AIFM-RL stets erforderlich, dass das Auslagerungsunternehmen über die für die übernommene Aufgabe erforderliche Qualifikation verfügt und in der Lage ist, die betreffenden Funktionen wahrzunehmen. Dies wird man bei einer OGAW-Verwaltungsgesellschaft nur dann annehmen können, wenn sich ihre Zulassung auch auf Anlagestrategien erstreckt, welche der betreffende AIF verfolgt. Dies dürfte ohne weiteres zu bejahen sein, wenn der AIF ausschließlich Anlagestrategien verfolgt und in Vermögensgegenstände investiert, in die auch OGAW investieren dürfen, weil die OGAW-Richtlinie nur eine Zulassung kennt. Fraglich ist, ob eine OGAW-KAG auch als Auslagerungsunternehmen tätig werden darf, wenn es um die Auslagerung von Aufgaben des Portfolio- oder Risikomanagements eines AIF geht, welcher Anlagestrategien verfolgt, die ein OGAW nicht verfolgen darf (wie z. B. die Anlage in Immobilien oder Leerverkäufe). Praxisrelevant ist ferner die Frage, ob ein AIFM, der z. B. einen Immobilienfonds verwaltet, einzelne Aufgaben des Portfolio- oder Risikomanagements an eine KAG auslagern darf, welche neben OGAW auch an Kleinanleger vertriebene Immobilien-Publikumsfonds verwaltet, jedoch über keine AIFM-Zulassung (z. B. wegen der Verwaltung von Immobilien-Spezialfonds) verfügt.[68] Dies dürfte nach dem Sinn und Zweck des Art. 20 Abs. 1 Satz 2 lit. c) AIFM-RL i. V. m. Art. 79 Abs. 2 lit. a) der Durchführungsverordnung zu bejahen sein. Dem Richtliniengeber war bewusst, dass AIF regelmäßig in andere Vermögensgegenstände als OGAW investieren. Anderenfalls bliebe für die Auslagerung an OGAW-Verwaltungsgesellschaften kein nennenswerter Anwendungsbereich. Es kann kaum gewollt sein, dass Kenntnisse und Fähigkeiten von in der EU regulierten Verwaltungsgesellschaften, welche nicht europaweit harmonisierte Publikumsfonds verwalten, nicht bei der Auslagerung genutzt werden können sollen, während eine Auslagerung an einen in einem Drittstaat zur kollektiven Vermögensverwaltung zugelassenen Manager möglich sein soll.

bb) Zur individuellen Vermögensverwaltung zugelassene Finanzport- 77 **folioverwalter (Art. 79 Abs. 2 lit. b)).** Eine Auslagerung von Aufgaben des Portfolio- und Risikomanagements ist ferner möglich an Finanzdienstleistungsinstitute, deren Zulassung gemäß § 32 KWG die individuelle Vermögensverwaltung im Sinne von § 1 Abs. 1a Nr. 3 KWG einschließt.[69] Sie unterliegen der laufenden Aufsicht nach dem Kreditwesengesetz.

Die Definition der Finanzportfolioverwaltung beruht auf Anhang I Abschnitt A 78 Nr. 4 der MiFID. Da sich danach die individuelle Portfolioverwaltung auf Finanzinstrumente beschränkt, können Aufgaben des Portfolio- oder Risikomanagements auch nur dann an einen Finanzportfolioverwalter ausgelagert werden, wenn es ausschließlich um die Anlage von Finanzinstrumenten und die damit einhergehenden Risiken geht (vgl. oben unter a)).

---

[68] Auch nach Streichung des § 7 Abs. 1 Satz 3 a. E. InvG durch das Gesetz zur Umsetzung der Beteiligungsrichtlinie, der die Möglichkeit enthielt, die Erlaubnis auf bestimmte Arten von Investmentvermögen zu beschränken, gib es immer noch vielfältige Konstellationen, in denen die Erlaubnis einer KAG beschränkt ist. Vgl. hierzu *Steck/Gringel* in Berger/Steck/Lübbehüsen, InvG, § 7 Rn. 9 ff.

[69] Vgl. hierzu *Schäfer* in Boos/Fischer/Schulte-Mattler, KWG, 4. Aufl., § 1 Rn. 125 ff.

79   **cc) Zur individuellen Vermögensverwaltung zugelassene Kreditinstitute.** Darüber hinaus kommt auch eine Auslagerung an auf der Grundlage der EU-Bankenrichtlinie (2006/48/EG) zugelassene Kreditinstitute in Betracht, sofern diese über eine zusätzliche Zulassung zur Finanzportfolioverwaltung im Sinne von § 1 Abs. 1a Nr. 3 KWG verfügen. Sie unterliegen einer laufenden Aufsicht nach dem Kreditwesengesetz. Für die sich hieraus ergebenden Einschränkungen gilt das unter bb) Ausgeführte entsprechend.

80   **dd) Zugelassene externe AIFM.** Selbstverständlich dürfen Aufgaben des Portfolio- und Risikomanagements auch auf AIFM ausgelagert werden, welche über eine Zulassung nach Maßgabe der AIFM-Richtlinie verfügen. Denn hierdurch ist sichergestellt, dass das Auslagerungsunternehmen in selber Weise reguliert ist und über dieselben Mindestanforderungen verfügt wie der auslagernde AIFM. Zugelassene AIFM unterliegen einer laufenden Aufsicht.

81   Allerdings ist zu berücksichtigen, dass die Heimatbehörde des AIFM – im Unterschied zu § 7 Abs. 1 InvG – dessen Zulassung gemäß Art. 8 Abs. 4 AIFM-RL auf bestimmte Arten von AIF beschränken kann. Auch bei der Auslagerung sind derartige Beschränkungen zu berücksichtigen. Für alle darüber hinaus gehende Anlagestrategien bzw. Arten von AIF fehlt dem Auslagerungsunternehmen die Qualifikation im Sinne von Art. 20 Abs. 1 Satz 2 lit. f).

82   Obwohl Art. 20 Abs. 1 Satz 2 lit. c) von „für die Zwecke der Vermögensverwaltung zugelassen oder registriert" spricht, fällt auf, dass Art. 79 Abs. 2 der Durchführungsverordnung die sog. **kleinen AIFM,** die nach Art. 3 Abs. 2 und 3 lit. a) AIFM-RL nur eine Registrierung benötigen, nicht nennt. Dies erscheint – vor dem Hintergrund des klaren Wortlauts von Level-1 – nicht nachvollziehbar, zumal auch Drittstaatenmanager Auslagerungsunternehmen sein können, ohne dass Äquivalenzanforderungen bestehen. Sollte einem kleinen AIFM die nötige Qualifikation fehlen oder er aus anderen Gründen nicht in der Lage sein, die Funktionen wahrzunehmen, so kann dem durch Art. 20 Abs. 1 Satz 2 lit. f) AIFM-RL hinreichend Rechnung getragen werden.

83   **ee) Zugelassene Drittstaatenmanager.** Schließlich kann nach Art. 79 Abs. 2 lit. e) der Durchführungsverordnung auch ein Manager mit Sitz in einem Drittstaat als Auslagerungsunternehmen Aufgaben des Portfolio- und Risikomanagements übernehmen, wenn er in dem Drittstaat für die Zwecke der individuellen oder kollektiven Vermögensverwaltung (in der englischen Fassung ist von *asset management* die Rede) zugelassen oder registriert ist und dort einer effektiven Aufsicht unterliegt.[70] Auf diese Weise soll es AIFM ermöglicht werden, die Expertise von Fachleuten aus Drittstaaten heranziehen zu können. Hierbei fällt auf, dass – anders als bei der Auslagerung von Verwahraufgaben einer Depotbank nach Art. 21 Abs. 11 lit. d) ii) – keine inhaltlichen Anforderungen (z. B. in Form von Mindesteigenkapitalanforderungen) an die Regulierung gestellt werden bzw. dass eine Äquivalenz der Regulierung in dem Drittstaat mit dem europäischen Standard (OGAW-und AIFM-Richtlinie sowie MiFID) gerade nicht gefordert wird. Um hier dem Anlegerschutz und der Finanzmarktstabilität ausreichend Rechnung zu tragen, erscheint es geboten, besonderes Augenmerk darauf zu werfen, ob der Drittstaatenmanager über die erforderliche Qualifikation verfügt und in der Lage

---

[70] Ist der Drittstaatenmanager durch die Art. 37 ff. AIFM-Richtlinie reguliert, so dürfte er nach hier vertretener Auffassung auch als Auslagerungsunternehmen mit Aufgaben des Portfolio- und Risikomanagements betraut werden.

ist, die Funktion wahrzunehmen. Darüber hinaus erlangt die Beurteilung, ob der Manager in dem Drittstaat einer effektiven Aufsicht unterliegt, eine besondere Bedeutung. Die Heimatbehörde des AIFM kann hierbei auf Erkenntnisse zurückgreifen, welche die EU-Kommission bzw. ESMA bei der Evaluierung der wirksamen Aufsicht in Drittstatten sammeln.

b) Folgen einer fehlenden Zulassung zur Vermögensverwaltung oder 84 **laufenden Aufsicht.** Fachlich geeignete Auslagerungsunternehmen werden bei der Auslagerung von Aufgaben der Portfolioverwaltung regelmäßig über eine Erlaubnis verfügen. Anders kann es jedoch sein, wenn Aufgaben des Risikomanagements ausgelagert werden sollen, weil das Risikomanagement bisher (teilweise) nicht als zulassungspflichtig angesehen wird und keiner laufenden Aufsicht unterliegt.[71] Wegen des eindeutigen Wortlauts ist eine Auslagerung des Risikomanagements an einen Dienstleister ohne entsprechende Zulassung gleichwohl unzulässig. Dies gilt auch bei Auslagerungen auf Konzernunternehmen.

III. Anforderungen an den auslagernden AIFM

1. Sorgfältige Auswahl des Auslagerungsunternehmens. Bei der Auswahl 85 des Auslagerungsunternehmens muss der AIFM ferner gemäß Art. 20 Abs. 1 Satz 2 lit. f) i. V. m. Art. 12 Abs. 1 lit. a) mit der gebotenen Sachkenntnis, Sorgfalt und Gewissenhaftigkeit vorgehen.[72] Auch insoweit hat der AIFM im besten Interesse des AIF und seiner Anleger zu handeln (vgl. Art. 12 Abs. 1 lit. b)). Dies erfordert eine Auswahl des Auslagerungsunternehmens anhand objektiver, nachvollziehbarer und dokumentierter Kriterien in einem transparenten Verfahren. Dabei gelten für Konzernunternehmen und sonstige Unternehmen mit engen geschäftlichen Verbindungen dieselben Regelungen wie für jeden anderen (sog. *arms length principle*). In einem ersten Schritt muss der AIFM prüfen, ob die für die Auslagerung in die engere Wahl gezogenen Unternehmen sämtliche der in Art. 20 genannten Anforderungen erfüllen. In einem zweiten Schritt hat der AIFM anhand qualitativer Kriterien eine weitere Eingrenzung der Kandidaten vorzunehmen. Hierbei darf der AIFM nicht allein auf Angaben der Kandidaten vertrauen oder eine reine Desktop-Analyse vornehmen. Vielmehr muss er sich eingehend mit jedem einzelnen Kandidaten befassen und dessen Erfahrung und Eignung einer kritischen Prüfung unterziehen. Erst wenn hierdurch ein dem Anlegerschutz genügender Standard erreicht ist, kann der AIFM auch einen Kostenvergleich anstellen. Nur bei Beachtung dieser Anforderungen handelt der AIFM im Interesse des AIF und seiner Anleger.

2. Sorgfältige Bestellung des ausgewählten Auslagerungsunterneh- 86 **mens.** Dieselbe Sorgfalt hat der AIFM bei der Bestellung des Auslagerungsunternehmens walten zu lassen. Hierzu gehört namentlich der Abschluss eines schriftlichen Auslagerungsvertrages, der im Einklang mit den Vorgaben des Art. 20 AIFM-RL i. V. m. Art. 76 der Durchführungsverordnung steht. Dieser muss insbesondere sicherstellen, dass (1.) der AIFM das Auslagerungsunternehmen jederzeit wirksam überwachen, (2.) er ihm jederzeit Weisungen erteilen und er (3.) die Auslagerung jederzeit mit sofortiger Wirkung beenden kann, wenn dies im Interesse der Anleger liegt.

---

[71] Zustimmend *Wallach*, RdF 2012, 80 (83).

[72] Diese Anforderungen decken sich teilweise mit denen für Depotbanken, die beabsichtigen, Verwahrtätigkeiten auszulagern (vgl. Art. 21 Abs. 11 UAbs. 2 lit. c)).

87   **a) Mindestinhalt des Auslagerungsvertrages.** Art. 76 der Durchführungs-verordnung enthält zahlreiche aufsichtsrechtliche Mindestanforderungen an den Inhalt des Auslagerungsvertrages.[73] Diese decken sich weitgehend mit den bisher in Deutschland geltenden Anforderungen nach Abschnitt 9 Textziffer 6 der InvMaRisk.

88   Nach Art. 76 lit. d) der Durchführungsverordnung muss der Auslagerungsver-trag **schriftlich** geschlossen werden. Damit soll dem AIFM die Durchsetzung seiner Rechte erleichtert werden. Es handelt sich um einen Fall der gesetzlichen Schriftform.

89   Auch wenn von Art. 76 der Durchführungsverordnung nicht ausdrücklich gefordert, sollte der Auslagerungsvertrag klar und unmissverständlich die von dem Auslagerungsunternehmen zu erbringenden **Leistungen spezifizieren.**[74] Bei Bedarf sollte zudem eine Abgrenzung zu anderen, nicht an das Auslagerungsunter-nehmen ausgelagerten Aufgaben vorgenommen werden (vgl. Abschnitt 9 Textzif-fer 6a) InvMaRisk). Ferner sollten – zumindest bei der Auslagerung von Aufgaben des Portfolio- oder des Risikomanagements – die Vertragsbedingungen des AIF als Anlage in den Auslagerungsvertrag einbezogen werden.[75] Lagert ein AIFM Aufgaben für mehrere von ihm verwaltete AIF an dasselbe Auslagerungsunterneh-men aus, sind selbstverständlich auch die AIF anzugeben.

90   Gemäß Art. 76 lit. f) und h) der Durchführungsverordnung muss sich der AIFM ferner umfassende **Informations-, Prüf- und Zugangsrechte** (sowohl zu Gebäuden als auch zu den Büchern des Auslagerungsunternehmens) vertraglich sichern. Wenn auch nicht ausdrücklich erwähnt, gilt dies in gleicher Weise für die – ggf. ausgelagerte – **Interne Revision** sowie für **externe Prüfer** des AIFM.[76] Anders als nach Abschnitt 9 Textziffer 6c) InvMaRisk sieht Art. 76 der Durchfüh-rungsverordnung keine entsprechenden Rechte zugunsten der Heimatbehörde des AIFM vor. Dies beruht offenbar darauf, dass der Heimatbehörde für Auslage-rungsunternehmen mit Sitz in der EU bereits nach Art. 46 AIFM-RL entspre-chende Rechte zustehen. Für Auslagerungsunternehmen mit Sitz in einem Dritt-staat müssen entsprechende Regelungen in dem Kooperationsabkommen verankert sein, welches nach Art. 20 Abs. 1 abzuschließen ist. Gleichwohl dürfte es weiterhin sinnvoll sein, dass das Auslagerungsunternehmen gegenüber dem AIFM eine **Duldungserklärung** bezüglich Prüfungshandlungen nicht nur des Abschlussprüfers und der Internen Revision des AIFM, sondern auch der Heimat-behörde des AIFM und einem ggf. von diesem bestellten Sonderprüfer abgibt.[77] Neben Informations- und Kontrollrechten des Auslagerungsunternehmens sollte der Auslagerungsver-trag aber auch das von dem Auslagerungsunternehmen zu beachtende interne Kontrollverfahren regeln.[78]

91   Nach Art. 76 lit. f) der Durchführungsverordnung muss sich der AIFM in dem Auslagerungsvertrag ein **Weisungsrecht** sichern.[79] Bei Auslagerung von Aufga-

---

[73] Dieser kann daneben auch aufsichtsrechtlich nicht geforderte Regelungen enthalten sowie durch ein sog. Service Level Agreement ergänzt werden.

[74] Vgl. nur *Hanten* ZBB 2003, 291 (294).

[75] Ebendort.

[76] Vgl. Abschnitt 9 Textziffer 6b) InvMaRisk.

[77] *Hanten* ZBB 2003, 291 (294).

[78] Ebendort.

[79] Übt der AIFM sein Weisungsrecht bei Anlageentscheidungen aus, so kann dies zu Widersprüchen zur geplanten Vermögensdispositionen seitens des Auslagerungsunternehmens führen. *Hanten* empfiehlt daher, diese Konflikte zu regeln; vgl. ZBB 2003, 291 (295).

ben des Portfoliomanagements empfiehlt sich zudem, dass sich der AIFM ein
Teilnahmerecht an den Sitzungen des Anlageausschusses sichert.[80]
Der Auslagerungsvertrag muss nach Art. 76 lit. h) der Durchführungsverord- **92**
nung darüber hinaus Kündigungsrechte des AIFM enthalten. Anders als in Art. 20
Abs. 1 Satz 2 lit. f) ist dort nicht ausdrücklich von einer Kündigung seitens des
AIFM mit sofortiger Wirkung die Rede. Gleichwohl erscheint es zwingend
geboten, dass der Auslagerungsvertrag neben einer ordentlichen Kündigung[81]
auch ein Recht zur außerordentlichen Kündigung mit sofortiger Wirkung
zugunsten des AIFM enthält. Nur so kann der AIFM seiner Verpflichtung, jederzeit im Interesse des AIF und seiner Anleger zu handeln, nachkommen. In besonders gelagerten Fällen (insbesondere bei groben Pflichtverletzungen) kann weder
dem AIFM noch dem AIF und seinen Anlegern eine weitere Tätigkeit des Auslagerungsunternehmens zugemutet werden. Dabei muss auch für den Fall einer
behördlich angeordneten Wiedereinlagerung Vorsorge getroffen werden. Diese
muss nicht notwendigerweise auf einer zur außerordentlichen Kündigung
berechtigenden Pflichtverletzung beruhen, sondern kann sich z. B. aus der
Gesamtauslagerungsstruktur ergeben. Umgekehrt müssen für den Fall einer Kündigung durch das Auslagerungsunternehmen die Kündigungsfristen so bemessen
sein, dass dem AIFM ausreichend Zeit bleibt, eine Ersatzlösung zu finden und
umzusetzen oder die ausgelagerten Aufgaben zu reintegrieren. Auch alle übrigen
Rechte und Pflichten des AIFM und des Auslagerungsunternehmens müssen in
dem Vertrag niedergelegt werden. Darüber hinaus muss der Auslagerungsvertrag
vorsehen, dass **Unterauslagerungen** nur mit Zustimmung des AIFM möglich
sind. Auf diese Weise soll verhindert werden, dass die mit der Auslagerung
bezweckten Ziele nicht erreicht werden, sich die Risiken erhöhen oder der
AIFM nicht länger die Einhaltung der Anforderungen des Art. 20 sicherstellen
kann. Der AIFM kann und sollte sich auch bezüglich der Auswahl des konkreten
Unterauslagerungsunternehmens und des Inhalts des Unterauslagerungsvertrages
ein Mitsprache- bzw. Vetorecht sichern. Der Unterauslagerungsvertrag muss dem
Auslagerungsunternehmen dieselben Rechte einräumen wie dem AIFM im Auslagerungsvertrag. Nur dann ist der AIFM in der Lage, seinen Pflichten nach
Art. 20 nachzukommen und kann die Heimatbehörde des AIFM eine wirksame
Aufsicht ausüben.[82] Des Weiteren muss der Auslagerungsvertrag eine Verpflichtung des Auslagerungsunternehmens enthalten, den AIFM über Entwicklungen
zu informieren, welche die ordnungsgemäße Erfüllung der Aufgaben im Einklang
mit den gesetzlichen Anforderungen beeinträchtigen können (vgl. Art. 76 lit. j)
der Durchführungsverordnung und Abschnitt 9 Textziffer 6h) InvMaRisk). Der
Auslagerungsvertrag oder eine separate Vertraulichkeitsvereinbarung muss ferner
Regelungen zum Schutz vertraulicher Informationen über den AIFM, den AIF
und dessen Anleger sowie zum Datenschutz enthalten (vgl. Art. 76 lit. k) der
Durchführungsverordnung und – allerdings nur bezogen auf den Datenschutz –
Abschnitt 9 Textziffer 6e) InvMaRisk). Ferner sollte der Auslagerungsvertrag
Regelungen zu einem Notfallkonzept[83] und zu periodischen sog. Backup Tests

---

[80] Ebendort, S. 294.
[81] Abschnitt 9 Textziffer 6f) InvMaRisk spricht hingegen nur von angemessenen Kündigungsfristen, ohne dies näher zu konkretisieren.
[82] Vgl. auch Abschnitt 9 Textziffer 6g) InvMaRisk.
[83] Vgl. hierzu eingehend *Hübsch/Kettessidis* in Hanten/Görke/Ketessidis, Outsourcing im
Finanzsektor, S. 62 ff., Rn. 123 ff.

beinhalten. Schließlich müssen auch Regelungen zur Streitbeilegung und zur Haftung aufgenommen werden.[84] Nicht zuletzt muss die Vergütung geregelt werden.[85]

93   **b) Ergänzende Service-Level-Agreements.** In der Praxis wird der Auslagerungsvertrag i. d. R. als **Rahmenvertrag** ausgestaltet, der durch sog. **Service-Level-Agreements** ergänzt wird. Darin werden üblicherweise für beide Parteien verbindliche und messbare Leistungs- und Qualitätsstandards vereinbart. Ferner sollten Ansprechpartner und Schnittstellen bestimmt und Eskalationsmechanismen verankert werden.[86]

94   **3. Sorgfältige und wirksame laufende Überwachung des Auslagerungsunternehmens.** Nach Art. 20 Abs. 1 Satz 2 lit. f) muss der AIFM in der Lage sein, jederzeit die übertragenen Aufgaben wirksam zu überwachen. Darüber hinaus verpflichtet Art. 20 Abs. 1 UAbs. 2 den AIFM, fortwährend die von dem Auslagerungsunternehmen erbrachten Dienstleistungen zu überprüfen. Beide Regelungen konkretisieren die Pflicht des AIFM gemäß Art. 12 Abs. 1, namentlich die Pflicht, im besten Interesse des AIF und seiner Anleger zu handeln (lit. b)) und über die für eine ordnungsgemäße Ausübung ihrer Geschäftstätigkeit erforderlichen Mittel und Verfahren zu verfügen und sie wirksam einzusetzen (lit. c)). Eine wirksame Überwachung des Auslagerungsunternehmens ist jedoch auch im eigenen wirtschaftlichen Interesse des AIFM, weil er für dessen schuldhafte Pflichtverletzungen haftet (vgl. Art. 20 Abs. 3).

95   **a) Ausreichende Ressourcen des AIFM.** Hierzu ist zunächst erforderlich, dass der AIFM über ausreichende Ressourcen verfügt, um das Auslagerungsunternehmen und dessen Leistung wirksam überwachen zu können. Dies bedingt eine ausreichende Anzahl von Mitarbeitern, die über die für die Überwachung der konkreten Aufgaben erforderlichen Fachkenntnisse verfügen. Darüber hinaus muss der AIFM über die für eine wirksame Überwachung erforderlichen sachlichen und insbesondere technischen (namentlich EDV) verfügen.

96   Dem AIFM bleibt es freigestellt, ob er einen zentralen Outsourcing-Beauftragten ernennen oder ob er die Überwachung dezentral durch die fachlich zuständigen Mitarbeiter organisiert.[87]

97   **b) Auslagerungsrichtlinie.** Der AIFM muss seinen für die Überwachung des Auslagerungsunternehmens zuständigen Mitarbeitern eine Auslagerungsrichtlinie (z. B. in Form eines Handbuchs oder von Arbeitsanweisungen) an die Hand geben. Dies ist Ausfluss einer angemessenen Organisation und eines angemessenen Risikomanagements.[88] Die Auslagerungsrichtlinie sollte folgende Punkte enthal-

---

[84] *Hanten* ZBB 2003, 291 (294).

[85] Die AIFM-Richtlinie enthält weder Regelungen zur Vergütung des AIFM noch des Auslagerungsunternehmens. Dies bleibt daher der nationalen Gesetzgebung vorbehalten. Zum Schutz der Anleger sollte sichergestellt werden, dass die ausgelagerte Tätigkeit nicht de facto doppelt vergütet wird, zum einen bei der Bemessung der Vergütung des AIFM und zum anderen beim Aufwendungsersatz, wenn der AIFM das Auslagerungsunternehmen aus dem Vermögen des AIF vergütet. Hierbei kommt der Spezifikation in den Vertragsbedingungen (vgl. § 41 Abs. 1 Satz 1 InvG) eine besondere Rolle zu.

[86] *Hanten* ZBB 2003, 291 (295).

[87] *Kettessidis* in Hanten/Görke/Kettessidis, Outsourcing im Finanzsektor, S. 66, Rn. 134.

[88] Ebendort, S. 61 f., Rn. 117.

ten: Hinweise auf nicht auslagerbare Aufgaben (z. B. Leitungsaufgaben[89]), Rahmen der laufenden Steuerungs- und Überwachungsmaßnahmen, Kommunikationswege zum Auslagerungsunternehmen, Eskalationsverfahren, Hinweise zur Ausgestaltung des Auslagerungsvertrages, Erfassung der Auslagerungsverträge und Auslagerungscontrolling.[90]

c) Auslagerungscontrolling. Aufgabe des Auslagerungscontrollings ist es, aus **98** fachlicher Sicht die Leistungserbringung durch das Auslagerungsunternehmen zu prüfen, zu überwachen und zu steuern. Der AIFM muss insbesondere die Einhaltung der vereinbarten Leistungs- und Qualitätsstandards sowie das Fortbestehen der Anforderungen des Art. 20 AIFM-RL i. V. m. Art. 76 ff. der Durchführungsverordnung überprüfen. Stellt der AIFM Verstöße gegen gesetzliche Anforderungen fest, so muss er darauf hinwirken, dass der gesetzeskonforme Zustand unverzüglich (wieder-) hergestellt wird. Ist dies nicht möglich, muss er notfalls von seinem außerordentlichen Kündigungsrecht Gebrauch machen.

4. Vorgaben des AIFM bei Auslagerung von Aufgaben des Portfolio- **99** **managements.** Bezieht sich die Auslagerung auf das Portfoliomanagement, so muss der AIFM dem Auslagerungsunternehmen Vorgaben hinsichtlich der Anlagegrundsätze machen (vgl. Art. 76 lit. i) der Durchführungsverordnung sowie § 16 Abs. 2 Satz 2 InvG). Hierzu reicht es nicht aus, dass der AIFM das Auslagerungsunternehmen zur Einhaltung der in den Vertragsbedingungen vorgesehenen Anlageziele und Anlagestrategie sowie der Anlagegrenzen verpflichtet.[91] Vielmehr muss der AIFM das Auslagerungsunternehmen anweisen, wie die in den Vertragsbedingungen regelmäßig grobmaschig beschriebenen Anlageziele und die Anlagestrategie konkret gehandhabt werden sollen. Da die Portfolioverwaltung Kernaufgabe eines AIFM ist, muss der AIFM wesentliche Anlageentscheidungen letztverantwortlich treffen. Dies ist auch Ausfluss des Umstands, dass Leitungsaufgaben nicht ausgelagert werden dürfen.[92] Daher muss der AIFM dem Auslagerungsunternehmen Anlagerichtlinien an die Hand geben. Mindestens anzugeben dürften sein die Aufteilung des angelegten Vermögens auf verschiedene Anlagearten und Vorgaben zur Risikostreuung.[93] Darüber hinaus empfiehlt sich eine Teilnahme des AIFM an den Sitzungen des Anlageausschusses des Auslagerungsunternehmens.

Hervorzuheben ist, dass der AIFM das Auslagerungsunternehmen An- und **100** Verkaufsentscheidungen von wesentlicher Bedeutung für den AIF nicht allein treffen lassen darf. Insoweit besteht der in Abschnitt 9 unter Textziffer 4 InvMa-Risk festgelegte Grundsatz, dass der Manager bei wesentlichen Anlageentscheidungen (wie z. B. dem An- und Verkauf von Immobilien eines Immobilienfonds) das Letztentscheidungsrecht haben muss fort. Gerade der materielle Managerbegriff der AIFM-Richtlinie gebietet, dass der AIFM Anlageentscheidungen von wesentlicher Bedeutung selbst treffen muss. Dies bedeutet, dass der AIFM bei AIF, die in nur wenige, dafür jedoch besonders werthaltige Objekte investieren (wie z. B. Immobilien, Schiffe, Flugzeuge oder Unternehmen) die Letztentscheidung stets selbst treffen muss. Aber auch bei AIF, die in eine Vielzahl von Vermö-

---

[89] Vgl. zu den Grenzen der Auslagerung eingehend unter Rn. 124 ff.

[90] *Hübsch/Ketessidis* in Hanten/Görke/Ketessidis, Outsourcing im Finanzsektor, S. 61 f. Rn. 117 f.

[91] Zustimmend *Dieterich,* Outsourcing von Kapitalanlagegesellschaften, S. 189; *Steck* in Berger/Steck/Lübbehüsen, InvG, § 16 Rn. 28.

[92] Vgl. hierzu eingehend unter Rn. 136.

[93] Vgl. *Köndgen/Schmies* WM 2004, Sonderbeilage Nr. 1, S. 8.

gensgegenständen investieren, muss der AIFM über besonders große An- und Verkäufe die Letztentscheidung treffen. Hierzu dürfte es sich empfehlen, bestimmte absolute oder relative Schwellen vorzugeben.

101   **5. Umgang mit Interessenkonflikten.** Nach Art. 20 Abs. 1 Satz 2 lit. c) darf die Auslagerung nicht vereiteln, dass der AIF im Interesse der Anleger verwaltet wird. Dies hat – insbesondere bei der Auslagerung von Aufgaben des Portfoliomanagements – durch Vorgabe von Anlagerichtlinien zu geschehen. Da dem Auslagerungsunternehmen jedoch stets ein gewisser Entscheidungsspielraum zusteht, muss sichergestellt sein, dass das Auslagerungsunternehmen seine Entscheidungen im besten Interesse des AIF und seiner Anleger trifft. Es besteht jedoch die Gefahr, dass das Auslagerungsunternehmen eigenen Interessen Vorrang vor denen des AIF und seiner Anleger einräumt. Deshalb muss der AIFM (potenzielle) Interessenkonflikte identifizieren und geeignete Maßnahmen ergreifen, um diese auszuschließen oder damit angemessen umzugehen.[94] Hierzu dürfte das Verbot gehören, für Rechnung des AIF in sonstige von dem Auslagerungsunternehmen verwaltete Fonds zu investieren oder von dem Auslagerungsunternehmen Vermögensgegenstände zu erwerben oder an es zu veräußern. Besteht trotz derartiger Maßnahmen weiterhin die Gefahr, dass das Auslagerungsunternehmen nicht im besten Interesse des AIF und seiner Anleger handelt, so muss der AIFM den Auslagerungsvertrag u.U. kündigen.

IV. Wirksame Beaufsichtigung

102   Nach Art. 20 Abs. 1 Satz 2 lit. e) darf die Auslagerung nicht die Wirksamkeit der Beaufsichtigung des AIFM durch dessen Heimatbehörde beeinträchtigen. Diese Regelung entspricht derjenigen nach Art. 13 Abs. 1 lit. b) OGAW-RL und § 16 Abs. 1 Satz 3 InvG. Art. 80 der Durchführungsverordnung stellt die nachfolgenden drei Voraussetzungen auf. Diese gehen zurück auf ähnliche Bestimmungen in der MiFID-Durchführungsrichtlinie.[95] Sind diese Voraussetzungen erfüllt, so wird davon ausgegangen, dass eine wirksame Beaufsichtigung möglich ist. Zu den Besonderheiten bei Auslagerungsunternehmen aus Drittstaaten vgl. unter V.

103   **1. Zugang zum Auslagerungsunternehmen.** Nach Art. 80 lit. a) der Durchführungsverordnung muss die Heimatbehörde des AIFM ebenso wie der AIFM und der Abschlussprüfer einen wirksamen Zugang zu allen mit ausgelagerten Aufgaben zusammenhängenden Daten sowie zu den Geschäftsräumen des Auslagerungsunternehmens haben. Entsprechende Rechte bzw. Duldungspflichten müssen daher in dem Auslagerungsvertrag verankert werden. Gestützt hierauf muss das Auslagerungsunternehmen dem Verlangen der Aufsichtsbehörde nachkommen, bestimmte Informationen zu erteilen oder Dokumente vorzulegen bzw. regelmäßig zu berichten. Ferner kann die Behörde – jedenfalls wenn das Auslagerungsunternehmen seinen Sitz in demselben Mitgliedstaat wie der AIFM hat – vor Ort Kontrollen durchführen. Verhindert das Auslagerungsunternehmen die Durchsetzung dieser Rechte, so kann die Beaufsichtigung nicht länger wirksam ausgeübt werden. Die Heimatbehörde des AIFM muss dann – wenn keine gleich geeigneten milderen Mittel (mehr) in Betracht kommen – die Beendigung der Auslagerung anordnen.

---

[94] Vgl. ESMA-Empfehlung Box 69 Nummer 2.
[95] Vgl. ESMA-Empfehlung, S. 132.

2. Kooperation des Auslagerungsunternehmens. Nach Art. 80 lit. b) der **104**
Durchführungsverordnung muss das Auslagerungsunternehmen mit der Heimatbehörde des AIFM kooperieren. Diese Anforderung geht insoweit über das unter
1. Gesagte hinaus, als das Auslagerungsunternehmen nicht lediglich die Kontrolle
durch die Aufsichtsbehörde dulden, sondern aktiv mit dieser zusammenarbeiten
muss. Dies betrifft z. B. die Umsetzung von erteilten Auflagen.

3. Zurverfügungstellung von Informationen durch den AIFM. Art. 80 **105**
lit. c) der Durchführungsverordnung verpflichtet schließlich den AIFM, seiner
Aufsichtsbehörde auf Anfrage alle notwendigen Informationen zur Verfügung zu
stellen, welche diese in die Lage versetzen, die Einhaltung der Anforderungen an
die Erbringung der ausgelagerten Aufgabe zu überwachen. Der AIFM muss seiner
Aufsichtsbehörde alle ihm bekannten Informationen bzw. alle ihm vorliegenden
Unterlagen auf Nachfrage zur Verfügung stellen. Darüber hinaus ist der AIFM
verpflichtet, fehlende Informationen bzw. Unterlagen bei dem Auslagerungsunternehmen oder einem Dritten (wie z. B. der Depotbank oder dem Abschlussprüfer) einzuholen. Hierdurch wird die unmittelbare Informationspflicht des Auslagerungsunternehmens ergänzt. Art. 80 lit. c) der Durchführungsverordnung ist
besonders wichtig, wenn das Auslagerungsunternehmen seinen Sitz in einem
anderen (Mitglied- bzw. Dritt-) Staat hat, weil dann die Heimatbehörde des AIFM
keinen unmittelbaren Zugang zu ihm hat.

V. Besondere Anforderungen bei Auslagerungsunternehmen aus Drittstaaten

Nach Art. 20 Abs. 1 Satz 2 lit. d) AIFM-RL gelten im Interesse einer wirksa- **106**
men Aufsicht besondere Anforderungen an Auslagerungsunternehmen mit Sitz
in einem Drittstaat, soweit an dieses Aufgaben des Portfolio- oder des Risikomanagements ausgelagert werden sollen. In diesem Fall muss die Zusammenarbeit
zwischen der Heimatbehörde des AIFM und der Aufsicht in dem Sitzstaat des
Auslagerungsunternehmens sichergestellt sein. Die Heimatbehörde des AIFM
kommt hierdurch ihrer Verpflichtung gemäß Art. 46 Abs. 1 lit. a) AIFM-RL
nach, ihre Aufsicht auch durch Zusammenarbeit mit den Behörden anderer Staaten auszuüben.

Fraglich ist, warum diese Anforderung nach dem Wortlaut nicht gelten soll, **107**
wenn andere Aufgaben (wie z. B. das Controlling oder die Fondsbuchhaltung)
ausgelagert werden. Auch hier kann eine nicht ordnungsgemäße Leistungserbringung durch das Auslagerungsunternehmen dem AIF und seinen Anlegern einen
großen Schaden zufügen.

Nach Art. 79 Abs. 3 der Durchführungsverordnung setzt eine Auslagerung – **108**
jedenfalls von Aufgaben des Portfolio- oder Risikomanagements – an ein Auslagerungsunternehmen aus einem Drittstaat voraus, dass (1.) ein Kooperationsabkommen zwischen der Heimatbehörde des AIFM und der Aufsichtsbehörde des Auslagerungsunternehmens existiert. Darüber hinaus muss das Kooperationsabkommen
(2.) einen bestimmten Mindestinhalt haben.

1. Schriftliches Kooperationsabkommen. Das Erfordernis eines schriftli- **109**
chen Kooperationsabkommens entspricht Art. 13 Abs. 1 lit. d) OGAW-RL und
§ 16 Abs. 2 Satz 4 InvG, dort jedoch jeweils nur für die Auslagerung der Portfolioverwaltung.

110   Unklar ist, ob das Erfordernis eines Kooperationsabkommens entfällt, wenn das Auslagerungsunternehmen ausnahmsweise (vgl. Art. 20 Abs. 1 Satz 2 lit. c)) in dem Drittstaat keiner Aufsicht unterliegt. Dies wäre konsequent, weil sonst eine Genehmigung eines solchen Ausnahmefalls gar nicht möglich wäre. Gleichwohl dürfte eine solche Genehmigung nur in besonders gelagerten Einzelfällen in Betracht kommen, in denen auf andere Weise eine wirksame Aufsicht sichergestellt ist.

111   **2. Mindestinhalt des Kooperationsabkommens.** Art. 79 Abs. 3 lit. b) der Durchführungsverordnung führt auf, welche Regelung ein solches Kooperationsabkommen mindestens enthalten muss. Danach muss die Heimatbehörde des AIFM von der anderen Aufsichtsbehörde auf Anfrage alle das Auslagerungsunternehmen und seine Tätigkeit betreffenden Informationen erhalten, welche sie für die Aufsicht benötigt. Zudem muss gesichert sein, dass die Heimatbehörde des AIFM Zugang zu den Dokumenten oder Geschäftsräumen des Auslagerungsunternehmens erhält, sei es unmittelbar oder mittelbar über dessen Aufsichtsbehörde. Aus Gründen der Souveränität könnte die Heimatbehörde des AIFM das im Auslagerungsvertrag verankerte Zugangsrecht ansonsten nicht zwangsweise durchsetzen. Zu Vor-Ort-Prüfungen soll das Kooperationsabkommen detaillierte Regelungen enthalten. Im Fall des Verdachts auf Verstöße des Auslagerungsunternehmens gegen Anforderungen der AIFM-Richtlinie bzw. der Durchführungsverordnung soll die andere Aufsichtsbehörde der Heimatbehörde auf Anfrage Informationen zur Verfügung stellen. Erhärtet sich der Verdacht, so muss das Kooperationsabkommen schließlich Regelung für die Zusammenarbeit bei Sanktionen bzw. Zwangsmaßnahmen vorsehen. Auf diese Weise soll es der Heimatbehörde möglich sein, von ihr verhängte Maßnahmen mit Hilfe der anderen Aufsichtsbehörde durchzusetzen. Alternativ ist auch denkbar, dass die andere Aufsichtsbehörde eigene Sanktionen gegen das Auslagerungsunternehmen erlässt und durchsetzt.

I. An welche Unternehmen können Aufgaben des Portfolio- oder Risikomanagements nicht ausgelagert werden?

I. Einleitung

112   Wie Art. 21 Abs. 4 und Abs. 10 UAbs. 2 für die Frage, wer nicht Depotbank sein kann, enthält Art. 20 Abs. 2 eine Regelung darüber, an wen Aufgaben des Portfolio- oder Risikomanagements nicht ausgelagert werden dürfen. Art. 20 Abs. 2 AIFM-RL entspricht der Regelung in Art. 13 Abs. 1 lit. e) OGAW-RL und in § 16 Abs. 2 Satz 3 InvG, wenngleich dort jeweils nur bezüglich des Portfoliomanagements. Hintergrund dieser Regelung ist, dass das Auslagerungsunternehmen nicht aufgrund von Interessenkonflikten daran gehindert sein soll, allein im Interesse des AIF und dessen Anleger tätig zu werden. Bestellt ein AIFM ein Auslagerungsunternehmen, obwohl Interessenkonflikte bestehen, so kann hierin ein Verstoß des AIFM gegen seine Pflicht liegen, im besten Interesse des AIF und seiner Anleger zu handeln bzw. Interessenkonflikte zu vermeiden (vgl. Art. 12 Abs. 1 lit. b) und d) AIFM-RL).[96]

---

[96] Vgl. auch *Steck* in Berger/Steck/Lübbehüsen, InvG, § 16 Rn. 30.

II. Ausschluss der Depotbank und ihrer Unterverwahrer

Art. 20 Abs. 2 lit. a) AIFM-RL schließt zum einen zwingend die Depotbank **113** und einen von dieser beauftragten Unterverwahrer aus. Dies korrespondiert mit dem Verbot des Art. 21 Abs. 4 lit. a), wonach ein AIFM nicht Depotbank sein darf. Dies hat seinen Grund darin, dass es gerade Aufgabe der Depotbank ist, den AIFM bzw. von diesem beauftragte Auslagerunternehmen zu kontrollieren. Diese Kontrolle wäre ad absurdum geführt, wenn sich die Depotbank teilweise selbst kontrollieren müsste. Im Unterschied zu Art. 21 Abs. 4 lit. a), der alle AIFM als Depotbank ausschließt, verbietet Art. 20 Abs. 2 lit. a) nur die Bestellung der konkret für den AIF bestellten Depotbank zum Auslagerungsunternehmen. Andere, nicht für den AIF tätige Depotbanken können danach grundsätzlich Auslagerungsunternehmen sein.[97] Auch die Depotbank des AIF kann demnach andere Aufgaben als aus dem Portfolio- oder Risikomanagement (wie z. B. die Ausgabe und Rücknahme der Anteile gemäß Anhang I Nummer 2 lit. a) vii)) übernehmen, soweit sich nicht aus Art. 20 Abs. 2 lit. b) etwas anderes ergibt.

Dasselbe gilt für einen von der konkreten Depotbank beauftragten Unterver- **114** wahrer. Nach Art. 21 Abs. 11 darf die Depotbank zwar nur Aufgaben der Verwahrung, nicht aber der Kontrollfunktion auslagern, sodass der Beauftragte nicht Gefahr liefe, sich selbst kontrollieren zu müssen. Jedoch besteht hier das Risiko, dass die aus Gründen des Anlegerschutzes wesentliche separate Verwahrung der Vermögensgegenstände ausgehöhlt wird. Der Unterverwahrer müsste u.U. Vermögensgegenstände verwahren, die er als Auslagerungsunternehmen für den AIF erworben hat. Ebenfalls problematisch wäre eine Eigentumsprüfung nach Art. 21 Abs. 8b). In seiner Funktion als Unterverwahrer müsste er dann prüfen, ob der AIF durch eigene Maßnahmen als Auslagerungsunternehmen zweifelsfrei Eigentum an gekauften Vermögensgegenständen erworben hat. Derartige Interessenkonflikte lassen sich nicht auflösen und stellen daher einen zwingenden Ausschlussgrund dar.

III. Interessenkonflikte anderer Unternehmen.
Nach Art. 20 Abs. 2 lit. b) **115** können auch andere Unternehmen aufgrund von Interessenkonflikten als Auslagerungsunternehmen ausgeschlossen sein. Daher hat der AIFM vor Bestellung eines Auslagerungsunternehmens in jedem Einzelfall das Vorliegen von Interessenkonflikten und ob diese zum Ausschluss führen zu prüfen. Zu den Fallkonstellationen, in denen von einem Interessenkonflikt auszugehen ist, vgl. nachfolgend unter 1. Allerdings führt anders als bei der Depotbank und deren Unterverwahrern Art. 20 Abs. 2 lit. b) nicht zwingend zum Ausschluss einer Auslagerung. Unter denselben Voraussetzungen wie nach Art. 21 Abs. 4 lit. b) bei einem Primebroker können vielmehr Unternehmen zu Auslagerungsunternehmen bestellt werden, wenn durch eine funktionale und hierarchische Trennung sichergestellt wird, dass die innerhalb des Unternehmens auftretenden Interessenkonflikte isoliert werden können (vgl. unter 2.).

1. Vorliegen von Interessenkonflikten.
Art. 81 Abs. 1 der Durchführungs- **116** verordnung enthält eine nicht abschließende Liste mit Kriterien zur Beurteilung, ob Interessenkonflikte vorliegen, welche stets zum Ausschluss als Auslagerungsun-

---

[97] Dies ist jedoch problematisch, weil damit der von Art. 21 Abs. 4 lit. a) geforderte Spezialitätsgrundsatz in Frage gestellt wird, wonach die Aufgaben eines AIFM und einer Depotbank strikt zu trennen sind. Damit gerät die Unabhängigkeit der Depotbank in Gefahr.

ternehmen führen (sog. wesentliche[98] Interessenkonflikte). Es werden dort sechs Fallgruppen aufgeführt.

117   Ein wesentlicher Interessenkonflikt liegt danach vor, wenn der AIFM und das Auslagerungsunternehmen zu derselben Gruppe gehören oder zwischen ihnen ein Vertragsverhältnis besteht und dies dazu führt, dass das Auslagerungsunternehmen den AIFM kontrollieren oder sein Verhalten beeinflussen kann (lit. a)). Dies ist insbesondere der Fall, wenn es sich bei dem Auslagerungsunternehmen um die Mutter- oder eine sonstige Obergesellschaft des AIFM handelt. Dasselbe gilt, wenn das Auslagerungsunternehmen und ein Anleger des AIF zu derselben Gruppe gehören oder zwischen ihnen ein Vertragsverhältnis besteht und dies dazu führt, dass der Anleger das Auslagerungsunternehmen kontrollieren oder sein Verhalten beeinflussen kann (lit. b)). In einem solchen Fall dürfte es dem Auslagerungsunternehmen unmöglich sein, die Interessen des AIF und der anderen Anleger zu wahren, wenn diese im Widerspruch zu dem anderer Anleger stehen.[99] Ferner scheidet eine Bestellung zum Auslagerungsunternehmen aus, wenn dieses in die Lage kommen kann, dass es in einer bestimmten Situation auf Kosten des AIFM oder der Anleger des AIF einen Gewinn machen oder einen Verlust vermeiden kann (lit. c)). Dies ist dann der Fall, wenn das potenzielle Auslagerungsunternehmen Gegenpartei des AIF bzw. des AIFM ist (wie z. B. ein Primebroker, der dem AIF Kredite gewährt und damit bei der Bestellung von Sicherheiten an einem möglichst hohen haircut interessiert ist). Als weiteres Beispiel ist genannt, dass das potenzielle Auslagerungsunternehmen ein Interesse an dem Ergebnis einer dem AIFM oder dem AIF gegenüber erbrachten Dienstleistung oder sonstigen Tätigkeit hat (lit. d)). Ein weiterer unlösbarer Interessenkonflikt besteht darin, dass das potenzielle Auslagerungsunternehmen einen finanziellen oder sonstigen Anreiz hat, die Interessen eines anderen Kunden über die Interessen des AIFM oder der Anleger des AIF zu stellen (lit. e)). Dies ist beispielsweise der Fall, wenn es sich bei dem AIF um einen Immobilienfonds handelt und das potenzielle Auslagerungsunternehmen als AIFM oder im Wege der individuellen Portfolioverwaltung andere Immobilienfonds bzw. -portfolios mit gleicher Anlagestrategie verwaltet. Dann besteht die Gefahr, dass er besonders attraktive Immobilien nicht für den AIF, sondern für einen anderen Kunden erwirbt oder bei der Vermietung von Immobilien in Konkurrenz tritt (ggf. unter missbräuchlicher Ausnutzung vertraulicher Informationen wie die Miethöhe umworbener Mieter oder der Kenntnis gebotener Kaufpreise). Ein weiterer Fall eines wesentlichen Interessenkonflikts ist schließlich, dass das potenzielle Auslagerungsunternehmen von Dritten Kick-Back-Zahlungen oder sonstige nicht-monetäre Leistungen für die Tätigkeit als Auslagerungsunternehmen erhält, welche über die gewöhnliche Verwaltungsvergütung hierfür hinausgehen (lit. f)).

118   In allen vorgenannten Fällen eines schweren Interessenkonflikts scheidet eine Bestellung zum Auslagerungsunternehmen aus. Dies muss auch schon bei der Möglichkeit eines schweren Interessenkonflikts gelten.[100]

119   **2. Bestellung zum Auslagerungsunternehmen trotz Interessenkonflikt.**
Bestehen bei dem potenziellen Auslagerungsunternehmen zwar Interessenkon-

---

[98] In der ESMA-Empfehlung ist insoweit von *„material conflict of interest"* die Rede; vgl. dort Box 72 Nr. 1, S. 133.

[99] Dies gilt auch bei sog. Einanlegerfonds, wenn die Vertragsbedingungen für die Aufnahme weiterer Anleger offen sind, weil dies dann mit den Interessen (potenziell) hinzukommender Anleger kollidieren kann.

[100] Vgl. zu § 16 Abs. 2 Satz 3 InvG *Steck* in Berger/Steck/Lübbehüsen, InvG, § 16 Rn. 31.

flikte, sind diese jedoch nicht wesentlich oder lassen sie sich durch eine funktionale und hierarchische Trennung ausschalten, so kommt nach Art. 20 Abs. 2 lit. b) AIFM-RL unter den folgenden Voraussetzungen eine Bestellung zum Auslagerungsunternehmen in Betracht.

Dies setzt voraus, dass sich die Interessenkonflikte ausschalten lassen, wenn **120** innerhalb desselben Unternehmens die Erledigung der Aufgabe als Auslagerungsunternehmen für einen konkreten AIF funktional[101] und hierarchisch von der weiteren, den Interessenkonflikt begründenden Tätigkeit getrennt wird. Überdies müssen die potenziellen Interessenkonflikte ordnungsgemäß ermittelt, gesteuert, beobachtet und den Anlegern des AIF offengelegt werden.

a) Funktionale Trennung. Eine **funktionale Trennung** erfordert die strikte **121** organisatorische Trennung beider Bereiche. Die Tätigkeit als Auslagerungsunternehmen für einen konkreten AIF muss folglich von einer anderen Abteilung der Gesellschaft wahrgenommen werden als jene Tätigkeit, welche den Interessenkonflikt begründet. Zwischen beiden Abteilungen müssen strikte *Chinese walls* etabliert sein.

b) Personelle Trennung. Ferner ist eine strikte **personelle Trennung**[102] **122** erforderlich. Das Auslagerungsunternehmen darf keine Personen mit Tätigkeiten für den AIF betrauen, die daneben Aufgaben wahrnehmen, welche die Interessenkonflikte begründen. Dasselbe gilt auch umgekehrt. Ferner darf es keinen Informationsaustausch zwischen den beiden jeweiligen Teams geben. Das Auslagerungsunternehmen unterliegt insoweit einer **Geheimhaltungspflicht.**

c) Hierarchische Trennung. Das Gebot der funktionalen und personellen **123** Trennung gilt nicht nur auf der Mitarbeiterebene, sondern setzt sich auf Leitungsebene fort. Aus der geforderten **hierarchischen Trennung** folgt, dass beide konfligierenden Aufgaben dem Verantwortungsbereich unterschiedlicher Geschäftsleiter unterfallen müssen (vgl. Art. 81 Abs. 2 lit. d) der Durchführungsverordnung). Aber auch eine hierarchische Trennung kann das Problem nicht lösen, dass die Geschäftsleitung als Kollegialorgan am Ende eine Entscheidung treffen muss, bei der unklar bleibt, inwieweit sie durch den Interessenkonflikt beeinflusst worden ist. An diesem Grunddilemma kann eine Überwachung der Geschäftsleitung durch den Aufsichtsrat nichts ändern. Daher wäre es besser gewesen, an dem generellen Ausschluss von Auslagerungsunternehmen bei Interessenkonflikten festzuhalten.

J. Grenzen der Auslagerung (Abs. 3)

I. Einleitung

Wie schon nach geltendem Recht (Art. 13 Abs. 2 Satz 2 OGAW-RL) sind **124** dem AIFM bei der Auslagerung Grenzen gesetzt. Diese Grenzen sind nach der

---

[101] Die Pflicht zur funktionalen und hierarchischen Trennung der Aufgaben entspricht der Verpflichtung eines AIFM nach Art. 14 Abs. 1 UAbs. 3, wonach ein AIFM Aufgaben und Verantwortungsbereiche, die als miteinander unvereinbar angesehen werden könnten oder potenziell systematische Interessenkonflikte hervorrufen könnten, zu trennen.

[102] Zu der Problematik der Tätigkeit von Geschäftsleitern oder sonstigen leitenden Angestellten des Auslagerungsunternehmens im Rahmen eines Doppelbandes in herausgehobener Position für ein anderes Unternehmen, wodurch Interessenkonflikte begründet werden, vgl. *Hanten* ZBB 2003, 291 (296).

AIFM-Richtlinie jedoch bewusst enger gezogen worden als nach der OGAW-Richtlinie.

125   Ziel des Art. 20 Abs. 3 2. Halbs. ist es zum einen, eine Umgehung der AIFM-Richtlinie durch weitgehende Auslagerung aller zentralen Funktionen bzw. Aufgaben zu verhindern. Zum anderen bezweckt Art. 20 Abs. 3 2. Halbs., eine Beeinträchtigung des Anlegerschutzes und der wirksamen Aufsicht zu verhindern. Wie an anderer Stelle dargelegt, erhöhen Auslagerungen grundsätzlich die (operationellen) Risiken und erschweren aufgrund der komplexeren Strukturen und der zusätzlichen Akteure, welche sich oft außerhalb des Hoheitsgebietes der Heimatbehörde des AIFM befinden, die wirksame Aufsicht.

126   Für die Frage nach den Grenzen der Auslagerung ist es zum einen wichtig, danach zu differenzieren, ob es sich um zwingend vom AIFM selbst wahrzunehmende Funktionen gemäß Anhang I Nummer 1 oder um freiwillige Funktionen gemäß Nummer 2 handelt. Zum anderen ist die Unterscheidung zwischen der Auslagerung ganzer Funktionen oder von einzelnen Teilaufgaben einer Funktion wichtig.

127   Wie an anderer Stelle eingehend dargelegt[103], muss jeder AIFM mindestens die Funktionen des Portfolio- und des Risikomanagements übernehmen (vgl. Anhang I Nummer 1). Der AIFM kann, muss jedoch nicht die in Nummer 2 genannten Funktionen, wie namentlich administrative Tätigkeiten und den Vertrieb, übernehmen. Vielmehr kann der AIF bzw. der Fondsinitiator unmittelbar einen externen Dienstleister mit den Funktionen gemäß Nummer 2 betrauen. Dann liegt keine Auslagerung vor. Dies bedeutet, dass der AIFM im Unterschied zu einer Auslagerung den betrauten externen Dienstleister weder auswählen noch überwachen muss.[104] Auch muss der AIFM nicht für schuldhafte Pflichtverletzungen des externen Dienstleisters haften. Wenn der Richtliniengeber die Entscheidung getroffen hat, dass ein AIFM nicht zwingend die in Nummer 2 aufgeführten Funktionen wahrnehmen muss, so folgt hieraus für den Fall, dass der AIFM sie freiwillig übernimmt, dass er die in Nummer 2 genannten Funktionen in Gänze auslagern darf. Hierdurch wird nämlich weder die AIFM-Zulassung ausgehöhlt noch der Anlegerschutz bzw. die wirksame Aufsicht beeinträchtigt. Im Gegenteil sind hier der Anlegerschutz und eine wirksame Aufsicht eher gewährleistet, weil der AIFM verpflichtet bleibt, das Auslagerungsunternehmen sorgfältig auszuwählen und zu überwachen. Hinsichtlich der Auslagerung von in Anhang I Nummer 2 genannten Funktionen stellt sich daher nur die Frage, welche Ressourcen der AIFM vorhalten muss, um das oder die Auslagerunternehme(n) zu überwachen und wie intensiv die Überwachung sein muss.

II. AIFM wird zu einer bloßen Briekastenfirma

128   **1. Verbot und Reichweite der Totalauslagerung.** Hingegen spielt die Frage des Umfangs der Auslagerung bei Aufgaben des **Portfolio- oder Risikomanagements** eine entscheidende Rolle. Da es sich bei beiden um Kernkompetenzen des AIFM handelt, scheidet eine Totalauslagerung einer oder beider Funk-

---

[103] Vgl. Art. 5 Rn. 12.

[104] Hingegen vertritt die ESMA die Auffassung, die Regelungen der Auslagerungen fänden in derartigen Fällen entsprechende Anwendung; vgl. Discussion paper, Key concepts of the Alternative Investment Fund Managers Directive and types of AIFM, 23. Februar 2012, ESMA/2012/117, Tz. 10, abrufbar unter: http://www.esma.europa.eu/system/files/2012-117.pdf.

tionen aus. Dies war – jedenfalls für eine Auslagerung sämtlicher oder der wesentlichen Geschäftsprozesse – bereits für die OGAW-Richtlinie und § 16 InvG anerkannt, weil die OGAW-KAG ansonsten zu einer Briefkastenfirma würde.[105] Da Anhang I Nummer 1 der AIFM-RL das Portfolio- und das Risikomanagement als Kernkompetenzen nennt, die ein AIFM zwingend selbst wahrnehmen muss, entspräche eine Auslagerung einer oder gar beider Funktionen einer Totalauslagerung und wäre daher unzulässig. Dahinter steht die Erwägung, dass andernfalls die Zulassung des AIFM ausgehöhlt würde. Statt des von der Aufsichtsbehörde für geeignet befundenen AIFM würde ein Dritter die wesentlichen Funktionen erbringen müssen, ohne dass die Behörde diesen in gleicher Weise wie den AIFM – zumal wenn er seinen Sitz in einem anderen Staat hat – überprüfen und beaufsichtigen kann.

Nach hier vertretener Auffassung ist die Ansicht der ESMA[106], wonach der **129** AIFM entweder nur das Portfolio- oder das Risikomanagement höchstpersönlich wahrnehmen muss, abzulehnen. Dies hat unmittelbare Auswirkungen für die Grenzen der Auslagerung. Danach könnte eine Gesellschaft AIFM sein, ohne z. B. selbst Aufgaben des Portfoliomanagements wahrzunehmen. Diese Interpretation lässt sich schwerlich mit dem materiellen Managerbegriff vereinbaren.

Auch bei MiFID-Wertpapierfirmen ist aus denselben Gründen die **Totalausla-** **130** **gerung unzulässig** (vgl. Erwägungsgrund 19 der MiFID-Durchführungsrichtlinie). Dasselbe gilt für die Auslagerung von Tätigkeiten nach dem Kreditwesengesetz, wo von einem **Verbot der „leeren Hülle"** bzw. von „virtuellen Instituten" die Rede ist.[107]

2. Gesamte Auslagerungsstrukturen als Maßstab. Maßstab für die Beur- **131** teilung der Auslagerungsfähigkeit ist nicht allein die konkrete Auslagerung an ein einzelnes Auslagerungsunternehmen, sondern die Gesamtheit aller Auslagerungen (sog. **Auslagerungsstrukturen**) und deren Verhältnis zu den beim AIFM verbleibenden Aufgaben. Dabei spielen nicht allein die **Zahl der ausgelagerten Aufgaben,** sondern auch deren **Bedeutung für den Anlegerschutz und die Stabilität der Finanzmärkte** eine wichtige Rolle. Hierauf weist Art. 83 lit. d) der Durchführungsverordnung hin. Danach liegt jedenfalls eine unzulässige Auslagerung vor, wenn die Gesamtheit der ausgelagerten die bei dem AIFM verbliebenen Aufgaben übersteigt.

3. Auswirkungen auf das Master-KAG-Modell. Aus dem oben Gesagten **132** folgt, dass das sog. **Master-KAG-Modell** nach der AIFM-Richtlinie – jedenfalls in seiner jetzigen Form – nicht länger zulässig ist.[108] Eine Master-KAG übernimmt lediglich die administrativen Tätigkeiten, lagert jedoch die nach Anhang I Nummer 1 der AIFM-RL zwingend von dem AIFM höchstpersönlich wahrzunehmen-

---

[105] Vgl. eingehend *Dieterich,* Outsourcing bei Kapitalanlagegesellschaften, S. 196 f.; *Steck* in Berger/Steck/Lübbehüsen, InvG, § 16 Rn. 19. Vgl. auch Abschnitt 9 Textziffer 4 InvMa-Risk, wo im Zusammenhang mit An- und Verkäufen von Immobilien eines Immobilienfonds ausgeführt wird, dass es sich hierbei um Kernkompetenzen handelt, die nicht auslagerungsfähig sind.

[106] Discussion paper, Key concepts of the Alternative Investment Fund Managers Directive and types of AIFM, 23. Februar 2012, ESMA/2012/117, Tz. 10, abrufbar unter: http://www.esma.europa.eu/system/files/2012-117.pdf.

[107] Vgl. hierzu nur *Ketessidis* in Hanten/Görke/Ketessidis, Outsourcing im Finanzsektor, S. 48 f., Rn. 75 ff.

[108] Vgl. hierzu bereits eingehend oben unter Art. 5 Rn. 11.

den Funktion des Portfolio- und Risikomanagements komplett aus.[109] Dies entspricht nicht dem **materiellen Managerbegriff,** den die AIFM-Richtlinie verfolgt. Danach bedarf gerade derjenige als zentral angesehene Akteur (d.h. die betreffende juristische Person, vgl. Art. 4 Abs. 1 lit. b)), der das **Portfolio- und Risikomanagement** weitgehend höchstpersönlich wahrnimmt, der AIFM-Zulassung und ist Adressat der laufenden Aufsicht.

133   **4. Auswirkungen auf das Anlageberatungs-Modell.** Dasselbe gilt im Falle der **Anlageberatung,** wenn diese so weit geht, dass faktisch nicht der zugelassene AIFM, sondern der Anlageberater die Entscheidung über An- und Verkäufe trifft, weil der AIFM praktisch allen Anlageempfehlungen des Anlageberaters folgt und diese nur „abnickt" und/oder der AIFM keine Anlageentscheidungen trifft, die nicht von dem Anlageberater empfohlen worden sind.

134   **5. Keine ausreichenden Ressourcen zur Überwachung des Auslagerungsunternehmens.** Ein weiterer auch bisher schon nach Art. 13 Abs. 2 OGAW-RL und § 16 InvG i. V. m. Abschnitt 9 Textziffer 3 InvMaRisk anerkannter Fall einer unzulässigen Briefkastenfirma liegt vor, wenn der AIFM Aufgaben auslagert, ohne selbst im angemessenen Umfang über **technische und personelle Ressourcen** mit entsprechenden Fachkenntnissen zu verfügen, um die Tätigkeiten des AIFM fortlaufend überwachen zu können.[110] Lagert ein AIFM z. B. Aufgaben des Controllings aus, so kann dies dazu führen, dass er die Kontrolle über das Auslagerungsunternehmen nicht mehr ordnungsgemäß ausüben kann.[111] Auch Art. 83 lit. a) der Durchführungsverordnung knüpft hieran an. Danach ist eine Auslagerung unzulässig, wenn der AIFM nicht oder nicht länger über die notwendigen Fachkenntnisse und Ressourcen verfügt, um die ausgelagerten Aufgaben wirksam überwachen zu können sowie die mit der Auslagerung verbundenen Risiken zu steuern. Dasselbe gilt nach Art. 83 lit. c), wenn eine **effektive Überwachung** deshalb unmöglich wird, weil der AIFM sein Recht verliert oder es ihm praktisch unmöglich ist, dem Auslagerungsunternehmen Weisungen zu erteilen bzw. Vor-Ort-Prüfungen bei ihm durchzuführen.

III. AIFM kann nicht länger als Verwalter des AIF angesehen werden

135   Das Verbot von Briefkastenfirmen ist durch Art. 20 Abs. 3 um eine neue Grenze ergänzt worden, die sich aus dem materiellen Managerbegriff ergibt. Danach ist eine Auslagerung auch dann unzulässig, wenn der AIFM durch die konkrete Auslagerung oder aufgrund der gesamten Auslagerungsstruktur **nicht länger als Verwalter des AIF angesehen werden kann.** Dies bemisst sich danach, ob und in welchem Umfang der AIFM seinen Kernkompetenzen im Portfolio- und Risikomanagement höchstpersönlich gerecht wird.

136   Hieraus resultiert zum einen das **Verbot der Auslagerung von Leitungsentscheidungen.**[112] Nach Art. 83 lit. b) der Durchführungsverordnung ist es verbo-

---

[109] Zu demselben Ergebnis gelangt man, wenn man der hier abgelehnten Auffassung der ESMA folgt und lediglich fordert, dass der AIFM entweder das Portfolio- oder das Risikomanagement höchstpersönlich wahrnimmt.

[110] Vgl. nur *Steck* in Berger/Steck/Lübbehüsen, § 16 Rn. 18.

[111] *Dieterich,* Outsourcing bei Kapitalanlagegesellschaften, S. 201.

[112] Dies galt auch bisher schon nach Art. 13 Abs. 2 OGAW-RL und § 16 InvG i. V. m. Abschnitt 9 Textziffer 3 InvMaRisk.

ten, in dem Maße Aufgaben oder Funktionen auszulagern, dass der AIFM nicht länger in der Lage ist, Entscheidungen in Angelegenheiten, die in die Entscheidungszuständigkeit der Geschäftsleitung bzw. des obersten Managements fallen, zu treffen, weil derartige Aufgaben ausgelagert worden sind. Dasselbe gelte, wenn die Geschäftsleitung des AIFM gar nicht mehr in der Lage ist, Entscheidungen zu Leitungsaufgaben zu treffen, weil bei dem AIFM keine entsprechenden Geschäftsleitungsstrukturen mehr vorhanden sind. Dies betrifft namentlich Entscheidungen im Zusammenhang mit der Umsetzung der Anlagepolitik und -strategie. Dies folgt aus dem Umstand, dass die Geschäftsleitung trotz Auslagerung im vollen Umfang für die ausgelagerten Aufgaben verantwortlich bleibt.[113]

Das bedeutet ferner, dass die Geschäftsleitung eines AIFM die Leitungsaufgabe **137** als solche weder intern an Mitarbeiter noch extern an ein Auslagerungsunternehmen auslagern darf.[114] Anderenfalls würde sie ihrer Verantwortung als Geschäftsleitung nicht gerecht.

Zum anderen darf ein AIFM – jedenfalls im Zusammenhang mit dem Portfolio- **138** oder Risikomanagement – nicht Aufgaben in dem Maße auslagern, dass seine Geschäftsleitung die ihr vorbehaltenen **Grundsatzentscheidungen oder aber Einzelentscheidungen von wesentlicher Bedeutung** nicht mehr treffen kann. Zu den Grundsatzentscheidungen gehört z. B. die Entscheidung über die Auflage oder Einstellung des AIF[115], die Aussetzung der Anteilsrücknahme, die Auswahl oder ein Wechsel der Depotbank, des Abschlussprüfers oder des externen Bewerters, die Entscheidung über die Anlage in einen Masterfonds und die Entscheidung über den Vertrieb in bestimmten Ländern/Regionen. Insbesondere gehört hierzu auch die Kompetenz, die Anlagepolitik und -strategie sowie die Anlage- und Kreditaufnahmegrenzen im Einklang mit den Vertragsbedingungen zu konkretisieren und sie dem Auslagerungsunternehmen verbindlich vorzugeben, sodass dieses nur noch Entscheidungen innerhalb der vorgegebenen Leitlinien treffen darf.

Wie in Abschnitt 9 Textziffer 4 InvMaRisk muss sich der AIFM bzw. dessen **139** Geschäftsleitung aber auch die **Letztentscheidung z. B. bei wesentlichen An- und Verkaufsentscheidungen** im Einzelfall vorbehalten, weil dies – i. d. R. oberhalb bestimmter absoluter oder relativer Schwellenwerte – originäre Leitungsaufgabe ist. Legt etwa ein Immobilienfonds das Geld der Anleger in nur wenige, dafür aber großvolumige Anlageobjekte an, so können An- und Verkaufsentscheidungen hierüber nicht vom Auslagerungsunternehmen getroffen werden. Die Letztentscheidung muss vielmehr der AIFM bzw. seine Geschäftsleitung treffen.[116] Dasselbe dürfte gelten, wenn der AIF zwar in eine Vielzahl von Anlageobjekten anlegt, aber eine **großvolumige An- oder Verkaufsorder** erteilt werden soll, wodurch das Exposure dieses Vermögensgegenstandes einen bestimmten Prozentanteil über- oder untersteigt.

Für die Auslagerung des **Risikomanagements** ergeben sich hieraus folgende **140** Grenzen. Auch insoweit dürfen originäre Leitungsaufgaben nicht ausgelagert werden. Hierzu gehören insbesondere die Festlegung von **Risikomanagement-**

---

[113] Vgl. nur § 25 Abs. 2 Satz 4 KWG sowie Art. 14 Abs. 1 lit. a) MiFID-Durchführungsrichtlinie.

[114] Vgl. *Ketessidis* in Hanten/Görke/Ketessidis, Outsourcing im Finanzsektor, S. 47, Rn. 72 ff.

[115] *Steck* in Berger/Steck/Lübbehüsen, InvG, § 16 Rn. 18.

[116] Vgl. auch Abschnitt 9 Textziffer 4 InvMaRisk.

richtlinien und die Kontrolle ihrer Einhaltung (z. B. durch Limitüberprüfungen). Auslagerungsfähig sind hingegen die Entwicklung und Pflege der zur Erfassung und Messung der Risiken erforderlichen Methoden und Verfahren, die Erstellung der zugehörigen Dokumentation und die EDV-technische Berechnung der Risikokennzahlen.[117]

141   Die neue Vorschrift („der AIFM kann nicht länger als Verwalter des AIF angesehen werden") soll **darüber hinaus** aber bewusst die Auslagerungsfähigkeit im Vergleich zur Regelung des Art. 13 Abs. 2 Satz 1 OGAW-RL bzw. § 16 InvG weiter einschränken. Sie sollte – auch als Lehre aus der jüngsten Finanzkrise – sicherstellen, dass ein AIFM höchstpersönlich alle wesentlichen Aufgaben des Portfolio- und des Risikomanagements wahrnimmt.[118] Die von der ESMA vertretene Auffassung, der AIFM müsse nur entweder Aufgaben des Portfolio- oder des Risikomanagements wahrnehmen, läuft dem Sinn und Zweck der neuen Formulierung zuwider.

K. Haftung des AIFM für das Auslagerungsunternehmen

142   Wie schon Art. 13 Abs. 2 Satz 1 OGAW-RL stellt auch Art. 20 Abs. 3 AFM-RL klar, dass sich durch eine Auslagerung bzw. weitere Unterauslagerungen die haftungsrechtliche Stellung des AIF bzw. seiner Anleger gegenüber dem AIFM nicht verschlechtern darf. Dies ist jedoch nur dann der Fall, wenn der AIFM für Pflichtverletzungen des Auslagerungsunternehmens in gleicher Weise haftet, als ob er selbst die Pflichtverletzungen begangen hätte. Demgemäß sieht § 16 Abs. 3 InvG vor, dass eine KAG ein Verschulden eines **Auslagerungsunternehmens in gleichem Umfang zu vertreten hat wie ein eigenes Verschulden.** Hieran dürfte auch nach der Umsetzung der AIFM-Richtlinie festzuhalten sein. Eine Begrenzung der Haftung des AIFM auf ein bloßes Auswahl- und Überwachungsverschulden gemäß § 831 BGB wäre mit Art. 20 Abs. 3 AIFM-RL nicht vereinbar. Da der AIFM das Auslagerungsunternehmen beauftragt, Aufgaben wahrzunehmen, die es ansonsten kraft Amtes selbst erfüllen müsste, ist das Auslagerungsunternehmen Erfüllungsgehilfe des AIFM (§ 278 BGB). Hieraus ergibt sich die in § 16 Abs. 3 InvG niedergelegte Haftungszurechnung.

L. Unterauslagerung (Abs. 4 – 6)

I. Einleitung

143   In der Praxis ist es weit verbreitet, dass KAG Aufgaben auslagern und das Auslagerungsunternehmen die gesamte Aufgabe oder Teile davon weiter auslagert. Hierdurch können sehr lange und komplexe Auslagerungsketten entstehen. Mit jeder Unterauslagerung potenzieren sich die (operationellen) Risiken und wird die effektive Aufsicht weiter erschwert. Die Heimatbehörde des AIFM muss dann neben dem AIFM auch das Auslagerungsunternehmen und das oder die Unterauslagerungsunternehmen beaufsichtigen. Besondere Schwierigkeiten treten auf, wenn das Unterauslagerungsunternehmen weder seinen Sitz im Herkunfts-

---

[117] Vgl. eingehend *Ketessidis* in Hanten/Görke/Ketessidis, Outsourcing im Finanzsektor, S. 50, Rn. 81 ff.

[118] In den Art. 15 und 16 finden sich im Vergleich zur OGAW-Richtlinie erstmals Regelungen zum Risiko- und Liquiditätsmanagement.

staat des AIFM noch des Auslagerungsunternehmens hat. Zum Schutz der Anleger sah daher Art. 18 Abs. 3 des Kommissionsvorschlags ein **Verbot von Unterauslagerungen** vor. Die Kommission konnte sich hiermit jedoch nicht durchsetzen. Auf Verlangen des Rates und des Europaparlaments wurden Unterauslagerungen – wie nach Art. 13 OGAW-RL und § 16 InvG – zugelassen. Jedoch wurden in Art. 20 Abs. 4 bis 6 AIFM-RL erstmals Anforderungen an die Unterauslagerung bzw. noch weitere Unter-Unterauslagerungen aufgenommen. Demgegenüber begnügt sich Abschnitt 9 Textziffer 11 InvMaRisk damit, die Regelungen für Auslagerungen für entsprechend anwendbar zu erklären.[119] Wie unter II. aufgezeigt, erhöht die AIFM-Richtlinie im Vergleich dazu den Anlegerschutz und die Wirksamkeit der Aufsicht.

II. Voraussetzungen einer Unterauslagerung (Abs. 4)

Abs. 4 macht Unterauslagerungen von den nachfolgenden drei Bedingungen **144** abhängig.

1. Vorherige Zustimmung des AIFM. Nach Abs. 4 lit. a) ist eine Unteraus- **145** lagerung nur zulässig, wenn der AIFM der Unterauslagerung vor ihrem Wirksamwerden schriftlich zugestimmt hat. Die Einhaltung der Schriftform ist danach Wirksamkeitsvoraussetzung der Unterauslagerung. Die Zustimmung muss für jede Unterauslagerung gesondert erteilt werden. Der AIFM erhält damit Gelegenheit, Unterauslagerungen als solche oder die Unterauslagerung bestimmter (Teil-) Aufgaben oder an ein bestimmtes Unterauslagerungsunternehmen abzulehnen. Die Prüfung vor Zustimmungserteilung hat der AIFM mit der gebotenen Sachkenntnis, Sorgfalt und Gewissenhaftigkeit vorzunehmen und sich allein von dem Interesse des AIF und dessen Anlegern leiten zu lassen (vgl. Art. 12 Abs. 1 lit. a) und b) AIFM-RL). Aus diesem Grund untersagt Art. 82 Abs. 1 Satz 2 der Durchführungsverordnung auch eine im Voraus erteilte Blankozustimmung (z. B. im Auslagerungsvertrag). Der AIFM kann die Zustimmung erst erteilen, nachdem das Auslagerungsunternehmen ihm mitgeteilt hat, welche (Teil-) Aufgaben an wen unterausgelagert werden sollen. Zur Durchführung seiner Prüfung hat der AIFM einen Informationsanspruch gegen das Auslagerungsunternehmen. Dies schließt die Vorlage des endverhandelten Unterauslagerungsvertrages und Nachweise darüber ein, dass alle sonstigen Anforderungen an eine Unterauslagerung erfüllt sind. Eine pflichtwidrig erteilte Zustimmung des AIFM zur Unterauslagerung begründet **Schadenersatzansprüche** des AIF und seiner Anleger.

2. Mitteilung an die Heimatbehörde des AIFM. Wie bei der Auslagerung **146** muss der AIFM auch bei der Unterauslagerung rechtzeitig vor ihrem Wirksamwerden seiner Heimatbehörde rechtzeitig hiervon **Mitteilung** machen (Abs. 4 lit. b)). Wie sich aus Art. 82 Abs. 2 der Durchführungsverordnung ergibt, muss der AIFM seiner Heimatbehörde den Namen des Unterauslagerungsunternehmens, dessen zuständige Behörde, die unterausgelagerten Aufgaben, die von der Unterauslagerung betroffenen AIF, eine Kopie der schriftlichen Zustimmung des AIFM und das Datum des geplanten Inkrafttretens der Unterauslagerun mitteilen. Die Mitteilung hat so rechtzeitig zu erfolgen, dass die Aufsichtsbehörde in der Lage ist das Vorliegen der Voraussetzungen zu prüfen. Anderenfalls kann die Aufsichtsbehörde eine **vorläufige Untersagungsverfügung** erlassen.

---

[119] Art. 13 OGAW-RL und § 16 InvG enthalten selbst keine Regelungen zur Unterauslagerung.

147   **3. Vorliegen der Anforderungen gemäß Abs. 1.** Schließlich müssen sowohl hinsichtlich der Auslagerung als auch der Unterauslagerung sämtliche Anforderungen des Art. 20 Abs. 1 erfüllt sein. Der AIFM ist insoweit gegenüber seiner Aufsichtsbehörde **nachweispflichtig.**

148   Unklar ist hierbei, wie der Umstand zu verstehen ist, dass alle Bezugnahmen des Abs. 1 auf „den Beauftragten" als Bezugnahme auf „den Unterbeauftragten" zu verstehen sind. Der Wortlaut des Abs. 4 lit. c) legt nahe, dass dem AIFM unmittelbare Rechte bzw. Ansprüche gegenüber dem Unterauslagerungsunternehmen (wie z. B. das Recht zur Weisungserteilung, Informations- und Zugangsrechte sowie das Recht zur jederzeitigen Kündigung) zustehen müssen (vgl. Abs. 1 lit. f) und der AIFM das **Unterauslagerungsunternehmen unmittelbar überwachen** muss (vgl. Abs. 1 UAbs. 2). In diesem Fall müsste der AIFM – neben dem Auslagerungsunternehmen – selbst Vertragspartner des Unterauslagerungsunternehmens werden oder es müsste ein Vertrag zugunsten Dritter zu seinen Gunsten geschlossen werden. Auf der anderen Seite verpflichtet Abs. 5 UAbs. 2 das Auslagerungsunternehmen, die vom dem Unterauslagerungsunternehmen erbrachten Dienstleistungen fortwährend zu überprüfen. Vieles spricht dafür, dass der AIFM verpflichtet ist, auch das Unterauslagerungsunternehmen zu kontrollieren.

III. Wer kann bei Auslagerung von Aufgaben des Portfolio- oder Risikomanagements nicht Unterauslagerungsunternehmen sein (Abs. 5)?

149   Nach Abs. 5 gelten bei Unterauslagerung von Aufgaben des Portfolio- oder Risikomanagements dieselben Inkompatibilitätsregelungen aufgrund von **Interessenkonflikten** wie bei deren Auslagerung. Dies bedeutet, dass die Depotbank und ein Unterverwahrer weder Auslagerungs- noch Unterauslagerungsunternehmen des AIFM sein darf. Dasselbe gilt bei Vorliegen wesentlicher Interessenkonflikte. Liegen hingegen nur unwesentliche Interessenkonflikte vor, so kommt eine Bestellung als Unterauslagerungsunternehmen in Betracht, wenn diesen durch eine funktionale und hierarchische Trennung angemessen Rechnung getragen werden kann.[120]

IV. Unter-Unterauslagerungen (Abs. 6)

150   Gemäß Abs. 6 gilt das zur Unterauslagerung Ausgeführte entsprechend, wenn das Unterauslagerungsunternehmen seinerseits Aufgaben weiterverlagert.

M. Information der Anleger über die Auslagerung

151   Nach Art. 23 Abs. 1 lit. f) muss der AIFM jeden Anleger eines von ihm verwalteten AIF vor dessen Investition darüber informieren, **welche Aufgaben** gemäß Anhang I der AIFM **ausgelagert** hat unter Angabe der Namen der Auslagerungsunternehmen sowie sämtlicher Interessenkonflikte, die sich daraus ergeben können.[121] Erfolgt die Auslagerung erst, nachdem der AIF bereits vertrieben worden ist, so muss der AIFM die Anleger des betreffenden AIF so rechtzeitig vor Wirk-

---

[120] Vgl. hierzu eingehend oben unter Rn. 121 ff.
[121] Vgl. hierzu eingehend die Kommentierung zu Art. 23.

samwerden der Auslagerung informieren, dass diese die Möglichkeit haben, ihre Anteile zurückzugeben oder zu verkaufen, wenn sie nicht mit der Auslagerung einverstanden sind. Hingegen statuiert Art. 23 Abs. 1 lit. f) keine Informationspflicht über Unterauslagerungen, wobei unklar ist, ob es sich hierbei um eine bewusste Nichtregelung oder um eine Regelungslücke handelt. Den Mitgliedstaaten dürfte es jedenfalls freistehen, entsprechende Informationspflichten auch für Unterauslagerungen vorzusehen. Solche Informationspflichten sollten auch hinsichtlich von Dienstleistungen gelten, die vom AIF bzw. vom Fondinitiator unmittelbar mit administrativen Funktionen betraut werden, ohne dass eine Auslagerung vorliegt.

N. Bezüge zum KAGB-E

Art. 20 AIFM-RL soll in § 36 KAGB-E umgesetzt werden. Mit Ausnahme der **152** nachfolgenden kleineren Abweichungen enthält § 36 KAGB-E eine eins-zu-eins Umsetzung der AIFM-Richtlinie.

§ 36 Abs. 1 Nr. 3 KAGB-E spricht im Unterschied zu Art. 20 Abs. 1 lit. c) **153** AIFM-RL nicht nur davon, dass das Auslagerungsunternehmen, welches Aufgaben des Portfolio- oder des Risikomanagements wahrnimmt, zur Vermögensverwaltung sondern ggf. alternativ zur Finanzportfolioverwaltung zugelassen oder registriert sein muss. Darin liegt jedoch keine inhaltliche Abweichung. Sowohl die Vermögensverwaltung gemäß § 7 Abs. 2 Nr. 1 InvG als auch die Finanzportfolioverwaltung gemäß § 1 Abs. 1a Nr. 3 KWG sind inhaltlich deckungsgleich und gehen auf die (individuelle) Portfolioverwaltung gemäß Anhang I Abschnitt A Nr. 4 der MiFID (Richtlinie 2004/39/EG) zurück. Deutschland hat diese Regelung lediglich sowohl im Kreditwesengesetz als auch im Investmentgesetz umgesetzt.

Nach § 36 Abs. 1 Nr. 3 KAGB-E soll eine Auslagerung des Portfolio- oder **154** Risikomanagements auch an solche Unternehmen möglich sein, die gemäß § 2 Abs. 6 Nr. 5 KWG nicht als Finanzdienstleistungsinstitute gelten und damit keiner Zulassung oder Registrierung bedürfen, weil sie ihre Dienstleistungen nur innerhalb von Unternehmensgruppe erbringen.[122] Eine entsprechende Regelung findet sich bereits in § 16 Abs. 2 InvG. Diese Regelung geht über den eindeutigen Wortlaut und den Sinn und Zweck des Art. 20 Abs. 1 lit. c) AIFM-RL hinaus und dürfte daher europarechtswidrig sein. Ziel des Art. 20 Abs. 1 lit. c) AIFM-RL ist es gerade, dass Aufgaben des Portfolio- oder Risikomanagements als Kernfunktionen eines AIFM nur an zugelassene oder registrierte Unternehmen erfolgen dürfen, welche einer laufenden Aufsicht unterliegen. Hierdurch sollte sichergestellt werden, dass das Auslagerungsunternehmen über dieselben Qualifikationsanforderungen wie AIFM verfügen muss und in ähnlicher Weise beaufsichtigt wird. Dies wird durch die Regelung des § 36 Abs. 1 Nr. 3 KAGB-E jedoch unterlaufen. Eine Auslagerung würde danach gerade auch an ein Unternehmen möglich sein, dass weder zugelassen noch beaufsichtigt ist und dies, obwohl es durch die Auslagerung gerade nicht mehr allein innerhalb einer Unternehmensgruppe tätig wird.[123] Denn die Auslagerungsregelung des Art. 20 findet gemäß Art. 3 Abs. 1 AIFM-RL über-

---

[122] Vgl. hierzu nur *Schäfer* in Boos/Fischer/Schulte-Mattler, KWG, 4. Aufl., § 2 Rn. 50.

[123] Bei einer Tätigkeit nur innerhalb einer Unternehmensgruppe greift die Ausnahme von der Zulassungs- und Beaufsichtigungspflicht nach Art. 2 Abs. 1 lit. b) MiFID (Richtlinie 2004/39/EG).

haupt nur Anwendung, wenn der AIFM nicht lediglich Anlagen für Unternehmen aus seinem Konzernverbund tätigt.

155 Art. 20 Abs. 1 lit. f) AIFM-RL spricht von einer Nachweispflicht des AIFM, während in § 36 Abs. 1 Nr. 6 KAGB-E von einer Darlegungspflicht die Rede ist. Fraglich ist, ob hierdurch die Anforderungen an den AIFM nach der deutschen Umsetzung geringer sind als nach der AIFM-Richtlinie oder ob dies nicht lediglich eine semantische Anpassung an den gängigen Sprachgebrauch im deutschen Aufsichtsrecht ist. Gegen letztere Interpretation spricht, dass der KAGB-Diskussionsentwurf an zahlreichen Stellen von „nachweisen" spricht (vgl. nur § 73 Abs. 1 Satz 3, § 73 Abs. 4, § 84 Abs. 1 Satz 3 und § 84 Abs. 4). Die vorgenannten Vorschriften dienen ebenfalls der Umsetzung der AIFM-Richtlinie. Daher könnte argumentiert werden, dass bei einer Darlegung – im Einklang mit den geltenden Regeln des Beweisrechts – geringere Anforderungen zu stellen sind als bei einem Nachweis.

156 Eine letzte Abweichung findet sich schließlich in § 36 Abs. 1 Nr. 7 KAGB-E. Während Art. 20 Abs. 1 lit. f) AIFM-RL fordert, dass ein AIFM sich ein jederzeitiges Weisungsrecht und ein sofortiges Kündigungsrecht gegenüber dem Auslagerungsunternehmen sichern muss, bleibt § 36 Abs. 1 Nr. 7 KAGB-E dahinter zurück. In Übernahme des Wortlauts des § 16 Abs. 1a Satz 2 InvG spricht er lediglich davon, dass die Kapitalverwaltungsgesellschaft sich die erforderlichen Weisungsbefugnisse und Kündigungsrechte vertraglich zu sichern hat. Dabei bleibt jedoch unklar, was genau unter „erforderlich" zu verstehen sein soll. Eine richtlinienkonforme Auslegung dieses unbestimmten Begriffs gebietet, dass der AIFM zum einen befugt sein muss, dem Auslagerungsunternehmen jederzeit Weisungen zu erteilen. Zum anderen muss er sich jedenfalls aus wichtigem Grund ein fristloses (außerordentliches) Kündigungsrecht vertraglich sichern.

157 Die Kommentierung kann somit auch zur Auslegung des § 36 KAGB-E herangezogen werden.

Abschnitt 3 Verwahrstelle

Artikel 21 Verwahrstelle

AIFM-Richtlinie	KAGB-KABINETTSENTWURF
Artikel 21 **Verwahrstelle**	**§ 68 Abs. 1** **KAGB-KABINETTSENTWURF** **Beauftragung und jährliche** **Überprüfung;** **Verordnungsermächtigung**
(1) Für jeden von ihm verwalteten AIF stellt der AIFM sicher, dass im Einklang mit diesem Artikel eine einzige Verwahrstelle bestellt wird.	(1) Die OGAW-Kapitalverwaltungsgesellschaft hat sicherzustellen, dass für jeden von ihr verwalteten OGAW eine Verwahrstelle im Sinne des Absatzes 2 beauftragt wird. (…)

AIFM-Richtlinie	KAGB-KABINETTSENTWURF
	§ 80 Abs. 1 **KAGB-KABINETTSENTWURF** **Beauftragung** (1) Die AIF-Kapitalverwaltungsgesellschaft hat sicherzustellen, dass für jeden von ihr verwalteten AIF eine Verwahrstelle im Sinne des Absatzes 2 oder, sofern die Voraussetzungen nach Absatz 3 und 4 erfüllt sind, eine Verwahrstelle im Sinne des Absatzes 3 beauftragt wird; § 55 bleibt unberührt. (…)
	§ 68 Abs. 1 **KAGB-KABINETTSENTWURF** **Beauftragung und jährliche** **Überprüfung;** **Verordnungsermächtigung**
(2) Die Bestellung der Verwahrstelle wird in einem Vertrag schriftlich vereinbart. Der Vertrag regelt unter anderem den Informationsaustausch, der für erforderlich erachtet wird, damit die Verwahrstelle gemäß dieser Richtlinie und gemäß den anderen einschlägigen Rechts- und Verwaltungsvorschriften ihren Aufgaben für den AIF, für den sie als Verwahrstelle bestellt wurde, nachkommen kann.	(1) (…) Die Beauftragung der Verwahrstelle ist in einem schriftlichen Vertrag zu vereinbaren. Der Vertrag regelt unter anderem den Informationsaustausch, der für erforderlich erachtet wird, damit die Verwahrstelle nach den Vorschriften dieses Gesetzes und gemäß den anderen einschlägigen Rechts- und Verwaltungsvorschriften ihren Aufgaben für den OGAW, für den sie als Verwahrstelle beauftragt wurde, nachkommen kann. **§ 80 Abs. 1** **KAGB-KABINETTSENTWURF** **Beauftragung** (1) (…) Die Beauftragung der Verwahrstelle ist in einem schriftlichen Vertrag zu vereinbaren. Der Vertrag regelt unter anderem den Informationsaustausch, der für erforderlich erachtet wird, damit die Verwahrstelle nach den Vorschriften dieses Gesetzes und gemäß den anderen einschlägigen Rechts- und Verwaltungsvorschriften ihren Aufgaben für den AIF, für den sie als Verwahrstelle beauftragt wurde, nachkommen kann.

AIFM-Richtlinie	KAGB-KABINETTSENTWURF
	§ 64 Abs. 2 **KAGB-KABINETTSENTWURF** **Beauftragung und jährliche Überprüfung; Verordnungsermächtigung**
(3) Die Verwahrstelle ist: a) ein Kreditinstitut mit Sitz in der Union, das gemäß der Richtlinie 2006/48/EG zugelassen ist;	(2) Die Verwahrstelle ist ein Kreditinstitut im Sinne des Artikels 4 Nummer 1 der Verordnung (EU) Nr. .../ 2012 [CRR-Verordnung] mit satzungsmäßigem Sitz in der Europäischen Union, das das gemäß § 32 des Kreditwesengesetzes oder den im Herkunftsmitgliedstaat des EU-OGAW anzuwendenden Vorschriften, die die Richtlinie 2013/.../EU [CRDRichtlinie] umsetzen, zugelassen ist.
	§ 80 Abs. 2 **KAGB-KABINETTSENTWURF** **Beauftragung**
	(2) Die Verwahrstelle ist 1. ein Kreditinstitut im Sinne des Artikels 4 Nummer 1 der Verordnung (EU) Nr. .../2013 [CRR-Verordnung] mit satzungsmäßigem Sitz in der Europäischen Union, das gemäß § 32 des Kreditwesengesetzes oder den im Herkunftsmitgliedstaat des EU-AIF anzuwendenden Vorschriften, die die Richtlinie 2013/.../EU [CRD-Richtlinie] umsetzen, zugelassen ist, (...)
	§ 80 Abs. 2 **KAGB-KABINETTSENTWURF** **Beauftragung**
b) eine Wertpapierfirma mit satzungsmäßigem Sitz in der Union, für die die Eigenkapitalanforderungen gemäß Artikel 20 Absatz 1 der Richtlinie 2006/49/EG gelten, einschließlich der Kapitalanforderungen für operationelle Risiken, und die gemäß der Richtlinie 2004/39/EG zugelassen ist, und die auch die Nebendienstleistungen wie Verwahrung und Verwaltung von Finanzin-	(2) Die Verwahrstelle ist (...) 2. eine Wertpapierfirma im Sinne des Artikels 4 Nummer 8 der Verordnung (EU) Nr. .../2013 [CRR-Verordnung] mit satzungsmäßigem Sitz in der Europäischen Union, für die die Eigenkapitalanforderungen gemäß Artikel 87 der Verordnung (EU) Nr. .../2013 [CRR-Verordnung], einschließlich der Kapitalan-

AIFM-Richtlinie	KAGB-KABINETTSENTWURF
strumenten für Rechnung von Kunden gemäß Anhang I Abschnitt B Nummer 1 der Richtlinie 2004/39/EG erbringt; solche Wertpapierfirmen müssen in jedem Fall über Eigenmittel verfügen, die den in Artikel 9 der Richtlinie 2006/49/EG genannten Betrag des Anfangskapitals nicht unterschreiten; oder	forderungen für operationelle Risiken, gelten, die gemäß den Vorschriften, die die Richtlinie 2004/39/EG umsetzen, zugelassen ist und die auch die Nebendienstleistungen wie Verwahrung und Verwaltung von Finanzinstrumenten für Rechnung von Kunden gemäß Anhang I Abschnitt B Nummer 1 der Richtlinie 2004/39/EG erbringt; solche Wertpapierfirmen müssen in jedem Fall über Eigenmittel verfügen, die den in Artikel 28 Absatz 2 der Richtlinie 2013/.../EU [CRD-Richtlinie] genannten Betrag des Anfangskapitals nicht unterschreiten, oder
	§ 80 Abs. 2 **KAGB-KABINETTSENTWURF** **Beauftragung**
c) eine andere Kategorie von Einrichtungen, die einer Beaufsichtigung und ständigen Überwachung unterliegen und die am 21. Juli 2011 unter eine der von den Mitgliedstaaten gemäß Artikel 23 Absatz 3 der Richtlinie 2009/65/EG festgelegten Kategorien von Einrichtungen fallen, aus denen eine Verwahrstellen gewählt werden kann.	(2) Die Verwahrstelle ist (...) 3. eine andere Kategorie von Einrichtungen, die einer Beaufsichtigung und ständigen Überwachung unterliegen und die am 21. Juli 2011 unter eine der von den Mitgliedstaaten gemäß Artikel 23 Absatz 3 der Richtlinie 2009/65/EG festgelegten Kategorien von Einrichtungen fallen, aus denen eine Verwahrstelle gewählt werden kann.
	§ 80 Abs. 5 **KAGB-KABINETTSENTWURF** **Beauftragung**
Nur bei Nicht-EU-AIF und unbeschadet des Absatzes 5 Buchstabe b kann die Verwahrstelle auch ein Kreditinstitut oder ein ähnlich wie die in Buchstabe a und b des von Unterabsatz 1 dieses Absatzes genannten Unternehmen geartetes Unternehmen sein, sofern die Bedingungen des Absatzes 6 Buchstabe b eingehalten sind. Zusätzlich können die Mitgliedstaaten zulassen, dass für AIF, bei denen innerhalb von fünf Jahren nach Tätigung	(5) Abweichend von Absatz 6 Satz 3 kann die Verwahrstelle für ausländische AIF auch ein Kreditinstitut oder ein Unternehmen sein, das den in Absatz 2 Satz 1 Nummer 1 und 2 genannten Unternehmen vergleichbar ist, sofern die Bedingungen des Absatzes 8 Satz 1 Nummer 2 eingehalten sind.

AIFM-Richtlinie	**KAGB-KABINETTSENTWURF**
der ersten Anlagen keine Rücknahmerechte ausgeübt werden können, und die im Einklang mit ihrer Hauptanlagestrategie in der Regel nicht in Vermögenswerte investieren, die gemäß Absatz 8 Buchstabe a verwahrt werden müssen, oder in der Regel in Emittenten oder nicht börsennotierte Unternehmen investieren, um gemäß Artikel 26 möglicherweise die Kontrolle über solche Unternehmen zu erlangen, die Verwahrstelle eine Stelle sein kann, die Aufgaben einer Verwahrstelle im Rahmen ihrer beruflichen oder geschäftlichen Tätigkeit wahrnimmt, für die diese Stelle einer gesetzlich anerkannten obligatorischen berufsmäßigen Registrierung oder Rechts- und Verwaltungsvorschriften oder berufsständischen Regeln unterliegt, die ausreichend finanzielle und berufliche Garantien bieten können, um es ihr zu ermöglichen, die relevanten Aufgaben einer Verwahrstelle wirksam auszuführen und die mit diesen Funktionen einhergehenden Verpflichtungen zu erfüllen.	
	§ 85 Abs. 4 KAGB-KABINETTSENTWURF Interessenskollision
(4) Zur Vermeidung von Interessenkonflikten zwischen der Verwahrstelle, dem AIFM und/oder dem AIF und/oder seinen Anlegern	(4) Zur Vermeidung von Interessenkonflikten zwischen der Verwahrstelle und der AIF-Kapitalverwaltungsgesellschaft oder dem inländischen AIF oder seinen Anlegern
	§ 70 Abs. 3 KAGB-KABINETTSENTWURF Interessenkollision
a) darf ein AIFM nicht die Aufgabe einer Verwahrstelle wahrnehmen;	(3) Zur Vermeidung von Interessenkonflikten zwischen der Verwahrstelle, der OGAW-Kapitalverwaltungsgesellschaft oder dem inländischen OGAW oder seinen Anlegern darf eine OGAW-Kapitalverwaltungsgesellschaft nicht die Aufgaben einer Verwahrstelle wahrnehmen.

AIFM-Richtlinie	KAGB-KABINETTSENTWURF
	§ 85 Abs. 4 **KAGB-KABINETTSENTWURF** **Interessenskollision** (4) (...) 1. darf eine AIF-Kapitalverwaltungsgesellschaft nicht die Aufgaben einer Verwahrstelle wahrnehmen,
	§ 85 Abs. 4 **KAGB-KABINETTSENTWURF** **Interessenskollision**
b) darf ein Primebroker, der als Geschäftspartner eines AIF auftritt, nicht die Aufgaben einer Verwahrstelle dieses AIF wahrnehmen, außer wenn eine funktionale und hierarchische Trennung der Ausführung seiner Verwahrfunktionen von seinen Aufgaben als Primebroker vorliegt und die potenziellen Interessenkonflikte ordnungsgemäß ermittelt, gesteuert, beobachtet und den Anlegern des AIF offengelegt werden. Es ist gemäß Absatz 11 zulässig, dass die Verwahrstelle einem solchen Primebroker ihre Verwahraufgaben überträgt, wenn die entsprechenden Bedingungen eingehalten sind.	(4) (...) 2. darf ein Prime-Broker, der als Kontrahent bei Geschäften für Rechnung des inländischen AIF auftritt, nicht die Aufgaben einer Verwahrstelle für diesen inländischen AIF wahrnehmen; dies gilt nicht, wenn eine funktionale und hierarchische Trennung der Ausführung seiner Aufgaben als Verwahrstelle von seinen Aufgaben als Prime-Broker vorliegt und die potenziellen Interessenkonflikte ordnungsgemäß ermittelt, gesteuert, beobachtet und den Anlegern des inländischen AIF offengelegt werden. Unter Einhaltung der Bedingungen nach § 82 ist es zulässig, dass die Verwahrstelle einem solchen Prime-Broker ihre Verwahraufgaben überträgt.
	§ 80 Abs. 6 **KAGB-KABINETTSENTWURF** **Beauftragung**
(5) Die Verwahrstelle hat ihren Sitz an einem der folgenden Orte: a) Bei EU-AIF im Herkunftsmitgliedstaat des AIF; b) bei Nicht-EU-AIF in dem Drittland, in dem sich der Sitz des AIF befindet, oder in dem Herkunftsmitgliedstaat des AIFM, der den AIF verwaltet, oder in dem Referenzmitgliedstaat des AIFM, der den AIF verwaltet.	(6) Verwaltet die AIF-Kapitalverwaltungsgesellschaft einen inländischen AIF, muss die Verwahrstelle ihren satzungsmäßigen Sitz oder ihre satzungsmäßige Zweigniederlassung im Geltungsbereich dieses Gesetzes haben. Verwaltet die AIF-Kapitalverwaltungsgesellschaft einen EU-AIF, muss die Verwahrstelle ihren satzungsmäßigen Sitz oder ihre satzungsmäßige Zweigniederlassung im Herkunftsmitgliedstaat des EU-AIF haben. Bei ausländischen AIF kann die Verwahrstelle ihren satzungsmäßigen Sitz oder ihre satzungs-

AIFM-Richtlinie	KAGB-KABINETTSENTWURF
	mäßige Zweigniederlassung in dem Drittstaat haben, in dem der ausländische AIF seinen Sitz hat, oder im Geltungsbereich dieses Gesetzes, wenn die AIF-Kapitalverwaltungsgesellschaft einen ausländischen AIF verwaltet, oder in dem Referenzmitgliedstaat der ausländischen AIF-Verwaltungsgesellschaft, die den ausländischen AIF verwaltet; § 55 bleibt unberührt.
	§ 80 Abs. 8 **KAGB-KABINETTSENTWURF** **Beauftragung**
(6) Unbeschadet der Anforderungen von Absatz 3 unterliegt die Bestellung einer Verwahrstelle mit Sitz in einem Drittland immer folgenden Bedingungen:	(8) Unbeschadet der Anforderungen von Absatz 2 bis 5 unterliegt die Beauftragung einer Verwahrstelle mit Sitz in einem Drittstaat den folgenden Bedingungen:
	§ 80 Abs. 8 **KAGB-KABINETTSENTWURF** **Beauftragung**
a) die zuständigen Behörden des Mitgliedstaats, in dem die Anteile des Nicht-EU-AIF gehandelt werden sollen, und, falls es sich um unterschiedliche Behörden handelt, die Behörden des Herkunftsmitgliedstaats des AIFM, haben Vereinbarungen über die Zusammenarbeit und den Informationsaustausch mit den zuständigen Behörden der Verwahrstelle unterzeichnet;	(8) (....) 1. zwischen den zuständigen Behörden des Mitgliedstaates, in dem die Anteile des ausländischen AIF gehandelt werden sollen, und, falls es sich um unterschiedliche Behörden handelt, den Behörden des Herkunftsmitgliedstaats der AIF-Kapitalverwaltungsgesellschaft oder der EU-AIF-Verwaltungsgesellschaft, bestehen Vereinbarungen über die Zusammenarbeit und den Informationsaustausch mit den zuständigen Behörden der Verwahrstelle,
	§ 80 Abs. 8 **KAGB-KABINETTSENTWURF** **Beauftragung**
b) die Verwahrstelle unterliegt einer wirksamen aufsichtlichen Regulierung, einschließlich Mindesteigenkapitalanforderungen, und Aufsicht, die den Rechtsvorschriften der Union entsprechen und die wirksam durchgesetzt werden;	(8) (....) 2. die Verwahrstelle unterliegt einer wirksamen Regulierung der Aufsichtsanforderungen, einschließlich Mindesteigenkapitalanforderungen, und einer Aufsicht, die jeweils den Rechtsvorschriften der Europäischen Union entsprechen und die wirksam durchgesetzt werden,

AIFM-Richtlinie	KAGB-KABINETTSENTWURF
	§ 80 Abs. 8 **KAGB-KABINETTSENTWURF** **Beauftragung**
c) das Drittland, in dem die Verwahrstelle ihren Sitz hat, steht nicht auf der Liste der nicht kooperativen Länder und Gebiete, die von der Arbeitsgruppe „Finanzielle Maßnahmen gegen Geldwäsche und Terrorismusfinanzierung" aufgestellt wurde;	(8) (....) 3. der Drittstaat, in dem die Verwahrstelle ihren Sitz hat, steht nicht auf der Liste der nicht kooperativen Länder und Gebiete, die von der Arbeitsgruppe „Finanzielle Maßnahmen gegen Geldwäsche und Terrorismusfinanzierung" aufgestellt wurde,
	§ 80 Abs. 8 **KAGB-KABINETTSENTWURF** **Beauftragung**
d) die Mitgliedstaaten, in denen die Anteile des Nicht-EU-AIF vertrieben werden sollen, und, soweit verschieden, der Herkunftsmitgliedstaat des AIFM, haben mit dem Drittland, in dem die Verwahrstelle ihren Sitz hat, eine Vereinbarung unterzeichnet, die den Standards des Artikels 26 des OECD- Musterabkommens zur dc10 Vermeidung der Doppelbesteuerung von Einkommen und Vermögen vollständig entspricht und einen wirksamen Informationsaustausch in Steuerangelegenheiten, einschließlich multilateraler Steuerabkommen, gewährleistet;	(8) (....) 4. die Mitgliedstaaten, in denen die Anteile des ausländischen AIF vertrieben werden sollen, und, soweit verschieden, der Herkunftsmitgliedstaat der AIF-Kapitalverwaltungsgesellschaft oder EU-AIF-Verwaltungsgesellschaft, haben mit dem Drittstaat, in dem die Verwahrstelle ihren Sitz hat, eine Vereinbarung abgeschlossen, die den Standards des Artikels 26 des OECD-Musterabkommens zur Vermeidung der Doppelbesteuerung von Einkommen und Vermögen vollständig entspricht und einen wirksamen Informationsaustausch in Steuerangelegenheiten, einschließlich multilateraler Steuerabkommen, gewährleistet,
	§ 80 Abs. 8 **KAGB-KABINETTSENTWURF** **Beauftragung**
e) die Verwahrstelle haftet vertraglich gegenüber dem AIF oder gegenüber den Anlegern des AIF, in Übereinstimmung mit den Absätzen 12 und 13, und erklärt sich ausdrücklich zur Einhaltung von Absatz 11 bereit.	(8) (....) 5. die Verwahrstelle haftet vertraglich gegenüber dem ausländischen AIF oder gegenüber den Anlegern des ausländischen AIF, entsprechend § 88 Absatz 1 bis 4, und erklärt sich ausdrücklich zur Einhaltung von § 82 bereit.

AIFM-Richtlinie	KAGB-KABINETTSENTWURF
	§ 80 Abs. 8 **KAGB-KABINETTSENTWURF** **Beauftragung**
Ist eine zuständige Behörde eines anderen Mitgliedstaats nicht mit der Bewertung der Anwendung von Unterabsatz 1 Buchstaben a, c oder e durch die zuständigen Behörden des Herkunftsmitgliedstaats des AIFM einverstanden, so können die betreffenden zuständigen Behörden die Angelegenheit der ESMA zur Kenntnis bringen, die gemäß der ihr durch Artikel 19 der Verordnung (EU) Nr. 1095/2010 übertragenen Befugnisse tätig werden kann.	(8) (....) Ist eine zuständige Behörde eines anderen Mitgliedstaats nicht mit der Bewertung der Anwendung von Satz 1 Nummer 1, 3 oder 5 durch die zuständigen Behörden des Herkunftsmitgliedstaates der AIF-Kapitalverwaltungsgesellschaft oder EU-AIF-Verwaltungsgesellschaft einverstanden, kann die betreffende zuständige Behörde die Angelegenheit der Europäischen Wertpapier- und Marktaufsichtsbehörde zur Kenntnis bringen, diese kann nach den ihr durch Artikel 19 der Verordnung (EU) Nr. 1095/2010 übertragenen Befugnisse tätig werden.
Auf der Grundlage der in Absatz 17 Buchstabe b festgelegten Kriterien erlässt die Kommission Durchführungsrechtsakte, die festlegen, dass die aufsichtliche Regulierung und Aufsicht in einem Drittland den einschlägigen Bestimmungen der Union entsprechen und wirksam durchgesetzt werden. Diese Durchführungsrechtsakte werden gemäß dem in Artikel 59 Absatz 2 genannten Prüfverfahren erlassen.	
	§ 83 Abs. 6 **KAGB-KABINETTSENTWURF** **Kontrollfunktion**
(7) Die Verwahrstelle stellt allgemein sicher, dass die Cashflows der AIF ordnungsgemäß überwacht werden und gewährleistet insbesondere, dass sämtliche Zahlungen von Anlegern oder im Namen von Anlegern bei der Zeichnung von Anteilen eines AIF geleistet wurden und dass die gesamten Geldmittel des AIF auf einem Geldkonto verbucht wurden, das für Rechnung des AIF, im Namen des AIFM, der für Rechnung des AIF tätig ist, oder im Namen der Verwahrstelle, die für Rechnung des AIF tätig ist, bei einer Stelle gemäß Artikel 18 Absatz 1 Buchstaben a, b und c der Richtlinie 2006/73/EG oder bei einer Stelle der glei-	(6) Die Verwahrstelle hat sicherzustellen, dass die Zahlungsströme der inländischen AIF ordnungsgemäß überwacht werden und sorgt insbesondere dafür, dass sämtliche Zahlungen von Anlegern oder im Namen von Anlegern bei der Zeichnung von Anteilen eines inländischen AIF geleistet wurden. Die Verwahrstelle hat dafür zu sorgen, dass die gesamten Geldmittel des inländischen AIF auf einem Geldkonto verbucht wurden, das für Rechnung des inländischen AIF, im Namen der AIF-Verwaltungsgesellschaft, die für Rechnung des inländischen AIF tätig ist, oder im Namen der Verwahrstelle, die für Rechnung des inländischen AIF tätig

AIFM-Richtlinie	KAGB-KABINETTSENTWURF
chen Art in dem entsprechenden Markt, in dem Geldkonten verlangt werden, eröffnet wurde, so lange eine solche Stelle einer wirksamen aufsichtlichen Regulierung und Aufsicht unterliegt, die den Rechtsvorschriften der Union entsprechen und wirksam durchgesetzt werden, gemäß den Grundsätzen nach Artikel 16 der Richtlinie 2006/73/EG. Falls Geldkonten im Namen der Verwahrstelle, die für Rechnung des AIF handelt, eröffnet werden, werden keine Geldmittel der in Unterabsatz 1 genannten Stelle und keine Geldmittel der Verwahrstelle selbst auf solchen Konten verbucht.	ist, bei einer der folgenden Stellen eröffnet wurde: 1. einer Stelle nach Artikel 18 Absatz 1 Buchstaben a, b und c der Richtlinie 2006/73/EG oder 2. einer Stelle der gleichen Art in dem entsprechenden Markt, in dem Geldkonten verlangt werden, solange eine solche Stelle einer wirksamen Regulierung der Aufsichtsanforderungen und einer Aufsicht unterliegt, die jeweils den Rechtsvorschriften der Europäischen Union entsprechen, wirksam durchgesetzt werden und insbesondere mit den Grundsätzen nach Artikel 16 der Richtlinie 2006/73/EG übereinstimmen. Sofern Geldkonten im Namen der Verwahrstelle, die für Rechnung des inländischen AIF handelt, eröffnet werden, sind keine Geldmittel der in Satz 2 genannten Stelle und keine Geldmittel der Verwahrstelle selbst auf solchen Konten zu verbuchen.

	§ 81 Abs. 1 **KAGB-KABINETTSENTWURF** **Verwahrung**
(8) Die Vermögenswerte des AIF oder des für Rechnung des AIF handelnden AIFM, werden der Verwahrstelle folgendermaßen zur Aufbewahrung anvertraut:	(1) Die Verwahrstelle hat die Vermögensgegenstände des inländischen AIF oder der für Rechnung des inländischen AIF handelnden AIF-Verwaltungsgesellschaft wie folgt zu verwahren:

	§ 81 Abs. 1 **KAGB-KABINETTSENTWURF** **Verwahrung**
a) für Finanzinstrumente, die in Verwahrung genommen werden können, gilt:	1. für Finanzinstrumente im Sinne der Richtlinie 2011/61/EU, die in Verwahrung genommen werden können, gilt:

	§ 81 Abs. 1 **KAGB-KABINETTSENTWURF** **Verwahrung**
i) die Verwahrstelle verwahrt sämtliche Finanzinstrumente, die im Depot auf einem Konto für Finanzinstrumente verbucht werden können, und sämt-	1. (…) a) die Verwahrstelle verwahrt sämtliche Finanzinstrumente, die im Depot auf einem Konto für Finanzinstrumente

AIFM-Richtlinie	KAGB-KABINETTSENTWURF
liche Finanzinstrumente, die der Verwahrstelle physisch übergeben werden können;	verbucht werden können, und sämtliche Finanzinstrumente, die der Verwahrstelle physisch übergeben werden können;
	§ 81 Abs. 1 **KAGB-KABINETTSENTWURF** **Verwahrung**
ii) zu diesem Zweck stellt die Verwahrstelle sicher, dass all jene Finanzinstrumente, die im Depot auf einem Konto für Finanzinstrumente verbucht werden können, gemäß den in Artikel 16 der Richtlinie 2006/73/EG festgelegten Grundsätzen in den Büchern der Verwahrstelle auf gesonderten Konten registriert werden, die im Namen des AIF bzw. des für ihn tätigen AIFM eröffnet wurde, so dass die Finanzinstrumente jederzeit gemäß geltendem Recht eindeutig als im Eigentum des AIF befindliche Instrumente identifiziert werden können;	1. (...) b) zu diesem Zweck stellt die Verwahrstelle sicher, dass alle Finanzinstrumente, die im Depot auf einem Konto für Finanzinstrumente verbucht werden können, nach den in Artikel 16 der Richtlinie 2006/73/EG festgelegten Grundsätzen in den Büchern der Verwahrstelle auf gesonderten Konten, die im Namen des inländischen AIF oder der für ihn tätigen AIF-Verwaltungsgesellschaft eröffnet wurden, registriert werden, so dass die Finanzinstrumente jederzeit nach geltendem Recht eindeutig als zum inländischen AIF gehörend identifiziert werden können.
	§ 81 Abs. 1 **KAGB-KABINETTSENTWURF** **Verwahrung**
b) für sonstige Vermögenswerte gilt:	2. für sonstige Vermögensgegenstände gilt:
	§ 81 Abs. 1 **KAGB-KABINETTSENTWURF** **Verwahrung**
i) die Verwahrstelle prüft das Eigentum des AIF oder des für Rechnung des AIF tätigen AIFM an solchen Vermögenswerten und führt Aufzeichnungen derjenigen Vermögenswerte, bei denen sie sich vergewissert hat, dass der AIF oder der für Rechnung des AIF tätige AIFM an diesen Vermögenswerten das Eigentum hat;	2. (...) a) die Verwahrstelle prüft das Eigentum des inländischen AIF oder der für Rechnung des inländischen AIF tätigen AIF-Verwaltungsgesellschaft an solchen Vermögensgegenständen und führt Aufzeichnungen derjenigen Vermögensgegenstände, bei denen sie sich vergewissert hat, dass der inländische AIF oder die für Rechnung des inländischen AIF tätige AIF-Verwaltungsgesellschaft an diesen Vermögensgegenständen das Eigentum hat;

AIFM-Richtlinie	KAGB-KABINETTSENTWURF
	§ 81 Abs. 1 **KAGB-KABINETTSENTWURF** **Verwahrung**
ii) die Beurteilung, ob der AIF oder der für Rechnung des AIF tätige AIFM Eigentümer ist, beruht auf Informationen oder Unterlagen, die vom AIF oder vom AIFM vorgelegt werden und, soweit verfügbar, auf externen Nachweisen;	2. (…) b) die Beurteilung, ob der inländische AIF oder die für Rechnung des inländischen AIF tätige AIF-Verwaltungsgesellschaft Eigentümer oder Eigentümerin ist, beruht auf Informationen oder Unterlagen, die vom inländischen AIF oder von der AIF-Verwaltungsgesellschaft vorgelegt werden und, soweit verfügbar, auf externen Nachweisen;
	§ 81 Abs. 1 **KAGB-KABINETTSENTWURF** **Verwahrung**
iii) die Verwahrstelle hält ihre Aufzeichnungen auf dem neuesten Stand.	2. (…) c) die Verwahrstelle hält ihre Aufzeichnungen auf dem neuesten Stand.
	§ 83 Abs. 1 **KAGB-KABINETTSENTWURF** **Kontrollfunktion**
(9) Ergänzend zu den in Absatz 7 und 8 genannten Aufgaben stellt die Verwahrstelle sicher, dass	(1) Die Verwahrstelle hat sicherzustellen, dass
	§ 83 Abs. 1 **KAGB-KABINETTSENTWURF** **Kontrollfunktion**
a) der Verkauf, die Ausgabe, die Rücknahme, die Auszahlung und die Aufhebung von Anteilen des AIF gemäß den geltenden nationalen Rechtsvorschriften und den Vertragsbedingungen oder der Satzung des AIF erfolgen; b) die Berechnung des Wertes der Anteile des AIF nach den geltenden nationalen Rechtsvorschriften, den Vertragsbedingungen oder der Satzung des AIF und den in Artikel 19 festgelegten Verfahren erfolgt;	(1) (…) 1. die Ausgabe und Rücknahme von Anteilen oder Aktien des inländischen AIF und die Ermittlung des Wertes der Anteile oder Aktien des inländischen AIF den Vorschriften dieses Gesetzes und den Anlagebedingungen, der Satzung oder dem Gesellschaftsvertrag des inländischen AIF entsprechen,
	§ 83 Abs. 5 **KAGB-KABINETTSENTWURF** **Kontrollfunktion**
c) die Weisungen des AIFM ausgeführt werden, es sei denn, diese verstoßen	(5) Die Verwahrstelle hat die Weisungen der AIF-Verwaltungsgesellschaft

AIFM-Richtlinie	KAGB-KABINETTSENTWURF
gegen geltende nationale Rechtsvorschriften oder die Vertragsbedingungen oder die Satzung des AIF;	auszuführen, sofern diese nicht gegen gesetzliche Vorschriften oder die Anlagebedingungen verstoßen.
	§ 83 Abs. 1 **KAGB-KABINETTSENTWURF** **Kontrollfunktion**
d) bei Transaktionen mit Vermögenswerten des AIF der Gegenwert innerhalb der üblichen Fristen an den AIF überwiesen wird;	(1) (…) 2. bei den für gemeinschaftliche Rechnung der Anleger getätigten Geschäften der Gegenwert innerhalb der üblichen Fristen an den inländischen AIF oder für Rechnung des inländischen AIF überwiesen wird,
	§ 83 Abs. 1 **KAGB-KABINETTSENTWURF** **Kontrollfunktion**
e) die Erträge des AIF gemäß den geltenden nationalen Rechtsvorschriften und den Vertragsbedingungen oder der Satzung des AIF verwendet werden.	(1) (…) 3. die Erträge des inländischen AIF nach den Vorschriften dieses Gesetzes und nach den Anlagebedingungen, der Satzung oder dem Gesellschaftsvertrag des inländischen AIF verwendet werden.
	§ 26 Abs. 1 **KAGB-KABINETTSENTWURF** **Allgemeine Verhaltensregeln;** **Verordnungsermächtigung**
(10) Der AIFM und die Verwahrstelle handeln im Rahmen ihrer jeweiligen Aufgaben ehrlich, redlich, professionell, unabhängig und im Interesse des AIF und seiner Anleger.	(1) Die Kapitalverwaltungsgesellschaft handelt bei der Wahrnehmung ihrer Aufgaben unabhängig von der Verwahrstelle und ausschließlich im Interesse der Anleger.
	§ 85 Abs. 1 **KAGB-KABINETTSENTWURF** **Interessenskollision**
	(1) Bei Wahrnehmung ihrer Aufgaben handelt die Verwahrstelle ehrlich, redlich, professionell, unabhängig und im Interesse des inländischen AIF und seiner Anleger.
	§ 70 Abs. 2 **KAGB-KABINETTSENTWURF** **Interessenkollision**
Eine Verwahrstelle darf keine Aufgaben in Bezug auf den AIF oder den für	(2) Die Verwahrstelle darf keine Aufgaben in Bezug auf den inländischen

AIFM-Richtlinie	KAGB-KABINETTSENTWURF
Rechnung des AIF tätigen AIFM wahrnehmen, die Interessenkonflikte zwischen dem AIF, den Anlegern des AIF, dem AIFM und ihr selbst schaffen könnten, außer wenn eine funktionale und hierarchische Trennung der Ausführung ihrer Aufgaben als Verwahrstelle von ihren potenziell dazu in Konflikt stehenden Aufgaben vorgenommen wurde und die potenziellen Interessenkonflikte ordnungsgemäß ermittelt, gesteuert, beobachtet und den Anlegern des AIF gegenüber offengelegt werden.	OGAW oder die für Rechnung des inländischen OGAW tätige OGAW-Verwaltungsgesellschaft wahrnehmen, die Interessenkonflikte zwischen dem inländischen OGAW, den Anlegern des inländischen OGAW, der OGAW-Verwaltungsgesellschaft und ihr selbst schaffen könnten. Dies gilt nicht, wenn eine funktionale und hierarchische Trennung der Aufgaben vorgenommen wurde und die potenziellen Interessenkonflikte ordnungsgemäß ermittelt, gesteuert, beobachtet und den Anlegern des inländischen OGAW gegenüber offen gelegt werden. Die Verwahrstelle hat durch Vorschriften zu Organisation und Verfahren sicherzustellen, dass bei der Wahrnehmung ihrer Aufgaben Interessenkonflikte zwischen der Verwahrstelle und der OGAW-Verwaltungsgesellschaft vermieden werden. Die Einhaltung dieser Vorschriften ist von einer bis auf Ebene der Geschäftsführung unabhängigen Stelle zu überwachen.

§ 85 Abs. 2 S. 3 u. 4
KAGB-KABINETTSENTWURF
Interessenskollision

(2) (...) Die Verwahrstelle hat durch Vorschriften zu Organisation und Verfahren sicherzustellen, dass bei Wahrnehmung ihrer Aufgaben Interessenkonflikte zwischen der Verwahrstelle und der AIF-Verwaltungsgesellschaft vermieden werden. Die Einhaltung dieser Vorschriften ist von einer bis einschließlich auf Ebene der Geschäftsführung unabhängigen Stelle zu überwachen.

§ 85 Abs. 3
KAGB-KABINETTSENTWURF
Interessenskollision

Die in Absatz 8 genannten Vermögenswerte dürfen nicht ohne vorherige Zustimmung des AIF oder des für Rechnung des AIF tätigen AIFM von	(3) Im Hinblick auf Spezial-AIF darf die Verwahrstelle die in § 81 genannten Vermögensgegenstände nicht ohne vorherige Zustimmung des inländischen

AIFM-Richtlinie	KAGB-KABINETTSENTWURF
der Verwahrstelle wiederverwendet werden.	Spezial-AIF oder der für Rechnung des inländischen Spezial-AIF tätigen AIF-Verwaltungsgesellschaft von der Verwahrstelle wiederverwenden; bei Publikums-AIF ist eine Wiederverwendung unabhängig von der Zustimmung ausgeschlossen.
(11) Die Verwahrstelle darf ihre in diesem Artikel festgeschriebenen Funktionen nicht auf Dritte übertragen, hiervon ausgenommen sind die in Absatz 8 genannten Aufgaben.	**§ 73 Abs. 4** **KAGB-KABINETTSENTWURF** **Unterverwahrung** (4) Mit Ausnahme der Verwahraufgaben nach § 72 darf die Verwahrstelle ihre nach diesem Unterabschnitt festgelegten Aufgaben nicht auslagern. **§ 82 Abs. 4** **KAGB-KABINETTSENTWURF** **Unterverwahrung** (4) Mit Ausnahme der Verwahraufgaben nach § 81 darf die Verwahrstelle ihre nach diesem Unterabschnitt festgelegten Aufgaben nicht auslagern.
Die Verwahrstelle kann die in Absatz 8 genannten Funktionen unter den folgenden Bedingungen auf Dritte übertragen:	**§ 73 Abs. 1** **KAGB-KABINETTSENTWURF** **Unterverwahrung** (1) Die Verwahrstelle kann die Verwahraufgaben nach § 72 unter den folgenden Bedingungen auf ein anderes Unternehmen (Unterverwahrer) auslagern: **§ 82 Abs. 1** **KAGB-KABINETTSENTWURF** **Unterverwahrung** (1) Die Verwahrstelle kann die Verwahraufgaben nach § 81 auf ein anderes Unternehmen (Unterverwahrer) unter den folgenden Bedingungen auslagern:
a) die Aufgaben werden nicht in der Absicht übertragen, die Vorschriften der vorliegenden Richtlinie zu umgehen;	**§ 73 Abs. 1** **KAGB-KABINETTSENTWURF** **Unterverwahrung** (1) (...) 1. die Aufgaben werden nicht in der Absicht übertragen, die Vorschriften dieses Gesetzes zu umgehen,

AIFM-Richtlinie	KAGB-KABINETTSENTWURF
	§ 82 Abs. 1 KAGB-KABINETTS-ENTWURF **Unterverwahrung** (1) (…) 1. die Aufgaben werden nicht in der Absicht übertragen, die Vorschriften dieses Gesetzes zu umgehen,
	§ 73 Abs. 1 **KAGB-KABINETTSENTWURF** **Unterverwahrung**
b) die Verwahrstelle kann belegen, dass es einen objektiven Grund für die Übertragung gibt;	(1) (…) 2. die Verwahrstelle kann darlegen, dass es einen objektiven Grund für die Unterverwahrung gibt,
	§ 82 Abs. 1 **KAGB-KABINETTSENTWURF** **Unterverwahrung** (1) (…) 2. die Verwahrstelle kann darlegen, dass es einen objektiven Grund für die Unterverwahrung gibt,
	§ 73 Abs. 1 **KAGB-KABINETTSENTWURF** **Unterverwahrung**
c) Die Verwahrstelle ist bei der Auswahl und Bestellung eines Dritten, dem sie Teile ihrer Aufgaben übertragen möchte, mit der gebotenen Sachkenntnis, Sorgfalt und Gewissenhaftigkeit vorgegangen und geht weiterhin bei der laufenden Kontrolle und regelmäßigen Überprüfung von Dritten, denen sie Teile ihrer Aufgaben übertragen hat, und von Vereinbarungen des Dritten hinsichtlich der ihm übertragenen Aufgaben mit der gebotenen Sachkenntnis, Sorgfalt und Gewissenhaftigkeit vor, und	(1) (…) 3. die Verwahrstelle geht mit der gebotenen Sachkenntnis, Sorgfalt und Gewissenhaftigkeit a) bei der Auswahl und Bestellung eines Unterverwahrers, dem sie Teile ihrer Aufgaben übertragen möchte, und b) bei der laufenden Kontrolle und regelmäßigen Überprüfung von Unterverwahrern, denen sie Teile ihrer Aufgaben übertragen hat, und von Vorkehrungen des Unterverwahrers hinsichtlich der ihm übertragenen Aufgaben,
	§ 82 Abs. 1 **KAGB-KABINETTSENTWURF** **Unterverwahrung** (1) (…)

AIFM-Richtlinie	KAGB-KABINETTSENTWURF
	3. die Verwahrstelle geht mit der gebotenen Sachkenntnis, Sorgfalt und Gewissenhaftigkeit vor a) bei der Auswahl und Bestellung eines Unterverwahrers, dem sie Teile ihrer Aufgaben übertragen möchte, und b) bei der laufenden Kontrolle und regelmäßigen Überprüfung von Unterverwahrern, denen sie Teile ihrer Aufgaben übertragen hat, und von Vorkehrungen des Unterverwahrers hinsichtlich der ihm übertragenen Aufgaben,
d) Die Verwahrstelle gewährleistet, dass der Dritte jederzeit bei der Ausführung der ihm übertragenen Aufgaben die folgenden Bedingungen einhält:	**§ 73 Abs. 1** **KAGB-KABINETTSENTWURF** **Unterverwahrung** (1) (…) 4. die Verwahrstelle stellt sicher, dass der Unterverwahrer jederzeit bei der Ausführung der ihm übertragenen Aufgaben die folgenden Bedingungen einhält: **§ 82 Abs. 1** **KAGB-KABINETTSENTWURF** **Unterverwahrung** (1) (…) 4. die Verwahrstelle stellt sicher, dass der Unterverwahrer jederzeit bei der Ausführung der ihm übertragenen Aufgaben die folgenden Bedingungen einhält:
i) der Dritte verfügt über eine Organisationsstruktur und die Fachkenntnisse, die für die Art und die Komplexität der Vermögenswerte des AIF oder des für dessen Rechnung handelnden AIFM, die ihm anvertraut wurden, angemessen und geeignet sind;	**§ 73 Abs. 1** **KAGB-KABINETTSENTWURF** **Unterverwahrung** (1) (…) 4 a) der Unterverwahrer verfügt über eine Organisationsstruktur und die Fachkenntnisse, die für die Art und die Komplexität der ihm anvertrauten Vermögensgegenstände des inländischen OGAW oder der für dessen Rechnung handelnden OGAW-Verwaltungsgesellschaft angemessen und geeignet sind,

AIFM-Richtlinie	KAGB-KABINETTSENTWURF
	§ 82 Abs. 1 **KAGB-KABINETTSENTWURF** **Unterverwahrung** (1) (…) 4 a) der Unterverwahrer verfügt über eine Organisationsstruktur und die Fachkenntnisse, die für die Art und die Komplexität der ihm anvertrauten Vermögensgegenstände des inländischen AIF oder der für dessen Rechnung handelnden AIF-Verwaltungsgesellschaft angemessen und geeignet sind,
	§ 73 Abs. 1 **KAGB-KABINETTSENTWURF** **Unterverwahrung**
ii) bezogen auf die Verwahraufgaben gemäß Absatz 8 Buchstabe a unterliegt der Dritte einer wirksamen aufsichtlichen Regulierung, einschließlich Mindesteigenkapitalanforderungen, und Aufsicht in der betreffenden rechtlichen Zuständigkeit und der Dritte unterliegt ferner einer regelmäßigen externen Rechnungsprüfung, durch die gewährleistet wird, dass sich die Finanzinstrumente in seinem Besitz befinden;	(1) (…) 4 (…) b) in Bezug auf die Verwahraufgaben nach § 72 unterliegt der Unterverwahrer einer wirksamen Regulierung der Aufsichtsanforderungen, einschließlich Mindesteigenkapitalanforderungen, und einer Aufsicht in der betreffenden Jurisdiktion sowie einer regelmäßigen externen Rechnungsprüfung durch die sichergestellt wird, dass sich die Finanzinstrumente in seinem Besitz befinden,
	§ 82 Abs. 1 **KAGB-KABINETTSENTWURF** **Unterverwahrung** (1) (…) 4 b) in Bezug auf die Verwahraufgaben nach § 81 Absatz 1 Nummer 1 unterliegt der Unterverwahrer einer wirksamen aufsichtlichen Regulierung, einschließlich Mindesteigenkapitalanforderungen, und einer Aufsicht in der betreffenden Jurisdiktion sowie einer regelmäßigen externen Rechnungsprüfung durch die sichergestellt wird, dass sich die Finanzinstrumente in seinem Besitz befinden,

AIFM-Richtlinie	KAGB-KABINETTSENTWURF
	§ 73 Abs. 1 **KAGB-KABINETTSENTWURF** **Unterverwahrung**
iii) der Dritte trennt die Vermögenswerte der Kunden der Verwahrstelle von seinen eigenen Vermögenswerten und von den Vermögenswerten der Verwahrstelle in einer solchen Weise, dass sie zu jeder Zeit eindeutig als Eigentum von Kunden einer bestimmten Verwahrstelle identifiziert werden können;	(1) (...) 4 (...) c) der Unterverwahrer trennt die Vermögensgegenstände der Kunden der Verwahrstelle von seinen eigenen Vermögensgegenständen und von den Vermögensgegenständen der Verwahrstelle in einer solchen Weise, dass sie zu jeder Zeit eindeutig den Kunden einer bestimmten Verwahrstelle zugeordnet werden können,
	§ 82 Abs. 1 **KAGB-KABINETTSENTWURF** **Unterverwahrung**
	(1) (...) 4 c) der Unterverwahrer trennt die Vermögensgegenstände der Kunden der Verwahrstelle von seinen eigenen Vermögensgegenständen und von den Vermögensgegenständen der Verwahrstelle in einer solchen Weise, dass sie zu jeder Zeit eindeutig den Kunden einer bestimmten Verwahrstelle zugeordnet werden können,
	§ 82 Abs. 1 **KAGB-KABINETTSENTWURF** **Unterverwahrung**
iv) der Dritte darf die Vermögenswerte nicht ohne vorherige Zustimmung des AIF oder des für Rechnung des AIF tätigen AIFM und eine vorherige Mitteilung an die Verwahrstelle verwenden und	(1) (...) 4 d) im Hinblick auf Spezial-AIF darf der Unterverwahrer die Vermögensgegenstände nicht ohne vorherige Zustimmung des inländischen Spezial-AIF oder der für Rechnung des inländischen Spezial-AIF tätigen AIF-Verwaltungsgesellschaft und vorherige Mitteilung an die Verwahrstelle verwenden; bei Publikums-AIF ist eine Wiederverwendung unabhängig von der Zustimmung ausgeschlossen, und

AIFM-Richtlinie	KAGB-KABINETTSENTWURF
	§ 73 Abs. 1 **KAGB-KABINETTSENTWURF** Unterverwahrung
v) der Dritte hält sich an die allgemeinen Verpflichtungen und Verbote gemäß den Absätzen 8 und 10.	(1) (…) 4 (…) d) der Unterverwahrer hält die Pflichten und Verbote nach § 70 Absatz 1, 2, 4 und 5 und nach § 72 ein.
	§ 82 Abs. 1 **KAGB-KABINETTSENTWURF** Unterverwahrung
	(1) (…) 4 e) der Unterverwahrer hält die Pflichten und Verbote nach den §§ 81 und 85 Absatz 1 bis 3 ein.
	§ 73 Abs. 2 **KAGB-KABINETTSENTWURF** Unterverwahrung
Unbeschadet des Unterabsatzes 2 Buchstabe d Ziffer ii, wenn laut den Rechtsvorschriften eines Drittlands vorgeschrieben ist, dass bestimmte Finanzinstrumente von einer ortsansässigen Einrichtung verwahrt werden müssen und es keine ortsansässigen Einrichtungen gibt, die den Anforderungen für eine Beauftragung gemäß Buchstabe d Ziffer ii genügen, darf die Verwahrstelle ihre Funktionen an eine solche ortsansässige Einrichtung nur insoweit übertragen, wie es von dem Recht des Drittlandes gefordert wird und nur solange es keine ortsansässigen Einrichtungen gibt, die die Anforderungen für eine Beauftragung erfüllen, vorbehaltlich der folgenden Anforderungen:	(2) Wenn nach den Rechtsvorschriften eines Drittstaates vorgeschrieben ist, dass bestimmte Finanzinstrumente von einer ortsansässigen Einrichtung verwahrt werden müssen, und es keine ortsansässigen Einrichtungen gibt, die den Anforderungen für eine Beauftragung nach Absatz 1 Nummer 4 Buchstabe b erfüllen, darf die Verwahrstelle ihre Verwahraufgaben an eine solche ortsansässige Einrichtung nur insoweit und solange übertragen, als es von dem Recht des Drittstaates gefordert wird und nur es keine ortsansässigen Einrichtungen gibt, die die Anforderungen für eine Unterverwahrung erfüllen; der erste Halbsatz gilt vorbehaltlich der folgenden Bedingungen:
	§ 82 Abs. 2 KAGB-KABINETTS- **ENTWURF** Unterverwahrung
	(2) Wenn es nach den Rechtsvorschriften eines Drittstaates vorgeschrieben ist, dass bestimmte Finanzinstrumente von einer ortsansässigen Einrichtung verwahrt werden müssen, und es keine ortsansässigen Einrichtungen gibt,

AIFM-Richtlinie	KAGB-KABINETTSENTWURF
	die den Anforderungen für eine Beauftragung nach Absatz 1 Nummer 4 Buchstabe b genügen, darf die Verwahrstelle ihre Verwahrstellenaufgaben an eine solche ortsansässige Einrichtung nur insoweit und solange übertragen, als es von dem Recht des Drittstaates gefordert wird und es keine ortsansässigen Einrichtungen gibt, die die Anforderungen für eine Unterverwahrung erfüllen; der erste Halbsatz gilt vorbehaltlich der folgenden Bedingungen:
	§ 73 Abs. 2 **KAGB-KABINETTSENTWURF** **Unterverwahrung**
a) die Anleger des jeweiligen AIF müssen vor Tätigung ihrer Anlage ordnungsgemäß unterrichtet werden, dass eine solche Beauftragung aufgrund rechtlicher Zwänge im Recht des Drittlandes erforderlich ist, und sie müssen über die Umstände unterrichtet werden, die die Übertragung rechtfertigen; und	(2) (…) 1. die OGAW-Verwaltungsgesellschaft hat die Anleger des jeweiligen inländischen OGAW vor Tätigung ihrer Anlage ordnungsgemäß unterrichtet, a) darüber, dass eine solche Unterverwahrung aufgrund rechtlicher Vorgaben im Recht des Drittstaates erforderlich ist, und b) über die Umstände, die die Übertragung rechtfertigen, und
	§ 82 Abs. 2 **KAGB-KABINETTSENTWURF** **Unterverwahrung**
	(2) (…) 1. die AIF-Verwaltungsgesellschaft hat die Anleger des jeweiligen inländischen AIF vor Tätigung ihrer Anlage ordnungsgemäß darüber unterrichtet, a) darüber, dass eine solche Unterverwahrung aufgrund rechtlicher Vorgaben im Recht des Drittstaates erforderlich ist, und b) über die Umstände, die die Übertragung rechtfertigen, und
	§ 73 Abs. 2 **KAGB-KABINETTSENTWURF** **Unterverwahrung**
b) der AIF oder der für Rechnung des AIF tätige AIFM müssen die Verwahrstelle anweisen, die Verwah-	(2) (…) 2. der inländische OGAW oder die für Rechnung des inländischen OGAW

AIFM-Richtlinie	KAGB-KABINETTSENTWURF
rung dieser Finanzinstrumente an eine solche ortsansässige Einrichtung zu übertragen.	tätige OGAW-Verwaltungsgesellschaft müssen die Verwahrstelle anweisen, die Verwahrung dieser Finanzinstrumente einer solchen ortsansässigen Einrichtung zu übertragen.

§ 82 Abs. 2
KAGB-KABINETTSENTWURF
Unterverwahrung

(2) (…)

2. der inländische AIF oder die für Rechnung des inländischen AIF tätige AIF-Verwaltungsgesellschaft müssen die Verwahrstelle anweisen, die Verwahrung dieser Finanzinstrumente einer solchen ortsansässigen Einrichtung zu übertragen.

§ 73 Abs. 3
KAGB-KABINETTSENTWURF
Unterverwahrung

AIFM-Richtlinie	KAGB-KABINETTSENTWURF
Der Dritte kann seinerseits diese Funktionen unter den gleichen Bedingungen weiter übertragen. In diesem Fall gilt Absatz 13 entsprechend für die jeweils Beteiligten.	(3) Der Unterverwahrer kann unter den Voraussetzungen nach den Absätzen 1 und 2 die Verwahraufgaben nach § 72 auf ein anderes Unternehmen unterauslagern. § 77 Absatz 3 und 4 gilt entsprechend für die jeweils Beteiligten.

§ 82 Abs. 3
KAGB-KABINETTSENTWURF
Unterverwahrung

(3) Der Unterverwahrer kann unter den Voraussetzungen nach den Absätzen 1 und 2 die Verwahraufgaben nach § 81 auf ein anderes Unternehmen unterauslagern. § 88 Absatz 2 und 4 gilt entsprechend für die jeweils Beteiligten.

§ 73 Abs. 5
KAGB-KABINETTSENTWURF
Unterverwahrung

AIFM-Richtlinie	KAGB-KABINETTSENTWURF
Die Erbringung von Dienstleistungen gemäß der Richtlinie 98/26/EG durch Wertpapierliefer- und Abrechnungssysteme, wie es für die Zwecke jener Richtlinie vorgesehen ist, oder die Erbringung ähnlicher Dienstleistungen	(5) Die Erbringung von Dienstleistungen nach der Richtlinie 98/26/EG durch Wertpapierliefer- und Abrechnungssysteme, wie es für die Zwecke jener Richtlinie vorgesehen ist, oder die Erbringung ähnlicher Dienstleistungen

AIFM-Richtlinie	KAGB-KABINETTSENTWURF
durch Wertpapierliefer- und Abrechnungssysteme von Drittländern wird für Zwecke dieses Absatzes nicht als Beauftragung mit Verwahrfunktionen betrachtet.	durch Wertpapierliefer- und Abrechnungssysteme von Drittstaaten wird für Zwecke dieser Vorschrift nicht als Auslagerung von Verwahrungsaufgaben angesehen.

§ 82 Abs. 5
KAGB-KABINETTSENTWURF
Unterverwahrung

(5) Die Erbringung von Dienstleistungen nach der Richtlinie 98/26/EG durch Wertpapierliefer- und Abrechnungssysteme, wie es für die Zwecke jener Richtlinie vorgesehen ist, oder die Erbringung ähnlicher Dienstleistungen durch Wertpapierliefer- und Abrechnungssysteme von Drittstaaten wird für Zwecke dieser Vorschrift nicht als Auslagerung von Verwahrungsaufgaben angesehen.

§ 77 Abs. 1
KAGB-KABINETTSENTWURF
Haftung

(12) Die Verwahrstelle haftet gegenüber dem AIF oder gegenüber den Anlegern des AIF für das Abhandenkommen durch die Verwahrstelle oder durch einen Dritten, dem die Verwahrung von Finanzinstrumenten, die gemäß Absatz 8 Buchstabe a verwahrt wurden, übertragen wurde.	(1) Die Verwahrstelle haftet gegenüber dem inländischen OGAW oder gegenüber den Anlegern des inländischen OGAW für das Abhandenkommen eines verwahrten Finanzinstrumentes durch die Verwahrstelle oder durch einen Unterverwahrer, dem die Verwahrung von Finanzinstrumenten nach § 72 Absatz 1 übertragen wurde.

§ 88 Abs. 1
KAGB-KABINETTSENTWURF
Haftung

(1) Die Verwahrstelle haftet gegenüber dem inländischen AIF oder gegenüber den Anlegern des inländischen AIF für das Abhandenkommen eines verwahrten Finanzinstrumentes durch die Verwahrstelle oder durch einen Unterverwahrer, dem die Verwahrung von Finanzinstrumenten nach § 81 Absatz 1 Nummer 1 übertragen wurde.

AIFM-Richtlinie	KAGB-KABINETTSENTWURF
	§ 77 Abs. 1 **KAGB-KABINETTSENTWURF** **Haftung**
Im Falle eines solchen Abhandenkommens eines verwahrten Finanzinstruments hat die Verwahrstelle dem AIF oder dem für Rechnung des AIF handelnden AIFM unverzüglich ein Finanzinstrument gleicher Art zurückzugeben oder einen entsprechenden Betrag zu erstatten.	(1) (...) Im Fall eines solchen Abhandenkommens hat die Verwahrstelle dem inländischen OGAW oder der für Rechnung des inländischen OGAW handelnden OGAW-Verwaltungsgesellschaft unverzüglich ein Finanzinstrument gleicher Art zurückzugeben oder einen entsprechenden Betrag zu erstatten.
	§ 88 Abs. 1 **KAGB-KABINETTSENTWURF** **Haftung**
	(1) (...) Im Fall eines solchen Abhandenkommens hat die Verwahrstelle dem inländischen AIF oder der für Rechnung des inländischen AIF handelnden AIF-Verwaltungsgesellschaft unverzüglich ein Finanzinstrument gleicher Art zurückzugeben oder einen entsprechenden Betrag zu erstatten.
	§ 77 Abs. 1 **KAGB-KABINETTSENTWURF** **Haftung**
Die Verwahrstelle haftet nicht, wenn sie nachweisen kann, dass das Abhandenkommen auf höhere Gewalt zurückzuführen ist, deren Konsequenzen trotz aller angemessenen Gegenmaßnahmen unabwendbar waren.	(1) (...) Die Verwahrstelle haftet nicht, wenn sie nachweisen kann, dass das Abhandenkommen auf äußere Ereignisse zurückzuführen ist, deren Konsequenzen trotz aller angemessenen Gegenmaßnahmen unabwendbar waren. Weitergehende Ansprüche, die sich aus den Vorschriften des bürgerlichen Rechts auf Grund von Verträgen oder unerlaubten Handlungen ergeben, bleiben unberührt.
	§ 88 Abs. 1 **KAGB-KABINETTSENTWURF** **Haftung**
	(1) Die Verwahrstelle haftet nicht, wenn sie nachweisen kann, dass das Ab-

AIFM-Richtlinie	KAGB-KABINETTSENTWURF
	handenkommen auf äußere Ereignisse zurückzuführen ist, deren Konsequenzen trotz aller angemessenen Gegenmaßnahmen unabwendbar waren. Weiter gehende Ansprüche, die sich aus den Vorschriften des bürgerlichen Rechts auf Grund von Verträgen oder unerlaubten Handlungen ergeben, bleiben unberührt.

§ 77 Abs. 2
KAGB-KABINETTSENTWURF
Haftung

Die Verwahrstelle haftet auch gegenüber dem AIF oder den Anlegern des AIF für sämtliche sonstigen Verluste, die diese infolge einer von der Verwahrstelle fahrlässig oder vorsätzlich verursachten Nichterfüllung ihrer Verpflichtungen aus dieser Richtlinie erleiden.	(2) Die Verwahrstelle haftet auch gegenüber dem inländischen OGAW oder den Anlegern des inländischen OGAW für sämtliche sonstigen Verluste, die diese dadurch erleiden, dass die Verwahrstelle fahrlässig ihre Verpflichtungen nach diesem Gesetz nicht erfüllt.

§ 88 Abs. 2
KAGB-KABINETTSENTWURF
Haftung

(2) Die Verwahrstelle haftet auch gegenüber dem inländischen AIF oder den Anlegern des inländischen AIF für sämtliche sonstigen Verluste, die diese dadurch erleiden, dass die Verwahrstelle ihre Verpflichtungen nach diesem Gesetz fahrlässig oder vorsätzlich nicht erfüllt.

§ 77 Abs. 3
KAGB-KABINETTSENTWURF
Haftung

(13) Die Haftung der Verwahrstelle bleibt von einer etwaigen Übertragung gemäß Absatz 11 unberührt.	(3) Die Haftung der Verwahrstelle bleibt von einer etwaigen Übertragung gemäß § 73 unberührt.

§ 88 Abs. 3
KAGB-KABINETTSENTWURF
Haftung

(3) Die Haftung der Verwahrstelle bleibt von einer etwaigen Übertragung gemäß § 82 unberührt.

AIFM-Richtlinie	KAGB-KABINETTSENTWURF
	§ 77 Abs. 4 **KAGB-KABINETTSENTWURF** **Haftung**
Unbeschadet des Unterabsatzes 1 dieses Absatzes kann sich die Verwahrstelle bei Verlust von Finanzinstrumenten, die von einem Dritten gemäß Absatz 11 verwahrt wurden, von der Haftung befreien, wenn sie nachweisen kann, dass:	(4) Unbeschadet des Absatzes 3 kann sich die Verwahrstelle bei einem Abhandenkommen von Finanzinstrumenten, die von einem Unterverwahrer nach § 73 verwahrt wurden, von der Haftung befreien, wenn sie nachweisen kann, dass
a) alle Bedingungen für die Übertragung ihrer Verwahraufgaben gemäß Absatz 11 Unterabsatz 2 eingehalten sind;	1. alle Bedingungen für die Auslagerung ihrer Verwahrungsaufgaben nach § 73 erfüllt sind,
b) ein schriftlicher Vertrag zwischen der Verwahrstelle und dem Dritten die Haftung der Verwahrstelle ausdrücklich auf diesen Dritten überträgt und es dem AIF oder dem für Rechnung des AIF tätigen AIFM ermöglicht, seinen Anspruch wegen des Abhandenkommens von Finanzinstrumenten gegenüber dem Dritten geltend zu machen, oder die Verwahrstelle solch einen Anspruch für sie geltend machen darf, und	2. es einen schriftlichen Vertrag zwischen der Verwahrstelle und dem Unterverwahrer gibt, a) in dem die Haftung der Verwahrstelle ausdrücklich auf diesen Unterverwahrer übertragen wird und b) der es dem inländischen OGAW oder der für Rechnung des inländischen OGAW handelnden OGAW-Verwaltungsgesellschaft ermöglicht, seinen oder ihren Anspruch wegen des Abhandenkommens von Finanzinstrumenten gegenüber dem Unterverwahrer geltend zu machen, oder es der Verwahrstelle ermöglicht, solch einen Anspruch für sie geltend zu machen, und
c) ein schriftlicher Vertrag zwischen der Verwahrstelle und dem AIF oder dem für Rechnung des AIF handelnden AIFM ausdrücklich eine Befreiung der Verwahrstelle von der Haftung gestattet und einen objektiven Grund für die vertragliche Vereinbarung einer solchen Befreiung angibt.	3. es einen schriftlichen Vertrag zwischen der Verwahrstelle und dem inländischen OGAW oder der für Rechnung des inländischen OGAW handelnden OGAW-Verwaltungsgesellschaft gibt, in dem eine Haftungsbefreiung der Verwahrstelle ausdrücklich gestattet ist und ein objektiver Grund für die vertragliche Vereinbarung einer solchen Haftungsbefreiung angegeben wird.
	§ 88 Abs. 4 **KAGB-KABINETTSENTWURF** **Haftung** (4) Unbeschadet von Absatz 3 kann sich die Verwahrstelle bei einem Abhandenkommen von Finanzinstrumen-

AIFM-Richtlinie	KAGB-KABINETTSENTWURF
	ten, die von einem Unterverwahrer nach § 82 verwahrt wurden, von der Haftung befreien, wenn sie nachweisen kann, dass 1. alle Bedingungen für die Auslagerung ihrer Verwahrungsaufgaben nach § 82 erfüllt sind, 2. es einen schriftlichen Vertrag zwischen der Verwahrstelle und dem Unterverwahrer gibt, a) in dem die Haftung der Verwahrstelle ausdrücklich auf diesen Unterverwahrer übertragen wird und b) der es dem inländischen AIF oder der für Rechnung des inländischen AIF handelnden AIF-Verwaltungsgesellschaft ermöglicht, seinen oder ihren Anspruch wegen des Abhandenkommens von Finanzinstrumenten gegenüber dem Unterverwahrer geltend zu machen, oder es der Verwahrstelle ermöglicht, solch einen Anspruch für sie geltend zu machen, und 3. es einen schriftlichen Vertrag zwischen der Verwahrstelle und dem inländischen AIF oder der für Rechnung des inländischen AIF handelnden AIF-Verwaltungsgesellschaft gibt, in dem eine Haftungsbefreiung der Verwahrstelle ausdrücklich gestattet ist und ein objektiver Grund für die vertragliche Vereinbarung einer solchen Haftungsbefreiung angegeben wird.

§ 77 Abs. 5
KAGB-KABINETTSENTWURF
Haftung

(14) Wenn ferner laut den Rechtsvorschriften eines Drittlands vorgeschrieben ist, dass bestimmte Finanzinstrumente von einer ortsansässigen Einrichtung verwahrt werden müssen und es keine ortsansässigen Einrichtungen gibt, die den Anforderungen für eine Beauftragung gemäß Absatz 11 Buchstabe d Ziffer ii genügen, kann die Ver-	(5) Wenn nach den Rechtsvorschriften eines Drittstaates vorgeschrieben ist, dass bestimmte Finanzinstrumente von einer ortsansässigen Einrichtung verwahrt werden müssen und es keine ortsansässigen Einrichtungen gibt, die die Anforderungen für eine Auslagerung nach § 73 Absatz 1 Nummer 4 Buchstabe b erfüllen, kann die Verwahrstelle

AIFM-Richtlinie	**KAGB-KABINETTSENTWURF**
wahrstelle sich von der Haftung befreien, sofern die folgenden Bedingungen eingehalten sind: a) die Vertragsbedingungen oder die Satzung des betreffenden AIF erlauben ausdrücklich eine solche Befreiung unter den in diesem Absatz genannten Voraussetzungen; b) die Anleger der entsprechenden AIF wurden vor Tätigung ihrer Anlage ordnungsgemäß über diese Haftungsbefreiung und die Umstände, die diese Haftungsbefreiung rechtfertigen, unterrichtet; c) der AIF oder der für Rechnung des AIF tätige AIFM haben die Verwahrstelle angewiesen, die Verwahrung dieser Finanzinstrumente an eine ortsansässige Einrichtung zu übertragen; d) es gibt einen schriftlichen Vertrag zwischen der Verwahrstelle und dem AIF oder dem für Rechnung des AIF tätigen AIFM, in dem solch eine Haftungsbefreiung ausdrücklich gestattet ist; und e) es gibt einen schriftlichen Vertrag zwischen der Verwahrstelle und dem Dritten, in dem die Haftung der Verwahrstelle ausdrücklich auf den Dritten übertragen wird und es dem AIF oder dem für Rechnung des AIF tätigen AIFM ermöglicht, seinen Anspruch wegen des Abhandenkommens von Finanzinstrumenten gegenüber dem Dritten geltend zu machen, oder die Verwahrstelle solch einen Anspruch für sie geltend machen darf.	sich von der Haftung befreien, sofern die folgenden Bedingungen eingehalten sind: 1. die Anlagebedingungen oder die Satzung des betreffenden inländischen OGAW erlauben ausdrücklich eine Haftungsbefreiung unter den in diesem Absatz genannten Voraussetzungen, 2. die OGAW-Verwaltungsgesellschaft hat die Anleger der entsprechenden inländischen OGAW vor Tätigung ihrer Anlage ordnungsgemäß über diese Haftungsbefreiung und die Umstände, die diese Haftungsbefreiung rechtfertigen, unterrichtet, 3. der inländische OGAW oder die für Rechnung des inländischen OGAW tätige OGAW-Verwaltungsgesellschaft hat die Verwahrstelle angewiesen, die Verwahrung dieser Finanzinstrumente einer ortsansässigen Einrichtung zu übertragen, 4. es gibt einen schriftlichen Vertrag zwischen der Verwahrstelle und dem inländischen OGAW oder der für Rechnung des inländischen OGAW tätigen OGAW-Verwaltungsgesellschaft, in dem solch eine Haftungsbefreiung ausdrücklich gestattet ist, und 5. es gibt einen schriftlichen Vertrag zwischen der Verwahrstelle und dem Unterverwahrer, a) in dem die Haftung der Verwahrstelle ausdrücklich auf den Dritten übertragen wird und b) der es dem inländischen OGAW oder der für Rechnung des inländischen OGAW tätigen OGAW-Verwaltungsgesellschaft ermöglicht, seinen oder ihren Anspruch wegen des Abhandenkommens von Finanzinstrumenten gegenüber dem Unterverwahrer geltend zu machen oder es der Verwahrstelle ermöglicht, solch einen Anspruch für sie geltend zu machen.

AIFM-Richtlinie	KAGB-KABINETTSENTWURF
	§ 88 Abs. 5 **KAGB-KABINETTSENTWURF** **Haftung**
	(5) Wenn nach den Rechtsvorschriften eines Drittstaates vorgeschrieben ist, dass bestimmte Finanzinstrumente von einer ortsansässigen Einrichtung verwahrt werden müssen und es keine ortsansässigen Einrichtungen gibt, die die Anforderungen für eine Auslagerung nach § 82 Absatz 1 Nummer 4 Buchstabe b genügen, kann die Verwahrstelle sich von der Haftung befreien, sofern die folgenden Bedingungen eingehalten sind:
	1. die Anlagebedingungen, die Satzung oder der Gesellschaftsvertrag des betreffenden inländischen AIF erlauben ausdrücklich eine Haftungsbefreiung unter den in diesem Absatz genannten Voraussetzungen,
	2. die AIF-Verwaltungsgesellschaft hat die Anleger des entsprechenden inländischen AIF vor Tätigung ihrer Anlage ordnungsgemäß über diese Haftungsbefreiung und die Umstände, die diese Haftungsbefreiung rechtfertigen, unterrichtet,
	3. der inländische AIF oder die für Rechnung des inländischen AIF tätige AIF-Verwaltungsgesellschaft hat die Verwahrstelle angewiesen, die Verwahrung dieser Finanzinstrumente an eine ortsansässige Einrichtung zu übertragen,
	4. es gibt einen schriftlichen Vertrag zwischen der Verwahrstelle und dem inländischen AIF oder der für Rechnung des inländischen AIF tätigen AIF-Verwaltungsgesellschaft, in dem solch eine Haftungsbefreiung ausdrücklich gestattet ist, und
	5. es gibt einen schriftlichen Vertrag zwischen der Verwahrstelle und dem Unterverwahrer,
	a) in dem die Haftung der Verwahrstelle ausdrücklich auf den Dritten übertragen wird und

AIFM-Richtlinie	KAGB-KABINETTSENTWURF
	b) der es dem inländischen AIF oder der für Rechnung des inländischen AIF tätigen AIF-Verwaltungsgesellschaft ermöglicht, seiner oder ihren Anspruch wegen des Abhandenkommens von Finanzinstrumenten gegenüber dem Unterverwahrer geltend zu machen oder es der Verwahrstelle ermöglicht, solch einen Anspruch für sie geltend zu machen.
	§ 78 Abs. 2 **KAGB-KABINETTSENTWURF** **Geltendmachung von Ansprüchen der Anleger; Verordnungsermächtigung**
(15) Haftungsansprüche der AIF-Anleger können in Abhängigkeit von der Art der Rechtsbeziehungen zwischen der Verwahrstelle, dem AIFM und den Anlegern unmittelbar oder mittelbar durch den AIFM geltend gemacht werden.	(2) Die OGAW-Kapitalverwaltungsgesellschaft ist berechtigt und verpflichtet, im eigenen Namen Ansprüche der Anleger gegen die Verwahrstelle geltend zu machen. Der Anleger kann daneben einen eigenen Schadenersatzanspruch gegen die Verwahrstelle geltend machen.
	§ 89 Abs. 2 **KAGB-KABINETTSENTWURF** **Geltendmachung von Ansprüchen der Anleger;** **Verordnungsermächtigung**
	(2) Die AIF-Kapitalverwaltungsgesellschaft ist berechtigt und verpflichtet, im eigenen Namen Ansprüche der Anleger gegen die Verwahrstelle geltend zu machen. Der Anleger kann daneben einen eigenen Schadensersatzanspruch gegen die Verwahrstelle geltend machen.
	§ 69 Abs. 3 **KAGB-KABINETTSENTWURF** **Aufsicht**
(16) Die Verwahrstelle stellt ihren zuständigen Behörden auf Anfrage alle Informationen zur Verfügung, die sie im Rahmen der Erfüllung ihrer Aufgaben erhalten hat und die die zuständigen Behörden des AIF oder des AIFM be-	(3) Die Verwahrstelle stellt der Bundesanstalt auf Anfrage alle Informationen zur Verfügung, welche die Verwahrstelle im Rahmen der Erfüllung ihrer Aufgaben erhalten hat und welche die Bundesanstalt oder die zuständigen

Artikel 21

AIFM-Richtlinie	KAGB-KABINETTSENTWURF
nötigen könnten. Unterscheiden sich die zuständigen Behörden des AIF oder des AIFM von denen der Verwahrstelle, stellen die zuständigen Behörden der Verwahrstelle den zuständigen Behörden des AIF und des AIFM die erhaltenen Informationen unverzüglich zur Verfügung.	Stellen des Herkunftsmitgliedstaates der EU-OGAW-Verwaltungsgesellschaft benötigen könnten. Im letzteren Fall stellt die Bundesanstalt den zuständigen Stellen des Herkunftsmitgliedstaates der EU-OGAW-Verwaltungsgesellschaft die erhaltenen Informationen unverzüglich zur Verfügung.

§ 86
KAGB-KABINETTSENTWURF
Informationspflichten gegenüber
der Bundesanstalt

Die Verwahrstelle stellt der Bundesanstalt auf Anfrage alle Informationen zur Verfügung, die sie im Rahmen der Erfüllung ihrer Aufgaben erhalten hat und die die zuständigen Behörden des AIF oder der AIF-Verwaltungsgesellschaft benötigen können. Ist die Bundesanstalt nicht die zuständige Behörde des AIF oder der AIF-Verwaltungsgesellschaft, stellt sie den zuständigen Behörden des AIF und der AIF-Verwaltungsgesellschaft die erhaltenen Informationen unverzüglich zur Verfügung.

(17) Die Kommission erlässt gemäß Artikel 56 und nach Maßgabe der Bedingungen der Artikel 57 und 58 delegierte Rechtsakte, mit denen Folgendes festgelegt wird:

a) welche Einzelheiten in den in Absatz 2 genannten schriftlichen Vertrag aufzunehmen sind;

b) die allgemeinen Kriterien zur Bewertung, ob die Anforderungen an die aufsichtliche Regulierung und Aufsicht in Drittländern gemäß Absatz 6 Buchstabe b den Rechtsvorschriften der Union entsprechen und wirksam durchgesetzt werden;

c) die Bedingungen für die Ausübung der Aufgaben einer Verwahrstelle gemäß den Absätzen 7, 8 und 9, einschließlich:

i) der Art der Finanzinstrumente, die nach Absatz 8 Buchstabe a von der

AIFM-Richtlinie	KAGB-KABINETTSENTWURF
Verwahrstelle verwahrt werden sollen, ii) der Bedingungen, unter denen die Verwahrstelle ihre Verwahraufgaben über bei einem Zentralverwahrer registrierte Finanzinstrumente ausüben kann, und iii der Bedingungen, unter denen die Verwahrstelle in nominativer Form emittierte und beim Emittenten oder einer Registrierstelle registrierte Finanzinstrumente gemäß Absatz 8 Buchstabe b zu verwahren hat; d) die Sorgfaltspflichten von Verwahrstellen gemäß Absatz 11 Buchstabe c; e) die Trennungspflicht gemäß Absatz 11 Buchstabe d Ziffer iii; f) die Bedingungen und Umstände, unter denen verwahrte Finanzinstrumente als abhanden gekommen anzusehen sind; g) was unter höherer Gewalt, deren Konsequenzen trotz aller angemessenen Gegenmaßnahmen gemäß Absatz 12 unabwendbar gewesen wären, zu verstehen ist; h) die Bedingungen und Umstände, unter denen ein objektiver Grund für die vertragliche Vereinbarung einer Haftungsbefreiung gemäß Absatz 13 vorliegt.	

Literatur: *Beckmann/Scholtz/Vollmer,* Investment, Heidelberg (Stand 2/2010); *Bost/Halfpap,* Gesellschaftsrechtliche Grundlagen, in: Lüdicke/Arndt, Geschlossene Fonds, 5. Aufl., München 2009; *Dieterich,* Outsourcing bei Kapitalanlagegesellschaften, Frankfurt am Main 2005; *Gringel,* in: Berger/Steck/Lübbehüsen, Investmentgesetz, München 2010; Jesch, Private-Equity-Beteiligungen: Wirtschaftliche, rechtliche und steuerrechtliche Rahmenbedingungen aus Investorensicht, Wiesbaden 2004; *Josek,* in: Dornseifer/Jesch/Klebeck/Tollmann, AIFM-Richtlinie, München 2013; *Koller,* in: Assmann/Schneider, Wertpapierhandelsgesetz, 5. Aufl., Köln 2009; *Köndgen,* in: Berger/Steck/Lübbehüsen, Investmentgesetz, München 2010; *Lindemann,* Einsatz von Primebrokern bei inländischen Hedgefunds, BB 2004, 2137 ff.; *Lorz,* in: Ebenroth/Boujong/Joost/Strohn, Handelsgesetzbuch, 2. Aufl., München 2008; *Ohl,* Die Rechtsbeziehungen innerhalb des Investment-Dreiecks, Berlin 1987; *Schäfer,* in: Boos/Fischer/Schulte-Mattler, Kreditwesengesetz, 4. Aufl., München 2012; *Schmitt,* Die Rolle einer Verwahrstelle nach der AIFM-Richtlinie, ZgesKW 2011, 246 ff.; *Schmitz,* in: Berger/Steck/Lübbehüsen, Investmentgesetz, München 2010; *Schmolke,* Die Regelung von Interessenkonflikten im neuen Investmentrecht, WM 2007, 1909 ff.; *Schödermeier/Baltzer,* in: Brinkhaus/Scherer, KAGG und AuslInvestmentG, München 2003; *Tollmann,* in: Boos/Fischer/Schulte-Mattler, Kreditwesengesetz, 4. Aufl., München 2012; *Vahldiek,* in: Boos/

Fischer/Schulte-Mattler, Kreditwesengesetz, 4. Aufl., München 2012; *von Kuhlberg/Seidel,* 1. Teil: Investoren, in: Jesch/Striegel/Boxberger, Rechtshandbuch Private Equity, München 2010; *Weber/Wiesler,* (De-) Regulierung von Hedgefonds, in: PwC, Novellierung des Investmentrechts 2007, S. 242 ff.

Übersicht

A. Ausgangslage

Der **Depotbank**[1] kommt seit jeher sowohl im Investmentgesetz (§§ 20 ff. **1**
InvG) und dessen Vorgängerregelung[2] als auch in der OGAW-Richtlinie

---

[1] Sowohl in der OGAW- als auch in der AIFM-Richtlinie ist statt von Depotbank von
Verwahrstelle die Rede. Diese Terminologie ist jedoch in Deutschland nicht gebräuchlich.
Wie bisher schon in §§ 20 ff. InvG ist daher hier von „Depotbank" die Rede.

[2] Das Kapitalanlagegesetz enthielt in § 12 seit seinem Inkrafttreten eine Regelung zur
Depotbank; vgl. nur *Köndgen*, in: Berger/Steck/Lübbehüsen, InvG, Vor §§ 20–29 Rn. 1.

(Art. 22 ff. bzw. Art. 32 ff.) eine zentrale Rolle beim Schutz der Anleger zu. Dementsprechend spielt die Depotbank im Bereich der offenen Investmentfonds nicht nur in Deutschland und in der EU, sondern auch weltweit seit langem eine wichtige Rolle.

2   In **Deutschland** müssen alle in den Anwendungsbereich des Investmentgesetzes fallenden **offenen Investmentfonds** ihre verwahrfähigen Vermögensgegenstände von einer Depotbank verwahren lassen. Darüber hinaus übt die als Treuhänder der Anleger handelnde Depotbank eine Reihe weiterer Funktionen aus. Neben der **Verwahrfunktion** gehören hierzu insbesondere **Kontrollfunktionen.** Die Funktionen der Depotbank hängen dabei stark von den Vermögensgegenständen ab, in die der Fonds investiert hat. Die §§ 20 ff. InvG gehen primär von Investmentfonds aus, die ausschließlich oder überwiegend in übertragbare Wertpapiere[3], d.h. insbesondere in Aktien und Schuldverschreibungen, anlegen, und damit von i. d. R. liquiden und verwahrfähigen Vermögensgegenständen. Dies ist Wesensmerkmal von OGAW. Diese unterscheiden sich jedoch von typischen AIF. Letztere investieren i. d. R. zu einem großen Teil in **illiquide oder wenig liquide Vermögensgegenstände,** wie z. B. Immobilien, Beteiligungen an Immobiliengesellschaften oder an sonstigen, nicht-börsennotierten Gesellschaften. Dies lässt keinesfalls die Notwendigkeit einer Depotbank entfallen, hat jedoch zur Folge, dass die Depotbankregelungen nur in modifizierter Form auf AIF Anwendung finden können. Dass dies möglich ist, zeigen z. B. die Sonderregelungen des Investmentgesetzes für offene Immobilienfonds und Infrastruktur-Sondervermögen (vgl. nur § 24 Abs. 3 und § 71 InvG) sowie für Hedgefonds (§ 112 Abs. 3). Diese Sonderregelungen ändern nichts an dem Umstand, dass in Deutschland bereits vor Verabschiedung der AIFM-Richtlinie für alle unter das Investmentgesetz fallende AIF eine Depotbank zu bestellen war. Die Regelungen des Investmentgesetzes zur Depotbank finden nicht nur auf Publikumsfonds, sondern auch auf Spezialfonds Anwendung. Der deutsche Gesetzgeber hält somit **Depotbanken nicht nur zum Schutz von Kleinanlegern, sondern auch von institutionellen Anlegern** für erforderlich. Über keine Depotbank verfügten allerdings die bisher unregulierten deutschen **geschlossenen Fonds.**

3   Innerhalb der **EU** hat die **OGAW-Richtlinie** für weit gehend harmonisierte Depotbankregelungen für OGAW gesorgt. Diese Regelungen haben sich vielfach auch außerhalb des Anwendungsbereichs der OGAW-Richtlinie zum **Standard für offene Investmentfonds** entwickelt. Je nach Assetklasse sind jedoch zum Teil Modifikationen erforderlich.

B. AIF und Depotbanken

I. Fehlen von Depotbanken bei geschlossenen Fonds

4   Die AIFM-Richtlinie schafft nun erstmals **EU-weit einheitliche Depotbankregelungen für AIF.** Im Bereich der offenen Fonds vereinheitlicht sie vielfach bereits bestehende Depotbankregelungen. Demgegenüber führt die AIFM-Richtlinie bei **geschlossenen Fonds** zumeist erstmals Regelungen zu Depotbanken ein. Das weit gehende Fehlen von Depotbankregelungen im

---

[3] Vgl. hierzu *Köndgen* in Berger/Steck/von Lübbehüsen, InvG, § 2 Rn. 10.

Bereich geschlossener Fonds hat im Wesentlichen zwei Gründe. Zum einen sind geschlossenen Fonds in Deutschland und in vielen anderen EU-Mitgliedstaaten nicht oder jedenfalls nicht innerhalb des für offene Fonds geltenden Gesetzes kodifiziert. Zum anderen spielt bei vielen geschlossenen Fonds die bei offenen Fonds charakteristische Verwahrung von übertragbaren Wertpapieren keine Rolle, weil sie ausschließlich oder überwiegend in nicht verwahrfähige Vermögensgegenstände (wie z. B. Immobilien, Schiffe, Windparks oder nicht-börsennotierte Unternehmen) anlegen. Bei Private Equity Fonds haben sich in der Vertragspraxis zum Teil Depotbanken ähnliche Strukturen etabliert. So sind – insbesondere bei Retail- Dachfonds – sog. **Mittelverwendungskontrolleure** weit verbreitet.[4] Bei diesen handelt es sich meist um Wirtschaftsprüfungsgesellschaften. Aufgabe des Mittelverwendungskontrolleurs ist es insbesondere, die Voraussetzungen für die Verwendung und ggf. auch die Freigabe bestimmter Mittel zu prüfen.[5] Hierzu gehört z. B. auch die Prüfung, ob die geplante Anlage im Einklang mit den Anlagerichtlinien steht.

II. Primebroker und Hedgefonds

Eine Sonderstellung unter den offenen Investmentfonds nehmen **Hedgefonds** 5 ein. Obwohl sie überwiegend in verwahrfähige Vermögensgegenstände investieren, müssen Hedgefonds in vielen Staaten (z. B. in den USA und Großbritannien) keine Depotbank haben, sondern können stattdessen einen **Primebroker** betrauen. In Deutschland und anderen Staaten müssen zwar auch Hedgefonds über eine Depotbank verfügen; diese muss jedoch nicht alle der ihr nach den §§ 20 – 29 InvG zukommenden Aufgaben wahrnehmen.[6] Nach § 112 Abs. 3 InvG können deutsche Hedgefonds einen Primebroker[7] mit der Verwahrung der Vermögensgegenstände betrauen.

Von einer Depotbank unterscheidet sich ein Primebroker dadurch wesentlich, 6 dass er eine Reihe von Funktionen wahrnimmt, welche Depotbanken nicht gestattet sind. Hierzu gehören insbesondere die **Gewährung von Krediten** einschließlich der Bewirtschaftung der gestellten Sicherheiten (sog. **Rehypothication**), die Gewährung oder Vermittlung von **Wertpapierdarlehen** und **Clearing and Settlement Funktionen.**[8]

Problematisch hieran ist, dass der **Primebroker** dabei **Gegenpartei** des Hed- 7 gefonds ist und somit teils gegenläufige wirtschaftliche Interessen verfolgt. Dies verträgt sich nicht mit der unabhängigen Stellung einer Depotbank (vgl. Art. 21 Abs. 10 UAbs. 1 AIFM-RL). Ein Primebroker ist daher nicht geeignet, als Treuhänder der Anlegerinteressen zu fungieren, wie dies Aufgabe einer Depotbank

---

[4] Vgl. nur *Jesch*, Private-Equity-Beteiligungen, S. 155; *von Kuhlberg/Seidel* in Jesch/Striegel/Boxberger, Rechtshandbuch Private Equity, S. 71.

[5] *Kuhlberg/Seidel*, ebendort.

[6] Weitergehend halten *Weber/Wiesler* in PwC, Novellierung des Investmentrechts 2007, S. 242 (249) eine Bestellung einer Depotbank neben einem Primebroker nicht für erforderlich. A.A. *Gringel* in Berger/Steck/von Lübbehüsen, InvG, § 112 Rn. 44.

[7] Das Investmentgesetz enthält in § 2 Abs. 15 eine Legaldefinition des Primebrokers. Art. 4 Abs. 1 lit. af) der AIFM-RL enthält eine hiervon graduell abweichende Legaldefinition; vgl. Art. 4 Rn. 213 ff.

[8] *Lindemann*, BB 2004, 2137 ff.; *Gringel* in Berger/Steck/von Lübbehüsen, InvG, § 112 Rn. 36.

ist. Die AIFM-Richtlinie untersagt zwar nicht die geschäftlichen Beziehungen zwischen Hedgefonds und Primebrokern. Sie gestattet **Primebrokern** jedoch **nicht, Depotbankfunktionen wahrzunehmen.** Hedgefonds bzw. ihre AIFM dürfen daher künftig nicht mehr direkt einen Primebroker mit der Verwahrung der Vermögensgegenstände beauftragen. Eine Depotbank muss vielmehr die Verwahrfunktion wahrnehmen; diese kann jedoch einen Primebroker mit der Unterverwahrung beauftragen.[9]

C. Einfluss des Madoff-Skandals

8   Dass die AIFM-Richtlinie Depotbankregelungen enthält, ist wenig überraschend, zumal ein wesentliches Ziel der Richtlinie darin besteht, den Anlegerschutz zu verbessern. Für viele auf den ersten Blick überraschend war jedoch, dass die Regelungen des Art. 21 in Sachen Anlegerschutz **über den Standard der OGAW-Richtlinie hinausgehen.** Die Depotbankregelungen der OGAW-Richtlinie sind seit deren Inkrafttreten im Jahre 1985 nicht geändert worden. Grund für die Verschärfung der Depotbankregelungen in der AIFM-Richtlinie sind nicht zuletzt der **Madoff-Skandal** und die **Insolvenz von Lehman Brothers International Europe.** Der Madoff-Skandal hat zu Tage treten lassen, dass die geltenden OGAW-Regulungen für Depotbanken und namentlich zur Unterverwahrung sowie zur Haftung der Depotbank für Fehlverhalten von Unterverwahrern keinen angemessenen Anlegerschutz bieten. Die Insolvenz von Lehman Brothers International Europe hat gezeigt, welch fatalen Folgen die Insolvenz einer Depotbank nach sich ziehen kann, wenn die Regelungen zur Segregation der Vermögensgegenstände in der wirtschaftlichen Krise nicht (mehr) strikt eingehalten werden. Die in beiden Fällen offenkundig gewordene **unzureichende Regulierung** betrifft sowohl Kleinanlegerfonds als auch Fonds für professionelle Investoren. Die AIFM-Richtlinie bot dem Richtliniengeber die Gelegenheit, diese regulatorische Lücke zuerst für letztere zu schließen. Die EU-Kommission hat jedoch von Anfang an keinen Zweifel daran aufkommen lassen, dass auch an den Depotbankregelungen der OGAW-Richtlinie Änderungen geplant sind.[10] Hierfür liegen nun ebenfalls Vorschläge vor (sog. OGAW-V-RL).[11]

9   Mit dem Madoff-Skandal verbindet sich in erster Linie das größte jemals aufgedeckte **Schneeballsystem** weltweit. Die hierbei zu Tage getretenen kriminellen Machenschaften haben verständlicherweise die Schlagzeilen beherrscht. Dem US-Fondsmanager Madoff anvertraute Anlagegelder wurden von diesem nicht investiert, sondern unterschlagen bzw. zur Rückzahlungen an andere Anleger verwendet. Zugleich wurde den Anlegern vorgetäuscht, dass die Madoff-Fonds seit Jahren weit überdurchschnittliche Rendite erwirtschaften.

---

[9] Vgl. zum Ganzen eingehend Rn. 87 ff.

[10] Zu den wesentlichen Elementen einer OGAW-V-Regulierung zu Depotbank vgl. die Konsultation der EU-Kommission hierzu http://ec.europa.eu/internal_market/consultations/docs/2010/ucits/consultation_paper_en.pdf.

[11] Vgl. Vorschlag für eine Richtlinie des Europäischen Parlaments und des Rates zur Änderung der Richtlinie 2009/65/EWG des Rates zur Koordinierung der Rechts- und Verwaltungsvorschriften betreffend bestimmte Organismen für gemeinsame Anlagen in Wertpapieren (OGAW) im Hinblick auf die Aufgaben der Verwahrstelle, die Vergütungspolitik und Sanktionen, vom 3. Juli 2012, COM(2012)350 final.

Der Madoff-Skandal hatte aber auch noch eine weniger bekannte, jedoch eben- **10** falls sehr bedenkliche Facette.[12] Viele Anleger sind dadurch zu Schaden gekommen, dass einige luxemburgischen Investmentfonds Madoff als Auslagerungsunternehmen oder Fondsverwalter beauftragt und die Depotbanken darüber hinaus eine **Madoff-Gesellschaft mit der Unterverwahrung betraut** haben, obwohl dies wegen des damit einhergehenden **Interessenkonflikts** unzulässig war.[13] Nachdem das Madoff-Schneeballsystem aufflog, wurden die betroffenen Investmentfonds liquidiert. Deren Anleger mussten große Verluste hinnehmen, sodass sich namentlich die Frage stellte, ob sie von der Depotbank Schadenersatz wegen fehlerhafter Auswahl von Madoff als Unterverwahrer verlangen können. Von Anlegern gegen die Depotbank erhobene Schadenersatzklagen wurden von luxemburgischen Gerichten unter Verweis darauf, dass nach der luxemburgischen Umsetzung der OGAW-Richtlinie allein die Verwaltungsgesellschaft (bzw. vorliegend der Liquidator) klagebefugt sei, abgewiesen.[14]

Der Madoff-Skandal hat auf Ebene der EU erhebliche Zweifel an der ausrei- **11** chenden Regulierung von Depotbanken, insbesondere im Zusammenhang mit der Verwahrung sowie namentlich der in der Praxis sehr weitreichenden Unterverwahrung, aufkommen lassen. Wesentliches Ziel der neuen Depotbankregelungen der AIFM-Richtlinie ist demgemäß, durch strenge und **EU-weit einheitliche Regelungen zur Verwahrung, Unterverwahrung und zur Vermeidung von Interessenkonflikten** ein **hohes Anlegerschutzniveau** sicherzustellen. Als Lehren aus dem Madoff-Skandal besonders zu erwähnen sind die nachfolgenden Regelungen. Nach Abs. 10 UAbs. 1 muss die Depotbank (wie gemäß Abs. 11 lit. d) v) auch alle Unterverwahrer) gegenüber dem AIFM unabhängig sein; sie darf allein im Interesse des AIF und seiner Anleger handeln. Hierzu gehört gemäß Abs. 10 UAbs. 2 ausdrücklich, dass die Depotbank bzw. der Unterverwahrer keine Aufgaben wahrnehmen darf, die **Interessenkonflikte** zwischen dem AIF, den Anlegern des AIF, dem AIFM und der Depotbank bzw. dem Unterverwahrer schaffen könnten.[15] Nunmehr ist ausdrücklich ausgeschlossen, dass ein Unternehmen sowohl als Auslagerungsunternehmen als auch als Unterverwahrer für denselben AIF tätig ist.[16] Flankierend stellt Abs. 4 lit. a) sicher, dass die Depotbank generell[17] nicht als AIFM tätig werden darf. Hierdurch soll vermieden werden, dass – wie im Madoff-Skandal – ein Fondsmanager zugleich als Unterverwahrer tätig werden kann. Dasselbe gilt auch für Auslagerungsunternehmen, denen Aufgaben des Portfolio- und/oder Risikomanagements übertragen worden sind.

---

[12] Vgl. eingehend hierzu die Begründung des Vorschlags zur OGAW-V-Richtlinie, COM(2012)350, S. 2 f.

[13] Vgl. hierzu eingehend insbesondere den Text zu Fn. 157 ff. http://de.wikipedia.org/wiki/Bernard_L._Madoff#Luxemburg.

[14] Vgl. http://www.wort.lu/wort/web/business/artikel/77521/klaeger-in-madoff-affaere-abgewiesen.php.

[15] Unklar ist allerdings, wie sich dieser Umstand damit vertragen soll, dass ein Primebroker berechtigt sein soll, als Unterverwahrer für denselben AIF zu fungieren.

[16] Ob die Interessenkonfliktregelung dazu führen wird, dass der AIFM und die Depotbank nicht länger demselben Konzern angehören dürfen, was aus Anlegerschutzgründen sinvoll wäre, bleibt abzuwarten. Die AIFM-Richtlinie verbietet dies jedenfalls nicht ausdrücklich.

[17] Während Abs. 10 sicherstellt, dass die Depotbank nicht zugleich AIFM des konkreten AIF sein darf, verbietet es Abs. 10 lit. a) der Depotbank, überhaupt AIFM eines jeglichen AIF zu sein.

Zur Vermeidung von Schneeballsystemen und sonstigen betrügerischen Machenschaften sieht Abs. 7 vor, dass die Depotbank für sämtliche Zahlungsvorgänge des AIF als sog. **Zahlstelle** tätig wird. Kernstück hierbei ist, dass sämtliche Geldmittel des AIF auf einem **Geldkonto** verbucht sein müssen, das die Depotbank zu überwachen hat. Ergänzend sieht Abs. 8 hinsichtlich aller übrigen Vermögenswerte des AIF strenge **Verwahrungsregelungen** vor, welche im Zusammenspiel mit der Zahlstellenfunktion der Depotbank sicherstellen, dass der AIF bzw. AIFM Investitionen nicht lediglich behaupten, sondern nachweisen muss, damit auf dem Geldkonto verbuchte Geldmittel, wie z. B. der Kaufpreis für erworbene Vermögensgegenstände, ausgezahlt werden können. Alle verwahrfähigen Vermögensgegenstände sind von der Depotbank oder von einem von ihr zu beauftragenden Unterverwahrer zu verwahren, wobei alle nicht physisch verwahrten Vermögensgegenstände in einem von der Verwahrstelle zu führenden Konto verbucht werden müssen. Bei allen nicht verwahrfähigen Vermögensgegenständen (wie z. B. Immobilien oder Schiffen) hat die Depotbank zu prüfen, ob der AIF das Eigentum hieran erworben hat (sog. **Eigentumsprüfung**). Nur wenn sie sich hiervon überzeugt hat, darf die Depotbank den betreffenden Vermögensgegenstand in das Vermögensverzeichnis des AIF aufnehmen und bei der Ermittlung des Net Asset Value (NAV) bzw. des Anteilspreises berücksichtigen. Die Depotbank hat fortlaufend zu prüfen, ob das Vermögensverzeichnis noch aktuell ist. Verliert der AIF z. B. sein Eigentum an einer Immobilie oder treten nachträglich ernstliche Zweifel an dem Eigentumserwerb auf, so ist der Vermögensgegenstand aus dem Verzeichnis zu streichen, solange die Zweifel nicht ausgeräumt worden sind.

12   Als Lehre aus dem Madoff-Skandal hat die AIFM-Richtlinie schließlich die Regelungen zur **Unterverwahrung** gegenüber der zuvor geltenden Praxis verschärft. Ein Ansatzpunkt hierbei war, dass die bisher viel verbreiten langen Verwahrketten deutlich verkürzt werden sollen. Dies soll die Kontrolle der Unterverwahrer durch die Depotbank sowie die Überwachung durch die Aufsichtsbehörde erleichtern. Für **eine Verkürzung der Verwahrketten** sorgen die Regelungen des Abs. 11 lit. a) und b). Danach ist eine Unterverwahrung nur noch zulässig, wenn die Depotbank gegenüber ihrer Aufsichtsbehörde nachweisen kann, dass die Auslagerung der Verwahrung erstens nicht dazu dient, die Schutzvorschriften des Art. 21 zu umgehen und zweitens, dass es einen **objektiven Grund** dafür gibt, dass die Depotbank die Vermögensgegenstände nicht unmittelbar verwahren, sondern damit einen Unterverwahrer beauftragen möchte. Ein objektiver Grund liegt jedenfalls dann vor, wenn das lokale Recht am Belegenheitsort des Vermögensgegenstandes eine Verwahrung durch eine lokale Verwahrstelle vorschreibt und die Depotbank dort nicht präsent ist. Ob und wenn ja, in welchem Umfang, auch reine Kostenvorteile eine Unterverwahrung rechtfertigen können, ist hingegen unklar.

13   Daneben erhöht Abs. 11 die **Anforderungen an den Unterverwahrer** und dessen **Überwachung durch die Depotbank.** Bei dem Unterverwahrer muss es sich grundsätzlich[18] um eine Einrichtung handeln, die über eine der konkreten Aufgabe angemessene und geeignete **Organisationsstruktur** sowie die erforderlichen Fachkenntnisse verfügt. Zudem muss die Einrichtung einer wirksamen **aufsichtlichen Regulierung** unterliegen, zu der auch Mindestkapitalanforderungen und eine regelmäßige externe Rechnungsprüfung gehören müssen. Ferner

---

[18] Zu Ausnahmen vgl. Rn. 362 ff.

muss die Depotbank jeden Unterverwahrer (und dieser wiederum jeden Unter-Unterverwahrer) fortlaufend überwachen; hierzu gehört die regelmäßig Überprüfung, ob der Unterverwahrer seine Aufgaben ordnungsgemäß erfüllt und ob die Voraussetzungen einer Auslagerung weiterhin gegeben sind.

Die zuvor genannten Regelung entsprechen im Wesentlich dem Standard des **14** Investmentgesetzes. Ein erhöhter Anlegerschutz ergibt sich zudem daraus, dass die Regelungen zur Unterverwahrung durch **strenge Haftungsregelungen** flankiert werden. Dies soll insbesondere dafür sorgen, dass die Depotbank ihre Überwachungspflichten gegenüber dem Unterverwahrer ordnungsgemäß erfüllt. Auf diese Weise soll die Entstehung eines Schadens vermieden werden. Nach den in Deutschland zwischen einer inländischen Depotbank und einer KAG üblicherweise vereinbarten Sonderbedingungen für Wertpapiergeschäfte haftet die Depotbank der KAG gemäß Ziff. 19 Abs. 2 bei einer Unterverwahrung im Ausland nur, wenn die KAG nachweist, dass die Depotbank den Unterverwahrer fehlerhaft ausgewählt oder unzureichend überwacht hat. Da die KAG diesen Nachweis nur schwer führen kann, weil sie keinen Einblick in die internen Verfahrensabläufe der Depotbank hat, belässt es Art. 21 der AIFM-RL nicht bei einer Verschuldenshaftung der Depotbank. Nach Abs. 12 UAbs. 1 **haftet die Depotbank** vielmehr **grundsätzlich verschuldensunabhängig,** wenn Vermögensgegenstände bei einem Unterverwahrer abhandenkommen. Diese Fallkonstellation liegt insbesondere bei betrügerischem Handeln des Unterverwahrers (oder einzelner seiner Mitarbeiter), aber auch bei einem Hereinfallen des Unterverwahrers auf ein betrügerisches Verhalten des AIFM oder eines Auslagerungsunternehmens des AIFM vor.[19]

D. Wesentliche Diskussionspunkte bei den Verhandlungen

Art. 21 gehörte zu den umstrittensten Regelungen der gesamten AIFM-Richt- **15** linie im Rahmen der Verhandlungen zwischen EU-Kommission, Rat und Europäischem Parlament.

I. Verschuldensunabhängige Haftung der Depotbank

Von der Industrie besonders kritisch verfolgt und in den Verhandlungen **16** besonders intensiv diskutiert wurden die Regelungen zur Haftung der Depotbank. Hierbei stand die durch Abs. 12 UAbs. 1 eingeführte **verschuldensunabhängige Haftung der Depotbank im Falle des Abhandenkommens von Vermögensgegenständen,** welche von der Depotbank selbst oder einem Unterverwahrer verwahrt worden sind, im Zentrum der Auseinandersetzung. Diese Regelung wurde vielfach als zu weit gehend kritisiert. Hierbei wurde u.a. vorgebracht, dass für eine verschuldensunabhängige Haftung kein Versicherungsschutz zu erlangen sei und dass viele (namentlich global tätige) Depotbanken unter diesen Voraussetzungen nicht mehr bereit seien, die Vermögensgegenstände europäischer AIF zu verwahren. Dies begrenze die Zahl der in Frage

---

[19] Eine Befreiung von dieser strengen Haftung kommt nur unter den Voraussetzungen des Abs. 13 UAbs. 2 (vgl. hierzu Rn. 416 ff) oder des Abs. 14 (vgl. Rn. 438 ff.) in Betracht.

kommenden Depotbanken noch weiter und erhöhe damit die Risiken für die Finanzstabilität im Falle der Insolvenz einer Depotbank, wie der Zusammenbruch von Lehman Brothers International Europe gezeigt habe.[20] Insbesondere seien die Depotbanken wegen der gestiegenen und mit Eigenkapital zu unterlegenden Risiken gezwungen, ihre Vergütung deutlich zu erhöhen, was letztlich die Kosten für die Anleger erhöhe und ihre Rendite mindere.

17   Dem gegenüber stand das Lager derjenigen, denen es zum Schutz der Anleger und – nach dem Madoff-Skandal – zur Wiedererlangung des Vertrauens der Anleger in die Fondsindustrie unabdingbar schien, **effektive Maßnahmen zum Schutz vor Schneeballsystemen** und betrügerischem Handel zu ergreifen. Hierzu gehöre als wesentliche Pflicht die effektive Prüfung, ob der AIF tatsächlich über die behaupteten Vermögensgegenstände verfügt. Wie der Madoff-Skandal zu Tage treten lassen habe, sei diese Pflicht nicht in allen EU-Mitgliedstaaten gleichermaßen verankert. Für besonders weit reichende Maßnahmen sprach sich die damalige französische Finanzministerin Christine Lagarde aus.[21]

18   Es steht zu vermuten, dass ein nicht unbeträchtlicher Teil der Heftigkeit der Diskussion aus der Unsicherheit darüber resultierte, was unter einem „**Abhandenkommen verwahrter Vermögensgegenstände**" zu verstehen sei. So wurde – ausgehend von französischen Gerichtsentscheidungen infolge der Insolvenz von Lehman Brothers International Europe– die Befürchtung geäußert, auch die Insolvenz der Depotbank bzw. des Unterverwahrers stelle einen Fall des Abhandenkommens dar. Dies trifft jedoch nicht zu, weil die Insolvenz nicht dazu führt, dass die ordnungsgemäß segregierten Vermögensgegenstände abhandenkommen. Dass die Vermögensgegenstände bis zur Aussonderung zeitweilig „eingefroren" sein können, ändert nichts daran, dass sie weiter bei der Depotbank vorhanden sind. Tatsächlich beschränkt sich ein Abhandenkommen auf Fälle betrügerischen[22] oder grob fahrlässigen[23] Handelns. Dies reduziert die Haftungsrisiken erheblich.

II. Depotbankpass

19   Die EU-Kommission hatte in ihrem Richtlinienvorschlag einen EU-weiten **Depotbankpass** vorgesehen, konnte sich damit jedoch nicht durchsetzen. Vielmehr fordert Abs. 5 – wie in der OGAW-Richtlinie –, dass zur Depotbank nur eine Einrichtung bestellt werden darf, die ihren Sitz im Herkunftsstaat des EU-AIF hat. Dies wirkt angesichts des Verwaltungspasses für AIFM anachronistisch

---

[20] Aufgrund der vorgeschriebenen Segregation der Vermögensgegenstände des AIF von denen der Depotbank ist der AIF allerdings grundsätzlich vor den Risiken der Insolvenz der Depotbank geschützt. Schwierigkeiten treten allerdings dann auf, wenn – wie im Falle von Lehman Brothers International Europe berichtet – gegen die Segregation verstoßen wird oder wenn die Insolvenz dazu führt, dass die Vermögensgegenstände bis zur Aussonderung für einen längeren Zeitraum „eingefroren" werden.

[21] Vgl. nur http://www.boerse-online.de/tools/ftd/520313.html.

[22] Ein betrügerisches Handeln liegt z. B. dann vor, wenn Mitarbeiter der Depotbank verwahrte Vermögensgegenstände unterschlagen.

[23] Verwahrte Vermögensgegenstände können aufgrund grob fahrlässigen Handelns der Depotbank oder des Unterverwahrers beispielsweise dann abhanden kommen, wenn diese ihre Pflicht zur Segregation von eigenen Vermögensgegenständen verletzten, wodurch der Insolvenzschutz entfällt oder wenn sie nicht Ordnungsgemäß prüfen, Ob der AIF bzw. der AIFN tatsächlich die behaupteten Vermögensgegenständ erworben hat.

und widerspricht dem Gedanken des Binnenmarkts. Vor diesem Hintergrund wird die EU-Kommission in Erwägungsgrund 36 aufgefordert, zu einem späteren Zeitpunkt einen horizontalen Gesetzgebungsvorschlag zu unterbreiten, der u.a. einen Depotbankpass enthält.

E. Normzweck

Die Depotbank ist ein wesentlicher Akteur im sog. **Investmentdreieck** zwi- **20** schen AIF, AIFM und Depotbank. Als **Treuhänder** der Anleger kommt der Depotbank eine zentrale Rolle beim **Anlegerschutz** zu. Als Gegengewicht zum AIFM soll die Depotbank als unabhängiges Organ für die Integrität des AIF Sorge tragen.[24]

I. Schutz vor Schnellballsystemen und sonstigem betrügerischem Handeln

Ein wesentlicher Zweck der Depotbank ist es, Anleger vor Schneeballsyste- **21** men oder sonstigem betrügerischen Verhalten zu schützen. Wie bereits dargelegt[25], geschieht dies zum einen dadurch, dass alle Zahlungsein- und -ausgänge des AIF über die **Depotbank als Zahlstelle** laufen müssen. Die Depotbank hat darüber zu wachen, zu welchen Zwecken die Geldmittel des AIF verwendet werden. Nur wenn die Auszahlung nachweisbar zur Anschaffung neuer Vermögensgegenstände[26] oder zur Erfüllung zulässiger Zahlungsverpflichtungen[27] (wie z. B. der Vergütung des AIFM, der Depotbank oder eines externen Bewerters) erfolgt, darf sie die Zahlung freigeben. Hierdurch wird z. B. ausgeschlossen, dass eingehende Anlegergelder zur Auszahlung anderer Anleger verwendet werden können.

Zum anderen verwahrt die Depotbank alle verwahrfähigen Vermögensgegen- **22** stände. Hierdurch wird sichergestellt, dass sich diese Vermögensgegenstände im Besitz[28] des AIF befinden und solange im Besitz verbleiben, bis sie im Austausch gegen einen eingehenden Kaufpreis aus der **Verwahrung** entnommen werden. Bei nicht verwahrfähigen Gegenständen (wie z. B. Immobilien oder Schiffen) kann die Depotbank nicht den Besitz des AIF überwachen. Um dennoch einen annähernd gleichwertigen Anlegerschutz zu ermöglichen, hat die Depotbank den Erwerb des Eigentums und dessen Fortbestand zu prüfen (sog. **Eigentumsprüfung**). Nur wenn die Depotbank sich davon überzeugt hat, dass der AIF (bzw. der AIFM für Rechnung des AIF) das Eigentum an einem nicht verwahrfähigen Vermögensgegenstand erworben hat, darf sie diesen in das Vermögensverzeichnis aufnehmen und sodann bei der Ermittlung des NAV sowie der Berechnung des Anteilspreises berücksichtigen. Auch auf diese Weise wird sichergestellt, dass der AIF nicht wahrheitswidrig das Vorhandensein von Vermögensgegenständen behaupten und den Anleger einen vermeintlich höheren Wert ihrer Anlage vortäuschen kann.

---

[24] Vgl. nur *Köndgen* in Berger/Steck/Lübbehüsen, InvG, Vor §§ 20–29, Rn. 1.

[25] Vgl. oben Rn. 11.

[26] Vgl. Art. 21 Abs. 9 lit. d).

[27] Vgl. Art. 21 Abs. 9 lit. e).

[28] Soweit der AIF keine eigene Rechtspersönlichkeit hat, besitzt der AIFM die Vermögensgegenstände für Rechnung des AIF.

II. Kontrollfunktion

23   Darüber hinaus kontrolliert die Depotbank, ob dem Schutz der Anleger dienende wesentliche Regelungen eingehalten werden. Hierzu gehört z. B. die Prüfung, ob die Ausgabe oder Rücknahme von Anteilen an dem AIF im Einklang mit den nationalen Rechtsvorschriften erfolgt und ob der Anteilspreis ordnungsgemäß berechnet worden ist.

III. Schutz von Insolvenzrisiken

24   Eine weitere wesentliche Funktion der Depotbank besteht darin, die Anleger vor Schäden infolge der **Insolvenz des AIFM** zu schützen. Auch bei AIF ohne eigene Rechtspersönlichkeit, bei denen der AIFM die Vermögensgegenstände für Rechnung des AIF verwaltet, führt die Insolvenz des AIFM nicht dazu, dass die Vermögensgegenstände des AIF in die Insolvenzmasse fallen. Dadurch, dass sie von der Depotbank verwahrt werden, sind sie von der Insolvenzmasse des AIFM unterscheidbar; einer Aussonderung, welche regelmäßig mit einer zeitweiligen Illiquidität der Vermögensgegenstände einhergeht, bedarf es dann nicht.

25   Darüber hinaus sind die Anleger auch vor der **Insolvenz der Depotbank** geschützt. Nach Abs. 8 lit. a) ii) hat die Depotbank die verwahrfähigen Vermögensgegenstände von den Vermögensgegenständen der Depotbank getrennt für jeden AIF in einem gesonderten Konto zu registrieren. Durch eine solche Segregation soll sichergestellt werden, dass die Vermögensgegenstände des AIF jederzeit unterscheidbar sind. Dies ist Voraussetzung einer Aussonderung.

F. Kein Genehmigungserfordernis für die Depotbank

26   Nach § 21 InvG[29], der Art. 5 Abs. 2 der OGAW-RL umsetzt, bedarf die Auswahl und der Wechsel der Depotbank der Genehmigung der BaFin. Im Unterschied hierzu sieht die **AIFM-Richtlinie kein Genehmigungserfordernis für die Depotbank** vor. Vielmehr ist dort die Prüfung der Eignung der Depotbank und des Vorliegens der Anforderungen des Art. 21 Teil des Zulassungsverfahrens für den AIFM. Der AIFM muss gemäß Art. 7 Abs. 3 lit. d) in seinem Zulassungsantrag für jeden AIF, den er zu verwalten beabsichtigt, Angaben zur Depotbank und zum Depotbankvertrag machen. Dies ermöglicht der Herkunftsbehörde des AIFM die Prüfung, ob die Depotbank geeignet ist und der Depotbankvertrag den Anforderungen der AIFM-Richtlinie entspricht. Ist ein Wechsel der Depotbank beabsichtigt, so muss der AIFM dies gemäß Art. 10 Abs. 1 i. V. m. Art. 7 Abs. 3 lit. d) seiner Heimatbehörde mitteilen, weil hierin eine wesentliche Änderung der Voraussetzungen für die Erstzulassung zu sehen ist. Nach Art. 10 Abs. 2 kann die Heimatbehörde des AIFM den Wechsel der Depotbank innerhalb eines Monats nach Erhalt der Zulassung ablehnen. Lehnt die Heimatbehörde dies nicht innerhalb der Monatsfrist ab, kann der Depotwechsel vollzogen werden. Durch diese **„Widerspruchslösung"** sollen Änderungen schneller vollzogen werden können als bei der „Genehmigungslösung" nach § 21 InvG.

27   Unklar ist, ob das **nationale Recht eine Genehmigungspflicht** für Depotbanken vorsehen kann. Hiergegen spricht, dass Art. 21 bereits sehr weitgehende aufsichtsrechtliche Regelungen enthält und die AIFM-Richtlinie die Regelungen

---

[29]   Für Spezialfonds ist die Sonderregelung des § 95 Abs. 1 InvG zu beachten.

zur Depotbank gerade nicht als Teil der Fondsregelung versteht, die nach Erwägungsgrund 10 weiterhin dem nationalen Recht vorbehalten bleiben. Es besteht schließlich auch keine Regelungslücke, die durch nationales Recht geschlossen werden müsste, weil die Prüfung der Depotbank bereits Teil des Zulassungsverfahrens für den AIFM ist. Auf der anderen Seite sprechen der effektive Anlegerschutz sowie die Sicherung der Finanzmarktstabilität für das Recht der Mitgliedstaaten, nach nationalem Recht eine Zulassung der Depotbank zu verlangen. Da die Depotbank ihren Sitz im Herkunftsstaat des AIF haben muss, liegt es nahe, dass die Aufsichtsbehörde auch die Depotbank beaufsichtigen können soll. Nur dann können letztlich auch die Anforderungen an die Depotbank effektiv überwacht werden, zumal wenn der AIFM seinen Sitz in einem anderen Mitgliedstaat hat, sodass dessen Aufsichtsbehörde keinen Zugriff auf die Depotbank hat. Nach hier vertretener Auffassung sprechen daher die besseren Gründe dafür, dass das nationale Recht eine Zulassung und Beaufsichtigung der Depotbank vorschreiben kann.

G. Anordnung eines Wechsels der Depotbank durch die Aufsichtsbehörde?

Unter den Voraussetzungen des § 21 Abs. 2 InvG kann die BaFin der KAG **28** auferlegen, die **Depotbank „abzuberufen"** (wohl durch Kündigung aus wichtigem Grund[30]) und eine neue zu bestellen. In der AIFM-Richtlinie findet sich keine entsprechende Regelung. Gleichwohl muss die Heimatbehörde auch dann, wenn die Depotbank nicht den Anforderungen des Art. 21 Genüge tut und der AIFM diesen Mangel nicht innerhalb einer von der Aufsichtsbehörde gesetzten Frist beseitigt, den AIFM hierzu verpflichten können. Andernfalls könnten die Regelungen des Art. 21 unterlaufen werden. Eine solche **Anordnungsbefugnis** folgt aus Art. 46 Abs. 2 lit. i). Danach kann die Heimatbehörde des AIFM jegliche Maßnahmen ergreifen, um sicherzustellen, dass Verwahrstellen sich weiterhin an die auf sie anwendbaren Anforderungen halten.

H. Nur eine Depotbank (Abs. 1)

Abs. 1 stellt ausdrücklich klar, dass für jeden AIF **nur eine einzige Depotbank** **29** bestellt werden darf. Damit folgt die AIFM-Richtlinie dem Modell der OGAW-Richtlinie und – von der nachfolgend beschrieben Ausnahme abgesehen – des Investmentgesetzes. Bei offenen Investmentfonds nimmt eine Depotbank typischerweise alle Depotbankfunktionen wahr. Eine Ausnahme war jedoch häufig bei Hedgefonds anzutreffen. In den angelsächsischen Ländern war es bisher üblich, dass Hedgefonds anstelle einer Depotbank einen Primebroker bestellen, der sich von ersterer dadurch wesentlich unterscheidet, dass er – über die Depotbankfunktionen hinaus – mit dem Hedgefonds auch in Rechtsbeziehungen steht, bei denen er Gegenpartei (z. B. als Kreditgeber) ist. Die sich hieraus ergebenden Interessenkonflikte[31] unterscheiden den Primebroker wesentlich von einer Depotbank. In

---

[30] Vgl. hierzu *Köndgen* in Berger/Steck/Lübbehüsen, InvG, § 21 Rn. 10 m. w. N.

[31] Hat z. B. der Primebroker dem Hedgefonds einen Kredit gegen Sicherheiten gewährt, so wird der Hedgefonds ein Interesse an einer möglichst hohen, der Primebroker aber an einer möglichst niedrigen Bewertung der Sicherheiten haben, um möglichst komfortabel besichert zu sein.

anderen Staaten – darunter auch in Deutschland – konnten Hedgefonds zwar Primebroker mit der Verwahrung ihrer Vermögensgegenstände betrauen. Daneben mussten sie jedoch weiterhin über eine Depotbank verfügen.[32]

30   Die **Bestellung eines Primebrokers zur Depotbank** ist nach der AIFM-Richtlinie **nicht länger zulässig.** Für die Praxis bedeutet dies namentlich, dass jeder von einem EU-AIFM verwaltete Hedgefonds zwingend eine Depotbank haben muss. Die Depotbank muss – im Unterschied zu der bisherigen Regelung des § 112 Abs. 3 InvG – zwingend auch für die Verwahrung aller Vermögensgegenstände des AIF (bzw. Hedgefonds) zuständig sein (vgl. Art. 21 Abs. 8).[33] Dies schließt jedoch nicht aus, dass weiterhin ein Primebroker tätig wird. Dieser kann die typischen Aufgaben eines Primebrokers (wie z. B. die Kreditvergabe und Wertpapierdarlehen) wahrnehmen, weil diese einer Depotbank wegen der damit einhergehenden Interessenkonflikte nicht gestattet sind. Darüber hinaus bleibt es der Depotbank unbenommen, einem Primebroker nach Maßgabe des Abs. 11 Verwahraufgaben zu übertragen, wodurch der **Primebroker zum Unterverwahrer** wird, wie Abs. 4 lit. b) Satz 2 klarstellt.[34] Dies ist von wesentlicher Bedeutung, weil das Primebroker-Modell letztlich nur funktioniert, wenn dieser Zugriff auf die Vermögensgegenstände des Hedgefonds hat, um z. B. als Sicherheiten für Kredite bestellte Wertpapiere bewirtschaften zu können (sog. **Rehypothication**).[35] Ein wesentlicher Unterschied zu dem bisher in Deutschland zulässigen Primebrokermodell besteht gleichwohl darin, dass die **Depotbank die Eignung des Primebrokers** eingehend zu prüfen sowie diesen **fortlaufend zu überwachen hat und sie für den Primebroker haftet,** soweit sie diesen zum Unterverwahrer bestellt hat. Demgegenüber konnte die KAG bisher den Primebroker ohne Mitwirkung der Depotbank bestellen. Da der Primebroker nicht als Erfüllungsgehilfe der Depotbank tätig wurde, musste erstere auch nicht für den Primebroker haften.

31   Dass sich das Primebrokermodell des Art. 21 in der Praxis umsetzen lässt, zeigen die irischen Hedgefonds. Irische Hedgefonds müssen bereits jetzt über eine klassische Depotbank verfügen, die auch für die Verwahrtätigkeit zuständig ist. Diese kann Verwahrtätigkeiten an einen Primebroker auslagern, bleibt hierfür jedoch gegenüber dem AIF und seinen Anlegern letztverantwortlich.

I. Wer kann Depotbank sein? (Abs. 3)

I. Einleitung

32   Damit die Depotbank ihre Funktion als unabhängiger Treuhänder der Anleger gerecht werden kann, dürfen **keine Zweifel an ihrer Integrität** bestehen und muss die Depotbank einer **staatlichen Aufsicht** unterliegen. Die Aufsichtsbehörde muss die Depotbank abberufen können, wenn diese sich für ihre Aufgaben als ungeeignet erweist.

---

[32] Für Deutschland vgl. nur *Gringel* in Berger/Steck/Lübbehüsen, InvG, § 112, Rn. 44; a. A. *Weber/Wiesler,* (...)(De-) Regulierung von Hedgefonds, S. 249.

[33] Eine Ausnahme hiervon ist in Art. 21 Abs. 4 lit. b) geregelt. Danach soll eine vom Primebroker funktional und hierarchisch getrennte Unternehmenseinheit grundsätzlich zur Depotbank bestellt werden können. Zu den Einzelheiten vgl. Rn. 87 ff.

[34] Zum zulässigen Umfang der Auslagerung von Verwahraufgaben vgl. unten Rn. 323 ff.

[35] Vgl. hierzu nur *Gringel* in Berger/Steck/Lübbehüsen, InvG, § 112, Rn. 36 sowie eingehend unter Rn. 303 ff.

II. Vergleich mit der OGAW-Richtlinie und dem Investmentgesetz

Nach dem Investmentgesetz können bisher **nur Kreditinstitute**[36] Depot-   33
bank sein; dies gilt sowohl für deutsche OGAW als auch für alle unter das Investmentgesetz fallende deutsche AIF.

Der Vorschlag der EU-Kommission sah – wie § 20 InvG – vor, dass nur Kredit-   34
institute Depotbank sein dürfen. Der Kommissionsvorschlag war damit restriktiver
als die OGAW-Richtlinie. Art. 23 Abs. 2 der OGAW-RL besagt lediglich, dass
es sich bei der Depotbank um eine Einrichtung handeln muss, *„die einer Beaufsichtigung und ständigen Überwachung unterliegt. Sie bietet ausreichende finanzielle und berufliche Garantien, um die ihr als Verwahrstelle obliegenden Tätigkeiten ordnungsgemäß ausführen zu können und den sich daraus ergebenden Pflichten nachzukommen".* Innerhalb
dieser Grenzen steht es den Mitgliedstaaten nach Art. 23 Abs. 3 OGAW-RL frei,
die zulässigen Einrichtungen zu bestimmen. Neben den in allen Mitgliedstaaten als
Depotbank zugelassenen **Kreditinstituten** gestatten einige Mitgliedstaaten **auch
Wertpapierdienstleistungsunternehmen**[37] im Sinne der MiFID, in Deutschland umgesetzt durch das Wertpapierhandelsgesetz, als Depotbank tätig zu werden. In den Niederlanden können darüber hinaus auch sog. Stiftings als Depotbank eines OGAW tätig werden.

III. Überblick über Depotbanken von AIF des offenen Typs

Die AIFM-Richtlinie weicht insoweit von dem Regelungsansatz der OGAW-   35
RL ab, als Art. 21 Abs. 3 für AIF des offenen Typs europaweit einheitlich festlegt,
welche Einrichtungen Depotbank sein dürfen. In allen Mitgliedstaaten dürfen
künftig folgende drei Kategorien von Einrichtungen Depotbank eines in der EU
beheimateten AIF des offenen Typs sein: erstens **Kreditinstitute,** zweitens **Wertpapierdienstleistungsunternehmen** und drittens sonstige zum Stichtag 21. Juli
2011 bereits nach nationalem Recht als Depotbank eines OGAW zugelassene
Einrichtungen (wie namentlich niederländische Stiftings).[38] Die Beschränkung
des § 20 InvG auf Kreditinstitute wird für AIF nach Ablauf der Umsetzungsfrist[39]
nicht länger zulässig sein.

IV. Überblick über Depotbanken von AIF des geschlossenen Typs

Wie bereits dargelegt, bedürfen künftig auch geschlossene Fonds einer Depot-   36
bank. Bei dieser kann es sich um eine der drei für offene AIF zugelassenen Kategorien von Depotbanken handeln. Daneben steht es den Mitgliedstaaten gemäß

---

[36] Neben inländischen Kreditinstituten können gemäß § 20 InvG auch Zweigniederlassungen eines EU/EWR-Kreditinstituts sowie, wenn der Investmentfonds nicht in einem
anderen Mitgliedstaat der EU bzw. des EWR vertrieben wird, auch Zweigniederlassungen
eines Kreditinstituts aus einem Drittstaat zur Depotbank bestellt werden.

[37] In der AIFM-Richtlinie ist wie in der deutschen Fassung der MiFID von „Wertpapierfirmen" die Rede. Der gängigen deutschen Terminologie folgend wird hier der Begriff
„Wertpapierdienstleistungsunternehmen" verwandt.

[38] Diese dritte Kategorie spielt für deutsche AIF keine Rolle, weil die Depotbank nach
Abs. 5 lit. a) ihren Sitz im Herkunftsstaat des AIF haben muss. In Deutschland waren zu dem
Stichtag jedoch nur Kreditinstitute als Depotbank zugelassen.

[39] Die Umsetzung hat bis zum 22. Juli 2013 zu erfolgen.

Abs. 3 UAbs. 3 frei, für typische geschlossene AIF eine spezielle Kategorie von Depotbank zuzulassen. Danach können z. B. auch **Notare, Rechtsanwälte, Steuerberater und Wirtschaftsprüfer** als Depotbank bestellt werden.[40] Hintergrund hierfür ist, dass geschlossene Fonds i. d. R. nicht oder allenfalls in untergeordnetem Umfang in verwahrfähige Vermögensgegenstände investieren, sodass die Verwahrung bei ihnen von geringer Bedeutung ist. Bei geschlossenen Fonds steht vielmehr die Funktion der Depotbank als Zahlstelle und Prüfer des Eigentumserwerbs im Vordergrund. Hierfür sind insbesondere Notare und Rechtsanwälte prädestiniert. Bei Private Equity Fonds nehmen Notare oder Rechtsanwälte teilweise bereits die Rolle einer Art Depotbank in einigen EU-Mitgliedstaaten wahr.[41] Bei vielen deutschen geschlossenen Fonds gibt es überdies bereits einen sog. **Mittelverwendungskontrolleur,** bei dem es sich häufig ebenfalls um einen Wirtschaftsprüfung, Notar oder Rechtsanwalt handelt. Es kommt hinzu, dass die Regelung es geschlossenen Fonds ermöglichen soll, die Kosten für die Depotbank so gering wie möglich zu halten, ohne dass dies zu Einbußen beim Anlegerschutz führt. Da sie mangels Verwahrung nicht den Vollservice einer herkömmlichen Depotbank benötigen, sind Notare, Rechtsanwälte, Steuerberater und Wirtschaftsprüfer u.U. eine kostengünstigere Alternative. Daneben ist zu erwarten, dass auch **herkömmliche Depotbanken** ein spezifisches Dienstleistungsangebot für geschlossene Fonds bzw. für bestimmte Assetklassen bereitstellen werden.

V. Die zulässigen Arten von Depotbanken eines EU-AIF

37   Dem AIFM eines in der EU beheimateten AIF sowohl des offenen als auch des geschlossenen Typs steht es nach seiner Wahl frei, eine der nachfolgend unter 1. oder 2. genannten Einrichtungen zur Depotbank zu bestellen. Für typische geschlossene Fonds kommt alternativ die Bestellung einer Depotbank unter 3. in Betracht, sofern der Mitgliedstaat von dem diesbezüglichen Wahlrecht Gebrauch macht.

38   **1. Kreditinstitute mit Sitz in der EU.** Alle nach der Bankenrichtlinie (2006/48/EG) **zugelassenen Kreditinstitute** können gemäß Art. 21 Abs. 3 lit. a) AIFM-RL Depotbank sein. Die nunmehr maßgebende EU-rechtliche Definition des Kreditinstituts gemäß Art. 4 Nr. 1 lit. a) der Bankenrichtlinie weicht von derjenigen des § 1 Abs. 1 KWG ab.[42] Es steht allerdings zu vermuten, dass Deutschland bei der Umsetzung des Art. 21 Abs. 3 lit. a) AIFM-RL an den Kreditinstitutsbegriff des § 1 Abs. 1 KWG anknüpfen wird. Dies umso mehr als nach Art. 21 Abs. 4 lit. a) deutsche AIF zwingend eine deutsche Depotbank bestellen müssen. Dies dürfte für alle deutschen Kreditinstitute mit Volllizenz unbeachtlich sein, weil diese zugleich die Anforderungen an einen EU-Einlagenkreditinstitut erfüllen.[43] Im Unterschied zum bisherigen § 20 Abs. 1 Satz 2 InvG setzt Art. 21 Abs. 3 lit. a) eine gesonderte **Zulassung** des Kreditinstituts **zum Depotgeschäft** (vgl. § 1 Abs. 1 Satz 2 Nr. 5 KWG) nicht voraus.[44] Solange ein Kreditinstitut über

---

[40] Zustimmend *Schmitt* ZGesKW 2011, 246 (247).

[41] Vgl. Erwägungsgrund 24.

[42] Vgl. hierzu nur *Schäfer* in Boos/Fischer/Schulte-Mattler, KWG. 4. Aufl., § 1 KWG Rn. 10 ff.

[43] Vgl. ebendort, Rn. 12 sowie *Köndgen* in Berger/Steck/Lübbehüsen, InvG, § 20, Rn. 4.

[44] Dies ergibt sich im Umkehrschluss aus Art. 21 Abs. 3 lit. b), der nur bei nach der MiFID (Richtlinie 2004/39/EG) zugelassenen Wertpapierdienstleistungsunternehmen voraussetzt, dass diese zusätzlich zum Depotgeschäft zugelassen sind.

eine Zulassung nach § 32 KWG verfügt, ist es auch als Depotbank tauglich.[45] Der Verlust der Zulassung als Kreditinstitut lässt auch die Depotbanktauglichkeit entfallen.

2. Wertpapierdienstleistungsunternehmen. Deutschen AIF steht es ab dem **39** 23. Juli 2013 frei, statt wie bisher ein Kreditinstitut auch ein zugelassenes **Wertpapierdienstleistungsunternehmen** im Sinne des Wertpapierhandelsgesetzes zur Depotbank zu bestellen. Um einen mit einem Kreditinstitut vergleichbaren Standard zu gewährleisten, fordert Art. 21 Abs. 3 lit. b), dass das Wertpapierdienstleistungsunternehmen nicht nur als solches zugelassen sein muss. Zusätzlich muss es die nachfolgenden drei Voraussetzungen erfüllen.

a) Zulassung zur Verwahrung und Verwaltung von Finanzinstrumen- **40** **ten.** Das Wertpapierdienstleistungsunternehmen muss nicht nur als solches zugelassen sein, sondern daneben auch gemäß Anhang I Abschnitt B Nummer 1 der MiFID-Richtlinie[46] die **Nebendienstleistung der Verwahrung und Verwaltung** von Finanzinstrumenten erbringen. Hierdurch soll sichergestellt werden, dass das Wertpapierdienstleistungsunternehmen über die für das Depotbankgeschäft, das wesentlich durch die Verwahrung geprägt wird, erforderliche Erfahrung und das Know-how verfügt. Im Unterschied hierzu wird bei Kreditinstituten eine Zulassung zum Depotgeschäft nicht gefordert, ohne dass hierfür eine Begründung gegeben wird.

b) Eigenkapitalanforderungen. Um sicherzustellen, dass das Wertpapier- **41** dienstleistungsunternehmen jederzeit in der Lage ist, das Depotbankgeschäft fortzuführen, muss dieses die Eigenkapitalanforderungen gemäß Art. 20 Abs. 1 der Kapitaladäquanz-Richtlinie (Art. 2006/49/EG), einschließlich der **Kapitalanforderungen für operationelle Risiken,** erfüllen.

c) Mindestkapital. In keinem Fall dürfen die Eigenmittel des Wertpapier- **42** dienstleistungsunternehmens das **Anfangskapital** nach Art. 9 der Kapitaladäquanz-Richtlinie unterschreiten. Dieses Anfangskapital beträgt mindestens 730.000 €.

3. Spezielle Depotbanken für typische geschlossene Fonds (Abs. 3 **43** **UAbs. 3).** Abs. 3 UAbs. 3 räumt den Mitgliedstaaten das Wahlrecht ein, für typische geschlossene Fonds eine zusätzliche Kategorie von Depotbank zuzulassen. Nach dem KAGB-Kabinettsentwurf beabsichtigt Deutschland bei der Umsetzung von diesem Wahlrecht Gebrauch zu machen.

a) Anwendungsbereich. Der Anwendungsbereich für diese spezielle Depot- **44** bank ist bei **typischen deutschen geschlossenen Fonds** eröffnet. Eine solche Depotbank kann nur bestellt werden, wenn (1.) die Anleger für mindestens fünf Jahre nach der erstmaligen Investition ihre Anteile nicht zurückgeben können und der AIF (2.) nach seiner Hauptanlagestrategie gewöhnlich nicht in Finanzinstrumente[47] investiert, welche nach Abs. 8 lit. a) verwahrfähig sind. Ferner stellen Abs. 3 UAbs. 3 sowie der Erwägungsgrund 24 klar, dass Private Equity, Venture Capital Fonds und geschlossene Immobilienfonds selbst dann diese spezielle Art

---

[45] Vgl. zu § 20 InvG *Köndgen* in Berger/Steck/Lübbehüsen, InvG, § 20, Rn. 4.
[46] In Deutschland umgesetzt durch § 2 Abs. 3a Nr. 1 WpHG.
[47] Zur Definition des Finanzinstruments vgl. Art. 4 Abs. 1 lit. n) sowie die dortige Kommentierung unter Rn. 110 ff.

von Depotbank verwenden können, wenn sie Anteile an einer Gesellschaft erwerben, um möglicherweise die Kontrolle über diese Gesellschaft ausüben zu können. Dies gilt auch dann, wenn es sich bei den von diesen erworbenen Gesellschaftsanteilen um nach Abs. 8 lit. a) verwahrfähige Vermögensgegenstände handelt. Dies ist etwa der Fall, wenn ein Private Equity Fonds eine Beteiligung an einem börsennotierten Unternehmen erwirbt.

45   **b) Mindestens fünfjährige Haltefrist.** Die AIFM-Richtlinie verwendet den Begriff des geschlossenen Fonds nur am Rande (vgl. Art. 2 Abs. 1 UAbs. 2 lit. a)). Überall dort, wo die AIFM-Richtlinie Sonderregelungen für geschlossene Fonds vorsieht, wird – mangels einer in allen EU-Mitgliedsstaaten einheitlichen Struktur – der geschlossene Fonds dahin gehend umschrieben, dass die Rückgabe der Anteile für einen Zeitraum von mindestens fünf Jahren seit der ersten Investition ausgeschlossen ist (vgl. nur Art. 3 Abs. 2 lit. b) sowie Art. 21 Abs. 3 UAbs. 3). Die Terminologie („keine Ausübung der Rücknahmerechte") lehnt sich dabei an die für offene Fonds gebräuchliche und in der OGAW-Richtlinie und im Investmentgesetz verwandte an. Sie weicht dabei von der bei deutschen geschlossenen Fonds gebräuchlichen ab. Anleger deutscher geschlossene Fonds sind entweder unmittelbar oder mittelbar – z. B. über einen Treuhänder, eine stille Gesellschaft oder eine Unterbeteiligung[48] – Gesellschafter des geschlossenen Fonds. An die Stelle des bei offenen Fonds üblichen Rückgaberechts treten bei ihnen das **Kündigungsrecht** sowie u.U. ein **Widerrufsrecht. Das ordentliche Kündigungsrecht** der Gesellschafter ist bei deutschen geschlossenen Fonds typischerweise während der **befristeten Laufzeit** des Fonds, welche gewöhnlich länger als fünf Jahre ist, ausgeschlossen.[49] Allerdings steht Anlegern deutscher geschlossener Fonds ein **Kündigungsrecht aus wichtigem** Grund zu.[50] Nach ständiger Rechtsprechung des Bundesgerichtshofs[51] besteht dieses unabhängig von einer gesellschaftsvertraglichen Regelung[52]. Ebenso können Anlegern geschlossener Fonds, sofern sie Verbraucher im Sinne des § 13 BGB sind, nach diversen EU-Richtlinien (insbesondere Haustürwiderrufs- und Verbraucherkreditrichtlinie)[53] ihre Beteiligung unter bestimmten Umständen widerrufen. Vor dem Hintergrund des außerordentlichen Kündigungsrechts und des Widerrufsrechts fragt sich, ob bei deutschen geschlossenen Fonds mit befristeter Laufzeit tatsächlich ein Notar, Rechtsanwalt, Steuerberater oder Wirtschaftsprüfer die Depotbankfunktionen übernehmen kann. Dies ist zu bejahen. Dass das Widerrufsrecht nach den EU-

---

[48] Vgl. eingehend hierzu *Bost/Halfpap* in Lüdicke/Arndt, Geschlossene Fonds, 5. Aufl., S. 20 ff.

[49] Ebendort, S. 53. Hingegen kann bei geschlossenen Fonds mit unbefristeter Laufzeit das ordentliche Kündigungsrecht nicht ausgeschlossen werden; vgl. nur BGH, Urt. vom 16.12.1991, II ZR 58/91, BGHZ 116, 359 ff. sowie *Bost/Halfpap* in Lüdicke/Arndt, Geschlossene Fonds, 5. Aufl., S. 58. Bei solchen geschlossenen Fonds dürfte daher die Bestellung eines Notars, Rechtsanwalts, Steuerberaters oder Wirtschaftsprüfers zur Depotbank ausscheiden.

[50] *Lorz* in Ebenroth/Boujong/Joost/Strohn, HGB, 2. Aufl., § 133, Rn. 44 und 46 sowie *BostHalfpap* in Lüdicke/Arndt, Geschlossene Fonds, 5. Aufl., S. 53.

[51] BGH, Urt. vom 12.5.1977, II ZR 89/75, BGHZ 69, 160 (162); Urt. vom 13.3.1978, II ZR 63/77, BGHZ 71, 53 (60); Urt. vom 15.11.1982, II ZR 62/82, BGHZ 85, 350 (361).

[52] BGH, Urt. vom 19.12.1974, II ZR 27/73, BGHZ 63, 338 ff.; Urt. vom 17.11.1980, II ZR 242/79, WM 1981, 452 f.

[53] Vgl. hierzu eingehend *BostHalfpap* in Lüdicke/Arndt, Geschlossene Fonds, 5. Aufl., S. 59 ff.

Richtlinien dem nicht entgegensteht, ergibt sich bereits daraus, dass die AIFM-Richtlinie diese nicht verdrängt. Da alle natürlichen Personen Verbraucher gemäß § 13 BGB sind und natürliche Personen unter bestimmten Umständen professionelle Anleger[54] sein können, war dem Richtliniengeber bekannt, dass Anlegern geschlossener Fonds ein europarechtliches Widerrufsrecht zustehen kann. Andernfalls liefe die Regelung des Abs. 3 UAbs. 3 leer. Im Übrigen unterscheidet sich ein Widerrufsrecht von einem Rückgaberecht. Das Widerrufsrecht ist fristgebunden und besteht nur unter bestimmten Umständen (wie z. B. im Falle eines Haustürgeschäfts). Demgegenüber ist ein **Rückgaberecht** weder fristgebunden noch von bestimmten Umständen abhängig. Nichts anderes gilt für das Anlegern deutscher geschlossener Fonds zustehende außerordentliche Kündigungsrecht. Wie das Widerrufsrecht besteht das außerordentliche Kündigungsrecht nur in seltenen, atypischen Ausnahmefällen, z. B. wenn der Anleger in Vermögensverfall geraten ist. Damit ist es aber nicht mit einem Rückgaberecht im Sinne von Art. 1 Abs. 2 lit. b) OGAW-RL oder § 37 Abs. 1 i. V. m. § 43 Abs. 4 Nr. 4 InvG vergleichbar. Denn bei offenen Fonds steht dem Anleger grundsätzlich ein jederzeitiges Rückgaberecht zu. Dieses unterscheidet einen offenen Fonds wesensmäßig von einem geschlossenen.[55] Das Rückgaberecht ist an keine besonderen Umstände geknüpft, sondern allein vom Willen des Anlegers abhängig.[56] Lediglich ein ordentliches Kündigungsrecht wäre mit einem Rückgaberecht vergleichbar.

Bei geschlossenen Fonds mit **unbefristeter Laufzeit** kann das ordentliche **46** Kündigungsrecht jedoch nach ständiger Rechtsprechung des Bundesgerichtshofs nicht ausgeschlossen werden.[57] Das ordentliche Kündigungsrecht entspricht dem Rückgaberecht bei offenen Fonds. Bei solchen geschlossenen Fonds scheidet daher nach hier vertretener Auffassung die Bestellung eines Notars, Rechtsanwalts, Wirtschaftsprüfers oder Steuerberaters zur Depotbank aus.

c) Keine verwahrfähigen Finanzinstrumente. Zusätzliches Erfordernis **47** nach Abs. 3 UAbs. 3 ist, dass die Hauptanlagestrategie des geschlossenen Fonds nicht darin bestehen darf, in **verwahrfähige Finanzinstrumente** im Sinne des Abs. 8 lit. a) zu investieren. Dies ist bei typischen deutschen geschlossenen Fonds nicht der Fall. In Deutschland investieren geschlossene Fonds vornehmlich in Immobilien, Schiffe, erneuerbare Energien und Lebensversicherungen.

Im Unterschied hierzu existieren in anderen EU-Mitgliedstaaten (namentlich in **48** Großbritannien) geschlossene Fonds, deren Anlagestrategie mit derjenigen offener Fonds vergleichbar ist und die vornehmlich in Aktien oder andere verwahrfähige Finanzinstrumente investieren. Bei derartigen geschlossenen Fonds ist zwingend eine **herkömmliche Depotbank** zu bestellen, weil die Verwahrtätigkeit hier eine zentrale Funktion der Depotbank darstellt.

Fraglich ist, ob **Private Equity Fonds** die spezielle Kategorie von Depotbank **49** bestellen können, wenn sie (auch) Anteile **börsennotierter Unternehmen** – und damit verwahrfähige Finanzinstrumente – erwerben. Abs. 3 UAbs. 3 sowie Erwägungsgrund 34 stellen klar, dass es maßgebend darauf ankommt, ob der AIF überwiegend Anteile an nicht börsennotierten Unternehmen oder z. B. Schuldverschreibun-

---

[54] Vgl. hierzu eingehend Art. 4, Rn. 220 ff.
[55] Vgl. *Schmitz* in Berger/Steck/Lübbehüsen, InvG, § 37, Rn. 4.
[56] Ebendort, Rn. 7.
[57] Vgl. nur BGH, Urt. vom 16.12.1991, II ZR 58/91, BGHZ 116, 359 ff. sowie *Bost/Halfpap* in Lüdicke/Arndt, Geschlossene Fonds, 5. Aufl., S. 58.

gen oder sonstige Wertpapiere derartiger Unternehmen erwirbt. Nach dem Sinn und Zweck der Regelung dürfte dem gleich gestellt sein der Erwerb von Kreditforderungen börsennotierter Unternehmen, weil dieser von einigen Private Equity Fonds als Alternative zum unmittelbaren Kontrollerwerb genutzt wird. Somit scheidet die spezielle Kategorie von Depotbank bei solchen Private Equity Fonds, Venture Capital Fonds oder Immobilienfonds aus, welche entsprechend ihrer Anlagestrategie überwiegend in börsennotierte Unternehmen anlegen oder Schuldverschreibungen und sonstige Wertpapiere börsennotierter Unternehmen bzw. Kreditforderungen erwerben wollen. Möchte ein Private Equity Fonds z. B. einen Rechtsanwalt als Depotbank bestellen, obwohl er ggf. in börsennotierte Unternehmen investieren möchte, so ist dies nach hier vertretener Auffassung möglich, wenn der Gesellschaftsvertrag eine **Beschränkung** solcher Anlagen **auf unter 50 Prozent** vorschreibt. Legt ein Private Equity Fonds zunächst weniger als 50 Prozent des Anlagevermögens in börsennotierte Unternehmen an und überschreitet er später diese Schwelle, so hat er ab Änderung einer etwaigen Beschränkung im Gesellschaftsvertrag, spätestens aber ab tatsächlicher Überschreitung der Schwelle ein Kreditinstitut oder ein Wertpapierdienstleistungsunternehmen zur Depotbank zu bestellen. Etwas anderes mag gelten, wenn konkret ein zeitnahes Delisting geplant ist.

50   **d) Anforderungen an die spezielle Kategorie von Depotbank.** Abs. 3 UAbs. 3 verlangt, dass es sich bei dieser speziellen Kategorie von Depotbank um eine Stelle handelt, die Aufgaben einer Verwahrstelle im Rahmen ihrer beruflichen oder geschäftlichen Tätigkeit wahrnimmt, für die diese Stelle einer gesetzlich anerkannten obligatorischen berufsmäßigen Registrierung oder Rechts- und Verwaltungsvorschriften oder berufsständischen Regeln unterliegt, die ausreichend finanzielle und berufliche Garantien bieten können, um es ihr zu ermöglichen, die relevanten Aufgaben einer Verwahrstelle wirksam auszuführen und die mit diesen Funktionen einhergehenden Verpflichtungen zu erfüllen.

51   **aa) Verwahrfunktion als (Neben-) Tätigkeit.** Bei den in Frage kommenden Stellen muss es sich erstens um solche handeln, welche bereits[58] Aufgaben einer Verwahrstelle wahrnehmen oder denen dies im Rahmen ihrer beruflichen oder geschäftlichen Tätigkeit möglich ist. Dies trifft namentlich auf **Notare** zu, welche nach § 23 BNotO damit beauftragt werden können, Wertpapiere zu verwahren. Eine solche Berechtigung muss sich jedoch nicht aus dem Gesetz ergeben; sie kann auch auf Vereinbarung beruhen (z. B. in Form eines Verwahrvertrages nach § 688 BGB oder einer Verwahrung nach dem Depotgesetz). Neben Notaren ist dies z. B. auch **Rechtsanwälten, Wirtschaftsprüfern und Steuerberatern** möglich.

52   **bb) Regulierte Stelle.** Ferner muss die Stelle reguliert sein, wobei sich die **Regulierung** auch auf die Verwahrtätigkeit beziehen muss. Die Regulierung kann – muss jedoch nicht – auf Rechts- oder Verwaltungsvorschriften beruhen. Dem gleich gestellt ist eine gesetzlich anerkannte Registrierung oder berufsständische Regeln. In Deutschland unterliegen Notare, Rechtsanwälte, Wirtschaftsprüfer und Steuerberater einer gesetzlichen Regulierung. Diese schließt bei Notaren

---

[58] Nach hier vertretener Auffassung ist der Wortlaut nicht dahin gehend auszulegen, dass nur solche Stellen Depotbank im Sinne des Abs. 3 UAbs. 2 sein können, welche bereits bei Inkrafttreten der AIFM-Richtlinie Verwahrfunktionen ausgeübt haben. Damit würde der Kreis der in Frage kommenden Stellen zu stark begrenzt. Hätte der Richtliniengeber dies gewollt, so hätte er eine Stichtagsregelung wie in Abs. 3 UAbs. 1 lit. c) gewählt.

gemäß § 23 BNotO auch ausdrücklich die Verwahrung von Wertpapieren mit ein. Bei Rechtsanwälten, Steuerberatern und Wirtschaftsprüfern gelten die Berufspflichten und die Überwachung durch Berufskammern und Gerichte auch hinsichtlich übernommener Verwahrfunktionen.

cc) Ausreichende berufliche und finanzielle Gewähr. Darüber hinaus 53 muss die Stelle eine **ausreichende finanzielle und berufliche Gewähr** dafür bieten können, die Verwahrfunktionen wirksam ausführen und die damit verbundenen Verpflichtungen erfüllen zu können. Im Unterschied zu den zuvor genannten generellen Anforderungen an eine bestimmte Berufsgruppe handelt es sich hierbei um eine persönliche Anforderung an einen bestimmten Berufsträger bzw. eine bestimmte Rechtsanwalts-, Steuerberatungs- oder Wirtschaftsprüfungsgesellschaft. Diese müssen aufgrund ihrer Größe, Organisation und finanziellen Ausstattung die Gewähr bieten, sämtliche für den konkreten AIF in Rede stehenden Depotbankfunktionen ausüben zu können. Daher dürften z. B. Einzelanwälte i. d. R. ungeeignet sein.

dd) Unabhängigkeit der Depotbank. Da die Depotbank gemäß Abs. 10 54 von dem AIF **unabhängig** sein muss und Interessenkonflikte vermieden werden müssen, darf sie nicht zugleich als Rechtsberater, Wirtschaftsprüfer oder Steuerberater des AIF bzw. des AIFM tätig sein. Insbesondere darf sie nicht beratend bei der Auflegung des AIF tätig geworden sein oder als Notar den Gesellschaftsvertrag beurkundet haben.

VI. Wer kann Depotbank eines Drittstaaten AIF sein?

1. Ausgangslage. Abs. 3 UAbs. 2 enthält Sonderregelungen darüber, wer 55 **Depotbank eines AIF aus einem Drittstaat** sein darf. Diese Regelung hat folgenden Hintergrund.

a) Verwaltung durch einen EU-AIFM. In der EU ansässige AIFM können 56 AIF aus Drittstaaten verwalten.[59] Auf diese Weise soll es namentlich britischen Managern von Hedgefonds sowie von Private Equity Fonds ermöglicht werden, ihre bisherige Praxis fortzusetzen und Hedgefonds z. B. auf den Cayman Islands, den British Virgin Islands oder den Bermudas zu verwalten. Dasselbe gilt z. B. für britische oder schwedische Manager, die etwa auf den Kanalinseln aufgelegte Private Equity Fonds verwalten.

Bei den von EU-AIFM verwalteten AIF aus Drittstaaten sind drei Unterfälle 57 zu unterscheiden.

aa) Kein Vertrieb des Drittstaaten-AIF in der EU. Art. 34 regelt den Fall, 58 dass ein EU-AIFM zwar einen AIF aus einem Drittstaat verwaltet, diesen aber nicht in der EU vertreibt. Da mit „Vertrieb" nur der „aktive Vertrieb"[60] gemeint ist, findet Art. 34 immer dann Anwendung, wenn der AIFM **keine Vertriebstätigkeit in der EU** entfaltet. Dies gilt auch dann, wenn EU-Anleger den AIF auf eigene Initiative erwerben.

Nach Art. 34 Abs. 1 lit. a) finden die Regelungen des Art. 21 auf diesen Fall 59 keine Anwendung. Ob solche Drittstaaten-AIF eine Depotbank bestellen müssen und wenn ja, welche Anforderungen diese erfüllen muss, bestimmt sich aus-

---

[59] Vgl. Art. 34–36.
[60] Zum Vertriebsbegriff vgl. eingehend Art. 4 Rn. 178 ff.

schließlich nach dem **nationalen Recht des Drittstaates,** in dem der AIF seinen Sitz hat.

60   **bb) Vertrieb des Drittstaaten-AIF mit einem Pass in der EU.** Unter den Voraussetzungen des Art. 35 können EU-AIFM Drittstaaten-AIF aufgrund eines Vertriebspasses in der gesamten EU vertreiben. Dies setzt gemäß Art. 35 Abs. 2 u.a. voraus, dass die Voraussetzungen des Art. 21 zur Depotbank vollständig eingehalten werden.

61   Dies hätte nach Art. 21 Abs. 3 UAbs. 1 an sich zur Folge, dass für einen Hedgefonds aus Cayman Islands ein Kreditinstitut oder ein Wertpapierdienstleistungsunternehmen mit Sitz in der EU zur einzigen Depotbank bestellt werden müsste. Dies wird vielfach mit dem nationalen Recht des Drittstaats kollidieren, welches i. d. R. vorschreibt, dass eine lokale Einrichtung als Depotbank tätig werden muss. Um diese Kollision aufzulösen und um nicht über die Hintertür ein Verbot des Vertriebs von Drittstaaten-AIF in der EU einzuführen, gestattet Art. Abs. 3 UAbs. 2 i. V. m. Abs. 5 lit. b) solchen AIF auch Kreditinstitute und mit Wertpapierdienstleistungsunternehmen **vergleichbare Unternehmen mit Sitz in dem betreffenden Drittstaat** zur Depotbank zu bestellen. Eine solche Depotbank muss jedoch zusätzlich die Anforderungen des Abs. 6 erfüllen.[61] Nur unter diesen Voraussetzungen ist ein Vertrieb mit EU-Pass zulässig. Hierdurch sollen Wettbewerbsnachteile von EU-AIF gegenüber Drittstaaten-AIF sowie eine Beeinträchtigung des Anlegerschutzes verhindert werden.

62   **cc) Vertrieb eines Drittstaaten-AIF ausschließlich im Heimatstaat des EU-AIFM.** Unter den Voraussetzungen des Art. 36 kann schließlich ein Drittstaaten-AIF, der von einem EU-AIFM verwaltet wird, in dem Heimatstaat des EU-AIFM, nicht aber in anderen EU-Mitgliedstaaten vertrieben werden. In diesem Fall finden die Regelungen zur Depotbank grundsätzlich keine Anwendung. Nach Art. 36 Abs. 1 lit. a) muss jedoch auch ein solcher Drittstaaten-AIF eine oder mehrere – vom AIFM verschiedene – Institutionen mit der Wahrnehmung der in Art. 21 Abs. 7 bis 9 dargelegten Funktionen einer **Depotbank** betrauen und deren Namen seiner Aufsichtsbehörde mitteilen. Abs. 3 UAbs. 2 findet auf diesen Fall jedoch keine Anwendung, sodass auch andere Institute als Kreditinstitute oder Wertpapierdienstleistungsunternehmen als Depotbank tätig werden können.

63   **b) Vertrieb eines von einem Drittstaaten-AIFM verwalteten Drittstaaten-AIF in der EU.** Schließlich spielt Art. 21 Abs. 3 UAbs. 2 eine Rolle in dem Fall, dass ein AIFM aus einem Drittstaat seinen Drittstaaten-AIF in der EU vertreiben will. Dies ist zum einen unter den Voraussetzungen des Art. 35 ohne Vertriebspass und zum anderen gemäß Art. 40 mit Vertriebspass möglich, letzteres jedoch frühestens ab 2018. In beiden Fällen kann als Depotbank auch ein Kreditinstitut oder eine einem Wertpapierdienstleistungsunternehmen vergleichbare Einrichtung zur Depotbank bestellt werden.

64   **2. Zusätzliche Anforderungen an die Zulassung lokaler Depotbanken (Abs. 6).** Die Zulassung der Bestellung lokaler Depotbanken für AIF aus Drittstaaten soll deren Vertrieb in der EU ermöglichen. Um zu verhindern, dass die Auflegung von AIF in Drittstaaten statt in der EU zur Umgehung der AIFM-Richtlinie genutzt wird oder der Anlegerschutz (unzumutbar) herabgesetzt wird,

---

[61] Vgl. hierzu die nachfolgende Kommentierung unter Rn. 64 ff.

enthält Abs. 6 einen Katalog zusätzlicher Anforderungen, die bei Bestellung einer Depotbank aus einem Drittstaat erfüllt sein müssen, damit ein Vertrieb in der EU möglich ist.

a) Kooperationsabkommen. Nach Abs. 6 lit. a) muss mit jedem EU-Mit- **65** gliedstaat, in dem der Drittstaaten-AIF vertrieben werden soll, ein **Kooperationsabkommen** zwischen dessen Aufsichtsbehörde und der Heimatbehörde der Depotbank bestehen. Dieses Abkommen muss die **Zusammenarbeit** und den **Informationsaustausch** regeln. So ist beispielsweise für den Vertrieb eines auf den Cayman Islands domizilierten Hedgefonds mit einem dortigen Kreditinstitut als Depotbank in Deutschland ein Kooperationsabkommen zwischen der BaFin und der Finanzaufsicht der Cayman Islands erforderlich. Dies soll es der BaFin ermöglichen, ihr Gegenüber davon in Kenntnis zu setzen, dass die Depotbank Vorschriften zum Schutz der Anleger verletzt hat sowie diese zu veranlassen, Maßnahmen zu ergreifen, um dies abzustellen oder Verdachtsfälle aufzuklären. Wird dieser Hedgefonds z. B. von einem britischen AIFM verwaltet, so muss zusätzlich ein Kooperationsabkommen zwischen der britischen FSA und der Finanzaufsicht der Cayman Islands bestehen. Dies ist schon deshalb sinnvoll, weil die Aufsichtsbehörden der Vertriebsstaaten so nicht jeweils einzeln an die Finanzaufsicht des Drittstaats herantreten müssen, sondern dies gebündelt über die Heimatbehörde des AIFM geschehen kann. Darüber hinaus geht die AIFM-Richtlinie ohnehin im Interesse des Anlegerschutzes von einer engen Zusammenarbeit zwischen der Depotbank und der Heimatbehörde des AIFM aus. Nach Abs. 16 hat die Depotbank der Heimatbehörde des AIFM auf deren Anfrage alle Informationen zur Verfügung zu stellen, welche diese benötigt. Kommt die Depotbank aus dem Drittstaat dieser Verpflichtung nicht nach, so soll das Kooperationsabkommen entweder absichern, dass die betreffende Information über dessen Heimatbehörde erfolgt oder dass diese eine Sanktion gegen die Depotbank verhängt.

b) Wirksame Aufsicht. Zudem muss die Depotbank in dem Drittstaat einer **66** wirksamen staatlichen Aufsicht unterliegen (Abs. 6 lit. b). Dies setzt zunächst voraus, dass in dem Drittstaat überhaupt eine **staatliche Aufsicht über Depotbanken** besteht. Daneben muss es in dem Drittstaat für Depotbanken **Mindesteigenkapitalanforderungen** und sonstige aufsichtsrechtliche Regelungen geben, die den Rechtsstandards in der EU entsprechen. Ferner müssen die genannten Regelungen in dem Drittstaat auch **wirksam durchgesetzt** werden, weil nur dann ein angemessener Anlegerschutz gewährleistet ist.

Nach Abs. 6 UAbs. 3 erfolgt die Prüfung der wirksamen Aufsicht nicht durch **67** jeden Mitgliedstaat, in dem der Drittstaaten-AIF vertrieben werden soll, sondern vielmehr einheitlich durch die EU-Kommission. Das Vorliegen aller übrigen in Abs. 6 genannten Voraussetzungen hat jedoch durch die Aufsichtsbehörde des Mitgliedstaats zu erfolgen, in dem der Drittstaaten-AIF vertrieben werden soll.

Zur Einschätzung der wirksamen Aufsicht und Durchsetzbarkeit der Regulie- **68** rung wurden in Art. 84 Durchführungsverordnung verschiedene Anforderungen definiert. Dabei wurden die in der AIFM-Richtlinie in Art. 21 (6) AIFM-Richtlinie beschriebenen Bedingungen entsprechend aufgegriffen und konkretisiert.

Hiernach ist eine wirksame **aufsichtliche Regulierung** dann gegeben, wenn **69** die **Depotbank** (1) über eine **Zulassung** verfügt und in eine **laufende Überwachung** der (unabhängigen) öffentlichen **Aufsichtsbehörde** des **Drittstaates** einbezogen ist. Ferner muss die Behörde in personeller Hinsicht über **ausrei-**

chend Ressourcen verfügen, die zur Wahrnehmung der Aufgaben notwendig sind.

70   Die **Unabhängigkeit** einer **Aufsicht** kann als gegeben angesehen werden, wenn sie die Anforderungen gemäß Part II („the Regulator") der IOSCO „Objectives and Principles for Security Regulation and relevant Methodology" und die „Basel Committee Core Principles and relevant methodology" erfüllt.[62] Diese Anforderungen werden von der ESMA und den in der EU ansässigen Aufsichtsbehörden als ausreichend anerkannt.[63] Keine Voraussetzung ist hingegen, dass die lokale Aufsicht Mitglied der IOSCO oder des Basel Committees sein muss. Die Aufsichtsbehörde des Drittlandes muss aber ermächtigt sein, jederzeit Auskünfte und Informationen von der Depotbank zu verlangen. Dies ist nicht nur zur Erfüllung bzw. Durchsetzung der gesetzlichen Anforderungen notwendig, sondern besonders im Rahmen von grenzüberschreitenden Auskunftsersuchen einer ausländischen Behörde von Bedeutung.

71   Sofern in dem **Drittland** unterschiedliche Aufsichtsbehörden für die Überwachung der Depotbank zuständig sind, muss jede Behörde ihrerseits die definierten Anforderungen erfüllen und darüber hinaus ein **zentraler Ansprechpartner** ernannt werden.

72   Des Weiteren müssen die (2) **Zulassungsvoraussetzungen** in einem **Gesetz** manifestiert sein und Maßstäbe für die Zulassung einer Depotbank vorgeben, die mit der Geschäftszulassung eines Kreditinstituts oder einer Investmentfirma nach dem europäischen Recht vergleichbar sind. Entsprechendes gilt für die (3) **Eigenkapitalanforderungen** und (4) die generellen Anforderungen an den Aufbau, die Organisation sowie den üblichen Geschäftsbetrieb **(operative Bedingungen)**. Die geforderte Analogie der anwendbaren Gesetze des Drittstaates zum europäischen Recht bezieht sich hierbei insbesondere auf die in Art. 21 Abs. 7 bis 15 AIFM-Richtlinie verankerten Pflichten der Ausübung der Depotbankfunktion.

73   Folgerichtig muss die lokale Gesetzgebung (5) ferner angemessene **Sanktionsmaßnahmen** vorsehen, die im Falle einer **Pflichtverletzung** der Depotbank ergriffen werden können.

74   Während des Verordnungsprozesses wurde den **Verwahrketten inhärenten Risiken**, insbesondere bei einer **Unter-Verwahrung in Drittländern**, Rechnung getragen. Die besonderen Risiken bei einer Drittland-Verwahrung zeigen sich bereits an den unterschiedlichen Ausgestaltungen des Insolvenzrechts sowie des Eigentumerwerbs, die vielfach komplizierte Besitzmittlungsverhältnisse erfordern.

77   **c) Kooperativer Staat i. S. d. FATF.** Bei dem Drittstaat darf es sich ferner nicht um einen sog. **nicht-kooperativen Staat im Sinne der von der FATF** aufgestellten Liste der nicht kooperativen Länder und Gebiete im Bereich der Bekämpfung der Geldwäsche und Terrorismusfinanzierung handeln (Abs. 6 lit. c).

78   Depotbanken kommt aufgrund ihrer Rolle bei der Ausgabe und Rücknahme von Anteilen und der damit verbundenen Ein- und Auszahlung von Anlegergeldern eine wichtige Funktion bei der Bekämpfung der Geldwäsche und Terrorismusfinanzierung zu. Dies soll nicht durch die Nutzung von Depotbanken aus bestimmten Drittstaaten unterlaufen werden können.

---

[62] Abrufbar unter: www.iosco.org/library/pubdocs/pdf/IOSCOPD154.pdf.

[63] ESMA-Advice, Box 76, Explanatory Text Nr. 4, Seite 145, abrufbar unter: http://www.esma.europa.eu/system/files/2011_379.pdf.

d) Steuerabkommen. Zwischen dem Drittstaat und dem Mitgliedstaat, in 79
dem der AIF vertrieben werden soll, muss ferner ein **Steuerabkommen im
Sinne von Art. 26 des OECD-Musterabkommens** oder ein **multilaterales
Steuerabkommen** bestehen (Abs. 6 lit. d). Dasselbe gilt im Verhältnis zwischen
dem Drittstaat und dem Heimatstaat des AIFM. Diese Regelung wurde in den
Verhandlungen im Zuge des Vorgehens der EU gegen sog. Steueroasen aufgenommen. Sie soll verhindern, dass Anleger in AIF aus Drittstaaten investieren,
um hierdurch die Steuerzahlung in ihrem Heimat- oder Sitzstaat zu umgehen
oder gar zu hinterziehen. Das Steuerabkommen soll es etwa der deutschen Finanzverwaltung ermöglichen, von den Finanzbehörden des Drittstaats **Auskunft über
die Namen der inländischen Anleger und die Höhe ihrer Erträge** in dem
betreffenden AIF zu erlangen.

e) Haftung gegenüber dem AIF bzw. seinen Anlegern. Die sich aus dem 80
Vertrag zwischen der Depotbank und dem AIF ergebende **Haftung** muss derjenigen nach Abs. 12 und 13 entsprechen, um einen gleichwertigen Anlegerschutz
zu gewährleisten (Abs. 6 lit. e). Sieht das nationale Recht des Drittstaates keinen
gleichwertigen Schutz vor, so kann sich die Depotbank vertraglich zu einer vergleichbaren Haftung verpflichten, um hierdurch einen Vertrieb des AIF in der
EU zu ermöglichen.

f) Einhaltung der Anforderungen an die Auslagerung. Schließlich muss 81
sich die Depotbank ausdrücklich bereit erklären, die **Anforderungen des
Abs. 11 an die Auslagerung** einzuhalten (Abs. 6 lit. e). Damit soll verhindert
werden, dass die Auslagerung zur Umgehung der AIFM-Richtlinie oder zu einer
Herabsetzung des Anlegerschutzniveaus genutzt wird. Abs. 6 lit. e) regelt nicht,
wem gegenüber diese Erklärung erfolgen muss. Aufgrund des Schutzzwecks des
Abs. 6 lit. e) dürfte eine Erklärung gegenüber dem AIFM nicht genügen. Da diese
Erklärung gleiche Wirkung wie die gesetzlichen Regelungen zur Auslagerung in
der EU haben soll, wird man fordern müssen, dass die Erklärung im Falle der
Verwaltung eines Drittstaaten-AIF durch einen EU-AIFM gegenüber der Hei-
matbehörde des AIFM und im Falle des Vertriebs eines durch einen Drittstaaten-
AIFM verwalteten Drittstaaten-AIF durch Erklärung gegenüber der Aufsichtsbe-
hörde des Vertriebsstaates erfolgt.

I. Wer kann nicht Depotbank sein? (Abs. 4)

I. Einleitung

Die AIFM-Richtlinie regelt nicht nur, wer Depotbank sein kann, sondern in 82
Abs. 4 auch, wer nicht Depotbank sein darf. Hierdurch sollen **Interessenkonflikte vermieden** werden. Hintergrund hierfür ist, dass die Depotbank nicht
aufgrund konfligierender Interessen daran gehindert sein soll, allein im Interesse
der Anleger tätig zu werden. Inwieweit dieses hehre Ziel letztlich in der Praxis
umgesetzt wird, steht allerdings auf einem anderen Blatt. *Köndgen*[64] ist darin beizu-
pflichten, dass die ökonomischen Anreize der Depotbank „weniger in Richtung
Anlegerschutz als zugunsten einer Maximierung des Fondsvolumens und ihres
eigenen Gebührenaufkommens" wirken.

---

[64] In Berger/Steck/Lübbehüsen, InvG, Vor §§ 20–29 Rn. 1.

83   Abs. 4 schließt nicht abstrakt alle Institutionen als Depotbank aus, bei denen ein Interessenkonflikt mit dem AIF oder seinen Anlegern besteht.[65] Vielmehr nennt er zwei Kategorien von Institutionen: AIFM und Primebroker.

II. Ausschluss von AIFM als Depotbanken

84   In den Verhandlungen zur AIFM-Richtlinie wurde zunächst diskutiert, ob nur der den betreffenden AIF verwaltende AIFM oder aber per se jeder AIFM von der Depotbankfunktion ausgeschlossen werden soll. Der Richtliniengeber hat sich schließlich zu Recht für eine strikte Funktionentrennung entschieden, wie der Umstand zeigt, dass Abs. 4 lit. a) von „ein AIFM" spricht. Eine Institution kann daher nach dem Spezialitätsprinzip **entweder AIFM oder Depotbank** sein. Nur so lässt sich die Unabhängigkeit und Integrität der Depotbank wahren. Dementsprechend können AIFM unter keinen Umständen Depotbank sein.

III. Ausschluss von KAG von OGAW als Depotbanken?

85   Auch wenn die AIFM-Richtlinie zu der Frage schweigt, ob KAG von OGAW Depotbank eines AIF sein dürfen, dürfte das soeben Gesagte entsprechend gelten. Auch **KAG von OGAW dürfen** nach hier vertretener Ansicht **nicht Depotbank eines AIF sein** wie sie aus denselben Gründen auch nicht Depotbank eines OGAW sein dürfen.[66] Insoweit dürfte eine unbeabsichtigte Regelungslücke vorliegen.

IV. Ausschluss von Auslagerungsunternehmen als Depotbanken?

86   Ebenfalls nicht geregelt ist, ob Unternehmen, an welche der AIFM Aufgaben des Portfolio- und/oder Risikomanagements ausgelagert hat, Depotbank des betreffenden AIF sein können. Wegen des hierdurch bedingten **systemischen Interessenkonflikts** ist dies nach hier vertretener Auffassung nicht zulässig. Aufgabe der Depotbank ist u.a. die Kontrolle des AIFM. In einer derartigen Konstellation würde dies dazu führen, dass sich die Depotbank selbst kontrollieren müsste.

V. Ausschluss von Primebrokern als Depotbanken?

87   **1. Einleitung.** Schließlich dürfen **Primebroker** grundsätzlich nicht als Depotbank tätig werden. Anders als AIFM sind Primebroker jedoch zum einen nicht unter allen Umständen von der Depotbankfunktion ausgeschlossen. Zum anderen beschränkt sich das grundsätzliche Verbot, als Depotbank tätig zu werden, nach Abs. 4 lit. b) auf den konkret für einen AIF tätigen Primebroker.[67] Ein nicht für einen konkreten AIF tätiger Primebroker dürfte im Umkehrschluss stets als Depotbank jenes AIF fungieren können. Aber auch die Gesellschaft, zu welcher der für einen konkreten AIF tätige Primebroker gehört, kann unter den nachfol-

---

[65] Dies wäre auch nicht erfüllbar. Schon daraus, dass die Depotbank für ihre Tätigkeit eine Vergütung vom AIF verlangen kann, ergibt sich ein – wenngleich nicht nicht unüberbrückbarer – Interessenkonflikt.

[66] Vgl. insoweit Art. 25 Abs. 1 der OGAW-RL bzw. § 22 Abs. 1 Satz 1 InvG.

[67] In Abs. 4 lit. b) heißt es: „darf ein Primebroker, der als Geschäftspartner eines AIF auftritt, nicht die Aufgaben einer Verwahrstelle *dieses* AIF wahrnehmen" (Hervorhebungen durch den Verfasser).

genden Voraussetzungen zu dessen Depotbank bestellt werden. Erforderlich ist hierfür zunächst, dass die Gesellschaft, welche sowohl als Primebroker als auch als Depotbank tätig werden möchte, beide Aufgaben **funktional**[68] und **hierarchisch** trennt.[69] Überdies müssen die potenziellen Interessenkonflikte ordnungsgemäß ermittelt, gesteuert, beobachtet und den Anlegern des AIF offengelegt werden.[70]

2. Funktionale Trennung. Eine **funktionale Trennung** erfordert die strikte   **88** organisatorische Trennung beider Bereiche. Die Funktionen der Depotbank müssen folglich von einer anderen Abteilung der Gesellschaft wahrgenommen werden als jener des Primebrokers. Zwischen beiden Abteilungen müssen strikte *Chinese walls* etabliert sein. Diese sollen sicherstellen, dass ein und dieselbe juristische Person, die als Primebroker per definitionem gegenläufige Interessen als der AIF und seine Anleger verfolgt, in ihrer Funktion als Depotbank unabhängig sein und allein im Interesse der Anleger tätig werden kann, wie Abs. 10 UAbs. 2 dies fordert. Bestehen Zweifel an der Unabhängigkeit der Depotbank, so ist die Heimatbehörde des AIFM befugt, von diesem die Bestellung einer anderen Depotbank zu verlangen. Mit der funktionalen Trennung einher geht das Erfordernis einer strikten **personellen Trennung** und einer **Geheimhaltungspflicht**.

3. Hierarchische Trennung. Das Gebot der funktionellen und personellen   **89** Trennung gilt nicht nur auf Mitarbeiterebene, sondern setzt sich auch auf Leitungsebene fort. Die **hierarchische Trennung** gebietet, dass die Aufgaben als Depotbank dem Verantwortungsbereich eines anderen Geschäftsleiters unterfallen als jene als Primebroker. Ob allein damit dem Gebot der Unabhängigkeit der Depotbank ausreichend Rechnung getragen kann, erscheint jedoch zweifelhaft. Zu unlösbaren Problemen dürfte es kommen, wenn auf Geschäftsleiterebene Entscheidungen getroffen werden müssen, die das konfligierende Verhältnis zwischen Depotbank und des Primebrokers betreffen. Die Unabhängigkeit als Depotbank gebietet hier, dass die gegenläufigen Interessen des Primebrokers im Zweifel zurückzustehen haben.

4. Unvereinbarkeit von Depotbank- und Primebrokerfunktion? Zu-   **90** sammenfassend lässt sich festhalten, dass erhebliche Zweifel daran bestehen, ob durch eine funktionale und hierarchische Trennung das immanente Spannungsverhältnis einer unabhängigen Depotbank und einer Gegenpartei wie dem Primebroker aufgelöst werden kann. Denn hier geht es anders als bei der funktionalen und hierarchischen Trennung von Risikomanagement und Portfoliomanagement nach Art. 15 Abs. 1 nicht darum, zwei für AIF notwendige und einander ergänzende Funktionen in Einklang zu bringen. Demgegenüber hätten Primebroker von der Depotbankfunktion ausgeschlossen werden können und sollen. Dies würde das Geschäftsmodell von Hedgefonds nicht in Frage stellen, weil die Depot-

---

[68] Die Pflicht zur funktionalen und hierarchischen Trennung der Aufgaben entspricht der Verpflichtung eines AIFM nach Art. 14 Abs. 1 UAbs. 3, wonach ein AIFM Aufgaben und Verantwortungsbereiche, die als miteinander unvereinbar angesehen werden könnten oder potenziell systematische Interessenkonflikte hervorrufen könnten, zu trennen.

[69] Vgl. zur funktionalen und hierarchischen Trennung auch die Kommentierungen unten unter Rn. 88 ff. (zu Abs. 10) sowie zu Art. 15 Rn. 152 ff.

[70] Auch wenn die Terminologie des Abs. 4 lit. b) zum Teil von derjenigen des Art. 14 Abs. 2 abweicht, dürften hier die (nahezu) selben Anforderungen wie bei der Pflicht zur Vermeidung von Interessenkonflikten auf Seiten des AIFM gelten. Vgl. die Kommentierung zu Art. 14 Rn. 23 ff.

bank den Primebroker zum Unterverwahrer bestellen kann, sodass dieser Zugriff auf die verwahrten Vermögensgegenstände erhält. Dies ist für Primebroker wesentlich.

91   **5. Umgang mit Interessenkonflikten.** Wird eine Gesellschaft zur Depotbank bestellt, welche zugleich (in einer anderen Abteilung) als Primebroker für den AIF tätig ist, so sind die Vorschriften nach Abs. 4 lit. b) über den erforderlichen **ordnungsgemäßen Umgang** mit **Interessenkonflikten** zu beachten. Man wird zunächst fordern müssen, dass sämtliche potenziellen Interessenkonflikte **ermittelt** werden müssen, die sich aus der gleichzeitigen Tätigkeit der Gesellschaft als Primebroker ergeben können. Dies hat in einem schriftlichen Dokument zu erfolgen. Dieses sollte ferner darlegen, wie die potenziellen Interessenkonflikte **gesteuert**, d.h. soweit wie möglich vermieden werden sollen. Hierbei muss der Primebroker eigene Interessen hinten anstellen, wenn sich nur so der Interessenkonflikt vermeiden und die Unabhängigkeit der Depotbank sichern lässt. Andernfalls dürfte keine **ordnungsgemäße Steuerung** vorliegen. Dies muss fortlaufend **beobachtet** werden. Schließlich muss der Umstand, dass ein Primebroker zur Depotbank bestellt werden soll und wie ordnungsgemäß mit den (potenziellen) Interessenkonflikten umgegangen werden soll, den Anlegern des AIF offengelegt werden. Dies hat im Falle der erstmaligen Bestellung einer Depotbank vor der Bestellung und im Falle des Wechsels der Depotbank vor Wirksamwerdens des Wechsels zu erfolgen, damit Anleger entscheiden können, ob sie in einen AIF mit Primebroker als Depotbank investieren wollen.

92   Der passivische Wortlaut des Abs. 4 lit. b) lässt offen, wen die vorgenannten Pflichten treffen. **Pflichtenadressat** könnte einerseits die Depotbank oder andererseits der AIFM sein. Nach dem Sinn und Zweck der Regelung dürfte der AIFM verpflichtet sein, für den ordnungsgemäßen Umgang mit Interessenkonflikten zu sorgen. Hierfür spricht u.a., dass nur der AIFM dies den Anlegern des AIF offenlegen kann.

J. Wo muss die Depotbank ihren Sitz haben? (Abs. 5)

I. Einleitung

93   **1. Kein Depotbankpass.** Die EU-Kommission hatte in ihrem Richtlinienvorschlag einen **Depotbankpass** vorgeschlagen. Danach hätte der AIFM jede in der EU zugelassene Depotbank bestellen können. Dieser Vorschlag stieß jedoch in den Verhandlungen mit dem Rat und dem Europaparlament auf erheblichen Widerstand; ein Depotbankpass erwies sich als **derzeit nicht mehrheitsfähig.** Erwägungsgrund 36 stellt jedoch für die Zukunft die Schaffung eines Depotbankpasses in Aussicht. Darüber hinaus ist es nach der Übergangsbestimmung des Art. 61 Abs. 5 in eng gesteckten Grenzen für einen Übergangszeitraum bis zum 22. Juli 2017 möglich, dass ein EU-AIF ein Kreditinstitut mit Sitz in einem anderen Mitgliedstaat zur Depotbank bestellt. Dies setzt jedoch voraus, dass die Heimatbehörde des AIF dies gestattet. Mit dieser Regelung sollte den Interessen kleinerer Mitgliedstaaten Rechnung getragen werden, die derzeit noch über keine ausreichende Zahl von inländischen Depotbanken verfügen.

94   **2. Vergleich mit der OGAW-Richtlinie und dem Investmentgesetz.** Der geltende Abs. 5 folgt dem Ansatz von Art. 23 Abs. 1 OGAW-RL und § 20

Abs. 1 Satz 2 InvG. Die Depotbank muss demnach ihren **Sitz in dem Her-kunftsmitgliedstaat**[71] **des AIF**[72] haben. Für den Umstand, dass Fonds und Depotbank in demselben Mitgliedstaat ihr Domizil haben müssen, gibt es in der OGAW-Richtlinie zwar letztlich nicht überzeugende, so jedoch wenigstens nachvollziehbare Gründe, regelt diese doch neben der KAG auch den Fonds. Dies ist bei der AIFM-Richtlinie nicht der Fall. Laut deren Erwägungsgrund 10 bleibt es dem nationalen Recht vorbehalten, ob und ggf. wie AIF reguliert werden sollen. Die AIFM-Richtlinie ist vielmehr eine Managerregulierung. Zentrale Aufsichtsbehörde ist somit diejenige des Herkunftsmitgliedstaats des AIFM und gerade nicht jene des AIF. Von daher hätte es nahegelegen, auf den Sitz des AIFM abzustellen. Die Anknüpfung an den Sitz des OGAW (Art. 23 Abs. 1 OGAW-RL) bzw. des Sondervermögens (§ 20 Abs. 1 Satz 2 InvG) rührt historisch daher, dass der Sitz des OGAW und seiner Verwaltungsgesellschaft bis zur Schaffung des Management Company Passports durch die OGAW-IV-Richtlinie in ein- und demselben Mitgliedstaat sein mussten. Im Zuge der OGAW-IV-Richtlinie wurde die fortdauernde Anknüpfung an das Domizil des OGAW damit begründet, dass die Heimatbehörde des OGAW im Falle des Management Company Passports den OGAW nur wirksam beaufsichtigen könne, wenn sie wenigstens Zugriff auf die in demselben Mitgliedstaat ansässige Depotbank habe. Mit dieser Argumentation werden jedoch der Management Company Passport und die Funktionsfähigkeit des Binnenmarktes in Frage gestellt. Letztlich stellt der geltende Abs. 5 lit. a) eine protektionistische Maßnahme dar, die einerseits bewirkt, dass Depotbanken einen Sitz an den großen Fondsstandorten (wie namentlich Luxemburg und Irland) haben müssen und andererseits lokale Depotbanken vor ausländischer Konkurrenz schützt.

3. Unterscheidung zwischen EU-AIF und Drittstaaten-AIF. Abs. 5 **95** unterscheidet zwischen EU-AIF und AIF aus Drittstaaten. Für EU-AIF muss stets eine Depotbank mit Sitz in dem Herkunftsmitgliedstaat des AIF bestellt werden. Demgegenüber ist bei AIF aus Drittstaaten der Fondssitz nur eine von mehreren möglichen Anknüpfungen. Stattdessen kann die Depotbank ihren Sitz auch im Herkunftsmitgliedstaat des AIFM[73] oder in dem Referenzmitgliedstaat[74] des AIFM haben.

a) Bei EU-AIF (Abs. 5 lit. a)). Bei AIF mit Sitz oder Niederlassung in einem **96** EU-Mitgliedstaat muss die Depotbank ihren Sitz in demselben Mitgliedstaat wie der AIF haben.[75] Ein **deutscher AIF** kann somit nur eine **deutsche Depotbank** haben, unabhängig davon, wo der Sitz des AIFM ist. Der Begriff des Sitzes einer Depotbank wird in Art. 4 Abs. 1 lit. j) mit dem satzungsmäßigen Sitz oder der Zweigniederlassung definiert. Die Anknüpfung ist somit im Grundsatz dieselbe wie bisher schon in § 20 Abs. 1 und 2 InvG.

Ihren **Sitz in Deutschland** haben Depotbanken, wenn sie entweder inländi- **97** sche Kreditinstitute/Wertpapierdienstleistungsunternehmen oder aber Tochtergesellschaften entsprechender ausländischer Unternehmen mit eigener Rechts-

---

[71] Zur Definition des Herkunftsmitgliedstaat vgl. Art. 4 Rn. 122 ff.
[72] Zu Besonderheiten bei AIF aus Drittstaaten vgl. nachfolgend unter Rn. 98 ff.
[73] Zu der Definition des Herkunftsmitgliedstaats des AIFM vgl. Art. 4 Rn. 128 ff.
[74] Zu dem Begriff des Referenzmitgliedstaats des AIFM siehe nur Art. 4 Rn. 195 ff.
[75] Hinzuweisen ist auf die insoweit abweichende Übergangsbestimmung nach Art. 61 Abs. 5, von der Deutschland aller Voraussicht nach jedoch keinen Gebrauch machen dürfte. Vgl. hierzu oben unter Rn. 93 sowie die Kommentierung zu Art. 61.

persönlichkeit im Inland sind (vgl. eingehend hierzu *Köndgen*[76] und *Vahldiek*[77]). Diesen gleichgestellt sind Zweigniederlassungen (englisch: *branch*). Eine Zweigniederlassung liegt vor, wenn ein ausländisches Kreditinstitut oder Wertpapierdienstleistungsunternehmen im Inland eine dauernde physische Präsenz hat, die mit einer räumlichen Selbständigkeit gegenüber der ausländischen Hauptniederlassung einher geht, ohne dass – im Unterschied zu einer Tochtergesellschaft – sie über eine eigene Rechtspersönlichkeit verfügt.[78] Problematisch ist zum einen, dass der Richtliniengeber in Art. 4 Abs. 1 lit. j) iii) – im Unterschied zu § 20 InvG – nicht ausdrücklich klarstellt, dass es sich um Zweigniederlassungen von nach Art. 21 Abs. 3 als Depotbank zulässigen Unternehmen (d.h. insbesondere von Kreditinstituten und Wertpapierdienstleistungsunternehmen) handeln muss. Dies ergibt sich jedoch aus dem Sinn und Zweck des Art. 21 Abs. 3, der die Tätigkeit von dem Vorliegen einer Erlaubnis als Kreditinstitut gemäß der Bankenrichtlinie oder als Wertpapierdienstleistungsunternehmen nach der MiFID abhängig macht. Darüber hinaus folgt dies aus der Logik der Definition der Zweigniederlassung in Art. 4 Abs. 1 lit. c), wenngleich dort für die Zweigniederlassung eines AIFM.[79] Zum anderen ist unklar, ob Art. 4 Abs. 1 lit. j) iii) mit Zweigniederlassungen nur solche von Instituten mit Sitz in der EU bzw. dem EWR oder aber auch solche aus Drittstaaten meint. Aus den vorgenannten Gründen dürfte sich der Begriff der Zweigniederlassung nur auf Institute aus der EU bzw. dem EWR beziehen. Nur diese können über die erforderliche Erlaubnis verfügen. Da die Regelung des Art. 21 abschließend ist, dürfte dies zur Folge haben, dass der deutsche Gesetzgeber im Rahmen der Umsetzung der AIFM-Richtlinie gezwungen ist, § 20 Abs. 2 Satz 2 InvG außer Kraft zu setzen, wonach derzeit auch Zweigniederlassungen von Depotbanken aus Drittstaaten (insbesondere sog. *Global Custodians*) auf der Grundlage eines entsprechenden bilateralen Abkommens mit dem Drittstaat als Depotbank tätig werden können.[80]

98   **b) Bei Drittstaaten-AIF. aa) Ausgangslage.** Da EU-AIFM auch AIF aus Drittstaaten verwalten und unter den Voraussetzungen des Art. 35 mit einem Vertriebspass in der EU vertreiben dürfen, muss die AIFM-Richtlinie auch die Frage klären, wer Depotbank solcher Drittstaaten-AIF sein darf. Praxisrelevant dürfte dies namentlich bei Hedgefonds und Private Equity Fonds werden. Insbesondere britische Manager verwalten überwiegend Hedgefonds in der Karibik (z. B. *Cayman Islands, Bermudas und British Virgin Islands*) oder Private Equity Fonds in den nicht zur EU gehörenden Kanalinseln.

99   Der Richtliniengeber stand hier vor folgendem Dilemma: einerseits musste er sicherstellen, dass die Beaufsichtigung und der Anlegerschutz mit dem eines EU-AIF gleichwertig ist. Andererseits musste er dem Umstand Rechnung tragen, dass viele Drittstaaten, in denen AIF üblicherweise domiziliert sind, nationale Regelungen zu Depotbanken haben, die von jenen des Art. 21 abweichen und häufig eine lokale Depotbank vorschreiben. Der Richtliniengeber hat dieses

---

[76] In Berger/Steck/Lübbehüsen, InvG § 20 Rn. 4 ff.

[77] In Boos/Fischer/Schulte-Mattler, KWG, 4. Aufl., § 53 Rn. 1 ff.

[78] Im Ergebnis ähnlich *Köndgen* in Berger/Steck/Lübbehüsen, InvG, § 20 Rn. 6.

[79] Eine Definition der Zweigniederlassung findet sich darüber hinaus in Art. 2 Abs. 1 lit. g) der OGAW-RL. Auch danach erbringt eine Zweigniederlassung Dienstleistungen, für welche die ausländische Muttergesellschaft einer Zulassung bedarf.

[80] Vgl. zu § 20 Abs. 2 Satz nur *Köndgen* in Berger/Steck/Lübbehüsen, InvG, § 20 Rn. 9.

Dilemma dergestalt aufgelöst, dass er für Drittstaaten-AIF **lokale Depotbanken** zulässt, zugleich aber über Abs. 6 **Mindestanforderungen** festlegt. Vor demselben Dilemma stand der Richtliniengeber auch für Drittstaaten-AIFM, die Drittstaaten-AIF in der EU vertreiben wollen.

bb) Wo muss die Depotbank eines Drittstaaten-AIF ihren Sitz haben?. 100
Nach Abs. 5 lit. b) kann ein Drittstaaten-AIF eine Depotbank mit Sitz in eben diesem Drittstaat bestellen. Anders als nach Abs. 5 lit. a) für EU-AIF ist eine Anknüpfung an den Sitzstaat des AIF jedoch nicht zwingend. So kann die Depotbank ihren Sitz stattdessen auch im Herkunfts-[81] oder im Referenzmitgliedstaat[82] des AIFM haben; dies erleichtert die Aufsicht über die Depotbank.

K. Bestellung der Depotbank und Depotbankvertrag (Abs. 2)

I. Einleitung

Abs. 2 ist auf Wunsch des Europaparlaments in die Richtlinie aufgenommen 101 worden; der Kommissionsvorschlag enthielt keine Regelung über die **Bestellung der Depotbank** und ihr **Rechtsverhältnis zum AIF** bzw. zum AIFM.

Die AIFM-Richtlinie regelt die Frage der Bestellung der Depotbank nur 102 rudimentär. Aus Abs. 2 folgt lediglich, dass die Bestellung auf der Grundlage eines schriftlichen Vertrages zu erfolgen hat. Die Richtlinie äußert sich hingegen nicht ausdrücklich dazu, wer die Depotbank auswählt und den Vertrag mit ihr schließt.

Die Pflicht, dafür Sorge zu tragen, dass eine Depotbank bestellt wird, obliegt 103 gemäß Abs. 1 dem AIFM als dem zentralen Akteur und Normadressat der AIFM-Richtlinie. Dies bedeutet jedoch nicht zwingend, dass dieser die Depotbank auswählen und mit ihr den Vertrag schließen muss. Die **Auswahl** kann stattdessen z. B. durch den Fondsinitiator und der Vertragsschluss durch den AIF[83] erfolgen, sofern letzterer über eine eigene Rechtspersönlichkeit verfügt. In beiden Fällen muss der AIFM allerdings dafür Sorge tragen, dass den Anforderungen der AIFM-Richtlinie Genüge getan wird. Gelingt ihm dies nicht, so ist der AIFM nach Art. 5 Abs. 2 verpflichtet, unverzüglich seine Herkunftsbehörde sowie, falls hiervon abweichend, jene des AIF zu informieren. Die Herkunftsbehörde des AIFM kann als ultima ratio verlangen, dass der AIFM die Verwaltung des AIF niederlegt, wenn es der AIFM nicht schafft, z. B. durch Einwirkung auf den Fondsinitiator, die Einhaltung der Vorschriften zur Depotbank sicherzustellen.

II. Form des Depotbankvertrages (Abs. 2 Satz 1)

Der Depotbankvertrag muss nach Abs. 2 Satz 1 schriftlich geschlossen werden. 104
Die Schriftform (vgl. hierzu § 126 BGB) ist demgemäß Wirksamkeitsvoraussetzung.

---

[81] Zu dem Begriff des Herkunftsmitgliedstaats des AIFM vgl. Art. 4 Rn. 128 ff.
[82] Zu dem Begriff des Referenzmitgliedstaats des AIFM vgl. Art. 4 Rn. 195 ff.
[83] Dies lässt sich aus Abs. 13 lit. c) schließen, der wahlweise von einem Vertrag mit dem AIF oder dem für Rechnung des AIF handelnden AIFM spricht.

III. Mindestinhalt des Depotbankvertrages (Abs. 2 Satz 2)

105   Die AIFM-Richtlinie regelt den **Mindestinhalt des Depotbankvertrages.**
Den Parteien steht es frei, darüber hinaus gehende Dinge zu regeln. Der Mindestinhalt steht jedoch nicht zur Disposition der Vertragsparteien.

106   Der Mindestinhalt ergibt sich zum einen aus Abs. 2 Satz 2 und zum anderen
aus den auf der Grundlage von Abs. 17 lit. a) ergangenen Level-2-Maßnahmen.

107   **Informationsaustausch**
Wesentlicher Bestandteil des Vertrages muss nach Abs. 2 Satz 2 eine Regelung
zum **Informationsaustausch** zwischen der Depotbank und dem AIF und /oder
dem AIFM sein. Durch den Informationsaustausch soll sichergestellt werden, dass
die Depotbank ihren gesetzlichen Verpflichtungen nachkommen kann. Eine vergleichbare Verpflichtung findet sich in Art. 61 Abs. 1 OGAW-RL. Dort geht es
um die Regelung des Informationsaustausches zwischen der Depotbank eines
Feeder- und eines Master-OGAW. Zu Beginn der Vertragsbeziehungen zwischen
der Depotbank und dem AIF bzw. dem AIFM erfolgt eine **Risikoüberprüfung
und -einschätzung.** Diese dient vornehmlich dazu, die notwendigen Prozesse
insbesondere auch hinsichtlich des Informationsaustauschs unter Beachtung des
Proportionalitätsgrundsatzes festzulegen.

108   Die Mindestinhalte des **Depotbankvertrages** basieren im Wesentlichen auf
dem ESMA Advice.[84]

109   **1. Informations- und Mitwirkungspflichten des AIF bzw. AIFM.** In
Art. 83 Abs. 1 lit. g) Durchführungsverordnung ist statuiert, dass der Vertrag eine
Beschreibung der **Mittel und Verfahren** beinhalten muss, mit denen die Depotbank **Zugang zu allen erforderlichen Informationen** von dem AIF bzw.
AIFM erhält, die sie zur **Pflichterfüllung** benötigt. Hierbei kann es sich sowohl
um die **Festlegung der Art und Weise** (Medium, Format etc.) **der Übermittlung** oder Zurverfügungstellung, als auch um die **Einräumung von Auskunfts-
rechten** gegenüber Dritten handeln. Im Falle der Einschaltung Dritter, insbesondere Erfüllungsgehilfen, durch den AIF bzw. AIFM muss dieser sicherstellen,
dass auch die Informationsübermittlung von diesen Dritten geschieht, um der
Depotbank die Ausübung der gesetzlich manifestierten **Überwachungs- und
Kontrollfunktionen** zu ermöglichen, Art. 83 Abs. 1 lit. k) Durchführungsverordnung. Die Verankerung der Informationsübermittlung auch von Dritten
erscheint gerade vor dem Hintergrund der strengeren Haftungsregelungen bei
Verlust eines Finanzinstruments und mithin der überragenden Bedeutung für die
Depotbank sachgerecht. In der Praxis haben sich diese Standards in Deutschland
für die im Investmentgesetz geregelten Fondsstrukturen gleichermaßen bereits
heute etabliert, wenn auch mitunter in konkretisierenden Service Level Agreements.

110   Die besondere Praxisrelevanz des Informationsaustauschs verdeutlicht ebenfalls
das Erfordernis, die Verfahren zu beschreiben, durch die die Depotbank Informationen über alle **Geldkonten,** die im Namen **des AIF** oder im Namen des AIFM
für den AIF **bei Dritten** eröffnet werden, erhält (Art. 83 Abs. lit. n) Durchführungsverordnung). Während zunächst im Rahmen der Konsultation zum ESMA
Advice[85] diskutiert wurde, zu welchem konkreten Zeitpunkt der Eröffnung von

---

[84]   Vgl. ESMA-Advice, Box 75, Seite 140/141.
[85]   Vgl. ESMA-Advice, Box 75, Nr. 13 i. V. m. Annex IV (Feedback on the consultations)
Punkt 301, Seite 419.

Geldkonten die Depotbank zu informieren ist, beinhaltet die Durchführungsverordnung keine explizite Zeitvorgabe. Es ist jedoch davon auszugehen, dass die Information **unmittelbar** zur Verfügung gestellt werden muss, damit die Depotbank ihrer Verpflichtung zur **Liquiditätsüberwachung** ordnungsgemäß nachkommen kann. Dies scheint gerade vor dem Hintergrund des vielfach geringeren insolvenzrechtlichen Schutzes von Geld gegenüber anderen Vermögensgegenständen notwendig.

2. Informationspflichten der Depotbank. Nach Art. 83 Abs. 1 lit. f)   **111** Durchführungsverordnung sind im Depotbankvertrag die (Kommunikations-)**Mittel und Verfahren** zu beschreiben, mit deren Hilfe die Depotbank dem AIF bzw. AIFM sämtliche relevanten **Informationen** übermittelt, um zu ermöglichen, dass dieser seine **Pflichten ordnungsgemäß erfüllen** kann.

Der Informationsaustausch von der Depotbank an den AIF umfasst auch dieje-   **112** nigen Informationen, die zur Ausübung etwaiger mit den Finanzinstrumenten **verbundener Rechte,** benötigt werden. Beispielhaft zu nennen sind anstehende **Kapitalmaßnahmen** (Corporate Actions) oder **Erträgniszahlungen.** Dies resultiert bereits daraus, dass die Kenntnis dieser Rechte wesentliche Entscheidungsgrundlage bei Cashdisposition ist.[86] Ebenso ist der **Zugang** zu aktuellen und detaillierten Informationen über die **Konten und Depots des AIF,** die bei der Depotbank geführt werden, zu ermöglichen.

3. Gesetzliche Anforderungen innerhalb der Verwahrkette. Folgerichtig   **113** wird verlangt, eine Pflicht der Depotbank im Vertrag zu konstatieren, den AIF bzw. AIFM unverzüglich zu benachrichtigen, falls Kenntnisse vorliegen, dass die Trennung der Vermögensgegenstände nicht oder nicht mehr ausreichend ist **(Segregation).**[87] Diese Verpflichtung betrifft auch die Kenntnis einer mangelnden **Trennung der Bestände** bei einem **Unterverwahrer,**[88] Art. 84 Abs. 1 lit. p) Durchführungsverordnung. Diese sehr detaillierten Vorgaben lassen sich vor dem Hintergrund der Erfahrungen mit der Insolvenz von Lehman Brothers International Europe erklären. Eine Vermengung der Vermögensgegenstände und eine Gefährdung der eindeutigen insolvenzrechtlichen Zuordnung der Vermögensgegenstände zu einem konkreten AIF ist zu vermeiden.

Wichtig ist auch die Verpflichtung zur Aufnahme einer Beschreibung der   **114** Voraussetzungen sowie des Verfahrens der Wiederverwendung von Vermögensgegenständen **(Rehypothication).**[89] Analog der sonstigen Regelungen müssen auch hier in den Prozess einbezogene Dritte berücksichtigt werden, Art. 83 Abs. 1 lit. h) Durchführungsverordnung.

4. Haftung der Depotbank. Art. 83 Abs. 1 lit. h) Durchführungsverordnung   **115** ist für die Depotbank von weitreichender Bedeutung. Diese Regelung sieht vor, eine Klarstellung im Depotbankvertrag aufzunehmen, dass die **Haftung der Depotbank** durch die Einschaltung eines Unterverwahrers grundsätzlich nicht

---

[86] Nicht zuletzt zur Einhaltung der gesetzlich verankerten Anlagegrenzen.
[87] Zur Bestandstrennung vgl. auch Art. 100 Level-II-VO.
[88] Bereits im Rahmen der Due Diligence gem. Art. 99 Level-II-VO hat die Depotbank die dritte Partei fortlaufend zu überprüfen und ohne schuldhaftes Zögern den AIF bzw. AIFM über jedwede Änderung der Risiken zu benachrichtigen.
[89] Vgl. auch Rn. 306.

berührt wird. Dies gilt nicht, sofern die Voraussetzungen einer **Enthaftung** gemäß Art. 21 Abs. 13 oder Abs. 14 AIFM-RL vorliegen.[90]

116 **5. Informationen hinsichtlich der Finanzinstrumente.** Gemäß Art. 83 Abs. 1 lit. a) Durchführungsverordnung muss der Depotbankvertrag eine Beschreibung der **Verfahren** beinhalten, die bei der **Ausübung der Verwahrpflicht** durch die Depotbank **in Abhängigkeit der jeweiligen Arten von Finanzinstrumenten** zur Anwendung gelangen. In Anlehnung an die bestehenden gesetzlichen Mindestanforderungen an einen Depotbankvertrag für europäische OGAW-Depotbanken und unter Berücksichtigung der in Deutschland geltenden ergänzenden Anforderungen, werden besondere Vereinbarungen zu treffen sein, die die Kommunikation über Geschäfte in **nicht verwahrfähigen Finanzinstrumenten** regeln.

117 In Abweichung zum ESMA Advice verlangt Art. 83 Abs. 1 lit. b) Durchführungsverordnung, dass durch eine entsprechende Vereinbarung im Depotbankvertrag sicherzustellen ist, dass die Beschreibung der Art und Weise der Verwahrung explizit auch die **geographischen Regionen,** in die der AIF zu investieren beabsichtigt, beinhalten soll. Neben dem Erfordernis einer genauen Beschreibung der Verwahrung in Abhängigkeit des Finanzinstruments[91] führt dies zur Aufnahme einer sog. „**Länderliste**". In der ESMA Konsultation wurde klargestellt, dass die in dem Depotbankvertrag aufzunehmende Liste nicht abschließend ist, sondern die Parteien vielmehr die Möglichkeit haben, ergänzende Vereinbarungen zu treffen.[92] Zur Abrundung ist daher folgerichtig auch das **Verfahren zur Aufnahme und Streichung von Ländern** auf dieser Liste ein neues Erfordernis beim Mindestvertragsinhalt von Depotbankverträgen.[93]

118 Ausgehend von der Tatsache, dass die ordnungsgemäße Ausübung der Verwahr- und Überwachungsfunktion maßgeblich von den **Finanzinstrumenten** des AIFs abhängt, ist es für die Depotbank unerlässlich sicherzustellen, dass keine Investmententscheidungen ohne Rücksicht auf die **Verwahrrisiken,** für die in der Regel die Depotbank haftbar wäre, getroffen werden können. Die Vereinbarung einer Länderliste gewährleistet, dass die Depotbank frühzeitig und im Vorfeld ihrer Pflicht zur **Risikoüberprüfung und -einschätzung** möglicher Verwahrrisiken in den unterschiedlichen geographischen Regionen nachkommen kann, um so nicht zuletzt beurteilen zu können, ob alle erforderlichen organisatorischen Vorkehrungen getroffen sind, den immanenten Risiken adäquat begegnen zu können. Dabei kommt der detaillierten Analyse des jeweiligen Insolvenzregimes eine hervorgehobene Stellung zu.

119 Wesentlich im Hinblick auf die strengere **Haftungsregelung** für Depotbanken ist die gem. Art. 83 Abs. 1 lit. i) Durchführungsverordnung verankerte Verpflichtung, das einzuhaltende Verfahren bei einer (relevanten) **Änderung der AIF Bedingungen** oder der **Angebotsunterlagen** (Verkaufsprospekte) zu beschreiben. Für die Depotbank ist die Information hierüber nicht nur wegen der Ausübung etwaiger Zustimmungsvorbehalte, beispielsweise im Rahmen des Erwerbs eines **neuen Produktes,** bzw. hinsichtlich solcher Rechtsgeschäfte, die unmittelbar darauf gerichtet sind, auf ein bestehendes Recht einzuwirken

---

[90] Vgl. auch Rn. 375 ff.

[91] Die ursprüngliche Idee, einer Auflistung der Instrumententypen, wurde verworfen.

[92] Vgl. ESMA-Advice, Annex IV (Feedback on the consultations) Punkt 299, Seite 417.

[93] Bei OGAW-Depotbanken sind insoweit Art. 30–33 und 35 der Richtlinie 2010/43/EG zu berücksichtigen, die die Vereinbarung einer Länderliste nicht vorsehen.

(durch Übertragung oder Aufhebung), erheblich. Neben der Überprüfung der risikoadäquaten Abbildbarkeit von neuen Produkten und der Klärung von Bewertungsfragen ist hier auch die Berücksichtigung der „richtigen" Verwahrung maßgeblich. In der Praxis dürfte diesem Punkt besonders im Hinblick auf das erweiterte Anlageuniversum und die Haftung innerhalb von Verwahrketten besondere Bedeutung zukommen.

Sobald eine geplante Änderung Auswirkung auf die ordnungsgemäße Wahr- 120 nehmung der Funktionen der Depotbank hat, muss sichergestellt werden, ob die gewählte Depotbank in organisatorischer und fachlicher Hinsicht in der Lage ist, die Anforderungen zu erfüllen. Andernfalls muss eine andere Depotbank mit der Wahrnehmung der Depotbankfunktion beauftragt werden und der Vertrag ist entsprechend zu kündigen.

6. Ergänzende Vereinbarungen und Dokumente. Zur weiteren Verbesse- 121 rung der **operativen Prozesse** und Verfahren zwischen den beteiligten Parteien, aber auch zur Gewährleistung der Erfüllung sämtlicher gesetzlich übertragenen Aufgaben (beispielhaft zu nennen sind die technische Abwicklung sowie Verwahraufgaben) und der Sicherstellung der umfänglichen, **gesetzlichen Weisungs- und Kontrollrechte,** schreibt Art. 83 Abs. 1 lit. o) Durchführungsverordnung eine einheitliche Grundlage für die Etablierung eines **Eskalationsverfahrens** vor, das zweckmäßigerweise in einem Service Level Agreement geregelt werden kann. Wenngleich das derzeitige Investmentgesetz keine Regelung hinsichtlich eines Eskalationsverfahrens beinhaltet, entspricht die Vereinbarung eines solchen Prozesses gängiger Praxis.

Zur Ermöglichung einer **wirksamen Überwachung** ist ferner das Verfahren 122 zu beschreiben, mit dem die Depotbank in die Lage versetzt wird, den AIF bzw. AIFM hinsichtlich der Qualität der erhaltenen Informationen, u.a. durch die Einräumung von **Zutritts-** (Besuche vor Ort) und **Einsichtnahmerechte** in die **Buchführung,** zu überprüfen. Gleiches gilt ebenfalls für den umgekehrten Fall, in dem der AIF bzw. AIFM die Leistungen hinsichtlich der Pflichterfüllung der Depotbank kontrollieren muss.[94]

Art. 83 Abs. 1 lit. m) Durchführungsverordnung regelt den **Informationsaus-** 123 **tausch** bezüglich der Aufgaben und Verpflichtungen der Vertragsparteien im Hinblick auf die **Verhinderung von Geldwäsche** und **Terrorismusfinanzierung.** Als Vorbild dienen hier erkennbar die Regelungen für OGAW-Depotbanken. Neben dem Informationsfluss zwischen den Vertragsparteien des Depotbankvertrages werden ergänzend noch die **Unterrichtungspflichten an die jeweils national zuständigen Aufsichtsbehörden** in den Regelungskreis einbezogen. Als Mindestregelungsgehalt zu nennen sind:

i)   Detaillierte Angabe der Informationen, die im Rahmen von **Anteilszeichnungen, -rücknahmen** hinsichtlich des AIF zwischen dem AIFM und der Depotbank auszutauschen sind;

ii) Informationen hinsichtlich geltender **Geheimhaltungspflichten** der Parteien sowie

iii) Festlegung der Aufgaben und Zuständigkeiten der jeweiligen Partei hinsichtlich der Pflichten in Bezug auf die Bekämpfung von **Geldwäsche und Terrorismusfinanzierung.**

---

[94] Vgl. Art. 83 Abs. 1 lit. q) der Level-II-VO. Umgekehrt geregelt in Art. 83 Abs. 1 lit. r) Level-II-VO.

124 Gerade in Fällen der **Beendigung** des **Depotbankvertrages** und eines anstehenden **Wechsels** der Depotbank ergeben sich in der Praxis vielfach Fragen
über Form und Umfang der zu übermittelnden, **notwendigen Daten,** aber
auch der **Haftungsverteilung oder -übernahme** zwischen der abgebenden
und übernehmenden Depotbank. Vor diesem Hintergrund wurde auch im Rahmen der ESMA Konsultation kontrovers diskutiert, ob die Vertragsparteien
bereits bei Abschluss des Depotbankvertrages die Voraussetzungen einer Änderung und Beendigung des Vertrages inklusive einer Beschreibung des Verfahrens
der Übergabe der relevanten **Informationen an den Nachfolger** (Depotbankfunktion übernehmende Stelle) festlegen müssen. Gegenstand der Erörterung
war zunächst, dass sicherlich auch vor dem Hintergrund sich entwickelnder und
ändernder Kommunikationsformen und -techniken die genauen Prozesse des
Informationsflusses eines späteren Wechsels der Depotbank zum Zeitpunkt des
Vertragsabschlusses nicht bekannt sind. Ferner wurde die Angabe einer maximalen Zeitdauer, bis wann der AIF eine neue Depotbank bestellt haben muss,
erörtert.[95] Dem Wunsch einiger Branchenvertreter gerade hinsichtlich prozessualer Fragestellungen durch konkrete Vorgaben Rechtssicherheit zu gewinnen,
ist die ESMA nicht gefolgt, sondern überlässt die Vereinbarung zeitlicher und
prozessualer Details eines Übertrags der individuellen Vereinbarung zwischen
den Parteien. Da ein Depotbankwechsel in der Regel nicht auf Wunsch beider
Parteien erfolgt, wäre eine weitergehende Konkretisierung der im Beendigungs-
fall notwendigen Prozesse hilfreich. Dem steht jedoch allein schon die Vielfalt
der uneinheitlichen technischen Standards entgegen. In der Praxis hat sich
gezeigt, dass trotz unterschiedlicher Interessenslagen regelmäßig eine Einigung,
die einen reibungslosen Transfer ermöglicht, gefunden wird. Ungeachtet dessen
werden zumindest die Laufzeit der Vereinbarung, die Voraussetzungen für eine
Beendigung und den Wechsel der Depotbank inklusive einer Beschreibung der
Rahmenparameter, nach denen die abgebende Depotbank der übernehmenden
Depotbank alle einschlägigen Informationen zur Verfügung stellt, in den Depotbankvertrag aufzunehmen sein. Weitere Einzelheiten bleiben, wie bereits heute
etablierte Praxis, individuellen Übertragungsvereinbarungen vorbehalten.

125 Beabsichtigen die Depotbank oder der AIFM (für einen AIF), **Dritte** mit der
Ausführung der ihnen zugewiesenen Aufgaben zu beauftragen, so müssen gem.
Art. 83 Abs. 1 lit. l) Durchführungsverordnung

  i) eine **Verpflichtungserklärung,** regelmäßig Einzelheiten zu den eingesetzten
      Dritten zur Verfügung zu stellen, und

  ii) die Verpflichtung, auf Anforderung auch die **Auswahlkriterien sowie die
      Verfahren zur Überwachung der Dritten** offen zu legen,

in den Vertrag aufgenommen werden. Im Rahmen der ESMA Konsultation
wurde diesbezüglich klargestellt, dass die zuvor genannten Pflichten **alle Auslagerungen** der **Verwahrkette** einschließen.[96]

126 Im Falle von **Anteilscheintransaktionen** an dem AIF sieht Art. 83 Abs. 1
lit. j) Durchführungsverordnung vor, dass der Depotbankvertrag eine Beschreibung enthalten muss, welche Informationen die Parteien für die **Ausgabe, Rücknahme, Einziehung** oder den **Rückkauf** einander zur Verfügung stellen müssen.

---

[95] Vgl. ESMA-Advice, Box 75 i. V. m. Annex IV (Feedback on the consultations)
Punkt 300, S. 418.

[96] Vgl. ESMA-Advice, Box 75 i. V. m. Annex IV (Feedback on the consultations)
Punkt 301, Seite 418.

7. Vergleich zu OGAW-Regelungen. Nach § 20 InvG, der die Beauftra- 127
gung einer Depotbank mit der Verwahrung von Investmentvermögen vorsieht,
besteht in Deutschland auch derzeit bereits das Erfordernis zum Abschluss eines
Depotbankvertrages. Dieser beinhaltet eine Definition und Beschreibung der
gesetzlichen und vertraglichen Depotbankpflichten. Die derzeit verwendeten **Musterverträge,** die mit Unterstützung der Branchenverbände erarbeitet
wurden, richten sich inhaltlich nach den Mindestanforderungen, wie sie in der
europäischen Investmentfondsgesetzgebung (OGAW-Richtlinie) und aufgrund
der Investmentgesetznovelle 2011 im deutschen Recht gelten. Daneben wurden
durch das Depotbankenrundschreiben 6/2010 (WA)[97] der BaFin vom 2. Juli 2010
weitere, die Pflichten der Depotbank konkretisierende aufsichtsrechtliche Vorgaben verbindlich aufgestellt. Dies sind insbesondere **konkrete Kontrollpflichten**
der Depotbank im **Investmentdreieck** oder die Pflicht der Depotbank zur
Überprüfung und Evaluation von Verwahrketten für die Marktteilnehmer.
Ergänzend wird, wie im Depotbankenrundschreiben empfohlen, bei der Gestaltung des Depotbankvertrages die „CESR's technical advice to the European
Commission on the level 2 measures related to the UCITS management company
passport[98], Section III"[99] in Bezug auf den Inhalt des Depotbankvertrages, zu
berücksichtigen sein.

In Anlehnung an die bereits bestehenden europäischen Vorgaben aufgrund der 128
OGAW-Richtlinie wurde die neue Pflicht zur Etablierung einer Depotbank für
AIF in die AIFM-Richtlinie aufgenommen. Konkretisierende Pflichten dieser
gravierenden Angleichung werden über die Durchführungsverordnung erlassen.
Betroffen sind hier insbesondere Private-Equity und geschlossene Fonds, da diese
Vehikel aktuell nicht reguliert und mithin keine analogen Anforderungen zu
berücksichtigen haben.

Die vorgesehene schriftliche Depotbankvereinbarung beinhaltet, wie vorste- 129
hend dargestellt, umfangreiche Erfordernisse zur Festlegung von **Kommunikati-
onswegen und -inhalten,** Regelungen, die für OGAW-Depotbanken grundsätzlich nicht neu sind. Bereits heute haben sich aufgrund der europäischen
Investmentfondsgesetzgebung die Festschreibung von Zustimmungsvorbehalten
und detaillierter Informationspflichten in den Depotbankverträgen etabliert.

Der in der Durchführungsverordnung statuierte Regelungsgehalt ist insoweit 130
eine zum Teil modifizierte Bündelung der für Investmentvermögen bereits nach
dem Investmentgesetz geltenden Regelungen.[100] Allerdings sind die Anforderungen an den Informationsfluss sowie die Prüftiefe erhöht.

8. Vorgabe eines Mustervertrages. Das ursprüngliche Vorhaben der EU- 131
Kommission, die die ESMA um eine Ausarbeitung eines **Mustervertrages** gebe-
ten hatte, wurde aufgegeben. Stattdessen hat sich die ESMA auf die verbindliche
Vorgabe von **Mindestregelungsinhalten** beschränkt. Beweggründe hierfür
waren insbesondere, dass es kaum möglich erscheint, einen solch weit gefassten
Mustervertrag, der alle unter die AIFM-Richtlinie fallenden AIF-Strukturen,
Investmentstrategien und der unterschiedlichen Eigentümerrechte in den ver-

[97] Geschäftszeichen WA 41-Wp-2136-2008/0020, abrufbar unter: http://www.bafin.de/
SharedDocs/Veroeffentlichungen/DE/Rundschreiben/rs_1006_wa_depotbank_invg.html.
[98] CESR/09-963.
[99] CESR/09-535.
[100] Vgl. zu § 20 InvG nur *Beckmann/Scholtz/Vollmer,* Investment, 410 § 20 Rn. 2, bzw.
Anh. 1 und *Köndgen* in Berger/Steck/Lübbehüsen, InvG, § 20 Rn. 5.

schiedenen Jurisdiktionen beinhaltet, zu erstellen. Es erschien daher notwendig, den Marktteilnehmern einen gewissen Freiraum zu geben, dieses weite Universum im Rahmen der vorgegebenen Mindestinhalte im Einzelfall selbst zu regeln. Auch stand zu befürchten, dass die Vorgabe eines detaillierten Vertragsmusters vor dem Hintergrund heterogener nationaler Rechtsprechung zu unterschiedlichen Auslegungen einzelner Detailregelungen führen würde. Bei genauer Analyse des vorliegenden Entwurfs der Durchführungsverordnung und der in Art. 21 der AIFM-Richtlinie statuierten Anforderungen dürfte bereits ein solch dezidierter, regulatorischer Rahmen geschaffen sein, dass es einer weitergehenden Konkretisierung durch einen Mustervertrag nicht zwingend bedarf. Nach der hier vertretenen Auffassung würde ein Mustervertrag lediglich die Transformation des bestehenden Rechtsrahmens in die Praxis bedeuten, ohne tatsächlich zu einer stärkeren Rechtsklarheit und Rechtssicherheit führen zu können. Dies erscheint konsequent und entspricht der Logik der generellen Gesetzgebung. In der Regel werden keine konkreten (Muster-) Verträge vorgegeben. Vielmehr ist dies stets die Aufgabe der beteiligten Parteien und Ausdruck des Grundsatzes der Privatautonomie. Im Hinblick auf (national) aufzunehmende Konkretisierungen, beispielsweise des anwendbaren Rechts oder des Gerichtsstandes sowie der Berücksichtigung der individuellen Besonderheiten des AIFs ist zu erwarten, dass mit Hilfe der jeweiligen Branchenverbände neue **Musterverträge** erarbeitet und etabliert werden.

132   **9. Erwartete Auswirkungen auf den Markt.** Aufgrund der Definition des Begriffs AIF, die auch diejenigen (regulierten) Fonds[101] umfasst, die zwar nicht der OGAW-Richtlinie unterliegen, aber über das Investmentgesetz eine Depotbank benötigen, wird eine **Anpassung** der bestehenden **Vertragswerke** erforderlich werden. Ebenso ist zu erwarten, dass das Depotbankenrundschreiben der BaFin entsprechend um Regelungen zur systematischen Trennung der Erfordernisse für OGAW-Depotbanken und AIF-Depotbanken einerseits, aber auch im Hinblick auf wesentliche Anleger schützende Regelungen zur **Unterverwahrung** und zur **Haftung** andererseits, erweitert wird.

133   Die auf Grundlage von Art. 21 Abs. 17 AIFM-RL von der Europäischen Kommission zu erlassende Durchführungsverordnung wird in der Praxis neben technischen Anpassungen der Prozesse insbesondere im Hinblick auf die Verantwortungsübernahme der Depotbanken zu signifikanten Veränderungen führen. Das **Fehlermonitoring für Informations- und Orderflows,** der Dokumentation von **Due-Diligence-Prozessen** für die **Auswahl und die Überwachung von Unterverwahrern** sowie die **Überwachung von Anlagegrenzen nebst Sicherheitenmanagement** wird zunehmend an Bedeutung gewinnen und zu (transparenten) Unterscheidungsmerkmalen im Markt führen. Des Weiteren kann davon ausgegangen werden, dass es eine Änderung der Depotbankenlandschaft in Deutschland aufgrund der weitergehenden Pflichten wie die strengeren Haftungsregelungen geben wird.

IV. Zeitpunkt des Abschlusses des Depotbankvertrages

134   **1. Normalfall.** Der Depotbankvertrag muss mit dem von Art. 21 geforderten Mindestinhalt abgeschlossen worden sein, **bevor der AIFM mit der Verwal-**

---

[101] Beispielsweise Gemischte Sondervermögen (§ 84 InvG), Sonstige Sondervermögen (§ 90g InvG), Spezial Sondervermögen (§ 91 InvG).

tung des AIF, und damit zugleich vor dessen **Vertrieb, beginnt.**[102] Dies folgt aus Art. 7 Abs. 3 lit. d). Danach muss ein AIFM in seinem Zulassungsantrag bereits Angaben zu der bestellten Depotbank und dem Depotbankvertrag machen.

2. Übergangsbestimmungen nach Art. 61. Nach der **Übergangsbestim-** 135 **mung** des Art. 61 Abs. 1 kann ein AIFM AIF, die er bereits vor Ablauf der Umsetzungsfrist am 22.7.2013 verwaltet und vertrieben hat, zunächst auch ohne Zulassung weiter verwalten und vertreiben. Er muss innerhalb eines Jahres vom 22.7.2013 an einen Zulassungsantrag stellen. In der Zwischenzeit muss der AIFM alle erforderlichen Maßnahmen ergreifen, um der AIFM-Richtlinie nachzukommen. Hierzu dürfte auch die Pflicht zur Auswahl einer Depotbank und zum Abschluss eines Depotbankvertrages gehören. Nach hier vertretener Ansicht folgt hieraus, dass auch solche AIF ab dem 22.7.2013 zwingend eine Depotbank haben und einen schriftlichen Depotbankvertrag geschlossen haben müssen, die eine bereits bestehende Geschäftstätigkeit fortführen wollen. In Deutschland ist dies namentlich für geschlossene Fonds bedeutsam, die bisher über keine Depotbank verfügen. Selbst wenn der AIFM seinen Zulassungsantrag erst spätestens am 21.7.2014 stellen muss, muss er die Regelungen der AIFM-Richtlinie ab dem 22.7.2013 uneingeschränkt befolgen. Dies gilt allerdings gemäß Art. 61 Abs. 3 bzw. Abs. 4 für solche geschlossenen Fonds nicht, welche nach dem 22.7.2013 keine neuen Anlagen mehr tätigen oder spätestens bis zum 22.7.2016 liquidiert werden.

V. Zivilrechtliche Einordnung des Depotbankvertrages

1. Aufsichtsrechtliche Natur der Regelung. Ihrer Natur als aufsichtsrecht- 136 liche Regelung folgend regelt die AIFM-Richtlinie allein die aufsichtsrechtlichen Komponenten des Depotbankvertrages; zu den zivilrechtlichen Fragen schweigt sie hingegen. Die vertragsrechtliche Einordnung des Depotbankvertrages bleibt demgemäß dem nationalen Recht überlassen.[103]

2. Keine Vorgabe zum anwendbaren Recht. Die AIFM-Richtlinie 137 schweigt auch zu der Frage, nach welchem Recht der Depotbankvertrag geschlossen werden kann.[104] Soweit der AIF und die Depotbank in demselben Staat domiziliert sind (vgl. Abs. 5 lit. a), dürfte die Wahl des betreffenden nationalen Rechts naheliegen; zwingend dürfte dies jedoch nicht sein. Die **Wahl ausländischen Rechts** (auch eines Drittstaates) ist jedenfalls dann zulässig, wenn die Depotbank ihren Sitz in einem Drittstaat bzw. in einem anderen Mitgliedstaat als der AIF hat (vgl. Abs. 5 lit. b).

3. Keine Regelung zur Vergütung der Depotbank. Wie die OGAW- 138 Richtlinie trifft die AIFM-Richtlinie keine Regelung zur **Vergütung der Depotbank.** Die Höhe und Fälligkeit der Vergütung kann demgemäß frei zwi-

---

[102] Zu demselben Ergebnis kommt für das Investmentgesetz *Köndgen* in Berger/Steck/Lübbehüsen, InvG, § 20 Rn. 3.

[103] Vgl. eingehend zu § 20 InvG *Köndgen* in Berger/Steck/Lübbehüsen, InvG, § 20 Rn. 2 ff.

[104] Im Unterschied hierzu sieht Richtlinie 2010/42/EU im Zusammenhang mit Master-Feeder-OGAW Regelung zur Wahl des anwendbaren Rechts vor.

schen den Parteien ausgehandelt werden.[105] Ob die Depotbank wie nach § 29 Abs. 2 InvG die Vergütung aus dem Vermögen des AIF entnehmen kann, regelt die AIFM-Richtlinie ebenfalls nicht. Da die Richtlinie insoweit nicht abschließend ist, dürfte Deutschland an der Regelung des § 20 Abs. 2 InvG festhalten dürfen.

139   **4. Keine Regelung zur Kündigung.** Die AIFM-Richtlinie regelt schließlich nicht die Frage der Kündbarkeit des Depotbankvertrages. Da ein Wechsel der Depotbank nach Art. 10 möglich ist, muss auch der Depotbankvertrag kündbar sein. Maßgebend ist insoweit das nationale Recht.[106]

L. Aufgaben der Depotbank (Abs. 7–9)

I. Einleitung

140   Die Aufgaben der Depotbank sind in den Absätzen 7 bis 9 geregelt. In ihrer Treuhandfunktion zum Schutz der Anleger hat die Depotbank folgende drei wesentliche Funktionen inne: 1. Zahlstellenfunktion (Abs. 8), 2. Verwahrfunktion (Abs. 8) und 3. Kontrollfunktion.

II. Vergleich mit der OGAW-Richtlinie und dem Investmentgesetz

141   Hierbei handelt es sich um Funktionen, die Depotbanken auch bisher bereits für unter die OGAW-Richtlinie bzw. das Investmentgesetz fallende offene Fonds ausüben. Überdies übernimmt die AIFM-Richtlinie die aus der OGAW-Richtlinie und dem Investmentgesetz bekannte Trennung der Vermögensverwaltung (durch den AIFM) und der Vermögensverwahrung (durch die Depotbank).[107] In der Detailtiefe gehen die Abs. 7 und 8 jedoch zum Teil über die bisherigen Regelungen des Investmentgesetzes hinaus. Im Vergleich zu den Depotbankregelungen in Art. 22 ff. bzw. 32 ff. der OGAW-RL sehen die Abs. 7 und 8 deutlich höhere Standards vor. Die EU-Kommission hat inzwischen bereits Vorschläge zur Angleichung der Standards der OGAW-Richtlinie an die Depotbankregelungen der AIFM-Richtlinie veröffentlicht (sog. OGAW-V-Richtlinie).[108] Hingegen ist Abs. 9 nahezu inhaltsgleich mit Art. 22 Abs. 3 OGAW-RL.

III. Depotbank als Zahlstelle

142   **1. Überwachung aller Zahlungsvorgänge.** Wie § 25 InvG[109] statuiert Abs. 7 eine Zahlstellenfunktion der Depotbank für sämtliche Zahlungsvorgänge des bzw. im Zusammenhang mit dem AIF. In Abs. 7 ist statt von Zahlungsvorgän-

---

[105] Wählt der AIFM die Depotbank aus, so muss er im mutmaßlichen Interesse der Anleger handeln (vgl. Abs. 10), sodass neben der Qualität und Unabhängigkeit die Höhe der Vergütung ein wesentlicher Faktor bei der Auswahl der Depotbank darstellt.

[106] Es kann auf die eingehenden Ausführungen von *Köndgen* in Berger/Steck/Lübbehüsen, InvG, Vor §§ 20–29 Rn. 6 verwiesen werden.

[107] *Schmitt* ZGesKW 2011, 246 (247).

[108] Vgl. Vorschlag der EU-Kommission zu einer OGAW-V-Richtlinie vom 3. Juli 2012, KOM(2012) 350 final.

[109] Vgl. eingehend *Ohl*, Die Rechtsbeziehungen innerhalb des Investment-Dreiecks, S. 58 f.; *Köndgen* in Berger/Steck/Lübbehüsen, InvG, § 25 Rn. 3.

gen von Cashflows die Rede. Ein inhaltlicher Unterschied ergibt sich hieraus jedoch nicht, zumal in Abs. 7 daneben auch von *„Zahlungen"* und *„Geldmitteln"* die Rede ist. Nach Abs. 7 muss die Depotbank eine ordnungsgemäße Überwachung sämtlicher Cashflows des AIF sicherstellen. Wie § 25 InvG regelt auch Abs. 7 nicht abschließend, durch welche Maßnahmen dies im Einzelnen zu erfolgen hat. Hier wie dort werden beispielhaft *(„insbesondere")* nur einzelne Zahlungsvorgänge genannt.[110]

Wie das Investmentgesetz verhindert auch Abs. 7 (im Zusammenspiel mit **143** Abs. 8), dass Geldmittel des AIF in die alleinige Verfügungsgewalt des AIFM gelangen, und sei es auch nur durchgangsweise.[111]

2. Normzweck des Abs. 7. a) Schutz vor Schneeballsystemen. Abs. 7 **144** hat einen vierfachen Normzweck. Erstens sollen Anleger vor Schneeballsystemen und sonstigem betrügerischen Verhalten des AIFM geschützt werden. Zu diesem Zweck müssen sämtliche eingehenden Geldmittel auf einem Geldkonto verbucht werden; alle ausgehenden Zahlungen müssen von einem Geldkonto erfolgen, über das die Depotbank die Kontrolle innehat. Hierdurch soll eine zweckentfremdete Verwendung der Anlegergelder durch den AIFN ausgeschlossen werden.

b) Abschirmung des Insolvenzrisikos. Zweitens sollen die Anleger vor **145** dem Insolvenzrisiko des AIFM und der Depotbank geschützt werden. Deshalb müssen sämtliche Geldmittel des AIF auf einem Geldkonto verbucht werden, welches zwingend vom Vermögen des AIFM oder der Depotbank getrennt sein muss. Hierdurch wird sichergestellt, dass das Fondsvermögen sowohl von einer Insolvenz des AIFM als auch der Depotbank unberührt bleibt.

c) Anteilsausgabe nur gegen volle Leistung. Drittens soll die Depotbank **146** überwachen, ob die Anleger sämtliche Zahlungen im Zusammenhang mit der Zeichnung von Fondsanteilen geleistet haben, damit diese Gelder auch vollständig zur kollektiven Anlage zur Verfügung stehen. Hierdurch wird eine Anteilsausgabe auf Kredit des AIF ausgeschlossen.[112] Teil der Zahlstellenfunktion ist somit die in § 23 Abs. 1 Satz 2 InvG separat geregelte Pflicht der Depotbank, bei der Ausgabe von Fondsanteilen darüber zu wachen, dass Anteile nur gegen volle Leistung des Anteilspreises ausgegeben werden.

d) Schutz vor Pflichtverletzungen des AIFM. Viertens dient die Zahlstel- **147** lenfunktion dazu, Anleger vor Pflichtverletzungen des AIFM zu schützen. Die Kontrolle sämtlicher Zahlungsvorgänge versetzt die Depotbank in die Lage zu prüfen, ob und zu welchen Preisen der AIF Vermögensgegenstände erworben oder verkauft hat und welche Nebenkosten hierbei (z. B. an Berater) entrichtet wurden.

Sie ist Voraussetzung dafür, dass die Depotbank ihren weiteren Funktionen **148** effektiv nachkommen kann. Aufgrund der Überwachung aller Zahlungsabgänge weiß sie, welche neuen Vermögensgegenstände angeschafft wurden und nach Abs. 7 zu verwahren sind. Durch die Überwachung der Zahlungseingänge erfährt sie z. B. von allen Erträgen des AIF (wie z. B. Dividenden- oder Zinseinnahmen)

---

[110] Vgl. zu § 25 InvG nur *Beckmann/Scholtz/Vollmer,* Investment, § 25 Rn. 9 und *Köndgen* in Berger/Steck/Lübbehüsen, InvG, § 25 Rn. 3.

[111] Vgl. zum Investmentgesetz nur *Köndgen* in Berger/Steck/Lübbehüsen, InvG, § 23 Rn. 2.

[112] Hingegen dürfte die AIFM-Richtlinie – anders als § 23 Abs. 1 Satz 3 InvG – Sacheinlagen nicht generell ausschließen.

und kann so erst ihrer Funktion nach Abs. 9 lit. g) gerecht werden zu überprüfen, ob die Erträge ordnungsgemäß verwendet werden.

149　　**3. Überwachung der Geldeingänge.** Zu der Zahlstellenfunktion gehört zunächst die ordnungsgemäße Überwachung aller Zahlungseingänge des AIF.

150　　Die Regelung des Abs. 7 ist wesentlich weniger detailliert als jene des § 25 InvG, welche zahlreiche eingehende und ausgehende Geldströme aufführt. Abs. 7 spricht statt dessen Generalklausel artig davon, dass die gesamten Geldmittel des AIF auf einem Geldkonto verbucht werden müssen. Wie das Investmentgesetz in den §§ 23–25 unterscheidet die AIFM-Richtlinie zwischen der Zahlstellenfunktion (Abs. 7), der Verwahrung der Geldmittel des AIF (Abs. 8) und der Überwachung der vollen Einzahlung bei Zeichnung von Fondsanteilen (Abs. 7). Alle diese Funktionen überschneiden sich jedoch und greifen Hand in Hand.

151　　Entsprechend greift die Durchführungsverordnung in Art. 85 (generelle Vorgaben hinsichtlich der Geldströme), Art. 86 (Überwachung der Geldströme inkl. Vorgaben über die Verwahrung) und Art. 87 (Aufgaben hinsichtlich der Anteilausgaben) die Regelungen auf und konkretisiert die Funktionen der Depotbank.

152　　Unter **Cashflows,** Zahlungen oder Geldmitteln im Sinne des Abs. 7 sind alle in § 23 Abs. 1 Satz 2 und 25 InvG explizit aufgeführte Zahlungseingänge zu fassen. Das heißt Zahlungen im Zusammenhang mit der Zeichnung von Anteilen, der Kaufpreis aus dem Verkauf von Vermögensgegenständen, anfallende Erträge (wie z. B. Zinsen, Dividenden oder Erträge aus Beteiligungsgesellschaften), erhaltene Entgelte für Wertpapierdarlehen und der Optionspreis, den ein Dritter für ein ihm eingeräumtes Optionsrecht zahlt. Hierunter fallen aber auch andere im Investmentgesetz nicht ausdrücklich genannte Zahlungseingänge; auch § 25 Abs. 1 Satz 1 InvG enthält insoweit eine Generalklausel *(„sonstige dem Investmentvermögen zustehenden Geldbeträge ").* Beispielhaft zu nennen sind Steuergutschriften, Schadenersatzleistungen, Einnahmen aus Derivat-, Devisen- oder Finanztermingeschäften sowie Kreditgutschriften.[113]

153　　In vielen Fällen werden **Nettogeldmittel** eingehen, d.h. anfallende Gebühren (wie z. B. etwaige Makler- und Börsengebühren beim Verkauf von Aktien) oder an der Quelle einbehaltene Steuern wurden vom Bruttobetrag bereits abgezogen. Insoweit hat die Depotbank zu prüfen, ob der Einbehalt ordnungsgemäß war, stellt der Einbehalt wirtschaftlich doch nichts anderes dar als ein Zahlungsabgang aus dem Geldkonto, welcher ebenfalls von der Depotbank zu überprüfen gewesen wäre.[114]

154　　Folgerichtig konkretisiert Art. 85 Durchführungsverordnung die allgemeinen Voraussetzungen, die vorliegen müssen, damit die Depotbank ihren Obliegenheiten nachkommen kann. Hiernach hat der AIFM sicherzustellen, dass sobald ein **Geldkonto,** insbesondere sofern dieses bei einem Dritten geführt werden soll, eröffnet wird, der Depotbank (fortlaufend) alle Informationen zur Verfügung gestellt werden, die diese zur Erfüllung ihrer Pflichten benötigt. Zur Gewährleistung eines jederzeit zutreffenden Überblicks über alle **Geldtransaktionen** des AIF sind die nachfolgenden Tatbestandsvoraussetzungen zu erfüllen.

155　　Die Depotbank muss (1) zum Zeitpunkt ihrer Mandatierung eine **Übersicht über** alle bestehenden **Geldkonten** erhalten und ist (2) fortlaufend über **Neueröffnungen** zu unterrichten. Sofern Geldkonten bei einem Dritten eröffnet wur-

---

[113] Vgl. zu § 25 InvG nur *Köndgen* in Berger/Steck/Lübbehüsen, InvG, § 25 Rn. 3 m. w. N.
[114] Vgl. hierzu nachfolgend.

den, sind die benötigten Informationen (3) direkt von dieser dritten Partei zur Verfügung zu stellen. Entsprechende Pflichten sind auch in dem **Mindestinhalt des Depotbankvertrages** zu regeln.[115]

Das in Art. 21 Abs. 7 AIFM-RL skizzierte **Pflichtenheft** der Depotbank wird 156 in diesem Zusammenhang über Art. 86 Durchführungsverordnung weiter spezifiziert. Danach muss die Depotbank sicherstellen, dass (1) **effektive und geeignete Verfahren** implementiert sind, um auf täglicher Basis einen **Abgleich der getätigten Geldtransaktionen** inklusive (2) einer **Identifizierung von signifikanten Geldflüssen**, bzw. solchen, die **nicht im Einklang** mit der **Geschäftstätigkeit** des AIF stehen, zu ermöglichen.

Der Anfrage nach einer Spezifizierung des unbestimmten Rechtsbegriffs „sig- 157 nifikant" ist die ESMA unter Verweis auf die unterschiedlichen Ausprägungen der AIFs und der Tatsache, dass angesichts der denkbaren Vielfalt keine allgemeingültige Definition getroffen werden könne, nicht gefolgt. Es ist davon auszugehen, dass es sich um Geldflüsse handeln dürfte, die deutlich über den üblichen Geldflüssen des konkreten AIF liegen. In der Praxis ist zu erwarten, dass die betroffenen Depotbanken hierzu interne Dokumentationen erstellen, um nachprüfbare Kriterien festzulegen. Über die Implementierung entsprechender Prüfprozesse mit definierten Toleranzgrenzen (Schwankungsbreiten) könnten die **Cashflows** kontrolliert werden. Die Identifizierung von Geschäften, die nicht im Einklang mit dem zulässigen Anlageuniversum stehen, dürfte, wie bereits derzeit bei den OGAW-Depotbanken, im Rahmen der täglichen **post-trade Kontrolle** erfolgen und zumindest für verwahrfähige Finanzinstrumente keine nennenswerten System- bzw. Prozessanpassungen hervorrufen.

Darüber hinaus muss die Depotbank (3) regelmäßig, mindestens jedoch auf 158 jährlicher Basis die **Angemessenheit der** implementierten **Verfahren** (Abgleichprozesse) **überprüfen,** um sicherzustellen, dass alle **Geldkonten,** die für den AIF eröffnet wurden, in die Prozesse einbezogen sind. In der Praxis ist zu erwarten, dass die Depotbank im **Depotbankvertrag** Regelungen vereinbaren wird, die sicherstellen, dass sie bereits *vor* Eröffnung von neuen Konten informiert wird. Bereits aus eigenem Interesse wird die Depotbank nicht nur einmal jährlich die Angemessenheit der Abgleichprozesse überprüfen.

Neben der grundsätzlichen **Überprüfung der Angemessenheit der** 159 **Abgleichprozesse** obliegt es der Depotbank (4) fortwährend sicherzustellen, dass die Ergebnisse ihrer Prüfungen und der getroffenen Maßnahmen bei **identifizierten Abweichungen überwacht** werden und der **AIFM** unverzüglich über (alle) Unregelmäßigkeiten **unterrichtet** wird. Sofern die Unregelmäßigkeiten nicht geklärt oder korrigiert werden können, ist als Eskalationsmaßnahme darüber hinaus die zuständige **Aufsichtsbehörde** zu informieren. Vorstehend beschriebene Pflicht der Depotbank bedingt, (6) dass diese die **Vollständigkeit** ihrer **Aufzeichnungen** der Zahlungsströme des AIF mit denen des AIFM abgleicht. Insoweit hat der AIFM sicherzustellen, dass der Depotbank alle Informationen über Konten, die bei einem Dritten eröffnet wurden, vorliegen und sie die notwendigen Einsichts- und Auskunftsrechte besitzt.

Die vorliegende Konkretisierung der Tatbestandsvoraussetzungen ist das Ergeb- 160 nis einer Diskussion, die sich insbesondere mit dem Zeitpunkt der Vornahme der Prüfungshandlungen der Depotbank beschäftigte. Während die erste Option darauf abzielte, dass die Depotbank alle Aufträge parallel prüfen und mithin in

---

[115] Vgl. auch Art. 83 Abs. 1 lit. n) der Durchführungsverordnung.

den Orderprozess einbezogen werden sollte **(ex-ante Prüfung),** fokussierte die zweite Option eine **ex-post Prüfung,** die der gängigen Praxis der **nachgelagerten Kontrolle** entspricht. In diesem Zusammenhang ist zu begrüßen, dass den Anregungen der Branchenvertreter gefolgt wurde. Insoweit bestand Einigkeit dahingehend, dass eine ex-ante Prüfung (inkl. analoger Schattenbuchhaltung) operativ kaum darstellbar und mit sehr hohen Kosten verbunden wäre. Wenngleich eine genaue Kostenschätzung nicht zu eruieren war, gab es Schätzungen der Marktteilnehmer, die eine Erhöhung von 30–100% oder 5–10 bps (für Basis Services) und bis zu 20 bps (für weitere Services) veranschlagt haben.[116] Des Weiteren wäre die bereits verschärfte Haftung der Depotbank durch die Pflicht einer **ex-ante Prüfung** im originären Zahlungsprozess nochmals ausgeweitet worden.

161   Die explizite Einbeziehung von Zahlungen im Rahmen von **Anteilbewegungen** erfolgt in Art. 86 Durchführungsverordnung. Hier wird klargestellt, dass der AIFM sicherstellen muss, dass die Depotbank zum Ende eines Geschäftstages über alle **Aufträge und Zahlungen** im Zusammenhang mit **Anteilbewegungen** informiert wird. Die Verpflichtung besteht dabei unabhängig davon, ob der AIFM oder bspw. ein eingeschalteter **Transfer Agent** die Zahlung oder den Auftrag erhält. Maßgeblich ist allein, dass die Depotbank alle relevanten Informationen erhält, die sie zur Sicherstellung der ordnungsmäßigen Verbuchung der **Cashflows** auf den **Geldkonten** des AIF benötigt.

162   Von weitergehenden Konkretisierungen der Pflichten der Depotbank zur Überwachung der Anteilausgaben des AIF hat die ESMA abgesehen.

163   Die **Anteilsausgabe und -rücknahme** ist originäre Aufgabe der Depotbank. Sofern Dritte in diesen Prozess einbezogen sind, müssen bereits heute der Depotbank alle Anteilbewegungen gemeldet werden, um eine ordnungsgemäße Abwicklung zu gewährleisten. Nachdem **Zeichnungs- und Rücknahmeaufträge** innerhalb der üblicherweise in den Verkaufsunterlagen vorgeschriebenen Verfahren abgerechnet werden müssen, um sich keinen Schadensersatzansprüchen der Anleger auszusetzen, haben sich entsprechende Verfahren zur Informationsübermittlung in der Praxis etabliert. Darüber hinaus besteht aufgrund der Verordnung zur Konkretisierung der Verhaltens- und Organisationsregeln nach dem Investmentgesetz (InvVerOV) für Kapitalanlagegesellschaften eine Verpflichtung zur Aufzeichnung und Speicherung sämtlicher eingegangenen Zeichnungs- und Rücknahmeaufträge. Da diese i. d. R. nicht nur bei der Kapitalanlagegesellschaft, sondern vielfach auch direkt bei der Depotbank eingehen, erfolgt in der Praxis eine Weitergabe dieser Verpflichtung auch an die Depotbank. Insoweit bedarf es hier keiner weiteren Klarstellung.

164   **4. Rolle der Depotbank bei Zahlungsausgängen.** Die Überwachung sämtlicher Zahlungseingänge stellt nur die eine Seite der Medaille dar. Die andere Seite bilden die ebenso wichtigen Zahlungsausgänge. Der sehr weite Begriff der Cashflows umfasst beide. Ansonsten liefe der Schutz der Anleger leer. Dem steht nicht entgegen, dass Abs. 7 – anders als § 25 Satz 2 InvG – keine Detailregelung zu Zahlungsausgängen enthält. Wie dort muss die Depotbank gemäß Abs. 7 insbesondere folgende Zahlungsausgänge überwachen: die Bezahlung des Kaufpreises für neu erworbene Vermögensgegenstände, die Leistung und Rückgewähr von Sicherheiten für Derivate, Wertpapierdarlehen und Pensionsgeschäfte, Zahlungen

---

[116] Vgl. ESMA-Advice, Box 76 i. V. m. Annex IV (Feedback on the consultations) Punkt 321, Seite 426.

von Transaktionskosten und sonstigen Gebühren und die Ausschüttung der Gewinnanteile an die Anleger. Dasselbe gilt z. B. für Steuerforderungen, Auszahlungen des Anteils nach Rückgabe durch Anleger, die Vergütung des AIFM und sonstiger Dienstleister (z. B. des externen Bewerters gemäß Art. 19 Abs. 4 lit. a) oder des Abschlussprüfers gemäß Art. 22 Abs. 3 UAbs. 2). Eine Sonderregelung wie nach § 29 Abs. 2 InvG hinsichtlich der eigenen Vergütung der Depotbank fehlt in der AIFM-Richtlinie. Insoweit könnte den Regelungen zu Interessenkonflikten nach Abs. 10 dadurch Rechnung getragen werden, dass Auszahlungen an die Depotbank nur bei Zustimmung des AIFM erfolgen dürfen.

5. Das Geldkonto. Für die Zahlstellenfunktion der Depotbank ist das zu   165
führende Geldkonto von zentraler Bedeutung.

a) Muss es sich bei dem Geldkonto um ein Sperrkonto handeln?. Nach   166
§ 25 Abs. 1 Satz 1 InvG sind sämtliche flüssigen Mittel (Barguthaben) des Fonds von der Depotbank auf ein für den Fonds eingerichtetes gesperrtes Konto zu verbuchen; dasselbe gilt nach § 24 Abs. 2 InvG für Bankguthaben als Anlageobjekt.[117] Der **Sperrvermerk** sorgt dafür, dass die KAG nur unter Mitwirkung der Depotbank über Geldmittel verfügen kann.[118] Es fragt sich, ob dasselbe künftig auch für AIF gilt. Art. 21 Abs. 7 fordert dies nicht ausdrücklich. Gleichwohl fordert er, dass die Depotbank **sämtliche Zahlungsein- und -ausgänge** des AIF **überwachen** können muss. Da das Geldkonto nicht zwingend von der Depotbank geführt werden muss[119], muss jedenfalls ein **Zustimmungsvorbehalt** der Depotbank **für jeden Zahlungsausgang** vorgesehen werden. Anders wäre die geforderte effektive Überwachung der Cashflows nicht möglich. Ein geeignetes und erprobtes Instrumentarium hierfür sind **Sperrkonten**. Abs. 7 schließt jedoch andere gleich geeignete Maßnahmen nicht per se aus. Nicht als gleichwertig anzusehen ist die bloße ex-post-Kontrolle der Zahlungsein- und -ausgänge, z. B. anhand der Zurverfügungstellung der Kontoauszüge. Ebenso wenig dürfte allein die schuldrechtliche Vereinbarung des AIFM sein, nicht ohne Zustimmung über das Geldkonto zu verfügen. Nach § 137 Satz 1 BGB hat eine solche keine Bindungswirkung gegenüber der Konto führenden Stelle. Beide Beispielsfälle sorgen nicht für den von Abs. 7 intendierten Anlegerschutz, weil sie die Anleger nicht vor Veruntreuungen schützen können.

b) Auf wessen Namen muss das Geldkonto lauten?. Abs. 7 schafft weit   167
gehende Flexibilität bei der Frage, auf wessen Namen das Geldkonto lauten muss. Es kann erstens auf den Namen des AIF lauten. Von dieser Möglichkeit dürfte jedoch nur Gebrauch gemacht werden können, wenn der AIF über eine eigene Rechtspersönlichkeit verfügt, wie z. B. im Falle einer Investmentaktiengesellschaft oder einer luxemburgischen SICAV. Zweitens kann es im Namen des AIFM, aber für Rechnung des AIF errichtet werden, was umgekehrt nur dann zulässig sein dürfte, wenn der AIF über keine Rechtspersönlichkeit verfügt. Diese Variante entspricht dem Regelfall nach § 25 InvG.[120] Unabhängig davon, ob der AIF über eine eigene Rechtspersönlichkeit verfügt oder nicht, kann das Geldkonto schließlich drittens im Namen der Depotbank, aber für Rechnung des AIF errich-

---

[117] *Köndgen* in Berger/Steck/Lübbehüsen, InvG, § 24 Rn. 15 und § 25 Rn. 4.

[118] Ebendort, § 24 Rn. 17.

[119] Vgl. hierzu sogleich unter Rn. 167.

[120] Vgl. nur *Köndgen* in Berger/Steck/Lübbehüsen, § 24 Rn. 5.

tet werden. Im zweiten und dritten Fall handelt es sich jeweils um Treuhandkonten.

168   **c) Absicherung gegen Zwangsvollstreckungs- und Insolvenzrisiken (Abs. 7 UAbs. 2).** Wird das Geldkonto im Namen des AIFM oder der Depotbank eröffnet, so werden diese Kontoinhaber, unabhängig davon, dass es für Rechnung des AIF geführt wird. Dies macht es zum einen erforderlich, das Geldkonto vor **Zwangsvollstreckungsmaßnahmen** von Gläubigern des AIFM bzw. der Depotbank zu schützen. Die AIFM-Richtlinie sieht hierfür keinen Schutz vor; dieser ergibt sich in Deutschland aber aus dem Umstand, dass es sich um ein Treuhandkonto handelt. Zum Schutz des AIF kann gemäß § 771 ZPO **Drittwiderspruchsklage** erhoben werden.[121] Aus demselben Grund kann der AIF in der **Insolvenz** des AIFM bzw. der Depotbank **Aussonderung** nach § 47 InsO verlangen. Beides ist jedoch nur möglich, wenn sichergestellt ist, dass sich auf dem Geldkonto ausschließlich Geldmittel des AIF befinden. Deshalb sieht Abs. 7 UAbs. 2 vor, dass sich auf dem Geldkonto ausschließlich Geldmittel des AIF befinden dürfen. Hierdurch soll das Risiko der Vermengung (sog. **commingling risk**) ausgeschlossen werden.[122]

169   Abs. 7 UAbs. 2 regelt dies nur ausdrücklich für den Fall, dass das Geldkonto im Namen der Depotbank eröffnet worden ist. Weder die Depotbank noch die hiervon ggf. verschiedene Konto führende Stelle dürfen eigene Geldmittel auf diesem Geldkonto verbuchen. Nach Sinn und Zweck dürfte dasselbe gelten, wenn das Geldkonto im Namen des AIFM errichtet worden ist. Insoweit dürfte eine durch Analogie zu schließende Regelungslücke vorliegen. Hier wie dort ist eine strikte **Vermögenstrennung** erforderlich.

170   **d) Ist die Führung mehrerer Geldkonten möglich?.** Abs. 7 UAbs. 1 spricht – im Einklang mit § 25 Satz 1 InvG – von *„einem"* Geldkonto. Es fragt sich daher, ob es nur ein Geldkonto geben darf. Hierfür spricht, dass bei mehreren Geldkonten die Zahlstellenfunktion erschwert und damit der Anlegerschutz beeinträchtigt werden könnte. Allerdings ist in Abs. 7 UAbs. 2 ausdrücklich von mehreren Geldkonten eines einzelnen AIF die Rede, sodass davon ausgegangen werden muss, dass für einen AIF auch **mehrere Geldkonten** geführt werden dürfen. Im Übrigen kann es aus Gründen des Risikomanagements sogar geboten sein, dass AIF, welche in Vermögensgegenstände aus verschiedenen Währungsräumen investieren, über Geldkonten dieser Währung verfügen.[123]

171   **e) Wer muss das Geldkonto führen?.** Nach § 25 InvG muss das Geldkonto bei der Depotbank oder ihren Zweigstellen geführt werden.[124] Die AIFM-Richtlinie ist insoweit wesentlich liberaler. Nach Abs. 7 UAbs. 1[125] kann das Geldkonto bei folgenden Stellen geführt werden.

172   **aa) Zentralbanken.** Die Richtlinie sieht pauschal alle Zentralbanken weltweit als geeignete Stellen zur Führung des Geldkontos an. Demnach können Zentral-

---

[121] Vgl. nur *Köndgen* in Berger/Steck/Lübbehüsen, § 24 Rn. 5.

[122] Vgl. zu den insolvenzrechtlichen Rechtsfolgen einer solchen Vermengung nur *Tollmann* in Boos/Fischer/Schulte-Mattler, KWG, 4. Aufl., § 22j Rn. 22.

[123] Vgl. hierzu *Josek* in Dornseifer/Jesch/Klebeck/Tollmann, AIFM-RL, Art. 15.

[124] *Köndgen* in Berger/Steck/Lübbehüsen, InvG, § 25 Rn. 4 leitet dies im Umkehrschluss aus § 24 Abs. 2 InvG her.

[125] Abs. 7 UAbs. 1 zählt die zulässigen Stellen nicht explizit auf, sondern verweist auf Art. 18 lit. a) bis c) der MiFID-Durchführungsrichtlinie ()2006/73/EG).

banken von Drittstaaten auch dann da Geldkonto führen, wenn der AIF gar nicht in diesem Drittstaat investiert[126] hat oder eine sonstige Verbindung zwischen dem AIF/AIFM und dem Drittstaat besteht.

Anders als Art. 2 Abs. 3 lit. c) und d) der AIFM-RL unterscheidet Art. 18 **173** Abs. 1 der Richtlinie 2006/73/EG nicht zwischen nationalen Zentralbanken und supranationalen Zentralbanken, wie etwa der Europäischen Zentralbank. Dies dürfte dafür sprechen, auch supranationale Zentralbanken als geeignete Stellen anzusehen.

bb) Zugelassene EU-Kreditinstitute. Regelmäßig dürften die Geldkonten **174** jedoch von Kreditinstituten geführt werden. Zugelassene Stellen sind daher auch in der EU nach Maßgabe der Bankenrichtlinie[127] zugelassene Kreditinstitute. Der europäische Kreditinstitutsbegriff ist nicht mit demjenigen des § 1 Abs. 1 KWG identisch. Ein Geldkonto darf daher nur bei solchen Instituten geführt werden, die nicht nur Einlagen entgegennehmen, sondern zusätzlich auch Kredite gewähren. Dies trifft laut *Schäfer*[128] auf alle deutschen Kreditinstitute mit Volllizenz zu.

Zu den EU-Kreditinstituten gehören auch in der EU als Kreditinstitute zugelas- **175** sene Tochterunternehmen von Kreditinstituten aus Drittstaaten, nicht jedoch deren Zweigstellen. Da jedoch auch Banken aus Drittstaaten Geldkonten führen dürfen, ist diese Unterscheidung ohne praktische Bedeutung, weil deren Zweigstellen Teil der Bank sind (vgl. nachfolgend unter cc).

Ein EU-AIF muss nicht zwingend eine Geldkonto führende Stelle in dem **176** Mitgliedstaat haben, in dem der EU-AIF und/oder der EU-AIFM niedergelassen sind. Da die Bankenrichtlinie gleichwertige Standards festlegt, werden alle in der EU (und zusätzlich in Island, Liechtenstein und Norwegen) zugelassene Kreditinstitute als geeignete Stellen angesehen. In der EU niedergelassene Kreditinstitute dürfen selbst dann zur Führung des Geldkontos verwendet werden, wenn der AIF nicht in der EU oder jedenfalls nicht in dem Mitgliedstaat, in dem das Kreditinstitut seinen Sitz hat, investiert.

cc) In einem Drittstaat zugelassene Banken. EU-Kreditinstituten gleich- **177** gestellt werden in einem Drittstaat zugelassene Banken. Dabei bringt der von der Bankenrichtlinie, die ausschließlich von Kreditinstituten spricht, abweichende Begriff der Bank zum Ausdruck, dass die Voraussetzung des EU-rechtlichen Kreditinstitutsbegrifs nicht erfüllt sein müssen.[129] Die Gleichstellung mit EU-Kreditinstituten ist sehr weit gehend, wenn man bedenkt, dass für Banken aus Drittstaaten (im Unterschied zu dd) nicht vorausgesetzt wird, dass sie einer wirksamen aufsichtlichen Regulierung und Aufsicht unterliegen, welche denjenigen der EU gleichwertig sind und diese auch wirksam durchgesetzt werden. Dies erscheint sowohl aus Anlegerschutzgründen als auch aus wettbewerbspolitischen Erwägungen (Benachteiligung von EU-Kreditinstituten) bedenklich.

---

[126] Aus Gründen des Risikomanagements kann es geboten sein, zum Ausgleich von Anlagen in einem Fremdwährungsland Geldmittel dieser Währung vorzuhalten.

[127] Richtlinie 2006/48 EG. Diese hat die in Art. 18 lit. b) der Richtlinie 2006/73/EG genannte Richtlinie 2000/12/EG ersetzt.

[128] In Boos/Fischer/Schulte-Mattler, KWG, 4. Aufl., § 1 Rn. 4 ff. Vgl. dort auch näher zum EU-rechtlichen Kreditinstitutsbegriff.

[129] Demgegenüber dürfen Banken mit Sitz in der EU nur dann Geldkonten führen, wenn sie sämtliche Anforderungen an EU-Kreditinstitute erfüllen.

178   **dd) Gleichartige Stellen.** Nach Abs. 7 UAbs. 1 können überdies auch gleichartige Stellen Geldkonten führen, sofern weitere Voraussetzungen erfüllt sind. Damit gibt es zusätzlich zu dem ohnehin bereits sehr weit gefassten Kreis der geeigneten Stellen einen Auffangtatbestand. Sinn und Zweck dieses Auffangtatbestandes ist es, dem Umstand Rechnung zu tragen, dass offenbar bestimmte Staaten vorschreiben, dass Anlagen durch Investmentfonds nur zulässig sind, wenn diese in dem betreffenden Staat über ein Geldkonto verfügen. Nur in diesem Fall greift der Auffangtatbestand. Über die oben bereits genannten Zentralbanken und Kreditinstitute/Banken hinaus dürfen dann auch diese gleichartigen Stellen Geldkonten führen.[130] Weitere Voraussetzung ist jedoch, dass sie einer aufsichtlichen Regulierung und Aufsicht unterliegen, welche denjenigen der EU gleichwertig sind und diese auch wirksam durchgesetzt werden (sog. **Äquivalenzprinzip**). Maßgebend sind dabei die Grundsätze nach Art. 16 der Richtlinie 2006/73/EG. Auf diese Weise soll ein hinreichender Anlegerschutz gewährleistet und eine Benachteiligung von EU-Kreditinstituten verhindert werden.

179   Über die Gleichwertigkeit entscheidet nach hier vertretener Auffassung die Heimatbehörde des AIFM und nicht die hiervon ggf. verschiedene Heimatbehörde von AIF und Depotbank.

IV. Die Verwahrfunktion

180   **1. Einleitung.** Primäre Aufgabe einer Depotbank ist die Verwahrung der (verwahrfähigen) Vermögensgegenstände des Fonds.[131] Hierdurch sollen die Anleger vor dem direkten Zugriff des AIFM (z. B. durch Unterschlagung) und seiner Gläubiger (durch Zwangsvollstreckungsmaßnahmen) auf die Vermögensgegenstände des AIF geschützt und gegen das Insolvenzrisiko des AIFM abgeschirmt werden. Die AIFM-Richtlinie folgt darin der bei offenen Fonds seit Jahrzehnten international üblichen Funktionentrennung zwischen Vermögensverwaltung (durch den AIFM) und Vermögensverwahrung (durch die Depotbank). Die Verwahrfunktion spielt bei den meisten **offenen Fonds** eine wichtige Rolle. Sie investieren i. d. R. ausschließlich oder überwiegend in verwahrfähige Vermögensgegenstände, namentlich Finanzinstrumente im Sinne von Art. 4 Abs. 1 lit. n).[132]

181   Im Unterschied hierzu legen die meisten **geschlossenen Fonds** das Anlegergeld nicht oder allenfalls in geringem Umfang in verwahrfähige Vermögensgegenstände an. So scheidet etwa eine Verwahrung von Immobilien, Schiffen, Flugzeugen, Windkraftanlagen oder Anteilen an nicht-börsennotierten Gesellschaften durch eine Depotbank aus. Dies erklärt, weshalb die meisten geschlossenen Fonds bisher über keine Depotbank verfügen.

182   Art. 21 Abs. 1 schreibt jedoch vor, dass **alle AIF** mit Domizil in der EU ab dem 23.7.2013 eine Depotbank haben müssen, unabhängig davon, ob es sich um einen offenen oder geschlossenen Fonds handelt oder ob dieser in Finanzinstrumente investiert oder nicht. Der Richtliniengeber trägt damit zu Recht dem Umstand Rechnung, dass die Anleger aller AIF in gleicher Weise schutzbedürftig sind. Auch das Investmentgesetz schreibt etwa für offene Immobilienfonds und

---

[130] Hierunter könnten staatliche Förderbanken wie die KfW fallen, die nach § 2 Abs. 1 Nr. 2 KWG nicht als Kreditinstitut anzusehen ist.

[131] *Ohl*, Die Rechtsbeziehungen innerhalb des Investmentdreiecks, 1987, S. 58 f.; *Köndgen* in Berger/Steck/Lübbehüsen, InvG, § 24 Rn. 2.

[132] Etwas anderes gilt z. B. für offene Immobilienfonds und sog. Infrastruktur-Sondervermögen gemäß §§ 90a ff. InvG.

Infrastruktur-Sondervermögen eine Depotbank vor, obwohl diese in erster Linie in nicht verwahrfähige Vermögensgegenstände investieren. § 24 InvG differenziert hierbei wie folgt: die Absätze 1 und 2 regeln die Verwahrung verwahrfähiger Vermögensgegenstände, während Absatz 3 vorsieht, dass die Depotbank den Bestand der nicht verwahrfähigen Vermögensgegenstände laufend zu überwachen hat. Art. 21 Abs. 8 folgt dieser Differenzierung. Im Einklang mit der im anglo-amerikanischen Rechtsraum gebräuchlichen Terminologie spricht die englische Fassung davon, dass *„the assets of the AIF ... shall be entrusted to the depositary for safe-keeping".* Der Begriff des safe-keeping dient als Oberbegriff. Er ist in der deutschen Fassung mit Aufbewahrung übersetzt; dieser Begriff ist jedoch ebenso irreführend wie der des *safe-keeping,* weil die nicht verwahrfähigen Vermögensgegenstände gerade nicht von der Depotbank aufbewahrt werden. Unterfälle des safe-keeping sind zum einen die Verwahrung verwahrfähiger Vermögensgegenstände (sog. *„custody"*) und zum anderen die Überprüfung des Eigentums des AIF bzw. des AIFM für Rechnung des AIF an allen nicht-verwahrfähigen Vermögensgegenständen. Letzteres geht über die Bestandsüberwachung nach § 24 Abs. 3 InvG hinaus.

2. Verwahrung. a) Zwingende Verwahrung. Investiert ein AIFM für **183** Rechnung des AIF in ein verwahrfähiges Finanzinstrument, so ist dieses unmittelbar nach Erwerb von der Depotbank in Verwahrung zu nehmen. Weder dem AIFM/AIF noch der Depotbank steht ein Ermessen darüber zu, ob das Finanzinstrument verwahrt werden soll oder nicht.

b) Verwahrfähige Vermögensgegenstände. Anders als § 24 Abs. 1 und 2 **184** InvG führt Art. 21 Abs. 8 lit. a) keine einzelnen Vermögensgegenstände auf, sondern spricht Generalklausel artig von **Finanzinstrumenten, die in Verwahrung genommen werden können.** Demgegenüber schweigt sich die OGAW-Richtlinie darüber aus, welche Vermögensgegenstände verwahrt werden können. In Art. 23 Abs. 1 OGAW-RL heißt es lediglich, dass „die Verwahrung des Vermögens des Investmentfonds der Verwahrstelle zu übertragen ist". Anzumerken ist jedoch, dass der Kreis der Vermögensgegenstände, in die ein OGAW investieren kann, weitgehend auf Finanzinstrumente beschränkt ist.

Mit der Bezugnahme auf Finanzinstrumente im Sinne von Anhang I **185** Abschnitt C der MiFID-Richtlinie trägt der Richtliniengeber dem Umstand Rechnung, dass der Kreis der verwahrfähigen Vermögensgegenstände bisher nicht auf europäischer Ebene harmonisiert ist. Bei Verhandlung der AIFM-Richtlinie hatte die EU-Kommission jedoch bereits mit Arbeiten an einer sog. Securities Law Directive begonnen. Das Verwahrungskonzept des Art. 21 Abs. 8 lit. a) baut bereits auf diesen Arbeiten auf.

Nach Abs. 8 lit. a) können Depotbanken keine anderen Vermögensgegenstände **186** als Finanzinstrumente verwahren. Somit scheidet z. B. eine Verwahrung von **Gold und anderen physischen Edelmetallen** aus. Dasselbe gilt – im Unterschied zu § 24 Abs. 2 InvG – für **Guthaben auf Bankkonten.** Anders als das Investmentgesetz kennt die AIFM-Richtlinie bei Buchgeld keine Verwahrung. Sämtliche Guthaben des AIF sind daher gemäß Abs. 7 auf einem Geldkonto zu buchen, das die Depotbank zu überwachen hat.

Zudem sind nicht alle Finanzinstrumente verwahrfähig und können somit ver- **187** wahrt werden. Für die Verwahrung ist somit die Definition des Finanzinstruments in Art. 4 Abs. 1 lit. n) von wesentlicher Bedeutung. Diese wiederum verweist auf die Definition des Finanzinstruments in Anhang I Abschnitt C der MiFID-

Richtlinie.[133] Dort werden als Finanzinstrumente aufgeführt: **übertragbare Wertpapiere, Geldmarktinstrumente, Anteile an Organismen für gemeinsame Anlagen (d.h. OGAW und AIF), derivative Instrumente für den Transfer von Kreditrisiken, finanzielle Differenzgeschäfte sowie – unter bestimmten Voraussetzungen – Optionen, Terminkontrakte, Swaps, Zinsausgleichsvereinbarungen und andere Derivatkontrakte.**

188   Nach Abs. 17 lit. c) i) erlässt die EU-Kommission delegierte Rechtsakte (d.h. sog. Level-2-Maßnahmen) zu der Art der Finanzinstrumente, welche nach Abs. 8 lit. a) von der Depotbank verwahrt werden können.

189   Die ESMA wurde von der Europäischen Kommission gebeten Vorschläge zu arbeiten, welche **Finanzinstrumente** als **verwahrfähig** anzusehen sind. Eine konkretisierende Bestimmung der Finanzinstrumententypen, die von der Depotbank verwahrt werden können, erfolgt in Art. 88 Durchführungsverordnung. Hierbei wurde beachtet, dass die Anknüpfungspunkte einheitlich und für alle Jurisdiktionen der EU gleichermaßen zutreffend ausgestaltet wurden.

190   Basierend auf dem Verweis auf die Richtlinie 2004/39/EG[134] des Europäischen Parlaments und des Rates vom 21. April 2004, ist nach Art. 88 Abs. 1 Durchführungsverordnung ein **Finanzinstrument, das der Depotbank nicht physisch geliefert werden kann,** dann verwahrfähig, wenn es die beiden nachfolgenden Tatbestandsvoraussetzungen erfüllt.

191   Nach Art. 88 Abs. 1 lit. a) Durchführungsverordnung muss das Finanzinstrument **übertragbar** sein. Mit umfasst werden übertragbare Wertpapiere mit eingebetteten Derivaten,[135] Geldmarktinstrumente und Fondsanteile.[136]

192   Als zweite Voraussetzung muss das Finanzinstrument nach Art. 88 Abs. 1 lit. b) Durchführungsverordnung die **Eigenschaft** besitzen, direkt oder indirekt im Namen der Depotbank **verwahrt oder registriert** werden zu können.

193   Obwohl die Verwahrungs- und Prüfungsaufgaben einer OGAW- oder einer AIF-Depotbank in ihren Grundsätzen denen heutiger Depotbanken nach dem Investmentgesetz entsprechen, wurden im Rahmen der Konsultation zum ESMA-Advice unterschiedliche Kriterien diskutiert, woran die Verwahrfähigkeit eines Finanzinstrumentes zu knüpfen sei. Insbesondere zur Bestimmung der zweiten Voraussetzung erarbeitete die ESMA zwei Formulierungsvorschläge, die sie zur Diskussion stellte.

194   Die erste Option sah vor, dass alle *tatsächlich* **registrierten** oder in einem **Depot direkt oder indirekt auf den Namen der Depotbank** durch ein Tochterunternehmen oder einen Unterverwahrer gehaltene **Finanzinstrumente** als verwahrfähige Finanzinstrumente angesehen werden. Das in der Richtlinie definierte Haftungssystem, wodurch die Depotbank verpflichtet wird, eine gleiche Gattung des Finanzinstruments oder den Gegenwert zurückzugeben, sollte so mit allen Vermögensgegenständen für die ausschließlich die Depotbank einen Übertrag instruieren kann, klar verbunden werden.

195   Gegen den Anknüpfungspunkt einer *tatsächlichen* **direkten oder indirekten Registrierung bzw. Depotverwahrung auf den Namen der Depotbank** wurde seitens der Branchenvertreter eingewendet, dass diese Anforderung im

---

[133] Richtlinie 2004/39/EG.

[134] Abrufbar unter: http://eur-lex.europa.eu/LexUriServ/LexUriServ.do?uri=OJ:L:2004:145:0001:0001:DE:PDFRichlinie.

[135] In Einklang mit Art. 51 (3) OGAW-RL und Art. 10 der Verordnung 2007/16/EG.

[136] Vgl. auch ESMA-Advice, Box 79, Seite 156.

Falle der Übertragung an einen Unterverwahrer leicht zu umgehen sei. Außerdem wurde befürchtet, hierdurch den Depotbanken zu viel Spielraum hinsichtlich der Art der Verwahrung zuzugestehen. Nach überwiegender Meinung ist die Übertragbarkeit zudem kein geeignetes Kriterium für die Bestimmung der Verwahrfähigkeit. Dies scheint insbesondere im Hinblick auf die Regelung für registrierte Finanzinstrumente und die Unterscheidung der rechtlichen und tatsächlichen (physischen) Möglichkeit der Übertragung als zutreffend.

Der Alternativvorschlag der ESMA knüpfte an die Nutzungsmöglichkeit von **196** **Settlement-Systemen** zur Definition der Verwahrfähigkeit von Finanzinstrumenten an. Hiernach sollten diejenigen Finanzinstrumente verwahrfähig sein, über die von der Depotbank oder durch einen Unterverwahrer eine Verfügung getroffen werden kann, die zu einem Eintrag in Abrechnungssystemen, gemäß Richtlinie 98/26/EG oder einem **vergleichbarem nicht europäischen Settlementsystem** führt.

Hierdurch sollten u.a. **197**
– physische Wertpapiere, die nicht als Finanzinstrument qualifiziert werden oder physisch an eine Lagerstelle geliefert werden können,
– Finanzmarktkontrakte (bspw. Derivat-Kontrakte, Swaps, Optionen und Futures),
– Finanzinstrumente, einschließlich auf den AIF registrierter Fondsanteile, die nicht als effektive Stücke an eine Lagerstelle geliefert werden können,
– Finanzinstrumente, die als Sicherheit hinterlegt werden, oder
– liquide Mittel, die bei einer dritten Partei gehalten werden,
von den verwahrfähigen Finanzinstrumenten ausgenommen werden.

Wenngleich dieser Anknüpfungspunkt viel Zuspruch erhielt, wurde er auf- **198** grund der Unbestimmtheit des Begriffs „vergleichbarer" nicht europäischer Settlement-Systeme, verworfen.

Unter Abwägung aller vorgebrachten Argumente favorisierte die ESMA eine **199** abgeänderte Definition der ersten Option. Zur Vermeidung missbräuchlicher Gestaltungsmöglichkeiten durch die Depotbank wird nunmehr nicht auf die tatsächliche, sondern die bloße **Fähigkeit zur Registrierung oder Verwahrung** abgestellt. Diese Festlegung schafft einen bestimmten und klaren Rahmen, der auch die Definition der Haftung stark vereinfacht.

aa) Übertragbare Wertpapiere. Nach der hier vertretenen Auffassung kann **200** eine vollständige Auflistung aller Arten übertragbarer Wertpapiere stets nur eine Momentaufnahme darstellen, sodass es sachgerechter erscheint, abstrakte Kriterien vorzugeben. Eine Bestimmung des Begriffs eines Finanzinstruments trifft u.a. das Gesetz über das Kreditwesen (KWG). Wertpapiere sind gem. Art. 1 Abs. 11 S. 2 KWG,[137] auch wenn keine Urkunden über sie ausgestellt sind, **alle Gattungen von übertragbaren Wertpapieren mit Ausnahme von Zahlungsinstru-**

---

[137] Die Vorschrift basiert ursprünglich auf Art. 1 lit. 4 und 5 der RL 93/22/EWG des Rates vom 10.5.1993 über Wertpapierdienstleistungen, sowie auf Abschnitt B deren Anhangs. Nunmehr setzt die Norm im Wesentlichen Art. 4 Abs. 1 lit. 17 bis 19 sowie Anhang I Abschnitt C der RL 2004/39/EG des Europäischen Parlaments und des Rates vom 21.4.2004 über Märkte für Finanzinstrumente, zur Änderung der RL 85/611/EWG und 93/6/EWG des Rates und der RL 2000/12/EG des Europäischen Parlaments und des Rates zur Aufhebung der RL 93/22/EWG des Rates (MiFID) um, wodurch der Begriff des Finanzinstruments eine deutliche Erweiterung erfahren hat.

menten (Bankguthaben), die aufgrund ihrer Eigenschaften auf den **Kapitalmärkten handelbar** sind.

201   Gesetzliche Tatbestandsvoraussetzungen sind
 i)   die Übertragbarkeit, insbesondere die **rechtliche Übertragbarkeit** darf nicht ausgeschlossen sein. Damit sind auch diejenigen Papiere umfasst, die hinsichtlich der Übertragung erschwerte Voraussetzungen aufweisen, beispielsweise aufgrund besonderer Formerfordernisse (Abtretungserklärungen, Zustimmungserfordernisse eines Emittenten);
 ii) die **Fungibilität,** d.h. die Finanzinstrumentgattung muss vertretbar (aus Sicht der Settlebarkeit) sein, sowie
 iii) die **Handelbarkeit** an den Finanzmärkten muss vorliegen, unabhängig davon, ob es sich bei dem Kapitalmarkt um einen organisierten, d.h. staatlich regulierten und überwachten oder nicht geregelten Markt handelt.

202   Nicht erforderlich ist die **Verbriefung.** Damit können auch in Sammelurkunden zusammengefasste Rechte Wertpapiere darstellen. Der häufigste Fall sind Aktien, die gem. § 9 Depotgesetz (DepotG) girosammelverwahrt werden können. Bei der Emission von Bund- und Länderanleihen wird regelmäßig auf Globalurkunden verzichtet.

203   Zur weiteren Definition wird auf das Merkblatt „Hinweise zu Finanzinstrumenten nach § 1 Abs. 11 S. 1 bis 3 KWG" der BaFin, Stand August 2012,[138] verwiesen.[139]

204   **Sonderfall: Wertpapiere mit eingebetteten Derivaten**
       Zur näheren Erläuterung verweist die Durchführungsverordnung auf Art. 51 Abs. 3 der OGAW-RL und die in Art. 10 der Verordnung 2007/16/EG verankerten Erwerbbarkeitskriterien.

205   Unter **gelisteten Derivaten,** im Gegensatz zu den OTC-Derivaten, werden standardisierte Derivate verstanden, die zum Handel an einem regulierten Markt[140] zugelassen sind und über eine zentrale Gegenpartei abgewickelt werden können. Insoweit fallen alle Finanzinstrumente unter des Anhangs 1 Abschnitt C der MiFID-Richtlinie unter den Anwendungsbereich. Mit dem Hinweis auf die künftige **Securities Law Directive** (für Eigentumsrechte) sowie die **European Market Infrastructure Regulation** (für Derivate, die über einen zentralen Kontrahenten gecleart werden), verzichtet die Durchführungsverordnung auf weitere Ausführungen und konkrete Vorgaben.[141]

206   **Securities Law Directive**
       Das Diskussionspapier zur Security Law Directive wurde im Februar 2010 an die Mitgliedsstaaten gesendet. Ursprünglich sollte der Prozess bis Mitte 2011 abgeschlossen sein. Aufgrund Verzögerungen wurde der Zeitplan um ein weiteres Jahr verschoben und zum Zeitpunkt der Erstellung dieser Ausführungen lagen noch keine finalen Dokumente vor. Ziel der Regelung ist die Einführung einer EU-weit harmonisierten Regelung hinsichtlich der **Art und Weise der Wertpapierverwahrung und -übertragung.** Inkludiert sind die Beschreibung der Rechte und Pflichten des Depotführers sowie die **Rechtewahrung im Falle der Insolvenz** des Verwahrers. Durch die Vereinheitlichung der derzeit unterschiedlichen nationalen Rechtsordnungen soll eine Steigerung der Rechtssicherheit in Fällen

---

[138] Abrufbar unter: http://www.bafin.de/SharedDocs/Veroeffentlichungen/DE/Merkblatt/mb_111220_finanzinstrumente.html.

[139] Vgl. auch *Köndgen* in Berger/Steck/Lübbehüsen, InvG, § 24 Rn. 3 und § 2 Rn. 14 ff.

[140] Wie in der Richtlinie 2004/39/EG definiert.

[141] Vgl. ESMA-Advice, Box 79, Explanatory Text Nr. 17, Seite 157.

i) des **Erwerbs** und bei **Verfügungen über Wertpapiere,** die in der Depotverwahrung liegen unter Einbeziehung sachenrechtlicher und schuldrechtlicher Aspekte sowie

ii) der **Ausübung von Rechten,** die sich aus dem Wertpapier, unter Berücksichtigung der jeweiligen **Verwahrkette** ergeben, herbeigeführt werden.

Gleichzeitig werden die Tätigkeiten der **Wertpapierverwahrung und -verwal-** 207 **tung** unter ein neues Aufsichtsregime gestellt. Insoweit verfolgt die Security Law Directive ähnlich wie die AIFM-Richtlinie den begrüßenswerten Ansatz, durch gezielte Regelungen die Einflussnahmemöglichkeit des nationalen Gesetzgebers weitgehend einzuschränken und so unterschiedliche Anwendungen in den einzelnen Jurisdiktionen zu verhindern. Erst kürzlich wurde das 10. Diskussionspapier der *Securities Law Member States Working Group* vorgelegt. Dieses setzt sich insbesondere mit der **Rechtsstellung des Anlegers** auseinander. Um hier eine Einheitlichkeit zu schaffen, müssten die rechtliche Regelung des **Eigentumsbegriffs und der Begründung des Eigentums** in den unterschiedlichen Jurisdiktionen angeglichen werden. Dieses Ziel erscheint bereits vor dem Hintergrund der unterschiedlichen schuldrechtlichen bzw. sachenrechtlichen Ansätze der Rechtsordnungen als nicht erzielbar. Es erscheint schwierig, dass der bisher verfolgte „functional approach" insoweit aufgegeben wird.

European Market Infrastructure Regulation (EMIR) 208

Im März 2012 wurde im Europäischen Parlament die Verordnung über **OTC-Derivate,**[142] zentrale Gegenparteien und Transaktionsregister (EMIR) verabschiedet, die in Parallele zur **Dodd-Frank Regulierung** in den USA die neue Anforderungen für den **(außerbörslichen) Handel in Finanzderivaten,** wie Credit Default Swaps oder Interest Rate Swaps, regelt. Ergänzt wird die Verordnung von einigen weiteren Regularien, bspw. *Technical Standards.*

Hintergrund dieser Verordnung ist die Finanzmarktkrise und insbesondere die 209 Intransparenz möglicher Zahlungsverpflichtungen bei OTC-Derivategeschäften. Besonders im Vorfeld der Insolvenz von Lehman führte diese zu hoher Unsicherheit über mögliche Verluste einzelner Marktteilnehmer und der Furcht vor einer Kettenreaktion für den Fall, dass einzelne Schuldner ihren Verpflichtungen nicht nachkommen können. Das Ziel dieser neuen, regulatorischen Vorgabe ist die Schaffung eines harmonisierten, einheitlichen Rechtsrahmens für die **Abwicklung von Finanztransaktionen** und insbesondere die Begrenzung der Systemrisiken des Derivatemarktes.

Erreicht wird dies insbesondere durch die nun eintretende **Clearingpflicht**[143] 210 über einen **zentralen Kontrahenten (CCP),** der in die jeweilige OTC-Derivate der CCP als Vertragspartner eintritt und zu einer erheblichen Reduzierung des Kontrahentenrisikos führen soll.

Die technischen Durchführungsstandards und die darin enthaltenen Spezifika, 211 etwa zur Frage der Ausgestaltung der **Dokumentations-, Melde- und Abwicklungsprozesse** für unterschiedliche Derivatearten oder der konkreten Anforderungen an das Risikomanagement, liegen noch nicht vor. Es ist zu hoffen, dass diese und weitere offene Fragen, insbesondere diejenige des anwendbaren Rechts, durch die finale Fassung des Regelwerks noch befriedigend beantwortet werden.

---

[142] Das Kürzel OTC steht für „Over the Counter". OTC-Derivate sind Derivate, die nicht an einer Börse oder anderen Handelsplattformen gehandelt werden.

[143] Nach Art. 3 EMIR gilt die Clearingpflicht für alle finanziellen Gegenparteien, unter die gem. Art. 2 Abs. 8 EMIR auch Investmentfonds fallen.

Absehbar ist jedoch, dass zusätzlich zu den neuen Prozessen und Schnittstellen auch Anpassungen im Risikomanagement notwendig werden. Aus Sicht der Depotbank vorteilhaft ist, dass sie sowohl als technische Intermediäre zwischen CCP und AIFM fungieren als auch die Meldepflicht an die Transaktionsregister übernehmen kann. Dies eröffnet zusätzliche Geschäfts- und Ertragsmöglichkeiten.

212   **Sonderfall: Wertpapiersicherheiten und Weiterverwendung**
Sofern der AIF einem Dritten **Finanzinstrumente als Sicherheit** stellt, sieht die AIFM-Richtlinie diese nicht mehr als verwahrfähige Vermögensgegenstände des AIF an. Anders sieht es im Falle von Finanzinstrumenten aus, die der AIF als Sicherheiten erhalten hat. Diese zählen laut ESMA zu den verwahrfähigen Vermögensgegenständen.[144]

213   Hinsichtlich der Problematik der **Sicherheitenstellung (Collateral)** durch den AIF oder AIFM im Namen des AIFs empfiehlt die ESMA die Definitionen der Finanzsicherheitenrichtlinie (RL 2002/47/EG)[145] zu beachten. Diese unterscheiden zwischen zwei Arten der Sicherheitenvereinbarungen.

214   Hiernach sind diejenigen Finanzinstrumente, an denen das **Vollrecht** oder ein **beschränkt dingliches Recht** auf den Sicherheitennehmer übertragen wurde, keine verwahrfähigen Finanzinstrumente. Das hat zur Folge, dass diese auch dann nicht von der Verwahrpflicht der Depotbank erfasst werden, wenn, wie im Fall der beschränkt dinglichen Rechte, das Vollrecht am Finanzinstrument beim Sicherheitensteller, also dem AIF, verbleibt.[146]

215   Sofern der AIF bzw. AIFM seine Zustimmung zur **Weiterverpfändung** der verwahrten Finanzinstrumente durch die Depotbank gegeben hat, zählen diese unverändert zu den verwahrten Finanzinstrumenten, solange das **Recht der Weiterverwendung** nicht ausgeübt wurde. Darüber hinaus soll die Haftung der Depotbank gem. Art. 21 Abs. 12 AIFM-RL durch die Tatsache, dass das Recht der Weiterverwendung nicht ausgeübt wurde, nicht tangiert werden. Weiter empfiehlt die ESMA, wenn Finanzinstrumente Bestandteil einer Rückkauf- oder Leihevereinbarung sind, diese für die Dauer der Vereinbarung generell nicht als dem AIF gehörig zu betrachten und stattdessen als *„other assets"* gemäß Art. 21 Abs. 8 lit. b) AIFM-RL einzustufen.

216   **bb) Geldmarktinstrumente. Geldmarktinstrumente** im Sinne des § 1 Abs. 11 S. 3 KWG sind alle Gattungen von Forderungen **(schuldrechtliche Ansprüche vermögensrechtlichen Inhalts),** die
i)   keine Zahlungsinstrumente darstellen,
ii) standardisiert und
iii) übertragbar sind sowie
iv) üblicherweise auf dem Geldmarkt[147] gehandelt werden, wobei eine bloße Handelbarkeit an den Finanzmärkten, anders als bei Wertpapieren, nicht ausreicht.

---

[144] ESMA-Advice, Box 79, Explanatory Text Nr. 23, Seite 159.

[145] Richtlinie 2002/47/EG des Europäischen Parlaments und des Rates vom 6. Juni 2002 über Finanzsicherheiten, abzurufen unter: http://eur-lex.europa.eu/LexUriServ/LexUri Serv.do?uri=OJ:L:2002:168:0043:0043:DE:PDF.

[146] ESMA-Advice, Box 79, Explanatory Text Nr. 22, Seite 158.

[147] Ein Geldmarkt ist, in Abgrenzung zum Kapitalmarkt, ein Markt für Kapitalbereitstellung mit kurzer Laufzeit. Die Grenze zwischen Geld- und Kapitalmarkt liegt regelmäßig bei 12 Monaten. Zahlungsinstrumente (Zahlungsmittel und liquide Zahlungsinstrumente wie bspw. Tages- und Termingelder oder Sparbriefe mit kurzer Laufzeit) sind keine Geldmarktinstrumente.

Unter Geldmarktinstrumente werden bspw. kurzfristige Schuldscheindarlehen, 217
Finanz-Swaps, Schatzwechsel und -anweisungen (treasury bills) und commercial
papers klassifiziert.

cc) Fondsanteile. Bereits heute zählen inländische und ausländische Invest- 218
mentanteile, die gem. § 33 Abs. 1 S. 1 InvG die Anteile an dem Sondervermögen
verbriefen, gem. § 1 Abs. 11 S. 2 Nr. 4 KWG zu den Fondsanteilen.

Nach § 33 Abs. 1 S. 2 InvG werden zwei Fallgruppen unterschieden. So kön- 219
nen die **Anteile** entweder auf den **Inhaber** oder **auf den Namen** lauten. Tatbestandlich wurden bisher von dem Investmentgesetz nur solche (inländischen)
Anteile, die von einer Kapitalanlagegesellschaft ausgegeben werden, als **Fondsanteile** angesehen. Anteile an geschlossenen Fonds, die von einer Kommanditgesellschaft oder einer Gesellschaft bürgerlichen Rechts emittiert werden, fielen nicht
unter die Regelung. Hinsichtlich ausländischer Investmentanteile besteht keine
analoge Limitierung.[148]

Da der Begriff des Investmentvermögens künftig neben offenen auch geschlos- 220
sene Publikums- und Spezial-AIF einschließen wird, werden hierunter nunmehr
auch Anteile fallen, die nur noch sehr eingeschränkt übertragbar oder handelbar
sind. Beteiligungen an geschlossenen Fonds wurden in Deutschland bis vor kur-
zem nicht als übertragbare Wertpapiere angesehen. Seit Inkrafttreten des Gesetzes
zur Novellierung des Finanzanlagenvermittler- und Vermögensanlagegesetzes
sind sie jedoch als Finanzinstrument zu klassifizieren.

dd) Registrierbare Finanzinstrumente. Das entscheidende Kriterium für 221
die Verwahrfähigkeit von Finanzinstrumenten ist, ob es direkt oder indirekt auf
den Namen der Depotbank registriert bzw. im Depot verwahrt werden kann.

Folgerichtig gelten gemäß Art. 88 Abs. 2 Durchführungsverordnung Finanzin- 222
strumente dann nicht als verwahrfähig, wenn sie ausschließlich direkt beim **Emittenten** oder dessen **Agenten** (**Registrar** oder **Transfer Agent**) im Namen des
AIF registriert werden können.

ee) Physische Finanzinstrumente. Erweitert wird der Begriff der verwahr- 223
fähigen Finanzinstrumente gemäß Artikel 88 Abs. Durchführungsverordnung um
solche, die der Depotbank **physisch übergeben** werden können.

ff) Nicht verwahrfähige Finanzinstrumente. Für **nicht verwahrfähige** 224
Vermögensgegenstände besteht an Stelle der Verwahrpflicht eine Pflicht zur
Prüfung der Eigentumsverhältnisse und die Pflicht, entsprechende **Aufzeichnungen** (Registrierungen, Beurkundungen etc.) stets **aktuell und vollständig**
vorzuhalten.

Hinsichtlich der Einzelheiten der Bedingungen, unter denen die Verwahrungs- 225
aufgaben ausgeübt werden sollen, insbesondere unter Beachtung der unterschiedlichen Arten der Verwahrung und Registrierung einzelner Finanzinstrumente,
wird auf Rn. 134 ff verwiesen.

3. Erwartete Auswirkungen auf den Markt. Der bisherige Mangel einheit- 226
licher Regelungen für verwahrfähige Finanzinstrumente, gerade im Bereich der
strukturierten Produkte, barg das Risiko unterschiedlicher Interpretationen der
Regelungen zur Verwahrfähigkeit in den Mitgliedstaaten. Um hierdurch gegebenenfalls entstehende Interpretationsspielräume des Haftungsumfangs der Depotbank bei Abhandenkommen der verwahrten Vermögensgegenstände vorzubeu-

---

[148] Vgl. § 2 Abs. 9 InvG.

gen und unterschiedliche materiellrechtliche Kompensationsansätze, wie es bspw. im Madoff-Fall zu beobachten war, zu verhindern, wurden einheitliche Rahmenparameter vorgegeben. Es bleibt abzuwarten, inwieweit die Vorgaben der AIFM-Richtlinie und der Durchführungsverordnung bzw. der weiteren europäischen Verordnungen zu einer einheitlichen Auslegung im Interesse des Anlegerschutzes führen werden.

227   **c) Die beiden Verwahrarten.** Depotbanken verwahren heutzutage nur noch in seltenen Fällen Finanzinstrumente physisch. So gibt es heute z. B. kaum noch Aktien, welche einzeln verbrieft und an die einzelnen Aktionäre ausgegeben werden. Der weit überwiegende Teil der verwahrfähigen Finanzinstrumente wird in Sammelurkunden verbrieft. Hier scheidet eine **physische Verwahrung** aus. An ihre Stelle trifft eine Verwahrung durch **Bucheintragungsrechte**.[149] Abs. 8 sieht demgemäß vor, dass die Depotbank einerseits sämtliche Finanzinstrumente, die physisch übergeben werden können und andererseits sämtliche Finanzinstrumente, die im Depot auf einem Konto für Finanzinstrumente verbucht werden können, verwahren muss. Es handelt sich bei Letzteren um in nominativer Form emittierte und beim Emittenten oder einer Registrierstelle registrierte Finanzinstrumente (vgl. Abs. 17 lit. c) iii)).

228   **d) Eintragung in ein sog. Finanzinstrumentenkonto.** Bei der physischen Verwahrung ist die Depotbank unmittelbare Besitzerin des Finanzinstruments. Auf diese Weise ist sichergestellt, dass weder der AIFM noch ein Dritter den Vermögensgegenstand in Anleger schädigender Weise nutzen (z. B. unterschlagen) kann. Ein hundertprozentig identisches Schutzniveau lässt sich durch eine nicht-physische Verwahrung nicht erreichen. Hier befinden sich die Finanzinstrumente im unmittelbaren Besitz eines Dritten (d.h. des Emittenten, einer Registrierstelle oder einem Zentralverwahrer). Die Depotbank erlangt hieran nur mittelbaren Besitz. Die Eintragung im Finanzinstrumentenkonto soll der Depotbank den jederzeitigen Überblick über die dem AIF gehörenden verwahrfähigen Finanzinstrumente ermöglichen. **Jede Ein- und Ausbuchung** hat sie zu **kontrollieren**. Dabei zu Tage tretenden Auffälligkeiten hat sie auf den Grund zu gehen.

229   **aa) Was ist ein Finanzinstrumentenkonto?** Mit dem Begriff des „Finanzinstrumentenkontos" greift die AIFM-Richtlinie auf ein Institut zurück, das sich in ähnlicher Form bereits in Art. 16 der MiFID-Durchführungsrichtlinie (Richtlinie 2006/73/EG der Kommission) findet. Hervorzuheben ist ferner, dass die Richtliniengeber bewusst an künftige Rechtsentwicklungen im Zusammenhang mit der sog. *Securities Law Directive* anknüpfen wollte, an der die EU-Kommissionen während der Verhandlungen über die AIFM-Richtlinie gearbeitet hat. Wesentlicher Gegenstand der *Securities Law Directive* sind Regelungen zum Finanzinstrumentenkonto. Dies soll zu Sektor übergreifenden Regelungen beitragen.

230   **bb) Anforderungen an die Führung des Finanzinstrumentenkontos.** Die Anforderungen an das Finanzinstrumentenkonto sind in Abs. 8 lit. a) (ii) niedergelegt, der wiederum auf Art. 16 der MiFID-Durchführungsrichtlinie verweist. Danach muss die Depotbank zunächst für jeden AIF ein gesondertes Finanzinstrumentenkonto anlegen. Für AIF mit eigener Rechtspersönlichkeit (z. B. InvAG oder SICAV) lautet dies auf den Namen des AIF und für AIF ohne eigene

---

[149] Vgl. *Köndgen* in Berger/Steck/Lübbehüsen, InvG, § 24 Rn. 3.

Rechtspersönlichkeit auf den Namen des den AIF verwaltenden AIFM. Die Finanzinstrumente werden hierdurch jederzeit eindeutig als Eigentum des AIF ausgewiesen (vgl. Abs. 8 lit. a) (ii)).[150] Dies soll – im Einklang mit Art. 16 Abs. 1 lit. a) der MiFiD-Durchführungsrichtlinie – eine **klare Vermögenszuordnung** sicherstellen. Diese soll wiederum vor Rechtsverlusten schützen, zu denen es insbesondere bei der Vermischung von Vermögensgegenständen verschiedener Eigentümer (sog. *commingling risk*)[151] namentlich im Falle der Insolvenz der Depotbank kommen kann. Nur wenn das Finanzinstrumentenkonto die Finanzinstrumente eindeutig als Eigentum des AIF (bzw. des AIFM) ausweist, kann dieser im Falle der Insolvenz der Depotbank von deren Insolvenzverwalter Aussonderung gemäß § 47 Satz 1 InsO verlangen. Die Depotbank muss folglich für jeden von ihr verwalteten AIF alle verwahrfähigen Finanzinstrumente in dessen Finanzinstrumentenkonto eintragen. Die Eintragung muss eine **klare und eindeutige Abgrenzung von Vermögenswerten** anderer (d.h. der Depotbank, des AIFM, anderer AIF oder sonstiger Kunden) ermöglichen. Lagert die Depotbank die Verwahrung an einen Unterverwahrer aus, so muss sie nach Art. 16 Abs. 1 lit. d) der MiFiD-Durchführungsrichtlinie zusätzlich gewährleisten, dass die Finanzinstrumente des AIF auch von denen des Unterverwahrers und dessen sonstigen Kunden segregiert sind.

Da ein Rechtsverlust durch Vermischung der Vermögensgegenstände jederzeit 231 unvorhergesehen (z. B. durch Eröffnung des Insolvenzverfahrens über die Depotbank) eintreten kann, verlangen sowohl Abs. 8 lit. a) (ii) als auch Art. 16 Abs. 1 lit. a) der MiFiD-Durchführungsrichtlinie, dass die konkrete Vermögenszuordnung jederzeit möglich sein muss.

Nach Art. 16 Abs. 1 lit. b) der MiFiD-Durchführungsrichtlinie muss die 232 Depotbank das Finanzinstrumentenkonto so führen, dass es stets korrekt ist und insbesondere mit den für den AIF gehaltenen Finanzinstrumenten in Einklang steht. Dies erfordert **eine fortlaufende Kontobuchung und Kontrolle der Richtigkeit des Finanzinstrumentenkontos**. So hat die Depotbank von dem AIF (bzw. dem AIFM) neu erworbene verwahrfähige Vermögensgegenstände unverzüglich in das Finanzinstrumentenkonto einzutragen. Verkaufte Finanzinstrumente sind hingegen auszubuchen; dasselbe gilt im Falle des re-use. Die Depotbank verfügt bereits aufgrund ihrer Rolle als Zahlstelle über die umfassende Kenntnis aller Erwerbsvorgänge (aufgrund der damit verbundenen Zahlungsausgänge) und Veräußerungen (aufgrund der Zahlungseingänge).[152] Stößt die Depotbank hierbei auf Auffälligkeiten, so hat sie diesen auf den Grund zu gehen und ggf. für Korrekturen zu sorgen.

---

[150] Die Finanzinstrumente können auch als Eigentum des im Namen und für Rechnung des AIF handelnden AIFM ausgewiesen werden, auch wenn Abs. 8 lit. a) (ii) dies nicht ausdrücklich erwähnt. Jedoch geht die AIFM-Richtlinie im Übrigen durchgängig davon aus, dass bei nicht rechtsfähigen AIF der AIFM Träger der Rechte und Pflichten des AIF ist. So spricht Abs. 8 von den Vermögenswerten „des AIF oder des für Rechnung des AIF handelnden AIFM". Da die AIFM-Richtlinie den AIF selbst nicht reguliert und dies vielmehr ausweislich Erwägungsgrund 10 dem nationalen Recht überlässt, dürfte es weiterhin zulässig sein, dass die Anleger Miteigentum an den Vermögensgegenständen des AIF werden, wie § 30 Abs. 1 Satz 1 InvG dies zulässt.

[151] Vgl. hierzu eingehend nur *Tollmann* in Boos/Fischer/Schulte-Mattler, KWG, 4. Aufl., § 22j Rn. 22.

[152] Vgl. hierzu oben unter Rn. 147 ff.

233   Nach Art. 16 Abs. 1 lit. c) der MiFiD-Durchführungsrichtlinie muss die Depotbank das Finanzinstrumentenkonto bzw. ihre sonstigen Aufzeichnungen regelmäßig mit den Konten oder Aufzeichnungen aller Dritter (wie Emittenten, Regist-
rierstellen und Zentralverwahrer) abgleichen, welche in dem Finanzinstrumentenkonto eingetragene Finanzinstrumente halten. Nur durch einen solchen **Abgleich**
kann die Depotbank sicherstellen, dass der Dritte weiterhin im unmittelbaren
Besitz ist und damit die Interessen der Anleger gewahrt sind. Stellt die Depotbank
hierbei Abweichungen fest, hat sie den Sachverhalt aufzuklären und ggf. für Korrekturen zu sorgen, sei es durch Änderung der Eintragungen im Finanzinstrumentenkonto oder durch Geltendmachung von Ansprüchen gegen den Dritten.

234   Nach Art. 16 Abs. 1 lit. f) der MiFiD-Durchführungsrichtlinie hat die Depotbank schließlich angemessene organisatorische Maßnahmen zu treffen, um das
Risiko, dass die Finanzinstrumente des AIF bzw. des AIFM oder die damit verbundenen Rechte (wie z. B. Dividendenansprüche, Bezugs- oder Optionsrechte)
aufgrund einer missbräuchlichen Verwendung (z. B. vertragswidriger *re-use*), aufgrund von Betrug, schlechter Verwaltung, unzureichender Aufzeichnungen oder
Fahrlässigkeit verloren gehen oder geschmälert werden, so gering wie möglich
zu halten.

235   **cc) Müssen die Finanzinstrumente in einem Sperrkonto geführt werden?** Nach § 24 Abs. 1 InvG muss die Depotbank Wertpapiere in einem **Sperrdepot** verwahren, sodass die KAG nicht mehr ohne Mitwirkung der Depotbank
hierüber verfügen kann.[153] In der AIFM-Richtlinie fehlt – wie schon in der
OGAW-Richtlinie – eine vergleichbare Regelung. Dessen ungeachtet ist davon
auszugehen, dass es den Mitgliedstaaten frei steht vorzuschreiben, dass die verwahrfähigen Finanzinstrumente in einem Sperrdepot verwahrt werden müssen.
Denn anderenfalls liefe der Sinn und Zweck der Verwahrung, Anleger vor missbräuchlichen Verfügungen durch den AIFM zu schützen, ins Leere. Ein Sperrdepot stellt die wirksamste Maßnahme zum Schutz der Anleger dar, weil über
verwahrte Vermögensgegenstände nur mit Zustimmung der Depotbank verfügt
werden kann.

236   Art. 89 Durchführungsverordnung konkretisiert Art. 21 Abs. 8 lit. a) AIFM-
RL bei Bestimmung der **Verwahrpflichten** der gehaltenen **Bestände.** Gemäß
Art. 89 Abs. 1 lit. a) bis g) Durchführungsverordnung hat die Depotbank die
nachfolgenden Anforderungen zu erfüllen:

237   (1) **Finanzinstrumente** sind zu registrieren.

   (2) Sämtliche **Aufzeichnungen** und die **segregierten Konten** sind in der Weise
        zu führen, dass jederzeit eine **Aktualität** (Richtigkeit) hinsichtlich der für
        den AIF gehaltenen Finanzinstrumente und die Liquidität gewährleistet ist.

   (3) **Fortlaufende Abgleiche** der bei der Depotbank geführten Konten und
        Depots und den Aufzeichnungen Dritter, an die die Verwahrfunktion ausgela-
        gert wurde, sind vorzunehmen und

   (4) **„Due care"** soll im Hinblick auf die gehaltenen Finanzinstrumente angewen-
        det werden, um einen hohen Anlegerschutz zu gewährleisten.

238   Im Vorfeld erfolgte eine längere Diskussion über die Auslegung und die Anforderungen an den Begriff der **Sorgfalt („care").** Die ESMA spezifizierte daher
nochmals im erläuternden Text, dass die Depotbank
   i)   die **Verwahrkette** kennen muss,
   ii) die **relevanten Risiken** entlang der Verwahrkette kennen muss,

---

[153] Vgl. *Köndgen* in Berger/Steck/Lübbehüsen, InvG, § 24 Rn. 5.

iii) die Anforderungen der **Due Diligence** und der **Bestandstrennung** auf Ver-
tragsebene regeln muss,

iv) einen ausreichenden **Zugang zu den Büchern und Aufzeichnungen aller
Unterverwahrer** oder **ausgelagerter Parteien** haben muss, um sicherzustellen, dass diese im Einklang mit den Anforderungen stehen und

v) eine entsprechende **Dokumentation** vorhalten muss, die auch die Kommunikation mit dem AIFM umfasst und diesem (bei Bedarf oder auf Anfrage)
auch zugänglich gemacht werden muss.

(5) **Relevante Verwahrrisiken** entlang der **Verwahrkette** sind zu dokumentie-   **239**
ren und zu überwachen. Der AIFM muss über identifizierte, **materielle
Risiken** (unverzüglich) informiert werden.

(6) Angemessene **organisatorische Vorkehrungen** zur **Minimierung des
Verlustrisikos von Finanzinstrumenten,** oder mit ihnen verbundener
Rechte, aufgrund von Betrug, fehlerhafter Administration, mangelhafter
Bestandsführung oder Fahrlässigkeit sind zu treffen.

(7) Eine **Verifizierung** der **Eigentumsrechte des AIF** hinsichtlich der (gehaltenen) Bestände ist vorzunehmen.

Sofern Dritte mit der Verwahrung betraut wurden, unterliegt die Depotbank   **240**
gleichermaßen den vorstehenden unter Art. 89 Abs. 1 lit. b) bis e) Durchführungsverordnung dargestellten Anforderungen. Zudem hat die Depotbank sicherzustellen, dass auch der **Unterverwahrer** diese sowie die in Art. 99 Durchführungsverordnung enthaltenen Anforderungen einhält.

Gemäß Art. 89 Abs. 3 Durchführungsverordnung beziehen sich die dargestell-   **241**
ten Verwahraufgaben der Depotbank auch auf die **zugrunde liegenden
Bestände (underlyings)** der Finanz- und Rechtsstrukturen (Anwendung des
Look-Through-Ansatzes). Klarstellend wurde im Rahmen Durchführungsverordnung aufgenommen, dass die Verwahraufgabe nicht für **Dach- oder Master-
Feeder-Strukturen** gilt, sofern der Zielfonds einen separaten Verwahrer hat, der
dessen Bestände verwahrt.

4. Rolle der Depotbank bei nicht verwahrfähigen Vermögensgegen-   **242**
ständen. a) Nicht verwahrfähige Vermögensgegenstände. Nach Abs. 8
lit. a) können nur bestimmte Vermögenswerte verwahrt werden, nämlich Finanzinstrumente, die in einem Finanzinstrumentenkonto verbucht werden oder der
Depotbank physisch übergeben werden können. Für alle anderen Vermögenswerte gelten die Regelungen des Abs. 8 lit. b).

Hierunter fallen insbesondere bewegliche (z. B. **Edelmetalle und Kunst-**   **243**
werke) und unbewegliche Sachen (z. B. **Immobilien, Schiffe oder Flugzeuge**), **nicht börsennotierte Unternehmensbeteiligungen,** einschließlich
Immobilien-Gesellschaften und Zweckgesellschaften, und **nicht verbriefte Forderungen.**

b) Normzweck des Abs. 8 lit. b). Der Normzweck des Abs. 8 lit. b) ähnelt   **244**
demjenigen des § 24 Abs. 3 InvG. Normzweck beider Regelungen ist es, für
die nicht verwahrfähigen Vermögensgegenstände des AIF ein der Verwahrung
vergleichbares Maß an Anlegerschutz zu schaffen.[154] Dies geschieht durch
Bestandsüberwachung. Allerdings beschränkt sich Abs. 8 lit. b) nicht hierauf.
Die Depotbank hat sich namentlich zu vergewissern, ob der AIF bzw. der AIFM

---

[154] Vgl. zu § 24 Abs. 3 InvG *Beckmann* in Beckmann/Scholtz/Vollmer, Investment, Stand:
3/2010, 410, § 24 Rn. 29; *Köndgen* in Berger/Steck/Lübbehüsen, InvG, § 24 Rn. 19.

Eigentum an den Vermögensgegenständen erworben hat und ob das Eigentum fortbesteht (sog. **Eigentumsprüfung**).

245   **aa) Konzeption des Abs. 8 lit. b).** Wie nach § 24 Abs. 3 InvG[155] muss die Depotbank die **sonstigen Vermögensgegenstände zunächst inventarisieren**. Hierzu hat die Depotbank alle Erwerbs- und Veräußerungsvorgänge des AIF bzw. des AIFM zu überwachen. Abs. 8 lit. b) ist jedoch detaillierter und geht vom Regelungsgehalt über die bisherige Regelung des § 24 Abs. 3 InvG hinaus.

246   **bb) Überprüfung des Eigentumserwerbs.** Die Depotbank muss nach Abs. 8 lit. b) jeden nicht verwahrfähigen Vermögensgegenstand, von dem der AIFM bzw. der AIF behauptet, er habe ihn erworben, eingehend darauf hin überprüfen, ob tatsächlich das Eigentum erworben worden ist (vgl. Abs. 8 lit. b) i)). Ihre Prüfung hat die Depotbank möglichst (*„soweit verfügbar"*) auf der Grundlage externer Nachweise durchzuführen; sie darf sich nicht allein auf Behauptungen des AIFM bzw. des AIF verlassen (vgl. Abs. 8 lit. b) ii)). **Externe Nachweise** sind z. B. **Eintragungen** als Eigentümer **im Grundbuch** oder vergleichbaren in- oder ausländischen Registern (z. B. für Schiffe oder Flugzeuge), Eintragungen als Gesellschafter einer nicht-börsennotierten Gesellschaft im Handelsregister, Gesellschaftsverträge und Verträge über den Kauf und die ggf. nach dem maßgebenden nationalen Recht erforderliche sachenrechtliche Übertragung des Eigentums.

247   Der AIFM bzw. der AIF ist verpflichtet, der Depotbank alle für die Überprüfung notwendigen Unterlagen zur Verfügung zu stellen. Dies gilt insbesondere für Unterlagen, auf welche die Depotbank keinen Zugriff hat (z. B. Verträge). Die Depotbank hat anhand der Unterlagen und ggf. weitergehender rechtlicher Recherchen zu **überprüfen, ob alle nach dem für den Erwerbsvorgang maßgebenden nationalen Recht erforderlichen Voraussetzungen erfüllt sind**. Nur wenn sie sich – ggf. durch anwaltliche Unterstützung – davon vergewissert hat, dass alle Voraussetzungen für den Eigentumserwerb erfüllt sind, darf die Depotbank den Vermögensgegenstand in das Vermögensverzeichnis eintragen.[156] Solange **ernstliche Zweifel** an der Wirksamkeit des Eigentumserwerbs bestehen und die Depotbank diese nicht ausräumen kann, darf **keine Eintragung in das Vermögensverzeichnis** erfolgen. Dies ist erforderlich, um die Anleger davor zu schützen, dass Vermögensgegenstände z. B. bei der Ermittlung des NAV und davon abgeleitet der Ausgabe- und Rücknahmepreise sowie der Verwaltungsgebühr berücksichtigt werden, die dem AIF nicht gehören oder bei denen dies unklar ist. Die Depotbank kann jedoch ein weiteres Register führen, in dem Vermögensgegenstände eingetragen werden können, deren Erwerb zweifelhaft ist. Sobald die Zweifel ausgeräumt sind, kann der Vermögensgegenstand in das Vermögensverzeichnis eingetragen werden.

248   **cc) Fortlaufende Aktualisierung des Vermögensverzeichnisses.** Nach Abs. 8 lit. b) iii) muss die Depotbank die Eintragungen im Vermögensverzeichnis fortlaufend auf den neuesten Stand bringen. Sie muss nicht nur zeitnah neue Vermögensgegenstände, von deren wirksamen Eigentumserwerb sie sich über-

---

[155] Vgl. hierzu *Ohl*, Die Rechtsbeziehungen innerhalb des Investmentdreiecks, S. 60.

[156] Die AIFM-Richtlinie enthält keine Regelung über die Vergütung der Depotbank. Hierzu können die Mitgliedstaaten nationale Regelungen (wie jene nach § 29 Abs. 2 InvG) treffen, zu denen auch Bestimmungen über die Erstattung des Aufwandes für die Eigentumsprüfungen gehören können.

zeugt hat, eintragen, sondern laufend zeitnah überprüfen, ob sich eingetragene Vermögensgegenstände noch im Eigentum des AIFM bzw. des AIF befinden. Veräußerte Vermögensgegenstände hat sie unverzüglich aus dem Vermögensverzeichnis zu streichen. Durch ihre Funktion als Zahlstelle ist sie über alle Vorgänge informiert und kann entsprechend reagieren.

Art. 90 Durchführungsverordnung führt im Rahmen der **Registrierpflicht** ergänzend aus, dass die Depotbank bereits zu informieren ist, sofern über einzelne **Bestände** des AIF verfügt werden soll. Die Verfügung selbst ist der Depotbank unverzüglich nachzuweisen. Die vorstehend beschriebenen **Inventarisierungspflichten** beziehen sich dabei nicht nur auf die im Eigentum des AIF stehenden Vermögensgegenstände, sondern auch auf die darunter liegenden **(underlying)** Bestände von Finanz- oder Rechtsstrukturen, sofern diese direkt oder indirekt von dem AIF kontrolliert werden. In diesem Zusammenhang erfolgte ferner eine Klarstellung in Bezug auf **Dach- oder Master-Feeder-Strukturen** (analog der verwahrfähigen Finanzinstrumente in Abs. 5). Danach beziehen sich die Verwahraufgaben nicht auf **Dach- oder Master-Feeder-Strukturen,** wenn der Zielfonds einen separaten Verwahrer hat, der für die Eigentumsprüfung und Bestandsführung verantwortlich ist. Im Übrigen beinhalten die Ausführungen keine signifikanten inhaltlichen Konkretisierungen der AIFM-Richtlinie. **249**

dd) Spezielle Anforderungen an die Berichtspflichten des Primebrokers über die Bestände. Art. 91 Durchführungsverordnung stellt für den **Primebroker** besondere **Berichtspflichten** hinsichtlich der Bestände des AIF auf. Neben dem Erfordernis zur Übermittlung der **Werte** der (einzelnen) Vermögensgegenstände werden auch Anforderungen zu weiteren erforderlichen Nachweisen und konkrete **Lieferzeiten** festgeschrieben. **250**

Die (vertragliche) Sicherstellung der **Informationsübermittlung** per **dauerhaftem Medium** an die Depotbank obliegt dem AIFM. **251**

Die Aufnahme einer dezidierten Beschreibung der Informationsübermittlungspflichten (auf Instrumentenebene) des Primebrokers ist eine Reaktion auf die Insolvenz von Lehman Brothers International Europe. **252**

V. Kontrollpflichten der Depotbank (Abs. 9)

1. Entstehungsgeschichte. Der Kommissionsvorschlag enthielt keine Kontrollpflichten der Depotbank. Diese sind erst auf Wunsch des Rates aufgenommen worden. **253**

2. Vergleich mit der OGAW-Richtlinie und dem Investmentgesetz. Abs. 9 sieht inhaltsgleiche Kontrollpflichten wie Art. 22 Abs. 3 der OGAW-Richtlinie vor. Diese sind in Deutschland in § 27 Abs. 1 Nr. 1 bis 3 InvG sowie in § 22 Abs. 1 Satz 2 und § 23 InvG umgesetzt worden. Es ergeben sich somit insoweit keine Änderungen gegenüber dem geltenden Investmentgesetz. Der Rat wollte durch Abs. 9 das Anlegerschutzniveau an dasjenige der OGAW-Richtlinie anpassen. **254**

Die Kontrollpflichten nach Abs. 9 bleiben jedoch insoweit hinter denjenigen des Investmentgesetzes zurück, als ein dem § 26 InvG vergleichbarer Zustimmungsvorbehalt der Depotbank fehlt; ein solcher findet sich jedoch auch nicht in der OGAW-Richtlinie; § 26 InvG ist vielmehr eine rein nationale Regelung. Nach § 26 Abs. 1 InvG bedarf z. B. die Aufnahme von Krediten oder die Verfügung über Immobilien der Zustimmung der Depotbank. Dies gilt uneingeschränkt **255** auch für Spezialfonds. Fraglich ist, ob Deutschland im Anwendungsbereich der AIFM-Richtlinie befugt ist, § 26 InvG auch auf AIF anzuwenden, weil die Regelung über die in Art. 21 Abs. 9 AIFM-RL geregelten Kontrollpflichten hinausgeht. Da die AIFM-Richtlinie einen Binnenmarkt schaffen will und dies harmonisierter Regelungen bedarf (vgl. nur Erwägungsgrund 4), ist davon auszugehen, dass Art. 21 Abs. 9 die Kontrollpflichten abschließend regelt. Weitergehende Regelungen sind dann allenfalls für einzelne Arten von AIF sowie für an Kleinanleger vertrieben AIF zulässig (vgl. Erwägungsgrund 10).

256 In Art. 92 Durchführungsverordnung sind die allgemeinen Anforderungen an die **Überwachungsfunktion** aufgegriffen worden. Danach muss die Depotbank zum Zeitpunkt ihrer Bestellung bzw. ab der Funktionsausübung geeignete Prozesse aufgesetzt haben, die die **Risiken unter Berücksichtigung der Struktur, Größe und Komplexität der Anlagestrategie des AIF** angemessen berücksichtigen. Die definierten Anforderungen an die Überwachung durch **ex-post Kontrollen** und Maßnahmen wurden von den Branchenvertretern begrüßt. Voraussetzung für die ordnungsgemäße Ausübung der Überwachungsfunktion durch die Depotbank ist auch hier die Übermittlung der relevanten Informationen durch den AIFM bzw. eingeschaltete Dritte. Konsequenterweise sind daher auch entsprechende **Eskalationsprozesse** und die Einräumung von **Zutritts-** (Besuche vor Ort) und **Einsichtnahmerechte** sicherzustellen.

257 **3. Normzweck.** Die Kontrollpflichten der Depotbank dienen dem **Schutz der Anleger.**[157] Diese sollen vor wirtschaftlichen Nachteilen geschützt werden, welche insbesondere dadurch entstehen, dass der AIFM bzw. der AIF unter Verstoß gegen gesetzliche Regelungen oder die Vertragsbedingungen handelt oder nicht dafür Sorge trägt, dass der Gegenwert für den Verkauf von Vermögenswerten innerhalb der marktüblichen Fristen dem AIF überwiesen wird.

258 **4. Kontrolle der ordnungsgemäßen Anteilsausgabe und -rücknahme (Abs. 9 lit. a)).** Nach Abs. 9 lit. a) hat die Depotbank sicherzustellen, dass die Ausgabe und Rücknahme[158] von Anteilen des AIF gemäß den nationalen Rechtsvorschriften und den Vertragsbedingungen bzw. der Satzung des AIF erfolgen. Dies entspricht für deutsche offene Fonds geltender Rechtslage (vgl. § 27 Abs. 1 Nr. 1 i. V. m. §§ 23 und 36 InvG). Es ist davon auszugehen, dass Deutschland an den genannten Regelungen – ggf. mit kleineren Modifikationen – festhalten wird. Hierzu dürfte auch in Zukunft gehören, dass die **Ausgabe und Rücknahme der Anteile durch die Depotbank** erfolgen muss. Hierfür spricht, dass die Depotbank nach Abs. 7 UAbs. 1 gewährleisten muss, dass Anleger bei der Zeichnung der Anteile die volle Zahlung leisten; dies setzt eine Mitwirkung der Depotbank bei der Anteilsausgabe voraus. Die Depotbank darf Anteile nur ausgeben, wenn der Ausgabepreis voll eingezahlt worden ist. Damit flankiert Abs. 9 lit. a) die Zahlstellenfunktion. Die Zahlung des Ausgabepreises soll nicht – auch nicht durchgangsweise – an den AIFM bzw. den AIF erfolgen.[159]

259 Ob der Ausgabepreis – abweichend von § 23 Abs. 1 Satz 3 InvG – auch durch **Sacheinlage** erbracht werden kann, ist nicht geregelt; für Spezialfonds ist dies bereits möglich (vgl. § 95 Abs. 8 InvG). Der AIFM-Richtlinie lassen sich jedenfalls

---

[157] Vgl. zum inhaltsgleichen § 27 InvG *Köndgen* in Berger/Steck/Lübbehüsen, InvG, § 27 Rn. 3 m. w. N.

[158] Bei geschlossenen Fonds scheidet eine Rücknahme der Anteile vor Liquidation aus.

[159] Vgl. hierzu eingehend oben unter Rn. 49 ff.

keine Regelungen entnehmen, welche dies verbieten. Auf der anderen Seite fehlen jedoch auch Regelungen, welche gewährleisten, dass die Sacheinlage dem tatsächlichen Wert der erworbenen Anteile entspricht.

Art. 93 Durchführungsverordnung konkretisiert die Kontrollpflichten beinhal- **260** tet jedoch keine wesentlichen Neuerungen, der jedoch keine wesentlichen inhaltlichen Neuerungen enthält. Während der Konsultation zum ESMA-Advice wurde insoweit diskutiert, wie die Prozesse bei **Anteilbewegungen** zu gestalten sind, die auf einem **Sekundärmarkt** erfolgen. Grundsätzlich besteht hier für die Depotbank keine Möglichkeit der Überwachung.

Dem Vorschlag, die Prüfungsobliegenheit in Analogie zur OGAW-Richtli- **261** nie[160] nur auf die Prüfung des AIF **Registers** zu beziehen, wurde nicht gefolgt, weil durch die jetzige Formulierung keine Verschärfung der Pflichten der Depotbank gesehen wurde. Insoweit hat die Depotbank im Wesentlichen regelmäßig zu prüfen, dass der Abgleich zwischen der Gesamtzahl der Anteile in dem Depot des AIF und der Gesamtzahl der umlaufenden Anteile, die im Register des AIF ausgewiesen werden, konsistent ist. Im Übrigen kann auf die Ausführungen unter Rn. 205 verwiesen werden.

5. Kontrolle der ordnungsgemäßen Anteilspreisberechnung (Abs. 9 **262** **lit. b)).** Nach Abs. 9 lit. b) muss die Depotbank sicherstellen, dass die Berechnung des Wertes der Anteile des AIF nach den nationalen Rechtsvorschriften des Staates, in dem der AIF domiziliert ist (vgl. Art. 19 Abs. 2), den Vertragsbedingungen und dem in Art. 19 festgelegten Verfahren erfolgt. Dies entspricht der geltenden Regelung nach § 27 Abs. 1 Nr. 1 InvG.

Wie nach § 36 Abs. 1 Satz 2 InvG bedeutet dies nicht, dass die Depotbank den **263** Anteilswert selbst berechnen muss; ausreichend ist, wenn die Depotbank die von dem AIFM oder einem Dienstleister vorgenommene Berechnung überprüft. Mit dem Wert eines Anteils ist – wie Art. 19 Abs. 2 klarstellt – der Nettoinventarwert je Anteil gemeint. Dies entspricht der Regelung des § 36 Abs. 1 Satz 1 und 2 InvG.[161] § 36 Abs. 1 bis 4 InvG enthält gesetzliche Vorgaben zur Berechnung des Anteilswertes, deren Einhaltung die Depotbank zu überprüfen hat. Anhand des Anteilswertes kann die Depotbank den Ausgabe- und Rücknahmepreis berechnen.

Klarstellend ist darauf hinzuweisen, dass die Depotbank weder für die Bewer- **264** tung der einzelnen Vermögensgegenstände noch für die Berechnung des Nettoinventarwerts (NAV) des AIF zuständig ist.[162] Dies obliegt dem AIFM; ersteres kann auch durch einen externen Bewerter erfolgen (vgl. Art. 19 Abs. 10).

In Art. 94 Durchführungsverordnung ist die Kontrolle der ordnungsgemäßen **265** **Anteilspreisberechnung** aufgegriffen worden. Die Depotbank muss nicht nur jederzeit ein zutreffendes Verständnis der **Bewertungslogik** und deren Vereinbarkeit mit den Vertragsbedingungen des AIF haben, sondern auch sicherstellen, dass der **Bewertungsprozess** im Hinblick auf Art, Größe und Komplexität des AIFs geeignet ist. Sofern ein **externer Bewerter** eingeschaltet wurde, hat die Depotbank zudem zu prüfen, ob die Bestellung rechtmäßig erfolgte.

---

[160] Hier wird auf den „... Verkauf, Ausgabe, ... im Namen des Fonds oder durch die Fondsgesellschaft" referenziert.

[161] Vgl. zur Vermeidung von Wiederholungen *Schmitz* in Berger/Steck/Lübbehüsen, InvG, § 36 Rn. 8 ff.

[162] Der Rat hatte zeitweilig erwogen, die Depotbank zu verpflichten, die ordnungsgemäße Bewertung der Vermögensgegenstände zu überwachen.

266   **6. Ausführung von Anweisungen des AIFM (Abs. 9 lit. c)).** Art. 95
Durchführungsverordnung beinhaltet konkretisierende Anforderungen, die sich
im Wesentlichen auf eine **ex-post Prüfung** bspw. der Einhaltung der Invest-
mentrichtlinien und der **Leveragegrenzen** sowie auf *„ungewöhnliche"* **Transaktionen** im Hinblick auf die **Überwachungsaufgaben bezüglich der Geldmittel** richten. Selbstverständlich sind auch *ex-ante Prüfungen* durchzuführen,
sofern diese geboten sind. Weiteres Erfordernis ist der Aufsatz eines **Eskalationsverfahrens** für den Fall, dass der AIF eine der Anlagegrenzen oder Bedingungen
verletzt.

267   Die Depotbank ist nach Abs. 9 lit. c) grundsätzlich verpflichtet, die Anweisungen des AIFM zu befolgen. Allerdings muss die Depotbank bei jeder Weisung
des AIFM prüfen, ob diese **im Einklang mit den geltenden nationalen
Rechtsvorschriften** oder den Vertragsbedingungen stehen. Ist dies nicht der
Fall, so darf die Depotbank den Weisungen nicht Folge leisten; hat sie Zweifel
an der Rechtskonformität, so muss sie dies prüfen und darf der Weisung erst Folge
leisten, wenn die Zweifel ausgeräumt worden sind.[163] Die Regelung entspricht
derjenigen nach § 22 Abs. 1 Satz 2 InvG. Beide Regelungen schränken die **Unabhängigkeit der Depotbank** (vgl. Abs. 10 UAbs. 1) ein, weil die Weisungsfreiheit Wesensmerkmal der Unabhängigkeit ist.[164] Dieses Spannungsverhältnis ist
nach hier vertretener Ansicht dahin gehend aufzulösen, dass die Depotbank in
ihren ureigenen Funktionen, in denen sie als Treuhänder der Anleger tätig wird,
unabhängig ist und keinen Weisungen des AIFM unterliegt. Nur dort, wo sie
zusätzliche Funktionen als Dienstleister des AIFM ausübt und damit Aufgaben
wahrnimmt, die ureigene Funktion des AIFM sind, unterliegt sie der Weisungsmacht des AIFM.[165]

268   **7. Sicherstellung, dass dem AIF der Gegenwert von Geschäften innerhalb der üblichen Fristen zufließt (Abs. 9 lit. d)).** Nach Abs. 9 lit. d) muss
die Depotbank sicherstellen, dass bei Transaktionen mit Vermögensgegenständen
des AIF diesem der Gegenwert innerhalb der üblichen Fristen überwiesen wird.
Dies entspricht weitgehend § 27 Abs. 1 Nr. 2 InvG. Dieser geht jedoch zum einen
weiter, weil er auch Erwerbsvorgänge erfasst und zum anderen ausdrücklich eine
Inverwahrnahme durch die Depotbank vorsieht. Der gezahlte Gegenwert ist im
Rahmen AIFM-Richtlinie nicht von der Depotbank in Verwahrung zu nehmen.
Insoweit kommt jedoch Abs. 7 zur Anwendung.

269   Bei den von Abs. 9 lit. d) genannten Transaktionen mit Vermögenswerten des
AIF handelt es sich insbesondere um **Veräußerungsgeschäfte**, aber auch um
die **Vermietung** (z. B. von Immobilien) oder die **Wertpapierleihe**. Die aus
solchen Geschäften fließenden Erlöse unterliegen – wie alle anderen Cashflows
des AIF – der Zahlstellenfunktion der Depotbank gemäß Abs. 7. Die darüber
hinaus gehende Bedeutung des Abs. 9 lit. d) liegt darin, dass die Depotbank sicherstellen muss, dass die Erlöse innerhalb der marktüblichen Fristen eingehen müssen.
Die Depotbank hat demgemäß zu prüfen, ob der Gegenseite eingeräumte **Zahlungsfristen marktüblich** sind und ob die **Zahlung tatsächlich eingegangen
ist**. Wie im Rahmen des § 27 Abs. 1 Nr. 2 InvG gilt ferner, dass der Erlös aus
einem Veräußerungsgeschäft **grundsätzlich Zug um Zug** gegen Eigentumsver-

---

[163] Vgl. zu § 22 InvG nur *Köndgen* in Berger/Steck/Lübbehüsen, InvG, § 22 Rn. 5
m. w. N.
[164] In diesem Sinne auch *Köndgen* in Berger/Steck/Lübbehüsen, InvG, § 22 Rn. 4.
[165] So schon für § 22 InvG *Köndgen* in Berger/Steck/Lübbehüsen, InvG, § 22 Rn. 4.

schaffung gezahlt werden muss, um Vorleistungen oder sonstige Kreditierungen des AIFM bzw. des AIF, welche mit wirtschaftlichen Risiken einher gehen, zu vermeiden.[166]

Die **Marktüblichkeit** der **Zahlungsfristen** hat die Depotbank gem. Art. 96 **270** Durchführungsverordnung durch die Implementierung wirksamer Prozesse sicherzustellen. Die Depotbank muss jederzeit in der Lage sein zu identifizieren, dass **Transaktionen** im Rahmen der gewöhnlichen Zeitvorgaben abgerechnet werden. Eine für alle denkbaren Finanzinstrumente einheitliche Zeitvorgabe konnte die ESMA aufgrund der unterschiedlichen Rechtsordnungen sowie der abweichenden Prozesse des Eigentumsübergangs nicht treffen. In vielen Fällen kann sich die Depotbank hierbei an den **Marktusancen** bzw. den Vorgaben an den unterschiedlichen geregelten Finanzmärkten und -plätzen orientieren.

Bei Geschäften an einem **nicht regulierten Markt** obliegt es der Depotbank **271** ferner, die **Angemessenheit der Zeitvorgabe** im Hinblick auf die konkrete Transaktion zu bewerten. Aus der Vielzahl der denkbaren Geschäfte, wie z. B. OTC Derivate, Investitionen in Immobilienwerte oder nicht börsennotierten Unternehmungen, wird deutlich, dass die Zeitvorgaben weit auseinander fallen können.

Als Hilfestellung empfahl die ESMA im Rahmen der Konsultation, sich an den **272** Zeitvorgaben in den jeweiligen Verträgen, die der AIF bzw. AIFM für den AIF mit der Gegenpartei des Kaufvertrages abschließt, zu orientieren. Dies zeigt das Erfordernis, die Depotbank bereits in einem frühen Stadium der **Geschäftsanbahnung und Durchführung von Transaktionen**, insbesondere des **nicht regulierten Marktes**, einzubeziehen.

Rechtsfolge eines identifizierten, **nicht marktüblich abgewickelten** **273** Geschäfts ist eine **Benachrichtigungspflicht** der Depotbank an den AIFM und soweit möglich die Initiierung einer Entschädigung durch den Kontrahenten.

8. Sicherstellung der rechtskonformen Verwendung der Erträge. **274** Schließlich muss die Depotbank nach Abs. 9 lit. e) sicherstellen, dass die Erträge des AIF gemäß den geltenden nationalen Rechtsvorschriften oder den Vertragsbedingungen des AIF verwendet werden. Dies entspricht dem geltenden § 27 Abs. 1 Nr. 3 InvG, welcher durch § 25 Satz 2 Nr. 3 InvG ergänzt wird. Letzterer sieht vor, dass die Depotbank etwaige Ausschüttungen der Gewinnanteile an die Anleger durchzuführen hat; eine vergleichbare Regelung fehlt hingegen in der AIFM-Richtlinie.

Abs. 9 lit. e) bezweckt, die **Ausschüttung der Erträge** des AIF im Einklang **275** mit dem geltenden Recht und den Vertragsbedingungen abzusichern. Je nach Regelung in den Vertragsbedingungen sind Erträge an die Anleger auszuschütten oder zu thesaurieren. Unter Erträgen sind die Früchte (d.h. Sach- und Rechtsfrüchte) aus den Vermögensgegenständen des AIF, d.h. die Nettoeinnahmen z. B. aus Zinsen, Dividenden, Mieterträgen und Wertpapierleihen zu verstehen.[167] Hierzu gehören auch Gewinne aus Veräußerungsgeschäften. Vor Durchführung der Ausschüttung muss die Depotbank prüfen, inwieweit sich die Bruttoeinnahmen des AIF z. B. durch an den AIFM, die Depotbank, den Wirtschaftsprüfer, den Bewerter oder sonstige Dritte abzuführende Vergütungen oder Aufwendungsersatzleistungen mindern. Auch die Kontrolle, ob die Vergütung und der Aufwendungsersatz im Einklang mit dem gelten Recht und den Vertragsbedin-

---

[166] Vgl. nur *Köndgen* in Berger/Steck/Lübbehüsen, InvG, § 27 Rn. 6.
[167] Vgl. zum Ganzen *Köndgen* in Berger/Steck/Lübbehüsen, InvG, § 27 Rn. 7.

gungen erfolgt, gehört zu den aus Abs. 9 lit. e) folgenden Kontrollpflichten der Depotbank.

276 Art. 97 Durchführungsverordnung enthält ergänzende **Kontrollanforderungen** an die von dem AIFM vorzunehmende **Nettoinventarwertberechnung.** Dabei obliegt es der Depotbank sicherzustellen, dass diese generell mit den gesetzlichen Vorschriften einerseits und mit den in den Verkaufsprospekten beschriebenen Verfahren andererseits in Einklang steht. Ferner muss die Depotbank dafür sorgen, dass etwaig **getroffene Feststellungen** des Abschlussprüfers im Jahresbericht durch geeignete Maßnahmen behoben werden. Insoweit hat der AIF bzw. AIFM der Depotbank alle notwendigen Informationen zur Verfügung zu stellen.

277 Die dargestellten **Kontrollpflichten** werden auch bereits heute in der Praxis durch die Depotbank ausgeübt. Die Verordnung über Inhalt, Umfang und Darstellung der Rechnungslegung von Sondervermögen und Investmentaktiengesellschaften sowie alle Bewertung der einem Investmentvermögen zugehörigen Vermögensgegenstände (InvRBV) sieht in Art. 22 Abs. 1 sogar vor, dass die **Bewertung** auch durch die Depotbank unter Mitwirkung der Kapitalanlagegesellschaft erfolgen kann. Dies dürfte auch weiterhin möglich sein.

M. Verhältnis zwischen Depotbank und AIFM (Abs. 10)

I. Einleitung

278 Abs. 10 regelt zum einen das Verhältnis zwischen der Depotbank und dem AIFM untereinander sowie zum AIF und seinen Anlegern und zum anderen den Umgang mit Interessenkonflikten seitens der Depotbank.[168]

II. Regelung zur Depotbank

279 **1. Vergleich mit der OGAW-Richtlinie und dem Investmentgesetz.** Art. 17 Abs. 2 des Kommissionsvorschlags enthielt eine mit Art. 25 Abs. 2 der OGAW-Richtlinie und § 22 Abs. 1 Satz 1 InvG identische Regelung, wonach der AIFM und die Depotbank bei der Wahrnehmung ihrer Aufgaben unabhängig und **ausschließlich im Interesse ihrer Anleger** handeln. In den Verhandlungen wurde Abs. 10 UAbs. 1 dahingehend ergänzt, dass der AIFM und die Depotbank auch ehrlich, redlich und professionell handeln sollen. Zudem wurde hervorgehoben, dass sie nicht nur im Interesse der Anleger, sondern auch des AIF handeln sollen.

280 **2. Funktion der Depotbank als Treuhänder der Anleger.** Wie in der OGAW-Richtlinie und im Investmentgesetz fungiert die Depotbank als Treuhänder der Anleger. Ihre Hauptfunktion besteht darin, die Anleger vor gesetzes- oder vertragswidrigem Handeln des AIFM sowie vor dessen Insolvenzrisiko zu schützen (sog. Integritätsschutz).[169]

281 **3. Handlung der Depotbank im Interesse des AIF und seiner Anleger.** Nach Abs. 10 UAbs. 1 muss die Depotbank bei der Wahrnehmung der in Art. 21 vorgesehenen Aufgaben im Interesse des AIF und seiner Anleger tätig werden. Dies entspricht weit gehend geltendem Recht (vgl. §§ 22 Abs. 1 Satz 1 InvG),

---

[168] Regelungen zu Interessenkonflikten des AIFM finden sich hingegen in Art. 14.
[169] So auch *Köndgen* in Berger/Steck/Lübbehüsen, InvG, Vor §§ 20–29, Rn. 1.

wenngleich nicht immer gelebter Praxis. *Köndgen*[170] ist darin zuzustimmen, das *„die ökonomischen Anreize für die Depotbank … weniger in Richtung Anlegerschutz als zugunsten einer Maximierung des Fondsvolumens und ihres eigenen Gebührenaufkommens"* gehen.

Mit der Rolle als Treuhänder der Anleger unvereinbar wäre es, wenn die **282** Depotbank bei einer Transaktion als **Gegenpartei des AIFM bzw. des AIF** auftritt, wie dies bei Primebrokern üblich ist. Deshalb dürfen Primebroker nach Abs. 4b) nicht als Depotbank tätig werden.[171]

Soweit die Depotbank Handelstätigkeiten für den AIF vollbringt, hat sie – wie **283** der AIFM – auf die **Wirtschaftlichkeit der getätigten Transaktion** zu achten.[172] Das unter Rn. 313 ff zum AIFM Gesagte gilt entsprechend.

Die Interessenwahrungspflicht findet selbstverständlich in den geltenden **284** Rechtsvorschriften und den Vertragsbedingungen ihre Grenzen. So kann das Interesse von Anlegern, Steuern zu vermeiden oder jedenfalls zu sparen, für die Depotbank allenfalls im Rahmen des gesetzlich Zulässigen maßgebend sein.

4. Unabhängigkeit vom AIFM. Abs. 10 UAbs. 1 fordert ferner, dass die **285** Depotbank und der AIFM unabhängig voneinander handeln.

a) Institutionelle Trennung. Hierzu gehört zum einen die institutionelle **286** Trennung zwischen Depotbank und AIFM. Nach Abs. 4 lit. a) darf weder der den betreffenden AIF verwaltende AIFM noch ein sonstiger AIFM Depotbank sein. Die Depotbank muss daher eine von dem konkreten und jedem sonstigen AIFM **getrennte juristische Person** sein. Dies ist Folge des **Spezialitätsprinzips**. Eine lediglich funktionale Trennung innerhalb ein- und derselben juristischen Person genügt – anders als nach Abs. 4b) für den Primebroker – nicht. Die Unabhängigkeit der Depotbank darf auch nicht dadurch unterlaufen werden, dass der AIFM die Portfolioverwaltung oder das Risikomanagement an die Depotbank auslagert (vgl. vgl. Art. 20 Abs. 5 lit. a)).

In der Praxis gehören die Depotbank und der AIFM bzw. die KAG häufig **287** **demselben Konzern** an. Auch wenn dies die Unabhängigkeit faktisch nicht selten einschränkt[173], verbieten weder die OGAW-Richtlinie noch das Investmentgesetz dies. Auch die AIFM-Richtlinie enthält kein derartiges Verbot. Den Mitgliedstaaten bleibt es jedoch unbenommen, ein solches einzuführen, um die Erfordernisse an die Unabhängigkeit zu konkretisieren.

b) Personelle Verflechtung. § 22 Abs. 2 InvG verbietet zur Wahrung der **288** Unabhängigkeit personelle Verflechtungen auf der Leitungsebene von Depotbank und AIFM. Die AIFM-Richtlinie enthält keine derartige Regelung. Den Mitgliedstaaten steht es jedoch frei, eine solche Regelung zu erlassen, um die Erfordernisse an die Unabhängigkeit zu konkretisieren.

c) Weisungsfreiheit. Für die Wahrung der Unabhängigkeit ist es wesentlich, **289** dass die Depotbank ihre in Art. 21 aufgeführten Funktionen ohne Einflussnahme des AIFM ausüben kann. Sie muss Entscheidungen selbst fällen können und darf nicht an Weisungen des AIFM gebunden sein oder diese freiwillig ausführen. Die

---

[170] Ebendort.

[171] Vgl. oben Rn. 871 f.

[172] *Köndgen* in Berger/Steck/Lübbehüsen, InvG, § 22, Rn. 9.

[173] Zu Recht kritisch daher *Schmolke* WM 2007, 1910; *Köndgen* in Berger/Steck/Lübbehüsen, InvG, § 22, Rn. 6.

Funktion als Treuhänder der Anleger bringt es mit sich, dass die Depotbank Maßnahmen zuweilen auch gegen den Willen des AIFM durchsetzen muss.

290 Daher überrascht es auf den ersten Blick, dass die Depotbank nach Abs. 9 lit. c) grundsätzlich verpflichtet ist, die Anweisungen des AIFM zu befolgen. Allerdings muss die Depotbank bei jeder Weisung des AIFM prüfen, ob diese **im Einklang mit den geltenden nationalen Rechtsvorschriften** oder den Vertragsbedingungen stehen. Ist dies nicht der Fall, so darf die Depotbank den Weisungen nicht Folge leisten. Hat sie Zweifel an der Rechtskonformität, so muss sie dies prüfen und darf der Weisung erst Folge leisten, wenn die Zweifel ausgeräumt worden sind.[174] Die Regelung entspricht derjenigen nach § 22 Abs. 1 Satz 2 InvG. Beide Regelungen schränken die Unabhängigkeit der Depotbank ein, weil die **Weisungsfreiheit Wesensmerkmal der Unabhängigkeit** ist.[175] Dieses Spannungsverhältnis ist nach hier vertretener Auffassung dahin gehend aufzulösen, dass die Depotbank in ihren ureigenen Funktionen, in denen sie als Treuhänder der Anleger tätig wird, unabhängig ist und keinen Weisungen des AIFM unterliegt. Nur dort, wo sie zusätzliche Funktionen als Dienstleister des AIFM ausübt und damit Aufgaben wahrnimmt, die ureigene Funktion des AIFM sind, unterliegt sie der Weisungsmacht des AIFM.[176]

291 **5. Ehrliches, redliches und professionelles Verhalten (Abs. 10 UAbs. 1).** Abs. 10 UAbs. 1 verpflichtet die Depotbank nicht nur zur Unabhängigkeit, sondern darüber hinausgehend dazu, ihre Aufgaben ehrlich, redlich und professionell zu erledigen. Diese Regelung greift damit den Wortlaut von Art. 19 Abs. 1 der MiFID auf.[177] Der deutsche Gesetzgeber hat diese Formulierung bei der Umsetzung der MiFID nicht aufgegriffen. In § 31 Abs. 1 Nr. 1 WpHG heißt es vielmehr: *„Ein Wertpapierdienstleistungsunternehmen ist verpflichtet, Wertpapierdienstleistungen … mit der erforderlichen Sachkenntnis, Sorgfalt und Gewissenhaftigkeit … zu erbringen".* Ob damit die MiFID ordnungsgemäß umgesetzt ist, erscheint fraglich.[178] § 31 Abs. 1 Nr. 1 WpHG dürfte daher kaum geeignet sein, als Muster für die Umsetzung von Abs. 10 UAbs. 1 zu dienen. Vielmehr dürfte aus Abs. 10 UAbs. 1 das Gebot der Fremdnützigkeit und Loyalität, das Verbot der Täuschung und der Ausnutzung von Schwächen des AIF und seiner Anleger, das Gebot der Unterstützung des AIF und seiner Anleger sowie die Forderung nach Kompetenz und zumutbaren Anstrengungen der Depotbank folgen.[179] Dies unterstreicht, dass die Depotbank nicht einfach Gegenpartei des AIF, sondern **Treuhänder der Anleger** des AIF ist.[180] Letztere müssen daher nicht allein für ihre Interessen sorgen, sondern können darauf vertrauen, dass die Depotbank dies für sie tut.

292 Eng mit dem soeben Gesagten zusammen hängt, dass die Depotbank nach Abs. 10 UAbs. 1 im Interesse des AIF und seiner Anleger handeln muss. Die gleiche Verpflichtung findet sich in Art. 19 Abs. 1 MiFID, der in § 31 Abs. 1 Nr. 1 WpHG wortgleich umgesetzt worden ist. Abs. 10 UAbs. 1 ist jedoch kom-

---

[174] Vgl. zu § 22 InvG nur *Köndgen* in Berger/Steck/Lübbehüsen, InvG, § 22 Rn. 5 m. w. N.

[175] In diesem Sinne auch *Köndgen* in Berger/Steck/Lübbehüsen, InvG, § 22 Rn. 4.

[176] So schon für § 22 InvG *Köndgen* in Berger/Steck/Lübbehüsen, InvG, § 22 Rn. 4.

[177] Vgl. zum Nachfolgenden eingehend *Koller* in Assmann/Schneider, WpHG, 5. Aufl., § 31 Rn. 3 ff.

[178] So auch *Koller,* ebendort.

[179] Vgl. zu § 31 WpHG *Koller,* ebendort, Rn. 3.

[180] *Koller,* ebendort, Rn. 5 spricht insoweit von Interessenwahrer.

plexer, weil die Depotbank nicht nur die Interessen des AIF, sondern auch jene seiner Anleger beachten muss. Die **Interessen der Anleger** müssen jedoch nicht immer mit dem vom AIF (bzw. dem AIFM in dessen Namen) geäußerten Willen übereinstimmen. Ebenso wenig werden immer alle Anleger ein- und dieselben Interessen haben. Daher muss die Depotbank zwar primär den vom AIF (bzw. dem AIFM in dessen Namen) geäußerten Willen beachten. Dementsprechend sieht Abs. 9 lit. c) auch vor, dass die Depotbank an die Weisungen des AIFM gebunden ist, dies jedoch unter der Einschränkung, dass diese nicht gegen geltendes Recht oder die Vertragsbedingungen verstoßen. Darüber hinaus hat die Depotbank stets zu prüfen, ob der vom AIF (bzw. dem AIFM in dessen Namen) geäußerte Wille auch dem **mutmaßlichen Interesse der Anleger** bzw. des schutzbedürftigsten Teils der Anleger entspricht. Denn auch wenn der AIFM seinerseits nach Abs. 10 UAbs. 1 im Interesse des AIF und seiner Anleger handeln muss, kommt es in der Praxis durchaus vor, dass der AIFM eigene Interessen über diejenigen des AIF und seiner Anleger stellt.

III. Umgang mit Interessenkonflikten

1. Hintergrund. Im Interesse des AIF und seiner Anleger kann nur handeln, **293** wer nicht eigene, gegenläufige Interessen verfolgt. Die diversen Funktionen bedingen, dass die Depotbank im Bedarfsfall auch Entscheidungen gegen den Willen des AIFM treffen und durchsetzen muss. Zur Unabhängigkeit der Depotbank gehört daher auch, dass sich die Depotbank in keinem **Interessenkonflikt** befindet. Abs. 10 UAbs. 2 sieht daher vor, dass die Depotbank grundsätzlich keine über die Funktion als Depotbank hinausgehenden Aufgaben für den AIF oder den ihn verwaltenden AIFM wahrnehmen darf, die zu Interessenkonflikten führen könnten. Abs. 10 UAbs. 2 enthält somit eine materielle Pflicht zur Vermeidung von Interessenkonflikten, im Unterschied zu der rein organisationsrechtlichen Compliance-Regel nach § 22 Abs. 1 Satz 3 InvG.

2. Der Begriff des „Interessenkonflikts". Die AIFM-Richtlinie definiert **294** den Begriff des „Interessenkonflikts" nicht. Insoweit kann jedoch auf die Kommentierung zu Art. 14 Rn. 141 f verwiesen werden.

3. Geschützte Personen. Abs. 10 UAbs. 2 soll dem Schutz des AIF und seiner **295** Anleger sowie darüber hinaus des AIFM dienen, der seinerseits verpflichtet ist, im Interesse des AIF und seiner Anleger zu handeln. Abs. 10 UAbs. 2 regelt die in Art. 14 Abs. 1 lit. b)–e) genannten Fälle nicht, obwohl sich hieraus auch für die Depotbank Interessenkonflikte ergeben können, wie z. B. daraus, dass die Depotbank für zwei verschiedene Fonds tätig ist, zwischen denen Rechtsbeziehungen bestehen (z. B. Fonds A veräußert eine Immobilie an Fonds B). Da sowohl die Depotbank als auch der AIFM im Interesse des AIF und seiner Anleger tätig werden, dürften die zu Art. 14 Abs. 1 lit. b)–e) entwickelten Grundsätze entsprechend auch für die Depotbank gelten. Für einige AIF (wie namentlich Hedgefonds und Private Equity) dürfte die neue Verpflichtung, sowohl im Interesse des AIF als auch dessen Anleger (mit denen die Depotbank in keinerlei Vertragsbeziehung steht) zu handeln, im Einzelfall problematisch sein.[181] Diese aus dem Bereich der traditionellen offenen Fonds übernommene Regelung impliziert, dass **alle Anleger eines Fonds gleich zu behandeln** sind. Eine derartige Verpflichtung besteht jedoch nach der AIFM-Richtlinie nicht. Vielmehr ist eine **Vorzugsbehandlung**

---

[181] *Schmitt* ZGesKW 2011, 246 (248).

einzelner Anleger möglich, sofern die übrigen Anleger hierüber vor ihrer Anlageentscheidung aufgeklärt werden (vgl. Art. 23 Abs. 1 lit. j)). Folge hiervon ist, dass das Interesse des AIF (d.h. der Mehrheit der Anleger) von den Interessen einzelner Anleger abweichen kann.

296 **3. Unzureichende Regelung.** Die Regelung des Abs. 10 UAbs. 2 ist jedoch schon deshalb unzureichend, weil sie impliziert, dass Interessenkonflikte nur aus der Erledigung bestimmter Aufgaben wie z. B. als Gegenpartei des AIF folgen. In der Praxis folgen jedoch die größten Interessenkonflikte daraus, dass **Depotbank und AIFM zu demselben Konzern gehören**. Der Depotbank dürfte es dann schwerfallen, Interessen des AIF und seiner Anleger über die Profitabilität des AIFM zu stellen.[182]

297 **4. Lösung von Interessenkonflikten.** Aber auch wenn die Gesellschaft, zu der die Depotbank gehört, Aufgaben für den AIF bzw. für den AIFM wahrnimmt, die zu Interessenkonflikten führen, hat dies nicht zwingend den Ausschluss als Depotbank zur Folge. So ist es nach Abs. 10 UAbs. 2 möglich, dass die (Depot-) Bank als juristische Personen als Gegenpartei des AIF tätig wird, sofern innerhalb dieser Bank die Tätigkeit der Depotbank funktional und hierarchisch von der den Interessenkonflikt begründenden Tätigkeit getrennt ist.[183] Weiterhin ist erforderlich, dass die (potenziellen) Interessenkonflikte ordnungsgemäß ermittelt, gesteuert, beobachtet und den Anlegern offengelegt werden. Wie der AIFM nach Art. 14 Abs. 1 muss auch die Depotbank Leitlinien zum Umgang mit Interessenkonflikten einführen und umsetzen.[184]

298 **a) Funktionale Trennung.** Die geforderte **funktionale Trennung** setzt erstens voraus, dass die Tätigkeit als Depotbank innerhalb der juristischen Person von einem anderen Bereich wahrgenommen wird als die den Interessenkonflikt begründende Tätigkeit. Zwischen beiden Bereichen müssen zweitens strikte *Chinese walls* gezogen werden. Hierzu gehört zum einen, dass keine Person sowohl in Ausübung der Funktion als Depotbank als auch für die den Interessenkonflikt begründenden Tätigkeit handelt. Zum anderen darf es keinen Informationsaustausch zwischen beiden Bereichen zu den den AIF betreffenden Aspekten geben.

299 **b) Hierarchische Trennung.** Die **hierarchische Trennung** erfordert, dass für beide Bereiche verschiedene Geschäftsleiter verantwortlich sind. Hierdurch soll sichergestellt werden, dass innerhalb der Geschäftsleitung die Aspekte der Depotbank ausreichend Aufmerksamkeit erfahren und nicht ein- und derselbe Geschäftsleiter Entscheidungen für beide konfligierenden Tätigkeiten treffen soll. Die hierarchische Trennung ist auch auf allen darunter liegenden Hierarchieebenen einzuhalten, um zu verhindern, dass Belange der Depotbank („Handeln im Interesse des AIF") hinter wirtschaftliche Interessen des anderen Bereichs zurücktreten.

300 **c) Primebroker als Sonderfall.** Ein in der Richtlinie ausdrücklich geregelter Sonderfall von Interessenkonflikten ist die Tätigkeit als Primebroker (vgl. Art. 21 Abs. 4 lit. b)). Der Primebroker ist stets Gegenpartei des Hedgefonds, z. B. auf-

---

[182] In diesem Sinne auch *Schmolke* WM 2007, 1910; *Köndgen* in Berger/Steck/Lübbehüsen, InvG, § 22 Rn. 12.
[183] Ein Unterfall hiervon stellt die Tätigkeit sowohl als Depotbank als auch als Primebroker dar; vgl. Abs. 4 lit. b).
[184] Vgl. hierzu eingehend Art. 14 Rn. 171 f.

grund seiner Funktion als Kreditgeber oder Wertpapierverleiher. Daher darf eine juristische Person nur dann sowohl als Depotbank als auch als Primebroker tätig werden, wenn beide Bereiche funktional und hierarchisch getrennt sind (vgl. eingehend Rn. 871 f).

d) Umgang mit Interessenkonflikten. Das Konzept der funktionalen und 301 hierarchischen Trennung ist allein unzureichend. Es führt nicht dazu, dass Interessenkonflikte aufgehoben werden. Es bliebe der Gesellschaft unbenommen, auf Ebene der Geschäftsleitung Entscheidungen zugunsten des eigenen wirtschaftlichen Vorteils und zulasten der Interessen des AIF zu treffen. Hierdurch würde die Depotbank ihrer Rolle als Treuhänder der Anleger des AIF nicht gerecht. Daher setzt Abs. 10 UAbs. 2 zusätzlich Leitlinien zum Umgang mit Interessenkonflikten voraus. Diese müssen – um überhaupt Wirkung entfalten zu können – über den Funktionsbereich der Depotbank hinaus für die gesamte juristische Person gelten. Primäres Ziel muss hierbei sein, Interessenkonflikte zu vermeiden. Zu diesem Zweck müssen zunächst potenzielle Interessenkonflikte ermittelt und Leitlinien für ihre Vermeidung aufgestellt werden. Dort, wo sich Interessenkonflikte auch durch die gebotene Steuerung nicht vermeiden lassen, müssen die (potenziellen) Interessenkonflikte den Anlegern des AIF offengelegt werden. Diese sollen entscheiden können, ob sie dessen ungeachtet in den AIF investieren wollen.

e) Verbot von Interessenkonflikten ohne funktionale und hierarchische 302 **Trennung.** Nach dem Wortlaut des Abs. 10 UAbs. 2 darf die Depotbank ohne funktionale und hierarchische Trennung keine Aufgaben wahrnehmen, die zu Interessenkonflikten mit ihrer Funktion als Depotbank führen. Der Bereich der Gesellschaft, welcher die Funktion als Depotbank wahrnimmt, darf daher keine Verträge mit dem AIF bzw. dem AIFM für Rechnung des AIF schließen, in dem sie Gegenpartei des AIF ist. Die bisher offenbar von der BaFin tolerierte Praxis, dass die Depotbank von dem AIFM bzw. der KAG **Wertpapierdarlehen** in Anspruch nimmt und dieselben gemäß § 54 Abs. 2 InvG besichert, ist daher im Anwendungsbereich der AIFM-Richtlinie nicht mehr zulässig.[185]

IV. Die Problematik der sog. „Wiederverwendung von Vermögensgegenständen" (Abs. 10 UAbs. 3)

1. Einleitung. Einen insbesondere bei Hedgefonds relevanten Sonderfall eines 303 Interessenkonflikts regelt Abs. 10 UAbs. 3. In der deutschen Richtlinienfassung ist unscharf von „**Wiederverwendung**" von Vermögensgegenständen des AIF durch die Verwahrstelle die Rede. Die englische Sprachfassung spricht von „re-use". Gemeint ist damit die Verwendung eines Vermögensgegenstandes des AIF (bzw. des AIFM) durch die Depotbank, welche dazu führt, dass ein bisher der Verwahrung unterliegender Vermögensgegenstand wirtschaftlich und/oder rechtlich **aus dem Vermögen des AIF ausscheidet** und auf die Depotbank übergeht. Die Depotbank verwahrt den Vermögensgegenstand dann nicht mehr treuhänderisch für den AIF (bzw. den AIFM), sondern für sich, ohne dass dies nach außen ohne weiteres erkennbar wird. Dies ist mit erheblichen Risiken für die Anleger verbunden. Abs. 10 UAbs. 3 setzt der „Wiederverwendung" aus Gründen des Anlegerschutzes gewisse Grenzen.

---

[185] Vgl. hierzu *Fragos* ZBB 2005, 183 ff.; *Köndgen* in Berger/Steck/Lübbehüsen, InvG, § 22 Rn. 12.

304   Abs. 10 UAbs. 3 ist im Zusammenhang mit der Regelung des Art. 14 Abs. 3 zu lesen.[186] Danach muss ein AIFM, wenn er für einen AIF die Dienste eines Primebrokers in Anspruch nehmen möchte, mit diesem einen schriftlichen Vertrag schließen. Der **Primebrokervertrag** muss namentlich eine Regelung darüber enthalten, ob dem Primebroker Vermögensgegenstände übertragen werden dürfen, welche dieser wiederverwenden darf. Eine solche Regelung ist nur und insoweit zulässig als die **Vertragsbedingung oder Satzung des AIF** dies gestatten. Art. 14 Abs. 3 Satz 3 schreibt schließlich vor, dass die Depotbank über den Inhalt des Vertrages zu informieren ist. Hierdurch soll sie in die Lage versetzt werden zu prüfen, ob sie berechtigt bzw. verpflichtet ist, von ihr verwahrte Vermögensgegenstände an den Primebroker herauszugeben.

305   Der Begriff der „Wiederverwendung" umfasst die schon bisher in § 31 Abs. 5 Satz 2 InvG genannten Fälle, in denen Vermögensgegenstände eines Sondervermögens ausnahmsweise verpfändet, belastet, zur Sicherung übereignet oder zur Sicherheit abgetreten werden durften. Dies war und ist grundsätzlich weiterhin möglich bei der Kreditaufnahme für Rechnung des AIF, bei Einräumung von Optionsrechten zur einen Dritten, bei Wertpapier-Pensionsgeschäften, bei Finanzterminkontrakten, Swaps oder ähnlichen Geschäften geschlossen werden oder wenn Leerverkäufe getätigt oder Wertpapierdarlehen gewährt werden. Letzteres spielt namentlich bei Hedgefonds eine wichtige Rolle. Dort ist in diesem Zusammenhang meist von „Rehypothication" die Rede.

306   **2. Rehypothication.** Von einer sog. „Rehypothication" spricht man, wenn die Vermögensgegenstände eines Hedgefonds dem Primebroker zur Sicherung von Krediten oder im Zusammenhang mit der Besicherung von Wertpapierdarlehen bzw. Leerverkäufen übereignet oder abgetreten werden, was bereits derzeit nach § 31 Abs. 5 Satz 2 InvG zulässig ist.[187] Der Primebroker erlangt hierdurch rechtliches und wirtschaftliches Eigentum an den als Sicherheit übertragenen Vermögensgegenständen; dem Hedgefonds steht hingegen lediglich ein schuldrechtlicher Rückübertragungsanspruch von Wertpapieren gleicher Art und Güte zu. Der Begriff der „Rehypothication" bedeutet, dass der Primebroker aufgrund des Primebrokervertrages berechtigt ist, die ihm als Sicherheit übertragenen Vermögensgegenstände zu bewirtschaften, z. B. indem er sie selbst als Sicherheit verwendet oder sie weiterveräußert. Der Primebroker schafft sich hierdurch eine weitere Einnahmequelle. Die Vorteile hieraus sollen vermeintlich in Form günstigerer Konditionen des Primebrokers zum Teil den Anleger des Hedgefonds zugutekommen.[188]

307   **3. Risiken der „Rehypothication".** Die „Rehypothication" ist für die Anleger mit erheblichen Risiken verbunden. Der schuldrechtliche Rückübertragungsanspruch des Hedgefonds ist in der Insolvenz des Primebroker u. U. wertlos. Dass dies kein nur theoretisches Risiko ist, hat die Insolvenz von Lehman Brothers International Europe plastisch vor Augen geführt. Um das Insolvenzrisiko wenigstens zu begrenzen, wird im Primebrokervertrag i. d. R. eine **Aufrechnungsabrede** (sog. close-out netting) vereinbart[189]. Diese bewirkt bei Eintritt der Insol-

---

[186] Vgl. die Kommentierung zu Art. 14 Rn. 351 f.

[187] Vgl. eingehend *Lindemann* BB 2004, 2137 (2140); *Gringel* in Berger/Steck/Lübbehüsen, InvG, § 112 Rn. 45.

[188] So *Lindemann* BB 2004, 2137 (2140).

[189] Vgl. hierzu eingehend *Lindemann* BB 2004, 2137 (2140).

venz, dass die gegenseitigen Ansprüche saldiert werden. Nur noch der nach der Saldierung offene Betrag wird von einer der beiden Parteien geschuldet. Aus Sicht des Hedgefonds wird hierdurch das Insolvenzrisiko auf den Betrag begrenzt, um den die dem Primebroker gewährten Sicherheiten die Forderungen des Primebrokers gegenüber dem Hedgefonds übersteigen. Üblicherweise übersteigen die zur Sicherheit übereigneten Vermögensgegenstände die Forderungen um bis zu 10%. Durch diesen Aufschlag (sog. haircut) sollen Zinsansprüche des Primebrokers und ein möglicher Wertverfall der als Sicherheit übertragenen Vermögensgegenstände aufgefangen werden.[190]

4. Einordnung der „Rehypothication". Die „Rehypothication" führt **308** dazu, dass die dem Primebroker zur Sicherheit übertragenen Vermögensgegenstände aus dem Vermögen des Hedgefonds ausscheiden. Der Primebroker verwahrt diese Vermögensgegenstände nicht länger in seiner Funktion als Unterverwahrer und damit als Treuhänder für die Anleger des Hedgefonds, sondern für sich selbst als rechtlich und wirtschaftlicher Berechtigtem. An die Stelle der verwahrten (und damit gegen Insolvenzrisiken geschützten) Vermögensgegenstände tritt ein **mit einem Insolvenzrisiko behafteter Rückübertragungsanspruch** oder, im Falle einer Aufrechnungsabrede, ein dem Insolvenzrisiko unterliegender Anspruch auf Rückzahlung der „Übersicherung" (sog. haircut).

5. Vorliegen eines Interessenkonflikts. Mit der Erlaubnis zur „Rehypothi- **309** cation" verlässt der Primebroker die Rolle als Treuhänder der Anleger aufgrund seiner Funktion als Unterverwahrer und wird vielmehr als **Gegenpartei** des Hedgefonds tätig, dessen Interessen gegenläufig zu denen der Anleger verlaufen. Während der Hedgefonds und seine Anleger beispielsweise an einem geringen haircut interessiert sind, ist dem Primebroker an einem möglichst großen gelegen, um eigene Ausfallrisiken zu begrenzen. Dieser Interessenkonflikt wird noch dadurch gesteigert, dass es im Zeitverlauf zu einer Übersicherung des Primebrokers kommen kann.

6. Umgang mit diesem Unteressenkonflikt. a) Anwendung der allge- 310 meinen Interessenkonfliktsregelungen. Für den Umgang mit den der „Wiederverwendung" bzw. „Rehypothication" innewohnenden Interessenkonflikten gelten zunächst die oben unter Rn. 293 ff aufgeführten allgemeinen Regelungen zum Umgang mit Interessenkonflikten. Demnach muss die die „Wiederverwendung" betreibende Wirtschaftseinheit funktional und hierarchisch getrennt sein von der als Depotbank agierenden Einheit. Beide können jedoch Teil einer Gesellschaft (i. d. R. einem Kreditinstitut) sein.

Da sich ein derartiger Konflikt bei Anerkennung der Zulässigkeit der „Wieder- **311** verwendung" nicht vermeiden lässt, muss er zunächst den **Anlegern des AIF offen gelegt** werden. Zudem muss er soweit wie möglich gesteuert werden. Hierzu ist es zwingend, dass ein Primebroker, welcher zugleich als Unterverwahrer tätig ist, die unterverwahrten **Vermögensgegenstände strikt** von jenen **trennt**, welche ihm von dem AIFM bzw. AIF übertragen worden sind, um diese ggf. wiederzuverwenden. Nur so lässt sich das commingling risk ausschließen. Ferner dürfte es erforderlich sein, die o.g. Aufrechnungsabrede (sog. close-out netting) zu vereinbaren. Schließlich dürfte eine Verpflichtung bestehen, regelmäßig zu überprüfen, ob eine „**Übersicherung**" besteht. In einem solchen Fall hat

---

[190] *Lindemann* BB 2004, 2137 (2140); *Gringel* in Berger/Steck/Lübbehüsen, InvG, § 112 Rn. 47.

umgehend eine entsprechende Rückübertragung von Vermögensgegenständen nach Maßgabe vorheriger vertraglicher Vereinbarungen zu erfolgen, um die Insolvenzrisiken zu minimieren.[191] Die jüngste Finanzkrise hat gelehrt, dass die vorgenannten Grundsätze vielfach nicht beachtet worden sind.

312   **b) Besondere Verpflichtungen.** Ergänzend enthält Abs. 10 UAbs. 3 Regelungen für den – praktisch wohl eher seltenen[192] – Fall, dass die Depotbank berechtigt ist, Vermögensgegenstände des AIF wiederzuverwenden.[193] Voraussetzung einer Wiederverwendung durch die Depotbank ist danach, dass der AIF, wenn er über eine eigene Rechtspersönlichkeit verfügt, bzw. ansonsten der AIFM für dessen Rechnung der Wiederverwendung zuvor zugestimmt hat. Hierdurch sollen der AIF und seine Anleger davor geschützt werden, dass die Depotbank insbesondere von ihr verwahrte Vermögensgegenstände ohne Wissen und Wollen des AIF wiederverwendet, was zu den oben genannten Risiken führt.[194]

V. Regelungen zum AIFM

313   **1. Handeln im Interesse des AIF und seiner Anleger.** Nach Abs. 10 UAbs. 1 muss neben der Depotbank auch der AIFM bei der Wahrnehmung seiner Aufgaben im Interesse des AIF und seiner Anleger tätig werden. Wie nach Art. 25 Abs. 2 OGAW-Richtlinie und § 9 Abs. 2 Nr. 1 InvG soll der AIFM nicht als Gegenpartei des AIF und seiner Anleger, sondern als deren **Treuhänder** agieren. Dies ist für die bereits bisher unter den Anwendungsbereich des Investmentgesetzes fallenden Fonds schon jetzt geltendes Recht. Für viele in- und ausländische AIF bedeutet dies jedoch eine wesentliche Neuerung, aus der sich wesentliche Konsequenzen ergeben dürften. Dies gilt namentlich im Hinblick auf die z.T. sehr hohen Vergütungs- und Vertriebskosten (z. B. bei einzelnen geschlossenen Fonds), sodass sich die Frage stellt, ob diese mit dem Interesse der Anleger vereinbar sind.

314   Wie nach § 9 Abs. 2 Nr. 1 InvG bedeutet die Pflicht zur Interessenwahrung, dass das Handeln des AIFM auf die **Optimierung des Anlegervorteils** im Rahmen der zumutbaren Anstrengungen unter Zurückstellung eigener Belange des AIFM ausgerichtet sein muss und dass erlangte Vorteile an den AIF weitergeben werden müssen.[195] Weitere Folge ist, dass der AIFM als einziges zulässiges Eigeninteresse eine marktgerechte Vergütung seiner Tätigkeit verlangen darf. Beispiele für eine Interessenwahrung sind: a) die Anschaffung und Veräußerung von Vermögensgegenständen nach dem Gebot der bestmöglichen Ausführung *(best execution);* b) die Minimierung der Transaktionskosten, einschließlich der Wahl des kostengünstigsten Handelsplatzes und der Vermeidung des häufigen Umschlags von Vermögensgegenständen ohne Vorteile für den AIF zum Zwecke der Erzielung von Provisionseinkünften (sog. *churning),* c) Minimierung der Verwaltungs-

---

[191] Vgl. *Lindemann* BB 2004, 2137 (2140).

[192] Hintergrund hierfür ist, dass ein Primebroker nicht zugleich als Depotbank des AIF tätig werden darf. In der Praxis sind es jedoch gerade Primebroker, die Vermögensgegenstände von AIF wiederverwerten. Nach hier vertretener Auffassung ist eine Wiederverwendung ohnehin nicht mit der Rolle einer unabhängigen Depotbank vereinbar.

[193] Diese Regelung bezieht sich auf alle Vermögensgegenstände des AIF.

[194] Vgl. oben Rn. 306 ff.

[195] Vgl. *Köndgen* in Berger/Steck/Lübbehüsen, InvG, § 9 Rn. 35; *Koller* in Assmann/Schneider, WpHG, § 31 Rn. 9.

kosten des AIFM und d) nur Zahlung marktüblicher Vergütungen an die Depotbank, Vertriebsvermittler und sonstige Dritte.

Der AIFM muss ferner sein Verhalten an den Interessen eines durchschnittli- **315** chen Anlegers ausrichten. Haben Anleger eines AIF unterschiedliche Interessen[196], so hat der AIFM ein ausgewogenes Ergebnis anzustreben, das sich am besten Interesse des AIF orientiert.

Im Unterschied zum geltenden Investmentgesetz darf der AIFM einzelnen **316** Anlegern auch innerhalb derselben Fondsklasse eine **Vorzugsbehandlung** (wie z. B. geringere Verwaltungsgebühren, schnellere oder weitergehende Informationen) versprechen oder gewähren, sofern er gemäß Art. 23 Abs. 1 lit. j) alle Anleger vor ihrer Anlageentscheidung über die Vorzugsbehandlung und die Art der Anleger, die eine solche erhalten, aufklärt.

2. Ehrliches, redliches und professionelles Verhalten (Abs. 10 UAbs. 1). **317**

Abs. 10 UAbs. 1 verpflichtet den AIFM zudem, seine Aufgaben ehrlich, redlich und professionell zu erledigen. Diese Regelung greift damit den Wortlaut von Art. 19 Abs. 1 der MiFID auf.[197] Der deutsche Gesetzgeber hat diese Formulierung bei der Umsetzung der MiFID nicht aufgegriffen. In § 31 Abs. 1 Nr. 1 WpHG heißt es vielmehr: *„Ein Wertpapierdienstleistungsunternehmen ist verpflichtet, Wertpapierdienstleistungen … mit der erforderlichen Sachkenntnis, Sorgfalt und Gewissenhaftigkeit … zu erbringen".* Ob damit die MiFID ordnungsgemäß umgesetzt ist, erscheint fraglich.[198] § 31 Abs. 1 Nr. 1 WpHG dürfte daher kaum geeignet sein, als Muster für die Umsetzung von Abs. 10 UAbs. 1 zu dienen. Vielmehr dürfte aus Abs. 10 UAbs. 1 das **Gebot der Fremdnützigkeit und Loyalität,** das Verbot der Täuschung und der Ausnutzung von Schwächen des AIF und seiner Anleger, das Gebot der Unterstützung des AIF und seiner Anleger sowie die Forderung nach Kompetenz und zumutbaren Anstrengungen des AIFM folgen.[199] Auf letzteres darf die Regelung jedoch – anders als bisher im Investmentgesetz – nicht beschränkt werden.

Dies unterstreicht, dass der AIFM nicht Gegenpartei des AIF, sondern Treuhän- **318** der der Anleger des AIF ist.[200] Letztere müssen daher nicht allein für ihre Interessen sorgen, sondern können darauf vertrauen, dass der AIFM im besten Interesse des AIF und dessen Anleger handelt.

N. Auslagerung von Depotbankfunktionen (Abs. 11)

I. Einleitung

Absatz 11 regelt und begrenzt zugleich die Auslagerung („Outsourcing") von **319** Depotbankfunktionen. Die Depotbank kann nur die Verwahrfunktion gemäß Abs. 8 auslagern. Daneben kann die Depotbank – ausweislich Erwägungsgrund 42 – Hilfsfunktionen wie etwa Verwaltungsaufgaben oder technische

---

[196] Dies gilt beispielsweise bei der Aussetzung der Rücknahme von Anteilen. Hier kollidieren i. d. R. die Interessen der Anleger, welche ihre Anteile zurückgeben wollen mit jenen, die weiter investiert bleiben wollen.

[197] Vgl. zum Nachfolgenden eingehend *Koller* in Assmann/Schneider, WpHG, 5. Aufl., § 31 Rn. 3 ff.

[198] So auch *Koller,* ebendort.

[199] *Koller,* ebendort, Rn. 3.

[200] *Koller,* ebendort, Rn. 5 spricht insoweit von Interessenwahrer.

Dienstleistungen auf Dritte übertragen, ohne dass die Regelungen des Abs. 11 über die Auslagerung zur Anwendung kommen. Grund hierfür ist, dass es sich nicht um im Anlegerinteresse von der Depotbank höchstpersönlich zu erbringende Aufgaben handelt. Hingegen können die Zahlstellenfunktion und die Kontrollfunktion nicht ausgelagert werden. Hierdurch soll die höchstpersönliche Wahrnehmung der letztgenannten Funktionen durch die Depotbank sichergestellt werden. Dies soll letztlich den Anlegerschutz verbessern und die Aufsicht erleichtern. Indem die AIFM-Richtlinie für die Verwahrfunktion eine Auslagerung gestattet, trägt sie einem Bedürfnis der Praxis Rechnung. Viele AIF legen weltweit an. Keine Depotbank kann in allen Staaten der Welt Vermögensgegenstände verwahren. Nach dem Recht einiger Staaten können Vermögensgegenstände überdies nur von in dem betreffenden Staat niedergelassenen Depotbanken verwahrt werden. Es wäre unwirtschaftlich, wenn eine Depotbank nicht wenigstens in solchen Fällen die Verwahrung an einen (lokalen) Unterverwahrer auslagern könnte. Hingegen darf die Verwahrung als zentrale Funktion der Depotbank nicht vollständig ausgelagert werden.[201]

320   In der deutschen Fassung der AIFM-Richtlinie ist statt von Auslagerung von „Übertragung" die Rede (vgl. auch Art. 20). Dieser Begriff ist jedoch nicht nur nichtssagend, sondern auch irreführend. Eine Übertragung suggeriert, dass die Depotbank sich ihrer Verantwortung begeben und diese mit der Wahrnehmung der Aufgabe an den Dritten übertragen kann. Dies ist jedoch bei der Auslagerung gerade nicht zulässig. Die Depotbank bleibt stets letztverantwortlich und muss den Dritten fortlaufend überwachen. Daher ist im Folgenden von „Auslagerung" anstelle von „Übertragung" die Rede.

II. Auslagerung von Aufgaben der Verwahrung

321   Die Depotbank darf nur Aufgaben der Verwahrung gemäß Abs. 8 auslagern, und zwar sowohl was die **Verwahrung** der in Abs. 8 lit. a) genannten Finanzinstrumente als auch die **Eigentumskontrolle** gemäß Abs. 8 lit. b) betrifft. Alle Formen der Beauftragung eines Unterverwahrers stelle eine Auslagerung der Verwahrfunktion dar. Aber auch Verwahraufgaben kann die Depotbank nur in begrenztem Umfang auslagern. Abs. 11 UAbs. 2 stellt umfangreiche Anforderungen an die Auslagerung auf. Dies soll sicherstellen, dass Auslagerungen auf das rechtlich und wirtschaftlich notwendige Minimum begrenzt werden. Auf diese Weise sollen „endlose Verwahrketten" vermieden werden, weil diese nicht oder nur schwer effizient beaufsichtigt werden können und sie die Risiken für Anleger erhöhen.

322   Abs. 11 UAbs. 5 stellt klar, dass die Inanspruchnahme von Dienstleistungen durch **Wertpapierliefer- und Abrechnungssysteme** im Sinne von Richtlinie 98/26/EG (sog. Finalitätsrichtlinie) oder vergleichbarer Dienstleistungen in Drittstaaten nicht als Auslagerung von Aufgaben der Verwahrung anzusehen sind. Deutschland hat die Finalitätsrichtlinie u.a. durch § 24b KWG umgesetzt. Alle nach deutschem Recht tätigen Wertpapier- und Abrechnungssysteme sind bei *Fischer*[202] abgedruckt. Hierzu gehört z. B. das Kassa Börsengeschäft der Deutschen Börse Clearing AG.

---

[201] Vgl. eingehend hierzu unter Rn. 324.
[202] In Boos/Fischer/Schulte-Mattler, KWG, 4. Aufl., § 24b Rn. 9 abgedruckt.

III. Zulässiger Umfang der Auslagerung

Art. 20 Abs. 3 setzt der Auslagerung von Aufgaben des AIFM Grenzen. Dort **323** heißt es, dass ein AIFM seine „Funktionen" nicht in einem Umfang auslagern darf, dass er nicht länger als AIFM angesehen werden kann und er zu einem bloßen Briefkastenunternehmen wird. Für eine Auslagerung von Verwahraufgaben der Depotbank fehlt eine entsprechende ausdrückliche Regelung. Gleichwohl gelten dieselben Grundsätze auch hier. Anhaltspunkte zum zulässigen Umfang der Auslagerung lassen sich Art. 21 Abs. 11 UAbs. 2 lit. c) entnehmen. Dort ist zwei Mal von der Übertragung von „**Teilen ihrer Aufgaben**" an einen oder mehrere Dritte (d.h. Auslagerungsunternehmen) die Rede.

1. Verbot der Totalauslagerung. Hieraus folgt zunächst ein Verbot der **324** Totalauslagerung. Würde eine Depotbank ihre Verwahr- und Eigentumskontrollfunktionen nach Abs. 8 vollständig an einen oder mehrere Unterverwahrer auslagern, so würde dies weit über die Auslagerung von „Teilen ihrer Aufgaben" hinausgehen.[203] Einer Auslagerung zugänglich ist **nicht die Verwahrfunktion insgesamt**, sondern **lediglich einzelne Aufgaben**, aus denen sich die Verwahrfunktion zusammensetzt. Die Depotbank darf aber auch nicht so viele Teilaufgaben an ein oder mehrere Auslagerungsunternehmen übertragen, dass sie selbst nicht mehr als eigentlicher Verwahrer und Eigentumskontrolleur angesehen werden kann. Die Verwahrfunktion ist die zentrale Funktion einer Depotbank. Eine Depotbank, die selbst nicht in einem nennenswerten Umfang Finanzinstrumente verwahrt, kann daher nicht als Depotbank angesehen werden, sondern hat die Grenze zum Briefkastenunternehmen (Art. 20 Abs. 3 analog) überschritten. In einem solchen Fall kann eine Depotbank nicht ihrer Aufgabe als Treuhänder der Anleger des AIF gerecht werden. Zudem würde dies die Beaufsichtigung erheblich erschweren.[204]

2. Sonstige Grenzen der Auslagerung. Wie schon das Investmentgesetz **325** schweigt auch Art. 21 Abs. 11 AIFM-RL darüber, wann die Grenze der zulässigen Auslagerung überschritten ist. Hierzu ist eine **Einzelfallbetrachtung** erforderlich. Dabei wird auch unter den Assetklassen zu differenzieren sein. Bei AIF, die in einer Vielzahl von Staaten in Finanzinstrumente investieren, werden Depotbanken in stärkerem Umfang auf Auslagerungen angewiesen sein als bei AIF, die nur in einem oder wenigen Staaten in Finanzinstrumente anlegen bzw. welche vorwiegend in andere Vermögensgegenstände (wie z. B. Immobilien, Schiffe, Flugzeuge und nicht-börsennotierte Unternehmen) investieren.

IV. Rolle der Aufsichtsbehörde bei der Auslagerung

Abs. 11 macht die Auslagerung nicht von einer Genehmigung durch die Auf- **326** sichtsbehörde abhängig. Im Unterschied zur Auslagerung von Aufgaben des AIFM nach Art. 20 Abs. 1 Satz 2 setzt Abs. 11 auch nicht zwingend voraus, dass die Depotbank die Auslagerung der Aufsichtsbehörde vor Beauftragung meldet. Die Mitgliedstaaten dürften jedoch berechtigt sein, eine solche Meldepflicht vorzuschreiben. Von einer Anzeigepflicht geht im Übrigen Abs. 11 UAbs. 2 lit. c) aus, der die Depotbank verpflichtet, der Aufsichtsbehörde vor Inkrafttreten des

---

[203] Vgl. zum Verbot der Totalauslagerung nach § 16 InvG für KAG nur *Steck* in Berger/ Steck/Lübbehüsen, InvG, § 16 Rn. 19.
[204] Ebendort.

Auslagerungsvertrages einen objektiven Grund für die Auslagerung nachzuweisen (vgl. Rn. 328). Ohne sie dürfte eine Beaufsichtigung der Einhaltung der Auslagerungsvoraussetzungen praktisch kaum möglich sein. Eine Kontrolle lediglich nach Stichproben oder bei Verdacht von Pflichtverletzungen dürfte schon aus Gründen des Anlegerschutzes nicht genügend sein.

V. Voraussetzungen der Auslagerung

327   **1. Keine Auslagerung in Umgehungsabsicht.** Nach Abs. 11 UAbs. 2 lit. a) ist die Einschaltung eine Unterverwahrers verboten, wenn sie in der Absicht erfolgen, die Vorschriften der AIFM-Richtlinie zu umgehen. Dieses Auslagerungsverbot ist auf Wunsch des Europaparlaments aufgenommen worden; in dem Kommissionsvorschlag war es nicht enthalten. Seine praktische Bedeutung dürfte gering sein, weil sich eine Umgehungsabsicht schwer nachweisen lassen wird, erfordert dies doch ein zielgerichtetes Verhalten.

328   **2. Objektiver Grund für Auslagerung. a) Einleitung.** Von praktisch wesentlich größerer Bedeutung ist Abs. 11 UAbs. 2 lit. c). Danach kann die Depotbank einzelne Aufgaben der Verwahrung nur dann auslagern, wenn sie gegenüber der Aufsichtsbehörde des AIFM belegen kann, dass es für die Auslagerung einen objektiven Grund gibt. Gelingt ein solcher Nachweis, handelt die Depotbank auch nicht in Umgehungsabsicht.

329   **b) Vorliegen eines „objektiven Grundes".** Fraglich ist allerdings, wie der Begriff des „objektiven Grundes" auszulegen ist. Die Richtlinie enthält keine Ermächtigung für die EU-Kommission, diesen Begriff im Wege eines delegierten Rechtsakts (sog. Level 2-Maßnahmen) zu konkretisieren.

330   Auch finden sich in den Erwägungsgründen keine weiterführenden Anhaltspunkte.

331   Da jedoch objektive Gründe gefordert werden, genügen rein subjektive Gründe der betreffenden Depotbank nicht. Somit genügt es nicht, wenn es für die konkrete Depotbank sinnvoll ist, Teile ihrer Verwahraufgaben auszulagern; auch für andere Depotbanken in vergleichbarer Lage müsste dies vernünftig sein.

332   Ein objektiver Grund dürfte vorliegen, wenn die Depotbank einen lokalen Unterverwahrer mit der Verwahrung von in einem Staat belegenen Finanzinstrumenten beauftragt, wenn das **Recht des betreffenden Staates die Verwahrung durch eine lokale Einrichtung vorschreibt** und die Depotbank dort nicht selbst ansässig ist. Denn es kann von keiner Depotbank verlangt werden, dass sie in jedem Staat der Erde präsent ist. Dies gilt jedenfalls dann, wenn der betreffende AIF in einer Vielzahl von Staaten investiert. Ist der Staat hingegen der einzige oder einer von nur wenigen Staaten, in welche der AIF investiert, so wird man von der Depotbank eine eigene lokale Präsenz erwarten können.

333   Dasselbe dürfte bei einem weltweit anlegenden AIF gelten; hier dürfte es zulässig sein, für bestimmte (wirtschaftlich untergewichtete) Regionen einen Unterverwahrer zu beauftragen, namentlich wenn hierdurch dessen Spezialkenntnisse der lokalen Märkte genutzt werden können.

334   Ein objektiver Grund dürfte ebenfalls vorliegen, wenn die Unterverwahrung die **Effizienz steigert** und zu einer **Kostensenkung für den AIF** führt. So wird es bei einem Mischfonds zulässig sein, dass die Depotbank die Verwahraufgaben einer wirtschaftlich untergeordneten Anlagestrategie auslagert, z. B. weil sie selbst nicht über ein entsprechendes Know-how verfügt oder auf diese Weise

Skaleneffekte ausgenutzt werden können. Dies dürfte z.B. anzunehmen sein, wenn ein Mischfonds, der primär in Rentenpapiere und Aktien investiert und nur bis zu 10 Prozent in Immobilien anlegen darf, die Depotbank die Eigentumskontrolle für die Immobilien komplett auslagert.

c) Beweislast. Die Depotbank trägt gegenüber der Aufsichtsbehörde die 335 Beweislast für das Vorliegen eines objektiven Grundes. Abs. 11 UAbs. 2 lit. b) verlangt, dass die Depotbank dies belegen kann. Die Depotbank kann somit den Vollzug der Auslagerung solange unterbinden, bis die Depotbank den objektiven Grund nachgewiesen hat.

3. Beachtung der erforderlichen Sorgfalt (Abs. 11 UAbs. 2 lit. c)). 336 Abs. 11 UAbs. 2 lit. c) enthält Regelungen zu der gebotenen Sorgfalt bei der Auswahl und laufenden Überwachung eines Unterverwahrers. Sie entspricht in ihrer Zielsetzung und wohl auch ihrer Handhabung in der Praxis der Regelung des Art. 20 Abs. 1 lit. f) für die Auslagerung von Aufgaben des AIFM, auch wenn sie sprachlich hiervon abweicht. Ausweislich Erwägungsgrund 39 sind **strenge Anforderungen** an die gebotene Sachkenntnis, Sorgfalt und Gewissenhaftigkeit bei der Auswahl und Überwachung des Unterverwahrers zu stellen. Angesichts der großen Bedeutung der Verwahrung für den Anlegerschutz stellt dies eine Ausprägung des zivilrechtlichen Grundsatzes dar, dass an die Auswahl einer Person umso größere Sorgfaltsanforderungen zu stellen sind, je verantwortungsvoller die Tätigkeit ist.[205]

a) Sorgfaltsanforderungen bei der Auswahl des Auslagerungsunterneh- 337 **mens.** Bei der Auswahl eines Unterverwahrers muss die Depotbank mit der gebotenen Sachkenntnis, Sorgfalt und Gewissenhaftigkeit vorgehen. Dies erfordert eine **Auswahl anhand objektiver, nachvollziehbarer und dokumentierter Kriterien.** Dabei gelten für **Konzernunternehmen** und sonstige Unternehmen mit engen geschäftlichen Verbindungen dieselben Regelungen wie für jeden anderen *(arms length principle).* In einem ersten Schritt muss die Depotbank prüfen, ob die für die Auslagerung in die engere Wahl gezogenen Unternehmen sämtliche in Abs. 11 UAbs. 2 lit. d)[206] oder UAbs. 3[207] genannten Anforderungen erfüllen. In einem zweiten Schritt hat die Depotbank anhand qualitativer Kriterien eine weitere Eingrenzung der Kandidaten vorzunehmen. Hierbei darf die Depotbank nicht allein auf Angaben der Kandidaten vertrauen oder eine reine Desktop-Analyse vornehmen. Vielmehr muss sie sich eingehend mit jedem einzelnen Kandidaten befassen und dessen Erfahrung und Eignung einer kritischen Prüfung unterziehen. Erst wenn hierdurch in dem Anlegerschutz genügender Standard erreicht ist, kann sie auch einen Kostenvergleich anstellen; nur dann handelt sie im Interesse des AIF und seiner Anleger.

In Art. 98 Durchführungsverordnung wird klargestellt, dass die beschriebene 338 *Due Diligence* regelmäßig, mindestens jedoch **jährlich,** durchgeführt werden muss. Ferner sind die Dokumentationsunterlagen auf Anfrage auch den berechtigten Behörden zur Verfügung zu stellen. Im Vergleich zum ESMA-Advice wurde in Art. 98 Abs. 4 lit. c) Durchführungsverordnung die Verpflichtung der Depotbank zur Benachrichtigung des AIFM neu aufgenommen, sofern die **Bestandstrennung im Sitzland des Dritten** keinen ausreichenden **Insolvenzschutz**

---

[205] Vgl. nur *OLG Köln* NJW-RR 1997, 471.
[206] Vgl. hierzu unter Rn. 345 ff.
[207] Siehe Rn. 362 ff.

mehr bietet. Da dies insbesondere auch auf einer Änderung der regulatorischen Vorgaben im Sitzland beruhen kann, verpflichtet dies die Depotbank dazu, sich stets über die betreffenden Rechtsordnungen informiert zu halten. In der Praxis kann das bspw. durch eine Beauftragung sachkundiger Dritter erfolgen.

339   Von der im Rahmen der ESMA Konsultation diskutierten Erarbeitung einer Prüfliste **(Checkliste)** zur Festlegung konkreter Prüfungshandlungen insbesondere zur **Bewertung, Selektion, Prüfung und Überwachung einer dritten Partei** wurde abgesehen. Grund war die Befürchtung, dass eine Checkliste leicht dazu verleiten könnte, lediglich die einzelnen Punkte abzuarbeiten, ohne jedoch die Spezifika des AIF zu berücksichtigen. Die von der ESMA getroffene Regelung beinhaltet daher konkrete Vorgaben unter gleichzeitiger Beibehaltung von Spielräumen, die aus den unterschiedlichen **Verwahrarten** und Vermögensgegenständen resultieren. Folgerichtig hat die ESMA die Rahmenparameter herausgearbeitet, die die Depotbank bei der Auswahl und laufenden Überwachung eines Unterverwahrers zu beachten hat.

340   Die Anforderungen basieren auf den aktuellen **Marktstandards** (best market practice) und zielen darauf ab, dass die Depotbank alle relevanten Auswirkungen beachtet, die aus der Folge der Insolvenz eines Unterverwahrers resultieren könnten. Bereits aufgrund der verschärften Haftung der Depotbank ist davon auszugehen, dass ein hohes Eigeninteresse an einer sachgerechten, angemessenen **Due Diligence** besteht, sodass eine standardisierte Checkliste nicht notwendig erscheint.

341   **b) Sorgfaltsanforderungen an die Bestellung des Auslagerungsunternehmens.** Dieselbe Sorgfalt hat die Depotbank auch bei der Bestellung des Unterverwahrers walten zu lassen. Abs. 11 UAbs. 2 lit. c) weist damit der Auferlegung der nach der Richtlinie gebotenen vertraglichen Pflichten, z. B. um eine effiziente Überwachung sicherzustellen und die Aufrechterhaltung der Anforderungen an den Unterverwahrer garantieren zu können, die ihr gebührende Bedeutung bei. Dies gilt namentlich vor dem Hintergrund der Haftungsfreistellung nach Abs. 13 UAbs. 2 lit. b) im Falle einer entsprechenden vertraglichen Regelung zwischen der Depotbank und dem Auslagerungsunternehmen.

342   **c) Sorgfaltsanforderungen bei der laufenden Überwachung des Auslagerungsunternehmens.** Die Depotbank darf es jedoch nicht bei der sorgfältigen Auswahl des Unterverwahrers bewenden lassen. Sie muss diesen vielmehr laufend kontrollieren und regelmäßig überwachen. Wie oft und in welcher Intensität dies geschehen muss, sagt die Richtlinie nicht. Wie im Rahmen des Überwachungsverschuldens nach § 831 BGB muss die Depotbank den Nachweis erbringen können, dass sie den Unterverwahrer **fortlaufend, planmäßig und unangekündigt überwacht**.[208] Besonders strenge Sorgfaltsanforderungen gelten dann, wenn bei einem Unterverwahrer bereits früher Mängel aufgetreten sind. Dasselbe gilt im Falle des Abs. 11 UAbs. 3, wenn nach dem zwingenden lokalen Recht eine ortsansässige Einrichtung zum Unterverwahrer bestellt wird, welche keiner wirksamen Aufsicht unterliegt. Hier gehört zur laufenden Überwachung auch zu prüfen, ob es in dem Staat nicht doch besser geeignete Einrichtungen gibt.

343   Die Überwachungspflicht setzt zunächst voraus, dass sich die Depotbank in dem Vertrag mit dem Auslagerungsunternehmen **ausreichende Überwachungs- und Kontrollbefugnisse** vorbehält. Hierzu gehören neben ausreichen-

---

[208] Vgl. zu § 831 BGB nur *OLG Hamm* NJW-RR 1998, 1403.

den Auskunfts- oder Einsichtsrechten auch Meldepflichten (z. B. über den Wegfall einer gesetzlichen Anforderung an das Auslagerungsunternehmen). Daneben muss sich die Depotbank auch die **Weisungsbefugnis und Kündigungsrechte** vertraglich sichern. Stellt sich heraus, dass das Auslagerungsunternehmen zur (weiteren) Erfüllung des Mandats ungeeignet ist, muss die Depotbank den Vertrag jederzeit kündigen können.

Die Depotbank muss schließlich von den eingeräumten Überwachungsrechten **344** auch Gebrauch machen. Neben einer reinen Desktop-Analyse gehört hierzu auch eine **unangekündigte Untersuchung vor Ort** beim Unterverwahrer. Auf Angaben des Unterverwahrers darf sich die Depotbank allein nicht verlassen. Vielmehr muss die Depotbank selbständig überprüfen, ob der Unterverwahrer alle Anforderungen des Abs. 11 an das Auslagerungsunternehmen erfüllt und auch die Verwahrung selbst die Voraussetzungen (z. B. nach Ab. 11 UAbs. 2 lit. d) iii) an die Segregation der Vermögensgegenstände) erfüllt. Die Depotbank muss ferner generell darüber informiert sein, wie die Fondsgelder angelegt werden und wer Zugriff auf die Finanzinstrumente hat. Ob eingebuchten Finanzinstrumente auch tatsächlich Lieferungen gegenüberstehen, ist durch einen **periodischen Abgleich** der vom Unterverwahrer gehaltenen Finanzinstrumente mit einem Zentralverwahrer zu überprüfen.[209]

4. Organisationsstrukturen und Fachkenntnisse des Auslagerungsun- 345 ternehmens müssen der Aufgabe angemessen sein. Nach Abs. 11 UAbs. 2 lit. d) i) muss die Depotbank gewährleisten, dass der Unterverwahrer über eine Organisationsstruktur und Fachkenntnisse verfügt, welche für die Art und Komplexität der Vermögensgegenstände des AIF geeignet und angemessen sind. Trotz des graduell abweichenden Wortlauts entspricht die Regelung dem gelten § 16 Abs. 1 Satz 2 InvG, wenngleich dort für die Auslagerung von Aufgaben der KAG.

a) Angemessene Organisationsstruktur. Da es um die Auslagerung zentra- 346 ler Aufgaben der Depotbank geht, muss das Auslagerungsunternehmen über eine Organisationsstruktur verfügen, die einer Depotbank vergleichbar ist.[210] Hierzu gehören quantitativ und qualitativ angemessene **personelle und technische Ressourcen.**[211] Vergleichsmaßstab sind somit die Organisationsstrukturen für Kreditinstitute und Wertpapierdienstleistungsunternehmen bzw. deren jeweiligen Depotbankabteilungen. Bei AIF mit komplexen Vermögensgegenständen (wie z. B. bei Hedgefonds) muss die Organisationsstruktur mit derjenigen von Kreditinstituten oder Wertpapierdienstleistungsunternehmen gleichwertig sein. Hinzu kommt eine dem verwahrten Vermögensgegenstand angemessene technische Ausstattung (namentlich EDV).[212] Weniger strenge Anforderungen gelten hingegen für AIF mit weniger komplexen Vermögensgegenständen wie z. B. bei Immobilien-, Schiffs- Erneuerbare Energien- oder Private Equity Fonds. Hierdurch wird dem Verhältnismäßigkeitsprinzip Rechnung getragen.

b) Angemessene Fachkenntnisse. Das Auslagerungsunternehmen muss fer- 347 ner für die Art der ihm anvertrauten Vermögensgegenstände angemessene und

---

[209] Vgl. *Köndgen* in Berger/Steck/Lübbehüsen, InvG, § 24 Rn. 13.
[210] Auf die Vergleichbarkeit stellt auch Abs. 11 UAbs. 2 lit. d) ii) ab.
[211] Vgl. hierzu eingehend Art. 18 Rn. 10 ff.
[212] Vgl. ebendort.

geeignete Fachkenntnisse verfügen.[213] Wie im Rahmen des § 16 InvG gehören hierzu neben der reinen (theoretischen) **Fachkenntnis** auch die (praktische) **Erfahrung**, die Eignung und **Zuverlässigkeit**.[214] Den Vergleichsmaßstab bilden hier diejenigen Einrichtungen, welche der Richtliniengeber nach Abs. 3 als Depotbank geeignet ansieht. Anders als für die Organisationsstruktur genügt z. B. die Kreditinstitutseigenschaft als solche jedoch nicht für den Nachweis der erforderlichen Fachkenntnis. Notwendig ist stets der Nachweis, dass das konkrete Auslagerungsunternehmen über hinreichende praktische Erfahrung und (theoretische) Fachkenntnisse bei der Verwahrung oder Eigentumsprüfung der betreffenden Vermögensgegenstände verfügt und sich in seiner bisherigen Tätigkeit als geeignet und zuverlässig erwiesen hat. Hierdurch soll sichergestellt werden, dass das Auslagerungsunternehmen – ohne Einbußen beim Anlegerschutz – in der Lage ist, die ihm übertragene Aufgabe wahrzunehmen.[215] Ein solcher Nachweis lässt sich z. B. für Finanzinstrumente unter Hinweis darauf führen, dass das Auslagerunternehmen bereits als Depotbank oder Unterverwahrer gleichartige Finanzinstrumente von OGAW-Fonds oder bisher lediglich national regulierten Fonds (unter-) verwahrt hat. Jedoch folgt aus dem Umstand, dass das Auslagerungsunternehmen überhaupt schon Finanzinstrumente (unter-) verwahrt hat, nicht bereits, dass es über angemessene Fachkenntnisse für die Unterverwahrung sehr komplexer Vermögensgegenstände eines Hedgefonds verfügt. Über die erforderliche Fachkenntnis zur Eigentumsprüfung bei Immobilienfonds verfügen namentlich Depotbanken von offenen Immobilienfonds, sowohl in der Form von Publikums- als auch Spezialfonds.

348 Fraglich ist, auf welche Fachkenntnisse als Vergleichsmaßstab abzustellen ist bei Assetklassen wie z. B. Schiffsfonds, geschlossenen Immobilienfonds oder Private Equity, die bisher keine Depotbank benötigten. Bei geschlossenen Immobilienfonds ist ohne weiteres die Auslagerung an die Depotbank eines offenen Immobilienfonds möglich. Da die Mitgliedstaaten jedoch nach Abs. 3 UAbs. 2 auch Rechtsanwälten, Notaren, Wirtschaftsprüfern und Steuerberatern die Tätigkeit als Depotbank geschlossener Fonds gestatten können, kommen diese auch als Auslagerungsunternehmen bei geschlossenen Fonds in Betracht. Hinzukommen muss jedoch stets, dass sie sich zuvor hinsichtlich der in Rede stehenden Vermögensgegenstände die erforderliche Fachkenntnis erworben haben. Dies kann z. B. bei Rechtsanwälten durch die frühere Beratungstätigkeit im Zusammenhang mit dem An- und Verkauf sowie der Beleihung des jeweiligen Vermögensgegenstandes geschehen sein. Zu beachten ist allerdings, dass die Auslagerung die Unabhängigkeit der Depotbank nicht unterlaufen darf. Daher ist es unzulässig, die Eigentumsprüfung an denjenigen Rechtsanwalt (bzw. diejenige Rechtsanwaltssozietät) auszulagern, welcher das Emissionshaus bei der Auflegung/Strukturierung dieses oder anderer Fonds beraten hat.

349 **5. Verpflichtung des Auslagerungsunternehmens zur Einhaltung der Absätze 8 bis 10.** Die Depotbank muss das Auslagerungsunternehmen ferner vertraglich verpflichten, die Regelungen der Absätze 8 bis 10 einzuhalten. Nur durch eine vertragliche Verpflichtung gepaart mit der regelmäßigen Überwachung

---

[213] Der Begriff der Fachkenntnisse dürfte sich dabei mit dem der Qualifikation in Art. 20 Abs. 1 Satz 2 lit. f) decken.

[214] Vgl. im Kontext der Auslagerung nach § 16 InvG nur *Dieterich,* Outsourcing bei Kapitalanlagegesellschaften, 2005, S. 182.

[215] Ähnlich *Steck* in Berger/Steck/Lübbehüsen, InvG, § 16 Rn. 15.

der Einhaltung kann die Depotbank der von Abs. 11 UAbs. 2 lit. d) geforderten „Gewährleistung" nachkommen. Die Regelung stellt einen Gleichklang der Verpflichtungen von Depotbank und Auslagerungsunternehmen sicher. Die Auslagerung kann somit nicht zur Umgehung von Verpflichtungen genutzt werden. Die Auslagerung darf den Anlegerschutz nicht einschränken. Von besonderer Bedeutung sind die Regelungen des Abs. 10. Auf die diesbezügliche Kommentierung kann zur Vermeidung von Wiederholungen verwiesen werden.

6. Weitergehende Anforderungen zum Anlegerschutz gemäß Abs. 8 350
lit. a). Nach Abs. 10 UAbs. 2 lit. d) ii), iii) und iv) sowie UAbs. 3 gelten für die Unterverwahrung, d.h. die Auslagerung der Verwahrfunktion gemäß Abs. 8 lit. a), die nachfolgenden weitergehenden Anforderungen. Hierdurch soll sichergestellt werden, dass alle zum Schutz der Anleger erforderlichen Schutzvorkehrungen — wie etwa die Segregation der Vermögensgegenstände — nicht nur im Verhältnis zwischen Depotbank und AIF bzw. AIFM, sondern in gleicher Weise im Verhältnis des Unterverwahrers zur Depotbank gelten. Denn nur wenn diese Regelungen lückenlos von allen involvierten Parteien eingehalten werden, entfalten sie den intendierten Anlegerschutz.

a) Erfordernis der Regulierung. Nach Abs. 11 UAbs. 2 lit. d) ii) können 351
mit der Unterverwahrung grundsätzlich[216] nur solche Auslagerungsunternehmen betraut werden, die in der folgenden Weise reguliert sind: Die Verwahraufgabe des Auslagerungsunternehmens muss (1.) in seinem Heimatstaat einer aufsichtsrechtlichen Regulierung (i. d. R. durch Gesetz) unterliegen. Diese Regulierung muss (2.) wirksam sein, d.h. sie darf nicht nur im Gesetzblatt stehen, sondern muss gelebte Praxis sein. Teil der Regulierung müssen auch (3.) Regelungen zu Mindesteigenkapitalanforderungen sein. Darüber hinaus muss das Auslagerungsunternehmen (4.) in seinem Heimatstaat einer Aufsicht unterliegen. Schließlich muss das Auslagerungsunternehmen (5.) regelmäßig von einem Wirtschaftsprüfer daraufhin überprüft werden, dass sich die von ihm verwahrten Finanzinstrumente in seinem Besitz befinden. Letzteres soll helfen, **Schneeballsysteme** und sonstiges betrügerisches Handeln zu verhindern. Die Kontrollen sollen verhindern, dass — anders als z. B. im Madoff-Skandal das Vorhandensein von Vermögensgegenständen vorgetäuscht werden kann. Die zahlreichen verbleibenden Zweifelsfragen (wie z. B. zur Häufigkeit und der genauen Ausgestaltung der Prüfung) muss letztlich die Verwaltungspraxis entscheiden.[217]

Alle fünf genannten Voraussetzungen müssen erfüllt sein, damit ein Auslage- 352
rungsunternehmen als Unterverwahrer tätig werden darf. Es fällt dabei auf, dass Abs. 11 UAbs. 2 lit. d) ii) nichts zur **Äquivalenz** der genannten Anforderungen mit denen an eine Depotbank sagt. Dies bedeutet, dass für das Auslagerungsunternehmen zwar beispielsweise zwingend Mindesteigenkapitalregelungen gelten müssen. Diese müssen jedoch nicht denjenigen für Depotbanken gleichwertig sein. Dies gilt sowohl für Auslagerungsunternehmen aus Drittstaaten als aus der EU. Fraglich ist, ob das bloße Vorhandensein derartiger Regelungen unabhängig von ihrer Gleichwertigkeit dem Anlegerschutz Genüge tut. Der Richtliniengeber

---

[216] Zu Ausnahmen vgl. nachfolgend unter Rn. 362 ff.
[217] Es ist Aufgabe der BaFin und anderer Aufsichtsbehörden, eine (nationale) Verwaltungspraxis zu entwickeln. Aufgabe der ESMA ist es, für eine Angleichung der nationalen Verwaltungspraktiken zu sorgen. Letzteres kann auch durch Einigung der nationalen Aufsichtsbehörden auf eine gemeinsame Verwaltungspraxis geschehen.

hat hier offenbar der Freiheit, weltweit Unterverwahraufträge erteilen zu können, Vorrang vor einem hohen Anlegerschutzniveau eingeräumt.

353 Es stellt sich schließlich die Frage, ob fehlende gesetzliche Verpflichtungen (z. B. zum Vorhalten eines Mindesteigenkapitals oder zur Überprüfung durch einen externen Wirtschaftsprüfer) durch **freiwillige unternehmensinterne Selbstverpflichtungen** des potenziellen Unterverwahrers (z. B. auch in Umsetzung von Branchenstandards) kompensiert werden können. Dies dürfte zu verneinen sein, weil Abs. 11 UAbs. 2 lit. d) ii) mit aufsichtlicher Regulierung bzw. *prudential regulation* in der englischen Fassung eine staatliche Regulierung verlangt. Hierfür spricht auch, dass nur dann eine Kontrolle der Einhaltung und ggf. ein Entzug der Erlaubnis durch die staatliche Aufsichtsbehörde möglich ist.

354 **b) Segregierung der Vermögensgegenstände.** Zentrale Anleger schützende Anforderung an die Verwahrung ist die strikte Segregation der Vermögensgegenstände. Nur wenn die Vermögensgegenstände des AIF von denjenigen der Depotbank getrennt sind, ist sichergestellt, dass die Vermögensgegenstände des AIF im Falle der Insolvenz der Depotbank nicht in die Insolvenzmasse fallen.[218]

355 Im Falle der Unterverwahrung reicht es jedoch nicht aus, dass der AIF und seine Anleger ausreichend vor dem Insolvenzrisiko der Depotbank geschützt sind. Sie müssen zusätzlich auch sicher sein können, dass sich eine Insolvenz eines Unterverwahrers bzw. weiterer Unter-Unterverwahrer nicht negativ auf sie auswirkt. Hier setzt Abs. 11 UAbs. 2 lit. d) iii) an, der fordert, dass der Unterverwahrer die Vermögensgegenstände des AIF sowohl von seinen eigenen als auch von Vermögensgegenständen, welche der Unterverwahrer für die (auf eigene Rechnung handelnde) Depotbank verwahrt. Da ein Aussonderungsrecht nach § 47 InsO voraussetzt, dass die Vermögensgegenstände des betreffenden AIF unterscheidbar in der Insolvenzmasse vorhanden sein müssen, bedarf es einer weiteren Regelung für den Fall, dass der Unterverwahrer Vermögensgegenstände von Kunden (wie z. B. mehrerer AIF) verschiedener Depotbank verwahrt. In einem solchen Fall ist es üblich, dass der Unterverwahrer sämtliche derartiger Vermögensgegenstände gemeinsam verwahrt (sog. **Omnibus- oder Sammelkonto**). Dies bleibt nach Abs. 11 UAbs. 2 lit. d) iii) weiterhin zulässig, wie auch Erwägungsgrund 40 klarstellt. Diese Thematik wurde in den Verhandlungen zwischen Rat, Europaparlament und Kommission eingehend diskutiert. Nicht erforderlich ist somit, dass der Unterverwahrer die Vermögensgegenstände eines jeden AIF getrennt verwahrt oder dass er eine Trennung danach vornimmt, ob es sich um Kunden einer bestimmten Verwahrstelle oder um solche von einer anderen Verwahrstelle handelt. Dies setzt allerdings aus Anlegerschutzgründen zwingend voraus, dass auch ohne eine getrennte Verwahrung sichergestellt ist, dass die Vermögensgegenstände jederzeit als solche von Kunden einer bestimmten Depotbank identifiziert werden können. Dies reicht aber nur zur Absicherung gegen Insolvenzrisiken des Unterverwahrers aus. Zum Schutz für den Fall der Insolvenz der Depotbank ist ferner erforderlich, dass die Depotbank ihrerseits sicherstellt, dass die Vermögensgegenstände jederzeit als solche eines bestimmten Kunden zugeordnet werden können. Dies dürfte durch Abgleich mit dem von der Depot-

---

[218] Dem AIF bzw. dem AIFM steht dann ein Aussonderungsrecht nach § 47 InsO zu. Dies setzt jedoch des Weiteren voraus, dass die Vermögensgegenstände des AIF unterscheidbar sind von anderen von der Depotbank für Dritte (d.h. andere Fonds oder sonstige Kunden) verwahrte Vermögensgegenstände.

bank vorzuhaltenden Vermögensverzeichnis geschehen. Dies muss daher stets auf den aktuellen Stand gebracht werden.

Die Pflicht zur **Bestandstrennung** und der von der Depotbank in diesem 356 Zusammenhang durchzuführenden Prüfungen zur Einhaltung der Anforderungen beim Unterverwahrer werden in Art. 99 Durchführungsverordnung aufgegriffen.

Die Depotbank hat die ordnungsgemäße **Segregierung** und **eigentums-** 357 **rechtlich richtige Zuordnung** der Vermögensgegenstände beim Unterverwahrer sicherzustellen. Ihre Prüfungshandlungen und die getroffenen Ergebnisse sind zu dokumentieren. Dies beinhaltet zunächst regelmäßig durchzuführende **Abgleiche der Finanzinstrumentenkonten,** im Falle von nicht verwahrfähigen Finanzinstrumenten, der **Aufzeichnungen.** Ferner muss geprüft werden, dass innerhalb der **Verwahrkette** auf jeder Ebene organisatorische Vorkehrungen getroffen wurden, die geeignet sind **Verlust- und Wertminderungsrisiken** zu minimieren. Ausdrücklich werden hier die Fälle der missbräuchlichen Verwendung, des Betruges, der fehlerhaften Verwaltung, einer mangelhaften Bestandsführung sowie der Fahrlässigkeit aufgeführt.

Darüber hinaus wurde klargestellt, dass diese strengen Pflichten der **Bestand-** 358 **strennung** für alle Vermögensgegenstände gleichermaßen gelten. Ziel ist zu verhindern, dass Gestaltungsspielräume entstehen, die es ermöglichen, die Bestände so zu strukturieren, dass die Verwahraufgaben und der damit einhergehende Haftungsumfang umgangen werden können. Problematisch ist in diesem Zusammenhang das sog. *„Commingling Risk",* d.h. das (Vermischungs-) Risiko, dass bei einer Insolvenz und nicht ordnungsgemäßer Segregierung, die Bestände des AIF in die Insolvenzmasse fallen. Der AIF hätte insoweit nur einen Anspruch als Insolvenzgläubiger. Die Gefahr, dass im Eigentum des AIF befindliche Vermögenswerte bei Insolvenz der Depotbank bzw. des (Unter-) Verwahrers in die Insolvenzmasse eingehen und nur schwer auszusondern sind, soll vermieden werden. Art. 99 Abs. 1 lit. a) Durchführungsverordnung spezifiziert insoweit, dass der Unterverwahrer die Vermögenswerte des AIF getrennt von (1) eigenen, (2) denen anderer Kunden, (3) den anderen der Depotbank sowie (4) denen von anderen Kunden der Depotbank verwahren muss. Durch diese Segregierungspflicht auch hinsichtlich der Gelder des AIF soll das Commingling Risk minimiert werden.

Um einen möglichst hohen Anlegerschutz zu gewährleisten, wurde in Art. 99 359 Abs. 2 Durchführungsverordnung festgelegt, dass eine **Bewertung des nationalen Insolvenzregimes** vorzunehmen ist. Soweit aufgrund der lokalen Gesetzgebung und Rechtsprechung kein ausreichender Insolvenzschutz bestehen sollte, hat die Depotbank weitere Maßnahmen zu treffen, um das **Verlustrisiko zu minimieren.** In der Praxis dürfte die Überprüfung der nationalen Gesetzgebungen zu erheblichem Mehraufwand führen. Darüber hinaus ist zu erwarten, dass die Unbestimmtheit des *ausreichenden Maßes an Schutz,* der über weitere Vereinbarungen erreicht werden soll, zu Auslegungsfragen führen wird. Anhaltspunkte ergeben sich aus den Erläuterungen zum ESMA-Advice[219], die allerdings nicht wesentlich über den Verordnungswortlaut hinausgehen. Vernünftigerweise wird in die vertragliche Regelung mit dem Unterverwahrer das **Verbot der Aufrechnung von Kreditsalden** eines Kunden mit **Guthaben** eines anderen Kunden vereinbart werden.

Von der Vorgabe einer **Risikoländerliste** wurde abgesehen, da es mangels 360 ausreichender Marktinformationen nicht möglich erscheint, eine valide Liste zur Verfügung zu stellen.

---

[219] Vgl. ESMA-Advice, Box 90, Explanatory Text Nr. 5, Seite 176.

361   **c) Wiederverwendung nur mit Zustimmung des AIF.** Es dargelegt, ist
davon auszugehen, dass Hedgefonds künftig vielfach Primebroker bestellen werden, welche von der Depotbank mit der Unterverwahrung von Vermögensgegenständen betraut werden. In diesem Fall bedarf es zum Schutz der Anleger klarer
Regelungen, unter welchen Voraussetzungen der Unterverwahrer berechtigt sein
soll, unterverwahrte Vermögensgegenstände wiederzuverwenden, d.h. für eigene
wirtschaftliche Zwecke nutzen zu können.[220] Die AIFM-Richtlinie lässt dies zu.
Nach Abs. 11 UAbs. 2 lit. d) iv) ist dies jedoch daran geknüpft, dass der AIF oder
der für dessen Rechnung handelnde **AIFM dem vorher zugestimmt hat.** Dies
kann etwa in dem Primebrokervertrag geschehen. Die Wiederverwendung ist des
Weiteren daran geknüpft, dass entweder der AIF (bzw. der AIFM) oder der
Unterverwahrer der Depotbank die Zustimmung mitteilt. Die Depotbank soll
hierdurch in die Lage versetzt werden zu überprüfen, ob die Wiederverwendung
im Einklang mit den Anforderungen der AIFM-Richtlinie erfolgt. Anderenfalls
muss die Depotbank ihr widersprechen.

362   **d) Sonderregelungen, wenn das nationale Recht eine lokale Verwahrstelle fordert (Abs. 11 UAbs. 3).** In einer Reihe von Staaten (darunter z. B.
Russland) schreibt das nationale Recht vor, dass die Verwahrung von Finanzinstrumenten durch einen lokalen Verwahrer erfolgen muss. Ist die Depotbank
selbst nicht in den betreffenden Staaten tätig, so kann dies die Möglichkeiten zur
Auswahl eines Unterverwahrers erheblich einschränken. Hinzu kommt, dass nicht
in allen der betreffenden Staaten die Voraussetzungen für die Beauftragung eines
Unterverwahrers, die Abs. 11 UAbs. 2 lit. d) ii) stellt, erfüllt sind, sei es, dass die
Verwahrtätigkeit dort nicht wirksam reguliert ist oder einer laufenden Aufsicht
sowie einer regelmäßigen Überprüfung durch einen externen Wirtschaftsprüfer
unterliegt. Um zu verhindern, dass AIF in solchen Staaten keine Investitionen
mehr tätigen können, enthält Abs. 11 UAbs. 3 eine Sonderregelung, die in
bestimmten Fällen von der Einhaltung einzelner Anforderungen des Abs. 11
UAbs. 2 lit. d) ii) befreit. Dahinter steht die Erwägung, dass von der Depotbank
nicht etwas objektiv Unmögliches verlangt werden kann. Da jedoch eine Anlage
in Staaten, in denen die Anforderungen des Abs. 11 UAbs. 2 lit. d) ii) nicht erfüllt
sind, mit erheblichen **operationellen Risiken** verbunden sein können, sind noch
zusätzliche Anforderungen zum Schutz der Anleger zu erfüllen. Hierdurch soll ein
angemessener Ausgleich zwischen der weltweiten Investitionsfreiheit und einem
ausreichenden Anlegerschutz erreicht werden.

363   **aa) Anwendungsbereich der Sonderregelung.** Ausnahmen von Abs. 11
UAbs. 2 lit. d) ii) sind nur unter den nachfolgenden Voraussetzungen zulässig.

364   Zunächst muss das nationale Recht eines Drittstaates fordern, dass die Verwahrung von Finanzinstrumenten des betreffenden Staates durch eine lokale Verwahrstelle aus diesem **Drittstaat** erfolgen muss. Die Sonderregelung greift somit unter
keinen Umständen in Mitgliedstaaten der EU bzw. Vertragsstaaten des EWR.
Die Depotbank ist gegenüber der Aufsichtsbehörde zum Nachweis verpflichtet,
dass das Recht eines Drittstaates eine **zwingende Einschaltung einer lokalen
Verwahrstelle vorschreibt.** Auch in diesem Fall gelten regelmäßig die Anforderungen des Abs. 11 UAbs. 2 lit. d) ii). Nur wenn die Depotbank nach sorgfältiger
Prüfung ihrer Aufsichtsbehörde darlegen kann, dass es in dem betreffenden Drittstaat keine einzige lokale Verwahrstelle gibt, welche die Anforderungen des

---

[220] Zur Wiederverwendung vgl. eingehend oben unter Rn. 303 ff.

Abs. 11 UAbs. 2 lit. d) ii) erfüllt, kann sie ausnahmsweise dennoch einen lokalen Unterverwahrer beauftragen. Die Depotbank ist dann nicht verpflichtet, selbst eine lokale Niederlassung in dem Drittstaat zu eröffnen. Die Depotbank muss jedoch laufend überprüfen, ob es nicht zu einem späteren Zeitpunkt doch ortsansässige Verwahrstellen gibt, welche die Anforderungen des Abs. 11 UAbs. 2 lit. d) ii) erfüllen.[221] Ist dies der Fall, endet ex nunc die Befreiung von den Anforderungen des Abs. 11 UAbs. 2 lit. d) ii). Die Depotbank hat dann schnellstmöglich die bisherige Auslagerung zu beenden und den besser geeigneten Unterverwahrer zu beauftragen. Hierzu erscheint es geboten, ein entsprechendes Sonderkündigungsrecht zu vereinbaren.

Ein Sonderfall liegt vor, wenn der Drittstaat die Verpflichtung zur Einschaltung **365** einer lokalen Verwahrstelle aufhebt oder durch Änderung seiner Gesetzes bzw. Verschärfung ihrer praktischen Umsetzung dafür Sorge trägt, dass nunmehr die Anforderungen des Abs. 11 UAbs. 2 lit. d) ii) erfüllt sind. In diesem Fall hat die Depotbank schnellstmöglich dafür zu sorgen, dass die (Unter-) Verwahrung im Einklang mit diesen Anforderungen steht.

bb) Weitere Voraussetzungen. (1) Aufklärung der Anleger vor Anlage. **366** Selbst wenn der Anwendungsbereich, wie unter aa) dargelegt, eröffnet ist, müssen die folgenden weiteren Voraussetzungen erfüllt sein, damit die Depotbank unter Befreiung von den Anforderungen des Abs. 11 UAbs. 2 lit. d) ii) einen ortsansässigen Unterverwahrer beauftragen kann.

Bevor ein AIF Anlagen in Finanzinstrumente in einem solchen Drittstaat tätigt, **367** muss er bzw. sein AIFM sämtliche vorhandenen Anleger darüber unterrichten, dass in dem oder mehreren betroffenen Drittstaaten (1.) nach deren nationalem Recht die Verpflichtung besteht, dass Finanzinstrumente von einer ortsansässigen Einrichtung verwahrt werden, (2.) die Anforderungen des Abs. 11 UAbs. 2 lit. d) ii) nicht erfüllt sind, (3.) sodass die Depotbank gezwungen ist, solange einen ortsansässigen Unterverwahrer zu beauftragen, der diese Anforderungen nicht erfüllt, bis es (4.) möglich ist, diese Anforderungen einzuhalten. Durch diese **Informationspflicht** sollen Anleger vor Fondsanlagen in Staaten geschützt werden, die hinsichtlich der Verwahrung nicht denselben Schutz wie bei Anlagen in der EU bieten. Anleger sollen eine bewusste Entscheidung treffen, ob sie in Kenntnis dieser Risiken gleichwohl die Anlage tätigen wollen. Angesichts des Umstands, dass es sich um professionelle Anleger handelt, erscheint dies sachgerecht. Ebenso sind aus Gründen des Anlegerschutzes Anleger aufzuklären, die Anteile an dem AIF erst erwerben, nachdem der AIF bereits Anlagen in dem betreffenden Drittstaat getätigt hat. Der Sinn und Zweck der Regelung gebietet hier eine extensive Auslegung. Aus den genannten Gründen gilt dieselbe Informationspflicht auch dann, wenn der AIF bereits Anlagen in dem betreffenden Drittstaat getätigt hat und erst später (z. B. durch eine Gesetzesänderung) die Anforderungen des Abs. 11 UAbs. 2 lit. d) ii) nicht länger vorliegen.

Abs. 11 UAbs. 3 lit. a) regelt nicht im Einzelnen, in welcher Weise die Anleger **368** zu unterrichten sind. Es fragt sich daher, ob es einer **gesonderten Information** hierüber bedarf oder ob es ausreicht, wenn die Vertragsbedingungen oder der Prospekt dies abstrakt und somit als eine von vielen Klauseln zulassen. Ersteres dürfte der Fall sein. Aus Abs. 14 ergibt sich im Zusammenhang mit der möglichen

---

[221] Dies dürfte insbesondere bedeutsam sein, wenn eine lokale Verwahrstelle nunmehr freiwillig eine regelmäßige Überprüfung durch einen externen Wirtschaftsprüfer durchführen lässt, sofern alle weiteren Voraussetzungen erfüllt sind.

Haftungsbefreiung der Depotbank in einer solchen Fallkonstellation, dass der Richtliniengeber bewusst zwischen einer Regelung in den Vertragsbedingungen (dort lit. a)) und der Unterrichtung der Anleger (dort lit. b)) unterscheidet. Dies ist auch aus Gründen des Anlegerschutzes sinnvoll. Nur so kann erreicht werden, dass Anleger eine bewusste Entscheidung über die Eingehung der damit verbundenen Risiken treffen. Im Übrigen ist Abs. 11 UAbs. 3 lit. a) ausdrücklich so formuliert, dass die Anleger über die konkreten Umstände des Einzelfalls zu informieren sind.

369   **(2) Entscheidung durch AIF bzw. AIFM.** Die Entscheidung darüber, ob ein AIF trotz Nichtvorliegens der genannten Anforderungen in einem bestimmten Drittstaat in Finanzinstrumente investieren darf, obliegt nicht der Depotbank. Sie ist vielmehr von dem AIF bzw. den ihn verwaltenden AIFM zu treffen, welche ihrerseits verpflichtet sind, im besten Interesse der Anleger zu handeln (vgl. Abs. 10 UAbs. 1). Folgerichtig hat der AIF bzw. der **AIFM die Depotbank ausdrücklich anzuweisen,** trotz Nichtvorliegens der Anforderungen des Abs. 11 UAbs. 2 lit. d) ii) eine ortsansässige Einrichtung zu beauftragen. Die Verantwortung hierfür liegt somit allein beim AIF bzw. des für Rechnung des AIF handelnden AIFM und nicht bei der Depotbank. Daher kann sich die Depotbank unter den Voraussetzungen des Abs. 14 von ihrer Haftung befreien.[222]

370   **cc) Rechtsfolgen.** Unter den unter aa) und bb) genannten Voraussetzungen ist die Depotbank von der Einhaltung der Anforderungen des Abs. 10 lit. d) ii) befreit.

VI. Unterauslagerung (Abs. 11 UAbs. 4)

371   Bereits die Auslagerung von Verwahraufgaben **erschwert die effektive Aufsicht** und **erhöht aus Anlegersicht die Risiken.** Dies wird noch dadurch gesteigert, wenn das Auslagerungsunternehmen seinerseits berechtigt ist, unterauszulagern. Dies kann lange Auslagerungsketten zur Folge haben. Die Aufsichtsbehörde wird dann meist nur die Depotbank unmittelbar beaufsichtigen können; auf die in anderen Staaten ansässigen Unternehmen der Verwahrkette hat die Aufsichtsbehörde keinen Zugriff. Deren Tätigkeit in der Verwahrkette unterliegt in ihrem Heimatstaat keiner eigenen Aufsicht. Vielmehr ist es Aufgabe der Depotbank, das Auslagerungsunternehmen zur Einhaltung aller einschlägigen Vorschriften der AIFM-Richtlinie zu verpflichten und deren Einhaltung zu überwachen. Dasselbe gilt entlang der Kette für das Auslagerungsunternehmen im Verhältnis zum Unterauslagerungsunternehmen usw. An die Stelle einer durchgängigen staatlichen Aufsicht tritt auf diese Weise eine Überwachung durch private Unternehmen. Wie nicht zuletzt der Madoff-Skandal gezeigt hat, ist dies aus Gründen des Anlegerschutzes und wegen der damit verbundenen systemischen Risiken aufgrund der im Verwahrgeschäft großen Konzentration (insbesondere der sog. *global custodians*) grundsätzlich bedenklich. Vor diesem Hintergrund enthielt Art. 17 Abs. 4 des Kommissionsvorschlags keine Befugnis zur Unterauslagerung. Demgegenüber erklärt Art. 21 Abs. 11 UAbs. 4 AIFM-RL Unterauslagerungen für unter denselben Voraussetzungen zulässig wie Auslagerungen. Die Regelungen des Abs. 11 Abs. 2 und 3 finden somit entsprechend auch im Verhältnis zwischen Unterverwahrer und Unter-Unterverwahrer Anwendung. Dies bedeutet insbesondere, dass es einen **objektiven Grund** sowohl für die Auslagerung als auch **für die Unter-**

---

[222] Vgl. hierzu unten unter Rn. 438 ff.

auslagerung geben muss und dass das Auslagerungsunternehmen den Unter-**Unterverwahrer mit der gebotenen Sorgfalt auswählen und es fortlaufend überwachen muss**. Hingegen trifft die Depotbank keine Pflicht zur Mitwirkung bei der Auswahl und Überwachung des Unter-Unterverwahrers. Allerdings muss die Depotbank weiterhin das Auslagerungsunternehmen fortlaufend überwachen. Hierzu gehört auch die Prüfung, ob das Auslagerung seine eigenen Verpflichtungen vertraglich weitergegeben hat und wie es deren Einhaltung überwacht. Hierbei dürfte es geboten sein, dass das Auslagerungsunternehmen der Depotbank in regelmäßigen Abständen nachzuweisen hat, wie sie ihren Überwachungspflichten nachgekommen ist, welche Mängel bei Prüfungen festgestellt und wie diese beseitigt worden sind.

O. Haftung der Depotbank

I. Einleitung

Die Regelungen zur Haftung der Depotbank gehörten zu den umstrittensten **372** Diskussionspunkten der gesamten AIFM-Richtlinie. Für Verwunderung hatte gesorgt, dass die AIFM-Richtlinie deutlich detailliertere und strengere Haftungsregelungen enthält als die OGAW-Richtlinie, obwohl letztere im Unterschied zur ersteren primär dem Schutz von Kleinanlegern dient. Den Hintergrund hierfür bilden die beim Madoff-Skandal[223] besonders eklatant zu Tage getretenen Unzulänglichkeiten der Haftungsregelungen der OGAW-Richtlinie. Die offenkundig gewordene unzureichende Regulierung betrifft sowohl Kleinanlegerfonds als auch Fonds für professionelle Investoren. Die AIFM-Richtlinie bot die Gelegenheit, diese regulatorische Lücke zu schließen. Die EU-Kommission hat jedoch von Anfang an keinen Zweifel daran aufkommen lassen, dass auch an den Depotbankregelungen der OGAW-Richtlinie Änderungen geplant sind. Hierfür liegen nun ebenfalls Vorschläge vor (sog. OGAW-V-RL).[224] Beim **Madoff-Skandal** sind viele Anleger auch dadurch zu Schaden gekommen, dass einige namentlich luxemburgischen Investmentfonds Madoff als Auslagerungsunternehmen oder Fondsverwalter beauftragt und die Depotbanken Madoff mit der **Unterverwahrung** betraut haben, obwohl dies wegen des damit einhergehenden **Interessenkonflikts** unzulässig war.[225] Nachdem das Madoff-Schneeballsystem aufflog, wurden die betroffenen Investmentfonds liquidiert. Deren Anleger mussten große Verluste hinnehmen, sodass sich namentlich die Frage stellte, ob sie von der Depotbank Schadenersatz wegen fehlerhafter Auswahl von Madoff als Unterverwahrer verlangen können. Von Anlegern gegen die Depotbank erhobene Schadenersatzklagen wurden von luxemburgischen Gerichten unter Verweis darauf, dass nach der luxemburgischen Umsetzung der OGAW-Richtlinie allein die Verwaltungsgesellschaft (bzw. vorliegend der Liquidator) klagebefugt sei, abgewiesen.[226]

---

[223] Vgl. hierzu eingehend oben unter Rn. 8 ff.

[224] Vgl. Vorschlag der EU-Kommission zu einer OGAW-V-Richtlinie vom 3. Juli 2012, COM(2012)350 final.

[225] Vgl. hierzu eingehend insbesondere den Text zu Fn. 157 ff. http://de.wikipedia.org/wiki/Bernard_L._Madoff#Luxemburg.

[226] Vgl. http://www.wort.lu/wort/web/business/artikel/77521/klaeger-in-madoff-affaere-abgewiesen.php.

373   Der Madoff-Skandal hat auf Ebene der EU erhebliche Zweifel an der ausreichenden Regulierung von Depotbanken, insbesondere im Zusammenhang mit
der Verwahrung sowie namentlich der in der Praxis sehr weit reichenden **Unterverwahrung**, aufkommen lassen. Wesentliches Ziel der neuen Depotbankregelungen der AIFM-Richtlinie ist demgemäß, durch strenge und EU-weit einheitliche Regelungen zur Verwahrung und Unterverwahrung ein hohes Anlegerschutzniveau sicherzustellen. Auf diese Weise soll auch das angeschlagene Vertrau-
en in die Fondsbranche wiederhergestellt werden.

374   Nach dem in Deutschland zwischen einer inländischen Depotbank und einer
KAG üblicherweise vereinbarten Sonderbedingungen für Wertpapiergeschäfte
haftet die Depotbank der KAG gemäß Ziff. 19 Abs. 2 bei einer Unterverwahrung
im Ausland nur, wenn die KAG nachweist, dass die Depotbank den Unterverwahrer fehlerhaft ausgewählt oder unzureichend überwacht hat. Da die KAG diesen
Nachweis nur schwer führen kann, weil sie keinen Einblick in die internen Verfahrensabläufe der Depotbank hat, belässt es Art. 21 AIFM-RL nicht bei einer
Verschuldenshaftung der Depotbank. Nach Abs. 12 UAbs. 1 **haftet die Depotbank** vielmehr **grundsätzlich verschuldensunabhängig**, wenn Vermögensgegenstände bei einem Unterverwahrer **abhandenkommen**. Diese Fallkonstellation liegt insbesondere bei betrügerischem Handeln des Unterverwahrers (oder
einzelner seiner Mitarbeiter), aber auch bei einem Hereinfallen des Unterverwahrers auf ein betrügerisches Verhalten des AIFM oder eines Auslagerungsunternehmens des AIFM vor.[227]

II. Die Konzeption der Absätze 12 bis 14

375   Die Absätze 12 bis 14 enthalten ein ausgeklügeltes Haftungssystem. Dieses
kennt zwei grundsätzliche Haftungstatbestände: erstens das Abhandenkommen
verwahrter Finanzinstrumente bei der Depotbank oder bei einem Unterverwahrer[228] und zweitens jede **sonstige Pflichtverletzung**. Die Komplexität der neuen
Haftungsregelungen ergibt sich insbesondere aus dem Umstand, dass drei verschiedene Haftungsstandards zu unterscheiden sind. Die Haftung für sonstige Pflichtverletzungen ist eine verschuldensabhängige Haftung (sog. normaler Haftungsstandard). Im Unterschied dazu haftet die Depotbank verschuldensunabhängig,
wenn bei ihr verwahrte Finanzinstrumente abhandenkommen (sog. höchster Haftungsstandard). Der höchste Haftungsstandard gilt grundsätzlich auch dann, wenn
die Depotbank einen Unterverwahrer beauftragt hat und bei diesem unterverwahrte Finanzinstrumente abhandenkommen. Auch dann haftet die Depotbank
grundsätzlich verschuldensunabhängig, d.h. unabhängig davon, ob die Depotbank
ein Auswahl- oder Überwachungsverschulden trifft. Allerdings kann die Depotbank in derartigen Fällen unter den Voraussetzungen des Abs. 13 UAbs. 2 bzw.
des Abs. 14 eine schriftliche Haftungsbefreiung vereinbaren (sog. mittlerer Haftungsstandard).

III. Der normale Haftungsstandard (Abs. 12 UAbs. 3)

376   **1. Anwendungsbereich.** Der sog. normale Haftungsstandard nach Abs. 12
UAbs. 3 greift bei allen **Pflichtverletzungen,** durch die dem AIF oder seinen

---

[227] Eine Befreiung von dieser strengen Haftung kommt nur unter den Voraussetzungen
des Abs. 13 UAbs. 2 (vgl. hierzu Rn. 416 ff.) oder des Abs. 14 (vgl. Rn. 438 ff.) in Betracht.
[228] Dasselbe gilt bei einem Abhandenkommen Unterverwahrer bzw. weiteren Gliedern
der Verwahrkette.

Anlegern ein Schaden entsteht, mit Ausnahme des Falles eines Abhandenkommens von Finanzinstrumenten.[229] Nach Abs. 12 UAbs. 3 macht sich eine Depotbank schadenersatzpflichtig, wenn sie eine gegenüber dem AIF oder den Anlegern obliegende Pflicht **vorsätzlich oder fahrlässig** nicht oder schlecht erfüllt und dem AIF oder einem oder mehreren Anlegern hierdurch ein Schaden entsteht. Regelmäßig wird die Haftung der Depotbank auf einer Verletzung ihrer Pflichten gegenüber dem AIF beruhen. Fraglich ist, ob und wenn ja, welche Pflichten die Depotbanken gegenüber Anlegern verletzen kann. Bereits unter dem Investmentgesetz ist strittig, ob nur zwischen der Depotbank und dem Sondervermögen (bzw. der KAG)[230] oder auch zwischen der Depotbank und den Anlegern des Fonds ein gesetzliches Schuldverhältnis besteht, das Pflichten begründet und bei deren Verletzung die Depotbank den Anlegern zum Schadenersatz verpflichtet sein kann.[231] Unklar ist, ob jede Pflichtverletzung gegenüber dem AIF zugleich eine Pflichtverletzung gegenüber den Anlegern darstellt oder ob es hierfür einer besonderen Pflichtenstellung gegenüber allen oder einzelnen Anlegern bedarf.

2. Beispielsfälle. Beispiele für eine Pflichtverletzung gegenüber dem AIF sind: **377** unzureichende Überwachung der Zahlungsvorgänge gemäß Abs. 7, fehlerhafte Prüfung des Eigentumserwerbs gemäß Abs. 8 lit. b) und Nichteinschreiten der Depotbank, wenn der AIF Erträge entgegen den Vertragsbedingungen verwendet.

Beispiele für eine Pflichtverletzung gegenüber den Anlegern sind: Nichteinhal- **378** tung der Anforderungen an die Ausgabe oder Rücknahme von Anteilen des AIF, sodass Anleger bei der Zeichnung von Anteilen entweder zu viel oder zu wenig einzahlen bzw. bei der Rückgabe zu viel oder zu wenig zurückerhalten; bevorrechtigte Behandlung eines Investors, ohne dass dies den übrigen Anlegern offen gelegt worden ist.

3. Haftung für Pflichtverletzungen Dritter. Hat nicht die Depotbank **379** selbst, sondern ein von ihr beauftragter Dritter (wie z. B. ein Auslagerungsunternehmen) die Pflichtverletzung begangen, so fragt sich, ob die Depotbank diese stets wie eigenes Verschulden zu vertreten hat (§ 278 BGB) oder ob sie nur im Falle eines Auswahl- oder Überwachungsverschulden (§ 832 BGB) haftet. Abs. 13 legt nahe, dass die Depotbank für alle Pflichtverletzungen von ihr eingeschalteter Dritter haftet. Nach Abs. 13 UAbs. 1 bleibt die Haftung der Depotbank von einer Auslagerung unberührt. Dies gilt nur im Falle einer Haftungsbefreiung gemäß Abs. 13 UAbs. 2 bzw. Abs. 14 nicht. Dies spricht im Umkehrschluss dafür, dass in allen anderen Fällen die Depotbank wie für eigenes Verschulden einzustehen hat. Andernfalls würde sich eine Auslagerung negativ auf den Schutz des AIF und seiner Anleger auswirken. Da kein Vertragsverhältnis zwischen dem AIF (bzw. dem AIFM) und dem Auslagerungsunternehmen besteht, könnte der AIF keinen Schadenersatz verlangen, wenn er der Depotbank kein Auswahl- oder Überwachungsverschulden nachweisen kann. Dies widerspräche dem Regelungszweck des Abs. 13 UAbs. 1, demzufolge die Auslagerung die haftungsrechtliche Stellung nicht verschlechtern darf. Daher muss sich die Depotbank das Verschulden von Auslagerungsunternehmen gemäß § 278 BGB zurechnen lassen.

---

[229] Zu den Voraussetzungen für das Abhandenkommen von Finanzinstrumenten vgl. eingehend unter Rn. 383 ff.

[230] In diesem Sinne *Beckmann* in Beckmann/Scholtz/Vollmer, Investment, 410, § 20 Rn. 51.

[231] Hierfür spricht sich *Köndgen* in Berger/Steck/Lübbehüsen, InvG, § 20 Rn. 11 aus.

IV. Der höchste Haftungsstandard (Abs. 12 UAbs. 1)

380   **1. Einleitung.** Abs. 12 UAbs. 1 enthält den höchsten Haftungsstandard. Danach hat die Depotbank **verschuldensunabhängig** dafür einzustehen, dass von ihr verwahrte **Finanzinstrumente abhandenkommen.** Das gilt in gleicher Weise, wenn bei einem von ihr beauftragten Unterverwahrer oder bei einem sonstigen Glied in der Verwahrkette Finanzinstrumente abhandenkommen. Der Richtliniengeber hat mit der verschuldensunabhängigen Haftung den Anlegerschutz deutlich gestärkt. Anleger müssen sich darauf verlassen können, dass die Finanzinstrumente von der Depotbank oder anderen Gliedern der Verwahrkette sicher verwahrt werden. Anlegern ist nicht zuzumuten, der Depotbank nachweisen zu müssen, dass sie das Abhandenkommen verschuldet hat. Derartige Umstände liegen in der Sphäre der Depotbank, sodass es Anlegern sehr schwer, wenn nicht gar unmöglich ist, eine Pflichtverletzung bzw. ein Verschulden nachzuweisen. Daher begründet jedes Abhandenkommen von verwahrten Finanzinstrumenten eine Haftung der Depotbank. Allerdings enthalten die Abs. 12 bis 14 drei Ausnahmen von der Haftung. Dies gilt zum einen im Falle der **höheren Gewalt** (Abs. 12 UAbs. 2). Kommen die Finanzinstrumente dem Unterverwahrer oder einem sonstigen Glied in der Verwahrkette abhanden, so kann sich die Depotbank zum anderen unter den Voraussetzungen der Abs. 13 UAbs. 2 und Abs. 14 von der **Haftung befreien,** wenn an ihrer Stelle der Unterverwahrer die Haftung übernimmt.

381   **2. Anwendungsbereich.** Der Anwendungsbereich des Abs. 12 UAbs. 1 ist eröffnet, wenn bei der Depotbank selbst oder einem Unterverwahrer bzw. einem sonstigen Glied in der Verwahrkette im Rahmen der Depotbanktätigkeit verwahrte **Finanzinstrumente abhandenkommen.** Der Begriff des Abhandenkommens gehörte in den Verhandlungen zu den **umstrittensten Regelungen.** Von Seiten der Interessenverbände bestand die Befürchtung, dass die verschuldensunabhängige Haftung durch eine weite Auslegung des Begriffs „Abhandenkommen" überdehnt werden könne. Die Kommission hat hierbei von Anfang an klargemacht, dass die Depotbank stets haften müsse, wenn kriminelle Machenschaften von Mitarbeitern der Depotbank oder ein Organisationsverschulden der Depotbank zu dem Verlust der Finanzinstrumente geführt haben. Unter den Interessenverbänden bestand insbesondere die Sorge, dass die Depotbank für Umstände haftbar sein soll, die außerhalb ihres bzw. des Einflusses anderer Glieder der Verwahrkette sind, z. B. im Falle der **Enteignung** durch den Staat, in dem die Finanzinstrumente belegen sind oder wenn ein Glied in der Verwahrkette insolvent ist. Abs. 17 lit. f) sieht daher vor, dass die Kommission durch sog. Level-2-Maßnahmen klarzustellen hat, wann von einem Abhandenkommen die Rede ist.

382   Bereits im ESMA-Advice wurde klargestellt, dass ein **Abhandenkommen** erst dann vorliegt, wenn ein **Finanzinstrument endgültig (dauerhaft) abhanden gekommen** ist.[232] Soweit ein Finanzinstrument dem AIF nur vorübergehend nicht zur Verfügung steht, liegt noch kein Fall des Abhandenkommens vor *(held up or frozen).* In der Praxis dürften hier insbesondere die Fälle der **Insolvenz des Unterverwahrers** die Depotbank aufgrund der typischerweise langen Ermittlungsdauer und ggf. vorhandener Prozessrisiken vor Herausforderungen stellen.

---

[232] Vgl. ESMA-Advice, Box 91.

Nach Art. 100 Durchführungsverordnung liegt ein **Abhandenkommen** dann 383
vor, wenn eine der nachfolgenden Tatbestandsvoraussetzungen vorliegt. Die Feststellung des endgültigen Verlustes erfolgt grundsätzlich verschuldensunabhängig.[233] Während sich der ursprüngliche ESMA-Advice auf die Fallgruppe des
Betruges konzentrierte, ist durch die Durchführungsverordnung eine Verschärfung dahingehend eingeführt worden, dass auch weitere Fälle der Fahrlässigkeit
und andere absichtliche sowie unabsichtliche Umstände zum Verlust des Finanzinstrumentes führen können.

a) Verlust des Eigentumsrechts. Gem. Art. 100 Abs. 1 lit. 1a) Durchfüh- 384
rungsverordnung liegt ein Verlust des Finanzinstruments dann vor, wenn das
Eigentumsrecht eines AIFs als gegenstandslos erklärt wird. Dieser Fall kann eintreten, wenn das behauptete **Recht an dem Finanzinstrument** dem AIF nicht
zusteht, da
i) es entweder **aufhört zu bestehen** oder
ii) noch **nie bestanden** hat.
Beispielhaft zu nennen sind hier die Fälle, in denen die Depotbank ein Finanzin- 385
strument auf Grundlage gefälschter bzw. falscher Dokumente in die Verwahrung
einbezieht, tatsächlich das Recht jedoch nie bestanden hat oder nicht rechtmäßig
übertragen wurde. Dies dürfte insbesondere bei den nicht verwahrfähigen Finanzinstrumenten eine Gefahr darstellen. In diesem Zusammenhang werden sich
(OGAW-) Depotbanken aufgrund der erweiterten Anlageklassen besondere fachliche Kenntnisse aneignen müssen und ggf. Sachverständige einschalten müssen,
um den verschiedenen länderspezifischen Besonderheiten hinsichtlich des Rechts-
erwerbs gerecht zu werden.

b) Aberkennung. Der Verlust des verwahrten Finanzinstruments kann gem. 386
Art. 100 Abs. 1 lit. 1b) Durchführungsverordnung auch dann vorliegen, wenn
dem AIF ein Recht an einem Finanzinstrument **endgültig aberkannt** wurde,
wobei es sich hier ebenfalls nicht nur um eine vorübergehende Zeitdauer handeln
darf, für den dieser Zustand anhält.
Im Unterschied zur ersten Fallgruppe existiert das Finanzinstrument und der 387
AIF hat ursprünglich auch **rechtmäßig Eigentum erworben.** Dennoch endet
die Rechtsposition des AIF an dem Vermögensgegenstand. Dies kann beispielsweise aufgrund einer Verstaatlichung des Emittenten bei einer Enteignung oder
(zwangsweisen) Übertragung des Eigentumsrechts (z. B. bei Immobilien) an eine
dritte Partei eintreten.

c) Verlust der Verfügungsgewalt. Eine weitere Fallgruppe stellt der **Verlust** 388
der Verfügungsgewalt dar. Gem. Art. 100 Abs. 1 lit. 1c) Durchführungsverordnung liegt ein Verlust des Finanzinstruments dann vor, wenn der AIF unwiderruf-
lich nicht mehr in der Lage ist, unmittelbar oder mittelbar über das Finanzinstrument zu verfügen.[234]
Beispielhaft zu nennen sind hier insbesondere sog. politische und wirtschaftliche 389
Risiken. In diese Kategorie fallen Maßnahmen von Regierungen und Behörden
im Ausland (Verwahrland des Finanzinstruments) aber auch im Inland („Sitzland"
des AIF). Vornehmlich fallen unter diese Gruppe Transferbeschränkungen
(Embargos) inkl. Zahlungsverboten oder Moratorien, die einen Verlust der Verfügungsgewalt zur Folge haben. In der Praxis kann es sich hier um die Einfrierung

---

[233] Art. 100 Nr. 5 der Durchführungsverordnung.
[234] Auch hier darf der Zustand nicht nur ein vorübergehender sein.

von physischem Gold (Embargo) handeln oder den Fall, dass ein Staat Finanztransfers ins Ausland untersagt (Zahlungsverbote, die allgemein wegen Zahlungsunfähigkeit oder aber gegenüber bestimmten Ländern im Rahmen von außenpolitischen Sanktionen ausgesprochen werden). Sofern der Staat selbst seiner Zahlungsverpflichtung nicht mehr nachkommt, etwa seine Anleihen bei Endfälligkeit nicht bedient, spricht man von Moratorien. Ferner können durch Gesetzesänderungen, das weitere Halten eines Finanzinstrumentes oder der Erwerb oder etwaige Verfügungen rechtlich unzulässig werden und zu einem Verlust des Finanzinstrumentes führen. In diesen Fällen ist zu differenzieren, ob der AIF für das Finanzinstrument ein Surrogat erhält (Zahlung / gleichwertiger Ersatz) oder aber die Verfügungsgewalt ersatzlos verliert. Politische Risiken spielen in der Praxis eine zunehmende Bedeutung.[235] Vor dem Hintergrund der Finanzkrise steigt die Gefahr der Verwirklichung von Zahlungsausfällen. Auch die aktuellen Entwicklungen im arabischen Raum lassen Befürchtungen der Verwirklichung politischer Risiken zu.

390   Es liegt kein Verlust des verwahrten Finanzinstrumentes im Sinne eines „Abhandenkommens" vor, wenn das betreffende **Finanzinstrument** durch ein (gleichwertiges) **ersetzt oder konvertiert** wurde.[236] Gleiches gilt für einen Transfer eines Finanzinstrumentes durch den AIF oder AIFM, handelnd für den AIF, der mit der Absicht der Eigentumsübertragung an einen Dritten (z. B. **Primebroker** oder **Collateral Agent**) vorgenommen wurde. Bei systemseitig bedingten Settlementproblemen wird regelmäßig noch kein Fall des Abhandenkommens vorliegen.

391   **d) Insolvenz des Unterverwahrers.** Auslegungsbedürftig und auch in der praktischen Rechtsanwendung schwerer einzuordnen sind die Fälle der **Insolvenz des Unterverwahrers.** Die Kommission sieht gem. Art. 100 Abs. 4 Durchführungsverordnung ein Abhandenkommen in den Fällen der Insolvenz des Unterverwahrers stets als gegeben an, wenn eine der vorstehend dargestellten Tatbestandsvoraussetzungen mit Sicherheit erfüllt ist. Dies wird immer dann der Fall sein, wenn das Insolvenzverfahren ohne Herausgabe oder gleichwertigen Ersatz des Vermögensgegenstandes beendet wird. Hintergrund ist, dass in derartigen Fällen der Unterverwahrer vor Eröffnung des Insolvenzverfahrens nicht den Anforderungen an die **Segregierung** der Vermögensgegenstände gerecht geworden ist und dies zum Verlust des ansonsten bestehenden Aussonderungsrechts des AIF bzw. AIFM geführt hat.

392   Keine Spezifizierung erfolgte jedoch hinsichtlich der Fragestellung, wann ein Finanzinstrument auch *vor* dem Abschluss des Insolvenzverfahrens als endgültig abhandengekommen anzusehen ist.

393   Der hierzu im erläuternden Text des ESMA-Advice[237] vorhandene Hinweis, dass in der Regel zu Beginn des Insolvenzverfahrens noch keine tatbestandliche Erfüllung vorliegt, lässt keine Rückschlüsse zu. Grundsätzlich kann in Abhängigkeit vom nationalen Insolvenzrecht und bei Vorliegen der Segregation der Finanzinstrumente beim Unterverwahrer davon ausgegangen werden, dass der AIF die Finanzinstrumente wiedererlangt. Gleichwohl wird der Druck auf die Depotbank

---

[235] Embargo der USA gegen Kuba 1962, mit dem jegliche Im- und Exporte gestoppt wurden oder das 11-jährige Embargo der Vereinten Nationen gegen den Irak als Folge des Krieges gegen Kuwait 1990.

[236] Art. 100 Abs. 3 der Durchführungsverordnung.

[237] ESMA-Advice, Box 91, Explanatory Text Nr. 17, Seite 181.

bei Fällen eines lang **anhaltenden Entzugs des Verfügungsrechts** des AIF kontinuierlich steigen. Dies umso mehr, wenn man berücksichtigt, dass es allein dem AIFM obliegt, zu entscheiden, wann konkrete, belastbare Anhaltspunkte vorliegen, die eine **Abwertung des Finanzinstruments** rechtfertigen.

Eine zu frühe Annahme des Abhandenkommens oder einer entsprechenden **394** Wertberichtigung im Hinblick auf die strengeren Haftungsregelungen der Depotbank stellt ein Risiko einer späteren Schadenersatzpflichtigkeit gegenüber dem AIF und Anlegern aufgrund zwischenzeitlicher Anteilbewegungen bzw. -abrechnungen dar.

Mangels detaillierterer Angaben in der Durchführungsverordnung wird sich **395** hier erst eine Verwaltungspraxis etablieren müssen, die den Marktteilnehmern Hilfestellung und konkretisierende Vorgaben bei der Beurteilung des Abhandenkommens eines Finanzinstruments im Falle der Insolvenz eines Unterverwahrers gibt. Es ist davon auszugehen, dass ggf. entsprechende (objektive) Beurteilungskriterien Inhalt des Depotbankvertrages oder der konkretisierenden Service Level Agreements werden.

Der (grundsätzlich verschuldensunabhängigen)[238] Depotbankhaftung Rech- **396** nung tragend, sollten die Depotbanken aus Gründen der Risikominimierung in jedem Einzelfall ihre getroffenen Entscheidungen lückenlos und nachvollziehbar dokumentieren. Hierbei ist besonderer Wert auf die Sachverhaltsdarstellung (anhand der vorliegenden Informationen und Kenntnisse) sowie der Darstellung der Entscheidungsgründe und der Bewertung der Frage, ob die Wiedererlangung der Finanzinstrumente, zumindest teilweise noch als möglich erscheint oder tatsächlich von einem endgültigen Verlust auszugehen ist, zu legen.

Bei komplexen Fällen werden im Zweifel darüber hinaus auch die zuständigen **397** Gerichte zur Klärung bemüht werden.

e) Dokumentationspflichten. Die **Feststellung des Verlustes** eines **398** Finanzinstrumentes ist entsprechend **zu dokumentieren.** Die Dokumentation ist hierbei so umfangreich vorzuhalten, dass im Rechtsstreit ausreichende Nachweise durch die Depotbank geführt werden können, die die Beweisführung des Vorliegens eines **Exkulpationsgrundes** erlauben, aber auch der Nachvollziehbarkeit für die Aufsichtsbehörden dienen. Sofern ein Verlust eines Finanzinstruments eingetreten ist, sind zudem die Anleger mittels eines *dauerhaften Datenträgers*[239] zu benachrichtigen. Benachrichtigungspflichten mittels dauerhaftem Datenträger wurden bereits mit der Investmentgesetznovelle 2011 in Deutschland eingeführt.

3. Exculpationsmöglichkeit. Zusätzlich zur Eingrenzung des Tatbestands- **399** merkmals „Abhandenkommen" durch Art. 101 der Durchführungsverordnung sieht Abs. 12 UAbs. 2 Satz 2 die Möglichkeit zur Exculpation der Depotbank vor. Danach haftet die Depotbank dann nicht, wenn sie (1.) nachweisen kann, dass das Abhandenkommen auf (2.) höhere Gewalt zurückzuführen ist, deren Konsequenzen (3.) trotz aller angemessenen Gegenmaßnahmen (4.) unabwendbar waren. Diese Exculpationsmöglichkeit besteht sowohl dann, wenn unmittelbar

---

[238] Vgl. auch den Wortlaut des Art. 21 Abs. 13 Satz 1 i. V. m. Abs. 12 der AIFM-Richtlinie.

[239] Nach § 2 Abs. 28 InvG ist ein „dauerhafter Datenträger" i. S. d. Gesetzes jedes Medium, das den Anlegern gestattet, Informationen für eine ihrem Zweck angemessene Dauer zu speichern, einzusehen und unverändert wiederzugeben.

von der Depotbank als auch von einem Unterverwahrer oder sonstigem Glied in der Verwahrkette verwahrte Finanzinstrumente abhandenkommen.

400   Die Depotbank trägt die Darlegungs- und Beweislast für das Vorliegen der Voraussetzung der Enthaftung. Sie muss zunächst nachweisen, dass das Abhandenkommen auf höhere Gewalt zurückzuführen ist. In einigen Vorfassungen des Art. 21 war der Begriff der höheren Gewalt definiert. Abs. 17 lit. g) verpflichtet die Kommission, durch Level-2-Maßnahmen festzulegen, was in diesem Zusammenhang unter höherer Gewalt zu verstehen ist. Dem ist die Kommission durch Art. 101 Durchführungsverordnung nachgekommen.

401   Hiernach ist die Depotbank dann nicht haftbar, wenn kumulativ die nachfolgenden Tatbestandsvoraussetzungen vorliegen.

402   (1) Das Ereignis, das zum Verlust geführt hat, darf nicht auf einer **Handlung** oder einem **Unterlassen** der Depotbank oder des Unterverwahrers, an den die Verwahrung der Finanzinstrumente durch die Depotbank übertragen wurde, beruhen.

403   (2) Das **Eintreten des Ereignisses,** das zum Verlust geführt hat, hätte trotz der getroffenen Vorkehrungen der Depotbank zur Verhinderung eines solchen Ereigniseintritts, **objektiv** betrachtet, **nicht verhindert** werden können. Hierbei sind die getroffenen Vorkehrungen zur Abwendung des Ereignisses nach den jeweils gültigen, **allgemeinen Industriemaßstäben** zu beurteilen. Es ist zu erwarten, dass sich die Marktstandards in den unterschiedlichen Jurisdiktionen deutlich voneinander unterscheiden werden. Nicht zuletzt wird die Etablierung anerkannter Grundsätze einige Zeit in Anspruch nehmen. Das wird zu Rechtsunsicherheit und Auslegungsfragen führen. Der unbestimmte Begriff des allgemeinen Industriemaßstabs dürfte in der Praxis mithin zu erheblichen Schwierigkeiten führen und Ausgangspunkt von Rechtsstreitigkeiten sein.

404   (3) Bei Einschaltung eines Unterverwahrers hätte das Ereignis, das zum Verlust geführt hat, trotz gründlicher **Due Diligence** nicht verhindert werden können. Diese Bedingung ist dann als erfüllt anzusehen, wenn die nachfolgend dargestellten Maßnahmen von der Depotbank bzw. einem Unterverwahrer, an den die Verwahrung der Finanzinstrumente von der Depotbank übertragen wurde, vorgenommen wurden. Diese Maßnahmen wurden als haftungsausschließende Fallgruppen in Ergänzung des ursprünglichen ESMA-Advice spezifiziert. Erkennbar ist hier, dass die Anforderungen deutlich über die **Enthaftungsvoraussetzungen** im Falle des reinen **Auswahlverschuldens** hinausgehen.

405   (i) Es bestehen Strukturen und Verfahren, die unter Berücksichtigung des jeweiligen Finanzinstruments (beispielsweise dessen Komplexität) geeignet und angemessen sind, um rechtzeitig und fortlaufend externe beherrschbare Ereignisse, die zu einem Verlust des verwahrten Finanzinstrument führen können, zu identifizieren. Dies setzt auch eine nachweisbare, ausreichende Kenntnis und Erfahrung in Bezug auf die zu verwahrenden Finanzinstrumente voraus.

406   Als außerhalb des Einflussbereichs und damit nicht beherrschbar sind gem. Art. 101 Abs. 1 lit. d) Durchführungsverordnung Fälle **höherer Gewalt** anzusehen.

407   Höhere Gewalt liegt zumindest dann vor, wenn es sich um Naturereignisse außerhalb menschlicher Kontrolle oder Einfluss, Staatsakte wie jedes Gesetz, Verfügung, Regulierung oder Anweisung einer Regierung oder eines Regierungsvertreters, einschließlich jedes Gerichts oder Tribunals, das die verwahrten Finanzinstrumente betrifft, Kriege, Unruhen oder andere größere Umbrüche handelt. Die Aufzählung ist insoweit nicht abschließend. Vielmehr handelt es sich um eine exemplarische Aufzählung der im Rahmen der ESMA Konsultation von den Branchenvertretern vorgebrachten Ereignisse.[240] Art. 101 Abs. 1 lit. e) Durchführungsverordnung stellt in diesem Zusammenhang klar, dass Fehler im Herrschaftsbereich der Depotbank nie ein externes Ereignis und bereits deshalb kein Argument einer Enthaftung sein können. Dies ist insbesondere bei Buchungsfehlern, sonstigen operativen Fehlern, Betrugsfällen oder Fehlern in Zusammenhang mit der Anforderung der Bestandstrennung auf Ebene der Depotbank oder eines Unterverwahrers gem. Art. 21 Abs. 8 lit. a) AIFM-RL der Fall. Auch diese Aufzählung ist insoweit nicht abschließend, sondern beinhaltet lediglich einige der kontrovers diskutierten Fallgruppen im Rahmen der ESMA Konsultation.[241]

(ii) Es fand eine **fortlaufende Bewertung** der Ereignisse statt, die bei einem **408** ersten Erwerb des Finanzinstruments als **signifikante Risiken** für das verwahrte Finanzinstrument identifiziert wurden. Beispielhaft zu nennen ist hier der Fall, in dem die Depotbank bereits zum Erwerbszeitpunkt eines Finanzinstrumentes aufgrund der durchgeführten **Due Diligence** ein Insolvenzrisiko des Emittenten erkannt und dokumentiert hat. Sofern die Depotbank ihre Aufzeichnungen fortlaufend aktualisiert und nachweislich die Entwicklung des Emittenten, der als Insolvenzgefährdet eingestuft wurde, dokumentiert hat, insbesondere hinsichtlich ihrer Einschätzung der Gefahr einer Verstaatlichung des Emittenten oder der Wahrscheinlichkeit des Eintritts einer Zwangsenteignung, dürfte ein haftungsausschließender Tatbestand vorliegen. In Abhängigkeit der jeweiligen Indizienlage dürfte es in diesem Zusammenhang auch auf die Häufigkeit und Intensität der erfolgten Prüfungen ankommen. Fraglich ist, ob öffentlich zugängliche Informationen ausreichen oder die Depotbank weitergehende Recherchen anstrengen muss.

(iii) **Der AIFM wurde** ohne schuldhaftes Zögern über festgestellte, aktuelle **409** oder potentielle Risiken und die eingeleiteten, geeigneten Gegenmaßnahmen, die den Verlust eines verwahrten Finanzinstrumentes verhindern oder zumindest teilweise abwenden können, **informiert.** Hierunter sind u.a. die Fälle zu subsumieren, in denen durch sich ändernde gesetzliche Rahmenparameter im jeweiligen Land des Emittenten eine staatliche Enteignung droht und dem AIFM aufgrund der frühzeitigen Information der Depotbank noch ermöglicht wird, den entsprechenden Vermögensgegenstand (teilweise) zu veräußern. Auslegungsbedürftig und in der Praxis zu Rechtsstreitigkeiten dürfte es hinsichtlich des Zeitpunktes der (objektiven) Beurteilung der (theoretischen) Veräußerungsmöglichkeit kommen. Gleiches gilt für das Erfordernis des Ergreifens geeigneter Maßnahmen, um den Verlust zumindest teilweise zu verhindern.

Die Haftungsfrage wurde im Rahmen der Due Diligence-Erörterung sehr **410** intensiv und kontrovers diskutiert.[242] Während einige Vertreter der Auffassung zustimmen, dass die Depotbank auch bei der Einschaltung eines Unterverwahrers haftbar bleibt, verlangen andere eine Haftungsbefreiung der Depotbank, sofern sie eine ordnungsgemäße Due Diligence des Unterverwahrers durchgeführt und die Anforderungen an die Bestandstrennung kontrolliert hat. Insoweit ergibt sich jedoch bereits aus Level-I eine eindeutige Regelung. Danach haftet die Depotbank

---

[240] Vgl. auch ESMA-Advice, Box 90 i. V. m. Annex IV (Feedback on the consultations) Punkte 453 bis 462, Seiten 453 ff.

[241] Vgl. auch ESMA-Advice, Box 92, Explanatory Text Nr. 25, Seite 184.

[242] Vgl. ESMA-Advice, Box 91 i. V. m. Annex IV (Feedback on the consultations) Punkt 443, Seite 449.

für jedes Verschulden eines Unterverwahrers. Soweit verwahrte Finanzinstrumente abhandenkommen, haftet die Depotbank sogar verschuldensunabhängig.

411   Eine weitere Gruppierung spricht sich dafür aus, dass sich die Verantwortung der Depotbank auch auf Tochtergesellschaften erstrecken muss. Dieser Ansatz verfolgt die Idee, dass Ereignisse in Zusammenhang mit Tochtergesellschaften der Muttergesellschaft voll zugerechnet werden und als „intern" (volle Haftung) behandelt werden. Konzernfremde Parteien werden als „extern" (Voraussetzung I der Haftungsbefreiung) angesehen.[243] Eine Mindermeinung vertritt die abzulehnende Sichtweise, dass Betrug, Insolvenz und Clearing- bzw. Settlementfehler „externe" Ereignisse sind.

412   Der von der Lobby der Depotbanken geforderten Limitierung des Haftungseintritts, nur auf die Fälle des Vorliegens ungeeigneter Maßnahmen oder eines Fehlverhaltens zu beschränken, ist die ESMA nicht gefolgt. Auch den Vorschlag, die strengen Anforderungen an die Due Diligence durch die Aufnahme des „angemessenen Aufwands" aufzuweichen, lehnte die ESMA ab. Somit bleibt es beim Maßstab der gründlichen und nachvollziehbaren Due Diligence. Eine Verlagerung von Aufgaben und Verantwortungen des AIFM auf die Depotbank sieht die ESMA nicht, vielmehr erwartet sie von der Depotbank, dass diese ein fundiertes Verständnis von der Komplexität des AIFs bzw. der Finanzinstrumente des AIFs hat und diese auch im Rahmen der Due Diligence berücksichtigt.

413   **4. Änderungen gegenüber der bisherigen Rechtslage in Deutschland.** Der höchste Haftungsstandard führt zu einer **Erweiterung der Haftung der Depotbank** gegenüber der bisherigen – faktischen – Rechtslage in Deutschland. Grund hierfür ist zum einen die Verschuldensunabhängigkeit der Haftung. Zum anderen spielt es keine Rolle, ob die Unterverwahrung im In- oder im Ausland erfolgt. Abweichungen von diesen Regelungen durch vertragliche Vereinbarungen – wie bisher durch Ziffer 19 Abs. 2 der Sonderbedingungen für Wertpapiergeschäfte – sind nicht länger zulässig.

V. Der mittlere Haftungsstandard

414   **1. Einleitung.** Kommen der Depotbank unmittelbar von ihr verwahrte Finanzinstrumente abhanden, so entfällt eine Haftung nur unter den unter Rn. 399 ff. dargelegten Voraussetzungen der Exculpation im Falle höherer Gewalt. Demgegenüber hat die Depotbank im Falle der Unterverwahrung zusätzlich die Möglichkeit, unter den nachfolgend dargestellten Voraussetzung der Abs. 13 UAbs. 2 und Abs. 14 ihre **Haftung auf den Unterverwahrer zu übertragen** (sog. mittlerer Haftungsstandard). Der Unterverwahrer, welcher letztlich das Abhandenkommen der Finanzinstrumente zu vertreten hat, haftet dann anstelle der Depotbank gegenüber dem AIF (bzw. dem AIFM) und ggf. den Anlegern des AIF, obwohl zwischen dem Unterverwahrer und dem AIF (bzw. dem AIFM) kein Vertragsverhältnis besteht.

415   **2. Anwendungsbereich.** Voraussetzung einer **Haftungsübertragung** nach Abs. 13 UAbs. 2 ist zunächst, dass einem Unterverwahrer oder einem sonstigen

---

[243] Wenngleich die ESMA zustimmt, dass es schwierig ist eine geeignete Definition zu finden, ist sie der Meinung, dass die Depotbank auch im Falle einer Unterverwahrung vollumfänglich verantwortlich ist, und es damit unerheblich ist, ob es sich um eine Tochtergesellschaft handelt oder nicht.

Glied in der Verwahrkette (vgl. zu Letzterem Abs. 11 UAbs. 4 Satz 2[244]) verwahrte Finanzinstrumenten abhandenkommen. Im Unterschied dazu greift eine Haftungsübertragung nach Abs. 14 ausschließlich, wenn einem Unterverwahrer – nicht aber weitere Gliedern in der Verwahrkette – Finanzinstrumente abhandenkommen. Dies folgt im Umkehrschluss aus Abs. 11 UAbs. 4 Satz 2, der lediglich den Abs. 13, nicht aber den Abs. 14 im Falle einer Unter-Unterverwahrung für anwendbar erklärt. Hierfür spricht auch Abs. 14 lit. c). Danach muss die Depotbank auf Anweisung des AIF bzw. des AIFM einen ortsansässigen Unterverwahrer beauftragen. Dem steht nicht gleich, dass der Unterverwahrer seinerseits einen ortsansässigen Unterverwahrer beauftragt.

3. Haftungsübertragung nach Abs. 13 UAbs. 2. Kommen einem 416
Unterverwahrer verwahrte Finanzinstrumente abhanden, so haftet die Depotbank hierfür grundsätzlich, ohne dass es auf ein Verschulden ankommt. Könnte eine solche Haftung nicht begrenzt werden, wäre sie extrem weit. Die Depotbank müsste dann für jedes Fehlverhalten eines Gliedes in der Verwahrkette einschließlich kriminellen Verhaltens einstehen, auch wenn sie nachweisen kann, dass sie selbst alle ihr obliegenden Pflichten erfüllt hat.

Abs. 13 UAbs. 2 schafft hier einen angemessenen **Ausgleich zwischen** dem 417
Schutzbedürfnis der Anleger einerseits und der **Funktionsfähigkeit der Depotbanktätigkeit**. Andernfalls hätte die Gefahr bestanden, dass sich Institute von der Depotbanktätigkeit zurückziehen oder die Kosten so hoch werden, dass dies außer Verhältnis wäre. Die Depotbank kann sich daher ihrer Haftung entledigen, wenn sie nachweist, dass die nachfolgenden Voraussetzungen eingehalten worden sind. Dies geschieht, indem die Depotbank ihre Haftung auf den Unterverwahrer überträgt. Soweit Abs. 13 UAbs. 2 von Haftungsbefreiung spricht – in der englischen Version ist von *„discharge"* die Rede –, ist dies unpräzise. Denn die Haftung erlischt nicht, sondern geht auf den Unterverwahrer über. Es liegt ein Fall der befreienden Schuldübernahme gemäß § 415 BGB vor.

Kommen einem Unter-Unterverwahrer Finanzinstrumente abhanden, 418
so ist für eine Haftungsübertragung der Depotbank zu fordern, dass sowohl im Verhältnis zwischen Depotbank und Unterverwahrer als auch im Verhältnis zwischen Unterverwahrer und Unter-Unterverwahrer die nachfolgenden Anforderungen erfüllt sind. Allerdings setzt dies nach Abs. 13 UAbs. 2 lit. c) voraus, dass die Depotbank in einem schriftlichen Vertrag mit dem AIF bzw. dem AIFM nicht nur eine Haftungsfreistellung für sich selbst, sondern auch für den betreffenden Unterverwahrer vereinbart hat.[245]

Im Falle einer Unter-Unterverwahrung kommt jedoch nicht nur eine Haf- 419
tungsübertragung der Depotbank, sondern auch des Unterverwahrers in Betracht (vgl. Abs. 11 UAbs. 4 Satz 2). Auch dies setzt voraus, dass sowohl im Verhältnis zwischen Depotbank und Unterverwahrer als auch im Verhältnis zwischen Unterverwahrer und Unter-Unterverwahrer die nachfolgenden Anforderungen erfüllt sind.

a) Einhaltung aller Anforderungen an die Auslagerung. In einem Scha- 420
densfall muss die Depotbank zunächst nachweisen, dass sie bei der Auslagerung

---

[244] Danach gilt Abs. 13 auch dann, wenn der Unterverwahrer seinerseits Verwahraufgaben an einen Dritten auslagert.

[245] Ein eigener Vertrag des Unterverwahrers mit dem AIF bzw. dem AIFM kommt mangels Vertragsverhältnisses nicht in Betracht.

von Verwahraufgaben auf einen Unterverwahrer alle Anforderungen an eine solche Auslagerung gemäß Abs. 11 UAbs. 2 eingehalten hat.[246] Ist dies der Fall, dann hat die Depotbank alles ihr Zumutbare getan, sodass es unbillig wäre, wenn sie gleichwohl haften müsste, zumal dies wohl schwerlich versicherbar wäre. Zu den Anforderungen nach Abs. 11 UAbs. 2 gehört insbesondere, dass die Depotbank den Unterverwahrer sorgsam ausgewählt hat und ihn laufend überwacht. Fraglich ist, ob die Haftungsübertragung auch dann greift, wenn die Depotbank im Rahmen der laufenden Überwachung **ernsthafte bzw. wiederholte Verstöße** des Unterverwahrers gegen Verpflichtungen aus Art. 21 feststellt. Dies dürfte nach hier vertretener Ansicht jedenfalls dann zu verneinen sein, wenn diese Anlass zu einer außerordentlichen Kündigung des Unterverwahrers gegeben haben, die Depotbank jedoch keine Kündigung ausgesprochen hat.

421   **b) Schriftlicher Vertrag zwischen Depotbank und AIF bzw. AIFM.** Ferner müssen die Depotbank und der Unterverwahrer (1.) in einem schriftlichen Vertrag (2.) ausdrücklich vereinbaren, dass (3.) im Falle des Abhandenkommens von vom Unterverwahrer verwahrten Finanzinstrumenten (4.) der Unterverwahrer (5.) von der Depotbank (6.) die Haftung gegenüber dem AIF (bzw. dem AIFM) und den Anlegern des AIF übernimmt. Dieser Vertrag muss es dem AIF bzw. dem für ihn handelnden AIFM ferner (7.) ermöglichen, (8.) selbst diesen Haftungsanspruch gegen den Unterverwahrer geltend zu machen oder (9.) durch die Depotbank geltend zu machen.

422   **aa) Ausdrückliche und schriftliche Vereinbarung.** Eine derartige Haftungsübertragung wird künftig voraussichtlich regelmäßig in dem Unterverwahrungsvertrag vereinbart werden. Sie kann jedoch auch in einem separaten Vertrag niedergelegt werden. Voraussetzung ist stets, dass die Haftungsübertragung schriftlich und ausdrücklich erfolgt.

423   **bb) Abhandenkommen von vom Unterverwahrer verwahrten Finanzinstrumenten.** Eine solche Haftungsübertragung kommt nur für den Fall in Betracht, dass vom Unterverwahrer oder einem von diesem beauftragten Unter-Unterverwahrer verwahrte Finanzinstrumente abhandenkommen.[247] Eine Haftungsübertragung scheidet somit zum einen aus, wenn unmittelbar von der Depotbank verwahrte Finanzinstrumente abhandenkommen und zum anderen bei Haftungsansprüchen aufgrund sonstiger Pflichtverletzungen gemäß Abs. 12 UAbs. 3.

424   **cc) Schuldübernahme im Sinne des § 415 BGB.** Die Haftungsübertragung von der Depotbank (als Schuldnerin) auf den Unterverwahrer (als Drittem) erfolgt – soweit auf sie deutsches Recht Anwendung findet – durch eine vertragliche befreiende Schuldübernahme im Sinne des § 415 BGB. Eine solche kann entweder durch Vereinbarung zwischen Schuldner und Drittem, die von dem Gläubiger zu genehmigen ist oder durch Vertrag zwischen Schuldner und Gläubiger unter Zustimmung des Dritten erfolgen. Letzteres dürfte hier i. d. R. der Fall sein; einer Mitteilung der regelmäßig nachfolgenden separaten Vereinbarung zwischen Depotbank und Unterverwahrer an den AIF (bzw. den AIFM) bedarf es dann nicht mehr. Eine Mitwirkung des Gläubigers (hier: des AIF bzw. des für ihn handelnden AIFM) ist in jedem Fall erforderlich, weil der Schuldner nicht gegen den Willen des Gläubigers ausgetauscht werden kann, muss er doch damit

---

[246] Vgl. hierzu eingehend die obigen Ausführungen unter Rn. 319 ff.
[247] Zum Begriff des Abhandenkommens vgl. eingehend oben Rn. 382 ff.

rechnen, dass die Bonität des Unterverwahrers schlechter ist als jene der Depotbank und die Rechtsdurchsetzung erschwert wird, zumal wenn der Unterverwahrer im Ausland (namentlich in einem Drittstaat) seinen Sitz hat. Dem trägt Art. 21 Abs. 13 UAbs. 2 lit. c) Rechnung, welcher vorsieht, dass die Schuldübernahme nur wirksam ist, wenn der **AIF** (bzw. der AIFM) der Depotbank in einem schriftlichen Vertrag **ausdrücklich die Haftungsübertragung gestattet**. Nach § 415 BGB hätte es für die Genehmigung zwar nur einer einseitigen Willenserklärung des AIF (bzw. des AIFM) bedurft. Art. 21 Abs. 13 UAbs. 2 lit. c) als lex specialis fordert jedoch eine zweiseitige vertragliche Vereinbarung. Abweichend von § 415 Abs. 1 Satz 2 BGB lässt es Art. 21 Abs. 13 UAbs. 2 lit. c) genügen, dass die „Genehmigung" in Form des Vertrages zwischen AIF (bzw. AIFM) und Depotbank vor der zwischen der Depotbank und dem Unterverwahrer vereinbarten Schuldübernahme erfolgt. Dies ist auch angemessen, weil die Depotbank vor Abschluss des Depotbankvertrages wissen muss, welche Haftungsrisiken sie selbst übernimmt.

dd) Rechtsfolgen der wirksamen Schuldübernahme. Rechtsfolge einer **425** wirksam vereinbarten Schuldübernahme ist, dass die **Haftung der Depotbank erlischt**, soweit ein Schaden aufgrund des Abhandenkommens von Finanzinstrumenten bei dem Unterverwahrer geltend gemacht wird und alle oben bzw. nachfolgend genannten Voraussetzungen vorliegen. Soweit deutsches Recht zur Anwendung kommt, gilt dies regelmäßig ab dem Zeitpunkt des Vertragsschlusses der Schuldübernahme (vgl. § 184 Abs. 1 BGB).

ee) Ermöglichung der Geltendmachung des Anspruchs. Nach Abs. 13 **426** UAbs. 2 lit. b) ist des Weiteren erforderlich, dass der schriftliche Vertrag zwischen Depotbank und Unterverwahrer sicherstellt, dass dem AIF/AIFM die Geltendmachung des Haftungsanspruchs gegen den Unterverwahrer ermöglicht wird. Hierdurch sollen offenbar **Hindernisse bei der Rechtsdurchsetzung beseitigt** werden, wie sie sich insbesondere ergeben können, wenn der Unterverwahrer in einem Drittstaat seinen Sitz hat, zumal wenn es zwischen jenem Drittstaat und dem Heimatstaat des AIF bzw. des für ihn handelnden AIFM kein Übereinkommen über die Durchsetzung von Gerichtsurteilen gibt. Fraglich ist, wie durch den schriftlichen Vertrag derartige Hindernisse für die gerichtliche Geltendmachung und die Vollstreckung beseitigt werden sollen. Zu denken ist z. B. an eine **Gerichtsstandsvereinbarung**, welche es dem AIF/AIFM ermöglicht, in seinem Heimatstaat Klage zu erheben und Vollstreckungsmaßnahmen – z. B. in jenem Heimatstaat belegenes Vermögen des Unterverwahrers – zu beantragen. Dies kann durch einen Vertrag zugunsten des AIF/AIFM geschehen.

ff) Schriftlicher Vertrag zwischen Depotbank und AIF/AIFM. Wie **427** bereits[248] erwähnt, muss der AIF bzw. der für ihn handelnde AIFM der Depotbank die Haftungsübertragung auf den Unterverwahrer ausdrücklich in einem schriftlichen Vertrag gestatten. Dies kann, muss jedoch nicht im Depotbankvertrag geschehen. Diese vertragliche Gestattung tritt an die Stelle der nach § 415 BGB – bei Anwendung deutschen Rechts – geforderten Genehmigung.

gg) Angabe eines objektiven Grundes. Die vertragliche Gestattung allein **428** reicht jedoch nicht aus. Daneben muss der schriftliche Vertrag auch einen objekti-

---

[248] Vgl. oben unter Rn. 424.

ven Grund[249] dafür angeben, weshalb der AIF/AIFM der Depotbank die Haftungsübertragung gestattet hat. Dieser – in den Verhandlungen zwischen Rat, Europaparlament und Kommission eingefügte – Passus soll verhindern, dass die Haftung der Depotbank zum Nachteil der Anleger über Gebühr ausgehöhlt wird. Dies geschieht allerdings bereits durch die detaillierten Anforderungen des Abs. 13 UAbs. 2, wie namentlich das Erfordernis, dass alle Voraussetzungen einer Auslagerung vorliegen müssen. Daher ist nach hier vertretener Auffassung die Anforderung an die Angabe eines objektiven Grundes für die Haftungsübertragung redundant. Ein objektiver Grund ist schon deshalb gegeben, weil es der Depotbank nicht zugemutet werden kann zu haften, obwohl sie die strengen Voraussetzungen – insbesondere über die Auswahl und laufende Überwachung des Unterverwahrers – eingehalten hat. Für eine derartige Haftung wird sie nur schwer Versicherungsschutz bekommen. Es ist daher fraglich, ob Depotbanken ohne eine derartige Haftungsübertragung in der Lage wären, die Depotbanktätigkeiten auszuüben, ohne dass dies zu einem merklichen Anstieg der Depotbankvergütung führte.

429   Zum Begriff des **„objektiven Grundes"** greift die ESMA den Gedanken der AIFM-Richtlinie auf und erläutert in Art. 102 Abs. 1 Durchführungsverordnung, dass objektive Gründe auf (1) **konkreten Faktoren** basieren müssen, die (2) ausreichend **schlüssig und geeignet** sind, im gezielten Fall eine **Übertragung der Haftung auf den Unterverwahrer** zu rechtfertigen. Während im ESMA-Advice[250] und auch im März-Entwurf der Durchführungsverordnung[251] zusätzlich noch die Voraussetzungen *„consistent and coherent"* beinhaltet waren, wurde dies in dem derzeitigen Entwurf der Durchführungsverordnung verworfen. Nunmehr wird darauf abgestellt, dass es sich um solche Umstände bzw. Tätigkeiten handeln muss, die geeignet sind, den Haftungsausschluss eines Verwahrers zu rechtfertigen. Der zeitliche Bezug wurde über die Vorgabe, dass die objektiven Gründe *„zu jeder Zeit"* bestehen müssen, hergestellt.

430   Ergänzend nennt Art. 102 Abs. 2 Durchführungsverordnung beispielhaft zwei konkrete Fallgruppen, in denen die Tatbestandsvoraussetzungen jedenfalls vorliegen. Danach besteht ein **objektiver Grund,** der zu einem **Haftungsausschluss** der Depotbank führt, wenn

431   (1) Die Depotbank darlegen kann, dass es keine andere Option gab, als die Verwahraufgaben auf einen Dritten zu übertragen.

432   Hiervon ist gem. Art. 102 Abs. 3 Durchführungsverordnung auszugehen, wenn

    i) die **Gesetzgebung des Drittlandes** verlangt, dass bestimmte Finanzinstrumente zwingend von lokalen Unterverwahrern zu verwahren sind und diese ortsansässige Einrichtung die Übertragungskriterien gem. Art. 21 Abs. 11 AIFM-RL erfüllt, oder

    ii) der **AIFM** als Vertreter des AIF **darauf besteht,** dass ein Finanzinstrument trotz alternativer Verwahrmöglichkeiten unabhängig, bzw. auch entgegen der Meinung der Depotbank in einer **bestimmten Jurisdiktion** verwahrt werden soll.

433   Vorstehendes verdeutlicht, dass das Vorliegen eines **objektiven Grundes** regelmäßig aus Sicht der Depotbank einen Fall der subjektiven Unmöglichkeit darstellt,

---

[249] Zum Begriff des objektiven Grundes im Rahmen des Art. 21 vgl. die eingehende Erläuterung unter Rn. 382 ff.

[250] Vgl. ESMA-Advice, Box 93.

[251] Vgl. März-Entwurf 2012 der Durchführungsverordnung, Art. 104 Abs. 1 Durchführungsverordnung.

sodass die Depotbank keine Alternative zu der Übertragung der Verwahraufgabe hatte.

(2) Des Weiteren besteht die Möglichkeit einer **Haftungsbefreiung**, wenn **434** der AIF bzw. AIFM die Depotbank **schriftlich** darüber informiert, dass er die **Investition** trotz der Unterverwahrung als im **Interesse des AIF** ansieht.

Hier werden regelmäßig die Fälle erfasst werden, in denen die Depotbank **435** mangels eigener Niederlassungen /Repräsentanzen einen Unterverwahrer einschaltet.

Die Beispiele zeigen insoweit lediglich eine Tendenz auf, unter welchen **436** Voraussetzungen ein objektiver Grund gegeben ist. Eine abschließende Regelung stellen sie hingegen nicht dar. Vielmehr wird auch in Zukunft in Auslegungsfragen das Interesse des Anlegers eine wesentliche Rolle spielen.

4. Haftungsübertragung nach Abs. 14. a) Anwendungsbereich. Wie **438** Abs. 13 UAbs. 2 ermöglicht auch Abs. 14 eine Haftungsübertragung von der Depotbank auf den Unterverwahrer. Abs. 14 ist gegenüber Abs. 13 UAbs. 2 **subsidiär**. Beide Tatbestände schließen sich bereits begrifflich aus. Abs. 14 greift nur ein, wenn nicht alle Anforderungen des Abs. 13 UAbs. 2 erfüllt sind. Mit Abs. 14 hat der Richtliniengeber dem Umstand Rechnung getragen, dass die nationalen Gesetze einiger Drittstaaten (wie z. B. Russland) vorschreiben, dass alle oder bestimmte Finanzinstrumente jenes Staates nur von einer ortsansässigen Einrichtung verwahrt werden dürfen. In einigen dieser Staaten gibt es jedoch keine ortsansässigen Einrichtungen, welche die Anforderungen des Abs. 11 UAbs. 2 lit. d) ii) erfüllen. Diese Vorschrift verlangt, dass der Unterverwahrer einer aufsichtsrechtlichen Regulierung (einschließlich Mindestkapitalanforderungen) und einer Aufsicht in dem betreffenden Staat unterliegt und regelmäßig von einem externen Rechnungsprüfer daraufhin überprüft wird, ob er die Finanzinstrumente ordnungsgemäß verwahrt. Unter den Voraussetzungen des Abs. 11 UAbs. 3 darf die Depotbank gleichwohl Verwahraufgaben an einen solchen Unterverwahrer auslagern, damit Investitionen in solchen Drittstaaten möglich bleiben. Dies setzt jedoch u.a. voraus, dass die Anleger vor der Auslagerung über das Fehlen von Anforderungen nach Abs. 11 UAbs. 2 lit. d) ii) informiert werden und der AIF bzw. AIFM die Depotbank zu einer solchen Auslagerung anweist. Da die Depotbank letztlich nur einer **Anweisung des AIF bzw. AIFM** nachkommt und damit den Wunsch der Anleger erfüllt, trotz des Nichtvorliegens der Anforderungen nach Abs. 11 UAbs. 2 lit. d) ii) in dem Drittstaat investieren zu können, soll sie haftungsrechtlich nicht schlechter stehen wie im Falle des Abs. 13 UAbs. 2.

Die Möglichkeit zur Haftungsübertragung besteht jedoch nur solange wie (1.) **439** das nationale Recht des betreffenden Drittstaates die Verwahrung durch eine ortsansässige Einrichtung vorschreibt und (2.) bei keiner ortsansässigen Einrichtung die Anforderungen des Abs. 11 UAbs. 2 lit. d) ii) erfüllt sind. Liegen diese Anforderungen nicht länger vor (z. B. aufgrund von Gesetzesänderungen), so muss die Depotbank ggf. einen anderen Unterverwahrer beauftragen. Eine Haftungsübertragung ist dann nur noch unter den strengeren Voraussetzungen des Abs. 13 UAbs. 2 möglich. Eine bereits vereinbarte Haftungsübertragung wird – wegen Wegfalls der Tatbestandsvoraussetzungen – hinfällig.

b) Voraussetzungen. Für eine Haftungsübertragung nach Abs. 14 müssen **440** ferner die nachfolgenden Voraussetzungen erfüllt sein.

aa) Vertragsbedingungen des AIF erlauben Haftungsübertragung. Eine **441** Haftungsübertragung nach Abs. 14 ist nur zulässig, wenn die Vertragsbedingungen bzw. die Satzung des AIF dies ausdrücklich unter den vorgenannten Bedingungen erlauben. Sowohl die Anleger als auch die Aufsichtsbehörde erhalten hierdurch die Kenntnis von dem Umstand, dass der AIF berechtigt ist, auch in solchen Drittstaaten zu investieren, in denen die Anforderungen des Abs. 11 UAbs. 2 lit. d) nicht erfüllt sind und die Depotbank ferner berechtigt ist, ihre Haftung an den Unterverwahrer zu übertragen.

442   **bb) Information der Anleger vor ihrer Investition.** Darüber hinaus müssen die Anleger vor Erwerb der Anteile des AIF ordnungsgemäß über die Haftungsübertragung und die Umstände, welche diese Haftungsbefreiung rechtfertigen, unterrichtet werden. Hierdurch sollen die Anleger vor den besonderen Risiken sowohl der Anlage in einem derartigen Drittstaat als auch der Haftungsübertragung gewarnt werden. Eine solche Haftungsübertragung kann die Rechtsposition des AIF und seiner Anleger deutlich verschlechtern, z. B. wenn der Unterverwahrer eine deutlich schlechtere Bonität als die Depotbank hat oder die Durchsetzung des Anspruchs z.B. mangels Vollstreckungsabkommens erschwert ist.

443   Aus dem Schutzzweck der Regelung folgt, dass – wenn eine Haftungsbefreiung nach Abs. 14 nicht bereits bei Auflegung des AIF erlaubt ist, sondern erst durch Änderung der Vertragsbedingungen zulässig wird – die Anleger so rechtzeitig vor Vereinbarung der Haftungsübertragung zu unterrichten sind, dass sie vorher ihre Anteile zurückgeben können.[252] Dasselbe gilt, wenn AIF nach Inkrafttreten der nationalen Umsetzung der AIFM-Richtlinie erstmals von der Haftungsbefreiung nach Abs. 14 Gebrauch machen können. Die Anleger sollen in beiden Fällen entscheiden können, ob sie unter diesen Umständen weiter investiert bleiben wollen.

444   Was genau unter einer **ordnungsgemäßen Unterrichtung** zu verstehen ist, sagt die Richtlinie nicht. Es ist vielmehr Aufgabe des nationalen Gesetzgebers, dies zu konkretisieren. Es spricht vieles dafür, dass es hierzu einer ausdrücklichen schriftlichen Information – möglichst per Einschreiben oder Fax – bedarf. Nach der Ausgestaltung der Regelung trägt der AIF bzw. der AIFM die Beweislast dafür, jeden einzelnen Anleger fristgerecht unterrichtet zu haben. Kann der AIF bzw. der AIFM diesen Nachweis nicht erbringen, so dürfte die Haftungsübertragung dem betreffenden Anleger gegenüber als nicht vereinbart gelten. Kommt der AIF bzw. der AIFM seiner Unterrichtungspflicht nicht ordnungsgemäß nach, so fragt sich ferner, welche Rechtsfolgen dies im Verhältnis zwischen AIF bzw. AIFM und Depotbank hat. Es liegt nahe, dass der AIF bzw. der AIFM dann auch eine Pflicht gegenüber der Depotbank verletzt, weil diese sich nun nicht auf die Haftungsübertragung – zumindest gegenüber den nicht unterrichteten Anlegern – berufen kann. Folge dürfte sein, dass der AIF bzw. der AIFM die Depotbank von der Haftung freistellen muss. Der AIF bzw. AIFM wird jedoch ggf. von dem Unterverwahrer einen Vorteilsausgleich verlangen können.

445   **cc) Schriftlicher Vertrag zwischen Depotbank und AIF bzw. AIFM gestattet Haftungsübertragung.** Gemäß Abs. 14 lit. d) muss des Weiteren der Depotbankvertrag oder ein separater Vertrag zwischen der Depotbank und dem

---

[252] Bei geschlossenen Fonds, bei denen Anleger kein Recht zur Anteilsrückgabe haben, dürfte Abs. 4 kaum praktische Bedeutung haben, weil diese gewöhnlich nicht in verwahrfähige Finanzinstrumente in Drittstaaten investieren.

AIF bzw. dem AIFM es der Depotbank ausdrücklich gestatten, die Haftung zu übertragen.

dd) Weisung des AIF bzw. AIFM. Darüber hinaus muss der AIF bzw. der **446** ihn verwaltende AIFM die Depotbank angewiesen haben, die Verwahrung dieser Finanzinstrumente an eine ortsansässige Einrichtung zu übertragen.

ee) Schriftlicher Vertrag zwischen Depotbank und Unterverwahrer 447 sieht Haftungsübertragung auf Unterverwahrer vor. Schließlich muss die Depotbank gemäß Abs. 14 lit. e) mit dem Unterverwahrer einen schriftlichen Vertrag geschlossen haben, der die Haftung der Depotbank ausdrücklich auf den Unterverwahrer überträgt.

Wie schon im Rahmen des Abs. 13 UAbs. 2 lit. b) muss der Vertrag daneben **448** auch Regelungen enthalten, die es dem AIF bzw. seinen Anlegern erleichtern sollen, etwaige Haftungsansprüche gegen den Unterverwahrer geltend zu machen.

5. Änderungen gegenüber der bisherigen Rechtslage in Deutschland. **449** Die Haftung der Depotbank richtet sich in Deutschland in der Praxis nach Ziffer 19 Abs. 2 der Sonderbedingungen für Wertpapiergeschäfte. Jedenfalls[253] für AIF galt danach bisher, dass die Depotbank bei Verwahrung in Deutschland nach § 278 BGB für das Verschulden des Unterverwahrers einzustehen hat. Bei Auslandsverwahrung war die Haftung auf ein Auswahlverschulden beschränkt.

Ziffer 19 Abs. 2 der Sonderbedingungen für Wertpapiergeschäfte ist mit der **450** AIFM-Richtlinie unvereinbar. Wie dargestellt, hat die Depotbank – wie schon nach Art. 22 Abs. 2 der OGAW-Richtlinie – grundsätzlich für jedes Verschulden des Unterverwahrers einzustehen, wenn diesem verwahrte Finanzinstrumente abhandenkommen. Eine Begrenzung auf ein Auswahlverschulden ist unter keinen Umständen zulässig. Die Haftung entfällt lediglich, wenn das Abhandenkommen Folge höherer Gewalt ist (vgl. Abs. 12 UAbs. 2). Daneben ist unter den Voraussetzungen des Abs. 13 UAbs. 2 bzw. des Abs. 14 eine Haftungsübertragung auf den Unterverwahrer möglich. Diese setzt ihrerseits u.a. voraus, dass die Depotbank den Unterverwahrer ordnungsgemäß ausgesucht und ihn laufend überwacht hat (vgl. Abs. 11 UAbs. 2 lit. c)) und auch alle übrigen Voraussetzungen der Auslagerung beachtet worden sind.[254]

VI. Inhalt des Schadenersatzes

1. Bei Abhandenkommen von Finanzinstrumenten. Abs. 12 UAbs. 2 **451** Satz 1 regelt den Inhalt des Schadenersatzes, welcher zu leisten ist, wenn der Depotbank oder einem sonstigem Glied in der Verwahrkette Finanzinstrumente abhandenkommen. Danach hat der Ersatzpflichtige dem AIF bzw. dem AIFM entweder **unverzüglich Finanzinstrumente der gleichen Art und in gleicher Zahl** wie die abhanden gekommenen zurückzugeben oder **Wertersatz zu** leisten. Die unverzügliche Rückgabe soll verhindern, dass dem AIF bzw. dem

---

[253] Hingegen verstößt Ziffer 19 Abs. 2 dieser Sonderbedingungen bei OGAW gegen Art. 22 Abs. 2 der OGAW-Richtlinie, welche vorsieht, dass die Auslagerung die Haftung der Depotbank unberührt lässt. Dies erfordert, dass die Depotbank nach § 278 BGB für das Verschulden des Unterverwahrers als ihres Erfüllungsgehilfen wie für eigenes Verschulden einzutreten hat; vgl. zutreffend *Köndgen* in Berger/Steck/Lübbehüsen, InvG, § 24 Rn. 13.

[254] Vgl. zum einen Abs. 13 UAbs. 2 lit. a). Hinzuweisen ist zum anderen darauf, dass Abs. 14 lediglich von den Anforderungen des Abs. 11 UAbs. 2 lit. d), nicht jedoch von lit. c) befreit.

AIFM durch **sinkende Kurse** nach dem Abhandenkommen ein (weitergehender) Schaden entsteht. Dies wird sich jedoch nicht ganz ausschließen lassen. Daher dürfte es nach hier vertretener Ansicht zulässig sein, im Falle gesunkener Kurse oder entgangener Gewinnchancen neben der Rückgabe **Ersatz des weitergehenden Schadens in Geld** zu verlangen. Dies ist auch etwa deshalb erforderlich, um Kosten der Rechtsverfolgung ersetzt zu bekommen.

452   Der Vorschrift lässt sich nicht entnehmen, ob der Depotbank oder dem AIF bzw. dem AIFM das Wahlrecht zusteht, entweder gleichartige Finanzinstrumente zurückzuerhalten oder den Wert der abhandengekommen Finanzinstrumente – wohl im Zeitpunkt des Abhandenkommens – ersetzt zu bekommen. Nach hier vertretener Ansicht sprechen gute Gründe dafür, dass es sich um ein **Wahlrecht des AIF bzw. des AIFM** handelt. Je nachdem wie sich der Kurs der Finanzinstrumente seit ihrem Abhandenkommen entwickelt, dürfte das Interesse an der Erlangung der Finanzinstrumente oder des Wertersatzes überwiegen.

453   Unklar ist nach der Vorschrift, ob der AIF bzw. AIFM auch Ersatz eines weitergehenden Schadens ersetzt verlangen kann, z. B. weil er die Finanzinstrumente vor dem Abhandenkommen verkauft hatte und nun seiner Verpflichtung zur Eigentumsverschaffung nicht (rechtzeitig) erfüllen kann. Auch einen dann vom AIF bzw. AIFM gezahlten Schadenersatz muss die Depotbank ausgleichen.

454   **2. Bei sonstigen Pflichtverletzungen.** Für sonstige Pflichtverletzungen der Depotbank oder eines Unterverwahrers, für welche die Depotbank nach § 278 BGB einzustehen hat, enthält die Richtlinie keine spezifische Regelung zum Inhalt des Schadenersatzes. Daher kommen die allgemeinen Schadenersatzregelungen (in Deutschland gemäß §§ 249 ff. BGB) zur Anwendung. Regelmäßig wird Schadenersatz in **Geld** zu leisten sein.

VII. Geltendmachung der Haftung gegenüber der Depotbank

455   **1. Einleitung.** An verschiedenen Stellen innerhalb des Art. 21 ist die Frage geregelt, wer letztlich den Schadenersatz bzw. die Rückgabe gleichartiger Finanzinstrumente gegenüber der Depotbank geltend machen kann. Die Richtlinie unterscheidet hier zwischen Schadenersatz im Falle des Abhandenkommens von Finanzinstrumenten (Abs. 12 UAbs. 2 Satz 1) und sonstigen Pflichtverletzungen (Abs. 12 UAbs. 3). In Abs. 12 UAbs. 2 Satz 1 ist allein davon die Rede, dass der AIF bzw. der für seine Rechnung handelnde AIFM den Schaden geltend machen kann. Demgegenüber spricht Abs. 12 UAbs. 3 davon, dass die Depotbank dem AIF und dessen Anlegern gegenüber für fahrlässige oder vorsätzliche sonstige Pflichtverletzungen haftet. Allein im Rahmen der sonstigen Pflichtverletzung kommt somit eine **individuelle Rechtsverfolgung der Anleger** in Betracht. Abs. 12 UAbs. 3 regelt allerdings nicht, ob Anleger – wie nach § 28 Abs. 2 Satz 2 InvG – Ersatz ihres individuellen Schadens oder nur Zahlung des Schadens des AIF (d.h. als actio pro socio) verlangen können. Diese Frage dürfte letztlich den nationalen Gesetzgebern überlassen bleiben.

456   **2. Vergleich mit der OGAW-Richtlinie und dem Investmentgesetz.** Insoweit weicht die Art. 21 AIFM-Richtlinie von der OGAW-Richtlinie und dem Investmentgesetz ab. Sowohl nach Art. 24 Abs. 1 OGAW-Richtlinie als auch nach § 28 Abs. 2 Satz 2 InvG können Anleger bei allen Arten von Pflichtverletzungen einen eigenen Schadenersatzanspruch gegen die Depotbank geltend zu machen. Hingegen ist nach Art. 21 Abs. 12 UAbs. 2 Satz 1 im Falle des Abhan-

denkommens von Finanzinstrumenten allein der AIF bzw. der AIFM zur Geltendmachung befugt.

3. Geltendmachung von Ansprüchen der Anleger durch den AIFM? (Abs. 15). Abs. 15 bestimmt, dass Ansprüche der Anleger auch von dem AIFM   457
geltend gemacht werden *können*. Unklar ist, ob damit unter bestimmten Umständen eine **zwingende Prozessstandschaft des AIFM** angeordnet wird oder ob diese lediglich neben die fortgeltende Aktivlegimitation der einzelnen Anleger tritt. Die Aktivlegitimation soll nach Abs. 15 von der Art der Rechtsbeziehungen zwischen der Depotbank, dem AIFM und den Anlegern abhängen. Aus der Formulierung *„Haftungsansprüche der AIF-Anleger können unmittelbar oder mittelbar durch den AIFM geltend gemacht werden"*, folgt, dass die Anleger Haftungsansprüche unter bestimmten Umständen auch unmittelbar geltend machen können.

Eine zwingende Prozessstandschaft des AIFM dürfte im Übrigen kaum Sinn   458
machen. Dann wären Anleger de facto rechtlos gestellt, wenn es um die Geltendmachung von Schadenersatzansprüchen im Zusammenhang mit unterlassener Kontrolle des AIFM durch die Depotbank geht. Hier müsste der AIFM bei Geltendmachung eines derartigen Schadenersatzanspruchs zugeben, selbst pflichtwidrig gehandelt zu haben.[255] Daher erscheint es jedenfalls in derartigen Fallkonstellationen notwendig, dass Anlegern ein eigenes Klagerecht zusteht. Für ein generelles eigenes Klagerecht der Anleger spricht die historische Auslegung. Anlass für die Verschärfung der Haftung der Depotbank war nicht zuletzt der Madoff-Skandal. Dieser machte – im Anwendungsbereich der OGAW-Richtlinie – offenbar, dass die Rechtsposition der Anleger unzureichend war, weil es dem nationalen Recht der Mitgliedstaaten überlassen blieb, ob Anleger eigenständig einen Schadenersatz geltend machen dürfen. So wurden Klagen von Anlegern in Luxemburg unter dem Verweis abgewiesen, dass allein die Verwaltungsgesellschaft (bzw. deren Liquidator) zur Klage befugt sei.[256] Hierfür sollte – insbesondere auf Drängen Frankreichs – im Rahmen der AIFM-Richtlinie eine angemessene Lösung gefunden werden.[257]

Abs. 15 stellt für die Frage, ob die Anleger unmittelbar Ansprüche geltend   459
machen können oder ob (auch) mittelbar der AIFM Ansprüche der Anleger geltend machen kann, darauf ab, welche Rechtsbeziehungen bestehen. Gemeint sein dürfte hiermit insbesondere, welche Rechtsstellung die Anleger innerhalb des AIF innehaben sowie wie die Rechtsbeziehung zwischen den Anlegern und dem AIFM ausgestaltet ist. Handelt es sich bei dem AIF um ein Sondervermögen oder einen sonstigen Fonds ohne eigene Rechtspersönlichkeit, so spricht Vieles dafür, dass der AIFM berechtigt sein soll, **neben** den Anlegern in Prozessstandschaft Ansprüche der Anleger geltend zu machen. Demgegenüber dürfte bei AIF mit eigener Rechtspersönlichkeit eine mittelbare Geltendmachung der Schadenersatzansprüche der Anleger durch den AIFM nicht in Betracht kommen. Insoweit ist bereits mit dem AIF ein Rechtssubjekt vorhanden, dass einen eigenen Schadenersatz geltend machen kann, sodass es einer Prozessstandschaft des AIFM nicht bedarf. Von dieser Unterscheidung geht offenbar die OGAW-Richtlinie aus, welche für Investmentgesellschaften – anders als für OGAW des Vertragstyps – gerade keine Prozessstandschaft der Verwaltungsgesellschaft vorsieht. In derartigen Fällen ist der AIF berechtigt, den ihm entstandenen Schaden geltend zu machen.

---

[255] Vgl. nur *Köndgen* in Berger/Steck/Lübbehüsen, InvG, § 28 Rn. 15.
[256] Vgl. hierzu eingehend oben unter Rn. 372 ff.
[257] Vgl. nur http://www.boerse-online.de/tools/ftd/520313.html.

Daneben sind auch die Anleger berechtigt, eigenständig ihren individuell entstandenen Schaden von der Depotbank ersetzt zu verlangen.

P. Auskunftspflichten der Depotbank gegenüber der Aufsichtsbehörde (Abs. 16)

I. Einleitung

460   Abs. 16 verpflichtet die Depotbank, auf Anfrage ihrer zuständigen Aufsichtsbehörde Informationen zur Verfügung zu stellen, welche zur **effektiven Aufsicht** über den AIFM bzw. —im Falle einer nationalen Aufsicht über den AIF – über den AIF benötigt werden. Abs. 16 ist als Ergebnis der Verhandlungen zwischen Rat, Europaparlament und Kommission in den Richtlinientext aufgenommen worden. Damit wurde den Befürchtungen einiger Mitgliedstaaten Rechnung getragen, dass das mögliche Auseinanderfallen der Aufsicht über den AIFM, den AIF und die Depotbank die effektive Aufsicht beeinträchtigen könnte. Zu einem solchen Auseinanderfallen kommt es, wenn der AIFM seinen Sitz in einem anderen (Mitglieds-) Staat hat als der AIF und die Depotbank.[258] Dies ist bei EU-AIF zum einen der Fall, wenn der EU-AIF gemäß Art. 33 Abs. 1 grenzüberschreitend von einem AIFM aus einem anderen Mitgliedstaat verwaltet wird. Zum anderen spielt dies eine Rolle bei EU-AIF, die von einem AIFM aus einem Drittstaat verwaltet werden. Für den Fall der **grenzüberschreitenden Verwaltung** sieht bereits die OGAW-Richtlinie – als Reaktion auf die Einführung des Management Company Passports durch die sog. OGAW-IV-Richtlinie – in Art. 23 Abs. 4 eine vergleichbare Auskunftspflicht vor. Hintergrund der Regelung sowohl in der OGAW- als auch in der AIFM-Richtlinie ist der Umstand, dass die Depotbank als Kontrollorgan und Treuhänder der Anleger über zahlreiche Informationen verfügt, welche für die (effektive) Aufsicht über den AIFM und ggf. den AIF bedeutsam sind. Haben der AIF, der AIFM und die Depotbank ihren Sitz in demselben (Mitglied-) Staat, so ist ein und dieselbe Aufsichtsbehörde für alle drei zuständig und hat somit – nach nationalem Recht – Zugriff auf die bei der Depotbank vorhandenen Informationen. Demgegenüber hat die Aufsichtsbehörde des AIFM im Falle einer grenzüberschreitenden Verwaltung des AIF keinen Zugriff auf die Depotbank, welche gemäß Abs. 5 lit. a) ihren Sitz im Herkunftsmitgliedstaat des EU-AIF haben muss. Abs. 16 schließt nun diese Informationslücke, indem er die Depotbank zur Auskunft gegenüber ihrer Aufsichtsbehörde verpflichtet. Diese wiederum ist nach Art. 16 Satz 2 verpflichtet, die erlangten Informationen an die Aufsichtsbehörde des AIFM weiterzugeben, damit diese sie zur Aufsicht über den AIFM nutzen kann.

II. Unterschiede zur OGAW-Richtlinie und zum Investmentgesetz

461   Abs. 16 entspricht trotz geringfügig abweichender Terminologie der Regelung des Art. 23 Abs. 4 der OGAW-Richtlinie. Allerdings fehlt in Art. 23 Abs. 4 OGAW-Richtlinie eine ausdrückliche Regelung zur Weiterleitung der von der Herkunftsbehörde der Depotbank erlangten Informationen an die Herkunftsbe-

---

[258] Hingegen muss die Depotbank nach Abs. 5 – jedenfalls bei EU-AIF – ihren Sitz im Herkunftsmitgliedstaat des AIF haben.

hörde des AIFM. Es ist jedoch auch dort davon auszugehen, dass dieser Informationsaustausch zwischen den Behörden zu erfolgen hat und der Herkunftsbehörde des AIFM nicht die Befugnis zusteht, von der in einem anderen (Mitglied-) Staat ansässigen Depotbank unmittelbar Informationen anzufordern.

III. Auf Anfrage der Herkunftsbehörde der Depotbank

Nach Abs. 16 Satz 1 ist die Depotbank nicht verpflichtet, ungefragt Auskunft **462** zu erteilen. Eine Auskunftspflicht besteht nur, wenn die **Herkunftsbehörde der Depotbank** eine entsprechende Anfrage an die Depotbank richtet; ein unmittelbares Auskunftsrecht der in einem anderen Mitgliedstaat beheimateten **Herkunftsbehörde des AIFM** besteht hingegen nicht. Die Herkunftsbehörde der Depotbank ist nicht nur berechtigt, Anfragen der Herkunftsbehörde des AIFM an die Depotbank „weiterzuleiten". Sie kann vielmehr auch ohne Veranlassung der Herkunftsbehörde des AIFM Anfragen an die Depotbank richten, etwa um eine effektive Aufsicht über den AIF sicherzustellen.

Die Anfrage kann zum einen Anlass bezogen sein und ihren Grund z. B. darin **463** haben, dass die Herkunftsbehörde des AIFM bzw. der Depotbank Informationen zur Einzelfallprüfung bestimmter Umstände (z. B. bei Verdacht von Pflichtverletzungen) benötigt. Daneben sind aber auch generelle Anfragen (z. B. in bestimmten wiederkehrenden Zeitabständen) zu bestimmten, für alle Depotbanken vorgegebenen Informationen zulässig. Zur Verwaltungsvereinfachung dürfte es zulässig sein, derartige generelle Auskunftspflichten unmittelbar im Gesetz zu verankern.

IV. Inhalt der Auskunftspflicht

Abs. 16 enthält eine sehr weite Definition derjenigen Informationen, welche **464** die Depotbank auf Anfrage ihrer Aufsichtsbehörde zur Verfügung zu stellen hat. Es handelt sich hierbei grundsätzlich um alle Informationen, welche die Depotbank in Erfüllung ihrer Aufgaben erhalten hat, sei es von dem AIFM, dem AIF oder jedem Dritten. Unter Aufgaben sind hierbei lediglich die von der AIFM-Richtlinie vorgegebenen Aufgaben zu verstehen. Hat die Depotbank darüber hinaus freiwillig weitere Aufgaben übernommen, so besteht keine Auskunftspflicht über hierbei erlangte Informationen. Keine Auskunftspflicht besteht ferner für lediglich bei Gelegenheit der Aufgabenerfüllung erlangte Informationen.

Keine nennenswerte Einschränkung erfährt die Auskunftspflicht dadurch, dass **465** es sich um Informationen handeln muss, welche die Behörde des AIFM bzw. des AIF benötigen *könnte*. Die Verwendung des Konjunktivs zeigt, dass der Behörde ein weiter Ermessensspielraum darüber eingeräumt worden ist, welche Informationen sie erfragen können soll. Die Behörde muss der Depotbank insbesondere nicht darlegen, weshalb sie die Informationen benötigt. Dies könnte unter Umständen den Zweck des Auskunftsersuchens gefährden.

Abs. 16 erhält keine Angaben darüber, ob die Depotbank über angefragte **466** mündliche bzw. i. d. R. schriftliche Angaben hinaus auch verpflichtet ist, der Behörde Unterlagen – sei es im Original oder in Kopie – zur Verfügung zu stellen. Dies dürfte zu bejahen sein, wenn deren Herausgabe für eine effektive Aufsicht benötigt wird (z. B. um einen Pflichtverstoß seitens des AIFM nachweisen oder um kontrollieren zu können, ob der AIFM seine Pflichten erfüllt hat).

V. Weiterleitung der erlangten Informationen an die Herkunftsbehörde des AIFM

467   Abs. 16 Satz 2 verpflichtet die Herkunftsbehörde der Depotbank die auf Anfrage erlangten Informationen unverzüglich an die Herkunftsbehörde des AIFM weiterzuleiten, damit diese sie im Rahmen einer effektiven Aufsicht verwenden kann. Darüber hinaus dürfte die Herkunftsbehörde der Depotbank verpflichtet sein, an sie gerichtete Anfragen der Herkunftsbehörde des AIFM unverzüglich an die Depotbank weiterzuleiten. Ferner ist sie auch verpflichtet dafür zu sorgen, dass die Depotbank Anfragen zeitnah und vollständig beantwortet.

Q. Bezüge zum KAGB-E

468   Deutschland plant, die umfangreichen Regelungen des Art. 21 AIFM-RL in einem eigenen Unterabschnitt zu den AIF-Verwahrstellen (§§ 80–90 KAGB-E) umzusetzen. Dabei ist nahezu durchgängig eine eins-zu-eins-Umsetzung geplant. Im Wesentlichen wird der Wortlaut des Art. 21 AIFM-RL übernommen. Die Kommentierung des Art. 21 AIFM-RL kann daher ohne weiteres zur Auslegung der §§ 80–90 KAGB-E herangezogen werden.

469   Hinzuweisen ist jedoch auf folgende Besonderheiten:
Der KAGB-Diskussionsentwurf vom 20.7.2012 sah nicht vor, dass Deutschland von dem in Art. 21 Abs. 3 UAbs. 2 AIFM-RL eingeräumten Wahlrecht für die besondere Art von Depotbank für geschlossene AIF Gebrauch macht. Hiervon abweichend gestattet § 80 Abs. 3 KAGB-Kabinettsentwurf dies nun.

Art. 21 Abs. 12 UAbs. 2 Satz 2 AIFM-RL spricht im Zusammenhang mit der Exculpation bei Abhandenkommen von Finanzinstrumenten von „höherer Gewalt" als Grund für die Exculpation. Demgegenüber ist in § 88 Abs. 1 KAGB-E von „äußerem Ereignis" die Rede. Deutschland lehnt sich damit an die englische Fassung der Richtlinie an, in der von „external event" die Rede ist.

Ferner enthält § 85 Abs. 5 KAGB-E zusätzliche Regelungen zur Sicherung der Unabhängigkeit der Depotbank und zur Vermeidung von Interessenkonflikten. Als Ausprägung der allgemeinen Grundsätze verbietet es § 81 Abs. 5 KAGB-E Geschäftsleitern, Prokuristen und Handlungsbevollmächtigten der Depotbank gleichzeitig als Angestellte der AIF-Kapitalverwaltungsgesellschaft tätig zu sein, und umgekehrt.

Schließlich enthalten die §§ 80 ff. KAGB-E in geringem Umfang zusätzliche Regelungen für inländische Publikums-AIF. Dies ist nach Art. 43 Abs. 1 UAbs. 2 AIFM-RL zulässig. Nach § 84 KAGB-E muss die Depotbank eines Publikums-AIF bestimmten Geschäften zustimmen. Diese Regelung wurde dem § 26 InvG nachgebildet.

Kapitel IV Transparenzanforderungen

Vorbemerkung Kapitel IV – Transparenzanforderungen

Literatur: *Beckmann/Scholtz/*Vollmer (Hrsg.), Investment – Handbuch für das gesamte Investmentwesen (2012); Berger/*Steck/Lübbehüsen* (Hrsg.), InvG/InvStG (2010); *Kramer/ Recknagel,* Die AIFM-Richtlinie – Neuer Rechtsrahmen für die Verwaltung alternativer Investmentfonds, DB 2011, 2077–2084; *Lehne,* Die AIFM-Richtlinie aus Sicht des deutschen Gesetzgebers, DB Standpunkte 2010, 81–82; *Lüßmann,* Die Richtlinie über die Verwalter alternativer Investmentfonds (AIFM) und ihre Auswirkungen auf Hedge-Fonds, DB Standpunkte 2010, 87–88; *Möllers/Harrer/Krüger,* Die Regelung von Hedgefonds und Private Equity durch die neue AIFM-Richtlinie, WM 2011, 1537–1544; *Nietsch/Graef,* Aufsicht über Hedgefonds nach dem AIFM-Richtlinienvorschlag, ZBB 2010, 12–20; *Spindler/Tancredi,* Die Richtlinie über Alternative Investmentfonds (AIFM-Richtlinie) – Teil 1, WM 2011, 1393– 1405; *Wallach,* Alternative Investment Funds Managers Directive – ein neues Kapitel des europäischen Investmentrechts, RdF 2011, 80 ff.; *Zetzsche/Eckner,* Investor Information, Disclosure and Transparency in The Alternative Investment Fund Managers Directive, 2012, S. 333–366.

A. Einleitung und Überblick über die Regelungen in Kapitel IV

Kapitel IV regelt die Transparenzanforderungen für AIFM und die von diesen 1 verwalteten AIF in einem dreigliedrigen Ansatz. Zum einen verpflichtet Art. 22 AIFM für jeden verwalteten EU-AIF und für jeden in der EU vertriebenen AIF für jedes Geschäftsjahr einen **Jahresbericht** zu erstellen und diesen sowohl den zuständigen Behörden des Herkunftsmitgliedstaates des AIFM bzw. des AIF, als auch – auf Anfrage – den Anlegern vorzulegen.

Art. 23 und 24 statuieren darüber hinaus spezifische – über den Jahresbericht 2 hinausgehende – Informationspflichten, zum einen gegenüber Anlegern, zum anderen gegenüber den zuständigen Behörden.

Hierbei handelt es sich zum einen um Informationen, die Anlegern vor einer 3 entsprechenden Anlage zur Verfügung zu stellen sind, z. B. zur Anlagestrategie, zur Organisation, der Verwahrstelle und sonstigen Dienstleistern, zum Bewertungsverfahren, zum Liquiditätsmanagement, etc. Darüber hinaus werden regelmäßige Informationspflichten gegenüber den Anlegern statuiert, die unabhängig vom Jahresbericht sind, z. B. über illiquide Vermögensgegenstände und die Liquiditätssteuerung, das aktuelle Risikoprofil, oder – soweit einschlägig – die Gesamthöhe der Hebelfinanzierung.

Zum anderen handelt es sich um regelmäßige Informationspflichten gegenüber 4 den zuständigen Behörden, z. B. betreffend die wichtigsten Märkte und Instrumente, auf bzw. mit denen der AIFM handelt, oder zu illiquiden Vermögensgegenständen und zur Liquiditätssteuerung, zum aktuellen Risikoprofil, zu den wichtigsten Kategorien von Vermögenswerten, in die investiert wurde, oder –

soweit einschlägig – zum Gesamtumfang der eingesetzten Hebelfinanzierung. Zur Überwachung von Systemrisiken können die zuständigen Behörden zudem ergänzende Informationen anfordern.

5   Die Etablierung von umfassenden und gleichzeitig engmaschigen Informations- und Offenlegungspflichten für AIFM bzw. AIF ist ein zentraler Regelungsbereich der AIFM-Richtlinie. Von politischer und aufsichtsrechtlicher Seite – nicht unbedingt von Investoren selbst – war in der Vergangenheit häufig die zum Teil unzureichende Transparenz von alternativen Investmentfonds bemängelt worden. Regelmäßig gab es zwar bei Hedgefonds, Private Equity etc. umfangreiche Prospekte und Verkaufsunterlagen für Investoren, diese waren aber häufig nicht standardisiert, zum Teil schwer verständlich und somit im Ergebnis nicht zwingend vergleichbar. Vor allem aber waren diese Unterlagen – soweit der Verwalter bzw. der verwaltete Fonds keiner Aufsicht unterlag – Aufsichtsbehörden nicht zugänglich und es bestanden häufig keine originären Informationspflichten. Eine wesentliche Zielsetzung der AIFM-Richtlinie war daher eine erhöhte und verbesserte Transparenz im Hinblick auf die Tätigkeiten von alternativen Investmentfonds und deren Verwaltern.

6   Erkennen lässt sich zudem das Bestreben des europäischen Gesetzgebers, den Anleger zum *gut informierten Anleger* zu machen, der über umfassende, relevante und aussagekräftige Informationen für seine Anlageentscheidung verfügt. Art. 103 AIFMD-DVO statuiert bspw., dass die Darstellung im Jahresbericht in einer Weise zu erfolgen hat, die relevante, zuverlässige, vergleichbare und klare Informationen liefert, die an den Bedürfnissen der Anleger im Hinblick auf den jeweiligen AIF ausgerichtet sind.

7   Wie auch in anderen Regelungsbereichen der AIFM-Richtlinie hat sich der europäische Gesetzgeber bei der Gestaltung und Formulierung der Transparenzvorschriften eng an die entsprechenden Regelungen der OGAW-Richtlinie[1] angelehnt, die z. B. zum Jahresbericht fast identisch sind. Auch Verwalter von OGAW-Fonds sind verpflichtet, für jeden verwalteten OGAW-Fonds Jahresberichte zu erstellen und diese den zuständigen Behörden zur Verfügung zu stellen[2]. Darüber hinaus gibt es weitere und spezifische Informationspflichten gegenüber den zuständigen Behörden bzw. gegenüber Anlegern[3].

8   Die Gewährleistung hinreichender Transparenz über ein Anlageprodukt ist in der Tat eines der Kernelemente jeglicher Regulierung. In der Vergangenheit wurde das Informationsbedürfnis von Investoren von alternativen Anlageprodukten über die vom Anbieter bereitgestellten Unterlagen (Verkaufsprospekte, Fondsregularien, regelmäßige Berichte etc.) und/oder über eigene Prüfungen (insbesondere Due Diligence Untersuchungen) bedient. Unter der AIFM-Richtlinie werden nunmehr in den Art. 22–24 standardisierte Informationspflichten für AIFM und deren AIF statuiert, durch die vermeintliche frühere Defizite behoben werden sollen. Ob dadurch im Ergebnis sichergestellt wird, dass Investoren oder aber auch die zuständigen Aufsichtsbehörden von jeder Art von AIFM und jeder Art von AIF, die vom Anwendungsbereich der Richtlinie erfasst werden, genau die Informationen erhalten, die für eine Anlageentscheidung bzw. eine behördliche Überwachung relevant und wichtig sind, muss aber bezweifelt werden, insbesondere mit Blick darauf, dass eine Vielzahl von unterschiedlichen AIFM bzw.

---

[1] Vgl. Art. 69 Abs. 3 OGAW-RL.
[2] Vgl. Art. 74 OGAW-RL.
[3] Vgl. Art. 75, 78, etc. OGAW-RL.

AIF erfasst werden, die zudem eine Fülle von Informationen bereitstellen, deren adäquate Aus- und Bewertung im Einzelfall und natürlich in der Gesamtheit sehr schwierig sein dürfte. Investoren ist daher weiter anzuraten, neben den zwingend aufgrund der AIFM-Richtlinie zur Verfügung zu stellenden Informationen in Eigenregie für sie darüber hinaus relevante Informationen an- und einzufordern, bspw. im Rahmen der Durchführung einer Due Diligence[4]. Derartige Due Diligence Fragebögen gehen im Umfang und im Detail deutlich über die Informationen hinaus, die im Rahmen der Art. 22–24 zur Verfügung zu stellen sind, insbesondere haben sie einen starken Fokus auf wirtschaftliche bzw. strategiebezogene Kennziffern, die für Investoren bei der Anlageentscheidung höchst bedeutsam sind, z. B. das Rendite-Risikoprofil einer Anlage, die Korrelation mit anderen Vermögensgegenständen im Portfolio etc.

Festzuhalten bleibt jedoch, dass der in den Art. 22–24 niedergelegte Ansatz zu **9** Informations- und Offenlegungspflichten von AIFM und deren AIF richtig und adäquat ist und die Transparenz von AIFM und deren AIF verbessert wird, insbesondere gegenüber der Aufsicht. Ein wesentlicher Kritikpunkt an den Aktivitäten von alternativen Investmentfonds – die unzureichende Transparenz – ist damit obsolet. Dies liegt im Interesse nicht nur der Aufsicht und von Investoren, sondern auch der Alternative Investment Branche selbst.

B. ESMA Technical Advice

Die EU-Kommission hatte im Dezember 2010 den Ausschuss der europäischen **10** Wertpapieraufsichtsbehörden CESR, die Vorgängerorganisation der ESMA, beauftragt, einen technischen Ratschlag (technical advice) mit detaillierten Durchführungsbestimmungen zu erstellen, die Bestandteil des AIFMD Rahmenwerks sein sollen. Diese Beauftragung bezog sich auf die folgenden Bereiche:
- Teil I: Allgemeine Bestimmungen, Erlaubnis- und Tätigkeitsvoraussetzungen
- Teil II: Verwahrstellen
- Teil III: Transparenzanforderungen und Hebelfinanzierung
- Teil IV: Beaufsichtigung.

Der daraufhin erarbeitete ESMA technical advice vom 16. November 2011 zu **11** möglichen Durchführungsbestimmungen zur AIFM-RL[5] enthält in Entsprechung des von der EU-Kommission erteilten Mandats in Abschnitt VIII detaillierte Vorschläge für Durchführungsbestimmungen zum Regelungskomplex Offenlegungspflichten/Transparenzanforderungen. Diese beziehen sich zum einen auf den Jahresbericht[6], zum anderen auf die Offenlegung gegenüber Anlegern vor der Anlage und nachfolgende periodische Informationspflichten[7], und schließlich auf Berichtspflichten gegenüber den zuständigen Behörden[8].

---

[4] Für Anlagen in Hedgefonds, Private Equity oder Infrastruktur haben bspw. Verbände wie der Bundesverband Alternative Investments e.V. (BAI) Due-Diligence-Fragebögen entworfen, die Investoren ermöglichen, wesentliche Informationen über Fonds und deren Verwalter abzufragen.

[5] Final report: ESMA's technical advice to the European Commission on possible implementing measures of the Alternative Investment Fund Managers Directive (ESMA/2011/379).

[6] Abschnitt VII.I. ESMA technical advice, Box 102 ff.

[7] Abschnitt VIII.II. ESMA technical advice Box 108 f.

[8] Abschnitt VIII.II. ESMA technical advice Box 110 f.

C. Die Regelungen der AIFMD-DVO

12   Die hier relevanten ESMA-Vorschläge in Box 102–111, die sich auf die unterschiedlichen Offenlegungs- bzw. Transparenzpflichten beziehen, wurden von der EU-Kommission in der AIFMD-DVO[9] nahezu wortgleich übernommen. Nicht übernommen wurde jedoch die von ESMA vorgeschlagene flexible Herangehensweise im Hinblick auf den Aspekt, unter welchen Umständen davon auszugehen ist, dass eine Hebelfinanzierung in beträchtlichem Umfang eingesetzt wird[10]. Hier statuiert die AIFMD-DVO ein starres Leverage-Ratio von 3, bei dessen Vorliegen eine Hebelfinanzierung in beträchtlichem Umfang zwingend gegeben sein soll[11].

16   Auf Basis der Ermächtigungsgrundlagen in Art. 22 Abs. 4, Art. 23 Abs. 6 sowie Art. 24 Abs. 6 und dem einschlägigen ESMA technical advice hat die Kommission nunmehr am 19.12.2012 delegierte Rechtsakte gem. Art. 56 und nach Maßgabe der Bedingungen der Art. 57 und 58 in Form einer Durchführungsverordnung zu folgenden Bereichen zu erlassen:
- Inhalt und Form des Jahresberichts
- Regelmäßige Offenlegungspflichten gegenüber Anlegern
- Informationspflichten gegenüber den zuständigen Behörden, insbesondere Festlegung des Kriteriums *Hebelfinanzierung in beträchtlichem Umfang.*

17   Die AIFMD-DVO enthält in Kapitel V (Transparenzanforderungen, Hebelfinanzierung, Vorschriften in Bezug auf Drittländer und Informationsaustausch zu potentiellen Auswirkungen der Tätigkeiten von AIFM) einschlägigen Spezifikationen, die eben nahezu inhaltsgleich an die ESMA-Vorschläge gem. technical advice anknüpfen.

18   Art. 103 AIFMD-DVO legt zunächst allgemeine Grundsätze für den Jahresbericht fest. Art. 104 AIFMD-DVO konkretisiert sodann die Inhalte und die Form der Bilanz oder der Vermögensübersicht und der Ertrags- und Aufwandsaufstellung. Art. 105 AIFMD-DVO enthält Vorgaben für den Tätigkeitsbericht. Die Kriterien für *wesentliche Änderungen,* die gesonderte bzw. zusätzliche Informationspflichten auslösen, werden in Art. 106 AIFMD-DVO statuiert. Im Hinblick auf die Offenlegung der Vergütung enthält Art. 107 AIFMD-DVO Durchführungsbestimmungen. Konkretisierungen für die allgemeine regelmäßige Offenlegung gegenüber Anlegern enthält Art. 108 AIFMD-DVO, während die entsprechende Offenlegung im Hinblick auf Hebelfinanzierung in Art. 109 AIFMD-DVO geregelt ist. Die Berichterstattung an die zuständigen Behörden wird in Art. 110 AIFMD-DVO spezifiziert. Art. 111 AIFMD-DVO enthält schließlich die Festlegung, unter welchen Umständen eine Hebelfinanzierung in *beträchtlichem Umfang* erfolgt.

---

[9] Delegierte Verordnung der Kommission vom 19.12.2012 zur Ergänzung der Richtlinie 2011/61/EU des Europäischen Parlaments und des Rates im Hinblick auf Ausnahmen, die Bedingungen für die Ausübung der Tätigkeit, Verwahrstellen, Hebelfinanzierung, Transparenz und Beaufsichtigung.
[10] Vgl. Box 111 ESMA technical advice.
[11] Weiterführend vgl. Kommentierung zu Art. 24 Abs. 4, Rn. 43.

Artikel 22 Jahresbericht / § 63 KAGB-E – Jahresbericht für EU-AIF und ausländische AIF, § 97 KAGB-E – Jahresbericht, § 98 KAGB-E – Abschlussprüfung, § 274 KAGB-E sonstige Informationspflichten

AIFM-Richtlinie	KAGB-E
Art. 22 Jahresbericht	§ 67 Jahresbericht für EU-AIF und ausländische AIF

(1) Ein AIFM legt für jeden vom ihm verwalteten EU-AIF und für jeden von ihm in der Union vertriebenen AIF für jedes Geschäftsjahr spätestens sechs Monate nach Ende des Geschäftsjahrs einen Jahresbericht vor. Dieser Jahresbericht wird den Anlegern auf Anfrage vorgelegt. Der Jahresbericht wird den zuständigen Behörden des Herkunftsmitgliedstaats des AIFM und gegebenenfalls dem Herkunftsmitgliedstaat des AIF zur Verfügung gestellt.

Ist der AIF nach der Richtlinie 2004/109/EG verpflichtet, Jahresfinanzberichte zu veröffentlichen, so sind Anlegern auf Antrag lediglich die Angaben nach Absatz 2 zusätzlich vorzulegen; die Übermittlung kann gesondert oder in Form einer Ergänzung zum Jahresfinanzbericht erfolgen. Im letzteren Fall ist der Jahresfinanzbericht spätestens vier Monate nach Ende des Geschäftsjahrs zu veröffentlichen.

(2) Der Jahresbericht muss mindestens Folgendes enthalten:

a) eine Bilanz oder eine Vermögensübersicht;

b) eine Aufstellung der Erträge und Aufwendungen des Geschäftsjahres;

c) einen Bericht über die Tätigkeiten im abgelaufenen Geschäftsjahr;

d) jede wesentliche Änderung der in Artikel 23 aufgeführten Informationen während des Geschäftsjahrs, auf das sich der Bericht bezieht;

e) die Gesamtsumme der im abgelaufenen Geschäftsjahr gezahlten Vergütungen, gegliedert in feste und

(1) Jede AIF-Kapitalverwaltungsgesellschaft ist verpflichtet, für jeden von ihr verwalteten EU-AIF und für jeden von ihr in der Europäischen Union vertriebenen EU-AIF oder ausländischen AIF für jedes Geschäftsjahr spätestens sechs Monate nach Ende des Geschäftsjahrs einen Jahresbericht gemäß Absatz 3 vorzulegen. Dieser Jahresbericht ist den Anlegern auf Anfrage vorzulegen.

(2) Ist der EU-AIF oder ausländische AIF nach der Richtlinie 2004/109/EG des Europäischen Parlaments und des Rates vom 15. Dezember 2004 zur Harmonisierung der Transparenzanforderungen in Bezug auf Informationen über Emittenten, deren Wertpapiere zum Handel auf einem geregelten Markt zugelassen sind (ABl. L 390 vom 31.12. 2004, S. 38), verpflichtet, Jahresfinanzberichte zu veröffentlichen, so sind Anlegern auf Anfrage lediglich die Angaben nach Absatz 3 Nummer 4 bis 6 zusätzlich vorzulegen. Die Vorlage kann gesondert spätestens vier Monate nach Ende des Geschäftsjahres oder in Form einer Ergänzung bei der Veröffentlichung des Jahresfinanzberichts erfolgen.

(3) Der Jahresbericht muss mindestens Folgendes enthalten:

1. eine Bilanz oder eine Vermögensübersicht;

2. eine Aufstellung der Erträge und Aufwendungen des Geschäftsjahres;

3. einen Bericht über die Tätigkeiten im abgelaufenen Geschäftsjahr;

4. jede während des abgelaufenen Geschäftsjahres eingetretene wesentli-

AIFM-Richtlinie	KAGB-E
variable vom AIFM an seine Mitarbeiter gezahlte Vergütungen, die Zahl der Begünstigten und gegebenenfalls die vom AIF gezahlten Carried Interests; f) die Gesamtsumme der gezahlten Vergütungen, aufgegliedert nach Führungskräften und Mitarbeitern des AIFM, deren Tätigkeit sich wesentlich auf das Risikoprofil des AIF auswirkt. (3) Die im Jahresbericht enthaltenen Zahlenangaben werden gemäß den Rechnungslegungsstandards des Herkunftsmitgliedstaats des AIF oder gemäß den Rechnungslegungsstandards des Drittlandes, in dem der AIF seinen Sitz hat, und gemäß den in den Vertragsbedingungen oder der Satzung des AIF festgelegten Rechnungslegungsvorschriften erstellt. Die im Jahresbericht enthaltenen Zahlenangaben werden von einer oder mehreren Personen geprüft, die gemäß der Richtlinie 2006/43/EG des Europäischen Parlaments und des Rates vom 17. Mai 2006 über Abschlussprüfungen von Jahresabschlüssen und konsolidierten Abschlüssen (1) gesetzlich zur Abschlussprüfung zugelassen sind. Der Bericht des Rechnungsprüfers einschließlich etwaiger Vorbehalte ist in jedem Jahresbericht vollständig wiederzugeben. Abweichend von Unterabsatz 2 können die Mitgliedstaats es denjenigen AIFM, die Nicht-EU-AIF verwalten, gestatten, die Jahresberichte dieser AIF einer Prüfung zu unterziehen, die den internationalen Rechnungslegungsstandards entspricht, die in dem Land gelten, in dem der AIF seinen satzungsmäßigen Sitz hat. (4) Die Kommission erlässt gemäß Artikel 56 und nach Maßgabe der Bedingungen der Artikel 57 und 58 delegierte Rechtsakte mit Vorschriften zur Festlegung von Inhalt und Form des	che Änderung hinsichtlich der nach § 307 Absatz 1 oder Absatz 2 erste Alternative in Verbindung mit § 297 Absatz 4 und § 308 Absatz 1 bis 4 zur Verfügung zu stellenden Informationen; 5. die Gesamtsumme der im abgelaufenen Geschäftsjahr gezahlten Vergütungen, gegliedert in feste und variable von der Kapitalverwaltungsgesellschaft an ihre Mitarbeiter gezahlte Vergütungen, die Zahl der Begünstigten und gegebenenfalls die vom AIF gezahlten Carried Interests; 6. die Gesamtsumme der im abgelaufenen Geschäftsjahr gezahlten Vergütungen, aufgegliedert nach Führungskräften und Mitarbeitern der Kapitalverwaltungsgesellschaft, deren Tätigkeit sich wesentlich auf das Risikoprofil des AIF auswirkt. Inhalt und Form des Jahresberichtes bestimmen sich im Übrigen nach Artikel 103 bis 107 der Verordnung (EU) Nr. ___/2013　　[Level 2-Verordnung gemäß Artikel 22 Absatz 4 der Richtlinie 2011/61/EU]. (4) Die im Jahresbericht enthaltenen Zahlenangaben werden gemäß den Rechnungslegungsstandards des Herkunftsmitgliedsstaats des AIF oder gemäß den Rechnungslegungsstandards des Drittstaates, in dem der ausländische AIF seinen Sitz hat, oder gemäß den in den Anlagebedingungen, der Satzung oder dem Gesellschaftsvertrag des AIF festgelegten Rechnungslegungsstandards erstellt. Dies gilt nicht im Fall des Absatzes 2. (5) Die im Jahresbericht enthaltenen Zahlenangaben werden von einer oder mehreren Personen geprüft, die gemäß der Richtlinie 2006/43/EG des Europäischen Parlaments und des Rates vom 17. Mai 2006 über Abschlussprüfungen von Jahresabschlüssen und konsolidierten Abschlüssen (ABl. L 157

AIFM-Richtlinie	KAGB-E
Jahresberichts. Diese Vorschriften sind der Art des AIF anzupassen, für den sie gelten.	vom 9.6.2006, S. 87) gesetzlich zur Abschlussprüfung zugelassen sind. Der Abschlussprüfer hat über die Prüfung einen Prüfungsbericht zu erstellen und das Ergebnis der Prüfung in einem Bestätigungsvermerk zusammenzufassen. Der Prüfungsbericht und der Bestätigungsvermerk des Abschlussprüfers einschließlich etwaiger Einschränkungen sind in jedem Jahresbericht vollständig wiederzugeben. Abweichend von den Sätzen 1 bis 2 können AIF-Kapitalverwaltungsgesellschaften, die ausländische AIF verwalten, die Jahresberichte dieser AIF einer Prüfung entsprechend den internationalen Prüfungsstandards unterziehen, die in dem Staat verbindlich vorgeschrieben oder zugelassen sind, in dem der ausländische AIF seinen satzungsmäßigen Sitz hat.

§ 101 Abs. 3
Jahresbericht

(3) Der Jahresbericht eines AIF muss zusätzlich folgende Angaben enthalten:

1. die Gesamtsumme der im abgelaufenen Geschäftsjahr gezahlten Vergütungen, gegliedert in feste und variable von der Kapitalverwaltungsgesellschaft an ihre Mitarbeiter gezahlte Vergütungen, die Zahl der Begünstigten und gegebenenfalls vom inländischen AIF gezahlten Carried Interest;

2. die Gesamtsumme der im abgelaufenen Geschäftsjahr gezahlten Vergütungen, aufgeteilt nach Führungskräften und Mitarbeitern der Kapitalverwaltungsgesellschaft, deren berufliche Tätigkeit sich wesentlich auf das Risikoprofil des inländischen AIF ausgewirkt hat;

3. bei Publikumssondervermögen jede während des abgelaufenen Geschäftsjahres eingetretene wesentliche Änderung der im Verkaufsprospekt aufgeführten Informatio-

AIFM-Richtlinie	KAGB-E
	nen und bei Spezialsondervermögen jede während des abgelaufenen Geschäftsjahres eingetretene wesentliche Änderung hinsichtlich der nach § 307 Absatz 1 oder Absatz 2 erste Alternative in Verbindung mit § 298 Absatz 4 und § 308 Absatz 4 zur Verfügung zu stellenden Informationen.

Die näheren Anforderungen zum Inhalt und Form des Jahresberichts bestimmen sich für AIF nach Artikel 103 bis 107 der Verordnung (EU) Nr. __/ 2013 (Level 2-Verordnung gemäß Artikel 22 Absatz 4 der Richtlinie 2011/ 61/EU).

§ 102
Abschlussprüfung

Der Jahresbericht des Sondervermögens ist durch einen Abschlussprüfer zu prüfen. Der Abschlussprüfer wird von den Gesellschaftern der Kapitalverwaltungsgesellschaft gewählt und im Fall einer Gesellschaft mit beschränkter Haftung von den Geschäftsführern, im Falle einer Aktiengesellschaft von den gesetzlichen Vertretern, bei Zuständigkeit des Aufsichtsrats von diesem beauftragt; § 318 Absatz 2 Satz 2 4 und 5 des Handelsgesetzbuchs bleibt unberührt. § 318 Absatz 3 bis 8 sowie die §§ 319, 319b und 323 des Handelsgesetzbuchs gelten entsprechend. Das Ergebnis der Prüfung hat der Abschlussprüfer in einem besonderen Vermerk zusammenzufassen; der Vermerk ist in vollem Wortlaut im Jahresbericht wiederzugeben. Bei der Prüfung hat der Abschlussprüfer auch festzustellen, ob bei der Verwaltung des Sondervermögens die Vorschriften dieses Gesetzes sowie die Bestimmungen der Anlagebedingungen beachtet worden sind. Der Abschlussprüfer hat den Bericht über die Prüfung des Publikumssondervermögens unverzüglich nach Beendigung der Prüfung der Bundesanstalt einzureichen, der Bericht

AIFM-Richtlinie	KAGB-E
	über die Prüfung des Spezialsonderver-mögens ist der Bundesanstalt auf Verlangen einzureichen.

§ 308
Sonstige Informationspflichten

Die EU-AIF-Verwaltungsgesellschaft und die ausländische AIF-Verwaltungsgesellschaft haben den semi-professionellen und den professionellen Anlegern eines EU-AIF oder ausländischen AIF im Geltungsbereich dieses Gesetzes spätestens sechs Monate nach Ende eines jeden Geschäftsjahres auf Verlangen den geprüften und testierten Jahresbericht nach Artikel 22 der Richtlinie 2011/61/EU zur Verfügung zu stellen.

(2) Der Jahresbericht muss folgende Angaben enthalten
1. eine Vermögensaufstellung,
2. eine Aufwands- und Ertragsrechnung,
3. ein Bericht über die Tätigkeiten der AIF-Verwaltungsgesellschaft im vergangenen Geschäftsjahr,
4. die in § 299 Absatz 1 Nummer 3 Satz 1 Buchstaben e bis h genannten Angaben.

§ 299 Absatz 1 Nummer 3 Satz 2 gilt entsprechend.

(3) Ist der AIF nach der Richtlinie 2004/109/EG verpflichtet, Jahresfinanzberichte zu veröffentlichen, so sind dem Anleger auf Verlangen die Angaben nach Absatz 2 gesondert oder in Form einer Ergänzung auf Verlangen zum Jahresfinanzbericht zur Verfügung zu stellen. In letzterem Fall ist der Jahresfinanzbericht spätestens vier Monate nach Ende des Geschäftsjahres zu veröffentlichen.

(4) Die AIF-Verwaltungsgesellschaft informiert die Anleger unverzüglich über alle Änderungen, die sich in Bezug auf die Haftung der Verwahrstelle ergeben. Zudem gilt § 300 Absatz 1 bis 3 entsprechend.

Literatur: S. Literaturübersicht Vorbemerkung Kapitel IV.

Übersicht

A. Einleitung und Grundlagen

Vgl. zunächst Vorbemerkung Kapitel IV. **1**

Im Kontext der Transparenzvorschriften gem. Kapitel IV hat der Jahresbericht, **2**
den ein AIFM gem. Art. 22 Abs. 1 Satz 1 für jeden verwalteten EU-AIF und für
jeden in der EU vertriebenen AIF für jedes Geschäftsjahr zu erstellen hat, zentrale
Bedeutung. Der Jahresbericht ist das zentrale Basisinformationsmedium zwischen
AIFM auf der einen Seite und Anlegern sowie zuständigen Behörden auf der
anderen Seite.[1]

Anlegern dient der Jahresbericht in erster Linie als Hilfestellung bei der Anlage- **3**
entscheidung und der periodischen Kontrolle der Aktivitäten und Ergebnisse des
AIF. Für diese sind klare, verlässliche und verständliche Information elementar,
auch um eine Vergleichbarkeit der Aktivitäten von AIFMs bzw. AIFs herzustellen,
auch über verschiedene Zeitperioden hinweg. Mit Blick darauf soll der Jahresbericht möglichst umfassend, wahrheitsgemäß und zeitnah die wesentlichen Daten
und Aktivitäten in Bezug auf den AIF wiedergeben.

Für die zuständigen Behörden ist der Jahresbericht Ausgangspunkt für die auf- **4**
sichtsrechtliche Prüfung der Anlagetätigkeit und die Einhaltung der gesetzlichen,
untergesetzlichen, aber auch in den Vertragsbedingungen niedergelegten Vorgaben und Grenzen[2]. Ebenso geht es um eine Überprüfung der Angemessenheit
der Bewertung der Vermögenswerte. Besonders hervorzuheben ist in diesem
Zusammenhang auch die – grenzüberschreitende – Identifizierung und Überwachung etwaiger Systemrisiken, die ggf. aus den Aktivitäten eines oder mehrerer
AIFM resultieren können.

Für diese Zwecke ist es erforderlich, dass gesetzliche Mindestangaben für den **5**
Jahresbericht vorgegeben werden, durch die die Tätigkeiten im Allgemeinen wie
auch die Vermögens-, Finanz- und Ertragslage in Bezug auf den jeweiligen AIF
im Besonderen klar und umfassend dargestellt werden, die auch eine Marktaufsicht
in qualitativer Hinsicht erlauben, insbesondere ob die jeweils für den AIF getätigten Geschäfte im Interesse der Anleger sind und z. B. Marktintegritätsstandards

---

[1] Eine darüber hinausgehende Publizität sieht die AIFM-RL nicht vor; anders aber das
KAGB, welches in § 103 KAGB-E eine Veröffentlichung im Bundesanzeiger vorsieht, einem
Informationsmedium, was grds. jedermann zur Verfügung steht.

[2] Vgl. zum Jahresbericht nach InvG *Beckmann* in B/S/V § 44 Rn. 2.

erfüllen. Entsprechende Vorgaben enthält Abs. 2, die jedoch nicht abschließend sind, sondern ggf. zu ergänzen sind. Durch diese Standardisierung wird zugleich eine Vergleichbarkeit der Tätigkeiten und Ergebnisse von anderen AIFs herbeigeführt, was sowohl für Anleger, als auch für die zuständigen Behörden von erheblicher Bedeutung ist.

6   Um die Richtigkeit der Angaben im Jahresbericht, insbesondere in Bezug auf die Rechnungslegung, sicherzustellen, normiert Abs. 3 zum einen, dass einschlägige Rechnungslegungsstandards einzuhalten sind, zum anderen, dass die entsprechenden Zahlenangaben von einem Abschlussprüfer zu prüfen sind.

7   Abs. 4 schließlich enthält die Ermächtigung an die Kommission, Ausführungsbestimmungen (delegierte Rechtsakte) zur Festlegung von Inhalt und Form des Jahresberichts zu erlassen. Von dieser Ermächtigung hat die Kommission durch die AIFMD-DVO gebrauch gemacht.

8   Die Regelungen zum Jahresbericht in Art. 22 orientieren sich im Grundsatz an den einschlägigen Vorschriften für den Jahresbericht von OGAW-Fonds[3], gehen darüber teilweise sogar hinaus, z. B. im Hinblick auf die Darstellungen zur Vergütung[4], die in der OGAW-RL derzeit noch nicht vorgesehen ist.

B. Sachlicher und persönlicher Anwendungsbereich

9   Art. 22 regelt zunächst die Grundlagen der Berichterstattung für AIFs. Für *jeden* von einem AIFM verwalteten EU-AIF und für *jeden* in der EU vertriebenen AIF[5] ist für jedes Geschäftsjahr ein Jahresbericht zu erstellen. Dieser ist sowohl den zuständigen Behörden des Herkunftmitgliedstaates des AIFM bzw. des AIF, als auch – auf Anfrage – den Anlegern vorzulegen. Die Verantwortung für die Berichterstattung nebst Folgepflichten obliegt dabei dem AIFM.

10   Darüber hinaus regelt Art. 22 die Grundlagen sowohl der Rechnungslegung, als auch der Prüfung der im Jahresbericht enthaltenen Zahlenangaben und statuiert, dass die in Einklang mit einschlägigen Rechnungslegungsstandards erstellen Zahlenangaben von einem Abschlussprüfer zu prüfen sind. Über diese Prüfung ist ein Bericht zu erstellen, der wiederum selbst im Jahresbericht wiederzugeben ist.

C. Pflicht zur Erstellung des Jahresberichts (Abs. 1)

I. Zeitpunkt der Erstellung des Jahresberichts

11   Der AIFM hat gem. Abs. 1 S. 1 für die jeweils erfassten AIF für jedes Geschäftsjahr einen Jahresbericht zu erstellen, und zwar spätestens sechs Monate nach Ende des Geschäftsjahres. Die Mitgliedstaaten können im Grundsatz eine kürzere Veröffentlichungsfrist vorsehen. Der KAGB-E übernimmt aber sachgerechter Weise diese Frist[6].

---

[3] Vgl. zum Inhalt des Jahresberichts Art. 69 Abs. 3 OGAW-RL, zur Prüfung der Zahlenangaben durch einen Abschlussprüfer Art. 73 OGAW-RL.

[4] Abs. 2e) und f).

[5] Also nicht für von einem AIFM in einem Drittstaat verwalteten AIF, der nicht in der EU vertrieben wird.

[6] Vgl. § 97 Abs. 1 S. 1, 2. Alt.

II. Vorlage und Zurverfügungstellung des Jahresberichts

Gem. Abs. 1 S. 2 ist der Jahresbericht den Anlegern lediglich *auf Anfrage* vorzu- **12** legen. Es gibt somit keine Verpflichtung für den AIFM, den Jahresbericht den Anlegern unaufgefordert zur Verfügung zu stellen. M.a.W. nur wenn Anleger explizit nach dem Jahresbericht nachfragen, ist der AIFM verpflichtet, diesen vorzulegen. Im Regelfall ist aber davon auszugehen, dass ein AIFM seinen Anlegern den Jahresbericht auch unaufgefordert zur Verfügung stellen wird.

Den zuständigen Behörden des Herkunftsstaates des AIFM ist der Jahresbericht **13** hingegen nach Abs. 1 S. 3, 1. Halbs. zwingend zur Verfügung zu stellen, den zuständigen Behörden des Herkunftsstaates des AIF ist der Jahresbericht Abs. 1 S. 3, 2. Halbs. „gegebenenfalls" zur Verfügung zu stellen. Letztere Regelung ist zunächst unklar. Richtigerweise dürfte sie aber dahingehend auszulegen sein, dass der Jahresbericht dann der zuständigen Behörde des Herkunftsstaates des AIFs zur Verfügung zu stellen ist, wenn diese eine andere als die zuständige Behörde des Herkunftsstaates des AIFM ist, also in Fällen in denen es zu einer grenzüberschreitenden Verwaltung von AIF kommt. Denn hier ist es erforderlich, dass neben der für den AIFM zuständigen Behörde auch die zuständige Behörde im Herkunftsstaat des AIF die einschlägigen Informationen über den AIF enthält.

III. Besonderheiten für AIF, die Jahresfinanzberichte veröffentlichen

Besonderheiten gelten für AIF, die bereits nach der Richtlinie 2004/109/EG **14** (Transparenz-RL) verpflichtet sind Jahresfinanzberichte zu veröffentlichen, also AIF, die als Emittent i. S. d. Transparenz-RL qualifizieren und deren Wertpapiere zum Handel an einem geregelten Markt zugelassen sind[7]. Diese haben gem. Abs. 1 S. 4 keinen – zusätzlichen – Jahresbericht nach Art. 22 zu erstellen, sondern Anlegern – auf Antrag – lediglich die in Abs. 2 aufgeführten Angaben vorzulegen. Dies kann entweder in Form einer Ergänzung zum Jahresfinanzbericht erfolgen, oder durch eine gesonderte Information. Gem. Abs. 1 S. 5 ist im ersten Fall, also der Ergänzung zum Jahresfinanzbericht, der Jahresbericht spätestens vier Monate nach Ende des Geschäftsjahrs zu veröffentlichen. Bei der sonstigen Mitteilung der entsprechenden Angaben dürfte es mangels anderweitiger Regelung bei der Frist gem. Abs. 1 S. 1 bleiben.

IV. Zusammenfassung von Jahresberichten

Werden von einem AIFM mehrere AIF verwaltet, stellt sich die Frage, ob die **15** einzelnen Jahresberichte, die gem. Abs. 1 für jeden AIF zu erstellen sind, in einem einheitlichen Dokument zusammengefasst werden können. Eine solche Praxis ist im Rahmen der Erstellung von Jahresberichten unter dem InvG bzw. der OGAW-RL zulässig, soweit neben dem für alle Investmentvermögen geltenden Textteil eine getrennte Darstellung für die spezifischen Inhalte der einzelnen Investmentvermögen erfolgt[8]. Eine solche Verfahrensweise bietet sich auch für AIFs an, die von einem gemeinsamen AIFM verwaltet werden.

---

[7] Es handelt sich hierbei um juristische Person des privaten oder öffentlichen Rechts, einschließlich eines Staates, deren Wertpapiere zum Handel an einem geregelten Markt zugelassen sind, wobei im Falle von Zertifikaten, die Wertpapiere vertreten, als Emittent der Emittent der vertretenen Wertpapiere gilt, vgl. Art. 4 i. V. m. Art. 1d) Transparenz-RL.

[8] Vgl. z. B. *Beckmann* in B/S/V § 44 InvG Rn. 6.

D. Inhalt des Jahresberichts (Abs. 2)

16   Den Mindestinhalt des Jahresberichts regelt Abs. 2. Dieser orientiert sich im Grundsatz an der entsprechenden Regelung der OGAW-Richtlinie in Art. 69 Abs. 3 zur Bilanz, Ertrags- und Aufwandsrechnung sowie zum Tätigkeitsbericht. Über die Anforderungen gem. OAGW-RL geht die AIFM-RL jedoch insoweit hinaus und schreibt zusätzlich Angaben zu Vergütungen vor[9].

17   Die Mindestangaben gem. Abs. 2 werden durch Art. 103 ff. AIFMD-Durchführungs-VO konkretisiert, wobei Art. 103 zunächst statuiert, dass die Darstellung im Jahresbericht in einer Weise zu erfolgen hat, die relevante, zuverlässige, vergleichbare und klare Informationen liefert, die an den Bedürfnissen der Anleger im Hinblick auf den jeweiligen AIF ausgerichtet sind.

18   Folgende zwingenden Bestandteile hat der Jahresbericht zu enthalten, die zum Teil an die Vorgaben für Informationen in Jahresberichten von OGAW-Fonds gem. Anhang I, Schema B der OGAW-RL angelehnt sind, im Detail aber deutlich darüber hinaus gehen:

I. Bilanz oder Vermögensübersicht (Buchstabe a)

19   Zentraler Bestandteil des Jahresberichts ist die Bilanz bzw. Vermögensübersicht. Diese Begrifflichkeiten orientieren sich an der Organisationsform des AIF und den einschlägigen Rechnungslegungsvorschriften. Ein AIF in der Vertragsform hat eine Vermögensübersicht zu erstellen, während ein AIF in der Satzungsform entsprechend der handelsrechtlichen Terminologie für Kapitalgesellschaften eine Bilanz zu erstellen hat. Die Bilanz oder Vermögensübersicht eines AIF ist die Gegenüberstellung der Aktiva und Passiva bzw. der Vermögensgegenstände und Verbindlichkeiten des Fonds.

20   Art. 104 Abs. 1 AIFMD-DVO konkretisiert den Mindestinhalt und Format dieser Bestandteile des Jahresberichts wie folgt:

(a) „Vermögenswerte": in der Verfügungsmacht des AIF stehende Ressourcen, die ein Ergebnis von Ereignissen der Vergangenheit darstellen und von denen erwartet wird, dass dem AIF aus ihnen künftiger wirtschaftlicher Nutzen zufließt. Vermögenswerte werden in folgende Einzelposten unterteilt:

    (i)   „Anlagen", darunter u. a. Schuldverschreibungen, Eigenkapitaltitel, Immobilien und Finanzderivate;

    (ii) „Barmittel und Barmitteläquivalente", darunter u. a. verfügbare Barmittel, Sichteinlagen und infrage kommende kurzfristige liquide Anlagen;

    (iii) „Forderungen", darunter u. a. Forderungen in Bezug auf Dividenden und Zinsen, verkaufte Anlagen, fällige Beträge von Brokern und „Vorauszahlungen", darunter u. a. Beträge im Zusammenhang mit Aufwendungen des AIF, die im Voraus bezahlt wurden;

(b) „Verbindlichkeiten": gegenwärtige Verpflichtungen des AIF, die aus Ereignissen der Vergangenheit entstehen und von deren Erfüllung ein Abfluss von Ressourcen mit wirtschaftlichem Nutzen aus dem AIF zu erwarten ist. Verbindlichkeiten werden in folgende Einzelposten unterteilt:

    (i)   „zahlbare Beträge", darunter u. a. zahlbare Beträge in Bezug auf den Erwerb von Anlagen oder die Rücknahme von Anteilen des AIF, an Broker zahlbare Beträge und „Aufwandsabgrenzungen", darunter u. a.

---

[9] Anderseits weicht die AIFM-RL aber auch von den Regelungen der OGAW-RL ab, da sie z. B. keinen Halbjahresbericht für AIFs fordert.

Verbindlichkeiten in Bezug auf Entgelte für Verwaltung und Beratung, Erfolgsprämien, Zinsen und andere im Rahmen der Tätigkeit des AIF anfallende Aufwendungen;

(ii) „Kredite", darunter u. a. an Banken und Gegenparteien zahlbare Beträge;

(iii) „sonstige Verbindlichkeiten", darunter u. a. bei Rückgabe geliehener Wertpapiere an Gegenparteien zahlbare Beträge in Bezug auf Sicherheiten, passivische Abgrenzungsposten und zahlbare Dividenden und Ausschüttungen;

(c) „Nettoinventar": Residualanspruch an den Vermögenswerten des AIF nach Abzug aller dazugehörigen Verbindlichkeiten.

Die AIFMD-DVO legt in Art. 104 Abs. 3 diesbezüglich weiter fest, dass die **21** Darstellung, Nomenklatur und Terminologie der Einzelposten (line items) den anzuwendenden Rechnungslegungsstandards bzw. den vom AIF bestimmten Regeln zu entsprechen haben und im Einklang mit den gesetzlichen Standards am Sitz des AIF stehen müssen. Zu diesem Zwecke können die Einzelposten auch abgeändert oder erweitert werden. Maßgeblich ist in diesem Zusammenhang im Herkunftsmitgliedstaat des AIF geltende Standard, insbesondere im Hinblick auf die Rechnungslegung[10].

Aber auch darüber hinaus sind gem. Art. 104 Abs. 4 der AIFMD-DVO zusätzli- **22** che Einzelposten, Überschriften und Zwischensummen (subtotals) zulässig, wenn dies für das Verständnis von finanziellen Positionen in der Bilanz oder der Vermögensaufstellung erforderlich ist. Auch im Anhang (notes) zum Jahresbericht können entsprechende Beschreibungen und Spezifizierungen erfolgen.

Art. 104 Abs. 5 AIFMD-DVO bestimmt weiter, dass ähnliche Positionen nach **23** Hauptgruppen aufzugliedern sind; Einzelpositionen, die jedoch eine Hauptgruppe darstellen, sind auch einzeln auszuweisen[11].

Die Darstellung und Klassifizierung der Positionen in der Bilanz bzw. der **24** Vermögensaufstellung ist gem. Art. 104 Abs. 6 AIFMD-DVO von einer Berichtsbzw. Prüfungsperiode zur nächsten grundsätzlich beizubehalten, es sei denn eine andere Darstellung oder Klassifizierung ist sachdienlicher. Mit Blick auf diese Systematik ist davon auszugehen, dass ein Wechsel der Darstellung und Klassifizierung grundsätzlich im Ermessen des AIFM steht, dieser aber den Wechsel zu begründen hat.

II. Aufstellung der Erträge und Aufwendungen des Geschäftsjahres (Buchstabe b)

Weiterer wesentlicher Bestandteil des Jahresberichts ist die Ertrags- und Auf- **25** wandsrechnung. Mit dieser soll vor allem den Anlegern eine Übersicht über die im Geschäftsjahr erzielten Erträge aus den Vermögensanlagen und den Aufwendungen, die mit der Verwaltung dieser Anlagen verbunden sind, zur Verfügung gestellt werden. Die Ertrags- und Aufwandsrechnung ist zwar nicht mit der handelsrechtlichen Gewinn- und Verlustrechnung identisch, sie geht aber über die reine Ausschüttungsrechnung, die für OGAW-Fonds gilt, hinaus, denn sie gibt nicht nur realisierte, sondern auch unrealisierte Gewinne und Verluste wieder[12].

---

[10] In Deutschland insoweit der HGB-Rechnungslegungsstandard gem. §§ 242 ff. HGB.

[11] Die Parameter, nach denen sich ergibt, was als Hauptgruppe anzusehen ist und was nicht, ergibt sich dabei aus dem relevanten nationalen Rechnungslegungsstandard.

[12] Bei OGAW-Fonds schlagen sich nicht realisierte Gewinne bzw. Verluste im jeweils aktuellen Kurswert der Anteile am Fonds wieder.

26   Art. 104 Abs. 2 AIFMD-DVO konkretisiert den Inhalt und Format der Mindestbestandteile der Ertrags- und Aufwandsrechnung wie folgt:

(a) E„Erträge": jede Zunahme des wirtschaftlichen Nutzens in der Bilanzierungsperiode in Form von Zuflüssen oder Erhöhungen von Vermögenswerten oder einer Abnahme von Verbindlichkeiten, die zu einer Erhöhung des Nettoinventars führen, welche nicht auf eine Einlage der Anleger zurückzuführen ist. Erträge werden in folgende Einzelposten unterteilt:

    (i) „Anlageerträge": Anlageerträge können wie folgt unterteilt werden:
- „Dividendenerträge" in Bezug auf Dividenden aus Kapitalbeteiligungen, auf die der AIF Anspruch hat;
- „Zinserträge" in Bezug auf Zinsen aus Schuldverschreibungen und Barmittelanlagen, auf die der AIF Anspruch hat;
- „Mieterträge" in Bezug auf Mieterträge aus Immobilienanlagen, auf die der AIF Anspruch hat;

    (ii) „realisierte Anlagegewinne": Gewinne aus der Veräußerung von Kapitalanlagen;

    (iii) „nichtrealisierte Anlagegewinne": Gewinne aus der Neubewertung von Kapitalanlagen;

    (iv) „sonstige Erträge", darunter u. a. Erträge aus Entgelten für geliehene Wertpapiere und verschiedenen Quellen.

(b) „Aufwendungen": jede Abnahme des wirtschaftlichen Nutzens in der Bilanzierungsperiode in Form von Abflüssen oder Verminderungen von Vermögenswerten oder einer Erhöhung von Verbindlichkeiten, die zu einer Abnahme des Nettoinventars führen, welche nicht auf Ausschüttungen an Anleger zurückzuführen ist. Aufwendungen werden in folgende Einzelposten unterteilt:
- ‚Entgelte für Anlageberatung oder Anlageverwaltung": vertraglich festgelegte Vergütungen für den Berater oder den AIFM;
- „sonstige Aufwendungen", darunter u. a. Verwaltungsentgelte, Vergütungen, Verwahrentgelte und Zinsen. Ihrer Beschaffenheit nach wesentliche Einzelposten werden getrennt ausgewiesen;
- „realisierte Anlageverluste": Verluste aus der Veräußerung von Kapitalanlagen;
- „nichtrealisierte Anlageverluste": Verluste aus der Neubewertung von Kapitalanlagen;

(c) „Nettoertrag oder Nettoaufwand": positiver oder negativer Saldo von Erträgen gegenüber Aufwendungen.

27   Diesbezüglich gelten die für die Bilanz bzw. die Vermögensübersicht maßgeblichen Konkretisierungen und Grundsätze nach Art. 104 Abs. 3–5 AIFMD-DVO im Hinblick auf die Darstellung, Nomenklatur, Terminologie, Gliederungspunkte, Hauptkategorien, etc. auch für die Ertrags- und Aufwandsrechnung[13].

28   Art. 104 Abs. 7 AIFMD-DVO enthält darüber hinaus schließlich die Vorgabe für das Ertrags- und Aufwandskonto im Berichtsformular[14] gem. Anhang IV der AIFMD-DVO, dass alle Erträge und Aufwendungen in der zugrunde liegenden Periode in diesem Konto aufzuführen sind, soweit der maßgebliche Rechnungslegungsstandard keine anderweitigen Vorgaben enthält.

---

[13] Vgl. oben Rn. 21 ff.
[14] Hinweis: ein entsprechendes Feld findet sich im Berichtsformular nicht.

III. Bericht über die Tätigkeiten im abgelaufenen Geschäftsjahr (Buchstabe c)

Weiterer Kernbestandteil des Jahresberichts ist schließlich der Tätigkeitsbericht, **29** der die Tätigkeit des AIFM für den verwalteten AIF in der Berichtsperiode darstellt. Der Jahresbericht besteht also nicht nur aus Zahlenangaben, sondern enthält auch Darstellungen und Erläuterungen über die Tätigkeiten des AIFM im Berichtsjahr.

Auch dieser Berichtsteil ist für (Erst-) Anleger von zentraler Bedeutung. Alle **30** für sie relevanten Informationen in Bezug auf die Verwaltungstätigkeit und die daraus resultierenden Ergebnisse sind im Tätigkeitsbericht aufzunehmen. Dabei hat der Tätigkeitsbericht abschließenden Informationscharakter. D.h. der Tätigkeitsbericht muss aus sich heraus verständlich und abschließend sein. Durch Verweise etc. auf andere Dokumente darf die Verständlichkeit des Tätigkeitsberichts nicht vermindert werden.

Der Tätigkeitsbericht soll im Ergebnis eine wahrheitsgetreue und ausgewogene **31** Beschreibung der Tätigkeit des AIFs enthalten, die u.a. die Anlagen, Hauptrisiken, oder ökonomische Unsicherheiten/Unwägbarkeiten wiedergibt[15]. Dabei hat der AIFM einen Gestaltungsspielraum, wie der Tätigkeitsbericht abgefasst wird. Er hat aber sämtliche Vorgänge zu umfassen, deren Kenntnis für die Anleger von Bedeutung ist. Wichtig ist in diesem Zusammenhang hervorzuheben, dass proprietäre Informationen nicht dargelegt werden müssen[16], soweit dies nachteilig für den AIF und die Investoren ist. In derartigen Fällen können Information aggregiert bzw. zusammengefasst werden. Dieser Grundsatz gilt auch für Informationen, die z. B. ein einzelnes Portfoliounternehmen betreffen. Wie in der Praxis zu bestimmen ist, welche Informationen bzw. welche Arten von Informationen als proprietär einzustufen sind, und welche nicht, wird durch die DVO nicht konkretisiert. Eine Typisierung dürfte eher schwierig sein, so dass ein AIFM jeweils im Einzelfall zu entscheiden hat, welche Informationen er als proprietär einstuft. Auch hier kommt dem AIFM im Grundsatz ein eigenverantwortlicher Ermessensspielraum zu, der aber mit den legitimen Interessen der Anleger an einer vollständigen und wahrheitsgetreuen Berichterstattung in Einklang zu bringen ist.

Art. 105 AIFMD-DVO konkretisiert Inhalt und Darstellung des Tätigkeitsbe- **32** richts wie folgt:

(a) eine Übersicht über die Anlagegeschäfte während des Jahres oder des Berichtszeitraums und eine Übersicht über das Portfolio des AIF am Ende des Jahres oder des Berichtszeitraums;

(b) eine Übersicht über die Wertentwicklung des AIF während des Jahres oder des Berichtszeitraums;

(c) nachstehend definierte wesentliche Änderungen der in Artikel 23 der Richtlinie 2011/61/EU genannten Informationen, die in den Abschlüssen nicht bereits enthalten sind.

Im Rahmen des Berichts über die Aktivitäten gem. a) dürfte für die Anleger **33** regelmäßig von Interesse sein, wie sich die in den Anlagebedingungen niedergelegte Anlagestrategie in der Zusammensetzung des AIF-Portfolios wiederspiegelt, in wie weit etwaige Anlage- oder Leveragegrenzen eingehalten wurden, oder ob und in welchem Umfang Vorgänge oder Ereignisse (wertmindernden) Einfluss

---

[15] Vgl. Erwägungsgrund 127 AIFMD-DVO.
[16] Vgl. Erwägungsgrund 127 AIFMD-DVO.

auf Vermögensgegenstände haben, wie z. B. Absatzschwierigkeiten bei einem Portfoliounternehmen, Leerstände bei Portfolioimmobilien, oder ein Preiseinbruch bei Rohstoffen, zu denen das AIF-Portfolio ein Exposure hat. Ergänzt wird diese Darstellung durch einen Überblick über die Portfoliozusammensetzung zum Ende des Berichtsjahres bzw. der Berichtsperiode, die einen Vergleich des Portfolios zum Vorjahr erlauben soll.

34 Neben diesen Bestandteilen hat der Tätigkeitsbericht gem. b) auch eine Darstellung der Entwicklung (performance) des AIF zu enthalten. Damit dürfte in Anlehnung an den Jahresbericht eines OGAW eine Darstellung u.a. über ausgeschüttete und wiederangelegte Erträge, Erhöhungen und Verminderungen des AIF durch getätigte Transaktionen, Mehr- oder Minderwerte bei den ausgewiesenen Vermögensgegenständen sowie Angaben über Mittelzu- und -abflüsse bei Anteilverkäufen und Anteilrücknahmen gemeint sein, auch wenn dies in der AIFMD-DVO nicht weiter konkretisiert wird. Eine solche Darstellung ist jedoch erforderlich, um für die Anleger nachvollziehbar zu machen, inwieweit die Anlagepolitik und -tätigkeit die Entwicklung des Vermögens des AIF beeinflusst hat.

IV. Jede wesentliche Änderung der in Artikel 23 aufgeführten Informationen während des Geschäftsjahrs, auf das sich der Bericht bezieht (Buchstabe d)

35 Zusätzlich zu den vorgenannten finanziellen und aktivitätsbezogenen Bestandteilen hat der Jahresbericht über jede wesentliche Änderung (material change) zu berichten, die Informationen betrifft, die Anlegern gem. Art. 23 offen zu legen ist, bzw. über die diese zu unterrichten sind. Art. 23 enthält einen umfassenden Katalog an Informationspflichten gegenüber Anlegern vor und während der Dauer der Anlage[17]. Diese Informationspflichten sind grundsätzlich eigenständig und daher nicht Bestandteil des Jahresberichts. Eine Verknüpfung besteht jedoch dahingehend, aber auch nur beschränkt darauf, dass im Jahresbericht über wesentliche Änderungen im Hinblick auf diese Informationen zu berichten ist. Dadurch soll gewährleistet werden, dass Anleger nach Anteilserwerb über Änderungen wesentlicher Umstände, die möglicherweise für die Anlageentscheidung relevant waren, informiert werden.

36 Entsprechend der Ermächtigung in Abs. 4 enthält die AIFMD-DVO in Art. 106 Vorgaben, anhand welcher Kriterien zunächst zu evaluieren ist, ob eine Änderung wesentlich ist, oder nicht, und wie diese Information sodann offenzulegen ist.

37 Gem. Art. 106 Abs. 1 DVO wird eine Änderung im Hinblick auf die entsprechenden Informationen dann als wesentlich angesehen, sofern
- eine erhebliche Wahrscheinlichkeit (substantial likelihood) gegeben ist,
- dass ein verständiger (reasonable) Anleger
- nach Kenntniserlangung die Anlage überdenkt,
- unter anderem (including) weil diese Information die Möglichkeit, seine Rechte in Bezug auf die Anlage auszuüben, beeinträchtigt, oder in anderer Weise geeignet ist, das Interesse von einem oder mehreren Anlegern des AIF zu beeinträchtigen.

---

[17] Vgl. im Einzelnen Kommentierung zu Art. 23.

Hiernach hat also der AIFM einen mehrschichtigen Evaluierungsprozess vorzu- **38**
nehmen, und zwar aus Sicht eines verständigen Anlegers. Bereits dieses Tatbestandsmerkmal ist höchst problematisch, da die Sichtweise der Anleger zu Änderungen bei den jeweiligen informationspflichten Umständen sehr stark divergieren
kann.

Ausgangspunkt des Evaluierungsprozesses ist jedoch zunächst, ob die Änderung **39**
bei einem informationspflichtigen Merkmal „Ausübungsrechte" in Bezug auf die
Anlage beeinträchtigt, oder in anderer Weise geeignet ist, das Interesse von einem
oder mehreren Anlegern des AIF zu beeinträchtigen.

Im Hinblick sowohl auf Vielfalt, als auch Unterschiedlichkeit und Wertigkeit **40**
der in Art. 23 genannten Informationen ist die in Art. 106 Abs. 1 AIFMD-DVO
vorgegebene Herangehensweise auch in dieser Hinsicht nicht unproblematisch,
dürfte doch im Grundsatz bei zahlreichen Änderungen bei den Art. 23 genannten Informationen eine Beeinträchtigung der Anleger in irgendeiner Form nicht
auszuschließen sein. Diese wiederum dürfte in einer Vielzahl von Fällen auch
geeignet sein einzelne Anleger zu einem Überdenken ihrer Anlage zu bewegen.
Zudem steht zu befürchten, dass sich Anleger im Zweifel darauf berufen werden,
dass eine Änderung, die nicht im Jahresbericht aufgenommen wurde, für sie
jedenfalls relevant gewesen wäre. Das Kriterium „erhebliche Wahrscheinlichkeit"
hilft somit auch nur sehr begrenzt weiter. Es ist daher zu erwarten, dass AIFM
im Zweifel versuchen werden, die erforderlichen Informationen so allgemein wie
möglich zu formulieren, so dass nicht jede Änderung der Merkmale nach Art. 23
Informationspflichten im Jahresbericht auslöst und diesen als Folge unangemessen
überfrachtet.

Weiter wird deutlich, dass der Zusatz in Art. 106 Abs. 1 AIFMD-DVO, dass **41**
im Rahmen der Evaluierung zu berücksichtigen ist, ob die Möglichkeit des Anlegers, seine Rechte in Bezug auf die Anlage auszuüben, betroffen ist, nur bedingt
weiterhilft, da es sich lediglich um ein Beispielsszenario handelt (including), d.h.
auch wenn eine solche Betroffenheit nicht gegeben ist, kann es sich um eine
wesentliche Änderung handeln. Eine Beeinträchtigung entsprechender Rechte –
z. B. im Hinblick auf die Rückgabe der Anteile, Gewinnbeteiligungen, odgl. –
dürfte ohnehin eher die Ausnahme, als die Regel sein, so dass auch dieses Merkmal
wenig zur Konkretisierung bzw. Einschränkung beiträgt.

Eine allgemeine und pauschale Bestimmung, welche Änderung im Hinblick **42**
auf die die jeweiligen Informationen als wesentlich anzusehen ist und was nicht,
dürfte jedenfalls mit der in Art. 106 Abs. 1 AIFMD-DVO dargelegten Herangehensweise nicht möglich sein, wie die nachfolgenden Beispiele verdeutlichen
sollen.

Als Leitgedanke für den Evaluierungsprozesses könnte ggf. mitherangezogen **43**
werden, dass eine Änderung zumindest dann als wesentlich angesehen werden
könnte, wenn damit gleichzeitig auch eine Anzeige- bzw. Genehmigungspflicht
ggü. bzw. durch die zuständige Aufsichtsbehörde ausgelöst wird, z. B. im Rahmen
der Mitteilungspflicht nach Art. 10[18]. Diese Einschätzung dürfte jedenfalls indizielle Wirkung haben.

Um seiner Informationspflicht gem. Abs. 2d) nachzukommen hat ein AIFM **44**
gem. Art. 106 Abs. 2 AIFMD-DVO jedenfalls etwaige Änderungen im Hinblick
auf diese Informationen während des gesamten Geschäftsjahres fortlaufend zu
beobachten und entsprechend im Rahmen des Jahresberichts darzulegen.

---

[18] Vgl. zu den Einzelheiten Kommentierung dort.

45   Soweit es sich um Informationen handelt, die nach den einschlägigen Rechnungslegungsstandards darzustellen sind, statuiert Art. 106 Abs. 3 AIFMD-DVO, dass auch etwaige Änderungen in Einklang mit den Anforderungen der Rechnungslegungsstandards und den Regeln, die der AIF festgelegt hat, offenzulegen sind; gleichzeitig sind etwaige oder zu erwartenden Auswirkungen auf den AIF und – soweit relevant (as the case may be) – auf Anleger des AIF offenzulegen. Soweit Darstellungen gem. den Vorgaben der Rechnungslegungsstandards und Regeln nicht zur adäquaten Information der Anleger über Auswirkungen der Änderungen ausreichen, bestimmt Art. 106 Abs. 3 AIFMD-DVO weiter, dass unter diesen Umständen zusätzliche Darstellungen zu machen sind.

46   Gem. Art. 106 Abs. 4 AIFMD-DVO ist schließlich in den Fällen, in denen Informationspflichten nach Art. 106 Abs. 1 AIFMD-DVO nicht von den auf den AIF anwendbaren Rechnungslegungsstandards und Regelungen erfasst sind, eine eigene Darstellung der wesentlichen Änderungen zu erstellen ist, aus der sich auch etwaige oder zu erwartende Auswirkungen auf den AIF und, soweit relevant, auf Anleger des AIF zu ergeben haben.

47   Diese abstrakte Bewertung zeigt bereits, dass eine große Rechtsunsicherheit – sowohl für AIFM, wie auch für Anleger – bestehen wird, ob eine Änderung in den jeweiligen Bereichen als wesentlich anzusehen ist, oder eben nicht. Verdeutlicht wird dies durch nachfolgende Beispiele zu den in Art. 23 genannten Merkmalen.

48   **1. zu Art. 23 Abs. 1a) – Anlagestrategie, etc.** Ein Wechsel der ursprünglichen Anlagestrategie zu einer grundsätzlich anderen Anlagestrategie (z. B. von einer Hedgefondsstrategie zu einer Private Equity Strategie) dürfte als wesentliche und damit informationspflichtige Änderung anzusehen sein. Problematisch dürfte aber die Beurteilung sein, wenn es „nur" einen *Styledrift* zu einer vergleichbaren Strategie gibt (z. B. von Anlagesegment mid cap zum Anlagesegment small cap, oder innerhalb einer „Event Driven" Strategie von einem Subsegment zu einem anderen), oder innerhalb der kommunizierten Anlagestrategie – z. B. Emerging-Markets – eine weitere Region hinzugenommen wird oder wegfällt. Für den einen Anleger mag dies irrelevant sein, eben weil es ihm um den Anlageschwerpunkt Aktien oder die Strategie Emerging-Markets oder Event Driven im Allgemeinen geht, während es einem anderen Anleger genau um ein spezifisches Aktiensegment oder Land oder eine spezifische Region geht, in die er (nicht) investieren möchte.

49   Schon dieses Beispiel macht deutlich, dass es eben keinen *objektiven* Maßstab gibt, der bei der Beurteilung herangezogen werden kann, sondern dass es sich häufig um die individuellen Zielsetzungen einzelner Anleger handelt. Der AIFM wird aber nur in den seltensten Fällen über einschlägige Informationen der einzelnen Anleger verfügen, so dass er nur mutmaßen kann, ob Anleger bei dieser oder jener Änderung ihre Anlage ernsthaft überdenken.

50   Auch der Sitz eines etwaigen Masterfonds oder von Zielfonds, in die investiert wird, dürfte für einen Teil der Anleger von größerer Relevanz, für andere hingegen von untergeordneter Relevanz, so dass etwaige Änderungen nicht zwingend als wesentlich und somit informationspflichtig anzusehen sind.

51   Gleiches gilt für den Umstand, dass ein AIFM die Hebelfinanzierung für einen AIF um bspw. 5 oder 10% erhöhen oder reduzieren möchte bzw. die Art der Hebelfinanzierung (Derivateeinsatz statt ausschließlich Kreditaufnahme oder Wertpapierleihgeschäfte) ändern möchte. Hier kann durchaus argumentiert werden, dass weder eine Erhöhung bzw. Reduzierung der Hebelfinanzierung um 5, noch um 10% wesentlich im engeren Sinne ist; genau so kann aber argumentiert werden, dass dem Einsatz von Hebelfinanzierung innerhalb der AIFM-RL ein so hoher Stellenwert beigemessen wird, dass jede Änderung in der Höhe, aber auch bei der Herkunft der Hebelfinanzierung als eine wesentliche Änderung angesehen werden könnte. Eine solche Sichtweise dürfte aber zu weitgehend sein.

Die Entscheidung, ob und in welchem Umfang Leerverkäufe (Short Selling) **52** durchgeführt werden, dürfte im Grundsatz als wesentlich und damit informationspflichtig anzusehen sein, ändert sich doch durch deren Durchführung bzw. durch die Abstandnahme von Leerverkäufen das Risikoprofil eines AIF. Aber auch hier ist eine pauschale Beurteilung fragwürdig und es wird auf die Einzelfallumstände ankommen, denn Art und Umfang der Leerverkäufe bestimmen letztendlich das Risikoprofil, so dass eher geringfügige Änderungen nicht per se als wesentlich angesehen werden sollten.

2. zu Art. 23 Abs. 1 b) – Verfahren zur Änderung von Anlagestrate- **53** **gie/-politik.** In diesem Zusammenhang ist eine Verlagerung der Zustimmung zur Änderung der Anlagestrategie bzw. Anlagepolitik auf ein anderes Gremium (z. B. vom Aufsichtsrat auf den Anlegerausschuss) denkbar. Für manche Anleger mag es irrelevant sein, ob und welches Gremium – z. B. Aufsichtsrat – einer solchen Änderung zustimmt, während es für andere Anleger von großer Bedeutung ist, dass die Anleger (z. B. Anlegerausschuss) etwaigen Änderungen zustimmen. Gleiches gilt für das Verfahren, welches in diesem Zusammenhang einzuhalten ist. Gegenüber Änderungen der Anlagestrategie/-politik selbst sollten Änderungen des Verfahrens grundsätzlich aber von nachgeordneter Relevanz sein, so dass Änderungen im Zweifel nicht als wesentlich anzusehen sind.

3. zu Art. 23 Abs. 1c) – rechtliche Auswirkungen von Vertragsbezie- **54** **hungen.** Änderungen in diesem Bereich dürften in der Regel nicht als wesentlich angesehen werden, da rechtliche Auswirkungen von Vertragsbeziehungen (z. B. der Gerichtsstand) für verständige Anleger kein maßgeblicher Grund für die Anlageentscheidung sein dürften, insbesondere, da die AIFM-RL einen strengen und engmaschigen Aufsichtsrahmen für die Vielzahl etwaiger Vertragsbeziehungen schafft, der ein Höchstmaß an Anlegerschutz sicherstellen soll.

4. zu Art. 23 Abs. 1d) – Identität AIFM, Verwahrstelle, Rechnungsprü- **55** **fer, etc..** Hier dürfte fraglich sein, ob jede Änderung der Verwahrstelle oder des Rechnungsprüfers als wesentliche Änderung anzusehen ist. Denn auch bei einem Wechsel muss die Verwahrstelle oder der Rechnungsprüfer die Anforderungen der RL erfüllen, so dass man eine Informationspflicht nach Art. 22 Abs. 2d) im Jahresbericht in den Regeln verneinen kann. Gleiches gilt natürlich für den AIFM; hier dürfte sich aber der Anleger in der Regel bewusst für den Verwalter entschieden haben, so dass eine Änderung des AIFM für ihn eine wesentliche Änderung darstellt, die im Jahresbericht anzeigepflichtig ist. Fraglich wiederum dürfte die Anzeigepflicht bei Änderungen im Management des AIFMs – also z. B. der Wechsel einer einzelnen für die Anlageentscheidung verantwortlichen Person – sein, wobei auch dieser Umstand für einzelne Anleger von besonderer Bedeutung sein kann. Hier wird man aber auch eher im Ausnahmefall obligatorische Informationspflichten annehmen können.

56 **5. zu Art. 23 Abs. 1e) – Berufshaftungsrisiken.** Hier dürfte es in der Regel irrelevant aus Anlegersicht sein, ob der AIFM zur Abdeckung potentieller Berufshaftungsrisiken zusätzliche Eigenmittel vorhält oder eine Berufshaftpflichtversicherung abschließt.

57 **6. zu Art. 23 Abs. 1f) – Auslagerung der Verwaltungs- bzw. Verwahrfunktionen.** Änderungen in diesen Bereichen können für Anleger durchaus von Interesse sein. Für manche Anleger dürfte die Übertragung der Verwaltungsfunktion (erstmalig, oder von einem Auslagerungsunternehmen auf ein anderes) auch eine wesentliche Änderung darstellen, während diese für andere Anleger eher irrelevant ist, da für sie die Identität bzw. Kontinuität des AIFM maßgeblich sind, insbesondere, da die Letztverantwortung auch im Falle einer Auslagerung beim AIFM verbleibt. Gleiches gilt für die Auslagerung der Verwahrfunktion. Vor diesem Hintergrund sollten Änderungen in diesen Bereichen nicht per se als wesentliche Änderung angesehen werden, zumal die Ausübung von Anlegerrechten nicht betroffen sein sollte. Anders dürfte die Sachlage zu beurteilen sein, wenn mit der Auslagerung der Verwahrfunktion auch eine Änderung des Haftungsregimes einhergeht.

58 **7. zu Art. 23 Abs. 1g) – Bewertungsverfahren, etc.** Das Bewertungsverfahren des AIF und die Kalkulationsmethoden für die Bewertung von Vermögenswerten sind zwar auch aus Anlegersicht von maßgeblicher Bedeutung, fraglich ist aber dennoch, ob eine Änderung in dieser Hinsicht Anleger dazu bewegt ihre Anlage zu überdenken. Denn die Bewertung unterliegt nach Art. 19 strengen Grundsätzen im Hinblick auf Ordnungsgemäßheit und Unabhängigkeit. Vor diesen Hintergrund kann und darf ein Anleger darauf vertrauen, dass das Bewertungsverfahren auch bei etwaigen Änderungen ordnungsgemäß und unabhängig funktioniert. Insofern dürfte eine Änderung in diesem Bereich nicht zwingend als wesentlich angesehen werden. Wenn jedoch damit eine signifikante Änderung der Bewertungs- oder Kalkulationsergebnisse einhergeht, ist dieser Aspekt anders zu beurteilen.

59 **8. zu Art. 23 Abs. 1h) – Liquiditätsrisikomanagement und Rücknahmerechte.** An das Liquiditätsrisikomanagement werden gem. Art. 16 hohe Anforderungen gestellt, auf deren Einhaltung und Überwachung Anleger vertrauen können und dürfen. Vor diesem Hintergrund dürften Änderungen im Liquiditätsrisikomanagement nicht zwingend dazu führen, dass Anleger ihre Anlage überdenken, so dass auch hier Änderungen nicht per se als wesentlich anzusehen sind. Soweit es in diesem Kontext jedoch auch zu einer Änderung der Rücknahmerechte kommt, kann diese Änderung zu einer anders gelagerten Betroffenheit der Anleger kommen, die diese insbesondere auch dazu veranlasst, die Anlage zu überdenken. In dieser Konstellation ist auch der in Art. 106 Abs. 1 AIFMD-DVO exemplarisch genannte Fall, dass Anlegerrechte im Zusammenhang mit der Anlage betroffen sind, erfüllt, weil sich hier nämlich etwaige Rückgaberecht für den Anleger nachteilig verändern können. Aber auch hier stellt sich die Frage, ob jede nachteilige Veränderung von Rückgaberechten schon als wesentliche Änderung anzusehen ist, z. B. ein quartalsweises statt monatliches Rückgaberecht.

9. zu Art. 23 Abs. 1i) – Entgelte, Gebühren, sonstiger Kosten. Nicht 60
jede Änderung von Entgelten, Gebühren, oder sonstigen Kosten, die sich zu
Lasten der Anleger auswirkt, lässt einen verständigen Anleger seine Anlage überdenken. Hier kann keine pauschale Bestimmung, ob etwaige Änderungen als
wesentlich anzusehen sind, vorgenommen werden.

10. zu Art. 23 Abs. 1j) – faire Behandlung der Anleger, etc. Auch hier ist 61
es wichtig für Anleger zu wissen, dass alle Anleger grundsätzlich gleich behandelt
werden, und sofern einzelne Anleger eine Vorzugsbehandlung erhalten, dass
diese offengelegt und erläutert werden. Insofern kann eine Änderung dieser
Umstände geeignet sein, verständige Anleger zu einem Überdenken ihre Anlage
zu bewegen.

11. zu Art. 23 Abs. 1k) – Jahresbericht. Hier stellt sich die Frage, ob mit 62
dem Verweis auf den Jahresbericht gemeint ist, dass in einem Jahresbericht auf
Änderungen gegenüber dem Vorjahresbericht ebenfalls hinzuweisen ist, sofern
diese wesentlich sind.

Dies würde in der Praxis jedoch bedeuten, dass jeder Jahresbericht mit dem 63
Vorjahresbericht abzugleichen wäre und auf vermeintlich wesentliche Änderungen – z. B. in der Bilanz bzw. Vermögensübersicht, in der Ertrags- und Aufwandsrechnung, im Tätigkeitsbericht, etc. – gesondert hinzuweisen wäre. Dies
ist jedoch abzulehnen, da der Jahresbericht an sich bereits eine Darstellung der
Tätigkeiten und Ergebnisse von Anfang bis Ende des Geschäftsjahres wiedergibt,
die aus der Natur der Sache nicht vollständig identisch mit den Tätigkeiten
und Ergebnissen des Vorjahres sind, so dass eine gesonderte Berichterstattung
redundant wäre.

12. zu Art. 23 Abs. 1l) – Ausgabe und Verkauf von Anteilen. Im Allge- 64
meinen sollten Änderungen dieser Umstände auch nicht als wesentliche Änderungen anzusehen sein, da hier in erster Linie technische Regelungen erfasst
sein sollten. Unter Umständen, wenn damit eben eine Beeinträchtigung der
Recht in Bezug zur Anlage verbunden ist, z. B. wenn dadurch der Verkauf oder
die Übertragung von Anteilen an Dritte eingeschränkt oder ausgeschlossen wird,
könnte eine solche Beeinträchtigung vorliegen, so dass auch die Änderung als
wesentlich anzusehen ist und somit ein Informationspflicht auslöst.

**13. zu Art. 23 Abs. 1m) – Nettoinventarwert oder Marktpreis der 65
Anteile.** Dieser Verweis erscheint redundant. Denn entsprechende Änderungen
des Nettoinventarwerts oder des Marktpreises werden in der Bilanz bzw. Vermögensübersicht bereits dargestellt.

14. zu Art. 23 Abs. 1n) – bisherige Wertentwicklung. Auch dieser Ver- 66
weis erscheint redundant. Änderungen in der Wertentwicklung sind in der Bilanz
bzw. Vermögensübersicht ohnehin darzustellen.

15. zu Art. 23 Abs. 1o) – Primebroker. Hier dürften die zur Verwahrstelle 67
unter Buchstabe d) gemachten Ausführungen entsprechend gelten.

16. zu Art. 23 Abs. 1p) – Offenlegung von Informationen. Eine Ände- 68
rung der Art und Weise und des Zeitpunktes der Offenlegung von Informationen
dürfte aus Anlegersicht nicht als wesentliche Änderung anzusehen sein, da ein
verständiger Anleger bei einer etwaigen Änderung nicht seine Anlage überdenkt.
Aus Sicht eines AIFM dürfte es aber ohnehin angeraten sein, Anleger über etwaige

Änderungen in diesem Bereich zu unterrichten. Diese Information kann aber durchaus auch außerhalb des Jahresberichts erfolgen.

69   **17. zu Art. 23 Abs. 2 – Haftungsfreistellung der Verwahrstelle.** Korrespondierend zu den Ausführungen zu Buchstabe f) ist eine Änderung im Hinblick auf die Haftung der Verwahrstelle im Zweifel als wesentlich anzusehen.

70   **18. zu Art. 23 Abs. 4 und 5 – regelmäßige Informations- und Offenlegungspflichten.** Änderungen bei Umständen bzw. Merkmalen, über die gem. Abs. 4 regelmäßig zu berichten ist (schwer liquidierbare Assets, neue Regelungen zur Steuerung der Liquidität, Risikoprofil, etc.) bzw. die gem. Abs. 5 regelmäßig offenzulegen sind (Gesamthöhe und maximaler Umfang der Hebelfinanzierung, Wiederverwendung von Sicherheiten, etc.) dürften regelmäßig als wesentlich anzusehen sein.

V. Die Gesamtsumme der im abgelaufenen Geschäftsjahr gezahlten Vergütungen, gegliedert in feste und variable vom AIFM an seine Mitarbeiter gezahlte Vergütungen, die Zahl der Begünstigten und gegebenenfalls die vom AIF gezahlten Carried Interests (Buchstabe e)

71   Abweichend von der OGAW-Richtlinie hat der Jahresbericht eines AIF umfangreiche Informationen zu im Geschäftsjahr gezahlten Vergütungen zu enthalten, und zwar gegliedert in feste und variable Vergütungen, die Zahl der Begünstigten und – soweit einschlägig – gezahlten Carried Interests.

72   Die Vergütungspraxis von Hedgefonds und Private Equity haben in der Vergangenheit wiederholt Anlass zur Kritik gegeben. Bemängelt wurde zum Teil deren Intransparenz, zum anderen der Umstand, dass diese unter Umständen Fehlanreize setzte, die zum Eingehen übermäßiger Risiken verleitete. Die G-20 Regierungschefs beschlossen daher auf dem Gipfel in Pittsburgh am 24. und 25. September 2009 die Einführung von Vergütungssystemen, die an eine langfristige Wertschöpfung gekoppelt sind. Ausfluss dieses Beschlusses waren Vorschläge für die Vergütungspraxis von Finanzinstitutionen (Grundsatzpapier), welches dann in abgewandelter Form zunächst für den Bankensektor und mit Verabschiedung der AIFM-Richtlinie nun auch für den Fondssektor übernommen wurde[19]. Entsprechend zur Bestimmung der Vergütungspolitik und -praxis durch den AIFM nach Art. 13 Abs. 1 Satz 2 statuiert Abs. 2 (e) die Offenlegung der Gesamtvergütung im Jahresbericht.

73   Art. 107 Abs. 1 AIFMD-DVO statuiert hierzu, dass diese Darstellung zum einen die Gesamtvergütung für sämtliche Mitarbeiter des AIFM zu enthalten hat, wobei die genaue Anzahl der Mitarbeiter zu nennen ist (Buchstabe a)), zum anderen hat die Darstellung die Gesamtvergütung aller Mitarbeiter zu enthalten, die vollumfänglich oder teilweise in die Aktivitäten des AIF einbezogen sind (Buchstabe b)), wobei auch hier die genaue Anzahl der Mitarbeiter zu nennen ist. Schließlich ist gem. Buchstabe c) aufzuschlüsseln, welcher Anteil an der Gesamtvergütung des AIFM dem AIF zuzuordnen ist, wobei auch hier die genaue Anzahl der Mitarbeiter zu nennen ist.

---

[19] Vgl. hierzu Kommentierung zu Art. 13 und Anhang B.

In Wiederholung der Regelung gem. Art. 22 Abs. 1e) wiederholt Art. 107 **74**
Abs. 2 AIFMD-DVO sodann, dass auch ein etwaig vom AIF gezahlter Carried
Interest aufzuführen ist.

Art. 107 Abs. 3 konkretisiert weiter, dass Vergütungsinformationen, die auf **75**
Ebene des AIFM bereit gestellt werden, nach den einzelnen AIF aufzuschlüsseln
ist und wie dieser Verteilungsschlüssel berechnet wurde.

Zur Beurteilung des Vergütungssystems schreibt Art. 107 Abs. 4 schließlich **76**
vor, dass ein AIFM allgemeine Informationen zu finanziellen, wie auch nicht-
finanziellen Kriterien bereit zu stellen hat, die für die jeweiligen Mitarbeitergruppen gelten und aus denen ersichtlich ist, welche Arten von Anreizen (Incentives)
diesen offeriert werden. In diesem Zusammenhang verweist die DVO auf
Anhang II der AIFM-RL und wesentliche Informationen für die Risikobeurtei-
lung des AIFs und einschlägige Maßnahmen zur Vermeidung bzw. zur Handhabung von Interessenkonflikten.

Im Ergebnis sind also die Informationen zur Vergütung auf AIFM-Ebene um **77**
Informationen auf AIF-Ebene zu ergänzen und es ist darauf hinzuweisen, ob sich
die Vergütung auf den AIFM oder den AIF bezieht[20]. Anleger haben somit einen
Überblick über die Anzahl der AIFs, die vom AIFM verwaltet werden und wie
sich die Gesamtvergütung über diese verteilt. Durch die entsprechenden Informationen zu finanziellen und nicht-finanziellen Kriterien im Rahmen der Vergütungspolitik erhalten Investoren zudem einen Überblick, welche Anreize Mitarbeitern im Rahmen ihrer Tätigkeit offeriert werden.

VI. Die Gesamtsumme der gezahlten Vergütungen, aufgeglie-
dert nach Führungskräften und Mitarbeitern des AIFM,
deren Tätigkeit sich wesentlich auf das Risikoprofil des AIF
auswirkt (Buchstabe f)

Die gem. Abs. 2e) und den dazu ergangenen Durchführungsbestimmungen im **78**
Jahresbericht aufzunehmenden Informationen zur Vergütung sind gem. Abs. 2f)
dahingehend weiter zu spezifizieren, dass eine Aufgliederung nach Führungskräf-
ten und Mitarbeitern, deren Tätigkeit sich wesentlich auf das Risikoprofil des
AIF auswirkt, zu erfolgen hat. Wann sich dabei eine Tätigkeit wesentlich auf das
Risikoprofil des AIF auswirkt, lässt sich nicht pauschal beantworten. Dazu zählen
dürften jedenfalls die Mitarbeiter, die für die Anlageentscheidung verantwortlich
zeichnen, wie auch die Mitarbeiter, die das Risikomanagement verantworten.
Auch verantwortliche Mitarbeiter des Risikocontrollings dürften hierzu zählen.
Bei weiteren Mitarbeitern hängt es von dem organisatorischen Aufbau des AIFM
ab.

VII. Zusätzliche Angaben und Informationen im Jahresbericht

Da es sich bei den in Abs. 2 aufgeführten Bestandteilen um Mindestangaben **79**
handelt, kann ein AIFM darüber hinaus zusätzliche Angaben und Informationen
in den Jahresbericht aufnehmen. Denkbar sind hier z. B. Informationen über
einen Aufsichts- oder Beirat, Anlage- und Sachverständigenausschüsse, die Depotbank und einen Prime Broker, zur Aussetzung oder der Beschränkung sowie
einer Wiederaufnahme der Rücknahme von Anteilen.

---

[20] Vgl.Erwägungsgrund 128 AIFMD-DVO.

E. Anwendung von Rechnungslegungsstandards auf Zahlenangaben im Jahresbericht und deren Prüfung durch einen Abschlussprüfer (Abs. 3)

I. Anwendung von Rechnungslegungsstandards auf Zahlenangaben im Jahresbericht

80   Zahlenangaben im Jahresbericht eines AIF unterliegen gem. Abs. 3 einem zweistufigen Rechnungslegungsansatz. Zum einen gelten für diese die Rechnungslegungsstandards des Herkunftsmitgliedstaats des AIF bzw. die Rechnungslegungsstandards des Drittlandes, in dem der AIF seinen Sitz hat. Zum anderen gelten die in den Vertragsbedingungen oder der Satzung des AIF festgelegten Rechnungslegungsvorschriften. Aufgrund der Verknüpfung „und" zwischen diesen beiden Ansätzen wird deutlich, dass diese nicht nebeneinanderstehen, sondern sich ergänzen. Vorrang haben dabei die Rechnungslegungsstandards des Herkunftsmitgliedstaates bzw. des Drittlandes vor den Rechnungslegungsvorschriften in den Vertragsbedingungen oder der Satzung.

81   Eine Entsprechungsvorschrift in der OGAW-Richtlinie, die die Anwendung bestimmter Rechnungslegungsstandards vorschreibt, gab es bisher nicht (prüfen). Hier gelten die jeweiligen nationalen Regelungen.

82   Im Ergebnis erscheint es zwar richtig, dass die Richtlinie die Geltung der im Herkunftsstaat geltenden Rechnungslegungsstandards vorschreibt, solange es jedoch europaweit keine einheitliche Anwendung von Rechnungslegungsstandards auf vergleichbare AIF gibt, bleibt es also beim Ansatz der OGAW-Richtlinie, der diesen Bereich den Mitgliedstaaten überlässt. Für Anleger bedeutet dies wiederum eine u.U. nur eingeschränkte Vergleichbarkeit von AIF aus unterschiedlichen Mitgliedstaaten im Hinblick auf die Zahlenangaben.

83   Da die Ermächtigungsgrundlage gem. Abs. 4 sich lediglich auf Inhalt und Form des Jahresberichts bezieht und nicht auf die Rechnungslegungsstandard und die Prüfung der Zahlenangaben, enthält die AIFMD-DVO keine Konkretisierungen in diesem Bereich.

II. Prüfung von Zahlenangaben im Jahresbericht durch einen Abschlussprüfer

84   Für die im Jahresbericht enthaltenen Zahlenangaben statuiert Unterabsatz 2 Satz 1 die Prüfung durch eine oder mehrere Personen, die gemäß der Richtlinie 2006/43/EG des Europäischen Parlaments und des Rates vom 17. Mai 2006 über Abschlussprüfungen von Jahresabschlüssen und konsolidierten Abschlüssen gesetzlich zur Abschlussprüfung zugelassen sind. Auch diese Vorgabe findet sich bereits in der OGAW-Richtlinie und wurde nunmehr für die Jahresberichte von AIF übernommen.

85   Anders als die OGAW-Richtlinie, die vorgibt, dass der Bestätigungsvermerk des Prüfers nebst etwaigen Einschränkungen im Jahresbericht vollständig wiederzugeben ist, statuiert Unterabsatz 2 Satz 2, dass der (gesamte) Bericht des Rechnungsprüfers einschließlich etwaiger Vorbehalte in jedem Jahresbericht vollständig wiederzugeben ist. In dieser Hinsicht enthält die AIFM-Richtlinie also eine erhebliche Erweiterung der Informationsoffenlegung im Jahresbericht.

86   Für AIFM, die Nicht-EU-AIF verwalten, ist es nach Unterabsatz 3 den Mitgliedstaaten gestattet, abweichend von Unterabsatz 2 die Jahresberichte dieser AIF

einer Prüfung zu unterziehen, die den internationalen Rechnungslegungsstandards entspricht, die in dem Land gelten, in dem der AIF seinen satzungsmäßigen Sitz hat. (warum „satzungsmäßig"? nur für AIF in Satzungsform?) Da die Ermächtigungsgrundlage gem. Abs. 4 sich lediglich auf Inhalt und Form **87** des Jahresberichts bezieht und nicht auf die Rechnungslegungsstandard und die Prüfung der Zahlenangaben, enthält die AIFMD-DVO keine Konkretisierungen in diesem Bereich.

F. Durchführungsbestimmungen der Kommission zum Jahresbericht (Abs. 4)

Abs. 4 enthält schließlich die Ermächtigung an die EU–Kommission, durch **88** delegierte Rechtsakte gemäß Artikel 56 und nach Maßgabe der Bedingungen der Artikel 57 und 58 Vorschriften zur Festlegung von Inhalt und Form des Jahresberichts zu erlassen. Gem. Abs. 4 Satz 2 sind dabei die Vorschriften je nach Art des AIFM anzupassen.

Von dieser Ermächtigung hat die EU–Kommission mit der AIFMD-DVO **89** Gebrauch gemacht. Die einschlägigen Durchführungsbestimmungen finden sich dort in Kapital V (Transparenzanforderungen, Hebelfinanzierung, Regelungen zu Drittstaaten und Austausch von Informationen zu möglichen Auswirkungen der AIFM-Aktivitäten). Die spezifischen Durchführungsbestimmungen finden sich in Art. 103 bis 107 AIFMD-DVO[21].

G. KAGB-E

Seine Umsetzung im KAGB findet Art. 22 im Wesentlichen in § 67 bzw. in **90** § 308 i. V. m. § 299 Abs. 1 Nr. 3 S. 1e) bis h) sowie S. 2. § 67 enthält die Pflicht für AIF-Kapitalverwaltungsgesellschaften für jeden von ihr verwalteten EU–AIF und für jeden von ihr in der Europäischen Union vertriebenen AIF oder ausländischen AIF für jedes Geschäftsjahr spätestens sechs Monate nach Ende des Geschäftsjahres einen Jahresbericht zu erstellen. § 67 spezifiziert weiter – korrespondierend zu Art. 22 die Mindestinhalte des Jahresberichts, die Vorgaben zu Rechnungslegungsstandards sowie die Pflicht' zur Prüfung der im Jahresbericht enthaltenen Zahlenangaben. § 308 enthält die Pflicht semi-professionellen und professionellen Anlegern eines EU–AIF oder ausländischen AIF im Geltungsbereich des KAGB spätestens sechs Monate nach Ende eines jeden Geschäftsjahres auf Verlangen den geprüften und testierten Jahresbericht nach Art. 22 AIFM-RL zur Verfügung zu stellen.

Ergänzende bzw. konkretisierende Regelungen zum Jahresbericht und zur **91** Offenlegung im Allgemeinen bzw. im Speziellen in Abhängigkeit von der Organisationsform finden sich z. B. in § 107[22], §§ 120 ff.[23], § 148 i. V. m. §§ 120 ff.[24], §§ 135 ff.[25], §§ 158 ff.[26]

---

[21] Zu den Inhalten dieser Durchführungsbestimmungen wird auf die Kommentierung zu Abs. 1 und 2 verwiesen, dort wurden diese bereits berücksichtigt.

[22] Veröffentlichungspflichten.

[23] Besonderheiten für InvAGen mit veränderlichem Kapital.

[24] Besonderheiten für InvAGen mit fixem Kapital.

[25] Besonderheiten für offene InvKGen.

[26] Besonderheiten für geschlossene InvKGen.

92   Die einschlägigen Bezüge zur AIFMD-DVO hinsichtlich des Jahresberichts (Art. 103–107 AIFMD-DVO) finden sich im Wesentlichen in § 67 Abs. 3.

Artikel 23 Informationspflichten gegenüber Anlegern / § 307 Informationspflichten gegenüber semi-professionellen und professionellen Anlegern und Haftung, § 308 Sonstige Informationspflichten

AIFM-Richtlinie	KAGB-E
Art. 23 Informationspflichten gegenüber Anlegern	§ 307 Informationspflichten gegenüber semi-professionellen und professionellen Anlegern und Haftung
(1) AIFM stellen Anlegern der AIF, bevor diese eine Anlage in einen AIF tätigen, für jeden von ihnen verwalteten EU-AIF sowie für jeden von ihnen in der Union vertriebenen AIF folgende Informationen gemäß den Vertragsbedingungen oder der Satzung des AIF sowie alle wesentlichen Änderungen dieser Informationen zur Verfügung: a) eine Beschreibung der Anlagestrategie und der Ziele des AIF, Angaben über den Sitz eines eventuellen Master-AIF und über den Sitz der Zielfonds, wenn es sich bei dem AIF um einen Dachfonds handelt, eine Beschreibung der Art der Vermögenswerte, in die der AIF investieren darf, der Techniken, die er einsetzen darf und aller damit verbundenen Risiken, etwaiger Anlagebeschränkungen, der Umstände, unter denen der AIF Hebelfinanzierungen einsetzen kann, Art und Herkunft der zulässigen Hebelfinanzierung und damit verbundener Risiken, sonstiger Beschränkungen für den Einsatz von Hebelfinanzierungen und Vereinbarungen über Sicherheiten und über die Wiederverwendung von Vermögenswerten, sowie des maximalen Umfangs der Hebelfinanzierung, die die AIFM für Rechnung des AIF einsetzen dürfen; b) eine Beschreibung der Verfahren, nach denen der AIF seine Anlage-	(1) Handelt es sich bei dem am Erwerb eines Anteils oder einer Aktie Interessierten um einen semi-professionellen oder professionellen Anleger, sind ihm vor Vertragsschluss der letzte Jahresbericht nach § 107 Absatz 4 Satz 2, § 123 Absatz 3 Satz 2, § 137 Absatz 2, § 148 Absatz 1, § 160 Absatz 1 Satz 1 oder Artikel 22 der Richtlinie 2011/61/EU und zusätzlich folgende Informationen einschließlich aller wesentlichen Änderungen dieser Informationen in der in den Anlagebedingungen, der Satzung oder des Gesellschaftsvertrages des AIF festgelegten Art und Weise zur Verfügung zu stellen: 1. eine Beschreibung der Anlagestrategie und der Ziele des AIF; 2. eine Beschreibung der Art der Vermögenswerte, in die der AIF investieren darf, und der Techniken, die er einsetzen darf, und aller damit verbundenen Risiken; 3. eineBeschreibung etwaiger Anlagebeschränkungen; 4. Angaben über den Sitz eines eventuellen Master-AIF und über den Sitz der Zielinvestmentvermögen, wenn es sich bei dem AIF um ein Dachinvestmentvermögen handelt; 5. eine Beschreibung der Umstände, unter denen der AIF Leverage einsetzen kann, Art und Quellen des zulässigen Leverage und damit verbundener Risiken, Beschreibung

AIFM-Richtlinie	KAGB-E
strategie oder seine Anlagepolitik oder beides ändern kann;	sonstiger Beschränkungen für den Einsatz von Leverage sowie des maximalen Umfangs des Leverage, den die AIF-Verwaltungsgesellschaft für Rechnung des AIF einsetzen darf, und der Handhabung der Wiederverwendung von Sicherheiten und Vermögenswerten;
c) eine Beschreibung der wichtigsten rechtlichen Auswirkungen der für die Tätigung der Anlage eingegangenen Vertragsbeziehung, einschließlich Informationen über die zuständigen Gerichte, das anwendbare Recht und das Vorhandensein oder Nichtvorhandensein von Rechtsinstrumenten, die die Anerkennung und Vollstreckung von Urteilen in dem Gebiet vorsehen, in dem der AIF seinen Sitz hat;	6. eine Beschreibung der Verfahren, nach denen der AIF seine Anlagestrategie oder seine Anlagepolitik oder beides ändern kann;
d) die Identität des AIFM, der Verwahrstelle des AIF, des Rechnungsprüfers oder sonstiger Dienstleistungsanbieter sowie eine Erläuterung ihrer Pflichten und der Rechte der Anleger;	7. eine Beschreibung der wichtigsten rechtlichen Auswirkungen der für die Tätigung der Anlage eingegangenen Vertragsbeziehung, einschließlich Informationen über die zuständigen Gerichte, das anwendbare Recht und das Vorhandensein oder Nichtvorhandensein von Rechtsinstrumenten, die die Anerkennung und Vollstreckung von Urteilen in dem Gebiet vorsehen, in dem der AIF seinen Sitz hat;
e) eine Beschreibung, in welcher Weise der AIFM den Anforderungen des Artikels 9 Absatz 7 gerecht wird;	
f) eine Beschreibung sämtlicher vom AIFM übertragener Verwaltungsfunktionen gemäß Anhang I sowie sämtlicher von der Verwahrstelle übertragener Verwahrungsfunktionen, Bezeichnung des Beauftragten sowie sämtlicher Interessenkonflikte, die sich aus der Aufgabenübertragung ergeben könnten;	8. Identität der AIF-Verwaltungsgesellschaft, der Verwahrstelle des AIF, des Rechnungsprüfers oder sonstiger Dienstleistungsanbieter sowie eine Erläuterung ihrer Pflichten und der Rechte der Anleger;
	9. eine Beschreibung, in welcher Weise die AIF-Verwaltungsgesellschaft den Anforderungen des § 25 Absatz 5 oder des Artikels 9 Absatz 7 der Richtlinie 2011/61/EU gerecht wird;
g) eine Beschreibung des Bewertungsverfahrens des AIF und der Kalkulationsmethoden für die Bewertung von Vermögenswerten, einschließlich der Verfahren für die Bewertung schwer zu bewertender Vermögenswerte gemäß Artikel 19;	10. eine Beschreibung sämtlicher von der AIF-Verwaltungsgesellschaft übertragener Verwaltungsfunktionen gemäß Anhang I der Richtlinie 2011/61/EU sowie sämtlicher von der Verwahrstelle übertragener Verwahrungsfunktionen, Bezeichnung des Beauftragten sowie sämtlicher Interessenkonflikte, die sich aus der Aufgabenübertragung ergeben könnten;
h) eine Beschreibung des Liquiditätsrisikomanagements des AIF, einschließlich der Rücknahmerechte unter normalen und außergewöhnlichen Umständen, und der bestehenden Rücknahmevereinbarungen mit den Anlegern;	
i) eine Beschreibung sämtlicher Entgelte, Gebühren und sonstiger Kos-	11. eine Beschreibung des Bewertungsverfahrens des AIF und der Kalkula-

AIFM-Richtlinie	KAGB-E
ten unter Angabe der jeweiligen Höchstbeträge, die von den Anlegern mittel- oder unmittelbar getragen werden; j) eine Beschreibung der Art und Weise, wie der AIFM eine faire Behandlung der Anleger gewährleistet, sowie, wann immer ein Anleger eine Vorzugsbehandlung oder einen Anspruch auf eine solche Behandlung erhält, eine Erläuterung dieser Behandlung, der Art der Anleger, die eine solche Vorzugsbehandlung erhalten, sowie gegebenenfalls der rechtlichen oder wirtschaftlichen Verbindungen zwischen diesen Anlegern und dem AIF oder dem AIFM; k) den letzten Jahresbericht nach Artikel 22; l) die Verfahren und Bedingungen für die Ausgabe und den Verkauf von Anteilen; m) den jüngsten Nettoinventarwert des AIF oder den jüngsten Marktpreis der Anteile des AIF nach Artikel 19; n) sofern verfügbar, die bisherige Wertentwicklung des AIF; o) die Identität des Primebrokers und eine Beschreibung jeder wesentlichen Vereinbarung zwischen dem AIF und seinen Primebrokern und der Art und Weise, in der diesbezügliche Interessenkonflikte beigelegt werden, sowie die Bestimmung im Vertrag mit der Verwahrstelle über die Möglichkeit einer Übertragung und einer Wiederverwendung von Vermögenswerten des AIF und Angaben über jede eventuell bestehende Haftungsübertragung auf den Primebroker; p) eine Beschreibung, in welcher Weise und zu welchem Zeitpunkt die gemäß den Absätzen 4 und 5 erforderlichen Informationen offengelegt werden. (2) Der AIFM unterrichtet die Anleger, bevor diese ihre Anlage in den AIF	tionsmethoden für die Bewertung von Vermögenswerten, einschließlich der Verfahren für die Bewertung schwer zu bewertender Vermögenswerte gemäß §§ 278, 229, 286 oder Artikel 19 der Richtlinie 2011/61/EU; 12. eine Beschreibung des Liquiditätsrisikomanagements des AIF, einschließlich der Rücknahmerechte unter normalen und außergewöhnlichen Umständen, und der bestehenden Rücknahmevereinbarungen mit den Anlegern; 13. eine Beschreibung sämtlicher Entgelte, Gebühren und sonstiger Kosten unter Angabe der jeweiligen Höchstbeträge, die von den Anlegern mittel- oder unmittelbar getragen werden; 14. eine Beschreibung in welcher Weise die AIF-Verwaltungsgesellschaft eine faire Behandlung der Anleger gewährleistet, sowie, wann immer ein Anleger eine Vorzugsbehandlung oder einen Anspruch darauf erhalten, eine Erläuterung (a) dieser Behandlung, (b) der Art der Anleger, die eine solche Vorzugsbehandlung erhalten, sowie (c) gegebenenfalls der rechtlichen oder wirtschaftlichen Verbindungen zwischen diesen Anlegern und dem AIF oder der AIF-Verwaltungsgesellschaft; 15. eine Beschreibung der Verfahren und Bedingungen für die Ausgabe und den Verkauf von Anteilen oder Aktien; 16. die Angabe des jüngsten Nettoinventarwerts des AIF oder des jüngsten Marktpreis der Anteile oder Aktien des AIF nach §§ 278 und 286 oder Artikel 19 der Richtlinie 2011/61/EU; 17. Angaben zur bisherigen Wertentwicklung des AIF, sofern verfügbar;

AIFM-Richtlinie	KAGB-E
tätigen, über eventuelle Vereinbarungen, die die Verwahrstelle getroffen hat, um sich vertraglich von der Haftung gemäß Artikel 21 Absatz 13 freizustellen. Der AIFM informiert die Anleger ebenfalls unverzüglich über alle Änderungen, die sich in Bezug auf die Haftung der Verwahrstelle ergeben.	18. die Identität des Primebrokers und Beschreibung jeder wesentlichen Vereinbarungen zwischen der AIF-Verwaltungsgesellschaft und seinen Primebrokern und der Art und Weise, in der diesbezügliche Interessenkonflikte beigelegt werden, sowie die Bestimmung im Vertrag mit der Verwahrstelle über die Möglichkeit einer Übertragung oder Wiederverwendung von Vermögenswerten des AIF und Angaben über jede eventuell bestehende Haftungsübertragung auf den Primebroker;
(3) Ist der AIF gemäß der Richtlinie 2003/71/EG oder gemäß den nationalen Rechtsvorschriften verpflichtet, einen Prospekt zu veröffentlichen, sind in Ergänzung zu den im Prospekt enthaltenen Angaben lediglich die Angaben gemäß den Absätzen 1 und 2 gesondert oder als ergänzende Angaben im Prospekt offenzulegen.	
(4) Für jeden von ihnen verwalteten EU-AIF sowie für jeden von ihnen in der Union vertriebenen AIF unterrichten die AIFM die Anleger regelmäßig über Folgendes:	19. eine Beschreibung, wann und wie die Informationen offengelegt werden, die gemäß § 308 Absatz 4 Satz 1 in Verbindung mit § 300 oder Artikel 23 Absätze 4 und 5 erforderlich sind.
a) den prozentualen Anteil an den Vermögenswerten des AIF, die schwer zu liquidieren sind und für die deshalb besondere Regelungen gelten;	(2) § 297 Absatz 4 und Absatz 8 sowie § 305 gelten entsprechend.
b) jegliche neuen Regelungen zur Steuerung der Liquidität des AIF;	(3) § 306 Absätze 1, 3 bis 5 gilt entsprechend mit der Maßgabe, dass es statt „Verkaufsprospekt" „Informationen nach § 307 Absatz 1 und 2" heißen muss und dass die Haftungsregelungen in Bezug auf die wesentlichen Anlegerinformationen nicht anzuwenden sind.
c) das aktuelle Risikoprofil des AIF und die vom AIFM zur Steuerung dieser Risiken eingesetzten Risikomanagement- Systeme.	
(5) AIFM, die hebelfinanzierte EU-AIF verwalten oder hebelfinanzierte AIF in der Union vertreiben, legen für jeden dieser AIF regelmäßig Folgendes offen:	(4) Ist die AIF-Verwaltungsgesellschaft durch das Wertpapierprospektgesetz oder die Richtlinie 2003/71/EG verpflichtet, einen Wertpapierprospekt zu veröffentlichen, sind die in Absatz 1 genannten Angaben entweder gesondert oder als ergänzende Angaben im Wertpapierprospekt offen zulegen.
a) alle Änderungen zum maximalen Umfang, in dem der AIFM für Rechnung des AIF Hebelfinanzierungen einsetzen kann, sowie etwaige Rechte zur Wiederverwendung von Sicherheiten oder sonstige Garantien, die im Rahmen der Hebelfinanzierung gewährt wurden;	**§ 308** **Sonstige Informationspflichten**
b) die Gesamthöhe der Hebelfinanzierung des betreffenden AIF.	(1) Die EU-AIF-Verwaltungsgesellschaft und die ausländische AIF-Verwaltungsgesellschaft haben den semi-professionellen und den professionellen

AIFM-Richtlinie	KAGB-E
(6) Die Kommission erlässt mittels delegierter Rechtsakte gemäß Artikel 56 und nach Maßgabe der Bedingungen der Artikel 57 und 58 Vorschriften zur Festlegung der in den Absätzen 4 und 5 genannten Offenlegungspflichten von AIFM, einschließlich der Häufigkeit der in Absatz 5 vorgesehenen Offenlegung. Diese Vorschriften sind je nach Art des AIFM anzupassen.	Anlegern eines EU-AIF oder ausländischen AIF im Geltungsbereich dieses Gesetzes spätestens sechs Monate nach Ende eines jeden Geschäftsjahres auf Verlangen den geprüften und testierten Jahresbericht nach Artikel 22 der Richtlinie 2011/61/EU zur Verfügung zu stellen.
	(2) Der Jahresbericht muss folgende Angaben enthalten:
	1. eine Vermögensaufstellung,
	2. eine Aufwands- und Ertragsrechnung,
	3. ein Bericht über die Tätigkeiten der AIF-Verwaltungsgesellschaft im vergangenen Geschäftsjahr,
	4. die in § 299 Absatz 1 Nummer 3 Satz 1 Buchstaben e bis h genannten Angaben.
	§ 299 Absatz 1 Nummer 3 Satz 2 gilt entsprechend.
	(3) Ist der AIF nach der Richtlinie 2004/109/EG verpflichtet, Jahresfinanzberichte zu veröffentlichen, so sind dem Anleger auf Verlangen die Angaben nach Absatz 2 gesondert oder in Form einer Ergänzung zum Jahresfinanzbericht zur Verfügung zu stellen. In letzterem Fall ist der Jahresfinanzbericht spätestens vier Monate nach Ende des Geschäftsjahres zu veröffentlichen.
	(4) Die AIF-Verwaltungsgesellschaft informiert die Anleger unverzüglich über alle Änderungen, die sich in Bezug auf die Haftung der Verwahrstelle ergeben. Zudem gilt § 300 Absatz 1 bis 3 entsprechend.

Literatur: S. Literaturübersicht zu Vorbemerkung Kapitel IV.

Übersicht

A. Grundlagen

Basierend auf dem zweigliedrigen Ansatz der Richtlinie in Bezug auf die Infor- **1** mationspflichten[1] konkretisiert Art. 23 die Informationspflichten eines AIFM gegenüber Anlegern, während Art. 24 die Informationspflichten gegenüber den zuständigen Behörden regelt.

Neben einer Vielzahl von Regelungen zu Art und Umfang der Informations- **2** pflichten, die es den Anlegern ermöglichen sollen, sich ein umfassendes Bild von dem AIFM, dem AIF und dessen Anlagestrategie, den involvierten Dienstleistern, sowie etwaiger damit verbundenen Risiken, zu machen, enthält Art. 23 auch Regelungen zum Zeitpunkt dieser Informationspflichten.

Gem. Abs. 1 sind Anlegern die entsprechenden Informationen zum AIFM, **3** zum AIF, etc. zunächst *vor* der Tätigung der Anlage zur Verfügung zu stellen. Auch die Unterrichtung der Anleger gem. Abs. 2 über einer etwaigen Haftungs-

---

[1] Vgl. hierzu Überblick zu Kap. IV, Art. 22–24.

freistellung der Verwahrstelle hat *vor* Tätigung der Anlage zu erfolgen. Abs. 1 statuiert jedoch weiter, dass die Zurverfügungstellung auch alle wesentlichen Änderungen dieser Informationen umfasst und somit zu einer fortlaufenden Informationspflicht wird, die jedoch ereignisbezogen ist und sich daher von einer regelmäßigen bzw. periodischen Informationspflicht unterscheidet. Ergänzt wird diese ereignisbezogene Informationspflicht durch Art. 22 Abs. 2d), der statuiert, dass über wesentliche Änderungen im Hinblick auf die in Art. 23 genannten Informationen zusätzlich im Jahresbericht zu berichten ist[2]. Diese Kombination erscheint sachgerecht, beziehen Erstanleger ihre Informationen ja hauptsächlich aus dem Jahresbericht. Diesen stehen die ereignisbezogenen Informationen gerade nicht zur Verfügung.

4   Ergänzend zu den Informationspflichten gegenüber Anlegern *vor* Tätigung der Anlage und situativ bei wesentlichen Änderungen statuieren Abs. 4 und 5 nachgelagerte regelmäßige Informations- bzw. Offenlegungspflichten gegenüber den Anlegern, die also auch den Zeitraum *nach* Tätigung der Anlage betreffen. Diese regelmäßigen Informations- und Offenlegungspflichten beziehen sich in erster Linie auf illiquide Vermögensgegenstände, das Liquiditätsmanagement, das Risikoprofil und das Risikomanagement, sowie den Einsatz von Hebelfinanzierung.

5   Abs. 3 enthält schließlich noch eine Klarstellung zu den Informationspflichten gegenüber Anlegern, sofern für die AIF bereits nach anderen Vorschriften, insbesondere der Prospekt-RL[3], ein Prospekt zu erstellen ist.

6   Abs. 6 enthält die Ermächtigung an die EU-Kommission zur Erlass delegierter Rechtsakte zur Festlegung der in Abs. 4 und 5 genannten Offenlegungspflichten von AIFM einschließlich der Häufigkeit der in Abs. 5 vorgesehenen Offenlegung.

B. Die einzelnen Informationspflichten gem. Abs. 1

I. Zurverfügungstellung von Information

7   Die in Art. 23 beschriebenen Informationen sind gem. den Vertragsbedingungen oder der Satzung zur Verfügung zu stellen „make available". Die deutsche Fassung der Richtlinie ist in diesem Zusammenhang in mehrfacher Hinsicht unklar.

8   Nicht eindeutig erscheint zunächst, was mit dem Terminus „zur Verfügung zu stellen" gemeint ist und wie dieser von dem Terminus „vorzulegen", der in Art. 22 Abs. 1 im Hinblick auf den Jahresbericht verwendet wird, abzugrenzen ist. Für den Jahresbericht statuiert nämlich Art. 22, dass dieser den Anlegern „vorzulegen" ist „provided", allerdings nur „auf Anfrage". Art. 23 Abs. 1k) normiert hingegen, dass der letzte Jahresbericht den Anlegern *vor* Tätigung der Anlage zur Verfügung zu stellen ist. Ob sich beide Normen beim Jahresbericht lediglich im Hinblick auf die Initiativpflicht unterscheiden, nämlich dass gem. Art. 23 Abs. 1k) der AIFM lediglich *im Vorfeld* einer Anlage aktiv werden muss, während danach der Anleger gem. Art. 22 selbst aktiv werden muss und den Jahresbericht nachzu-

---

[2] Vgl. hierzu Kommentierung zu Art. 22 Rn. 35 ff..

[3] RICHTLINIE 2003/71/EG DES EUROPÄISCHEN PARLAMENTS UND DES RATES vom 4. November 2003 betreffend den Prospekt, der beim öffentlichen Angebot von Wertpapieren oder bei deren Zulassung zum Handel zu veröffentlichen ist, und zur Änderung der Richtlinie 2001/34/EG.

fragen hat, erscheint fraglich. Die unterschiedliche Wortwahl lässt den Schluss zu, dass „vorlegen" ein Mehr ist als „zur Verfügung stellen".

Auch die OGAW-RL rekurriert auf den Begriff „zur Verfügung stellen". **9**
Art. 78 der OGAW-RL enthält Regelungen in welcher Art und Weise der Prospekt und der Jahresbericht Anlegern zur Verfügung zu stellen ist. Dort wird zunächst zwischen zur Verfügung stellen mittels eines dauerhaften Datenträgers, über eine Website und in Papierform differenziert. Art. 23 Abs. 1 nennt diese unterschiedlichen Arten der Bereitstellung zwar nicht, diese dürften aber die gebräuchlichen Wege sein, um den Jahresbericht Anlegern zur Verfügung zu stellen. Nicht erforderlich ist jedenfalls eine physische Übergabe des Jahresberichts. Der Anleger muss vielmehr lediglich die Möglichkeit der Kenntnisnahme haben, eben über die Methode oder Methoden, die in den Vertragsbedingungen oder der Satzung vorgesehen ist/sind.

Abschließend ist hierzu festzustellen, dass die Zurverfügungstellung der Infor- **10**
mationen gem. Art. 23 jedenfalls im Grundsatz unabhängig vom Jahresbericht ist, d.h. die Angaben gem. Art. 23 sind kein Bestandteil des Jahresberichts gem. Art. 22[4].

Die zweite Unklarheit ergibt sich durch die Verknüpfung des zur Verfügung **11**
stellen *gem. Vertragsbedingungen bzw. Satzung*. Hier stellt sich nämlich die Frage, wann und auf welche Art und Weise Anlegern die Vertragsbedingungen bzw. die Satzung zur Verfügung zu stellen ist. Die RL schreibt dies jedenfalls nicht ausdrücklich vor. Anhang III enthält zwar eine Auflistung der Unterlagen und Angaben, die im Falle eines beabsichtigten Vertriebs im Herkunftsmitgliedstaat des AIFM beizubringen bzw. zu machen sind. Gem. Art. 31 Abs. 2 sind die Dokumentation und die Angaben gem. Anhang III jedoch nur den zuständigen Behörden vorzulegen. Richtigerweise ist aber dennoch davon auszugehen, dass auch den Anlegern die einschlägigen Vertragsbedingungen bzw. die Satzung zur Verfügung zu stellen sind, die eben auch diese Informationen zum Jahresbericht zu enthalten haben.

Unklar ist schließlich auch die Formulierung in Abs. 1 Satz 1, dass AIF-Anle- **12**
gern die Informationen für „jeden von AIFM verwalteten EU-AIF sowie für jeden vom AIFM in der Union vertriebenen AIF" zur Verfügung zu stellen sind. Unter Beachtung der Formulierung in der englischsprachigen Fassung ist dieser Satz richtigerweise dahingehend auszulegen, dass die Informationen jeweils nur für den AIF, in den der Anleger investieren möchte, zur Verfügung zu stellen sind, und nicht auch einschlägige Informationen zu allen weiteren AIFs.

Abschließend ist in diesem Zusammenhang darauf hinzuweisen, dass die AIFM- **13**
RL – im Gegensatz zur OGAW-RL – keine Regelungen dahingehend enthält, dass bestimmte Informationen den Anlegern kostenlos zur Verfügung zu stellen sind. Die OGAW-RL enthält entsprechende Vorgaben für den Prospekt, den (Halb-) Jahresbericht, sowie die wesentlichen Anlegerinformationen[5].

II. Wesentliche Änderungen

Da die AIFM-RL bei den Transparenzanforderungen gegenüber Anlegern zwi- **14**
schen dem Jahresbericht (Art. 22) und anderen Informationspflichten (Art. 23) unterscheidet, ist es konsequent, dass Art. 23 Abs. 1 wesentliche Änderungen bei den Informationen, die Anlegern vor der Anlage zur Verfügung zu stellen sind,

---

[4] So auch *Zetzsche/Eckner* S. 345.
[5] Vgl. Art. 75 Abs. 1, Art. 80 Abs. 3 OGAW-RL.

auch im Anschluss daran als informationspflichtig klassifiziert. Änderungen dieser Informationen sind also nur dann informationspflichtig, sofern es sich um wesentliche Änderungen handelt, was in Art. 106 Abs. 1 AIFMD-DVO konkretisiert wird.

15   Danach wird eine Änderung im Hinblick auf die entsprechenden Informationen dann als wesentlich angesehen, sofern eine erhebliche Wahrscheinlichkeit „substantial likelihood" gegeben ist, dass ein verständiger „reasonable" Anleger nach Kenntniserlangung die Anlage überdenkt, unter anderem „including" weil diese Information die Möglichkeit, seine Rechte in Bezug auf die Anlage auszuüben, beeinträchtigt, oder in anderer Weise geeignet ist, das Interesse von einem oder mehreren Anlegern des AIF zu beeinträchtigen.

16   Art. 106 Abs. 1 AIFMD-DVO rekurriert zwar im Hinblick auf eine „wesentliche Änderung" ausdrücklich nur auf Art. 22 Abs. 2 und nicht auf Art. 23 Abs. 1. Es wäre aber unlogisch, wenn dieser Grundsatz, was eine wesentliche Änderung darstellt und wie diesbezüglich der Evaluierungsprozess stattzufinden hat, für Art. 23 Abs. 1 nicht gilt bzw. dort andere Grundsätze gelten würden.

17   Für die Frage, wann im Hinblick auf die in Art. 23 Abs. 1 aufgeführten Informationen eine Änderung als wesentlich anzusehen ist, wird auf die Kommentierung zu Art. 22 Abs. 2d) verwiesen. Zu beachten ist in diesem Zusammenhang, dass sich die Informationspflicht zu wesentlichen Änderungen im Jahresbericht gem. Art. 22 Abs. 2d) auf sämtliche in Art. 23 genannten Informationen bezieht und nicht lediglich auf die in Art. 23 Abs. 1 aufgeführten Informationen. Art. 22 Abs. 2d) ist insoweit umfassender, was aber konsequent ist, denn Art. 23 Abs. 2 statuiert eine eigenständige Informationspflicht zu Änderungen bei der Haftung der Verwahrstelle. Art. 23 Abs. 3 ist im Hinblick auf etwaige Änderungen nicht einschlägig. Und Art. 23 Abs. 4 und 5 statuieren ohnehin periodische Informations- bzw. Offenlegungspflichten, so dass eine gesonderte Informationspflicht im Hinblick auf etwaige Änderungen obsolet wäre.

III. Anlagestrategie, Fondsstruktur, Vermögensgegenstände, Anlagebeschränkungen, Risiken, etc. (Buchstabe a)

18   Zu den elementaren Informationen, die Anlegern zur Verfügung zu stellen sind, gehört nach Abs. 1a) zunächst die Beschreibung der Anlagestrategie und der Ziele des AIF.

19   Bei mehrstufigen Strukturen wie **Master-AIF**[6] oder **Dachfonds**[7] ist über den Sitz des Master-AIF bzw. über den Sitz der Zielfonds zu berichten.

20   Zur näheren Beschreibung der Anlagestrategie ist über die Art der Vermögenswerte, in die der AIF investieren darf, die Techniken, die er einsetzen darf und aller damit verbundenen Risiken **(Risikoprofil)** und etwaiger Anlagebeschränkungen zu informieren.

21   Schließlich sind auch die Umstände, unter denen der AIF **Hebelfinanzierungen** einsetzen kann, sowie Art und Herkunft der zulässigen Hebelfinanzierung und damit verbundene Risiken, sonstige Beschränkungen für den Einsatz von Hebelfinanzierungen und Vereinbarungen über Sicherheiten, wie auch über die Wiederverwendung von Vermögenswerten, sowie den maximalen Umfang der Hebelfinanzierung, den der AIFM für Rechnung des AIF einsetzen darf, darzulegen.

---

[6] Vgl. Art. 4 (1) (m) und (y), Art. 7 (3) (b).
[7] Vgl. Art. 7 (3) (a).

IV. Verfahren zur Änderung der Anlagestrategie und Anlagepolitik (Buchstabe b)

Im Hinblick auf die Bedeutung der Anlagestrategie bzw. der Anlagepolitik **22** eines AIF für Investoren, sind diesen vor Tätigung der Anlage gem. Abs. 1 b) die Verfahren zu beschreiben, nach denen der AIF seine Anlagestrategie oder seine Anlagepolitik oder beides ändern kann. Hier geht es bspw. Um Zustimmungsvorbehalte z. B. durch einen Anlageausschuss, einen Beirat o.Ä.

V. rechtliche Auswirkungen der vertraglichen Beziehungen (Buchstabe c)

Im Hinblick auf den Umstand, dass ein AIFM bzw. AIF im Rahmen der **23** Anlagetätigkeit diverse vertragliche Beziehungen eingeht, statuiert Abs. 1c), dass Anleger über die wichtigsten rechtlichen Auswirkungen dieser für die Anlagetätigkeit eingegangenen Vertragsbeziehungen zu informieren sind (Halbs. 1). Beispielhaft nennt Halbs. 2 in diesem Zusammenhang Informationen über die **zuständigen Gerichte**, das **anwendbare Recht** und das Vorhandensein oder Nichtvorhandensein von Rechtsinstrumenten, die die **Anerkennung und Vollstreckung von Urteilen** in dem Gebiet, in dem der AIF seinen Sitz hat, vorsehen.

In diesem Zusammenhang stellt sich die Frage, wie das Tatbestandsmerkmal **24** „für die Tätigung der Anlage eingegangene Vertragsbeziehungen" auszulegen ist, also insbesondere, ob hier nur Vertragsbeziehungen erfasst sind, die einen unmittelbaren Zusammenhang zur Anlagetätigkeit haben, also in erster Linie Erwerbs- und Veräußerungsgeschäfte. Gegen diese enge Auslegung könnte sprechen, dass es sich in Art. 23 um Informationen handelt, die Anlegern *vor* der Fondsanlage zur Verfügung zu stellen sind, so das zumindest bei einem neuaufgelegten Fonds dann zu diesem Punkt noch keine Informationen zur Verfügung gestellt werden könnten. Die Formulierung könnte auch dahingehend ausgelegt werden, dass Vertragsbeziehungen zu Unternehmen oder Personen gemeint sind, die unmittelbar in die Anlageentscheidung, die Ausführung und Abwicklung einbezogen sind, also Vertragsbeziehungen zu Dienstleistern. Unter Abs. 1d) werden jedoch Informationen explizit zu Dienstleistern gefordert, so dass diese unter Abs. 1c) nicht erfasst sein dürften, sonst wären diese Regelugen redundant.

Im Ergebnis erscheint es daher vorzugswürdig, unter Abs. 1c) lediglich Ver- **25** tragsbeziehungen zu erfassen, die in unmittelbarem Zusammenhang mit der Anlagetätigkeit stehen, also Erwerbs- und Veräußerungsgeschäfts; für diese sind dann entsprechende weiterführende Informationen gem. Halbs. 2 zu machen. Im Hinblick auf Dienstleister, wie Auslagerungsunternehmen, Bewertungs- und Verwahrstelle gibt es Sonderregelungen, so dass vertragliche Beziehungen zu diesen hier nicht relevant sein dürften.

Die beispielhaft aufgeführten informationsrelevanten Sachverhalte gem. **26** Halbs. 2 sind so zu verstehen, dass Anleger nicht über alle Details dieser vertraglichen Beziehungen zu informieren sind, sondern nur insoweit sie einen Einfluss auf die **Rechtsdurchsetzung** haben können.

VI. AIFM, Verwahrstelle, Rechnungsprüfer, sonstige Dienstleistungsanbieter (Buchstabe d)

Im Hinblick auf die diversen Dienstleistungsanbieter, die für einen AIF tätig **27** sind, bestimmt Abs. 1d), dass die Anleger nicht nur über die Identität des AIFM zu informieren sind, sondern auch über die Verwahrstelle des AIF, den Rechnungsprüfer oder sonstige Dienstleistungsanbieter, zusammen mit einer Erläuterung zu deren Pflichten, sowie den Rechten der Anleger. Während sich die Pflichten dieser Dienstleister bereits recht konkret aus der RL selbst ergeben, enthält die RL nur ausnahmsweise Angaben dazu, ob und welche Rechte Anleger gegenüber diesen Dienstleistern haben. So statuiert Art. 21 Abs. 12 z. B. die Haftung der Verwahrstelle gegenüber Anlegern des AIF. Dieser Umstand könnte z. B. ein Anlegerrecht sein, auf welches gem. Abs. 1d) hinzuweisen ist.

VII. Eigenmittel oder Berufshaftpflichtversicherung zur Deckung von potentiellen Berufshaftungsrisiken (Buchstabe e)

28   Gem. Abs. 1e) ist ein AIFM zudem verpflichtet, Anleger darüber zu informieren, in welcher Weise er den Anforderungen gem. Art. 9 Abs. 7 im Hinblick auf die Deckung potentieller Berufshaftungsrisiken durch Eigenmittel oder einer Berufshaftpflichtversicherung gerecht wird[8]. Der AIFM muss also darlegen, auf welche Art und in welcher Höhe entsprechende potentielle Haftungsrisiken abgedeckt sind.

VIII. Auslagerung der Verwaltungsfunktion und der Verwahrfunktion (Buchstabe f)

29   Von wesentlicher Bedeutung für Anleger ist schließlich, ob und in welchem Umfang Funktionen an Dritte ausgelagert sind, sowohl vom AIFM selbst[9], als auch von der Verwahrstelle[10]. Abs. 1f) schreibt daher vor, dass Anleger über sämtliche vom AIFM übertragenen Verwaltungsfunktionen gemäß Anhang I der RL sowie sämtliche von der Verwahrstelle übertragener Verwahrungsfunktionen unter Bezeichnung des Beauftragten sowie sämtlicher Interessenkonflikte, die sich aus der Aufgabenübertragung ergeben könnten, zu informieren sind.

30   Anhang I differenziert zwischen Anlageverwaltungsfunktionen, die ein AIFM bei der Verwaltung eines AIF mindestens übernehmen muss, nämlich die Portfolioverwaltung oder das Risikomanagement. Darüber hinaus gibt es weitere Aufgaben, die ein AIFM im Rahmen der kollektiven Verwaltung eines AIF zusätzlich ausüben *kann*. Hierbei handelt es sich zum einen um administrative Tätigkeiten, wie etwa Fondsbuchhaltung, Rechnungslegung, Ausgabe und Rücknahme von Anteilen, etc., zum anderen um Vertriebstätigkeiten und schließlich um sonstige Tätigkeiten im Zusammenhang mit den Vermögenswerten des AIF, wie z. B. die Immobilienverwaltung, Facility Management, die strategische Unternehmensberatung.

31   Abs. 1f) dürfte dahingehend auszulegen sein, dass eine Übertragung nicht nur in Bezug auf die obligatorischen Anlageverwaltungsfunktionen, sondern auch in Bezug auf die fakultativen Anlageverwaltungsfunktionen informationspflichtig ist, auch wenn letztere für Anleger im Einzelfall von untergeordneter Bedeutung sein können.

---

[8] Vgl. auch Kommentierung zu Art. 9 Abs. 7.
[9] Vgl. hierzu die Kommentierung zu Art. 20.
[10] Vgl. hierzu die Kommentierung zu Art. 21 Abs. 11 ff.

IX. Bewertungsverfahren (Buchstabe g)

Weitere aus Investorensicht erhebliche Punkte sind das Bewertungsverfahren 32 des AIF sowie die Kalkulationsmethoden für die Bewertung von Vermögenswerten[11]. Abs. 1g) statuiert diesbezüglich eine Informationspflicht, die neben der Beschreibung des Bewertungsverfahrens des AIF und der Kalkulationsmethoden für die Bewertung von Vermögenswerten auch die Verfahren für die Bewertung schwer zu bewertender Vermögenswerte gemäß Art. 19 umfasst.

X. Liquiditätsrisikomanagement (Buchstabe h)

Für Anleger ebenfalls von besonderer Bedeutung ist das Liquiditätsmanagement 33 des AIF[12]. Auch dieses findet daher im Rahmen der Informationspflichten gem. Art. 23 besondere Berücksichtigung. Gem. Abs. 1h) hat ein AIFM den Investoren das Liquiditätsrisikomanagement des AIF, einschließlich der Rücknahmerechte unter normalen und außergewöhnlichen Umständen, und der bestehenden Rücknahmevereinbarungen mit den Anlegern zu beschreiben.

XI. Entgelte, Gebühren, sonstige Kosten (Buchstabe i)

Bereits die OGAW-RL enthält in Art. 78 Abs. 3 das Erfordernis, Anleger über 34 Kosten und Gebühren zu informieren. In Anlehnung daran, aber mit einer weitergefassten Formulierung statuiert nunmehr Abs. 1i), dass Anleger über sämtliche Entgelte, Gebühren und sonstige Kosten unter Angabe der jeweiligen Höchstbeträge, die von den Anlegern mittel- oder unmittelbar getragen werden, zu informieren sind. Zur Art und Weise der Darstellung enthalten weder die RL noch die AIFMD-DVO weiteren Vorgaben. Die Ermächtigung in Abs. 6 in Bezug auf delegierte Rechtsakte bezieht sich ausdrücklich nur auf die Offenlegungspflichten gem. Abs. 4 und 5.

Ausgangsbasis für den Umfang und die Art und Weise der Informationen über 35 Entgelte, Gebühren und sonstige Kosten und deren Zurverfügungstellung könnte daher zunächst die einschlägige Praxis für OGAW-Fonds darstellen. Da Entgelte, Gebühren und sonstigen Kosten zu erfassen sind, die von Anlegern *unmittelbar* und *mittelbar* zu tragen sind, ist es egal, ob diese auf AIF-, oder AIFM-Ebene anfallen, oder durch Dienstleister in Rechnung gestellt werden. Es kann sich dabei im Grunde nach um folgende Positionen handeln, die entsprechend der Strukturierung des AIFs bzw. des AIFMs naturgemäß zu ergänzen bzw. zu verkürzen sind:

- Allgemeine, erfolgsabhängige, oder außerordentliche Vergütungen und Aufwendungsersatz an den AIFM, inkl. Rückvergütungen und Bestandsprovisionen
- Vergütungen an Dienstleister wie Verwahrstelle, Bewerter, Portfolioverwalter, Anlageberater, Abschlussprüfer, Sachverständige, etc.
- Ausgabeauf- und Rücknahmeabschläge
- Gebühren von Ziel-/Master-, oder (Feeder)fonds
- Transaktionskosten (Anschaffungsnebenkosten, Veräußerungskosten)
- Carried Interest
- Steuern
- Genehmigungs-/Erlaubnisgebühren

---

[11] Vgl. hierzu auch die Kommentierung zu Art. 19.
[12] Vgl. hierzu Kommentierung zu Art. 16.

36 Abs. 1i) ist somit tendenziell weit auszulegen, was im Einzelfall aber nicht dazu führen darf, dass auch bei Kosten, die z. B. vom AIFM getragen werden, eine mittelbare Belastung der AIF-Anleger angenommen wird, eben weil diese ja den AIFM vergüten. Ebenso ist im Einzelfall zu prüfen, ob und in welchem Umfang entsprechende Entgelte, Gebühren und sonstige Kosten Anlegern überhaupt in Rechnung gestellt werden dürfen. Die AIFM-RL enthält hierzu, wie auch die OGAW-RL, zwar keine ausdrücklichen Verbote. Diese finden sich aber regelmäßig in den nationalen Umsetzungsgesetzen, die die Überwälzung bestimmter Kosten, z. B. Auflegung von Teilfonds etc., auf die Anleger verbietet. Art. 90 S. 1 der OGAW-RL überlässt es ausdrücklich den Mitgliedstaaten, festzulegen, welche Kosten die Verwaltungsgesellschaft aus dem Fonds entnehmen darf. Eine Entsprechungsnorm findet sich zwar in der AIFM-RL nicht, es ist aber offenkundig, dass die Mitgliedstaaten auch für AIF festlegen können, ob und in welchem Umfang Kosten usw. Anlegern in Rechnung gestellt werden dürfen, oder eben nicht, auch wenn gerade im Bereich der professionellen Anleger weniger Regelungsbedarf bestehen dürfte als im Privatanlegerbereich.

37 Im Hinblick auf die Ausweispflichtigkeit von Kosten, die Anlegern in Rechnung gestellt werden, stellt sich also die Frage, wie im Einzelfall zu beurteilen ist, ob die Kosten den Anlegern unmittelbar oder mittelbar in Rechnung gestellt werden. Beispielhaft soll diese Fragestellung am Carried Interest dargestellt werden. Art. 90 Satz der OGAW-RL bezieht sich ausdrücklich auf Vergütungen und Kosten, die die Verwaltungsgesellschaft *aus dem Fonds entnehmen darf*. Nur die Kosten, die also dem Fonds – unmittelbar – entnommen werden, sind somit erläuterungspflichtig. Der Carried Interest z. B. wird aber gerade nicht aus dem Fonds entnommen[13], sondern wird aus einem separaten Carry Vehikel generiert. Es stellt sich somit die Frage, ob z. B. auch der Carried Interest vom Anwendungsbereich dieser Norm erfasst ist. Den Carried Interest könnte man bei weiter Auslegung der Norm allenfalls als indirekte Vergütung qualifizieren. Art. 22 Abs. 2e) enthält bereits eine spezielle Regelung zur Offenlegung sämtlicher Vergütungen im Jahresbericht einschließlich Carried Interest, so dass argumentiert werden könnte, dass diese Positionen in der Aufstellung der Gebühren, Entgelte und sonstigen Kosten nicht nochmals aufzunehmen sind. Die Verwaltungs- und/oder Erfolgsvergütung wird andererseits aber typischerweise als Posten anzusehen sein, der in einer Gesamtschau der Gebühren, Entgelte und sonstigen Kosten mit zu berücksichtigen ist, so dass hier auch der Carried Interest eine im Grundsatz aufzuführende Position sein könnte. Mit Blick auf die Terminologie in Art. 22 Abs. 2d) und Art. 23 Abs. 1i) die ausdrücklich zwischen Vergütungen auf der einen Seite und Entgelten, Gebühren und sonstigen Kosten differenziert, ist Art. 23 Abs. 1i) einschränkend dahingehend auszulegen, dass Vergütungen an Mitarbeiter des AIFM einschließlich Carried Interest jedenfalls ausgenommen sind. Zudem erfolgen Zahlungen aus dem Carry Vehikel regelmäßig erst im Zuge der Veräußerung der AIF-Zielunternehmen, so dass auch aus diesem Grunde eine Aufnahme in die Aufstellung der Entgelte, Gebühren und sonstigen Kosten wenig Sinn macht.

38 Sog. Rückvergütungen, die der Verwaltungsgesellschaft aus vom AIF an die Verwahrstelle oder sonstige Dritte geleisteten Vergütungen und Aufwendungserstattungen zufließen, sind hingegen offenzulegen[14].

---

[13] Missverständlich insoweit der Wortlaut Art. 22 Abs. 2e), der vom „vom AIF gezahlten Carried Interests" spricht.

[14] Zur Problematik der sog. Rückvergütungen vgl. auch *Schmitz* in B/S/L § 41 Rn. 31; allg. zu Interessenkonflikten vgl. Kommentierung zu Art. 12 Abs. 1d.

Bei der Art und Weise der Darstellung der Entgelte, Gebühren und sonstigen   **39**
Kosten ist abschließend darauf hinzuweisen, dass die Beschreibung der Entgelte,
Gebühren und sonstigen Kosten auf der einen Seite umfassend und ausführlich
zu erfolgen hat, auf der anderen Seite aber nicht zu jeder Einzelposition auch
ein entsprechender (Höchst-) Betrag auszuweisen ist. Abs. 1i) ist insofern auch
missverständlich, da nicht zwingend immer ein (Höchst-) Betrag ausgewiesen
werden kann. Denn häufig werden Kosten und Vergütungen als Prozentzahl
festgelegt, und nicht etwa betragsmäßig. Auch stehen diese Beträge nicht immer
schon im Vorfeld fest, denn Transaktionskosten variieren z. B. nach Art und
Anzahl der Vermögensgegenstände, die erworben werden. Sachgerecht erscheint
zudem, dass eine – aggregierte – Aufgliederung nach Gruppen erfolgen kann,
z. B. nach Art des Vergütungsempfängers (AIFM, Verwahrstelle, Administrator,
etc.), oder nach Kosten- oder Gebührengläubiger. Nicht erforderlich ist, dass
z. B. bei der Verwaltungsvergütung aufgegliedert wird, ob und welcher Teil als
Bestandsprovision vergüten wird. Über die Vielzahl der Vertriebskanäle hinweg
dürfte eine detaillierte Aufgliederung schon praktisch unmöglich sein, so dass eine
aggregierte allgemeine Darstellung der Verwaltungsvergütung ausreichend ist[15].
Die Darstellung einer Gesamtkostenquote (sog. Total-Expense-Ratio) ist unter   **40**
Abs. 1i) jedenfalls nicht ausreichend, aber dennoch aus Anlegersicht eine wichtige
Informationsquelle, soweit die Berechnung der Gesamtkostenquote einer einheit-
lichen und allgemeingültigen Methode unterliegt.

XII. Faire Behandlung der Anleger (Buchstabe j)

Gem. Art. 12 Abs. 1 S. 1 f.) haben die Mitgliedstaaten sicherzustellen, dass   **41**
AIFM alle Anleger des AIF fair behandeln. Art. 12 Abs. 1 S. 2 statuiert weiter,
dass kein Anleger in einem AIF eine Vorzugsbehandlung erhalten darf, es sei
denn, eine solche Vorzugsbehandlung ist in den Vertragsbedingungen oder in der
Satzung des entsprechenden AIF vorgesehen[16]. Daran anknüpfend wird auch für
die Information der Anleger nach Abs. 1j) gefordert, dass diesen gegenüber eine
Beschreibung der Art und Weise, wie der AIFM eine faire Behandlung der Anleger gewährleistet, zu erfolgen hat. In den Fällen, in den ein Anleger eine Vorzugsbehandlung oder einen Anspruch auf eine solche Behandlung erhält, müssen die
Anleger zudem eine Erläuterung dieser Behandlung, der Art der Anleger, die eine
solche Vorzugsbehandlung erhalten, sowie gegebenenfalls der rechtlichen oder
wirtschaftlichen Verbindungen zwischen diesen Anlegern und dem AIF oder dem
AIFM erhalten.

XIII. Jahresbericht (Buchstabe k)

Vor einer Anlage in einem AIF ist den Anlegern gem. Abs. 1k) auch der   **42**
Jahresbericht zur Verfügung zu stellen[17]. Ebenso sind Anleger über materielle
Änderungen im Jahresbericht, die vorgenommen werden, zu informieren.

---

[15] Die Offenlegung etwaiger Provisionen ist zudem Aufgabe der einschlägigen Vertriebsregelungen, z. B. im Rahmen der MiFID-RL.
[16] Zu den Einzelheiten, insb. der Abgrenzung des Grundsatz der fairen Behandlung und
dem Gebot der Vermeidung von Interessenkonflikten, vgl. Kommentierung Art. 12 und 14.
[17] Zum Jahresbericht vgl. Kommentierung zu Art. 22.

XIV. Ausgabe und Verkauf von Anteilen (Buchstabe l)

43   Die Informationspflicht des AIFM gegenüber den Anlegern des AIF erstreckt sich gem. Abs. 1l) auch auf die Verfahren und Bedingungen für die *Ausgabe* und den *Verkauf* von Anteilen. Ausdrücklich nicht erwähnt sind die Verfahren und Bedingungen für die *Rücknahme* oder *Auszahlung* von Anteilen. Über diese ist gem. Abs. 1h) im Rahmen der Berichterstattung über das Liquiditätsmanagement zu informieren. Insofern kommt es im Grundsatz zu einem Gleichlauf mit einschlägigen Regelungen in der OGAW-Richtlinie[18]. Die Berichterstattung über das Liquiditätsmanagement für AIF gem. Abs. 1h) ist im Ergebnis aber komplexer und weitergehender im Hinblick auf die Vielzahl und Differenziertheit der vom Anwendungsbereich der AIFM-RL erfassten Strukturen bzw. Fondstypen[19].

XV. Nettoinventarwert bzw. Marktpreis der Anteile (Buchstabe m)

44   AIFM haben die Anleger weiter gem. Abs. 1m) über den jüngsten Nettoinventarwert des AIF oder den jüngsten Marktpreis der Anteile des AIF nach Artikel 19 zu informieren[20].

45   Diese Informationen dürften Anlegern ohnehin in regelmäßigen Abständen zur Verfügung gestellt werden, ggf. in Abhängigkeit davon, ob es sich um einen offenen oder geschlossenen AIF handelt.

XVI. Wertentwicklung (Buchstabe n)

46   Anleger sind gem. Abs. 1n) zudem über die bisherige Wertentwicklung des AIF zu informieren, sofern solche Informationen vorliegen. Auch wenn die bisherige Wertentwicklung keine Aussagekraft im Hinblick auf die zukünftige Wertentwicklung hat, ist diese Angabe für viele Anleger weiterhin ein wichtiger Indikator bei der Anlageentscheidung[21].

XVII. Primebroker (Buchstabe o)

47   Zur Definition des Begriffes *Primebroker* und seiner Funktion vgl. zunächst Art. 4 Abs. 1af) und die einschlägige Kommentierung.

48   Im Hinblick auf die u.U. vielfältigen Funktionen und Dienstleistungen, die ein Primebroker für einen AIF übernimmt, statuiert Abs. 1o), dass ein AIFM, sofern ein Primebroker als Dienstleister für den jeweiligen AIF tätig ist, den Anlegern gegenüber zum einen die Identität des/der Primebroker(s) und eine Beschreibung jeder wesentlichen Vereinbarung mit diesen offenzulegen hat. Ebenso hat der AIFM die Art und Weise darzulegen, in der etwaige Interessenkonflikte, die aus dieser Tätigkeit resultieren können, beigelegt werden. Da ein Primebroker u.U. nicht vom AIFM selbst, sondern von der Verwahrstelle beauftragt wird, muss der AIFM schließlich die Anleger auch über die Bestimmung im Vertrag mit der Verwahrstelle informieren, auf deren Basis sich die Möglichkeit

---

[18] Vgl. dort z. B. Art. 69 Abs. 2 i. V. m. Anhang I, Schema A.

[19] Vgl. insoweit Kommentierung zu Art. 23 Abs. 1h) Rn. .33.

[20] Zum Begriff und zur Berechnungsmethodik vgl. Kommentierung zu Art. 19.

[21] Anleger eines OGAW-Fonds sind daher – zumindest in Deutschland – explizit auf die fehlende Indikatorwirkung der bisherigen Wertentwicklung hinzuweisen, vgl. z. B. § 42 Abs. 1 Nr. 26 InvG.

einer Funktions- bzw. Aufgabenübertragung und einer Wiederverwendung von Vermögenswerten des AIF ergibt. In diesem Zusammenhang sind die Anleger auch darüber zu informieren, ob eine Möglichkeit der Haftungsübertragung auf den Primebroker besteht.

XVIII. Offenlegung von Information nach Abs. 4 u. 5 (Buchstabe p)

Die Anleger sind schließlich nach Abs. 2p) darüber zu informieren, in welcher 49 Weise und zu welchem Zeitpunkt den besonderen in Abs. 4 und 5 statuierten regelmäßigen Informations- und Offenlegungspflichten nachgekommen wird. Abs. 4 enthält spezifische Informationspflichten zu schwer zu liquidierenden Vermögenswerten, zu Änderungen bei der Liquiditätssteuerung, sowie zum Risikoprofil und zum eingesetzten Risikomanagementsystem[22]. Abs. 5 enthält spezifische Offenlegungspflichten zum Einsatz von Hebelfinanzierung[23].

C. Informationspflicht bei einer Haftungsfreistellungsvereinbarung mit der Verwahrstelle (Abs. 2)

Für Anleger eines AIF von erheblicher Bedeutung ist der Umstand, ob und in 50 welchem Umfang die Verwahrstelle für das Abhandenkommen von Finanzinstrumenten oder für sonstige Verluste haftet[24]. Dementsprechend statuiert Abs. 2, dass ein AIFM die Anleger, bevor diese ihre Anlage in den AIF tätigen, über eventuelle Vereinbarungen, die die Verwahrstelle getroffen hat, um sich vertraglich von der Haftung gemäß Art. 21 Abs. 13 freizustellen, zu informieren hat. Des Weiteren sind die Anleger unverzüglich über alle Änderungen, die sich in Bezug auf die Haftung der Verwahrstelle ergeben, zu unterrichten.

Auch an dieser Stelle ist auf die divergierende Wortwahl im Hinblick auf die 51 Informationspflichten hinzuweisen. Während Abs. 1 von „zur Verfügung stellen" spricht, wird in Abs. 2 der Begriff „unterrichten" verwendet. Unterrichten geht nach hiesiger Auslegung über zur Verfügung stellen hinaus, und erfordert eine gezielte Ansprache der Anleger im Hinblick auf die spezifische Information, während der Begriff „zur Verfügung stellen" dahinter zurückbleibt und dahingehend auszulegen sein dürfte, dass es in diesen Fällen ausreicht, wenn die Anleger informiert werden, wo sie entsprechende Informationen erhalten können. Eine solche Vorgehensweise dürfte bei Angaben zu einer etwaigen Haftungsfreistellungsvereinbarung nicht ausreichend sein.

D. Informationspflichten bei Prospektpflichten nach der Richtlinie 2003/71/EG oder nach nationalen Vorschriften (Abs. 3)

Eine weitere Sonderregelung besteht schließlich im Hinblick auf die Informati- 52 onspflichten von AIF, die gemäß der Prospekt-RL (Richtlinie 2003/71/EG) oder

---

[22] Vgl. Kommentierung dort.
[23] Vgl. Kommentierung dort.
[24] Vgl. hierzu Art. 21 Abs. 12 ff.

gemäß den nationalen Rechtsvorschriften verpflichtet sind, einen Prospekt zu veröffentlichen. Gem. Abs. 3 sind in diesen Fällen in Ergänzung zu den im Prospekt bereits enthaltenen Angaben lediglich die zusätzlichen Angaben gemäß den Absätzen 1 und 2 gesondert oder als ergänzende Angaben im Prospekt offenzulegen.

53 Auch an dieser Stelle ist auf die unterschiedliche Terminologie hinzuweisen, die insbesondere auch im Kontext der Prospektveröffentlichungspflichten nach der Prospekt-RL oder den nationalen Rechtsvorschriften zu sehen ist. Hier geht es um eine Offenlegung im Prospekt und gesondert, nicht jedoch um eine Unterrichtung der Anleger, wie etwa in Abs. 2.

E. Sonstige Informationspflichten (Abs. 4)

54 Abs. 4 statuiert neben den Informationspflichten im Vorfeld einer Anlage bzw. danach, sofern es zu einer wesentlichen Änderung kommt, auch regelmäßige Informationspflichten und zwar für
a) den prozentualen Anteil an den Vermögenswerten des AIF, die schwer zu liquidieren sind und für die deshalb besondere Regelungen gelten;
b) jegliche neuen Regelungen zur Steuerung der Liquidität des AIF;
c) das aktuelle Risikoprofil des AIF und die vom AIFM zur Steuerung dieser Risiken eingesetzten Risikomanagement- Systeme.

55 Diesbezüglich hat ein AIFM für jeden von ihm verwalteten EU-AIF sowie für jeden von ihnen in der Union vertriebenen AIF in regelmäßigen Abständen zu unterrichten. In Hinblick auf diese Informationen muss der AIFM also gezielt die Anleger mit den einschlägigen Information versorgen. Ein „nur" zur Verfügung stellen reicht hier nicht.

I. Illiquide Vermögensgegenstände

56 Die besonderen Informationspflichten gem. Abs. 4a) im Hinblick auf den prozentualen Anteil an den Vermögenswerten des AIF, die schwer zu liquidieren sind und für die deshalb besondere Regelungen gelten, werden durch Art. 108 AIFMD-DVO konkretisiert.

57 Zunächst wird in Art. 108 Abs. 1 klargestellt, dass die entsprechende Information in einer klaren und verständlichen Art und Weise dargestellt werden müssen, was ohnehin selbstverständlich ist.

58 Die Offenlegung dieser Information hat gem. Art. 108 Abs. 2 zudem folgende Anforderungen zu erfüllen.

59 Zum einen muss sie gem. Buchstabe a) einen Überblick über alle Sonderregelungen enthalten, die vereinbart wurden, insbesondere, ob diese sich auf sog. Sidepockets, Gate- oder sonstigen Regelungen beziehen, auf Bewertungsmethoden, die für die Vermögensgegenstände gelten, die diesen Sonderregelungen unterfallen, sowie wie Verwaltungs- und Performance-Gebühren auf diese Vermögensgegenstände Anwendung finden.

60 Gem. Buchstabe b) sind diese Informationen als Teil des regelmäßigen Berichtswesens offenzulegen und zwar entsprechend den Vertragsbedingungen bzw. der Satzung des AIFs, oder zum Zeitpunkt zu dem der Prospekt und die Angebotsunterlagen und – mindestens – zum Zeitpunkt, zu dem der Jahresbericht zur Verfügung gestellt wird.

Für die Berechnung des Anteils an den Vermögensgegenständen des AIFs, **61**
die diesen Sonderregelungen unterliegen, statuiert Art. 108 Abs. 2 AIFMD-DVO
weiter, dass hier der NAV dieser Vermögensgegenstände durch den NAV des
AIFs zu teilen ist.

II. Liquiditätssteuerung

IIm Hinblick auf die besonderen Informationspflichten gem. Abs. 4b) zu neuen **62**
Regelungen zur Liquiditätssteuerung statuiert Art. 108 Abs. 3 AIFMD-DVO weiter, dass ein AIFM

(a) für jeden verwalteten AIF, bei dem es sich nicht um einen AIF des geschlossenen nicht hebelfinanzierten Typs handelt, die Anleger über wesentliche Änderungen am Liquiditätsmanagementsystem und den Verfahren zu dessen Überwachung (Artikel 16 Abs. 1) zu informieren hat;

(b) die Anleger umgehend zu unterrichten hat, wenn Gates, Side Pockets oder
ähnliche besondere Regelungen aktiviert werden oder die Aussetzung von
Rücknahmen beschlossen werden;

(c) einen Überblick über Änderungen an liquiditätsbezogenen Regelungen zu
geben hat, und zwar unabhängig davon, ob es sich um besondere Regelungen
handelt oder nicht.

III. Risikoprofil und Risikomanagementsysteme

Im Hinblick auf die besonderen Informationspflichten gem. Abs. 4c) zum aktu- **63**
ellen Risikoprofil des AIF und die vom AIFM zur Steuerung dieser Risiken
eingesetzten Risikomanagementsysteme statuiert Art. 108 Abs. 4 AIFMD-DVO
weiter, dass den Anlegern gegenüber darzulegen ist,

(a) mit welchen Maßnahmen die Sensitivität des AIF-Portfolios gegenüber den
Hauptrisiken, denen der AIF ausgesetzt ist oder sein könnte, bewertet wird;

(b) ob die vom AIFM festgelegten Risikolimits überschritten wurden oder ein
Überschreiten wahrscheinlich ist und, falls die Risikolimits überschritten wurden, unter welchen Umständen dies geschah und welche Abhilfemaßnahmen
getroffen wurden.

Diese Informationen sind im Rahmen der regelmäßigen Informationspflichten des AIF gegenüber den Anlegern gemäß den Vertragsbedingungen des
AIF oder dessen Satzung oder zeitgleich mit dem Prospekt und den Emissionsunterlagen, in jedem Fall zeitgleich mit dem Jahresbericht gemäß Artikel Absatz 1 vorzulegen.

Eine weitere Konkretisierung hinsichtlich der Information der Anleger in
diesem Zusammenhang enthält Art. 108 Abs. 5 AIFMD-DVO dahingehend,
dass ein AIFM die Grundzüge der eingesetzten Risikomanagement-Systeme
darzulegen hat, die der AIFM zur Steuerung der Risiken einsetzt, denen jeder
von ihm verwaltete AIF ausgesetzt ist oder sein kann. Über Änderungen und
zu erwartende Auswirkungen auf den AIF und seine Anleger hat ein AIFM
ebenfalls zu informieren. Auch hier gilt, dass diese Informationen im Rahmen
der regelmäßigen Informationspflichten des AIF gegenüber den Anlegern
gemäß den Vertragsbedingungen des AIF oder dessen Satzung oder zeitgleich
mit dem Prospekt und den Emissionsunterlagen, in jedem Fall zeitgleich mit
dem Jahresbericht gemäß Artikel 22 Absatz 1 vorzulegen ist.

F. Besondere Informationspflichten bei hebelfinanzierten AIF (Abs. 5)

64 Abs. 5 enthält Spezialregelungen für AIFM, die hebelfinanzierte EU-AIF verwalten oder hebelfinanzierte AIF in der Union vertreiben. Für diese gelten zusätzliche Offenlegungsanforderungen. Weitere Sonderregelungen für hebelfinanzierte AIFs finden sich bereits in Art. 24 Abs. 4 sowie nachfolgend in Art. 25.

65 Die Angaben, die gem. Abs. 5 regelmäßig offenzulegen sind, betreffen zum einen

- alle Änderungen zum maximalen Umfang, in dem der AIFM für Rechnung des AIF Hebelfinanzierungen einsetzen kann, sowie
- etwaige Rechte zur Wiederverwendung von Sicherheiten oder
- sonstige Garantien, die im Rahmen der Hebelfinanzierung gewährt wurden;

zum anderen die Gesamthöhe der Hebelfinanzierung des betreffenden AIF.

66 Art. 109 AIFMD-DVO konkretisiert diese spezifischen Offenlegungspflichten wie folgt:

67 Zum einen gilt auch für die Offenlegung gegenüber den zuständigen Behörden, wie schon für die Offenlegung gegenüber Anlegern, dass die Informationen in einer klaren und verständlichen Art und Weise dargestellt werden müssen, Art. 109 Abs. 1.

68 Für Informationen zu Änderungen betreffend den maximalen Umfang der Hebelfinanzierung (berechnet nach der Brutto- und der größeres Commitmentmethode[25]), etwaige Rechte zur Wiederverwendung von Sicherheiten oder sonstige Garantien, die im Rahmen der Hebelfinanzierung gewährt wurden, gilt, dass diese Informationen unverzüglich „without undue delay" zur Verfügung zu stellen sind. Bestandteile dieser Berichterstattung sind dabei gem. Art. 109 Abs. 2 AIFMD-DVO:

a) der ursprüngliche und geänderte Umfang der Hebelfinanzierung berechnet in Einklang mit Art. 7 und 8 AIFMD-DVO[26];
b) die Rechte zur Wiederverwendung von Sicherheiten;
c) die Art der gewährten Garantien;
d) nähere Angaben zu Änderungen in Bezug auf Dienstleistungsanbieter im Zusammenhang mit einem der vorstehend genannten Punkte.

69 Art. 109 Abs. 3 statuiert schließlich, dass die entsprechenden Informationen zum Gesamtumfang der Hebelfinanzierung, berechnet auf Grundlage der Brutto- und Kommitmentmethode, als Teil des regelmäßigen Anlegerreportings offenzulegen sind, welches in den Vertragsbedingungen bzw. der Satzung niedergelegt ist; alternativ kann eine Offenlegung gemeinsam mit dem Prospekt und den Angebotsunterlagen und mindestens zum gleichen Zeitpunkt, zu dem der Jahresbericht gem. Art. 22 Abs., 1) zur Verfügung gestellt wird, erfolgen.

G. Durchführungsbestimmungen der Kommission zu Art. 23 (Abs. 6)

70 Abs. 6 enthält schließlich die Ermächtigung an die EU-Kommission, durch delegierte Rechtsakte gemäß Artikel 56 und nach Maßgabe der Bedingungen

---

[25] Vgl. hierzu Kommentierung zu Art. 4.
[26] Dabei ist der Umfang der Hebelfinanzierung durch Division des Risikobetrags durch den NAV des AIF zu ermitteln.

der Artikel 57 und 58 Vorschriften zur Festlegung der in den Absätzen 4 und 5 genannten Offenlegungspflichten von AIFM, einschließlich der Häufigkeit der in Absatz 5 vorgesehenen Offenlegung zu erlassen. Gem. Abs. 6 Satz 2 sind dabei die Vorschriften je nach Art des AIFM anzupassen.

Von dieser Ermächtigung hat die EU-Kommission mit der AIFMD-DVO **71** Gebrauch gemacht. Die einschlägigen Durchführungsbestimmungen finden sich dort in Kapital V (Transparenzanforderungen, Hebelfinanzierung, Regelungen zu Drittstaaten und Austausch von Informationen zu möglichen Auswirkungen der AIFM-Aktivitäten). Die spezifischen Durchführungsbestimmungen finden sich in Art. 108 und Art. 109 AIFMD-DVO[27].

H. Umsetzung von Art. 23 im KAGB

Seine Umsetzung im KAGB findet Art. 23 im Wesentlichen in den §§ 307, **72** 308. § 307 enthält die Informationspflichten gegenüber semi-professionellen und professionellen Anlegern und zur Haftung, § 308 enthält Regelungen zu sonstigen Informationspflichten gegenüber diesem Anlegerkreis. Darüber hinaus gibt es spezifische Regelungen zu Informationspflichten gegenüber Privatanlagern, bei denen es sich jedoch um rein nationale Regelungen handelt, da die AIFM-RL hierzu keine Vorgaben enthält[28].

§ 307 Abs. 1 entspricht dabei nahezu inhaltsgleich Art. 23 Abs. 1. § 307 Abs. 2 **73** i. V. m. § 308 Abs. 2 entspricht Art. 23 Abs. 2. § 307 Abs. 4 entspricht Art. 23 Abs. 3, § 308 Abs. 1 entspricht Art. 23 Abs. 4. Art. 23 Abs. 5 wird in § 300 Abs. 2 umgesetzt.

Die einschlägigen Bezüge zur AIFMD-DVO finden sich hinsichtlich der Rege- **74** lungen zu Transparenzvorschriften gegenüber Investoren (Art. 108 und Art. 109 AIFMD-DVO) in § 300 Abs. 3.

Artikel 24 Informationspflichten gegenüber den zuständigen Behörden / § 35 – Meldepflichten von AIF-Kapitalverwaltungsgesellschaften

AIFM-Richtlinie	KAGB-E
Art. 24 **Informationspflichten gegenüber** **den zuständigen Behörden**	**§ 35** **Informationspflichten gegenüber** **den zuständigen Behörden**
(1) Der AIFM unterrichtet die zuständigen Behörden seines Herkunftsmitgliedstaats regelmäßig über die wichtigsten Märkte und Instrumente, auf bzw. mit denen er für Rechnung des von ihm verwalteten AIF handelt.	(1) Eine AIF-Kapitalverwaltungsgesellschaft unterrichtet die Bundesanstalt regelmäßig über die wichtigsten Märkte und Instrumente auf, beziehungsweise mit denen sie für Rechnung der von ihr verwalteten AIF handelt. Sie

---

[27] Zu den Inhalten dieser Durchführungsbestimmungen wird auf die Kommentierung zu Abs. 4 und Abs. 5 verwiesen, dort wurden diese bereits berücksichtigt.

[28] Hierbei handelt es sich insbesondere um Regelungen zu den Verkaufsunterlagen und Hinweispflichten z. B. nach §§ 293, 295 oder um Veröffentlichungspflichten und laufende Informationspflichten nach 299 f.

AIFM-Richtlinie	KAGB-E
Er legt Informationen zu den wichtigsten Instrumenten, mit denen er handelt, zu den Märkten, in denen er Mitglied ist oder am Handel aktiv teilnimmt, sowie zu den größten Risiken und Konzentrationen jedes von ihm verwalteten AIF vor.	legt Informationen zu den wichtigsten Instrumenten, mit denen sie handelt, zu den Märkten, in denen sie Mitglied ist oder am Handel aktiv teilnimmt, sowie zu den größten Risiken und Konzentrationen jedes von ihr verwalteten AIF vor.
(2) Der AIFM legt den zuständigen Behörden seines Herkunftsmitgliedstaats für jeden von ihm verwalteten EU-AIF und für jeden von ihm in der Union vertriebenen AIF Folgendes vor:	(2) Die AIF-Kapitalverwaltungsgesellschaft legt der Bundesanstalt für jeden von ihr verwalteten inländischen AIF und EU-AIF sowie für jeden AIF, der von ihr in einem Mitgliedstaat der Europäischen Union oder Vertragsstaat des Abkommens über den Europäischen Wirtschaftsraum vertrieben wird Folgendes vor:
a) den prozentualen Anteil an den Vermögenswerten des AIF, die schwer zu liquidieren sind und für die deshalb besondere Regelungen gelten;	1. den prozentualen Anteil der Vermögensgegenstände des AIF, die schwer zu liquidieren sind und für die deshalb besondere Regelungen gelten;
b) jegliche neuen Regelungen zur Steuerung der Liquidität des AIF;	2. jegliche neuen Vorkehrungen zum Liquiditätsmanagement des AIF;
c) das gegenwärtige Risikoprofil des AIF und die vom AIFM zur Steuerung des Marktrisikos, des Liquiditätsrisikos, des Risikos des Ausfalls der Gegenpartei sowie sonstiger Risiken, einschließlich des operativen Risikos, eingesetzten Risikosteuerungssysteme;	3. das aktuelle Risikoprofil des AIF und die von der AIF-Kapitalverwaltungsgesellschaft zur Steuerung des Marktrisikos, des Liquiditätsrisikos, des Kontrahentenrisikos sowie sonstiger Risiken, einschließlich des operationellen Risikos, eingesetzten Risikomanagementsysteme;
d) Angaben zu den wichtigsten Kategorien von Vermögenswerten, in die der AIF investiert hat und	4. Angaben zu den wichtigsten Kategorien von Vermögensgegenständen, in die der AIF investiert hat und
e) die Ergebnisse der nach Artikel 15 Absatz 3 Buchstabe b und Artikel 16 Absatz 1 Unterabsatz 2 durchgeführten Stresstests.	5. die Ergebnisse der nach § 29 Absatz 3 Nummer 2 und § 30 Absatz 2 durchgeführten Stresstests.
(3) Der AIFM legt den zuständigen Behörden seines Herkunftsmitgliedstaats auf Verlangen die folgenden Unterlagen vor:	(3) Eine AIF-Kapitalverwaltungsgesellschaft legt der Bundesanstalt auf Verlangen die folgenden Unterlagen vor:
a) einen Jahresbericht über jeden vom AIFM verwalteten EU-AIF und über jeden von ihm in der Union vertriebenen AIF für jedes Geschäftsjahr gemäß Artikel 22 Absatz 1;	1. einen Jahresbericht über jeden von der AIF-Kapitalverwaltungsgesellschaft verwalteten inländischen Spezial-AIF und EU-AIF sowie für jeden AIF, der von ihr in einem Mitgliedstaat der Europäischen Union oder Vertragsstaat des Abkommens über den Europäischen Wirtschafts-
b) zum Ende jedes Quartals eine detaillierte Aufstellung sämtlicher vom AIFM verwalteten AIF.	
(4) Ein AIFM, der AIF verwaltet, die in beträchtlichem Umfang Hebelfi-	

AIFM-Richtlinie	KAGB-E
nanzierungen einsetzen, stellt den zuständigen Behörden seines Herkunftsmitgliedstaats Angaben zum Gesamtumfang der eingesetzten Hebelfinanzierungen für jeden der von ihm verwalteten AIF, eine Aufschlüsselung nach Hebelfinanzierungen, die durch Kreditaufnahme oder Wertpapierleihe begründet wurden, und solchen, die in Derivate eingebettet sind, sowie Angaben zu dem Umfang, in dem die Vermögenswerte der AIF im Rahmen von Hebelfinanzierungen wiederverwendet wurden, zur Verfügung.	raum vertrieben wird, für jedes Geschäftsjahr gemäß §§ 67 Absatz 1 Satz 1, 101 Absatz 1 Satz 1, 120 Absatz 1, 135 Absatz 1 Satz 1, 148 Absatz 1 oder 158, 2. zum Ende jedes Quartals eine detaillierte Aufstellung sämtlicher von der AIF-Kapitalverwaltungsgesellschaft verwalteten AIF. (4) Eine AIF-Kapitalverwaltungsgesellschaft, die mindestens einen AIF verwaltet, der in beträchtlichem Umfang Leverage einsetzt, stellt der Bundesanstalt für jeden von ihr verwalteten AIF Folgendes zur Verfügung:
Diese Angaben umfassen für jeden der vom AIFM verwalteten AIF Angaben zur Identität der fünf größten Kreditgeber bzw. Wertpapierverleiher sowie zur jeweiligen Höhe der aus diesen Quellen für jeden der genannten AIF erhaltenen Hebelfinanzierung.	1. den Gesamtumfang des eingesetzten Leverage, sowie eine Aufschlüsselung nach Leverage, durch Kreditaufnahme oder Wertpapierdarlehen begründet wird und Leverage, der durch den Einsatz von Derivaten oder auf andere Weise zustande kommt,
Für Nicht-EU-AIFM sind die Berichtspflichten gemäß diesem Absatz auf die von ihnen verwalteten EU-AIF und die von ihnen in der Union vertriebenen Nicht-EU-AIF beschränkt.	2. den Umfang, in dem Vermögensgegenstände des Investmentvermögens in Zusammenhang mit dem Einsatz von Leverage wieder verwendet wurden,
(5) Sofern dies für die wirksame Überwachung von Systemrisiken erforderlich ist, können die zuständigen Behörden des Herkunftsmitgliedstaats regelmäßig oder spontan ergänzende Informationen zu den in diesem Artikel festgelegten Informationen anfordern. Die zuständigen Behörden informieren die ESMA über den zusätzlichen Informationsbedarf.	3. die Identität der fünf größten Finanzierungsgeber, von denen Kredite oder Wertpapierdarlehen aufgenommen wurden, sowie den Umfang dieser jeweils aufgenommenen Kredite oder Wertpapierdarlehen.
Bei Vorliegen außergewöhnlicher Umstände und soweit zur Sicherung der Stabilität und Integrität des Finanzsystems oder zur Förderung eines langfristigen nachhaltigen Wachstums erforderlich, kann die ESMA die zuständigen Behörden des Herkunftsmitgliedstaats ersuchen, zusätzliche Berichtspflichten aufzuerlegen.	Die Kriterien zur Bestimmung, wann davon auszugehen ist, dass für die Zwecke des Satzes 1 Leverage in beträchtlichem Umfang eingesetzt wird, bestimmt sich nach Artikel 111 der Verordnung (EU) Nr. ___/2013 [Level 2-Verordnung gemäß Artikel 24 Absatz 6a der Richtlinie 2011/61/EU]. Die Bundesanstalt nutzt die Informationen nach Satz 1, um festzustellen inwieweit die Nutzung von Leverage zur Entstehung von Systemrisiken im Finanzsystem, des Risikos von
(6) Die Kommission erlässt gemäß Artikel 56 und nach Maßgabe der Be-	

AIFM-Richtlinie	KAGB-E
dingungen der Artikel 57 und 58 delegierte Rechtsakte zu Folgendem: a) wann davon auszugehen ist, dass für die Zwecke des Absatzes 4 in beträchtlichem Umfang Hebelfinanzierungen eingesetzt werden und b) zu den in diesem Artikel vorgesehenen Berichts- und Informationspflichten. In diesen Vorschriften ist der Notwendigkeit der Vermeidung eines übermäßigen Verwaltungsaufwands für die zuständigen Behörden Rechnung zu tragen.	Marktstörungen oder zu Risiken für das langfristige Wirtschaftswachstum beiträgt. Die Bundesanstalt leitet die Informationen gemäß § 9 weiter. (5) Die Bundesanstalt kann regelmäßig oder ad-hoc zusätzliche Angaben festlegen, sofern dies für die wirksame Überwachung von Systemrisiken erforderlich ist oder die Bundesanstalt durch die Europäische Wertpapier- und Marktaufsichtsbehörde ersucht wurde, zusätzliche Meldepflichten aufzuerlegen. Die Bundesanstalt informiert die Europäische Wertpapier- und Marktaufsichtsbehörde über die zusätzlichen Meldepflichten nach Satz 1 Halbsatz 2 erste Alternative. (6) Für eine ausländische AIF-Verwaltungsgesellschaft, 1. die, vor dem Zeitpunkt, der in dem auf Grundlage des Artikels 66 Absatz 3 in Verbindung mit Artikel 67 Absatz 6 der Richtlinie 2011/61/EG erlassenen delegierten Rechtsakt genannt ist, nach § 317 oder § 330 ausländische AIF im Geltungsbereich dieses Gesetztes vertreibt, oder 2. deren Referenzmitgliedstaat die Bundesrepublik Deutschland gemäß § 56 ist gelten die Absätze 1 bis 5 gemäß §§ 58 Absatz 11, 317 Absatz 1 Nummer 3 und 330 Absatz 1 Satz 1 Nummer 1 Buchstabe a und Nummer 2 entsprechend mit der Maßgabe dass die Angaben gemäß Absatz 4 auf die von ihr verwalteten inländischen Spezial-AIF, EU-AIF und die von ihr in einem Mitgliedstaat der Europäischen Union oder Vertragsstaat des Abkommens über den Europäischen Wirtschaftsraum vertriebenen AIF beschränkt sind. (7) Eine EU-AIF-Verwaltungsgesellschaft und eine ausländische AIF-Verwaltungsgesellschaft legt der Bundesanstalt auf Verlangen einen Jahresbericht über jeden von ihr verwalteten inländischen Spezial-AIF für jedes Ge-

AIFM-Richtlinie	KAGB-E
	schäftsjahr gemäß §§ 101 Absatz 1 Satz 1, 120 Absatz 1, 135 Absatz 1 Satz 1, 148 Absatz 1 oder 158 vor. (8) Die Kriterien zur Konkretisierung der Meldepflichten nach dieser Vorschrift bestimmen sich nach Artikel 110 der Verordnung (EU) Nr. ___/2013 [Level 2-Verordnung gemäß Artikel 24 Absatz 6b der Richtlinie 2011/61/EU].

Literatur: S. Literaturübersicht Vorbemerkung Kapitel IV.

Übersicht

A. Grundlagen und Überblick

Art. 24 regelt regelmäßige und bedarfsweise Informationspflichten von AIFM **1** gegenüber den zuständigen Behörden. Genauso wichtig wie die Informationen, die den zuständigen Behörden im Rahmen des Erlaubnisverfahrens zur Verfügung gestellt werden, sind Folgeinformationen, die Aufschluss über das aktuelle Anlageverhalten des jeweiligen AIFMs in Bezug auf die von ihm verwalteten AIFs geben. Dazu gehören nicht nur die Instrumente und Märkte, mit bzw. auf denen ein AIFM für Rechnung des von ihm verwalteten AIF handelt, sondern auch die daraus resultierenden Risiken und Konzentrationen.

Zielsetzung dieser regelmäßigen und bedarfsweisen Informationspflicht ist **2** somit nicht nur eine mikroprudentielle Aufsicht und Kontrolle auf Ebene der AIFMs, sondern auch eine makroprudentielle Überwachung und Kontrolle der Märkte, auf denen AIFMs aktiv sind.

Die Informationspflichten gem. Art. 24 untergliedern sich wie folgt: **3**

4   Abs. 1 statuiert zunächst statuiert eine regelmäßige Unterrichtungspflicht des AIFM gegenüber den zuständigen Behörden im Hinblick auf die Märkte und Instrumente auf bzw. mit denen er für Rechnung des von ihm verwalteten AIF handelt.

5   Abs. 2 statuiert eine Vorlagepflicht des AIFM im Hinblick auf Anteil schwer liquidierbare Vermögensgegenstände, Regelungen zur Steuerung der Liquidität, das Risikoprofil, untergliedert nach Marktrisiko, Liquiditätsrisiko, Gegenparteirisiko, und sonstiger Risiken einschließlich operativer Risiken, und schließlich zu den wichtigsten Kategorien von Vermögenswerten, in die der AIF investiert hat, sowie zu den Ergebnissen von Stresstests zu den Anlagepositionen und in Bezug auf Liquiditätsrisiken.

6   Auf eigene Initiative hin muss gem. Abs. 4 schließlich ein AIFM, der AIF verwaltet, die in beträchtlichem Umfang Hebelfinanzierung einsetzen, den zuständigen Behörden diverse Informationen zur Hebelfinanzierung zur Verfügung stellen.

7   Über diese regelmäßigen Informationspflichten hinaus enthält Art. 24 bedarfsweise Informationspflichten für AIFMs. Die zuständigen Behörden des Herkunftsstaates des AIFM können auf Verlangen zum einen gem. Abs. 3 Jahresberichte aller verwalteten EU-AIF und in der EU vertriebenen AIF, ebenso wie eine Aufstellung aller verwalteten AIF anfordern. Gem. Abs. 5 können die zuständigen Behörden, ggf. auf Ersuchen von ESMA, zudem weitergehende spezifische Informationen zum Zwecke der wirksamen Überwachung von Systemrisiken anfordern.

8   Abs. 6 enthält schließlich die an die EU-Kommission gerichtete Ermächtigungsgrundlage zum Erlass von delegierten Rechtsakten.

B. Allgemeine Informationspflichten zu Märkten und Instrumenten, auf bzw. mit denen der AIFM handelt (Abs. 1)

I. Inhalt der Informationspflichten

9   Art. 24 Abs. 1 wird durch Art. 110 AIFMD-DVO näher konkretisiert. Dieser konkretisiert in Abs. 1 die Informationspflichten in Bezug auf die Märkte und Instrumente wie folgt:

10   Die Haupt-Instrumente, mit denen gehandelt wird, sind in Finanzinstrumente und andere Vermögensgegenstände zu untergliedern; darzustellen sind zusätzlich die Anlagestrategie des AIF, sowie der geographische und Sektorenfokus der Anlagetätigkeit (Buchstabe a).

11   Weiter sind die Märkte, bei denen der AIFM Mitglied ist oder aktiv am Handel teilnimmt, aufzuführen (Buchstabe b).

12   Schließlich ist die Zusammensetzung des AIF Portfolios, insbesondere Hauptrisiken und wesentliche Konzentrationen, darzustellen (Buchstabe c).

II. Format, Zeitpunkt und Häufigkeit der Informationspflichten

13   Um eine Standardisierung der Informationsmitteilung zu erlangen enthält die AIFMD-DVO in Anhang IV ein Berichtsmuster, welches sowohl für Informationspflichten gem. Art. 3 Abs. 3 (d), als auch für die Informationspflichten nach Art. 24 maßgeblich ist. Art. 110 Abs. 6 AIFMD-DVO verweist für die einschlägigen Informationspflichten gem. Art. 24 auf dieses Berichtsmuster. Aus diesem

Berichtsmuster geht zudem hervor, dass im Hinblick auf die Hauptmärkte und -instrumente jeweils die 5 wichtigsten aufzuführen sind.

In dem Template ist weiter der AIF zu identifizieren[1], für den die Informatio- **14** nen mitgeteilt werden. Hierzu sind Angaben zum Namen des AIF, zum AIFM, zum Zeitpunkt der Auflage und zum Sitz des AIF, zum Primebroker, zum Fondstyp im Allgemeinen (Hedgefonds, Private Equity Fonds, Immobilienfonds, Dachfonds, etc.) und zur Strategie im Speziellen.

Darüber hinaus sind Informationen zu den Hauptrisiken und Konzentrationen **15** zu machen[2]. Auch hier sind im Wesentlichen die 5 wichtigsten Instrumente, der geographische Fokus, die 10 Hauptrisiken, die 5 größten Konzentrationen, sowie die Hauptmärkte und die größten Investoren aufzulisten.

Die Häufigkeit der Informationsmitteilung hängt gem. Art. 110 Abs. 3 **16** AIFMD-DVO von dem Betrag des verwalteten Vermögens ab, angefangen von einer jährlichen Informationspflicht für nicht-hebelfinanzierte AIF, die in nichtbörsennotierte Unternehmen und Emittenten gerichtet auf einen Kontrollerwerb investiert (Buchstabe d), bis hin zu einer vierteljährlichen Informationspflicht für AIF, deren verwaltetes Vermögen EUR 1 Mrd. übersteigt (Buchstabe b) bzw. für hebelfinanzierte AIF, deren verwaltete Vermögen EUR 500 Mio. übersteigt (Buchstabe c).

Im Einzelnen bestimmt Art. 110 Abs. 3 AIFMD-DVO die Vorlegepflichten **17** wie folgt:

(a) von AIFM, die AIF-Portfolios verwalten, deren nach Artikel 2 berechnete verwaltete Vermögenswerte insgesamt über den Schwellenwert von entweder 100 Mio. EUR oder 500 Mio. EUR gemäß Artikel 3 Absatz 2 Buchstabe a bzw. Buchstabe b der Richtlinie 2011/61/EU, nicht aber über 1 Mrd. EUR hinausgehen, halbjährlich für jeden von ihnen verwalteten EU-AIF und für jeden von ihnen in der Union vertriebenen AIF;

(b) von AIFM, die AIF-Portfolios verwalten, deren nach Artikel 2 berechnete verwaltete Vermögenswerte insgesamt über 1 Mrd. EUR hinausgehen, vierteljährlich für jeden von ihnen verwalteten EU-AIF und für jeden von ihnen in der Union vertriebenen AIF;

(c) von AIFM, für die die in Buchstabe a genannten Vorschriften gelten, vierteljährlich für jeden AIF, dessen verwaltete Vermögenswerte einschließlich etwaiger unter Einsatz von Hebelfinanzierungen erworbener Vermögenswerte insgesamt über 500 Mio. EUR hinausgehen;

(d) von AIFM jährlich für jeden von ihnen verwalteten nicht hebelfinanzierten AIF, der gemäß seiner Hauptanlagestrategie in nicht börsennotierte Unternehmen und Emittenten investiert, um über die Kontrolle über sie zu erlangen.

Gem. Art. 110 Abs. 4 AIFMD-DVO kann die Berichtsfrequenz jedoch erhöht **18** werden, wenn die zuständigen Behörden des Herkunftsstaates dies für erforderlich halten.

Ab welchem Zeitpunkt die vorgenannten Fristen für die regelmäßigen Infor- **19** mationspflichten laufen ergibt sich weder aus der AIFM-RL noch der AIFM-DVO. Naheliegend wäre, dass diese Fristen an den Zeitpunkt der Erlaubniserteilung für den AIFM anknüpfen. Da es sich aber um Informationen handelt, die sich jeweils auf einen spezifischen AIF beziehen, wäre es aber auch vorstellbar, dass jeweils der Zeitpunkt maßgeblich ist, zu dem die Verwaltung bzw. der Ver-

---

[1] Ziffern 1–10 des Templates zu Art. 24 Abs. 1.
[2] Ziffern 11–16 des Templates zu Art. 24 Abs. 1.

trieb des jeweiligen AIF bei der zuständigen Behörde angezeigt wurde (Eingang des Anzeigeschreibens gem. Art. 31 Abs. 2) bzw. die zuständige Behörde mitteilt, dass mit dem Vertrieb begonnen werden kann (Mitteilung nach § 31 Abs. 3). Da es aber im Ergebnis um Informationspflichten geht, die den AIFM treffen, und die einen Überblick über dessen Aktivitäten geben sollen, können AIF-bezogene Zeitpunkte (AIF-Anzeige, Vertriebsbeginn, Erstellung Jahresbericht) in diesem Zusammenhang keine Rolle spielen. Denkbar wäre weiter, dass die zuständige Behörde jeweils einheitliche Stichtage für die Informationsmitteilung festlegt (z. B. am 1.1., 1.4., 1.6., etc.), so dass zu diesen Zeitpunkten eine vollständige und ganzheitliche Auswertung der Daten für alle AIFM möglich ist. Eine solche Vorgehensweise wäre durchaus sachgerecht, erfolgt doch bereits jetzt im Rahmen der sog. Hedge Fund Survey[3] eine stichtagsbezogene Erfassung von Daten. Hier wird abzuwarten bleiben, für welche Verfahrensweise sich die zuständigen Aufsichtsbehörden entscheiden.

20 Art. 110 Abs. 1 Satz 2 AIFMD-DVO enthält diesbezüglich nur die Klarstellung, dass entsprechende Informationen umgehend zur Verfügung zu stellen sind, jedenfalls nicht später als einen Monat nach Ablauf der Periode gem. Art. 110 Abs. 3 AIFMD-DVO, auch wenn dieser Absatz gerade keinen konkreten Termin nennt. Gem. Art. 110 Abs. 1 Satz 3 AIFMD-DVO kann diese Periode für Dachfonds um 15 Tage verlängert werden.

C. Informationspflichten zu illiquiden Vermögenswerten, zur Liquiditätssteuerung, zum Risikoprofil, zu den wichtigsten Kategorien von Vermögenswerten, zu den Ergebnissen von Stresstests (Abs. 2)

I. Inhalt der Informationspflichten

21 Art. 24 Abs. 2 wird durch Art. 110 Abs. 2 AIFMD-DVO konkretisiert, auch wenn dort im Wesentlichen nur die entsprechenden Inhalte der RL wiederholt werden.

22 Vom AIFM vorzulegen sind jedenfalls Informationen
   a) zum prozentualen Anteil an den Vermögensgegenstände des AIF, die schwer zu liquidieren sind und für die deshalb besondere Regelungen gelten[4],
   b) zu neue Regelungen zur Steuerung der Liquidität,
   c) zum eingesetzten Risikomanagementsystem zur Steuerung des Marktrisikos, des Liquiditätsrisikos, des Gegenparteirisikos und anderen Risiken einschließlich operationellen Risiken,
   d) zum gegenwärtigen Risikoprofil des AIF, einschließlich
      • Marktrisikoprofil der Anlagen des AIF, einschließlich der Erwartungen in Bezug auf Rendite und Volatilität des AIFs in normalen Marktsituationen
      • Liquiditätsprofil des AIF, einschließlich Liquiditätsprofil der einzelnen Vermögensgegenstände, Regelungen zu Anteilsrückgaben und die Bedingungen für Finanzierungen, die von Gegenparteien zur Verfügung gestellt werden

---

[3] Die Federführung und Koordination dieser Umfrage liegt bei der Internationalen Organisation der Wertpapieraufsichtsbehörden JOSCO, die Durchführung erfolgt durch die nationalen Aufsichtsbehörden, wie z.B. BaFin.

[4] Vgl. hierzu die Definition in Art. 1 Abs. 5 AIFMD-DVO.

e) zu den Hauptkategorien der Vermögensgegenstände, in die der AIF investiert, einschließlich dem zugehörigen „short market value" und „long market value", dem Umsatz und der Entwicklung während der Berichtsperiode, und
f) die Ergebnisse von periodischen Stresstests, unter normalen und außergewöhnlichen Umständen, die nach Art. 15 Abs. 3b) in Bezug auf mit Anlagepositionen verbundenen Risiken und nach Art. 16 Abs. 1 in Bezug auf Liquiditätsrisiken durchgeführt werden.

II. Format, Zeitpunkt und Häufigkeit der Informationspflichten

Im Hinblick auf Format, Zeitpunkt und Häufigkeit der Informationspflichten **23** gelten gem. Art. 110 Abs. 3, 4 und 6 die gleichen Vorgaben wie auch für Art. 24. Abs. 1[5].

Gem. der Berichtsvorlage in Anhang IV der AIFMD-DVO ist auch in diesem **24** Zusammenhang zunächst der jeweilige AIF zu identifizieren[6]. Sodann sind gehandelten Instrumente und individuelle Risiken unter Angabe – soweit einschlägig – des Long oder Short Values des Brutto-, Markt-, oder Nominalwerts aufzuführen[7]. Weitere Angaben betreffen das Marktrisikoprofil[8], das Gegenparteirisikoprofil[9], das Liquiditätsprofil, untergliedert in das Portfolioliquiditätsprofil und das Investorenliquiditätsprofil[10], sowie die Kreditaufnahmen und daraus resultierende Risiken[11].

D. Informationspflichten auf Verlangen der zuständigen Aufsichtsbehörden (Abs. 3)

Neben den regelmäßigen Informationspflichten nach Abs. 1 und Abs. 2 ist ein **25** AIFM gem. Abs. 3 auf Verlangen der zuständigen Behörden seines Herkunftsmitgliedstaats verpflichtet diesen weitere Informationen vorzulegen. Dies sind nach Buchstabe a) zum einen Jahresberichte für jeden vom AIFM verwalteten EU-AIF und für jeden von ihm in der EU vertriebenen AIF, und zwar für jedes Geschäftsjahr. Und nach Buchstabe b) eine quartalsweise Aufstellung sämtlicher vom AIFM verwalteten AIF.

Hierdurch soll die zuständige Behörde des Herkunftsmitgliedstaats in die Lage ver- **26** setzt werden, sich unmittelbar über alle vom AIFM verwalteten AIF und deren Aktivitäten zu informieren. Allerdings ist diese über die einschlägigen Vertriebs- bzw. Verwaltungsanzeigen nach Art. 31–33 ohnehin zumindest über alle AIF informiert, die der AIFM vertreibt bzw. verwaltet. Insofern hätte es der Regelung in Buchstabe b) nicht bedurft. Gleiches gilt für die Vorlagepflicht der Jahresberichte gem. Buchstabe a). Denn gem. Art. 22 Abs. 1 ist der AIFM ohnehin verpflichtet, für jeden verwalteten EU-AIF und für jeden von ihm in der EU vertriebenen AIF der zuständige Behörde des Herkunftsmitgliedstaates zur Verfügung zu stellen.

---

[5] Vgl. oben Rn. 9.
[6] Ziffern 1–7 des Templates zu Art. 24 Abs. 2.
[7] Ziffern 8–12 des Templates zu Art. 24 Abs. 2.
[8] Ziffer 13 des Templates zu Art. 24 Abs. 2.
[9] Ziffern 14–18 des Templates zu Art. 24 Abs. 2.
[10] Ziffern 19–25 des Templates zu Art. 24 Abs. 2.
[11] Ziffern 26–32 des Templates zu Art. 24 Abs. 2.

E. Informationspflichten beim Einsatz von Hebelfinanzierung (Abs. 4)

I. Inhalt der Informationspflichten

27   Der Einsatz von Hebelfinanzierung auf AIF-Ebene ist ein Umstand, dem in der AIFM-RL besondere Bedeutung beigemessen wird. Während die AIFM-RL grds. keine fondsspezifischen Regelung enthält, sich also einer Produktregulierung im eigentlichen Sinne enthält, finden sich in Art. 25 spezifische Regelungen für AIFM, die hebelfinanzierte AIF verwalten. Korrespondierend dazu enthält Art. 24 in Abs. 4 diesbezüglich Informationspflichten gegenüber den zuständigen Behörden.

28   Ein solcher AIFM, der AIF verwaltet, die in beträchtlichem Umfang Hebelfinanzierungen einsetzen, hat den zuständigen Behörden seines Herkunftsmitgliedstaats diverse Informationen zur eingesetzten Hebelfinanzierung zur Verfügung zu stellen. Dazu gehören:
- Angaben zum Gesamtumfang der Hebelfinanzierungen für jeden der von ihm verwalteten AIF,
- eine Aufschlüsselung nach Hebelfinanzierungen, die durch Kreditaufnahme oder Wertpapierleihe begründet wurden, und solchen, die in Derivate eingebettet sind, sowie
- Angaben zu dem Umfang, in dem die Vermögenswerte der AIF im Rahmen von Hebelfinanzierungen wiederverwendet werden.

29   Weiter haben diese Angaben für jeden der vom AIFM verwalteten AIF Angaben zur Identität der fünf größten Kreditgeber bzw. Wertpapierverleiher sowie zur jeweiligen Höhe der aus diesen Quellen für jeden der genannten AIF erhaltenen Hebelfinanzierung zu umfassen.

30   Für Nicht-EU-AIFM sind diese Berichtspflichten dabei auf die von ihnen verwalteten EU-AIF und die von ihnen in der Union vertriebenen Nicht-EU-AIF beschränkt.

31   Unter welchen Umständen eine Hebelfinanzierung in beträchtlichem Umfang i. S. d. Art. 24 Abs. 4 eingesetzt wird, ergibt sich aus 111 AIFMD-DVO, der eine quantitative Vorgabe hierzu enthält, nämlich sofern das Risiko des AIF, errechnet auf Basis der sog. großes Commitment-Methode den NAV um das 3-fache übersteigt. Es handelt sich also um ein starres Verhältnis zwischen NAV und Risiko. Die Strategie des jeweiligen AIF ist also unerheblich, was gewisse Zweifelsfragen aufwirft.

32   Der Einsatz von Hebelfinanzierung variiert deutlich nicht nur zwischen Strategien im Allgemeinen, sondern auch innerhalb von diesen, wie aus nachfolgendem Schaubild für den Einsatz von Hebelfinanzierung bei Hedgefonds-Strategien ersichtlich ist.

Category	No Leverage Employed (in %)	Leverage employed (in %)
	(% of total number of funds)	Low Level of Leverage (<2:1)
Aggressive Growth	20 %	60 %
Emerging Marktes	20 %	50 %

Category	No Leverage Employed (in %)	Leverage employed (in %)
	(% of total number of funds)	Low Level of Leverage (<2:1)
Emerging Markets Neutral	15 %	50 %
Event Driven	15 %	60 %
Income	35 %	30 %
Market Neutral-Arbitrage	10 %	25 %
Market Timing	55 %	35 %
Multi Strategy	10 %	50 %
Opportunistic	10 %	60 %
Short Selling	30 %	40 %
Value	20 %	60 %
Total	20 %	50 %

Es wird deutlich, dass der Fremdkapitaleinsatz vom jeweiligen Manager, der 33 gewählten Strategie und natürlich auch den Wünschen/Vorgaben der Investoren abhängig ist. Während bei manchen Strategien der Einsatz von Hebelfinanzierung mehr oder weniger unabdingbar ist, eben weil schon aus kleinen Bewertungsunterschieden ein Ertrag erzielt werden soll (Arbitragegeschäft), verwenden andere Strategien gar keinen oder in moderatem Umfang Hebelfinanzierung. Der Grad des Einsatzes von Hebelfinanzierung bedeutet jedoch nicht zwingend in gleichem Umfang ein gesteigertes Anlagerisiko. Insbesondere bei liquiden Anlagestrategien können Positionen, die sich nicht wie erwartet entwickeln, kurzfristig geschlossen werden. Ein Beispiel hierfür sind die sog. Managed Futures/CTAs. Ein starres Verhältnis zwischen NAV und Risiko wird also weder der Praxis, noch den Risiken, die tatsächlich für die Aufsichtsbehörden relevant und daher verfolgt werden sollten, gerecht.

Insofern ist das von der EU-Kommission nunmehr festgesetzte Verhältnis frag- 34 würdig und dürfte dem Grundsatz einer risikobasierten Aufsicht nicht entsprechen. Hier scheint offenkundig der Wunsch nach Vereinfachung des Monitorings von Hebelfinanzierung der Grund für ein festes Ratio gewesen sein.

Über das Ratio hinaus enthält die AIFMD-DVO keine weiteren Spezifizierun- 35 gen, obwohl diese notwendig erscheinen, z. B. im Hinblick darauf, ob dieses Ratio in einem gewissen zeitlichen Kontext stehen muss, also ob das Leverage Ratio für ein längeren Zeitraum – dauerhaft – überschritten sein muss, lediglich an mehreren vorgegebenen Zeitpunkten, oder ob es ggf. schon ausreicht, wenn dieses Leverage Ratio einmal im Geschäftsjahr überschritten wird. Es erscheint jedenfalls unverhältnismäßig, wenn letzterer Fall ausreichend sein würde. Sachgerechter Weise könnte man hier zur Orientierung an die Regelungen zum Überschreiten von Schwellenwerten in Art. 4 AIFMD-DVO anknüpfen. Dort wird auf das Kriterium vorübergehend („temporary nature") abgestellt. Art. 4 Abs. 4 spezifiziert diesbezüglich, dass dieses Kriterium zumindest dann nicht mehr erfüllt ist, wenn dieser Zustand drei Monate überdauert. Mit einer ähnlichen Herangehensweise könnte auch mit Blick auf Art. 24 Abs. 4 determiniert werden, ob ein kurzfristiges Überschreiten des Leverage-Ratios 3, also kürzer als 3 Monate, schon ausreicht, um den Einsatz von Hebelfinanzierung als „in beträchtlichem Umfang zu qualifizieren".

36   Hinzuweisen ist in diesem Zusammenhang auf den einschlägigen ESMA Advice[12] zu dieser Thematik. Dort führte ESMA in Box 111 zunächst aus, dass nicht nur die Kommitment-Methode angewendet werden darf, sondern auch die sog. Brutto Methode, und, soweit einschlägig, auch die sog. Advanced Methode. ESMA schlug zudem nicht eine fest Leverage-Ratio vor, sondern regte an, dass bei der Evaluierung, ob Hebelfinanzierung in beträchtlichem Umfang eingesetzt wird, folgende nicht abschließende Kriterien berücksichtigt werden sollten:
a) die Art des AIF einschließlich Ausgestaltung, Größe und Komplexität,
b) die Anlagestrategie,
c) das Marktumfeld,
d) ob das Risiko des AIF durch den Einsatz von Hebelfinanzierung geeignet ist ein Marktrisiko, ein Liquiditätsrisiko, oder ein Gegenparteirisiko für ein Kreditinstitut oder ein andere systemrelevante Einrichtung darzustellen,
e) ob die eingesetzten Techniken durch die Verwendung von Hebelfinanzierung zur Verschärfung einer Abwärtsbewegung von Preisen von Finanzinstrumenten oder anderen Vermögensgegenständen beitragen können, und zwar in einer Art und Weise, die die Verwendbarkeit dieser Preise beeinträchtigt,
f) ob der Umfang der eingesetzten Hebelfinanzierung zum Aufbau von systemischen Risiken im Finanzsystem oder zu ungeordneten Märkten führen kann.

37   Diesen Vorschlägen ist die EU-Kommission nicht gefolgt, obwohl diese durchaus differenzierter gewesen wäre und ESMA deutlich hervorgehoben hatte, dass ein rein quantitativer Ansatz unangemessen sei, insbesondere mit Blick auf die Identifizierung von systemischen Risiken. Die EU-Kommission hat stattdessen einem einfachen und damit pauschalisierendem System, was auf der anderen Seite natürlich ein großes Maß an Klarheit hat, aber schließlich den Vorzug gegeben, was der Vielzahl der unterschiedlichen Strategien, die erfasst werden und vor allem den höchst unterschiedlichen Risiken, die damit einhergehen, allerdings nicht gerecht wird.

II. Format, Zeitpunkt und Häufigkeit der Informationspflichten

38   Im Hinblick auf Format, Zeitpunkt und Häufigkeit der Informationspflichten gelten gem. Art. 110 Abs. 5 und Art. 111 Abs. 2 die gleichen Vorgaben wie auch für Art. 24. Abs. 2 und 3[13].

39   Gem. der Berichtsvorlage in Anhang IV der AIFMD-DVO[14] sind in diesem Zusammenhang Informationen zur sog. Re-hypothecation und zu Kreditaufnahmen und daraus resultierenden Risiken zu machen. Letztere sind zu untergliedern nach Art der Kreditaufnahme (Cash oder Derivate), die 5 größten Kreditgeber, die Berechnung der Hebelfinanzierung nach den unterschiedlichen Berechnungsmethoden, etc.

---

[12] ESMA/2011/379.
[13] Vgl. oben Rn. 21 und 25.
[14] Ziffern 1–7 des Templates zu Art. 24 Abs. 4.

F. Informationspflichten zur Überwachung von Systemrisiken Abs. 5

Eine weitere bedarfsweise Informationspflicht ist schließlich in Abs. 5 statuiert. **40** Danach können die zuständigen Behörden des Herkunftsmitgliedstaats regelmäßig oder spontan ergänzende Informationen zu den in diesem Artikel festgelegten Informationen anfordern, sofern dies für die wirksame Überwachung von System-risiken erforderlich ist. Dabei ist ESMA von den zuständigen Behörden über den zusätzlichen Informationsbedarf zu informieren.

Neben diesem Informationsrecht der zuständigen Behörde des Herkunftsmit- **41** gliedstaats kann auch von ESMA eine solche Information ersucht werden. Dazu kann sie die zuständigen Behörden des Herkunftsmitgliedstaats bitten, zusätzliche Berichtspflichten aufzuerlegen. Voraussetzung dafür ist allerdings, dass außerge-wöhnlicher Umstände vorliegen und dieses Vorgehen zur Sicherung der Stabilität und Integrität des Finanzsystems oder zur Förderung eines langfristigen nachhalti-gen Wachstums erforderlich ist.

Abs. 5 stellt eine absolut unbestimmte und vage Rechtsnorm dar. Der Begriff des **42** Systemrisikos ist bislang nirgendwo ansatzweise definiert. Dieser Begriff dann jedoch in einen aufsichtsrechtlichen Tatbestand einzubetten, der mehr oder weniger unbe-schränkte Informationspflichten auslöst, ist bereits unter rechtsstaatlichen Gesichts-punkten abzulehnen. Auch die Verknüpfung mit „außergewöhnlichen Umständen", „Sicherung der Stabilität und Integrität des Finanzsystems", oder „Förderung eines langfristigen nachhaltigen Wachstums" mit einem abgeleiteten Informationsrecht der ESMA ist viel zu vage und unbestimmt, als dass es als Grundlage für eine Eingriffs-norm für aufsichtsrechtliche Zwecke herangezogen werden kann.

G. Durchführungsbestimmungen der Kommission zu Art. 24 Abs. 6

Abs. 6 enthält schließlich die Ermächtigung an die EU-Kommission, durch dele- **43** gierte Rechtsakte gemäß Artikel 56 und nach Maßgabe der Bedingungen der Arti-kel 57 und 58 dazu zu erlassen, a) wann davon auszugehen ist, dass für die Zwecke des Abs. 4 in beträchtlichem Umfang Hebelfinanzierungen eingesetzt werden und b) zu den in Art. 24 vorgesehenen Berichts- und Informationspflichten.

Von dieser Ermächtigung hat die EU-Kommission mit der AIFMD-DVO **44** Gebrauch gemacht. Die einschlägigen Durchführungsbestimmungen finden sich dort in Kapital V (Transparenzanforderungen, Hebelfinanzierung, Regelungen zu Drittstaaten und Austausch von Informationen zu möglichen Auswirkungen der AIFM-Aktivitäten). Die spezifischen Durchführungsbestimmungen finden sich in Art. 110 und Art. 111 AIFMD-DVO[15].

H. Umsetzung von Art. 24 im KAGB

Seine Umsetzung im KAGB findet Art. 24 im Wesentlichen in den § 35. § 35 **45** enthält Regelungen zu Meldepflichten von AIF-Kapitalverwaltungsgesellschaften und entspricht fast wortgenau den Vorgaben aus Art. 24.

---

[15] Zu den Inhalten dieser Durchführungsbestimmungen wird auf die Kommentierung zu Abs. 1, 2 und 4 verwiesen, dort wurden diese bereits berücksichtigt.

46   Die einschlägigen Bezüge zur AIFMD-DVO finden sich hinsichtlich der Mitteilungspflichten von AIF-Kapitalverwaltungsgesellschaften (Art. 110 und Art. 111
AIFMD-DVO) in § 35 Abs. 4 und 8.

Anhang

ANHANG IV

FORMBLATT FÜR DIE BERICHTERSTATTUNG: AIFM

(Artikel 3 (3)(d) and 24 der Richtlinie 2011/61/EU)

ANGABEN ZUM AIFM

(Artikel 3 (3)(d) und 24(1) der Richtlinie 2011/61/EU)

		Wichtigster Markt/ wichtigstes Instrument	Zweitwichtigster Markt/zweitwichtigstes Instrument	Drittwichtigster Markt/drittwichtigstes Instrument	Viertwichtigster Markt/viertwichtigstes Instrument	Fünftwichtigster Markt/fünftwichtigstes Instrument
1	Wichtigste Märkte des Handels für Rechnung der vom AIFM verwalteten AIF					
2	Wichtigste Instrumente des Handels für Rechnung der vom AIFM verwalteten AIF					
3	Verwaltete Vermögenswerte aller verwalteten AIF, berechnet gemäß Artikel 2	In der Basiswährung (wenn für alle AIF gleich)		In EUR		

Bitte Angabe von offizieller Bezeichnung, Ort und Rechtsordnung der Märkte

DETAILLIERTE LISTE ALLER VOM AIFM VERWALTETEN AIF
auf Verlangen zum Ende jedes Quartals vorzulegen
(Artikel 24(3) der Richtlinie 2011/61/EU)

Name des AIF	Identifikationscode der Fonds	Auflegedatum	AIF-Typ (Hedgefonds, Private Equity-Fonds, Immobilienfonds, Dachfonds, Sonstige*)	NAV	EU-AIF: Ja/Nein

* Unter „Sonstige" bitte Angabe der Strategie, die den AIF-Typ am besten beschreibt. Geldwerte sind in der Basiswährung des AIF anzugeben.

FORMBLATT FÜR DIE BERICHTERSTATTUNG: AIF
(Artikel 3 (3)(d) und 24 der Richtlinie 2011/61/EU)

		ANGABEN ZUM AIF (Artikel 3 (3)(d) und 24(1) der Richtlinie 2011/61/EU)	
		Datentyp	Gemeldete Daten
		IDENTITÄT DES AIF	
1	**Name des AIF**		EU-AIF: Ja/Nein
2	**Fondsmanager** *(Firmenname und Standardcode, sofern verfügbar)*		EU-AIFM: Ja/Nein
3	**Identifikationscodes der Fonds**, falls zutreffend		
4	**Auflegedatum des AIF**		
5	**Sitz des AIF**		
6	**Identität des/der Primebroker des AIF** *(Firmenname und Standardcode, sofern verfügbar)*		
7	**Basiswährung des AIF** nach ISO 4217 und **verwaltete Vermögenswerte, berechnet gemäß Artikel 2**		Währung Gesamtwert des verwalteten Vermögens
8	**Rechtsordnungen der drei wichtigsten Finanzierungsquellen** (ohne von Anlegern gekaufte AIF-Anteile)		

ANGABEN ZUM AIF
(Artikel 3 (3)(d) und 24(1) der Richtlinie 2011/61/EU)

	Datentyp	Gemeldete Daten	
9	**Vorherrschender AIF-Typ** *(bitte einen Typ auswählen)*	Hedgefonds Private Equity-Fonds Immobilienfonds Dachfonds Sonstige Keine	
10	**Aufschlüsselung der Anlagestrategien** *(Aufschlüsselung der AIF-Anlagestrategien nach dem in Frage 1 genannten vorherrschenden AIF-Typ. Zur Beantwortung dieser Frage, siehe Erläuterungen.)*		
		Angabe der Strategie, die die AIF-Strategie am besten beschreibt	Anteil am NAV (%)
	a) Hedgefondstrategien *(Diese Frage ist zu beantworten, wenn unter Frage 1 als vorherrschender AIF-Typ „Hedgefonds" angegeben wurde)* *Angabe der Hedgefondstrategien, die die AIF-Strategien am besten beschreiben* Equity: Long Bias Equity: Long/Short Equity: Marktneutral Equity: Short Bias Relative Value: Fixed Income Arbitrage Relative Value: Wandelanleihen-Arbitrage Relative Value: Volatilitätsarbitrage Event Driven: Krisensituationen/Restrukturierungen Event Driven: Risikoarbitrage (Risk Arbitrage/Merger Arbitrage) Event Driven: Equity – Special-Situations-Strategie Kredit (long/short) Asset Based Lending Makro		

ANGABEN ZUM AIF
(Artikel 3 (3)(d) und 24(1) der Richtlinie 2011/61/EU)

Datentyp	Gemeldete Daten
Managed Futures/CTA: Fundamental Managed Futures/CTA: Quantitative Multi-Strategy-Hedgefonds sonstige Hedgefondsstrategien	
b) Private-Equity-Strategien *(Diese Frage ist zu beantworten, wenn unter Frage 1 als vorherrschender AIF-Typ „Private Equity-Fonds" angegeben wurde)*	
Angabe der Private-Equity-Strategien, die die AIF-Strategien am besten beschreiben Wagniskapital Growth Capital Mezzanine-Kapital Multi-Strategy-Private-Equity sonstige Private-Equity-Strategien	
c) Immobilienstrategien *(Diese Frage ist zu beantworten, wenn unter Frage 1 als vorherrschender AIF-Typ „Immobilienfonds" angegeben wurde)*	
Angabe der Immobilienstrategien, die die AIF-Strategien am besten beschreiben Wohnimmobilien Gewerbeimmobilien Industrieimmobilien Multi-Strategy-Immobilienfonds sonstige Immobilien Strategien	
d) Dachfondsstrategien *(Diese Frage ist zu beantworten, wenn unter Frage 1 als vorherrschender AIF-Typ „Dachfonds" angegeben wurde)*	
Angabe der „Dachfondsstrategie", die die AIF-Strategien am besten beschreibt Dach-Hedgefonds	

ANGABEN ZUM AIF
(Artikel 3 (3)(d) und 24(1) der Richtlinie 2011/61/EU)

	Datentyp		Gemeldete Daten
	Dach-Private-Equity-Fonds sonstige Dachfonds		
	e) Sonstige Strategien *(Diese Frage ist zu beantworten, wenn unter Frage 1 als vorherrschender AIF-Typ „Sonstige" angegeben wurde)*		
	Angabe der „sonstigen" Strategie, die die AIF-Strategien am besten beschreibt Rohstoff-Fonds Equity-Fonds Fixed Income-Fonds Infrastrukturfonds sonstige Fonds		

WICHTIGSTE RISIKEN UND STÄRKSTE KONZENTRATION

11 Wichtigste Instrumente, mit denen der AIF handelt

	Art/Code des Instruments	Wert (berechnet nach Artikel 3 AIFM-Richtlinie)	Long-/Short-Position
Wichtigstes Instrument			
Zweitwichtigstes Instrument			
Drittwichtigstes Instrument			
Viertwichtigstes Instrument			
Fünftwichtigstes Instrument			

12 Geografischer Schwerpunkt

Geografische Aufschlüsselung der vom AIF gehaltenen Investitionen als prozentualer Anteil am gesamten Nettobestandswert (NAV) des AIF		*% des NAV*	
Afrika			

ANGABEN ZUM AIF

(Artikel 3 (3)(d) und 24(1) der Richtlinie 2011/61/EU)

	Datentyp	Gemeldete Daten
	Asien und pazifischer Raum (außer Mittlerer Osten)	
	Europa (EWR)	
	Europa (nicht EWR)	
	Mittlerer Osten	
	Nordamerika	
	Südamerika	
	Supranational/mehrere Regionen	

13 10 wichtigste Risiken des AIF zum Berichtsdatum (höchster absoluter Wert):

	Art der Vermögenswerte/Verbindlichkeiten	Name/Beschreibung der Vermögenswerte/Verbindlichkeiten	Wert (berechnet nach Artikel 3)	% am Bruttomarktwert	Long-/Short-Position	Gegenpartei (sofern relevant)
1.						
2.						
3.						
4.						
5.						
6.						
7.						
8.						
9.						
10.						

ANGABEN ZUM AIF
(Artikel 3 (3)(d) und 24(1) der Richtlinie 2011/61/EU)

	Datentyp			Gemeldete Daten		
14	**5 wichtigste Portfoliokonzentrationen:**					
	Art der Vermögenswerte/Verbindlichkeiten	Name/Beschreibung des Markts	Höhe des aggregierten Risikos (berechnet nach Artikel 3)	%am Bruttomarktwert	Long-/Short-Position	Gegenpartei (sofern relevant)
1.						
2.						
3.						
4.						
5.						
15	**Typische Geschäfts-/Positionsgröße** *(Diese Frage ist zu beantworten, wenn unter Frage 1 als vorherrschender AIF-Typ „Private Equity-Fonds" angegeben wurde)*					*[bitte eine Angabe]* Sehr klein Klein Unteres mittleres Marktsegment Oberes mittleres Marktsegment Large Cap Mega Cap

ANGABEN ZUM AIF
(Artikel 3 (3)(d) und 24(1) der Richtlinie 2011/61/EU)

		Datentyp	Gemeldete Daten
16		**Wichtigste Märkte, auf denen der AIF handelt**	
		Angabe von Name und Kennnummer (z.B. MIC-Code), sofern verfügbar, des Markts mit dem höchsten Risiko	
		Angabe von Name und Kennnummer (z.B. MIC-Code), sofern verfügbar, des Markts mit dem zweithöchsten Risiko	
		Angabe von Name und Kennnummer (z.B. MIC-Code), sofern verfügbar, des Markts mit dem dritthöchsten Risiko	
17		**Anlegerkonzentration**	
		Angabe des ungefähren Prozentsatzes des AIF-Kapitals im wirtschaftlichen Eigentum der fünf wirtschaftlichen Eigentümer mit der höchsten Kapitalbeteiligung am AIF (als Prozentsatz der ausstehenden AIF-Anteile; **Look-Through auf wirtschaftliche Eigentümer, sofern bekannt/möglich)**	%
		Aufschlüsselung der Anlegerkonzentration nach Anlegerstatus (Schätzwert, falls keine exakten Informationen verfügbar):	
		– Professionelle Kunden (im Sinne der Richtlinie 2004/39/EG (MiFID):	
		– Kleinanleger:	

Geldwerte sind in der Basiswährung des AIF anzugeben.

DEN ZUSTÄNDIGEN BEHÖRDEN VORZULEGENDE ANGABEN ZUM AIF
(Artikel 24(2) der Richtlinie 2011/61/EU)

		Datentyp	Gemeldete Daten
		IDENTITÄT DES AIF	
1		**Name des AIF**	EU-AIF: Ja/Nein
2		**Fondsmanager**	EU-AIFM: Ja/Nein
1		Name des AIF	
2		Fondsmanager	

DEN ZUSTÄNDIGEN BEHÖRDEN VORZULEGENDE ANGABEN ZUM AIF (Artikel 24(2) der Richtlinie 2011/61/EU)		
Datentyp	**Gemeldete Daten**	
3 Identifikationscodes der Fonds, falls zutreffend		
4 Auflegedatum des AIF		
5 Basiswährung des AIF **nach ISO 4217 und verwaltete Vermögenswerte, berechnet gemäß Artikel 2**	Währung	Gesamtwert des verwalteten Vermögens
6 Identität des/der Primebroker des AIF		
7 Rechtsordnungen der drei wichtigsten Finanzierungsquellen		
GEHANDELTE INSTRUMENTE UND EINZELRISIKEN		
8 Gehandelte Einzelrisiken und wichtigste Vermögenskategorien, in die der AIF investiert ist (zum Berichtsdatum):		
a) Wertpapiere	*Kaufseite (Long Value)*	*Verkaufseite (Short Value)*
Kassenmittel und Kassenmitteläquivalente		
davon:		
Einlagenzertifikate		
Commercial Papers		
sonstige Einlagen		
sonstige Kassenmittel und Kassenmitteläquivalente (ausschl. Staatspapieren)		

DEN ZUSTÄNDIGEN BEHÖRDEN VORZULEGENDE ANGABEN ZUM AIF
(Artikel 24(2) der Richtlinie 2011/61/EU)

Datentyp	Gemeldete Daten
Börsennotierte Aktien	
davon: Emission von Finanzinstituten	
sonstige börsennotierte Aktien	
Nicht börsennotierte Aktien	
Nicht von Finanzinstituten ausgegebene Unternehmensanleihen	
davon: mit Investment-Grade-Rating	
ohne Investment-Grade-Rating	
Von Finanzinstituten ausgegebene Unternehmensanleihen	
davon: mit Investment-Grade-Rating	
ohne Investment-Grade-Rating	
Staatsanleihen	
davon: EU-Bonds mit Laufzeit von bis zu einem Jahr	
EU-Bonds mit Laufzeit von mehr als einem Jahr	
Nicht G10-Bonds mit Laufzeit von bis zu einem Jahr	
Nicht G10-Bonds mit Laufzeit von mehr als einem Jahr	

DEN ZUSTÄNDIGEN BEHÖRDEN VORZULEGENDE ANGABEN ZUM AIF (Artikel 24(2) der Richtlinie 2011/61/EU)	
Datentyp	**Gemeldete Daten**
Nicht von Finanzinstituten ausgegebene Wandelanleihen	
davon: *mit Investment-Grade-Rating*	
ohne Investment-Grade-Rating	
Von Finanzinstituten ausgegebene Wandelanleihen	
davon: *mit Investment-Grade-Rating*	
ohne Investment-Grade-Rating	
Darlehen	
davon: *gehebelte Darlehen*	
sonstige Darlehen	
Strukturierte/verbriefte Produkte	
davon: *ABS*	
RMBS	
CMBS	
MBS von Agenturen	
ABCP	
CDO/CLO	
Strukturierte Zertifikate	
ETP	
sonstige	

DEN ZUSTÄNDIGEN BEHÖRDEN VORZULEGENDE ANGABEN ZUM AIF (Artikel 24(2) der Richtlinie 2011/61/EU)		Gemeldete Daten	
Datentyp		Kaufseite (Long Value)	Verkaufseite (Short Value)
b) Derivate			
Equity-Derivate			
davon:	*verbunden mit Finanzinstituten*		
	sonstige Equity-Derivate .		
Fixed Income-Derivate			
CDS			
davon:	*Einzeladressen-CDS von Finanzinstituten*		
	Einzeladressen-CDS von staatlichen Emittenten		
	Einzeladressen-CDS von sonstigen Emittenten		
	Index-CDS		
	Exotisch (einschließlich Credit Default Tranche)	*Bruttowert*	
Devisengeschäfte (zu Investmentzwecken)			
Zinsderivate		Kaufseite (Long Value)	Verkaufseite (Short Value)

DEN ZUSTÄNDIGEN BEHÖRDEN VORZULEGENDE ANGABEN ZUM AIF
(Artikel 24(2) der Richtlinie 2011/61/EU)

Datentyp	Gemeldete Daten											
Rohstoff-Derivate												
davon:												
Energie												
davon: – Rohöl												
– Erdgas												
– Strom												
Edelmetalle												
davon: Gold												
sonstige Rohstoffe												
davon: – Industriemetalle												
– Viehbestand												
– landwirtschaftliche Produkte												
Sonstige Derivate												
c) Physische (reale/materielle) Anlagen	*Kaufseite (Long Value)*											
Physisch: Immobilien												
davon:												
Wohnimmobilien												
Gewerbeimmobilien												
Physisch: Rohstoffe												
Physisch: Holz												
Physisch: Kunst und Sammlerobjekte												

DEN ZUSTÄNDIGEN BEHÖRDEN VORZULEGENDE ANGABEN ZUM AIF (Artikel 24(2) der Richtlinie 2011/61/EU)		
Datentyp	**Gemeldete Daten**	
Physisch: Transportmittel		
Physisch: sonstige		
d) Organismen für gemeinsame Anlagen	*Kaufseite (Long Value)*	
Anlagen in durch den AIFM geführte/verwaltete OGA		
davon: Geldmarktfonds- und Cash-Management-OGA		
ETF		
sonstige OGA		
Anlagen in nicht durch den AIFM geführte/verwaltete OGA		
davon: Geldmarktfonds- und Cash-Management-OGA		
ETF		
sonstige OGA		
e) Anlagen in andere Vermögensklassen	*Kaufseite (Long Value)*	*Verkaufseite (Short Value)*
Sonstige insgesamt		
9 Umsatz in den einzelnen Vermögensklassen während der Berichtsmonate		
a) Wertpapiere	*Marktwert*	
Kassenmittel und Kassenmitteläquivalente		
Börsennotierte Aktien		

DEN ZUSTÄNDIGEN BEHÖRDEN VORZULEGENDE ANGABEN ZUM AIF (Artikel 24(2) der Richtlinie 2011/61/EU)		
Datentyp	**Gemeldete Daten**	
Nicht börsennotierte Aktien		
Nicht von Finanzinstituten ausgegebene Unternehmensanleihen		
davon: *mit Investment-Grade-Rating*		
ohne Investment-Grade-Rating		
Von Finanzinstituten ausgegebene Unternehmensanleihen		
Staatsanleihen		
davon: *Staatsanleihen von EU-Mitgliedstaaten*		
Staatsanleihen von Drittländern		
Wandelanleihen		
Darlehen		
Strukturierte/verbriefte Produkte		
b) Derivate	*Nominalwert*	*Marktwert*
Equity-Derivate		
Fixed Income-Derivate		
CDS		
Devisengeschäfte (zu Investmentzwecken)		
Zinsderivate		
Rohstoff-Derivate		
Sonstige Derivate		

		DEN ZUSTÄNDIGEN BEHÖRDEN VORZULEGENDE ANGABEN ZUM AIF (Artikel 24(2) der Richtlinie 2011/61/EU)		
		Datentyp	**Gemeldete Daten**	
			Marktwert	
		c) Physische (reale/materielle) Anlagen		
		Physisch: Rohstoffe		
		Physisch: Immobilien		
		Physisch: Holz		
		Physisch: Kunst und Sammlerobjekte		
		Physisch: Transportmittel		
		Physisch: Sonstige		
		d) Organismen für gemeinsame Anlagen		
		e) Andere Vermögensklassen		
		Währung der Risiken		
	10	**Gesamtwert von Long- und Shortpositionen (vor Kurssicherung) in folgenden Währungen:**	*Kaufseite (Long Value)*	*Verkaufseite (Short Value)*
		Anwendung und Durchsetzung		
		CAD		
		CHF		
		EUR		
		GBP		
		HKD		
		JPY		
		USD		
		Sonstige		

DEN ZUSTÄNDIGEN BEHÖRDEN VORZULEGENDE ANGABEN ZUM AIF (Artikel 24(2) der Richtlinie 2011/61/EU)		
	Datentyp	Gemeldete Daten
11	**Typische Geschäfts-/Positionsgröße** (Diese Frage ist zu beantworten, wenn oben als vorherrschender AIF-Typ „Private Equity-Fonds" angegeben wurde)	*[bitte eine Angabe]* Sehr klein (< 5 Mio. €) Klein (5 Mio. € bis < 25 Mio. €) Unteres/mittleres Marktsegment (25 Mio. € bis < 150 Mio. €) Oberes mittleres Marktsegment (150 Mio. € bis 500 Mio. €) Large Cap (500 Mio. € bis 1 Mrd. €) Mega Cap (1 Mrd. € und mehr)

	Datentyp	Gemeldete Daten	
	Name	*% der Stimmrechte*	*Art der Transaktion*
12	**Beherrschender Einfluss** *(Diese Frage ist zu beantworten, wenn oben als vorherschender AIF-Typ „Private Equity-Fonds" angegeben wurde; verlangt werden Angaben zu jedem Unternehmen, auf das der AIF einen beherrschenden Einfluss im Sinne von Artikel 1 der Richtlinie 83/349/EWG ausübt) (falls nicht zutreffend, frei lassen)*		
	RISIKOPROFIL DES AIF		
	1. MARKTRISIKO		
13	**Erwartete jährliche Anlagerendite/interner Zinsfuß (IRR) unter normalen Marktbedingungen (in %)**		
	Net Equity Delta		
	Net DV01:		
	Net CS01 :		
	2. GEGENPARTEI		
14	**Handels- und Clearingmechanismen**		
	a) Geschätzter %-Anteil (Marktwert) des Wertpapierhandels: *(frei lassen, falls keine Wertpapiere gehandelt werden)*	*%*	
	Geregelte Börsen		
	OTC		

DEN ZUSTÄNDIGEN BEHÖRDEN VORZULEGENDE ANGABEN ZUM AIF (Artikel 24(2) der Richtlinie 2011/61/EU)	
Datentyp	**Gemeldete Daten**
a) Geschätzter %-Anteil (Handelsvolumen) des Derivatehandels: *(frei lassen, falls keine Derivate gehandelt werden)*	%
Geregelte Börsen	
OTC	
a) Geschätzter %-Anteil (Handelsvolumen) geclearter Derivat-Transaktionen: *(frei lassen, falls keine Derivate gehandelt werden)*	%
Über eine zentrale Gegenpartei (CCP)	
Bilateral	
a) Geschätzter %-Anteil (Marktwert) geclearter Pensionsgeschäfte: *(frei lassen, falls keine Pensionsgeschäfte getätigt werden)*	%
Über eine zentrale Gegenpartei (CCP)	
Bilateral	
Triparty	
15 Wert von Sicherheiten und sonstiger Arten der Kreditunterlegung, die der AIF bei sämtlichen Gegenparteien hinterlegt hat	
a) Wert von Sicherheiten in Form von Kassenmitteln und Kassenmitteläquivalenten	
b) Wert von Sicherheiten in Form sonstiger Wertpapiere (außer Kassenmitteln und Kassenmitteläquivalenten)	
c) Wert der hinterlegten sonstigen Sicherheiten und anderer Arten der Kreditunterlegung (einschl. Nennwert von Kreditbriefen und ähnlichen durch Dritte geleisteten Kreditsicherheiten)	

DEN ZUSTÄNDIGEN BEHÖRDEN VORZULEGENDE ANGABEN ZUM AIF (Artikel 24(2) der Richtlinie 2011/61/EU)		
Datentyp	**Gemeldete Daten**	
16 **Welcher prozentuale Anteil am Wert der bei Gegenparteien hinterlegten Sicherheiten und anderen Arten der Kreditunterlegung wurde von Gegenparteien weiterverpfändet?**		
17 **Die fünf wichtigsten Gegenpartei-Risiken (außer CCP)**		
a) **Angabe der fünf wichtigsten Gegenparteien, bei denen der AIF das höchste Gegenpartei-Nettokreditrisiko (Mark-to-Market) trägt, gemessen als % am Nettobestandswert (NAV) des AIF**	*Name*	*Gesamtrisiko*
Gegenpartei 1		
Gegenpartei 2		
Gegenpartei 3		
Gegenpartei 4		
Gegenpartei 5		
a) **Angabe der fünf wichtigsten Gegenparteien mit dem höchsten Gegenpartei-Nettokreditrisiko (Mark-to-Market) beim AIF, gemessen als Prozentsatz am NAV des AIF**	*Name*	*Gesamtrisiko*
Gegenpartei 1		
Gegenpartei 2		
Gegenpartei 3		
Gegenpartei 4		
Gegenpartei 5		

DEN ZUSTÄNDIGEN BEHÖRDEN VORZULEGENDE ANGABEN ZUM AIF
(Artikel 24(2) der Richtlinie 2011/61/EU)

	Datentyp	Gemeldete Daten
18	**Direkt-Clearing über zentrale Gegenparteien (CCP)**	
	a) Hat der AIF im Berichtszeitraum Transaktionen direkt über eine CCP clearen lassen?	Ja / Nein (falls nein, können Sie direkt zu Frage 21 gehen)
	b) Bei „Ja" unter 18(a), Angabe der drei im Hinblick auf das Nettokreditrisiko wichtigsten zentralen Gegenparteien (CCP)	*Name* *Gehaltener Wert*
	CCP 1 *(frei lassen, falls nicht zutreffend)*	
	CCP 2 *(frei lassen, falls nicht zutreffend)*	
	CCP 3 *(frei lassen, falls nicht zutreffend)*	

3. LIQUIDITÄTSPROFIL

Portfolio-Liquiditätsprofil

19 Anleger-Liquiditätsprofil
Anteil des Portfolios, der innerhalb folgender Fristen liquide gemacht werden kann:

1 Tag oder weniger	2–7 Tage	8–30 Tage	31–90 Tage	91–180 Tage	181–365 Tage	mehr als 365 Tage

20	**Wert unbelasteter Barmittel**
	Anleger-Liquiditätsprofil

DEN ZUSTÄNDIGEN BEHÖRDEN VORZULEGENDE ANGABEN ZUM AIF
(Artikel 24(2) der Richtlinie 2011/61/EU)

	Datentyp							Gemeldete Daten
21	**Anleger-Liquiditätsprofil** Anteil des innerhalb folgender Fristen rückzahlbaren Anlegerkapitals (in % des NAV des AIF)							
	1 Tag oder weniger	2–7 Tage	8–30 Tage	31–90 Tage	91–180 Tage	181–365 Tage	mehr als 365 Tage	
22	**Rückzahlungen an die Anleger**							
	a) Gewährt der AIF Anlegern Kündigungs-/Rückzahlungsrechte im normalen Verlauf?							Ja Nein
	b) Welche Häufigkeit haben Rückzahlungen an Anleger (bei mehreren Anteilklassen Angabe der wichtigsten Anteilklasse des NAV)?							*[bitte eine Angabe]* Täglich Wöchentlich Vierzehntäglich Monatlich Vierteljährlich Halbjährlich Jährlich Sonstige nicht zutreffend
	c) Welche Meldefrist gilt für Rückzahlungen nach Anlegerklasse (in Tagen)? *(bei mehreren Klassen oder Anteilen Angabe der Meldefrist nach Vermögenswert)*							

Dornseifer

DEN ZUSTÄNDIGEN BEHÖRDEN VORZULEGENDE ANGABEN ZUM AIF (Artikel 24(2) der Richtlinie 2011/61/EU)	
Datentyp	**Gemeldete Daten**
d) „Lock-Up-Frist" der Anleger in Tagen (bei mehreren Klassen oder Anteilen Angabe der Meldefrist nach Vermögenswert)	
23 Besondere Regelungen und Vorzugsbehandlung	
a) Prozentualer Anteil am AIF-NAV, für den zum Berichtsdatum folgende besondere Regelungen gelten:	% am NAV
Abspaltung illiquider Anlagen („Side pockets")	
Rücknahmebeschränkungen („Gates")	
Aussetzung des Anteilehandels	
Sonstige Regelungen für die Verwaltung schwer zu liquidierbaren Vermögens *(bitte spezifizieren)*	[Typ] [%]
b) Angabe des prozentualen Anteils am NAV von AIF-Vermögenswerten, die schwer zu liquidieren sind und für die deshalb besondere Regelungen gelten, gemäß Artikel 23(4)(a) der AIFM-Richtlinie, einschließlich der unter 25(a) aufgeführten Vermögenswerte?	
Besondere Regelungen in % am NAV	
c) Erhalten Anleger eine Vorzugsbehandlung oder Anspruch auf eine solche Behandlung (z.B. aufgrund einer Zusatzvereinbarung) und bestehen deshalb gemäß Artikel 23(1)(j) der AIFM-Richtlinie Informationspflichten gegenüber den Anlegern des AIF?	(ja/nein)

DEN ZUSTÄNDIGEN BEHÖRDEN VORZULEGENDE ANGABEN ZUM AIF (Artikel 24(2) der Richtlinie 2011/61/EU)	
Datentyp	**Gemeldete Daten**
d) Falls „Ja" unter Buchstabe c, Angabe der Vorzugsbehandlungen:	
Unterschiedliche Informierung/Berichterstattung an Anleger	
Unterschiedliche Liquiditätsanforderungen an die verschiedenen Anleger	
Unterschiedliche Gebührenbestimmungen für Anleger	
Sonstige Vorzugsbehandlungen	
24 Aufschlüsselung der Eigentumsrechte an den AIF-Anteilen nach Anlegergruppe (in % am NAV des AIF-Vermögens; Look-Through auf die wirtschaftlichen Eigentümer, sofern bekannt und möglich)	
25 Finanzierungsliquidität	
a) Aggregierte Angaben zu aufgenommenen Krediten und dem AIF verfügbaren Kassenmittel (einschließlich genutzter und ungenutzter, widerruflicher und unwiderruflicher Kreditlinien sowie jeglicher befristeter Finanzierungen)	
b) Aufteilung des unter a) genannten Betrags auf die nachstehend genannten Zeiträume, basierend auf dem längsten Zeitraum, während dem der Gläubiger vertraglich zur Bereitstellung der Finanzierung verpflichtet ist:	

1 Tag oder weniger	2–7 Tage	8–30 Tage	31–90 Tage	91–180 Tage	181–365 Tage	mehr als 365 Tage

4. KREDIT- UND FORDERUNGSRISIKO	
26 Wert von Barmittel- oder Wertpapierkrediten nach:	
Unbesicherten Barkrediten:	

DEN ZUSTÄNDIGEN BEHÖRDEN VORZULEGENDE ANGABEN ZUM AIF (Artikel 24(2) der Richtlinie 2011/61/EU)	
Datentyp	Gemeldete Daten
Besicherten Barkrediten – über Primebroker:	
Besicherten Barkrediten – über (Reverse-) Repo:	
Besicherten Barkrediten – über Sonstige:	
27 Wert in Finanzinstrumente eingebetteter Kredite	
Börsengehandelte Derivate: Bruttorisiko nach Margenausgleich	
OTC-Derivate: Bruttorisiko nach Margenausgleich	
28 Wert der für Short-Positionen geliehenen Wertpapiere:	
29 Bruttorisiko durch den AIF kontrollierter Finanz- und gegebenenfalls Rechtsstrukturen im Sinne des Erwägungsgrunds 78 der AIFM-Richtlinie	
Finanz- und gegebenenfalls Rechtsstruktur	
Finanz- und gegebenenfalls Rechtsstruktur	
Finanz- und gegebenenfalls Rechtsstruktur	
......	
30 Hebelfinanzierungen des AIF	
a) Berechnet nach der Brutto-Methode	
a) Berechnet nach der Commitment-Methode	
5. OPERATIONELLE UND SONSTIGE RISIKEN	
31 Gesamtzahl offener Positionen	
32 Historisches Risikoprofil	
a) Bruttoanlagerenditen oder -IRR des AIF im Berichtszeitraum (in %, ohne Abzug von Verwaltungsentgelten und Erfolgsprämien)	

DEN ZUSTÄNDIGEN BEHÖRDEN VORZULEGENDE ANGABEN ZUM AIF (Artikel 24(2) der Richtlinie 2011/61/EU)		
Datentyp		Gemeldete Daten
1. Monat des Berichtszeitraums		
2. Monat des Berichtszeitraums		
.		
Letzter Monat des Berichtszeitraums		
b) Nettoanlagerenditen oder -IRR des AIF im Berichtszeitraum (in %, nach Abzug von Verwaltungsentgelten und Erfolgsprämien)		
1. Monat des Berichtszeitraums		
2. Monat des Berichtszeitraums		
.		
Letzter Monat des Berichtszeitraums		
c) Veränderungen der Nettoanlagerendite des AIF im Berichtszeitraum (in % unter Berücksichtigung von Zeichnungen und Rücknahmen)		
1. Monat des Berichtszeitraums		
2. Monat des Berichtszeitraums		
.		
Letzter Monat des Berichtszeitraums		
d) Zeichnungen im Berichtszeitraum		
1. Monat des Berichtszeitraums		

DEN ZUSTÄNDIGEN BEHÖRDEN VORZULEGENDE ANGABEN ZUM AIF (Artikel 24(2) der Richtlinie 2011/61/EU)	
Datentyp	**Gemeldete Daten**
2. Monat des Berichtszeitraums	
.	
.	
Letzter Monat des Berichtszeitraums	
d) Rücknahmen im Berichtszeitraum	
1. Monat des Berichtszeitraums	
2. Monat des Berichtszeitraums	
.	
.	
Letzter Monat des Berichtszeitraums	

Geldwerte sind in der Basiswährung des AIF anzugeben.

Dornseifer

ERGEBNISSE VON STRESSTESTS

b) Angabe der **Ergebnisse** der nach **Artikel 15 Absatz 3** Buchstabe b der Richtlinie 201 1/61/EU durchgeführten **Stresstests** *[die mit den einzelnen Anlagepositionen des AIF verbundenen Risiken samt ihrer Auswirkungen auf das Gesamtportfolio des AIF können – unter anderem auch durch die Nutzung angemessener Stresstestverfahren – laufend ordnungsgemäß beurteilt, eingeschätzt, gesteuert und überwacht werden;] [freier Text]*

Geldwerte sind in der Basiswährung des AIF anzugeben.

Angabe der **Ergebnisse** der **nach Artikel 16 Absatz 1 Unterabsatz 2** der Richtlinie 2011/61/EU durchgeführten **Stresstests**. *[Die AIFM führen, unter Zugrundelegung von sowohl normalen als auch außergewöhnlichen Liquiditätsbedingungen, regelmäßig Stresstests durch, mit denen sie die Liquiditätsrisiken der AIF bewerten und die Liquiditätsrisiken der AIF entsprechend überwachen können.] [freier Text]*

Geldwerte sind in der Basiswährung des AIF anzugeben.

ANGABEN ZUM AIF, DIE DEN ZUSTÄNDIGEN BEHÖRDEN ZUR VERFÜGUNG ZU STELLEN SIND (Artikel 24 Absatz 4 der Richtlinie 2011/61/EU)	
Datentyp	**Gemeldete Daten**
1	**Welcher prozentuale Anteil an den Sicherheiten und anderen Arten der Kreditunterlegung, die der Bericht erstattende AIF bei Gegenparteien hinterlegt hat, wurde von Gegenparteien weiterverpfändet?**	
	Kredit- und Forderungsrisiko	
2	**Wert von Barmittel- oder Wertpapierkrediten nach:**	
	Unbesicherten Barkrediten:	
	Besicherten Barkrediten – über Primebroker:	
	Besicherten Barkrediten – über (Reverse-) Repo:	
	Besicherten Barkrediten – über Sonstige:	
3	**Wert in Finanzinstrumente eingebetteter Kredite**	
	Börsengehandelte Derivate: Bruttorisiko nach Margenausgleich	
	OTC-Derivate: Bruttorisiko nach Margenausgleich	
4	**Fünf größte Kreditgeber bzw. Wertpapierverleiher (Short-Positionen):**	
	Größter:	
	Zweitgrößter:	
	Drittgrößter:	
	Viertgrößter:	
	Fünftgrößter:	
5	**Wert der für Short-Positionen geliehenen Wertpapiere:**	
6	**Bruttorisiko durch den AIF kontrollierter Finanz- und gegebenenfalls Rechtsstrukturen im Sinne des Erwägungsgrunds 78 der AIFM-Richtlinie**	
	Finanz- und gegebenenfalls Rechts struktur	
	Finanz- und gegebenenfalls Rechts struktur	

ANGABEN ZUM AIF, DIE DEN ZUSTÄNDIGEN BEHÖRDEN ZUR VERFÜGUNG ZU STELLEN SIND (Artikel 24 Absatz 4 der Richtlinie 2011/61/EU)		
Datentyp	**Gemeldete Daten**	
Finanz- und gegebenenfalls Rechts struktur		
…		
7 Hebelfinanzierungen des AIF:		
a) Brutto-Methode		
b) Commitment-Methode		

Geldwerte sind in der Basiswährung des AIF anzugeben.

Kapitel V AIFM, die bestimmte Arten von AIF verwalten

Abschnitt 1 AIFM, die hebelfinanzierte AIF verwalten

Vorbemerkung zu Kapitel V – Abschnitt 1 AIFM, die hebelfinanzierte AIF verwalten

Literatur: *Beckmann/Scholtz/*Vollmer (Hrsg.), Investment – Handbuch für das gesamte Investmentwesen (2012); *Emde/Dornseifer/Dreibus/Hölscher* (Hrsg.) InvG (2013); *Kramer/Recknagel*, Die AIFM-Richtlinie – Neuer Rechtsrahmen für die Verwaltung alternativer Investmentfonds, DB 2011, 2077-2084; *Lehne*, Die AIFM-Richtlinie aus Sicht des deutschen Gesetzgebers, DB Standpunkte 2010, 81–82; *Lüßmann*, Die Richtlinie über die Verwalter alternativer Investmentfonds (AIFM) und ihre Auswirkungen auf Hedge-Fonds, DB Standpunkte 2010, 87–88; *Möllers/Harrer/Krüger*, Die Regelung von Hedgefonds und Private Equity durch die neue AIFM-Richtlinie, WM 2011, 1537–1544; *Nietsch/Graef*, Aufsicht über Hedgefonds nach dem AIFM-Richtlinienvorschlag, ZBB 2010, 12–20; *Spindler/Tancredi*, Die Richtlinie über Alternative Investmentfonds (AIFM-Richtlinie) – Teil 1, WM 2011, 1393-1405; *Wallach*, Alternative Investment Funds Managers Directive – ein neues Kapitel des europäischen Investmentrechts, RdF 2011, 80 ff.; *Zetzsche/Eckner*, Investor Information, Disclosure and Transparency in The Alternative Investment Fund Managers Direcitve, 2012, S. 333-366;.

Übersicht

A. Überblick und Regelungsbereich von Abschnitt 1 / Art. 25

I. Systematische Einordnung von Kapitel V

Die AIFM-RL versteht sich als Regelwerk für die Verwalter alternativer Investmentfonds, nicht jedoch die alternativen Investmentfonds selbst[1]. Im Grundsatz wurden daher keine Regelungen für AIF und ihre Beaufsichtigung in die RL **1**

---

[1] Vgl. nur Erwägungsgrund 10.

aufgenommen, sondern sind den Mitgliedstaaten vorbehalten. Der europäische Gesetzgeber sah es nicht nur als extrem schwierig, sondern im Ergebnis als unverhältnismäßig an, z. B. Portfoliostruktur oder -zusammensetzung von AIF auf europäischer Ebene zu regeln.

2   Dieser Ansatz war konsequent und sachgerecht. Dennoch enthält die AIFM-RL in Kapitel V spezifische Regelungen für AIMF, die bestimmte Arten von AIF verwalten. Zum einen sind dies in Abschnitt 1 AIFM, die hebelfinanzierte AIF verwalten, zum anderen sind dies in Abschnitt 2 AIFM, die AIF verwalten, die die Kontrolle über nicht börsennotierte Unternehmen oder Emittenten erlangen[2]. Während die Regelungen in Abschnitt 1 zu Recht Berücksichtigung in der RL gefunden haben, ist dies für die Regelungen in Abschnitt 2 nicht der Fall. Der Einsatz von Hebelfinanzierung ist eine Anlagetechnik, die besondere Anforderungen an den AIFM, die Gegenparteien, die die Hebelfinanzierung zu Verfügung stellen[3], und schließlich die Aufsicht stellen. Spezifische Regelungen in der AIFM-RL zu diesem Komplex sind daher auch berechtigt.

3   Anders verhält es sich bei den Regelungen zu AIFM, die AIF verwalten, die die Kontrolle über nicht börsennotierte Unternehmen oder Emittenten erlangen. Diese sind in der AIFM-RL fehlplatziert. Denn das mit den Regelungen in Abschnitt 2 verfolgte Regelungsziel, nämlich der Schutz von Unternehmen und Arbeitnehmern, hätte richtigerweise in den einschlägigen europäischen Gesetzgebungsakten in den Bereichen Gesellschaftsrecht und kollektives bzw. individuelles Arbeitsrecht verankert werden müssen. So richtig ein entsprechender Schutz von Unternehmen und deren Arbeitnehmern im Rahmen von Mehrheitserwerben, Übernahmen, etc. ist, so falsch ist eine isolierte gesetzgeberische Maßnahmen, die nur für AIFM gilt, die eben AIF verwalten, die die Kontrolle über nicht börsennotierte Unternehmen oder Emittenten erlangen. Mit anderen Worten: hier wird das Geschäftsmodell Private Equity diskriminiert und alle anderen Arten von Unternehmungen, egal ob Wettbewerber, Sovereign Wealth Fund, etc., die die Kontrolle über ein nicht börsennotiertes Unternehmen oder einen Emittenten erlangen, privilegiert. Trotz wiederholter Hinweise an die beteiligten Organe des Gesetzgebungsverfahrens wurde an diesem Konzept festgehalten und die Diskriminierung einzelner Marktteilnehmer billigend in Kauf genommen.

II. Regelungsbereich von Abschnitt 1 / Art. 25

4   **1. Grundlagen.** Abschnitt 1, der sich auf AIFM, die hebelfinanzierte AIF verwalten, bezieht, hat mit Art. 25 lediglich eine einzige korrespondierende Spezialnorm zu diesem Komplex.

5   Die Verwendung von Hebelfinanzierung durch AIFMs ist ein Umstand, dem der europäische Gesetzgeber das Potential beimisst, unter bestimmten Umständen zur Entstehung von Systemrisiken oder von Marktstörungen beitragen zu können[4]. Zur Aufdeckung, Verfolgung und Eindämmung dieser Risiken soll es daher erforderlich sein, in der EU einschlägige Informationen einheitlich zu sammeln und zwischen den Mitgliedstaaten auszutauschen, insbesondere um Gefahren für die Stabilität der Finanzmärkte erkennen zu können. Vor diesem Hintergrund wurden in der AIFM-RL spezifische Anforderungen aufgenommen, die AIFM, die in beträchtlichem Umfang Hebelfinanzierung einsetzen, verpflichten, Anga-

---

[2] Vgl. zu letztgenannten AIFM die Kommentierung zu Kapitel V – Abschnitt 2.

[3] Sog. Leverage Provider.

[4] Vgl. Erwägungsgrund 49.

ben zum Gesamtbetrag der eingesetzten Hebelfinanzierung, zu den Hebelfinanzierungen, die durch Kreditaufnahme oder Wertpapierleihe, oder durch Derivate begründet wurden, sowie zu der Wiederverwendung von Vermögenswerten und schließlich zu den Hauptquellen der Hebelfinanzierung zu machen.

In diesem Zusammenhang ist es erforderlich, dass die von den zuständigen **6** Behörden gesammelten Angaben mit anderen Behörden in der EU, mit der europäischen Wertpapieraufsichtsbehörde ESMA und dem Europäischen Ausschuss für Systemrisiken (ESRB) ausgetauscht werden, damit die Auswirkungen der Hebelfinanzierungen bei den von AIFM verwalteten AIF auf das Finanzsystem in der EU effektiv und zielgerichtet analysiert und – soweit erforderlich – gemeinsame Maßnahmen getroffen werden können.

Falls von einem oder mehreren von einem AIFM verwalteten AIF zudem ein **7** erhebliches Gegenparteirisiko für ein Kreditinstitut oder ein sonstiges systemrelevantes Institut in anderen Mitgliedstaaten ausgehen kann, so sind diese Angaben auch mit den jeweils zuständigen Behörden auszutauschen.

Um einer quasi unbegrenzten Hebelfinanzierung durch AIF[5] bereits im Ansatz **8** vorzubeugen, enthält die AIFM-RL schließlich die Verpflichtung für AIFM, bei jedem verwalteten AIF eine Begrenzung des Umfangs der Hebelfinanzierung vorzusehen, sog. Leverage-Limit. Ein AIFM muss diesbezüglich zeigen, dass die Begrenzung des Umfangs von Hebelfinanzierungen bei jedem von ihm verwalteten AIF angemessen ist und dass er diese Begrenzung stets einhält. Der zuständigen Behörde soll auf Basis dieser Informationen eine angemessene Bewertung der daraus eventuell resultierenden Risiken möglich sein.

In den Fällen, in denen darüber hinaus die Stabilität und die Integrität des **9** Finanzsystems bedroht sein könnte, sieht die RL die Möglichkeit vor, dass die zuständigen Behörden des Herkunftsmitgliedstaats des AIFM Beschränkungen hinsichtlich des Umfangs der Hebelfinanzierung, die ein AIFM bei von ihm verwalteten AIF einsetzen kann, vornehmen können. Die ESMA und der ESRB sind über entsprechende Schritte jeweils in Kenntnis zu setzen. ESMA hat aber nicht nur eine fördernde bzw. koordinierende Funktion, sondern sie kann – nach Abstimmung mit dem ESRB – selbst festlegen, dass die von einem AIFM oder einer Gruppe von AIFM eingesetzte Hebelfinanzierung ein erhebliches Risiko für die Stabilität und Integrität des Finanzsystems darstellt, und auf dieser Basis eine Empfehlung für die zuständigen Behörden aussprechen, welche Gegenmaßnahmen ergriffen werden müssen. Auch in diesem Zusammenhang wird also deutlich, ESMA nunmehr in der Tat als europäische Aufsichtsbehörde anzusehen ist, die auch mit entsprechenden Kompetenzen ausgestattet ist.

2. Struktur von Art. 25. Art. 25 enthält einen dreigliedrigen Regelungsan- **10** satz, der insbesondere im Kontext der Hebelfinanzierung von AIFs steht, darüber hinaus aber auch an weitere aufsichtsrechtlich relevante, in Art. 24 niedergelegte Informationen für die Zwecke der aufsichtsbehördlichen Zusammenarbeit anknüpft.

Zum einen geht es um die Nutzung der nach Art. 24 erhobenen Information[6] **11** durch die zuständige Aufsichtsbehörde zur Identifizierung von Systemrisiken, dem Risiko von Marktstörungen, bzw. Risiken für das langfristige Wirtschaftswachstum, die potentiell durch den Einsatz von Hebelfinanzierungen entstehen können.

---

[5] Diese lässt sich in der Praxis ohnehin nicht finden, vgl. Kommentierung Art. 24, Schaubild Rn. 32.

[6] Vgl. Kommentierung Art. 24.

12   Daran anknüpfend geht es um die aufsichtsbehördliche Zusammenarbeit mit den zuständigen Behörden anderer Mitgliedstaaten, sowie mit ESMA und dem ESRB. Dieser Austausch beschränkt sich nicht nur auf Informationen im Zusammenhang mit der Hebelfinanzierung von AIFs, sondern bezieht sich auf sämtliche Informationen, die gem. Art. 24 vom AIFM der zuständigen Behörde vorzulegen sind, und darüber hinaus auch darauf, ob von einem AIF ein erhebliches Gegenparteirisiko für ein Kreditinstitut oder sonstige systemrelevante Institute in anderen Mitgliedstaaten ausgeht.

13   Schließlich sieht Art. 25 aufsichtsrechtliche Eingriffsmöglichkeiten im Hinblick auf den Einsatz von Hebelfinanzierung vor und regelt die aufsichtsbehördliche Abstimmung zwischen der für den jeweiligen AIFM zuständigen Behörde, ESMA, dem ESRB und – soweit einschlägig – der zuständigen Behörden des entsprechenden AIF.

14   Neben Art. 25 finden sich weitere Regelungen, die an die Verwendung von Hebelfinanzierung anknüpfen, in Art. 4 Abs. 1 (v), in dem der Terminus „Hebelfinanzierung" definiert wird, in Art. 23 Abs. Abs. 1 (a) und Art. 24 Abs. 4, die besondere Berichts- und Informationspflichten gegenüber Investoren und den zuständigen Behörden enthalten, sowie in Art. 7 Abs. 3 (a) mit Sonderregelungen für das Erlaubnisverfahren und schließlich in Art. 15 Abs. 4, der besondere Anforderungen für das Risikomanagement statuiert.

B. Typisierung von AIFs auf Grundlage des Kriteriums Hebelfinanzierung

I. Typisierung als Produktregulierung?

15   Konzeptionell handelt es sich bei der AIFM-RL um eine Regulierung des Verwalters **(Managerregulierung)** und nicht um eine Regulierung der verwalteten Fonds **(Produktregulierung)**[7]. Die Regulierung der Manager erfolgt im Grundsatz unabhängig davon, welche Art von Fonds verwaltet wird (offen oder geschlossen, Vertrags- oder Satzungsform), in welche Vermögensgegenstände investiert wird (Finanzinstrumente, Rohstoffe, Grundstücke, Gebäude, Infrastruktur, Kunst, etc.) und welche Anlagetechniken verwendet werden. Die AIFM-RL enthält auch grundsätzlich keine Beschränkung der Anlagetätigkeit der AIFM in Gestalt von Anlagegrenzen, Vorgaben für zulässige Vermögensgegenstände, usw., die insbesondere aus der OGAW-RL bekannt ist. Vor diesem Hintergrund enthält die AIFM-RL – zu Recht – auch kein Genehmigungserfordernis für AIF. Lediglich der AIFM selbst bedarf einer behördlichen Erlaubnis.

16   Diese Systematik erfährt lediglich zwei Ausnahmen, die eben in Kapitel V enthalten sind. Und zwar für AIFMs, die hebelfinanzierte AIFs verwalten (Abschnitt 1) und für AIFMs, die AIF verwalten, die die Kontrolle über nicht börsennotierte Unternehmen und Emittenten erlangen (Abschnitt 2)[8]. Für diese beiden AIF-Typen sieht die AIFM-RL Sonderregelungen vor, die konkrete Beschränkungen der Geschäftstätigkeit der AIFM vorsehen bzw. die zuständigen Behörden ermächtigen, entsprechende Beschränkungen im Rahmen ihrer Aufsichtstätigkeit zu erlassen. Diese Regelungen haben im Ergebnis produktregulierenden Charakter.

---

[7] S. hierzu bereits oben Rn. 2.

[8] Weiterführend zu AIFM, die AIF verwalten, die die Kontrolle über nicht börsennotierte Unternehmen und Emittenten erlagen, Vorbemerkung zu Kapitel V Abschnitt 2.

In Art. 25 sind diese Regelungen zwar nicht unmittelbar bzw. direkt produktre- **17** gulierend, denn sie knüpfen lediglich an den Umstand an, dass ein AIF hebelfinanziert ist und schreiben zum einem dem AIFM vor, dass er darzulegen hat, dass die von ihm – freiwillig – angesetzte Begrenzung des Umfangs von Hebelfinanzierungen bei jedem von ihm verwalteten AIF angemessen ist und dass er diese Begrenzung stets einhält. Art. 25 statuiert daran anknüpfend jedoch eine **Eingriffsbefugnis** der zuständigen Aufsichtsbehörde dahingehend, unter bestimmten Umständen und Voraussetzungen den Umfang der Hebelfinanzierung zu begrenzen, was einen unmittelbaren und direkten Eingriff in die Geschäftsaktivitäten eines AIFM bedeuten würde. Derartige Eingriffsbefugnisse sieht die AIFM-RL – zu Recht – in keinem anderen Bereich vor[9].

Von einer zur OGAW-RL vergleichbaren Produktregulierung unterscheidet **18** sich die AIFM-RL im Ergebnis aber dennoch, denn sie enthält gerade kein Genehmigungserfordernis für hebelfinanzierte AIFs, welches an die Einhaltung spezifischer Produktvorschriften, also Anlagegrenzen, etc. geknüpft ist. Der Umstand, dass ein AIF Hebelfinanzierung einsetzt, sollte also eher als Typisierungsmerkmal angesehen werden und weniger als produktregulierender Ansatz der AIFM-RL.

II. Hebelfinanzierte AIFs als Synonym für Hedgefonds?

Die Regulierung von Hedgefonds – neben Private Equity – war ursprünglich **19** Ausgangspunkt der Diskussion über die Einführung eines einheitlichen europäischen Regelungswerkes für spezifische Fondstypen außerhalb des OGAW-Rahmens, die final in die Verabschiedung der AIFM-RL mündete[10]. Mit dem letztendlich gewählten Ansatz, eben alle Arten von Fonds bzw. die diese verwaltenden Manager zu regulieren, traten Hedgefonds- bzw. Private Equity-spezifische Regulierungsaspekte in den Hintergrund. Im Hinblick auf diesen allumfassenden Ansatz enthält die AIFM-RL somit auch weder eine Definition des Begriffes „Hedgefonds" noch spezifische Regelungen zu den Strategien, die gemeinhin dieser Kategorie zugerechnet werden wie z. B. Global Macro, Long-Short, Convertible Arbitrage, CTAs, etc. bzw. im Hinblick auf Techniken und Instrumente, die in diesem Zusammenhang verwendet werden. Die Schwierigkeit einer präzisen und abschließenden Definition des Begriffes „Hedgefonds" war vermutlich auch einer der Gründe, warum die EU-Kommission seinerzeit von einer gezielten Regulierung lediglich der Kategorie „Hedgefonds" abgesehen hat[11].

---

[9] Auch die Eingriffsbefugnisse nach Art. 25 sind jedoch kritisch zu hinterfragen, s.u. Kommentierung zu Art. 25 Rn. 69.

[10] Vgl. Erwägungsgrund 89 sowie die beiden Initiativberichte aus dem Europaparlament von Lehne (Entschließungsantrag des europäischen Parlaments mit Empfehlungen an die Kommission zur Transparenz institutioneller Anleger / Lehne-Bericht vom 9. Juli 2008 (2007/2239(INI)), abrufbar unter http://www.europarl.europa.eu/sides/getDoc.do?pub Ref=-//EP//TEXT+REPORT+A6-2008-0296+0+DOC+XML+V0//DE) und Rasmussen (Bericht mit Empfehlungen an die Kommission zu Hedge-Fonds und Private Equity des Ausschuss für Wirtschaft und Währung unter der Leitung von Poul Nyrup Rasmussen vom 11. September 2008 (2007/2238(INI)), abrufbar unter http://www.europarl.europa.eu/ sides/getDoc.do?pubRef=-//EP//TEXT+REPORT+A6-2008-0338+0+DOC+XML+V0//DE).

[11] Zum fragwürdigen Versuch des Bundesfinanzministeriums, dennoch im Rahmen der Umsetzung der AIFM-RL in nationales eine Kategorie Hedgefonds zu etablieren vgl. die in Art. 283 KAGB-E niedergelegte Definition; zur Würdigung hierzu s.u. Rn. 24.

20   In der Wissenschaft findet sich keine allgemeingültige Definition des Terminus Hedgefonds. Und auch einschlägige Regulierungsgremien wie etwa IOSCO[12] oder FSB haben bislang bewusst davon abgesehen, den Terminus Hedgefonds abschließend zu definieren. Stattdessen wird in der Diskussion über Hedgefonds regelmäßig auf nachfolgende typisierende Kriterien referenziert:
- Verwendung von Portfoliomanagementtechniken und -instrumenten wie Leeverkäufe, Derivate (für Investitionszwecke),
- Hebelfinanzierung (durch Kreditaufnahme oder eingebettet in Derivate);
- Verfolgung eines Absolut Return Ansatzes, im Gegensatz zu einem Benchmark orientierten Ansatz;
- Berechnung von Performance abhängigen Gebühren zusätzlich zur Management-Gebühr, die sich auf die Asset und der Management bezieht;
- geringe oder gar keine Anlagegrenzen, Möglichkeit zum Wechsel der Anlagestrategie;
- höhere Handelsvolumina/Umschlaghäufigkeit;
- hohe Mindestanlagebeträge (z. B. 100.000 Euro oder höher).

21   Offensichtlich sind diese Kriterien weder abschließend, noch erfüllen alle Fonds, die der Kategorie Hedgefonds zugerechnet werden, diese Kriterien. Auf der anderen Seite gibt es sogar Fonds nach der OGAW-RL, die synthetische Leerverkäufe tätigen und auch Hebelfinanzierung zu Investitionszwecken durchführen dürfen. Es wäre daher verfehlt, auf Basis dieses Katalogs willkürlich Mindestmerkmale für einen Hedgefonds statuieren zu wollen. Diesen Ansatz verfolgt allerdings – erneut – das Bundesfinanzministerium nunmehr im KAGB. § 283 KAGB-E definiert einen Hedgefonds als AIF, der nach den Anlagebedingungen Leverage in beträchtlichem Umfang einsetzt, oder physische Leerverkäufe durchführt.

22   Noch in der Begründung zu § 112 Abs. 1 InvG im Rahmen des InvModG[13] hatte der deutsche Gesetzgeber auf Seite 260 wie folgt konstatiert:

23   „Die aus dem Angelsächsischen stammende Bezeichnung „Hedge Fund" ist zwar international gebräuchlich, kann jedoch bei einer Regelung im Investmentgesetz aus gesetzessystematischen Gründen nicht allein zur Bezeichnung des hier zu regulierenden Produktes verwendet werden. Zudem ist der Begriff Hedge Fund an sich irreführend, da er den Eindruck vermittelt, es handele sich um Absicherungsinstrumente („to hedge" entspricht eingrenzen, sichern), obwohl tatsächlich gerade diese Fonds spekulativ in hochriskanten Vermögensgegenständen anlegen. Obwohl der Begriff Hedge Fund weltweit eingeführt ist, gibt es keine allgemeingültige Definition. Wegen der Bandbreite der mit „Hedge Fund" bezeichneten Produkten zugrunde liegenden Merkmale wäre es auch nicht zielführend, zu versuchen, eine Definition zu entwickeln."

24   Vor diesem Hintergrund überrascht der Ansatz des Bundesfinanzministeriums zur Definition des Terminus Hedgefonds sehr, zumal es zwischenzeitlich keine weiteren oder besseren Erkenntnisse gibt, wie eine hinreichend genaue und trennscharfe Definition des Begriffes Hedgefonds aussehen könnte. Vor allem gibt es weder aus Wissenschaft, noch aus der Praxis Erkenntnisse, dass es Sinn

---

[12] Vgl. nur: IOSCO Final Report *Hedge Funds Oversight* (2009), Technical Committee of the International Organization of Securities Commissions, http://www.iosco.org/library/pubdocs/pdf/IOSCOPD293.pdf.

[13] Gesetz zur Modernisierung des Investmentwesens und zur Besteuerung von Investmentvermögen vom 15.12.2003, verkündet in BGBl. I Jahrgang 2003 Nr. 62 vom 19.12.2003.

macht, den Begriff Hedgefonds auf die beiden vom Bundesfinanzministerium herangezogenen Merkmale zu beschränken. Sowohl die Höhe der Hebelfinanzierung (in beträchtlichem Umfang[14], oder nicht), also auch die Art des Leerverkaufs (synthetisch oder physisch[15]) sind keine tauglichen Differenzierungsmerkmale.

In der AIFM-RL findet sich somit keine Definition des Begriffes Hedgefonds, **25** vor allem wird auch kein Bezug zwischen dem Einsatz von Hebelfinanzierung und dem Begriff Hedgefonds vorgenommen, der eben falsch und irreführend gewesen wäre. Art. 25 enthält Sonderregelungen lediglich für AIFM in Bezug auf den Einsatz von Hebelfinanzierung auf AIF-Ebene. Für den europäischen Gesetzgeber war es scheinbar selbstverständlich, dass für diese AIF nicht der Begriff Hedgefonds verwendet werden kann.

Insgesamt hat der europäische Gesetzgeber bewusst davon abgesehen, den Ter- **26** minus Hedgefonds zu definieren, bzw. Hedgefonds häufig zugeordneten spezifische Anlagetechniken und Instrumente zu regulieren. Die im Gesetzgebungsverfahren kurzzeitig diskutierte Aufnahme von Sonderregelungen zu Leerverkäufen[16] wurde aus gutem Grund nicht übernommen.

Die spezifischen Regelungen zu Hebelfinanzierung sind der allgemein verbrei- **27** teten Verwendung von Hebelwirkung bei unterschiedlichen Arten von Investmentfonds[17] geschuldet. Über Derivate oder auch kurzfristige Kredite verwenden mittlerweile sogar OGAW-Fonds – erlaubterweise – Hebelwirkung. Im Ergebnis sind die Vorschriften für AIFMs, die hebelfinanzierte AIFs verwalten, also keine Vorschriften mit besonderem Bezug zu Fonds, die bisher eher dem Hedgefondsuniversum zuzuordnen waren, sondern stellen allgemeine Vorschriften für alle Arten von Fonds dar, die eben in irgendeiner Form Hebelfinanzierung einsetzen, z. B. Immobilienfonds, andere Wertpapierfonds, die z. B. auch in Derivate investieren, Schiffs- und Flugzeugfonds.

C. ESMA Technical Advice und AIFMD-DVO

Der einschlägige ESMA technical advice vom 16. November 2011 zu mögli- **28** chen Durchführungsbestimmungen zur AIFM-RL[18] enthält in Entsprechung des von der EU-Kommission erteilten Mandats in Abschnitt VII detaillierte Vorschläge für Durchführungsbestimmungen zum Regelungskomplex Hebelfinanzierung. Diese beziehen sich zum einen auf die Verfahren zur Berechnung von Leverage gem. Art. 4[19], zum anderen auf die Methoden, durch die ein AIFM das Exposure der von ihm verwalteten AIF durch Kreditaufnahme, Wertpapierleihe, oder durch in Derivate eingebettete Hebel, oder auf andere Weise

---

[14] Vgl. hierzu Kommentierung zu Art. 25 Rn. 41.

[15] Zur Unterscheidung vgl. *Stabenow* in E/D/D/H, InvG § 59.

[16] Vgl. hierzu nur Art. 11 Abs. 4 des Kompromissvorschlags vom 29. April 2010.

[17] Auch Immobilienfonds, eine Vielzahl von geschlossenen Fonds, usw. verwenden Hebelfinanzierung, es handelt sich also nicht um ein Phänomen, was ausschließlich im Segment Hedgefonds anzutreffen ist.

[18] Final report: ESMA's technical advice to the European Commission on possible impelementing measures of the Alternative Investment Fund Managers Directive (ESMA/2011/379).

[19] Abschnitt VI ESMA technical advice, Box 94, vgl. hierzu Kommentierung zu Art. 4 Abs. 1 (v).

erhöht[20], und schließlich auf die Prinzipien, mit denen die Umstände bestimmt werden, unter denen die zuständigen Behörden ihre Befugnisse gem. Art. 25 zur Begrenzung des Umfangs der Hebelfinanzierung oder andere Beschränkungen ausüben können[21].

29   Die hier relevanten Vorschläge in Box 101, die sich auf die Möglichkeit der Beschränkung des Umfangs der Hebelfinanzierung durch die zuständige Behörde beziehen, wurden von der EU-Kommission in der AIFMD-DVO nahezu wortgleich übernommen. Dies gilt insbesondere für die Umstände, die von den zuständigen Behörden im Rahmen der Evaluierung der zur Verfügung gestellten Informationen im Hinblick auf den Aufbau etwaiger systemischer Risiken im Finanzsystem oder im Hinblick auf Marktstörungen berücksichtigt werden sollen. ESMA hatte darüber hinaus noch Empfehlungen in zeitlicher Hinsicht abgegeben, also dahingehend, wie eine sachgerechte Terminierung etwaiger Beschränkungen zu erfolgen hat, insbesondere, dass feste oder vorbestimmte Zeitrahmen nicht sachgerecht sind. Dieser Sichtweise ist zuzustimmen. Die EU-Kommission hat in der AIFMD-DVO entsprechende Hinweise jedoch nicht übernommen, was aber nicht dahingehend ausgelegt werden kann, dass die EU-Kommission diesen Herangehensweise nicht unterstützt. Vielmehr erscheint es selbstverständlich, dass es hierbei eine Fall-zu-Fall-Betrachtung zu erfolgen hat.

Artikel 25 Nutzung der Informationen durch die zuständigen Behörden, aufsichtsbehördliche Zusammenarbeit und Beschränkungen der Hebelfinanzierung

AIFM-Richtlinie	KAGB-E
Art. 25 **Nutzung der Informationen durch die zuständigen Behörden, aufsichtsbehördliche Zusammenarbeit und Beschränkungen der Hebelfinanzierung**	**§ 215** **Begrenzung von Leverage durch die Bundesanstalt**
(1) Die Mitgliedstaaten stellen sicher, dass die zuständigen Behörden des Herkunftsmitgliedstaats des AIFM die gemäß Artikel 24 zu erhebenden Informationen nutzen, um festzustellen, inwieweit die Nutzung von Hebelfinanzierungen zur Entstehung von Systemrisiken im Finanzsystem, des Risikos von Marktstörungen oder zu Risiken für das langfristige Wirtschaftswachstum beiträgt. (2) Die zuständigen Behörden des Herkunftsmitgliedstaats des AIFM stel-	(1) Die AIF-Kapitalverwaltungsgesellschaft hat der Bundesanstalt zu zeigen, dass die von ihr angesetzte Begrenzung des Umfangs des eingesetzten Leverage angemessen ist und dass sie diese Begrenzung stets einhält. (2) Die Bundesanstalt bewertet die Risiken, die aus dem Einsatz von Leverage durch die AIF-Kapitalverwaltungsgesellschaft erwachsen könnten, und, wenn dies zur Gewährleistung der Stabilität und Integrität des Finanzsystems als nötig erachtet wird, beschränkt

---

[20] Abschnitt VI ESMA technical advice, Box 95 ff., vgl. hierzu Kommentierung zu Art. 4 Abs. 1 (v).

[21] Abschnitt VII ESMA technical advice, Box 101, vgl. hierzu Kommentierung zu Art. 25 Rn. 83 ff..

AIFM-Richtlinie	KAGB-E
len sicher, dass sämtliche Informationen zu den ihrer Aufsicht unterliegenden AIFM, die gemäß Artikel 24 erhoben wurden, sowie die gemäß Artikel 7 erhobenen Informationen den zuständigen Behörden anderer entsprechender Mitgliedstaaten, der ESMA und dem ESRB nach den in Artikel 50 zur Zusammenarbeit bei der Aufsicht vorgesehenen Verfahren zur Verfügung gestellt werden. Ferner informieren sie unverzüglich nach diesen Verfahren sowie bilateral die zuständigen Behörden der direkt betroffenen anderen Mitgliedstaaten, falls von einem ihrer Aufsicht unterliegenden AIFM oder einem von diesem AIFM verwalteten AIF ein erhebliches Gegenparteirisiko für ein Kreditinstitut oder sonstige systemrelevante Institute in anderen Mitgliedstaaten ausgehen könnte.	nach Unterrichtung der Europäischen Wertpapier- und Marktaufsichtsbehörde, des Europäischen Ausschusses für Systemrisiken und der zuständigen Stellen des Herkunftsmitgliedstaats des AIF den Umfang des Leverage, den die AIF-Kapitalverwaltungsgesellschaft einsetzen darf. Alternativ ordnet die Bundesanstalt sonstige Beschränkungen in Bezug auf die Verwaltung des AIF an, so dass das Ausmaß begrenzt wird, in dem der Einsatz von Leverage zur Entstehung von Systemrisiken im Finanzsystem oder des Risikos von Marktstörungen beiträgt. Die Bundesanstalt informiert die Europäische Wertpapier- und Marktaufsichtsbehörde, den Europäischen Ausschuss für Systemrisiken und die zuständigen Stellen des Herkunftsmitgliedstaats des AIF ordnungsgemäß über die diesbezüglich eingeleiteten Maßnahmen.
(3) Der AIFM hat zu zeigen, dass die von ihm angesetzte Begrenzung des Umfangs von Hebelfinanzierungen bei jedem von ihm verwalteten AIF angemessen ist und dass er diese Begrenzung stets einhält. Die zuständigen Behörden bewerten die Risiken, die aus der Nutzung von Hebelfinanzierungen durch einen AIFM bei einem von ihm verwalteten AIF erwachsen könnten, und, wenn dies zur Gewährleistung der Stabilität und Integrität des Finanzsystems als nötig erachtet wird, beschränken die zuständigen Behörden des Herkunftsmitgliedstaats des AIFM nach Unterrichtung der ESMA, des ESRB und der zuständigen Behörden des entsprechenden AIF den Umfang der Hebelfinanzierung, die ein AIFM einsetzen darf, oder verhängen sonstige Beschränkungen der AIF-Verwaltung bezüglich der von ihm verwalteten AIF, so dass das Ausmaß begrenzt wird, in dem die Nutzung von Hebelfinanzierungen zur Entstehung von Systemrisiken im Finanzsystem oder des Risikos von Marktstörungen beiträgt. Über	(3) Die Mitteilung gemäß Absatz 2 erfolgt spätestens zehn Arbeitstage vor dem geplanten Wirksamwerden oder der Erneuerung der eingeleiteten Maßnahme. Die Mitteilung enthält Einzelheiten der vorgeschlagenen Maßnahme, deren Gründe und den Zeitpunkt, zu dem sie wirksam werden soll. Unter besonderen Umständen kann die Bundesanstalt verfügen, dass die vorgeschlagene Maßnahme innerhalb des in Satz 1 genannten Zeitraums wirksam wird.
	(4) Die Bundesanstalt berücksichtigt bei ihrer Entscheidung über Maßnahmen die Empfehlung der Europäischen Wertpapier- und Marktaufsichtsbehörde, die diese nach der Information gemäß Absatz 2 Satz 3 oder auf der Grundlage der Information nach Absatz 2 Satz 1 ausspricht. Sieht die Bundesanstalt eine entgegengesetzte Maßnahme vor, unterrichtet sie die Europäischen Wertpapier- und Marktaufsichtsbehörde hiervon unter Angabe der Gründe.

AIFM-Richtlinie	KAGB-E
die in Artikel 50 festgelegten Verfahren informieren die zuständigen Behörden des Herkunftsmitgliedstaats des AIFM die ESMA, den ESRB und die zuständigen Behörden des AIF ordnungsgemäß über die diesbezüglich eingeleiteten Schritte.	(5) Für die Bedingungen, unter welchen die Maßnahmen nach Absatz 2 angewendet werden, gilt Artikel 112 der Verordnung (EU) Nr. ___/2013 [Level 2-Verordnung gemäß Artikel 25 Absatz 9 Richtlinie 2011/61/EU] entsprechend.

die in Artikel 50 festgelegten Verfahren informieren die zuständigen Behörden des Herkunftsmitgliedstaats des AIFM die ESMA, den ESRB und die zuständigen Behörden des AIF ordnungsgemäß über die diesbezüglich eingeleiteten Schritte.

(4) Die Mitteilung gemäß Absatz 3 erfolgt spätestens zehn Arbeitstage vor dem geplanten Wirksamwerden oder der Erneuerung der vorgeschlagenen Maßnahme. Die Mitteilung enthält Einzelheiten der vorgeschlagenen Maßnahme, deren Gründe und den Zeitpunkt, zu dem sie wirksam werden soll. Unter besonderen Umständen können die zuständigen Behörden des Herkunftsmitgliedstaats des AIFM verfügen, dass die vorgeschlagene Maßnahme innerhalb des in Satz 1 genannten Zeitraums wirksam wird.

(5) Die ESMA übernimmt eine Förder- und Koordinierungsrolle und versucht vor allem sicherzustellen, dass die zuständigen Behörden in Bezug auf Maßnahmen, die von den zuständigen Behörden gemäß Absatz 3 vorgeschlagen werden, eine einheitliche Herangehensweise verfolgen.

(6) Nachdem die ESMA die Mitteilung gemäß Absatz 3 erhalten hat, spricht sie gegenüber den zuständigen Behörden des Herkunftsmitgliedstaats des AIFM hinsichtlich der vorgeschlagenen oder getroffenen Maßnahme eine Empfehlung aus. Diese Empfehlung kann sich insbesondere darauf beziehen, ob die Bedingungen für das Ergreifen von Maßnahmen eingehalten sind, ob die Maßnahmen angemessen sind und wie lange sie andauern.

(7) Auf der Grundlage der gemäß Absatz 2 erhaltenen Informationen und unter Berücksichtigung von Stellungnahmen des ESRB kann die ESMA feststellen, dass die von einem AIFM oder einer Gruppe von AIFM eingesetzte Hebelfinanzierung ein grundle-

AIFM-Richtlinie	KAGB-E
gendes Risiko für die Stabilität und Integrität des Finanzsystems darstellt, und kann die zuständigen Behörden beraten, indem sie die Gegenmaßnahmen nennt, die ergriffen werden müssen, einschließlich der Festsetzung einer Beschränkung des Umfangs von Hebelfinanzierungen, die dieser AIFM oder diese Gruppe von AIFM einsetzen darf. Die ESMA informiert unverzüglich die entsprechenden zuständigen Behörden, den ESRB und die Kommission von solchen Feststellungen. (8) Wenn eine zuständige Behörde vorschlägt, Maßnahmen zu ergreifen, die im Widerspruch zu der Empfehlung der ESMA gemäß Absatz 6 oder 7 stehen, setzt sie die ESMA davon unter Angabe ihrer Gründe in Kenntnis. Die ESMA kann die Tatsache veröffentlichen, dass eine zuständige Behörde ihrer Empfehlung nicht folgt oder nicht zu folgen beabsichtigt. Die ESMA kann ferner von Fall zu Fall beschließen, die von der zuständigen Behörde angegebenen Gründe für das Nichtbefolgen der Empfehlung zu veröffentlichen. Die entsprechenden zuständigen Behörden werden im Voraus über eine solche Veröffentlichung informiert. (9) Die Kommission erlässt gemäß Artikel 56 und nach Maßgabe der Bedingungen der Artikel 57 und 58 delegierte Rechtsakte, in denen prinzipiell festgelegt wird, unter welchen Bedingungen die zuständigen Behörden die Bestimmungen des Absatzes 3 anwenden, wobei den unterschiedlichen Strategien von AIF, dem unterschiedlichen Marktumfeld der AIF und möglichen prozyklischen Folgen der Anwendung der Bestimmungen Rechnung zu tragen ist.	

Literatur: S. Literaturübersicht zu Vorbemerkung Kapitel V, Abschnitt 1

Übersicht

A. Überblick, Regelungs- und Anwendungsbereich

1   Vgl. zunächst die Vorbemerkung zu Kapitel V, Abschnitt 1.

2   Die Verwendung von Hebelfinanzierung durch AIFMs bei der Verwaltung von AIFs ist ein Umstand, dem im Rahmen der AIFM-RL besondere Bedeutung im Kontext der Überwachung von Systemrisiken beigemessen wird. Die RL enthält diesbezüglich an verschiedenen Stellen spezifische Regelungen, die darauf abzielen, dass die für den AIFM bzw. die für den verwalteten AIF zuständigen Behörden, ebenso ESMA und der ERSB, fortlaufend und umfassend über den Einsatz von Hebelfinanzierung informiert sind.

3   Art. 25 enthält einen dreigliedrigen Regelungsansatz, der insbesondere im Kontext der Hebelfinanzierung von AIFs steht, darüber hinaus aber auch an weitere aufsichtsrechtlich relevante, in Art. 24 niedergelegte Informationen für die Zwecke der aufsichtsbehördlichen Zusammenarbeit anknüpft.

Zum einen geht es gem. Abs. 1 um die Nutzung der nach Art. 24 erhobenen **4**
Informationen durch die zuständige Aufsichtsbehörde, in wie weit die Nutzung
von Hebelfinanzierung zur Entstehung von
- Systemrisiken,
- dem Risiko von Marktstörungen, bzw.
- Risiken für das langfristige Wirtschaftswachstum

führen kann.

Daran anknüpfend geht es in Abs. 2, sowie Abs. 5–8 um die aufsichtsbehördli- **5**
che Zusammenarbeit mit den zuständigen Behörden anderer Mitgliedstaaten,
sowie mit ESMA und dem ESRB. Dieser Austausch beschränkt sich nicht nur auf
Informationen im Zusammenhang mit der Hebelfinanzierung von AIFs, sondern
erstreckt sich nach dem Wortlaut grundsätzlich auf sämtliche Informationen, die
gem. Art. 24 vom AIFM der zuständigen Behörde vorzulegen sind, und darüber
hinaus auch darauf, ob von einem AIF ein erhebliches Gegenparteirisiko für ein
Kreditinstitut oder sonstige systemrelevante Institute in anderen Mitgliedstaaten
ausgeht.

Schließlich sieht Art. 25 in Abs. 3 und 4 aufsichtsrechtliche Eingriffsmöglich- **6**
keiten im Hinblick auf den Einsatz von Hebelfinanzierung vor und regelt die
aufsichtsbehördliche Abstimmung zwischen der für den jeweiligen AIFM zuständigen Behörde, ESMA, dem ESRB und – soweit einschlägig – der zuständigen
Behörden des entsprechenden AIF.

Die Regelungen in Art. 25 richten sich im Ergebnis zum einen an die Mitglied- **7**
staaten, Abs. 1, zum anderen enthalten sie Verpflichtungen für AIFM, Abs. 2, und
schließlich enthalten sie Vorgaben für aufsichtsrechtlichen Maßnahmen und die
Zusammenarbeit zwischen den beteiligten Aufsichtsbehörden und -gremien.

Neben Art. 25 finden sich weitere Regelungen, die an die Verwendung von **8**
Hebelfinanzierung anknüpfen, in Art. 4 Abs. 1 (v), in dem der Terminus „Hebelfinanzierung" definiert wird, in Art. 23 Abs. Abs. 1 (a) und Art. 24 Abs. 4, die
besondere Berichts- und Informationspflichten gegenüber Investoren und den
zuständigen Behörden enthalten, sowie in Art. 7 Abs. 3 (a) mit Sonderregelungen
für das Erlaubnisverfahren und schließlich in Art. 15 Abs. 4, der besondere Anforderungen für das Risikomanagement statuiert.

B. Definition und methodologische Berechnung von Hebelfinanzierung

I. Grundlagen

Voraussetzung für die Anwendung von Art. 25 ist der Einsatz von Hebelfinan- **9**
zierung. Hebelfinanzierung ist gem. Art. 4 Abs. 1 (v) jede Methode, mit der ein
AIFM das Risiko[1] eines von ihm verwalteten AIF durch
- Kreditaufnahme,
- Wertpapierleihe,
- in Derivate eingebettete Hebelfinanzierungen oder
- auf andere Weise

erhöht.

---

[1] Dem Terminus „Risiko" entspricht in der englischsprachigen Fassung der AIFM-RL
der Terminus „exposure".

10   Wie in diesem Zusammenhang die Hebelfinanzierung zu berechnen ist, ergibt sich nicht unmittelbar aus der AIFM-RL selbst, sondern der auf Art. 4 Abs. 3 i. V. m. Art. 19 und Art. 24 Abs. 6, sowie Art. 25 Abs. 9 AIFM-RL basierenden „AIFMD-DVO"[2].

11   Die AIFMD-DVO basiert maßgeblich auf ESMA's technical advice to the European Commission on possible implementing measures of the Alternative Investment Fund Managers Directive (ESMA/2011/379)[3], den die EU-Kommission am 2. Dezember 2010 bei dem europäischen Ausschuss der Wertpapieraufsichtsbehörden CESR, der am 1.1.2011 in die europäische Wertpapieraufsichtsbehörde ESMA überführt wurde, in Auftrag gegeben hatte. Am 16. November 2011 hat ESMA den einschlägigen Advice an die Kommission übermittelt, der im Abschnitt VI Vorschläge für Durchführungsbestimmungen zu Methoden zur Berechnung von Hebelfinanzierung von AIFs beinhaltet. Diese ESMA-Vorschläge wiederum orientieren sich inhaltlich maßgeblich an den „CESR's Guidelines on Risk Measurement and the Calculation of Global Exposure and Counterparty Risk for UCITS".[4]

12   Auf Basis von Art. 4 (1) (v) und den Vorschlägen in Abschnitt VI des ESMA Advice ESMA/2011/379 hat die EU-Kommission folgende Methodik für die Berechnung der Hebelfinanzierung entwickelt, die hier lediglich im Überblick dargestellt werden soll[5]:

13   Ausgangspunkt ist die Vorgabe in Art. 8 Abs. 1 AIFMD-DVO, dass die Hebelfinanzierung eines AIF als Verhältnis von Risiko („Exposure") und dem Nettoinventarwert (Net Asset Value, NAV) auszuweisen ist.[6]

14   Im Hinblick auf die NAV-Berechnung sind in diesem Zusammenhang gem. Art. 19 Abs. 2 AIFMD die für die Bewertung der Vermögenswerte und die Berechnung des Nettoinventarwerts je Anteil des AIFs maßgeblichen Vorschriften im Sitzland des AIFs anzuwenden, die gesetzlich, in den Vertragsbedingungen, oder in der Satzung niedergelegt sind.

15   Unter Zugrundelegung dieses allgemeinen Ansatzes wird somit ein AIF, der lediglich Aktien an börsennotierten Unternehmen hält, nicht als hebelfinanziert eingestuft, solange die Aktien nicht über Fremdkapital finanziert wird. Denn in diesem Fall entspricht das Exposure dem NAV. Anders hingegen die Beurteilung, sofern der AIF Optionen in Bezug auf einen Aktienindex erwirbt, denn hier ist das Exposure gegenüber dem jeweiligen Basisinvestments erhöht[7].

---

[2] Die Durchführungsverordnung wurde am 19.12.2012 von der EU-Kommission erlassen.Sie ist nunmehr final, seitens EU-Parlament und EU-Rat wurden keine Einwände erhoben.

[3] Abrufbar auf der ESMA-Homepage unter http://www.esma.europa.eu/system/files/2011_379.pdf.

[4] CESR's Guidelines on Risk Measurement and the Calculation of Global Exposure and Counterparty Risk for UCITS vom 28.7.2010 (CESR/10-788), abrufbar auf der ESMA-Homepage unter http://www.esma.europa.eu/system/files/10_788.pdf; weiterführend hierzu der ESMA FAQ ‚Risk Measurement and Calculation of Global Exposure and Counterparty Risk for UCITS' vom 9.7.2012 (ESMA/2012/429), abrufbar auf der ESMA-Homepage unter: http://www.esma.europa.eu/system/files/2012-429.pdf.

[5] Weiterführend vgl. Kommentierung zu Art. 4 Abs. 1 (v) und Art. 19 und die einschlägigen dazu ergangenen Durchführungsbestimmungen der AIFMD-DVO.

[6] Vgl. hierzu auch ESMA-Advice ESMA/2011/379, Box 94, S. 192.

[7] Vgl. Erwägungsgrund 9 AIFMD-DVO.

Abgesehen von diesen einfachen Beispielen gestaltet sich die Ermittlung bzw. **16** Berechnung des Leverage in den meisten Fällen als äußerst komplex und je nach Herangehensweise können die Ergebnisse deutlich differieren, was natürlich auch für aufsichtsrechtliche Zwecke nicht unproblematisch ist, insbesondere wenn es um die Erfassung von etwaigen systemischen Risiken geht.

Für die detaillierte Berechnung des AIF-Exposures bzw. Risikos sieht daher **17** Art. 8 Abs. 2 AIFMD-DVO zwei divergierende Berechnungsmethoden, die auf den Investitionsgrad des Portfolios abstellen, vor: zum einen die sog. Brutto-Methode („**Gross Method**") (Art. 9 AIFMD-DVO), zum anderen die sog. **Commitment Methode** (Art. 10 AIFMD-DVO). Der EU-Kommission geht es dabei nicht nur um die Ergebnisse der Berechnungen unter den beiden Methoden, sondern auch darum, in welchem Umfang sich die beiden Berechnungsergebnisse unterscheiden[8]. Der Bruttoansatz soll dabei im Ergebnis Aufschluß über das Gesamtrisiko des AIF geben, während der Commitment-Ansatz Einblick in die vom AIFM eingesetzten Hedging- und Netting-Techniken gewähren soll.

ESMA hatte in ihrem Technical Advice sogar eine dritte Berechnungsmethode **18** vorgeschlagen, die sog. Advanced Method[9], die jedoch – zumindest nach derzeitigem Stand – von der EU-Kommission nicht übernommen wird.

Unabhängig von den beiden Berechnungsmethoden gelten zunächst folgende **19** allgemeine Grundsätze:
• Risiken die durch dritte Parteien entstehen, die von dem AIF kontrolliert werden, müssen grundsätzlich mit in die Berechnung des jeweiligen AIF einbezogen werden
• AIF, deren Strategie die Übernahme von nicht gelisteten Unternehmen ist[10], müssen jedoch den Leverage der Zielunternehmen nicht mit in ihre Berechnung einbeziehen
• Aufgenommene Kredite finden ebenfalls keine Berücksichtigung, wenn sie kurzfristig sind und durch Investoren besichert sind[11]
• Ein AIFM muss die Berechnung des Exposure Anhand der Brutto und Commitment Methode regelmäßig durchführen und dokumentieren.

II. Brutto–Methode – Gross Method (Art. 7 EU–AIFMD–DVO[12])

Bei Anwendung der Brutto Methode entspricht das Exposure der Summe der **20** (absoluten) Werte aller Positionen, deren Berechnung nach den in Art. 19 AIFMD und den entsprechenden Durchführungsbestimmungen niedergelegten Grundsätzen zur Bewertung erfolgt[13].

Wie schon durch die Terminologie zum Ausdruck kommt, geht es bei dieser **21** Methode eben um eine Brutto-Berechnung, Hedging- oder Netting-Vereinbarung finden also keine Berücksichtigung und können nicht abgezogen werden.

---

[8] Vgl. Art. 8 AIFMD-DVO.
[9] Weiterführend vgl. ESMA Advice ESMA/2011/379, Box 97, S. 200 ff.
[10] Also ein Segment aus dem Bereich Private Equity.
[11] ‚Besicherung' heißt in diesem Zusammenhang Deckung in vollem Umfang durch vertragliche Investitionszusagen von Anlegern in der englischsprachigen Fassung findet sich als weiteres Kriterium „auf Abruf des AIFM", also unkonditional, vgl. Art. 6 Abs. 4 AIFMD-DVO.
[12] Weiterführend vgl. Art. 7 und Erwägungsgründe 11–14 AIFMD-DVO.
[13] Vgl. Art. 7 AIFMD-DVO.

Alle Positionen, von Long-Positionen über Short Positionen, Darlehen, Derivate und jedes Instrument, mit dem das Exposure erhöht wird und bei dem Risiken und Erträge von Vermögensgegenständen und Verbindlichkeiten dem AIF zuzurechnen sind, sind in diese Berechnung einzubeziehen.

22   Bei der Berechnung des Risikos eines AIF nach der Brutto-Methode sind gem. Art. 7 Satz 2 AIFMD-DVO folgende Besonderheiten zu beachten:

(a) Barmittel und Barmitteläquivalente, bei denen es sich um hochliquide, auf die Basiswährung des AIF lautende Finanzinvestitionen handelt, die jederzeit in festgelegte Barbeträge umgewandelt werden können, nur unwesentlichen Wertschwankungsrisiken unterliegen und deren Rendite nicht über die einer erstklassigen Staatsanleihe mit dreimonatiger Laufzeit hinausgeht, sind nicht in die Berechnung einzubeziehen;

(b) Derivate sind gem. Art. 10 AIFMD-DVO und den in Anhang I Nummern 4 bis 9 und Nummer 14 dargelegten Umrechnungsmethoden in die äquivalente Basiswert-Position umzurechnen;

(c) Barkredite, die als Barmittel- oder Barmitteläquivalente im Sinne von Buchstabe a Gehalten werden und bei denen die zahlbaren Beträge bekannt sind, sind ebenfalls nicht in die Berechnung einzubeziehen;

(d) Risiken, die aus der Reinvestition von Barkrediten resultieren, sind in die Berechnung einzubeziehen, wobei dieses Risiko gemäß Anhang I Nummern 1 und 2 dargestellt wird entweder als der Marktwert der getätigten Investition oder der Gesamtbetrag des Barkredits, je nachdem, welcher von beiden Werten der höhere ist;

(e) Positionen in Pensionsgeschäften oder umgekehrten Pensionsgeschäften und Wertpapierleihgeschäften oder anderen Vereinbarungen gemäß Anhang I Nummer 3 und Nummern 10 bis 13 sind ebenfalls in die Berechnung miteinzubeziehen.

23   In den Erläuterungen zu Abschnitt VI, Rn. 25. (Steps: 3.) des ESMA Advice wird in diesem Zusammenhang für die weitere Erläuterung direkt Bezug auf die CESR-Guidelines (10/788 – Global exposure)[14] genommen, wo sich entsprechende Vorgaben finden (vgl. Box 24 (3): Leverage should be calculated as the sum of the notionals of the derivatives used).

24   Hinzuweisen ist an dieser Stelle auf die deutliche Kritik an der Brutto-Methode, die im Rahmen der vorausgegangenen ESMA-Konsultation geäußert wurde, insbesondere im Hinblick auf den Umstand, dass auch Hedging und Nettingvereinbarungen anzurechnen sind, also das Risiko (Exposure) erhöhen, selbst wenn diese zur Risikoreduzierung eingesetzt werden. Im Ergebnis spiegelt diese Methode nicht exakt das Risiko des AIFs wieder und ist auch für Investoren u.U. Irreführend, da sich aus dem ausgewiesenen Risiko nicht der Anteil an Hedging bzw. Netting Vereinbarungen ergibt. Trotz dieser Kritik haben sich ESMA und EU-Kommission dafür entschieden, dass eine Berechnung auf Basis der Brutto Methode notwendig ist und den zuständigen Aufsichtsbehörden relevante Informationen liefert.

III. Commitment Methode[15]

25   Neben der Verwendung der Brutto-Methode schreibt die AIFMD-DVO für die Berechnung des Risiko zwingend auch die Verwendung der sog. Commit-

---

[14] Abrufbar auf der ESMA-Homepage.
[15] Weiterführend vgl. Art. 10 und Erwägungsgründe (15)–(32) AIFMD-DVO.

ment Methode vor. Auch hier wird das Exposure grundsätzlich als die Summe der absoluten Werte aller Positionen definiert, wobei die Werte anhand des in Art. 19 AIFMD und dem in den entsprechenden Durchführungsbestimmungen der AIFMD-DVO niedergelegten Bewertungsverfahren ermittelt wird. Die Commitment Methode ist im Vergleich zur Brutto Methode deutlich komplexer und enthält zudem zahlreiche Ausnahmeregelungen[16]. Auch sie ist aber – zumindest teilweise – an die CESR-Guidelines angelehnt.[17]

Ein wesentlicher Unterschied zur Brutto Methode besteht darin, dass Hedging- 26 und Netting-Vereinbarungen Berücksichtigung finden, also das Exposure nicht erhöhen, wenn bestimmte Kriterien erfüllt werden:

Bei Anlagen, die ausschließlich zu **Hedging**-Zwecken getätigt werden, darf 27 in diesem Zusammenhang

- mit den dem Hedging-Verhältnis zugrundeliegenden Positionen keine eigene Ertragserzielung beabsichtigt sein (keine Renditeabsicht), gleichzeitig werden Risiken ausgeglichen
- die Positionen müssen nachweislich das Marktrisiko des AIF senken,
- die mit Derivaten verbundenen – allgemeinen und spezifischen – Risiken müssen vollständig ausgeglichen werden,
- die Hedging Positionen müssen sich auf die gleiche Vermögenswertgattung beziehen, und
- der Hedginganansatz muss auch in angespannten Marktphasen effizient funktionieren.[18]

Auch ohne Vorliegen dieser Voraussetzungen können Derivate, die zur Absiche- 28 rung von Währungsrisiken eingesetzt werden (d.h., die keine, zusätzlichen Risikopositionen („incremental exposure") Hebelwirkung und/oder andere Marktrisiken enthalten) bei der Berechnung des Exposures unberücksichtigt bleiben[19].

Für Derivate gilt weiter, dass diese – ähnlich wie bei der Brutto-Methode – 29 gem. Art. 8 Abs. 2(a) AIFMD-DVO in eine dem Bezugsverhältnis entsprechende Position des Basiswerts umzurechnen sind, sofern nicht die Ausnahmen gem. Art. 8 Abs. 4 und 5 gelten. Die Einzelheiten sind in den sogenannten Anrechnungsmethoden („conversion methods") niedergelegt.[20] In die Berechnung einzubeziehen ist das Exposure von Krediten, die reinvestiert werden und soweit es zu einer tatsächlichen Erhöhung des Exposures kommt.[21] Als Betrag wird auch hier mindestens der Kreditbetrag angesetzt.

Positionen die denselben Basiswert betreffen dürfen gegeneinander aufgerech- 30 net werden **(Netting),** wenn die Investition ausschließlich darauf abzielt Risiken anderer Positionen zu eliminieren. Positionen dürfen auch genettet werden, wenn es sich um Derivate handelt, die denselben Basiswert besitzen, aber verschiedene

---

[16] Die Commitment Method soll an dieser Stelle lediglich in Grundzügen dargestellt werden, für Einzelheiten wird auf die Kommentierung zu Art. 4 (v) verwiesen, s. auch Art. 12 and Art. 11 (4)–(9) 6 (14) AIFMD-DVO.

[17] Vgl. dort Box 2 (1): „The commitment conversion methodology for standard derivatives is always the market value of the equivalent position in the underlying asset. This may be replaced by the notional value or the price of the futures contract where this is more conservative."

[18] Weiterführend vgl. Art. 8 Abs. 6 und Erwägungsgründe 17–19 AIFMD-DVO.

[19] Vgl. Art. 8 Abs. 7 AIFMD-DVO.

[20] Vgl. Art. 10 i.V.m Anhang II AIFMD-DVO.

[21] Vgl. Art. 8 Abs. 1 und 2 AIFMD-DVO.

Laufzeiten haben. Basiswert der Derivate können übertragbare Wertpapiere, Geldmarktprodukte oder Fondsanteile sein.

31   AIFs, deren Strategie vorrangig durch Zinsderivate umgesetzt wird, dürfen spezielle Duration Netting verfahren nutzen, um der Korrelation der Laufzeitsegmente der Zinskurve Rechnung zu tragen[22].

32   Art. 8 i.V.m. Anhang II DVO enthält schließlich spezifische Vorgaben zur Berechnung des Risikos unter Berücksichtigung sowohl der unterschiedlichen Vermögensgegenstände, die erworben werden, als auch der unterschiedlichen Anlagetechniken bzw. Methoden, die verwendet werden. Erläuternde Beispiele finden sich zudem in den Erwägungsgründen 15 bis 31 der AIFMD-DVO.

33   Der Terminus ‚increased exposure' wird in Art. 6 AIFMD-DVO definiert. Danach werden insbesondere die folgenden Methoden und Instrumente berücksichtigt: besicherte und unbesicherte Kreditaufnahme, convertible borrowings, Zinsswaps, CFDs, Future-Kontrakte, TRS, forward agreements, Optionen, repurchase agreements, reverse repurchase agreements, Wertpapierleihe- und Wertpapierdarlehens-Vereinbarungen, CDS.

C. Pflicht zur Informationserhebung durch die zuständigen Behörden (Abs. 1)

34   Art. 25 AIFM ist die zentrale Vorschrift im Kontext der Überwachung des Einsatzes von Hebelfinanzierung in AIFs mit Blick darauf, in wieweit diese zur Entstehung von Systemrisiken im Finanzsystem, des Risikos von Marktstörungen oder zu Risiken für das langfristige Wirtschaftswachstum beitragen. Gem. Art. 25 Abs. 1 haben die Mitgliedstaaten daher sicherzustellen, dass die zuständigen Behörden des Herkunftsmitgliedstaates auf Basis der nach Art. 24[23] zu erhebenden Informationen eine entsprechende Prüfung und Bewertung vorzunehmen. Auf welche Art und Weise die einzelnen Mitgliedstaaten dies sicherstellen und auf welche Art und Weise wiederum die zuständigen Behörden dabei vorgehen, wird in der AIFM-RL nicht weiter präzisiert. Auch die AIFMD-DVO enthält hierzu keine Durchführungsbestimmungen, so dass abzuwarten ist, ob und in welcher Form zukünftig die Vorgehensweise der zuständigen Aufsichtsbehörden in den einzelnen Mitgliedstaaten in dieser Hinsicht abgestimmt wird. Die Einbeziehung von ESMA und dem ESRB nach Abs. 2 ff., insbesondere die die Förder- und Koordinierungsrolle von ESMA bezieht sich jedenfalls ausdrücklich nicht auf die Risikoevaluierung gem. Abs. 1.

35   Grundlage dieser Evaluierung der vorgenannten Risiken durch die zuständigen Aufsichtsbehörden ist jedenfalls zunächst Art. 24 Abs. 4, der statuiert, dass AIFM, die AIFs verwalten, die Hebelfinanzierung in beträchtlichem Umfang (on a substantial basis) einsetzen, der zuständigen Behörde des Herkunftsmitgliedstaates folgende Information zur Verfügung zu stellen haben[24]:

• Gesamtumfang der eingesetzten Hebelfinanzierungen für jeden der von ihm verwalteten AIF

---

[22] Vgl. Art. 8 Abs. 9 AIFMD-DVO.
[23] Fraglich ist in diesem Zusammenhang, ob mit dem Verweis nur die spezifischen Regelungen mit Bezug zur Hebelfinanzierung, also Art. 24 Abs. 4, oder Art. 24 insgesamt.
[24] Vgl. im Einzelnen Kommentierung zu Art. 24.

• eine Aufschlüsselung nach Hebelfinanzierungen, die durch Kreditaufnahme oder Wertpapierleihe begründet wurden, und solchen, die in Derivate eingebettet sind; sowie

• Angaben zu dem Umfang, in dem die Vermögenswerte der AIF im Rahmen der Hebelfinanzierungen wiederverwendet wurden.

Diese Angaben umfassen für jeden der von AIFM verwalteten AIF Angaben   **36** zur Identität der fünf größten Kreditgeber bzw. Wertpapierverleiher sowie zur jeweiligen Höhe der aus diesen Quellen für jeden der genannten AIF erhaltenen Hebelfinanzierung.[25] Weitere Informationen können die zuständigen Behörden des Herkunftsmitgliedstaates gem. Art. 24 Abs. 5 anfordern, sofern dies für die wirksame Überwachung von Systemrisiken erforderlich ist.[26]

Die Regelung in Abs. 1 ist in mehrfacher Hinsicht sehr weit gefasst. Zum einen   **37** sind die Tatbestandsmerkmale *Systemrisiken, Marktstörungsrisiken* und *Risiken für das langfristige Wirtschaftswachstum* weder im allgemeinen Kontext definiert, noch speziell im Kontext der AIFM-Richtlinie. Darüber hinaus gibt es derzeit keine verlässlichen Aussagen oder Untersuchungen dazu, ob und in welchem Umfang der Einsatz von Hebelfinanzierung durch AIFs derartige Risiken überhaupt verursacht, verstärkt, etc.

Schon in diesem Ansatz zeigt sich, wie unspezifisch die AIFM-RL auch bei   **38** der Thematik Einsatz von Hebelfinanzierung ist. Der Einsatz von Hebelfinanzierung, selbst durch eine Vielzahl von Marktteilnehmern, kann offenkundig nicht per se als Systemrisiko angesehen werden und birgt ebenso per se kein Risiko für das langfristige Wirtschaftswachstum oder führt zu Marktstörungen. An derart ungeklärte Sachzusammenhänge aber konkrete aufsichtsrechtliche Maßnahmen anzuknüpfen ist sehr problematisch, so dass an dieser Stelle zunächst einschlägige Aufsichtsgremien wie FSB, ESMA, IOSCO, oder der ESRB gefordert sind, diese Zusammenhänge hinreichend zu klären. Bis dahin bleibt zu hoffen, dass sich nationale Aufsichtsbehörden zurückhalten, isoliert Maßnahmen im Kontext des Einsatzes von Hebelfinanzierung zu ergreifen. Lediglich im Hinblick auf die Beziehung zwischen hebelfinanzierten AIFs und Kreditgebern bzw. Wertpapierverleihern ist ein möglicher Transmissionsmechanismus hinreichend konkretisiert worden und nachvollziehbar als spezifischer Gegenstand einer aufsichtsrechtlichen Überwachung identifiziert werden[27].

E. Zurverfügungstellung von Information an ESMA und ESRB (Abs. 2)

Neben der aufsichtsrechtlichen Erfassung und Auswertung der einschlägigen   **39** Informationen gem. Art. 24 durch die für den AIFM jeweils zuständigen Behörden des Herkunftsmitgliedstaats statuiert Abs. 2 in Satz 1 zunächst den Austausch dieser Informationen und derjenigen nach Art. 7, also den Informationen, die der zuständigen Behörde im Rahmen des Antrag eines AIFM auf Zulassung vorgelegt werden, mit den zuständigen Behörden anderer *entsprechender* Mitgliedstaaten, der

---

[25] Für nicht-EU AIFMs sind die vorgenannten Berichtspflichten beschränkt auf EU AIFs, die von diesen verwaltet und nicht-EU AIFs, die in der EU vertrieben werden.

[26] Zu den Details vgl. Kommentierung zu Art. 24 Abs. 5.

[27] FSB report „Policy Framework for Strengthening Oversight and Regulation of Shadow Barking Entities", abrufbar unter http://www.financialstabilityboard.org/publications/c_130129yy.pdf.

ESMA und dem ESRB. Diesen sind die einschlägigen Informationen zur Verfügung zu stellen. Dabei richtet sich das Verfahren nach den in Art. 50[28] für die Zusammenarbeit bei der Aufsicht niedergelegten Regelungen.[29] Vorrangig sollte es daher um den Informationsaustausch zwischen Herkunftsmitgliedstaat und den jeweiligen Aufnahmemitgliedstaaten[30] bzw. ESMA und dem ESRB gehen. Auf welche Weise diese Informationen den jeweils anderen Aufsichtsbehörden bzw. – Gremien zur Verfügung gestellt werden, bedarf noch der weiteren Konkretisierung. Die AIFMD-DVO enthält zu Art. 25 Abs. 4 jedenfalls keine Durchführungsbestimmungen und dies ist in Art. 25 Abs. 9 auch nicht vorgesehen; Art. 50 enthält lediglich allgemeine Vorschriften über die Zusammenarbeit der verschiedenen zuständigen Behörden[31]. Die einschlägigen Regelungen in Art. 53 über den Austausch von Informationen in Bezug auf potenzielle Systemauswirkungen von AIFM-Geschäften dürften schließlich nicht relevant sein, da es sich beim Einsatz von Hebelfinanzierung nicht um AIFM-Geschäfte im eigentlichen Sinne handelt, die von dieser Norm erfasst sein sollten, sondern um eine Anlagetechnik.

40 Darüber hinaus schreibt Satz 2 vor, dass ein Informationsaustausch nach dem vorgenannten Verfahren bzw. bilateral direkt auch dann stattzufinden hat, falls von einem ihrer Aufsicht unterliegenden AIFM oder einem von diesem AIFM verwalteten AIF ein erhebliches Gegenparteirisiko für ein Kreditinstitut oder sonstige systemrelevante Institute in anderen Mitgliedstaaten ausgehen könnte. Diese Regelung zielt also explizit auf etwaige Transmissionsmechanismen ab, die zwischen Kreditnehmern auf der einen Seite und AIFM bzw. AIF auf der anderen Seite bestehen, sofern ein Kreditnehmer, der von einem oder mehreren Kreditnehmern in erheblichem Ausmaß Kreditfinanzierung in Anspruch nimmt.

F. Nachweispflicht der AIFM zur Angemessenheit der Begrenzung des Umfangs von Hebelfinanzierungen und Bewertung durch die zuständigen Behörden (Abs. 3)

I. Internes Leverage-Limit

41 **1. Angemessenheit.** Zu Recht wurden in der AIFM-RL keine starren Vorgaben für Leverage-Quoten von AIFs aufgenommen. Diese wurde zwar im Verlauf des Gesetzgebungsverfahrens vereinzelt gefordert, doch ist es unrealistisch und kontraproduktiv für eine Vielzahl von äußerst heterogenen AIF-Typen einheitliche Leverage-Quoten vorzugeben. Recht pragmatisch erfolgte seinerzeit vom zuständigen Berichterstatter aus dem Europaparlament der Vorschlag, der dann auch in Art. 15 Abs. 4 implementiert wurde, dass jeder AIFM für jeden von ihm

---

[28] Ob von diesem Verweis auch Art. 53 erfasst ist, erscheint fraglich; zwar geht es dort um den Austausch von Informationen in Bezug auf potenzielle Systemauswirkungen von AIFM-Geschäften, es findet sich dort auf der anderen Seite aber keine ausdrücklicher Bezug auf den Einsatz von Hebelfinanzierung, sondern nur auf Geschäfte von AIFM; auch die Durchführungsbestimmung zu Art. 53, Art. 116 AIFMD-DVO, enthält keinen weiteren Bezug auf den Einsatz von Hebelfinanzierung.

[29] Vgl. Kommentierung dort.

[30] Zur Definition vgl. Art. 4 Abs. 1r).

[31] Art. 50 referenziert zwar auf die Verordnung (EU) Nr. 1095/2010, die jedoch keine spezifischen Regelungen zum Informationsaustausch in Bezug auf Art. 25 enthält; eigene Durchführungsbestimmung zu Art. 50 enthält die AIFMD-DVO auch nicht.

verwalteten AIF ein Höchstmaß an Hebelfinanzierung festzulegen hat, welches eingesetzt werden kann[32]. Erkennbar ist in diesem Zusammenhang aber natürlich der grundsätzliche Regelungsansatz, die Wahl eines beliebigen – ggf. unbegrenzten – Leverage-Limits durch den AIFM zu verhindern.

Richtig ist jedenfalls, dass die Einschätzungsprärogative zum Umfang der einge- **42** setzten Hebelfinanzierung klar beim AIFM liegt und nicht bei der zuständigen Aufsichtsbehörde. Diese in der RL niedergelegte Systematik ist von der jeweils zuständigen Aufsichtsbehörde zu respektieren. Daran ändert auch das in Abs. 3 Satz 2 niedergelegte Bewertungsverfahren im Hinblick auf etwaige Risiken, die aus der Nutzung von Hebelfinanzierung erwachsen können nichts. Beschränkungsmöglichkeiten stehen der zuständigen Behörde ausdrücklich erst im Folgezeitraum, also nicht schon bei der Zulassung oder der Vertriebsanzeige, zu.

Dennoch stellt sich Frage, wie eine Evaluierung, sowohl auf AIFM-Ebene, als **43** auch auf Ebene der zuständigen Behörde, ob die angesetzte Begrenzung des Umfangs der Hebelfinanzierung für den jeweiligen AIF angemessen ist, oder eben nicht, erfolgen kann. Ein standardisiertes Verfahren wird es dabei allerdings nicht geben können, da der Einsatz von Leverage zum einen von Strategie zu Strategie variiert, zum anderen selbst innerhalb von Strategien höchst unterschiedlich sein kann. Einschlägige Untersuchungen in dem Segment Hedgefonds belegen diesen Befund, wie sich aus dem nachfolgenden Schaubild ergibt:

Category	No Leverage Employed (in%)	Leverage employed (in%)
	(% of total number of funds)	Low Level of Leverage (<2:1)
Aggressive Growth	20%	60%
Emerging Marktes	20%	50%
Emerging Markets Neutral	15%	50%
Event Driven	15%	60%
Income	35%	30%
Market Neutral-Arbitrage	10%	25%
Market Timing	55%	35%
Multi Strategy	10%	50%
Opportunistic	10%	60%
Short Selling	30%	40%
Value	20%	60%
Total	20%	50%

Die Bandbreite des Einsatzes von Leverage macht deutlich, dass eine einheitliche **44** Leverage-Ratio völlig unangemessen gewesen wäre. Es wird innerhalb von einzelnen Strategien immer AIFM geben, die auf den Einsatz von Leverage ganz verzichten, es wird AIFM geben, die in sehr moderatem Umfang, z. B. dem auch

---

[32] Weiterführend hierzu, insbesondere, welche Umstände und Kriterien bei der Festlegung des Höchstmaßes zu berücksichtigen sind, vgl. Kommentierung zu Art. 15 Abs. 4.

für OGAW-Fonds zulässigen Rahmen (Verdoppelung des Marktrisikopotentials), Leverage einsetzen, und es wird einen gewissen Teil von AIFM geben, die auch in stärkerem Umfang Hebelfinanzierung einsetzen. Für letztgenannte gilt dabei, dass aus diesem Umstand nicht automatisch abgeleitet werden kann, dass der höhere Leverageeinsatz unangemessen oder sogar risikobehafteter wäre. Gerade bei Arbitrage-Strategien ist das Risiko häufig sehr gering, da aber zum Teil die Erträge aus sehr geringen Preisdifferenzen erzielt werden, ist es insgesamt erforderlich, in stärkerem Maße Hebelfinanzierung einzusetzen. Ob in diesen Fällen ein Faktor 3, 4, oder 8 am Ende angemessen ist, oder nicht, wird sich weder pauschal noch a priori determinieren lassen. Im Ergebnis kann es daher nur in der Verantwortung des AIFM liegen, nach bestem Wissen und Gewissen und aus seiner Erfahrung und Expertise heraus das interne Leverage-Limit zu bestimmen.

45   **2. Art und Weise der Darlegung des Leverage-Limits.** Im Hinblick auf die interne Leverage-Begrenzung statuiert Abs. 3 Satz 1, dass ein AIFM sowohl deren Angemessenheit, als auch deren stetige Einhaltung darzulegen hat. Auch hier enthält die Richtlinie selbst keine weitere Konkretisierung, auf welche Art und Weise und zu welchem Zeitpunkt bzw. zu welchen Zeitpunkten diese Darlegung zu erfolgen hat.

46   Im Rahmen des Zulassungsantrags gem. Art. 7 wird man jedenfalls noch nicht verlangen können, dass vom AIFM dargelegt wird, auf welche Art und Weise man unter Berücksichtigung der in Art. 15 Abs. 4 genannten Kriterien für zu verwaltende AIF das Höchstmaß der geplanten Hebelfinanzierung determiniert. Erstmalig kann eine solche Darlegungspflicht also erst im Rahmen der Vertriebsanzeige gem. Art. 31 Abs. 2 bestehen. Hierfür spricht auch, dass im Rahmen dieser Anzeige gem. Anhang III Buchstabe f) alle in Art. 23. Abs. 1 genannten Informationen aufzunehmen sind, also auch zur Hebelfinanzierung[33]. In diesem Zusammenhang ist also darzulegen, dass die Begrenzung des Umfangs der Hebelfinanzierung angemessen ist[34]. Die Aussagekraft dieser Darlegung ist zu diesem Zeitpunkt allerdings sehr beschränkt, da sich konkrete Schlussfolgerungen erst im Rahmen der operativen Anlagetätigkeit ziehen lassen dürften.

47   Es stellt sich daher die Frage, wie diese Darlegung (Angemessenheit und Einhaltung des Leverage-Limits) in der Folgezeit zu erfolgen hat, z. B. im gleichen Turnus wie die Informationspflichten gem. Art. 24 Abs. 4 zur Hebelfinanzierung i. V. m. Art. 110 Abs. 5 AIFMD-DVO[35], oder im Jahresbericht gem. Art. 22, oder in anderer Weise, z. B. auf Verlangen der zuständigen Behörde. Eine Darlegung entsprechend Art. 24 Abs. 4 i. V. m. Art. 110 Abs. 5 AIFMD-DVO ist abzulehnen. Denn die einschlägigen Regelungen der AIFMD-DVO beziehen sich ausdrücklich nur für die Informationspflichten nach Art. 24 Abs. 4 und nicht auf die Informationen gem. Art. 25 Abs. 3[36].

48   Eine Darlegung im Kontext des Jahresberichts erscheint ebenso fraglich, denn gem. Art. 22 Abs. 4 ist dort insbesondere über den Gesamtumfang der Hebelfinan-

---

[33] Vgl. hierzu Kommentierung zu Art. 23 Abs. 1a).

[34] So der ausdrückliche Wortlaut von Art. 25 Abs. 3 Satz 1, der sich auf die Angemessenheit der Begrenzung und nicht auf die Angemessenheit des Umfangs der Hebelfinanzierung bezieht.

[35] Vgl. hierzu Kommentierung Art. 24 Rn. 27.

[36] Ggf. handelt es sich hier um ein redaktionelles Versehen, der Wortlaut bzw. der Verweis ist aber eindeutig. Auch die AIFMD-DVO enthält hierzu keine weiteren Hinweise.

zierung zu berichten, aber nicht über Aspekte wie die Angemessenheit oder die permanente Einhaltung der Leverage-Begrenzung[37].

In Frage kommt schließlich eine Abfrage dieser Punkte nach Art. 24 Abs. 5, **49** der die Ermächtigung der zuständigen Behörden vorsieht, zur Wirksamen Überwachung von Systemrisiken regelmäßig oder spontan ergänzende Informationen anzufordern. Allerdings ist auch hier die Unbestimmtheit der Norm, wie auch der verwendeten Begriffe kritisch zu würdigen. Es dürfte für die zuständige Behörde schwer begründbar sein, mit Verweis auf diese Norm von AIFM zu fordern Darstellungen zur Angemessenheit und zur Einhaltung des Leverage-Limits beizubringen.

Am Wahrscheinlichsten wird es daher sein, dass die Mitgliedstaaten mit Verweis **50** auf Art. 25 Abs. 1 jeweils individuell festlegen, zu welchem Zeitpunkt bzw. zu welchen Zeitpunkten nach der Vertriebsanzeige fortlaufend über die Angemessenheit und Einhaltung des Leverage-Limits zu informieren ist.

3. Offenlegung des internen Leverage-Limits?. Ebenso unklar ist der **51** Umstand, ob und in welcher Weise Angemessenheit und Einhaltung des internen Leverage-Limits Investoren gegenüber offenzulegen sind. Hierzu enthält weder die RL noch die AIFMD-DVO einschlägige Regelungen.

Zunächst ist hierzu festzustellen, dass es sich bei diesen Informationen um z.T. **52** proprietäre Informationen handelt, die auch aus Wettbewerbsgründen vertraulich behandelt werden müssen.

Art. 23 Abs. 1 (a) und 5 i. V. m. Art. 109 AIFMD-DVO enthalten umfangrei- **53** che Informationspflichten des AIFM gegenüber Anlegern, die sich zum einen auf *sonstige* Beschränkungen für den Einsatz von Hebelfinanzierung beziehen, zum anderen auf Änderungen zum maximalen Umfang der Hebelfinanzierung bzw. auf die Gesamthöhe der Hebelfinanzierung. Entsprechende Informationen sind z.T. vor einer Anlage (Art. 23 Abs. 1), regelmäßig (Art. 23 Abs. 5), oder beim Eintritt einer wesentlichen Änderung (Art. 23 Abs. 1) zur Verfügung zu stellen. Diese Informationspflichten beziehen sich jedoch ausdrücklich nicht auf die Darlegung zur Angemessenheit und zur dauerhaften Einhaltung des Leverage-Limits. Ein solcher Ansatz wäre auch verfehlt. Für die Anleger ist es sachgerecht, dass sie über den Gesamtumfang der eingesetzten Hebelfinanzierung unterrichtet werden und in diesem Zusammenhang auch einen Bezug zum internen Leverage-Limit herstellen können.

Anders stellt es sich ggf. dar in Bezug auf ein Leverage-Limit, das von der **54** zuständigen Behörde gem. Art. 25 Abs. 3 S. 2 verfügt wird. Gem. Art. 23 Abs. 1a) sind Anleger auch über wesentliche Änderungen in Bezug auf *sonstige* Beschränkungen für den Einsatz von Hebelfinanzierungen zu informieren. Auch wenn hiermit in erster Linie Sachverhalte bzw. Änderungen erfasst sein sollten, die von AIFM selbst vorgenommen werden, erscheint es sachgerecht, dass hier – ausnahmsweise – auch Beschränkungen erfasst werden, die nicht vom AIFM vorgenommen, sondern von der zuständigen Behörde verfügt werden, zumal eine solche Begrenzung Anleger in gleicher Weise betrifft[38], wie eine vom AIFM selbst beschlossene Änderung.

---

[37] Eine Darstellung im Jahresbericht wäre zwar u.U. hilfreich, auch diese ist aber nicht durch die RL bzw. die AIFMD-DVO vorgegeben; auch hier mag es sich um ein redaktionelles Versehen, aber der Wortlaut ist insoweit eindeutig.

[38] U.U. sogar stärker, z. B. sinkender NAV durch Fire-Sales, Beschränkungen der Rücknahme, etc.

55   Eine entsprechende Begrenzung des Leverage-Limits durch die zuständigen Behörden ist daher gem. Art. 109 Abs. 2 AIFMD-DVO Anlegern unverzüglich (without undue delay) zur Verfügung zu stellen. Gem. Art. 22 Abs. 2 (d) ist über eine solche Änderung sodann auch im nachfolgenden Jahresbericht zu informieren[39].

56   **4. Verstöße gegen das Leverage-Limit.** Gem. Art. 25 Abs. 3 Satz 1 hat der AIFM das intern gesetzte Leverage-Limit stets einzuhalten. Fraglich ist in diesem Zusammenhang, wie bei einem – zeitweiligen – Verstoß gegen das Leverage-Limit zu verfahren ist und welche Konsequenzen damit verbunden sind.

57   Festzuhalten gilt zunächst, dass es sich um eine selbst gesetzte Begrenzung handelt. Ein Verstoß kann somit nicht zu einem Entzug der Zulassung nach Art. 11 führen. Eine unmittelbare Meldepflicht gegenüber der zuständigen Behörde oder gegenüber Anlegern ist aus der RL ebenfalls nicht zu entnehmen. Art. 24 Abs. 4 schreibt natürlich vor, dass der zuständigen Behörde Informationen über den Gesamtumfang der eingesetzten Hebelfinanzierung zur Verfügung zu stellen sind. Insofern wäre ein Überschreiten des Leverage-Limits im Rahmen der periodischen Berichterstattung nach Art. 24 Abs. 4 i. V. m. Art. Art. 110 AIFMD-DVO meldepflichtig. Im Hinblick auf die in Art. 110 Abs. 5 i. V. m. Abs. 3 vorgesehen Berichtsstichtage erscheint es sachgerecht, temporäre Überschreitungen, die zum Stichtag bereits zurückgeführt wurden, nicht als meldepflichtig anzusehen. In diesem Zusammenhang sollte neben dem zeitlichen Element aber auch ein quantitatives Element gefordert werden. Erhebliche Überschreitungen des Leverage-Limits für einen längeren Zeitraum wären somit in jedem Fall meldepflichtig, selbst wenn sie zum Berichtsstichtag zurückgeführt werden[40].

58   Das Überschreiten des internen Leverage-Limits hat aber nicht nur Relevanz für die zuständige Aufsichtsbehörde, sondern auch für die Anleger. Denn es handelt sich um eine vertragliche Grundlage zwischen AIFM/AIF und Anleger handelt. Anleger werden auf die Einhaltung des Limits vertrauen und Überschreitungen nur insoweit tolerieren, sofern dies in den Anlagebedingungen erläutert ist. Schon um nicht etwaigen Schadensersatzansprüchen von Anlegern ausgesetzt zu sein werden AIFM also darauf bedacht sein, das intern gesetzte Leverage-Limit nicht zu durchbrechen.

II. Bewertung des internen Leverage-Limits und Beschränkungsmöglichkeiten durch die zuständige Behörde

59   Auf Basis der vom AIFM zur Verfügung gestellten Informationen hat gem. Satz 2 1. Halbs. die zuständige Behörde zunächst die Risiken zu bewerten, die aus der Nutzung von Hebelfinanzierung durch einen AIFM bei einem von ihm verwalteten AIF erwachsen können. Hier stellt sich zunächst die Frage, ob der Prüfungsmaßstab ausschließlich die in Abs. 1 genannten Risiken, also Systemrisiken im Finanzsystem, das Risiko von Marktstörungen oder Risiken für das langfristige Wirtschaftswachstum, sind, oder ob auch andere Risiken, z. B. das in Abs. 2 Bezug genommene Gegenparteirisiko, oder sonstige Risiken Gegenstand der Bewertung durch die zuständige Behörde sein sollen. Im Hinblick auf den Umstand, dass Art. 25 spezifische Risiken in Bezug auf den Einsatz von Hebelfi-

---

[39] Weitergehende Informationspflichten ggü. der Öffentlichkeit bestehen nicht.

[40] Die zeitlichen und quantitativen Elemente sind noch näher zu konkretisieren. Ob dies auf europäischer Ebene, z. B. durch ESMA, oder auf nationaler Ebene erfolgen wird, ist noch unklar. Sachgerecht wäre eine einheitliche Abstimmung auf europäischer Ebene.

nanzierung identifiziert, dürften eben diese Risiken auch Prüfungs- bzw. Bewertungsmaßstab für die zuständige Behörde sein. Hervorzuheben ist in diesem Zusammenhang, dass die zuständigen Behörden im Hinblick auf die Risiken zwar einen Prüfungs- und Bewertungsauftrag haben, Sanktionen nach dem Wortlaut aber nur möglich sind, wenn dies zur Gewährung der Stabilität und Integrität des Finanzsystems als nötig erachtet wird. Satz 2 2. Halbs. lässt ausdrücklich nur für diesen Fall die Beschränkung des Umfangs der Hebelfinanzierung, die ein AIFM einsetzen darf, zu. Bevor die zuständige Behörde eine solche Beschränkung verhängt ist zudem eine vorherige Unterrichtung von ESMA und ESRB und der zuständigen Behörde des entsprechenden AIFs erforderlich[41].

1. Bewertungsprozess. Wie eine solche Prüfung und Bewertung im Hinblick 60
darauf auszusehen hat, dass durch den Einsatz von Hebelfinanzierung eine Gefahr für die Stabilität und Integrität des Finanzsystems vorliegen muss, wird von der Richtlinie selbst nicht vorgegeben. Der Terminus Gefahr für die Stabilität und Integrität des Finanzsystems ist bislang weder definiert, noch durch die Verwaltungspraxis von Aufsichtsbehörden näher konkretisiert. Art. 25 Abs. 9 enthält daher eine Ermächtigungsgrundlage für die EU-Kommission delegierte Rechtsakte zu erlassen, in den prinzipiell festgelegt wird, unter welchen Bedingungen die zuständigen Behörden die Bestimmungen des Abs. 3 anwenden, wobei den unterschiedlichen Strategien von AIF, dem unterschiedlichen Marktumfeld der AIF und möglichen prozyklischen Folgen der Anwendung der Bestimmungen Rechnung zu tragen ist. Auf dieser Basis sieht die AIFMD-DVO folgende Regelungen vor.

Der auf Basis von Art. 25 Abs. 9 erlassene Art. 112 AIFMD-DVO enthält fol- 61
gende Vorgaben für das Prüfungs- und Bewertungsverfahren durch die zuständigen Behörden.[42]

Im Rahmen der Auswertung der vom AIFM zur Verfügung gestellten Informa- 62
tionen hat die zuständige Behörde gem. Abs. 2 zunächst zu berücksichtigen, in welchem Umfang der Einsatz von Hebelfinanzierung durch ein AIFM selbst, oder im Kontext einer Gruppe von AIFM oder gemeinsam mit anderen Finanzinstituten zum Aufbau von systemischen Risiken im Finanzsystem beiträgt oder zu Marktstörungen führt. In diesem Zusammenhang hat die zuständige Behörde gem. Abs. 3 insbesondere folgende Aspekte zu berücksichtigen:

- Umstände, in denen das Exposure eines AIFs oder mehrerer AIFs einschließlich des Exposures aus Finanzierung oder Anlagen des AIFM, die für eigene Rechnung getätigt werden, oder für den AIF, eine wesentliche Ursache für ein Markt-, Liquiditäts-, oder Gegenparteirisiko für ein Finanzinstitut darstellen kann.
- Umstände, in denen die Aktivitäten eines AIFMs selbst, oder im Kontext einer Gruppe von AIFM oder gemeinsam mit anderen Finanzinstituten mit Blick auf die Arten von Assets, in denen der AIF investiert und Techniken, die der AIFM durch den Einsatz von leverage verwendet, zu Abwärtsbewegungen im Wert von Finanzinstrumenten oder anderen Vermögensgegenständen beiträgt oder beitragen können, die deren Lebensfähigkeit (gemeint sein dürfte die Rentabilität) gefährdag.
- Kriterien, wie die Art des AIFs, die Anlagestrategie des AIFMs für den jeweiligen AIF, die Marktumstände, in denen der AIFM und der AIF operieren, und

---

[41] Gem. Art. 25 Abs. 4 spätestens 10 Arbeitstage vor dem geplanten Wirksamwerden oder der Erneuerung der vorgeschlagenen Maßnahme.

[42] Diese Kriterien entsprechen nahezu inhaltsgleich den von ESMA entwickelten Kriterien gem. Technical Advice ESMA/2011/379, Box 101, S. 213 ff.

etwaige prozyklische Effekte, die daraus resultieren, dass die zuständige Behörde den Einsatz von Hebelfinanzierung begrenzt oder in anderer Weise beschränkt.

• Kriterien, wie die Größe eines AIF oder mehrerer AIFs und jede anknüpfende Auswirkung in einem speziellen Marktsegment, Risikokonzentrationen in bestimmten Märkten, in denen der AIF oder mehrere AIFs investieren, etwaige Übertragungs-/Ansteckungsrisiken (contagion risk) auf andere Märkte von dem Markt, in dem Risiken identifiziert wurden, Liquiditätsrisiken in bestimmten Märkten zu einem speziellen Zeitpunkt, das Ausmaß des mit einem Mißverhältnis zwischen Vermögenswerten und Verbindlichkeiten verbundenen Risikos in einer spezifischen AIFM investment Strategie, oder irreguläre Preise Entwicklung von Vermögenswerten, in den ein AIF investieren kann.

63 ESMA hat in dem zugrundeliegenden Technical Advice in Bezug auf diese beispielhaften Kriterien weiter klargestellt, dass die zuständige Behörde des Herkunftsmitgliedstaates des AIFMs bei etwaigen Maßnahmen nach Art. 25 Abs. 3 auch Erwägungen zum richtigen Timing anstellen soll, um etwaige Risiken, insbesondere systemische Risiken, zu vermeiden bzw. zu minimieren. Etwaige Beschränkungen sollen zudem Art des Risikos und den Grad der Auswirkung auf die Stabilität und Integrität des Finanzsystems berücksichtigen.

64 Aber auch diese Hinweise und Vorgaben geben keinen Aufschluss darüber, wann durch den Einsatz von Hebelfinanzierung eine Gefahr für die Stabilität und Integrität des Finanzsystems.

65 **2. Exkurs EU-LeerverkaufsVO und WpHG.** Eine Bezugnahme auf die Tatbestandsmerkmale „Stabilität bzw. Funktionsfähigkeit der Finanzmärkte" findet sich auf europäischer Ebene auch in der VERORDNUNG (EU) Nr. 236/2012 DES EUROPÄISCHEN PARLAMENTS UND DES RATES vom 14. März 2012 über Leerverkäufe und bestimmte Aspekte von Credit Default Swaps[43]. Dort kann die zuständige Behörde z. B. gem. Art. 18 Abs. 1 besondere Melde- und Offenlegungspflichten statuieren wenn:

a) ungünstige Ereignisse oder Entwicklungen eingetreten sind, die eine ernstzunehmende Bedrohung für die Finanzstabilität oder das Marktvertrauen in dem betreffenden Mitgliedstaat oder in einem oder mehreren anderen Mitgliedstaaten darstellen, und

b) die Maßnahme erforderlich ist, um der Bedrohung zu begegnen, und die Effizienz der Finanzmärkte wird im Vergleich zum Nutzen der Maßnahme nicht unverhältnismäßig beeinträchtigt.

66 In anderen Gesetzen finden sich zwar auch die Tatbestandsmerkmale „Stabilität bzw. Funktionsfähigkeit der Finanzmärkte" und es werden damit auch Eingriffsbefugnisse der BaFin verbunden, z. B. in § 4a WpHG im Hinblick auf Missstände, die Nachteile für die Stabilität der Finanzmärkte bewirken oder das Vertrauen in die Funktionsfähigkeit der Finanzmärkte erschüttern können. Hier handelt es sich aber zum einen ebenfalls um eine Regelung, die erst im Jahre 2011 in das WpHG aufgenommen wurde und zu der es noch keine Verwaltungspraxis gibt. Zum anderen ist der Kontext der Regelung jeweils unterschiedlich. Bei der Regelung in § 4a WpHG geht es in erster Linie um konkrete, in erster Linie um einzelfallbezogene vorübergehende Handelsverbote, die vorübergehende Handelsaussetzung oder besondere Mitteilungspflichten. Anlass dieser Regelung in § 4a WpHG, die durch das Gesetz zur Vorbeugung gegen missbräuchliche Wertpapier- und Derivategeschäfte aufgenommen

---

[43] Amtsblatt der Europäischen Union vom 24. März 2012 L 86/1, http://eur-lex.europa.eu/LexUriServ/LexUriServ.do?uri=OJ:L:2012:086:0001:0024:de:PDF.

wurde, war die Bereitstellung einer § 4 WpHG ergänzenden Norm, um der BaFin weitergehende Eingriffsmöglichkeiten im Hinblick auf die Sicherstellung der Stabilität der Finanzmärkte und des Vertrauens in die Funktionsfähigkeit der Finanzmärkte zu ermöglichen[44]. Schutzzweck dieser Norm ist Funktionsfähigkeit der Finanzmärkte aus ökonomischer Sicht aufgrund ihrer volkswirtschaftlichen Bedeutung. Der Kontext unterscheidet sich aber insofern von Art. 25 Abs. 3, als dass bei § 4a WpHG die Anfälligkeit der Finanzmärkte etwa gegen spekulative Geschäfte im Vordergrund stehen. Bezuggenommen wird auch auf etwaige Gefahren für die geregelte Kapitalallokation der Marktteilnehmer, der entgegengewirkt werden können soll. Das Regelungsziel Prävention gegen Marktstörungen oder Marktversagen.unterscheidet sich insofern also vom Regelungsziel des Art. 25.

In der zur EU-LeerverkaufsVO ergangenen DurchführungsVO[45] werden Kri- **67** terien und Faktoren festgelegt, die bei der Entscheidung, ob ungünstige Ereignisse oder Entwicklungen und Bedrohungen vorliegen, zu berücksichtigen sind. Art. 24 EU-Leerverkaufs-DVO nimmt in diesem Zusammenhang Bezug zu Handlungen, Ergebnissen, Tatsachen oder Ereignissen, von denen vernünftigerweise anzunehmen ist oder angenommen werden könnte, dass sie Folgendes bewirken:
a) schwere finanzielle, monetäre oder budgetäre Probleme, die bei einem Mitgliedstaat oder einer Bank bzw. einem anderen Finanzinstitut, das als wichtig für das globale Finanzsystem angesehen wird, wie in der Union tätige Versicherungsgesellschaften, Marktinfrastruktur-Anbieter und Vermögensverwaltungsgesellschaften, zu Instabilität führen können, wenn dies die ordnungsgemäße Funktionsweise und Integrität von Finanzmärkten oder die Stabilität des Finanzsystems in der Union bedrohen kann;
b) eine Rating-Maßnahme oder den Ausfall eines Mitgliedstaats oder einer Bank oder eines anderen Finanzinstituts, das als wichtig für das globale Finanzsystem angesehen wird, wie in der Union tätige Versicherungsgesellschaften, Marktinfrastruktur-Anbieter und Vermögensverwaltungsgesellschaften, die/der schwere Zweifel an deren Solvenz aufkommen lässt oder nach vernünftigem Ermessen aufkommen lassen dürfte;
c) erheblichen Verkaufsdruck oder ungewöhnliche Volatilität, die bei Finanzinstrumenten, die sich auf Banken oder andere Finanzinstitute, die als wichtig für das globale Finanzsystem angesehen werden, wie in der Union tätige Versicherungsgesellschaften, Marktinfrastruktur-Anbieter und Vermögensverwaltungsgesellschaften, und gegebenenfalls auf öffentliche Emittenten beziehen, eine erhebliche Abwärtsspirale in Gang setzen;
d) einen bedeutsamen Schaden an den physischen Strukturen von wichtigen Finanzemittenten, Marktinfrastrukturen, Clearing- und Abwicklungssystemen und Aufsichtsbehörden, der sich insbesondere in Fällen, in denen er auf eine Naturkatastrophe oder einen terroristischen Angriff zurückzuführen ist, nachteilig auf die Märkte auswirken kann;
e) eine bedeutsame Störung bei einem Zahlungssystem oder Abwicklungsprozess – insbesondere wenn diese das Interbankengeschäft betrifft – die innerhalb der EU-Zahlungssysteme zu erheblichen Zahlungs- oder Abwicklungsfehlern oder -verzögerungen führt oder führen kann, speziell wenn diese in einer Bank oder einem anderen Finanzinstitut, die als wichtig für das globale Finanzsystem angesehen werden, wie in der Union tätige Versicherungsgesellschaften, Marktinfrastruktur-

---

[44] Vgl. weiterführend die Gesetzesbegründung zu § 4a WpHG.
[45] EU-Leerverkaufs-DVO.

Anbieter und Vermögensverwaltungsgesellschaften, oder in einem Mitgliedstaat zur Ausbreitung einer finanziellen oder wirtschaftlichen Krise führen können.

68 Weiter konkretisiert die EU-Leerverkaufs-DVO in Art. 24 Abs. 3, dass für die Zwecke des Art. 28 Abs. 2 Buchstabe a eine Bedrohung der ordnungsgemäßen Funktionsweise und Integrität der Finanzmärkte oder der Stabilität des gesamten oder eines Teils des Finanzsystems in der Union gleichbedeutend ist mit:

a) einer drohenden schweren finanziellen, monetären oder budgetären Instabilität eines Mitgliedstaat oder des Finanzsystems eines Mitgliedstaats, wenn dies die ordnungsgemäße Funktionsweise und Integrität der Finanzmärkte oder die Stabilität des gesamten oder eines Teils des Finanzsystems in der Union ernsthaft bedrohen kann;

b) der Möglichkeit des Ausfalls eines Mitgliedstaats oder supranationalen Emittenten;

c) einem schweren Schaden an den physischen Strukturen von wichtigen Finanzemittenten, Marktinfrastrukturen, Clearing- und Abwicklungssystemen und Aufsichtsbehörden, der insbesondere in Fällen, in denen er auf eine Naturkatastrophe oder einen terroristischen Angriff zurückzuführen ist, grenzübergreifende Märkte schwer beeinträchtigen kann, wenn dies die ordnungsgemäße Funktionsweise und Integrität der Finanzmärkte oder die Stabilität des gesamten oder eines Teils des Finanzsystems in der Union ernsthaft bedrohen kann;

d) einer schweren Störung bei einem Zahlungssystem oder Abwicklungsprozess – insbesondere wenn diese das Interbankengeschäft betrifft – die innerhalb der grenzübergreifenden Zahlungssysteme in der Union zu erheblichen Zahlungs- oder Abwicklungsfehlern oder -verzögerungen führt oder führen kann, speziell wenn diese im gesamten oder in einem Teil des Finanzsystems der Union zur Ausbreitung einer finanziellen oder wirtschaftlichen Krise führen kann.

69 **3. Würdigung.** Es zeigt sich somit, dass im Kontext der EU-LeerverkaufsVO die Szenarien, bei denen eine Bedrohung für die Stabilität und Integrität des Finanzsystems wahrscheinlich ist, durchaus anders gelagert sind als im Kontext der AIFM-RL. Mit anderen Worten: es gibt keine einheitliche Definition, wann eine Bedrohung für die Stabilität und Integrität des Finanzsystems gegeben ist. Vielmehr wird auf den jeweiligen Regelungsgehalt des Gesetzes abgestellt, um eine solche Situation zu beurteilen. Dieser Ansatz ist schon unter rechtsstaatlichen Erwägungen nicht unproblematisch. Was aber auch deutlich wird, ist der Umstand, dass der Bezug von Hebelfinanzierung zu Systemrisiken eher mittelbar ist. Es stellt sich somit die Folgefrage, ob die Anknüpfung an den AIFM für etwaige behördliche Maßnahmen adäquat ist.

70 **4. Begrenzungsmöglichkeiten durch die zuständige Behörde.** Die Begrenzungsmöglichkeiten der zuständigen Behörde im Hinblick auf die in Art. 112 Abs. 3 AIFMD-DVO aufgeführten vier Szenarien stellen sich wie folgt dar:

71 Im Hinblick auf Szenario (a) sollte eine Begrenzung der Kreditvergabe bei dem Finanzinstitut sachnäher und effektiver sein, als die Hebelfinanzierung einer oder mehrerer AIFM zu begrenzen.

72 Im Rahmen von Szenario (b) geht es um Umstände, bei denen die Aktivitäten eines oder mehrerer AIFM, ggf. auch gemeinsam mit anderen Finanzinstituten, im Hinblick auf die Arten von Assets, in die investiert wird, oder die verwendeten Leveragetechniken, zu Abwärtsbewegungen im Wert von Finanzinstrumenten oder anderen Vermögensgegenständen führt und deren *Lebensfähigkeit* („viability")[46] gefährden. Was hiermit konkret gemeint ist, bleibt unklar. Ein mögliches Szenario könnte in diesem Zusammenhang die Durchführung von Leerverkäufen sein, auch wenn diese hier nicht konkret Erwähnung finden. Ein Risiko, welches in der Tat aus der Durchführung von Leerverkäufen in großem Umfang resultieren kann, sind Abwärtsbewegungen im Preis eines Anlagegegenstandes. Die Durchführung von Leerverkäufen bedeutet auch einen Anstieg des Leverage, so dass als Maßnahme zur Reduzierung von Leerverkäufen auch eine Beschränkung des Leverage angesehen werden kann. Fraglich bleibt allerdings, warum dann nicht auch die VO explizit auf Leerverkäufe eingegangen wird.

Bei der Entscheidung über die Begrenzung des Einsatzes von Hebelfinanzie- **73** rung oder anderweitige Beschränkungen hat die zuständige Behörde zudem (Szenario c) die Art des AIFs, die Anlagestrategie des AIFMs für den jeweiligen AIF, die Marktumstände, in denen der AIFM und der AIF operieren, und etwaige prozyklische Effekte, die eben aus dieser Begrenzung bzw. Beschränkung resultieren, zu berücksichtigen.

Schließlich hat die zuständige Behörde auch (Szenario d) Kriterien zu berück- **74** sichtigen, wie die Größe eines AIF oder mehrerer AIFs und jede anknüpfende Auswirkung in einem speziellen Marktsegment, Risikokonzentrationen in bestimmten Märkten, in denen der AIF oder mehrere AIFs investieren. Ebenso etwaige Übertragungs-/Ansteckungsrisiken (contagion risk) auf andere Märkte von dem Markt, in dem Risiken identifiziert wurden, Liquiditätsrisiken in bestimmten Märkten zu einem speziellen Zeitpunkt, das Ausmaß des mit einem Mißverhältnis zwischen Vermögenswerten und Verbindlichkeiten verbundenen Risikos in einer spezifischen AIFM – Investmentstrategie, oder irreguläre Preisbewegungen bei Vermögenswerten, in den ein AIF investieren kann.

Neben der Begrenzung des Einsatzes von Leverage kann die zuständige **75** Behörde auch sonstige Beschränkungen vornehmen, die darauf abzielen, das Ausmaß zu begrenzen, in dem die Nutzung von Hebelfinanzierung zur Entstehung von Systemrisiken im Finanzsystem oder dem Risiko von Marktstörungen führt.

Auch hier bleibt aber unklar, welche konkreten Maßnahmen gemeint sind, **76** zumal das Tatbestandsmerkmal Begrenzung des Einsatzes von Hebelfinanzierung ohnehin weit auszulegen sein dürfte. Weder die AIFMD-DVO, noch das ESMA Advice erhalten Hinweise, welche sonstigen Beschränkungen hier möglich bzw. zulässig wären. Es kann und darf sich aber zweifelsfrei nur um Maßnahmen mit unmittelbarem Bezug zum Einsatz der Hebelfinanzierung handeln, Handelsverbote in einzelnen Märkten oder mit einzelnen Titeln scheiden jedenfalls aus.

Ergänzend zur Unterrichtung von ESMA, ESRB und der zuständigen Behörde **77** des AIFs, die *vor* einer Beschränkung des Einsatzes von Hebelfinanzierung zu erfolgen hat, erfolgt gem. Satz 3 im Anschluss daran eine weitere Information der zuständigen Behörden des Herkunftsmitgliedstaats des AIFM gem. dem in Artikel 50 festgelegten Verfahren gegenüber ESMA, ESRB und der zuständigen Behörden des AIF über die eingeleiteten Schritte.

5. Würdigung. Die Ermächtigung zum Erlass von Beschränkungen des **78** Umfangs der Hebelfinanzierung oder in sonstiger Weise ist äußerst kritisch zu beurteilen. Auf der einen Seite stellt eine auf dieser Basis erlassene Beschränkung einen schwerwiegenden Eingriff in die Aktivitäten eines AIF dar. Zum anderen können derartige Beschränkungen auf breiter Ebene bei AIFs selbst als systemi-

---

[46] Sachgerechter wäre für diesen Begriff die Übersetzung „Rentabilität".

sches Risiko anzusehen sein bzw. zu Verwerfungen auf den Märkten führen, z. B. weil eine Vielzahl von AIFMs – zeitgleich – ein Deleveraging betreiben müssen.

79   Auf der anderen Seite sind Eingriffsmöglichkeiten auf Basis derart unbestimmter Rechtsbegriffe schon aus rechtspolitischen und verfassungsrechtlichen Grundsätzen in Frage zu stellen.[47]

80   Wie bereits im Zusammenhang mit der Bewertung der internen Leverage-Limits dargelegt[48], bestehen erhebliche Bedenken, dass von Aufsichtsbehörden Beschränkungen des Leverage-Limits oder in sonstiger Weise verfügt werden. Zum einen sind interne Limits, die z. B. in den Anlagebedingungen oder den Verkaufsunterlagen niedergelegt werden, Bestanteil der vertraglichen Basis zwischen Anleger und AIF bzw. AIFM. Eine nachträglich verfügte weitergehende Beschränkung berührt also nicht nur diese vertragliche Grundlage, sie verpflichtet den AIFM auch zu Maßnahmen, die der festgelegten Strategie u.U. zuwiderlaufen, insbesondere durch den Verkauf von Vermögensgegenständen, zudem ggf. zu nachteiligen Konditionen (Stichwort ‚fire sales‘). Auf der anderen Seite besteht ein Risiko dahingehend, dass Marktteilnehmer, die von einem von der zuständigen Aufsichtsbehörde gesetzten Leverage-Limit erfahren, gezielt gegen den betroffenen AIFM agieren können. Ebenso ist denkbar, dass sich Vertragspartner entscheiden, im Hinblick darauf ihre Geschäftsaktivitäten zu beenden, etc. Schließlich stellt sich auch die Frage, ob und in welcher Form Anleger Rechte/Ansprüche ableiten können, wenn ein AIFM – vorübergehend – die festgelegte Anlagestrategie nicht oder nur in Teilen weiter umsetzen kann. Im Ergebnis wird also deutlich, dass die Möglichkeit der Begrenzung des Umfangs der Hebelfinanzierung durch die zuständige Aufsichtsbehörde ein höchst sensibles, folgenreiches und risikobehaftetes Eingriffsmittel ist, von dem im Prinzip nur abgeraten werden kann. Schließlich können durch einen solchen Eingriff auch Amtshaftungsansprüche gegen die handelnde Aufsichtsbehörde ausgelöst werden.

81   In diesem Zusammenhang stellt sich ohnehin die Frage, welche Maßnahmen von einem AIFM bei einer entsprechenden aufsichtlichen Verfügung erwartet werden können und welche Aspekte die zuständige Behörde beim Erlass einer solchen Verfügung zu berücksichtigen haben. Denn ein AIFM kann u.U. nicht ohne weiteres kurzfristig Kreditverträge, Wertpapierdarlehensverträge, oder sonstige Vereinbarungen, über die er eben Hebelwirkung generiert, kündigen. Es können auch nicht ohne weiteres Kapitalmaßnahmen eingeleitet werden, eben um Fremdkapital zu ersetzen. Diese Fragen sind keineswegs trivial und müssen von den zuständigen Aufsichtsbehörden auch berücksichtigt werden, auch wenn diese Aspekte weder in der RL selbst noch in der AIFMD-DVO explizit aufgeführt werden. Eine Nichtbeachtung dieser Aspekte dürfte jedenfalls eine Entscheidung der zuständigen Behörde als ermessensfehlerhaft bzw. unverhältnismäßig erscheinen lassen. Der zuständigen Behörde muss zudem bewusst sein, dass ein entsprechender Eingriff bei offenen Fonds zur Aussetzung der Rücknahme von Anteilen führen kann, etc. Vor diesem Hintergrund erscheint angezeigt, dass die jeweilige Aufsichtsbehörde angemessene Umsetzungsfristen vorsieht, so dass es auch zu keiner unmittelbaren Beeinträchtigung der Investoren kommt.

82   Abschließend ist aber nochmals darauf hinzuweisen, dass ein behördliches Leverage-Limit nur die ultima ratio sein kann. Selbst mit Blick auf gewisse Situationen

---

[47] So auch *Kramer/Recknagel,* Die AIFM-Richtlinie – Neuer Rechtsrahmen für die Verwaltung alternativer Investmentfonds, *Der Betrieb* 37 (2011), S. 2082 f.
[48] Vgl. Abschnitt Rn. 41 oben.

im Verlauf der Finanz-, Wirtschafts- und Staatsschuldenkrise ist kein Szenario denkbar, in dem behördliche Leverage-Limite auf breiter Ebene für AIF sinnvoll gewesen wären. Und mit Blick auf einzelne AIF ist ebenso zu konstatieren, dass eine Abstimmung zwischen AIFM und zuständiger Behörde wohl in jedem Fall zielführender und effizienter wäre, um durch einzelne Maßnahmen, unter Einbeziehung insbesondere der sog. Leverage Provider, also Banken oder Prime Broker, kritische Situationen zu deeskalieren. Der Mehrwert eines behördlichen Leverage-Limits erscheint in diesem Zusammenhang fraglich. Schließlich haben auch die Leverage-Provider ein eigenes vitals Interesse daran, dass die eingesetzte Hebelfinanzierung ihrer Gegenparteien, also der AIF, in einem Maße erfolgt, so dass es vom Risikomanagement der Banken/Prime Broker erfasst und gesteuert werden kann.

G. Verfahren für Mitteilungen gem. Abs. 3 (Abs. 4)

Abs. 4–8 enthalten prozedurale Regelungen für die Zusammenarbeit der betei- 83 ligten Behörden bzw. Gremien. Abs. 4 statuiert zunächst, dass die Mitteilung gemäß Absatz 3 spätestens zehn Arbeitstage vor dem geplanten Wirksamwerden oder der Erneuerung der vorgeschlagenen Maßnahme zu erfolgen hat. Die Mitteilung hat dabei Einzelheiten der vorgeschlagenen Maßnahme, deren Gründe und den Zeitpunkt, zu dem sie wirksam werden soll, zu enthalten.

Ausnahmsweise sollen die zuständigen Behörden des Herkunftsmitgliedstaats 84 des AIFM verfügen können, dass die vorgeschlagene Maßnahme innerhalb des in Satz 1 genannten Zeitraums, also innerhalb von 10 Arbeitstagen wirksam werden können soll. Dafür müssen gem. Satz 3 jedoch besondere Umstände vorliegen. Da die Anforderungen für die Beschränkung des Einsatzes von Hebelfinanzierung bereits an Umstände anknüpfen, die als besonders oder außergewöhnlich anzusehen sind, eben weil eine Gefahr für die Stabilität und Integrität des Finanzsystems droht, stellt sich die Frage, welche Aspekte hinzuzutreten haben, damit ein Inkrafttreten auch schon vor Ablauf der Frist von 10 Arbeitstagen möglich bzw. notwendig sein soll. Dieser Regelung dürfte somit die praktische Relevanz fehlen.

H. Funktion und Aufgaben von ESMA und Zusammenarbeit mit den zuständigen Behörden (Abs. 5–8)

Abs. 5 konkretisiert die Rolle der ESMA im Kontext der Beschränkung des 85 Einsatzes von Hebelfinanzierung. ESMA soll demnach eine Förder- und Koordinierungsrolle übernehmen und dabei versuchen sicherzustellen, dass die zuständigen Behörden in Bezug auf Maßnahmen gemäß Abs. 3 eine einheitliche Herangehensweise verfolgen. ESMA hat somit keine Entscheidungsfunktion und kann diese auch nicht haben, da ESMA hierzu entsprechende Kompetenzen fehlen. Diese wurden ESMA in diesem Bereich weder durch die AIFM-RL selbst, noch durch die einschlägige ESMA-Verordnung[49] zugewiesen.

---

[49] Verordnung (EU) Nr. 1095/2010 des Europäischen Parlaments und des Rates vom 24. November 2010 zur Errichtung einer Europäischen Aufsichtsbehörde (Europäische Wertpapier-und Marktaufsichtsbehörde).

86   Durch die Mitteilung an ESMA wird somit aber zumindest sichergestellt, dass die Beurteilung und Verfahrensweise der jeweiligen zuständigen Behörden der einzelnen Mitgliedstaaten auch von ESMA überprüft und mit Beurteilungen und Verfahrensweisen zuständiger Behörden anderer Mitgliedstaaten verglichen werden kann. Somit wird es möglich sein, mittel- bzw. langfristig eine einheitliche europäische Verwaltungspraxis zu etablieren, sofern es tatsächlich zu Situationen kommen sollte, in denen Beschränkungen des Einsatzes von Hebelfinanzierung geboten sein sollten.

87   Entsprechend der Förder- bzw. Koordinierungsrolle von ESMA stellt Abs. 6 klar, dass ESMA, nachdem sie die Mitteilung gemäß Abs. 3 erhalten hat, gegenüber den zuständigen Behörden des Herkunftsmitgliedstaats des AIFM hinsichtlich der vorgeschlagenen oder getroffenen Maßnahme eine Empfehlung auszusprechen hat. Diese Empfehlung kann sich insbesondere darauf beziehen, ob die Bedingungen für das Ergreifen von Maßnahmen eingehalten sind, ob die Maßnahmen angemessen sind und wie lange sie andauern.

88   Abs. 7 präzisiert weiter den Abstimmungsprozess zwischen den beteiligten Behörden bzw. Gremien. Satz 1 statuiert zunächst, dass ESMA auf der Grundlage der gemäß Abs. 2 erhaltenen Informationen und unter Berücksichtigung von Stellungnahmen des ESRB feststellen kann, dass die von einem AIFM oder einer Gruppe von AIFM eingesetzte Hebelfinanzierung ein grundlegendes Risiko für die Stabilität und Integrität des Finanzsystems darstellt. Darüber hinaus kann ESMA die zuständigen Behörden beraten und erforderliche Gegenmaßnahmen nennen, einschließlich der Festsetzung einer Beschränkung des Umfangs von Hebelfinanzierungen, die dieser AIFM oder diese Gruppe von AIFM einsetzen darf.

89   Das Verfahren gem. Abs. 2 i. V. m. Abs. 7 unterscheidet sich somit von dem Verfahren gem. Abs. 3 i. V. m. Abs. 6. Während dieses auf Initiative der zuständigen Behörde des Herkunftsmitgliedstaates betrieben wird und ESMA eine nachgelagerte Beurteilung der geplanten Maßnahme der zuständigen Behörde des Herkunftsmitgliedstaates vornimmt, übernimmt ESMA bei jenem Verfahren die Erstbeurteilung und gibt sodann Empfehlungen an die zuständige Behörde des Herkunftsmitgliedstaates, die diese aber nicht binden.[50] Satz 2 normiert schließlich, dass ESMA die entsprechenden zuständigen Behörden, den ESRB und die Kommission über solche Feststellungen unverzüglich zu informieren hat.

90   Da ESMA in den beiden Verfahren gem. Abs. 2 i. V. m. Abs. 7 bzw. Abs. 3 i. V. m. Abs. 6 lediglich eine Vorschlags- bzw. Beratungskompetenz hat, bedarf es einer Regelung, wie bei divergierenden Einschätzungen zwischen der zuständigen Behörde des Herkunftsmitgliedstaates und ESMA zu verfahren ist. Abs. 8 sieht für derartige Konstellationen vor, dass, wenn die zuständige Behörde Maßnahmen zu ergreifen beabsichtigt, die im Widerspruch zu der Empfehlung der ESMA gemäß Abs. 6 oder 7 stehen, sie ESMA davon unter Angabe ihrer Gründe in Kenntnis zu setzen hat. ESMA im Gegenzug kann den Umstand, dass eine zuständige Behörde ihrer Empfehlung nicht folgt oder nicht zu folgen beabsichtigt, veröffentlichen. ESMA kann darüber hinaus beschließen, dass die von der zuständigen Behörde angegebenen Gründe für das Nichtbefolgen der Empfehlung veröffentlicht werden, nachdem die entsprechenden zuständigen Behörden im Voraus über eine solche Veröffentlichung informiert worden sind.

---

[50] Mit der Verwendung des Wortes „müssen" in Satz 1 ist nicht gemeint, dass die zuständige Behörde dieser Empfehlung nachzukommen hat, sondern dass ESMA die erforderlichen Maßnahmen benennt, vgl. hierzu auch die englischsprachige Originalfassung der AIFM-RL.

I. Durchführungsbestimmungen der Kommission zu Art. 25 (Abs. 9)

Abs. 9 enthält schließlich die Ermächtigung an die EU-Kommission, durch **91** delegierte Rechtsakte gemäß Artikel 56 und nach Maßgabe der Bedingungen der Artikel 57 und 58 zu erlassen, in denen prinzipiell festgelegt wird, unter welchen Bedingungen die zuständigen Behörden die Bestimmungen des Abs. 3 anwenden, wobei den unterschiedlichen Strategien von AIF, dem unterschiedlichen Marktumfeld der AIF und möglichen prozyklischen Folgen der Anwendung der Bestimmungen Rechnung zu tragen ist.

Von dieser Ermächtigung hat die EU-Kommission mit der AIFMD-DVO **92** Gebrauch gemacht. Die einschlägigen Durchführungsbestimmungen finden sich dort in Kapital V (Transparenzanforderungen, Hebelfinanzierung, Regelungen zu Drittstaaten und Austausch von Informationen zu möglichen Auswirkungen der AIFM-Aktivitäten), Abschnitt 2. Die spezifischen Durchführungsbestimmungen finden sich in Art. 112 AIFMD-DVO[51].

J. Umsetzung von Art. 25 im KAGB

Seine Umsetzung im KAGB findet Art. 25 im Wesentlichen in § 215. § 215 **93** enthält Regelungen zur Begrenzung von Leverage durch die Bundesanstalt und entspricht fast wortgenau den Vorgaben aus Art. 25 Abs. 3 und 4. Ergänzende Regelungen für spezielle AIF-Typen finden sich z. B. in §§ 254, 263. Die Regelungen zur Zusammenarbeit insbesondere mit ESMA und dem ESRB finden sich in § 9 im Allgemeinen und § 12 Abs. 6 Nr. 17 und 18 im Speziellen.

Die einschlägigen Bezüge zur AIFMD-DVO finden sich hinsichtlich der Mit- **94** teilungspflichten von AIF-Kapitalverwaltungsgesellschaften (Art. 112 AIFMD-DVO) in § 215 Abs. 5.

Abschnitt 2 Pflichten von AIFM, die AIF verwalten, die die Kontrolle über nicht börsennotierte Unternehmen und Emittenten erlangen

Vorbemerkung zu Artikel 26–30 AIFM-Richtlinie Pflichten von AIFM, die AIF verwalten, die die Kontrolle über nicht börsennotierte Unternehmen und Emittenten erlangen

Literatur: *Achleitner,* Folgewirkungen der AIFM-Richtlinie für Private-Equity-Gesellschaften und den Wirtschaftsstandort Europa, DB Standpunkte 2010, 83–84; *Berens/Brauner/ Frodermann* (Hrsg.), Unternehmensentwicklung mit Finanzinvestoren, Stuttgart 2005; *Fischer,* Die Reform des Rechts der Unternehmensbeteiligungsgesellschaften, WM 2008, 857–860;

---

[51] Zu den Inhalten dieser Durchführungsbestimmungen wird auf die Kommentierung zu Abs. 3 (Rn. 41) verwiesen, dort wurden diese bereits berücksichtigt.

Graef, Aufsicht über Hedgefonds im deutschen und amerikanischen Recht, Berlin 2008; *Grünbichler/Graf/Gruber,* Private Equity und Hedge Funds, Zürich 2001; *Hohaus,* Aktuelles zu Managementbeteiligungen in Private Equity Transaktionen, BB 2005, 1291–1295; *Hohaus/Weber,* Aktuelle Rechtsprechung zum Gesellschafterausschluss und die Bedeutung von Managementbeteiligungen, NZG 2005, 961–963; *Hohaus/Weber,* BB-Rechtsprechungsreport zu Management-Beteiligungen in Private-Equity-Transaktionen 2010/2011, BB 2012, 23–28; *Jaskolski/Grüber,* Regulierungsaspekte des Private Equity-Markts und der Richtlinienentwurf der Europäischen Union zur Regulierung alternativer Investmentfonds, CF law 2010, 188–196; *Jesch,* Private-Equity-Beteiligungen, Wiesbaden 2004; *Jesch/Striegel/Boxberger,* Rechtshandbuch Private Equity, München 2010; *Kramer/Achleitner/von Einem/Schiereck,* Private Equity in Deutschland, Norderstedt 2007; *Kramer/Recknagel,* Die AIFM-Richtlinie – Neuer Rechtsrahmen für die Verwaltung alternativer Investmentfonds, DB 2011, 2077–2084; *Lehne,* Die AIFM-Richtlinie aus Sicht des deutschen Gesetzgebers, DB Standpunkte 2010, 81–82; *Lüßmann,* Die Richtlinie über die Verwalter alternativer Investmentfonds (AIFM) und ihre Auswirkungen auf Hedge-Fonds, DB Standpunkte 2010, 87–88; *Möllers/Harrer/Krüger,* Die Regelung von Hedgefonds und Private Equity durch die neue AIFM-Richtlinie, WM 2011, 1537–1544; *Nietsch/Graef,* Aufsicht über Hedgefonds nach dem AIFM-Richtlinienvorschlag, ZBB 2010, 12–20; *Peetz* (Hrsg.), Praktiker-Handbuch Alternatives Investmentmanagement, Stuttgart 2005; *Rodin/Veith,* Zur Abgrenzung zwischen privater Vermögensverwaltung und gewerblicher Tätigkeit bei Private Equity-Pools, DB 2001, 883–887; *Schmies,* Die Regulierung von Hedgefonds, Baden-Baden 2010; *Spindler,* Die europäische Regulierung von „Alternativen Investments" – oder: gezähmte „Heuschrecken"?, DB Standpunkte 2010, 85–86; *Spindler/Tancredi,* Die Richtlinie über Alternative Investmentfonds (AIFM-Richtlinie) – Teil 1, WM 2011, 1393–1405; *Starke,* Beteiligungstransparenz im Gesellschafts- und Kapitalmarktrecht, Baden-Baden 2002; *von Braunschweig,* Steuergünstige Gestaltung von Mitarbeiterbeteiligungen in Management-Buy-Out-Strukturen, DB 1998, 1831–1837; *Weiser/Jang,* Die nationale Umsetzung der AIFM-Richtlinie und ihre Auswirkungen auf die Fondsbranche in Deutschland, BB 2011, 1219–1226; *Weitnauer,* Die AIFM-Richtlinie und ihre Umsetzung, BKR 2011, 143–147; *ders.,* Handbuch Venture Capital, 3. Auflage, München 2007; *Wentrup,* Die Kontrolle von Hedgefonds, Berlin 2009; *Wilhelmi,* Möglichkeiten und Grenzen der wirtschaftsrechtlichen Regelung von Hedgefonds, WM 2008, 861–868.

A. Private Equity-Fonds

1   Abschnitt 2 enthält besondere Regeln für AIFM, deren Fonds (AIF) die Kontrollbeteiligungen erlangen. Dies ist insbesondere bei (bestimmten) Private Equity-Fonds der Fall, weshalb Abschnitt 2 als der speziell für Private Equity-Fonds geltende Teil der Richtlinie angesehen wird.

I. Private Equity-Begriff

2   **Private Equity** gehört neben den Hedgefonds zu den derzeitig wohl bedeutsamsten Vertretern der „alternativen Investments", die neben Private Equity und Hedgefonds z. B. auch Infrastruktur-, Rohstoff- sowie Immobilienanlagen umfassen.[1] Private Equity bezeichnet die Außenfinanzierung von Unternehmen in unterschiedlichen Phasen durch **nicht börsennotiertes Eigenkapital bzw. eigenkapitalähnliche Beteiligungen.**[2] Typischerweise sind Private Equity-

---

[1] Vgl. *Graef,* Aufsicht über Hedgefonds im deutschen und amerikanischen Recht, S. 94; zur Abgrenzung von anderen Formen der alternativen Investments vgl. *Jesch,* Private-Equity-Beteiligungen, S. 23.

[2] Vgl. *Rodin/Veith* DB 2001, 883.

Investoren als kollektive Anlagevehikel strukturiert. Damit ist eine wesentliche Voraussetzung für die Anwendbarkeit der Richtlinie bei Private Equity-Finanzierungen regelmäßig erfüllt.

II. Add–value–Ansatz

Neben der reinen Finanzierung versuchen Private Equity-Investoren typischer- **3** weise, den Wert einer Beteiligung durch eine auf das jeweilige Portfoliounternehmen gerichtete eigene unternehmerische Tätigkeit zu steigern (sog. *add value*-Ansatz). Zu diesem Zweck werden Portfoliounternehmen vor Beteiligungserwerb einer eingehenden Prüfung von dem allgemeinen Markt nicht zugänglichen Daten *(due diligence)* unterzogen; zudem stellen Private Equity-Investoren ihren Portfoliounternehmen häufig Beratungs- und Managementressourcen (z. B. im Hinblick auf die Erschließung weiterer Finanzierungsquellen, strategische Entscheidungen, den Aufbau von Organisationsstrukturen oder die Auswahl von Personal) zur Verfügung.[3] Daneben streben Private Equity-Investoren häufig den Erwerb von Mehrheitsbeteiligungen oder jedenfalls Sperrminoritäten an oder wirken mit anderen Investoren mit dem Ziel der Einflussnahme auf ein Portfoliounternehmen zusammen. Dieser Aspekt ist für die Anwendbarkeit der Bestimmungen des Abschnitts 2 von Bedeutung.

III. Abgrenzung von Hedgefonds

Die besonders auf Private Equity Fonds abzielenden Bestimmungen des **4** Abschnitts 2 befinden sich zusammen mit den für Hedgefonds gedachten Regeln in einem Kapitel der Richtlinie. Dennoch unterscheiden sich Private Equity-Fonds und Hedgefonds grundlegend voneinander.[4] Unter dem Begriff „Hedgefonds" werden kollektive Anlagevehikel zusammengefasst, die mit dem Ziel einer absoluten Rendite auf bestimmte Ertragsprofile abzielen, wobei zu den Merkmalen von Hedgefonds die Durchführung von Leerverkäufen sowie der Einsatz von Leverage zu Anlagezwecken gehören. Während Private Equity-Fonds häufig auf einen Erwerb von Kontrolle bzw. unternehmerischen Einflussmöglichkeiten abzielen, um bis zu einer Veräußerung (z. B. im Rahmen eines Börsenganges oder an einen anderen Private Equity-Investor) eine möglichst hohe Wertsteigerung zu erzielen[5], ist bei Hedgefonds typischerweise kein Eintritt in den unternehmerischen Verantwortungs- und Entscheidungsbereich eines Portfoliounternehmens beabsichtigt.

B. Entstehungsgeschichtlicher Hintergrund

I. Regulierungsansätze im deutschen Recht

Eine umfassende Regulierung von Private Equity gab es bisher weder im deut- **5** schen noch im europäischen Recht. In Deutschland ist es mit dem Gesetz über

---

[3] *Grünbichler/Graf/Gruber,* Private Equity und Hedge Funds, S. 24.

[4] Vgl. *Feldhaus* in Feldhaus/Veith Frankfurter Kommentar zu Private Equity, S. 5; vgl. dazu auch den „Rasmussen-Bericht" vom 11.9.2008, S. 6 f. abrufbar unter: http://www.europarl.europa.eu/sides/getDoc.do?type=REPORT&reference=A6-2008-0338&language=DE, zuletzt abgerufen am: 4.1.2012.

[5] Vgl. *Jaskolski/Grüber,* CORPORATE FINANCE law 2010, 188; *Peetz,* Praktiker-Handbuch Alternatives Investmentmanagement, S. 215.

Unternehmensbeteiligungsgesellschaften (UBGG)[6] und dem Wagniskapitalbetei-
ligungsgesetz (WKBG)[7] bei Ansätzen geblieben, die auf eine Förderung von Wag-
niskapital auf der Grundlage einer freiwilligen Regulierung (Anerkennungsauf-
sicht) abzielt.[8] Die auf die Strukturierung und Tätigkeit von Private Equity-
Gesellschaften anwendbaren Vorschriften sind daher in Deutschland in verschiedenen Gesetzen, Rechtsverordnungen und BMF-Rundschreiben verstreut und
lediglich fragmentarisch geregelt geblieben.[9]

II. Ziele der AIFM im Hinblick auf Private Equity-Fonds

6   **1. Abkehr von den systemischen Risiken als alleinigem Regulierungs-
grund.** Nachdem die Europäische Kommission seit 2006 Anhörungen zu einer
Regulierung alternativer Investments unter Beteiligung der Private Equity-Branche durchgeführt hatte, forderte das Europäische Parlament die Europäische Kommission 2008 in einem legislativen Initiativbericht auf, eine Richtlinie zu erarbeiten, „durch die ein gemeinsamer Transparenzstandard gewährleistet wird und
Fragen im Zusammenhang mit Hedgefonds und Private Equity geregelt werden"
sowie „Verbesserungen bei der Transparenz durch Unterstützung und Überwachung der Entwicklung der Selbstregulierung zu fördern, die bereits von Managern der Hedge Fonds und Private Equity und ihren Geschäftspartnern eingeführt
wurden, und die Mitgliedstaaten zu ermuntern, diese Bemühungen durch Dialog
und den Austausch bewährter Praktiken zu unterstützen".[10] In einem weiteren
Bericht[11] wurden gesetzliche Regelungen zu Hedgefonds und Private Equity
sowie strengere Vorschriften über die Transparenz von Finanzmarktprodukten,
und die Eigenkapitalsicherung von Finanzinstituten gefordert. Die ursprüngliche
Stoßrichtung der geplanten Regulierung war die Eingrenzung von von Hedgefonds und Private Equity-Fonds ausgehenden **systemischen Risiken.**[12]

7   Während für Hedgefonds aufgrund ihrer kapitalmarktrelevanten Tätigkeiten
weitgehend anerkannt ist, dass sie systemische Risiken bergen können,[13] ist dies

---

[6] Koalitionsvertrag zwischen CDU, CSU und SPD vom 11.11.2005, S. 73, abrufbar unter:
http://www.cdu.de/doc/pdf/05_11_11_Koalitionsvertrag.pdf, zuletzt abgerufen: 4.1.2012.

[7] Vgl. *Weitnauer* BKR 2011, 143.

[8] Vgl. *Weiser/Jang* BB 2011, 1219 (1220); *Feldhaus* in Feldhaus/Veith Frankfurter Kommentar zu Private Equity, S. 120; *Veith* in Feldhaus/Veith Frankfurter Kommentar zu Private
Equity, S. 341.

[9] Vgl. *Feldhaus* in Feldhaus/Veith Frankfurter Kommentar zu Private Equity, S. 1.

[10] Anlage zu dem Entschließungsantrag des Europäischen Parlaments vom 9.7.2008 (sog.
„Lehne-Bericht"), S. 10 (Anlage), abrufbar unter: http://www.europarl.europa.eu/sides/get-
Doc.do?pubRef=-//EP//NONSGML+REPORT+A6-2008-0296+0+DOC+PDF+V0//
DE, zuletzt abgerufen: 4.1.2012; *Lehne* DB Standpunkte 2010, 81.

[11] Sog. „Rasmussen-Bericht" vom 11.9.2008 abrufbar unter: http://www.europarl.
europa.eu/sides/getDoc.do?type=REPORT&reference=A6-2008-0338&language=DE, zuletzt abgerufen am: 4.1.2012.

[12] Vorschlag für eine Richtlinie des Europäischen Parlaments und des Rates über die
Verwalter alternativer Investmentfonds und zur Änderung der Richtlinien 2004/39/EG
und 2009/.../EG vom 30.4.2009, S. 2, abrufbar unter: http://eur-lex.europa.eu/LexUri-
Serv/LexUriServ.do?uri=COM:2009:0207:FIN:DE:PDF, zuletzt abgerufen: 4.1.2012; vgl.
dazu auch *Kramer/Recknagel* DB 2011, 2077.

[13] Vgl. *Spindler/Tancredi* WM 2011, 1393 (1397); *Wentrup,* Die Kontrolle von Hedgefonds, S. 298 f.; *Nietsch/Graef* ZBB 2010, 12 (13). Kritisch: *Lüßmann* DB Standpunkte 2010,
87; ausführlich *Wilhelmi* WM 2008, 861 ff.

bei Private Equity-Fonds nach überwiegender Auffassung nicht der Fall.[14] Entsprechend zählen die Erwägungsgründe der Richtlinie Private Equity-Fonds nicht (mehr) zu den Verursachern systemischer Risiken. Allerdings ist die Liste der von der Richtlinie adressierten Risiken im Vergleich zu den ursprünglichen Regulierungsansätzen erheblich ausgeweitet worden. Entsprechend zielt die Richtlinie nicht mehr nur auf Hedgefonds und Private Equity-Fonds ab, sondern umfasst das gesamte Spektrum der nicht unter die OGAW-Richtlinie fallenden Fonds.

2. Private Equity-spezifische Regulierungsansätze. Die Regulierungs- 8 ziele des Abschnitts 2 weichen von dem ursprünglichen Motiv der Bekämpfung systemischer Risiken deutlich ab.

Hinsichtlich Private Equity wird ein spezifischer Regulierungsbedarf zur Her- 9 stellung von Transparenz und öffentlicher Kontrolle bezüglich übernommener Unternehmen zum Schutz von Anlegern, Unternehmen und Arbeitnehmern gesehen.[15] **Beteiligungstransparenz** ist bisher vor allem Regulierungsgegenstand im Bereich der börsennotierten Gesellschaften.[16] Mit der Einführung der Mitteilungs- und Informationspflichten nach Abschnitt 2 soll nunmehr eine Beteiligungstransparenz auch hinsichtlich nicht börsennotierter Unternehmen geschaffen werden. Erreicht werden soll, dass bestimmte Fonds öffentlich Rechenschaft über die Führung von Unternehmen und ihre Motive ablegen. Hierdurch soll sichergestellt werden, dass Fonds, die Portfoliounternehmen beherrschen können, zur Beurteilung der wirtschaftlichen und sozialen Auswirkungen erforderliche Informationen offenlegen.[17] Neben Portfoliounternehmen und Anlegern werden auch Arbeitnehmer von Portfoliounternehmen als transparenzbedürftig im Hinblick auf Kontrollinvestitionen im Fondsbereich angesehen.[18]

Ein weiteres Regelungsziel der Richtlinie besteht in der **Vermeidung der** 10 **Zerschlagung von Unternehmen** *(Asset Stripping)* im Rahmen von Private Equity-Transaktionen.[19]

---

[14] Vorschlag für eine Richtlinie des Europäischen Parlaments und des Rates über die Verwalter alternativer Investmentfonds und zur Änderung der Richtlinien 2004/39/EG und 2009/.../EG vom 30.4.2009, S. 3, abrufbar unter: http://eur-lex.europa.eu/LexUriServ/LexUriServ.do?uri=COM:2009:0207:FIN:DE:PDF, zuletzt abgerufen: 4.1.2012; vgl. dazu *Achleitner* DB Standpunkte 2010, 83.

[15] Vorschlag für eine Richtlinie des Europäischen Parlaments und des Rates über die Verwalter alternativer Investmentfonds und zur Änderung der Richtlinien 2004/39/EG und 2009/.../EG vom 30.4.2009, S. 3, abrufbar unter: http://eur-lex.europa.eu/LexUriServ/LexUriServ.do?uri=COM:2009:0207:FIN:DE:PDF, zuletzt abgerufen: 4.1.2012; vgl. „Rasmussen-Bericht" vom 11.9.2008, S. 9, abrufbar unter: http://www.europarl.europa.eu/sides/getDoc.do?type=REPORT&reference=A6-2008-0338&language=DE, zuletzt abgerufen am: 4.1.2012; Stellungnahme des Ausschusses für Wirtschaft und Währung als Anlage zu dem Entschließungsantrag des Europäischen Parlaments vom 9.7.2008 (sog. „Lehne-Bericht"), S. 14, abrufbar unter: http://www.europarl.europa.eu/sides/getDoc.do?pub Ref=-//EP//NONSGML+REPORT+A6-2008-0296+0+DOC+PDF+V0//DE, zuletzt abgerufen: 4.1.2012.

[16] Vgl. *Hirte,* Kölner Kommentar zum WpHG, § 21 Rn. 3.

[17] Vorschlag für eine Richtlinie des Europäischen Parlaments und des Rates über die Verwalter alternativer Investmentfonds und zur Änderung der Richtlinien 2004/39/EG und 2009/.../EG vom 30.4.2009, S. 17, abrufbar unter: http://eur-lex.europa.eu/LexUriServ/LexUriServ.do?uri=COM:2009:0207:FIN:DE:PDF, zuletzt abgerufen: 4.1.2012.

[18] Vgl. *Swoboda/Schatz* in Kapitalbeteiligungsrecht, S. 868, Rn. 140.

[19] Vgl. *Lehne* DB Standpunkte 2010, 81 (82).

C. Überblick über Abschnitt 2

11 Abschnitt 2 enthält zum einen Transparenzanforderungen hinsichtlich Private Equity-Investitionen, zum anderen Bestimmungen zur Vermeidung des sog. *Asset Stripping*. Es handelt sich um besondere Bestimmungen, die bei Vorliegen der Anwendungsvoraussetzungen *neben* den anderen anwendbaren Bestimmungen der Richtlinie zu beachten sind. Abschnitt 2 ist damit *nicht* als eigenständiges und abschließendes Regelwerk innerhalb der Richtlinie zu verstehen.

I. Anwendungsbereich (Art. 26)

12 Art. 26 regelt den Anwendungsbereich von Abschnitt 2. Adressaten sind danach AIFM im Zusammenhang mit der Verwaltung von einem oder mehreren AIF, ggf. gemeinsam mit anderen AIFM. Erfasst sind Tätigkeiten, die zur Erlangung von Kontrolle an nicht börsennotierten bzw. börsennotierten Unternehmen (Zielunternehmen) oder bestimmter Beteiligungsschwellen (auch Minderheitsbeteiligungen) führen (Art. 26 Abs. 1, 3 und 4). Die Vorschrift enthält einen eigenen Kontrollbegriff für Beteiligungen an nicht börsennotierten Unternehmen, der auch von dem allgemeinen Kontrollbegriff der Richtlinie abweicht (Art. 26 Abs. 5). Abschnitt 2 gilt nicht für Beteiligungen an kleinen und mittleren Unternehmen (KMU) oder an Immobilienzweckgesellschaften (Art. 26 Abs. 2). Die Regelungen des Abschnitt 2 stehen insgesamt unter dem Vorbehalt der Richtlinie zur Festlegung eines allgemeinen Rahmens für die Unterrichtung und Anhörung der Arbeitnehmer in der EG (Art. 26 Abs. 6). Für die Umsetzung in nationales Recht gilt teilweise das Prinzip der Mindestharmonisierung (Art. 26 Abs. 7).

II. Transparenzanforderungen (Art. 27 bis 29)

13 Die Art. 27 bis 29 adressieren die Transparenzanforderungen des Abschnitts 2. Die daraus resultierenden Informationspflichten bestehen insbesondere zugunsten des Zielunternehmens und deren Arbeitnehmern. Inhaltlich orientieren sich die Artikel an der Transparenzrichtlinie[20] (Art. 27), der Übernahmerichtlinie[21] (Art. 28) sowie an den Vorgaben zum Lagebericht in der Bilanzrichtlinie[22] (Art. 29). Art. 28 erfasst über den Emittentenbegriff auch am geregelten Markt notierte Zielunternehmen.

III. Asset Stripping (Art. 30)

14 Art. 30 enthält Regelungen zur Vermeidung der Zerschlagung von Zielunternehmen (sog. *Asset Stripping*). Ob die Regelung in der Richtlinie systematisch zutreffend verortet ist, mag bezweifelt werden. Richtigerweise dürften die Bestimmungen dem Gesellschaftsrecht zuzuordnen sein.[23] Nach Art. 30 ist die Ausschüttung oder Entnahme gebundenen Eigenkapitals z. B. durch Kapitalherabsetzung, Anteilsrückgabe oder Erwerb eigener Anteile, innerhalb der ersten zwei Jahre nach dem Kontrollerwerb zum Schutz vor Zerschlagung von Unternehmen durch die Veräußerung einzelner Unternehmensteile grundsätzlich unzulässig.

---

[20] Richtlinie 2004/109/EG.

[21] Richtlinie 2004/25/EG.

[22] Richtlinie 78/660/EWG.

[23] Vgl. *Lehne* DB Standpunkte 2010, 81 (82).

Artikel 26 Geltungsbereich

AIFM-Richtlinie	KAGB-E
Artikel 26 **Geltungsbereich**	**§ 287** **Geltungsbereich**
(1) Dieser Abschnitt gilt für a) AIFM, die einen oder mehrere AIF verwalten, die entweder allein oder gemeinsam aufgrund einer Vereinbarung, die die Erlangung von Kontrolle zum Ziel hat, gemäß Absatz 5 die Kontrolle über ein nicht börsennotiertes Unternehmen erlangen; b) AIFM, die mit einem oder mehreren anderen AIFM aufgrund einer Vereinbarung zusammenarbeiten, gemäß der die von diesem AIFM gemeinsam verwalteten AIF gemäß Absatz 5 die Kontrolle über ein nicht börsennotiertes Unternehmen erlangen. (2) Dieser Abschnitt gilt nicht für den Fall, dass es sich bei den nicht börsennotierten Unternehmen a) um kleine und mittlere Unternehmen im Sinne von Artikel 2 Absatz 1 des Anhangs der Empfehlung 2003/361/EG der Kommission vom 6. Mai 2003 betreffend die Definition der Kleinstunternehmen sowie der kleinen und mittleren Unternehmen[1]; oder b) um Zweckgesellschaften für den Erwerb, den Besitz oder die Verwaltung von Immobilien handelt. (3) Unbeschadet der Absätze 1 und 2 des vorliegenden Artikels gilt Artikel 27 Absatz 1 auch für AIFM, die AIF verwalten, die eine Minderheitsbeteiligung an einem nicht börsennotierten Unternehmen erlangen. (4) Artikel 28 Absätze 1, 2 und 3 und Artikel 30 gelten auch für AIFM, die AIF verwalten, die die Kontrolle in Bezug auf Emittenten erlangen. Für die Zwecke dieser Artikel gelten die Absätze 1 und 2 des vorliegenden Artikels entsprechend. (5) Für die Zwecke dieses Abschnitts bedeutet Kontrolle im Falle nicht bör-	(1) Die §§ 287 bis 292 sind anzuwenden auf AIF-Kapitalverwaltungsgesellschaften, 1. die AIF verwalten, die entweder allein oder gemeinsam aufgrund einer Vereinbarung die Erlangung von Kontrolle gemäß § 288 Absatz 1 über ein nicht börsennotiertes Unternehmen zum Ziel haben; 2. die mit einer oder mehreren AIF-Kapitalverwaltungsgesellschaften aufgrund einer Vereinbarung zusammenarbeiten, gemäß der die von diesen AIF- Kapitalverwaltungsgesellschaften verwalteten AIF die Kontrolle gemäß § 288 Absatz 1 über ein nicht börsennotiertes Unternehmen erlangen. (2) Die §§ 287 bis 292 sind nicht anzuwenden, wenn das nicht börsennotierte Unternehmen 1. ein kleineres oder mittleres Unternehmen im Sinne von Artikel 2 Absatz 1 des Anhangs der Empfehlung 2003/361/EG der Kommission vom 6. Mai 2003 betreffend die Definition der Kleinstunternehmen sowie der kleinen und mittleren Unternehmen ist oder 2. eine Zweckgesellschaft für den Erwerb, den Besitz oder die Verwaltung von Immobilien ist. (3) Unbeschadet der Absätze 1 und 2 ist § 289 Absatz 1 auch auf AIF-Kapitalverwaltungsgesellschaften anzuwenden, die AIF verwalten, die eine Minderheitsbeteiligung an einem nicht börsennotierten Unternehmen erlangen. (4) § 290 Absatz 1 bis 3 und § 292 sind auch auf AIF-Kapitalverwaltungsgesellschaften anzuwenden, die solche AIF verwalten, die Kontrolle in Bezug auf einen Emittenten im Sinne von Ar-

AIFM-Richtlinie	KAGB-E
sennotierter Unternehmen über 50% der Stimmrechte dieser Unternehmen. Bei der Berechnung des Anteils an den Stimmrechten, die von dem entsprechenden AIF gehalten werden, werden zusätzlich zu von dem betreffenden AIF direkt gehaltenen Stimmrechten auch die folgenden Stimmrechte berücksichtigt, wobei die Kontrolle gemäß Unterabsatz 1 festgestellt wird: a) von Unternehmen, die von dem AIF kontrolliert werden; und b) von natürlichen oder juristischen Personen, die in ihrem eigenen Namen, aber im Auftrag des AIF oder eines von dem AIF kontrollierten Unternehmens handeln. Der Anteil der Stimmrechte wird ausgehend von der Gesamtzahl der mit Stimmrechten versehenen Anteile berechnet, auch wenn die Ausübung dieser Stimmrechte ausgesetzt ist. Unbeschadet des Artikels 4 Absatz 1 Buchstabe i wird Kontrolle in Bezug auf Emittenten für die Zwecke des Artikels 28 Absatz 1, 2 und 3 und des Artikels 30 gemäß Artikel 5 Absatz 3 der Richtlinie 2004/25/EG definiert. (6) Dieser Abschnitt gilt vorbehaltlich der Bedingungen und Beschränkungen, die in Artikel 6 der Richtlinie 2002/14/EG festgelegt sind. (7) Dieser Abschnitt gilt unbeschadet jeglicher von den Mitgliedstaaten erlassener strengerer Vorschriften über den Erwerb von Beteiligungen an Emittenten und nicht börsennotierten Unternehmen in ihrem Hoheitsgebiet.	tikel 2 Absatz 1 Buchstabe d der Richtlinie 2004/109/EG erlangen, 1. der seinen satzungsmäßigen Sitz in der Europäischen Union hat und 2. dessen Wertpapiere im Sinne von Artikel 4 Absatz 1 Nummer 14 der Richtlinie 2004/39/EG zum Handel auf einem organisierten Markt im Sinne von § 2 Absatz 5 des Wertpapierhandelsgesetzes zugelassen sind. Für die Zwecke dieser Paragraphen gelten die Absätze 1 und 2 entsprechend. (5) Die §§ 287 bis 292 gelten vorbehaltlich der Bedingungen und Beschränkungen, die in Artikel 6 der Richtlinie 2002/14/EG festgelegt sind. **§ 288** **Erlangen von Kontrolle** (1) Für die Zwecke der §§ 287 bis 292 bedeutet Kontrolle im Fall nicht börsennotierter Unternehmen die Erlangung von mehr als 50 Prozent der Stimmrechte dieser Unternehmen. (2) Bei der Berechnung des Anteils an den Stimmrechten, die von den entsprechenden AIF gehalten werden, werden zusätzlich zu von dem betreffenden AIF direkt gehaltenen Stimmrechten auch die folgenden Stimmrechte berücksichtigt, wobei die Kontrolle gemäß Absatz 1 festgestellt wird: 1. von Unternehmen, die von dem AIF kontrolliert werden, und 2. von natürlichen oder juristischen Personen, die in ihrem eigenen Namen, aber im Auftrag des AIF oder eines von dem AIF kontrollierten Unternehmens handeln. Der Anteil der Stimmrechte wird ausgehend von der Gesamtzahl der mit Stimmrechten versehenen Anteile berechnet, auch wenn die Ausübung dieser Stimmrechte ausgesetzt ist. (3) Kontrolle in Bezug auf Emittenten wird für die Zwecke der §§ 290 und 292 gemäß Artikel 5 Absatz 3 der Richtlinie 2004/25/EG des Europä-

[1] ABl. L 124 vom 20.5.2003, S. 36.

AIFM-Richtlinie	KAGB-E
	ischen Parlaments und des Rates vom 21. April 2004 betreffend Übernahme-angebote (ABl. L 142 vom 30.4.2004, S. 12) definiert.

Literatur: *Bunke,* Fragen der Vollmachtserteilung zur Stimmrechtsausübung nach §§ 134, 135 AktG, AG 2002, 57–72; *Casper,* Acting in Concert – Grundlagen eines neuen kapital-marktrechtlichen Zurechnungstatbestandes, ZIP 2003, 1469–1477; *Deinert,* Vorschlag für eine europäische Mitbestimmungsrichtlinie und Umsetzungsbedarf im Betriebsverfassungsgesetz, NZA 1999, 800–805; *Grundmann,* Europäisches Gesellschaftsrecht, 2. Auflage, Heidelberg 2011; *Habersack,* Beteiligungstransparenz adieu? AG 2008, 817–820; *Herring/Krause,* Auswir-kungen der AIFM-Richtlinie auf institutionelle Investoren, Absolutreport 2010, 54–63; *Hesse/Lamsa,* Die Richtlinie über die Verwalter alternativer Investmentfonds (AIFM-Richtli-nie), CF law 2011, 39–47; *Hoffmann-Becking* (Hrsg.), Münchener Handbuch des Gesellschafts-rechts (Band 4 AG), 3. Auflage, München 2007; *Hoyer,* Der Nießbrauch an einem Gesell-schaftsanteil, BB 1978, 1459–1463; *Jaskolski/Grüber,* Regulierungsaspekte des Private Equity-Markts und der Richtlinienentwurf der Europäischen Union zur Regulierung alternativer Investmentfonds, CF law 2010, 188–196; *Kramer/Recknagel,* Die AIFM-Richtlinie – Neuer Rechtsrahmen für die Verwaltung alternativer Investmentfonds, DB 2011, 2077–2084; *Möl-lers/Harrer/Krüger,* Die Regelung von Hedgefonds und Private Equity durch die neue AIFM-Richtlinie, WM 2011, 1537–1544; *Müller/Hoffmann* (Hrsg.), Beck'sches Handbuch der Perso-nengesellschaften, 3. Auflage, München 2009; *Pentz,* Acting in Concert – Ausgewählte Ein-zelprobleme zur Zurechnung und zu den Rechtsfolgen, ZIP 2003, 1478–1492; *Reichert/Harbarth,* Stimmrechtsvollmacht, Legitimationszession und Stimmrechtsausschlußvertrag in der AG, AG 2001, 447–455; *Reichert/Schlitt,* Nießbrauch an GmbH-Geschäftsanteilen in: Festschrift für Hans Flick, Köln 1997, 217–243; *Reichert/Schlitt/Düll,* Die gesellschafts- und steuerrechtliche Gestaltung des Nießbrauchs an GmbH-Anteilen, GmbHR 1998, 565–575; *Reichold,* Durchbruch zu einer europäischen Betriebsverfassung, NZA 2003, 289–299; *Schmuhl,* Venture Capital am Scheideweg? – Auswirkungen der AIFM-Richtlinie, CF biz 2011, 139–148; *Schüppen,* Übernahmegesetz ante portas! – Zum Regierungsentwurf eines „Gesetzes zur Regelung von öffentlichen Angeboten zum Erwerb von Wertpapieren und von Unternehmensübernahmen" –, WPg 2001, 958–976; *Schruff/Rothenburger,* Zur Konsoli-dierung von Special Purpose Entities im Konzernabschluss nach US-GAAP, IAS und HGB, WPg 2002, 755–765; *Seibt,* Grenzen des übernahmerechtlichen Zurechnungstatbestandes in § 30 Abs. 2 WpÜG (Acting in Concert), ZIP 2004, 1829–1837; *ders.,* Stimmrechtszurechnung nach § 30 WpÜG zum Alleingesellschafter-Geschäftsführer einer GmbH, ZIP 2005, 729–740; *Simon/Dobel,* Das Risikobegrenzungsgesetz – neue Unterrichtungspflichten bei Unter-nehmensübernahmen, BB 2008, 1955–1959; *Simon/Heemann* (Hrsg.), Bankaufsichtsrecht, Frankfurt 2010; *Söhner,* Beteiligungstransparenz, Hebelfinanzierung und asset stripping nach der AIFM-Richtlinie, WM 2011, 2121–2127; *Spindler,* Die europäische Regulierung von „Alternativen Investments" – oder: gezähmte „Heuschrecken"?, DB Standpunkte 2010, 85–86; *Spindler/Tancredi,* Die Richtlinie über Alternative Investmentfonds (AIFM-Richtlinie) – Teil 1, WM 2011, 1393–1405; *Stoschek,* Die neue EU-Richtlinie für die Manager von Immo-bilienfonds (Alternative Investment Fund Manager Directive), Praxishandbuch Immobilien-Fondsmanagement und -Investment, Köln 2011, 563–574; *Sudhoff,* Nochmals: Der Nieß-brauch am Gesellschaftsanteil, NJW 1974, 2205–2211; *Teichmann,* Der Nießbrauch an Gesell-schaftsanteilen – gesellschaftsrechtlicher Teil, ZGR 1972, 1–23; *Thüsing,* Beteiligungsrechte von Wirtschaftsausschuss und Betriebsrat bei Unternehmensübernahmen, ZIP 2008, 106–109; *Wackerbarth,* Die Zurechnung nach § 30 WpÜG zum Alleingesellschafter-Geschäftsfüh-rer einer GmbH, ZIP 2005, 1217–1221; *Wallach,* Alternative Investment Funds Managers Directive – ein neues Kapitel des europäischen Investmentrechts, Recht der Finanzinstrumente 2011, 80–89; *Weiser/Jang*, Die nationale Umsetzung der AIFM-Richtlinie und ihre Auswirkungen auf die Fondsbranche in Deutschland, BB 2011, 1219–1226; *Weitnauer*, Die AIFM-Richtlinie und ihre Umsetzung, BKR 2011, 143–147; *Witt*, Die Änderungen der Mitteilungs- und Veröffentlichungspflichten nach §§ 21 ff. WpHG durch das geplante Wertpapiererwerbs- und Übernahmegesetz, AG 2001, 233–241.

Übersicht

A. Entstehungsgeschichte

I. Allgemeines

Die Art. 26 ff. waren bereits im ersten Richtlinienentwurf der Europäischen 1
Kommission vom 30.4.2009[1] als Sondernormenkomplex angelegt. Die Bestimmungen sind in zahlreichen Kompromissvorschlägen unter den verschiedenen Ratspräsidentschaften modifiziert worden.

II. Historie

1. Richtlinienentwurf der Europäischen Kommission vom 30.4.2009. 2
Bereits der erste Entwurf enthielt Regeln über „Pflichten von AIFM, die AIF mit beherrschendem Einfluss auf Unternehmen verwalten". Die Bestimmungen zum Anwendungsbereich (Art. 26) gingen von einem Kontrollerwerb bereits bei einem Innehaben von 30% der Stimmrechte aus. Diese Schwelle wurde im Hinblick auf die mit einer solchen Beteiligung verbundene relativ geringe Gestaltungsmacht als zu niedrig angesehen.[2] Aus Gründen der Verhältnismäßigkeit sollten die in Abschnitt 2 normierten Pflichten sich von Anfang an nicht auf den Erwerb beherrschender Beteiligungen an kleinen und mittleren Unternehmen erstrecken. Gründungs- und Risikokapitalgeber wurden so bewusst von den strengen Regularien ausgenommen.[3] Diese stellen insbesondere für Start up-Unternehmen eine bedeutsame Finanzierungsquelle dar und könnten durch einen aufsichtsrechtlich bedingten erhöhten administrativen Aufwand in der Anfangsphase von Investitionen abgehalten werden.[4]

2. Positionspapier des Wirtschafts- und Währungsausschusses des 3
Europäischen Parlaments vom 23.11.2009. Im Rahmen des Positionspapiers des Wirtschafts- und Währungsausschusses des Europäischen Parlaments (ECON) vom 23.11.2009[5] ergingen zahlreiche Änderungsanträge. Die Änderungsanträge zu Abschnitt 2 zielten zum einen darauf ab, die bisherige 30%-Schwelle in Angleichung an das EU-Gesellschaftsrecht durch das Merkmal des beherrschenden Einflusses zu ersetzen[6]. Zudem sah der Ausschuss keine Notwendigkeit für Level 2-Maßnahmen hinsichtlich der Mitteilungspflichten nach Art. 28 Abs. 1.[7]

3. Kompromissvorschlag der Europäischen Kommission unter schwe- 4
discher Ratspräsidentschaft vom 15.12.2009. In Einklang mit dem ECON-Positionspapier sah der Kompromissvorschlag unter der schwedischen Ratspräsi-

---

[1] Abrufbar unter: http://eur-lex.europa.eu/LexUriServ/LexUriServ.do?uri=COM:2009:0207:FIN:DE:PDF; zuletzt abgerufen am: 7.2.2012.

[2] Vgl. *Swoboda/Schatz* in Kapitalbeteiligungsrecht, S. 869, Rn. 143.

[3] Vgl. Erwägungsgründe zum Richtlinienentwurf der Europäischen Kommission, S. 10.

[4] Vgl. *Jaskolski/Grüber* CORPORATE FINANCE law 2010, 188 (195).

[5] Abrufbar unter: http://www.europarl.europa.eu/meetdocs/2009_2014/documents/econ/pr/796/796533/796533de.pdf; zuletzt abgerufen am: 7.2.2012.

[6] Positionspapier des ECON, S. 62 ff.

[7] Positionspapier des ECON, S. 67.

dentschaft[8] das Erfordernis der Kontrollerlangung vor. Hiermit einher ging die
Erhöhung der Anwendungsschwelle von 30% auf mehr als 50% der Stimmrechte
an dem Zielunternehmen.

5   Zudem wurde zum Schutz der AIFM vor zu umfangreichen Informationspflichten ein Verweis auf Art. 6 der Arbeitnehmerunterrichtungs-Richtlinie[9] eingefügt. So sollten keine Informationen über die Eigentumsverhältnisse veröffentlicht werden müssen, die AIFM Nachteile gegenüber möglichen Wettbewerbern
wie etwa Staatsfonds oder Wettbewerbern, die das Zielunternehmen möglicherweise aus dem Markt drängen wollen, zufügen könnten.[10]

6   **4. Erster Kompromissvorschlag der spanischen Ratspräsidentschaft
vom 1.2.2010.** Der erste Kompromissvorschlag der spanischen Ratspräsidentschaft vom 1.2.2010[11] brachte eine Öffnungsklausel, die es den Nationalstaaten
ermöglichen soll, strengere Vorschriften über den Erwerb von Beteiligungen an
Emittenten und nicht börsennotierten Unternehmen zu erlassen und anzuwenden.

7   **5. Zweiter Kompromissvorschlag der spanischen Ratspräsidentschaft
vom 11.3.2010.** Neu eingefügt wurde eine dynamische Verweisung auf Art. 2
Abs. 1 des Anhangs der Empfehlung der Kommission betreffend die Definition
der Kleinstunternehmen sowie der kleinen und mittleren Unternehmen[12]. Eine
Auflistung der entsprechenden Kriterien in Art. 26 entfiel. Erstmals aufgenommen
wurde eine Ausnahme hinsichtlich Immobilienzweckgesellschaften.

8   **6. Positionspapier des Wirtschafts- und Währungsausschusses des
Europäischen Parlaments vom 11.6.2010.** Das Positionspapier des ECON
vom 11.6.2010[13] weist hinsichtlich Artikel 26 deutliche Abweichungen von den
Vorentwürfen auf, die allerdings weitgehend nicht in die endgültige Fassung der
AIFM-Richtlinie übernommen wurden.

9   Anstelle des ursprünglich vorgeschlagenen Schwellenwertes von 30% bzw. 50%
sah dieser Vorschlag eine Streichung der festen Werte und ein Abstellen auf
den Erwerb eines beherrschenden Einflusses vor. Die Übernahme beherrschender
Unternehmensbeteiligungen äußere sich bei Private Equity-Fonds typischerweise
nicht im Erreichen einer bestimmten Beteiligungshöhe, sondern in der effektiven
Ausübung der Kontrolle nach den üblichen gesellschaftsrechtlichen Kriterien.[14]

10 Auch die Empfehlung der Kommission betreffend die Definition der Kleinstunternehmen sowie der kleinen und mittleren Unternehmen wurde nicht aufgegriffen. Vielmehr galt nach diesem Entwurf eine Ausnahme nur noch für Unternehmen mit weniger als 50 Beschäftigten. Diese erhebliche Reduktion der
Mitarbeiterzahl geschah vor dem Hintergrund der weitgehenden Auswirkungen

---

[8] Abrufbar unter: http://register.consilium.europa.eu/pdf/en/09/st17/st17330.en09.pdf;
zuletzt abgerufen am: 7.2.2012.

[9] RL 2002/14/EG, ABl. L 80 vom 23.3.2002, S. 29.

[10] Vgl. Erwägungsgrund 58, S. 8 AIFM-RL, ABl. L 174 vom 1.7.2011, S. 1.

[11] Abrufbar unter: http://register.consilium.europa.eu/pdf/en/10/st05/st05918.en10.pdf;
zuletzt abgerufen am: 7.2.2012.

[12] 2003/361/EG, ABl. L 124 vom 20.5.2003, S. 36.

[13] Abrufbar unter: http://www.europarl.europa.eu/sides/getDoc.do?pubRef=-//EP//
NONSGML+REPORT+A7-2010-0171+0+DOC+PDF+V0//DE; zuletzt abgerufen am:
7.2.2012.

[14] Begründung des Entwurfs des ECON, S. 78.

eines Unternehmenskaufes durch Private Equity-Fonds, die nach Auffassung von ECON oftmals den Fortbestand der Zielunternehmen gefährden würden.[15]

B. Normzweck

Abschnitt 2 enthält besondere Schutzvorschriften für AIFM, deren AIF die **11** Kontrolle über bestimmte Unternehmen erlangen.[16] Abschnitt 2 reguliert damit einen Teilbereich der Private Equity-Branche. Grundsätzlich verwundert es aufgrund des weiten Regelungsumfangs der AIFM-Richtlinie zwar nicht, dass die Richtlinie insoweit spezielle Regelungen enthält.[17] Allerdings stellt Abschnitt 2 als Teil eines Regelwerkes für Fondsmanager insoweit einen Fremdkörper dar, als sie jedenfalls nicht primär auf den Schutz der Integrität des Finanzsystems oder von Anlegern abzielen.[18] Abschnitt 2 gilt neben den allgemeinen Bestimmungen und bezweckt die Herstellung von Transparenz gegenüber dem kontrollierten Zielunternehmen, dessen Mitarbeitern, bestimmten Anteilseignern und Behörden. Artikel 26 regelt den Anwendungsbereich dieser Bestimmungen und definiert bestimmte in Abschnitt 2 verwendete Termini.

C. Überblick über die Norm

I. Wesentlicher Inhalt

Artikel 26 bestimmt den Geltungsbereich von Abschnitt 2, der maßgebliche **12** Pflichten von AIFM im Hinblick auf AIF im Private Equity-Bereich normiert.

Abs. 1 ist die zentrale Einstiegsnorm zur Bestimmung des Anwendungsbereichs **13** von Abschnitt 2. Adressaten der Norm sind AIFM, nicht von ihnen verwaltete AIF. Die den Anwendungsbereich auslösende Tätigkeit des AIFM ist entweder die Verwaltung von AIF (Abs. 1 lit. a) oder die Zusammenarbeit mit anderen AIFM bei der Verwaltung von AIF (Abs. 1 lit. b). Diese Tätigkeiten müssen jeweils zur Erlangung der Kontrolle an Zielunternehmen durch die jeweils umfassten AIF führen. Abs. 1 regelt damit u.a., welche AIF einem AIFM hinsichtlich der Feststellung der Kontrollerlangung zuzurechnen sind.

Abs. 5 regelt, wann Kontrolle im Hinblick auf nicht börsennotierte Unterneh- **14** men vorliegt. Abs. 5 Unterabs. 1 gibt einen fixen Schwellenwert (über 50% der Stimmrechte der jeweiligen Zielgesellschaft) vor. Abs. 5 Unterabs. 2 regelt, welche Stimmrechte dem jeweiligen AIF zuzurechnen sind. Erfasst sind danach die von einem AIF direkt gehaltenen Stimmrechte, die Stimmrechte eines von dem AIF kontrollierten Unternehmens sowie die im Auftrag des AIF oder eines von dem AIF kontrollierten Unternehmens gehaltenen Stimmrechte.

Abs. 2 schränkt den Anwendungsbereich von Abschnitt 2 ein, indem er kleine **15** und mittlere Unternehmen und Immobilienzweckgesellschaften als Zielunternehmen ausnimmt.

Abs. 3 erweitert den Anwendungsbereich von Abschnitt 2 im Hinblick auf die **16** Meldepflichten nach Art. 27 Abs. 1.

---

[15] Stellungnahme des Rechtsausschusses zum Entwurf des ECON, S. 81.

[16] Vgl. *Wallach,* Recht der Finanzinstrumente 2011, 80 (85).

[17] Vgl. *Hesse/Lamsa* CORPORATE FINANCE law 2011, 39 (41).

[18] Vgl. *Spindler* DB Standpunkte 2010, 85 (86).

17   Abs. 4 sieht eine Erweiterung des Anwendungsbereichs auf börsennotierte Unternehmen vor.

18   Abs. 6 stellt die Regelungen in Abschnitt 2 insgesamt unter den Vorbehalt der Richtlinie zur Festlegung eines allgemeinen Rahmens für die Unterrichtung und Anhörung der Arbeitnehmer in der EG.

19   Abs. 7 stellt klar, dass die Umsetzung in nationales Recht nach dem Prinzip der Mindestharmonisierung zu erfolgen hat. Strengere nationale Regelungen sind daher möglich.

II. Normkontext

20   Innerhalb der AIFM-Richtlinie knüpft Art. 26 an die Beweggründe 52 bis 58 an. Er regelt den Anwendungsbereich von Abschnitt 2 und stellt somit die Grundlage für die Art. 27 bis 30 dar.

21   Ausweislich der Erwägungsgründe der AIFM-Richtlinie wurden die Bestimmungen zur Beteiligungstransparenz in Anlehnung und Ergänzung an die Übernahme-[19] und Transparenzrichtlinie[20] betreffend börsennotierte Unternehmen geschaffen.[21] Diese beziehen sich auf Anteilserwerbe an geregelten Märkten. Hieran orientiert sich auch Art. 26.

22   Herzstück von Art. 26 ist die Definition der Kontrollerlangung in Abs. 5. Die Vorschrift ist Art. 5 Abs. 1 der Übernahmerichtlinie entlehnt.[22] Die AIFM-Richtlinie geht inhaltlich allerdings einen Schritt weiter als ihr „Vorbild". Sie enthält einen festen Schwellenwert zur Bestimmung von Kontrolle, während die Übernahmerichtlinie insofern auf das nationale Recht verweist (vgl. Art. 5 Abs. 3 Übernahmerichtlinie). Maßgeblich sind jeweils die Stimmrechtsanteile (vgl. Art. 5 Abs. 1 der Übernahmerichtlinie; Art. 9 Abs. 1 der Transparenzrichtlinie).

23   Im deutschen Recht ist der Ausgangspunkt der Beteiligungstransparenz in den Mitteilungspflichten nach §§ 20 ff. des am 1.1.1966 in Kraft getretenen Aktiengesetzes[23] zu sehen, die die Offenlegung von Beteiligungsverhältnissen gegenüber Aktionären, Gläubigern und der Öffentlichkeit bezwecken.[24] Weitergehende Pflichten begründen die jüngeren wertpapierrechtlichen Transparenzvorschriften (§§ 21 ff., 27a WpHG), die auf die Funktionsfähigkeit der Wertpapiermärkte und den Anlegerschutz abzielen.[25] Während die §§ 21 ff. WpHG die Unterrichtung des Kapitalmarkts über wesentliche Stimmrechtseinflüsse bezwecken, spielt der Transparenzgesichtspunkt in den §§ 29 ff. WpÜG nur eine sehr untergeordnete Rolle.[26] Im Vordergrund steht dort vielmehr, außenstehenden Aktionären einer börsennotierten Gesellschaft die Möglichkeit zur Desinvestition im Fall des bevorstehenden oder bereits erfolgten Erwerbs einer Kontrollposition zu geben.[27] Die

---

[19] RL 2004/25/EG, ABl. L 142 vom 30.4.2004, S. 12.

[20] RL 2004/109/EG, ABl. L 390 vom 31.12.2004, S. 38.

[21] Vgl. *Söhner* WM 2011, 2121 (2125); Erwägungsgrund 53, S. 8 AIFM-RL, ABl. L 174 vom 1.7.2011, S. 1.

[22] Vgl. *Söhner* WM 2011, 2121 (2125).

[23] BGBl. I 1965, S. 1089 ff.

[24] Vgl. *Hüffer,* AktG, § 20 Rn. 1; *Söhner* WM 2011, 2121 (2122).

[25] Vgl. *Schneider* in Assmann/Schneider WpHG, Vor § 21 Rn. 18 ff.

[26] Vgl. *von Bülow* in Kölner Kommentar zum WpHG, § 22 Rn. 13; *Seibt* ZIP 2005, 729 (733); a. A. *Wackerbarth* ZIP 2005, 1217 (1218).

[27] Vgl. *von Bülow* in Kölner Kommentar zum WpHG, § 22 Rn. 13; *Seibt* ZIP 2004, 1829 (1830 f.).

Bestimmung von Kontrolle über Emittenten erfolgt in Deutschland in Umsetzung der Übernahmerichtlinie nach dem WpÜG.

§ 29 Abs. 2 WpÜG definiert Kontrolle als das Halten von mindestens 30% **24** der Stimmrechte der Zielgesellschaft. Bei der Wahl dieser Schwelle hat sich der Gesetzgeber an Regelungen anderer europäischer Staaten orientiert.[28] In den Gesetzgebungsmaterialien wird als Begründung angeführt, dass aufgrund im Allgemeinen schwacher Präsenzen bei Hauptversammlungen 30% der Stimmrechte meist für eine Mehrheit ausreichen.[29] Hiervon weicht Abs. 5 ab, weil sich die vorstehenden Erwägungen im Zusammenhang mit dem WpÜG nicht auf die Situation bei nicht börsennotierten Unternehmensbeteiligungen übertragen lassen. Auch ein Pflichtübernahmeangebot entsprechend § 35 Abs. 2 WpÜG sieht die AIFM-Richtlinie nicht vor.

Die Transparenzanforderungen der AIFM-Richtlinie richten sich im Gegensatz **25** zu denjenigen des WpHG, WpÜG und AktG nicht grundsätzlich an jedermann, sondern gelten wie sämtliche Regelungen der Richtlinie ausschließlich für die AIFM.[30]

Abs. 7 ordnet an, dass Abschnitt 2 unbeschadet jeglicher von den Mitgliedstaa- **26** ten erlassener strengerer Vorschriften über den Erwerb von Beteiligungen an Emittenten und nicht börsennotierten Unternehmen in ihrem Hoheitsgebiet gilt. Entsprechend sind die Vorschriften in Abschnitt 2 nach dem Prinzip der Mindestharmonisierung in nationales Recht umzusetzen. Jegliches strengere nationale Recht ist weiterhin wirksam. Insofern ist allerdings anzumerken, dass in Deutschland bislang kaum Vorschriften über den Erwerb von Beteiligungen an nicht börsennotierten Unternehmen existieren. Eine höhere Regulierungsdichte findet sich hinsichtlich des Erwerbs von Beteiligungen an Emittenten.

D. Die Norm im Einzelnen

I. Kontrolle über nicht börsennotierte Unternehmen

1. Überblick. Abschnitt 2 befasst sich im Schwerpunkt mit der Kontrollerlan- **27** gung im Hinblick auf nicht börsennotierte Unternehmen. Der Begriff der Kontrolle über ein nicht börsennotiertes Unternehmen ist für die Bestimmung des Anwendungsbereichs der Vorschriften über Mitteilungs- und Informationspflichten gegenüber betroffenen Unternehmen, Behörden und Arbeitnehmern von zentraler Bedeutung. Die insoweit wesentlichen Bestimmungen für die Festlegung des Anwendungsbereichs finden sich in Abs. 1, 2 und 5. Abs. 1 und 2 enthalten Regelungen zur Zurechnung einer Kontrollerlangung hinsichtlich bestimmter Zielunternehmen gegenüber einem AIFM. Abs. 2 nimmt bestimmte Zielunternehmen (kleine und mittlere Unternehmen sowie Immobilienzweckgesellschaften) vom Anwendungsbereich von Abschnitt 2 aus. Abs. 5 betrifft die Bestimmung einer Kontrolle über Zielunternehmen anhand der gehaltenen Stimmrechte und regelt zu diesem Zweck die Zurechnung von Stimmrechten gegenüber einem AIF.

2. Zielunternehmen: nicht börsennotiertes Unternehmen. a) Defini- **28** **tion.** Geeignete Zielunternehmen i.S.v. Abs. 1 sind vorbehaltlich der Ausnahme

---

[28] Vgl. *Möller* in Assmann/Pötzsch/Schneider WpÜG, § 29 Rn. 9.

[29] BT-Drs. 14/7034, S. 53, linke Spalte.

[30] Vgl. *Söhner* WM 2011, 2121 (2125).

nach Abs. 2 (siehe Rn. 82 ff.) nicht börsennotierte Unternehmen. Diese sind in Art. 4 Abs. 1 lit. ac definiert. Erfasst sind Unternehmen mit Satzungssitz in der EU, deren Anteile nicht zum Handel auf einem regulierten Markt im Sinne von Art. 4 Abs. 1 Nr. 14 der Richtlinie 2004/39/EG[31] zugelassen sind.

29   **b) Unternehmen.** Die AIFM-Richtlinie enthält keinen eigenen **Unternehmensbegriff.** Im EU-Wettbewerbsrecht wird unter einem Unternehmen jede wirtschaftliche Tätigkeit ausübende Einrichtung unabhängig von ihrer Rechtsform und der Art ihrer Finanzierung verstanden.[32] Dieser weite Unternehmensbegriff liegt auch der Empfehlung 2003/361/EG der Kommission vom 6.5.2003 betreffend die Definition der Kleinstunternehmen sowie der kleinen und mittleren Unternehmen zugrunde.[33] Im deutschen Investmentrecht wird der Unternehmensbegriff teilweise enger verstanden. Dies ist auch vor dem Hintergrund der so in der AIFM-Richtlinie nicht vorgesehenen investmentrechtlichen Abgrenzung gegenüber Immobilien-Gesellschaften und ÖPP-Projektgesellschaften zu sehen. Der Richtliniengeber ist offensichtlich davon ausgegangen, dass z. B. Gesellschaften, die nach deutschem Investmentrecht Immobilien-Gesellschaften darstellen, als Unternehmen i. S. d. AIFM-Richtlinie anzusehen sein können. Hieraus ergibt sich u.E. allerdings nicht, dass schon jede Holdinggesellschaft ein solches Unternehmen ist. Aus dem Normenkontext des Art. 26 ergibt sich vielmehr, dass Unternehmen nur operativ tätige Gesellschaften sein können. Dieses grundsätzliche Verständnis des Unternehmensbegriffs weicht von dem Unternehmensbegriff des Abs. 5 ab. Abs. 5 Unterabs. 2 lit. e erfasst nach Sinn und Zweck der Vorschrift gerade auch nicht operativ tätige Gesellschaften (siehe dazu im Einzelnen Rn. 62).

30   **c) Sitzerfordernis.** Eine wesentliche Einschränkung erfährt der Anwendungsbereich von Abschnitt 2 durch das Sitzerfordernis. Erfasst sind nur Unternehmen mit Sitz innerhalb der EU (Art. 4 Abs. 1 lit. ac). Maßgeblich ist der satzungsmäßige Sitz. Damit gelten die Transparenzanforderungen nach Abschnitt 2 nicht, soweit AIF außerhalb der EU investieren.

31   **d) Keine Zulassung der Anteile zum Handel auf einem regulierten Markt.** Abs. 1 erfasst (unmittelbar) nur Unternehmen, deren Anteile nicht nach Art. 4 Abs. 1 Nr. 14 der Richtlinie 2004/39/EG zum Handel auf einem „regulierten" *(sic!)* Markt zugelassen sind. Art. 4 Abs. 1 Nr. 14 der Richtlinie 2004/39/EG definiert den offenbar gemeinten **geregelten Markt** als ein von einem Marktbetreiber betriebenes und/oder verwaltetes multilaterales System, das die Interessen einer Vielzahl Dritter am Kauf und Verkauf von Finanzinstrumenten innerhalb des Systems und nach seinen nichtdiskretionären Regeln in einer Weise zusammenführt oder das Zusammenführen fördert, die zu einem Vertrag in Bezug auf Finanzinstrumente führt, die gemäß den Regeln und/oder den Systemen des Marktes zum Handel zugelassen wurden, sowie eine Zulassung erhalten hat und ordnungsgemäß und gemäß den Bestimmungen des Titels III der Richtlinie 2004/39/EG funktioniert. Der so definierte europarechtliche Begriff des geregelten

---

[31] MiFID, ABl. L 145 vom 30.4.2004, S. 1.

[32] Vgl. EuGH, Urt. v. 23.4.1991, Rs. C-41/90, Höfner und Elser, Slg. 1991, I-1979, Rn. 21; EuGH, Urt. v. 16.3.2004, Rs. C-264/01, C-306/01, C-354/01 und C-355/01, AOK-Bundesverband u.a., Slg. 2004, I-2493, Rn. 46.

[33] Vgl. Erwägungsgrund 3, Empfehlung der Kommission vom 6.5.2003 betreffend die Definition der Kleinstunternehmen sowie der kleinen und mittleren Unternehmen, ABl. L 124 vom 20.5.2003, S. 36.

Marktes ist nicht zu verwechseln mit dem früheren in Deutschland geltenden börsenrechtlichen Begriff des geregelten Marktes. Dieser bezeichnete einen Teilmarkt der Börse, welcher aus dem amtlichen Markt und dem Freiverkehr bestand. Durch das Finanzmarktrichtlinie-Umsetzungsgesetz[34] ist diese Differenzierung entfallen. Die Begriffe *amtlicher Markt* und *geregelter Markt* wurden zu dem Begriff des regulierten Marktes zusammengeführt. Seit dem 1.11.2007 kann eine Zulassung nur noch zum so genannten regulierten Markt erfolgen. Wertpapiere, die bereits vor dem 1.11.2007 zum amtlichen Markt oder zum geregelten Markt zugelassen waren, gelten ab dem 1.11.2007 als zum regulierten Markt zugelassen. Der Begriff des regulierten Marktes im Sinne von Art. 4 Abs. 1 lit. ac dürfte hingegen mit demjenigen des **organisierten Marktes** i.S.v. § 2 Abs. 5 WpHG übereinstimmen. Welche Märkte hierzu gehören, ergibt sich aus einem gem. Art. 47 der Richtlinie 2004/39/EG im Amtsblatt der Europäischen Union[35] und auf der Internetseite der Europäischen Kommission[36] zu veröffentlichenden Verzeichnis geregelter Märkte.

Beispiele für deutsche regulierte Märkte sind die Frankfurter Wertpapierbörse, **32** Börse Düsseldorf, Börse Berlin, Tradegate Exchange, die Hanseatische Wertpapierbörse Hamburg und Eurex Deutschland. Europäische geregelte Märkte sind bspw. die London Stock Exchange und Euronext Paris. Die Regulierung der Beteiligung an Unternehmen, die an einem solchen geregelten Markt i.S.d. MiFID zugelassen sind, erfolgt maßgeblich im Rahmen der Übernahmerichtlinie[37] sowie der Transparenzrichtlinie.[38]

Im Gegensatz dazu sind von Abschnitt 2 in erster Linie nicht börsennotierte **33** Zielunternehmen erfasst. Notierte Unternehmen sind jedoch trotz des insofern eindeutig scheinenden Wortlauts gleichermaßen betroffen, wenn sie außerhalb eines solchen geregelten Marktes i.S.d. MiFID börsennotiert sind.

3. Grundtatbestand: Kontrollerlangung. a) Allgemeines. Abs. 1 knüpft **34** an die Erlangung von Kontrolle an einem Zielunternehmen an. Während unmittelbarer Adressat der Pflichten aus Abschnitt 2 jeweils ein AIFM ist, setzt die Vorschrift eine Kontrollerlangung durch einen oder mehrere AIF voraus. Das Bindeglied zwischen dem die Kontrolle erlangenden AIF und dem AIFM ist die Verwaltung des AIF durch den AIFM. Die Vorschrift betrachtet jedoch nicht jeden AIF hinsichtlich der Kontrollerlangung isoliert und unabhängig von dem sie verwaltenden AIF. Vielmehr ordnet sie unter bestimmten Voraussetzungen eine Verklammerung mehrerer von einem AIFM oder mehreren kooperierenden AIFM verwalteter AIF an. Die Vorschrift will so insbesondere das koordinierte Verhalten verschiedener AIF und ggf. AIFM erfassen. Entsprechend regelt Abs. 1, welche AIF einem AIFM zur Berechnung der direkt gehaltenen Stimmrechte an einem Zielunternehmen zuzuordnen sind. Abs. 5 Unterabs. 2 erweitert die von den einzubeziehenden AIF direkt gehaltene Stimmrechtsquote um solche Stimmrechte kontrollierter Unternehmen bzw. dritter Personen, auf die der AIF Einfluss ausüben kann.

---

[34] FRUG vom 1.11.2007 zur Umsetzung der MiFID in nationales Recht.

[35] Vgl. zuletzt Informationen der Mitgliedstaaten, ABl. C 348 vom 21.12.2010, S. 9 ff.

[36] Abrufbar unter: http://ec.europa.eu/internal_market/securities/isd/mifid_de.htm; zuletzt abgerufen am: 7.2.2012.

[37] RL 2004/25/EG, ABl. L 142 vom 30.4.2004, S. 12.

[38] RL 2004/109/EG, ABl. L 390 vom 31.12.2004, S. 38.

35   **b) Kontrollerwerb durch AIF.** Die grundlegende Konstellation für den Geltungsbereich des Abschnitts 2 normiert Abs. 1 lit. a, Alt. 1. Dieser erfasst die Verwaltung eines AIF, der allein die Kontrolle über ein nicht börsennotiertes Unternehmen erlangt. Obwohl Adressat der Pflichten nach Abschnitt 2 ein AIFM ist, hat der Kontrollerwerb durch den AIF zu erfolgen. Die Bestimmung des Kontrollerwerbs richtet sich nach Abs. 5.

36   **c) Zurechnung des Kontrollerwerbs. aa) Verwaltung des AIF durch AIFM.** Abs. 1 sieht eine Zurechnung des Kontrollerwerbs durch einen AIF nur gegenüber einem AIFM vor, der diesen AIF verwaltet. Die Verwaltung eines AIF setzt grundsätzlich voraus, dass für diesen AIF mindestens die Portfolioverwaltung *oder* das Risikomanagement übernommen wird (Art. 4 Abs. 1 lit. w, Anhang I Nr. 1). Dem Wortlaut des Art. 4 Abs. 1 lit. w nach können einem AIF somit mehrere AIFM zuzuordnen sein, nämlich dann, wenn Portfolio- und Risikomanagement jeweils von unterschiedlichen Gesellschaften übernommen werden (zu der Problematik im Allgemeinen s. Art. 4). Dennoch ist die Kontrollerlangung durch einen AIF in einem solchen Fall für Zwecke von Abschnitt 2 nicht beiden Gesellschaften zuzurechnen, sondern nach Sinn und Zweck der Regelung nur derjenigen, welche das Portfoliomanagement erbringt.[39] Einen AIF in Form eines „klassischen" Publikumsfonds nach dem deutschen GmbH & Co. KG-Modell *verwaltet* demnach üblicherweise die Komplementär-GmbH, wenn diese das Portfoliomanagement übernimmt (vgl. dazu auch Art. 4).[40] In welcher rechtlichen oder vertraglichen Form ein AIFM mit der Aufgabe der Verwaltung des entsprechenden AIF betraut ist, spielt keine Rolle.[41]

37   **bb) Kontrollerlangung durch mehrere von einem AIFM verwaltete AIF.** Abs. 1 lit. a Alt. 2 regelt die gemeinsame Kontrollerlangung durch mehrere von demselben AIFM verwaltete AIF. Die Bestimmung regelt die **konsolidierte Betrachtung mehrerer AIF** im Hinblick auf die Feststellung einer Kontrolle über ein Zielunternehmen. Voraussetzung für die Verklammerung durch einen AIFM ist eine Vereinbarung zur gemeinsamen Kontrollerlangung. Nach der ursprünglichen Fassung[42] sollte es bereits ausreichen, dass mehrere AIF eines AIFM gemeinsam die erforderliche Stimmrechtsquote am Zielunternehmen erwerben. Weitere Erfordernisse waren nicht vorgesehen. Die Folge wäre gewesen, dass auch AIF eines AIFM mit verschiedenen Investitionsstrategien gemeinsam betrachtet worden wären, selbst wenn die jeweiligen Motive für den Erwerb von Minderheitsanteilen an einem Zielunternehmen unterschiedlich gewesen wären und insofern kein koordiniertes Stimmverhalten vorgelegen hätte.[43] Nach der geltenden Fassung müssen die von einem AIFM verwalteten AIF ihr Verhalten in Bezug auf das Zielunternehmen beabsichtigt koordinieren. Die gemeinsame Kontrollerlangung muss aufgrund einer **Vereinbarung, die die Erlangung von Kontrolle zum Ziel hat,** erfolgen.

---

[39] Vgl. *Hesse/Lamsa* CORPORATE FINANCE law 2011, 39 (41).

[40] Vgl. *Kramer/Recknagel* DB 2011, 2077 (2080).

[41] Erwägungsgrund 3, S. 1 AIFM-RL, ABl. L 174 vom 1.7.2011, S. 1.

[42] Vorschlag für eine Richtlinie des Europäischen Parlaments und des Rates über die Verwalter alternativer Investmentfonds und zur Änderung der Richtlinien 2004/39/EG und 2009/.../EG vom 30.4.2009, S. 38, abrufbar unter: http://eur-lex.europa.eu/LexUriServ/LexUriServ.do?uri=COM:2009:0207:FIN:DE:PDF; zuletzt abgerufen: 7.2.2012.

[43] Vgl. dazu *Swoboda/Schatz* in Kapitalbeteiligungsrecht, S. 868, Rn. 142.

Grundlage einer gemeinsamen Kontrollerlangung muss eine Vereinbarung sein. **38**
Welche qualitativen Anforderungen insoweit zu stellen sind, regelt die Richtlinie
nicht. Als Mindestanforderung wird man einen gegenseitigen Kommunikations-
prozess verlangen müssen, der zu einer Verständigung der Parteien (hier: der AIF)
führt. Danach erfüllt jedenfalls nicht abgestimmtes Parallelverhalten zweier AIF
noch nicht die Anforderungen an eine Vereinbarung i.S.d. Abs. 1. Rein tatsächliches, auch bewusst gleichförmiges Verhalten, wie etwa gleichgerichtetes Stimmverhalten auf einer Gesellschafterversammlung, ist nicht tatbestandsgemäß.[44]

Vom Begriff der Vereinbarung erfasst sind **rechtlich bindende Verträge**.[45] **39**
Besondere Formerfordernisse sind nicht vorgesehen. Erfasst sind somit schriftliche
und mündliche sowie darüber hinaus wohl auch durch konkludentes Verhalten
geschlossene Verträge.[46] Nicht erfasst dürften dagegen nicht bindende Absprachen
(sog. *Gentlemen's Agreements*) sein.[47] In ähnlichen Zurechnungsnormen auf nationaler Ebene wird der Begriff *Vereinbarung* restriktiv ausgelegt. Auch im deutschen
WpÜG und WpHG gibt es Zurechnungsnormen, aufgrund derer eine Zurechnung im Falle abgestimmten Verhaltens erfolgt (vgl. § 30 Abs. 2 Satz 1 WpÜG,
§ 22 Abs. 2 Satz 1 WpHG). Im Rahmen dieser Normen wird unter einer Vereinbarung jeder rechtlich bindende und wirksame Vertrag im zivilrechtlichen Sinne
verstanden.[48] Darunter fallen beispielsweise Stimmbindungsverträge, Interessen-
wahrungsverträge, Gesellschaftsverträge etc.[49] Fehlt es an einer vertraglichen Vereinbarung, greift in diesen Normen als Auffangtatbestand allerdings die Abstimmung „in sonstiger Weise", die auch die *Gentlemen's Agreements* mit lediglich
wirtschaftlicher oder moralischer Bindungswirkung erfasst.[50] Abs. 1 enthält ein
vergleichbares Merkmal nicht. Dies lässt wiederum den Rückschluss zu, dass
insgesamt nur rechtlich bindendes Verhalten erfasst werden soll. Freilich ist zu
beachten, dass Abs. 1 lit. a die Verwaltung mehrerer AIF durch ein und denselben
AIFM betrifft. Das Bestehen einer Vereinbarung zwischen solchen AIF sollte
dennoch anhand der für die AIF zu erstellenden Dokumentation belegbar sein.
Art. 14 Abs. 1 lit. b sieht eine Verpflichtung für AIFM vor, Anlegern gegenüber
u.a. Interessenkonflikte zwischen mehreren AIF bzw. deren Anlegern offenzulegen. Im Rahmen der Erfüllung dieser Pflicht dürften Vereinbarungen zur Koordination des Verhaltens mehrerer AIF im Hinblick auf Zielunternehmen regelmäßig
offenzulegen sein.

Maßgeblich ist letztlich die **Umsetzung ins nationale Recht**. Allerdings ist **40**
zu beachten, dass § 22 Abs. 2 Satz 1 WpHG eine weitergehende Zurechnung von
Stimmrechten anordnet als aufgrund Art. 10 lit. a der Richtlinie 2004/109/EG
(Transparenzrichtlinie) erforderlich ist. Der Richtlinientext verlangt für eine
Zurechnung von Stimmrechten an einem Emittenten eine Vereinbarung, die
beide Parteien verpflichtet, langfristig eine gemeinsame Politik bezüglich der
Geschäftsführung des betreffenden Emittenten zu verfolgen, indem sie die von
ihnen gehaltenen Stimmrechte einvernehmlich ausüben. Nach § 22 Abs. 2 Satz 1

---

[44] Vgl. *von Bülow* in Kölner Kommentar zum WpHG, § 22 Rn. 152.
[45] Vgl. *Casper* ZIP 2003, 1469 (1475).
[46] Vgl. *Diekmann* in Baums/Thoma Kommentar zum WpÜG, § 30 Rn. 68; *Casper* ZIP
2003, 1469 (1475); siehe auch: Art. 2 Abs. 1 lit. d) RL 2004/25/EG, ABl. L 142 vom
30.4.2004, S. 12.
[47] Vgl. dazu allg. *Casper* ZIP 2003, 1469 (1474 f.).
[48] Vgl. *von Bülow* in Kölner Kommentar zum WpÜG, § 30 Rn. 213.
[49] Vgl. *Schneider* in Assmann/Pötzsch/Schneider WpÜG, § 30 Rn. 99.
[50] Vgl. *Diekmann* in Baums/Thoma Kommentar zum WpÜG, § 30 Rn. 68.

WpHG genügt schon eine Verhaltensabstimmung auf Grund einer Vereinbarung *oder in sonstiger Weise.* Der Gesetzgeber sah hierin eine Angleichung an § 30 Abs. 2 Satz 1 WpÜG zur Vermeidung von Irritationen am Kapitalmarkt, die bei unterschiedlichen Zurechnungsmethoden auftreten würden.[51] Trotz der unterschiedlichen Regelungszwecke von WpHG und WpÜG hat sich der nationale Gesetzgeber für eine einheitliche Umsetzung in nationales Recht entschieden. Abs. 7 erlaubt den Mitgliedstaaten, strengere Vorschriften über den Erwerb von Beteiligungen an Emittenten und nicht börsennotierten Unternehmen in ihrem Hoheitsgebiet zu erlassen. Es steht den Mitgliedstaaten daher frei, auch strengere Vorschriften zur Zurechnung der Stimmrechtsanteile in Bezug auf ein Zielunternehmen zu schaffen (siehe dazu im Einzelnen Rn. 127). Einer Regelung zur Zurechnung von Stimmrechten von AIF aufgrund einer Abstimmung „in sonstiger Weise" auf nationaler Ebene steht die AIFM-Richtlinie daher nicht entgegen. Insofern bleibt die Umsetzung der Richtlinie in nationales Recht abzuwarten.

41   Ziel einer Vereinbarung i.S.v. Abs. 1 lit. a muss die **Erlangung von Kontrolle** an Zielunternehmen sein. Anders als beim objektiven Vorliegen der Kontrolle i.S.v. Abs. 5 wird man hinsichtlich der auf die gemeinsame Kontrollerlangung gerichteten Vereinbarung eine gewisse Nachhaltigkeit verlangen müssen. Vereinbarungen, die sich auf eine Koordination der Stimmrechtsausübung im Einzelfall beschränken, sollten nicht erfasst sein.

42   Soweit ein AIF bei der Feststellung der einem AIFM zuzurechnenden Kontrollerlangung zu berücksichtigen ist, kommt es auf den von diesem AIF unmittelbar gehaltenen Stimmrechtsanteil an. Die *de minimis*-**Freistellungen für kleine Verwalter** nach Art. 3 Abs. 2 finden auf der Ebene des einzelnen AIF keine Anwendung. Vielmehr ist Abschnitt 2 auf einen AIFM insgesamt nicht anzuwenden, wenn dieser AIFM die Voraussetzungen einer Ausnahme nach Art. 3 erfüllt.

43   **cc) Kooperation eines AIFM mit anderen AIFM.** Abs. 1 lit. b betrifft die Kooperation eines AIFM mit mindestens einem anderen AIFM. Adressaten sind danach AIFM, die mit einem oder mehreren anderen AIFM aufgrund einer Vereinbarung zusammenarbeiten, gemäß der die von diesen AIFM gemeinsam verwalteten AIF gemäß Abs. 5 die Kontrolle über ein nicht börsennotiertes Unternehmen erlangen.

44   Erforderlich für eine Zurechnung von Kontrolle nach Abs. 1 lit. b ist eine **tatsächliche Zusammenarbeit von mindestens zwei AIFM.** Hierin unterscheidet sich Abs. 1 lit. b von Abs. 1 lit. a. Eine bloße Vereinbarung über eine Zusammenarbeit zwischen zwei oder mehr AIFM genügt noch nicht. Nach dem Wortlaut von Abs. 1 lit. b müssen die AIFM die AIF **gemeinsam verwalten.** Abs. 1 lit. b betrifft nicht die Fälle, in denen ein AIFM das Portfolio- und ein anderer AIFM das Risikomanagement übernimmt. Hätten diese Fälle erfasst werden sollen, hätte der Wortlaut den Fall der gemeinsamen Verwaltung *eines* AIF durch mehrere AIFM umfassen müssen. Tatsächlich ist aber in der Vorschrift nur von gemeinsam verwalteten AIF im Plural die Rede. Eine gemeinsame Verwaltung ein und desselben AIF durch verschiedene Gesellschaften wird in der Praxis auch selten vorkommen. Soweit AIFM, die jeweils einen oder mehrere AIF verwalten, zusammenarbeiten, beschränkt sich die Zusammenarbeit regelmäßig auf das koordinierte Verhalten in Bezug auf Zielunternehmen, nicht aber auf eine

---

[51] BT-Drs. 14/7034, S. 53.

Verwaltungstätigkeit, die jeweils die AIF beider AIFM betrifft. Bei wörtlicher Auslegung läuft Abs. 1 lit. b daher weitgehend leer.

Der Zusammenarbeit muss eine **Vereinbarung** zugrunde liegen. Erforderlich **45** ist ein rechtlich bindender Vertrag. Eine bestimmte Form ist nicht erforderlich. Auch ein durch konkludentes Verhalten geschlossener Vertrag kann eine Vereinbarung i.S.v. Abs. 1 lit. b darstellen. Nicht ausreichend ist rein tatsächliches, nicht abgestimmtes oder bewusst gleichförmiges Verhalten oder eine nicht bindende Absprache (sog. *Gentlemen's Agreement*) (vgl. dazu ausführlich Rn. 35).

Anders als bei Abs. 1 lit. a sind **Parteien der Vereinbarung** nach lit. b AIFM **46** und nicht die von ihnen verwalteten AIF.

Ziel der Vereinbarung muss sein, dass die gemeinsam verwalteten AIF Kon- **47** trolle gemäß Abs. 5 über ein nicht börsennotiertes Unternehmen erlangen. Die Vereinbarung muss daher zum einen die Zusammenarbeit zwischen den AIFM hinsichtlich der Verwaltung der AIF, zum anderen die Kontrollerlangung sein. Nicht jede Zusammenarbeit genügt den Anforderungen an eine Vereinbarung nach Abs. 1 lit. b. Vielmehr muss es sich um eine nachhaltige Zusammenarbeit handeln. Die vereinbarte Zusammenarbeit muss sich dem Wortlaut des Abs. 1 lit. b entsprechend darüber hinaus auf die Erlangung der Kontrolle über ein *bestimmtes* Zielunternehmen beziehen. Eine allgemeine Vereinbarung, die keinen Bezug auf ein konkretes Zielunternehmen aufweist, genügt hierfür u.E. nicht.

dd) Beweislast. Die AIFM-Richtlinie enthält keine Vorgaben zum Nachweis **48** eines abgestimmten Verhaltens. Danach liegt die Darlegungs- und Beweislast für das Vorliegen der Voraussetzungen von Abs. 1 grundsätzlich bei demjenigen, der hieraus Rechte ableiten will.[52] Eine Vermutung oder Beweislastumkehr zu Lasten der AIFM ist nicht zulässig.[53]

4. Kontrolle (Abs. 5). a) Begriff. Der Kontrollbegriff wird für Zwecke des **49** Abschnitts 2 abschließend in Abs. 5 definiert. Zwar enthält Art. 4 Abs. 1 lit. i. eine für die Richtlinie im Übrigen geltende Definition, wonach Kontrolle eine solche i.S.v. Art. 1 der Richtlinie 83/349/EWG ist.[54] Nach dem eindeutigen Wortlaut von Abs. 5 Unterabs. 1 verdrängt dieser jedoch Art. 4 Abs. 1 lit. i, der damit im Wesentlichen für die Feststellung einer „engen Verbindung" i.S.v. Art. 4 Abs. 1 lit. e relevant ist (vgl. dazu Art. 4).

Die Bestimmung der Transparenzpflichten in Abschnitt 2 erfolgt erklärterma- **50** ßen in Anlehnung und Ergänzung an die Übernahme-[55] und Transparenzrichtli- nie[56] betreffend börsennotierte Unternehmen.[57] Dies gilt auch für die Schwellen- werte des Normenkomplexes. Daher orientiert sich auch für die Festlegung der Kontrollerlangung an entsprechenden Vorgaben. Nach Abs. 5 Unterabs. 1 bedeu- tet *Kontrolle* im Falle nicht börsennotierter Unternehmen das **Halten von über 50% der Stimmrechte** dieser Unternehmen. Die Norm enthält eine unwider-

---

[52] Vgl. zu § 30 Abs. 2 WpÜG *Diekmann* in Baums/Thoma Kommentar zum WpÜG, § 30 Rn. 88.

[53] Vgl. zu § 30 Abs. 2 WpÜG *Seibt* ZIP 2004, 1829 (1834); *Pentz* ZIP 2003, 1478 (1481).

[54] Konsolidierungsrichtlinie, ABl. L 193 vom 18.7.1983, S. 1; ausführlich zu dem der Regelung zugrundeliegenden Kontrollkonzept *Grundmann,* Europäisches Gesellschaftsrecht, Rn. 569 ff.

[55] RL 2004/25/EG, ABl. L 142 vom 30.4.2004, S. 12.

[56] RL 2004/109/EG, ABl. L 390 vom 31.12.2004, S. 38.

[57] Vgl. *Söhner* WM 2011, 2121 (2125); Erwägungsgrund 53, S. 8 AIFM-RL, ABl. L 174 vom 1.7.2011, S. 1.

legliche Vermutung, die losgelöst von den tatsächlichen Beherrschungsverhältnissen gilt. Abschnitt 2 liegt somit ein formaler Kontrollbegriff zugrunde. Dabei wird abweichend von der Übernahmerichtlinie bereits auf europäischer Ebene ein einheitliches Kontrollniveau festgelegt. Entscheidend ist allein, ob der AIF aufgrund eigener Stimmrechte oder infolge einer Zurechnung von Stimmrechten Dritter insgesamt über 50% der Stimmrechte am Zielunternehmen hält.

51   **Stimmrecht** bedeutet die Befugnis, in der Gesellschafterversammlung die mit dem Unternehmensanteil verbundenen gesetzlichen und satzungsmäßigen Rechte auszuüben.[58] Ob im Einzelfall tatsächlich die Kontrollmöglichkeit besteht, ist somit unerheblich. Die einfache Stimmrechtsmehrheit verleiht zwar insbesondere dann, wenn sich die restlichen Anteile im Streubesitz befinden, regelmäßig die Möglichkeit zur Beherrschung. Ungeachtet dessen scheitert eine tatsächliche Kontrolle jedoch, soweit wesentliche Entscheidungen einer qualifizierten Mehrheit bedürfen.[59] In diesen Fällen hat ein AIF, der lediglich über die absolute Mehrheit verfügt, Kontrolle i.S.v. Abs. 5, obwohl faktisch kein beherrschender Einfluss gegeben ist.

52   Auf der anderen Seite führt der relativ hohe formale Schwellenwert dazu, dass AIF unterhalb des erforderlichen Quorums von über 50%, die jedoch eine faktische Kontrollmöglichkeit haben, nicht erfasst werden. Ein AIF mit genau oder knapp unter 50% der Stimmrechte, der tatsächlich über eine Beherrschungsmöglichkeit verfügt, hat aufgrund des formalen Schwellenwertes definitionsgemäß keine Kontrolle. Aus diesem Grund wird der Schwellenwert für einen Kontrollerwerb viel immer entsprechend hoch angesetzt. So besteht Kontrolle nach § 29 Abs. 2 WpÜG ab der Schwelle von 30% der Stimmrechte einer Zielgesellschaft. Grund ist die Annahme, dass auf Hauptversammlungen deutscher Publikumsgesellschaften wegen der relativ geringen Präsenz von regelmäßig nur 50 bis 60% oftmals ein Stimmrechtsanteil von weit unter 50% ausreicht, um einen bestimmenden Einfluss auf die Zielgesellschaft auszuüben.[60] Der erste Richtlinienentwurf der Europäischen Kommission sah in Anlehnung hieran als Schwellenwert für eine Kontrolle i.S.v. Abschnitt 2 lediglich 30% vor.[61] Allerdings lassen sich die § 29 Abs. 2 WpÜG zugrundeliegenden Annahmen nicht auf kleinere, nicht börsennotierte Unternehmen mit geringer Streubesitzquote übertragen.[62] Eine Stimmrechtsbeteiligung an durch Private Equity finanzierten Zielunternehmen in Höhe von 30% gewährt regelmäßig nur Veto-Rechte sowie eine Minderheitenrolle im Aufsichtsgremium, jedoch keine Kontrolle.[63] Vor diesem Hintergrund wurde der Schwellenwert auf über 50% der Stimmrechte angehoben.

---

[58] Vgl. *Busse von Colbe* in MünchKomm zum HGB, § 290 Rn. 31; *Römermann* in Michalski GmbHG Kommentar, § 47 Rn. 43.

[59] Vgl. *Busse von Colbe* in MünchKomm zum HGB, § 290 Rn. 34.

[60] Vgl. *Schüppen* WPg 2001, 958 (966); *Diekmann* in Baums/Thoma Kommentar zum WpÜG, § 29 Rn. 5.

[61] Vorschlag für eine Richtlinie des Europäischen Parlaments und des Rates über die Verwalter alternativer Investmentfonds und zur Änderung der Richtlinien 2004/39/EG und 2009/.../EG vom 30.4.2009, S. 38, abrufbar unter: http://eur-lex.europa.eu/LexUriServ/LexUriServ.do?uri=COM:2009:0207:FIN:DE:PDF; zuletzt abgerufen: 7.2.2012; vgl. *Swoboda/Schatz* in Kapitalbeteiligungsrecht, S. 869, Rn. 143.

[62] Vgl. *Kolbe* DB 2009, 1874 (1875); *Steinmeyer* in Steinmeyer/Häger Kommentar zum WpÜG, § 29 Rn. 14.

[63] Vgl. *Swoboda/Schatz* in Kapitalbeteiligungsrecht, S. 869, Rn. 143; *Kolbe* DB 2009, 1874 (1875); *Thüsing* ZIP 2008, 106 (108); *Simon/Dobel* BB 2008, 1955 (1956).

b) Bezugsgröße. Maßgebliche Größe für die Anwendung von Abschnitt 2 **53** ist der Stimmrechtsanteil eines AIF am Zielunternehmen. Die Anzahl der Stimmrechte wird ausgehend von der Gesamtzahl der mit Stimmrechten versehenen Anteile berechnet. Die **Berechnung der Stimmrechtsbeteiligung** erfolgt nach dem Verhältnis der Stimmrechte, die der beteiligte AIF ausüben kann (Zähler) zur Gesamtzahl aller Stimmrechte (Nenner).[64] Bezugsgröße ist ausweislich des Wortlautes von Abs. 5 ausschließlich der Stimmrechtsanteil, nicht der Kapitalanteil. Dies entspricht konzeptionell § 21 Abs. 1 WpHG.[65]

c) Gesamtzahl aller Stimmrechte (Nenner). Bei der Ermittlung der **54** Gesamtzahl der Stimmrechte eines Zielunternehmens sind **ausgesetzte Stimmrechte** einzubeziehen (Abs. 5 Unterabs. 3, 2. Halbs.). Dies betrifft insbesondere eigene Anteile.[66] Hierzu gehören auch kaduzierte Anteile, die einer Gesellschaft nach überwiegender Meinung vorübergehend als eigene Anteile zuzuordnen sind.[67]

Hingegen sind **Anteile ohne Stimmrecht** (z.b. stimmrechtslose Vorzugsak- **55** tien)[68] nicht zu berücksichtigen. Das gleiche gilt für **andere Rechte,** die (noch) keine Stimmrechte vermitteln, wie z.b. Bezugs-, Umtausch- Vorkaufs- und Vorerwerbsrechte, Optionsscheine oder Anwartschaftsrechte.[69] Der bloße Bestand eines solchen Rechts führt nicht dazu, dass der insofern Berechtigte Inhaber des entsprechenden Stimmrechts ist.[70] Erst nach Ausübung derartiger Rechte sind die dann erworbenen Stimmrechte zu berücksichtigen. **Kapitalmaßnahmen** werden erst mit der konstitutiven Eintragung der entsprechenden Beschlüsse in das Handelsregister wirksam (vgl. § 189 AktG, § 57 Abs. 1 GmbHG). Erst mit der Eintragung entstehen oder erlöschen die mit den Gesellschaftsanteilen verbundenen Stimmrechte (vgl. §§ 203 Abs. 1, 211 Abs. 1, 224 AktG; §§ 57j, 57h, 58 ff. GmbHG). Bis zu diesem Zeitpunkt bleiben nur beschlossene Kapitalmaßnahmen ohne Auswirkung auf die Anzahl der insgesamt vorhandenen Stimmrechte.[71]

d) Stimmrechte, die der AIF ausüben kann (Zähler). Nach Abs. 5 hat **56** ein AIF Kontrolle über ein nicht börsennotiertes Unternehmen, wenn er über 50% der Stimmrechte ausüben kann. Berücksichtigt werden die Stimmrechte, die vom AIF direkt gehalten werden sowie solche, die ihm über Abs. 5 Unterabs. 2 zugerechnet werden.

---

[64] Vgl. *Bayer* in MünchKomm zum AktG, § 16 Rn. 36.

[65] Vgl. *von Bülow* in Kölner Kommentar zum WpÜG, § 29 Rn. 75.

[66] Vgl. § 71b AktG, wonach einer AG aus eigenen Aktien keine Rechte zustehen; auch aus eigenen GmbH-Anteilen können keine Stimmrechte geltend gemacht werden (vgl. BGH Urt. v. 30.1.1995 – II ZR 45/94, GmbHR 1995, 291; *Müller* in Ulmer/Habersack/Winter GmbH Großkomm, § 21 Rn. 63; *Ebbing* in Michalski GmbHG, § 21 Rn. 117; *Emmerich* in Scholz GmbHG, § 21 Rn. 30).

[67] Vgl. *Müller* in Ulmer/Habersack/Winter GmbH Großkomm, § 21 Rn. 61; *Emmerich* in Scholz GmbHG, § 21 Rn. 29; *Ebbing* in Michalski GmbHG, § 21 Rn. 116; *Schütz* in MünchKomm zum GmbHG, § 21 Rn. 100; *Bayer* in MünchKomm zum AktG, § 64 Rn. 70; *Drygala* in Kölner Kommentar zum AktG, § 64 Rn. 42; *Hüffer,* AktG, § 64 Rn. 8; *Wiesner* in MünchHdb AG § 16 Rn. 17.

[68] Vgl. zum Aktienrecht *Bayer* in MünchKomm zum AktG, § 16 Rn. 37.

[69] Vgl. *Diekmann* in Baums/Thoma Kommentar zum WpÜG, § 29 Rn. 48; *von Bülow* in Kölner Kommentar zum WpÜG, § 29 Rn. 92, 102.

[70] Vgl. *von Bülow* in Kölner Kommentar zum WpÜG, § 29 Rn. 113.

[71] Vgl. *von Bülow* in Kölner Kommentar zum WpÜG, § 29 Rn. 92.

57   **aa) Zurechnung unmittelbar gehaltener Stimmrechte.** Unmittelbar hält
ein AIF solche Stimmrechte, die ihm durch die Inhaberschaft von Anteilen am
Zielunternehmen vermittelt werden. Ohne einen Geschäftsanteil besteht kein
originäres Stimmrecht, denn dieses leitet sich aus dem Geschäftsanteil ab.[72] Es
entsteht mit der Schaffung des Geschäftsanteils.[73] Je nach Rechtsform des Zielunternehmens stehen die entsprechenden Stimmrechte dem beteiligten AIF kraft
seiner mitgliedschaftlichen Beteiligung zu – entweder unmittelbar aus dem Anteil
oder mittelbar kraft Zuweisung durch den Gesellschaftsvertrag. Das Stimmrecht
steht einem beteiligten AIF immer dann zu, wenn er Rechtsinhaber der das
Stimmrecht vermittelnden Geschäftsanteile ist.

58   Grundsätzlich ist entsprechend dem **Abspaltungsverbot** unabhängig von der
Rechtsform der Zielgesellschaft[74] zu beachten, dass das Stimmrecht akzessorischer
Bestandteil der Mitgliedschaft ist.[75]

59   Andererseits spiegelt beispielsweise der Aktienbesitz eines Aktionärs nicht
zwangsläufig seine Stimmkraft wider. So ist es – bei den hier bedeutsamen nicht
börsennotierten Aktiengesellschaften – möglich, die Stimmkraft von Aktionären
durch Satzungsregelung zu beschränken (§ 134 Abs. 1 Satz 2 AktG). Solche
Höchststimmrechte[76] sollten für Zwecke des Abs. 5 bei der Berechnung von
Stimmrechtsanteilen zu berücksichtigen sein.

60   Der Stimmrechtsinhaber kann sich bei der Nutzung seiner Stimmrechte vertre-
ten lassen. So können Stimmrechte aus Geschäftsteilen der Zielgesellschaft von
Dritten im Rahmen einer **Stimmrechtsvollmacht**[77] (vgl. bspw. § 47 Abs. 3
GmbHG) im Namen des Gesellschafters ausgeübt werden. Möglich ist zudem die
Ausübung im eigenen Namen auf Grund der Einräumung einer entsprechenden
Befugnis im Zuge einer sog. **Legitimationsübertragung**[78] durch den Gesellschafter (vgl. bspw. § 129 Abs. 3 AktG). Diese rechtlichen Gestaltungsmöglichkeiten führen jedoch nicht dazu, dass der Dritte Inhaber des betreffenden Stimm-
rechts wird.[79]

61   Etwas anderes gilt im Falle einer **Kaduzierung** (§ 21 Abs. 1 Satz 1, Abs. 2
Satz 1 GmbHG, § 64 Abs. 1, Abs. 3 Satz 1 AktG), weil der (säumige) Gesellschafter bzw. Aktionär hierbei seine mit dem Anteil verbundenen Mitgliedschaftsrechte
(einschließlich Stimmrechten) dauerhaft verliert.[80]. Von einem AIF gehaltene
oder diesem zuzurechnende Anteile an Zielunternehmen, die kaduziert wurden,
sind bei der Ermittlung der gehaltenen Stimmrechte nicht mehr zu berücksichtigen, weil die Stimmrechte dem AIF dauerhaft nicht mehr zustehen.[81]

---

[72] Vgl. *Römermann* in Michalski GmbHG Kommentar, § 47 Rn. 45.

[73] Vgl. *Römermann* in Michalski GmbHG Kommentar, § 47 Rn. 46.

[74] Vgl. zu Personengesellschaften *Stengel* in Beck PersGes-HB, § 3 Rn. 499; zum GmbH-
Recht *Römermann* in Michalski GmbHG Kommentar, § 47 Rn. 47; zum Aktienrecht (§ 12
Abs. 1 Satz 1 AktG) BGH, Urt. v. 17.11.1986 – II ZR 96/86, NJW 1987, 780; LG Frankfurt/
Main, Beschl. v. 13.3.2009 – 3–5 O 328/08, AG 2009, 421 (423); vgl. *Sohbi* in Heidel,
Aktienrecht und Kapitalmarktrecht, § 29 WpÜG Rn. 2.

[75] Vgl. *Heider* in MünchKomm zum AktG, § 12 Rn. 6.

[76] Vgl. *Heider* in MünchKomm zum AktG, § 12 Rn. 37.

[77] Ausführlich: *Bunke* AG 2002, 57 (58 ff.).

[78] Ausführlich: *Reichert/Harbarth* AG 2001, 447 (452 ff.).

[79] Vgl. *von Bülow* in Kölner Kommentar zum WpÜG, § 29 Rn. 106.

[80] Vgl. *Schütz* in MünchKomm zum GmbHG, § 21 Rn. 91, 94; *Bayer* in: MünchKomm
zum AktG, § 64 Rn. 58, 61.

[81] Vgl. zum WpÜG *Steinmeyer* in Steinmeyer/Häger Kommentar zum WpÜG, § 29
Rn. 23.

Die Bestellung eines **Pfandrechts** an einem Anteil berührt die Zugehörigkeit 62
des Anteils zum Vermögen des Rechtsinhabers nicht.[82] Der Gesellschafter bleibt
auch nach erfolgter Pfändung bzw. Verpfändung Inhaber mit den entsprechenden
Rechten und Pflichten.[83] So bleibt bspw. der Pfandgeber bei der Pfändung von
Aktien zivilrechtlicher Eigentümer der Aktien und daher auch Stimmrechtsinhaber.[84] Daher sind einem AIF auch Stimmrechte, die mit verpfändeten Anteilen
an Zielunternehmen verknüpft sind, für Zwecke der Ermittlung der Kontrolle
i.S.v. Abs. 5 zuzurechnen.

Soweit Anteile an Zielunternehmen **treuhänderisch** gehalten werden, ist der 63
Treuhänder Inhaber der Anteile und als solcher zur Ausübung des Stimmrechts
berechtigt.[85] Eine Zurechnung gegenüber dem Treugeber erfolgt insoweit nicht
nach Abs. 5 Unterabs. 1, der ausschließlich an die zivilrechtlichen Verhältnisse
anknüpft. Allerdings besteht insoweit die Möglichkeit einer Zurechnung nach
Abs. 5 Unterabs. 2 lit. b (siehe dazu Rn. 66).

bb) Zurechnung von durch Dritte gehaltenen Stimmrechten (Abs. 5 64
Unterabs. 2). Abs. 5 Unterabs. 2 ordnet über die von einem AIF direkt gehaltenen Stimmrechte hinaus unter bestimmten Voraussetzungen die Berücksichtigung
solcher Stimmrechte an, die von dem AIF kontrollierte Unternehmen oder im
Auftrag des AIF oder eines von diesem kontrollierten Unternehmens handelnde
Personen halten. Die so berücksichtigten Stimmrechte werden für Zwecke des
Abschnitts 2 wie direkt gehaltene Stimmrechte behandelt. Ohne Belang ist, in
welchem Umfang sich der Stimmrechtsanteil aus selbst gehaltenen und ebenfalls
zu berücksichtigenden Stimmrechten zusammensetzt. Die Regelung betrifft zum
einen AIF, die **Mehrheitsbeteiligungen an Portfoliounternehmen** erwerben,
kann aber auch bei mehrstöckigen Fondsstrukturen relevant sein (dazu Rn. 75).

(1) Zurechnung von Stimmrechten bei kontrollierten Unternehmen 65
(Abs. 5 Unterabs. 2 lit. a). Bei der Berechnung des Stimmrechtsanteils eines
AIF sind nach Abs. 5 Unterabs. 2 lit. a **Stimmrechte von Unternehmen, die**
der AIF kontrolliert, zu berücksichtigen. Eine Zurechnung von Stimmrechten
nach Abs. 5 Unterabs. 2 lit. a setzt voraus, dass ein Unternehmen, das von einem
AIF kontrolliert wird, Stimmrechte an einem Zielunternehmen hält.

(a) Unternehmen i.S.v. Abs. 5 Unterabs. 2 lit. a. Der Unternehmensbe- 66
griff ist nicht mit demjenigen nach Abs. 1 identisch. Abs. 1 will Beteiligungen an
operativ tätigen Unternehmen (Zielunternehmen) erfassen. Hingegen handelt es
sich bei Abs. 5 Unterabs. 2 lit. a um eine Zurechnungsnorm, die unter bestimmten
Voraussetzungen das mittelbare Halten von Stimmrechten für Zwecke der Feststellung von Kontrollverhältnissen erfassen will. Nach Sinn und Zweck von Abs. 5
ist dessen Unternehmensbegriff daher weiter. Die vom AIF kontrollierte Gesellschaft muss entsprechend nicht operativ tätig sein. Zwischen AIF und Zielunternehmen geschaltete (Holding-)Gesellschaften bzw. Zwischenvehikel, die mangels
operativer Tätigkeit nicht als Unternehmen i.S.v. Abs. 1 gelten würden, sind daher

---

[82] Vgl. *Bayer* in MünchKomm zum AktG, § 16 Rn. 27.

[83] Vgl. *Ebbing* in Michalski GmbHG, § 15 Rn. 223; *Müller* in Beck PersGes-HB, § 4
Rn. 57; OLG Hamm, Beschl. v. 22.12.1986 – 15 W 425/86 = DB 1987, 574.

[84] Vgl. *Diekmann* in Baums/Thoma Kommentar zum WpÜG, § 29 Rn. 55; *Heider* in
MünchKomm zum AktG, § 12 Rn. 7; *von Bülow* in Kölner Kommentar zum WpÜG, § 29
Rn. 117; *Semler* in MünchHdb AG, § 38 Rn. 2.

[85] Vgl. *Semler* in MünchHdb AG, § 38 Rn. 2.

von Abs. 5 Unterabs. 2 lit. a ebenso erfasst wie operativ tätige Unternehmen. Andernfalls würde die Vorschrift weitgehend leerlaufen.

67   **(b) Kontrolle.** Das die Stimmrechte haltende Unternehmen muss von dem AIF kontrolliert werden. Für die Bestimmung des Kontrollbegriffs verweist Unterabs. 2 auf Unterabs. 1. Somit ist auch insoweit nicht auf die allgemeine Definition nach Art. 4 Abs. 1 lit. i, sondern auf den speziellen Kontrollbegriff des Abschnittes 2 abzustellen. Erfasst sind daher Unternehmen, bei denen der AIF mehr als 50% der Stimmrechte hält.

68   **(c) Halten von Stimmrechten.** Hinsichtlich des Haltens von Stimmrechten an einem Zielunternehmen durch ein von dem AIF kontrolliertes Unternehmen gelten die gleichen Regeln wie nach Unterabs. 1 (siehe dazu im Einzelnen n. 46 ff., 52 ff.).

69   **(d) Umfang der zuzurechnenden Stimmrechte.** Unklar ist, **in welchem Umfang** die Zurechnung der Stimmrechte des kontrollierten Unternehmens erfolgt. Der Wortlaut von Abs. 5 Unterabs. 2 lit. a ist insofern nicht eindeutig. Die Richtlinie besagt lediglich, dass die Stimmrechte von Unternehmen, welche der AIF kontrolliert, *berücksichtigt* werden. Ob sie in vollem Umfang zugerechnet werden oder nur in Höhe des Anteils der Stimmrechte, die der AIF an dem kontrollierten Unternehmen hält, ergibt sich aus dem Wortlaut nicht. Während sich in vergleichbaren Zurechnungstatbeständen im deutschen Recht spezifische Regelungen finden, wonach Stimmrechte von kontrollierten Unternehmen nicht anteilig, sondern in voller Höhe zuzurechnen sind (vgl. § 30 Abs. 1 Satz 3 WpÜG, § 2 Abs. 1 Satz 3 WpHG), schweigt Abs. 5 hierzu. Allerdings wird man dem Sinn und Zweck der Regelung nach wohl die von einem AIF kontrollierten Unternehmen gehaltenen Stimmrechte dem AIF vollständig zurechnen müssen. Die vollumfängliche Zurechnung erscheint sachgerecht, weil mit dem Einfluss auf ein kontrolliertes Unternehmen auf dessen Stimmverhalten im Ganzen eingewirkt werden kann.[86] Relevant wird dies in Fällen, in denen ein AIF zwar mehr als 50%, aber unter 100% der Stimmrechte eines Unternehmens hält. Es bleibt abzuwarten, wie der deutsche Gesetzgeber seinen insbesondere durch Abs. 7 klargestellten Spielraum bei der Umsetzung der Richtlinie ausfüllen wird (vgl. dazu Rn. 127).

70   **(2) Zurechnung von Stimmrechten bei Handeln im Auftrag des AIF oder kontrollierter Unternehmen (Abs. 5 Unterabs. 2 lit. b).** Nach Abs. 5 Unterabs. 2 lit. b sind einem AIF auch solche Stimmrechte zuzurechnen, die von einer anderen Person gehalten werden, wenn die andere Person zwar im eigenen Namen, aber im Auftrag des AIF oder eines von dem AIF kontrollierten Unternehmens handelt. Die Regelung erfasst Sachverhalte, bei denen die Anteile zwar grundsätzlich einem Dritten zustehen, dieser jedoch in der Ausübung seiner Stimmrechte nicht unabhängig ist. Wie auch in anderen Zurechnungsnormen geht es um die Erfassung von Stimmrechtsherrschaft, also der Zuordnung tatsächlicher oder unterstellter rechtlicher Einflussmöglichkeiten.[87]

(a) Person. Die nach Abs. 5 Unterabs. 2 lit. b Stimmrechte vermittelnde Per- 71
son kann eine **natürliche oder juristische Person** sein. Erfasst sein dürften auch
solche Stimmrechte, die von einer Personengesellschaft gehalten werden.

(b) Handeln im eigenen Namen. Diese natürliche oder juristische Person 72
muss **in ihrem eigenen Namen** handeln. Nicht erfasst sind somit Fälle der
offenen Stellvertretung. Allerdings sind im Fall der offenen Stellvertretung die
Stimmrechte bereits nach Abs. 5 Unterabs. 1 dem Vertretenen zuzurechnen (siehe
dazu Rn. 45 ff.).

(c) Handeln im Auftrag. Abs. 5 Unterabs. 2 lit. b verlangt ein Handeln **im** 73
Auftrag. Die Richtlinie regelt nicht, welche Anforderungen an das Auftragsverhältnis zu stellen sind. In der Umgangssprache versteht man unter einem Auftrag
jede mündliche oder schriftliche Aufforderung (Bitte, Befehl) an eine andere
Person, eine bestimmte Handlung vorzunehmen.[88] Der **Wortlaut** eröffnet einen
relativ weiten Auslegungsspielraum.

Gewisse Anforderungen an das Auftragsverhältnis ergeben sich allerdings aus 74
der **Systematik** der Norm. Abs. 5 Unterabs. 2 lit. b steht im Regelungszusam-
menhang mit lit. a, der eine Stimmrechtszurechnung bei Kontrollverhältnissen
anordnet. Eine Zurechnung nach Abs. 5 Unterabs. 2 lit. b sollte einen ähnlichen
Grad der Beeinflussung voraussetzen. Voraussetzung sollte danach sein, dass der
AIF oder das von ihm kontrollierte Unternehmen gegenüber dem Zielunternehmen weisungsbefugt ist.

Eine mögliche Umsetzung in deutsches Recht könnte im Rahmen einer 75
Zurechnung von **für Rechnung des AIF gehaltenen Gesellschaftsanteilen**
erfolgen. Dieses Tatbestandsmerkmal findet sich in unterschiedlicher Ausformulie-
rung in vielen Normen deutscher Gesetze und betrifft jeweils das Auseinanderfallen von rechtlicher und wirtschaftlicher Zuordnung.[89] In diesen Fällen sollten die
wirtschaftlichen und nicht die formal zivilrechtlichen Verhältnisse maßgeblich
sein.[90] Beispiele sind die Zurechnungsnormen der §§ 22 Abs. 1 Satz 1 Nr. 2
WpHG und § 30 Abs. 1 Satz 1 Nr. 2 WpÜG sowie diverse aktiengesetzliche
Bestimmungen[91].

Das Halten von Geschäftsanteilen *für Rechnung eines anderen* bedeutet, dass dieser 76
im (Innen-)Verhältnis zum Dritten (der natürlichen oder juristischen Person) die
wirtschaftlichen Chancen und Risiken[92] trägt. Allerdings ist zu beachten, dass
es auch in Abs. 5 Unterabs. 2 lit. b um die Erfassung der Stimmrechtsherrschaft
geht. Insofern führt die Vermittlung der Chancen und Risiken nur dann zu einer
Zurechnung der Stimmrechte, wenn die Möglichkeit der Einflussnahme auf die
Stimmrechtsausübung besteht.[93]

Ein **rechtsgeschäftliches Treuhandverhältnis** ist regelmäßig der Hauptan- 77
wendungsfall des Haltens von Gesellschaftsanteilen für Rechnung eines anderen.[94]
Denn den Treugeber treffen Chancen und Risiken aus den treuhänderisch gehal-

---

[88] Vgl. *Berger,* Erman BGB, § 662 Rn. 1.
[89] Vgl. *Schneider* in Assmann/Schneider WpHG, § 22 Rn. 52.
[90] Vgl. *von Bülow* in Kölner Kommentar zum WpÜG, § 30 Rn. 96.
[91] Siehe bspw. § 16 Abs. 2 Satz 3, Abs. 4 AktG.
[92] Vgl. *Schneider* in Assmann/Schneider WpHG, § 22 Rn. 55; *Habersack,* AG 2008, 817
(818).
[93] Vgl. *von Bülow* in Kölner Kommentar zum WpÜG, § 30 Rn. 98.
[94] Vgl. *Schneider* in Assmann/Schneider WpHG, § 22 Rn. 56; *von Bülow* in Kölner Kommentar zum WpHG, § 22 Rn. 69.

tenen Geschäftsanteilen.[95] Charakteristikum der spezialgesetzlich nicht geregelten Treuhand ist die Ausübung von Rechten in eigener Rechtszuständigkeit und in eigenem Namen durch den Treuhänder, aber nicht – oder wenigstens nicht ausschließlich – im eigenen Interesse, sondern im Interesse des Treugebers.[96] Die Treuhand zeichnet sich dadurch aus, dass die Rechtsmacht des Treuhänders im Außenverhältnis seine treuhänderische rechtliche Bindung im Innenverhältnis übersteigt.[97] Typisch ist eine Konstellation, in der der Treuhänder im Außenverhältnis Inhaber der Rechte und Forderungen wird, im Innenverhältnis aber an die ihm erteilten Weisungen gebunden ist.[98] Dementsprechend liegt dem Innenverhältnis zwischen Treuhänder und Treugeber bei Unentgeltlichkeit ein Auftrag (§ 662 BGB), bei Entgeltlichkeit ein Geschäftsbesorgungsvertrag (§ 675 BGB) zugrunde.[99]

78   **(d) Auftraggeber: AIF oder kontrolliertes Unternehmen.** Eine Zurechnung von Stimmrechten aus Geschäftsanteilen Dritter beim AIF erfolgt, wenn ein AIF oder ein vom AIF kontrolliertes Unternehmen Dritte beauftragt. Insofern erfolgt eine **doppelte Zurechnung.** Nach **Abs. 5 Unterabs. 2 lit. b Alt. 2** werden Stimmrechte von natürlichen oder juristischen Personen, die in ihrem eigenen Namen, aber **im Auftrag eines vom AIF kontrollierten Unternehmens** handeln, berücksichtigt. Der Tatbestand bildet somit eine Kombination aus den Regelungen in Abs. 5 Unterabs. 2 lit. a und Art. 26 Abs. 5 Unterabs. 2 lit. b Alt. 1. Auch in diesem Zusammenhang stellt sich die Frage, ob eine vollumfängliche Zurechnung der Stimmrechte erfolgt oder ob eine „Durchrechnung" stattfindet und die Stimmrechte nur anteilig zugerechnet werden (vgl. Rn. 65).

79   **cc) Zurechnung von Stimmrechten bei mehrstöckigen Fondsstrukturen.** Art. 26 enthält keine besonderen Bestimmungen zur Zurechnung von Stimmrechten bei **mehrstöckigen Fondsstrukturen.** Diese dürften in der Praxis allerdings eine erhebliche Rolle spielen (insbesondere im Zusammenhang mit Master-Feeder- bzw. Dachfondsstrukturen). Mangels besonderer Vorschriften ist auf die allgemeinen Zurechnungsbestimmungen zurückzugreifen. Maßgeblich ist daher die jeweilige zivilrechtliche Struktur. Zu unterscheiden ist zunächst zwischen Fonds der Gesellschafts- und der Vertragsform. Bei der **Gesellschaftsform** (auch Satzungsform) erwerben die Anleger Mitgliedschaftsrechte an der Fondsgesellschaft. Die Gesellschaft tätigt mit dem eingezahlten Kapital Geschäfte im eigenen Namen und auf eigene Rechnung. Bei der **Vertragsform** verpflichtet sich eine Verwaltungsgesellschaft gegenüber den Anlegern in einem schuldrechtlichen Vertrag, das Fondsvermögen zu verwalten. Innerhalb der Vertragsform unterscheidet man zwischen der **Treuhand- und Miteigentumslösung.** Während bei der Miteigentumslösung die Anleger Miteigentümer des Fondsvermögens werden, ist im Falle der Treuhandlösung nur die Verwaltungsgesellschaft treuhänderische Eigentümerin.

80   **(1) Zielfonds der Gesellschaftsform.** Soweit ein AIF an einem Zielfonds der **Gesellschaftsform** beteiligt ist, kommt eine Zurechnung der von dem Zielfonds

---

[95] Vgl. *von Bülow* in Kölner Kommentar zum WpHG, § 22 Rn. 69.

[96] Vgl. *Berger,* Erman BGB, § 662 Rn. 17; BGH, Urt. v. 25.2.1987 – IV a ZR 263/85, NJW 1987, 2071.

[97] Vgl. *Berger,* Erman BGB, § 662 Rn. 17.

[98] BGH, Urt. v. 31.1.1963 – VII ZR 284/61, NJW 1963, 950 (951).

[99] BGH, Urt. v. 4.11.2004 – III ZR 172/03, BB 2004, 2707 (2710).

gehaltenen Stimmrechte nach Abs. 5 Unterabs. 2 lit. a in Betracht. Voraussetzung ist allerdings, dass der AIF mehr als 50% der Stimmrechte des Zielfonds hält. Soweit die Beteiligung an dem Zielfonds keine Stimmrechte vermittelt, scheidet eine Zurechnung der von dem Zielfonds gehaltenen Stimmrechte nach Abs. 5 Unterabs. 2 lit. a allerdings auch dann aus, wenn der AIF zu mehr als 50% an dem wirtschaftlichen Ergebnis des Zielfonds beteiligt ist. Dies entspricht im deutschen Investmentrecht den geltenden Bestimmungen für Publikums-Investmentvermögen der Gesellschaftsform (Investmentaktiengesellschaften und vergleichbare ausländische Investmentvermögen). Danach ist eine Zurechnung von Stimmrechten gegenüber den Anlegern grundsätzlich ausgeschlossen (vgl. § 32 Abs. 2 Satz 3, Abs. 4 Satz 2, 99 Abs. 3 Satz 1 InvG).

(2) Zielfonds der Vertragsform. (a) Miteigentumslösung. Soweit ein 81 AIF Anteile an einem nach der **Miteigentumslösung** errichteten Zielfonds der **Vertragsform** hält, sind vom Zielfonds gehaltene Anteile an Zielunternehmen in dinglicher Hinsicht zwar dem AIF zuzurechnen. Allerdings kann dies zu einer Zurechnung der Stimmrechte nach Abs. 5 Unterabs. 1 nur dann führen, wenn der AIF als Anleger des Zielfonds auch die Stimmrechte der Zielunternehmen hält. Dies ist bei Fonds der Vertragsform aber aufgrund gesetzlicher oder vertraglicher Bestimmungen häufig nicht der Fall.

Beispiel: Bei inländischen Investmentvermögen des Vertragstyps, die von einer 82 Kapitalanlagegesellschaft verwaltet werden (Sondervermögen i.S.d. §§ 30 ff. InvG), liegt das Recht zur Stimmrechtsausübung unabhängig von der dinglichen Zuordnung der in dem Sondervermögen gehaltenen Vermögensgegenstände bei der Kapitalanlagegesellschaft (§ 32 Abs. 1 InvG). Ein Weisungsrecht der Anleger besteht grundsätzlich nicht (vgl. § 33 Abs. 2 Satz 2, Abs. 3 Satz 2 InvG). Somit sind die Anleger eines Sondervermögens nach dem InvG grundsätzlich von der Einflussnahme auf die Ausübung von Stimmrechten ausgeschlossen. Entsprechend ordnet § 32 Abs. 2 Satz 3, Abs. 3 Satz 2, Abs. 4 Satz 2 InvG an, dass Stimmrechte aus Aktien, die zu einem nach der Miteigentumslösung errichteten Publikums-Investmentvermögen des Vertragstyps gehören, für Zwecke von § 21 Abs. 1 WpHG und § 29 Abs. 2 WpÜG nicht den Anlegern des Investmentvermögens, sondern der das Investmentvermögen verwaltenden Investmentgesellschaft zuzurechnen sind.

Für einen AIF, der Anteile an einem nach der Miteigentumslösung errichteten 83 Zielfonds des Vertragstyps hält, kann nichts anderes gelten. Entsprechend ist eine Zurechnung von Stimmrechten gem. Abs. 5 Unterabs. 1 in derartigen Fällen zu verneinen.

Eine Zurechnung von Stimmrechten nach Abs. 5 Unterabs. 2 lit. a ist in den 84 beschriebenen Fällen, selbst wenn der AIF mehr als die Hälfte der Anteile des Zielfonds hält, ebenfalls zu verneinen, soweit der an dem Zielfonds beteiligte AIF nicht auch die dem Zielfonds verwaltende Gesellschaft kontrolliert. In diesem Fall besteht zwar (möglicherweise) ein Kontrollverhältnis zwischen dem AIF und dem Zielfonds, nicht aber zwischen dem AIF und der Verwaltungsgesellschaft, der die Stimmrechte an dem jeweiligen Zielunternehmen zuzurechnen sind.

(b) Treuhandlösung. Soweit ein AIF Anteile an einem nach der **Treuhand-** 85 **lösung** errichteten Zielfonds des **Vertragstyps** hält, scheidet eine Zurechnung der Stimmrechte an den Zielunternehmen nach Abs. 5 Unterabs. 1 regelmäßig aus. Eine Zurechnung nach Abs. 5 Unterabs. 2 lit. a setzt voraus, dass der AIF eine Kontrollbeteiligung an der Verwaltungsgesellschaft des Zielfonds hält. Eine

Zurechnung nach Abs. 5 Unterabs. 2 lit. b würde eine Weisungsgebundenheit der Verwaltungsgesellschaft des Zielfonds gegenüber dem AIF (oder einem von dem AIF kontrollierten Unternehmen) voraussetzen. Soweit ein solches Weisungsrecht der Anleger des Zielfonds (und somit auch des AIF) ausgeschlossen ist, kommt eine Zurechnung der Stimmrechte nicht in Betracht.

86   **5. Ausnahmen (Abs. 2).** Abs. 2 normiert Bereichsausnahmen für AIF, die Beteiligungen an kleinen und mittleren Unternehmen oder an Immobilienzweckgesellschaften erwerben. Die Bereichsausnahmen gelten nicht nur für nicht börsennotierte Unternehmen, sondern auch für börsennotierte Unternehmen (Abs. 4 Satz 2) und für den Erwerb von Minderheitsbeteiligungen an nicht börsennotierten Unternehmen (Abs. 3).

87   **a) Kleine und mittlere Unternehmen (Abs. 2 lit. a).** Abschnitt 2 gilt nicht für den Fall, dass es sich bei den nicht börsennotierten Unternehmen um kleine oder mittlere Unternehmen im Sinne von Art. 2 Abs. 1 des Anhangs der Empfehlung 2003/361/EG der Kommission vom 6. Mai 2003 betreffend die Definition der Kleinstunternehmen sowie der kleinen und mittleren Unternehmen[100] (KMU) handelt.

88   **aa) Hintergrund.** Entsprechend den Zielen der Lissabon-Agenda ist die Europäische Kommission verpflichtet, die Verwaltungslasten der KMU zu verringern und so deren Wachstumspotenzial besser auszuschöpfen.[101]

89   Durch die Bereichsausnahme für KMU sollen Gründungs- und Risikokapitalgeber aus Verhältnismäßigkeitsgründen von den Transparenzanforderungen nach Abschnitt 2 ausgenommen werden.[102] Die Ausnahme dürfte u.a. für Venture Capital-Investoren von Bedeutung sein, die eine wichtige Finanzierungsquelle für junge innovative Unternehmen darstellen.

90   **bb) Begriff des KMU.** Art. 2 des Empfehlungsanhangs enthält eine Definition der **KMU.** Die Größenklasse der Kleinstunternehmen sowie der kleinen und mittleren Unternehmen setzt sich danach aus Unternehmen zusammen, die weniger als 250 Personen beschäftigen und die entweder einen Jahresumsatz von höchstens 50 Millionen Euro erzielen oder deren Jahresbilanzsumme sich auf höchstens 43 Millionen Euro beläuft. Der Grenzwert von 250 Mitarbeitern ist obligatorisch einzuhalten, während die anderen beiden Schwellenwerte nur alternativ beachtet werden müssen.

91   Innerhalb dieser Größenklasse werden die Kategorien Kleinstunternehmen, kleine Unternehmen und mittlere Unternehmen unterschieden. Die **mittleren Unternehmen** haben die bereits angeführten höchsten Schwellenwerte. Ausdrücklich erwähnt werden in Abs. 2 lit. a auch die **kleinen Unternehmen.** Ihre Mitarbeitergrenze liegt bei weniger als 50 Beschäftigten und einem Jahresumsatz oder einer Jahresbilanzsumme von höchstens zehn Millionen Euro. Die **Kleinstunternehmen** mit Schwellenwerten von weniger als zehn Mitarbeitern, und einem Jahresumsatz oder einer Jahresbilanzsumme von höchstens zwei Millio-

---

[100] ABl. L 124 vom 20.5.2003, S. 36; im folgenden Unterabschnitt nur noch „Empfehlungsanhang" genannt.
[101] Vgl. Arbeitsdokument der Kommissionsdienststellen zum Vorschlag für eine Richtlinie des europäischen Parlaments und des Rates zur Änderung der Richtlinie 78/660/EWG des Rates über den Jahresabschluss von Gesellschaften bestimmter Rechtsformen im Hinblick auf Kleinstunternehmen, S. 3.
[102] Vgl. Erwägungsgründe zum Richtlinienentwurf der Europäischen Kommission, S. 10.

nen Euro werden zwar nicht explizit genannt, sind aber ebenfalls von der Bereichsausnahme umfasst *(argumentum a maiore ad minus)*.

cc) Kennzahlen. (1) Mitarbeiterzahl. Ein Unternehmen kann nur KMU 92 sein, wenn es weniger als 250 Mitarbeiter beschäftigt. Bei Überschreitung dieser Grenze scheidet eine Einordnung als KMU aus. Dies macht die Mitarbeiterzahl zu dem wichtigsten Kriterium für die Feststellung des KMU-Status.[103] Bei der **Ermittlung der Anzahl** der Mitarbeiter eines Unternehmens werden Vollzeit- und Teilzeitbeschäftigte sowie Saisonarbeitskräfte berücksichtigt.[104] Die Mitarbeiterzahl wird in Jahresarbeitseinheiten (JAE) angegeben. Daher zählt jede Vollzeit- arbeitskraft, die während des ganzen Berichtsjahres tätig war, als eine Einheit. Alle anderen Mitarbeiter sind in Höhe des entsprechenden Bruchteils einer Einheit zu berücksichtigen.[105] Die Angaben, die für die Berechnung der Mitarbeiterzahl und der finanziellen Schwellenwerte herangezogen werden, beziehen sich auf den letzten Rechnungsabschluss und werden auf Jahresbasis berechnet (Art. 4 Abs. 1 Satz 1 des Empfehlungsanhangs).

(2) Umsatz- und Bilanzsummengrenze. Die Schwellenwerte für die mitt- 93 leren Unternehmen liegen bei einem Jahresumsatz in Höhe von maximal 50 Mil- lionen Euro sowie einer Jahresbilanzsumme von maximal 43 Millionen Euro. Kleine Unternehmen haben Schwellenwerte von jeweils höchstens zehn Millio- nen Euro und Kleinstunternehmen von jeweils zwei Millionen Euro. Jahresum- satz und Bilanzsumme sollen die Mitarbeiterzahl ergänzen, um die tatsächliche Bedeutung, Leistungsfähigkeit und Wettbewerbssituation eines Unternehmens beurteilen zu können.[106] Die Höhe des herangezogenen **Umsatzes** wird abzüg- lich der Mehrwertsteuer und sonstiger indirekter Steuern und Abgaben berechnet (Art. 4 Abs. 1 Satz 3 des Empfehlungsanhangs). Da der Umsatz bei Handels- und Vertriebsunternehmen in der Regel höher ist als beim verarbeitenden Gewerbe, ist er als alleinige Bezugsgröße nur bedingt geeignet.[107] Daher ist alternativ die **Bilanzsumme** heranzuziehen.[108] Bei einem dieser beiden Kriterien kann die festgelegte Grenze überschritten werden, ohne dass eine Qualifikation als mittleres Unternehmen ausscheidet.

dd) Berücksichtigung anderer Unternehmen. Von erheblicher praktischer 94 Relevanz dürfte die Frage sein, inwieweit bei der Einordnung von Zielunterneh- men die Kennzahlen anderer Unternehmen zu berücksichtigen sind. Hintergrund ist, dass Art. 3 des Empfehlungsanhangs Unternehmen zwecks Feststellung des KMU-Status unterschiedlichen Typen (eigenständige Unternehmen, Partnerun- ternehmen und verbundene Unternehmen) zuordnet.

Bei eigenständigen Unternehmen wird die Einordnung als KMU ausschließlich 95 auf der Grundlage der eigenen Jahresabschlüsse geprüft (Art. 6 Abs. 1 des Empfeh- lungsanhangs). Eigenständigkeit (Art. 3 Abs. 1 des Empfehlungsanhangs) bedeutet,

---

[103] Vgl. 2003/361/EG, ABl. L 124 vom 20.5.2003, S. 36.

[104] Eine detaillierte Aufzählung darüber, wer als Mitarbeiter gilt und wie die Berechnung der Jahresarbeitseinheiten funktioniert, findet sich in Art. 5 Empfehlungsanhang.

[105] Vgl. *Europäische Kommission,* Die neue KMU-Definition – Benutzerhandbuch und Mustererklärung, S. 15; abrufbar unter: http://ec.europa.eu/enterprise/policies/sme/files/ sme_definition/sme_user_guide_de.pdf; zuletzt abgerufen am: 7.2.2012.

[106] Vgl. 2003/361/EG, ABl. L 124 vom 20.5.2003, S. 36.

[107] Vgl. 2003/361/EG, ABl. L 124 vom 20.5.2003, S. 36.

[108] Vgl. 2003/361/EG, ABl. L 124 vom 20.5.2003, S. 36.

dass das Unternehmen weder Partnerunternehmen (dazu im Einzelnen Rn. 92) noch verbundenes Unternehmen (dazu im Einzelnen Rn. 93) ist.

96   Bei Unternehmen, die im Verhältnis zu anderen Unternehmen **Partnerunternehmen** sind, sind im Hinblick auf die Schwellenwerte nach Art. 2 Abs. 1 des Empfehlungsanhangs neben den eigenen Daten auch die Mitarbeiterzahl und der Jahresumsatz bzw. die Bilanzsumme des jeweils anderen Unternehmens anteilig zu berücksichtigen (Art. 6 Abs. 2 bis 4 des Empfehlungsanhangs). Maßgeblich ist die prozentuale Beteiligung an dem anderen Unternehmen. **Partnerunternehmen** (Art. 3 Abs. 2 des Empfehlungsanhangs) sind Unternehmen, bei denen ein Unternehmen (das vorgeschaltete Unternehmen) allein oder mit mehreren verbundenen Unternehmen Beteiligungen in Höhe von 25 bis 50% an einem anderen (nachgeschalteten) Unternehmen hält. In diese Kategorie fallen Unternehmen, die umfangreiche Finanzpartnerschaften mit anderen Unternehmen eingehen, ohne dass ein Unternehmen dabei mittelbar oder unmittelbar eine tatsächliche Kontrolle über das andere ausübt.[109] Allerdings gilt für bestimmte Investorengruppen (u.a. staatliche Beteiligungsgesellschaften, Risikokapitalgesellschaften sowie institutionelle Anleger einschließlich regionaler Entwicklungsfonds) eine Ausnahme. Erreicht ein von der Ausnahme erfasster Investor eine Beteiligungshöhe von 25%, wird das Zielunternehmen dann nicht zum Partnerunternehmen, solange der Investor und das Zielunternehmen nicht als verbundene Unternehmen zu qualifizieren sind (dazu Rn. 93).

97   **Verbundene Unternehmen** (Art. 3 Abs. 3 lit. a bis d des Empfehlungsanhangs) bilden eine Unternehmensgruppe in der Form, dass ein Unternehmen unmittelbar oder mittelbar die Mehrheit des Kapitals bzw. der Stimmrechte an einem Unternehmen kontrolliert oder die Fähigkeit besitzt, beherrschenden Einfluss auf ein anderes Unternehmen auszuüben.[110] Die Europäische Kommission hat bei der Definition dieses Unternehmenstyps die in Art. 1 der Richtlinie über den konsolidierten Abschluss[111] festgelegten Kriterien übernommen, so dass ein Unternehmen regelmäßig als verbunden gilt, wenn es entsprechend dieser Richtlinie einen konsolidierten Abschluss zu erstellen hat.[112] Bei **verbundenen Unternehmen** müssen 100% der Daten der verbundenen Unternehmen addiert werden, um festzustellen, ob die Mitarbeiterzahl und die Finanzangaben die in der Definition festgelegten Schwellenwerte nicht überschreiten. Dies gilt auch, wenn mehrere Unternehmen in einer Kette miteinander verbunden sind.[113] Unerheblich ist, ob eine Beteiligung in Höhe von 51% oder von 100% vorliegt. In jedem Fall werden 100% der Finanzkennzahlen sowie Mitarbeiterzahlen aller verbundenen Unternehmen addiert.

---

[109] Vgl. *Europäische Kommission,* Die neue KMU-Definition – Benutzerhandbuch und Mustererklärung, S. 20; abrufbar unter: http://ec.europa.eu/enterprise/policies/sme/files/sme_definition/sme_user_guide_de.pdf; zuletzt abgerufen am: 7.2.2012.

[110] Vgl. *Europäische Kommission,* Die neue KMU-Definition – Benutzerhandbuch und Mustererklärung, S. 23; abrufbar unter: http://ec.europa.eu/enterprise/policies/sme/files/sme_definition/sme_user_guide_de.pdf; zuletzt abgerufen am: 7.2.2012.

[111] RL 83/349/EWG, ABl. L 193 vom 18.7.1983, S. 1.

[112] Vgl. *Europäische Kommission,* Die neue KMU-Definition – Benutzerhandbuch und Mustererklärung, S. 41; abrufbar unter: http://ec.europa.eu/enterprise/policies/sme/files/sme_definition/sme_user_guide_de.pdf; zuletzt abgerufen am: 7.2.2012.

[113] Vgl. *Europäische Kommission,* Die neue KMU-Definition – Benutzerhandbuch und Mustererklärung, S. 24; abrufbar unter: http://ec.europa.eu/enterprise/policies/sme/files/sme_definition/sme_user_guide_de.pdf; zuletzt abgerufen am: 7.2.2012.

Die Anwendung der Bestimmungen über Partnerunternehmen aufgrund der **98**
Ausnahmen nach Art. 3 Abs. 2 Unterabs. 2 des Empfehlungsanhangs scheidet
regelmäßig aus. Da diese jedoch nicht für verbundene Unternehmen gelten,
würde eine Anwendung der Zurechnungsbestimmungen für verbundene Unternehmen auf AIF, die Mehrheitsbeteiligungen an Zielunternehmen erwerben, dazu
führen, dass Zielunternehmen, an denen AIF Mehrheitsbeteiligungen erwerben,
unabhängig von ihrer eigenen Größe dem Abschnitt 2 unterlägen. Allerdings sind
die Zurechnungsbestimmungen nach Art. 3 des Empfehlungsanhangs nach der
hier vertretenen Auffassung nicht anwendbar. Abs. 2 lit. a verweist nicht auf den
Empfehlungsanhang im Ganzen, sondern lediglich auf Art. 2 Abs. 1 des Empfehlungsanhangs. Damit ist für Zwecke von Abs. 2 lit. a jedes Zielunternehmen als
eigenständiges Unternehmen anzusehen.

Neben dem Wortlaut ergibt sich dies auch aus Sinn und Zweck von Abs. 2 **99**
lit. a. Abschnitt 2 betrifft hauptsächlich AIFM, die Kontrolle an einem Zielunternehmen erwerben. Abs. 3 erweitert den Anwendungsbereich lediglich für Zwecke des Art. 27 Abs. 1 in bestimmten Fällen um den Erwerb von Minderheitsbeteiligungen. Abs. 2 lit. a ginge daher in weiten Teilen ins Leere, wenn schon der
Erwerb von Mehrheitsbeteiligungen durch einen AIF eine gegenseitige Zurechnung von Kennzahlen auslösen würde. Davon unabhängig wäre selbst bei einer
umfassenden Anwendung des Empfehlungsanhangs der KMU-Status anhand der
Kennzahlen unmittelbar *vor* Erlangen der jeweiligen Beteiligung abzustellen.

b) Immobilienzweckgesellschaften (Abs. 2 lit. b). aa) Hintergrund. **100**
Zweckgesellschaften für den Erwerb, den Besitz oder die Verwaltung von Immobilien sind aus dem Geltungsbereich der Art. 26 ff. ausgenommen. Bei vielen
Zweckgesellschaften – so auch bei Immobilienzweckgesellschaften – werden
durch den Gesellschaftsvertrag, die Satzung oder andere schuldrechtliche Vereinbarungen, welche gleichzeitig mit der Errichtung der Zweckgesellschaft geschlossen werden, nahezu alle während der Geschäftstätigkeit zu treffenden Entscheidungen vorherbestimmt, so dass die Entscheidungsmacht der stimmberechtigten
Anteilseigner begrenzt oder ganz ausgeschaltet wird („Autopilot").[114]

Der Einfluss, den der AIFM eines AIF, der Kontrolle über eine solche Zweck- **101**
gesellschaft hat, nehmen kann, ist daher beschränkt, denn Entscheidungen der
Geschäftsführer und der Gesellschafter sind weitestgehend vorbestimmt.[115] Die
typischen Risiken, die für ein Zielunternehmen bestehen, an dem ein AIF Kontrolle erlangt, realisieren sich bei Zweckgesellschaften daher eher nicht. Vor diesem Hintergrund ist unklar, weshalb sich die Ausnahme nach Abs. 2 lit. b auf
*Immobilien*zweckgesellschaften beschränkt.

bb) Begriff. Der Begriff der Immobilien-Zweckgesellschaft (im englischen **102**
Sprachgebrauch *Special Purpose Entities; kurz SPEs*) ist in der AIFM-Richtlinie
nicht definiert. Die Zweckgesellschaft ist auch keine typisierte Gesellschaftsform
des Gesellschaftsrechts. Der Begriff umschreibt vielmehr den begrenzten Unternehmensgegenstand bzw. Geschäftszweck dieser Gesellschaften. Zweckgesellschaften sind demnach Unternehmen, die gegründet werden, um ein enges, genau
definiertes Ziel zu erreichen und entfalten regelmäßig keine nachhaltigen, auf
Dauer ausgerichteten operativen Aktivitäten.[116]

---

[114] Vgl. *Schruff/Rothenburger* WPg 2002, 755 (756).
[115] Vgl. *Schruff/Rothenburger* WPg 2002, 755 (756).
[116] Vgl. *Baumunk/Pelz* in Weber/Baumunk/Pelz, IFRS Immobilien, Rn. 930.

103   Erwähnt werden die Zweckgesellschaften im Rahmen von § 290 Abs. 2 Nr. 4 HGB, § 1 Abs. 26 KWG und in § 231 Abs. 2 der Solvabilitätsverordnung[117]. Immobilienzweckgesellschaften dürfen als Geschäftszweck lediglich den Erwerb von Immobilien oder damit verbundene Tätigkeiten verfolgen.[118] Als verbundene Tätigkeiten dürften die ordnungsgemäße Bewirtschaftung einschließlich der Vermietung bzw. Verpachtung sowie die Veräußerung erfasst sein. Im Ergebnis dürfte der Begriff der Immobilien-Zweckgesellschaft inhaltlich in etwa dem der Immobilien-Gesellschaft i.S.v. § 2 Abs. 4 Nr. 6 InvG entsprechen.

II. Minderheitsbeteiligungen an nicht börsennotierten Unternehmen

104   **1. Überblick.** Art. 26 Abs. 3 erweitert den Geltungsbereich von Art. 27 Abs. 1 auf AIFM, die AIF verwalten, die eine Minderheitsbeteiligung an einem nicht börsennotierten Unternehmen erlangen. Nach Art. 27 Abs. 1 muss der AIFM bei Erreichen, Überschreiten und Unterschreiten von 10%, 20%, 30%, 50% und 75% die zuständigen Behörden seines Herkunftsmitgliedstaats informieren. Die betreffenden Schwellenwerte beziehen sich nur auf den Stimmrechtsanteil. Siehe hierzu ausführlich Art. 27.

105   **2. Erlangung einer Minderheitsbeteiligung. a) Minderheitsbeteiligung.** Voraussetzung für die Anwendung von Abs. 3 ist eine Minderheitsbeteiligung an einem Zielunternehmen. Die Richtlinie definiert nicht, was eine Minderheitsbeteiligung ist. Aus Art. 27 Abs. 1 dürfte allerdings zu schließen sein, dass jede Beteiligung erfasst ist, die nicht zu einer Kontrolle i.S.v. Abs. 5 Unterabs. 1 führt. Danach liegt eine Minderheitsbeteiligung vor, wenn nicht mehr als 50% der Stimmrechte an einem Zielunternehmen gehalten werden.

106   **b) Erlangen.** Abs. 3 setzt das *Erlangen* einer Minderheitsbeteiligung voraus. Dies steht in einem gewissen Widerspruch zum Wortlaut von Art. 27 Abs. 1, der an das *Erreichen, Überschreiten* und *Unterschreiten* der Schwellenwerte anknüpft. Insofern dürfte allerdings eher eine redaktionelle Ungenauigkeit als eine bewusste Einschränkung des Anwendungsbereichs von Art. 27 Abs. 1 vorliegen, da Art. 27 sonst teilweise leerliefe. Die ausdrückliche Aufzählung der verschiedenen Varianten in Art. 27 Abs. 1 stellt klar, dass jedes „Berühren" eines Schwellenwertes die Meldepflicht unabhängig davon auslöst, ob es sich um eine „Punktlandung" oder um ein „Überqueren" (egal in welche Richtung) handelt.[119] Entsprechend ist *Erlangen* i.S.v. Abs. 3 mit dem Erreichen, Überschreiten oder Unterschreiten i.S.v. Art. 27 Abs. 1 gleichzusetzen.

107   **b) Entsprechende Anwendung von Abs. 1 und Abs. 2.** Rechtsfolge von Abs. 3 ist die Geltung von Art. 27 Abs. 1 „unbeschadet der Abs. 1 und 2" von Art. 26. Die Ermittlung der Beteiligungsschwellen erfolgt nach den gleichen Regeln wie die Feststellung der Kontrollerlangung (vgl. dazu im Einzelnen Art. 27). Für Beteiligungen an KMU und Immobilienzweckgesellschaften gilt Art. 27 Abs. 1 nicht (vgl. dazu Rn. 82 ff.).

---

[117] BGBl. I vom 20.12.2006, S. 2926 ff.

[118] BT-Drs. 15/1553, rechte Spalte.

[119] Vgl. *Hirte*, Kölner Kommentar zum WpHG, § 21 Rn. 69.

III. Kontrolle über Emittenten

1. Hintergrund. Primär regulieren die Art. 26 ff. AIFM, deren AIF Kontrolle **108** an nicht börsennotierten Unternehmen erlangen. Entsprechend betrifft Abs. 1 unmittelbar nur AIFM von AIF, die die Kontrolle über nicht börsennotierte Unternehmen erlangen. Grundsätzlich gilt für den Erwerb von Anteilen eines Emittenten, dessen Anteile zum Handel auf einem geregelten Markt zugelassen sind, dass entsprechende Informationen gemäß den Vorgaben der Richtlinie 2004/25/EG[120] und der Richtlinie 2004/109/EG[121] offenzulegen sind."[122] Allerdings unterfallen auch AIFM, die AIF verwalten, deren Anteile zum Handel auf einem geregelten Markt zugelassen sind, teilweise zusätzlich dem Anwendungsbereich der AIFM-Richtlinie.[123] Abs. 4 Satz 1 ordnet insofern an, dass **Art. 28 Abs. 1, 2 und 3 und Art. 30** auch für AIFM gelten, die AIF verwalten, welche die **Kontrolle in Bezug auf Emittenten** erlangen. Abs. 1 und 2 finden insoweit entsprechende Anwendung. Die Zurechnung der Kontrolle eines oder mehrerer AIF in Bezug auf börsennotierte Zielunternehmen gegenüber AIFM erfolgt somit nach den gleichen Regeln wie für Beteiligungen an nicht börsennotierten Zielunternehmen. Hinsichtlich der Feststellung der Kontrolle an einem Zielunternehmen gilt allerdings nicht Abs. 5 Unterabs. 1 bis 3; vielmehr findet insoweit Art. 5 Abs. 3 der Richtlinie 2004/25/EG Anwendung (siehe dazu Rn. 108).

2. Emittent. Art. 4 Abs. 1 lit. t verweist hinsichtlich des Begriffs eines Emit- **109** tenten auf die sog. Transparenz-Richtlinie[124]. *Emittent* ist danach jeder Emittent im Sinne von Art. 2 Abs. 1 lit. d der Richtlinie 2004/109/EG, der seinen satzungsmäßigen Sitz in der Union hat, und dessen Wertpapiere im Sinne von Art. 4 Abs. 1 Nr. 14 der Richtlinie 2004/39/EG zum Handel auf einem geregelten Markt zugelassen sind. Gemäß Art. 2 Abs. 1 lit. d der Richtlinie 2004/109/EG ist *Emittent* jede juristische Person des privaten oder öffentlichen Rechts, einschließlich eines Staates, deren Wertpapiere zum Handel an einem geregelten Markt zugelassen sind, wobei im Falle von Zertifikaten, die Wertpapiere vertreten, als Emittent der Emittent der vertretenen Wertpapiere gilt.

3. Kontrollerlangung i.S.v. Abs. 1. Gemäß Abs. 4 Satz 2 gilt Abs. 1 für **110** Zwecke von Art. 28 Abs. 1 bis 3 sowie Art. 30 entsprechend. Insofern kann überwiegend auf die Ausführungen zur Kontrollerlangung über nicht börsennotierte Unternehmen verwiesen werden (siehe dazu Rn. 45 ff.). Hinsichtlich des Kontrollbegriffs ist allerdings zu beachten, dass die Kontrolldefinition nach Abs. 5 Unterabs. 1 keine Anwendung findet. Die Kontrollgrenze sowie deren Berechnung ergeben sich aus Abs. 5 Unterabs. 4 (siehe dazu Rn. 108).

4. Ausnahmen für KMU und Immobilienzweckgesellschaften. Die **111** Informations- und Offenlegungspflichten und die spezifischen Schutzmechanismen gegen das Zerschlagen eines Unternehmens (Art. 30) unterliegen auch im Falle der Erlangung der Kontrolle über einen Emittenten der allgemeinen Ausnahmeregelung für KMU und Immobilienzweckgesellschaften.[125] Zwar bestimmt

---

[120] Übernahmerichtlinie, ABl. L 142 vom 30.4.2004, S. 12.
[121] Transparenzrichtlinie, ABl. L 390 vom 31.12.2004, S. 38.
[122] Erwägungsgrund 53, S. 8 AIFM-RL, ABl. L 174 vom 1.7.2011, S. 1.
[123] Erwägungsgrund 8, S. 2 AIFM-RL, ABl. L 174 vom 1.7.2011, S. 1.
[124] RL 2004/109/EG, ABl. L 390 vom 31.12.2004, S. 38.
[125] Erwägungsgrund 58, S. 8 f. AIFM-RL, ABl. L 174 vom 1.7.2011, S. 1.

Abs. 2 nur, dass der gesamte Abschnitt für die Fälle nicht gilt, dass es sich bei den *nicht börsennotierten* Unternehmen um KMU oder Immobilienzweckgesellschaften handelt (siehe dazu Rn. 82 ff.). Abs. 4 Satz 2 ordnet jedoch die entsprechende Anwendbarkeit von Abs. 2 für den Fall an, dass nach Abs. 4 Satz 1 die dort genannten Artikel auch für die Kontrolle in Bezug auf *Emittenten* gelten.

112   **5. Kontrolle.** Der Kontrollbegriff gemäß Abs. 5 Unterabs. 1 gilt nur für die Kontrollerlangung im Falle nicht börsennotierter Unternehmen. Die Kontrolle an Emittenten bestimmt sich nach Art. 5 Abs. 3 der Richtlinie 2004/25/EG. Danach obliegt es dem Sitzmitgliedstaat, den Kontrolle begründenden prozentualen Stimmrechtsanteil und seine Berechnung zu regeln. In Deutschland findet sich die entsprechende Regelung in § 29 Abs. 2 WpÜG. Kontrolle ist danach das Halten von mindestens 30% der Stimmrechte der Zielgesellschaft. Im Rahmen der Berechnung des Stimmrechtsanteils werden zusätzlich zu den vom betreffenden Unternehmen gehaltenen Stimmrechten auch die nach § 30 WpÜG zuzurechnenden Stimmrechte berücksichtigt. Der Verweis auf die Übernahme-Richtlinie gewährleistet zukünftig einen national einheitlichen Kontrollgrenzwert von den übernahmerechtlichen Vorschriften nach dem WpÜG und den in nationales Recht umgesetzten Vorschriften über die Offenlegungspflicht bei Kontrollerlangung bzw. Asset-Stripping-Regeln der AIFM-Richtlinie im Zusammenhang mit Emittenten.

113   **6. Rechtsfolge.** Den AIFM, der einen AIF verwaltet, der Kontrolle in Bezug auf Emittenten erlangt, trifft die Offenlegungspflicht nach Art. 28 Abs. 1, 2 und 3. Auch die Asset Stripping-Regeln nach Art. 30 sind anzuwenden.

IV. Vertrauliche Informationen

114   **1. Allgemeines.** Abs. 6 wurde durch den Kompromissvorschlag der schwedischen Ratspräsidentschaft vom 15.12.2009 eingeführt[126]. Er stellt Abschnitt 2 unter den Vorbehalt der in Art. 6 der Richtlinie 2002/14/EG (sog. **Arbeitnehmerunterrichtungsrichtlinie**)[127] festgelegten Bedingungen und Beschränkungen. Die Arbeitnehmerunterrichtungsrichtlinie gibt Rahmenbedingungen für die Unterrichtung von Arbeitnehmern vor. Sie regelt u.a. den Umgang mit den gegensätzlichen Interessen von Arbeitnehmern und Arbeitgebern im Hinblick auf sensible Informationen, namentlich dem Ausgleich zwischen Informationsbedürfnis der Arbeitnehmer einerseits und dem unternehmerischen Geheimhaltungsinteresse andererseits.[128] Die Informationspflichten gegenüber den Arbeitnehmervertretern gelten zum Schutz sensibler Daten daher nicht ohne Einschränkungen, denn die Unternehmen oder Betriebe sollen vor der Verbreitung bestimmter besonders sensibler Informationen geschützt werden.

115   Der Verweis in Abs. 6 stellt damit ein **Gegengewicht zu den Transparenz-, Offenlegungs- und Berichtspflichten** nach Abschnitt 2 dar.[129] Insbesondere sensible Informationen über Eigentumsverhältnisse sollen von diesen nicht erfasst

---

[126] Abrufbar unter: http://register.consilium.europa.eu/pdf/en/09/st17/st17330.en09.pdf; zuletzt abgerufen am 7.2.2012.

[127] Richtlinie zur Festlegung eines allgemeinen Rahmens für die Unterrichtung und Anhörung der Arbeitnehmer in der EG, ABl. L 80 vom 23.3.2002, S. 29.

[128] Vgl. Erwägungsgrund 25, S. 30 Arbeitnehmerunterrichtungsrichtlinie, ABl. L 80 vom 23.3.2002, S. 29; *Kania* in Erfurter Kommentar zum Arbeitsrecht, § 79 BetrVG Rn. 1.

[129] Vgl. Erwägungsgrund 53, S. 8 AIFM-RL, ABl. L 174 vom 1.7.2011, S. 1.

sein. Abs. 6 bezweckt insofern sowohl den Schutz von Zielunternehmen vor Wettbewerbern auf dem Markt als auch den Schutz der AIFM vor möglichen Wettbewerbern wie Staatsfonds.[130]

Abschnitt 2 macht den AIFM nicht zum Adressaten der Arbeitnehmerunter- **116** richtungsrichtlinie. Er begründet keine Unterrichtungspflicht des AIFM gegenüber Arbeitnehmervertretern und Arbeitnehmern selbst. Die Pflichten des AIFM beschränken sich vielmehr auf ein auf die Erfüllung von Informationspflichten gerichtetes **Einwirken** auf die Geschäftsführung von Zielunternehmen. Hintergrund ist, dass ein AIFM in aller Regel keine Kontrolle über einen AIF hat, wenn es sich nicht um einen intern verwalteten AIF handelt. Zwischen den Anteilseignern eines AIF und den Arbeitnehmervertretern bzw. den Arbeitnehmern bestehen auch keine direkten Beziehungen. Daher können weder dem AIF noch dem AIFM oder einem Anleger unmittelbare Informationspflichten gegenüber Arbeitnehmervertretern bzw. Arbeitnehmern auferlegt werden. Insoweit begründet die Richtlinie (nur) eine Pflicht des AIFM, auf die Unternehmensleitung einzuwirken.[131]

Die Richtlinie 2002/14/EG war in den Mitgliedstaaten bis spätestens zum **117** 23.3.2005 in nationales Recht umzusetzen (vgl. Art. 11 Abs. 1 der Richtlinie 2002/14/EG). Deutschland ist dieser Pflicht bislang nicht nachgekommen.[132] Der materielle Gehalt der Beteiligungsrechte und der Schutzmechanismen aus Art. 6 war dem deutschen Recht allerdings bereits vor Erlass der Arbeitnehmerunterrichtungsrichtlinie geläufig.[133] Die deutschen Mitbestimmungsrechte waren insofern lange Zeit ausgeprägter als die europäischen Standards.[134] Daher wurde die Richtlinie nicht im Rahmen eines Transformationsgesetzes in nationales Recht umgesetzt. Insofern stellt sich wiederholt die Frage nach Umsetzungsdefiziten.

2. Bezüge. In Abschnitt 2 finden sich mehrfach die Information von Arbeit- **118** nehmervertretern bzw. Arbeitnehmern betreffende Regelungen. Auf diese Bestimmungen bezieht sich der Verweis in Abs. 6 auf Art. 6 der Richtlinie 2002/14/EG.

a) Art. 27 Abs. 4. Art. 27 Abs. 4 besagt, dass **die Erlangung von Kontrolle** **119** durch den von dem AIFM verwalteten AIF, die sich **hinsichtlich der Stimmrechte ergebende Situation,** das **Datum** sowie die **näheren Bedingungen der Kontrollerlangung** (beteiligte Anteilseigner, zur Stimmabgabe ermächtigte Personen und gegebenenfalls die Beteiligungskette) offenzulegen sind. Siehe hierzu ausführlich Art. 27.

b) Art. 28 Abs. 3: entsprechend Art. 27 Abs. 4. Nach **Art. 27 Abs. 4** **120** **i. V. m. Art. 28 Abs. 3** sind die **Namen der AIFM,** die allein oder im Rahmen einer Vereinbarung mit anderen AIFM die AIF verwalten, die die Kontrolle erlangt haben, sowie die **Grundsätze zur Vermeidung und Steuerung von Interessenskonflikten,** insbesondere zwischen dem AIFM, dem AIF und dem Unternehmen, und die **externe und interne Kommunikationspolitik** in

---

[130] Vgl. Erwägungsgrund 58, S. 8 AIFM-RL, ABl. L 174 vom 1.7.2011, S. 1.

[131] Erwägungsgrund 54, S. 8 AIFM-RL, ABl. L 174 vom 1.7.2011, S. 1.

[132] Vgl. *Willemsen/Lembke* in Henssler/Willemsen/Kalb Arbeitsrecht Kommentar, § 106 BetrVG, Rn. 7.

[133] Vgl. *Reichold* NZA 2003, 289 (298).

[134] Vgl. *Reichold* NZA 2003, 289 (298).

Bezug auf das Unternehmen, insbesondere gegenüber den Arbeitnehmern, offenzulegen. Siehe hierzu ausführlich Art. 27 und Art. 28.

121   **c) Art. 28 Abs. 4 Unterabs. 2.** Danach sind die **Absichten des AIF hinsichtlich der zukünftigen Geschäftsentwicklung** des nicht börsennotierten Unternehmens sowie die **voraussichtlichen Auswirkungen auf die Beschäftigung,** einschließlich wesentlicher Änderungen der Arbeitsbedingungen, offenzulegen. Siehe hierzu ausführlich Art. 28.

122   **d) Art. 29 Abs. 1 lit. a, Abs. 3 lit. a.** Art. 29 Abs. 1 lit. a, Abs. 3 lit. a sieht vor, dass der **Jahresbericht** des nicht börsennotierten Unternehmens innerhalb der Frist, die in den einschlägigen nationalen Rechtsvorschriften für die Erstellung eines solchen Jahresberichts vorgesehen ist, inklusive einem **Bericht über die Lage am Ende des von dem Jahresbericht abgedeckten Zeitraums,** der den Geschäftsverlauf der Gesellschaft verhältnisgemäß darstellt, offenzulegen ist. Enthalten sein müssen zudem Angaben zu Ereignissen von besonderer Bedeutung, zu der voraussichtlichen Entwicklung des Unternehmens und die in Art. 22 Abs. 2 der Richtlinie 77/91/EWG[135] bezeichneten Angaben über den Erwerb eigener Aktien. Siehe hierzu ausführlich Art. 28.

123   **3. Grenzen der Transparenzanforderungen aufgrund von Art. 6 der Richtlinie 2002/14/EG. a) Verpflichtung von Arbeitnehmervertretern und Sachverständigen zur Vertraulichkeit. aa) Allgemeines.** Nach Art. 6 Abs. 1 der Richtlinie 2002/14/EG soll es Arbeitnehmervertretern und den etwaigen sie unterstützenden Sachverständigen nicht gestattet sein, ihnen im berechtigten Interesse der Unternehmen oder Betriebe ausdrücklich als vertraulich mitgeteilte Informationen **(vertrauliche Informationen)** an Arbeitnehmer oder Dritte weiterzugeben. Art. 6 Abs. 1 Satz 1 entspricht inhaltlich im Wesentlichen den Regelungen zu vertraulichen Informationen in Art. 8 der Richtlinie 94/45/EG[136] zum Europäischen Betriebsrat.[137] Diese wurden in ihrer deutschen Umsetzung (§ 39 Abs. 2 EBRG a. F.; § 35 Abs. 2 EBRG n.F.[138]) allerdings auf „Betriebs- oder Geschäftsgeheimnisse" verkürzt, was der Formulierung in § 79 Abs. 1 BetrVG (vgl. auch §§ 80 Abs. 4, 106 Abs. 2 BetrVG) entspricht.[139]

124   **bb) Tatbestand.** Der Tatbestand des Art. 6 Abs. 1 der Richtlinie 2002/14/EG besteht im Wesentlichen aus zwei Elementen: Zum einen muss ein **berechtigtes Interesse** des Unternehmens an einer Geheimhaltung bestehen. Das dürfte jedenfalls hinsichtlich nicht offenkundiger Tatsachen im Zusammenhang mit der Geschäftstätigkeit des Unternehmens der Fall sein, soweit eine Geheimhaltung – insbesondere vor Konkurrenten – für den Betrieb oder das Unternehmen wichtig ist.[140] Zum anderen müssen die Informationen **als vertraulich bezeichnet** wor-

---

[135] ABl. L 26 vom 31.1.1977, S. 1.

[136] Richtlinie des Rates über die Einsetzung eines Europäischen Betriebsrats oder die Schaffung eines Verfahrens zur Unterrichtung und Anhörung der Arbeitnehmer in gemeinschaftsweit operierenden Unternehmen und Unternehmensgruppen, ABl. L 254 vom 30.9.1994, S. 64.

[137] Vgl. *Kohte* in Düwell BetrVG, RL 2002/14/EG, § 1 Rn. 21.

[138] geändert durch 2. EBRG-ÄndG vom 14.6.2011, BGBl. I S. 1050.

[139] Vgl. *Reichold* NZA 2003, 289 (297).

[140] Vgl. dazu *Kania* in Erfurter Kommentar zum Arbeitsrecht, § 79 BetrVG Rn. 2; *Preis* in Erfurter Kommentar zum Arbeitsrecht, § 611 BGB Rn. 711; BAG, Urt. v. 15.12.1987 – 3 AZR 474/86v, NZA 1988, 502 (503).

den sein. Hierfür genügt jede mündliche oder schriftliche, auch konkludente, Äußerung, aus der sich erschließt, dass der Unterrichtende eine vertrauliche Behandlung einer Information wünscht.

cc) Rechtsfolge. Art. 6 Abs. 1 der Richtlinie 2002/14/EG sieht als Rechts- **125** folge ein **Verbot der Weitergabe** erfasster Informationen vor. Zu beachten ist, dass Abs. 6 sowohl das Geheimhaltungsinteresse von Zielunternehmen als auch dasjenige von AIFM bzw. AIF schützt.[141] Daher erstreckt sich das Weitergabeverbot auch auf Informationen, die der AIFM berechtigterweise als vertraulich bezeichnet hat.

Allerdings ist zu beachten, dass ein Mitgliedstaat Arbeitnehmervertretern oder **126** sie unterstützenden Personen gestatten kann, vertrauliche Informationen an Arbeitnehmer und Dritte weiterzugeben, die **ihrerseits zur Vertraulichkeit verpflichtet** sind (Art. 6 Abs. 1 Satz 3 der Richtlinie 2002/14/EG).

b) Absehen von Unterrichtungen oder Anhörungen. Nach Art. 6 Abs. 2 **127** der Richtlinie 2002/14/EG ist ein Arbeitgeber in besonderen Fällen und unter Beachtung der in den einzelstaatlichen Rechtsvorschriften festgelegten Bedingungen und Beschränkungen nicht verpflichtet, eine Unterrichtung vorzunehmen oder eine Anhörung durchzuführen, wenn diese Unterrichtung oder Anhörung nach objektiven Kriterien die Tätigkeit des Unternehmens oder Betriebs **erheblich beeinträchtigen** oder dem Unternehmen oder Betrieb **schaden könnte.** Die Vorschrift soll Unternehmer davor schützen, Arbeitnehmer unterrichten oder anhören zu müssen, wenn dies schwerwiegenden Schaden im Unternehmen nach sich ziehen würde oder wenn sie unverzüglich Anordnungen von Kontroll- oder Aufsichtsbehörden nachkommen müssen.[142]

Eine solche über die Vertraulichkeitsregeln hinausgehende Einschränkung von **128** Mitwirkungsrechten des Betriebsrats ist im BetrVG nicht vorgesehen. Eine vergleichbare Regelung gibt es in § 106 Abs. 2 BetrVG für die Unterrichtung des Wirtschaftsausschusses.[143] Allerdings kann diese nicht als Vorbild für die Umsetzung des Art. 6 Abs. 2 der Richtlinie 2002/14/EG betrachtet werden, da die Voraussetzungen der Richtlinie insoweit strenger sind, als sie eine Befreiung von der Informationspflicht nicht schon bei einer *Gefährdung* von Geheimnissen, sondern erst bei einer *erheblichen Beeinträchtigung* oder einem *Schaden* an Unternehmen bzw. Betrieb vorsieht.[144] Das BetrVG enthält demnach keine Norm, welche Art. 6 Abs. 2 der Richtlinie 2002/14/EG in nationales Recht transformiert. Wegen des Vorrangs mitgliedstaatlicher Gepflogenheiten, die für die Arbeitnehmer günstiger sind (vgl. Art. 4 Abs. 1, 2 lit. b, c der Richtlinie 2002/14/EG) – hier aufgrund einer fehlenden Einschränkung im BetrVG – wurde *hinsichtlich der Richtlinie 2002/14/EG selbst* allerdings auch kein entsprechender Umsetzungsbedarf gesehen.[145]

---

[141] Erwägungsgrund 58, S. 8 AIFM-RL, ABl. L 174 vom 1.7.2011, S. 1.

[142] Erwägungsgrund 26, S. 30 Arbeitnehmerunterrichtungsrichtlinie, ABl. L 80 vom 23.3.2002, S. 29.

[143] Vgl. zu der Problematik ausführlich (allerdings noch zum Richtlinienentwurf) *Deinert* NZA 1999, 800 (801).

[144] Vgl. *Kohte* in Düwell BetrVG, RL 2002/14/EG, § 1 Rn. 22.

[145] Vgl. allerdings zum Richtlinienentwurf *Deinert* NZA 1999, 800 (801); *Reichold* NZA 2003, 289 (297); *Kohte* in Düwell BetrVG, RL 2002/14/EG, § 1 Rn. 23.

129   Art. 6 Abs. 2 der Richtlinie 2002/14/EG ist über die dynamische Verweisung in Abs. 6 unabhängig von seiner *bisherigen* Umsetzung in deutsches innerstaatliches Recht Bestandteil der AIFM-Richtlinie und *als solcher* umzusetzen.

130   **c) Rechtsbehelfsverfahren.** Art. 6 Abs. 3 der Richtlinie 2002/14/EG sieht Rechtsbehelfsverfahren für den Fall vor, dass Arbeitgeber Vertraulichkeit verlangen oder Informationen verweigern. Ferner können Verfahren vorgesehen werden, die dazu bestimmt sind, die Vertraulichkeit der betreffenden Informationen zu wahren. Ein solches Verfahren könnte bspw. nach dem Vorbild des Verfahrens zur Beilegung von Meinungsverschiedenheiten gem. § 109 BetrVG[146] dargestellt werden.

V. Mindestharmonisierung (Abs. 7)

131   Nach Abs. 7 gilt Abschnitt 2 unbeschadet strengerer Vorschriften der Mitgliedstaaten über den *Erwerb* von Beteiligungen an Emittenten und nicht börsennotierten Unternehmen. Abschnitt 2 ist *insoweit* nach dem Prinzip der Mindestharmonisierung umzusetzen. Danach können die Mitgliedstaaten die in Abschnitt 2 geregelten Rechtsfolgen bereits bei Vorliegen geringfügigerer Voraussetzungen anordnen. So könnten bspw. in Art. 27 Abs. 1 niedrigere bzw. zusätzliche Schwellenwerte eingefügt werden. Überwiegend entspricht die Richtlinie – insbesondere auch unter Berücksichtigung des *Lamfalussy*-Verfahrens – jedoch dem Harmonisierungsgrad der Vollharmonisierung.[147] Die Mitgliedstaaten sind daher angehalten, die Richtlinie möglichst einheitlich in nationales Recht umzusetzen. Abs. 7 stellt neben bestimmten anderen Bestimmungen[148] lediglich eine Ausnahme von der Vollharmonisierung dar. Daher ist Abs. 7 eng auszulegen. Aus dem Wortlaut von Abs. 7 ergibt sich, dass das Prinzip der Mindestharmonisierung nicht für Abschnitt 2 insgesamt gilt, sondern nur für sich auf den Erwerb von Beteiligungen an Zielunternehmen beziehende Vorschriften. Abschnitt 2 beschränkt nicht den Beteiligungserwerb, sondern knüpft an diesen Rechtsfolgen. Der Vorbehalt strengerer Vorschriften der Mitgliedstaaten kann daher nur so verstanden werden, dass ein für den Abschnitt 2 relevanter Beteiligungserwerb schon früher anzunehmen ist als in Abschnitt 2 vorgesehen.

E. Bezüge zum KAGB-Diskussionsentwurf

I. Umsetzung im KAGB-E

132   Die geplante Umsetzung von Art. 26 in nationales Recht findet sich in den §§ 256 und 257 KAGB-E, die systematisch im Abschnitt über geschlossene inländische Spezial-AIF verortet sind. Dies ist vor dem Hintergrund folgerichtig, dass der KAGB-E einen Zugang von Privatanlegern zu Private Equity-Fonds ebenso ausschließt wie eine Kontrollerlangung an nicht börsennotierten Unternehmen durch offene Investmentvermögen. Während Abs. 1 bis 4 sowie 6 in § 256 Abs. 1 bis 4 und 6 KAGB-E umgesetzt werden, ist die Umsetzung von Abs. 5 in § 257 KAGB-E erfolgt. Die in der AIFM-RL vor die Klammer gezogene Definition

---

[146]   Vgl. dazu *Kohte* in Düwell BetrVG, RL 2002/14/EG, § 1 Rn. 23; *Kania* in Erfurter Kommentar zum Arbeitsrecht, § 109 BetrVG Rn. 1; BAG Beschl. v. 11.7.2000 – 1 ABR 43/99, NZA 2001, 402 (405).

[147]   Vgl. *Möllers/Harrer/Krüger* WM 2011, 1537 (1543).

[148]   Siehe bspw. auch Art. 21 Abs. 3 lit. c Unterabs. 3: „Zusätzlich können die Mitgliedstaaten zulassen, dass für AIF, [...]" und Art. 22 Abs. 3.

des Emittenten (Art. 4 Abs. 1 lit. t) soll in der deutschen Umsetzung unmittelbar in § 256 Abs. 5 KAGB-E integriert werden.

II. Wesentliche Besonderheiten der deutschen Umsetzung

Während § 257 KAGB-E inhaltlich im Wesentlichen mit der Regelung der 133
AIFM-RL übereinstimmt, enthält vor allem § 256 Abs. 1, 2 KAGB-E praxisrelevante Abweichungen.

Adressaten der §§ 256 bis 261 KAGB-E sind nicht alle AIF-Verwaltungsgesell- 134
schaften wie in Abschnitt 2, sondern ausschließlich *AIF-Kapitalverwaltungsgesellschaften* und damit nur *inländische* Gesellschaften. Vor dem Hintergrund der Verortung der Regelung (siehe Rn. 128) ist dies konsequent. Im Ergebnis sind daher weder EU-AIF-Kapitalverwaltungsgesellschaften noch ausländische AIF-Verwaltungsgesellschaften erfasst. Diese Einschränkung hat nicht nur Einfluss auf den Adressatenkreis des Regelungskomplexes, sondern dürfte praxisrelevant insbesondere auch für die gegenseitige Kontrollzurechnung bei der Zusammenarbeit mehrerer Verwaltungsgesellschaften (§ 256 Abs. 1 Nr. 2 KAGB-E) sein. Während die Richtlinienvorlage nämlich für Zwecke der Zusammenrechnung nicht nach der Herkunft der kooperierenden AIFM unterscheidet, beschränkt sich die geplante Umsetzung in Deutschland auf AIF-Kapitalverwaltungsgesellschaften.

Eine strengere Regelung als die Richtlinienvorlage sieht der deutsche Umset- 135
zungsentwurf in § 256 Abs. 1 Nr. 2 KAGB-E hinsichtlich der Anforderungen an die Zusammenarbeit vor. Während Art. 26 Abs. 1 lit. b AIFM-RL für eine gegenseitige Zurechnung eine gemeinsame Verwaltung von AIF vorsieht, stellt der KAGB-E lediglich auf eine Zusammenarbeit im Hinblick auf die konkrete Kontrollerlangung ab. Dass dies im Hinblick auf Club-Deals eine erhebliche Ausweitung des Anwendungsbereichs der §§ 256 ff. KAGB-E zur Folge haben kann, liegt auf der Hand.

§ 256 Abs. 2 Nr. 2 KAGB-E enthält zwar – wie die AIFM-RL – keine unmit- 136
telbare Definition der Immobilienzweckgesellschaften, verweist insoweit aber auf § 225 Abs. 1 Nr. 1 i. V. m. Nr. 6 KAGB-E, der den aus dem deutschen Investmentrecht bekannten Begriff der Immobilien-Gesellschaft (vgl. § 2 Abs. 4 Nr. 6 InvG) aufgreift. Inhaltlich dürfte dies einer zutreffenden Auslegung des Richtlinientextes gleichkommen.

Artikel 27 Mitteilung über den Erwerb bedeutender Beteiligungen und die Erlangung der Kontrolle über nicht börsennotierte Unternehmen

AIFM-Richtlinie	KAGB-E
Art. 27 **Mitteilung über den Erwerb bedeutender Beteiligungen und die Erlangung der Kontrolle über nicht börsennotierte Unternehmen**	**§ 289** **Mitteilungspflichten**
(1) Die Mitgliedstaaten schreiben vor, dass beim Erwerb, Verkauf oder Halten von Anteilen an einem nicht	(1) Die AIF-Kapitalverwaltungsgesellschaft unterrichtet die Bundesanstalt, wenn der Anteil der Stimmrechte

AIFM-Richtlinie	KAGB-E
börsennotierten Unternehmen durch einen AIF der AIFM, der diesen AIF verwaltet, die zuständigen Behörden seines Herkunftsmitgliedstaats von dem Anteil an den Stimmrechten des nicht börsennotierten Unternehmens, die von dem AIF gehalten werden, immer dann in Kenntnis setzt, wenn dieser Anteil die Schwellenwerte von 10%, 20%, 30%, 50% und 75% erreicht, überschreitet oder unterschreitet.	des nicht börsennotierten Unternehmens, der von dem AIF gehalten wird, durch Erwerb, Verkauf oder Halten von Anteilen an dem nicht börsennotierten Unternehmen die Schwellenwerte von 10 Prozent, 20 Prozent, 30 Prozent, 50 Prozent und 75 Prozent erreicht, überschreitet oder unterschreitet.
(2) Die Mitgliedstaaten schreiben vor, dass, wenn ein AIF allein oder gemeinsam die Kontrolle über ein nicht börsennotiertes Unternehmen gemäß Artikel 26 Absatz 1 in Verbindung mit Absatz 5 des genannten Artikels erlangt, der AIFM, der den betreffenden AIF verwaltet, Folgendes in Bezug auf den Kontrollerwerb durch den AIF mitteilt:	(2) Erlangt ein AIF allein oder gemeinsam mit anderen AIF die Kontrolle über ein nicht börsennotiertes Unternehmen gemäß § 287 Absatz 1 in Verbindung mit § 288 Absatz 1, informiert die AIF-Kapitalverwaltungsgesellschaft die folgenden Stellen über den Kontrollerwerb:
a) das nicht börsennotierte Unternehmen;	1. das nicht börsennotierte Unternehmen,
b) die Anteilseigner, deren Identität und Adresse dem AIFM vorliegen oder ihm von dem nicht börsennotierten Unternehmen oder über ein Register, zu dem der AIFM Zugang hat bzw. erhalten kann, zur Verfügung gestellt werden können; und	2. die Anteilseigner, soweit deren Identität und Adresse der AIF-Kapitalverwaltungsgesellschaft a) vorliegen b) von dem nicht börsennotierten Unternehmen zur Verfügung gestellt werden können oder c) über ein Register, zu dem die AIF-Kapitalverwaltungsgesellschaft Zugang hat oder erhalten kann, zur Verfügung gestellt werden können, und
c) die zuständigen Behörden des Herkunftsmitgliedstaats des AIFM.	3. die Bundesanstalt.
(3) Die gemäß Absatz 2 erforderliche Mitteilung enthält die folgenden zusätzlichen Angaben:	(3) Die Mitteilung nach Absatz 2 erhält die folgenden zusätzlichen Angaben:
a) die sich hinsichtlich der Stimmrechte ergebende Situation;	1. die sich hinsichtlich der Stimmrechte ergebende Situation,
b) die Bedingungen, unter denen die Kontrolle erlangt wurde, einschließlich Nennung der einzelnen beteiligten Anteilseigner und der zur Stimmabgabe in ihrem Namen ermächtigten natürlichen oder juristischen Personen und gegebenenfalls der Beteiligungskette, über die die Stimmrechte tatsächlich gehalten werden;	2. die Bedingungen, unter denen die Kontrolle erlangt wurde, einschließlich Nennung der einzelnen beteiligten Anteilseigner und der zur Stimmabgabe in ihrem Namen ermächtigten natürlichen oder juristischen Personen und gegebenenfalls der Beteiligungskette, über die die Stimmrechte tatsächlich gehalten werden,
c) das Datum, an dem die Kontrolle erlangt wurde.	3. das Datum, an dem die Kontrolle erlangt wurde.

AIFM-Richtlinie	KAGB-E
(4) In seiner Mitteilung an das nicht börsenorientierte Unternehmen ersucht der AIFM den Vorstand des Unternehmens, die Arbeitnehmervertreter oder, falls es keine solchen Vertreter gibt, die Arbeitnehmer selbst ohne unnötige Verzögerung von der Erlangung der Kontrolle durch den von dem AIFM verwalteten AIF und von den Informationen gemäß Absatz 3 in Kenntnis zu setzen. Der AIFM bemüht sich nach besten Kräften sicherzustellen dass die Arbeitnehmervertreter oder, falls es keine solchen Vertreter gibt, die Arbeitnehmer selbst ordnungsgemäß vom Vorstand gemäß diesem Artikel informiert werden.	(4) In seiner Mitteilung nach Absatz 2 Nummer 1 ersucht die AIF-Kapitalverwaltungsgesellschaft den Vorstand des Unternehmens, entweder die Arbeitnehmervertreter oder, falls es keine solchen Vertreter gibt, die Arbeitnehmer selbst unverzüglich von der Erlangung der Kontrolle durch den AIF und von den Informationen gemäß Absatz 3 in Kenntnis zu setzen. Die AIF-Kapitalverwaltungsgesellschaft bemüht sich nach besten Kräften sicherzustellen, dass der Vorstand entweder die Arbeitnehmervertreter oder, falls es keine solchen Vertreter gibt, die Arbeitnehmer selbst ordnungsgemäß informiert.
(5) Die Mitteilungen gemäß den Absätzen 1, 2 und 3 werden so rasch wie möglich, aber nicht später als zehn Arbeitstage nach dem Tag, an dem der AIF die entsprechende Schwelle erreicht bzw. über- oder unterschritten oder die Kontrolle über das nicht börsenorientierte Unternehmen erlangt hat, gemacht.	(5) Die Mitteilungen gemäß den Absätzen 1, 2 und 3 werden so rasch wie möglich, aber nicht später als zehn Arbeitstage nach dem Tag, an dem der AIF die entsprechende Schwelle erreicht, über- oder unterschritten hat, oder die Kontrolle über das nicht börsennotierte Unternehmen erlangt hat, gemacht.

Literatur: *Henssler/Willemsen/Kalb* (Hrsg.), Arbeitsrecht Kommentar, 4. Auflage, Köln 2010; *Holzapfel/Pöllath,* Unternehmenskauf in Recht und Praxis – Rechtliche und steuerliche Aspekte, 14. Auflage, Köln 2010; *Kolbe,* Arbeitnehmerbeteiligung nach der geplanten Richtlinie über die Verwalter alternativer Investmentfonds, DB 2009, 1874–1878; *Kramer/Recknagel,* Die AIFM-Richtlinie – Neuer Rechtsrahmen für die Verwaltung alternativer Investmentfonds, DB 2011, 2077–2084; *Möllers/Harrer/Krüger,* Die Regelung von Hedgefonds und Private Equity durch die neue AIFM-Richtlinie, WM 2011, 1537–1544; *Callies/Ruffert* (Hrsg.), EUV/EGV, 3. Auflage, München 2007; *Spindler/Tancredi,* Die Richtlinie über Alternative Investmentfonds (AIFM-Richtlinie) – Teil 2, WM 2011, 1441–1448; *Streinz* (Hrsg.), EUV/AEUV, 2. Auflage, München 2012; *Striegl/Wiesbrock/Jesch* (Hrsg.), Kapitalbeteiligungsrecht, Stuttgart 2009; *Wallach,* Alternative Investment Funds Managers Directive – ein neues Kapitel des europäischen Investmentrechts, Recht der Finanzinstrumente 2011, 80–89. Siehe zudem das Literaturverzeichnis bei Vorbemerkung zu Artikel 26–30.

Übersicht

A. Entstehungsgeschichte

1   Artikel 27 geht auf die Anhörung der EU-Kommission zum Bericht der Expertengruppe Private Equity zurück.[1] Im Anhörungsprozess forderten insbesondere
Gewerkschaften als auch die Gruppe der Sozialisten im Parlament mehr Transparenz und Arbeitnehmerschutz bei Beteiligungen von Private Equity Fonds an
Unternehmen.[2] Das EU-Parlament griff diese Forderungen auf und formulierte
eine entsprechende Empfehlung an die Kommission.[3]

2   Im anschließenden Rechtsetzungsverfahren ist Artikel 27 mehrfach geändert
und ergänzt worden.[4] In der Fassung des Kommissionvorschlages enthielt der
Artikel lediglich zwei Absätze und löste nur bei Erreichen von 30% oder mehr
der Stimmrechte Mitteilungspflichten aus. Seine gegenwärtige Fassung erhielt
Artikel 27 mit dem Vorschlag des Rates vom 12. Oktober 2010[5].

B. Überblick über den Artikel

I. Inhalt

2   Artikel 27 regelt Mitteilungspflichten bei Anteilsveränderungen an nicht börsennotierten Unternehmen. Der Artikel unterscheidet zwei Arten von Mitteilungs-

---

[1] European Commission, Feedback Statement, Overview of the Contributions to the
Expert Group Reports on Investment Funds in Europe, 26 October 2006, S. 23, abrufbar
unter http://ec.europa.eu/internal_market/investment/alternative_investments_en.htm, zuletzt abgerufen: 10.1.2012.

[2] European Commission, Feedback Statement, Overview of the Contributions to the
Expert Group Reports on Investment Funds in Europe, 26 October 2006, S. 23. Die einzelnen Stellungnahmen sind abrufbar unter: http://ec.europa.eu/internal_market/investment/
consultations/commentseg_en.htm, zuletzt abgerufen: 10.1.2012.

[3] Empfehlung 2 zu Maßnahmen zur Erhöhung der Transparenz in der Entschließung des
Europäischen Parlaments vom 23. September 2008 mit Empfehlungen an die Kommission
zu Hedge-Fonds und Private Equity (2007/2238(INI)), ABl. EU vom 14. Januar 2010, C 8 E,
S. 26 (32); Entwurf des Berichts des Wirtschafts- und Finanzausschusses des Europäischen
Parlaments vom 18. April 2008 (2007/2238 (INI), „Rasmussen-Bericht"), S. 10, 13; Bericht
des Rechtsausschusses des Europäischen Parlaments vom 9. Juli 2008 (A6-0296/2008,
„Lehne-Bericht"), S. 6 f., 9.

[4] Näher zur Entstehungsgeschichte Art. 26 Rn. 2 ff.

[5] Vorschlag des Rates vom 12. Oktober 2010, 14737/10, S. 90 f.

pflichten: Mitteilungspflichten bei Erreichen, Überschreiten bzw. Unterschreiten bestimmter Schwellenwerte von Stimmrechten (Absatz 1 „bedeutende Beteiligungen") sowie Mitteilungspflichten bei Kontrollerlangung (Absätze 2 bis 4).

Die Mitteilungspflichten des Absatzes 1 bestehen nur gegenüber den zuständi- 3 gen Behörden des Herkunftsmitgliedstaates des AIFM. Inhaltlich verlangen diese Mitteilungspflichten ein „In-Kenntnis-Setzen". Demgegenüber sind die Mitteilungspflichten bei Kontrollerlangung (Absätze 2 bis 4) umfassender hinsichtlich ihres Adressatenkreises als auch ihres Inhalts.

II. Zweck und Anwendungsbereich

Artikel 27 **bezweckt,** die Transparenz beim Erwerb von Beteiligungen sowie 4 bei Erlangen der Kontrolle durch einen AIF an nicht börsennotierten Portfolio-Unternehmen zu erhöhen. Entgegen dem ersten Anschein des Wortlautes greift der Artikel auch bei **notierten Unternehmen,** wenn diese außerhalb eines geregelten Marktes börsennotiert sind (näher nachfolgend unter Rn. 12).

III. Normkontext

Innerhalb der AIFM-Richtlinie knüpft Artikel 27 an Beweggründe 52 bis 54 5 und 58 sowie an die Vorgaben des Artikels 26 an. Artikel 27 steht zudem im Kontext zu Artikel 28 und 29 und bildet bei Kontrollerlangung die Basis für deren Informationspflichten.

Außerhalb der AIFM-Richtlinie ordnet sich Artikel 27 in ein buntes Bild von 6 Informationspflichten ein. Für Anteilserwerbe an **geregelten Märkten** bestehen Mitteilungspflichten unter der Transparenzrichtlinie[6] sowie unter der Übernahmerichtlinie[7]. Daneben bestehen im aufsichtlichen Bereich Anzeige- und Mitteilungspflichten bei Anteilserwerben unter der **Beteiligungsrichtlinie**[8] und der **OGAW-IV-Richtlinie**[9]. Diese aufsichtlichen Informationspflichten bestehen unabhängig von einer Börsennotierung und bezwecken, den Behörden eine Beurteilung der Anteilseigner zu ermöglichen.[10]

Rein **deutsch-rechtliche Regelungen** zu Mitteilungspflichten bei Anteils- 7 veränderungen finden sich gegenwärtig z. B. in § 27a WpHG, §§ 20, 21 und § 328 IV AktG, § 16 Abs. 1 GmbHG und § 53 Außenwirtschaftsverordnung.[11]

Für die **Information von Arbeitnehmern** bestehen außerhalb der AIFM- 8 Richtlinie bei Anteilsveränderungen nur z.T. europarechtliche Vorgaben. Die

---

[6] Richtlinie 2004/109/EG. Die Meldepflichten der Transparenzrichtlinie bei Anteilsveränderungen sind in den §§ 21 ff. WpHG umgesetzt (vgl. Transparenzrichtlinie-Umsetzungsgesetz, BGBl. 2007 I, 10 ff.).

[7] Richtlinie 2004/25/EG. Die Übernahmerichtlinie ist in Deutschland durch das Übernahmerichtlinie-Umsetzungsgesetz in das WpÜG umgesetzt (BGBl. 2006 I Nr. 31, 1426 ff.).

[8] Richtlinie 2007/44/EG. Die Beteiligungsrichtlinie ist durch das Gesetz zur Umsetzung der Beteiligungsrichtlinie vom 12. März 2009 (BGBl. 2009 Teil I, S. 470 ff.) in deutsches Recht umgesetzt; siehe insbesondere § 2c KWG und § 104 VAG.

[9] Richtlinie 2009/65/EG. Die OGAW-IV-Richtlinie ist in das Investmentgesetz umgesetzt worden durch das OGAW-IV-Umsetzungsgesetz (BGBl. 2011 I, 1126 ff.); siehe zur Anteilseignerkontrolle insbesondere § 2a InVG.

[10] Vgl. Beweggrund 3 der Beteiligungsrichtlinie.

[11] Einen guten Überblick über Mitteilungspflichten außerhalb des WpHG bei Anteilsveränderungen gibt *U.-H. Schneider* in *Assmann/Schneider* (Hrsg.), WpHG, Vor § 21 Rn. 60 ff.

Betriebsübergangsrichtlinie[12] greift nur bei einem Übergang des Unternehmens, Betriebs bzw. Teilen davon.[13] Bei einem Gesellschafterwechsel findet die Richtlinie keine Anwendung.[14] Deutsche Regelungen zur Betriebsübergangsrichtlinie finden sich in § 613a BGB. Die Richtlinie zur Festlegung eines Rahmens für die Unterrichtung und Anhörung der Arbeitnehmer (AURi)[15] schreibt Unterrichtungs- und Anhörungsrechte der Arbeitnehmer zur allgemeinen Entwicklung und Beschäftigungssituation des Unternehmens bzw. Betriebes vor.[16] Die Übernahmerichtlinie überlässt die Arbeitnehmerinformation den einzelstaatlichen Regelungen.[17] Deutsche und zum Teil rein nationale Regelungen zur Arbeitnehmerinformation bei Anteilsveränderungen finden sich im Anwendungsbereich des WpÜG[18] sowie im BetrVG[19].

C. Der Artikel im Einzelnen

I. Mitteilungen bei Veränderungen von bedeutenden Beteiligungen (Abs. 1)

9   Art. 27 Abs. 1 verlangt von den Mitgliedstaaten die Umsetzung von Mitteilungspflichten des AIFM bei Erreichen, Überschreiten bzw. Unterschreiten von bestimmten Schwellen von Stimmrechten (**„bedeutende Beteiligungen"**) an einem nicht börsennotierten Unternehmen im Wege des Erwerbs, Verkaufs oder Haltens von Anteilen durch einen AIF. Mitteilungspflichtig ist derjenige AIFM, der den AIF verwaltet.

10   Art. 27 Abs. 1 ergänzt die weiteren Informationspflichten der Art. 27 ff. im Vorfeld und Nachfeld einer Kontrollerlangung. Er bezweckt keine Beteiligungstransparenz für den Markt, sondern dient der Information der zuständigen Behörde.[20]

11   **1. Anteile an einem nicht börsennotierten Unternehmen.** Der Tatbestand des Art. 27 Abs. 1 wird nur verwirklicht, wenn ein AIF Anteile an einem nicht börsennotierten Unternehmen erwirbt, verkauft oder hält.

12   **a) Nicht börsennotiertes Unternehmen.** Der Begriff des nicht börsennotierten Unternehmens ist in Art. 4 Abs. 1 Buchstaben ac der Richtlinie definiert und erfordert neben dem Unternehmensbegriff zweierlei:

13   (1) Der **satzungsmäßige Sitz** des Unternehmens muss **in der Europäischen Union** sein. Beteiligungserwerbe an einem Unternehmen mit Satzungssitz z. B. in den USA fallen damit nicht in den Anwendungsbereich des Art. 27 Abs. 1.

---

[12] Richtlinie 2001/23/EG.

[13] Art. 1 Abs. 1 Buchstabe a und b der Richtlinie 2001/23/EG.

[14] Vgl. zu § 613a BGB im deutschen Recht: BAG NZA 2007, 1428; BAG NJW 1983, 2283, 2283 (Gesellschafterwechsel bei Personenhandelsgesellschaft); *Müller-Glöge* in Münch-Komm/BGB, § 613a, Rn. 55.

[15] Richtlinie 2002/14/EG.

[16] Art. 4 Abs. 2 Richtlinie 2002/14/EG.

[17] Beweggrund 23 sowie Art. 14 Richtlinie 2004/25/EG, siehe im deutschen Recht insbesondere die Informationspflichten des Vorstandes und des Aufsichtsrates der Zielgesellschaft in § 14 Abs. 4 Satz 2 und § 27 Abs. 3 Satz 2 WpÜG.

[18] § 10 Abs. 5 Satz 2 und Satz 3, § 14 Abs. 4 Satz 2 und Satz 3, § 27 Abs. 3 Satz 2 WpÜG.

[19] §§ 106 Abs. 2 i. V. m. Abs. 3 Nr. 9a und 109a BetrVG.

[20] Siehe auch *Möllers/Harrer/Krüger* WM 2011, 1537 (1541).

(2) Außerdem dürfen die Anteile des Unternehmens **nicht** zum Handel an 14 einem **geregelten Markt** im Sinne der MiFID[21] zugelassen sein. Hierdurch erfolgt die Abgrenzung zum Regelungsbereich der Transparenz- und Übernahmerichtlinie[22]. Dies bedeutet, dass alle Beteiligungserwerbe an außerhalb geregelter Märkte notierten Unternehmen von Art. 27 im Grundsatz erfasst sind.[23] So fällt beispielsweise ein Unternehmen mit Satzungssitz in Deutschland, aber einer Notierung an der New York Stock Exchange oder am Open Market der Frankfurter Wertpapierbörse[24] in den Anwendungsbereich des Art. 27. Beide Börsen(segmente) sind keine geregelten Märkte im Sinne der MiFID. Bei einem **Exit** an den geregelten Markt oder bei einem „Upgraden" einer Notierung an den geregelten Markt entfallen dagegen die Pflichten des Art. 27. Umgekehrt wird der Anwendungsbereich des Art. 27 im Grundsatz eröffnet, wenn das Unternehmen aus dem geregelten Markt ausscheidet. Allerdings führt das bloße **Ausscheiden aus dem geregelten Markt** in der Regel nicht zu einem Durchlaufen der Mitteilungs- und Informationspflichten aus Art. 27. Hierfür besteht kein (erneutes) Bedürfnis, soweit die Beteiligungsverhältnisse unverändert bleiben und diese bereits unter der Transparenzrichtlinie mitgeteilt und veröffentlicht worden sind.

Der **Unternehmensbegriff** in Art. 27–29 setzt das Vorhandensein von Arbeit- 15 nehmern und damit eine **operativ tätige Gesellschaft** voraus.[25] Ein bloßes Halten und Verwalten von Beteiligungen genügt nicht. Die Beschränkung auf ein operativ tätiges Unternehmen ergibt sich aus den umfangreichen Informationspflichten der Art. 27–29, bezüglich der Arbeitnehmer bzw. Arbeitnehmervertreter des Unternehmens. Ohne eine operative Tätigkeit und damit ohne Arbeitnehmer wäre der überwiegende Teil der Informationspflichten der Art. 27–29 gegenstandslos. Daher löst der Erwerb von Stimmrechten durch den AIF an einer EU-Holdinggesellschaft ohne Arbeitnehmer keine eigenen Informationspflichten aus, selbst wenn die Holding ein nicht börsennotiertes Unternehmen hält. Hat der AIF jedoch mittels der Holding Kontrolle über das Unternehmen, muss die EU-Holdinggesellschaft als Bestandteil der Beteiligungskette erwähnt werden (siehe nachfolgend Rn. 19).

b) Anteile an einem nicht börsennotierten Unternehmen. Bei der 16 bedeutenden Beteiligung muss es sich um Anteile an einem Unternehmen handeln. Die Anteile müssen dem Inhaber **Stimmrechte** in der Gesellschafterversammlung des Unternehmens vermitteln.[26]

Auf die **Anteile am Kapital** kommt es dem Wortlaut nach nicht an, auch 17 wenn Kapitalanteile in bestimmten Fällen eine Mitentscheidungsmacht geben

---

[21] Art. 4 Abs. 1 Nr. 14 Richtlinie 2004/39/EG vom 21.4.2004 über Märkte für Finanzinstrumente („MiFID"). Die Kommission veröffentlicht und aktualisiert jährlich ein Verzeichnis der geregelten Märkte. Das aktuelle Verzeichnis findet sich z. B. auf der Internetseite der Kommission zur MiFID (http://ec.europa.eu/internal_market/securities/isd/mifid_de.htm).

[22] Richtlinie 2004/109/EG (Transparenzrichtlinie) bzw. Richtlinie 2004/25/EG (Übernahmerichtlinie).

[23] Anders offenbar *Kramer/Recknagel* DB 2011, 2077, 2083, die wohl auch nicht am geregelten Markt notierte Unternehmen als börsennotiert im Sinne der AIFM-Richtlinie ansehen. Ebenfalls zu pauschal *Spindler/Tancredi* WM 2011, 1441, 1444.

[24] Wie z. B. am Open Market („Freiverkehr") der Frankfurter Wertpapierbörse, vgl. § 48 BörsG sowie § 1 Abs. 1 der Allgemeinen Geschäftsbedingungen der Deutsche Börse AG für den Freiverkehr an der Frankfurter Wertpapierbörse (Stand: 23.5.2011).

[25] Der Unternehmensbegriff im Rahmen der Zurechnung des Art. 26 Abs. 5 Unterabsatz 2 ist dagegen weiter, vgl. Art. 26 Rn. 66.

[26] Siehe auch Art. 26 Rn. 51.

können (z. B. bei Satzungsänderungen einer AG, § 179 Abs. 2 Satz 1 AktG).[27] Auch (Mit-)Eigentumsanteile an den Vermögenswerten des Unternehmens lösen keine Mitteilungspflicht aus; reine **Asset-Deals** sind nicht erfasst.

18   Art. 27 Abs. 1 greift nicht bei **Finanzinstrumenten,** die nur zum Erwerb von mit Stimmrechten verbundenen Anteilen berechtigen. Anders als unter der Transparenzrichtlinie[28] fehlt es an einer Gleichstellungsanordnung mit den Anteilen an den Stimmrechten. Auf nationaler Ebene wäre eine Gleichstellung als strengere Regelung aber möglich (Art. 26 Abs. 7).

19   **c) Anteilsinhaber und Zurechnung.** Die Anteile an dem nicht börsennotierten Unternehmen müssen von dem AIF gehalten werden. Für mittelbar von einem AIF gehaltene Anteile besteht eine Meldepflicht entsprechend den Zurechnungsvorschriften des Art. 26 Abs. 5.[29]

20   **2. Schwellenwerte.** Die Mitteilungspflichten des Art. 27 Abs. 1 entstehen, wenn beim Erwerb, dem Verkauf oder dem Halten von Anteilen durch einen AIF der Anteil des AIF an den Stimmrechten die Schwellenwerte von **10%, 20%, 30%, 50% und 75%** der Gesellschafter **erreicht, überschreitet oder unterschreitet.** Weitere, niedrigere Schwellenwerte sind bei der nationalen Umsetzung möglich, solange der Rahmen des Art. 26 Abs. 7 eingehalten wird.[30]

21   Maßgeblich für die Berechnung ist die **Gesamtzahl der abstrakt vorhandenen Stimmrechte** der Gesellschafter des Unternehmens.[31] Daher kommt es auf ggf. geringere Anforderungen für Beschlussfassungen oder Ausübungshindernisse nicht an (z. B. Stimmverbote, fehlende Teilnahme), auch wenn sich dadurch das Stimmgewicht der abstimmenden Gesellschafter erhöht. Stimmrechte aus eigenen Anteilen zählen mit. Diese Stimmrechte behandelt die zweite Gesellschaftsrechtslinie zwar als aufgehoben.[32] Die AIFM-Richtlinie enthält jedoch eine Mitzählanordnung für ausgesetzte Stimmrechte in Art. 26 Abs. 5 Unterabsatz 3 und damit auch für Stimmrechte aus eigenen Anteilen.

22   Maßgeblich für das Entstehen der Mitteilungspflicht ist der **dingliche Anteilsübergang,**[33] also in der Regel das sog. „Closing"[34]. Dies gilt trotz des in der

---

[27] Vgl. *Hirte* in *Hirte/Möllers* (Hrsg.), Kölner Kommentar zum WpHG, § 21 Rn. 73; *U.-H. Schneider* in *Assmann/Schneider* (Hrsg.), WpHG, § 21 Rn. 28–30 sowie zu § 179 AktG *Hüffer*, AktG, § 179 Rn. 14.

[28] Art. 13 Abs. 1 Richtlinie 2004/109/EG.

[29] Siehe die Kommentierung bei Art. 26 Rn. 34 ff. und 49 ff.; für eine Anwendung der Zurechnungsvorschriften auf bedeutende Beteiligungen wohl auch *Wallach* RdF 2011, 80 (85).

[30] Bei der Umsetzung der Transparenzrichtlinie hat der nationale deutsche Gesetzgeber einen zusätzlichen Schwellenwert von 3% eingefügt, vgl. § 21 Abs. 1 Satz 1 WpHG, Art. 3 Abs. 1 Richtlinie 2004/109/EG sowie *Schwark* in *Schwark/Zimmer* (Hrsg.), Kapitalmarktrechtskommentar, WpHG Vor § 21 Rn. 2.

[31] Siehe auch Art. 26 Rn. 54. Diese sog. abstrakte Betrachtungsweise ist im Rahmen des § 21 WpHG umstritten. Die BaFin berücksichtigt Stimmrechte aus eigenen Aktien (BaFin-Emittentenleitfaden, Stand 28. April 2009, VIII.2.3.2, S. 128 f.); ebenso z. B. *Hirte* in *Hirte/Möllers* (Hrsg.), Kölner Kommentar zum WpHG, § 21 Rn. 75 ff. m. w. N.; **a. A.** z. B. *Schwark* in *Schwark/Zimmer* (Hrsg.), Kapitalmarktrechtskommentar, WpHG § 21 Rn. 14.

[32] Art. 22 Abs. 1 Unterabs. a) der Richtlinie 77/91/EWG.

[33] Unter § 21 WpHG wird ebenfalls das Verfügungsgeschäft für maßgeblich gehalten, siehe BaFin-Emittentenleitfaden, Stand 28. April 2009, VIII.2.3.3, S. 130; *Schwark* in *Schwark/Zimmer* (Hrsg.), Kapitalmarktrechtskommentar, WpHG § 21 Rn. 17 m. w. N.

[34] Das „Closing" ist der Zeitpunkt, in dem der Unternehmenskaufvertrag vollzogen wird. Davon zu unterscheiden ist der meist erheblich frühere Zeitpunkt des Unterschreibens (sog. „Signing"), näher z. B. *Holzapfel/Pöllath,* Unternehmenskauf, Rn. 60 und 65 ff.

deutschen Fassung verwendeten Begriffs „Verkauf" auch für die Anteilsveräußerung. So stellt die englische Fassung der Richtlinie auf das „Veräußern" ab.[35] Vor allem aber spricht für den dinglichen Anteilsübergang als maßgeblicher Zeitpunkt, dass die Stimmrechtsausübung erst mit Rechtsübergang möglich ist.

Vom Anteilserwerb im Grundsatz erfasst sind auch **Neugründungen**.[36] Neu 23
gründungen fallen jedoch in der Regel aus dem Anwendungsbereich des Artikels aufgrund der Ausnahme für KMUs heraus (Art. 26 Abs. 2 Buchstabe b)[37].

Die Variante der Schwellenwertberührung durch **Halten** von Anteilen erfasst 24
insbesondere Stimmrechtsanteilsveränderungen durch Kapitalmaßnahmen oder Umstrukturierungen beim Portfolio-Unternehmen.[38] Auch das Aufleben von Stimmrechten[39] beim Portfolio-Unternehmen kann eine Schwellenwertberührung durch Halten von Anteilen auslösen.[40] Die Schwellenwertberührung durch Halten erfasst in der Regel nicht das **Delisting** aus dem geregelten Markt (siehe oben Rn. 14).

3. Rechtsfolge: In-Kenntnis-Setzen. Ist der Tatbestand des Art. 27 Abs. 1 25
erfüllt, so hat der AIFM, der den betreffenden AIF verwaltet, die zuständigen Behörden seines Herkunftsmitgliedstaats in Kenntnis zu setzen von dem Anteil an den Stimmrechten des nicht börsennotierten Unternehmens, der von dem AIF gehalten wird.

a) Mitteilungspflichtiger AIFM. Mitteilungspflichtig ist derjenige **AIFM,** 26
der den betreffenden AIF verwaltet. Hiermit ist im Grundsatz der gemäß Art. 5 für den AIF zuständige AIFM gemeint (siehe auch die Kommentierung zu Art. 26 Rn. 36).

Auch **Nicht-EU-AIFMs** sind mitteilungspflichtig, soweit diese EU-AIFs ver 27
walten bzw. durch sie verwaltete Nicht-EU-AIFs in der Europäischen Union mit oder ohne „Pass" vertreiben. In diesen Fällen ist der Nicht-EU-AIFM ebenfalls aus Art. 27 Abs. 1 verpflichtet, und zwar über den Verweis in Art. 37 Abs. 2 Satz 1 bzw. Art. 42 Abs. 1 Buchstabe a.[41] Soweit ein Nicht-EU-AIFM nur Nicht-EU-AIFM verwaltet und diese nur außerhalb der Europäischen Union vertreibt, besteht dagegen keine Mitteilungspflicht für den Nicht-EU-AIFM.

Im Grundsatz gilt ebenfalls keine Mitteilungspflicht aus Art. 27 Abs. 1 für 28
„kleine" AIFM, also für solche AIFM, die gemäß Art. 3 Abs. 1 bzw. Abs. 2 von der Anwendung des Art. 27 Abs. 1 ausgenommen sind.

---

[35] „[…] when an AIF […] disposes of […] shares […]".

[36] Vgl. zu § 20 AktG: BGHZ 167, 204, 208 Rn. 13 = BGH ZIP 2006, 1134, 1135; gegen ein Erfassen von Gründungsaktionären bei § 21 WpHG z. B. *Hirte* in *Hirte/Möllers* (Hrsg.), Kölner Kommentar zum WpHG, § 21 Rn. 112.

[37] Siehe zur KMU-Ausnahme näher Art. 26 Rn. 87 ff.

[38] Vgl. BaFin-Emittentenleitfaden, Stand 28. April 2009, VIII.2.3.4, S. 130; *Hirte* in *Hirte/Möllers* (Hrsg.), Kölner Kommentar zum WpHG, § 21 Rn. 124 ff.; *Schwark* in *Schwark/Zimmer* (Hrsg.), Kapitalmarktrechtskommentar, WpHG § 21 Rn. 18; *Dehlinger/Zimmermann* in Fuchs, WpHG, § 21 Rn. 46 ff.

[39] Zum Beispiel kann ein Stimmrecht aus Vorzugsaktien ohne Stimmrecht aufleben gemäß § 140 Abs. 2 AktG.

[40] Vgl. *Hirte* in *Hirte/Möllers* (Hrsg.), Kölner Kommentar zum WpHG, § 21 Rn. 84 f. und 126.

[41] Beachte zur zeitlichen Anwendbarkeit die Übergangsvorschrift in Art. 66 Abs. 3 i. V. m. Art. 67 Abs. 1 und Abs. 6.

29   **b) Zuständige Behörden.** Der mitteilungspflichtige AIFM hat die **zuständigen Behörden seines Herkunftsmitgliedstaates** in Kenntnis zu setzen. Herkunftsmitgliedstaat ist der Mitgliedstaat, in dem der AIFM seinen Sitz hat (Art. 4 Abs. 1 Buchstabe q)).

30   Im Fall von (unter der Richtlinie zugelassenen) **Nicht-EU-AIFM** handelt es sich dabei um den Referenzmitgliedstaat (Art. 4 Abs. 1 Buchstabe q)), Art. 37 Abs. 4).[42] Sofern Nicht-EU-AIFM keine Zulassung gemäß Art. 37 haben, aber dennoch Anteile der von ihnen verwalteten AIF in einem Mitgliedstaat vertreiben, gelten als zuständige Behörden die Behörden der Mitgliedstaaten, in denen der Vertrieb des AIF erfolgt (Art. 42 Abs. 1 Buchstabe a Satz 2).

31   **c) Inhalt der Mitteilung.** Inhaltlich hat der AIFM die zuständigen Behörden in Kenntnis zu setzen von dem Anteil an den Stimmrechten des nicht börsennotierten Unternehmens, die von dem AIF gehalten werden, wenn dieser Anteil die Schwellenwerte von 10%, 20%, 30%, 50% und 75% erreicht, überschreitet oder unterschreitet.

32   Zum Inhalt der Mitteilung gehören notwendigerweise der Name des AIF und des betreffenden nicht börsennotierten Unternehmens, das Erreichen, Überschreiten oder Unterschreiten des betreffenden Schwellenwertes und der gehaltene Stimmrechtsanteil. Im Übrigen wird man sich an den Vorgaben des Art. 12 Abs. 1 der Transparenzrichtlinie[43] orientieren können. Die Mitteilung sollte deshalb über den Wortlaut hinaus das Datum der Schwellenwertberührung sowie ggf. die Beteiligungskette beinhalten.

33   **d) Mitteilungsfrist und nationale Umsetzung.** Zeitlich muss die Mitteilung so rasch wie möglich erfolgen, spätestens innerhalb von zehn Arbeitstagen nach dem Tag der Schwellenwertberührung (Art. 27 Abs. 5).

34   National wird die Regelung in jedem Mitgliedstaat so umgesetzt werden müssen, dass wegen der Herkunftslandsaufsicht der Herkunftsmitgliedstaat den AIFM verpflichten muss, den zuständigen Behörden im Herkunftsmitgliedstaat des AIFM Mitteilung zu machen.[44] Alle in Deutschland ansässigen AIFM müssten danach ihre bedeutenden Beteiligungen an „nicht-deutschen" Unternehmen der für sie in Deutschland zuständigen Aufsichtsbehörde melden. Daneben ist als strengere Regelung möglich (Art. 26 Abs. 7), die für das nicht börsennotierte Unternehmen zuständigen nationalen Behörden entsprechend zu informieren (was sinnvoll sein kann, sofern Mitgliedstaaten von der Informationsoption an diese Behörden gemäß Art. 28 Abs. 1 Satz 2 Gebrauch gemacht haben).

II. Mitteilungspflichten bei Kontrollerlangung (Abs. 2–4)

35   **1. Überblick.** Erlangt ein AIF allein oder gemeinsam die **Kontrolle**[45] über ein nicht börsennotiertes Unternehmen, gelten die besonderen Mitteilungspflichten des AIFM aus Art. 27 Abs. 2 bis 4. Diese Mitteilungspflichten bestehen gegenüber dem nicht börsennotierten Unternehmen, bestimmten Anteilseignern sowie gegenüber den zuständigen Behörden des Herkunftsmitgliedstaates des AIFM.

---

[42] Zur zeitlichen Anwendbarkeit des Art. 37 siehe Art. 66 Abs. 3 i. V. m. Art. 67 Abs. 1 und Abs. 6.

[43] Richtlinie 2004/109/EG.

[44] Zum Beispiel ähnlich den Beteiligungsanzeigen im KWG, vgl. § 12a Abs. 1 Satz 3 und § 24 Abs. 1a Nr. 2 KWG.

[45] Zum Kontrollbegriff siehe die Kommentierung zu Art. 26 Rn. 34 ff. und 49 ff.

Außerdem schreibt Absatz 4 eine Ersuchens- und Bemühenspflicht zur Informationsweitergabe an die Arbeitnehmer des Unternehmens über die Kontrollerlangung vor. Verpflichtet ist derjenige **AIFM**, der den betreffenden AIF verwaltet.[46] Der Wortlaut der deutschen Übersetzung aus dem Englischen ist missglückt.

Der **Zweck** der Pflichten der Art. 27 Abs. 2 bis 4 beschränkt sich auf die   **36** Mitteilung des Kontrollerwerbs an die als betroffen angesehenen Beteiligten und an die zuständigen Behörden. Weitere Informationen hat der AIFM dann gemäß Art. 28 und 29 mitzuteilen.

2. Mitteilungsadressaten bei Kontrollerlangung. Adressat der Mitteilung   **37** über den Kontrollerwerb ist zunächst das **nicht börsennotierte Unternehmen.** Hierfür bietet sich bei der nationalen Umsetzung an, den bestehenden Rahmen von Mitteilungspflichten bei Anteilsveränderungen außerhalb geregelter Märkte zu nutzen, wie z. B. § 20 AktG und § 16 Abs. 1 und § 40 Abs. 2 Satz 1 GmbHG.

Daneben muss der AIFM den Kontrollerwerb den **zuständigen Behörden** des   **38** Herkunftsmitgliedstaates des AIFM[47] mitteilen. Darüber hinaus spricht nichts dagegen, die für das nicht börsennotierte Unternehmen zuständigen nationalen Behörden entsprechend zu informieren (sofern Mitgliedstaaten von der Informationsoption an diese Behörden gemäß Art. 28 Abs. 1 Satz 2 Gebrauch gemacht haben).

Der AIFM muss den Kontrollerwerb denjenigen **Anteilseignern** mitteilen, deren   **39** Identität und Adresse dem AIFM vorliegen bzw. verfügbar sind. Identität und Adresse der Anteilseigner bedeuten Name bzw. Firma und Kontaktdaten, d. h. lediglich Wohnort oder Sitz genügen nicht. Mit Anteilseigner sind die unmittelbaren Rechtsinhaber gemeint. Liegen dem AIFM die **Daten der Anteilseigner** nicht vor, muss er nach der Richtlinie den Kontrollerwerb denjenigen Anteilseignern mitteilen, deren Identität und Adresse dem AIFM zur Verfügung gestellt werden können entweder von dem nicht börsennotierten Unternehmen oder über ein Register, zu dem der AIFM Zugang hat bzw. erhalten kann. Hierbei handelt es sich um eine Kompromissformulierung; der ursprüngliche Vorschlag der Kommission vom 30. April 2009 verpflichtete seinem Wortlaut nach den AIFM, den Kontrollerwerb allen Anteilseignern mitzuteilen. Aber auch die gegenwärtige Regelung wird sich praktisch nicht sinnvoll durchführen lassen. Die Kontaktdaten von Handelsgesellschaften als Gesellschafter sind im Grundsatz nicht aus dem Register des Portfolio-Unternehmens ersichtlich, sondern ggf. erst aus den Registerauszügen dieser Handelsgesellschaften (vgl. z. B. § 8 Abs. 4 Nr. 1 GmbHG). Auch die Publizitätsrichtlinie[48] verlangt keine Offenlegung der Identitätsdaten der Gesellschafter. Bei natürlichen Personen befindet sich aus Datenschutzgründen in der Gesellschafterliste einer GmbH nur der Wohnort des Gesellschafters.[49] Ein Einblick des AIFM in die Daten des Aktionärsregisters (sofern vorhanden) ist dem AIFM als in der Regel Nicht-Aktionär[50] im Grundsatz verwehrt.[51] Aber auch soweit der AIFM auf das Portfolio-Unternehmen

---

[46] Siehe dazu oben Rn. 26 und Art. 26 Rn. 36.

[47] Siehe zu den zuständigen Behörden oben Rn. 29.

[48] Richtlinie 68/151/EWG, geändert durch Richtlinie 2003/58/EG.

[49] § 40 Abs. 1 Satz GmbHG, siehe auch *Zöllner/Noack* in Baumbach/Hueck, GmbHG, § 40 Rn. 12.

[50] Eine Ausnahme kann z. B. bei selbst verwalteten AIF bestehen.

[51] § 67 Abs. 6 AktG, ggf. ist an eine Einsicht gemäß § 810 BGB zu denken; zum Umfang des Einsichtsrechtes siehe *Hüffer*, AktG, § 67 Rn. 29. Auf die aktienrechtlichen Schranken weisen auch *Swoboda/Schatz* in *Striegl/Wiesbrock/Jesch* (Hrsg.), Kapitalbeteiligungsrecht, AIFM-RL-E, Rn. 149, S. 869, hin.

zugeht, wird dieses dem AIFM als in der Regel Nicht-Anteilseigner die Kontaktdaten seiner Gesellschafter entweder aus Datenschutzgründen oder aus gesellschaftsrechtlichen Gründen (Treuepflicht) nicht herausgeben können. Denkbar wäre zwar,
dass der AIFM die Kontaktdaten im Namen des AIF anfordert; mitteilungspflichtig
ist und bleibt jedoch der AIFM im eigenen Namen, so dass die Zulässigkeit der
Datenweitergabe problematisch bleibt. Im Ergebnis erhalten somit diejenigen
Anteilseigner keine Mitteilung über den Kontrollerwerb, deren Kontaktdaten dem
AIFM nicht vorliegen und auch nicht zur Verfügung gestellt werden können. Bei
der **nationalen Umsetzung** wäre deshalb eine Regelung sinnvoll, wonach das
Portfolio-Unternehmen die Mitteilungen an die dem Portfolio-Unternehmen
bekannten Anteilseigner vorzunehmen hat und damit die Mitteilungspflicht des
AIFM erfüllt. Eine solche Regelung wäre nicht nur praktikabler, sondern würde
auch dem Zweck des Richtlinientextes besser gerecht werden („effet-utile")[52].

40   **3. Mitteilungsinhalt.** Die Mitteilung muss zusätzlich zu dem Kontrollerwerb
(Abs. 2) Angaben enthalten zu a) der sich hinsichtlich der Stimmrechte ergebenden Situation, b) den Bedingungen, unter denen die Kontrolle erlangt wurde,
sowie c) das Datum, an dem die Kontrolle erlangt wurde (Abs. 3).

41   **a) Angaben zu der sich hinsichtlich der Stimmrechte ergebenden
Situation.** Bei den Angaben zu der sich hinsichtlich der Stimmrechte ergebenden
Situation sind Angaben erforderlich zum **prozentualen Anteil** der von dem AIF
gehaltenen Stimmrechte an der (abstrakten) Gesamtzahl der Stimmrechte. Erfolgt
der Kontrollerwerb durch einen AIF gemeinsam mit anderen AIFs gemäß Art. 26
Abs. 1, ist der gesamte prozentuale Anteil der von den einzelnen AIF gehaltenen
Stimmrechte als auch der auf die einzelnen AIF aufgeteilte prozentuale Anteil
mitzuteilen.

42   Anzugeben ist neben dem Prozentsatz auch die **Anzahl** der gehaltenen Stimmrechte.[53] Nur bei Kenntnis von der Anzahl der gehaltenen Stimmrechte lässt
sich im konkreten Fall die sich hinsichtlich der Stimmrechte ergebende Situation
beurteilen.

43   **b) Angaben zu den Bedingungen, unter denen die Kontrolle erlangt
wurde.** Die Mitteilung muss Angaben enthalten zu den Bedingungen, unter
denen die Kontrolle erlangt wurde. Die Bedingungen sind als **Umstände** zu
verstehen und damit weiter als Bedingungen im Sinne des § 158 BGB. Dies ergibt
sich aus der beispielhaften Aufzählung der Angaben im zweiten Halbsatz der
Vorschrift – bei keinem dieser Beispiele handelt es sich um Bedingungen im Sinne
des § 158 BGB.

---

[52] Die Mitgliedstaaten sind bei der Richtlinienumsetzung verpflichtet, diejenigen Mittel
zu wählen, die die praktische Umsetzung der Richtlinie unter Berücksichtigung der mit der
Richtlinie verfolgen Zwecke am besten gewährleisten, siehe EuGH, Rs. 48/75, Slg. 1976,
497, Rn. 69/73 B a. E. *(Royer); Ruffert* in *Callies/Ruffert* (Hrsg.), EUV/EGV, Art. 249 EGV
Rn. 48.
[53] Ob bei Meldungen gemäß § 21 WpHG auch die Stimmrechtsanzahl anzugeben ist, ist
umstritten. Die BaFin erfordert sowohl eine Prozentangabe als auch die Angabe der Anzahl
der Stimmrechte, siehe BaFin-Emittentenleitfaden, Stand 28. April 2009, VIII.2.3.9.2 S. 134;
ebenso: *U.-H. Schneider* in *Assmann/Schneider* (Hrsg.), WpHG, § 21 Rn. 121 f.; differenzie-
rend: *Hirte* in *Hirte/Möllers* (Hrsg.), Kölner Kommentar zum WpHG, § 21 Rn. 148 f. und
Dehlinger/Zimmermann in Fuchs, WpHG, § 21 Rn. 73; pragmatisch: *Schwark* in *Schwark/Zim-
mer* (Hrsg.), Kapitalmarktrechtskommentar, WpHG § 21 Rn. 25.

Mitzuteilen sind jedenfalls Angaben zu den im zweiten Halbsatz aufgezählten 44
Beispielen, jeweils soweit einschlägig. Die ggf. darüber hinaus mitzuteilenden
Angaben müssen sich in dem von den Beispielen vorgegebenen Rahmen bewe-
gen, d. h. sich auf **Umstände der Stimmrechtssituation** beziehen. Mitzuteilen
ist deshalb bei einer Beteiligungskette zumindest auch der unmittelbare Anteilseig-
ner. Keiner Angaben bedarf es zu etwaigen Anteilsverpfändungen oder Siche-
rungsabtretungen der Anteile, jedenfalls wenn und solange der AIF weiterhin die
Stimmrechte daraus wie ein Anteilsinhaber ausüben kann. Ebenfalls nicht gemäß
Art. 27 Abs. 3 mitzuteilen sind die Bedingungen des **Erwerbsvertrages** und der
Finanzierung des Kontrollerwerbes.[54]

Mitzuteilen sind die bestehenden Umstände **im Zeitpunkt der Kontroller-** 45
langung. Dieser zeitliche Bezugspunkt ergibt sich aus den Beispielen im zweiten
Halbsatz als auch aus der englischen Fassung des endgültigen Richtlinientextes
(„... the conditions subject to which control was acquired ...").

c) Angabe des Datums, an dem Kontrolle erlangt wurde. Die Mitteilung 46
muss zudem das Datum enthalten, an dem der AIF die Kontrolle erlangt hat. Wie
bei Absatz 1 auch, ist maßgeblicher Zeitpunkt der dingliche Anteilsübergang, also
in der Regel das sog. „Closing".[55]

4. Mitteilungsfrist. Zeitlich muss die Mitteilung so rasch wie möglich erfol- 47
gen, spätestens innerhalb von zehn Arbeitstagen nach dem Tag, an dem der AIF
die Kontrolle über das nicht börsennotierte Unternehmen erlangt hat (Art. 27
Abs. 5).

5. Arbeitnehmerinformation (Abs. 4). a) Ersuchens- und Bemühens- 48
pflicht des AIFM. In seiner Mitteilung an das nicht börsennotierte Unternehmen hat der AIFM den Vorstand des Unternehmens **zu ersuchen,** die Arbeitnehmervertreter ohne unnötige Verzögerung in Kenntnis zu setzen von der
Erlangung der Kontrolle durch den von dem AIFM verwalteten AIF und von den
gemäß Abs. 3 mitzuteilenden Informationen. Falls es keine Arbeitnehmervertreter
gibt, richtet sich das Ersuchen auf entsprechendes In-Kenntnis-Setzen der Arbeitnehmer selbst. Ergänzend hat sich der AIFM **nach besten Kräften zu bemühen**
sicherzustellen, dass der Vorstand die Arbeitnehmervertreter bzw. Arbeitnehmer
ordnungsgemäß im Sinne dieses Artikels informiert.

Die Richtlinie regelt Ersuchens- und Bemühenspflichten des AIFM an mehre- 49
ren Stellen in den Art. 27 bis 29. Der AIFM soll damit zur Information der
Arbeitnehmer der Portfolio-Unternehmens in die Pflicht genommen werden.

Beide Pflichten sind ein **Kompromiss** zwischen politisch gewollter Regelung 50
und tatsächlicher Umsetzung in einer Richtlinie zur Manager-Regulierung. Im
Grundsatz ist eine Pflicht zur Information der Arbeitnehmer besser aufgehoben bei
der Geschäftsführung des Portfolio-Unternehmens. Diese kennt die Arbeitnehmer
und kann die erforderlichen Verfahren betriebsintern umsetzen. Davon geht auch
Beweggrund 54 der Richtlinie aus. Als in der Regel Nicht-Anteilseigner[56] steht
dem AIFM im Übrigen keine rechtliche Möglichkeit zu, auf das Portfolio-Unternehmen entsprechend einzuwirken. Eine sinnvolle nationale Umsetzung sollte

---

[54] In diese Richtung auch *Swoboda/Schatz* in *Striegl/Wiesbrock/Jesch* (Hrsg.), Kapitalbeteiligungsrecht, AIFM–RL–E Rn. 156, S. 870.

[55] Vgl. oben Rn. 22.

[56] Eine Ausnahme kann z. B. bei selbst verwalteten AIF bestehen; vgl. auch Beweggrund 54 der Richtlinie.

deshalb den Vorstand bzw. die Geschäftsführung des Portfolio-Unternehmens zur Informationsweitergabe in die Pflicht nehmen und könnte in Deutschland an die bestehenden Unterrichtungspflichten gegenüber dem Wirtschaftsausschuss bzw. dem Betriebsrat[57] anknüpfen.

51   Die Ersuchens- und Bemühenspflichten des AIFM sind dennoch keine leeren Hüllen. Die **Ersuchenspflicht** verlangt, dass der AIFM in seiner Mitteilung an das Unternehmen, den Vorstand bzw. die Geschäftsführung bittet, die Arbeitnehmer bzw. Arbeitnehmervertreter in Kenntnis zu setzen. Die Ersuchenspflicht übernimmt damit eine **Erinnerungsfunktion** für die Geschäftsführung des Unternehmens.

52   Die **Bemühenspflicht** ist dem Wortlaut nach eine Handlungspflicht und keine Erfolgspflicht. Die Bemühenspflicht ist zudem einschränkend in den Fällen auszulegen, in denen das Portfolio-Unternehmen bzw. dessen Geschäftsführung ohnehin gesetzlich verpflichtet sind, die Arbeitnehmer zu informieren. Weder Regelungszweck noch das Verhältnismäßigkeitsprinzip[58] rechtfertigen in diesen Fällen eine zusätzliche Absicherung durch Inpflichtnahme des AIFM. Die Bemühenspflicht erschöpft sich dann darin, die Informationsweitergabe nicht zu **behindern**.

53   **b) Grenzen der Ersuchens- und Bemühenspflichten.** Mittelbar begrenzt ist sowohl die Ersuchens- als auch die Bemühenspflicht durch die **Grenzen der Informationsweitergabe** an die Arbeitnehmer(vertreter) aus Art. 6 der Richtlinie zur Festlegung eines allgemeinen Rahmens der Unterrichtung und Anhörung der Arbeitnehmer (AURi).

54   Art. 6 Abs. 1 AURi sieht u. a. die Möglichkeit vor, den Arbeitnehmervertretern nicht zu gestatten, ihnen **im Interesse des Unternehmens bzw. Betriebes** als vertraulich mitgeteilte Informationen an Arbeitnehmer bzw. an Dritte weiterzugeben. Darüber hinaus entbindet Art. 6 Abs. 2 AURi den Arbeitgeber im Grundsatz von einer Unterrichtungspflicht der Arbeitnehmer(vertreter), wenn dadurch das Unternehmen bzw. dessen Tätigkeit geschädigt bzw. beeinträchtigt werden könnte. Im deutschen Recht findet sich eine mit Art. 6 Abs. 1 AURi vergleichbare allgemeine Geheimhaltungspflicht des Betriebsrates in § 79 BetrVG für Betriebs- und Geschäftsgeheimnisse. Art. 6 Abs. 2 AURi findet im Grundsatz eine Entsprechung in § 106 Abs. 2 S. 1 BetrVG.[59] Diese Regelung entbindet den Arbeitgeber von einer Unterrichtung der Arbeitnehmervertreter, soweit dadurch Betriebs- oder Geschäftsgeheimnisse gefährdet werden.[60] Die Entscheidungen über die Vertraulichkeit bzw. über die Weitergabe an die Arbeitnehmervertreter trifft jeweils der Arbeitgeber.[61]

55   Die Grenzen des Art. 6 AURi gelten auch bei der Weitergabe von Informationen aus Art. 27 durch den Vorstand bzw. die Geschäftsführung des Unternehmens. Dies wird durch Art. 26 Abs. 6 klargestellt. Die Vorschrift des Art. 26

---

[57] § 106 Abs. 2, Abs. 3 Nr. 9a, § 109a BetrVG.

[58] Der Schutz gegen unverhältnismäßige Eingriffe in die private Betätigung ist ein allgemeiner Grundsatz des Gemeinschaftsrechts, siehe EuGH, Rs. 46/87 und 227/88 v. 21.9.1989, Rn. 19 *(Hoechst); Streinz* in *Streinz* (Hrsg.), EUV/AEUV, Art. 5 EUV, Rn. 41 ff.

[59] Ggf. in Verbindung mit § 109a BetrVG.

[60] § 106 Abs. 1 Satz 2 bzw. § 109 BetrVG.

[61] *Schrader* in *Henssler/Willemsen/Kalb* (Hrsg.), Arbeitsrecht Kommentar, § 106 BetrVG, Rn. 6; *Willemsen/Lembke* in *Henssler/Willemsen/Kalb* (Hrsg.), Arbeitsrecht Kommentar, § 106 BetrVG, Rn. 49.

Abs. 6 wurde erst relativ spät im Rechtssetzungsverfahren eingefügt[62] und soll vermeiden, dass unternehmensinterne Informationen von Wettbewerbern zum Nachteil des Portfolio-Unternehmens und damit zum Nachteil des AIFM bzw. AIF genutzt werden.[63] Die Entscheidung über die Beschränkung der betriebsinternen Informationsweitergabe trifft hier ebenfalls der Arbeitgeber. Die Ersuchens- und Bemühenspflicht des AIFM ist mithin für den AIFM erfüllt, wenn sich der Vorstand bzw. die Geschäftsführung des Portfolio-Unternehmens dafür entscheidet, von Art. 6 AURi im Interesse des Unternehmens Gebrauch zu machen. Die von Art. 6 AURi geschützten Interessen gehen insoweit einer Informationsweitergabe vor. Die Ersuchens- und Bemühenspflicht des AIFM kann im Grundsatz national auch nicht über die Grenze des Art. 6 AURi hinaus umgesetzt werden.[64]

III. Sanktionen

Die Mitgliedstaaten sind verpflichtet, Sanktionen vorzusehen für den Fall, dass der   **56** AIFM seine Pflichten aus Art. 27 verletzt.[65] Anders als § 28 WpHG[66] werden die Sanktionen keinen Rechtsverlust aus den Anteilen des AIF vorsehen können. So kann sich das Portfolio-Unternehmen außerhalb der Jurisdiktion des Herkunftsmitgliedstaats des AIFM befinden. Der Rechtsverlust aus Anteilen wäre dann ein Eingriff in das Gesellschaftsrecht eines ggf. ausländischen Portfolio-Unternehmens.[67] Vor allem aber müssen etwaige Sanktionen verhältnismäßig, insbesondere geeignet sein.[68] Daran fehlt es hier jedenfalls, wenn die Sanktion einen Rechtsverlust aus den Anteilen des AIF vorsieht. Die Sanktion trifft dann mit dem AIF eine Person, für die die Pflichten der AIFM-Richtlinie u. U. überhaupt nicht gelten.[69] Demgemäß sieht Art. 48 Abs. 1 Satz 2 der Richtlinie, anders als Art. 28 Abs. 1 Satz 1 der Transparenzrichtlinie,[70] auch keine zivilrechtlichen Sanktionen vor.

D. Bezüge zum KAGB

Das KAGB-E setzt Art. 27 weitgehend eins-zu-eins in § 289 KAGB-E um.   **57**

---

[62] Vgl. Art. 26 Rn. 114.

[63] Vgl. Beweggrund 58 Satz 2 bis 4.

[64] Dies folgt aus Beweggrund 58 Satz 6. Dieser geht als speziellere Aussage dem Beweggrund 58 Satz 7 vor.

[65] Beweggrund 75 sowie Art. 48 der Richtlinie.

[66] § 28 WpHG geht auf die Sanktionsvorschrift der Transparenzrichtlinie zurück, vgl. z. B. *Kremer/Osterhaus* in *Hirte/Möllers* (Hrsg.), Kölner Kommentar zum WpHG, § 28 Rn. 8 f.; *Schwark* in *Schwark/Zimmer* (Hrsg.), Kapitalmarktrechtskommentar, WpHG § 28 Rn. 1.

[67] Der Rechtsverlust aus den Anteilen gemäß § 28 WpHG wird als eine gesellschaftsrechtliche Regelung verstanden, z. B. von *Kremer/Osterhaus* in *Hirte/Möllers* (Hrsg.), Kölner Kommentar zum WpHG, § 28 Rn. 4 („Börsengesellschaftsrecht"); *U.-H. Schneider* in *Assmann/Schneider* (Hrsg.), WpHG, § 28 Rn. 2; *Dehlinger/Zimmermann* in Fuchs, WpHG, §§ 28 Rn. 1.

[68] Beweggrund 75 Satz 2 sowie Art. 48 Abs. 1 Satz 3 der Richtlinie.

[69] Der Rechtsverlust gemäß § 28 WpHG ist unter dem Übermaßverbot ebenfalls problematisch, vgl. *Opitz* in Schäfer/Hamann, KMG, § 28 WpHG Rn. 1 *Kremer/Osterhaus* in *Hirte/Möllers* (Hrsg.), Kölner Kommentar zum WpHG, § 28 Rn. 5 ff.; *Dehlinger/Zimmermann* in Fuchs, WpHG, §§ 28 Rn. 2 f.; anders wohl *U.-H. Schneider* in *Assmann/Schneider* (Hrsg.), WpHG, § 28 Rn. 3.

[70] Richtlinie 2004/109/EG.

Artikel 28 Offenlegungspflicht bei Erlangung der Kontrolle

AIFM-Richtlinie	KAGB-E
Artikel 28 **Offenlegungspflicht bei Erlangung der Kontrolle**	**§ 290** **Offenlegungspflicht bei Erlangen der Kontrolle**
(1) Die Mitgliedstaaten schreiben vor, dass, wenn ein AIF allein oder gemeinsam die Kontrolle über ein nicht börsennotiertes Unternehmen oder einen Emittenten gemäß Artikel 26 Absatz 1 in Verbindung mit Absatz 5 des genannten Artikels erlangt, der AIFM, der den betreffenden AIF verwaltet, die Informationen gemäß Absatz 2 dieses Artikels a) dem betreffenden Unternehmen; b) den Anteilseignern des Unternehmens, deren Identität und Adresse dem AIFM vorliegen oder ihm von dem Unternehmen oder über ein Register, zu dem der AIFM Zugang hat oder erhalten kann, zur Verfügung gestellt werden können; und c) den zuständigen Behörden des Herkunftsmitgliedstaats des AIFM vorlegt. Die Mitgliedstaaten können vorschreiben, dass die in Absatz 2 festgelegten Informationen auch den für das nicht börsennotierte Unternehmen zuständigen nationalen Behörden vorgelegt werden, die die Mitgliedstaaten für diesen Zweck benennen können. (2) Der AIFM legt die folgenden Informationen vor: a) die Namen der AIFM, die entweder allein oder im Rahmen einer Vereinbarung mit anderen AIFM die AIF verwalten, die die Kontrolle erlangt haben; b) die Grundsätze zur Vermeidung und Steuerung von Interessenkonflikten, insbesondere zwischen dem AIFM, dem AIF und dem Unternehmen, einschließlich Informationen zu den besonderen Sicherheitsmaßnahmen, die getroffen wurden, um sicherzustellen, dass Vereinbarungen zwi-	(1) Erlangt ein AIF allein oder gemeinsam mit anderen AIF die Kontrolle über ein nicht börsennotiertes Unternehmen oder einen Emittenten gemäß § 287 Absatz § 1 in Verbindung mit §§ 288 Absatz § 1, legt die AIF-Kapitalverwaltungsgesellschaft den folgenden Stellen die in Absatz § 2 genannten Informationen vor. 1. dem betreffenden Unternehmen, 2. den Anteilseignern, soweit deren Identität und Adresse der AIF- Kapitalverwaltungsgesellschaft (a) vorliegen, (b) von dem nicht börsennotierten Unternehmen zur Verfügung gestellt werden können oder (c) über ein Register, zu dem die AIF-Kapitalverwaltungsgesellschaft Zugang hat oder erhalten kann, zur Verfügung gestellt werden können, und 3. der Bundesanstalt. (2) Die AIF-Kapitalverwaltungsgesellschaft legt die folgenden Informationen vor: 1. die Identität der AIF-Kapitalverwaltungsgesellschaft, die entweder allein oder im Rahmen einer Vereinbarung mit anderen AIF-Kapitalverwaltungsgesellschaften die AIF verwalten, die die Kontrolle erlangt haben, 2. die Grundsätze zur Vermeidung und Steuerung von Interessenskonflikten, insbesondere zwischen der AIF-Kapitalverwaltungsgesellschaft, dem AIF und dem Unternehmen, einschließlich Informationen zu den besonderen Sicherheitsmaßnahmen, die getroffen wurden, um sicherzustellen, dass Vereinbarungen zwischen der AIF-Kapitalverwaltungs-

AIFM-Richtlinie	KAGB-E
schen dem AIFM und/oder den AIF und dem Unternehmen wie zwischen voneinander unabhängigen Geschäftspartnern geschlossen werden; und	gesellschaft oder dem AIF und dem Unternehmen wie zwischen voneinander unabhängigen Geschäftspartnern geschlossen werden, und
c) die externe und interne Kommunikationspolitik in Bezug auf das Unternehmen, insbesondere gegenüber den Arbeitnehmern.	3. die Grundsätze für die externe und interne Kommunikation in Bezug auf das Unternehmen, insbesondere gegenüber den Arbeitnehmern.
(3) In seiner Mitteilung an das Unternehmen gemäß Absatz 1 Buchstabe a ersucht der AIFM den Vorstand des Unternehmens, die Arbeitnehmervertreter oder, falls es keine solchen Vertreter gibt, die Arbeitnehmer selbst ohne unnötige Verzögerung von den Informationen gemäß Absatz 1 in Kenntnis zu setzen. Der AIFM bemüht sich nach besten Kräften sicherzustellen, dass die Arbeitnehmervertreter oder, falls es keine solchen Vertreter gibt, die Arbeitnehmer selbst ordnungsgemäß vom Vorstand gemäß diesem Artikel informiert werden.	(3) In ihrer Mitteilung nach Absatz § 1 Nummer § 1 ersucht die AIF- Kapitalverwaltungsgesellschaft den Vorstand des Unternehmens, entweder die Arbeit- nehmervertreter oder, falls es keine solchen Vertreter gibt, die Arbeitnehmer selbst unver- züglich von den Informationen gemäß Absatz § 2 in Kenntnis zu setzen. Die AIF- Kapitalverwaltungsgesellschaft bemüht sich nach besten Kräften sicherzustellen, dass der Vorstand entweder die Arbeitnehmervertreter oder, falls es keine solchen Vertreter gibt, die Arbeitnehmer selbst ordnungsgemäß informiert.
(4) Die Mitgliedstaaten schreiben vor, dass, wenn ein AIF allein oder gemeinsam die Kontrolle über ein nicht börsennotiertes Unternehmen gemäß Artikel 26 Absatz 1 in Verbindung mit Absatz 5 des genannten Artikels erlangt, der AIFM, der den betreffenden AIF verwaltet, die Absichten des AIF hinsichtlich der zukünftigen Geschäftsentwicklung des nicht börsennotierten Unternehmens und die voraussichtlichen Auswirkungen auf die Beschäftigung, einschließlich wesentlicher Änderungen der Arbeitsbedingungen, gegenüber folgenden Personen offenlegt oder sicherstellt, dass der AIF diese Absichten diesen Personen gegenüber offenlegt:	(4) Die AIF-Kapitalverwaltungsgesellschaft stellt sicher, dass den in Absatz § 1 Nummer § 1 und 2 genannten Unternehmen und Anteilseignern folgende Informationen offen gelegt werden:
a) dem nicht börsennotierten Unternehmen; und	1. die Absichten des AIF hinsichtlich der zukünftigen Geschäftsentwicklung des nicht börsennotierten Unternehmens und
b) den Anteilseignern des nicht börsennotierten Unternehmens, deren Identität und Adresse dem AIFM	2. die voraussichtlichen Auswirkungen auf die Beschäftigung, einschließlich wesentlicher Änderungen der Arbeitsbedingungen.
	Ferner ersucht die AIF-Kapitalverwaltungsgesellschaft den Vorstand des nicht börsennotierten Unternehmens, die in diesem Absatz genannten Informationen entweder den Arbeitnehmervertretern oder, falls es keine solchen Vertreter gibt, den Arbeitnehmern des nicht börsennotierten Unternehmens selbst zur Verfügung zu stellen, und bemüht sich nach besten Kräften, dies sicherzustellen.

AIFM-Richtlinie	KAGB-E
vorliegen oder ihm von dem nicht börsennotierten Unternehmen oder einem Register, zu dem der AIFM Zugang hat bzw. erhalten kann, zur Verfügung gestellt werden können. Darüber hinaus ersucht der AIFM, der den betreffenden AIF verwaltet, den Vorstand des nicht börsennotierten Unternehmens, die in Unterabsatz 1 festgelegten Informationen den Arbeitnehmervertretern oder, falls es keine solchen Vertreter gibt, den Arbeitnehmern des nicht börsennotierten Unternehmens selbst zur Verfügung stellt, und bemüht sich nach besten Kräften, dies sicherzustellen. (5) Die Mitgliedstaaten schreiben vor, dass, sobald ein AIF die Kontrolle über ein nicht börsennotiertes Unternehmen gemäß Artikel 26 Absatz 1 in Verbindung mit Absatz 5 des genannten Artikels erlangt, der AIFM, der den betreffenden AIF verwaltet, den zuständigen Behörden seines Herkunftsmitgliedstaats und den Anlegern des AIF Angaben zur Finanzierung des Erwerbs vorlegt.	(5) Sobald ein AIF die Kontrolle über ein nicht börsennotiertes Unternehmen §§ 287 Absatz § 1 in Verbindung mit §§ 288 Absatz § 1 erlangt, legt die AIF-Kapitalverwaltungsgesellschaft, die den betreffenden AIF verwaltet, der Bundesanstalt und den Anlegern des AIF Angaben zur Finanzierung des Erwerbs vor.

Literatur: *Henssler/Willemsen/Kalb* (Hrsg.), Arbeitsrecht Kommentar, 4. Auflage, Köln 2010; *Holzapfel/Pöllath*, Unternehmenskauf in Recht und Praxis – Rechtliche und steuerliche Aspekte, 14. Auflage, RWS Verlag Köln 2010; *Kramer/Recknagel*, Die AIFM-Richtlinie – Neuer Rechtsrahmen für die Verwaltung alternativer Investmentfonds, DB 2011, 2077–2084; *Kolbe*, Arbeitnehmerbeteiligung nach der geplanten Richtlinie über die Verwalter alternativer Investmentfonds, DB 2009, 1874–1878; *Spindler/Tancredi*, Die Richtlinie über Alternative Investmentfonds (AIFM-Richtlinie) – Teil 2, WM 2011, 1441–1448; *Striegl/Wiesbrock/Jesch* (Hrsg.), Kapitalbeteiligungsrecht, Stuttgart 2009. Siehe zudem das Literaturverzeichnis bei Vorbemerkung zu Artikel 26–30.

Übersicht

A. Zweck, Anwendungsbereich und Entstehungsgeschichte

Mit Artikel 28 adressiert die AIFM-Richtlinie zwei früh im Rechtsetzungspro- **1** zess angesprochene Kritikpunkte:[1] eine zu verbessernde **Informationspolitik** gegenüber dem Portfolio-Unternehmen und deren Arbeitnehmern sowie das Auftreten von **Interessenkonflikten** bei Investitionen von Private Equity Fonds in Portfolio-Unternehmen. Art. 28 setzt dabei auf umfangreiche Informationspflichten des AIFM.

Der Anwendungsbereich des Art. 28 ist eröffnet, wenn ein AIF allein oder **2** gemeinsam die Kontrolle über ein nicht börsennotiertes Unternehmen oder einen Emittenten erlangt. Wie Artikel 27 gilt der Artikel damit auch bei Kontrollerwerben an **notierten Unternehmen,** wenn diese außerhalb eines geregelten Marktes börsennotiert sind (näher Art. 27 Rn. 14). Darüber hinaus erfasst der Artikel über den **Emittentenbegriff** am geregelten Markt notierte Unternehmen mit Satzungssitz in der Europäischen Union. Mit der Erfassung von Emittenten versucht die Richtlinie einen Gleichlauf zu schaffen zwischen den Kontrollerwerben an Emittenten und den unter der Übernahmerichtlinie[2] bestehenden Informationspflichten einerseits und den außerhalb geregelter Märkte erfolgenden Kontrollerwerben durch Private Equity Fonds andererseits.

Der **erste Kommissionsentwurf** vom 30. April 2009 sah noch eine stärkere **3** systematische und inhaltliche Trennung vor zwischen den Informationspflichten bei einem Kontrollerwerb über einen Emittenten und bei einem Kontrollerwerb über ein nicht börsennotiertes Unternehmen. Bei Emittenten knüpfte der Entwurf an den Inhalt der übernahmerechtlichen Angebotsunterlage[3] an. Danach waren neben Angaben zur Kommunikationspolitik und Umgang mit Interessenkonflikten u. a. Angaben erforderlich zu den Konditionen des Übernahmeangebots, den Absichten bezüglich der Geschäftstätigkeit und zur Beschäftigungssituation bei der Zielgesellschaft. Für einen Kontrollerwerb an nicht börsennotierten Unternehmen

---

[1] Zum Beispiel European Commission, Feedback Statement, Overview of the Contributions to the Expert Group Reports on Investment Funds in Europe, 26 October 2006, S. 23, abrufbar unter: http://ec.europa.eu/internal_market/investment/alternative_investments_ en.htm; Stellungnahme der Gruppe der Sozialisten im Parlament vom 20. September 2006, abrufbar unter: http://ec.europa.eu/internal_market/investment/consultations/comment-seg_en.htm; „Lehne-Bericht", S. 6 f., 9, abrufbar unter: http://www.europarl.europa.eu/ sides/getDoc.do?pubRef=-//EP//NONSGML+REPORT+A6-2008-0296+0+DOC+PDF+V0//DE, zuletzt abgerufen: 10.1.2012.

[2] Richtlinie 2004/25/EG.

[3] Vgl. Art. 6 Abs. 3 der Übernahmerichtlinie (Richtlinie 2004/25/EG); § 11 Abs. 2 WpÜG, § 2 WpÜG-AngebotsVO.

genügten dagegen Angaben zur Identität des AIFM und zum Entwicklungsplan für das Unternehmen (neben den Angaben zur Kommunikationspolitik und zum Umgang mit Interessenkonflikten).

4   Die **gegenwärtige Fassung** des Art. 28 vereinheitlicht die Informationspflichten des AIFM bei Kontrollerwerben eines AIF über Emittenten und über nicht börsennotierte Unternehmen. Bei nicht börsennotierten Unternehmen sind Informationspflichten aus der übernahmerechtlichen Angebotsunterlage hinzugekommen (Art. 28 Abs. 4 und Abs. 5). Dagegen verzichtet der Text bei Emittenten auf die ausdrückliche Anknüpfung an die ohnehin anwendbaren übernahmerechtlichen Informationspflichten.

B. Überblick über den Artikel

I. Wesentlicher Inhalt

5   Artikel 28 regelt Informationspflichten bei dem Erwerb der Kontrolle über nicht börsennotierte Unternehmen bzw. über Emittenten durch einen AIF. Der Artikel unterscheidet zwei Arten von Informationspflichten: Informationspflichten, die sowohl für den Kontrollerwerb an Emittenten als auch an nicht börsennotierten Unternehmen gelten (Absätze 1 bis 3) sowie Informationspflichten, die nur bei Kontrollerwerben über nicht börsennotierte Unternehmen greifen (Absätze 4 und 5).

II. Normkontext

6   Artikel 28 steht innerhalb der AIFM-Richtlinie im Zusammenhang mit den Mitteilungspflichten des Art. 27 und den allgemeinen Vorgaben für den zweiten Abschnitt in Art. 26. Der Artikel knüpft außerdem an die Beweggründe 52 bis 54 sowie 56 und 58 an. Außerhalb der AIFM-Richtlinie ist der Artikel vor allem im Kontext zur **Übernahmerichtlinie**[4] zu sehen. Darüber hinaus ergänzt der Artikel im Bereich der Arbeitnehmerinformation sowohl die Übernahmerichtlinie[5] als auch die Betriebsübergangsrichtlinie[6] sowie die Richtlinie zur Festlegung eines Rahmens für die Unterrichtung und Anhörung der Arbeitnehmer[7].

7   Im **deutschen Recht** bestehen neben den Vorgaben des WpÜG für Kontrollerwerbe am geregelten Markt bereits spezifische Vorschriften, um die Information der Beteiligten bei Investitionen von Private Equity Fonds und Hedgefonds zu verbessern. So verlangt § 27a WpHG Angaben zu den Zielen eines Beteiligungserwerbes und zur Mittelherkunft beim Erwerb wesentlicher Beteiligungen an im geregelten Markt notierten Unternehmen.[8] Im Betriebsverfassungsrecht existieren bei Kontrollwechseln Unterrichtungspflichten des Unternehmers gegenüber dem Wirtschaftsausschuss bzw. dem Betriebsrat (§§ 106 Abs. 2 Satz 2 i. V. m. Abs. 3

---

[4] Richtlinie 2004/25/EG.
[5] Vgl. Art. 14 Übernahmerichtlinie (Richtlinie 2004/25 EG).
[6] Richtlinie 2001/23/EG.
[7] Richtlinie 2002/14/EG.
[8] Die Vorschrift gilt nur für Beteiligungen an Emittenten, für die die BRD Herkunftsstaat ist, § 27 Abs. 1 Satz 1 WpHG.

Nr. 9a bzw. § 109a BetrVG). Die betriebsverfassungsrechtlichen Unterrichtungspflichten gelten für notierte als auch für nicht notierte Unternehmen.[9]

C. Der Artikel im Einzelnen

I. Vorlagepflichten bei Kontrollerlangung über nicht börsennotierte Unternehmen oder über Emittenten (Abs. 1–2)

Erlangt ein AIF allein oder gemeinsam die Kontrolle[10] über ein nicht börsenno- **8** tiertes Unternehmen[11] oder über einen Emittenten, haben die Mitgliedstaaten für den AIFM, der den betreffenden AIF verwaltet,[12] die besonderen Vorlagepflichten des AIFM aus Art. 28 Abs. 1 und 2 vorzuschreiben. Art. 28 unterscheidet dabei zwischen den Adressaten der Informationen in Abs. 1 und dem Inhalt der Informationen in Abs. 2.

1. Adressaten der vorzulegenden Informationen (Abs. 1). Der AIFM hat **9** die in Abs. 2 näher bestimmten Informationen dem betreffenden Unternehmen sowie denjenigen Anteilseignern, deren Identität und Adresse dem AIFM vorliegen bzw. verfügbar sind[13]. Darüber hinaus sind die Informationen auch den zuständigen Behörden des Herkunftsmitgliedstaates des AIFM[14] vorzulegen.

Optional können die Mitgliedstaaten vorschreiben, dass die für das nicht bör- **10** sennotierte Unternehmen **zuständigen nationalen Behörden** entsprechend informiert werden (Abs. 1 Satz 2). Diese Option und der damit verbundene zusätzliche Verwaltungsaufwand ist nur sinnvoll, wenn es sich dabei um Behörde(n) handelt, die eine inhaltliche Aufsicht über die Unternehmen ausüben (wie z. B. die KWG-Aufsicht über Kreditinstitute). Das jeweilige Registergericht mithin dafür nicht in Betracht. Eine Vorlage beim Registergericht hätte keine weitere Funktion als die Offenlegung der Informationen. Eine Offenlegung ist von Art. 28 Abs. 1 aber nicht gedeckt. Hinzukommt, dass eine Einreichung von Unterlagen durch unternehmensfremde Dritte (AIFM) beim Registergericht nicht in das deutsche System von Anmeldungen zum Register passt, wonach Anmeldungen durch den Kaufmann bzw. die Gesellschafter oder gesetzlichen Vertreter des Unternehmens erfolgen.[15]

2. Vorzulegende Informationen (Abs. 2). Der AIFM hat bei Kontroller- **11** langung über das Portfolio-Unternehmen durch einen AIF die folgenden Informationen vorzulegen: a) die Identität des bzw. der AIFM, b) die Grundsätze zur Vermeidung und Steuerung von Interessenkonflikten und c) die externe und interne Kommunikationspolitik in Bezug auf das Unternehmen.

---

[9] *Willemsen/Lembke* in Henssler/Willemsen/Kalb, Arbeitsrecht Kommentar, § 106 BetrVG, Rn. 47a; zu einer möglichen Umsetzung der AIFM-Richtlinie in das BetrVG siehe *Kolbe* DB 2009, 1874 (1876 ff.).

[10] Siehe dazu Art. 26 Rn. 35 ff.

[11] Zum Begriff des nicht börsennotierten Unternehmens siehe Art. 27 Rn. 14 und Art. 26 Rn. 28 ff.

[12] Siehe dazu oben Art. 27 Rn. 26 sowie Art. 26 Rn. 36.

[13] Siehe hierzu die Kommentierung zu Art. 27 Rn. 39.

[14] Siehe hierzu die Kommentierung zu Art. 27 Rn. 29 f.

[15] Vgl. z. B. § 29 HGB (Einzelkaufmann), § 108 HGB (OHG), § 78 GmbHG.

12   **a) AIFM-Identität.** Der AIFM hat die Namen derjenigen AIFM vorzulegen, die entweder allein oder im Rahmen einer Vereinbarung mit einem anderen AIFM diejenigen AIF verwalten, die die Kontrolle erlangt haben.

13   Die vorzulegenden Angaben sind umfassend im Sinne von **Angaben zur Identifizierung** des AIFM zu verstehen. Dies ergibt sich aus dem Informationszweck der Vorschrift sowie aus der englischen Textfassung („identity"). Anzugeben sind deshalb neben dem Namen bzw. der Firma des AIFM auch dessen Sitz, die Adresse und, soweit vorhanden, Register und Registernummer.

14   Sofern der AIFM im Rahmen einer Vereinbarung mit einem **anderen AIFM**[16] diejenigen AIF verwaltet, die die Kontrolle erlangt haben, hat der AIFM auch Angaben zur Identifizierung dieser AIFM vorzulegen.

15   Zur Identitätsangabe gehört nicht die Angabe der für den jeweiligen AIFM **zuständigen Aufsichtsbehörde.** Als strengere Regelung ist ein solches Erfordernis national möglich (Art. 26 Abs. 7).

16   Ebenfalls nicht zur Identitätsangabe gehört die **Identität des AIF.** Die Offenlegung der Identitätsdaten des AIF erfolgt über die Anteilseignerkontrolle, d.h. bei nicht börsennotierten Unternehmen über Art. 27 Abs. 2 und bei Emittenten über Art. 6 Abs. 3 Buchstabe b der Übernahmerichtlinie[17].

17   **b) Grundsätze zur Vermeidung und Steuerung von Interessenkonflikten.** Der AIFM hat zudem Grundsätze zur Vermeidung und Steuerung von Interessenkonflikten vorzulegen, insbesondere zu Interessenkonflikten zwischen dem AIFM, dem AIF und dem Portfolio-Unternehmen. Hierzu gehören auch Informationen zu den besonderen Sicherheitsmaßnahmen, die getroffen wurden, um sicherzustellen, dass Vereinbarungen zwischen dem AIFM und/oder dem AIF und dem Portfolio-Unternehmen wie zwischen voneinander unabhängigen Geschäftspartnern geschlossen werden.[18]

18   Die Regelung erfasst nicht sämtlich mögliche Interessenkonflikte. Mit der Regelung sind Interessenkonflikte gemeint, die jedenfalls auch **in Bezug auf das Portfolio-Unternehmen** bestehen können. Hierzu zählen beispielsweise Interessenkonflikte aus Gebühren, die der AIFM dem Portfolio-Unternehmen in Rechnung stellt, wie etwa für die Durchführung der Transaktion („Deal-Fees") oder für die Überwachung bzw. Beratung des Portfolio-Unternehmens („Monitoring-Fees" bzw. „Advisory-Fees").[19] In diesem Zusammenhang ist ggf. auch über Sicherheitsmaßnahmen zu berichten, die getroffen worden sind, um die Fremdvergleichstauglichkeit dieser Vereinbarungen sicherzustellen (z. B. Zustimmungserfordernis des Aufsichtsrats bzw. Beirats des Portfolio-Unternehmens oder des AIF). Soweit die Finanzierung des Kaufpreises bzw. die Rückführung einer Kaufpreisfremdfinanzierung zu Lasten des Portfolio-Unternehmens erfolgen soll, handelt es sich ebenfalls um einen zu behandelnden Interessenkonflikt. Auch die dem Management oder dem Veräußerer des Portfolio-Unternehmens gewährten

---

[16] Siehe hierzu Art. 26 Abs. 1 Buchstabe b sowie die Kommentierung bei Art. 26 Rn. 43 ff.

[17] Richtlinie 2004/25/EG.

[18] Kritisch hierzu *Swoboda/Schatz* in Striegl/Wiesbrock/Jesch, Kapitalbeteiligungsrecht, AIFM-RL-E, Rn. 150 f., S. 869 f.

[19] Vgl. European Commission, Feedback Statement, Overview of the Contributions to the Expert Group Reports on Investment Funds in Europe, 26 October 2006, S. 23; *Rasmussen*, Stellungnahme auf der Konferenz der Kommission zu Private Equity und Hedgefonds, 26. Februar 2009, unter C 4, abrufbar unter: http://ec.europa.eu/internal_market/invest ment/docs/conference/rasmussen_en.pdf, zuletzt abgerufen: 10.1.2012.

Beteiligungen bzw. Beteiligungsprogramme an dem Portfolio-Unternehmen dürften von der Regelung erfasst sein.[20] Diese Beteiligungen werden in der Regel gewährt, um einen Gleichlauf der Interessen des Managements bzw. des Veräußerers des Portfolio-Unternehmens einerseits und des AIF bzw. des AIFM andererseits zu erreichen.[21]

Nicht erfasst sind **Interessenkonflikte zwischen dem AIFM** bzw. dessen **19** Team **und dem AIF** bzw. dessen Anlegern. Interessenkonflikte auf dieser Ebene sind weder für das Portfolio-Unternehmen noch dessen Arbeitnehmer von Bedeutung. Auch ergibt eine Vorlage der entsprechenden Grundsätze an die zuständigen Behörden im Rahmen des Art. 28 wenig Sinn. Die zuständigen Behörden des Herkunftsmitgliedstaates des AIFM überwachen diese Interessenkonflikte bereits aufgrund der allgemeinen Organisationsanforderungen an den AIFM (vgl. Art. 12 Abs. 1 Buchstabe d).

Art. 28 Abs. 2 enthält **keine inhaltlichen Vorgaben** an das Vermeiden und **20** Steuern von Interessenkonflikten. Der Artikel informiert lediglich über die vorhandenen Grundsätze. Art. 28 Abs. 2 verpflichtet deshalb nicht den AIFM, im Interesse des Portfolio-Unternehmens zu handeln. Die Grundsätze des Art. 28 Abs. 2 können daher Interessenkonflikte auch zulasten des Portfolio-Unternehmens vermeiden bzw. lösen. Faktisch wird die Informationspflicht jedoch einen Interessenausgleich zwischen dem AIFM, dem AIF und dem Portfolio-Unternehmen bewirken.

Die Grundsätze müssen einen **Detaillierungsgrad** aufweisen, der für die **21** Adressaten die Interessenkonflikte und deren Handhabung (Vermeidung und Steuerung) erkennen lässt. Maßstab ist der verständige objektive Empfängerhorizont.

c) Externe und interne Kommunikationspolitik. Der AIFM hat zudem **22** die externe und interne Kommunikationspolitik in Bezug auf das Portfolio-Unternehmen, insbesondere gegenüber den Arbeitnehmern, vorzulegen. Die Regelung ist Ausfluss der im Rechtsetzungsverfahren gewünschten verbesserten Informationspolitik bei Private Equity Investitionen gegenüber den Arbeitnehmern und der Öffentlichkeit im Allgemeinen.[22] Die Vorschrift enthält **keine inhaltlichen Vorgaben** an die Kommunikationspolitik. Es reicht, wenn der AIFM mitteilt, wie man sich die Kommunikation vorstellt. Unter Umständen genügt der Hinweis, die externe und interne Kommunikation gemäß den gesetzlichen Vorgaben durchzuführen (z. B. über den Wirtschaftsausschuss des Unternehmens gemäß § 106 Abs. 2 BetrVG).

---

[20] Vgl. European Commission, Feedback Statement, Overview of the Contributions to the Expert Group Reports on Investment Funds in Europe, 26 October 2006, S. 23.

[21] Näher zu Managementbeteiligungen z. B. *Holzapfel/Pöllath*, Unternehmenskauf, Rn. 700 ff.

[22] Z.B. European Commission, Feedback Statement, Overview of the Contributions to the Expert Group Reports on Investment Funds in Europe, 26 October 2006, S. 23, abrufbar unter: http://ec.europa.eu/internal_market/investment/alternative_investments_en.htm; Stellungnahme der Gruppe der Sozialisten im Parlament vom 20. September 2006, abrufbar unter: http://ec.europa.eu/internal_market/investment/consultations/commentseg_en.htm, zuletzt abgerufen: 10.1.2012; Stellungnahme Wirtschafts- und Sozialausschuss vom 5. November 2009, Ziffern 1.13 und 1.14 (2010 C 128/56); Stellungnahme Wirtschafts- und Sozialausschuss vom 29. April 2010, Ziffer 1.7 (2011 C 18, 90).

II. Arbeitnehmerinformation (Abs. 3)

23   In seiner Mitteilung an das Unternehmen hat der AIFM den Vorstand des Unternehmens **zu ersuchen,** die Arbeitnehmervertreter ohne unnötige Verzögerung von den gemäß Abs. 1 vorzulegenden Informationen in Kenntnis zu setzen. Falls es keine Arbeitnehmervertreter gibt, richtet sich das Ersuchen auf entsprechendes In-Kenntnis-Setzen der Arbeitnehmer selbst. Darüber hinaus hat sich der AIFM **nach besten Kräften zu bemühen** sicherzustellen, dass der Vorstand die Arbeitnehmervertreter bzw. Arbeitnehmer ordnungsgemäß im Sinne dieses Artikels informiert. Diese Ersuchens- und Bemühenspflicht orientiert sich an der entsprechenden Pflicht in Art. 27 Abs. 4. Die dortige Kommentierung gilt hier entsprechend (Art. 27 Rn. 48 ff.).

III. Besondere Offenlegungspflichten bei Kontrollerwerb an nicht börsennotierten Unternehmen (Abs. 4–5)

24   Erlangt ein AIF die Kontrolle über ein nicht börsennotiertes Unternehmen, greifen für den AIFM[23] die zusätzlichen Informationspflichten aus Art. 28 Abs. 4 und Abs. 5. Die Informationspflichten umfassen Angaben zu den Absichten des AIF zur Geschäftsentwicklung sowie die voraussichtlichen Auswirkungen auf die Beschäftigungssituation beim nicht börsennotierten Unternehmen (Abs. 4). Darüber hinaus müssen Angaben zur Finanzierung des Kontrollerwerbs vorgelegt werden (Abs. 5).

25   Art. 28 Abs. 4 und Abs. 5 gelten **nur für den Kontrollerwerb an nicht börsennotierten Unternehmen.** Sie erklären sich aus der beabsichtigten Gleichstellung mit Kontrollerwerben über Emittenten. Erlangt ein AIF Kontrolle über Emittenten, gelten für den AIF die übernahmerechtlichen Informationspflichten[24] aus Art. 6 Abs. 3 Buchstaben i und l der Übernahmerichtlinie[25]. Danach ist ein Bieter (AIF) übernahmerechtlich verpflichtet, in seiner Angebotsunterlage bestimmte Angaben über die Zielgesellschaft bekannt zu machen.[26] Diese Angaben entsprechen weitgehend den von Art. 28 Abs. 4 und Abs. 5 geforderten Angaben. Der AIFM-Richtliniengeber konnte deshalb darauf verzichten, den Kontrollerwerb an Emittenten in die Art. 28 Abs. 4 und Abs. 5 einzubeziehen. Konsequenterweise bedarf es der Pflichten aus Art. 28 Abs. 4 und Abs. 5 nicht, wenn ein Emittent nach einem Kontrollerwerb unter der Übernahmerichtlinie aus dem geregelten Markt ausscheidet. Zwar ist mit dem **Ausscheiden aus dem geregelten Markt** der Anwendungsbereich des Art. 27 und Art. 28 im Grundsatz eröffnet. Allerdings besteht kein Bedürfnis für die Informationspflichten aus Art. 28 Abs. 4 und Abs. 5, wenn dem Kontrollerwerb zuvor eine gemäß der Übernahmerichtlinie erstellte Angebotsunterlage vorausging und sich im Übrigen bei den darin mitgeteilten Angaben nichts geändert hat.

26   **1. Absichten des AIF bzgl. Geschäftsentwicklung und Beschäftigungssituation (Abs. 4).** Art. 28 Abs. 4 verlangt bei einem Kontrollerwerb über ein

---

[23] Siehe zu den erfassten AIFM bereits die Kommentierung bei Art. 27 Rn. 26 sowie Art. 26 Rn. 35.

[24] Dies übersehen *Kramer/Recknagel* DB 2011, 2077, 2083, wonach die Mitteilungspflichten für nicht börsennotierte Unternehmen vom Umfang her strenger seien.

[25] Richtlinie 2004/25/EG.

[26] Siehe Art. 6 Abs. 3 Buchstaben i und l der Übernahmerichtlinie (Richtlinie 2004/25/EG) sowie § 11 Abs. 2 S. 3 Nr. 2 WpÜG.

nicht börsennotiertes Unternehmen von dem betreffenden AIFM zweierlei offenzulegen: (i) die **Absichten des AIF** hinsichtlich der künftigen Geschäftsentwicklung sowie (ii) die voraussichtlichen Auswirkungen dieser Absichten auf die
Beschäftigung beim Portfolio-Unternehmen, einschließlich wesentlicher Änderungen der Arbeitsbedingungen.

a) Orientierung am Übernahmerecht. Zur Konkretisierung der inhaltli- 27
chen Anforderungen bietet es sich an, auf die übernahmerechtlichen Informationspflichten aus der Angebotsunterlage zurückzugreifen. Im Übernahmerecht hat ein
Bieter in der Angebotsunterlage ebenfalls seine Absichten anzugeben zur künftigen
Geschäftstätigkeit der Zielgesellschaft sowie zu deren voraussichtlichen Auswirkungen auf die Arbeitsplätze und Beschäftigungsbedingungen (Art. 6 Abs. 3
Buchstabe i Übernahmerichtlinie). Für die Zulässigkeit eines Rückgriffs auf das
Übernahmerecht spricht die in der Systematik und Entstehungsgeschichte angelegte Orientierung am Übernahmerecht. Demgemäß stimmt zumindest in der
englischen Textfassung auch der Wortlaut der Textteile überein. Vor allem aber
gebietet der Regelungszweck, die gleichen Informationen bei Kontrollerwerben
an Emittenten als auch an nicht börsennotierten Unternehmen offenzulegen. Aus
Sicht der Arbeitnehmer und der Portfolio-Unternehmen macht es keinen Unterschied, ob es sich um einen Kontrollerwerb durch einen AIF an Emittenten oder
an nicht börsennotierten Unternehmen handelt.

b) Offenlegungsadressaten und verpflichteter AIFM. Die Offenlegung 28
der Angaben hat gegenüber dem nicht börsennotierten Unternehmen sowie
gegenüber den Anteilseignern des Unternehmens zu erfolgen, deren Identität und
Adresse dem AIFM bekannt sind oder zugänglich bzw. verfügbar sind[27].

Zur Offenlegung verpflichtet ist der AIFM, der denjenigen AIF verwaltet, der 29
die Kontrolle allein oder gemeinsam erlangt hat. Dieser AIFM muss die entsprechenden Informationen entweder selbst offenlegen oder sicherstellen, dass der
AIF diese Absichten offenlegt.

c) Arbeitnehmerinformation. Darüber hinaus hat der AIFM den Vorstand 30
des Unternehmens **zu ersuchen,** die Arbeitnehmervertreter ohne unnötige Verzögerung in Kenntnis zu setzen von den Informationen über die Absichten des
AIF. Falls es keine Arbeitnehmervertreter gibt, richtet sich das Ersuchen auf entsprechendes In-Kenntnis-Setzen der Arbeitnehmer selbst. Dem Ersuchen kann
der AIFM dadurch nachkommen, indem er eine entsprechende Bitte an den
Vorstand bzw. das gesetzliche Vertretungsorgan in der Offenlegung seiner Absichten gegenüber dem Unternehmen (Abs. 4 Buchstabe a) beifügt. Ergänzend hat
sich der AIFM **nach besten Kräften zu bemühen** sicherzustellen, dass der
Vorstand die Arbeitnehmervertreter bzw. Arbeitnehmer ordnungsgemäß im Sinne
dieses Artikels informiert. Diese Ersuchens- und Bemühenspflicht orientiert sich
an der entsprechenden Pflicht in Art. 27 Abs. 4. Die Ausführungen zur Ersuchens-
und Bemühenspflicht des Art. 27 Abs. 4 gelten daher entsprechend[28]. Auch greift
hier gleichfalls die Grenze des Art. 26 Abs. 6[29].

2. Angaben zur Finanzierung des Erwerbs (Abs. 5). Die Mitgliedstaaten 31
haben außerdem vorzuschreiben, dass bei Kontrollerlangung über ein nicht bör-

---

[27] Vgl. hierzu Art. 27 Rn. 39.
[28] Näher Art. 27 Rn. 48 ff.
[29] Siehe dazu näher Art. 27 Rn. 53 ff..

sennotiertes Unternehmen durch einen AIF, der AIFM, der den AIF verwaltet, Angaben zur Finanzierung des Erwerbs vorlegt, und zwar den zuständigen Behörden seines Herkunftsmitgliedstaates und den Anlegern des AIF (Abs. 5).

32   Bei der nationalen Umsetzung des Absatzes 5 liegt es auf den ersten Blick nahe, sich ebenfalls am **Übernahmerecht** zu orientieren. Die Übernahmerichtlinie[30] verlangt in der Angebotsunterlage gleichfalls „Angaben zur Finanzierung" des Angebots (Art. 6 Abs. 3 Buchstabe l Übernahmerichtlinie). Jedoch bezwecken die Angaben zur Finanzierung im Übernahmerecht, die Aktionäre und die Zielgesellschaft vor unseriösen Angeboten zu schützen.[31] Demgegenüber hat Art. 28 Abs. 5 sowohl einen anderen Zweck als auch einen anderen Adressatenkreis, nämlich die Information der Anleger des betreffenden AIF sowie der zuständigen Behörde des Herkunftsmitgliedstaates. Deshalb wird Art. 28 Abs. 5 inhaltlich eigenständig auszulegen sein und sich an dem Informationsbedarf seines Adressatenkreises ausrichten müssen.

33   Im Ergebnis dürften sich die Angaben zur Finanzierung auf allgemeine Angaben zum eingesetzten Eigen- und Fremdkapital beschränkenunter Angabe der **Höhe des eingesetzten Eigen- und Fremdkapitals** innerhalb der gesamten Erwerbsstruktur. Dies folgt aus dem Informationszweck der Vorschrift, die Anleger des AIF sowie die zuständigen Behörden im Rahmen der Überwachung allgemeiner Systemrisiken zu informieren.

34   Soweit der AIFM die Informationen auch an die Anleger des AIF zu übermitteln hat, genügt eine Übermittlung im Rahmen des allgemeinen Berichtswesens des AIF. Eine „ad-hoc Mitteilung" an die Anleger ist von deren Informationsbedürfnis nicht geboten.

IV. Fristen und Sanktionen

35   Die Informationen unter Art. 28 hat der AIFM dem Wortlaut nach vorzulegen bzw. offenzulegen, „wenn" bzw. „sobald" der AIF die Kontrolle über das Unternehmen erlangt. Diese Vorgaben sind nicht als „sofort" zu verstehen, sondern entsprechend Art. 27 Abs. 5 als **so rasch wie möglich.** Für die Angaben gemäß Art. 28 muss dem AIFM mindestens der Zeitraum verbleiben, den der Richtliniengeber dem AIFM auch für die Mitteilung des Kontrollerwerbs zubilligt.

36   Die Mitgliedstaaten sind verpflichtet, Sanktionen vorzusehen für den Fall, dass der AIFM seine Pflichten aus Art. 28 verletzt.[32] Auf die Ausführungen zu Artikel 27 Rn. 56 wird verwiesen.

D. Bezüge zum KAGB-E

37   Das KAGB-E setzt Art. 28 weitgehend eins-zu-eins in § 290 KAGB-E um. Von dem in der Richtlinie vorgesehenen Wahlrecht, die vorzulegenden Informationen auch der für das Unternehmen zuständigen nationalen Behörde vorzulegen, hat der Entwurfsgesetzgeber keinen Gebrauch gemacht (vgl. Art. 28 Abs. 1 Satz 2).

---

[30] Richtlinie 2004/25/EG.

[31] *Noack/Holzborn* in Schwark/Zimmer, Kapitalmarktrechtskommentar, WpÜG § 11 Rn. 18; *Seydel* in Hirte/Möllers, Kölner Kommentar zum WpÜG, § 11 Rn. 59; *Bosch/Meyer* in Assmann/Pötzsch/U. Schneider, WpÜG, § 11 Rn. 90.

[32] Beweggrund 75 sowie Art. 48 der Richtlinie.

Artikel 29 Besondere Bestimmungen hinsichtlich des Jahresberichts von AIF, die die Kontrolle über nicht börsennotierte Unternehmen ausüben

AIFM-Richtlinie	KAGB-E
Artikel 29 Besondere Bestimmungen hinsichtlich des Jahresberichts von AIF, die die Kontrolle über nicht börsennotierte Unternehmen ausüben	§ 291 Besondere Vorschriften hinsichtlich des Jahresabschlusses und des Lageberichts
(1) Die Mitgliedstaaten schreiben vor, dass, wenn ein AIF allein oder gemeinsam die Kontrolle über ein nicht börsennotiertes Unternehmen gemäß Artikel 26 Absatz 1 in Verbindung mit Absatz 5 des genannten Artikels erlangt, der AIFM, der den betreffenden AIF verwaltet, entweder a) darum ersucht und sich nach besten Kräften bemüht sicherzustellen, dass der Jahresbericht des nicht börsennotierten Unternehmens innerhalb der Frist, die in den einschlägigen nationalen Rechtsvorschriften für die Erstellung eines solchen Jahresberichts vorgesehen ist, gemäß Absatz 2 erstellt und vom Vorstand des Unternehmens allen Arbeitnehmervertretern oder, falls es keine solchen Vertreter gibt, den Arbeitnehmern selbst zur Verfügung gestellt wird; oder b) für jeden betreffenden AIF in den gemäß Artikel 22 vorgesehenen Jahresbericht zusätzlich die in Absatz 2 genannten Informationen über das betreffende nicht börsennotierte Unternehmen aufnimmt. (2) Die zusätzlichen Informationen, die gemäß Absatz 1 in den Jahresbericht des Unternehmens oder des AIF aufgenommen werden müssen, müssen zumindest einen Bericht über die Lage am Ende des von dem Jahresbericht abgedeckten Zeitraums enthalten, in dem der Geschäftsverlauf der Gesellschaft so dargestellt wird, dass ein den tatsächlichen Verhältnissen entsprechendes	(1) Besondere Vorschriften hinsichtlich des Jahresabschlusses und des Lageberichts 1. darum zu ersuchen und nach besten Kräften sicherzustellen, dass der Jahresabschluss und, sofern gesetzlich vorgeschrieben, der Lagebericht, des nicht börsennotierten Unternehmens innerhalb der Frist, die in den einschlägigen nationalen Rechtsvorschriften für die Erstellung der genannten Unterlagen vorgesehen ist, gemäß Absatz 2 erstellt, um die Information nach Absatz 2 ergänzt und von den gesetzlichen Vertretern des Unternehmens den Arbeitnehmervertretern oder, falls es keine solchen Vertreter gibt, den Arbeitnehmern selbst zur Verfügung gestellt wird, oder 2. für jeden betreffenden AIF in den gemäß § 144 oder § 154 vorgesehenen Jahresbericht zusätzlich die in Absatz 2 genannten Informationen über das betreffende nicht börsennotierte Unternehmen aufzunehmen. (2) Die zusätzlichen Informationen gemäß Absatz 1 Nummer 2 müssen zumindest einen Bericht über die Lage des nicht börsennotierten Unternehmens am Ende des vom dem Jahresabschluss oder Jahresbericht abgedeckten Zeitraums enthalten, in dem der Geschäftsverlauf des Unternehmens so dargestellt wird, dass ein den tatsächlichen Verhältnissen entsprechendes Bild entsteht. Der Bericht soll außer-

AIFM-Richtlinie	**KAGB-E**
Bild entsteht. Der Bericht soll außerdem Angaben zu Folgendem enthalten:	dem folgende Informationen enthalten:
a) Ereignisse von besonderer Bedeutung, die nach Abschluss des Geschäftsjahres eingetreten sind;	1. Ereignisse von besonderer Bedeutung, die nach Abschluss des Geschäftsjahres eingetreten sind,
b) die voraussichtliche Entwicklung des Unternehmens; und	2. die voraussichtliche Entwicklung des Unternehmens und
c) die in Artikel 22 Absatz 2 der Richtlinie 77/91/EWG des Rates 1 bezeichneten Angaben über den Erwerb eigener Aktien.	3. die in Artikel 22 Absatz 2 der Zweiten Richtlinie des Rates vom 13. Dezember 1976 zur Koordinierung der Schutzbestimmungen, die in den Mitgliedstaaten den Gesellschaften im Sinne des Artikels 58
(3) Der AIFM, der den betreffenden AIF verwaltet, hat entweder	Absatz 2 des Vertrages im Interesse der Gesellschafter sowie Dritter für die Gründung der Aktiengesellschaft
a) darum zu ersuchen und sich nach besten Kräften zu bemühen, sicherzustellen, dass der Vorstand des nicht börsennotierten Unternehmens die in Absatz 1 Buchstabe b genannten Informationen über das betreffende Unternehmen den Arbeitnehmervertretern des betreffenden Unternehmens oder, falls es keine solchen Vertreter gibt, den Arbeitnehmern selbst innerhalb der in Artikel 22 Absatz 1 genannten Frist zur Verfügung stellt; oder	sowie für die Erhaltung und Änderung ihres Kapitals vorgeschrieben sind, um diese Bestimmungen gleichwertig zu gestalten (77/91/EWG) (ABl. L 26 vom 31.1.1977) bezeichneten Angaben über den Erwerb eigener Aktien.
	(3) Die AIF-Kapitalverwaltungsgesellschaft hat
	1. darum zu ersuchen und nach bestmöglichem Bemühen sicherzustellen, dass die gesetzlichen Vertreter des nicht börsennotierten Unternehmens die in Absatz 1 Nummer 2 genannten Informationen über das betreffende Unternehmen entweder den Arbeitnehmervertretern des betreffenden Unternehmens oder, falls es keine solchen Vertreter gibt, den Arbeitnehmern selbst innerhalb der in § 148 in Verbindung mit § 120 Absatz 1 oder § 158 in Verbindung mit § 135 Absatz 1 genannten Frist zur Verfügung stellt, oder
b) den Anlegern des AIF die Informationen gemäß Absatz 1 Buchstabe a, soweit bereits verfügbar, innerhalb der in Artikel 22 Absatz 1 genannten Frist und in jedem Fall spätestens bis zu dem Datum, zu dem der Jahresbericht des nicht börsennotierten Unternehmens gemäß den einschlägigen nationalen Rechtsvorschriften erstellt wird, zur Verfügung zu stellen.	2. den Anlegern des AIF die Informationen gemäß Absatz 1 Nummer 2, soweit bereits verfügbar, innerhalb der in § 148 in Verbindung mit § 120 Absatz 1 oder § 158 in Verbindung mit § 135 Absatz 1 genannten Frist und in jedem Fall spätestens bis zu dem Stichtag, zu dem der Jahresab-

AIFM-Richtlinie	KAGB-E
	schluss und der Lagebericht des nicht börsennotierten Unternehmens gemäß den einschlägigen nationalen Rechtsvorschriften erstellt wird, zur Verfügung zu stellen.

Literatur: *Kramer/Recknagel,* Die AIFM-Richtlinie – Neuer Rechtsrahmen für die Verwaltung alternativer Investmentfonds, DB 2011, 2077–2084; *Möllers/Harrer/Krüger,* Die Regelung von Hedgefonds und Private Equity durch die neue AIFM-Richtlinie, WM 2011, 1537–1544. Siehe zudem das Literaturverzeichnis bei Vorbemerkung zu Artikel 26–30.

Übersicht

A. Überblick, Entstehungsgeschichte und Normkontext

Artikel 29 bezweckt, die Informationen über die Portfolio-Unternehmen zu **1** verbessern. Informationsbegünstigte sind die Anleger des AIF sowie die Arbeitnehmer des Portfolio-Unternehmens. Der Artikel ergänzt Artikel 28. Außerdem steht der Artikel im Kontext zu den europarechtlichen Vorgaben an den Lagebericht.

Der Artikel formuliert zwei Arten von Pflichten: Pflichten zur Aufnahme von **2** Informationen über das Unternehmen in einen Jahresbericht (Abs. 1 und Abs. 2) sowie Pflichten zur Weitergabe dieser Informationen an die Anleger des AIF bzw. an die Arbeitnehmer(vertreter) des Portfolio-Unternehmens (Abs. 3 und Abs. 1 Buchstabe a Halbs. 2).

Der Artikel ist im Laufe des Rechtsetzungsverfahrens mehrfach geändert wor- **3** den. Die ursprünglichen Entwurfsfassungen des Artikels sahen noch eine Vielzahl von Detailkriterien vor, über die zu informieren war, u. a. zu Kapitalstruktur, Arbeitnehmeranzahl und Umweltsituation des Portfolio-Unternehmens.[1]

---

[1] Richtlinienvorschlag der Kommission vom 30. April 2009; Richtlinienvorschlag des Rates vom 10. März 2010 (6795/3/10); Bericht des Wirtschafts- und Finanzausschusses des Europäischen Parlaments vom 11. Juni 2010 (A7-0171/2010 – „Gauzès-Bericht").

4   Seine gegenwärtige Fassung erhielt der Artikel mit dem Entwurf des Rates vom 12. Oktober 2010. Diese Fassung verringerte die Informationsfülle. Seitdem lehnt sich der Artikel an die Informationen an, die auch für den Lagebericht des Portfolio-Unternehmens gefordert werden.[2] Demgemäß steht Artikel 29 im Kontext zu den inhaltlichen Vorgaben an den Lagebericht, insbesondere zu Art. 46 der Bilanzrichtlinie bzw. zu Art. 36 der Konzernbilanzrichtlinie.[3]

5   Der Artikel galt ursprünglich auch für vom AIF kontrollierte Emittenten. Im Zuge der Anlehnung des Art. 29 an den Lagebericht konnten jedoch Emittenten vom Anwendungsbereich des Artikels ausgenommen werden. Diese sind bereits über die Transparenzrichtlinie verpflichtet, einen Lagebericht zu erstellen und zu veröffentlichen.[4]

B. Der Artikel im Einzelnen

6   Artikel 29 verpflichtet die Mitgliedstaaten, wenn ein AIF allein oder gemeinsam die Kontrolle über ein nicht börsennotiertes Unternehmen erlangt,[5] vorzuschreiben, dass bestimmte Informationen über das Portfolio-Unternehmen in den Jahresbericht des nicht börsennotierten Unternehmens bzw. in den Jahresbericht des AIF aufgenommen werden und den Anlegern des AIF sowie den Arbeitnehmern bzw. Arbeitnehmervertretern des Portfolio-Unternehmens zur Verfügung gestellt werden. Verpflichtet ist derjenige AIFM, der den betreffenden AIF verwaltet.[6]

I. Informationsmedium (Abs. 1)

7   Art. 29 Abs. 1 sieht zwei Alternativen für das Informationsmedium vor: den Jahresbericht des Portfolio-Unternehmens oder den Jahresbericht des AIF gemäß Art. 22.

8   **1. Jahresbericht des Portfolio-Unternehmens (Art. 29 Abs. 1 Buchstabe a). a) Ersuchens- und Bemühenspflicht zur Erstellung des Jahresberichts.** Der AIFM hat darum **zu ersuchen und sich nach besten Kräften zu bemühen** sicherzustellen, dass der Jahresbericht des nicht börsennotierten Unternehmens[7] innerhalb der Frist gemäß Art. 29 Abs. 2 erstellt wird, die in den einschlägigen nationalen Rechtsvorschriften für die Erstellung eines solchen Jahresberichts vorgesehen ist.

---

[2] Vgl. Art. 46 der Bilanzrichtlinie (78/660/EWG) in der Fassung vom 25. Juli 1978. Die englische Sprachfassung der Bilanzrichtlinie verwendet „annual report" für den „Lagebericht".

[3] Richtlinie 78/660/EWG (Bilanzrichtlinie) bzw. Richtlinie 83/349/EWG (Konzernbilanzrichtlinie), jeweils in der Änderungsfassung gemäß Richtlinie 2006/46/EG (sog. Abänderungsrichtlinie), Richtlinie 2003/51/EG (Modernisierungsrichtlinie) und Richtlinie 2001/65/EG (Fair-Value Richtlinie). Im Finanzsektor sowie im Versicherungsbereich gelten die Richtlinie 86/635/EWG (Bankbilanzrichtlinie) bzw. die Richtlinie 91/674/EWG (Versicherungsbilanzrichtlinie). Beide Richtlinien knüpfen an die Bilanz- bzw. Konzernbilanzrichtlinie an.

[4] Siehe Art. 4 Abs. 1 und Abs. 5 der Transparenzrichtlinie (Richtlinie 2004/109/EG).

[5] Allein oder gemeinsam handelnd gemäß Art. 26 Abs. 1 in Verbindung mit Art. 26 Abs. 5, siehe dazu Art. 26 Rn. 34 ff.

[6] Siehe dazu oben Art. 27 Rn. 26 sowie Art. 26 Rn. 35.

[7] Zum Begriff des nicht börsennotierten Unternehmens siehe Art. 27 Rn. 14 und Art. 26 Rn. 28 ff.

Mit dem **Jahresbericht des Unternehmens** ist der **Lagebericht** des jeweili- 9
gen Portfolio-Unternehmens gemeint.[8] Die Anlehnung an den Lagebericht ergibt
sich aus den Informationsanforderungen des Art. 29 Abs. 2. Dieser verlangt diejenigen Informationen in den Bericht aufzunehmen, die auch für den Lagebericht
gemäß der ursprünglichen Fassung des Art. 46 der Bilanzrichtlinie[9] verlangt werden. Außerdem verwendet die Bilanzrichtlinie in ihrer englischen Sprachfassung
für den „Lagebericht" in gleicher Weise wie Art. 29 „annual report". Die Entstehungsgeschichte zeigt zudem, dass die zusätzlichen Informationspflichten aus
Art. 29 möglichst einfach umgesetzt werden sollen. Einen Lagebericht müssen die
Portfolio-Unternehmen im Anwendungsbereich des Art. 29 ohnehin erstellen.[10]

Seiner Ersuchenspflicht kommt der AIFM durch eine entsprechende Bitte an 10
das Geschäftsführungsorgan nach.[11]

Die Bemühenspflicht ist ihrem Wortlaut nach nur eine Handlungspflicht und 11
keine Erfolgspflicht. Sie ist in den Fällen einschränkend auszulegen, in denen das
Portfolio-Unternehmen ohnehin gesetzlich verpflichtet ist, einen Lagebericht zu
erstellen. Weder Regelungszweck noch das Verhältnismäßigkeitsprinzip[12] rechtfertigen in diesen Fällen eine zusätzliche Absicherung durch Inpflichtnahme des
AIFM. Die Bemühenspflicht erschöpft sich in diesen Fällen darin, die Erstellung
und Offenlegung des Lageberichts nicht zu behindern. Die Bemühenspflicht hat
deshalb nur eine eigenständige Bedeutung, wenn das Portfolio-Unternehmen
ausnahmsweise **keinen Lagebericht** aufzustellen hat. In diesen Fällen hat der
AIFM die ihm möglichen Maßnahmen gegenüber dem Portfolio-Unternehmen
zu ergreifen, um auf das Portfolio-Unternehmen entsprechend Einfluss zu nehmen.

b) Ersuchens- und Bemühenspflicht zur Verfügungstellung der Infor- 12
mationen an Arbeitnehmer(vertreter). Über die Erstellung des Lageberichts
durch das Portfolio-Unternehmen hinaus hat der AIFM darum **zu ersuchen
und sich nach besten Kräften zu bemühen** sicherzustellen, dass vom Vorstand des Unternehmens der Lagebericht allen Arbeitnehmervertretern oder,
falls es keine solchen Vertreter gibt, den Arbeitnehmern selbst zur Verfügung
gestellt wird. Systematisch gehört diese Pflicht zur Weitergabepflicht des Art. 29
Abs. 3.

Hat das Portfolio-Unternehmen den Lagebericht nach nationalem Recht offen- 13
gelegt[13], ist der Lagebericht mit Offenlegung zugleich auch den Arbeitneh-

---

[8] Das übersehen *Möllers/Harrer/Krüger* WM 2011, 1537, 1541 in ihrer rechtspolitischen
Kritik an den Informationspflichten.

[9] Vgl. Art. 46 der Bilanzrichtlinie (78/660/EWG) in der Fassung vom 25. Juli 1978.

[10] Kleine Kapitalgesellschaften brauchen unter dem HGB keinen Lagebericht zu erstellen,
vgl. § 264 Abs. 1 S. 4 HGB. Kleine Kapitalgesellschaften sind jedoch durch Art. 26 Abs. 2 als
kleine und mittlere Unternehmen vom Anwendungsbereich des Art. 29 ausgenommen. Vgl.
die Kommentierung zu Art. 26 Abs. 2 Rn. 86 ff. sowie *Kramer/Recknagel* DB 2011, 2077,
2083.

[11] Siehe zur Ersuchens- und Bemühenspflicht auch Art. 27 Rn. 48 ff.

[12] Der Schutz vor unverhältnismäßigen bzw. willkürlichen Eingriffen in die Rechtssphäre
ist ein anerkannter, allgemeiner Grundsatz des Gemeinschaftsrechts. Dieser gilt auch dort,
wo ein spezielles Grundrecht nicht greift. EuGH, verb. Rs. 46/48 und 227/88 v. 21.9.1989,
Rn. 19 – *Hoechst;* vgl. auch *Streinz,* EUV/AEUV, Art. 5 EUV, Rn. 41 ff.

[13] Vgl. § 325 Abs. 1 Satz 3, Abs. 2 HGB; kleine Kapitalgesellschaften brauchen unter dem
HGB keinen Lagebericht offenzulegen, vgl. § 326 HGB.

mer(vertretern) zur Verfügung gestellt. Mit der Offenlegung können die Arbeit-
nehmer(vertreter) den Lagebericht einsehen. Die Ersuchens- und Bemühenspflicht des AIFM erschöpft sich dann darin, die gesetzliche Offenlegung nicht zu
erschweren oder zu verhindern. Eine weitere Absicherung der ohnehin bestehenden Einreichungs- und Offenlegungspflicht bedarf es nicht.

14   **2. Jahresbericht des AIF (Art. 29 Abs. 1 Buchstabe b).** Alternativ zur Aufnahme der Informationen über das nicht börsennotierte Portfolio-Unternehmen
in den Lagebericht kann der betreffende AIFM die Informationen in den gemäß
Art. 22 vorgesehenen **Jahresbericht** des AIF aufnehmen.

II. Informationen über das Portfolio-Unternehmen (Abs. 2)

15   Die in den Lagebericht bzw. in den Jahresbericht des AIF aufzunehmenden
Informationen bestimmt Art. 29 Abs. 2 näher. Danach müssen die Berichte
zumindest einen Bericht über die Lage am Ende des von dem Jahresbericht abgedeckten Zeitraums enthalten, in dem der Geschäftsverlauf der (Portfolio-) Gesellschaft so dargestellt wird, dass ein den tatsächlichen Verhältnissen entsprechendes
Bild entsteht (Art. 29 Abs. 2 Satz 1). Der Bericht soll außerdem Angaben zu
Folgendem enthalten (Art. 29 Abs. 2 Satz 2):
a) Ereignisse von besonderer Bedeutung, die nach Abschluss des Geschäftsjahres
    eingetreten sind,
b) die voraussichtliche Entwicklung des Unternehmens und
c) die in Artikel 22 Absatz 2 der Richtlinie 77/91/EWG des Rates bezeichneten
    Angaben über den Erwerb eigener Aktien.

16 Diese Vorgaben entsprechen inhaltlich den Angaben, die auch für den **Lagebericht** gefordert werden gemäß Art. 46 der ursprünglichen Fassung der Bilanzrichtlinie[14]. Daher kann, wie bereits erwähnt, auf den Lagebericht des Portfolio-Unternehmens zurückgegriffen werden. Zwar haben die Modernisierungsrichtlinie[15]
sowie die Fair-Value Richtlinie[16] die inhaltlichen Anforderungen an den Lagebericht gegenüber der ursprünglichen Fassung des Art. 46 der Bilanzrichtlinie erweitert und damit auch sprachlich von den Anforderungen des Art. 29 Abs. 2 entfernt.
Art. 29 Abs. 2 stellt jedoch nur Mindestanforderungen auf, so dass die erweiterten
Inhaltsvorgaben an den Lagebericht den Anforderungen des Art. 29 Abs. 2 ebenfalls gerecht werden.

III. Weitergabe der Informationen an die Anleger des AIF bzw. an die Arbeitnehmer(vertreter) des Unternehmens (Abs. 3)

17   Art. 29 bezweckt sowohl die Anleger als auch die Arbeitnehmer des Portfolio-
Unternehmens über die Lage des Portfolio-Unternehmens zu informieren.
Abhängig vom verwendeten Informationsmedium (Lagebericht oder Jahresbe-
richt des AIF), sind jedoch nicht automatisch sowohl die Anleger als auch die
Arbeitnehmer informiert. Art. 29 Abs. 3 will deshalb erreichen, dass die Infor-
mationen über das Portfolio-Unternehmen sowohl den Anlegern als auch den
Arbeitnehmern des Portfolio-Unternehmens zur Verfügung gestellt werden.

---

[14] 78/660/EWG in der Fassung vom 25. Juli 1978.
[15] Richtlinie 2003/51/EG.
[16] Richtlinie 2001/65/EG.

1. Weitergabe bei Aufnahme in den Jahresbericht des AIF (Art. 29 18
Abs. 3 Buchstabe a). Hat der AIFM die Informationen über das Portfolio-Unternehmen in den Jahresbericht des AIF aufgenommen (Abs. 1 Buchstabe b), geht Abs. 3 Buchstabe a davon aus, dass für die Anleger des AIF diese Informationen bereits über den Jahresbericht gemäß Art. 22 Abs. 1 Satz 2 verfügbar sind. Die Informationen müssen deshalb noch **den Arbeitnehmer(vertretern)** des Portfolio-Unternehmens **zur Verfügung** gestellt werden. Der AIFM hat daher darum zu ersuchen und sich nach besten Kräften zu bemühen sicherzustellen, dass der Vorstand bzw. die Geschäftsführung des betreffenden Unternehmens den Arbeitnehmervertretern bzw. den Arbeitnehmern des Portfolio-Unternehmens die in den Jahresbericht des AIF aufgenommenen Informationen über das betroffene Unternehmen zur Verfügung stellt. Hierbei gilt diejenige **Frist,** die auch für das Zurverfügungstellen des Jahresberichts des AIF an dessen Anleger gilt, also innerhalb von sechs Monaten nach dem Ende des Geschäftsjahres des AIF.

Die **Ersuchens- und Bemühenspflicht** orientiert sich an den entsprechenden 19
Pflichten in Art. 27 Abs. 4. Auf die Ausführungen dort kann im Grundsatz verwiesen werden (siehe Art. 27 Rn. 48 ff.). Wie bei Art. 27 Abs. 4 auch, ist eine Pflicht zur Information der Arbeitnehmer(vertreter) ebenfalls besser aufgehoben bei der Geschäftsführung des Unternehmens. Die nationale Umsetzung könnte deshalb an die Informationspflichten des Arbeitgebers über die wirtschaftliche und finanzielle Lage des Unternehmens aus § 106 Abs. 2 und Abs. 3 Nr. 1 BetrVG bzw. § 110 anknüpfen.

2. Weitergabe bei Aufnahme in den Lagebericht des Portfolio-Unter- 20
nehmens (Art. 29 Abs. 3 Buchstabe b). Werden die Informationsvorgaben in den Lagebericht des Portfolio-Unternehmens aufgenommen (Abs. 1 Buchstabe a), sind diese Informationen den Arbeitnehmer(vertretern) des Unternehmens aufgrund der Veröffentlichung des Lageberichts bereits zur Verfügung gestellt (vgl. oben Rn. 13). Der AIFM muss deshalb den Lagebericht des betreffenden Unternehmens noch den Anlegern des AIF zur Verfügung stellen.

Das Zurverfügungstellen an die Anleger hat im Grundsatz innerhalb der Frist 21
zu erfolgen, die auch für das Zurverfügungstellen des Jahresberichts des AIF gilt, also innerhalb von sechs Monaten nach dem Ende des Geschäftsjahres des AIF. Hat das Portfolio-Unternehmen national mehr Zeit, den Lagebericht zu erstellen, gilt diese längere Frist.

Die Regelung enthält eine Lücke bei Emittenten als Portfolio-Unternehmen. 22
Emittenten sind über die Transparenzrichtlinie zwar verpflichtet, einen Lagebericht zu erstellen und zu veröffentlichen.[17] Art. 29 Abs. 3 Buchstabe b) knüpft indessen mittels des Verweises auf Art. 29 Abs. 1 Buchstabe a) lediglich an nicht börsennotierte Unternehmen an. Eine Verpflichtung des AIFM, den Anlegern den Lagebericht bei Emittenten zur Verfügung zu stellen, sollte als strengere nationale Regelung jedoch zulässig sein.

D. Bezüge zum KAGB-E

Das KAGB-E setzt Art. 29 weitgehend eins-zu-eins in § 260 KAGB-E um. 23

---

[17] Siehe Art. 4 Abs. 1 und Abs. 5 der Transparenzrichtlinie (Richtlinie 2004/109/EG).

Artikel 30 Das Zerschlagen von Unternehmen

AIFM-Richtlinie	KAGB-E
Artikel 30 **Das Zerschlagen von** **Unternehmen**	**§ 292** **Zerschlagen von Unternehmen**
(1) Die Mitgliedstaaten schreiben vor, dass, wenn ein AIF allein oder gemeinsam die Kontrolle über ein nicht börsennotiertes Unternehmen oder einen Emittenten gemäß Artikel 26 Absatz 1 in Verbindung mit Absatz 5 des genannten Artikels erlangt, der AIFM, der den betreffenden AIF verwaltet, innerhalb eines Zeitraums von 24 Monaten nach dem Erlangen der Kontrolle über das Unternehmen durch den AIF a) Vertrieb, Kapitalherabsetzungen, Rückkauf von Anteilen und/oder Ankauf eigener Anteile durch das Unternehmen gemäß Absatz 2 weder gestatten, noch ermöglichen, unterstützen oder anordnen darf; b) sofern der AIFM befugt ist, in den Versammlungen der Leitungsgremien des Unternehmens im Namen des AIF abzustimmen, nicht für Vertrieb, Kapitalherabsetzungen, Rückkauf von Anteilen und/oder Ankauf eigener Anteile durch das Unternehmen gemäß Absatz 2 stimmt; und c) sich in jedem Falle nach besten Kräften bemüht, Vertrieb, Kapitalherabsetzungen, Rückkauf von Anteilen und/oder Ankauf eigener Anteile durch das Unternehmen gemäß Absatz 2 zu verhindern.	(1) Erlangt ein AIF allein oder gemeinsam mit anderen AIF die Kontrolle über ein nicht börsennotiertes Unternehmen oder einen Emittenten gemäß § 288, ist die AIF-Kapitalverwaltungsgesellschaft innerhalb von 24 Monaten nach Erlangen der Kontrolle über das Unternehmen durch den AIF dazu verpflichtet, 1. Ausschüttungen, Kapitalherabsetzungen, die Rücknahme von Anteilen oder den Ankauf eigener Anteile durch das Unternehmen gemäß Absatz 2 weder zu gestatten, noch zu ermöglichen, zu unterstützen oder anzuordnen, 2. sofern sie befugt ist, in den Versammlungen der Leitungsgremien des Unternehmens im Namen des AIF abzustimmen, nicht für Ausschüttungen, Kapitalherabsetzungen, die Rücknahme von Anteilen oder den Ankauf eigener Anteile durch das Unternehmen gemäß Absatz 2 zu stimmen, und 3. sich in jedem Fall bestmöglich zu bemühen, Ausschüttungen, Kapitalherabsetzungen, die Rücknahme von Anteilen oder den Ankauf eigener Anteile durch das Unternehmen gemäß Absatz 2 zu verhindern.
(2) Die Auflagen, die den AIFM gemäß Absatz 1 auferlegt werden, erstrecken sich auf Folgendes: a) Ausschüttungen an die Anteilseigner, die vorgenommen werden, wenn das im Jahresabschluss des Unternehmens ausgewiesene Nettoaktivvermögen bei Abschluss des letzten Geschäftsjahres den Betrag des gezeichneten Kapitals zuzüglich der Rückla-	(2) Die Pflichten gemäß Absatz 1 beziehen sich auf: 1. Ausschüttungen an Anteilseigner, die vorgenommen werden, wenn das im Jahresabschluss des Unternehmens ausgewiesene Nettoaktivvermögen bei Abschluss des letzten Geschäftsjahres den Betrag des gezeichneten Kapitals zuzüglich der Rücklagen, deren Ausschüttung das Recht oder

AIFM-Richtlinie	KAGB-E
gen, deren Ausschüttung das Recht oder die Satzung nicht gestattet, unterschreitet oder durch eine solche Ausschüttung unterschreiten würde, wobei der Betrag des gezeichneten Kapitals um den Betrag des noch nicht eingeforderten Teils des gezeichneten Kapitals vermindert wird, falls Letzterer nicht auf der Aktivseite der Bilanz ausgewiesen ist; b) Ausschüttungen an die Aktionäre, deren Betrag den Betrag des Ergebnisses des letzten abgeschlossenen Geschäftsjahres, zuzüglich des Gewinnvortrags und der Entnahmen aus hierfür verfügbaren Rücklagen, jedoch vermindert um die Verluste aus früheren Geschäftsjahren sowie um die Beträge, die nach Gesetz oder Satzung in Rücklagen eingestellt worden sind, überschreiten würde; c) in dem Umfang, in dem der Ankauf eigener Anteile gestattet ist, Ankäufe durch das Unternehmen, einschließlich Anteilen, die bereits früher vom Unternehmen erworben und von ihm gehalten wurden, und Anteilen, die von einer Person erworben werden, die in ihrem eigenen Namen, aber im Auftrag des Unternehmens handelt, die zur Folge hätten, dass das Nettoaktivvermögen unter die unter Buchstabe a genannte Schwelle gesenkt würde.	die Satzung nicht gestattet, unterschreitet oder infolge einer solchen Ausschüttung unterschreiten würde, wobei der Betrag des gezeichneten Kapitals um den Betrag des noch nicht eingeforderten Teils des gezeichneten Kapitals vermindert wird, falls Letzterer nicht auf der Aktivseite der Bilanz ausgewiesen ist; 2. Ausschüttungen an Anteilseigner, deren Betrag den Betrag des Ergebnisses des letzten abgeschlossenen Geschäftsjahres, zuzüglich des Gewinnvortrags und der Entnahmen aus hierfür verfügbaren Rücklagen, jedoch vermindert um die Verluste aus früheren Geschäftsjahren sowie um die Beträge, die nach Gesetz oder Satzung in Rücklagen eingestellt worden sind, überschreiten würde; 3. in dem Umfang, in dem der Ankauf eigener Anteile gestattet ist, Ankäufe durch das Unternehmen, einschließlich Anteilen, die bereits früher vom Unternehmen erworben und von ihm gehalten wurden, und Anteilen, die von einer Person erworben werden, die in ihrem eigenen Namen, aber im Auftrag des Unternehmens handelt, die zur Folge hätten, dass das Nettoaktivvermögen unter die in Nummer 1 genannte Schwelle gesenkt würde.
(3) Für die Zwecke des Absatzes 2 gilt Folgendes: a) der in Absatz 2 Buchstabe a und b verwendete Begriff „Ausschüttung" bezieht sich insbesondere auf die Zahlung von Dividenden und Zinsen im Zusammenhang mit Anteilen; b) die Bestimmungen für Kapitalherabsetzungen erstrecken sich nicht auf Herabsetzungen des gezeichneten Kapitals, deren Zweck im Ausgleich von erlittenen Verlusten oder in der Aufnahme von Geldern in eine nicht ausschüttbare Rücklage besteht, unter	(3) Für die Zwecke des Absatzes 2 gilt Folgendes: 1. der in Absatz 2 Nummer 1 und 2 verwendete Begriff „Ausschüttung" bezieht sich insbesondere auf die Zahlung von Dividenden und Zinsen im Zusammenhang mit Anteilen, 2. die Bestimmungen für Kapitalherabsetzungen erstrecken sich nicht auf Herabsetzungen des gezeichneten Kapitals, deren Zweck im Ausgleich von erlittenen Verlusten oder in der Aufnahme von Geldern in eine nicht ausschüttbare Rücklage besteht, unter

AIFM-Richtlinie	KAGB-E
der Voraussetzung, dass die Höhe einer solchen Rücklage nach dieser Maßnahme 10% des herabgesetzten gezeichneten Kapitals nicht überschreitet; und c) die Einschränkung gemäß Absatz 2 Buchstabe c richtet sich nach Artikel 20 Absatz 1 Buchstabe b bis h der Richtlinie 77/91/EWG.	der Voraussetzung, dass die Höhe einer solchen Rücklage nach dieser Maßnahme 10 Prozent des herabgesetzten gezeichneten Kapitals nicht überschreitet, und 3. die Einschränkung gemäß Absatz 2 Nummer 3 richtet sich nach Artikel 20 Absatz 1 Buchstabe b bis h der Richtlinie 77/91/EWG.

Literatur: *Eidenmüller*, Regulierung von Finanzinvestoren, DStR 2007, 2116; *Hess/Lamsa*, Die Richtlinie über die Verwalter alternativer Investmentfonds (AIFM-Richtlinie), CORPORATE FINANCE law 1/2011, 39; *Jaskolski/Grüber*, Regulierungsaspekte des Private Equity-Markts und Richtlinienentwurf der Europäischen Union zur Regulierung alternativer Investmentfonds, CORPORATE FINANCE law 2010, 188; *Jesch/Klebeck*, BB-Gesetzgebungs- und Rechtsprechungsreport zur Fondsregulierung 2011, BB 2011, 1866; *Kramer/Recknagel*, Die AIFM-Richtlinie – Neuer Rechtsrahmen für die Verwaltung alternativer Investmentfonds, DB 2011, 2077; *Jesch/Striegel/Boxberger*, Rechtshandbuch Private Equity, 2010; *Lehne*, DB Standpunkte 2010, 81; *Möllers/Harrer/Krüger*, Die Regelung von Hedgefonds und Private Equity durch die neue AIFM-Richtlinie, WM 2011, 1537; *Schneider*, Missbräuchliches Verhalten durch Private Equity, NZG 2007, 888; *Söhner*, Beteiligungstransparenz, Hebelfinanzierung und asset stripping nach der AIFM-Richtlinie, WM 2011, 2121; *Spindler/Brandt*, Finanzmarktreform in den USA, RIW 2010, 746; *Spindler/Tancredi*, Die Richtlinie über Alternative Investmentfonds (AIFM-Richtlinie), Teil I, WM 2011, 1393; *Spindler/Tancredi*, Die Richtlinie über Alternative Investmentfonds (AIFM-Richtlinie), Teil II, WM 2011, 1441; *Teichmann/Brunner*, Private Equity-Fonds im Sog der AIFM-Richtlinie, CORPORATE FINANCE law 2011, 321; *Weiser/Jang*, Die nationale Umsetzung der AIFM-Richtlinie und ihre Auswirkungen auf die Fondsbranche in Deutschland, BB 2011, 1219; *Weitnauer*, Die AIFM-Richtlinie und ihre Umsetzung, BKR 2011, 143; *Zetzsche*, Anteils- und Kontrollerwerb an Zielgesellschaften durch Verwalter alternativer Investmentfonds, NZG 2012, 1164.

Übersicht

A. Allgemeines

1   Die Regelung des Art. 30 AIFM-RL stellt ein Novum insoweit dar, als diese eine selektive **Regulierung der Investitionstätigkeit** und einen starken Eingriff in die Eigentumsrechte des Investors bzw. Hauptgesellschafters zur Folge haben dürfte. Systematisch wäre diese Regelung vermutlich besser im Gesellschaftsrecht verortet als in der AIFM-RL[1]. Sie hält spezifische Schutzmechanismen gegen

---

[1] Vgl. *Lehne* DB Standpunkte 2010, 81 (82).

die **Zerschlagung von Unternehmen** bei Erlangung der Kontrolle über nicht börsennotierte Unternehmen vor, so genanntes **Asset Stripping**. Dem Kapitalschutz zuwider laufende Ausschüttungen oder die Verzinsung von Anteilen sollen untersagt werden.

Das Zielunternehmen soll nicht bloß zur kurzfristigen Profitmaximierung über- 2 nommen werden. In einer Vielzahl von Private-Equity-Transaktionen erlangen Private-Equity-Fonds[2] entweder die Anteils- oder Stimmrechtsmehrheit an der Zielgesellschaft. Damit einher gehen gesellschaftsrechtliche Beherrschungsmöglichkeiten der Zielgesellschaft, die beispielsweise in Bezug auf die Dividendenpolitik oder Unternehmensstrategie die Möglichkeit eröffnen, der Zielgesellschaft in exzessiver Art und Weise Vermögenswerte inklusive liquider Mittel zu entziehen.

In der Vergangenheit wurde das öffentliche Bild von Private-Equity-Investoren 3 maßgeblich durch Einzelfälle umstrittener Investitionstätigkeiten, insbesondere durch sog. **Super Dividends** negativ geprägt, bei denen vereinzelt Zielunternehmen Vermögen und liquide Mittel durch exorbitante Dividendenausschüttungen, die teilweise mangels Liquidität fremdfinanziert werden mussten, entzogen wurden. Hauptkritikpunkt der Private-Equity-Branche sind vereinzelte, sog. „Corporate Raider / Eigenkapitalräuber", die durch die vollständige Zerschlagung des akquirierten Zielunternehmens den intrinsischen Wert (sog. **Trapped Value**) des Unternehmens realisierten. Art. 30 AIFM-RL sieht nun Maßnahmen gegen derartige exzessive **Rekapitalisierungsmaßnahmen** zum Zwecke der kurzfristigen Profitmaximierung durch das „Ausschlachten" von Unternehmen vor.

B. Umstrittene Investitionstätigkeiten

Nachfolgend sollen exemplarisch die gängigsten sog. Corporate Raiding-Maß- 4 nahmen dargestellt werden. Vorab gilt es zu konstatieren, dass die Maßnahmen und Gestaltungen vielfältig und überwiegend völlig legal sind und auch nur vereinzelt in der Praxis zu Exzessen geführt haben.

Der Vermögensentzug durch den Investor kann beispielsweise durch soge- 5 nannte Rekapitalisierungsmaßnahmen erfolgen, die eine kurzfristige Akquisitionsfinanzierung vorsehen (**sog. Bootstrapping**). Der Finanzinvestor beabsichtigt, sich kurzfristig den Kaufpreis des erworbenen Zielunternehmens aus Mitteln des Zielunternehmens in Form von „Super-Dividenden" zurückzuholen. Das Zielunternehmen erbringt folglich den Kapitaldienst für die Akquisition und „erwirbt sich selbst". Die gesellschaftsrechtlichen Vorgaben sehen zwar beispielsweise bei Aktiengesellschaften vor, dass lediglich der Bilanzgewinn als Dividende ausgeschüttet werden darf, allerdings kann dieser gestalterisch durch Auflösung von Rücklagen, das Heben stiller Reserven beispielsweise durch den Verkauf von Immobilien und anschließender Anmietung (Sale-and-lease-back-Gestaltungen) und Kostensenkungsmaßnahmen erhöht werden. Die notwendige Liquidität für solche Super-Dividenden erhält das Zielunternehmen durch den Verkauf einzelner Vermögenswerte der Zielgesellschaft, z. B. Grundstücke, Teilbetriebe und Tochtergesellschaften, **sog. Asset-Stripping** oder die Aufnahme von Fremdkapital (Unternehmensanleihen). Geeignete Zielunternehmen sind folglich nur eigenkapitalstarke Unternehmen, keinesfalls Venture-Capital-Gesellschaften.

---

[2] Äußerst kritisch zum Geschäftsmodell mit der Forderung nach Aufsicht bereits *Schneider* NZG 2007, 888; positiver in der Tendenz, *Eidenmüller* DStR 2007, 2116 (2121).

6   Weitere umstrittene Investitionstätigkeiten sind sog. **Debt-Push-Down**-Gestaltungen. Diese sehen vor, dass die Akquisitionsgesellschaft, oftmals ein Special Purpose Vehicle (SPV), auf das Zielunternehmen verschmolzen wird. Eine Vielzahl von Private-Equity-Transaktionen erfolgt als sog. **Leveraged Buyout (LBO)**, bei dem die Übernahme der Zielgesellschaft zu einem großen Teil mit Fremdkapital finanziert wird. Oftmals wurde in der Vergangenheit dabei das Investmentvehikel, also das neu zu gründende SPV, mit lediglich 30–35% des für die Übernahme der Zielgesellschaft erforderlichen Aquisitionskapitals mit Eigenkapital ausgestattet und in Höhe der restlichen 65–70% mit Fremdkapital (z. B. einfache Bankdarlehen). Mit diesem erwirbt das SPV die Zielgesellschaft und wird sodann auf letzteres verschmolzen. Der überwiegende Einsatz dieses sog. Leverages ermöglicht das Portfoliorisiko des Private-Equity-Fonds zu diversifizieren, denn der geringe Eigenkapitalanteil pro Investition ermöglicht eine Vielzahl an Investitionen und im Rahmen eines erfolgreichen Desinvestments **kann die Rendite auf das eingesetzte geringe Eigenkapital gehebelt werden**. In Einzelfällen hat diese Übernahme der Akquisitionsfinanzierung zur Insolvenz des Zielunternehmens geführt, da dieses nicht mehr in der Lage war, den Kapitaldienst zu leisten.

7   Ferner sind sog. **Merger-Buy-Out-Gestaltungen (Umwandlungsmodell)** zu nennen. Diese sehen vor, dass die Zielgesellschaft auf die Akquisitionsgesellschaft verschmolzen wird.

8   Eine weitere Form der kurzfristigen Profitmaximierung zu Lasten der erworbenen Zielunternehmen kann der Abschluss von **Beratungs- und Managementgebühren** sein, inklusive der darin vereinbarten sog. **Termination Fees**.[3] Auch in diesen Fällen sind die Investoren oftmals infolge ihrer Anteils- und/oder Stimmrechtsmehrheit in der Lage maßgeblichen Einfluss auf die Konditionen dieser Maßnahmen einzuwirken.

9   Auch der Abschluss von **Beherrschungs- und Gewinnabführungsverträgen** zwischen der Akquisitionsgesellschaft als beherrschendes Unternehmen und der Zielgesellschaft als beherrschtes Unternehmen hat einen ähnlichen Effekt. Die Zielgesellschaft hat in diesem Fall den gesamten Jahresüberschuss an die Akquisitionsgesellschaft abzuführen und dieser kann mit den Verlusten aus der Fremdfinanzierung auf Ebene der Akquisitionsgesellschaft verrechnet werden. Allerdings berechtigt ein solcher Unternehmensvertrag nicht zum Abzug von Kapital und der gesetzlichen Rücklagen (§§ 291 AktG in Verbindung mit 300 bis 302 AktG).

C. Überblick über die Norm

10   Die Regelung will allgemein vorgenannte Fallkonstellationen unterbinden, in denen Investoren versuchen, die Vermögenswerte aus dem erworbenen Unternehmen herauszuziehen, ohne auf den langfristigen Erfolg des Unternehmens zu

---

[3] Dem Vernehmen nach musste Celanese nach der Übernahme durch den Investor Blackstone innerhalb der ersten neun Monate nach der Übernahme 45 Mio. US-$ in Form von Beratungsgebühren an Blackstone zahlen (der Kaufpreis für Celanese betrug 650 Mio. US-$), *Jaskolski/Grüber*, CORPORATE FINANCE law 3/2010, S. 188 (190). Celanese soll zusätzlich zu diesen Beratungsgebühren auch Dividenden in Höhe von 500 Mio. US-$ an Blackstone ausgeschüttet haben. Auch die Übernahme von Pro7Sat1 durch KKR und die nachfolgende **Superdividende** in Höhe von 270 Mio. Euro oder die Übernahme von Hugo Boss durch Permira werden in diesem Zusammenhang zu oft genannt.

achten, z. B. durch Ausschüttung oder Entnahme gebundenen Eigenkapitals, auch durch Kapitalherabsetzung, Anteilsrückgabe oder Erwerb eigener Anteile. Das soll innerhalb der ersten zwei Jahre nach Kontrollerwerb verboten werden. Damit soll insbesondere die angesprochene Zerschlagung von Unternehmen durch Veräußerung einzelner Unternehmensteile erschwert werden.

Flankiert wird diese Maßnahme durch die bereits existierenden Regelungen **11** im Gesellschafts- und Steuerrecht. Gemäß Art. 26 Abs. 7 AIFM-RL und Erwägungsgrund 58 *„gelten [diese] unbeschadet von möglicherweise von den Mitgliedstaaten erlassenen strengeren Vorschriften".* In Deutschland ist das z. B. das **Verbot der Financial Assistance** gemäß § 71a AktG: Danach ist der Vorschuss, ein Darlehen oder eine Leistung von Sicherheiten durch die Zielunternehmen mit dem Zweck des Erwerbs von Aktien dieses Zielunternehmens **nichtig**. Allerdings ist umstritten, ob der klassische Leveraged Buyout darunter fällt, denn dieser sieht eine umgekehrte Finanzierungsreihenfolge vor. Zunächst erfolgt die Fremdkapitalaufnahme auf Ebene der Akquisitionsgesellschaft und erst zeitlich nach dem Erwerb des Zielunternehmens erfolgt die Ausschüttung der Superdividende (nachträgliche Finanzierung des Aktienerwerbs). Diskutiert wird zurzeit die analoge Anwendung auf diese Fallgestaltungen. Allerdings ist zu beachten, dass das Verbot über § 71a Abs. 1 S. 3 AktG keine Anwendung findet, sofern ein Beherrschungs- und Gewinnabführungsvertrag besteht.

Ferner ist der **Grundsatz der Kapitalerhaltung** gem. § 57 AktG zu nennen, **12** wonach Aktionären Einlagen nicht zurückgewährt werden dürfen. Vielmehr sind Ausschüttungen an Aktionäre ausschließlich aus dem Bilanzgewinn oder im Rahmen bestehender Beherrschungs- und Gewinnabführungsverträge möglich. Dividenden, die danach zu **Unterbilanz** führen, sind **rechtswidrig**.

Schließlich dürfte insbesondere der Kapitalerhaltungsgrundsatz des § 30 **13** GmbHG[4] Anwendung finden. Die diesbezügliche Rechtsprechung schützt die Zielgesellschaft respektive Gläubiger vor existenzvernichtenden Eingriffen durch die Gesellschafter. Die §§ 30, 31 GmbHG sehen vor, dass das zur Erhaltung des Stammkapitals erforderliche Vermögen der Gesellschaft an die Gesellschafter nicht ausgezahlt werden darf. Daraus folgt auch, dass die Besicherung der Darlehen der Akquisitionsgesellschaft nur in Höhe der freien Rücklage, d.h. Vermögen abzüglich Stamm- bzw. Grundkapital sowie Verbindlichkeiten möglich ist. In der Praxis beinhalten die Darlehensverträge regelmäßig entsprechende **Vollstreckungsbeschränkungen („limitation language")**.

Steuerrechtlich kann das Zielunternehmen den Zinsaufwand nach erfolgten **14** Debt-Push-Down-Gestaltungen nur nach Maßgabe der **Zinsschranke** steuerliche geltend machen (beachte § 15 Abs. 1 Nr. 3 KStG bei Organschaft). Des Weiteren ist zu beachten, dass **steuerliche Verlustvorträge** des Zielunternehmens bei einem Gesellschafterwechsel innerhalb von fünf Jahren in Höhe von mehr als 25% anteilig und von mehr als 50% vollständig verlustig gehen.

Das Ziel der flankierenden Normen **und** des Art. 30 AIFM-RL ist der **Kapital-** **15** **erhalt**, also der Schutz des Nettoaktivvermögens.

Zu beachten ist, dass Adressat dieser Schutzmechanismen der einzelne AIFM **16** und nicht das Zielunternehmen respektive dessen Geschäftsführung ist.

Im Ergebnis ist der Regelungszweck darauf gerichtet, dass das **gebundene** **17** **Vermögen** nicht an die Gesellschafter ausgezahlt werden soll. Hinsichtlich der Ausschüttung von Dividenden bei deutschen Gesellschaften mit beschränkter Haf-

---

[4] Vgl. *Spindler/Tancredi* WM 2011, 1445 mit Verweis auf *Spindler* in DB 2010, 89 (90).

tung oder Aktiengesellschaften sind vor dem Hintergrund der bereits existierenden Regelungen zum Schutz des Kapitalerhalts keine größeren Änderungen zu erwarten. Möglicherweise könnte hingegen in Bezug auf Kapitalherabsetzungen bei deutschen Gesellschaften mit beschränkter Haftung die Regelung zu Einschränkungen führen.[5] Es bleibt zu hoffen, dass die BaFin bei der Interpretation des deutschen Umsetzungsgesetzes derartige Bestimmungen verständig interpretiert, z. B. hinsichtlich der Auslegung des Begriffs Nettoaktivvermögen.

D. Die Norm im Einzelnen

18   Die Anwendung der Norm setzt den Kontrollerwerb von Unternehmen voraus. Der persönliche Anwendungsbereich erfasst AIFM, die AIF verwalten, die die Kontrolle über **nicht börsennotierte Unternehmen** erlangen. Eine Ausnahmeregelung gilt für Kontrollerwerbe über kleine und mittlere Unternehmen (KMU) im Sinne von Artikel 2 Abs. 1 des Anhangs der Kommissions-Empfehlung 2003/361/EG betreffend die Definition der Kleinstunternehmen sowie der kleinen und mittleren Unternehmen. Dabei handelt es sich um Unternehmen mit weniger als 250 Beschäftigte **und** entweder einem Jahresumsatz von höchstens 50 Mio. Euro **oder** einer Bilanzsumme von höchstens 43 Mio. Euro. Gleichfalls werden Kontrollerwerbe von **Immobilien-Zweckgesellschaften (SPV)** ausgenommen. Sofern die Ausnahmeregelung greift, ist der Anwendungsbereich der Norm nicht eröffnet, vgl. Art. 26 Abs. 2 AIFM-RL und Erwägungsgrund 58.

19   Zum Tatbestandsmerkmal des **Kontrollerwerbs** siehe ausführlich Art. 26 Rn. 27 ff.

20   Als Zielgesellschaften dürften in Deutschland somit im Wesentlichen Gesellschaften mit beschränkter Haftung, vereinzelt aber auch nicht börsennotierte Aktiengesellschaften einschlägig sein. Aus der KMU-Ausnahmeregelung folgt, dass AIFM in den Anwendungsbereich „hineinwachsen" können. Das dürfte auch im Fall so genannter **Going Privates** gelten, bei denen ein börsennotiertes Unternehmen erworben wird und ein Delisting erfolgt.

21   Die **Schutzmechanismen** sehen vor, dass innerhalb von 24 Monaten nach Kontrollerlangung durch den AIF, der AIFM weder den Vertrieb der Anteile, Ausschüttungen (Dividenden und Zinsen), Kapitalherabsetzungen noch die Rücknahme von Anteilen **und/oder** die Einziehung bzw. Erwerb eigener Anteile durch das Unternehmen gestatten, ermöglichen, unterstützen oder anordnen darf und dieser solches nach besten Kräften zu verhindern hat, sofern dadurch definierte **Schwellenwerte** überschritten werden.

22   Zu beachten ist dabei, dass der Wortlaut der deutschen Richtlinienübersetzung an den maßgeblichen Stellen nicht unerheblich verfälschend vom Originaltext abweicht.[6] So heißt es in der deutschen Version *„Vertrieb [sic!], Kapitalherabsetzung, Rückkauf von Anteilen und/oder Ankauf eigener Anteile"* im Gegensatz zu *„distribution, capital reduction, share redemption and/or acquisition of own shares"*. Mit Vertrieb waren seinerzeit möglicherweise die sog. **Quick-flips** adressiert, also der kurzfristige An- und nachfolgende Verkauf eines Unternehmens bzw. Unternehmensteils innerhalb kurzer Zeit. Das deutsche Umsetzungsgesetz enthält diese Formulierung allerdings nicht mehr.

---

[5] Vgl. auch *Hesse/Lamsa*, a. a. O.

[6] Vgl. *Hesse/Lamsa*, CORPORATE FINANCE law 1/2011, S. 39 (46).

„Bestmöglich" kann beispielsweise durch die Ausübung der vorgenannten 23
Stimmrechtsmehrheit oder die Geltendmachung von Einfluss auf die Geschäftsführung und Ähnliches erfolgen.

Die maßgeblichen **Schwellenwerte** sehen vor, dass die Ausschüttungen nicht 24
zur **Unterschreitung des Nettoaktivvermögens** führen **oder** vorhandene
Gewinne übersteigen. Der Rückkauf eigener Anteile darf nicht zu Nettoaktivvermögen des unterhalb gezeichneten Kapitals führen. Eine Herabsetzung des
gezeichneten Kapitals ist allerdings möglich zwecks Verlustausgleichs **oder** Bildung nicht ausschüttbarer Rücklagen, sofern die Rücklage 10% des herabgesetzten
gezeichneten Kapitals nicht überschreitet. **Ausschüttungen**[7] dürfen nicht dazu
führen, dass das Nettoaktivvermögen das gezeichnete Kapital zuzüglich der Rücklagen, deren Ausschüttung das Gesetz oder die Satzung nicht gestattet, unterschreitet. Hintergrund: Es soll sichergestellt werden, dass Ausschüttungen ausschließlich
aus verfügbarem Eigenkapital erfolgen (**sog. Ausschüttungssperre**).

Das **Nettoaktivvermögen**[8] erfasst die Aktiva vermindert um Verbindlichkeiten 25
(inkl. Rückstellungen für ungewisse Verbindlichkeiten) und gesetzliche Rücklagen,
z. B. § 5a Abs. 3 EStG; nicht abzuziehen sind hingegen Rücklagen ohne Ausschüt-
tungsbegrenzung z. B. Gewinn-Rücklagen und freie Kapitalrücklagen gemäß § 272
Abs. 1 Nr. 4 HGB. Der Wert eigener Anteile ist unbeachtlich, da diese nicht aktiviert
werden, § 272 Abs. 1a HGB. Die Bewertung erfolgt nach allgemeinen Bilanzie-
rungsgrundsätzen unter Buchwertfortführung. Gleiches gilt für den Rückerwerb
eigener Anteile; auch diese sollen nur aus verfügbaren Eigenkapital möglich sein. Die
Ausnahmeregelung für Immobilien-SPVs scheint zu eng. Gleichfalls dürften korporativ ausgestaltete Fondsvehikel, insbesondere Dachfonds (Fund-of-Funds) per se
unter diese Regelung fallen, was die Gewinnrepatriierung der Gesellschafter/Inves-
toren gefährden könnte. Diese **Dachfonds** sind oft als nichtbörsennotierte Kapitalgesellschaft ausgestaltet. Gleiches gilt für Luxemburger Fondsvehikel, insbesondere
korporativ ausgestalteten SICAV-FIS mit Aktienklassen (**Teilfonds**). Die in diesen
Fällen oftmals über Share Redemption (CPEC und MPEC-Gestaltungen) erfolgte
Gewinnrepatriierung könnte zu faktischen Ausschüttungssperren führen. Die Norm
stellt eine Benachteiligung gegenüber dem nicht aufsichtsrechtlich regulierten Ein-
zelinvestor oder Single-Family Office dar. Gleichfalls sind von dieser Norm etwaige
Club-Deals zwischen Holdinggesellschafen und Staatsfonds ausgenommen.

Unklar ist zurzeit, ob die **Besicherung des Vermögens der Zielgesellschaft** 26
erfasst werden soll.[9] Der Begriff Ausschüttung ist als (schädlicher) Transfer von
Vermögenswerten zu verstehen. Die bloße Sicherheitengewährung ist einem solchen Vermögenstransfer lediglich vorgelagert. Nach der hier verhebenen Auffassung wird die Besicherung des Vermögens der Zielgesellschaft, anders als beispielsweise im Regelungsbereich des § 71a AktG, von Art. 30 daher nicht erfasst. Es
steht ebenfalls zu befürchten, dass sinnvolle Kapitalmaßnahmen verhindert oder
erschwert werden. Dem Vernehmen nach sollen auch die oben vorgestellten

---

[7] Kritisch zum weiten Ausschüttungsbegriff *Zetzsche* NZG 2012, 1164 (1168).

[8] *Hesse/Lamsa*, a. a. O., verweisen zu Recht darauf, dass die deutsche Sprachfassung der
AIFM-RL diesen in der deutschen Rechtsterminologie ungebräuchlichen Begriff verwendet,
ohne diesen jedoch in der Richtlinie näher zu definieren und obwohl in der englischen
Sprachfassung an der maßgeblichen Stellen „net assets" verwendet wird mit der Folge, dass
dementsprechend die Verwendung der Begriffe Eigenkapital bzw. Rein- oder Nettovermö-
gen anstelle von „Nettoaktivvermögen" nahe liegt.

[9] Laut *Hesse/Lamsa*, a. a. O. ist das entgegen früherer Befürchtungen und Fassungen der
AIFM-RL nicht der Fall.

Debt-Push-Down-Gestaltungen erfasst werden, da man den mit einer exzessiven Fremdkapitalaufnahme einhergehenden Risiken begegnen möchte. Als derartige Risiken hat man unter anderem die Zahlungsunfähigkeit infolge von Umsatzeinbrüchen im operativen Geschäft, unzureichenden Kapitaldienst, Bruch von Kreditbedingungen (**Covenants**) und nachfolgende Verschärfung der Kreditbedingungen sowie die Verringerung der Kreditwürdigkeit der Zielgesellschaft identifiziert. Ferner soll erfasst sein, die Gefahr, dass ein hoher Verschuldensgrad dem operativen Geschäft liquide Mittel entzieht mit der Folge, dass langfristige Investitionen vernachlässigt werden. Aus dem Wortlaut der Norm ergibt sich das allerdings auf Anhieb nicht. Vielmehr aus Artikel 21 Abs. 4 der alten Fassung, wonach den Aufsichtsbehörden das Recht gegeben werden sollte, den Einsatz an Fremdkapital zu begrenzen. Allerdings fehlt eine explizite Aussage dahingehend im finalen Richtlinientext. Im Übrigen wurde in Deutschland durch die Einführung der vorgenannten **Zinsschranke** bereits auf steuerrechtlicher Ebene auf den Einsatz exzessiven Fremdkapitals reagiert.

E. Mögliche Sanktionen

27   Als **Sanktion** kommt zunächst aufsichtsrechtlich der Widerruf der Zulassung in Frage. So sieht Artikel 11 lit. e) AIFM-RL im Falle schwerwiegender bzw. systematischer Verstöße gegen die Bestimmungen der AIFM-RL den Widerruf vor. Allerdings handelt es sich dabei um eine Ermessensentscheidung, die durch den unbestimmten Rechtsbegriff des schwerwiegenden Verstoßes verkompliziert wird. Unter systematischen Verstößen sollten fortgesetzte Verstöße zu verstehen sein. Schwerwiegende und fortgesetzte Verstöße dürften zur Ermessensreduzierung auf null führen, so dass kein Ermessensspielraum bei der Aufsichtsbehörde verbliebe. Gleichfalls kann es zu einem Vertriebsverbot des AIFM in der jeweiligen Jurisdiktion kommen.

28   Das deutsche Umsetzungsgesetz sieht zudem in § 339 KAGB-E Freiheitsstrafen von bis zu drei Jahren oder Geldstrafen vor, sofern eine Kapitalverwaltungsgesellschaft ohne Erlaubnis betrieben wird.

29   Zudem droht ein Reputationsverlust durch Veröffentlichung der Maßnahmen durch die Aufsichtsbehörde.

30   Als Sanktionen kommen zudem zivilrechtliche Sanktionen in Betracht. In diesem Zusammenhang ist zu beachten, dass der faktische Adressat der Richtlinie, der AIFM, mithin eine juristische Person ist, so dass sich die Frage der Organhaftung stellt. Ferner ist fraglich, ob die Normen der Richtlinie Schutzgesetze im Sinne des § 823 Abs. 2 BGB darstellen. § 30 GmbHG qualifiziert beispielsweise nicht als Schutzgesetz.[10] Die Haftung der Organvertreter sollte sich daher als schwierig erweisen.

F. Bezüge zum KAGB-E

31   § 292 KAGB-E sieht vor, dass die Norm sehr richtliniennah umgesetzt wird.[11] Ein sog. „**Goldplating**" ist durch den deutschen Gesetzgeber insoweit nicht vorgesehen, da die bisher bereits existierenden Regelungen zum Schutz des Kapitalerhalts möglicherweise als ausreichend angesehen werden.

---

[10] *Hueck/Fashil*, Rn. 1 zu § 30 GmbHG.
[11] *Zetzsche* NZG 2012, 1164.

Kapitel VI Recht der EU-AIFM auf Vertrieb und Verwaltung von EU-AIF in der Union

Vorbemerkung zu Kapitel VI der AIFM-Richtlinie

A. Entstehungsgeschichte, Inhalt und Ziele

Kapitel VI betrifft einen Kernregelungsbestand der AIFM-Richtlinie – den Vertrieb und das Management von EU-AIF durch EU-AIFM in der Union. Ausgehend zunächst vom Vertrieb im Herkunftsmitgliedstaat des AIFM (Art. 31 AIFM-RL) wird unter weitergehenden Voraussetzungen auch der Vertrieb in anderen Mitgliedstaaten ermöglicht (Art. 32 AIFM-RL). Die Möglichkeit der Verwaltung eines EU-AIF mit Sitz in anderen Mitgliedstaaten (Art. 33 AIFM-RL) – direkt oder indirekt über eine Zweigniederlassung – wird auf Basis eines entsprechenden Meldeverfahrens gewährleistet.

B. Anwendungsbereich

Kapitel VI betrifft **persönlich** EU-AIFM, gem. Art. 4 Abs. 1 lit. l AIFM-RL, also einen AIFM mit satzungsmäßigem Sitz in einem Mitgliedstaat. **Sachlich** wird deren Recht auf Vertrieb und Verwaltung von EU-AIF in der Union behandelt. Gem. Art. 4 Abs. 1 lit. k AIFM-RL bezeichnet EU-AIF (i) einen AIF, der nach einschlägigem nationalen Recht in einem Mitgliedstaat zugelassen oder registriert ist oder (ii) einen AIF, der nicht in einem Mitgliedstaat zugelassen oder registriert ist, dessen satzungsmäßiger Sitz und/oder Hauptverwaltung sich jedoch in einem Mitgliedstaat befindet.

Artikel 31 Vertrieb von Anteilen von EU-AIF im Herkunftsland des AIFM

AIFM-Richtlinie	KAGB-E
Artikel 31 **Vertrieb von Anteilen von EU-AIF im Herkunftsland des AIFM**	**§ 316 Abs. 1**
(1) Mitgliedstaaten stellen sicher, dass ein zugelassener EU-AIFM Anteile von allen EU-AIF, die er verwaltet, an professionelle Anleger im Herkunftsmitgliedstaat des AIFM vertreiben kann, sobald die in diesem Artikel festgelegten Bedingungen eingehalten sind. Handelt es sich bei dem EU-AIF um einen Feeder-AIF, so gilt das Vertriebsrecht nach Unterabsatz 1 nur dann, wenn der Master-AIF ebenfalls ein	(1) Beabsichtigt eine AIF-Kapitalverwaltungsgesellschaft, Anteile oder Aktien an einem von ihr verwalteten inländischen Publikums-AIF im Geltungsbereich dieses Gesetzes zu vertreiben, so hat sie dies der Bundesanstalt anzuzeigen. Das Anzeigeschreiben muss folgende Angaben und Unterlagen in jeweils geltender Fassung enthalten: 1. einen Geschäftsplan, der Angaben zu dem angezeigten Publikums-AIF enthält;

AIFM-Richtlinie	KAGB-E
EU-AIF ist, der von einem zugelassenen EU-AIFM verwaltet wird.	2. die Anlagebedingungen oder einen Verweis auf die zur Genehmigung eingereichten Anlagebedingungen und gegebenenfalls die Satzung oder den Gesellschaftsvertrag des angezeigten AIF;
	3. die Angabe der Verwahrstelle oder einen Verweis auf die von der Bundesanstalt gemäß den §§ 89, 69 Absatz 1 genehmigte Verwahrstelle des angezeigten AIF;
	4. den Verkaufsprospekt und die wesentlichen Anlegerinformationen des angezeigten AIF;
	5. alle weiteren für den Anleger verfügbaren Informationen über den angezeigten AIF;
	6. falls es sich bei dem angezeigten AIF um einen Feederfonds handelt, einen Verweis auf die von der Bundesanstalt genehmigten Anlagebedingungen des Masterfonds, einen Verweis auf die von der Bundesanstalt gemäß § 87 in Verbindung mit § 69 genehmigte Verwahrstelle des Masterfonds, den Verkaufsprospekt und die wesentlichen Anlegerinformationen des Masterfonds sowie die Angabe, ob der Masterfonds im Geltungsbereich dieses Gesetzes an Privatanleger vertrieben werden darf.
	§ 321 Abs. 1
	(1) Beabsichtigt eine AIF-Kapitalverwaltungsgesellschaft, Anteile oder Aktien an einem von ihr verwalteten EU-AIF oder an einem von ihr verwalteten inländischen Spezial-AIF an semi-professionelle oder professionelle Anleger im Geltungsbereich dieses Gesetzes zu vertreiben, so hat sie dies der Bundesanstalt anzuzeigen. Das Anzeigeschreiben muss folgende Angaben und Unterlagen in jeweils geltender Fassung enthalten:
	1. einen Geschäftsplan, der Angaben zum angezeigten AIF sowie zu seinem Sitz enthält;

AIFM-Richtlinie	KAGB-E
	2. die Anlagebedingungen, die Satzung oder den Gesellschaftsvertrag des angezeigten AIF; 3. den Namen der Verwahrstelle des angezeigten AIF; 4. eine Beschreibung des angezeigten AIF und alle für die Anleger verfügbaren Informationen über den angezeigten AIF; 5. Angaben zum Sitz des Master-AIF und seiner Verwaltungsgesellschaft, falls es sich bei dem angezeigten AIF um einen Feeder-AIF handelt; 6. alle in § 307 Absatz 1 genannten weiteren Informationen für jeden angezeigten AIF; 7. Angaben zu den Vorkehrungen, die getroffen wurden, um zu verhindern, dass Anteile oder Aktien des angezeigten AIF an Privatanleger vertrieben werden, insbesondere wenn die AIF-Kapitalverwaltungsgesellschaft für die Erbringung von Wertpapierdienstleistungen für den angezeigten AIF auf unabhängige Unternehmen zurückgreift. Ist der EU-AIF oder der inländische Spezial-AIF, den die AIF-Kapitalverwaltungsgesellschaft an semi-professionelle oder professionelle Anleger im Geltungsbereich dieses Gesetzes zu vertreiben beabsichtigt, ein Feeder-AIF, ist eine Anzeige nach Satz 1 nur zulässig, wenn der Master-AIF ebenfalls ein EU-AIF oder ein inländischer AIF ist, der von einer EU-AIF-Verwaltungsgesellschaft oder einer AIF-Kapitalverwaltungsgesellschaft verwaltet wird. Andernfalls richtet sich das Anzeigeverfahren ab dem Zeitpunkt, auf den in § 295 Absatz 2 Nummer 1 verwiesen wird, nach § 322 und vor diesem Zeitpunkt nach § 329.
	§ 316 Abs. 1
(2) Der AIFM legt den zuständigen Behörden seines Herkunftsmitgliedstaats ein Anzeigeschreiben für jeden	(1) Beabsichtigt eine AIF-Kapitalverwaltungsgesellschaft, Anteile oder Aktien an einem von ihr verwalteten inlän-

AIFM-Richtlinie	KAGB-E
EU-AIF, den er zu vertreiben beabsichtigt, vor. Das Anzeigeschreiben umfasst die Dokumentation und die Angaben gemäß Anhang III.	dischen Publikums-AIF im Geltungsbereich dieses Gesetzes zu vertreiben, so hat sie dies der Bundesanstalt anzuzeigen. Das Anzeigeschreiben muss folgende Angaben und Unterlagen in jeweils geltender Fassung enthalten: 1. einen Geschäftsplan, der Angaben zu dem angezeigten Publikums-AIF enthält; 2. die Anlagebedingungen oder einen Verweis auf die zur Genehmigung eingereichten Anlagebedingungen und gegebenenfalls die Satzung oder den Gesellschaftsvertrag des angezeigten AIF; 3. die Angabe der Verwahrstelle oder einen Verweis auf die von der Bundesanstalt gemäß den §§ 89, 69 Absatz 1 genehmigte Verwahrstelle des angezeigten AIF; 4. den Verkaufsprospekt und die wesentlichen Anlegerinformationen des angezeigten AIF; 5. alle weiteren für den Anleger verfügbaren Informationen über den angezeigten AIF; 6. falls es sich bei dem angezeigten AIF um einen Feederfonds handelt, einen Verweis auf die von der Bundesanstalt genehmigten Anlagebedingungen des Masterfonds, einen Verweis auf die von der Bundesanstalt gemäß § 87 in Verbindung mit § 69 genehmigte Verwahrstelle des Masterfonds, den Verkaufsprospekt und die wesentlichen Anlegerinformationen des Masterfonds sowie die Angabe, ob der Masterfonds im Geltungsbereich dieses Gesetzes an Privatanleger vertrieben werden darf. **§ 321 Abs. 1** (1) Beabsichtigt eine AIF-Kapitalverwaltungsgesellschaft, Anteile oder Aktien an einem von ihr verwalteten EU-AIF oder an einem von ihr verwalteten inländischen Spezial-AIF an semi-professionelle oder professionelle

AIFM-Richtlinie	KAGB-E
	Anleger im Geltungsbereich dieses Gesetzes zu vertreiben, so hat sie dies der Bundesanstalt anzuzeigen. Das Anzeigeschreiben muss folgende Angaben und Unterlagen in jeweils geltender Fassung enthalten:
	1. einen Geschäftsplan, der Angaben zum angezeigten AIF sowie zu seinem Sitz enthält;
	2. die Anlagebedingungen, die Satzung oder den Gesellschaftsvertrag des angezeigten AIF;
	3. den Namen der Verwahrstelle des angezeigten AIF;
	4. eine Beschreibung des angezeigten AIF und alle für die Anleger verfügbaren Informationen über den angezeigten AIF;
	5. Angaben zum Sitz des Master-AIF und seiner Verwaltungsgesellschaft, falls es sich bei dem angezeigten AIF um einen Feeder-AIF handelt;
	6. alle in § 307 Absatz 1 genannten weiteren Informationen für jeden angezeigten AIF;
	7. Angaben zu den Vorkehrungen, die getroffen wurden, um zu verhindern, dass Anteile oder Aktien des angezeigten AIF an Privatanleger vertrieben werden, insbesondere wenn die AIF-Kapitalverwaltungsgesellschaft für die Erbringung von Wertpapierdienstleistungen für den angezeigten AIF auf unabhängige Unternehmen zurückgreift.
	Ist der EU-AIF oder der inländische Spezial-AIF, den die AIF-Kapitalverwaltungsgesellschaft an semi-professionelle oder professionelle Anleger im Geltungsbereich dieses Gesetzes zu vertreiben beabsichtigt, ein Feeder-AIF, ist eine Anzeige nach Satz 1 nur zulässig, wenn der Master-AIF ebenfalls ein EU-AIF oder ein inländischer AIF ist, der von einer EU-AIF-Verwaltungsgesellschaft oder einer AIF-Kapitalverwaltungsgesellschaft verwaltet wird. Andernfalls richtet sich das

AIFM-Richtlinie	KAGB-E
	Anzeigeverfahren ab dem Zeitpunkt, auf den in § 295 Absatz 2 Nummer 1 verwiesen wird, nach § 322 und vor diesem Zeitpunkt nach § 329.

§ 316 Abs. 3

(3) Innerhalb von 20 Arbeitstagen nach Eingang der vollständigen Anzeigeunterlagen nach Absatz 2 teilen die zuständigen Behörden des Herkunftsmitgliedstaates des AIFM dem AIFM mit, ob er mit dem Vertrieb des im Anzeigescheiben nach Absatz 2 genannten AIF beginnen kann. Die zuständigen Behörden des Herkunftsmitgliedstaats des AIFM können den Vertrieb des AIF nur untersagen, wenn die Verwaltung des AIF durch den AIFM gegen diese Richtlinie verstößt bzw. verstoßen wird oder der AIFM gegen diese Richtlinie verstößt bzw. verstoßen wird. Im Falle einer positiven Entscheidung kann der AIFM ab dem Datum der diesbezüglichen Mitteilung der zuständigen Behörden in seinem Herkunftsmitgliedstaat mit dem Vertrieb des AIF beginnen.

Falls es sich um unterschiedliche Behörden handelt, teilen die zuständigen Behörden des Herkunftsmitgliedstaats des AIFM zudem den für den AIF zuständigen Behörden mit, dass der AIFM mit dem Vertrieb von Anteilen des AIF beginnen kann.

(3) Innerhalb von 20 Arbeitstagen nach Eingang der vollständigen Anzeigeunterlagen nach Absatz 1 sowie der Genehmigung der Anlagebedingungen und der Verwahrstelle teilt die Bundesanstalt der AIF-Kapitalverwaltungsgesellschaft mit, ob sie mit dem Vertrieb des im Anzeigeschreiben nach Absatz 1 genannten AIF im Geltungsbereich dieses Gesetzes beginnen kann. Die Bundesanstalt kann die Aufnahme des Vertriebs innerhalb der in Satz 1 genannten Frist untersagen, wenn sich aus den ihr im Anzeigeverfahren eingereichten Unterlagen und Angaben ein Verstoß gegen dieses Gesetz ergibt. Teilt sie der AIF-Kapitalverwaltungsgesellschaft entsprechende Beanstandungen der eingereichten Angaben und Unterlagen innerhalb der Frist von Satz 1 mit, wird die Frist unterbrochen und beginnt die in Satz 1 genannte Frist mit der Einreichung der geänderten Angaben und Unterlagen erneut. Die AIF-Kapitalverwaltungsgesellschaft kann ab dem Datum der entsprechenden Mitteilung nach Satz 1 mit dem Vertrieb des angezeigten AIF im Geltungsbereich dieses Gesetzes beginnen.

§ 321 Abs. 3

(3) Innerhalb von 20 Arbeitstagen nach Eingang der vollständigen Anzeigeunterlagen nach Absatz 1 teilt die Bundesanstalt der AIF-Kapitalverwaltungsgesellschaft mit, ob diese mit dem Vertrieb des im Anzeigeschreiben genannten AIF an semi-professionelle und professionelle Anleger im Geltungsbereich dieses Gesetzes ab sofort beginnen kann. Die Bundesanstalt kann innerhalb dieser Frist die Aufnah-

AIFM-Richtlinie	KAGB-E
	me des Vertriebs untersagen, wenn die AIF-Kapitalverwaltungsgesellschaft oder die Verwaltung des angezeigten AIF durch die AIF-Kapitalverwaltungsgesellschaft gegen die Vorschriften dieses Gesetzes oder gegen die Vorschriften der Richtlinie 2011/61/EU verstößt. Teilt sie der AIF-Kapitalverwaltungsgesellschaft entsprechende Beanstandungen der eingereichten Angaben und Unterlagen innerhalb der Frist von Satz 1 mit, wird die in Satz 1 genannte Frist unterbrochen und beginnt mit der Einreichung der geänderten Angaben und Unterlagen erneut. Die AIF-Kapitalverwaltungsgesellschaft kann ab dem Datum der entsprechenden Mitteilung nach Satz 1 mit dem Vertrieb des angezeigten AIF an semi-professionelle und professionelle Anleger im Geltungsbereich dieses Gesetzes beginnen. Handelt es sich um einen EU-AIF, so teilt die Bundesanstalt zudem den für den EU-AIF zuständigen Stellen mit, dass die AIF-Kapitalverwaltungsgesellschaft mit dem Vertrieb von Anteilen oder Aktien des EU-AIF an professionelle Anleger im Geltungsbereich dieses Gesetzes beginnen kann.
	§ 316 Abs. 4
(4) Bei einer wesentlichen Änderung der nach Absatz 2 übermittelten Angaben teilt der AIFM den zuständigen Behörden seines Herkunftsmitgliedstaats diese Änderung bei vom AIFM geplanten Änderungen mindestens einen Monat vor Durchführung der Änderung oder unverzüglich nach Eintreten einer ungeplanten Änderung schriftlich mit. Sollte die geplante Änderung dazu führen, dass die Verwaltung des AIF durch den AIFM oder der AIFM im Allgemeinen nunmehr gegen diese Richtlinie verstößt, teilen die zuständigen Behörden dem AIFM unverzüg-	(4) Bei einer Änderung der nach Absatz 1 übermittelten Angaben oder Unterlagen teilt die AIF-Kapitalverwaltungsgesellschaft der Bundesanstalt diese Änderung schriftlich mit und übermittelt der Bundesanstalt gegebenenfalls zeitgleich aktualisierte Angaben und Unterlagen. Geplante Änderungen sind mindestens 20 Arbeitstage vor Durchführung der Änderung mitzuteilen, ungeplante Änderungen unverzüglich nach deren Eintreten. Sollte die AIF-Kapitalverwaltungsgesellschaft oder die Verwaltung des betreffenden AIF durch die geplante Änderung gegen dieses Gesetz verstoßen, so teilt

AIFM-Richtlinie	KAGB-E
lich mit, dass er die Änderung nicht durchführen darf.	die Bundesanstalt der AIF-Kapitalverwaltungsgesellschaft unverzüglich mit, dass sie die Änderung nicht durchführen darf. Wird eine geplante Änderung ungeachtet der Sätze 1 und 2 durchgeführt oder führt eine durch einen unvorhersehbaren Umstand ausgelöste Änderung dazu, dass die AIF-Kapitalverwaltungsgesellschaft oder die Verwaltung des betreffenden AIF durch diese Änderung nunmehr gegen dieses Gesetz verstößt, so ergreift die Bundesanstalt alle gebotenen Maßnahmen gemäß § 5 einschließlich der ausdrücklichen Untersagung des Vertriebs des betreffenden AIF.

Wenn eine geplante Änderung ungeachtet der Unterabsätze 1 und 2 durchgeführt wird oder wenn eine durch einen unvorhersehbaren Umstand ausgelöste Änderung dazu führt, dass die Verwaltung des AIF durch den AIFM oder der AIFM im Allgemeinen nunmehr gegen diese Richtlinie verstößt, ergreifen die zuständigen Behörden des Herkunftsmitgliedstaats des AIFM alle gebotenen Maßnahmen gemäß Artikel 46, einschließlich, falls erforderlich, der ausdrücklichen Untersagung des Vertriebs des AIF.

§ 321 Abs. 4

(4) Die AIF-Kapitalverwaltungsgesellschaft teilt der Bundesanstalt wesentliche Änderungen der nach Absatz 1 oder 2 übermittelten Angaben schriftlich mit. Änderungen, die von der AIF-Kapitalverwaltungsgesellschaft geplant sind, sind mindestens einen Monat vor Durchführung der Änderung mitzuteilen. Ungeplante Änderungen sind unverzüglich nach ihrem Eintreten mitzuteilen. Führt die geplante Änderung dazu, dass die AIF-Kapitalverwaltungsgesellschaft oder die Verwaltung des betreffenden AIF durch die AIF-Kapitalverwaltungsgesellschaft nunmehr gegen die Vorschriften dieses Gesetzes oder gegen die Vorschriften der Richtlinie 2011/61/EU verstößt, so teilt die Bundesanstalt der AIF-Kapitalverwaltungsgesellschaft unverzüglich mit, dass sie die Änderung nicht durchführen darf. Wird eine geplante Änderung ungeachtet der Sätze 1 bis 4 durchgeführt, oder führt eine durch einen unvorhersehbaren Umstand ausgelöste Änderung dazu, dass die AIF-Kapitalverwaltungsgesellschaft oder die Verwaltung des betreffenden AIF durch die AIF-Kapitalverwaltungsgesellschaft nunmehr gegen

AIFM-Richtlinie	KAGB-E
	die Vorschriften dieses Gesetzes oder der Richtlinie 2011/61/EU verstößt, so ergreift die Bundesanstalt alle gebotenen Maßnahmen gemäß § 5 einschließlich der ausdrücklichen Untersagung des Vertriebs des betreffenden AIF.
(5) Um einheitliche Bedingungen für die Anwendung dieses Artikels zu gewährleisten, kann die ESMA Entwürfe für technische Durchführungsstandards ausarbeiten, um Folgendes zu präzisieren: a) Form und Inhalt eines Musters für das Anzeigeschreiben nach Absatz 2; und b) Die Form der schriftlichen Mitteilung nach Absatz 4. Die Kommission wird ermächtigt, die in Unterabsatz 1 genannten technischen Durchführungsstandards nach Artikel 15 der Verordnung (EU) Nr. 1095/2010 zu erlassen.	–
	§ 295 Abs. 1
(6) Unbeschadet des Artikels 43 Absatz 1 schreiben die Mitgliedstaaten vor, dass die von den AIFM verwalteten und vertriebenen AIF nur an professionelle Anleger vertrieben werden dürfen.	(1) Der Vertrieb von Anteilen oder Aktien an inländischen Publikums-AIF an Privatanleger, semi-professionelle und professionelle Anleger im Geltungsbereich dieses Gesetzes ist nur zulässig, wenn die Voraussetzungen des § 316 erfüllt sind. Der Vertrieb von Anteilen oder Aktien an EU-AIF und ausländischen AIF an Privatanleger im Geltungsbereich dieses Gesetzes ist nur zulässig, wenn die Voraussetzungen der §§ 317 bis 320 erfüllt sind. Die Verwaltungsgesellschaften, die AIF verwalten, die die Voraussetzungen für den Vertrieb an Privatanleger nicht erfüllen, müssen wirksame Vorkehrungen treffen, die verhindern, dass Anteile oder Aktien an den AIF an Privatanleger im Geltungsbereich dieses Gesetzes vertrieben werden; dies gilt auch, wenn unabhängige Unternehmen eingeschaltet werden, die für den AIF Wertpapierdienstleistungen erbringen.

AIFM-Richtlinie	KAGB-E
	§ 316 Abs. 1
	(1) Beabsichtigt eine AIF-Kapitalverwaltungsgesellschaft, Anteile oder Aktien an einem von ihr verwalteten inländischen Publikums-AIF im Geltungsbereich dieses Gesetzes zu vertreiben, so hat sie dies der Bundesanstalt anzuzeigen. Das Anzeigeschreiben muss folgende Angaben und Unterlagen in jeweils geltender Fassung enthalten:
	1. einen Geschäftsplan, der Angaben zu dem angezeigten Publikums-AIF enthält;
	2. die Anlagebedingungen oder einen Verweis auf die zur Genehmigung eingereichten Anlagebedingungen und gegebenenfalls die Satzung oder den Gesellschaftsvertrag des angezeigten AIF;
	3. die Angabe der Verwahrstelle oder einen Verweis auf die von der Bundesanstalt gemäß den §§ 89, 69 Absatz 1 genehmigte Verwahrstelle des angezeigten AIF;
	4. den Verkaufsprospekt und die wesentlichen Anlegerinformationen des angezeigten AIF;
	5. alle weiteren für den Anleger verfügbaren Informationen über den angezeigten AIF;
	6. falls es sich bei dem angezeigten AIF um einen Feederfonds handelt, einen Verweis auf die von der Bundesanstalt genehmigten Anlagebedingungen des Masterfonds, einen Verweis auf die von der Bundesanstalt gemäß § 87 in Verbindung mit § 69 genehmigte Verwahrstelle des Masterfonds, den Verkaufsprospekt und die wesentlichen Anlegerinformationen des Masterfonds sowie die Angabe, ob der Masterfonds im Geltungsbereich dieses Gesetzes an Privatanleger vertrieben werden darf.
	§ 316 Abs. 3
	(3) Innerhalb von 20 Arbeitstagen nach Eingang der vollständigen Anzei-

AIFM-Richtlinie	KAGB-E
	geunterlagen nach Absatz 1 sowie der Genehmigung der Anlagebedingungen und der Verwahrstelle teilt die Bundesanstalt der AIF-Kapitalverwaltungsgesellschaft mit, ob sie mit dem Vertrieb des im Anzeigeschreiben nach Absatz 1 genannten AIF im Geltungsbereich dieses Gesetzes beginnen kann. Die Bundesanstalt kann die Aufnahme des Vertriebs innerhalb der in Satz 1 genannten Frist untersagen, wenn sich aus den ihr im Anzeigeverfahren eingereichten Unterlagen und Angaben ein Verstoß gegen dieses Gesetz ergibt. Teilt sie der AIF-Kapitalverwaltungsgesellschaft entsprechende Beanstandungen der eingereichten Angaben und Unterlagen innerhalb der Frist von Satz 1 mit, wird die Frist unterbrochen und beginnt die in Satz 1 genannte Frist mit der Einreichung der geänderten Angaben und Unterlagen erneut. Die AIF-Kapitalverwaltungsgesellschaft kann ab dem Datum der entsprechenden Mitteilung nach Satz 1 mit dem Vertrieb des angezeigten AIF im Geltungsbereich dieses Gesetzes beginnen.

§ 321 Abs. 1

(1) Beabsichtigt eine AIF-Kapitalverwaltungsgesellschaft, Anteile oder Aktien an einem von ihr verwalteten EU-AIF oder an einem von ihr verwalteten inländischen Spezial-AIF an semi-professionelle oder professionelle Anleger im Geltungsbereich dieses Gesetzes zu vertreiben, so hat sie dies der Bundesanstalt anzuzeigen. Das Anzeigeschreiben muss folgende Angaben und Unterlagen in jeweils geltender Fassung enthalten:

1. einen Geschäftsplan, der Angaben zum angezeigten AIF sowie zu seinem Sitz enthält;
2. die Anlagebedingungen, die Satzung oder den Gesellschaftsvertrag des angezeigten AIF;

AIFM-Richtlinie	KAGB-E
	3. den Namen der Verwahrstelle des angezeigten AIF;
	4. eine Beschreibung des angezeigten AIF und alle für die Anleger verfügbaren Informationen über den angezeigten AIF;
	5. Angaben zum Sitz des Master-AIF und seiner Verwaltungsgesellschaft, falls es sich bei dem angezeigten AIF um einen Feeder-AIF handelt;
	6. alle in § 307 Absatz 1 genannten weiteren Informationen für jeden angezeigten AIF;
	7. Angaben zu den Vorkehrungen, die getroffen wurden, um zu verhindern, dass Anteile oder Aktien des angezeigten AIF an Privatanleger vertrieben werden, insbesondere wenn die AIF-Kapitalverwaltungsgesellschaft für die Erbringung von Wertpapierdienstleistungen für den angezeigten AIF auf unabhängige Unternehmen zurückgreift.
	Ist der EU-AIF oder der inländische Spezial-AIF, den die AIF-Kapitalverwaltungsgesellschaft an semi-professionelle oder professionelle Anleger im Geltungsbereich dieses Gesetzes zu vertreiben beabsichtigt, ein Feeder-AIF, ist eine Anzeige nach Satz 1 nur zulässig, wenn der Master-AIF ebenfalls ein EU-AIF oder ein inländischer AIF ist, der von einer EU-AIF-Verwaltungsgesellschaft oder einer AIF-Kapitalverwaltungsgesellschaft verwaltet wird. Andernfalls richtet sich das Anzeigeverfahren ab dem Zeitpunkt, auf den in § 295 Absatz 2 Nummer 1 verwiesen wird, nach § 322 und vor diesem Zeitpunkt nach § 329.
	§ 321 Abs. 3
	(3) Innerhalb von 20 Arbeitstagen nach Eingang der vollständigen Anzeigeunterlagen nach Absatz 1 teilt die Bundesanstalt der AIF-Kapitalverwaltungsgesellschaft mit, ob diese mit dem Vertrieb des im Anzeigeschreiben genannten

AIFM-Richtlinie	KAGB-E
	AIF an semi-professionelle und professionelle Anleger im Geltungsbereich dieses Gesetzes ab sofort beginnen kann. Die Bundesanstalt kann innerhalb dieser Frist die Aufnahme des Vertriebs untersagen, wenn die AIF-Kapitalverwaltungsgesellschaft oder die Verwaltung des angezeigten AIF durch die AIF-Kapitalverwaltungsgesellschaft gegen die Vorschriften dieses Gesetzes oder gegen die Vorschriften der Richtlinie 2011/61/EU verstößt. Teilt sie der AIF-Kapitalverwaltungsgesellschaft entsprechende Beanstandungen der eingereichten Angaben und Unterlagen innerhalb der Frist von Satz 1 mit, wird die in Satz 1 genannte Frist unterbrochen und beginnt mit der Einreichung der geänderten Angaben und Unterlagen erneut. Die AIF-Kapitalverwaltungsgesellschaft kann ab dem Datum der entsprechenden Mitteilung nach Satz 1 mit dem Vertrieb des angezeigten AIF an semi-professionelle und professionelle Anleger im Geltungsbereich dieses Gesetzes beginnen. Handelt es sich um einen EU-AIF, so teilt die Bundesanstalt zudem den für den EU-AIF zuständigen Stellen mit, dass die AIF-Kapitalverwaltungsgesellschaft mit dem Vertrieb von Anteilen oder Aktien des EU-AIF an professionelle Anleger im Geltungsbereich dieses Gesetzes beginnen kann.
Artikel 31 **Vertrieb von Anteilen von EU-AIF im Herkunftsmitgliedstaat des AIFM** (1) Mitgliedstaaten stellen sicher, dass ein zugelassener EU-AIFM Anteile von allen EU-AIF, die er verwaltet, an professionelle Anleger im Herkunftsmitgliedstaat des AIFM vertreiben kann, sobald die in diesem Artikel festgelegten Bedingungen eingehalten sind. Handelt es sich bei dem EU-AIF um einen Feeder-AIF, so gilt das Vertriebs-	

AIFM-Richtlinie	KAGB-E
recht nach Unterabsatz 1 nur dann, wenn der Master-AIF ebenfalls ein EU-AIF ist, der von einem zugelassenen EU-AIFM verwaltet wird.	

(2) Der AIFM legt den zuständigen Behörden seines Herkunftsmitgliedstaats ein Anzeigeschreiben für jeden EU-AIF, den er zu vertreiben beabsichtigt, vor.

Das Anzeigeschreiben umfasst die Dokumentation und die Angaben gemäß Anhang III.

(3) Innerhalb von 20 Arbeitstagen nach Eingang der vollständigen Anzeigeunterlagen nach Absatz 2 teilen die zuständigen Behörden des Herkunftsmitgliedstaates des AIFM dem AIFM mit, ob er mit dem Vertrieb des im Anzeigescheiben nach Absatz 2 genannten AIF beginnen kann. Die zuständigen Behörden des Herkunftsmitgliedstaats des AIFM können den Vertrieb des AIF nur untersagen, wenn die Verwaltung des AIF durch den AIFM gegen diese Richtlinie verstößt bzw. verstoßen wird oder der AIFM gegen diese Richtlinie verstößt bzw. verstoßen wird. Im Falle einer positiven Entscheidung kann der AIFM ab dem Datum der diesbezüglichen Mitteilung der zuständigen Behörden in seinem Herkunftsmitgliedstaat mit dem Vertrieb des AIF beginnen.

Falls es sich um unterschiedliche Behörden handelt, teilen die zuständigen Behörden des Herkunftsmitgliedstaats des AIFM zudem den für den AIF zuständigen Behörden mit, dass der AIFM mit dem Vertrieb von Anteilen des AIF beginnen kann.

(4) Bei einer wesentlichen Änderung der nach Absatz 2 übermittelten Angaben teilt der AIFM den zuständigen Behörden seines Herkunftsmitgliedstaats diese Änderung bei vom AIFM geplanten Änderungen mindestens einen Monat vor Durchführung der Änderung oder unverzüglich nach

AIFM-Richtlinie	KAGB-E
Eintreten einer ungeplanten Änderung schriftlich mit.	

Sollte die geplante Änderung dazu führen, dass die Verwaltung des AIF durch den AIFM oder der AIFM im Allgemeinen nunmehr gegen diese Richtlinie verstößt, teilen die zuständigen Behörden dem AIFM unverzüglich mit, dass er die Änderung nicht durchführen darf.

Wenn eine geplante Änderung ungeachtet der Unterabsätze 1 und 2 durchgeführt wird oder wenn eine durch einen unvorhersehbaren Umstand ausgelöste Änderung dazu führt, dass die Verwaltung des AIF durch den AIFM oder der AIFM im Allgemeinen nunmehr gegen diese Richtlinie verstößt, ergreifen die zuständigen Behörden des Herkunftsmitgliedstaats des AIFM alle gebotenen Maßnahmen gemäß Artikel 46, einschließlich, falls erforderlich, der ausdrücklichen Untersagung des Vertriebs des AIF

(5) Um einheitliche Bedingungen für die Anwendung dieses Artikels zu gewährleisten, kann die ESMA Entwürfe für technische Durchführungsstandards ausarbeiten, um Folgendes zu präzisieren:

Form und Inhalt eines Musters für das Anzeigeschreiben nach Absatz 2; und

Die Form der schriftlichen Mitteilung nach Absatz 4.

Die Kommission wird ermächtigt, die in Unterabsatz 1 genannten technischen Durchführungsstandards nach Artikel 15 der Verordnung (EU) Nr. 1095/2010 zu erlassen.

(6) Unbeschadet des Artikels 43 Absatz 1 schreiben die Mitgliedstaaten vor, dass die von den AIFM verwalteten und vertriebenen AIF nur an professionelle Anleger vertrieben werden dürfen.

Literatur: *Krause/Klebeck,* Fonds(anteils)begriff nach der AIFM-Richtlinie und dem Entwurf des KAGB, RdF 2013, 4; *Karl-Heinz Lehne,* Entschließungsantrag des europäischen

Parlaments mit Empfehlungen an die Kommission zur Transparenz institutioneller Anleger, Lehne-Bericht 2008, 6; *Jacques de Larosière*, The High-Level Group on Financial Supervision in the EU, 31.

Übersicht

A. Entstehungsgeschichte

1   Mit der Entscheidung des EU-Gesetzgebers für das Regulierungsobjekt „Alternativer Investmentfondsmanager" war angelegt, dass (auch) das Fondsvehikel einer Anzeige- bzw. Erlaubnispflicht unterliegen würde, um z. B. die grenzüberschreitenden Aktivitäten des AIFM in Europa lückenlos verfolgen zu können. Die Entscheidung, den AIFM zu regulieren, wurde u.a. getroffen, da die Risiken für Marktstabilität, Markteffizienz und Anleger hauptsächlich aus Verhalten und Organisation vom AIFM resultieren[1].

2   Dem vorgelagert ist der **Vertrieb des AIF im Heimatstaat eines EU-AIFM.** Hier stellte sich das Problem, dass z. B. Hedge- und Private-Equity-Fonds in manchen Mitgliedstaaten unterschiedlichen Umsetzungsmaßnahmen bestehender EU-Richtlinien unterliegen – eine Situation, welche das Risiko einer regulatorischen Fragmentierung im Binnenmarkt birgt[2]. Diese nationalen Umsetzungsmaßnahmen seien geprägt von den einzelnen Traditionen, Rechtsvorschriften und Praktiken der einzelnen Mitgliedstaaten. Selbst wo für Umsetzungsmaßnahmen selbst kein Spielraum bestanden habe, bestehe immer noch das Problem einer unterschiedlichen Auslegung[3].

3   Entsprechend sah bereits Art. 31 des Erstentwurfs der AIFM-Richtlinie unter der Überschrift „Vertrieb von Anteilen von AIF im Herkunftsmitgliedstaat" in vier Absätzen entsprechende Regelungen vor[4]. Gegenüber der endgültigen Fas-

---

[1] Vorschlag für eine AIFM-Richtlinie vom 30.4.2009, Begründung, Tz. 2.

[2] Lehne-Bericht, S. 6. Ohnehin stellt sich insoweit die Frage, ob hier eine Aufsichtspflichtigkeit in jedem Fall gegeben sein muss. (Vgl. *Krause/Klebeck* RdF 2013, 4 (10)).

[3] Larosière-Bericht, Anm. 103.

[4] Vorschlag für eine AIFM-Richtlinie vom 30.4.2009, Art. 31.

sung fehlten noch die speziellen Regelungen für Feeder-AIF. Auch wurde der zuständigen Behörde für die Reaktion auf den Zugang der Anzeigeunterlagen eine weniger großzügige Frist von nur 10 Arbeitstagen zugebilligt. Vor allem aber enthielt Art. 31 des Erstentwurfs noch keine Regelung für den Fall von „wesentlichen Änderungen" hinsichtlich der übermittelten Angaben.

Die **speziellen Regelungen für Feeder-AIF** wurden sodann in einem nächsten   4 Entwurf berücksichtigt[5]. Auch erfolgte eine wichtige Klarstellung dahingehend, dass eine Vertriebsuntersagung durch die zuständige Behörde nur für den Fall eines Verstoßes gegen die AIFM-Richtlinie in Betracht kommt[6]. Zunächst wurden in Art. 31 auch der Vertrieb von Drittstaaten-AIF sowie von sonstigen Feeder-AIF, die nicht die Voraussetzungen von Abs. 1, Unterabs. 2 erfüllen, aufgenommen[7].

In einem weiteren Kompromissvorschlag wurde das Vertriebsrecht für Feeder-   5 AIF nach Abs. 1 auf solche Feeder-AIF beschränkt, bei denen der **Master-AIF** seinen **Sitz in einem Mitgliedstaat** hat[8]. Die Regelungen hinsichtlich des Vertriebs von Drittstaaten-AIF sowie von sonstigen Feeder-AIF, die nicht die Voraussetzungen von Abs. 1, Unterabs. 2 erfüllen, finden sich im Kompromissvorschlag nicht mehr.

In der nachfolgend kommentierten Endfassung finden sich zusätzlich noch die   6 Regelungen von Abs. 4 betreffend wesentliche Änderungen sowie von Abs. 5 betreffend möglicher ESMA-Entwürfe für technische Durchführungsstandards.

B. Normzweck

Normzweck des Art. 31 AIFM-RL ist **es, bereits auf Ebene der einzelnen**   7 **Mitgliedstaaten einheitliche Bedingungen für den nationalen Vertrieb von EU-AIF durch den EU-AIFM** zu schaffen. Dies ist Voraussetzung dafür, dass sodann in Art. 32 AIFM-RL auch der Vertrieb in anderen Mitgliedstaaten als dem Herkunftsmitgliedstaat des EU-AIFM ermöglicht wird, da so die zuständigen Behörden des Aufnahmestaates Gewissheit haben können, dass die AIFM-Mindeststandards eingehalten sind.

Art. 31 Abs. 1 AIFM-RL weist die einzelnen Mitgliedstaaten an, den nationalen   8 Vertrieb von AIF aus dem Herkunftsmitgliedstaat sicherzustellen, sobald die sonstigen Bedingungen des Artikels erfüllt sind. Art. 31 Abs. 2 AIFM-RL manifestiert insoweit die Vorlage des Anzeigeschreibens nach Anhang III für jeden einzelnen AIF als wesentliche Voraussetzung. Art. 31 Abs. 3 AIFM-RL gibt der zuständigen Behörde auf, innerhalb von 20 Arbeitstagen eine Entscheidung zu treffen: Ist nach allen vorliegenden Informationen von einer Richtlinienkonformität von AIFM und AIF auszugehen, so muss eine positive Entscheidung mitgeteilt werden und ab Mitteilungsdatum kann der AIFM dann mit dem Vertrieb beginnen. Liegt hingegen ein Verstoß vor, so besteht die Option einer Vertriebsuntersagung. Bei kleineren Mängeln wird nach dem Ultima-Ratio-Prinzip sicherlich zunächst ein Hinweis mit der Aufforderung zur Nachbesserung ergehen. Art. 31 Abs. 4 AIFM-RL betrifft wesentliche Änderungen. Zweck dieses Absatzes ist es, eine laufende Überprüfung der Richtlinienkonformität durch die zuständige Behörde zu gewährleisten. Hierfür hat für geplante Änderungen einen Monat vorab eine Mitteilung zu erfolgen – unge-

---

[5] Revised Presidency Compromise Proposal vom 15.12.2009, Art. 31 Abs. 1.
[6] Revised Presidency Compromise Proposal vom 15.12.2009, Art. 31 Abs. 3.
[7] Revised Presidency Compromise Proposal vom 15.12.2009, Art. 31 Abs. 4a.
[8] Kompromissvorschlag vom 10.3.2010, Art. 31 Abs. 1, Unterabs. 2.

plante Änderungen sind sofort nach Eintreten zu reportieren. Art. 31 Abs. 5 AIFM-RL will den Normzweck einheitlicher Vertriebsvoraussetzungen in den einzelnen Mitgliedstaaten dadurch sicherstellen, dass die ESMA ermächtigt wird, Entwürfe für technische Durchführungsstandards betreffend das Anzeigeschreiben bzw. die Änderungsmitteilung auszuarbeiten. Art. 31 Abs. 6 AIFM-RL bekräftigt noch einmal den Grundsatz, wonach ein Vertrieb der AIF nur an professionelle Anleger erfolgen soll.

C. Überblick über die Norm

9   Artikel 31 beschreibt den Basisfall, in dem der AIFM Anteile an EU-AIF an professionelle Investoren in seinem Herkunftsstaat vertreiben will. Dies soll bei Einhaltung der in Artikel 31 aufgelisteten Voraussetzungen möglich sein. Besonderheiten gelten für Feeder-AIF, deren Vertrieb nur zulässig ein soll, wenn es sich bei dem Master-AIF ebenfalls um einen EU-AIF handelt. Feeder-AIF werden komplett in einen anderen AIF, den Master-AIF investiert, wobei sich eine Risikomischung trotzdem ergibt, da der Master-AIF die einschlägigen Regelungen zur Risikodiversifizierung beachten muss. Zur Erlangung der Vertriebserlaubnis legt der AIFM der zuständigen Behörde seines Mitgliedstaates für jeden EU-AIFM ein Anzeigeschreiben vor. Dieses Anzeigeschreiben richtet sich nach Anhang III, muss also u.a. beinhalten einen Geschäftsplan, der Informationen zum AIF und dessen Sitz enthält. Innerhalb von 20 Tagen nach Eingang des Anzeigeschreibens teilt die zuständige Behörde dem AIFM mit, ob er mit dem Vertrieb beginnen kann. Dies ist der Fall, wenn weder AIFM noch der oder die jeweiligen AIF in irgendeiner Form gegen die Richtlinie verstoßen.

D. Die Norm im Einzelnen

I. Absatz 1

10   **1. Vertriebserlaubnis für den Herkunftsmitgliedstaat.** Die einzelnen Mitgliedstaaten haben hiernach sicherzustellen, dass ein zugelassener EU-AIFM Anteile von allen EU-AIF, die er verwaltet, an professionelle Anleger in seinem Herkunftsmitgliedstaat vertreiben kann, sobald die in diesem Artikel festgelegten Bedingungen eingehalten sind. Diese im weiteren noch zu erläuternden Bedingungen umfassen u.a. die Vorlage eines Anzeigeschreibens für jeden AIF bei der zuständigen Behörde des Herkunftsmitgliedsstaats des AIFM, die anschließende Erteilung der Vertriebserlaubnis durch die entsprechende Behörde sowie die nachfolgende Mitteilung von Änderungen seitens des AIFM.

11   Die Zulassung des EU-AIFM geschieht auf dessen Antrag nach Art. 7 AIFM-RL bei der zuständigen Behörde des Mitgliedstaates. In Deutschland ist dies die BaFin. Der EU-AIFM hat zu diesem Zwecke diverse Dokumente vorzulegen, Auskünfte zu geben bzw. Angaben zu machen. Insbesondere aber hat der EU-AIFM die in Art. 8 AIFM-RL statuierten Zulassungsvoraussetzungen zu erfüllen, welche u.a. organisatorischer und personeller Art sind.

12   Wie sich die **Sicherstellung der Vertriebsmöglichkeit** durch die Mitgliedstaaten nach der erfolgten Zulassung **positiv verwirklichen** lässt, ist unklar. In negativer Hinsicht gehört dazu sicherlich, dass z. B. die BaFin für den Herkunftsmitgliedstaat Deutschland den Vertrieb nur dann einschränken oder unterbinden darf, wo Zulassungsvoraussetzungen nachträglich entfallen.

Die sodann gewährte Möglichkeit des Vertriebs bezieht sich nur auf professio- **13** nelle Anleger. Das Schicksal des Vertriebs im Retailbereich wird sich auf nationaler Ebene sukzessive klären, insbesondere Deutschland und Frankreich zumindest sind offenkundig willens, auch weiterhin einen Vertrieb alternativer Investmentfonds an sonstige Anleger zuzulassen.

2. Besonderheiten für Feeder-AIF. Handelt es sich bei dem EU-AIF um **14** einen Feeder-AIF, so gilt das Vertriebsrecht nach Unterabsatz 1 nur dann, wenn der **Master-AIF ebenfalls** ein **EU-AIF** ist, der von einem zugelassenen EU-AIFM verwaltet wird.

Bei einem **Feeder-AIF** handelt es sich um einen Fonds, welcher gem. Art. 4 **15** Abs. 1 lit. m AIFM-RL entweder (i) mindestens 85% seiner Vermögenswerte in Anteilen eines anderen AIF („Master-AIF") anlegt, oder (ii) mindestens 85% seiner Vermögenswerte in mehr als einem Master-AIF anlegt, wenn diese Master-AIF identische Anlagestrategien verfolgen, oder (iii) anderweitig ein Engagement von mindestens 85% seiner Vermögenswerte in solch einem Master-AIF hat.

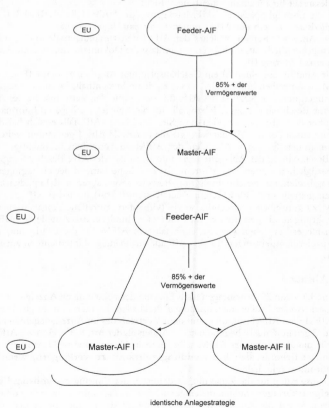

16 Die beiden ersten Varianten sind ohne weiteres nachzuvollziehen. Fraglich ist, was unter dem „**anderweitigen Engagement**" der 3. Variante zu verstehen ist. Denkbar erscheint hier z. B. ein Abrufrecht des Master-Fonds, dass erlaubt, 85% oder mehr der Vermögenswerte des Feeder-AIF zeitlich gestreckt in Tranchen abzurufen.

17 Das Vertriebsrecht nach Art. 31 Abs. 1, Unterabs. 1 AIFM-RL steht in der vorliegenden Konstellation zur Verfügung, wenn sowohl Feeder-AIFM wie Master-AIF(s) EU-AIFs sind.

II. Absatz 2

18 Der AIFM legt den zuständigen Behörden seines Herkunftsmitgliedstaats ein Anzeigeschreiben für jeden EU-AIF, den er zu vertreiben beabsichtigt, vor.

19 Die zuständige Behörde ist nach Art. 4 Abs. 1 lit. f AIFM-RL jene nationale Behörde der Mitgliedstaaten, die aufgrund von Rechts- oder Verwaltungsvorschriften zur Beaufsichtigung von AIFM befugt ist. Für Deutschland ist dies die Bundesanstalt für Finanzdienstleistungsaufsicht.

20 Herkunftsmitgliedstaat des AIFM ist gem. Art. 4 Abs. 1 lit. q AIFM-RL der Mitgliedstaat, in dem der AIFM seinen satzungsmäßigen Sitz hat.

21 Das Anzeigeschreiben, welches der AIFM den zuständigen Behörden seines Herkunftsmitgliedstaats vorlegen muss, umfasst die Dokumentation und die Angaben gemäß Anhang III.

22 Dies sind im einzelnen (i) ein Geschäftsplan, der Angaben zu den AIF, die der AIFM zu vertreiben beabsichtigt, sowie zu deren Sitz enthält, (ii) die Vertragsbedingungen oder die Satzung des AIF, (iii) der Name der Verwahrstelle des AIF, (iv) eine Beschreibung des AIF bzw. alle für die Anleger verfügbaren Informationen über den AIF, (v) Angaben zum Sitz des Master-AIF, falls es sich bei dem AIF um einen Feeder-AIF handelt, (vi) alle in Art. 23 Abs. 1 genannten weiteren Informationen für jeden AIF, den der AIFM zu vertreiben beabsichtigt (also u.a. Beschreibung der Anlagestrategie und der Ziele des AIF, Beschreibung des diesbezüglichen Änderungsverfahrens, das rechtliche Umfeld der eingegangenen Vertragsbeziehung, Beschreibung von Bewertungsverfahren und Liquiditätsrisikomanagement sowie Beschreibung der Kostenstruktur) für jeden AIF, den der AIFM zu vertreiben beabsichtigt sowie (vii) sofern zutreffend Angaben zu den Vorkehrungen, die getroffen wurden, um zu verhindern, dass Anteile des AIF an Kleinanleger vertrieben werden, auch falls ein AIFM für die Erbringung von Wertpapierdienstleistungen für den AIF auf unabhängige Unternehmen zurückgreift.

III. Absatz 3

23 Innerhalb von 20 Arbeitstagen nach Eingang der vollständigen Anzeigeunterlagen nach Absatz 2 teilen die zuständigen Behörden des Herkunftsmitgliedstaates des AIFM dem AIFM mit, ob er mit dem **Vertrieb** des im Anzeigescheiben nach Absatz 2 genannten AIF beginnen kann. Anders als der Art. 8 Abs. 5 Satz 2 AIFM-RL für die Zulassung des AIFM selbst enthält Absatz 3 **keine Option** für die zuständige Behörde, den **Entscheidungszeitraum zu verlängern,** wenn sie dies für notwendig hält.

24 Voraussetzung für die Zulassung ist demnach der Eingang der **vollständigen Anzeigeunterlagen.** Sollten die eingereichten Anzeigeunterlagen nicht vollständig sein, so hat der Antragsteller einen Anspruch darauf, hiervon zeitnah (also wohl ebenfalls innerhalb von 20 Arbeitstagen) über entsprechende weitere Informations- bzw. Dokumentenanforderungen informiert zu werden. Ob die Anzeigeunterlagen vollständig sind, hat die zuständige Behörde zu entscheiden, wobei ihr, anders als in Art. 8 Abs. 5 Satz 3 AIFM-RL keine katalogartige Vorgabe gemacht wird.

Die zuständigen Behörden des Herkunftsmitgliedstaats des AIFM können den 25 Vertrieb des AIF nur untersagen, wenn die Verwaltung des AIF durch den AIFM gegen diese Richtlinie verstößt bzw. verstoßen wird oder der AIFM gegen diese Richtlinie verstößt bzw. verstoßen wird. Die Zulassung mit Untersagungsvorbehalt führt zu einer Untersagung seitens der zuständigen Behörde, wenn (i) die Verwaltung des AIF durch den AIFM (potentiell) gegen die AIFM-Richtlinie verstößt. Dies kann z. B. der Fall sein, wenn die Voraussetzungen für den Vertrieb von Feeder-AIF nach Absatz 1 Satz 2 nicht gegeben sind. Weiterhin kommt eine Untersagung in Betracht, wenn der AIFM (potentiell) gegen die AIFM-Richtlinie verstößt. Dies ist auf oberer Ebene schon dann der Fall, wenn der AIFM den Anforderungen der Kapitel III (Bedingungen für die Ausübung der Tätigkeit der AIFM) und IV (Transparenzanforderungen) nicht nachkommt.

Im Falle einer positiven Entscheidung kann der AIFM ab dem Datum der 26 diesbezüglichen Mitteilung der zuständigen Behörden in seinem Herkunftsmitgliedstaat mit dem Vertrieb des AIF beginnen. Dieser Vertrieb hat sich freilich nach den **weiteren Voraussetzungen des jeweiligen EU-Mitgliedstaates** zu richten. Für Deutschland ist insoweit für den Vertrieb von geschlossenen Fonds an institutionelle Investoren zu beachten, dass abseits einer fortbestehenden Privilegierung auch nach Wegfall des VerkProspG der „neue Verkaufsprospekt" auch einer begrenzten materiellen Prüfung unterliegt. Neu ist insoweit auch eine Prüfung von Prospektnachträgen bzw. ein entsprechendes Ablehnungsrecht. Geschlossene Fondsanteile qualifizieren nunmehr grundsätzlich als **Finanzinstrumente** i.S.d. WpHG, die Platzierung des Fonds des Initiators ist gleichwohl auch zukünftig nicht KWG-pflichtig. Für den Vertrieb von offenen Immobilienfonds und Spezialfonds an institutionelle Investoren ist abzustellen auf die bisher in §§ 121 ff. InvG enthaltenen Regelungen. Danach ist – außerhalb des Hedgefonds-Bereichs – ein vereinfachter Verkaufsprospekt anzubieten, auf Anforderung ein ausführlicher Verkaufsprospekt.

IV. Absatz 4

Bei einer **wesentlichen Änderung** der nach Absatz 2 übermittelten Angaben 27 teilt der AIFM den zuständigen Behörden seines Herkunftsmitgliedstaats diese Änderung bei vom AIFM geplanten Änderungen mindestens einen Monat vor Durchführung der Änderung oder unverzüglich nach Eintreten einer ungeplanten Änderung schriftlich mit. Absatz 4 Satz 1 statuiert somit ein Verfahren, dass eine Vertriebsuntersagung möglichst verhindern soll. Fraglich ist hierbei für den AIFM selbst, welche geplanten Änderungen aus seiner Sicht als wesentlich einzustufen sind. Für den Bereich der **geplanten Änderungen** kommen z. B. in Betracht Vergütungsanhebungen, organisatorische Änderungen im Bereich Risiko- oder Liquiditätsmanagement, zusätzliche Anlagegegenstände, Änderungen im Bereich der Bewertung und die Übertragung von Funktionen der AIFM. Für den Bereich der **ungeplanten Änderungen** kommen in Betracht Interessenkonflikte gem. Art. 14 AIFM-RL, welche erst z. B. nach entsprechenden Anteilserwerben und sich daraus ergebenden Kontrollverhältnissen offenbar werden.

28   Sollte die geplante Änderung dazu führen, dass die Verwaltung des AIF durch
den AIFM oder der AIFM im Allgemeinen **nunmehr gegen diese Richtlinie
verstößt,** teilen die zuständigen Behörden dem AIFM unverzüglich mit, dass
er die Änderung nicht durchführen darf. Dabei handelt es sich um eine Art
„**Warnschuss**" der zuständigen Behörden, der die Alternative der geplanten
Änderungen betrifft. Eine Konkretisierung des Zeitraums „unverzüglich" wird
nicht gegeben, da aber z. B. nach Absatz 3 Satz 1 20 Arbeitstage als Zeitraum
für eine vollständige Vertriebszulassungsentscheidung angesetzt werden, muss der
Warnhinweis nach Absatz 4 Satz 2 wesentlich kurzfristiger erfolgen.

29   Wenn eine geplante Änderung ungeachtet der Unterabsätze 1 und 2 durchgeführt wird oder wenn eine durch einen unvorhersehbaren Umstand ausgelöste
Änderung dazu führt, dass die Verwaltung des AIF durch den AIFM oder der
AIFM im Allgemeinen nunmehr gegen diese Richtlinie verstößt, ergreifen die
zuständigen Behörden des Herkunftsmitgliedstaats des AIFM **alle gebotenen
Maßnahmen** gemäß Art. 46 AIFM-RL, einschließlich, falls erforderlich, der ausdrücklichen Untersagung des Vertriebs des AIF. Die zuständigen Behörden können auf weisungswidrig vollzogene geplante Änderungen wie auf materialisierte
ungeplante Änderungen mit dem gesamten Katalog des Art. 46 AIFM-RL reagieren. Die ausdrückliche Untersagung des Vertriebs des AIF wird hierbei ausdrücklich als ultima ratio bezeichnet, wobei die **Übermittlung an die Strafverfolgungsbehörden** nach Art. 46 Abs. 2 lit. l AIFM-RL nicht weniger gravierend
sein dürfte. Als weitere Maßnahmen können die zuständigen Behörden z. B.
Unterlagen einsehen bzw. in Kopie verlangen, Personen vernehmen, Ermittlungen vor Ort durchführen, Aufzeichnungen von Telefongesprächen und Daten-
übertragungen anfordern, das Einfrieren oder die Beschlagnahme von Vermögenswerten verlangen, ein vorübergehendes Verbot der Ausübung der Berufstätigkeit
verlangen, die Aussetzung der Ausgabe, Rücknahme oder Auszahlung von Anteilen verlangen oder Überprüfungen bzw. Ermittlungen durch Wirtschaftsprüfer
oder Sachverständige vornehmen lassen.

V. Absatz 5

30   Um einheitliche Bedingungen für die Anwendung dieses Artikels zu gewährleisten, kann die ESMA **Entwürfe für technische Durchführungsstandards**
ausarbeiten, um Form und Inhalt eines Musters für das Anzeigeschreiben nach
Absatz 2 und die Form der schriftlichen Mitteilung nach Absatz 4 zu präzisieren.

31   Das Anzeigeschreiben umfasst die Dokumentation und die Angaben gemäß
Absatz III. Dies sind in Kurzform Geschäftsplan, Vertragsbedingungen oder die
Satzung des AIF, der Name der Verwahrstelle des AIF, eine Beschreibung des
AIF, Angaben zum Sitz des Master-AIF, falls es sich bei dem AIF um einen
Feeder-AIF handelt, alle in Art. 23 Abs. 1 genannten weiteren Informationen für
jeden AIF, den der AIFM zu vertreiben beabsichtigt sowie – sofern zutreffend –
Angaben zu den Vorkehrungen, die getroffen wurden, um zu verhindern, dass
Anteile des AIF an Kleinanleger vertrieben werden, auch falls ein AIFM für
die Erbringung von Wertpapierdienstleistungen für den AIF auf unabhängige
Unternehmen zurückgreift.

32   Auch für die schriftliche Mitteilung wesentlicher Änderungen gem. Absatz 4
ist der ESMA anheimgestellt, einen entsprechenden Entwurf für technische
Durchführungsstandards auszuarbeiten.

Die Kommission wird ermächtigt, die in Unterabsatz 1 genannten technischen 33
Durchführungsstandards nach Artikel 15 der Verordnung (EU) Nr. 1095/2010
zu erlassen. Dieser betrifft die generelle Ermächtigung der ESMA, technische
Durchführungsstandards zu erlassen.

VI. Absatz 6

Hier ist der Grundsatz manifestiert, dass die AIF nur an **professionelle Anle-** 33a
ger i.S.d. Art. 4 Abs. 1 lit. ag) AIFM-RL vertrieben werden dürfen. Dies sind jene
Anleger, die i.S.v. Anhang II der **Richtlinie 2004/39/EG** als ein professioneller
Kunde angesehen werden oder auf Antrag als ein professioneller Kunde behandelt
werden können. Nach Anhang II sind dies von der **Typisierung** her u.a. Kreditinstitute, Wertpapierfirmen, sonstige zugelassene oder beaufsichtigte Finanzinstitute etc. Seitens der Unternehmen kommen u.a. jene hinzu, welche bestimmte
Bilanzschwellenwerte übertreffen. Interessanter ist der „**gekorene**" **professio-**
nelle Anleger nach Tz. II.1. des Anhang II.

E. Änderungen gegenüber der bisherigen Rechtslage in Deutschland

I. Offene Fonds

Der Vertrieb von Anteilen an deutschen Investmentfonds in Deutschland rich- 34
tete sich bisher nach den Regelungen des InvG beim **Vertrieb durch die Kapi-**
talanlagegesellschaft selbst. Die Zurverfügungstellung des vereinfachten Verkaufsprospektes gem. § 121 Abs. 1 Satz 1 InvG setzte hierbei die Erlaubnis zum
Geschäftsbetrieb der Kapitalanlagegesellschaft nach § 7 Abs. 1 Satz 1 InvG seitens
der BaFin voraus. § 7a Abs. 1 InvG regelte, welche Angaben der Erlaubnisantrag
enthalten muss. § 7a Abs. 2 InvG statuierte, dass dem Antragsteller binnen sechs
Monaten nach Einreichung eines vollständigen Antrags mitzuteilen ist, ob eine
Erlaubnis erteilt wird. Beim Vertrieb durch den Bankberater ist auf die **Schaffung**
eines nicht öffentlichen Beraterregisters für Anlageberater, Vertriebsverantwortliche und Compliance-Beauftragte von Banken und Sparkassen bei der BaFin
nach Maßgabe des AnsFuG hinzuweisen. Die entsprechende Regelung trat mit
1. November 2012 in Kraft. Es besteht eine Meldeverpflichtung sowohl hinsichtlich der Ersterfassung des entsprechenden Personenkreises wie auch nachfolgend
hinsichtlich eingehender Beschwerden. Die BaFin kann als ultima ratio ein bis zu
zweijähriges Tätigkeitsverbot verhängen. **Finanzanlagenvermittler** unterliegen
der Erlaubnispflicht nach § 34f GewO (Beantragung bis 1. Juli 2013). Bis zum
1. Januar 2015 ist zudem bis auf Ausnahmefälle ein Sachkundenachweis zu erbringen. Die entsprechende Sachkundeprüfung erfolgt bei einer Industrie- und Han-
delskammer und besteht aus einem schriftlichen und einem praktischen Teil.

II. Geschlossene Fonds

Eine Anzeige- oder Erlaubnispflicht auf Ebene der geschlossenen Fondsvehikel 35
existierte nach nationalem deutschem Recht nicht. Ebenso wenig gab es eine
generelle Anzeige- oder Erlaubnispflicht auf Ebene der Fondsinitiatoren. Zu
beachten ist allerdings eine mögliche Erlaubnispflicht nach § 32 KWG z. B. im
Bereich *Non-Performing Loans/Distressed Debt*. Nach altem nationalen Recht war

die für den Verkaufsprospekt maßgebliche Norm der § 8f VerkProspG a. F. Damit war 2005 die **Prospektpflicht für geschlossene Fonds** begründet worden. Diese Prospektpflicht war aber eine rein formale, da die BaFin nur z. B. das Vorhandensein eines Inhaltsverzeichnisses und die Angaben zum Sitz des Initiators überprüft – nicht aber z. B. die Schlüssigkeit von Beispiel- und Vergleichsrechnungen z. B. zur zu erwartenden Rendite oder die Relevanz aggregierter Branchenzahlen. Zum 1.6.2012 trat das VerkProspG außer Kraft, was aber nicht zur Abschaffung der Prospektpflicht führt (vgl. § 6 VermAnlG). **Nunmehr hat die BaFin nach § 8 VermAnlG eine limitierte inhaltliche Prüfung durchzuführen.** Welchen Umfang diese Kohärenz- bzw. Vollständigkeitsprüfung haben wird, lässt sich noch nicht in jedem Fall sagen. Allerdings ist deutlich darauf hinzuweisen, dass abseits einer Widerspruchskontrolle **weiterhin keine inhaltliche Prüfung i.e.S.** erfolgen wird. Dies erscheint realistisch, wenn man sich einmal vorstellt, welche Besetzung und Ressourcen eine Aufsichtsbehörde erfordern würde, die für beliebige Asset-(Sub-)Klassen Experten vorhält, welche dann teilweise mehreren 100 Seiten starken Verkaufsprospekte nach der Devise „ganz oder gar nicht" ein inhaltliches Qualitätssiegel erteilen. Es ist und bleibt umgekehrt Aufgabe der Initiatoren, mit aussagekräftigen Verkaufsunterlagen nicht nur Investoren zu überzeugen, sondern auch eine **Prospekthaftung,** nunmehr eigenständig geregelt in § 20 ff. VermAnlG, zu vermeiden.

F. Bezüge zum KAGB-E

36　§ 316 KAGB-E betrifft zunächst die Anzeigepflicht einer AIF-Kapitalverwaltungsgesellschaft beim beabsichtigten Vertrieb von inländischen Publikums-AIF im Inland. Ausgehend von dieser Basispflicht statuiert § 321 KAGB-E die Anzeigepflicht einer AIF-Kapitalverwaltungsgesellschaft beim beabsichtigten Vertrieb von EU-AIF und inländischen Spezial-AIF an semi-professionelle und professionelle Anleger im Inland.

Artikel 32 **Vertrieb von Anteilen von EU-AIF in anderen Mitgliedstaaten als dem Herkunftsmitgliedstaat des AIFM**

AIFM-Richtlinie	KAGB-E
Artikel 32 **Vertrieb von Anteilen von EU-AIF in anderen Mitgliedstaaten als dem Herkunftsmitgliedstaat des AIFM**	**§ 323 Abs. 1**
(1) Die Mitgliedstaaten stellen sicher, dass ein zugelassener EU-AIFM Anteile eines von ihm verwalteten EU-AIFM an professionelle Anleger in anderen Mitgliedstaaten als dem Herkunftsmitgliedstaat des AIFM vertreiben kann, sobald die in diesem Artikel	(1) Beabsichtigt eine EU-AIF-Verwaltungsgesellschaft im Geltungsbereich dieses Gesetzes Anteile oder Aktien an EU-AIF oder an inländischen Spezial-AIF an semiprofessionelle oder professionelle Anleger zu vertreiben, so prüft die Bundesanstalt, ob die zustän-

AIFM-Richtlinie	**KAGB-E**
festgelegten Bedingungen eingehalten sind. Handelt es sich bei dem EU-AIF um einen Feeder-AIF, so gilt das Vertriebsrecht nach Unterabsatz 1 nur dann, wenn der Master-AIF ebenfalls ein EU-AIF ist und von einem zugelassenen EU-AIFM verwaltet wird.	dige Stelle des Herkunftsmitgliedstaates der EU-AIF-Verwaltungsgesellschaft Folgendes übermittelt hat: 1. eine von ihr ausgestellte Bescheinigung über die Erlaubnis der betreffenden EU-AIF-Verwaltungsgesellschaft zur Verwaltung von AIF mit einer bestimmten Anlagestrategie sowie 2. ein Anzeigeschreiben für jeden angezeigten AIF jeweils in einer in der internationalen Finanzwelt gebräuchlichen Sprache. Für den Inhalt des Anzeigeschreibens einschließlich der erforderlichen Dokumentation und Angaben gilt § 321 Absatz 1 Satz 2 entsprechend mit der Maßgabe, dass es statt „AIF-Kapitalverwaltungsgesellschaft" „EU-AIF-Verwaltungsgesellschaft" heißen muss, die Vorkehrungen zum Vertrieb des angezeigten AIF angegeben sein müssen und die Bundesrepublik Deutschland als Staat genannt sein muss, in dem Anteile oder Aktien des angezeigten AIF an professionelle Anleger vertrieben werden sollen. **§ 323 Abs. 2** (2) Der Vertrieb kann aufgenommen werden, wenn die EU-AIF-Verwaltungsgesellschaft von der zuständigen Stelle ihres Herkunftsmitgliedstaates über die Übermittlung nach Absatz 1 unterrichtet wurde. Ist der AIF im Sinne von Absatz 1 Satz 1 ein Feeder-AIF, so besteht ein Recht zum Vertrieb gemäß Satz 1 nur, wenn der Master-AIF ebenfalls ein EU-AIF oder ein inländischer AIF ist, der von einer EU-AIF-Verwaltungsgesellschaft oder einer AIF-Kapitalverwaltungsgesellschaft verwaltet wird. Die Bundesanstalt prüft, ob die Vorkehrungen nach § 321 Absatz 1 Satz 2 Nummer 7 geeignet sind, um einen Vertrieb an Privatanleger wirksam zu verhindern, und ob die Vorkehrungen nach § 323 Ab-

AIFM-Richtlinie	KAGB-E
	satz 1 Satz 2 gegen dieses Gesetz verstoßen.
	§ 331 Abs. 1
	(1) Beabsichtigt eine AIF-Kapitalverwaltungsgesellschaft, Anteile oder Aktien an einem von ihr verwalteten EU-AIF oder an einem von ihr verwalteten inländischen AIF in anderen Mitgliedstaaten der Europäischen Union oder in Vertragsstaaten des Abkommens über den Europäischen Wirtschaftsraum an professionelle Anleger zu vertreiben, so hat sie dies der Bundesanstalt in einer in internationalen Finanzkreisen gebräuchlichen Sprache anzuzeigen. Das Anzeigeschreiben muss die in § 321 Absatz 1 Satz 2 geforderten Angaben und Unterlagen in jeweils geltender Fassung enthalten. Zusätzlich müssen in dem Schreiben Angaben zu den Vorkehrungen für den Vertrieb des angezeigten AIF gemacht und der Mitgliedstaat der Europäischen Union oder der Vertragsstaat des Abkommens über den Europäischen Wirtschaftsraum, in dem Anteile oder Aktien des angezeigten AIF an professionelle Anleger vertrieben werden sollen, angegeben werden. Ist der AIF im Sinne von Satz 1 ein Feeder-AIF, so ist eine Anzeige nach Satz 1 nur zulässig, wenn der Master-AIF ebenfalls ein EU-AIF oder ein inländischer AIF ist, der von einer EU-AIF-Verwaltungsgesellschaft oder einer AIF-Kapitalverwaltungsgesellschaft verwaltet wird. Ist dies nicht der Fall, so richtet sich das Anzeigeverfahren ab dem Zeitpunkt, auf den in § 295 Absatz 2 Nummer 1 verwiesen wird nach § 332.
	§ 323 Abs. 1
(2) Der AIFM übermittelt den zuständigen Behörden seines Herkunftsmitgliedstaats ein Anzeigeschreiben für jeden EU-AIF, den er zu vertreiben beabsichtigt.	(1) Beabsichtigt eine EU-AIF-Verwaltungsgesellschaft im Geltungsbereich dieses Gesetzes Anteile oder Aktien an EU-AIF oder an inländischen Spezial-AIF an semiprofessionelle oder profes-

AIFM-Richtlinie	KAGB-E
Dieses Anzeigeschreiben umfasst die Dokumentation und die Angaben gemäß Anhang IV.	sionelle Anleger zu vertreiben, so prüft die Bundesanstalt, ob die zuständige Stelle des Herkunftsmitgliedstaates der EU-AIF-Verwaltungsgesellschaft Folgendes übermittelt hat:

sionelle Anleger zu vertreiben, so prüft die Bundesanstalt, ob die zuständige Stelle des Herkunftsmitgliedstaates der EU-AIF-Verwaltungsgesellschaft Folgendes übermittelt hat:

1. eine von ihr ausgestellte Bescheinigung über die Erlaubnis der betreffenden EU-AIF-Verwaltungsgesellschaft zur Verwaltung von AIF mit einer bestimmten Anlagestrategie sowie

2. ein Anzeigeschreiben für jeden angezeigten AIF

jeweils in einer in der internationalen Finanzwelt gebräuchlichen Sprache. Für den Inhalt des Anzeigeschreibens einschließlich der erforderlichen Dokumentation und Angaben gilt § 321 Absatz 1 Satz 2 entsprechend mit der Maßgabe, dass es statt „AIF-Kapitalverwaltungsgesellschaft" „EU-AIF-Verwaltungsgesellschaft" heißen muss, die Vorkehrungen zum Vertrieb des angezeigten AIF angegeben sein müssen und die Bundesrepublik Deutschland als Staat genannt sein muss, in dem Anteile oder Aktien des angezeigten AIF an professionelle Anleger vertrieben werden sollen.

§ 331 Abs. 1

(1) Beabsichtigt eine AIF-Kapitalverwaltungsgesellschaft, Anteile oder Aktien an einem von ihr verwalteten EU-AIF oder an einem von ihr verwalteten inländischen AIF in anderen Mitgliedstaaten der Europäischen Union oder in Vertragsstaaten des Abkommens über den Europäischen Wirtschaftsraum an professionelle Anleger zu vertreiben, so hat sie dies der Bundesanstalt in einer in internationalen Finanzkreisen gebräuchlichen Sprache anzuzeigen. Das Anzeigeschreiben muss die in § 321 Absatz 1 Satz 2 geforderten Angaben und Unterlagen in jeweils geltender Fassung enthalten. Zusätzlich müssen in dem Schreiben Angaben zu den Vorkehrun-

AIFM-Richtlinie	KAGB-E
	gen für den Vertrieb des angezeigten AIF gemacht und der Mitgliedstaat der Europäischen Union oder der Vertragsstaat des Abkommens über den Europäischen Wirtschaftsraum, in dem Anteile oder Aktien des angezeigten AIF an professionelle Anleger vertrieben werden sollen, angegeben werden. Ist der AIF im Sinne von Satz 1 ein Feeder-AIF, so ist eine Anzeige nach Satz 1 nur zulässig, wenn der Master-AIF ebenfalls ein EU-AIF oder ein inländischer AIF ist, der von einer EU-AIF-Verwaltungsgesellschaft oder einer AIF-Kapitalverwaltungsgesellschaft verwaltet wird. Ist dies nicht der Fall, so richtet sich das Anzeigeverfahren ab dem Zeitpunkt, auf den in § 295 Absatz 2 Nummer 1 verwiesen wird nach § 332.
	§ 323 Abs. 1
(3) Die zuständigen Behörden des Herkunftsmitgliedstaats des AIFM übermitteln spätestens 20 Arbeitstage nach dem Eingang der vollständigen Anzeigeunterlagen nach Absatz 2 die vollständigen Anzeigeunterlagen an die zuständigen Behörden der Mitgliedstaaten, in denen der AIF vertrieben werden soll. Eine solche Übermittlung findet nur dann statt, wenn die Verwaltung des AIF durch den AIFM dieser Richtlinie entspricht und weiterhin entsprechen wird und wenn der AIFM im Allgemeinen sich an diese Richtlinie hält. Die zuständigen Behörden des Herkunftsmitgliedstaats des AIFM fügen eine Bescheinigung über die Zulassung des betreffenden AIFM zur Verwaltung von AIF mit einer bestimmten Anlagestrategie bei.	(1) Beabsichtigt eine EU-AIF-Verwaltungsgesellschaft im Geltungsbereich dieses Gesetzes Anteile oder Aktien an EU-AIF oder an inländischen Spezial-AIF an semiprofessionelle oder professionelle Anleger zu vertreiben, so prüft die Bundesanstalt, ob die zuständige Stelle des Herkunftsmitgliedstaates der EU-AIF-Verwaltungsgesellschaft Folgendes übermittelt hat: 1. eine von ihr ausgestellte Bescheinigung über die Erlaubnis der betreffenden EU-AIF-Verwaltungsgesellschaft zur Verwaltung von AIF mit einer bestimmten Anlagestrategie sowie 2. ein Anzeigeschreiben für jeden angezeigten AIF jeweils in einer in der internationalen Finanzwelt gebräuchlichen Sprache. Für den Inhalt des Anzeigeschreibens einschließlich der erforderlichen Dokumentation und Angaben gilt § 321 Absatz 1 Satz 2 entsprechend mit der Maßgabe, dass es statt „AIF-Kapitalverwaltungsgesellschaft" „EU-AIF-Verwaltungsgesellschaft" heißen muss,

AIFM-Richtlinie	KAGB-E
	die Vorkehrungen zum Vertrieb des angezeigten AIF angegeben sein müssen und die Bundesrepublik Deutschland als Staat genannt sein muss, in dem Anteile oder Aktien des angezeigten AIF an professionelle Anleger vertrieben werden sollen.
	§ 331 Abs. 4
	(4) Liegen keine Anhaltspunkte dafür vor, dass die AIF-Kapitalverwaltungsgesellschaft oder die Verwaltung des angezeigten AIF durch die AIF-Kapitalverwaltungsgesellschaft den Vorschriften dieses Gesetzes oder der Richtlinie 2011/61/EU nicht entsprechen oder künftig nicht entsprechen werden, übermittelt die Bundesanstalt spätestens 20 Arbeitstage nach dem Eingang der vollständigen Anzeigeunterlagen nach Absatz 1 die vollständigen Anzeigeunterlagen an die zuständigen Stellen der anderen Mitgliedstaaten der Europäischen Union oder der Vertragsstaaten des Abkommens über den Europäischen Wirtschaftsraum, in denen der angezeigte AIF an professionelle Anleger vertrieben werden soll. Die Bundesanstalt fügt eine in einer in internationalen Finanzkreisen gebräuchlichen Sprache erstellte Bescheinigung über die Erlaubnis der AIF-Kapitalverwaltungsgesellschaft zur Verwaltung von AIF mit einer bestimmten Anlagestrategie bei. Die Vorkehrungen nach § 191 Absatz 1 Satz 2 Nummer 7 und § 331 Absatz 1 Satz 2 sind von der Bundesanstalt nicht zu überprüfen.
	§ 323 Abs. 2
(4) Die zuständigen Behörden des Herkunftsmitgliedstaats des AIFM unterrichten den AIFM unverzüglich über den Versand der Anzeigeunterlagen. Der AIFM kann ab dem Datum dieser Meldung mit dem Vertrieb des AIF im Aufnahmemitgliedstaat des AIFM beginnen.	(2) Der Vertrieb kann aufgenommen werden, wenn die EU-AIF-Verwaltungsgesellschaft von der zuständigen Stelle ihres Herkunftsmitgliedstaates über die Übermittlung nach Absatz 1 unterrichtet wurde. Ist der AIF im Sinne von Absatz 1 Satz 1 ein Feeder-AIF, so besteht ein Recht zum Vertrieb gemäß

AIFM-Richtlinie	KAGB-E
Falls es sich um unterschiedliche Behörden handelt, teilen die zuständigen Behörden des Herkunftsmitgliedstaats des AIFM zudem den für den AIF zuständigen Behörden mit, dass der AIFM mit dem Vertrieb von Anteilen des AIF im Aufnahmemitgliedstaat des AIFM beginnen kann.	Satz 1 nur, wenn der Master-AIF ebenfalls ein EU-AIF oder ein inländischer AIF ist, der von einer EU-AIF-Verwaltungsgesellschaft oder einer AIF-Kapitalverwaltungsgesellschaft verwaltet wird. Die Bundesanstalt prüft, ob die Vorkehrungen nach § 321 Absatz 1 Satz 2 Nummer 7 geeignet sind, um einen Vertrieb an Privatanleger wirksam zu verhindern, und ob die Vorkehrungen nach § 323 Absatz 1 Satz 2 gegen dieses Gesetz verstoßen.
	§ 323 Abs. 2
(5) Die Vorkehrungen nach Anhang IV Buchstabe h unterliegen den Rechtsvorschriften und der Aufsicht des Aufnahmemitgliedstaats des AIFM.	(2) Der Vertrieb kann aufgenommen werden, wenn die EU-AIF-Verwaltungsgesellschaft von der zuständigen Stelle ihres Herkunftsmitgliedstaates über die Übermittlung nach Absatz 1 unterrichtet wurde. Ist der AIF im Sinne von Absatz 1 Satz 1 ein Feeder-AIF, so besteht ein Recht zum Vertrieb gemäß Satz 1 nur, wenn der Master-AIF ebenfalls ein EU-AIF oder ein inländischer AIF ist, der von einer EU-AIF-Verwaltungsgesellschaft oder einer AIF-Kapitalverwaltungsgesellschaft verwaltet wird. Die Bundesanstalt prüft, ob die Vorkehrungen nach § 321 Absatz 1 Satz 2 Nummer 7 geeignet sind, um einen Vertrieb an Privatanleger wirksam zu verhindern, und ob die Vorkehrungen nach § 323 Absatz 1 Satz 2 gegen dieses Gesetz verstoßen.
	§ 323 Abs. 3
	(3) Wird die Bundesanstalt von den zuständigen Stellen im Herkunftsmitgliedstaat der EU-AIF-Verwaltungsgesellschaft über eine Änderung der Vorkehrungen nach § 321 Absatz 1 Satz 2 Nummer 7 und § 323 Absatz 1 Satz 2 unterrichtet, prüft die Bundesanstalt, ob die Vorkehrungen nach § 321 Absatz 1 Satz 2 Nummer 7 weiterhin geeignet sind, um einen Vertrieb an Privatanleger wirksam zu verhindern, und ob die Vorkehrungen nach § 323 Absatz 1 Satz 2

AIFM-Richtlinie	KAGB-E
	weiterhin nicht gegen dieses Gesetz verstoßen.
	§ 331 Abs. 4
	(4) Liegen keine Anhaltspunkte dafür vor, dass die AIF-Kapitalverwaltungsgesellschaft oder die Verwaltung des angezeigten AIF durch die AIF-Kapitalverwaltungsgesellschaft den Vorschriften dieses Gesetzes oder der Richtlinie 2011/61/EU nicht entsprechen oder künftig nicht entsprechen werden, übermittelt die Bundesanstalt spätestens 20 Arbeitstage nach dem Eingang der vollständigen Anzeigeunterlagen nach Absatz 1 die vollständigen Anzeigeunterlagen an die zuständigen Stellen der anderen Mitgliedstaaten der Europäischen Union oder der Vertragsstaaten des Abkommens über den Europäischen Wirtschaftsraum, in denen der angezeigte AIF an professionelle Anleger vertrieben werden soll. Die Bundesanstalt fügt eine in einer in internationalen Finanzkreisen gebräuchlichen Sprache erstellte Bescheinigung über die Erlaubnis der AIF-Kapitalverwaltungsgesellschaft zur Verwaltung von AIF mit einer bestimmten Anlagestrategie bei. Die Vorkehrungen nach § 191 Absatz 1 Satz 2 Nummer 7 und § 331 Absatz 1 Satz 2 sind von der Bundesanstalt nicht zu überprüfen.
	§ 331 Abs. 7
	(7) § 321 Absatz 4 ist entsprechend anzuwenden. Bei zulässigen Änderungen unterrichtet die Bundesanstalt unverzüglich die zuständigen Stellen des Aufnahmemitgliedstaats der AIF-Kapitalverwaltungsgesellschaft über diese Änderungen. Die Vorkehrungen nach § 191 Absatz 1 Satz 2 Nummer 7 und § 331 Absatz 1 Satz 2 sind von der Bundesanstalt nicht zu überprüfen.
	§ 323 Abs. 1
(6) Die Mitgliedstaaten stellen sicher, dass das in Absatz 2 genannte An-	(1) Beabsichtigt eine EU-AIF-Verwaltungsgesellschaft im Geltungsbe-

AIFM-Richtlinie	KAGB-E
zeigeschreiben des AIFM und die in Absatz 3 genannte Bescheinigung in einer in der internationalen Finanzwelt gebräuchlichen Sprache bereitgestellt werden. Die Mitgliedstaaten stellen sicher, dass ihre zuständigen Behörden die elektronische Übermittlung und Archivierung der in Absatz 3 genannten Unterlagen akzeptieren.	reich dieses Gesetzes Anteile oder Aktien an EU-AIF oder an inländischen Spezial-AIF an semiprofessionelle oder professionelle Anleger zu vertreiben, so prüft die Bundesanstalt, ob die zuständige Stelle des Herkunftsmitgliedstaates der EU-AIF-Verwaltungsgesellschaft Folgendes übermittelt hat: 1. eine von ihr ausgestellte Bescheinigung über die Erlaubnis der betreffenden EU-AIF-Verwaltungsgesellschaft zur Verwaltung von AIF mit einer bestimmten Anlagestrategie sowie 2. ein Anzeigeschreiben für jeden angezeigten AIF jeweils in einer in der internationalen Finanzwelt gebräuchlichen Sprache. Für den Inhalt des Anzeigeschreibens einschließlich der erforderlichen Dokumentation und Angaben gilt § 321 Absatz 1 Satz 2 entsprechend mit der Maßgabe, dass es statt „AIF-Kapitalverwaltungsgesellschaft" „EU-AIF-Verwaltungsgesellschaft" heißen muss, die Vorkehrungen zum Vertrieb des angezeigten AIF angegeben sein müssen und die Bundesrepublik Deutschland als Staat genannt sein muss, in dem Anteile oder Aktien des angezeigten AIF an professionelle Anleger vertrieben werden sollen. **§ 331 Abs. 1** (1) Beabsichtigt eine AIF-Kapitalverwaltungsgesellschaft, Anteile oder Aktien an einem von ihr verwalteten EU-AIF oder an einem von ihr verwalteten inländischen AIF in anderen Mitgliedstaaten der Europäischen Union oder in Vertragsstaaten des Abkommens über den Europäischen Wirtschaftsraum an professionelle Anleger zu vertreiben, so hat sie dies der Bundesanstalt in einer in internationalen Finanzkreisen gebräuchlichen Sprache anzuzeigen. Das Anzeigeschreiben muss die in § 321 Absatz 1 Satz 2 geforderten Angaben und Unter-

AIFM-Richtlinie	KAGB-E
	lagen in jeweils geltender Fassung enthalten. Zusätzlich müssen in dem Schreiben Angaben zu den Vorkehrungen für den Vertrieb des angezeigten AIF gemacht und der Mitgliedstaat der Europäischen Union oder der Vertragsstaat des Abkommens über den Europäischen Wirtschaftsraum, in dem Anteile oder Aktien des angezeigten AIF an professionelle Anleger vertrieben werden sollen, angegeben werden. Ist der AIF im Sinne von Satz 1 ein Feeder-AIF, so ist eine Anzeige nach Satz 1 nur zulässig, wenn der Master-AIF ebenfalls ein EU-AIF oder ein inländischer AIF ist, der von einer EU-AIF-Verwaltungsgesellschaft oder einer AIF-Kapitalverwaltungsgesellschaft verwaltet wird. Ist dies nicht der Fall, so richtet sich das Anzeigeverfahren ab dem Zeitpunkt, auf den in § 295 Absatz 2 Nummer 1 verwiesen wird nach § 332.

§ 331 Abs. 4

(4) Liegen keine Anhaltspunkte dafür vor, dass die AIF-Kapitalverwaltungsgesellschaft oder die Verwaltung des angezeigten AIF durch die AIF-Kapitalverwaltungsgesellschaft den Vorschriften dieses Gesetzes oder der Richtlinie 2011/61/EU nicht entsprechen oder künftig nicht entsprechen werden, übermittelt die Bundesanstalt spätestens 20 Arbeitstage nach dem Eingang der vollständigen Anzeigeunterlagen nach Absatz 1 die vollständigen Anzeigeunterlagen an die zuständigen Stellen der anderen Mitgliedstaaten der Europäischen Union oder der Vertragsstaaten des Abkommens über den Europäischen Wirtschaftsraum, in denen der angezeigte AIF an professionelle Anleger vertrieben werden soll. Die Bundesanstalt fügt eine in einer in internationalen Finanzkreisen gebräuchlichen Sprache erstellte Bescheinigung über die Erlaubnis der AIF-Kapitalverwaltungsgesellschaft zur Verwaltung von AIF mit einer bestimmten

AIFM-Richtlinie	KAGB-E
	Anlagestrategie bei. Die Vorkehrungen nach § 191 Absatz 1 Satz 2 Nummer 7 und § 331 Absatz 1 Satz 2 sind von der Bundesanstalt nicht zu überprüfen.
	§ 331 Abs. 7
(7) Bei einer wesentlichen Änderung der nach Absatz 2 übermittelten Angaben teilt der AIFM den zuständigen Behörden seines Herkunftsmitgliedstaats diese Änderung bei vom AIFM geplanten Änderungen mindestens einen Monat vor Durchführung der Änderung, oder, nach einer ungeplanten Änderung, unverzüglich nach Eintreten der Änderung schriftlich mit.	(7) § 321 Absatz 4 ist entsprechend anzuwenden. Bei zulässigen Änderungen unterrichtet die Bundesanstalt unverzüglich die zuständigen Stellen des Aufnahmemitgliedstaats der AIF-Kapitalverwaltungsgesellschaft über diese Änderungen. Die Vorkehrungen nach § 191 Absatz 1 Satz 2 Nummer 7 und § 331 Absatz 1 Satz 2 sind von der Bundesanstalt nicht zu überprüfen.
Sollte die geplante Änderung dazu führen, dass die Verwaltung des AIF durch den AIFM oder der AIFM im Allgemeinen nunmehr gegen diese Richtlinie verstößt, teilen die zuständigen Behörden dem AIFM unverzüglich mit, dass er die Änderung nicht durchführen darf.	
Wird eine geplante Änderung ungeachtet der Unterabsätze 1 und 2 durchgeführt, oder führt eine durch einen unvorhersehbaren Umstand ausgelöste Änderung dazu, dass die Verwaltung des AIF durch den AIFM oder der AIFM im Allgemeinen nunmehr gegen diese Richtlinie verstoßen würde, so ergreifen die zuständigen Behörden des Herkunftsmitgliedstaats des AIFM alle gebotenen Maßnahmen gemäß Artikel 46, einschließlich, falls erforderlich, der ausdrücklichen Untersagung des Vertriebs des AIF.	
Sind die Änderungen zulässig, weil sie sich nicht auf die Vereinbarkeit der Verwaltung des AIF durch den AIFM mit dieser Richtlinie oder auf die Einhaltung dieser Richtlinie durch den AIFM im Allgemeinen auswirken, so unterrichten die zuständigen Behörden des Aufnahmemitgliedstaats des AIFM über diese Änderungen.	

AIFM-Richtlinie	KAGB-E
(8) Um einheitliche Bedingungen für die Anwendung dieses Artikels zu gewährleisten, kann die ESMA Entwürfe für technische Durchführungsstandards ausarbeiten, um Folgendes zu präzisieren: Form und Inhalt eines Musters für das Anzeigeschreiben nach Absatz 2; Form und Inhalt eines Musters für die Bescheinigung nach Absatz 3; die Form der Übermittlung nach Absatz 3; und die Form der schriftlichen Mitteilung nach Absatz 7. Die Kommission wird ermächtigt, die in Unterabsatz 1 genannten technischen Durchführungsstandards nach Artikel 15 der Verordnung (EU) Nr. 1095/2010 zu erlassen.	–

	§ 295 Abs. 1
(9) Unbeschadet des Artikels 43 Absatz 1 schreiben die Mitgliedstaaten vor, dass die von den AIFM verwalteten und vertriebenen AIF nur an professionelle Anleger vertrieben werden dürfen.	(1) Der Vertrieb von Anteilen oder Aktien an inländischen Publikums-AIF an Privatanleger, semi-professionelle und professionelle Anleger im Geltungsbereich dieses Gesetzes ist nur zulässig, wenn die Voraussetzungen des § 316 erfüllt sind. Der Vertrieb von Anteilen oder Aktien an EU-AIF und ausländischen AIF an Privatanleger im Geltungsbereich dieses Gesetzes ist nur zulässig, wenn die Voraussetzungen der §§ 317 bis 320 erfüllt sind. Die Verwaltungsgesellschaften, die AIF verwalten, die die Voraussetzungen für den Vertrieb an Privatanleger nicht erfüllen, müssen wirksame Vorkehrungen treffen, die verhindern, dass Anteile oder Aktien an den AIF an Privatanleger im Geltungsbereich dieses Gesetzes vertrieben werden; dies gilt auch, wenn unabhängige Unternehmen eingeschaltet werden, die für den AIF Wertpapierdienstleistungen erbringen.

Literatur: *Volhard/Jang,* Der Vertrieb alternativer Investmentfonds, DB 2013, 273.

Übersicht

A. Entstehungsgeschichte

1　　Bereits im Larosière-Bericht vom 25. Februar 2009 wurde unter den Tz. 99 ff. darauf hingewiesen, dass **„ein kohärenter Regulierungsrahmen für Europa"** Voraussetzung für einen funktionierenden Binnenmarkt sei. Bei grenzübergreifend tätigen Gruppen gingen unterschiedliche Rechtsvorschriften zu Lasten der Effizienz und erschwerten das Risikomanagement und die Kapitalallokation auf Gruppenebene. Bereits Art. 33 des Entwurfs der AIFM-Richtlinie vom 30. April 2009 sah „Bedingungen für den Vertrieb in anderen Mitgliedstaaten" vor. Diese Entwurfsfassung enthält keine Regelungen zur Vorgehensweise bei ungeplanten Änderungen. Auch Spezialregelungen für Feeder-AIF fehlen. Nach dem Entwurf vom 30. April 2009 wurden der zuständigen Behörde des Herkunftsmitgliedstaates nur 10 statt der jetzigen 20 Arbeitstage für die Mitteilung hinsichtlich der Vertriebsgenehmigung zugebilligt. Der Entwurf des damaligen Art. 33 vom 15. Dezember 2009 enthielt nun bereits die spezielle Regelung für Feeder-AIF. Es fehlte weiterhin eine differenzierte Regelung für geplante und ungeplante wesentliche Änderungen.

B. Normzweck

Normzweck des Art. 32 AIFM-RL ist es, die **Rahmenbedingungen für** **2** **einen EU-weiten Vertrieb von EU-AIF** zu ermöglichen und insoweit die Aufgabenverteilung zwischen den zuständigen Stellen des Heimatstaates wie jenen des Aufnahmestaates festzulegen.

C. Überblick über die Norm

Art. 32 Abs. 1 AIFM-RL erweitert die Verpflichtung des Art. 31 Abs. 1 AIFM- **3** RL für den Vertrieb im Herkunftsmitgliedstaat auf andere Mitgliedstaaten. Auch die Regelung für den Feeder-Fonds entspricht jener in Art. 31 Abs. 1 Unterabs. 2 AIFM-RL. Art. 32 Abs. 2 AIFM-RL stellt wiederum das Erfordernis der Übersendung eines Anzeigeschreibens an die zuständige Behörde des Herkunftsmitgliedstaats für jeden zum Vertrieb vorgesehen AIF auf. Gem. Art. 32 Abs. 3 AIFM-RL hat die zuständige Behörde des Herkunftsmitgliedstaats bei Vorliegen der Richtlinienkonformität die vollständigen Anzeigeunterlagen innerhalb von 20 Arbeitstagen an die zuständige(n) Behörde(n) des bzw. der Mitgliedstaaten zu übermitteln, in denen der Vertrieb geplant ist. Hierbei ist eine Bescheinigung über die Zulassung im Herkunftsmitgliedstaat beizufügen. Gem. Art. 32 Abs. 4 AIFM-RL kann nun der AIFM **bereits** mit Unterrichtung über die Übermittlung der Anzeigeunterlagen auch **mit dem Vertrieb des AIF im Aufnahmemit-** **gliedstaat beginnen.** Gem. Art. 32 Abs. 5 AIFM-RL unterliegen die Vorkehrungen nach Anhang IV Buchstabe h, also Angaben zu den Vorkehrungen für den Vertrieb des AIF, den Rechtsvorschriften und der Aufsicht des Aufnahmemitgliedstaats der AIFM. Anzeigeunterlagen wie Bescheinigung müssen gem. Art. 32 Art. 6 AIFM-RL in einer in der internationalen Finanzwelt gebräuchlichen Sprache bereitgestellt werden. Art. 32 Abs. 7 AIFM-RL beschreibt das Procedere bei wesentlichen Änderungen betreffend das Anzeigeschreiben. Art. 32 Abs. 8 AIFM-RL legitimiert wiederum die ESMA, zur Sicherstellung einheitlicher Bedingungen für die Anwendung des Artikels, Entwürfe für technische Durchführungsstandards auszuarbeite, was (i) Form und Inhalt von Anzeigeschreiben und Zulassungsschreiben sowie (ii) die Form der Übermittlung an den Aufnahmemitgliedstaat und die Änderungsanzeige anbelangt. Art. 32 Abs. 9 AIFM-RL manifestiert abermals die Grundregel des Vertriebs ausschließlich an professionelle Anleger und verweist gleichzeitig auf die Öffnungsklausel des Art. 43 Abs. 1 AIFM-RL.

D. Die Norm im Einzelnen

I. Absatz 1

1. Unterabsatz 1. Die einzelnen Mitgliedstaaten haben hiernach sicherzustellen, **4** dass ein zugelassener EU-AIFM Anteile von EU-AIF, die er verwaltet, an professionelle Anleger in anderen Mitgliedstaaten als dem Herkunftsmitgliedstaat vertreiben kann, sobald die in diesem Artikel festgelegten **Bedingungen** eingehalten sind. Diese im Weiteren noch zu erläuternden Bedingungen umfassen u.a. die Übermittlung eines Anzeigeschreibens an die zuständigen Behörden des Herkunftsmitgliedstaates sowie den Versand des Anzeigeschreibens nebst Zulassungsbescheinigung für den AIFM an die zuständige Behörde des Aufnahmemitgliedstaates.

5   Die Zulassung des EU-AIFM geschieht auf dessen Antrag nach Art. 7 AIFM-RL bei der zuständigen Behörde des Mitgliedstaates. In Deutschland ist dies die BaFin. Der EU-AIFM hat zu diesem Zwecke diverse Dokumente vorzulegen, Auskünfte zu geben bzw. Angaben zu machen. Insbesondere aber hat der EU-AIFM die in Art. 8 AIFM-RL statuierten Zulassungsvoraussetzungen zu erfüllen, welche u.a. organisatorischer und personeller Art sind.

6   Wie sich die **Sicherstellung der Vertriebsmöglichkeit** durch die Mitgliedstaaten nach der erfolgten Zulassung positiv verwirklichen lässt, ist unklar. In negativer Hinsicht gehört dazu sicherlich, dass z. B. die BaFin für den Mitgliedstaat Deutschland den Vertrieb nur dann einschränken oder unterbinden darf, wo Zulassungsvoraussetzungen nachträglich entfallen.

7   Die sodann gewährte Möglichkeit des Vertriebs bezieht sich auch in Art. 32 AIFM-RL nur auf professionelle Anleger. Das Schicksal des Vertriebs im Retailbereich wird sich auf nationaler Ebene sukzessive klären, insbesondere Deutschland und Frankreich zumindest sind offenkundig willens, auch weiterhin einen Vertrieb alternativer Investmentfonds an sonstige Anleger zuzulassen.

8   **2. Unterabsatz 2.** Handelt es sich bei dem EU-AIF um einen **Feeder-AIF,** so gilt das Vertriebsrecht nach Unterabsatz 1 nur dann, wenn der Master-AIF ebenfalls ein EU-AIF ist, der von einem zugelassenen EU-AIFM verwaltet wird.

9   Bei einem Feeder-AIF handelt es sich um einen Fonds, welcher gem. Art. 4 Abs. 1 lit. m AIFM-RL entweder (i) mindestens 85% seiner Vermögenswerte in Anteilen eines anderen AIF ("Master-AIF") anlegt, oder (ii) mindestens 85% seiner Vermögenswerte in mehr als einem Master-AIF anlegt, wenn diese Master-AIF identische Anlagestrategien verfolgen, oder (iii) anderweitig ein Engagement von mindestens 85% seiner Vermögenswerte in solch einem Master-AIF hat.

10   Das Vertriebsrecht nach Art. 32 Abs. 1 Unterabs. 1 AIFM-RL steht in der vorliegenden Konstellation zur Verfügung, wenn sowohl Feeder-AIFM wie Master-AIF(s) EU-AIFs sind.

II. Absatz 2

11   **1. Unterabsatz 1.** Der AIFM legt den zuständigen Behörden seines Herkunftsmitgliedstaats ein Anzeigeschreiben für jeden EU-AIF, den er zu vertreiben beabsichtigt, vor.

12   Die zuständige Behörde ist nach Art. 4 Abs. 1 lit. f AIFM-RL jene nationale Behörde der Mitgliedstaaten, die aufgrund von Rechts- oder Verwaltungsvorschriften zur Beaufsichtigung von AIFM befugt ist. Für Deutschland ist dies die Bundesanstalt für Finanzdienstleistungsaufsicht.

13   Herkunftsmitgliedstaat des AIFM ist gem. Art. 4 Abs. 1 lit. q AIFM-RL der Mitgliedstaat, in dem der AIFM seinen satzungsmäßigen Sitz hat.

14   **2. Unterabsatz 2.** Das Anzeigeschreiben, welches der AIFM den zuständigen Behörden seines Herkunftsmitgliedstaats vorlegen muss, umfasst die Dokumentation und die Angaben gemäß Anhang IV.

Dies sind im einzelnen (i) ein Anzeigeschreiben einschließlich eines Geschäfts- **15** plans, der Angaben zu den AIF, die der AIFM zu vertreiben beabsichtigt, sowie zu deren Sitz enthält, (ii) die Vertragsbedingungen oder die Satzung des AIF, (iii) der Name der Verwahrstelle des AIF, (iv) eine Beschreibung des AIF bzw. alle für die Anleger verfügbaren Informationen über den AIF, (v) Angaben zum Sitz des Master-AIF, falls es sich bei dem AIF um einen Feeder-AIF handelt, (vi) alle in Artikel 23 Absatz 1 genannten weiteren Informationen für jeden AIF, den der AIFM zu vertreiben beabsichtigt (also u. a. Beschreibung der Anlagestrategie und der Ziele des AIF, Beschreibung des diesbezüglichen Änderungsverfahrens, das rechtliche Umfeld der eingegangenen Vertragsbeziehung, Beschreibung von Bewertungsverfahren und Liquiditätsrisikomanagement sowie Beschreibung der Kostenstruktur), (vii) die Angabe des Mitgliedstaats, in dem Anteile des AIF an professionelle Anleger vertrieben werden sollen sowie (viii) Angaben zu den Vorkehrungen für den Vertrieb des AIF und, sofern zutreffend, Angaben zu den Vorkehrungen, die getroffen wurden, um zu verhindern, dass Anteile des AIF an Kleinanleger vertrieben werden, auch falls ein AIFM für die Erbringung von Wertpapierdienstleistungen für den AIF auf unabhängige Unternehmen zurückgreift.

III. Absatz 3

1. Unterabsatz 1. Die zuständigen Behörden des Herkunftsmitgliedstaats des **16** AIFM übermitteln spätestens 20 Arbeitstage nach dem Eingang der vollständigen Anzeigeunterlagen nach Absatz 2 diese an die zuständigen Behörden der Mitgliedstaaten, in denen der AIF vertrieben werden soll. Diese Regelung, die in ihrer Fristigkeit einen Gleichlauf zum Vertrieb gem. Art. 31 Abs. 1 AIFM-RL auf nationaler Ebene des Herkunftsmitgliedstaats herstellt, unterstreicht damit, dass ein einheitliches Vertriebsregime für die gesamte EU geschaffen werden soll.

Eine solche Übermittlung findet allerdings nur dann statt, wenn die Verwaltung **17** des AIF durch den AIFM dieser Richtlinie entspricht und weiterhin entsprechen wird und wenn der AIFM im Allgemeinen sich an diese Richtlinie hält. Diese Regelung, die an Art. 31 Absatz 3 Satz 2 AIFM-RL angelehnt ist, enthält gegenüber dieser Regelung allerdings zwei Formulierungen, die Fragen aufwerfen: (i) der zuständigen Behörde des Herkunftsmitgliedstaats **des AIFM** soll sicherlich **keine Prophezeiung** dahingehend abverlangt werden, dass die Verwaltung der Richtlinie [„[…] weiterhin entsprechen wird"]. Gemeint soll wohl sein, dass keine Tatsachen zu erkennen sind, die rein zeitlich verschoben zu einem Richtlinienverstoß führen werden. (ii) Weiterhin ungewöhnlich ist die Formulierung, wonach [„[…] der AIFM im Allgemeinen sich an diese Richtlinie hält"]. Soll eine Übermittlung danach trotzdem stattfinden, wenn **„besondere"** – also z. B. vereinzelte – **Verstöße** vorliegen? Mangels Abgrenzungsmöglichkeit dürfte dies kaum gemeint sein.

2. Unterabsatz 2. Die zuständigen Behörden des Herkunftsmitgliedstaats des **18** AIFM fügen eine **Bescheinigung** über die Zulassung des betreffenden AIFM zur Verwaltung von AIF mit einer bestimmten Anlagestrategie bei. Gemäß Art. 8 Abs. 5 AIFM-RL teilen die zuständigen Behörden des Herkunftsmitgliedstaates des AIFM dem Antragsteller binnen drei Monaten nach Einreichung eines vollständigen Antrags schriftlich mit, ob die Zulassung erteilt ist. Insbesondere hinsichtlich der Anlagestrategien des AIF kann der Umfang der Zulassung beschränkt werden.

19   Die Übermittlung dieser Zulassungsbescheinigung an die zuständigen Behörden des potentiellen Aufnahmemitgliedstaats ersetzt letztlich die materielle Prüfung von Zulassungsvoraussetzungen auf Ebene des Aufnahmemitgliedstaats.

IV. Absatz 4

20   **1. Unterabsatz 1.** Die zuständigen Behörden des Herkunftsmitgliedstaats des AIFM unterrichten den AIFM unverzüglich über den **Versand der Anzeigeunterlagen.** Der AIFM kann ab dem Datum dieser Meldung mit dem Vertrieb des AIF im Aufnahmemitgliedstaat des AIFM beginnen. Diese Regelung stellt letztlich gleiche Bedingungen für den Vertrieb von EU-AIFM im Herkunftsmitgliedstaat und im sonstigen Aufnahmemitgliedstaat her: Nach der Zulassung des AIFM selbst gem. Art. 8 AIFM-RL findet in beiden Fällen innerhalb von 20 Tagen eine Prüfung dahingehend statt, ob ein Vertrieb des EU-AIF erfolgen darf. Auch für den (weiteren) Vertrieb in einem Aufnahmemitgliedstaat schließt sich keine weitere Prüfung an, die auch insofern obsolet ist, als sich kein weiteres **materielles** Prüfungserfordernis ergibt.

21   **2. Unterabsatz 2.** Falls es sich um unterschiedliche Behörden handelt, teilen die zuständigen Behörden des Herkunftsmitgliedstaats des AIFM zudem den für den AIF zuständigen Behörden mit, dass der AIFM mit dem Vertrieb von Anteilen des AIF im Aufnahmemitgliedstaat des AIFM beginnen kann. Dieser **Unterabsatz** ist **isoliert betrachtet unverständlich:** Nach der Definition des Art. 4 Abs. 1 lit. r) AIFM-RL ist in den hier einschlägigen Fällen der „Aufnahmemitgliedstaat des AIFM" stets ein „Mitgliedstaat außer dem Herkunftsmitgliedstaat". Fraglich ist daher, in welchen Fällen keine „unterschiedliche Behörden" vorliegen sollen. Die Konstellation des Art. 31 AIFM-RL wird schließlich in Art. 32 AIFM-RL nicht behandelt.

V. Absatz 5

22   Die Vorkehrungen nach Anhang IV Buchstabe h unterliegen den Rechtsvorschriften und der Aufsicht des Aufnahmemitgliedstaats des AIFM. Diese Vorkehrungen betreffen den Vertrieb des AIF und, sofern zutreffend, Angaben zu den Vorkehrungen, die getroffen wurden, um zu verhindern, dass Anteile des AIF an Kleinanleger vertrieben werden, auch falls ein AIFM für die Erbringung von Wertpapierdienstleistungen für den AIF auf unabhängige Unternehmen zurückgreift. Es erscheint einzig sinnvoll, Vertriebsmaßnahmen vor Ort auch der lokalen Rechtsordnung zu unterwerfen bzw. von der lokal zuständigen Behörde überwachen zu lassen. Hinzuweisen ist hier wiederum auf die Öffnungsklausel des Art. 43 AIFM-RL der den einzelnen Mitgliedstaaten anheimstellt, einen Vertrieb an Kleinanleger zuzulassen. Die **Erbringung von Wertpapierdienstleistungen durch andere Wertpapierdienstleistungsunternehmen** richtet sich z. B. in Deutschland nach § 31 WpHG. Gem. § 2 Abs. 4 WpHG darf nunmehr die Vermittlung von Anteilen an geschlossenen Fonds nur durch Wertpapierdienstleistungsunternehmen erfolgen.

VI. Absatz 6

23   **1. Unterabsatz 1.** Die Mitgliedstaaten stellen sicher, dass das in Absatz 2 genannte Anzeigeschreiben des AIFM und die in Absatz 3 genannte Bescheinigung in einer in der internationalen Finanzwelt gebräuchlichen Sprache bereitge-

stellt werden. Hiermit ist jedenfalls die **englische Sprache** gemeint. Eine gleichlautende Formulierung findet sich z. B. auch in § 19 Abs. 1 WpPG als Option
für das öffentliche Angebot von Wertpapieren, sofern der Prospekt auch eine
Übersetzung der Zusammenfassung in die deutsche Sprache enthält und im Einzelfall unter Berücksichtigung der Art der Wertpapiere eine ausreichende Information des Publikums gewährleistet erscheint.

2. Unterabsatz 2. Die Mitgliedstaaten stellen sicher, dass ihre zuständigen   24
Behörden die elektronische Übermittlung und Archivierung der in Absatz 3
genannten Unterlagen akzeptieren. Dies ist eine weitere **administrative Erleichterung für den grenzüberschreitenden Fondsvertrieb.**

VII. Absatz 7

1. Unterabsatz 1. Bei einer wesentlichen Änderung der nach Absatz 2 über-   25
mittelten Angaben teilt der AIFM den zuständigen Behörden seines Herkunftsmitgliedstaats diese Änderung bei vom AIFM geplanten Änderungen mindestens
einen Monat vor Durchführung der Änderung, oder, nach einer ungeplanten
Änderung, unverzüglich nach Eintreten der Änderung schriftlich mit. Wiederum
ist für geplante Änderungen eine einmonatige „**Vorwarnfrist**" festgelegt.
Bedenkt man, dass der Behörde im Übrigen bei der Zulassung eine Reaktionszeit
von 20 Arbeitstagen zugebilligt wird, so erscheint die Monatsfrist angemessen,
insbesondere wenn man bedenkt, dass die überwiegende Zahl der wesentlichen
Änderungen unproblematisch sein sollte. Das Erfordernis einer **unverzüglichen**
schriftlichen Mitteilung nach Eintritt einer ungeplanten Änderung erscheint folgerichtig. Ein schuldhaftes Zögern i.S.d. § 121 Abs. 1 BGB könnte z. B. vorliegen,
wenn mittels Reparaturarbeiten versucht wird, ungeplante Änderungen rückgängig zu machen, ohne die Behörde hiervon in Kenntnis zu setzen.

2. Unterabsatz 2. Sollte die geplante wesentliche Änderung dazu führen, dass   26
die Verwaltung des AIF durch den AIFM oder der AIFM gegen die AIFM-
Richtlinie verstößt, teilen die zuständigen Behörden dem AIFM unverzüglich
mit, dass er die Änderung nicht durchführen darf. Diese Regelung für den Fall
der geplanten Änderung erscheint konsequent. Allerdings wirft sie auch die Frage
auf, warum die Behörde für den Fall einer ungeplanten Änderung nicht ebenfalls
bereits i.R.d. Unterabsatz 2 unverzügliche Abhilfe anordnet. Sicherlich ist dies
nicht gleichermaßen systematisch in eine gesetzliche Regelung umzusetzen, aber
gewisse **Rahmenvorgaben,** was die Behörde **im Fall ungeplanter Änderungen,** welche einen Verstoß gegen die AIFM-Richtlinie begründen, zu verfügen
hat, hätte man bereits an dieser Stelle erwartet.

3. Unterabsatz 3. Wird eine geplante Änderung ungeachtet der Unterab-   27
sätze 1 und 2 durchgeführt, oder führt eine durch einen unvorhersehbaren
Umstand ausgelöste Änderung dazu, dass die Verwaltung des AIF durch den
AIFM oder der AIFM im Allgemeinen nunmehr gegen diese Richtlinie verstoßen
würde, so ergreifen die zuständigen Behörden des Herkunftsmitgliedstaats des
AIFM **alle gebotenen Maßnahmen** gemäß Artikel 46, einschließlich, falls erforderlich, der ausdrücklichen **Untersagung des Vertriebs** des AIF. Systematisch
sind die Sanktionsmechanismen für unzulässige wesentliche Änderungen in
Unterabsatz 3 gebündelt. Fraglich ist aber, wieso für den Fall einer (versehentlich)
nicht mitgeteilten wesentlichen Änderung, von der die Behörde anderweitig
Kenntnis erlangt, nicht lediglich eine Nachfrist gesetzt wird. Im Übrigen greift

konsequent der Maßnahmenkatalog des Art. 46 AIFM-RL, der die Anforderung von Informationen – aber als ultima ratio auch den Entzug der Zulassung, erlaubt. Zuständig sind auf dieser Ebene zunächst die Behörden des Heimatmitgliedstaats.

28   **4. Unterabsatz 4.** Sind die Änderungen zulässig, weil sie sich nicht auf die Vereinbarkeit der Verwaltung des AIF durch den AIFM mit dieser Richtlinie oder auf die Einhaltung dieser Richtlinie durch den AIFM im Allgemeinen auswirken, so unterrichten die zuständigen Behörden des Aufnahmemitgliedstaats des AIFM über diese Änderungen. Nach der materiellen Prüfung durch die Behörden des Heimatmitgliedstaats, welche keinen Verstoß gegen die AIFM-Richtlinie ergeben haben, teilen die Heimatbehörden den Behörden des Aufnahmemitgliedstaats die Änderungen mit. Diese Mitteilung erlaubt der Aufnahmebehörde faktisch auch den **Abgleich mit ergänzenden Regelungen des nationalen Rechts.**

VIII. Absatz 8

29   **1. Unterabsatz 1.** Um einheitliche Bedingungen für die Anwendung des Artikels 32 zu gewährleisten, kann die ESMA **Entwürfe für technische Durchführungsstandards** ausarbeiten, um zu präzisieren: (a) Form und Inhalt eines Musters für das Anzeigeschreiben betreffend einen zum Vertrieb vorgesehenen AIF nach Absatz 2, (b) Form und Inhalt eines Musters für die Bescheinigung über die Zulassung des betreffenden AIFM nach Absatz 3, (c) die Form der Übermittlung nach Absatz 3 und (d) die Form der schriftlichen Mitteilung bei einer wesentlichen Änderung nach Absatz 7.

30   **2. Unterabsatz 2.** Die Kommission wird ermächtigt, die in Unterabsatz 1 genannten technischen Durchführungsstandards nach Artikel 15 der Verordnung (EU) Nr. 1095/2010 zu erlassen. Die Verordnung (EU) Nr. 1095/2010 vom 24.November.2010 betrifft die Errichtung der ESMA in Reaktion auf die Finanzkrise von 2007 und 2008. Ihr Artikel 15 betrifft technische Durchführungsstandards und beschränkt diese auf Anwendungsbedingungen außerhalb politischer und strategischer Maßgaben.

IX. Absatz 9

31   Unbeschadet des Artikels 43 Absatz 1 schreiben die Mitgliedstaaten vor, dass die von den AIFM verwalteten und vertriebenen AIF **nur an professionelle Anleger** vertrieben werden dürfen. Professionelle Anleger sind in Abgrenzung zu Kleinanlegern gem. der Markets in Financial Instruments Directive 2004/39/EC (MiFID), Anhang II der MiFID insbesondere Kreditinstitute, Versicherungsgesellschaften und Pensionsfonds. Auf Antrag können z. B. auch Privatanleger mit einem Finanzinstrument-Portfolio von > 500.00,00 Euro als professionelle Anleger behandelt werden. Artikel 43 Abs. 1 AIFM-RL regelt den Vertrieb von AIF durch AIFM an **Kleinanleger,** welcher danach in der Diskretion der Mitgliedstaaten steht. Danach können für Kleinanleger – allerdings für sämtliche EU-AIF einheitlich – strengere Auflagen gemacht werden, als diese für professionelle Anleger vorgesehen sind.

E. Änderungen gegenüber der bisherigen Rechtslage in Deutschland

I. Offene Fonds

Der Vertrieb von Anteilen an deutschen Investmentfonds in anderen EU- bzw. **32** EWR-Mitgliedstaaten richtete sich nach den §§ 128 und 129 InvG. § 128 InvG statuierte bei Absicht des Vertriebs in einem anderen EU- bzw. EWR-Mitgliedstaat eine Anzeigepflicht gegenüber der BaFin – und den „zuständigen Stellen des anderen Staates". Für letztere Anzeige stellt die BaFin auf Antrag der KAG eine Bescheinigung aus, dass die Vorschriften der Richtlinie 85/611/EWG („OGAW") erfüllt sind. § 129 InvG stellte für den grenzüberschreitenden Vertrieb explizit die Verpflichtung auf, die Regelungen des nationalen Rechts des „anderen Staates" zu beachten, insbesondere jene im Zusammenhang mit **Zahlungen,** der **Anteilsrückgabe** und **Informationspflichten.** Auch waren die nach dem InvG zu veröffentlichenden Unterlagen und Angaben in der Landes- oder zumindest einer zugelassenen Sprache des anderen Staates zu fassen.

II. Geschlossene Fonds

Bei Anteilen an geschlossenen Fonds gab es abseits der ggf. einschlägigen Pros- **33** pekterfordernisse bisher keine grenzüberschreitenden Regelungen aus deutscher Sicht.

F. Bezüge zum KAGB-E

§ 323 KAGB-E betrifft die Anzeigepflicht einer EU-AIF-Verwaltungsgesell- **34** schaft beim beabsichtigten Vertrieb von EU-AIF und inländischen Spezial-AIF an semi-professionelle und professionelle Anleger im Inland.[1] Semi-professionelle Anleger sind gem. § 1 Abs. 19 Nr. 33 KAGB-E jene Anleger, welche sich u.a. verpflichten, mindestens 200.000,00 Euro zu investieren. Weitergehend befasst sich § 331 KAGB-E mit der Anzeigepflicht einer AIF-Kapitalverwaltungsgesellschaft beim Vertrieb von EU-AIF oder inländischen AIF an professionelle Anleger in anderen Mitgliedsstaaten der Europäischen Union oder Vertragsstaaten des Abkommens über den Europäischen Wirtschaftsraum und enthält eine entsprechende Verordnungsermächtigung.

Artikel 33 Bedingungen für die Verwaltung von EU-AIF mit Sitz in anderen Mitgliedstaaten

AIFM-Richtlinie	KAGB-E
Artikel 33 **Bedingungen für die Verwaltung von EU-AIF mit Sitz in anderen Mitgliedstaaten**	**§ 53 Abs. 1**
(1) Die Mitgliedstaaten stellen sicher, dass ein zugelassener EU-AIFM	(1) Beabsichtigt eine AIF-Kapitalverwaltungsgesellschaft, die über eine Er-

---

[1] Vgl. hierzu *Volhard/Jang* DB 2013, 273 (211).

AIFM-Richtlinie	KAGB-E
EU-AIF mit Sitz in einem anderen Mitgliedstaat entweder direkt oder indirekt über eine Zweigniederlassung verwalten kann, sofern der AIFM für die Verwaltung dieser Art von AIF zugelassen ist.	laubnis nach den §§ 20, 22 verfügt, erstmals im Wege des grenzüberschreitenden Dienstleistungsverkehrs oder über eine Zweigniederlassung, EU-AIF zu verwalten, so übermittelt sie der Bundesanstalt folgende Angaben

Im rechten Teil folgt fortlaufend:

1. den Mitgliedstaat der Europäischen Union oder den Vertragsstaat des Abkommens über den Europäischen Wirtschaftsraum, in dem sie EU-AIF im Wege des grenzüberschreitenden Dienstleistungsverkehrs oder über eine Zweigniederlassung zu verwalten beabsichtigt,
2. einen Geschäftsplan, aus dem insbesondere hervorgeht, welche EU-AIF sie zu verwalten beabsichtigt

§ 53 Abs. 2

(2) Beabsichtigt eine AIF-Kapitalverwaltungsgesellschaft, die über eine Erlaubnis nach den §§ 20, 22 verfügt, erstmals im Wege des grenzüberschreitenden Dienstleistungsverkehrs oder über eine Zweigniederlassung, EU-AIF zu verwalten, so übermittelt sie der Bundesanstalt folgende Angaben

1. den organisatorischen Aufbau der Zweigniederlassung,
2. die Anschrift, unter der im Herkunftsmitgliedstaat des EU-AIF Unterlagen angefordert werden können, sowie
3. die Namen und Kontaktangaben der Geschäftsführer der Zweigniederlassung.

§ 54 Abs. 1

(1) Die Verwaltung eines inländischen Spezial-AIF durch eine EU-AIF-Verwaltungsgesellschaft im Inland über eine Zweigniederlassung oder im Wege des grenzüberschreitenden Dienstleistungsverkehrs setzt voraus, dass die zuständigen Stellen des Herkunftsmitgliedstaats der EU-AIF-Verwaltungsgesellschaft der Bundesanstalt folgende Angaben und Unterlagen übermittelt haben:

AIFM-Richtlinie	KAGB-E
	1. eine Bescheinigung darüber, dass die EU-AIF-Verwaltungsgesellschaft eine Zulassung gemäß der Richtlinie 2011/61/EU erhalten hat, durch die die im Inland beabsichtigten Tätigkeiten abgedeckt sind,
	2. die Anzeige der Absicht der EU-AIF-Verwaltungsgesellschaft, in der Bundesrepublik Deutschland über eine Zweigniederlassung oder im Wege des grenzüberschreitenden Dienstleistungsverkehrs inländische Spezial-AIF zu verwalten, sowie
	3. einen Geschäftsplan, aus dem insbesondere hervorgeht, welche inländischen Spezial-AIF die EU-AIF-Verwaltungsgesellschaft zu verwalten beabsichtigt.
	§ 54 Abs. 2
	(2) Die Errichtung einer Zweigniederlassung durch eine EU-AIF-Verwaltungsgesellschaft setzt voraus, dass die zuständigen Stellen des Herkunftsmitgliedstaates der EU-AIF-Verwaltungsgesellschaft der Bundesanstalt zusätzlich zu den Angaben nach Absatz 1 folgende Informationen übermittelt haben:
	1. den organisatorischen Aufbau der Zweigniederlassung,
	2. die Anschrift, unter der im Inland Unterlagen angefordert werden können, sowie
	3. die Namen und Kontaktangaben der Geschäftsführer der Zweigniederlassung.
	§ 53 Abs. 1
(2) Ein AIFM, der erstmals beabsichtigt, EU-AIF mit Sitz in einem anderen Mitgliedstaat zu verwalten, übermittelt den zuständigen Behörden seines Herkunftsmitgliedstaats folgende Angaben: a) den Mitgliedstaat, in dem er AIF direkt oder über eine Zweigniederlassung zu verwalten beabsichtigt, b) einen Geschäftsplan, aus dem insbesondere hervorgeht, welche Dienst-	(1) Beabsichtigt eine AIF-Kapitalverwaltungsgesellschaft, die über eine Erlaubnis nach den §§ 20, 22 verfügt, erstmals im Wege des grenzüberschreitenden Dienstleistungsverkehrs oder über eine Zweigniederlassung, EU-AIF zu verwalten, so übermittelt sie der Bundesanstalt folgende Angaben 1. den Mitgliedstaat der Europäischen Union oder den Vertragsstaat des Ab-

AIFM-Richtlinie	KAGB-E
leistungen er zu erbringen und welche AIF er zu verwalten beabsichtigt.	kommens über den Europäischen Wirtschaftsraum, in dem sie EU-AIF im Wege des grenzüberschreitenden Dienstleistungsverkehrs oder über eine Zweigniederlassung zu verwalten beabsichtigt, 2. einen Geschäftsplan, aus dem insbesondere hervorgeht, welche EU-AIF sie zu verwalten beabsichtigt.

§ 54 Abs. 1

(1) Die Verwaltung eines inländischen Spezial-AIF durch eine EU-AIF-Verwaltungsgesellschaft im Inland über eine Zweigniederlassung oder im Wege des grenzüberschreitenden Dienstleistungsverkehrs setzt voraus, dass die zuständigen Stellen des Herkunftsmitgliedstaats der EU-AIF-Verwaltungsgesellschaft der Bundesanstalt folgende Angaben und Unterlagen übermittelt haben:
1. eine Bescheinigung darüber, dass die EU-AIF-Verwaltungsgesellschaft eine Zulassung gemäß der Richtlinie 2011/61/EU erhalten hat, durch die die im Inland beabsichtigten Tätigkeiten abgedeckt sind,
2. Anzeige der Absicht der EU-AIF-Verwaltungsgesellschaft, in der Bundesrepublik Deutschland über eine Zweigniederlassung oder im Wege des grenzüberschreitenden Dienstleistungsverkehrs inländische Spezial-AIF zu verwalten, sowie
3. einen Geschäftsplan, aus dem insbesondere hervorgeht, welche inländischen Spezial-AIF die EU-AIF-Verwaltungsgesellschaft zu verwalten beabsichtigt.

§ 53 Abs. 2

(3) Beabsichtigt der AIFM die Errichtung einer Zweigniederlassung, so muss er zusätzlich zu den Angaben nach Absatz 2 folgende Informationen vorlegen: a) organisatorischer Aufbau der Zweigniederlassung,	(2) Beabsichtigt die AIF-Kapitalverwaltungsgesellschaft, eine Zweigniederlassung in einem anderen Mitgliedstaat der Europäischen Union oder in einem anderen Vertragsstaat des Abkommens über den Europäischen Wirtschaftsraum

AIFM-Richtlinie	KAGB-E
b) Anschrift, unter der im Herkunfts-mitgliedstaat des AIF Unterlagen angefordert werden können; c) Namen und Kontaktangaben der Geschäftsführer der Zweigniederlassung.	zu errichten, so hat sie der Bundesanstalt zusätzlich zu den Angaben nach Absatz 1 folgende Informationen zu übermitteln: 1. den organisatorischen Aufbau der Zweigniederlassung, 2. die Anschrift, unter der im Herkunftsmitgliedstaat des EU-AIF Unterlagen angefordert werden können, sowie 3. die Namen und Kontaktangaben der Geschäftsführer der Zweigniederlassung.

§ 54 Abs. 2

(2) Die Errichtung einer Zweigniederlassung durch eine EU-AIF-Verwaltungsgesellschaft setzt voraus, dass die zuständigen Stellen des Herkunftsmitgliedstaates der EU-AIF-Verwaltungsgesellschaft der Bundesanstalt zusätzlich zu den Angaben nach Absatz 1 folgende Informationen übermittelt haben:
1. den organisatorischen Aufbau der Zweigniederlassung,
2. die Anschrift, unter der im Inland Unterlagen angefordert werden können, sowie
3. die Namen und Kontaktangaben der Geschäftsführer der Zweigniederlassung.

§ 53 Abs. 3

(4) Die zuständigen Behörden des Herkunftsmitgliedstaats des AIFM übermitteln binnen eines Monats nach dem Eingang der vollständigen Unterlagen nach Absatz 2 bzw. binnen zwei Monaten nach dem Eingang der vollständigen Unterlagen nach Absatz 3 die vollständigen Unterlagen an die zuständigen Behörden des Aufnahmemitgliedstaats des AIFM. Eine solche Weiterleitung findet nur dann statt, wenn die Verwaltung des AIF durch den AIFM dieser Richtlinie entspricht und weiterhin entsprechen wird und wenn	(3) Besteht kein Grund zur Annahme, dass die Verwaltung des EU-AIF durch die AIF-Kapitalverwaltungsgesellschaft gegen dieses Gesetz verstößt oder verstoßen wird, übermittelt die Bundesanstalt binnen eines Monats nach dem Eingang der vollständigen Unterlagen nach Absatz 1 oder binnen zwei Monaten nach dem Eingang der vollständigen Unterlagen nach Absatz 2 diese zusammen mit einer Bescheinigung über die Erlaubnis der betreffenden AIF-Kapitalverwaltungsgesellschaft an die zuständigen Behörden des Aufnahmemitglied-

AIFM-Richtlinie	KAGB-E
der AIFM im Allgemeinen sich an diese Richtlinie hält. Die zuständigen Behörden des Herkunftsmitgliedstaats des AIFM fügen eine Bescheinigung über die Zulassung des betreffenden AIFM bei.	staats der AIF-Kapitalverwaltungsgesellschaft. **§ 54 Abs. 1** (1) Die Verwaltung eines inländischen Spezial-AIF durch eine EU-AIF-Verwaltungsgesellschaft im Inland über eine Zweigniederlassung oder im Wege des grenzüberschreitenden Dienstleistungsverkehrs setzt voraus, dass die zuständigen Stellen des Herkunftsmitgliedstaats der EU-AIF-Verwaltungsgesellschaft der Bundesanstalt folgende Angaben und Unterlagen übermittelt haben: 1. eine Bescheinigung darüber, dass die EU-AIF-Verwaltungsgesellschaft eine Zulassung gemäß der Richtlinie 2011/61/EU erhalten hat, durch die die im Inland beabsichtigten Tätigkeiten abgedeckt sind, 2. die Anzeige der Absicht der EU-AIF-Verwaltungsgesellschaft, in der Bundesrepublik Deutschland über eine Zweigniederlassung oder im Wege des grenzüberschreitenden Dienstleistungsverkehrs inländische Spezial-AIF zu verwalten, sowie 3. einen Geschäftsplan, aus dem insbesondere hervorgeht, welche inländischen Spezial-AIF die EU-AIF-Verwaltungsgesellschaft zu verwalten beabsichtigt. **§ 53 Abs. 4** (4) Die Bundesanstalt unterrichtet die AIF-Kapitalverwaltungsgesellschaft unverzüglich über die Übermittlung der Unterlagen. Die AIF-Kapitalverwaltungsgesellschaft darf erst unmittelbar nach dem Eingang der Übermittlungsmeldung in dem jeweiligen Aufnahmemitgliedstaat mit der Verwaltung von EU-AIF beginnen. **§ 54 Abs. 3** (3) Die EU-AIF-Verwaltungsgesellschaft kann unmittelbar nach dem Erhalt

AIFM-Richtlinie	KAGB-E
	der Übermittlungsmeldung durch ihren Herkunftsmitgliedstaat gemäß Artikel 33 Absatz 4 der Richtlinie 2011/61/EU mit der Verwaltung von inländischen Spezial-AIF im Inland beginnen.
Die zuständigen Behörden des Herkunftsmitgliedstaats des AIFM unterrichten den AIFM unverzüglich über den Versand der Unterlagen. Nach Eingang der Versandmeldung kann der AIFM mit der Erbringung der Dienstleistungen i[n] seinem Aufnahmemitgliedstaat beginnen.	
	§ 54 Abs. 4
(5) Der Aufnahmemitgliedstaat des AIFM erlegt den betreffenden AIFM in den von dieser Richtlinie erfassten Bereichen keine zusätzlichen Anforderungen auf.	(4) Auf die Zweigniederlassungen im Sinne des Absatzes 1 sind § 3 Absatz 1, 4 und 5, § 14, § 26 Absätze 2 und 3 und Absatz 7, § 27 Absätze 1 bis 4, §§ 31, 33, 34 Absatz 3 Nummer 8 sowie § 295 Absatz 5 und 7, §§ 307 und 308 entsprechend anzuwenden. Auf die Tätigkeiten im Wege des grenzüberschreitenden Dienstleistungsverkehrs nach Absatz 1 Satz 1 sind die §§ 14, 295 Absatz 5 und 7, §§ 307 und 308 entsprechend anzuwenden.
	§ 53 Abs. 5
(6) Bei einer Änderung der nach Absatz 2 und gegebenenfalls nach Absatz 3 übermittelten Angaben setzt der AIFM die zuständigen Behörden seines Herkunftsmitgliedstaats mindestens einen Monat vor Durchführung geplanter Änderungen von diesen Änderungen schriftlich in Kenntnis, oder, im Falle von ungeplanten Änderungen, unmittelbar nach dem Eintritt der Änderung.	(5) Eine Änderung der nach Absatz 1 oder Absatz 2 übermittelten Angaben hat die AIF-Kapitalverwaltungsgesellschaft der Bundesanstalt mindestens einen Monat vor der Durchführung der geplanten Änderungen schriftlich anzuzeigen. Im Fall von ungeplanten Änderungen hat die AIF-Kapitalverwaltungsgesellschaft die Änderung der Bundesanstalt unmittelbar nach dem Eintritt der Änderung schriftlich anzuzeigen.
	§ 53 Abs. 6
	(6) Würde die geplante Änderung dazu führen, dass die AIF-Kapitalverwaltungsgesellschaft oder die Verwaltung des EU-AIF durch diese nunmehr gegen dieses Gesetz verstößt, untersagt die Bundesanstalt der AIF-Kapitalverwal-

AIFM-Richtlinie	KAGB-E
	waltungsgesellschaft unverzüglich die Änderung.

§ 53 Abs. 7

(7) Wird eine geplante Änderung ungeachtet der Absätze 5 und 6 durchgeführt oder würde eine durch einen unvorhersehbaren Umstand ausgelöste Änderung dazu führen, dass die die AIF-Kapitalverwaltungsgesellschaft oder die Verwaltung des EU-AIF durch diese nunmehr gegen dieses Gesetz verstößt, ergreift die Bundesanstalt alle erforderlichen Maßnahmen.

§ 53 Abs. 8

(8) Über Änderungen, die im Einklang mit diesem Gesetz stehen, unterrichtet die Bundesanstalt unverzüglich die zuständigen Stellen des Aufnahmemitgliedstaats der AIF-Kapitalverwaltungsgesellschaft.

AIFM-Richtlinie	KAGB-E
Sollte die geplante Änderung dazu führen, dass die Verwaltung des AIF durch den AIFM oder der AIFM im Allgemeinen nunmehr gegen diese Richtlinie verstößt, teilen die zuständigen Behörden des Herkunftsmitgliedstaats des AIFM dem AIFM unverzüglich mit, dass er die Änderung nicht durchführen darf.	–
Wird eine geplante Änderung ungeachtet der Unterabsätze 1 und 2 durchgeführt oder würde eine durch einen unvorhersehbaren Umstand ausgelöste Änderung dazu führen, dass die Verwaltung des AIF durch den AIFM oder der AIFM im Allgemeinen nunmehr gegen diese Richtlinie verstößt, ergreifen die zuständigen Behörden des Herkunftsmitgliedstaats des AIFM alle gebotenen Maßnahmen gemäß Artikel 46.	
Wenn die Änderungen zulässig sind, weil sie sich nicht auf die Vereinbarkeit der Verwaltung des AIF durch den AIFM mit dieser Richtlinie oder auf die	–

AIFM-Richtlinie	KAGB-E
Einhaltung dieser Richtlinie durch den AIFM im Allgemeinen auswirken, unterrichten die zuständigen Behörden des Herkunftsmitgliedstaats des AIFM unverzüglich die zuständigen Behörden des Aufnahmemitgliedstaats des AIFM über diese Änderungen.	
(7) Um eine konsequente Harmonisierung dieses Artikels zu gewährleisten, kann die ESMA Entwürfe für technische Regulierungsstandards zur Präzisierung der Angaben ausarbeiten, die gemäß den Absätzen 2 und 3 vorzulegen sind. Die Kommission wird ermächtigt, die in Unterabsatz 1 genannten technischen Regulierungsstandards gemäß den Artikeln 10 bis 14 der Verordnung (EU) Nr. 1095/2010 zu erlassen.	–
(8) Um einheitliche Bedingungen für die Anwendung dieses Artikels zu gewährleisten, kann die ESMA Entwürfe von technischen Durchführungsstandards ausarbeiten, um Standardformulare, Mustertexte und Verfahren für die Übermittlung von Angaben gemäß den Absätzen 2 und 3 festzulegen. Die Kommission wird ermächtigt, die in Unterabsatz 1 genannten technischen Durchführungsstandards nach Artikel 15 der Verordnung (EU) Nr. 1095/2010 zu erlassen.	–

Übersicht

A. Entstehungsgeschichte

1 Bereits im Lehne-Bericht vom 9. Juli 2008 wurde unter Tz. F der Erwägungsgrund genannt, „[…] dass Hedge Fonds und Private Equity in manchen Mitgliedstaaten nationalen Regulierungssystemen und unterschiedlichen Umsetzungsmaßnahmen bestehender EU-Richtlinien unterliegen, und dass solche unterschiedlichen nationalen Regelungen auf einzelstaatlicher Ebene das Risiko einer regulatorischen Fragmentierung im Binnenmarkt bergen, was die grenzüberschreitende Entwicklung dieser Tätigkeit in Europa behindern könnte(.)"

2 Der Entwurf vom 30. April 2009 sah konsequenterweise im damaligen Art. 34 „Bedingungen für die Erbringung von Verwaltungsdiensten in anderen Mitgliedstaaten" vor. Im Entwurf vom 15. Dezember 2009 wurde dieser beibehalten, es fanden sich darin nunmehr ergänzende Abschnitte zum (zeitlichen) Ablauf des Zulassungsprozederes. In der endgültigen Fassung der AIFM-RL finden sich die Regelungen zur Verwaltung von EU-AIF mit Sitz in anderen Mitgliedstaaten nunmehr in Artikel 33.

B. Normzweck

3 Normzweck des Art. 33 AIFM-RL ist es, dem einmal zugelassenen AIFM die Verwaltung von EU-AIF möglichst reibungslos in allen anderen EU-Mitgliedstaaten zu ermöglichen. Dies ist Voraussetzung eines funktionierenden **„Fondsbinnenmarktes"**. Diese Verwaltung kann direkt durch den AIFM des Herkunftsmitgliedstaats oder über eine Zweigniederlassung geschehen.

C. Überblick über die Norm

4 Gemäß Art. 33 Abs. 1 AIFM-RL haben die Mitgliedstaaten **sicherzustellen,** dass ein EU-AIFM bei entsprechender Zulassung EU-AIF in einem anderen Mitgliedstaat verwalten kann. Wenn ein EU-AIFM dieses erstmalig in die Wege leiten will, hat er gem. Art. 33 Abs. 2 AIFM-RL den zuständigen Behörden seines Herkunftsmitgliedstaates Informationen hinsichtlich der Zielmitgliedstaaten sowie einen Geschäftsplan vorzulegen. Bei geplanter Errichtung einer Zweigniederlassung sind vom AIFM gem. Art. 33 Abs. 3 AIFM-RL zusätzlich Informationen zu deren Organisation und Geschäftsleitung zu übermitteln. Art. 33 Abs. 4 AIFM-RL regelt die Fristen für die Weiterleitung der Unterlagen an die zuständigen Behörden des Aufnahmemitgliedstaats des AIFM. Diesem ist es gem. Art. 33 Abs. 5 AIFM-RL untersagt, dem AIFM zusätzliche Anforderungen aufzuerlegen. Art. 33 Abs. 6 AIFM-RL regelt das Vorgehen bei Änderungen der übermittelten Angaben. Art. 33 Abs. 7 AIFM-RL befasst sich mit technischen Regulierungsstandards, Abs. 8 mit technischen Durchführungsstandards.

D. Die Norm im Einzelnen

I. Absatz 1

Die Mitgliedstaaten stellen sicher, dass ein zugelassener EU-AIFM EU-Fonds **5** mit Sitz in einem anderen Mitgliedstaat entweder direkt oder indirekt über eine Zweigniederlassung verwalten kann, sofern der AIFM für die Verwaltung dieser Art von Fonds zugelassen ist. Die Vorschrift ergänzt damit die Regelung zum EU-weiten Vertrieb des Art. 32 AIFM-RL um die **EU-weite Fondsverwaltung**. Letztere sollte der Materie nach unproblematischer als der Vertrieb sein, da bei der Fondsverwaltung die **Fähigkeit des Fondsmanagements zu Anlageentscheidungen in einer bestimmten Asset-Klasse** im Vordergrund steht.

Der direkte Vertrieb eines EU-AIF durch einen EU-AIFM in einem anderen **6** Mitgliedstaat eröffnet auch ökonomisch einen europäischen Fondsbinnenmarkt, da keine zusätzlichen Erfordernisse gestellt werden. Freilich hat der Fondsmanager selbst zu entscheiden, inwieweit **lokales Know-how** erforderlich ist, wenn z. B. Immobilieninvestitionen im Aufnahmemitgliedstaat getätigt werden sollen.

Der indirekte Vertrieb eines EU-AIF durch eine **Zweigniederlassung** des **7** EU-AIFM im Aufnahmemitgliedstaat wirft einige Fragen auf. Nach Art. 4 Abs. 1 lit. c) AIFM-RL ist eine Zweigniederlassung eine Betriebsstelle, die einen rechtlich unselbständigen Teil eines AIFM bildet und die die Dienstleistungen erbringt, für die dem AIFM eine Zulassung erteilt wurde. Gerade mit dem Definitionselement „rechtlich unselbständiger Teil" ist die Frage aufgeworfen, wie Anlageentscheidungen, welche durch die Zweigniederlassung getroffen werden, sich im Aufnahmemitgliedstaat steuerlich auswirken. Im Zweifelsfall dürfte eine Betriebstätte vorliegen, welche eine Steuerpflicht im Aufnahmemitgliedstaat begründet. Andererseits ist in Art. 33 Abs. 4 lit. c) AIFM-RL von „[…] Namen und Kontaktangaben der Geschäftsführer der Zweigniederlassung" die Rede, was für die Annahme einer rechtlich selbständigen Kapitalgesellschaft spricht. Trifft dies zu, könnte das Definitionselement **„rechtlich unselbständiger Teil"** sich nur auf die Rechtsposition als AIFM beziehen.

Kein EU-Pass wird gewährt für die Erbringung der nach Art. 6 Abs. 4 AIFM- **8** RL zulässigen Dienstleistungen **(MiFID-Dienstleistungen)**. Der Wortlaut des Art. 33 Abs. 1 AIFM-RL weicht insoweit von dem Wortlaut des Art. 16 Abs. 1 OGAW-RL ab, welcher sich auf alle Tätigkeiten bezieht, für die die Verwaltungsgesellschaft eine Zulassung erhalten hat – und damit explizit auch die MiFID-Dienstleistungen einbezieht. Es dürfte sich hierbei um ein **Anpassungsversäumnis** halten, da der Kommissions-Vorschlag in Art. 6 noch keine Regelung darüber enthielt, dass ein AIFM auch die MiFID-Dienstleistungen erbringen darf. Demgemäß musste Art. 33 zunächst auch nicht die „zugelassenen Tätigkeiten" behandeln. Auf Wunsch des Rates wurde dann Art. 6 Abs. 4 AIFM-RL eingeführt, ohne jedoch eine entsprechende Anpassung des Art. 33 vorzunehmen. Auch aus der MiFID selbst lässt sich insoweit keine Antwort gewinnen, sind doch die Regelungen der AIFM-RL für AIFM abschließend.

II. Absatz 2

Ein AIFM, der erstmals beabsichtigt, EU-AIF mit Sitz in einem anderen Mit- **9** gliedstaat zu verwalten, übermittelt den zuständigen Behörden seines Herkunftsmitgliedstaats Angaben zu dem Mitgliedstaat, in dem er AIF direkt oder über eine

Zweigniederlassung zu verwalten beabsichtigt sowie einen Geschäftsplan, aus dem hervorgeht, welche Dienstleistungen der AIFM zu erbringen und welche AIF er zu verwalten beabsichtigt. Diese Regelung ist sinnvoll, um den zuständigen Behörden des Herkunftsmitgliedstaats die zentrale Kontrolle über das Gebahren des AIFM zu ermöglichen. Die Vorlage eines Geschäftsplanes erlaubt eine Überprüfung dahingehend, ob die Verwaltung des Fonds im Aufnahmemitgliedstaat von der Zulassung des AIFM gedeckt ist.

III. Absatz 3

10   Beabsichtigt der AIFM die Errichtung einer Zweigniederlassung, so muss er zusätzlich zu den Angaben nach Absatz 2 **Informationen vorlegen zum organisatorischen Aufbau der Zweigniederlassung.** Zusätzlich sind zu übermitteln die Anschrift, unter der im Herkunftsmitgliedstaat des AIF Unterlagen angefordert werden können sowie die Namen und Kontaktangaben der Geschäftsführer der Zweigniederlassung.

11   Der organisatorische Aufbau der Zweigniederlassung würde nach herkömmlichem Sprachgebrauch und in Parallele zu § 24a Abs. 1 Nr. 2 KWG auch die Entscheidungskompetenzen betreffen. Hier ist sinnvoll, ein **Organigramm** vorzulegen.

12   Was die zusätzlich zu übermittelnden Angaben betrifft, so sticht hervor der Bezug auf die „[…] Geschäftsführer der Zweigniederlassung". Wie bereits erwähnt definiert Art. 4 Abs. 1 lit. c) AIFM-RL die Zweigniederlassung (verkürzt wiedergegeben) als eine Betriebsstelle, die einen rechtlich unselbständigen Teil eines AIFM bildet. Inwiefern ein solcher rechtlich unselbständiger Teil eigene Geschäftsführer haben kann, bleibt offen. Erklären ließe sich dies z. B., indem man das Merkmal **„rechtlich unselbständiger Teil"** nur auf die regulatorische Einheit AIFM bezieht – und damit von der gesellschaftsrechtlichen Hülle löst. Die für die deutsche Übersetzung gewählten Formulierungen stiften in der Gesamtschau ein wenig **Verwirrung,** letztlich ist wohl doch eine selbständige Zweigniederlassung in Abgrenzung zu einer steuerlich unselbständigen Betriebstätte (nicht Betriebsstelle) gemeint. Jene kann dann in der Rechtsform der deutschen GmbH auch Geschäftsführer haben.

IV. Absatz 4

13   Die zuständigen Behörden des Herkunftsmitgliedstaats des AIFM übermitteln nach Art. 33 Abs. 4 AIFM-RL binnen eines Monats nach dem Eingang der vollständigen Unterlagen nach Absatz 2 (erstmalige Verwaltung in anderem EU-Mitgliedstaat) bzw. binnen zwei Monaten nach dem Eingang der vollständigen Unterlagen nach Absatz 3 (zusätzliche Errichtung einer Zweigniederlassung) die vollständigen Unterlagen an die zuständigen Behörden des Aufnahmemitgliedstaats des AIFM. Die einmonatige Weiterleitungsfrist bei erstmaliger Verwaltung in einem anderen EU-Mitgliedstaat deckt sich mit den Regelungen der vorangegangenen Artikel. Die **zweimonatige Frist** bei paralleler Errichtung einer Zweigniederlassung erscheint ein wenig großzügig: Im Regelfall dürfte es sich bezogen auf den jeweiligen Aufnahmemitgliedstaat um recht einheitliche Gesellschaftsstrukturen handeln und es ist daher nicht ersichtlich, wieso letztlich für die **Überprüfung von Kontaktdaten** (wenn auch maximal) ein weiterer Monat benötigt werden soll.

Eine solche Weiterleitung der vollständigen Unterlagen findet nur dann statt, **14** wenn die Verwaltung des AIF durch den AIFM der AIFM-Richtlinie entspricht und weiterhin entsprechen wird und wenn der AIFM im Allgemeinen sich an die Richtlinie hält. Dies spiegelt wiederum das aufsichtsrechtliche Grundschema der AIFM-Richtlinie, wonach die zuständigen Behörden des Herkunftsmitgliedstaates qua räumlicher und Sachnähe die Hauptaufsichtspflicht trifft. Fraglich ist, wie diese wirksam kontrollieren soll, dass die AIF-Verwaltung der Richtlinie „[...] weiterhin entsprechen wird". Hiermit soll der Behörde wohl **keine Prognoseentscheidung** abverlangt werden. Denkbar ist z. B., dass eine Anlagepolitik, die zunächst richtlinienkonform ist, aggregiert und nach einiger Zeit in einen Richtlinienverstoß mündet, was die Behörde danach schon jetzt durch Nichtweiterleitung der Unterlagen sanktionieren müsste.

Die zuständigen Behörden des Herkunftsmitgliedstaats des AIFM fügen eine **15** Bescheinigung über die Zulassung des betreffenden AIFM bei. Dies ist eine Selbstverständlichkeit, da die Zulassung des Verwalters conditio sine qua non für die Zulassung der Verwaltung im Aufnahmemitgliedstaat ist.

Die zuständigen Behörden des Herkunftsmitgliedstaats des AIFM unterrichten **16** den AIFM unverzüglich über den Versand der Unterlagen.

Nach Eingang der Versandmeldung kann der AIFM folgerichtig mit der Erbrin- **17** gung der Dienstleistungen in seinem Aufnahmemitgliedstaat beginnen. Dies sind maximal die Dienstleistungen, für die der AIFM eine Zulassung besitzt.

V. Absatz 5

Der Aufnahmemitgliedstaat des AIFM erlegt den betreffenden AIFM in den **18** von dieser Richtlinie erfassten Bereichen keine zusätzlichen Anforderungen auf. Dieser ausdrückliche Hinweis ist Grundvoraussetzung eines EU-Passes, der seinen Namen verdient. Würde umgekehrt jeder mögliche Aufnahmemitgliedstaat zusätzliche Voraussetzungen für die Verwaltung von EU-AIF aufstellen, welche sich z. B. an noch verbliebenen Besonderheiten des nationalen Rechts orientieren, wäre eine europaweite Verwaltungstätigkeit für einen Fondsinitiator nicht mehr effizient darstellbar.

VI. Absatz 6

Bei einer Änderung der nach Absatz 2 und gegebenenfalls nach Absatz 3 über- **19** mittelten Angaben setzt der AIFM die zuständigen Behörden seines Herkunftsmitgliedstaats mindestens einen Monat vor Durchführung geplanter Änderungen von diesen Änderungen schriftlich in Kenntnis, oder, im Falle von ungeplanten Änderungen, unmittelbar nach dem Eintritt der Änderung. Auch diese Regelung deckt sich mit jenen in den vorangegangenen Artikeln. Die zuständigen Behörden des Heimatstaates fungieren als Primäraufsicht und sollen eine fortdauernde Richtlinienkonformität auch im Interesse sämtlicher Aufnahmemitgliedstaaten sicherstellen. Bei geplanten Änderungen lässt sich die Behörde daher einen Monat Bedenkzeit einräumen, um die geplanten Änderungen ggf. zu untersagen. Ist mittels einer ungeplanten Änderung gleichsam bereits „das Kind in den Brunnen gefallen", so werden gem. Unterabs. 3 die Behörden gleichermaßen sanktionierend reagieren. Hierbei wird dem AIFM freilich en passant zumindest eine **schwierige Vorprüfung** abverlangt, da naturgemäß nicht irgendwelche Änderungen für die zuständigen Behörden von Interesse sind, sondern letztlich vermutete Verstöße gemeldet werden sollen.

20   Sollte die geplante Änderung dazu führen, dass die Verwaltung des AIF durch
      den AIFM oder der AIFM im Allgemeinen nunmehr gegen diese Richtlinie
      verstößt, teilen die zuständigen Behörden des Herkunftsmitgliedstaats des AIFM
      dem AIFM gem. Art. 33 Abs. 6, Unterabs. 2 unverzüglich mit, dass er die Ände-
      rung nicht durchführen darf. Es ist sachgerecht, dass die Behörde insoweit die
      Monatsfrist nicht ausschöpft, nachdem sie auf einen Verstoß aufmerksam
      geworden ist. Der Ball ist damit gewissermaßen wieder an den AIFM zurückge-
      spielt, der ggf. Alternativänderungen überprüfen wird, welche mutmaßlich keinen
      Richtlinienverstoß begründen.

21   Wird eine geplante Änderung ungeachtet der Unterabsätze 1 und 2 durchge-
      führt oder würde eine durch einen unvorhersehbaren Umstand ausgelöste Ände-
      rung dazu führen, dass die Verwaltung des AIF durch den AIFM oder der AIFM
      im Allgemeinen gegen die AIFM-Richtlinie verstößt, ergreifen die zuständigen
      Behörden des Herkunftsmitgliedstaats des AIFM alle gebotenen Maßnahmen
      gemäß Art. 46 AIFM-RL. Es ist auch hier folgerichtig, dass der zuständigen
      Behörde bei einem Richtlinienverstoß das **gesamte Reaktions- bzw. Sankti-
      onsspektrum des Art. 46 AIFM-RL** zur Verfügung steht. Dies kann ja gleich-
      sam „minimalinvasiv" auch bedeuten, dass z. B. lediglich weitere Informationen
      oder Dokumente angefordert werden, um einen Sachverhalt weiter aufzuklären.

22   Wenn die Änderungen zulässig sind, weil sie sich nicht auf die Vereinbarkeit
      der Verwaltung des AIF durch den AIFM mit dieser Richtlinie oder auf die
      Einhaltung dieser Richtlinie durch den AIFM im Allgemeinen auswirken, unter-
      richten die zuständigen Behörden des Herkunftsmitgliedstaats des AIFM unver-
      züglich die zuständigen Behörden des Aufnahmemitgliedstaats des AIFM über
      diese Änderungen. Diese Regelung spiegelt abermals den Grundsatz, wonach die
      Primäraufsicht den zuständigen Behörden des Herkunftsmitgliedstaats obliegt –
      die zuständigen Behörden des Aufnahmemitgliedstaats aber gleichwohl über alle
      relevanten Informationen verfügen sollen. Schwerpunktmäßig wird Unterabs. 4
      für geplante Änderungen von Relevanz sein, dürften doch **ungeplante Ände-
      rungen** regelmäßig der Natur sein, dass es sich um **„Unfälle"** handelt, die mittels
      rascher Reparaturmaßnahmen zu beheben sind.

VII. Absatz 7

23   Um eine konsequente Harmonisierung des Art. 33 AIFM-RL zu gewährleis-
      ten, kann die ESMA **Entwürfe für technische Regulierungsstandards** zur
      Präzisierung der Angaben ausarbeiten, die gemäß den Absätzen 2 (erstmalige Ver-
      waltung im Aufnahmemitgliedstaat) und 3 (Zweigniederlassung) vorzulegen sind.

24   Die Kommission wird ermächtigt, die in Unterabs. 1 genannten technischen
      Regulierungsstandards gemäß den Artikeln 10 bis 14 der Verordnung (EU)
      Nr. 1095/2010 zu erlassen. Letztere Artikel der „ESMA-Verordnung" betreffen
      hinsichtlich der technischen Regulierungsstandards die Ausübung sowie den
      Widerruf der Befugnisübertragung sowie Einwände gegen bzw. die Nichtan-
      nahme technischer Regulierungsstandards.

VIII. Absatz 8

25   Um einheitliche Bedingungen für die Anwendung des Art. 33 AIFM-RL zu
      gewährleisten, kann die ESMA Entwürfe von technischen Durchführungsstan-
      dards ausarbeiten, um Standardformulare, Mustertexte und Verfahren für die
      Übermittlung von Angaben gemäß den Abs. 2 und 3 festzulegen.

Die Kommission wird ermächtigt, die in Unterabsatz 1 genannten technischen **26** Durchführungsstandards nach Artikel 15 der Verordnung (EU) Nr. 1095/2010 zu erlassen. Dies geschieht mittels Durchführungsrechtsakten gem. Art. 291 AEUV.

E. Änderungen gegenüber der bisherigen Rechtslage in Deutschland

I. Offene Fonds

§ 12 InvG regelte bisher das Verfahren bei der Errichtung von Zweigniederlas- **27** sungen durch deutsche Kapitalanlagegesellschaften in anderen EU- bzw. EWR-Staaten. Auch hier waren im Wesentlichen anzuzeigen die in Art. 33 Abs. 2 und 3 AIFM-RL geforderten Informationen. Allerdings waren statt der Informationen zum „Geschäftsführer der Zweigniederlassung" in § 12 Abs. 1 Nr. 4 InvG gesellschaftsrechtlich neutral Informationen zum **„Leiter der Zweigniederlassung"** gewünscht. Man könnte hieraus ableiten, dass die AIFM-Richtlinie eine Zweigniederlassung nur in der Rechtsform der Kapitalgesellschaft, genauer der GmbH (-Pendants) kennt.

§ 13 InvG beschrieb in einer insgesamt allerdings recht komplizierten Regelung **28** den umgekehrten Fall des Tätigwerdens einer ausländischen OGAW-Verwaltungsgesellschaft in Deutschland i.R.d. EU-Passes.

II. Geschlossene Fonds

Für die Verwaltung geschlossener Fonds (i) in anderen EU- bzw. EWR-Län- **29** dern durch deutsche Management-Gesellschaften bzw. (ii) in Deutschland durch Management-Gesellschaften aus anderen EU- bzw. EWR-Ländern gibt es bisher keinen regulatorischen Rahmen. Schon bisher wie auch in Zukunft sind hier steuerliche Aspekte relevant. So kann z. B. eine Management-Gesellschaft aus einem anderen EU- bzw. EWR-Land, welche über ihre Geschäftsführer wesentliche Verträge in Deutschland schließt, hier steuerlich eine Vertreterbetriebstätte und damit eine Steuerpflicht in Deutschland begründen, was regelmäßig nicht gewünscht sein dürfte.

F. Bezüge zum KAGB-E

§ 53 KAGB-E regelt die Verwaltung von EU-AIF durch AIF-Kapitalverwal- **30** tungsgesellschaften.

Kapitel VII Spezifische Vorschriften in Bezug auf Drittländer

Vorbemerkung zu Kapitel VII

Literatur: *van Aaken,* Transnationales Kooperationsrecht nationaler Aufsichtsbehörden als Antwort auf die Herausforderung globalisierter Finanzmärkte, in: Möllers/Vosskuhle/Walter, Internationales Verwaltungsrecht (2007) S. 219 ff.; *Bärenz,* Die Nutzung Luxemburger Investmentgesellschaften für Private-Equity-Anlagen durch steuerbefreite Investoren, in: Birk (Hrsg.), Transaktionen, Vermögen, Pro Bono, Festschrift zum 10-jährigen Bestehen von P+P (2008) S. 417 ff.; *Bayer/Dietrich/Freytag/Jung/Klein/Lehmann/Ohler/Ruffert/Schnabl/Tietje,* Konstitutionelle Grundlagen globalisierter Finanzmärkte – Stabilität und Wandel, Working Papers on Global Financial Markets No. 1 (November 2008); *Berger/Steck/Lübbehüsen* (Hrsg.), InvG/InvStG (2010); *Binder,* Verbesserte Krisenprävention durch paneuropäische Aufsicht? Zur neuen Aufsichtsinfrastruktur auf EU-Ebene, GPR 2011, 34 ff.; *Blankenheim,* Die Umsetzung der OGAW-IV-Richtlinie in das Investmentgesetz, ZBB 2011, 344 ff.; *Boos/Fischer/Schulte-Mattler* (Hrsg.), KWG, 3. Auflage (2008); *Christoph,* Zulässigkeit grenzüberschreitender Bankenaufsicht nach dem Marktortprinzip, ZBB 2009, 117 ff.; *Duve/Keller,* MiFID: Die neue Welt des Wertpapiergeschäfts – Transparenz und Marktintegrität für einen europäischen Kapitalmarkt, BB 2006, 2425 ff.; *Eidenmüller,* Regulierung von Finanzinvestoren, DStR 2007, 2116 ff.; *Fleischer/Schmolke,* Die Reform der Transparenzrichtlinie: Mindest- oder Vollharmonisierung der kapitalmarktrechtlichen Beteiligungspublizität?, NZG 2010, 1241 ff.; *Frenz,* Subsidiaritätsprinzip und -klage nach dem Vertrag von Lissabon, Jura 2010, 641 ff.; *Grabitz/Hilf/Nettesheim* (Hrsg.), Das Recht der Europäischen Union, Stand: 45. EL (2011); *Graef,* Aufsicht über Hedgefonds im deutschen und amerikanischen Recht – Zugleich ein Beitrag zu den Einflüssen des Anlagemodells auf die Finanzmarktstabilität (2008); *Grimm,* Das Grundgesetz als Riegel vor einer Verstaatlichung der Europäischen Union, Der Staat 48 (2009) S. 475 ff.; *Hanten,* Aufsichtsrechtliche Erlaubnispflicht bei grenzüberschreitenden Bankgeschäften und Finanzdienstleistungen, WM 2003, 1412 ff.; *Hanten,* Anm. zu VG Frankfurt a.M., Beschl. v. 7.5.2004, EWiR § 32 KWG 1/04, 717 f.; *Herring/Krause,* Auswirkungen der AIFM-Richtlinie auf institutionelle Investoren, Absolutreport 2/2010, 54 ff.; *Hoffmann/Detzen,* ESMA – Praktische Implikationen und kritische Würdigung der neuen Europäischen Wertpapier- und Marktaufsichtsbehörde, DB 2011, 1261 ff.; *Jaecklin/Gamper/Shah,* Domiciles of Alternative Investment Funds (November 2011); *Johannsen,* Jumping the gun: hedge funds in search of capital under UCITS IV, Brooklyn Journal of Corporate, Financial & Commercial Law 2/2011, 473 ff.; *Kammel,* Alternative Investment Fund Manager Richtlinie – „Another European Mess"?, ÖBA 2011, 18 ff.; *Kaiser,* Hedgefonds (2004); *Kayser/Schlikker,* Alternative Investmentstrategien im UCITS-Format – ein Überblick, Absolutreport 52/2009, 58 ff.; *Kirchner,* Wege aus der internationalen Finanzmarktkrise, Wirtschaftsdienst 2009, 459 ff.; *Klebeck,* Neue Richtlinie für Verwalter von alternativen Investmentfonds?, DStR 2009, 2154 ff.; *Klebeck,* Auslagerung von Anlageverwaltungsfunktionen, RdF 2012, 225 ff.; *Klebeck/Jesch,* Private Equity für institutionelle Investoren, CFLaw 2010, 372 ff.; *Klebeck/Meyer,* Drittstaatenregulierung der AIFM-Richtlinie, RdF 2012, 95 ff.; *Klebeck/Zollinger,* Compliance-Funktion nach der AIFM-Richtlinie, BB 2013, 459 ff.; *Kolbe,* Arbeitnehmer-Beteiligung nach der geplanten Richtlinie über die Verwalter alternativer Investmentfonds, DB 2009, 1874 ff.; *Kramer/Recknagel,* Die AIFM-Richtlinie – Neuer Rechtsrahmen für die Verwaltung alternativer Investmentfonds, DB 2011, 2077 ff.; *Krause/Klebeck,*

Fonds(anteils)begriff nach der AIFM-Richtlinie und dem Entwurf des KAGB, RdF 2013, 4 ff.; *Kumpan*, Börsenmacht Hedge-Fonds – Die Regelungen in den USA und mögliche Implikationen für Deutschland, ZHR 170 (2006) S. 39 ff.; *Kurth*, Problematik grenzüberschreitender Wertpapieraufsicht, WM 2000, 1521 ff.; *Lehmann*, Die Regulierung und Überwachung von Hedgefonds als internationales Zuständigkeitsproblem, ZIP 2007, 1889 ff.; *Lehmann*, Grundstrukturen der Regulierung der Finanzmärkte nach der Krise, Working Papers on Global Financial Markets No. 22 (August 2011); *von Livonius/Schatz*, Die AIFM-Richtlinie – Handlungsbedarf für Fondsmanager, Absolutreport 6/2010, 54 ff.; *Loff/Hahne*, Vermögensverwaltung und Anlageberatung unter MiFID II, WM 2012, 1512 ff.; *Lusser*, Internationale Harmonisierung von Bankenrecht und Finanzmarktaufsicht. Ziele und Probleme, ZBB 1989, 101 ff.; *Manger-Nestler/Gramlich*, Islamic finance und Recht der EU-Finanzmarktaufsicht – (k)ein Problem? – Eine deutsche Perspektive, ZBB 2011, 305 ff.; *Meng*, Extraterritoriale Jurisdiktion im öffentlichen Wirtschaftsrecht (1993); *Michler/Thieme*, Finanzmarktkrise: Marktversagen oder Staatsversagen, ORDO Bd. 60 (2009) S. 185 ff.; *Möllers*, Europäische Methoden- und Gesetzgebungslehre im Kapitalmarktrecht, Vollharmonisierung, Generalklauseln und soft law im Rahmen des Lamfalussy-Verfahrens als Mittel zur Etablierung von Standards, ZEuP 2008, 480 ff.; *Möllers/Harrer/Krüger*, Die Regelung von Hedgefonds und Private Equity durch die neue AIFM-Richtlinie, WM 2011, 1537 ff.; *Müller*, Die Regulierung von Hedgefonds nach Dodd-Frank, RIW 2011, 620 ff.; *Möschel*, Bankenaufsicht und internationales Geschäft, ZBB 1989, 168 ff.; *Möschel*, Internationaler Freihandel in Bankdienstleistungen, FS Steindorff (1990) S. 427 ff.; *Möschel*, Die Finanzkrise – Wie soll es weitergehen?, ZRP 2009, 129 ff.; *Nietsch/Graef*, Aufsicht über Hedgefonds nach dem AIFM-Richtlinienvorschlag, ZBB 2010, 12 ff.; *Ohler*, Aufsichtsrechtliche Fragen des electronic banking, WM 2002, 162 ff.; *Pfenninger/Keller*, Hedge Fund Regulierung in der Schweiz und der EU, in: Reutter/Werlen, Kapitalmarkttransaktionen VI, Bd. 115 (2011) S. 71 ff.; *Pöllath+Partners*, Private Equity Fonds (2006); *Rögner*, Zur Auslegung des Inlandsbegriffs des § 32 KWG durch die Verwaltungspraxis der Bundesanstalt für Finanzdienstleistungsaufsicht, WM 2006, 745 ff.; *Royla*, Grenzüberschreitende Finanzmarktaufsicht in der EG (2000); *Tietje* (Hrsg.), Internationales Wirtschaftsrecht (2009); *Schäfer*, Die Wahrheit über die Heuschrecken (2007); *Schimansky/Bunte/Lwowski* (Hrsg.), Bankrechts-Handbuch, 4. Auflage (2011); *Schmuhl*, Venture Capital am Scheideweg? – Auswirkungen der AIFM-Richtlinie, CFbiz 2011, 139 ff.; *Schönfeld*, EuGH konkretisiert Anwendung der Kapitalverkehrsfreiheit im Verhältnis zu Drittstaaten: Mögliche Konsequenzen und offene Fragen aus steuerlicher Sicht, DB 2007, 80 ff.; *Schuster*, Die internationale Anwendung des Börsenrechts (1995); *Siekmann*, Die Europäisierung der Finanzmarktaufsicht. Institute for Monetary and Financial Stability, Working Papier Series No. 47 (2011); *Spindler*, Die europäische Regulierung von „Alternativen Investments" – oder: gezähmte „Heuschrecken"?, DB Standpunkte 2010, 85 f.; *Spindler/Bednarz*, Die Regulierung von Hedge-Fonds im Kapitalmarkt- und Gesellschaftsrecht – Teil I, WM 2006, 553 ff. sowie Teil II, WM 2006, 601 ff.; *Spindler/Brandt/Raapke*, Finanzmarktreform in den USA, RIW 2010, 746 ff.; *Spindler/Kasten*, Der neue Rechtsrahmen für den Finanzdienstleistungssektor – die MiFID und ihre Umsetzung – Teil I, WM 2006, 1749 ff.; *Spindler/Tancredi*, Die Richtlinie über Alternative Investmentfonds (AIFM-Richtlinie) – Teil 1, WM 2011, 1393 ff. sowie Teil 2, WM 2011, 14411 ff.; *Steck/Campbell*, Die Erlaubnispflicht für grenzüberschreitende Bankgeschäfte und Finanzdienstleistungen, ZBB 2006, 354 ff.; *Vahldiek*, GATS und Bankaufsichtsrecht, BKR 2003, 971 ff.; *Wallach*, Alternative Investment Funds Managers Directive – ein neues Kapitel des europäischen Investmentrechts, RdF 2011, 80 ff.; *Weiser/Jang*, Die nationale Umsetzung der AIFM-Richtlinie und ihre Auswirkungen auf die Fondsbranche in Deutschland, BB 2011, 1219 ff.; *Weitnauer*, Die AIFM-Richtlinie und ihre Umsetzung, BKR 2011, 143 ff.; *Wilhelmi*, Möglichkeiten und Grenzen der wirtschaftsrechtlichen Regelung von Hedgefonds, WM 2008, 861 ff.; *Zeitler*, Europäische Rechtsharmonisierung in der Praxis: Möglichkeiten und Grenzen einer europäischen Finanzaufsicht nach den Europäischen Verträgen und der Lissabon-Entscheidung des Bundesverfassungsgerichts, FS für Wolfgang Spindler zum 65. Geburtstag (2011) S. 363 ff.; *Zetzsche,* Die Europäische Regulierung von Hedgefonds und Private Equity – ein Zwischenstand, NZG 2009, 692 ff.; *Zufferey,* Regulating Financial Markets in Times of Stress is a Fundamentally Human Undertaking, ECFR 2011, 259 ff.

Übersicht

A. Globalisierung bzw. Internationalisierung der Finanzmärkte als Regulierungsproblem

I. Entwicklung der Finanzmärkte und Finanzdienstleistungen

Dass die Kapital- und Finanzmärkte global vernetzt sind und ihre Teilnehmer **1** global agieren, ist keine neue Erkenntnis. Ob man von einer Globalität der Finanzmärkte oder gar von *einem* globalen Finanzmarkt sprechen kann, ist eine Definitionsfrage[1]. Unbestritten ist die immer weiter voranschreitende Globalisierung der Finanzmärkte. Die noch andauernde internationale Finanzmarktkrise belegt eindrucksvoll, wie schnell sich eine Finanzkrise von einem Land auf ein anderes

---

[1] *Royla,* Grenzüberschreitende Finanzmarktaufsicht in der EG (2000) S. 22 ff.; *van Aaken,* Transnationales Kooperationsrecht nationaler Aufsichtsbehörden als Antwort auf die Herausforderung globalisierter Finanzmärkte, in Möllers/Vosskuhle/Walter, Internationales Verwaltungsrecht (2007) S. 219 ff.; Financial Services Authority, A regulatory response to the global banking crisis, Discussion Paper 09/02, S. 145 ff.

ausbreiten kann und wie gravierend die Konsequenzen nicht nur für den Finanzmarkt des betroffenen Landes sind, sondern auch für andere Finanzmärkte und gar die Weltwirtschaft sein können[2].

2   In den letzten Jahren sind die Finanzmärkte nicht nur breiter aufgestellt geworden, sondern die Zahl und die Komplexität der Finanzinstrumente und -transaktionen, die länder- und grenzüberschreitend erfolgen, haben zugenommen. Vielmehr hat sich – wenn auch schon seit geraumer Zeit – der Kreis der Finanzmarktteilnehmer erheblich erweitert – v.a. Hedgefonds, Private Equity Fonds, Real Estate Fonds und sonstige Fonds der sog. „Alternative Investments"-Branche haben deutlich an Einfluss und Bedeutung gewonnen[3].

3   Auf den Kapital- und Finanzmärkten kommt diesen Akteuren eine doppelte Funktion zu: Auf der einen Seite bieten sie v.a. sog. institutionellen Investoren auf einer globalen Basis die Möglichkeit einer kollektiven und renditeträchtigen Kapitalanlage in sog. alternative Anlagen, deren Management den einzelnen Investor aus den unterschiedlichsten Gründen überfordern würde[4]. Auf der anderen Seiten übernehmen sie – wie im Fall von Private Equity, Venture Capital oder auch Real Estate – eine für die Realwirtschaft notwendige Finanzierungsfunktionen[5], oder – im Fall von Hedgefonds – etwa die wichtige Funktion der Bereinigung von bestehenden Marktineffizienzen[6].

4   Gemeinsam ist diesen Finanzintermediären, dass sie ihre Investitionen auf den globalen Kapital- und Finanzmärkten grenzüberschreitend entsprechend ihrer Anlagestrategie tätigen. Das öffentliche Meinungsbild ist gespalten: Während von der einen Seite die (volks-)wirtschaftliche Bedeutung herausgestellt wird[7], werden diese alternative Investmentfonds – seien es Hedgefonds, seien es Private Equity Fonds – und deren Manager von den Gegnern als „Heuschrecken", etc. verbrämt[8]. So wird bis heute das folgende Bild gezeichnet: Ein in einen der Off-shore-Finanzzentren errichtete Fondsvehikel sammelt weltweit Geld von Investoren ein, welches von einem Fondsmanager verwaltet und weit-

---

[2] Hierzu nur *Technicial Committee of IOSCO,* Principles Regarding Cross-Border Supervisory Cooperation, Final Report (Mai 2010) S. 7 ff.; sowie aus europäischer Sicht The High-Level Group on Financial Supervision in the EU, Chaired by Jacques de Larosière, S. 7 ff. Report, Brussels, 25 February 2009.

[3] *Bayer/Dietrich/Freytag/Jung/Klein/Lehmann/Ohler/Ruffert/Schnabl/Tietje,* Konstitutionelle Grundlagen globalisierter Finanzmärkte – Stabilität und Wandel, Working Papers on Global Financial Markets No. 1 (November 2008) S. 2 ff.

[4] Mit Blick auf die Anlageklasse „Private Equity" *Klebeck/Jesch* CFlaw 2010, 372 ff. m. w. N.

[5] Hierzu etwa nur Studie des World Economic Forum (WEF), Globalization of Alternative Investments – Working Papers Volume 1, The Global Economic Impact of Private Equity Report 2008; weitere Studien zum volkswirtschaftlichen Nutzen von Private Equity unter: http://www.wir-investieren.de/expertise/studien/.

[6] Zu den Vorteilen und der wirtschaftlichen Bedeutung von Hedge Fonds *Graef,* Aufsicht über Hedgefonds im deutschen und amerikanischen Recht – Zugleich ein Beitrag zu den Einflüssen des Anlagemodells auf die Finanzmarktstabilität (2008) S. 199 ff.; *Eidenmüller* DStR 2007, 2116 ff.; *Kumpan* ZHR 170 (2006) S. 39, 51 ff.; *Lehmann* ZIP 2007, 1889, 1896; *Spindler/Bednarz* WM 2006, 553, 556; *Wilhelmi* WM 2008, 861 ff.

[7] Grundlegend *Eidenmüller* DStR 2007, 2116 ff.; *Kumpan* ZHR 170 (2006) S. 39, 51 ff.

[8] Lesenswert *Schäfer,* Die Wahrheit über die Heuschrecken (2007) mit zahlreichen Beispiel und Zitaten aus der Presse.

hin unreguliert und intransparent in die unterschiedlichsten Anlageklassen weltweit investiert.

Mag man mit dieser so pauschalen wie plakativen Beschreibung leicht Unter- 5
stützung in der Öffentlichkeit finden, muss eine nüchterne Betrachtung differenzierter ausfallen: Zunächst vermag die mantraartig vorgebrachte Kritik an sog. Off-
shore-Finanzplätzen als Gründungs- und Verwaltungsstandort, wie etwa Bahamas,
Cayman Islands, Jersey, Guernsey, nicht vollends überzeugen[9]. Die mitunter
lückenhafte steuerliche und aufsichtsrechtliche Erfassung der dort vorgenommenen Geschäfte soll – jedenfalls nach Ansicht der Kritiker[10] – nicht nur steuerlicher
Anreiz für Investoren, sondern auch zentraler Vorteil im Finanzstandortwettbe-
werb sein[11]. Dabei wird jedoch übersehen, dass der einzelne Investor – wenn
überhaupt zulässig – auch bei einer Kapitalanlage in einen Offshore-Fonds weiterhin seiner jeweiligen nationalen Besteuerung und u.U. aufsichtsrechtlichen Anlagebeschränkungen unterliegt[12].

Ob in der Tat ein Vorteil darin liegt, dass man – sofern zutreffend – auf diesen 6
Finanzplätzen einer weniger strengen Finanzmarktaufsicht unterliegt, ist ebenfalls
fraglich. Zum einen trifft dieses Argument nur bedingt zu[13]. Zum anderen kann
trefflich darüber diskutiert werden, ob ein Weniger an Aufsicht einen Vorteil im
Wettbewerb um Kapitalanleger darstellt oder diese nicht vielmehr lokale Finanzmärkte mit effektiver, effizienter und zuverlässiger Regulierung bevorzugen[14]. In
der Praxis zeichnet sich eine Tendenz hin zu Letzterem ab[15].

Und so ist auch das Argument der (vielfach kritisierten) Regulierungsarbitrage 7
differenziert zu bewerten[16]: Richtig ist, dass es keinem Finanzmarktteilnehmer
an einem „race to the bottom"[17] hin zu einer völligen Regulierungslosigkeit gelegen
sein kann. Aber: Eine vollständige und weltweite Gleichstellung der Aufsichtssys-

---

[9] Vgl. zu den in der Praxis bevorzugten Fondsdomizilen von alternativen Investmentfonds
die Studie von *Jaecklin / Gamper / Shah,* Domiciles of Alternative Investment Funds (November
2011).

[10] Hierzu auch The High-Level Group on Financial Supervision in the EU, Chaired by
Jacques de Larosière, Report, Brussels, 25 February 2009, S. 75, der die Offshore-Finanzzent-
ren als Risiko für die Finanzmarktstabilität ansieht.

[11] Hierzu auch *Müller* RIW 2011, 620, 621; *Sethe / Thieme* in Tietje, Internationales Wirtschaftsrecht (2009) § 13 Internationales Bank- und Finanzdienstleistungsrecht Rn. 3; *Spindler /
Tancredi* WM 2011, 1393, 1396; *Kaiser,* Hedgefonds (2004) S. 26.

[12] Hierzu mit Blick auf die Anlageklasse „Private Equity" *Klebeck / Jesch* CFlaw 2010, 372 ff.
m. w. N.

[13] Vgl. *Sethe / Thieme* in Tietje, Internationales Wirtschaftsrecht (2009) § 13 Internationales
Bank- und Finanzdienstleistungsrecht Rn. 3; *Möschel* ZBB 1989, 168, 182 f.; in diese Richtung auch The High-Level Group on Financial Supervision in the EU, Chaired by Jacques
de Larosière, Report, Brussels, 25 February 2009, S. 75.

[14] Zutreffend *Sethe / Thieme* in Tietje, Internationales Wirtschaftsrecht (2009) § 13 Internationales Bank- und Finanzdienstleistungsrecht Rn. 3 m. w. N.

[15] Zu Forderungen seitens von Investoren *Bärenz* in Birk, Festschrift zum 10-jährigen
Bestehen von P+P (2008) S. 417 ff.

[16] Zur Regulierungsarbitrage etwa *Kirchner* Wirtschaftsdienst 2009, 459, 461; *Müller* RIW
2011, 620, 621; *Lusser* ZBB 1989, 101, 102; kritisch zum Ziel der Vermeidung von Regulierungsarbitrage *Michler / Thieme,* ORDO Bd. 60 (2009) S. 185, 212 f.

[17] Hierzu zutreffend nur *Möschel,* FS Steindorff (1990) S. 427, 444; *Sethe / Thieme* in Tietje,
Internationales Wirtschaftsrecht (2009) § 13 Internationales Bank- und Finanzdienstleistungsrecht Rn. 7 m. w. N.

teme, eine überbordende Regulierung und damit eine weitreichende Staatsintervention führt im Ergebnis zu einem Ausschluss des marktwirtschaftlich notwendigen Wettbewerbs der Systeme[18].

II. Nationale Aufsicht über global agierende Investmentfonds und Manager

8   Die Regulierung und Aufsicht war und ist bislang noch weithin national organisiert[19] – also Sache und v.a. auch Ausdruck der Souveränität des einzelnen Staates[20]. Trotz ihrer globalen Aktivitäten wurden global agierende Investmentfonds und ihre Manager weder von einer internationalen Aufsichtsbehörde erfasst noch durch weltweit einheitliche Bestimmungen reguliert[21]. Vielmehr sahen und sehen sie sich einem regulatorischen Flickenteppich mit unterschiedlichsten Regulierungsansätzen und -konzepten gegenüber[22]. Die nationale Regulierung erfolgt(e) bislang v.a. durch die Beschränkung des Vertriebs in dem jeweiligen Staat, die Gewährleistung von Transparenz und Beschränkung des Anlageverhaltens[23]. Dabei war – aufgrund unterschiedlichster Ausnahmebestimmungen – nicht immer gewährleistet, dass sämtliche Fonds der alternativen Anlageklasse bzw. deren Manager überhaupt einer Aufsicht in der jeweiligen Rechtsordnung unterstanden – allen voran in Deutschland und USA[24]. Dies ist – unstrittig – für alle Beteiligten, meint: Aufsicht, Anleger wie auch Fondsgesellschaften, ein weithin unbefriedigendes Ergebnis[25].

9   Ob des geltenden Territorialitätsprinzips war die Aufsichtsbefugnis der einzelnen Staaten wie auch die Durchsetzung von Hoheitsakten auf ihr Hoheitsgebiet

---

[18] Zweifelnd auch *Michler/Thieme,* ORDO Bd. 60 (2009) S. 185, 212 f.; ebenso *Möschel* ZRP 2009, 129, 133 ff.; in diese Richtung auch *Wallach,* RdF 2011, 80, 89, der ein größeres Potential für Regulierungsarbitrage dort sieht, wo mehr Regulierung herrscht; zur Verhinderung eines Systemwettbewerbs auch *Fleischer/Schmolke* NZG 2010, 1241, 1245; *Möllers* ZEuP 2008, 480, 502; zum Nutzen des Regulierungswettbewerbs *Hemeling* ZHR 174 (2010), 635, 639 ff.; nicht eindeutig The High-Level Group on Financial Supervision in the EU, Chaired by Jacques de Larosière, Report, Brussels, 25 February 2009, der einerseits (S. 32) betont, dass Harmonisierung kein Selbstzweck ist und vor einer Gleichstellung warnt, andererseits (S. 44) die Vermeidung von Wettbewerbsverzerrungen und Arbitrage durch unterschiedliche Aufsichtspraktiken fordert.

[19] Hierzu auch *Hoffmann/Detzen* DB 2011, 1261; *Hemeling* ZHR 174 (2010), 635.

[20] *Sethe/Thieme* in Tietje, Internationales Wirtschaftsrecht (2009) § 13 Internationales Bank- und Finanzdienstleistungsrecht Rn. 3.

[21] Zum Fehlen eines kohärenten Regulierungsrahmens mit Blick auf den EU-Binnenmarkt auch The High-Level Group on Financial Supervision in the EU, Chaired by Jacques de Larosière, Report, Brussels, 25 February 2009, S. 30.

[22] Zu den Schwierigkeiten, durch nationale Maßnahmen ein globales Problem lösen zu wollen *Zufferey* ECFR 2011, 259.

[23] Hierzu mit Blick auf Hedgefonds auch *Spindler/Bednarz* WM 2006, 601 ff.; *Lehmann* ZIP 2007, 1889 ff.; *Wilhelmi* WM 2008, 861 ff.; *Nietsch/Graef* ZBB 2010, 12, 15 ff. mit Blick auf Private Equity *Klebeck* DStR 2009, 2154 ff.

[24] Mit Blick auf die Regulierung von Hedgefonds im internationalen Vergleich vor „Dodd-Frank" und AIFM-Richtlinie nur *Wilhelmi* WM 2008, 861 ff. m. w. N.; zu den jüngsten Finanzmarktreformen in den USA *Spindler/Brandt/Raapke* RIW 2010, 746 ff.; *Müller* RIW 2011, 620 ff.

[25] Hierzu auch *Krause/Klebeck,* RdF 2013, 4 ff.

beschränkt[26]. Ein grenzüberschreitender Durchgriff auf Fonds und Manager mit Sitz im Ausland ist bislang – wenn überhaupt – nur im Wege der Amtshilfe möglich[27]. Gleichsam ist der regulatorische Flickenteppich aber auch für die genannten Finanzintermediäre hinderlich, da diese nicht nur bei dem Vertrieb ihrer Fonds und Finanzprodukte, sondern auch bei der Erbringung ihrer Finanzdienstleistungen den jeweiligen Besonderheiten der nationalen Regulierungen Rechnung tragen müssen – was nicht nur mit Rechtsrisiken, sondern auch und v.a. mit Transaktionskosten verbunden ist[28]. Es wundert daher nicht, dass auch zahlreiche Vertreter und Interessenverbände der Alternative Investment-Branche einer transnationalen, harmonisierten und adäquaten Regulierung seit Langem offen standen und immer noch stehen[29].

Dabei ist zu beachten, dass Regulierungsverschärfungen in einem Bereich des   **10** Finanzmarktes bzw. in einer nationalen Rechtsordnung dann wenig wirkungsvoll sind, wenn sie – so wie dies in der Vergangenheit mitunter der Fall war – lediglich zu einer Migration der Risiken in weniger regulierte Bereiche bzw. Staaten führen. In diesem Fall kommt es letztlich nicht zu einer tatsächlichen Reduzierung, sondern vielmehr zu einer schlichten Weiterleitung der Risiken, was mitunter auch die Risikoüberwachung intransparenter machen kann[30]. Ernsthafte Vorschläge einer „besseren" Regulierung müssen daher darauf abzielen, Regulierungsunterschiede sowohl zwischen den verschiedenen Finanzmarktakteuren als auch zwischen Jurisdiktionen abzubauen und insoweit auch eine Regulierungsarbitrage zu verhindern[31].

Übergreifende und v.a. transnationale Aufsichtsstrukturen können nur dann effizi-   **11** ent arbeiten und Wirkung zeigen, wenn sie dieselben Märkte, Akteure und Transaktionen in den unterschiedlichen Rechtsordnungen betreffen. Andernfalls fehlt es an der für eine effektive Aufsicht notwendigen Kompatibilität der Regulierung[32]. Ausgerufenes und richtiges Ziel sollte sein, alle für die Stabilität des Finanzsystems ent-

---

[26] Zur Geltung des Territorialitätsprinzips im internationalen Bankaufsichtsrecht *Rögner* WM 2006, 745, 748.

[27] Zu den Schwierigkeiten einer grenzüberschreitenden Aufsicht im Wertpapierbereich schon *Kurth* WM 2000, 1521, 1526; *Hanten* WM 2003, 1412, 1413.

[28] Hierzu etwa die Stellungnahme des Zentralen Kreditausschusses zum Grünbuch der EU-Kommission zum Ausbau des europäischen Rahmens für Investmentfonds vom 12.7.2005 (15.11.2005) S. 5; zu den Vorteilen einer (Voll-)Harmonisierung einer bzw. von Teilen der Finanzmarktregulierung auch *Fleischer/Schmolke* NZG 2010, 1241, 1245 ff. ob der mit einer Rechtszersplitterung verbundenen Rechtskosten.

[29] Hierzu etwa nur das Feedback zur IOSCO Konsultation betreffend Hedge Funds Oversight im Annex 1 von *Technicial Committee of IOSCO,* Hedge Funds Oversight, Final Report (Juni 2009) S. 17 ff.

[30] Hierzu auch *Mayert,* Finanzmarktreform, Ursachen und Bewältigungsstrategien der Finanzmarktkrise, Sozialwissenschaftliches Institut der EKD, abrufbar unter: http://www.ekd.de/sozialethik/download/finanzmarktreform.pdf (abgerufen am: 22.2.2013).

[31] Aus europäischer Sicht grundlegend The High-Level Group on Financial Supervision in the EU, Chaired by Jacques de Larosière, Report, Brussels, 25 February 2009, 43 ff.; hierzu auch m. w. N. *Siekmann,* Die Europäisierung der Finanzmarktaufsicht. Institute for Monetary and Financial Stability, Working Papier Series No. 47 (2011) S. 5; zutreffend zu den Gefahren einer zu weitgehenden internationalen Harmonisierung *Michler/Thieme,* ORDO Bd. 60 (2009) S. 185, 212 f.; zu den Vor- und Nachteilen einer europäischen (Voll-)Harmonisierung auch *Fleischer/Schmolke* NZG 2010, 1241, 1245 f.

[32] Richtig und grundlegend hierzu schon *Lehmann,* Grundstrukturen der Regulierung der Finanzmärkte nach der Krise, Working Papers on Global Financial Markets No. 22 (August 2011) S. 10 f.

scheidenden Akteure unabhängig von ihrer Rechtsnatur und dem Ort ihrer Niederlassung einer möglichst einheitlichen Regulierung und Aufsicht zu unterstellen.

III. Globalisierung und Harmonisierung der Regulierung und Aufsicht

12 **1. Internationale Regulierungsbestrebungen.** Eine trans- bzw. internationale Regulierung von Finanzinvestoren bzw. -intermediären, allen voran international agierende Hedgefonds sowie Private Equity-Fonds und deren Verwalter, hin zu einer internationalen Aufsicht bzw. Aufsichtsnetzwerken ist nicht erst seit Beginn der jüngsten Finanzkrise Gegenstand von Diskussionen[33]. Dabei konnte man sich jedoch länderübergreifend bislang nur sehr allgemein über die Notwendigkeit einer Regulierung von Finanzinvestoren verständigen. So wurde etwa noch am 15.11.2008 eine sehr allgemein gehaltenen Zusage der Regierungen der 20 größten Wirtschaftsnationen („G20") zu Gunsten einer „angemessenen Regulierung aller Finanzmarktakteure" gemacht[34]. Mittelfristig sollte aber ein „globaler und harmonisierter Aufsichtsstandard für alle Finanzmarktakteure" entwickelt werden[35].

13 In ihrer Erklärung zur Stärkung des internationalen Finanzsystems vom 2.4.2009 verpflichteten sich die G20-Staaten, dass „alle systemrelevanten Finanzinstitute, -märkte und -instrumente einem angemessenen Grad von Regulierung und Aufsicht unterliegen müssen. Insbesondere [...] werden Hedgefonds oder ihre Manager registriert und müssen den Aufsichts- oder Regulierungsstellen regelmäßig angemessene Informationen, auch über die Verschuldungsgrad, bereit stellen, die benötigt werden, um von den Hedgefonds einzeln oder kollektiv ausgehende systemische Risiken zu bewerten. Die Registrierung sollte – dort wo es angemessen ist – von einer Mindestgröße abhängig sein. Sie werden der Aufsicht unterliegen, um die Angemessenheit des Risikomanagement sicher zu stellen." Dabei soll sichergestellt werden, „dass eine wirksame Aufsicht auch dann erfolgt, wenn ein Fonds in einem anderen Land oder Gebiet beheimatet ist als sein Manager."[36]

14 Auch wenn man von einer international einheitlichen Regulierung und v.a. einer internationalen Aufsichtsbehörde noch weit entfernt ist[37], ist die Tendenz zur Internationalisierung durch transnationale Aufsichtsgremien und -netzwerke sowie durch eine Verstärkung der internationalen Zusammenarbeit unverkennbar[38]. Den Paradigmenwechsel der Aufsicht hat jüngst *Lehmann* überzeugend herausgearbeitet: An die Stelle des vorherrschenden *„bottom up"*-Ansatzes, nach dem die Regulierung von den einzelnen Nationalstaaten ausgeht tritt zunehmend ein *„top down"*-Ansatz, bei dem der Anstoß einer Regulierung von internationalen

---

[33] Hierzu im Überblick und m. w. N. *Zetzsche* NZG 2009, 692 ff.; *Spindler/Bednarz* WM 2006, 601, 603.

[34] Vgl. G20, Declaration Summit on Financial Markets and the World Economy, November 15, 2008, S. 3, sub 9 (abrufbar unter: www.g20.org); hierzu auch *Zetzsche* NZG 2009, 692, 693; zur Vorreiterrolle der EU The High-Level Group on Financial Supervision in the EU, Chaired by Jacques de Larosière, Report, Brussels, 25 February 2009, S. 67 ff.

[35] Hierzu auch *Zetzsche* NZG 2009, 692, 693.

[36] Vgl. G20, Erklärung zur Stärkung des Finanzsystems – London, 2.4.2009.

[37] Vgl. The High-Level Group on Financial Supervision in the EU, Chaired by Jacques de Larosière, Report, Brussels, 25 February 2009, S. 67 ff.

[38] Hierzu auch *Hemeling* ZHR 174 (2010), 635 ff.

Gremien ausgeht[39]. Diese „Hochzonung" soll sich aus dem Umstand rechtfertigen, dass die Finanzmärkte grenzüberschreitend vernetzt sind und die Finanzmarktteilnehmer, wie auch und insbesondere Hedgefonds, Private Equity-Fonds und deren Verwalter, transnational tätig sind[40].

2. Europäische Finanzmarktregulierung: Harmonisierung, Reziprozi- 15 tät, Äquivalenz und Kooperation. a) Kurswechsel in der europäischen Finanzmarktregulierung. Auch auf europäischer Ebene hat sich der Kurs der Finanzmarktregulierung grundlegend geändert: Zielte die bisherige Regulierung v.a. darauf ab, die für den freien Kapitalverkehr im Binnenmarkt notwendigen Voraussetzungen zu schaffen bzw. den Ausbau eines Binnenmarktrahmens für Investmentfonds voranzutreiben[41], geht es nunmehr – neben den Fragen des Anlegerschutzes und der Funktionsfähigkeit einzelner Institute – zentral um Fragen der Stabilität des europäischen Finanzmarktes und der Verhinderung von systemischen Risiken[42].

Ungeachtet dessen hatte die bisherige EU-Finanzmarktregulierung ihren Fokus 16 bislang auf Anbieter, Fonds und Verwalter aus EU-Mitgliedstaaten und auf Erleichterungen für den grenzüberschreitenden Vertrieb bzw. für das europaweite Erbringen von Finanzdienstleistungen gelegt. Die Regulierung von Finanzdienstleistern im weitesten Sinne bzw. Fonds aus Drittstaaten, also Nicht-EU-Staaten, sollte jedoch weiterhin der nationalen Regulierung der einzelnen Mitgliedstaaten überlassen bleiben.

b) OGAW-Richtlinie. Dies gilt zunächst im Anwendungsbereich der 17 OGAW-Richtlinie, genauer: Richtlinie 2009/65/EG des Europäischen Parlaments und des Rates vom 13. Juni 2009 zur Koordination der Rechts- und Verwaltungsverschriften betreffend bestimmte Organismen für gemeinsame Anlagen in Wertpapieren (OGAW)[43]. Diese macht sogleich in Artikel 1 Abs. 1 ihren beschränkten Anwendungs- und Geltungsbereich auf die im Gebiet der EU-Mitgliedstaaten niedergelassenen Organismen für gemeinsame Anlagen in Wertpapieren (kurz: OGAW) deutlich. In ihrer Neufassung ersetzt die Richtlinie 2009/65/EG die im Jahre 1985 verabschiedete und im Zwischenzeit mehrfach überarbeitete Ursprungsfassung, genauer: Richtlinie 85/611/EWG des Rates vom 20. Dezember 1985 zur Koordinierung der Rechts- und Verwaltungsvorschriften betreffend bestimmte Organismen für gemeinsame Anlagen in Wertpapieren[44].

Ziel der OGAW-Richtlinie ist, die nationalen Rechtsvorschriften der Mit- 18 gliedstaaten betreffend eines beträchtlichen Teils der Investmentfondsbranche zu koordinieren, um eine Angleichung der Wettbewerbsbedingungen zwischen diesen Organismen auf Gemeinschaftsebene zu erreichen und gleichzeitig einen

---

[39] So auch The High-Level Group on Financial Supervision in the EU, Chaired by Jacques de Larosière, Report, Brussels, 25 February 2009, S. 53.

[40] *Lehmann,* Grundstrukturen der Regulierung der Finanzmärkte nach der Krise, Working Papers on Global Financial Markets No. 22 (August 2011) S. 4 ff.

[41] Weißbuch der Kommission vom 15.11.2006 für den Ausbau des Binnenmarktrahmens für Investmentfonds, KOM(2006) 686 endg.

[42] *Lehmann,* Grundstrukturen der Regulierung der Finanzmärkte nach der Krise, Working Papers on Global Financial Markets No. 22 (August 2011) S. 5.

[43] Veröffentlicht in Amtsblatt der Europäischen Union, L 302/32 (17.11.2009).

[44] Hierzu auch *Pfenninger/Keller,* Hedge Fund Regulierung in der Schweiz und der EU, in: Reutter/Werlen, Kapitalmarkttransaktionen VI, Bd. 115 (2011) S. 71, 102 ff.; zur nationalen Umsetzung in Deutschland *Blankenheim* ZBB 2011, 344 ff.

wirksameren und einheitlicheren Schutz der Anteilinhaber sicherzustellen[45]. Eine europäische Koordinierung soll die Beseitigung der Beschränkungen des freien Verkehrs für Anteile von OGAW in der Europäischen Union erleichtern[46]. Mit Blick auf diese Ziele sollen für die in den Mitgliedstaaten niedergelassenen OGAW gemeinsame Mindestregelungen für die Zulassung, Aufsicht, Struktur, Geschäftstätigkeit sowie hinsichtlich der zu veröffentlichenden Informationen festgelegt werden[47].

19   Die Koordinierung der Vorschriften ist dabei jedoch auf OGAW des nicht geschlossenen, sprich: offenen Typs beschränkt, die ihre Anteile beim Publikum in der EU vertreiben[48]. Damit fallen bereits zahlreiche Fonds im Bereich der „Alternative Investments" aus dem Anwendungsbereich der OGAW-Richtlinie. Im Vergleich zu der ursprünglichen Fassung der OGAW-Richtlinie vom 20.12.1985 werden v.a. die Einführung eines „Europäischen Passes" auf weitere Fondsprodukte neben den Wertpapierfonds sowie die Einführung eines Passport-Systems für Verwaltungsgesellschaften von OGAW durch die Neufassung der OGAW-Richtlinie als wesentliche Verbesserungen ausgemacht[49]. Aufgrund des Prinzips der gegenseitigen Anerkennung von Angaben, Unterlagen und Zulassung durch die Behörden des Herkunftslandes soll es keiner weiteren Zulassung vor dem Vertrieb eines OGAW-Fonds bzw. vor der Aufnahme von Verwaltungstätigkeiten für einen OGAW-Fonds im Aufnahmemitgliedstaat bedürfen[50].

20   Was die Zulassung von Investmentfonds bzw. von Fondsdienstleistungen aus Drittstaaten betrifft, verweist die OGAW-Richtlinie auf die Regelungen der Richtlinie 2004/39/EG, der sog. MiFID-Richtlinie: Nach Artikel 9 der OGAW-Richtlinie sind bzw. werden die Beziehungen zu Drittländern durch die einschlägigen Bestimmungen des Artikels 15 der Richtlinie 2004/39/EG geregelt. Ein ausdrückliches und europaweit einheitliches Zulassungsverfahren für ausländische Fonds bzw. deren Verwaltungsgesellschaften ist dort nicht geregelt. Vielmehr sollen die Mitgliedstaaten der Kommission lediglich sämtliche, allgemeinen Schwierigkeiten mitteilen, auf die „ihre" Verwaltungsgesellschaften bei ihrer Niederlassung oder bei der Erbringung von Wertpapierdienstleistungen und/oder Anlagetätigkeiten in einem Drittstaat stoßen[51].

21   Stellt die Kommission fest, dass ein Drittstaat EU-Verwaltungsgesellschaften bzw. -Fonds keinen effektiven Marktzugang gewährt, der demjenigen vergleichbar ist, den die Gemeinschaft den Gesellschaften dieses Drittstaates gewährt, bzw. dieser keine Inländergleichbehandlung erfährt, so kann der Rat auf Vorschlag der Kommission bzw. die Kommission Verhandlungen mit dem Drittstaat führen, um vergleichbare Wettbewerbsmöglichkeiten zu erreichen.

---

[45] Vgl. Erwägungsgrund (3) der OGAW-Richtlinie; hierzu und zur Entwicklungsgeschichte auch *Johannsen* Brooklyn Journal of Corporate, Financial & Commercial Law 2/2011, 473, 477 ff.; zur nationalen Umsetzung in Deutschland *Blankenheim* ZBB 2011, 344 ff.

[46] Vgl. Erwägungsgrund (3) der OGAW-Richtlinie.

[47] Vgl. Erwägungsgrund (4) der OGAW-Richtlinie.

[48] Vgl. Artikel 3 lit. a) der OGAW-Richtlinie.

[49] Hierzu auch *Köndgen* in Berger/Steck/Lübbehüsen, InvG/InvStG (2010) Einl InvG Rn. 23.

[50] Vgl. zu den Vereinfachungen der Vertriebsanzeige durch die OGAW IV-Richtlinie sowie deren Umsetzung in das deutsche Recht *Blankenheim* ZBB 2011, 344, 356 ff.

[51] Artikel 9 Abs. 3 der OGAW-Richtlinie; hierzu auch *Manger-Nestler/Gramlich* ZBB 2011, 305, 310.

Das meint zusammenfassend: Während der „Export" von Fonds und Dienstleis- **22** tung aus Drittstaaten jedenfalls im Fall einer Marktzutrittsbeschränkungen durch den Drittstaat zu einer europäischen Angelegenheit gemacht werden kann, wird der „Import" nach der OGAW-Richtlinie der nationalen Regulierung überlassen. In Deutschland erfolgt dies derzeit v.a. durch die Vertriebsregulierung nach §§ 135 ff. InvG[52].

c) Wertpapierdienstleistungsrichtlinie – sog. MiFID-Richtlinie. Die **23** Richtlinie 2004/39/EG über Märkte für Finanzinstrumente, die an die Stelle der Wertpapierdienstleistungs-Richtlinie (93/22/EWG) getreten ist, zielt darauf, Wertpapierfirmen mit Sitz in der EU den Zugang zum europäischen Finanzraum zu eröffnen bzw. die grenzüberschreitende Betätigung von Finanzdienstleistungsunternehmen im Rahmen des europäischen Binnenmarkts zu erleichtern[53]. Für Wertpapierfirmen mit Sitz in der EU ist die Einführung einer europaweiten geltenden Zulassung, des sog. „Europa-Passes", gekoppelt mit einer gegenseitigen Anerkennung, Mindestharmonisierung und mit dem Prinzip der Aufsicht durch das Herkunftsland, vorgesehen[54].

Sofern jedoch Unternehmen mit Sitz in einem Drittstaat Wertpapierdienstleis- **24** tung in die EU bzw. innerhalb der EU erbringen wollen, müssen sie jeweils die Anforderungen der einzelnen Mitgliedstaaten erfüllen, die mitunter sehr unterschiedlich ausfallen können. Insoweit gilt nichts anderes als unter der OGAW-Richtlinie: die Regulierung von Wertpapierdienstleistungsunternehmen soll lediglich innerhalb der Gemeinschaft auf der Grundlage des EU-Passports und den Prinzipien der Herkunftslandkontrolle und einer gegenseitigen Anerkennung zwischen den EU-Mitgliedstaates erfolgen[55]. Beziehungen zu Drittstaaten sollen nur bei Schwierigkeiten des Marktzutritts in bzw. eine Ungleichbehandlung im jeweiligen Drittstaat europaweit und durch EU-Gremien festgelegt werden können. Ob und inwieweit sich durch die geplante Überarbeitung der MiFID-Regulierung mit Blick auf Drittstaatensachverhalte etwas ändern wird, bleibt abzuwarten[56].

In Deutschland sind dies v.a. die marktaufsichtsbezogenen Pflichten im WpHG **25** und – sofern es das Erbringen von Finanzdienstleistungen i.S.d. KWG betrifft – die bankaufsichtsrechtlichen Vorgaben des KWG – v.a. die Erlaubnispflicht nach §§ 32 ff. KWG – hierzu sogleich unten. Im WpHG sind im Kontext der Drittstaatenregulierung v.a. die Voraussetzungen einer Auslagerung der Vermögensverwaltung an Unternehmen mit Sitz in einem Drittstaat nach § 33 Abs. 3 WpHG zu

---

[52] Zu den Anforderungen des öffentlichen Vertriebs von ausländischen Investmentanteilen im Einzelnen vgl. BaFin-Merkblatt für Anzeigen ausländischer Investmentvermögen nach § 139 Investmentgesetz (InvG) vom 1.7.2011.

[53] *Duve/Keller* BB 2006, 2425; *Spindler/Kasten* WM 2006, 1749 ff.

[54] *Fischer* in Schimansky/Bunte/Lwowski, Bankrechts-Handbuch, 4. Auflage (2011) § 125 Rn. 43; *Ress/Ukrow* in Grabitz/Hilf/Nettesheim, Das Recht der Europäischen Union, Stand: 45. EL (2011) EU-Arbeitsweisevertrag Art. 63 Freier Kapital- und Zahlungsverkehr, Rn. 288 ff.

[55] *Ress/Ukrow* in Grabitz/Hilf/Nettesheim, Das Recht der Europäischen Union, Stand: 45. EL (2011) EU-Arbeitsweisevertrag Art. 63 Freier Kapital- und Zahlungsverkehr, Rn. 288; *Manger-Nestler/Gramlich* ZBB 2011, 305, 309 ff.

[56] Zu den Änderungen durch die geplante MiFID-II-Regelung nur *Loff/Hahne* WM 2012, 1512 ff.

nennen[57]. Danach darf die sog. Finanzportfolioverwaltung für Privatkunden nur dann an ein Unternehmen mit Sitz in einem Drittstaat ausgelagert werden, wenn entweder dieses Unternehmen hierfür im Drittstaat zugelassen oder registriert ist und die Aufsichtsbehörde mit der BaFin eine hinreichende Kooperationsvereinbarung abgeschlossen hat oder die Auslagerungsvereinbarung der BaFin angezeigt worden ist und diese die Vereinbarung nicht innerhalb eines angemessenen Zeitraums beanstandet hat[58]. Entscheidend ist dabei, ob nach Ansicht der BaFin eine effektive Aufsicht des Auslagerungsunternehmens zum Schutz der Anleger gewährleistet ist[59].

26   **d) Bankenrichtlinie – Richtlinie 2006/48/EG.** Die Zulassung und Regulierung von Kredit- bzw. Finanzdienstleistungsinstituten i.S.d. KWG aus Drittstaaten war lange Zeit Gegenstand einer intensiv geführten Diskussion – v.a. mit Blick auf Inhalt und Reichweite der Zulassungspflicht nach §§ 32 ff. KWG[60]. Mit dem viel beachteten Urteil des EuGH in Sachen Fidium Finanz AG[61] hat diese ihren (wohl vorläufigen) Abschluss gefunden. Im Ausgangsrechtsstreit ging es dabei um die Frage, ob die von der BaFin vertretene Verwaltungspraxis der Erlaubnispflichtigkeit nach § 32 Abs. 1 KWG auch für den Erbringer von Finanzdienstleistungen mit Sitz oder gewöhnlichen Aufenthalt in einem Drittstaat und damit hinsichtlich grenzüberschreitender Finanzdienstleistungen einschlägig ist, mit nationalen sowie europarechtlichen Vorgaben vereinbar ist.

27   Die wohl herrschende Meinung in der Literatur lehnt(e) mit verschiedenen Argumenten die Anwendung des § 32 KWG auf Unternehmen mit Sitz in einem Drittstaat ab[62]. Europarechtliche Bedenken hat der EuGH in der Sache „Fidium Finanz AG" schließlich verworfen: Weder die Dienstleistungsfreiheit nach Artikel 49 EGV noch die Kapitalverkehrsfreiheit nach Artikel 56 EGV sollen auf Unternehmen mit Sitz in einem Drittstaat anwendbar sein, sofern das Erbringen von Dienstleistungen den Schwerpunkt des Sachverhalts bildet, dessen Erlaubnis zu beurteilen ist[63].

28   Die Auseinandersetzung des EuGH mit dem EU-Primärrecht, v.a. mit dem Verhältnis von Kapitalverkehrs- und Dienstleistungsfreiheit, belegt, dass auch im Bankensektor eine europaweite Harmonisierung der Zulassung von Unterneh-

---

[57] Zu den Einzelheiten der Auslagerung vgl. BaFin-Rundschreiben 4/2010 (WA) – Mindestanforderungen an die Compliance-Funktion und die weiteren Verhaltens-, Organisations- und Transparenzpflichten nach §§ 31 ff. WpHG für Wertpapierdienstleistungsunternehmen (MaComp) (Stand: 14. Juni 2011) unter AT 9 Anforderung an das Outsourcing nach § 33 Abs. 3 WpHG; hierzu im Überblick und mit Blick auf allfällige Änderungen aufgrund der AIFM-Richtlinie *Klebeck,* RdF 2012, 225 ff.

[58] Vgl. *Klebeck,* RdF 2012, 225 ff.

[59] Hierzu und zu den Einzelheiten der Anforderungen der BaFin an die Zulässigkeit der Auslagerung etwa *Fett* in Schark/Zimmer, Kapitalmarktrechtskommentar, 4. Auflage (2010), § 33 WpHG Rn. 61 f.

[60] Mit umfangreichen Nachweisen *Vahldiek* in Boos/Fischer/Schulte-Mattler, KWG, 3. Auflage (2008) § 53 Rn. 163 ff.

[61] EuGH vom 3.10.2006 – Rs. C-452/04 – DB 2006, 2456; hierzu *Christoph* ZBB 2009, 117 ff.

[62] Vgl. nur *Hanten* WM 2003, 1413 ff.; *ders.,* Anm. zu VG Frankfurt a.M., Beschl. v. 7.5.2004, EWiR § 32 KWG 1/04, 717 f.; *Rögner* WM 2006, 745, 752; *Steck/Campbell* ZBB 2006, 354, 364.

[63] Kritisch *Christoph* ZBB 2009, 117 ff.

men aus Drittstatten durch die sog. Bankenrichtlinie[64] noch nicht erfolgt ist. Sie beschränkt sich zunächst auf die Harmonisierung derjenigen Vorgaben, die für die gegenseitige Anerkennung der nationalen Zulassung für europäische Kreditinstitute von Bedeutung sind, die die Vorteile des sog. Europäischen Passes nutzen wollen[65].

Titel IV der sog. Bankenrichtlinie[66] regelt die Beziehungen zu Drittstaaten **29** daher sehr allgemein und v.a. mit Blick auf die Errichtung von sog. Zweigstellen. Die Bestimmungen für Zweigstellen von Kreditinstituten mit Sitz außerhalb der Gemeinschaft sollen nach dem Erwägungsgrund (19) dieser Richtlinie in allen Mitgliedstaaten gleich sein. Sie soll bzw. darf zudem nicht günstiger als für Zweigstellen von Instituten eines anderen Mitgliedstaates sein. Dabei sollen die Zweigstellen von Kreditinstituten mit Sitz außerhalb der Gemeinschaft nur in dem Mitgliedstaat, in dem sie errichtet sind, nicht jedoch in den anderen Mitgliedstaaten in den Genuss des freien Dienstleistungsverkehrs bzw. der Niederlassungsfreiheit kommen.

e) Bestrebungen zur Regulierung und Beaufsichtigung von „Alterna- **30** **tive Investments" (v.a. Hedgefonds und Private Equity).** Sowohl auf nationaler wie auch auf europäischer Ebene lassen sich unstrittig nicht nur mit Blick auf Finanzdienstleister aus Drittstaaten Regulierungslücken feststellen[67]. Vielmehr fehlte es bislang auch einem europaweit geltenden Rechtsrahmen für einen beachtlichen Teil der Investmentindustrie, namentlich: „Alternative Investments", auf den nunmehr die AIFM-Richtlinie zielt[68]. Dabei gab es bereits vor dem Ausbruch der Finanzkrise Bestrebungen zu einer europäischen Regulierung von Finanzinvestoren der alternativen Investmentfondsbranche, allen voran von sog. Hedgefonds und Private Equity[69]. Unbestreitbar beschleunigte jedoch die Finanzkrise den politischen Einigungsprozess hin zu einer europaweiten Regulierung[70].

---

[64] Vgl. Richtlinie 2006/48/EG des Europäischen Parlaments und des Rates vom 14.6.2006 über die Aufnahme und Ausübung der Tätigkeit der Kreditinstitute, ABl. L 177, 30.6.2006; sowie den Vorschlag der Kommission für eine Richtlinie über den Zugang zur Tätigkeit von Kreditinstituten und die Beaufsichtigung von Kreditinstituten und Wertpapierfirmen und zur Änderung der Richtlinie 2002/87/EG des Europäischen Parlaments und des Rates über die zusätzliche Beaufsichtigung der Kreditinstitute, Versicherungsunternehmen und Wertpapierfirmen eines Finanzkonglomerats vom 20.7.2011, KOM(2011) 453 endgültig, 2011/0203 (COD); hierzu auch *Welter* in Schimansky/Bunte/Lwowski, Bankrechts-Handbuch, 4. Auflage (2011) § 28 Rn. 4 f.

[65] So auch *Rögner* WM 2006, 745, 750; *Vahldiek* in Boos/Fischer/Schulte-Mattler, KWG, 3. Auflage (2010) § 53 Rn. 169 mit jeweils weiteren Nachweisen; a. A. *Ohler* ZeuS 2002, 321, 345.

[66] Zur Koordinierung auf europäischer Ebene auch *Welter* in Schimansky/Bunte/Lwowski, Bankrechts-Handbuch, 4. Auflage (2011) § 28 Rn. 4; *Kolassa* in Schimansky/Bunte/Lwowski, Bankrechts-Handbuch, 4. Auflage (2011) § 135 Rn. 1 ff.; *Manger-Nestler/Gramlich* ZBB 2011, 305, 307 ff.

[67] So auch *Manger-Nestler/Gramlich* ZBB 2011, 305, 307 ff.; zu den bestehenden Regulierungslücken auch *Kramer/Recknagel* DB 2011, 2077, 2078.

[68] Zu den Bestrebungen einer Regulierung von Hedgefonds auf europäischer und internationaler Ebene *Wilhelmi* WM 2008, 861 ff.; *Spindler/Bednarz* WM 2006, 601 ff.; *Schmuhl* CFlaw 2011, 139, 140.

[69] Guter Überblick bei *Zetzsche* NZG 2009, 692 ff.; *Spindler/Bednarz* WM 2006, 601 ff.

[70] So auch *Nietsch/Graef* ZBB 2010, 12, 13; zu den „vergessenen Vorarbeiten" der AIFM-Richtlinie *Kammel* ÖBA 2011, 18, 19 f.

31 So erarbeitete das Europäische Parlament zwei vom Rechts- und dem Wirtschaftsausschuss zu verantwortenden Initiativberichte: Der im Juli 2008 vorgelegte, sog. *Lehne*-Report[71] forderte von der Kommission v.a. Maßnahmen zur Förderung der Transparenz von Aktivitäten aller alternativer Finanzinvestoren. Der im September 2008 vorgelegte *Rasmussen*-Report[72] verlangte hingegen eine zwischen Hedgefonds und Private Equity differenzierende Regulierung auf europäischer Ebene. Die Kommission reagierte zunächst zurückhaltend und erklärte sich nur dazu bereit, die vorgebrachten Bedenken des Europäischen Parlaments bei der Überprüfung der Marktmissbrauchs- und Transparenzrichtlinien aufzunehmen[73]. Jedenfalls bis zum ersten Vorschlag für eine Richtlinie über die Verwalter alternativer Investmentfonds[74] − setzte die Kommission vielmehr auf eine indirekte Regulierung − insbesondere der Banken[75].

B. AIFM-Richtlinie als internationale Regulierungslösung für EU-Mitgliedstaaten und Drittstaaten?

I. Entstehungsgeschichte des Kapitels VII der AIFM-Richtlinie

32 Mit der AIFM-Richtlinie in ihrer finalen Fassung betritt die europäische Finanzmarktregulierung nicht nur allgemein, sondern auch und insbesondere mit Blick auf die Aufsicht über Fonds und Fondsmanager aus Drittstaaten regulatorisches Neuland − was dem EU-Gesetzgeber auch durchaus bewusst ist[76]: Zwar stützt sich auch die AIFM-Richtlinie auf die bereits bekannten und bewährten Prinzipien der EU-Finanzmarktregulierung, sprich: Harmonisierung, gegenseitige Anerkennung sowie Herkunfts- bzw. Sitzlandkontrolle[77]. Sie geht indes über dieses Konzept hinaus, als sie einerseits weitergehende, europaweit einheitlich geltende Mindestanforderungen an die Verwalter von alternativen Investment-

---

[71] Vgl. den Bericht mit Empfehlungen an die Kommission zur Transparenz institutioneller Investoren (2007/2239(INI)) vom 9.7.2008 (sog. *Lehne*-Report).

[72] Vgl. den Bericht mit Empfehlungen an die Kommission zu Hedge-Fonds und Private Equity (2007/2238(INI)) vom 11.9.2008 (sog. *Rasmussen*-Report).

[73] *Zetzsche* NZG 2009, 692, 693 m. w. N.; *Spindler/Bednarz* WM 2006, 601, 602.

[74] Vorschlag vom 30.4.2009 für eine Richtlinie des Europäischen Parlaments und des Rates über die Verwalter alternativer Investmentfonds und zur Änderung der Richtlinien 2004/39/EG und 2009/.../EG, KOM(2009) 207 endgültig, 2009/0064 (COD); hierzu *Klebeck* DStR 2009, 2154 ff.; zuvor erfolgte jedoch eine von der EU-Kommission initiierte, öffentliche Konsultation zu Hedgefonds, bei der − vor dem Hintergrund der aktuellen Überlegungen auf europäischer und auf internationaler Ebene − die Konzepte für die Regulierung und Aufsicht von Hedgefonds angesichts der Finanzkrise neu überdacht werden sollten; vgl. hierzu Pressemitteilung der EU-Kommission vom 17.12.2009.

[75] *Zetzsche* NZG 2009, 692, 693 m. w. N.

[76] Vgl. auch Erwägungsgrund (4) der AIFM-Richtlinie: *„Da die praktischen Folgen und möglichen Schwierigkeiten, die sich aus einem harmonisierten Regulierungsrahmen und einem Binnenmarkt für Nicht-EU-AIFM, die Management- und/oder Vertriebsaktivitäten innerhalb der Union ausüben und für EU-AIFM, die alternative Investmentfonds (im Folgenden ‚AIF') von außerhalb der EU verwalten, ergeben, aufgrund fehlender Erfahrungen auf diesem Gebiet ungewiss und schwer prognostizierbar sind, sollte ein Überprüfungsmechanismus vorgesehen werden."*

[77] Hierzu auch *Royla*, Grenzüberschreitende Finanzmarktaufsicht in der EG (2000) S. 38 ff.; *Ress/Ukrow* in Grabitz/Hilf, Das Recht der Europäischen Union, 40. Auflage (2009), EGV Art. 56 Freier Kapital- und Zahlungsverkehr (Nizza-Fassung) Rn. 247.

fonds im Allgemeinen aufstellt[78], und andererseits Drittstaatenfonds und deren Manager einer europaweit harmonisierten Aufsicht durch die zuständigen Behörden der EU-Mitgliedstaaten stellen will[79].

Im Rahmen des EU-Gesetzgebungsverfahrens war die Regulierung von Dritt- **33** staatenfonds und deren Manager bzw. Verwalter zentraler Streitpunkt mit außen- und wirtschaftspolitischer Brisanz. Dies belegen etwa die Stellungnahmen des US-amerikanischen Finanzministers, *Timothy Geithner*: *„A proposal that limits or delays the access of third country firms to a passport – while granting EU domiciled managers and funds access to the European market – would be discriminatory and contrary to G20 commitments.“*[80] Dahinter stand und steht die durchaus berechtigte Besorgnis eines Wettbewerbsnachteils von Drittstaatenfonds und deren Manager, sprich: von Nicht-EU-AIF und Nicht-EU-AIFM, durch eine regulatorische Ungleichbehandlung und durch weitergehende Marktzutrittsbeschränkungen im Vergleich zu europäischen Fonds und deren Verwalter[81].

Bei der Regelungstechnik musste der EU-Gesetzgeber mit Blick auf eine **34** Regulierung des Investmentgeschäfts ausländischer Fondsgesellschaften andere Wege als bei der Beaufsichtigung von EU-inländischen Fondsgesellschaften beschreiten, da eine direkte Aufsicht, Regulierung und v. a. deren unmittelbare Durchsetzung gegenüber ausländischen Fonds und deren Verwalter mit Sitz in einem Drittstaat auf völker- und kollisionsrechtliche Hindernisse gestoßen wäre[82].

Der ursprüngliche Vorschlag der Kommission ging noch von dem Konzept **35** der sog. aufsichtsrechtlichen Gleichwertigkeit aus[83]: Fondsmanager mit Sitz in einem Drittstaat sollten ihre Fonds in der EU erst drei Jahre nach Ablauf der Frist zur nationalen Umsetzung vertreiben dürfen, sofern die Vorschriften des Drittstaates zur Regulierung und Beaufsichtigung der Fondsverwalter den entsprechenden Bestimmungen der vorgeschlagenen Richtlinie gleichwertig sind und wirksam angewandt werden – und Anbieter aus der EU in diesem Drittstaat über einen vergleichbaren Marktzugang verfügen[84].

Zwischen der zuständigen Behörde dieses Mitgliedstaats und der Aufsichtsbehörde **36** des Drittstaates sollte zudem eine Kooperationsvereinbarung bestehen, die einen effektiven Austausch der Informationen vorsieht, die für die Überwachung der von den Tätigkeiten von Fondsmanagern ausgehenden Risiken benötigt werden. Der Informationsaustausch in Steuerangelegenheiten sollte durch Abschluss eines Besteuerungsabkommens sichergestellt werden, das den Vorgaben des Artikels 26 des

---

[78] Zur Frage, ob es sich bei der AIFM-Richtlinie um eine Voll- oder Mindestharmonisierung handelt *Möllers/Harrer/Krüger* WM 2011, 1537, 1543.

[79] Hierzu nur *Spindler/Tancredi* WM 2011, 1441, 1447 ff.

[80] Schreiben von *Timothy Geithner* an Christine Lagarde vom 5.10.2010.

[81] Hierzu auch *Klebeck/Meyer* RdF 2012, 95 ff.; *Johannsen* Brooklyn Journal of Corporate, Financial & Commercial Law 2/2011, 473, 493 f. zur Gleichbehandlung von EU- und Nicht-EU-Finanzdienstleistungsunternehmen im Anwendungsbereich des KWG *Hanten*, WM 2003, 1412, 1413 ff.

[82] Zur Regulierung und Überwachung von alternativen Investmentfonds als Zuständigkeitsproblem am Beispiel von Hedgefonds vgl. *Lehmann* ZIP 2007, 1889, 1897 f.

[83] Vergleiche hierzu auch die Begründung des Kommissionsvorschlages der AIFM-Richtlinie, KOM(2009) 207 endgültig, S. 11; in diese Richtung auch The High-Level Group on Financial Supervision in the EU, Chaired by Jacques de Larosière, Report, Brussels, 25 February 2009, S. 61.

[84] Kritisch zu diesem Vorschlag *Klebeck* DStR 2009, 2154 ff.; dagegen *Zetzsche* NZG 2009, 692, 694, der eine wechselseitige Lizenzanerkennung vorschlägt.

OECD-Musterabkommens Rechnung trägt[85]. Dies entsprang freilich weniger der Sorge um das Anlegerwohl und die Stabilität der Finanzmärkte, sondern sollte vornehmlich dem europaweit ausgerufenen Kampf gegen Steuerhinterzieher dienen. Mit anderen Worten: Nicht mit positiven Anreizen, sondern v.a. durch Ausgrenzung sollte die Ansiedlung von Fonds und Manager aus dem Ausland und damit letztlich der Ausbau einer europäischen Regulierungsfestung vorangetrieben werden[86].

37   Bestand bereits nach diesem Vorschlag das Risiko – jedenfalls *de facto* – einer Ausgrenzung von Drittstaatenfonds und deren Manager vom EU-Markt und dessen Investoren, wurde im weiteren Gesetzgebungsverfahren sogar ein rechtlicher Ausschluss von Drittstaatenfonds und deren Manager gefordert: So sollte etwa nach dem ECON-Positionspapier vom 23.11.2009[87] der Vertrieb auf Fonds bzw. Produkte beschränkt sein, die in der EU zugelassen bzw. registriert sind. Hat ein Fonds seinen Sitz außerhalb der Gemeinschaft, so sollte der Mitgliedstaat des EU-AIFM auf nationaler Ebene den Vertrieb solcher AIF nur dann zulassen, wenn der AIFM seinen Sitz in der Gemeinschaft hat, oder eine Kooperationsvereinbarung zwischen den Aufsichtsbehörden der Mitgliedsstaaten und des Drittlands besteht und ein effizienter Austausch von Informationen zur Überwachung der Systemrisiken stattfindet. Die Möglichkeit des Vertriebs von einem im Drittland ansässigen Fonds in einem anderen als dem Herkunftsmitgliedsstaat des AIFM wurde gar nicht erwähnt.

38   Ebenso sah auch der Kompromissvorschlag der schwedischen Ratspräsidentschaft[88] eine Beschränkung der Zulässigkeit des Vertriebs von Fondsanteilen auf AIF, die in einem Mitgliedstaat der EU gegründet und verwaltet werden[89]. Bei dem Vertrieb eines Feeder-AIF, sollte auch der Masterfonds auch in einem Mitgliedstaat der EU gegründet und verwaltet werden. Auf nationaler Ebene sollte jedoch der Vertrieb von in einem Drittstaat gegründeten AIF oder Feeder-AIF, deren Master-AIF nicht in einem Mitgliedstaat gegründet und verwaltet wird, gestattet werden.

39   Dass diese Vorschläge zur „Drittstaatenproblematik" nicht Eingang in die finale Fassung der AIFM-Richtlinie gefunden haben, ist aus wirtschaftlicher Sicht zu begrüßen, hat jedes faktische oder gar rechtliche Vertriebsverbot von Fondsmanagern aus Drittstaaten eine nicht zu unterschätzende Kehrseite: Können Drittstaatenfonds in der EU nicht vertrieben werden, wird damit auch die Kapitalanlage von EU-Investoren in Investmentfonds außerhalb der EU beschränkt, wenn nicht faktisch sogar ausgeschlossen. Hiervon hat die nunmehr geltende Fassung der AIFM-Richtlinie Abstand genommen.

40   Ebenso ist auch kein Investitionsverbot für Investoren in AIF, die nicht von einem AIFM-regulierten Fondsmanager verwaltet werden, vorgesehen[90]. Umgekehrt soll

---

[85] Vgl. zum ursprünglichen Kommissionsvorschlag *Klebeck* DStR 2009, 2154 ff.

[86] Ebenso schon *Klebeck* DStR 2009, 2154 ff.; weitergehend *Herring/Krause,* Absolutreport 2/2010, 54, 59, die von einer effektiven Marktzutrittbarriere zum bzw. einer Verbannung vom EU-Markt sprechen.

[87] Entwurf eines Berichts vom 23.11.2009 über den Vorschlag für eine Richtlinie des Europäischen Parlaments und des Rates über die Verwalter alternativer Investmentfonds und zur Änderung der Richtlinien 2004/39/EG und 2009/.../EG (KOM(2009)0207 – C7-0040/2009 – 2009/0064(COD) – Berichterstatter: *Jean-Paul Gauzès.*

[88] Proposal for a Directive of the European Parliament and of the Council on Alternative Investment Fund Managers and amending Directives 2004/39/EC and 2009/.../EC – Revised Presidency compromise proposal – 15.12.2009 – 17330/09, EF 194, ECOFIN 870, CODEC 1432.

[89] Vgl. hierzu auch *Johannsen* Brooklyn Journal of Corporate, Financial & Commercial Law 2/2011, 473, 493.

[90] Hierzu auch *Krause/Herring,* Absolutreport 2/2010, 54, 59.

die AIFM-Richtlinie nach dem Erwägungsgrund (70) keine Auswirkungen auf die gegenwärtige Situation haben, wonach ein professioneller Anleger mit Sitz in der Union unabhängig vom Sitz des AIFM und/oder des AIF auf eigene Initiative in AIF investieren kann. Entsprechend enthält etwa auch die Solvabilität-II-Richtlinie des für Fondsmanager alternativer Investmentfonds wichtigen Marktes der versicherungsregulierten Investoren, wie Versicherungen, Pensionskassen und Pensionsfonds keine entsprechenden Einschränkungen mit Blick auf deren Kapitalanlage[91].

II. Anwendungsbereich und Reichweite der Drittstaatenregulierung

Grundlegendes Prinzip der nunmehr in Kraft getretenen AIFM-Richtlinie ist, dass **41** auch ein ausländischer Fondsverwalter, also ein Verwalter mit Sitz in einem Drittstaat (Nicht-EU-AIFM), in den Genuss der Rechte nach der AIFM-Richtlinie, wie etwa Anteile an einem AIF mit einem Europäischen Pass in der gesamten EU zu vertreiben, kommt. Ziel ist die Gewährleistung gleicher Rahmenbedingungen für EU-AIFM und Nicht-EU-AIFM[92]. Die AIFM-Richtlinie sieht hierfür eine – von der Zulassung im Drittstaat gesonderte und weithin unabhängige – Zulassung für Nicht-EU-AIFM vor.

Um eine effektive Einhaltung der Richtlinie sicherzustellen, sollen nicht die **42** zuständigen Aufsichtsbehörden des jeweiligen Drittstaates, sondern vielmehr die jeweils zuständige Behörde des für den Nicht-EU-AIFM zuständigen Mitgliedstaates auf die Einhaltung der AIFM-Richtlinie durch den Nicht-EU-AIFM achten und durchsetzen. Die zuständige Aufsichtsbehörde für den jeweiligen Nicht-EU-AIFM sollte für die Zwecke der Aufsicht über und Durchsetzung der AIFM-Richtlinie mithin nicht primär die Behörden des Drittstaates sein, sondern vielmehr diejenigen des nach der AIFM-Richtlinie bestimmten, sog. Referenzmitgliedstaats sein[93].

Die AIFM-Richtlinie gilt mithin nicht nur für alle EU-AIFM, die EU-AIF **43** oder Nicht-EU-AIF verwalten, ungeachtet dessen, ob sie in der Union vertrieben werden oder nicht, sondern auch für Nicht-EU-AIFM, die EU-AIF verwalten, ungeachtet dessen, ob sie in der Union vertrieben werden oder nicht, und für Nicht-EU-AIFM, die EU-AIF oder Nicht-EU-AIF in der Union vertreiben[94]. Das meint: Hat ein Nicht-EU-AIFM die Absicht, EU-AIF zu verwalten und/oder AIF (EU- und/oder Nicht-EU-AIF) in der Union mit einem Pass zu vertreiben, ist er nicht nur verpflichtet, diese Richtlinie einzuhalten, so dass er den gleichen Verpflichtungen unterliegt wie ein EU-AIFM, sondern sich auch einer – von der Aufsicht im jeweiligen Drittstaat unabhängigen – EU-Aufsicht durch die Behörden seines sog. Referenzmitgliedstaates zu unterwerfen und dort auch eine entsprechende „EU-Zulassung" als „Nicht-EU-AIFM" zu erhalten.

Mit einer europaweit einheitlichen Drittstaatenregulierung und einhergehend mit **44** der Einführung eines „EU-Passports für Nicht-EU-AIFM" sollen einerseits die aufsichtsrechtlichen Zulassungsbeschränkungen der Mitgliedstaaten auch für Fondsverwalter aus Drittstaaten an den Binnengrenzen der EU weithin aufgehoben werden.

---

[91] Vgl. Artikel 133 (Anlagefreiheit) der Richtlinie 2009/138/EG des Europäischen Parlaments und des Rates vom 25.11.2009 betreffend die Aufnahme und Ausübung der Versicherungs- und der Rückversicherungstätigkeit (Solvabilität II), ABl. L 335/1 vom 17.12.2009; hierzu auch *Krause/Herring,* Absolutreport 2/2010, 54, 59.

[92] Vgl. Erwägungsgrund (64) der AIFM-Richtlinie.

[93] Im Einzelnen hierzu Artikel 37 Rn. 15 ff.

[94] Vgl. den Wortlaut des Artikels 2 Abs. 1.

Andererseits soll eine europaweit geltende Außengrenze für den Zutritt von Nicht-EU-AIFM geschaffen und die „Zutrittskontrollen" europaweit vereinheitlicht werden. Ungeachtet der durch die so unscharfen wie weiten Definitionen von „AIFM" und „AIF" bedingte Unsicherheit über die Reichweite der AIFM-Richtlinie auf den einzelnen Auslandsfonds bzw. Fondsmanager mit Sitz in einem Drittstaat[95] kann die AIFM-Richtlinie für einen Drittstaatenfondsmanager zu einer nicht zu unterschätzenden, bürokratischen und regulatorischen Doppelbelastung führen[96].

45   Auf Ebene der einzelnen Mitgliedstaaten ist diese Regelungs- bzw. Regulierungstechnik durchaus bekannt – wenn auch unter anderen Vorzeichen: Nach §§ 135 ff. InvG stellt etwa das deutsche Aufsichtsrecht weitergehende Anforderungen an den öffentlichen Vertrieb von ausländischen Investmentanteilen, die keine EU-Investmentanteile sind[97]. Die BaFin hat diese Vorgaben durch das Merkblatt für Anzeigen ausländischer Investmentvermögen nach § 139 InvG vom 1.7.2011 konkretisiert[98].

46   Die AIFM-Richtlinie modifiziert das Konzept der Aufsicht über Drittstaatenfonds bzw. über deren Verwalter in zweierlei Hinsicht: Erstens sollen die Zulassungsanforderungen nunmehr europaweit einheitlich gelten. Zweitens und entscheidend soll es sich bei der AIFM-Richtlinie um eine Manager- und keine Produktregulierung, also insbesondere um keine „schlichte" Vertriebsregulierung handeln[99]. Eine weitergehende Produkt- bzw. Fondsregulierung soll jedoch nach Erwägungsgrund (10) weiterhin auf nationaler Ebene erfolgen können. Nach Ansicht des EU-Gesetzgebers ist es unverhältnismäßig, die Portfoliostruktur oder -zusammensetzung von alternativen Investmentfonds auf Unionsebene zu regeln; zudem sei es angesichts der äußerst unterschiedlichen Arten der von der AIFM-Richtlinie erfassten Fonds schwierig, zu einer derart umfassenden Harmonisierung zu gelangen. Jedoch soll die AIFM-Richtlinie die Mitgliedstaaten nicht daran hindern, für AIF mit Sitz in ihrem Hoheitsgebiet nationale Anforderungen festzulegen oder beizubehalten[100].

III. Rechtsgrundlagen der AIFM-Richtlinie

47   Aus rechtlicher Sicht wirft die mit der AIFM-Richtlinie einhergehende beschränkende Wirkung auch für Fondsmanager und Fonds aus Drittstaaten beschränkende Wirkung der AIFM-Richtlinie – nicht anders als die bislang geltende, nationale Regulierung bzw. Beschränkung des grenzüberschreitenden Finanzdienstleistungsverkehrs – die (Vor-)Frage der Vereinbarkeit mit höherrangigem Recht auf.

48   **1. Vereinbarkeit mit internationalem Recht – GATS.** Fraglich ist zunächst die Vereinbarkeit der AIFM-Richtlinie, genauer: der Drittstaatenregulierung des Kapitels VII, mit völker- bzw. völkervertragsrechtlichen Vorgaben, an die die EU

---

[95] Hierzu auch *Klebeck/Meyer* RdF 2012, 95 ff.

[96] Zu einer vergleichbaren Problematik bei der Erlaubnispflicht von grenzüberschreitenden Bankgeschäften nach KWG *Steck/Campbell* ZBB 2006, 354, 356; *Hanten* WM 2003, 1412, 1413.

[97] Hierzu nur die Kommentierung zu §§ 135 ff. InvG von *Erhard* in Berger/Steck/Lübbehüsen, InvG/InvStG (2010).

[98] BaFin-Merkblatt für Anzeigen ausländischer Investmentvermögen nach § 139 Investmentgesetz (InvG) vom 1.7.2011; abrufbar unter: http://www.bafin.de/cln_110/nn_724052/DE/Unternehmen/Fonds/Investmentfonds/investmentfonds__node.html?__nnn=true (zuletzt abgerufen am: 22.2.2013).

[99] Hierzu statt vieler *Nietsch/Graef* ZBB 2010, 12, 14; *Spindler/Tanrcredi* WM 2011, 1393, 1395 f.

[100] Erwägungsgrund (10) der AIFM-Richtlinie.

bzw. deren Mitgliedstaaten gebunden sind[101]. Mit Blick auf das völkerrechtliche Einmischungs- bzw. Interventionsverbot[102] greifen vorgebrachte Bedenken nicht durch: Die AIFM-Richtlinie in der geltenden Fassung respektiert durchaus die ausländische Regulierung von Fondsmanager als eigene Angelegenheit des Drittstaates und gibt insbesondere den Aufsichtsbehörden nicht ohne Weiteres das Recht, grenzüberschreitend die AIFM-Richtlinie im Drittstaat selbst durchzusetzen[103]. Die Richtlinie maßt sich weder eine extraterritoriale Gesetzgebung noch Jurisdiktion an[104].

Vielmehr setzt sie insoweit auf eine Kooperation mit dem jeweiligen Drittstaat. **49** Souveränitätsrechte eines anderen Staates werden nach h.M. durch Maßnahmen des handelnden Staats dann nicht verletzt, wenn er lediglich auf seinem Hoheitsgebiet den Anwendungsbereich seiner Vorschriften auf Auslandssachverhalte ausweitet, die einen hinreichend sachlichen Bezug zum Inland aufweisen[105]. Der Einwand, dass die Kooperation mit Drittstaaten eine Marktzulassungsvoraussetzung für den wichtigen EU-Absatzmarkt ist, wird im Ergebnis auch nicht durchgreifen.

Dass die Drittstaaten gezwungen sind, ihre Gesetzgebung dem europäischen **50** Regulierungsstandard anzupassen und v.a. gleichwertige Vorgaben zu machen, überzeugt als Gegenargument mit Blick auf die Regulierung von Nicht-EU-AIFM ebenso wenig: Die EU-Zulassung als Nicht-EU-AIFM verlangt keine „Gleichwertigkeit des Aufsichtsrechts im Drittstaat". Vielmehr ist die Zulassung als Nicht-EU-AIFM i.S.d. AIFM-Richtlinie eine von der Drittstaatenregulierung unabhängige, sprich: gesonderte EU-Zulassung als Nicht-EU-AIFM. So verstanden lässt sich ein völkerrechtswidriger Übergriff auf die Angelegenheiten und das Hoheitsgebiet des Drittstaates bzw. eine Verletzung des Souveranitätsprinzips nicht ausmachen.

Fraglich ist jedoch, wie sich die AIFM-Richtlinie zu den internationalen Ver- **51** trägen im Rahmen der WTO, insbesondere dem Allgemeinen Übereinkommen über den Handel mit Dienstleistungen *(General Agreement on Trade in Services (GATS))* und ergänzenden Vertragstexten, verhält[106]. Diese Verträge haben v.a. den Marktzugang ausländischer Unternehmen zu den Dienstleistungsmärkten der anderen GATS-Mitgliedstaaten zum Gegenstand.

Ziel des GATS ist es, die grundsätzlichen Pflichten der Mitglieder des GATS im **52** Umgang mit ausländischen Dienstleistungserbringern und ihren Dienstleistungen

---

[101] Zu dem wenig beachteten Verhältnis von Bankaufsichtsrecht und völker- und völkervertragsrechtlichen Bestimmungen *Vahldiek* BKR 2003, 971; zur Bindung der EU an völkerrechtliche Verträge *Manger-Nestler/Gramlich* ZBB 2011, 305, 309 f.

[102] Vgl. hierzu mit Blick auf die Reichweite des KWG auch *Rögner* WM 2006, 745, 751; *Hanten* WM 2003, 1412, 1412 f.

[103] Zu den Möglichkeiten einer grenzüberschreitenden Rechtsdurchsetzung im Drittstaat auf der Grundlage der geforderten Kooperationsvereinbarungen vgl. Artikel 37 Rn. 169 ff.

[104] Souveränitätsrechte sollen nach überwiegender Ansicht dann nicht verletzt sein, wenn ein Staat auf seinem Hoheitsgebiet den Anwendungsbereich seiner Vorschriften auf Auslandssachverhalte ausweitet, die einen hinreichenden Bezug zum Inland aufweisen; *Rögner* WM 2006, 745, 751; *Ohler* WM 2002, 162, 165.

[105] Hierzu auch *Schuster,* Die internationale Anwendung des Börsenrechts (1995) S. 651 ff. durch Konkretisierung des Auswirkungsprinzips mit Hilfe des sog. „reasonable link" Ansatzes unter Heranziehung von „legitimate interests" als Anknüpfungskriterium; *Rögner* WM 2006, 745, 751; *Ohler* WM 2002, 162, 165.

[106] Allgemeines Abkommen über den Handel mit Dienstleistungen – deutsche Fassung veröffentlicht im Amtsblatt der EU: ABl. L 336 vom 23.12.1994; zum bankaufsichtsrechtlichen Bezug *Vahldiek* BKR 2003, 971 ff.

festzulegen, wobei mit Blick auf Finanzdienstleistungen in der Anlage des GATS Sonderregelung getroffen worden sind, weil die Besonderheiten des Finanzsektors (Stabilität des Finanzsystems, Anlegerschutz) dies erforderlich machen sollten. Die Anlage des GATS führt den Katalog von Finanzdienstleistungen auf, auf die sich das GATS überhaupt bezieht. Grundsatz ist, dass die GATS-Mitgliedstaaten gemäß Art. XVI Abs. 1 GATS den Dienstleistungen und Dienstleistungserbringern aus anderen Mitgliedstaaten des GATS hinsichtlich des Marktzugangs eine nicht weniger günstige Behandlung als die jeweils in ihrer Liste vereinbarte[107].

53   Danach ergeben sich mit Blick auf das GATS keine grundsätzlichen und durchgreifenden Bedenken gegen die Drittstaatenregulierung des Kapitels VII der AIFM-Richtlinie, welche grenzüberschreitende Geschäfte bzw. Tätigkeiten in die EU-Erlaubnispflicht einbeziehet. Die AIFM-Richtlinie bewegt sich im Rahmen des sog. *Prudential Carve-out,* der allen GATS-Unterzeichnern zusteht, um im Bereich des gewährten Marktzugangs regulierend zur Gefahrenabwehr einzuschreiten. Diese Grenze ist erst dann überschritten, wenn es zu einer unverhältnismäßigen Blockade eines nach dem GATS zugesicherten Marktzugangs käme[108]. Gefordert ist danach letztlich die Wahrung des Grundsatzes der Verhältnismäßigkeit, der auch auf nationaler Ebene verfassungsrechtlich zu beachten ist[109]. Eine Regulierung grenzüberschreitender Dienstleistungen muss danach geeignet, erforderlich und angemessen sein, um Ziele des Allgemeinwohls, mit Blick auf die AIFM-Richtlinie v.a. die Stabilität des Finanzmarktes und der Anlegerschutz zu erreichen[110].

54   Allgemein wird man auch dies bejahen können. Als eine weniger belastende Maßnahme käme zwar die europäische Anerkennung einer wirksamen bzw. gleichwertigen Regulierung und Aufsicht im Drittstaat in Betracht, um so v.a. eine doppelte Aufsicht und damit auch eine Doppelbelastung durch den ausländischen Fondsmanager zu vermeiden[111]. Ob man dies jedoch als weniger einschneidende Maßnahme bewertet, ist fraglich und insoweit wird man auch dem EU-Gesetzgeber einen Einschätzungsspielraum zugestehen müssen. So unbefriedigend es auch klingen mag: Die Regulierung von grenzüberschreitenden Sachverhalten im Bereich des Finanzmarktes bleibt letztlich insoweit eine politische Frage, die grundsätzlich auch der EU-Gesetzgeber entscheiden kann, wenn und soweit er dies für opportun hält.

55   Die sog. *Stand-still*-Klausel des GATS – sofern sie auf europäischer oder nationaler Ebene greift – steht der AIFM-Drittstaatenregulierung ebenfalls nicht entgegen: Die *Stand-still*-Klausel verbietet nachträgliche Verschärfungen der Bedingungen des Marktzugangs für Banken und Finanzdienstleister. Man könnte die Drittstaatenregulierung der AIFM-Richtlinie zwar als eine solche nachträgliche Verschärfung der Bedingungen des Marktzugangs ansehen. Dies würde aber die Wirkung des bereits angeführten *Prudential Carve-out* des GATS, der ohne eine entsprechende Befugnis letztlich ins Leere liefe, verkennen. Richtigerweise betrifft die Stand-still-Klausel Regelungen, wie etwa Vorbehalte der gegenseitigen bilate-

---

[107] Eingehend *Vahldiek* BKR 2003, 971, 972 f.

[108] Vgl. *Vahldiek* BKR 2003, 971, 972 ff.

[109] Hierzu noch unten Rn. 63.

[110] Allgemein zu den Zielen der AIFM-Richtlinie *Spindler/Tancredi* WM 2011, 1393, 1394 f.

[111] In diese Richtung ging jedoch der erste Kommissionsvorschlag einer AIFM-Richtlinie; vgl. hierzu bereits oben Rn. 35 ff.

ralen Marktöffnung zwischen einzelnen Staaten, nicht aber ein Verbot einer Finanzmarktregulierung im Rahmen des *Prudential Carve-out*[112].

2. Vereinbarkeit mit EU-Vertrag. a) Prinzip der begrenzten Einzeler- 56
mächtigung und Subsidiaritätsprinzip. Europarechtlich stellt sich die Frage der Vereinbarkeit mit dem Prinzip der begrenzten Einzelermächtigung[113]. Aus verfassungsrechtlicher Sicht hat auch das BVerfG in seiner wegweisenden Entscheidung zum Vertrag von Lissabon auf die fundamentale Bedeutung des Prinzips der begrenzten Einzelermächtigung hingewiesen[114]. Dem folgend wird man den Blick auf die zitierte Rechtsgrundlage der AIFM-Richtlinie schärfen und kritisch hinterfragen müssen, ob die Bezugnahme „auf den Vertrag über die Arbeitsweise der EU, insbesondere auf Artikel 53 Absatz 1" als Kompetenznorm für diese Form europäischer Wirtschafts- bzw. Finanzmarktlenkung sowie die mit der Richtlinie einhergehende Regulierungsdichte genügen kann[115].

Ein Bruch mit dem geltenden Subsidiaritätsprinzip[116] wird man ebenfalls kaum 57
gegen eine Drittstaatenregulierung anführen können. Auch in anderen Bereichen der Finanzmarktregulierung ist eine deutliche Verschiebung der Kompetenzen auf die europäische Ebene zu verzeichnen. Ob man den Grund hierfür darin sieht, dass man die höhere, sprich: europäische Ebene für kompetenter als die niedrigere, sprich: nationale Ebene hält, ist fraglich[117]. Richtigerweise geht es dabei um eine Reaktion auf die Tatsache, dass die Finanzmärkte zunehmend vernetzt und die Finanzmarktteilnehmer nicht nur europaweit, sondern auch international und grenzüberschreitende tätig sind[118].

b) Vereinbarkeit mit EU-Grundfreiheiten – Erga-omnes-Wirkung der 58
Kapitalverkehrsfreiheit? Angreifbar ist die Regulierung von Drittstaatenfonds und deren Manager durch die AIFM-Richtlinie auch nicht mit Blick auf das geltende Primärrecht – allen voran die Grundfreiheiten, an denen sich grundsätzlich auch EU-Richtlinien als Sekundärrecht messen lassen müssen[119]. Ob und inwieweit die Kapitalverkehrsfreiheit für grenzüberschreitende Sachverhalte

---

[112] So schon überzeugend mit Blick auf die Drittstaatenbeschränkungen der §§ 32 ff. KWG *Vahldiek* in Boos/Fischer/Schulte-Mattler, KWG, 3. Auflage (2008) § 53 Rn. 171.; *ders.* BKR 2003, 971 ff.

[113] Hierzu *Grimm* Der Staat 48, 475 ff.

[114] BVerfG vom 30.6.2009 – 2 BvE 2/08, 2 BvE 5/08, 2 BvR 1010/08, 2 BvR 1022/08, 2 BvR 1259/08, 2 BvR 182/09 – BVerfGE 123, 267 ff.; kritisch mit Blick auf die europäische Finanzmarktaufsicht auch *Zeitler*, FS für Wolfgang Spindler zum 65. Geburtstag (2011) S. 363 ff.

[115] Zweifelnd schon *Kolbe* DB 2009, 1874 ff.; *Klebeck* DStR 2009, 2154 ff.

[116] Allgemein hierzu *Frenz* Jura 2010, 641 ff.; mit Blick auf die Errichtung einer europäischen Finanzmarktaufsicht *Siekmann*, Die Europäisierung der Finanzmarktaufsicht. Institute for Monetary and Financial Stability, Working Paper Series No. 47 (2011) S. 59 f.

[117] Hierzu *Binder* GPR 2011, 34, 39; *Lehmann*, Grundstrukturen der Regulierung der Finanzmärkte nach der Krise, Working Papers on Global Financial Markets No. 22 (August 2011) S. 6.

[118] Zutreffend *Lehmann*, Grundstrukturen der Regulierung der Finanzmärkte nach der Krise, Working Papers on Global Financial Markets No. 22 (August 2011) S. 6; auch *Fleischer/Schmolke* NZG 2010, 1241, 1245.

[119] Weitergehend mit Blick auf die Errichtung einer europäischen Finanzmarktaufsicht *Siekmann*, Die Europäisierung der Finanzmarktaufsicht. Institute for Monetary and Financial Stability, Working Papier Series No. 47 (2011) S. 54 ff.

Raum greift, hat der EuGH in seiner viel beachteten „Fidium Finanz AG"-Entscheidung[120] versucht deutlich zu machen.

59   Bis zu dieser Entscheidung war die Rechtsprechung des EuGH nicht einheitlich: Während in einigen Entscheidungen eine parallele Geltung beider Grundfreiheiten anerkannt wurde, hatte der EuGH in anderen Entscheidungen einen Anwendungsvorrang der Kapitalverkehrsfreiheit bzw. eine Subsidiarität der Dienstleistungsfreiheit angenommen[121].

60   In der Rechtssache „Fidium Finanz AG" ist der EuGH nunmehr der Ansicht, dass weder die primärrechtlich garantierte Dienstleistungs- noch die Kapitalverkehrsfreiheit auf Unternehmen mit Sitz in einem Drittstaat anwendbar seien – jedenfalls dann nicht, wenn die Erbringung von Dienstleistungen den Schwerpunkt des Sachverhalts (*„centre of gravity"*) bildet, dessen Erlaubnispflicht zu beurteilen ist und sich die Beschränkung der Kapitalverkehrsfreiheit damit letztlich nur die „zwangsläufige Folge" einer Beschränkung der Dienstleistungsfreiheit erweist[122].

61   Für Unternehmen mit Sitz in einem Drittstaat meint die Verdrängung der Kapitalverkehrsfreiheit zu anderen Grundfreiheiten letztlich, dass auch dem europarechtlich anerkannter Schutz verdrängt wird. Rechtsdogmatisch ist die Begründung des EuGH zwar nicht frei von Zweifeln[123], bleibt v.a. unklar, nach welchen Kriterien sich ein etwaiger Schwerpunkt bestimmen soll[124]. Für die Regulierung der Verwaltung und des Vertriebs von Fonds aus Drittstaaten durch die AIFM-Richtlinie wird der wirtschaftliche Schwerpunkt richtigerweise aber auf dem (Finanz-)Dienstleistungselement im Sinne der EuGH-Rechtsprechung liegen.

62   **c) Notwendiger EU-Bezug zur Rechtfertigung des grenzüberschreitenden Geltungsanspruches der AIFM-Richtlinie.** Im Grundsatz und Einklang mit dem völkerrechtlichen Territorialitätsprinzip[125] kann und soll die AIFM-Richtlinie auch nur und nur dann zulässigerweise für Fondsmanager und deren Fonds aus Drittstaaten greifen, sofern ein hinreichender EU-Bezug gegeben ist. Dies gilt nicht nur dann wenn, ein ausländischer Fondsmanager seine Management- und/oder Vertriebsaktivitäten innerhalb der EU ausüben will, sondern grundsätzlich auch dann, wenn er einen Fonds mit Sitz außerhalb der EU verwaltet, an dem sich Anleger mit Sitz innerhalb der EU beteiligen, bzw. er seine von ihm verwalteten Fonds in bzw. innerhalb der EU vertreiben will[126] – sich also die EU-Auslandstätigkeit auf das EU-Inland auswirkt – sog. Auswirkungsprinzip[127]. Fehlt es jedoch an einem hinreichenden EU-Bezug und damit auch an einer „Inlandswirkung von Auslandssachverhalten"[128], muss die AIFM-Richtlinie richtigerweise ihren Geltungsanspruch beschränken und keine Anwendung finden.

---

[120] EuGH vom 3.10.2006 – C-452/04 – DB 2006, 2456 ff.; *Steck/Campbell* ZBB 2006, 354 ff.

[121] Zusammenfassende Darstellung bei *Christoph* ZBB 2009, 117 ff.

[122] EuGH vom 3.10.2006 – C-452/04 – DB 2006, 2456 ff.; *Steck/Campbell* ZBB 2006, 354 ff.

[123] Kritisch jüngst *Christoph* ZBB 2009, 117, 122 ff.

[124] Hierzu etwa *Schönfeld* DB 2007, 80, 81; *Christoph* ZBB 2009, 117, 122 f.

[125] Hierzu schon oben Rn. 9.

[126] So auch *von Livonius/Schatz,* Absolutreport 6/2010, 54, 56.

[127] Zum Auswirkungsprinzip als Anknüpfungskriterium des internationalen deutschen Aufsichtsrecht *Rögner* WM 2006, 745, 748; *Steck/Campbell* ZBB 2006, 354, 358; *Hanten* WM 2003, 1412; *Meng,* Extraterritoriale Jurisdiktion im öffentlichen Wirtschaftsrecht (1993) S. 515 f.

[128] *Rögner* WM 2006, 745, 748.

3. Vereinbarkeit mit GG. Die verfassungsrechtliche Vereinbarkeit der Regu- **63**
lierung von Fonds und Manager aus Drittstaaten wird letztlich von der nationalen
Umsetzung der AIFM-Richtlinie in das deutsche Recht abhängen. Unbestritten
nimmt im Umfang der Regulierung auch das Maß der grundrechtlichen Freiheit
der Finanzmarktteilnehmer ab[129]. Grundrechtlich ist jedenfalls der Schutzbereich
des Artikels 2 Abs. 1 GG betroffen und als verfassungsrechtliche Grenze zu beachten[130]. Die Rechtfertigung eines entsprechenden Eingriffes muss sich hier v.a. am
Grundsatz der Verhältnismäßigkeit messen lassen. Auch wenn man dies im Ergebnis ebenfalls bejahen können wird, ist eine sorgfältige Abwägung der Interessen
notwendig. Gleiches gilt für die aus dem Bestimmtheitsgebot sowie der Rechtsschutzgarantie ergebenden verfassungsrechtlichen Grenzen: bei der nationalen
Umsetzung ist einmal mehr das Gebot der Klarheit und Verständlichkeit wie auch
Justiziabilität zu beachten[131].

IV. Folgenabschätzung: Spaltung der internationalen Finanz-
märkten und Umgehungsstrategien

1. Spaltung von globalen Finanzmärkten: Drittstaaten vs. EU. Die kon- **64**
kreten Folgen und Auswirkungen der AIFM-Richtlinie[132] auf die alternative
Investmentfondsbranche sind v.a. aufgrund fehlender Erfahrungen zum jetzigen
Zeitpunkt ungewiss und schwer prognostizierbar[133]. In der Folgenabschätzung[134]
zum Vorschlag der Kommission für eine Richtlinie des Europäischen Parlaments
und des Rates über die Verwalter alternativer Investmentfonds heißt es hierzu:
„Die mit der vorgeschlagenen Maßnahme eingeführten Anforderungen würden für AIFM
einen gewissen Verwaltungsaufwand mit sich bringen. Die entstehenden Zusatzkosten
würden in erster Linie davon abhängen, welche Anforderungen im jeweiligen Herkunftsland
bereits gelten. Die Zusatzkosten für AIFM (und ihre Aufsichtsbehörden) wären durch die
verbesserte Beaufsichtigung und den Nutzen gerechtfertigt, den AIFM durch die grenzüber-
greifende Erbringung von AIFM-Dienstleistungen und den grenzübergreifenden Vertrieb
von AIF an professionelle Anleger im Rahmen eines einfachen Meldeverfahrens erzielen
würden. Aufgrund der Unsicherheiten über die Kosten kann nicht genau abgeschätzt oder
beziffert werden, wie sich der Vorschlag auf die Wettbewerbsfähigkeit von AIFM mit Sitz
in der EU auswirken würde.“
Wie sich die verabschiedete AIFM-Richtlinie auf Fondsmanager mit Sitz in **65**
Drittstaaten auswirkt, kann derzeit ebenfalls nicht exakt bestimmt werden. Erste

---

[129] *Bayer/Dietrich/Freytag/Jung/Klein/Lehmann/Ohler/Ruffert/Schnabl/Tietje,* Konstitutionelle Grundlagen globalisierter Finanzmärkte – Stabilität und Wandel, Working Papers on
Global Financial Markets No. 1 (November 2008) S. 7.

[130] So auch *Hemeling* ZHR 174 (2010), 635, 640.

[131] Richtig *Hemeling* ZHR 174 (2010), 635, 640; weitergehende Zweifel an der Vereinbarkeit der europäischen Aufsichtsbehörden sowie deren Aufgaben und Befugnisse mit Blick
auf das Demokratieprinzip *Siekmann,* Die Europäisierung der Finanzmarktaufsicht. Institute
for Monetary and Financial Stability, Working Papier Series No. 47 (2011) S. 90 ff.

[132] Zur Notwendigkeit einer Grenznutzenbetrachtung *Hemeling* ZHR 174 (2010), 635,
638.

[133] So auch der Erwägungsgrund (4) der AIFM-Richtlinie.

[134] Begleitdokument zum Vorschlag für eine Richtlinie des Europäischen Parlaments und
des Rates über die Verwalter alternativer Investmentfonds und zur Änderung der Richtlinien
2004/39/EG und 2009/.../EG – Zusammenfassung der Folgenabschätzung – 30.4.2009,
KOM(2009) 207/ SEK(2009) 576, S. 8.

Anhaltspunkte liefert nicht nur eine Einschätzung des Europäischen Parlaments zur „Ex-Ante Evaluation of the proposed Alternative Investment Managers Directive"[135], sondern auch eine Studie von Charles River Associates für die britische Finanzmarktaufsicht, *Financial Services Authority*[136]: Nach deren Umfrage wird für die Restrukturierung und Anpassung der Fonds- und Managementstrukturen an die Vorgaben der AIFM-Richtlinie von einmaligen Kosten in Höhe von ca. 3,2 Milliarden Euro ausgegangen und von fortlaufenden Kosten in Höhe von 311 Millionen Euro, um die Einhaltung der AIFM-Richtlinie zu gewährleisten. Nach deren Einschätzung soll ein großer Teil der alternativen Investmentfonds mit Sitz in einem Drittstaat für professionelle Anleger in der EU nicht mehr zur Verfügung stehen[137].

66   Hier droht die Gefahr einer Spaltung des internationalen Finanzmarktes in einen EU- und einen Nicht-EU-Markt, die dazu führen könnte, dass v.a. attraktive Investitionsmöglichkeiten im Bereich der „Alternativen Investments", wie etwa Private Equity, Real Estate und Hedgefonds, institutionellen Anlegern aus Europa verschlossen bliebe[138]. Ob sich dies in der Praxis bewahrheiten wird, bleibt abzuwarten.

67   **2. Gefahren von Umgehungsstrategien.** Richtig ist, dass sich die AIFM-Richtlinie insbesondere für Verwalter von Fonds aus Drittstaaten als eine kostenträchtige und mitunter auch bürokratische Doppelbelastung entwickeln kann, müssen diese nicht nur für die Einhaltung der regulatorischen Vorgaben in dem jeweiligen Drittstaat, sondern nunmehr auch und gesondert für die Einhaltung der für sie einschlägigen Vorgaben der AIFM-Richtlinie Sorge tragen[139]. Der durch die AIFM-Richtlinie gezogene Rechtsrahmen setzt den Markt für „Alternative Investments" und deren Akteure nicht nur unter einen Regulierungs-, sondern auch und v.a. unter einen Kosten- und Effizienzdruck setzen, für den bislang gerade Fonds und Manager aus Drittstaaten als Ventil dienten. Die Drittstaatenregulierung des Kapitels VII der AIFM-Richtlinie will nunmehr auch dieses Ventil schließen[140].

68   Nach dem derzeitigem Stand der AIFM-Richtlinie sowie deren Konkretisierung durch das sog. Level-II-Verfahren bestehen jedoch weiterhin zahlreiche Gestaltungsoptionen für Manager, deren Fonds wie auch Investoren, die befürchten, dass die mit der Umsetzung und Einhaltung der AIFM-Richtlinie verbundenen Kosten – renditeschmälernd – auf sie übergewälzt werden.

69   Entsprechend wird die Praxis auch mit Blick auf die Drittstaatenregulierung kosteneffiziente Strukturen nutzen wollen, die die AIFM-Richtlinie auch durch-

---

[135] Vgl. Policy Department A: Economic and Scientific Policy, Ex-Ante Evaluation of the proposed Alternative Investment Managers Directive, Dezember 2009, IP/A/ECON/NT/2009_03, PE 429.981 (abrufbar unter: www.europarl.europa.eu; zuletzt abgerufen am: 22.2.2013).

[136] Vgl. Charles River Associates, Impact of the proposed AIFM Directive across Europe prepared for Financial Services Authority (October 2009).

[137] Vgl. heruntergebrochen auf die einzelnen Assetklassen im Bereich Alternative Investments Charles River Associates, Impact of the proposed AIFM Directive across Europe prepared for Financial Services Authority (October 2009) S. 1.

[138] Hierzu auch *Klebeck* DStR 2009, 2154 ff.

[139] Hierzu auch mit Blick auf die US-amerikanische Regulierung unter Dodd-Frank *Müller* RIW 2011, 620, 623 f.

[140] Zu den Kosten im Vergleich zu den Kosten unter der OGAW-Richtlinie auch *Johannsen* Brooklyn Journal of Corporate, Financial & Commercial Law 2/2011, 473, 488 ff.

aus bietet. Als Beispiel sei hier nur auf die Fälle des sog. passiven Marketing oder *Reverse Solicitation* hingewiesen, auf welches die strikte Vertriebsregulierung der Richtlinie keine Anwendung finden soll[141]. Ebenso stellen sich grundlegende Fragen bei den Ausnahmevorschriften der Richtlinie, die ebenfalls einen gewissen Gestaltungsspielraum bieten – Stichwort: De-minimis-Regelungen, Managed Account-Lösungen, Ein-Anleger-Fonds oder der Flucht unter das OGAW-Regime – Stichwort: NewCITS[142].

Ob bestimmte Gestaltungen die Grenze zur Gesetzesumgehung überschreiten **70** werden, hängt nicht zuletzt von der Umsetzung der AIFM-Richtlinie in das jeweilige nationale Recht ab. Die Umsetzung der AIFM-Richtlinie in Deutschland wird den Gesetzgeber vor besondere Herausforderungen stellen, müssen durch die AIFM-Richtlinie Produktgruppen (wie etwa Private Equity, Hedgefonds und Immobilienfonds) miteinander verbunden werden, die zuvor als wirtschaftlich getrennt angesehen wurden und rechtlich wie steuerlich bislang verschiedenen Regelungsregimen unterlagen[143]. Ein einheitliches und stimmiges Regulierungskonzept für alle Fonds, die nicht von der OGAW-Richtlinie erfasst werden, sowie deren Verwalter fehlt bislang in Deutschland[144].

Artikel 34 Bedingungen für EU-AIFM, die Nicht-EU-AIF verwalten, die in den Mitgliedstaaten nicht vertrieben werden[*]

AIFM-RiLi	KAGB-E
Artikel 34 **Bedingungen für EU-AIFM, die Nicht-EU-AIF verwalten, die in den Mitgliedstaaten nicht vertrieben werden**	**§ 55** **Bedingungen für AIF-Kapitalverwaltungsgesellschaften, welche ausländische AIF verwalten, die weder in den Mitgliedstaaten der Europäischen Union noch in den Vertragsstaaten des Abkommens über den Europäischen Wirtschaftsraum vertrieben werden**
(1) Die Mitgliedstaaten stellen sicher, dass ein zugelassener EU-AIFM Nicht-EU-AIF verwalten kann, die nicht in der Europäischen Union vertrieben werden, wenn	(1) Die Verwaltung von ausländischen AIF, die weder in den Mitgliedstaaten der Europäischen Union noch in den Vertragsstaaten des Abkommens über den Europäischen Wirtschafts-

---

[141] Zur Bereitschaft, die Vorgaben der AIFM-Richtlinie auf Investorenseite zu vermeiden, auch die Studie von Charles River Associates, Impact of the proposed AIFM Directive across Europe prepared for Financial Services Authority (October 2009).

[142] Vgl. hierzu *Pfenninger/Keller,* Hedge Fund Regulierung in der Schweiz und der EU, in Reutter/Werlen, Kapitalmarkttransaktionen VI, Bd. 115 (2011) S. 107 ff.; *Kayser/Schlikker,* Absolutreport 52/2009, 58 ff.

[143] Zu den steuerlichen Fragen von AIF, genauer: Private Equity Fonds, aus deutscher Sicht eingehend *Pöllath+Partners,* Private Equity Fonds (2006).

[144] So zu Recht schon *Weiser/Jang* BB 2011, 1219, 1220; *Wallach,* RdF 2011, 80, 89.

[*] Besonderer Dank gilt Christin Göhle für ihre wertvolle Unterstützung bei der Kommentierung von Artikel 34 und 35.

AIFM-RiLi	KAGB-E
a) der AIFM alle in dieser Richtlinie für diese AIF festgelegten Anforderungen mit Ausnahme der Anforderungen in den Artikeln 21 und 22 erfüllt, und b) geeignete Vereinbarungen über die Zusammenarbeit zwischen den zuständigen Behörden des Herkunftsmitgliedstaats des AIFM und den Aufsichtsbehörden des Drittlands bestehen, in dem der Nicht-EU-AIF seinen Sitz hat, damit zumindest ein effizienter Informationsaustausch gewährleistet ist, der den zuständigen Behörden des Herkunftsmitgliedstaats des AIFM ermöglicht, ihre Aufgaben gemäß dieser Richtlinie wahrzunehmen. (2) Die Kommission erlässt gemäß Artikel 56 und nach Maßgabe der Bedingungen der Artikel 57 und 58 delegierte Rechtsakte zu den in Absatz 1 genannten Vereinbarungen über Zusammenarbeit, um so einen einheitlichen Rahmen zur Erleichterung des Abschlusses derartiger Vereinbarungen mit Drittländern zu schaffen. (3) Zur Gewährleistung der einheitlichen Anwendung dieses Artikels erstellt die ESMA Leitlinien, in denen die Bedingungen für die Anwendung der von der Kommission erlassenen Vorschriften für die in Absatz 1 genannten Vereinbarungen über Zusammenarbeit festgelegt werden.	raum vertrieben werden, durch eine nach diesem Gesetz zugelassene AIF-Kapitalverwaltungsgesellschaft ist zulässig, wenn 1. die AIF-Kapitalverwaltungsgesellschaft alle in der Richtlinie 2011/61/EU für diese AIF festgelegten Anforderungen mit Ausnahme der Anforderungen der §§ 67 und 80 bis 90 erfüllt und 2. geeignete Vereinbarungen über die Zusammenarbeit zwischen der Bundesanstalt und den Aufsichtsbehörden des Drittstaats bestehen, in dem der ausländische AIF seinen Sitz hat, durch die ein effizienter Informationsaustausch gewährleistet wird, der es der Bundesanstalt ermöglicht, ihre Aufgaben nach diesem Gesetz wahrzunehmen. (2) Nähere Bestimmungen zu den in Absatz 1 Nummer 2 genannten Vereinbarungen über die Zusammenarbeit richten sich nach Artikel 113 bis 115 der Verordnung (EU) Nr. .../2013 [Level 2-Verordnung gemäß Artikel 34 Absatz 2 der Richtlinie 2011/61/EU] sowie nach den Leitlinien der Europäischen Wertpapier- und Marktaufsichtsbehörde.
Siehe Art. 34 Abs. 1 lit. b)	**§ 80 Abs. 1** **Beauftragung** (1) Die AIF-Kapitalverwaltungsgesellschaft hat sicherzustellen, dass für jeden von ihr verwalteten AIF eine Verwahrstelle im Sinne des Absatzes 2 oder, sofern die Voraussetzungen nach Absatz 3 und 4 erfüllt sind, eine Verwahrstelle im Sinne des Absatzes 3 beauftragt wird; § 55 bleibt unberührt. Die Beauftragung der Verwahrstelle ist in einem schriftlichen Vertrag zu ver-

AIFM-RiLi	KAGB-E
	einbaren. Der Vertrag regelt unter anderem den Informationsaustausch, der für erforderlich erachtet wird, damit die Verwahrstelle nach den Vorschriften dieses Gesetzes und gemäß den anderen einschlägigen Rechts- und Verwaltungsvorschriften ihren Aufgaben für den AIF, für den sie als Verwahrstelle beauftragt wurde, nachkommen kann.

Literatur: *Berger/Steck/Lübbehüsen* (Hrsg.), InvG/InvStG (2010); *Boos/Fischer/Schulte-Mattler* (Hrsg.), KWG, 4. Auflage (2012); *Bühring/Linnemannstöns,* Private Placement – Rettungsanker bei der Prospektpflicht?, DB 2007, 2637 ff.; *Callies/Ruffert,* EUV/AEUV, 4. Auflage (2011); *Groß* (Hrsg.), Kapitalmarktrecht, 4. Auflage (2009); *Juntunen,* Die Einwirkung des Gemeinschaftsrechts auf die Bestandskraft von Verwaltungsakten und die Rechtskraft von Gerichtsurteilen (2009); *Kahl,* 35 Jahre Verwaltungsverfahrensgesetz – 35 Jahre Europäisierung des Verwaltungsverfahrensrechts, NVwZ 2011, 449 ff.; *Klebeck,* Auslagerung von Anlageverwaltungsfunktionen, RdF 2012, 225 ff.; *Klebeck/Meyer,* Drittstaatenregulierung der AIFM-Richtlinie, RdF 2012, 95 ff.; *Krause/Klebeck,* Family Office und AIFM-Richtlinie BB 2012, 2063 ff.; *Krause/Klebeck,* Fonds(anteils)begriff nach der AIFM-Richtlinie und dem Entwurf des KAGB, RdF 2013, 4 ff; *Loff/Klebeck,* Fundraising nach der AIFM-Richtlinie und Umsetzung in Deutschland durch das KAGB, BKR 2012, 353 ff.; *Nietsch/Graef,* Aufsicht über Hedgefonds nach dem AIFM-Richtlinienvorschlag, ZBB 2010, 12 ff.; *Rötting/Lang,* Das Lamfalussy-Verfahren im Umfeld der Neuordnung der europäischen Finanzaufsichtsstrukturen, EuZW 2012, 8 ff.; *Schwark/Zimmer* (Hrsg.), Kapitalmarktrechts-Kommentar, 4. Aufl. 2010; *Sonder,* Rechtsschutz gegen Maßnahmen der neuen europäischen Finanzaufsichtsagenturen, BKR 2012, 8 ff.; *Spindler/Tancredi,* Die Richtlinie über Alternative Investmentfonds (AIFM-Richtlinie) – Teil 1, WM 2011, 1393 ff. sowie Teil 2, WM 2011, 1411 ff.; *Walla,* Die Europäische Wertpapier- und Marktaufsichtsbehörde (ESMA) als Akteur bei der Regulierung der Kapitalmärkte Europas – Grundlagen, erste Erfahrungen und Ausblick, BKR 2012, 265 ff.

Übersicht

A. Entstehungsgeschichte, Inhalt und Ziele

1   Art. 34 legt die Anforderungen an die Zulässigkeit der Verwaltung von Fonds mit Sitz in einem Drittstaat (Nicht-EU-AIF) durch Fondsmanager mit Sitz in der EU (EU-AIFM) fest, die nicht in den Mitgliedstaaten vertrieben werden. Ob die in Erwägungsgrund (61) geäußerte Ansicht zutrifft, dass viele EU-AIFM derzeit Nicht-EU-AIF verwalten, hängt entscheidend v.a. von der Auslegung des Begriffes „Verwaltung" i.S.d. AIFM-Richtlinie ab.

2   Nach Ansicht des EU-Gesetzgebers soll es mit Blick auf diese Strukturen angemessen sein, zugelassenen EU-AIFM die Verwaltung von Nicht-EU-AIF, nicht aber deren Vertrieb, auf dem Gebiet der Union zu gestatten, ohne dabei die Anforderungen an die Verwahrung (Art. 21) sowie die Erstellung eines Jahresberichts (Art. 22) nach der AIFM-Richtlinie auf sie anzuwenden, da diese Anforderungen v.a. zum Schutz von Anlegern mit Sitz in der EU aufgenommen worden sind[1].

3   Isoliert betrachtet deuten diese Erwägungen auf eine weitgehende Freistellung eines EU-AIFM von der Regulierung – sofern er lediglich Nicht-EU-AIF verwaltet, nicht aber in den Mitgliedstaaten vertreibt. Betrachtet man indes die Anforderungen des Art. 34 genauer, wird diese Aussage sogleich relativiert. Zunächst steht dieses Recht nur Fondsmanagern mit Sitz in der EU zu, die entsprechend der AIFM-Richtlinie zugelassen sind. Das meint: Ein EU-AIFM[2] muss sämtliche Voraussetzungen für die Zulassung als AIFM und das entsprechende Verfahren bei der für ihn zuständigen Aufsichtsbehörde seines Mitgliedstaates nach Kapitel II der AIFM-Richtlinie erfüllen und durchlaufen[3].

4   Wenn nach dem Wortlaut des Art. 34 Abs. 1 der EU-AIFM alle in der AIFM-Richtlinie für die entsprechenden Nicht-EU-AIF festgelegten Anforderungen – mit Ausnahme der Anforderungen in Art. 21 (Verwahrung) und Art. 22 (Jahresbericht) – erfüllen muss, darf nicht übersehen werden, dass auch die Informationspflichten gegenüber den Anlegern nach Art. 23 bzw. gegenüber den Aufsichtsbehörden nach Art. 24 bedingt greifen.

5   Der Grund für diese Ausnahmen, sprich: das fehlende Schutzbedürfnis von EU-Anlegern, überrascht indes: Art. 34 besagt nicht, dass ein solcher Nicht-EU-AIF nicht auch EU-Investoren zur Kapitalanlage offen stehen darf, sondern vielmehr nur, dass der Fonds nicht in der EU vertrieben werden darf. Warum ein EU-Anleger bei einer Kapitalanlage in einen nicht in der EU vertriebenen Nicht-EU-AIF weniger schutzbedürftig sein soll, will nicht so recht überzeugen, ist aber als rechtspolitische Entscheidung hinzunehmen.

6   Dies gilt auch für die Anforderungen an das Bestehen und den Inhalt der Vereinbarungen über die Zusammenarbeit zwischen den Aufsichtsbehörden des Herkunftsmitgliedstaates des EU-AIFM und den Aufsichtsbehörden des Drittstaates, in dem der Nicht-EU-AIF seinen Sitz hat[4]. Anders als etwa bei den Kooperationsvereinbarungen nach Art. 35 Abs. 2, Art. 37 Abs. 7 und Art. 40 Abs. 2 geht es richtigerweise nicht – jedenfalls nicht primär – um Anlegerschutz, sondern vielmehr um die Aufsicht und Überwachung von Systemrisiken sowie um den

---

[1] Vgl. Erwägungsgrund (61) der AIFM-Richtlinie.

[2] Zur Abgrenzung zwischen EU-AIFM und Nicht-EU-AIFM noch unten Rn. 11 ff.

[3] Zum Zulassungsverfahren nach Kapitel II vgl. Art. 6 Rn. 5 ff., Art. 7 Rn. 4 ff. sowie Art. 8 Rn. 4 ff..

[4] Hierzu auch *Klebeck/Meyer* RdF 2012, 95 ff.

Schutz der Finanzmarktstabilität. Notwendig, aber auch hinreichend muss danach sein, dass durch die geforderten Vereinbarungen auch ein effizienter Informationsaustausch zwischen den Aufsichtsbehörden gewährleistet ist, um eben diese Aufgaben wahrzunehmen.

Demgegenüber sehen die Art. 114–116 des DiskE der Level-2-VO ausweis- 7 lich der Erwägungsgründe (135) und (136) sowie der Kapitelüberschrift des entsprechenden Kapitels V Abschnitt 3 des DiskE der Level-2-VO für die Konkretisierung des Gegenstands, Inhalts und Umfangs von Kooperationsvereinbarungen einen Gleichlauf zwischen nach Art. 34 Abs. 1, 35 Abs. 2, 36 Abs. 1, 37 Abs. 7 lit. d), 39 Abs. 2 lit. a), 40 Abs. 2 lit. a) und 42 Abs. 1 erforderlichen Vereinbarungen vor[5]. Insoweit folgt der Entwurf dem Vorschlag der ESMA in ihrem Konsultationspapier v. 23.8.2011[6] sowie in ihrem Final Report v. 16.11.2011[7]. Dabei werden jedoch die unterschiedlichen Stoß- bzw. Zielrichtungen der in den jeweiligen Artikeln geforderten Vereinbarungen einer Zusammenarbeit zwischen den Aufsichtsbehörden übersehen[8].

Dass es dem EU-Gesetzgeber bei den „erleichterten" Voraussetzungen einer 8 schlichten Verwaltung eines Nicht-EU-AIF durch einen EU-AIFM nach Art. 34 um eine Stärkung bzw. eine Erhöhung der Attraktivität des europäischen Finanzstandortes für Verwalter von AIF gehe, kann diese „Erleichterung" für EU-AIFM ebenfalls nicht erklären.

Dies belegt bereits die Bedingungen für den Vertrieb eines von einem EU- 9 AIFM verwalteten Nicht-EU-AIF mit einem Europäischen Pass nach Art. 35[9]: Nicht anders als bei einem Vertrieb von Nicht-EU-AIF durch einen Nicht-EU-AIFM nach Art. 40[10] bedarf es auch bei einem Vertrieb eines Nicht-EU-AIF durch einen EU-AIFM weitergehend, dass das Drittstaat des Nicht-EU-AIF nicht auf der Liste der nicht kooperativen Länder und Gebiete der Arbeitsgruppe „FATF" steht sowie eine Vereinbarung unterzeichnet hat, die den Normen des Art. 26 des OECD-Musterabkommens zur Vermeidung der Doppelbesteuerung von Einkommen und Vermögen entspricht und einen wirksamen Informationsaustausch in Steuerangelegenheiten gewährleistet. Nach Ansicht des EU-Gesetzgebers sind offenbar die Merkmale der Verwaltung und v.a. des Vertriebs eines Nicht-EU-AIF mit einem Europäischen Pass die entscheidenden, wenn auch wenig überzeugenden Abgrenzungsmerkmale.

---

[5] Diskussionsentwurf der Kommission zur Level-II-VO v. 31.5.2012.

[6] ESMA's draft technical advice to the European Commission on possible implementing measures of the Alternative Investment Fund Managers Directive in relation to supervision and third countries, ESMA/2011/270, S. 13 f. (abrufbar unter: www.esma.europa.eu; im Folgenden: „ESMA Konsultationspapier v. 23.8.2011") S. 13 f.

[7] ESMA's technical advice to the European Commission on possible implementing measures of the Alternative Investment Fund Managers Directive – Final Report, 2011/ESMA/ 2011/379, S. 240 ff. (abrufbar unter: www.esma.europa.eu; im Folgenden: „Final Report v. 16.11.2011").

[8] In diese Richtung schon die Stellungnahme der EVCA v. 23.9.2011 bezüglich des Konsultationspapiers der ESMA v. 23.8.2011 „ESMA's draft technical advice to the European Commission on possible implementing measures of the Alternative Investment Fund Managers Directive in relation to supervision and third countries", ESMA/2011/270 (abrufbar unter: www.esma.europa.eu).

[9] Vgl. hierzu Art. 35 Rn. 31 f.

[10] Vgl. hierzu Art. 40 Rn. 4 ff.

B. Anwendungsbereich

I. Persönlicher und sachlicher Anwendungsbereich

10   **1. Zugelassener EU-AIFM, der Nicht-EU-AIF verwaltet.** Nicht anders als zahlreiche andere Vorschriften der AIFM-Richtlinie geht auch Art. 34 von dem einfachen Lehrbuchfall aus, dass der Verwalter eines Fonds eindeutig bestimmt werden kann[11]. Die Rechtswirklichkeit ist indes vielfach nicht so eindeutig und wirft v.a. die Frage auf, ob als EU-AIFM nicht diejenige Gesellschaft mit satzungsmäßigem Sitz in einem Mitgliedstaat anzusehen ist, die in heutigen Strukturen noch als sog. Investment Advisor bzw. Anlageberater fungieren bzw. angesehen werden.

11   Letztlich geht es auch hier um die zentrale Frage, wer überhaupt Manager bzw. Fondsverwalter, sprich: AIFM, und damit unmittelbarer Regelungsadressat der AIFM-Richtlinie ist[12]. Mit Blick auf die Anwendung des Art. 34 bedarf es in zweierlei Hinsicht einer Abgrenzung bzw. Konkretisierung: Erstens wird man auch bei Art. 34 genau prüfen müssen, welche juristische Person in der jeweiligen Fondsstrukturen als AIFM anzusehen ist[13]. Die Legaldefinition des Art. 4 Abs. 1 lit. b) sowie die Vorgaben des Art. 5 helfen auch hier nur bedingt weiter, wenn sie als AIFM diejenige juristische Person ausmachen, deren reguläre Geschäftstätigkeit darin besteht, einen oder mehrere AIF zu verwalten[14][15].

12   Entscheidend ist nach h.M., wer die Anlageverwaltungsfunktion inne hat – also nach Annex I mindestens die Portfolioverwaltung und das Risikomanagement für den AIF übernimmt. Eine weitergehende Konkretisierung durch die ESMA, genauer: durch entsprechende Entwürfe von technischen Regulierungsstandards nach Art. 4 Abs. 4, um die Arten von AIFM – soweit dies für die Anwendung dieser Richtlinie und zur Sicherstellung einheitlicher Bedingungen für die Anwendung der AIFM-Richtlinie relevant ist – zu bestimmen, ist bislang noch nicht erfolgt[16].

13   Zweitens greift Art. 34 ausschließlich für EU-AIFM ein, sodass der in Rede stehende EU-AIFM von einem Nicht-EU-AIFM abzugrenzen ist, für den darüber hinaus die weitergehenden Anforderungen der Art. 37 ff. gelten. Nach der Legaldefinition des Art. 4 Abs. 1 lit. l) wird als EU-AIFM ein AIFM bezeichnet, der seinen satzungsmäßigen Sitz in einem der Mitgliedstaaten hat. Was gilt aber, wenn es an einem satzungsmäßigen Sitz des AIFM fehlt[17], wird man – nicht anders als bei der Frage nach der Bestimmung eines Nicht-EU-AIFM i.S.d. Art. 37 –

---

[11] Allgemein zum Fondsbegriff *Krause/Klebeck* RdF 2013, 4 ff.

[12] Hierzu auch *Spindler/Tancredi* WM 2011, 1393, 1396 f.; *Krause/Klebeck* BB 2012, 2063, 2064 ff.

[13] Zur möglichen Reichweite der AIFM-Richtlinie sowie möglichen Auswirkungen auf verschiedene ausländische Strukturen etwa die Stellungnahme von BlackRock v. 14.1.2011 zu CESR's „Call for evidence – Implementing measures on the Alternative Investment Fund Managers Directive" v. 3.12.2010 – Ref.: CESR/10-1459; abrufbar unter: http://www.esma.europa.eu/content/Call-evidence-Implementing-measures-Alternative-Investment-Fund-Managers-Directive (zuletzt abgerufen am 22.2.2013).

[14] Vgl. *Nietsch/Graef* ZBB 2010, 12, 14, die insoweit zu Recht von einer „Tautologie" sprechen.

[15] *Nietsch/Graef* ZBB 2010, 12, 14 sprechen insoweit zu Recht von einer „Tautologie".

[16] Kritisch hierzu auch *Klebeck/Meyer* RdF 2012, 95.

[17] Denkbar ist etwa, dass in den Gründungsdokumentationen einer ausländischen Gesellschaft ein satzungsmäßiger Sitz nicht oder flexibel bestimmt ist.

beantworten müssen. Auf die in Art. 37 gemachten Ausführungen soll verwiesen werden.

Keine Anwendung findet Art. 34, der nach dem Wortlaut klar zwischen EU- **14** AIFM und Nicht-EU-AIF trennt, hingegen auf Fondsstrukturen eines sog. selbstverwalteten AIF i.S.d. Art. 5 Abs. 1 lit. b), also solche AIF-Rechtsformen, die eine interne Verwaltung zulassen und das Leitungsgremium des Nicht-EU-AIF entscheidet, keinen externen AIFM zu bestellen. Denn in diesem Fall muss der Nicht-EU-AIF selbst als AIFM zugelassen werden. Ob dieser dann als EU-AIFM oder als Nicht-EU-AIFM qualifiziert, hängt nach der Definition des Art. 4 Abs. 1 lit. k) von seiner Registrierung bzw. Zulassung bzw. seinem Sitz und/oder seiner Hauptverwaltung ab. Nicht anders als bei Art. 35 kommt es weder für die Einordnung als EU-AIFM noch für die Qualifikation als Nicht-EU-AIF auf die Qualifikation nach dem Recht des jeweiligen Drittstaates an[18].

Fraglich ist, ob ein EU-AIFM die allgemeinen Zulassungsvoraussetzungen des **15** Kapitels II sowie die weiteren Anforderungen nach Art. 34 auch dann erfüllen muss, wenn er einen Nicht-EU-AIF verwaltet, an dem lediglich Nicht-EU-Investoren beteiligt sind. Dagegen könnte der notwendige EU-Bezug, genauer: der Bezug zu EU-Investoren sprechen. In diesem Sinne kann man auch die Ausführungen im Erwägungsgrund (4) lesen, wenn mit der AIFM-Richtlinie „ein Binnenmarkt der Union für AIFM sowie ein harmonisierter und strikter Regulierungs- und Kontrollrahmen für die Tätigkeiten *innerhalb der Union [Hervorhebung der Verfasser]* aller AIFM geschaffen werden" soll.

Für eine Anwendung des Art. 34 könnte indes sprechen, dass auch bei der **16** Verwaltung eines Nicht-EU-AIF durch einen EU-AIFM ohne Beteiligung von EU-Investoren die Managementaktivitäten dennoch innerhalb der Union ausgeübt werden – genauer: der Nicht-EU-AIF aus der EU heraus verwaltet wird. Kollisionsrechtlich dürften sich bei einer solchen Lesart keine Bedenken ergeben[19], da mit dem Erfordernis des Sitzes bzw. der Tätigkeit des AIFM in der EU ein hinreichender Anknüpfungspunkt für eine europäische Regulierung eines solchen EU-AIFM gegeben sein dürfte.

3. Kein Vertrieb des Nicht-EU-AIF in der EU.

Zentral für die Anwen- **17** dung des Art. 34 sowie für die Abgrenzung zu Art. 35, der noch weitergehende Anforderungen an den EU-AIFM bzw. Nicht-EU-AIF mit Blick auf Management- und Vertriebsaktivitäten innerhalb der Union stellt, ist der Vertrieb des Nicht-EU-AIF. Nach der Legaldefinition des Art. 4 Abs. 1 lit. x) versteht man unter Vertrieb *„das direkte oder indirekte, auf Initiative des AIFM oder in dessen Auftrag erfolgende Anbieten oder Platzieren von Anteilen an einem vom AIFM verwalteten AIF an Anleger oder bei Anlegern mit Wohnsitz oder Sitz in der Union"*. Anders als etwa nach dem derzeit noch geltenden InvG[20], dem VermAnlG[21] oder dem (mit

---

[18] Vgl. hierzu auch die Ausführungen unter Art. 35 Rn. 11 ff.

[19] Vgl. zu den verschiedenen Ansätzen bzw. Anknüpfungspunkten einer Regulierung eingehend *Lehmann* ZIP 2007, 1889, 1892 ff.

[20] Vgl. zur Definition des öffentlichen Vertriebs nach § 2 Abs. 11 *Köndgen* in B/S/L, InvG/InvStG (2010) § 2 InvG Rn. 68.

[21] Gesetz über Vermögensanlagen (VermögensanlagenG – VermAnlG), verkündet als Art. 1 des Gesetzes zur Novellierung des Finanzanlagenvermittler- und Vermögensanlagenrechts v. 6.12.2011 (BGBl. I S. 2481). Das VermAnlG ist mit Ausnahme bestimmter Rechtsverordnungsermächtigungen am 1. Juni 2012 in Kraft getreten.

Inkrafttreten des VermAnlG am 1. Juni 2012 aufgehobenen) VerkProspG[22] ist es jedoch unbeachtlich, ob der Vertrieb öffentlich oder nicht-öffentlich erfolgt, entscheidend sind vielmehr die Vertriebsaktivitäten auf Initiative des AIFM[23].

18 Nicht anders als der deutsche Gesetzgeber im Anwendungsbereich des InvG hat der EU-Gesetzgeber damit ein auch in der deutschen Praxis durchaus geläufiges Synonym für Verkaufstätigkeiten von Fondsanteilen gewählt[24]. Als Vertrieb wird man danach nicht nur die konkrete Ausgabe von Anteilen an EU-AIF bzw. deren Platzierung bei den Anlegern, sondern auch bereits das Angebot hierzu, also jede sonstige auf die Veräußerung von Fondsanteilen gerichtete Handlung im eigenen oder fremden Namen, aber auch nur das Angebot hierzu ansehen können – ungeachtet dessen, ob es zum Erfolg führt oder nicht[25]. Ob und inwieweit hierunter einzelne Maßnahmen der Absatzförderung durch den EU-AIFM sowie durch unabhängige oder beauftragte Vertriebsmittler fallen[26], ist Tatfrage.

19 Anlagen in einen Nicht-EU-AIF, die aufgrund der Initiative des EU-Anlegers zustande gekommen sind, führen per definitionem nicht zur Anwendbarkeit der weitergehenden Vertriebsanforderungen nach Art. 35. Auf den EU-AIFM findet mit Blick auf die Verwaltung des Nicht-EU-AIF insoweit nur Art. 34 Anwendung. Dies folgt aus dem Recht eines professionellen Anlegers mit Sitz in der EU, unabhängig vom Sitz des AIFM und/oder des AIF auf eigene Initiative in AIF zu investieren (sog. *Reverse Solicitation*)[27] – was letztlich von der passiven Dienstleistungsfreiheit gedeckt sein soll[28].

20 Wann von einem solchen passiven Marketing aufzugehen ist, wird u.E. von einer Gesamtbetrachtung der Umstände des Einzelfalls abhängen. Denkbar und für die Praxis hilfreich wäre, dass sich die zuständige Aufsicht an bereits vorhandenen Antworten auf vergleichbare Fragestellungen in anderen Bereichen orientiert[29]. In Deutschland könnte etwa das Merkblatt der BaFin – Hinweise zur Erlaubnispflicht nach § 32 Abs. 1 KWG in Verbindung mit § 1 Abs. 1 und Abs. 1a KWG von grenzüberschreitend betriebenen Bankgeschäften und/oder grenzüberschreitend erbrachten Finanzdienstleistungen v. 1.4.2005[30] sowie die hierzu bestehende Verwaltungspraxis Anhaltspunkte bieten.

21 So wird man etwa das bloße Weiterführen bestehender Investorenbeziehungen nicht als Vertrieb einordnen – was auch die Versorgung mit Informationen über

---

[22] Vgl. zum öffentlichen Vertrieb i.S.d. § 8f VerkProspG auch *Hennrichs* in Schwark/Zimmer, Kapitalmarktrechts-Kommentar, 4. Auflage (2010) § 8f VerkProspG Rn. 11; *Bühring/Linnemannstöns* DB 2007, 2637 ff.

[23] Vgl. hierzu *Loff/Klebeck* BKR 2012, 353 ff.

[24] Zur Reichweite des Vertriebsbegriffes des InvG *Köndgen* in B/S/L, § 2 InvG Rn. 68.

[25] So etwa für den Vertrieb nach InvG *Köndgen*, in: B/S/L, § 2 Rn. 68; einschränkend mit Blick auf das Angebot nach § 2 Nr. 4 WpPG *Groß*, in: ders., Kapitalmarktrecht, 4. Auflage (2009) § 2 WpPG Rn. 10 f., der eine gewisse Konkretisierung fordert.

[26] So auch mit Blick auf den (öffentlichen) Vertrieb i.S.d. § 2 Abs. 11 InvG *Köndgen*, in: B/S/L, § 2 Rn. 68.

[27] Vgl. Erwägungsgrund (70) der AIFM-Richtlinie.

[28] Die passive Dienstleistungsfreiheit soll Ausfluss der allgemeinen Handlungsfreiheit aus Art. 2 Abs. 1 Grundgesetz, die im Hinblick auf den Empfänger der Dienstleistung – anders als beim Dienstleistungserbringer – nicht durch Regelungen der Wirtschaftsaufsicht eingeschränkt werden.

[29] Vgl. mit Blick auf die Erlaubnispflicht nach § 32 Abs. 1 KWG eingehend auch *Vahldiek*, in: B/F/S-M, § 53 Rn. 143 ff.

[30] Abrufbar unter www.bafin.de (zuletzt abgerufen am 22.2.2013) (im Folgenden: „BaFin-Merkblatt zur Erlaubnispflicht nach § 32 Abs. 1 KWG").

die gesamte Produktpalette des AIFM umfasst. Die Investorenbeziehung kann schon von Anfang an im Wege des passiven Marketings zustande gekommen sein. Es kann sich dabei aber auch um eine Geschäftsbeziehung handeln, deren Anbahnung durch ein aktives Marketing nach der AIFM-Richtlinie erfolgt ist, aber nun über den Umfang der bereits bestehenden Investition hinaus auf eine Kapitalanlage in einen Nicht-EU-AIF ausgebaut werden soll[31].

Nicht auf Initiative des AIFM, sondern vielmehr des Anlegers im Falle des **22** sog. *Request for Proposal* (kurz „RFP" genannt), des sog. *„Beauty Contest"* bzw. Konditionenvergleich: Das aktive Aussuchen von Fondsverwaltern durch den Investor in der Form, dass von verschiedenen Anbietern Konditionen eingeholt werden, wird man als einen Fall des sog. *Reverse Solicitation* ansehen können[32].

Im Falle institutioneller Investoren geschieht dies häufig im Rahmen eines sog. **23** Beauty-Contests, was letztlich aber nur ein anderes Wort für das selbstbestimmte Aussuchen eines Dienstleisters ist. Dabei kann der Konditionenvergleich durchaus auch mit Hilfe eines sich objektiv verhaltenden Dritten, etwa eines Beraters erfolgen, wenn dieser Dritte eine Auswahl an Vermögensverwaltern als möglichen Vertragspartnern des Investors neutral präsentiert und der Investor auf dieser Basis die Auswahl selber trifft. Den Dritten wird man nicht ohne Weiteres als indirektes Vertriebsvehikel des EU-AIFM ansehen können[33].

Nichts anderes gilt für grenzüberschreitende Geschäftsbesuche[34], wenn die **24** Nachfrage nach einem solchen Besuch initiativ vom Kunden ausgeht. Ob Namens- bzw. Sympathiewerbung eines EU-AIFM ohne Bewerbung eines konkreten Produkts als Vertrieb zu qualifizieren ist, ist fraglich. Auch hier wird man auf die Gesamtumstände abstellen müssen. Eine allgemeine Darstellung des Fondsmanagers ohne konkreten Bezug zu einem Produkt wird u.E. nicht als ein Anbieten und damit als Vertrieb i.S.d. AIFM-Richtlinie qualifizieren können.

Das Einschalten von Dritten, etwa Finanzdienstleistungsinstitute oder (freier) **25** Mitarbeiter, als Vermittler führt nicht zur Verneinung eines aktiven Vertriebs. Umgekehrt spricht der Aufbau einer Vertriebsorganisation unter Zuhilfenahme von externen Vermittlern (sog. *Placement Agents*) für die Annahme eines Vertriebs i.S.d. AIFM-Richtlinie[35] und im Fall eines durch einen EU-AIFM verwalteten Nicht-EU-AIF zur Anwendung des Art. 35.

Indizien für das Nutzen eines Vermittlers als Vertriebskanal können auch mit **26** Blick auf die AIFM-Richtlinie v.a. die exklusive Bindung des Vermittlers an einen Anbieter oder ein Produkt durch Rahmen- bzw. Kooperationsvereinbarungen sein, die Gewährung von Provisionen für die Zuführung von Anlegern oder die gezielte Werbung für die Produkte des AIFM durch den Vermittler sein. Nur wenn es sich bei dem Vermittler um einen nicht vertraglich an den EU-AIFM

---

[31] Mit Blick auf die Erlaubnispflicht nach § 32 KWG auch BaFin-Merkblatt zur Erlaubnispflicht nach § 32 Abs. 1 KWG, S. 5; *Vahldiek* in B/F/S-M, § 53 Rn. 150.

[32] Vgl. zu § 32 KWG auch das BaFin-Merkblatt zur Erlaubnispflicht nach § 32 Abs. 1 KWG, S. 3 und 5; hierzu auch *Vahldiek* in B/F/S-M, § 53 Rn. 151.

[33] So auch mit Blick auf die Erlaubnispflicht nach § 32 KWG *Vahldiek* in B/F/S-M, § 53 Rn. 151; so i.E. auch BVerwG v. 22.4.2009, 8 C 2.09, WM 2009, 1553, Tz. 35; *R/K,* § 53 Rn. 5e.

[34] Mit Blick auf § 32 KWG auch *Vahldiek* in B/F/S-M, § 53 Rn. 152.

[35] Vgl. auch den Wortlaut der Legaldefinition des Vertriebs nach Art. 4 Abs. lit. x): *„indirekte, auf Initiative des AIFM oder in dessen Auftrag erfolgende Anbieten oder Platzieren von Anteilen";* zur Anwendung des § 32 KWG bei Einschaltung von Dritten BaFin-Merkblatt zur Erlaubnispflicht nach § 32 Abs. 1 KWG, S. 4.

gebundenen Vermittler handelt, der den Anleger objektiv beratend die Auswahl zwischen verschiedenen Produktanbietern lässt, wird man als *Reverse Solicitation* ansehen können[36].

27   Auch im Rahmen des Internet-Vertriebs wird man auf die bereits aus dem Investment-, Prospekt- sowie Kreditwesenrecht bekannten Grundsätze abstellen können, handelt es sich um weithin vergleichbare Fälle und eine einheitliche Auslegung für die Praxis hilfreich erscheint[37]. Die Abgrenzung des aktiven Internetmarketings zur aktiven Nutzung durch den Anleger ist auch im Rahmen der AIFM-Richtlinie schwierig, denn es ließe sich auch hier argumentieren, dass der Anleger durch Eingabe der Internetadresse in seinen Browser die Internetpräsenz des AIFM stets eigeninitiativ ansteuert, dass er somit den Informationsfluss per Internet nutzt, um dem AIFM einen virtuellen Geschäftsbesuch abzustatten. So verstanden meint das, dass es sich bei der Internetpräsenz immer um einen Fall des passiven Marketing handelt.

28   Dagegen spricht indes die globale Reichweite des Internets – hiernach wäre jegliche Form der Internetpräsenz zugleich auch eine Form des aktiven Marketings. Diese Ansicht ist indes zu weitgehend[38]. Zentrale Bedeutung für die Abgrenzung einer Werbung im Internet wird man auch hier einem sog. disclaimer beimessen können. Wird in einem solchen zentralen Hinweis an Besucher der Internetseiten klar gestellt, dass die enthaltenen Inhalte bzw. Angebote ausdrücklich nicht für in EU-Mitgliedstaaten ansässige Personen bestimmt sind, so muss der Besucher der Seiten schon eine erhebliche Eigeninitiative aufbieten, um sich über diesen Hinweis hinwegzusetzen, was für einen Fall der *Reverse Solicitation* und gegen eine Vertriebsaktivität des AIFM spricht.

II. Zeitlicher Anwendungsbereich und Bestandsschutz

29   Anders als die Einführung des Europäischen Passes für EU-AIFM zum Vertrieb von Nicht-EU-AIF innerhalb der EU nach Art. 35[39] müssen die EU-Mitgliedstaaten bis zum 22.7.2013 die erforderlichen Rechts- und Verwaltungsvorschriften erlassen, um die Vorgaben des Art. 34 umzusetzen, und müssen diese Rechts- und Verwaltungsvorschriften auch ab diesem Tag entsprechend anwenden. Bestandsschutz greift nur unter den in Art. 61 geregelten, engen Voraussetzungen ein[40].

C. Zulassungsvoraussetzungen (Abs. 1)

1. Zugelassener EU-AIFM

30   Voraussetzung der Anwendung des Art. 34 auf EU-AIFM ist, dass der betreffende EU-AIFM nach der AIFM-Richtlinie zugelassen ist und dem persönlichen

---

[36] So auch mit Blick auf § 32 KWG *Vahldiek* in B/F/S-M, § 53 Rn. 155.

[37] Hierzu v.a. das Schreiben des BAKred v. 2.6.1998 sowie die Bekanntmachung des BAWe zum VerkProspG v. 6.9.1999 (jeweils abrufbar unter www.bafin.de), auf die auch das BaFin-Merkblatt zur Erlaubnispflicht nach § 32 Abs. 1 KWG, S. 2, verweist.

[38] Mit Blick auf die Erlaubnispflicht nach § 32 KWG vgl. auch *Vahldiek* in B/F/S-M, § 53 Rn. 158 ff.; BVerwG v. 22.4.2009, 8 C 2.09, WM 2009, 1553, Tz. 41.

[39] Vgl. zur zeitversetzten Umsetzung, Anwendung und Einführung eines Europäischen Passes nach Art. 35 wie auch mit Blick auf die Management- und Vertriebsaktivitäten eines Nicht-EU-AIFM nach Art. 37 bis 41 die Sondervorschriften des Art. 66 Abs. 3 i. V. m. Art. 67 Abs. 6.

[40] Hierzu auch Art. 35 Rn. 22 f.

und sachlichen Anwendungsbereich des Art. 34 unterliegt. Nach Kapitel II muss dem EU-AIFM mithin entsprechend den Zulassungsvoraussetzungen nach Art. 6 und 8 durch die zuständigen Behörden seines Herkunftsmitgliedstaates die Zulassung zur Verwaltung von AIF erteilt worden sein.

Die dem EU-AIFM erteilte Zulassung muss sich gegenständlich zumindest **31** auch auf die Verwaltung von betreffenden Nicht-EU-AIF erstrecken. Der EU-AIFM hat insoweit im Rahmen des Zulassungsantrags gegenüber der zuständigen Zulassungsbehörde u.a. Angaben zu den Risikoprofilen der planmäßig verwalteten AIF zu machen (Art. 7 Abs. 3 lit. a)) und die Vertragsbedingungen oder Satzungen dieser AIF (Art. 7 Abs. 3 lit. c)) vorzulegen.

Macht der EU-AIFM diesbezüglich im Rahmen des Zulassungsverfahrens **32** gegenüber der Zulassungsbehörde falsche Angaben oder hält er nach erfolgter Erteilung der Zulassung die Zulassungsvoraussetzungen nicht mehr ein, droht gemäß Art. 11 lit. b) der Entzug der Zulassung.

Im Fall von nachträglichen wesentlichen Änderungen der für die Erstzulassung **33** maßgeblichen Voraussetzungen, insbesondere der Änderung der im Zulassungsverfahren nach Art. 7 erfolgten Angaben, sind diese im Wege einer Änderungsanzeige gegenüber den zuständigen Behörden des Herkunftsmitgliedstaates des EU-AIFM anzuzeigen (Art. 10 Abs. 1)[41]. Kommt er dieser Anzeigepflicht nicht nach, droht ebenfalls der Entzug der Zulassung – als ultima ratio.

Bis zum Ergehen einer Entscheidung über die Änderung der Zulassung oder **34** den Entzug der Zulassung durch die zuständige Behörde des Herkunftsmitgliedstaates genießt die Zulassungsentscheidung nach der Systematik von Kapitel II der AIFM-Richtlinie indes materielle Bestandskraft[42]. Bis zu diesem Zeitpunkt unterfällt der zugelassene EU-AIFM mithin auch Art. 34 und sowie den hieraus folgenden Rechten und Pflichten.

2. Verwaltung von Nicht-EU-AIF. Die Mitgliedstaaten haben sicherzustel- **35** len, dass der zugelassene EU-AIFM solche Nicht-EU-AIF, verwalten darf, die nicht in der EU vertrieben werden.[43] „Verwaltung" bedeutet nach der Legaldefinition des Art. 4 Abs. 1 lit. w), dass der EU-AIFM mindestens die in Anh. I Nr. 1 lit. a) „oder" b) genannten Anlageverwaltungsfunktionen der Portfolioverwaltung bzw. des Risikomanagements für einen oder mehrere AIF erbringt.

Da die Mindestanforderungen der Durchführung der Portfolioverwaltung und **36** des Risikomanagements nach Erwägungsgrund (21) als untrennbare Einheit im

---

[41] Zur Änderungsanzeige nach Art. 10 eben dort Rn. 3 ff.

[42] Vgl. Art. 11 Rn. 5 ff.; weiterführend *Kahl* NVwZ 2011, 449, 452; Juntunen, Die Einwirkung des Gemeinschaftsrechts auf die Bestandskraft von Verwaltungsakten und die Rechtskraft von Gerichtsurteilen, (Diss.) 2009, S. 132 ff., 162 ff.

[43] Zur Ziff. III.6–III.10 des Diskussionspapiers der ESMA v. 23.2.2012 „Discussion Paper – key concepts of the Alternative Investment Fund Managers Directive and types of AIFM" ESMA/2012/117 (abrufbar unter: www.esma.europa.eu) (im Folgenden: „Diskussionspapier v. 23.2.2012"). Das Diskussionspapier v. 23.2.2012 dient v.a. der Vorbereitung des Erlasses von technischen Regulierungsstandards nach Art. 4 Abs. 4 zu Definition von AIFM und AIF; eine mögliche Konkretisierung der Abgrenzung in Einzelfällen durch die ESMA im Rahmen von technischen Regulierungsstandards nach Art. 4 Abs. 4 bleibt abzuwarten. Zur Rechtsnatur und Bindungswirkung von *„quasi-legislatorischen"* (normkonkretisierenden) technischen Regulierungsstandards i.S.v. Art. 290 AEUV und vorbereitenden Konsultationsakten näher *Rötting/Lang* EuZW 2012, 8, 10; s.a. *Walla* BKR 2012, 265, 267 f.; zu Rechtsschutzmöglichkeiten siehe *Sonder* BKR 2012, 8, 10.

Rahmen der Zulassung zur AIF-Verwaltung zu sehen sind und nach Art. 6 Abs. 5 lit. d) AIFM nicht zugelassen werden dürfen, um die in Anh. I Nummer 1 lit. a genannten Dienstleistungen (sprich: die Portfolioverwaltung) zu erbringen, *„ohne zugleich"* die in Anh. I Nummer 1 Buchst. b) genannten Dienstleistungen (sprich: das Risikomanagement) zu erbringen und umgekehrt, ist die in Art. 4 Abs. 1 lit. w) durch das Wort „oder" formulierte Alternative zumindest missverständlich. Laut Ziff. III.6.–III.10. des Diskussionspapiers der ESMA v. 23.2.2012[44] legt die ESMA Art. 6 Abs. 5 lit. d) dahingehend aus, dass es Voraussetzung der Zulassung als AIFM ist, dass der AIFM rechtlich und tatsächlich in der Lage ist (Ziff. III.6.), beide in Anh. I Nummer 1 lit. a genannten Dienstleistungen zu erbringen.

37   Das schließt eine Übertragung von Funktionen nach Anh. I Nummer 1 Buchst. b) auf Dritte nicht aus, sofern die Übertragungsbedingungen gemäß Art. 20 und den maßgeblichen Umsetzungsbestimmungen hierzu (s.a. Art. 76 ff. des DiskE der Level-2-VO) erfüllt werden[45]. Dazu muss nach Ansicht der ESMA wohl ein nicht delegierbarer Kernbestand zumindest einer der beiden Funktionskategorien Portfolioverwaltung bzw. Risikomanagement durch den AIFM selbst erfüllt werden. In Ziff. III.8. des Diskussionspapiers v. 23.2.2012 führt die ESMA insoweit aus, dass nicht beide Funktionen zur selben Zeit vollständig delegiert werden dürfen. Was nach Auffassung der ESMA einen solchen Kernbestand ausmacht, wird in Ziff. III.8. des Diskussionspapiers v. 23.2.2012 nicht näher ausgeführt. Insbesondere darf aber keine Funktionsübertragung vorgenommen werden, die dazu führt, dass der AIFM bei wertender Betrachtung zu einem „Briefkastenunternehmen" i.S.v. Art. 20 Abs. 3 Halbs. 2 wird[46].

38   Über die zwingenden Mindestanforderungen der Erbringung der Portfolioverwaltung und des Risikomanagements für AIF hinaus führt Anh. I Nr. 2 im Rahmen eines – nicht abschließenden – Katalogs *„andere Aufgaben, die ein AIFM im Rahmen der kollektiven Verwaltung eines AIF zusätzlich ausüben kann"* auf.

39   Hierzu gehören zunächst die Anh. I Nr. 2 lit. a) aufgelisteten *„administrativen Tätigkeiten"* wie die

- Erbringung von „rechtlichen Dienstleistungen",
- Fondsbuchhaltung und Rechnungslegung,
- Bearbeitung von Kundenanfragen,
- Bewertung und Preisfestsetzung einschließlich Steuererklärungen,
- Überwachung der Einhaltung von Rechtsvorschriften (Compliance),
- Führung eines Anlegerregisters,
- Durchführung von Gewinnausschüttungen,
- Ausgabe und Rücknahme von Anteilen,
- Vornahme von Kontraktabrechnungen, einschließlich Versand von Zertifikaten und
- „Führung von Aufzeichnungen".

40   Auch insoweit ist im Rahmen von Art. 20 (konkretisiert durch Art. 76 ff. des DiskE der Level-II-VO) eine Übertragung von Funktionen auf Dritte zulässig. Erfolgt tatsächlich eine Wahrnehmung solcher Funktionen durch Dritte, besteht nach Auffassung der ESMA eine Vermutung, dass eine entsprechende Funktionsübertragung stattgefunden hat.[47]

---

[44] Ziff. III.10 Diskussionspapier v. 23.2.2012.

[45] Ziff. III.7 Diskussionspapier v. 23.2.2012.

[46] Ziff. III.7 und III.8 Diskussionspapier v. 23.2.2012; hierzu auch *Klebeck*, RdF 2012, 225 ff.

[47] Ziff. III.10 Diskussionspapier v. 23.2.2012.

Darüber hinaus kann der EU-AIFM über rein verwaltende Tätigkeiten hinaus **41** nach Anh. I Nr. 2 lit. b) den „Vertrieb" übernehmen und, nach Anh. I Nr. 2 lit. c) Tätigkeiten im Zusammenhang mit den Vermögenswerten des AIF ausführen, wozu insbesondere Dienstleistungen zählen, *„die zur Erfüllung der treuhänderischen Pflichten des AIFM erforderlich sind"*, sowie darüber hinaus *„das Facility Management, die Immobilienverwaltung, die Beratung von Unternehmen über die Kapitalstruktur, die industrielle Strategie und damit verbundene Fragen, Beratungs- und Dienstleistungen im Zusammenhang mit Fusionen und dem Erwerb von Unternehmen und weitere Dienstleistungen in Verbindung mit der Verwaltung der AIF und der Unternehmen und anderer Vermögenswerte, in die die AIF investiert haben."*

In diesem – mitunter redundanten – Beispielskatalog fällt auf, dass ausweislich **42** des Wortlauts des Eingangssatzes von Anh. I Nr. 2 der in lit. c) genannte „Vertrieb" Teil der zulässigen *Verwaltungs*aufgaben des AIFM sein soll. Angesichts der kategorialen Unterscheidung der Verwaltung von AIF gemäß Art. 4 Abs. 1 lit. w) einerseits und dem Vertrieb von AIF gemäß Art. 4 Abs. 1 lit. x)[48] andererseits, ist dies wohl ein Redaktionsversehen.

3. Erfüllung aller für AIF festgelegten Anforderungen mit Ausnahme **43** **von Art. 21 und 22.** Zugelassene EU-AIFM, die Nicht-EU-AIF verwalten, müssen nach Art. 34 Abs. 1 lit. a) „alle" in der AIFM-Richtlinie für diese AIF festgelegten Anforderungen erfüllen, mit Ausnahme der Anforderungen nach Art. 21 (Pflicht zur Bestellung einer geeigneten Verwahrstelle für jeden verwalteten AIF) und nach Art. 22 (Pflicht zur Vorlage von Jahresberichten für jedes Geschäftsjahr des AIF). Hintergrund dieser Ausnahmen ist laut Erwägungsgrund (21) der Umstand, dass die Art. 21 und 22 Anlegerschutzvorschriften zugunsten von EU-Anlegern sind.[49]

Der Wortlaut von Art. 34 Abs. 1 lit. a) ist eindeutig, aber zu weitgehend. So **44** betreffen die dort in Bezug genommenen *„Anforderungen der AIFM-Richtlinie"* angesichts des Regulierungskonzeptes der AIFM-Richtlinie, wonach die AIF-Manager, nicht die Fonds selbst reguliert werden[50], nicht die Nicht-EU-AIF, sondern die AIFM selbst.

Anwendbar und vom EU-AIFM zu beachten sind danach insbesondere die **45** Anfangskapital- und Eigenmittel-Anforderungen nach Art. 9[51], mit Ausnahme der Anforderungen zur Bestellung einer Verwahrstelle (Art. 21) die Anforderungen nach Kapitel III, v.a. bezüglich guter Corporate Governance[52], Vergütungsgrundsätzen[53], des Umgangs mit Interessenkonflikten[54], Anforderungen an das Risiko- und Liquiditätsmanagement[55], Anlagen in Verbriefungspositionen[56], Bewertungsverfahren[57] und die Outsourcing-Vorgaben des Art. 20[58].

---

[48] Zur Abgrenzung siehe Ziff. III.6–III.10 des Diskussionspapiers v. 23.2.2012.
[49] Zu den Grenzen dieses Schutzargumentes siehe bereits oben Rn. 4.
[50] Zum Hintergrund siehe *Spindler/Tancredi* WM 2011, 1393, 1395 f.
[51] Zu Einzelheiten die Ausführungen bei Art. 9 Rn. 5 ff.
[52] Zu Einzelheiten die Ausführungen bei Art. 12 Rn. 3 ff. sowie Art. 18 Rn. 2 ff.
[53] Zu Einzelheiten auch die Ausführungen bei Art. 13 Rn. 4 ff.
[54] Zu Einzelheiten auch die Ausführungen bei Art. 14 Rn. 2 ff.
[55] Zu Einzelheiten auch die Ausführungen bei Art. 15 Rn. 3 ff. sowie Art. 16 Rn. 5 ff.
[56] Zu Einzelheiten auch die Ausführungen bei Art. 17 Rn. 5 ff.
[57] Zu Einzelheiten auch die Ausführungen bei Art. 19 Rn. 3 ff.
[58] Zu Einzelheiten auch die Ausführungen bei Art. 20 Rn. 4 ff.

46 Des Weiteren sind nach dem Wortlaut des Art. 34 Abs. 1 lit. a) – außer der Vorlage von Jahresberichten nach Art. 22 – sämtliche Transparenzanforderungen des Kapitels IV zu wahren. Dies erscheint insofern überschießend zu sein, als in Art. 23 auf Bewertungsanforderungen nach Art. 19 und Pflichten nach Art. 21 verwiesen wird, die im ersten Fall nach Sinn und Zweck von Art. 19 im zweiten Fall bereits nach dem Wortlaut von Art. 34 nicht für Nicht-EU-AIFM passen.

47 Darüber hinaus werden in Art. 24 Abs. 2 und 3 Transparenzanforderungen definiert, die nach dem eindeutigen Wortlaut ausschließlich auf EU-AIF bzw. in der EU vertriebene AIF Anwendung finden sollen und aus diesem Grund schwerlich für ausschließlich verwaltete Nicht-EU-AIF i.S.d. Art. 34 passen. Schließlich sind in Abs. 1 lit. a) die Anforderungen des Kapital V für vom AIFM verwaltete AIF mit besonderem Fondsprofil (also hebelfinanzierte AIF und AIF, die die Kontrolle über börsennotierte Unternehmen und Emittenten erstreben) zu wahren.

48 **4. Geeignete Kooperationsvereinbarung mit Aufsichtsbehörden des Drittstaats.** Nach Art. 34 Abs. 1 lit. b) müssen darüber hinaus *„geeignete Vereinbarungen"* über die Zusammenarbeit zwischen den zuständigen Behörden des Herkunftsmitgliedstaats des EU-AIFM i.S.v. Art. 4 Abs. 1 lit. f) und den Aufsichtsbehörden des Drittstaates bestehen, in dem der Nicht-EU-AIF seinen Sitz hat, *„damit zumindest ein effizienter Informationsaustausch gewährleistet ist, der den zuständigen Behörden des Herkunftsmitgliedstaats des AIFM ermöglicht, ihre Aufgaben gemäß dieser Richtlinie wahrzunehmen".*

49 Inhalt und Umfang der Kooperationsvereinbarungen werden durch die Kommission in Form delegierter Rechtsakte i.S.v. Art. 34 Abs. 2 festgelegt, die ihrerseits durch Leitlinien der ESMA konkretisiert werden sollen. Art. 114 ff. des DiskE der Level-II-VO konkretisieren zum einen die formalen und inhaltlichen Anforderungen an Kooperationsvereinbarungen (Art. 114), regeln Anforderungen an die den zuständigen Aufsichtsbehörden einzuräumende Verfahrensrechte fest (Art. 115) und geben vor, dass Bestimmungen zur Gewährleistung des Datenschutzniveaus nach Maßgabe von Art. 52 i. V. m. der EU-Datenschutzrichtlinie 95/46/EG vorzusehen sind. Die ESMA soll in diesem Zusammenhang ausweislich des Erwägungsgrunds (74) im Rahmen der Kompetenz zur Entwicklung der Leitlinien zugleich ein standardisiertes Format (Mustervertrag) für derartige Kooperationsvereinbarungen zur Verfügung stellen.

50 In Box 3 nebst Erläuterungen ihres Konsultationspapiers v. 23.8.2011 hatte die ESMA Grundzüge einer entsprechenden Muster-Kooperationsvereinbarung entwickelt. Diese Anforderungen sind nunmehr in Box 112 des Final Report der ESMA v. 16.11.2011 bestätigt worden[59]. Kooperationsvereinbarungen sollen danach zentral durch die ESMA für die Aufsichtsbehörden der Mitgliedstaaten ausgehandelt werden und in Schriftform zwischen den zuständigen Behörden des Drittstaates und den zuständigen Behörden der betreffenden EU-Mitgliedstaaten abgeschlossen werden (s.a. Art. 114 Abs. 2 DiskE Level-II-VO).

51 Unmittelbare Rechtswirkungen können solche Kooperationsvereinbarungen grds. nur im Verhältnis ihrer Vertragspartner, mithin der betreffenden Aufsichtsbehörden, entfalten. Völkerrechtliche Verträge i.S.v. Art. 212 AEUV sind diese Kooperationsvereinbarungen nicht[60].

---

[59] Ziff. IX.II. des Final Report der ESMA v. 16.11.2011.

[60] Vgl. *Schmalenbach* in Callies/Ruffert, EUV/AEUV, 4. Aufl. 2011, Art. 212 Rn. 14 f.; zur Rechtsnatur von europäischem Verwaltungskooperationsrecht (im Verhältnis EU-Behörde – mitgliedstaatliche Behörde), *Ruffert* in Callies/Ruffert, EUV/AEUV, 4. Aufl. 2011, Art. 197 Rn. 12 m. w. N.

Inhaltlich sollen die in der Kooperationsvereinbarung niedergelegten Standards 52 dem von der International Organization of Securities Commissions (IOSCO) im Jahr 2002 verabschiedeten *„Multilateral Memorandum of Understanding concerning consultation and cooperation and the exchange of information"* folgen und die Eingriffsbefugnisse der zuständigen Aufsichtsbehörden gemäß Art. 46 Abs. 2 berücksichtigen[61].

Hiernach ist ein Informationsaustausch im Hinblick auf solche Informationen 53 vorzusehen, die für die Überwachung und Durchsetzung der jeweiligen aufsichtsrechtlichen Befugnisse der mitgliedstaatlichen Aufsicht notwendig sind. Der Informationsaustausch soll mit dem Recht verbunden sein, von der jeweils zuständigen Aufsichtsbehörde nach der AIFM-Richtlinie eine Übermittlung der Informationen fordern zu dürfen, die zur Ausübung und Durchsetzung ihrer Befugnisse nach der AIFM-Richtlinie notwendig sind. Gemäß Art. 114 Abs. 4 des DiskE der Level-II-VO soll jede Kooperationsvereinbarung eine spezifische Ermächtigungsgrundlage zum Informationsaustausch zwischen allen betreffenden Behörden des Drittstaates und der nach der AIFM-Richtlinie zuständigen Behörden vorsehen.

Zu prüfen ist nach Art. 116 des DiskE der Level-II-VO vor Abschluss der 54 Kooperationsvereinbarung zudem, ob die Drittstaatenbehörde die datenschutzrechtlichen Voraussetzungen nach Art. 25 und 26 der EU-Datenschutzrichtlinie[62] einhalten kann. Durch die mitgliedstaatliche Vertragspartei der Kooperationsvereinbarung sind entsprechende Voraussetzungen gemäß Art. 52 zu gewährleisten[63]. Die Informationen von Drittstaatenaufsichtsbehörden sollen an andere zuständige EU-Behörden, wie ESMA und ESRB weitergeleitet werden dürfen. Dies soll die entsprechende Kooperationsvereinbarung ausdrücklich erlauben[64].

Darüber hinaus sollen nach Art. 115 Abs. 2 des DiskE der Level-II-VO die Auf- 55 sichtsbehörden des EU-AIFM berechtigt werden, Prüfungen vor Ort durch eine Besichtigung der Geschäftsräume betreffender Unternehmen durchzuführen. Des Weiteren hat sich die zuständige Behörde des Drittstaates nach der Vorgabe des Art. 115 Abs. 3 des DiskE der Level-II-VO im Rahmen der Kooperationsvereinbarung verpflichten, die zuständigen Behörden der EU bei einer zwangsweisen Durchsetzung anwendbaren EU-Rechts oder der jeweiligen Umsetzungsakte eines Mitgliedstaates sowie bei der Verfolgung von Rechtsverstößen zu unterstützen.

Schließlich soll die Kooperationsvereinbarung einen ständigen Informations- 56 austausch für die Zwecke der Überwachung systemischer Risiken vorsehen, sofern die Richtlinie den Informationsaustausch ausdrücklich zu diesem Zweck anordnet[65]. Wie der Vergleich mit Art. 36 Abs. 1 lit. b) zeigt, ist dies im Fall von Art. 34

---

[61] Vgl. Ziff. IX.II.3. des Final Report v. 16.11.2011 sowie Ziff. V.I.5. des ESMA Konsultationspapiers v. 23.8.2011 sowie das „Multilateral Memorandum of Understanding concerning consultation and cooperation and the exchange of information", Stand Mai 2002, in der überarbeiteten Fassung von Mai 2012 (abrufbar unter: http://www.iosco.org/library/pubdocs/pdf/IOSCOPD386.pdf).

[62] RL 95/46/EG des Europäischen Parlaments und des Rates v. 24. Oktober 1995 zum Schutz natürlicher Personen bei der Verarbeitung personenbezogener Daten und zum freien Datenverkehr, Abl. Nr. L 281 v. 23.11.1995, S. 31; s.a. Erwägungsgrund (76) der AITM-Richtlinie.

[63] Ziff. IX.II.6. des Final Report v. 16.11.2011.

[64] Ziff. IX.II.5. des Final Report v. 16.11.2011.

[65] Einzelheiten zum Umfang und zur Frequenz des Informationsaustausches sind in Box 110 des Final Report v. 16.11.2011 ausgeführt; vgl. auch Box 112 Nr. 3 Ziff. IX.II. des Final Report v. 16.11.2011.

Abs. 1 lit. b) nicht der Fall. Es ist beabsichtigt, dass die ESMA auf EU-Ebene ein – unverbindliches – Muster einer Kooperationsvereinbarung entwickeln und den Mitgliedstaaten zur Verfügung stellen wird[66].

D. Europaweite Konkretisierung, Harmonisierung und Vereinheitlichung

57   Rechtlich bedürfen sämtliche von ESMA vorgeschlagenen Konkretisierungen sowie Harmonisierungen der Billigung durch die Kommission: Nach Art. 34 Abs. 2 erlässt diese gemäß Art. 56 und nach Maßgabe der Bedingungen der Art. 57 und 58 delegierte Rechtsakte zu den in Art. 34 Abs. 1 lit. b) genannten Vereinbarungen über die Zusammenarbeit zwischen den Aufsichtsbehörden, um so einen einheitlichen Rahmen zur Erleichterung des Abschlusses derartiger Vereinbarungen mit Drittländern zu schaffen. Hierzu liegt bislang ein Entwurf in Gestalt des DiskE der Level-2-VO vor. Zudem soll die ESMA nach Art. 34 Abs. 3 – zur Gewährleistung der einheitlichen Anwendung des Art. 34 – Leitlinien erstellen, in denen die Bedingungen für die Anwendung der von der Kommission erlassenen Vorschriften für die Vereinbarungen über die Zusammenarbeit zwischen den Aufsichtsbehörden festgelegt werden. Letzteres ist in Gestalt des Final Report des ESMA v. 16.11.2011 (teilweise) bereits erfolgt.

E. Bezüge zum KAGB-E

58   Die geplante Umsetzung von Art. 34 in nationales Recht findet sich v.a. in § 55 KAGB-E, der die Bedingungen für deutsche AIFM, sprich: AIF-Kapitalverwaltungsgesellschaften, festlegt, welche ausländische AIF verwalten, die weder in den Mitgliedstaaten der Europäischen Union noch in den Vertragsstaaten des Abkommens über den Europäischen Wirtschaftsraum vertrieben werden sollen. Nach § 55 Abs. 1 Nr. 1 KAGB-E hat die AIF-Kapitalverwaltungsgesellschaft grundsätzlich die Anforderungen der AIFM-Richtlinie mit Ausnahme von deren Artikel 21 und 22 zu beachten. Was die näheren Bestimmungen zu den in § 55 Abs. 1 Nr. 2 KAGB-E genannten Vereinbarungen über die Zusammenarbeit anlangt, verweist § 55 Abs. 2 wieder zurück auf das europäische Recht und genauer auf die Vorgaben nach Artikel 113 bis 115 der Level-II-Verordnung sowie auf die Leitlinien von ESMA[67].

59   Entsprechend Erwägungsgrund (61) der AIFM-Richtlinie sollen die in Artikel 21 und 22 genannten Anforderungen an die Verwahrung und den Jahresbericht – wenn der ausländische AIF auf dem Gebiet der Union nicht vertrieben wird – nicht gelten, da sie zum Schutz von Anlegern der Union aufgenommen wurden. Vor diesem Hintergrund nimmt auch § 80 Abs. 1 S. 1 2. Halbsatz KAGB-E AIF-Kapitalverwaltungsgesellschaften von der Pflicht zur Beauftragung einer Verwahrstelle für die von ihnen verwalteten Nicht-EU-AIF aus, sofern diese nicht in der Europäischen Union vertrieben werden.

---

[66]   Ziff. IX.II.11. des Final Report v. 16.11.2011.

[67]   Hierzu auch die Begründung des § 55 KAGB-E (Gesetzentwurf der Bundesregierung – Entwurf eines Gesetzes zur Umsetzung der Richtlinie 2011/61/EU über die Verwalter alternativer Investmentfonds [AIFM-Umsetzungsgesetz – AIFM-UmsG] S. 414).

Artikel 35 Bedingungen für den Vertrieb eines von einem EU-AIFM verwalteten Nicht-EU-AIF mit einem Pass in der Union

AIFM-RiLi	KAGB-E
Artikel 35 **Bedingungen für den Vertrieb eines von einem EU-AIFM verwalteten Nicht-EU-AIF mit einem Pass in der Union**	**§ 322 Abs. 1** **(Siehe auch § 330 Abs. 1)** **Anzeigepflicht einer AIF-Kapitalverwaltungsgesellschaft beim beabsichtigten Vertrieb von ausländischen AIF oder von inländischen Spezial-Feeder-AIF oder EU-Feeder-AIF, deren jeweiliger Master-AIF kein EU-AIF oder inländischer AIF ist, der von einer EU-AIF-Verwaltungsgesellschaft oder einer AIF-Kapitalverwaltungsgesellschaft verwaltet wird, an semi-professionelle und professionelle Anleger im Inland**
(1) Die Mitgliedstaaten stellen sicher, dass ein zugelassener EU-AIFM Anteile der von ihm verwalteten Nicht-EU-AIF und von EU-Feeder-AIF, die nicht die Anforderungen gemäß Artikel 31 Absatz 1 Unterabsatz 2 erfüllen, an professionelle Anleger in der Europäischen Union vertreiben kann, sobald die in diesem Artikel festgelegten Bedingungen eingehalten sind. (2) Die AIFM müssen alle in dieser Richtlinie festgelegten Anforderungen mit Ausnahme derer in Kapitel VI erfüllen. Darüber hinaus müssen die folgenden Bedingungen eingehalten werden: a) es müssen geeignete Vereinbarungen über die Zusammenarbeit zwischen den zuständigen Behörden des Herkunftsmitgliedstaats des AIFM und den Aufsichtsbehörden des Drittlands bestehen, in dem der Nicht-EU-AIF seinen Sitz hat, damit unter Berücksichtigung von Artikel 50 Absatz 4 zumindest ein effizienter Informationsaustausch gewährleistet ist, der den zuständigen Behörden ermöglicht, ihre Aufgaben gemäß dieser Richtlinie wahrzunehmen;	(1) Der Vertrieb von Anteilen oder Aktien an ausländischen AIF und von Anteilen oder Aktien an EU-Feeder-AIF oder inländischen Spezial-Feeder-AIF, deren jeweiliger Master-AIF kein EU-AIF oder inländischer AIF ist, der von einer EU-AIF-Verwaltungsgesellschaft oder einer AIF-Kapitalverwaltungsgesellschaft verwaltet wird, an semi-professionelle und professionelle Anleger im Geltungsbereich dieses Gesetzes durch eine AIF-Kapitalverwaltungsgesellschaft ist nur zulässig, wenn: 1. geeignete Vereinbarungen über die Zusammenarbeit zwischen der Bundesanstalt und den Aufsichtsbehörden des Drittstaates bestehen, in dem der ausländische AIF seinen Sitz hat, damit unter Berücksichtigung von § 9 Absatz 8 zumindest ein effizienter Informationsaustausch gewährleistet ist, der es der Bundesanstalt ermöglicht, ihre Aufgaben gemäß der Richtlinie 2011/61/EU wahrzunehmen; 2. der Drittstaat, in dem der ausländische AIF seinen Sitz hat, nicht auf der Liste der nicht kooperativen Länder

AIFM-RiLi	KAGB-E
b) das Drittland, in dem der Nicht-EU-AIF seinen Sitz hat, steht nicht auf der Liste der nicht kooperativen Länder und Gebiete, die von der Arbeitsgruppe „Finanzielle Maßnahmen gegen Geldwäsche und Terrorismusfinanzierung" aufgestellt wurde; c) das Drittland, in dem der Nicht-EU-AIF seinen Sitz hat, hat mit dem Herkunftsmitgliedstaat des zugelassenen AIFM sowie mit jedem anderen Mitgliedstaat, in dem die Anteile des Nicht-EU-AIF vertrieben werden sollen, eine Vereinbarung unterzeichnet, die den Normen gemäß Artikel 26 des OECD-Musterabkommens zur Vermeidung der Doppelbesteuerung von Einkommen und Vermögen vollständig entspricht und einen wirksamen Informationsaustausch in Steuerangelegenheiten, gegebenenfalls einschließlich multilateraler Abkommen über die Besteuerung, gewährleistet. Ist eine zuständige Behörde eines anderen Mitgliedstaats nicht mit der Beurteilung der Anwendung von Unterabsatz 1 Buchstabe a und b durch die zuständigen Behörden des Herkunftsmitgliedstaats des AIFM einverstanden, so können die betreffenden zuständigen Behörden die Angelegenheit der ESMA zur Kenntnis bringen, die im Rahmen der ihr durch Artikel 19 der Verordnung (EU) Nr. 1095/2010 übertragenen Befugnisse tätig werden kann.	und Gebiete steht, die von der Arbeitsgruppe „Finanzielle Maßnahmen gegen Geldwäsche und Terrorismusfinanzierung" aufgestellt wurde; 3. der Drittstaat, in dem der ausländische AIF seinen Sitz hat, mit der Bundesrepublik Deutschland eine Vereinbarung unterzeichnet hat, die den Normen des Artikels 26 des OECD-Musterabkommens zur Vermeidung der Doppelbesteuerung von Einkommen und Vermögen vollständig entspricht und einen wirksamen Informationsaustausch in Steuerangelegenheiten, gegebenenfalls einschließlich multilateraler Abkommen über die Besteuerung, gewährleistet; 4. die AIF-Kapitalverwaltungsgesellschaft bei der Verwaltung eines ausländischen AIF abweichend von § 55 Absatz 1 Nummer 1 alle in der Richtlinie 2011/61/EU für diese AIF festgelegten Anforderungen erfüllt.
Siehe Art. 35 Abs. 1 und 2	**§ 324 Abs. 1** **Anzeigepflicht einer EU-AIF-Verwaltungsgesellschaft beim beabsichtigten Vertrieb von ausländischen AIF oder von inländischen Spezial-Feeder AIF oder EU-Feeder-AIF, deren jeweiliger Master-AIF kein EU-AIF oder inländischer AIF ist, der von einer EU-AIF-Verwaltungsgesellschaft oder einer AIF-Kapitalverwaltungsgesellschaft verwaltet wird, an semi-**

AIFM-RiLi	KAGB-E
	professionelle und professionelle Anleger im Inland
	(1) Ein Vertrieb von Anteilen oder Aktien an ausländischen AIF und von Anteilen oder Aktien an inländischen Spezial-Feeder-AIF oder EU-Feeder-AIF, deren jeweiliger Master-AIF kein EU-AIF oder inländischer AIF ist, der von einer EU-AIF-Verwaltungsgesellschaft oder einer AIF-Kapitalverwaltungsgesellschaft verwaltet wird, an semi-professionelle oder professionelle Anleger im Geltungsbereich dieses Gesetzes durch eine EU-AIF-Verwaltungsgesellschaft ist nur zulässig, wenn die in § 322 Absatz 1 genannten Voraussetzungen gegeben sind. Ist die Bundesanstalt nicht mit der Beurteilung der in § 322 Absatz 1 Nummer 1 und 2 genannten Voraussetzungen durch die zuständige Stelle des Herkunftsmitgliedstaats der EU-AIF-Verwaltungsgesellschaft einverstanden, kann die Bundesanstalt die Europäische Wertpapier- und Marktaufsichtsbehörde nach Maßgabe des Artikels 19 der Verordnung (EU) Nr. 1095/2010 um Hilfe ersuchen.
	§ 330 Abs. 1 **Anzeigepflicht einer ausländischen AIF-Verwaltungsgesellschaft beim beabsichtigten Vertrieb von von ihr verwalteten ausländischen AIF oder EU-AIF an semiprofessionelle und professionelle Anleger im Inland**
	(1) Der Vertrieb von Anteilen oder Aktien an von einer ausländischen AIF-Verwaltungsgesellschaft verwalteten ausländischen AIF oder EU-AIF an professionelle oder semi-professionelle Anleger im Geltungsbereich dieses Gesetzes ist zulässig, wenn
	1. bei einem Vertrieb an professionelle Anleger
	a) die ausländische AIF-Verwaltungsgesellschaft und die Verwaltung des AIF

AIFM-RiLi	KAGB-E
	durch die ausländische AIF-Verwaltungsgesellschaft den Anforderungen des § 35 und gegebenenfalls der §§ 287 bis 292 entsprechen,
	b) die ausländische AIF-Verwaltungsgesellschaft eine oder mehrere Stellen benannt hat, die die Aufgaben nach Artikel 21 Absatz 7 bis 9 der Richtlinie 2011/61/EU wahrnehmen, die ausländische AIF-Verwaltungsgesellschaft diese Aufgaben nicht selbst wahrnimmt und sie diese Stelle oder Stellen der Bundesanstalt angezeigt hat, und
	c) die in § 307 Absatz 1 und Absatz 2 erste Alternative in Verbindung mit § 297 Absatz 4 sowie § 308 vorgesehenen Pflichten zur Unterrichtung der am Erwerb eines Anteils oder einer Aktie Interessierten ordnungsgemäß erfüllt werden;
	2. bei einem Vertrieb an semi-professionelle Anleger die ausländische AIF-Verwaltungsgesellschaft und die Verwaltung des AIF durch den in diesem Gesetz umgesetzten Anforderungen der Richtlinie 2011/61/EU entsprechen;
	3. bei einem Vertrieb an semi-professionelle Anleger oder professionelle Anleger
	a) geeignete Vereinbarungen über die Zusammenarbeit zwischen der Bundesanstalt und den zuständigen Stellen des Drittstaats, in dem die ausländische AIF- Verwaltungsgesellschaft ihren Sitz hat, und gegebenenfalls den zuständigen Stellen des Drittstaats, in dem der ausländische AIF seinen Sitz hat, und den zuständigen Stellen des Herkunftsmitgliedstaates des EU-AIF bestehen; die Vereinbarungen müssen
	aa) der Überwachung der Systemrisiken dienen,
	bb) im Einklang mit den internationalen Standards und den Artikeln 113 bis 115 der Verordnung (EU)

AIFM-RiLi	KAGB-E
	Nr. .../2013 [Level 2 Verordnung gemäß Artikel 42 Absatz 3 der Richtlinie 2011/61/EU] stehen und cc) einen effizienten Informationsaustausch gewährleisten, der es der Bundesanstalt ermöglicht, ihre in der Richtlinie 2011/61/EU festgelegten Aufgaben zu erfüllen; b) weder der Drittstaat, in dem die ausländische AIF-Verwaltungsgesellschaft ihren Sitz hat, noch der Drittstaat, in dem der ausländische AIF seinen Sitz hat, auf der Liste der nicht kooperativen Länder und Gebiete steht, die von der Arbeitsgruppe „Finanzielle Maßnahmen gegen Geldwäsche und Terrorismusfinanzierung" aufgestellt wurde; c) die Vorkehrungen nach § 321 Absatz 1 Satz 2 Nummer 7 geeignet sind, einen Vertrieb an Privatanleger zu verhindern. Ist der angezeigte AIF ein Feeder-AIF, sind zusätzlich die Anforderungen des Absatzes 1 Satz 1 Nummer 1 oder 2 sowie Nummer 3 von dem Master-AIF und dessen Verwaltungsgesellschaft entsprechend einzuhalten. **§ 332 Abs. 1** **Anzeigepflicht einer AIF-Kapitalverwaltungsgesellschaft beim Vertrieb von ausländischen AIF oder von inländischen Feeder-AIF oder EU-Feeder-AIF, deren jeweiliger Master-AIF kein EU-AIF oder inländischer AIF ist, der von einer EU-AIF-Verwaltungsgesellschaft oder einer AIF-Kapitalverwaltungsgesellschaft verwaltet wird, an professionelle Anleger in anderen Mitgliedstaaten der Europäischen Union und in Vertragsstaaten des Abkommens über den Europäischen Wirtschaftsraum** (1) Der Vertrieb von Anteilen oder Aktien an ausländischen AIF und von Anteilen oder Aktien an inländischen

AIFM-RiLi	KAGB-E
	Feeder-AIF oder EU-Feeder-AIF, deren jeweiliger Master-AIF kein EU-AIF oder inländischer AIF ist, der von einer EU-AIF-Verwaltungsgesellschaft oder einer AIF-Kapitalverwaltungsgesellschaft verwaltet wird, an professionelle Anleger in anderen Mitgliedstaaten der Europäischen Union oder in Vertragsstaaten des Abkommens über den Europäischen Wirtschaftsraum durch eine AIF-Kapitalverwaltungsgesellschaft ist nur zulässig, wenn die in § 322 Absatz 1 genannten Voraussetzungen gegeben sind.
	§ 322 Abs. 2 **Anzeigepflicht einer AIF-Kapitalverwaltungsgesellschaft beim beabsichtigten Vertrieb von ausländischen AIF oder von inländischen Spezial-Feeder-AIF oder EU-Feeder-AIF, deren jeweiliger Master-AIF kein EU-AIF oder inländischer AIF ist, der von einer EU-AIF-Verwaltungsgesellschaft oder einer AIF-Kapitalverwaltungsgesellschaft verwaltet wird, an semi-professionelle und professionelle Anleger im Inland**
(3) Beabsichtigt ein AIFM, Anteile von Nicht-EU-AIF in seinem Herkunftsmitgliedstaat zu vertreiben, so übermittelt er den zuständigen Behörden seines Herkunftsmitgliedstaats für jeden Nicht-EU-AIF, den er zu vertreiben beabsichtigt, ein Anzeigeschreiben. Dieses Anzeigeschreiben umfasst die Dokumentation und die Angaben gemäß Anhang III.	(2) Beabsichtigt eine AIF-Kapitalverwaltungsgesellschaft, Anteile oder Aktien an einem von ihr verwalteten AIF im Sinne von Absatz 1 Satz 1 im Geltungsbereich dieses Gesetzes an semi-professionelle oder professionelle Anleger zu vertreiben, so hat sie dies der Bundesanstalt anzuzeigen. Für den Inhalt des Anzeigeschreibens einschließlich der erforderlichen Dokumentation und Angaben gilt § 321 Absatz 1 Satz 2 entsprechend.
	§ 12 Abs. 6 **Meldungen der Bundesanstalt an die Europäische Kommission und die Europäische Wertpapier- und Marktaufsichtsbehörde**
(4) Spätestens 20 Arbeitstage nach Eingang des vollständigen Anzeigeschreibens nach Absatz 3 teilen die zu-	(6) Ferner informiert die Bundesanstalt die Europäischen Wertpapier- und Marktaufsichtsbehörde über

AIFM-RiLi	KAGB-E
ständigen Behörden des Herkunftsmitgliedstaats des AIFM dem AIFM mit, ob er in dem betreffenden Hoheitsgebiet mit dem Vertrieb des im Anzeigeschreiben nach Absatz 3 genannten AIF beginnen kann. Die zuständigen Behörden des Herkunftsmitgliedstaats des AIFM können den Vertrieb des AIF nur untersagen, wenn die Verwaltung des AIF durch den AIFM oder der AIFM im Allgemeinen gegen diese Richtlinie verstößt. Im Falle einer positiven Entscheidung kann der AIFM ab dem Datum der diesbezüglichen Mitteilung der zuständigen Behörden in seinem Herkunftsmitgliedstaat mit dem Vertrieb des AIF beginnen.	8. den möglichen Beginn des Vertriebs von AIF gemäß § 322 Absatz 1 Satz 1 durch AIF-Kapitalverwaltungsgesellschaften
	a) im Inland nach § 322 Absatz 4 und
	b) in anderen Mitgliedstaaten der Europäischen Union und Vertragsstaaten des Abkommens über den Europäischen Wirtschaftsraum nach § 332 Absatz 3 Nummer 1,
Die zuständigen Behörden des Herkunftsmitgliedstaats des AIFM teilen zudem der ESMA mit, dass der AIFM mit dem Vertrieb von Anteilen des AIF im Herkunftsmitgliedstaat des AIFM beginnen kann.	**§ 322 Abs. 4 Anzeigepflicht einer AIF-Kapitalverwaltungsgesellschaft beim beabsichtigten Vertrieb von ausländischen AIF oder von inländischen Spezial-Feeder-AIF oder EU-Feeder-AIF, deren jeweiliger Master-AIF kein EU-AIF oder inländischer AIF ist, der von einer EU-AIF-Verwaltungsgesellschaft oder einer AIF-Kapitalverwaltungsgesellschaft verwaltet wird, an semi-professionelle und professionelle Anleger im Inland**
	(4) § 321 Absatz 3 Satz 1 bis 4 und 6 gilt entsprechend. Die Bundesanstalt teilt der Europäischen Wertpapier- und Marktaufsichtsbehörde mit, dass die AIF-Kapitalverwaltungsgesellschaft mit dem Vertrieb von Anteilen oder Aktien des angezeigten AIF im Geltungsbereich dieses Gesetzes an professionelle Anleger beginnen kann. Falls es sich um einen EU-Feeder-AIF handelt, teilt die Bundesanstalt zudem den für den EU-Feeder-AIF in seinem Herkunftsmitgliedstaat zuständigen Stellen mit, dass die AIF-Kapitalverwaltungsgesellschaft mit dem Vertrieb von Anteilen oder Aktien des EU-Feeder-AIF an professionelle Anleger im Geltungsbereich dieses Gesetzes beginnen kann.
(5) Beabsichtigt ein AIFM, Anteile von Nicht-EU-AIF über seinen Herkunftsmitgliedstaat hinaus auch in einem anderen Mitgliedstaaten zu vertreiben,	

AIFM-RiLi	KAGB-E
so legt er den zuständigen Behörden seines Herkunftsmitgliedstaats für jeden Nicht-EU-AIF, den er zu vertreiben beabsichtigt, ein Anzeigeschreiben vor. Das Anzeigeschreiben umfasst die Dokumentation und die Angaben gemäß Anhang IV.	
(6) Die zuständigen Behörden des Herkunftsmitgliedstaats des AIFM übermitteln spätestens 20 Arbeitstage nach dem Eingang der vollständigen Anzeigeunterlagen nach Absatz 5 die vollständigen Anzeigeunterlagen an die zuständigen Behörden des Mitgliedstaats, in dem der AIF vertrieben werden soll. Eine solche Weiterleitung findet nur dann statt, wenn die Verwaltung des AIF durch den AIFM dieser Richtlinie entspricht und weiterhin entsprechen wird und wenn der AIFM im Allgemeinen sich an diese Richtlinie hält. Die zuständigen Behörden des Herkunftsmitgliedstaats des AIFM fügen eine Bescheinigung über die Zulassung des betreffenden AIFM zur Verwaltung von AIF mit der betreffenden Anlagestrategie bei.	
	§ 12 Abs. 6 Meldungen der Bundesanstalt an die Europäische Kommission und die Europäische Wertpapier- und Marktaufsichtsbehörde
(7) Die zuständigen Behörden des Herkunftsmitgliedstaats des AIFM unterrichten den AIFM unverzüglich über den Versand der Anzeigeunterlagen. Der AIFM kann ab dem Datum dieser Unterrichtung durch die zuständigen Behörden mit dem Vertrieb des AIF in den betreffenden Aufnahmemitgliedstaaten des AIFM beginnen. Die zuständigen Behörden des Herkunftsmitgliedstaats des AIFM teilen zudem der ESMA mit, dass der AIFM mit dem Vertrieb von Anteilen des AIF in den Aufnahmemitgliedstaaten des AIFM beginnen kann.	(6) Ferner informiert die Bundesanstalt die Europäischen Wertpapier- und Marktaufsichtsbehörde über 8. den möglichen Beginn des Vertriebs von AIF gemäß § 322 Absatz 1 Satz 1 durch AIF-Kapitalverwaltungsgesellschaften a) im Inland nach § 322 Absatz 4 und b) in anderen Mitgliedsstaaten der Europäischen Union und Vertragsstaaten des Abkommens über den Europäischen Wirtschaftsraum nach § 332 Absatz 3 Nummer 1,

AIFM-RiLi	KAGB-E
(8) Die Vorkehrungen nach Anhang IV Buchstabe h unterliegen den Rechtsvorschriften und der Aufsicht der Aufnahmemitgliedstaaten des AIFM.	
(9) Die Mitgliedstaaten stellen sicher, dass das in Absatz 5 genannte Anzeigeschreiben des AIFM und die in Absatz 6 genannte Bescheinigung in einer in der internationalen Finanzwelt gebräuchlichen Sprache bereitgestellt werden. Die Mitgliedstaaten stellen sicher, dass ihre zuständigen Behörden die elektronische Übermittlung und Archivierung der in Absatz 6 genannten Unterlagen akzeptieren.	
Siehe Art. 35 Abs. 5–9	**§ 324 Abs. 2 und 3** **Anzeigepflicht einer EU-AIF-Verwaltungsgesellschaft beim beabsichtigten Vertrieb von ausländischen AIF oder von inländischen Spezial-Feeder AIF oder EU-Feeder-AIF, deren jeweiliger Master-AIF kein EU-AIF oder inländischer AIF ist, der von einer EU-AIF-Verwaltungsgesellschaft oder einer AIF-Kapitalverwaltungsgesellschaft verwaltet wird, an semi-professionelle und professionelle Anleger im Inland** (2) Beabsichtigt eine EU-AIF-Verwaltungsgesellschaft im Geltungsbereich dieses Gesetzes die in Absatz 1 Satz 1 genannten AIF an semi-professionelle oder professionelle Anleger zu vertreiben, so prüft die Bundesanstalt, ob die zuständige Stelle des Herkunftsmitgliedstaates der EU-AIF-Verwaltungsgesellschaft eine von ihr ausgestellte Bescheinigung über die Erlaubnis der betreffenden EU-AIF-Verwaltungsgesellschaft zur Verwaltung von AIF mit einer bestimmten Anlagestrategie sowie ein Anzeigeschreiben für jeden AIF in einer in der internationalen Finanzwelt gebräuchlichen Sprache übermittelt hat. § 323 Absatz 1 Satz 2 gilt entsprechend.

AIFM-RiLi	KAGB-E
	(3) § 323 Absatz 2 Satz 1 und 3 sowie Absatz 3 ist entsprechend anzuwenden.
Siehe Art. 35 Abs. 1, 5, 9	**§ 332 Abs. 2** **Anzeigepflicht einer AIF-Kapital-verwaltungsgesellschaft beim Vertrieb von ausländischen AIF oder von inländischen Feeder-AIF oder EU-Feeder-AIF, deren jeweiliger Master-AIF kein EU-AIF oder inländischer AIF ist, der von einer EU-AIF-Verwaltungsgesellschaft oder einer AIF-Kapitalverwaltungsgesellschaft verwaltet wird, an professionelle Anleger in anderen Mitgliedstaaten der Europäischen Union und in Vertragsstaaten des Abkommens über den Europäischen Wirtschaftsraum** (2) Beabsichtigt eine AIF-Kapitalverwaltungsgesellschaft, Anteile oder Aktien an einem von ihr verwalteten AIF im Sinne von Absatz 1 Satz 1 in einem anderen Mitgliedstaat der Europäischen Union oder in einem Vertragsstaat des Abkommens über den Europäischen Wirtschaftsraum an professionelle Anleger zu vertreiben, so hat sie dies der Bundesanstalt in einer in internationalen Finanzkreisen gebräuchlichen Sprache anzuzeigen. Das Anzeigeschreiben muss die in § 322 Absatz 2 Satz 2 geforderten Angaben und Unterlagen in jeweils geltender Fassung enthalten.
(10) Im Falle einer wesentlichen Änderung der nach Absatz 3 oder Absatz 5 mitgeteilten Angaben teilt der AIFM diese Änderung den zuständigen Behörden seines Herkunftsmitgliedstaats bei vom AIFM geplanten Änderungen mindestens einen Monat vor Durchführung der Änderung, oder, bei ungeplanten Änderungen, unverzüglich nach Eintreten der ungeplanten Änderung schriftlich mit.	
Sollte die geplante Änderung dazu führen, dass die Verwaltung des AIF durch den AIFM oder der AIFM im All-	

AIFM-RiLi	KAGB-E
gemeinen nunmehr gegen diese Richtlinie verstößt, teilen die zuständigen Behörden des Herkunftsmitgliedstaats des AIFM dem AIFM unverzüglich mit, dass er die Änderung nicht durchführen darf.	
Wird eine geplante Änderung ungeachtet der Unterabsätze 1 und 2 durchgeführt oder führt eine durch einen ungeplanten Umstand ausgelöste Änderung dazu, dass die Verwaltung des AIF durch den AIFM oder der AIFM im Allgemeinen nunmehr gegen diese Richtlinie verstoßen würde, so ergreifen die zuständigen Behörden des Herkunftsmitgliedstaats des AIFM alle gebotenen Maßnahmen gemäß Artikel 46, einschließlich, falls erforderlich, der ausdrücklichen Untersagung des Vertriebs des AIF.	
	§ 12 Abs. 4 **Meldungen der Bundesanstalt an die Europäische Kommission und die Europäische Wertpapier- und Marktaufsichtsbehörde**
Wenn die Änderungen zulässig sind, weil sie sich nicht auf die Vereinbarkeit der Verwaltung des AIF durch den AIFM mit dieser Richtlinie oder auf die Einhaltung dieser Richtlinie durch den AIFM im Allgemeinen auswirken, unterrichten die zuständigen Behörden des Herkunftsmitgliedstaats des AIFM unverzüglich die ESMA, soweit die Änderungen die Beendigung des Vertriebs von bestimmten AIF oder zusätzlichen vertriebenen AIF betreffen, und gegebenenfalls die zuständigen Behörden der Aufnahmemitgliedstaaten des AIFM von diesen Änderungen.	(4) Die Bundesanstalt meldet der Europäischen Wertpapier- und Marktaufsichtsbehörde unverzüglich 4. die Änderungen in Bezug auf die Beendigung des Vertriebs oder des zusätzlichen Vertriebs von AIF gemäß § 322 Absatz 1 Satz 1 durch AIF-Kapitalverwaltungsgesellschaften a) im Inland nach § 322 Absatz 5 Satz 3 und b) in anderen Mitgliedstaaten der Europäischen Union und anderen Vertragsstaaten des Abkommens über den Europäischen Wirtschaftsraum nach § 332 Absatz 3 Nummer 2,
Siehe Art 35 Abs. 10	**§ 322 Abs. 5** **Anzeigepflicht einer AIF-Kapitalverwaltungsgesellschaft beim beabsichtigten Vertrieb von ausländischen AIF oder von inländischen Spezial-Feeder-AIF oder EU-Feeder-AIF, deren jeweiliger**

AIFM-RiLi	KAGB-E
	Master-AIF kein EU-AIF oder inländischer AIF ist, der von einer EU-AIF-Verwaltungsgesellschaft oder einer AIF-Kapitalverwaltungsgesellschaft verwaltet wird, an semi-professionelle und professionelle Anleger im Inland
	(5) Die AIF-Kapitalverwaltungsgesellschaft teilt der Bundesanstalt wesentliche Änderungen der nach Absatz 2 übermittelten Angaben schriftlich mit. § 321 Absatz 4 Satz 2 bis 5 gilt entsprechend. Änderungen sind zulässig, wenn sie nicht dazu führen, dass die AIF-Kapitalverwaltungsgesellschaft oder die Verwaltung des angezeigten AIF durch die AIF-Kapitalverwaltungsgesellschaft gegen die Vorschriften dieses Gesetzes oder gegen die Vorschriften der Richtlinie 2011/61/EU verstößt. Bei zulässigen Änderungen unterrichtet die Bundesanstalt unverzüglich die Europäische Wertpapier- und Marktaufsichtsbehörde, soweit die Änderungen die Beendigung des Vertriebs von bestimmten AIF oder zusätzlichen vertriebenen AIF betreffen.
Siehe Art. 35 Abs. 6, 7, 9, 10	**§ 332 Abs. 3 Anzeigepflicht einer AIF-Kapitalverwaltungsgesellschaft beim Vertrieb von ausländischen AIF oder von inländischen Feeder-AIF oder EU-Feeder-AIF, deren jeweiliger Master-AIF kein EU-AIF oder inländischer AIF ist, der von einer EU-AIF-Verwaltungsgesellschaft oder einer AIF-Kapitalverwaltungsgesellschaft verwaltet wird, an professionelle Anleger in anderen Mitgliedstaaten der Europäischen Union und in Vertragsstaaten des Abkommens über den Europäischen Wirtschaftsraum**
	(3) § 331 Absatz 2 bis 7 ist mit der Maßgabe entsprechend anzuwenden, 1. dass die Bundesanstalt im Rahmen von § 331 Absatz 5 zusätzlich der Eu-

AIFM-RiLi	KAGB-E
	ropäischen Wertpapier- und Marktaufsichtsbehörde mitteilt, dass die AIF-Kapitalverwaltungsgesellschaft mit dem Vertrieb von Anteilen oder Aktien des angezeigten AIF an professionelle Anleger im Aufnahmemitgliedstaat der AIF-Kapitalverwaltungsgesellschaft beginnen kann,
	2. dass die Bundesanstalt bei einer zulässigen Änderung nach § 331 Absatz 7 zusätzlich unverzüglich die Europäische Wertpapier- und Marktaufsichtsbehörde zu benachrichtigen hat, soweit die Änderungen die Beendigung des Vertriebs von bestimmten AIF oder zusätzlich vertriebenen AIF betreffen.
	§ 336 Abs. 1 **Verweise und Ersuchen nach Artikel 19 der Verordnung (EU) Nr. 1095/2010**
(11) Die Kommission erlässt gemäß Artikel 56 und nach Maßgabe der Bedingungen der Artikel 57 und 58 delegierte Rechtsakte zu den in Absatz 2 Buchstabe a genannten Vereinbarungen über Zusammenarbeit, um so einen einheitlichen Rahmen zur Erleichterung des Abschlusses derartiger Vereinbarungen mit Drittländern zu schaffen.	(1) Die näheren Bestimmungen zu den in § 322 Absatz 1 Nummer 1, § 324 Absatz 1 Satz 1, § 326 Absatz 1, § 328 Absatz 1 Satz 1, § 330 Absatz 1 Satz 1 Nummer 3, § 332 Absatz 1 Satz 1 und § 334 Absatz 1 Satz 1 genannten Vereinbarungen über die Zusammenarbeit richten sich nach Artikel 113 bis 115 der Verordnung (EU) Nr. .../2013 [Level 2-Verordnung nach Artikel 35 Absatz 11, Artikel 40 Absatz 11 und Artikel 42 Absatz 3 der Richtlinie 2011/61/EU].
(12) Zur Gewährleistung der einheitlichen Anwendung dieses Artikels kann die ESMA Leitlinien erlassen, in denen die Bedingungen für die Anwendung der von der Kommission erlassenen Vorschriften für die in Absatz 2 Buchstabe a genannten Vereinbarungen über Zusammenarbeit festgelegt werden.	
(13) Die ESMA erstellt Entwürfe für technische Regulierungsstandards, in denen der Mindestinhalt der in Absatz 2 Buchstabe a genannten Vereinbarungen über Zusammenarbeit festgelegt wird,	

AIFM-RiLi	KAGB-E
wodurch gewährleistet wird, dass die zuständigen Behörden des Herkunftsmitgliedstaats und des Aufnahmemitgliedstaats genügend Informationen erhalten, um ihre Aufsichts- und Ermittlungsbefugnisse gemäß dieser Richtlinie wahrzunehmen. Die Kommission wird ermächtigt, die in Unterabsatz 1 genannten technischen Regulierungsstandards nach den Artikeln 10 bis 14 der Verordnung (EU) Nr. 1095/2010 zu erlassen.	
(14) Um eine konsequente Harmonisierung dieses Artikels zu gewährleisten, erstellt die ESMA Entwürfe für technische Regulierungsstandards, in denen die Verfahren für die Koordinierung und den Informationsaustausch zwischen der zuständigen Behörde des Herkunftsmitgliedstaats und den zuständigen Behörden der Aufnahmemitgliedstaaten des AIFM festgelegt werden. Die Kommission wird ermächtigt, die in Unterabsatz 1 genannten technischen Regulierungsstandards gemäß Artikel 10 bis 14 der Verordnung (EU) Nr. 1095/2010 zu erlassen.	
	§ 336 Abs. 2 **Verweise und Ersuchen nach Artikel 19 der Verordnung (EU) Nr.** **1095/2010**
(15) Lehnt eine zuständige Behörde einen Antrag auf Informationsaustausch gemäß den Bestimmungen der in Absatz 14 erwähnten technischen Regulierungsstandards ab, können die zuständigen Behörden die Angelegenheit an die ESMA verweisen, die im Rahmen der ihr durch Artikel 19 der Verordnung (EU) Nr. 1095/2010 übertragenen Befugnisse tätig werden kann.	(2) Lehnt eine zuständige Stelle einen Antrag auf Informationsaustausch im Sinne der §§ 324, 328, 332 und 334 zwischen den zuständigen Stellen des Herkunftsmitgliedstaats oder des Referenzmitgliedstaats und den zuständigen Stellen der Aufnahmemitgliedstaaten der AIF-Kapitalverwaltungsgesellschaft, der EU-AIF-Verwaltungsgesellschaft oder der ausländischen AIF-Verwaltungsgesellschaft ab, so können die Bundesanstalt und die zuständigen Stellen des Herkunftsmitgliedstaats oder des Referenzmitgliedstaats und des Aufnahmemitgliedstaats der AIF-Verwaltungsgesellschaft die Europäische Wertpapier-

AIFM-RiLi	KAGB-E
	und Marktaufsichtsbehörde nach Maßgabe des Artikels 19 der Verordnung (EU) Nr. 1095/2010 um Hilfe ersuchen.
(16) Um einheitliche Bedingungen für die Anwendung dieses Artikels zu gewährleisten, kann die ESMA Entwürfe für technische Durchführungsstandards ausarbeiten, um Folgendes zu präzisieren: a) Form und Inhalt eines Musters für das Anzeigeschreiben nach Absatz 3, b) Form und Inhalt eines Musters für das Anzeigeschreiben nach Absatz 5, c) Form und Inhalt eines Musters für die Bescheinigung nach Absatz 6, d) die Form der Übermittlung nach Absatz 6, e) die Form der schriftlichen Mitteilung nach Absatz 10. Die Kommission wird ermächtigt, die in Unterabsatz 1 genannten technischen Durchführungsstandards nach Artikel 15 der Verordnung (EU) Nr. 1095/2010 zu verabschieden.	
	§ 9 Abs. 12 **Zusammenarbeit mit anderen** **Stellen**
(17) Unbeschadet des Artikels 43 Absatz 1 schreiben die Mitgliedstaaten vor, dass die von den AIFM verwalteten und vertriebenen AIF nur an professionelle Anleger vertrieben werden dürfen.	(12) Das nähere Verfahren für den Informationsaustausch richtet sich nach den Artikeln 12 und 13 der Verordnung (EU) Nr. 584/2010 der Kommission vom 1. Juli 2010 zur Durchführung der Richtlinie 2009/65/EG des Europäischen Parlaments und des Rates im Hinblick auf Form und Inhalt des Standardmodells für das Anzeigeschreiben und die OGAW-Bescheinigung, die Nutzung elektronischer Kommunikationsmittel durch die zuständigen Behörden für die Anzeige und die Verfahren für Überprüfungen vor Ort und Ermittlungen sowie für den Informationsaustausch zwischen zuständigen Behörden (ABl. L 176 vom 10. 7. 2010, S. 16). Die Verfahren für die Koordinierung und den Informationsaustausch zwi-

AIFM-RiLi	KAGB-E
	schen der zuständigen Behörde des Herkunftsmitgliedstaats und den zuständigen Behörden der Aufnahmemitgliedstaaten der AIF-Verwaltungsgesellschaft bestimmen sich nach den auf Grundlage von Artikel 50 Absatz 6 der Richtlinie 2011/61/EU von der Europäischen Kommission erlassenen technischen Durchführungsstandards. Der Mindestinhalt der in der gemäß § 58 Absatz 7 Nummer 4, § 317 Absatz 2 Nummer 1 und § 322 Absatz 1 Nummer 1 geschlossenen Vereinbarungen über Zusammenarbeit bestimmt sich nach den auf Grundlage von Artikel 35 Absatz 14, Artikel 37 Absatz 17 und Artikel 40 Absatz 14 der Richtlinie 2011/61/EU von der Europäischen Kommission erlassenen technischen Regulierungsstandards.

§ 163 Abs. 1
Genehmigung der Anlagebedingungen

(1) Die Anlagebedingungen sowie deren Änderung bedürfen der Genehmigung der Bundesanstalt. Die Genehmigung kann nur von folgenden Verwaltungsgesellschaften beantragt werden:

1. von Kapitalverwaltungsgesellschaften, die die betroffene Art von Investmentvermögen verwalten dürfen, und

2. in Bezug auf inländische OGAW von EU-OGAW-Verwaltungsgesellschaften, die von den zuständigen Stellen ihres Herkunftsmitgliedstaates eine Zulassung zur Verwaltung von OGAW erhalten haben, deren Verwaltung im Inland beabsichtigt wird, die den Anforderungen des Artikels 19 Absatz 3 und 4 der Richtlinie 2009/65/EG entsprechen, das Anzeigeverfahren nach den §§ 51 und 52 erfolgreich durchlaufen und der Bundesanstalt darüber hinaus die in § 52 Absatz 1 Satz 2 aufgeführten Unterlagen für

AIFM-RiLi	KAGB-E
	das betroffene Investmentvermögen vorgelegt oder auf diese gemäß § 52 Absatz 1 Satz 3 verwiesen haben.

§ 295 Abs. 1
Auf den Vertrieb und den Erwerb von AIF anwendbare Vorschriften

(1) Der Vertrieb von Anteilen oder Aktien an inländischen Publikums-AIF an Privatanleger, semi-professionelle und professionelle Anleger im Geltungsbereich dieses Gesetzes ist nur zulässig, wenn die Voraussetzungen des § 316 erfüllt sind. Der Vertrieb von Anteilen oder Aktien an EU-AIF und ausländischen AIF an Privatanleger im Geltungsbereich dieses Gesetzes ist nur zulässig, wenn die Voraussetzungen der §§ 317 bis 320 erfüllt sind. Die Verwaltungsgesellschaften, die AIF verwalten, die die Voraussetzungen für den Vertrieb an Privatanleger nicht erfüllen, müssen wirksame Vorkehrungen treffen, die verhindern, dass Anteile oder Aktien an den AIF an Privatanleger im Geltungsbereich dieses Gesetzes vertrieben werden; dies gilt auch, wenn unabhängige Unternehmen eingeschaltet bwerden, die für den AIF Wertpapierdienstleistungen erbringen.

Literatur: *Aumayr/Marchgraber,* Der Anwendungsbereich des Art. 26 OECD-MA mit kleiner Auskunftsklausel, SWI 2011, 199 ff.; *Bader/Ronellenfitsch* (Hrsg.), Beck'scher Online-Kommentar VwVfG (Stand 1.1.2012); *Baur/Boegl,* Die neue europäische Finanzmarktaufsicht – Der Grundstein ist gelegt, BKR 2011, 177 ff.; Berger/Steck/Lübbehüsen (Hrsg.), InvG/InvStG (2010); Boos/Fischer/Schulte-Mattler (Hrsg.), KWG, 4. Auflage (2012); *Bühring/Linnemannstöns,* Private Placement – Rettungsanker bei der Prospektpflicht?, DB 2007, 2637 ff.; *Callies/Ruffert,* EUV/AEUV, 4. Auflage (2011); *Fleischer/Schmolke,* Die Reform der Transparenzrichtlinie: Mindest- oder Vollharmonisierung der kapitalmarktrechtlichen Beteiligungspublizität?, NZG 2010, 1241 ff.; *Groß* (Hrsg.), Kapitalmarktrecht, 4. Auflage (2009); *Hauschild,* Internationales Steuer- und Gesellschaftsrecht Aktuell (2010); Juntunen, Die Einwirkung des Gemeinschaftsrechts auf die Bestandskraft von Verwaltungsakten und die Rechtskraft von Gerichtsurteilen (2009); *Kahl,* 35 Jahre Verwaltungsverfahrensgesetz – 35 Jahre Europäisierung des Verwaltungsverfahrensrechts, NVwZ 2011, 449 ff.; *Klebeck,* Neue Richtlinie für Verwalter von alternativen Investmentfonds?, DStR 2009, 2154 ff.; *Klebeck/Meyer,* Drittstaatenregulierung der AIFM-Richtlinie, RdF 2012, 95 ff.; *Krause/Klebeck,* Family Office und AIFM-Richtlinie BB 2012, 2063 ff.; *Krause/Klebeck* Fonds (anteils)begriff nach der AIFM-Richtlinie und dem Entwurf des KAGB, RdF 2013, 4 ff.; *Loff/Klebeck,* Fundraising nach der AIFM-Richtlinie und Umsetzung in Deutschland durch das KAGB, BKR 2012,

353 ff.; *Möllers*, Europäische Methoden- und Gesetzgebungslehre im Kapitalmarktrecht, Voll-harmonisierung, Generalklauseln und soft law im Rahmen des Lamfalussy-Verfahrens als Mittel zur Etablierung von Standards, ZEuP 2008, 480 ff.; *Möllers/Harrer/Krüger*, Die Regelung von Hedgefonds und Private Equity durch die neue AIFM-Richtlinie, WM 2011, 1537 ff.; *Nietsch/Graef*, Aufsicht über Hedgefonds nach dem AIFM-Richtlinienvorschlag, ZBB 2010, 12 ff.; *Rötting/Lang*, Das Lamfalussy-Verfahren im Umfeld der Neuordnung der europäischen Finanzaufsichtsstrukturen, EuZW 2012, 8 ff.; *Schimansky/Bunte/Lwowski* (Hrsg.), Bankrechts-Handbuch, 4. Auflage (2011); *Schwark/Zimmer* (Hrsg.), Kapitalmarkt-rechts-Kommentar, 4. Aufl. 2010; *Schwennicke/Auerbach*, KWG (2009); *Sonder*, Rechtsschutz gegen Maßnahmen der neuen europäischen Finanzaufsichtsagenturen, BKR 2012, 8 ff.; *Spindler/Tancredi*, Die Richtlinie über Alternative Investmentfonds (AIFM-Richtlinie) – Teil 1, WM 2011, 1393 ff. sowie Teil 2, WM 2011, 1411 ff.; *Stelkens/Bonk/Sachs* (Hrsg.), VwVfG, 7. Auflage (2008); *Streinz*, EUV/AEUV, 2. Aufl. (2012); *Walla*, Die Europäische Wertpapier- und Marktaufsichtsbehörde (ESMA) als Akteur bei der Regulierung der Kapital-märkte Europas – Grundlagen, erste Erfahrungen und Ausblick, BKR 2012, 265 ff.; *Watter/Bösch/Rayroux/Winzeler* (Hrsg.), KAG (2009); *Weiser/Jang*, Die nationale Umsetzung der AIFM-Richtlinie und ihre Auswirkungen auf die Fondsbranche in Deutschland, BB 2011, 1219 ff.; *Zeitler*, Europäische Rechtsharmonisierung in der Praxis: Möglichkeiten und Gren-zen einer europäischen Finanzaufsicht nach den Europäischen Verträgen und der Lissabon-Entscheidung des Bundesverfassungsgerichts, FS für Wolfgang Spindler zum 65. Geburtstag (2011) S. 363 ff.

Übersicht

A. Entstehungsgeschichte, Inhalt und Ziele

Während der europaweite Vertrieb von Nicht-EU-AIF, die von einem Nicht- **1** EU-AIFM verwaltet werden, nach Art. 40 einer der wohl umstrittensten Vorschriften des Kapitels im europäischen Gesetzgebungsverfahrens war, war jedenfalls das „Ob" eines europaweiten Vertriebs von Nicht-EU-AIF durch einen EU-AIFM mit einem Europäischen Pass in der EU weithin unumstritten[1].

Hat man sich letztlich auf eine – wenn auch zeitversetzte – Gleichbehandlung **2** bei der Regulierung von EU-AIFM und Nicht-EU-AIFM geeinigt, legt nunmehr Art. 35 – weithin im Gleichlauf mit Art. 40 – die Bedingungen für den Vertrieb eines von einem EU-AIFM verwalteten Nicht-EU-AIF mit einem Europäischen Pass in der EU fest.

Danach darf ein zugelassener EU-AIFM Anteile der von ihm verwalteten **3** Nicht-EU-AIF sowie von EU-Feeder-AIF, die nicht die Anforderungen gemäß Art. 31 Abs. 1 Unterabs. 2 erfüllen, an professionelle Anleger in der EU vertreiben, sobald die in Art. 35 festgelegten Bedingungen eingehalten sind.

Die AIFM-Richtlinie lehnt sich auch bei der Vertriebsregulierung von Nicht- **4** EU-AIF, die von einem EU-AIFM verwaltet werden, an das Prinzip der Herkunftsland – bzw. Sitzlandkontrolle und gegenseitiger Anerkennung von Zulassung, Angaben und Unterlagen[2]. Zuständige Aufsichtsbehörde ist diejenige des Herkunftsmitgliedstaates des EU-AIFM. Eine Restzuständigkeit iS einer weitergehenden Kontrolle und Aufsicht durch die jeweiligen Aufsichtsbehörden des Aufnahmemitgliedstaats, in dem der Nicht-EU-AIF vertrieben werden soll, ist nicht explizit vorgesehen.

Freilich gilt auch hier, dass es sich bei AIFM-Richtlinie um eine Manager- **5** und keine Produktregulierung handelt[3]. Eine weitergehende Fondsregulierung soll vielmehr nach Erwägungsgrund (10) den einzelnen Mitgliedstaaten vorbehalten bleiben – was im Einzelfall u.U. eine Restkontrollbefugnis durch den Aufnahmemitgliedstaat, wenn auch unter dem Deckmantel der Produktregulierung, ermöglichen könnte. Die Erfahrungen mit dem grenzüberschreitenden Vertrieb von OGAW-Fonds belegen die Schwierigkeiten einer trennscharfen Abgrenzung

---

[1] Hierzu schon Vorbemerkung zu Kapitel VII Rn. 32 ff.
[2] Zu diesen Prinzipien der Regulierung und Aufsicht auf europäischer Ebene schon Vorbemerkung zu Kapitel VII Rn. 15 ff.
[3] Hierzu etwa nur *Spindler/Tancredi* WM 2011, 1393, 1395 ff.

zwischen der zugewiesenen Zuständigkeit des Herkunftsmitgliedstaat und einer noch verbleibenden Restzuständigkeit des Aufnahmemitgliedstaates[4].

6   Ob es sich rechtstechnisch auch bei Art. 35 – nicht anders als bei den für EU-AIFM geltenden Vertriebsvorschriften der Art. 31 und 32 sowie den für Nicht-EU-AIFM geltenden Art. 39 und 40 – weniger um ein „echtes" Zulassungsverfahren im Sinne eines grundsätzlichen Tätigkeitsverbotes mit Erlaubnisvorbehalt, sondern vielmehr lediglich um ein Anzeigeverfahren, welches sich teilweise an das bereits bekannte Vertriebskonzept der OGAW-RL anlehnt, handelt[5], ist strittig. Der EU-AIFM hat nach dem Wortlaut den beabsichtigten Vertrieb von Nicht-EU-AIF bei der Aufsichtsbehörde seines Herkunftsmitgliedstaates lediglich anzuzeigen, die den Vertrieb des Nicht-EU-AIF nur unter bestimmten Voraussetzungen untersagen kann.

7   Sofern der Vertrieb auch in anderen Mitgliedstaaten erfolgen soll, leitet der Herkunftsmitgliedstaat die Anzeige an die entsprechenden Mitgliedstaaten weiter. Vorbehalt ist, dass die Verwaltung des Nicht-EU-AIF durch den EU-AIFM der AIFM-Richtlinie entspricht und weiterhin entsprechen wird und sich der EU-AIFM im Allgemeinen an die RL hält.

B. Anwendungsbereich

I. Persönlicher und sachlicher Anwendungsbereich

8   **1. Zugelassener EU-AIFM.** Das Vertriebsrecht bzw. die Anforderungen an den Vertrieb von Nicht-EU-AIF gelten nach Art. 35 nur für einen zugelassenen EU-AIFM. Das meint zunächst, dass der EU-AIFM entsprechend den Vorgaben des Kapitels II zugelassen sein muss[6]. Das meint zudem, dass nach dem Wortlaut – nicht anders als bei Art. 39 und Art. 40 – das Recht zum Vertrieb eines Nicht-EU-AIF untrennbar an das Verwaltungsrecht des EU-AIFM geknüpft ist. Entspr. stellt sich auch bei Art. 35 die Frage, ob die einzelnen Mitgliedstaaten den Vertrieb von AIF durch Dritte, etwa durch unabhängige Anlagevermittler oder -berater, weitergehend regeln können.

9   Europarechtlich kommt es v.a. darauf an, ob Art. 35 als eine Mindest- oder als eine Vollharmonisierung des Vertriebs von AIF zu qualifizieren ist[7]. Nur Ersteres kann u.E. richtig sein, hätte eine Vollharmonisierung die wenig überzeugende Konsequenz, dass der Vertrieb durch Dritte nicht mehr, sondern vielmehr nur durch den EU-AIFM selbst zulässig wäre. Für diese Auffassung spricht nicht nur

---

[4] Zu den Schwierigkeiten einer Zulassung von ausländischen Investmentanteilen nach den geltenden Vorschriften des InvG auch *Weiser/Jang* BB 2011, 1219, 1225.

[5] Zur Vertriebsregulierung unter der OGAW-Richtlinie und deren Umsetzung in das deutsche InvG BaFin-Merkblatt (2011) zum öffentlichen Vertrieb von EU-Investmentanteilen in der Bundesrepublik Deutschland, Stand: 1.9.2011, abrufbar unter: http://www.bafin.de/nn_722564/SharedDocs/Downloads/DE/Service/Merkblaetter/mb__0801 07__anzeigeinvest.html (zuletzt abgerufen am: 22.2.2013).

[6] Vgl. zu Einzelheiten der Zulassungsvoraussetzungen und des Zulassungsverfahrens nach Kapitel II die Kommentierungen zu Art. 7 Rn. 4 ff.

[7] Zur Frage, ob es sich bei der AIFM-Richtlinie um eine Voll- oder Mindestharmonisierung handelt *Möllers/Harrer/Krüger* WM 2011, 1537, 1543; zur Diskussion einer Mindest- oder Vollharmonisierung in weiteren Bereichen des Finanz- und Kapitalmarktrechts auch *Welter* in Schimansky/Bunte/Lwowski, Bankrechts-Handbuch, 4. Aufl. (2011) § 28 Rn. 15 ff.; *Fleischer/Schmolke* NZG 2010, 1241 ff.

die Definition des Vertriebs nach Art. 4 Abs. 1 lit. x), sondern auch das verfolgte Ziel der AIFM-Richtlinie – die Regulierung der Verwaltungs- und Vertriebsaktivitäten des AIFM. Nur insoweit sollen europaweit einheitliche Anforderungen und zwar an den Nicht-EU-AIFM selbst aufgestellt werden. Diese schließen indes weitergehende, nationale Regulierungen von Vertriebsträgern nicht aus. Dabei dürfen die nationalen Vorschriften einen AIFM freilich nicht an der Wahrnehmung der durch die AIFM-Richtlinie gewährten Rechte hindern[8].

Zu beachten ist, dass es für die Zulassung zum Vertrieb von Nicht-EU-AIF **10** innerhalb der EU ohne Belang ist, ob der EU-AIFM im Drittstaat zum Vertrieb bzw. zur Verwaltung der ausländischen kollektiven Kapitalanlagen, die als Nicht-EU-AIF qualifizieren, zugelassen ist[9].

2. Vertrieb von Nicht-EU-AIF und bestimmten EU-Feeder-AIF. Das **11** europaweite Vertriebsrecht des EU-AIFM nach Art. 35 bezieht sich auf Nicht-EU-AIF und EU-Feeder-AIF, die nicht die Anforderungen gem. Art. 31 Abs. 1 Unterabs. 2 erfüllen[10]. Sofern ein zugelassener EU-AIFM zudem andere EU-AIF verwaltet und in seinem Herkunftsmitgliedstaat oder innerhalb der EU vertreiben will, muss er für diese Fonds gesondert das Anzeige- bzw. Zulassungsverfahren nach Art. 31 oder 32 durchlaufen und insoweit auch die danach festgelegten Anforderungen erfüllen.

Da sich die Voraussetzungen für den Vertrieb von EU-AIF einerseits und von **12** Nicht-EU-AIF andererseits im Detail unterschieden, kommt der Abgrenzung von EU-AIF und Nicht-EU-AIF entscheidende Bedeutung zu[11]. Dies soll davon abhängen, ob ein AIF nach einschlägigem nationalem Recht in einem EU-Mitgliedstaat zugelassen oder registriert ist, oder ob sich – sofern er nicht in einem Mitgliedstaat zugelassen oder registriert ist – dessen satzungsmäßiger Sitz und/oder Hauptverwaltung in einem EU-Mitgliedstaat befindet.

Nach der Definition des Art. 4 Abs. 1 lit. a) ist unter einem AIF jeder Organis- **13** mus für gemeinsame Anlagen einschließlich seiner Teilfonds, der (i) von einer Anzahl von Anlegern Kapital einsammelt, um es gemäß einer festgelegten Anlagestrategie zum Nutzen dieser Anleger zu investieren, und (ii) keine Genehmigung gemäß Art. 5 der RL 2009/65/EG benötigt, zu verstehen[12]. Während das erste Tatbestandsmerkmal der kollektiven Kapitalanlage auf EU- und Nicht-EU-AIF gleichermaßen anwendbar ist, kann das zweite (negative) Merkmal eines AIF, sprich: kein Genehmigungserfordernis nach Art. 5 der RL 2009/65/EG von vornherein nur zugunsten von Fonds und Managern mit Sitz in EU greifen.

Die Erlaubnis für die Verwaltung bzw. den Vertrieb von OGAW-Fonds ist **14** nach der OGAW-RL Gesellschaften mit Sitz in der EU vorbehalten[13]; eine euro-

---

[8] In diese Richtung auch der Erwägungsgrund (10) der AIFM-Richtlinie.

[9] Zur Zulässigkeit des öffentlichen Vertriebs von ausländischen kollektiven Kapitalanlagen in der von der Schweiz aus nach geltendem Recht vgl. Art. 120 KAG; hierzu auch *Comtesse/Fischer/Stupp* in Watter/Bösch/Rayroux/Winzeler, KAG (2009) Art. 120 Rn. 1 ff.

[10] Zu den Anforderungen an einen EU-Feeder-AIF nach Art. 31 vgl. dort Rn. 8 ff.

[11] Allgemeinen zum Fondsbegriff *Krause/Klebeck,* RdF 2013, 4 ff

[12] RL 2009/65/EG des Europäischen Parlaments und des Rates vom 13. Juli 2009 zur Koordinierung der Rechts- und Verwaltungsvorschriften betreffend bestimmte Organismen für gemeinsame Anlagen in Wertpapieren (OGAW) ABl. Nr. L 302 S. 32, ber. ABl. 2010 Nr. L 269 S. 27 (im Folgenden: „OGAW-RL" genannt).

[13] Vgl. Art. 1 Abs. 1 der OGAW-RL: *„Diese Richtlinie gilt für die im Gebiet der Mitgliedstaaten niedergelassenen Organismen für gemeinsame Anlagen in Wertpapieren (OGAW)".*

paweit geltende Zulassung eines ausländischen Fonds als OGAW-Fonds bzw. dessen Vertrieb ist nach der OGAW-RL nicht vorgesehen[14]. Das hat zur Folge, dass sämtliche ausländische Fondsstrukturen – sofern sie das Tatbestandsmerkmal der kollektiven Kapitalanlage i. S. d. Art. 4 Abs. 1 lit. a) (i) erfüllen – sogleich als Nicht-EU-AIF qualifizieren.

15   Dabei ist die Qualifikation nach ausländischem Recht nach unserer Ansicht weder für das Vorliegen eines AIF noch für die Abgrenzung zwischen einem EU-AIF und Nicht-EU-AIF entscheidend. Eine ausländische kollektive Kapitalanlage, welche aus Sicht der AIFM-Richtlinie die Tatbestandsmerkmale eines Nicht-EU-AIF erfüllt, gilt auch dann als Nicht-EU-AIF, wenn sie im jeweiligen Drittstaat nicht als kollektive Kapitalanlage qualifiziert wird bzw. aus Sicht des Drittstaates sich der Sitz des AIF – etwa mit Blick auf dessen Hauptverwaltung – in der EU befindet[15].

16   Umgekehrt reicht die Qualifikation einer Fondsstruktur als kollektive Kapitalanlage nach ausländischem Recht nicht aus, um in den Anwendungsbereich der AIFM-Richtlinie zu fallen. Die RL geht vielmehr von einem europäischen Verständnis und Auslegung „ihrer" Begriffe und Reichweite aus, ohne die Rechtsauffassungen von Drittstaaten entscheidend zu berücksichtigen. Ob die Qualifikation nach ausländischem Recht wenigstens als Indiz herangezogen werden kann, ist u.E. damit jedoch nicht ausgeschlossen[16].

17   Bemerkenswert ist, dass mit Blick auf die Regulierung des Fondsvertriebs bestimmte EU-Feeder-AIF nach Art. 35 wie Nicht-EU-AIF behandelt werden sollen. Dabei handelt es sich um solche EU-Feeder-AIF, für die das Vertriebsrecht nach Art. 31 deswegen nicht greift, weil der sog. Master-AIF kein EU-AIF ist, der von einem zugelassenen EU-AIFM verwaltet wird. Hintergrund dieser Regelung ist, allfällige Umgehungen durch das Vorschalten eines Feeder-Fonds, der seinerseits in einen nicht regulierten und von einem EU-AIFM verwalteten EU-AIF, sprich: Master-AIF investiert, zu vermeiden – um so in den Genuss der „erleichterten" Vertriebsregulierung nach Art. 31 und 32 zu kommen.

18   So verständlich die mit dieser Sonderbehandlung von Feeder-AIF, die nicht in einen oder mehrere Master-EU-AIF investieren, die wiederum von einem EU-AIFM verwaltet werden, verfolgten Absichten sind, so unklar ist jedoch die Reichweite dieser Sonderbestimmung für Feeder-AIF. Nach Art. 4 Abs. 1 lit. m) wird als Feeder-AIF ein AIF bezeichnet der entweder (i) mindestens 85% seiner Vermögenswerte in Anteilen eines Master-AIF anlegt, oder (ii) mindestens 85% seiner Vermögenswerte in mehr als einem Master-AIF anlegt, wenn diese Master-AIF identische Anlagestrategien verfolgen, oder (iii) anderweitig ein Engagement von mindestens 85% seiner Vermögenswerte in solch einem Master-AIF hat.

19   Praktische Bedeutung hat dabei v.a. die Abgrenzung zu einem Dachfonds (auch „fund of funds" genannt), der seine Vermögenswerte nicht unmittelbar und direkt

---

[14] Zur (fehlenden) Drittstaatenregulierung der OGAW-RL schon Vorbem. zu Kapitel VII Rn. 16 ff.

[15] Vgl. Abgrenzung nach Schweizer Recht *Comtesse/Fischer/Stupp* in Watter/Bösch/Rayroux/Winzeler, KAG (2009) Art. 119 Rn. 7 ff. und 30 ff.

[16] So etwa die wohl h.M. für die Qualifikation als ausländische kollektive Kapitalanlage nach Art. 119 KAG; hierzu *Comtesse/Fischer/Stupp* in Watter/Bösch/Rayroux/Winzeler, KAG (2009) Art. 119 Rn. 11.

in ein Portfolio von alternativen Anlagen, wie etwa Immobilien oder Unternehmensbeteiligungen, investiert, sondern in andere AIF, auch Zielfonds genannt, investiert, die ihrerseits direkte Investitionen in alternative Anlagen tätigen[17].

Wenn es nach der Definition für einen Feeder-AIF[18] ausreichen soll, dass er **20** mindestens 85% seiner Vermögenswerte in mehr als einem Master-AIF anlegt, sofern diese Master-AIF identische Anlagestrategien verfolgen, wird es für die Abgrenzung zum Dachfonds v.a. darauf ankommen, wann von einer Identität der Anlagestrategien auszugehen ist.

Je abstrakter man diese Strategien fasst, umso mehr läuft man Gefahr, dass **21** unter der AIFM-Richtlinie auch Dachfonds als Feeder-AIF zu qualifizieren sind. Dagegen spricht jedoch, dass die AIFM-Richtlinie selbst zwischen Feeder-AIF und Dachfonds unterscheidet – vgl. Art. 7 Abs. 3 lit. a) und b). Richtigerweise wird man für die Abgrenzung zwischen Feeder-AIF und Dachfonds einen Abgleich der in den Vertragsbedingungen der Zielfonds die festgelegten Anlagestrategien machen müssen, um das Vorliegen der für einen Feeder-AIF erforderlichen Identität zu bestimmen.

Greift das Vertriebsrecht nach Art. 31 und 32 nur für EU-AIF-Feeder, die **22** in einen oder mehrere Master-AIF investieren, die wiederum als von einem zugelassenen EU-AIFM verwalteten EU-AIF qualifizieren, legt Art. 35 die Bedingungen für den europaweiten Vertrieb von EU-Feeder-AIF fest – sei es, dass der Master-AIF selbst ein Nicht-EU-AIF und/oder von einem Nicht-EU-AIFM verwaltet wird. Vom Wortlaut des Art. 35 nicht erfasst, ist der Vertrieb von einem Nicht-EU-Feeder-AIF innerhalb der EU, der von einem EU-AIFM oder einem Nicht-EU-AIFM verwaltet wird.

Während man den Vertrieb eines Nicht-EU-Feeder-AIF, der von einem **23** Nicht-EU-AIFM verwaltet wird, als Vertrieb eines Nicht-EU-AIF i. S. d. Art. 40 begreifen kann, scheint der Fall des Vertriebs von einem Nicht-EU-Feeder-AIF, der von einem EU-AIFM verwaltet wird, weder vom Wortlaut des Art. 35 noch des Art. 40 erfasst zu sein. Dass die AIFM-Richtlinie diesen Vertrieb jedoch unreguliert lassen wollte, überzeugt ob ihres umfassenden Geltungsanspruches und Regulierungsansatzes[19] ebenso wenig wie die Auffassung, das Schweigen der Richtlinie als ein gesetzliches Verbot des Vertriebs von Nicht-EU-Feeder-AIF zu deuten. Richtig ist u.E. die unmittelbare Anwendung des Art. 35, da es sich bei dem Nicht-EU-Feeder-AIF um einen Nicht-EU-AIF handelt, der von einem EU-AIFM verwaltet wird.

3. Vertrieb in Mitgliedstaaten an professionelle Anleger. Zulässig ist nach **24** Art. 35 Abs. 1 und Abs. 17 nur der europaweite Vertrieb an professionelle Anleger: Die Mitgliedstaaten müssen vorsehen, dass die von dem EU-AIFM verwalteten und vertriebenen Nicht-EU-AIF nur an professionelle Anleger vertrieben werden dürfen. Der EU-AIFM muss entsprechende Vorkehrungen treffen, um zu verhindern, dass Anteile des Nicht-EU-AIF an Kleinanleger vertrieben werden. Nach Art. 4 Abs. 1 lit. ag) gilt als professioneller Anleger jeder Anleger, der i.S.v. Anh. II der RL 2004/39/EG als ein professioneller Kunde angesehen wird oder auf Antrag als ein professioneller Kunde behandelt werden kann[20].

---

[17] In Deutschland sind dies nach geltendem InvG etwa sog. Dach-Hedgefonds bzw. „Dach-Sondervermögen mit zusätzlichen Risiken" in der Terminologie des § 113 InvG; hierzu auch *Gringel* in Berger/Steck/Lübbehüsen, InvG/InvStG (2010) § 113 InvG Rn. 1 ff.

[18] Vgl. Art. 4 Abs. 1 lit. m).

[19] Vgl. Erwägungsgrund (4) der AIFM-Richtlinie.

[20] Vgl. hierzu auch Art. 4 Rn. 220 ff.

25 Welche Sicherheitsvorkehrungen der EU-AIFM insoweit treffen muss, ist eine Frage des Einzelfalls. Neben einem ausdrücklichen Ausschluss einer Kapitalanlage durch Kleinanleger bzw. deren Beteiligung an dem jeweiligen Nicht-EU-AIF in der rechtsverbindlichen Dokumentation, wie etwa Zeichnungsvereinbarungen, wird für Vertriebsaktivitäten – sei es in Marketingpräsentationen oder aber auch für Internetdarstellungen – dem sog. *Disclaimer*[21] wohl ein zentrale Bedeutung zukommen. Durch einen zentralen Hinweis sollte klargestellt sein, dass die enthaltenen Inhalte bzw. Angebote ausdr. nicht für Kleinanleger bestimmt sind.

26 Gleiches gilt für einen grds. zulässigen Internetvertrieb, wenn bestimmte Inhalte oder Kontaktmöglichkeiten für Kleinanleger technisch gesperrt bleiben. Der Besucher der Internetseite muss schon eine erhebliche Eigeninitiative aufbieten, um sich über diesen Hinweis hinwegzusetzen, was letztlich sogar das Vorliegen eines Vertriebs auf Initiative des EU-AIFM in Frage stellt[22]. Dass man sich als potentieller Kunde über den Hinweis hinwegsetzen kann, indem man sich nach Kenntnisnahme von Internet-Inhalten postalisch oder telefonisch an den EU-AIFM wendet, kann letztendlich nicht verhindert werden.

II. Zeitlicher Anwendungsbereich

27 **1. Notwendiger Kommissionsentscheid nach Art. 66 Abs. 3 i. V. m. Art. 67 Abs. 6.** Während die für die Umsetzung der AIFM-Richtlinie erforderlichen Rechts- und Verwaltungsvorschriften bis 22.7.2013 erlassen und veröffentlicht und entsprechend angewandt werden müssen, müssen die Mitgliedstaaten die Rechts- und Verwaltungsvorschriften, die erforderlich sind, um den Art. 35 sowie 37 bis 41 nachzukommen, gem. dem von der Kommission nach Art. 67 Abs. 6[23] erlassenen delegierten Rechtsakt und von dem darin festgelegten Zeitpunkt anwenden.

28 Beabsichtigt ist entspr. Erwägungsgrund (4), dass nach einer zweijährigen Übergangszeit (beginnend mit dem Ablauf der Frist zur Umsetzung der AIFM-Richtlinie – sprich: 22.7.2013) und nach dem Inkrafttreten eines diesbezüglichen delegierten Rechtsakts der Kommission, das harmonisierte Pass-System für EU-AIFM, die Nicht-EU-AIF verwalten, angewendet wird.

29 Kurz: Ziel ist die Einführung des Europäischen Passports für Nicht-EU-AIF, die von einem EU-AIFM verwaltet werden, auf ein Datum nach dem 22.7.2015. Ob dies realistisch ist, wird v.a. von der Stellungnahme und Empfehlung der ESMA zur Anwendung des Passes auf den Vertrieb von Nicht-EU-AIF durch EU-AIFM in den Mitgliedstaaten abhängen – vgl. Art. 67 Abs. 1 bis 5 sowie Abs. 7.

---

[21] Zur Bedeutung eines entsprechenden *Disclaimer* für die Erlaubnispflicht nach § 32 KWG auch das BaFin-Merkblatt vom 1.4.2005 – Hinweise zur Erlaubnispflicht nach § 32 Abs. 1 KWG in Verbindung mit § 1 Abs. 1 und Abs. 1a KWG von grenzüberschreitend betriebenen Bankgeschäften und/oder grenzüberschreitend erbrachten Finanzdienstleistungen; abrufbar unter: http://www.bafin.de/cln_117/nn_724262/SharedDocs/Veroeffentlichungen/DE/ Service/Merkblaetter/mb__050400__grenzueberschreitend.html (zuletzt abgerufen am: 22.2.2013); mit Blick auf das US-amerikanische Recht *Steck* ZBB 2000, 112 ff.

[22] So auch mit Blick auf eine vergleichbare Problematik bei der Erlaubnispflicht nach § 32 KWG *Vahldiek* in Boos/Fischer/Schulte-Mattler, KWG, 4. Aufl. (2012) § 53 Rn. 158 ff.

[23] Der Wortlaut des Art. 66 Abs. 3 verweist fälschlicherweise auf Art. 65 Abs. 6, der nicht existiert. Richtig ist insoweit der Verweis auf Art. 67 Abs. 6.

2. Befristete Übergangsphase – „*AIFM-light*" Vertrieb nach Art. 36. 30
Der zeitliche Wettbewerbsvorsprung für EU-AIFM, die bereits mit Ablauf der
Umsetzungsfrist – also 22.7.2013 – EU-AIF verwalten und nach Art. 31 und 32
europaweit vertreiben dürfen[24], soll mit Blick auf den Vertrieb von Anteilen an
einem von einem EU-AIFM verwalteten Nicht-EU-AIF sowie von EU-Feeder-
AIF, die nicht die Anforderungen gem. Art. 31 Abs. 1 Unterabs. 2 erfüllen, durch
Art. 36 kompensiert werden.

Danach können die Mitgliedstaaten einem zugelassenen EU-AIFM den aus- 31
schließlich in ihrem Gebiet erfolgenden Vertrieb von Anteilen an einem von
ihm verwalteten Nicht-EU-AIF sowie von den genannten EU-Feeder-AIF an
professionelle Anleger gestatten. Beabsichtigt ist, dass – vorbehaltlich bestimmter,
in Art. 36 genannter, harmonisierter Mindestauflagen[25] – das nationale Aufsichtsregime der Mitgliedstaaten neben dem europaweit harmonisierten Passport-Sys-
tem während einer Übergangszeit von drei Jahren (beginnend mit dem Inkrafttreten des in Art. 67 Abs. 6 genannten delegierten Rechtsakts, gem. dem die
Bestimmungen des Art. 35 in allen Mitgliedstaaten umgesetzt wurden) besteht –
vgl. hierzu auch Art. 68.

3. Kein Bestandsschutz für den Vertrieb von bisherigen Fondsstruktu- 32
ren. Ein Bestandsschutz für den Vertrieb von ausländischen Fondsstrukturen, die
von einem EU-AIFM verwaltet werden und unter der AIFM-Richtlinie nunmehr
als Nicht-EU-AIF qualifizieren, ist nicht vorgesehen. Bestandsschutz greift nur
für die Verwaltung von AIF und nur unter den in Art. 61 geregelten, engen
Voraussetzungen ein. Nach dessen Abs. 3 kann ein AIFM, der vor dem 22.7.2013
AIF des geschlossenen Typs verwaltet, die nach dem 22.7.2013 keine zusätzlichen
Anlagen tätigen, solche AIF weiterhin verwalten, ohne eine Zulassung gem. der
AIFM-Richtlinie zu haben. Und nach Art. 61 Abs. 4 kann ein AIFM, der
geschlossene AIF verwaltet, deren Zeichnungsfrist für Anleger vor Inkrafttreten
dieser Richtlinie abläuft und die für einen Zeitraum aufgelegt wurden, der spätes-
tens drei Jahre nach dem 22.7.2013 abläuft, weiterhin solche AIF verwalten,
ohne – mit Ausnahme von Art. 22 und gegebenenfalls der Art. 26 bis 30 – die
Bestimmungen der AIFM-Richtlinie einhalten oder eine Zulassung gem. dieser
Richtlinie beantragen zu müssen[26].

Dass der delegierte Rechtsakt nach Art. 67 Abs. 6, mit dem Art. 35 in Kraft 33
gesetzt werden soll, einen weitergehenden Bestandsschutz für den Vertrieb von
Nicht-EU-AIF, die von einem EU-AIFM verwaltet werden, vorsehen kann, ist
in der AIFM-Richtlinie nicht geregelt – und u.E. auch sehr unwahrscheinlich.

C. Zulassungsvoraussetzungen und –verfahren

I. Anforderungen an EU-AIFM und drittstaaten-bezogene Bedingungen (Art. 35 Abs. 2)

Art. 35 Abs. 2 unterscheidet zwischen Zulassungsvoraussetzungen für den Ver- 34
trieb der in Art. 35 Abs. 1 genannten AIF gegenüber professionellen Anlegern in
der EU, die sich auf den betreffenden EU-AIFM selbst beziehen, und darüber

---

[24] Hierzu auch *Klebeck/Meyer* RdF 2012, 95, 101.

[25] Zu Einzelheiten der Voraussetzungen nach Art. 36 eben dort.

[26] Zu Einzelheiten der Voraussetzungen nach Art. 61 eben dort.

hinausgehenden drittstaaten-bezogenen Voraussetzungen. Letztere sollen einerseits dazu dienen, den zur Erfüllung der aufsichtsrechtlichen Standards der AIFM-Richtlinie erforderlichen Informationsaustausch sicherzustellen (Art. 35 Abs. 2 lit. a)) und andererseits Mindestanforderungen an geldwäscherechtliche Standards des Drittstaates (Art. 35 Abs. 2 lit. b)) sowie die Vermeidung von Doppelbesteuerungsfällen und die Gewährleistung eines effizienten Steuerinformationsaustausch (Art. 35 Abs. 2 lit. c)) formulieren[27].

35   **1. Anforderung an EU-AIFM und Ausnahmen (Art. 35 Abs. 2 Satz 1).**
Voraussetzung der Anwendung des Art. 35 auf EU-AIFM ist, dass der betreffende EU-AIFM nach der AIFM-Richtlinie zugelassen ist[28] und dem persönlichen und sachlichen Anwendungsbereich des Art. 35 unterliegt. Zudem muss der EU-AIFM nach dem Wortlaut von Art. 35 Abs. 1 S. 1 alle in der AIFM-Richtlinie festgelegten Anforderungen mit Ausnahme der auf den Vertrieb von EU-AIF durch EU-AIFM bezogenen Anforderungen des Kapitels VI (Art. 31 bis 33) erfüllen[29]. Insb. muss der EU-AIFM nach Kapitel II durch die zuständigen Behörden seines Herkunftsmitgliedstaates die Zulassung zur Verwaltung von AIF erteilt worden sein.

36   Im Umkehrschluss zu Art. 34 Abs. 1 lit. a) zählen hierzu insb. auch die – ausweislich Erwägungsgrund (61) *„zum Schutz von Anlegern der Union"* – aufgenommenen Bestimmungen des Art. 21 (Pflicht zur Bestellung einer geeigneten Verwahrstelle für jeden verwalteten AIF)[30] und des Art. 22 (Pflicht zur Vorlage von Jahresberichten für jedes Geschäftsjahr des AIF)[31].

37   Nach dem zu weitgehenden Wortlaut von Art. 35 Abs. 2, hat der EU-AIFM nicht schlechthin „alle", sondern lediglich alle an einen EU-AIFM als solchen gerichteten Anforderungen der AIFM-Richtlinie einzuhalten, was auch aus einem Vergleich mit der auf Nicht-EU-AIFM anwendbaren Parallelvorschrift des Art. 40 Abs. 2 folgt[32].

38   **2. Drittstaaten-bezogene Voraussetzungen für Nicht-EU-AIF (Art. 35 Abs. 2 S. 2). a) Geeignete Kooperationsvereinbarungen (lit. a)).** Gem. Art. 35 Abs. 2 S. 2 lit. a) müssen *„geeignete Vereinbarungen"* über die Zusammenarbeit zwischen den zuständigen Behörden des Herkunftsmitgliedstaats des AIFM i.S.v. Art. 4 Abs. 1 lit. f) und den Aufsichtsbehörden des Drittstaates bestehen, in dem der Nicht-EU-AIF seinen Sitz hat, *„damit unter Berücksichtigung von Artikel 50 Abs. 4 zumindest ein effizienter Informationsaustausch gewährleistet ist, der den zuständigen Behörden ermöglicht, ihre Aufgaben gemäß dieser Richtlinie wahrzunehmen".*

39   Entspr. dem für Art. 34 Abs. 1 lit. b) maßgeblichen Verfahren werden Inhalt und Umfang der Kooperationsvereinbarungen durch die Kommission in Form delegierter Rechtsakte i.S.v. Art. 35 Abs. 11 festgelegt, die Art. 35 Abs. 12 ihrerseits durch Leitlinien der ESMA konkretisiert werden sollen. Art. 114 ff. des Diskussionsentwurfs der Level-II-VO konkretisieren die formalen und inhaltli-

---

[27] Krit. mit Blick auf die steuerliche Regelung im Zusammenhang mit einer aufsichtsrechtlichen Regulierung schon *Klebeck* DStR 2009, 2154.

[28] Vgl. hierzu Art. 34 Rn. 23 ff.

[29] Die in sachlicher Hinsicht bereits nicht passen; so auch *Spindler/Tancredi* WM 2011, 1441, 1449 f.

[30] Zur Reichweite der Pflicht der Bestellung einer Verwahrstelle nach Art. 21 eben dort Rn. 4 ff.

[31] Zu den Grenzen dieses Schutzargumentes siehe Art. 34 Rn. 4.

[32] Vgl. zur parallelen Problematik bereits Art. 34 Rn. 32 ff.

chen Anforderungen an Kooperationsvereinbarungen, indem generelle formale und inhaltliche Rahmenanforderungen vorgegeben werden (Art. 114), Anforderungen an den zuständigen Aufsichtsbehörden einzuräumende Verfahrensrechte (Art. 115) aufgestellt werden und Bestimmungen zur Gewährleistung des Datenschutzniveaus nach Maßgabe von Art. 52 i. V. m. der EU-Datenschutzrichtlinie 95/46/EG vorzusehen sind. Ausweislich Abs. 13 und Erwägungsgrund (74) erstellt des Weiteren die ESMA Entwürfe technischer Regulierungsstandards und soll zudem ein standardisiertes Format (Mustervertrag) für derartige Kooperationsvereinbarungen zur Verfügung stellen.

Der Rechtsfolgenverweis auf Art. 50 Abs. 4 hat für den Inhalt der Kooperati- **40** onsvereinbarung keine Bedeutung, da Art. 50 Abs. 4 Anforderungen an einen Informationsaustausch zwischen dem Herkunftsmitgliedstaat und dem Aufnahmemitgliedstaat eines AIFM einerseits sowie der ESMA andererseits nach erfolgtem Abschluss einer Kooperationsvereinbarung regelt. In Art. 114 und 115 des DiskE der Level-II-VO sowie in Box 112 des Final Report der ESMA v. 16.11.2011 sind die inhaltlichen Anforderungen an Kooperationsvereinbarungen festgelegt worden[33]. Ausweislich Nr. 4 der Box 112 gelten die für Kooperationsvereinbarungen i. S. d. Art. 34 Abs. 1 lit. b) aufgestellten Anforderungen entsprechend[34].

b) Geldwäscherechtliche Standards der FATF (lit. b)). Nach Art. 35 **41** Abs. 2 S. 2 lit. b) darf der Drittstaat nicht auf der dreimal jährlich veröffentlichten Liste der „*nicht kooperativen Länder und Gebiete*" der Arbeitsgruppe „*Finanzielle Maßnahmen gegen Geldwäsche und Terrorismusfinanzierung*" (engl. „*Financial Action Task Force on Money Laundering*", FATF) stehen.[35]

c) OECD-Standards zur Vermeidung von Doppelbesteuerung (lit. c)). **42** Nach Abs. 2 S. 2 lit. c) hat das Drittland mit dem Herkunftsmitgliedstaat des AIFM und jedem Mitgliedstaat, in dem die Anteile des Nicht-EU-AIF vertrieben werden sollen eine den Regelungen des Art. 26 des OECD-Musterabkommens zur Vermeidung der Doppelbesteuerung von Einkommen und Vermögen[36] entsprechende Vereinbarung zu unterzeichnen, die einen wirksamen Informationsaustausch in Steuerangelegenheiten gewährleistet.

Laut der Kommentierung der OECD zum Musterabkommen verpflichtet **43** Art. 26 Staaten zum Austausch von Informationen, die für die Umsetzung eines Steuerabkommens oder für die Veranlagung und Durchsetzung von Steuergesetzen in den Vertragsstaaten voraussichtlich von Bedeutung sind, bietet aber keine Rechtsgrundlage für Informationsanfragen, die für die Besteuerung eines gegebe-

---

[33] Ziff. XI.II. des Final Report der ESMA v. 16.11.2011 („ESMA's technical advice to the European Commission on possible implementing measures of the Alternative Investment Find Managers Directive", ESMA/2011/379; (abrufbar unter: www.esma.europa.eu) (im Folgenden: „Final Report v. 16.11.2011").

[34] Siehe hierzu Art. 34 Rn. 36 ff.

[35] Die Liste ist auf der Internetseite der FATF unter www.fatf-gafi.org abrufbar. Mit Stand 16. Februar 2012 sind der Iran, Nordkorea, Kuba, Bolivien, Äthiopien, Indonesien, Kenia, Myanmar, Nigeria, Pakistan, Sao Tomé und Principe, Sri Lanka, Syrien, Tansania, Thailand und die Türkei als Länder mit strategischen Defiziten in der Geldwäschebekämpfung bzw. nicht kooperative Länder und Gebiete aufgeführt.

[36] Das Abkommen hat den Stand Juli 2010; abrufbar unter: www.oecd.org (zuletzt abgerufen am 22.2.2013; hierzu auch *Aumayr/Marchgraber* SWI 2011, 199 ff.; *Hauschild,* Internationales Steuer- und Gesellschaftsrecht Aktuell 2010, 63 ff.

nen Steuerpflichtigen nicht relevant sind[37]. Der anfragende Staat sollte gem. Art. 26 Abs. 4 alle innerstaatlichen Mittel zur Erlangung der Information, die ihm ohne unverhältnismäßigen Aufwand zur Verfügung stehen, ausgeschöpft haben, bevor er den Vertragspartner um Hilfe bittet. Ausgetauschte Information sind nach Art. 26 Abs. 2 des OECD-Musterabkommens vertraulich zu behandeln[38].

44   3. Widerspruchsrecht anderer Mitgliedstaaten / Schlichtungsverfahren (Art. 35 Abs. 2 Unterabs. 2). Im Fall, dass eine zuständige Aufsichtsbehörde eines anderen Mitgliedstaates als dem Herkunftsmitgliedstaat des EU-AIFM mit der Anwendung der Anforderungen des Art. 35 Abs. 2 S. 2 lit. a) und b) durch die Herkunftsstaatbehörden nicht einverstanden ist, können gem. Art. 35 Abs. 2 Unterabs. 2 *„die betroffenen zuständigen Behörden"* die ESMA anrufen mit dem Ziel, ein Schlichtungsverfahren nach Art. 19 der VO (EU) Nr. 1095/2010 unter Federführung der ESMA durchzuführen.

45   Das auf Empfehlung (22) des sog. Larosière-Report v. 25.2.2009 − benannt nach dem Vorsitzenden *Jacques de Larosière* der „High-Level Group on Financial Supervision in the EU"[39] − zurückgehende Schlichtungsverfahren ist ein europarechtliches Zwischenverfahren, das auch im Zusammenspiel mit der AIFM-Richtlinie einige Fragen aufwirft.

46   So lässt der Wortlaut des Art. 35 Abs. 2 Unterabs. 2 offen, ob *„zuständige Behörde"* i.S.v. Art. 35 Abs. 2 Unterabs. 2 und Art. 4 Abs. 1 lit. f) jede abstrakt (und damit auch nur potentiell) zuständige Behörde ist, oder ob ihre Zuständigkeit erst aus dem Zugang eines Anzeigeschreibens nach Abs. 5 und 6 folgt. Die in Art. 19 Abs. 3 der VO (EU) Nr. 1095/2010 vorgesehene verbindliche Entscheidung der ESMA im Beschlusswege im Fall eines ergebnislos verlaufenden Schlichtungsverfahrens spricht u.E. dafür, dass zunächst eine konkrete Zuständigkeit der betreffenden Aufsichtsbehörden begründet worden sein muss, da die Schlichtungsentscheidung gem. Art. 19 Abs. 3 und 4 konkrete Handlungs- und Unterlassungspflichten für die beteiligten Behörden treffen kann.

47   Die Anzeigebefugnis dürfte entgegen dem Wortlaut des Art. 35 Abs. 2 Unterabs. 2, von *„den betreffenden zuständigen Behörden"* spricht, jeder einzelnen Behörde unabhängig vom Anzeigewillen anderer, zuständiger Behörden zustehen. Nur so kann ein Schlichtungsverfahren überhaupt aussichtsreich eingeleitet werden und dem Sinn und Zweck von Art. 19 VO (EU) 1095/2010 sowie der Empfehlung (22) Larosière-Report Rechnung getragen werden.

48   Schlichtungsentscheidungen haben nach Art. 19 Abs. 5 VO (EU) 1095/2010 *„Vorrang"* vor allen von den zuständigen Behörden in der gleichen Sache erlassenen früheren Beschlüssen. Dabei sind v.a. die Auswirkungen dieses Vorrangs auf bestandskräftige Verwaltungsakte der zuständigen mitgliedstaatlichen Behörden fraglich. Der Wortlaut spricht für eine Rücknahmepflicht der betreffenden mitgliedstaatlichen Aufsichtsbehörde. Demgegenüber ist im Rahmen der Loyalitätspflicht der Mitgliedstaaten nach Art. 4 Abs. 3 EUV anerkannt, dass die Mitgliedstaaten nicht dazu verpflichtet sind, auch unionsrechtswidrige VA in jedem Fall

---

[37] Abrufbar unter: www.oecd.org (zuletzt abgerufen am: 22.2.2013).

[38] *Aumayr/Marchgraber* SWI 2011, 199 ff.; *Hauschild*, Internationales Steuer- und Gesellschaftsrecht Aktuell 2010, 63 ff.

[39] The High-Level Group on Financial Supervision in the EU − chaired by *Jacques de Larosière* (25.2.2009) S. 62 ff. (abrufbar unter: http://ec.europa.eu/internal_market/finances/docs/de_larosiere_report_en.pdf; zuletzt abgerufen am 22.2.2013).

und unter allen Umständen zurückzunehmen[40]. An diesen primärrechtlich verankerten Grundsätzen dürfte sich u.e. durch den „Vorranganspruch" des (sekundärrechtlichen) Art. 19 Abs. 5 VO (EU) 1095/2010 nichts ändern.

II. Ausschließlicher Vertrieb im Herkunftsmitgliedstaat

1. Anzeige nach Anh. III für jeweiligen Nicht-EU-AIF (Art. 35 Abs. 3). 49
Beabsichtigt ein EU-AIFM, Anteile an Nicht-EU-AIF in seinem Herkunftsmitgliedstaat zu vertreiben, so hat er den zuständigen Behörden seines Herkunftsmitgliedstaats nach Art. 35 Abs. 3 für jeden betreffenden AIF, ein Anzeigeschreiben zu übermitteln (sog. Absichtsanzeige), welches die in Anh. III genannten Angaben zu enthalten hat. Dies sind im Einzelnen:

„*a) Ein Anzeigeschreiben einschließlich eines Geschäftsplans, der Angaben zu den AIF, die der AIFM zu vertreiben beabsichtigt, sowie zu deren Sitz enthält;*

b) die Vertragsbedingungen oder die Satzung des AIF;

c) der Name der Verwahrstelle des AIF;

d) eine Beschreibung des AIF bzw. alle für die Anleger verfügbaren Informationen über den AIF;

e) Angaben zum Sitz des Master-AIF, falls es sich bei dem AIF um einen Feeder-AIF handelt;

f) alle in Artikel 23 Absatz 1 genannten weiteren Informationen für jeden AIF, den der AIFM zu vertreiben beabsichtigt;

g) sofern zutreffend Angaben zu den Vorkehrungen, die getroffen wurden, um zu verhindern, dass Anteile des AIF an Kleinanleger vertrieben werden, auch falls ein AIFM für die Erbringung von Wertpapierdienstleistungen für den AIF auf unabhängige Unternehmen zurückgreift."

Das Konzept der Absichtsanzeige im Zusammenhang mit der Einführung eines 50
Europäischen Passes ist dem deutschen Aufsichtsrecht etwa aus § 53b KWG[41] und § 139 InvG[42] durchaus bekannt. In Art. 35 Abs. 16 lit. a) ist vorgesehen, dass die ESMA hierfür zunächst technische Durchführungsstandards[43] in Form eines Musteranzeigeschreibens entwickelt, die dann von der Kommission im Verfahren nach Art. 15 VO (EU) 1095/2010 zu verabschieden sind.

2. Zulassungsentscheidung innerhalb 20-Tage-Frist/ Beginn des Ver- 51
triebs (Art. 35 Abs. 4). Spätestens 20 Arbeitstage nach Eingang der vollständigen Absichtsanzeige nach Art. 35 Abs. 3 teilt die zuständige Behörde mit, ob der EU-AIFM mit dem Vertrieb der angezeigten Nicht-EU-AIF beginnen darf. Eine Untersagung des Vertriebs ist nach Abs. 3 S. 2 nur zulässig, wenn die Verwaltung

---

[40] *Streinz*, EUV/AEUV, 2. Aufl. (2012), Art. 4 EUV Rn. 56 f. m. w. N.; *J. Müller* in Bader/Ronellenfitsch, BeckOK VwVfG, § 48 Rn. 132 (Stand 1.10.2011) unter Verweis auf EuGH, Rs 205–215/82, NJW 1984, 2024 – Deutsches Milchkontor und Rs. C-392/04 u. C-422/04, NVwZ 2006, 1277 – i-21 / Arcor.

[41] Hierzu *Brocker* in Schwennicke/Auerbach, KWG (2009), § 53b Rn. 27 ff.

[42] Hierzu das BaFin-Merkblatt für Anzeigen ausländischer Investmentvermögen nach § 139 Investmentgesetz (InvG) (Stand: 1.7.2011; abrufbar unter: www.bafin.de; zuletzt abgerufen am: 22.2.2013).

[43] Zu Rechtsnatur und Bindungswirkung von technischen Durchführungsstandards als exekutiven Rechtsakten i.S.v. Art. 291 AEUV in Abgrenzung zu „*quasi-legislatorischen*" (normkonkretisierenden) technischen Regulierungsstandards i.S.v. Art. 290 AEUV und vorbereitenden Konsultationsakten näher *Rötting/Lang* EuZW 2012, 8, 10; s.a. *Walla* BKR 2012, 265, 267 f.; zu Rechtsschutzmöglichkeiten siehe *Sonder* BKR 2012, 8, 10.

des angezeigten AIF oder der AIFM als solcher „*im Allgemeinen*" gegen die AIFM-Richtlinie verstößt. Diese Versagungsgründe sind abschließend, wobei unklar ist, ob der Zusatz „*im Allgemeinen*" eine Öffnung für Ausnahmeregelungen in Einzelfällen bedeutet.

52   Nach Art. 35 Abs. 4 S. 3 darf der AIFM „*im Fall einer positiven Entscheidung*" ab dem Datum der diesbezüglichen Mitteilung mit dem Vertrieb beginnen. Ungeachtet des missverständlichen Wortlauts dieses Satzes liegt es u.E. insb. auch mit Blick auf Sinn und Zweck des Fristerfordernisses nahe, dass es sich bei der 20-Tages-Frist um eine Entscheidungs- und keine Bearbeitungsfrist handelt, so dass der AIFM im Fall des Ablaufs der 20-Tages-Frist mit dem Vertrieb beginnen darf[44], sofern kein Ablehnungsbescheid ergangen ist. Im deutschen Aufsichtsrecht ist dies etwa in § 53b Abs. 2 KWG[45] sowie § 140 Abs. 1 InvG[46] vorgesehen. Die behördliche Ablehnung des Vertriebs ist nach dem deutschen Recht als ein den entsprechenden AIFM belastender VA zu qualifizieren, welcher mit den nationalen Rechtsbehelfen v.a. der VwGO angegriffen werden kann[47].

53   Nach Art. 35 Abs. 4 Unterabs. 2 teilen die zuständigen Behörden der ESMA die Zulässigkeit des Vertriebs der angezeigten Nicht-EU-AIF im Herkunftsmitgliedstaat des EU-AIFM mit. Die Anzeige hat richtigerweise sowohl im Fall einer positiven Entscheidung sowie im Fall eines Verstreichens der 20-Tages-Frist ohne Entscheidung zu erfolgen.

III. Vertrieb in weiteren Mitgliedstaaten

54   **1. Anzeige nach Anh. IV für jeweiligen Nicht-EU-AIF (Art. 35 Abs. 5).**
Im Fall eines beabsichtigten Vertriebs von Nicht-EU-AIF in weiteren Mitgliedstaaten als dem Herkunftsmitgliedstaates des EU-AIFM hat nach Art. 35 Abs. 5 eine Absichtsanzeige bei den zuständigen Behörden dieses Herkunftsmitgliedstaates für jeden betreffenden AIF zu erfolgen, welche „*in einer in der internationalen Finanzwelt gebräuchlichen Sprache*" (vgl. Art. 35 Abs. 9 Unterabs. 1) die in Anh. IV genannten Angaben zu enthalten hat. Dies sind im Einzelnen:

> „*a) Ein Anzeigeschreiben einschließlich eines Geschäftsplans, der Angaben zu den AIF, die der AIFM zu vertreiben beabsichtigt, sowie zu deren Sitz enthält;*
>
> *b) die Vertragsbedingungen oder die Satzung des AIF;*
>
> *c) der Name der Verwahrstelle des AIF;*
>
> *d) eine Beschreibung des AIF bzw. alle für die Anleger verfügbaren Informationen über den AIF;*
>
> *e) Angaben zum Sitz des Master-AIF, falls es sich bei dem AIF um einen Feeder-AIF handelt;*
>
> *f) alle in Artikel 23 Absatz 1 genannten weiteren Informationen für jeden AIF, den der AIFM zu vertreiben beabsichtigt;*
>
> *g) die Angabe des Mitgliedstaats, in dem Anteile des AIF an professionelle Anleger vertrieben werden sollen;*

---

[44] Hierzu auch die Ausführungen zu Art. 39 Rn. 45 ff. und Art. 40 Rn. 43, wo sich eine vergleichbare Frage stellt.

[45] Hierzu *Brocker* in Schwennicke/Auerbach, KWG (2009), § 53b Rn. 29.

[46] Vgl. zur Zulassungsfiktion nach § 140 Abs. 1 InvG auch *Erhard* in Berger/Steck/Lübbehüsen, InvG/InvStG (2010) § 140 InvG Rn. 5 ff.

[47] Hierzu auch die Ausführungen zu Art. 39 und Art. 40, wo sich mit Blick auf den Vertriebsbeginn von Nicht-EU-AIF als auch EU-AIF durch einen Nicht-EU-AIFM dieselbe Frage stellt.

h) Angaben zu den Vorkehrungen für den Vertrieb des AIF und, sofern zutreffend, Angaben zu den Vorkehrungen, die getroffen wurden, um zu verhindern, dass Anteile des AIF an Kleinanleger vertrieben werden, auch falls ein AIFM für die Erbringung von Wertpapierdienstleistungen für den AIF auf unabhängige Unternehmen zurückgreift. " Nach Art. 35 Abs. 16 lit. b) soll die ESMA technische Durchführungsstan- 55 dards[48] in Form eines Musteranzeigeschreibens erstellen, die von der Kommission im Verfahren nach Art. 15 VO (EU) 1095/2010 zu verabschieden sind.

2. Weiterleitungsentscheidung innerhalb 20-Tage-Frist / unverzügli- 56 che Mitteilung (Art. 35 Abs. 6 und 7). Nach Art. 35 Abs. 6 haben die Herkunftsmitgliedstaaten des EU-AIFM spätestens 20 Arbeitstage nach Eingang der vollständigen Vertriebsanzeige nach Art. 35 Abs. 5 die vollständigen Anzeigeunterlagen an die zuständigen Behörden des beabsichtigten Vertriebsmitgliedsstaates weiterzuleiten. Eine elektronische Übermittlung und Archivierung der Unterlagen ist durch die Mitgliedstaaten sicherzustellen – Art. 35 Abs. 9 Unterabs. 2.

Eine Weiterleitung erfolgt nach dem Wortlaut jedoch nur, wenn Verwaltung 57 des Nicht-EU-AIF den Anforderungen der AIFM-Richtlinie entspricht *„und entsprechen wird"* und sich der AIFM im Allgemeinen an die AIFM-Richtlinie hält. Der exakte Regelungsgehalt ist insb. im Vergleich zum abweichenden Wortlaut des Art. 35 Abs. 4 (*„und entsprechen wird"*) für Absichtsanzeigen unklar. Ein Grund, für eine Weiterleistungsentscheidung andere und ggf. weitere materielle Anforderungen als für den Zulassungsbescheid aufzustellen, ist nicht ersichtlich.

Die zuständigen Behörden fügen den weitergeleiteten Unterlagen nach Art. 35 58 Abs. 6 Unterabs. 2 eine Bescheinigung über die bestehende Zulassung des EU-AIFM zur Verwaltung von Nicht-EU-AIF samt Erläuterung der Anlagestrategie bei und unterrichten gem. Art. 35 Abs. 7 S. 1 den EU-AIFM unverzüglich nach Weiterleitung über den Versand der Anzeigeunterlagen. Ab dem Datum des Unterrichtungsschreibens darf der EU-AIFM mit dem Vertrieb der Nicht-EU-AIF in den angezeigten Mitgliedstaaten beginnen; ihm wird damit, aber auch nur insoweit der Europäische Pass zum Vertrieb von Nicht-EU-AIF „erteilt".

Nach Art. 35 Abs. 7 Unterabs. 2 teilen die zuständigen Behörden der ESMA 59 den Umstand der Zulässigkeit des Vertriebs der angezeigten Nicht-EU-AIF in den betreffenden Aufnahmemitgliedstaaten mit. Die Unterrichtungsentscheidung ist nach den gegenwärtigen Maßstäben des deutschen Rechts ein (feststellender) sog. transnationaler Verwaltungsakt[49]. Im Fall einer unterbliebenen Unterrichtung könnte nach den Vorgaben des deutschen Rechts mithin Rechtsschutz in Gestalt einer Verpflichtungsklage (ggf. in Form der Untätigkeitsklage) beansprucht werden[50].

Nach Art. 35 Abs. 16 lit. c) und d) entwickelt die ESMA technische Durchfüh- 60 rungsstandards[51] in Form einer Musterbescheinigung nach Art. 35 Abs. 6 und

---

[48] Zu Rechtsnatur und Bindungswirkung von technischen Durchführungsstandards als exekutiven Rechtsakten i.S.v. Art. 291 AEUV in Abgrenzung zu *„quasi-legislatorischen"* (normkonkretisierenden) technischen Regulierungsstandards i.S.v. Art. 290 AEUV und vorbereitenden Konsultationsakten näher *Rötting/Lang* EuZW 2012, 8, 10; s.a. *Walla* BKR 2012, 265, 267 f.; zu Rechtsschutzmöglichkeiten siehe *Sonder* BKR 2012, 8, 10.

[49] Siehe hierzu *Stelkens* in Stelkens/Bonk/Sachs, VwVfG, 7. Aufl. (2008) § 35 Rn. 358 ff. m. w. N.

[50] Hierzu auch die Ausführungen zu Art. 39 und Art. 40, wo sich mit Blick auf den Vertriebsbeginn von Nicht-EU-AIF als auch EU-AIF durch einen Nicht-EU-AIFM eine vergleichbare Frage stellt.

[51] Siehe hierzu auch die Nachweise in Rn. 55.

eines Übermittlungsschreibens nach Abs. 7, die von der Kommission im Verfahren nach Art. 15 VO (EU) 1095/2010 zu verabschieden sind.

61   **4. Untersagung.** Die Untersagung des Vertriebs ist (vorbehaltlich einer in Art. 35 Abs. 6 und 7 nicht explizit vorgesehenen, aber möglichen Untersagungsentscheidung der Aufsichtsbehörde) faktisch dadurch gegeben, dass der EU-AIFM ohne Weiterleitung der Unterlagen durch seine Aufsichtsbehörde den Vertrieb von betreffenden Nicht-EU-AIF im jeweiligen Aufnahmemitgliedstaat nicht aufnehmen darf[52].

IV. Änderungsanzeige (Art. 35 Abs. 10) – Folgen von wesentlicher Änderung der Angaben nach Art. 35 Abs. 3 und 5

62   Nach Art. 35 Abs. 10 hat der AIFM gegenüber den zuständigen Behörden seines Herkunftsmitgliedstaates geplante wesentliche Änderungen der nach Art. 35 Abs. 3 und Abs. 5 mitgeteilten Angaben mindestens einen Monat vor Durchführung der Änderungen und, im Fall von ungeplanten wesentlichen Änderungen, unverzüglich nach Eintreten der ungeplanten Änderung schriftlich anzuzeigen.

63   Wesentliche Änderungen sind nach der Systematik von Art. 35 Abs. 3 und 5 solche, die dazu führen können, dass die Verwaltung des angezeigten Nicht-EU-AIF oder der EU-AIFM als solcher „*im Allgemeinen*" gegen die AIFM-Richtlinie verstößt (vgl. Art. 35 Abs. 10 Unterabs. 2).

64   Die zuständigen Aufsichtsbehörden des Herkunftsmitgliedstaates haben im Fall derartiger Verstöße durch geplante wesentliche Änderungen dem EU-AIFM gem. Artikel 35 Abs. 10 Unterabs. 2 unverzüglich nach erfolgter Anzeige im Wege eines Versagungsbescheids die Durchführung der Änderung zu untersagen.

65   Im Fall der Durchführung von unzulässigen geplanten Änderungen oder im Fall, dass eine durch einen ungeplanten Umstand ausgelöste Änderung dazu führt, dass die Verwaltung des Nicht-EU-AIF durch den EU-AIFM oder dieser im Allgemeinen nunmehr gegen die Vorgaben der AIFM-Richtlinie verstoßen würde, sind die zuständigen Behörden des Herkunftsmitgliedstaats des EU-AIFM befugt, die nach gebotenen Maßnahmen gem. Art. 46, einschließlich einer Untersagung des Vertriebs auszusprechen bzw. durchzuführen (Art. 35 Abs. 10 Unterabs. 3)[53].

66   In diesen Fällen sind (ohne dass Art. 35 dies ausdrücklich regelt) entsprechend Art. 35 Abs. 10 Unterabs. 4 die zuständigen Behörden des Aufnahmemitgliedstaates und die ESMA unverzüglich durch die Behörden des Herkunftsmitgliedstaates über den Umfang der getroffenen Maßnahmen in Kenntnis zu setzen. Einzelheiten sollen im Wege technischer Regulierungsstandards nach Art. 35 Abs. 14 geregelt werden.

67   Im Fall einer zulässigen wesentlichen Änderung, die die Beendigung des Vertriebs von Nicht-EU-AIF betreffen, sind die ESMA und ggf. die zuständigen Behörden des Aufnahmemitgliedstaates hiervon ebenfalls unverzüglich durch die zuständigen Behörden des Herkunftsmitgliedstaates zu unterrichten (Art. 35 Abs. 10 Unterabs. 4).

---

[52] Hierzu auch die Ausführungen zu Art. 39 Rn. 62 ff und Art. 40 Rn. 30, wo sich mit Blick auf den Vertriebsbeginn von Nicht-EU-AIF als auch EU-AIF durch einen Nicht-EU-AIFM eine vergleichbare Frage stellt.
[53] Hierzu auch die Ausführungen zu Art. 39 Rn. 62 ff und Art. 40 Rn. 33, wo sich mit Blick auf den Vertriebsbeginn von Nicht-EU-AIF als auch EU-AIF durch einen Nicht-EU-AIFM eine vergleichbare Frage stellt.

D. Europaweite Konkretisierung, Harmonisierung und Vereinheitlichung

Wie bereits oben vereinzelt erwähnt, bedarf auch Art. 35 einer weitergehenden **68** Konkretisierung, Harmonisierung sowie Vereinheitlichung durch das sog. Level II-Verfahren[54]. Rechtsinstrumente hierzu sind zum einen der Erlass von delegierten Rechtsakten[55] durch die Kommission mit Blick auf die Vereinbarungen über Zusammenarbeit i. S. d. Art. 35 Abs. 2 lit. a) nach Art. 40 Abs. 11 sowie der Erlass von Leitlinien zur Anwendung der von der Kommission erlassenen Vorschriften für die in Art. 35 Abs. 2 lit. a) genannten Vereinbarungen – vgl. Art. 35 Abs. 12. Insoweit liegt bislang ein Entwurf in Gestalt des DiskE der Level-2-VO vor.

Zum anderen soll ESMA Entwürfe für technische Regulierungs- bzw. Durch- **69** führungsstandards erstellen, die ihrerseits durch die Kommission entsprechend ihrer Befugnis nach Art. 10 bis 14 bzw. Art. 15 der Verordnung (EU) Nr. 1095/ 2010 erlassen werden. Ziel ist die Harmonisierung des Rechtsstandes in Europa (sog. *„single rule book"*)[56].

Dabei geht es nicht nur um Mindestinhalte und Eckpunkte, sondern auch um **70** das Verfahren für die Koordinierung und den Informationsaustausch zwischen den Behörden. Zudem sollen Form und Inhalt eines Musters für das Anzeige- schreiben nach Art. 35 Abs. 3 und 5 sowie für die Bescheinigung und Form der Übermittlung nach Abs. 6 und der schriftlichen Mitteilung nach Art. 35 Abs. 10 europaweit einheitlich festgelegt werden.

Europarechtlich sind dabei jedoch die Grenzen der jeweiligen Ermächtigungs- **71** grundlagen zu beachten – also v.a. Art. 290 bzw. Art. 291 AEUV sowie Art. 10 ff. der VO (EU) Nr. 1095/2010. Soweit es sich um delegierte Rechtsakte ohne Gesetzescharakter mit allgemeiner Geltung i. S. d. Art. 290 AEUV handelt, dürfen diese nur nicht wesentliche Vorschriften einer RL ergänzen oder ändern. Der EuGH stellt in diesem Zusammenhang und ständiger Rspr. auf die „wesentlichen politischen Grundentscheidungen einer Materie" ab[57].

Auch zeigt die Erfahrung mit dem bisherigen Komitologieverfahren, dass die **72** Grenze zwischen wesentlichen und rein technischen Regelungen in der Praxis vielfach schwer zu ziehen ist. Es ist zu erwarten, dass u.U. auch sehr bedeutsame Regelungen für die Praxis im Wege der technischen Standards getroffen werden[58].

E. Bezüge zum KAGB-E

I. Umsetzung im KAGB-E

Der Umsetzung des Artikels 35 der AIFM-Richtlinie in nationales Recht dient **73** v.a. § 322 KAGB-E, der eine Anzeigepflicht einer AIF-Kapitalverwaltungsgesell-

---

[54] Zum Rechtsetzungsverfahren durch das sog. *Lamfalussy*-Verfahren auch *Möllers* ZEuP 2008, 480 ff.; *Zeitler,* FS für Wolfgang Spindler zum 65. Geburtstag (2011) S. 363 ff.

[55] Allgemein zu delegierten Rechtsakten i.S.v. Art. 290 AEUV *Ruffert* in Calliess/Ruffert, EUV/AEUV, 4. Aufl. (2011) AEUV Art. 290.

[56] Hierzu, zur ESMA und deren Befugnissen näher *Rötting/Lang* EuZW 2012, 8, 10; *Baur/Boegl* BKR 2011, 177, 182; *Walla* BKR 2012, 265, 267 f.

[57] Mit weiteren Nachweisen *Ruffert* in Calliess/Ruffert, EUV/AEUV, 4. Aufl. (2011) AEUV Art. 290 Rn. 10.

[58] Hierzu bereits *Baur/Boegl* BKR 2011, 177, 183; s.a. *Sonder* BKR 2012, 8, 9.

schaft beim beabsichtigten Vertrieb von ausländischen AIF oder von inländischen Spezial-Feeder-AIF oder EU-Feeder-AIF, deren jeweiliger Master-AIF kein EU-AIF oder inländischer AIF ist, der von einer EU-AIF-Verwaltungsgesellschaft oder einer AIF-Kapitalverwaltungsgesellschaft verwaltet wird, vorsieht, sowie § 324 KAGB-E entsprechend für EU-AIF-Verwaltungsgesellschaft mit Blick auf den Vertrieb an semi-professionelle und professionelle Anleger im Inland[59]. Nach Ansicht des deutschen Gesetzgebers soll die AIFM-Richtlinie so zu verstehen sein, dass auch der Vertrieb von Anteilen an EU-Feeder-AIF bzw. inländischen Spezial-Feeder-AIF, deren jeweiliger Master-AIF kein EU-AIF oder inländischer AIF ist, der von einer EU-AIF-Verwaltungsgesellschaft oder einer AIFKapitalverwaltungsgesellschaft verwaltet wird, an professionelle Anleger im Inland nur zulässig sein soll, wenn die Voraussetzungen von § 322 Abs. 1 KAGB-E mit Blick auf den Master-AIF erfüllt sind[60].

74   Was den zeitlichen Anwendungsbereich des § 322 KAGB-E anlangt, ist diese Vorschrift im Zusammenhang mit § 295 KAGB-E zu lesen, wonach der Vertrieb von Anteilen oder Aktien an inländischen Spezial-AIF, EU-AIF und ausländischen AIF an professionelle Anleger im Inland nur zulässig ist, wenn (1) bis zu dem in dem auf Grundlage des Artikels 66 Abs, 3 in Verbindung mit Artikel 67 Abs. 6 der AIFM-Richtlinie erlassenen delegierten Rechtsakt der Europäischen Kommission genannten Zeitpunkt die Voraussetzungen des §§ 321, 323, 329 oder 330 KAGB-E und (2) ab dem Zeitpunkt, auf den in (1) verwiesen wird, die Voraussetzungen der §§ 321 bis 328 KAGB-E erfüllt sind.

II. Wesentliche Besonderheiten der deutschen Umsetzung

75   Strebt der deutsche Gesetzgeber beim Vertrieb von Nicht-EU-AIF durch EU-AIFM weithin eine 1:1-Umsetzung an, geht er beim Vertrieb an sog. semi-professionelle Anleger i.S.d. § 1 Abs. 19 Nr. 33 KAGB-E über die Vorgaben der AIFM-Richtlinie hinaus. Aus rechtlicher Sicht ist dies grundsätzlich frei von Einwänden, können nach Art. 43 der AIFM-Richtlinie die Mitgliedstaaten AIFM gestatten, in ihrem Hoheitsgebiet Anteile an von ihnen gemäß dieser Richtlinie verwalteten AIF an Kleinanleger zu vertreiben, wobei es keine Rolle spielt, ob der Vertrieb der AIF auf nationaler Ebene oder grenzüberschreitend erfolgt oder ob es sich um einen EU-AIF oder einen Nicht-EU-AIF handelt. Die Mitgliedstaaten können in solchen Fällen den AIFM oder AIF Auflagen unterwerfen, die strenger sind als jene, die für AIF gelten, die in ihrem Hoheitsgebiet gemäß dieser Richtlinie an professionelle Anleger vertrieben werden.

76   Wesentliches Element beim Vertrieb von AIF an professionelle Anleger ist der in der AIFM-Richtlinie vorgesehene EU-Pass, der in einem Mitgliedstaat zugelassene Fondsmanager zum EU-weiten Vertrieb von AIF an professionelle Anleger berechtigt. Für den Vertrieb von Anteilen an AIF im Geltungsbereich des KAGB-E soll dieser Pass auf den Vertrieb an semi-professionelle Anleger ausgedehnt werden. In diesem Zusammenhang betont der deutsche Gesetzgeber zu Recht, dass es sich bei den semi-professionellen Anlegern um Kleinanleger im

---

[59] Zu den Vertriebsvorschriften der AIFM-Richtlinie sowie des KAGB-E (Diskussionsentwurf) im Überblick auch *Loff/Klebeck*, BKR 2012, 353 ff.; *Volhard/Jang*, DB 2013, 273 ff.

[60] Hierzu auch die Begründung des § 322 KAGB-E (Gesetzentwurf der Bundesregierung – Entwurf eines Gesetzes zur Umsetzung der Richtlinie 2011/61/EU über die Verwalter alternativer Investmentfonds [AIFM-Umsetzungsgesetz – AIFM-UmsG] S. 528 f.).

Sinne von Art. 43 Abs. 1 der AIFM-Richtlinie handelt, an die nur gemäß der AIFM-Richtlinie verwaltete AIF vertrieben werden dürfen[61].

Auch beim Vertrieb von AIF an semi-professionelle Anleger will der deutsche **77** Gesetzgeber mit Blick auf den zeitlichen Anwendungsbereich differenzieren: Nach § 295 Abs. 3 KAGB-E ist der Vertrieb von Anteilen oder Aktien an inländischen Spezial-AIF, EU-AIF und ausländischen AIF an semi-professionelle Anleger im Inland ist nur zulässig, wenn (1) bis zu dem in dem auf Grundlage des Artikels 66 Abs. 3 in Verbindung mit Artikel 67 Abs. 6 der AIFM-Richtlinie erlassenen delegierten Rechtsakt der Europäischen Kommission genannten Zeitpunkt (a) nach den für den Vertrieb an semi-professionellen Anlegern genannten Voraussetzungen des §§ 321, 323, 329 oder 330 KAGB-E oder (b) nach den Voraussetzungen der §§ 317 bis 320 KAGB-E und (2) ab dem Zeitpunkt, auf den oben (1) verwiesen wird, (a) nach den für den Vertrieb an semi-professionellen Anlegern genannten Voraussetzungen der §§ 321 bis 328 KAGB-E oder (b) nach den Voraussetzungen der §§ 317 bis 320 KAGB-E.

Artikel 36 Bedingungen für den ohne Pass erfolgenden Vertrieb von durch EU-AIFM verwalteten Nicht-EU-AIF in Mitgliedstaaten

(1) Unbeschadet des Artikels 35 können die Mitgliedstaaten einem zugelassenen EU-AIFM den ausschließlich in ihrem Gebiet erfolgenden Vertrieb von Anteilen an einem von ihm verwalteten Nicht-EU-AIF sowie von EU-Feeder-AIF, die nicht die Anforderungen gemäß Artikel 31 Absatz 1 Unterabsatz 2 erfüllen, an professionelle Anleger gestatten, sofern folgende Voraussetzungen eingehalten sind:

a) [1]Der AIFM erfüllt alle in dieser Richtlinie festgelegten Anforderungen mit Ausnahme derer in Artikel 21. [2]Dieser AIFM stellt jedoch sicher, dass eine oder mehrere Stellen benannt werden, die die Aufgaben nach Artikel 21 Absätze 7, 8 und 9 wahrnehmen. [3]Der AIFM selbst nimmt diese Aufgaben nicht wahr. [4]Der AIFM informiert seine Aufsichtsbehörden darüber, welche Stellen für die Wahrnehmung der Aufgaben nach Artikel 21 Absätze 7, 8 und 9 zuständig sind.

b) Es bestehen geeignete, der Überwachung der Systemrisiken dienende und im Einklang mit den internationalen Standards stehende Vereinbarungen über die Zusammenarbeit zwischen den zuständigen Behörden des Herkunftsmitgliedstaats des AIFM und den Aufsichtsbehörden des Drittlands, in dem der Nicht-EU-AIF seinen Sitz hat, sodass ein effizienter Informationsaustausch gewährleistet ist, der es den zuständigen Behörden des Herkunftsmitgliedstaats des AIFM ermöglicht, ihre in dieser Richtlinie festgelegten Aufgaben zu erfüllen.

c) Das Drittland, in dem der Nicht-EU-AIF seinen Sitz hat, steht nicht auf der Liste der nicht kooperativen Länder und Gebiete, die von der Arbeitsgruppe „Finanzielle Maßnahmen gegen Geldwäsche und Terrorismusfinanzierung" aufgestellt wurde.

---

[61] Hierzu auch die Begründung des § 322 KAGB-E (Gesetzentwurf der Bundesregierung – Entwurf eines Gesetzes zur Umsetzung der Richtlinie 2011/61/EU über die Verwalter alternativer Investmentfonds [AIFM-Umsetzungsgesetz – AIFM-UmsG] S. 529 f.).

(2) Soweit es um den Vertrieb von Anteilen von Nicht-EU-AIF an Anleger in ihrem Hoheitsgebiet geht, dürfen die Mitgliedstaaten AIFM für die Zwecke dieses Artikels strengeren Regelungen unterwerfen.

(3) Die Kommission erlässt gemäß Artikel 56 und nach Maßgabe der Bedingungen der Artikel 57 und 58 delegierte Rechtsakte zu den in Absatz 1 genannten Vereinbarungen über Zusammenarbeit, um so einen einheitlichen Rahmen zur Erleichterung des Abschlusses derartiger Vereinbarungen mit Drittländern zu schaffen.

(4) Zur Gewährleistung der einheitlichen Anwendung dieses Artikels erstellt die ESMA Leitlinien, in denen die Bedingungen für die Anwendung der von der Kommission erlassenen Vorschriften für die in Absatz 1 genannten Vereinbarungen über Zusammenarbeit festgelegt werden.

AIFM-Richtlinie	KAGB-E
Artikel 36 **Bedingungen für den ohne Pass erfolgenden Vertrieb von durch EU-AIFM verwalteten Nicht-EU-AIF in Mitgliedstaaten**	**§ 329** **Anzeigepflicht einer EU-AIF-Verwaltungsgesellschaft oder einer AIF-Kapitalverwaltungsgesellschaft beim beabsichtigten Vertrieb von ihr verwalteten inländischen Spezial-Feeder-AIF oder EU-Feeder-AIF, deren Master-AIF kein EU-AIF oder inländischer AIF ist, der von einer EU-AIF-Verwaltungsgesellschaft oder einer AIF-Kapitalverwaltungsgesellschaft verwaltet wird, an professionelle Anleger im Inland**
(1) Unbeschadet des Artikels 35 können die Mitgliedstaaten einem zugelassenen EU-AIFM den ausschließlich in ihrem Gebiet erfolgenden Vertrieb von Anteilen an einem von ihm verwalteten Nicht-EU-AIF sowie von EU-Feeder-AIF, die nicht die Anforderungen gemäß Artikel 31 Absatz 1 Unterabsatz 2 erfüllen, an professionelle Anleger gestatten, sofern folgende Voraussetzungen eingehalten sind: a) Der AIFM erfüllt alle in dieser Richtlinie festgelegten Anforderungen mit Ausnahme derer in Artikel 21. Dieser AIFM stellt jedoch sicher, dass eine oder mehrere Stellen benannt werden, die die Aufgaben nach Artikel 21 Absätze 7, 8 und 9 wahrnehmen. Der AIFM selbst nimmt diese Aufgaben nicht wahr.	(1) Der Vertrieb von Anteilen oder Aktien an von einer EU-AIF-Verwaltungsgesellschaft oder einer AIF-Kapitalverwaltungsgesellschaft verwalteten inländischen Spezial-Feeder-AIF oder EU-Feeder-AIF, deren Master-AIF kein EU-AIF oder inländischer AIF ist, der von einer EU-AIF-Verwaltungsgesellschaft oder einer AIF-Kapitalverwaltungsgesellschaft verwaltet wird, an professionelle Anleger im Geltungsbereich dieses Gesetzes ist zulässig, wenn 1. die EU-AIF-Verwaltungsgesellschaft oder die AIF-Kapitalverwaltungsgesellschaft und die Verwaltung des AIF durch diese den Anforderungen dieses Gesetzes oder der Richtlinie 2011/61/EU, einschließlich Artikel 21 der Richtlinie 2011/61/EU, entsprechen,

AIFM-Richtlinie	KAGB-E
Der AIFM informiert seine Aufsichtsbehörden darüber, welche Stellen für die Wahrnehmung der Aufgaben nach Artikel 21 Absätze 7, 8 und 9 zuständig sind. b) Es bestehen geeignete, der Überwachung der Systemrisiken dienende und im Einklang mit den internationalen Standards stehende Vereinbarungen über die Zusammenarbeit zwischen den zuständigen Behörden des Herkunftsmitgliedstaats des AIFM und den Aufsichtsbehörden des Drittlands, in dem der Nicht-EU-AIF seinen Sitz hat, sodass ein effizienter Informationsaustausch gewährleistet ist, der es den zuständigen Behörden des Herkunftsmitgliedstaats des AIFM ermöglicht, ihre in dieser Richtlinie festgelegten Aufgaben zu erfüllen. c) Das Drittland, in dem der Nicht-EU-AIF seinen Sitz hat, steht nicht auf der Liste der nicht kooperativen Länder und Gebiete, die von der Arbeitsgruppe „Finanzielle Maßnahmen gegen Geldwäsche und Terrorismusfinanzierung" aufgestellt wurde.	2. die zuständigen Stellen im Herkunftsmitgliedstaat der EU-AIF-Verwaltungsgesellschaft zu einer nach den Erfahrungen der Bundesanstalt befriedigenden Zusammenarbeit entsprechend §§ 9 und 10 mit der Bundesanstalt bereit sind, 3. die EU-AIF Verwaltungsgesellschaft der Bundesanstalt ein inländisches Kreditinstitut oder eine zuverlässige, fachlich geeignete Person mit Sitz oder Wohnsitz im Geltungsbereich dieses Gesetzes als Repräsentanten benennt, 4. die Anlagebedingungen, die Satzung oder der Gesellschaftsvertrag Regelungen enthalten, die die Einhaltung der Vorschriften in Kapitel 3 sicher stellen, 5. die in § 273 Absatz 1 und Absatz 2 Alternative 1 in Verbindung mit § 263 Absatz 3 Satz 2 sowie § 274 vorgesehenen Verpflichtungen zur Unterrichtung der am Erwerb eines Anteils oder einer Aktie Interessierten ordnungsgemäß erfüllt werden, 6. die Vorkehrungen nach § 287 Absatz 1 Satz 2 Nummer 7 geeignet sind, einen Vertrieb an Privatanleger zu verhindern, 7. die EU-AIF Verwaltungsgesellschaft ein oder mehrere inländische Kreditinstitute oder inländische Zweigniederlassungen von Kreditinstituten mit Sitz im Ausland als Zahlstellen benannt werden, über welche von den Anlegern geleistete oder für sie bestimmte Zahlungen geleitet werden können; werden Zahlungen und Überweisungen über eine Zahlstelle geleitet, so ist sicherzustellen, dass die Beträge unverzüglich an das in § 79 Absatz 6 genannte Geldkonto oder an die Anleger weitergeleitet werden, 8. der ausländische Master-AIF zum Vertrieb im Geltungsbereich dieses Gesetzes berechtigt ist.

Literatur: *Klebeck,* Neue Richtlinie für Verwalter von alternativen Investmentfonds?, DStR 2009, 2154 ff.; *Spindler/Tancredi,* Die Richtlinie über Alternative Investmentfonds (AIFM-Richtlinie) – Teil 1, WM 2011, 1393 ff. sowie Teil 2, WM 2011, 1411 ff.; *Weiser/ Jang,* Die nationale Umsetzung der AIFM-Richtlinie und ihre Auswirkungen auf die Fondsbranche in Deutschland, BB 2011, 1219 ff.; *Klebeck/Meyer,* Drittstaatenregulierung der AIFM-Richtlinie, RdF 2012, 95.

Übersicht

A. Entstehungsgeschichte, Inhalt und Ziele

1   Die Regelung soll den Mitgliedsstaaten die Möglichkeit eröffnen, weiterhin einen Vertrieb von Nicht-EU AIF sowie von EU-Feeder AIF, die nicht die Anforderungen gemäß Art. 31 Absatz 1 Unterabsatz entsprechen, in ihrem Staatsgebiet nach nationalem Recht nach Maßgabe von Art. 36 zu regeln. Dabei beschränkt sich Art. 36 auf den Fall, dass der Nicht-EU AIF bzw. der EU-Feeder-AIF durch einen EU-AIFM verwaltet wird. Die Vorschrift war im ursprünglichen Entwurf der Kommission zur Richtlinie nicht enthalten. Der Entwurf vom 30. April 2009 beinhaltete mit dem ursprünglichen Artikel 35[1] eine wenig differenzierende Regelung zum Vertrieb von Drittlandsfonds. Im Rahmen der Diskussionen um die Richtlinie kam es dem Vernehmen nach dann zu einem im Hinblick auf den Vertrieb von Drittlandsfonds restriktiven Vorschlag, der letztlich sogar zu einer Intervention von US Treasury Secretary Timothey F. Geithner führte[2]. Die Vorschrift ist Teil eines zur Findung eines Kompromisses geschnürten Pakets zu den Vertriebsregelungen und war offiziell erstmals in der am 19. Oktober 2010 im ECOFIN-Rat erzielten Einigung und der Legislativen Entschließung des Europäischen Parlaments vom 11. November 2010 enthalten. Es kann dahingestellt bleiben, ob und inwieweit Art. 36 auf die Intervention von Timothey F. Geithner zurückzuführen ist, da die Art. 36 zugrunde liegende Konstellation wohl nicht den von Herrn Geithner angesprochenen Fällen entsprechen dürfte. Jedenfalls ist Art. 36 Teil des nunmehr sehr ausdifferenzierten, variantenreichen und

---

[1] Zum ursprünglichen Entwurf siehe zum Beispiel Klebeck DStR 2009, 2154, 2160.

[2] Siehe Schreiben von Timothey F. Geithner an EU-Kommissar Michel Barnier vom 1. März 2010.

vermeintlich alle Vertriebskonstellationen umfassend abdeckenden Systems der Vertriebsregelungen, wenn auch zu erwarten ist, dass die praktische Bedeutung der Vorschrift eher gering bleiben dürfte[3].

Zweck der Regelung ist es, einen Übergang von nationalen Platzierungsre- **2** gimen in einen richtlinienkonformen Zustand zu ermöglichen. Dies soll durch Ermöglichung des Beibehalts nationaler Platzierungsregime bei gleichzeitiger Vorgabe von Mindeststandards ermöglicht werden. Dabei ist zu berücksichtigen, dass bisher die Platzierung von AIF in den Mitgliedsstaaten sehr unterschiedlich reguliert ist. Das Spektrum reicht von sehr liberalen Privatplatzierungsregimen mit allenfalls Prospektpflichten im Falle eines öffentlichen Vertriebs unter gewissen Schwellenwerten in Deutschland über generelle Zulassungspflichten unter vergleichsweise liberalen Anforderungen wie zum Beispiel in Luxemburg bis hin zu strikten Zulassungsvorbehalten mit vergleichsweise restriktiver Handhabung wie zum Beispiel in Italien. Die rechtstechnische Ausgestaltung der Platzierungsregime ist somit sehr unterschiedlich. Eine einheitliche Linie war und ist bisher nicht erkennbar. Dieser europäische Flickenteppich hat bisher die europaweite Platzierung zwar nicht vereinfacht, in der Regel aber auch nicht gänzlich verhindert. Die Richtlinie erlaubt für eine Übergangsphase nun den Beibehalt von nationalen Platzierungsregimen, schreibt diesen Beibehalt aber auch nicht vor. Art. 36 stellt nur gewisse – wenn auch nicht immer leicht zu erfüllende – Vorgaben auf und soll somit zu einer eine Mindestharmonisierung im Falle eines Beibehalts des Platzierungsregime herbeiführen. Eine europaweite Vereinheitlichung des Platzierungsregimes ist insoweit nicht vorgesehen[4].

Art. 36 Abs. 2 gibt den Mitgliedstaaten dabei die Möglichkeit, die AIFM auch **3** strengere Regelungen für den Vertrieb zu unterwerfen. Die Formulierung ist nicht sehr genau und wirf die Frage auf, welcher Natur diese strengeren Regeln sein können. Da die Bezugnahme auf die AIFM in diesem Absatz erfolgt, dürften wohl strengere Regelungen im Hinblick auf den AIFM gemeint sein. Dies verwundert, da in Artikel 36 Abs. 1 (a) schon die Übereinstimmung mit den Anforderungen der Richtlinie an AIFM mit bestimmten Ausnahmen gefordert wird. Damit würde weiterhin eine Zersplitterung des Regulierungsrahmens im Hinblick auf die Managerregulierung möglich sein, obwohl erklärtes Ziel der Richtlinie die grundsätzliche Harmonisierung der Managerregulierung ist. Dies dürfte aber der Preis sein, der für die Beibehaltung der nationalen Platzierungsregime zu zahlen wäre[5].

Es stellt sich in diesem Zusammenhang natürlich auch die Frage, ob bei der **4** Ausgestaltung des nationalen Platzierungsregimes den Mitgliedsstaaten es offen steht, eine Produktregulierung einzuführen. Bei der AIFM-Richtlinie selbst handelt es nicht um eine Produktregulierung, so dass sich aus Art. 36 selbst hierzu keine Vorgaben ergeben[6]. Ausweislich Erwägungsgrund (10) der AIFM-Richtlinie bleibt es den einzelnen Mitgliedstaaten vorbehalten, eine Produktregulierung vorzusehen. Im letzten Satz des Erwägungsgrundes (10) wird aber der Vertrieb angesprochen. Dieser Satz könnte so verstanden werden, dass es zugelassenen EU-AIFM innerhalb der EU möglich sein muss, Nicht-EU AIF ohne weitere produktbezogene Regelungen zu vertreiben. Erwägungsgrund (63) spricht ebenso

---

[3] Siehe zu den Motiven insbesondere überblicksartig *Weiser/Jang* BB 2011, 1219, 1225.

[4] Ebenso *Spindler/Tancredi* WM 2011, 1441, 1450.

[5] Vgl. zu den möglicherweise durch Art. 36 sich ergebenden Vorteilen Art. 36 Rn. 4.

[6] Hierzu etwa nur *Spindler/Tancredi* WM 2011, 1393, 1395 ff.

für diese gemeinschaftsfreundliche Interpretation. Dem kann aber entgegen gehalten werden, dass der Wortlaut des Art. 36 Abs. 2 ebenso wie der Wortlaut von Art. 42 Abs. 2 produktbezogene Vorgaben nicht ausschließt. Für diese Auffassung spricht auch, dass mit Art. 36 nur der Fall der Weiteranwendung des nationalen Platzierungsregimes geregelt wird und somit gerade der nationale Alleingang geregelt wird. Es soll den Mitgliedsstaaten – anders als in Art. 35 – gerade die Möglichkeit eingeräumt werden, eigene Regelungen beizubehalten bzw. zu entwickeln, die ausweislich Art. 36 Abs. 2 auch strenger als die Richtlinie sein können. Wenn man Erwägungsgrund (10) Raum verschaffen möchte, kann nach dieser Interpretation eine produktbezogene Regulierung nicht ausgeschlossen sein. Die bisher vorliegenden Stellungnahmen von Mitgliedsstaaten bestätigen, dass die Mitgliedsstaaten eher restriktiven, produktregulierungsfreundlichen Interpretation zuneigen. Eine Produktregulierung könnte zum Beispiel über die Einführung zulässiger Anlagegegenstände erfolgen. Ein Mitgliedsstaat könnte zum Beispiel die Vermarktung von Fonds mit einer auf Nahrungsmittel bezogenen Anlagestrategie im Rahmen von Art. 36 Abs. 2 für unzulässig erklären.

5   Es kann somit nicht ausgeschlossen werden, dass einzelne Mitgliedsstaaten (auch weiterhin) sehr restriktiv an die Zulassung des Vertriebs von Nicht-EU-AIF herangehen werden. Ein weitgehender Ausschluss des Vertriebs von Nicht-EU-AIF würde den EU-AIF einen gewissen Wettbewerbsvorteil verschaffen.

6   Hinzuweisen ist in diesem Zusammenhang auch darauf, dass die AIFM-Richtlinie und insbesondere Art. 36 nicht den Einsatz von sog. Placement Agents regelt. Placement Agents sind Dienstleister, die von AIFM zur Vertriebsunterstützung eingesetzt werden. In vielen Fällen übernehmen die Placement Agents auch den Vertrieb von AIF in bestimmten Ländern, in denen zum Beispiel der AIFM selbst nicht vertreten ist. An dieser Stelle soll nicht erörtert werden, in wie weit eine Delegation im Sinne von Art. 20 bei Nutzung eines Placement Agents vorliegt. Die Mitgliedsstaaten werden durch Art. 36 oder andere Bestimmungen der AIFM-Richtlinie nicht gehindert, auch Placement Agents einer Regulierung zu unterwerfen und damit eine Kontrolle über den Vertrieb von Nicht-EU AIF auszuüben. Deutschland hat beispielsweise mit Wirkung zum 1. Juni 2012 eine umfassende Änderung der Regulierung von Placement Agents begonnen, wobei aber ein weitestgehend im Hinblick auf die Rechtsform des Fonds differenzierendes Aufsichtsregime eingeführt wurde.

B. Anwendungsbereich

I. Persönlicher und sachlicher Anwendungsbereich

7   **1. Zugelassener EU-AIFM, der Nicht-EU-AIF und EU-Feeder-AIF verwaltet.** Verwaltender des Nicht-EU-AIF muss ein in einem Mitgliedsstaat zugelassener EU-AIFM sein. Die Bestimmung des AIFM im Hinblick auf einen AIF wird in der Praxis erhebliche Schwierigkeiten bereiten[7]. Entscheidend kann entsprechend der herrschender Meinung bei der Bestimmung des AIFM nur die Frage sein, wer die Anlageverwaltungsfunktion inne hat – also nach Annex I mindestens die Portfolioverwaltung und das Risikomanagement für den AIF übernimmt. Eine weitergehende Konkretisierung dieser Rechtsfrage durch entspre-

---

[7] Vgl. zu den auftretenden Problematiken Artikel 34 Rn. 7 ff.

chende Entwürfe von technischen Regulierungsstandards nach Artikel 4 Abs. 4 ist bislang noch nicht erfolgt[8].

Da es hier um die Anwendung der nationalen Platzierungsregime geht, werden 8 letztlich die nationalen Aufsichtsbehörden über die Bestimmung des relevanten AIFM entscheiden. Es ist nicht in Art. 36 vorgeschrieben, dass der EU-AIFM in dem Mitgliedsstaat zugelassen sein muss, in dem der Vertrieb erfolgen soll. Die Mitgliedsstaaten können somit auch theoretisch einem in einem anderen EU-Mitgliedsstaat ansässigen EU-AIFM den Vertrieb in ihrem Mitgliedsstaat gestatten. Da naturgemäß auch kein Referenzstaatenprinzip vorgesehen ist, kann nicht ausgeschlossen werden, dass unterschiedliche Interpretationen und Bestimmungen des relevanten AIFM auftreten werden.

Häufig ist in der Praxis anzutreffen, dass AIFM von in der EU ansässigen 9 sog. Investment Advisor auch beim Vertrieb unterstützt werden. Soweit diese Investment Advisor nicht eine Anlageverwaltungsfunktion inne haben, werden diese nicht als EU-AIFM im Sinne von Art. 36 anzusehen sein und somit nicht den Anwendungsbereich von Art. 36 eröffnen. Der Investment Advisor muss dann selbstverständlich erwägen, ob er nicht als sog. Placement Agent einer nationalen Aufsicht für diese Dienstleistungen unterliegt. Es kann aber auch nicht ausgeschlossen werden, dass nationale Aufsichtsbehörden ein Interesse entwickeln, diese EU-ansässigen Investment Advisor als relevante AIFM anzusehen, um sie einer gegebenenfalls weitergehenden Regulierung nach nationalem Recht zu unterwerfen bzw. um dem gegebenenfalls restriktiven nationalen Platzierungsregime Geltung zu verschaffen. Derartige Tendenzen sind derzeit schon in Mitgliedsstaaten zu beobachten.

Es bleibt abzuwarten, ob Fallkonstellationen im Hinblick auf Nicht-EU-AIF 10 überhaupt vertriebsrelevant werden, da meist steuerliche, aber auch andere rechtliche Gründe einer solchen Struktur entgegen stehen dürften. Würde eine nach dem Recht von Jersey errichtete limited partnership (AIF) von einem in Deutschland ansässigen AIFM verwaltet, wäre insbesondere zu klären, ob der AIF und damit seine Investoren eine Betriebsstätte im betreffenden Inland haben und ob die limited partner des AIF auf Grund des eventuellen Zuzugs des AIF nach Deutschland eine beschränkte Haftung als limited partner genießen. Angesichts der sich vielfältig stellenden Rechtsfragen dürfte diese Konstellation immer dann, aber vermutlich auch nur dann zu erwägen sein, wenn im Rahmen von Art. 42 der Vertrieb nicht möglich ist, z. B. weil für Nicht-EU-AIFM unüberwindbare Vertriebshemmnisse in einem Land bestehen

Relevanter dürfte dagegen der Fall sein, dass der EU-AIFM einen EU-Feeder- 11 AIF[9] vertreiben möchte. Art. 36 gestattet ein Platzierungsregime für Anteile an solchen AIF einzuführen oder beizubehalten, selbst wenn der dem EU-Feeder-AIF zugrunde liegende Master-AIF kein EU-AIF ist, der von einem zugelassenen EU-AIFM verwaltet wird. Art. 36 betrifft somit insbesondere den Fall, dass ein EU-Feeder für einen Nicht-EU-Master-AIF vertrieben werden soll. Diese Konstellation ist zum Beispiel in Deutschland schon derzeit von hoher Bedeutung. Versicherungsaufsichtsrechtlich ist vorgeschrieben, dass eine Beteiligung an einer Gesellschaft unter anderem nur erworben werden kann, wenn diese ihren Sitz in einem Staat des EWR oder einem Vollmitgliedstaat der OECD hat[10]. Ist ein

---

[8] Kritisch hierzu auch *Klebeck/Meyer* RdF 2012, 95.
[9] Zum Begriff des EU-Feeder-AIF vgl. auch Artikel 31 Rn. 15.
[10] Siehe § 2 Abs. 1 Nr. 13 der Anlageverordnung.

Private Equity Fonds (AIF) mit Sitz in Cayman Islands errichtet wäre ein Investment einer deutschen Versicherung aus dem sog. gebundenen Vermögen somit nicht möglich. In der Praxis werden dann häufig EU-Feeder-Strukturen aufgesetzt, um ein Investment zu ermöglichen[11]. Eine deutsche GmbH & Co. KG kann zum Beispiel eine geeignete Lösung sein. Bisher unterliegt diese Feeder-Struktur keiner Aufsicht in Deutschland und führt auch steuerlich zu den gewünschten Ergebnissen. Insbesondere wenn der Vertrieb von Nicht-EU AIF im Rahmen von Art. 42 eingeschränkt wird, können diese Feeder-Strukturen weiter an Bedeutung gewinnen, da eventuell nur über das nationale Platzierungsregime ein mittelbarer Vertrieb dieser Fonds möglich ist. Es bleibt aber abzuwarten, wie die einzelnen Mitgliedsstaaten sich hierzu stellen werden. Es ist wohl nicht zu erwarten, dass die Mitgliedsstaaten ein liberales nationales Vertriebsregime für diese EU-Feeder-AIF und gleichzeitig ein restriktives Regime für die Nicht-EU AIFM vorsehen werden.

12   **2. Kein Vertrieb des Nicht-EU-AIF in anderen Mitgliedsstaaten.** Über das nationale Vertriebsregime wird keine Möglichkeit des Vertriebs in anderen Mitgliedsstaaten eröffnet. Dies ist nur gemäß Art. 35 möglich.

II. Zeitlicher Anwendungsbereich

13   Art. 36 tritt unmittelbar in Kraft und bedarf lediglich gegebenenfalls Akte zur Umsetzung in nationales Recht. Zu beachten ist aber, dass die Kommission gemäß Art. 69 Absatz 1 eine Überprüfung des Art. 36 bzw. der darauf beruhenden nationalen Rechtsakte bis zum 22. Juli 2017 einleiten muss. Drei Jahre nach Inkrafttreten des gemäß Art. 67 Absatz 6 delegierten Rechtsaktes muss die Kommission des Weiteren eine Stellungnahme über die Funktionsweise des Art. 36 und der darauf beruhenden nationalen Regelungen abgeben und eine Empfehlung zum Außerkraftsetzen aussprechen (Art. 68 Absatz 1).

14   Es bleibt daher abzuwarten, wie lange die Möglichkeit eines nationalen Platzierungsregimes eröffnet bleibt. Insbesondere im Hinblick auf den Vertrieb von EU-Feeder-AIF besteht aber eine erhebliche Notwendigkeit, ein einfaches und praktikables Platzierungsregime beizubehalten.

15   Des Weiteren muss die ESMA Leitlinien gemäß Art. 36 Absatz 4 erlassen, die eine einheitliche Anwendung des Art. 36 sicherstellen sollen. Diese Leitlinien liegen noch nicht vor, sollen aber laut Auskunft der ESMA bis 31. Dezember 2012 erstellt sein.

C. Zulassungsvoraussetzungen

I. Manager-bezogene Voraussetzungen

16   Der AIFM muss seinen satzungsmäßigen Sitz in einem Mitgliedssaat der EU haben und von einem Mitgliedsstaat zugelassen sein. Es wird auf die Kommen-

---

[11] Nach Auffassung der Bundesanstalt für Finanzdienstleistungsaufsicht, Rundschreiben 4/2011 (VA) – Hinweise zur Anlage des gebundenen Vermögens von Versicherungsunternehmen vom 15. April 2010, Abschnitt B.4.9 erfolgt keine Durchsicht durch den Feeder für versicherungsaufsichtsrechtliche Zwecke.

tierung zu Art. 34 verwiesen. Der EU-AIFM muss alle nach der Richtlinie bestehenden Anforderungen erfüllen, wobei aber die Regelungen zur Verwahrstelle nur im Hinblick auf Art. 21 Absatz 7 (Cash flow-Überwachung), Absatz 8 (Aufbewahrung von Vermögensgegenständen) und Absatz 9 (sonstige Pflichten der Verwahrstelle) zu beachten sind. Art. 36 schreibt vor, dass diese Aufgaben nicht durch den EU-AIFM, sondern durch eine andere Stelle wahrgenommen werden.

Im Hinblick auf Nicht-EU-AIF erklärt sich dies daraus, dass es in der Tat **17** sinnvoller ist, die Ausführung dieser Aufgaben nicht zwingend in der EU vorzuschreiben.

Hinsichtlich eines EU-Feeder-AIF könnte diese Schlussfolgerung verwundern, **18** da hier zumindest auf Ebene des Feeders die Möglichkeit einer Erfüllung durch den EU-AIFM selbst möglich ist. Im Hinblick auf eine Feeder ist aber auch dies sachgerecht, da auf Ebene des Feeders lediglich der Anteil an dem Master-AIF verwaltet wird. eine umfassende Anwendung der Regelungen zur Verwahrstelle erscheint auch hier nicht zwingend erforderlich.

II. AIF-bezogene Voraussetzungen

Für den Nicht-EU-AIF sieht Art. 36 keine spezifischen Vorgaben vor. Die **19** Mitgliedstaaten können aber im Rahmen ihrer nationalen Rechtssetzung strengere Regelungen aufstellen (Art. 36 Absatz 2). Es ist nicht ausgeschlossen, dass in diesem Rahmen neben managerbezogenen auch produktbezogene Voraussetzungen aufgestellt werden[12].

Für den EU-Feeder-AIF werden ebenso keine weiteren Voraussetzungen auf- **20** gestellt. Die Mitgliedstaaten können aber auch hier im Rahmen ihrer nationalen Rechtssetzung strengere Regelungen aufstellen (Art. 36 Absatz 2). Wie dargestellt kann die Einführung von manager- und produktbezogenen Voraussetzungen nicht ausgeschlossen werden. Insbesondere wenn die Mitgliedstaaten für Nicht-EU AIF generell produktbezogene Vertriebsvoraussetzungen definieren, werden sie zur Vermeidung von Umgehungen diese auch im Rahmen von Art. 36 letztlich vorsehen müssen.

III. Drittstaaten-bezogene Voraussetzungen

Diese Voraussetzungen gelten nicht für EU-Feeder-AIF, sondern lediglich im **21** Hinblick auf Nicht-EU-AIF.

1. Kooperationsvereinbarung. Gemäß Art. 36 muss eine geeignete, der **22** Überwachung der Systemrisiken dienende und im Einklang mit den internationalen Standards stehende Vereinbarung über die Zusammenarbeit zwischen den zuständigen Behörden des Herkunftsmitgliedstaats des EU-AIFM und den Aufsichtsbehörden des Drittstaats, in dem der Nicht-EU-AIF seinen Sitz hat, bestehen. Derzeit sind solche Abkommen noch nicht abgeschlossen.

Artikel 113 ff. der Level-II-Verordnung der Kommission stellen die Grund- **23** sätze für eine solche Kooperationsvereinbarung auf[13]. Dabei ist festzustellen,

---

[12] Vgl. zu den auftretenden Problematiken Artikel 36 Rn. 1.
[13] Zu der Entwicklung der Level-II-Verordnung und den bestehenden Rechtsproblemen siehe Art. 34 Rn. 37.

dass die Level 2-Verordnung alle in der AIFM-Richtlinie genannten Kooperationsvereinbarungen im Hinblick auf Art und Inhalt behandeln möchte. Dies verwundert, da die Kooperationsvereinbarung nach Art. 36 lediglich die Erfassung systemischer Risiken betrifft. Inhaltlich kann sich dies nur auf Informationen im Hinblick auf Art. 25 beziehen, da nur insoweit es zu systemischen Risiken kommt. Dieser gegen die AIFM-Richtlinie verstoßende one-size-fits-all-Ansatz der Kommission erscheint insbesondere im Hinblick auf Art. 36 nicht gerechtfertigt, da er letztlich im Hinblick auf die Kooperationsvereinbarung die gleichen Voraussetzungen wie für die Kooperationsvereinbarung nach Art. 35 aufstellt, ohne aber den Vorteil des Passes zu gewähren. Trotz der schon im ESMA Konsultationsverfahren umfassend vorgebrachten Kritik[14] differenziert die Kommission hier nicht hinreichend. Es bleibt daher abzuwarten, ob Drittstaaten im Hinblick auf Art. 36 solche Kooperationsvereinbarungen abschließen werden bzw. überhaupt abschließen können. Insbesondere im Hinblick auf die vorzusehenden Befugnisse der Mitgliedsstaaten gegenüber dem Drittstaat erscheint dies fraglich. So muss über die Kooperationsvereinbarungen insbesondere die Befugnis zur Anforderung von Informationen ohne weiteren Anlass, die Prüfung vor Ort eröffnet, sowie die Durchsetzung von Rechtsakten sowie die Verfolgung von Rechtsverstößen sichergestellt werden. Dies erscheint zur Erfassung von systemischen Risiken nicht erforderlich. Dies geht auch über die bisher zum Beispiel im Zusammenhang mit Abkommen zur Vermeidung von Doppelbesteuerung praktizierten Staatenpraxis weit hinaus. Die Souveränitätsrechte der Drittstaaten würden durch diese Kooperationsabkommen erheblich eingeschränkt werden. Die Kommission spekuliert wohl darauf, dass die Drittstaaten die Kooperationsvereinbarungen ohne Ansehung der in der AIFM-Richtlinie enthaltenen Differenzierungen abschließen, um ihren AIF weiterhin den Zugang zum Gemeinschaftsgebiet zu erhalten. Die Kommission als Hüterin der Verträge und damit auch des Sekundärrechts täte gut daran, nicht selbst das Sekundärrecht mit der Level 2-Verordnung zu verletzen.

24   **2. Drittland als kooperatives Land im Sinne der FATF.** Des Weiteren darf das Drittland, in dem der Nicht-EU-AIF ansässig ist, nicht auf der Liste der nicht kooperativen Länder und Gebiete stehen, die von der Arbeitsgruppe „Finanzielle Maßnahmen gegen Geldwäsche und Terrorismusfinanzierung"[15] aufgestellt wurde. Derzeit stehen keine Länder auf dieser Liste[16].

---

[14] Siehe zum Beispiel Antwort der EVCA vom 23. September 2011 zur Konsultation ESMA 2011/270.

[15] Diese Arbeitsgruppe ist bekannter unter ihrer englischen Bezeichnung Financial Action Task Force on Money Laundering – FATF (französische Bezeichnung: Groupe d'Action financière – GAFI. Die FATF wurde als eine Expertengruppe 1989 gegründet. Ihr Auftrag ist insbesondere die Methoden der Geldwäsche zu analysieren und Maßnahmen zu deren Bekämpfung zu entwickeln. Die FATF hat Sitz bei der OECD in Paris und hat derzeit 36 Mitglieder einschließlich der Europäischen Kommission und dem Gulf Co-operation Council. Die FATF gibt eine Liste der sogenannten NCCT-Länder (non-cooperative countries and territories) heraus. Diese Länder erfüllen mit ihrer Gesetzgebung und ihren Geldwäschemaßnahmen (noch) nicht den internationalen, vom FATF festgesetzten Standard. Banken müssen daher Geldtransaktionen mit diesen Ländern besonders überwachen.

[16] Siehe http://www.fatf-gafi.org/topics/high-riskandnon-cooperativejurisdictions/more/aboutthenon-cooperativecountriesandterritoriesncctinitiative.html.

Artikel 37 Zulassung von Nicht-EU-AIFM, die beabsichtigen, EU-
AIF zu verwalten und/oder durch sie verwaltete AIF
gemäß Artikel 39 oder 40 in der Union zu vertreiben

AIFM-RiLi	KAGB-E
Artikel 37 **Zulassung von Nicht-EU-AIFM,** **die beabsichtigen, EU-AIF zu ver-** **walten und/oder durch sie verwal-** **tete AIF gemäß Artikel 39 oder 40** **in der Union zu vertreiben**	**§ 57 Abs. 1** **Zulässigkeit der Verwaltung von** **inländischen Spezial-AIF und** **EU-AIF sowie des Vertriebs von** **AIF gemäß §§ 325, 326, 333** **oder 334 durch ausländische AIF-** **Verwaltungsgesellschaften**
(1) Die Mitgliedstaaten schreiben vor, dass Nicht-EU-AIFM, die beabsichtigen, EU-AIF zu verwalten und/oder von ihnen verwaltete AIF gemäß Artikel 39 oder 40 in der Union zu vertreiben, gemäß diesem Artikel eine vorherige Genehmigung der zuständigen Behörden ihres Referenzmitgliedstaats einholen müssen.	(1) Eine ausländische AIF-Verwaltungsgesellschaft, für die die Bundesrepublik Deutschland Referenzmitgliedstaat nach § 56 ist und die beabsichtigt, inländische Spezial-AIF oder EU-AIF zu verwalten oder von ihr verwaltete AIF gemäß Artikel 39 oder 40 der Richtlinie 2011/61/EU in den Mitgliedstaaten der Europäischen Union oder Vertragsstaats des Abkommens über den Europäischen Wirtschaftsraum zu vertreiben, bedarf der Erlaubnis der Bundesanstalt. Die Bundesanstalt hat gegenüber ausländischen AIF-Verwaltungsgesellschaften, für die die Bundesrepublik Deutschland Referenzmitgliedstaat nach § 56 ist, die Befugnisse, die ihr nach diesem Gesetz gegenüber AIF-Kapitalverwaltungsgesellschaften zustehen. Ausländische AIF-Verwaltungsgesellschaften, denen die Bundesanstalt eine Erlaubnis nach § 58 erteilt hat, unterliegen der Aufsicht der Bundesanstalt nach dem vorliegenden Gesetz.
	§ 57 Abs. 2 **Zulässigkeit der Verwaltung von** **inländischen Spezial-AIF und** **EU-AIF sowie des Vertriebs von** **AIF gemäß §§ 325, 326, 333** **oder 334 durch ausländische AIF-** **Verwaltungsgesellschaften**
(2) Ein Nicht-EU-AIFM, der beabsichtigt, eine vorherige Genehmigung gemäß Absatz 1 einzuholen, ist verpflichtet, diese Richtlinie einzuhalten, mit Ausnahme des Kapitels VI. Wenn	(2) Eine ausländische AIF-Verwaltungsgesellschaft, die beabsichtigt, eine Erlaubnis gemäß Absatz 1 einzuholen, ist verpflichtet, die gleichen Bestimmungen nach diesem Gesetz einzuhalten wie

AIFM-RiLi	KAGB-E
und soweit die Einhaltung einer Bestimmung dieser Richtlinie mit der Einhaltung der Rechtsvorschriften unvereinbar ist, denen der Nicht-EU-AIFM und/oder der in der Union vertriebene Nicht-EU-AIF unterliegt, besteht für den AIFM keine Verpflichtung, sich an diese Richtlinie zu halten, wenn er belegen kann, dass	AIF-Kapitalverwaltungsgesellschaften, die Spezial-AIF verwalten, mit Ausnahme der §§ 53, 54, 321, 323 und 331. Soweit die Einhaltung einer der in Satz 1 genannten Bestimmungen dieses Gesetzes mit der Einhaltung der Rechtsvorschriften des Drittstaates unvereinbar ist, denen die ausländische AIF-Verwaltungsgesellschaft oder der in den Mitgliedstaaten der Europäischen Union oder Vertragsstaaten des Abkommens über den Europäischen Wirtschaftsraum vertriebene ausländische AIF unterliegt, besteht für die ausländische AIF-Verwaltungsgesellschaft keine Verpflichtung, sich an die Bestimmungen dieses Gesetzes zu halten, wenn sie belegen kann, dass
a) es nicht möglich ist, die Einhaltung dieser Richtlinie mit der Einhaltung einer verpflichtenden Rechtsvorschrift, der der Nicht-EU-AIFM und/oder der in der Union vertriebene Nicht-EU-AIF unterliegt, miteinander zu verbinden;	
b) die Rechtsvorschriften, denen der Nicht-EU-AIFM und/oder der Nicht-EU-AIF unterliegt, eine gleichwertige Bestimmung mit dem gleichen Regelungszweck und dem gleichen Schutzniveau für die Anleger des betreffenden AIF enthalten;	1. es nicht möglich ist, die Einhaltung der Bestimmungen dieses Gesetzes mit der Einhaltung einer verpflichtenden Rechtsvorschrift, der die ausländische AIF-Verwaltungsgesellschaft oder der in den Mitgliedstaaten der Europäischen Union oder den Vertragsstaaten des Abkommens über den Europäischen Wirtschaftsraum vertriebene ausländische AIF unterliegt, zu verbinden,
c) der Nicht-EU-AIFM und/oder der Nicht-EU-AIF die in Buchstabe b genannte gleichwertige Bestimmung erfüllt.	2. die Rechtsvorschriften des Drittstaates, denen die ausländische AIF-Verwaltungsgesellschaft oder der ausländische AIF unterliegt, eine gleichwertige Bestimmung mit dem gleichen Regelungszweck und dem gleichen Schutzniveau für die Anleger des betreffenden AIF enthalten und
	3. die ausländische AIF-Verwaltungsgesellschaft oder der ausländische AIF die in Nummer 2 genannte gleichwertige Bestimmung erfüllt.
	§ 58 Abs. 11 **Erteilung der Erlaubnis für eine ausländische AIF-Verwaltungsgesellschaft** (11) Ausländische AIF-Verwaltungsgesellschaften, denen die Bundesanstalt

AIFM-RiLi	KAGB-E
	die Erlaubnis nach den Vorschriften dieses Gesetzes erteilt hat, haben die für AIF-Kapitalverwaltungsgesellschaften, die Spezial-AIF verwalten, geltenden Vorschriften entsprechend einzuhalten, soweit sich aus diesem Gesetz nichts anderes ergibt.
	§ 57 Abs. 3 **Zulässigkeit der Verwaltung von inländischen Spezial-AIF und EU-AIF sowie des Vertriebs von AIF gemäß §§ 325, 326, 333 oder 334 durch ausländische AIF-Verwaltungsgesellschaften**
(3) Ein Nicht-EU-AIFM, der beabsichtigt, eine vorherige Genehmigung gemäß Absatz 1 einzuholen, muss über einen gesetzlichen Vertreter mit Sitz in seinem Referenzmitgliedstaat verfügen. Der gesetzliche Vertreter ist die Kontaktstelle für den AIFM in der Union, und sämtliche Korrespondenz zwischen den zuständigen Behörden und dem AIFM und zwischen den EU-Anlegern des betreffenden AIF und dem AIFM gemäß dieser Richtlinie erfolgt über diesen gesetzlichen Vertreter. Der gesetzliche Vertreter nimmt gemeinsam mit dem AIFM die Compliance-Funktion in Bezug auf die vom AIFM gemäß dieser Richtlinie ausgeführten Verwaltungs- und Vertriebstätigkeiten wahr.	(3) Eine ausländische AIF-Verwaltungsgesellschaft, die beabsichtigt, eine Erlaubnis gemäß Absatz 1 einzuholen, muss über einen gesetzlichen Vertreter mit Sitz in der Bundesrepublik Deutschland verfügen. Der gesetzliche Vertreter ist die Kontaktstelle für die ausländische AIF-Verwaltungsgesellschaft in den Mitgliedstaaten der Europäischen Union oder den Vertragsstaaten des Abkommens über den Europäischen Wirtschaftsraum. Sämtliche Korrespondenz zwischen den zuständigen Stellen und der ausländischen AIF-Verwaltungsgesellschaft und zwischen den EU-Anlegern des betreffenden AIF und der ausländische AIF-Verwaltungsgesellschaft gemäß der Richtlinie 2011/61/EU erfolgt über diesen gesetzlichen Vertreter. Der gesetzliche Vertreter nimmt gemeinsam mit der ausländischen AIF-Verwaltungsgesellschaft die Compliance-Funktion in Bezug auf die von der ausländischen AIF-Verwaltungsgesellschaft gemäß der Richtlinie 2011/61/EU ausgeführten Verwaltungs- und Vertriebstätigkeiten wahr.
	§ 56 Abs. 1 **Bestimmung der Bundesrepublik Deutschland als Referenzmitgliedstaat einer ausländischen AIF-Verwaltungsgesellschaft**

AIFM-RiLi	KAGB-E
(4) Der Referenzmitgliedstaat eines Nicht-EU-AIFM wird wie folgt bestimmt:	(1) Die Bundesrepublik Deutschland ist Referenzmitgliedstaat einer ausländischen AIF-Verwaltungsgesellschaft,
a) Wenn der Nicht-EU-AIFM beabsichtigt, lediglich einen EU- AIF oder mehrere EU-AIF mit Sitz in demselben Mitgliedstaat zu verwalten, und nicht beabsichtigt, gemäß Artikel 39 oder 40 einen AIF in der Union zu vertreiben, ist der Herkunftsmitgliedstaat des bzw. der AIF als der Referenzmitgliedstaat zu betrachten, und die zuständigen Behörden dieses Mitgliedstaats sind für das Zulassungsverfahren des AIFM und die Aufsicht über ihn zuständig.	1. wenn sie gemäß den in Artikel 37 Absatz 4 der Richtlinie 2011/61/EU genannten Kriterien Referenzmitgliedstaat sein kann und kein anderer Mitgliedstaat der Europäischen Union oder Vertragsstaat des Abkommens über den Europäischen Wirtschaftsraum als Referenzmitgliedstaat in Betracht kommt oder,
b) Wenn der Nicht-EU-AIFM beabsichtigt, mehrere EU-AIF mit Sitz in verschiedenen Mitgliedstaaten zu verwalten, und nicht beabsichtigt, gemäß Artikel 39 oder 40 einen AIF in der Union zu vertreiben, ist der Referenzmitgliedstaat entweder	2. falls gemäß den in Artikel 37 Absatz 4 der Richtlinie 2011/61/EU genannten Kriterien sowohl die Bundesrepublik Deutschland als auch ein anderer Mitgliedstaat der Europäischen Union oder ein anderer Vertragsstaat des Abkommens über den Europäischen Wirtschaftsraum als Referenzmitgliedstaat in Betracht kommt, wenn die Bundesrepublik Deutschland gemäß dem Verfahren nach Absatz 2 oder durch Entscheidung der ausländischen AIF-Verwaltungsgesellschaft nach Absatz 4 als Referenzmitgliedstaat festgelegt worden ist.
i) der Mitgliedstaat, in dem die meisten der betreffenden AIF ihren Sitz haben, oder	
ii) der Mitgliedstaat, in dem die umfangreichsten Vermögenswerte verwaltet werden.	
c) Wenn der Nicht-EU-AIFM beabsichtigt, lediglich einen EU- AIF in lediglich einem Mitgliedstaat zu vertreiben, wird der Referenzmitgliedstaat wie folgt bestimmt:	
i) falls der AIF in einem Mitgliedstaat zugelassen oder registriert ist, ist Referenzmitgliedstaat der Herkunftsmitgliedstaat des AIF oder der Mitgliedstaat, in dem der AIFM den AIF zu vertreiben beabsichtigt;	
ii) falls der AIF nicht in einem Mitgliedstaat zugelassen oder registriert ist, ist Referenzmitgliedstaat der Mitgliedstaat, in dem der AIFM den AIF zu vertreiben beabsichtigt.	
d) Wenn der Nicht-EU-AIFM beabsichtigt, lediglich einen Nicht-EU-AIF in lediglich einem Mitgliedstaat	

AIFM-RiLi	KAGB-E
zu vertreiben, ist dieser Mitgliedstaat der Referenzmitgliedstaat.	

e) Wenn der Nicht-EU-AIFM beabsichtigt, lediglich einen EU- AIF in verschiedenen Mitgliedstaaten zu vertreiben, wird der Referenzmitgliedstaat wie folgt bestimmt:

i) falls der AIF in einem Mitgliedstaat zugelassen oder registriert ist, ist der Referenzmitgliedstaat der Herkunftsmitgliedstaat des AIF oder einer der Mitgliedstaaten, in denen der AIFM einen leistungsfähigen Vertrieb aufzubauen beabsichtigt, oder

ii) falls der AIF nicht in einem Mitgliedstaat zugelassen oder registriert ist, ist der Referenzmitgliedstaat einer der Mitgliedstaaten, in denen der AIFM einen leistungsfähigen Vertrieb aufzubauen beabsichtigt.

f) Wenn der Nicht-EU-AIFM beabsichtigt, lediglich einen Nicht-EU-AIF in verschiedenen Mitgliedstaaten zu vertreiben, ist der Referenzmitgliedstaat einer dieser Mitgliedstaaten.

g) Wenn der Nicht-EU-AIFM beabsichtigt, mehrere EU-AIF in der Union zu vertreiben, wird der Referenzmitgliedstaat wie folgt bestimmt:

i) falls die betreffenden AIF sämtlich in demselben Mitgliedstaat registriert oder zugelassen sind, ist der Referenzmitgliedstaat der Herkunftsmitgliedstaat der AIF oder der Mitgliedstaat, in dem der AIFM einen leistungsfähigen Vertrieb der meisten der betreffenden AIF aufzubauen beabsichtigt;

ii) falls die betreffenden AIF nicht sämtlich in demselben Mitgliedstaat registriert oder zugelassen sind, ist der Referenzmitgliedstaat der Mitgliedstaat, in dem der AIFM einen leistungsfähigen Vertrieb der meisten der betreffenden AIF aufzubauen beabsichtigt;

h) wenn der Nicht-EU-AIFM beabsichtigt, mehrere EU- und Nicht-EU-AIF oder mehrere Nicht-EU-

AIFM-RiLi	KAGB-E
AIF in der Union zu vertreiben, ist der Referenzmitgliedstaat der Mitgliedstaat, in dem der AIFM einen leistungsfähigen Vertrieb der meisten der betreffenden AIF aufzubauen beabsichtigt.	

§ 56 Abs. 2–4
Bestimmung der Bundesrepublik Deutschland als Referenzmitgliedstaat einer ausländischen AIF-Verwaltungsgesellschaft

Entsprechend den Kriterien gemäß Unterabsatz 1 Buchstabe b, Buchstabe c Ziffer i, Buchstabe e, Buchstabe f und Buchstabe g Ziffer i kann es mehr als einen Referenzmitgliedstaat geben. In solchen Fällen schreiben die Mitgliedstaaten vor, dass der Nicht- EU-AIFM, der beabsichtigt, EU-AIF zu verwalten, ohne sie zu vertreiben, und/oder von ihm verwaltete AIF gemäß Artikel 39 oder 40 in der Union zu vertreiben, bei den zuständigen Behörden aller Mitgliedstaaten, die gemäß den in den genannten Buchstaben festgelegten Kriterien mögliche Referenzmitgliedstaaten sind, beantragt, sich untereinander über die Festlegung seines Referenzmitgliedstaats zu einigen. Die betreffenden zuständigen Behörden entscheiden innerhalb eines Monats nach Eingang eines solchen Antrags gemeinsam über den Referenzmitgliedstaat für den Nicht-EU-AIFM. Die zuständigen Behörden des Mitgliedstaats, der als Referenzmitgliedstaat festgelegt wird, setzen den Nicht-EU-AIFM unverzüglich von dieser Festlegung in Kenntnis. Wenn der Nicht-EU-AIFM nicht innerhalb von sieben Tagen nach Erlass der Entscheidung ordnungsgemäß über die Entscheidung der zuständigen Behörden informiert wird oder die betreffenden zuständigen Behörden innerhalb der Monatsfrist keine Entscheidung getroffen haben, kann der Nicht-EU-AIFM selbst	(2) In den Fällen, in denen gemäß Artikel 37 Absatz 4 der Richtlinie 2011/61/EU neben der Bundesrepublik Deutschland weitere Mitgliedstaaten der Europäischen Union oder weitere Vertragsstaaten des Abkommens über den Europäischen Wirtschaftsraum als Referenzmitgliedstaat in Betracht kommen, hat die ausländische AIF-Verwaltungsgesellschaft bei der Bundesanstalt zu beantragen, dass diese sich mit den zuständigen Stellen aller in Betracht kommenden Mitgliedstaaten der Europäischen Union oder Vertragsstaaten des Abkommens über den Europäischen Wirtschaftsraum über die Festlegung des Referenzmitgliedstaats für die ausländische AIF-Verwaltungsgesellschaft einigt. Die Bundesanstalt und die anderen zuständigen Stellen legen innerhalb eines Monats nach Eingang eines Antrags nach Satz 1 gemeinsam den Referenzmitgliedstaat für die ausländische AIF-Verwaltungsgesellschaft fest. Das hierbei zu beachtende Verfahren richtet sich nach der Verordnung (EU) Nr. .../2013 [Level 2-Durchführungs-Verordnung gemäß Artikel 37 Absatz 14 der Richtlinie 2011/61/EU]. (3) Wird die Bundesrepublik Deutschland nach Absatz 2 als Referenzmitgliedstaat festgelegt, setzt die Bundesanstalt die ausländische AIF-Verwaltungsgesellschaft unverzüglich von dieser Festlegung in Kenntnis.

AIFM-RiLi	KAGB-E
seinen Referenzmitgliedstaat gemäß den in diesem Absatz aufgeführten Kriterien festlegen.	(4) Wird die ausländische AIF-Verwaltungsgesellschaft nicht innerhalb von sieben Tagen nach Erlass der Entscheidung gemäß Absatz 2 Satz 2 ordnungsgemäß über die Entscheidung der zuständigen Stellen informiert oder haben die betreffenden zuständigen Stellen innerhalb der in Absatz 2 Satz 2 genannten Monatsfrist keine Entscheidung getroffen, kann die ausländische AIF-Verwaltungsgesellschaft selbst ihren Referenzmitgliedstaat gemäß den in Artikel 37 Absatz 4 der Richtlinie 2011/61/EU aufgeführten Kriterien festlegen.
	§ 56 Abs. 5 **Bestimmung der Bundesrepublik Deutschland als Referenzmitgliedstaat einer ausländischen AIF-Verwaltungsgesellschaft**
Der AIFM muss in der Lage sein, seine Absicht zu belegen, in einem spezifischen Mitgliedstaat einen leistungsfähigen Vertrieb aufzubauen, indem er gegenüber den zuständigen Behörden des von ihm angegebenen Mitgliedstaats seine Vertriebsstrategie offenlegt	(5) Die ausländische AIF-Verwaltungsgesellschaft muss in der Lage sein, ihre Absicht zu belegen, in einem bestimmten Mitgliedstaat der Europäischen Union oder einem bestimmten Vertragsstaat des Abkommens über den Europäischen Wirtschaftsraum einen leistungsfähigen Vertrieb aufzubauen, indem sie gegenüber den zuständigen Stellen des von ihr angegebenen Mitgliedstaats der Europäischen Union oder Vertragsstaats des Abkommens über den Europäischen Wirtschaftsraum ihre Vertriebsstrategie offenlegt.
	§ 58 Abs. 1 **Erteilung der Erlaubnis für eine ausländische AIF-Verwaltungsgesellschaft**
(5) Die Mitgliedstaaten schreiben vor, dass ein Nicht-EU- AIFM, der beabsichtigt, EU-AIF zu verwalten, ohne sie zu vertreiben, und/oder von ihm verwaltete AIF gemäß Artikel 39 oder 40 in der Union zu vertreiben, seinem Referenzmitgliedstaat einen Antrag auf Zulassung vorlegt.	(1) Beabsichtigt eine ausländische AIF-Verwaltungsgesellschaft, inländische Spezial-AIF oder EU-AIF zu verwalten oder von ihr verwaltete AIF gemäß Artikel 39 oder 40 der Richtlinie 2011/61/EU in den Mitgliedstaaten der Europäischen Union oder Vertragsstaaten des Abkommens über den Europäischen Wirtschaftsraum zu vertreiben, und gibt sie die Bundesrepublik

AIFM-RiLi	KAGB-E
	Deutschland als Referenzmitgliedstaat an, hat sie bei der Bundesanstalt einen Antrag auf Erteilung einer Erlaubnis zu stellen.

§ 58 Abs. 1
Erteilung der Erlaubnis für eine
ausländische AIF-Verwaltungsge-
sellschaft

Nach Eingang eines Antrags auf Zulassung beurteilen die zuständigen Behörden, ob die Entscheidung des AIFM hinsichtlich seines Referenzmitgliedstaats die Kriterien gemäß Absatz 4 einhält. Wenn die zuständigen Behörden der Ansicht sind, dass dies nicht der Fall ist, lehnen sie den Antrag des Nicht-EU- AIFM auf Zulassung unter Angabe der Gründe für die Ablehnung ab. Wenn die zuständigen Behörden der Auffassung sind, dass die Kriterien gemäß Absatz 4 eingehalten worden sind, setzen sie die ESMA von diesem Umstand in Kenntnis und ersuchen sie, eine Empfehlung zu ihrer Beurteilung auszusprechen. In ihrer Mitteilung an die ESMA legen die zuständigen Behörden der ESMA die Begründung des AIFM für seine Beurteilung hinsichtlich des Referenzmitgliedstaats und Informationen über die Vertriebsstrategie des AIFM vor.	(1) Beabsichtigt eine ausländische AIF-Verwaltungsgesellschaft, inländische Spezial-AIF oder EU-AIF zu verwalten oder von ihr verwaltete AIF gemäß Artikel 39 oder 40 der Richtlinie 2011/61/EU in den Mitgliedstaaten der Europäischen Union oder Vertragsstaaten des Abkommens über den Europäischen Wirtschaftsraum zu vertreiben, und gibt sie die Bundesrepublik Deutschland als Referenzmitgliedstaat an, hat sie bei der Bundesanstalt einen Antrag auf Erteilung einer Erlaubnis zu stellen.

§ 58 Abs. 3 und 4
Erteilung der Erlaubnis für eine
ausländische AIF-Verwaltungsge-
sellschaft

Innerhalb eines Monats nach Eingang der Mitteilung gemäß Unterabsatz 2 spricht die ESMA eine an die betreffenden zuständigen Behörden gerichtete Empfehlung zu deren Beurteilung bezüglich des Referenzmitgliedstaats gemäß den in Absatz 4 genannten Kriterien aus. Die ESMA kann nur dann eine negative Beurteilung aussprechen, wenn sie der Ansicht ist, dass die Kriterien nach Absatz 4 nicht eingehalten wurden.	(3) Ist die Bundesanstalt der Auffassung, dass die Entscheidung einer ausländischen AIF-Verwaltungsgesellschaft hinsichtlich ihres Referenzmitgliedstaats die Kriterien gemäß Artikel 37 Absatz 4 der Richtlinie 2011/61/EU einhält, setzt sie die Europäische Wertpapier- und Marktaufsichtsbehörde von diesem Umstand in Kenntnis und ersucht sie, eine Empfehlung zu ihrer Beurteilung auszusprechen. In ihrer Mitteilung an die Europäische Wertpapier- und

AIFM-RiLi	KAGB-E
	Marktaufsichtsbehörde legt die Bundesanstalt der Europäischen Wertpapier- und Marktaufsichtsbehörde die Begründung der ausländischen AIF-Verwaltungsgesellschaft für deren Entscheidung hinsichtlich des Referenzmitgliedstaats und Informationen über die Vertriebsstrategie der ausländischen AIF-Verwaltungsgesellschaft vor.
	(4) Innerhalb eines Monats nach Eingang der Mitteilung gemäß Absatz 3 spricht die Europäische Wertpapier- und Marktaufsichtsbehörde eine an die Bundesanstalt gerichtete Empfehlung zu deren Beurteilung hinsichtlich des Referenzmitgliedstaats gemäß den in Artikel 37 Absatz 4 der Richtlinie 2011/61/EU genannten Kriterien aus. Während die Europäische Wertpapier- und Marktaufsichtsbehörde gemäß Artikel 37 Absatz 5 Unterabsatz 3 der Richtlinie 2011/61/EU die Beurteilung der Bundesanstalt prüft, wird die Frist nach § 22 Absatz 2 Satz 1 oder 2 gehemmt.
Die Frist nach Artikel 8 Absatz 5 wird während der Beratungen der ESMA gemäß diesem Absatz ausgesetzt.	
	§ 12 Abs. 6 **Meldungen der Bundesanstalt an die Europäische Kommission und die Europäische Wertpapier- und Marktaufsichtsbehörde**
Wenn die zuständigen Behörden entgegen der Empfehlung der ESMA gemäß Unterabsatz 3 vorschlagen, die Zulassung zu erteilen, setzen sie die ESMA davon unter Angabe ihrer Gründe in Kenntnis. Die ESMA veröffentlicht die Tatsache, dass die zuständigen Behörden ihrer Empfehlung nicht folgen oder nicht zu folgen beabsichtigen. Die ESMA kann ferner von Fall zu Fall beschließen, die von den zuständigen Behörden angegebenen Gründe für das Nichtbefolgen der Empfehlung zu veröffentlichen. Die zuständigen Behörden	(6) Ferner informiert die Bundesanstalt die Europäischen Wertpapier- und Marktaufsichtsbehörde über 3. den Vorschlag zur Erteilung der Erlaubnis für eine ausländischen AIF-Verwaltungsgesellschaft, deren Referenzmitgliedstaat die Bundesrepublik Deutschland ist, entgegen der Empfehlung der Europäischen Wertpapier- und Marktaufsichtsbehörde gemäß § 58 Absatz 5 und § 59 Absatz 3,

AIFM-RiLi	KAGB-E
werden im Voraus über eine solche Veröffentlichung informiert.	**§ 58 Abs. 5** **Erteilung der Erlaubnis für eine ausländische AIF-Verwaltungsgesellschaft** (5) Schlägt die Bundesanstalt entgegen der Empfehlung der Europäischen Wertpapier- und Marktaufsichtsbehörde gemäß Absatz 4 vor, die Erlaubnis als Referenzmitgliedstaat zu erteilen, setzt sie die Europäische Wertpapier- und Marktaufsichtsbehörde davon unter Angabe ihrer Gründe in Kenntnis.
	§ 58 Abs. 6 **Erteilung der Erlaubnis für eine ausländische AIF-Verwaltungsgesellschaft**
Wenn die zuständigen Behörden entgegen der Empfehlung der ESMA gemäß Unterabsatz 3 vorschlagen, die Zulassung zu erteilen, und der AIFM beabsichtigt, Anteile von durch ihn verwalteten AIF in anderen Mitgliedstaaten als dem Referenzmitgliedstaat zu vertreiben, setzen die zuständigen Behörden des Referenzmitgliedstaats davon auch die zuständigen Behörden der betreffenden Mitgliedstaaten unter Angabe ihrer Gründe in Kenntnis. Gegebenenfalls setzen die zuständigen Behörden des Referenzmitgliedstaats davon auch die zuständigen Behörden der Herkunftsmitgliedstaaten der von dem AIFM verwalteten AIF unter Angabe ihrer Gründe in Kenntnis.	(6) Wenn die Bundesanstalt entgegen der Empfehlung der Europäischen Wertpapier- und Marktaufsichtsbehörde gemäß Absatz 4 vorschlägt, die Erlaubnis als Referenzmitgliedstaat zu erteilen, und die ausländische AIF-Verwaltungsgesellschaft beabsichtigt, Anteile von durch sie verwalteten AIF in anderen Mitgliedstaaten der Europäischen Union oder in anderen Vertragsstaaten des Abkommens über den Europäischen Wirtschaftsraum als der Bundesrepublik Deutschland zu vertreiben, setzt die Bundesanstalt davon auch die zuständigen Stellen der betreffenden Mitgliedstaaten der Europäischen Union und der betreffenden Vertragsstaaten des Abkommens über den Europäischen Wirtschaftsraum unter Angabe ihrer Gründe in Kenntnis. Gegebenenfalls setzt die Bundesanstalt davon auch die zuständigen Stellen der Herkunftsmitgliedstaaten der von der ausländischen AIF-Verwaltungsgesellschaft verwalteten AIF unter Angabe ihrer Gründe in Kenntnis.
(6) Wenn eine zuständige Behörde eines Mitgliedstaats nicht mit der Entscheidung des AIFM hinsichtlich seines Referenzmitgliedstaats einverstanden ist, können die betreffenden zuständigen Behörden die Angelegenheit der ESMA	

AIFM-RiLi	KAGB-E
zur Kenntnis bringen, die im Rahmen der ihr durch Artikel 19 der Verordnung (EU) Nr. 1095/2010 übertragenen Befugnisse tätig werden kann.	

§ 58 Abs. 7
Erteilung der Erlaubnis für eine ausländische AIF-Verwaltungsgesellschaft

(7) Unbeschadet des Absatzes 8 kann die Zulassung erst dann erteilt werden, wenn die folgenden zusätzlichen Bedingungen eingehalten sind: a) der Referenzmitgliedstaat wird von dem AIFM gemäß den Kriterien nach Absatz 4 angegeben und durch die Offenlegung der Vertriebsstrategie bestätigt und das Verfahren gemäß Absatz 5 wurde von den betreffenden zuständigen Behörden durchgeführt; b) der AIFM hat einen gesetzlichen Vertreter mit Sitz in dem Referenzmitgliedstaat ernannt; c) der gesetzliche Vertreter ist, zusammen mit dem AIFM, die Kontaktperson des Nicht-EU-AIFM für die Anleger der betreffenden AIF, für die ESMA und für die zuständigen Behörden im Hinblick auf die Tätigkeiten, für die der AIFM in der Union zugelassen ist, und er ist zumindest hinreichend ausgestattet, um die Compliance-Funktion gemäß dieser Richtlinie wahrnehmen zu können; d) es bestehen geeignete Vereinbarungen über die Zusammenarbeit zwischen den zuständigen Behörden des Referenzmitgliedstaats, den zuständigen Behörden des Herkunftsmitgliedstaats der betreffenden EU-AIF und den Aufsichtsbehörden des Drittlands, in dem der Nicht-EU-AIFM seinen Sitz hat, damit zumindest ein effizienter Informationsaustausch gewährleistet ist, der den zuständigen Behörden ermöglicht, ihre	(7) Unbeschadet des Absatzes 9 erteilt die Bundesanstalt die Erlaubnis erst dann, wenn die folgenden zusätzlichen Bedingungen eingehalten sind: 1. die Bundesrepublik Deutschland wird als Referenzmitgliedstaat von der ausländischen AIF-Verwaltungsgesellschaft gemäß den Kriterien in § 56 angegeben und durch die Offenlegung der Vertriebsstrategie bestätigt, und das Verfahren gemäß den Absätzen 3 bis 6 wurde von der Bundesanstalt durchgeführt; 2. die ausländische AIF-Verwaltungsgesellschaft hat einen gesetzlichen Vertreter mit Sitz in der Bundesrepublik Deutschland ernannt; 3. der gesetzliche Vertreter ist, zusammen mit der ausländischen AIF-Verwaltungsgesellschaft, die Kontaktperson der ausländischen AIF-Verwaltungsgesellschaft für die Anleger der betreffenden AIF, für die Europäische Wertpapier- und Marktaufsichtsbehörde und für die zuständigen Stellen im Hinblick auf die Tätigkeiten, für die die ausländische AIF-Verwaltungsgesellschaft in den Mitgliedstaaten der Europäischen Union oder Vertragsstaaten des Abkommens über den Europäischen Wirtschaftsraum eine Erlaubnis hat, und er ist zumindest hinreichend ausgestattet, um die Compliance-Funktion gemäß der Richtlinie 2011/61/EU wahrnehmen zu können; 4. es bestehen geeignete Vereinbarungen über die Zusammenarbeit zwi-

AIFM-RiLi	KAGB-E
Aufgaben gemäß dieser Richtlinie wahrzunehmen; e) das Drittland, in dem der Nicht-EU-AIFM seinen Sitz hat, steht nicht auf der Liste der nicht kooperativen Länder und Gebiete, die von der Arbeitsgruppe „Finanzielle Maßnahmen gegen Geldwäsche und Terrorismusfinanzierung" aufgestellt wurde; f) das Drittland, in dem der Nicht-EU-AIFM seinen Sitz hat, hat mit dem Referenzmitgliedstaat eine Vereinbarung unterzeichnet, die den Standards gemäß Artikel 26 des OECD-Musterabkommens zur Vermeidung der Doppelbesteuerung von Einkommen und Vermögen vollständig entspricht und einen wirksamen Informationsaustausch in Steuerangelegenheiten, gegebenenfalls einschließlich multilateraler Abkommen über die Besteuerung, gewährleistet; g) die auf AIFM anwendbaren Rechts- und Verwaltungsvorschriften eines Drittlands oder die Beschränkungen der Aufsichts- und Ermittlungsbefugnisse der Aufsichtsbehörden dieses Drittlands hindern die zuständigen Behörden nicht an der effektiven Wahrnehmung ihrer Aufsichtsfunktionen gemäß dieser Richtlinie.	schen der Bundesanstalt, den zuständigen Stellen des Herkunftsmitgliedstaats der betreffenden EU-AIF und den Aufsichtsbehörden des Drittstaats, in dem die ausländische AIF-Verwaltungsgesellschaft ihren satzungsmäßigen Sitz hat, damit zumindest ein effizienter Informationsaustausch gewährleistet ist, der es den zuständigen Stellen ermöglicht, ihre Aufgaben gemäß der Richtlinie 2011/61/EU wahrzunehmen; 5. der Drittstaat, in dem die ausländische AIF-Verwaltungsgesellschaft ihren satzungsmäßigen Sitz hat, steht nicht auf der Liste der nicht kooperativen Länder und Gebiete, die von der Arbeitsgruppe „Finanzielle Maßnahmen gegen Geldwäsche und Terrorismusfinanzierung" aufgestellt wurde; 6. der Drittstaat, in dem die ausländische AIF-Verwaltungsgesellschaft ihren satzungsmäßigen Sitz hat, hat mit der Bundesrepublik Deutschland eine Vereinbarung unterzeichnet, die den Standards gemäß Artikel 26 des OECD-Musterabkommens zur Vermeidung der Doppelbesteuerung von Einkommen und Vermögen vollständig entspricht und einen wirksamen Informationsaustausch in Steuerangelegenheiten, gegebenenfalls einschließlich multilateraler Abkommen über die Besteuerung, gewährleistet; 7. die auf ausländische AIF-Verwaltungsgesellschaften anwendbaren Rechts- und Verwaltungsvorschriften eines Drittstaats oder die Beschränkungen der Aufsichts- und Ermittlungsbefugnisse der Aufsichtsbehörden dieses Drittstaats hindern die zuständigen Stellen nicht an der effektiven Wahrnehmung ihrer Aufsichtsfunktionen gemäß der Richtlinie 2011/61/EU.

AIFM-RiLi	KAGB-E
	§ 59 **Verweismöglichkeiten der Bundesanstalt an die Europäische Wertpapier- und Marktaufsichtsbehörde**
Wenn eine zuständige Behörde eines anderen Mitgliedstaats nicht mit der Bewertung der Anwendung der Buchstaben a bis e und g dieses Absatzes durch die zuständigen Behörden des Referenzmitgliedstaats des AIFM einverstanden ist, können die betreffenden zuständigen Behörden die Angelegenheit der ESMA zur Kenntnis bringen, die im Rahmen der ihr durch Artikel 19 der Verordnung (EU) Nr. 1095/2010 übertragenen Befugnisse tätig werden kann.	Die Bundesanstalt kann die folgenden Angelegenheiten der Europäischen Wertpapier- und Marktaufsichtsbehörde zur Kenntnis bringen, die im Rahmen der ihr durch Artikel 19 der Verordnung (EU) Nr. 1095/2010 übertragenen Befugnisse tätig werden kann: 2. wenn die Bundesanstalt nicht mit der Bewertung der Anwendung von Artikel 37 Absatz 7 Unterabsatz 1 Buchstaben a bis e und g der Richtlinie 2011/61/EU durch die zuständigen Stellen des Referenzmitgliedstaats einer ausländischen AIF-Verwaltungsgesellschaft einverstanden ist,
	§ 63 **Verweismöglichkeiten der Bundesanstalt an die Europäische Wertpapier- und Marktaufsichtsbehörde**
Wenn eine für einen EU-AIF zuständige Behörde die gemäß Unterabsatz 1 Buchstabe d geforderten Vereinbarungen über Zusammenarbeit nicht innerhalb eines angemessenen Zeitraums abschließt, können die zuständigen Behörden des Referenzmitgliedstaats die Angelegenheit der ESMA zur Kenntnis bringen, die im Rahmen der ihr durch Artikel 19 der Verordnung (EU) Nr. 1095/2010 übertragenen Befugnisse tätig werden kann.	Die Bundesanstalt kann die folgenden Angelegenheiten der Europäischen Wertpapier- und Marktaufsichtsbehörde zur Kenntnis bringen, die im Rahmen der ihr durch Artikel 19 der Verordnung (EU) Nr. 1095/2010 übertragenen Befugnisse tätig werden kann: 3. wenn eine für einen EU-AIF zuständige Stelle die gemäß Artikel 37 Absatz 7 Unterabsatz 1 Buchstabe d der Richtlinie 2011/61/EU geforderten Vereinbarungen über Zusammenarbeit nicht innerhalb eines angemessenen Zeitraums abschließt,
	§ 58 Abs. 9 und 10 **Erteilung der Erlaubnis für eine ausländische AIF-Verwaltungsgesellschaft**
(8) Die Zulassung wird im Einklang mit Kapitel II erteilt, das vorbehaltlich folgender Kriterien entsprechend gilt:	(9) Die Erlaubnis durch die Bundesanstalt wird im Einklang mit den für die Erlaubnis von AIF-Kapitalverwaltungs-

AIFM-RiLi	KAGB-E
a) die Angaben gemäß Artikel 7 Absatz 2 werden durch Folgendes ergänzt: i) eine Begründung des AIFM für die von ihm vorgenommene Beurteilung bezüglich des Referenzmitgliedstaats gemäß den Kriterien nach Absatz 4 sowie Angaben zur Vertriebsstrategie; ii) eine Liste der Bestimmungen dieser Richtlinie, deren Einhaltung dem AIFM unmöglich ist, da ihre Einhaltung durch den AIFM gemäß Absatz 2 nicht mit der Einhaltung einer zwingenden Rechtsvorschrift, der der Nicht- EU-AIFM oder der in der Union vertriebene Nicht-EU-AIF unterliegt, vereinbar ist; iii) schriftliche Belege auf der Grundlage der von der ESMA ausgearbeiteten technischen Regulierungsstandards, dass die betreffenden Rechtsvorschriften des Drittlands eine Vorschrift enthalten, die den Vorschriften, die nicht eingehalten werden können, gleichwertig ist, denselben regulatorischen Zweck verfolgt und den Anlegern der betreffenden AIF dasselbe Maß an Schutz bietet, und dass der AIFM sich an diese gleichwertige Vorschrift hält; diese schriftlichen Belege werden durch ein Rechtsgutachten zum Bestehen der betreffenden inkompatiblen zwingenden Vorschrift im Recht des Drittlands untermauert, das auch eine Beschreibung des Regulierungszwecks und der Merkmale des Anlegerschutzes enthält, die mit der Vorschrift angestrebt werden, und iv) Name des gesetzlichen Vertreters des AIFM und der Ort, an dem er seinen Sitz hat; b) die Angaben gemäß Artikel 7 Absatz 3 können auf die EU- AIF, die der AIFM zu verwalten beabsichtigt, und auf die von dem AIFM verwalteten AIF, die er mit einem Pass in der	gesellschaften geltenden Vorschriften dieses Gesetzes erteilt. Diese gelten vorbehaltlich folgender Kriterien entsprechend: 1. die Angaben gemäß § 22 Absatz 1 Nummer 1 bis 9 werden durch folgende Angaben und Unterlagen ergänzt: a) eine Begründung der ausländischen AIF-Verwaltungsgesellschaft für die von ihr vorgenommene Beurteilung bezüglich des Referenzmitgliedstaats gemäß den Kriterien nach Artikel 37 Absatz 4 der Richtlinie 2011/61/EU sowie Angaben zur Vertriebsstrategie; b) eine Liste der Bestimmungen der Richtlinie 2011/61/EU, deren Einhaltung der ausländischen AIF-Verwaltungsgesellschaft unmöglich ist, da ihre Einhaltung durch die ausländische AIF-Verwaltungsgesellschaft gemäß § 57 Absatz 2 Satz 2 nicht vereinbar ist mit der Einhaltung einer zwingenden Rechtsvorschrift des Drittstaates, der die ausländische AIF-Verwaltungsgesellschaft oder der in den Mitgliedstaaten der Europäischen Union oder Vertragsstaaten des Abkommens über den Europäischen Wirtschaftsraum vertriebene ausländische AIF unterliegt; c) schriftliche Belege auf der Grundlage der von der Europäischen Wertpapier- und Marktaufsichtsbehörde ausgearbeiteten technischen Regulierungsstandards gemäß Artikel 37 Absatz 23 Buchstabe b der Richtlinie 2011/61/EU, dass die betreffenden Rechtsvorschriften des Drittstaats Vorschriften enthalten, die den Vorschriften, die nicht eingehalten werden können, gleichwertig sind, denselben regulatorischen Zweck verfolgen und den Anlegern der betreffenden AIF dasselbe Maß an Schutz bieten, und dass die ausländische AIF-Verwaltungsgesellschaft sich an diese gleichwertige Vorschriften hält; diese

AIFM-RiLi	KAGB-E
Union zu vertreiben beabsichtigt, beschränkt werden; c) Artikel 8 Absatz 1 Buchstabe a gilt unbeschadet des Absatzes 2 des vorliegenden Artikels; d) Artikel 8 Absatz 1 Buchstabe e findet keine Anwendung; e) Artikel 8 Absatz 5 Unterabsatz 2 ist mit der folgenden Ergänzung zu lesen: „die in Artikel 37 Absatz 8 Buchstabe a genannten Angaben".	schriftlichen Belege werden durch ein Rechtsgutachten zum Bestehen der betreffenden inkompatiblen zwingenden Vorschrift im Recht des Drittstaats untermauert, das auch eine Beschreibung des Regulierungszwecks und der Merkmale des Anlegerschutzes enthält, die mit der Vorschrift angestrebt werden, und d) den Namen des gesetzlichen Vertreters der ausländischen AIF-Verwaltungsgesellschaft und den Ort, an dem er seinen Sitz hat; 2. die Angaben gemäß § 22 Absatz 1 Nummer 10 bis 14 können beschränkt werden auf die inländischen Spezial-AIF oder EU-AIF, die die ausländische AIF-Verwaltungsgesellschaft zu verwalten beabsichtigt, und auf die von der ausländischen AIF-Verwaltungsgesellschaft verwalteten AIF, die sie mit einem Pass in den Mitgliedstaaten der Europäischen Union oder Vertragsstaaten des Abkommens über den Europäischen Wirtschaftsraum zu vertreiben beabsichtigt; 3. § 23 Nummer 7 findet keine Anwendung; 4. ein Erlaubnisantrag gilt als vollständig, wenn zusätzlich zu den in § 22 Absatz 3 genannten Angaben und Verweisen die Angaben gemäß Nummer 1 vorgelegt wurden; 5. die Bundesanstalt beschränkt die Erlaubnis in Bezug auf die Verwaltung von inländischen AIF auf die Verwaltung von inländischen Spezial-AIF; in Bezug auf die Verwaltung von EU-AIF kann die Bundesanstalt die Erlaubnis auf die Verwaltung von bestimmten Arten von EU-AIF und auf Spezial-EU-AIF beschränken. (10) Hinsichtlich des Erlöschens oder der Aufhebung der Erlaubnis einer ausländischen AIF-Verwaltungsgesellschaft gilt § 39 entsprechend.

AIFM-RiLi	KAGB-E
	§ 63 **Verweismöglichkeiten der Bundesanstalt an die Europäische Wertpapier- und Marktaufsichtsbehörde**
Wenn eine zuständige Behörde eines anderen Mitgliedstaats nicht mit der von den zuständigen Behörden des Referenzmitgliedstaats des AIFM erteilten Zulassung einverstanden ist, können die betreffenden zuständigen Behörden die Angelegenheit der ESMA zur Kenntnis bringen, die im Rahmen der ihr durch Artikel 19 der Verordnung (EU) Nr. 1095/2010 übertragenen Befugnisse tätig werden kann.	Die Bundesanstalt kann die folgenden Angelegenheiten der Europäischen Wertpapier- und Marktaufsichtsbehörde zur Kenntnis bringen, die im Rahmen der ihr durch Artikel 19 der Verordnung (EU) Nr. 1095/2010 übertragenen Befugnisse tätig werden kann: 4. wenn die Bundesanstalt nicht mit einer von den zuständigen Stellen des Referenzmitgliedstaats einer ausländischen AIF-Verwaltungsgesellschaft erteilten Zulassung einverstanden ist,
	§ 59 Abs. 1 **Befreiung einer ausländischen AIF-Verwaltungsgesellschaft von Bestimmungen der Richtlinie 2011/61/EU**
(9) Sind die zuständigen Behörden des Referenzmitgliedstaats der Auffassung, dass der AIFM gemäß Absatz 2 von der Einhaltung bestimmter Vorschriften dieser Richtlinie befreit werden kann, so setzen sie die ESMA hiervon unverzüglich in Kenntnis. Sie untermauern diese Beurteilung mit den von dem AIFM gemäß Absatz 8 Buchstabe a Ziffern ii und iii vorgelegten Angaben.	(1) Ist die Bundesanstalt der Auffassung, dass die ausländische AIF-Verwaltungsgesellschaft gemäß § 57 Absatz 2 Satz 2 von der Einhaltung bestimmter Vorschriften der Richtlinie 2011/61/EU befreit werden kann, so setzt sie die Europäische Wertpapier- und Marktaufsichtsbehörde hiervon unverzüglich in Kenntnis. Zur Begründung dieser Beurteilung zieht sie die von der ausländischen AIF-Verwaltungsgesellschaft gemäß § 58 Absatz 9 Nummer 1 Buchstabe b und c vorgelegten Angaben heran.
Innerhalb eines Monats nach Eingang der Mitteilung nach Unterabsatz 1 spricht die ESMA eine an die zuständigen Behörden gerichtete Empfehlung hinsichtlich der Anwendung der Ausnahme von der Einhaltung der Richtlinie aufgrund der Unvereinbarkeit gemäß Absatz 2 aus. In der Empfehlung kann insbesondere darauf eingegangen werden, ob auf der Grundlage der vom AIFM gemäß Absatz 8 Buchstabe a Zif-	

AIFM-RiLi	KAGB-E
fern ii und iii vorgelegten Angaben sowie der technischen Regulierungsstandards zur Äquivalenz davon ausgegangen werden kann, dass die Voraussetzungen für eine solche Befreiung eingehalten sind. Die ESMA ist bemüht, eine gemeinsame europäische Aufsichtskultur und kohärente Aufsichtspraktiken zu schaffen und bei den zuständigen Behörden eine kohärente Herangehensweise hinsichtlich der Anwendung dieses Absatzes zu gewährleisten.	
Die Frist nach Artikel 8 Absatz 5 wird während der Überprüfung durch die ESMA gemäß diesem Absatz ausgesetzt.	
Siehe Art. 37 Abs. 9 Unterabsatz 2 und 3	**§ 59 Abs. 2** **Befreiung einer ausländischen** **AIF-Verwaltungsgesellschaft von** **Bestimmungen der Richtlinie** **2011/61/EU** (2) Innerhalb eines Monats nach Eingang der Mitteilung nach Absatz 1 spricht die Europäische Wertpapier- und Marktaufsichtsbehörde eine an die Bundesanstalt gerichtete Empfehlung hinsichtlich der Anwendung der Ausnahme von der Einhaltung der Richtlinie 2011/61/EU aufgrund der Unvereinbarkeit gemäß § 57 Absatz 2 Satz 2 aus. Während der Überprüfung durch die Europäische Wertpapier- und Marktaufsichtsbehörde gemäß Artikel 37 Absatz 9 Unterabsatz 2 der Richtlinie 2011/61/EU wird die Frist nach § 22 Absatz 2 Satz 1 oder 2 gehemmt.
	§ 59 Abs. 3 **Befreiung einer ausländischen** **AIF-Verwaltungsgesellschaft von** **Bestimmungen der Richtlinie** **2011/61/EU**
Wenn die zuständigen Behörden des Referenzmitgliedstaats entgegen der Empfehlung der ESMA gemäß Unterabsatz 2 vorschlagen, die Zulassung zu erteilen, setzen sie die ESMA davon unter Angabe ihrer Gründe in Kenntnis.	(3) Wenn die Bundesanstalt entgegen der Empfehlung der Europäischen Wertpapier- und Marktaufsichtsbehörde gemäß Absatz 2 vorschlägt, die Erlaubnis zu erteilen, setzt sie die Europäische Wertpapier- und Marktaufsichtsbehörde

AIFM-RiLi	KAGB-E
Die ESMA veröffentlicht die Tatsache, dass die zuständigen Behörden ihrer Empfehlung nicht folgen oder nicht zu folgen beabsichtigen. Die ESMA kann ferner von Fall zu Fall beschließen, die von den zuständigen Behörden angegebenen Gründe für das Nichtbefolgen der Empfehlung zu veröffentlichen. Die entsprechenden zuständigen Behörden werden im Voraus über eine solche Veröffentlichung informiert.	davon unter Angabe ihrer Gründe in Kenntnis.

§ 12 Abs. 6
Meldungen der Bundesanstalt an die Europäische Kommission und die Europäische Wertpapier- und Marktaufsichtsbehörde

Wenn die zuständigen Behörden entgegen der Empfehlung der ESMA gemäß Unterabsatz 2 vorschlagen, die Zulassung zu erteilen, und der AIFM beabsichtigt, Anteile von durch ihn verwalteten AIF in anderen Mitgliedstaaten als dem Referenzmitgliedstaat zu vertreiben, setzen die zuständigen Behörden des Referenzmitgliedstaats davon auch die zuständigen Behörden der betreffenden Mitgliedstaaten unter Angabe ihrer Gründe in Kenntnis.	(6) Ferner informiert die Bundesanstalt die Europäischen Wertpapier- und Marktaufsichtsbehörde über 3. den Vorschlag zur Erteilung der Erlaubnis für eine ausländischen AIF-Verwaltungsgesellschaft, deren Referenzmitgliedstaat die Bundesrepublik Deutschland ist, entgegen der Empfehlung der Europäischen Wertpapier- und Marktaufsichtsbehörde gemäß § 58 Absatz 5 und § 59 Absatz 3,

§ 59 Abs. 4
Befreiung einer ausländischen AIF-Verwaltungsgesellschaft von Bestimmungen der Richtlinie 2011/61/EU

(4) Wenn die Bundesanstalt entgegen der Empfehlung der Europäischen Wertpapier- und Marktaufsichtsbehörde gemäß Absatz 2 vorschlägt, die Erlaubnis zu erteilen, und die ausländische AIF-Verwaltungsgesellschaft beabsichtigt, Anteile von durch sie verwalteten AIF in anderen Mitgliedstaaten der Europäischen Union oder Vertragsstaaten des Abkommens über den Europäischen Wirtschaftsraum als der Bundesrepublik Deutschland zu vertreiben, setzt die Bundesanstalt davon auch die zuständi-

AIFM-RiLi	KAGB-E
	gen Stellen der betreffenden Mitgliedstaaten der Europäischen Union oder Vertragsstaaten des Abkommens über den Europäischen Wirtschaftsraum unter Angabe ihrer Gründe in Kenntnis.

§ 63
Verweismöglichkeiten der Bundesanstalt an die Europäische Wertpapier- und Marktaufsichtsbehörde

AIFM-RiLi	KAGB-E
Wenn eine zuständige Behörde eines anderen Mitgliedstaats nicht mit der Bewertung der Anwendung des vorliegenden Absatzes durch die zuständigen Behörden des Referenzmitgliedstaats des AIFM einverstanden ist, können die betreffenden zuständigen Behörden die Angelegenheit der ESMA zur Kenntnis bringen, die im Rahmen der ihr durch Artikel 19 der Verordnung (EU) Nr. 1095/2010 übertragenen Befugnisse tätig werden kann.	Die Bundesanstalt kann die folgenden Angelegenheiten der Europäischen Wertpapier- und Marktaufsichtsbehörde zur Kenntnis bringen, die im Rahmen der ihr durch Artikel 19 der Verordnung (EU) Nr. 1095/2010 übertragenen Befugnisse tätig werden kann: 5. wenn die Bundesanstalt nicht mit der Bewertung der Anwendung von Artikel 37 Absatz 9 der Richtlinie 2011/61/EU durch die zuständigen Stellen des Referenzmitgliedstaats einer ausländischen AIF-Verwaltungsgesellschaft einverstanden ist,

§ 60 Abs. 1
Unterrichtung der Europäischen Wertpapier- und Marktaufsichtsbehörde im Hinblick auf die Erlaubnis einer ausländischen AIF-Verwaltungsgesellschaft durch die Bundesanstalt

AIFM-RiLi	KAGB-E
(10) Die zuständigen Behörden des Referenzmitgliedstaats unterrichten die ESMA unverzüglich über das Ergebnis des Erstzulassungsprozesses, über Änderungen bei der Zulassung des AIFM und über einen Entzug der Zulassung.	(1) Die Bundesanstalt unterrichtet die Europäische Wertpapier- und Marktaufsichtsbehörde unverzüglich über das Ergebnis des Erlaubnisverfahrens, über Änderungen hinsichtlich der Erlaubnis der ausländischen AIF-Verwaltungsgesellschaft und über einen Entzug der Erlaubnis.

§ 12 Abs. 6
Meldungen der Bundesanstalt an die Europäische Kommission und die Europäische Wertpapier- und Marktaufsichtsbehörde

AIFM-RiLi	KAGB-E
Die zuständigen Behörden unterrichten die ESMA von den Zulassungsanträgen, die sie abgelehnt haben, und legen	(6) Ferner informiert die Bundesanstalt die Europäische Wertpapier- und Marktaufsichtsbehörde über

AIFM-RiLi	KAGB-E
dabei Angaben zu den AIFM, die eine Zulassung beantragt haben, sowie die Gründe für die Ablehnung vor. Die ESMA führt ein zentrales Verzeichnis dieser Angaben, welches den zuständigen Behörden auf Anfrage zur Verfügung gestellt wird. Die zuständigen Behörden behandeln diese Informationen vertraulich.	4. abgelehnte Erlaubnisanträge mit Angaben zu der ausländischen AIF-Verwaltungsgesellschaft unter Angabe der Gründe für die Ablehnung gemäß § 60 Absatz 2,

§ 60 Abs. 2

Unterrichtung der Europäischen Wertpapier- und Marktaufsichtsbehörde im Hinblick auf die Erlaubnis einer ausländischen AIF-Verwaltungsgesellschaft durch die Bundesanstalt

(2) Die Bundesanstalt unterrichtet die Europäische Wertpapier- und Marktaufsichtsbehörde von den Erlaubnisanträgen, die sie abgelehnt hat, und legt dabei Angaben zu den ausländischen AIF-Verwaltungsgesellschaften, die eine Erlaubnis beantragt haben, sowie die Gründe für die Ablehnung vor. Wenn die Europäische Wertpapier- und Marktaufsichtsbehörde, die ein zentrales Verzeichnis dieser Angaben führt, Informationen aus diesem Verzeichnis der Bundesanstalt auf Anfrage zur Verfügung gestellt, behandelt die Bundesanstalt diese Informationen vertraulich.

Siehe Art. 37 Abs. 9 u. 10	**§ 12 Abs. 4** **Meldungen der Bundesanstalt an die Europäische Kommission und die Europäische Wertpapier- und Marktaufsichtsbehörde**

(4) Die Bundesanstalt meldet der Europäischen Wertpapier- und Marktaufsichtsbehörde unverzüglich

2. die Befreiung einer ausländischen AIF-Verwaltungsgesellschaft, deren Referenzmitgliedstaat die Bundesrepublik Deutschland ist, nach § 59 Absatz 1, bestimmte Vorschriften der Richtlinie 2011/61/EU einzuhalten,

3. das Ergebnis des Erlaubnisverfahrens, Änderungen hinsichtlich der Erlaubnis und die Aufhebung der Erlaubnis einer ausländischen AIF-Verwaltungsgesellschaft, deren Referenzmit-

AIFM-RiLi	KAGB-E
	gliedstaat die Bundesrepublik Deutschland ist, nach § 60 Absatz 1,
	§ 61 Abs. 1 **Änderung des Referenzmitglied-** **staats einer ausländischen AIF-** **Verwaltungsgesellschaft**
(11) Die weitere Geschäftsentwicklung des AIFM in der Union hat keine Auswirkungen auf die Bestimmung des Referenzmitgliedstaats. Wenn der AIFM jedoch innerhalb von zwei Jahren nach seiner Erstzulassung seine Vertriebsstrategie ändert und wenn diese Änderung, falls die geänderte Vertriebsstrategie die ursprüngliche Vertriebsstrategie gewesen wäre, die Festlegung des Referenzmitgliedstaats beeinflusst hätte, setzt der AIFM die zuständigen Behörden des ursprünglichen Referenzmitgliedstaats von dieser Änderung vor ihrer Durchführung in Kenntnis und gibt seinen Referenzmitgliedstaat gemäß den Kriterien nach Absatz 4 und entsprechend der neuen Strategie an. Der AIFM begründet seine Beurteilung, indem er seine neue Vertriebsstrategie seinem ursprünglichen Referenzmitgliedstaat gegenüber offenlegt. Zugleich legt der AIFM Angaben zu seinem gesetzlichen Vertreter, einschließlich zu dessen Name und dem Ort vor, an dem er seinen Sitz hat. Der gesetzliche Vertreter muss seinen Sitz in dem neuen Referenzmitgliedstaat haben.	(1) Die weitere Geschäftsentwicklung einer ausländischen AIF-Verwaltungsgesellschaft in den Mitgliedstaaten der Europäischen Union und den Vertragsstaaten des Abkommens über den Europäischen Wirtschaftsraum hat keine Auswirkungen auf die Bestimmung des Referenzmitgliedstaats. Wenn eine durch die Bundesanstalt zugelassene ausländische AIF-Verwaltungsgesellschaft jedoch innerhalb von zwei Jahren nach ihrer Erstzulassung ihre Vertriebsstrategie ändert und wenn diese Änderung, falls die geänderte Vertriebsstrategie die ursprüngliche Vertriebsstrategie gewesen wäre, die Festlegung des Referenzmitgliedstaats beeinflusst hätte, hat die ausländische AIF-Verwaltungsgesellschaft die Bundesanstalt von dieser Änderung vor ihrer Durchführung in Kenntnis zu setzen und ihren neuen Referenzmitgliedstaat gemäß den Kriterien nach Artikel 37 Absatz 4 der Richtlinie 2011/61/EU und entsprechend der neuen Strategie anzugeben. Die ausländische AIF-Verwaltungsgesellschaft hat ihre Beurteilung zu begründen, indem sie ihre neue Vertriebsstrategie der Bundesanstalt gegenüber offenlegt. Zugleich hat die ausländische AIF-Verwaltungsgesellschaft Angaben zu ihrem gesetzlichen Vertreter, einschließlich zu dessen Name und dem Ort, an dem er seinen Sitz hat, vorzulegen. Der gesetzliche Vertreter muss seinen Sitz in dem neuen Referenzmitgliedstaat haben.
	§ 12 Abs. 6 **Meldungen der Bundesanstalt an** **die Europäische Kommission und** **die Europäische Wertpapier- und** **Marktaufsichtsbehörde**
Der ursprüngliche Referenzmitgliedstaat beurteilt, ob die Festlegung durch den AIFM gemäß Unterabsatz 1 korrekt	(6) Ferner informiert die Bundesanstalt die Europäischen Wertpapier- und Marktaufsichtsbehörde über

AIFM-RiLi	KAGB-E
ist, und setzt die ESMA von dieser Beurteilung in Kenntnis. Die ESMA gibt zu der von den zuständigen Behörden vorgenommenen Beurteilung eine Empfehlung ab. In ihrer Meldung an die ESMA legen die zuständigen Behörden die Begründung des AIFM für seine Beurteilung hinsichtlich des Referenzmitgliedstaats und Informationen über die neue Vertriebsstrategie des AIFM vor.	5. die Beurteilung zur Festlegung der ausländischen AIF-Verwaltungsgesellschaft, deren ursprünglicher Referenzmitgliedstaat die Bundesrepublik Deutschland ist, gemäß § 61 Absatz 1 einschließlich der Begründung der ausländischen AIF-Verwaltungsgesellschaft für ihre Beurteilung hinsichtlich des Referenzmitgliedstaats und Informationen über die neue Vertriebsstrategie der ausländischen AIF-Verwaltungsgesellschaft gemäß § 61 Absatz 2,
	§ 61 Abs. 2 **Änderung des Referenzmitgliedstaats einer ausländischen AIF-Verwaltungsgesellschaft**
	(2) Die Bundesanstalt beurteilt, ob die Festlegung durch die ausländische AIF-Verwaltungsgesellschaft gemäß Absatz 1 zutreffend ist, und setzt die Europäische Wertpapier- und Marktaufsichtsbehörde von dieser Beurteilung in Kenntnis. In ihrer Meldung an die Europäische Wertpapier- und Marktaufsichtsbehörde legt die Bundesanstalt die Begründung der ausländischen AIF-Verwaltungsgesellschaft für ihre Beurteilung hinsichtlich des Referenzmitgliedstaats und Informationen über die neue Vertriebsstrategie der ausländischen AIF-Verwaltungsgesellschaft vor.
Innerhalb eines Monats nach Eingang der Meldung gemäß Unterabsatz 2 spricht die ESMA eine Empfehlung zu der Beurteilung der entsprechenden zuständigen Behörden aus. Die ESMA kann nur dann eine negative Beurteilung aussprechen, wenn sie der Ansicht ist, dass die Kriterien nach Absatz 4 nicht eingehalten wurden.	
	§ 12 Abs. 6 **Meldungen der Bundesanstalt an die Europäische Kommission und die Europäische Wertpapier- und Marktaufsichtsbehörde**

AIFM-RiLi	KAGB-E
Nachdem die zuständigen Behörden des ursprünglichen Referenzmitgliedstaats die Empfehlung der ESMA gemäß Unterabsatz 3 erhalten haben, setzen sie den Nicht-EU-AIFM, dessen ursprünglichen gesetzlichen Vertreter und die ESMA von ihrer Entscheidung in Kenntnis.	(6) Ferner informiert die Bundesanstalt die Europäischen Wertpapier- und Marktaufsichtsbehörde über 6. die Entscheidung nach Erhalt der Empfehlung der Europäischen Wertpapier- und Marktaufsichtsbehörde unter Angabe der Gründe gemäß § 61 Absatz 4,
	§ 61 Abs. 3 **Änderung des Referenzmitgliedstaats einer ausländischen AIF-Verwaltungsgesellschaft**
	(3) Nachdem die Bundesanstalt die Empfehlung der Europäischen Wertpapier- und Marktaufsichtsbehörde im Hinblick auf ihre Beurteilung gemäß Absatz 2 erhalten hat, setzt sie die ausländische AIF-Verwaltungsgesellschaft, deren ursprünglichen gesetzlichen Vertreter und die Europäische Wertpapier- und Marktaufsichtsbehörde von ihrer Entscheidung in Kenntnis.
	§ 12 Abs. 6 **Meldungen der Bundesanstalt an die Europäische Kommission und die Europäische Wertpapier- und Marktaufsichtsbehörde**
Sind die zuständigen Behörden des ursprünglichen Referenzmitgliedstaats mit der von dem AIFM vorgenommenen Beurteilung einverstanden, so setzen sie auch die zuständigen Behörden des neuen Referenzmitgliedstaats von der Änderung in Kenntnis. Der ursprüngliche Referenzmitgliedstaat übermittelt dem neuen Referenzmitgliedstaat unverzüglich eine Abschrift der Zulassungs- und Aufsichtsunterlagen des AIFM. Von dem Zeitpunkt der Übermittlung der Zulassungs- und Aufsichtsunterlagen an sind die zuständigen Behörden des neuen Referenzmitgliedstaats für Zulassung und Aufsicht des AIFM zuständig.	(6) Ferner informiert die Bundesanstalt die Europäischen Wertpapier- und Marktaufsichtsbehörde über 7. die abschließende Entscheidung unter Angabe der Gründe, sofern diese in Widerspruch zu der Empfehlung der Europäischen Wertpapier- und Marktaufsichtsbehörde steht, gemäß § 61 Absatz 5 Nummer 1,
	§ 61 Abs. 4 **Änderung des Referenzmitgliedstaats einer ausländischen AIF-Verwaltungsgesellschaft**
	(4) Ist die Bundesanstalt mit der von der ausländischen AIF-Verwaltungsgesellschaft vorgenommenen Beurteilung einverstanden, so setzt sie auch die zuständigen Stellen des neuen Referenz-

AIFM-RiLi	KAGB-E
	mitgliedstaats von der Änderung in Kenntnis. Die Bundesanstalt übermittelt den zuständigen Stellen des neuen Referenzmitgliedstaates unverzüglich eine Abschrift der Erlaubnis- und Aufsichtsunterlagen der ausländischen AIF-Verwaltungsgesellschaft. Ab dem Zeitpunkt des Zugangs der Zulassungs- und Aufsichtsunterlagen an sind die zuständigen Stellen des neuen Referenzmitgliedstaats für Zulassung und Aufsicht der ausländischen AIF-Verwaltungsgesellschaft zuständig.
	§ 61 Abs. 5 **Änderung des Referenzmitgliedstaats einer ausländischen AIF-Verwaltungsgesellschaft**
Wenn die abschließende Beurteilung der zuständigen Behörden im Widerspruch zu den Empfehlungen der ESMA gemäß Unterabsatz 3 steht, gilt Folgendes: a) die zuständigen Behörden setzen die ESMA davon unter Angabe ihrer Gründe in Kenntnis. Die ESMA veröffentlicht die Tatsache, dass die zuständigen Behörden ihrer Empfehlung nicht folgen oder nicht zu folgen beabsichtigen. Die ESMA kann ferner von Fall zu Fall beschließen, die von den zuständigen Behörden angegebenen Gründe für das Nichtbefolgen der Empfehlung zu veröffentlichen. Die entsprechenden zuständigen Behörden werden im Voraus über eine solche Veröffentlichung informiert; b) wenn der AIFM Anteile von durch ihn verwalteten AIF in anderen Mitgliedstaaten als dem ursprünglichen Referenzmitgliedstaat vertreibt, setzen die zuständigen Behörden des ursprünglichen Referenzmitgliedstaats davon auch die zuständigen Behörden dieser anderen Mitgliedstaaten unter Angabe ihrer Gründe in	(5) Wenn die abschließende Entscheidung der Bundesanstalt im Widerspruch zu den Empfehlungen der Europäischen Wertpapier- und Marktaufsichtsbehörde gemäß Absatz 3 steht, gilt Folgendes: 1. die Bundesanstalt setzt die Europäische Wertpapier- und Marktaufsichtsbehörde davon unter Angabe ihrer Gründe in Kenntnis; 2. wenn die ausländische AIF-Verwaltungsgesellschaft Anteile von durch sie verwalteten AIF in anderen Mitgliedstaaten der Europäischen Union oder Vertragsstaaten des Abkommens über den Europäischen Wirtschaftsraum als der Bundesrepublik Deutschland vertreibt, setzt die Bundesanstalt davon auch die zuständigen Stellen dieser anderen Mitgliedstaaten der Europäischen Union oder Vertragsstaaten des Abkommens über den Europäischen Wirtschaftsraum unter Angabe ihrer Gründe in Kenntnis. Gegebenenfalls setzt die Bundesanstalt davon auch die zuständigen Stellen der Herkunftsmitgliedstaaten der von der ausländischen AIF-Verwaltungsgesellschaft verwal-

AIFM-RiLi	KAGB-E
Kenntnis. Gegebenenfalls setzen die zuständigen Behörden des Referenzmitgliedstaats davon auch die zuständigen Behörden der Herkunftsmitgliedstaaten der von dem AIFM verwalteten AIF unter Angabe ihrer Gründe in Kenntnis.	teten AIF unter Angabe ihrer Gründe in Kenntnis.

§ 61 Abs. 6
Änderung des Referenzmitglied-
staats einer ausländischen AIF-
Verwaltungsgesellschaft

AIFM-RiLi	KAGB-E
(12) Erweist sich anhand des tatsächlichen Verlaufs der Geschäftsentwicklung des AIFM in der Union innerhalb von zwei Jahren nach seiner Zulassung, dass der von dem AIFM zum Zeitpunkt seiner Zulassung vorgelegte Vertriebsstrategie nicht gefolgt worden ist, der AIFM diesbezüglich falsche Angaben gemacht hat oder der AIFM sich bei der Änderung seiner Vertriebsstrategie nicht an Absatz 11 gehalten hat, so fordern die zuständigen Behörden des ursprünglichen Referenzmitgliedstaats den AIFM auf, den Referenzmitgliedstaat gemäß seiner tatsächlichen Vertriebsstrategie anzugeben. Das Verfahren nach Absatz 11 ist entsprechend anzuwenden. Kommt der AIFM der Aufforderung der zuständigen Behörden nicht nach, so entziehen sie ihm die Zulassung.	(6) Erweist sich anhand des tatsächlichen Verlaufs der Geschäftsentwicklung der ausländischen AIF-Verwaltungsgesellschaft in den Mitgliedstaaten der Europäischen Union oder Vertragsstaaten des Abkommens über den Europäischen Wirtschaftsraum innerhalb von zwei Jahren nach Erteilung ihrer Erlaubnis, dass der von der ausländischen AIF-Verwaltungsgesellschaft zum Zeitpunkt ihrer Erlaubnis vorgelegten Vertriebsstrategie nicht gefolgt worden ist, die ausländische AIF-Verwaltungsgesellschaft diesbezüglich falsche Angaben gemacht hat oder die ausländische AIF-Verwaltungsgesellschaft sich bei der Änderung ihrer Vertriebsstrategie nicht an die Absätze 1 bis 5 gehalten hat, so fordert die Bundesanstalt die ausländische Verwaltungsgesellschaft auf, den Referenzmitgliedstaat gemäß ihrer tatsächlichen Vertriebsstrategie anzugeben. Das Verfahren nach den Absätzen 1 bis 5 ist entsprechend anzuwenden. Kommt die ausländische AIF-Verwaltungsgesellschaft der Aufforderung der Bundesanstalt nicht nach, so entzieht sie ihr die Erlaubnis.

§ 61 Abs. 7
Änderung des Referenzmitglied-
staats einer ausländischen AIF-
Verwaltungsgesellschaft

AIFM-RiLi	KAGB-E
Ändert der AIFM seine Vertriebsstrategie nach Ablauf der in Absatz 11 genannten Zeitspanne und will er seinen Referenzmitgliedstaat entsprechend sei-	(7) Ändert die ausländische AIF-Verwaltungsgesellschaft ihre Vertriebsstrategie nach Ablauf der in Absatz 1 genannten Zeitspanne und will sie ihren Refe-

AIFM-RiLi	KAGB-E
ner neuen Vertriebsstrategie ändern, so kann er bei den zuständigen Behörden des ursprünglichen Referenzmitgliedstaats einen Antrag auf Änderung seines Referenzmitgliedstaats stellen. Das Verfahren nach Absatz 11 ist entsprechend anzuwenden.	renzmitgliedstaat entsprechend ihrer neuen Vertriebsstrategie ändern, so kann sie bei der Bundesanstalt einen Antrag auf Änderung ihres Referenzmitgliedstaats stellen. Das Verfahren nach Absatz 1 bis 5 gilt entsprechend.

§ 63
Verweismöglichkeiten der Bundesanstalt an die Europäische Wertpapier- und Marktaufsichtsbehörde

Ist eine zuständige Behörde eines Mitgliedstaats nicht mit der Beurteilung hinsichtlich der Festlegung des Referenzmitgliedstaats nach Absatz 11 oder nach dem vorliegenden Absatz einverstanden, so können die betreffenden zuständigen Behörden die Angelegenheit der ESMA zur Kenntnis bringen, die im Rahmen der ihr durch Artikel 19 der Verordnung (EU) Nr. 1095/2010 übertragenen Befugnisse tätig werden kann.	Die Bundesanstalt kann die folgenden Angelegenheiten der Europäischen Wertpapier- und Marktaufsichtsbehörde zur Kenntnis bringen, die im Rahmen der ihr durch Artikel 19 der Verordnung (EU) Nr. 1095/2010 übertragenen Befugnisse tätig werden kann: 6. wenn die Bundesanstalt nicht mit der Beurteilung hinsichtlich der Festlegung des Referenzmitgliedstaats nach Artikel 37 Absatz 11 oder Absatz 12 der Richtlinie 2011/61/EU einverstanden ist,

§ 62 Abs. 1
Rechtsstreitigkeiten

(13) Alle zwischen den zuständigen Behörden des Referenzmitgliedstaats des AIFM und dem AIFM auftretenden Streitigkeiten werden nach dem Recht des Referenzmitgliedstaats beigelegt und unterliegen dessen Gerichtsbarkeit.	(1) Sofern die Bundesrepublik Deutschland Referenzmitgliedstaat einer ausländischen AIF-Verwaltungsgesellschaft ist oder als solcher in Betracht kommt, werden alle zwischen der Bundesanstalt und der ausländischen AIF-Verwaltungsgesellschaft auftretenden Streitigkeiten nach deutschem Recht beigelegt und unterliegen deutscher Gerichtsbarkeit.

§ 62 Abs. 2
Rechtsstreitigkeiten

Alle zwischen dem AIFM oder dem AIF und EU-Anlegern des jeweiligen AIF auftretenden Streitigkeiten werden nach dem Recht eines Mitgliedstaats beigelegt und unterliegen dessen Gerichtsbarkeit.	(2) Alle Streitigkeiten, die zwischen der ausländischen AIF-Verwaltungsgesellschaft oder dem AIF einerseits und Anlegern des jeweiligen AIF, die ihren Sitz in der Europäischen Union oder in einem Vertragsstaat des Abkommens über den Europäischen Wirtschaftsraum

AIFM-RiLi	KAGB-E
	haben, andererseits auftretenden werden nach dem Recht des jeweiligen Mitgliedstaats der Europäischen Union oder des Vertragsstaats des Abkommens über den Europäischen Wirtschaftsraum beigelegt, in dem der Anleger seinen Sitz hat, und unterliegen dessen Gerichtsbarkeit.
	§ 56 Abs. 2 **Bestimmung der Bundesrepublik Deutschland als Referenzmitgliedstaat einer ausländischen AIF-Verwaltungsgesellschaft**
(14) Die Kommission erlässt Durchführungsrechtsakte zur Festlegung des Verfahrens, das die als Referenzmitgliedstaaten in Frage kommenden Mitgliedstaaten anzuwenden haben, wenn sie gemäß Absatz 4 Unterabsatz 2 bestimmen, welcher von diesen Mitgliedstaaten der Referenzmitgliedstaat wird. Diese Durchführungsrechtsakte werden gemäß dem Artikel 59 Absatz 2 genannten Prüfverfahren erlassen.	(2) In den Fällen, in denen gemäß Artikel 37 Absatz 4 der Richtlinie 2011/61/EU neben der Bundesrepublik Deutschland weitere Mitgliedstaaten der Europäischen Union oder weitere Vertragsstaaten des Abkommens über den Europäischen Wirtschaftsraum als Referenzmitgliedstaat in Betracht kommen, hat die ausländische AIF-Verwaltungsgesellschaft bei der Bundesanstalt zu beantragen, dass diese sich mit den zuständigen Stellen aller in Betracht kommenden Mitgliedstaaten der Europäischen Union oder Vertragsstaaten des Abkommens über den Europäischen Wirtschaftsraum über die Festlegung des Referenzmitgliedstaats für die ausländische AIF-Verwaltungsgesellschaft einigt. Die Bundesanstalt und die anderen zuständigen Stellen legen innerhalb eines Monats nach Eingang eines Antrags nach Satz 1 gemeinsam den Referenzmitgliedstaat für die ausländische AIF-Verwaltungsgesellschaft fest. Das hierbei zu beachtende Verfahren richtet sich nach der Verordnung (EU) Nr. .../2013 [Level 2-Durchführungs-Verordnung gemäß Artikel 37 Absatz 14 der Richtlinie 2011/61/EU].
(15) Die Kommission erlässt gemäß Artikel 56 und nach Maßgabe der Bedingungen der Artikel 57 und 58 delegierte Rechtsakte zu den in Absatz 7 Buchstabe d genannten Vereinbarungen	

AIFM-RiLi	KAGB-E
über Zusammenarbeit, um so einen einheitlichen Rahmen zur Erleichterung des Abschlusses derartiger Vereinbarungen mit Drittländern zu schaffen.	
(16) Zur Gewährleistung der einheitlichen Anwendung dieses Artikels kann die ESMA Leitlinien erlassen, in denen die Bedingungen für die Anwendung der von der Kommission erlassenen Vorschriften für die in Absatz 7 Buchstabe d genannten Vereinbarungen über Zusammenarbeit festgelegt werden.	
Siehe Art. 37 Absatz 15 und 16	**§ 58 Abs. 8** **Erteilung der Erlaubnis für eine ausländische AIF-Verwaltungsgesellschaft** (8) Die in Absatz 7 Nummer 4 genannten Vereinbarungen über Zusammenarbeit werden durch Artikel 113 bis 115 der Verordnung (EU) Nr. .../ 2013 [Level 2-Verordnung gemäß Artikel 34 Absatz 15 der Richtlinie 2011/ 61/EU] sowie durch die Leitlinien der Europäischen Wertpapier- und Marktaufsichtsbehörde konkretisiert.
(17) Die ESMA erstellt Entwürfe für technische Regulierungsstandards, in denen der Mindestinhalt der in Absatz 7 Buchstabe d genannten Vereinbarungen über Zusammenarbeit festgelegt wird, um zu gewährleisten, dass die zuständigen Behörden des Referenzmitgliedstaats und des Aufnahmemitgliedstaats ausreichende Informationen erhalten, um ihre Aufsichts- und Ermittlungsbefugnisse gemäß dieser Richtlinie wahrnehmen können. Die Kommission wird ermächtigt, die in Unterabsatz 1 genannten technischen Regulierungsstandards nach den Artikeln 10 bis 14 der Verordnung (EU) Nr. 1095/2010 zu verabschieden.	
(18) Um eine konsequente Harmonisierung dieses Artikels zu gewährleisten, erstellt die ESMA Entwürfe für technische Regulierungsstandards, in denen die Verfahren für die Koordinierung	

AIFM-RiLi	KAGB-E
und den Informationsaustausch zwischen der zuständigen Behörde des Referenzmitgliedstaats und den zuständigen Behörden der Aufnahmemitgliedstaaten des AIFM festgelegt werden. Die Kommission wird ermächtigt, die in Unterabsatz 1 genannten technischen Regulierungsstandards gemäß Artikel 10 bis 14 der Verordnung (EU) Nr. 1095/2010 zu verabschieden.	

	§ 63 **Verweismöglichkeiten der Bundesanstalt an die Europäische Wertpapier- und Marktaufsichtsbehörde**
(19) Lehnt eine zuständige Behörde einen Antrag auf Informationsaustausch gemäß den in Absatz 17 erwähnten technischen Regulierungsstandards ab, können die zuständigen Behörden die Angelegenheit an die ESMA verweisen, die im Rahmen der ihr durch Artikel 19 der Verordnung (EU) Nr. 1095/2010 übertragenen Befugnisse tätig werden kann.	Die Bundesanstalt kann die folgenden Angelegenheiten der Europäischen Wertpapier- und Marktaufsichtsbehörde zur Kenntnis bringen, die im Rahmen der ihr durch Artikel 19 der Verordnung (EU) Nr. 1095/2010 übertragenen Befugnisse tätig werden kann: 7. wenn eine zuständige Stelle einen Antrag auf Informationsaustausch gemäß den auf Grundlage von Artikel 37 Absatz 17 der Richtlinie 2011/61/EU von der Europäischen Kommission erlassenen technischen Regulierungsstandards ablehnt.
(20) Gemäß Artikel 29 der Verordnung (EU) Nr. 1095/2010 fördert die ESMA einen effizienten bilateralen und multilateralen Informationsaustausch zwischen den zuständigen Behörden des Referenzmitgliedstaats des Nicht-EU-AIFM und den zuständigen Behörden der Aufnahmemitgliedstaaten des betreffenden AIFM, wobei sie den nach den einschlägigen Unionsvorschriften geltenden Geheimhaltungs- und Datenschutzbestimmungen in vollem Umfang Rechnung trägt.	
(21) Gemäß Artikel 31 der Verordnung (EU) Nr. 1095/2010 übt die ESMA eine allgemeine Koordinierungsfunktion zwischen der zuständigen Behörde des Referenzmitgliedstaats des	

AIFM-RiLi	KAGB-E
Nicht- EU-AIFM und den zuständigen Behörden der Aufnahmemitgliedstaaten des betreffenden AIFM aus. Die ESMA kann insbesondere a) den Informationsaustausch zwischen den betreffenden zuständigen Behörden erleichtern; b) den Umfang der Informationen festlegen, die die zuständige Behörde des Referenzmitgliedstaats den zuständigen Behörden der betreffenden Aufnahmemitgliedstaaten zur Verfügung zu stellen hat; c) im Falle von Entwicklungen, die das Funktionieren der Finanzmärkte gefährden könnten, alle geeigneten Maßnahmen treffen, um die Koordinierung der Maßnahmen, die von der zuständigen Behörde des Referenzmitgliedstaats und den zuständigen Behörden des Aufnahmemitgliedstaats in Bezug auf Nicht-EU-AIFM ergriffen werden, zu erleichtern.	
(22) Um einheitliche Bedingungen für die Anwendung dieses Artikels zu gewährleisten, kann die ESMA Entwürfe für technische Durchführungsstandards ausarbeiten, um Form und Inhalt des in Absatz 12 Unterabsatz 2 genannten Antrags festzulegen. Die Kommission wird ermächtigt, die in Unterabsatz 1 genannten technischen Durchführungsstandards nach Artikel 15 der Verordnung (EU) Nr. 1095/2010 zu verabschieden.	
(23) Um eine einheitliche Anwendung dieses Artikels zu gewährleisten, arbeitet die ESMA Entwürfe für technische Regulierungsstandards für Folgendes aus: a) die Art und Weise, in der ein AIFM die in dieser Richtlinie festgelegten Anforderungen zu erfüllen hat, unter Berücksichtigung dessen, dass der AIFM seinen Sitz in einem Drittland hat und insbesondere unter Berücksichtigung der Übermittlung der	

AIFM-RiLi	KAGB-E
gemäß Artikel 22 bis 24 geforderten Informationen; b) unter welchen Bedingungen angenommen wird, dass die Rechtsvorschriften, denen ein Nicht-EU-AIFM oder ein Nicht-EU-AIF unterliegt, eine gleichwertige Bestimmung mit demselben regulatorischen Zweck und dem gleichen Schutzniveau für die betreffenden Anleger enthalten. Die Kommission wird ermächtigt, die in Unterabsatz 1 genannten technischen Regulierungsstandards nach den Artikeln 10 bis 14 der Verordnung (EU) Nr. 1095/2010 zu verabschieden.	
Siehe Art. 37	**§ 296 Abs. 1 bis 3 Vereinbarungen mit Drittstaaten zur OGAW-Konformität** (1) Die Bundesanstalt kann mit den zuständigen Stellen von Drittstaaten vereinbaren, dass 1. die §§ 310 und 311 auf Anteile an ausländischen AIF, die in dem Drittstaat gemäß den Anforderungen der Richtlinie 2009/65/EG aufgelegt und verwaltet werden, entsprechend anzuwenden sind, sofern diese AIF im Geltungsbereich dieses Gesetzes vertrieben werden sollen, und 2. die §§ 312 und 313 entsprechend anzuwenden sind, wenn Anteile an inländischen OGAW auf dem Hoheitsgebiet des Drittstaates vertrieben werden sollen. § 310 gilt dabei mit der Maßgabe, dass zusätzlich zu der Bescheinigung nach § 310 Absatz 1 Satz 1 Nummer 2 auch eine Bescheinigung der zuständigen Stelle des Drittstaates zu übermitteln ist, dass der angezeigte AIF gemäß der Richtlinie 2011/61/EU verwaltet wird. (2) Die Bundesanstalt darf die Vereinbarung nach Absatz 1 nur abschließen, wenn 1. die Anforderungen der Richtlinie 2009/65/EG in das Recht des Dritt-

AIFM-RiLi	KAGB-E
	staates entsprechend umgesetzt sind und öffentlich beaufsichtigt werden,
	2. die Bundesanstalt und die zuständigen Stellen des Drittstaates eine Vereinbarung im Sinne des Artikels 42 Absatz 1 Buchstabe b in Verbindung mit Absatz 3 der Richtlinie 2011/61/EU abgeschlossen haben oder zeitgleich mit der Vereinbarung nach Absatz 1 abschließen werden,
	3. der Drittstaat gemäß Artikel 42 Absatz 1 Buchstabe c der Richtlinie 2011/61/EU nicht auf der Liste der nicht kooperierenden Länder und Gebiete, die von der Arbeitsgruppe „Finanzielle Maßnahmen gegen Geldwäsche unter Terrorismusfinanzierung" aufgestellt wurde, steht,
	4. der gegenseitige Marktzugang unter vergleichbaren Voraussetzungen gewährt wird und
	5. die Vereinbarung nach Absatz 1 auf solche ausländische AIF des Drittstaates beschränkt wird, bei denen sowohl der AIF als auch der Verwalter ihren Sitz in diesem Drittstaat haben, und die gemäß der Richtlinie 2011/61/EU verwaltet werden.
	(3) Auf ausländische AIF, deren Anteile entsprechend Absatz 1 im Geltungsbereich dieses Gesetzes vertrieben werden, sind diejenigen Bestimmungen dieses Gesetzes entsprechend anzuwenden, die eine EU-OGAW-Verwaltungsgesellschaft zu beachten hat, wenn sie Anteile an einem EU-OGAW im Geltungsbereich dieses Gesetzes vertreibt; insbesondere sind die §§ 94 Absatz 3, 297, 298 sowie §§ 301 bis 306 und § 309 entsprechend anzuwenden. Darüber hinaus gilt für den Vertrieb des ausländischen AIF Artikel 42 Absatz 1 Buchstabe a in Verbindung mit Artikel 22, 23 und 24 der Richtlinie 2011/61/EU.

Literatur: *Aumayr/Marchgraber,* Anwendungsbereich des Art. 26 OECD-MA mit kleiner Auskunftsklausel, SWI 2011, 199 ff.; *Baur/Boegl,* Die neue europäische Finanzmarktaufsicht –

Der Grundstein ist gelegt, BKR 2011, 177 ff.; *Beuthien,* Was hat die „rechtsfähige Personengesellschaft" Neues gebracht?, NZG 2011, 481 ff.; *Berger/Steck/Lübbehüsen* (Hrsg.), InvG/InvStG (2010); *Blankenheim,* Die Umsetzung der OGAW-IV-Richtlinie in das Investmentgesetz, ZBB 2011, 344 ff.; *Burki,* Informationswege und -quellen der Finanzverwaltung bei Schweizer Bankkonten, JbFfSt 2010/2011, 618 ff.; *Bussalb/Unzicker,* Auswirkungen der AIFM-Richtlinie auf geschlossene Fonds, BKR 2012, 309 ff.; *D'Amelio,* Les placements collectifs en investissements alternatifs, Traveaux de la Faculté de Droit de l'Université de Fribourg, Réglements et surveillance des hedge funds en droit suisse et comparé (2011); *Duve/Keller,* MiFID: Die neue Welt des Wertpapiergeschäfts – Transparenz und Marktintegrität für einen europäischen Kapitalmarkt, BB 2006, 2425 ff.; *Engler,* Der neue steuerliche Informationsaustausch mit der Schweiz, NWB 2011, 787 ff.; *Fleischer/Schmolke,* Die Reform der Transparenzrichtlinie: Mindest- oder Vollharmonisierung der kapitalmarktrechtlichen Beteiligungspublizität?, NZG 2010, 1241 ff.; *Frick,* Private Equity im Schweizer Recht, Schweizer Schriften zum Handels- und Wirtschaftsrecht (SSHW) (2009); *Götzenberger,* Die neue Steuer-Amtshilfe nach dem DBA Schweiz, BB 2011, 1954 ff.; *Grabitz/Hilf/Nettesheim* (Hrsg.), Das Recht der Europäischen Union, Stand: 45. EL (2011); *Hanten,* Aufsichtsrechtliche Erlaubnispflicht bei grenzüberschreitenden Bankgeschäften und Finanzdienstleistungen, WM 2003, 1412 ff.; *Hanten,* Anm. zu VG Frankfurt a. M., Beschl. v. 7.5.2004, EWiR § 32 KWG 1/04, 717 f.; *Haase/Dorn,* Eckpunkte der OECD's Current Tax Agenda 2012, IWB 2011, 721 ff.; *Herring/Krause,* Auswirkungen der AIFM-Richtlinie auf institutionelle Investoren, Absolutreport 2/2010, 54 ff.; *Herring/Loff,* Die Verwaltung alternativer Investmentvermögen, DB 2012, 2029 ff.; *Hoffmann/Detzen,* ESMA – Praktische Implikationen und kritische Würdigung der neuen Europäischen Wertpapier- und Marktaufsichtsbehörde, DB 2011, 1261 ff.; *Hosp/Langer,* Das DBA zwischen Deutschland und Liechtenstein, IWB 2011, 878 ff.; *Johannsen,* Jumping the gun: hedge funds in search of capital under UCITS IV, Brooklyn Journal of Corporate, Financial & Commercial Law 2/2011, 473 ff.; *Kammel,* Alternative Investment Fund Manager Richtlinie – „Another European Mess"?, ÖBA 2011, 18 ff.; *Kind/Haag,* Der Begriff des Alternative Investment Fund nach der AIFM-Richtlinie – geschlossene Fonds und private Vermögensanlagegesellschaften im Anwendungsbereich? DStR 2010, 1526 ff.; *Klebeck,* Neue Richtlinie für Verwalter von alternativen Investmentfonds?, DStR 2009, 2154 ff.; *Klebeck,* Auslagerung von Anlageverwaltungsfunktionen, RdF 2012, (im Erscheinen begriffen); *Klebeck/Jesch,* Private Equity für institutionelle Investoren, CFlaw 2010, 372 ff.; *Klebeck/Meyer,* Drittstaatenregulierung der AIFM-Richtlinie, RdF 2012, 95 ff.; *Klebeck,* in: Zetsche, The Alternative Investment Fund Managers Directive (2012), Interplay between the AIFMD and UCITS, S. 77 ff.; *Klebech/Zollinger,* Compliance-Funktion nach der AIFM-Richtlinie BB 2013, 459 ff.; *Kobbach/Anders,* Umsetzung der AIFM-Richtlinie aus Sicht einer Verwahrstelle, NZG 2012, 1170 ff.; *Kolbe,* Arbeitnehmer-Beteiligung nach der geplanten Richtlinie über die Verwalter alternativer Investmentfonds, DB 2009, 1874 ff.; *Kramer/Recknagel,* Die AIFM-Richtlinie – Neuer Rechtsrahmen für die Verwaltung alternativer Investmentfonds, DB 2011, 2077 ff.; *Krause/Klebeck,* Family Office und AIFM-Richtlinie BB 2012, 2063 ff.; *Krause/Klebeck,* Fonds(anteils) begriff nach der AIFM-Richtlinie und dem Entwurf des KAGB, RdF 2013, 4 ff.; *Kumpan,* Börsenmacht Hedge-Fonds – Die Regelungen in den USA und mögliche Implikationen für Deutschland, ZHR 170 (2006) S. 39 ff.; *Kurth,* Problematik grenzüberschreitender Wertpapieraufsicht, WM 2000, 1521 ff.; *Lehmann,* Die Regulierung und Überwachung von Hedgefonds als internationales Zuständigkeitsproblem, ZIP 2007, 1889 ff.; *Lehne,* Die AIFM-Richtlinie aus Sicht des deutschen Gesetzgebers, DB Standpunkte 2010, 81 f.; *Lezzi,* Regulierung und Aufsicht über kollektive Kapitalanlagen für alternative Anlage, Schweizer Schriften zum Finanzmarktrecht (2012); *von Livonius/Schatz,* Die AIFM-Richtlinie – Handlungsbedarf für Fondsmanager, Absolutreport 6/2010, 54 ff.; *Krause/Klebeck,* Fonds (anteils) begrift nach der AIFM-Richtlinie und dem Entwurf des KAGB, RdF 2013, 4 ff.l*Loff/Klebeck,* Fundraising nach der AIFM-Richtlinie und Umsetzung in Deutschland durch das KAGB, BKR 2012, 353 ff.; *Möllers/Hailer,* Management- und Vertriebsvergütungen bei Alternativen Investmentfonds – Überlegungen zur Umsetzung der Vergütungsvorgaben der AIFM-RL in das deutsche Recht, ZBB 2012, 178 ff.; *Möllers/Harrer/Krüger,* Die Regelung

Artikel 37   Kap. VII Spezifische Vorschriften in Bezug auf Drittländer

von Hedgefonds und Private Equity durch die neue AIFM-Richtlinie, WM 2011, 1537 ff.; *Nietsch/Graef,* Aufsicht über Hedgefonds nach dem AIFM-Richtlinienvorschlag, ZBB 2010, 12 ff.; *Pfenninger/Keller,* Hedge Fund Regulierung in der Schweiz und der EU, in: Reutter/Werlen, Kapitalmarkttransaktionen VI, Bd. 115 (2011) S. 71 ff.; *Pöllath+Partners,* Private Equity Fonds (2006); *Schimansky/Bunte/Lwowski* (Hrsg.), Bankrechts-Handbuch, 4. Auflage (2011); *Schmolke,* Der Lamfalussy-Prozess im Europäischen Kapitalmarktrecht – eine Zwischenbilanz, NZG 2005, 912 ff.; *Schwärzler/Schatzmann,* Internationale Amtshilfe in Steuersachen, SAM 2010, 67 ff.; *Siekmann,* Die Europäisierung der Finanzmarktaufsicht. Institute for Monetary and Financial Stability, Working Papier Series No. 47 (2011); *Spindler,* Die europäische Regulierung von „Alternativen Investments" – oder: gezähmte „Heuschrecken"?, DB Standpunkte 2010, 85 f.; *Spindler/Kasten,* Der neue Rechtsrahmen für den Finanzdienstleistungssektor – die MiFID und ihre Umsetzung – Teil I, WM 2006, 1749 ff.; *Spindler/Tancredi,* Die Richtlinie über Alternative Investmentfonds (AIFM-Richtlinie) – Teil 1, WM 2011, 1393 ff. sowie Teil 2, WM 2011, 14411 ff.; *Teichmann,* Private Equity-Fonds im Sog der AIFM-Richtlinie, Corporate Finance 7/2011, 321 ff.; *Timmerbeil/Spachmüller,* Anforderungen an das Risikomanagement nach der AIFM-Richtlinie, DB 2012, 1425 ff.; *Volhard/Kruschke,* Zur geplanten Regulierung von Vergütungsstrukturen bei Private Equity Fonds durch die AIFM-Richtlinie, DB 2011, 2645 ff.; *Volhard/Kruschke,* Die Regulierung von Private Equity Fonds-Manager durch den Europäischen Gesetzgeber – Ausgewählte Aspekte der AIFM-Richtlinie und der VC-Verordnung im Überblick, EWS 2012, 21 ff.; *Wallach,* Alternative Investment Funds Managers Directive – ein neues Kapitel des europäischen Investmentrechts, RdF 2011, 80 ff.; *Weiser/Jang,* Die nationale Umsetzung der AIFM-Richtlinie und ihre Auswirkungen auf die Fondsbranche in Deutschland, BB 2011, 1219 ff.; *Weitnauer,* Die AIFM-Richtlinie und ihre Umsetzung, BKR 2011, 143 ff.; *Wilhelmi,* Möglichkeiten und Grenzen der wirtschaftsrechtlichen Regelung von Hedgefonds, WM 2008, 861 ff.; *Zetzsche,* Die Europäische Regulierung von Hedgefonds und Private Equity – ein Zwischenstand, NZG 2009, 692 ff.

Übersicht

A. Entstehungsgeschichte, Inhalt und Ziele

I. Regulierungsziele: Risikoprävention, Anlegerschutz, Besteuerung und Wettbewerbsgleichheit

Art. 37 ist die Grundnorm für die Zulassung, Regulierung und laufende Aufsicht über die Verwaltung und den Vertrieb von AIF, seien es EU-AIF[1] oder Nicht-EU-AIF[2], durch Fondsmanager aus Drittstaaten – sprich: Nicht-EU-Mit-

  1

---

[1] Vgl. zur Definition des EU-AIF die Kommentierung zu Art. 4 Abs. 1 lit. k).
[2] Vgl. zur Definition des Nicht-EU-AIF die Kommentierung zu Art. 4 Abs. 1 lit. aa).

gliedstaaten. Erklärtes Ziel ist die Errichtung eines **europäischen Binnenmarktes** für AIFM, sowie eines harmonisierten und strikten Regulierungs- und Kontrollrahmens für die Tätigkeiten aller AIFM innerhalb der Union – einschließlich solcher AIFM, die ihren Sitz in einem Drittland haben[3].

2   Nach Ansicht des EU-Gesetzgebers haben vor allem „die jüngsten Schwierigkeiten auf den Finanzmärkten gezeigt, dass viele Anlagestrategien der AIFM für Anleger, andere Marktteilnehmer und Märkte mit bedeutenden Risiken verbunden sein können"[4]. Mit der AIFM-Richtlinie soll ein „Rahmen geschaffen werden, mit dem diesen Risiken unter Berücksichtigung der Verschiedenartigkeit der Anlagestrategien und -techniken seitens der AIFM entgegengewirkt werden kann"[5] – Risiken, die für die Anleger, Gegenparteien, andere Finanzmarktteilnehmer sowie die Stabilität des Finanzsystems relevant sind.

3   Als Risiken, die von EU-AIFM und Nicht-EU-AIFM gleichermaßen ausgehen[6], werden v.a. folgende **Rechtfertigungsgründe** für eine Regulierung vorgebracht:

(1) Unzureichender Anlegerschutz aufgrund fehlender Transparenz und ungenügender Anlegerinformation, nicht ausreichendes Risiko- und Liquiditätsmanagement sowie Schwachstellen bzw. fehlende Mindestanforderungen bei Interessenkonflikten im Zusammenhang mit der Anlagetätigkeit, Vergütung, Bewertung und Verwaltung der Fonds[7];

(2) Risiken auf Makroebene (sog. Systemrisiken) bedingt zum einen durch das unmittelbare Engagement systemrelevanter Banken in diesem Finanzsektor und zum anderen durch den Auf- und Abbau von Leverage und deren Folgen für die Liquidität und Stabilität der Finanzmärkte[8];

(3) Beeinträchtigungen der Markteffizienz und -integrität sowie Missbrauchsmöglichkeiten bei der Anwendung bestimmter Anlagestrategien bzw. -methoden, z. B. bei Leerverkäufen[9]; sowie

(4) Negative Auswirkungen auf Gesellschaften, die von AIF beherrscht werden, v.a. durch das Setzen falscher Anreize für die Geschäftsführung solcher Gesellschaften etwa durch den übermäßigen Einsatz von Fremdkapital, oder durch mangelnde Transparenz und öffentliche Kontrolle von übernommenen Unternehmen[10].

---

[3] Vgl. Erwägungsgrund (4) der AIFM-Richtlinie.

[4] Vgl. Erwägungsgrund (3) der AIFM-Richtlinie.

[5] Vgl. Erwägungsgrund (3) der AIFM-Richtlinie.

[6] Richtigerweise variieren Art und Höhe dieser Risiken je nach Geschäftsmodell und Anlagestrategie und -technik des AIFM; ebenso der Vorschlag der EG-Kommission für eine Richtlinie des Europäischen Parlaments und des Rates über die Verwalter alternativer Investmentfonds und zur Änderung der Richtlinien 2004/39/EG und 2009/.../EG, KOM(2009) 207 endgültig, S. 3; hierzu auch *Klebeck* DStR 2009, 2154 ff.

[7] Hierzu mit Blick auf die von Hedgefonds ausgehenden Risiken *Nietsch/Graef* ZBB 2010, 12, 13; *Wilhelmi* WM 2008, 861 f.; *Zetzsche* NZG 2009, 692, 694. Vgl. auch *Frick*, SSHW, 129 ff., bezüglich Interessenkonflikten innerhalb Limited Partnerships und möglicher Regelungen im Partnership Agreement.

[8] Vgl. *Nietsch/Graef* ZBB 2010, 12, 13.

[9] Vgl. *Engert* ZIP 2006, 2105, 2108 ff.; *Kumpan* ZHR 170 (2006) S. 39, 54.

[10] Zu diesen Risiken auch der Vorschlag der EG-Kommission für eine Richtlinie des Europäischen Parlaments und des Rates über die Verwalter alternativer Investmentfonds und zur Änderung der Richtlinien 2004/39/EG und 2009/.../EG, KOM(2009) 207 endgültig, S. 2 ff.; *Spindler/Tancredi* WM 2011, 1393, 1397; *Nietsch/Graef* ZBB 2010, 12, 13; *Klebeck* DStR 2009, 2154 ff. jeweils mit weiteren Nachweisen.

Auch wenn AIFM – wie immer wieder betont wird – die vergangenen Turbu- **4**
lenzen auf den Finanzmärkten nicht verursacht haben[11], ist nach Ansicht des EU-
Gesetzgebers nicht nur deutlich geworden, dass und wie die Geschäfte von AIFM
dazu beitragen können, die oben genannten Risiken über das Finanzsystem zu
verbreiten oder zu verstärken, sondern auch, dass die bislang vorhandenen, aber
weithin unkoordinierten, nationalen Aufsichtsmaßnahmen ein wirksames und
koharäntes Management dieser Risiken erschweren[12].

Unseriöse Anbieter und Manager aus Drittstaaten, die teils unzureichender **5**
Aufsicht respektive Regulierung unterstehen, sollen durch eine strenge Regulierung vom europäischen Finanzmarkt ferngehalten werden[13]. Mit einem harmonisierten Regulierungsrahmen, der für alle AIFM gleichermaßen gilt, soll zudem
der mantraartig kritisierten Wettbewerbsverzerrung bzw. **Regulierungsarbitrage** entgegengewirkt werden, welche sich daraus ergebe, dass Manager von
AIF mit Sitz in einem Drittstaat keiner oder nur einer eingeschränkten Aufsicht
unterliegen[14].

Endlich soll den – wenngleich nicht (mehr) ausdrücklich erwähnten, unbestrit- **6**
ten doch vorhandenen – **fiskalischen Interessen** der EU-Mitgliedstaaten Rechnung getragen und „Anreize für eine Verlagerung von Offshore-Fonds in die
Union gesetzt werden, was nicht nur zu regulatorischen Vorteilen und einem
verbesserten Schutz für die Anleger führt, sondern auch eine korrekte Besteuerung
der Erlöse auf Ebene der Manager, Fonds und Anleger gestattet"[15].

II. Neuer Regulierungsansatz – Vergleich zur OGAW- and MiFID-Richtlinie

War das „Ob" einer Regulierung und Beaufsichtigung von Nicht-EU-AIFM **7**
im Gesetzgebungsverfahren weithin außer Frage, so war das „Wie", also das
Regulierungskonzept, einer der zentralen Streitpunkte des Gesetzgebungsprozesses. Der erste Kommissionsvorschlag der Richtlinie vom 30.4.2009[16] sah noch
ein **Gleichwertigkeitskonzept** vor, wonach Nicht-EU-AIFM ihre Fonds (EU-
AIF wie auch Nicht-EU-AIF) in der EU nur dann hätten verwalten bzw. vertreiben dürfen, wenn die Vorschriften des Drittstaats zur Regulierung und Beaufsich-

---

[11] So ausdrücklich der Vorschlag der EG-Kommission für eine Richtlinie des Europäischen Parlaments und des Rates über die Verwalter alternativer Investmentfonds und zur
Änderung der Richtlinien 2004/39/EG und 2009/.../EG, KOM(2009) 207 endgültig, S. 3;
siehe auch Report by The High-Level Group on Financial Supervision in the EU, chaired
by Jacques de Larosière, datiert vom 25. Februar 2009, Nr. 86.

[12] Erwägungsgrund (2) der AIFM-Richtlinie.

[13] Allgemein zu diesem Ziel einer grenzüberschreitenden Finanzdienstleistungsaufsicht
Hanten WM 2003, 1412, 1416.

[14] Grundlegend The High-Level Group on Financial Supervision in the EU, Chaired by
Jacques de Larosière, Report, Brussels, 25 February 2009, S. 43 ff.

[15] So wörtlich der Gauzès-Bericht über den Vorschlag für eine Richtlinie des Europäischen Parlaments und des Rates über die Verwalter alternativer Investmentfonds und zur
Änderung der Richtlinien 2004/39/EG und 2009/.../EG (KOM(2009)0207 – C7-0040/
2009 – 2009/0064(COD)) S. 7; in diese Richtung auch *Zetzsche* NZG 2009, 692, 695, der
in einem hürdenfreien Vertrieb innerhalb der EU ein möglicher Anreiz für eine EU-Ansiedlung sieht.

[16] Artikel 39 Abs. 3 des Vorschlages der EG-Kommission für eine Richtlinie des Europäischen Parlaments und des Rates über die Verwalter alternativer Investmentfonds und zur
Änderung der Richtlinien 2004/39/EG und 2009/.../EG, KOM(2009) 207 endgültig.

tigung dieser Manager den Bestimmungen der AIFM-Richtlinie gleichwertig gewesen wären und Anbieter aus der EU in diesem Drittstaat über einen vergleichbaren Marktzugang verfügt hätten.

8   Zwischen der zuständigen Behörde dieses Mitgliedstaats und der Aufsichtsbehörde des Drittstaats sollte eine Kooperationsvereinbarung bestehen, die einen effektiven **Austausch der Informationen** vorsieht, die für die Überwachung der von den Tätigkeiten von AIFM ausgehenden Risiken benötigt werden. Der gewünschte Informationsaustausch in Steuerangelegenheiten sollte durch Abschluss eines Besteuerungsabkommens sichergestellt werden, welches dem Artikel 26 des OECD-Musterabkommens Rechnung trägt[17].

9   Dem deutschen Investmentrecht ist eine solche **Vergleichbarkeitsprüfung** nicht fremd[18]: Der öffentliche Vertrieb von ausländischen Investmentanteilen, die keine OGAW sind, setzt nach §§ 135 ff. InvG u.a. auch eine Vergleichbarkeit der ausländischen Investmentanteile mit deutschen Investmentfonds und ein entsprechend wirksamer öffentlicher Aufsicht zum Schutz der Investmentanleger voraus[19].

10   Die praktischen Schwierigkeiten lagen indes auf der Hand und wurden vom EU-Gesetzgeber erkannt: das Ziel, gemeinsame, europaweit geltende Anforderungen für die Zulassung von und Aufsicht über alle AIFM festzulegen, um ein kohärentes Vorgehen im Interesse der Märkte und Anleger zu gewährleisten, kann durch eine **Vergleichbarkeits- bzw. Gleichwertigkeitsprüfung** im Belieben der nationalen Aufsichtsbehörden nur schwerlich erreicht werden, selbst wenn die Entscheidung über die Gleichwertigkeit der Rechtsvorschriften und Vergleichbarkeit des gegenseitigen Marktzuganges letztlich durch die EU-Kommission getroffen werden sollte[20]. Hiervon hat der EU-Gesetzgeber zu Recht Abstand genommen.

III. Effektive Aufsicht durch EU-Referenzmitgliedstaat

11   Der Gefahr einer weiteren Zersplitterung von Aufsicht und Aufsichtsrecht[21] versucht die geltende AIFM-Regulierung dadurch zu begegnen, dass die Vorschriften der AIFM-Richtlinie – vorbehaltlich bestimmter Ausnahmen und Beschränkungen – umfassend für alle AIFM gelten sollen. Anders als bei den europäischen OGAW- und MiFID-Drittstaaten-Regelungen[22], welche die Zulassung und Aufsicht über Anbieter aus Drittstaaten weithin der nationalen Regulierung überlassen, legt die AIFM-Richtlinie nicht nur selbst die Voraussetzungen

---

[17] Hierzu auch *Klebeck* DStR 2009, 2154, 2160.

[18] Vgl. die Regelungen der OGAW-Richtlinie und deren Verbesserung durch die OGAW IV-Richtlinie *Blankenheim* ZBB 2011, 344, 356 ff.

[19] Hierzu auch das BaFin-Merkblatt für Anzeigen ausländischer Investmentvermögen nach § 139 Investmentgesetz (InvG) vom 1.7.2011; abrufbar unter: http://www.bafin.de/cln_110/nn_724052/DE/Unternehmen/Fonds/Investmentfonds/investmentfonds__node.html?__nnn=true (zuletzt abgerufen am: 22.2.2013).

[20] Vgl. hierzu auch die Begründung des Vorschlages EG-Kommission für eine Richtlinie des Europäischen Parlaments und des Rates über die Verwalter alternativer Investmentfonds und zur Änderung der Richtlinien 2004/39/EG und 2009/.../EG, KOM(2009) 207 endgültig, S. 11.

[21] Allgemein zu dem Problem bzw. Phänomen von nationaler Aufsicht über internationale Sachverhalte vgl. Vorbemerkung zu Kapitel VII Rn. 8 ff.

[22] Vgl. Vorbemerkung zu Kapitel VII Rn. 15 ff.

für die Zulassung und Beaufsichtigung von Fondsverwaltern aus Drittstaaten fest, sondern macht zugleich die Vorgaben, die ein Nicht-EU-AIFM erfüllen muss, um EU-AIF zu verwalten bzw. um EU-AIF oder Nicht-EU-AIF in der Union zu vertreiben. Ziel ist die – wenn auch zeitversetzte – Gewährleistung gleicher Rahmenbedingungen für EU-AIFM und Nicht-EU-AIFM[23].

Eine effektive Aufsicht über den Nicht-EU-AIFM innerhalb der EU will man **12** mit dem Konzept einer Aufsicht durch die zuständigen Behörden des **Referenzmitgliedstaats** sicherstellen, das sowohl als Mittler zwischen Dritt- und EU-Aufnahmemitgliedstaaten und deren Aufsichtsbehörden als auch als aufsichtsrechtlicher Anknüpfungspunkt für die Tätigkeiten eines Nicht-EU-AIFM in der EU dienen soll[24].

Vereinfacht lässt sich sagen, dass nach Zulassung des Nicht-EU-AIFM durch **13** die Aufsichtsbehörde des Referenzmitgliedstaats und damit nach dem Marktzutritt in die EU der Nicht-EU-AIFM mit Blick auf die Verwaltung und den Vertrieb innerhalb der Union nicht besser, aber auch nicht schlechter als ein EU-AIFM gestellt werden soll. Mit einer europaweit einheitlichen Drittstaatenregulierung und einhergehend mit der Einführung eines „EU-Passports für Nicht-EU-AIFM" sollen einerseits die aufsichtsrechtlichen Zulassungsbeschränkungen für Fondsverwalter an den Binnengrenzen der EU weithin aufgehoben werden. Andererseits soll eine europaweit geltende Außengrenze für den Zutritt von Nicht-EU-AIFM geschaffen und die „Zutrittskontrollen" europaweit vereinheitlicht werden.

B. Anwendungsbereich

I. Persönlicher und sachlicher Anwendungsbereich – Nicht-EU-AIFM

1. Negativabgrenzung: AIFM, der kein EU-AIFM ist.
Wer als Nicht- **14** EU-AIFM gilt, definiert die AIFM-Richtlinie nicht, sie nimmt vielmehr eine **Negativabgrenzung** vor: nach Art. 4 Abs. 1 lit. ab) ist ein „Nicht-EU-AIFM" ein „AIFM, der kein EU-AIFM ist". Und nach Art. 4 Abs. 1 lit. l) bezeichnet ein „EU-AIFM" einen „AIFM mit **satzungsmäßigem Sitz** in einem Mitgliedstaat". Entscheidend soll mithin der satzungsmäßige Sitz[25] eines AIFM inner- oder außerhalb eines Mitgliedstaats der EU sein.

Die formal-rechtliche Sitzbestimmung ist dann unproblematisch, wenn der Sitz **15** kraft Gesetzes, der Satzung, Statuten oder des Gesellschaftsvertrages festgelegt ist. Andernfalls ist fraglich, was gelten soll. Denkbar ist – vergleichbar mit anderen europäischen Vorgaben, wie etwa Art. 60 Abs. 1 EuGVVO – auf die Hauptverwaltung bzw. Hauptniederlassung[26] oder den Staat der Gründung bzw. Inkorporation[27] abzustellen.

---

[23] Vgl. Erwägungsgrund (64) der AIFM-Richtlinie.

[24] Hierzu auch *Spindler/Tancredi* WM 2011, 1441, 1447.

[25] Die englische Fassung der AIFM-Richtlinie spricht insoweit von „*registered office*".

[26] Verordnung über die gerichtliche Zuständigkeit und die Anerkennung und Vollstreckung von Entscheidungen in Zivil- und Handelssachen, Verordnung Nr. 44/2001 des Rates vom 22.12.2000, ABl. Nr. L 12 vom 16.1.2001, S. 1, ber. ABl. L 307 vom 24.11.01 S. 28.

[27] Bei der Frage der Anwendbarkeit von europäischem oder ausländischem Gesellschaftsrecht hat sich die sog. Gründungs- bzw. Inkorporationstheorie weithin durchgesetzt; vgl. hierzu *Lehmann* ZIP 2007, 1889 ff.

16   Bedeutung hat eine trennscharfe Abgrenzung nicht nur mit Blick auf die zeit-versetzte Anwendung der Drittstaatenregulierung des Kapitels VII nach Art. 67 Abs. 6, sondern auch mit Blick auf die weiteren, in den Artikeln 37 ff. festgelegten Zulassungsanforderungen an einen Nicht-EU-AIFM. Stellt Art. 4 Abs. 1 lit. l) auf den satzungsmäßigen Sitz der **juristischen Person** ab, so ist fraglich, was gelten soll, wenn der Sitz zwar in einem Drittstaat, die Hauptverwaltung aber in einem Mitgliedstaat der EU ist, oder umgekehrt der Sitz in der EU, die **Hauptverwaltung** aber im Ausland getätigt wird.

17   Letztere Konstellation wird mittelbar durch Art. 8 Abs. 1 lit. e) geregelt, der für die Zulassung als EU-AIFM verlangt, dass sich die Hauptverwaltung und der Sitz des AIFM in ein und demselben Mitgliedstaat befinden. Für Nicht-EU-AIFM soll diese Voraussetzung gemäß Art. 37 Abs. 8 lit. d) nicht gelten, sodass man hieraus folgern kann, dass im Fall eines (auch nur fiktiven) Sitzes in einem Dritt-staat, dessen Hauptverwaltung sich aber in der EU befindet, die Vorschriften für Nicht-EU-AIFM gelten sollen. Weiter ergibt sich hieraus, dass es für die Zulas-sung als Nicht-EU-AIFM nicht notwendig ist, dass sich der Sitz und die Hauptver-waltung eines Nicht-EU-AIFM im gleichen Drittstaat befinden.

18   **2. Definition von AIFM und AIF.** Als „AIFM" wird nach Art. 4 Abs. 1 lit. b) **„jede juristische Person"** definiert, „deren reguläre Geschäftstätigkeit darin besteht, einen oder mehrere AIF zu verwalten"[28]. Nach deutsch-rechtlicher Lesart meint dies, dass **natürliche Personen** mit Wohnsitz in einem Drittstaat, die als Fondsmanager tätig sind, nicht als AIFM gelten und nicht von der AIFM-Richtlinie erfasst werden.

19   Im EU-Gesetzgebungsverfahren war die persönliche Reichweite der AIFM-Richtlinie umstritten. Beschränkte sich der ursprüngliche Kommissionsvorschlag auf juristische Personen *(„legal person")* wurde v.a. vom Europäischen Parlament die Ausweitung der AIFM-Richtlinie auf natürliche Personen *(„natural person")* gefordert[29]. Führt man sich die geltenden, v.a. organisatorischen Anforderungen[30] an einen AIFM vor Augen, wird deutlich, dass sich der Anwendungsbereich der AIFM-Richtlinie sinnvollerweise nur auf juristische Personen und nicht auf alle Rechtssubjekte erstrecken kann.

20   Da die AIFM-Richtlinie keine europaweit einheitlichen Voraussetzungen für natürliche Personen als Fondsverwalter vorsieht, stellt sich die Frage, was für Portfolio- bzw. Fondsmanager gelten soll, die entweder natürliche Personen oder als **Personengesellschaften** organisiert sind. Portfolioverwalter, welche Anlagen in Finanzinstrumente für ihre Kunden tätigen, sind bereits vom Regime der MiFID-Richtlinie erfasst[31].

21   Nach Erwägungsgrund (9) der AIFM-Richtlinie sollen diese Portfolioverwalter nicht verpflichtet werden, zusätzlich eine Erlaubnis unter der AIFM-Richtlinie

---

[28] Vgl. hierzu auch *Volhard/Kruschke* EWS 2012, 21, 21 f.

[29] Vgl. Art. 3 lit. b des Richtlinienvorschlages des Europäischen Parlaments vom 11.6.2011 – REPORT on the proposal for a directive of the European Parliament and of the Council on Alternative Investment Fund Managers and amending Directives 2004/39/ EC and 2009/.../EC; zu dieser Frage auch *Tappen* NWB 2011, 568, 569.

[30] Etwa die funktionale und hierarchische Trennung des Risikomanagements von den operativen Abteilungen und den Funktionen des Portfoliomanagements nach Art. 15 Abs. 1.

[31] Zur Reichweite des Begriffes „Wertpapierdienstleistungsunternehmen" nach § 2 Abs. 4 WpHG *Kumpan* in Schwark/Zimmer, Kapitalmarktrechts-Kommentar, 4. Auflage (2010) § 2 WpHG Rn. 113 ff.

zu beantragen. Anderes gilt für Verwaltungsgesellschaften, die neben OGAW-Fonds auch AIF verwalten wollen[32]. Könnte man Personengesellschaften noch als juristische Personen im europäischen Sinne und der AIFM-Richtlinie begreifen[33], stellt sich das Problem für natürliche Personen, die ein Portfolio aus Vermögensgegenständen verwalten, das nicht aus Finanzinstrumenten[34] besteht, und danach nicht als AIF qualifiziert.

Nimmt man die Vorgaben des Art. 5 der AIFM-Richtlinie ernst, wonach die Mit- **22** gliedstaaten sicherstellen müssen, dass AIF nur von AIFM verwaltet werden dürfen, wird die Rechtsform des AIFM zur Zulässigkeitsvoraussetzung. Mit anderen Worten bedeutet dies, dass ein AIFM immer als juristische Person inkorporiert sein muss[35].

Dies hat zur Folge, dass natürliche Personen, die AIF verwalten wollen, die **23** ausschließlich in Nicht-Finanzinstrumenten investieren, *de facto* gezwungen wären, eine juristische Person zur Verwaltung des AIF zu gründen[36]. Begreift man das Merkmal der „juristischen Person" als **Definitions-** und Anwendungsmerkmal der AIFM-Richtlinie, wären die europäischen Vorgaben auf natürliche Personen von vornherein nicht anwendbar.

Weiter ist es erforderlich, dass die **„reguläre Geschäftstätigkeit"** des Fondsma- **24** nagers in der Verwaltung von AIF besteht. Eine vergleichbare Voraussetzung sieht bereits das OGAW-Regime für „Verwaltungsgesellschaften" vor[37]. Nicht anders kommt es auch hier entscheidend auf den Hauptzweck des Fondsmanagers an, welcher nach der AIFM-Richtlinie in der Verwaltung von AIF bestehen muss[38].

Auch für Fondsmanager aus Drittstaaten wird man auf deren tatsächlich ausge- **25** übte Tätigkeit abstellen müssen[39]. Fraglich ist, ob und inwieweit das Spezialitätsprinzip nach Art. 6 Abs. 2 und 3 i. V. m. Anhang I sowie der Ausnahmeregelungen nach Art. 6 Abs. 4 für Fondsmanager aus Drittstaaten als konstituierendes Definitionsmerkmal oder als Zulassungsbedingungen für die Aufnahme der Tätigkeit als AIFM zu qualifizieren sind[40].

---

[32] Vgl. Art. 7 Abs. 4, der vorsieht, dass eine OGAW-Verwaltungsgesellschaft eine Zulassung als AIFM zur Verwaltung von AIFM beantragen muss, aber nicht mehr die Angaben bzw. Unterlagen vorlegen muss, die sie bereits bei der Beantragung der Zulassung nach der OGAW-Richtlinie vorgelegt hat – sofern diese Angaben bzw. Unterlagen nach wie vor auf dem neuesten Stand sind.

[33] Zur Rechtsfähigkeit von Personengesellschaften zusammenfassend *Beuthien* NZG 2011, 481 ff.

[34] Zur Erweiterung des Begriffes „Finanzinstrument" durch das Gesetz zum Finanzanlagenvermittler- und Vermögensanlagerecht vgl. *Jesch/Klebeck* BB 2011, 1866, 1869 ff.; *Hanten/Reinholz* ZBB 2012, 36, 38 f.

[35] Dagegen *Tappen* NWB 2011, 568, 569.

[36] Ausnahmen bestehen freilich dann, wenn die verwalteten AIF die Schwellenwerte nicht überschreiten.

[37] Vgl. Art. 2 lit. b der Richtlinie 2009/65/EG des Europäischen Parlaments und des Rates vom 13. Juli 2009 zur Koordinierung der Rechts- und Verwaltungsvorschriften betreffend bestimmte Organismen für gemeinsame Anlagen in Wertpapieren (OGAW).

[38] Vgl. hierzu auch *Kramer/Recknagel* DB 2011, 2077, 2079 ff.

[39] Ebenso *Kramer/Recknagel* DB 2011, 2077, 2079.

[40] Vgl. hierzu *Kramer/Recknagel* DB 2011, 2077, 2079, die insoweit sowohl von einem formellen wie auch einem materiellen AIFM-Begriff im Sinne einer „Genehmigungsfähigkeit" ausgehen wollen; in diese Richtung auch die wohl überwiegende Auffassung im Anwendungsbereich des InvG vgl. hierzu *Steck/Gringel* in Berger/Steck/Lübbehüsen, InvG/InvStG (2010) § 6 Rn. 1 und 5.

26   Nach Art. 4 Abs. 1 lit. a) ist ein „AIF" jeder Organismus für gemeinsame Anlagen einschließlich seiner Teilfonds, der (i) von einer Anzahl von Anlegern Kapital einsammelt, um es gemäß einer festgelegten Anlagestrategie zum Nutzen der Anleger zu investieren und (ii) keine Genehmigung gemäß Art. 5 der OGAW-Richtlinie benötigt.

27   Während das erste AIF-Tatbestandsmerkmal der **kollektiven Kapitalanlage** auf EU- und Nicht-EU-Fonds gleichermaßen anwendbar ist, kann das zweite (negative) Merkmal eines AIF nur für EU-Fonds Platz greifen. Eine Genehmigung nach Art. 5 der OGAW-Richtlinie kann nur ein Fonds mit Sitz in der EU erlangen.

28   Die Erlaubnis für die **Verwaltung von OGAW-Fonds** ist nach der OGAW-Richtlinie Gesellschaften mit Sitz in der EU vorbehalten und eine europaweit geltende Zulassung eines EU-ausländischen Fonds als OGAW-Fonds ist nicht vorgesehen[41]. Das von der AIFM-Richtlinie ausgerufene Ziel von gleichen Rahmenbedingungen für alle AIFM kann insoweit nicht erreicht werden. Fondsmanager aus Drittstaaten werden anders als EU-Fondsmanager vollumfänglich von der AIFM-Richtlinie erfasst und zwar unabhängig davon, ob es sich bei dem von ihnen verwalteten bzw. vertriebenen Fonds um einen EU- oder Nicht-EU-Investmentfonds handelt. Folglich ist eine „Flucht" unter das OGAW-Regime nur EU-Fondsmanagern mit EU-Fondsstrukturen vorbehalten[42].

29   Umgekehrt soll eine Zulassung eines Fondsmanagers nach der **AIFM-Richtlinie** nicht automatisch dazu berechtigen, OGAW i. S. d. OGAW-Richtlinie zu verwalten[43]. Art. 6 Abs. 2 besagt, dass ein AIFM nur dann als Verwaltungsgesellschaft von OGAW fungieren kann, wenn der AIFM nach der OGAW-Richtlinie für diese Zwecke zugelassen ist. Nach Ansicht der ESMA bedeutet dies, dass es nach Inkrafttreten der AIFM-Richtlinie für ein und dieselbe Gesellschaft möglich ist, sowohl eine Erlaubnis nach der OGAW-Richtlinie als auch nach der AIFM-Richtlinie zu erhalten[44].

30   Den Zutritt auf den OGAW-Markt können Fondsmanager aus Drittstaaten auch nicht über den „Umweg" einer Zulassung unter der AIFM-Richtlinie erreichen. Für Drittstaatenfondsmanager erweist sich die Zulassung als Nicht-EU-AIFM nach der AIFM-Richtlinie zwar einerseits als umfassende Auffangregulierung für ihre Fondsaktivitäten in der Europäischen Union, andererseits als nur bedingt europaweit geltende Zutrittsoption zum EU-Investorenmarkt.[45]

---

[41] Dies ergibt sich bereits aus dem Anwendungsbereich der OGAW-Richtlinie, die nach deren Art. 1 Abs. 1 lediglich auf die im Gebiet der Mitgliedstaaten niedergelassenen Organismen für gemeinsame Anlagen in Wertpapieren (OGAW) Anwendung findet.

[42] Zur Flucht unter die UCITS- bzw. OGAW-Richtlinie in Form von sog. „NewCITS" vgl. etwa *Pfenninger/Keller,* Hedge Fund Regulierung in der Schweiz und der EU, in: Reutter/Werlen, Kapitalmarkttransaktionen VI, Band 115 (2011) S. 71, 107 ff.; *Klebeck* in Zetsche, The Alternative Investment Fund Managers Directive (2012), Interplay between the AIFMD and UCITS, S. 77 ff.

[43] Erwägungsgrund (3) der AIFM-Richtlinie; vgl. zum Verhältnis von AIFM und UCITS-Verwaltungsgesellschaft auch ESMA's Diskussionspapier vom 23.2.2012, Discussion paper on key concepts of the AIFMD and types of AIFM, ESMA/2012/117, abrufbar unter: www.esma.europa.eu (im Folgenden: „ESMA's Diskussionspapier vom 23.2.2012"), S. 14 f.

[44] Vgl. ESMA's Diskussionspapier vom 23.2.2012, S. 14; hierzu auch *Klebeck* in Zetsche, The Alternative Investment Fund Managers Directive (2012), Interplay between the AIFMD and UCITS, S. 77 ff.

[45] Allgemein zum Fundsbegriff nach der AIFM-Richtlinie *Krause/Klebeck* RdF 2013, 4 ff.

In entsprechender Anwendung von Art. 2 Abs. 2 ist es für die Anwendbarkeit **31**
der AIFM-Richtlinie auf ausländische Fondsstrukturen und ihre Manager ohne
Bedeutung, welche **Rechtsstruktur** der von ihnen verwaltete Fonds hat, ob der
Fonds in Vertragsform, in Form eines Trust, der Satzungsform oder einer anderen
Rechtsform errichtet ist oder ob es sich beim Fonds um einen offenen oder
geschlossenen Fonds handelt.

Eine Definition des AIF war nach Ansicht des EU-Richtliniengebers mit Blick **32**
auf die Ziele der Regulierung erforderlich, wenn diese damit auch deutlich wei-
tergeht, als der ursprüngliche Fokus des Richtlinienentwurfs, der in erster Linie
auf Hedgefonds und Private Equity-Fonds abzielte[46]. Mit dieser **Auffangdefini-
tion** will der Richtliniengeber nicht nur die Vielfalt der international gebräuchlichen Rechtsformen berücksichtigen, sondern zugleich sicherstellen, dass sämtliche
Fondsverwalter von einer europäischen Regulierung und Aufsicht erfasst werden[47]. Letztlich ermöglicht die Definition, auf zukünftige Entwicklungen der
Fondsstrukturierung inner- und außerhalb der EU regulatorisch zu reagieren bzw.
„Schlupflöcher" zu verhindern[48].

Umgekehrt wirft die AIF-Definition aufgrund ihrer unbestimmten Rechtsbe- **33**
griffe verschiedene Abgrenzungsfragen auf, die auch für ausländische Vermögensverwalter und ihre Fonds bedeutend sind: Bei dem Erfordernis einer **„Anzahl
von Anlegern"** könnte vertreten werden, dass ausländische Fonds ausgenommen
sind, die, vergleichbar mit dem **Spezialfonds nach dem InvG** bzw. dem
Luxemburger SIF-Gesetz, tatsächlich nur einen Investor aufweisen[49]. Nach
Ansicht des ESMA[50] gilt dies nicht, wenn ein einzelner Investor nur treuhänderisch für hinter ihm stehende Investoren bzw. als Feeder- oder Dachfonds investiert.

Bezüglich Spezialfonds nach dem InvG überwiegt die Meinung, dass diese von **34**
der AIFM-Richtlinie erfasst werden[51]. Mit Blick auf Family-Office-Strukturen
besagt Erwägungsgrund (7) der AIFM-Richtlinie, dass diese und andere Wertpapierfirmen nicht als AIF gelten sollen, wenn sie nur Privatvermögen der Anleger
verwalten, ohne hierfür Fremdkapital zu beschaffen – was der Praxis mitunter
Gestaltungsmöglichkeiten bieten kann[52].

Fraglich ist, was unter einer **„festgelegten Anlagestrategie"** i. S. d. AIFM- **35**
Richtlinie zu verstehen ist[53]. Unstrittig ist, dass es – anders als z. B. unter dem

---

[46] Zur Gesetzgebungsgeschichte auch *Spindler/Tancredi* WM 2011, 1393, 1395 ff.; kritisch
mit Blick auf die Regulierung von Private Equity durch die AIFM-Richtlinie schon *Lehne*
DB 2010, 82; *Spindler* DB 2010, 89, 90; zu Abgrenzungsversuchen zwischen den einzelnen
Fondstypen *Wilhelmi* WM 2008, 861, 862 ff.

[47] Vgl. hierzu auch *Kammel* ÖBA 2011, 18, 20.

[48] Zur Reichweite der AIFM-Richtlinie auf einzelne Fondsstrukturen in den einzelnen
EU- sowie Nicht-EU-Mitgliedstaaten die Stellungnahmen der Vertreter der Alternativen-
Investments-Industrie im Rahmen der Konsultationsverfahren der ESMA (abrufbar unter:
www.esma.europa.eu); hierzu auch *Nietsch/Graef* ZBB 2010, 12, 17; *Kind/Haag* DStR 2010,
1526 ff.; *Herring/Krause*, Absolutreport 2/2010, 54, 56.

[49] Vgl. auch *Weiser/Jang* BB 2011, 1219; *Tappen* NWB 2011, 568, 569; *Volhard/Kruschke*
EWS 2012, 21, 22.

[50] Vgl. ESMA's Diskussionspapier vom 23.2.2012, S. 14.

[51] So etwa *Weiser/Jang* BB 2011, 1219; allgemein zur Reichweite der AIFM-Richtlinie
auch *Kind/Haag* DStR 2010, 1526 ff.

[52] Hierzu auch *Krause/Klebeck* BB 2012, 2063 ff.; *Kramer/Recknagel* DB 2011, 2077, 2080.

[53] Vgl. zu Konkretisierungsversuchen der ESMA auch ESMA's Diskussionspapier vom
23.2.2012, S. 7 ff.

OGAW-Regime – nicht auf eine Risikodiversifizierung ankommen kann. Die AIFM-Richtlinie macht unmittelbar keine Vorgaben mit Blick auf die Anlagestrategie[54]. Auch Investmentvehikel, die nur in ein oder zwei Vermögensgegenstände investieren, können als AIF gelten, sofern sie nicht als Holdinggesellschaften zu qualifizieren sind[55].

36   Unklar ist, ob eine Beteiligung an einem einzelnen operativ tätigen Unternehmen dazu führen kann, eine **Holdinggesellschaft** als AIFM zu qualifizieren, wenn sich an der Holding mehrere Gesellschafter beteiligen,. Die Stoßrichtung „Private-Equity-Gesellschaften" zu erfassen[56], die zum Teil als Holdinggesellschaften aufgelegt werden, spricht zunächst für die Anwendung der AIFM-Richtlinie. Umgekehrt sollen Holdinggesellschaften i. S. d. AIFM-Richtlinie ausdrücklich nicht der Regulierung unterstehen.

37   Für die Unterscheidung müsste unseres Erachtens entscheidend sein, ob eine Holdinggesellschaft die Gesellschaften, an denen sie sich beteiligt, unter einer einheitlichen Leitung und zu einem gemeinsamen wirtschaftlichen Zweck zu einem Konzern zusammenfasst. Ist dies nicht der Fall und beteiligt sich eine Holdinggesellschaft an verschiedenen, von einander unabhängigen Gesellschaften jeweils mit der Absicht, diese zu gegebener Zeit zur Realisierung eines Kapitalgewinns zu veräußern, dann kann diese Holdinggesellschaft als Private-Equity-Gesellschaft angeschaut und der AIFM-Richtlinie unterstellt werden. Ob und inwieweit diese Ausnahmen für ausländische Holdinggesellschaften gelten, soll weiter unten behandelt werden.

38   **3. Bestimmung des AIFM nach Art. 4 Abs. 4 und Art. 5.** Bedeutung hat die Fondsstruktur im weitesten Sinne – nicht anders als für EU-AIFM – auch für die Frage, wer in einer Struktur als AIFM anzusehen ist bzw. was einen Fondsmanager zu einem AIFM i. S. d. AIFM-Richtlinie macht. Art. 5 gilt für Nicht-EU-AIFM entsprechend, ist aber nur bedingt bei der Bestimmung des AIFM hilfreich. Zu unterscheiden ist zwischen einem **extern verwalteten AIF** (Art. 5 Abs. 1 lit. a) und einem **intern verwalteten AIF** (Art. 5 Abs. 1 lit. b).

39   Nicht anders als bei der Bestimmung des jeweiligen EU-AIFM, erweist sich die Suche nach dem zuständigen Manager des AIF, also nach dem eigentlichen Regelungsadressaten der AIFM-Richtlinie[57], ob der unterschiedlichen Fondsstrukturen als eine der schwierigsten, aber mit Blick auf die Reichweite der AIFM-Richtlinie wichtigsten Aufgaben[58].

40   Wer in den einzelnen Fonds- bzw. Managementstrukturen als Manager, also etwa der General Partner, der Investment Manager oder der Anlageberater, und

---

[54] Vgl. auch Erwägungsgrund (10) der AIFM-Richtlinie; *Spindler/Tancredi* WM 2011, 1393, 1396.

[55] Hierzu auch *Pfenninger/Keller,* Hedge Fund Regulierung in der Schweiz und der EU, in: Reutter/Werlen, Kapitalmarkttransaktionen VI, Band 115 (2011) S. 71, 112; *Volhard/Kruschke* EWS 2012, 21, 22; a. A. *Kind/Haag* DStR 2010, 1526, 1528 ff., die insoweit zwischen „Blind-Pool-Fonds" und „programmierten Fonds" differenzieren wollen; nicht eindeutig ESMA's Diskussionspapier vom 23.2.2012, S. 9 ff.

[56] Vgl. *Möller/Harrer/Krüger* WM 2011, 1537, 1538 f.; *Spindler/Tancredi* WM 2011, 1393, 1397.

[57] Mit Blick auf die in Deutschland „typische" Fondsstruktur in Form einer GmbH & Co. KG *Kramer/Recknagel* DB 2011, 2077, 2080; *Bussalb/Unzicker* BKR 2012, 309, 313 f.

[58] Mit Blick auf deutsche Fondsstrukturen (GmbH & Co. KG) auch *Volhard/Kruschke* EWS 2012, 21, 22; hierzu auch *Krause/Klebeck* BB 2012, 2063, 2064 ff.

damit als unmittelbarer Regelungsadressat der AIFM-Richtlinie anzusehen ist[59], beantwortet die AIFM-Richtlinie ebenso wenig, wie die Frage, ob es bei der Beurteilung auf einen formal-juristischen oder materiell-funktionalen Ansatz ankommen soll.

Ein Selbstbestimmungsrecht des AIFM ist nicht vorgesehen. Art. 4 Abs. 5 sieht **41** vor, dass ESMA Entwürfe für technische Regulierungsstandards erarbeiten wird, „um die Arten von AIFM, soweit dies für die Anwendung dieser Richtlinie und zur Sicherstellung einheitlicher Bedingungen für die Anwendung dieser Richtlinie relevant ist, zu bestimmen."

Am 23.2.2012 hatte die ESMA ein Diskussionspapier u.a. zur Konkretisierung **42** dieser Schlüsselbegriffe der AIFM-Richtlinie veröffentlicht: Nach Ansicht der ESMA besteht ein gewisser Widerspruch zwischen Art. 4 Abs. 1 lit. w) einerseits, welcher die „Verwaltung von AIF" als Erbringung von mindestens der **Portfolioverwaltung *oder* des Risikomanagements** definiert, und Art. 6 Abs. 5 lit. d) andererseits, der vorsieht, dass ein AIFM die Portfolioverwaltung *und* das Risikomanagement erbringen muss, um gemäß der AIFM-Richtlinie zugelassen zu werden. Um diesen Widerspruch aufzulösen, will die ESMA ein Unternehmen dann als AIFM und somit als Regelungsadressat ansehen, wenn es eine der beiden Funktionen erbringt[60].

Nach Ansicht der ESMA ist es für die Qualifikation als AIFM jedoch nicht **43** erforderlich, dass die **zusätzlichen Funktionen gemäß Anhang I** der AIFM-Richtlinie (administrative Tätigkeiten, Vertrieb, etc.) erbracht werden. Wenn solche Funktionen nicht durch den AIFM selbst ausgeübt werden, dann gelten sie als vom AIFM an eine Drittpartei übertragen, was zur Folge hätte, dass die Voraussetzungen für eine Übertragung nach Art. 20 erfüllt sein müssten[61].

4. Ausnahmen vom Anwendungsbereich und „*Opt-in*". a) Instituts- 44 ausnahmen nach Art. 2 Abs. 3. Mit Blick auf die in Art. 2 Abs. 3 enumerativ aufgezählten Ausnahmen sind für die Fondspraxis v.a. die Ausnahmen für Holdinggesellschaften[62], Family Offices[63], die Verwaltung von Pensionsfonds, Arbeitnehmerbeteiligungssysteme und Verbriefungszweckgesellschaften[64] von Bedeutung. Managed Accounts oder sog. Single-Client-Vehicles[65] werden typischer- und richtigerweise schon bereits deshalb nicht als AIF qualifizieren, weil ihnen das konstituierende AIF-Merkmal einer „Anzahl von Anlegern" typischerweise fehlt.

Dabei ist zu beachten, dass die Entscheidung, ob ein Unternehmen bzw. eine **45** Gesellschaft aus einem Drittstaat unter eine dieser **Bereichsausnahmen fällt**, bei

---

[59] Mit Blick auf deutsche Fondsstrukturen (GmbH & Co. KG) auch *Volhard/Kruschke* EWS 2012, 21, 22.

[60] Vgl. ESMA's Diskussionspapier vom 23.2.2012, S. 6 f.; *Krause/Klebeck* BB 2012, 2063 ff.

[61] Vgl. ESMA's Diskussionspapier vom 23.2.2012, S. 7.

[62] Vgl. aber die Definition „Holdinggesellschaft" nach Art. 1 lit. o); hierzu auch *von Livonius/Schatz,* Absolutreport 6/2010, 54, 56.

[63] Hierzu *Spindler/Tancredi* WM 2011, 1393, 1398; *von Livonius/Schatz,* Absolutreport 6/2010, 54, 56; *Krause/Klebeck* BB 2012, 2063 ff.

[64] Hierzu *Spindler/Tancredi* WM 2011, 1393, 1398; *Wallach,* RdF 2011, 80; *von Livonius/Schatz,* Absolutreport 6/2010, 54, 56; *Herring/Krause,* Absolutreport 2/2010, 54, 63.

[65] Zum Teil auch Ein-Anleger-Fonds genannt; hierzu auch *Weiser/Jang* BB 2011, 1219 f.; *Kramer/Recknagel* DB 2011, 2077, 2080.

den zuständigen Aufsichtsbehörden der EU-Mitgliedstaaten liegt. Dies wird in der Praxis zahlreiche Abgrenzungsfragen aufwerfen. Die Qualifikation nach ausländischem Recht kann unseres Erachtens nicht entscheidend sein. Die Deutungshoheit liegt vielmehr bei den zuständigen Aufsichtsbehörden der EU-Mitgliedstaaten.

46   So wird sich eine ausländische Unternehmensstruktur, die etwa im Drittstaat als Holding qualifiziert, aber nicht die Voraussetzungen einer **Holdinggesellschaft** i. S. d. AIFM-Richtlinie erfüllt[66], nicht auf die Institutsausnahme nach Art. 2 Abs. 3 berufen können. Dabei betont ESMA in ihrem Diskussionspapier vom 23.2.2012, dass diese Ausnahme Anlass zu Missbrauch geben könnte, dem in jedem Fall entgegengewirkt werden sollte[67]. Die Deutungs- und Qualifikationshoheit bleibt beim einzelnen Mitgliedstaat unter Beachtung der europäischen Vorgaben[68].

47   **b) Schwellenwerte nach Art. 3 Abs. 2.** Für die Praxis sind zudem die **De-minimis**-Regelungen bzw. Schwellenwerte sowie deren Berechnung von zentraler Bedeutung: Nach Art. 3 Abs. 2 macht die AIFM-Richtlinie „kleineren" AIFM i. S. d. Art. 3 Abs. 3 nur beschränkt Vorgaben. Davon sollen AIFM, die ein AIF-Portfolio verwalten, (i) dessen Vermögenswerte, inklusive der durch Einsatz von Hebelfinanzierungen (sog. Leverage) erworbenen Vermögenswerte[69], zusammen 100 Millionen Euro nicht übersteigen, oder (ii) dessen Vermögenswerte insgesamt 500 Millionen Euro nicht überschreiten, sofern die Portfolios der AIF aus nicht hebelfinanzierten AIF bestehen und für die Dauer von fünf Jahren ab der Erstinvestition kein Rückgaberecht[70] besteht, profitieren.

48   Dem Grundsatz des Gleichlaufs der regulatorischen Rahmenbedingungen für EU-AIFM und Nicht-EU-AIFM folgend, müssen die genannten **Schwellenwerte und deren Berechnungen** auch für Nicht-EU-AIFM gelten. Insoweit finden die Vorschläge der ESMA in ihrem Final Report[71] und deren Umsetzung im Rahmen des Level II-Verfahrens entsprechende Beachtung.

49   Nicht anders als für EU-AIFM kann für die Berechnung des Schwellenwertes der „*total value of assets*"-Ansatz zur Anwendung kommen, wenngleich ESMA auch andere Methoden anerkennen will, die sich nach den Anschaffungskosten der gehaltenen Vermögenswerte richten[72]. Unabhängig von der Berechnungsme-

---

[66]   Vgl. zur Definition der Holdinggesellschaft nach Art. 4 Abs. 1 lit. o) dort Rn. 115 ff.; sowie *Kramer/Recknagel* DB 2011, 2077, 2080.

[67]   Vgl. ESMA's Diskussionspapier vom 23.2.2012, S. 8.

[68]   Gleiches gilt etwa im schweizerischen Recht mit Blick auf die Qualifikation als kollektive Kapitalanlage; vgl. hierzu *Comtesse/Fischer/Stupp* in Watter/Vogt/Bösch/Rayroux/Winzeler, KAG (2009) Art. 119 Rn. 1.

[69]   Zur Frage, ob es nur auf die Ebene des AIF oder aber auch auf die Ebene der erworbenen Vermögenswerte ankommt, sprich: ob es bereits ausreicht, dass die getätigten Investments selbst hebelfinanziert sind, wie etwa bei dem fremdfinanzierten Erwerb von Unternehmensbeteiligungen in der Anlageklasse „Private Equity", vgl. *Spindler/Tancredi* WM 2011, 1393, 1397; *Achleitner* BB 2010, 85.

[70]   Aus Sicht des Fonds bzw. dessen Managers meint dies entsprechend eine Rücknahmepflicht.

[71]   ESMA's technical advice to the European Commission on possible implementing measures of the Alternative Investment Fund Managers Directive – Final Report, 2011/ESMA/2011/379, III.1, S. 16 ff. (abrufbar unter: www.esma.europa.eu) (im Folgenden: „Final Report vom 16.11.2011").

[72]   Zu weiteren Berechnungsvarianten für die Anlageklasse Private Equity und Venture Capital vgl. etwa das Antwortschreiben der EVCA, Private Equity and Venture Capital

thode wird ein Nicht-EU-AIFM regelmäßig prüfen müssen, ob der Wert des Portfolios den Schwellenwert überschreitet und eine solche **Überschreitung als nicht nur vorübergehend** einzustufen ist[73].

In ihrem Final Report führt ESMA aus, dass die Überschreitung dann als nicht **50** bloß vorübergehend gelten soll, wenn sie mit einer gewissen Wahrscheinlichkeit einen Zeitraum von mehr als drei Monaten überdauern wird[74]. Hierzu wird vorgeschlagen, dass der Wert auf vierteljährlicher Basis überprüft werden soll. Der Fondsmanager muss der Aufsichtsbehörde unverzüglich mitteilen, wenn er den relevanten Schwellenwert überschreitet. Ist dies der Fall, muss der AIFM innerhalb von 30 Tagen eine Zulassung beantragen. Ob hierdurch das ursprüngliche Ziel einer Erleichterung für diese Verwalter erreicht wird[75], ist unseres Erachtens zweifelhaft[76].

Fraglich ist ferner, ob für Nicht-EU-AIFM mit Blick auf einen fehlenden oder **51** nur sehr mittelbaren EU-Bezug nicht doch gewisse Besonderheiten gelten sollen. Dies gilt v.a. dann, wenn ein Nicht-EU-AIFM zwar mehrere AIF verwaltet, jedoch nur einen der AIF in der EU zu vertreiben beabsichtigt. Dabei stellt sich die Frage, ob die Vermögenswerte der Portfolios der übrigen, nicht auf dem europäischen Markt vertriebenen bzw. verwalteten, AIF auf den Schwellenwert angerechnet werden sollen oder nicht[77]. Denkbar wäre hier eine **pro-rata-Berechnung** des von EU-Investoren gehaltenen Anteils an den vom AIF gehaltenen Vermögenswerten.

Dafür spricht zunächst, dass nur insoweit ein rechtlich notwendiger EU- **52** Anknüpfungspunkt besteht[78]. Dagegen sprechen indes die von der AIFM-Richtlinie verfolgten Ziele[79]: Sollen die Anforderungen an den AIFM der Systemstabilität und Transparenz dienen, erscheint ein umfassender Berechnungsansatz in der Tat geeignet. Nach Ansicht von ESMA sollen jedenfalls mit Blick auf EU-AIFM die Vermögenswerte von AIF in die Berechnung einbezogen werden, die nach der Übergangsbestimmung des Art. 67 für sich genommen nicht in den Anwendungsbereich der AIFM-Richtlinie fallen[80]. Für Nicht-EU-AIFM kann richtigerweise nichts Anderes gelten.

Industry Response to the CESR Call for Evidence on Implementing Measures on the Alternative Investment Fund Managers Directive (AIFMD, or the Directive) vom 17.1.2011, S. 10 f. (abrufbar unter: www.esma.europa.eu); auch *Swoboda/Schatz* in Striegel/Wiesbrock/Jesch, Kapitalbeteiligungsrecht (2010) AIFM-RL-E, Rn. 29 ff.; Mit Blick auf deutsche Fondsstrukturen (GmbH & Co. KG) auch *Volhard/Kruschke* EWS 2012, 21, 22.

[73] Vgl. Final Report vom 16.11.2011, III.1, Box 1, S. 16 ff.

[74] Vgl. Final Report vom 16.11.2011, III.1, Box 1, Ziff. 6 lit. b) S. 18; hierzu auch Mit Blick auf deutsche Fondsstrukturen (GmbH & Co. KG) auch *Volhard/Kruschke* EWS 2012, 21, 22.

[75] Vgl. Final Report vom 16.11.2011, III.1, S. 20.

[76] Zweifelnd mit Blick auf den Nutzen der „Erleichterungen" auch *von Livonius/Schatz,* Absolutreport 6/2010, 56; *Volhard/Kruschke* EWS 2012, 21, 22.

[77] Hierzu auch schon das Antwortschreiben der EVCA, Private Equity and Venture Capital Industry Response to the CESR Call for Evidence on Implementing Measures on the Alternative Investment Fund Managers Directive (AIFMD, or the Directive) vom 17.1.2011, S. 11 (abrufbar unter: www.esma.europa.eu; zuletzt abgerufen am: 22.2.2013).

[78] Vgl. Vorbemerkung zu Kapitel VII Rn. 48 ff. zur Notwendigkeit eines hinreichenden EU-Bezuges mit Blick auf die völkerrechtlichen Vorgaben.

[79] Zu den Zielen der AIFM-Richtlinie vgl. oben Rn. 2 ff. sowie Vorbemerkung zu Kapitel VII Rn. 32 ff.

[80] Vgl. Final Report vom 16.11.2011, S. 19 f.

53   **c) Mindestvoraussetzungen für „kleinere" AIFM nach Art. 3 Abs. 3.**
Nach Art. 3 Abs. 3 sollen die Mitgliedstaaten sicherstellen, dass auch für „kleinere"
AIFM bestimmte Mindestanforderungen nach der AIFM-Richtlinie gelten –
wenn auch vorbehaltlich strengerer nationaler Regelungen. Unklar ist bislang,
was für „kleinere" Nicht-EU-AIFM gelten soll, fehlt es im Kapitel VII doch an
einer ausdrücklichen Bezugnahme auf Art. 3 Abs. 3. Denkbar und im Grundsatz
richtig ist eine entsprechende Anwendung dieser Vorschrift, was auch dem verfolgten Gleichlauf von EU-AIFM und Nicht-EU-AIFM entsprechen würde.

54   Den „kleineren" AIFM treffen mithin nach der AIFM-Richtlinie die nachfolgenden Pflichten: Er muss sich bei seiner zuständigen Aufsichtsbehörde **registrieren lassen.** Der Aufsichtsbehörde hat er die **Informationen** zu den Anlagestrategien der von ihm verwalteten AIF vorzulegen. Regelmäßig trifft ihn die Pflicht
die Aufsichtsbehörde über die wichtigsten Instrumente (nicht zwingend nur
Finanzinstrumente), mit denen der AIFM handelt, und über die größten Risiken
und Konzentrationen der verwalteten AIF zu unterrichten, um der Aufsicht eine
Überwachung der Systemrisiken zu ermöglichen. Darüber hinaus muss der AIFM
der Aufsichtsbehörde unverzüglich mitteilen, wenn er den für ihn relevanten
Schwellenwert überschreitet und in der Folge muss er innerhalb von 30 Tagen
eine Zulassung beantragen[81].

55   Wenn Art. 3 Abs. 3 mit auf Aufsichtszuständigkeiten auf die Behörden des
Herkunftsmitgliedstaats abstellt, wären damit und mit Blick auf Nicht-EU-AIFM
nach Art. 4 Abs. 1 lit. q) die zuständigen Behörden des Referenzmitgliedstaats
gemeint. Das hätte zur Folge, dass für einen Nicht-EU-AIFM zunächst der Referenzmitgliedstaat nach Art. 37 Abs. 4 zu bestimmen wäre[82]. Ob darüber hinaus
auch die weiteren Drittstaaten-bezogenen Anforderungen nach Art. 37 Abs. 7
Anwendung finden, lässt die AIFM-Richtlinie offen. Zu beachten ist freilich,
dass Art. 3 Abs. 3 „nur" Mindestanforderungen aufstellt, die von den einzelnen
Mitgliedstaaten verschärft werden können[83].

56   Es bleibt abzuwarten, welche weitergehenden Anforderungen an Nicht-EU-
AIFM von den einzelnen Mitgliedstaaten gestellt werden. Solange „kleinere"
Nicht-EU-AIFM sich nicht „freiwillig" der vollständigen AIFM-Regulierung
unterwerfen wollen, sollen sie – nicht anders als EU-AIFM – nicht von dem
Europäischen Pass für die grenzüberschreitende Verwaltung und Vertrieb seiner
AIF Gebrauch machen können.

57   **d) „*Opt-in*"-Option durch „freiwillige" Richtlinienunterwerfung.** Die
Mitgliedstaaten sind nach Art. 2 Abs. 4 gehalten, einem „kleinen" AIFM zu
ermöglichen, für eine Anwendung der Richtlinie zu optieren. Offen ist bislang,
wie sich dies für Nicht-EU-AIFM verhält, da Artikel 37 bzw. das Kapitel VII
selbst keine eigenständigen Vorgaben für Nicht-EU-AIFM unterhalb der genannten Schwellenwerte macht. Dass auch für „kleine" Nicht-EU-AIFM eine „*Opt-
in*"-Möglichkeit bestehen sollte, ergibt sich nicht nur aus dem Wortlaut des Art. 3
Abs. 4, der dieses Recht allen AIFM gewährt, sondern auch aus der verfolgten
Gleichbehandlung von EU-AIFM und Nicht-EU-AIFM.

58   Fraglich ist aber, welches Verfahren für Nicht-EU-AIFM gelten soll, die sich
der AIFM-Richtlinie nach Art. 2 Abs. 4 unterstellen wollen. Die ESMA schlägt

---

[81] Vgl. Final Report vom 16.11.2011, III.1, S. 20.
[82] Vgl. zur Bestimmung des Referenzmitgliedstaats noch unten Rn. 188 ff.
[83] Vgl. Art. 3 Rn. 61 ff.

in ihrem Konsultationspapier vom 23.8.2011[84] wie auch in ihrem Final Report vom 16.11.2011[85] vor, dass das Verfahren für „kleinere" Nicht-EU-AIFM, die von den Vorteilen des Europäischen Passes der AIFM-Richtlinie profitieren wollen, dem für EU-AIFM geltenden Verfahren entsprechen soll.

II. Zeitlicher Anwendungsbereich – verzögerte Anwendung der AIFM-Richtlinie auf bzw. für Nicht-EU-AIFM

1. Notwendiger Kommissionsentscheid nach Art. 67 Abs. 6. Die Vor- 59
schriften betreffend Regulierung von EU-AIFM müssen bis 22.7.2013 umgesetzt und angewandt werden. Im Gegensatz dazu haben die einzelnen Mitgliedstaaten die Vorschriften betreffend Zulassung und Aufsicht von Nicht-EU-AIFM erst nach dem von der Kommission gemäß Art. 67 Abs. 6 erlassenen delegierten Rechtsakt und von dem darin festgelegten Zeitpunkt an in das nationale Recht umzusetzen und anzuwenden. Beabsichtigt ist, dass nach einer zweijährigen **Übergangszeit** (beginnend mit dem Ablauf der Frist zur Umsetzung der AIFM-Richtlinie am 22.7.2013) das europaweit geltende Management- und Vertriebspass-System für Nicht-EU-AIFM angewendet werden soll[86].

Begründet wird diese zeitverzögerte Einführung des EU-Passes für Nicht-EU- 60
AIFM damit, dass während dieser zweijährigen Übergangsphase die innereuropäische Funktionsweise des EU-Passes geprüft werden soll[87]. Zu diesem Zweck haben die zuständigen Behörden der Mitgliedstaaten die ESMA gemäß Art. 67 Abs. 3 quartalsweise über AIFM zu informieren, die sie beaufsichtigen und welche AIF unter einem Pass oder gemäß nationalen Regelungen verwalten oder vertreiben.

Zudem müssen die zuständigen Behörden die **ESMA** über Probleme in der 61
Zusammenarbeit zwischen den verschiedenen Aufsichtsbehörden, der Effektivität des Anzeigesystems und des Anlegerschutzes informieren. Die ESMA soll nicht nur die Wirksamkeit des Informationsaustausches im Zusammenhang mit der Überwachung systemischer Risiken und der sonstigen Vorgaben aus der Zusammenarbeitsvereinbarungen prüfen, sondern auch beurteilen, ob Regulierungs- und Aufsichtssysteme von Drittstaaten die Umsetzung der AIFM-Richtlinie hindern könnten.

Die ESMA ist verpflichtet, dem Europäischen Parlament, dem Rat sowie der 62
Kommission nach Art. 67 Abs. 1 bis zum 22.7.2015 eine Stellungnahme über die Funktionsweise des Passport-Systems und eine Empfehlung zur Anwendung des europaweit geltenden Passes auf die Verwaltung von EU-AIF bzw. den Vertrieb von AIF durch Nicht-EU-AIFM vorzulegen.

Gibt die ESMA eine positive Empfehlung ab, dann wird die Kommission 63
innerhalb von drei Monaten nach Eingang der Empfehlung und unter Berücksichtigung der Ziele der AIFM-Richtlinie, also v.a. der Errichtung eines harmonisier-

---

[84] ESMA's draft technical advice to the European Commission on possible implementing measures of the Alternative Investment Fund Managers Directive in relation to supervision and third countries, ESMA/2011/270, S. 19. (abrufbar unter: www.esma.europa.eu) (im Folgenden: „ESMA Konsultationspapier vom 23.8.2011").

[85] Vgl. Final Report vom 16.11.2011, IX.IV., S. 246.

[86] Erwägungsgrund (64) der AIFM-Richtlinie; zu den Auswirkungen auf die Schweiz *Pfenninger/Keller,* Hedge Fund Regulierung in der Schweiz und in der EU, in: Reutter/Werlen, Kapitalmarkttransaktionen VI, Band 115 (2011) S. 71, 117 ff.

[87] Vgl. Art. 67 Abs. 2 und 3; hierzu auch *Klebeck/Meyer* RdF 2012, 95 ff.

ten Binnenmarktes für AIFM[88], des Anlegerschutzes sowie der wirksamen Überwachung der Systemrisiken, einen delegierten Rechtsakt erlassen. Darin wird die Kommission den Zeitpunkt festsetzen, ab welchem die Mitgliedstaaten die Rechts- und Verwaltungsvorschriften zur Umsetzung der Artikel 35 sowie 37 bis 41 erlassen haben müssen[89].

64   **2. Befristete Übergangsphase – „AIFM-light" nach Art. 42.** Dass die um mindestens zwei Jahre verzögerte Einführung des EU-Passes für Nicht-EU-AIFM nicht nur zu einer Ungleichbehandlung, sondern u.U. auch zu Wettbewerbsverzerrungen führen kann[90], hat auch der EU-Gesetzgeber gesehen. Insoweit lässt sich der nach Art. 42 gefundene Kompromiss der AIFM-Richtlinie als Anerkennung und Zugeständnis für Nicht-EU-AIF sowie Nicht-EU-AIFM begreifen[91].

65   Für einen Übergangszeitraum von 2013 bis voraussichtlich 2018 soll ein Nicht-EU-AIFM ohne EU-Passport berechtigt sein, seine Fonds (EU-AIF wie auch Nicht-EU-AIF) zu vertreiben. In den Worten der AIFM-Richtlinie: *„Es ist beabsichtigt, dass das harmonisierte System während einer weiteren Übergangszeit von drei Jahren vorbehaltlich bestimmter harmonisierter Mindestauflagen neben den nationalen Aufsichtsregimen der Mitgliedstaaten besteht. Es ist beabsichtigt, dass nach dieser dreijährigen Zeitspanne, in der die Aufsichtsregime nebeneinander bestehen, die nationalen Aufsichtsregime mit dem Inkrafttreten eines weiteren delegierten Rechtsakts der Kommission beendet werden."[92]*

66   Wenn in diesem Zusammenhang von einem Vertrieb unter Geltung des *„National Private Placement"*-Regimes gesprochen wird[93], ist dies missverständlich. Man könnte den Eindruck gewinnen, dass die bisherige Praxis der praktisch unregulierten Privatplatzierung – etwa außerhalb des öffentlichen Vertriebs nach §§ 132 ff. InvG – fortgilt. Dem ist aber nicht so, wie die Voraussetzungen des Art. 42 sowie Art. 36 der AIFM-Richtlinie belegen. Richtig ist, dass Nicht-EU-AIFM ihre Fonds ohne EU-Pass entsprechend den Vorgaben der einzelnen Mitgliedstaaten vertreiben dürfen – sofern der einzelne Mitgliedstaat dies zulässt. Art. 42 für Nicht-EU-AIFM und Art. 36 für EU-AIFM stellen indes weitergehende Anforderungen auf[94].

67   Will ein Nicht-EU-AIFM weiterhin auf dem ganzen EU-Markt tätig sein, heißt das zunächst, dass die Aufsichtsbehörde „seines" Drittstaats mit sämtlichen Mitgliedstaaten der EU entsprechende Abkommen abschließen muss. Ungeachtet des von ESMA geforderten Inhalts stellt bereits die Anzahl der notwendigen **Kooperationsvereinbarungen** für zahlreiche Drittstaaten einen beachtlichen Verwaltungsaufwand dar, den die ESMA durch die Möglichkeit eines Multilatera-

---

[88] Erwägungsgrund (4) der AIFM-Richtlinie.

[89] Der Wortlaut des Art. 66 Abs. 3 verweist fälschlicherweise auf Art. 65 Abs. 6, der nicht existiert. Richtig ist insoweit der Verweis auf Art. 67 Abs. 6.

[90] Vgl. hierzu auch *Klebeck/Meyer,* RdF 2012, 95, 96 ff.; weitergehend *Herring/Krause,* Absolutreport 2/2010, 54, 59, die von einer Marktzutrittsbarriere bzw. Verbannung vom EU-Markt durch die Drittstaatenregulierung sprechen.

[91] So auch *Wallach,* RdF 2011, 80, 88.

[92] Erwägungsgrund (4) der AIFM-Richtlinie.

[93] Erwägungsgrund (85) der AIFM-Richtlinie.

[94] Hierzu auch *Pfenninger/Keller,* Hedge Fund Regulierung in der Schweiz und der EU, in: Reutter/Werlen, Kapitalmarkttransaktionen VI, Band 115 (2011) S. 71, 117 ff.; *Klebeck/Meyer,* RdF 2012, 95 ff.

len Memorandum of Understandings – verhandelt durch ESMA – verringern will[95].

Neben der Erfüllung der nach Art. 26–30 bestehenden „Pflichten von AIFM, **68** die AIF verwalten, die die **Kontrolle** über nicht börsennotierte Unternehmen und Emittenten **erlangen**" (sofern anwendbar), muss der Nicht-EU-AIFM zudem den **Transparenzpflichten** nach Artikel 22, 23 und 24 nachkommen.

Als **zuständige Behörden** und als AIF-Anleger im Sinne dieser Vorschriften **69** sollen die Behörden und Anleger jener Mitgliedstaaten gelten, in denen der Vertrieb der AIF erfolgt. Schaut man sich die so weitreichende wie offene Definition des „Vertriebs" nach Art. 4 Abs. 1 lit. x)an[96], wird der Nicht-EU-AIFM vor der Frage stehen, ob er wirklich alle Aufsichtsbehörden ordnungsgemäß informiert hat. Wenn Art. 42 auf den Vertrieb abstellt, wird es richtigerweise nicht auf die erfolgreiche Platzierung von Anteilen seines AIF ankommen, sondern vielmehr darauf, in welchem Mitgliedstaat er Verkaufsbemühungen unternommen hat[97].

C. Zulassungsvoraussetzungen für Nicht-EU-AIFM

I. Grundsatz: Verbot mit Erlaubnisvorbehalt durch Referenz-mitgliedstaat

Nicht anders als für EU-AIFM gemäß Artikel 6 Abs. 1 besteht auch für Nicht- **70** EU-AIFM ein präventives Verbot mit Erlaubnisvorbehalt mit Blick auf ihre Tätigkeiten in der EU: Nach Art. 37 Abs. 1 müssen Nicht-EU-AIFM, die beabsichtigen, EU-AIF zu verwalten oder von ihnen verwaltete Nicht-EU-AIF gemäß Artikel 39 oder 40 in der EU zu vertreiben, gemäß Artikel 37 eine vorherige Genehmigung der zuständigen Behörden ihres Referenzmitgliedstaats einholen.

Nach Art. 37 Abs. 2 ist der Nicht-EU-AIFM verpflichtet, sämtliche auf ihn **71** anwendbare Vorschriften der AIFM-Richtlinie einzuhalten – mit Ausnahme des Kapitels VI. Gemäß Art. 2 Abs. 4 sind die Mitgliedstaaten aufgefordert, die erforderlichen Maßnahmen zu ergreifen, um sicherzustellen, dass der Nicht-EU-AIFM die Vorgaben der AIFM-Richtlinie jederzeit einhält.

Letzteres zielt auf die **Durchsetzung der AIFM-Richtlinie ab**, was sich in **72** der Vergangenheit – in anderen Bereichen des Kapital- und Finanzmarktes sowohl innerhalb der EU als auch und insbesondere im EU-grenzüberschreitenden Verkehr – als ein schwieriges Unterfangen erwies. Sind die Zuständigkeit und das anzuwendende Recht mehr oder minder dem Recht des Tätigkeitsstaats zugewiesen, also desjenigen Staats, auf dessen Hoheitsgebiet die regulierte Tätigkeit ausgeübt werden soll, kommt der Durchführung von Ermittlungen und Sanktionen im EU-Ausland ein besonderes Gewicht zu[98].

Notwendige, wenn auch nicht hinreichende Bedingung ist, dass hoheitliche **73** Akte zugestellt, Ermittlungen „vor Ort" durchgeführt und hoheitliche Entscheide vollstreckt werden können. **Beschränkend** wirkt der Grundsatz des allgemeinen **Völkerrechts**, dass aufsichtsrechtliche Prüfungen und Vollstreckungen jedweder

---

[95] Vgl. Final Report vom 16.11.2011, IX.II., S. 243.

[96] Vgl. zur Definition des „Vertriebs" nach Art. 4 Abs. 1 lit. x), Rn. 178 ff.

[97] Vgl. *Klebeck/Meyer* RdF 2012, 95, 96 ff.

[98] Allgemein zu den Schwierigkeiten einer europaweiten Rechtsdurchsetzung *Kurth* WM 2000, 1521 ff.

Art auf dem Territorium eines anderen Staats nur dann zulässig sind, wenn sie von diesem zugelassen sind.

74   Die AIFM-Richtlinie will und kann diesen Grundsatz zwar nicht aufheben, jedoch wird versucht, diesen Grundsatz völker- und kollisionsrechtskonform aufzulockern: Zum einen soll durch entsprechende Kooperationsverträge mit Drittstaaten und deren zuständigen Aufsichtsbehörden eine effektive Zusammenarbeit – v.a. auch der Austausch von notwendigen Informationen – gewährleistet werden.

75   Zum anderen soll mit dem Regulierungskonzept des Referenzmitgliedstaats eine für Nicht-EU-AIFM zuständige Aufsichtsbehörde innerhalb der EU geschaffen werden, die gemeinsam mit dem vom Nicht-EU-AIFM zu bestellenden gesetzlichen **Vertreter** als Schnittstelle bzw. Kontaktperson des Nicht-EU-AIFM die Einhaltung und effektive Durchsetzung der AIFM-Richtlinie sicherstellen soll.

II. Manager-bezogene Voraussetzungen

76   **1. Bestellung eines gesetzlichen Vertreters und seine Funktionen. a) Allgemeines.** Nach Art. 37 Abs. 3 i. V. m. Abs. 7 lit. b) und c) muss der Nicht-EU-AIFM über einen gesetzlichen Vertreter mit **Sitz in „seinem" Referenzmitgliedstaat** verfügen. Der gesetzliche Vertreter ist die Kontaktperson für den Nicht-EU-AIFM in der EU und entsprechend soll sämtliche Korrespondenz zwischen den zuständigen Behörden, den EU-Anlegern des betreffenden AIF und dem Nicht-EU-AIFM über den gesetzlichen Vertreter erfolgen[99].

77   Zudem soll der gesetzliche Vertreter nach der Definition des Art. 4 Abs. 1 lit. u) gemeinsam mit dem Nicht-EU-AIFM die **Compliance-Funktion** in Bezug auf die von dem Nicht-EU-AIFM entsprechend den Vorgaben der AIFM-Richtlinie ausgeführten Verwaltungs- und Vertriebstätigkeiten wahrnehmen.

78   „Gesetzlicher Vertreter" kann jede natürliche Person mit Wohnsitz oder jede juristische Person mit Sitz in der EU sein, die von einem Nicht-EU-AIFM ernannt wurde, im Namen des Nicht-EU-AIFM gegenüber Behörden, Kunden, Einrichtungen und Gegenparteien des Nicht-EU-AIFM in der EU hinsichtlich der Verpflichtungen des Nicht-EU-AIFM unter dem AIFM-Regime zu handeln[100]. Auch eine Zweigniederlassung des Nicht-EU-AIFM mit Sitz im Referenzmitgliedstaat wird man als gesetzlichen Vertreter anerkennen dürfen[101].

79   Das Erfordernis der Bestellung eines Vertreters bzw. Repräsentanten im Inland für ausländische Fonds bzw. deren Verwalter ist kein Novum: Nach der derzeit noch geltenden § 136 Abs. 1 Nr. 2 i. V. m. **§ 138 InvG** ist für den öffentlichen Vertrieb von ausländischen Investmentanteilen, die keine EU-Investmentanteile i. S. d. InvG sind, zwingend erforderlich, dass die ausländische Investmentgesellschaft der BaFin ein inländisches Kreditinstitut oder eine zuverlässige, fachlich geeignete Person mit Sitz oder Wohnsitz im Geltungsbereich des InvG als Repräsentanten benennt[102].

---

[99] Hierzu auch *Pfenninger/Keller,* Hedge Fund Regulierung in der Schweiz und der EU, in Reutter/Werlen, Kapitalmarkttransaktionen VI, Band 115 (2011) S. 71, 120.

[100] Vgl. Art. 4 Abs. 1 lit. u) Rn. 148 ff.

[101] So mit Blick auf das schweizerische Recht auch *Comtesse/Fischer/Stupp* in Watter/ Vogt/Bösch/Rayroux/Winzeler, KAG (2009) Art. 123 Rn. 14.

[102] Vgl. *Erhard* in Berger/Steck/Lübbehüsen, InvG/InvStG (2010) § 136 Rn. 9 ff.

Ähnlich verlangt teilweise auch das EU-Ausland die Bestellung eines inländi- 80
schen Vertreters für den öffentlichen Vertrieb von Fondsanteilen – wie etwa die
Schweiz gemäß Artikel 123 ff. **KAG**[103]. Und ebenso handelt es sich auch bei
der Pflicht zur Bestellung eines Vertreters nach der AIFM-Richtlinie um eine
Marktzutrittsbedingung.

Zwar kann der nationale Gesetzgeber und dessen Aufsichtsbehörden völker- 81
und kollisionsrechtlich nicht unmittelbar auf die Struktur und Organisation eines
ausländischen Fonds bzw. dessen Management einwirken[104]; es soll aber durch
die Beauftragung eines gesetzlichen Vertreters wenigstens die **Einhaltung der
Richtlinienvorgaben** sichergestellt und ein EU-Zugriff auf den Nicht-EU-
AIFM ermöglicht werden[105].

Die Vorgaben der AIFM-Richtlinie sind im Vergleich zu den bisherigen invest- 82
mentrechtlichen Vorgaben in Deutschland in gewissen Bereichen enger und in
anderen weiter: Weiter insoweit, als sich die Bestellung und die Aufgaben eines
inländischen Vertreters nicht nur auf den Vertrieb von Anteilen eines Fonds aus
einem Drittstaat konzentriert, sondern die Aufgaben auch umfassender sind: Der
gesetzliche Vertreter soll gemeinsam mit dem Nicht-EU-AIFM die **Compliance-Funktion** mit Blick auf die Verwaltungs- und Vertriebstätigkeiten entsprechend der AIFM-Richtlinie wahrnehmen. Enger sind die Anforderungen an den
gesetzlichen Vertreter: Anders als § 136 Abs. 1 Nr. 2 InvG stellt die AIFM-Richtlinie keine Anforderungen an die Eignung des gesetzlichen Vertreters[106].

Nach dem Wortlaut muss es sich bei dem Repräsentanten weder um ein inlän- 83
disches Kreditinstitut noch um eine fachlich geeignete und zuverlässige Person
handeln. Ob die Mitgliedstaaten über das Erfordernis einer **hinreichenden Ausstattung**[107] hinaus weitergehende Qualifikationen an den gesetzlichen Vertreter
stellen können, ist fraglich – hängt aber davon ab, ob man die Richtlinienvorgaben
als Mindest- oder Vollharmonisierung begreift[108]. Ungeachtet dessen wird vom
gesetzlichen Vertreter – v.a. mit Blick auf die ordnungsgemäße Erfüllung der
Compliance-Funktionen – jedenfalls eine gewisse fachliche und persönliche Qualifikation gefordert werden dürfen und müssen.

Auch eine ausländische Person kann als gesetzlicher Vertreter ernannt werden, 84
solange sie ihren **(Wohn-)Sitz in dem Referenzmitgliedstaat** des Nicht-EU-
AIFM hat. Weiter kann auch eine Zweigniederlassung des Nicht-EU-AIFM mit
Sitz im Referenzmitgliedstaat die Funktion des gesetzlichen Vertreters überneh-

---

[103] Vgl. *Comtesse/Fischer/Stupp* in Watter/Vogt/Bösch/Rayroux/Winzeler, KAG (2009)
Art. 123 Rn. 1 ff.

[104] Zu den völkerrechtlichen Grenzen der Regulierung bereits Vorbemerkung zu Kapitel VII Rn. 48 ff.

[105] Ebenso die Erwägungen für die Bestellung eines Vertreters nach schweizerischem
Recht; vgl. *Comtesse/Fischer/Stupp* in Watter/Vogt/Bösch/Rayroux/Winzeler, KAG (2009)
Art. 123 Rn. 3.

[106] Zu den Anforderungen an den Repräsentanten nach § 136 Abs. 1 Nr. 2 InvG vgl.
Erhard in Berger/Steck/Lübbehüsen, InvG/InvStG (2010) § 136 Rn. 10; *Vahldiek* in Bödecker, Handbuch Investmentrecht (2007) S. 550.

[107] Vgl. den Wortlaut des Art. 37 Abs. 7 lit. c) der AIFM-Richtlinie.

[108] Zur Frage, ob es sich bei der AIFM-Richtlinie um eine Voll- oder Mindestharmonisierung handelt *Möllers/Harrer/Krüger* WM 2011, 1537, 1543; allgemein zur Diskussion einer
Mindest- oder Vollharmonisierung in weiteren Bereichen des Finanz- und Kapitalmarktrechts
auch *Welter* in Schimansky/Bunte/Lwowski, Bankrechts-Handbuch, 4. Auflage (2011) § 28
Rn. 15 ff.; *Fleischer/Schmolke* NZG 2010, 1241 ff.

men, auch wenn dies u.U. von der Zulassung der Verwaltung von in einem anderen als dem Referenzmitgliedstaat ansässigen AIF durch einen Nicht-EU-AIFM nach Art. 41 abzugrenzen ist[109].

85   Fraglich ist, ob die **Verwahrstelle** zugleich als gesetzlicher Vertreter des Nicht-EU-AIFM ernannt werden kann. Wie bei der Ernennung einer Zweigniederlassung als gesetzlicher Vertreter sprechen auch hier mögliche, personelle Verflechtungen des gesetzlichen Vertreters mit der Verwahrstelle nicht dagegen. Zentrale Aufgabe des gesetzlichen Vertreters ist die Mittlerfunktion zwischen Nicht-EU-AIFM, EU-Anlegern und Aufsichtsbehörden in der EU sowie die Compliance-Funktion, nicht aber seine Mitwirkung bei Entscheidungen des Portfolio- und Risikomanagements. Nicht anders als bei § 136 Abs. Nr. 2 i. V. m. § 138 InvG besteht unseres Erachtens auch hier nicht die Gefahr, dass die Verwahrstelle ihr eigenes Handeln kontrolliert und damit den beabsichtigten Anlegerschutz in Frage stellt[110].

86   **b) Bestellung, Wechsel und Beendigung der Vertreterstellung.** Bestellung, Wechsel und Beendigung der Vertreterstellung sind in der AIFM-Richtlinie nicht ausdrücklich geregelt; die Einzelheiten richten sich nach den Bestimmungen des anwendbaren nationalen Rechts. Nach deutschem Recht greifen die zivilrechtlichen Grundsätze der rechtsgeschäftlichen Vertretung nach §§ 164 ff. BGB. Nicht anders als nach § 136 Abs. 1 Nr. 2 i. V. m. § 138 InvG kann der gesetzliche Vertreter durch Abschluss eines Geschäftsbesorgungsvertrages, oder durch eine Vollmachtserteilung, die der zuständigen Aufsichtsbehörde entsprechend angezeigt werden muss, bestellt werden[111].

87   Auch mit Blick auf den gesetzlichen Vertreter i. S. d. AIFM-Richtlinie wird man verlangen dürfen, dass mit der Einreichung der **Anzeige** des gesetzlichen Vertreters eine Bestätigung des gesetzlichen Vertreters beigelegt wird, dass er die ihm nach der AIFM-Richtlinie zugewiesenen Aufgaben, im Namen des Nicht-EU-AIFM gegenüber Behörden, Kunden, Einrichtungen und Gegenparteien des Nicht-EU-AIFM in der EU zu handeln, zu übernehmen bereit ist[112].

88   Für die Praxis wird es sich empfehlen, den gesetzlichen Vertreter nur nach einer vorherigen Vereinbarung zwischen AIFM und dem gesetzlichen Vertreter zu ernennen, wobei dieser **Vertretungsvertrag** über die Mindestanforderungen der AIFM-Richtlinie hinaus weitergehende Regelungen enthalten kann und sollte – v.a. betreffend Aufgabenkreis und Vertretungsbefugnis im Innenverhältnis, Vergütungs- sowie Haftungsregelungen.

89   Eine gesonderte aufsichtsrechtliche Zulassung des gesetzlichen Vertreters durch die Aufsichtsbehörde des Referenzmitgliedstaats ist nach der AIFM-Richtlinie nicht erforderlich[113]. Ob der Nicht-EU-AIFM für verschiedene, von ihm verwal-

---

[109] Vgl. zur Möglichkeit einer indirekten Verwaltung mittels Zweigniederlassung Art. 41 Rn. 3 ff.

[110] So mit Blick auf § 136 Abs. 1 Nr. 2 i. V. m. § 138 InvG auch *Erhard* in Berger/Steck/Lübbehüsen, InvG/InvStG (2010) § 136 Rn. 11; *Baur*, Investmentgesetze, 2. Auflage (1997) § 2 Rn. 13.

[111] Vgl. *Erhard* in Berger/Steck/Lübbehüsen, InvG/InvStG (2010) § 138 Rn. 5 f.

[112] So für den Repräsentanten der ausländischen Investmentgesellschaft nach § 139 Abs. 2 Nr. 2; hierzu *Erhard* in Berger/Steck/Lübbehüsen, InvG/InvStG (2010) § 138 Rn. 5.

[113] Anderes gilt für den Vertreter einer ausländischen kollektiven Kapitalanlage in der Schweiz, der nach Art. 13 Abs. 2 lit. h) KAG eine gesonderte Bewilligung beantragen muss; *Comtesse/Fischer/Stupp* in Watter/Vogt/Bösch/Rayroux/Winzeler, KAG (2009) Art. 123 Rn. 9.

tete AIF bzw. für deren beabsichtigten Vertrieb innerhalb der EU verschiedene gesetzliche Vertreter ernennen kann, ist ebenso wenig von der AIFM-Richtlinie vorgegeben, wie die Bestellung mehrerer Vertreter für einen AIF[114]. Während Letzteres aufgrund der mit der Bestellung eines Vertreters verbundenen Kosten wohl kaum praktische Bedeutung haben wird, kann die Bestellung verschiedener Vertreter für verschiedene AIF in der Praxis durchaus relevant werden.

Für die Zulässigkeit unterschiedlicher Vertreter für verschiedene AIF eines **90** Nicht-EU-AIFM spricht der Wortlaut des Art. 37 Abs. 7 lit. c). Sinn und Zweck der Bestellung eines gesetzlichen Vertreters, namentlich dessen Mittler- und Kontaktfunktion zwischen den Anlegern, den Aufsichtsbehörden und dem Nicht-EU-AIFM, steht unseres Erachtens einer solchen Auslegung nicht entgegen, solange für diese Parteien der für sie zuständige Ansprechpartner eindeutig erkennbar ist. Umgekehrt sollte ein gesetzlicher Vertreter für verschiedene Nicht-EU-AIFM tätig sein können, sofern jener personell, sach- und fachlich sowie organisatorisch hinreichend ausgestattet ist, um den ihm zugewiesenen Aufgaben ordnungsgemäß nachzukommen.

Praktische Bedeutung hat ein **Wechsel** des gesetzlichen Vertreters v.a., wenn **91** sich der Referenzmitgliedstaat des Nicht-EU-AIFM ändern sollte. Die Beendigung der Vertreterstellung wird von der AIFM-Richtlinie nicht im Detail vorgeschrieben, sondern der nationalen Umsetzung in den einzelnen Mitgliedstaaten überlassen. Zivilrechtlich kann die Vertreterstellung sowohl durch den Nicht-EU-AIFM als auch durch den gesetzlichen Vertreter beendet werden. Im Außenverhältnis, gegenüber Dritten, muss sich – nicht anders als nach dem geltenden § 138 InvG – der Nicht-EU-AIFM das Fortbestehen der Vertretungsmacht gegen sich gelten lassen. Eine Beendigungsanzeige gegenüber der Aufsichtsbehörde könnte Abhilfe schaffen[115].

c) Aufgaben, Befugnisse und Pflichten des gesetzlichen Vertreters. 92 aa) Allgemeines. Die Aufgaben des gesetzlichen Vertreters sind in der AIFM-Richtlinie nicht detailliert, sondern nur sehr abstrakt umschrieben: Nach Art. 37 Abs. 3 ist der gesetzliche Vertreter zum einen die **Kontaktstelle** für den Nicht-EU-AIFM in der EU, und sämtliche Korrespondenz zwischen den zuständigen Behörden und dem Nicht-EU-AIFM und zwischen den EU-Anlegern des betreffenden AIF und dem Nicht-EU-AIFM soll über den gesetzlichen Vertreter erfolgen.

Zum anderen soll der gesetzliche Vertreter gemeinsam mit dem Nicht-EU- **93** AIFM die Compliance-Funktion mit Blick auf die vom Nicht-EU-AIFM entsprechend der **AIFM-Richtlinie** ausgeführten Verwaltungs- sowie Vertriebstätigkeiten innerhalb der EU wahrnehmen[116]. Beide Aufgabenbereiche hat der europäische Gesetzgeber offenbar als wenig harmonisierungsbedürftig angesehen; die weitergehende Konkretisierung soll den Mitgliedstaaten überlassen sein.

bb) Gesetzlicher Vertreter als Kontaktperson des Nicht-EU-AIFM. 94 Soweit der gesetzliche Vertreter eine Mittlerfunktion zwischen dem Nicht-EU-AIFM einerseits und den Anlegern sowie Aufsichtsbehörden andererseits einneh-

---

[114] Hierzu aus schweizerischer Sicht *Comtesse/Fischer/Stupp* in Watter/Vogt/Bösch/Rayroux/Winzeler, KAG (2009) Art. 123 Rn. 8.

[115] Zur Beendigung der Repräsentantenstellung i. S. d. § 138 InvG vgl. *Erhard* in Berger/Steck/Lübbehüsen, InvG/InvStG (2010) § 138 Rn. 7.

[116] Hierzu auch *Pfenninger/Keller,* Hedge Fund Regulierung in der Schweiz und der EU, in Reutter/Werlen, Kapitalmarkttransaktionen VI, Band 115 (2011) S. 71, 120.

men soll, folgt die AIFM-Richtlinie dem aus dem deutschen Recht bekannten Konzept des Repräsentanten für ausländische Fonds i. S. d. InvG[117]. Entsprechend wird man für den gesetzlichen Vertreter i. S. d. AIFM-Richtlinie eine umfassende gesetzliche Vertretungsmacht vorsehen müssen, die im Außenverhältnis rechtsgeschäftlich nicht wirksam beschränkt werden kann[118].

95 Der gesetzliche Vertreter soll als Ansprechpartner im Namen des Nicht-EU-AIFM die erforderliche Korrespondenz und Rechtshandlungen wirksam vornehmen können. Die Anleger wie auch die Behörden sollen sich darauf verlassen dürfen, dass sie über den gesetzlichen Vertreter mit dem Nicht-EU-AIFM nicht nur verkehren und Erklärungen rechtsverbindlich abgeben können, sondern, dass diese auch effektiv durchgesetzt werden[119].

96 Insoweit wird man dem gesetzlichen Vertreter eine gesetzliche **Empfangsvollmacht** einräumen müssen, die ihn kraft Gesetzes zum Empfang von gerichtlichen wie auch außergerichtlichen Erklärungen mit Wirkung für und gegen den Nicht-EU-AIFM ermächtigt[120]. Eine Delegation der Aufgaben des Vertreters an einen oder mehrere Dritte sieht die AIFM-Richtlinie nicht vor.

97 **cc) Gemeinsame Wahrnehmung der Compliance-Funktion.** Weiter soll der gesetzliche Vertreter gemeinsam mit dem Nicht-EU-AIFM nach Art. 37 Abs. 3 die Compliance-Funktion mit Blick auf die vom Nicht-EU-AIFM ausgeführten Verwaltungs- sowie Vertriebstätigkeiten innerhalb der EU wahrnehmen[121]. Compliance meint die Sicherstellung der Einhaltung der gesetzlichen Pflichten des Nicht-EU-AIFM durch präventive, organisatorische Maßnahmen des Nicht-EU-AIFM. Für den Begriff „Compliance-Funktion" fehlt – nicht anders als etwa in der MiFID-Richtlinie – eine Legaldefinition[122].

98 In der Sache meint die Compliance-Funktion den Verantwortungsbereich innerhalb der Organisationsstruktur des AIFM, der die Überwachung, Kontrolle und Bewertung der Wirksamkeit der innerhalb der Organisation des AIFM aufgestellten Grundsätze und Vorkehrungen zur Einhaltung der Vorgaben der AIFM-Richtlinie zum Gegenstand hat[123]. Die Compliance-Funktion ist nicht gleichzusetzen mit der Person des Compliance-Beauftragten[124]. Die Bestellung eines Compliance-Beauftragten erweist sich als eine der zentralen Aufgaben der Compliance-Funktion[125].

---

[117] Zur Rechtsstellung und den Aufgaben des Repräsentanten einer ausländischen Investmentgesellschaft i. S. d. InvG *Erhard* in Berger/Steck/Lübbehüsen, InvG/InvStG (2010) § 138 Rn. 1.

[118] Vgl. *Erhard* in Berger/Steck/Lübbehüsen, InvG/InvStG (2010) § 138 Rn. 2.

[119] Vgl. *Erhard* in Berger/Steck/Lübbehüsen, InvG/InvStG (2010) § 138 Rn. 3.

[120] Vgl. für den Repräsentanten nach § 136 Abs. 1 Nr. 2 i. V. m. § 138 InvG auch *Erhard* in Berger/Steck/Lübbehüsen, InvG/InvStG (2010) § 138 Rn. 3.

[121] Allgemein zur Compliance-Funktion nach der AIFM-Richtlinie *Klebeck/Zollinger* BB 2013, 459 ff.

[122] Zur Compliance-Funktion nach MiFiD vgl. *Röh* BB 2008, 398 ff.; *Klebeck/Zollinger* BB 2013, 459 ff.

[123] Vgl. auch Art. 18 Abs. 2 der AIFM-Richtlinie; hierzu auch die Konkretisierung durch ESMA im Final Report vom 16.11.2011, IV.VII., S. 98 ff.

[124] Vgl. *Röh* BB 2008, 39, 400 mit Blick auf MiFID; sowie mit Blick auf das WpHG *Fett* in Schwark/Zimmer, Kapitalmarktrechts-Kommentar, 4. Auflage (2010) § 33 WpHG Rn. 14 ff.

[125] Vgl. *Fett* in Schwark/Zimmer, Kapitalmarktrechts-Kommentar, 4. Auflage (2010) § 33 WpHG Rn. 21 ff.

Wenn Art. 37 Abs. 3 von einer gemeinsamen Wahrnehmung dieser Funktion **99** spricht, schließt dies unseres Erachtens im Grundsatz nicht aus, dass der gesetzliche Vertreter zugleich die Funktion des Compliance-Beauftragten einnimmt. Freilich gilt auch hier die allgemeine Grenze, dass ein Compliance-Mitarbeiter nicht mit der Kontrolle seines eigenen Handelns betraut werden darf[126].

dd) Rechte und Pflichten des gesetzlichen Vertreters. Von den oben **100** genannten Aufgabenbereichen lässt sich ein Mindestumfang an Rechten und Pflichten ableiten: Neben der Befugnis zur Vertretung des Nicht-EU-AIFM gegenüber Anlegern und Behörden wird man zur ordnungsgemäßen Erfüllung seiner Aufgaben im erforderlichen Umfang **Auskunfts-, Zugangs-, und Einsichtsrechte** gegenüber dem Nicht-EU-AIFM einräumen müssen. Gegenüber den Anlegern und den Behörden treffen den gesetzlichen Vertreter Melde-, Berichts- und Informationspflichten mit Blick auf die Verwaltungs- und Vertriebstätigkeiten des Nicht-EU-AIFM.

Als Kontaktperson wird er insbesondere für die Vorlage des **Jahresberichts** **101** nach Artikel 22 sowie für die Information der Anleger und zuständigen Behörden nach Artikel 23 und 24 zuständig sein. Zu beachten ist, dass der gesetzliche Vertreter diese Pflichten einerseits gemeinsam mit dem Nicht-EU-AIFM erfüllen muss, andererseits soll nach Art. 37 Abs. 3 sämtliche Korrespondenz über den gesetzlichen Vertreter erfolgen.

Fraglich ist, ob der gesetzliche Vertreter (anderen) Mitarbeitern des Nicht-EU- **102** AIFM **Weisungen erteilen kann**, wenn dies zur Wahrnehmung seiner Aufgaben, insbesondere zur Einhaltung der für den Nicht-EU-AIFM geltenden Vorgaben der AIFM-Richtlinie, erforderlich ist[127]. Hier ist zu beachten, dass der gesetzliche Vertreter die Compliance-Funktion lediglich gemeinsam mit dem Nicht-EU-AIFM wahrnehmen soll, was in der Praxis eine gegenseitige Abstimmung nahelegen wird. Zur Zulässigkeit einer Delegation einzelner Aufgaben des Vertreters an Dritte nimmt die AIFM-Richtlinie keine Stellung, wird man aber im Grundsatz bejahen können[128]. Auch hier wird eine Totalauslagerung entsprechend Artikel 20 unzulässig sein[129].

Unmittelbare Rechtsfolgen gegenüber dem gesetzlichen Vertreter bei **Nicht-** **103** **erfüllung** einer seiner Pflichten sieht die AIFM-Richtlinie nicht vor. Unberührt bleiben hiervon allfällige aufsichtsrechtliche Sanktionen gegenüber dem Nicht-EU-AIFM, soweit er sich ein Fehlverhalten des gesetzlichen Vertreters zurechnen lassen muss. Privatrechtliche Konsequenzen aus der Verletzung seiner Pflichten können sich aus dem Innenverhältnis zwischen ihm und dem Nicht-EU-AIFM ergeben. Eine entsprechende Schadensersatzpflicht bestimmt sich nach den allgemeinen vertragsrechtlichen Haftungsgrundsätzen des jeweiligen Mitgliedstaates.

2. Anforderungen an Nicht-EU-AIFM und zulässige Abweichungen. 104 a) Allgemeines. Ein Nicht-EU-AIFM, der beabsichtigt, eine Zulassung gemäß

---

[126] Zur Reichweite des Erfordernisses der Unabhängigkeit mit Blick auf § 33 WpHG *Fett* in Schwark/Zimmer, Kapitalmarktrechts-Kommentar, 4. Auflage (2010) § 33 WpHG Rn. 21 ff.

[127] Vgl. zum Weisungsrecht des Compliance-Beauftragten i. S. d. § 33 WpHG *Fett* in Schwark/Zimmer, Kapitalmarktrechts-Kommentar, 4. Auflage (2010) § 33 WpHG Rn. 24.

[128] Vgl. *Klebeck/Zollinger* BB 2013 459 ff.

[129] Zum Verbot der Totalauslagerung vgl. Art. 20 Rn. 128 ff. sowie die weitergehend Konkretisierung durch ESMA in ihrem Final Report vom 16.11.2011, S. 120 ff. und in ESMA's Diskussionspapier vom 23.2.2012, S. 14; *Herring/Loff* DB 2012, 2029, 2031 f.

Art. 37 Abs. 1 einzuholen, ist verpflichtet, die AIFM-Richtlinie einzuhalten – mit Ausnahme des Kapitels VI, welches im Einzelnen die Rechte von EU-AIFM auf Vertrieb und Verwaltung von EU-AIF in der EU festlegt. Die Besonderheiten für den Vertrieb und die Verwaltung von AIF durch Nicht-EU-AIFM sollen in Kapitel VII gesondert geregelt werden.

105   Nicht anders als für EU-AIFM erschöpft sich auch für Nicht-EU-AIFM die Aufsicht nicht nur in einer Eingangs- bzw. einmaligen Zulassungskontrolle, sondern vielmehr muss die zuständige Aufsichtsbehörde sicherstellen, dass die entsprechend auf Nicht-EU-AIFM anwendbaren Vorschriften während der ganzen Dauer seiner Tätigkeiten in der EU eingehalten werden (vgl. Art. 6 Abs. 1 Unterabs. 1).

106   Anwendbar sind im Grundsatz sämtliche Vorschriften der AIFM-Richtlinie, die auch für EU-AIFM gelten, es sei denn, dass gemäß Art. 37 Abs. 2 die Einhaltung einer Bestimmung der AIFM-Richtlinie mit der Einhaltung der Rechtsvorschriften unvereinbar ist, denen der Nicht-EU-AIFM und/oder der in der EU vertriebene Nicht-EU-AIF unterliegt, dann besteht für den Nicht-EU-AIFM u.U. keine Verpflichtung sich an die entsprechende Vorschrift der AIFM-Richtlinie zu halten.

107   **b) Tätigkeitsanforderungen an den Nicht-EU-AIFM im Einzelnen.** Neben den Antrags- und Zulassungsvoraussetzungen des Kapitels II, die nach Art. 37 Abs. 7 und 8 grundsätzlich entsprechend gelten sollen, muss der Nicht-EU-AIFM – ebenso wie der EU-AIFM – die weiteren Bedingungen für die Ausübung der Tätigkeit als AIFM erfüllen. Kapitel III entsprechend lassen sich diese in die **allgemeinen** und organisatorischen Anforderungen an den AIFM, die Anforderungen an die Auslagerung von AIFM-Funktionen sowie die Anforderungen an die Bestellung einer Verwahrstelle durch den AIFM untergliedern.

108   Ebenso greifen die **Transparenzanforderungen** des Kapitels IV sowie die besonderen Vorschriften des Kapitels V betreffend Hebelfinanzierung sowie Kontrollerwerb über nicht börsennotierte Unternehmen. An dieser Stelle sei noch einmal darauf hingewiesen, dass es für die Zulassung zum europäischen Markt mit einer Vergleichbarkeit oder Gleichwertigkeit der jeweils für den Nicht-EU-AIFM geltenden ausländischen Vorschriften nicht getan ist[130].

109   Erforderlich ist vielmehr, dass der Nicht-EU-AIFM die für ihn geltenden Vorgaben der AIFM-Richtlinie – sprich: Kapitel II bis V – unmittelbar einhält bzw. die dort festgeschriebenen Anforderungen erfüllt. Die Aufsicht über den Nicht-EU-AIFM obliegt den zuständigen Aufsichtsbehörden des jeweils zuständigen Referenzmitgliedstaats[131].

110   Soweit ein Gleichlauf der Regulierung von EU-AIFM und Nicht-EU-AIFM besteht, soll auf die entsprechenden Kommentierungen der Einzelvorschriften verwiesen werden. Aufgezeigt werden im Folgenden mögliche Auswirkungen auf und Besonderheiten für Nicht-EU-AIFM.

111   **aa) Allgemeine Anforderungen.** Was die allgemeinen Anforderungen des Art. 12 betrifft, wird man mit Blick auf Nicht-EU-AIFM keine grundsätzlichen Unterschiede ausmachen können[132]: Nicht anders als der EU-AIFM muss der

---

[130]   Vgl. hierzu auch schon Vorbemerkung zu Kapitel VII Rn. 23 ff.

[131]   Zur Bestimmung und Bedeutung des Referenzmitgliedstaats noch unten Rn. 188 ff.

[132]   Auch die Beschränkungen des Art. 12 Abs. 2 dürften für Nicht-EU-AIFM sinngemäß gelten, wenngleich fraglich ist, ob es sich hierbei um eine Rechtsgrund- oder Rechtsfolgenverweisung handelt.

Nicht-EU-AIFM seiner Tätigkeit nicht nur ehrlich, mit der gebotenen Sachkenntnis, Sorgfalt und Gewissenhaftigkeit, sondern auch „fair" nachgehen. Er muss im Interesse der von ihm verwalteten Fonds, der Investoren und der Marktintegrität handeln, und dabei sicherstellen, dass alle Investoren eine **faire Behandlung** erfahren[133]. Eine Vorzugsbehandlung von bestimmten Investoren soll nur dann zulässig sein, wenn diese in den Vertragsbedingungen des AIF ausdrücklich festgeschrieben ist[134].

Europäischen Finanzdienstleistern sollten diese Wohlverhaltens- und Gleichbehandlungspflichten nicht fremd sein, gelten solche Generalklauseln sowohl unter dem MiFID[135] – als auch dem OGAW-Regime[136]. Dass ein EU-ausländischer Fondsmanager bereits nationale Wohlverhaltensregeln[137] oder internationale Branchenstandards[138] befolgt, hilft, wenn diese Vorschriften (auch) die Anforderungen des Art. 12 erfüllen – was u.U. zu einer aufsichtsrechtlichen Doppelbelastung für den Nicht-EU-AIFM führen kann. **112**

Nichts anderes gilt für die nach Art. 13 i. V. m. Anhang II festzulegende **Vergütungspolitik** und -praxis für Mitarbeiter des Nicht-EU-AIFM, deren berufliche Tätigkeit sich wesentlich auf die Risikoprofile der von ihnen verwalteten AIF auswirkt[139]. Hierzu sollen mindestens die Geschäftsleitung, Risikoträger und Mitarbeiter mit Kontrollfunktionen sowie alle Mitarbeiter gehören, die eine Gesamtvergütung erhalten, aufgrund derer sie sich in derselben Einkommensstufe befinden wie die Geschäftsleitung und Risikoträger[140]. **113**

Die Vergütungsgrundsätze sind so auszugestalten, dass sie mit einem soliden und wirksamen Risikomanagement vereinbar und diesem förderlich sind und nicht zur Übernahme von Risiken ermutigen, die nicht mit dem Risikoprofil, den Vertragsbedingungen oder der Satzung der von ihm verwalteten AIF vereinbar sind. Im Wesentlichen sollen sie sich dabei an der „Empfehlung der Kommission vom 30.4.2009 zur Regelung der Vergütung von Mitgliedern der Unternehmensleitung" orientieren und gegenseitig ergänzen[141]. **114**

Bei den Grundsätzen der Vergütungspolitik sollte berücksichtigt werden, dass die einzelnen AIFM diese Grundsätze je nach ihrer Größe und der Größe der **115**

---

[133] Vgl. hierzu auch *Bussalb/Unzicker* BKR 2012, 309, 315.

[134] Vgl. Final Report vom 16.11.2011, IV.II., Box 19, S. 50 f.

[135] Vor allem die Pflicht zum Wohlverhalten nach der Generalklausel des Art. 19 der MiFID-Richtlinie; hierzu nur *Duve/Keller* BB 2006, 2477 ff.; *Spindler/Kasten* WM 2006, 1797 ff.; *Fleischer* BKR 2006, 389, 394 ff.

[136] Vgl. Kapitel III, 3. Abschnitt der OGAW-Richtlinie, auf die und deren weitergehende Konkretisierungen auch der Final Report vom 16.11.2011 Bezug nimmt; vgl. Final Report vom 16.11.2011, IV.II., S. 39 ff.

[137] Vgl. etwa die Verhaltensregeln für unabhängige Vermögensverwalter nach FINMA-Rundschreiben 2009/1 „Eckwerte zur Vermögensverwaltung"; abrufbar unter: www.finma.ch.

[138] Für die Anlageklasse Private Equity vgl. hierzu etwa die sog. Walker-Guidelines, Disclosure and Transparency in Private Equity, July 2007 (abrufbar unter: http://www.walker-gmg.co.uk; zuletzt abgerufen am: 22.2.2013); oder auch IOSCO's November 2010 Final Report on Private Equity Conflicts of Interest (abrufbar unter: http://www.iosco.org/library/pubdocs/pdf/IOSCOPD341.pdf; zuletzt abgerufen am: 22.2.2013).

[139] Vgl. Art. 13 Rn. 5 ff.; mit Blick auf die Regulierung von Vergütungsstrukturen bei Private Equity Fonds durch die AIFM-Richtlinie auch *Volhard/Kruschke* DB 2011, 2645 ff.; *Möllers/Hailer* ZBB 2012, 178 ff.

[140] Erwägungsgrund (24) der AIFM-Richtlinie.

[141] Erwägungsgrund (26) der AIFM-Richtlinie.

von ihnen verwalteten AIF, ihrer internen Organisation und der Art, des Umfangs und der Komplexität ihrer Geschäftstätigkeiten in verschiedener Weise anwenden können[142]. Diese Vorgabe bietet auch einem Nicht-EU-AIFM gewissen Gestaltungs- und Argumentationsspielraum, wenngleich die in Anhang II festgelegten Kernpunkte der Vergütungspolitik und -praxis einzuhalten sind.

116   Auch der Nicht-EU-AIFM ist nach Art. 14 verpflichtet, Vorkehrungen zu treffen, um **Interessenkonflikte**, die im Zusammenhang mit der Verwaltung des AIF entstehen, zu ermitteln, vorzubeugen, beizulegen und zu beobachten, um zu verhindern, dass diese den Interessen des AIF und seiner Anleger schaden[143]. Reichen die Vorkehrungen nicht aus, um Interessenkonflikte zu vermeiden, muss der Anleger über den Interessenkonflikt informiert und angemessene Strategien und Verfahren zur Risikobeschränkung entwickelt werden[144].

117   Soweit der Nicht-EU-AIFM einen **Primebroker** einsetzt, muss die Möglichkeit der Übertragung und Wiederverwendung der Vermögenswerte des AIF vertraglich vereinbart werden, und den Vertragsbedingungen bzw. der Satzung des AIF entsprechen. Die AIFM-Richtlinie übernimmt damit den bekannten Ansatz der MiFID-Richtlinie zum Umgang mit Interessenkonflikten, insbesondere Art. 18 Abs. 1 MiFID-Richtlinie, der durch Art. 21 der Durchführungsrichtlinie zur MiFID[145] konkretisiert wird[146].

118   Ebenso wird der Nicht-EU-AIFM aufgerufen sein, innerhalb seiner eigenen Betriebsabläufe Aufgaben und Verantwortungsbereiche, die als miteinander unvereinbar angesehen werden oder potenziell systematisch Interessenkonflikte hervorrufen könnten, voneinander zu trennen. Dabei dürfen die Anforderungen richtigerweise nicht so weit überzogen werden, dass eine arbeitsteilige, fachlich bereichsübergreifende Zusammenarbeit im Interesse des Anlegers unmöglich wird[147].

119   In entsprechender Anwendung des Art. 15 ist das **Risikomanagement** eines Nicht-EU-AIFM funktionell und hierarchisch von den operativen Abteilungen und der Funktion des Portfoliomanagements zu trennen[148]. Der Nicht-EU-AIFM muss jederzeit in der Lage sein, nachzuweisen, dass besondere Schutzvorkehrungen gegen Interessenkonflikte eine unabhängige Ausübung des Risikomanagements ermöglichen und dieses durchgängig wirksam ist[149].

120   Ferner muss der Nicht-EU-AIFM angemessene Risikomanagement-Systeme einsetzen, die die Risiken, die für die einzelnen AIF-Anlagestrategien wesentlich sind und denen der AIF unterliegt, hinreichend feststellen, bewerten, steuern und überwachen. Dabei ist das Risikomanagement-System regelmäßig – mindestens einmal im Jahr – zu überprüfen und allenfalls anzupassen[150].

---

[142] Erwägungsgrund (25) der AIFM-Richtlinie.

[143] Vgl. Art. 14 Rn. 17 ff.

[144] Vgl. Art. 14 Rn. 17 ff.

[145] Richtlinie 2006/73/EG der Kommission vom 10.8.2006 zur Durchführung der Richtlinie 2004/39/EG des Europäischen Parlaments und des Rates in Bezug auf die organisatorischen Anforderungen an Wertpapierfirmen und die Bedingungen für die Ausübung ihrer Tätigkeit sowie im Bezug auf die Definition bestimmter Begriffe für die Zwecke der genannten Richtlinie, ABl. EU Nr. L 241, S. 76 ff. vom 2.9.2006.

[146] Vgl. Final Report vom 16.11.2011, IV.III. S. 52 ff.

[147] Richtig *Spindler/Tancredi* WM 2011, 1393, 1402.

[148] Vgl. Art. 15 Rn. 5 ff.

[149] Zur Konkretisierung der Anforderungen an das Risikomanagement durch ESAM vgl. Final Report vom 16.11.2011, IV.IV., S. 60 ff.; *Bussalb/Unzicker* BKR 2012, 309, 315 f.

[150] Vgl. *Timmerbeil/Spachmüller* DB 2012, 1425 ff.

Auch für den Nicht-EU-AIFM gelten gemäß Art. 15 Abs. 3 die **Mindestsorg-** 121
faltspflichten, wonach der AIFM beim Tätigwerden für den AIF die Durchführung einer regelmäßigen sorgfältigen Due Diligence und entsprechenden Dokumentation vorsieht. Der AIFM muss die Risiken der einzelnen Anlagepositionen
laufend – u.a. auch durch Nutzung angemessener Stresstests – bewerten, einschät-
zen, steuern und überwachen[151].

Sofern anwendbar, muss auch der Nicht-EU-AIFM für jeden AIF ein Höchst- 122
maß an **Hebelfinanzierungen** festlegen, sowie den Umfang des Rechts zur
Wiederverwendung von Sicherheiten oder sonstigen Garantien bestimmen, die
im Rahmen der Vereinbarung über die Hebelfinanzierung gewährt werden könnten[152].

Sofern es sich nicht um einen ungehebelten und geschlossenen AIF handelt, 123
muss auch der Nicht-EU-AIFM ein **Liquiditätsmanagement** entsprechend
Art. 16 für den von ihm verwalteten AIF vorsehen, das mit den Rückgabemöglichkeiten der Anleger, der Anlagestrategie sowie dem Liquiditätsprofil konsistent
ist und auch Stresstests vorsieht[153].

bb) Organisatorische Anforderungen. Die organisatorischen Anforderun- 124
gen nach Art. 18 und 19 sind von einem Nicht-EU-AIFM ebenfalls zu erfüllen.
Danach muss er über eine ordnungsgemäße **Verwaltung und Buchhaltung**
sowie **Kontroll- und Sicherheitsvorkehrungen** in Bezug auf die elektronische
Datenverarbeitung und interne Kontrollverfahren verfügen[154].

Zudem sind Regeln für persönliche **Geschäfte von Mitarbeitern** aufzustellen. 125
Es muss gewährleistet sein, dass jedes Geschäft den AIF betreffend nach Herkunft,
Vertragsparteien, Art, Abschlusszeitpunkt und -ort rekonstruiert werden kann und
dass die Vermögenswerte des AIF entsprechend seinen Vertragsbedingungen oder
der Satzung angelegt werden[155].

Zu den organisatorischen Anforderungen nach Art. 19 gehört auch, dass der 126
AIFM Verfahren festlegt, die eine ordnungsgemäße und **unabhängige Bewer-**
tung der Vermögenswerte des AIF ermöglichen. Eine solche Bewertung sowie
die Berechnung des Nettoinventarwerts je Anteil muss mindestens einmal jährlich
erfolgen; bei einem offenen AIF in zeitlichen Abständen, die angemessen im
Hinblick auf seine Vermögenswerte sowie die Ausgabe- und Rücknahmehäufigkeit sind[156].

Die Bewertung kann vom AIFM selbst als auch von einem **externen Bewerter** 127
vorgenommen werden[157]. Externer Bewerter kann auch die Verwahrstelle des
jeweiligen AIF sein, sofern eine funktionale und hierarchische Trennung zwischen
den beiden Aufgaben erfolgt und potentielle Interessenkonflikte ordnungsgemäß
ermittelt, gesteuert, beobachtet und gegenüber Anlegern des AIF offengelegt werden.

Zieht der AIFM einen externen Bewerter für die Bewertung bei, muss er 128
nachweisen, dass der externe Bewerter die Kriterien des Art. 19 Abs. 5 erfüllt[158].

---

[151] Vgl. Art. 15 Rn. 194 ff.
[152] Vgl. Art. 15 Rn. 194 ff.
[153] Vgl. Art. 16 Rn. 98 ff.
[154] Vgl. Art. 18 Rn. 15 ff.
[155] Vgl. Art. 18 Rn. 15 ff.
[156] Vgl. Art. 19 Rn. 156 ff.
[157] Vgl. Art. 19 Rn. 109 ff.
[158] Vgl. Art. 19 Rn. 121 ff.

Nimmt man den Verweis von Art. 19 Abs. 5 lit. c) auf Art. 20 Abs. 1 und 2 ernst, ließe sich vertreten, dass zulässigerweise auch ein externer Bewerter aus einem Drittstaat bestellt werden kann. Insoweit stellt sich die Frage, wie weit die Rechtsgrundverweisung des Art. 19 Abs. 5 reicht. Der Nicht-EU-AIFM bleibt auch bei Einschaltung eines externen Bewerters für die ordnungsgemäße Berechnung und Bekanntgabe des Nettoinventarwerts sowie die Bewertung gegenüber dem AIF und seinen Anlegern verantwortlich. Die Haftung des externen Bewerters gegenüber kann dem AIFM für fahrlässige oder vorsätzliche Nichterfüllung nicht vertraglich ausgeschlossen werden[159].

129   **cc) Auslagerung von Funktionen des Nicht-EU-AIFM.** Auch ein Nicht-EU-AIFM darf seine Funktionen unter den Voraussetzungen des Artikels 20 auf Dritte auslagern[160]. Wird in der Praxis der Auslagerung von Funktionen eines EU-AIFM auf ein Auslagerungsunternehmen mit Sitz in einem Drittstaat eine zentrale Bedeutung zukommen, kann es durchaus auch zu einer Übertragung von Aufgaben des Nicht-EU-AIFM auf einen Dritten – sei es mit Sitz in der EU oder Drittstaat – kommen.

130   Freilich gilt auch für Nicht-EU-AIFM: Die Auslagerung findet dort ihre Grenze, wo der AIFM nicht mehr länger als Verwalter des AIF angesehen werden kann und er zu einem bloßen **Briefkastenunternehmen** wird – Art. 20 Abs. 3 Halbs. 2[161]. Eine Übertragung des Portfolio- oder Risikomanagements darf nach Art. 20 Abs. 2 zudem nicht an die Verwahrstelle oder einen ihrer Beauftragten erfolgen.

131   Zudem darf nicht an ein Unternehmen ausgelagert werden, dessen Interessen mit denen des AIFM oder der Anleger des AIF in Konflikt stehen können, es sei denn, es erfolgt eine funktionale und hierarchische Trennung zwischen den beiden Aufgaben und die potentiellen **Interessenkonflikte** werden ordnungsgemäß ermittelt, gesteuert, beobachtet und gegenüber Anlegern des AIF offengelegt[162].

132   Positiv formuliert ist die Aufgabenübertragung nur dann zulässig, wenn der AIFM die Struktur zur Auslagerung **objektiv rechtfertigen** kann und der Beauftragte über ausreichend Ressourcen zur Ausführung der jeweiligen Aufgaben verfügt und die Personen, welche die Geschäfte tatsächlich führen, persönlich und sachlich zuverlässig sind[163]. Die Übertragung darf die Wirksamkeit der Beaufsichtigung der AIFM nicht beeinträchtigen; insbesondere darf sie weder den Nicht-EU-AIFM daran hindern, im Interesse seiner Anleger zu handeln, noch verhindern, dass der AIF im Interesse der Anleger verwaltet wird. Ferner muss der Nicht-EU-AIFM den ausgelagerten Bereich überwachen und beauftragten Dritten Weisungen erteilen sowie den Auslagerungsvertrag sofort beenden können, wenn dies im Interesse der Anleger geboten ist[164].

133   Für die Auslagerung des Portfolio- oder Risikomanagements ist erforderlich und eine Auslagerung nur zulässig, wenn der **Beauftragte für die Zwecke der**

---

[159] Vgl. Art. 19 Rn. 173 ff.

[160] Zur Auslagerung von Finanzdienstleistungen auch *Klebeck* RdF 2012, 225 ff.; *Herring/Loff* DB 2012, 2029, 2031 ff..

[161] Vgl. Final Report vom 16.11.2011, IV.IX., S. 121 sowie Box 74, S. 134 ff.; *Klebeck*, RdF 2012, 225 ff.

[162] Vgl. Final Report vom 16.11.2011, IV.IX., Box 69, S. 131 f.; sowie Box 72, S. 133 ff.

[163] Vgl. Final Report vom 16.11.2011, IV.IX., Box 66, S. 127 ff.

[164] Vgl. Final Report vom 16.11.2011, IV.IX., Box 68, S. 129 ff.; zusammenfassend *Klebeck*, RdF 2012, 225 ff.; *Bussalb/Unzicker* BKR 2012, 309, 316 f.

Vermögensverwaltung zugelassen oder registriert ist und einer Aufsicht unterliegt. Werden diese Bedingungen nicht eingehalten, ist die vorherige Genehmigung durch die für den Nicht-EU-AIFM zuständige Aufsichtsbehörde des Referenzmitgliedstaats einzuholen. Hat der beauftragte Dritte seinen Sitz seinerseits in einem Drittstaat, müssen die für den Nicht-EU-AIFM zuständigen Behörden des Referenzmitgliedstaats mit den jeweils zuständigen Behörden des Drittstaats zusammenarbeiten[165].

Der Nachweis der Einhaltung der erforderlichen **Qualifikationen des Beauf- 134 tragten** obliegt dem Nicht-EU-AIFM. Die Haftung des Nicht-EU-AIFM gegenüber dem AIF und seinen Anlegern darf von der Funktionsauslagerung nicht berührt werden. Die Auslagerung und deren Umfang sind – gemäß Art. 20 Abs. 1 – der zuständigen Behörde des Referenzmitgliedstaats des Nicht-EU-AIFM zu melden, bevor die Auslagerung wirksam wird.

Ob darüber hinaus im Falle einer Auslagerung von Funktionen auch **die Auf- 135 sichtsbehörden des Drittstaats** zu unterrichten sind, schreibt die AIFM-Richtlinie richtigerweise nicht vor, denn dabei handelt es sich um eine Frage der nationalen Regulierung des maßgeblichen Drittstaats. Mit Blick auf eine Unterbeauftragung durch das Auslagerungsunternehmen des Nicht-EU-AIFM finden die Vorschriften des Art. 20 Abs. 4 bis 6 entsprechend Anwendung[166].

dd) Bestellung einer Verwahrstelle. Das Erfordernis des Artikels 21, dass 136 eine Verwahrstelle für jeden vom AIFM verwalteten AIF eine Verwahrstelle bestellt wird, ist für zahlreiche, v.a. für geschlossene Fonds und ihre Manager – jedenfalls außerhalb der bislang geltenden Regulierung des InvG – weithin Neuland[167]. Das gilt für EU-AIFM und Nicht-EU-AIFM gleichermaßen[168]. Die Anforderungen der AIFM-Richtlinie an die Verwahrstelle sind dabei weniger streng ausgefallen als nach der bisherigen Fondsregulierung des InvG, wonach zwingend ein Kreditinstitut als Verwahrstelle benannt werden muss[169].

Als Verwahrstelle i. S. d. AIFM-Richtlinie kommen nicht nur Kreditinstitute 137 sowie Wertpapierfirmen mit Sitz in der EU, sondern auch sonstige **beaufsichtigte Institute** in Frage, die als zulässige OGAW-Verwahrstelle nach Artikel 23 der OGAW-Richtlinie qualifizieren[170]. Besonderheiten gelten bei der Bestellung einer Verwahrstelle für Nicht-EU-AIF: Unbeschadet des Art. 21 Abs. 5 lit. b) kann die Verwahrstelle auch ein Kreditinstitut oder ein ähnlich wie die in Art. 21 Abs. 3 Unterabs. 1 lit. a) und b) genannten Unternehmen geartetes Unternehmen sein. Voraussetzung ist, dass die Bedingungen des Art. 21 Abs. 6 lit. b) eingehalten sind[171].

Bei **geschlossenen Fonds**, die nicht in verwahrfähige Vermögenswerte inves- 138 tieren, kann auch eine andere Person oder Einrichtung, die nach anerkannten

---

[165] Hierzu auch *Klebeck* RdF 2012, 225 ff.

[166] Zu Einzelheiten vgl. Art. 20 Rn. 143 ff.

[167] Vgl. auch *Bussalb/Unzicker* BKR 2012, 309, 317 f.; zum Erfordernis der Beauftragung eines Kreditinstituts als Depotbank für die Verwahrung des Investmentvermögens nach § 20 InvG *Köndgen* in Berger/Steck/Lübbehüsen, InvG/InvStG (2010) § 20 Rn. 2 ff.

[168] Hierzu auch *Kobbach/Anders* NZG 2012, 1170 ff.

[169] Vgl. hierzu *Köndgen* in Berger/Steck/Lübbehüsen, InvG/InvStG (2010) § 20 Rn. 4 ff.

[170] Vgl. Final Report vom 16.11.2011, S. 136 ff.

[171] Zur Konkretisierung durch ESMA ("Criteria for assessment of prudential regulation and supervision applicable to a depositary established in a third country") vgl. Final Report vom 16.11.2011, Box 76, S. 144 ff.

gesetzlichen oder berufsständischen Regeln Aufgaben einer Verwahrstelle wahrnimmt, mit den Aufgaben einer Depotbank betraut werden. Laut Erwägungsgrund (24) sind hiermit insbesondere Notare, Rechtsanwälte, Registrare und ähnliche Personen gemeint – was in der Praxis v.a. für Private Equity Fonds von Bedeutung sein wird[172].

139   Im Grundsatz gelten die oben gemachten Ausführungen auch für Nicht-EU-AIFM, wenngleich folgende Besonderheiten mit Blick auf den Ort der jeweiligen Verwahrstelle nach Art. 21 Abs. 5 zu beachten sind[173]: Bei einem EU-AIF muss die Verwahrstelle ihren **Sitz** im Herkunftsmitgliedstaat des EU-AIF haben[174]. Bei einem Nicht-EU-AIF muss die Verwahrstelle jedoch in dem Drittstaat gelegen sein, in dem sich der Sitz des Nicht-EU-AIF befindet, oder in dem Herkunftsmitgliedstaat des EU-AIFM, der den AIF verwaltet bzw. in dem Referenzmitgliedstaat des Nicht-EU-AIFM, der den AIF verwaltet.

140   Ob sich für einen Nicht-EU-AIF, der von einem EU-AIFM verwaltet wird, empfiehlt, anstelle einer Verwahrstelle mit Sitz im Herkunftsmitgliedstaat des EU-AIFM eine Drittstaaten-Verwahrstelle zu bestellen, wird von zwei zentralen Faktoren abhängen: Erstens, ob die ausländische Regulierung des entsprechenden Drittstaats nicht selbst das Erfordernis einer Depotbank oder Verwahrstelle mit Sitz im Drittstaat zwingend vorschreibt – wie etwa nach Art. 72 ff. KAG für Schweizer Fonds.

141   Zweitens wird entscheidend sein, ob die Rechtsvorschriften des Drittstaats den Anforderungen an die Verwahrstelle nach der AIFM-Richtlinie gerecht werden bzw. gleichwertig sind. Welche Anforderungen im Einzelnen an die entsprechende Regulierung und Beaufsichtigung im Drittstaat zu stellen sind, soll durch Level-II-Maßnahmen präzisiert werden. Notwendige, wenn auch unseres Erachtens hinreichende Bedingung hierfür ist eine durch eine Gesamtbetrachtung festgestellte Gleichwertigkeit der Regulierung und Beaufsichtigung[175].

142   Eine **Delegation** der Aufgaben der Verwahrstelle ist nach Art. 21 Abs. 11 nur beschränkt möglich; zulässig ist sie v.a. dann, wenn sie nicht in der Absicht erfolgt, die Anforderungen der AIFM-Richtlinie zu umgehen, die Verwahrstelle einen objektiven Grund für die Delegation nachweisen kann und den Drittverwahrer sorgfältig ausgewählt hat[176]. Der Drittverwahrer muss für die Verwahrung der Vermögenswerte qualifiziert sein, bei der Verwahrung von Finanzinstrumenten nach Art. 21 Abs. 8 lit. a) einer wirksamen Regulierung, einschließlich Mindesteigenkapitalanforderungen, und Aufsicht in der betreffenden rechtlichen Zuständigkeit, einer regelmäßigen externen Rechnungsprüfung unterliegen, durch die gewährleistet wird, dass sich die Finanzinstrumente in seinem Besitz befinden[177].

143   Die Vermögenswerte müssen **getrennt** von den Vermögenswerten des Dritten und dem Vermögen der **Verwahrstelle verwahrt** werden. Der Dritte darf die Vermögenswerte nicht ohne vorherige Zustimmung des AIF oder des für Rechnung des AIF tätigen AIFM und nicht ohne eine vorherige Mitteilung an die

---

[172] Vgl. *Wallach* RdF 2011, 80, 83; *Weiser/Jang* BB 2011, 1219, 1223.

[173] Hierzu auch *Pfenninger/Keller*, Hedge Fund Regulierung in der Schweiz und der EU, in: Reutter/Werlen, Kapitalmarkttransaktionen VI, Band 115 (2011) S. 71, 121 f.

[174] Vgl. Art. 21 Rn. 6 ff.

[175] Vgl. Final Report vom 16.11.2011, Box 76, S. 144 f. spricht von *„the same effect as those set out for the access to the business of credit institution or investment firm within the EU"*.

[176] Vgl. Art. 21 Rn. 101 ff.

[177] Vgl. Art. 21 Rn. 319 ff.

Verwahrstelle verwenden. Zudem muss sich der beauftragte Drittverwahrer –
nicht anders als die Verwahrstelle – an die allgemeinen Verhaltenspflichten des
Art. 21 – insbesondere derjenigen der Abs. 8 und 10 halten[178]. Die delegierende
Verwahrstelle muss die Erfüllung dieser Voraussetzungen beim Drittverwahrer
laufend überwachen[179].

ee) Transparenzanforderungen. Wenig überraschend muss auch ein Nicht- **144**
EU-AIFM die umfangreichen Transparenz- und Informationspflichten der Artikel 22 ff. erfüllen, welche deutlich höhere Anforderungen stellen als nach der
bisher geltenden Regulierung für Investmentfonds nach dem InvG. Der Nicht-
EU-AIFM muss nach Art. 22 für jeden AIF und für jedes Geschäftsjahr spätestens
sechs Monate nach Ende des Geschäftsjahrs einen **Jahresbericht** erstellen, der
u.a. auch Angaben zu den gezahlten Vergütungen enthalten muss, aufgeteilt in
fixe und variable Vergütungen und in Vergütungen, die an die obere Geschäftsführung und an Mitarbeiter, deren Tätigkeit das Risikoprofil des AIF wesentlich
beeinflussen, geflossen sind.

Der Jahresbericht ist zu prüfen und den Anlegern auf Verlangen wie auch den **145**
zuständigen Aufsichtsbehörden auszuhändigen. Die Mitgliedstaaten können es
dabei denjenigen AIFM, die Nicht-EU-AIF verwalten, gestatten, den Jahresbericht einer internationalen Rechnungslegungsstandards entsprechenden Prüfung
zu unterziehen, die in dem Land gelten, in dem der Nicht-EU-AIF seinen satzungsmäßigen Sitz hat.

Was die Informationspflichten gegenüber den Anlegern des AIF betrifft, kann **146**
man zwischen den Pflichten vor und nach Zeichnung von Fondsanteilen differenzieren: Auch wenn der Begriff „Verkaufsprospekt" nicht ausdrücklich erwähnt
wird, ist – der bisherigen und verbreiteten Praxis folgend – davon auszugehen,
dass die nach Art. 23 Abs. 1 zu machenden Angaben in der Praxis in einem als
„Verkaufsprospekt", „Informationsmemorandum" oder dergleichen bezeichneten
Dokument gemacht werden[180]. Dieses Dokument ist den Anlegern in der in den
Fondsstatuten festgelegten Form zur Verfügung zu stellen.

Der Wortlaut des Art. 23 lässt es unseres Erachtens zu, dass das Dokument den **147**
Anlegern lediglich auf einem Datenträger oder etwa auch auf der Webseite des
AIF bzw. AIFM zugänglich gemacht wird[181]. Für einen Nicht-EU-AIFM, der
seinen AIF auch Investoren außerhalb der EU anbieten will, kann diese Informati-
ons- und damit einhergehende Dokumentationspflicht u.U. zu einer signifikanten
Doppelbelastung führen, da er die Fondsdokumentation nicht nur AIFM-richtli-
nienkonform ausgestalten, sondern auch mit weiteren Anforderungen ausländischer Rechtsordnungen abgleichen und abstimmen muss.

Ob und inwieweit das bislang praktizierte **Fondsberichtswesen** durch die **148**
Pflicht des AIFM, den Anlegern gegenüber periodisch bestimmte Angaben über
den AIF zu machen, geändert wird, hängt von den durch Level-II zu konkretisierenden Details der erforderlichen Angaben ab, wie bspw. Informationen über den
Anteil illiquider Vermögenswerte, Änderungen im Liquiditätsmanagement, das
aktuelle Risikoprofil und das darauf abgestimmte Risikomanagement, Änderungen im maximalen Leverage oder der Gesamtumfang des eingesetzten Leverage[182].

---

[178] Vgl. Art. 21 Rn. 140 ff.
[179] *Kobbach/Anders* NZG 2012, 1170 ff.
[180] Richtig *Wallach* RdF 2011, 80, 85.
[181] So auch *Wallach* RdF 2011, 80, 85.
[182] Zu den Transparenzpflichten im Überblick auch *Spindler/Tancredi* WM 2011, 1441 ff.

149   Ebenfalls neu sind die laufenden **Informationspflichten** des AIFM gegenüber der zuständigen **Aufsichtsbehörde** nach Artikel 24 – was auch den Nicht-EU-AIFM vor neue Herausforderungen stellen wird[183]. Diese umfassen Informationen, aus denen sich systemrelevante Risiken ableiten lassen, wie etwa Angaben über die wichtigsten Märkte und Finanzinstrumente, in denen gehandelt wird, die wichtigsten Risiken und Konzentrationen im Portfolio, den Anteil illiquider Vermögenswerte, das aktuelle Risikoprofil, das Ergebnis von Stresstests und den Umfang und die Zusammensetzung des Leverage[184].

150   Darüber hinaus kann die für den Nicht-EU-AIFM zuständige Aufsichtsbehörde des Referenzmitgliedstaats zur Überwachung von Risiken weitere Informationen verlangen[185]. Zu beachten ist, dass für Nicht-EU-AIFM die Berichtspflichten über die Hebelfinanzierung gemäß Art. 24 Abs. 4 auf die von ihnen verwalteten EU-AIF und die von ihnen in der Union vertriebenen Nicht-EU-AIF beschränkt ist.

151   **ff) Besondere Bestimmungen bei hebelfinanzierten Fonds und Kontrollerwerb.** Mit Blick auf die Sondervorschriften des Kapitels V für hebelfinanzierte Fonds (Art. 25) und solchen, die die Kontrolle über nicht börsennotierte Unternehmen und Emittenten erlangen (Art. 26 ff.), gelten für Nicht-EU-AIFM die dort gemachten Ausführungen entsprechend.

152   Fraglich ist, ob diese Beschränkungen auch für Fondsmanager und deren Fonds greifen, die entweder von vornherein nicht vom **Anwendungsbereich** der AIFM-Richtlinie erfasst sind oder denen der notwendige EU-Bezug fehlt, weil sie lediglich Nicht-EU-AIF verwalten und deren Anteile auch nicht an professionelle Anleger in der Union vertrieben werden (sollen). Richtigerweise wird man dies mangels EU-Bezug verneinen müssen.

153   Dies belegen nicht nur die vorgesehenen **Informationspflichten** gegenüber den jeweils zuständigen **Aufsichtsbehörden** des Herkunfts- bzw. Referenzmitgliedstaats, sondern auch der Erwägungsgrund (14): Die Anforderungen für Nicht-EU-AIFM sollen sich danach auf die Verwaltung von EU-AIF und anderen AIF beschränken, deren Anteile auch an professionelle Anleger in der Union vertrieben werden. Zu beachten ist, dass es sich bei der AIFM-Richtlinie auch insoweit um eine Mindest- und keine Vollharmonisierung handelt.

154   **c) Zulässige Abweichungen aufgrund Unvereinbarkeit.** Dass für den Nicht-EU-AIFM die Einhaltung der Vorgaben der AIFM-Richtlinie einerseits und andererseits die aufsichtsrechtlichen Bestimmungen des jeweiligen Drittstaats zu einer regulatorischen Doppelbelastung führen kann[186], anerkennt die AIFM-Richtlinie in Art. 37 Abs. 2 lit. a) bis c) i. V. m. Abs. 8: Wenn und soweit die Einhaltung einer Bestimmung der AIFM-Richtlinie mit der **Einhaltung der Rechtsvorschriften unvereinbar** ist, denen der Nicht-EU-AIFM oder der in der EU vertriebene Nicht-EU-AIF unterliegt, besteht für den Nicht-EU-AIFM keine Verpflichtung, sich an die Bestimmungen der AIFM-Richtlinie zu halten, wenn er belegen kann, dass
a) es nicht möglich ist, die Einhaltung der AIFM-Richtlinie mit der Einhaltung einer verpflichtenden Rechtsvorschrift, der der Nicht-EU-AIFM oder der in der Union vertriebene Nicht-EU-AIF unterliegt, miteinander zu verbinden,

---

[183] Vgl. Art. 24 Rn. 5 ff.
[184] Vgl. Art. 24 Rn. 21 ff.
[185] Vgl. Art. 24 Rn. 25 ff.
[186] Hierzu auch *Klebeck/Meyer* RdF 2012, 95, 96 ff.

b) die Rechtsvorschriften, denen der Nicht-EU-AIFM oder der Nicht-EU-AIF unterliegt, eine gleichwertige Bestimmung mit dem gleichen Zweck und dem gleichen Schutzniveau für die Anleger des betreffenden AIF enthalten, und

c) der Nicht-EU-AIFM oder der Nicht-EU-AIF die genannte gleichwertige Bestimmung erfüllt.

Ob und inwieweit einem Nicht-EU-AIFM die Möglichkeit zur Abweichung **155** von Bestimmungen der AIFM-Richtlinie in der Praxis helfen wird, hängt davon ab, wie viel Raum man dieser Ausnahme geben wird. Nach Art. 37 Abs. 23 obliegt es der ESMA, im Interesse einer europaweit einheitlichen Anwendung Entwürfe für technische Regulierungsstandards auszuarbeiten, unter welchen Bedingungen angenommen werden können, dass die Rechtsvorschriften, denen ein Nicht-EU-AIFM oder ein Nicht-EU-AIF unterliegt, eine **gleichwertige Bestimmung** mit demselben regulatorischen Zweck und dem gleichen Schutzniveau für die betreffenden Anleger enthalten.

Die Beantwortung der vorgelagerten Frage, ob überhaupt eine Unvereinbarkeit **156** mit zwingenden Rechtsvorschriften des Drittstaats vorliegt und eine Dispensmöglichkeit von bestimmten Vorschriften der AIFM-Richtlinie besteht, ist Sache des jeweiligen Referenzmitgliedstaats – Art. 37 Abs. 9. Die ESMA ist bemüht, auch insoweit eine gemeinsame europäische Aufsichtskultur, kohärente Aufsichtspraktiken und Herangehensweisen zu schaffen.

Für eine weite Auslegung dieser Dispensvorschrift könnte der auch für die **157** AIFM-Richtlinie geltende Grundsatz der **Verhältnismäßigkeit** sprechen. Damit könnte man eine wirtschaftlich unverhältnismäßige Doppelbelastung für den Nicht-EU-AIFM – ein Fall der „wirtschaftlichen Unmöglichkeit" – als Befreiungsgrund anführen. Dagegen sprechen aber nicht nur das Ziel der regulatorischen Gleichstellung von EU-AIFM und Nicht-EU-AIFM, sondern auch der Wortlaut des Art. 37 Abs. 8 lit. a) ii) und iii): Notwendig ist für den Beleg des Konflikts demnach u.a. ein Rechtsgutachten zum Bestehen der betreffenden inkompatiblen zwingenden Vorschrift im Recht des Drittstaats.

Von welchen Vorschriften der AIFM-Richtlinie ein Nicht-EU-AIFM befreit **158** werden kann, gibt Art. 37 nicht vor. Dies kann sie auch nicht, hängt es doch entscheidend von den jeweils für den Nicht-EU-AIFM geltenden Rechtsvorschriften seines Drittstaats ab. Die Verwaltungspraxis der einzelnen Aufsichtsbehörden bleibt abzuwarten. Die EU strebt zwar ein kohärentes Aufsichtsverfahren der zuständigen Behörden der Mitgliedstaaten an; konkrete Vorgaben im Wege des Level II-Verfahrens sind jedoch nicht vorgesehen.

Präzisiert werden sollen gemäß Art. 37 Abs. 23 die Kriterien für die **Vergleich- 159 barkeitsprüfung** der Rechtsvorschriften des Drittstaats mit den Bestimmungen der AIFM-Richtlinie. Fraglich ist, ob es auf einen Vergleich der konkreten Einzelvorschrift des Drittstaats oder auf einen Gesamtvergleich mit dem Regulierungskonzept des Drittstaats ankommt. Die AIFM-Richtlinie ist hierzu nicht eindeutig.

Richtigerweise wird man auf eine **Gesamtbetrachtung** abstellen[187]. Notwen- **160** dig ist nicht das Bestehen einer konkreten, konfligierenden, aber vergleichbaren Einzelvorschrift, sondern erforderlich ist, dass in dem jeweiligen Drittstaat ein Regulierungskonzept besteht, welchem ein Nicht-EU-AIFM oder ein Nicht-EU-AIF unterliegt und welches eine gleichwertige Bestimmung mit demselben

---

[187] Hierzu auch mit Blick auf das schweizerische Recht *Comtesse/Fischer/Stupp* in Watter/Vogt/Bösch/Rayroux/Winzeler, KAG (2009) Art. 120 Rn. 25: „Gleichwertigkeit in der Essenz".

regulatorischen Zweck und dem gleichen Schutzniveau für die betreffenden Anleger enthält.

161   Zu beachten ist zudem, dass die AIFM-Richtlinie in Einzelvorschriften teilweise bereits dem Umstand Rechnung trägt, dass der AIF oder der AIFM seinen Sitz außerhalb der EU, sprich: in einem Drittstaat, hat[188]. Ob hier ein weitergehender Dispens in Betracht kommen kann, ist fraglich – wenn auch wünschenswert. Leitgedanke sollte sein: Gewährleistung gleichwertiger Rahmenbedingungen für EU-AIFM und Nicht-EU-AIFM, wobei auch die Gleichwertigkeitsanforderungen nicht als Hemmnis zur Erschwerung der Vertriebs- und Verwaltungstätigkeiten eines Nicht-EU-AIFM genutzt werden sollten[189].

162   Verfahrensrechtlich obliegt nach Art. 37 Abs. 8 lit. a) ii) und iii) dem Nicht-EU-AIFM nicht nur der Nachweis der Gleichwertigkeit, sondern er muss zudem auch schriftliche **Belege** – auf der Grundlage der von der ESMA ausgearbeiteten technischen Regulierungsstandards – einreichen, die nachweisen, dass die betreffenden Rechtsvorschriften des Drittstaats eine Vorschrift enthalten, die den Vorschriften, die nicht eingehalten werden können, gleichwertig ist, denselben regulatorischen Zweck verfolgt und den Anlegern der betreffenden AIF dasselbe Maß an Schutz bietet, und dass der Nicht-EU-AIFM sich an diese gleichwertige Vorschrift auch hält.

163   Diese schriftlichen Belege müssen durch ein **Rechtsgutachten** zum Bestehen der betreffenden inkompatiblen zwingenden Vorschrift im Recht des Drittstaats untermauert werden, das auch eine Beschreibung des Regulierungszwecks und der Merkmale des Anlegerschutzes enthält, die mit der Vorschrift angestrebt werden.

III. Drittstaatenbezogene Voraussetzungen

164   Neben den „manager"bezogenen Zulassungsvoraussetzungen stellt die AIFM-Richtlinie „drittstaaten"bezogene Voraussetzungen auf. Damit ein Asset-Manager, Vermögensverwalter bzw. Fondsverwalter als Nicht-EU-AIFM in der EU zugelassen werden kann, genügt es nicht, dass er die Anforderungen an einen AIFM nach Art. 12 ff. erfüllt. Vielmehr muss auch der Drittstaat, in dem der Nicht-EU-AIFM seinen Sitz hat, bestimmten Voraussetzungen gerecht werden[190]. Erfüllt ein Drittsaat diese staatenbezogenen Zulassungsvoraussetzungen nicht, dann bleibt einem AIFM mit Sitz in diesem Drittstaat der Zugang zum EU-Binnenmarkt verwehrt, und zwar selbst dann, wenn der Nicht-EU-AIFM sämtliche managerbezogenen Voraussetzungen erfüllt.

165   **1. Kooperationsverträge zwischen den zuständigen Behörden.** Zu den zentralen drittstaatenbezogenen Voraussetzungen gehört nach Art. 37 Abs. 7 lit. d), dass die Aufsichtsbehörden des Drittstaats mit den zuständigen Behörden des jeweiligen Referenzmitgliedstaats sowie mit den zuständigen Aufsichtsbehörden der Herkunftsmitgliedstaaten der vom Nicht-EU-AIFM verwalteten EU-AIF eine Zusammenarbeitsvereinbarung bzw. einen Kooperationsvertrag abgeschlossen haben[191]. Solche Kooperationsverträge sollen gemäß Richtlinientext „zumindest" einen effizienten **Informationsaustausch** zwischen den Behörden gewähr-

---

[188] Vgl. etwa die Drittstaatenregelung von Verwahrstellen nach Art. 21 Abs. 6.
[189] Allgemeiner Rechtsgedanke aus Erwägungsgrund (63) der AIFM-Richtlinie.
[190] Vgl. Erwägungsgrund (66) der AIFM-Richtlinie.
[191] Vgl. hierzu auch *Klebeck/Meyer* RdF 2012, 95, 96 ff.

leisten und ihnen ermöglichen, die Aufgaben gemäß der AIFM-Richtlinie wahrzunehmen. Zu diesen Aufgaben gehört in erster Linie die wirksame Überwachung eines Nicht-EU-AIFM[192]. Die Kommission wird durch Art. 37 Abs. 15 ermächtigt, **delegierte Rechts-** **166** **akte** bezüglich des Inhalts und der Form von Kooperationsverträgen zu erlassen, um einen einheitlichen Rahmen zur Erleichterung des Abschlusses solcher Zusammenarbeitsvereinbarungen mit Drittstaaten zu schaffen[193]. Zusätzlich wird die ESMA nach Art. 37 Abs. 16 aufgefordert, Leitlinien zur Gewährleistung einer einheitlichen Anwendung der von der Kommission zu erlassenden Vorschriften über die Kooperationsverträge auszuarbeiten. Dabei geht es um das Verfahren und die Bedingungen für die Beaufsichtigung von Nicht-EU-AIFM wie auch Nicht-EU-AIF sowie das Verfahren für den Informationsaustausch zwischen den Aufsichtsbehörden[194].

In ihrem Konsultationspapier vom 23.8.2011 machte ESMA erste Vorschläge **167** zu **Form** und Inhalt der Kooperationsverträge. Diese sollen **schriftlich** zwischen den zuständigen Aufsichtsbehörden abgeschlossen werden[195]. Regelungsgegenstand ist der Austausch von Informationen, die die Aufsichtsbehörden für die Aufsichts- und Durchsetzungszwecke benötigen. Zudem sollen die zuständigen Aufsichtsbehörden berechtigt werden, jene Informationen einzufordern, welche für die Aufsichtsbehörden notwendig sind, um ihre Pflichten unter der Richtlinie zu erfüllen.

Weiter soll ein Recht der Aufsichtsbehörden festgeschrieben werden, sog. **Vor-** **168** **Ort-Kontrollen** durchführen zu lassen bzw. selbst solche Vor-Ort-Kontrollen durchzuführen. Die Aufsichtsbehörden des jeweiligen Drittstaats sollen zudem verpflichtet werden, Aufsichtsbehörden aus anderen Mitgliedstaaten bei der Durchsetzung von EU-Recht oder nationalem Umsetzungsrecht zu unterstützen[196].

Im Final Report vom 16.11.2011 unterbreitete die ESMA eine **Formatvor-** **169** **lage** für die **Meldepflichten**, welche ein AIFM gemäß Artikel 24 zu erfüllen hat[197]. Dieses Format basiert auf dem Formular, welches die IOSCO für das Reporting von Hedgefonds entwickelt und am 25.2.2010 publiziert hatte[198]. Die ESMA will das Formular dahingehend ergänzt wissen, dass es auf sämtliche AIF

---

[192] Vgl. Final Report vom 16.11.2011, IX.II., Box 112, S. 241 f.

[193] Der Entwurf des Delegierten Rechtsakts der Kommission regelt die Kooperationsverträge in Section III, Art. 115 bis 117. Die Kommission schlägt vor, dass die Kooperationsverträge einen konkreten Rahmen zwischen den Vertragsstaaten zur Zusammenarbeit und dem gegenseitigen Informationsaustausch vorsehen müssen. Wie dieser Rahmen aussehen soll, lässt die Kommission indes offen.

[194] Vgl. hierzu Final Report vom 16.11.2011, IX.II., S. 240 ff.

[195] Vgl. ESMA Konsultationspapier vom 23.8.2011, S. 13.

[196] Vgl. ESMA Konsultationspapier vom 23.8.2011, S. 14.; kritisch zu diesen Vor-Ort-Kontrollen im Drittstaat durch Aufsichtsbehörden von EU-Mitgliedstaaten die Stellungnahme von Jersey Financial Services Commission vom 23.9.2011 im Rahmen des Konsultationsverfahrens zu „ESMA's draft technical advice to the European Commission on possible implementing measures of the Alternative Investment Fund Managers Directive in relation to supervision and third countries", S. 3; ebenso die Stellungnahme der Cayman Islands Monetary Authority vom 23.9.2001, S. 1. sowie die Stellungnahme der Association of the Luxembourg Fund Industry (alfi) vom 23.9.2011, S. 3.

[197] Vgl. Final Report vom 16.11.2011, Annex V, S. 474 ff.

[198] Vgl. Final Report vom 16.11.2011, VIII.III., S. 237.

und nicht nur auf Hedgefonds angewendet werden kann. Das Formular soll nach Ansicht der ESMA auch für die Meldepflicht von Nicht-EU-AIFM maßgeblich sein[199] und gleichzeitig den Rahmen der Informationen definieren, welche die Aufsichtsbehörden unter den Kooperationsverträgen bezüglich Nicht-EU-AIFM auszutauschen haben[200].

170   Danach sollen bezüglich eines Nicht-EU-AIFM folgende Informationen geliefert werden[201]:

(a) die wesentlichen Kategorien von Finanzinstrumenten, in welche der Nicht-EU-AIFM Anlagen tätigt, inklusive einer Aufschlüsselung seiner Anlagen in verschiedene Anlageklassen, unter Berücksichtigung der Anlagestrategie und des geographischen und sektorspezifischen Anlagefokus;

(b) die Märkte, in denen der Nicht-EU-AIFM aktiv ist und in denen er seine Fondsanteile aktiv vertreibt; und

(c) die Diversifikation des Fondsportfolios, inklusive die wichtigsten Risikopositionen und Risikokonzentrationen[202].

171   Zusätzlich werden mit Blick auf jeden AIF, der von einem Nicht-EU-AIFM verwaltet oder vertrieben wird, **folgende Informationen** verlangt:

(a) prozentualer Anteil an den Vermögenswerten des AIF, die schwierig zu liquidieren sind und für die deshalb besondere Regeln gelten,

(b) neue Regelungen zur Steuerung der Liquidität eines AIF,

(c) Beschreibung der vom Nicht-EU-AIFM eingesetzten Risikomanagement-Systeme zur Kontrolle von Marktrisiken, Liquiditätsrisiken, Gegenparteirisiken und operationeller Risiken,

(d) das aktuelle Risikoprofil eines AIF, inklusive Marktrisikoprofil der Anlagen, Volatilität und der erwartete Ertrag der Anlagen unter normalen Marktbedingungen, sowie das Liquiditätsprofil, die Ausgestaltung von Rücknahme-*(Redemption)* oder Kündigungsbestimmungen und der Bedingungen, zu welchen sich der AIF bei Dritten finanziert,

(e) Informationen über die wesentlichen Anlagekategorien, in welche der AIF investiert ist, inklusive „Short Market Value" und „Long Market Value", die Anlagenumschichtung *(Turnover)* und die Performance während der Reporting-Periode, sowie

(f) die Resultate der regelmäßigen Risikomanagement- und Liquiditätsstresstests.

172   Die Kooperationsvereinbarung wird nicht nur den Umfang der zu liefernden Informationen definieren, sondern auch das **Verfahren** für den Informationsaustausch zwischen den Aufsichtsbehörden der Drittstaaten und der Mitgliedstaaten bestimmen müssen. Weiter soll die Vereinbarung vorsehen, dass die Aufsichtsbehörden systemrelevante Informationen an andere EU-Behörden weitergeben können. Dazu zählen in erster Linie die ESMA und die ESRB. Die ESMA wird hierzu weitere Leitlinien ausarbeiten, sobald die Kommission das Level-II-Verfahren abgeschlossen hat[203].

173   **2. „Schwarze Liste" der Financial Action Task Force.** Gemäß Art. 37 Abs. 7 lit. e) darf der Drittstaat, in dem der Nicht-EU-AIFM seinen Sitz hat, nicht

---

[199] Vgl. Final Report vom 16.11.2011, VIII.III., S. 237.
[200] Vgl. Final Report vom 16.11.2011, IX.III., S. 244.
[201] Vgl. Final Report vom 16.11.2011, Ziff. VIII.III., Box 110, S. 236 f. sowie Annex V, S. 474 ff.
[202] Vgl. Final Report vom 16.11.2011, Annex V, S. 474 ff.
[203] Vgl. Final Report vom 16.11.2011, Ziff. IX.II., S. 240 ff.

auf der sog. „schwarzen Liste" der nicht kooperierenden Länder und Gebiete stehen, die von der Arbeitsgruppe Financial Action Task Force on Money Laundering („FATF") publiziert wird. Ziel der FATF, die 1989 im Rahmen des G-7-Gipfels in Paris gegründet wurde, ist es, weltweit einheitliche Standards zur Bekämpfung der Geldwäscherei und Terrorismusfinanzierung zu etablieren. Dazu gehört auch, die Namen der Staaten zu veröffentlichen, welche den Standards nicht genügen[204].

3. Wirksamer Informationsaustausch nach Art. 26 OECD-MA.

Nach **174** Art. 37 Abs. 7 lit. f) muss der Drittstaat, in dem der Nicht-EU-AIFM seinen Sitz hat, mit dem Referenzmitgliedstaat des Nicht-EU-AIFM eine Vereinbarung abgeschlossen haben, die den Standards gemäß Art. 26 des OECD-Musterabkommens zur Vermeidung der Doppelbesteuerung von Einkommen und Vermögen[205] entspricht. Dieses Musterabkommen bildet die in der Praxis am weitesten verbreitete Rechtsgrundlage für den bilateralen Informationsaustausch zwischen Staaten in Steuersachen[206].

Während in der Vergangenheit Art. 26 OECD-MA lediglich eine sog. „kleine" **175** Auskunftsklausel vorsah, ist nach geltender Fassung des Artikels 26 OECD-MA ein umfassender Informationsaustausch im Sinne einer „großen" **Auskunftsklausel** vorgesehen[207]. Das meint, dass als Grundsatz nunmehr ein Informationsaustausch zwischen den zuständigen Behörden nicht nur vertraglich festgehalten, sondern auch gelebt wird, der zur Durchführung des Doppelbesteuerungsabkommens oder zur Verwaltung oder Anwendung innerstaatlichen Rechtes betreffend Steuern jeder Art und Bezeichnung, welche für Rechnung der Vertragstaaten oder ihrer Gebietskörperschaften erhoben werden, voraussichtlich erheblich sind[208]. Auf diesen umfassenden Informationsaustausch zielt auch Art. 37 Abs. 7 lit. f).

Wenn ein Vertragsstaat in Übereinstimmung mit Art. 26 OECD-MA um **176** Erteilung von Informationen ersucht, dann muss der angefragte Vertragsstaat zur Beschaffung der Informationen seine innerstaatlichen **Ermittlungsbefugnisse** anwenden, auch wenn er die Informationen nicht für seine eigenen Steuerzwecke benötigt. Im Ergebnis sind aufgrund des OECD-Musterabkommens grenzüberschreitende steuerliche Auskunftsersuchen möglich. In der Vergangenheit hatte sich eine ganze Reihe von Ländern geweigert, die Standards des OECD-Musterabkommens zu übernehmen. Wegen des großen internationalen Druckes, der hierzu ausgeübt wurde, haben sich zwischenzeitlich etwa auch die Schweiz[209], Liechtenstein[210],

---

[204] Die schwarze Liste nicht kooperierender Staaten ist auf der Internetseite der FATF (www.fatf-gafi.org) abrufbar. Am 28.10.2011 sind der Iran, Nordkorea, Kuba, Bolivien, Äthiopien, Kenia, Myanmar, Nigeria, Sao Tomé und Principe, Sri Lanka, Syrien und die Türkei als Länder mit strategischen Defiziten in der Geldwäschebekämpfung bzw. nicht kooperative Länder und Gebiete aufgeführt.

[205] Das aktuelle OECD-Musterabkommen zur Vermeidung von Doppelbesteuerung sowie einzelne Kommentare von OECD-Ländern ist unter: http://www.oecd.org abrufbar.

[206] Vgl. hierzu *Engelschalk* in Vogel/Lehner, Doppelbesteuerungsabkommen, 5. Auflage (2008) Art. 26 – Informationsaustausch, Rn. 2 ff.

[207] Vgl. hierzu *Aumayr/Marchgraber* SWI 2011, 199 ff.

[208] Vgl. zum Inhalt und Verfahren des Informationsaustausches nach der großen Auskunftsklausel des Art. 26 OECD-MA *Engler* NWB 2011, 787 ff.

[209] Vgl. zum Stand der Verhandlung zwischen Deutschland und Schweiz *Engler* NWB 2011, 787 ff.; *Burki* JbFfSt 2010/2011, 618 ff.; *Götzenberger* BB 2011, 1954 ff.

[210] Vgl. zum Stand der Verhandlung zwischen Deutschland und Liechtenstein *Hosp/Langer* IWB 2011, 878 ff.; *Schwärzler/Schatzmann* SAM 2010, 67 ff.

Luxemburg, Belgien und Österreich zur Übernahme der OECD-Standards bereit erklärt[211].

177   **4. Aufsichtseffiziente Rechts- und Verwaltungsvorschriften des Dritt-staats.** Weiter verlangt Art. 37 Abs. 7 lit. g), dass die auf einen Nicht-EU-AIFM anwendbaren Rechts- und Verwaltungsvorschriften des entsprechenden Drittlands oder allfällige **Beschränkungen der Aufsichts- und Ermittlungsbefugnisse** der Aufsichtsbehörden des Drittstaats die zuständigen Aufsichtsbehörden in der EU nicht an der effektiven Wahrnehmung ihrer Aufsichtsfunktionen gemäß der AIFM-Richt-linie hindern dürfen.

178   Der genaue Inhalt dieser Vorgabe ist nicht nur fraglich, sondern birgt auch das Risiko einer willkürlichen Beurteilung von Drittstaatenrechtsordnungen. Letztlich wird die ESMA den unbestimmten Rechtsbegriff des „nicht hindern dürfens" kon-kretisieren und für eine einheitliche Beurteilung von Drittstaaten sorgen müssen. Andernfalls besteht Gefahr, dass einzelne Mitgliedstaaten den Zugang von Nicht-EU-AIFM in die EU willkürlich zu verhindern oder gar zu verunmöglichen versu-chen.

179   **5. Widerspruchsrecht durch zuständige Behörden anderer Mitglied-staaten. a) Allgemeines Schlichtungsverfahren.** Die Prüfung und Zulassung des Nicht-EU-AIFM sind den Aufsichtsbehörden des Referenzmitgliedstaates zuge-wiesen; eine Entscheidung ist für die anderen EU-Mitgliedstaaten grundsätzlich ver-bindlich. Ist aber eine zuständige Behörde eines anderen EU-Mitgliedstaats mit der Bewertung des Vorliegens einer oder mehrerer Zulassungsvoraussetzungen des Nicht-EU-AIFM durch die Aufsichtsbehörden des Referenzmitgliedstaats nicht ein-verstanden, so können die „betroffenen zuständigen Behörden" des anderen Mit-gliedstaats diese Meinungsverschiedenheit nach Art. 37 Abs. 2 Unterabs. 2 der **ESMA zur Kenntnis bringen**[212].

180   Die ESMA wird sodann ein **zweistufiges** Schlichtungsverfahren nach Arti-kel 19 der VO (EU) Nr. 1095/2010 durchführen[213]. Sie setzt den beteiligten Aufsichtsbehörden eine Frist an, um ihre Meinungsverschiedenheiten untereinan-der zu bereinigen. Die Angemessenheit der Frist hat sich an der Komplexität und der Dringlichkeit der vorgebrachten Angelegenheit auszurichten. In dieser Phase handelt ESMA lediglich als Vermittlerin zwischen den beteiligten Aufsichtsbehör-den. Können sich die Behörden innerhalb der Frist nicht einigen, so kann die ESMA die Streitfrage kraft Beschluss entscheiden. Dieser Beschluss ist für die involvierten Behörden rechtlich bindend[214]. Im Rahmen des Beschlusses kann die ESMA die Aufsichtsbehörden zu Maßnahmen zur Beilegung der Angelegenheit verpflichten.

181   Sollten die Behörden den **Beschluss missachten** oder angeordnete Maßnah-men nicht befolgen oder umsetzen, so kann die ESMA im Einzelfall einen

---

[211] Vgl. allgemein zum Stand der international Amtshilfe in Steuersachen *Haase/Dorn* IWB 2011, 721 ff.

[212] Vgl. grundlegend zur Einführung eines verbindlichen Schlichtungsverfahrens bei Mei-nungsverschiedenheiten zwischen den Aufsichtsbehörden The High-Level Group on Finan-cial Supervision in the EU, Chaired by Jacques de Larosière, Report, Brussels, 25 February 2009, S. 46 und S. 59.

[213] Hierzu auch *Hoffmann/Detzen* DB 2011, 1261, 1262.

[214] Vgl. *Hoffmann/Detzen* DB 2011, 1261, 1262.

Beschluss direkt an den betreffenden Finanzmarktteilnehmer richten[215]. Handelt es sich bei diesem Finanzmarktteilnehmer um einen Nicht-EU-AIFM, stellt sich die Frage, wie ein solcher Beschluss im Drittstaat des Nicht-EU-AIFM durchgesetzt kann.

Diese Frage nach der **Durchsetzbarkeit** beantwortet sich nach den im maß- **182** geblichen Drittstaat anwendbaren internationalen Prozess- bzw. Verfahrensregeln. Sollte der Drittstaat des betreffenden Nicht-EU-AIFM solche Beschlüsse gegen einen Nicht-EU-AIFM nicht anerkennen und die Vollstreckung verweigern, droht eine indirekte Vollstreckung, indem dem Nicht-EU-AIFM der Zutritt zum EU-Markt verweigert wird.

b) Verfahren bei Nicht-Abschluss einer Kooperationsvereinbarung **183** **durch den Herkunftsmitgliedstaat eines EU-AIF.** Das Verfahren gemäß Art. 19 der VO (EU) Nr. 1095/2010 kann auch angewendet werden, wenn der Herkunftsmitgliedstaat eines EU-AIF die Vereinbarung über die Zusammenarbeit i. S. d. Art. 37 Abs. 7 lit. d) nicht innerhalb eines angemessenen Zeitraums abschließt. In diesem Fall können die zuständigen Behörden des Referenzmitgliedstaats eines Nicht-EU-AIFM die Angelegenheit der ESMA zur Kenntnis bringen. Erlässt die ESMA in der Folge einen Schlichtungsentscheid, so soll dieser Entscheid gemäß Art. 19 Abs. 5 VO (EU) 1095/2010 „Vorrang" vor allen von den zuständigen Aufsichtsbehörden in der gleichen Sache erlassenen früheren Beschlüssen haben.

D. Verfahrensrecht für die Zulassung als Nicht-EU-AIFM

I. Bestimmung des Referenzmitgliedstaats als zentrale Vorfrage

1. Grundlagen zum Konzept des Referenzmitgliedstaats. Will ein **184** Nicht-EU-AIFM Anteile eines AIF, den er verwaltet, mit dem EU-Passport an professionelle Anleger in der EU vertreiben, oder einen EU-AIF verwalten und vertreiben, muss er hierfür eine Zulassung als Nicht-EU-AIFM beantragen. Den Zulassungsantrag hat der Nicht-EU-AIFM bei der **zuständigen** Aufsichtsbehörde des sog. Referenzmitgliedstaats zu stellen[216]. Das bedeutet, dass es sich um eine gesonderte, wenngleich EU-weit geltende AIFM-Zulassung handelt, die von einer nationalen Zulassung oder Bewilligung im Drittstaat zu trennen ist.

Da es bei einem Nicht-EU-AIFM, der einen nicht Nicht-EU-AIF verwaltet, **185** an einem Sitz in einem Mitgliedstaat und damit an einem EU-internen Anknüpfungspunkt für die Zulassung und fortlaufende Beaufsichtigung fehlt, soll nach Ansicht des EU-Gesetzgebers jeweils ein Referenzmitgliedstaat in der EU bestimmt werden, dessen Aufsichtsbehörden eine **effektive Aufsicht** über den Nicht-EU-AIFM und seiner Tätigkeiten in der EU sicherstellen sollen[217].

Dem „richtigen" Referenzmitgliedstaat kommt eine zentrale Bedeutung zu: **186** Er ist nicht nur für die Bestimmung des zwingend zu bestellenden gesetzlichen **Vertreters** des Nicht-EU-AIFM, der im Referenzmitgliedstaat seinen Sitz haben bzw. dort wohnhaft sein muss entscheidend, sondern der Nicht-EU-AIFM muss

---

[215] Zur direkten Eingriffsbefugnis der ESMA auch *Hoffmann/Detzen* DB 2011, 1261, 1262.

[216] Hierzu auch *Loff/Klebeck* BKR 2012, 353, 355 ff.

[217] Vgl. *Klebeck/Meyer* RdF 2012, 95, 96 ff.; *Spindler/Tancredi* WM 2011, 1447.

in diesem Staat auch alle Anforderungen mit Ausnahme des Kapitels VI der AIFM-Richtlinie erfüllen[218].

187   Art. 37 Abs. 4 enthält eine **kollisionsrechtliche Bestimmung**, die den EU-Mitgliedstaat bezeichnet, bei dem die Aufsichtskompetenz über den jeweiligen Nicht-EU-AIFM liegt. Diese Regelung muss lückenlos sein, damit unabhängig von der Anzahl und vom Sitzstaat der von einem Nicht-EU-AIFM verwalteten EU-AIF bzw. von dem vom Nicht-EU-AIFM gewählten Vertriebskonzept einem bestimmten EU-Mitgliedstaat die Aufsichtskompetenz zugewiesen werden kann. Es gilt zu verhindern, dass entweder kein EU-Mitgliedstaat kompetent ist (negativer Kompetenzkonflikt) oder sich umgekehrt zwei oder mehrere Mitgliedstaaten als kompetent erachten (positiver Kompetenzkonflikt).

188   Maßgebend ist der **engste sachliche Zusammenhang** zwischen einem Nicht-EU-AIFM und einem Mitgliedstaat. Dieser Sachzusammenhang kann sich daraus ergeben, dass sich der Sitz eines von einem Nicht-EU-AIFM verwalteten EU-AIF in einem bestimmten Mitgliedstaat befindet oder dass der EU-AIFM einen EU-AIF oder einen Nicht-EU-AIF in einem bestimmten Mitgliedstaat vertreibt. Grundsätzlich bestimmt sich der maßgebliche Referenzmitgliedstaat nach objektiven Kriterien und es steht einem Nicht-EU-AIFM nicht offen, einen Referenzmitgliedstaat frei zu wählen[219].

189   **2. Einzelfälle. a) Nicht-EU-AIFM verwaltet einen oder mehrere EU-AIF mit Sitz in demselben Mitgliedstaat (Art. 37 Abs. 4 lit. a)).** Wenn ein Nicht-EU-AIFM einen oder mehrere EU-AIF mit Sitz in demselben Mitgliedstaat verwaltet, diese EU-AIF aber nicht innerhalb der EU, sondern lediglich in Drittstaaten vertreibt, dann gilt der Herkunftsmitgliedstaat des bzw. der EU-AIF als Referenzmitgliedstaat i. S. d. AIFM-Richtlinie. Die Aufsichtsbehörden dieses Herkunftsmitgliedstaats sind sodann für das Zulassungsverfahren und die Aufsicht über den Nicht-EU-AIFM zuständig[220].

190   **b) Nicht-EU-AIFM verwaltet mehrere EU-AIF mit Sitz in verschiedenen Mitgliedstaaten (Art. 37 Abs. 4 lit. b)).** Verwaltet ein Nicht-EU-AIFM mehrere EU-AIF mit Sitz in verschiedenen Mitgliedstaaten und beabsichtigt der Nicht-EU-AIFM, diese EU-AIF europaweit zu vertreiben, dann soll derjenige Herkunftsmitgliedstaat als Referenzmitgliedstaat gelten, in dem entweder die meisten betreffenden EU-AIF ihren Sitz haben oder in dem diejenigen EU-AIF ihren Sitz haben, die insgesamt das größte Fondsvermögen auf sich vereinen[221].

191   Lässt sich ein Referenzmitgliedstaat aufgrund dieser Kriterien nicht eindeutig bestimmen, weil zwar mehrere kleinere EU-AIF in einem bestimmten Herkunftsmitgliedstaat ihren Sitz haben, jedoch wenige vom Nicht-EU-AIFM verwaltete EU-AIF, die insgesamt mehr Fondsvermögen auf sich vereinen, ihren Sitz in einem anderen Herkunftsmitgliedstaat haben, dann soll das Verfahren nach Art. 37 Abs. 4 Unterabs. 2 Anwendung finden. Dem Nicht-EU-AIFM steht kein Wahlrecht zu[222].

192   **c) Nicht-EU-AIFM vertreibt einen einzelnen EU-AIF in nur einem Mitgliedstaat (Art. 37 Abs. 4 lit. c)).** Beabsichtigt ein Nicht-EU-AIFM einen

---

[218] Vgl. *Spindler/Tancredi* WM 2011, 1441, 1447.
[219] Kritisch hierzu auch *Klebeck/Meyer* RdF 2012, 95, 97 ff.
[220] Vgl. *Spindler/Tancredi* WM 2011, 1441, 1448.
[221] Hierzu auch *Wallach* RdF 2011, 80, 86.
[222] Hierzu auch *Klebeck/Meyer* RdF 2012, 95, 96 ff.

einzelnen EU-AIF in nur einem Mitgliedstaat zu vertreiben, so soll für die Bestimmung des Referenzmitgliedstaats entscheidend sein, ob der EU-AIF in einem Mitgliedstaat registriert oder zugelassen ist. Ist der EU-AIF in einem Mitgliedstaat registriert oder zugelassen, so kann Referenzmitgliedsstaat entweder der Herkunftsmitgliedsstaat des EU-AIF oder der Mitgliedstaat sein, in dem der Nicht-EU-AIFM beabsichtigt, den EU-AIF zu vertreiben, sofern dieser nicht mit dem Herkunftsmitgliedstaat identisch ist. Ist der EU-AIF jedoch in keinem Mitgliedstaat registriert oder zugelassen, dann gilt nur der Mitgliedstaat als Referenzmitgliedstaat, in dem der Nicht-EU-AIFM beabsichtigt, den EU-AIF zu vertreiben[223].

d) Nicht-EU-AIFM vertreibt einen einzelnen Nicht-EU-AIF in nur 193
einem Mitgliedstaat (Art. 37 Abs. 4 lit. d)). Will ein Nicht-EU-AIFM einen Nicht-EU-AIF lediglich in einem einzelnen Mitgliedstaat vertreiben, so ist dieser Mitgliedstaat als Referenzmitgliedstaat anzusehen.

e) Nicht-EU-AIFM vertreibt einen einzelnen EU-AIF in verschiedenen 194
Mitgliedstaaten (Art. 37 Abs. 4 lit. e)). Wenn ein Nicht-EU-AIFM einen einzelnen EU-AIF, in verschiedenen Mitgliedstaaten zu vertreiben beabsichtigt, so hängt die Bestimmung des Referenzmitgliedstaats davon ab, ob der EU-AIF in einem Mitgliedstaat zugelassen oder registriert ist. Ist dies der Fall, dann ist entweder der Mitgliedstaat, in dem der EU-AIF registriert oder zugelassen ist, Referenzmitgliedstaat oder der Mitgliedstaat, in dem der Nicht-EU-AIFM beabsichtigt, einen leistungsfähigen Vertrieb aufzubauen. Ist der EU-AIF in keinem Mitgliedstaat registriert oder zugelassen, dann gilt derjenige Mitgliedstaat als Referenzmitgliedstaat, in dem der Nicht-EU-AIFM beabsichtigt, einen leistungsfähigen Vertrieb aufzubauen.

f) Nicht-EU-AIFM vertreibt einen einzelnen Nicht-EU-AIF in ver- 195
schiedenen Mitgliedstaaten (Art. 37 Abs. 4 lit. f)). Wenn ein Nicht-EU-AIFM einen einzelnen Nicht-EU-AIF, in verschiedenen Mitgliedstaaten zu vertreiben beabsichtigt, dann kann jeder dieser Mitgliedstaaten Referenzmitgliedstaat sein. Offen bleibt, ob dem Nicht-EU-AIFM ein Wahlrecht mit Blick auf den Referenzmitgliedstaat zusteht. Richtigerweise findet auch insoweit das Verfahren nach Art. 37 Abs. 4 Unterabs. 2 Anwendung[224].

g) Nicht-EU-AIFM vertreibt mehrere EU-AIF in verschiedenen Mit- 196
gliedstaaten (Art. 37 Abs. 4 lit. g)). Will ein Nicht-EU-AIFM mehrere EU-AIF in verschiedenen Mitgliedstaaten vertreiben, so ist für die Bestimmung des Referenzmitgliedstaats entscheidend, ob die betreffenden AIF in einem Mitgliedstaat registriert oder zugelassen sind. Sind sämtliche AIF in demselben Mitgliedstaat registriert oder zugelassen, so gilt als Referenzmitgliedstaat entweder der Herkunftsmitgliedstaat der EU-AIF oder der Mitgliedstaat, in dem der Nicht-EU-AIFM beabsichtigt, einen leistungsfähigen Vertrieb der meisten der betreffenden EU-AIF aufzubauen.

Sind nicht alle EU-AIF in demselben Mitgliedstaat registriert oder zugelassen, 197
so kommt als Referenzmitgliedstaat einzig jener Mitgliedstaat in Frage, in dem der Nicht-EU-AIFM beabsichtigt, einen leistungsfähigen Vertrieb der meisten

---

[223] Vgl. *Spindler/Tancredi* WM 2011, 1441, 1448.
[224] Zum behördlichen Verfahren bei mehreren möglichen Referenzmitgliedstaaten noch unten Rn. 204 ff.; auch *Spindler/Tancredi* WM 2011, 1441, 1448.

der betreffenden EU-AIF aufzubauen. Der Nicht-EU-AIFM hat zum Nachweis der Absicht, einen leistungsfähigen Vertrieb in einem Mitgliedstaat aufzubauen, seine Vertriebsstrategie offenzulegen[225].

198   **h) Nicht-EU-AIFM vertreibt mehrere EU- und Nicht-EU-AIF in verschiedenen Mitgliedstaaten (Art. 37 Abs. 4 lit. h))**. Wenn ein Nicht-EU-AIFM beabsichtigt, mehrere EU- und mehrere Nicht-EU-AIF oder bloß mehrere Nicht-EU-AIF in der EU zu vertreiben, ist der Referenzmitgliedstaat jener Mitgliedstaat, in dem der Nicht-EU-AIFM beabsichtigt, einen leistungsfähigen Vertrieb der meisten betreffenden AIF aufzubauen. Auch hier hat der Nicht-EU-AIFM zum Nachweis der Absicht, einen leistungsfähigen Vertrieb in einem Mitgliedstaat aufzubauen, seine Vertriebsstrategie offenzulegen.

199   **3. „Leistungsfähiger Vertrieb"**. Dem Merkmal eines „leistungsfähigen Vertriebs" kommt in verschiedenen Fallkonstellationen eine zentrale Abgrenzungsfunktion zu. Die ESMA hat in ihrem Final Report zwar nicht definiert, jedoch wenigstens konkretisiert, was nach ihrer Ansicht unter einem „leistungsfähigen Vertrieb" zu verstehen ist[226]. Sie schlägt folgenden, nicht abschließenden Kriterienkatalog vor: Ein leistungsfähiger Vertrieb soll in dem Mitgliedstaat bestehen, (i) in dem entweder der Nicht-EU-AIFM selbst oder von ihm beauftragte Vertriebsträger beabsichtigen, die Mehrheit der Anteile am EU-AIF zu vertreiben, (ii) in dem die Mehrheit der potentiellen Investoren ihren Sitz oder Wohnsitz haben, (iii) in dessen offizieller Landessprache die Prospekt- oder Informationsdokumentation aufgesetzt wird, oder (iv) in dem der Vertrieb am offensichtlichsten und häufigsten vorgenommen wird[227].

200   **4. Mehrere (mögliche) Referenzmitgliedstaaten für einen Nicht-EU-AIFM?** Trotz der von der ESMA vorgenommenen Konkretisierungsversuche mit Blick auf die Bestimmung des „leistungsfähigen Vertriebs", wird in der Praxis nicht immer eindeutig bestimmbar sein, welcher Mitgliedstaat für einen Nicht-EU-AIFM als Referenzmitgliedstaat agieren soll. Je nach Art und Anzahl der vom Nicht-EU-AIFM zu vertreibenden AIF bzw. je nach Vertriebskonzept oder nach Ansässigkeit der anzusprechenden Investoren können verschiedene Mitgliedstaaten als Referenzmitgliedstaaten in Betracht kommen[228].

201   Für solche Fälle bestimmt Art. 37 Abs. 4 Unterabs. 2, dass der Nicht-EU-AIFM bei den zuständigen Aufsichtsbehörden sämtlicher möglicher Referenzmitgliedstaaten beantragen muss, sich untereinander über die Festlegung eines Referenzmitgliedstaats zu **einigen**[229].

---

[225] Vgl. *Spindler/Tancredi* WM 2011, 1441, 1448.

[226] Vgl. Final Report vom 16.11.2011, Ziff. IX.IV., S. 246.

[227] Zu Recht kritisch hierzu etwa die Stellungnahme der EVCA vom 23.9.2011 im Rahmen des Konsultationsverfahrens zu „ESMA's draft technical advice to the European Commission on possible implementing measures of the Alternative Investment Fund Managers Directive in relation to supervision and third countries", S. 10 f., die zu Recht darauf hinweisen, dass im schlimmsten Fall von 27 Referenzmitgliedstaaten ausgegangen werden kann; ebenso die Stellungnahme der Association of the Luxembourg Fund Industry (alfi) vom 23.9.2011, S. 9; Stellungnahme der Cayman Islands Monetary Authority vom 23.9.2001, S. 4 f. (abrufbar unter: http://www.esma.europa.eu; zuletzt abgerufen am: 22.2.2013).

[228] Vgl. *Klebeck/Meyer* RdF 2012, 95, 97 f., die auf die Planungsunsicherheit hinweisen, die sich für Nicht-EU-AIFM daraus ergeben, dass ihr Referenzmitgliedstaat nicht immer zweifelsfrei bestimmt werden kann.

[229] Vgl. *Spindler/Tancredi* WM 2011, 1441, 1448.

ESMA schlägt im Final Report vor, dass die vom Nicht-EU-AIFM angegange- **202** nen möglichen Referenzmitgliedstaaten sich unmittelbar, und jedenfalls nicht später als drei Geschäftstage nach Zugang des Antrags des Nicht-EU-AIFM untereinander und mit der **ESMA in Verbindung setzen sollen**[230]. In einem ersten Schritt sollen die ESMA zusammen mit den angegangenen Mitgliedstaaten beraten, ob sogar noch eine weitere Aufsichtsbehörde in die Beratung einbezogen werden soll[231].

Innerhalb einer Woche nach dieser ersten Beratung oder nachdem die zuständi- **203** gen Behörden die relevanten Informationen[232] zum Antrag des Nicht-EU-AIFM auf Festlegung eines Referenzmitgliedstaats erhalten haben, sind die beteiligten Behörden verpflichtet, gegenseitig ihre Stellungnahmen zur Frage auszutauschen, welcher Mitgliedstaat als Referenzmitgliedstaat berufen werden soll[233]. Im Anschluss daran haben die beteiligten Behörden gemeinsam zu beschließen, welcher Mitgliedstaat als Referenzmitgliedstaat wirken soll. Dieser Entscheid ist nach Art. 37 Abs. 4 Unterabs. 2 innerhalb eines Monats nach Eingang des Antrags des Nicht-EU-AIFM zu fällen.

Können sich die beteiligten Behörden nicht innerhalb Monatsfrist einigen oder **204** wird der Nicht-EU-AIFM nicht innerhalb von sieben Tagen nach Erlass der Entscheidung schriftlich über den Entscheid informiert, so kann der Nicht-EU-AIFM seinen Referenzmitgliedstaat im Rahmen der durch Art. 37 Abs. 4 festgelegten Kriterien selbst **wählen**. Der **Nicht-EU-AIFM** soll in diesem Fall alle von ihm ursprünglich angegangenen Aufsichtsbehörden schriftlich darüber informieren, welchen Mitgliedstaat er als Referenzmitgliedstaat gewählt hat[234].

5. Behördliche Beurteilung, Empfehlung, Entscheid und Widerspruch. 205 Auch im Rahmen des Zulassungsverfahrens nach Art. 37 Abs. 5 ist zunächst – als **Vorfrage** – zu beurteilen, ob die Entscheidung des Nicht-EU-AIFM hinsichtlich seines Referenzmitgliedstaats den Vorgaben des Art. 37 Abs. 4 entspricht. Wenn die zuständigen Behörden der Ansicht sind, dass dies nicht der Fall ist, lehnen sie den Antrag des Nicht-EU-AIFM auf Zulassung unter Angabe der Gründe für die Ablehnung ab.

Wenn die zuständigen Behörden der Auffassung sind, dass die Kriterien gemäß **206** Art. 37 Abs. 4 eingehalten worden sind, setzen sie die **ESMA** von diesem Umstand in Kenntnis und ersuchen sie, eine **Empfehlung** zu ihrer Beurteilung auszusprechen. In ihrer Mitteilung an die ESMA legen die zuständigen Behörden der ESMA die Begründung des AIFM für seine Beurteilung hinsichtlich des Referenzmitgliedstaats und Informationen über die Vertriebsstrategie des AIFM vor.

Innerhalb eines Monats nach Eingang der Mitteilung soll die ESMA eine an **207** die betreffende Aufsichtsbehörde gerichtete Empfehlung zu deren Beurteilung bezüglich des Referenzmitgliedstaats gemäß den in Art. 37 Abs. 4 genannten Kriterien aussprechen. Die ESMA ist nur dann berechtigt, eine negative Beurteilung

---

[230] Vgl. Final Report vom 16.11.2011, Ziff. IX.IV., Box 113, S. 245 ff.

[231] Vgl. Final Report vom 16.11.2011, Box 113, S. 245.

[232] Vgl. Final Report vom 16.11.2011, Ziff. IX.IV, Box 113, S. 245: Zu diesen Informationen gehört etwa der Antrag des Nicht-EU-AIFM sowie Angaben des Nicht-EU-AIFM zu seiner beabsichtigten Vertriebsstrategie gem. Art. 37 Abs. 4 Unterabs. 3.

[233] Vgl. Final Report vom 16.11.2011, Ziff. IX.IV, Box 113, S. 245.

[234] Vgl. Final Report vom 16.11.2011, Ziff. IX.IV, Box 113, S. 245.

auszusprechen[235], wenn sie der Ansicht ist, dass die Kriterien nach Art. 37 Abs. 4 sachlich nicht eingehalten wurden.

208   Entscheidet die Aufsichtsbehörde entgegen einer negativen Empfehlung der ESMA, einem Nicht-EU-AIFM die Zulassung zu erteilen und als Referenzmitgliedstaat die Aufsichtsverantwortung zu übernehmen, so setzt die Aufsichtsbehörde die ESMA unter Angabe ihrer Gründe in Kenntnis. Daraufhin veröffentlicht ESMA die Tatsache, dass die zuständige Behörde ihrer Empfehlung nicht folgt oder nicht zu folgen beabsichtigt. Darüber hinaus kann ESMA von Fall zu Fall beschließen, die von der zuständigen Behörde angegebenen Gründe für das **Nichtbefolgen der Empfehlung** ebenfalls zu veröffentlichen. Die zuständigen Behörden werden diesfalls im Voraus über eine solche Veröffentlichung informiert.

II. Zulassung durch Referenzmitgliedstaat – Kapitel II analog

209   **1. Zulassungsvoraussetzungen für den Nicht-EU-AIFM.** Die Zulassung eines Nicht-EU-AIFM soll im Einklang mit Kapitel II der AIFM-Richtlinie erteilt werden. Die Zulassungsanforderungen für EU-AIFM und Nicht-EU-AIFM sind in vielen Punkten vergleichbar; im Detail gibt es aber auch Unterschiede und Sonderheiten für die Zulassung als Nicht-EU-AIFM, was im Folgenden dargestellt werden soll.

210   **a) Genehmigungspflicht und Antragserfordernis.** Nicht anders als für EU-AIFM gilt auch für die Zulassung eines Nicht-EU-AIFM ein Tätigkeitsverbot mit Erlaubnisvorbehalt[236]: ein Nicht-EU-AIFM, der beabsichtigt, EU-AIF zu verwalten, ohne sie zu vertreiben, oder von ihm verwaltete AIF gemäß Art. 39 oder 40 in der Europäischen Union zu vertreiben, muss seinem Referenzmitgliedstaat einen Antrag auf Zulassung vorlegen. Die Voraussetzungen ergeben sich zum einen aus Artikel 8, mittelbar aber auch aus den zur Zulassung nach Art. 7 Abs. 2 und 3 vorzulegenden Unterlagen sowie den zusätzlichen Anforderungen nach Art. 37 Abs. 7 und 8. Die Erteilung der Zulassung ist ein begünstigender Verwaltungsakt, auf den der Nicht-EU-AIFM bei Vorliegen der Voraussetzungen einen Rechtsanspruch hat.

211   **Zuständig** für die Zulassung eines Nicht-EU-AIFM sind die zuständigen Behörden des Referenzmitgliedstaats – in Deutschland wird dies voraussichtlich die BaFin sein[237]. Dies setzt voraus, dass das Verfahren zur Bestimmung des Referenzmitgliedstaats nach Art. 37 Abs. 5 erfolgreich durchgeführt worden ist. Ob dieses Verfahren getrennt von dem eigentlichen Zulassungsverfahren – als Vorverfahren – durchgeführt werden kann, ist nach der AIFM-Richtlinie nicht eindeutig – richtet sich aber nach dem anwendbaren Verwaltungsverfahren(srecht) des jeweiligen Mitgliedstaats.

212   **b) Formelle Voraussetzung – vollständiger Zulassungsantrag.** Aufgrund der für den Nicht-EU-AIFM geltenden Sonderheiten muss er ein umfangreicheres

---

[235] Zur Rechtsnatur von Empfehlungen vgl. *Siekmann*, Die Europäisierung der Finanzmarktaufsicht. Institute for Monetary and Financial Stability, Working Papier Series No. 47 (2011) S. 41 f.

[236] Vgl. hierzu auch schon *Spindler/Tancredi* WM 2011, 1393, 1399; *Weitnauer* BKR 2011, 143, 145.

[237] So auch *Kramer/Recknagel* DB 2011, 2077, 2081.

Dossier als ein EU-AIFM einreichen, welchem nach Art. 37 Abs. 8 lit. a) i. V. m. Art. 7 Abs. 2 und 3 folgende Informationen beizufügen sind.

Mit Blick auf den **Nicht-EU-AIFM** sind einzureichen: 213

- Auskünfte über die Personen, die die Geschäfte des AIFM tatsächlich führen;
- Auskünfte über die Identität aller Anteilseigner des AIFM, die eine direkte oder indirekte qualifizierte Beteiligung an ihm halten nebst Höhe der Beteiligung;
- Geschäftsplan, einschließlich Organisationsstruktur des AIFM und Angaben, wie der AIFM seinen Pflichten nach der AIFM-Richtlinie nachkommen will;
- Angaben über die Vergütungspolitik und -praxis entsprechend Art. 13;
- Angaben über Outsourcingvereinbarungen nach Art. 20;
- Begründung des AIFM für die von ihm vorgenommene Beurteilung seines Referenzmitgliedstaats sowie Angaben zur Vertriebsstrategie;
- *(sofern anwendbar)* eine Liste der Bestimmungen der AIFM-Richtlinie, deren Einhaltung dem AIFM unmöglich ist, da ihre Einhaltung durch den AIFM gemäß Art. 37 Abs. 2 nicht mit der Einhaltung einer zwingenden Rechtsvorschrift, der der Nicht- EU-AIFM oder der in der Union vertriebene Nicht-EU-AIF unterliegt, vereinbar ist;
- *(sofern anwendbar)* schriftliche Belege auf der Grundlage der technischen Regulierungsstandards der ESMA, dass die betreffenden Rechtsvorschriften des Drittstaats eine Vorschrift enthalten, die den Vorschriften, die nicht eingehalten werden können, gleichwertig ist, denselben regulatorischen Zweck verfolgt und den Anlegern der betreffenden AIF dasselbe Maß an Schutz bietet, und dass der AIFM sich an diese gleichwertige Vorschrift hält;
- *(sofern anwendbar)* ein Rechtsgutachten zum Bestehen der betreffenden inkompatiblen zwingenden Vorschrift im Recht des Drittlands, welches die schriftlichen Belege untermauert und das auch eine Beschreibung des Regulierungszwecks und der Merkmale des Anlegerschutzes enthält, die mit der Vorschrift angestrebt werden;
- Name des gesetzlichen Vertreters des AIFM und der Ort, an dem er seinen Sitz hat.

Mit Blick auf den jeweiligen AIF sind einzureichen: 214

- Anlagestrategie, einschließlich der Art des Zielfonds, sofern es sich bei dem AIF um einen Dachfonds handelt;
- Grundsätze, die die AIFM *(sofern anwendbar)* im Zusammenhang mit dem Einsatz von Hebelfinanzierungen anwendet, Risikoprofil und sonstige Eigenschaften des AIF sowie Sitz des AIF;
- Sitz des Master-AIF, falls es sich bei dem AIF um einen Feeder-AIF handelt;
- Vertragsbedingungen oder Satzungen des AIF bzw. aller AIF, die er zu verwalten beabsichtigt;
- Angaben zu den Vereinbarungen zur Bestellung der Verwahrstelle nach Artikel 21;
- alle weiteren **Informationen, die den Anlegern** des AIF nach Art. 23 zur Verfügung gestellt werden müssen (insbesondere die Beschreibung der Art der Vermögenswerte, in die der AIF investieren darf, und welche Techniken hierfür eingesetzt werden dürfen, alle damit verbundenen Risiken, Anlagebeschränkungen, Art und Herkunft zulässiger Hebelfinanzierung, Verfahren nach dem Anlagepolitik und -strategie geändert werden können, Beschreibung der wichtigsten rechtlichen Auswirkungen der für die Tätigkeit der Anlage eingegangenen Vertragsbeziehungen).

215 Notwendig für den **Beginn des Laufs der Entscheidungsfrist** nach Art. 8 Abs. 5 ist die Einreichung eines vollständigen Antrags in Schriftform. Wer den Antrag einreichen kann, schreibt die AIFM-Richtlinie nicht ausdrücklich vor. Dies wird durch das Verwaltungsverfahrensrecht des zuständigen Mitgliedstaats bestimmt.

216 Neben dem Nicht-EU-AIFM oder einem bevollmächtigten Vertreter kommt unserer Ansicht nach auch der gesetzliche Vertreter des Nicht-EU-AIFM i. S. d. Art. 37 Abs. 3 in Betracht. Ihm kommt qua AIFM-Richtlinie die Funktion zu, die Kontaktstelle für den Nicht-EU-AIFM zu sein. Sämtliche Korrespondenz zwischen den zuständigen Behörden und dem Nicht-EU-AIFM soll nach der AIFM-Richtlinie über den gesetzlicher Vertreter erfolgen[238].

217 Für einen Nicht-EU-AIFM stellt Art. 37 Abs. 8 lit. e) klar, dass für die Vollständigkeit eines Zulassungsantrages über die formellen Vollständigkeitsvoraussetzungen des Art. 8 Abs. 2 Unterabs. 2 hinausgehend auch die nach Art. 37 Abs. 8 lit. a) weiteren Angaben gegenüber der vom Nicht-EU-AIFM angegangenen Behörde des für ihn vermeintlichen Referenzmitgliedstaats zu machen sind.

218 Ob der Nicht-EU-AIFM eine **Vollständigkeitsbestätigung**[239] erhält bzw. fordern kann, ist fraglich, aber letztlich eine Frage der nationalen Umsetzung der AIFM-Richtlinie und damit einmal mehr des nationalen Verwaltungsverfahrensrechtes. Zu bedenken ist, dass es sich bei dem vorliegenden Zulassungsverfahren – anders als nach den geltenden §§ 136 ff. InvG – nicht nur um eine Anzeigepflicht handelt[240], sondern um eine formelle Zulassung in Form einer Tätigkeitserlaubnis für den Nicht-EU-AIFM handelt – also ein Tätigkeitsverbot mit Erlaubnisvorbehalt[241]. Aber: Bei Vorliegen der Voraussetzungen für eine Zulassung als Nicht-EU-AIFM, hat der Antragssteller einen Rechtsanspruch.

219 **c) Materielle Zulassungsvoraussetzungen.** In entsprechender Anwendung des Art. 8 Abs. 1 erteilen die zuständigen Behörden des Referenzmitgliedstaats des Nicht-EU-AIFM nicht die Zulassung, bevor nicht folgende Voraussetzungen erfüllt sind:

- Überzeugung der Behörde, dass der AIFM zur Einhaltung der in der AIFM-Richtlinie festgelegten Bestimmungen in der Lage ist;
- ausreichende Eigenmittelausstattung des AIFM nach Artikel 9;
- Zuverlässigkeit und erforderliche Sachkenntnis und ausreichende Erfahrung der Personen, die die Geschäfte des AIFM tatsächlich führen – v.a. auch in Bezug auf die Anlagestrategien der vom AIFM verwalteten AIF;
- mindestens zwei Geschäftsführer des AIFM, die ebenfalls die zuvor genannten Bedingungen erfüllen[242];
- Anteilseigner oder Mitglieder des AIFM, die an ihm eine qualifizierte Beteiligung halten, müssen über eine entsprechende Eignung verfügen, wobei der Notwendigkeit, eine solide und umsichtige Verwaltung des AIFM zu gewährleisten, Rechnung zu tragen ist[243].

---

[238] Zu den Funktionen des gesetzlichen Vertreters oben Rn. 80 ff.

[239] Vgl. hierzu nach geltendem Recht § 139 Abs. 3 InvG und hierzu *Erhard* in Berger/Steck/Lübbehüsen, InvG/InvStG, (2010) § 139 Rn. 7 ff.

[240] Hierzu *Erhard* in Berger/Steck/Lübbehüsen, InvG/InvStG (2010) § 139 Rn. 1: *„grundsätzliche Zulässigkeit des Vertriebs ausländischer Investmentanteile, die unter Verbotsvorbehalt steht"*.

[241] Vgl. *Spindler/Tancredi* WM 2011, 1393, 1399; *Weitnauer* BKR 2011, 143, 145.

[242] Eine Personenidentität zwischen den Geschäftsführern des AIFM und den Personen, die die Geschäfte tatsächlich führen, wird damit freilich nicht ausgeschlossen.

[243] Vgl. Art. 8 Rn. 15 ff.

Ausdrücklich keine Anwendung findet das Erfordernis des Art. 8 Abs. 1 lit. e), **220** wonach sich Hauptverwaltung und Sitz des AIFM im selben Mitgliedsstaat befinden müssen. Für den Nicht-EU-AIFM soll es insoweit offenbar nur auf seinen Sitz ankommen[244].

2. Befreiung von bestimmten Vorschriften der AIFM-Richtlinie. Sind **221** die zuständigen Behörden des Referenzmitgliedstaats der Auffassung, dass der Nicht-EU-AIFM gemäß Art. 37 Abs. 2 von der Einhaltung bestimmter Vorschriften der AIFM-Richtlinie befreit werden kann, so greift das Verfahren nach Art. 37 Abs. 9, welches die 3-Monats-Entscheidungsfrist des Art. 8 Abs. 5 aussetzt. Die zuständige Aufsichtsbehörde muss die ESMA von dem beabsichtigten Dispens unverzüglich in Kenntnis setzen.

Sie untermauern diese Beurteilung mit den von dem AIFM gemäß Art. Abs. 8 **222** lit. a) Ziff. ii) und iii) vorgelegten Angaben. Innerhalb eines Monats nach Eingang dieser Mitteilung muss die **ESMA** eine an die zuständigen Behörden gerichtete **Empfehlung** hinsichtlich der Anwendung der Ausnahme von der Einhaltung der Richtlinie aufgrund der Unvereinbarkeit gemäß Art. 37 Abs. 2 aussprechen. Was gelten soll, wenn sich die ESMA nicht innerhalb der vorgeschriebenen Monatsfrist äußert, beantwortet die AIFM-Richtlinie nicht[245].

Auch wenn die ESMA bemüht sein wird, eine kohärente Aufsichtspraxis zu **223** schaffen und bei den zuständigen Behörden eine kohärente Herangehensweise hinsichtlich der Anwendung des Dispenses für Nicht-EU-AIFM zu gewährleisten, handelt es sich bei der Einschätzung der ESMA jedoch lediglich um eine Empfehlung[246]. Eine rechtliche Pflicht zur Befolgung der Empfehlung besteht nicht – vgl. Art. 37 Abs. 9 Unterabs. 4 und 5. In diesem Fall muss die Aufsichtsbehörde die ESMA mit einer **Begründung für das Nichtbefolgen** der Empfehlung entsprechend informieren, welche ihrerseits berechtigt sein soll, die Gründe der Aufsichtsbehörde zu veröffentlichen.

Beabsichtigt der Nicht-EU-AIFM, Anteile von durch ihn verwalteten AIF in **224** anderen Mitgliedstaaten als seinem Referenzmitgliedstaat zu vertreiben, setzen die Aufsichtsbehörden des Referenzmitgliedstaats davon auch die zuständigen Behörden der betreffenden Mitgliedstaaten unter Angabe ihrer **Gründe in Kenntnis**[247]. Ob dieser *„comply or explain"*-Ansatz zu der angestrebten kohärenten Aufsichtspraktik in der EU beitragen wird, bleibt abzuwarten.

Nichts anderes gilt für die Möglichkeit des Ingangsetzens einer verbindlichen **225** Schlichtung durch die ESMA im Fall von Meinungsverschiedenheiten zwischen der Aufsichtsbehörden des Referenzmitgliedstaats und anderer Mitgliedstaaten über die Beurteilung einer Befreiung von Vorschriften der AIFM-Richtlinie nach Art. 37 Abs. 9 Unterabs. 6 i. V. m. Art. 19 der Verordnung (EU) Nr. 1095/ 2010[248]. Ob auch in diesem Fall die Entscheidungsfrist nach Art. 8 Abs. 5 ausgesetzt wird, ist unklar. Nach Art. 19 Abs. 2 der Verordnung (EU) Nr. 1095/2010 kann die ESMA den zuständigen Behörden für die Schlichtung ihrer Meinungsverschiedenheit eine Frist setzen, wobei sie allen relevanten Fristen, mithin auch

---

[244] Zur Abgrenzung zwischen EU-AIFM und Nicht-EU-AIFM vgl. oben Rn. 18 ff.

[245] Zur Frage einer Genehmigungsfiktion bei Ablauf der Frist im Rahmen des Vertriebs von EU-AIF durch Nicht-EU-AIFM vgl. Art. 35 Rn. 27 ff.

[246] Zur Rechtsnatur und rechtlichen Verbindlichkeit von Empfehlungen, Standards sowie Leitlinien der ESMA *Möllers* NZG 2010, 285, 286 f.; *Baur/Boegl* BKR 2011, 177, 183.

[247] Vgl. Art. 37 Abs. 9 Unterabs. 5.

[248] Zum Schlichtungsverfahren auch *Baur/Boegl,* BKR 2011, 177, 184.

der Frist nach Art. 8 Abs. 5, sowie der Komplexität und Dringlichkeit der Angelegenheit Rechnung tragen soll.

226   Dass nicht nur die betroffenen, sondern alle Aufsichtsbehörden, ungeachtet dessen, ob Anteile von durch einen Nicht-EU-AIFM verwalteten AIF in diesem Mitgliedstaat vertrieben werden sollen miteinbezogen werden, legt zwar der Wortlaut des Art. 37 Abs. 9 Unterabs. 6 nahe, kann aber mit Blick auf Sinn und Zweck des Schlichtungsverfahrens nicht richtig sein. Entsprechend grenzt auch der Erwägungsgrund (32) der Verordnung (EU) Nr. 1095/2010 den Kreis der **Verfahrensberechtigten** auf den der betroffenen Aufsichtsbehörden ein[249].

227   **3. Zulassung, Ablehnung, Beschränkung, Entzug und behördlicher Informationsaustausch. a) Zulassungsentscheid innerhalb Entscheidungsfrist (3 + 3 Monate).** In entsprechender Anwendung des Art. 8 Abs. 5 Unterabs. 1 teilen die zuständigen Behörden des Referenzmitgliedstaats dem Nicht-EU-AIFM binnen drei Monaten nach Einreichung des vollständigen Antrags schriftlich mit, ob die Zulassung erteilt ist. Die Aufsichtsbehörde kann diesen Zeitraum um bis zu drei weitere Monate verlängern, wenn sie dies aufgrund der besonderen Umstände des Einzelfalls und nach einer entsprechenden Benachrichtigung des Nicht-EU-AIFM für notwendig erachtet.

228   Das bedeutet, dass im ungünstigsten Fall die Aufsichtsbehörde erst innerhalb einer Entscheidungsfrist von 6 Monaten über den Antrag befindet. Bleibt die Behörde **untätig**, führt dies nicht unmittelbar zu einer Zulassungsfiktion, was Art. 8 Abs. 5 Unterabs. 3 verdeutlicht: Ein AIFM kann mit der Verwaltung oder dem Vertrieb[250] von AIF erst beginnen, sobald die Zulassung erteilt ist, frühestens jedoch einen Monat nachdem er etwaige, fehlende Angaben nachgereicht hat[251]. Bei der 3+3-Monatsfrist handelt es sich mithin um eine Entscheidungs- und nicht Bearbeitungsfrist.

229   Da die **Entscheidungsfrist** erst mit der Einreichung der vollständigen Unterlagen bei der zuständigen Aufsichtsbehörde **beginnt**, kann sich eine Abstimmung mit der Aufsichtsbehörde im Vorfeld der Einreichung des Antrags empfehlen. Ob und inwieweit die behördliche Anhörungspflicht nach Art. 8 Abs. 2 zu erfüllen ist, bleibt eine Frage des Einzelfalls. Eine vergleichbare Pflicht zur Konsultation der zuständigen Behörden der anderen betroffenen Mitgliedstaaten sieht auch die

---

[249] Vgl. den Wortlaut des Erwägungsgrundes (32) der Verordnung (EU) Nr. 1095/2010:
„Zur Gewährleistung einer effizienten und wirksamen Aufsicht und einer ausgewogenen Berücksichtigung der Positionen der zuständigen Behörden in den verschiedenen Mitgliedstaaten sollte die Behörde in grenzübergreifenden Fällen bestehende Differenzen zwischen diesen zuständigen Behörden – auch in den Aufsichtskollegien – verbindlich schlichten können. Es sollte eine Schlichtungsphase vorgesehen werden, in der die zuständigen Behörden eine Einigung erzielen können. Die Befugnis der Behörde sollte sich auf Meinungsverschiedenheiten in Bezug auf das Verfahren oder den Inhalt einer Maßnahme oder das Nichttätigwerden einer zuständigen Behörde eines Mitgliedstaats in den Fällen, die in den verbindlichen Rechtsakten der Union nach dieser Verordnung genannt sind, erstrecken. In solchen Fällen sollte eine der betroffenen Aufsichtsbehörden befugt sein, die Behörde mit der Frage zu befassen, die im Einklang mit dieser Verordnung tätig werden sollte.“

[250] Aufgrund der entsprechenden des Art. 8 Abs. 5 nach Art. 37 Abs. 8 für Nicht-EU-AIFM bezieht sich die Zulassung richtigerweise nicht nur auf die Verwaltung, sondern *(sofern anwendbar)* auch auf den Vertrieb von AIF durch den Nicht-EU-AIFM.

[251] Hierzu wird man auch den Fall zählen müssen, dass die Vertrags- oder Satzungsbedingungen eines AIF aufgrund (allfälliger) wesentlicher Änderungen nach Einreichung noch einmal ergänzt worden sind. Richtigerweise wird man jedoch das Einreichen von finalen Entwürfen der rechtlichen Dokumentation als ausreichend erachten müssen.

OGAW-Richtlinie in deren Art. 8 Abs. 3 vor, welche in Deutschland bislang in § 8 InvG umgesetzt worden ist[252].

Entsprechend besteht die **Anhörungspflicht** nur dann, wenn vorbehaltlich 230 dem Ergebnis der Anhörung, die Voraussetzungen für die Zulassungserteilung im Übrigen gegeben sind. Das Anhörungsverfahren hat innerhalb der Entscheidungsfrist zu erfolgen und setzt den Fristenlauf – mangels gesetzlicher Anordnung durch die AIFM-Richtlinie – nicht aus.

b) Ablehnungsentscheid mit Begründung. Auch die Ablehnung der 231 Zulassung folgt bekannten Vorgaben, etwa der OGAW-Richtlinie, genauer: Art. 7 Abs. 2 der OGAW-Richtlinie, welche in Deutschland bislang durch § 7b InvG umgesetzt worden ist[253]. Neben dem Fehlen einer oder mehrerer der bereits oben genannten Zulassungsvoraussetzungen hat die Aufsichtsbehörde des Referenzmitgliedstaats die Zulassung zu verweigern, wenn die wirksame Wahrnehmung der Aufsichtsfunktionen durch einen der folgenden Umstände verhindert wird:

(a) durch eine enge Verbindung zwischen dem AIFM und anderen natürlichen oder juristischen Personen[254],

(b) durch die Rechts- und Verwaltungsvorschriften eines Drittstaats, denen natürliche oder juristische Personen unterliegen, mit denen der AIFM eng verbunden ist, und

(c) Durchsetzungsschwierigkeiten der Rechts- und Verwaltungsvorschriften – vgl. Art. 8 Abs. 3.

Zur Herstellung einer europaweit einheitlichen Aufsichtspraxis ist die ESMA nach 232 Art. 8 Abs. 6 aufgerufen, durch Entwürfe technischer **Regulierungsstandards** v.a. die Anforderungen nach Art. 8 Abs. 3 sowie die Umstände, die die jeweilige Aufsichtsbehörde bei der wirksamen Erfüllung ihrer Aufsichtsaufgaben behindern könnten, festzulegen.

Ob die aufgezählten **Ablehnungsgründe** abschließend sind, ist – nicht anders 233 als bei dem für Kapitalanlagegesellschaften bislang geltenden § 7b InvG – fraglich[255]. Auch bei der Zulassung des Nicht-EU-AIFM nach der AIFM-Richtlinie handelt es sich um ein Tätigkeitsverbot mit Erlaubnisvorbehalt. Dies setzt voraus, dass sich aus der gesetzlichen Regelung ergeben muss, unter welchen Voraussetzungen die entsprechende Genehmigung zu erteilen oder zu versagen ist. Greift kein Versagungsgrund, so hat der Antragssteller grundsätzlich einen Anspruch auf Erteilung der Erlaubnis.

Man wird auch für die Ablehnung einer AIFM-Zulassung verlangen müssen, 234 dass die Aufsichtsbehörde die Versagungsgründe nicht nur positiv nachweist[256],

---

[252] Hierzu *Steck/Gringel* in Berger/Steck/Lübbehüsen, InvG/InvStG (2010) § 8 Rn. 1.

[253] Vgl. *Steck/Gringel* in Berger/Steck/Lübbehüsen, InvG/InvStG (2010) § 7b Rn. 1 ff.

[254] Vgl. zu den Vorgaben des InvG für Kapitalanlagegesellschaften *Steck/Gringel* in Berger/Steck/Lübbehüsen, InvG/InvStG, (2010) § 7b Rn. 21: *„[...], wenn nicht mehr ersichtlich ist, welche Weisungsrechte oder Einflussmöglichkeiten zwischen den einzelnen Unternehmen bestehen oder Verantwortlichkeiten und Entscheidungskompetenzen innerhalb der Unternehmensverbindung unklar sind."*

[255] Vgl. mit weiteren Nachweisen *Steck/Gringel* in Berger/Steck/Lübbehüsen, InvG/InvStG (2010) § 7b Rn. 2.

[256] Ein reiner Verdacht wird auch hier nicht ausreichend sein, um die Zulassung zu verweigern; vgl. § 7b InvG *Steck/Gringel* in Berger/Steck/Lübbehüsen, InvG/InvStG (2010) § 7b Rn. 3 für die Versagung der Erlaubnis für Kapitalanlagegesellschaften.

sondern auch entsprechend dem jeweils geltenden Verwaltungsverfahrensrecht begründet. Mittelbar ergibt sich diese **Begründungspflicht** aus Art. 37 Abs. 10 Unterabs. 2, wonach die mit der Zulassung befasste Aufsichtsbehörde die ESMA von den Zulassungsanträgen, die sie abgelehnt haben, unterrichten und dabei auch die Gründe für die Ablehnung vorlegen muss.

235   **c) Beschränkung und Änderung der Zulassung.** Eine behördliche Beschränkung des Umfangs bzw. des Inhalts der Zulassung kann auch für Nicht-EU-AIFM entsprechend Art. 8 Abs. 4 erfolgen – was insbesondere für die Anlagestrategien der AIF gilt, zu deren Verwaltung der Nicht-EU-AIFM berechtigt ist. Ob dies als ein weniger einschneidendes Mittel im Vergleich zu einer vollumfänglichen Ablehnung eines Zulassungsantrages in Betracht zu ziehen ist, bleibt eine Frage des Einzelfalls.

236   Entsprechende Anwendung findet zudem der Art. 10, wonach der Nicht-EU-AIFM den Aufsichtsbehörden seines Referenzmitgliedstaats alle wesentlichen Änderungen der Voraussetzungen für die Erstzulassung vor deren Anwendung mitteilen müssen – insbesondere für wesentliche Änderungen der bei der Erstzulassung gemachten Angaben nach Art. 37 Abs. 8 i. V. m. Art. 7. Das Verfahren richtet sich insoweit nach Art. 10 Abs. 2.

237   Hiervon zu unterscheiden ist das **Änderungsverfahren** nach Art. 37 Abs. 11 und 12, welches die Änderung des Referenzmitgliedstaats betrifft und damit v.a. ein Wechsel der für den Nicht-EU-AIFM zuständigen Aufsichtsbehörde innerhalb der EU zur Folge haben kann.

238   **d) Entzug der Zulassung nach Art. 11.** Ebenso wie die Erteilung der Zulassung richtet sich auch deren Entzug nach Kapitel II – genauer: Art. 11. Für Nicht-EU-AIFM gelten im Grundsatz keine Besonderheiten. Danach kann die für den Nicht-EU-AIFM zuständige Aufsichtsbehörde des Referenzmitgliedstaats die erteilte Zulassung entziehen, wenn der AIFM:

(a) von der Zulassung nicht binnen zwölf Monaten Gebrauch macht, ausdrücklich auf sie verzichtet oder die in dieser Richtlinie genannten Tätigkeiten in den vorangegangenen sechs Monaten nicht ausgeübt hat, es sei denn, der betreffende Mitgliedstaat sieht in diesen Fällen das Erlöschen der Zulassung vor,

(b) die Zulassung aufgrund falscher Angaben oder auf andere rechtswidrige Weise erhalten hat,

(c) die Voraussetzungen, unter denen die Zulassung erteilt wurde, nicht mehr einhält,

(d) in schwerwiegender Weise oder systematisch gegen die nach der AIFM-Richtlinie erlassenen Bestimmungen verstoßen hat, oder

(e) einen der Tatbestände erfüllt, in denen das jeweils geltende nationale Recht bezüglich Angelegenheiten, die außerhalb des Anwendungsbereichs dieser Richtlinie liegen, den Entzug vorsieht.

239   Die Auflistung von Erlöschens- bzw. Aufhebungsgründen ist vergleichbar mit den Vorgaben nach Art. 7 Abs. 5 der OGAW-Richtlinie, welche bislang durch § 17 InvG in nationales Recht umgesetzt worden ist. Es liegt nahe, dass der deutsche Gesetzgeber auch für den Entzug einer AIFM-Zulassung dem Konzept des § 17 InvG folgen wird und zwischen dem Erlöschen, also dem Wegfall der Erlaubnis kraft Gesetzes, und der Aufhebung, also Rücknahme und Widerruf, trennen wird[257].

---

[257] Vgl. *Steck* in Berger/Steck/Lübbehüsen, InvG/InvStG (2010) § 17 Rn. 2 ff.

Was die Gründe für ein Erlöschen bzw. eine Aufhebung anbelangt, kann ent- **240**
sprechend auf die Kommentierung des Artikels 11 verwiesen werden. Zu unterscheiden hiervon ist der Entzug der im Drittstaat erteilten Erlaubnis bzw. Registrierung des Nicht-EU-AIFM. Das Erlöschen bzw. die Aufhebung der Erlaubnis
im Drittstaat führt nach der AIFM-Richtlinie nicht automatisch zum Erlöschen
der AIFM-Erlaubnis des Nicht-EU-AIFM.

In diesem Fall wird aber die Aufsichtsbehörde des Referenzmitgliedstaats die **241**
EU-Zulassung für den Nicht-EU-AIFM nach Art. 11 lit. c) i. V. m. Art. 37 Abs. 7
lit. d) und g) aufheben können, sofern der Informationsaustausch zwischen den
zuständigen Behörden nicht mehr gewährleistet ist bzw. eine effektive Wahrnehmung der Aufsichtsfunktionen nicht mehr möglich ist.

Der **Rechtsschutz** gegen den Entzug der Erlaubnis richtet sich nach dem **242**
Recht des jeweiligen Referenzmitgliedstaats – Art. 37 Abs. 13 Unterabs. 1: Alle
zwischen den zuständigen Behörden des Referenzmitgliedstaats und dem AIFM
auftretenden Streitigkeiten werden nach dem Recht des Referenzmitgliedstaats
beigelegt und unterliegen dessen Gerichtsbarkeit.

In Deutschland käme bei einer mit § 17 InvG vergleichbaren Umsetzung im **243**
Fall des Erlöschens der Zulassung die Feststellungsklage nach § 43 VwGO sowie
im Fall der Aufhebung der Zulassung Widerspruch nach §§ 68 ff. VwGO und
Anfechtungsklage nach § 42 VwGO in Betracht[258].

e) Informationspflichten der zuständigen Aufsichtsbehörde gegenüber **244**
ESMA. Im Interesse eines europaweiten und effizienten Informationsaustausches
über die Tätigkeiten von Nicht-EU-AIFM innerhalb der EU, muss die zuständige
Aufsichtsbehörde des Referenzmitgliedstaats nach Art. 37 Abs. 10 die ESMA nicht
nur unverzüglich, ohne schuldhaftes Zögern, über den Ausgang des Erstzulas-
sungsprozesses, über Änderungen bei der Zulassung des AIFM und über einen
Entzug der Zulassung unterrichten, sondern sie sind auch verpflichtet, die ESMA
von den Zulassungsanträgen, die sie abgelehnt haben, zu informieren. Dabei müssen sie Angaben zu dem AIFM, die eine Zulassung beantragt haben, sowie die
Gründe für die Ablehnung vorzulegen. Die ESMA soll ein zentrales Verzeichnis
dieser Angaben führen, welches den zuständigen Behörden auf Anfrage zur Verfügung gestellt werden soll.

III. Folgen einer Änderung der Geschäftsentwicklung bzw. der Vertriebsstrategie

1. Innerhalb von zwei Jahren nach Erstzulassung. Ist ein Nicht-EU- **245**
AIFM in der EU zum Vertrieb oder zur Verwaltung eines AIF zugelassen, so hat
seine weitere Geschäftstätigkeit nach Art. 37 Abs. 11 Unterabs. 1 auf die **Bestim-**
mung des Referenzmitgliedstaats grundsätzlich keine Auswirkung[259].

Eine Ausnahme sieht die AIFM-Richtlinie für den Fall vor, dass der Nicht-EU- **246**
AIFM seine Vertriebsstrategie innerhalb von zwei Jahren nach seiner Erstzulassung
ändert und die geänderte Vertriebsstrategie – wäre sie bereits ursprünglich verfolgt
worden – die Festlegung des Referenzmitgliedstaats beeinflusst hätte[260].

---

[258] Zum Rechtsschutz im Rahmen von § 17 InvG *Steck* in Berger/Steck/Lübbehüsen,
InvG/InvStG (2010) § 17 Rn. 20.

[259] Hierzu auch *Spindler/Tancredi* WM 2011, 1441, 1448.

[260] Hierzu auch *Spindler/Tancredi* WM 2011, 1441, 1448 f.

247   In einem solchen Fall ist der Nicht-EU-AIFM verpflichtet, die zuständigen Behörden des ursprünglichen Referenzmitgliedstaats von der Änderung der Vertriebsstrategie vor ihrer Durchführung **in Kenntnis zu setzen**, die Änderungen offenzulegen und den als Folge dieser Änderungen und nach Art. 37 Abs. 4 neu bestimmten Referenzmitgliedstaat anzugeben. Zugleich legt der Nicht-EU-AIFM Angaben zu seinem gesetzlichen Vertreter offen, einschließlich dessen Name und des Orts im neuen Referenzmitgliedstaat, an dem der gesetzliche Vertreter seinen Sitz haben muss.

248   Der ursprüngliche Referenzmitgliedstaat beurteilt nach Art. 37 Abs. 11 Unterabs. 2, ob die Bestimmung des neuen Referenzmitgliedstaats durch den Nicht-EU-AIFM korrekt ist, und **setzt die ESMA von dieser Beurteilung in Kenntnis**. Die ESMA gibt zu der von der zuständigen Behörde vorgenommenen Beurteilung eine Empfehlung ab. In der Meldung an die ESMA hat die zuständige Behörde die Begründung des Nicht-EU-AIFM für seine Beurteilung hinsichtlich des Referenzmitgliedstaats und die Informationen über die neue Vertriebsstrategie offenzulegen.

249   Innerhalb eines Monats nach Eingang der Meldung erlässt die ESMA ihre **Empfehlung zu der Beurteilung** der zuständigen Behörde. Die ESMA kann eine negative Beurteilung aussprechen, wenn sie der Ansicht ist, dass die Kriterien des Art. 37 Abs. 4 nicht eingehalten wurden. Nachdem die zuständigen Behörden des ursprünglichen Referenzmitgliedstaats die Empfehlung der ESMA erhalten haben, setzen sie den Nicht-EU-AIFM, dessen ursprünglichen gesetzlichen Vertreter und die ESMA von ihrer Entscheidung in Kenntnis.

250   Sind die zuständigen Aufsichtsbehörden des ursprünglichen Referenzmitgliedstaats mit der vom Nicht-EU-AIFM vorgenommenen Beurteilung einverstanden, so informieren sie die zuständigen Behörden des neuen Referenzmitgliedstaats über die Änderung und übermitteln den neuen zuständigen Behörden unverzüglich eine Abschrift der Zulassungs- und Aufsichtsunterlagen des Nicht-EU-AIFM. Vom Zeitpunkt der **Übermittlung** an sind die zuständigen Behörden des neuen Referenzmitgliedstaats für die **Zulassung und Aufsicht** des Nicht-EU-AIFM zuständig.

251   Steht die abschließende Beurteilung der zuständigen Behörden des ursprünglichen Referenzmitgliedstaats im **Widerspruch zu den Empfehlungen** der ESMA, soll Folgendes gelten:

252   Die zuständigen Behörden setzen die ESMA in Kenntnis, dass sie ihrer Empfehlung nicht folgen werden. Zudem informieren die zuständigen Behörden die ESMA über die Gründe ihres Entscheids. Die **ESMA veröffentlicht** die Tatsache, dass die zuständigen Behörden ihrer Empfehlung nicht folgen oder nicht zu folgen beabsichtigen.

253   Dabei steht es der ESMA von Fall zu Fall frei, auch die Gründe der zuständigen Behörden für das Nichtbefolgen der Empfehlung zu veröffentlichen. Entscheidet sich die ESMA dafür, dann informiert sie die zuständigen Behörden im Voraus.

254   Sofern der Nicht-EU-AIFM Anteile an AIF auch in anderen Mitgliedstaaten als nur dem ursprünglichen Referenzmitgliedstaat vertreibt, so setzen die Behörden des Referenzmitgliedstaats auch die zuständigen Behörden dieser anderen Mitgliedstaaten davon in Kenntnis, dass sie den Empfehlungen der ESMA nicht folgen werden.

255   Zudem geben sie die Gründe dafür bekannt; sie setzen die zuständigen Behörden des ursprünglichen Referenzmitgliedstaats wie auch die zuständigen Behörden

der Herkunftsmitgliedstaaten der von dem Nicht-EU-AIFM verwalteten AIF unter Angabe ihrer Gründe in Kenntnis.

2. Zwei Jahre nach Erstzulassung. Ändert ein Nicht-EU-AIFM seine Ver- 256
triebsstrategie nach Ablauf von zwei Jahren nach seiner Erstzulassung, so steht es ihm nach Art. 37 Abs. 12 Unterabs. 2 frei, ob er seinen Referenzmitgliedstaat entsprechend seiner neuen Vertriebsstrategie ändern möchte. Will er dies tun, so kann der Nicht-EU-AIFM bei den zuständigen Behörden des ursprünglichen Referenzmitgliedstaats ein Zulassungsverfahren nach Art. 37 Abs. 11 einleiten[261].

3. Rechtsfolgen. a) Nichtbefolgen der Vertriebsstrategie. Ein zugelasse- 257
ner Nicht-EU-AIFM ist während der ersten zwei Jahre nach der Erstzulassung grundsätzlich verpflichtet, die von ihm anlässlich der Zulassung aufgezeigte Vertriebsstrategie zu verfolgen. Erweist sich anhand des tatsächlichen Verlaufs der Geschäftsentwicklung, dass der Nicht-EU-AIFM von seiner vorgegebenen Vertriebsstrategie abgewichen ist, dass er diesbezüglich falsche Angaben[262] gemacht hat oder er sich bei der Änderung seiner Vertriebsstrategie nicht an die Vorgaben des Art. 37 Abs. 11 gehalten hat, so soll die zuständige Behörde des ursprünglichen Referenzmitgliedstaats den Nicht-EU-AIFM nach Art. 37 Abs. 12 Unterabs. 1 auffordern, den Mitgliedstaat anzugeben, der gemäß Art. 37 Abs. 4 und entsprechend seiner tatsächlichen Vertriebsstrategie als Referenzmitgliedstaat angezeigt wäre. In der Folge ist das Zulassungsverfahren des Art. 37 Abs. 11 zu durchlaufen.

b) Widerspruch anderer Mitgliedstaaten. Die Festlegung eines Referenz- 258
mitgliedstaats kann umstritten sein. Ist eine zuständige Behörde eines Mitgliedstaats nicht mit der Festlegung eines Referenzmitgliedstaats für einen Nicht-EU-AIFM einverstanden, so können die betreffenden Behörden die Angelegenheit nach Art. 37 Abs. 12 Unterabs. 3 der ESMA zur Kenntnis bringen. Die ESMA kann nach Art. 19 Abs. 5 VO (EU) 1095/2010 ein Schlichtungsverfahren einleiten.

E. Prozessuale Besonderheiten für Nicht-EU-AIFM

I. Streitigkeiten zwischen Behörden und Nicht-EU-AIFM

Alle Streitigkeiten zwischen einem Nicht-EU-AIFM und den zuständigen 259
Behörden des Referenzmitgliedstaats unterliegen nach Art. 37 Abs. 13 Unterabs. 1 der Gerichtsbarkeit des Referenzmitgliedstaats und werden nach dem Recht dieses Staats entschieden.

II. Streitigkeiten zwischen Nicht-EU-AIFM oder AIF und EU-Anlegern

Alle Streitigkeiten zwischen einem Nicht-EU-AIFM bzw. einem von ihm 260
vertriebenen AIF und EU-Anlegern unterstehen nach Art. 37 Abs. 13 Unterabs. 2 der Gerichtsbarkeit eines Mitgliedstaats und werden nach dem Recht des entspre-

---

[261] Hierzu auch *Spindler/Tancredi* WM 2011, 1441, 1449.

[262] Vgl. zu den Folgen von falschen Angaben hinsichtlich der Vertriebsstrategie *Spindler/Tancredi* WM 2011, 1441, 1449.

chenden Mitgliedstaats beurteilt. Die AIFM-Richtlinie verlangt im Interesse des Anlegerschutzes, dass die privatrechtliche Beziehung **zwischen einem Nicht-EU-AIF und einem EU-Anleger** bzw. zwischen einem AIF und einem EU-Anleger der Gerichtsbarkeit und dem Recht eines Mitgliedstaats untersteht. Fraglich ist, ob eine privatrechtliche Vereinbarung einer Gerichtszuständigkeit außerhalb der EU bzw. nach dem Recht eines Nicht-EU-Mitgliedstaats, insbesondere des Herkunftsstaats des Nicht-EU-AIFM, also des Drittstaats, vollständig unbeachtlich ist.

261   So wird im Anwendungsbereich des bislang noch geltenden InvG durch § 138 Abs. 2 InvG ein zusätzlicher gesetzlicher Gerichtsstand am Sitz des gesetzlichen Vertreters begründet. Nicht anders als dort wird man auch mit Blick auf die Vorgaben der AIFM-Richtlinie vertreten können, dass damit ein ausschließlicher Gerichtsstand festgelegt werden soll. Vielmehr wird der Anleger auch bei anderen zuständigen Gerichten, auch im Drittstaat des Nicht-EU-AIFM, seine Rechte gerichtlich durchsetzen können[263].

F. Europaweite Konkretisierung, Harmonisierung und Vereinheitlichung

262   Wie kaum eine andere Vorschrift der AIFM-Richtlinie bedarf Artikel 37 der weitergehenden Konkretisierung durch verschiedene Durchführungs- sowie **delegierte Rechtsakte** der Kommission, Leitlinien und Entwürfe für technische **Regulierungsstandards** und Durchführungsstandards durch die ESMA im Rahmen des Lamfalussy-Verfahrens[264].

263   Erklärtes Ziel ist die Harmonisierung und einheitliche Anwendung der Drittstaatenvorschriften innerhalb der EU. Der ESMA kommt dabei nicht nur eine gesetzesvorbereitende Funktion, sondern auch Koordinierungs-, Schlichtungs- und in einem bestimmten Umfang auch eine Aufsichtsfunktion zu. Im Einzelnen ergeben sich die Befugnisse der ESMA aus Art. 37 Abs. 14 bis 23 i. V. m. den einschlägigen Bestimmungen der Verordnung (EU) Nr. 1095/2010[265].

264   Thematisch geht es bei der Konkretisierung und Harmonisierung v.a. um Fragen des Verfahrens zur Bestimmung des Referenzmitgliedstaats (Art. 37 Abs. 14), der Ausgestaltung der Zusammenarbeit zwischen den Aufsichtsbehörden der Mitgliedstaaten und der jeweiligen Drittstaaten (Art. 37 Abs. 15 bis 17), der Ausgestaltung des Verfahrens für die Koordinierung und den Austausch von Informationen zwischen den Aufsichtsbehörden (Art. 37 Abs. 18, 20 und 21), der Antragsstellung (Art. 37 Abs. 22) sowie – für die Praxis von zentraler Bedeutung – um die Festle-

---

[263] Vgl. zu § 138 InvG *Erhard* in Berger/Steck/Lübbehüsen, InvG/InvStG (2010) § 138 Rn. 8.

[264] Zu den vier Stufen des Lamfalussy-Verfahrens im Interesse eines beschleunigten Erlasses und effizienten Durchsetzung von Rechtsakten der EU *Fleischer* BKR 2006, 389, 390; *Hirschberg* AG 2006, 398, 399 f.; *Siekmann,* Die Europäisierung der Finanzmarktaufsicht. Institute for Monetary and Financial Stability, Working Papier Series No. 47 (2011) S. 7 f.; *Schmolke* NZG 2005, 912 ff.; zur Verbesserung des „Rechtssetzungsverfahren" vgl. grundlegend The High-Level Group on Financial Supervision in The EU, Chaired by Jacques de Larosière, Report, Brussels, 25 February 2009, S. 59 ff.

[265] Zu den Funktionen und Befugnisse der ESMA auch *Hoffmann/Detzen* DB 2011, 1261 ff.; *Siekmann,* Die Europäisierung der Finanzmarktaufsicht. Institute for Monetary and Financial Stability, Working Papier Series No. 47 (2011) S. 38 ff.

gung von einheitlichen Standards betreffend Art und Weise, in der ein Nicht-EU-AIFM die Anforderungen der AIFM-Richtlinie zu erfüllen hat (Art. 37 Abs. 23).

Diese Standards sollen durch sog. **technische Regulierungsstandards** von **265** der Kommission festgelegt und von der ESMA durch entsprechende Entwürfe vorbereitet werden. Bei technischen Regulierungsstandards handelt es sich rechtstechnisch um sog. delegierte Rechtsakte der Kommission nach Artikel 290 AEUV – mithin um „Rechtsakte ohne Gesetzescharakter mit allgemeiner Geltung zur Ergänzung oder Änderung bestimmter, nicht wesentlicher Vorschriften des betreffenden Gesetzgebungsaktes"[266]. Sie sollten dabei zwar keine strategischen oder politischen Entscheidungen enthalten, können aber die an sich vorrangigen Rechtsakte mit Gesetzescharakter, die gemeinsam von Rat und Parlament erlassenen Verordnungen und Richtlinien, modifizieren oder ergänzen.

Mit anderen Worten: Sie können in „nicht wesentlichen Teilen" den eigenen **266** Rahmen sprengen[267], wobei sie sich aber auf „rein technische Aspekte beschränken" sollen, „die das Fachwissen von Aufsichtsexperten erfordern". Die Grenze zwischen wesentlichen und rein technischen (bzw. unwesentlichen) Regelungen ist mitunter schwer zu ziehen. Es bleibt zu befürchten, dass die praktisch doch sehr bedeutsamen Regelungen v.a. über das „Wie" der Erfüllung der für einen Nicht-EU-AIFM geltenden Richtlinienvorgaben im Wege dieser neuen technischen Standards getroffen werden.

G. Bezüge zum KAGB-E

I. Umsetzung im KAGB-E

Der nationalen Umsetzung der Anforderungen der AIFM-Richtlinie an die **267** Erteilung der Erlaubnis für einen Nicht-EU-AIFM, sprich: ausländische AIF-Verwaltungsgesellschaft, dienen v.a. §§ 56 bis 66 KAGB-E. Während § 56 KAGB-E die Vorgaben zur Bestimmung des Referenzmitgliedstaates „Deutschland" entsprechend den Vorgaben des Art. 37 Abs. 4 der AIFM-Richtlinie und § 61 KAGB-E die Folgen einer Änderung des Referenzmitgliedstaats einer ausländischen AIF-Verwaltungsgesellschaft entsprechen Art. 37 Abs. 11 der AIFM-Richtlinie festlegen, stellen § 57 ff. KAGB-E die Voraussetzungen für die Erteilung der Erlaubnis (Verwaltung und Vertrieb) auf. Auch in diesem Zusammenhang ist der deutsche Gesetzgeber um eine 1:1-Umsetzung der AIFM-Richtlinie bemüht ist.

II. Wesentliche Besonderheiten der deutschen Umsetzung

Nach § 58 Abs. 9 KAGB-E wird die Erlaubnis durch die BaFin im Einklang mit **268** den für die Erlaubnis von AIF-Kapitalverwaltungsgesellschaften, sprich: deutschen AIFM, geltenden Vorschriften des KAGB-E erteilt – wobei – nicht anders als Artikel 37 Abs. 8 der AIFM-Richtlinie – gewisse Sonderheiten gelten, die v.a. § 58 Abs. 9 KAGB-E enumerativ aufzählt. Bedeutung hat v.a. die Klarstellung des § 58 Abs. 9 Nr. 5 KAGB-E, wonach ausländische AIF-Verwaltungsgesellschaften im Inland nur Spezial-AIF und keine Publikums-AIF verwalten dürfen. Mit

---

[266] Hierzu *Siekmann,* Die Europäisierung der Finanzmarktaufsicht. Institute for Monetary and Financial Stability, Working Papier Series No. 47 (2011) S. 80 ff.

[267] Vgl. hierzu auch *Baur/Boegl* BKR 2011, 177, 182.

Blick auf die Verwaltung von EU-AIF wird der BaFin zudem die Möglichkeit eingeräumt, entsprechend den Vorschriften für inländische AIF die Erlaubnis auf die Verwaltung von bestimmten Arten von EU-AIF und auf Spezial-EU-AIF zu beschränken.

269   Was den Vertrieb von AIF mit Drittstaatenbezug anlangt, hat der deutsche Gesetzgeber – je nach Fallkonstellation (Nicht-EU-AIFM mit EU-AIF bzw. Nicht-EU-AIF an professionelle, semi-professionelle Anleger sowie Kleinanleger) – in den §§ 295 ff. KAGB-E weitergehende Vorgaben gemacht[268].

Artikel 38 Vergleichende Analyse der Zulassung von und der Aufsicht über Nicht-EU-AIFM

AIFM-RiLi	KAGB-E
Artikel 38 **Vergleichende Analyse der Zulassung von und der Aufsicht über Nicht-EU-AIFM**	
(1) Die ESMA unterzieht die Aufsichtstätigkeit der zuständigen Behörden in Bezug auf die Zulassung und die Überwachung von Nicht-EU-AIFM gemäß den Artikeln 37, 39, 40 und 41 jährlich einer vergleichenden Analyse, um die Kohärenz der Aufsichtstätigkeit gemäß Artikel 30 der Verordnung (EU) Nr. 1095/2010 weiter zu erhöhen.	
(2) Bis zum 22. Juli 2013 arbeitet die ESMA Methoden aus, die eine objektive Beurteilung und einen Vergleich der bewerteten Behörden ermöglichen.	
(3) Die vergleichende Analyse erstreckt sich insbesondere auf die Beurteilung von Folgendem: a) der Grad der Konvergenz in den Aufsichtspraktiken, der bei der Zulassung von und Aufsicht über Nicht-EU-AIFM erreicht worden ist; b) das Ausmaß, in dem die Aufsichtspraxis die in dieser Richtlinie festgelegten Ziele erreicht; c) die Wirksamkeit und der Grad der Konvergenz, die bei der Durchsetzung dieser Richtlinie und ihrer	

---

[268] Zu den Vertriebsvorschriften der AIFM-Richtlinie sowie des KAGB-E (Diskussionsentwurf) im Überblick auch *Loff/Klebeck*, BKR 2012, 353 ff.; *Volhard/Jang*, DB 2013, 273 ff.

AIFM-RiLi	KAGB-E
Durchführungsbestimmungen sowie der von der ESMA gemäß dieser Richtlinie ausgearbeiteten technischen Regulierungs- und Durchführungsstandards erreicht wurden, einschließlich administrativer Maßnahmen und Sanktionen, die bei Nichteinhaltung dieser Richtlinie gegen Nicht-EU-AIFM verhängt wurden.	
(4) Auf der Grundlage der Ergebnisse der vergleichenden Analyse kann die ESMA gemäß Artikel 16 der Verordnung (EU) Nr. 1095/2010 Leitlinien und Empfehlungen herausgeben, um einheitliche, effiziente und wirksame Praktiken für die Aufsicht über Nicht-EU-AIFM zu schaffen.	
(5) Die zuständigen Behörden unternehmen alle erforderlichen Anstrengungen, um diesen Leitlinien und Empfehlungen nachzukommen.	
Siehe Art. 38 Absatz 4 und 5	**§ 64 Abs. 1** **Vergleichende Analyse der Zulassung von und der Aufsicht über ausländische AIF-Verwaltungsgesellschaften** (1) Sofern die Europäische Wertpapier- und Marktaufsichtsbehörde nach Artikel 38 Absatz 4 der Richtlinie 2011/61/EU Leitlinien und Empfehlungen herausgibt, um einheitliche, effiziente und wirksame Praktiken für die Aufsicht über ausländische AIF-Verwaltungsgesellschaften zu schaffen, unternimmt die Bundesanstalt alle erforderlichen Anstrengungen, um diesen Leitlinien und Empfehlungen nachzukommen.
	§ 64 Abs. 2 **Vergleichende Analyse der Zulassung von und der Aufsicht über ausländische AIF-Verwaltungsgesellschaften**
(6) Binnen zwei Monaten nach der Herausgabe einer Leitlinie oder Empfehlung bestätigt jede zuständige Behörde, ob sie dieser Leitlinie oder Empfeh-	(2) Die Bundesanstalt bestätigt binnen zwei Monaten nach der Herausgabe einer Leitlinie oder Empfehlung, ob sie dieser Leitlinie oder Empfehlung nach-

AIFM-RiLi	KAGB-E
lung nachkommt oder nachzukommen beabsichtigt. Wenn eine zuständige Behörde der Leitlinie oder Empfehlung nicht nachkommt oder nachzukommen beabsichtigt, teilt sie dies der ESMA unter Angabe der Gründe mit.	kommt oder nachzukommen beabsichtigt. Wenn sie der Leitlinie oder Empfehlung nicht nachkommt oder nachzukommen beabsichtigt, teilt sie dies der Europäischen Wertpapier- und Marktaufsichtsbehörde unter Angabe der Gründe mit.
(7) Die ESMA veröffentlicht die Tatsache, dass eine zuständige Behörde dieser Leitlinie oder Empfehlung nicht nachkommt oder nachzukommen beabsichtigt. Die ESMA kann ferner von Fall zu Fall beschließen, die von der zuständigen Behörde angegebenen Gründe dafür, dieser Leitlinie oder Empfehlung nicht nachzukommen, zu veröffentlichen. Die zuständige Behörde wird im Voraus über eine solche Veröffentlichung informiert.	
(8) In dem Bericht gemäß Artikel 43 Absatz 5 der Verordnung (EU) Nr. 1095/2010 teilt die ESMA dem Europäischen Parlament, dem Rat und der Kommission mit, welche Leitlinien und Empfehlungen gemäß diesem Artikel herausgegeben wurden und welche zuständigen Behörden diesen nicht nachgekommen sind, wobei auch erläutert wird, wie die ESMA sicherzustellen gedenkt, dass diese zuständigen Behörden die Empfehlungen und Leitlinien in Zukunft einhalten.	
(9) Die Kommission berücksichtigt diese Berichte gebührend bei ihrer Überprüfung dieser Richtlinie gemäß Artikel 69 und bei jeder nachfolgenden Bewertung, die sie vornimmt.	
(10) Die ESMA macht die im Zuge dieser vergleichenden Analysen ermittelten bewährten Verfahren öffentlich bekannt. Ferner können alle anderen Ergebnisse der vergleichenden Analysen öffentlich bekannt gemacht werden, vorbehaltlich der Zustimmung der zuständigen Behörde, die der vergleichenden Analyse unterzogen wurde.	

Artikel 39 Bedingungen für den in der Union mit einem Pass erfolgenden Vertrieb von EU-AIF, die von Nicht-EU-AIFM
verwaltet werden

AIFM-RiLi	KAGB-E
Artikel 39 Bedingungen für den in der Union mit einem Pass erfolgenden Vertrieb von EU-AIF, die von Nicht-EU-AIFM verwaltet werden	
	§ 327 Abs. 1 Anzeigepflicht einer ausländischen AIF-Verwaltungsgesellschaft, deren Referenzmitgliedstaat nicht die Bundesrepublik Deutschland ist, beim beabsichtigten Vertrieb von EU-AIF oder von inländischen Spezial-AIF an semi-professionelle und professionelle Anleger im Inland
(1) Die Mitgliedstaaten stellen sicher, dass ein ordnungsgemäß zugelassener Nicht-EU-AIFM Anteile eines EU-AIF, den er verwaltet, an professionelle Anleger in der Union mit einem Pass vertreiben kann, sobald die in diesem Artikel festgelegten Bedingungen eingehalten sind.	(1) Beabsichtigt eine ausländische AIF-Verwaltungsgesellschaft, deren Referenzmitgliedstaat gemäß Artikel 37 Absatz 4 der Richtlinie 2011/61/EU ein anderer Mitgliedstaat der Europäischen Union oder ein anderer Vertragsstaat des Abkommens über den Europäischen Wirtschaftsraum als die Bundesrepublik Deutschland ist, im Geltungsbereich dieses Gesetzes Anteile oder Aktien an EU-AIF oder inländische Spezial-AIF an semiprofessionelle oder professionelle Anleger im Geltungsbereich dieses Gesetzes zu vertreiben, so prüft die Bundesanstalt, ob die zuständige Stelle des Referenzmitgliedstaates der ausländischen AIF-Verwaltungsgesellschaft Folgendes übermittelt hat: 1. eine von ihr ausgestellte Bescheinigung über die Erlaubnis der betreffenden ausländischen AIF-Verwaltungsgesellschaft zur Verwaltung von AIF mit einer bestimmten Anlagestrategie und 2. ein Anzeigeschreiben für jeden angezeigten AIF

AIFM-RiLi	KAGB-E
	jeweils in einer in der internationalen Finanzwelt gebräuchlichen Sprache. Für den Inhalt des Anzeigeschreibens einschließlich der erforderlichen Dokumentation und Angaben gilt § 321 Absatz 1 Satz 2 entsprechend mit der Maßgabe, dass es statt „AIF-Kapitalverwaltungsgesellschaft" „ausländische AIF-Verwaltungsgesellschaft" heißen muss, die Vorkehrungen zum Vertrieb des angezeigten AIF angegeben sein müssen und die Bundesrepublik Deutschland als Staat genannt sein muss, in dem Anteile oder Aktien des angezeigten AIF an professionelle Anleger vertrieben werden sollen.
(2) Beabsichtigt der AIFM, die Anteile des EU-AIF in seinem Referenzmitgliedstaat zu vertreiben, so legt er den zuständigen Behörden seines Referenzmitgliedstaats für jeden EU-AIF, den er zu vertreiben beabsichtigt, ein Anzeigeschreiben vor. Das Anzeigeschreiben umfasst die Dokumentation und die Angaben gemäß Anhang III.	
Siehe Art. 39 Abs. 1 und 2	**§ 325 Abs. 1** **Anzeigepflicht einer ausländischen AIF-Verwaltungsgesellschaft, deren Referenzmitgliedstaat die Bundesrepublik Deutschland ist, beim beabsichtigten Vertrieb von EU-AIF oder von inländischen Spezial-AIF an semi-professionelle und professionelle Anleger im Inland** (1) Beabsichtigt eine ausländische AIF-Verwaltungsgesellschaft, deren Referenzmitgliedstaat gemäß § 56 die Bundesrepublik Deutschland ist und die von der Bundesanstalt eine Erlaubnis nach § 58 erhalten hat, Anteile oder Aktien an einem von ihr verwalteten EU-AIF oder inländischen Spezial-AIF an semi-professionelle oder professionelle Anleger im Geltungsbereich dieses Gesetzes zu vertreiben, hat sie dies der Bundesan-

AIFM-RiLi	KAGB-E
	stalt anzuzeigen. § 321 Absatz 1 Satz 2 gilt entsprechend mit der Maßgabe, dass es statt „AIF-Kapitalverwaltungsgesellschaft" „ausländische AIF-Verwaltungsgesellschaft" heißen muss.
(3) Spätestens 20 Arbeitstage nach Eingang des vollständigen Anzeigeschreibens nach Absatz 2 teilen die zuständigen Behörden des Referenzmitgliedstaats des AIFM dem AIFM mit, ob er im Hoheitsgebiet des Referenzmitgliedstaats mit dem Vertrieb des im Anzeigeschreiben nach Absatz 2 genannten AIF beginnen kann. Die zuständigen Behörden des Referenzmitgliedstaats des AIFM können den Vertrieb des AIF nur untersagen, wenn die Verwaltung des AIF durch den AIFM oder der AIFM im Allgemeinen gegen diese Richtlinie verstößt. Im Falle einer positiven Entscheidung kann der AIFM ab dem Datum der diesbezüglichen Mitteilung der zuständigen Behörden in seinem Referenzmitgliedstaat mit dem Vertrieb des AIF beginnen.	
	§ 12 Abs. 6 **Meldungen der Bundesanstalt an die Europäische Kommission und die Europäische Wertpapier- und Marktaufsichtsbehörde**
Die zuständigen Behörden des Referenzmitgliedstaats des AIFM teilen zudem der ESMA und den für den AIF zuständigen Behörden mit, dass der AIFM in seinem Referenzmitgliedstaat mit dem Vertrieb von Anteilen des AIF beginnen kann.	(6) Ferner informiert die Bundesanstalt die Europäischen Wertpapier- und Marktaufsichtsbehörde über 9. den möglichen Beginn des Vertriebs von EU-AIF oder inländischen AIF durch eine ausländische AIF-Verwaltungsgesellschaft, deren Referenzmitgliedstaat die Bundesrepublik Deutschland ist, a) im Inland nach § 325 Absatz 2 Nummer 3 und b) in anderen Mitgliedstaaten der Europäischen Union und Vertragsstaaten des Abkommens über den Europäischen Wirtschaftsraum nach § 333 Absatz 2 Nummer 2,

AIFM-RiLi	KAGB-E
(4) Beabsichtigt der AIFM, Anteile des EU-AIF über seinen Referenzmitgliedstaat hinaus auch in anderen Mitgliedstaaten zu vertreiben, so legt er den zuständigen Behörden seines Referenzmitgliedstaats für jeden EU-AIF, den er zu vertreiben beabsichtigt, ein Anzeigeschreiben vor. Das Anzeigeschreiben umfasst die Dokumentation und die Angaben gemäß Anhang IV.	
(5) Spätestens 20 Arbeitstage nach dem Eingang der vollständigen Anzeigeunterlagen nach Absatz 4 leiten die zuständigen Behörden des Referenzmitgliedstaats dieses an die zuständigen Behörden der Mitgliedstaaten weiter, in denen die Anteile des AIF vertrieben werden sollen. Eine solche Weiterleitung findet nur dann statt, wenn die Verwaltung des AIF durch den AIFM dieser Richtlinie entspricht und weiterhin entsprechen wird und wenn der AIFM im Allgemeinen sich an diese Richtlinie hält. Die zuständigen Behörden des Referenzmitgliedstaats des AIFM fügen eine Bescheinigung über die Zulassung des betreffenden AIFM zur Verwaltung von AIF mit einer bestimmten Anlagestrategie bei.	
(6) Die zuständigen Behörden des Referenzmitgliedstaats des AIFM unterrichten den AIFM unverzüglich über die Weiterleitung der Anzeigeunterlagen. Der AIFM kann ab dem Datum dieser Unterrichtung mit dem Vertrieb des AIF in dem betreffenden Aufnahmemitgliedstaat beginnen.	
	§ 12 Abs. 6 **Meldungen der Bundesanstalt an** **die Europäische Kommission und** **die Europäische Wertpapier- und** **Marktaufsichtsbehörde**
Die zuständigen Behörden des Referenzmitgliedstaats des AIFM teilen zudem der ESMA und den für den AIF	(6) Ferner informiert die Bundesanstalt die Europäischen Wertpapier- und Marktaufsichtsbehörde über

AIFM-RiLi	KAGB-E
zuständigen Behörden mit, dass der AIFM in seinen Aufnahmemitgliedstaaten mit dem Vertrieb von Anteilen des AIF beginnen kann.	9. den möglichen Beginn des Vertriebs von EU-AIF oder inländischen AIF durch eine ausländische AIF-Verwaltungsgesellschaft, deren Referenzmitgliedstaat die Bundesrepublik Deutschland ist, a) im Inland nach § 325 Absatz 2 Nummer 3 und b) in anderen Mitgliedsstaaten der Europäischen Union und Vertragsstaaten des Abkommens über den Europäischen Wirtschaftsraum nach § 333 Absatz 2 Nummer 2,
(7) Die Vorkehrungen nach Anhang IV Buchstabe h unterliegen den Rechtsvorschriften und der Aufsicht der Aufnahmemitgliedstaaten des AIFM.	**§ 314 Abs. 1** **Untersagung des Vertriebs** (1) Soweit § 11 nicht anzuwenden ist, ist die Bundesanstalt in Bezug auf AIF befugt, alle zum Schutz der Anleger geeigneten und erforderlichen Maßnahmen zu ergreifen, einschließlich einer Untersagung des Vertriebs von Anteilen oder Aktien dieser Investmentvermögen, wenn 2. die nach § 295 Absatz 1 Satz 3 geforderten Vorkehrungen nicht geeignet sind, um einen Vertrieb an Privatanleger wirksam zu verhindern, oder entsprechende Vorkehrungen nicht eingehalten werden,
(8) Die Mitgliedstaaten stellen sicher, dass das in Absatz 4 genannte Anzeigeschreiben des AIFM und die in Absatz 5 genannte Bescheinigung in einer in der internationalen Finanzwelt gebräuchlichen Sprache bereitgestellt werden. Die Mitgliedstaaten stellen sicher, dass ihre zuständigen Behörden die elektronische Übermittlung und Archivierung der in Absatz 6 genannten Unterlagen akzeptieren.	
Siehe Art. 39 Abs. 5–8	**§ 327 Abs. 2** **Anzeigepflicht einer ausländischen AIF-Verwaltungsgesellschaft, deren Referenzmitgliedstaat nicht die Bundesrepublik Deutschland ist, beim beabsichtigten Vertrieb von EU-AIF oder**

AIFM-RiLi	KAGB-E
	von inländischen Spezial-AIF an semi-professionelle und professionelle Anleger im Inland
	(2) Der Vertrieb kann aufgenommen werden, wenn die ausländische AIF-Verwaltungsgesellschaft von der zuständigen Stelle ihres Referenzmitgliedstaates über die Übermittlung nach Absatz 1 unterrichtet wurde. § 323 Absatz 2 Satz 3 und Absatz 3 ist entsprechend anzuwenden.
(9) Im Falle einer wesentlichen Änderung der nach Absatz 2 und/oder Absatz 4 übermittelten Angaben teilt der AIFM diese Änderung den zuständigen Behörden seines Referenzmitgliedstaats bei vom AIFM geplanten Änderungen mindestens einen Monat vor Durchführung der Änderung, oder, bei ungeplanten Änderungen, unverzüglich nach Eintreten der Änderung schriftlich mit.	
Sollte die geplante Änderung dazu führen, dass die Verwaltung des AIF durch den AIFM oder der AIFM im Allgemeinen nunmehr gegen diese Richtlinie verstößt, teilen die zuständigen Behörden des Referenzmitgliedstaats des AIFM dem AIFM unverzüglich mit, dass er die Änderung nicht durchführen darf.	
Wird eine geplante Änderung ungeachtet der Unterabsätze 1 und 2 durchgeführt oder führt eine durch einen ungeplanten Umstand ausgelöste Änderung dazu, dass die Verwaltung des AIF durch den AIFM oder der AIFM im Allgemeinen nunmehr gegen diese Richtlinie verstößt, so ergreifen die zuständigen Behörden des Referenzmitgliedstaats des AIFM alle gebotenen Maßnahmen gemäß Artikel 46, einschließlich, falls erforderlich, der ausdrücklichen Untersagung des Vertriebs des AIF.	
	§ 12 Abs. 4 Meldungen der Bundesanstalt an die Europäische Kommission und

AIFM-RiLi	**KAGB-E**
Sind die Änderungen zulässig, weil sie sich nicht auf die Vereinbarkeit der Verwaltung des AIF durch den AIFM mit dieser Richtlinie oder auf die Einhaltung dieser Richtlinie durch den AIFM im Allgemeinen auswirken, so unterrichten die zuständigen Behörden des Referenzmitgliedstaats unverzüglich die ESMA, soweit die Änderungen die Beendigung des Vertriebs von bestimmten AIF oder zusätzlichen vertriebenen AIF betreffen, und gegebenenfalls die zuständigen Behörden der Aufnahmemitgliedstaaten von diesen Änderungen.	**die Europäische Wertpapier- und Marktaufsichtsbehörde** (4) Die Bundesanstalt meldet der Europäischen Wertpapier- und Marktaufsichtsbehörde unverzüglich 5. die Änderungen in Bezug auf die Beendigung des Vertriebs oder des zusätzlichen Vertriebs von EU-AIF oder inländischen AIF durch AIF-Verwaltungsgesellschaften, deren Referenzmitgliedstaat die Bundesrepublik Deutschland ist, a) im Inland nach § 325 Absatz 2 Nummer 3 und b) in anderen Mitgliedstaaten der Europäischen Union und anderen Vertragsstaaten des Abkommens über den Europäischen Wirtschaftsraum nach § 333 Absatz 2 Nummer 3,
Siehe Art. 39 Abs. 3 und 9	**§ 325 Abs. 2** **Anzeigepflicht einer ausländischen AIF-Verwaltungsgesellschaft, deren Referenzmitgliedstaat die Bundesrepublik Deutschland ist, beim beabsichtigten Vertrieb von EU-AIF oder von inländischen Spezial-AIF an semi-professionelle und professionelle Anleger im Inland** (2) § 321 Absatz 2 bis 4 ist mit der Maßgabe entsprechend anzuwenden, dass 1. es statt „AIF-Kapitalverwaltungsgesellschaft" „ausländische AIF-Verwaltungsgesellschaft" heißen muss, 2. im Rahmen von § 321 Absatz 3 die Bundesanstalt zusätzlich der Europäischen Wertpapier- und Marktaufsichtsbehörde mitteilt, dass die ausländische AIF-Verwaltungsgesellschaft mit dem Vertrieb von Anteilen oder Aktien des angezeigten AIF an professionelle Anleger im Inland beginnen kann, und 3. bei zulässigen Änderungen nach § 321 Absatz 4 die Bundesanstalt unverzüglich die Europäische Wertpa-

AIFM-RiLi	KAGB-E
	pier- und Marktaufsichtsbehörde unterrichtet, soweit die Änderungen die Beendigung des Vertriebs von bestimmten AIF oder zusätzlich vertriebenen AIF betreffen.
Siehe Art. 39 Abs. 1, 4 (Anhang IV), Abs. 5–6, Abs. 8–9	**§ 333 Abs. 1** **Anzeigepflicht einer ausländischen AIF-Verwaltungsgesellschaft, deren Referenzmitgliedstaat die Bundesrepublik Deutschland ist, beim Vertrieb von EU-AIF oder von inländischen AIF an professionelle Anleger in anderen Mitgliedstaaten der Europäischen Union oder in Vertragsstaaten des Abkommens über den Europäischen Wirtschaftsraum** (1) Beabsichtigt eine ausländische AIF-Verwaltungsgesellschaft, deren Referenzmitgliedstaat gemäß § 56 die Bundesrepublik Deutschland ist und die von der Bundesanstalt eine Erlaubnis nach § 58 erhalten hat, Anteile oder Aktien an einem von ihr verwalteten EU-AIF oder inländischen AIF in anderen Mitgliedstaaten der Europäischen Union oder in Vertragsstaaten des Abkommens über den Europäischen Wirtschaftsraum an professionelle Anleger zu vertreiben, so hat sie dies der Bundesanstalt in einer in internationalen Finanzkreisen gebräuchlichen Sprache anzuzeigen. Das Anzeigeschreiben muss die in § 331 Absatz 1 Satz 2 geforderten Angaben und Unterlagen in jeweils geltender Fassung enthalten, wobei es statt „AIF-Kapitalverwaltungsgesellschaft" „ausländische AIF-Verwaltungsgesellschaft" heißen muss.
(10) Um einheitliche Bedingungen für die Anwendung dieses Artikels zu gewährleisten, kann die ESMA Entwürfe für technische Durchführungsstandards ausarbeiten, um Folgendes zu präzisieren: a) Form und Inhalt eines Musters für das Anzeigeschreiben nach Absatz 2 und 4,	

AIFM-RiLi	KAGB-E
b) Form und Inhalt eines Musters für die Bescheinigung nach Absatz 5, c) die Form der Übermittlung nach Absatz 5 und d) die Form der schriftlichen Mitteilung nach Absatz 9. Die Kommission wird ermächtigt, die in Unterabsatz 1 genannten technischen Durchführungsstandards nach Artikel 15 der Verordnung (EU) Nr. 1095/2010 zu erlassen.	

AIFM-RiLi	KAGB-E
	§ 163 Abs. 1 **Genehmigung der Anlagebedin-** **gungen**
(11) Unbeschadet des Artikels 43 Absatz 1 schreiben die Mitgliedstaaten vor, dass die von dem AIFM verwalteten und vertriebenen AIF nur an professionelle Anleger vertrieben werden dürfen.	(1) Die Anlagebedingungen sowie deren Änderung bedürfen der Genehmigung der Bundesanstalt. Die Genehmigung kann nur von folgenden Verwaltungsgesellschaften beantragt werden: 1. von Kapitalverwaltungsgesellschaften, die die betroffene Art von Investmentvermögen verwalten dürfen, und 2. in Bezug auf inländische OGAW von EU-OGAW-Verwaltungsgesellschaften, die von den zuständigen Stellen ihres Herkunftsmitgliedstaates eine Zulassung zur Verwaltung von OGAW erhalten haben, deren Verwaltung im Inland beabsichtigt wird, die den Anforderungen des Artikels 19 Absatz 3 und 4 der Richtlinie 2009/65/EG entsprechen, das Anzeigeverfahren nach den §§ 51 und 52 erfolgreich durchlaufen und der Bundesanstalt darüber hinaus die in § 52 Absatz 1 Satz 2 aufgeführten Unterlagen für das betroffene Investmentvermögen vorgelegt oder auf diese gemäß § 52 Absatz 1 Satz 3 verwiesen haben.
	§ 295 Abs. 2 **Auf den Vertrieb und den Erwerb** **von AIF anwendbare Vorschriften**
	(2) Der Vertrieb von Anteilen oder Aktien an inländischen Spezial-AIF, EU-AIF und ausländischen AIF an pro-

AIFM-RiLi	KAGB-E
	fessionelle Anleger ist im Inland nur zulässig, 1. bis zu dem in dem auf Grundlage des Artikel 66 Absatz 3 in Verbindung mit Artikel 67 Absatz 6 der Richtlinie 2011/61/EU erlassenen delegierten Rechtsakt der Europäischen Kommission genannten Zeitpunkt nach den Voraussetzungen des §§ 321, 323, 329 oder 330; 2. ab dem Zeitpunkt, auf den in Nummer 1 verwiesen wird, nach den Voraussetzungen der §§ 321 bis 328.
Siehe Art. 39	**§ 296 Abs. 1 bis 3** **Vereinbarungen mit Drittstaaten** **zur OGAW-Konformität** (1) Die Bundesanstalt kann mit den zuständigen Stellen von Drittstaaten vereinbaren, dass 1. die §§ 310 und 311 auf Anteile an ausländischen AIF, die in dem Drittstaat gemäß den Anforderungen der Richtlinie 2009/65/EG aufgelegt und verwaltet werden, entsprechend anzuwenden sind, sofern diese AIF im Geltungsbereich dieses Gesetzes vertrieben werden sollen, und 2. die §§ 312 und 313 entsprechend anzuwenden sind, wenn Anteile an inländischen OGAW auf dem Hoheitsgebiet des Drittstaates vertrieben werden sollen. § 310 gilt dabei mit der Maßgabe, dass zusätzlich zu der Bescheinigung nach § 310 Absatz 1 Satz 1 Nummer 2 auch eine Bescheinigung der zuständigen Stelle des Drittstaates zu übermitteln ist, dass der angezeigte AIF gemäß der Richtlinie 2011/61/EU verwaltet wird. (2) Die Bundesanstalt darf die Vereinbarung nach Absatz 1 nur abschließen, wenn 1. die Anforderungen der Richtlinie 2009/65/EG in das Recht des Drittstaates entsprechend umgesetzt sind und öffentlich beaufsichtigt werden,

AIFM-RiLi	KAGB-E
	2. die Bundesanstalt und die zuständigen Stellen des Drittstaates eine Vereinbarung im Sinne des Artikels 42 Absatz 1 Buchstabe b in Verbindung mit Absatz 3 der Richtlinie 2011/61/EU abgeschlossen haben oder zeitgleich mit der Vereinbarung nach Absatz 1 abschließen werden,
	3. der Drittstaat gemäß Artikel 42 Absatz 1 Buchstabe c der Richtlinie 2011/61/EU nicht auf der Liste der nicht kooperierenden Länder und Gebiete, die von der Arbeitsgruppe „Finanzielle Maßnahmen gegen Geldwäsche unter Terrorismusfinanzierung" aufgestellt wurde, steht,
	4. der gegenseitige Marktzugang unter vergleichbaren Voraussetzungen gewährt wird und
	5. die Vereinbarung nach Absatz 1 auf solche ausländische AIF des Drittstaates beschränkt wird, bei denen sowohl der AIF als auch der Verwalter ihren Sitz in diesem Drittstaat haben, und die gemäß der Richtlinie 2011/61/EU verwaltet werden.
	(3) Auf ausländische AIF, deren Anteile entsprechend Absatz 1 im Geltungsbereich dieses Gesetzes vertrieben werden, sind diejenigen Bestimmungen dieses Gesetzes entsprechend anzuwenden, die eine EU-OGAW-Verwaltungsgesellschaft zu beachten hat, wenn sie Anteile an einem EU-OGAW im Geltungsbereich dieses Gesetzes vertreibt; insbesondere sind die §§ 94 Absatz 3, 297, 298 sowie §§ 301 bis 306 und § 309 entsprechend anzuwenden. Darüber hinaus gilt für den Vertrieb des ausländischen AIF Artikel 42 Absatz 1 Buchstabe a in Verbindung mit Artikel 22, 23 und 24 der Richtlinie 2011/61/EU.

Literatur: *Assmann/Schütze,* Handbuch des Kapitalanlagerechts, 3. Auflage (2007); *Baur/Boegl,* Die neue europäische Finanzmarktaufsicht – Der Grundstein ist gelegt, BKR 2011, 177 ff.; *Bärenz,* Die Nutzung Luxemburger Investmentgesellschaften für Private-Equity-Anlagen durch steuerbefreite Investoren, in: Birk (Hrsg.), Transaktionen, Vermögen, Pro Bono, Festschrift zum

10-jährigen Bestehen von P+P (2008) S. 417 ff.; *Berger/Steck/Lübbehüsen* (Hrsg.), InvG/InvStG (2010); *Blankenheim,* Die Umsetzung der OGAW-IV-Richtlinie in das Investmentgesetz, ZBB 2011, 344 ff.; *Bohlken,* Zur Reichweite der Nachtragspflicht gem. § 11 Verkaufsprospektgesetz beim Vertrieb geschlossener Fonds und sonstiger Vermögensanlagen, DB 2009, 495 ff.; *Calliess/ Ruffert* (Hrsg.), EUV/AEUV, 4. Auflage (2011); *D'Amelio,* Les placements collectifs en investissements alternatifs, Traveaux de la Faculté de Droit de l'Université de Fribourg, Réglements et surveillance des hedge funds en droit suisse et comparé (2011); *Duve/Keller,* MiFID: Die neue Welt des Wertpapiergeschäfts – Transparenz und Marktintegrität für einen europäischen Kapitalmarkt, BB 2006, 2425 ff.; *Fleischer,* Die Richtlinie über Märkte für Finanzinstrumente und das Finanzmarkt-Richtlinie-Umsetzungsgesetz – Entstehung, Grundkonzeption, Regelungsschwerpunkte, BKR 2006, 389 ff.; *Frick,* Private Equity im Schweizer Recht, Schweizer Schriften zum Handels- und Wirtschaftsrecht (SSHW) (2009); *Grabitz/Hilf/Nettesheim* (Hrsg.), Das Recht der Europäischen Union, Stand: 45. EL (2011); *Harrer,* Neufassung der Wohlverhaltensregeln aufgrund der Richtlinie über Märkte für Finanzinstrumente (MiFID) und ihrer Durchführungsbestimmungen, ÖBA 2007, 98 ff.; *Herring/Krause,* Auswirkungen der AIFM-Richtlinie auf institutionelle Investoren, Absolutreport 2/2010, 54 ff.; *Hoffmann/Detzen,* ESMA – Praktische Implikationen und kritische Würdigung der neuen Europäischen Wertpapier- und Marktaufsichtsbehörde, DB 2011, 1261 ff.; *Jesch/Klebeck,* BB-Gesetzgebungs- und Rechtsprechungsreport zur Fondsregulierung 2011, BB 2011, 1866 ff.; *Johannsen,* Jumping the gun: hedge funds in search of capital under UCITS IV, Brooklyn Journal of Corporate, Financial & Commercial Law 2/2011, 473 ff.; *Kammel,* Alternative Investment Fund Manager Richtlinie – „Another European Mess"?, ÖBA 2011, 18 ff.; *Kasten,* Das neue Kundenbild des § 31a WpHG, BKR 2007, 261 ff.; *Klebeck,* Neue Richtlinie für Verwalter von alternativen Investmentfonds?, DStR 2009, 2154 ff.; *Klebeck,* Auslagerung von Anlageverwaltungsfunktionen, RdF 2012 (im Erscheinen begriffen); *Klebeck/Jesch,* Private Equity für institutionelle Investoren, CFlaw 2010, 372 ff.; *Klebeck/Meyer,* Drittstaatenregulierung der AIFM-Richtlinie, RdF 2012, 95 ff.; *Klebeck/Zollinger,* Compliance-Funktion nach der AIFM-Richtlinie, BB 2013, 459 ff.; *Kramer/Recknagel,* Die AIFM-Richtlinie – Neuer Rechtsrahmen für die Verwaltung alternativer Investmentfonds, DB 2011, 2077 ff.; *Krause/Klebeck,* Family Office und AIFM-Richtlinie BB 2012, 2063 ff.; *Krause/Klebeck,* Fonds(anteils)begriff nach der AIFM-Richtlinie und dem Entwurf des KAGB, RdF 2013, 4 ff.; *Kugler/Lochmann,* Ausgewählte Rechtsfragen zum öffentlichen Vertrieb von Hedgefonds in Deutschland, BKR 2006, 41 ff.; *Lezzi,* Regulierung und Aufsicht über kollektive Kapitalanlagen für alternative Anlage, Schweizer Schriften zum Finanzmarktrecht (2012); *von Livonius/Schatz,* Die AIFM-Richtlinie – Handlungsbedarf für Fondsmanager, Absolutreport 6/2010, 54 ff.; *Loff/ Klebeck,* Fundraising nach der AIFM-Richtlinie und Umsetzung in Deutschland durch das KAGB, BKR 2012, 353 ff.; *Lüdicke/Arndt,* Geschlossene Fonds, 4. Auflage (2007); *Maas/Voß,* Nachträge bei Vermögensanlagen-Verkaufsprospekten, BB 2008, 2302 ff.; *Meyer zu Schwabedissen/Strohmeyer,* Zur Verfassungsmäßigkeit der geplanten Übergangsregelung eines Sachkundenachweises für Finanzanlagenvermittler, ZBB 2011, 266 ff.; *Möllers/Harrer/Krüger,* Die Regelung von Hedgefonds und Private Equity durch die neue AIFM-Richtlinie, WM 2011, 1537 ff.; *Möllers/Wenninger,* Das Anlegerschutz- und Funktionsverbesserungsgesetz, NJW 2011, 1697 ff.; *Nickel,* Der Vertrieb von Investmentanteilen nach dem Investmentgesetz, ZBB 2004, 197 ff.; *Pfenninger/Keller,* Hedge Fund Regulierung in der Schweiz und in der EU, in: Reutter/Werlen, Kapitalmarkttransaktionen VI, Bd. 115 (2011) S. 71 ff.; *Schimansky/Bunte/Lwowski* (Hrsg.), Bankrechts-Handbuch., 4. Auflage (2011); *Schwark/Zimmer,* Kapitalmarktrechts-Kommentar (2010); *Siekmann,* Die Europäisierung der Finanzmarktaufsicht. Institute for Monetary and Financial Stability, Working Papier Series No. 47 (2011); *Spindler/Kasten,* Der neue Rechtsrahmen für den Finanzdienstleistungssektor – die MiFID und ihre Umsetzung – Teil I, WM 2006, 1749 ff. sowie Teil II, WM 2006, 1797 ff.; *Spindler/Tancredi,* Die Richtlinie über Alternative Investmentfonds (AIFM-Richtlinie) – Teil 1, WM 2011, 1393 ff. sowie Teil 2, WM 2011, 14411 ff.; *Streinz/Ohler/Herrmann* (Hrsg.), Der Vertrag von Lissabon zur Reform der EU, 3. Auflage (2010); *Teichmann,* Private Equity-Fonds im Sog der AIFM-Richtlinie, Corporate Finance 7/2011, 321 ff.; *Volhard/Kruschke,* Die Regulierung von Private Equity Fonds-Manager durch den Europäischen Gesetzgeber – Ausgewählte Aspekte der AIFM-Richtlinie und der VC-Verordnung im Überblick, EWS 2012, 21 ff.; *Wagner,* Anlegerschutzverbesserung und „Grauer Kapitalmarkt", NZG 2011, 609 ff.; *Wallach,* Alternative Investment Funds Managers Directive – ein neues Kapitel des europäischen Investmentrechts, RdF 2011, 80 ff.; *Weichert/Wenninger,* Die Neuregelung der Erkundigungs- und Aufklärungspflichten von Wertpapierdienstleistungsunternehmen gem. Art. 19 RL 2004/39/EG (MiFID) und Finanzmarkt-Richtlinie-Umsetzungsgesetz, WM 2007, 627 ff.; *Weiser/Jang,* Die nationale Umsetzung der AIFM-Richtlinie und ihre Auswirkungen auf die Fondsbranche in Deutschland, BB 2011, 1219 ff.; *Weitnauer,* Die AIFM-Richtlinie und ihre Umsetzung, BKR 2011, 143 ff.; *Wilhelmi,* Möglichkeiten und Grenzen der wirtschaftsrechtlichen Regelung von Hedgefonds, WM 2008, 861 ff.; *Zetzsche,* Die Europäische Regulierung von Hedgefonds und Private Equity – ein Zwischenstand, NZG 2009, 692 ff.

Übersicht

A. Entstehungsgeschichte, Inhalt und Ziele: Europäischer Pass für Nicht-EU-AIFM

Hat ein Nicht-EU-AIFM gemäß Artikel 37 eine Zulassung durch seinen Refe- **1** renzmitgliedstaat erhalten[1], soll er grundsätzlich nicht anders als ein EU-AIFM behandelt werden. Dem (wenn auch zeitversetzten) **Grundsatz der Gleichbehandlung folgend** soll auch ein Nicht-EU-AIFM berechtigt sein, EU-AIF nicht nur zu verwalten, sondern auch innerhalb der EU zu vertreiben[2].

---

[1] Vgl. zum Zulassungsverfahren Art. 37 Rn. 74 ff.
[2] *Loff/Klebeck* BKR 2012, 353 ff.

2   Die Voraussetzungen für den Vertrieb von EU-AIF, die nach dem Wortlaut auch von diesem Nicht-EU-AIFM verwaltet werden müssen, legt Artikel 39 fest. Auf den ersten Blick erweist sich Artikel 39 als die Parallelvorschrift zu den Artikeln 31 und 32, welche die Voraussetzungen für den europaweiten Vertrieb von EU-AIF durch einen EU-AIFM festschreiben. Im Detail bestehen dennoch Unterschiede, die im Folgenden aufgezeigt werden sollen.

3   Nicht anders als die sonstigen Vorschriften der Drittstaatenregulierung des Kapitels VII, erweisen sich auch die Kontrolle und Aufsicht über den Vertrieb von EU-AIF durch Nicht-EU-AIFM in erster Linie als eine Frage der **Aufsichtszuständigkeit**[3]. Welche Aufsichtsbehörde welches Mitgliedstaats soll für die Aufsicht zuständig sein? Die AIFM-Richtlinie lehnt sich an die aus der OGAW-Richtlinie bekannten Prinzipien der Herkunftslandkontrolle[4] und der gegenseitigen Anerkennung an – modifiziert dies jedoch für Nicht-EU-AIFM. Zuständige Aufsichtsbehörde soll die Aufsichtsbehörde des Referenzmitgliedstaats des Nicht-EU-AIFM sein[5]. Eine weitergehende Kontrolle und Aufsicht durch den jeweiligen Aufnahmemitgliedstaat, in dem der AIF vertrieben werden soll, ist grundsätzlich nicht vorgesehen.

4   Dabei ist zweierlei zu beachten: Die AIFM-Richtlinie **reguliert den Manager** und nicht die Produkte bzw. die Fonds[6]. Eine weitergehende Fondsregulierung soll nach Erwägungsgrund (10) den Mitgliedstaaten vorbehalten bleiben. Die Möglichkeit, dass ein Mitgliedstaat für einen AIF mit Sitz in seinem Hoheitsgebiet zusätzliche Anforderungen im Vergleich mit den in anderen Mitgliedstaaten geltenden Anforderungen festlegen kann, soll einen zugelassenen AIFM nicht an der Wahrnehmung seines Rechts hindern, AIF mit Sitz außerhalb des die weiteren Anforderungen vorschreibenden Mitgliedstaats, an professionelle Anleger in der EU zu vertreiben.

5   Die Kontrolle durch den Referenzmitgliedstaat und die Anerkennung durch einen Aufnahmemitgliedstaat wird ihre Grenzen aber dort finden, wo die Restzuständigkeit eines Aufnahmemitgliedstaats – wenn auch unter dem Deckmantel der **Produktregulierung** – beginnt. Die Erfahrungen mit dem grenzüberschreitenden Vertrieb von OGAW-Fonds mögen die Schwierigkeiten einer trennscharfen Abgrenzung zwischen der Zuständigkeit des Herkunftsmitgliedstaats, sprich: Referenzmitgliedstaats, und einer verbleibenden Restzuständigkeit eines Aufnahmemitgliedstaats belegen[7].

6   Rechtstechnisch handelt es sich – nicht anders als bei den für den EU-AIFM geltenden Vertriebsvorschriften der Artikel 31 und 32 – auch bei Artikel 39 weniger um ein „echtes" Zulassungsverfahren im Sinne einer Befreiung von einem grundsätzlichen Tätigkeitsverbot[8], sondern um ein „bloßes" **Anzeigeverfahren**,

---

[3] Allgemein zur Frage der Zuständigkeit als Regulierungsproblem siehe Vorbemerkung zu Kapitel VII Rn. 1.

[4] Zu diesem Grundsatz bzw. Regulierungskonzept des EU-Kapitalmarktrechts *Spindler/ Tancredi* WM 2011, 1441, 1446.

[5] Hierzu auch Art. 37 Rn. 188 ff.

[6] Vgl. *Pfenninger/Keller,* Hedge Fund Regulierung in der Schweiz und der EU, in Reutter/ Werlen, Kapitalmarkttransaktionen VI, Band 115 (2011) S. 71, 111; *Loff/Klebeck* BKR 2012, 353 ff.

[7] Zu den Schwierigkeiten des grenzüberschreitenden Vertriebs von OGAW vgl. die Erwägungsgründe (64) sowie (66) der OGAW-Richtlinie; *Blankenheim* ZBB 2011, 344, 355 ff.

[8] Anderes soll dagegen für die Zulassung als Nicht-EU-AIFM nach Art. 37 gelten; vgl. hierzu *Spindler/Tancredi* WM 2011, 1393, 1399; *Weitnauer* BKR 2011, 143, 145.

das sich an das bereits bekannte Vertriebskonzept der OGAW-Richtlinie anlehnt[9].
Der Nicht-EU-AIFM hat den beabsichtigten Vertrieb bei der Aufsichtsbehörde
seines Referenzmitgliedstaats anzuzeigen, die den Vertrieb des AIF nur dann
untersagen kann, wenn die Verwaltung des EU-AIF durch den Nicht-EU-AIFM
oder der Nicht-EU-AIFM im Allgemeinen gegen die AIFM-Richtlinie verstößt.

Sofern der Vertrieb auch in anderen Mitgliedstaaten erfolgen soll, leitet der **7**
Referenzmitgliedstaat die Anzeige an die anderen Mitgliedstaaten weiter – unter
dem Vorbehalt, dass die Verwaltung des EU-AIF durch den Nicht-EU-AIFM
der AIFM-Richtlinie entspricht und weiterhin entsprechen wird sowie dass sich
der Nicht-EU-AIFM im Allgemeinen an die Richtlinie hält. Die Kontrolle
obliegt der Aufsichtsbehörde des für den Nicht-EU-AIFM zuständigen Referenzmitgliedstaats, der zugleich Sitzstaat des EU-AIF sein kann, aber nach Art. 37
Abs. 4 nicht zu sein braucht[10].

Mit der Einführung eines europaweiten Vertriebspasses kommt die AIFM- **8**
Richtlinie der seit langem geforderten und politisch weithin unumstrittenen Har-
monisierung einer grenzüberschreitenden Platzierung von Anteilen an AIF nach.
Eine grenzüberschreitende Vertriebsregulierung soll nicht nur einen Beitrag zur
Vertiefung der europäischen Märkte für AIF leisten[11]. Ein hürdenfreier Vertrieb
für EU-AIF soll auch Anreize für eine EU-Ansiedlung von Fonds und deren
Manager – statt der bisherigen Offshore-Praxis – setzen[12].

Ob und inwieweit Nicht-EU-AIFM ihre AIF bzw. die Verwaltung in die EU **9**
verlagern oder neue Fonds als EU-AIF aufsetzen werden, wird die Praxis zeigen.
Entscheidend werden nicht nur die Strukturierungsalternativen für einen effektiven Vertrieb innerhalb der EU sein, sondern insbesondere die übrigen rechtlichen
und steuerlichen Rahmenbedingungen für EU-AIF[13]. Letzteres gilt auch für die
Bestimmung des Fondsdomizils innerhalb der EU. Profitieren werden diejenigen
EU-Mitgliedstaaten, in denen sich auch das Regulierungsumfeld für Fonds, v.a.
die Aufsichtseffizienz und die steuerlichen Rahmenbedingungen, als attraktiv
erweist[14]. Insoweit droht die Gefahr einer Verlagerung der Regulierungs- und
Aufsichtsarbitrage in die EU hinein[15].

B. Anwendungsbereich

I. Persönlich: Zugelassener Nicht-EU-AIFM

Nach Art. 39 Abs. 1 müssen die Mitgliedstaaten sicherstellen, dass ein ord- **10**
nungsgemäß zugelassener Nicht-EU-AIFM Anteile eines EU-AIF, den er verwal-

---

[9] Vgl. Art. 93 der OGAW-Richtlinie.

[10] Vgl. *Klebeck/Meyer* RdF 2012, 95 ff.

[11] Vgl. Erwägungsgrund (4) der AIFM-Richtlinie.

[12] Mit weiteren Nachweisen zu den rechtspolitischen Forderungen in der Vergangenheit
Zetsche NZG 2009, 692, 695; *Klebeck* DStR 2009, 2154 ff.

[13] Vgl. zu den zentralen Aspekten der Fondsstrukturierung *Bärenz* in Birk, Festschrift zum
10-jährigen Bestehen von P+P (2008) S. 417 ff.

[14] Vgl. aus deutscher Sicht den Endbericht des Forschungsauftrages des Bundesministeri-
ums der Finanzen, Staatliche Rahmenbedingungen für neue Assetklassen im internationalen
Vergleich – Private Equity und REITs (2005; durchgeführt durch ZEW und Department of
Real Estate) S. 129 ff.

[15] Zur Notwendigkeit eines Wettbewerbs der Regulierungssysteme vgl. Vorbemerkung
zu Kapitel VII Rn. 12 ff.

tet, an professionelle Anleger in der EU mit einem Pass vertreiben kann, sobald die in Artikel 39 festgelegten Bedingungen eingehalten sind.

11   Gemeint ist damit die **Zulassung** des Nicht-EU-AIFM **nach Artikel 37**[16] (und ggfs. Art. 41) und nicht lediglich eine Zulassung durch seinen Drittstaat. Da der Referenzmitgliedstaat des Nicht-EU-AIFM nicht nur für die Zulassung nach Artikel 37, sondern auch für die Aufsicht über den europaweiten Vertrieb von EU-AIF durch einen Nicht-EU-AIFM nach Artikel 39 zuständig ist, kann es sich empfehlen, mit dem Zulassungsantrag nach Artikel 37 auch die Anzeige nach Art. 39 Abs. 2 bzw. 4 einzureichen.

12   Eine gesonderte **Vertriebserlaubnis** – losgelöst von der Verwaltungserlaubnis – sieht Artikel 39 nicht vor. Das Vertriebsrecht steht vielmehr nur dem Nicht-EU-AIFM zu, der zugleich auch den EU-AIF verwaltet. Damit stellt sich auch hier die zentrale Abgrenzungsfrage, wer als Nicht-EU-AIFM und wer als EU-AIF auszumachen ist[17]. Als EU-AIF wird nach Art. 4 Abs. 1 lit. k) ein AIF bezeichnet, der entweder nach einschlägigem nationalen Recht in einem Mitgliedstaat zugelassen oder registriert ist oder, sollte dies nicht der Fall sein, dessen satzungsmäßiger Sitz oder dessen Hauptverwaltungsich in einem Mitgliedstaat befindet[18].

13   Dass der EU-AIF seine Zulassung, Registrierung, seinen Sitz bzw. seine Hauptverwaltung in dem für den Nicht-EU-AIFM zuständigen Referenzmitgliedstaat hat, kann sein, muss aber nicht[19]. So kann es vorkommen, dass die für eine Nicht-EU-AIFM zuständige Aufsichtsbehörde des Referenzmitgliedstaats über den Vertrieb eines AIF mit Sitz in einem anderen Mitgliedstaat nach Artikel 39 befinden muss.

14   Sprachliche Barrieren sollen dadurch abgebaut werden, dass im Fall des grenzüberschreitenden Vertriebs von EU-AIF nach Art. 39 Abs. 8 das Anzeigeschreiben des Nicht-EU-AIFM, wie auch die dort genannte Bescheinigung, in einer in der internationalen Finanzwelt gebräuchlichen **Sprache** verfasst werden soll.

15   Wenn Art. 39 Abs. 1 das Vertriebsrecht eines EU-AIF untrennbar an das Verwaltungsrecht des Nicht-EU-AIFM knüpft, stellt sich die Frage, ob die einzelnen Mitgliedstaaten den Vertrieb von AIF durch Dritte, etwa durch unabhängige Anlagevermittler oder -berater, weitergehend regeln können. Aus Sicht des Europarechts kommt es entscheidend darauf an, ob sich Artikel 39 als eine **Mindest- oder als eine Vollharmonisierungsnorm** des Vertriebs von EU-AIF durch Nicht-EU-AIFM erweist. Nur Ersteres kann richtig sein, hätte doch eine Vollharmonisierung die wenig überzeugende Konsequenz, dass der Vertrieb durch Dritte nicht mehr erlaubt, sondern vielmehr nur durch den Nicht-EU-AIFM zulässig wäre.

16   Für eine solche Lesart spricht auch die Definition des Vertriebs nach Art. 4 Abs. 1 lit. x) und das Ziel der AIFM-Richtlinie, die Regulierung der Verwaltungs- und Vertriebsaktivitäten des AIFM. Nur insoweit sollen europaweit einheitliche Anforderungen an den Nicht-EU-AIFM aufgestellt werden. Diese sollen weitergehende nationale Regelungen für unabhängige Vertriebsträger nicht von vornherein verunmöglichen. Freilich dürfen Nicht-EU-AIFM durch nationale Vorgaben nicht an der Wahrnehmung der durch die AIFM-Richtlinie gewährten Rechte gehindert werden.

---

[16] Ebenso *Kammel* ÖBA 2011, 18, 26.
[17] Vgl. hierzu bereits Art. 37 Rn. 18 ff.
[18] Vgl. sowie Art. 37 Rn. 42 ff.
[19] Vgl. Art. 37 Rn. 42 ff.

In Deutschland wird nunmehr der kritisierte „Graue Kapitalmarkt" und der 17
Vertrieb seiner Produkte, zu denen auch AIF gehören[20], durch das „Gesetz zur
Novellierung des Finanzanlagenvermittler- und Vermögensanlagerechts" **(VermAnlG)** neu bzw. erstmals, wenn auch nur teilweise, reguliert: Für Emittenten
wie auch Manager geschlossener Fonds und damit auch von AIF ist die vorgeschlagene Ausweitung des Begriffs „Finanzinstrument" und die Anwendung des
WpHG wie auch des KWG auf Anteile an geschlossenen Fonds von Bedeutung[21].

Durch die gesetzliche Qualifikation von Anteilen an geschlossenen Fonds als 18
Finanzinstrumente i. S. d. WpHG ändern sich insbesondere die nationalen Vertriebsregelungen grundlegend: Anwendbar sind danach sämtliche WpHG-Orga-
nisations- und Verhaltenspflichten, also v.a. die gesetzliche Pflicht zur anleger-
gerechten Beratung, die Offenlegung von Provisionen entsprechend den MiFID-
Vorgaben wie auch die bereits durch das sog. AnsFuG eingeführte Pflicht zur
BaFin-Registrierung und Beaufsichtigung der Mitarbeiter in der Anlageberatung
sowie Vertriebsverantwortliche und Compliance-Beauftragte[22].

Für „freie Vermittler" geschlossener Fonds besteht nach der vorgesehenen 19
Bereichsausnahme keine BaFin-Erlaubnispflicht nach KWG. Vielmehr soll eine
Erlaubnis nach der GewO für Finanzanlagenvermittler und Finanzanlagenberater
erforderlich sein, die an weitere, mitunter strengere Voraussetzungen geknüpft
sein soll[23]. Auch wenn die AIFM-Richtlinie einer solchen nationalen Regulierung nicht entgegensteht, besteht dennoch die Gefahr von Friktionen in der
europäischen Regulierung von Managern der Fonds auf der einen und der nationalen Regulierung von Vertriebsträgern auf der anderen Seite[24].

Gleiches gilt für die Vereinbarkeit der nationalen Vertriebsregulierung von 20
ausländischen Fondsanteilen in Deutschland nach §§ 136 ff. InvG sowie dem
VerkProspG bzw. VermAnlG mit den Vorgaben der AIFM-Richtlinie. Das deutsche Investmentrecht regelt bislang nur den öffentlichen Vertrieb von Fondsanteilen[25] – nicht aber die sog. Privatplatzierung *(private placement)*[26]. Ein öffentlicher
Vertrieb liegt nach der Legaldefinition des § 2 Abs. 11 InvG dann vor, wenn der
Vertrieb im Wege des öffentlichen Anbietens, der öffentlichen Werbung oder in
ähnlicher Weise erfolgt"[27]. Öffentlich ist jedes Angebot oder jede Werbung,
die sich an einen unbestimmten Personenkreis richtet. Nach wohl herrschender
Meinung fallen u.a. auch werbende Verlautbarungen in Presse, Rundfunk, Fern-

---

[20] Allgemein zum Fondsbegriff nach der AIFM-Richtlinie *Krause/Klebeck*, RdF 2013, 4 ff.

[21] Hierzu auch *Jesch/Klebeck* BB 2011, 1866, 1870 f.; *Bruchwitz/Voß* BB 2011, 1226,
1227 ff.; *Kramer/Recknagel* DB 2011, 2077, 2079; zur geltenden Rechtslage und zum Streit,
ob der derzeit geltende Begriff „Finanzinstrumente" auch Anteile an Kommanditgesellschaften, die als geschlossene Fonds ausgestaltet sind, erfasst: ablehnend *Volhard/Wilkens* DB 2006,
2051 ff.; *Görner/Dreher* ZIP 2005, 2139 ff.; *Spindler/Kasten* WM 2006 1749, 1751 f.; *Bärenz/
Käpplinger* ZBB 2009, 277, 279.

[22] Zu den Änderungen *Jesch/Klebeck* BB 2011, 1866, 1869 ff.; *Kramer/Recknagel* DB 2011,
2077, 2079; *Möllers/Wenninger* NJW 2011, 1697 ff.; *Wagner* NZG 2011, 609 ff.

[23] Hierzu *Jesch/Klebeck* BB 2011, 1866, 1870 f.; *Meyer zu Schwabedissen/Strohmeyer* ZBB
2011, 266 ff.

[24] Kritisch bereits *Klebeck/Kolbe* ZIP 2010, 215 ff.; *Weiser/Jang* BB 2011, 1219, 1220.

[25] Vgl. etwa mit Blick auf den Vertrieb von Hedgefonds in Deutschland *Kugler/Lochmann*
BKR 2006, 41 ff.; *Nickel* ZBB 2004, 197 ff.

[26] Vgl. schon *Loff/Klebeck* BKR 2012, 353 ff.

[27] Vgl. *Köndgen* in Berger/Steck/Lübbehüsen, InvG/InvStG (2010) § 2 Rn. 68 ff.

sehen, Internet oder durch Postwurfsendungen in den Anwendungsbereich des InvG[28].

21   Nicht öffentlich soll ein Angebot oder eine Werbung dann sein, wenn sie sich an bestimmte Personen richtet, die mit dem Anbietenden oder Werbenden schon zu einem früheren Zeitpunkt in Verbindung standen, oder die Initiative für ein Angebot von dem Kunden ausgegangen ist[29]. Hauptanliegen dieser Regulierung ist der Kleinanlegerschutz, genauer: der Schutz von sog. Kleinanlegern bzw. Retail-Investoren[30].

22   So verstanden ist eine nationale Vertriebsregulierung zum Schutz von Privatanlegern im Grundsatz unbedenklich, zielt die AIFM-Richtlinie doch in erster Linie auf einen europaweiten Schutz professioneller Anleger[31]. Artikel 43 überlässt den Vertrieb an Kleinanleger und dessen Regulierung den Mitgliedstaaten[32]. Dabei können diese den AIFM oder AIF Auflagen unterwerfen, die strenger sind als jene, die für AIF gelten, die in ihrem Hoheitsgebiet an professionelle Anleger vertrieben werden. Jedoch dürfen sie keine strengeren oder zusätzlichen Auflagen für EU-AIF im Vergleich zu lediglich auf nationaler Ebene vertriebener AIF vorsehen[33].

II. Sachlich: Vertrieb von EU-AIF an professionelle Anleger

23   Ob der Vertrieb öffentlich oder nicht-öffentlich erfolgt, ist nach der AIFM-Richtlinie und der Legaldefinition des Vertriebs nach Art. 4 Abs. 1 lit. x) ohne Belang. Entscheidend ist vielmehr das Vorliegen von **Vertriebsaktivitäten** auf Initiative des AIFM: „Vertrieb" ist danach „das direkte oder indirekte, auf Initiative des AIFM oder in dessen Auftrag erfolgende Anbieten oder Platzieren von Anteilen an einem vom AIFM verwalteten AIF an Anleger oder bei Anlegern mit Wohnsitz oder Sitz in der Union."[34] Nicht anders als der deutsche Gesetzgeber im Anwendungsbereich des InvG hat der EU-Gesetzgeber damit ein in der Praxis durchaus geläufiges Synonym für die Verkaufstätigkeiten eines AIFM gewählt[35].

---

[28] Vgl. auch *Baur* in Assmann/Schütze, Handbuch des Kapitalanlagerechts, 3. Auflage (2007) § 20 Investmentgeschäft und –vertrieb Rn. 364 ff.; *Köndgen/Schmies* in Schimansky/Bunte/Lwowski, Bankrechts-Handbuch, 4. Auflage (2011) § 113 Investmentgeschäft Rn. 148 ff.

[29] So mit Blick auf den öffentlichen Vertrieb i. S. d. InvG *Köndgen* in Berger/Steck/Lübbehüsen, InvG/InvStG (2010) § 2 Rn. 71; in diese Richtung auch das BaFin-Merkblatt – Hinweise zur Erlaubnispflicht nach § 32 Abs. 1 KWG in Verbindung mit § 1 Abs. 1 und Abs. 1a KWG von grenzüberschreitend betriebenen Bankgeschäften und/oder grenzüberschreitend erbrachten Finanzdienstleistungen (abrufbar unter: www.bafin.de), welches die sog. passive Dienstleistungsfreiheit betont, also das Recht der im Inland ansässigen Personen und Unternehmen, aus eigener Initiative Dienstleistungen eines ausländischen Anbieters nachzufragen.

[30] Vgl. *Erhard* in Berger/Steck/Lübbehüsen, InvG/InvStG (2010) § 136 Rn. 1.

[31] Vgl. Erwägungsgrund (94) der AIFM-Richtlinie.

[32] Vgl. hierzu *Kramer/Recknagel* DB 2011, 2077, 2083; kritisch mit Blick auf die zu enge Definition des „professionellen Anlegers" *Volhard/Kruschke* EWS 2012, 21, 23, die bemängeln, dass damit ein typischer Anlegerkreis ausgeschlossen ist – namentlich: wohlhabende Privatpersonen.

[33] Vgl. Erwägungsgrund (71) der AIFM-Richtlinie.

[34] Hierzu auch *Loff/Klebeck* BKR 2012, 353 ff.

[35] Vgl. *Köndgen* in Berger/Steck/Lübbehüsen, InvG/InvStG (2010) § 2 Rn. 68.

Als Vertrieb wird man nicht nur die Ausgabe von Anteilen an EU-AIF und   24
deren Platzierung bei den Anlegern, sondern auch jede sonstige Veräußerung von
Fondsanteilen im eigenen oder fremden Namen oder auch nur das Angebot hierzu
verstehen müssen. Auf den Platzierungserfolg kommt es richtigerweise nicht an.
Ob der Weite der Definition wird man hierzu nicht nur Werbeaktivitäten, sondern auch sonstige, die spätere Veräußerung der Anteile vorbereitenden Maßnahmen zählen müssen – also jede Maßnahme zur Absatzförderung durch den Nicht-
EU-AIFM oder durch unabhängige, aber von ihm beauftragte Vertriebsmittler[36].

Notwendig und insoweit einschränkend ist nur, dass der Vertrieb Aktivitäten   25
von Seiten des AIFM vorausetzt – *„auf Initiative des AIFM"*. Dabei wird es sich –
nicht anders als bei dem Begriffsverständnis des InvG – nicht zwingend um eine
auf den Verkauf von AIF im rechtstechnischen Sinne gerichtete Aktivität handeln
müssen.[37] Erfolgt die Kontaktaufnahme hingegen alleine durch den Anleger und
nicht auf Initiative des AIFM, soll es an einem Vertrieb von AIF durch den AIFM
fehlen.

Die Ausnahme des sog. *reverse solicitation* **bzw. des passiven** Marketings war   26
lange Zeit umstritten. Ob diese Ausnahmeregelung zur Umgehung der AIFM-
Richtlinie einladen wird, ist fraglich. Aufgrund der im Einzelfall schwierigen
Grenzziehung zwischen aktivem und passivem Marketing wird man – jedenfalls
aus Beratersicht – zur Durchführung eines Anzeigeverfahrens nach Artikel 39
raten müssen[38].

Durch Artikel 39 soll der europaweite Vertrieb von EU-AIF an **professionelle**   27
Anleger in der EU durch Nicht-EU-AIFM vereinheitlicht werden. Nach Art. 4
Abs. 1 lit. ag) gilt als „professioneller Anleger" jeder Anleger, der im Sinne von
Anhang II der MiFID-Richtlinie als ein professioneller Kunde angesehen wird
oder auf sein Antrag als professioneller Kunde behandelt werden darf[39]. Die Mit-
gliedstaaten wie auch der Nicht-EU-AIFM sind aufgerufen, sicherzustellen und
zu verhindern, dass Anteile des AIF an Kleinanleger vertrieben werden – vgl.
Anhang III lit. g)[40].

Welche Vorkehrungen hierfür durch den Nicht-EU-AIFM zu treffen sind,   28
schreibt weder Artikel 39 noch Anhang III im Detail vor. Letztlich zielt dies in
Richtung der bereits nach der MiFID-Richtlinie erforderlichen und in Deutschland durch § 31a WpHG umgesetzten Kundenqualifikation sowie der damit einhergehenden Dokumentationspflichten[41]. Ob der bloße Hinweis auf eine
bestimmte Mindestzeichnungssumme eines Anlegers für die Beteiligung an einem
AIF ausreichend ist, erscheint fraglich[42].

---

[36] So mit Blick auf den öffentlichen Vertrieb i. S. d. § 2 Abs. 11 *Köndgen* in Berger/Steck/
Lübbehüsen, InvG/InvStG (2010) § 2 Rn. 68; *Loff/Klebeck* BKR 2012, 353, 354 ff.

[37] So schon mit Blick auf den Vertriebsbegriff des InvG auch *Baur* in Assmann/Schütze,
Handbuch des Kapitalanlagerechts, 3. Auflage (2007) § 20 Investmentgeschäft und –vertrieb
Rn. 364 ff.

[38] Hierzu auch *Loff/Klebeck* BKR 2012, 353 ff.

[39] Vgl. zur Kundenklassifizierung nach der MiFID-Richtlinie *Kasten* BKR 2007, 261 ff.;
Seyfried WM 2006, 1375 ff.; *Spindler/Kasten* WM 2006, 1797 ff.; *Fleischer* BKR 2006, 389 ff.;
Duve/Keller BB 2006, 2425 ff.; *Harrer* ÖBA 2007, 98 ff.; *Weichert/Wenninger* WM 2007,
627 ff.; kritisch *Volhard/Kruschke* EWS 2012, 21, 23, nach denen die Definition des „professionellen Anlegers" mit Blick auf die typischen Investoren von AIF zu eng ausgefallen ist.

[40] Hierzu auch *von Livonius/Schatz*, Absolutreport 6/2010, 54, 58 f.

[41] Vgl. umfassend *J. Koch* in Schwark/Zimmer, Kapitalmarktrechts-Kommentar (2010)
§ 31a WpHG Rn. 6 ff.

[42] *Loff/Klebeck* BKR 2012, 353 ff.

III. Zeitlicher Anwendungsbereich – verzögerte Anwendung der AIFM-Richtlinie für Nicht-EU-AIFM

29   Während die Vorschriften bezüglich der Regulierung von EU-AIFM bis zum 22.7.2013 umgesetzt und angewandt werden müssen, haben die Mitgliedstaaten die Bedingungen des Artikels 39 für den Vertrieb von EU-AIF, die von Nicht-EU-AIFM verwaltet werden, erst nach dem von der Kommission gemäß Art. 67 Abs. 6 erlassenen delegierten Rechtsakt und von dem darin festgelegten Zeitpunkt an in nationales Recht umzusetzen und anzuwenden. Beabsichtigt ist, dass nach einer zweijährigen Übergangszeit (beginnend mit dem Ablauf der Frist zur Umsetzung der AIFM-Richtlinie am 22.7.2013) das europaweit geltende Management- und Vertriebspass-System für Nicht-EU-AIFM angewendet werden soll[43].

30   Die zeitversetzte Anwendung der umfassenden AIFM-Regulierung von Nicht-EU-AIFM erklärt Erwägungsgrund (4) der AIFM-Richtlinie[44]: *„Da die praktischen Folgen und möglichen Schwierigkeiten, die sich aus einem harmonisierten Regulierungsrahmen und einem Binnenmarkt für Nicht-EU-AIFM, die Management- und/oder Vertriebsaktivitäten innerhalb der EU ausüben und für EU-AIFM, die AIF von außerhalb der EU verwalten, ergeben, aufgrund fehlender Erfahrungen auf diesem Gebiet ungewiss und schwer prognostizierbar sind, sollte ein Überprüfungsmechanismus vorgesehen werden. Es ist beabsichtigt, dass nach einer zweijährigen Übergangszeit, nach dem Inkrafttreten eines diesbezüglichen delegierten Rechtsakts der Kommission, ein harmonisiertes Pass-System auf Nicht-EU-AIFM, die Management- und/oder Vertriebsaktivitäten innerhalb der Union ausüben und für EU-AIFM, die Nicht-EU-AIF verwalten, angewendet wird.“*

31   Während der **Übergangszeit** von 2013 bis voraussichtlich 2018 soll ein Nicht-EU-AIFM berechtigt sein, seine AIF (EU-AIF wie auch Nicht-EU-AIF) unter den Voraussetzungen des Artikels 42 zu vertreiben – indes ohne EU-Passport und nach den Bestimmungen des einzelnen Mitgliedstaates, der aber auch berechtigt ist, den Vertrieb im Wege der Privatplatzierung in Gänze zu untersagen[45]. In den Worten der AIFM-Richtlinie: *„Es ist beabsichtigt, dass das harmonisierte System während einer weiteren Übergangszeit von drei Jahren vorbehaltlich bestimmter harmonisierter Mindestauflagen neben den nationalen Aufsichtsregimen der Mitgliedstaaten besteht. Es ist beabsichtigt, dass nach dieser dreijährigen Zeitspanne, in der die Aufsichtsregime nebeneinander bestehen, die nationalen Aufsichtsregime mit dem Inkrafttreten eines weiteren delegierten Rechtsakts der Kommission beendet werden.“*[46]

C. Zulassungsvoraussetzung und -verfahren

I. Ausschließlicher Vertrieb im Referenzmitgliedstaat

32   **1. Anzeigeschreiben nach Anhang III für jeweiligen EU-AIF.** Beabsichtigt ein **Nicht-EU-AIFM**, die Anteile des von ihm verwalteten EU-AIF einzig in seinem Referenzmitgliedstaat zu vertreiben, so legt er gemäß Art. 39 Abs. 2 den zuständigen Aufsichtsbehörden seines Referenzmitgliedstaats für jeden EU-

---

[43] Hierzu und zu den Auswirkungen auf die Schweiz *Pfenninger/Keller*, Hedge Fund Regulierung in der Schweiz und der EU, in Reutter/Werlen, Kapitalmarkttransaktionen VI, Band 115 (2011) S. 71, 116 ff.

[44] Hierzu auch *Klebeck/Meyer* RdF 2012, 95 ff.

[45] Vgl. auch *Loff/Klebeck* BKR 2012, 353, 355 ff.

[46] Erwägungsgrund (4) der AIFM-Richtlinie.

AIF, den er zu vertreiben beabsichtigt, ein Anzeigeschreiben vor, welches die Dokumentation **und die Angaben gemäß Anhang III der AIFM-Richtlinie** umfassen soll. Auch wenn dies nicht ausdrücklich vorgeschrieben ist, hat die Vertriebsanzeige schriftlich zu erfolgen und muss vom Nicht-EU-AIFM oder dem gesetzlichen Vertreter als die Kontaktperson des Nicht-EU-AIFM rechtswirksam unterschrieben sein[47].

Um europaweit einheitliche Bedingungen für den Vertrieb nach Artikel 39 zu 33 gewährleisten, soll die **ESMA** Entwürfe für technische Durchführungsstandards ausarbeiten, die auch Form und Inhalt eines **Musters für das Anzeigeschreiben** nach Art. 39 Abs. 2 präzisieren. Die Kommission ist ermächtigt, diese technischen Durchführungsstandards nach Artikel 15 der Verordnung (EU) Nr. 1095/2010 zu erlassen.

Für den nationalen und grenzüberschreitenden Vertrieb von **OGAW-Fonds** 34 wurde durch die Verordnung (EU) Nr. 584/2010 der Kommission vom 1. Juli 2010[48] bereits ein europaweit geltendes **Standardformular** ausgearbeitet, auf welches nun auch § 132 Abs. 1 Nr. 1 InvG sowie das Merkblatt der BaFin zum öffentlichen Vertrieb von EU-Investmentanteilen in Deutschland[49] Bezug nehmen. Auch für die Anzeige des Vertriebs von Anteilen an ausländischen Fonds (§ 139 InvG) hat die BaFin Vorgaben in einem entsprechenden Merkblatt erlassen, wenngleich diese im Detail andere bzw. weitergehende Anforderungen für den Fondsvertrieb in Deutschland aufstellen.

Ob und inwieweit diese Voraussetzungen – insbesondere die Anforderungen 35 des Merkblatts zum Vertrieb von ausländischen Investmentanteilen gemäß § 139 InvG – nach der Umsetzung der AIFM-Richtlinie in nationales Recht weiterhin Anwendung finden, hängt davon ab wie der deutsche Gesetzgeber die AIFM-Richtlinie umsetzen wird. Zu bedenken ist, dass die bestehende Vertriebsregulierung des bislang geltenden InvG entscheidend auf den öffentlichen Vertrieb abzielt, während es für den Vertrieb von AIF gerade nicht auf die Öffentlichkeit des Vertriebs ankommt[50].

Richtigerweise – und nicht anders als für OGAW-Fonds – wird man auch für 36 den Vertrieb von AIF verlangen dürfen, dass das Anzeigeschreiben und die weiteren Unterlagen in einer in der Finanzwelt gebräuchlichen **Sprache** verfasst werden können – auch wenn Artikel 39 Abs. 5 dies nur für den grenzüberschreitenden Vertrieb nach Abs. 4 vorsieht.

Zusammen mit dem Anzeigeschreiben sind die folgenden Unterlagen beizu- 37 bringen und Angaben gemäß Anhang III der AIFM-Richtlinie zu machen:
• Anzeigeschreiben einschließlich **Geschäftsplan**

---

[47] Zur Funktion und den Aufgaben des gesetzlichen Vertreters im Einzelnen Artikel 37 Rn. 80 ff.

[48] Verordnung (EU) Nr. 584/2010 der Kommission vom 1. Juli 2010 zur Durchführung der Richtlinie 2009/65/EG des Europäischen Parlaments und des Rates im Hinblick auf Form und Inhalt des Standardmodells für das Anzeigeschreiben und die OGAW-Bescheinigung, die Nutzung elektronischer Kommunikationsmittel durch die zuständigen Behörden für die Anzeige und die Verfahren für Überprüfungen vor Ort und Ermittlungen sowie für den Informationsaustausch zwischen zuständigen Behörden.

[49] Merkblatt zum öffentlichen Vertrieb von EU-Investmentanteilen in der Bundesrepublik Deutschland nach § 132 Investmentgesetz (InvG) – Stand: 30. Juni 2011; abrufbar unter: http://www.bafin.de (zuletzt abgerufen am: 22.2.2013).

[50] Ebenso *Möllers/Harrer/Krüger* WM 2011, 1537, 1538.

38 Gemeinsam mit dem nach Art. 39 Abs. 10 europaweit vereinheitlichten Anzeige-schreiben ist ein Geschäftsplan einzureichen, der Angaben zu den AIF macht, die der AIFM zu vertreiben beabsichtigt, und zu deren Sitz enthält.

- Vertragsbedingungen oder **Satzung des AIF**

39 Je nach Rechtsform des AIF sind **die Vertragsbedingungen** bzw. die **Satzung des jeweiligen AIF** einzureichen. Richtigerweise wird man lediglich die Vorlage der aktuellsten Entwürfe dieser Dokumente verlangen können und akzeptieren müssen, dass diese Dokumente im Rahmen der Verhandlungen mit den Investoren Änderungen erfahren können.

- Name der Verwahrstelle des AIF

40 Weiter muss der AIFM die nach Artikel 21 für den jeweiligen AIF bestellte **Verwahrstelle** bezeichnen.

- **Beschreibung des AIF** bzw. der **Anlegerinformationen** über den AIF

41 Der AIFM muss den AIF beschreiben und alle für die Anleger verfügbaren Informationen über den AIF einreichen. In entsprechender Anwendung des Art. 7 Abs. 3 lit. a) wird man mit Blick auf die Beschreibung des AIF v.a. Informationen zu den Anlagestrategien verlangen können, einschließlich der Arten der Zielfonds, falls es sich bei dem AIF um einen Dachfonds handelt, und der Grundsätze, die der AIFM im Zusammenhang mit dem Einsatz von Hebelfinanzierungen anwendet, sowie der Risikoprofile und sonstiger Eigenschaften der AIF, einschließlich Angaben zu den Mitgliedstaaten oder Drittländer, in denen sich der Sitz solcher AIF befindet oder voraussichtlich befinden wird.

- Angaben zum Sitz des Master-AIF, falls es sich bei dem AIF um einen Feeder-AIF handelt

42 Sofern es sich bei dem AIF, den der Nicht-EU-AIFM zu vertreiben beabsichtigt, um einen Feeder-AIF handelt, ist auch der **Sitz des Master-AIF** anzugeben. Bemerkenswert ist, dass eine Art. 31 Abs. 1 Unterabs. 2 und Art. 32 Abs. 1 Unterabs. 2 vergleichbare Beschränkung fehlt. Danach gilt das Vertriebsrecht im Falle eines EU-AIF in Form eines Feeder-AIF nur dann, wenn der Master-AIF ebenfalls ein EU-AIF ist, der von einem zugelassenen EU- AIFM verwaltet wird.

- **Weitere Informationen** über den AIF nach Art. 23 Abs. 1

43 Zusätzlich sind zu jedem AIF diejenigen Informationen zur Verfügung zu stellen, die der Nicht-EU-AIFM nach Art. 23 Abs. 1 seinen Anlegern gemäß den Vertragsbedingungen oder der Satzung des AIF vorlegen muss, bevor diese eine Anlage in einen AIF tätigen, sowie alle wesentlichen Änderungen dieser Informationen[51].

- **Vorkehrungen** für einen ausschließlichen Vertrieb an professionelle Anleger

44 Schließlich sind die getroffenen Vorkehrungen aufzuzeigen, die verhindern sollen, dass Anteile des AIF an Kleinanleger vertrieben werden, auch falls ein AIFM für die Erbringung von Wertpapierdienstleistungen für den AIF auf unabhängige Unternehmen zurückgreift. Dies zielt auf die bereits nach der MiFID-Richtlinie erforderlichen und in Deutschland durch § 31a WpHG umgesetzten Kundenqualifikation sowie die damit einhergehenden Dokumentationspflichten[52].

45 **2. Zulassung, Vertriebsbeginn und Untersagung und Rechtsschutz. a) Entscheidungsfrist von maximal 20 Arbeitstagen.** Nach Art. 39 Abs. 3 darf ein Nicht-EU-AIFM die Anteile an einem von ihm verwalteten EU-AIF

---

[51] Vgl. zu Einzelheiten der Informationspflicht gegenüber den Anlegern Art. 23 Rn. 3 ff.

[52] Vgl. umfassend *J. Koch,* in: Schwark/Zimmer, Kapitalmarktrechts-Kommentar (2010) § 31a WpHG Rn. 6 ff.

erst dann vertreiben, wenn die zuständige Behörde des Referenzmitgliedstaats dem Nicht-EU-AIFM – spätestens aber 20 Tage nach Eingang des vollständigen Anzeigeschreibens nach Absatz 2 – mitgeteilt hat, dass er im Hoheitsgebiet des Referenzmitgliedstaats mit dem Vertrieb des im Anzeigeschreiben genannten AIF beginnen darf[53].

Der Wortlaut des Art. 39 Abs. 3 S. 2 („[…] *können den Vertrieb des AIF nur* **46** *untersagen, wenn* […]“) deutet – im Gegensatz zu Abs. 5 S. 2 („[…] *Weiterleitung findet nur dann statt, wenn* […]“) – daraufhin, dass die AIFM-Richtlinie von der **Zulässigkeit** mit Verbotsvorbehalt des Vertriebs im Referenzmitgliedstaat ausgeht[54]. Vor diesem Hintergrund scheint es fraglich, ob eine analoge Anwendung des geltenden Aufsichtskonzepts für den öffentlichen Fondsvertrieb nach InvG auf den Vertrieb von AIF zulässig wäre.

Die zuständigen Behörden des Referenzmitgliedstaats müssen spätestens 20 **47** Arbeitstage nach Eingang des vollständigen Anzeigeschreibens dem Nicht-EU-AIFM mitteilen, ob dieser im Hoheitsgebiet des Referenzmitgliedstaats mit dem Vertrieb beginnen darf. Diese 20-tägige **Entscheidungsfrist** beginnt mit dem Eingang des vollständigen Anzeigeschreibens. Ob der Nicht-EU-AIFM die behördliche Feststellung der Vollständigkeit verlangen kann, ist eine Frage der nationalen Umsetzung des Art. 39 Abs. 3[55]. Im Interesse der Rechtssicherheit würde sich die Gewährung eines solchen Rechts freilich empfehlen[56].

Ob eine **Zulassungsfiktion** greift, falls weder die Unvollständigkeit der **48** Unterlagen von der Aufsichtsbehörde angemahnt, noch eine positive Vertriebsentscheidung innerhalb der 20-Tage-Frist dem Nicht-EU-AIFM mitgeteilt worden ist, wird von der AIFM-Richtlinie nicht eindeutig beantwortet. Hierfür könnte man unseres Erachtens v.a. das Ziel des EU-Gesetzgebers anführen, von Anfang an einen effizienten Binnenmarkt für den Vertrieb von AIF zu errichten sowie die Vertriebserfahrungen aus dem OGAW-Bereich[57].

b) Untersagung des Vertriebs. Die zuständigen Behörden des Referenzmit- **49** gliedstaats des Nicht-EU-AIFM können den Vertrieb des EU-AIF nur untersagen, wenn die Verwaltung des EU-AIF durch den Nicht-EU-AIFM oder der Nicht-EU-AIFM im Allgemeinen gegen die AIFM-Richtlinie verstößt[58]. Der Wortlaut des Art. 39 Abs. 3 Unterabs. 1 S. 2 deutet auf ein Ermessen der Aufsichtsbehörde, was auf nationaler Ebene und mit Blick auf den Rechtsschutz des Nicht-EU-AIFM die richterliche Kontrolle von behördlichen Ermessensentscheidungen miteinschließen würde.

Bedenken sind mit Blick auf die tatbestandliche Weite der genannten **Untersa- 50 gungsgründe** angebracht – also der Verstoß der Verwaltung des EU-AIF durch den sowie des Nicht-EU-AIFM im Allgemeinen gegen die Vorgaben der AIFM-Richtlinie. Eine Präzisierung der Untersagungsgründe durch ESMA und Kommission ist nicht vorgesehen. Somit wird es im Belieben der Mitgliedstaaten bleiben, die Gründe durch Gesetz oder Aufsichtspraxis zu präzisieren.

---

[53] Vgl. *Loff/Klebeck* BKR 2012, 353 ff.

[54] Ebenso der Wortlaut des Art. 35 Abs. 4 für den Vertrieb von Nicht-EU-AIF durch EU-AIFM; vgl. Art. 35 Rn. 23 ff.

[55] Dieselbe Frage stellt sich auch beim Vertrieb von Nicht-EU-AIF durch einen EU-AIFM nach Art. 35; vgl. Art. 35 Rn. 34 ff.

[56] Ebenso mit Blick auf den Vertrieb nach Art. 35 Rn. 37 ff.

[57] Ebenso mit Blick auf den Vertrieb nach Art. 35 Rn. 37 ff.

[58] Vgl. hierzu auch *Volhard/Kruschke* EWS 2012, 21, 23.

51   Auf die Untersagungsgründe für den Vertrieb von OGAW-Fonds nach § 133 InvG kann nicht ohne Weiteres zurückgegriffen werden, sind diese v.a. vertriebsbezogen und nicht – wie Art. 39 Abs. 3 Unterabs. 1 S. 2 – managerbezogen formuliert. In Betracht kommen vielmehr sämtliche Verstöße gegen die für den Nicht-EU-AIFM geltenden Pflichten unter der AIFM-Richtlinie, etwa die Nichteinhaltung von Informations-, Transparenz- und Wohlverhaltenspflichten zum Schutz der Anleger, etc., wie auch die Nichteinhaltung der allgemeinen Anforderungen durch den Nicht-EU-AIFM.

52   Es ist fraglich, ob und inwieweit ein Stufenverhältnis zwischen dem **Entzug der Zulassung** nach Artikel 11[59] und der Untersagung des Vertriebs besteht. Dabei ist zu beachten, dass sich Artikel 11 auf den Entzug der Zulassung eines Nicht-EU-AIFM als solchem bezieht[60], während sich die Untersagung des Vertriebs auf den jeweiligen vom Nicht-EU-AIFM verwalteten EU-AIF beschränkt. Zudem ist der rechtsstaatliche Grundsatz der Verhältnismäßigkeit zu berücksichtigen wonach die Untersagung des Vertriebs nur als *ultima ratio* verfügt werden sollte.

53   Dass auch ein Verstoß gegen sonstige Vorschriften des nationalen Rechts die Untersagung rechtfertigen kann, ergibt sich nicht unmittelbar aus Art. 39 Abs. 3 S. 2, jedoch – aufgrund des allgemeinen Verweises auf die Vorschriften der AIFM-Richtlinie – mittelbar aus Artikel 11 lit. f) bzw. einem entsprechenden Erst-recht-Schluss: Kann die zuständige Aufsichtsbehörde einem AIFM die erteilte Zulassung entziehen, wenn dieser einen der Fälle erfüllt, in denen das nationale Recht bezüglich Angelegenheiten, die außerhalb des Anwendungsbereichs dieser Richtlinie liegen, einen Entzug vorsieht, muss dies richtigerweise und erst recht auch für eine Untersagung des Vertriebs gelten.

54   Im Unterschied zu den Regelungen des InvG wird man keinen unmittelbaren Zusammenhang des Rechtsverstoßes mit dem Vertrieb verlangen müssen[61]. Denkbar sind Verstöße gegen straf- und steuerrechtliche Bestimmungen, der GewO oder des UWG[62]. Auch hier wird man dem Verhältnismäßigkeitsprinzip dadurch Rechnung tragen müssen, dass dies tatbestandlich auf erhebliche Verstöße beschränkt wird[63].

55   Bemerkenswert ist, dass der Wortlaut des Art. 39 Abs. 3 nicht zwischen einer Untersagung der Aufnahme des Vertriebs und einer Untersagung des weiteren, also des bereits aufgenommenen Vertriebs durch den Nicht-EU-AIFM differenziert – wie dies etwa § 133 InvG derzeit noch für den öffentlichen Vertrieb von OGAW-Fonds und § 140 InvG für den öffentlichen Vertrieb von sonstigen ausländischen Fonds vorsieht.

56   Nach Art. 39 Abs. 9 Unterabs. 3 soll die zuständige Aufsichtsbehörde des Referenzmitgliedstaats berechtigt sein, alle gebotenen Maßnahmen gemäß Artikel 46 zu ergreifen, einschließlich der ausdrücklichen Untersagung des Vertriebs des AIF, sofern geänderte Umstände dazu führen, dass die Verwaltung des EU-AIF durch

---

[59] Vgl. Art. 11 Rn. 4 ff.

[60] Vgl. Art. 37 Rn. 231 ff.

[61] Zur Notwendigkeit des Vertriebsbezugs eines Verstoßes nach § 140 InvG vgl. *Erhard* in Berger/Steck/Lübbehüsen, InvG/InvStG (2010) § 140 Rn. 18.

[62] Für das InvG auch *Erhard* in Berger/Steck/Lübbehüsen, InvG/InvStG (2010) § 140 Rn. 18 sowie § 133 Rn. 13.

[63] Vgl. für den Fondsvertrieb von ausländischen Fonds im Anwendungsbereich des InvG *Erhard* in Berger/Steck/Lübbehüsen, InvG/InvStG (2010) § 140 Rn. 18.

den Nicht-EU-AIFM oder der Nicht-EU-AIFM als solcher nunmehr gegen die AIFM-Richtlinie verstößt.

Systematisch greift diese Befugnis nur im Fall wesentlicher Änderungen der 57 nach Art. 39 Abs. 2 und/oder Abs. 4 übermittelten Angaben. Ungeachtet des Wortlauts wird man mit Blick auf Sinn und Zweck der Untersagung des Vertriebs nach Art. 39 Abs. 3 nicht nur auf die Aufnahme des Vertriebs beschränken.

c) Vertriebsbeginn. Sind die Zulassungsvoraussetzungen für den Vertrieb 58 eines EU-AIF im Referenzmitgliedstaat erfüllt, dann hat die zuständige Aufsichtsbehörde dem Nicht-EU-AIFM mitzuteilen, dass dieser im Referenzmitgliedstaat mit dem Vertrieb des im Anzeigeschreiben bezeichneten EU-AIF beginnen kann. Der Nicht-EU-AIFM hat einen Rechtsanspruch auf **Mitteilung** der Zulässigkeit des Vertriebs[64]. Ab dem Datum der Mitteilung kann der Nicht-EU-AIFM mit dem Vertrieb des AIF beginnen (Art. 39 Abs. 3 Unterabs. 1 S. 3).

Welche Rechtsnatur der behördlichen Mitteilung zukommt, ist eine Frage 59 des Verwaltungs(verfahrens)rechts des jeweiligen Mitgliedstaats – wobei man in Deutschland wohl von einer Qualifikation als Verwaltungsakt ausgehen kann.

Eine **Zulassungsfiktion** für den Fall, dass weder die Unvollständigkeit der 60 Unterlagen von der Aufsichtsbehörde angemahnt noch eine positive Mitteilung innerhalb der 20-Tage-Frist erfolgt ist, schreibt Art. 39 Abs. 3 nicht vor. Für eine entsprechende Umsetzung in das nationale Recht spricht das Ziel, von Anfang an einen effizienten Binnenmarkt für den Vertrieb von AIF zu errichten[65].

Im Sinne einer effektiven Zusammenarbeit und eines effektiven Informations- 61 austauschs zwischen den nationalen Aufsichtsbehörden sowie der ESMA teilt die zuständige Behörde des Referenzmitgliedstaats der ESMA und den für den EU-AIF zuständigen Behörden mit, dass der AIFM in seinem Referenzmitgliedstaat mit dem Vertrieb von Anteilen des AIF beginnen darf (Art. 39 Abs. 3 Unterabs. 2).

3. Rechtsschutzfragen. Der **Rechtsschutz** wird in der AIFM-Richtlinie 62 durch Artikel 49 geregelt. Danach geben die zuständigen Behörden für jede Entscheidung, mit der die Zulassung von AIFM zur Verwaltung oder zum Vertrieb von AIF abgelehnt oder zurückgenommen wird, sowie für jede Entscheidung, die in Anwendung der gemäß dieser Richtlinie erlassenen Maßregeln getroffen worden ist, die Gründe schriftlich an und teilen diese dem Antragsteller mit.

Die Mitgliedstaaten müssen vorsehen, dass jede Entscheidung, die im Rahmen 63 der nach dieser Richtlinie erlassenen Rechts- oder Verwaltungsvorschriften getroffen wird, ordnungsgemäß begründet wird und dass diesbezüglich die Gerichte angerufen werden können. Dieser **Anspruch auf rechtliches Gehör** soll auch dann bestehen, wenn über einen Antrag auf Zulassung, der alle erforderlichen Angaben enthält, innerhalb von sechs Monaten nach Einreichung des Antrags nicht entschieden wurde.

Ungeachtet der konkreten Umsetzung dieser Vorgaben wird in Deutschland 64 das allgemeine verwaltungsrechtliche Rechtsschutzsystem Platz greifen: Bei Untätigkeit der zuständigen Aufsichtsbehörde in Deutschland wird der Nicht-EU-AIFM mit Verpflichtungswiderspruch und –klage auf Zulassung nach §§ 42 ff. VwGO vorgehen können. Bei einer Ver- bzw. Untersagung des Vertriebs –

---

[64] Ebenso mit Blick auf den Vertrieb von Nicht-EU-AIF durch einen EU-AIFM Art. 35 Rn. 54 ff.

[65] Zu diesem Ziel auch Erwägungsgrund (4) der AIFM-Richtlinie.

sofern man von einer Verwaltungsaktqualität ausgeht – kommen v.a. Widerspruch und Anfechtungsklage nach §§ 42 ff. VwGO in Betracht.

65   Ob und inwieweit diesen Instrumenten **aufschiebende Wirkung** zukommt, ist eine Frage der nationalen Umsetzung und der Wertung, ob das Interesse an der Beendigung eines rechtswidrigen Vertriebs das Interesse des Nicht-EU-AIFM an einer Aussetzung der sofortigen Vollziehung bei Einlegen eines Rechtsbehelfs überwiegt. Die AIFM-Richtlinie selbst macht insoweit keine konkreten Vorgaben.

II. Vertrieb in weiteren Mitgliedstaaten

66   **1. Anzeigeschreiben nach Anhang IV für jeweiligen EU-AIF.** Beabsichtigt ein Nicht-EU-AIFM, Anteile an einem EU-AIF nicht nur in seinem Referenzmitgliedstaat, sondern auch in weiteren Mitgliedstaaten zu vertreiben, so hat er gemäß Art. 39 Abs. 4 den zuständigen Behörden seines Referenzmitgliedstaats für jeden EU-AIF, den er in einem weiteren Mitgliedstaat zu vertreiben beabsichtigt, ein Anzeigeschreiben einzureichen[66].

67   **Dokumentation und Inhalt dieses Anzeigeschreibens sind in Anhang IV** der AIFM-Richtlinie vorgegeben. Das Anzeigeschreiben muss die Mitgliedstaaten benennen, in denen der EU-AIF an professionelle Anleger vertrieben werden soll, die Vertriebsstrategie in diesen Mitgliedstaaten sowie die Vorkehrungen, die getroffen werden, um zu verhindern, dass die Anteile des EU-AIF an Kleinanleger vertrieben werden. Zudem muss das Anzeigeschreiben sämtliche Informationen gemäß Artikel 23 enthalten, wie etwa die Beschreibung der Anlagestrategie, die Ziele des EU-AIF, die Angaben über den Sitz eines eventuellen Master-AIF, die Art der Vermögenswerte, in die der EU-AIF investieren soll oder die Anlagetechnik mit den damit verbundenen Risiken[67].

68   Zusammen mit dem Anzeigeschreiben muss der Nicht-EU-AIFM den zuständigen Behörden des Referenzmitgliedstaats unter anderem folgende Dokumente und Unterlagen einreichen: (i) ein Geschäftsplan, der Angaben zum EU-AIF enthält, den der Nicht-EU-AIFM in einem weiteren Mitgliedstaat zu vertreiben beabsichtigt, (ii) die Vertragsbedingungen oder die Satzung des EU-AIF, oder (iii) eine Beschreibung des EU-AIF bzw. alle für die Anleger verfügbaren Informationen über den EU-AIF.

69   **2. Weiterleitungsentscheid innerhalb der 20-Tage-Frist und unverzügliche Mitteilung.** Artikel 39 Abs. 5 schreibt vor, dass die zuständigen Behörden des Referenzmitgliedstaats eines Nicht-EU-AIFM das Anzeigeschreiben gemäß Art. 39 Abs. 4 spätestens 20 Arbeitstage nach dem Eingang der vollständigen Anzeigeunterlagen den zuständigen Behörden der betroffenen Mitgliedstaaten weiterleiten, in denen der Nicht-EU-AIFM einen EU-AIF vertreiben möchte[68].

70   Die zuständigen Behörden des Referenzmitgliedstaats leiten das Anzeigeschreiben nur dann weiter, wenn die Verwaltung des EU-AIF durch den Nicht-EU-AIFM den Vorgaben der Richtlinie entspricht und weiterhin entsprechen wird und sich der Nicht-EU-AIFM allgemein an die Richtlinie hält.

71   Die zuständigen Behörden des Referenzmitgliedstaats fügen dem Anzeigeschreiben gemäß Art. 39 Abs. 5 Unterabs. 2 eine Bescheinigung bei über die

---

[66] Vgl. hierzu auch *Kammel* ÖBA 2011, 18, 26.

[67] Zu Einzelheiten vgl. Art. 23 Rn. 4 ff.

[68] Vgl. auch *Kammel* ÖBA 2011, 18, 26.

Zulassung des Nicht-EU-AIFM zur Verwaltung von AIF mit einer bestimmten Anlagestrategie.

3. Vertriebsbeginn. Der Nicht-EU-AIFM kann mit dem Vertrieb des EU- 72
AIF in einem weiteren Mitgliedstaat beginnen, sobald die zuständigen Behörden „seines" Referenzmitgliedstaats ihn über die Weiterleitung des Anzeigeschreibens an die zuständigen Behörden des betreffenden Mitgliedstaats unterrichtet haben. Maßgeblich ist das Datum, an welchem der Nicht-EU-AIFM über die Weiterleitung informiert wurde[69]. Die zuständigen Behörden des Referenzmitgliedstaats sind verpflichtet, den Nicht-EU-AIFM unverzüglich über diese Weiterleitung in Kenntnis zu setzen.

Zudem unterrichten die zuständigen Behörden des Referenzmitgliedstaats 73
gemäß Art. 39 Abs. 6 Unterabs. 2 die ESMA und die für den EU-AIF zuständigen Behörden darüber, dass der entsprechende Nicht-EU-AIFM in diesen Aufnahmemitgliedstaaten mit dem Vertrieb von Anteilen an bestimmten EU-AIF beginnen darf.

III. Folgen von wesentlichen Änderungen der Angaben nach Abs. 2 und 4

Bei einer wesentlichen Änderung der nach Art. 39 Abs. 2 oder Abs. 4 einge- 74
reichten Angaben ist der Nicht-EU-AIFM verpflichtet, diese Änderung den zuständigen Aufsichtsbehörden seines Referenzmitgliedstaats schriftlich mitzuteilen. Was als eine „wesentliche Änderung" anzusehen ist, sieht weder die AIFM-Richtlinie vor, noch ist eine Konkretisierung durch ESMA bzw. Kommission nach Art. 39 Abs. 10 vorgesehen.

Anhaltspunkte für ein europarechtliches Verständnis liefert das **Konsultations-** 75
papier der ESMA vom 13.7.2011[70] – wenn auch im Zusammenhang mit den Transparenzpflichten nach Artikel 22 und 23. Dort wird folgende Definition einer „wesentlichen Änderung" vorgeschlagen: *„,Material change' means changes in information if there is a substantial likelihood that a reasonable investor, becoming aware of such information, would reconsider its investment in the AIF, including for reasons that such information could impact an investor's ability to exercise its rights in relation to its investment, or otherwise prejudice the interests of one or more investors in the AIF."*[71]

Deutschrechtlich erinnert dies an die Gründe für eine Nachtragspflicht nach 76
§ 11 VerkProspG, wonach im Fall von Veränderungen, die für die Beurteilung des Emittenten oder der Vermögensanlagen von wesentlicher Bedeutung sind, der Anbieter die Veränderungen zu veröffentlichen hat[72]. Ob eine Veränderung „wesentliche Bedeutung" hat, ist nach herrschender Ansicht aus Sicht der Anleger zu beurteilen und zu bejahen, falls die Veränderungen bei objektiver Betrachtungsweise geeignet sind, den „verständigen" Anleger zu einer anderen oder zu

---

[69] Zur vereinfachten Vertriebsanzeige unter Geltung der OGAW-Richtlinie *Blankenheim* ZBB 2011, 344, 356 ff.

[70] Vgl. ESMA's draft technical advice to the European Commission on possible implementing measures of the Alternative Investment Fund Managers Directive,

[71] ESMA/2011/209, Box 101, S. 218 f. (abrufbar unter: www.esma.europa.eu) (im Folgenden: „ESMA Konsultationspapier vom 13.7.2011").

[72] Vgl. hierzu mit weiteren Nachweisen *Heidelbach* in Schwark/Zimmer, Kapitalmarktrechts-Kommentar (2010) § 11 VerkProspG Rn. 7 ff.

einer modifizierten Anlageentscheidung zu veranlassen[73]. Dabei soll es unerheblich sein, ob sich die eingetretene Veränderung positiv oder negativ auf die Beurteilung der angebotenen Beteiligung auswirkt[74].

77   Es ist zu erwarten, dass sich vergleichbare Fragen auch für die **nachträgliche Anzeigepflicht** nach Art. 39 Abs. 9 stellen werden – Stichworte: Blind-Pool-Konzept, vorweggenommene Veränderungen oder etwa auch die Zulässigkeit von Korrekturen von bereits vor Vertriebszulassung fehlerhaften Angaben[75]. Eine vollständige Erneuerung bzw. Austausch der Angaben nach Art. 39 Abs. 2 und 4 wird man im Wege des Artikels 39 Abs. 9 nicht für zulässig erachten dürfen.

78   Bei der Frage, wann eine entsprechende **Anzeige** von Veränderungen zu erfolgen hat, differenziert Art. 39 Abs. 9: Sind die Änderungen der Angaben geplant, muss der AIFM diese Änderungen mindestens einen Monat vor Durchführung der Änderung, oder, bei ungeplanten Änderungen, unverzüglich nach Eintreten der Änderung schriftlich mitteilen. Wann eine Änderung als geplant oder ungeplant anzusehen ist, gibt Artikel 39 nicht vor.

79   Beschreiben die Dokumente zum AIF die Anlagestrategien nur durch gewisse Leitlinien, bei dem das von den Investoren zur Verfügung gestellte Kapital zum Erwerb eines erst noch auszuwählenden Investments verwendet werden soll, stellt sich die Frage, ob eine Anzeige erforderlich wird, sobald die Angaben bzw. die geforderten Details vorliegen – also etwa ein konkretes Investment getätigt werden soll. Für die Nachtragspflicht des § 11 VerkProspG wird dies nach herrschender Ansicht wohl bejaht[76]. Ob man diese Ansicht auf die Anzeigepflicht nach Art. 39 Abs. 9 übertragen kann, erscheint mit Blick auf die geltenden Transparenzanforderungen des Kapitels IV unseres Erachtens fraglich.

80   „Unverzüglich" kann auch im Kontext des Artikels 39 nicht „sofort" meinen[77], sondern ist richtigerweise als ein „ohne schuldhaftes Zögern" zu lesen. Zudem wird sich auch hier die Vorgabe einer starren Frist verbieten – wie etwa die 3-tägige Frist der BaFin mit Blick auf § 11 VerkprospG[78]. Eine so kurz bemessene Frist würde unseres Erachtens nur in den wenigsten Fällen einzuhalten sein, da der Nicht-EU-AIFM zunächst überhaupt Kenntnis von den anzeigepflichtigen Umständen erlangen und ihm eine Frist für die Prüfung zugestanden werden muss.

81   Führt die geplante Änderung dazu, dass die Verwaltung des EU-AIF durch den Nicht-EU-AIFM oder der Nicht-EU-AIFM im Allgemeinen nunmehr gegen

---

[73] Vgl. auch die Bekanntmachung des BAWe vom 6.9.1999, S. 11 (abrufbar unter: www.bafin.de, auch abgedruckt im Bundesanzeiger Nr. 177 vom 21.9.1999, S. 16180); hierzu auch *Bohlken* DB 2009, 495, 496; *Heidelbach* in Schwark/Zimmer, Kapitalmarktrechts-Kommentar (2010) § 11 VerkProspG Rn. 8.

[74] Hierzu etwa *Maas/Voß* BB 2008, 2302, 2303; *Bohlken* DB 2009, 495, 496; a. A. *Heidelbach* in Schwark/Zimmer, Kapitalmarktrechts-Kommentar (2010) § 11 VerkProspG Rn. 8, der von einer Unwesentlichkeit bei wertneutralen oder positiven Veränderungen ausgehen will.

[75] Zu diesen Fragen mit Blick auf die Nachtragspflicht des § 11 VerkProspG eingehend *Maas/Voß* BB 2008, 2302 ff.; *Bohlken* DB 2009, 495 ff.

[76] Hierzu *Maas/Voß* BB 2008, 2302, 2305; *Bohlken* DB 2009, 495, 497 mit Verweis auf das BaFin-Auslegungsschreiben zur Prospektpflicht für Vermögensanlagen-Verkaufsprospekte i.d.F. vom 30.6.2005, Nr. 7.

[77] Ebenso mit Blick auf den Vertrieb von Nicht-EU-AIF durch EU-AIFM Artikel 35 Rn. 62 ff.

[78] Hierzu *Bruchwitz* in Lüdicke/Arndt, Geschlossene Fonds, 4. Auflage (2007) S. 119; *Bohlken* DB 2009, 495, 500.

die AIFM-Richtlinie verstößt, teilt die zuständige Aufsichtsbehörde des Referenzmitgliedstaats dem Nicht-EU-AIFM unverzüglich mit, dass er die Änderung nicht durchführen darf.

Wird eine geplante Änderung ungeachtet der Unterabsätze 1 und 2 des Art. 39   **82** Abs. 9 durchgeführt oder führt eine durch einen ungeplanten Umstand ausgelöste Änderung dazu, dass die Verwaltung des EU-AIF durch den Nicht-EU-AIFM oder der Nicht-EU-AIFM im Allgemeinen nunmehr gegen die AIFM-Richtlinie verstößt, so ergreift die zuständige Aufsichtsbehörde des Referenzmitgliedstaats alle im Einzelfall gebotenen und in Artikel 46 aufgelisteten Maßnahmen, einschließlich, und falls erforderlich, der **Untersagung des Vertriebs**[79].

Eine aufsichtsrechtliche Restzuständigkeit der Aufnahmemitgliedstaaten – ver-   **83** gleichbar etwa mit der Aufsichtsbefugnis durch den Aufnahmemitgliedstaat für OGAW-Fonds nach Artikel 108 der OGAW-Richtlinie – ist nicht explizit vorgesehen. Die Aufsicht und Befugnisse sollen – mit Ausnahme von Art. 39 Abs. 7 – allein bei den Aufsichtsbehörden des Referenzmitgliedstaats, der für den Nicht-EU-AIFM **zuständig ist**, liegen. Die AIFM-Richtlinie setzt auf eine verpflichtende Zusammenarbeit der Aufsichtsbörden und einen entsprechenden Informationsaustausch zwischen den Behörden.

Haben die Aufsichtsbehörden eines Mitgliedstaats eindeutige und nachweisbare   **84** Gründe zu vermuten, dass ein nicht ihrer Aufsicht unterliegender AIFM gegen die AIFM-Richtlinie verstößt oder verstoßen hat, so müssen sie nach Art. 50 Abs. 5 dies sowohl der **ESMA** wie auch den Behörden des Herkunfts- und Aufnahmemitgliedstaats des betreffenden AIFM so genau wie möglich **mitteilen**[80]. Die Behörden, die diese Informationen empfangen, müssen danach geeignete Maßnahmen ergreifen und sowohl die ESMA als auch die Aufsichtsbehörden, von denen sie informiert wurden, über den Ausgang dieser Maßnahmen und über wesentliche zwischenzeitlich eingetretene Entwicklungen unterrichten.

Eine **Befugnis des Aufnahmemitgliedstaats** zum Einschreiten, sofern die   **85** Aufsichtsbehörde des Referenzmitgliedstaats untätig bleibt, gibt es nicht. Insoweit bleibt es auch mit Blick auf die Aufsicht über den Vertrieb von EU-AIF durch einen Nicht-EU-AIFM bei dem Grundsatz des Art. 45 Abs. 1: Die Aufsicht über die einen AIFM obliegt den zuständigen Behörden des Herkunftsmitgliedstaats, für Nicht-EU-AIFM entsprechend Art. 4 Abs. 1 lit. q) den zuständigen Behörden des Referenzmitgliedstaats – unabhängig davon, ob der Nicht-EU-AIFM EU-AIF in einem anderen Mitgliedstaat verwaltet oder vertreibt.

Sind die Änderungen zulässig, so unterrichtet die zuständige Aufsichtsbehörde   **86** des Referenzmitgliedstaats unverzüglich die ESMA, falls und soweit die Änderungen die Beendigung des Vertriebs von bestimmten EU-AIF oder zusätzlichen vertriebenen EU-AIF betreffen, sowie gegebenenfalls auch die zuständigen Behörden der jeweiligen Aufnahmemitgliedstaaten.

Der Nicht-EU-AIFM ist nach dem Wortlaut des Art. 39 Abs. 9 nicht über die   **87** Zulässigkeit der Änderungen zu informieren. Hieraus lässt sich folgern, dass der Vertrieb des EU-AIF durch ein Änderungs-Anzeigeverfahren nicht zu unterbrechen ist. Der Nicht-EU-AIFM darf seine Anteile an EU-AIF weiter vertreiben, wenn auch mit dem Risiko, dass ihm die Untersagung droht.

---

[79] Hierzu mit weiteren Nachweisen *Heidelbach* in Schwark/Zimmer, Kapitalmarktrechts-Kommentar (2010) § 11 VerkProspG Rn. 15.

[80] Nach der Definition des Art. 4 Abs. 1 lit. q) gilt dies entsprechend für den Referenzmitgliedstaat des Nicht-EU-AIFM.

88   Aus diesem Grund und im Interesse der Rechtssicherheit wird man verlangen können, dass die Zulässigkeit der Änderungen gegenüber dem Nicht-EU-AIFM beschieden wird. Eine für die Aufsichtsbehörde geltende **Frist** für die Entscheidung der Zu- oder Unzulässigkeit der Änderungen sieht Art. 39 Abs. 9 nicht vor. Denkbar und empfehlenswert wäre eine entsprechende Anwendung der 20-tägigen Frist der Art. 39 Abs. 3 und 5.

D. Europaweite Konkretisierung, Harmonisierung und Vereinheitlichung

89   Um europaweit einheitliche Bedingungen für die Anwendung des Artikels 39 zu gewährleisten, ist die **ESMA** nach Art. 39 Abs. 10 befugt, Entwürfe für technische **Durchführungsstandards** auszuarbeiten[81]. Thematisch geht es um europaweit geltende Standards[82] von Form und Inhalt eines Musters für das Anzeigeschreiben nach Art. 39 Abs. 2 und 4 (lit. a)), Form und Inhalt eines Musters für die Bescheinigung nach Art. 39 Abs. 5 (lit. b)), die Form der Übermittlung nach Art. 39 Abs. 5 (lit. c)) und die Form der schriftlichen Mitteilung nach Art. 39 Abs. 9 (lit. d)).

90   Die Kommission wird ermächtigt, die technischen Durchführungsstandards nach Artikel 15 der Verordnung (EU) Nr. 1095/2010 zu erlassen. Technische Durchführungsstandards sind ihrer Natur nach sog. Durchführungsrechtsakte i. S. d. Artikels 291 AEUV[83]. Diese dienen nach Artikel 291 AEUV und herrschender Ansicht nur zur Ausfüllung bestehender Rechtsakte mit einheitlich zu regelnden Details[84]. Anders als technische Regulierungsstandards stehen sie hierarchisch unterhalb des vorgegebenen Rahmens und sollen diesen nicht modifizieren können[85].

E. Bezüge zum KAGB-E

I. Umsetzung im KAGB-E

91   § 325 KAGB-E soll nach Ansicht des deutschen Gesetzgebers der Umsetzung des Artikels 39 der AIFM-Richtlinie dienen: Die ausländische AIF-Verwaltungsgesellschaft, deren Referenzmitgliedstaat Deutschland ist, trifft beim beabsichtigten Vertrieb von EU-AIF oder von inländischen Spezial-AIF an professionelle Anleger im Inland eine Anzeigepflicht. Nicht anders als v.a. bei § 322 und § 324 KAGB-E sollen die sog. semi-professionellen Anleger i.S.d. § 1 Abs. 19 Nr. 33

---

[81] Allgemein zu den Aufgaben der ESMA mit Blick auf eine stärkere Abstimmung und Harmonisierung auf europäischer Ebene *Hoffmann/Detzen* DB 2011, 1261 ff.

[82] Zur Entwicklung von Standards durch europäische Aufsichtsbehörden vgl. grundlegend The High-Level Group on Financial Supervision in the EU, Chaired by Jacques de Larosière, Report, Brussels, 25 February 2009, S. 59 ff.; *Siekmann,* Die Europäisierung der Finanzmarktaufsicht. Institute for Monetary and Financial Stability, Working Papier Series No. 47 (2011) S. 80 ff.

[83] Vgl. *Baur/Boegl* BKR 2011, 177, 182; zu Durchführungsrechtsakten der EU auch *Ruffert* in Calliess/Ruffert, EUV/AEUV, 4. Auflage (2011) Art. 291 AEUV Rn. 11.

[84] Vgl. *Streinz/Ohler/Herrmann* in Streinz/Ohler/Herrmann, Der Vertrag von Lissabon zur Reform der EU, 3. Auflage (2010) § 10 Quellen des Unionsrechts, III.3.

[85] Zu den europarechtlichen und verfassungsrechtlichen Grenzen *Siekmann,* Die Europäisierung der Finanzmarktaufsicht. Institute for Monetary and Financial Stability, Working Papier Series No. 47 (2011) S. 80 ff.

KAGB-E durch § 325 KAGB-E den professionellen Anlegern gleichgestellt werden. Freilich gilt auch hier: Bei den semi-professionellen Anlegern handelt es sich aus europäischer Sicht um Kleinanleger im Sinne von Artikel 43 Abs. 1 der AIFM-Richtlinie, an die nur gemäß der AIFM-Richtlinie verwaltete AIF vertrieben werden dürfen. Gleiches soll nach § 327 KAGB-E für eine ausländische AIF-Verwaltungsgesellschaft gelten, deren Referenzmitgliedstaat nicht Deutschland ist.

II. Wesentliche Besonderheiten der deutschen Umsetzung

Auf den ersten Blick scheint auch ein Vertrieb von durch einen Nicht-EU-   **92** AIFM verwalteten EU-AIF an Privatanleger zulässig. Dies wird jedoch durch die Voraussetzung des § 317 Abs. 1 Nr. 1 KAGB-E relativiert bzw. ausgeschlossen, wenn der Vertrieb von EU-AIF und ausländischen AIF durch eine EU-AIF-Verwaltungsgesellschaft oder eine ausländische AIF-Verwaltungsgesellschaft an Privatanleger im Geltungsbereich des KAGB-E nur zulässig ist, wenn der AIF und seine Verwaltungsgesellschaft im Staat ihres gemeinsamen Sitzes einer wirksamen öffentlichen Aufsicht zum Schutz der Anleger unterliegen. Das Erfordernis des gemeinsamen Sitzes schließt ein Vertrieb von grenzüberschreitenden Fondsstrukturen mit Drittstaatenbezug an Privatanleger uE aus[86].

Artikel 40 Bedingungen für den in der Union mit einem Pass erfolgenden Vertrieb von Nicht-EU-AIF, die von einem Nicht-EU-AIFM verwaltet werden

AIFM-RiLi	KAGB-E
Artikel 40 **Bedingungen für den in der Union mit einem Pass erfolgenden Vertrieb von Nicht-EU-AIF, die von einem Nicht-EU-AIFM verwaltet werden**	
(1) Die Mitgliedstaaten stellen sicher, dass ein ordnungsgemäß zugelassener Nicht-EU-AIFM Anteile eines Nicht-EU- AIF, den er verwaltet, an professionelle Anleger in der Union mit einem Pass vertreiben kann, sobald die in diesem Artikel festgelegten Bedingungen eingehalten sind.	
	§ 317 Abs. 2 **Zulässigkeit des Vertriebs von EU-AIF oder von ausländischen AIF an Privatanleger**
(2) Zusätzlich zu den in dieser Richtlinie festgelegten Anforderungen an	(2) Sofern es sich bei dem angezeigten AIF um einen ausländischen AIF han-

---

[86] Mit Blick auf den Diskussionsentwurf des KAGB auch *Loff/Klebeck* BKR 2012, 353 ff.; *Volhard/Jang*, DB 2013, 273 ff.

AIFM-RiLi	KAGB-E
EU-AIFM müssen Nicht-EU-AIFM folgende Bedingungen einhalten: a) es bestehen geeignete Vereinbarungen über die Zusammenarbeit zwischen den zuständigen Behörden des Referenzmitgliedstaats und der Aufsichtsbehörde des Drittlands, in dem der Nicht-EU-AIF seinen Sitz hat, damit zumindest ein effizienter Informationsaustausch gewährleistet ist, der den zuständigen Behörden ermöglicht, ihre Aufgaben gemäß dieser Richtlinie wahrzunehmen; b) das Drittland, in dem der Nicht-EU-AIF seinen Sitz hat, steht nicht auf der Liste der nicht kooperativen Länder und Gebiete, die von der Arbeitsgruppe „Finanzielle Maßnahmen gegen Geldwäsche und Terrorismusfinanzierung" aufgestellt wurde; c) das Drittland, in dem der Nicht-EU-AIF seinen Sitz hat, hat mit dem Referenzmitgliedstaat sowie mit jedem anderen Mitgliedstaat, in dem die Anteile des Nicht-EU-EIF vertrieben werden sollen, eine Vereinbarung unterzeichnet, die den Standards des Artikels 26 des OECD-Musterabkommens zur Vermeidung der Doppelbesteuerung von Einkommen und Vermögen vollständig entspricht und einen wirksamen Informationsaustausch in Steuerangelegenheiten, gegebenenfalls einschließlich multilateraler Abkommen über die Besteuerung, gewährleistet. Wenn eine zuständige Behörde eines anderen Mitgliedstaats nicht mit der Bewertung der Anwendung von Unterabsatz 1 Buchstaben a und b durch die zuständigen Behörden des Referenzmitgliedstaats des AIFM einverstanden ist, können die betreffenden zuständigen Behörden die Angelegenheit der ESMA zur Kenntnis bringen, die im Rahmen der ihr durch Artikel 19 der Verordnung (EU) Nr. 1095/2010 übertragenen Befugnisse tätig werden kann.	delt, der von einer ausländischen AIF-Verwaltungsgesellschaft verwaltet wird, ist der Vertrieb nur zulässig, wenn zusätzlich folgende Anforderungen erfüllt sind: 1. Es bestehen geeignete Vereinbarungen über die Zusammenarbeit zwischen der Bundesanstalt und den für die Aufsicht zuständigen Stellen des Drittstaates, in dem der ausländische AIF und die ausländische AIF-Verwaltungsgesellschaft ihren Sitz haben; die Vereinbarungen müssen a) der Überwachung von Systemrisiken dienen, b) im Einklang mit den internationalen Standards und den Artikel 113 bis 115 der Verordnung (EU) Nr. .../2013 [Level 2 Richtlinie 2011/61/EU] stehen und c) einen wirksamen Informationsaustausch gewährleisten, der es der Bundesanstalt ermöglicht, ihre in § 5 festgelegten Aufgaben zu erfüllen, 2. der Herkunftsstaat des angezeigten AIF steht nicht auf der Liste der nicht kooperativen Länder und Gebiete, die von der Arbeitsgruppe „Finanzielle Maßnahmen gegen Geldwäsche und Terrorismusfinanzierung" aufgestellt wurde, 3. der Herkunftsstaat des angezeigten AIF hat mit der Bundesrepublik Deutschland eine Vereinbarung unterzeichnet, die den Normen gemäß Artikel 26 des OECD-Musterabkommens zur Vermeidung der Doppelbesteuerung von Einkommen und Vermögen vollständig entspricht und einen wirksamen Informationsaustausch in Steuerangelegenheiten, gegebenenfalls einschließlich multilateraler Abkommen über die Besteuerung, gewährleistet. **§ 330 Abs. 1 Anzeigepflicht einer ausländischen AIF-Verwaltungsgesell-**

AIFM-RiLi	KAGB-E
	schaft beim beabsichtigten Vertrieb von von ihr verwalteten ausländischen AIF oder EU-AIF an semiprofessionelle und professionelle Anleger im Inland
	(1) Der Vertrieb von Anteilen oder Aktien an von einer ausländischen AIF-Verwaltungsgesellschaft verwalteten ausländischen AIF oder EU-AIF an professionelle oder semi-professionelle Anleger im Geltungsbereich dieses Gesetzes ist zulässig, wenn
	1. bei einem Vertrieb an professionelle Anleger
	a) die ausländische AIF-Verwaltungsgesellschaft und die Verwaltung des AIF durch die ausländische AIF-Verwaltungsgesellschaft den Anforderungen des § 35 und gegebenenfalls der §§ 287 bis 292 entsprechen,
	b) die ausländische AIF-Verwaltungsgesellschaft eine oder mehrere Stellen benannt hat, die die Aufgaben nach Artikel 21 Absatz 7 bis 9 der Richtlinie 2011/61/EU wahrnehmen, die ausländische AIF-Verwaltungsgesellschaft diese Aufgaben nicht selbst wahrnimmt und sie diese Stelle oder Stellen der Bundesanstalt angezeigt hat, und
	c) die in § 307 Absatz 1 und Absatz 2 erste Alternative in Verbindung mit § 297 Absatz 4 sowie § 308 vorgesehenen Pflichten zur Unterrichtung der am Erwerb eines Anteils oder einer Aktie Interessierten ordnungsgemäß erfüllt werden;
	2. bei einem Vertrieb an semi-professionelle Anleger die ausländische AIF-Verwaltungsgesellschaft und die Verwaltung des AIF durch diese den in diesem Gesetz umgesetzten Anforderungen der Richtlinie 2011/61/EU entsprechen;
	3. bei einem Vertrieb an semi-professionelle Anleger oder professionelle Anleger

AIFM-RiLi	KAGB-E
	a) geeignete Vereinbarungen über die Zusammenarbeit zwischen der Bundesanstalt und den zuständigen Stellen des Drittstaats, in dem die ausländische AIF-Verwaltungsgesellschaft ihren Sitz hat, und gegebenenfalls den zuständigen Stellen des Drittstaats, in dem der ausländische AIF seinen Sitz hat, und den zuständigen Stellen des Herkunftsmitgliedstaates des EU-AIF bestehen; die Vereinbarungen müssen
	aa) der Überwachung der Systemrisiken dienen,
	bb) im Einklang mit den internationalen Standards und den Artikeln 113 bis 115 der Verordnung (EU) Nr. .../2013 [Level 2 Verordnung gemäß Artikel 42 Absatz 3 der Richtlinie 2011/61/EU] stehen und
	cc) einen effizienten Informationsaustausch gewährleisten, der es der Bundesanstalt ermöglicht, ihre in der Richtlinie 2011/61/EU festgelegten Aufgaben zu erfüllen;
	b) weder der Drittstaat, in dem die ausländische AIF-Verwaltungsgesellschaft ihren Sitz hat, noch der Drittstaat, in dem der ausländische AIF seinen Sitz hat, auf der Liste der nicht kooperativen Länder und Gebiete steht, die von der Arbeitsgruppe „Finanzielle Maßnahmen gegen Geldwäsche und Terrorismusfinanzierung" aufgestellt wurde;
	c) die Vorkehrungen nach § 321 Absatz 1 Satz 2 Nummer 7 geeignet sind, einen Vertrieb an Privatanleger zu verhindern.
	Ist der angezeigte AIF ein Feeder-AIF, sind zusätzlich die Anforderungen des Absatzes 1 Satz 1 Nummer 1 oder 2 sowie Nummer 3 von dem Master-AIF und dessen Verwaltungsgesellschaft entsprechend einzuhalten.
Siehe Art. 40 Abs. 1–2	**§ 328 Abs. 1** **Anzeigepflicht einer ausländi-** **schen AIF-Verwaltungsgesell-**

AIFM-RiLi	KAGB-E
	schaft, deren Referenzmitgliedstaat nicht die Bundesrepublik Deutschland ist, beim beabsichtigten Vertrieb von ausländischen AIF an semi-professionelle und professionelle Anleger im Inland
	(1) Ein Vertrieb von Anteilen oder Aktien an ausländischen AIF an semi-professionelle oder professionelle Anleger im Geltungsbereich dieses Gesetzes durch eine ausländische AIF-Verwaltungsgesellschaft, deren Referenzmitgliedstaat gemäß Artikel 37 Absatz 4 der Richtlinie 2011/61/EU ein anderer Mitgliedstaat der Europäischen Union oder Vertragsstaat des Abkommens über den Europäischen Wirtschaftsraum ist, ist nur zulässig, wenn die in § 322 Absatz 1 genannten Voraussetzungen gegeben sind. Ist die Bundesanstalt nicht mit der Beurteilung der in § 322 Absatz 1 Nummer 1 und 2 genannten Voraussetzungen durch die zuständige Stelle des Referenzmitgliedstaats der ausländischen AIF-Verwaltungsgesellschaft einverstanden, kann die Bundesanstalt die Europäische Wertpapier- und Marktaufsichtsbehörde nach Maßgabe des Artikels 19 der Verordnung (EU) Nr. 1095/2010 um Hilfe ersuchen.
	§ 334 Abs. 1 Anzeigepflicht einer ausländischen AIF-Verwaltungsgesellschaft, deren Referenzmitgliedstaat die Bundesrepublik Deutschland ist, beim Vertrieb von ausländischen AIF an professionelle Anleger in anderen Mitgliedstaaten der Europäischen Union oder in Vertragsstaaten des Abkommens über den Europäischen Wirtschaftsraum
	(1) Der Vertrieb von Anteilen oder Aktien an ausländischen AIF durch eine ausländische AIF-Verwaltungsgesellschaft an professionelle Anleger in ande-

AIFM-RiLi	KAGB-E
	ren Mitgliedstaaten der Europäischen Union oder in Vertragsstaaten des Abkommens über den Europäischen Wirtschaftsraum ist nur zulässig, wenn die in § 322 Absatz 1 genannten Anforderungen erfüllt sind. Ist die zuständige Stelle des Aufnahmestaates der ausländischen AIF-Verwaltungsgesellschaft nicht mit der Beurteilung der in § 322 Absatz 1 Nummer 1 und 2 genannten Voraussetzungen durch die Bundesanstalt einverstanden, kann sie die Europäische Wertpapier- und Marktaufsichtsbehörde nach Maßgabe des Artikels 19 der Verordnung (EU) Nr. 1095/2010 um Hilfe ersuchen.
(3) Der AIFM legt den zuständigen Behörden seines Referenzmitgliedstaats eine Meldung für jeden Nicht-EU-AIF, den er in seinem Referenzmitgliedstaat zu vertreiben beabsichtigt, vor. Die Meldung umfasst die Dokumentation und die Angaben gemäß Anhang III.	
Siehe Art. 40 Abs. 1–3	**§ 326 Abs. 1 und 2 Anzeigepflicht einer ausländischen AIF-Verwaltungsgesellschaft, deren Referenzmitgliedstaat die Bundesrepublik Deutschland ist, beim beabsichtigten Vertrieb von ausländischen AIF an semi-professionelle und professionelle Anleger im Inland** (1) Der Vertrieb von Anteilen oder Aktien an ausländischen AIF an semi-professionelle oder professionelle Anleger im Geltungsbereich dieses Gesetzes durch eine ausländische AIF-Verwaltungsgesellschaft, deren Referenzmitgliedstaat gemäß Artikel 37 Absatz 4 der Richtlinie 2011/61/EU die Bundesrepublik Deutschland ist, ist nur zulässig, wenn die in § 322 Absatz 1 genannten Voraussetzungen gegeben sind. (2) Beabsichtigt eine ausländische AIF-Verwaltungsgesellschaft, deren Referenzmitgliedstaat gemäß § 56 die Bun-

AIFM-RiLi	KAGB-E
	desrepublik Deutschland ist und die von der Bundesanstalt eine Erlaubnis nach § 58 erhalten hat, Anteile oder Aktien an einem von ihr verwalteten ausländischen AIF im Geltungsbereich dieses Gesetzes an semi-professionelle oder professionelle Anleger zu vertreiben, hat sie dies der Bundesanstalt anzuzeigen. § 321 Absatz 1 Satz 2 gilt entsprechend mit der Maßgabe, dass es statt „AIF-Kapitalverwaltungsgesellschaft" „ausländische AIF-Verwaltungsgesellschaft" heißen muss.
	§ 326 Abs. 3 **Anzeigepflicht einer ausländischen AIF-Verwaltungsgesellschaft, deren Referenzmitgliedstaat die Bundesrepublik Deutschland ist, beim beabsichtigten Vertrieb von ausländischen AIF an semi-professionelle und professionelle Anleger im Inland**
(4) Spätestens 20 Arbeitstage nach Eingang des vollständigen Anzeigeschreibens nach Absatz 3 teilen die zuständigen Behörden des Referenzmitgliedstaats des AIFM dem AIFM mit, ob er im Hoheitsgebiet des Referenzmitgliedstaats mit dem Vertrieb des im Anzeigeschreiben nach Absatz 3 genannten AIF beginnen kann. Die zuständigen Behörden des Referenzmitgliedstaats des AIFM können den Vertrieb des AIF nur untersagen, wenn die Verwaltung des AIF durch den AIFM oder der AIFM im Allgemeinen gegen diese Richtlinie verstößt. Im Falle einer positiven Entscheidung kann der AIFM ab dem Datum der diesbezüglichen Mitteilung der zuständigen Behörden in seinem Referenzmitgliedstaat mit dem Vertrieb des AIF beginnen.	(3) § 322 Absatz 3, Absatz 4 Satz 1 und 2 und Absatz 5 gilt entsprechend mit der Maßgabe, dass es statt „AIF-Kapitalverwaltungsgesellschaft" „ausländische AIF-Verwaltungsgesellschaft" heißen muss.
	§ 12 Abs. 6 **Meldungen der Bundesanstalt an die Europäische Kommission und die Europäische Wertpapier- und Marktaufsichtsbehörde**

AIFM-RiLi	KAGB-E
Die zuständigen Behörden des Referenzmitgliedstaats des AIFM teilen zudem der ESMA mit, dass der AIFM im Referenzmitgliedstaat mit dem Vertrieb von Anteilen des AIF beginnen kann.	(6) Ferner informiert die Bundesanstalt die Europäischen Wertpapier- und Marktaufsichtsbehörde über 10. den möglichen Beginn des Vertriebs von ausländischen AIF durch eine ausländische AIF-Verwaltungsgesellschaft, deren Referenzmitgliedsstaat die Bundesrepublik Deutschland ist, a) im Inland nach § 326 Absatz 3 in Verbindung mit § 322 Absatz 4 und b) in anderen Mitgliedsstaaten der Europäischen Union und Vertragsstaaten des Abkommens über den Europäischen Wirtschaftsraum nach § 334 Absatz 3 Nummer 2,
(5) Beabsichtigt der AIFM, die Anteile eines Nicht-EU-AIF über seinen Referenzmitgliedstaat hinaus auch in anderen Mitgliedstaaten zu vertreiben, so legt er den zuständigen Behörden seines Referenzmitgliedstaats für jeden Nicht-EU-AIF, den er zu vertreiben beabsichtigt, eine Meldung vor. Die Meldung umfasst die Dokumentation und die Angaben gemäß Anhang IV.	
(6) Spätestens 20 Arbeitstage nach dem Eingang der vollständigen Anzeigeunterlagen nach Absatz 5 leiten die zuständigen Behörden des Referenzmitgliedstaats dieses an die zuständigen Behörden der Mitgliedstaaten weiter, in denen die Anteile des AIF vertrieben werden sollen. Eine solche Weiterleitung findet nur dann statt, wenn die Verwaltung des AIF durch den AIFM dieser Richtlinie entspricht und weiterhin entsprechen wird und wenn der AIFM im Allgemeinen sich an diese Richtlinie hält. Die zuständigen Behörden des Referenzmitgliedstaats des AIFM fügen eine Bescheinigung über die Zulassung des betreffenden AIFM zur Verwaltung von AIF mit einer bestimmten Anlagestrategie bei.	

AIFM-RiLi	KAGB-E
(7) Die zuständigen Behörden des Referenzmitgliedstaats des AIFM unterrichten den AIFM unverzüglich über die Weiterleitung der Anzeigeunterlagen. Der AIFM kann ab dem Datum dieser Unterrichtung mit dem Vertrieb des AIF in den betreffenden Aufnahmemitgliedstaaten des AIFM beginnen.	
	§ 12 Abs. 6 **Meldungen der Bundesanstalt an die Europäische Kommission und die Europäische Wertpapier- und Marktaufsichtsbehörde**
Die zuständigen Behörden des Referenzmitgliedstaats des AIFM teilen zudem der ESMA mit, dass der AIFM in den Aufnahmemitgliedstaaten des AIFM mit dem Vertrieb von Anteilen des AIF beginnen kann.	(6) Ferner informiert die Bundesanstalt die Europäischen Wertpapier- und Marktaufsichtsbehörde über 10. den möglichen Beginn des Vertriebs von ausländischen AIF durch eine ausländische AIF-Verwaltungsgesellschaft, deren Referenzmitgliedstaat die Bundesrepublik Deutschland ist, a) im Inland nach § 326 Absatz 3 in Verbindung mit § 322 Absatz 4 und b) in anderen Mitgliedstaaten der Europäischen Union und Vertragsstaaten des Abkommens über den Europäischen Wirtschaftsraum nach § 334 Absatz 3 Nummer 2,
Siehe Art. 40 Abs. 5–7	**§ 334 Abs. 2** **Anzeigepflicht einer ausländischen AIF-Verwaltungsgesellschaft, deren Referenzmitgliedstaat die Bundesrepublik Deutschland ist, beim Vertrieb von ausländischen AIF an professionelle Anleger in anderen Mitgliedstaaten der Europäischen Union oder in Vertragsstaaten des Abkommens über den Europäischen Wirtschaftsraum** (2) Beabsichtigt eine ausländische AIF-Verwaltungsgesellschaft, deren Referenzmitgliedstaat gemäß § 56 die Bundesrepublik Deutschland ist und die von der Bundesanstalt eine Erlaubnis nach § 58 erhalten hat, Anteile oder Aktien an einem von ihr verwalteten AIF im

AIFM-RiLi	KAGB-E
	Sinne von Absatz 1 Satz 1 in einem anderen Mitgliedstaat der Europäischen Union oder in einem Vertragsstaat des Abkommens über den Europäischen Wirtschaftsraum an professionelle Anleger zu vertreiben, so hat sie dies der Bundesanstalt in einer in internationalen Finanzkreisen gebräuchlichen Sprache anzuzeigen. Das Anzeigeschreiben muss die in § 331 Absatz 2 Satz 1 geforderten Angaben und Unterlagen in jeweils geltender Fassung enthalten, wobei es statt „AIF-Kapitalverwaltungsgesellschaft" „ausländische AIF-Verwaltungsgesellschaft" heißen muss.
	§ 314 Abs. 1 **Untersagung des Vertriebs**
(8) Die Vorkehrungen nach Anhang IV Buchstabe h unterliegen den Rechtsvorschriften und der Aufsicht der Aufnahmemitgliedstaaten des AIFM, soweit dies andere Mitgliedstaaten sind als der Referenzmitgliedstaat.	(1) Soweit § 11 nicht anzuwenden ist, ist die Bundesanstalt in Bezug auf AIF befugt, alle zum Schutz der Anleger geeigneten und erforderlichen Maßnahmen zu ergreifen, einschließlich einer Untersagung des Vertriebs von Anteilen oder Aktien dieser Investmentvermögen, wenn 2. die nach § 295 Absatz 1 Satz 3 geforderten Vorkehrungen nicht geeignet sind, um einen Vertrieb an Privatanleger wirksam zu verhindern, oder entsprechende Vorkehrungen nicht eingehalten werden,
(9) Die Mitgliedstaaten stellen sicher, dass das in Absatz 5 genannte Anzeigeschreiben des AIFM und die in Absatz 6 genannte Bescheinigung in einer in der internationalen Finanzwelt gebräuchlichen Sprache bereitgestellt werden. Die Mitgliedstaaten stellen sicher, dass ihre zuständigen Behörden die elektronische Übermittlung und Archivierung der in Absatz 6 genannten Unterlagen akzeptieren.	
Siehe Art. 40 Abs. 5–9	**§ 328 Abs. 2 und 3** **Anzeigepflicht einer ausländischen AIF-Verwaltungsgesellschaft, deren Referenzmitglied-**

AIFM-RiLi	KAGB-E
	staat nicht die Bundesrepublik Deutschland ist, beim beabsichtigten Vertrieb von ausländischen AIF an semi-professionelle und professionelle Anleger im Inland
	(2) Beabsichtigt eine ausländische AIF-Verwaltungsgesellschaft im Geltungsbereich dieses Gesetzes Anteile oder Aktien an ausländischen AIF an semi-professionelle oder professionelle Anleger zu vertreiben, prüft die Bundesanstalt, ob die zuständige Stelle des Referenzmitgliedstaates der ausländischen AIF-Verwaltungsgesellschaft Folgendes übermittelt hat:
	1. eine von ihr ausgestellte Bescheinigung über die Erlaubnis der betreffenden ausländischen AIF-Verwaltungsgesellschaft zur Verwaltung von AIF mit einer bestimmten Anlagestrategie sowie
	2. ein Anzeigeschreiben für jeden angezeigten AIF jeweils in einer in der internationalen Finanzwelt gebräuchlichen Sprache. § 327 Absatz 1 Satz 2 gilt entsprechend.
	(3) § 327 Absatz 2 ist entsprechend anzuwenden.
	§ 326 Abs. 3 **Anzeigepflicht einer ausländischen AIF-Verwaltungsgesellschaft, deren Referenzmitgliedstaat die Bundesrepublik Deutschland ist, beim beabsichtigten Vertrieb von ausländischen AIF an semi-professionelle und professionelle Anleger im Inland**
(10) Im Falle einer wesentlichen Änderung der nach Absatz 3 oder Absatz 5 übermittelten Angaben teilt der AIFM diese Änderung den zuständigen Behörden seines Referenzmitgliedstaats bei vom AIFM geplanten Änderungen mindestens einen Monat vor Durchführung der Änderung, oder, bei ungeplanten Änderungen, unverzüglich nach Eintreten der Änderung schriftlich mit.	(3) § 322 Absatz 3, Absatz 4 Satz 1 und 2 und Absatz 5 gilt entsprechend mit der Maßgabe, dass es statt „AIF-Kapitalverwaltungsgesellschaft" „ausländische AIF-Verwaltungsgesellschaft" heißen muss.

AIFM-RiLi	KAGB-E
Sollte die geplante Änderung dazu führen, dass die Verwaltung des AIF durch den AIFM oder der AIFM im Allgemeinen nunmehr gegen diese Richtlinie verstößt, teilen die zuständigen Behörden des Referenzmitgliedstaats des AIFM dem AIFM unverzüglich mit, dass er die Änderung nicht durchführen darf.	
Wird eine geplante Änderung ungeachtet der Unterabsätze 1 und 2 durchgeführt oder führt eine durch einen ungeplanten Umstand ausgelöste Änderung dazu, dass die Verwaltung des AIF durch den AIFM oder der AIFM im Allgemeinen nunmehr gegen diese Richtlinie verstößt, so ergreifen die zuständigen Behörden des Referenzmitgliedstaats des AIFM alle gebotenen Maßnahmen gemäß Artikel 46, einschließlich, falls erforderlich, der ausdrücklichen Untersagung des Vertriebs des AIF.	
Wenn die Änderungen zulässig sind, weil sie sich nicht auf die Vereinbarkeit der Verwaltung des AIF durch den AIFM mit dieser Richtlinie oder auf die Einhaltung dieser Richtlinie durch den AIFM im Allgemeinen auswirken, unterrichten die zuständigen Behörden des Referenzmitgliedstaats unverzüglich die ESMA, soweit die Änderungen die Beendigung des Vertriebs von bestimmten AIF oder zusätzlichen vertriebenen AIF betreffen, und gegebenenfalls die zuständigen Behörden der Aufnahmemitgliedstaaten von diesen Änderungen.	**§ 12 Abs. 4** **Meldungen der Bundesanstalt an die Europäische Kommission und die Europäische Wertpapier- und Marktaufsichtsbehörde** (4) Die Bundesanstalt meldet der Europäischen Wertpapier- und Marktaufsichtsbehörde unverzüglich 6. die Änderungen in Bezug auf die Beendigung des Vertriebs oder des zusätzlichen Vertriebs von ausländischen AIF durch AIF-Verwaltungsgesellschaften, deren Referenzmitgliedstaat die Bundesrepublik Deutschland ist, a) im Inland nach § 326 Absatz 3 in Verbindung mit § 322 Absatz 5 und b) in anderen Mitgliedstaaten der Europäischen Union und anderen Vertragsstaaten des Abkommens über den Europäischen Wirtschaftsraum nach § 334 Absatz 3 Nummer 3.
Siehe Art. 40 Abs. 9 und 10	**§ 334 Abs. 3** **Anzeigepflicht einer ausländischen AIF-Verwaltungsgesellschaft, deren Referenzmitglied-**

AIFM-RiLi	KAGB-E
	staat die Bundesrepublik Deutschland ist, beim Vertrieb von ausländischen AIF an professionelle Anleger in anderen Mitgliedstaaten der Europäischen Union oder in Vertragsstaaten des Abkommens über den Europäischen Wirtschaftsraum
	(3) § 331 Absatz 2 bis 4, Absatz 5 Satz 1 und 2, Absatz 6 sowie Absatz 7 ist mit der Maßgabe entsprechend anzuwenden, dass
	1. es statt „AIF-Kapitalverwaltungsgesellschaft" „ausländische AIF-Verwaltungsgesellschaft" heißen muss,
	2. im Rahmen von § 331 Absatz 5 die Bundesanstalt zusätzlich der Europäischen Wertpapier- und Marktaufsichtsbehörde mitteilt, dass die ausländische AIF-Verwaltungsgesellschaft mit dem Vertrieb von Anteilen oder Aktien des angezeigten AIF an professionelle Anleger im Aufnahmemitgliedstaat der ausländischen AIF-Verwaltungsgesellschaft beginnen kann, und
	3. die Bundesanstalt bei einer zulässigen Änderung nach § 331 Absatz 7 zusätzlich unverzüglich die Europäische Wertpapier- und Marktaufsichtsbehörde zu benachrichtigen hat, soweit die Änderungen die Beendigung des Vertriebs von bestimmten AIF oder zusätzlich vertriebenen AIF betreffen.
	§ 336 Abs. 1 **Verweise und Ersuchen nach Artikel 19 der Verordnung (EU) Nr. 1095/2010**
(11) Die Kommission erlässt gemäß Artikel 56 und nach Maßgabe der Bedingungen der Artikel 57 und 58 delegierte Rechtsakte zu den in Absatz 2 Buchstabe a genannten Vereinbarungen über Zusammenarbeit, um so einen einheitlichen Rahmen zur Erleichterung	(1) Die näheren Bestimmungen zu den in § 322 Absatz 1 Nummer 1, § 324 Absatz 1 Satz 1, § 326 Absatz 1, § 328 Absatz 1 Satz 1, § 330 Absatz 1 Satz 1 Nummer 3, § 332 Absatz 1 Satz 1 und § 334 Absatz 1 Satz 1 genannten Vereinbarungen über die Zusammenarbeit

AIFM-RiLi	KAGB-E
des Abschlusses derartiger Vereinbarungen mit Drittländern zu schaffen.	richten sich nach Artikel 113 bis 115 der Verordnung (EU) Nr. .../2013 [Level 2-Verordnung nach Artikel 35 Absatz 11, Artikel 40 Absatz 11 und Artikel 42 Absatz 3 der Richtlinie 2011/61/EU].
(12) Zur Gewährleistung der einheitlichen Anwendung dieses Artikels kann die ESMA Leitlinien erlassen, in denen die Bedingungen für die Anwendung der von der Kommission erlassenen Vorschriften für die in Absatz 2 Buchstabe a genannten Vereinbarungen über Zusammenarbeit festgelegt werden.	
(13) Die ESMA erstellt Entwürfe für technische Regulierungsstandards, in denen der Mindestinhalt der in Absatz 2 Buchstabe a genannten Vereinbarungen über Zusammenarbeit festgelegt wird, um zu gewährleisten, dass die zuständigen Behörden des Referenzmitgliedstaats und der Aufnahmemitgliedstaaten ausreichende Informationen erhalten, um ihre Aufsichts- und Ermittlungsbefugnisse gemäß dieser Richtlinie wahrnehmen können. Die Kommission wird ermächtigt, die in Unterabsatz 1 genannten technischen Regulierungsstandards gemäß Artikel 10 bis 14 der Verordnung (EU) Nr. 1095/2010 zu erlassen.	
	§ 9 Abs. 12 Zusammenarbeit mit anderen Stellen
(14) Um eine konsequente Harmonisierung dieses Artikels zu gewährleisten, erstellt die ESMA Entwürfe für technische Regulierungsstandards, in denen die Verfahren für die Koordinierung und den Informationsaustausch zwischen der zuständigen Behörde des Referenzmitgliedstaats und den zuständigen Behörden der Aufnahmemitgliedstaaten des AIFM festgelegt werden. Die Kommission wird ermächtigt, die in Unterabsatz 1 genannten technischen Regulierungsstandards gemäß Artikel 10	(12) Das nähere Verfahren für den Informationsaustausch richtet sich nach den Artikeln 12 und 13 der Verordnung (EU) Nr. 584/2010 der Kommission vom 1. Juli 2010 zur Durchführung der Richtlinie 2009/65/EG des Europäischen Parlaments und des Rates im Hinblick auf Form und Inhalt des Standardmodells für das Anzeigeschreiben und die OGAW-Bescheinigung, die Nutzung elektronischer Kommunikationsmittel durch die zuständigen Behörden für die Anzeige und die Verfahren

AIFM-RiLi	KAGB-E
bis 14 der Verordnung (EU) Nr. 1095/2010 zu erlassen.	für Überprüfungen vor Ort und Ermittlungen sowie für den Informationsaustausch zwischen zuständigen Behörden (ABl. L 176 vom 10.7.2010, S. 16). Die Verfahren für die Koordinierung und den Informationsaustausch zwischen der zuständigen Behörde des Herkunftsmitgliedstaats und den zuständigen Behörden der Aufnahmemitgliedstaaten der AIF-Verwaltungsgesellschaft bestimmen sich nach den auf Grundlage von Artikel 50 Absatz 6 der Richtlinie 2011/61/EU von der Europäischen Kommission erlassenen technischen Durchführungsstandards. Der Mindestinhalt der in der gemäß § 58 Absatz 7 Nummer 4, § 317 Absatz 2 Nummer 1 und § 322 Absatz 1 Nummer 1 geschlossenen Vereinbarungen über Zusammenarbeit bestimmt sich nach den auf Grundlage von Artikel 35 Absatz 14, Artikel 37 Absatz 17 und Artikel 40 Absatz 14 der Richtlinie 2011/61/EU von der Europäischen Kommission erlassenen technischen Regulierungsstandards.
	§ 336 Abs. 2 **Verweise und Ersuchen nach Artikel 19 der Verordnung (EU) Nr. 1095/2010**
(15) Lehnt eine zuständige Behörde einen Antrag auf Informationsaustausch gemäß den in Absatz 14 erwähnten technischen Regulierungsstandards ab, können die zuständigen Behörden die Angelegenheit an die ESMA verweisen, die im Rahmen der ihr durch Artikel 19 der Verordnung (EU) Nr. 1095/2010 übertragenen Befugnisse tätig werden kann.	(2) Lehnt eine zuständige Stelle einen Antrag auf Informationsaustausch im Sinne der §§ 324, 328, 332 und 334 zwischen den zuständigen Stellen des Herkunftsmitgliedstaats oder des Referenzmitgliedstaats und den zuständigen Stellen der Aufnahmemitgliedstaaten der AIF-Kapitalverwaltungsgesellschaft, der EU-AIF-Verwaltungsgesellschaft oder der ausländischen AIF-Verwaltungsgesellschaft ab, so können die Bundesanstalt und die zuständigen Stellen des Herkunftsmitgliedstaats oder des Referenzmitgliedstaats und des Aufnahmemitgliedstaats der AIF-Verwaltungsgesellschaft die Europäische Wertpapier- und Marktaufsichtsbehörde nach Maßgabe des Artikels 19 der Verordnung

AIFM-RiLi	KAGB-E
	(EU) Nr. 1095/2010 um Hilfe ersuchen.
(16) Um einheitliche Bedingungen für die Anwendung dieses Artikels zu gewährleisten, kann die ESMA Entwürfe für technische Durchführungsstandards ausarbeiten, um Folgendes zu präzisieren: a) Form und Inhalt eines Musters für das Anzeigeschreiben nach Absatz 3 und 5, b) Form und Inhalt eines Musters für die Bescheinigung nach Absatz 6, c) die Form der Übermittlung nach Absatz 6 und d) die Form der schriftlichen Mitteilung nach Absatz 10. Die Kommission wird ermächtigt, die in Unterabsatz 1 genannten technischen Durchführungsstandards nach Artikel 15 der Verordnung (EU) Nr. 1095/2010 zu erlassen.	
	§ 163 Abs. 1 **Genehmigung der** **Anlagebedingungen**
(17) Unbeschadet des Artikels 43 Absatz 1 schreiben die Mitgliedstaaten vor, dass die von dem AIFM verwalteten und vertriebenen AIF nur an professionelle Anleger vertrieben werden dürfen.	(1) Die Anlagebedingungen sowie deren Änderung bedürfen der Genehmigung der Bundesanstalt. Die Genehmigung kann nur von folgenden Verwaltungsgesellschaften beantragt werden: 1. von Kapitalverwaltungsgesellschaften, die die betroffene Art von Investmentvermögen verwalten dürfen, und 2. in Bezug auf inländische OGAW von EU-OGAW-Verwaltungsgesellschaften, die von den zuständigen Stellen ihres Herkunftsmitgliedstaates eine Zulassung zur Verwaltung von OGAW erhalten haben, deren Verwaltung im Inland beabsichtigt wird, die den Anforderungen des Artikels 19 Absatz 3 und 4 der Richtlinie 2009/65/EG entsprechen, das Anzeigeverfahren

AIFM-RiLi	KAGB-E
	nach den §§ 51 und 52 erfolgreich durchlaufen und der Bundesanstalt darüber hinaus die in § 52 Absatz 1 Satz 2 aufgeführten Unterlagen für das betroffene Investmentvermögen vorgelegt oder auf diese gemäß § 52 Absatz 1 Satz 3 verwiesen haben.
	§ 295 Abs. 1 **Auf den Vertrieb und den Erwerb** **von AIF anwendbare Vorschriften** (1) Der Vertrieb von Anteilen oder Aktien an inländischen Publikums-AIF an Privatanleger, semi-professionelle und professionelle Anleger im Geltungsbereich dieses Gesetzes ist nur zulässig, wenn die Voraussetzungen des § 316 erfüllt sind. Der Vertrieb von Anteilen oder Aktien an EU-AIF und ausländischen AIF an Privatanleger im Geltungsbereich dieses Gesetzes ist nur zulässig, wenn die Voraussetzungen der §§ 317 bis 320 erfüllt sind. Die Verwaltungsgesellschaften, die AIF verwalten, die die Voraussetzungen für den Vertrieb an Privatanleger nicht erfüllen, müssen wirksame Vorkehrungen treffen, die verhindern, dass Anteile oder Aktien an den AIF an Privatanleger im Geltungsbereich dieses Gesetzes vertrieben werden; dies gilt auch, wenn unabhängige Unternehmen eingeschaltet werden, die für den AIF Wertpapierdienstleistungen erbringen.
Siehe Art. 40	**§ 296 Abs. 1 bis 3** **Vereinbarungen mit Drittstaaten** **zur OGAW-Konformität** (1) Die Bundesanstalt kann mit den zuständigen Stellen von Drittstaaten vereinbaren, dass 1. die §§ 310 und 311 auf Anteile an ausländischen AIF, die in dem Drittstaat gemäß den Anforderungen der Richtlinie 2009/65/EG aufgelegt und verwaltet werden, entsprechend anzuwenden sind, sofern diese AIF

AIFM-RiLi	KAGB-E
	im Geltungsbereich dieses Gesetzes vertrieben werden sollen, und
	2. die §§ 312 und 313 entsprechend anzuwenden sind, wenn Anteile an inländischen OGAW auf dem Hoheitsgebiet des Drittstaates vertrieben werden sollen. § 310 gilt dabei mit der Maßgabe, dass zusätzlich zu der Bescheinigung nach § 310 Absatz 1 Satz 1 Nummer 2 auch eine Bescheinigung der zuständigen Stelle des Drittstaates zu übermitteln ist, dass der angezeigte AIF gemäß der Richtlinie 2011/61/EU verwaltet wird.
	(2) Die Bundesanstalt darf die Vereinbarung nach Absatz 1 nur abschließen, wenn
	1. die Anforderungen der Richtlinie 2009/65/EG in das Recht des Drittstaates entsprechend umgesetzt sind und öffentlich beaufsichtigt werden,
	2. die Bundesanstalt und die zuständigen Stellen des Drittstaates eine Vereinbarung im Sinne des Artikels 42 Absatz 1 Buchstabe b in Verbindung mit Absatz 3 der Richtlinie 2011/61/EU abgeschlossen haben oder zeitgleich mit der Vereinbarung nach Absatz 1 abschließen werden,
	3. der Drittstaat gemäß Artikel 42 Absatz 1 Buchstabe c der Richtlinie 2011/61/EU nicht auf der Liste der nicht kooperierenden Länder und Gebiete, die von der Arbeitsgruppe „Finanzielle Maßnahmen gegen Geldwäsche unter Terrorismusfinanzierung" aufgestellt wurde, steht,
	4. der gegenseitige Marktzugang unter vergleichbaren Voraussetzungen gewährt wird und
	5. die Vereinbarung nach Absatz 1 auf solche ausländische AIF des Drittstaates beschränkt wird, bei denen sowohl der AIF als auch der Verwalter ihren Sitz in diesem Drittstaat haben, und die gemäß der Richtlinie 2011/61/EU verwaltet werden.

AIFM-RiLi	KAGB-E
	(3) Auf ausländische AIF, deren Anteile entsprechend Absatz 1 im Geltungsbereich dieses Gesetzes vertrieben werden, sind diejenigen Bestimmungen dieses Gesetzes entsprechend anzuwenden, die eine EU-OGAW-Verwaltungsgesellschaft zu beachten hat, wenn sie Anteile an einem EU-OGAW im Geltungsbereich dieses Gesetzes vertreibt; insbesondere sind die §§ 94 Absatz 3, 297, 298 sowie §§ 301 bis 306 und § 309 entsprechend anzuwenden. Darüber hinaus gilt für den Vertrieb des ausländischen AIF Artikel 42 Absatz 1 Buchstabe a in Verbindung mit Artikel 22, 23 und 24 der Richtlinie 2011/61/EU.

Literatur: *Berger/Steck/Lübbehüsen* (Hrsg.), InvG/InvStG (2010); *Blankenheim,* Die Umsetzung der OGAW-IV-Richtlinie in das Investmentgesetz, ZBB 2011, 344 ff.; *Bühring/ Linnemannstöns,* Private Placement – Rettungsanker bei der Prospektpflicht?, DB 2007, 2637 ff.; *D'Amelio,* Les placements collectifs en investissements alternatifs, Traveaux de la Faculté de Droit de l'Université de Fribourg, Réglements et surveillance des hedge funds en droit suisse et comparé (2011); *Frick,* Private Equity im Schweizer Recht, Schweizer Schriften zum Handels- und Wirtschaftsrecht (SSHW) (2009); *Herring/Krause,* Auswirkungen der AIFM-Richtlinie auf institutionelle Investoren, Absolutreport 2/2010, 54 ff.; *Hoffmann/Detzen,* ESMA – Praktische Implikationen und kritische Würdigung der neuen Europäischen Wertpapier- und Marktaufsichtsbehörde, DB 2011, 1261 ff.; *Johannsen,* Jumping the gun: hedge funds in search of capital under UCITS IV, Brooklyn Journal of Corporate, Financial & Commercial Law 2/2011, 473 ff.; *Kammel,* Alternative Investment Fund Manager Richtlinie – "Another European Mess"?, ÖBA 2011, 18 ff.; *Klebeck,* Neue Richtlinie für Verwalter von alternativen Investmentfonds?, DStR 2009, 2154 ff.; *Klebeck,* Auslagerung von Anlageverwaltungsfunktionen, RdF 2012 (im Erscheinen begriffen); *Klebeck,* Side Pockets, ZBB 2012, 30 ff.; *Klebeck/Jesch,* Private Equity für institutionelle Investoren, CFlaw 2010, 372 ff.; *Klebeck/Meyer,* Drittstaatenregulierung der AIFM-Richtlinie, RdF 2012, 95 ff.; *Kramer/Recknagel,* Die AIFM-Richtlinie – Neuer Rechtsrahmen für die Verwaltung alternativer Investmentfonds, DB 2011, 2077 ff.; *Krause/Klebeck,* Family Office und AIFM-Richtlinie BB 2012, 2063 ff.; *Lezzi,* Regulierung und Aufsicht über kollektive Kapitalanlagen für alternative Anlage, Schweizer Schriften zum Finanzmarktrecht (2012); *von Livonius/Schatz,* Die AIFM-Richtlinie – Handlungsbedarf für Fondsmanager, Absolutreport 6/2010, 54 ff.; *Loff/Klebeck,* Fundraising nach der AIFM-Richtlinie und Umsetzung in Deutschland durch das KAGB, BKR 2012, 353 ff.; *Manzei,* Einzelne Aspekte der Prospektpflicht am Grauen Kapitalmarkt, WM 2006, 845 ff.; *Möllers/Harrer/Krüger,* Die Regelung von Hedgefonds und Private Equity durch die neue AIFM-Richtlinie, WM 2011, 1537 ff.; *Pfenninger/Keller,* Hedge Fund Regulierung in der Schweiz und der EU, in: Reutter/Werlen, Kapitalmarkttransaktionen VI, Bd. 115 (2011) S. 71 ff.; *Pöllath+Partners,* Private Equity Fonds (2006); *Siekmann,* Die Europäisierung der Finanzmarktaufsicht. Institute for Monetary and Financial Stability, Working Papier Series No. 47 (2011); *Spindler/Tancredi,* Die Richtlinie über Alternative Investmentfonds (AIFM-Richtlinie) – Teil 1, WM 2011, 1393 ff. sowie Teil 2, WM 2011, 14411 ff.; *Teichmann,* Private Equity-Fonds im Sog der AIFM-Richtlinie, Corporate Finance 7/2011,

321 ff.; *Volhard/Kruschke,* Die Regulierung von Private Equity Fonds-Manager durch den Europäischen Gesetzgeber – Ausgewählte Aspekte der AIFM-Richtlinie und der VC-Verordnung im Überblick, EWS 2012, 21 ff.; *Wallach,* Alternative Investment Funds Managers Directive – ein neues Kapitel des europäischen Investmentrechts, RdF 2011, 80 ff.; *Weiser/ Jang,* Die nationale Umsetzung der AIFM-Richtlinie und ihre Auswirkungen auf die Fondsbranche in Deutschland, BB 2011, 1219 ff.; *Weitnauer,* Die AIFM-Richtlinie und ihre Umsetzung, BKR 2011, 143 ff.; *Wilhelmi,* Möglichkeiten und Grenzen der wirtschaftsrechtlichen Regelung von Hedgefonds, WM 2008, 861 ff.

Übersicht

A. Entstehungsgeschichte, Inhalt und Ziele: Europäischer Pass für Nicht-EU-AIFM

1   Der europaweite Vertrieb von Nicht-EU-AIF, die von einem Nicht-EU-AIFM verwaltet werden, war einer der umstrittensten Regelungen des europäischen

Gesetzgebungsverfahrens[1]. Während sich der ursprüngliche Kommissionsentwurf der AIFM-Richtlinie vom 30.4.2009 noch mit dem **Konzept der Gleichwertigkeit** von Aufsicht über EU-AIF und Nicht-EU-AIF sowie deren Manager begnügte[2], wollte v.a. das Europäische Parlament die Möglichkeit der Kapitalanlage von EU-Anlegern in Nicht-EU-AIF-Strukturen weitergehend beschränken bzw. verbieten.

So sollten nach Artikel 35a des **Gegenentwurfs**[3] professionelle Anleger in **2** einen AIF mit Sitz in einem Drittstaat nur dann investieren dürfen, wenn der AIF von einem AIFM verwaltet wird, der seinen eingetragenen Sitz in einem Mitgliedstaat hat und entsprechend der AIFM-Richtlinie zugelassen ist, oder dass der Drittstaat, in dem der AIF seinen Sitz hat, ein den internationalen Standards entsprechendes Kooperationsabkommen unterzeichnet hat.

Ferner sollte nach dem **Positionspapier der ECON** vom 23.11.2009 der **3** europaweite Vertrieb auf Produkte beschränkt werden, die in der EU zugelassen oder eingetragen sind. Ein Europäischer Pass sollte bei Einhaltung eines einfachen Meldeverfahrens den Vertrieb aller Fonds ermöglichen, die ihren Sitz innerhalb der EU haben und von einem in ihrem Herkunftsmitgliedstaat zugelassenen AIFM verwaltet werden[4].

Ebenso sollte nach dem **Vorschlag der schwedischen Ratspräsident-** **4** **schaft** vom 15.12.2009 der Vertrieb von AIF-Anteilen auf AIF beschränkt werden, die in einem Mitgliedstaat der EU gegründet und verwaltet werden[5]. Bei dem Vertrieb eines Feeder-AIF, sollte auch der Master-AIF in einem Mitgliedstaat der EU gegründet und verwaltet werden. Nur auf nationaler Ebene sollte der Vertrieb von in einem Drittland gegründeten AIF sowie Feeder-AIF, deren Master-AIF nicht in einem Mitgliedstaat gegründet und verwaltet wird, gestattet werden.

Die wirtschaftlichen Folgen einer solchen Investitionsbeschränkung, v.a. die **5** Gefahr einer Spaltung der globalen Finanzmärkte in einen EU- und einen Nicht-EU-Markt sowie der Verlust von attraktiven **Investitionsmöglichkeiten** für EU-Anleger außerhalb der EU, nahm auch der Gegenentwurf in Kauf. Der Gegenentwurf betonte in seinen Erwägungsgründen aber, dass es jedem Anleger im Einklang mit den geltenden einzelstaatlichen Bestimmungen für Privatplatzie-

---

[1] So auch *Wallach,* RdF 2011, 80, 86; *Pfenninger/Keller,* Hedge Fund Regulierung in der Schweiz und der EU, in Reutter/Werlen, Kapitalmarkttransaktionen VI, Band 115 (2011) S. 71, 116.; *Klebeck/Meyer* RdF 2012, 95 ff.

[2] Hierzu *Klebeck* DStR 2009, 2154 ff.

[3] Entwurf einer legislativen Entschließung des Europäischen Parlaments zu dem Vorschlag für eine Richtlinie des Europäischen Parlaments und des Rates über die Verwalter alternativer Investmentfonds und zur Änderung der Richtlinien 2004/39/EG und 2009/.../EG (KOM(2009)0207 – C7-0040/2009 – 2009/0064(COD).

[4] Entwurf eines Berichts über den Vorschlag für eine Richtlinie des Europäischen Parlaments und des Rates über die Verwalter alternativer Investmentfonds und zur Änderung der Richtlinien 2004/39/EG und 2009/.../EG (KOM(2009)0207 – C7-0040/2009 – 2009/ 0064(COD) S. 86.

[5] Article 34a of the proposal for Directive of the European Parliament and of the Council on Alternative Investment Fund Managers and amending Directives 2004/39/EC and 2009/.../EC – Revised Presidency compromise proposal – Council of the European Union, vom 15.12.2009, 17330/09 – EF 194 – ECOFIN 870 – CODEC 1432 (abrufbar unter: http://register.consilium.europa.eu/pdf/en/09/st17/st17330.en09.pdf; zuletzt abgerufen am 22.2.2013;).

rungen frei stehen sollte, in einen Fonds aus einem Drittstaat zu investieren[6]. Die finale Fassung der AIFM-Richtlinie hat diese Beschränkung nicht umgesetzt – v.a. auf Grund des politischen Drucks von US-amerikanischer Seite[7].

6   Artikel 40 geht nunmehr auch für den Vertrieb von Nicht-EU-AIF durch einen Nicht-EU-AIFM vom **Grundsatz der Gleichbehandlung** von EU-AIFM und Nicht-EU-AIFM aus: Nicht anders als ein zugelassener EU-AIFM nach Artikel 35, soll auch ein zugelassener Nicht-EU-AIFM berechtigt sein, Nicht-EU-AIF innerhalb der EU an professionelle Anleger zu vertreiben. Dabei stellt Artikel 40 an den Vertrieb von Nicht-EU-AIF durch einen Nicht-EU-AIFM weitergehende Anforderungen, die im Folgenden erörtert werden sollen.

7   Der Gedanke an ein **(mittelbares) Investitionsverbot** ist jedoch nicht vollständig aus dem Sinn. So heißt es in Erwägungsgrund (92): *„Es ist erforderlich, einen strengen Regulierungs- und Aufsichtsrahmen einzurichten, der keine Lücken in der Finanzregulierung lässt. […] Die Kommission ist aufgefordert, die einschlägigen Bestimmungen in Bezug auf professionelle Anleger zu überprüfen, um über die Notwendigkeit strengerer Anforderungen für die Sorgfaltsprüfung (Due-Diligence-Verfahren) zu befinden, die von professionellen Anlegern der Union eingehalten werden müssen, die aus eigener Initiative in Finanzprodukte von außerhalb der EU, wie beispielsweise Nicht-EU-AIF, investieren. "*

8   Nicht zuletzt aufgrund dieser Ankündigungen werden professionelle EU-Anleger die weitergehende Regulierungsentwicklung aufmerksam verfolgen müssen. Freilich bestehen bereits nach geltendem nationalem Recht gewisse Anlagebeschränkungen auch in geographischer Hinsicht. So sind etwa nach der für deutsche Versicherungsunternehmen i. S. d. VAG noch geltenden Anlageverordnung und dort etwa nach der **„Beteiligungsklausel"** des § 2 Abs. 1 Nr. 13 AnlV Beteiligungen an Gesellschaften mit Sitz in einem EWR-Staat oder eines Vollmitgliedstaats der OECD zulässig[8].

B. Anwendungsbereich

I. Persönlicher Anwendungsbereich: Zugelassener Nicht-EU-AIFM

9   Regelungsadressat von Artikel 40 ist ein ordnungsgemäß, nach Artikel 37 zugelassener Nicht-EU-AIFM[9], der Anteile eines Nicht-EU-AIF, den er verwaltet, an professionelle Anleger in der EU mit einem Europäischen Pass vertreiben will[10]. Gleich wie Artikel 39 zielt auch Artikel 40 auf die Regulierung des Vertriebs durch den Nicht-EU-AIFM – einerseits auf den Vertrieb im Referenzmitgliedstaat des Nicht-EU-AIFM und andererseits auf den grenzüberschreitenden

---

[6] Entwurf eines Berichts über den Vorschlag für eine Richtlinie des Europäischen Parlaments und des Rates über die Verwalter alternativer Investmentfonds und zur Änderung der Richtlinien 2004/39/EG und 2009/…/EG (KOM(2009)0207 – C7-0040/2009 – 2009/0064(COD) S. 86.

[7] Vgl. Erwägungsgrund (70) der AIFM-Richtlinie.

[8] Hierzu etwa *Klebeck/Jesch* CFlaw 2010, 372, 373.

[9] Ebenso *Kammel* ÖBA 2011, 18, 26 f.

[10] Die Definition würde ein typischer Anlegerkreis ausschließen, die wohlhabenden Privatpersonen, weshalb gewisse Meinungen sie kritisch betrachten und als zu eng beurteilen. Vgl. *Volhard/Kruschke* EWS 2012, 21, 23.

Vertrieb in der EU. Und nicht anders als Artikel 39 erweist sich Artikel 40 als eine europaweite **Mindestharmonisierungsnorm**, die den Mitgliedstaaten erlaubt, den Vertrieb von AIF durch Dritte, etwa durch unabhängige Anlagevermittler oder -berater, weitergehend zu regeln.

Freilich besteht auch hier die Gefahr von **Widersprüchlichkeiten** v.a. in der **10** europäischen Regulierung der Fondsmanager auf der einen und der nationalen Regulierung von Vertriebsträgern auf der anderen Seite[11]. Gleiches gilt für die Vereinbarkeit der Vorgaben der AIFM-Richtlinie mit der bestehenden nationalen Regulierung des öffentlichen Vertriebs von ausländischen Fondsanteilen in Deutschland nach §§ 136 ff.[12] InvG sowie nach VerkProspG bzw. VermAnlG[13].

Es fragt sich, ob der nach Art. 40 Abs. 1 geforderten Ordnungsmäßigkeit der **11** Zulassung als Nicht-EU-AIFM eine eigenständige **Bedeutung** zukommt. Notwendig ist für den Vertrieb von Nicht-EU-AIF zunächst die Zulassung des Nicht-EU-AIFM nach Artikel 37 (und ggfs. Artikel 41). Eine Zulassung des Fondsmanagers in seinem Drittstaat für den Vertrieb von Nicht-EU-AIF vom Drittstaat ist auch für Artikel 40 nicht ausreichend[14].

Weil der Referenzmitgliedstaat des Nicht-EU-AIFM nicht nur für die Zulas- **12** sung nach Artikel 37, sondern auch für die Zulassung und die Aufsicht über den europaweiten Vertrieb von Nicht-EU-AIF durch einen Nicht-EU-AIFM nach Artikel 40 zuständig ist, kann es sich für den Vertrieb von Nicht-EU-AIF empfehlen, mit dem Zulassungsantrag und den erforderlichen Dokumenten und Unterlagen nach Artikel 37 (und Artikel 41) zugleich die **Vertriebsanzeige nach** Artikel 40 einzureichen.

II. Sachlicher Anwendungsbereich: Vertrieb von Nicht-EU-AIF

1. Nicht-EU-AIF, der von Nicht-EU-AIFM verwaltet wird. Sachlich **13** regelt Artikel 40 die Bedingungen für den in der EU mit einem EU-Pass erfolgenden Vertrieb von Anteilen an Nicht-EU-AIF an professionelle Anleger durch einen nach Artikel 37 ordnungsgemäß zugelassenen Nicht-EU-AIFM. Der Vertrieb von Nicht-EU-AIF an Kleinanleger wird von der AIFM-Richtlinie nicht unmittelbar reguliert, sondern untersteht weiterhin der Regulierungs- und Aufsichtskompetenz der Mitgliedstaaten[15].

2. Bestimmung und Abgrenzung von Nicht-EU-AIF. Um den sachli- **14** chen Anwendungsbereich von Artikel 40 gegenüber Artikel 39 abzugrenzen, ist die Unterscheidung zwischen EU-AIF und Nicht-EU-AIF von zentraler Bedeu-

---

[11] Hierzu auch *Jesch/Klebeck* BB 2011, 1866 ff.; *Weiser/Jang* BB 2011, 1219, 1220; *Klebeck/Kolbe* ZIP 2010, 215 ff.; zu den „deutschlandspezifischen Angaben" im Anwendungsbereich des InvG *Blankenheim* ZBB 2011, 344, 357.

[12] Allgemein zu den Merkmalen des öffentlichen Vertriebs nach § 2 Abs. 11 InvG *Köndgen* in Berger/Steck/Lübbehüsen, InvG/InvStG (2010) § 2 Rn. 68 ff.; zum öffentlichen Vertrieb von ausländischen Investmentanteilen *Erhard* in Berger/Steck/Lübbehüsen, InvG/InvStG (2010) § 136 Rn. 1 ff.; zum Vertrieb von AIF in Form von Hedgefonds nach geltendem Recht *Klebeck* ZBB 2012, 30, 32.

[13] Zum öffentlichen Vertrieb unter Geltung des VerkProspG *Hennrichs* in Schwark/Zimmer, Kapitalmarktrechts-Kommentar (2010) § 8f VerkProspG Rn. 11 f.; *Manzei* WM 2006, 845, 846; *Bühring/Linnemannstöns* DB 2007, 2637.

[14] Ebenso mit Blick auf die Zulassung als Nicht-EU-AIFM schon Art. 37 Rn. 16.

[15] Vgl. hierzu *von Livonius/Schatz,* Absolutreport 6/2010, 54, 58 f.; *Kramer/Recknagel* DB 2011, 2077, 2083.

tung[16]. Sowohl Artikel 39 wie Artikel 40 regeln den mit einem EU-Pass erfolgenden Vertrieb von AIF durch einen Nicht-EU-AIFM, wobei Artikel 39 auf den Vertrieb von EU-AIF abzielt und Artikel 40 den Vertrieb von Nicht-EU-AIF normiert.

15   Nach der Definition in Art. 4 Abs. 1 lit. aa) ist ein **Nicht-EU-AIF** ein AIF, der kein EU-AIF ist. Im Umkehrschluss ergibt sich hieraus, was unter einem Nicht-EU-AIF zu verstehen ist[17]. Artikel 4 Abs. 1 lit. k) (i) definiert den EU-AIF als AIF, der nach nationalem Recht in einem Mitgliedstaat zugelassen oder registriert ist. Sollte der AIF in einem Drittstaat und zugleich in einem Mitgliedstaat zugelassen oder registriert sein, so gilt auch ein solcher AIF als EU-AIF[18].

16   Falls der AIF in keinem Mitgliedstaat zugelassen oder registriert ist, dann ist unter einem EU-AIF gemäß Art. 4 Abs. 1 lit. k) (ii) ein AIF zu verstehen, dessen satzungsmäßiger Sitz oder dessen **Hauptverwaltung** sich in einem Mitgliedstaat befindet. Ist ein AIF einzig in einem Drittstaat zugelassen oder registriert, so kann er als EU-AIF gelten, wenn sich entweder sein satzungsmäßiger **Sitz** oder seine Hauptverwaltung in einem Mitgliedstaat befindet[19]. Nach dieser Lesart wäre die Zulassung oder Registrierung in einem Drittstaat für die Qualifikation als EU-AIF vollständig unbeachtlich. Die Hauptverwaltung eines AIF wird in Anlehnung an Anh. 1 Nummer 1 lit. a) und b) der AIFM-Richtlinie dort anzunehmen sein, wo die Portfolioverwaltung und das Risikomanagement des AIF hauptsächlich getätigt wird.

III. Zeitlicher Anwendungsbereich – verzögerte Anwendung der AIFM-Richtlinie für Nicht-EU-AIFM

17   Während die Vorschriften betreffend der Regulierung von EU-AIFM bis 22.7.2013 umgesetzt und angewandt werden müssen, haben die Mitgliedstaaten die Bedingungen des Artikels 40 für den Vertrieb von Nicht-EU-AIF, die von Nicht-EU-AIFM verwaltet werden, erst nach dem von der Kommission gemäß Art. 67 Abs. 6 erlassenen delegierten Rechtsakt und von dem darin festgelegten Zeitpunkt in das nationale Recht umzusetzen und anzuwenden. Beabsichtigt ist, dass nach einer zweijährigen Übergangszeit (beginnend mit dem Ablauf der Frist zur Umsetzung der AIFM-Richtlinie am 22.7.2013) das europaweit geltende Management- und Vertriebspass-System für Nicht-EU-AIFM angewendet werden soll[20].

18   Während der **Übergangszeit** von 2013 bis voraussichtlich 2018 soll ein Nicht-EU-AIFM berechtigt sein, seine AIF (EU-AIF wie auch Nicht-EU-AIF) unter den Voraussetzungen des Artikels 42 ohne EU-Passport zu vertreiben. In den Worten der AIFM-Richtlinie: *„Es ist beabsichtigt, dass das harmonisierte System während einer weiteren Übergangszeit von drei Jahren vorbehaltlich bestimmter harmonisierter Mindestauflagen neben den nationalen Aufsichtsregimen der Mitgliedstaaten besteht. Es ist beabsichtigt, dass nach dieser dreijährigen Zeitspanne, in der die Aufsichtsregime nebeneinander bestehen, die nationalen Aufsichtsregime mit dem Inkrafttreten eines weiteren delegierten Rechtsakts der Kommission beendet werden.“*[21]

---

[16] Vgl. auch schon Art. 37 Rn. 22 ff.
[17] Vgl. hierzu auch Art. 4 Abs. 1 lit. aa).
[18] Vgl. Art. 4 Abs. 1 lit. k) Rn. 22 ff.
[19] Vgl. Art. 4 Abs. 1 lit. k) Rn. 22 ff.
[20] Hierzu auch *Klebeck/Meyer* RdF 2012, 95 ff.
[21] Erwägungsgrund (4) der AIFM-Richtlinie.

C. Zulassungsvoraussetzungen und -verfahren

I. Anforderungen an Nicht-EU-AIFM und drittstaatenbezogene Bedingungen

1. Anforderungen an EU-AIFM für Nicht-EU-AIFM?.

Nach Art. 40 **19**
Abs. 2 gelten für den Nicht-EU-AIFM sämtliche in der AIFM-Richtlinie festgelegten Anforderungen, die an einen EU-AIFM gestellt werden. Was dieser pauschal formulierte Verweis auf die für einen EU-AIFM geltenden Bestimmungen der AIFM-Richtlinie meint, ist fraglich. Mit Blick auf Sinn und Zweck des Artikels 40 sowie seiner systematischen Stellung kann nur ein Verweis auf die für EU-AIFM geltenden Anforderungen an den Vertrieb von Nicht-EU-AIF durch EU-AIFM i.S.v. Artikel 35 gemeint sein[22].

In Art. 40 Abs. 2 heißt es gleichsam lapidar wie unklar, dass der Nicht-EU- **20**
AIFM alle in dieser Richtlinie festgelegten Anforderungen mit **Ausnahme** derer in Kapitel VI erfüllen muss. Gemäß Wortlaut hieße dies, dass auch für Nicht-EU-AIFM alle für EU-AIFM geltenden Anforderungen an Verwaltung inklusive Vertrieb Anwendung finden sollen.

Das kann nicht richtig sein, weil die Zulassung und Anforderungen an Nicht- **21**
EU-AIFM in Artikel 37 (und ggfs. i. V. m. Art. 41) bereits umfassend geregelt sind und weitergehende und EU-AIFM-spezifische Anforderungen an EU-AIFM denklogisch nicht von einem Nicht-EU-AIFM erfüllt werden können wie z. B. der Sitz des AIFM innerhalb der EU. Nach unserer Ansicht kommt dem Verweis in Art. 40 Abs. 2 somit keine eigenständige Bedeutung zu.

Notwendig und hinreichend für die Zulässigkeit des Vertriebs von Nicht- **22**
EU-AIF durch einen Nicht-EU-AIFM ist vielmehr eine **EU-Zulassung nach Artikel 37** (und ggfs. Art. 41) durch die zuständigen Aufsichtsbehörden des Referenzmitgliedstaats, sowie die Einhaltung der dort gemachten Vorgaben für Nicht-EU-AIFM[23].

Insoweit beschränkt sich, neben der formellen Vollständigkeitsprüfung, auch **23**
die materielle Prüfung nach Art. 40 Abs. 4 und 6 darauf, dass die Verwaltung des AIF durch den AIFM im Einklang mit der AIFM-Richtlinie steht und der AIFM im Allgemeinen nicht gegen die Richtlinie verstößt. Mit anderen Worten: Der zugelassene Nicht-EU-AIFM muss die nach der AIFM-Richtlinie für ihn geltenden Voraussetzungen jederzeit und dauerhaft erfüllen – wozu auch die weiteren, drittstaatenbezogenen Bedingungen nach Art. 40 Abs. 2 lit. a) bis c) gehören[24].

Nicht anders als bei Artikel 39 ist eine aufsichtsrechtliche Restzuständigkeit der **24**
Aufnahmemitgliedstaaten nicht explizit vorgesehen. Lediglich die getroffenen Vorkehrungen zur Sicherstellung des Vertriebs an professionelle Anleger nach Anhang IV lit. h) unterliegen gemäß Art. 40 Abs. 8 den Rechtsvorschriften und der Aufsicht der Aufnahmemitgliedstaaten – soweit diese andere Mitgliedstaaten sind als der Referenzmitgliedstaat.

Ansonsten liegt die Aufsicht allein bei den Aufsichtsbehörden des **Referenz- 25**
mitgliedstaats, der für den Nicht-EU-AIFM zuständig ist. Auch hier soll eine

---

[22] Vgl. zu den Anforderungen an den Vertrieb eines Nicht-EU-AIF durch EU-AIFM Art. 35 Rn. 34 44.

[23] Zu den einzelnen Zulassungsvoraussetzungen für einen Nicht-EU-AIFM Art. 37 Rn. 74 ff.

[24] Hierzu noch unten Rn. 27 ff.

Zusammenarbeit der Aufsichtsbörden und ein entsprechender Informationsaustausch grundsätzlich genügen.

26   Haben die Aufsichtsbehörden eines Mitgliedstaats eindeutige und nachweisbare Gründe zu vermuten, dass ein nicht ihrer Aufsicht unterliegender AIFM gegen die AIFM-Richtlinie verstößt oder verstoßen hat, so müssen sie nach Art. 50 Abs. 5 dies sowohl der ESMA wie auch den Behörden des Herkunfts- und Aufnahmemitgliedstaats des betreffenden AIFM so genau wie möglich **mitteilen**. Die Behörden, die diese Informationen empfangen, müssen zum einen geeignete Maßnahmen ergreifen, zum anderen ESMA und die Behörden, von denen sie informiert wurden, über den Ausgang dieser Maßnahmen und über wesentliche zwischenzeitlich eingetretene Entwicklungen unterrichten.

27, 28   **2. Drittstaatenbezogene Voraussetzungen für Nicht-EU-AIF.** Ist der Nicht-EU-AIF in einem anderen Drittstaat als der Nicht-EU-AIFM ansässig, muss auch dieser Drittstaat die bereits im Rahmen von Artikel 37 näher erläuterten, drittstaatenbezogenen Voraussetzungen (der Abschluss einer aufsichtsbehördlichen Zusammenarbeitsvereinbarung[25], die Nicht-Erwähnung auf der Liste der nichtkooperativen Länder und Gebiete, die von der Arbeitsgruppe „Finanzielle Maßnahmen gegen Geldwäsche und Terrorismusfinanzierung" aufgestellt wurde[26], sowie der Abschluss eines Steuerabkommens entsprechend **Artikel 26 des OECD-MA**[27]) mit einer Besonderheit erfüllen: Der Drittstaat, in dem der Nicht-EU-AIF seinen Sitz hat, muss nicht nur mit dem Referenzmitgliedstaat, sondern auch mit jedem anderen Mitgliedstaat, in dem die Anteile des Nicht-EU-AIF vertrieben werden sollen, ein entsprechendes Steuerabkommen unterzeichnet haben[28].

29   **3. Widerspruchsrecht anderer Mitgliedstaaten.** Ist die zuständige Behörde eines anderen Mitgliedstaates als des Referenzmitgliedstaates des Nicht-EU-AIFM mit der Bewertung der Zulassungsvoraussetzungen des Nicht-EU-AIFM durch die Behörden des Referenzmitgliedstaats nicht einverstanden, haben die „betroffenen zuständigen Behörden" dieses anderen Mitgliedstaats auch im Rahmen von Artikel 40 ein Widerspruchsrecht sowie das Recht, die Angelegenheit gemäß Art. 40 Abs. 2 Unterabs. 2 der ESMA zur Kenntnis bringen, welche – nicht anders als bei Artikel 37 – ein entsprechendes Schlichtungsverfahren durchführen kann[29].

II. Ausschließlicher Vertrieb im Referenzmitgliedstaat

30   **1. Meldung nach Anhang III für jeweiligen Nicht-EU-AIF.** Beabsichtigt ein Nicht-EU-AIFM, die Anteile des von ihm verwalteten Nicht-EU-AIF lediglich in seinem Referenzmitgliedstaat zu vertreiben, so legt er gemäß Art. 40 Abs. 3 den zuständigen Aufsichtsbehörden seines Referenzmitgliedstaats für jeden Nicht-

---

[25] Vgl. Art. 40 Abs. 2 lit. a).

[26] Vgl. Art. 40 Abs. 2 lit. b).

[27] Vgl. Art. 40 Abs. 2 lit. c).

[28] Hierzu *Klebeck/Meyer* RdF 2012, 95, 97 ff.

[29] Vgl. allgemein zum Schlichtungsverfahren *Hoffmann/Detzen* DB 2011, 1261, 1262; grundlegend zur Einführung eines verbindlichen Schlichtungsverfahrens bei Meinungsverschiedenheiten zwischen den Aufsichtsbehörden vgl. The High-Level Group on Financial Supervision in the EU, Chaired by Jacques de Larosière, Report, Brussels, 25 February 2009, S. 46 und S. 59.

EU-AIF, den er vertreiben will, eine Meldung vor, welche die Dokumentation und die Angaben gemäß Anhang III der AIFM-Richtlinie umfassen soll[30]. Das **Verfahren** entspricht weithin dem Anzeigeverfahren nach Art. 39 **31** Abs. 2[31]. Entsprechend soll ESMA nach Art. 40 Abs. 16 Entwürfe für technische Durchführungsstandards ausarbeiten, die auch Form und Inhalt eines Musters für das Anzeigeschreiben nach Art. 40 Abs. 3 präzisieren. Nicht anders als bei Artikel 39 stellt sich die Frage, ob und inwieweit die bereits im InvG für den Vertrieb von ausländischen Fonds festgelegten Anforderungen – insbesondere die Anforderungen des Merkblatts zum Vertrieb von ausländischen Investmentanteilen gemäß § 139 InvG – nach der Umsetzung der AIFM-Richtlinie in nationales Recht weiterhin Anwendung finden.

Dabei ist zu beachten, dass die bestehende Vertriebsregulierung des InvG auf **32** den öffentlichen Vertrieb abzielt, während es für den Vertrieb von AIF gerade nicht auf die Öffentlichkeit des Vertriebs ankommt[32].

Das **Anzeigeschreiben**, welches die Dokumentation und die Angaben gemäß **33** Anhang III der AIFM-Richtlinie umfassen soll, muss folgende Punkte abdecken bzw. Angaben machen[33]:

• Anzeigeschreiben einschließlich Geschäftsplan
Zusammen mit der nach Art. 40 Abs. 16 lit. a) europaweit zu vereinheitlichenden **34** Meldung ist ein **Geschäftsplan** einzureichen, der allgemeine Angaben zu den Nicht-EU-AIF, die der Nicht-EU-AIFM zu vertreiben beabsichtigt, und zu deren Sitz enthält.

• **Vertragsbedingungen** oder die **Satzung des AIF**
Je nach Rechtsform des AIF sind die Vertragsbedingungen bzw. die Satzung des **35** jeweiligen AIF einzureichen. Richtigerweise wird man lediglich die Vorlage der aktuellsten Entwürfe dieser Dokumente verlangen können und akzeptieren müssen, dass diese Dokumente im Rahmen der Verhandlungen mit den Investoren Änderungen erfahren können.

• Name der Verwahrstelle des AIF
Weiter muss der AIFM die nach Artikel 21 für den jeweiligen AIF bestellte **Ver- 36 wahrstelle** bezeichnen.

• Beschreibung des AIF bzw. **Anlegerinformationen** über den AIF
Der AIFM muss den AIF beschreiben und alle für die Anleger verfügbaren Infor- **37** mationen über den AIF einreichen. In entsprechender Anwendung des Art. 7 Abs. 3 lit. a) wird man mit Blick auf die **Beschreibung des AIF** v.a. Informationen zu den Anlagestrategien verlangen können, einschließlich der Arten der Zielfonds, falls es sich bei dem AIF um einen Dachfonds handelt, der Grundsätze die der AIFM im Zusammenhang mit dem Einsatz von Hebelfinanzierungen anwendet, sowie der Risikoprofile und sonstiger Eigenschaften der AIF, einschließlich Angaben zu den Mitgliedstaaten oder Drittländern, in denen sich der Sitz solcher AIF befindet oder voraussichtlich befinden wird.

• Angaben zum **Sitz des Master-AIF**, falls es sich bei dem AIF um einen Feeder-AIF handelt
Sofern es sich bei dem AIF, den der Nicht-EU-AIFM zu vertreiben beabsichtigt, **38** um einen Feeder-AIF handelt, ist auch der Sitz des Master-AIF anzugeben.

---

[30] Vgl. *Kammel* ÖBA 2011, 18, 26 f.
[31] Vgl. Art. 39 Rn. 32 ff.
[32] Ebenso *Möllers/Harrer/Krüger* WM 2011, 1537, 1538; *Loff/Klebeck* BKR 2012, 353 ff.
[33] Hierzu auch *Klebeck/Meyer* RdF 2012, 95, 97 ff.

Bemerkenswert ist, dass eine Art. 31 Abs. 1 Unterabs. 2 sowie Art. 32 Abs. 1 Unterabs. 2 vergleichbare Beschränkung fehlt. Danach gilt das Vertriebsrecht im Falle eines EU-AIF in Form eines Feeder-AIF nur dann, wenn der Master-AIF ebenfalls ein EU-AIF ist, der von einem zugelassenen EU-AIFM verwaltet wird.

• **Weitere Informationen** über den AIF nach Artikel 23 Abs. 1

39 Darüber hinaus sind Informationen über jeden AIF zur Verfügung zu stellen, die der Nicht-EU-AIFM nach Art. 23 Abs. 1 seinen Anlegern gemäß den Vertragsbedingungen oder der Satzung des AIF vorlegen muss, bevor diese eine Anlage in einen AIF tätigen, sowie alle wesentlichen Änderungen dieser Informationen[34].

• **Vorkehrungen für** einen ausschließlichen Vertrieb an professionelle Anleger

40 Schließlich sind die getroffenen Vorkehrungen aufzuzeigen, die verhindern sollen, dass Anteile des AIF an Kleinanleger vertrieben werden. Dies gilt selbst dann, wenn ein AIFM für die Erbringung von Wertpapierdienstleistungen für den AIF auf unabhängige Unternehmen zurückgreift. Was auf die bereits nach der MiFID-Richtlinie erforderlichen und in Deutschland v.a. durch § 31a WpHG umgesetzte Kundenqualifikation sowie die damit einhergehenden Dokumentationspflichten hinzielt[35].

41   **2. Zulassung, Vertriebsbeginn, Untersagung und Rechtsschutz.** Während die Regulierung des öffentlichen Vertriebs von Investmentanteilen, die unter den Anwendungsbereich des derzeit noch geltenden InvG fallen, zwischen Anteilen an EU- und Nicht-EU-Fonds differenziert und unterschiedliche Anforderungen an deren Zulassung stellt[36], unterscheidet die AIFM-Richtlinie für die Zulassung des Vertriebs, für den **Vertriebsbeginn** wie auch für dessen Untersagung grundsätzlich nicht zwischen dem Vertrieb von EU-AIF und Nicht-EU-AIF.

42   Ebenso wie bei dem Vertrieb von EU-AIF durch Nicht-EU-AIFM nach Artikel 39 muss die Aufsichtsbehörde des Referenzmitgliedstaats spätestens 20 Arbeitstage nach Eingang des vollständigen Anzeigeschreibens nach Art. 40 Abs. 3 mitteilen, ob der Nicht-EU-AIFM im Hoheitsgebiet des Referenzmitgliedstaats mit dem Vertrieb des bzw. der im Anzeigeschreiben genannten AIF beginnen darf[37].

43   Insoweit stellen sich für den Vertrieb von Nicht-EU-AIF auch die bereits bei Artikel 39 für den Vertrieb von EU-AIF besprochenen **Verfahrensfragen** – v.a. zur Vollständigkeit der Unterlagen, zum Beginn der Entscheidungsfrist, zur Zulassungsfiktion wie auch der Untersagung der Aufnahme bzw. des weiteren Vertriebs von Nicht-EU-AIF. Es kann auf das Gesagte bei den in Artikel 39 aufgeworfenen Rechtsschutzfragen verwiesen werden.

44   Mangels unmittelbaren EU-Bezuges stellt sich – mehr noch als bei dem Vertrieb von EU-AIF nach Artikel 39 – für die Zulässigkeit bzw. Untersagung des Vertriebs von Nicht-EU-AIF durch Nicht-EU-AIFM die Frage nach der Zurechnung eines **(Fehl-)Verhaltens von unabhängigen Dritten**, die entweder Verwaltungsdienstleistungen für den Nicht-EU-AIFM erbringen oder den Nicht-EU-AIF in der EU für den Nicht-EU-AIFM vermarkten. Zu denken ist dabei etwa an Anlagevermittler bzw. -berater.

45   Artikel 40 Abs. 4 stellt, gleich wie Art. 39 Abs. 3, auf die Einhaltung der AIFM-Richtlinie durch den Nicht-EU-AIFM ab. Ein Fehlverhalten unabhängiger Drit-

---

[34] Vgl. zu Einzelheiten der Informationspflicht gegenüber den Anlegern Art. 23 Rn. 3 ff.

[35] Vgl. umfassend *J. Koch* in Schwark/Zimmer, Kapitalmarktrechts-Kommentar (2010) § 31a WpHG Rn. 6 ff.

[36] Vgl. hierzu *Köndgen* in Berger/Steck/Lübbehüsen, InvG/InvStG (2010) § 2 Rn. 58 ff.

[37] Vgl. *Kammel* ÖBA 2011, 18, 26 f.

ter wird man dann berücksichtigen müssen, wenn sich der Nicht-EU-AIFM das Verhalten zurechnen lassen muss. Dies wird der Fall sein, wenn der Nicht-EU-AIFM den Dritten hierzu veranlasst hat oder gegen die Rechtsverletzung durch den Dritten nichts unternommen bzw. diese geduldet hat, obwohl er die Möglichkeit der Einflussnahme auf den den Verstoß begehenden Dritten hatte[38].

III. Vertrieb in weiteren Mitgliedstaaten

1. Anzeigeschreiben nach Anhang IV für jeweiligen Nicht-EU-AIF. 46 Beabsichtigt ein Nicht-EU-AIFM Anteile an einem Nicht-EU-AIF nicht nur in seinem Referenzmitgliedstaat, sondern auch in weiteren Mitgliedstaaten zu vertreiben, so hat er gemäß Art. 40 Abs. 5 den zuständigen Behörden seines Referenzmitgliedstaats für jeden Nicht-EU-AIF, den er in einem weiteren Mitgliedstaat zu vertreiben beabsichtigt, eine **Meldung vorzulegen, welche die in Anhang IV** der AIFM-Richtlinie aufgestellten Anforderung erfüllen muss[39].

Zusammen mit dieser Meldung muss der Nicht-EU-AIFM den zuständigen 47 Behörden des Referenzmitgliedstaats folgende Dokumente und Unterlagen einreichen: (i) ein Geschäftsplan, der Angaben zum Nicht-EU-AIF enthält, den der Nicht-EU-AIFM in einem weiteren Mitgliedstaat zu verbreiben beabsichtigt, (ii) die Vertragsbedingungen oder die Satzung des Nicht-EU-AIF, oder (iii) eine Beschreibung des Nicht-EU-AIF bzw. alle für die Anleger verfügbaren Informationen über den Nicht-EU-AIF.

2. Weiterleitungsentscheid innerhalb 20-Tage-Frist und unverzügliche 48 **Mitteilung.** Artikel 40 Abs. 6 schreibt vor, dass die zuständigen Behörden des Referenzmitgliedstaats des Nicht-EU-AIFM die Meldung gemäß Artikel 40 Abs. 5 spätestens 20 Arbeitstage nach dem Eingang der vollständigen Unterlagen bei der zuständigen Behörden den betroffenen Mitgliedstaaten weiterleiten, in denen der Nicht-EU-AIFM einen Nicht-EU-AIF vertreiben möchte. Die zuständigen Behörden des Referenzmitgliedstaats leiten die Meldung aber nur dann weiter, wenn die Verwaltung des Nicht-EU-AIF durch den Nicht-EU-AIFM den Vorgaben der AIFM-Richtlinie entspricht und weiterhin entsprechen wird und sich der Nicht-EU-AIFM allgemein an die Richtlinie hält[40].

Die zuständigen Behörden des Referenzmitgliedstaats fügen der Meldung 49 gemäß Art. 40 Abs. 6 Unterabs. 2 eine Bescheinigung über die Zulassung des Nicht-EU-AIFM zur Verwaltung von AIF mit einer bestimmten Anlagestrategie bei.

3. Vertriebsbeginn. Der Nicht-EU-AIFM darf mit dem Vertrieb des Nicht- 50 EU-AIF in einem weiteren Mitgliedstaat beginnen, sobald die zuständigen Behörden des Referenzmitgliedstaats den Nicht-EU-AIFM über die Weiterleitung der Meldung an die zuständigen Behörden des betreffenden Mitgliedstaats unterrichtet haben. Maßgeblich ist jenes Datum, an welchem der Nicht-EU-AIFM über die

---

[38] Vgl. mit Blick auf die Untersagung des öffentlichen Vertriebs von EU-Investmentanteilen nach §§ 132 ff. InvG *Blankenheim* in Berger/Steck/Lübbehüsen, InvG/InvStG (2010) § 133 Rn. 17 und von ausländischen Investmentanteilen nach §§ 139 ff. *Blankenheim* in Berger/Steck/Lübbehüsen, InvG/InvStG (2010) § 140 Rn. 18.

[39] Hierzu auch *Spindler/Tancredi* WM 2011, 1441, 1450; *Klebeck/Meyer* RdF 2012, 95, 96 ff.

[40] Vgl. *Kammel* ÖBA 2011, 18, 26 f.; zu der vergleichbaren Anforderung bei dem Vertrieb von EU-AIF durch Nicht-EU-AIFM Art. 35 Rn. 35 ff.

Weiterleitung unterrichtet wurde. Die zuständigen Behörden des Referenzmitgliedstaats sind nach Art. 40 Abs. 7 verpflichtet, den Nicht-EU-AIFM unverzüglich über diese Weiterleitung in Kenntnis zu setzen.

51   Zudem unterrichten die zuständigen Behörden des Referenzmitgliedstaats gemäß Art. 40 Abs. 7 Unterabs. 2 die ESMA darüber, dass der entsprechende Nicht-EU-AIFM in diesen Aufnahmemitgliedstaaten mit dem Vertrieb von Anteilen an bestimmten Nicht-EU-AIF beginnen kann[41].

III. Folgen wesentlicher Änderungen der Angaben nach Artikel 40 Abs. 3 und 5

52   Was die nachträgliche **Anzeigepflicht** von wesentlichen Änderungen nach Art. 40 Abs. 10 betrifft, gelten die bereits im Zusammenhang mit Art. 39 Abs. 9 gemachten Ausführungen entsprechend[42]. Die Änderungen müssen die nach Art. 40 Abs. 3 oder Abs. 5 übermittelten Angaben betreffen. Eine Änderung setzt dabei nicht zwingend voraus, dass eine Abweichung von bisherigen Angaben vorliegen muss. Es soll vielmehr ausreichen, dass ein Umstand, der erheblich ist, neu eintritt, sodass die Angaben unvollständig werden. Fraglich ist ebenso wie für die Pflicht nach Art. 39 Abs. 9, ob – neben dem Merkmal der „wesentlichen Änderung" – eine weitere Eingrenzung auf Umstände zu fordern ist, die sich auf die Verwaltung des AIF bzw. auf den AIFM selbst beziehen.

53   Einigkeit wird wohl darin bestehen, dass sich die Anzeigepflicht nicht auf alle Umstände erstrecken soll, die in irgendeiner Form von Bedeutung sein können. Für eine weitere Eingrenzung spricht zum einen der Prüfungsumfang der Aufsichtsbehörde des Referenzmitgliedstaats nach Art. 40 Abs. 10, der sich „nur" auf die Vereinbarkeit der Änderungen mit einer AIFM-Richtlinien-konformen Verwaltung des Nicht-EU-AIF durch den Nicht-EU-AIFM bzw. der generellen Einhaltung der AIFM-Richtlinie durch den Nicht-EU-AIFM beschränkt. Zum anderen streitet auch der Grundsatz der AIFM-Regulierung als Manager- und eben nicht als Fondsregulierung[43]. Dagegen spricht der pauschale Hinweis auf wesentliche Änderungen sämtlicher in Art. 40 Abs. 3 oder Abs. 5 gemachten Angaben.

54   Sollte die geplante bzw. ungeplante Änderung dazu führen, dass die Verwaltung des Nicht-EU-AIF durch den Nicht-EU-AIFM oder der Nicht-EU-AIFM im Allgemeinen nunmehr gegen die AIFM-Richtlinie verstößt, teilt die zuständige Behörde des Referenzmitgliedstaats dem Nicht-EU-AIFM ihm unverzüglich mit, dass er die Änderung nicht durchführen darf, bzw. die Behörden ergreifen im Fall des Art. 40 Abs. 10 Unterabs. 3 alle gebotenen Maßnahmen gemäß Artikel 46, einschließlich, sofern erforderlich, der **Untersagung des Vertriebs** des Nicht-EU-AIF. Welche Maßnahmen im Einzelfall als geboten erscheinen, ist eine Frage des Einzelfalls, die sich rechtlich nach dem Verhältnismäßigkeitsgrundsatzes beurteilt.

D. Europaweite Konkretisierung, Harmonisierung und Vereinheitlichung

55   Nicht anders als die weiteren Drittstaatenvorschriften des Kapitels VII bedarf auch Artikel 40 einer weitergehenden Konkretisierung, Harmonisierung sowie

---

[41] Vgl. *Kammel* ÖBA 2011, 18, 27.

[42] Vgl. Art. 39 Rn. 74 ff.

[43] Hierzu statt vieler nur *Wallach* RdF 2011, 80; *Spindler/Tancredi* WM 2011, 1393, 1395 f.

Vereinheitlichung auf Level-II des reformierten **Komitologieverfahrens**[44]. Instrumente hierzu sind zum einen der Erlass von delegierten Rechtsakten durch die Kommission sowie der Erlass von Leitlinien zur Anwendung der von der Kommission erlassenen Vorschriften.

Zum anderen soll ESMA Entwürfe für technische Regulierungs- bzw. **Durch- 56 führungsstandards** erstellen, die ihrerseits durch die Kommission entsprechend ihrer Befugnis nach Artikel 10 bis 14 bzw. Artikel 15 der Verordnung (EU) Nr. 1095/2010 erlassen werden. Ziel ist hierbei die Harmonisierung des Rechtsstandes in Europa (sog. *„single rule book")*[45].

Dabei geht es nicht nur um **Mindestinhalte** und Eckpunkte der Vereinbarun- 57 gen über die behördliche Zusammenarbeit, um zu gewährleisten, dass die Aufsichtsbehörden des Referenzmitgliedstaats und Aufnahmemitgliedstaaten genügend Informationen erhalten, um ihre Aufsichts- und Ermittlungsbefugnisse gemäß der AIFM-Richtlinie wahrnehmen zu können, sondern auch um das Verfahren für die Koordinierung und den Informationsaustausch zwischen den Behörden. Weiter sollen Form und Inhalt eines Musters für das Anzeigeschreiben nach Artikel 40 Abs. 3 und 5 sowie für die Bescheinigung und Form der Übermittlung nach Abs. 6 und der schriftlichen Mitteilung nach Art. 40 Abs. 10 europaweit einheitlich festgelegt werden.

Europarechtlich sind hier die **Grenzen** der jeweiligen **Ermächtigungs- 58 grundlagen zu** beachten – also v.a. Art. 290 bzw. 291 AEUV sowie Art. 10 ff. der Verordnung (EU) Nr. 1095/2010. Soweit es sich dabei um delegierte Rechtsakte ohne Gesetzescharakter mit allgemeiner Geltung i. S. d. Art. 290 AEUV handelt, dürfen diese nicht wesentliche Vorschriften ergänzen oder ändern – wenngleich der EuGH in diesem Zusammenhang und ständiger Rechtsprechung auf die „wesentlichen politischen Grundentscheidungen einer Materie" abstellt[46]. Freilich gilt auch hier, dass die Grenze zwischen wesentlichen und rein technischen Regelungen in der Praxis vielfach schwer zu ziehen ist[47].

E. Bezüge zum KAGB-E

I. Umsetzung im KAGB-E

Ausweislich der Begründung des Entwurfes soll v.a. § 326 KAGB-E sowie 59 § 328 KAGB-E der Umsetzung des Artikels 40 der AIFM-Richtlinie dienen. Während § 326 KAGB-E eine Anzeigepflicht einer ausländischen AIF-Verwaltungsgesellschaft, deren Referenzmitgliedstaat Deutschland ist, beim beabsichtigten Vertrieb von ausländischen AIF an semi-professionelle und professionelle Anleger im Inland vorsieht, begründet § 328 KAGB-E eine Anzeigepflicht einer

---

[44] Zum neuen „Rechtssetzungsverfahren" vgl. grundlegend The High-Level Group on Financial Supervision in the EU, Chaired by Jacques de Larosière, Report, Brussels, 25 February 2009, S. 59 ff.

[45] Hierzu auch *Baur/Boegl* BKR 2011, 177, 182; *Hoffmann/Detzen* DB 2011, 1261 ff.; *Siekmann,* Die Europäisierung der Finanzmarktaufsicht. Institute for Monetary and Financial Stability, Working Papier Series No. 47 (2011) S. 80 ff.

[46] Mit weiteren Nachweisen *Ruffert* in Calliess/Ruffert, EUV/AEUV, 4. Auflage (2011) AEUV Art. 290 [Delegierte Rechtsetzung] Rn. 10.

[47] Zu den europa- und verfassungsrechtlichen Grenzen auch *Siekmann,* Die Europäisierung der Finanzmarktaufsicht. Institute for Monetary and Financial Stability, Working Papier Series No. 47 (2011) S. 80 ff.

ausländischen AIF-Verwaltungsgesellschaft, deren Referenzmitgliedstaat nicht Deutschland ist, beim beabsichtigten Vertrieb von ausländischen AIF an semi-professionelle und professionelle Anleger im Inland.

Nicht anders als v.a. bei § 325 und § 327 KAGB-E sollen die sog. semi-professionellen Anleger i.S.d. § 1 Abs. 19 Nr. 33 KAGB-E durch § 325 KAGB-E den professionellen Anlegern gleichgestellt werden. Freilich gilt auch hier: Bei den semi-professionellen Anlegern handelt es sich aus europäischer Sicht um Kleinanle-ger im Sinne von Artikel 43 Abs. 1 der AIFM-Richtlinie, an die nur gemäß der AIFM-Richtlinie verwaltete AIF vertrieben werden dürfen.

II. Wesentliche Besonderheiten der deutschen Umsetzung

60   Was den zeitlichen Anwendungsbereich anlangt, sind auch diese Vorschriften im Zusammenhang mit § 295 KAGB-E zu lesen, wonach der Vertrieb von Anteilen oder Aktien an inländischen Spezial-AIF, EU-AIF und ausländischen AIF an professionelle Anleger im Inland nur zulässig ist, wenn (1) bis zu dem in dem auf Grundlage des Artikels 66 Abs, 3 in Verbindung mit Artikel 67 Abs. 6 der AIFM-Richtlinie erlassenen delegierten Rechtsakt der Europäischen Kommission genannten Zeitpunkt die Voraussetzungen des §§ 321, 323, 329 oder 330 KAG-E und (2) ab dem Zeitpunkt, auf den in (1) verwiesen wird, die Voraussetzungen der §§ 321 bis 328 KAGB-E erfüllt sind.

61   Beim Vertrieb von AIF an semi-professionelle Anleger will der deutsche Gesetzgeber mit Blick auf den zeitlichen Anwendungsbereich auch hier differenzieren: Nach § 295 Abs. 3 KAGB-E ist der Vertrieb von Anteilen oder Aktien an inländischen Spezial-AIF, EU-AIF und ausländi-schen AIF an semi-professionelle Anleger im Inland ist nur zulässig, wenn (1) bis zu dem in dem auf Grundlage des Artikels 66 Abs. 3 in Verbin-dung mit Artikel 67 Abs. 6 der AIFM-Richtlinie erlassenen delegierten Rechtsakt der Europäischen Kommission genannten Zeitpunkt (a) nach den für den Vertrieb an semi-professionellen Anlegern genannten Voraus-setzungen des §§ 321, 323, 329 oder 330 KAGB-E oder (b) nach den Voraussetzungen der §§ 317 bis 320 KAGB-E und (2) ab dem Zeit-punkt, auf den oben (1) verwiesen wird, (a) nach den für den Vertrieb an semi-professionellen Anlegern genannten Voraussetzungen der §§ 321 bis 328 KAGB-E oder (b) nach den Voraussetzungen der §§ 317 bis 320 KAGB-E.

Artikel 41 Bedingungen für die Verwaltung von in einem anderen als dem Referenzmitgliedstaat ansässigen AIF durch Nicht-EU-AIFM

AIFM-RiLi	KAGB-E
Artikel 41 **Bedingungen für die Verwaltung** **von in einem anderen als dem** **Referenzmitgliedstaat ansässigen** **AIF durch Nicht-EU-AIFM**	
(1) Die Mitgliedstaaten stellen sicher, dass ein zugelassener Nicht-EU-AIFM EU-AIF mit Sitz in einem anderen Mit-	

AIFM-RiLi	KAGB-E
gliedstaat als seinem Referenzmitgliedstaat entweder direkt oder indirekt über eine Zweigniederlassung verwalten kann, sofern der AIFM für die Verwaltung dieser Art von AIF zugelassen ist.	

§ 65 Abs. 1 bis 3
Verwaltung von EU-AIF durch ausländische AIF-Verwaltungsgesellschaften, für die die Bundesrepublik Deutschland Referenzmitgliedsstaat ist

(2) Jeder Nicht-EU-AIFM, der zum ersten Mal beabsichtigt, EU-AIF mit Sitz in einem anderen Mitgliedstaat als seinem Referenzmitgliedstaat zu verwalten, hat den zuständigen Behörden seines Referenzmitgliedstaats Folgendes mitzuteilen:

a) den Mitgliedstaat, in dem er AIF direkt oder über eine Zweigniederlassung zu verwalten beabsichtigt;

b) einen Geschäftsplan, aus dem insbesondere hervorgeht, welche Dienstleistungen er zu erbringen und welche AIF er zu verwalten beabsichtigt.

(3) Beabsichtigt der Nicht-EU-AIFM die Errichtung einer Zweigniederlassung, so muss er zusätzlich zu den Angaben nach Absatz 2 Folgendes angeben:

a) den organisatorischen Aufbau der Zweigniederlassung,

b) die Anschrift, unter der im Herkunftsmitgliedstaat des AIF Unterlagen angefordert werden können,

c) die Namen und Kontaktangaben der Geschäftsführer der Zweigniederlassung.

(1) Die Verwaltung eines EU-AIF durch eine ausländische AIF-Verwaltungsgesellschaft, für die die Bundesrepublik Deutschland gemäß § 56 Referenzmitgliedstaat ist und die über eine Erlaubnis nach § 58 verfügt, im Wege des grenzüberschreitenden Dienstleistungsverkehrs oder über eine Zweigniederlassung setzt voraus, dass sie der Bundesanstalt folgende Angaben übermittelt hat:

1. den Mitgliedstaat der Europäischen Union oder den Vertragsstaat des Abkommens über den Europäischen Wirtschaftsraum, in dem sie EU-AIF im Wege des grenzüberschreitenden Dienstleistungsverkehrs oder über eine Zweigniederlassung zu verwalten beabsichtigt;

2. einen Geschäftsplan, aus dem insbesondere hervorgeht, welche Arten von EU-AIF sie zu verwalten beabsichtigt.

(2) Die Errichtung einer Zweigniederlassung durch eine ausländische AIF-Verwaltungsgesellschaft in einem anderen Mitgliedstaat der Europäischen Union oder einem anderen Vertragsstaat des Abkommens über den Europäischen Wirtschaftsraum setzt voraus, dass sie der Bundesanstalt zusätzlich zu den Angaben nach Absatz 1 folgende Informationen übermittelt hat :

1. den organisatorischen Aufbau der Zweigniederlassung,

AIFM-RiLi	KAGB-E
	2. die Anschrift, unter der im Herkunftsmitgliedstaat des EU-AIF Unterlagen angefordert werden können, sowie
	3. die Namen und Kontaktangaben der Geschäftsführer der Zweigniederlassung.
	(3) Besteht kein Grund zur Annahme, dass die ausländische AIF-Verwaltungsgesellschaft oder die Verwaltung des EU-AIF durch diese gegen dieses Gesetz verstößt oder verstoßen wird, übermittelt die Bundesanstalt die vollständigen Unterlagen binnen eines Monats nach dem Eingang der vollständigen Unterlagen nach Absatz 1 oder gegebenenfalls binnen zwei Monaten nach dem Eingang der vollständigen Unterlagen nach Absatz 2 zusammen mit einer Bescheinigung über die Erlaubnis der betreffenden ausländischen AIF-Verwaltungsgesellschaft an die zuständigen Stellen des Aufnahmemitgliedstaates der ausländischen AIF-Verwaltungsgesellschaft.
	§ 65 Abs. 3 **Verwaltung von EU-AIF durch ausländische AIF-Verwaltungsgesellschaften, für die die Bundesrepublik Deutschland Referenzmitgliedsstaat ist**
(4) Die zuständigen Behörden des Referenzmitgliedstaats übermitteln binnen eines Monats nach dem Eingang der vollständigen Unterlagen nach Absatz 2 bzw. binnen zwei Monaten nach dem Eingang der vollständigen Unterlagen nach Absatz 3 die gesamten Unterlagen an die zuständigen Behörden der Aufnahmemitgliedstaaten des AIFM. Eine solche Weiterleitung findet nur dann statt, wenn die Verwaltung des AIF durch den AIFM dieser Richtlinie entspricht und weiterhin entsprechen wird und wenn der AIFM im Allgemeinen sich an diese Richtlinie hält. Die zuständigen Behörden des Referenzmitgliedstaats fügen eine Bescheini-	(3) Besteht kein Grund zur Annahme, dass die ausländische AIF-Verwaltungsgesellschaft oder die Verwaltung des EU-AIF durch diese gegen dieses Gesetz verstößt oder verstoßen wird, übermittelt die Bundesanstalt die vollständigen Unterlagen binnen eines Monats nach dem Eingang der vollständigen Unterlagen nach Absatz 1 oder gegebenenfalls binnen zwei Monaten nach dem Eingang der vollständigen Unterlagen nach Absatz 2 zusammen mit einer Bescheinigung über die Erlaubnis der betreffenden ausländischen AIF-Verwaltungsgesellschaft an die zuständigen Stellen des Aufnahmemitgliedstaates der ausländischen AIF-Verwaltungsgesellschaft.

AIFM-RiLi	KAGB-E
gung über die Zulassung des betreffenden AIFM bei.	**§ 66 Abs. 3** **Inländische Zweigniederlassung und grenzüberschreitender Dienstleistungsverkehr von ausländischen AIF-Verwaltungsgesellschaften, deren Referenzmitgliedsstaat nicht die Bundesrepublik Deutschland ist** (3) Die ausländische AIF-Verwaltungsgesellschaft kann unmittelbar nach dem Erhalt der Übermittlungsmeldung durch ihren Referenzmitgliedstaat gemäß Artikel 41 Absatz 4 der Richtlinie 2011/61/EU mit der Verwaltung von inländischen Spezial-AIF im Inland beginnen.
	§ 65 Abs. 4 **Verwaltung von EU-AIF durch ausländische AIF-Verwaltungsgesellschaften, für die die Bundesrepublik Deutschland Referenzmitgliedsstaat ist**
Die zuständigen Behörden des Referenzmitgliedstaats unterrichten den AIFM unverzüglich über die Übermittlung. Nach Eingang der Übermittlungsmeldung kann der AIFM mit der Erbringung der Dienstleistungen in den Aufnahmemitgliedstaaten des AIFM beginnen. Die zuständigen Behörden des Referenzmitgliedstaats teilen zudem der ESMA mit, dass der AIFM in den Aufnahmemitgliedstaaten des AIFM mit der Verwaltung des AIF beginnen kann.	(4) Die Bundesanstalt unterrichtet die ausländische AIF-Verwaltungsgesellschaft unverzüglich über die Übermittlung der Unterlagen. Die ausländische AIF-Verwaltungsgesellschaft darf erst nach Eingang der Übermittlungsmeldung mit der Verwaltung von EU-AIF im jeweiligen Aufnahmemitgliedstaat beginnen. Die Bundesanstalt teilt zudem der Europäische Wertpapier- und Marktaufsichtsbehörde mit, dass die ausländische AIF-Verwaltungsgesellschaft in den jeweiligen Aufnahmemitgliedstaaten mit der Verwaltung des EU-AIF beginnen kann.
	§ 66 Abs. 3 **Inländische Zweigniederlassung und grenzüberschreitender Dienstleistungsverkehr von ausländischen AIF-Verwaltungsgesellschaften, deren Referenzmitgliedsstaat nicht die Bundesrepublik Deutschland ist**

AIFM-RiLi	KAGB-E
	(3) Die ausländische AIF-Verwaltungsgesellschaft kann unmittelbar nach dem Erhalt der Übermittlungsmeldung durch ihren Referenzmitgliedstaat gemäß Artikel 41 Absatz 4 der Richtlinie 2011/61/EU mit der Verwaltung von inländischen Spezial-AIF im Inland beginnen.
	§ 12 Abs. 6 **Meldungen der Bundesanstalt an die Europäische Kommission und die Europäische Wertpapier- und Marktaufsichtsbehörde** (6) Ferner informiert die Bundesanstalt die Europäischen Wertpapier- und Marktaufsichtsbehörde über 11. die Möglichkeit des Beginns der Verwaltung von EU-AIF durch eine ausländischen AIF-Verwaltungsgesellschaft, deren Referenzmitgliedsstaat die Bundesrepublik Deutschland ist, in anderen Mitgliedsstaaten der Europäischen Union und Vertragsstaaten des Abkommens über den Europäischen Wirtschaftsraum nach § 65 Absatz 4,
Siehe Art. 41 Abs. 1, 2 und 4	**§ 66 Abs. 1** **Inländische Zweigniederlassung und grenzüberschreitender Dienstleistungsverkehr von ausländischen AIF-Verwaltungsgesellschaften, deren Referenzmitgliedsstaat nicht die Bundesrepublik Deutschland ist** (1) Beabsichtigt eine ausländische AIF-Verwaltungsgesellschaft, deren Referenzmitgliedstaat nicht die Bundesrepublik Deutschland ist, erstmals im Wege des grenzüberschreitenden Dienstleistungsverkehrs oder über eine Zweigniederlassung inländische Spezial-AIF zu verwalten, so ist dies nur zulässig, wenn die zuständigen Stellen des Referenzmitgliedstaats der ausländischen AIF-Verwaltungsgesellschaft der Bun-

AIFM-RiLi	KAGB-E
	desanstalt folgende Angaben und Unterlagen übermittelt haben: 1. eine Bescheinigung darüber, dass die ausländische AIF-Verwaltungsgesellschaft eine Zulassung gemäß der Richtlinie 2011/61/EU erhalten hat, durch die die im Inland beabsichtigten Tätigkeiten abgedeckt sind, 2. die Anzeige der Absicht der ausländischen AIF-Verwaltungsgesellschaft, in der Bundesrepublik Deutschland im Wege des grenzüberschreitenden Dienstleistungsverkehrs oder über eine Zweigniederlassung inländische Spezial-AIF zu verwalten, sowie 3. einen Geschäftsplan, aus dem insbesondere hervorgeht, welche inländischen Spezial AIF die ausländische AIF-Verwaltungsgesellschaft zu verwalten beabsichtigt.
Siehe Art. 41 Abs. 3 und 4	**§ 66 Abs. 2** **Inländische Zweigniederlassung und grenzüberschreitender Dienstleistungsverkehr von ausländischen AIF-Verwaltungsgesellschaften, deren Referenzmitgliedsstaat nicht die Bundesrepublik Deutschland ist** (2) Beabsichtigt die ausländische AIF-Verwaltungsgesellschaft die Errichtung einer Zweigniederlassung, so ist dies nur zulässig, wenn die zuständigen Stellen des Referenzmitgliedsstaats der Bundesanstalt zusätzlich zu den Angaben nach Absatz 1 folgende Informationen übermittelt haben: 1. den organisatorischen Aufbau der Zweigniederlassung, 2. die Anschrift, unter der im Inland Unterlagen angefordert werden können, sowie 3. die Namen und Kontaktangaben der Geschäftsführer der Zweigniederlassung.
	§ 66 Abs. 4 **Inländische Zweigniederlassung und grenzüberschreitender**

AIFM-RiLi	KAGB-E
	Dienstleistungsverkehr von ausländischen AIF-Verwaltungsgesellschaften, deren Referenzmitgliedsstaat nicht die Bundesrepublik Deutschland ist
(5) Die Aufnahmemitgliedstaaten des AIFM erlegen den betreffenden AIFM in den von dieser Richtlinie erfassten Bereichen keine zusätzlichen Anforderungen auf.	(4) Auf die Zweigniederlassungen im Sinne des Absatz 1 sind § 3 Absatz 1, 4 und 5, § 14, § 26 Absätze 2 und 3 und Absatz 7, § 27 Absätze 1 bis 4, § 33 § 34 Absatz 3 Nummer 8 sowie die §§ 293, 295 Absatz 5, §§ 307 und 308 entsprechend anzuwenden. Auf die Tätigkeiten im Wege des grenzüberschreitenden Dienstleistungsverkehrs nach Absatz 1 Satz 1 sind die §§ 14, 293, 295 Absatz 5, §§ 307 und 308 entsprechend anzuwenden.
	§ 65 Abs. 5 Verwaltung von EU-AIF durch ausländische AIF-Verwaltungsgesellschaften, für die die Bundesrepublik Deutschland Referenzmitgliedsstaat ist
(6) Im Falle einer Änderung der nach Absatz 2 oder gegebenenfalls nach Absatz 3 übermittelten Angaben teilt der AIFM diese Änderung den zuständigen Behörden seines Referenzmitgliedstaats bei vom AIFM geplanten Änderungen mindestens einen Monat vor Durchführung der Änderung, oder, bei ungeplanten Änderungen, unverzüglich nach Eintreten der Änderung schriftlich mit.	(5) Eine Änderung der nach Absatz 1 oder gegebenenfalls nach Absatz 2 übermittelten Angaben, hat die ausländische AIF-Verwaltungsgesellschaft der Bundesanstalt mindestens einen Monat vor der Durchführung der Änderung, oder, bei ungeplanten Änderungen, unverzüglich nach Eintreten der Änderung, schriftlich anzuzeigen.
	§ 65 Abs. 6 Verwaltung von EU-AIF durch ausländische AIF-Verwaltungsgesellschaften, für die die Bundesrepublik Deutschland Referenzmitgliedsstaat ist
Sollte die geplante Änderung dazu führen, dass die Verwaltung des AIF durch den AIFM oder der AIFM im Allgemeinen nunmehr gegen diese Richtlinie verstößt, teilen die zuständigen Behörden des Referenzmitgliedstaats dem	(6) Sollte die geplante Änderung dazu führen, dass die ausländische AIF-Verwaltungsgesellschaft oder die Verwaltung des EU-AIF durch diese nunmehr gegen dieses Gesetz verstößt, untersagt die Bundesanstalt der ausländischen

AIFM-RiLi	KAGB-E
AIFM unverzüglich mit, dass er die Änderung nicht durchführen darf.	AIF-Verwaltungsgesellschaft unverzüglich die Änderung.

§ 65 Abs. 7
Verwaltung von EU-AIF durch ausländische AIF-Verwaltungsgesellschaften, für die die Bundesrepublik Deutschland Referenzmitgliedsstaat ist

Wird eine geplante Änderung ungeachtet der Unterabsätze 1 und 2 durchgeführt oder führt eine durch einen ungeplanten Umstand ausgelöste Änderung dazu, dass die Verwaltung des AIF durch den AIFM oder der AIFM im Allgemeinen nunmehr gegen diese Richtlinie verstößt, so ergreifen die zuständigen Behörden des Referenzmitgliedstaats alle gebotenen Maßnahmen gemäß Artikel 46, und sie untersagen, falls erforderlich, ausdrücklich den Vertrieb des AIF.	(7) Wird eine geplante Änderung ungeachtet von Absatz 5 und 6 durchgeführt oder führt eine durch einen ungeplanten Umstand ausgelöste Änderung dazu, dass die ausländische AIF-Verwaltungsgesellschaft oder die Verwaltung des EU-AIF durch diese nunmehr gegen dieses Gesetz verstößt, so ergreift die Bundesanstalt alle erforderlichen Maßnahmen.

§ 65 Abs. 8
Verwaltung von EU-AIF durch ausländische AIF-Verwaltungsgesellschaften, für die die Bundesrepublik Deutschland Referenzmitgliedsstaat ist

Wenn die Änderungen zulässig sind, weil sie sich nicht auf die Vereinbarkeit der Verwaltung des AIF durch den AIFM mit dieser Richtlinie oder auf die Einhaltung dieser Richtlinie durch den AIFM im Allgemeinen auswirken, unterrichten die zuständigen Behörden des Referenzmitgliedstaats unverzüglich die zuständigen Behörden der Aufnahmemitgliedstaaten des AIFM von diesen Änderungen.	(8) Über Änderungen, die im Einklang mit diesem Gesetz stehen, unterrichtet die Bundesanstalt unverzüglich die zuständigen Behörden des Aufnahmemitgliedstaats der ausländischen AIF-Verwaltungsgesellschaft von diesen Änderungen.
(7) Um eine kohärente Harmonisierung dieses Artikels zu gewährleisten, kann die ESMA Entwürfe für technische Regulierungsstandards zur Präzisierung der Angaben ausarbeiten, die gemäß den Absätzen 2 und 3 vorzulegen sind.	
Die Kommission wird ermächtigt, die in Unterabsatz 1 genannten technischen	

AIFM-RiLi	KAGB-E
Regulierungsstandards gemäß Artikel 10 bis 14 der Verordnung (EU) Nr. 1095/ 2010 zu erlassen.	
(8) Um einheitliche Bedingungen für die Anwendung dieses Artikels zu gewährleisten, kann die ESMA Entwürfe von technischen Durchführungsstandards ausarbeiten, um Standardformulare, Mustertexte und Verfahren für die Übermittlung von Angaben gemäß den Absätzen 2 und 3 festzulegen.	
Die Kommission wird ermächtigt, die in Unterabsatz 1 genannten technischen Durchführungsstandards gemäß Artikel 15 der Verordnung (EU) Nr. 1095/ 2010 zu erlassen.	

Literatur: *Berger/Steck/Lübbehüsen* (Hrsg.), InvG/InvStG (2010); *Blankenheim,* Die Umsetzung der OGAW-IV-Richtlinie in das Investmentgesetz, ZBB 2011, 344 ff.; *Boos/ Fischer/Schulte-Mattler* (Hrsg.), KWG, 3. Auflage (2008); *Frick,* Private Equity im Schweizer Recht, Schweizer Schriften zum Handels- und Wirtschaftsrecht (SSHW) (2009); *Hanten,* Aufsichtsrechtliche Erlaubnispflicht bei grenzüberschreitenden Bankgeschäften und Finanzdienstleistungen, WM 2003, 1412 ff.; *Hoffmann/Detzen,* ESMA – Praktische Implikationen und kritische Würdigung der neuen Europäischen Wertpapier- und Marktaufsichtsbehörde, DB 2011, 1261 ff.; *Johannsen,* Jumping the gun: hedge funds in search of capital under UCITS IV, Brooklyn Journal of Corporate, Financial & Commercial Law 2/2011, 473 ff.; *Klebeck,* Auslagerung von Anlageverwaltungsfunktionen, RdF 2012 (im Erscheinen begriffen); *Klebeck/Jesch,* Private Equity für institutionelle Investoren, CFlaw 2010, 372 ff.; *Klebeck/Meyer,* Drittstaatenregulierung der AIFM-Richtlinie, RdF 2012, 95 ff.; *Krause/Klebeck,* Family Office und AIFM-Richtlinie BB 2012, 2063 ff.; *Loff/Klebeck,* Fundraising nach der AIFM-Richtlinie und Umsetzung in Deutschland durch das KAGB, BKR 2012, 353 ff.; *Müller/Staub,* Neuerungen im europäischen Anlagefondsrecht, GesKR 2010, 216 ff.; *Siekmann,* Die Europäisierung der Finanzmarktaufsicht. Institute for Monetary and Financial Stability, Working Papier Series No. 47 (2011); *Teichmann,* Private Equity-Fonds im Sog der AIFM-Richtlinie, Corporate Finance 7/2011, 321 ff.

Übersicht

A. Entstehungsgeschichte, Inhalt und Ziele

Das Recht zur Verwaltung von in einem anderen als dem Referenzmitgliedstaat **1** ansässigen EU-AIF durch einen Nicht-EU-AIFM nach Artikel 41 scheint auf den ersten Blick isoliert und nicht in den Kontext der Drittstaatenvorschriften des Kapitels VII zu passen.

Vor dem Hintergrund der beabsichtigten Gleichbehandlung von EU-AIFM **2** und Nicht-EU-AIFM werden Sinn und Zweck der Vorschrift jedoch erkennbar: Nicht anders als ein EU-AIFM nach Artikel 33 soll auch ein Nicht-EU-AIFM die Möglichkeit haben, EU-AIF mit Sitz in einem anderen Mitgliedstaat als seinem Referenzmitgliedstaat entweder direkt, im Wege des grenzüberschreitenden Dienstleistungsverkehrs, oder indirekt, durch eine Zweigniederlassung des Nicht-EU-AIFM, zu verwalten – sofern der Nicht-EU-AIFM für die Verwaltung von EU-AIF zugelassen ist.

Für Verwaltungsgesellschaften findet man in der OGAW-Richtlinie eine ver- **3** gleichbare Regelung – wenn auch begrenzt auf Gesellschaften mit Sitz in der EU[1]: Nach Artikel 16 der OGAW-Richtlinie müssen die Mitgliedstaaten sicherstellen, dass eine zugelassene OGAW-Verwaltungsgesellschaft in ihren Hoheitsgebieten die Tätigkeiten, für die sie eine Zulassung durch die Behörden des Herkunftsmitgliedstaats erhalten hat, entweder durch Errichtung einer Zweigniederlassung oder im Rahmen des freien Dienstleistungsverkehrs ausüben kann.

In Deutschland wurden diese Vorgaben bislang durch §§ 12 ff. InvG umge- **4** setzt[2]. Die AIFM-Richtlinie weitet dieses Recht europaweit auf Nicht-EU-AIFM

---

[1] Zum begrenzten Anwendungsbereich der OGAW-Richtlinie vgl. bereits Vorbemerkung zu Kapitel VII Rn. 17 ff.

[2] Vgl. hierzu die Kommentierungen der §§ 12 ff. InvG durch *Blankenheim* in Berger/ Steck/Lübbehüsen, InvG/InvStG (2010).

aus. Ob sich dieses Konzept auch für OGAW-Fonds und Verwaltungsgesellschaften mit Sitz außerhalb der EU empfiehlt, bleibt abzuwarten. Die Diskussionen um eine OGAW-V-Richtlinie[3] haben diesen Punkt noch nicht berücksichtigt; dies würde letztlich auch zu einer Abkehr vom bisherigen Konzept der nationalen Aufsicht und Regulierung von ausländischen Fonds aus Drittstaaten, hin zu einer Gleichbehandlung von Verwaltungsgesellschaften mit Sitz in der EU und Drittstaaten führen.

5   In Deutschland ist die Möglichkeit einer solchen Gleichstellung bislang durch § 14 InvG vorgesehen, wonach das Bundesministerium für Finanzen ermächtigt wird, zugunsten von Drittstaaten-Verwaltungsgesellschaften durch Rechtsverordnung eine Freistellung von § 53 KWG und die Anwendung des nach dem InvG für EU-Verwaltungsgesellschaften geltenden Prinzips der Herkunftslandkontrolle auch auf Drittstaaten zu bestimmen. Eine solche Freistellungsverordnung wurde bislang aber noch nicht erlassen[4].

6   Der europäischen Regulierung von weiteren Finanzmarktteilnehmern könnte das Drittstaatenkonzept der AIFM-Richtlinie als Vorbild dienen, um den europäischen Markt für Nicht-EU-Finanzdienstleister rechtskonform zu öffnen: Nach geltendem Recht können Finanzdienstleistungsunternehmen aus dem EU-Ausland in Deutschland nur unter den engen Voraussetzungen des § 53c KWG i. V. m. § 53b KWG bzw. § 53 KWG eine Zweigstelle errichten bzw. von dort genannten Vorgaben freigestellt werden[5]. Dies gilt nicht für grenzüberschreitende Tätigkeiten, für die je nach Sachverhaltsgestaltung eine deutsche Zulassung nach § 32 KWG erforderlich sein kann[6].

7   Mit einer der AIFM-Richtlinie vergleichbaren, europaweiten Drittstaatenregulierung, des grenzüberschreitenden Dienstleistungsverkehrs könnten auch für andere Finanzdienstleistungen europaweit bestehende protektionistische Hürden genommen und zugleich eine effektive Aufsicht gewährleistet werden[7].

B. Anwendungsbereich

I. Persönlich: Zugelassener Nicht-EU-AIFM

8   Das Recht, einen EU-AIF mit Sitz in einem anderen EU-Mitgliedstaat als dem Referenzmitgliedstaat des Nicht-EU-AIFM i. S. d. Art. 37 Abs. 4[8] entweder direkt, im Wege des grenzüberschreitenden Dienstleistungsverkehrs, oder indirekt über eine Zweigniederlassung, zu verwalten, steht nur einem zugelassenem Nicht-EU-AIFM und auch nur dann zu, wenn dieser AIFM für die Verwaltung dieser Art von AIF zugelassen ist.

---

[3] Hierzu etwa das Konsultationspapier der Europäischen Kommission vom 14.12.2010 (MARKT/G4 D (2010) 950800) Consultation Paper on the UCITS Depositary Function and on the UCITS managers' remuneration.

[4] Hierzu und zu den Voraussetzungen nach § 14 InvG auch *Blankenheim* in Berger/Steck/Lübbehüsen, InvG/InvStG (2010) § 14 Rn. 1.

[5] Vgl. hierzu *Vahldiek* in Boos/Fischer/Schulte-Mattler, KWG, 3. Auflage (2008) § 53c Rn. 1.

[6] Vgl. hierzu bereits Vorbemerkung zu Kapitel VII Rn. 26 ff.

[7] Zu den Schwierigkeiten einer grenzüberschreitenden Aufsicht bereits Vorbemerkung zu Kapitel VII Rn. 8 ff.

[8] Zur Bestimmung des Referenzmitgliedstaates vgl. Art. 37 188 ff.

Insoweit muss man Artikel 41 einerseits in Zusammenhang mit Artikel 37 lesen, 9 andererseits auch als optionale Ergänzung für den Nicht-EU-AIFM begreifen. Notwendige, wenn auch nicht hinreichende Bedingung ist die Zulassung eines Nicht-EU-AIFM entsprechend Artikel 37, wobei der Antrag auf Zulassung nach Artikel 37 zeitgleich mit dem Antrag nach Artikel 41 eingereicht werden kann.

II. Sachlich: Direkte oder indirekte Verwaltung von EU-AIF

1. Direkte Verwaltung via grenzüberschreitendem Dienstleistungsver- 10 kehr. Unter der Verwaltung eines EU-AIF im grenzüberschreitenden Dienstleistungsverkehr ist nach Artikel 41 grundsätzlich die Verwaltung eines EU-AIF durch einen Nicht-EU-AIFM zu verstehen, dessen Referenzmitgliedstaat nicht mit dem Herkunftsmitgliedstaat des betreffenden EU-AIF identisch ist. Eine direkte Verwaltung soll dann vorliegen, wenn der Nicht-EU-AIFM im Herkunftsmitgliedstaat des EU-AIF physisch nicht präsent ist, d.h. keine Personen bei einem Unternehmen im Herkunftsmitgliedstaat beschäftigt, welche für den Nicht-EU-AIFM dauernd und gewerbsmäßig tätig sind. Entsprechend der Systematik der AIFM-Richtlinie wird die direkte Verwaltung spätestens dann zu einer indirekten Verwaltung, wenn der Nicht-EU-AIFM im Herkunftsstaat des EU-AIF eine Zweigniederlassung errichtet.

Insoweit gilt nichts Anderes als bei der grenzüberschreitenden Regulierung 11 von Bankgeschäften und Finanzdienstleistungen im Anwendungsbereich des KWG[9]. Dort wird bei ausländischen Sachverhalten mit Inlandsbezug typischerweise wie folgt differenziert: Im Fall einer passiven grenzüberschreitenden Dienstleistung findet die Leistungserbringung vollumfänglich im Drittstaat statt. Im Fall einer produktbezogenen und aktiven grenzüberschreitenden Dienstleistung findet die Leistungserbringung im Inland eines EU-Mitgliedstaats statt. Darüber hinausgehende Tätigkeiten sollen danach eine personell ausgestattete physische Präsenz und damit eine Repräsentanz, Zweigstelle bzw. Zweigniederlassung begründen[10].

2. Indirekte Verwaltung über Zweigniederlassung. Nach Art. 4 Abs. 1 12 lit. c) versteht man unter „Zweigniederlassung" eine Betriebsstelle eines AIFM, die einen rechtlich unselbstständigen Teil eines AIFM bildet und die jene Dienstleistungen erbringt, für die dem AIFM eine Zulassung erteilt wurde, wobei alle Betriebsstellen eines AIFM mit satzungsmäßigem Sitz in einem anderen Mitgliedstaat oder einem Drittland, die sich in ein und demselben Mitgliedstaat befinden, als eine einzige Zweigniederlassung gelten.

Zentrales Abgrenzungskriterium ist nach der dieser Definition die Erbringung 13 von Verwaltungsdienstleistungen durch einen rechtlich unselbständigen Teil des AIFM. Eine Zweigstelle liegt somit nur dann vor, wenn die im EU-Inland ausgemachte physische Präsenz rechtlich gesehen Teil des Gesamtunternehmens „AIFM" ist. Rechtlich selbstständige Unternehmen – seien es natürliche oder juristische Personen – sind keine Zweigniederlassungen i. S. d. AIFM-Richtlinie. Darüber hinaus wird man auch eine räumliche Trennung des Unternehmensteils mit gewisser Selbständigkeit bei der Geschäftsausübung fordern, der typischerweise mit Personal und sachlichen Mitteln ausgestattet ist[11]. Nicht anders als unter

---

[9] Zu den einzelnen Marktzugangsformen mit umfangreichen Nachweisen *Vahldiek* in Boos/Fischer/Schulte-Mattler, KWG, 3. Auflage (2008) § 53 Rn. 142 ff.

[10] Mit Blick auf Finanzdienstleistungen vgl. KWG *Hanten* WM 2003, 1412.

[11] Zur Abgrenzung im deutschen Recht eingehend *Vahldiek* in Boos/Fischer/Schulte-Mattler, KWG, 3. Auflage (2008) § 53 Rn. 10 ff.; *Hanten* WM 2003, 1412, 1414.

der OGAW-Richtlinie und deren Umsetzung durch §§ 12 ff. InvG in das deutsche Recht, wird man bei Zweifelsfragen der Abgrenzung zur direkten Verwaltung im Wege der grenzüberschreitenden Dienstleistungserbringung v.a. auf die dauerhafte physische Präsenz abstellen können[12].

14   Fraglich ist, ob Artikel 41 bereits dann anwendbar ist, wenn nur Teilakte der erlaubnispflichtigen Anlageverwaltungsfunktionen oder, wenn etwa nur die zusätzlichen Dienstleistungen i. S. d. Nr. 2 des Anhangs I der AIFM-Richtlinie mit Blick auf einen EU-AIF von der Zweigniederlassung erbracht werden, oder nur dann, wenn sämtliche Verwaltertätigkeiten von der Zweigniederlassung des Nicht-EU-AIFM erbracht werden[13]. Richtigerweise wird man auf die Tätigkeiten in Zusammenhang mit den Anlageverwaltungsfunktionen i. S. d. Nr. 1 des Anhangs I der AIFM-Richtlinie, also Portfolio- und Risikomanagement abstellen müssen. Dass etwa der Vertrieb von EU-AIF durch eine Zweigstelle – neben Artikel 39 – auch noch eine Zulassungspflicht nach Artikel 41 auslöst, leuchtet nicht ein.

15   Notwendig und ausreichend ist unseres Erachtens, dass die Zweigniederlassung wenigstens Teilfunktionen der Portfolioverwaltung oder des Risikomanagements übernimmt[14]. Verlangt man weitergehend eine umfassende Verwaltung des EU-AIF, kann dies zu Schwierigkeiten bei der Abgrenzung zwischen EU-AIFM und Nicht-EU-AIFM führen. Einigkeit besteht indes darin, dass es nicht genügen wird, wenn die Tätigkeiten nur gelegentlich und nicht auf eine gewisse Dauer ausgerichtet ist[15].

16   Umgekehrt führt die Anwendung der sog. Teilaktstheorie zu Abgrenzungsfragen mit Blick auf die Auslagerung von Anlageverwaltungsfunktionen nach Artikel 20. Nicht anders als im Anwendungsbereich des KWG[16] stellt sich die Frage, ob und inwieweit die Teilaktstheorie mit der Regelung der Auslagerung vereinbar ist. Wendet man die Teilaktstheorie konsequent an, würde diese im Fall einer Auslagerung bestimmter Tätigkeiten nach Artikel 20 nicht nur zur Erlaubnispflicht des Auslagerungsunternehmens, sondern auch zu dessen Qualifikation als Zweigstelle des auslagernden AIFM führen[17]. Dass ein Auslagerungsunternehmen bei der Vornahme von Tätigkeiten für einen AIFM nicht sogleich dessen Zweigstelle sein kann, ergibt sich aus den unterschiedlichen Anforderungen des Artikels 20 einerseits und des Artikels 41 andererseits. Die AIFM-Richtlinie nimmt zu dieser Frage keine Stellung.

17   **3. Verwaltung von EU-AIF mit Sitz in einem anderen Mitgliedstaat als dem Referenzmitgliedstaat.** Artikel 41 soll zur Anwendung kommen,

---

[12] Vgl. *Blankenheim* in Berger/Steck/Lübbehüsen, InvG/InvStG (2010) § 12 Rn. 5.

[13] Zur Diskussion im deutschen Investmentrecht vgl. *Blankenheim* in Berger/Steck/Lübbehüsen, InvG/InvStG (2010) § 12 Rn. 5; bzw. im Finanzdienstleistungsrecht des KWG *Vahldiek* in Boos/Fischer/Schulte-Mattler, KWG, 3. Auflage (2008) § 53 Rn. 21 ff.

[14] Vgl. zur nicht unumstrittenen auch Teilaktstheorie *Vahldiek* in Boos/Fischer/Schulte-Mattler, KWG, 3. Auflage (2008) § 53 Rn. 21 ff.

[15] Ebenso mit Blick auf § 12 InvG *Blankenheim* in Berger/Steck/Lübbehüsen, InvG/InvStG (2010) § 12 Rn. 5; *Beckmann* in Beckmann/Scholtz/Vollmer, Investment, Loseblatt, § 12 Rn. 10.

[16] Hierzu *Vahldiek* in Boos/Fischer/Schulte-Mattler, KWG, 3. Auflage (2008) § 53 Rn. 26, nach dem auch die BaFin die Teilaktstheorie aufgegeben hat.

[17] Kritisch mit Blick auf die Abgrenzung im Anwendungsbereich des KWG *Hanten* WM 2003, 1412, 1415.

wenn der Referenzmitgliedstaat des Nicht-EU-AIFM und der Herkunftsmitgliedstaat des von ihm verwalteten EU-AIF nicht identisch sind. Der Referenzmitgliedstaat des Nicht-EU-AIFM bestimmt sich nach Art. 37 Abs. 4[18] und der Herkunftsmitgliedstaat des EU-AIF nach Art. 4 Abs. 1 lit. p) (i). Nach dieser
Bestimmung gilt als Herkunftsmitgliedstaat des EU-AIF der Mitgliedstaat, in welchem der EU-AIF zugelassen oder registriert ist[19].

Ist dieser in mehreren Mitgliedstaaten zugelassen oder registriert, dann soll **18**
derjenige Mitgliedstaat maßgebend sein, in welchem der EU-AIF zum ersten
Mal zugelassen oder registriert wurde[20]. Sollte der AIF in keinem Mitgliedstaat
registriert sein, so gilt gemäß Art. 4 Abs. 1 lit. p) (ii) jener EU-Mitgliedstaat als
Herkunftsmitgliedstaat, in welchem sich entweder der Sitz oder die Hauptverwaltung des EU-AIF befindet. Die Hauptverwaltung wird in Anlehnung an Anhang 1
Nr. 1 lit. a) und b) der AIFM-Richtlinie in dem Mitgliedstaat liegen, in dem
die Portfolioverwaltung und das Risikomanagement des AIF hauptsächlich bzw.
schwerpunktmäßig getätigt wird.

III. Zeitlicher Anwendungsbereich – verzögerte Anwendung der AIFM-Richtlinie für Nicht-EU-AIFM

Nicht anders als Artikel 37, 39 und 40 soll auch Artikel 41 zeitversetzt Anwen- **19**
dung finden: Während die Vorschriften betreffend der Regulierung von EU-
AIFM bis zum 22.7.2013 vollumfänglich umgesetzt und entsprechend angewandt
werden müssen, haben die Mitgliedstaaten die Vorgaben des Artikels 41 erst nach
dem von der Kommission gemäß Art. 67 Abs. 6 erlassenen delegierten Rechtsakt
und von dem darin festgelegten Zeitpunkt in das nationale Recht umzusetzen
und anzuwenden[21].

C. Zulassungsvoraussetzungen und -verfahren

I. Direkte Verwaltung eines EU-AIF durch Nicht-EU-AIFM

1. Mitteilung an Referenzmitgliedstaat. Beabsichtigt ein Nicht-EU-AIFM **20**
zum ersten Mal, einen EU-AIF mit Sitz in einem anderen Mitgliedstaat als seinem
Referenzmitgliedstaat zu verwalten, so hat er die zuständigen Behörden seines
Referenzmitgliedstaats davon in Kenntnis zu setzen. Der Nicht-EU-AIFM muss
gemäß Art. 41 Abs. 2 lit. a) die Herkunftsstaaten der EU-AIF benennen, in denen
er diese direkt zu verwalten beabsichtigt. Zudem muss er den Behörden seines
Referenzmitgliedstaats gemäß Art. 41 Abs. 2 lit. b) einen Geschäftsplan vorlegen,
aus dem hervorgeht, welche Dienstleistungen der Nicht-EU-AIFM zu erbringen
und welche EU-AIF er zu verwalten beabsichtigt.

2. Übermittlung an „Aufnahmemitgliedstaat" innerhalb Monatsfrist. **21**
Nachdem der Nicht-EU-AIFM den Behörden seines Referenzmitgliedstaats die
gemäß Art. 41 Abs. 2 notwendigen Unterlagen zugestellt hat, müssen die Aufsichtsbehörden die Unterlagen binnen eines Monats den zuständigen Behörden

---

[18] Zu Einzelheiten der Bestimmung des Referenzmitgliedstaats vgl. Art. 37 Rn. 188 ff.
[19] Vgl. Art. 4 Abs. 1 lit. p) (i).
[20] Vgl. Art. 4 Abs. 1 lit. p) (i).
[21] Zur zeitverzögerten Anwendung der Drittstaatenregulierungen *Klebeck/Meyer* RdF
2012, 95, 96 ff.

des entsprechenden Aufnahmemitgliedstaats weiterleiten. Gleich wie im Rahmen von Artikel 33 besteht auch hier grundsätzlich eine Weiterleitungspflicht. Eine Ausnahme soll nur dann bestehen, wenn der Nicht-EU-AIFM den EU-AIF nicht nach Maßgabe der AIFM-Richtlinie verwaltet oder wenn sich der Nicht-EU-AIFM generell nicht an die Vorgaben der AIFM-Richtlinie hält. Gemäß Art. 41 Abs. 4 Unterabs. 2 haben die zuständigen Behörden des Referenzmitgliedstaats den Behörden des Aufnahmemitgliedstaats eine Bescheinigung über die Zulassung des Nicht-EU-AIFM nach Artikel 37 beizulegen.

22   **3. Zulassung mit Eingang der Übermittlungsmeldung durch Referenzmitgliedstaat.** Die zuständigen Behörden des Referenzmitgliedstaats haben den Nicht-EU-AIFM nach Art. 41 Abs. 4 Unterabs. 3 unverzüglich über die erfolgte Übermittlung zu unterrichten. Mit Zugang dieser Übermittlungsmeldung darf der Nicht-EU-AIFM beginnen, seine grenzüberschreitenden Dienstleistungen in dem bzw. den entsprechenden Aufnahmemitgliedstaat(en) zu erbringen.

II. Indirekte Verwaltung durch Zweigniederlassung

23   **1. Mitteilung an den Referenzmitgliedstaat des Nicht-EU-AIFM.** Bei einer indirekten Verwaltung durch eine Zweigniederlassung hat der Nicht-EU-AIFM gegenüber der zuständigen Aufsichtsbehörde seines Referenzmitgliedstaats entsprechend Art. 41 Abs. 3 i. V. m. Abs. 2 folgende Angaben und Unterlagen vorzulegen:

- Mitgliedstaat, in dem er den EU-AIF über eine Zweigniederlassung zu verwalten beabsichtigt;
- Geschäftsplan, aus dem insbesondere hervorgeht, welche Dienstleistungen er zu erbringen und welche EU-AIF er zu verwalten beabsichtigt;
- Organisatorischer Aufbau der Zweigniederlassung;
- Anschrift, unter der im Herkunftsmitgliedstaat des EU-AIF Unterlagen angefordert werden können;
- Namen und Kontaktangaben der Geschäftsführer der Zweigniederlassung.

24   Gelten nach der Definition des Art. 4 Abs. 1 lit. c) alle Betriebsstellen eines Nicht-EU-AIFM, die sich in ein und demselben Mitgliedstaat befinden, als eine einzige Zweigniederlassung, ist – nicht anders als im Anwendungsbereich der OGAW-Richtlinie wie auch nach dem geltenden InvG – eine verantwortliche Zweigstelle – quasi als *„Headquarter"* der Betriebsstellen – zu bestimmen, deren Geschäftsführer gegenüber den zuständigen Aufsichtsbehörden des Referenzmitgliedstaats als verantwortliche Leiter sämtlicher Betriebsstellen in dem Mitgliedstaat gelten[22].

25   Die von einem Nicht-EU-AIFM angegangene und zuständige Behörde des Referenzmitgliedstaats übermittelt binnen zwei Monaten nach dem Eingang der vollständigen Unterlagen diese an die zuständigen Behörden des Aufnahmemitgliedstaats des Nicht-EU-AIFM, d.h. die Aufsichtsbehörden des Mitgliedstaats, in dem die Zweigniederlassung errichtet werden soll.

26   Beizufügen ist eine Bescheinigung über die Zulassung des betreffenden Nicht-EU-AIFM nach Artikel 37 durch die Aufsichtsbehörde des Referenzmitgliedstaats des Nicht-EU-AIFM (vgl. Art. 41 Abs. 4 Unterabs. 2). Die zweimonatige Ent-

---

[22] So mit Blick auf §§ 12 ff. InvG *Blankenheim* in Berger/Steck/Lübbehüsen, InvG/InvStG (2010) § 12 Rn. 6 mit weiteren Nachweisen.

scheidungsfrist beginnt mit dem vollständigen Erhalt der Angaben nach Art. 41 Abs. 3 i. V. m. Abs. 2.

Es stellt sich die Frage, ob der Nicht-EU-AIFM die behördliche Feststellung **27** der Vollständigkeit verlangen kann. Gleich wie bei den anderen Vorschriften des Kapitels VII wird die nationale Richtlinienumsetzung eine Antwort hierauf geben müssen. Ob für den Fall, dass innerhalb der Frist weder die Unvollständigkeit der Unterlagen festgestellt noch eine positive Entscheidung bezüglich der Weiterleitung getroffen worden ist, von einer Zulassungsfiktion auszugehen ist, lässt sich Artikel 41 nicht eindeutig entnehmen[23].

2. Weiterleitung an Aufnahmemitgliedstaat innerhalb der 2-Monats- 28 frist. Eine Weiterleitung der eingereichten Angaben und Unterlagen an die zuständigen Behörden des Aufnahmemitgliedstaats, respektive die Behörden des Mitgliedstaats, in dem die Zweigniederlassung errichtet werden soll, findet nach Art. 41 Abs. 4 Unterabs. 1 S. 2 nur dann statt, wenn die Verwaltung des EU-AIF durch den Nicht-EU-AIFM – richtigerweise wohl: durch die Zweigniederlassung – den Vorgaben der AIFM-Richtlinie entspricht sowie weiterhin entsprechen wird oder wenn der Nicht-EU-AIFM (sowie dessen Zweigniederlassung) allgemein sich an die AIFM-Richtlinie hält.

Der Wortlaut des Art. 41 Abs. 4 Unterabs. 1 legt ein Verbot der Verwaltung **29** eines EU-AIF durch die Zweigniederlassung des Nicht-EU-AIFM mit Erlaubnisvorbehalt nahe. Praktische Bedenken ergeben sich hier v.a. mit Blick auf die tatbestandliche Unschärfe der genannten Voraussetzungen für eine Weiterleitung, respektive der AIFM-richtlinienkonformen Verwaltung des EU-AIF durch den Nicht-EU-AIFM sowie der generellen Einhaltung der AIFM-Richtlinie durch den Nicht-EU-AIFM.

Eine europaweite Konkretisierung dieser Gründe durch ESMA und Kommis- **30** sion ist bislang nicht vorgesehen, sodass es wohl weithin im Belieben der Mitgliedstaaten stehen wird, diese Gründe durch Gesetz oder Aufsichtspraxis zu präzisieren.

Eine Zulassungsfiktion bei behördlicher Untätigkeit, also für den Fall, dass **31** weder die Unvollständigkeit der Unterlagen von der Behörde des Referenzmitgliedstaats angemahnt worden noch eine positive Mitteilung der Weiterleitung der Angaben und Unterlagen nach Art. 41 Abs. 3 an die zuständigen Behörden des Aufnahmemitgliedstaats des AIFM binnen zwei Monaten nach Einreichung der Unterlagen durch den Nicht-EU-AIFM erfolgt ist, schreibt Art. 41 Abs. 4 ebenfalls nicht ausdrücklich vor.

Für die Einführung einer entsprechenden Fiktion in das nationale Recht spricht **32** u.E. das Ziel von Anfang an einen effizienten Binnenmarkt für die Management- und Vertriebsaktivitäten von AIF zu errichten[24]. Dagegen könnte indes der Wortlaut des Art. 17 Abs. 7 der OGAW-Richtlinie sprechen, der bei Nichtäußerung durch die Aufsichtsbehörde nach Ablauf der dort vorgesehenen Frist eine Zulassungsfiktion ausdrücklich vorsieht[25].

Mit Blick auf weitere Verfahrensfragen – v.a. zur Vollständigkeit der Unterla- **33** gen, zum Beginn der Entscheidungsfrist – sowie Rechtsschutzfragen, soll auf die Kommentierungen zu Art. 39 Abs. 3 sowie Art. 40 Abs. 3 verwiesen werden,

---

[23] Vgl. hierzu mit Blick auf den Vertrieb von EU-AIF Art. 39 Rn. 60 sowie mit Blick auf den Vertrieb von Nicht-EU-AIF durch einen Nicht-EU-AIFM Art. 40 Rn. 43.

[24] Vgl. Erwägungsgrund (4) der AIFM-Richtlinie.

[25] Vgl. hierzu auch *Müller/Staub* GesKR 2010, 216, 218.

orientiert sich der Wortlaut des Art. 41 Abs. 3 – wenn auch nicht, insbesondere aufgrund der unterschiedlichen Stoßrichtung, vollends überzeugend – an diesen Vorschriften.

34   **3. Zulassung mit Eingang der Übermittlungsmeldung durch den Referenzmitgliedstaat.** Nach Art. 41 Abs. 4 Unterabs. 3 unterrichten die zuständigen Behörden des Referenzmitgliedstaats den Nicht-EU-AIFM unverzüglich über die Übermittlung. Nach Eingang der Übermittlungsmeldung kann der Nicht-EU-AIFM mit der Erbringung der Dienstleistungen, der Verwaltung eines EU-AIF durch eine Zweigniederlassung im Aufnahmemitgliedstaat des Nicht-EU-AIFM, beginnen.

35   Die Behörden des Referenzmitgliedstaats teilen der ESMA mit, dass der Nicht-EU-AIFM im Aufnahmemitgliedstaat mit der Verwaltung des EU-AIF beginnen darf. Auch wenn dies nicht ausdrücklich in Artikel 41 vorgesehen ist, wird man die Aufsichtsbehörde verpflichten können, den Nicht-EU-AIFM über eine ablehnende Entscheidung unter Angabe der Gründe zu unterrichten[26].

36   Eine ablehnende Mitteilung der Behörde wird man im deutschen Recht als Verwaltungsakt qualifizieren können, der entsprechend anfechtbar ist. Ob ein Anspruch auf die notwendige Weiterleitung durch Verpflichtungsklage verwaltungsgerichtlich durchgesetzt werden kann, ist fraglich, wird man aber im Ergebnis – und nicht anders als nach geltender Rechtslage unter §§ 12 ff. InvG – bejahen können[27].

III. Keine weiteren Beschränkungen durch Aufnahmemitgliedstaat

37   Der Aufnahmemitgliedstaat darf gemäß Art. 41 Abs. 5 dem Nicht-EU-AIFM in den von der AIFM-Richtlinie erfassten Bereichen keine zusätzlichen Anforderungen auferlegen. Damit sind weitergehende Beschränkungen mit Blick auf die Verwaltungstätigkeiten im Wege des grenzüberschreitenden Dienstleistungsverkehrs oder durch eine Zweigniederlassung gemeint. Insoweit setzt die AIFM-Richtlinie das Prinzip der Kontrolle durch den Herkunftsstaat konsequenter um als die OGAW-Richtlinie[28].

38   Freilich wird sich auch hier im Einzelfall die Frage stellen, welche Rechts- und Verwaltungsvorschriften des Aufnahmemitgliedstaats, die unstreitig auch von einem Nicht-EU-AIFM bzw. seiner Zweigstelle zu beachten sind, nicht von dieser Richtlinie geregelten Bereiche betreffen bzw. welche Gegenstand der von ihr befassten Bereiche sind und damit doch in die Zuständigkeit der Aufsicht des Herkunftsmitgliedstaats fallen[29].

39   Allgemein lässt sich sagen, dass eine weitergehende Regulierung des Nicht-EU-AIFM mit Blick auf dessen Management- und Vertriebstätigkeiten durch

---

[26] Ebenso für eine ablehnende Entscheidung mit Blick auf den Vertrieb eines AIF durch einen Nicht-EU-AIFM Art. 40 Rn. 41 ff.

[27] Hierzu auch *Blankenheim* in Berger/Steck/Lübbehüsen, InvG/InvStG (2010) § 12 Rn. 9 mit weiteren Nachweisen.

[28] Vgl. zu den Schwierigkeiten unter Geltung der OGAW-Richtlinie und deren Verbesserung durch die OGAW-IV-Richtlinie *Müller/Staub*, GesKR 2010, 216, 217.

[29] Zu vergleichbaren Abgrenzungsschwierigkeiten zwischen dem reservierten Bereich des Herkunftsmitglied- und der Restzuständigkeit des Aufnahmemitgliedstaats unter der OGAW-Richtlinie nur *Blankenheim* in Berger/Steck/Lübbehüsen, InvG/InvStG (2010) Vor §§ 128 bis 133 InvG Rn. 4 mit weiteren Nachweisen

den Aufnahmemitgliedstaat ausgeschlossen ist. So verstanden wird man etwa das handelsrechtliche Erfordernis einer Eintragung einer Zweigniederlassung einer ausländischen Unternehmung in das Handelsregister nach §§ 13d ff. HGB[30] als eine zulässige Anforderung des Aufnahmemitgliedstaats erachten dürfen.

IV. Folgen einer Änderung der Angaben nach Absatz 2 und 3

Im Falle einer Änderung der nach Art. 41 Abs. 2 oder ggfs. nach Abs. 3 über- **40**
mittelten Angaben, muss der Nicht-EU-AIFM diese Änderung den zuständigen Behörden seines Referenzmitgliedstaats, bei von einem Nicht-EU-AIFM geplanten Änderungen mindestens einen Monat vor Durchführung der Änderung, oder, bei ungeplanten Änderungen, unverzüglich nach Eintreten der Änderung, schriftlich mitteilen (Art. 41 Abs. 6 Unterabs. 1).

Anders als Art. 39 Abs. 9 sowie Art. 40 Abs. 10 kommt es nach dem Wortlaut **41**
nicht auf die Wesentlichkeit der Änderungen an. Jede Änderung der nach Art. 41 Abs. 2 und 3 gegenüber der zuständigen Aufsichtsbehörde des Referenzmitgliedstaats gemachten Angaben mit Blick auf die Verwaltung eines EU-AIF im Wege des grenzüberschreitenden Dienstleistungsverkehrs oder durch eine Zweigniederlassung ist mitzuteilen. Dies gilt etwa für Änderungen des eingereichten Geschäftsplans betreffend der Art der geplanten Tätigkeiten, des organisatorischen Aufbaus der Zweigniederlassung sowie der Namen und Kontaktangaben der Geschäftsführer der Zweigniederlassung.

Was die Folgen einer Änderung betrifft, differenziert Art. 41 Abs. 6 – nicht **42**
anders als Art. 39 Abs. 9 und Art. 40 Abs. 10 – wie folgt: Sind die Änderungen der Angaben geplant, muss der Nicht-EU-AIFM diese mindestens einen Monat vor Durchführung der Änderung schriftlich mitteilen und bei ungeplanten Änderungen muss er dies unverzüglich nach Eintreten der Änderung tun.

Führt eine geplante Änderung dazu, dass die Verwaltung des EU-AIF durch **43**
den Nicht-EU-AIFM oder der Nicht-EU-AIFM im Allgemeinen nunmehr gegen die AIFM-Richtlinie verstößt, teilt die Aufsichtsbehörde des Referenzmitgliedstaats dem Nicht-EU-AIFM unverzüglich mit, dass er die Änderung nicht durchführen darf.

Wird eine geplante Änderung durchgeführt oder führt eine durch einen unge- **44**
planten Umstand ausgelöste Änderung dazu, dass die Verwaltung des EU-AIF durch den Nicht-EU-AIFM oder der Nicht-EU-AIFM im Allgemeinen nunmehr gegen gegen die AIFM-Richtlinie verstößt, so ergreift die zuständige Aufsichtsbehörde des Referenzmitgliedstaats alle im Einzelfall gebotenen Maßnahmen, einschließlich, und falls erforderlich, der Untersagung des Vertriebs.

Welche Maßnahmen im Einzelfall als geboten erscheinen, ist im Rahmen von **45**
Artikel 41 eine Frage des Einzelfalls und rechtlich in erster Linie eine Frage des Verhältnismäßigkeitsgrundsatzes. Dass die Aufsichtsbehörden den Vertrieb des AIF auch ausdrücklich untersagen können, überzeugt mit Blick auf Sinn und Zweck des Artikels 41 wenig. Richtigerweise wird man die Befugnis zur Untersagung des weiteren Vertriebs des EU-AIF als *ultima ratio* auf gravierende Verstöße beschränken müssen.

Das Verfahren der Änderungsmitteilung und Zulässigkeitsprüfung sowie -ent- **46**
scheidung orientiert sich ebenfalls an den Regelungen des Art. 39 Abs. 9 sowie

---

[30] Zu den Anforderungen der Eintragung einer Zweigniederlassung eines ausländischen Unternehmens in das Handelsregister *Roth* in Koller/Roth/Morck, HGB, 7. Auflage (2011) § 13d Rn. 1 ff.

des Art. 40 Abs. 10, weshalb auf die entsprechende Kommentierung bei Artikel 39 und Artikel 40 verwiesen werden kann.

D. Europaweite Konkretisierung, Harmonisierung und Vereinheitlichung

47   Nach Art. 41 Abs. 7 Unterabs. 1 kann die ESMA Entwürfe für technische Regulierungsstandards zur Präzisierung der Angaben ausarbeiten, die gemäß Art. 41 Abs. 2 und 3 vorzulegen sind, um eine kohärente Harmonisierung dieses Artikels zu gewährleisten. Die Kommission wird ermächtigt, die genannten technischen Regulierungsstandards gemäß Artikel 10 bis 14 der Verordnung (EU) Nr. 1095/2010 zu erlassen.

48   Um einheitliche Bedingungen für die Anwendung des Artikels 41 zu gewährleisten, kann die ESMA zudem nach Abs. 8 Unterabs. 1 Entwürfe von technischen Durchführungsstandards ausarbeiten, um Standardformulare, Mustertexte und Verfahren für die Übermittlung von Angaben gemäß Art. 41 Abs. 2 und 3 festzulegen[31]. Die Kommission ist danach befugt, diese technischen Durchführungsstandards gemäß Artikel 15 der Verordnung (EU) Nr. 1095/2010 zu erlassen.

E. Bezüge zum KAGB-E

49   Artikel 41 der AIFM-Richtlinie soll national durch §§ 65 und 66 KAGB-E umgesetzt werden. Der deutsche Gesetzgeber differenziert zwischen der Verwaltung von EU-AIF durch eine ausländische AIF-Verwaltungsgesellschaft, für die Deutschland der Referenzmitgliedstaat ist über eine Erlaubnis nach § 58 KAGB-E verfügt, im Wege im Wege des grenzüberschreitenden Dienstleistungsverkehrs oder über eine Zweigniederlassung, vgl. § 65 KAGB-E sowie der Verwaltung von inländischen Spezial-AIF durch eine ausländische AIF-Verwaltungsgesellschaft, für die Deutschland nicht der Referenzmitgliedstaat ist, vgl. § 66 KAGB-E.

50   Nach § 66 KAGB-E ist lediglich die Verwaltung von inländischen Spezial-AIF zulässig. Die Verwaltung inländischer Publikumsin-vestmentvermögen ist auch im Wege im Wege des grenzüberschreitenden Dienstleistungsverkehrs oder über eine Zweigniederlassung nicht zulässig.

Artikel 42 Bedingungen für den ohne Pass in Mitgliedstaaten erfolgenden Vertrieb von AIF, die von Nicht-EU-AIFM verwaltet werden

(1) **Unbeschadet der Artikel 37, 39 und 40 können die Mitgliedstaaten Nicht-EU-AIFM gestatten, Anteile der von ihnen verwalteten AIF an professionelle Anleger ausschließlich in ihrem Hoheitsgebiet zu vertreiben, sofern mindestens folgende Voraussetzungen eingehalten sind:**
a) Der Nicht-EU-AIFM hält im Hinblick auf jeden gemäß diesem Artikel von ihm vertriebenen AIF die Artikel 22, 23 und 24 sowie, wenn ein

---

[31] Allgemein zu den Aufgaben der ESMA mit Blick auf eine europaweite Abstimmung und Harmonisierung *Hoffmann/Detzen* DB 2011, 1261 ff.; *Siekmann,* Die Europäisierung der Finanzmarktaufsicht. Institute for Monetary and Financial Stability, Working Papier Series No. 47 (2011) S. 38 ff.

von ihm gemäß diesem Artikel vertriebener AIF in den Anwendungsbereich von Artikel 26 Absatz 1 fällt, die Artikel 26 bis 30 ein. Als zuständige Behörden und als AIF-Anleger im Sinne dieser Artikel gelten die Behörden und Anleger der Mitgliedstaaten, in denen der Vertrieb der AIF erfolgt.

b) Es bestehen geeignete, der Überwachung der Systemrisiken dienende und im Einklang mit den internationalen Standards stehende Vereinbarungen über die Zusammenarbeit zwischen den zuständigen Behörden der Mitgliedstaaten, in denen die AIF vertrieben werden, und, soweit anwendbar, den zuständigen Behörden der betreffenden EU-AIF und den Aufsichtsbehörden des Drittlands, in dem der Nicht-EU-AIFM seinen Sitz hat, so dass ein wirksamer Informationsaustauch gewährleistet ist, der es den zuständigen Behörden der betreffenden Mitgliedstaaten ermöglicht, ihre in dieser Richtlinie festgelegten Aufgaben zu erfüllen.

c) Das Drittland, in dem der Nicht-EU-AIFM oder der Nicht-EU-AIF seinen Sitz hat, steht nicht auf der Liste der nicht kooperativen Länder und Gebiete, die von der Arbeitsgruppe "Finanzielle Maßnahmen gegen Geldwäsche und Terrorismusfinanzierung" aufgestellt wurde.

Wenn eine für einen EU-AIF zuständige Behörde die gemäß Unterabsatz 1 Buchstabe b geforderte Vereinbarung über Zusammenarbeit nicht innerhalb eines angemessenen Zeitraums abschließt, können die zuständigen Behörden des Mitgliedstaats, in dem der AIF vertrieben werden soll, die Angelegenheit der ESMA zur Kenntnis bringen, die im Rahmen der ihr durch Artikel 19 der Verordnung (EU) Nr. 1095/2010 übertragenen Befugnisse tätig werden kann.

(2) Soweit es um den Vertrieb von AIF-Anteilen an Anleger in ihrem Hoheitsgebiet geht, dürfen die Mitgliedstaaten Nicht-EU-AIFM für die Zwecke dieses Artikels strengeren Regelungen unterwerfen.

(3) Die Kommission erlässt gemäß Artikel 56 und nach Maßgabe der Bedingungen der Artikel 57 und 58 delegierte Rechtsakte zu den in Absatz 1 genannten Vereinbarungen über Zusammenarbeit, um so einen einheitlichen Rahmen zur Erleichterung des Abschlusses derartiger Vereinbarungen über Zusammenarbeit mit Drittländern zu schaffen.

(4) Zur Gewährleistung der einheitlichen Anwendung dieses Artikels erstellt die ESMA Leitlinien, in denen die Bedingungen für die Anwendung der von der Kommission erlassenen Vorschiften für die in Absatz 1 genannten Vereinbarungen über Zusammenarbeit festgelegt werden.

Nachstehend werden die Vorschriften des Regierungsentwurfs zum Kapitalanlagegesetzbuch (Stand 12. Dezember 2012) den entsprechenden Vorschriften der AIFM-Richtlinie gegenübergestellt.

AIFM-Richtlinie	KAGB-E
Artikel 42 **Bedingungen für den ohne Pass in Mitgliedstaaten erfolgenden Vertrieb von AIF, die von Nicht-EU-AIFM verwaltet werden**	**§ 330 KAGB-E** **Anzeigepflicht einer ausländischen AIF-Verwaltungsgesellschaft beim beabsichtigten Vertrieb von von ihr verwalteten ausländischen AIF oder EU-AIF an semiprofessionelle und professionelle Anleger im Inland**

(1) Unbeschadet der Artikel 37, 39 und 40 können die Mitgliedstaaten Nicht-EU-AIFM gestatten, Anteile der von ihnen verwalteten AIF an professionelle Anleger ausschließlich in ihrem Hoheitsgebiet zu vertreiben, sofern mindestens folgende Voraussetzungen eingehalten sind:
a) Der Nicht-EU-AIFM hält im Hinblick auf jeden gemäß diesem Artikel von ihm vertriebenen AIF die Artikel 22, 23 und 24 sowie, wenn ein von ihm gemäß diesem Artikel vertriebener AIF in den Anwendungsbereich von Artikel 26 Absatz 1 fällt, die Artikel 26 bis 30 ein. Als zuständige Behörden und als AIF-Anleger im Sinne dieser Artikel gelten die Behörden und Anleger der Mitgliedstaaten, in denen der Vertrieb der AIF erfolgt.
b) Es bestehen geeignete, der Überwachung der Systemrisiken dienende und im Einklang mit den internationalen Standards stehende Vereinbarungen über die Zusammenarbeit zwischen den zuständigen Behörden der Mitgliedstaaten, in denen die AIF vertrieben werden, und, soweit anwendbar, den zuständigen Behörden der betreffenden EU-AIF und den Aufsichtsbehörden des Drittlands, in dem der Nicht-EU-AIFM seinen Sitz hat, und, soweit anwendbar, den Aufsichtsbehörden des Drittlands, in dem der Nicht-EU-AIF seinen Sitz hat, so dass ein wirksamer Informationsaustausch gewährleistet ist, der es den zuständigen Behörden der betreffenden Mitgliedstaaten ermög-

(1) Der Vertrieb von Anteilen oder Aktien an von einer ausländischen AIF-Verwaltungsgesellschaft verwalteten ausländischen AIF oder EU-AIF an professionelle oder semi-professionelle Anleger im Geltungsbereich dieses Gesetzes ist zulässig, wenn
1. bei einem Vertrieb an professionelle Anleger
(a) die ausländische AIF-Verwaltungsgesellschaft und die Verwaltung des AIF durch die ausländische AIF-Verwaltungsgesellschaft den Anforderungen des § 35 und gegebenenfalls der §§ 287 bis 292 entsprechen,
(b) die ausländische AIF-Verwaltungsgesellschaft eine oder mehrere Stellen benannt hat, die die Aufgaben nach Artikel 21 Absatz 7 bis 9 der Richtlinie 2011/61/EU wahrnehmen, die ausländische AIF-Verwaltungsgesellschaft diese Aufgaben nicht selbst wahrnimmt und sie diese Stelle oder Stellen der Bundesanstalt angezeigt hat, und
(c) die in § 307 Absatz 1 und Absatz 2 erste Alternative in Verbindung mit § 297 Absatz 4 sowie § 308 vorgesehenen Pflichten zur Unterrichtung der am Erwerb eines Anteils oder einer Aktie Interessierten ordnungsgemäß erfüllt werden;
2. bei einem Vertrieb an semi-professionelle Anleger die ausländische AIF-Verwaltungsgesellschaft und die Verwaltung des AIF durch diese den in diesem Gesetz umgesetzten Anforderungen der Richtlinie 2011/61/EU entsprechen;

AIFM-Richtlinie	KAGB-E
licht, ihre in dieser Richtlinie festgelegten Aufgaben zu erfüllen. c) Das Drittland, in dem der Nicht-EU-AIFM oder der Nicht-EU-AIF seinen Sitz hat, steht nicht auf der Liste der nicht kooperativen Länder und Gebiete, die von der Arbeitsgruppe „Finanzielle Maßnahmen gegen Geldwäsche und Terrorismusfinanzierung" aufgestellt wurde.	3. bei einem Vertrieb an semi-professionelle Anleger oder professionelle Anleger (a) geeignete Vereinbarungen über die Zusammenarbeit zwischen der Bundesanstalt und den zuständigen Stellen des Drittstaats, in dem die ausländische AIF-Verwaltungsgesellschaft ihren Sitz hat, und gegebenenfalls den zuständigen Stellen des Drittstaats, in dem der ausländische AIF seinen Sitz hat, und den zuständigen Stellen des Herkunftsmitgliedstaates des EU-AIF bestehen; die Vereinbarungen müssen (aa) der Überwachung der Systemrisiken dienen, (bb) im Einklang mit den internationalen Standards und den Artikeln 113 bis 115 der Verordnung (EU) Nr..../2013 [Level 2 Verordnung gemäß Artikel 42 Absatz 3 der Richtlinie 2011/61/EU] stehen und (cc) einen effizienten Informationsaustausch gewährleisten, der es der Bundesanstalt ermöglicht, ihre in der Richtlinie 2011/61/EU festgelegten Aufgaben zu erfüllen; (b) weder der Drittstaat, in dem die ausländische AIF-Verwaltungsgesellschaft ihren Sitz hat, noch der Drittstaat, in dem der ausländische AIF seinen Sitz hat, auf der Liste der nicht kooperativen Länder und Gebiete steht, die von der Arbeitsgruppe „Finanzielle Maßnahmen gegen Geldwäsche und Terrorismusfinanzierung" aufgestellt wurde; (c) die Vorkehrungen nach § 321 Absatz 1 Satz 2 Nummer 7 geeignet sind, einen Vertrieb an Privatanleger zu verhindern. Ist der angezeigte AIF ein Feeder-AIF, sind zusätzlich die Anforderungen des Absatzes 1 Satz 1 Nummer 1 oder 2 sowie Nummer 3 von dem Master-

AIFM-Richtlinie	KAGB-E
	AIF und dessen Verwaltungsgesellschaft entsprechend einzuhalten.
	(2) Beabsichtigt eine ausländische AIF-Verwaltungsgesellschaft Anteile oder Aktien an von ihr verwalteten ausländischen AIF oder EU-AIF im Geltungsbereich dieses Gesetzes an semi-professionelle oder professionelle Anleger zu vertreiben, so hat sie dies der Bundesanstalt anzuzeigen. § 321 Absatz 1 Satz 2 gilt entsprechend. Darüber hinaus sind der Anzeige folgende Dokumente und Angaben beizufügen:
	1. alle wesentlichen Angaben über
	(a) die Verwaltungsgesellschaft des angezeigten AIF und ihre Organe sowie
	(b) die Verwahrstelle oder die Stellen nach Absatz 1 Satz 1 Nummer 1 Buchstabe b, einschließlich der Angaben entsprechend § 22 Absatz 1 Nummer 13,
	2. eine Erklärung der ausländischen AIF-Verwaltungsgesellschaft darüber, dass sie sich verpflichtet,
	(a) der Bundesanstalt den Jahresbericht des AIF, der den Anforderungen des Artikel 22 und gegebenenfalls 29 der Richtlinie 2011/61/EU entsprechen muss, spätestens sechs Monate nach Ende jedes Geschäftsjahres einzureichen; der Jahresbericht muss mit dem Bestätigungsvermerk eines Wirtschaftsprüfers versehen sein,
	(b) die Bundesanstalt über alle wesentlichen Änderungen von Umständen, die bei der Vertriebsanzeige angegeben worden sind, zu unterrichten und die Änderungsangaben nachzuweisen,
	(c) der Bundesanstalt auf Verlangen über ihre Geschäftstätigkeit Auskunft zu erteilen und Unterlagen vorzulegen, und gegenüber der Bundesanstalt die sich aus Absatz 1 Satz 1 Nummer 1 oder 2 ergebenden Melde- und Informationspflichten zu erfüllen,

AIFM-Richtlinie	KAGB-E
	3. bei einem Vertrieb an semi-professionelle Anleger zusätzlich die Angaben und Unterlagen entsprechend § 22 Absatz 1 Nummer 1 bis 9 in Bezug auf die ausländische AIF-Verwaltungsgesellschaft,
	4. der Nachweis über die Zahlung der Gebühr für die Anzeige.
	(3) Ist der angezeigte AIF ein Feeder-AIF,
	1. sind der Anzeige zusätzlich in Bezug auf den Master-AIF und seine Verwaltungsgesellschaft Angaben und Dokumente
	(a) entsprechend Absatz 2 Satz 3 Nummer 1 sowie entsprechend § 321 Absatz 1 Satz 2 und
	(b) bei einem Vertrieb an semi-professionelle Anleger
	(aa) entsprechend Absatz 2 Satz 3 Nummer 3 in Bezug auf die ausländische AIF-Verwaltungsgesellschaft, sofern der Master-AIF von einer ausländischen AIF-Verwaltungsgesellschaft verwaltet wird, oder
	(bb) eine Bescheinigung der zuständigen Stelle ihres Herkunftsmitgliedstaats in einer in der internationalen Finanzwelt gebräuchlichen Sprache, dass die EU-AIF-Verwaltungsgesellschaft und die Verwaltung des Master-AIF durch diese der Richtlinie 2011/61/EU entsprechen, sofern der Master-AIF von einer EU-AIF-Verwaltungsgesellschaft verwaltet wird,
	beizufügen und
	2. muss sich die Erklärung nach Absatz 2 Satz 3 Nummer 2 auch auf den Master AIF und seine Verwaltungsgesellschaft erstrecken.
	(4) Fremdsprachige Unterlagen sind in deutscher Übersetzung oder in englischer Sprache vorzulegen. § 316 Absatz 2 und 3 gilt entsprechend mit der Maßgabe, dass es statt „AIF-Kapitalverwaltungsgesellschaft" „ausländische AIF-Verwaltungsgesellschaft" heißen

AIFM-Richtlinie	KAGB-E
	muss und dass die in § 316 Absatz 3 Satz 1 genannte Frist
	1. bei einem Vertrieb an professionelle Anleger,
	(a) für den Fall, dass der angezeigte AIF kein Feeder-AIF ist, zwei Monate,
	(b) für den Fall, dass der angezeigte AIF ein Feeder-AIF ist,
	(aa) dessen Master-AIF nicht von einer ausländischen AIF-Verwaltungsgesellschaft verwaltet wird, drei Monate,
	(bb) dessen Master-AIF von einer ausländischen AIF-Verwaltungsgesellschaft verwaltet wird, vier Monate,
	2. bei einem Vertrieb an semi-professionelle Anleger
	(a) für den Fall, dass der angezeigte AIF kein Feeder-AIF ist, vier Monate,
	(b) für den Fall, dass der angezeigte AIF ein Feeder-AIF ist,
	(aa) dessen Master-AIF nicht von einer ausländischen AIF-Verwaltungsgesellschaft verwaltet wird, fünf Monate,
	(bb) dessen Master-AIF von einer ausländischen AIF-Verwaltungsgesellschaft verwaltet wird, acht Monate, beträgt.
	(5) Hat die anzeigende ausländische AIF-Verwaltungsgesellschaft bereits einen AIF zum Vertrieb an semi-professionelle Anleger im Geltungsbereich dieses Gesetzes nach Absatz 2 Satz 1 angezeigt, so prüft die Bundesanstalt bei der Anzeige eines weiteren AIF der gleichen Art nicht erneut das Vorliegen der Voraussetzungen nach Absatz 1 Satz 3 Nummer 2 mit Ausnahme von Artikel 22 und 23 der Richtlinie 2011/61/EU, wenn die anzeigende AIF-Verwaltungsgesellschaft im Anzeigeschreiben versichert, dass in Bezug auf die gemäß Absatz 2 Satz 3 Nummer 1 Buchstabe b und Nummer 3 gemachten Angaben seit der letzten Anzeige keine Änderungen erfolgt sind. In diesem Fall sind die in Absatz 2 Satz 3

AIFM-Richtlinie	KAGB-E
	Nummer 1 Buchstabe b und Nummer 3 genannten Angaben nicht erforderlich und die in Absatz 4 Nummer 2 genannten Fristen für den Vertrieb an semi-professionelle Anleger verkürzen sich jeweils um zwei Monate.
	§ 336 KAGB-E **Verweise und Ersuchen nach Artikel 19 der Verordnung (EU)** **Nr. 1095/2010**
Wenn eine für einen EU-AIF zuständige Behörde die gemäß Unterabsatz 1 Buchstabe b geforderte Vereinbarung über Zusammenarbeit nicht innerhalb eines angemessenen Zeitraums abschließt, können die zuständigen Behörden des Mitgliedstaats, in dem der AIF vertrieben werden soll, die Angelegenheit der ESMA zur Kenntnis bringen, die im Rahmen der ihr durch Artikel 19 der Verordnung (EU) Nr. 1095/2010 übertragenen Befugnisse tätig werden kann.	(1) (...) (2) Lehnt eine zuständige Stelle einen Antrag auf Informationsaustausch im Sinne der §§ 324, 328, 332 und 334 zwischen den zuständigen Stellen des Herkunftsmitgliedstaats oder des Referenzmitgliedstaats und den zuständigen Stellen der Aufnahmemitgliedstaaten der AIF-Kapitalverwaltungsgesellschaft, der EU-AIF-Verwaltungsgesellschaft oder der ausländischen AIF-Verwaltungsgesellschaft ab, so können die Bundesanstalt und die zuständigen Stellen des Herkunftsmitgliedstaats oder des Referenzmitgliedstaats und des Aufnahmemitgliedstaats der AIF-Verwaltungsgesellschaft die Europäische Wertpapier- und Marktaufsichtsbehörde nach Maßgabe des Artikels 19 der Verordnung (EU) Nr. 1095/2010 um Hilfe ersuchen.
(2) Soweit es um den Vertrieb von AIF-Anteilen an Anleger in ihrem Hoheitsgebiet geht, dürfen die Mitgliedstaaten Nicht-EU-AIFM für die Zwecke dieses Artikels strengeren Regelungen unterwerfen.	
	§ 336 KAGB-E **Verweise und Ersuchen nach Artikel 19 der Verordnung (EU)** **Nr. 1095/2010**
(3) Die Kommission erlässt gemäß Artikel 56 und nach Maßgabe der Bedingungen der Artikel 57 und 58 delegierte Rechtsakte zu den in Absatz 1 genannten Vereinbarungen über Zu-	(1) Die näheren Bestimmungen zu den in § 322 Absatz 1 Nummer 1, § 324 Absatz 1 Satz 1, § 326 Absatz 1, § 328 Absatz 1 Satz 1, § 330 Absatz 1 Satz 1 Nummer 3, § 332 Absatz 1

AIFM-Richtlinie	KAGB-E
sammenarbeit, um so einen einheitlichen Rahmen zur Erleichterung des Abschlusses derartiger Vereinbarungen über Zusammenarbeit mit Drittländern zu schaffen.	Satz 1 und § 334 Absatz 1 Satz 1 genannten Vereinbarungen über die Zusammenarbeit richten sich nach Artikel 113 bis 115 der Verordnung (EU) Nr. …/2013 [Levels 2- Verordnung nach Artikel 35 Absatz 11, Artikel 40 Absatz 11 und Artikel 42 Absatz 3 der Richtlinie 2011/61/EU].
	(2) (…)
(4) Zur Gewährleistung der einheitlichen Anwendung dieses Artikels erstellt die ESMA Leitlinien, in denen die Bedingungen für die Anwendung der von der Kommission erlassenen Vorschriften für die in Absatz 1 genannten Vereinbarungen über Zusammenarbeit festgelegt werden.	

Literatur: Klebeck/Meyer, Drittstaatenregulierung der AIFM-Richtlinie, RdF 2012, 95.

A. Inhalt

1   Artikel 42 sieht vor, dass die Mitgliedstaaten Nicht-EU-AIFM gestatten können, Anteile der von ihnen verwalteten AIF an professionelle Anleger ausschließlich in ihrem Hoheitsgebiet zu vertreiben, sofern bestimmte Voraussetzungen erfüllt sind. Den Mitgliedstaaten steht es entsprechend der Formulierung *„können"* frei, ein **nationales Platzierungsregime** anzubieten, welches die von Artikel 42 erfassten Fallkonstellationen abdeckt.

2   Zunächst sind gemäß Artikel 42 Absatz 1 Unterabsatz 1a) Satz 1 erster Halbsatz die **Transparenzanforderungen** des Kapitels IV der **AIFM-Richtlinie** zu erfüllen. Dies sind im einzelnen Artikel 22 zum Jahresbericht, Artikel 23 zu den Informationspflichten gegenüber Anlegern und Artikel 24 zu den Informationspflichten gegenüber den zuständigen Behörden.

3   Für den Fall, dass der verwaltete AIF entweder ein hebelfinanzierter AIF oder ein AIF ist, der die Kontrolle über nicht börsennotierte Unternehmen oder Emittenten erlangt, müssen gemäß Artikel 42 Absatz 1 Unterabsatz 1a) Satz 1 zweiter Halbsatz auch die Vorschriften des Kapitels V der AIFM-Richtlinie, also die Artikel 26 bis 30, soweit anwendbar, erfüllt werden.

4   Gemäß Artikel 42 Absatz 1 Unterabsatz 1b) müssen weiterhin geeignete, der Überwachung der Systemrisiken dienende und im Einklang mit den internationalen Standards stehende **Vereinbarungen über die Zusammenarbeit** zwischen den verschiedenen, in Bezug auf den AIFM, den AIF und den Vertrieb jeweils zuständigen Aufsichtsbehörden der Mitgliedstaaten bestehen, so dass ein wirksamer Informationsaustausch möglich ist, der gewährleistet, dass die zuständigen Behörden der jeweilig betroffenen Mitgliedstaaten ihre in dieser Richtlinie festgelegten Aufgaben erfüllen können.

5   Darüber hinaus dürfen gemäß Artikel 42 Absatz 1 Unterabsatz 1c) der Nicht-EU-AIFM sowie, soweit es sich bei dem AIF um einen Nicht-EU-AIF handelt,

der Nicht-EU-AIF nicht in einem Drittstaat belegen sein, der auf der Liste der nicht kooperativen Länder und Gebiete steht, die von der Arbeitsgruppe „Finanzielle Maßnahmen gegen Geldwäsche und Terrorismusfinanzierung" aufgestellt wurde.

Artikel 42 Absatz 1 Unterabsatz 2 befasst sich mit der Kooperation zwischen **6** verschiedenen Aufsichtsbehörden der Mitgliedstaaten in der ebenfalls von Artikel 42 erfassten Konstellation, in der ein EU-AIF von einem Nicht-EU-AIFM in einem Mitgliedstaat vertrieben wird. Diese Situation zeichnet sich dadurch aus, dass ein Bezug zu drei verschiedenen Aufsichtsbehörden besteht, von denen zwei Aufsichtsbehörden Aufsichtsbehörden von Mitgliedstaaten sind. Artikel 42 Absatz 1 Unterabsatz 2 sieht für den Fall, dass eine für einen EU-AIF zuständige Behörde die gemäß Unterabsatz 1b) geforderte Vereinbarung über die Zusammenarbeit nicht innerhalb eines angemessenen Zeitraums abschließt, vor, dass sich die für die Beaufsichtigung des Vertriebs zuständigen Behörden an die ESMA wenden können. Der ESMA kommen gemäß Artikel 19 der Verordnung (EU) Nr. 1095/2010[1] zum Zweck der Beilegung von Meinungsverschiedenheiten zwischen zuständigen Behörden in grenzübergreifenden Fällen besondere Befugnisse zu, die eine Vermittlung und Schlichtung ermöglichen sollen.

Artikel 42 Absatz 2 sieht vor, dass die vorstehend aufgezählten Anforderungen **7** lediglich Mindestanforderungen sind. Im Rahmen des Anwendungsbereichs des Artikels 42 haben die Mitgliedstaaten die Möglichkeit, darüber hinausgehende zusätzliche Anforderungen zu stellen (gold plating).

Gemäß Artikel 42 Absatz 3 ist der Kommission nach Maßgabe des Artikels 56 **8** und unter Berücksichtigung der Bedingungen der Artikel 57 und 58 die Befugnis übertragen, einen delegierten Rechtsakt zu erlassen, der zur Aufgabe hat, einen einheitlichen Rahmen für Vereinbarungen über die Zusammenarbeit mit Drittländern zu schaffen, um den Abschluss solcher Vereinbarungen zu erleichtern.

Um eine einheitliche Anwendung der von der Kommission erlassenen Vor- **9** schriften hinsichtlich der Vereinbarungen über die Zusammenarbeit zu erreichen, erhält die ESMA gemäß Artikel 42 Absatz 4 den Auftrag, diesbezüglich Leitlinien zu erlassen.

B. Anwendungsbereich

I. Persönlicher und sachlicher Anwendungsbereich

Artikel 42 ist auf Nicht-EU-AIFM anwendbar, die Anteile an einem AIF, sei **10** es einem EU-AIF, sei es einem Nicht-EU-AIF, in einem Mitgliedstaat vertreiben wollen, jedoch keinen Pass zum EU-weiten Vertrieb haben. Wird der AIF jedoch durch einen EU-AIFM verwaltet, ist im Fall der Verwaltung von Nicht-EU-AIF die anwendbare Norm Artikel 36.

Sobald ein Nicht-EU-AIFM über eine Zulassung nach Artikel 37 verfügt, kann **11** er, alternativ zum Platzierungsregime von Artikel 42, den Vertrieb von AIF, soweit es sich um einen EU-AIF handelt, unter den Voraussetzungen von und mit einem Pass nach Artikel 39, oder, soweit es sich um einen Nicht-EU-AIF handelt, unter den Voraussetzungen von und mit einem Pass nach Artikel 40

---

[1] Verordnung (EU) Nr. 1095/2010 des Europäischen Parlaments und des Rates vom 24. November 2010 zur Errichtung einer Europäischen Aufsichtsbehörde (Europäische Wertpapier-und Marktaufsichtsbehörde), zur Änderung des Beschlusses Nr. 716/2009/EG und zur Aufhebung des Beschlusses 2009/77/EG der Kommission.

vornehmen. Bei Drittlandbezug wird der Vertrieb mit einem Pass gemäß Artikel 66 Absatz 3 als Alternative zum Vertrieb gemäß Artikel 42 frühestens ab dem im delegierten Rechtsakt gemäß Artikel 67 Absatz 6 bezeichneten Zeitpunkt möglich sein. Artikel 67 Absatz 1 und 6 sehen vor, dass ein EU-Pass bei Drittlandbezug frühestens in den Monaten nach dem 22. Juli 2015 verfügbar sein wird. Dieser Zeitplan ist jedoch nicht zwingend, wie an Artikel 67 Absatz 6 Unterabsatz 2 und an Artikel 67 Absatz 7 zu erkennen ist.

II. Zeitlicher Anwendungsbereich

12   Die AIFM-Richtlinie sieht im Hinblick auf die Konstellationen mit Drittlandbezug grundsätzlich eine dreistufige Umsetzung vor, wobei die Mitgliedstaaten die Möglichkeit haben, anstelle der dreistufigen Umsetzung eine lediglich zweistufige Umsetzung zu wählen. Diesbezüglich wird auf die Kommentierung in Artikel 66 Rn. 4–9 verwiesen. Artikel 42 erlaubt den Mitgliedstaaten (wie auch Artikel 36) für eine Übergangszeit ein nationales Platzierungsregime fortzuführen, solange es nur den zusätzlichen Anforderungen des Artikels 42 und der weiteren darin genannten Vorschriften genügt.

13   Die Bestimmungen des Artikels 42 sind gemäß Artikel 66 Absatz 2 ab dem 22. Juli 2013 anzuwenden. Die Anwendbarkeit von Artikel 42 (wie auch die des Artikels 36) endet gemäß Artikel 66 Absatz 4 spätestens zum im delegierten Rechtsakt gemäß Artikel 68 Absatz 6 bezeichneten Zeitpunkt. Artikel 42 ist (wie auch Artikel 36) somit eine Interimsregelung. Artikel 36 und 42 sollen bis zu dem Zeitpunkt, zu dem das AIFM-Richtlinien-Passsystem auch für **Situationen mit Drittlandbezug** vollständig umgesetzt und funktionsfähig ist, eine Übergangslösung darstellen, die Mindestanforderungen stellt und somit bereits ab dem 22. Juli 2013 eine Harmonisierung der nationalen Platzierungsregimes bei Drittlandbezug bewirkt.[2]

C. Bezüge zum KAGB-E

14   Artikel 42 wird im KAGB-E im wesentlichen in dessen § 330 umgesetzt werden. Der deutsche Gesetzgeber ist entsprechend der Formulierung in Artikel 42 („können") nicht verpflichtet, Nicht-EU-AIFM, die AIF verwalten, die Möglichkeit zu eröffnen, Anteile an diesen AIF in Deutschland an professionelle Anleger vertreiben zu dürfen. Gleichwohl will er von dieser Möglichkeit Gebrauch machen.

15   § 336 Absatz 1 KAGB-E, der die Vereinbarungen über die Zusammenarbeit von Aufsichtsbehörden zum Gegenstand hat, wird Artikel 42 Abs. 3 umsetzen.

16   Artikel 42 Absatz 1 Unterabsatz 2 wird mittels § 336 Absatz 3 KAGB-E umgesetzt werden, der im Fall, dass eine Vereinbarung über die Zusammenarbeit nicht in angemessener Zeit abgeschlossen wird, die Anrufung der ESMA ermöglicht.

17   Einen Spezialfall von Artikel 42 wird § 296 KAGB-E regeln, der sich an den aufzuhebenden § 136 Absatz 5 InvG anlehnt. Demzufolge sollen, soweit die Voraussetzungen des § 296 KAGB-E erfüllt sind, Anteile an ausländischen AIF, die in dem Drittstaat gemäß den Anforderungen der OGAW-IV-Richtlinie aufgelegt und verwaltet werden, in Deutschland entsprechend den Anforderungen der §§ 310 und 311 KAGB-E vertrieben werden können.

---

[2] *Klebeck/Meyer,* Drittstaatenregulierung der AIFM-Richtlinie, RdF 2012, 95, 100 f.

Kapitel VIII Vertrieb an Kleinanleger

Artikel 43 Vertrieb von AIF durch AIFM an Kleinanleger

AIFM-Richtlinie	KAGB-E
Artikel 43 **Vertrieb von AIF durch AIFM an Kleinanleger**	**§ 2 Abs. 4**

(1) Unbeschadet anderer Rechtsakte der Union können die Mitgliedstaaten AIFM gestatten, in ihrem Hoheitsgebiet Anteile an von ihnen gemäß dieser Richtlinie verwalteten AIF an Kleinanleger zu vertreiben, wobei es keine Rolle spielt, ob der Vertrieb der AIF auf nationaler Ebene oder grenzübergreifend erfolgt und ob es sich um einen EU-AIF oder einen Nicht-EU-AIF handelt.	(4) Auf eine AIF-Kapitalverwaltungsgesellschaft sind nur §§ 1 bis 17, 42, 44 sowie die §§ 343, 345, 346, 350, 351 und 353 anzuwenden, wenn
Die Mitgliedstaaten können in solchen Fällen dem AIFM oder AIF Auflagen unterwerfen, die strenger sind als jene, die für AIF gelten, die in ihrem Hoheitsgebiet gemäß dieser Richtlinie an professionelle Anleger vertrieben werden. Allerdings können die Mitgliedstaaten strengere oder zusätzliche Auflagen im Vergleich zu auf nationaler Ebene vertriebene AIF nicht für EU-AIF vorsehen, die ihren Sitz in einem anderen Mitgliedstaat haben und grenzübergreifend vertrieben werden.	1. die AIF-Kapitalverwaltungsgesellschaft entweder direkt oder indirekt über eine Gesellschaft,mit der die AIF-Kapitalverwaltungsgesellschaft über eine gemeinsame Geschäftsführung, ein gemeinsames Kontrollverhältnis oder durch eine wesentliche unmittelbare oder mittelbare Beteiligung verbunden ist, ausschließlich Spezial-AIF verwaltet, 2. die verwalteten Vermögensgegenstände der verwalteten Spezial-AIF a) einschließlich der durch den Einsatz von Leverage erworbenen Vermögensgegenstände insgesamt nicht den Wert von 100 Millionen Euro überschreiten oder b) insgesamt nicht den Wert von 500 Millionen Euro überschreiten, sofern für die Spezial-AIF kein Leverage eingesetzt wird und die Anleger für die Spezial-AIF keine Rücknahmerechte innerhalb von fünf Jahren nach Tätigung der ersten Anlage ausüben können, und 3. die AIF-Kapitalverwaltungsgesellschaft nicht beschlossen hat, sich diesem Gesetz in seiner Gesamtheit zu unterwerfen. Die Berechnung der in Satz 1 Nummer 2 Buchstabe a und b genannten Schwellenwerte und die Behandlung von AIF-Kapitalverwaltungsgesellschaften im Sinne des Satzes 1, deren verwal-

AIFM-Richtlinie	KAGB-E
	tete Vermögensgegenstände innerhalb eines Kalenderjahres gelegentlich den betreffenden Schwellenwert über- oder unterschreiten, bestimmen sich nach Artikel 2 bis 5 der Verordnung (EU) Nr. .../2013 [Level 2-Verordnung gemäß Artikel 3 Absatz 6 Buchstabe a der Richtlinie 2011/61/EU].

§ 295 Abs. 3

(3) Der Vertrieb von Anteilen oder Aktien an inländischen Spezial-AIF, EU-AIF und ausländischen AIF an semi-professionelle Anleger im Inland ist nur zulässig,

1. bis zu dem in dem auf Grundlage des Artikel 66 Absatz 3 in Verbindung mit Artikel 67 Absatz 6 der Richtlinie 2011/61/EU erlassenen delegierten Rechtsakt der Europäischen Kommission genannten Zeitpunkt

a) nach den für den Vertrieb an semi-professionellen Anlegern genannten Voraussetzungen des §§ 321, 323, 329 oder 330 oder

b) nach den Voraussetzungen der §§ 317 bis 320;

2. ab dem Zeitpunkt, auf den in Nummer 1 verwiesen wird,

a) nach den für den Vertrieb an semi-professionellen Anlegern genannten Voraussetzungen der §§ 321 bis 328 oder

b) nach den Voraussetzungen der §§ 317 bis 320.

§ 297 Abs. 10

(10) Auf Verlangen des am Erwerb eines Anteils oder einer Aktie Interessierten muss die Kapitalverwaltungsgesellschaft, die EU-Verwaltungsgesellschaft oder die ausländische AIF-Verwaltungsgesellschaft zusätzlich über die Anlagegrenzen des Risikomanagements des Investmentvermögens, die Risikomanagementmethoden und die jüngsten Entwicklungen bei den Risi-

AIFM-Richtlinie	**KAGB-E**
	ken und Renditen der wichtigsten Kategorien von Vermögensgegenständen des Investmentvermögens informieren. **§ 316** (1) Beabsichtigt eine AIF-Kapitalverwaltungsgesellschaft, Anteile oder Aktien an einem von ihr verwalteten inländischen Publikums-AIF im Geltungsbereich dieses Gesetzes zu vertreiben, so hat sie dies der Bundesanstalt anzuzeigen. Das Anzeigeschreiben muss folgende Angaben und Unterlagen in jeweils geltender Fassung enthalten: 1. einen Geschäftsplan, der Angaben zu dem angezeigten Publikums-AIF enthält; 2. die Anlagebedingungen oder einen Verweis auf die zur Genehmigung eingereichten Anlagebedingungen und gegebenenfalls die Satzung oder den Gesellschaftsvertrag des angezeigten AIF; 3. die Angabe der Verwahrstelle oder einen Verweis auf die von der Bundesanstalt gemäß den §§ 89, 69 Absatz 1 genehmigte Verwahrstelle des angezeigten AIF; 4. den Verkaufsprospekt und die wesentlichen Anlegerinformationen des angezeigten AIF; 5. alle weiteren für den Anleger verfügbaren Informationen über den angezeigten AIF; 6. falls es sich bei dem angezeigten AIF um einen Feederfonds handelt, einen Verweis auf die von der Bundesanstalt genehmigten Anlagebedingungen des Masterfonds, einen Verweis auf die von der Bundesanstalt gemäß § 87 in Verbindung mit § 69 genehmigte Verwahrstelle des Masterfonds, den Verkaufsprospekt und die wesentlichen Anlegerinformationen des Masterfonds sowie die Angabe, ob der Masterfonds im Geltungsbe-

AIFM-Richtlinie	KAGB-E
	reich dieses Gesetzes an Privatanleger vertrieben werden darf.

KAGB-E (Fortsetzung rechte Spalte):

reich dieses Gesetzes an Privatanleger vertrieben werden darf.

(2) Die Bundesanstalt prüft, ob die gemäß Absatz 1 übermittelten Angaben und Unterlagen vollständig sind. Fehlende Angaben und Unterlagen fordert die Bundesanstalt innerhalb einer Frist von 20 Arbeitstagen nach dem Tag, an dem sämtliche der folgenden Voraussetzungen vorliegen, als Ergänzungsanzeige an:

1. Eingang der Anzeige,
2. Genehmigung der Anlagebedingungen und
3. Genehmigung der Verwahrstelle.

Mit Eingang der Ergänzungsanzeige beginnt die in Satz 2 genannte Frist erneut. Die Ergänzungsanzeige ist der Bundesanstalt innerhalb von sechs Monaten nach der Erstattung der Anzeige oder der letzten Ergänzungsanzeige einzureichen; andernfalls ist eine Mitteilung nach Absatz 3 ausgeschlossen. Die Frist nach Satz 4 ist eine Ausschlussfrist. Eine erneute Anzeige ist jederzeit möglich.

(3) Innerhalb von 20 Arbeitstagen nach Eingang der vollständigen Anzeigeunterlagen nach Absatz 1 sowie der Genehmigung der Anlagebedingungen und der Verwahrstelle teilt die Bundesanstalt der AIF-Kapitalverwaltungsgesellschaft mit, ob sie mit dem Vertrieb des im Anzeigeschreiben nach Absatz 1 genannten AIF im Geltungsbereich dieses Gesetzes beginnen kann. Die Bundesanstalt kann die Aufnahme des Vertriebs innerhalb der in Satz 1 genannten Frist untersagen, wenn sich aus den ihr im Anzeigeverfahren eingereichten Unterlagen und Angaben ein Verstoß gegen dieses Gesetz ergibt. Teilt sie der AIF-Kapitalverwaltungsgesellschaft entsprechende Beanstandungen der eingereichten Angaben und Unterlagen innerhalb der Frist von Satz 1 mit, wird die Frist unterbrochen und beginnt die in Satz 1 genannte

AIFM-Richtlinie	KAGB-E
	Frist mit der Einreichung der geänderten Angaben und Unterlagen erneut. Die AIF-Kapitalverwaltungsgesellschaft kann ab dem Datum der entsprechenden Mitteilung nach Satz 1 mit dem Vertrieb des angezeigten AIF im Geltungsbereich dieses Gesetzes beginnen.
	(4) Bei einer Änderung der nach Absatz 1 übermittelten Angaben oder Unterlagen teilt die AIF-Kapitalverwaltungsgesellschaft der Bundesanstalt diese Änderung schriftlich mit und übermittelt der Bundesanstalt gegebenenfalls zeitgleich aktualisierte Angaben und Unterlagen. Geplante Änderungen sind mindestens 20 Arbeitstage vor Durchführung der Änderung mitzuteilen, ungeplante Änderungen unverzüglich nach deren Eintreten. Sollte die AIF-Kapitalverwaltungsgesellschaft oder die Verwaltung des betreffenden AIF durch die geplante Änderung gegen dieses Gesetz verstoßen, so teilt die Bundesanstalt der AIF-Kapitalverwaltungsgesellschaft unverzüglich mit, dass sie die Änderung nicht durchführen darf. Wird eine geplante Änderung ungeachtet der Sätze 1 und 2 durchgeführt oder führt eine durch einen unvorhersehbaren Umstand ausgelöste Änderung dazu, dass die AIF-Kapitalverwaltungsgesellschaft oder die Verwaltung des betreffenden AIF durch diese Änderung nunmehr gegen dieses Gesetz verstößt, so ergreift die Bundesanstalt alle gebotenen Maßnahmen gemäß § 5 einschließlich der ausdrücklichen Untersagung des Vertriebs des betreffenden AIF.
	§ 320 Abs. 1
	(1) Beabsichtigt eine EU-AIF-Verwaltungsgesellschaft oder eine ausländische AIF-Verwaltungsgesellschaft, Anteile oder Aktien an einem von ihr verwalteten EU-AIF oder an einem ausländischen AIF im Geltungsbereich

AIFM-Richtlinie	KAGB-E
	dieses Gesetzes an Privatanleger zu vertreiben, so hat sie dies der Bundesanstalt anzuzeigen. Das Anzeigeschreiben muss folgende Angaben und Unterlagen in jeweils geltender Fassung enthalten:

Bei der Anzeige

a) einer EU-AIF-Verwaltungsgesellschaft oder ab dem Zeitpunkt, auf den in § 295 Absatz 2 Nummer 1 verwiesen wird, einer ausländischen AIF-Verwaltungsgesellschaft eine Bescheinigung der zuständigen Stelle ihres Herkunftsmitgliedstaats oder ihres Referenzmitgliedstaats in einer in der internationalen Finanzwelt gebräuchlichen Sprache, dass die AIF-Verwaltungsgesellschaft und die Verwaltung des AIF durch diese der Richtlinie 2011/61/EU entsprechen,

b) einer ausländischen AIF-Verwaltungsgesellschaft vor dem Zeitpunkt, auf den in § 295 Absatz 2 Nummer 1 verwiesen wird, Angaben und Unterlagen entsprechend § 22 Absatz 1 Nummer 1 bis 9 und 13,

2. alle wesentlichen Angaben zum Repräsentanten, zur Verwahrstelle und zur Zahlstelle sowie die Bestätigungen des Repräsentanten, der Verwahrstelle und der Zahlstelle über die Übernahme dieser Funktionen; Angaben zur Verwahrstelle sind nur insoweit erforderlich, als sie von der Bescheinigung nach Nummer 1 Buchstabe a nicht erfasst werden,

3. die Anlagebedingungen, die Satzung oder den Gesellschaftsvertrag des EU-AIF oder ausländischen AIF, seinen Geschäftsplan, der auch die wesentlichen Angaben zu seinen Organen enthält, sowie den Verkaufsprospekt und die wesentliche Anlegerinformationen und alle weiteren für den Anleger verfügbaren Informationen über den angezeigten AIF sowie wesentliche Angaben über die

AIFM-Richtlinie	KAGB-E
	für den Vertrieb im Geltungsbereich dieses Gesetzes vorgesehenen Vertriebsgesellschaften,

4. den letzten Jahresbericht, der den Anforderungen des § 299 Absatz 1 Nummer 3 entsprechen muss, und, wenn der Stichtag des Jahresberichts länger als acht Monate zurückliegt und es sich nicht um einen geschlossenen AIF handelt, auch der anschließende Halbjahresbericht, der den Anforderungen des § 299 Absatz 1 Nummer 4 entsprechen muss; der Jahresbericht muss mit dem Bestätigungsvermerk eines Wirtschaftsprüfers versehen sein,

5. die festgestellte Jahresbilanz des letzten Geschäftsjahres nebst Gewinn-und-Verlustrechnung (Jahresabschluss) der Verwaltungsgesellschaft, die mit dem Bestätigungsvermerk eines Wirtschaftsprüfers versehen sein muss,

6. Angaben zu den Vorkehrungen für den Vertrieb des angezeigten AIF,

7. die Erklärung der EU-AIF-Verwaltungsgesellschaft oder der ausländischen AIF-Verwaltungsgesellschaft, dass sie sich verpflichtet,

a) der Bundesanstalt den Jahresabschluss der Verwaltungsgesellschaft und den nach § 299 Absatz 1 Nummer 3 zu veröffentlichenden Jahresbericht spätestens sechs Monate nach Ende jedes Geschäftsjahres sowie für offene AIF zusätzlich den nach § 299 Absatz 1 Nummer 4 zu veröffentlichenden Halbjahresbericht spätestens drei Monate nach Ende jedes Geschäftshalbjahres einzureichen; der Jahresabschluss und der Jahresbericht müssen mit dem Bestätigungsvermerk eines Wirtschaftsprüfers versehen sein,

b) die Bundesanstalt über alle wesentlichen Änderungen von Umständen, die bei der Vertriebsanzeige angegeben worden sind oder die der Be-

AIFM-Richtlinie	KAGB-E
	scheinigung der zuständigen Stelle nach Nummer 1 Buchstabe a zugrunde liegen, gemäß Absatz 3 zu unterrichten und die Änderungsangaben nachzuweisen, c) der Bundesanstalt auf Verlangen über ihre Geschäftstätigkeit Auskunft zu erteilen und Unterlagen vorzulegen, d) auf Verlangen der Bundesanstalt den Einsatz von Leverage auf den von der Bundesanstalt geforderten Umfang zu beschränken oder einzustellen, und, e) falls es sich um eine ausländische AIF-Verwaltungsgesellschaft handelt, gegenüber der Bundesanstalt die Berichtspflichten nach § 35 zu erfüllen. 8. der Nachweis über die Zahlung der Gebühr für die Anzeige, 9. alle wesentlichen Angaben und Unterlagen, aus denen hervorgeht, dass der ausländische AIF und seine Verwaltungsgesellschaft in dem Staat, in dem sie ihren Sitz haben, einer wirksamen öffentlichen Aufsicht zum Schutz der Anleger unterliegen, 10. gegebenenfalls die nach § 175 erforderlichen Vereinbarungen für Master-Feeder-Strukturen. Fremdsprachige Unterlagen sind mit einer deutschen Übersetzung vorzulegen. **§ 321 Abs. 1** (1) Beabsichtigt eine AIF-Kapitalverwaltungsgesellschaft, Anteile oder Aktien an einem von ihr verwalteten EU-AIF oder an einem von ihr verwalteten inländischen Spezial-AIF an semi-professionelle oder professionelle Anleger im Geltungsbereich dieses Gesetzes zu vertreiben, so hat sie dies der Bundesanstalt anzuzeigen. Das Anzeigeschreiben muss folgende Angaben und Unterlagen in jeweils geltender Fassung enthalten: 1. einen Geschäftsplan, der Angaben zum angezeigten AIF sowie zu seinem Sitz enthält;

AIFM-Richtlinie	KAGB-E
	2. die Anlagebedingungen, die Satzung oder den Gesellschaftsvertrag des angezeigten AIF; 3. den Namen der Verwahrstelle des angezeigten AIF; 4. eine Beschreibung des angezeigten AIF und alle für die Anleger verfügbaren Informationen über den angezeigten AIF; 5. Angaben zum Sitz des Master-AIF und seiner Verwaltungsgesellschaft, falls es sich bei dem angezeigten AIF um einen Feeder-AIF handelt; 6. alle in § 307 Absatz 1 genannten weiteren Informationen für jeden angezeigten AIF; 7. Angaben zu den Vorkehrungen, die getroffen wurden, um zu verhindern, dass Anteile oder Aktien des angezeigten AIF an Privatanleger vertrieben werden, insbesondere wenn die AIF-Kapitalverwaltungsgesellschaft für die Erbringung von Wertpapierdienstleistungen für den angezeigten AIF auf unabhängige Unternehmen zurückgreift. Ist der EU-AIF oder der inländische Spezial-AIF, den die AIF-Kapitalverwaltungsgesellschaft an semi-professionelle oder professionelle Anleger im Geltungsbereich dieses Gesetzes zu vertreiben beabsichtigt, ein Feeder-AIF, ist eine Anzeige nach Satz 1 nur zulässig, wenn der Master-AIF ebenfalls ein EU-AIF oder ein inländischer AIF ist, der von einer EU-AIF-Verwaltungsgesellschaft oder einer AIF-Kapitalverwaltungsgesellschaft verwaltet wird. Andernfalls richtet sich das Anzeigeverfahren ab dem Zeitpunkt, auf den in § 295 Absatz 2 Nummer 1 verwiesen wird, nach § 322 und vor diesem Zeitpunkt nach § 329. **§ 322 Abs. 1** (1) Der Vertrieb von Anteilen oder Aktien an ausländischen AIF und von Anteilen oder Aktien an EU-Feeder-

AIFM-Richtlinie	KAGB-E
	AIF oder inländischen Spezial-Feeder-AIF, deren jeweiliger Master-AIF kein EU-AIF oder inländischer AIF ist, der von einer EU-AIF-Verwaltungsgesellschaft oder einer AIF-Kapitalverwaltungsgesellschaft verwaltet wird, an semi-professionelle und professionelle Anleger im Geltungsbereich dieses Gesetzes durch eine AIF-Kapitalverwaltungsgesellschaft ist nur zulässig, wenn:

1. geeignete Vereinbarungen über die Zusammenarbeit zwischen der Bundesanstalt und den Aufsichtsbehörden des Drittstaates bestehen, in dem der ausländische AIF seinen Sitz hat, damit unter Berücksichtigung von § 9 Absatz 8 zumindest ein effizienter Informationsaustausch gewährleistet ist, der es der Bundesanstalt ermöglicht, ihre Aufgaben gemäß der Richtlinie 2011/61/EU wahrzunehmen;

2. der Drittstaat, in dem der ausländische AIF seinen Sitz hat, nicht auf der Liste der nicht kooperativen Länder und Gebiete steht, die von der Arbeitsgruppe „Finanzielle Maßnahmen gegen Geldwäsche und Terrorismusfinanzierung" aufgestellt wurde;

3. der Drittstaat, in dem der ausländische AIF seinen Sitz hat, mit der Bundesrepublik Deutschland eine Vereinbarung unterzeichnet hat, die den Normen des Artikels 26 des OECD-Musterabkommens zur Vermeidung der Doppelbesteuerung von Einkommen und Vermögen vollständig entspricht und einen wirksamen Informationsaustausch in Steuerangelegenheiten, gegebenenfalls einschließlich multilateraler Abkommen über die Besteuerung, gewährleistet;

4. die AIF-Kapitalverwaltungsgesellschaft bei der Verwaltung eines ausländischen AIF abweichend von § 55 Absatz 1 Nummer 1 alle in der

AIFM-Richtlinie	KAGB-E
	Richtlinie 2011/61/EU für diese AIF festgelegten Anforderungen erfüllt.

§ 299 Abs. 1

(1) Die EU-AIF-Verwaltungsgesellschaft oder die ausländische AIF-Verwaltungsgesellschaft veröffentlicht für Anteile oder Aktien an EU-AIF oder ausländischen AIF

1. den Verkaufsprospekt und alle Änderungen desselben auf der Internetseite der AIF-Verwaltungsgesellschaft;

2. die Anlagebedingungen, die Satzung oder den Gesellschaftsvertrag und alle Änderungen derselben auf der Internetseite der AIF-Verwaltungsgesellschaft;

3. einen Jahresbericht für den Schluss eines jeden Geschäftsjahres im Bundesanzeiger spätestens sechs Monate nach Ablauf des Geschäftsjahres; der Bericht hat folgende Angaben zu enthalten:

   a) eine Vermögensaufstellung, die in einer dem § 101 Absatz 1 Satz 3 Nummer 1 und 2, ausgenommen Nummer 1 Satz 3 und 7, vergleichbaren Weise ausgestaltet ist und die im Berichtszeitraum getätigten Käufe und Verkäufe von Vermögensgegenständen im Sinne von § 261 Absatz 1 Nummer 1 benennt,

   b) eine nach der Art der Aufwendungen und Erträge gegliederte Aufwands- und Ertragsrechnung,

   c) einen Bericht über die Tätigkeiten der AIF-Verwaltungsgesellschaft im vergangenen Geschäftsjahr einschließlich einer Übersicht über die Entwicklung des Investmentvermögens in einer dem § 101 Absatz 1 Nummer 4 Satz 3 und 247 Absatz 1 vergleichbaren Weise; die Übersicht ist mit dem ausdrücklichen Hinweis zu verbinden, dass die vergangenheitsbezogenen Werte keine Rückschlüsse für die Zukunft gewähren,

AIFM-Richtlinie	KAGB-E
	d) die Anzahl der am Berichtsstichtag umlaufenden Anteile oder Aktien und den Wert eines Anteils oder einer Aktie,
	e) jede wesentliche Änderung der im Verkaufsprospekt aufgeführten Informationen während des Geschäftsjahres, auf das sich der Bericht bezieht,
	f) die Gesamtsumme der im abgelaufenen Geschäftsjahr gezahlten Vergütungen, aufgegliedert nach festen und variablen von der Verwaltungsgesellschaft an ihre Mitarbeiter gezahlten Vergütungen, sowie die Zahl der Begünstigten und gegebenenfalls die vom EU-AIF oder ausländischen AIF gezahlten Carried Interest,
	g) die Gesamtsumme der gezahlten Vergütungen, aufgegliedert nach Vergütungen für Führungskräfte und Mitarbeiter der Verwaltungsgesellschaft, deren Tätigkeit sich wesentlich auf das Risikoprofil des AIF auswirkt,
	h) eine Wiedergabe des vollständigen Berichts des Rechnungsprüfers einschließlich etwaiger Vorbehalte,
	i) eine Gesamtkostenquote entsprechend § 166 Absatz 5 oder § 270 Absatz 1 in Verbindung mit § 166 Absatz 5; gegebenenfalls zusätzlich eine Kostenquote für erfolgsabhängige Verwaltungsvergütungen und zusätzliche Verwaltungsvergütungen nach § 166 Absatz 5 Satz 4 oder § 270 Absatz 4;
	4. einen Halbjahresbericht für die Mitte eines jeden Geschäftsjahres, falls es sich um einen offenen AIF handelt; der Bericht ist im Bundesanzeiger spätestens zwei Monate nach dem Stichtag zu veröffentlichen und muss die Angaben nach Nummer 3 Buchstabe a und d enthalten; außerdem sind die Angaben nach Nummer 3 Buchstabe b und c aufzunehmen, wenn für das Halbjahr Zwischenaus-

AIFM-Richtlinie	KAGB-E
	schüttungen erfolgt oder vorgesehen sind;

KAGB-E (continued):

5. die Ausgabe- und Rücknahmepreise und den Nettoinventarwert je Anteil oder Aktie bei jeder Ausgabe oder Rücknahme von Anteilen oder Aktien, jedoch mindestens einmal im Jahr, in einer im Verkaufsprospekt anzugebenden hinreichend verbreiteten Wirtschafts- oder Tageszeitung mit Erscheinungsort im Geltungsbereich dieses Gesetzes oder in den im Verkaufsprospekt bezeichneten elektronischen Informationsmedien; dabei ist der für den niedrigsten Anlagebetrag berechnete Ausgabepreis zu nennen; abweichend erfolgt die Veröffentlichung bei mit OGAW nach § 192 vergleichbaren Investmentvermögen mindestens zweimal im Monat.

Inhalt und Form des Jahresberichtes bestimmen sich im Übrigen nach Artikel 103 bis 107 der Verordnung (EU) Nr. .../2013 [Level 2-Verordnung gemäß Artikel 22 Absatz 4 der Richtlinie 2011/61/EU]. Der Jahresbericht eines Feederfonds muss zudem die Anforderungen entsprechend § 173 Absatz 6 erfüllen.

§ 293 Abs. 1

(1) Vertrieb ist das direkte oder indirekte Anbieten oder Platzieren von Anteilen oder Aktien eines Investmentvermögens oder das Werben für ein Investmentvermögen. Als Vertrieb gilt nicht, wenn

1. Investmentvermögen nur namentlich benannt werden,

2. nur die Nettoinventarwerte und die an einem organisierten Markt ermittelten Kurse oder die Ausgabe- und Rücknahmepreise von Anteilen oder Aktien eines Investmentvermögens genannt oder veröffentlicht werden,

3. Verkaufsunterlagen eines Investmentvermögens mit mindestens

AIFM-Richtlinie	KAGB-E
	einem Teilinvestmentvermögen, dessen Anteile oder Aktien im Geltungsbereich dieses Gesetzes an eine, mehrere oder alle Anlegergruppen im Sinne des § 1 Absatz 19 Nummer 31 bis 33 vertrieben werden dürfen, verwendet werden, und diese Verkaufsunterlagen auch Informationen über weitere Teilinvestmentvermögen enthalten, die im Geltungsbereich dieses Gesetzes nicht oder nur an eine andere Anlegergruppe vertrieben werden dürfen, sofern in den Verkaufsunterlagen jeweils drucktechnisch herausgestellt an hervorgehobener Stelle darauf hingewiesen wird, dass die Anteile oder Aktien der weiteren Teilinvestmentvermögen im Geltungsbereich dieses Gesetzes nicht vertrieben werden dürfen oder, sofern sie an einzelne Anlegergruppen vertrieben werden dürfen, an welche Anlegergruppe im Sinne des § 1 Absatz 19 Nummer 31 bis 33 sie nicht vertrieben werden dürfen, 4. die Besteuerungsgrundlagen nach § 5 des Investmentsteuergesetzes genannt oder bekannt gemacht werden, 5. in einen Prospekt für Wertpapiere Mindestangaben nach § 7 des Wertpapierprospektgesetzes oder Zusatzangaben gemäß § 268 oder § 307 oder in einen Prospekt für Vermögensanlagen Mindestangaben nach § 8g des Verkaufsprospektgesetzes oder des § 7 Vermögensanlagengesetz aufgenommen werden, 6. Verwaltungsgesellschaften nur ihre gesetzlichen Veröffentlichungspflichten im Bundesanzeiger oder ausschließlich ihre regelmäßigen Informationspflichten gegenüber dem bereits in das betreffende Investmentvermögen investierten Anleger nach diesem Gesetz erfüllen,

AIFM-Richtlinie	KAGB-E
	7. ein EU-Master-OGAW ausschließlich Anteile an einen oder mehrere inländische OGAW-Feederfonds ausgibt, und darüber hinaus kein Vertrieb im Sinne des Satzes 1 stattfindet. Ein Vertrieb an semiprofessionelle und professionelle Anleger ist nur dann gegeben, wenn dieser auf Initiative der Verwaltungsgesellschaft oder in deren Auftrag erfolgt und sich an semi-professionelle oder professionelle Anleger mit Wohnsitz oder Sitz im Inland oder einem anderen Mitgliedstaat der Europäischen Union oder Vertragsstaat des Abkommens über den Europäischen Wirtschaftsraum richtet. Die Bundesanstalt für Finanzdienstleistungsaufsicht (Bundesanstalt) kann Richtlinien aufstellen, nach denen sie für den Regelfall beurteilt, wann ein Vertrieb im Sinne des Satzes 1 und 3 vorliegt.

§ 295 Abs. 1

(1) Der Vertrieb von Anteilen oder Aktien an inländischen Publikums-AIF an Privatanleger, semi-professionelle und professionelle Anleger im Geltungsbereich dieses Gesetzes ist nur zulässig, wenn die Voraussetzungen des § 316 erfüllt sind. Der Vertrieb von Anteilen oder Aktien an EU-AIF und ausländischen AIF an Privatanleger im Geltungsbereich dieses Gesetzes ist nur zulässig, wenn die Voraussetzungen der §§ 317 bis 320 erfüllt sind. Die Verwaltungsgesellschaften, die AIF verwalten, die die Voraussetzungen für den Vertrieb an Privatanleger nicht erfüllen, müssen wirksame Vorkehrungen treffen, die verhindern, dass Anteile oder Aktien an den AIF an Privatanleger im Geltungsbereich dieses Gesetzes vertrieben werden; dies gilt auch, wenn unabhängige Unternehmen eingeschaltet werden, die für den AIF Wertpapierdienstleistungen erbringen.

AIFM-Richtlinie	KAGB-E
	§ 297 Abs. 2

§ 297 Abs. 2

(2) Der am Erwerb eines Anteils oder einer Aktie an einem AIF interessierte Privatanleger ist vor Vertragsschluss über den jüngsten Nettoinventarwert des Investmentvermögens oder den jüngsten Marktpreis der Anteile oder Aktien gemäß den §§ 168 und 271 Absatz 1 zu informieren. Ihm sind rechtzeitig vor Vertragsschluss die wesentlichen Anlegerinformationen, der Verkaufsprospekt und der letzte veröffentlichte Jahres- und Halbjahresbericht in der geltenden Fassung kostenlos zur Verfügung zu stellen.

§ 299 Abs. 5

(5) Die Veröffentlichungs- und Unterrichtungspflichten gemäß § 298 Absatz 2 gelten für EU-AIF-Verwaltungsgesellschaften oder ausländische AIF-Verwaltungsgesellschaften entsprechend. Zusätzlich ist dem Anleger auf Verlangen der Jahresbericht mit den Angaben nach Absatz 1 Nummer 3 zur Verfügung zu stellen. Ist der AIF nach der Richtlinie 2004/109/EG verpflichtet, Jahresfinanzberichte zu veröffentlichen, so sind dem Anleger die Angaben nach Absatz 1 Nummer 3 auf Verlangen gesondert oder in Form einer Ergänzung zum Jahresfinanzbericht zur Verfügung zu stellen. In letzterem Fall ist der Jahresfinanzbericht spätestens vier Monate nach Ende des Geschäftsjahres zu veröffentlichen.

§ 300 Abs. 4

(4) Die AIF-Verwaltungsgesellschaft informiert die Anleger zusätzlich unverzüglich mittels dauerhaften Datenträgers entsprechend § 167 und durch Veröffentlichung in einem weiteren im Verkaufsprospekt zu benennenden Informationsmedium über alle Änderungen, die sich in Bezug auf die Haftung der Verwahrstelle ergeben.

AIFM-Richtlinie	KAGB-E
	§ 315 Abs. 1
	(1) Stellt eine AIF-Verwaltungsgesellschaft den Vertrieb von Anteilen oder Aktien eines von ihr verwalteten und nach den §§ 316 oder 320 vertriebenen AIF im Geltungsbereich dieses Gesetzes gegenüber einer, mehreren oder allen Anlegergruppen im Sinne des § 1 Absatz 19 Nummer 31 bis 33 ein, so hat die AIF-Verwaltungsgesellschaft dies unverzüglich im Bundesanzeiger zu veröffentlichen und die Veröffentlichung der Bundesanstalt nachzuweisen. Die Bundesanstalt kann die Veröffentlichung auf Kosten der AIF-Verwaltungsgesellschaft vornehmen, wenn die Veröffentlichungspflicht auch nach Fristsetzung durch die Bundesanstalt nicht erfüllt wird. Absatz 2 bleibt unberührt.
	§ 316 Abs. 1
	(1) Beabsichtigt eine AIF-Kapitalverwaltungsgesellschaft, Anteile oder Aktien an einem von ihr verwalteten inländischen Publikums-AIF im Geltungsbereich dieses Gesetzes zu vertreiben, so hat sie dies der Bundesanstalt anzuzeigen. Das Anzeigeschreiben muss folgende Angaben und Unterlagen in jeweils geltender Fassung enthalten:
	1. einen Geschäftsplan, der Angaben zu dem angezeigten Publikums-AIF enthält;
	2. die Anlagebedingungen oder einen Verweis auf die zur Genehmigung eingereichten Anlagebedingungen und gegebenenfalls die Satzung oder den Gesellschaftsvertrag des angezeigten AIF;
	3. die Angabe der Verwahrstelle oder einen Verweis auf die von der Bundesanstalt gemäß den §§ 89, 69 Absatz 1 genehmigte Verwahrstelle des angezeigten AIF;

AIFM-Richtlinie	KAGB-E
	4. den Verkaufsprospekt und die wesentlichen Anlegerinformationen des angezeigten AIF;

4. den Verkaufsprospekt und die wesentlichen Anlegerinformationen des angezeigten AIF;
5. alle weiteren für den Anleger verfügbaren Informationen über den angezeigten AIF;
6. falls es sich bei dem angezeigten AIF um einen Feederfonds handelt, einen Verweis auf die von der Bundesanstalt genehmigten Anlagebedingungen des Masterfonds, einen Verweis auf die von der Bundesanstalt gemäß § 87 in Verbindung mit § 69 genehmigte Verwahrstelle des Masterfonds, den Verkaufsprospekt und die wesentlichen Anlegerinformationen des Masterfonds sowie die Angabe, ob der Masterfonds im Geltungsbereich dieses Gesetzes an Privatanleger vertrieben werden darf.

§ 317 Abs. 1

(1) Der Vertrieb von EU-AIF und ausländischen AIF durch eine EU-AIF-Verwaltungsgesellschaft oder eine ausländische AIF-Verwaltungsgesellschaft an Privatanleger im Geltungsbereich dieses Gesetzes ist nur zulässig, wenn

1. der AIF und seine Verwaltungsgesellschaft im Staat ihres gemeinsamen Sitzes einer wirksamen öffentlichen Aufsicht zum Schutz der Anleger unterliegen,
2. die zuständigen Aufsichtsstellen des Sitzstaates zu einer nach den Erfahrungen der Bundesanstalt befriedigenden Zusammenarbeit mit der Bundesanstalt entsprechend den §§ 9 und 10 bereit sind,
3. die AIF-Verwaltungsgesellschaft und die Verwaltung des angezeigten AIF durch sie den Anforderungen der Richtlinie 2011/61/EU entsprechen,
4. die AIF-Verwaltungsgesellschaft der Bundesanstalt ein inländisches Kreditinstitut oder eine zuverlässige,

AIFM-Richtlinie	KAGB-E
	fachlich geeignete Person mit Sitz oder Wohnsitz im Geltungsbereich dieses Gesetzes als Repräsentanten benennt, die hinreichend ausgestattet ist, um die Compliance-Funktion entsprechend § 57 Absatz 3 Satz 3 wahrnehmen zu können,
	5. eine Verwahrstelle die Gegenstände des AIF in einer Weise sichert, die den Vorschriften der §§ 80 bis 90 vergleichbar ist,
	6. ein oder mehrere inländische Kreditinstitute oder inländische Zweigniederlassungen von Kreditinstituten mit Sitz im Ausland als Zahlstellen benannt werden, über welche von den Anlegern geleistete oder für sie bestimmte Zahlungen geleitet werden können; werden Zahlungen und Überweisungen über eine Zahlstelle geleitet, so ist sicherzustellen, dass die Beträge unverzüglich an das in § 83 Absatz 6 genannte Geldkonto oder an die Anleger weitergeleitet werden,
	7. die Anlagebedingungen, die Satzung oder der Gesellschaftsvertrag
	a) bei offenen AIF die Mindestinhalte nach § 162 und gegebenenfalls
	aa) bei mit Sonstigen Investmentvermögen vergleichbaren AIF die Angaben nach § 224 Absatz 3,
	bb) bei mit Dach-Hedgefonds vergleichbaren AIF die Angaben nach § 229,
	cc) bei mit Immobilien-Sondervermögen vergleichbaren AIF die Angaben nach § 256 Absatz 2 aufweisen,
	b) bei geschlossenen AIF die Mindestinhalte nach § 266 aufweisen,
	c) Regelungen enthalten, die bei offenen AIF die Einhaltung der Vorschriften in den §§ 192 bis 213 oder den §§ 218, 219 oder den §§ 220, 221, 222 oder § 225 oder den §§ 230 bis 246, 252 bis 254, 258 bis 260 und bei geschlossenen AIF die Einhal-

AIFM-Richtlinie	KAGB-E
	tung der Vorschriften in den §§ 261 bis 265 sicherstellen,

KAGB-E (Fortsetzung):

d) vorsehen, dass die zum AIF gehörenden Vermögensgegenstände nicht verpfändet oder sonst belastet, zur Sicherung übereignet oder zur Sicherung abgetreten werden dürfen, es sei denn, es werden für den AIF Kredite unter Berücksichtigung der Anforderungen nach den §§ 199, 221 Absatz 6, 254 aufgenommen, einem Dritten Optionsrechte eingeräumt oder Wertpapierpensionsgeschäfte nach § 203 oder Finanzterminkontrakte, Devisenterminkontrakte, Swaps oder ähnliche Geschäfte nach Maßgabe des § 197 abgeschlossen,

e) bei offenen AIF mit Ausnahme von offenen Immobilieninvestmentvermögen vorsehen, dass die Anleger täglich die Auszahlung des auf den Anteil oder die Aktie entfallenden Vermögensteils verlangen können, es sei denn, sie sehen bei mit Sonstigen Investmentvermögen vergleichbaren AIF Regelungen entsprechend § 223 Absatz 1, bei mit Sonstigen Investmentvermögen mit Anlagemöglichkeiten entsprechend § 222 Absatz 1 vergleichbaren AIF Regelungen entsprechend § 223 Absatz 2 oder bei mit Dach-Hedgefonds vergleichbaren AIF Regelungen entsprechend § 227 vor,

f) bei mit Immobilien-Sondervermögen vergleichbaren Investmentvermögen eine Regelung entsprechend der §§ 255, 257 vorsehen,

g) bei geschlossenen AIF vorsehen, dass die Anleger zumindest am Ende der Laufzeit die Auszahlung des auf den Anteil oder die Aktie entfallenden Vermögensteils verlangen können,

h) Regelungen enthalten, die sicher stellen, dass die Bewertung des AIF bei offenen AIF in einer den §§ 168 bis 170, 216 und 217, bei mit Immobilien-Sondervermögen vergleichba-

AIFM-Richtlinie	KAGB-E
	ren AIF unter Berücksichtigung der Sonderregelung in §§ 248 bis 251, und bei geschlossenen AIF in einer den §§ 271 und 272 entsprechenden Weise erfolgt,
	i) vorsehen, dass eine Kostenvorausbelastung nach Maßgabe des § 304 eingeschränkt ist und dass im Jahresbericht und gegebenenfalls in den Halbjahresberichten die Angaben gemäß § 101 Absatz 2 Nummer 4 zu machen sind,
	j) bei geschlossenen AIF zudem vorsehen, dass die Bildung von Teilinvestmentvermögen und Master-Feeder-Konstruktionen ausgeschlossen ist,
	8. die in § 297 Absatz 2 bis 7, 9 und 10, in den §§ 299 bis 301, 303 Absatz 1 und 3 und in § 318 genannten Pflichten zur Unterrichtung der am Erwerb eines Anteils oder einer Aktie Interessierten oder des Anlegers ordnungsgemäß erfüllt werden.
	§ 318 Abs. 3
	(3) Für EU-AIF-Verwaltungsgesellschaften oder ausländische AIF-Verwaltungsgesellschaften, die nach der Richtlinie 2003/71/EG einen Prospekt zu veröffentlichen haben, bestimmen sich die in diesem Prospekt aufzunehmenden Mindestangaben nach dem Wertpapierprospektgesetz und der Verordnung (EG) Nr. 809/2004. Enthält dieser Prospekt zusätzlich die in den Absätzen 1 und 2 geforderten Angaben, muss darüber hinaus kein Verkaufsprospekt erstellt werden. Die Absätze 4 und 6 gelten entsprechend.
	§ 12 Abs. 7 Nr. 2
(2) Die Mitgliedstaaten, die in ihrem Hoheitsgebiet den Vertrieb von AIF an Kleinanleger gestatten, teilen der Kommission und der ESMA bis zum 22. Juli 2014 Folgendes mit:	2. bis zum 22. Juli 2014 die Arten von Publikums-AIF und die zusätzlich vorgesehenen Vorgaben für den Vertrieb von Publikums-AIF.

AIFM-Richtlinie	KAGB-E
a) die Arten von AIF, die AIFM in ihrem Hoheitsgebiet an Kleinanleger vertreiben dürfen, b) vom Mitgliedstaat gegebenenfalls zusätzlich vorgesehene Auflagen für den Vertrieb von AIF an Kleinanleger. Die Mitgliedstaaten unterrichten die Kommission und die ESMA ferner über jede Unterabsatz 1 betreffende Änderung.	**§ 12 Abs. 6 Nr. 16** 16. jede Änderung in Bezug auf die Arten von Publikums-AIF und die zusätzlich vorgesehenen Vorgaben für Publikums-AIF,

Literatur: *Bußalb/Unzicker,* Auswirkungen der AIFM-Richtlinie auf geschlossene Fonds, BKR 2012, 309; *Klebeck/Zollinger* Compliance-Funktion nach der AIFM-Richtlinie, BB 2013, 459; *Kramer/Recknagel,* Die AIFM-Richtlinie – Neuer Rechtsrahmen für die Verwaltung alternativer Investmentfonds, DB 2011, 2077; *Wallach,* Alternative Investment Funds Managers Directive – ein neues Kapitel des europäischen Investmentrechts, RdF 2011, 80.

Übersicht

A. Entstehungsgeschichte

1   Der Lehne-Bericht erwähnt unter Tz. H fast versteckt die Erwägung, dass das **Transparenzerfordernis** im Hinblick auf Hedgefonds bzw. Private-Equity-Fonds auch die Transparenz gegenüber Kleinanlegern umfasse. In der dortigen Anlage zum Entschließungsantrag ist wiederum am Rande von den **Kleinanlegern** die Rede. In der dort sodann beigefügten Stellungnahme des Ausschusses für Wirtschaft und Währung vom 28. Mai 2008 wird unter Tz. 25 recht spezifisch empfohlen, *„[...] dass Hedge Fonds, die sich um Investitionen von Kleinanlegern bemühen, zur Auflage gemacht werden sollte, sich auf einen genau festgelegten Sektor und ein genau festgelegtes Risikoprofil zu verpflichten und nur durch Verkäufer verkauft werden sollten, die hinsichtlich ihrer fachlichen Qualifikationen, ihrer Beratungsfähigkeiten und ihrer ethischen Rechtschaffenheit speziell dazu bevollmächtigt sind[.]"*. Der Kommissions-Vorschlag vom 30. April 2009 enthielt in Art. 32 eine dem Art. 43 AIFM-RL entsprechende, aber kürzer formulierte Regelung. Hier fehlte noch das Verbot, strengere nationale Vertriebsanforderungen auch für EU-AIF vorzusehen, die ihren Sitz in einem anderen Mitgliedstaat haben und grenzübergreifend vertrieben werden. Der Rats-Vorschlag vom 15. Dezember 2009 sodann enthält das entsprechende Verbot.

B. Normzweck

Art. 43 AIFM-RL soll es den einzelnen Mitgliedstaaten ermöglichen, den Ver- 2 trieb von AIF durch AIFM an Kleinanleger zuzulassen[1]. Hintergrund ist wohl u.a. dass es hier sehr heterogene nationale „Alt-Regelungen" gibt, aus denen recht unterschiedliche Relationen beim Anteilsbesitz institutioneller/professioneller auf der einen und jenem von Kleinanlegern auf der anderen Seite resultieren. Diese Regulierungslandschaft wollte man von europäischer Seite schon deshalb nicht zwingend einebnen, da sich die AIFM-RL ja ausschließlich mit dem Vertrieb an professionelle Investoren befasst (vgl. Art. 32 Abs. 9 AIFM-RL).

Für den Fall eines Vertriebs an Kleinanleger sind allerdings die **Vorschriften** 3 **der AIFM-RL** als **Mindeststandard** festgeschrieben. Dies allerdings nur in umgekehrter Diskriminierung für die eigenen nationalen Initiatoren. Initiatoren von EU-AIF aus anderen Mitgliedstaaten werden nur an den AIFM-Mindeststandard gebunden, sofern sich ihre eigene nationale Gesetzgebung damit begnügt[2]. Im Ergebnis hilft dies z. B. ggf. Luxemburg dabei, eine dominierende Position im Bereich des Vertriebs von AIF an deutsche Kleinanleger aufzubauen – ein Arbeitsbeschaffungsprogramm bei gleichzeitiger Privilegierung des reduzierten regulatorischen Schutzrahmens. Die unter der AIFM-RL nunmehr gesetzlich vorgesehene Compliance-Funktion[3] würde insoweit kein level playing field vorfinden.

C. Überblick über die Norm

Absatz 1 des Art. 43 AIFM-RL eröffnet den EU-Mitgliedstaaten die Option, in 4 ihrem Hoheitsgebiet Fondsanteile an Kleinanleger zu vertreiben. Hierbei besteht weiterhin die Möglichkeit, strengere Voraussetzungen zu schaffen als für den Vertrieb an professionelle Anleger (sog. **„goldplating"**). Absatz 2 schreibt vor, dass jene Mitgliedstaaten, die in ihrem Hoheitsgebiet den Vertrieb an Kleinanleger gestatten wollen, Kommission und ESMA bis zum 22. Juli 2014 über entsprechende Details unterrichten.

D. Die Norm im Einzelnen

I. Absatz 1

1. Unterabsatz 1. Einzelne EU-Mitgliedstaaten können AIFM gestatten, in 5 ihrem Hoheitsgebiet AIF-Anteile an Kleinanleger zu vertreiben, wobei nicht danach zu unterscheiden ist, ob der Vertrieb der AIF auf nationaler Ebene oder

---

[1] Vgl. hierzu auch *Bußalb/Unzicker* BKR 2012, 309 (310).
[2] Vgl. *Wallach*, RdF 2011, 80 (88).
[3] Vgl. hierzu *Klebeck/Zollinger,* BB 2013, 459 ff.

grenzüberschreitend erfolgt und ob es sich um einen EU-AIF oder einen Nicht-EU-AIF handelt.

6   Damit soll eine Diskriminierung von jenen AIFM ausgeschlossen werden, welche grenzüberschreitend an den nationalen Kleinanleger herantreten, wie auch jener AIFM, welche anderweitige EU-AIF bzw. sogar Nicht-EU-AIF an den nationalen Kleinanleger zu vertreiben gedenken. Kurz gesagt: Wenn sich ein Land dafür entscheidet, den Vertrieb von Alternativen Investmentfonds an Kleinanleger zuzulassen, so soll diesen auch das **gesamte globale Spektrum an AIF** zur Auswahl stehen.

7   Kleinanleger sind gem. Art. 4 Abs. 1 lit. aj) AIFM-RL Anleger, bei denen es sich nicht um professionelle Anleger handelt. Ein professioneller Anleger wiederum ist nach Art. Abs. 1 lit. ag) AIFM-RL jeder Anleger, der im Sinne von Anhang II der Richtlinie 2004/39/EG als ein professioneller Kunde angesehen wird oder auf Antrag als ein professioneller Kunde behandelt werden kann. Dies sind u.a. (i) Kreditinstitute, Wertpapierfirmen, Finanzinstitute, Versicherungsgesellschaft, OGAW-Fonds bzw. KAGs, (ii) große Unternehmen, (iii) nationale und regionale Regierungen und (iv) andere institutionelle Anleger als „geborene professionelle Anleger". „Gekorene professionelle Anleger" sind solche, bei denen mindestens zwei der folgenden drei Kriterien erfüllt sind: (i) durchschnittlich 10 einschlägige Geschäfte pro Quartal während der vier vorhergehenden Quartale, (ii) das Finanzinstrument-Portfolio des Kunden übersteigt 500.000 Euro oder (iii) mindestens einjährige einschlägige berufliche Tätigkeit.

8   Handelt es sich weder um „geborene" noch um „gekorene professionelle Anleger", so greift die vorliegende Regelung für den Vertrieb von AIF durch AIFM an Kleinanleger.

9   Derzeit ist in der EU ein Vertrieb an Kleinanleger im Bereich der geschlossenen Fonds zulässig z. B. in Deutschland und Frankreich. In Deutschland werden hier aber nach dem nun vorliegenden Entwurf eines Kapitalanlagegesetzbuches (KAGB-E) bereits signifikante Abstriche gemacht, auf welche noch näher einzugehen ist.

10   **2. Unterabsatz 2.** Die Mitgliedstaaten können in solchen Fällen den AIFM oder AIF Auflagen unterwerfen, die strenger sind als jene, die für AIF gelten, die in ihrem Hoheitsgebiet gemäß dieser Richtlinie an professionelle Anleger vertrieben werden.

11   Zu beachten ist hierbei aber, dass ein solcher verschärfter Kleinanlegerschutz **nationale AIFM** bzw. AIF gegenüber sonstigen EU-AIFM bzw. EU-AIF **diskriminiert:** Art. 43 Abs. 1 Satz 2 AIFM-RL schreibt nämlich vor, dass Mitgliedstaaten strengere oder zusätzliche Auflagen im Vergleich zu auf nationaler Ebene vertriebenen AIF nicht für EU-AIF vorsehen dürfen, die ihren Sitz in einem anderen Mitgliedstaat haben und grenzübergreifend vertrieben werden.

12   Im Ergebnis sollte sich ein nationaler Gesetzgeber gründlich überlegen, ob er von der Option des Art. 43 Abs. 1 Unterabsatz 2 AIFM-RL Gebrauch macht. Dies würde – je nach Grad der Verschärfung – in letzter Konsequenz die **nationale Fondsindustrie,** welche schwerpunktmäßig Produkte an Kleinanleger vertreibt, **geradezu ins Ausland verjagen.**

II. Absatz 2

13   **1. Unterabsatz 1.** Die Mitgliedstaaten, die in ihrem Hoheitsgebiet den Vertrieb von AIF an Kleinanleger i.R.d. Art. 43 Abs. 1 AIFM-RL gestatten, haben

der Kommission und der ESMA spätestens drei Jahre nach Inkrafttreten der Richtlinie, konkret also bis zum 22. Juli 2014, Mitteilung zu machen über die konkrete
Ausgestaltung des nationalen AIF-Kleinanleger-Vertriebs. Damit haben die Mitgliedstaaten nach Umsetzung der AIFM-Richtlinie in nationales Recht ein weiteres Jahr Zeit, um die nationalen Investmentgesetze hinsichtlich des Vertriebs an
Kleinanleger zu ergänzen, wo ein solcher noch nicht vorgesehen ist bzw. zu
verschärfen, wo dies gewünscht sein sollte.

Zum einen sind Kommission und ESMA zu informieren über die Arten von **14**
AIF, die AIFM in ihrem Hoheitsgebiet an Kleinanleger vertreiben dürfen. Dem
nationalen Gesetzgeber wird also ein Auswahlrecht dahingehend zugestanden,
einzelne, z. B. vermeintlich besonders risikoreiche AIF-Klassen vom Vertrieb an
Kleinanleger auszunehmen.

Weiterhin sind Kommission und ESMA zu informieren über vom Mitgliedstaat **15**
gegebenenfalls zusätzlich vorgesehene Auflagen für den Vertrieb von AIF an
Kleinanleger. Wie bereits dargelegt, erscheint es risikoreich, von dieser nationalen
Verschärfungsoption Gebrauch zu machen, da dies einen Exodus jener nationalen
Fondsemittenten heraufbeschwören könnte, welche ihre Produkte schwerpunkt-
mäßig an Kleinanleger vertreiben.

2. Unterabsatz 2. Weiterhin haben die Mitgliedstaaten die Kommission und **16**
die ESMA über jede Unterabsatz 1 betreffende Änderung zu informieren. Damit
soll sichergestellt werden, dass auf europäischer Ebene jederzeit Klarheit über die
einzelnen nationalen Voraussetzungen für den Vertrieb an Kleinanleger herrscht.

E. Änderungen gegenüber der bisherigen Rechtslage in Deutschland

I. Offene Fonds

Der Bereich der **offenen Immobilienfonds** wurde bisher durch das InvG **17**
geregelt, wobei dieses sowohl die EU-weit regulierten, sog. richtlinienkonformen
Sondervermögen wie auch solche Sondervermögen erfasst, die nicht in den
Anwendungsbereich der OGAW-RL fallen[4]. Das InvG regelte u.a. die KAG, das
Sondervermögen, dessen Verwaltung durch die KAG sowie die Veröffentlichung
von Verkaufsprospekten. Beim Vertrieb durch Banken sind die Vorschriften des
WpHG zu beachten. Ein Vertrieb an Kleinanleger war i.R.d. InvG zulässig, es
gab allerdings den sog. Spezialfonds, der speziell die strukturellen Erfordernisse
bestimmter institutioneller Investoren befriedigte.

Offene Fonds sind zukünftig (indirekt) legaldefiniert als solche Fonds mit Rück- **18**
gabemöglichkeit mindestens 1 x im Jahr (vgl. 1 Abs. 4 i.V.m. § 98 Abs. 1 Satz 2
KAGB-E).

II. Geschlossene Fonds

Im Bereich der geschlossenen Fonds regelt nach Außerkrafttreten des Verk- **19**
ProspG seit 1. Juni 2012 im Wesentlichen das **VermAnlG** die Verpflichtung
zur Veröffentlichung und Ergänzung des Verkaufsprospektes. Ein Vertrieb an
Kleinanleger ist grundsätzlich möglich, bei vermögenderen Kleinanlegern gab
es noch entsprechende Erleichterungen hinsichtlich des Vertriebs i.R.e. Private

---

[4] Vgl. *Kramer/Recknagel* DB 2011, 2077.

Placement. § 2 VermAnlG schafft Ausnahmeregelungen, die insbesondere kleineren Emissionshäusern entgegenkommen. Weiter zu differenzieren ist grundsätzlich nach den Asset-Klassen, in die geschlossene Fonds investieren[5]. Soweit eine Investition in **Finanzinstrumente** i. S. d. KWG erfolgt (zu denen nunmehr auch die geschlossenen Fonds gehören), kann dies eine KWG-Lizenzpflicht auf Ebene des Emittenten bzw. Fondsverwalters auslösen.

20   Geschlossene Fonds sind zukünftig negativ legaldefiniert als Investmentvermögen, die keine offenen Investmentvermögen sind (vgl. 1 Abs. 5 KAGB-E).

F. Bezüge zum KAGB-E

21   Die Einführung der gewerberechtlichen Vertriebsanforderungen für sog. Finanzanlagenvermittler gem. § 34g GewO zum 1. Januar 2013 deutete bereits darauf hin, dass Vermögensanlagen und damit zumindest geschlossene Fonds **auch künftig an Privatanleger vertrieben** werden dürfen[6].

22   Den Mitgliedstaaten ist es anheimgestellt, über die Öffnungsklausel des Art. 43 Abs. 1 Satz 2 AIFM-RL den AIFM bzw. den AIF strengeren Auflagen zu unterwerfen[7]. Insoweit ist es dem deutschen Umsetzungsgesetzgeber überlassen, die AIFM-Schwellenwerte zu ignorieren und AIFM einer generellen Erlaubnispflicht zu unterwerfen, wenn der Vertrieb an Privatanleger zugelassen wird.

23   Der Entwurf des Kapitalanlagegesetzbuches sieht die **Inkorporation des bisherigen InvG** vor. Das KAGB soll für alle deutschen Verwalter von Investmentvermögen i. S. d. § 1 Abs. 1 KAGB-E gelten. In § 1 Abs. 19 Nr. 32 KAGB-E werden professionelle Anleger wiederum definiert als (geborene oder gekorene) professionelle Anleger i.S.v. Anhang II der MiFID-RL. Die neue Kategorie der semi-professionellen Anleger nach § 1 Abs. 19 Nr. 33 KAGB-E erfordert u.a. Mindestinvestitionen i.H.v. 200.000 Euro. Privatanleger sind demnach alle übrigen Anleger (natürliche und juristische Personen). Die erwähnte Zusatzkategorie der semi-professionellen Anleger hatte zunächst Relevanz für die „Ein-Objekt-Fonds", welche allerdings den Grundsatz der Risikomischung (= 3 Objekte) gewichen sind (vgl. § 262 KAGB-E). Dies ist letztlich immer noch ein Beispiel der generell abzulehnenden „Diversifikation auf Produktebene". Gerade wenn ein etwas vermögenderer Privatanleger 20.000 Euro in einen Ein-Objekt-Fonds investiert, steht es um seine Diversifikation jedenfalls nicht per se besser. Wie die weiterhin geforderte Bewertung und Dokumentation des Sachverstands des Anlegers sichergestellt werden soll, bleibt abzuwarten. Eine auch nur annähernde Vergleichbarkeit mit dem Profil des gekorenen professionellen Anlegers nach MiFID-RL (vgl. § 31a Abs. 7 WpHG) scheidet aus.

---

[5] Vgl. *Kramer/Recknagel* DB 2011, 2077.

[6] Vgl. *Kramer/Recknagel* DB 2011, 2077 (2083) zit. b. *Bußalb/Unzicker* BKR 2012, 309 (312).

[7] *Bußalb/Unzicker* BKR 2012, 309 (312).

Kapitel IX Zuständige Behörden

Vorbemerkung zu Kapitel IX

Literatur: *Baur, Georg/Boegl, Martin,* „Die neue europäische Finanzmarktaufsicht – Der Grundstein ist gelegt", BKR 2011, 177; *Forst, Gerrit,* „Zum Verordnungsvorschlag der Kommission über eine europäische Versicherungsaufsicht", VersR 2010, 155; *Haar, Brigitte,* „Das deutsche Ausführungsgesetz zur EU-Rating-Verordnung – Zwischenetappe auf dem Weg zu einer europäischen Finanzmarktarchitektur" ZBB 2010, 185; *Hoffmann, Sebastian/Dominic, Detzen,* „Praktische Implikationen und kritische Würdigung der neuen Europäischen Marktaufsichtsbehörde", DB 2011, 1261; *Hopt, Klaus,* „Auf dem Weg zu einer neuen europäischen Finanzmarktarchitektur", NZG 2009, 1401; *ders.* „Regelungsempfehlungen für den Finanzsektor", DB 2010 Standpunkte Heft 41, 65; *Lehmann, Matthias/Manger-Nestler, Cornelia,* „Das neue Europäische Finanzaufsichtssystem", ZBB 2011, 2; *Möllers, Thomas,* „Auf dem Weg zu einer neuen europäischen Finanzmarktaufsichtsstruktur – Ein systematischer Vergleich der Rating-VO (EG) Nr. 1060/2009 mit der geplanten ESMA-VO", NZG 2010, 285; *Mülbert, Peter,* „Finanzmarktregulierung – Welche Regelungen empfehlen sich für den deutschen und europäischen Finanzsektor?", JZ 2010, 834; *Papathanassiou, Chryssa/Zagouras, Georgios,* „Mehr Sicherheit für den Finanzsektor: der Europäische Ausschuss für Systemrisiken und die Rolle der EZB.", WM 2010, 1584; *Partsch, Rene,* „Die Harmonisierung der Europäischen Finanzaufsicht", ZBB 2010, 72; *Sonder, Nicolas,* „Rechtsschutz gegen Maßnahmen der neuen europäischen Aufsichtsagenturen", BKR 2012, 8; *Weber, Martin,* „Die Entwicklung des Kapitalmarktrechts im Jahr 2009", NJW 2010, 274; *ders.* „Die Entwicklung des Kapitalmarktrechts im Jahr 2010", NJW 2011, 273; *Weber-Rey, Daniela/Horak, Tim,* „Allfinanzaufsicht der BaFin überlebt Finanzmarktreform", VersR 2011, 452; *Wittig, Arne,* „Stärkung der europäischen Finanzaufsicht", DB 2010 Standpunkte Heft 41, 69.

Übersicht

A. Einführung in die neue europäische Aufsichtsstruktur: Bestandteile des Europäischen Systems der Finanzaufsicht (ESFS) und de Larosière-Bericht als Grundlage

1   Das **Europäische System der Finanzaufsicht (ESFS)**[1] besteht aus dem Europäischen Ausschuss für Systemrisiken **(ESRB)**[2], der Europäischen Bankenaufsichtsbehörde **(EBA)**[3], der Europäischen Wertpapier- und Marktaufsichtsbehörde **(ESMA)**[4], der Europäischen Aufsichtsbehörde für das Versicherungswesen und die betriebliche Altersversorgung **(EIOPA)**[5], dem Gemeinsamen Ausschuss der Europäischen Aufsichtsbehörden **(Gemeinsamer Ausschuss)**[6] und den nationalen Aufsichtsbehörden.[7] Hauptziel des ESFS ist es, „die angemessene Anwendung der für den Finanzsektor geltenden Vorschriften zu gewährleisten, um die Finanzstabilität zu erhalten und für Vertrauen in das Finanzsystem insgesamt und für einen ausreichenden Schutz der Kunden, die Finanzdienstleistungen in Anspruch nehmen, zu sorgen".[8]

2   Die Struktur des ESFS geht auf den **„de Larosière-Bericht"**[9] zurück. Der de-Larosière-Bericht setzt den Rahmen für eine „neue Regulierungsagenda", eine „stärkere und koordinierte Aufsicht" und wirksame Verfahren für das „Krisenmanagement" in der Europäischen Union.[10] In seinem ersten Kapitel behandelt der de-Larosière-Bericht zunächst die Ursachen der Finanzkrise und identifiziert in diesem

---

[1] Engl. „European System of Financial Supervision".

[2] Engl. „European Systemic Risk Board".

[3] Engl. „European Banking Authority".

[4] Engl. „European Securities and Markets Authority".

[5] Engl. „European Insurance and Occupational Pensions Authority".

[6] Engl. „Joint Committee of the European Supervisory Authorities" oder kurz „Joint Committee".

[7] Die Kommentierung gibt ausschließlich die privaten Auffassungen der Bearbeiter wieder.

[8] Vgl. die gleichlautenden Bestimmungen in Art. 2 Abs. 1, S. 2 VO (EU) Nr. 1093/2010 (EBA), Art. 2 Abs. 1, S. 2 VO (EU) Nr. 1094/2010 (EIOPA) und Art. 2 Abs. 1, S. 2 VO (EU) Nr. 1095/2010 (ESMA); in der entsprechenden Vorschrift betreffend den ESRB findet sich lediglich die Aussage, dass das ESFS die „Aufgabe der Sicherstellung der Aufsicht über das Finanzsystem der Union hat" (Art. 2 VO (EU) Nr. 1092/2010). Es ist nicht davon auszugehen, dass durch diese im Wortlaut abweichende Definition der Ziele des ESFS in den Vorschriften betreffend den ESRB materiell etwas anderes zum Ausdruck kommen sollte als in den entsprechenden Vorschriften betreffend EBA, EIOPA und ESMA; lediglich die „systemische Ausrichtung" des ESFS wird stärker betont.

[9] „Report of the High-Level Group on Financial Supervision in the EU" unter dem Vorsitz von *Jacques de Larosière* v. 15.2.2009, abrufbar unter: http://ec.europa.eu/internal_market/finances/docs/de_larosiere_report_en.pdf.

[10] de Larosière-Bericht S. 4.

Zusammenhang makroökonomische Aspekte[11], Versäumnisse im Risikomanagement[12], die Rolle der Ratingagenturen[13], ein Versagen in der Unternehmensführung[14] und ein Versagen von Regulierung, Aufsicht und Krisenmanagement[15]. Zudem wird auf die dynamischen Effekte der Krise eingegangen[16].

In seinem hier relevanten Kapitel III beschreibt der de Larosière-Bericht in den **3** Unterkapiteln III. „Die Lösung: Schaffung eines europäischen Systems für Aufsicht und Krisenmanagement", IV. „Zur Schaffung eines europäischen Finanzaufsichtssystems notwendige Schritte" und V. „Überarbeitung und mögliche Stärkung des Europäischen Systems für die Finanzaufsicht (ESFS)" detailliert die wesentlichen Parameter des heutigen ESFS.

Die Relevanz des de Larosière-Berichts für den Gesetzgebungsprozess hin zur **4** neuen europäischen Aufsichtsstruktur wird in den EwGr. 3 bis 4 der VO(EU) 1095/2010 anschaulich beschrieben:

„In ihrer Mitteilung vom 4. März 2009 „Impulse für den Aufschwung in **5** Europa" schlug die Kommission die Vorlage von Entwürfen für Rechtsvorschriften vor, mit denen ein Europäisches System der Finanzaufsicht und ein Europäischer Ausschuss für Systemrisiken geschaffen werden sollten. In ihrer Mitteilung vom 27. Mai 2009 mit dem Titel „Europäische Finanzaufsicht" erläuterte die Kommission im Einzelnen die mögliche Struktur eines solchen neuen Aufsichtsrahmens, der die wesentlichen Richtungsvorgaben des de-Larosière-Berichts widerspiegelt. In seinen Schlussfolgerungen vom 19. Juni 2009 bestätigte der Europäische Rat, dass ein Europäisches System der Finanzaufsicht bestehend aus drei neuen Europäischen Aufsichtsbehörden errichtet werden sollte. (...)."

B. Grundzüge der Europäischen Aufsichtsbehörden (ESA)

ESMA, EBA und EIOPA werden zusammen als die „European Supervisory **6** Authorities" **(ESA)**[17] bezeichnet. Ihnen wurden nach Maßgabe der jeweiligen

---

[11] Insb. „Reichliche Liquidität und niedrige Zinsen" sowie eine Verstärkung und Beschleunigung durch „Finanzinnovationen", de Larosière-Bericht S. 7.

[12] Dies sind Versäumnisse auf Seiten der Finanzinstitute und der Aufsichtsbehörden, die in der „Gesamtkonsequenz" zu einer Überschätzung der Fähigkeiten der Finanzunternehmen zum Risikomanagement und einer daraus resultierenden Unterschätzung des vorzuhaltenden Eigenkapitals führten, de Larosière-Bericht S. 8; der Bericht geht an dieser Stelle zudem vertieft auf Verbriefungsprodukte und das „Schattenbankensystem" ein.

[13] Es wird auf ein zu wohlwollendes Rating von vorrangigen Tranchen strukturierter Finanzprodukte wie CDOs eingegangen. Zudem bestehe bei Ratingagenturen ein spezifischer „Interessenkonflikt", de Larosière-Bericht S. 9 f.

[14] Die Überwachungsorgane der Finanzunternehmen hätten die komplexen Finanzprodukte nicht „durchschaut" und die Risiken unterschätzt. Zudem werden die Vergütungs- und Anreizstrukturen gerügt, de Larosière-Bericht S. 11.

[15] Probleme habe es insbesondere durch einen zu starken Fokus auf einzelne Unternehmen gegeben. Dabei seien die allgemeinen Entwicklungen in Sektoren oder auf den Märkten (insb. Liquidität und Kreditderivate) vernachlässigt worden. Zudem habe es Schwierigkeiten bei dem Informationsaustausch und der gemeinsamen Entscheidungsfindung zwischen Zentralbanken, Aufsichtsbehörden und Finanzministerien gegeben, de Larosière-Bericht S. 11 f.

[16] In diesem Abschnitt des Berichts werden die systemischen Ursachen der Ausbreitung der Krise beschrieben, de Larosière-Bericht S. 12 ff.

[17] Vgl. die Definitionen des Begriffs „ESA" in Erwägungsgrund 14, VO (EU) Nr. 1092/ 2010; Erwägungsgrund 10, VO (EU) Nr. 1093/2010; Erwägungsgrund 9, VO (EU) Nr. 1094/2010 und Erwägungsgrund 10, VO (EU) Nr. 1095/2010.

Zuständigkeiten spezifische Befugnisse übertragen. Es wurde ein komplexes System der Interaktion mit den nationalen Aufsichtsbehörden und untereinander implementiert. Dies bedeutet für den betroffenen Kapitalmarktteilnehmer, dass hinsichtlich jeder anstehenden aufsichtsrechtlichen Maßnahme oder Verlautbarung im weitesten Sinne **im Einzelfall zu prüfen** ist, welche Behörde handelt oder ggf. informiert oder im Falle der Eskalation der Angelegenheit einbezogen wird oder die Angelegenheit „an sich ziehen"[18] kann.

I. Europäische Wertpapier- und Marktaufsichtsbehörde (ESMA)

7   Die **ESMA** mit Sitz in Paris (Art. 7 VO (EU) 1095/2010) verfügt über eine **eigene Rechtspersönlichkeit** (Art. 5 Abs. 1 VO (EU) 1095/2010) und die weitreichendste Rechtsfähigkeit, die juristischen Personen nach Maßgabe des jeweiligen nationalen Rechts zuerkannt wird (Art. 7 Abs. 2 S. 1 VO (EU) 1095/2010).

8   Die Behörde handelt nach Maßgabe ihres Statuts (der VO (EU) 1095/2010) und (neben der AIFM-RL[19]) innerhalb des Anwendungsbereichs der Anlegerschutzrichtlinie[20], der Finalitätsrichtlinie[21], der Kapitalmarktpublizitätsrichtlinie[22], der Finanzsicherheitenrichtlinie[23], der Marktmissbrauchsrichtlinie[24], der Prospektrichtlinie[25], der MiFID[26], der Transparenzrichtlinie[27], der OGAW-IV-RL, der Kapitaladäquanzrichtlinie (unbeschadet der Zuständigkeit der EBA hinsichtlich der Bankenaufsicht) und der EU-RatingVO[28] sowie (soweit diese Rechtsakte für Firmen, die Wertpapierdienstleistungen erbringen oder für Organismen für gemeinsame Anlagen in Wertpapieren, die ihre Anteilsscheine oder Anteile vertreiben, und die Behörden, die sie beaufsichtigen, gelten) der einschlägigen Teile der Finanzkonglomeraterichtlinie[29], Geldwäscherichtlinie[30] und der Fernabsatzrichtlinie[31] sowie weiterer Rechtsakte im Einzelfall.[32]

9   Darüber hinaus bestimmt Art. 1 Abs. 3 der VO (EU) 1095/2010, dass die ESMA auch in den Tätigkeitsbereichen von Marktteilnehmern im Zusammenhang mit **Fragen tätig wird, die nicht unmittelbar von den im Statut explizit genannten Rechtsakten abgedeckt werden,** einschließlich Fragen der Unternehmensführung sowie der Rechnungsprüfung und Rechnungslegung, vorausgesetzt, dass solche Maßnahmen der ESMA erforderlich sind, um die wirksame und kohärente Anwendung dieser Rechtsakte sicherzustellen. Die ESMA

---

[18] Beispielsweise im sog. „Krisenfall".

[19] Einschließlich aller auf Grundlage der AIFM-RL erlassenen Rechtsakte.

[20] Richtlinie 97/9/EG in der jeweils gültigen Fassung.

[21] Richtlinie 98/26/EG in der jeweils gültigen Fassung.

[22] Richtlinie 2001/34/EG in der jeweils gültigen Fassung.

[23] Richtlinie 2002/47/EG in der jeweils gültigen Fassung.

[24] Richtlinie 2003/6/EG in der jeweils gültigen Fassung.

[25] Richtlinie 2003/71/EG in der jeweils gültigen Fassung.

[26] Richtlinie 2004/39/EG in der jeweils gültigen Fassung.

[27] Richtlinie 2004/109/EG in der jeweils gültigen Fassung.

[28] Verordnung (EG) Nr. 1060/2009 in der jeweils gültigen Fassung.

[29] Richtlinie 2002/87/EG in der jeweils gültigen Fassung.

[30] Richtlinie 2005/60/EG in der jeweils gültigen Fassung.

[31] Richtlinie 2002/65/EG in der jeweils gültigen Fassung.

[32] Die Generalklausel lautet: „einschließlich sämtlicher Richtlinien, Verordnungen und Beschlüsse, die auf der Grundlage dieser Rechtsakte angenommen wurden, sowie aller weiteren verbindlichen Rechtsakte der Union, die der Behörde Aufgaben übertragen"; Vgl. zum Ganzen Art. 1 Abs. 2 VO (EU) 1095/2010.

ergreift auch geeignete Maßnahmen im Zusammenhang mit Fragen bezüglich Übernahmeangeboten, Clearing und Settlement sowie Derivaten.

Die ESMA hat gem. Art. 1 Abs. 5 der VO (EU) 1095/2010 das **Ziel das   10 öffentliche Interesse zu schützen,** indem sie für die Wirtschaft der Union, ihre Bürger und Unternehmen zur kurz-, mittel- und langfristigen Stabilität und Effektivität des Finanzsystems beiträgt. **Im Einzelnen** werden genannt: (i) Verbesserung des Funktionierens des Binnenmarkts, insbesondere mittels einer soliden, wirksamen und kohärenten Regulierung und Überwachung; (ii) Gewährleistung der Integrität, Transparenz, Effizienz und des ordnungsgemäßen Funktionierens der Finanzmärkte; (iii) Ausbau der internationalen Koordinierung bei der Aufsicht; (iv) Verhinderung von Aufsichtsarbitrage und Förderung gleicher Wettbewerbsbedingungen; (v) Gewährleistung, dass die Übernahme von Anlage- und anderen Risiken angemessen reguliert und beaufsichtigt wird und (vi) Verbesserung des Verbraucherschutzes.

II. Europäische Bankenaufsichtsbehörde (EBA)

Die **EBA** mit Sitz in London (Art. 7 VO (EU) 1093/2010) verfügt über eine   11 **eigene Rechtspersönlichkeit** (Art. 5 Abs. 1 VO (EU) 1093/2010) und die weitestreichende Rechtsfähigkeit, die juristischen Personen nach Maßgabe des jeweiligen nationalen Rechts zuerkannt wird (Art. 7 Abs. 2 S. 1 VO (EU) 1093/2010).

Die Behörde handelt nach Maßgabe ihres Statuts (der VO (EU) 1093/2010)   12 und innerhalb des Anwendungsbereichs der bankaufsichtsrechtlich relevanten europäischen Vorschriften[33] und, soweit diese Rechtsvorschriften sich auf Kredit- und Finanzinstitute sowie die zuständigen Behörden, die diese beaufsichtigen, beziehen, der einschlägigen Teile der Geldwäscherichtlinie[34], der Fernabsatzrichtlinie[35] der Zahlungsdiensterichtlinie[36] und der E-Geld-Richtlinie[37] sowie weiterer Rechtsakte im Einzelfall.[38]

Darüber hinaus bestimmt Art. 1 Abs. 3 der VO (EU) 1093/2010, dass die   13 EBA auch in den Tätigkeitsbereichen von Kreditinstituten, Finanzkonglomeraten, Wertpapierfirmen, Zahlungsinstituten und E-Geld-Instituten im Zusammenhang mit **Fragen tätig wird, die nicht unmittelbar von den im Statut explizit genannten Rechtsakten abgedeckt werden,** einschließlich Fragen der Unternehmensführung sowie der Rechnungsprüfung und Rechnungslegung, vorausgesetzt, dass solche Maßnahmen der EBA erforderlich sind, um die wirksame und kohärente Anwendung dieser Rechtsakte sicherzustellen.

Die EBA hat gem. Art. 1 Abs. 5 der VO (EU) 1093/2010 das **Ziel das öffent-   14 liche Interesse zu schützen,** indem sie für die Wirtschaft der Union, ihre Bürger und Unternehmen zur kurz-, mittel- und langfristigen Stabilität und Effektivität des Finanzsystems beiträgt. **Im Einzelnen** werden genannt: (i) Verbesserung des

---

[33] Richtlinie 2006/48/EG, Richtlinie 2006/49/EG, Richtlinie 2002/87/EG, Verordnung (EG) Nr. 1781/2006, Richtlinie 94/19/EG.

[34] Richtlinie 2005/60/EG in der jeweilig gültigen Fassung.

[35] Richtlinie 2002/65/EG in der jeweilig gültigen Fassung.

[36] Richtlinie 2007/64/EG in der jeweilig gültigen Fassung.

[37] Richtlinie 2009/110/EG in der jeweils gültigen Fassung.

[38] Die Generalklausel lautet: „einschließlich sämtlicher Richtlinien, Verordnungen und Beschlüsse, die auf der Grundlage dieser Rechtsakte angenommen wurden, sowie aller weiteren verbindlichen Rechtsakte der Union, die der Behörde Aufgaben übertragen"; Vgl. zum Ganzen Art. 1 Abs. 2 VO (EU) 1093/2010.

Funktionierens des Binnenmarkts, insbesondere mittels einer soliden, wirksamen und kohärenten Regulierung und Überwachung; (ii) Gewährleistung der Integrität, Transparenz, Effizienz und des ordnungsgemäßen Funktionierens der Finanzmärkte; (iii) Ausbau der internationalen Koordinierung der Aufsicht; (iv) Verhinderung von Aufsichtsarbitrage und Förderung gleicher Wettbewerbsbedingungen; (v) Gewährleistung, dass die Übernahme von Kredit- und anderen Risiken angemessen reguliert und beaufsichtigt wird und (vi) Verbesserung des Verbraucherschutzes.

III. Europäische Aufsichtsbehörde für das Versicherungswesen und die betriebliche Altersversorgung (EIOPA)

15   Die **EIOPA** mit Sitz in Frankfurt am Main (Art. 7 VO (EU) 1094/2010) verfügt über eine **eigene Rechtspersönlichkeit** (Art. 5 Abs. 1 VO (EU) 1094/2010) und die weitestreichende Rechtsfähigkeit, die juristischen Personen nach Maßgabe des jeweiligen nationalen Rechts zuerkannt wird (Art. 7 Abs. 2 S. 1 VO (EU) 1094/2010).

16   Die Behörde handelt nach Maßgabe ihres Statuts (der VO (EU) 1094/2010) und innerhalb des Anwendungsbereichs der versicherungsrechtlich relevanten Richtlinien[39] und, soweit diese Rechtsvorschriften sich auf Versicherungs- und Rückversicherungsunternehmen, auf Einrichtungen der betrieblichen Altersversorgung und Versicherungsvermittler beziehen, die einschlägigen Teile der Geldwäscherichtlinie[40] und der Fernabsatzrichtlinie[41] sowie weiterer Rechtsakte im Einzelfall.[42]

17   Darüber hinaus bestimmt Art. 1 Abs. 3 der VO (EU) 1094/2010, dass die EIOPA auch in den Tätigkeitsbereichen von Versicherungs- und Rückversicherungsunternehmen, Finanzkonglomeraten sowie von Einrichtungen der betrieblichen Altersversorgung und Versicherungsvermittlern im Zusammenhang mit **Fragen tätig wird, die nicht unmittelbar von den im Statut explizit genannten Rechtsakten abgedeckt werden,** einschließlich Fragen der Unternehmensführung sowie der Rechnungsprüfung und Rechnungslegung, vorausgesetzt, dass solche Maßnahmen der EIOPA erforderlich sind, um die wirksame und kohärente Anwendung dieser Rechtsakte sicherzustellen.

18   Die EIOPA hat gem. Art. 1 Abs. 6 der VO (EU) 1094/2010 das **Ziel das öffentliche Interesse zu schützen,** indem sie für die Wirtschaft der Union, ihre Bürger und Unternehmen zur kurz-, mittel- und langfristigen Stabilität und Effizienz des Finanzsystems beiträgt. **Im Einzelnen** werden genannt: (i) Verbesserung des Funktionierens des Binnenmarkts, insbesondere mittels einer soliden, wirksamen und kohärenten Regulierung und Überwachung; (ii) Gewährleistung der Integrität, Transparenz, Effizienz und des ordnungsgemäßen Funktionierens

---

[39] Richtlinie 2009/138/EG mit Ausnahme des Titels IV; Richtlinien 2002/92/EG, 2003/41/EG, 2002/87/EG, 64/225/EWG, 73/239/EWG, 73/240/EWG, 76/580/EWG, 78/473/EWG, 84/641/EWG, 87/344/EWG, 88/357/EWG, 92/49/EWG, 98/78/EG, 2001/17/EG, 2002/83/EG, 2005/68/EG.

[40] Richtlinie 2005/60/EG in der jeweils gültigen Fassung.

[41] Richtlinie 2002/65/EG in der jeweils gültigen Fassung.

[42] Die Generalklausel lautet: „einschließlich sämtlicher Richtlinien, Verordnungen und Beschlüsse, die auf der Grundlage dieser Rechtsakte angenommen wurden, sowie aller weiteren verbindlichen Rechtsakte der Union, die der Behörde Aufgaben übertragen"; Vgl. zum Ganzen Art. 1 Abs. 2 VO (EU) 1094/2010.

der Finanzmärkte; (iii) Ausbau der internationalen Koordinierung der Aufsicht; (iv) Verhinderung von Aufsichtsarbitrage und Förderung gleicher Wettbewerbsbedingungen; (v) Gewährleistung, dass die Übernahme von Risiken im Zusammenhang mit Tätigkeiten der Versicherung, Rückversicherung und betrieblichen Altersversorgung angemessen reguliert und beaufsichtigt wird, und (vi) Verbesserung des Verbraucherschutzes.

IV. Gemeinsamer Ausschuss der Europäischen Aufsichtsbehörden (Gemeinsamer Ausschuss)

Die ESA arbeiten in dem **Gemeinsamen Ausschuss,** der in den Art. 54 der **19** Statuten (Verordnungen) der jeweiligen ESA errichtet wird, in den **sektorübergreifenden Bereichen** zusammen.

Diese sektorübergreifenden Bereiche sind in nicht abschließenden Katalogen **20** in den jeweiligen Satzungen der ESA wiedergegeben: (i) Finanzkonglomerate, (ii) Rechnungslegung und Rechnungsprüfung (iii) mikroprudentielle Analysen sektorübergreifender Entwicklungen, Risiken und Schwachstellen für die Finanzstabilität, (iv) Anlageprodukte für Kleinanleger, (v) Maßnahmen zur Bekämpfung der Geldwäsche und (vi) den Informationsaustausch mit dem ESRB sowie den Ausbau der Beziehungen zwischen dem ESRB und den ESA.

Der Gemeinsame Ausschuss entwickelt die **gemeinsamen Positionen** der **21** ESA[43] und dient der (zeitlichen) **Abstimmung sektorübergreifender Maßnahmen,** da diese, „sofern angebracht", **gleichzeitig** erlassen werden sollen.[44]

V. Aufsichtskollegien der nationalen Aufsichtsbehörden

Die sog. **Aufsichtskollegien**[45] bestehen aus Mitgliedern der nationalen Auf- **22** sichtsbehörden und sind ein Instrument zur Vereinheitlichung der Rechtsanwendung insbesondere in grenzüberschreitenden Zusammenhängen. Die Aufsichtskollegien werden in europäischen Rechtsakten **zunehmend institutionalisiert** und sind ursprünglich aus der konsolidierten Bankenaufsicht bekannt.[46]

Die ESA[47] tragen zur **Förderung und Überwachung** eines effizienten, wirk- **23** samen und kohärenten Funktionierens der Aufsichtskollegien im Rahmen ihrer jeweiligen Zuständigkeiten bei und fördern die kohärente Anwendung des Unionsrechts in den Aufsichtskollegien. Den ESA wird in den jeweiligen Statuten[48]

---

[43] Insb. im Bereich der Finanzkonglomeraterichtlinie (Richtlinie 2002/87/EG des Europäischen Parlaments und des Rates vom 16. Dezember 2002 über die zusätzliche Beaufsichtigung der Kreditinstitute, Versicherungsunternehmen und Wertpapierfirmen eines Finanzkonglomerats und zur Änderung der Richtlinien 73/239/EWG, 79/267/EWG, 92/49/EWG, 92/96/EWG, 93/6/EWG und 93/22/EWG des Rates und der Richtlinien 98/78/EG und 2000/12/EG des Europäischen Parlaments und des Rates, ABl. L 35 vom 11.2.2003, S. 1–27).

[44] Vgl. statt aller Art. 56 2.UA a. E. VO (EU) 1095/2010.

[45] Engl. „Supervisory Colleges".

[46] Vgl. z. B. Art. 131a der Bankenrichtlinie in der Fassung der Richtlinie 2009/111/EG des Europäischen Parlaments und des Rates vom 16. Sept. 2009 zur Änderung der Richtlinien 2006/48/EG, 2006/49/EG und 2007/64/EG hinsichtlich Zentralorganisationen zugeordneter Banken, bestimmter Eigenmittelbestandteile, Großkredite, Aufsichtsregelungen und Krisenmanagement.

[47] Vgl. statt Aller Art. 21 VO (EU) 1095/2010.

[48] Ebenda.

eine führende Rolle in den Aufsichtskollegien zugewiesen. Die ESA sind beispielsweise befugt (i) in Zusammenarbeit mit den nationalen Aufsichtsbehörden alle
relevanten Informationen zu erfassen und austauschen, um die Tätigkeit eines
Aufsichtskollegiums zu erleichtern und ein zentrales System einzurichten und zu
verwalten, mit dem diese Informationen den zuständigen Behörden im Kollegium
zugänglich gemacht werden, (ii) spezifische Stresstests durchzuführen und die
Ergebnisse auszuwerten, (iii) weitere Beratungen eines Aufsichtskollegiums in den
Fällen zu fordern, in denen eine ESA der Auffassung ist, dass der Beschluss in
eine falsche Anwendung des Unionsrechts münden oder nicht zur Erreichung
des Ziels der Angleichung der Aufsichtspraktiken beitragen würde, (iv) zu verlangen, dass eine Sitzung eines spezifischen Aufsichtskollegiums angesetzt wird oder
ein zusätzlicher Tagesordnungspunkt in die Tagesordnung einer Sitzung aufgenommen wird. Zudem können die ESA Entwürfe technischer Regulierungs- und
Durchführungsstandards sowie Leitlinien ausarbeiten, um eine **Konvergenz der
Rechtspraxis** für Aufsichtskollegien herzustellen.

C. Grundzüge des Europäischen Ausschusses für Systemrisiken (ESRB)

24   Der ESRB mit Sitz in Frankfurt am Main (Art. 1, 1. Unterabs. VO (EU) 1092/
2010) wird nach Maßgabe der VO (EU) 1096/2010[49] von der Europäischen
Zentralbank unterstützt und verfügt über einen Verwaltungsrat, einen Lenkungs-
ausschuss, ein Sekretariat, einen Beratenden Wissenschaftlichen Ausschuss und
einen Beratenden Fachausschuss.[50]

25   Art. 3 Abs. 1 des ESRB-Statuts bestimmt, dass der *ESRB (...)für die **Makroaufsicht über das Finanzsystem in der Union** zuständig (ist), um einen Beitrag zur
Abwendung oder Eindämmung von Systemrisiken für die Finanzstabilität in der Union
zu leisten, die aus Entwicklungen innerhalb des Finanzsystems erwachsen, wobei er den
makroökonomischen Entwicklungen Rechnung trägt, damit Phasen weit verbreiteter finanzieller Notlagen vorgebeugt werden kann. Er trägt dazu bei, dass der Binnenmarkt reibungslos
funktioniert, und stellt auf diese Weise sicher, dass der Finanzsektor einen nachhaltigen
Beitrag zum Wirtschaftswachstum leisten kann.*

26   Art. 3 Abs. 2 des ESRB-Statuts führt weiter aus, dass der ESRB seine Ziele
durch die Ausführung der folgenden Aufgaben erfüllt: (i) Festlegung und/oder
Erhebung und Auswertung aller für die systemische Aufsicht erforderlichen Informationen, (ii) Ermittlung und Einordnung von **Systemrisiken** nach Priorität,
(iii) Abgabe von Risikowarnungen, (iv) Erteilung von aufsichtlichen Empfehlungen und vertraulichen **Warnungen und Lageeinschätzungen** im Zusammenhang mit der Feststellung eines Krisenfalls sowie der sich anschließenden Überwachung der Folgemaßnahmen, (v) Informationsbeschaffung und -verteilung
innerhalb des ESFS sowie Entwicklung eines gemeinsamen Bündels quantitativer
und qualitativer Indikatoren[51] zur Ermittlung und **Messung des Systemrisikos,**

---

[49] Verordnung (EU) Nr. 1096/2010 DES RATES vom 17. November 2010.
zur Betrauung der Europäischen Zentralbank mit besonderen Aufgaben bezüglich der Arbeitsweise des Europäischen Ausschusses für Systemrisiken.
[50] Wegen der Einzelheiten vgl. Art. 4 der VO (EU) 1092/2010.
[51] Sog. „Risikosteuerpult".

(vi) gegebenenfalls Teilnahme am Gemeinsamen Ausschuss sowie Abstimmungen mit internationalen Finanzorganisationen[52].

D. Details ESMA: Rechtsgrundlagen der Arbeitsweise und Organstruktur

I. Die Durchsetzung der Aufgaben und Befugnisse

Im Rahmen der spezifischen Aufgabenzuweisungen an die ESMA[53] legen die **27** jeweiligen speziellen Rechtsakte fest, wie die ESMA ihre **Befugnisse** durchsetzt. So legt z. B. Art. 47 Abs. 1 der AIFM-RL fest, dass die ESMA Leitlinien für die zuständigen Behörden der Mitgliedstaaten bezüglich der Wahrnehmung ihrer Zulassungsbefugnisse und ihrer Informationspflichten gemäß der AIFM-RL festlegen und diese Leitlinien regelmäßig überprüfen kann. Die Durchsetzungsinstrumente (im Beispiel die Leitlinien) sind in der Satzung der ESMA, der VO (EU) 1095/2010, definiert.

1. Technische Regulierungsstandards und Technische Durchführungs- 28 standards. Technische Regulierungsstandards (Art. 10 ff. VO (EU) 1095/2010) dienen der einheitlichen Anwendung des EU-Rechts.[54] Es handelt sich um eine Übertragung **seitens des Europäischen Parlaments und des Rats** im Anwendungsbereich des **Art. 290 AEUV**, d.h. um einen delegierten Rechtsakt, der seine Rechtsgrundlage in einer der europäischen Rechtsakte hat, unter denen der ESMA Zuständigkeiten zugewiesen werden.[55]

Art. 10 Abs. 1 2. Unterabs. VO (EU) 1095/2010 bestimmt, dass Technische **29** Regulierungsstandards „technischer Art" sind, d.h. sie **beinhalten keine strategischen oder politischen Entscheidungen.**

Die ESMA erstellt entsprechende Entwürfe, die der Kommission zwecks Billi- **30** gung vorgelegt werden. Im Ergebnis werden die Technischen Regulierungsstandards mittels Verordnungen oder Beschlüssen angenommen und im Amtsblatt der Europäischen Union veröffentlicht.[56]

Technische Durchführungsstandards (Art. 15 ff. VO (EU) 1095/2010) **31** unterscheiden sich von den Technischen Regulierungsstandards im Wesentlichen[57] durch die abweichende Kompetenzgrundlage in **Art. 291 AEUV.** Es handelt sich jedoch nicht um eine Befugnisübertragung seitens des Europäischen Parlaments und des Rats sondern vielmehr um ein zwischen der ESMA und der Kommission nach Maßgabe der Art. 15 ff. VO (EU) 1095/2010 festgelegtes Verfahren, das auf einer **Befugnis der Kommission** beruht, anstelle der Mitgliedstaaten **Sekundärrecht zwecks unionseinheitlicher Durchsetzung** zu erlassen.[58]

---

[52] Insb. IWF, FSB und entsprechende Gremien der Makroaufsicht aus Drittländern. Darüber hinaus enthält das ESRB-Statut eine (Zuständigkeits-)Generalklausel.

[53] S.o. B, I.

[54] Art. 10 Abs. 1 S. 1 VO (EU) 1095/2010 benutzt den Terminus „kohärente Harmonisierung".

[55] Vgl. Art. 1 Abs. 2 VO (EU) 1095/2010 und die folgenden Abs. und Art. wegen der Einzelheiten des einschlägigen (Erlass-)Verfahrens.

[56] Vgl. Art. 10 Abs. 1 S. 2 VO (EU) 1095/2010.

[57] I.Ü. sind auch die Technischen Durchführungsstandards „technischer Art".

[58] Wegen der dogmatischen Einzelheiten und m. w. N. *Lehmann/Manger-Nestler* ZBB 2011, 2, 10 ff.

32   **2. Leitlinien und Empfehlungen.** Art. 16 VO (EU) 1095/2010 sieht vor, dass die ESMA **Leitlinien und Empfehlungen** für die **nationalen Aufsichtsbehörden und auch für die Finanzmarktteilnehmer** herausgeben kann, um die Aufsichtspraxis im ESFS insgesamt und bei der Anwendung des Unionsrechts zu vereinheitlichen. Das materielle europäische Kapitalmarktrecht enthält gegenüber Art. 16 VO (EU) 1095/2010 speziellere Ermächtigungsgrundlagen zur Herausgabe von Leitlinien und Empfehlungen.[59]

33   Diese Leitlinien entfalten keine juristische aber eine **faktische Bindungswirkung.** Art. 16 Abs. 3 der VO (EU) 1095/2010 ist zu entnehmen, dass die zuständigen Behörden „alle erforderlichen Anstrengungen" unternehmen, um den Leitlinien nachzukommen. Für den Fall, dass eine zuständige Behörde beabsichtigt, den Leitlinien nicht nachzukommen[60], ist dies der ESMA mit einer Frist von zwei Monaten ab Herausgabe der Leitlinien unter Angabe der Gründe mitzuteilen (,,comply or explain").[61]

34   **3. Maßnahmen im Krisenfall.** Art. 18 VO (EU) 1095/2010 weist der ESMA im **Krisenfall besondere Befugnisse** zu. So kann die ESMA unter bestimmten Voraussetzungen den nationalen **Aufsichtsbehörden Weisungen** erteilen und in letzter Konsequenz **Maßnahmen direkt gegenüber Finanzmarktteilnehmer** erlassen, die Vorrang vor allen von den zuständigen nationalen Behörden in gleicher Sache erlassenen früheren Maßnahmen haben.[62]

35   Das materielle europäische Kapitalmarktrecht enthält über Art. 18 VO (EU) 1095/2010 hinaus Spezialnormen, die in spezifischen systemischen Gefahrenlagen zur Anwendung kommen.[63]

36   **4. Warnungen und Verbote/Beschränkungen im Zusammenhang mit dem Verbraucherschutz und mit Finanztätigkeiten.** Art. 9 VO (EU) 1095/2010 enthält Sonderbestimmungen in Bezug auf die Tätigkeit der ESMA im Bereich des Verbraucherschutzes. ESMA bildet einen **,,Ausschuss für Finanzinnovationen"**[64], überwacht neue und bereits bekannte Finanztätigkeiten und kann Leitlinien und Empfehlungen verabschieden, um die Sicherheit und Solidität der Märkte und die Angleichung im Bereich der Regulierungspraxis zu fördern. Die europäische Behörde kann als besonderes Instrument bei Bedrohung der Aufsichtsziele **,,Warnungen"** herausgeben und, soweit spezialgesetzlich dazu ermächtigt oder im Krisenfall, **Verbote oder Beschränkungen in Bezug auf Finanzprodukte oder -dienstleistungen** aussprechen.

II. Rat der Aufseher

37   Der **Rat der Aufseher**[65] ist das **Hauptbeschlussorgan der ESMA** und hat gem. Art. 43 VO (EU) 1095/2010 im Wesentlichen die **Aufgabe,** (i) die Leitlinien für die Arbeiten der Behörde vorzugeben, (ii) die Beschlüsse unter dem

---

[59] Vgl. nur Art. 13 Abs. 2, Art. 34 Abs. 3 und Art. 47 Abs. 1 AIFM-RL.

[60] Auch ein Nachkommen ist explizit zu bestätigen.

[61] Wegen der Einzelheiten vgl. die Kommentierung zu Art. 44 S. 4.

[62] Wegen der Einzelheiten des Verfahrens vgl. insb. Art. 18 Abs. 3 bis 5 VO (EU) 1095/ 2010; wegen der Feststellung der Krisensituation vgl. Art. 18 Abs. 2 VO (EU) 1095/2010.

[63] Vgl. hierzu die Kommentierung zu Art. 47 Abs. 4 ff., die zudem in einem systematischen Zusammenhang mit Art. 9 VO (EU) 1095/2010 stehen.

[64] Am Tisch sitzen Vertreter der nationalen Aufsichtsbehörden.

[65] Engl. ,,Board of Supervisors" oder kurz ,,BoS".

ESMA-Statut zu erlassen, (iii) satzungsmäßig vorgesehene Stellungnahmen und Empfehlungen abzugeben, (iv) das Arbeitsprogramm festzusetzen und den Jahresbericht zu beschließen, (v) den Haushaltsplan zu erlassen, (vi) den Vorsitzenden zu ernennen sowie (vii) die Disziplinargewalt über den Vorsitzenden und den Exekutivdirektor auszuüben.

Das Organ besteht gem. Art. 40 VO (EU) 1095/2010 aus dem nicht stimmbe- **38** rechtigten Vorsitzenden, den **Leitern der nationalen Finanzmarktaufsichtsbehörden** und jeweils einem nicht stimmberechtigten Vertreter der Kommission, des ESRB und der beiden anderen ESA[66] und trifft seine Beschlüsse grundsätzlich[67] mit einfacher Mehrheit, wobei jedes stimmberechtigte Mitglied über eine Stimme verfügt.

III. Verwaltungsrat. Der aus dem Vorsitzenden der ESMA und sechs weiteren **39** Mitgliedern[68] bestehende **Verwaltungsrat**[69] ist das **Kontrollorgan der ESMA.** Die Amtszeit der sechs von und aus dem Rat der Aufseher gewählten Mitglieder beträgt zweieinhalb Jahre mit der Möglichkeit einmaliger Verlängerung.

Er hat gem. Art. 45 VO (EG) Nr. 1095/2010 insb. die Aufgabe, (i) das Arbeits- **40** programm und den Jahresbericht vorzuschlagen, (ii) gewisse Haushaltsbefugnisse auszuüben und (iii) die Personalplanung anzunehmen.

IV. Vorsitz und Exekutivdirektor

Gemäß Art. 48 der VO (EG) Nr. 1095/2010 wird die ESMA **nach Außen 41 durch eine/n Vorsitzende/n vertreten,** der/die insbesondere die Arbeiten des Rates der Aufseher vorbereitet und die Sitzungen des Rates der Aufseher und des Verwaltungsrats leitet. Der erste Vorsitzende ist Steven Maijoor. Seine Amtszeit beträgt laut Satzung der ESMA fünf Jahre und kann einmal verlängert werden.

Daneben verfügt die ESMA über eine/n **Exekutivdirektor/in, der/die die 42 Behörde „nach Innen" leitet** und insb. die Arbeiten des Verwaltungsrats vorbereitet sowie für die Durchführung des Jahresarbeitsprogramms verantwortlich ist. Die erste Exekutivdirektorin ist Verena Ross. Die Amtszeit beträgt ebenfalls fünf Jahre unter der Möglichkeit einmaliger Verlängerung.

V. Beschwerdeausschuss und Rechtsbehelfe

Die Art. 58 f. der VO (EG) Nr. 1095/2010 sehen die Einrichtung eines **43** Beschwerdeausschusses vor. Es handelt sich um ein **gemeinsames Gremium der ESA,** das aus sechs Mitgliedern und sechs stellvertretenden Mitgliedern besteht.

Als **Rechtsbehelf** gegen Maßnahmen der ESMA steht den betroffenen natürli- **44** chen oder juristischen Personen die **Beschwerde** nach Maßgabe des Art. 60 der VO (EG) Nr. 1095/2010 zur Verfügung. Eine Drittbetroffenheit[70] kann ebenfalls zur Beschwerde befugen, falls eine unmittelbare und individuelle Betroffenheit vorliegt. Jedoch ist zu beachten, dass die Beschwerde grundsätzlich **keine aufschiebende Wirkung** hat. Der Beschwerdeausschuss kann den Vollzug der ange-

---

[66] D.h. EBA und EIOPA.

[67] Vgl. aber auch Art. 44 2.UA VO (EU) 1095/2010.

[68] Zudem nehmen der Exekutivdirektor und ein Vertreter der Kommission an den Sitzungen teil.

[69] Engl. „Management Board" oder kurz „MB".

[70] D.h. die Maßnahme der ESMA muss sich nicht notwendiger Weise gegen den Beschwerdeführer selbst richten.

fochtenen Maßnahme jedoch gem. Art. 60 Abs. 3 2.UA VO (EG) Nr. 1095/2010
aussetzen, wenn „die Umstände dies nach seiner Auffassung erfordern".

45   Hilft der Beschwerdeausschuss dem Begehren nicht ab oder war kein Rechtsbehelf beim Beschwerdeausschuss „möglich"[71], so kann nach Maßgabe des Art. 263
AEUV **Klage** vor dem Gerichtshof der Europäischen Union erhoben werden.

46   Art. 61 VO (EG) Nr. 1095/2010 **strebt** zudem in seinem Abs. 2 **umfassenden
Rechtsschutz** gegen die Beschlüsse der ESMA **an** und weist in Abs. 3 auf die
Möglichkeit der Untätigkeitsklage gem. Art. 265 AEUV[72] hin. Komplexe Detail-
fragen, wie beispielsweise die Frage des direkten Rechtschutzes gegen „weiche"
Maßnahmen mit normativem Charakter"[73] werden im Rahmen der tatsächlichen
Rechtsanwendung zu klären sein.

Artikel 44 Benennung der zuständigen Behörden

AIFM-Richtlinie	KAGB-E
Artikel 44 **Benennung der zuständigen** **Behörden**	**§ 5 Abs. 1 KAGB-E** **Zuständige Behörde; Aufsicht;** **Anord-nungsbefugnis**
Die Mitgliedstaaten benennen die zuständigen Behörden, die für die Wahrnehmung der Aufgaben aufgrund dieser Richtlinie zuständig sind. Sie setzen die ESMA und die Kommission unter Angabe etwaiger Aufgabenteilungen davon in Kenntnis. Die zuständigen Behörden sind öffentliche Einrichtungen. Die Mitgliedstaaten schreiben vor, dass ihre zuständigen Behörden durch geeignete Methoden überwachen, dass AIFM ihren Verpflichtungen gemäß dieser Richtlinie gegebenenfalls auf der Grundlage der von der ESMA entwickelten Leitlinien nachkommen.	Die Bundesanstalt übt die Aufsicht nach den Vorschriften dieses Gesetzes aus.

Literatur: *Lehmann, Matthias/Manger-Nestler, Cornelia,* „Das neue Europäische Finanzauf-
sichtssystem", ZBB 2011, 2; *Möllers, Thomas,* „Auf dem Weg zu einer neuen europäischen
Finanzmarktaufsichtsstruktur – Ein systematischer Vergleich der Rating-VO (EG) Nr. 1060/
2009 mit der geplanten ESMA-VO", NZG 2010, 285–290; *Möllers, Thomas/Harrer, Andreas/
Krüger, Thomas,* „Die Regelung von Hedgefonds und Private Equity durch die neue AIFM-
Richtlinie", in: WM 2011, S. 1537–1544.

[71] Die Rechtsanwendung wird zeigen, ob hiermit eine Verwerfung (wegen Unzulässig-
keit/offensichtlicher Unbegründetheit) seitens des Beschwerdeausschusses gemeint ist.

[72] D.h. die ESMA ist „sonstige Stelle der Union" i. S. d. Art. 265 AEUV.

[73] Dazu eingehend *Sonder* BKR 2012, 8, 11 unter Nennung der Leitlinien als einschlägiges
Beispiel. In diesem Zusammenhang ist fraglich, ob aus dem Wesen der Leitlinien folgt, dass
Rechtsschutz erst bei Anwendung durch die nationalen Aufsichtsbehörden zu gewähren ist,
weil erst dann von einer unmittelbaren Betroffenheit ausgegangen werden kann oder ob eine
Art „abstrakte Normenkontrolle" eingeräumt werden kann.

A. Entstehungsgeschichte

Der Vorschlag für die AIFM-RL[1] enthält in Art. 40 eine stark vereinfachte **1**
Fassung dieser Vorschrift.[2] In jener frühen Fassung wird lediglich festgelegt, dass
die Mitgliedstaaten die zuständigen Behörden benennen, die die in der Richtlinie
vorgesehenen Aufgaben zu erfüllen haben (Art. 40 Abs. 1 Vorschlag AIFM-RL)
und dass für den Fall der Benennung mehrerer Behörden die Kommission unter
Abgabe der etwaigen Zuständigkeitsverteilung zu unterrichten ist (Art. 40 Abs. 2
Vorschlag AIFM-RL). Eine Bezugnahme auf ESMA ist in dieser frühen Version
der Vorschrift noch nicht enthalten. In EwGr 22 des Vorschlags für die AIFM-
RL wird allgemein ausgeführt, dass die Befugnisse und Pflichten der für die
Umsetzung der Richtlinie zuständigen Behörden klargestellt und die Mechanismen, die zur Gewährleistung der notwendigen grenzübergreifenden Zusammenarbeit benötigt werden, ausgebaut werden müssen. Darüber hinaus wird die Vorschrift in den Erwägungsgründen des Vorschlags der AIFM-RL nicht aufgegriffen.

Das Europäische Parlament hat in dem Arbeitsdokument v. 23.9.2009 aus- **2**
drücklich festgehalten[3], dass sich im Rahmen der Umsetzung der Empfehlungen
zur Schaffung der neuen europäischen Aufsichtsstruktur auf der Grundlage des de
Larosière-Berichts[4] die Frage nach der Zuständigkeit der ESMA unter der AIFM-
RL stellt. Der *Gauzès*-Report v. 11.6.2010[5] enthält in Art. 40 erstmals Bezugnahmen auf ESMA, jedoch handelt es sich noch um eine Vorversion der heutigen
Vorschrift. So sieht jene Fassung der Vorschrift u.a. noch vor, dass die aufsichtsrechtlichen Aufgaben unter der Richtlinie auch durch Beliehene[6] wahrgenommen werden können.

Die heutige Fassung der Vorschrift findet sich erstmals in Art. 42 des Richtlini- **3**
envorschlags v. 12.10.2010[7]. In der Fassung der politischen Einigung über die
Richtlinie v. 11.11.2010[8] waren die Bestimmungen noch in Art. 40 enthalten und

---

[1] Vorschlag für eine Richtlinie des Europäischen Parlaments und des Rates über die
Verwalter alternativer Investmentfonds und zur Änderung der Richtlinien 2004/39/EG und
2009/.../EG, v. 30.4.2009; KOM(2009) 207 endgültig.

[2] Die Kommentierung gibt ausschließlich die privaten Auffassungen der Bearbeiter wieder.

[3] Arbeitsdokument über den Vorschlag für eine Richtlinie über die Verwalter alternativer
Investmentfonds, Ausschuss für Wirtschaft und Währung, v. 23.9.2009, PE428.292v01-00,
S. 4 f.

[4] „Report of the High-Level Group on Financial Supervision in the EU" unter dem
Vorsitz von Jacques de Larosière v. 15.2.2009, zuletzt abgerufen am 14.2.2012 unter: http://
ec.europa.eu/internal_market/finances/docs/de_larosiere_report_en.pdf.

[5] Report (European Parliament) on the proposal for a directive of the European Parliament
and of the Council on Alternative Investment Fund Managers and amending Directives
2004/39/EC and 2009/.../EC, v. 11.6.2010, (COM(2009)0207 – C7-0040/2009– 2009/
0064(COD), A7-0171/2010).

[6] „Bodies appointed by public authorities".

[7] Proposal (Council) for a Directive of the European Parliament and of the Council on
Alternative Investment Fund Managers and amending directives 2003/41/EC and 2009/65/
EC, v. 12.10.2010, (2009/0064(COD), 14737/10, EF 131 ECOFIN, 611 CODEC 1000).

[8] Legislative Entschließung des Europäischen Parlaments vom 11. November 2010 zu
dem Vorschlag für eine Richtlinie des Europäischen Parlaments und des Rates über die
Verwalter alternativer Investmentfonds und zur Änderung der Richtlinien 2004/39/EG und
2009/.../EG (KOM(2009)0207 – C7-0040/2009 – 2009/0064(COD)).

wurden im Zuge der juristischen Revision in den heutigen Art. 44 unverändert überführt.

B. Normzweck

4   Die Vorschrift bildet die Grundlage für die Einbindung der Überwachung der Vorschriften der AIFM-RL in das System der neuen europäischen Aufsichtsstruktur. Die **wesentlichen Zuständigkeits-Parameter** für die Beaufsichtigung der AIFM werden strukturell festgelegt. Auf dieser Grundlage vollzieht sich die Zusammenarbeit zwischen der ESMA und den zuständigen Aufsichtsbehörden auf Ebene der Mitgliedstaaten. Zudem sichert S. 4 der Vorschrift, dass den von ESMA entwickelten Leitlinien auch auf mitgliedstaatlicher Ebene Geltung verschafft wird.

C. Überblick über die Norm

5   Die Vorschrift bestimmt, dass es den Mitgliedstaaten obliegt, die jeweiligen zuständigen Aufsichtsbehörden auf nationaler Ebene zu benennen. Die benannten Stellen müssen zwingend öffentliche Einrichtungen[9] sein. Die Benennung ist der ESMA und der Kommission zur Kenntnis zu bringen. Darüber hinaus wird klargestellt, dass die Mitgliedstaaten neben der Umsetzung der Richtlinie die innerstaatlichen Voraussetzungen dafür zu schaffen haben, dass die **von ESMA entwickelten Leitlinien** ebenfalls effektive Anwendung finden.

D. Die einzelnen Regelungskomplexe

I. Benennung und Mitteilung an ESMA und die Kommission

6   Eine Parallelvorschrift für die **Benennung zuständiger Behörden** findet sich in Art. 97 Abs. 1 OGAW-IV-RL,[10] der Art. 44. S. 1 und S. 2 weitgehend[11] nachgebildet sind. Die Vorschrift enthält grds. keine besonderen Anforderungen an die Art und Weise der **„Benennung"** der zuständigen Stellen. Jedoch ist es aus Gründen der Wesentlichkeit und Rechtssicherheit angezeigt, dass die zuständigen Behörden durch materielles Parlamentsgesetz „benannt" werden. Entsprechend ist der deutsche Gesetzgeber im Wege der Umsetzung der Vorgaben der Parallelvorschrift des Art. 97 Abs. 1 OGAW-IV-RL in § 5 Abs. 1 InvG vorgegangen. Die Benennung ist der ESMA und der Kommission in angemessener Weise zur Kenntnis zu bringen.

7   Sollte ein Mitgliedstaat eine Aufgabenteilung zwischen unterschiedlichen Behörden vornehmen, so ist dies ESMA und der Kommission ebenfalls zur Kenntnis zu bringen (S. 2 der Vorschrift). So ist es denkbar, dass ein Mitgliedstaat die laufende Überwachung der Aktivitäten der jeweiligen AIFM (i.S. einer „Marktaufsicht") und/oder die Überwachung der makroprudentiellen Aspekte der Aktivitäten der AIFM einer Behörde überträgt, wohingegen die materielle Fachauf-

---

[9] I.S.v. Trägern originärer Staatsgewalt.

[10] Die entsprechende Umsetzung findet sich im deutschen Recht in § 5 Abs. 1 InvG.

[11] Art. 97 Abs. 1 OGAW-IV-RL enthält keine Mitteilungspflicht gegenüber der ESMA sondern nur gegenüber der Kommission.

sicht (i.S. der Befugnis zur Anordnung belastender Maßnahmen) einer weiteren Behörde übertragen wird.[12]

II. Benennung „öffentlicher Einrichtungen"

Die zuständigen Behörden sind gem. S. 3 der Vorschrift zwingend „öffentliche **8** Einrichtungen". S. 3 der Vorschrift in der Fassung des *Gauzès*-Reports v. 11.6.2010[13] enthielt in Art. 40 noch die Vorgabe, dass „Behörden oder von Behörden benannte Stellen[14]" bestimmt werden können.[15] Durch die Streichung des Zusatzes „oder von Behörden benannte Stellen" im Laufe des Gesetzgebungsprozesses wird deutlich, dass eine Benennung Beliehener, d.h. grds. privatrechtlicher Träger, nicht in Betracht kommt. Die Aufgaben müssen von **Trägern originärer staatlicher Gewalt** im formalrechtlichen Sinne wahrgenommen werden. Die Vorschrift schließt jedoch nicht aus, dass sich die zuständigen staatlichen Behörden bei der Erledigung der Aufsichtsaufgaben der Hilfe privatrechtlich organisierter Dienstleister[16] bedienen. In diesen Fällen findet jedoch keine materielle Delegation der Aufsichtsbefugnisse auf die privatrechtlich organisierten Dienstleister statt. Die originären Aufsichtsrechte und -pflichten, d.h. die materiell-rechtsstaatliche Aufsicht, verbleibt in jedem Fall bei den nationalen Aufsichtsbehörden.[17]

III. Überwachung der Anwendung der von ESMA entwickelten Leitlinien

Indem S. 4 der Vorschrift anordnet, dass die Mitgliedstaaten vorschreiben, dass **9** ihre zuständigen Behörden durch geeignete Methoden überwachen, dass die AIFM ihren Verpflichtungen gegebenenfalls auf der Grundlage der von der ESMA entwickelten **Leitlinien** nachkommen, wird der Befugnis der ESMA zum Erlass von Leitlinien nationalstaatliche Effektivität verliehen.

Die ESMA kann Leitlinien insbesondere in den Bereichen der Vergütungspoli- **10** tik (Art. 13 Abs. 2), der Verwaltung und des Vertriebs von Nicht-EU-AIF (Art. 34 Abs. 3, Art. 35 Abs. 12 und Art. 36 Abs. 4), der Zulassung und Überwachung von Nicht-EU-AIFM und deren Vertriebsaktivitäten (Art. 37 Abs. 16, Art. 38 Abs. 4 und Abs. 8, Art. 40 Abs. 12 und Art. 42 Abs. 4) und in Bezug auf die Wahrnehmung der Zulassungsbefugnisse und Informationspflichten der zuständigen Behörden der Mitgliedstaaten (Art. 47 Abs. 1) erlassen.

Zur Implementation „geeigneter Methoden" der Überwachung der Anwen- **11** dung der von der ESMA erlassenen Leitlinien ist erforderlich, dass die nationalen Aufsichtsbehörden die jeweiligen aktuellen Leitlinien kennen (organisatorische Anforderungen) und zudem über hinreichende nationale Aufsichtsbefugnisse ver-

---

[12] Sog. „Twin-Peaks-Modell".

[13] Report (European Parliament) on the proposal for a directive of the European Parliament and of the Council on Alternative Investment Fund Managers and amending Directives 2004/39/EC and 2009/.../EC, v. 11.6.2010, (COM(2009)0207 – C7-0040/2009– 2009/0064(COD), A7-0171/2010).

[14] „Bodies appointed by public authorities".

[15] Vgl. aber Art. 97 Abs. 2 der OGAW-IV-RL, der bestimmt, dass die „zuständigen Behörden" Behörden oder von Behörden bezeichnete Stellen sind.

[16] Z.B. Wirtschaftsprüfer im Rahmen von Sonderprüfungen; vgl. hierzu auch die Delegationsbefugnis des Art. 46 Abs. 1c) AIFM-RL.

[17] Vgl. hierzu den Wortlaut des Art. 46 Abs. 1c) AIFM-RL: Delegation unter „Verantwortung der Zuständigen Behörden".

fügen, die eine Überprüfung der Einhaltung der Leitlinien im Rahmen der laufenden Aufsicht gewährleisten (Anforderungen an materielle Befugnisse). Diese Anforderungen könnten rechtstechnisch z. B. dadurch umgesetzt werden, dass in einer allgemeinen nationalen Befugnisnorm (Generalklausel) explizit festgehalten wird, dass die entsprechende nationale Aufsichtsbehörde zur **Überwachung der Einhaltung der Leitlinien der ESMA** befugt und verpflichtet ist. Über eine nach dieser Maßgabe ausgestaltete Generalklausel könnte u.U. eine „Transformation" der Leitlinien der ESMA in das nationale Aufsichtsregime erreicht werden. Es ist jedoch sehr fraglich, ob eine derartige Transformation mit rechtsstaatlichen Grundsätzen (insb. Gesetzesvorbehalt) vereinbar wäre. Es sollte vielmehr eine **formelle Rechtsumsetzung**, d.h. durch Parlamentsgesetz, jeder Leitlinie erfolgen, es sei denn, eine Leitlinie wird auf begründeter Basis nicht nachgekommen („explain"). Wesentliche rechtstaatliche Grundsatzfragen in diesem Bereich sind noch nicht abschließend geklärt.

12   Gegenüber den nationalen Aufsichtsbehörden wird lediglich von einer „**faktischen Bindungswirkung**" der Leitlinien ausgegangen werden können.[18] Art. 16 Abs. 3 der VO (EU) 1095/2010, dem „Statut" der ESMA, ist zu entnehmen, dass die zuständigen Behörden „alle erforderlichen Anstrengungen" unternehmen, um den Leitlinien nachzukommen. Für den Fall, dass eine zuständige Behörde beabsichtigt, den Leitlinien nicht nachzukommen[19], ist dies der ESMA mit einer Frist von zwei Monaten ab Herausgabe der Leitlinien (in allen EU-Amtssprachen) unter Angabe der Gründe mitzuteilen (**„comply or explain"**). ESMA kann diese Tatsache veröffentlichen, wodurch eine gewisse Prangerwirkung (**„name and shame"**) gegenüber der Behörde, auch im Vergleich zu den zuständigen Behörden der anderen Mitgliedstaaten (**„peer pressure"**), erzeugt wird. Im Ergebnis ist die zuständige Behörde aufgefordert, **„alle erforderlichen Anstrengungen"** zu unternehmen, um den Leitlinien der ESMA nachzukommen. Dies wird am ehesten dadurch geschehen, dass die zuständige Behörde die Leitlinien bei der **Auslegung** der im Einzelfall einschlägigen Rechtsvorschriften heranzieht und **sich zu Eigen macht**. Eine solche Vorgehensweise ist jedoch nur für den Fall denkbar, dass die entsprechende Leitlinie selbst einen norminterpretierenden Charakter hat und die relevante deutsche Rechtsumsetzung eine derartige Auslegung zulässt. Dabei sind allgemeine juristische Methoden heranzuziehen. Eine Eingriffsverwaltung unter Berücksichtigung der materiellen Vorgaben einer Leitlinie lässt sich jedoch nur auf Grundalge einer formellen Rechtsumsetzung[20] der Leitlinie rechtfertigen.

E. Bezüge zum KAGB-E

13   Art. 44 wird in dem zum KAGB-E in § 5 Abs. 1 KAGB-E umgesetzt. Danach übt die BaFin die Aufsicht nach den Vorschriften des KAGB aus. Damit ist die zuständige Behörde i. S. d. Art. 44 benannt und diese Behörde ist eine öffentliche Einrichtung.

---

[18] So etwa für die Leitlinien der EBA *Lehmann/Manger-Nestler* ZBB 2011, 2, 12 f.; vgl. auch *Möllers/Harrer/Krüger* WM 2011, 1537, 1543 unter Verweis auf *Möllers* NZG 2010, 285, 285.

[19] Auch ein Nachkommen ist explizit zu bestätigen.

[20] Vgl. dazu auch Rn. 11.

Über die Benennung der BaFin als zuständige Behörde hinaus legt § 5 Abs. 1 **14**
KAGB-E zudem fest, dass BaFin die Aufsicht über die AIFM aktiv „ausübt".
Die BaFin bedient sich im Rahmen ihrer satzungsmäßigen Zuständigkeit nach
Maßgabe des § 4 FinDAG geeigneter Aufsichts-Methoden. Dazu gehören als
Grundvoraussetzung u.a. auch der Behördenaufbau, die Personalausstattung und
die Organisation der Geschäftsprozesse.

Die Leitlinien der ESMA werden tendenziell durch Schaffung expliziter gesetz- **15**
licher Bestimmungen umgesetzt.[21] Die Rechtspraxis in diesem Bereich ist in der
Entwicklung begriffen.

Artikel 45 Aufgaben der zuständigen Behörden in den Mitgliedstaaten

AIFM-Richtlinie	KAGB-E
Artikel 45 **Aufgaben der zuständigen Behör-** **den in den Mitgliedstaaten**	**§ 5 KAGB** **Zuständige Behörde; Aufsicht;** **Anordnungsbefugnis**
(1) Die Aufsicht über einen AIFM obliegt den zuständigen Behörden des Herkunftsmitgliedstaats des AIFM, unabhängig davon, ob der AIFM AIF in einem anderen Mitgliedstaat verwaltet und/oder vertreibt; die Bestimmungen dieser Richtlinie, die den zuständigen Behörden des Aufnahmemitgliedstaats des AIFM die Zuständigkeit für die Aufsicht übertragen, bleiben hiervon unberührt. (2) Die Überwachung der Einhaltung der Artikel 12 und 14 durch einen AIFM obliegt den zuständigen Behörden des Aufnahmemitgliedstaats des AIFM, wenn der AIFM AIF über eine Zweigniederlassung in diesem Mitgliedstaat verwaltet und/oder vertreibt. (3) Die zuständigen Behörden des Aufnahmemitgliedstaats des AIFM können von einem AIFM, der in seinem Hoheitsgebiet AIF verwaltet oder vertreibt – unabhängig davon, ob dies über eine Zweigniederlassung erfolgt –, die Vorlage von Informationen verlangen, die erforderlich sind, um zu beaufsichtigen, dass die maßgeblichen Bestimmungen, für die diese zuständigen Be-	(1) Die Bundesanstalt übt die Aufsicht nach den Vorschriften dieses Gesetzes aus. (...) (4) Die Bundesanstalt überwacht die Einhaltung der Bestimmungen des § 26 Absatz 2 bis 8 und des § 27 durch ausländische AIF-Verwaltungsgesellschaften, deren Referenzmitgliedstaat nicht die Bundesrepublik Deutschland ist, oder EU-Verwaltungsgesellschaften, wenn die ausländische AIF-Verwaltungsgesellschaft oder die EU-Verwaltungsgesellschaft Investmentvermögen im Inland über eine Zweigniederlassung verwaltet oder vertreibt. (9) Von einer EU-AIF-Verwaltungsgesellschaft oder einer ausländischen AIF-Verwaltungsgesellschaft, die im Inland AIF verwaltet oder vertreibt, kann die Bundesanstalt die Vorlage der Informationen verlangen, die erforderlich sind, um zu überprüfen, ob die maßgeblichen Bestimmungen, für deren Überwachung die Bundesanstalt verantwortlich ist, durch die EU-AIF-Verwaltungsgesellschaft oder die ausländische AIF-Verwaltungsgesellschaft ein-

---

[21] Vgl. z. B. § 204 Abs. 3 KAGB-E aus dem UCITS-Bereich, der der Umsetzung eines
Teilaspekts der sog. „ETF-Guidelines" (and other UCITS-Issues) der ESMA dient.

AIFM-Richtlinie	**KAGB-E**

hörden verantwortlich sind, durch den AIFM eingehalten werden.

Diese Anforderungen dürfen nicht strenger sein als die Anforderungen, die der Aufnahmemitgliedstaat des AIFM den AIFM auferlegt, für die er hinsichtlich der Überwachung der Einhaltung derselben Bestimmungen der Herkunftsmitgliedstaat ist.

(4) Stellen die zuständigen Behörden des Aufnahmemitgliedstaats des AIFM fest, dass ein AIFM, der in seinem Hoheitsgebiet AIF verwaltet und/oder vertreibt – unabhängig davon, ob dies über eine Zweigniederlassung erfolgt –, gegen eine der Bestimmungen, hinsichtlich derer sie für die Überwachung der Einhaltung zuständig sind, verstößt, so fordern diese Behörden den betreffenden AIFM auf, den Verstoß zu beenden und unterrichten die zuständigen Behörden des Herkunftsmitgliedstaats entsprechend.

(5) Lehnt es der betreffende AIFM ab, den zuständigen Behörden seines Aufnahmemitgliedstaats die in deren Zuständigkeit fallenden Informationen zukommen zu lassen oder unternimmt er nicht die erforderlichen Schritte, um den Verstoß gemäß Absatz 4 zu beenden, so setzen die zuständigen Behörden seines Aufnahmemitgliedstaats die zuständigen Behörden seines Herkunftsmitgliedstaats hiervon in Kenntnis. Die zuständigen Behörden des Herkunftsmitgliedstaats des AIFM

a) treffen unverzüglich alle geeigneten Maßnahmen, um sicherzustellen, dass der betreffende AIFM die von den zuständigen Behörden seines Aufnahmemitgliedstaats gemäß Absatz 3 geforderten Informationen vorlegt oder den Verstoß gemäß Absatz 4 beendet,

b) ersuchen die betreffenden Aufsichtsbehörden in Drittländern unverzüglich um Erteilung der erforderlichen Informationen.

gehalten werden. Satz 1 gilt für EU-OGAW-Verwaltungsgesellschaften, die im Inland OGAW verwalten, entsprechend.

§ 11

Besondere Vorschriften für die Zusammenarbeit bei grenzüberschreitender Verwaltung und grenzüberschreitendem Vertrieb von AIF

(1) Stellt die Bundesanstalt fest, dass eine EU-AIF-Verwaltungsgesellschaft oder eine ausländische AIF-Verwaltungsgesellschaft, die im Inland AIF verwaltet oder vertreibt, gegen eine der Bestimmungen, deren Einhaltung die Bundesanstalt zu überwachen hat, fordert sie die betreffende EU-AIF-Verwaltungsgesellschaft oder ausländische AIF-Verwaltungsgesellschaft auf, den Verstoß zu beenden. Die Bundesanstalt unterrichtet die zuständigen Stellen des Herkunftsmitgliedstaats der EU-AIF-Verwaltungsgesellschaft oder des Referenzmitgliedstaates der ausländischen AIF-Verwaltungsgesellschaft entsprechend.

(2) Weigert sich die EU-AIF-Verwaltungsgesellschaft oder die ausländische AIF-Verwaltungsgesellschaft, der Bundesanstalt die für die Erfüllung ihrer Aufgaben erforderlichen Informationen zukommen zu lassen oder unternimmt sie nicht die erforderlichen Schritte, um den Verstoß gemäß Absatz 1 zu beenden, setzt die Bundesanstalt die zuständigen Stellen des Herkunftsmitgliedstaats oder des Referenzmitgliedstaates hiervon in Kenntnis.

(3) Erhält die Bundesanstalt die Mitteilung von einer zuständigen Stelle eines Aufnahmemitgliedstaates, dass eine AIF-Kapitalverwaltungsgesellschaft oder eine ausländische AIF-Verwaltungsgesellschaft, deren Referenzmitgliedstaat die Bundesrepublik Deutsch-

AIFM-Richtlinie	KAGB-E
Die Art der Maßnahmen gemäß Buchstabe a ist den zuständigen Behörden des Aufnahmemitgliedstaats des AIFM mitzuteilen.	land ist, die Herausgabe der, zur Erfüllung der Aufgaben der zuständigen Stelle des Aufnahmemitgliedstaates erforderlichen, Informationen verweigert,
(6) Weigert sich der AIFM trotz der gemäß Absatz 5 von den zuständigen Behörden seines Herkunftsmitgliedstaats getroffenen Maßnahmen oder weil sich solche Maßnahmen als unzureichend erweisen oder in dem fraglichen Mitgliedstaat nicht verfügbar sind, weiterhin, die von den zuständigen Behörden seines Aufnahmemitgliedstaats gemäß Absatz 3 geforderten Informationen vorzulegen, oder verstößt er weiterhin gegen die in Absatz 4 genannten Rechts- und Verwaltungsvorschriften seines Aufnahmemitgliedstaats, so können die zuständigen Behörden des Aufnahmemitgliedstaats des AIFM nach Unterrichtung der zuständigen Behörden des Herkunftsmitgliedstaats des AIFM geeignete Maßnahmen einschließlich der Maßnahmen der Artikel 46 und 48 ergreifen, um weitere Verstöße zu verhindern oder zu ahnden; soweit erforderlich, können sie diesem AIFM auch neue Geschäfte in seinem Aufnahmemitgliedstaat untersagen. Handelt es sich bei der im Aufnahmemitgliedstaat des AIFM durchgeführten Aufgabe um die Verwaltung von AIF, so kann der Aufnahmemitgliedstaat verlangen, dass der AIFM die Verwaltung dieser AIF einstellt.	1. trifft sie unverzüglich alle geeigneten Maßnahmen, um sicherzustellen, dass die betreffende AIF-Kapitalverwaltungsgesellschaft oder die ausländische AIF-Verwaltungsgesellschaft, deren Referenzmitgliedstaat die Bundesrepublik Deutschland ist, die von den zuständigen Stellen ihres Aufnahmemitgliedstaats gemäß Artikel 45 Absatz 3 der Richtlinie 2011/61/EU geforderten Informationen vorlegt oder den Verstoß gegen Artikel 45 Absatz 4 der Richtlinie 2011/61/EU beendet,
	2. ersucht sie die betreffenden zuständigen Stellen in Drittstaaten unverzüglich um Übermittlung der erforderlichen Informationen.
	Die Art der Maßnahmen gemäß Nummer 1 ist den zuständigen Stellen des Aufnahmemitgliedstaats der AIF-Kapitalverwaltungsgesellschaft oder der ausländischen AIFVerwaltungsgesellschaft, deren Referenzmitgliedstaat die Bundesrepublik Deutschland ist, mitzuteilen.
(7) Haben die zuständigen Behörden des Aufnahmemitgliedstaats eines AIFM klare und nachweisbare Gründe für die Annahme, dass der AIFM gegen die Verpflichtungen verstößt, die ihm aus Vorschriften erwachsen, hinsichtlich derer sie nicht für die Überwachung der Einhaltung zuständig sind, so teilen sie ihre Erkenntnisse den zuständigen Behörden des Herkunftsmitgliedstaats des AIFM mit, die geeignete Maßnahmen ergreifen und erforderlichenfalls von den entsprechenden Aufsichtsbehörden	(4) Weigert sich die EU-AIF-Verwaltungsgesellschaft oder die ausländische AIFVerwaltungsgesellschaft weiterhin, die von der Bundesanstalt gemäß § 5 Absatz 9 geforderten Informationen vorzulegen oder verstößt sie weiterhin gegen die in Absatz 1 genannten Bestimmungen,
	1. obwohl eine Maßnahme gemäß Artikel 45 Absatz 5 Satz 2 Richtlinie 2011/61/EU von den zuständigen Stelle ihres Herkunftsmitgliedstaats oder Referenzmitgliedstaates getroffen worden ist, oder
	2. weil sich eine Maßnahme nach Nummer 1 als unzureichend erweist oder

AIFM-Richtlinie	KAGB-E
in Drittländern zusätzliche Informationen anfordern.	3. weil eine Maßnahme nach Nummer 1 in dem fraglichen Mitgliedstaat nicht verfügbar ist,
(8) Verhält sich der AIFM trotz der von den zuständigen Behörden seines Herkunftsmitgliedstaats getroffenen Maßnahmen oder weil sich solche Maßnahmen als unzureichend erweisen oder der Herkunftsmitgliedstaat des AIFM nicht rechtzeitig handelt, weiterhin auf eine Art und Weise, die den Interessen der Anleger der betreffenden AIF, der Finanzstabilität oder der Integrität des Marktes im Aufnahmemitgliedstaat des AIFM eindeutig abträglich ist, so können die zuständigen Behörden des Aufnahmemitgliedstaats des AIFM nach Unterrichtung der zuständigen Behörden des Herkunftsmitgliedstaats des AIFM alle erforderlichen Maßnahmen ergreifen, um die Anleger des betreffenden AIF, die Finanzstabilität und die Integrität des Marktes im Aufnahmemitgliedstaat zu schützen; sie haben auch die Möglichkeit, dem betreffenden AIFM den weiteren Vertrieb von Anteilen des betreffenden AIF im Aufnahmemitgliedstaat zu untersagen.	kann die Bundesanstalt nach Unterrichtung der zuständigen Stellen des Herkunftsmitgliedstaats der EU-AIF-Verwaltungsgesellschaft oder des Referenzmitgliedstaates der ausländischen AIF-Verwaltungsgesellschaft geeignete Maßnahmen, einschließlich der Maßnahmen nach §§ 5, 40 bis 42, 339 und 340, ergreifen, um die Verstöße zu ahnden oder weitere Verstöße zu verhindern. Soweit erforderlich, kann sie dieser EU-AIFVerwaltungsgesellschaft oder ausländischen AIF-Verwaltungsgesellschaft auch neue Geschäfte im Inland untersagen. Verwaltet die EU-AIF-Verwaltungsgesellschaft oder die ausländische AIF-Verwaltungsgesellschaft AIF im Inland kann die Bundesanstalt die Einstellung der Verwaltung verlangen.
(9) Das Verfahren nach Absatz 7 und 8 kommt ferner zur Anwendung, wenn die zuständigen Behörden des Aufnahmemitgliedstaats klare und belegbare Einwände gegen die Zulassung eines Nicht-EU-AIFM durch den Referenzmitgliedstaat haben.	(5) Hat die Bundesanstalt hinreichende Anhaltspunkte für einen Verstoß einer EU-AIF-Verwaltungsgesellschaft oder einer ausländischen AIF-Verwaltungsgesellschaft gegen die Verpflichtungen nach diesem Gesetz, teilt sie ihre Erkenntnisse der zuständigen Stelle des Herkunftsmitgliedstaats der EU-AIF-Verwaltungsgesellschaft oder des Referenzmitgliedstaates der ausländischen AIF-Verwaltungsgesellschaft mit. Wenn die Bundesanstalt eine Mitteilung nach Satz 1 von einer anderen zuständigen Stelle erhalten hat,
(10) Besteht zwischen den betreffenden zuständigen Behörden keine Einigkeit in Bezug auf eine von einer zuständigen Behörde nach den Absätzen 4 bis 9 getroffene Maßnahme, so können sie die Angelegenheit der ESMA zur Kenntnis bringen, die im Rahmen der ihr durch Artikel 19 der Verordnung (EU) Nr. 1095/2010 übertragenen Befugnisse tätig werden kann.	1. ergreift sie geeignete Maßnahmen und
	2. fordert sie gegebenenfalls Informationen von zuständigen Stellen in Drittstaaten an.
(11) Die ESMA erleichtert gegebenenfalls die Aushandlung und den Abschluss der Vereinbarungen über Zusammenarbeit, die gemäß dieser Richt-	(6) Verhält sich die EU-AIF-Verwaltungsgesellschaft oder eine ausländische AIF-Verwaltungsgesellschaft weiterhin in einer Art und Weise, die den Interessen der Anleger der betreffenden AIF, der Finanzstabilität oder der Integrität

AIFM-Richtlinie	KAGB-E
linie zwischen den zuständigen Behörden der Mitgliedstaaten und den Aufsichtsbehörden von Drittländern geschlossen werden müssen.	des Marktes in der Bundesrepublik Deutschland eindeutig abträglich ist,
	1. obwohl von den zuständigen Stellen ihres Herkunftsmitgliedstaates oder Referenzmitgliedstaates eine Maßnahme gemäß Artikel 45 Absatz 7 der Richtlinie 2011/61/EU getroffen worden ist,
	2. weil sich eine Maßnahme nach Nummer 1 als unzureichend erweist oder
	3. der Herkunftsmitgliedstaat der AIF-Verwaltungsgesellschaft nicht rechtzeitig handelt,
	kann die Bundesanstalt nach Unterrichtung der zuständigen Stellen des Herkunftsmitgliedstaats der EU-AIF-Verwaltungsgesellschaft oder des Referenzmitgliedsstaates der ausländischen AIF-Verwaltungsgesellschaft alle erforderlichen Maßnahmen ergreifen, um die Anleger des betreffenden AIF, die Finanzstabilität und die Integrität des Marktes in der Bundesrepublik Deutschland zu schützen; sie hat auch die Möglichkeit, der EU-AIFVerwaltungsgesellschaft oder der ausländischen AIF-Verwaltungsgesellschaft den weiteren Vertrieb von Anteilen des betreffenden AIF im Inland zu untersagen.
	(7) Das Verfahren nach Absatz 5 und 6 wird ferner angewendet, wenn die Bundesanstalt klare und belegbare Einwände gegen die Erlaubnis einer ausländischen AIFVerwaltungsgesellschaft durch den Referenzmitgliedstaat hat.
	(8) Besteht zwischen der Bundesanstalt und den betreffenden zuständigen Stellen keine Einigkeit in Bezug auf eine von der Bundesanstalt oder einer zuständigen Stelle nach den Absätzen 1 bis 7 getroffene Maßnahme, kann die Bundesanstalt nach Maßgabe des Artikels 19 der Verordnung (EU) Nr. 1095/2010 die Europäische Wertpapier- und Marktaufsichtsbehörde um Hilfe ersuchen.

Übersicht

A. Entstehungsgeschichte

1   Der Vorschlag für die AIFM-RL[1] enthält keine im Detail vergleichbare Vor-
schrift.[2] Zwar sind in dem Vorschlag für die AIFM-RL in den Abschn. I und II des
Kapitel VIII Vorschriften betreffend die Aufgaben und Befugnisse der zuständigen
Behörden enthalten. Jedoch legen jene frühen Entwürfe der Vorschrift noch kein
detailliertes „Programm" der materiellen Aufgabenverteilung und Zusammenarbeit dar, wie es letztlich Eingang in den finalen Richtlinientext gefunden hat. In
EwGr 22 des Vorschlags für die AIFM-RL wird allgemein ausgeführt, dass die
Befugnisse und Pflichten der für die Umsetzung der Richtlinie zuständigen Behörden klargestellt und die Mechanismen, die zur Gewährleistung der notwendigen
grenzübergreifenden Zusammenarbeit benötigt werden, ausgebaut werden müssen. Der Kompromissvorschlag des Rates v. 15.12.2009[3] enthält in Art. 40a eine

---

[1] Vorschlag für eine Richtlinie des Europäischen Parlaments und des Rates über die
Verwalter alternativer Investmentfonds und zur Änderung der Richtlinien 2004/39/EG und
2009/.../EG, v. 30.4.2009; KOM(2009) 207 endgültig.

[2] Die Kommentierung gibt ausschließlich die privaten Auffassungen der Bearbeiter wieder.

[3] Proposal for a Directive of the European Parliament and of the Council on Alternative
Investment Fund Managers and amending Directives 2004/39/EC and 2009/.../EC –
Revised Presidency compromise proposal v. 15.12.2009; EF 194, ECOFIN 870, CODEC
1432.

Regelung, die den heutigen Abs. 1 bis Abs. 6 der Vorschrift materiell weitgehend entspricht. Der Richtlinienvorschlag v. 12.10.2010[4] enthält in Art. 43 eine Regelung, die erstmals den materiellen Gehalt der heutigen Richtlinienbestimmungen zur Gänze widerspiegelt. Die im Gesetzgebungsprozess zeitlich nachfolgenden Änderungen waren redaktioneller Natur.

B. Normzweck

Die Vorschrift baut logisch auf Art. 44 auf. Die Vorschrift legt die Grundsätze **2** der **Aufgabenverteilung zwischen** den auf Grundlage des Art. 44 benannten zuständigen **Aufsichtsbehörden** der Mitgliedstaaten fest. Dabei gilt im Grundsatz, dass die Aufsichtsbehörde des Herkunftsmitgliedstaats des AIFM allumfassend zuständig ist (Abs. 1 der Vorschrift)[5]. Die Norm **geht über die reine Aufgabenverteilung hinaus**. So beinhalten die Abs. 3 bis 8 der Vorschrift ein detailliertes System der materiellen Zusammenarbeit zwischen der zuständigen Behörde des Herkunftsmitgliedstaats und des Ausnahmemitgliedstaats im Falle der **grenzüberschreitenden Tätigkeit** von EU-AIFM und zudem der Zulassung von Nicht-EU-AIFM[6].

Die Vorschrift setzt darüber hinaus spezifische Aspekte der **neuen europä-** **3** **ischen Aufsichtsstruktur** um. So sieht Abs. 10 der Vorschrift die Möglichkeit der Anrufung der ESMA zwecks Einleitung des Schlichtungsverfahrens vor und bildet damit die neue Europäische Aufsichtsstruktur auf der Mikro-Verfahrensebene, d.h. auf der Ebene der tatsächlichen Rechtsanwendung, ab. In diesem Zusammenhang ist zudem Abs. 11 der Vorschrift zu sehen, der verdeutlicht, dass die ESMA ggf. bei den Verhandlungen mit Drittstaaten einbezogen wird.

C. Überblick über die Norm

Abs. 1 der Vorschrift legt den Grundsatz nieder, dass die zuständigen Aufsichts- **4** behörden des **Herkunftsmitgliedstaats** für die Überwachung des AIFM allumfassend zuständig sind. Abs. 2 der Vorschrift nimmt die Vorschriften über die allgemeinen Grundsätze der Bedingungen für die Ausübung der Tätigkeit der AIFM (Art. 12) und die Vorschriften betreffend die Vermeidung von Interessenkonflikten (Art. 14) von dem Grundsatz des Abs. 1 der Vorschrift aus, falls ein AIFM einen AIF über eine Zweigniederlassung verwaltet und/oder vertreibt. In diesen Fällen sind die Behörden des Aufnahmemitgliedstaats für die Überwachung der Einhaltung der Vorgaben der Art. 12 und 14 zuständig.

Die Abs. 3 bis 8 der Vorschrift regeln die **Kooperation** zwischen Herkunfts- **5** mitgliedstaat und Aufnahmestaat in Fällen, in denen die Vorlage von Informationen im Zusammenhang mit der Beaufsichtigung des grenzüberschreitend tätigen AIFM erforderlich wird (Abs. 3), Verstöße gegen Vorschriften der Richtlinie,

---

[4] Proposal for a Directive of the European Parliament and of the Council on Alternative Investment Fund Managers and amending directives 2003/41/EC and 2009/65/EC v. 12.10.2010; EF 131, ECOFIN 611, CODEC 1000.

[5] S. aber die unmittelbar auf Abs. 1 folgende Ausnahme des Abs. 2 der Vorschrift betreffend die Einhaltung der Art. 12 und 14 für den Fall der Veraltung oder des Vertriebs von AIF über eine Zweigniederlassung.

[6] Vgl. diesbezüglich die Spezialvorschrift in Abs. 9.

für deren Überwachung die zuständigen Aufsichtsbehörden des Aufnahmemitgliedsstaates zuständig sind, festgestellt werden (Abs. 4 und Abs. 5), Maßnahmen gegen einen AIFM, der gegen die Pflicht zur Vorlage der angeforderten Informationen verstößt oder Verstöße nicht abstellt, im Raum stehen (Abs. 6), ein Aufnahmemitgliedstaat nachweisbare Gründe für die Annahme eines Rechtsverstoßes seitens eines AIFM in einem Bereich hat, für den der Aufnahmemitgliedstaat nicht originär zuständig ist (Abs. 7) und für den Fall, dass besondere Maßnahmen zum Schutz der Finanzstabilität oder der Integrität des Marktes im Aufnahmemitgliedstaat erforderlich werden (Abs. 8). Abs. 9 der Vorschrift ordnet an, dass die Mitteilungspflichten des Abs. 7 und die besonderen Maßnahmen des Abs. 8 auch für den Fall gelten, dass es sich um die Frage der Zulassung eines Nicht–EU–AIFM handelt.

6   Die Abs. 10 und 11 der Vorschrift betreffen die Einleitung eines Schlichtungsverfahrens vor der ESMA und die Zusammenarbeit der nationalen Aufsichtsbehörden mit der ESMA für den Fall der Verhandlung über den Abschluss von Vereinbarungen über die Zusammenarbeit mit Aufsichtsbehörden aus Drittstaaten.

D. Die einzelnen Regelungskomplexe

I. Grundsatz der Zuständigkeit des Herkunftsmitgliedstaats (Abs. 1 der Vorschrift)

7   Abs. 1 der Vorschrift normiert den Grundsatz der allumfassenden Zuständigkeit für die Aufsicht über einen AIFM durch den **Herkunftsmitgliedstaat**. Art. 4 Abs. 1q) definiert den Herkunftsmitgliedstaat des AIFM als den Mitgliedstaat, in dem der AIFM seinen satzungsmäßigen Sitz hat. Für die grundsätzliche Zuständigkeitsverteilung zwischen den nationalen Aufsichtsbehörden ist nicht entscheidend, ob AIF in den jeweils anderen Mitgliedstaaten verwaltet und/oder vertrieben werden. Ausnahmen von diesem Grundsatz sind gem. Abs. 1, 2. Halbs. der Vorschrift nur zulässig, wenn und soweit dies durch die Richtlinie selbst angeordnet wird.[7] Damit ist es den Mitgliedstaaten grundsätzlich verwehrt, die Zuständigkeitsverteilung abweichend von den Vorgaben der Richtlinie zu gestalten.[8]

8   Da der AIFM als Verwalter eines AIF regulatorischer Anknüpfungspunkt der Richtlinie ist[9], stellt Abs. 1 der Vorschrift den **folgerichtigen Anknüpfungspunkt** der grundsätzlichen materiellen Aufsicht dar. Eine „Parallelvorschrift" stellt Art. 97 Abs. 3 der OGAW-IV-RL dar, wonach der Herkunftsmitgliedstaat des OGAW für die Aufsicht zuständig ist. In diesem Zusammenhang ist jedoch zu beachten, dass die OGAW-IV-RL in weiten Teilen eine „Produktregulierung" des Organismus selbst darstellt[10], während die AIF kein direkter Regulierungsgegenstand der AIFM-RL sind.[11]

---

[7] Der Abs. 2 der Vorschrift normiert z. B. eine solche Ausnahme.

[8] Etwa auf vertraglicher Basis.

[9] Art. 1 und Art. 2 i. V. m. Art. 4 Abs. 1b).

[10] Somit steht folglich auch die materielle Produktaufsicht (neben der Aufsicht über die Verwaltungsgesellschaften) im Fokus.

[11] EwGr 10 stellt ausdrücklich klar, dass die Richtlinie keine Regelung der AIF enthält.

II. Besondere Aufgabenverteilung betreffend die Anforderungen aus Art. 12 und 14 (Abs. 2 der Vorschrift)

Abs. 2 der Vorschrift normiert eine Ausnahme i. S. d. Abs. 1, 2. Halbs. der **9** Vorschrift. Danach wird die Einhaltung der Anforderungen betreffend die allgemeinen Anforderungen an die Ausübung der Tätigkeit des AIFM (Art. 12) und betreffend die Vorschriften zur Vermeidung von Interessenkonflikten (Art. 14) durch den jeweiligen Aufnahmemitgliedstaat[12] einer **Zweigniederlassung**[13] überwacht, wenn die Verwaltung und/oder der Vertrieb eines AIF über diese Zweigniederlassung erfolgt. Die Vorschrift bildet die tatsächlichen organisatorischen Verhältnisse im Falle des Vertriebs und/oder der Verwaltung von AIF über eine Zweigniederlassung **folgerichtig** ab. Dadurch, dass ein Teil des organisatorischen Sach- und Personalbestands, d.h. eine Betriebsstelle des Rechtsträgers auch in einem anderen Staat als dem Herkunftsstaat Aktivitäten entfaltet, gebietet es der Rechtsgedanke der **Sachnähe** und das allgemeine Prinzip der **Belegenheit**, dass die Regulierungsvorschriften, die am stärksten an die Entfaltung der entsprechenden Tätigkeit anknüpfen, auch durch die Aufsichtsbehörden des jeweiligen Aufnahmemitgliedstaats überwacht werden. Es ist es denkbar und zulässig, dass mehrere Zweigniederlassungen in mehreren Aufnahmemitgliedstaaten von einem Rechtsträger (AIFM) gegründet werden.[14] In diesen Fällen kann es dazu kommen, dass für die Überwachung der jeweiligen Aktivitäten verschiedene Aufsichtsbehörden zuständig sind. Es ist eine isolierte Betrachtung der jeweiligen Aktivitäten vorzunehmen, d.h. die Vorschrift ist folgendermaßen zu lesen: „(...), *wenn* **und soweit** *der AIFM AIF über eine Zweigniederlassung in diesem Mitgliedstaat verwaltet und/oder vertreibt.*

III. Vorlage von Informationen bei grenzüberschreitenden Zusammenhängen (Abs. 3 der Vorschrift)

EwGr 72 postuliert, dass Befugnisse und Pflichten der für die Umsetzung der **10** Richtlinie zuständigen Behörden klargestellt und die **erforderlichen Aufsichtsmechanismen in grenzüberschreitenden Zusammenhängen** gestärkt werden müssen. Dazu gehört gemäß EwGr 72 auch, dass die zuständigen Behörden des Aufnahmemitgliedstaats (in Abgrenzung zum grds. allzuständigen Herkunftsmitgliedstaat) unter bestimmten Umständen auch unmittelbar tätig werden können. Abs. 3 der Vorschrift behandelt einen solchen Fall. Abs. 3, 1. Unterabs. der Vorschrift normiert die Pflicht der Mitgliedstaaten zur Einräumung[15] eines besonderen Rechts der zuständigen Behörden des Aufnahmemitgliedstaats auf **Vorlage von Informationen** für den Fall des grenzüberschreitenden Vertriebs oder der grenzüberschreitenden Verwaltung von AIF.

Die Recht der Behörden des Aufnahmemitgliedstaats auf Vorlage ist Beschränkt **11** auf die Bereiche, für die diese Behörden nach Maßgabe der Richtlinie zuständig sind. Dies sind zum einen die besonderen Zuständigkeiten bei Vertrieb und/oder Verwaltung von AIF über eine Zweigniederlassung gem. Abs. 2 der Vorschrift. Darüber hinaus ist Abs. 3, 2. Unterabs. der Vorschrift schon dem Wortlaut nach

---

[12] Vgl. die Definition in Art. 4 Abs. 1r).

[13] Vgl. die Definition in Art. 4 Abs. 1c).

[14] Jedoch gelten mehrere Betriebsstellen in einem Aufnahmemitgliedstaat als eine einzige Zweigniederlassung (Art. 4 Abs. 1c)).

[15] D.h. im Wege der nationalen Umsetzung.

nicht auf die besonderen Fälle des Abs. 2 der Vorschrift beschränkt.[16] Zum anderen kommen daher Vorlagerechte insbesondere im Zusammenhang mit den **Vertriebsaktivitäten und der Vertriebsstruktur** in Betracht. So ordnet Art. 32 Abs. 5 i. V. m. Anhang IV Buchstabe h beispielsweise die Umsetzung einer besonderen Zuständigkeit der Behörden des Aufnahmemitgliedstaats hinsichtlich der **Vertriebsüberwachung** an. In den Fällen des Abs. 3, 1. Unterabs. der Vorschrift finden Verwaltung und/oder Vertrieb auf dem Staatsgebiet des Aufnahmemitgliedstaats statt. Die umzusetzenden Vorlagerechte der Behörden des Aufnahmemitgliedstaats in den dargelegten Fällen ergeben sich daher wiederum aus dem Rechtsgedanken der **Sachnähe** und dem allgemeinen Prinzip der **Belegenheit**.

12   Der Richtlinientext schränkt die Vorlagepflicht auf solche Informationen ein, die **erforderlich** sind, um die Einhaltung der maßgeblichen Vorschriften im Zuständigkeitsbereich der Behörden des Aufnahmemitgliedstaats zu beaufsichtigen. Es ist eine Frage des Einzelfalls in der konkreten Rechtsanwendung, welche spezifischen Informationen auf Grundlage der nationalen Umsetzung angefordert werden können. Die nationalen Aufsichtsbehörden sind an die allgemeinen rechtsstaatlichen Prinzipien der **Opportunität und der Verhältnismäßigkeit** gebunden. Der Richtlinientext macht keine spezifischen Vorgaben hinsichtlich der Modalitäten der Vorlagepflicht. Der Pflicht zur „Vorlage" ist jedoch zu entnehmen, dass der Verpflichtete die Informationen **aktiv übermitteln** muss.

13   Neben der Vorlagepflicht steht der zuständigen Behörde auf der Grundlage der jeweiligen nationalen Umsetzung aus Art. 46 Abs. 2a) grundsätzlich auch das Recht zu, Unterlagen aller Art (vor Ort) einzusehen und Kopien zu erhalten. Abs. 3, 1. Unterabs. der Vorschrift entfaltet gegenüber Art. 46 Abs. 2a) insoweit keine grundsätzliche Sperrwirkung, da die Behörde des Aufnahmemitgliedstaats zugleich „zuständige Behörde" i. S. d. Art. 46 Abs. 2a) ist. Jedoch ist Abs. 6, S. 1 der Vorschrift zu entnehmen, dass zunächst das Verfahren der Abs. 4 und 5 zu durchlaufen ist.

14   Der 2. Unterabs. des Abs. 3 bestimmt, dass die Aufnahmemitgliedstaaten den grenzüberschreitend tätigen AIFM im Inbound-Fall keine strengeren Anforderungen auferlegen dürfen, als gegenüber den AIFM, hinsichtlich derer sie Herkunftsmitgliedstaat sind. Es handelt sich um eine spezialgesetzliche Normierung der europarechtlichen Selbstverständlichkeit des **Diskriminierungsverbots** zur faktischen Umsetzung des Binnenmarkts. Abs. 3, 2. Unterabs. hat insoweit lediglich klarstellenden Charakter.

IV. Rechtsverstöße bei grenzüberschreitenden Zusammenhängen (Abs. 4 der Vorschrift)

15   Abs. 4 der Vorschrift baut logisch auf Abs. 1, 2. Halbs., Abs. 2 und Abs. 3, 1. Unterabs. der Vorschrift auf. Für den Fall, dass die zuständige Behörde des Aufnahmemitgliedstaats im Bereich der Vorschriften, für deren Überwachung sie in Abweichung von dem Grundsatz der Allzuständigkeit der zuständigen Behörde des Herkunftsmitgliedstaats zuständig ist, einen **Rechtsverstoß seitens des AIFM** feststellt, fordert sie den AIFM auf, den Verstoß zu beenden und unterrichtet die zuständige Behörde des Herkunftsmitgliedstaats entsprechend. Sollte der

---

[16] Dies kommt durch die Wendung „,-unabhängig davon, ob dies über eine Zweigniederlassung erfolgt-" zum Ausdruck. Ohne diesen Zusatz hätte es ggf. Auslegungsschwierigkeiten hinsichtlich der Reichweite des umzusetzenden Vorlagerechts geben können.

Rechtsverstoß durch die Tätigkeiten einer Zweigniederlassung[17] verursacht sein, so bietet es sich an, an den Leiter dieser Zweigniederlassung heranzutreten. Die Vorschrift erlaubt es darüber hinaus jedoch, in jedem Fall den Rechtsträger des AIFM zu kontaktieren, d.h. die Geschäftsleitung. Dies hat faktisch zur Folge, dass die Aufsichtsbehörde des Aufnahmemitgliedstaats ein Schreiben[18] (oder ggf. andere Art und Weise der Kommunikation) direkt an die im Herkunftsmitgliedstaat ansässige Geschäftsleitung des AIFM absenden kann. Dieses hoheitliche Wirken auf dem fremden Staatsgebiet gebietet eine parallel erfolgende Information der zuständigen Behörde des Herkunftsmitgliedstaats.

Abs. 4 der Vorschrift räumt der zuständigen Behörde des Aufnahmemitgliedstaats **kein Ermessen** hinsichtlich der Aufforderung ggü. dem AIFM und der entsprechenden Information der zuständigen Behörde des Herkunftsmitgliedstaats ein. Abs. 4 der Vorschrift enthält hinsichtlich des Rechtsverstoßes zudem **keine Wesentlichkeitsschwelle**. Es muss jedoch feststehen, dass ein „Verstoß" gegen die relevanten Bestimmungen vorliegt. Hinsichtlich des Vorliegens des Verstoßes kommt der zuständigen Behörde des Aufnahmemitgliedstaats eine tatbestandliche **Einschätzungsprärogative** zu. **16**

V. Maßnahmen bei grenzüberschreitenden Zusammenhängen (Abs. 5 und Abs. 6 der Vorschrift)

Abs. 5 und Abs. 6 der Vorschrift bauen logisch auf Abs. 1, 2. Halbs., Abs. 2, Abs. 3, 1. Unterabs. und Abs. 4 der Vorschrift auf. Es wird ein stringentes „**Aufsichtsprogramm**" der grenzüberschreitenden Zusammenarbeit normiert. Sollte der betroffene AIFM[19] sich weigern, die in die Aufsichtszuständigkeit der Behörde des Aufnahmemitgliedstaats fallenden Informationen wie angefordert zukommen zu lassen oder kommt der AIFM der Aufforderung gem. Abs. 4 der Vorschrift zur Beendigung des Rechtsverstoßes nicht nach, so setzt die Behörde des Aufnahmemitgliedstaats die zuständige Behörde des Herkunftsmitgliedstaats in Kenntnis. Ab diesem Punkt kehrt die Richtlinie zu dem Grundsatz der Zuständigkeit der Behörden des Herkunftsmitgliedstaats (Abs. 1 der Vorschrift) zurück. Dies rechtfertigt sich aus der Weigerung des Aufsichtsobjekts AIFM. Da ab diesem Punkt Maßnahmen gegenüber dem im Herkunftsmitgliedstaat ansässigen Rechtsträger im Raume stehen, greift das Prinzip der Belegenheit des Rechtsträgers und überlagert die „Belegenheit" des faktischen Handelns im Aufnahmemitgliedstaat. **17**

Der Behörde des Herkunftsmitgliedstaats steht hinsichtlich des „Ob" der Anordnung geeigneter Maßnahmen und (soweit einschlägig) der Einholung relevanter Informationen bei Aufsichtsbehörden von Drittländern gem. Abs. 5 S. 2 Buchst. a) und/oder b) kein Ermessen zu. Die Richtlinie erzeugt somit eine gewisse **Bindungswirkung** der Feststellung des Rechtsverstoßes bzw. der Notwendigkeit der Einholung von Informationen seitens der Behörde des Aufnahmemitgliedstaats gegenüber der Behörde des Herkunftsmitgliedstaats. Dies kann in **18**

---

[17] Die Existenz einer Zweigniederlassung ist jedoch nicht tatbestandliche Voraussetzung des Abs. 4 der Vorschrift.

[18] Im Hinblick auf die Wesentlichkeit der aufsichtsrechtlichen Maßnahme sollte die Aufforderung auf jeden Fall dokumentiert werden. Daher bietet sich eine schriftliche Aufforderung an. Dies schließt es nicht aus, dass insbesondere in eilbedürftigen Fällen eine effektivere Art der Kontaktaufnahme „vorgeschaltet" wird.

[19] D.h. die für den AIFM handelnden Personen.

der Praxis zu **„Friktionen"** führen.[20] Dies insbesondere, da die Richtlinie keine weitere planmäßige „Abstimmung" zwischen den zuständigen Behörden der involvierten Staaten erfordert sondern lediglich die Informationspflicht betreffend die Art der eingeleiteten Maßnahmen seitens des Herkunftsmitgliedstaats gegenüber dem Aufnahmemitgliedstaat konstatiert (Abs. 5, S. 3 der Vorschrift). Im Falle der „reibungslosen" Durchführung normiert Abs. 5 der Vorschrift jedoch ein kohärentes und effizientes System der Mikrostrukturaufsicht.

19   Sollten die aufsichtsrechtlichen Maßnahmen des Herkunftsmitgliedstaats nach Maßgabe des Abs. 5 der Vorschrift nicht die erforderlichen Ergebnisse hervorbringen, so verlagert sich die Zuständigkeit gem. Abs. 6 der Vorschrift als ultima ratio wieder auf die zuständigen Behörden des Aufnahmemitgliedstaats. Dem dürfte der Rechtsgedanke zugrunde liegen, dass der Rechtsverstoß sich auf dem Staatsgebiet des Aufnahmemitgliedstaats weiterhin vollzieht und ein weiteres Zuwarten dem Aufnahmemitgliedstaat somit nicht länger zumutbar ist.

20   Abs. 6 der Vorschrift sieht Maßnahmen bis hin zur Vertriebsuntersagung und Anordnung der Einstellung der Verwaltung eines AIF vor. Es ist fraglich (aber auch nicht auszuschließen), ob es in der Praxis zu solchen Maßnahmen seitens des Aufnahmemitgliedstaats kommen wird, denn die zuständigen Behörden des Herkunftsmitgliedstaats werden in der Regel aus Reputationsinteressen auf ein zügiges Abstellen des Missstands hinwirken.

VI. Rechtsverstöße außerhalb der Zuständigkeit des Aufnahmemitgliedstaats (Abs. 7 der Vorschrift)

21   Abs. 7 der Vorschrift sieht vor, dass die zuständigen Behörden des Aufnahmemitgliedstaats die zuständigen Behörden des Herkunftsmitgliedstaats auch hinsichtlich solcher Umstände informieren, die einen Rechtsverstoß außerhalb der Zuständigkeit des Aufnahmemitgliedstaats begründen könnten. Die Vorschrift **stärkt die Zusammenarbeit** der Aufsichtsbehörden. Der Richtlinientext weist der zuständigen Behörde des Aufnahmemitgliedstaats hinsichtlich der Informationspflicht gegenüber der zuständigen Behörde des Herkunftsmitgliedstaats kein Ermessen zu. Insofern dient Abs. 7 der Vorschrift auch der Stärkung des Prinzips der grundsätzlichen Allzuständigkeit der Behörde des Herkunftsmitgliedstaats. Um eine „Informationsflut" und Ermittlungen „ins Blaue" hinein zu vermeiden, bezieht sich die **Informationspflicht** nur auf **„klare und nachweisbare Gründe"** für die Annahme eines relevanten Rechtsverstoßes. Liegen entsprechende klare und nachweisbare Gründe vor, so ist die zuständige Behörde des Herkunftsmitgliedstaats grundsätzlich zum Handeln (nach Maßgabe des Opportunitätsprinzips) verpflichtet. Andernfalls ist das Verfahren vor der ESMA nach Maßgabe des Abs. 10 der Vorschrift einzuleiten.

VII. Besondere Maßnahmen zum Schutz der Finanzstabilität oder der Integrität des Marktes im Aufnahmemitgliedstaat (Abs. 8 der Vorschrift)

22   Abs. 8 der Vorschrift baut logisch auf Abs. 7 der Vorschrift auf. In den Fällen, dass die von der zuständigen Behörde des Aufnahmemitgliedstaats identifizierten Missstände außerhalb der Zuständigkeit des Aufnahmemitgliedstaats nachweislich negative Auswirkungen auf die Anleger des relevanten AIF, die **Finanzstabilität**

---

[20] Vgl. für diesen Fall das Verfahren gem. Abs. 10 der Vorschrift.

oder die Integrität des Marktes im Aufnahmemitgliedstaat hat und der **Herkunftsmitgliedstaat nicht** nach Maßgabe des Abs. 7 der Vorschrift **abhilft,** so kann der Aufnahmemitgliedstaat selbst handeln. Die Befugnisse reichen bis zur Vertriebsuntersagung. Dies setzt die **vorherige Information des Herkunftsmitgliedstaats** seitens des Aufnahmemitgliedstaats voraus. Die Vorschrift des Abs. 8 trägt den Interdependenzen der heutigen Kapitalmärkte Rechnung. Der Nachweis des Tatbestands der „**eindeutigen Abträglichkeit"** für die geschützten Interessen erfordert eine fundierte volkswirtschaftliche Analyse.

VIII. Besondere Formen der Zusammenarbeit bei der Zulassung eines Nicht-EU-AIFM (Abs. 9 der Vorschrift)

Abs. 9 der Vorschrift erklärt das Verfahren gem. Abs. 7 und 8 für den Fall für **23** anwendbar, in dem der Aufnahmemitgliedstaat **klare und belegbare Einwände** gegen die Zulassung eines Nicht-EU-AIFM durch den Referenzmitgliedstaat[21] hat. Die Vorschrift schließt eine Lücke betreffend Nicht-EU-AIFM. Da der Aufnahmemitgliedstaat nicht Herr des Zulassungsverfahrens ist, d.h. das Zulassungsverfahren nicht in seine Zuständigkeit fällt, ist das Verfahren der Abs. 7 und 8 dem „Wesen nach" richtig gewählt, um es dem Aufnahmemitgliedstaat zu ermöglichen, gegen die Zulassung seitens des Referenzmitgliedstaats „vorzugehen" (wenn auch in einem auf gewichtige Ausnahmefälle beschränktem Umfang[22]).

IX. Einleitung eines Schlichtungsverfahrens vor der ESMA (Abs. 10 der Vorschrift)

Können die Behörden in der Rechtsanwendung nach Maßgabe der Abs. 4 bis **24** Abs. 9 der Vorschrift betreffend eine von einer zuständigen Behörde getroffenen Maßnahme keine Einigung erzielen, so können sie die Angelegenheit im **Schlichtungsverfahren** vor der ESMA betreiben. Eine Pflicht zur Einleitung dieses Verfahrens durch die nationalen Aufsichtsbehörden besteht zwar nicht[23]. Erhält die ESMA von einer Meinungsverschiedenheit zwischen den betroffenen Behörden unter Zugrundelegung objektiver Kriterien Kenntnis, so kann die ESMA das Verfahren gemäß Art. 19 Abs. 1, 2. Unterabs. der Verordnung (EU) Nr. 1095/2010 jedoch auch von Amts wegen einleiten. Art. 19 der Verordnung (EU) Nr. 1095/2010 enthält detaillierte Verfahrensvorgaben. Die wichtigsten Eckparameter[24] sind: Die ESMA hat zunächst die Rolle einer Vermittlerin, kann bei fruchtlosem Verlauf der Schlichtungsphase ggü. den nationalen Aufsichtsbehörden unter bestimmten Voraussetzungen jedoch auch verbindliche Anordnungen treffen. Als *ultima ratio* kann die ESMA ggü. dem relevanten AIFM selbst unmittelbare Anordnungen treffen. Die Art der Meinungsverschiedenheiten und der Verlauf eines Schlichtungsverfahrens werden dem Europäischen Parlament berichtet

---

[21] Wegen der Definition des „Referenzmitgliedstaats" vgl. Art. 4 Abs. 1q) und z) i. V. m. Art. 37 Abs. 4.

[22] Vgl. die tatbestandlichen Vorgaben des Abs. 8 der Vorschrift.

[23] Der Wortlaut „können" ist insoweit eindeutig.

[24] Wegen der Einzelheiten vgl. die Kommentierung zu Art. 55 (Streitbeilegung).

X. Zusammenarbeit bei der Verhandlung mit Drittländern (Abs. 11 der Vorschrift)

25   Abs. 11 der Vorschrift bestimmt, dass die ESMA die **Aushandlung und den Abschluss notwendiger Vereinbarungen mit Drittländern „erleichtert".** Der Abschluss solcher Vereinbarungen wird beispielsweise im Zusammenhang mit Nicht-EU-AIF (vgl. nur Art. 35 Abs. 2a)) und Nicht-EU-AIFM (vgl. nur Art. 37 Abs. 7d)) notwendig. Ein „Erleichtern" ist eine **besondere Form der Amtshilfe** im Wege der Herstellung notwendiger Kontakte und ggf. Bereitstellung notwendiger personeller und sachlicher Ressourcen.

E. Bezüge zum KAGB-E

26   Art. 45 enthält **keine Wahlrechte** für die nationalen Gesetzgeber. Die verschiedenen Absätze des Art. 45 werden an mehreren Stellen des KAGB-E umgesetzt. Art. 45 Abs. 1 bis Abs. 3 werden in § 5 Abs. 1, Abs. 4 und Abs. 9 KAGB-E umgesetzt. Eine explizite Umsetzung des Abs. 3 2. Unterabs. erfolgt nicht. Dies ist auch nicht erforderlich, da nach Maßgabe des KAGB-E schlicht keine materiell unterschiedlichen Anforderungen an Heimat-AIFM und andere AIFM gestellt werden.

27   Der Komplex des Art. 45 Abs. 4 bis Abs. 10 wird in **§ 11 KAGB-E** umgesetzt. Hinsichtlich des Art. 45 Abs. 7 fällt in dem Umsetzungsvorschlag des § 11 Abs. 5 S. 1 KAGB-E auf, dass der deutsche Gesetzgeber „hinreichende Anhaltspunkte" anstatt „klarer und nachweisbarer Gründe" als Tatbestandsvoraussetzung normiert. Es ist nicht ersichtlich, dass sich in der praktischen Rechtsanwendung dadurch wesentliche Unterschiede ergeben werden, denn „hinreichende Anhaltspunkte" müssen tatsachenbasiert und damit „klar und nachweisbar" sein. § 11 Abs. 5 S. 2 KAGB-E ist die reziproke Umsetzung des Art. 45 Abs. 7 a. E. Die weiteren Änderungen in § 11 KAGB-E ggü. Art. 45 Abs. 4 bis Abs. 10 sind der Anpassung an die Terminologie des KAGB geschuldet. Art. 45 Abs. 11 richtet sich an die ESMA und bedarf keiner nationalen Umsetzung.

Artikel 46 Befugnisse der zuständigen Behörden

AIFM-Richtlinie	KAGB-E
Artikel 46 **Befugnisse der zuständigen Behörden**	**§ 5 Abs. 6 KAGB-E** **Zuständige Behörde; Aufsicht; Anordnungsbefugnis**
(1) Die zuständigen Behörden sind mit allen für die Wahrnehmung ihrer Aufgaben notwendigen Überwachungs- und Ermittlungsbefugnissen auszustatten. Diese Befugnisse werden wie folgt ausgeübt: a) unmittelbar, b) in Zusammenarbeit mit anderen Behörden, c) unter Verantwortung der zuständigen Behörden durch Stellen, an die Aufgaben delegiert wurden,	Die Bundesanstalt überwacht die Einhaltung der Verbote und Gebote dieses Gesetzes und den aufgrund dieses Gesetzes erlassenen Bestimmungen und kann Anordnungen treffen, die zu ihrer Durchsetzung geeignet und erforderlich sind. Die Bundesanstalt ist ferner befugt, im Rahmen der Aufsicht alle Anordnungen zu treffen, die erforderlich und geeignet sind, um die Einhaltung der in den Anlagebedingungen, der Satzung oder dem Gesellschaftsvertrag vorgese-

AIFM-Richtlinie	KAGB-E
d) durch Antrag bei den zuständigen Justizbehörden.	henen Regelungen sicherzustellen. Soweit Anhaltspunkte dafür vorliegen, dass dies für die Überwachung eines Verbots oder Gebots dieses Gesetzes erforderlich ist, kann die Bundesanstalt dabei insbesondere
(2) Die zuständigen Behörden sind befugt,	
a) Unterlagen aller Art einzusehen und eine Kopie von ihnen zu erhalten,	
b) von jeder mit den Tätigkeiten des AIFM oder des AIF in Verbindung stehenden Person Auskünfte zu verlangen und gegebenenfalls eine Person zum Zwecke der Informationserlangung vorzuladen und zu vernehmen,	1. von jedermann Auskünfte einholen, die Vorlage von Unterlagen und die Überlassung von Kopien verlangen, Personen laden und vernehmen sowie
c) angekündigte und unangekündigte Ermittlungen vor Ort durchzuführen,	2. bereits existierende Aufzeichnungen von Telefongesprächen und Datenübermittlungen anfordern; das Grundrecht des Artikels 10 des Grundgesetzes wird insoweit eingeschränkt.
d) bereits existierende Aufzeichnungen von Telefongesprächen und Datenübermittlungen anzufordern,	
e) vorzuschreiben, dass Praktiken, die gegen die nach dieser Richtlinie erlassenen Vorschriften verstoßen, unterlassen werden,	Sofern aus Aufzeichnungen von Telefongesprächen Daten aus dem Kernbereich privater Lebensgestaltung erlangt werden, dürfen diese nicht gespeichert, verwertet oder weitergegeben werden und sind unverzüglich zu löschen. Die Wirtschaftsprüfer haben der Bundesanstalt auf Verlangen Auskünfte zu erteilen und Unterlagen vorzulegen, soweit dies zur Prüfung erforderlich ist; die Auskunftspflicht der Abschlussprüfer beschränkt sich auf Tatsachen, die ihnen im Rahmen der Prüfung bekannt geworden sind. Für das Recht zur Auskunftsverweigerung und die Belehrungspflicht gilt § 4 Absatz 9 des Wertpapierhandelsgesetzes entsprechend. Die Bundesanstalt hat im Rahmen der ihr zugewiesenen Aufgaben Missständen entgegenzuwirken, welche die ordnungsgemäße Verwaltung von Investmentvermögen, den Vertrieb von Investmentvermögen, die ordnungsgemäße Erbringung von Dienstleistungen oder Nebendienstleistungen nach § 20 Absatz 2 und 3 oder die Tätigkeit einer Verwahrstelle nach diesem Gesetz beeinträchtigen oder erhebliche Nachteile für den Finanzmarkt oder den Markt für ein Finanzinstrument bewirken kön-
f) das Einfrieren oder die Beschlagnahme von Vermögenswerten zu verlangen,	
g) ein vorübergehendes Verbot der Ausübung der Berufstätigkeit zu verlangen,	
h) von zugelassenen AIFM, Verwahrstellen oder Wirtschaftsprüfern Auskünfte zu verlangen,	
i) jegliche Art von Maßnahmen zu ergreifen, um sicherzustellen, dass AIFM oder Verwahrstellen sich weiterhin an die auf sie anwendbaren Anforderungen dieser Richtlinie halten,	
j) im Interesse der Anteilinhaber oder der Öffentlichkeit die Aussetzung der Ausgabe, Rücknahme oder Auszahlung von Anteilen zu verlangen,	
k) die einem AIFM oder einer Verwahrstelle erteilte Zulassung zu entziehen,	
l) Angelegenheiten den Strafverfolgungsbehörden zu übermitteln,	

AIFM-Richtlinie	KAGB-E

m) Überprüfungen oder Ermittlungen durch Wirtschaftsprüfer oder Sachverständige vornehmen zu lassen.

(3) Gelangt die zuständige Behörde des Referenzmitgliedstaats zu der Auffassung, dass ein zugelassener Nicht-EU-AIFM seinen Pflichten gemäß dieser Richtlinie nicht nachkommt, so setzt sie die ESMA hiervon so bald wie möglich und unter vollständiger Angabe der Gründe in Kenntnis.

(4) Die Mitgliedstaaten stellen sicher, dass die zuständigen Behörden die notwendigen Befugnisse haben, alle erforderlichen Maßnahmen zu treffen, um das ordnungsgemäße Funktionieren der Märkte in den Fällen zu gewährleisten, in denen die Tätigkeit eines oder mehrerer AIF am Markt für ein Finanzinstrument das ordnungsgemäße Funktionieren des Marktes gefährden könnte.

nen. Die Bundesanstalt kann Anordnungen treffen, die geeignet und erforderlich sind, diese Missstände zu beseitigen oder zu verhindern.

§ 12 Abs. 6 Nr. 12 KAGB-E
Meldungen der Bundesanstalt an die Europäische Kommission und die Europäische Wertpapier- und Marktaufsichtsbehörde

(…) Ferner informiert die Bundesanstalt die Europäischen Wertpapier- und Marktaufsichtsbehörde über

12. die Auffassung, dass eine ausländische AIF-Verwaltungs-gesellschaft, deren Referenzmitgliedstaat die Bundesrepublik Deutschland ist, nicht den Pflichten der Richtlinie 2011/61/EU nachkommt unter Angabe der Gründe,

§ 14 KAGB-E
Auskünfte und Prüfungen bezüglich bedeutend beteiligter Inhaber

Kapitalverwaltungsgesellschaften und extern verwaltete Investmentgesellschaften, die an ihnen jeweils bedeutend beteiligten Inhaber sowie Verwahrstellen haben der Bundesanstalt Auskünfte entsprechend § 44 Absatz 1 und 6 sowie § 44b des Kreditwesengesetzes zu erteilen. Der Bundesanstalt stehen die in § 44 Absatz 1 und § 44b des Kreditwesengesetzes genannten Prüfungsbefugnisse entsprechend zu.

§ 39 Abs. 3 KAGB-E
Erlöschen und Aufhebung der Erlaubnis

Die Bundesanstalt kann die Erlaubnis außer nach den §§ 48 und 49 des Verwaltungsverfahrensgesetzes aufheben, wenn

1. die Kapitalverwaltungsgesellschaft die Erlaubnis aufgrund falscher Erklärungen oder auf sonstige rechtswidrige Weise erwirkt hat,

AIFM-Richtlinie	KAGB-E
	2. die Eigenmittel der Kapitalverwaltungsgesellschaft unter die in § 25 vorgesehenen Schwellen absinken und die Gesellschaft nicht innerhalb einer von der Bundesanstalt zu bestimmenden Frist diesen Mangel behoben hat,
	3. der Bundesanstalt Tatsachen bekannt werden, die eine Versagung der Erlaubnis nach § 23 Nummer 2 bis 11 rechtfertigen würden,
	4. die externe Kapitalverwaltungsgesellschaft auch über die Erlaubnis zur Finanzportfolioverwaltung nach § 20 Absatz 2 Nummer 1 oder Absatz 3 Nummer 2 verfügt und die Verordnung (EU) Nr. .../2013 [CRR-Verordnung] nicht mehr erfüllt,
	5. die Kapitalverwaltungsgesellschaft nachhaltig gegen die Bestimmungen dieses Gesetzes verstößt.
	§ 42 KAGB-E **Maßnahmen bei Gefahr**
	Die Bundesanstalt kann zur Abwendung einer Gefahr in folgenden Fällen geeignete und erforderliche Maßnahmen ergreifen:
	1. bei einer Gefahr für die Erfüllung der Verpflichtungen einer Kapitalverwaltungsgesellschaft gegenüber ihren Gläubigern,
	2. bei einer Gefahr für die Sicherheit der Vermögensgegenstände, die der Kapitalverwaltungsgesellschaft anvertraut sind, oder
	3. beim begründeten Verdacht, dass eine wirksame Aufsicht über die Kapitalverwaltungsgesellschaft nach den Bestimmungen dieses Gesetzes nicht möglich ist.
	§ 98 Abs. 3 KAGB-E **Rücknahme von Anteilen,** **Aussetzung**
	Die Bundesanstalt kann anordnen, dass die Kapitalverwaltungsgesellschaft

AIFM-Richtlinie	KAGB-E
	die Rücknahme der Anteile auszusetzen hat, wenn dies im Interesse der Anleger oder der Öffentlichkeit erforderlich ist; die Bundesanstalt soll die Aussetzung der Rücknahme anordnen, wenn die AIF-Kapitalverwaltungs-gesellschaft bei einem Immobilien- Sondervermögen im Fall des Absatzes 2 Satz 1 die Aussetzung nicht vornimmt oder im Fall des § 257 der Verpflichtung zur Aussetzung nicht nachkommt. Absatz 2 Satz 2 und 4 bis 6 ist entsprechend anzuwenden.

Literatur: *Spindler, Gerald/Tancredi, Sara,* „Die Richtlinie über alternative Investmentfonds", WM 2011, S. 1441–1451 (Teil II).

A. Entstehungsgeschichte

1   Der Vorschlag für die AIFM-RL[1] enthält in Art. 41 Bestimmungen, die dem heutigen Art. 46 Abs. 1a) bis d) und Abs. 2a) bis d) weitestgehend entsprechen.[2] Darüber hinaus enthält Art. 42 des Vorschlags für die AIFM-RL Bestimmungen, die dem heutigen Art. 46 Abs. 2g), i)[3], l)[4] und Abs. 4 weitestgehend entsprechen. Es zeigt sich somit sehr deutlich, dass die Richtlinie von Anfang an auf eine enge Überwachung der Marktteilnehmer ausgelegt war. Der Kompromissvorschlag des Rates v. 15.12.2009[5] konsolidiert Art. 41 und Art. 42 des Vorschlags für die AIFM-RL zu einem neuen Art. 41, der die übrigen Buchst. des Abs. 2 der Vorschrift einfügt und Art. 46 Abs. 1 und Abs. 2 somit an Art. 98 OGAW-IV-RL angleicht.[6] Der Richtlinienvorschlag v. 12.10.2010[7] enthält in Art. 44 eine Version der Vorschrift, die dem heutigen Art. 46 voll entspricht.

B. Normzweck

2   Die Vorschrift baut logisch auf den Art. 44 und Art. 45 auf. Sie schreibt vor, mit welchen konkreten Befugnissen die zuständigen Behörden auf nationaler

---

[1] Vorschlag für eine Richtlinie des Europäischen Parlaments und des Rates über die Verwalter alternativer Investmentfonds und zur Änderung der Richtlinien 2004/39/EG und 2009/.../EG, v. 30.4.2009; KOM(2009) 207 endgültig.

[2] Die Kommentierung gibt ausschließlich die privaten Auffassungen der Bearbeiter wieder.

[3] Jedoch noch ohne Bezug auf die Verwahrstellen.

[4] Jedoch unter Verweisung an die zuständigen „Gerichte" anstatt – wie zutreffend – an die heutige Formulierung an die „Strafverfolgungsbehörden".

[5] Proposal for a Directive of the European Parliament and of the Council on Alternative Investment Fund Managers and amending Directives 2004/39/EC and 2009/.../EC – Revised Presidency compromise proposal v. 15.12.2009; EF 194, ECOFIN 870, CODEC 1432.

[6] Die Vorschriften sind im Wortlaut in weiten Teilen identisch.

[7] Proposal for a Directive of the European Parliament and of the Council on Alternative Investment Fund Managers and amending directives 2003/41/EC and 2009/65/EC v. 12.10.2010; EF 131, ECOFIN 611, CODEC 1000.

Ebene im Wege der Umsetzung der Richtlinie auszustatten sind und wie diese Befugnisse auszuüben sind. Die Vorschrift legt damit die konkreten „**Aufsichts-werkzeuge**" fest, die es den zuständigen Behörden ermöglichen sollen, die Vorgaben der Richtlinie umzusetzen und die betroffenen Marktteilnehmer materiell zu überwachen.

C. Überblick über die Norm

Die Vorschrift legt in Abs. 1 fest, auf welche Art und Weise die behördlichen **3** Befugnisse[8] ausgeübt werden. Abs. 2 der Vorschrift enthält einen **detaillierten Katalog** von Befugnissen, die den nationalen Aufsichtsbehörden **im Wege der Umsetzung** mindestens einzuräumen sind.[9] Abs. 3 der Vorschrift betrifft einen Sonderfall, in dem die zuständige Behörde des Referenzmitgliedstaats[10] zu der Auffassung gelangt, dass ein zugelassener Nicht-EU-AIFM[11] seinen Pflichten nach Maßgabe der Richtlinie nicht nachkommt. Abs. 4 der Vorschrift enthält quasi als „Generalklausel" die Anweisung an die Mitgliedstaaten, die zuständigen nationalen Aufsichtsbehörden mit den erforderlichen Aufsichtsinstrumentarien auszustatten, die das ordnungsgemäße Funktionieren der Märkte für den Fall der zumindest potenziellen Störung durch einen oder mehrere AIF gewährleisten.

D. Die einzelnen Regelungskomplexe

I. Rahmenbedingungen für die Ausübung der Befugnisse der zuständigen Behörden (Abs. 1)

Abs. 1 der Vorschrift findet eine Parallelvorschrift in Art. 98 Abs. 1 der **4** OGAW-IV-RL und legt die Art und Weise der Ausübung der behördlichen Befugnisse fest.

Abs. 1a) legt fest, dass die zuständigen Behörden zunächst unmittelbar[12], d.h. **5** selbst und durch die eigenen Bediensteten handeln kann. Es handelt sich aus verwaltungsrechtlicher Sicht um eine Selbstverständlichkeit. Abs. 1a) der Vorschrift hat daher lediglich deklaratorischen Charakter.

Abs. 1b) der Vorschrift legt fest, dass die zuständige Behörde mit anderen **6** Behörden zusammenarbeiten kann. Die Richtlinie enthält keine eigenständige Definition der „**Behörde**". Art. 4 Abs. 1f) definiert lediglich den Begriff der „Zuständigen Behörde" in Bezug auf den AIFM[13] und verwendet den Begriff der „nationalen Behörde". Zudem kennen Art. 4 Abs. 1, al) und am) in Bezug

---

[8] Nach der Umsetzung in nationales Recht und sodann nach Maßgabe des nationalen Rechts.

[9] *Spindler/Tancredi* WM 2011, 1441, 1446 scheinen abweichend davon auszugehen, das die Instrumentarien unter § 5 InvG bereits ausreichend sind und es keiner (weiteren) expliziten Umsetzung der Vorgaben des Abs. 2 der Vorschrift bedarf.

[10] Wegen der Definition des „Referenzmitgliedstaats" vgl. Art. 4 Abs. 1q) und z) i. V. m. Art. 37 Abs. 4.

[11] Wegen der Definition des „Nicht-EU-AIFM" vgl. Art. 4 Abs. 1, ab).

[12] Art. 98 Abs. 1a) verwendet den Terminus „direkt" ohne das sich daraus ein materieller Unterscheid ergeben dürfte.

[13] Art. 4 Abs. 1g) und h) definieren den Begriff der „Zuständigen Behörde" in Bezug auf die Verwahrstelle und den EU-AIF.

auf den Nicht-EU-AIF und den Nicht-EU-AIFM den Begriff der „Aufsichtsbehörde" und Abs. 1c) der Vorschrift den Begriff der „Justizbehörde". Dem lässt sich im Wege der systematischen Auslegung entnehmen, dass die zuständigen nationalen Aufsichtsbehörden grundsätzlich mit jeglichen nationalen und „internationalen", d.h. anderer Mitgliedstaaten, von Drittstaaten und supranationalen Organisationen, Behörden zusammenarbeiten können. Wie ein Blick auf Abs. 2l) der Vorschrift zeigt („Strafverfolgungsbehörden"), müssen dies nicht notwendiger Wiese „Aufsichtsbehörden" sein. In Betracht kommen damit z. B. grds. auch Finanzbehörden aus Drittstaaten, wobei die Zulässigkeit der Datenübermittlung im Einzelfall anhand der anwendbaren Vorschriften zu prüfen ist.[14]

7   Abs. 1c) der Vorschrift legt fest, dass die zuständige Behörde Anträge bei den zuständigen Justizbehörden stellen kann. Diese Bestimmung ist im Zusammenhang mit spezifischen Befugnissen des Abs. 2 der Vorschrift zu sehen, da es nach Maßgabe der jeweiligen nationalen Rechtsordnung erforderlich werden kann, dass besonders einschneidende Ermittlungsmaßnahmen durch die Justizbehörden angeordnet/genehmigt werden müssen.[15]

II. Die den zuständigen Behörden durch nationales Recht einzuräumenden Befugnisse (Abs. 2)

8   Abs. 2 der Vorschrift enthält einen detaillierten Katalog an Befugnissen, die den zuständigen Behörden in Umsetzung der Richtlinie einzuräumen sind. Der Katalog enthält **weitreichende und einschneidende** Vorgaben. Aus rechtsstaatlicher Sicht[16] ist fraglich, ob die Vorgaben im Wege einer „Generalklausel" umgesetzt werden können. Insb. Abs. 2b) „Vorladung" und „Vernehmung", c) „Ermittlungen vor Ort"[17], d) „Anforderung von existierenden Aufzeichnungen von Telefongesprächen und Datenübermittlungen", f) „Einfrieren oder Beschlagnahme von Vermögensgegenständen" und g) „vorübergehendes Berufsverbot" stellen nicht zu unterschätzende **Grundrechtseingriffe** ggü. den Betroffenen dar, die der **rechtsstaatlichen Legitimation** im Einzelfall bedürfen. Bei der Rechtsanwendung im Einzelfall auf Grundlage der jeweiligen nationalen Umsetzungsvorschriften sind die zuständigen Behörden an das Legalitäts- und als Durchbrechung das Opportunitätsprinzip[18] gebunden und haben in jedem Fall nach Maßgabe des **Grundsatzes der Verhältnismäßigkeit** zu handeln.

III. Besondere Pflichten der Referenzmitgliedstaaten in Bezug auf zugelassene Nicht-EU-AIFM (Abs. 3)

9   Abs. 3 der Vorschrift bestimmt, dass die zuständige Behörde des Referenzmitgliedstaats[19] die EMSA in Kenntnis setzt, so bald diese Behörde zu der Auffassung

---

[14] Die Richtlinie selbst sieht z. B. in Art. 35 Abs. 2c) in bestimmten Fällen einen wirksamen Informationsaustausch in Steuerangelegenheiten als Voraussetzung vor.

[15] In diesem Zusammenhang sind insbesondere Abs. 2d) und f) als besonders einschneidend zu nennen.

[16] Hier stehen die Anforderungen, die sich aus dem Bestimmtheitsgrundsatz ergeben, im Vordergrund.

[17] Es ist fraglich, ob dies ein Recht zum Betreten von Geschäftsräumen einschließen soll. Ggf. wären die verfassungsrechtlichen Anforderungen im Hinblick auf eine explizite nationale Rechtsgrundlage bei der Umsetzung zu prüfen.

[18] Je nach Maßgabe der spezifischen nationalen Ausprägung dieser Prinzipien.

[19] Wegen der Definition des „Referenzmitgliedstaats" vgl. Art. 4 Abs. 1q) und z) i. V. m. Art. 37 Abs. 4.

gelangt, dass der entsprechende Nicht-EU-AIFM den Pflichten gemäß der Richtlinie nicht nachkommt. Die Bestimmungen stehen mit den **besonderen Befugnissen der ESMA** in engem Zusammenhang[20] und dienen der ESMA zur Infor-
mationsgewinnung im Zusammenhang mit den Aktivitäten von Nicht-EU-
AIFM. Es handelt sich um einen nicht unwesentlichen „Baustein" im System der
neuen europäischen Aufsichtsstruktur. Der Richtlinientext räumt der zuständigen
Behörde des Referenzmitgliedstaats **kein Ermessen** hinsichtlich des „Ob" der
Unterrichtung der ESMA ein. Jedoch wird aus der Wendung „Auffassung der
Behörde" deutlich, dass der Prozess der Einschätzung des potenziell rechtswidrigen Verhaltens im Schwerpunkt bei der nationalen Aufsichtsbehörde liegt und
diese in diesem Sinne eine **Einschätzungsprärogative** besitzt. Abs. 3 der Vorschrift macht keine expliziten Vorgaben hinsichtlich der Art und Weise der Informationsübermittlung an die ESMA. Da jedoch die „vollständige Angabe der
Gründe" erforderlich ist, liegt in der Praxis eine schriftliche Übermittlung nahe.[21]
In diesem Zusammenhang ist anzumerken, dass eine gleichzeitige Information
des betroffenen Nicht-EU-AIFM[22] nicht notwendiger Weise vorgesehen ist.

IV. Befugnisse in spezifischen Fällen der Gefährdung des Funk-
tionierens der Märkte (Abs. 4)

Abs. 4 der Vorschrift ordnet ggü. den Mitgliedstaaten an, dass die zuständigen **10**
nationalen Aufsichtsbehörden mit den **erforderlichen Aufsichtsinstrumentarien** auszustatten sind, die das **ordnungsgemäße Funktionieren der Märkte**
für den Fall der zumindest potenziellen[23] Störung durch einen oder mehrere
AIF gewährleisten. Es bleibt abzuwarten, wie die Mitgliedsaaten diese Vorgaben
konkret umsetzen werden. Der Definition der einschlägigen Instrumentarien wird
sicherlich eine eingehende Analyse der einschlägigen Marktmechanismen voraus-
gehen. Zu denken wäre beispielsweise an die Definition eines speziellen aufsichtsrechtlichen Instruments, das den Handel mit konkreten Finanzinstrumenten
zumindest zeitweilig verbietet oder sonst einschränkt.[24]

E. Bezüge zum KAGB-E

Art. 46 wird an mehreren Stellen des KAGB-E umgesetzt. Die in Art. 46 Abs. 1 **11**
beschriebenen Modalitäten der Ausübung der Befugnisse ergeben sich bereits aus
der Eigenschaft der BaFin als Anstalt des öffentlichen Rechts. Diese handelt in
der Regel unmittelbar, kann jedoch als eigenständiger Rechtsträger auch Koope-
rationen eingehen, Anträge stellen und auf Basis einschlägiger Rechtsgrundlagen
delegieren. So können z. B. angeordnete (Sonder-)Prüfungen durch einen Wirtschaftsprüfer als Fall des Art. 46 Abs. 1c) angesehen werden. Hinsichtlich des § 42
KAGB-E ist hervorzuheben, dass dieser ausweislich des Begründungsteils[25] zum
KAGB-E auch das **Einfrieren oder die Beschlagnahme von Vermögensgegenständen** einschließen soll.

---

[20] Vgl. insb. Art. 47 Abs. 4.
[21] Ggf. unter telefonischer Vorab-Information in Eilfällen.
[22] Bzw. dessen Vertreters.
[23] Vgl. diesbezüglich den Wortlaut „gefährden könnte".
[24] Vgl. in diesem Zusammenhang bereits § 4a WpHG (Befugnisse zur Sicherung des
Finanzsystems).
[25] Siehe dort auf Seite 409.

12   § 12 Abs. 6 Nr. 12 KAGB-E setzt Art. 46 Abs. 3 um. Dabei ordnet § 12 Abs. 6
Nr. 12 KAGB-E lediglich die „**Angabe der Gründe**" und nicht die „vollständige Angabe der Gründe" an. Ein materieller Unterschied ergibt sich daraus nicht.
Es ist selbstverständlich, dass alle Gründe, d.h. vollständige Angaben zu den Gründen, zu übermitteln sind.

Artikel 47 Befugnisse und Zuständigkeiten der ESMA

(1) **Die ESMA kann Leitlinien für die zuständigen Behörden der Mitgliedstaaten bezüglich der Wahrnehmung ihrer Zulassungsbefugnisse
und ihrer Informationspflichten gemäß dieser Richtlinie festlegen und
diese Leitlinien regelmäßig überprüfen.**

**Die ESMA hat ferner die erforderlichen Befugnisse – einschließlich der
unter Artikel 48 Absatz 3 aufgeführten Befugnisse –, um die ihr durch
diese Richtlinie übertragenen Aufgaben zu erfüllen.**

(2) **[1]Alle Personen, die bei der ESMA, bei den zuständigen Behörden
oder bei einer sonstigen Person, an die die ESMA Aufgaben übertragen
hat, tätig sind oder tätig waren, einschließlich der von der ESMA beauftragten Prüfer und Sachverständigen, sind zur Wahrung des Berufsgeheimnisses verpflichtet. [2]Die unter das Berufsgeheimnis fallenden Informationen werden keiner anderen Person oder Behörde gegenüber
offengelegt, es sei denn, die Offenlegung ist für ein Gerichtsverfahren
erforderlich.**

(3) **Alle zwischen der ESMA, den zuständigen Behörden, der EBA, der
mit Verordnung (EU) Nr. 1094/2010 des Europäischen Parlaments und
des Rates errichteten Europäischen Aufsichtsbehörde (Europäische Aufsichtsbehörde für das Versicherungswesen und die betriebliche Altersversorgung) und dem ESRB im Rahmen dieser Richtlinie ausgetauschten
Informationen sind als vertraulich zu betrachten, es sei denn, die ESMA
oder die betreffende zuständige Behörde oder andere Behörde oder Stelle
erklärt zum Zeitpunkt der Mitteilung, dass diese Informationen offen
gelegt werden können oder die Offenlegung ist für ein Gerichtsverfahren
erforderlich.**

(4) **Sind alle Voraussetzungen des Absatzes 5 eingehalten, so kann die
ESMA gemäß Artikel 9 der Verordnung (EU) Nr. 1095/2010 die zustän-
dige(n) Behörde(n) auffordern, erforderlichenfalls eine der folgenden
Maßnahmen zu ergreifen:**
a) **Untersagung des Vertriebs von Anteilen von AIF in der Union, die
   von Nicht-EU-AIFM verwaltet werden, oder von Anteilen von Nicht-
   EU-AIF, die ohne die gemäß Artikel 37 erforderliche Zulassung oder
   ohne das gemäß Artikel 35, 39 und 40 erforderliche Anzeigeschreiben
   oder ohne eine entsprechende Erlaubnis der betreffenden Mitgliedstaaten gemäß Artikel 42 von EU-AIFM verwaltet werden;**
b) **Verhängung von Beschränkungen für Nicht-EU-AIFM in Bezug auf
   die Verwaltung eines AIF im Falle einer übermäßigen Konzentration
   von Risiken in einem bestimmten Markt auf grenzübergreifender
   Grundlage;**
c) **Verhängung von Beschränkungen für Nicht-EU-AIFM in Bezug auf
   die Verwaltung eines AIF, wenn deren Tätigkeiten ein Kreditinstitut**

oder andere systemisch relevante Einrichtungen einem erheblichen Gegenparteirisiko aussetzen könnten.

(5) Die ESMA kann vorbehaltlich der Anforderungen von Absatz 6 eine Entscheidung nach Absatz 4 treffen, wenn die beiden folgenden Voraussetzungen erfüllt sind:

a) es besteht die erhebliche Gefahr, die von den Aktivitäten der AIFM ausgeht oder von diesen verschärft wurde, dass die ordnungsgemäße Funktionsweise und die Integrität des Finanzmarkts oder die Stabilität des gesamten oder eines Teils des Finanzsystems in der Union beeinträchtigt werden und es zu grenzübergreifenden Auswirkungen kommt; und

b) die jeweils zuständige Behörde oder zuständigen Behörden hat/haben keine Maßnahmen ergriffen, um der Gefahr zu begegnen, bzw. die ergriffenen Maßnahmen reichen nicht aus, um der Gefahr zu begegnen.

(6) Die von der zuständigen Behörde oder den zuständigen Behörden nach Absatz 4 ergriffenen Maßnahmen müssen folgende Voraussetzungen erfüllen:

a) sie müssen der Gefahr für die ordnungsgemäße Funktionsweise und die Integrität des Finanzmarkts oder die Stabilität des gesamten oder eines Teils des Finanzsystems in der Union wirksam begegnen oder die Fähigkeit der zuständigen Behörden, die Gefahr zu überwachen, erheblich verbessern;

b) sie dürfen nicht das Risiko der Aufsichtsarbitrage in sich bergen;

c) sie dürfen keine negativen Auswirkungen auf die Wirksamkeit der Finanzmärkte, einschließlich der Verringerung der Liquidität in diesen Märkten, haben oder in einer Weise zu Unsicherheit für Marktteilnehmer führen, die in keinem Verhältnis zu den Vorteilen der Maßnahmen steht.

(7) Bevor die ESMA die zuständige Behörde auffordert, eine Maßnahme nach Absatz 4 zu ergreifen oder zu verlängern, berät sie sich gegebenenfalls mit dem ESRB und anderen relevanten Einrichtungen.

(8) [1]Die ESMA setzt die zuständigen Behörden des Referenzmitgliedstaats des Nicht-EU-AIFM und die zuständigen Behörden des Aufnahmemitgliedstaats des betreffenden Nicht-EU-AIFM von dem Beschluss in Kenntnis, die zuständige Behörde oder die zuständigen Behörden aufzufordern, eine Maßnahme nach Absatz 4 zu verhängen oder zu verlängern. [2]Die Mitteilung muss mindestens folgende Angaben enthalten:

a) der AIFM und die Aktivitäten, auf die sich die Maßnahmen beziehen, sowie deren Dauer;

b) die Gründe, weshalb die ESMA der Auffassung ist, dass die Maßnahmen gemäß den in diesem Artikel aufgeführten Bedingungen und Anforderungen verhängt werden müssen, einschließlich entsprechender Nachweise.

(9) [1]Die ESMA unterzieht ihre Maßnahmen gemäß Absatz 4 in angemessenen Abständen, jedoch in jedem Fall mindestens alle drei Monate, einer Überprüfung. [2]Maßnahmen, die nach dem Dreimonatszeitraum nicht verlängert werden, erlöschen automatisch. [3]Die Absätze 5 bis 8 finden auf die Verlängerung von Maßnahmen Anwendung.

(10) [1]**Die zuständigen Behörden des Referenzmitgliedstaats des betreffenden Nicht-EU-AIFM können die ESMA auffordern, ihren Beschluss
zu überprüfen.** [2]**Dabei kommt das in Artikel 44 Absatz 1 Unterabsatz 2
der Verordnung (EU) Nr. 1095/2010 vorgesehene Verfahren zur Anwendung.**

Literatur: *Baur, Georg/Boegl, Martin,* „Die neue europäische Finanzmarktaufsicht – Der
Grundstein ist gelegt", BKR 2011, 177; *Calliess, Christian/Ruffert, Matthias,* EUV/AEUV,
4. Aufl. München 2011; *Wittig, Arne,* „Stärkung der europäischen Finanzaufsicht", DB 2010
Standpunkte Heft 41, 69; *Zeppenfeld, Meiko/von Jacobs, Nikolaus,* „Die neue EU-Richtlinie
für Alternative Investmentfondsmanager – Erstmalige Regulierung von Private Equity und
Hedgefonds", jurisPR-HaGesR 12/2010 Anm. 2.

A. Entstehungsgeschichte

1   Der Vorschlag für die AIFM-RL[1] enthält naturgemäß, d.h. mangels Existenz
der ESMA, noch keine Vorschrift, die die Befugnisse der ESMA festlegt.[2] Der
Richtlinienvorschlag v. 12.10.2010[3] enthält in Art. 45 eine Vorschrift, die die
heutigen Abs. 1, Abs. 2 und Abs. 3 der Vorschrift materiell abbildet. Abs. 4 bis
Abs. 10 der Vorschrift wurden im Rahmen des Richtlinienvorschlags v.
20.10.2010[4] eingefügt.[5]

B. Normzweck

2   Die Vorschrift stattet die **ESMA** mit weitreichenden **Befugnissen** aus. Während die Art. 44 bis Art. 46 das nationale „Fundament" der Beaufsichtigung der
AIFM bilden, definiert Art. 47 den europäischen „Überbau" in Umsetzung der
neuen europäischen Aufsichtsstruktur. In Bezug auf die Funktion der ESMA
unter der Richtlinie legt die Vorschrift die zentralen formalen und materiellen
Aufsichtsparameter fest.

C. Überblick über die Norm

3   Abs. 1 der Vorschrift ermächtigt die ESMA, Leitlinien gegenüber den nationalen Aufsichtsbehörden betreffend die Zulassungsbefugnisse und die Informationspflichten unter der Richtlinie zu erlassen und regelmäßig zu überprüfen. Zudem

---

[1] Vorschlag für eine Richtlinie des Europäischen Parlaments und des Rates über die
Verwalter alternativer Investmentfonds und zur Änderung der Richtlinien 2004/39/EG und
2009/.../EG, v. 30.4.2009; KOM(2009) 207 endgültig.

[2] Die Kommentierung gibt ausschließlich die privaten Auffassungen der Bearbeiter wieder.

[3] Proposal for a Directive of the European Parliament and of the Council on Alternative
Investment Fund Managers and amending directives 2003/41/EC and 2009/65/EC v.
12.10.2010; EF 131, ECOFIN 611, CODEC 1000.

[4] Proposal for a Directive of the European Parliament and of the Council on Alternative
Investment Fund Managers and amending directives 2003/41/EC and 2009/65/EC, v.
20.10.2010; EF 140, ECOFIN 634, CODEC 1069.

[5] Weitere Änderungen betreffend die Abs. 4 bis Abs. 10 der Vorschrift waren lediglich
redaktioneller Natur.

werden der ESMA die zur Aufgabenerfüllung erforderlichen Befugnisse eingeräumt Abs. 2 der Vorschrift normiert die Anforderungen an die Wahrung des
Berufsgeheimnisses für die Personen, die Aufsichtstätigkeiten unter der Richtlinie
originär oder auf der Grundlage einer Übertragung wahrnehmen. Abs. 3 der Vorschrift regelt den Grundsatz, dass alle innerhalb des Systems der europäischen
Finanzaufsicht ausgetauschten Informationen vertraulich sind. Die Abs. 4 bis
Abs. 10 der Vorschrift normieren ein Weisungsrecht[6] der ESMA gegenüber den
nationalen Aufsichtsbehörden im Zusammenhang mit den Aktivitäten von Nicht-
EU-AIFM und der Verwaltung von Nicht-EU-AIF durch EU-AIFM.

D. Die einzelnen Regelungskomplexe

I. Leitlinien betreffend die Zulassungsbefugnisse und Informationspflichten

Abs. 1, 1. Unterabs. der Vorschrift gibt der ESMA die **Leitlinienkompetenz** **4**
gegenüber den nationalen Aufsichtsbehörden im Zusammenhang mit dem Zulassungsverfahren und den unter der Richtlinie festgelegten Informationspflichten.
Diese Leitlinien, sind keine bloßen „Empfehlungen" mit faktischer Bindungswirkung. Vielmehr handelt es sich um Rechtsvorschriften, denen die nationalen
Gesetzgeber gem. Art. 44, S. 4 im Falle der Compliance effektive, bindende Wirkung zu verschaffen haben.[7]

Die **inhaltliche Reichweite der Leitlinienkompetenz** ist nicht ohne Weite- **5**
res ersichtlich. Die englische Fassung der Richtlinie verwendet den Ausdruck
„Guidelines". Bedenkt man, dass die ESMA die Nachfolgerin der CESR ist,
so könnten sich die Leitlinien im Hinblick auf den Regulierungsgrad an die
„Guidelines" der CESR anlehnen. Dies sind zum Teil **hochgradig detaillierte
Vorgaben** an die Rechtsauslegung und faktische Rechtsanwendung.

Die Leitlinienkompetenz erstreckt sich mangels Einschränkung auf **alle Zulas-** **6**
sungsverfahren unter der Richtlinie, d.h. die Zulassung der EU-AIFM und
Nicht-EU-AIFM.[8] In diesem Zusammenhang ist zu beachten, dass bezüglich des
Vertriebs der AIF kein „Zulassungsverfahren", sondern ein „Anzeigeverfahren"
gilt.[9] Es könnte jedoch argumentiert werden, dass die Richtlinie die „Vertriebs-
Zulassung"[10] technisch durch ein „Anzeigeverfahren" umsetzt. Würde die
ESMA so argumentieren, könnte sie ggf. auch die Leitlinienkompetenz in Bezug
auf die Anzeigeverfahren an sich ziehen. Die Entwicklung kann heute noch nicht
abgesehen werden.

Die Leitlinienkompetenz bezieht sich auf **„Informationspflichten"**. Die **7**
Zuweisung dieser Leitlinienkompetenz lässt offen, wem ggü. diese Informations-
pflichten bestehen müssen, damit die ESMA die Kompetenz ausüben kann. Zum
Einen ist denkbar, dass nur die Informationspflichten ggü. der ESMA selbst

---

[6] *Zeppenfeld/von Jacobs* jurisPR-HaGesR 12/2010 Anm. 2, II bezeichnen diese Befugnisse
der ESMA als „Aufsichts- und Weisungsrecht" gegenüber den nationalen Aufsichtsbehörden.

[7] Wegen der juristischen Qualifikation der Bindungswirkung vgl. die Kommentierung zu
Art. 44 und zum gesamten Themenkomplex: *Baur/Boegl* BKR 2011, 177, 183.

[8] In diesem Zusammenhang ist zu beachten, dass bezüglich der AIF kein „Zulassungsverfahren", sondern ein „Anzeigeverfahren" gilt; vgl. z. B. Art. 32 Abs. 2 und Art. 35 Abs. 3.

[9] Vgl. z. B. Art. 32 Abs. 2 und Art. 35 Abs. 3.

[10] I.S.v. „Zulässigkeit des Vertriebs".

gemeint sind. Zum Anderen legt Art. 50 Abs. 4, 1. Unterabs. den Grundsatz fest, dass sich die zuständigen Behörden auch untereinander, d.h. auf rein nationaler Ebene, unverzüglich alle erforderlichen Informationen übermitteln. Es besteht damit auch eine „Informationspflicht" auf rein nationaler Ebene. Zumindest dem Wortlaut des Abs. 1 der Vorschrift nach könnte die ESMA auch in diesem Bereich Leitlinien vorgeben. Die Entwicklung kann heute noch nicht abgesehen werden.

II. Zuweisung der Befugnisse

8   Abs. 1, 2. Unterabs. der Vorschrift weist der ESMA die zur Aufgabenerfüllung unter der Richtlinie notwendigen Befugnisse zu. Diese Norm bewirkt den Transfer der erforderlichen Verwaltungsmacht auf die ESMA und steht in systematischem Zusammenhang mit Art. 1 Abs. 1 und Abs. 2 der Verordnung (EU) 1095/ 2011 (ESMA).

III. Wahrung des Berufsgeheimnisses

9   Abs. 2 der Vorschrift, definiert den Personenkreis, der dem **Berufsgeheimnis** unterworfen ist. Die Richtlinie selbst definiert den Begriff des „Berufsgeheimnisses" nicht. **Art. 339 AEUV** lässt sich entnehmen, dass das Berufsgeheimnis insb. Auskünfte über Unternehmen sowie deren Geschäftsbeziehungen erfasst. Im Hinblick auf den Anwendungsbereich der Richtlinie können potenziell **alle unternehmensbezogenen Erkenntnisse**[11] **aus der Aufsichtstätigkeit** dem Berufsgeheimnis unterliegen. Weiter ist erforderlich, dass die Informationen nur einem „begrenzten Personenkreis bekannt"[12] sind, dass sie den Verpflichteten in „amtlicher oder beruflicher Eigenschaft bekannt geworden"[13] sind und die „Geheimhaltung objektiv geboten ist"[14]. Im systematischen Zusammenhang mit Abs. 3 der Vorschrift, der den Grundsatz regelt, dass alle innerhalb des Systems der europäischen Finanzaufsicht ausgetauschten Informationen vertraulich sind, wird deutlich, dass die Richtlinie von einem **hohen Schutzniveau** ausgeht, d.h. die Geheimhaltung ist i. d. R. objektiv geboten und eine Offenlegung nur für ein Gerichtsverfahren im erforderlichen Umfang zulässig.

IV. Informationsaustausch zwischen den Behörden

10   Abs. 3 der Vorschrift legt fest, dass alle zwischen der ESMA, den nationalen Aufsichtsbehörden, der EBA, der EIOPA und dem ESRB im Rahmen der Richtlinie **ausgetauschten Informationen** vertraulich sind. Eine Ausnahme gilt nur, falls die übermittelnde Behörde zum Zeitpunkt der Mitteilung erklärt, dass diese Informationen offengelegt werden können oder die Offenlegung für ein Gerichtsverfahren erforderlich ist. Die übermittelnde Behörde kann nicht voraussetzungslos auf die Vertraulichkeit verzichten. Vielmehr ist vor der Übermittlung zu prüfen, ob die Offenlegung nach Maßgabe der anwendbaren Vorschriften[15] zulässig ist. Abs. 3 der Vorschrift verfolgt in der Zusammenschau mit Abs. 2 der Vorschrift

---

[11] Unter Einschluss der handelnden (natürlichen) Personen.
[12] Vgl. i.d.S. und wegen der Einzelheiten *Wegener* in Calliess/Ruffert. EUV/AEUV, Art. 339 AEUV, Rn. 2.
[13] Ebenda.
[14] Ebenda.
[15] Vgl. insb. Art. 51.

einen weitreichenden Schutz der im Rahmen der Aufsichtstätigkeit gewonnenen Erkenntnisse.

V. Weisung der ESMA gegenüber nationalen Aufsichtsbehörden in bestimmten Fällen

Die Abs. 4 bis Abs. 10 der Vorschrift ermöglichen es der ESMA, den nationalen **11** Aufsichtsbehörden unter bestimmten Voraussetzungen eine **Weisung** im Rahmen des Art. 9 der Verordnung (EU) 1095/2010 (ESMA) im Zusammenhang mit den Aktivitäten von Nicht-EU-AIFM und/oder der Verwaltung von Nicht-EU-AIF durch EU-AIFM zu erteilen. Tatbestandliche Voraussetzungen und Rechtsfolgen sind in den Abs. 4 bis Abs. 10 der Vorschrift nicht hinreichend voneinander getrennt. Abs. 4 der Vorschrift beginnt mit der Maßnahme der ESMA (Rechtsfolge), d.h. der Weisung ggü. einer oder mehreren nationalen Aufsichtsbehörden. Buchst. a) bis c) des Abs. 4 der Vorschrift enthalten wiederum tatbestandliche Anforderungen an die Weisungsalternativen.[16]

Grundvoraussetzung ist (stark vereinfacht) gemäß des kumulativen Tatbestands **12** des Abs. 5 der Vorschrift, dass eine **erhebliche, grenzübergreifende, systemische Gefahr** von den relevanten AIFM ausgeht oder durch diese verschärft wird und die **nationale(n) Aufsichtsbehörde(n) nicht oder bisher erfolglos** eingeschritten ist/sind. Die ESMA prüft vor der Weisung, ob eine weitere Beratung mit dem ESRB oder einer anderen „relevanten Einrichtung[17]" erfolgen soll. Hat die ESMA den internen Beschluss zum Erlass der Weisung gefasst, so sind die weiteren betroffenen nationalen Behörden nach Maßgabe des Abs. 8 der Vorschrift zu informieren. Dabei ist eine Begründung für die anstehenden Maßnahmen zu geben und es sind insbesondere entsprechende Nachweise[18] für das Vorliegen der Voraussetzungen der Weisung beizufügen. Nach Ergehen der Weisung legt Abs. 6 das **„Aufsichtsprogramm"** für die angewiesenen nationalen Behörden fest. Die Maßnahmen müssen (stark vereinfacht) nach Maßgabe des Abs. 6 Buchst. a) der Vorschrift die spezifischen Anforderungen an die „Geeignetheit" und „Erforderlichkeit" erfüllen. Abs. 6 Buchst. b) der Vorschrift legt fest, dass nicht das Risiko der Aufsichtsarbitrage bestehen darf; dies kann eine weitreichende Koordination mit weiteren nationalen Aufsichtsbehörden erfordern um zu verhindern, dass die Gefahrenquelle an einer anderen Stelle des Finanzsystems erneut „auflebt". Abs. 6 Buchst. c) der Vorschrift ist eine spezifische Ausprägung des Grundsatzes der Verhältnismäßigkeit im engeren Sinne.

Abs. 9 und Abs. 10 der Vorschrift sehen Mechanismen zur Selbst[19]- und **13** Fremdkontrolle[20] der ESMA vor und betonen den **Ausnahmecharakter** des Weisungsverfahrens. Zu beachten ist ferner, dass der in Abs. 4 der Vorschrift in

---

[16] Besonders plastisch im Falle des Buchst. b): „im Falle einer übermäßigen Konzentration von Risiken in einem bestimmten Markt auf grenzübergreifender Grundlage".

[17] Je nach Sachlage könnten auch Banken oder Versicherungen betroffen sein oder es muss eine spezielle Expertise angefordert werden. Demnach kommen als „andere relevante Einrichtungen" insb. EBA, EIOPA, die Kommission aber auch die BIS oder der IWF in Betracht.

[18] Zu denken wäre hier z. B. an fundierte Marktdaten, Prüfungsberichte und volks- und betriebswirtschaftliche Studien/Gutachten.

[19] D.h. die ESMA unterzieht die getroffenen Maßnahmen einer automatischen Kontrolle.

[20] D.h. die zuständige nationale Aufsichtsbehörde kann die ESMA zur Kontrolle der getroffenen Maßnahmen auffordern.

Bezug genommene Art. 9 der Verordnung (EU) 1095/2010 (ESMA) in seinem Abs. 5 explizit auf **Art. 18** jener Verordnung verweist, der es der ESMA im Krisenfall ermöglicht, unter **engen Voraussetzungen**[21] einen Beschluss **selbst und unmittelbar** an einen Finanzmarktteilnehmer zu richten. Als ultima ratio kann die ESMA die **Einstellung jeder Tätigkeit** anordnen. In diesem Krisen-Stadium haben die Beschlüsse der ESMA **Vorrang** ggü. allen von den **nationalen Aufsichtsbehörden** in gleicher Sache erlassenen früheren Beschlüssen (Art. 18 Abs. 6 Verordnung (EU) 1095/2010 (ESMA)).

E. Bezüge zum KAGB-E

14   Die Vorschrift findet keine explizite Umsetzung im KAGB-E, da sie sich originär an die ESMA wendet.

Artikel 48 Verwaltungssanktionen

AIFM-Richtlinie	KAGB-E
Artikel 48 **Verwaltungssanktionen**	**§ 40 KAGB-E** **Abberufung von Geschäftsleitern**
(1) Die Mitgliedstaaten legen Regeln für Maßnahmen und Sanktionen fest, die bei Verstößen gegen die nach dieser Richtlinie erlassenen nationalen Bestimmungen anwendbar sind, und ergreifen alle erforderlichen Maßnahmen, um sicherzustellen, dass diese Regeln durchgesetzt wer-den. Unbeschadet der Verfahren für den Entzug der Zulassung oder des Rechts der Mitgliedstaaten, straf-rechtliche Sanktionen zu verhän-gen, sorgen die Mitgliedstaaten entsprechend ihrem nationalen Recht dafür, dass bei Verstößen gegen die gemäß dieser Richtlinie erlassenen Vor-schriften gegen die verantwortlichen Personen geeignete Verwaltungs-maßnahmen ergriffen oder im Ver-waltungsverfahren zu erlassende Sanktionen verhängt werden können. Die Mitgliedstaaten gewährleisten, dass diese Maß-nahmen wirksam, verhältnismäßig und abschreckend sind. (2) Die Mitgliedstaaten sehen vor, dass die zuständigen Behörden jede Maßnahme oder Sanktion, die bei	(1) In den Fällen des § 39 Ab-satz 3 kann die Bundesanstalt statt der Aufhebung der Erlaubnis die Abberufung der verantwortlichen Ge-schäftsleiter verlangen und ihnen die Ausübung ihrer Tätigkeit untersagen. (2) Die Bundesanstalt kann die Or-ganbe-fugnisse abberufener Geschäfts-leiter so lange auf einen geeigneten Sonderbeauf-tragten übertragen, bis die Kapitalver-waltungsgesellschaft über neue Ge-schäftsleiter verfügt, die den in § 23 Nummer 3 ge-nannten Anforde-rungen genügen. § 45c Absatz 6 und 7 des Kreditwesengesetzes ist entspre-chend anzuwenden. **§ 41 KAGB-E** **Maßnahmen bei unzureichenden Eigenmitteln** Entsprechen bei einer Kapitalverwal-tungsgesellschaft die Eigenmittel nicht den Anforderungen des § 25, kann die Bundesanstalt Anordnungen treffen, die geeignet und erforderlich sind, um Ver-

---

[21] *Wittig* DB 2010 Standpunkte Heft 41, 69, 70, spricht in diesem Zusammenhang von „Dringlichkeitssituationen".

AIFM-Richtlinie	KAGB-E
einem Verstoß gegen die nach dieser Richtlinie erlassenen Vorschriften verhängt wird, öffentlich bekannt machen können, sofern eine solche Bekanntgabe die Stabilität der Finanzmärkte nicht ernstlich gefähr-det, die Interessen der Anleger nicht beeinträchtigt oder den Beteiligten keinen unverhältnismäßig hohen Schaden zufügt.	stöße gegen § 25 zu unterbinden. Sie kann insbesondere Entnahmen durch Gesellschafter und die Ausschüttung von Gewinnen untersagen oder beschränken. Beschlüsse über die Gewinnausschüttung sind insoweit nichtig, als sie einer Anordnung nach Satz 1 widersprechen. § 45 Absatz 5 Satz 1 des Kreditwesengesetzes ist entsprechend anzuwenden.
(3) Die ESMA erstellt jährlich einen Bericht über die Verwaltungs-maßnahmen und Sanktionen, die in den einzelnen Mitgliedstaaten bei Verstößen gegen die zur Umsetzung dieser Richtlinie erlassenen Bestim-mungen zur Anwendung kamen. Die zuständigen Behörden stellen der ESMA die hierfür erforderlichen In-formationen zur Verfügung.	

§ 42 KAGB-E
Maßnahmen bei Gefahr

Die Bundesanstalt kann zur Abwendung einer Gefahr in folgenden Fällen geeignete und erforderliche Maßnahmen ergreifen:

1. bei einer Gefahr für die Erfüllung der Verpflichtungen einer Kapitalverwaltungsgesellschaft gegenüber ihren Gläubigern,
2. bei einer Gefahr für die Sicherheit der Vermögensgegenstände, die der Kapitalverwaltungsgesellschaft anvertraut sind, oder
3. beim begründeten Verdacht, dass eine wirksame Aufsicht über die Kapitalverwaltungsgesellschaft nach den Bestimmungen dieses Gesetzes nicht möglich ist.

§ 339 KAGB-E
Strafvorschriften

(1) Mit Freiheitsstrafe bis zu drei Jahren oder mit Geldstrafe wird bestraft, wer

1. ohne Erlaubnis nach § 20 Absatz 1 Satz 1 das Geschäft einer Kapitalverwaltungsgesellschaft betreibt oder
2. entgegen § 43 Absatz 1 in Verbindung mit § 46b Absatz 1 Satz 1 des Kreditwesengesetzes eine Anzeige nicht, nicht richtig, nicht vollständig oder nicht rechtzeitig erstattet oder
3. ohne Registrierung nach § 44 Absatz 1 Nummer 1 das Geschäft einer

AIFM-Richtlinie	KAGB-E
	dort genannten AIF-Kapitalverwaltungsgesellschaft betreibt.

(2) Handelt der Täter in den Fällen des Absatzes 1 Nummer 2 fahrlässig, so ist die Strafe Freiheitsstrafe bis zu einem Jahr oder Geldstrafe.

§ 340 KAGB-E
Bußgeldvorschriften

(1) Ordnungswidrig handelt, wer
1. (...) bis 7. (...)
(2) Ordnungswidrig handelt, wer vorsätzlich oder leichtfertig
1. ...) bis 27. (...)
(3) Ordnungswidrig handelt, wer vorsätzlich oder fahrlässig
1. (...) bis 30. (...)
(5) Die Ordnungswidrigkeit kann in den Fällen des Absatzes 3 Nummer 4, 6 und 8 bis 20 mit einer Geldbuße bis zu fünfzigtausend Euro, in den übrigen Fällen mit einer Geldbuße bis zu hunderttausend Euro geahndet werden.

(6) Verwaltungsbehörde im Sinne des § 36 Absatz 1 Nummer 1 des Gesetzes über Ordnungswidrigkeiten ist die Bundesanstalt.

(7) Das Bundesministerium der Finanzen wird ermächtigt, soweit dies zur Durchsetzung der Rechtsakte der Europäischen Union erforderlich ist, durch Rechtsverordnung ohne Zustimmung des Bundesrates die Tatbestände zu bezeichnen, die als Ordnungswidrigkeit nach Absatz 4 geahndet werden können.

§ 5 Abs. 7 KAGB-E
Zuständige Behörden, Aufsicht, Anordnungsbefugnis

Die Bundesanstalt kann unanfechtbar gewordene Anordnungen, die sie nach Absatz 6 wegen Verstößen gegen Verbote oder Gebote dieses Gesetzes getroffen hat, auf ihrer Internetseite öffentlich bekannt machen, es sei denn, diese Veröffentlichung würde die Finanzmärkte erheblich gefährden, sich

AIFM-Richtlinie	KAGB-E
	nachteilig auf die Interessen der Anleger auswirken oder zu einem unverhältnismäßigen Schaden bei den Beteiligten führen. Die Bundesanstalt macht Vertriebsuntersagungen nach Absatz 6, §§ 11, 311 oder 314 im Bundesanzeiger bekannt, falls ein Vertrieb bereits stattgefunden hat. Entstehen der Bundesanstalt durch die Bekanntmachung nach Satz 2 Kosten, sind ihr diese von der Verwaltungsgesellschaft zu erstatten.
	§ 12 Abs. 6 Nr. 14 KAGB-E Meldungen der Bundesanstalt an die Europäische Kommission und die Europäische Wertpapier- und Marktaufsichtsbehörde
	(…) vorgenommene Maßnahmen und Sanktionen gegenüber AIF-Verwaltungsgesellschaften,

Literatur: *Fleischer, Holger,* „Erweiterte Außenhaftung der Organmitglieder im Europäischen Gesellschafts- und Kapitalmarktrecht – Insolvenzverschleppung, fehlerhafte Kapitalmarktinformation, Tätigkeitsverbote", in: ZGR 2004, 437–479; *Möllers, Thomas,* „Effizienz als Maßstab des Kapitalmarktrechts – Die Verwendung empirischer und ökonomischer Argumente zur Begründung zivil-, straf- und öffentlich-rechtlicher Sanktionen", in: AcP 208 (2008), S. 1–36; *Möllers, Thomas/Harrer, Andreas/Krüger, Thomas,* „Die Regelung von Hedgefonds und Private Equity durch die neue AIFM-Richtlinie", in: WM 2011, S. 1537–1544.

A. Entstehungsgeschichte

Der Vorschlag für die AIFM-RL[1] enthält in Art. 43 bereits eine Vorschrift, die **1** den heutigen Abs. 1 und Abs. 2 weitgehend entspricht.[2,3] Abs. 1, S. 1 der Vorschrift und die Pflicht zur Berücksichtigung der Interessen der Investoren wurden im Rahmen des Kompromissvorschlags des Rates v. 15.12.2009[4] eingefügt. Der Richtlinienvorschlag v. 12.10.2010[5] enthält in Art. 46 eine Regelung, die der heutigen Vorschrift voll entspricht.

---

[1] Vorschlag für eine Richtlinie des Europäischen Parlaments und des Rates über die Verwalter alternativer Investmentfonds und zur Änderung der Richtlinien 2004/39/EG und 2009/.../EG, v. 30.4.2009; KOM(2009) 207 endgültig.

[2] Abs. 1, S. 1 der Vorschrift war nicht enthalten.

[3] Die Kommentierung gibt ausschließlich die privaten Auffassungen der Bearbeiter wieder.

[4] Proposal for a Directive of the European Parliament and of the Council on Alternative Investment Fund Managers and amending Directives 2004/39/EC and 2009/.../EC – Revised Presidency compromise proposal v. 15.12.2009; EF 194, ECOFIN 870, CODEC 1432.

[5] Proposal for a Directive of the European Parliament and of the Council on Alternative Investment Fund Managers and amending directives 2003/41/EC and 2009/65/EC v. 12.10.2010; EF 131, ECOFIN 611, CODEC 1000.

B. Normzweck und Überblick über die Norm

2   Die Vorschrift enthält Vorgaben für die Sanktionsmechanismen, die auf nationaler Ebene für den Fall von Verstößen gegen die Richtlinie zu implementieren sind. Die Vorschrift dient somit dem Zweck, den materiellen Anordnungen der Richtlinie gegenüber den betroffenen Marktteilnehmern **effektive Geltung**[6] zu verschaffen. Diese effektive Geltung wird zum Einen über die abstrakte Androhung der Sanktionen und zum Anderen durch die konkrete Sanktionierung im Einzelfall erreicht (general- und spezialpräventive Wirkungen). In diesem Zusammenhang ist hervorzuheben, dass die Richtlinie anordnet, dass die entsprechenden Maßnahmen u.a. „abschreckend"[7] sein müssen (Abs. 1 S. 3). Abs. 2 der Vorschrift ermöglicht unter besonderen Voraussetzungen die spezielle Form der Sanktionierung durch öffentliche Bekanntmachung der Maßnahmen oder Sanktionen (sog. **„Name and Shame"**). Gemäß Abs. 3 der Vorschrift verfasst die ESMA als weitere begleitende Maßnahme einen Bericht über die in der Berichtsperiode ausgesprochenen Verwaltungsmaßnahmen und Sanktionen.

C. Die einzelnen Regelungskomplexe

I. Europarechtliche Vorgaben für das nationale Sanktionssystem

3   Abs. 1 der Vorschrift eröffnet den nationalen Gesetzgebern die Möglichkeit zur Festlegung von **Maßnahmeinstrumenten** aus dem **vollen verwaltungsrechtlich denkbaren Spektrum.** Dazu stehen neben möglichen strafrechtlichen Sanktionen als Ultima Ratio[8] hauptsächlich Bußgelder und Berufsverbote, die Möglichkeit zu förmlicher Missbilligung, Verwarnung und Abberufung[9] von Geschäftsleitern sowie die Einsetzung von Sonderbeauftragten[10] zur Verfügung. Die durch die Richtlinie intendierten Sanktionsmöglichkeiten können als einschneidend oder „hart"[11] charakterisiert werden.

II. Öffentliche Bekanntmachung von Maßnahmen und Sanktionen

4   Abs. 2 der Vorschrift ordnet an, dass die Mitgliedstaaten die nationalen Rechtsgrundlagen dafür zu schaffen haben, dass die zuständigen Behörden jede Maßnahme oder Sanktion öffentlich bekannt machen können, sofern eine solche Bekanntgabe die Stabilität der Finanzmärkte nicht ernstlich gefährdet, die Interessen der Anleger nicht beeinträchtigt oder den Beteiligten keinen unverhältnismäßig hohen Schaden zufügt. Die öffentliche Bekanntmachung ist eine **weitere Form der Sanktionierung.** Abs. 2 der Vorschrift stellt somit eine Spezialregelung ggü. Abs. 1 der Vorschrift dar. Es handelt sich um ein Sanktionsinstrument,

---

[6] Dies wird durch Abs. 1, S. 1 der Vorschrift besonders hervorgehoben. Abs. 1, S. 1 der Vorschrift dürfte lediglich deklaratorischen Charakter haben, da es im Wesen materieller Rechtsnormen liegt, dass der Staat zur effektiven Umsetzung angehalten ist.

[7] So auch die Parallelvorschrift in Art. 99 Abs. 1, S. 3 OGAW-IV-RL.

[8] Denkbar insbesondere im Bereich des unerlaubten Betreibens von AIFM-Geschäften.

[9] Vgl. schon § 36 Abs. 2 und Abs. 3 KWG und § 17a Abs. 1 InvG.

[10] Vgl. schon und § 45c KWG und § 17a Abs. 2 InvG.

[11] So etwa *Möllers/Harrer/Krüger* WM 2011, 1537, 1543, die auch darauf hinweisen, dass Geldbußen ggü. Kapitalmarktteilnehmern oftmals nicht die gewünschten Effekte zeitigen.

dass die nationalen Gesetzgeber in jedem Fall einzuführen haben.[12] Dieses sog. **„naming and shaming"** (auch „name and shame") oder ganz kurz **„shaming"** ist eine vergleichsweise kostengünstige Sanktionsmöglichkeit und enthält ein **„Signal gesellschaftlicher Missbilligung"** des Verhaltens.[13] Die Bekanntmachung von Verstößen kann zudem die Geltendmachung zivilrechtlicher Ansprüche erleichtern.[14]

Die Richtlinie gibt vor, dass auf nationaler Ebene eine Ermessensvorschrift 5 zu schaffen ist. Daraus folgt, dass es **keinen europarechtlich angeordneten Automatismus** der öffentlichen Bekanntmachung geben wird. Die Definition der geschützten Interessen, die einer öffentlichen Bekanntmachung entgegenstehen können ist denkbar weit gefasst. Insbesondere die Begriffe der „ernstlichen Gefährdung", der „Beeinträchtigung von Anlegerinteressen" und des „unverhältnismäßig hohen Schadens" sind in hohem Maße auslegungsbedürftig und durch die zuständige Behörde im Wege der Auswirkungs**prognose** einer öffentlichen Bekanntmachung zu würdigen. Diese Maßnahmen haben eine spezifische **amtshaftungsrechtliche Dimension.**

III. Jährlicher Bericht der ESMA

Abs. 3 der Vorschrift sieht vor, dass die ESMA jährlich einen **Bericht über** 6 **die Verwaltungsmaßnahmen und Sanktionen,** die in den einzelnen Mitgliedstaaten bei Verstößen gegen die zur Umsetzung dieser Richtlinie erlassenen Bestimmungen zur Anwendung kamen, erstellt und die zuständigen Behörden die hierfür erforderlichen Informationen zur Verfügung stellen. Das Verhältnis zwischen Abs. 2 und Abs. 3 der Vorschrift ist nicht ohne Weiteres ersichtlich.

Abs. 3 enthält grds. **keine Einschränkung durch Berücksichtigung** 7 **schutzwürdiger Interessen** und erfasst dem Wortlaut nach alle in der Berichtsperiode erlassenen Verwaltungsmaßnahmen und Sanktionen. Es kann jedoch angenommen werden, dass die ESMA alle Interessen[15] i. S. d. Abs. 2 der Vorschrift auch bei Erstellung des Berichts berücksichtigen wird. Insofern ist es denkbar, dass Abs. 2 der Vorschrift ggü. Abs. 3 der Vorschrift eine gewisse Sperrwirkung erzeugt, bzw. eine Filterfunktion hat. Streng genommen hat die ESMA jedoch nur das Ziel, **öffentliche Interessen** zu schützen.[16] In diesem Zusammenhang ist fraglich, welches die „erforderlichen" Informationen i. S. d. Abs. 3, S. 2 der Vorschrift sind, zumal die Richtlinie den nationalen Aufsichtsbehörden **kein Ermessen hinsichtlich der Übermittlung** einräumt.[17] Ggf. wird der Bericht

---

[12] Eine besondere Rechtsgrundlage zur Veröffentlichung von Mitteilungen über den „Stand der Aufsicht" ist bereits aus dem Versicherungswesen bekannt; vgl. § 103 VAG.

[13] In diesem Sinne *Fleischer* ZGR 2004, 437, 476 f., unter Verweis auf den Diskussionsstand in den Common Law Rechtskreisen und unter Verdeutlichung auf die ggf. innewohnenden Gefahren einer „Überabschreckung".

[14] Darauf weisen *Fleischer* ZGR 2004, 437, 477 und *Möllers* AcP 208 (2008), 1, 17 m. w. N. hin.

[15] D.h. das öffentliche Interesse „Stabilität der Finanzmärkte", sowie die tendenziell privaten Interessen der Investoren und der von den Maßnahmen Betroffenen.

[16] Art. 1 Abs. 6 Verordnung (EU) 1095/2010.

[17] Es kommt hinzu, dass Art. 51 dem Wortlaut nach bei der Übermittlung an die ESMA nicht einschlägig ist, da „zuständige Behörden" gem. Art. 4 Abs. 1f) nur die nationalen Behörden sind. Art. 47 Abs. 2 und 3 dürften wegen anderweitiger Zielrichtung ebenfalls keinen Schutz der von den Maßnahmen Betroffenen gewährleisten.

der ESMA lediglich eine **abstrakte Beschreibung** der Verwaltungsmaßnahmen und Sanktionen enthalten und darüber hinaus die nach Maßgabe des Abs. 2 tatsächlich erfolgten Bekanntmachungen wiederholen.

D. Bezüge zum KAGB-E

8 Der KAGB-E implementiert, wie von Art. 48 Abs. 1 angeordnet, ein **umfassendes verwaltungsrechtliches Sanktionssystem,** das der BaFin (neben dem Entzug der Erlaubnis als ultima ratio) u.a. die Abberufung von Geschäftsleitern (ggf. als Minusmaßnahmen auch Hinweise, Missbilligungen und Verwarnungen) und bei Solvenzgefährdung das Untersagen von Entnahmen durch Gesellschafter und der Ausschüttung von Gewinnen ermöglicht. Des Weiteren ist ein sehr umfassender Straf- und Bußgeldkatalog vorgesehen.

9 Art. 48 Abs. 2 findet seine in § 5 Abs. 7 KAGB-E und § 12 Abs. 6 Nr. 14 KAGB-E ermöglicht die durch Art. 48 Abs. 3 S. 2 geforderte Datenübersendung an die ESMA. Art. 48 Abs. 3 S. 1 bedarf hingegen keiner nationalen Umsetzung, da sich diese Vorschrift ausschließlich an die ESMA wendet.

Artikel 49 Recht auf Einlegung eines Rechtsmittels

AIFM-Richtlinie	KAGB-E
Artikel 49 **Recht auf Einlegung eines Rechts-mittels**	**§ 22 Abs. 2 KAGB-E** **Erlaubnisantrag für eine AIF-Kapitalverwaltungsgesellschaft und Erlaubniserteilung**
(1) Die zuständigen Behörden geben für jede Entscheidung, mit der die Zulassung von AIFM zur Verwaltung und/oder zum Vertrieb von AIF abgelehnt oder zurückgenommen wird, oder für jede negative Entscheidung, die in Anwendung der gemäß dieser Richtlinie erlassenen Maßregeln getroffen worden ist, die Gründe schriftlich an und teilen diese den Antragstellern mit. (2) Die Mitgliedstaaten sehen vor, dass jede Entscheidung, die im Rahmen der nach dieser Richtlinie erlassenen Rechts- oder Verwaltungsvorschriften getroffen wird, ordnungsgemäß begründet wird und dass diesbezüglich die Gerichte angerufen werden können. Dieses Recht auf Anrufung der Gerichte besteht auch, wenn über einen Antrag auf Zulassung, der alle erforderlichen Angaben enthält, innerhalb von	Die Bundesanstalt hat über die Erteilung der Erlaubnis innerhalb von drei Monaten nach Einreichung des vollständigen Antrags zu entscheiden. Die Bundesanstalt kann diesen Zeitraum um bis zu drei Monate verlängern, wenn sie dies aufgrund der besonderen Umstände des Einzelfalls für notwendig erachtet. Sie hat den Antragsteller über die Verlängerung der Frist nach Satz 2 zu informieren.

AIFM-Richtlinie	KAGB-E
sechs Monaten nach Einreichung des Antrags nicht entschieden wurde.	

Literatur: *Grabitz, Eberhard/Hilf, Meinhard/Nettesheim, Martin,* Das Recht der Europäischen Union, Loseblatt, Stand März 2011; *Sonder, Nicolas,* „Rechtsschutz gegen Maßnahmen der neuen europäischen Aufsichtsagenturen", BKR 2012, 8.

A. Entstehungsgeschichte

Der Vorschlag für die AIFM-RL[1] enthält in Art. 44 bereits eine Vorschrift, **1** die der heutigen Fassung weitgehend[2] entspricht.[3] Allerdings war die maximale Frist zur Bescheidung Zulassungsantrags (Abs. 2 S. 2) in dieser Vorschlagsfassung noch auf zwei Monate festgesetzt. Der Kompromissvorschlag des Rates v. 15.12.2009[4] enthält in Art. 44 eine Regelung, die der heutigen Vorschrift materiell weitgehend[5] entspricht. Der Richtlinienvorschlag v. 12.10.2010[6] enthält in Art. 47 eine Regelung, die der heutigen Regelung materiell vollumfänglich entspricht.

B. Normzweck und Überblick über die Norm

Abs. 1 der Vorschrift, der das Zulassungsverfahren der AIFM, den Vertrieb **2** von AIF sowie Aufsichtsmaßnahmen hinsichtlich **formeller Aspekte** betrifft, ist die materiell inhaltsgleiche Parallelvorschrift zu Art. 107 Abs. 1 OGAW-IV-RL. Abs. 2 der Vorschrift, der die **Gewährung umfassenden Rechtsschutzes**[7] gegenüber den Entscheidungen der zuständigen Aufsichtsbehörden anstrebt, ist die materiell inhaltsgleiche Parallelvorschrift zu Art. 107 Abs. 2 OGAW-IV-RL. Die Vorschrift dient durch die Begründungspflichten zudem der Herstellung der **Transparenz des Verwaltungshandelns** (auch ggü. den ggf. angerufenen Gerichten). Darüber hinaus schützt Abs. 2 S. 2 der Vorschrift den Antragsteller im Zulassungsverfahren vor einer **Untätigkeit der Behörde.**

[1] Vorschlag für eine Richtlinie des Europäischen Parlaments und des Rates über die Verwalter alternativer Investmentfonds und zur Änderung der Richtlinien 2004/39/EG und 2009/.../EG, v. 30.4.2009; KOM(2009) 207 endgültig.

[2] Der Erfordernis der schriftlichen Begründung gem. Abs. 1 der Vorschrift ist in jener Fassung noch nicht enthalten.

[3] Die Kommentierung gibt ausschließlich die privaten Auffassungen der Bearbeiter wieder.

[4] Proposal for a Directive of the European Parliament and of the Council on Alternative Investment Fund Managers and amending Directives 2004/39/EC and 2009/.../EC – Revised Presidency compromise proposal v. 15.12.2009; EF 194, ECOFIN 870, CODEC 1432.

[5] Die Pflicht zur schriftlichen Begründung in Abs. 1 der Vorschrift bezog sich noch nicht eindeutig auf Entscheidungen im Zusammenhang mit dem Vertrieb von AIF.

[6] Proposal for a Directive of the European Parliament and of the Council on Alternative Investment Fund Managers and amending directives 2003/41/EC and 2009/65/EC v. 12.10.2010; EF 131, ECOFIN 611, CODEC 1000.

[7] Zu Rechtsschutzgarantie und Rechtsschutzniveau in der Union, *Röben* in *Grabitz/Hilf/Nettesheim,* EUV Art. 35, Rn. 42 ff. und eingehend zum Rechtsschutz gegen Maßnahmen der ESA, *Sonder,* BKR 2012, 8.

C. Die einzelnen Regelungskomplexe

I. Europarechtliche Vorgaben für das Zulassungsverfahren, den Vertrieb und im Falle aufsichtsrechtlicher Maßnahmen

3　　Abs. 1 der Vorschrift ordnet an, dass **bestimmte Entscheidungen** der zuständigen Behörden **schriftlich zu begründen und den Betroffenen mitzuteilen** sind. Solche Entscheidungen sind die Ablehnung oder Rücknahme der Zulassung von AIFM zur Verwaltung und/oder zum Vertrieb von AIF und belastende aufsichtsrechtliche Maßnahmen, d.h. primär Maßregeln und Sanktionen nach Maßgabe der Umsetzungsvorschriften zu Art. 46 Abs. 2 und Abs. 4 und Art. 48.

II. Europarechtliche Vorgaben für das Rechtsschutzverfahren

4　　Abs. 2 S. 1 der Vorschrift ordnet die Einräumung umfassenden Rechtsschutzes gegen Entscheidungen der zuständigen Behörden an und sieht eine umfassende **Begründungspflicht** für alle Entscheidungen vor. Abs. 2 S. 1 ist damit weiter als Abs. 1 der Vorschrift, welcher nur bestimmte Entscheidungen hinsichtlich der schriftlichen Begründungspflicht erfasst. Dem lässt sich im Umkehrschluss entnehmen, dass **nicht jegliche Entscheidungen** der zuständigen Behörden notwendigerweise **schriftlich zu begründen** sind. So kommt in der laufenden Aufsichtspraxis außerhalb des Anwendungsbereichs des Abs. 1 der Vorschrift beispielsweise eine mündliche Begründung anlässlich telefonischer Mitteilung der Entscheidung in Betracht. In diesem Zusammenhang sind jedoch die nationalen Vorschriften über die **behördeninterne Dokumentation** sowie mögliche **überschießende Umsetzungen** (VwVfG)[8] zu beachten.

5　　Abs. 2 S. 2 der Vorschrift ordnet an, dass die Möglichkeit der Erhebung der Untätigkeitsklage im Zulassungsverfahren durch die nationalen Gesetzgeber einzuräumen ist. In diesem Zusammenhang ist jedoch zu beachten, dass die maßgebliche **Frist** von sechs Monaten erst ab der **Einreichung aller erforderlichen Angaben/Unterlagen** zu laufen beginnt. Die Sechsmonatsfrist steht mit Art. 8 Abs. 5, 1. Unterabs. im Zusammenhang, wonach in der Regel innerhalb von **drei Monaten** über einen vollständigen Antrag[9] zu entscheiden ist. Eine **Verlängerung auf maximal sechs Monate** ist dort aufgrund besonderer Umstände und unter Mitteilung an den Antragsteller vorgesehen.

D. Bezüge zum KAGB-E

6　　Art. 49 findet eine teilweise Umsetzung in § 22 Abs. 2 KAGB-E, in einer eigenständigen Vorschrift des KAGB. Darüber hinaus wird die BaFin jede Maßnahme der Eingriffsverwaltung schriftlich begründen.

7　　Vor dem Hintergrund des umfassenden verwaltungsgerichtlichen Rechtsschutzes, der Existenz der Untätigkeitsklage (§ 75 VwGO) und der Pflicht zur Begründung eines Verwaltungsakts (§ 39 VwVfG) bedarf es keiner gesonderten Umsetzung des Art. 49.

---

[8] So ist gem. § 37 Abs. 2 S. 2 VwVfG ein mündlicher VA unter gewissen Voraussetzungen schriftlich zu bestätigen.

[9] Wegen der „Vollständigkeit" des Antrags vgl. Art. 8 Abs. 5, 2.UA, der dem Wortlaut nach nur für die Zwecke des Art. 8 Abs. 5 gilt. Es ist jedoch nicht ersichtlich, dass für die Zwecke des Art. 49 Abs. 2, S. 2 ein abweichender Begriff der „Vollständigkeit" gelten könnte.

Artikel 50 Verpflichtung zur Zusammenarbeit

AIFM-Richtlinie	KAGB-E
Artikel 50 Verpflichtung zur Zusammenarbeit	§ 9 Abs. 1, Abs. 7, Abs. 10 bis Abs. 12 KAGB-E Zusammenarbeit mit anderen Stellen

(1) Die zuständigen Behörden der Mitgliedstaaten arbeiten untereinander und mit der ESMA und dem ESRB zusammen, wann immer dies zur Wahrnehmung ihrer in dieser Richtlinie festgelegten Aufgaben oder der ihnen durch diese Richtlinie oder durch nationale Rechtsvorschriften übertragenen Befugnisse erforderlich ist.

(2) Die Mitgliedstaaten erleichtern die in diesem Abschnitt vorgesehene Zusammenarbeit.

(3) Die zuständigen Behörden machen zum Zwecke der Zusammenarbeit von ihren Befugnissen Gebrauch, auch wenn die Verhaltensweise, die Gegenstand der Ermittlung ist, keinen Verstoß gegen eine in ihrem eigenen Mitgliedstaat geltende Vorschrift darstellt.

(4) Die zuständigen Behörden der Mitgliedstaaten übermitteln einander und der ESMA unverzüglich die zur Wahrnehmung ihrer Aufgaben im Rahmen dieser Richtlinie erforderlichen Informationen.

Die zuständigen Behörden des Herkunftsmitgliedstaats übermitteln den Aufnahmemitgliedstaaten des betreffenden AIFM eine Abschrift der von ihnen gemäß Artikel 35, 37 und/oder 40 geschlossenen Vereinbarungen über Zusammenarbeit. Die zuständigen Behörden des Herkunftsmitgliedstaats leiten die Informationen, die sie gemäß den mit Aufsichtsbehörden von Drittländern geschlossenen Vereinbarungen über Zusammenarbeit oder gegebenenfalls nach Maßgabe des Artikels 45 Absatz 6 oder 7 von Aufsichtsbehörden von Drittländern in Bezug auf einen AIFM erhalten haben, gemäß den Verfahren in Bezug auf die anwendbaren

(1) Die Bundesanstalt arbeitet eng mit der Europäischen Wertpapier- und Marktaufsichtsbehörde, dem Europäischen Ausschuss für Systemrisiken und den zuständigen Stellen der Europäischen Union, der anderen Mitgliedstaaten der Europäischen Union und der anderen Vertragsstaaten des Abkommens über den Europäischen Wirtschaftsraum zusammen. Sie übermittelt ihnen unverzüglich Auskünfte und Informationen, wenn dies zur Wahrnehmung der in der Richtlinie 2009/65/EG oder der in der Richtlinie 2011/61/EU festgelegten Aufgaben und Befugnisse oder der durch nationale Rechtsvorschriften übertragenen Befugnisse erforderlich ist.

...

(7) Die Bundesanstalt übermittelt den zuständigen Stellen der Aufnahmemitgliedstaaten einer AIF-Kapitalverwaltungsgesellschaft oder einer ausländischen AIF-Verwaltungsgesellschaft, deren Referenzmitgliedstaat nach § 56 die Bundesrepublik Deutschland ist, eine Abschrift der von ihr gemäß § 58 Absatz 7 Nummer 4, § 317 Absatz 2 Nummer 1 und § 322 Absatz 1 Nummer 1 geschlossenen Vereinbarungen über die Zusammenarbeit. Die Informationen, die die Bundesanstalt auf der Grundlage einer geschlossenen Vereinbarung über die Zusammenarbeit oder nach Maßgabe des § 11 Absatz 4 und 5 von zuständigen Stellen eines Drittstaates über die AIF-Kapitalverwaltungsgesellschaft oder der ausländische AIF-Verwaltungsgesellschaft erhalten hat, leitet sie an die zuständigen Stellen der Aufnahmemitgliedstaaten nach Satz 1 weiter. Ist die Bundesanstalt der Auffassung, dass der Inhalt der gemäß Ar-

AIFM-Richtlinie	KAGB-E
technischen Regulierungsstandards gemäß Artikel 35 Absatz 14, Artikel 37 Absatz 17 oder Artikel 40 Absatz 14 an die zuständigen Behörden des Aufnahmemitgliedstaats des betreffenden AIFM weiter.	tikel 35, 37 oder 40 der Richtlinie 2011/61/EU vom Herkunftsmitgliedstaat einer EU-AIF-Verwaltungsgesellschaft oder einer ausländische AIF-Verwaltungsgesellschaft geschlossenen Vereinbarung über die Zusammenarbeit nicht mit dem übereinstimmt, was nach den auf Grundlage von Artikel 35 Absatz 14, Artikel 37 Absatz 17 und Artikel 40 Absatz 14 der Richtlinie 2011/61/EU von der Europäischen Kommission erlassenen technischen Regulierungsstandards erforderlich ist, kann die Bundesanstalt nach Maßgabe des Artikels 19 der Verordnung (EU) Nr. 1095/2010 die Europäische Wertpapier- und Marktaufsichtsbehörde um Hilfe ersuchen.
Ist eine zuständige Behörde eines Aufnahmemitgliedstaats der Auffassung, dass der Inhalt der gemäß Artikel 35, 37 und/oder 40 vom Herkunftsmitgliedstaat des betreffenden AIFM geschlossenen Vereinbarung über die Zusammenarbeit nicht mit dem übereinstimmt, was nach den anwendbaren technischen Regulierungsstandards erforderlich ist, können die betreffenden zuständigen Behörden die Angelegenheit der ESMA zur Kenntnis bringen, die im Rahmen der ihr durch Artikel 19 der Verordnung (EU) Nr. 1095/2010 übertragenen Befugnisse tätig werden kann.	
(5) Haben die zuständigen Behörden eines Mitgliedstaats eindeutige und nachweisbare Gründe zu der Vermutung, dass ein nicht ihrer Aufsicht unterliegender AIFM gegen diese Richtlinie verstößt oder verstoßen hat, so teilen sie dies der ESMA und den zuständigen Behörden des Herkunfts- und Aufnahmemitgliedstaats des betreffenden AIFM so genau wie möglich mit. Die Behörden, die diese Informationen empfangen, ergreifen geeignete Maßnahmen, unterrichten die ESMA und die zuständigen Behörden, von denen sie informiert wurden, über den Ausgang dieser Maßnahmen und soweit wie möglich über wesentliche zwischenzeitlich eingetretene Entwicklungen. Die Befugnisse der zuständigen Behörde, die die Information vorgelegt hat, werden durch diesen Absatz nicht berührt.	(10) Hat die Bundesanstalt hinreichende Anhaltspunkte für einen Verstoß gegen Bestimmungen der Richtlinie 2011/61/EU durch eine AIF-Verwaltungsgesellschaft, die nicht ihrer Aufsicht unterliegt, teilt sie dies der Europäischen Wertpapier- und Marktaufsichtsbehörde und den zuständigen Stellen des Herkunftsmitgliedstaates und des Aufnahmemitgliedstaates der betreffenden AIF-Verwaltungsgesellschaft mit.
	(11) Die Bundesanstalt ergreift ihrerseits geeignete Maßnahmen, wenn sie eine Mitteilung nach Artikel 51 Absatz 5 Satz 1 der Richtlinie 2011/61/EU von einer anderen zuständigen Stelle erhalten hat, und unterrichtet diese Stelle über die Wirkung dieser Maßnahmen und so weit wie möglich über wesentliche zwischenzeitlich eingetretene Entwicklungen. Im Fall von Mitteilungen in Bezug auf eine AIF-Verwaltungsgesellschaft unterrichtet sie auch die Europäischen Wertpapier- und Marktaufsichtsbehörde. Die Bundesanstalt teilt den zuständigen Stellen eines Aufnahmemitgliedstaates einer OGAW-Kapitalverwaltungsgesellschaft auch Maßnahmen mit, die sie ergreifen wird, um Verstöße der OGAW-Kapitalverwaltungsgesellschaft gegen Rechtsvorschriften des Aufnahmemitgliedstaa-
(6) Um eine einheitliche Anwendung der Bestimmungen dieser Richtlinie in Bezug auf den Informationsaustausch zu gewährleisten, kann die ESMA Entwürfe für technische Durch-	

AIFM-Richtlinie	KAGB-E
führungsstandards entwickeln, um die Modalitäten hinsichtlich der Verfahren des Informationsaustauschs zwischen den zuständigen Behörden untereinander sowie zwischen den zuständigen Behörden und der ESMA festzulegen.	tes zu beenden, über die sie durch die zuständigen Stellen des Aufnahmemitgliedstaates unterrichtet worden ist.
Die Kommission wird ermächtigt, die in Unterabsatz 1 genannten technischen Durchführungsstandards nach Artikel 15 der Verordnung (EU) Nr. 1095/2010 zu erlassen.	(12) Das nähere Verfahren für den Informationsaustausch richtet sich nach den Artikeln 12 und 13 der Verordnung (EU) Nr. 584/2010 der Kommission vom 1. Juli 2010 zur Durchführung der Richtlinie 2009/65/EG des Europäischen Parlaments und des Rates im Hinblick auf Form und Inhalt des Standardmodells für das Anzeigeschreiben und die OGAW-Bescheinigung, die Nutzung elektronischer Kommunikationsmittel durch die zuständigen Behörden für die Anzeige und die Verfahren für Überprüfungen vor Ort und Ermittlungen sowie für den Informationsaustausch zwischen zuständigen Behörden (ABl. L 176 vom 10.7.2010, S. 16). Die Verfahren für die Koordinierung und den Informationsaustausch zwischen der zuständigen Behörde des Herkunftsmitgliedstaats und den zuständigen Behörden der Aufnahmemitgliedstaaten der AIF-Verwaltungs-gesellschaft bestimmen sich nach den auf Grundlage von Artikel 50 Absatz 6 der Richtlinie 2011/61/EU von der Europäischen Kommission erlassenen technischen Durchführungsstandards. Der Mindestinhalt der in der gemäß § 58 Absatz 7 Nummer 4, § 317 Absatz 2 Nummer 1 und § 322 Absatz 1 Nummer 1 geschlossenen Vereinbarungen über Zusammenarbeit bestimmt sich nach den auf Grundlage von Artikel 35 Absatz 14, Artikel 37 Absatz 17 und Artikel 40 Absatz 14 der Richtlinie 2011/61/EU von der Europäischen Kommission erlassenen technischen Regulierungsstandards.

§ 12 Abs. 6 Nr. 13 KAGB-E
Meldungen der Bundesanstalt an
die Europäische Kommission und
die Europäische Wertpapier- und
Marktaufsichtsbehörde

AIFM-Richtlinie	KAGB-E
	(…) Ferner informiert die Bundesanstalt die Europäischen Wertpapier- und Marktaufsichtsbehörde über 13. hinreichende Anhaltspunkte für einen Verstoß einer AIF-Verwaltungs-gesellschaft, die nicht der Aufsicht der Bundesanstalt unterliegt, gegen Bestimmungen der Richtlinie 2011/61/EU,

A. Entstehungsgeschichte

1   Der Vorschlag für die AIFM-RL[1] enthält in Art. 45 eine Vorschrift, die den heutigen Abs. 1, Abs. 2, Abs. 3, Abs. 4, 1. Unterabs. und Abs. 6 weitgehend entspricht.[2] Eine Einbeziehung der ESMA oder des ESRB war naturgemäß noch nicht vorgesehen. Der Kompromissvorschlag des Rates v. 15.12.2009[3] sah in Abs. 4a Bestimmungen vor, die dem heutigen Abs. 5 der Vorschrift entsprechen. Zudem war in einem Abs. 4b zwischenzeitlich die Möglichkeit der Anrufung von CESR wegen einer Ablehnung oder Verzögerung der Zusammenarbeit vorgesehen. Der Richtlinienvorschlag v. 12.10.2010[4] enthält in Art. 48 eine Regelung, die den materiellen Gehalt der heutigen Richtlinienbestimmungen mit Ausnahme von Abs. 4, 2. und 3. Unterabs. widerspiegelt. Abs. 4, 2. und 3. Unterabs. der Vorschrift wurden im Rahmen des Richtlinienvorschlags v. 20.10.2010[5] eingefügt.[6]

B. Normzweck

2   Die Vorschrift enthält insb. ggü. Art. 45[7] und Art. 54[8] die **allgemeinen Grundsätze für die Zusammenarbeit** und die **Informationsübermittlung.**

---

[1] Vorschlag für eine Richtlinie des Europäischen Parlaments und des Rates über den Verwalter alternativer Investmentfonds und zur Änderung der Richtlinien 2004/39/EG und 2009/…/EG, v. 30.4.2009; KOM(2009) 207 endgültig.

[2] Die Kommentierung gibt ausschließlich die privaten Auffassungen der Bearbeiter wieder.

[3] Proposal for a Directive of the European Parliament and of the Council on Alternative Investment Fund Managers and amending Directives 2004/39/EC and 2009/…/EC – Revised Presidency compromise proposal v. 15.12.2009; EF 194, ECOFIN 870, CODEC 1432.

[4] Proposal for a Directive of the European Parliament and of the Council on Alternative Investment Fund Managers and amending directives 2003/41/EC and 2009/65/EC, v. 12.10.2010; EF 131, ECOFIN 611, CODEC 1000.

[5] Proposal for a Directive of the European Parliament and of the Council on Alternative Investment Fund Managers and amending directives 2003/41/EC and 2009/65/EC, v. 20.10.2010; EF 140, ECOFIN 634, CODEC 1069.

[6] Weitere Änderungen betreffend Abs. 4, 2. und 3. Unterabs. der Vorschrift waren lediglich redaktioneller Natur.

[7] Art. 45 Abs. 5 bis Abs. 9 enthält ein spezielles „Programm" für die Zusammenarbeit bei grenzüberschreitenden Sachverhalten.

[8] Art. 54 enthält Vorgaben für die faktische Durchführung der Zusammenarbeit.

Die Vorschrift ist damit wesentlicher Teil der neuen europäischen Aufsichtsstruktur. Abs. 4, 1. Unterabs. der Vorschrift dient der **Beschleunigung**[9] **des Informationsaustauschs** unter den Behörden. Abs. 6 der Vorschrift, wonach die ESMA allgemeine Entwürfe für technische Durchführungsstandards entwickeln kann, um die Modalitäten hinsichtlich der Verfahren des Informationsaustauschs zwischen den zuständigen Behörden untereinander sowie zwischen den zuständigen Behörden und der ESMA selbst festzulegen, belegt die **hervorgehobene Stellung der ESMA.**

C. Überblick über die Norm

Abs. 1 der Vorschrift enthält den **Grundsatz der Verpflichtung zur Zusammen-** 3 **menarbeit** der nationalen Behörden untereinander und mit der ESMA und dem ESRB. Eine Parallelvorschrift findet sich in Art. 101 Abs. 1, 1. Unterabs. OGAW-IV-RL, der jedoch lediglich auf die nationalen Aufsichtsbehörden Bezug nimmt. Abs. 2 der Vorschrift fordert die Mitgliedstaaten auf, die Zusammenarbeit faktisch durchzusetzen. Eine Parallelvorschrift findet sich in Art. 101 Abs. 1, 2. Unterabs. OGAW-IV-RL. Abs. 3 der Vorschrift ordnet an, dass die nationalen Aufsichtsbehörden auch von ihren Befugnissen Gebrauch machen, soweit es sich lediglich um einen Rechtsverstoß in dem jeweils anderen Mitgliedstaat handelt. Eine Parallelvorschrift findet sich in Art. 101 Abs. 1, 3. Unterabs. OGAW-IV-RL. Abs. 4, 1. Unterabs. der Vorschrift enthält den Grundsatz, dass die zur Wahrnehmung der Aufgaben erforderlichen Informationen unverzüglich zwischen den nationalen Aufsichtsbehörden und der ESMA auszutauschen sind (Beschleunigungsgrundsatz). Eine Parallelvorschrift findet sich in Art. 101 Abs. 2 OGAW-IV-RL. Darüber hinaus enthalten Abs. 4, 2. und 3. Unterabs. der Vorschrift Sonderbestimmungen betreffend die Übermittlung von Abschriften der mit Drittländern geschlossenen Vereinbarungen über Zusammenarbeit und ein besonderes Schlichtungsverfahren für Uneinigkeiten in diesem Bereich. Abs. 5 der Vorschrift normiert ein Aufsichtsprogramm für den Fall der Feststellung rechtswidrigen Verhaltens seitens eines AIFM außerhalb der eigenen Aufsichtszuständigkeit. Abs. 6 der Vorschrift enthält eine Ermächtigungsgrundlage für den Erlass technischer Durchführungsstandards.

D. Die einzelnen Regelungskomplexe

I. Kein Ermessen zur Zusammenarbeit (Abs. 1 der Vorschrift)

Abs. 1 der Vorschrift räumt den Behörden **kein Ermessen** hinsichtlich der 4 Verpflichtung zur Zusammenarbeit ein. Der Wortlaut ist diesbezüglich eindeutig.[10] Im Sinne einer **umfassenden Aufsicht** über die relevanten Marktteilnehmer ist eine solche Form der unbedingten europaweiten Kooperation geboten. Die Einbeziehung des ESRB zeigt, dass die Vorschrift der Förderung der mikro- und der makroprudentiellen Aufsicht dient.

---

[9] Vgl. den Wortlaut „unverzüglich".
[10] „Arbeiten (...) wann immer".

II. „Erleichtern" der Zusammenarbeit (Abs. 2 der Vorschrift)

5   Abs. 2 der Vorschrift ordnet an, dass die Mitgliedstaaten die in Kapitel IX, Abschnitt 2[11] der Richtlinie vorgesehene Zusammenarbeit „erleichtern". Es ist nicht auf den ersten Blick ersichtlich, welche konkrete Form dieses „**Erleichtern**" annehmen kann. Die englische Fassung der Richtlinie benutzt den Ausdruck „to facilitate". Dies kann auch mit „ermöglichen" oder „unterstützen" übersetzt werden. Gemeint ist demnach, dass die **Zusammenarbeit faktisch umgesetzt** werden muss. Es kann nicht bei bloßen Absichtserklärungen bleiben. Die Mitgliedstaaten sind aufgefordert, eine gewisse **Initiative** zu zeigen. Dazu ist erforderlich, dass die nationalen Aufsichtsbehörden mit **hinreichenden personellen und technischen Ressourcen** ausgestattet sind bzw. werden. Die Parallelvorschrift des Art. 101 Abs. 1, 1. Unterabs. OGAW-IV-RL fordert das Ergreifen der „erforderlichen administrativen und organisatorischen Maßnahmen".

III. Ermittlung auch ohne Vorliegen eines nationalen Rechtsverstoßes (Abs. 3 der Vorschrift)

6   Abs. 3 der Vorschrift ordnet an, dass die zuständigen Behörden zum Zwecke der Zusammenarbeit von ihren Befugnissen Gebrauch machen, auch wenn die Verhaltensweise, die Gegenstand der Ermittlung ist, keinen Verstoß gegen eine in ihrem eigenen Mitgliedstaat geltende Vorschrift darstellt. Die Reichweite der Vorschrift ist unklar. Eine strikte Anwendung der Vorschrift kann rechtsstaatlichen Bedenken begegnen. Insbesondere Überwachungs- und Ermittlungsmaßnahmen stehen unter (nationalem) **Gesetzesvorbehalt.** Die Vorschrift ist daher **restriktiv** dahingehend **auszulegen,** dass sich die nationalen Aufsichtsbehörden **gegenseitige Amtshilfe** leisten und ggf. Ermittlungen auf dem eigenen Staatsgebiet nach Maßgabe des Art. 54 unter den dort genannten Voraussetzungen gestatten. Bei einer solchen Auslegung besagt die Vorschrift lediglich, dass ein Amtshilfeersuchen nicht mit der Begründung abgelehnt werden kann, dass nach Maßgabe des Rechts des ersuchten Mitgliedstaats kein Rechtsverstoß vorliegt[12]. Die Vorschrift bildet zudem die dogmatische Grundlage für das besondere Aufsichtsprogramm unter Abs. 5 der Vorschrift. Insofern kann man in der Gesamtschau von Abs. 3 und Abs. 5 von einer besonderen Form **antizipierter Amtshilfe** sprechen.

IV. Details der Informationsübermittlung (Abs. 4 der Vorschrift)

7   Abs. 4, 1. Unterabs. enthält den **Grundsatz der Beschleunigung** des Informationsaustauschs hinsichtlich aller zur Aufgabenerfüllung relevanten Informationen. Der Austausch hat **ohne schuldhaftes Zögern** zu erfolgen. Es handelt sich um einen „spiegelbildlichen" Fall der Datenübermittlung nach Maßgabe des Art. 52 Abs. 1.[13] Ein **Ermessen** hinsichtlich des „Ob" der Informationsübermitt-

---

[11] Dem Sinn nach bezieht sich die Vorschrift auf jegliche Formen der Zusammenarbeit; vgl. insb. auch Art. 45 Abs. 5 bis Abs. 9, der sich jedoch im ersten Abschnitt des Kapitels IX befindet.

[12] Was in den allermeisten Fällen der grenzüberschreitenden Zusammenarbeit eine Selbstverständlichkeit ist, da der ersuchende Staat gerade einen Verstoß gegen sein eigenes nationales Recht annimmt (mag dieses Recht auch eine Umsetzung europäischer Vorgaben darstellen).

[13] Dort wird die Weitergabe von Daten und Datenauswertungen an Drittländer geregelt.

lung ist den zuständigen Behörden grundsätzlich **nicht eingeräumt**. Jedoch unterliegt die Informationsübermittlung den **Einschränkungen des Art. 51**. Die Prüfung der Voraussetzungen des Art. 51 begründet kein „Zögern".

Abs. 4, 2. und 3. Unterabs. der Vorschrift regeln den Sonderfall der Übermitt- **8** lung von Abschriften der mit Aufsichtsbehörden von Drittstaaten geschlossenen Vereinbarungen über Zusammenarbeit. Der jeweilige **Aufnahmemitgliedstaat** hat in den von Abs. 4, 2. Unterabs. erfassten Fälle ein **Interesse** daran, von dem Inhalt der geschlossenen Vereinbarungen Kenntnis zu erlangen, da er selbst nicht in die Verhandlungen[14] einbezogen war, jedoch von den Auswirkungen (z. B. Vertrieb von Nicht-EU-AIF auf dem eigenen Hoheitsgebiet) betroffen ist. Folgerichtig sieht Abs. 4, 3. Unterabs. der Vorschrift die Möglichkeit der Einleitung eines **Schlichtungsverfahrens** vor der ESMA vor, falls der Aufnahmemitgliedstaat die Rechtmäßigkeit der relevanten Vereinbarung abweichend beurteilt.

V. Pflicht zur Mitteilung bei Rechtsverstoß (Abs. 5 der Vorschrift)

Abs. 5 der Vorschrift verpflichtet die nationalen Aufsichtsbehörden dazu, im **9** Falle **eindeutiger und nachweisbarer Gründe**[15] zu der Vermutung, dass ein nicht ihrer Aufsicht unterliegender AIFM gegen Richtlinie verstößt oder verstoßen hat, dies der ESMA und den zuständigen Behörden des Herkunfts- und Aufnahmemitgliedstaats des betreffenden AIFM so genau wie möglich mitzuteilen. Es gilt der Grundsatz, dass die nationalen Aufsichtsbehörden **Rechtsverstöße nicht unter Hinweis auf die eigene Unzuständigkeit sehenden Auges** geschehen lassen dürfen. Die nationalen Aufsichtsbehörden sind zur gegenseitigen Amtshilfe verpflichtet.[16] Sodann sind die Behörden, die diese Informationen empfangen, angehalten, geeignete Maßnahmen zu ergreifen und die relevanten anderen Behörden über diese Maßnahmen und wesentlichen Entwicklungen zu informieren. Die Weitergabe der Informationen hat für die Behörde, die den Rechtsverstoß ursprünglich festgestellt hat, **keinen Verlust der Aufsichtsbefugnisse** zur Folge, d.h. die übrigen Bestimmungen der Richtlinie betreffend die Aufgabenverteilung zwischen den Behörden finden unverändert Anwendung.

VI. Technische Durchführungsstandards (Abs. 6 der Vorschrift)

Abs. 6 der Vorschrift enthält eine Rechtsgrundlage zum Erlass technischer **10** Durchführungsstandards, die die Modalitäten hinsichtlich der Verfahren des Informationsaustauschs zwischen den zuständigen Behörden untereinander sowie zwischen den zuständigen Behörden und der ESMA festlegen. Der technische Durchführungsstandard erfasst nur das **„Binnenrecht"** innerhalb des europäischen Aufsichtssystems. Pflichten der betroffenen AIFM und sonstiger Marktteilnehmer lassen sich auf dieser Rechtsgrundlage nicht begründen.

---

[14] Eine Einbeziehung des Aufnahmemitgliedstaats in die Verhandlungen ist nicht vorgesehen aber auch nicht schädlich,

[15] Ein bloßer Anfangsverdacht oder Vermutungen sind nicht ausreichend. Die Vorschrift erfordert damit einen gewissen eigenständigen Ermittlungsaufwand seitens der unzuständigen Behörde.

[16] Wegen des Zusammenhangs mit Abs. 3 der Vorschrift s.o. D, III.

E. Bezüge zum KAGB-E

11   Art. 50 wird an mehreren Stellen des explizit KAGB-E umgesetzt. Dies sind § 9 Abs. 1, Abs. 7, Abs. 10, Abs. 11 und Abs. 12 sowie § 12 Abs. 6 Nr. 13 KAGB-E. Es werden Anpassungen an die Terminologie des KAGB-E vorgenommen. Bei den Anordnungen des Art. 50 Abs. 2 und 3 handelt sich um aufsichtsrechtliche Selbstverständlichkeiten.

Artikel 51 Übermittlung und Speicherung personenbezogener Daten

AIFM-Richtlinie	KAGB-E
Artikel 51 **Übermittlung und Speicherung** **personenbezogener Daten**	**§§ 9 Abs. 1 S. 3 und S. 4 KAGB-E** **Zusammenarbeit mit anderen** **Stellen**
(1) Bei der Übermittlung personenbezogener Daten zwischen zuständigen Behörden wenden die zuständigen Behörden die Richtlinie 95/46/EG an. Bei der Übermittlung personenbezogener Daten durch die ESMA an die zuständigen Behörden eines Mitgliedstaats oder eines Drittlands hält die ESMA die Verordnung (EG) Nr. 45/2001 ein. (2) Die Daten werden für einen Zeitraum von höchstens fünf Jahren gespeichert.	Für die Übermittlung personenbezogener Daten an die zuständigen Stellen durch die Bundesanstalt gilt § 4b des Bundesdatenschutzgesetzes. Personenbezogene Daten, die automatisiert verarbeitet oder in nicht automatisierten Dateien gespeichert sind, sind zu löschen, wenn ihre Kenntnis für die Bundesanstalt zur Erfüllung der in ihrer Zuständigkeit liegenden Aufgaben nicht mehr erforderlich ist, spätestens jedoch nach fünf Jahren.

Literatur: *Brühmann, Ulf,* „Mindeststandards oder Vollharmonisierung des Datenschutzes in der EG – Zugleich ein Beitrag zur Systematik von Richtlinien zur Rechtsangleichung im Binnenmarkt in der Rechtsprechung des Europäischen Gerichtshofs", EuZW 2009, 639–644; *Däubler, Wolfgang/Hjort, Jens Peter/Hummel, Dieter/Wolmerath, Martin,* Arbeitsrecht, Abschn. Bundesdatenschutzgesetz, Baden-Baden, 2008; *Sanner, Alexander,* „Der Schutz personenbezogener Daten beim Zugang zu Dokumenten der Unionsorgane", EuZW 2010, 774–777.

A. Entstehungsgeschichte

1   Der Vorschlag für die AIFM-RL[1] enthält lediglich in EwGr 25 die Erwägung, dass jeder Austausch und jede Übermittlung von Informationen zwischen zuständigen Behörden, Einrichtungen oder Personen nach Maßgabe der Richtlinie 95/46/EG ergehen soll.[2] Eine explizite Aufnahme datenschutzrechtlicher Bestimmungen in den Richtlinientext in umfassender Form findet sich erstmals in Art. 49

---

[1] Vorschlag für eine Richtlinie des Europäischen Parlaments und des Rates über die Verwalter alternativer Investmentfonds und zur Änderung der Richtlinien 2004/39/EG und 2009/.../EG, v. 30.4.2009; KOM(2009) 207 endgültig.

[2] Die Kommentierung gibt ausschließlich die privaten Auffassungen der Bearbeiter wieder.

des Richtlinienentwurfs v. 12.10.2010[3], der dem heutigen Art. 51 bereits entspricht.

B. Normzweck und Überblick über die Norm

Die Vorschrift bezweckt den Schutz **personenbezogener Daten**, die im Rah- 2
men der Ausübung der Aufsichtstätigkeit durch die zuständigen Behörden der Mitgliedstaaten und ESMA gewonnen und sodann übermittelt werden. Schutzgut ist das **Recht auf informationelle Selbstbestimmung**[4] der betroffenen Personen. Abs. 2 der Vorschrift, der einen maximalen Zeitraum für die Speicherung der relevanten Daten von fünf Jahren vorsieht, dient dem Schutz der Rechte der Betroffenen durch Limitierung des Verfahrens.

C. Die einzelnen Regelungskomplexe

I. Richtlinie 95/46/EG

Die zuständigen Behörden sind bei der Übermittlung personenbezogener 3
Daten an die Vorgaben der Richtlinie 95/46/EG[5] (Datenschutzrichtlinie) gebunden. Die Datenschutzrichtlinie wurde in den jeweiligen Nationalstaaten bereits umgesetzt. In diesem Zusammenhang ist zu beachten, dass die Datenschutzrichtlinie lediglich den europäischen Mindeststandard[6] garantiert. Dies kann wegen der Bedingungswirkung des europäischen Rechts ggf. dazu führen, dass nach Maßgabe der Datenschutzrichtlinie Daten zu übermitteln sind, die im rein nationalen Kontext geschützt wären. Betreffend das Verfahren der Datenverarbeitung und -übermittlung[7] sind insb. Art. 8 (besondere Datenkategorien), Art. 10 (Informationspflichten), Art. 16 (Vertraulichkeit der Datenverarbeitung), Art. 17 (Sicherheit der Datenverarbeitung) und Art. 22 (Rechtsbehelfe) hervorzuheben.

II. Verordnung (EG) Nr. 45/2001

Die ESMA ist bei der Übermittlung personenbezogener Daten an die zuständi- 4
gen Behörden der Mitgliedstaaten an die Verordnung (EG) Nr.[8] 45/2001 gebun-

---

[3] Proposal for a Directive of the European Parliament and of the Council on Alternative Investment Fund Managers and amending directives 2003/41/EC and 2009/65/EC v. 12.10.2010; EF 131, ECOFIN 611, CODEC 1000.

[4] Vgl. zur Bedeutung dieses Rechts im Bereich Datenschutz *Hilbrans* in *Däubler /Hjort / Hummel/Wolmerath*, Arbeitsrecht, S. 844 ff.

[5] „Richtlinie 95/46/EG des Europäischen Parlaments und des Rates vom 24. Oktober 1995 zum Schutz natürlicher Personen bei der Verarbeitung personenbezogener Daten und zum freien Datenverkehr"; Amtsblatt Nr. L 281 vom 23.11.1995 S. 0031–0050; die Umsetzung erfolgte in Deutschland durch das „Gesetz zur Änderung des Bundesdatenschutzgesetz und anderer Gesetze" v. 18.5.2001, BGBl. I S. 904.

[6] Die Reichweite dieses Mindeststandards in Interaktion mit den Grundfreiheiten und den nationalen Schutzgesetzen ist nicht unumstritten; in der EU ist insg. ein „hohes Schutzniveau" anzustreben; im Einzelnen: *Brühmann* EuZW 2009, 639, 641 ff. m. w. N.

[7] Streng genommen ist die „Übermittlung" eine Form der „Verarbeitung"; vgl. Art. 2b) der Datenschutzrichtlinie.

[8] „Verordnung (EG) Nr. 45/2001 des Europäischen Parlaments und des Rates vom 18. Dezember 2000 zum Schutz natürlicher Personen bei der Verarbeitung personenbezogener Daten durch die Organe und Einrichtungen der Gemeinschaft und zum freien Datenverkehr"; Amtsblatt Nr. L 008 vom 12.1.2001 S. 0001–0022.

den.[9] Art. 8 dieser Verordnung ist die Spezialvorschrift für die Übermittlung personenbezogener Daten an Empfänger, die nicht Organe oder Einrichtungen der Gemeinschaft sind und die der Datenschutzrichtlinie unterworfen sind.

5   Art. 8 dieser Verordnung findet damit gegenüber den zuständigen Behörden der Mitgliedstaaten Anwendung.

6   Art. 9 dieser Verordnung ist die Spezialvorschrift für die Übermittlung personenbezogener Daten an Empfänger, die nicht Organe oder Einrichtungen der Gemeinschaft sind und die nicht der Datenschutzrichtlinie unterworfen sind. Art. 9 dieser Verordnung findet damit gegenüber den zuständigen Behörden der Drittländer[10] Anwendung.

D. Bezüge zum KAGB-E

7   Der KAGB-E setzt Art. 51 in § 9 Abs. 1 S. 3 und S. 4 KAGB-E um. Der KAGB-E enthält den Verweis auf die nationale Rechtsumsetzung der einschlägigen europäischen Vorschriften, d.h. § 4b BDSG.

Artikel 52 Offenlegung von Informationen gegenüber Drittländern

AIFM-Richtlinie	KAGB-E
Artikel 52 **Offenlegung von Informationen gegenüber Drittländern**	**§ 9 Abs. 8 KAGB-E** **Zusammenarbeit mit anderen Stellen**
(1) Die zuständige Behörde eines Mitgliedstaats kann einem Drittland Daten und Datenauswertungen im Einzelfall übermitteln, soweit die Voraussetzungen des Artikels 25 oder des Artikels 26 der Richtlinie 95/46/EG erfüllt sind und die zuständige Behörde des Mitgliedstaats sich vergewissert hat, dass die Übermittlung für die Zwecke dieser Richtlinie erforderlich ist. Das Drittland darf die Daten nicht ohne ausdrückliche schriftliche Zustimmung der zuständigen Behörde des Mitgliedstaats an andere Drittländer weitergeben. (2) Die zuständige Behörde eines Mitgliedstaats darf die von einer zuständigen Behörde eines anderen Mitgliedstaats erhaltenen Informationen nur dann gegenüber einer Aufsichtsbehörde eines Drittlands offenlegen, wenn sie die ausdrückliche Zustimmung der zuständigen Behörde erhalten hat, die die In-	Die Bundesanstalt kann Vereinbarungen über die Weitergabe von Informationen mit den zuständigen Stellen in Drittstaaten schließen, soweit diese Stellen die Informationen zur Erfüllung ihrer Aufgaben benötigen. Für die Zwecke der Richtlinie 2011/61/EU kann die Bundesanstalt Daten und Datenauswertungen an zuständige Stellen in Drittstaaten übermitteln, soweit die Voraussetzungen des § 4c des Bundesdatenschutzgesetzes erfüllt sind. Der Drittstaat darf die Daten nicht ohne ausdrückliche schriftliche Zustimmung der Bundesanstalt an andere Drittstaaten weitergeben. Absatz 2 Satz 2 sowie § 9 Absatz 1 Satz 6 bis 8 des Kreditwesengesetzes gelten für die Zwecke von Satz 1 und Satz 2 entsprechend.

---

[9] Zu aktuellen Rechtsentwicklungen in diesem Bereich, *Sanner* EuZW 2010, 774 ff.

[10] Es besteht die Voraussetzung, dass das Drittland ein „angemessenes Schutzniveau" aufweist.

AIFM-Richtlinie	KAGB-E
formationen übermittelt hat, und, gegebenenfalls, wenn die Informationen lediglich zu dem Zweck offengelegt werden, für den die zuständige Behörde ihre Zustimmung gegeben hat	

Literatur: *Däubler, Wolfgang/Hjort, Jens Peter/Hummel, Dieter/Wolmerath, Martin,* Arbeitsrecht, Abschn. Bundesdatenschutzgesetz, Baden-Baden, 2008; *Geis, Ivo,* „Internet und Datenschutzrecht", NJW 1997, 288–293.

A. Entstehungsgeschichte

Der Vorschlag für die AIFM-RL[1] enthält lediglich in EwGr 25 die Erwägung, **1** dass jeder Austausch und jede Übermittlung von Informationen zwischen zuständigen Behörden, Einrichtungen oder Personen nach Maßgabe der Richtlinie 95/46/EG ergehen soll.[2] Eine explizite Aufnahme datenschutzrechtlicher Bestimmungen in Bezug auf Drittländer in den Richtlinientext findet sich erstmals in Art. 50 des Richtlinienentwurfs v. 12.10.2010[3], der dem heutigen Art. 51 bereits entspricht.

B. Normzweck und Überblick über die Norm

Die Vorschrift legt die Parameter für die **Übermittlung von Daten und** **2** **Datenauswertungen an Drittländer** fest. Sie dient damit dem Schutz des **Rechts auf informationelle Selbstbestimmung**[4] der betroffenen Marktteilnehmer (insb. AIFM[5]) durch spezifische Verfahrensanordnungen (Abs. 1 der Vorschrift). Es handelt sich um einen „spiegelbildlichen" Fall der Datenübermittlung nach Maßgabe des Art. 50 Abs. 4 S. 2[6]. Zudem schützt die Vorschrift die Interessen der Mitgliedstaaten (Abs. 2 der Vorschrift) und fördert damit die „vertrauensvolle" Zusammenarbeit der nationalen Aufsichtsbehörden untereinander.

[1] Vorschlag für eine Richtlinie des Europäischen Parlaments und des Rates über die Verwalter alternativer Investmentfonds und zur Änderung der Richtlinien 2004/39/EG und 2009/.../EG, v. 30.4.2009; KOM(2009) 207 endgültig.

[2] Die Kommentierung gibt ausschließlich die privaten Auffassungen der Bearbeiter wieder.

[3] Proposal for a Directive of the European Parliament and of the Council on Alternative Investment Fund Managers and amending directives 2003/41/EC and 2009/65/EC v. 12.10.2010; EF 131, ECOFIN 611, CODEC 1000.

[4] Vgl. zur Bedeutung dieses Rechts im Bereich Datenschutz *Hilbrans* in *Däubler /Hjort/ Hummel/Wolmerath,* Arbeitsrecht, S. 844 ff.

[5] Es ist anzunehmen, dass sich die entsprechenden Daten im Schwerpunkt auf die AIFM und für die AIFM tätige Personen beziehen. Der Richtlinientext ist jedoch nicht in diesem Sinne beschränkt. Geschützt werden auch weitere Personen im Zusammenhang mit z. B. der Verwahrstelle und Auslagerungsunternehmen.

[6] Dort wird die Weitergabe der aus den Drittländern erhaltenen Informationen geregelt.

C. Die einzelnen Regelungskomplexe

I. Datenübermittlung an Drittländer (Abs. 1 der Vorschrift)

3   Abs. 1, S. 1 der Vorschrift sieht vor, dass die zuständige Behörde eines Mitgliedstaats einem Drittland Daten und Datenauswertungen im Einzelfall übermitteln kann, soweit die Voraussetzungen des Artikels 25 oder des Artikels 26 der Richtlinie 95/46/EG erfüllt sind und die zuständige Behörde des Mitgliedstaats sich vergewissert hat, dass die Übermittlung für die Zwecke dieser Richtlinie erforderlich ist. Abs. 1 S. 2 der Vorschrift macht zur weiteren Voraussetzung, dass das Drittland die Daten nicht ohne ausdrückliche schriftliche Zustimmung der zuständigen Behörde des Mitgliedstaats an andere Drittländer weitergeben darf. Erfasst werden Daten und Datenauswertungen, d.h. neben den „Rohdaten" können auch Datensätze übermittelt werden, die Gegenstand eines zielgerichteten Datenverarbeitungsvorgangs zur Gewinnung eines informatorischen Mehrwerts waren. Die Daten werden regelmäßig aus der Aufsichtstätigkeit nach Maßgabe der Richtlinie gewonnen. Die zuständige Behörde muss sich **vergewissern,** dass die Datenübermittlung für die **Zwecke der Richtlinie** im **Einzelfall erforderlich** ist. Den Wendungen „vergewissern" und „Einzelfall" ist zu entnehmen, dass es **keinen anlassunabhängigen Automatismus der Datenübersendung** geben darf. Es ist in jedem Einzelfall vor der Übersendung kritisch zu prüfen, ob die Erforderlichkeit der Übersendung gegeben ist und ob die Voraussetzungen des Artikels 25 oder des Artikels 26 der Richtlinie 95/46/EG erfüllt sind.

4   „Erforderlich" kann die Übermittlung von Daten und Datenauswertungen in Drittländer insb. im Zusammenhang mit der Verwaltung und dem Vertrieb von **Nicht-EU-AIF** (Art. 34 ff.), mit der Tätigkeit von **Nicht-EU-AIFM** (Art. 37 ff.), bei **Auslagerungen in Drittländer** (Art. 20 Abs. 1d)) und bei der (nur eingeschränkt möglichen) Bestellung einer **Verwahrstelle mit Sitz in einem Drittland** (insb. Art. 21 Abs. 6) werden.

5   Art. 25 Abs. 1 der Richtlinie 95/46/EG (Datenschutzrichtlinie) sieht als weitere Voraussetzung insb. vor, dass das Drittland ein **angemessenes Schutzniveau** gewährleisten muss. Dabei wird gemäß Art. 25 Abs. 2 der Datenschutzrichtlinie die Angemessenheit des Schutzniveaus[7], das ein Drittland bietet, unter **Berücksichtigung aller Umstände** beurteilt, die bei einer Datenübermittlung oder einer Kategorie von Datenübermittlungen eine Rolle spielen; insbesondere werden die Art der Daten, die Zweckbestimmung sowie die Dauer der geplanten Verarbeitung, das Herkunfts- und das Endbestimmungsland, die in dem betreffenden Drittland geltenden allgemeinen oder speziellen Rechtsnormen sowie die dort geltenden Standesregeln und Sicherheitsmaßnahmen berücksichtigt.

6   Art. 26 der Datenschutzrichtlinie sieht unter sehr engen Voraussetzungen die Übermittlung von Daten in Drittländer vor, die **kein angemessenes Schutzniveau** gewährleisten. Das Schutzniveau kann in diesen Fällen mach Maßgabe des Art. 26 Abs. 2 der Datenschutzrichtlinie durch **„ausreichende Garantien"** (i. d. R. auf einzelvertraglicher Basis) hergestellt werden.

7   Der Wortlaut des Abs. 1, S. 2 der Vorschrift ist insofern **missverständlich,** dass der europäische Gesetzgeber keinesfalls Drittländern gesetzliche Pflichten

---

[7] *Geis* NJW 1997, 288, 290 bezeichnet diesen Maßstab als „diplomatische Formel" um Europa nicht als „Datenschutzfestung" zu etablieren.

auferlegen wollte („das Drittland darf"). Vielmehr haben die nationalen Aufsichtsbehörden auf geeignete Weise sicherzustellen, d.h. in der Regel mit den Drittländern zu vereinbaren, dass die Drittländer die Daten nicht ohne ausdrückliche
schriftliche Zustimmung der zuständigen Behörde des Mitgliedstaats an andere
Drittländer weitergeben darf.

II. Übermittlung von Informationen, die aus anderen Mitglied-
staaten stammen (Abs. 2 der Vorschrift)

Abs. 2 der Vorschrift regelt den speziellen Fall, dass die Behörde eines Mitglied-   **8**
staats Daten an ein Drittland übermitteln möchte, die sie von einer Behörde eines
anderen Mitgliedstaats erhalten hat. Eine solche Übermittlung ist nur zulässig,
wenn **vor der Übermittlung** an das Drittland die ausdrückliche Zustimmung
dieser zuständigen Behörde des anderen Mitgliedstaats vorliegt.[8] Die zuständige
Behörde des anderen Mitgliedstaats kann gegenüber der an den Drittstaat übermittelnden Behörde zudem eine **verbindliche Zweckbestimmung** treffen. Vor
der Übermittlung an das Drittland sind wiederum die Voraussetzungen des Abs. 1
der Vorschrift durch die übermittelnde Behörde zu prüfen.

D. Bezüge zum KAGB-E

Der KAGB-E setzt Art. 52 in § 9 Abs. 8 KAGB um. Der KAGB-E enthält   **9**
zusätzlich zum Verweis auf die Datenschutzrichtlinie die **Einbeziehung der
nationalen Rechtsumsetzung** der einschlägigen datenschutzrechtlichen Vorschrift d.h. des § 4c BDSG. § 4c BDSC ist die Spezialvorschrift für die Übermittlung trotz mangelndem Datenschutzniveaus.

Die **Bestimmungen des KWG,** auf die verwiesen wird, lauten: *„Die auslän di-*   **10**
*sche Stelle ist darauf hinzuweisen, dass sie Informationen nur zu dem Zweck verwenden
darf, zu deren Erfüllung sie ihr übermittelt werden. Informationen, die aus einem anderen
Staat stammen, dürfen nur mit ausdrücklicher Zustimmung der zuständigen Stellen, die
diese Informationen mitgeteilt haben, und nur für solche Zwecke weitergegeben werden,
denen diese Stellen zugestimmt haben. "*

Artikel 53 Austausch von Informationen in Bezug auf potenzielle
Systemauswirkungen von AIFM-Geschäften

AIFM-Richtlinie	KAGB-E
Artikel 53 **Austausch von Informationen in** **Bezug auf potenzielle Systemaus-** **wirkungen von AIFM-Geschäften**	**9 Abs. 4 und Abs. 5 KAGB-E** **Zusammenarbeit mit anderen** **Stellen**
(1) Die gemäß der Richtlinie für die Zulassung und/oder Beaufsichtigung von AIFM zuständigen Behörden der Mitgliedstaaten übermitteln den zustän-	(4) Die Bundesanstalt übermittelt der Europäischen Wertpapier- und Markt- aufsichtsbehörde und dem Europä- ischen Ausschuss für Systemrisiken zu-

---

[8] Vgl. den Wortlaut „erhalten hat".

AIFM-Richtlinie	KAGB-E
digen Behörden anderer Mitgliedstaaten Informationen, soweit dies für die Überwachung von und die Reaktion auf potenzielle Auswirkungen der Geschäfte einzelner oder aller AIFM auf die Stabilität systemrelevanter Finanzinstitute und das ordnungsgemäße Funktionieren der Märkte, auf denen AIFM tätig sind, wesentlich ist. Die ESMA und der ESRB werden ebenfalls unterrichtet und leiten diese Informationen an die zuständigen Behörden der anderen Mitgliedstaaten weiter. (2) Nach Maßgabe des Artikels 35 der Verordnung (EU) Nr. 1095/2010 übermitteln die für die AIFM zuständigen Behörden der ESMA und dem ESRB zusammengefasste Informationen über die Geschäfte von AIFM, für die sie verantwortlich sind. (3) Die Kommission erlässt gemäß Artikel 56 und nach Maßgabe der Bedingungen der Artikel 57 und 58 delegierte Rechtsakte, mit denen der Inhalt der gemäß Absatz 1 auszutauschenden Informationen festgelegt wird. (4) Die Kommission erlässt Durchführungsrechtsakte zur Festlegung der Modalitäten und der Häufigkeit des Informationsaustauschs gemäß Absatz 1. Diese Durchführungsrechtsakte werden gemäß dem in Artikel 59 Absatz 2 genannten Prüfverfahren erlassen.	sammengefasste Informationen über die Geschäfte von AIF-Kapitalverwaltungsgesellschaften und ausländischen AIF-Verwaltungsgesellschaften, deren Referenzstaat nach § 56 die Bundesrepublik Deutschland ist. Die Übermittlung erfolgt nach Maßgabe des Artikels 35 der Verordnung (EU) Nr. 1095/2010 des Europäischen Parlaments und des Rates vom 24. November 2010 zur Errichtung einer Europäischen Aufsichtsbehörde (Europäische Wertpapier- und Marktaufsichtsbehörde), zur Änderung des Beschlusses Nr. 716/2009/EG und zur Aufhebung des Beschlusses 2009/77/EG der Kommission (ABl. L 331 vom 15.12.2010, S. 84). (5) Die Bundesanstalt übermittelt die Informationen, die sie gemäß §§ 22 und 35 erhoben hat, den zuständigen Stellen anderer Mitgliedstaaten der Europäischen Union oder der anderen Vertragsstaaten des Abkommens über den Europäischen Wirtschaftsraum, der Europäischen Wertpapier- und Marktaufsichtsbehörde und dem Europäischen Ausschuss für Systemrisiken. Sie informiert die Stellen nach Satz 1 auch unverzüglich, wenn von einer AIF-Kapitalverwaltungsgesellschaft, einer ausländischen AIF-Verwaltungsgesellschaft, deren Referenzstaat die Bundesrepublik Deutschland ist, oder einem von diesen verwalteten AIF ein erhebliches Kontrahentenrisiko für ein Kreditinstitut im Sinne des Artikels 4 Nummer 1 der Verordnung (EU) Nr. .../2013 [CRR-Verordnung] oder sonstige systemrelevante Institute in anderen Mitgliedstaaten der Europäischen Union oder anderen Vertragsstaaten des Abkommens über den Europäischen Wirtschaftsraum ausgeht.

Literatur: *Baur, Georg/Boegl, Martin*, „Die neue europäische Finanzmarktaufsicht – Der Grundstein ist gelegt", BKR 2011, 177; *Klebeck, Ulf*, „Neue Richtlinie für Verwalter von alternativen Investmentfonds?", DStR 2009, S. 2154–2160.

A. Entstehungsgeschichte

Der Vorschlag für die AIFM-RL[1] enthält in Art. 46 bereits eine Vorschrift, die der **1** heutigen Version in den wesentlichen Grundzügen entspricht.[2] Jedoch fehlte naturgemäß ein Bezug auf die ESMA. Vielmehr war CESR in Abs. 1, S. 2 der Vorschrift genannt und die Informationen sollten nach Maßgabe des Abs. 2 der Vorschrift an den „nach Artikel 114 Abs. 2 EG-Vertrag eingesetzten Wirtschafts- und Finanzausschuss" übermittelt werden. Zudem sah Abs. 1, S. 1 der Vorschrift in der Fassung jenes Vorschlags eine potenzielle Auswirkung auf die „Ordnung der Märkte" vor.[3] Die Bezugnahme auf den ESRB in Abs. 2 der Vorschrift wurde durch den Kompromissvorschlag des Rates v. 15.12.2009[4] eingefügt. Der Richtlinienvorschlag v. 12.10.2010[5] enthält in Art. 51 eine Version, die dem heutigen Art. 53 voll entspricht.

B. Normzweck und Überblick über die Norm

Die Vorschrift definiert die wesentlichen Parameter für den Informationsaustausch **2** im Rahmen der Überwachung von und die Reaktion auf potenzielle(n) Auswirkungen der Geschäfte einzelner oder aller AIFM auf die Stabilität **systemrelevanter Finanzinstitute** und das ordnungsgemäße Funktionieren der Märkte, auf denen AIFM tätig sind. Die Vorschrift bildet das Fundament einer **grenzüberschreitenden systemischen Marktaufsicht.** Es handelt sich um ein zentrales Instrument zur **frühzeitigen Entdeckung sich abzeichnender Krisensituationen.** Die Vorschrift ermöglicht die Festlegung der Details durch die Kommission im Wege des Erlasses delegierter Rechtsakte und Durchführungsbestimmungen (Abs. 3 und Abs. 4 der Vorschrift).

C. Die einzelnen Regelungskomplexe

I. Das System der Weiterleitung systemrelevanter Informationen

Gem. Abs. 1 der Vorschrift übermitteln die zuständigen Behörden der Mit- **3** gliedstaaten den zuständigen Behörden anderer Mitgliedstaaten Informationen, soweit dies für die Überwachung von und die Reaktion auf potenzielle(n) Auswirkungen der Geschäfte einzelner oder aller AIFM auf die Stabilität systemrelevanter

---

[1] Vorschlag für eine Richtlinie des Europäischen Parlaments und des Rates über die Verwalter alternativer Investmentfonds und zur Änderung der Richtlinien 2004/39/EG und 2009/.../EG, v. 30.4.2009; KOM(2009) 207 endgültig.

[2] Die Kommentierung gibt ausschließlich die privaten Auffassungen der Bearbeiter wieder.

[3] Es ist jedoch nicht ersichtlich, dass damit etwas anderes gemeint wäre als „das ordnungsgemäße Funktionieren der Märkte". Es bestand jedoch ggf. eine Verwechslungsgefahr mit dem Begriff der „Marktordnung" i.S.v. Handelsbedingungen (vgl. z. B. die „Bedingungen für den Handel an der Deutschen Terminbörse"). Ein Markt kann trotz Einhaltung der (technischen) Handelsbedingungen (Lieferbedingungen, Handelszeiten usw.) außer Funktion geraten.

[4] Proposal for a Directive of the European Parliament and of the Council on Alternative Investment Fund Managers and amending Directives 2004/39/EC and 2009/.../EC – Revised Presidency compromise proposal v. 15.12.2009; EF 194, ECOFIN 870, CODEC 1432.

[5] Proposal for a Directive of the European Parliament and of the Council on Alternative Investment Fund Managers and amending directives 2003/41/EC and 2009/65/EC v. 12.10.2010; EF 131, ECOFIN 611, CODEC 1000.

Finanzinstitute und das ordnungsgemäße Funktionieren der Märkte, auf denen AIFM tätig sind, wesentlich ist und unterrichten die ESMA und den ESRB entsprechend. Der eigentliche Zweck der Wendung in Abs. 1, S. 2 a. E. der Vorschrift, dass die ESMA und der ESRB die Informationen an die „anderen Mitgliedstaaten" weiterleiten, wird deutlich, wenn man bedenkt, dass die ursprüngliche Fassung CESR in Bezug nahm.[6] Selbst, wenn ein Mitgliedstaat einen grenzübergreifenden Befund nur in Relation zu einem weiteren Mitgliedstaat an diesen, die ESMA und den ESRB weiterleitet, so scheint die Vorschrift zu bezwecken, dass der ESRB und/oder ESMA diese Informationen an alle Mitgliedstaaten weiterleiten. Dadurch würde eine maximale Publizitätswirkung auf Staatenebene bewirkt. Es ist fraglich, ob dies Aufsichtspraxis wird.

4   Weiterzuleiten sind die Informationen, soweit dies für die Überwachung von und die Reaktion auf „potenzielle Auswirkungen" der Geschäfte einzelner oder aller AIFM auf die „Stabilität systemrelevanter Finanzinstitute" und das „ordnungsgemäße Funktionieren der Märkte", auf denen AIFM tätig sind, wesentlich ist. Es ist zu beachten, dass Abs. 1, S. 1 der Vorschrift eine Übermittlung der Informationen bereits erfordert, wenn lediglich „potenzielle Auswirkungen" zu besorgen sind. Die Übermittlungspflicht hat damit einen präventiven Charakter. Falls bereits relevante Auswirkungen nachweislich messbar sind und zuvor keine Übermittlung stattgefunden hat, besteht die Pflicht zur Übermittlung erst recht.

5   Zwar wird der Begriff des „systemrelevanten Instituts" in mehreren Vorschriften der Richtlinie[7] gebraucht. Jedoch enthält Art. 4 keine entsprechende Definition. Art. 4 Abs. 2 der Verordnung (EU) 1095/2010 (ESMA) definiert den Begriff des „Wichtigen Finanzmarktteilnehmers", verwendet diesen Begriff jedoch in einem spezifischen Zusammenhang mit der Entwicklung besonderer Abwicklungsverfahren. Hinweise auf die Reichweite des Begriffs des „systemrelevanten Instituts" finden sich jedoch in der Verordnung (EU) 1092/2010 (ESRB). Dort wird in EwGr 27 ausgeführt, dass alle Arten von Finanzinstituten (und -vermittlern, -märkten, -infrastrukturen und -instrumenten) das Potential haben, systemrelevant zu sein.[8] Damit kommt den nationalen Aufsichtsbehörden die Aufgabe der fortlaufenden Marktaufsicht zwecks Aufdeckung relevanter Potenziale zu. Die Marktteilnehmer, die den globalen[9] „SiFI-Status" durch inter-

---

[6] S. dazu oben A.

[7] Vgl. auch Art. 25 Abs. 2 a. E.

[8] In EwGr 9 wird dort weiter ausgeführt: „Finanzinstitute können für lokale, nationale oder internationale Finanzsysteme und Wirtschaftsräume systemrelevant sein. Hauptkriterien, die bei der Bestimmung der Systemrelevanz von Märkten und Instituten dienlich sind, sind die Größe (der Umfang der Finanzdienstleistungen, die von der jeweiligen Komponente des Finanzsystems erbracht werden), ihre Ersetzbarkeit (der Grad, zu dem die gleichen Dienstleistungen von anderen Systemkomponenten im Falle eines Ausfalls erbracht werden können) und ihre Interkonnektivität (ihre Verbindungen zu anderen Systemkomponenten). Eine auf diese drei Kriterien gestützte Bewertung sollte durch einen Verweis auf Schwachstellen im Finanzsektor und auf die Fähigkeit des institutionellen Rahmens, finanzielle Ausfälle zu bewältigen, ergänzt werden; zudem sollte eine breite Palette zusätzlicher Faktoren, wie unter anderem die Komplexität spezifischer Strukturen und Geschäftsmodelle, der Grad der finanziellen Autonomie, die Intensität und die Reichweite der Aufsicht, Transparenz der Finanzregelungen sowie Verbindungen, die sich auf das Gesamtrisiko der Institute auswirken könnten, in Betracht gezogen werden".

[9] Oder zukünftig auch den nationalen SiFI-Status (z. B. „D-SIB" i. S. d. BCBS).

nationale Gremien zuerkannt bekommen haben, wie z. B. die sog. „G-SIB" (systemrelevante Banken nach Maßgabe des BCBS), sind auf jeden Fall als systemrelevant i. S. d. Richtlinie einzustufen.

Das „ordnungsgemäße Funktionieren der Märkte" wird in mehreren Vorschrif- **6** ten der Richtlinie in Bezug genommen.[10] Eine Definition enthält die Richtlinie nicht. Es handelt sich um einen hochkomplexen volkswirtschaftlichen Begriff, der sich einer genuin juristischen Definition weitestgehend entzieht und dynamischen Veränderungen unterworfen ist. Das ordnungsgemäße Funktionieren der Märte kann durch **„Systemrisiken"** bedroht sein.[11] Diese sind in Art. 2b der Verordnung (EU) 1092/2010 (ESRB) als „Risiken einer Beeinträchtigung des Finanzsystems, die das Potenzial schwerwiegender negativer Folgen für den Binnenmarkt und die Realwirtschaft beinhalten" definiert.

II. Übermittlung nach Maßgabe des Artikels 35 der Verordnung (EU) Nr. 1095/2010

Gem. Abs. 2 der Vorschrift übermitteln die für die AIFM zuständigen Behör- **7** den der ESMA und dem ESRB **zusammengefasste Informationen** über die Geschäfte von AIFM, für die sie verantwortlich sind nach Maßgabe des Artikels 35 der Verordnung (EU) Nr. 1095/2010. Ein Ermessen hinsichtlich des „Ob" der Übermittlung haben die nationalen Aufsichtsbehörden dem Wortlaut der Vorschrift nach nicht. Jedoch ist zu beachten, dass Art. 35 Abs. 1 der Verordnung (EU) Nr. 1095/2010 ein Verlangen seitens der ESMA voraussetzt, d.h. der „erste Schritt" zur Ingangsetzung des Verfahrens unter Abs. 2 der Vorschrift wird von ESMA und dem ESRB ausgehen. Art. 35 Abs. 2 der Verordnung (EU) Nr. 1095/2010 ermächtigt die ESMA, einen Berichtsturnus und das konkrete Format vorzugeben.

III. Delegierte Rechtsakte und Durchführungsvorschriften

Die Abs. 3 und 4 der Vorschrift enthalten Ermächtigungsgrundlagen an die **8** Kommission zum Erlass delegierter Rechtsakte und von Durchführungsrechtsakte, die den Inhalt der auszutauschenden Informationen sowie die Modalitäten und den Austauschintervall konkretisieren. Es handelt sich um eine Ausgestaltung des **„Binnenrechts"** innerhalb des europäischen Aufsichtssystems. Rechtsnormen mit **Außenwirkung** ggü. den AIFM oder sonstigen Marktteilnehmern lassen sich auf diese Ermächtigungsgrundlagen im Ergebnis nicht stützen.

D. Bezüge zum KAGB-E

Der Diskussionsentwurf zum KAGB setzt Art. 53 in § 9 Abs. 4 und Abs. 5 **9** KAGB-E um. Gegenüber dem Richtlinientext werden lediglich Anpassungen an die Terminologie des KAGB-E vorgenommen.

---

[10] Vgl. auch Art. 46 Abs. 4 und fast wortgleich in Art. 47 Abs. 5a) und Abs. 6a).

[11] Kritisch zum Begriff des „Systemischen Risikos": *Klebeck* DStR 2009, 2154, 2155; zum Zusammenspiel von ESMA, EBA und dem ESRB in diesem Zusammenhang vgl. auch *Baur/ Boegl* BKR 2011, 177, 184 f.

Artikel 54 Zusammenarbeit bei der Aufsicht

AIFM-Richtlinie	KAGB-E
Artikel 54 **Zusammenarbeit bei der Aufsicht**	**§ 10 Abs. 1 bis Abs. 3 und Abs. 5** **KAGB-E** **Allgemeine Vorschriften für die** **Zusammenarbeit bei der Aufsicht**
(1) Die zuständigen Behörden eines Mitgliedstaats können bei der Ausübung der ihnen durch diese Richtlinie übertragenen Befugnisse die zuständigen Behörden eines anderen Mitgliedstaats um Zusammenarbeit bei der Aufsicht oder einer Überprüfung vor Ort oder einer Ermittlung im Gebiet dieses anderen Mitgliedstaats ersuchen. Erhalten die zuständigen Behörden ein Ersuchen um eine Überprüfung vor Ort oder eine Ermittlung, so führen sie eine der folgenden Maßnahmen durch: a) sie nehmen die Überprüfung oder Ermittlung selbst vor, b) sie gestattet der ersuchenden Behörde die Durchführung der Überprüfung oder Ermittlung, c) sie gestattet Rechnungsprüfern oder Sachverständigen die Durchführung der Überprüfung oder Ermittlung. (2) In dem Fall gemäß Absatz 1 Buchstabe a kann die zuständige Behörde des um Zusammenarbeit ersuchenden Mitgliedstaats beantragen, dass Mitglieder ihres Personals das Personal, das die Überprüfung oder Ermittlung durchführt, unterstützen. Die Überprüfung oder Ermittlung unterliegt jedoch der Gesamtkontrolle des Mitgliedstaats, in dessen Hoheitsgebiet sie stattfindet. In dem Fall gemäß Absatz 1 Buchstabe b kann die zuständige Behörde des Mitgliedstaats, in dessen Hoheitsgebiet die Überprüfung oder Ermittlung durchgeführt wird, beantragen, dass Mitglieder ihres Personals das Personal, das die Überprüfung oder Ermittlung durchführt, unterstützen. (3) Die zuständigen Behörden können ein Ersuchen um einen Informationsaustausch oder um Zusammenarbeit	(1) Die Bundesanstalt kann bei der Ausübung der Aufgaben und Befugnisse, die ihr nach diesem Gesetz übertragen werden, die zuständigen Stellen der anderen Mitgliedstaaten der Europäischen Union oder der anderen Vertragsstaaten des Abkommens über den Europäischen Wirtschaftsraum ersuchen um 1. Informationsaustausch, 2. Zusammenarbeit bei Überwachungstätigkeiten, 3. eine Überprüfung vor Ort oder 4. eine Ermittlung im Hoheitsgebiet dieses anderen Staates Erfolgt die Überprüfung vor Ort oder die Ermittlung durch die zuständigen ausländischen Stellen, kann die Bundesanstalt beantragen, dass ihre Bediensteten an den Untersuchungen teilnehmen. Mit Einverständnis der zuständigen ausländischen Stellen kann sie die Überprüfung vor Ort oder die Ermittlung selbst vornehmen oder mit der Überprüfung vor Ort oder der Ermittlung Wirtschaftsprüfer oder Sachverständige beauftragen; die zuständigen ausländischen Stellen, auf deren Hoheitsgebiet die Überprüfung vor Ort oder die Ermittlung erfolgen soll, können verlangen, dass ihre eigenen Bediensteten an den Untersuchungen teilnehmen. Bei Untersuchungen einer Zweigniederlassung einer Kapitalverwaltungsgesellschaft in einem Aufnahmemitgliedstaat durch die Bundesanstalt genügt eine vorherige Unterrichtung der zuständigen Stellen dieses Staates. (2) Wird die Bundesanstalt von den zuständigen Stellen eines anderen Mitgliedstaates der Europäischen Union oder eines anderen Vertragsstaates des

AIFM-Richtlinie	KAGB-E
bei einer Ermittlung oder einer Überprüfung vor Ort nur in folgenden Fällen ablehnen: a) die Ermittlung, die Überprüfung vor Ort oder der Informationsaustausch könnte die Souveränität, Sicherheit oder öffentliche Ordnung des ersuchten Staates beeinträchtigen, b) aufgrund derselben Handlungen und gegen dieselben Personen ist bereits ein Verfahren vor einem Gericht des ersuchten Mitgliedstaats anhängig, c) im ersuchten Mitgliedstaat ist gegen dieselben Personen und aufgrund derselben Handlungen bereits ein rechtskräftiges Urteil ergangen. Die zuständigen Behörden unterrichten die ersuchenden zuständigen Behörden über jede nach Unterabsatz 1 getroffene Entscheidung unter Angabe der Gründe. (4) Um eine einheitliche Anwendung dieses Artikels zu gewährleisten, kann die ESMA Entwürfe für technische Durchführungsstandards ausarbeiten, um gemeinsame Verfahren für die Zusammenarbeit der zuständigen Behörden bei Überprüfungen vor Ort und Ermittlungen festzulegen. Die Kommission wird ermächtigt, die in Unterabsatz 1 genannten technischen Durchführungsstandards nach Artikel 15 der Verordnung (EU) Nr. 1095/2010 zu erlassen.	Abkommens über den Europäischen Wirtschaftsraum um eine Überprüfung vor Ort oder eine Ermittlung ersucht, 1. führt sie die Überprüfung vor Ort oder die Ermittlung selbst durch, 2. gestattet sie den ersuchenden Stellen, die Überprüfung vor Ort oder die Ermittlung durchzuführen, oder 3. gestattet sie Wirtschaftsprüfern oder Sachverständigen, die Überprüfung vor Ort oder die Ermittlung durchzuführen. Im Fall einer Überprüfung vor Ort oder einer Ermittlung nach Satz 1 Nummer 1 kann die ersuchende Stelle beantragen, dass ihre eigenen Bediensteten an den von der Bundesanstalt durchgeführten Untersuchungen teilnehmen. Erfolgt die Überprüfung vor Ort oder die Ermittlung nach Satz 1 Nummer 2, kann die Bundesanstalt verlangen, dass ihre eigenen Bediensteten an den Untersuchungen teilnehmen. (3) Die Bundesanstalt kann den Informationsaustausch und ein Ersuchen um Überprüfung oder Ermittlung nach Absatz 2 Satz 1 oder um eine Teilnahme nach Absatz 2 Satz 2 nur verweigern, wenn 1. hierdurch die Souveränität, die Sicherheit oder die öffentliche Ordnung der Bundesrepublik Deutschland beeinträchtigt werden könnten oder 2. aufgrund desselben Sachverhalts gegen die betreffenden Personen bereits ein gerichtliches Verfahren eingeleitet worden ist oder eine unanfechtbare Entscheidung ergangen ist. Kommt die Bundesanstalt einem Ersuchen nicht nach oder macht sie von ihrem Verweigerungsrecht nach Satz 1 Gebrauch, teilt sie dies der ersuchenden Stelle unverzüglich mit und legt die Gründe; bei einer Verweigerung nach Satz 1 Nummer 2 sind genaue Informationen über das gerichtliche Ver-

AIFM-Richtlinie	KAGB-E
	fahren oder die unanfechtbare Entscheidung zu übermitteln. (…) (5) Das nähere Verfahren für die Überprüfungen vor Ort oder die Ermittlungen im Rahmen der Richtlinie 2009/65/EG richtet sich nach den Artikeln 6 bis 11 der Verordnung (EU) Nr. 584/2010 und im Rahmen der Richtlinie 2011/61/EU nach den auf Grundlage von Artikel 54 Absatz 4 der Richtlinie 2011/61/EU von der Europäischen Kommission erlassenen technischen Durchführungsstandards.

A. Entstehungsgeschichte

1   Der Vorschlag für die AIFM-RL[1] enthält in Art. 47 eine Vorschrift, die den heutigen materiellen Gehalt der Vorschrift[2] nahezu vollständig wiedergibt. Lediglich die besonderen Befugnisse der ESMA unter Abs. 4, 1. Unterabs. der Vorschrift waren noch nicht vorgesehen. Der Kompromissvorschlag des Rates v. 15.12.2009[3] sah zwischenzeitlich einen Abs. 3a vor, wonach CESR wegen einer Ablehnung oder Verzögerung der Zusammenarbeit angerufen werden konnte. Der Richtlinienvorschlag v. 12.10.2010[4] enthält in Art. 49 eine Regelung, die den materiellen Gehalt der heutigen Richtlinienbestimmungen voll widerspiegelt.

B. Normzweck

2   Die Vorschrift legt gegenüber Art. 45 Abs. 5 bis Abs. 9[5] die allgemeinen Parameter der grenzüberschreitenden Zusammenarbeit fest und räumt den zuständigen Behörden der Mitgliedstaaten weitgehende Rechte zur Prüfung und Begleitung **vor Ort** in den jeweils anderen Mitgliedstaaten ein. Die Vorschrift normiert

---

[1] Vorschlag für eine Richtlinie des Europäischen Parlaments und des Rates über die Verwalter alternativer Investmentfonds und zur Änderung der Richtlinien 2004/39/EG und 2009/.../EG, v. 30.4.2009; KOM(2009) 207 endgültig.

[2] Die Kommentierung gibt ausschließlich die privaten Auffassungen der Bearbeiter wieder.

[3] Proposal for a Directive of the European Parliament and of the Council on Alternative Investment Fund Managers and amending Directives 2004/39/EC and 2009/.../EC – Revised Presidency compromise proposal v. 15.12.2009; EF 194, ECOFIN 870, CODEC 1432.

[4] Proposal for a Directive of the European Parliament and of the Council on Alternative Investment Fund Managers and amending directives 2003/41/EC and 2009/65/EC v. 12.10.2010; EF 131, ECOFIN 611, CODEC 1000.

[5] Dort wird ein spezielles Aufsichtsprogramm bei grenzüberschreitenden Sachverhalten definiert, das jedoch keine behördliche Tätigkeit vor Ort im anderen Mitgliedstaat vorsieht. Es wäre auch vertretbar, von einem aliud auszugehen.

damit zum Einen ein **System der gegenseitigen Kontrolle** und stärkt zum Anderen die unmittelbare **Zusammenarbeit** der Behörden.

C. Überblick über die Norm

Abs. 1 der Vorschrift legt die Bereiche[6] möglicher **Amtshilfeersuchen** fest **3** und gibt vor, in welcher Art und Weise die Durchführung des Ersuchens erfolgen kann. Eine Parallelvorschrift findet sich in Art. 101 Abs. 4 der OGAW-IV-RL. Abs. 2 der Vorschrift normiert Antragsbefugnisse auf Unterstützung des vor Ort tätigen (fremden) Personals durch das Personal der antragstellenden Behörde. Dadurch wird erreicht, dass unabhängig davon, welchem Mitgliedstaat die Gesamtkontrolle der Amtshandlungen vor Ort zukommt (Ersuchender oder Ersuchter), die jeweils andere Behörde grundsätzlich ein **Recht auf Teilnahme,** bzw. „Unterstützung" hat. Eine Parallelvorschrift findet sich in Art. 101 Abs. 5 der OGAW-IV-RL. Abs. 3 der Vorschrift enthält einen **abschließenden Katalog** von Ablehnungsgründen. Eine Parallelvorschrift findet sich in Art. 101 Abs. 6 und Abs. 7 der OGAW-IV-RL. Abs. 4 der Vorschrift erhält eine Ermächtigungsgrundlage für den Erlass technischer Durchführungsstandards. Eine weitgehend vergleichbare[7] Parallelvorschrift findet sich in Art. 101 Abs. 9 der OGAW-IV-RL.

D. Die einzelnen Regelungskomplexe

I. Ermittlungsersuchen und Durchführung der Amtshilfe

Die Abs. 1 bis Abs. 3 der Vorschrift normieren ein System der Amtshilfe, das **4** von einer sehr weitreichenden Kooperation bei der faktischen Aufsichtstätigkeit geprägt ist.

1. Voraussetzungen. Gem. Abs. 1, 1. Unterabs. der Vorschrift können die **5** zuständigen Behörden eines Mitgliedstaats bei der Ausübung der ihnen durch Richtlinie übertragenen Befugnisse die zuständigen Behörden eines anderen Mitgliedstaats um Zusammenarbeit bei der Aufsicht oder einer Überprüfung vor Ort oder einer Ermittlung im Gebiet dieses anderen Mitgliedstaats ersuchen. Der Wortlaut der Vorschrift erfordert keine besonderen Gründe für das Ersuchen. Man wird jedoch ein gewisses **Interesse** des ersuchenden Mitgliedstaates an der Zusammenarbeit fordern müssen. Der ersuchende Mitgliedstaat muss durch **gewisse Umstände,** die auf dem Staatsgebiet des ersuchten Mitgliedstaats fußen, **betroffen sein.** An das „Ersuchen" werden **keine besonderen formalen Anforderungen** gestellt. In der Praxis sollte das Ersuchen schriftlich ergehen. Je nach Eilbedürftigkeit ist eine vorgeschaltete telefonische Kontaktaufnahme angemessen.

2. Ablehnungsgründe. Abs. 3, 1. Unterabs. der Vorschrift enthält einen **6** **abschließenden Katalog von Ablehnungsgründen,** die einem Ersuchen entgegengehalten werden können. Buchst. a) sieht die Möglichkeit[8] der Beeinträchti-

---

[6] Zusammenarbeit bei der Aufsicht, Überprüfung vor Ort oder Ermittlung im Gebiet dieses anderen Mitgliedstaats.

[7] Jene Vorschrift bezieht ESMA nicht in das Verfahren ein.

[8] Vgl. den Wortlaut „könnte".

gung der genannten staatlichen Interessen vor. Die Ablehnung nach Maßgabe dieser weit gefassten Bestimmung sollte nicht leichtfertig erfolgen, da die Richtlinie von einer engen Kooperation der Mitgliedstaaten ausgeht. Buchst. b) liegt die Erwägung zu Grunde, dass die ersuchte Behörde, bzw. der ersuchte Mitgliedstaat die Sache bereits prozessual an sich gezogen hat und dieses Verfahren nicht gestört werden sollte. Buchst. c) ist eine europarechtliche Ausprägung des Grundsatzes *ne bis in idem*. Die Gründe der Ablehnung sind dem Ersuchenden gem. Abs. 3, 2. Unterabs. der Vorschrift zur Kenntnis zu bringen.

7   **3. Durchführung.** Abs. 1, 2. Unterabs. und Abs. 2 der Vorschrift legen das Programm für die Durchführung des Ersuchens fest. Die aufgezählten Arten der Durchführung gemäß der Buchst. a) bis c) unterliegen keiner expliziten Rangfolge. Die ersuchte Aufsichtsbehörde hat die Festlegung der Art der Durchführung nach **pflichtgemäßem Ermessen unter Berücksichtigung des konkreten aufsichtsrechtlichen Zwecks der Maßnahme** zu treffen. Je nachdem, ob die ersuchte Aufsichtsbehörde die Überprüfung oder Ermittlung selbst vornimmt oder der ersuchenden Aufsichtsbehörde die Durchführung der Überprüfung oder Ermittlung gestattet, hat entweder die ersuchende oder die ersuchte Behörde auf Antrag das Recht auf Teilnahme, bzw. „Unterstützung". Abs. 2, 1. Unterabs., S. 2[9] und dem Fehlen einer entsprechenden Bestimmung in Abs. 2, 2. Unterabs. der Vorschrift ist im Umkehrschluss zu entnehmen, dass die Maßnahme im Falle der gestatteten Vornahme durch die ersuchende Behörde in deren Gesamtkontrolle liegt. Es ist fraglich, ob die ersuchte Behörde diese Gesamtkontrolle ohne Weiteres wieder entziehen kann. Abs. 3 der Vorschrift ist nicht direkt einschlägig, da ein solcher Entzug nicht mehr das „Ersuchen", sondern bereits die „Durchführung" betrifft, d.h. dem „Ersuchen" wurde in diesen Fällen bereits stattgegeben. Die staatliche Souveränität des ersuchten Mitgliedstaats dürfte einen Entzug der Gesamtkontrolle des ersuchenden **Staates in begründeten Fällen** bedingen, wobei keine zu hohen Anforderungen zu stellen sind.

II. Technische Durchführungsstandards

8   Abs. 4 der Vorschrift enthält eine Ermächtigungsgrundlage an die Kommission, auf Grundlage eines Vorschlags der ESMA technische Durchführungsstandards ausarbeiten, um gemeinsame Verfahren für die Zusammenarbeit der zuständigen Behörden bei Überprüfungen vor Ort und Ermittlungen festzulegen. Auf dieser Grundlage kann nur das **Verhältnis der Aufsichtsbehörden untereinander** konkretisiert werden. Außenwirkungen gegenüber den AIFM oder sonstigen Marktteilnehmern lassen sich auf dieser Grundlage nicht rechtfertigen.

E. Bezüge zum KAGB-E

9   Art. 54 wird in § 10 Abs. 1 bis Abs. 3 und Abs. 5 KAGB-E umgesetzt. Die Umsetzung passt die Vorgaben des Art. 54 an die Terminologie des KAGB-E an.

10   Der deutsche Gesetzgeber setzt die reziproke Natur des Art. 54 dadurch um, dass zunächst der „Ablauf" eines Ersuchens seitens der BaFin beschrieben wird

---

[9] Danach unterliegt die Überprüfung oder Ermittlung im dem Fall gem. Abs. 1 Buchst. a) auch bei Unterstützung durch den ersuchenden Mitgliedstaat der Gesamtkontrolle des ersuchten Mitgliedstaats.

(§ 10 Abs. 1 KAGB-E). Daran anschließend wird der Ablauf für den Fall dargestellt, dass die BaFin die ersuchte Behörde ist.

Artikel 55 Streitbeilegung

AIFM-Richtlinie	KAGB-E
Artikel 55 **Streitbeilegung**	**§ 10 Abs. 4 KAGB-E** **Zusammenarbeit bei der Aufsicht**
Bei Uneinigkeit zwischen den zuständigen Behörden der Mitgliedstaaten über eine Bewertung, Maßnahme oder Unterlassung einer der zuständigen Behörden in einem Bereich, in dem diese Richtlinie eine Zusammenarbeit oder Koordinierung der zuständigen Behörden aus mehr als einem Mitgliedstaat vorschreibt, können die zuständigen Behörden die Angelegenheit an die ESMA verweisen, die im Rahmen der ihr durch Artikel 19 der Verordnung (EU) Nr. 1095/2010 übertragenen Befugnisse tätig werden kann.	(4) Die Bundesanstalt kann nach Maßgabe des Artikels 19 der Verordnung (EU) Nr. 1095/2010 die Europäische Wertpapier- und Marktaufsichtsbehörde um Hilfe ersuchen, wenn 1. ihrem Ersuchen nach Absatz 1 nicht innerhalb einer angemessenen Frist Folge geleistet wird, 2. ihr Ersuchen nach Absatz 1 ohne hinreichenden Grund abgelehnt wird oder 3. eine sonstige Uneinigkeit zwischen der Bundesanstalt und den zuständigen Stellen der anderen Mitgliedstaaten der Europäischen Union oder der anderen Vertragsstaaten des Abkommens über den Europäischen Wirtschaftsraum bezüglich einer Bewertung, Maßnahme oder Unterlassung in einem Bereich besteht, in dem die Richtlinie 2011/61/EU eine Zusammenarbeit oder Koordinierung vorschreibt.

Literatur: *Lehmann Matthias/Manger-Nestler, Cornelia*, „Das neue Europäische Finanzaufsichtssystem", ZBB 2011, 2.

A. Entstehungsgeschichte

Der Vorschlag für die AIFM-RL[1] enthält in Art. 48 bereits eine vergleichbare **1**
Vorschrift, die sich jedoch naturgemäß noch auf CESR bezieht.[2] Diese frühe
Version der Vorschrift erfasste noch jegliche „Uneinigkeiten" über eine Bewertung, Maßnahme oder Unterlassung gemäß der Richtlinie. Der heutige Anwendungsbereich ist demgegenüber insoweit enger, als nur solche Uneinigkeiten
erfasst werden, die einen Bereich betreffen, in dem die Richtlinie eine Zusam-

---

[1] Vorschlag für eine Richtlinie des Europäischen Parlaments und des Rates über die
Verwalter alternativer Investmentfonds und zur Änderung der Richtlinien 2004/39/EG und
2009/.../EG, v. 30.4.2009; KOM(2009) 207 endgültig.
[2] Die Kommentierung gibt ausschließlich die privaten Auffassungen der Bearbeiter wieder.

menarbeit oder Koordinierung vorschreibt. Als Korrelat für die Einschränkung wurden die besonderen Schlichtungs-Tatbestände[3] geschaffen. Der Richtlinienvorschlag v. 12.10.2010[4] enthält in Art. 53 erstmals eine Fassung, die der heutigen materiell voll entspricht.[5]

B. Normzweck

2   Die Vorschrift hat die **Bewältigung potenzieller Konflikte** auf der Ebene der Mitgliedstaaten im Rahmen der Rechtsanwendung durch ein spezielles europäisches Verfahren der **Streitbeilegung** (Schlichtungsverfahren) zum Ziel.[6] Die Vorschrift fördert die effektive und gleichmäßige Rechtsanwendung und ist ein Baustein der hervorgehobenen Stellung der ESMA im System der neuen europäischen Aufsichtsstruktur.

C. Überblick über die Norm und Verhältnis zu anderen Bestimmungen der Richtlinie

3   Die Vorschrift ist die allgemeine Vorschrift betreffend Uneinigkeiten zwischen den zuständigen nationalen Aufsichtsbehörden in Bereichen, in denen die Richtlinie eine Zusammenarbeit oder Koordinierung erfordert. Gemäß Art. 50 Abs. 1 gilt der **Grundsatz,** dass die Behörden der Mitgliedstaaten untereinander (und auch mit der ESMA und dem ESRB) zusammenarbeiten, wann immer dies zur Wahrnehmung der in der Richtlinie festgelegten Aufgaben oder in Ausübung der durch die Richtlinie oder nationale Vorschriften übertragenen Befugnisse erforderlich ist. Daneben sind **besondere Formen der Zusammenarbeit** beispielsweise im Zusammenhang mit den Vorgaben des Art. 53 (Austausch von Informationen in Bezug auf potenzielle Systemauswirkungen von AIFM-Geschäften) und des Art. 54 (Zusammenarbeit bei Überprüfungen und Ermittlungen vor Ort) vorgesehen.

4   Die Richtlinie sieht darüber hinaus in **weiteren wesentlichen Bestimmungen,** bei deren Anwendung **Uneinigkeiten** strukturell geradezu „vorprogrammiert" sind, die Möglichkeit der Einleitung des Schlichtungsverfahrens vor der ESMA vor. Diesen Vorschriften ist gemeinsam, dass es keiner „Zusammenarbeit" oder „Koordinierung" im engeren Sinne bedarf, da jeweils eine nationale Aufsichtsbehörde zunächst originär zuständig ist und eine dadurch „betroffene" zuständige Behörde eines anderen Mitgliedstaats die ESMA wegen einer abweichenden Beurteilung, wegen unangemessener zeitlicher Verzögerungen oder wegen Versagung des Informationsaustauschs anrufen möchte. In diesem Zusammenhang sind als besondere Vorschriften zu nennen: Art. 21 Abs. 6, 2. Unterabs. (Bewertung der Anforderungen an eine Verwahrstelle in einem Drittland); Art. 35

---

[3] Vgl. dazu unter C.

[4] Proposal for a Directive of the European Parliament and of the Council on Alternative Investment Fund Managers and amending directives 2003/41/EC and 2009/65/EC v. 12.10.2010; EF 131, ECOFIN 611, CODEC 1000.

[5] Lediglich der Verweis auf die Verordnung (EU) Nr. 1095/2010 war noch nicht vollständig.

[6] Zum „Parallelverfahren" vor der EBA vgl. *Lehmann/Manger-Nestler,* „Das neue Europäische Finanzaufsichtssystem", ZBB 2011, 2, 15 f.

Abs. 2, 2. Unterabs. (Beurteilung der besonderen Voraussetzungen betreffend die Aufsichtsbehörden der Drittländer bei dem Vertrieb von Nicht-EU-AIF durch einen EU-AIFM); Art. 35 Abs. 15 (Versagung des Informationsaustauschs im Rahmen des Vertriebs von Nicht-EU-AIF); Art. 37 Abs. 6, Abs. 7, 2. und 3. Unterabs., Abs. 8, 2. Unterabs., Abs. 9, 6. Unterabs., Abs. 12, 3. Unterabs. und Abs. 19 (Uneinigkeiten, Verzögerungen und Versagung des Informationsaustauschs bei der Zulassung von Nicht-EU-AIFM); Art. 40 Abs. 2, 2. Unterabs. und Abs. 15 sowie Art. 42 Abs. 2, 2. Unterabs. (Beurteilung der besonderen Voraussetzungen betreffend die Aufsichtsbehörden der Drittländer bei dem Vertrieb von Nicht-EU-AIF durch einen Nicht-EU-AIFM, die Versagung des Informationsaustausches und Verzögerungen im Zusammenhang mit einem solchen Vertrieb); Art. 45 Abs. 10 (Uneinigkeiten bei der grenzüberschreitenden Aufsichtstätigkeit) und Art. 50 Abs. 4, 3. Unterabs. (Uneinigkeiten hinsichtlich der erforderlichen technischen Regulierungsstandards in Bezug auf Vereinbarungen über Zusammenarbeit).

D. Die Befugnisse der ESMA unter Artikel 19 der Verordnung (EU) Nr. 1095/2010

Art. 19 der Verordnung (EU) Nr. 1095/2010 enthält detaillierte Verfah- 5 rensvorgaben. Das Schlichtungsersuchen kann durch eine oder mehrere betroffene zuständige Behörden geschehen (Art. 19 Abs. 1, 1. Unterabs. Verordnung (EU) Nr. 1095/2010). Die ESMA kann das Schlichtungsverfahren **auch von Amts wegen** einleiten, wenn unter Zugrundelegung objektiver Kriterien eine Meinungsverschiedenheit zwischen den zuständigen Behörden verschiedener Mitgliedstaaten festgestellt wird (Art. 19 Abs. 1, 2. Unterabs. Verordnung (EU) Nr. 1095/2010). Die ESMA handelt zunächst als Vermittlerin und setzt den Schlichtungsparteien eine Frist zur Einigung (Art. 19 Abs. 2 Verordnung (EU) Nr. 1095/2010).[7] Nach fruchtlosem Ablauf dieser Schlichtungsphase kann die ESMA ggü. den nationalen Aufsichtsbehörden unter bestimmten Voraussetzungen[8] **verbindliche Anordnungen** treffen, durch die diese Behörden verpflichtet werden, zur Beilegung der Angelegenheit bestimmte Maßnahmen zu treffen oder von solchen abzusehen, um die Einhaltung des Unionsrechts zu gewährleisten (Art. 19 Abs. 3 Verordnung (EU) Nr. 1095/2010).

Als ultima ratio kann die ESMA ggü. dem relevanten AIFM selbst unmittelbare 6 Anordnungen mit **Vorrang ggü. jeglichen nationalen Maßnahmen** treffen. Dazu gehört auch die Anordnung der Einstellung jeder Tätigkeit (Art. 19 Abs. 4 a. E. und Abs. 5 Verordnung (EU) Nr. 1095/2010). Die Art der Meinungsverschiedenheiten und der Verlauf eines Schlichtungsverfahrens werden dem **Europäischen Parlament berichtet** (Art. 19 Abs. 6 Verordnung (EU) Nr. 1095/2010).

E. Bezüge zum KAGB-E

Art. 55 wird in § 10 Abs. 4 KAGB-E umgesetzt. § 10 Abs. 4 KAGB-E ist ent- 7 sprechend der europarechtlichen Vorgabe als Ermessensvorschrift ausgestaltet.

---

[7] Diese Phase ist die „Schlichtungsphase" im verfahrensrechtlichen Sinne, wie sich Art. 19 Abs. 3 Verordnung (EU) Nr. 1095/2010 entnehmen lässt.

[8] Vgl. hierzu Art. 44 Abs. 1, 3. und 4. Unterabs. der Verordnung (EU) Nr. 1095/2010.

8   Die Entwicklung der Rechtspraxis wird zeigen, in welchen Fällen der „formelle
Weg" über Art. 19 der Verordnung (EU) Nr. 1095/2010 und in welchen Fällen
der „informelle Weg" bzw. rein „bilaterale Weg" der Streitbeilegung gewählt
wird. Es ist fraglich, ob ESMA sich auch in informelle und bilaterale Verhandlungen einschalten wird oder ob ESMA sich nur im Wege des formellen Verfahrens
beteiligen wird.

Kapitel X Übergangs- und Schlussbestimmungen

Vorbemerkung zu Kapitel X der AIFM-Richtlinie

A. Entstehungsgeschichte, Inhalt und Ziele

Naturgemäß haben „Übergangs- und Schlussbestimmungen" keine eigentliche **1**
Entstehungsgeschichte, sie sind vielmehr **das zwingende Verbindungsglied
zwischen alter und neuer Rechtslage.** Dabei gilt es, verschiedene Ebenen zu
harmonisieren: Zum einen ist dort die zeitliche Abgrenzung zwischen neuem und
abzulösendem Regime vorzunehmen. Sodann sind zumeist weitere Gesetzgebungsakte im Wortlaut um Bezüge zum neuen Regime zu ergänzen. Schließlich
ist gerade bei einer Richtlinie die weitere Vorgehensweise für die Umsetzung
durch die Mitgliedstaaten festzulegen.

Die wesentlichen Übergangs- und Schlussbestimmungen sind danach: **2**
– **Art. 56–58 AIFM-RL,** welche die an die Kommission übertragene Befugnis
zum Erlass delegierter Rechtsakte betreffen;
– **Art. 61 AIFM-RL** mit der Übergangsbestimmung zur zeitlichen Anwendbar-
keit in verschiedenen Fallkonstellationen;
– **Art. 66 AIFM-RL,** der Vorgaben für die Umsetzung der AIFM-Richtlinie
durch die Mitgliedstaaten macht;
– **Art. 69 AIFM-RL** zur Überprüfung der Richtlinie;
– **Art. 70 AIFM-RL** zum Inkrafttreten der Richtlinie.

B. Anwendungsbereich

Die Übergangs- und Schlussbestimmungen betreffen als **Adressaten** – so sagt **3**
es Art. 71 AIFM-RL als Abschlussnorm ausdrücklich – **die Mitgliedstaaten.**
Diesen obliegt es, die AIFM-Richtlinie in nationales Recht umzusetzen und
diesem fristgemäß zur Geltung zu verhelfen.

Darüber hinaus regeln die Übergangs- und Schlussbestimmungen aber auch **4**
den weiteren „AIFM-Fahrplan" für Parlament, Kommission und ESMA.

Artikel 56 Ausübung der Befugnisübertragung

(1) **¹Die Befugnis zum Erlass der in Artikel 3, 4, 9, 12, 14 bis 25, 34 bis
37, 40, 42, 53, 67 und 68 genannten delegierten Rechtsakte wird der
Kommission für einen Zeitraum von vier Jahren ab dem 21. Juli 2011
übertragen. ²Die Kommission legt spätestens sechs Monate vor Ablauf
des Zeitraums von vier Jahren einen Bericht über die übertragenen
Befugnisse vor. ³Die Befugnisübertragung verlängert sich automatisch
um Zeiträume gleicher Länge, es sei denn, das Europäische Parlament
oder der Rat widerrufen sie gemäß Artikel 57.**

(2) **Sobald die Kommission einen delegierten Rechtsakt erlässt, übermittelt sie ihn gleichzeitig dem Europäischen Parlament und dem Rat.**

(3) **Die der Kommission übertragene Befugnis zum Erlass delegierter Rechtsakte unterliegt den in den Artikeln 57 und 58 genannten Bedingungen.**

Übersicht

A. Entstehungsgeschichte

1   Um Gesetzgebungsakte nicht mit einer Flut von Detailregelungen zu überfrachten, sieht der Vertrag von Lissabon den **Erlass delegierter Rechtsakte** vor. Das Europäische Parlament und der Rat können in Gesetzgebungsakten die Kommission ermächtigen, delegierte Rechtsakte zu erlassen (Art. 290 des Vertrages über die Arbeitsweise der Europäischen Union, AEUV). Diese delegierten Rechtsakte können zur Ergänzung, vereinzelt auch Änderung, nicht wesentlicher Punkte des Gesetzgebungsaktes führen.

2   Auch im Falle der delegierten Gesetzgebung verbleibt den eigentlichen Gesetzgebungsorganen das Recht, (i) die Befugnis der Kommission zu entziehen oder (ii) gegen die Entscheidung der Kommission in angemessener Frist Einwände zu erheben; werden solche Einwände erhoben, so tritt der delegierte Rechtsakt der Kommission nicht in Kraft. In beiden Fällen ist es ausreichend, wenn der Rat, mit qualifizierter Mehrheit, oder das Parlament einen entsprechenden Beschluss fassen.

3   Die Anwendung delegierter Rechtsakte legt der AEUV fest. Die Bedingungen für die Befugnisübertragung werden – wie auch vorliegend – in jedem Gesetzgebungsverfahren einzeln festgelegt.

4   Bereits der Entwurf der AIFM-Richtlinie vom 10. März 2010 enthielt insoweit in Art. 48a AIFM-RL-E eine Regelung, nach der die Kommission delegierte Rechtsakte i.R.d. Gesetzgebungsaktes „AIFM-Richtlinie" erlassen kann.

B. Normzweck

5   Im Kern bezweckt die Regelung des Art. 56 AIFM-RL, die Kommission nach Maßgabe des Art. 290 AEUV zu ermächtigen, delegierte Rechtsakte zur AIFM-Richtlinie zu erlassen.

Diese delegierten Rechtsakte betreffen überwiegend Normen mit mathema- **6** tisch-systematischem Erläuterungsbedarf.

C. Überblick über die Norm

Art. 56 Abs. 1 AIFM-RL überträgt der Kommission für einen Zeitraum von **7** vier Jahren ab dem Datum des Inkrafttretens der Richtlinie die Befugnis zum Erlass delegierter Rechtsakte, die u. a. betreffen Ausnahmen, Definitionen, Anfangskapital und Eigenmittel, Allgemeine Grundsätze, Interessenkonflikte, Risikomanagement, Liquiditätsmanagement, spezifische Vorschriften in Bezug auf Drittländer, Vertriebsbedingungen, den Austausch von Informationen in Bezug auf potenzielle Systemauswirkungen von AIFM-Geschäften, den Widerruf der Befugnisübertragung, Einwände gegen delegierte Rechtsakte, den delegierten Rechtsakt zur Anwendung der Artikel 35 sowie 37 bis 41 AIFM-RL und den delegierten Rechtsakt zur Außerkraftsetzung der Artikel 36 und 42 AIFM-RL. Die Kommission hat spätestens 6 Monate vor Ablauf des Zeitraums von vier Jahren einen Bericht über die übertragenen Befugnisse vorzulegen. Die Befugnis-übertragung verlängert sich automatisch um vier Jahre, es sei denn, das Europäische Parlament oder der Rat widerrufen sie gem. Art. 57 AIFM-RL.

Mit dem Erlass eines delegierten Rechtsaktes wird dieser auch gleichzeitig dem **8** Europäischen Parlament und dem Rat übermittelt.

Die der Kommission übertragene Befugnis zum Erlass delegierter Rechtsakte **9** unterliegt den in den Artikeln 57 und 58 genannten Bedingungen.

D. Die Norm im Einzelnen

I. Absatz 1

1. Satz 1. Für einen Zeitraum von vier Jahren ab dem 21. Juli 2011 wird der **10** Kommission die Befugnis zum Erlass delegierter Rechtsakte erteilt.

Diese sind **zu unterscheiden von den Durchführungsrechtsakten** des **11** Art. 59 AIFM-RL, bei denen sich die Kommission des Europäischen Wertpapier-ausschusses bedient.

Die delegierten Rechtsakte betreffen im Einzelnen: **12**
– i.R.v. **Art. 3 Abs. 6 AIFM-RL** (i) die Berechnung der in Art. 3 Abs. 2 genannten **Schwellenwerte** und die Behandlung von AIFM, die AIF verwalten, deren verwaltete Vermögenswerte – einschließlich der unter Einsatz von Hebelfinanzierungen erworbenen Vermögenswerte – innerhalb eines Kalenderjahres gelegentlich den betreffenden Schwellenwert überschreiten und/oder unterschreiten, (ii) die Pflicht zur Registrierung und zur Vorlage von Informationen, um eine effektive Überwachung der Systemrisiken gem. Art. 3 Abs. 3 AIFM-RL zu ermöglichen, und (iii) die Mitteilungspflicht gegenüber den zuständigen Behörden nach Art. 3 Abs. 3 AIFM-RL;
– i.R.v. **Art. 4 Abs. 3 AIFM-RL** (i) die Festlegung der **Methoden für Hebelfinanzierungen** i. S. d. Art. 4 Abs. 1 lit. v AIFM-RL, einschließlich jeglicher Finanz- und/oder Rechtsstrukturen, an denen Dritte beteiligt sind, die von dem betreffenden AIF kontrolliert werden und (ii) die **Berechnung von Hebelfinanzierungen;**

- i.R.v. **Art. 9 Abs. 9 AIFM-RL** (i) die Risiken, die durch **zusätzliche Eigenmittel** oder die **Berufshaftpflichtversicherung** gedeckt werden müssen, (ii) die Voraussetzungen für die Bestimmung der Angemessenheit der zusätzlichen Eigenmittel oder der Deckung durch die Berufshaftpflichtversicherung und (iii) die Vorgehensweise bei der Bestimmung fortlaufender Anpassungen der Eigenmittel oder der Deckung durch die Berufshaftpflichtversicherung;
- i.R.v. **Art. 12 Abs. 3 AIFM-RL** die Festlegung der Kriterien, nach welchen die betreffenden zuständigen Behörden zu beurteilen haben, ob AIFM ihren in Art. 12 Abs. 1 AIFM-RL genannten Pflichten nachkommen;
- i.R.v. **Art. 14 Abs. 4 AIFM-RL** (i) die in Art. 14 Abs. 1 AIFM-RL genannten Arten von **Interessenkonflikten** und (ii) die angemessenen Maßnahmen, die hinsichtlich der Strukturen und der organisatorischen und administrativen Verfahren von einem AIFM erwartet werden, um Interessenkonflikte zu ermitteln, ihnen vorzubeugen, sie zu steuern, zu beobachten bzw. offenzulegen;
- i.R.v. **Art. 15 Abs. 5 AIFM-RL** (i) die **Risikomanagementsysteme,** die die AIFM in Abhängigkeit von den für Rechnung der von ihnen verwalteten AIF eingegangenen Risiken zu betreiben haben, (ii) die angemessenen zeitlichen Abstände zwischen den Überprüfungen des Risikomanagementsystems, (iii) die Art und Weise, in der die funktionale und hierarchische Trennung zwischen der Risikomanagementfunktion und den operativen Abteilungen, einschließlich der Portfoliomanagementfunktion, zu erfolgen hat, (iv) die besonderen Schutzvorkehrungen gegen Interessenkonflikte gem. Art. 15 Abs. 1 Unterabs. 2 AIFM-RL und (v) zu den Anforderungen nach Art. 15 Abs. 3 AIFM-RL;
- i.R.v. **Art. 16 Abs. 3 AIFM-RL** (i) die **Liquiditätsmanagementsysteme** und -verfahren und (ii) dem Gleichklang von Anlagestrategie, Liquiditätsprofil und Rücknahmegrundsätzen nach Art. 16 Abs. 2 AIFM-RL;
- i.R.v. **Art. 17 AIFM-RL** (i) die Anforderungen, die ein Originator, ein Sponsor oder ein ursprünglicher Kreditgeber erfüllen müssten, damit ein AIFM im Namen von AIF in **Wertpapiere oder andere Finanzinstrumente dieses Typs,** die nach dem 1. Januar 2011 emittiert werden, investieren darf, einschließlich der Anforderungen, die gewährleisten, dass der Originator, der Sponsor oder der ursprüngliche Kreditgeber einen **materiellen Nettoanteil** von mindestens fünf Prozent behält und (ii) die qualitativen Anforderungen, die AIFM, die im Namen eines oder mehrerer AIF in diese Wertpapiere oder andere Finanzinstrumente investieren, erfüllen müssen;
- i.R.v. **Art. 18 Abs. 2 AIFM-RL** die Verfahren und Regelungen gem. Art. 18 Abs. 1 AIFM-RL;
- i.R.v. **Art. 19 Abs. 11 AIFM-RL** (i) die Kriterien für die **Verfahren für die ordnungsgemäße Bewertung der Vermögenswerte und die Berechnung des Nettoinventarwerts** pro Anteil, (ii) die beruflichen Garantien, die der externe Bewerter bieten muss, um die Bewertungsfunktion wirksam wahrnehmen zu können und (iii) die Bewertungshäufigkeit durch offene AIF, die den von ihnen gehaltenen Vermögenswerten und ihren Ausgabe- und Rücknahmegrundsätzen angemessen ist;
- i.R.v. **Art. 20 Abs. 7 AIFM-RL** (i) die Bedingungen zur Erfüllung der Anforderungen nach Art. 20 Abs. 1, 2, 4 und 5 AIFM-RL und (ii) die Umständen, unter denen angenommen wird, dass der AIFM i.S.v. Art. 20 Abs. 3 AIFM-RL seine Funktionen in einem Umfang übertragen hat, der ihn zu einer **Brief-**

kastenfirma werden lässt und er somit nicht länger als Verwalter des AIF angesehen werden kann;

– i.R.v. **Art. 21 Abs. 17 AIFM-RL** (i) die Frage, welche Einzelheiten in den in Art. 21 Abs. 2 AIFM-RL genannten schriftlichen Vertrag aufzunehmen sind, (ii) die allgemeinen Kriterien zur Bewertung, ob die Anforderungen an die aufsichtliche Regulierung und Aufsicht in Drittländern gem. Art. 21 Abs. 6 lit. b AIFM-RL den Rechtsvorschriften der Union entsprechen und wirksam durchgesetzt werden, (iii) die Bedingungen für die Ausübung der Aufgaben einer **Verwahrstelle** gem. Art. 21 Abs. 7–9 einschließlich der Art der Finanzinstrumente, die nach Abs. 8 lit. a von der Verwahrstelle verwahrt werden sollen, der Bedingungen, unter denen die Verwahrstelle ihre Verwahraufgaben über bei einem Zentralverwahrer registrierte Finanzinstrumente ausüben kann und der Bedingungen, unter denen die Verwahrstelle in nominativer Form emittierte und beim Emittenten oder einer Registrierstelle registrierte Finanzinstrumente gem. Abs. 8 lit. b zu verwahren hat, (iv) die Sorgfaltspflichten von Verwahrstellen gem. Art. 21 Abs. 11 lit. c AIFM-RL, (v) die Trennungspflicht gem. Abs. 11 lit. d Ziff. Iii, (vi) die Bedingungen und Umständen, unter denen verwahrte Finanzinstrumente als abhanden gekommen anzusehen sind, (vii) was unter höherer Gewalt, deren Konsequenzen trotz aller angemessenen Gegenmaßnahmen gem. Abs. 12 unabwendbar gewesen wären, zu verstehen ist und (viii) die Bedingungen und Umstände, unter denen ein objektiver Grund für die vertragliche Vereinbarung einer Haftungsbefreiung gem. Art. 21 Abs. 13 AIFM-RL vorliegt;

– i.R.v. **Art. 22 Abs. 4 AIFM-RL** die Festlegung von Inhalt und Form des **Jahresberichts;**

– i.R.v. **Art. 23 Abs. 6 AIFM-RL** die in den Art. 23 Abs. 4 und 5 AIFM-RL genannten **Offenlegungspflichten** von AIFM, einschließlich der Häufigkeit der in Abs. 5 vorgesehenen Offenlegung;

– i.R.v. **Art. 24 Abs. 6 AIFM-RL** (i) die Frage, wann davon auszugehen ist, dass für die Zwecke des Art. 24 Abs. 4 AIFM-RL in beträchtlichem Umfang **Hebelfinanzierungen** eingesetzt werden und (ii) zu den in Art. 24 Abs. 6 AIFM-RL vorgesehenen Berichts- und Informationspflichten;

– i.R.v. **Art. 25 Abs. 9 AIFM-RL** die prinzipielle Festlegung, unter welchen Bedingungen die zuständigen Behörden die Bestimmungen des Art. 25 Abs. 3 AIFM-RL anwenden, wobei den unterschiedlichen Strategien von AIF, dem unterschiedlichen Marktumfeld der AIF und möglichen prozyklischen Folgen der Anwendung der Bestimmung Rechnung zu tragen ist;

– i.R.v. **Art. 34 Abs. 2 AIFM-RL** die in Art. 34 Abs. 1 AIFM-RL genannten **Vereinbarungen über Zusammenarbeit,** um so einen einheitlichen Rahmen zur Erleichterung des Abschlusses derartiger Vereinbarungen mit Drittländern zu schaffen;

– i.R.v. **Art. 35 Abs. 11 AIFM-RL** die in Art. 35 Abs. 2 lit. a AIFM-RL genannten Vereinbarungen über Zusammenarbeit, um so einen einheitlichen Rahmen zur Erleichterung des Abschlusses derartiger Vereinbarungen mit Drittländern zu schaffen;

– i.R.v. **Art. 36 Abs. 3 AIFM-RL** die in Art. 36 Abs. 1 AIFM-RL genannten Vereinbarungen über Zusammenarbeit, um so einen einheitlichen Rahmen zur Erleichterung des Abschlusses derartiger Vereinbarungen mit Drittländern zu schaffen;

– i.R.v. **Art. 37 Abs. 15 AIFM-RL** die in Art. 37 Abs. 7 lit. d AIFM-RL
genannten Vereinbarungen über Zusammenarbeit, um so einen einheitlichen
Rahmen zur Erleichterung des Abschlusses derartiger Vereinbarungen mit
Drittländern zu schaffen;

– i.R.v. **Art. 40 Abs. 11 AIFM-RL** die in Art. 40 Abs. 2 lit. a AIFM-RL
genannten Vereinbarungen über Zusammenarbeit, um so einen einheitlichen
Rahmen zur Erleichterung des Abschlusses derartiger Vereinbarungen mit
Drittländern zu schaffen;

– i.R.v. **Art. 42 Abs. 3 AIFM-RL** die in Art. 42 Abs. 1 genannten Vereinbarungen über Zusammenarbeit, um so einen einheitlichen Rahmen zur Erleichterung des Abschlusses derartiger Vereinbarungen über Zusammenarbeit mit
Drittländern zu schaffen;

– i.R.v. **Art. 53 Abs. 3 AIFM-RL** den Inhalt der gem. Art. 53 Abs. 1 AIFM-
RL **auszutauschenden Informationen;**

– i.R.v. **Art. 67 Abs. 5 AIFM-RL** den Inhalt der gem. Art. 67 Abs. 2 AIFM-
RL **bereitzustellenden Informationen;**

– i.R.v. **Art. 68 Abs. 5 AIFM-RL** den Inhalt der gem. Art. 68 Abs. 2 AIFM-
RL bereitzustellenden Informationen.

13 In welchen Teilbereichen erhält also die Kommission die Befugnis zum Erlass
delegierter Rechtsakte?

14 Die Kommission übernimmt u. a. die Aufgabe, **Schwellenwerte** festzulegen
(z. B. Artt. 3 und 24 AIFM-RL), **Berechnungsmethoden** zu erarbeiten (z. B.
Artt. 4, 9 und 19 AIFM-RL), **Systemvorgaben** zum Management von z. B.
Interessenkonflikten, Risiken und der Liquidität zu machen (z. B. Artt. 14, 15
und 16 AIFM-RL) sowie nähere Maßgaben für die **Kooperation** zwischen den
zuständigen **Behörden** und auszutauschenden bzw. bereitzustellenden **Informationen** (z. B. Artt. 34–37, 40, 42, 67 und 68 AIFM-RL) zu erarbeiten.

15 Die Kommission übernimmt mithin i.R.d. Art. 56 AIFM-RL, die Aufgabe,
delegierte Rechtsakte in Bereichen der AIFM-RL mit oftmals mathematischen,
zumindest systematischen Fragestellungen zu erlassen.

16 **2. Satz 2.** Die Kommission legt spätestens sechs Monate vor Ablauf des Zeit-
raums von vier Jahren einen **Bericht über die übertragenen Befugnisse** vor.
Der Zeitraum von vier Jahren bezieht sich auf das Datum 21. Juli 2011 gem.
Art. 56 Abs. 1 Satz 1 AIFM-RL. Ein solcher Bericht wird darüber Auskunft geben
müssen, in welchem Umfang und mit welchem Erfolg von der Befugnis zum
Erlass delegierter Rechtsakte seitens der Kommission Gebrauch gemacht wurde.

17 **3. Satz 3.** Die Übertragung der **Befugnis** zum Erlass delegierter Rechtsakte
auf die Kommission **verlängert sich automatisch** um Zeiträume gleicher Länge
(also wiederum um vier Jahre), es sei denn, das Europäische Parlament oder der
Rat widerrufen sie gemäß Art. 57 AIFM-RL. Art. 57 AIFM-RL erlaubt dem
Europäischen Parlament jederzeit, sämtliche nach Art. 56 Abs. 1 AIFM-RL übertragenen Befugnisse für die Zukunft zu widerrufen.

II. Absatz 2

18 Sobald die Kommission nach Art. 56 Abs. 1 AIFM-RL einen delegierten
Rechtsakt erlässt, übermittelt sie ihn gleichzeitig dem Europäischen Parlament
und dem Rat.

Dies dient hauptsächlich dazu, dem Europäischen Parlament und dem Rat nach **19** Art. 58 Abs. 1 AIFM-RL zu erlauben, innerhalb von drei Monaten nach der Übermittlung Einwände gegen den delegierten Rechtsakt geltend zu machen. Diese Einwände haben **Suspensiveffekt**.

III. Absatz 3

Die der Kommission übertragene Befugnis zum Erlass delegierter Rechtsakte **20** unterliegt den in den Art. 57 und 58 AIFM-RL genannten Bedingungen.

Zum einen ist dies die Bedingung, dass kein Widerruf der Befugnisübertragung **21** nach Art. 57 AIFM-RL erfolgt, zu dem Europäisches Parlament und Rat jederzeit befugt sind.

Zum anderen können Europäisches Parlament und Rat nach Art. 58 AIFM- **22** RL Einwände gegen delegierte Rechtsakte geltend machen.

E. Änderungen gegenüber der bisherigen Rechtslage in Deutschland

Eine entsprechende Norm bestand bisher im deutschen Investmentrecht nicht, **23** da es sich um Delegationsvorschriften einer EU-Richtlinie handelt.

F. Bezüge zu KAGB-E

Eine entsprechende Norm besteht im KAGB-E nicht, da es sich um Delegati- **24** onsvorschriften einer EU-Richtlinie handelt.

Artikel 57 Widerruf der Befugnisübertragung

(1) **Die Befugnisübertragungen gemäß den Artikeln 3, 4, 9, 12, 14 bis 25, 34 bis 37, 40, 42, 53, 67 und 68 können vom Europäischen Parlament oder vom Rat jederzeit widerrufen werden.**

(2) **Das Organ, das ein internes Verfahren eingeleitet hat, um zu beschließen, ob die Befugnisübertragung widerrufen werden soll, bemüht sich, das andere Organ und die Kommission innerhalb einer angemessenen Frist vor der endgültigen Beschlussfassung zu unterrichten, unter Nennung der übertragenen Befugnis, die widerrufen werden könnte, sowie der etwaigen Gründe für einen Widerruf.**

(3) **[1]Der Beschluss über den Widerruf beendet die Übertragung der in diesem Beschluss angegebenen Befugnis. [2]Er wird sofort oder zu einem darin angegebenen späteren Zeitpunkt wirksam. [3]Die Gültigkeit von delegierten Rechtsakten, die bereits in Kraft sind, wird davon nicht berührt. [4]Der Beschluss wird im *Amtsblatt der Europäischen Union* veröffentlicht[.]**

A. Entstehungsgeschichte

Zu den delegierten Rechtsakten im Allgemeinen vgl. Rn. 1 zur Kommentie- **1** rung von Art. 56 AIFM-RL.

2   Art. 48b des Entwurfs der AIFM-Richtlinie vom 10. März 2010 sah bereits eine Regelung vor betreffend den „Widerruf der Befugnisübertragung".

B. Normzweck

3   Art. 57 AIFM-RL erlaubt der **EU-Legislative** (Europäisches Parlament und Rat) und der **EU-Exekutive** (Kommission), die Befugnisübertragung zum Erlass delegierter Rechtsakte im Einzelfall wieder rückgängig zu machen.

4   Dies ist bei einer Delegation, also Übertragung, systematisch zwar nicht zwangsläufig, im Fall von Rechtsakten aber notwendig, um der Legislative die endgültige Kontrolle über den Gesetzgebungsakt zu belassen.

C. Überblick über die Norm

5   Art. 57 Abs. 1 AIFM-RL bestimmt, dass die Befugnis zum Erlass von delegierten Rechtsakten gem. Art. 56 AIFM-RL vom Europäischen Parlament oder dem Rat jederzeit **widerrufen** werden kann.

6   Art. 57 Abs. 2 AIFM-RL bestimmt, dass jenes Organ (Europäisches Parlament oder Rat), welches ein internes Verfahren nach Abs. 1 eingeleitet hat, das jeweils andere Organ und die Kommission von der endgültigen Beschlussfassung über den Widerruf zu unterrichten hat.

7   Art. 57 Abs. 3 AIFM-RL legt fest, dass der Beschluss über den Widerruf die Übertragung der im Beschluss angegebenen Befugnis zum angegebenen Zeitpunkt beendet.

D. Die Norm im Einzelnen

I. Absatz 1

8   Die Übertragungen der Befugnis zum Erlass von delegierten Rechtsakten gemäß Art. 56 Abs. 1 AIFM-RL (betreffend die Art. 3, 4, 9, 12, 14 bis 25, 34 bis 37, 40, 42, 53, 67 und 68 AIFM-RL) können vom Europäischen Parlament oder vom Rat jederzeit widerrufen werden.

9   Damit obliegt es sinnvollerweise dem Europäischen Parlament und dem Europäischen Rat (nicht zu verwechseln mit dem Rat der Europäischen Union), der Exekutive Befugnisse im Hinblick auf die Konkretisierung von Gesetzesakten wieder zu nehmen, wenn sich die Delegation als zu weit gehend bzw. unzweckmäßig erwiesen hat.

10   Hierbei gibt es **keinerlei** „Warnschuss" bzw. **Kulanzphase für die Kommission** – die Befugnisübertragungen können jederzeit widerrufen werden.

II. Absatz 2

11   Das Organ (also Europäisches Parlament oder Rat), welches ein internes Verfahren eingeleitet hat, um zu beschließen, ob die Befugnisübertragung widerrufen werden soll, bemüht sich, das andere Organ und die Kommission innerhalb einer angemessenen Frist vor der endgültigen Beschlussfassung zu unterrichten.

Fraglich ist, **welche Frist** insoweit **als angemessen gelten kann.** Eine Frist **12** von einem Monat dürfte insoweit ausreichend sein, zumal eine solche explizit in Art. 48b Abs. 2 AIFM-RL-E vom 10. März 2010 genannt ist.

Im Rahmen der Beschlussfassung sind zu nennen die übertragene Befugnis, **13** die widerrufen werden könnte, sowie etwaige Gründe für einen Widerruf.

Es verwundert ein wenig, dass nach dem Wortlaut „Gründe für einen Wider- **14** ruf" nur fakultativ mitzuteilen sind. Die Formulierung „etwaige Gründe für einen Widerruf" legt dies jedenfalls nahe. So hieß es noch in Art. 48b Abs. 2 AIFM-RL-E vom 10. März 2010 *„[...] und legt die Gründe hierfür dar".* Hierbei sollte es auch bleiben: Einen so schwerwiegenden Eingriff wie den Widerruf einer Befugnisübertragung sollte die EU-Legislative nicht ohne schriftliche Begründung vornehmen.

III. Absatz 3

Der Beschluss über den Widerruf beendet folgerichtig die Übertragung der **15** in diesem Beschluss angegebenen Befugnis. Der originäre EU-Gesetzgeber, also Europäisches Parlament und Rat, haben nunmehr zu entscheiden, wie hinsichtlich der Konkretisierung der einschlägigen Norm zukünftig zu verfahren ist.

Der Beschluss wird sofort oder zu einem darin angegebenen späteren Zeitpunkt **16** wirksam. Dies ist sinnvoll, da im Einzelfall eine Übergangsfrist notwendig oder zumindest sinnvoll sein kann, um eingeübte Verfahren behutsam einer Neuregelung zuzuführen. Dass zu bestimmten Materien noch überhaupt kein delegierter Rechtsakt erlassen worden und auch bereits in Kraft getreten ist, dürfte die große Ausnahme sein. Die Gültigkeit von delegierten Rechtsakten, die bereits in Kraft sind, wird von der Beschlussfassung nicht berührt.

Der Beschluss wird im Amtsblatt der Europäischen Union veröffentlicht. **17**

E. Änderungen gegenüber der bisherigen Rechtslage in Deutschland

Eine entsprechende Norm besteht im deutschen Investmentrecht nicht, da es **18** sich um Delegationsvorschriften einer EU-Richtlinie handelt.

F. Bezüge zum KAGB-E

Eine entsprechende Norm besteht im KAGB-E nicht, da es sich um Delegati- **19** onsvorschriften einer EU-Richtlinie handelt.

Artikel 58 Einwände gegen delegierte Rechtsakte

(1) ¹Das Europäische Parlament und der Rat können gegen einen delegierten Rechtsakt innerhalb einer Frist von drei Monaten ab dem Datum der Übermittlung Einwände erheben. ²Auf Initiative des Europäischen Parlaments oder des Rates wird diese Frist um drei Monate verlängert.

(2) Haben bei Ablauf der in Absatz 1 genannten Frist weder das Europäische Parlament noch der Rat Einwände gegen den delegierten Rechtsakt erhoben, so wird dieser im *Amtsblatt der Europäischen Union* veröffentlicht und tritt zu dem darin genannten Zeitpunkt in Kraft.

Der delegierte Rechtsakt kann vor Ablauf dieser Frist im *Amtsblatt der Europäischen Union* veröffentlicht werden und in Kraft treten, wenn auf einen begründeten Antrag der Kommission hin das Europäische Parlament und der Rat der Kommission mitgeteilt haben, dass sie nicht die Absicht haben, Einwände zu erheben.

(3) [1]**Erheben das Europäische Parlament oder der Rat innerhalb der in Absatz 1 genannten Frist Einwände gegen den delegierten Rechtsakt, so tritt dieser nicht in Kraft.** [2]**Gemäß Artikel 296 des Vertrags über die Arbeitsweise der Europäischen Union gibt das Organ, das Einwände erhebt, die Gründe für seine Einwände gegen den delegierten Rechtsakt an.**

A. Entstehungsgeschichte

1   Art. 48c AIFM-RL-E vom 10. März 2010 enthielt bereits eine gleichnamige Regelung.

2   Allerdings war hier über die dreimonatige Einwandsfrist des jetzigen Absatz 1 hinaus **keine dreimonatige Verlängerungsoption** vorgesehen.

3   Hinsichtlich der Inkrafttretensregelung des Absatz 2 legte noch Art. 48c Abs. 2 AIFM-RL-E fest, dass der delegierte Rechtsakt auch dann wirksam wird, wenn Europäisches Parlament und Rat der Kommission von sich aus mitteilen, dass sie beschlossen haben, keine Einwände zu erheben. Der jetzige Absatz 2 erfordert darüber hinaus einen dahingehenden *„[...] begründeten Antrag der Kommission [...]"*.

4   Art. 58. Abs. 3 AIFM-RL enthält gegenüber Art. 48c Abs. 3 AIFM-RL-E noch die Ergänzung, dass Europäisches Parlament und Rat Einwände gegen den erlassenen delegierten Rechtsakt *„[...] innerhalb der in Absatz 1 genannten Frist [...]"* zu erheben haben.

B. Normzweck

5   Art. 58 AIFM-RL gestattet Europäischem Parlament und Rat, innerhalb angemessener Frist Einwände gegen von der Kommission erlassene delegierte Rechtsakte geltend zu machen. Folge solcher begründeten Einwände ist, dass der delegierte Rechtsakt nach Art. 58 Abs. 3 Satz 1 AIFM-RL nicht in Kraft tritt.

C. Überblick über die Norm

6   Art. 58 Abs. 1 AIFM-RL bestimmt die Frist, innerhalb derer das Europäische Parlament und der Rat Einwände gegen einen delegierten Rechtsakt geltend machen können.

7   Art. 58 Abs. 2 AIFM-RL regelt das Inkrafttreten des delegierten Rechtsaktes bei Ausbleiben von Einwänden nach Abs. 1 bzw. bei der vorherigen Ankündigung des Ausbleibens von Einwänden.

8   Art. 58 Abs. 3 AIFM-RL stellt fest, dass bei begründeten Einwänden gegen einen delegierten Rechtsakt dieser nicht in Kraft tritt.

D. Die Norm im Einzelnen

I. Absatz 1

Das Europäische Parlament und der Rat können gegen einen delegierten **9** Rechtsakt innerhalb einer Frist von drei Monaten ab dem Datum der Übermittlung, welches nach Art. 56 Abs. 2 AIFM-RL dem Datum des Erlasses entspricht, Einwände erheben.

Auf Initiative des Europäischen Parlaments oder des Rates wird die Einwands- **10** frist um drei Monate verlängert. Von dieser insgesamt halbjährigen Frist sollte aus Gründen der Rechtssicherheit und wenn nicht einheitlichen, so zumindest kontinuierlichen Verwaltungspraxis aber nur in Ausnahmefällen Gebrauch gemacht werden.

II. Absatz 2

1. Unterabsatz 1. Haben bei Ablauf der in Art. 58 Abs. 1 genannten Ein- **11** wandsfrist weder das Europäische Parlament noch der Rat Einwände gegen den delegierten Rechtsakt erhoben, so wird dieser im Amtsblatt der Europäischen Union veröffentlicht und tritt zu dem darin genannten Zeitpunkt in Kraft.

Insoweit wird noch einmal verdeutlicht, dass der **Erlass** des delegierten Rechts- **12** aktes gem. Art. 56 AIFM-RL von **dessen Inkrafttreten** nach Art. 58 Abs. 2 oder 3 AIFM-RL **zu unterscheiden** ist.

2. Unterabsatz 2. Der delegierte Rechtsakt kann allerdings auch **schon vor** **13** **Ablauf** der Einwandsfrist im Amtsblatt der Europäischen Union veröffentlicht werden und in Kraft treten, wenn auf einen **begründeten Antrag** der Kommission hin das Europäische Parlament und der Rat der Kommission mitgeteilt haben, dass sie nicht die Absicht haben, Einwände zu erheben.

Dies dient einer **wünschenswerten Verfahrensbeschleunigung,** da die **14** delegierten Rechtsakte nicht nur die Aktivitäten der nationalen Gesetzgeber beeinflussen, sondern ggf. auch für die internen Compliance-Regelungen des einzelnen AIF(M) von Bedeutung sind.

III. Absatz 3

Erheben das Europäische Parlament oder der Rat innerhalb der in Art. 58 **15** Abs. 1 AIFM-RL genannten Frist, also innerhalb von drei Monaten ab dem Datum der Übermittlung, Einwände gegen den delegierten Rechtsakt, so tritt dieser nicht in Kraft.

Gemäß Art. 296 Abs. 2 AEUV gibt jenes Organ (also Europäisches Parlament **16** oder Rat), das Einwände erhebt, die Gründe für seine Einwände gegen den delegierten Rechtsakt an. Art. 296 Abs. 2 AEUV (der vormalige Art. 253 EGV) lautet: *„Die Rechtsakte sind mit einer Begründung zu versehen und nehmen auf die in den Verträgen vorgesehenen Vorschläge, Initiativen, Empfehlungen, Anträge oder Stellungnahmen Bezug.“*

Allerdings findet sich über den Begründungszwang hinaus **keine Regelung** **17** **zu Heilungsmöglichkeiten** für den beanstandeten delegierten Rechtsakt.

E. Änderungen gegenüber der bisherigen Rechtslage in Deutschland

18   Eine entsprechende Norm besteht im deutschen Investmentrecht nicht, da es sich um Delegationsvorschriften einer EU-Richtlinie handelt.

F. Bezüge zum KAGB-E

19   Eine entsprechende Norm besteht im KAGB-E nicht, da es sich um Delegationsvorschriften einer EU-Richtlinie handelt.

Artikel 59 Durchführungsmaßnahmen

(1) [1]**Die Kommission wird von dem durch den Beschluss 2001/528/EG der Kommission**[1] **eingesetzten Europäischen Wertpapierausschuss unterstützt.** [2]**Dieser Ausschuss ist ein Ausschuss im Sinne der Verordnung (EU) Nr. 182/2011.**

(2) **Wird auf diesen Absatz Bezug genommen, so gilt Artikel 5 der Verordnung (EU) Nr. 182/2011.**

A. Entstehungsgeschichte

1   Art. 49 AIFM-RL-E vom 30.4.2009 enthält in seinen Absätzen 2 und 3 noch sehr viel differenziertere Bezugnahmen auf den damaligen Beschluss 1999/468/ EG, den Vorgänger der Verordnung (EU) Nr. 182/2011 vom 16. Februar 2011.
2   Diese Regelung wurde im Art. 49 AIFM-RL-E vom 15. Dezember 2009 unverändert beibehalten.
3   Art. 49 AIFM-RL-E vom 10. März 2010 enthielt nicht mehr den Absatz 3 der Vorgängerfassungen, wonach bei Bezugnahme auf jenen Absatz die Artikel 5a Absätze 1 bis 4 und Artikel 7 des Beschlusses 1999/468/EG unter Beachtung von dessen Artikel 8 gelten sollten.

B. Normzweck

4   Zweck des Art. 59 AIFM-RL ist es, im Rahmen des Verfahrens zum Erlass von delegierten Rechtsakten den Sachverstand des Europäischen Wertpapierausschusses zu nutzen und die prozeduralen Regelungen für dessen Einbindung festzuschreiben.

C. Überblick über die Norm

5   Art. 59 AIFM-RL bestimmt, dass die Kommission in ihrer Arbeit vom Europäischen Wertpapierausschuss unterstützt wird.

---

[1] ABl. L 191 vom 13.7.2001, S. 45.

D. Die Norm im Einzelnen

I. Absatz 1

Die Kommission wird von dem durch den Beschluss 2001/528/EG der Kom- 6
mission eingesetzten Europäischen Wertpapierausschuss unterstützt.

Der Europäische Wertpapierausschuss (EWA) ist ein Gremium der Europä- 7
ischen Union (EU) aus Vertretern der Mitgliedstaaten und hatte im September
2001 seine erste offizielle Sitzung. Der Ausschuss ist ein Ausschuss der „zweiten
Stufe" innerhalb des vierstufigen Lamfalussy-Systems.

Den Vorsitz des EWA hat ein Vertreter der Europäischen Kommission. Diese 8
stellt auch ein Sekretariat. An den üblicherweise monatlichen Sitzungen können
Sachverständige und Beobachter teilnehmen. Insbesondere Beobachter der Europäischen Zentralbank, des Ausschusses der europäischen Wertpapieraufsichtsbehörden, der EFTA-Länder und der Beitrittskandidatenländer sind ebenfalls eingeladen.

Grundsätzlich berät der Ausschuss die Kommission in **Wertpapierfragen,** ins- 9
besondere in den Bereichen:
- Beratung bei Rechtsetzungsvorschlägen für den Wertpapierbereich (Beratungs-
  ausschuss);
- Regelungsausschuss bei Arbeiten an Rechtsvorschlägen (Regulierungsaus-
  schuss);
- Abstimmung über Vorschläge technischer Durchführungsmaßnahmen.

Der Wertpapierausschuss ist ein Ausschuss im Sinne der Verordnung (EU) 10
Nr. 182/2011. Diese Verordnung legt nach ihrem Artikel 1 die allgemeinen
Regeln und Grundsätze fest, die anzuwenden sind, wenn ein Basisrechtsakt die
Notwendigkeit einheitlicher Durchführungsbedingungen feststellt und vor-
schreibt, dass Durchführungsrechtsakte von der Kommission vorbehaltlich einer
Kontrolle durch die Mitgliedstaaten erlassen werden.

Die Kommission wird hierbei nach Artikel 3 von einem Ausschuss unterstützt, 11
der sich aus Vertretern der Mitgliedstaaten zusammensetzt. Den Vorsitz führt ein
Vertreter der Kommission, wobei der Vorsitzende nicht an den Abstimmungen
im Ausschuss teilnimmt.

II. Absatz 2

Wird auf diesen Absatz 2 von Art. 59 AIFM-RL Bezug genommen, so gilt 12
Artikel 5 der Verordnung (EU) Nr. 182/2011.

Artikel 5 lautet: 13

Prüfverfahren

(1) [1]Findet das Prüfverfahren Anwendung, so gibt der Ausschuss seine Stellungnahme mit der Mehrheit nach Artikel 16 Absätze 4 und 5 des Vertrags über die
Europäische Union und gegebenenfalls nach Artikel 238 Absatz 3 AEUV bei Rechtsakten, die auf Vorschlag der Kommission zu erlassen sind, ab. [2]Die Stimmen der
Vertreter der Mitgliedstaaten im Ausschuss werden gemäß den vorgenannten Artikeln gewichtet.

(2) Gibt der Ausschuss eine befürwortende Stellungnahme ab, so erlässt die
Kommission den im Entwurf vorgesehenen Durchführungsrechtsakt.

(3) [1]Unbeschadet des Artikels 7 erlässt die Kommission den im Entwurf vorgesehenen Durchführungsrechtsakt nicht, wenn der Ausschuss eine ablehnende Stel-

lungnahme abgibt. [2]Wird ein Durchführungsrechtsakt für erforderlich erachtet, so kann der Vorsitz entweder demselben Ausschuss innerhalb von zwei Monaten nach Abgabe der ablehnenden Stellungnahme eine geänderte Fassung des Entwurfs des Durchführungsrechtsakts unterbreiten oder den Entwurf des Durchführungsrechtsakts innerhalb eines Monats nach Abgabe der ablehnenden Stellungnahme dem Berufungsausschuss zur weiteren Beratung vorlegen.

(4) [1]Wird keine Stellungnahme abgegeben, so kann die Kommission außer in den in Unterabsatz 2 vorgesehenen Fällen den im Entwurf vorgesehenen Durchführungsrechtsakt erlassen. [2]Erlässt die Kommission den im Entwurf vorgesehenen Durchführungsrechtsakt nicht, so kann der Vorsitz dem Ausschuss eine geänderte Fassung des Entwurfs des Durchführungsrechtsakts unterbreiten.

Unbeschadet des Artikels 7 erlässt die Kommission den im Entwurf vorgesehenen Durchführungsrechtsakt nicht,

a) wenn dieser Rechtsakt die Besteuerung, Finanzdienstleistungen, den Schutz der Gesundheit oder der Sicherheit von Menschen, Tieren oder Pflanzen oder endgültige multilaterale Schutzmaßnahmen betrifft,

b) wenn im Basisrechtsakt vorgesehen ist, dass der im Entwurf vorgesehene Durchführungsrechtsakt ohne Stellungnahme nicht erlassen werden darf, oder

c) wenn die Mitglieder des Ausschusses ihn mit einfacher Mehrheit ablehnen.

In allen in Unterabsatz 2 genannten Fällen kann der Vorsitz, wenn ein Durchführungsrechtsakt für erforderlich erachtet wird, entweder dem selben Ausschuss innerhalb von zwei Monaten nach der Abstimmung eine geänderte Fassung des Entwurfs des Durchführungsrechtsakts unterbreiten oder den Entwurf des Durchführungsrechtsakts innerhalb eines Monats nach der Abstimmung dem Berufungsausschuss zur weiteren Beratung vorlegen.

(5) Abweichend von Absatz 4 gilt das folgende Verfahren für die Annahme von Entwürfen für endgültige Antidumping- oder Ausgleichsmaßnahmen, wenn keine Stellungnahme im Ausschuss abgegeben wird und die Mitglieder des Ausschusses den Entwurf des Durchführungsrechtsakts mit einfacher Mehrheit ablehnen.

[1]Die Kommission führt Konsultationen mit den Mitgliedstaaten durch. [2]Frühestens 14 Tage und spätestens einen Monat nach der Sitzung des Ausschusses unterrichtet die Kommission die Ausschussmitglieder über die Ergebnisse dieser Konsultationen und legt dem Berufungsausschuss den Entwurf eines Durchführungsrechtsakts vor. [3]Abweichend von Artikel 3 Absatz 7 tritt der Berufungsausschuss frühestens 14 Tage und spätestens einen Monat nach der Vorlage des Entwurfs des Durchführungsrechtsakts zusammen. [4]Der Berufungsausschuss gibt seine Stellungnahme gemäß Artikel 6 ab. [5]Die in diesem Absatz festgelegten Fristen lassen die Notwendigkeit, die Einhaltung der in dem betreffenden Basisrechtsakt festgelegten Fristen zu wahren, unberührt.

14 Diese Norm enthält Detailregelungen für den Erlass von Durchführungsrechtsakten im Zusammenspiel von Kommission und Ausschuss.

E. Änderungen gegenüber der bisherigen Rechtslage in Deutschland

15 Eine entsprechende Norm besteht im deutschen Investmentrecht nicht, da es sich um Vorschriften betreffend Durchführungsmaßnahmen zu einer EU-Richtlinie handelt.

F. Bezüge zum KAGB-E

Eine entsprechende Norm besteht im KAGB-E nicht, da es sich um Vorschrif- **16**
ten betreffend Durchführungsmaßnahmen zu einer EU-Richtlinie handelt.

Artikel 60 Offenlegung von Ausnahmeregelungen

[1]Macht ein Mitgliedstaat von einer Ausnahmeregelung oder Option
nach den Artikeln 6, 9, 21, 22, 28, 43 und Artikel 61 Absatz 5 dieser Richtlinie Gebrauch, so setzt er die Kommission hiervon sowie von allen nachfolgenden Änderungen in Kenntnis. [2]Die Kommission macht die Informationen auf einer Website oder auf eine sonstige leicht zugängliche
Weise öffentlich zugänglich.

A. Entstehungsgeschichte

Art. 49 AIFM-RL-E vom 10. März 2010 enthielt erstmals eine Regelung unter **1**
der Überschrift „Informationen über Ausnahmeregelungen". Diese entsprach –
abgesehen von der abweichenden Artikelnummerierung – weitgehend der vorliegenden Endfassung.

B. Normzweck

Art. 60 AIFM-RL soll Transparenz dahingehend schaffen, dass die Kommission **2**
von den einzelnen Mitgliedstaaten darüber in Kenntnis zu setzen ist, wenn dieser
von bestimmten Ausnahmeregelungen oder Optionen der AIFM-Richtlinie
Gebrauch macht.

C. Überblick über die Norm

Art. 60 Satz 1 AIFM-RL legt fest, dass Mitgliedstaaten, welche eine der diver- **3**
sen Ausnahmeregelungen oder Optionen der AIFM-Richtlinie nach den Art. 6,
9, 21, 22, 28, 43 und Art. 61 Abs. 5 AIFM-RL in Anspruch nehmen, die Kommission hiervon in Kenntnis zu setzen haben. Dies gilt gleichfalls für Folgeänderungen. Die Ausnahmen und Optionen betreffen z. B. erlaubte Dienstleistungen und
Nebenleistungen, die zusätzlichen Eigenmittel, die Verwahrstelle, Jahresberichte,
Informationen bei Erlangung von Kontrolle sowie den Vertrieb an Kleinanleger.
Art. 60 Satz 2 AIFM-RL verpflichtet die Kommission, diese länderbezogenen **4**
Ausnahmen bzw. Optionsausübungen auf einer Website oder anderweitig leicht
zugänglich zu veröffentlichen.

D. Die Norm im Einzelnen

I. Satz 1

Die einzelnen Mitgliedstaaten haben nach Art. 60 Satz 1 AIFM-RL die Kom- **5**
mission bei Gebrauchmachen von **folgenden Ausnahmeregelungen oder
Optionen** in Kenntnis zu setzen:

- **Art. 6 AIFM-RL.** Gemäß Art. 6 Abs. 4 AIFM-RL können die Mitgliedstaaten einem externen AIFM die Zulassung zur Erbringung von dort aufgeführten **Dienstleistungen und Nebendienstleistungen** erteilen, ohne dass sich diese Tätigkeiten auf die in Art. 6 Abs. 2 AIFM-RL referierten, in Anhang 1 der Richtlinie genannten Tätigkeiten und die zusätzliche Verwaltung von OGAW vorbehaltlich einer Genehmigung nach Richtlinie 2009/65/EG beschränken müssen.

- **Art. 9 AIFM-RL.** Gemäß Art. 9 Abs. 6 AIFM-RL können die Mitgliedstaaten von der Bereitstellung von bis zu 50% der in Art. 9 Abs. 3 AIFM-RL genannten **zusätzlichen Eigenmittel** durch AIFM absehen, wenn diese über eine Garantie in derselben Höhe verfügen, die von einem Kreditinstitut oder einem Versicherungsunternehmen gestellt wird, das seinen Sitz in einem Mitgliedstaat hat, oder in einem Drittland, sofern es dort Aufsichtsbestimmungen unterliegt, die nach Auffassung der zuständigen Behörden mit dem Unionsrecht gleichwertig sind.

- **Art. 21 AIFM-RL.** Gemäß Art. 21 Abs. 3 AIFM-RL können die Mitgliedstaaten zulassen, dass für AIF, bei denen innerhalb von fünf Jahren nach Tätigung der ersten Anlagen **keine Rücknahmerechte** ausgeübt werden können, und die im Einklang mit ihrer Hauptanlagestrategie in der Regel nicht in Vermögenswerte investieren, die gemäß Art. 21 Abs. 8 lit. a AIFM-RL verwahrt werden müssen, oder in der Regel in Emittenten oder nicht börsennotierte Unternehmen investieren, um gemäß Art. 26 AIFM-RL möglicherweise die Kontrolle über solche Unternehmen zu erlangen, die **Verwahrstelle** eine Stelle sein kann, die Aufgaben einer Verwahrstelle im Rahmen ihrer beruflichen oder geschäftlichen Tätigkeit wahrnimmt, für die diese Stelle einer gesetzlich anerkannten obligatorischen berufsmäßigen Registrierung oder Rechts- und Verwaltungsvorschriften oder berufsständischen Regeln unterliegt, die ausreichend finanzielle und berufliche Garantien bieten können, um es ihr zu ermöglichen, die relevanten Aufgaben einer Verwahrstelle wirksam auszuführen und die mit diesen Funktionen einhergehenden Verpflichtungen zu erfüllen. Gemäß Art. 21 Abs. 11 Unterabs. 3 AIFM-RL darf die Verwahrstelle – vorbehaltlich weiterer im Unterabsatz aufgelisteter Anforderungen – unbeschadet des Unterabsatzes 2 lit. d Ziff. ii, wenn laut den Rechtsvorschriften eines Drittlands vorgeschrieben ist, dass bestimmte Finanzinstrumente von einer ortsansässigen Einrichtung verwahrt werden müssen und es keine ortsansässigen Einrichtungen gibt, die den Anforderungen für eine Beauftragung gemäß lit. d Ziff. ii genügen, ihre Funktionen an eine solche ortsansässige Einrichtung nur insoweit übertragen, wie es von dem Recht des Drittlandes gefordert wird und nur solange es keine ortsansässigen Einrichtungen gibt, die die Anforderungen für eine Beauftragung erfüllen. Gemäß Art. 21 Abs. 14 AIFM-RL kann sich die Verwahrstelle – bei Einhaltung weiterer, in Abs. 14 aufgelisteter Bedingungen – von der Haftung befreien, wenn laut den Rechtsvorschriften eines Drittlands vorgeschrieben ist, dass bestimmte Finanzinstrumente von einer ortsansässigen Einrichtung verwahrt werden müssen und es keine ortsansässigen Einrichtungen gibt, die den Anforderungen für eine Beauftragung gem. Abs. 11 lit. d Ziff. ii genügen.

- **Art. 22 AIFM-RL.** Gemäß Abs. 3 Unterabs. 3 AIFM-RL können die Mitgliedstaaten abweichend von Unterabsatz 2 es denjenigen AIFM, die Nicht-EU-AIFM verwalten, gestatten, die **Jahresberichte** dieser AIF einer Prüfung

zu unterziehen, die den internationalen Rechnungslegungsstandards entspricht, die in dem Land gelten, in dem der AIF seinen satzungsmäßigen Sitz hat.
- **Art. 28 AIFM-RL.** Gemäß Art. 28 Abs. 1 Unterabs. 2 AIFM-RL können die Mitgliedstaaten vorschreiben, dass die in Abs. 2 festgelegen Informationen im Zusammenhang mit der Erlangung der **Kontrolle** auch den für das nicht börsennotierte Unternehmen zuständigen nationalen Behörden vorgelegt werden, die die Mitgliedstaaten für diesen Zweck benennen können.
- **Art. 43 AIFM-RL.** Gemäß Art. 43 Abs. 1 Unterabs. 1 AIFM-RL können die Mitgliedstaaten unbeschadet anderer Rechtsakte der Union AIFM gestatten, in ihrem Hoheitsgebiet Anteile an von ihnen gemäß dieser Richtlinie verwalteten AIF an **Kleinanleger** zu vertreiben, wobei es keine Rolle spielt, ob der Vertrieb der AIF auf nationaler Ebene oder grenzüberschreitend erfolgt und ob es sich um einen EU-AIF oder einen Nicht-EU-AIF handelt. Gemäß Art. 43 Abs. 1 Unterabs. 2 AIFM-RL können die Mitgliedstaaten in Fällen des Unterabs. 1 den AIFM oder AIF Auflagen unterwerfen, die strenger sind als jene, die für AIF gelten, die in ihrem Hoheitsgebiet gemäß dieser Richtlinie an professionelle Anleger vertrieben werden. Allerdings können die Mitgliedstaaten strengere oder zusätzliche Auflagen im Vergleich zu auf nationaler Ebene vertriebenen AIF nicht für EU-AIF vorsehen, die ihren Sitz in einem anderen Mitgliedstaat haben und grenzübergreifend vertrieben werden.
- **Art. 61 Abs. 5 AIFM-RL.** Gemäß Art. 61 Abs. 5 AIFM-RL können die zuständigen Behörden des Herkunftsmitgliedstaats eines AIF oder – falls es keine Regelung für den AIF gibt – die zuständigen Behörden des Herkunftsmitgliedstaats eines AIFM gestatten, dass **Einrichtungen nach Art. 21 Abs. 3 lit. a AIFM-RL mit Sitz in einem anderen Mitgliedstaat** während eines Zeitraums bis zum 22. Juli 2017 zu Verwahrstellen ernannt werden. Dies gilt unbeschadet der vollen Anwendung von Artikel 21, mit Ausnahme von dessen Absatz 5 lit. a über den Ort, an dem die Verwahrstelle ihren Sitz hat.

Die Verpflichtung, die Kommission über die Nutzung von Ausnahmeregelungen **6** oder Optionen zu informieren, ist nicht an eine bestimmte Frist gebunden.

II. Satz 2

Die Kommission macht die Informationen über die Offenlegung von Ausnah- **7** meregelungen auf einer Website oder auf eine sonstige leicht zugängliche Weise öffentlich zugänglich.

Abgesehen von der sprachlichen Doppelung ist auch hier zu fragen, innerhalb **8** welcher Frist die Kommission die erhaltenen Informationen öffentlich zugänglich machen muss.

E. Änderungen gegenüber der bisherigen Rechtslage in Deutschland

Eine entsprechende Norm besteht im deutschen Investmentrecht nicht, da es **9** sich um Vorschriften betreffend Ausnahmeregelungen zu einer EU-Richtlinie handelt.

F. Bezüge zum KAGB-E

10 Eine entsprechende Norm besteht im KAGB-E nicht, da es sich um Vorschriften betreffend Ausnahmeregelungen zu einer EU-Richtlinie handelt.

Artikel 61 Übergangsbestimmung

(1) AIFM, die vor dem 22. Juli 2013 Tätigkeiten nach dieser Richtlinie ausüben, ergreifen alle erforderlichen Maßnahmen, um dem aufgrund dieser Richtlinie erlassenen nationalen Recht nachzukommen und stellen binnen eines Jahres nach Ablauf dieser Frist einen Antrag auf Zulassung.

(2) Die Artikel 31, 32 und 33 dieser Richtlinie gelten nicht für den Vertrieb von Anteilen an AIF, die Gegenstand eines laufenden öffentlichen Angebots mittels eines Prospekts sind, der gemäß der Richtlinie 2003/71/EG vor dem 22. Juli 2013 erstellt und veröffentlicht wurde, solange dieser Prospekt Gültigkeit hat.

(3) Sofern AIFM vor dem 22. Juli 2013 AIF des geschlossenen Typs verwalten, die nach dem 22. Juli 2013 keine zusätzlichen Anlagen tätigen, können sie jedoch weiterhin solche AIF verwalten, ohne eine Zulassung gemäß dieser Richtlinie zu haben.

(4) Sofern AIFM geschlossene AIF verwalten, deren Zeichnungsfrist für Anleger vor Inkrafttreten dieser Richtlinie ablief und die für einen Zeitraum aufgelegt wurden, der spätestens drei Jahre nach dem 22. Juli 2013 abläuft, können sie jedoch weiterhin solche AIF verwalten, ohne – mit Ausnahme von Artikel 22 und gegebenenfalls der Artikel 26 bis 30 – die Bestimmungen dieser Richtlinie einhalten oder eine Zulassung gemäß dieser Richtlinie beantragen zu müssen.

(5) [1]Die zuständigen Behörden des Herkunftsmitgliedstaates eines AIF oder – falls es keine Regelung für den AIF gibt – die zuständigen Behörden des Herkunftsmitgliedstaats eines AIFM können gestatten, dass Einrichtungen nach Artikel 21 Absatz 3 Buchstabe a mit Sitz in einem anderen Mitgliedstaat während eines Zeitraums bis zum 22. Juli 2017 zu Verwahrstellen ernannt werden. [2]Dies gilt unbeschadet der vollen Anwendung von Artikel 21, mit Ausnahme von dessen Absatz 5 Buchstabe a über den Ort, an dem die Verwahrstelle ihren Sitz hat.

Literatur: *Bußalb/Unzicker,* Auswirkungen der AIFM-Richtlinie auf geschlossene Fonds, BKR 2012, 309; ESMA-Abschlussbericht, ESMA's technical advice to the European Commission on possible implementing measures of the Alternative Investment Fund Managers Directive, ESMA/2011/379, III.I. Ziff. 10, 19; *Jesch/Geyer,* Die Übergangsbestimmung der AIFM-Richtlinie, BKR 2012, 359; *Volhard/Kruschke,* Die Regulierung von Private Equity Fonds-Manager durch den Europäischen Gesetzgeber – Ausgewählte Aspekte der AIFM-Richtlinie und der VC-Verordnung im Überblick, EWS 2012, 21.

Übersicht

A. Entstehungsgeschichte

Art. 51 AIFM-RL-E vom 30. April 2009 beschränkte sich unter dem Titel **1** Übergangsbestimmungen auf eine dem jetzigen Art. 61 Abs. 1 AIFM-RL vergleichbare Regelung: *„AIFM, die vor dem [Frist für die Umsetzung dieser Richtlinie] in der Gemeinschaft tätig sind, ergreifen alle erforderlichen Maßnahmen, um dieser Richtlinie nachzukommen und stellen binnen eines Jahres nach Ablauf der Frist für die Umsetzung dieser Richtlinie einen Antrag auf Zulassung."* Der Entwurf vom 15. Dezember 2009 enthielt dann noch zusätzlich Fragmente der jetzigen Absätze 2 und 3. Der im Hinblick auf die „Übergangsbestimmungen" noch stärker erweiterte Art. 51 AIFM-RL-E vom 10. März 2010 enthielt u.a. noch einen Absatz 2a, der sich mit AIFM aus Drittstaaten befasste und später wegfiel: *„AIFM, die ihren Sitz außerhalb der Union haben und vor [24 Monate nach Inkrafttreten dieser Richtlinie] AIF in der Union vertreiben, ergreifen alle erforderlichen Maßnahmen, um dieser Richtlinie binnen eines Jahres ab diesem Zeitpunkt nachzukommen."* Diese Regelung entfiel in der endgültigen Fassung.

B. Normzweck

Art. 61 AIFM-RL soll einen möglichst **reibungslosen Übergang** der zukünf- **2** tigen AIFM mit ihren bestehenden Fondsgenerationen gewährleisten. Zum einen ist es sinnvoll, per se eine Übergangsfrist zu gewähren, damit sich die Initiatoren mit dem umfangreichen Gesetzgebungsvorhaben vertraut machen können. Zum anderen will man Fonds und Initiatoren dann nicht belasten, wenn der Fonds seinen Zenit schon überschritten hat, also insbesondere **keine neuen Anlagen mehr tätigt oder nur noch eine relativ kurze Restlaufzeit hat.** Insoweit soll auch das Vertriebsregime nicht mehr gewechselt werden. Der Absatz 5, der für eine Übergangsfrist die Beauftragung einer Verwahrstelle auch außerhalb des Herkunftsmitgliedstaats erlaubt, passt nicht vollends zu den sonstigen Absätzen, gewährt aber zusätzliche Flexibilität.

C. Überblick über die Norm

Der Anwendungsbereich der AIFM-RL ist nicht eröffnet, wenn AIFM nach **3** Maßgabe des Art. 61 Abs. 3 AIFM-RL **Bestandsschutz** genießen[1]. Einen sol-

---

[1] Vgl. auch *Bußalb/Unzicker* BKR 2012, 309 (312).

chen Bestandsschutz genießen **Verwalter von geschlossenen Fonds,** welche nach dem 22. Juli 2013 keine weiteren Investitionen mehr durchführen. Die Verwalter von vor dem 22. Juli 2013 aufgelegten geschlossenen Fonds sind damit dann von der AIFM-Erlaubnispflicht befreit, wenn bis zu dem genannten Zeitpunkt das eingeworbene Anlegerkapital vollständig in Anlageobjekte investiert ist. Steht auch nur ein Teil der Investitionen noch aus, so muss eine Erlaubnis beantragt werden[2]. Werden vom Verwalter mehrere Fonds verwaltet, welche nur teilweise gem. Art. 61 Abs. 3 AIFM-RL Bestandsschutz genießen, so sollen diese bei der Berechnung der Schwellenwerte nach Art. 61 Abs. 3 Satz AIFM-RL außen vor gelassen werden[3].

4   Bestandsschutz genießen nach Art. 61 Abs. 4 AIFM-RL weiterhin jene geschlossenen Fonds, bei denen die Zeichnungsfrist bereits vor dem 22. Juli 2013 endet und deren Laufzeit spätestens drei Jahre nach dem spätesten Umsetzungszeitpunkt – also am 22. Juli 2016 – ausläuft. Der AIFM muss in solchen Fällen allerdings gem. Art. 22 AIFM-RL einen Jahresbericht erstellen und ggf. die Sonderbestimmungen für Private-Equity-Fonds einhalten.

5   Art. 61 Abs. 5 AIFM-RL erlaubt für eine Übergangsfrist die Beauftragung einer EU-Verwahrstelle außerhalb des Herkunftsmitgliedstaates.

D. Die Norm im Einzelnen

I. Absatz 1

6   Gemäß Artikel 61 Abs. 1 AIFM-RL müssen AIFM, die vor dem 22. Juli 2013 Tätigkeiten nach dieser Richtlinie ausüben, **alle erforderlichen Maßnahmen** ergreifen, um dem **aufgrund dieser Richtlinie erlassenen nationalen Recht nachzukommen.** Weiterhin müssen sie binnen eines Jahres nach Ablauf dieser Frist einen Antrag auf Zulassung stellen.

7   Fraglich ist zunächst, was unter die **„Tätigkeiten"** nach dieser Richtlinie zu subsumieren ist. Art. 6 Abs. 1 AIFM-RL gibt den Mitgliedstaaten vor, dass sie nur dann AIF verwalten dürfen, wenn sie gemäß der AIFM-Richtlinie zugelassen sind. Art. 6 Abs. 2 AIFM-RL verweist sodann auf den Anhang I zur Richtlinie. Dieser legt als zwingende Anlageverwaltungsfunktionen die Portfolioverwaltung und das Risikomanagement fest. Fakultativ kommen als „andere Aufgaben" hinzu administrative Tätigkeiten, der Vertrieb sowie diverse Tätigkeiten im Zusammenhang mit den Vermögenswerten des AIF.

8   Werden entsprechende Tätigkeiten ausgeübt, so müssen alle erforderlichen Maßnahmen ergriffen werden, um dem aufgrund dieser Richtlinie erlassenen nationalen Recht nachzukommen. Dies bedeutet, dass – unabhängig vom Zeitpunkt des Inkrafttretens des jeweiligen nationalen AIFM-Umsetzungsgesetzes – dessen Vorschriften sofort eingehalten werden müssen. Im Grunde genommen hätte es eines solchen Hinweises nicht bedurft, da die Einhaltung nationaler Gesetze ab deren Inkrafttreten eine Selbstverständlichkeit sein sollte.

9   Weiterhin müssen AIFM binnen eines Jahres nach Ablauf dieser Frist einen Antrag auf Zulassung stellen – also bis zum 22. Juli 2014. Der Zulassungsantrag richtet sich nach Art. 7 AIFM-RL. Hierin ist auch geregelt, welche Auskünfte

---

[2] *Bußalb/Unzicker* BKR 2012, 309 (313).

[3] ESMA-Abschlussbericht vom 16. November 2011 (Fußnote 4), ESMA/2011/379, III.I. Ziff. 10 (S. 19); *Volhard/Kruschke* EWS 2012, 21 (22); *Bußalb/Unzicker* BKR 2012, 309 (313).

und Angaben der AIFM den zuständigen Behörden seines Herkunftsmitgliedstaats in diesem Zusammenhang zu machen hat.

Die recht großzügige Zulassungsfrist von einem Jahr wirft Fragen auf: Es **10** erscheint ungewöhnlich z. B. Verstöße gegen das nationale AIFM-Umsetzungsgesetz zwischen 22. Juli 2013 und 22. Juli 2014 zu sanktionieren, wenn umgekehrt der Antrag auf Zulassung als AIFM, mithin die **Kategorisierung als AIFM,** erst nach dem 22. Juli 2014 zwingend erfolgen muss.

Aus der Systematik von Abs. 1 und Abs. 3 ergibt sich, dass die Vorschrift einer- **11** seits alle nicht geschlossenen Fonds erfasst, andererseits aber auch auf geschlossene Fonds abzielt, wenn diese noch nach dem 22. Juli 2013 zusätzlichen Anlagen tätigen wollen[4].

II. Absatz 2

Nach Art. 61 Abs. 2 AIFM-RL gelten die Artikel 31, 32 und 33 dieser Richtli- **12** nie nicht für den Vertrieb von Anteilen an AIF, die Gegenstand eines laufenden öffentlichen Angebots mittels eines Prospekts sind, der gemäß der Richtlinie 2003/71/EG vor dem 22. Juli 2013 erstellt und veröffentlicht wurde, solange dieser Prospekt Gültigkeit hat.

Diese ausgenommenen Regelungen betreffen folgende Gegenstände: **13**
– **Art. 31 AIFM-RL.** Hier wird i.R.e. Vertriebsbasisnorm der Vertrieb von EU-AIF im Herkunftsmitgliedstaat des AIFM geregelt;
– **Art. 32 AIFM-RL.** Dieser Artikel behandelt den Vertrieb von Anteilen von EU-AIF in anderen Mitgliedstaaten als dem Herkunftsmitgliedstaat des AIFM;
– **Art. 33 AIFM-RL.** Diese Norm legt die Bedingungen für die Verwaltung von EU-AIF mit Sitz in anderen Mitgliedstaaten fest.

Bei laufendem öffentlichen Angebot mittels eines Wertpapierprospektes schon **14** vor dem 22. Juli 2013 soll also hinsichtlich Vertrieb und Verwaltung innerhalb der EU nicht mehr auf die AIFM-Vorschriften umgeschwenkt werden müssen.

Art. 61 Abs. 2 AIFM-RL gilt nicht für Anteile an geschlossenen Fonds und **15** auch nicht für Anteile, die von einer Kapitalanlagegesellschaft ausgegeben werden und für die ein **Rückgaberecht** besteht[5].

III. Absatz 3

Sofern AIFM vor dem 22. Juli 2013 AIF des geschlossenen Typs verwalten, **16** die nach dem 22. Juli 2013 keine zusätzlichen Anlagen tätigen, können sie gem. Art. 61 Abs. 3 AIFM-RL weiterhin solche AIF verwalten, ohne eine Zulassung gemäß dieser Richtlinie zu haben.

Damit sind z. B. Initiatoren, die ihre letzte **Fondsgeneration abwickeln,** **17** davor geschützt, noch erhebliche Investitionen in eine AIFM-Compliance zu tätigen, die über die zusätzlichen Kosten letztlich den bestehenden Anlegern eigentlich nur noch schaden kann.

Der **Begriff der „Anlage"** schließt z. B. auch **Kapitalerhöhungen** bei beste- **18** henden Portfolio-Unternehmen eines Private-Equity-Fonds nicht aus. Das führt zu der Problematik, dass ein Portfolio-Unternehmen, dem die Insolvenz droht, ggf. trotz noch vorhandener Restgelder vom Fonds nicht gerettet wird, weil die Zulassungskosten diese Liquidität zuvor auffressen könnten. Fraglich ist weiterhin,

---

[4] Vgl. *Jesch/Geyer* BKR 2012, 359 (360).
[5] Vgl. *Jesch/Geyer* BKR 2012, 359 (361).

ob auch **Reinvestitionen** unter den Begriff der „Anlage" i. S. d. Art. 61 Abs. 3 AIFM-RL fallen, obwohl der Fonds zum maßgeblichen Stichtag bereits voll investiert war[6].

19   Im Ergebnis wäre es wünschenswert, dass **klarstellend** nur **Anlagen in neue Portfolio-Gegenstände** auch dem Anlagebegriff des Art. 61 Abs. 3 AIFM-RL unterfallen.

IV. Absatz 4

20   Sofern AIFM geschlossene AIF verwalten, deren Zeichnungsfrist für Anleger vor Inkrafttreten der AIFM-Richtlinie ablief und die für einen Zeitraum aufgelegt wurden, der spätestens drei Jahre nach dem 22. Juli 2013 (also am 22. Juli 2016) abläuft, können die AIFM solche AIF weiter verwalten, ohne – mit Ausnahme von Art. 22 AIFM-RL und gegebenenfalls Artt. 26–30 AIFM-RL – die AIFM-Bestimmungen einhalten oder eine AIFM-Zulassung beantragen zu müssen.

21   Bei der Verwaltung eingeworbener Fonds wäre umgekehrt gleichwohl zu beachten Art. 22 AIFM-RL hinsichtlich der Transparenzanforderung zur **Veröffentlichung eines Jahresberichts** für jeden verwalteten EU-AIF bzw. vertriebenen AIF.

22   Je nach Einschlägigkeit wären ebenfalls zu beachten die Pflichten von AIFM, die AIF verwalten, die die Kontrolle über nicht börsennotierte Unternehmen und Emittenten erlangen, also im wesentlichen **Private-Equity-Fonds.**

23   Art. 61 Abs. 4 AIFM-RL wirft die Frage auf, ob damit jene Fonds nach Abs. 3, die kritische **Kapitalerhöhungen** bis zum 22. Juli 2016 vornehmen, in Zusammenschau der Absätze 3 und 4 keine AIFM-Zulassung benötigen. Der Wortlaut gibt dies durchaus her[7].

24   Hinsichtlich der Restlaufzeit von drei Jahren ist nach dem Wortlaut wohl auf die **ursprünglich geplante Fondslaufzeit** abzustellen *(„[…] für einen Zeitraum aufgelegt wurden […]")*, nicht auf die tatsächliche Restlaufzeit bei Ziehung einer Verlängerungsoption bzw. Verzögerungen z. B. im Rahmen der Fondsliquidation.

V. Absatz 5

25   Die zuständigen Behörden des Herkunftsmitgliedstaates eines AIF oder – falls es keine Regelung für den AIF gibt – die zuständigen Behörden des Herkunftsmitgliedstaats eines AIFM können gem. Art. 61 Abs. 5 AIFM-RL gestatten, dass Einrichtungen nach Artikel 21 Absatz 3 lit. a mit Sitz in einem anderen Mitgliedstaat während eines Zeitraums bis zum 22. Juli 2017 zu Verwahrstellen ernannt werden. Dies gilt unbeschadet der vollen Anwendung von Artikel 21, mit Ausnahme von dessen Absatz 5 lit. a über den Ort, an dem die Verwahrstelle ihren Sitz hat.

26   Hiernach können nach Genehmigung der zuständigen AIF-, bzw. nachrangig AIFM-Behörde des Herkunftsmitgliedstaates, für einen Übergangszeitraum bis 22. Juli **2017 Kreditinstitute in einem anderen EU-Mitgliedstaat** zu Verwahrstellen ernannt werden.

27   Diese Kreditinstitute müssen gemäß der Richtlinie 2006/48/EG zugelassen sein. Diese Richtlinie vom 14. Juni 2006 über die Aufnahme und Ausübung der

---

[6] Vgl. hierzu auch *Volhard/Kruschke* EWS 2012, 21.
[7] Vgl. *Jesch/Geyer* BKR 2012, 359 (361).

Tätigkeit der Kreditinstitute (Neufassung) statuiert u.a. Eigenkapitalanforderungen und Vorschriften für das Risikomanagement.

Die übrigen Voraussetzungen des Art. 21 AIFM-RL gelten gleichwohl mit **28** sämtlichen Kontroll- und Sicherungsfunktionen wie auch der möglichen Haftung der Verwahrstelle.

Keine Geltung hat folgerichtig bis zum 22. Juli 2017 Art. 21 Abs. 5 lit. a AIFM- **29** RL, wonach die Verwahrstelle ihren Sitz bei EU-AIF im Herkunftsmitgliedstaat des AIF hat.

Weder **Dienstleistungs- noch Niederlassungsfreiheit** stehen allerdings **30** nach dem 22. Juli 2017 der Grundregel des Art. 21 Abs. 5 AIFM-RL entgegen, da es durchaus sachgerecht ist, wenn die Verwahrstelle in der gleichen Jurisdiktion wie die von ihr gehaltenen Vermögenswerte angesiedelt ist.

E. Änderungen gegenüber der bisherigen Rechtslage in Deutschland

Im Bereich der **geschlossenen** Fonds gab es über die Prospektierungsvorschrif- **31** ten hinaus keine Vorschriften betreffend die Emittentenaufsicht bzw. -zulassung. Insofern bestanden auch keine Übergangsbestimmungen für deren Einfädelung.

Im **InvG** regelten § 144 InvG Allgemeine Übergangsvorschriften, § 145 InvG **32** Übergangsvorschriften für Sondervermögen, § 146 InvG Übergangsvorschriften für Aktiengesellschaften und § 147 InvG die Übergangsvorschrift zur Verwahrung und Verwaltung von Anteilscheinen. Da sich die insoweit einzufädelnden Normen grundlegend von jenen der AIFM-Richtlinie unterscheiden, darf eine weitergehende Kommentierung an dieser Stelle unterbleiben.

F. Bezüge zum KAGB-E

Die sehr differenzierten Übergangsbestimmungen befinden sich in den § 343– **33** 355 KAGB-E. Hierbei werden auf erster Ebene unterschieden: (i) Allgemeine Übergangsvorschriften für AIF-Verwaltungsgesellschaften (Unterabschnitt 1), (ii) Besondere Übergangsvorschriften für offene AIF und für AIF-Verwaltungsgesellschaften, die offene AIF verwalten (Unterabschnitt 2), (iii) Besondere Übergangsvorschriften für AIF-Verwaltungsgesellschaften, die geschlossene AIF verwalten, und für geschlossene AIF (Unterabschnitt 3) sowie (iv) Übergangsvorschriften für OGAW-Verwaltungsgesellschaften und OGAW (Unterabschnitt 4).

Die weitere Untergliederung stellt sich wie folgt dar: **34**

Übergangsbestimmungen des KAGB-E

Allgemeine Übergangsvorschriften für AIF-Verwaltungsgesellschaften	Besondere Übergangsvorschriften für offene AIF und für AIF-Verwaltungsgesellschaften, die offene AIF verwalten	Besondere Übergangsvorschriften für AIF-Verwaltungsgesellschaften, die geschlossene AIF verwalten, und für geschlossene AIF	Übergangsvorschriften für OGAW-Verwaltungsgesellschaften und OGAW
Inländische und EU-AIF-Verwaltungsgesellschaften, § 343	Bereits nach InvG reguliert, § 345	Besondere Übergangsvorschriften für AIF-Verwaltungsgesellschaften, die geschlossene AIF verwalten, und für geschlossene AIF, § 353	Übergangsvorschriften für OGAW-Verwaltungsgesellschaften und OGAW, § 355
	Immobilien-Sondervermögen, § 346		
	Altersvorsorge-Sondervermögen, § 347		
	Gemischte Sondervermögen bzw. Investment AGs, § 348		
Ausländische AIF-Verwaltungsgesellschaften, § 344	Sonstige Sondervermögen / Sonstige Investment AGs, § 349	Übergangsvorschrift § 342 Abs. 3, § 354	
	Hedgefonds und offene Spezial-AIF, § 350		
	Nicht bereits nach InvG reguliert, § 351		
	Übergangsvorschrift zu § 127 InvG, § 352		

Artikel 62 Änderung der Richtlinie 2003/41/EG

(1) **Artikel 2 Absatz 2 Buchstabe b erhält folgende Fassung:**
„**b) Einrichtungen, die unter die Richtlinien 73/239/EWG¹, 85/611/ EWG², 93/22/EWG³, 2000/12/EG⁴, 2002/83/EG⁵ und 2011/61/EU⁶ fallen;**

(2) **Artikel 19 Absatz 1 erhält folgende Fassung:**
„**(1) Die Mitgliedstaaten hindern die Einrichtungen nicht daran, für die Verwaltung des Anlageportfolios einen Vermögensverwalter zu bestellen, der in einem anderen Mitgliedstaat niedergelassen und gemäß den Richtlinien 85/611/EWG, 93/22/EWG, 2000/12/EG, 2002/83/EG und 2011/ 61/EU zur Ausübung dieser Tätigkeit ordnungsgemäß zugelassen ist; dasselbe gilt auch für die in Artikel 2 Absatz 1 der vorliegenden Richtlinie genannten Vermögensverwalter.**"

A. Entstehungsgeschichte

Artikel 51a AIFM-RL-E vom 15. Dezember 2009 enthielt erstmals die entspre- 1 chenden Regelungen, die sodann über die weiteren Entwürfe bis in die Endfassung hinein Fortschreibung fanden.

B. Normzweck

Die Norm bezweckt, durch Änderungen der Richtlinie 2003/41/EG AIFM 2 eine Tätigkeit als Vermögensverwalter für **Einrichtungen der betrieblichen Altersversorgung** zu ermöglichen.

C. Überblick über die Norm

Die Richtlinie 2003/41/EG des Europäischen Parlaments und des Rates vom 3 3. Juni 2003 über die Tätigkeiten und die Beaufsichtigung von Einrichtungen der betrieblichen Altersversorgung wird vorliegend an zwei Stellen angepasst, um für AIFM eine entsprechende Berücksichtigung zu gewährleisten.

¹ Erste Richtlinie 73/239/EWG des Rates vom 24. Juli 1973 zur Koordinierung der Rechts- und Verwaltungsvorschriften betreffend die Aufnahme und Ausübung der Tätigkeit der Direktversicherung (mit Ausnahme der Lebensversicherung) (ABl. L 228 vom 16.8.1973, S. 3).
² Richtlinie 85/611/EWG des Rates vom 20. Dezember 1985 zur Koordinierung der Rechts- und Verwaltungsvorschriften betreffend bestimmte Organismen für gemeinsame Anlagen in Wertpapieren (OGAW) (ABl. L 375 vom 31.12.1985, S. 3).
³ Richtlinie 93/22/EWG des Rates vom 10. Mai 1993 über Wertpapierdienstleistungen (ABl. L 141 vom 11.6.1993, S. 27).
⁴ Richtlinie 2000/12/EG des Europäischen Parlaments und des Rates vom 20. März 2000 über die Aufnahme und Ausübung der Tätigkeit der Kreditinstitute (ABl. L 126 vom 26.5.2000, S. 1).
⁵ Richtlinie 2002/83/EG des Europäischen Parlaments und des Rates vom 5. November 2002 über Lebensversicherungen (ABl. L 345 vom 19.12.2002, S. 1).
⁶ Richtlinie 2011/61/EU des Europäischen Parlaments und des Rates vom 8. Juni 2011 über die Verwalter alternativer Investmentfonds (Abl. L 174 vom 1.7.2011, S. 1)."

D. Die Norm im Einzelnen

I. Nr. 1

4   Art. 2 der Richtlinie 2003/41/EG betrifft deren Anwendungsbereich. Danach gilt die Richtlinie für **Einrichtungen der betrieblichen Altersversorgung.** Die Korrektur unter der vorliegenden Nr. 1 ergänzt nun die **Ausnahmen** um AIFM.

II. Nr. 2

5   Art. 19 der Richtlinie 2003/41/EG betrifft die Vermögensverwaltung und -verwahrung. AIFM sollen nach der Korrektur der Nr. 2 von den Einrichtungen der betrieblichen Altersversorgung als **Vermögensverwalter** eingesetzt werden können.

E. Änderungen gegenüber der bisherigen Rechtslage in Deutschland

6   Das bisherige deutsche Recht kennt mangels Gesetzgebungszuständigkeit keine entsprechende Änderungsvorschrift.

F. Bezüge zum KAGB-E

7   Das KAGB-E kennt mangels Gesetzgebungszuständigkeit keine entsprechende Änderungsvorschrift.

Artikel 63 Änderung der Richtlinie 2009/65/EG

AIFM-Richtlinie	KAGB-E
Artikel 63 **Änderung der Richtlinie** **2009/65/EG**	**Umsetzung für AIFM:** **§ 29 Abs. 5 Nr. 6 und Nr. 7** **KAGB-E** **Risikomanagement; Verord-** **nungsermächtigung**
Die Richtlinie 2009/65/EG wird wie folgt geändert: 1. Es wird folgender Artikel eingefügt: „Artikel 50a Um sektorübergreifende Kohärenz zu gewährleisten und Divergenzen zwischen den Interessen von Firmen, die Kredite in handelbare Wertpapiere und andere Finanzinstrumente ‚umverpacken' (Originatoren), und den Interessen von OGAW, die in diese Wertpapiere oder Finanzinstrumente investieren, zu beseitigen, erlässt die Kommission dele-	(5) Für AIF-Kapitalverwaltungsgesellschaften bestimmen sich für die von ihnen verwalteten AIF die Kriterien für (…) 6. die Anforderungen, die ein Originator, ein Sponsor oder ein ursprünglicher Kreditgeber erfüllen muss, damit eine AIF-Kapitalverwaltungsgesellschaft im Namen von AIF in Wertpapiere oder andere Finanzinstrumente dieses Typs, die nach dem 1. Januar 2011 emittiert werden, investieren darf, einschließlich der Anforderun-

AIFM-Richtlinie	KAGB-E
gierte Rechtsakte gemäß Artikel 112 mit Bestimmungen zu Folgendem: a) den Anforderungen, die ein Originator erfüllen muss, damit ein OGAW in Wertpapiere oder andere Finanzinstrumente dieses Typs, die nach dem 1. Januar 2011 emittiert werden, investieren darf, einschließlich der Anforderungen, die gewährleisten, dass der Originator einen materiellen Nettoanteil von mindestens 5% behält, b) den qualitativen Anforderungen, die OGAW, die in diese Wertpapiere oder andere Finanzinstrumente investieren, erfüllen müssen." 2. Artikel 112 Absatz 2 erhält folgende Fassung: „(2) Die Befugnis zum Erlass der in den Artikeln 12, 14, 23, 33, 43, 51, 60, 61, 62, 64, 75, 78, 81, 95 und 111 genannten delegierten Rechtsakte wird der Kommission für einen Zeitraum von vier Jahren ab dem 4. Januar 2011 übertragen. Die Befugnis zum Erlass der in Artikel 50a genannten delegierten Rechtsakte wird der Kommission für einen Zeitraum von vier Jahren ab dem 21. Juli 2011 übertragen. Die Kommission erstellt spätestens sechs Monate vor Ablauf des Vierjahreszeitraums einen Bericht über die übertragenen Befugnisse. Die Befugnisübertragung verlängert sich automatisch um Zeiträume gleicher Länge, es sei denn, das Europäische Parlament oder der Rat widerrufen die Übertragung gemäß Artikel 112a." 3. Artikel 112a Absatz 1 erhält folgende Fassung: „(1) Die Befugnisübertragung nach den Artikeln 12, 14, 23, 33, 43, 50a, 51, 60, 61, 62, 64, 75, 78, 81, 95 und 111 kann vom Europäischen Parlament oder vom Rat jederzeit widerrufen werden."	gen, die gewährleisten, dass der Originator, der Sponsor oder der ursprüngliche Kreditgeber einen materiellen Nettoanteil von mindestens fünf Prozent behält, sowie 7. die qualitativen Anforderungen, die AIF-Kapitalverwaltungsgesellschaften, die im Namen eines oder mehrerer AIF in Wertpapiere oder andere Finanzinstrumente im Sinne von Nummer 6 investieren, erfüllen müssen, nach Artikel (…) und 50 bis 56 der Verordnung (EU) Nr. …/2013 [Level 2-Verordnung gemäß Artikel 15 Absatz 5 und Artikel 17 der Richtlinie 2011/61/EU].

Literatur: *Boos/Fischer/Schulte-Mattler*, Kreditwesengesetz, 4. Aufl. München 2012; *Kreppel/Baierlein*,, Des Kaisers neue Kleider: Der Risikoselbstbehalt bei Verbriefungen nach Artikel 122a CRD bzw. §§ 18a, 18b KWG, BKR 2011, 228 ff.; *Prüm / Thomas,* Die neuen Rahmenbedingungen für Verbriefungen, BKR 2011, 133 ff.

A. Entstehungsgeschichte

1   Der Vorschlag für die AIFM-Richtlinie[1] enthält in Art. 53 eine Fassung der Vorschrift, die dem heutigen Wortlaut weitgehend entspricht. Die Vorschrift hat im Laufe des Gesetzgebungsverfahrens nur formale Modifikationen erfahren (wegen der Hintergründe und insb. des Zusammenhangs mit Art. 122a CRD[2], vgl. die Kommentierung zu Art. 17).

B. Überblick über die Norm und Normzweck

2   Die Vorschrift implementiert den sog. **„materiellen Nettorückbehalt"** (oder auch **„Selbstbehalt"**[3]) als Reaktion auf die Rolle von **Verbriefungstransaktionen** im Rahmen der weltweiten **Wirtschafts- und Finanzkrise.**[4] Durch dieses Konzept des **„skin in the game"**[5] sollen diejenigen Personen, die für die Entstehung der verbrieften Wirtschaftsgüter verantwortlich sind, angehalten werden, bereits bei der Entstehung, d.h. in der Regel bei Herausreichen des Darlehens, die gebotene kaufmännische Sorgfalt walten zu lassen. Dies soll dadurch erreicht werden, dass diese Personen über den Wirkungsmechanismus des Selbstbehalts auch im Falle der Verbriefung einen Teil des Exposures der Wirtschaftsgüter weiterhin wirtschaftlich tragen. Die Banken[6] haben somit bereits bei Herausreichen eines Darlehens, das später verbrieft werden soll, ein originäres (Eigen-)Interesse, hohe qualitative Anforderungen an die **Kreditvergabepolitik** zu stellen. Damit wird den schädlichen Varianten des sog. **„originate to distribute"-Modells**[7] entgegengewirkt. Damit ist eine Geschäftspraxis gemeint, unter der sich die Banken das „Warenlager" mit Kreditforderungen auffüllen, jedoch kein originäres Interesse an der Werthaltigkeit des Portfolios haben, da es von Anfang an Zweck des Herausreichens ist, diese Kreditforderungen an ein SPV zu verkaufen und abzutreten und so aus der Bankbilanz herauszulösen (true sale). Das massenweise Herausreichen und Verbriefen qualitativ min-

[1] Vorschlag für eine Richtlinie des Europäischen Parlaments und des Rates über die Verwalter alternativer Investmentfonds und zur Änderung der Richtlinien 2004/39/EG und 2009/.../EG, v. 30.4.2009; KOM(2009) 207 endgültig.

[2] Richtlinie über Eigenkapitalanforderungen („Capital Requirements Directive"), hier Richtlinie 2006/48/EG in der Fassung der Richtlinie 2009/111/EG des Europäischen Parlaments und des Rates v. 16.9.2009 zur Änderung der Richtlinien 2006/48/EG, 2006/49/EG und 2007/64/EG hinsichtlich Zentralorganisationen zugeordneter Banken, bestimmter Eigenmittelbestandteile, Großkredite, Aufsichtsregelungen und Krisenmanagement.

[3] § 18a KWG kennt die Termini „Selbstbehalt" und „Nettoanteil". Auch in Deutschland wird häufig von „Retention Requirement" oder einfach „Retention" gesprochen.

[4] *Prüm / Thomas* BKR 2011, 133, 134 bezeichnen die Reaktion der Gesetzgeber auf die Krise als eine „beachtliche und teilweise dissonante Dynamik der Entwicklung des Regulatorischen Umfelds für Verbriefungen".

[5] So statt aller *Kreppel / Baierle* BRK 2011, 228, 229.

[6] Im Regelfall (jedoch nicht darauf beschränkt) handelt es sich bei den Wirtschaftsgütern um Darlehensforderungen.

[7] Vgl. hierzu auch *Gerth* in Boos/Fischer/Schulte-Mattler, § 18a KWG Rn. 2 m. w. N.

derwertiger Darlehen insb. im Bereich der sog. Residential Mortgage-Backed Securities (RMBS) stellt eine der wesentlichen Ursachen der Finanzkrise dar. Auch wenn diese Geschäftspraxis mit deutschen Kreditvergabestandards nicht zu vereinbaren war, so ermöglichte das Instrument der Verbriefung den Risikotransfer amerikanischer Exposures in deutsche und europäische Bankbilanzen.

Die Vorschrift dient in einem größeren Kontext der Herstellung **sektorüber-** 3 **greifender (horizontaler) Kohärenz** mit den entsprechenden Bestimmungen der CRD[8], Solvency II[9] und Art. 17. Die Einführung des verpflichtenden materiellen Nettorückbehalts ist nur kohärent, wenn alle relevanten Investorengruppen, d.h. Kreditinstitute, Versicherungsunternehmen, AIFM/AIF und OGAW, einer vergleichbaren materiellen Regulierung[10] unterworfen werden. Problematisch ist insoweit, dass eine vergleichbare Regelung für Pensionsfonds fehlt, obwohl auch diese nach Maßgabe der Richtlinie 2003/41/EG europaweit einheitlich reguliert sind. Dies kann u.U. zu Wettbewerbsverzerrungen führen. Es bleibt abzuwarten, ob sich ein eigenständiger Markt für Investments durch Pensionsfonds etablieren wird. Da es sich bei den Pensionsfonds um tendenziell risikoaverse Marktteilnehmer handelt, könnte es dazu kommen, dass diese die analoge Einhaltung der Anforderungen an den materiellen Nettorückbehalt von der relevanten Partei der Verbriefungstransaktion verlangen.

Die Vorschrift enthält eine Ermächtigungsgrundlage für die *Europäische Kom-* 4 *mission* zum Erlass delegierter Rechtsakte. Die Ermächtigungsgrundlage umfasst die Bestimmung der **qualitativen und quantitativen Anforderungen** an Verbriefungstransaktionen und den OGAW bzw. die Verwaltungsgesellschaft, die erfüllt sein müssen, damit ein OGAW in solche Produkte investieren darf. „Quantitative Anforderungen an die Verbriefungstransaktion", in die investiert wird, im Sinne der Vorschrift bedeutet nicht, dass die Richtlinie an dieser Stelle Vorgaben hinsichtlich eines maximalen Exposures ggü. Verbriefungstransaktionen festlegt. Vielmehr muss eine bestimmte Partei der Verbriefungstransaktion an den verbrieften Vermögensgegenständen einen quantifizierbaren Anteil, konkret 5%, als sog. materiellen Nettoanteil zurückbehalten (**„Retention Requirement"**). Die qualitativen Anforderungen an den OGAW bzw. die Verwaltungsgesellschaft im Fall des Investments in Verbriefungstransaktionen umfassen beispielsweise besondere Due-Diligence-Pflichten, Anforderungen an das **Risiko- und Liquiditätsmanagement**, Überwachungspflichten, besondere Anforderungen an Stresstests und die innere Organisation des OGAW bzw. der Verwaltungsgesellschaft.

---

[8] Art. 122a der Richtlinie über Eigenkapitalanforderungen („Capital Requirements Directive"), hier Richtlinie 2006/48/EG in der Fassung der Richtlinie 2009/111/EG des Europäischen Parlaments und des Rates v. 16.9.2009 zur Änderung der Richtlinien 2006/48/EG, 2006/49/EG und 2007/64/EG hinsichtlich Zentralorganisationen zugeordneter Banken, bestimmter Eigenmittelbestandteile, Großkredite, Aufsichtsregelungen und Krisenmanagement.

[9] Art. 135 Abs. 2 der Richtlinie 2009/138/EG des Europäischen Parlaments und des Rates vom 25. November 2009 betreffend die Aufnahme und Ausübung der Versicherungs- und der Rückversicherungstätigkeit (Solvabilität II) (Neufassung).

[10] Dabei ist selbstverständlich, dass die jeweiligen Besonderheiten einer relevanten Investorengruppe zu berücksichtigen sind. Diese Besonderheiten sind jedoch primär auf der Ebene der Regulierung des Investors selbst (die sog. „qualitativen Anforderungen" des Regulierungsregimes) und nicht auf der Ebene der Mikrostruktur des Selbstbehalts zu verorten.

C. Parallelvorschrift zu Art. 17

5   Wegen der Einzelheiten der materiellen Regulierung und insbesondere auch wegen des zeitlichen Anwendungsbereichs vgl. die Kommentierung zu Art. 17. In dem Bereich der Regulierung der Investition in Verbriefungstransaktionen bestehen zwischen AIFM und OGAW keine so wesentlichen Unterschiede, dass eine grundlegend abweichende Behandlung gerechtfertigt wäre.

6   Bei einem Vergleich des Wortlauts der Vorschrift mit dem Wortlaut des Art. 17. fällt auf, dass die Vorschrift nur den „**Originator**" als relevante Partei der Verbriefungstransaktion in Bezug nimmt. Eine Bezugnahme auch auf einen „**Sponsor**" oder „**ursprünglichen Kreditgeber**" fehlt. Bedenkt man in diesem Zusammenhang, dass die Vorschrift Teil eines horizontalen Regulierungsrahmens ist[11], so kann der fehlende Verweis auch auf die weiteren möglichen relevanten Parteien der Verbriefungstransaktion nur als ein gesetzgeberisches Versehen gewertet werden. Ein materieller Unterschied zu Art. 17 ergibt sich daraus nicht.

D. Bezüge zum KAGB-E

7   Der KAGB-E enthält keine Umsetzung des Art. 63 für OGAW-Kapitalverwaltungsgesellschaften. § 29 Abs. 5 Nr. 7 KAGB-E setzt[12] die Parallelvorschrift des Art. 17 für AIF-Kapitalverwaltungsgesellschaften um. Die Level-2-Verordnung unter der AIFM-Richtlinie setzt ebenfalls lediglich Art. 17 um.

8   Es bleibt abzuwarten, wie der europäische Gesetzgeber den Level-II zu Art. 63 umsetzen wird. Erst danach kann ein expliziter Verweis in dem Kapitalanlagegesetzbuch auf die europäische Rechtsumsetzung erfolgen. Eine allgemeine Verordnungsermächtigung enthält § 29 Abs. 6 KAGB-E.

Artikel 64 Änderung der Verordnung (EG) Nr. 1060/2009

In Verordnung (EG) Nr. 1060/2009 erhält Artikel 4 Absatz 1 Unterabsatz 1 folgende Fassung:

„(1) Kreditinstitute im Sinne der Richtlinie 2006/48/EG, Wertpapierfirmen im Sinne der Richtlinie 2004/39/EG, Versicherungsunternehmen im Anwendungsbereich der Ersten Richtlinie 73/239/EWG des Rates vom 24. Juli 1973 zur Koordinierung der Rechts- und Verwaltungsvorschriften betreffend die Aufnahme und Ausübung der Tätigkeit der Direktversicherung[(*)]**, Versicherungsunternehmen im Sinne der Richtlinie 2002/83/EG des Europäischen Parlaments und des Rates vom 5. November 2002 über Lebensversicherungen**[(**)]**, Rückversicherungsunternehmen im Sinne der Richtlinie 2005/68/EG des Europäischen Parlaments und des Rates vom 16. November 2005 über die Rückversicherung**[(***)]**, Organismen für gemeinsame Anlagen in Wertpapieren (OGAW) im Sinne der Richtlinie 2009/65/EG des Europäischen Parlaments und des Rates vom 13. Juli 2009 zur Koordinierung der Rechts-**

---

[11] Vgl. insb. auch Art. 122a CRD II.

[12] Rechtstechnisch handelt es sich um einen Verweis auf die Level-11-VO.

[(*)] ABl. L 228 vom 16.8.1973, S. 3.

[(**)] ABl. L 345 vom 19.12.2002, S. 1.

[(***)] ABl. L 323 vom 9.12.2005, S. 1.

und Verwaltungsvorschriften betreffend bestimmte Organismen für gemeinsame Anlagen in Wertpapieren (OGAW) (****), Einrichtungen der betrieblichen Altersversorgung im Sinne der Richtlinie 2003/41/EG und alternative Investmentfonds im Sinne der Richtlinie 2011/61/EU des Europäischen Parlaments und des Rates vom 8. Juni 2011 über die Verwalter alternativer Investmentfonds (*****) dürfen für aufsichtsrechtliche Zwecke nur Ratings von Ratingagenturen verwenden, die ihren Sitz in der Union haben und gemäß dieser Verordnung registriert sind.

A. Regelungsgegenstand und Hintergrund der Vorschrift

Artikel 64 der AIFM-Richtlinie bezieht sich auf die Änderung des Artikels 4 **1** Absatz 1 Unterabsatz 1 der Ratingverordnung (Verordnung (EG) Nr. 1060/2009 des Europäischen Parlaments und des Rates vom 16. September 2009 über Ratingagenturen – „**Ratingverordnung**"), der die Zulässigkeit der Verwendung von Ratings regelt. Demnach dürfen die dort genannten Einrichtungen und Institute für aufsichtsrechtliche Zwecke nur Ratings von Ratingagenturen verwenden, die ihren Sitz in der Gemeinschaft haben und gemäß der Ratingverordnung registriert sind. Hintergrund ist, dass zahlreiche Ratingagenturen, welche die Kreditwürdigkeit von Unternehmen, Staaten und komplexen Finanzprodukten bewerten und folglich die Funktionsfähigkeit der Finanzmärkte maßgeblich beeinflussen, ihren Sitz außerhalb der Europäischen Union haben. Somit sind sie dem Anwendungsbereich des Gemeinschaftsrechts trotz ihrer großen Bedeutung in weiten Teilen entzogen. Dagegen wendet sich die Ratingverordnung und führt eine **zentralisierte Beaufsichtigung auf europäischer Ebene** ein. Gemäß Erwägungsgrund 75 der Ratingverordnung ist es das Ziel einer Verordnung, ein hohes Maß an Verbraucher- und Anlegerschutz zu gewährleisten, indem für Ratings, die in der Gemeinschaft abgegeben werden, gemeinsame Qualitätsanforderungen festgelegt werden. Dies sei wegen des Fehlens nationaler Rechtsvorschriften und der Tatsache, dass die Mehrheit der Ratingagenturen derzeit ihren Sitz außerhalb der Gemeinschaft hat, besser auf Gemeinschaftsebene zu verwirklichen.

B. Regelungszweck der Vorschrift

Bei den Vorgaben des Artikels 64 der AIFM-Richtlinie zur Änderung der **2** Ratingverordnung handelt es sich um redaktionelle Folgeänderungen. Diese beruhen auf dem Inkrafttreten der AIFM-Richtlinie, aber auch auf dem Inkrafttreten der Neufassung der Richtlinie 2009/65/EG vom 13. Juli 2009 (OGAW IV-Richtlinie), die anstelle der konsolidierten Fassung der OGAW-Richtlinie 85/611/EWG (OGAW III-Richtlinie) getreten ist. Daher wurde die in Artikel 4 Absatz 1 Unterabsatz 1 der Ratingverordnung verwendete Formulierung „Organismen für gemeinsame Anlagen in Wertpapieren (OGAW) im Sinne der Richtlinie 85/611/EWG" durch die Formulierung „Organismen für gemeinsame Anlagen in Wertpapieren (OGAW) im Sinne der Richtlinie 2009/65/EG des Europäischen Parlaments und des Rates vom 13. Juli 2009 zur Koordinierung der Rechts- und Verwaltungsvorschriften betreffend bestimmte Organismen für

(****) ABl. L 302 vom 17.11.2009, S. 32.
(*****) ABl. L 174 vom 1.7.2011, S. 1."

gemeinsame Anlagen in Wertpapieren (OGAW)" ersetzt. Im Hinblick auf die AIFM-Richtlinie erfolgte in Artikel 4 Absatz 1 Unterabsatz 1 der Ratingverordnung die Einfügung des ergänzenden Textes „und alternative Investmentfonds im Sinne der Richtlinie 2011/61/EU des Europäischen Parlaments und des Rates vom 8. Juni 2011 über die Verwalter alternativer Investmentfonds". Sonstige durch Artikel 64 vorgenommene Änderungen am Wortlaut des Artikels 4 Absatz 1 Unterabsatz 1 der Ratingverordnung dienen lediglich der Angleichung des Darstellungsformats. Insbesondere wurden die Verweise auf die Fundstellen im Amtsblatt im Text gestrichen und in die Fußnoten der Ratingverordnung aufgenommen.

C. Bezüge zum KAGB-E

3 Die Verwendung von Ratings ist mittelbar Gegenstand von § 29 KAGB-E, der Regelungen zum Risikomanagement und eine diesbezügliche Verordnungsermächtigung enthält. Nähere Bestimmungen zu Risikomanagementsystemen und -verfahren und somit auch zur Verwendung von Ratings, können mittels der in § 29 Absatz 6 KAGB-E enthaltenen Ermächtigung durch eine Rechtsverordnung erlassen werden.

Artikel 65 Änderung der Verordnung (EU) Nr. 1095/2010

In Artikel 1 Absatz 2 der Verordnung (EU) Nr. 1095/2010 werden die Worte „jeder künftige Gesetzgebungsakt auf dem Gebiet der Verwalter von alternativen Investmentfonds (AIFM)" ersetzt durch die Worte „Richtlinie 2011/61/EU des Europäischen Parlaments und des Rates vom 8. Juni 2011 über die Verwalter alternativer Investmentfonds [*].

Literatur: *Georg Baur/Martin Boegl,* Die neue europäische Finanzmarktaufsicht – Der Grundstein ist gelegt, BKR 2011, S. 177 ff.

A. Regelungsgegenstand und Zweck der Vorschrift

1 Bei der Vorgabe des Artikel 65 der AIFM-Richtlinie zur Änderung der ESMA-Verordnung (Verordnung (EU) Nr. 1095/2010 des Europäischen Parlaments und des Rates vom 24. November 2010 zur Errichtung einer Europäischen Aufsichtsbehörde (Europäische Wertpapier- und Marktaufsichtsbehörde), zur Änderung des Beschlusses Nr. 716/2009/EG und zur Aufhebung des Beschlusses 2009/77/EG der Kommission – „ESMA-Verordnung") handelt es sich um eine redaktionelle Anpassung aufgrund des Inkrafttretens der AIFM-Richtlinie. Es wird lediglich die nunmehr feststehende Bezeichnung und die Dokumentennummer der AIFM-Richtlinie in Artikel 1 Absatz 2 der ESMA-Verordnung eingefügt. Die Anpassung hat keine inhaltlichen Auswirkungen.

---

[*] ABl. L 174 vom 1.7.2011, S. 1."

B. Hintergrund der Regelung

Die ESMA-Verordnung dient entsprechend ihrer Bezeichnung der Errichtung 2
der Europäischen Wertpapier- und Marktaufsichtsbehörde (*European Securities and
Markets Authority* – „**ESMA**") sowie der Regelung ihrer Rechtsstellung, Aufgaben, Befugnisse und Organisation. Die ESMA ist neben der Europäischen Bankenaufsichtsbehörde (*European Banking Authority* – „**EBA**") und der Europäischen
Aufsichtsbehörde für das Versicherungswesen und die betriebliche Altersversorgung (*European Insurance and Occupational Pensions Authority* – „**EIOPA**") eine
der drei neuen Aufsichtsbehörden des Europäischen Systems der Finanzaufsicht
(*European System of Financial Supervision* – „**ESFS**").

Die Aufgaben der ESMA bestehen in der Erhaltung und Stärkung der Funkti- 3
onsweise des Finanzsystems im Hinblick auf Wertpapiere und Derivate. Ziele der
ESMA sind vor allem die Förderung der „Integrität, Transparenz, Effizienz und
Funktionsfähigkeit der Finanzmärkte, die Stärkung der internationalen Zusammenarbeit der nationalen Aufsichtsbehörden in Aufsichtsfragen, die Förderung
gleicher Wettbewerbsbedingungen und nicht zuletzt die Verbesserung des Verbraucherschutzes" (vgl. Artikel 1 Abs. 5 der ESMA-Verordnung). Zur Erreichung
dieser Ziele soll die ESMA mit den Organen der Europäischen Union zusammenarbeiten, indem sie zu Themen fachlich Stellung nimmt und Handlungsalternati-
ven entwickelt sowie Vorschläge in Bezug auf die technische Umsetzung von
Maßnahmen unterbreitet (vgl. Artikel 8 Absatz 1 lit. a) der ESMA-Verordnung).
Zudem strebt die ESMA an, die Zusammenarbeit zwischen den nationalen Aufsichtsbehörden der Mitgliedstaaten zu erweitern sowie Meinungsverschiedenheiten dieser untereinander beizulegen und auf diese Weise eine „gemeinsame Aufsichtskultur zu schaffen" (vgl. Artikel 8 Absatz 1 lit. b) der ESMA-Verordnung).

Im von Artikel 65 der AIFM-Richtlinie angesprochenen Artikel 1 Absatz 2 der 4
ESMA-Verordnung werden der Tätigkeitsbereich bzw. die Zuständigkeiten der
ESMA im Wege der Nennung der Anwendungsbereiche einzelner Primärrechts-
akte und ihrer Durchführungsvorschriften definiert (*Baur/Boegl*, BKR 2011,
S. 177, 181). Da die ESMA auch die Verwalter alternativer Investmentfonds
beaufsichtigen soll, ist die AIFM-Richtlinie als Teil des Tätigkeitsbereichs bzw.
Zuständigkeitsbereichs der ESMA entsprechend genannt.

Die gemäß der wörtlichen Vorgabe in Artikel 65 zu ersetzende Formulierung 5
des Artikels 1 Absatz 2 der ESMA-Verordnung „*jeder künftige Gesetzgebungsakt auf
dem Gebiet der Verwalter von alternativen Investmentfonds (AIFM)*" lautet im Originaltext der ESMA-Verordnung „*aller künftigen Rechtsvorschriften über die Verwalter alternativer Investmentfonds (AIFM)*". Da Artikel 65 der AIFM-Richtlinie die erste
Änderung der ESMA-Verordnung herbeiführt, dürfte es sich bei der von Artikel 1
Absatz 2 der ESMA-Verordnung **abweichenden Zitierung** des zu ersetzenden
Texts in Artikel 65 um ein **redaktionelles Versehen** handeln. Eindeutig ist
hingegen, dass die bisherige Formulierung durch die Worte „*Richtlinie 2011/61/
EU des Europäischen Parlaments und des Rates vom 8. Juni 2011 über die Verwalter
alternativer Investmentfonds*" zu ersetzen war.

Artikel 66 Umsetzung

(1) **Bis zum 22. Juli 2013 erlassen und veröffentlichen die Mitgliedstaaten die erforderlichen Rechts- und Verwaltungsvorschriften, um dieser**

Richtlinie nachzukommen. **Sie teilen der Kommission unverzüglich den Wortlaut dieser Vorschriften mit und fügen eine Tabelle mit den Entsprechungen zwischen der Richtlinie und diesen innerstaatlichen Vorschriften bei.**

(2) **Die Mitgliedstaaten wenden die Rechts- und Verwaltungsvorschriften gemäß Absatz 1 ab dem 22. Juli 2013 an.**

(3) **Unbeschadet des Absatzes 2 wenden die Mitgliedstaaten die Rechts- und Verwaltungsvorschriften, die erforderlich sind, um den Artikeln 35 sowie 37 bis 41 nachzukommen, gemäß dem von der Kommission nach Artikel 67 Absatz 6 erlassenen delegierten Rechtsakt und von dem darin festgelegten Zeitpunkt an.**

(4) **Die Mitgliedstaaten gewährleisten, dass die Rechts- und Verwaltungsvorschriften, die von ihnen erlassen wurden, um den Artikeln 36 und 42 nachzukommen, gemäß dem von der Kommission nach Artikel 68 Absatz 6 erlassenen delegierten Rechtsakt und zu dem darin festgelegten Zeitpunkt außer Kraft treten.**

(5) **Wenn die Mitgliedstaaten die in Absatz 1 genannten Vorschriften erlassen, nehmen sie in diesen Vorschriften selbst oder durch einen Hinweis bei der amtlichen Veröffentlichung auf diese Richtlinie Bezug.**

(6) **Die Mitgliedstaaten teilen der Kommission den Wortlaut der wichtigsten innerstaatlichen Rechtsvorschriften mit, die sie auf dem unter diese Richtlinie fallenden Gebiet erlassen.**

Nachstehend werden die Vorschriften des Regierungsentwurfs zum Kapitalanlagegesetzbuch (Stand 12. Dezember 2012) den entsprechenden Vorschriften der AIFM-Richtlinie gegenübergestellt.

AIFM-Richtlinie	KAGB-E
Artikel 66 **Umsetzung**	**Artikel 28** **AIFM-Umsetzungsgesetz** **Inkrafttreten**
(1) Bis zum 22. Juli 2013 erlassen und veröffentlichen die Mitgliedstaaten die erforderlichen Rechts- und Verwaltungsvorschriften, um dieser Richtlinie nachzukommen. Sie teilen der Kommission unverzüglich den Wortlaut dieser Vorschriften mit und fügen eine Tabelle mit den Entsprechungen zwischen der Richtlinie und diesen innerstaatlichen Vorschriften bei.	(1) Artikel 1 § 19 Absatz 6, § 26 Absatz 8, § 27 Absatz 6, § 28 Absatz 4, § 29 Absatz 6, § 30 Absatz 5, § 37 Absatz 3, § 38 Absatz 5, § 49 Absatz 8, § 68 Absatz 8, § 78 Absatz 3 Satz 3 und 4, § 89 Absatz 3 Satz 3 und 4, § 94 Absatz 5, § 96 Absatz 4, §§ 106, 117 Absatz 9, § 120 Absatz 8, § 121 Absatz 4, § 132 Absatz 8, § 135 Absatz 11, § 136 Absatz 4, § 166 Absatz 5 Satz 5 und 6, § 168 Absatz 8, § 185 Absatz 3, § 197 Absatz 3, § 204 Absatz 3, § 312 Absatz 8, § 331 Absatz 2 Satz 2 und 3, § 340 Absatz 7 sowie § 342 Absatz 5 und 6 treten am Tag nach der Verkündigung in Kraft. (2) Im Übrigen tritt dieses Gesetz am 22. Juli 2013 in Kraft.

AIFM-Richtlinie	KAGB-E
	Artikel 28 **AIFM-Umsetzungsgesetz** **Inkrafttreten**
(2) Die Mitgliedstaaten wenden die Rechts- und Verwaltungsvorschriften gemäß Absatz 1 ab dem 22. Juli 2013 an.	(1) (…) (2) Im Übrigen tritt dieses Gesetz am 22. Juli 2013 in Kraft.
	§ 295 Absatz 2 KAGB-E **Auf den Vertrieb und den Erwerb von AIF anwendbare Vorschriften**
(3) Unbeschadet des Absatzes 2 wenden die Mitgliedstaaten die Rechts- und Verwaltungsvorschriften, die erforderlich sind, um den Artikeln 35 sowie 37 bis 41 nachzukommen, gemäß dem von der Kommission nach Artikel 67 Absatz 6 erlassenen delegierten Rechtsakt und von dem darin festgelegten Zeitpunkt an.	(2) Der Vertrieb von Anteilen oder Aktien an inländischen Spezial-AIF, EU-AIF und ausländischen AIF an professionelle Anleger ist im Inland nur zulässig, 1. bis zu dem in dem auf Grundlage des Artikel 66 Absatz 3 in Verbindung mit Artikel 67 Absatz 6 der Richtlinie 2011/61/EU erlassenen delegierten Rechtsakt der Europäischen Kommission genannten Zeitpunkt nach den Voraussetzungen des §§ 321, 323, 329 oder 330; 2. ab dem Zeitpunkt, auf den in Nummer 1 verwiesen wird, nach den Voraussetzungen der §§ 321 bis 328.
	§ 344 KAGB-E **Übergangsvorschriften für ausländische AIF-Verwaltungsgesellschaften** Die §§ 56 bis 66 sind erst ab dem Zeitpunkt anzuwenden, auf den in § 295 Absatz 2 Nummer 1 verwiesen wird.
(4) Die Mitgliedstaaten gewährleisten, dass die Rechts- und Verwaltungsvorschriften, die von ihnen erlassen wurden, um den Artikeln 36 und 42 nachzukommen, gemäß dem von der Kommission nach Artikel 68 Absatz 6 erlassenen delegierten Rechtsakt und zu dem darin festgelegten Zeitpunkt außer Kraft treten.	
(5) Wenn die Mitgliedstaaten die in Absatz 1 genannten Vorschriften erlassen, nehmen sie in diesen Vorschriften selbst oder durch einen Hinweis bei der	

AIFM-Richtlinie	KAGB-E
amtlichen Veröffentlichung auf diese Richtlinie Bezug.	
(6) Die Mitgliedstaaten teilen der Kommission den Wortlaut der wichtigsten innerstaatlichen Rechtsvorschriften mit, die sie auf dem unter diese Richtlinie fallenden Gebiet erlassen.	

A. Regelungsgegenstand und Regelungszweck

1   Artikel 66 gibt den Mitgliedstaaten für die Umsetzung der AIFM-Richtlinie eine Umsetzungsfrist bis zum 22. Juli 2013 vor. Bis zu diesem Zeitpunkt sollen die Mitgliedstaaten die erforderlichen Rechts- und Verwaltungsvorschriften erlassen und veröffentlicht haben. Diese Frist darf grundsätzlich ausgeschöpft werden.

2   Um zu kontrollieren, ob alle Vorgaben der Richtlinie in einzelstaatliches Recht umgesetzt wurden, werden die Mitgliedstaaten in Artikel 66 Absatz 1 Satz 2 verpflichtet, die Kommission unverzüglich über den Wortlaut der Vorschriften zu informieren und eine Gegenüberstellung der Vorgaben der Richtlinie mit den entsprechenden innerstaatlichen Vorschriften in Tabellenform beizufügen. Weiterhin sollen die Mitgliedstaaten der Kommission gemäß Artikel 66 Absatz 6 die wichtigsten innerstaatlichen Rechtsvorschriften mitteilen, die auf dem unter diese Richtlinie fallenden Gebiet erlassen werden.

3   Die erforderlichen Rechts- und Verwaltungsvorschriften sind spätestens ab dem 22. Juli 2013 in den Mitgliedstaaten anzuwenden.

4   Von dieser Frist nicht umfasst sind die Rechts- und Verwaltungsvorschriften, die erforderlich sind, um den **Artikeln 35 bis 42 der AIFM-Richtlinie** nachzukommen. Artikel 35 bis 42 regeln Sachverhalte mit Bezug zu Drittländern, bei denen der Vertrieb in der Europäischen Union erfolgt.[1]

5   Dabei ist (i) für die Umsetzung der Artikel 35 sowie 37 bis 41, die sich im Rahmen der Vorschriften für Drittländer auf den Vertrieb mit Pass, d.h. mit der Erlaubnis zum EU-weiten Vertrieb beziehen, und (ii) für die Umsetzung der Artikel 36 sowie 42, die den Vertrieb ohne Pass zum Gegenstand haben, jeweils eine eigenständige Umsetzungsfrist vorgesehen. Dies ist dem Umstand geschuldet, dass die Umsetzung der Spezifischen Vorschriften für Drittländer, bei denen der Vertrieb in der Europäischen Union erfolgt, somit der Artikel 35 bis 42 in drei Phasen erfolgen wird:

6   In einer ersten Phase bestehen die Spezifischen Vorschriften für Drittländer, bei denen der Vertrieb in der Europäischen Union erfolgt aus den Artikeln 36 und 42 (**„Phase 1"**). Diese erste Phase zeichnet sich dadurch aus, dass für Sachverhalte mit mindestens einem Bezug auf ein Drittland zunächst kein Pass-System vorgesehen ist. Vielmehr gelten, soweit dies im Einzelfall zutrifft, „nationale Bestimmungen über Privatplatzierungen"[2], die den jeweiligen Anforderungen der Artikel 36 oder 42 entsprechen müssen (**„in Artikel 36 und 42 vorgesehene**

---

[1] Die Artikel 35 bis 42 stehen hier im Gegensatz zu Artikel 34, der sich von den Erstgenannten dadurch unterscheidet, dass hier die Sachverhalte mit Bezug zu Drittländern geregelt werden, in denen der Vertrieb nicht in der Europäischen Union erfolgt.

[2] AIFM-Richtlinie, Erwägungsgrund 85.

nationale Regelungen"). Die erste Phase beginnt gemäß Artikel 66 Absatz 2 am 22. Juli 2013.

Für Sachverhalte, bei denen ein Bezug zu einem Drittland besteht und der **7** Vertrieb in der Europäischen Union erfolgt, soll das Pass-System erst zu einem späteren Zeitpunkt eingeführt werden. Dieser Zeitpunkt ist der Zeitpunkt der gemäß Artikel 66 Absatz 3 im gemäß Artikel 67 Absatz 6 zu erlassenden delegierten Rechtsakt (**"Delegierter Rechtsakt gemäß Artikel 67 Absatz 6"**) anzugeben ist (**"Zeitpunkt zur Umsetzung der Artikel 35 sowie 37 bis 41"**).

Der "Zeitpunkt zur Umsetzung der Artikel 35 sowie 37 bis 41" stellt auch den **8** Übergang in die Phase 2 dar (**"Phase 2"**). Die Phase 2 zeichnet sich dadurch aus, dass die in Artikel 36 und 42 vorgesehenen nationalen Regelungen und die nationalen Rechts- und Verwaltungsvorschriften zur Umsetzung der Artikel 35 sowie 37 bis 41 vorübergehend parallel Anwendung finden können, soweit der nationale Gesetzgeber von einer solchen parallelen Anwendung Gebrauch macht.[3]

Der Übergang von Phase 2 zu Phase 3 erfolgt, wenn die in Artikel 36 und 42 **9** vorgesehenen nationalen Regelungen außer Kraft gesetzt werden. Die Phase 3 besteht somit darin, dass die nationalen Rechts- und Verwaltungsvorschriften zur Umsetzung der Artikel 35 sowie 37 bis 41 nunmehr ausschließlich Geltung haben und die parallele Anwendung der in Artikel 36 und 42 vorgesehenen nationalen Regelungen daher nicht mehr zulässig ist (**"Phase 3"**). Der Zeitpunkt, der den Übergang von Phase 2 zu Phase 3 bewirkt, ist der Zeitpunkt, der gemäß Artikel 66 Absatz 4 im gemäß Artikel 68 Absatz 6 zu erlassenden delegierten Rechtsakt (**"Delegierter Rechtsakt gemäß Artikel 68 Absatz 6"**) anzugeben ist (**"Zeitpunkt zur Außerkraftsetzung der in Artikel 36 und 42 vorgesehenen nationalen Regelungen"**).

Gemäß Artikel 66 Absatz 5 sollen die Mitgliedstaaten beim Erlass der erforderli- **10** chen Rechts- und Verwaltungsvorschriften zur Umsetzung der AIFM-Richtlinie in diesen Vorschriften selbst oder durch einen Hinweis bei einer amtlichen Veröffentlichung Bezug auf die AIFM-Richtlinie nehmen.

B. Umsetzung in den Mitgliedstaaten

Welche Rechts- und Verwaltungsvorschriften erforderlich sind, um der AIFM- **11** Richtlinie nachzukommen, steht grundsätzlich im Ermessen des einzelnen Mitgliedstaates. Die Richtlinie gibt lediglich die Mindestanforderungen vor. Die Umsetzung kann jedoch durch die Kommission nachgeprüft werden. Hinsichtlich der Anforderungen an die Form der Richtlinienumsetzung überlässt Art. 288 Absatz 3 AEUV den innerstaatlichen Stellen die Wahl der Form und der Mittel. Dies bedeutet, dass die Ziele der Richtlinie für die Mitgliedstaaten verbindlich sind. Sie können jedoch die durch die Vorgaben der Richtlinie eröffneten **Umsetzungsspielräume** nutzen. Ferner muss die Art der Umsetzung hinreichend klar und bestimmt sein.

Am 20. Juli 2012 veröffentlichte das Bundesfinanzministerium der Finanzen **12** den Diskussionsentwurf des deutschen AIFM-Umsetzungsgesetzes (**"Diskussionsentwurf"**). Der deutsche Gesetzgeber hat sich letztlich dazu entschlossen, ein sämtliche kollektive Anlagemodelle umfassendes Gesetz zu schaffen, das den Namen "Kapitalanlagegesetzbuch" (**"KAGB"**) tragen soll. Das KAGB soll dabei gemäß Artikel 2 des Diskussionsentwurfs das Investmentgesetz (**"InvG"**) erset-

---

[3] Im Hinblick auf das KAGB-E siehe unter Rn. 15 f.

zen, welches inhaltlich weitestgehend im KAGB aufgegangen ist. Am 12. Dezember 2012 wurde der Diskussionsentwurf durch den Regierungsentwurf ersetzt. Mit weiteren Änderungen ist im Laufe des fortschreitenden Gesetzgebungsverfahrens zu rechnen.

C. Bezüge zum KAGB-E

13   Das KAGB-E spiegelt die verschiedenen, in Artikel 66 angesprochenen Regelungskreise und die entsprechenden Umsetzungsfristen wie folgt wieder:

I. Allgemeine Vorschriften zur Umsetzung der AIFM-Richtlinie

14   Artikel 66 Absätze 1 und 2 verlangen die grundsätzliche Umsetzung der AIFM-Richtlinie, das heißt Erlass der erforderlichen Vorschriften bis und Anwendung derselben ab dem 22. Juli 2013. Die entsprechenden Regelungen im deutschen Recht finden sich in Artikel 28 des AIFM-Umsetzungsgesetzes.

II. Umsetzung bestimmter Vorschriften der AIFM-Richtlinie in Bezug auf Drittländer

15   Die Umsetzung der in Artikel 36 und 42 vorgesehenen nationalen Regelungen, somit die Umsetzung der Phase 1 ist in § 295 Absatz 2 Nr. 1 KAGB-E sowie § 344 KAGB-E vorgesehen.

16   Die Umsetzung der Artikel 35 sowie 37 bis 41 soll mittels § 295 Absatz 2 Nr. 2 KAGB-E erreicht werden.

17   Der Deutsche Gesetzgeber hat von der Möglichkeit der parallelen Geltung der in Artikel 36 und 42 vorgesehenen nationalen Regelungen und der nationalen Rechts- und Verwaltungsvorschriften zur Umsetzung der Artikel 35 sowie 37 bis 41 im KAGB-E, oben als Phase 2 bezeichnet, keinen Gebrauch gemacht. Dies ergibt sich aus der jeweiligen Formulierung von § 295 Absatz 2 Nr. 1 und Nr. 2, die vorsehen, dass die beiden Regime nicht parallel, sondern ausschließlich nacheinander zur Geltung kommen, was durch die Begründung des Entwurfs bestätigt wird.[4] Dies ist richtlinienkonform, da die in Artikel 36 und 42 vorgesehenen nationalen Regelungen entsprechend Artikel 36 Absatz 1 und Artikel 42 Absatz 1 (*„können die Mitgliedstaaten"*) optional sind. Die Option, solche nationalen Vorschriften überhaupt zu erlassen beinhaltet als Minus auch die Option, diese vor dem vom Richtliniengeber in Artikel 68 Absatz 6 vorgesehenen spätesten Zeitpunkt außer Kraft zu setzen. Dieser Befund entspricht auch der Formulierung *„bis zu dem die in Artikel 36 und 42 vorgesehenen nationalen Regelungen außer Kraft gesetzt sein müssen"* in Artikel 68 Absatz 6.

18   Der Umstand, dass der Deutsche Gesetzgeber von der Möglichkeit der parallelen Geltung der in Artikel 36 und 42 vorgesehenen nationalen Regelungen und der nationalen Rechts- und Verwaltungsvorschriften zur Umsetzung der Artikel 35 sowie 37 bis 41 im KAGB-E keinen Gebrauch gemacht hat, führt dazu, dass die Implementierung der AIFM-Richtlinie in Deutschland für Sachverhalte mit Bezug zu Drittländern nicht dreiphasig, sondern lediglich zweiphasig geplant

---

[4] Siehe AIFM-Umsetzungsgesetz, Begründung, B. Besonderer Teil, Zu Artikel 1, zu § 295, zu Absatz 2.

ist. Es bedeutet auch, dass die oben definierte Phase 3, somit der Zustand, in dem ausschließlich das Pass-System entsprechend der zur Umsetzung der Artikel 35 sowie 37 bis 41 Geltung hat, in Deutschland bereits zu dem Zeitpunkt erfolgt, der im gemäß Artikel 67 Absatz 6 zu erlassenden delegierten Rechtsakt anzugeben ist, und nicht erst, wie von der AIFM-Richtlinie gefordert, zu dem Zeitpunkt, der im gemäß Artikel 68 Absatz 6 zu erlassenden delegierten Rechtsakt anzugeben ist. Das bedeutet konkret, dass die von der AIFM-Richtlinie angestrebte Implementierung und ausschließliche Geltung des Pass-Systems für Sachverhalte mit Bezug zu Drittländer in Deutschland ausweislich des KAGB-E bereits im Jahr 2015, somit circa drei Jahre früher als vorgegeben erreicht werden wird.

Artikel 67 Delegierter Rechtsakt zur Anwendung der Artikel 35
sowie 37 bis 41

(1) Bis zum 22. Juli 2015 legt die ESMA dem Europäischen Parlament, dem Rat und der Kommission Folgendes vor:
a) eine Stellungnahme über die Funktionsweise des Passes für EU-AIFM, die gemäß den Artikeln 32 und 33 EU-AIF verwalten und/oder vertreiben, sowie über die Funktionsweise des Vertriebs von Nicht-EU-AIF durch EU-AIFM in den Mitgliedstaaten und die Verwaltung und/oder den Vertrieb von AIF durch Nicht-EU-AIFM in den Mitgliedstaaten gemäß den anwendbaren nationalen Regelungen, wie sie in den Artikeln 36 und 42 aufgeführt sind, und
b) eine Empfehlung zur Anwendung des Passes auf den Vertrieb von Nicht-EU-AIF durch EU-AIFM in den Mitgliedstaaten und zur Verwaltung und/oder zum Vertrieb von AIF durch Nicht-EU-AIFM in den Mitgliedstaaten gemäß den Bestimmungen der Artikel 35 sowie 37 bis 41.

(2) Die ESMA stützt ihre Stellungnahme und Empfehlung zur Anwendung des Passes auf den Vertrieb von Nicht-EU-AIF durch EU-AIFM in den Mitgliedstaaten und zur Verwaltung und/oder zum Vertrieb von AIF durch Nicht-EU-AIFM in den Mitgliedstaaten unter anderem auf Folgendes:
a) in Bezug auf die Funktionsweise des Passes für EU-AIFM, die EU-AIF verwalten und/oder vertreiben:
   i) die Verwendung des Passes;
   ii) Probleme in folgenden Bereichen:
      – effektive Zusammenarbeit zwischen den zuständigen Behörden,
      – Effektivität des Anzeigesystems,
      – Anlegerschutz,
      – Schlichtung durch die ESMA, einschließlich der Anzahl der Fälle und der Wirksamkeit der Schlichtung;
   iii) Wirksamkeit der Beschaffung und Bereitstellung von Informationen im Zusammenhang mit der Überwachung von systemischen Risiken durch die zuständigen nationalen Behörden, die ESA (ESMA) und den ESRB;
b) in Bezug auf die Funktionsweise des Vertriebs von Nicht-EU-AIF durch EU-AIFM in den Mitgliedstaaten und die Verwaltung und/oder

den Vertrieb von AIF durch Nicht-EU-AIFM in den Mitgliedstaaten gemäß den anwendbaren nationalen Regelungen:

i) Einhaltung aller in dieser Richtlinie festgelegten Anforderungen mit Ausnahme derer in Artikel 21 durch EU-AIFM;

ii) Einhaltung der Artikel 22, 23 und 24 in Bezug auf jeden vom AIFM vertriebenen AIF, und gegebenenfalls der Artikel 26 bis 30, durch Nicht-EU-AIFM;

iii) Bestehen und Wirksamkeit von internationalen Standards entsprechenden und der Überwachung von Systemrisiken dienenden Vereinbarungen über Zusammenarbeit zwischen den zuständigen Behörden des Mitgliedstaats, in dem die AIF vertrieben werden, soweit anwendbar, den zuständigen Behörden des Herkunftsmitgliedstaats des EU-AIF und den Aufsichtsbehörden des Drittlands, in dem der Nicht-EU-AIFM seinen Sitz hat, und, soweit anwendbar, den Aufsichtsbehörden des Drittlands, in dem der Nicht-EU-AIF seinen Sitz hat;

iv) eventuell aufgetretene Anlegerschutzfragen;

v) alle Merkmale eines Regulierungs- und Aufsichtsrahmens eines Drittlandes, die die zuständigen Behörden daran hindern könnten, ihre Aufsichtsfunktionen gemäß dieser Richtlinie effektiv wahrzunehmen;

c) in Bezug auf die Funktionsweise der beiden Systeme: potenzielle Marktstörungen und Wettbewerbsverzerrungen (gleiche Wettbewerbsbedingungen) oder sämtliche allgemeinen oder speziellen Schwierigkeiten, mit denen EU-AIFM konfrontiert sind, wenn sie sich in einem Drittland niederlassen oder von ihnen verwaltete AIF in einem Drittland vertreiben.

(3) Nach dem Inkrafttreten der gemäß dieser Richtlinie erforderlichen nationalen Rechts- und Verwaltungsvorschriften und bis zur Vorlage der in Absatz 1 Buchstabe a erwähnten Stellungnahme der ESMA stellen die zuständigen Behörden der Mitgliedstaaten der ESMA zu diesem Zweck vierteljährlich Informationen über die AIFM zur Verfügung, die ihrer Aufsicht unterliegende AIF gemäß der in dieser Richtlinie vorgesehenen Pass-Regelung oder gemäß ihren nationalen Regelungen verwalten und/oder vertreiben. Ferner stellen sie der ESMA die für eine Bewertung der in Absatz 2 genannten Punkte erforderlichen Informationen zur Verfügung.

(4) Ist die ESMA der Auffassung, dass in Bezug auf Anlegerschutz, Marktstörung, Wettbewerb und Überwachung der Systemrisiken keine erheblichen Hindernisse vorliegen, die die Anwendung des Passes auf den Vertrieb von Nicht-EU-AIF durch EU-AIFM in den Mitgliedstaaten und die Verwaltung und/oder den Vertrieb von AIF durch Nicht-EU-AIFM in den Mitgliedstaaten gemäß den Bestimmungen der Artikel 35 sowie 37 bis 41 behindern könnten, so gibt sie diesbezüglich eine positive Empfehlung ab.

(5) Die Kommission erlässt gemäß Artikel 56 und nach Maßgabe der Bedingungen der Artikel 57 und 58 delegierte Rechtsakte, mit denen der Inhalt der gemäß Absatz 2 bereitzustellenden Informationen festgelegt wird.

(6) Die Kommission erlässt binnen drei Monaten nach Eingang der positiven Empfehlung und einer Stellungnahme der ESMA, und unter

Berücksichtigung der in Absatz 2 aufgeführten Kriterien sowie der Ziele dieser Richtlinie, wie etwa des Binnenmarkts, des Anlegerschutzes und der wirksamen Überwachung der Systemrisiken, gemäß Artikel 56 und nach Maßgabe der Bedingungen der Artikel 57 und 58, und unter Angabe des Zeitpunkts, ab dem die Bestimmungen der Artikel 35 sowie 37 bis 41 in allen Mitgliedstaaten umgesetzt werden, einen delegierten Rechtsakt.

Werden gegen den in Unterabsatz 1 erwähnten delegierten Rechtsakt gemäß Artikel 58 Einwände erhoben, so erlässt die Kommission den delegierten Rechtsakt, gemäß dem die Artikel 35 sowie 37 bis 41 in allen Mitgliedstaaten umgesetzt werden, gemäß Artikel 56 und nach Maßgabe der Bedingungen der Artikel 57 und 58 zu einem späteren ihr geeignet erscheinenden Zeitpunkt erneut. Sie berücksichtigt dabei die in Absatz 2 aufgeführten Kriterien sowie die Ziele dieser Richtlinie, wie etwa den Binnenmarkt, den Anlegerschutz und die wirksame Überwachung der Systemrisiken.

(7) Hat die ESMA innerhalb der in Absatz 1 genannten Frist keine Empfehlung abgegeben, so wird sie von der Kommission aufgefordert, die Empfehlung innerhalb einer neuen Frist abzugeben.

Nachstehend werden die Vorschriften des Regierungsentwurfs zum Kapitalanlagegesetzbuch (Stand 12. Dezember 2012) den entsprechenden Vorschriften der AIFM-Richtlinie gegenübergestellt.

AIFM-Richtlinie	KAGB-E
Artikel 67 **Delegierter Rechtsakt zur** **Anwendung der Artikel 35 sowie** **37 bis 41**	
(1) Bis zum 22. Juli 2015 legt die ESMA dem Europäischen Parlament, dem Rat und der Kommission Folgendes vor: a) eine Stellungnahme über die Funktionsweise des Passes für EU-AIFM, die gemäß den Artikeln 32 und 33 EU-AIF verwalten und/oder vertreiben, sowie über die Funktionsweise des Vertriebs von Nicht-EU-AIF durch EU-AIFM in den Mitgliedstaaten und die Verwaltung und/oder den Vertrieb von AIF durch Nicht-EU-AIFM in den Mitgliedstaaten gemäß den anwendbaren nationalen Regelungen, wie sie in den Artikeln 36 und 42 aufgeführt sind, und b) eine Empfehlung zur Anwendung des Passes auf den Vertrieb von	

AIFM-Richtlinie	KAGB-E
Nicht-EU-AIF durch EU-AIFM in den Mitgliedstaaten und zur Verwaltung und/oder zum Vertrieb von AIF durch Nicht-EU-AIFM in den Mitgliedstaaten gemäß den Bestimmungen der Artikel 35 sowie 37 bis 41.	
(2) Die ESMA stützt ihre Stellungnahme und Empfehlung zur Anwendung des Passes auf den Vertrieb von Nicht-EU-AIF durch EU-AIFM in den Mitgliedstaaten und zur Verwaltung und/oder zum Vertrieb von AIF durch Nicht-EU-AIFM in den Mitgliedstaaten unter anderem auf Folgendes: a) in Bezug auf die Funktionsweise des Passes für EU-AIFM, die EU-AIF verwalten und/oder vertreiben: i) die Verwendung des Passes; ii) Probleme in folgenden Bereichen: – effektive Zusammenarbeit zwischen den zuständigen Behörden, – Effektivität des Anzeigesystems, – Anlegerschutz, – Schlichtung durch die ESMA, einschließlich der Anzahl der Fälle und der Wirksamkeit der Schlichtung; iii) Wirksamkeit der Beschaffung und Bereitstellung von Informationen im Zusammenhang mit der Überwachung von systemischen Risiken durch die zuständigen nationalen Behörden, die ESA (ESMA) und den ESRB; b) in Bezug auf die Funktionsweise des Vertriebs von Nicht-EU-AIF durch EU-AIFM in den Mitgliedstaaten und die Verwaltung und/oder den Vertrieb von AIF durch Nicht-EU-AIFM in den Mitgliedstaaten gemäß den anwendbaren nationalen Regelungen: i) Einhaltung aller in dieser Richtlinie festgelegten Anforderungen mit Ausnahme derer in Artikel 21 durch EU-AIFM;	

AIFM-Richtlinie	KAGB-E
ii) Einhaltung der Artikel 22, 23 und 24 in Bezug auf jeden vom AIFM vertriebenen AIF, und gegebenenfalls der Artikel 26 bis 30, durch Nicht-EU-AIFM; iii) Bestehen und Wirksamkeit von internationalen Standards entsprechenden und der Überwachung von Systemrisiken dienenden Vereinbarungen über Zusammenarbeit zwischen den zuständigen Behörden des Mitgliedstaats, in dem die AIF vertrieben werden, soweit anwendbar, den zuständigen Behörden des Herkunftsmitgliedstaats des EU-AIF und den Aufsichtsbehörden des Drittlands, in dem der Nicht-EU-AIFM seinen Sitz hat, und, soweit anwendbar, den Aufsichtsbehörden des Drittlands, in dem der Nicht-EU-AIF seinen Sitz hat; iv) eventuell aufgetretene Anlegerschutzfragen; v) alle Merkmale eines Regulierungs- und Aufsichtsrahmens eines Drittlandes, die die zuständigen Behörden daran hindern könnten, ihre Aufsichtsfunktionen gemäß dieser Richtlinie effektiv wahrzunehmen; c) in Bezug auf die Funktionsweise der beiden Systeme: potenzielle Marktstörungen und Wettbewerbsverzerrungen (gleiche Wettbewerbsbedingungen) oder sämtliche allgemeinen oder speziellen Schwierigkeiten, mit denen EU-AIFM konfrontiert sind, wenn sie sich in einem Drittland niederlassen oder von ihnen verwaltete AIF in einem Drittland vertreiben.	
	§ 12 Absatz 5 KAGB-E **Meldungen der Bundesanstalt an die Europäische Kommission und die Europäische Wertpapier/und Marktaufsichtsbehörde**
(3) Nach dem Inkrafttreten der gemäß dieser Richtlinie erforderlichen nationalen Rechts- und Verwaltungs-	(5) Die Bundesanstalt meldet der Europäischen Wertpapier- und Marktaufsichtsbehörde vierteljährlich:

AIFM-Richtlinie	KAGB-E
vorschriften und bis zur Vorlage der in Absatz 1 Buchstabe a erwähnten Stellungnahme der ESMA stellen die zuständigen Behörden der Mitgliedstaaten der ESMA zu diesem Zweck vierteljährlich Informationen über die AIFM zur Verfügung, die ihrer Aufsicht unterliegende AIF gemäß der in dieser Richtlinie vorgesehenen Pass-Regelung oder gemäß ihren nationalen Regelungen verwalten und/oder vertreiben. Ferner stellen sie der ESMA die für eine Bewertung der in Absatz 2 genannten Punkte erforderlichen Informationen zur Verfügung.	1. die nach § 22 erteilten Erlaubnisse und nach § 39 aufgehobenen Erlaubnisse; 2. Informationen zu AIF-Verwaltungsgesellschaften, die der Aufsicht der Bundesanstalt unterliegende AIF entweder gemäß der unionsrechtlich vorgesehenen Passregelung oder den nationalen Regelungen verwalten oder vertreiben.
(4) Ist die ESMA der Auffassung, dass in Bezug auf Anlegerschutz, Marktstörung, Wettbewerb und Überwachung der Systemrisiken keine erheblichen Hindernisse vorliegen, die die Anwendung des Passes auf den Vertrieb von Nicht-EU-AIF durch EU-AIFM in den Mitgliedstaaten und die Verwaltung und/oder den Vertrieb von AIF durch Nicht-EU-AIFM in den Mitgliedstaaten gemäß den Bestimmungen der Artikel 35 sowie 37 bis 41 behindern könnten, so gibt sie diesbezüglich eine positive Empfehlung ab.	
(5) Die Kommission erlässt gemäß Artikel 56 und nach Maßgabe der Bedingungen der Artikel 57 und 58 delegierte Rechtsakte, mit denen der Inhalt der gemäß Absatz 2 bereitzustellenden Informationen festgelegt wird.	
	§ 344 KAGB-E Übergangsvorschriften für ausländische AIF-Verwaltungsgesellschaften
(6) Die Kommission erlässt binnen drei Monaten nach Eingang der positiven Empfehlung und einer Stellungnahme der ESMA, und unter Berücksichtigung der in Absatz 2 aufgeführten Kriterien sowie der Ziele dieser Richtlinie, wie etwa des Binnenmarkts, des Anlegerschutzes und der wirksamen	Die §§ 56 bis 66 sind erst ab dem Zeitpunkt anzuwenden, auf den in § 295 Absatz 2 Nummer 1 verwiesen wird.

AIFM-Richtlinie	KAGB-E
Überwachung der Systemrisiken, gemäß Artikel 56 und nach Maßgabe der Bedingungen der Artikel 57 und 58, und unter Angabe des Zeitpunkts, ab dem die Bestimmungen der Artikel 35 sowie 37 bis 41 in allen Mitgliedstaaten umgesetzt werden, einen delegierten Rechtsakt.	

Werden gegen den in Unterabsatz 1 erwähnten delegierten Rechtsakt gemäß Artikel 58 Einwände erhoben, so erlässt die Kommission den delegierten Rechtsakt, gemäß dem die Artikel 35 sowie 37 bis 41 in allen Mitgliedstaaten umgesetzt werden, gemäß Artikel 56 und nach Maßgabe der Bedingungen der Artikel 57 und 58 zu einem späteren ihr geeignet erscheinenden Zeitpunkt erneut. Sie berücksichtigt dabei die in Absatz 2 aufgeführten Kriterien sowie die Ziele dieser Richtlinie, wie etwa den Binnenmarkt, den Anlegerschutz und die wirksame Überwachung der Systemrisiken.

§ 296
Vereinbarungen mit Drittstaaten
zur OGAW-Konformität

(1) Die Bundesanstalt kann mit den zuständigen Stellen von Drittstaaten vereinbaren, dass

1. die §§ 310 und 311 auf Anteile an ausländischen AIF, die in dem Drittstaat gemäß den Anforderungen der Richtlinie 2009/65/EG aufgelegt und verwaltet werden, entsprechend anzuwenden sind, sofern diese AIF im Geltungsbereich dieses Gesetzes vertrieben werden sollen, und

2. die §§ 312 und 313 entsprechend anzuwenden sind, wenn Anteile an inländischen OGAW auf dem Hoheitsgebiet des Drittstaates vertrieben werden sollen.

§ 310 gilt dabei mit der Maßgabe, dass zusätzlich zu der Bescheinigung nach § 310 Absatz 1 Satz 1 Nummer 2 auch eine Bescheinigung der zuständigen

AIFM-Richtlinie	KAGB-E
	Stelle des Drittstaates zu übermitteln ist, dass der angezeigte AIF gemäß der Richtlinie 2011/61/EU verwaltet wird.

(2) Die Bundesanstalt darf die Vereinbarung nach Absatz 1 nur abschließen, wenn

1. die Anforderungen der Richtlinie 2009/65/EG in das Recht des Drittstaates entsprechend umgesetzt sind und öffentlich beaufsichtigt werden,
2. die Bundesanstalt und die zuständigen Stellen des Drittstaates eine Vereinbarung im Sinne des Artikels 42 Absatz 1 Buchstabe b in Verbindung mit Absatz 3 der Richtlinie 2011/61/EU abgeschlossen haben oder zeitgleich mit der Vereinbarung nach Absatz 1 abschließen werden,
3. der Drittstaat gemäß Artikel 42 Absatz 1 Buchstabe c der Richtlinie 2011/61/EU nicht auf der Liste der nicht kooperierenden Länder und Gebiete, die von der Arbeitsgruppe „Finanzielle Maßnahmen gegen Geldwäsche unter Terrorismusfinanzierung" aufgestellt wurde, steht,
4. der gegenseitige Marktzugang unter vergleichbaren Voraussetzungen gewährt wird und
5. die Vereinbarung nach Absatz 1 auf solche ausländische AIF des Drittstaates beschränkt wird, bei denen sowohl der AIF als auch der Verwalter ihren Sitz in diesem Drittstaat haben, und die gemäß der Richtlinie 2011/61/EU verwaltet werden.

(3) Auf ausländische AIF, deren Anteile entsprechend Absatz 1 im Geltungsbereich dieses Gesetzes vertrieben werden, sind diejenigen Bestimmungen dieses Gesetzes entsprechend anzuwenden, die eine EU-OGAW-Verwaltungsgesellschaft zu beachten hat, wenn sie Anteile an einem EU-OGAW im Geltungsbereich dieses Gesetzes vertreibt; insbesondere sind die §§ 94 Absatz 3, 297, 298 sowie §§ 301 bis 306 und § 309 entsprechend anzuwenden.

AIFM-Richtlinie	KAGB-E
	Darüber hinaus gilt für den Vertrieb des ausländischen AIF Artikel 42 Absatz 1 Buchstabe a in Verbindung mit Artikel 22, 23 und 24 der Richtlinie 2011/61/EU.
	(4) Die Bundesanstalt veröffentlicht die Vereinbarung nach Absatz 1 unverzüglich nach Inkrafttreten auf ihrer Internetseite. Mit der Bekanntmachung sind die in Absatz 2 genannten Vorschriften anzuwenden. Die Vereinbarung nach Absatz 1 verliert ihre Geltungskraft ab dem Zeitpunkt, auf den in Absatz 2 Nummer 1 verwiesen wird.
(7) Hat die ESMA innerhalb der in Absatz 1 genannten Frist keine Empfehlung abgegeben, so wird sie von der Kommission aufgefordert, die Empfehlung innerhalb einer neuen Frist abzugeben.	

Literatur: Calliess, Christian/Ruffert, Matthias (Hrsg.), EUV/AEUV, 4. Auflage 2011, AEUV Artikel 290.

A. Allgemeines

Zur Gewährleistung einheitlicher Bedingungen für die Durchführung der **1** AIFM-Richtlinie hat der Richtliniengeber vorgesehen, dass der Kommission Durchführungsbefugnisse übertragen werden.[1] Der Kommission soll dies nach Erwägungsgrund 78 der Richtlinie die Befugnis einräumen, delegierte Rechtsakte zu erlassen.

Die Grundlage hierfür ist Artikel 290 Absatz 1 des Vertrages über die Arbeits- **2** weise der Europäischen Union (**„AEUV"**), wonach der Kommission die Befugnis übertragen wird, Rechtsakte ohne Gesetzescharakter mit allgemeiner Geltung zur Ergänzung oder Änderung bestimmter nicht wesentlicher Vorschriften des betreffenden Gesetzgebungsakts (**„delegierte Rechtsakte"**) zu erlassen. Dabei müssen in den betreffenden Gesetzgebungsakten Ziele, Inhalt, Geltungsbereich und Dauer der Befugnisübertragung ausdrücklich festgelegt sein. Die wesentlichen Aspekte eines Bereichs sind dem Gesetzgebungsakt vorbehalten und eine Befugnisübertragung ist für sie deshalb ausgeschlossen.

Die AIFM-Richtlinie enthält in Artikel 56 Absatz 1 eine Aufzählung der aus- **3** drücklich in dieser Richtlinie vorgesehenen delegierten Rechtsakte.

B. Delegierter Rechtsakt

Da delegierte Rechtsakte Rechtsakte ohne Gesetzescharakter sind, mit denen **4** die Kommission lediglich nicht wesentliche Vorschriften ergänzen und in diesem

---

[1] AIFM-Richtlinie, Erwägungsgrund 77.

Rahmen abändern kann,[2] bestimmt Artikel 67 Inhalt und Grenzen der Delegation und der **Rechtssetzungsbefugnis** der Kommission. In Artikel 67 Absatz 6 wird der Kommission die Befugnis übertragen, einen delegierten Rechtsakt zu erlassen, um den Pass auf den Vertrieb von Nicht-EU-AIF in der Union durch EU-AIFM gemäß Artikel 35 und auf die Verwaltung von EU-AIF und/oder den Vertrieb von durch sie verwaltete AIF in der Union durch Nicht-EU-AIFM gemäß Artikel 37, 39, 40 und 41 auszuweiten.

5   Entsprechend Artikel 67 Absatz 6 i. V. m. Artikel 67 Absatz 2 sowie gemäß Erwägungsgrund 88 soll die Kommission den delegierten Rechtsakt auf Basis der **Empfehlung** der ESMA erlassen. Bis zum 22. Juli 2015, somit bis maximal zwei Jahre nach Ablauf der endgültigen Frist für die Umsetzung dieser Richtlinie, hat die ESMA der Kommission gemäß Artikel 67 Absatz 1 lit. a) unter anderem eine Stellungnahme zum Funktionieren des bereits seit dem 22. Juli 2012 bestehenden Pass-Systems gemäß der Artikel 32 und 33 i. V. m. Artikel 66 Absatz 2 sowie hinsichtlich der Anwendung der in Artikel 36 und 42 vorgesehenen nationalen Regelungen abzugeben. Ebenso soll sie gemäß Artikel 67 Absatz 1 lit. b) eine Empfehlung in Bezug auf die Ausdehnung des Passes auf den Vertrieb von Nicht-EU-AIF in der Union durch EU-AIFM sowie auf die Verwaltung und/oder den Vertrieb von AIF in der Union durch Nicht-EU-AIFM aussprechen.

6   Gemäß Artikel 67 Absatz 6 hat die Kommission den delegierten Rechtsakt binnen drei Monaten nach Eingang der Empfehlung und der Stellungnahme der ESMA unter Berücksichtigung der in Artikel 67 Absatz 2 angeführten Kriterien sowie der Ziele dieser Richtlinie, unter anderem hinsichtlich des Binnenmarkts, des Anlegerschutzes und der wirksamen Überwachung der Systemrisiken zu erlassen. Darin ist auch das Datum anzugeben, an dem die in der AIFM-Richtlinie vorgesehenen Regelungen zur Ausdehnung des Passes gemäß der Artikel 35 sowie 37 bis 41 in allen Mitgliedstaaten gelten sollen.

7   Die Befugnis zum Erlass des entsprechenden delegierten Rechtsakts wurde der Kommission gemäß Artikel 56 Absatz 1 für einen Zeitraum von vier Jahren, beginnend mit dem 21. Juli 2011 übertragen. Wird die Befugnis nicht gemäß Artikel 57 widerrufen, so verlängert sich die Befugnisübertragung automatisch um weitere 4 Jahre. Gemäß Artikel 56 Absatz 3 unterliegt die übertragene Befugnis zum Erlass delegierter Rechtsakte den in Artikel 57 und 58 genannten Bedingungen.

C. Funktion

8   Artikel 67 kommt gemeinsam mit Artikel 68 die Funktion zu, die in Artikel 66 Absätze 3 und 4 geregelte **Umsetzung** der Spezifischen Vorschriften für Drittländer, d.h. der Artikel 35 bis 42, in zeitlicher Hinsicht zu regeln. Die Umsetzung dieser Vorschriften erfolgt in insgesamt drei Phasen, wie in der Kommentierung zu Artikel 66 Rn. 4–7 im Detail dargestellt wird.

9   Für Sachverhalte, bei denen ein Bezug zu einem Drittland besteht, soll das Pass-System erst zu einem späteren Zeitpunkt eingeführt werden. Dieser Zeitpunkt ist der Zeitpunkt, der gemäß Artikel 66 Absatz 3 im gemäß Artikel 67 Absatz 6 zu erlassenden delegierten Rechtsakt (**„Delegierter Rechtsakt gemäß Artikel 67**

---

[2] *Calliess/Ruffert,* EUV/AEUV, Artikel 290 Rn. 2.

Absatz 6") anzugeben ist (**"Zeitpunkt zur Umsetzung der Artikel 35 sowie 37 bis 41").**

Ab dem "Zeitpunkt zur Umsetzung der Artikel 35 sowie 37 bis 41" können die **10** in Artikel 36 und 42 vorgesehenen nationalen Regelungen sowie die nationalen Rechts- und Verwaltungsvorschriften zur Umsetzung der Artikel 35 sowie 37 bis 41 vorübergehend parallel Anwendung finden, soweit der nationale Gesetzgeber von einer solchen parallelen Anwendung Gebrauch macht.[3]

D. Bezüge zum KAGB-E

Das KAGB-E nimmt sowohl auf Artikel 67 Absatz 3 als auch auf Artikel 67 **11** Absatz 6 Bezug.

I. Erforderliche Meldungen

Der Inhalt von Artikel 67 Absatz 3 ist in § 12 Absatz 5 Nr. 2 KAGB-E zur **12** Umsetzung vorgesehen. § 12 KAGB-E wird die nach dem KAGB-E erforderlichen Meldungen der BaFin an die Europäische Kommission und die Europäische Wertpapier- und Marktaufsichtsbehörde ESMA, darunter die in Artikel 67 Absatz 3 vorgesehenen Meldungen, regeln.

II. Interimsregelung für Vertrieb gemäß § 296 KAGB-E

Eine Bezugnahme auf Artikel 67 Absatz 6 findet sich in § 296 KAGB-E. Für **13** den Fall, dass Anteile an ausländischen AIF in Deutschland vertrieben werden sollen, die in einem Drittstaat gemäß den Anforderungen der **OGAW IV-Richtlinie** aufgelegt und verwaltet werden, sieht § 296 KAGB-E vor, dass die für EU-OGAW im Inland geltenden Vertriebsvorschriften (§§ 310 und 311 KAGB-E) entsprechend gelten sollen. § 296 KAGB-E ist somit mit dem aufzuhebenden § 136 Absatz 5 InvG vergleichbar und enthält wie dieser nähere Voraussetzungen, unter denen die entsprechende Geltung der für EU-OGAW im Inland geltenden Vertriebsvorschriften möglich ist. Zwei wichtige Voraussetzungen für einen solchen erleichterten Marktzugang werden dabei die **Wechselseitigkeit** ("gegenseitiger Marktzugang unter vergleichbaren Voraussetzungen", § 296 Absatz 2 Nr. 4 KAGB-E) und der Abschluss einer bilateralen Vereinbarung zwischen der BaFin und den zuständigen Stellen des betreffenden Drittstaats gemäß § 296 Absätze 1 und 2 KAGB-E (**"Zwischenbehördliche Vereinbarung"**) sein.

Eine frühere Fassung von § 296 Absatz 4 KAGB-E war § 262 Absatz 9 KAGB- **14** Diskussionsentwurf. § 262 Absatz 9 KAGB-Diskussionsentwurf trug dem Umstand Rechnung, dass spätestens bis zum im **delegierten Rechtsakt gemäß Artikel 68 Absatz 6** genannten Zeitpunkt, bis zu dem die in Artikel 42 vorgesehenen nationalen Regelungen außer Kraft gesetzt sein müssen, Raum für eine jeweils nationale Regelung nach Maßgabe des Artikels 42 verbleibt. Der Sache nach war § 262 Absatz 9 KAGB-Diskussionsentwurf daher als **Interimsregelung** angelegt.

---

[3] Im Hinblick auf das KAGB-E siehe zu diesem Thema die Kommentierung in Artikel 66 Rn. 15 f.

Seinem Charakter als Interimsregelung entsprechend sah § 262 Absatz 9 Satz 7 KAGB-Diskussionsentwurf vor, dass die zwischenbehördlichen Vereinbarungen ihre Geltungskraft bis zum im delegierten Rechtsakt gemäß Artikel 67 Absatz 6 genannten Zeitpunkt, ab dem die Bestimmungen der Artikel 35 sowie 37 bis 41 in allen Mitgliedstaaten und somit auch in Deutschland umgesetzt sein werden (**„Zeitpunkt gemäß Artikel 67 Absatz 6"**), verlieren werden.

15 Ausweislich der Gesetzesbegründung zum KAGB-E soll auch die Nachfolgenorm zu § 262 Absatz 9 Satz 7 KAGB-Diskussionsentwurf, § 296 Absatz 4 Satz 3 KAGB-E regeln, dass die zwischenbehördlichen Vereinbarungen ihre Geltung ab dem Zeitpunkt gemäß Artikel 67 Absatz 6 verlieren werden. Damit soll dem Umstand Rechnung getragen werden, dass die in den Artikeln 37, 39 und 40 für AIF und Verwalter aus Drittstaaten vorgesehenen Passregelungen wegen ihres abschließenden Charakters keinen Raum für divergierende zwischenbehördliche Vereinbarungen zulassen.

Anders als § 262 Absatz 9 Satz 7 KAGB-Diskussionsentwurf nimmt § 296 Absatz 4 Satz 3 KAGB-E mit seinem Verweis auf „Absatz 2 Nummer 1" entgegen der gesetzgeberischen Intention keinen Bezug auf den Zeitpunkt gemäß Artikel 67 Absatz 6, da § 296 Absatz 2 Nr. 1 KAGB-E keine dementsprechende Formulierung enthält. Richtigerweise muss § 296 Absatz 4 Satz 3 KAGB-E auf den Zeitpunkt verweisen, auf den in „295" Absatz 2 Nummer 1 verwiesen wird, welcher der Zeitpunkt gemäß Artikel 67 Absatz 6 ist.

Es ist davon auszugehen, dass dieses redaktionelle Versehen in § 296 Absatz 4 Satz 3 KAGB-E bis zum Abschluss des Gesetzgebungsverfahrens zum AIFM-UmsG behoben sein wird.

16 Dass § 262 Absatz 9 Satz 7 KAGB-Diskussionsentwurf und (ein wie vorstehend dargelegt zu berichtigender) § 296 Abs. 4 Satz 3 KAGB-E auf den Zeitpunkt gemäß Artikel 67 Absatz 6 verweisen, und nicht etwa, wie es eigentlich zu erwarten gewesen wäre, auf den in Artikel 68 Absatz 6 genannten Zeitpunkt, ist dem Umstand geschuldet, dass der deutsche Gesetzgeber im KAGB-E von der Möglichkeit einer **dreiphasigen Umsetzung**[4] der **AIFM-Richtlinie** keinen Gebrauch machen will und stattdessen lediglich eine **zweiphasige Umsetzung**[5] anstrebt.

III. § 344 KAGB-E

17 Auch § 344 KAGB-E nimmt mittels des Verweises in § 295 Absatz 2 Nr. 1 KAGB-E auf den Zeitpunkt gemäß Artikel 67 Absatz 6 Bezug und wird diesen im Hinblick auf die dort genannten Artikel 37, 38 und 41 umsetzen. Gegenstand von § 344 KAGB-E wird der Beginn der Anwendung bestimmter vom deutschem Gesetzgeber erlassener Rechtsvorschriften sein, die erforderlich sind, um den Artikeln 35 sowie 37 bis 41 nachzukommen, die die Geltung des einheitlichen EU-Produktpasses auf den Vertrieb von Nicht-EU-AIF in der Union durch EU-AIFM und auf die Verwaltung von EU-AIF und/oder den Vertrieb von durch sie verwalteten AIF in der Union durch Nicht-EU-AIFM ausweiten. Die diesbezüglichen Rechtsvorschriften werden in §§ 56 bis 66 KAGB-E enthalten sein.

---

[4] Siehe hierzu die Kommentierung in Artikel 66 Rn. 4–9.
[5] Siehe hierzu die Kommentierung in Artikel 66 Rn. 15 f.

Artikel 68 Delegierter Rechtsakt zur Außerkraftsetzung der Artikel 36 und 42

(1) Drei Jahre nach dem Inkrafttreten des in Artikels 67 Absatz 6 genannten delegierten Rechtsakts, gemäß dem die Bestimmungen der Artikel 35 sowie 37 bis 41 in allen Mitgliedstaaten umgesetzt wurden, legt die ESMA dem Europäischen Parlament, dem Rat und der Kommission Folgendes vor:

a) eine Stellungnahme über die Funktionsweise des Passes für EU-AIFM, die gemäß Artikel 35 Nicht-EU-AIF in der Union vertreiben, und für Nicht-EU-AIFM, die gemäß den Artikeln 37 bis 41 AIF in der Union verwalten und/oder vertreiben, sowie über die Funktionsweise des Vertriebs von Nicht-EU-AIF durch EU-AIFM in den Mitgliedstaaten und die Verwaltung und/oder den Vertrieb von AIF durch Nicht-EU-AIFM in den Mitgliedstaaten gemäß den anwendbaren nationalen Regelungen, wie sie in den Artikeln 36 und 42 aufgeführt sind, und

b) eine Empfehlung zur Außerkraftsetzung der in den Artikeln 36 und 42 vorgesehenen nationalen Regelungen, die gemäß den Bestimmungen der Artikel 35 sowie 37 bis 41 parallel zum Pass bestehen.

(2) Die ESMA stützt ihre Stellungnahme und Empfehlung zur Außerkraftsetzung der in Artikel 36 und 42 vorgesehenen nationalen Regelungen unter anderem auf Folgendes:

a) in Bezug auf die Funktionsweise des Passes für EU-AIFM, die Nicht-EU-AIF in der Union verwalten, und des Passes für Nicht-EU-AIFM, die AIF in der Union verwalten und/oder vertreiben,

  i) die Verwendung des Passes;

  ii) Probleme in folgenden Bereichen:

    – effektive Zusammenarbeit zwischen den zuständigen Behörden,

    – Effektivität des Meldesystems,

    – Angabe des Referenzmitgliedstaats,

    – die auf AIFM anwendbaren Rechts- und Verwaltungsvorschriften eines Drittlandes oder die Beschränkungen der Aufsichts- und Ermittlungsbefugnisse der Aufsichtsbehörden des Drittlandes hindern die zuständigen Behörden an der effektiven Wahrnehmung ihrer Aufsichtsfunktionen,

    – Anlegerschutz,

    – Zugang von Anlegern in der Union,

    – Auswirkungen auf Entwicklungsländer,

    – Schlichtung durch die ESMA, einschließlich der Anzahl der Fälle und der Wirksamkeit der Schlichtung;

  iii) Aushandlung, Abschluss, Bestehen und Wirksamkeit der erforderlichen Vereinbarungen über Zusammenarbeit;

  iv) Wirksamkeit der Beschaffung und Bereitstellung von Informationen im Zusammenhang mit der Überwachung von systemischen Risiken durch die zuständigen nationalen Behörden, die ESMA und den ESRB;

  v) Ergebnisse des Verfahrens der vergleichenden Analyse nach Artikel 38;

b) in Bezug auf die Funktionsweise des Vertriebs von Nicht-EU-AIF durch EU-AIFM in den Mitgliedstaaten und die Verwaltung und/oder den Vertrieb von AIF durch Nicht-EU-AIFM in den Mitgliedstaaten gemäß den anwendbaren nationalen Regelungen:

  i) Einhaltung aller in dieser Richtlinie festgelegten Anforderungen mit Ausnahme derer in Artikel 21 durch EU-AIFM;

  ii) Einhaltung der Artikel 22, 23 und 24 in Bezug auf jeden vom AIFM vertriebenen AIF, und gegebenenfalls der Artikel 26 bis 30, durch Nicht-EU-AIFM;

  iii) Bestehen und Wirksamkeit von internationalen Standards entsprechenden und der Überwachung von Systemrisiken dienenden Vereinbarungen über Zusammenarbeit zwischen den zuständigen Behörden des Mitgliedstaats, in dem die AIF vertrieben werden, soweit anwendbar, den zuständigen Behörden des Herkunftsmitgliedstaats des betreffenden EU-AIF und den Aufsichtsbehörden des Drittlands, in dem der Nicht-EU-AIFM seinen Sitz hat, und, soweit anwendbar, den Aufsichtsbehörden des Drittlands, in dem der Nicht-EU-AIF seinen Sitz hat;

  iv) eventuell aufgetretene Anlegerschutzfragen;

  v) alle Merkmale eines Regulierungs- und Aufsichtsrahmens eines Drittlandes, die die zuständigen Behörden der Union daran hindern könnten, ihre Aufsichtsfunktionen gemäß dieser Richtlinie effektiv wahrzunehmen;

c) in Bezug auf die Funktionsweise der beiden Systeme: potenzielle Marktunterbrechungen und Wettbewerbsverzerrungen (gleiche Wettbewerbsbedingungen) und mögliche negative Auswirkungen auf den Zugang der Anleger oder Anlagen in oder zugunsten von Entwicklungsländern;

d) eine quantitative Bewertung, in der die Anzahl der Drittländer und -hoheitsgebiete aufgeführt werden, in denen AIFM ihren Sitz haben, die entweder gemäß der in Artikel 40 vorgesehenen Passregelung oder gemäß den in Artikel 42 vorgesehenen nationalen Regelungen AIF in einem Mitgliedstaat vertreiben.

(3) Nach dem Inkrafttreten des in Artikel 67 Absatz 6 erwähnten delegierten Rechtsakts und bis zur Vorlage der in Absatz 1 Buchstabe a dieses Artikels erwähnten ESMA-Stellungnahme stellen die zuständigen Behörden der ESMA zu diesem Zweck vierteljährlich Informationen über die AIFM zur Verfügung, die ihrer Aufsicht unterliegende AIF gemäß der in dieser Richtlinie vorgesehenen Passregelung oder gemäß ihren nationalen Regelungen verwalten und/oder vertreiben.

(4) Ist die ESMA der Auffassung, dass in Bezug auf Anlegerschutz, Marktunterbrechung, Wettbewerb und Überwachung der Systemrisiken keine erheblichen Hindernisse vorliegen, die der Außerkraftsetzung der nationalen Regelungen gemäß den Artikeln 36 und 42 und der weiteren Anwendung des Passes auf den Vertrieb von Nicht-EU-AIF durch EU-AIFM in der Union und der Verwaltung und/oder dem Vertrieb von AIF durch Nicht-EU-AIFM in der Union gemäß den Bestimmungen der Artikel 35 sowie 37 bis 41 als einziger möglicher Regelung für solche Tätigkeiten der betreffenden AIFM in der Union entgegenstehen, so gibt sie diesbezüglich eine positive Empfehlung ab.

(5) Die Kommission erlässt gemäß Artikel 56 und nach Maßgabe der Bedingungen der Artikel 57 und 58 delegierte Rechtsakte, mit denen der Inhalt der gemäß Absatz 2 bereitzustellenden Informationen festgelegt wird.

(6) Die Kommission erlässt binnen drei Monaten nach Eingang der positiven Empfehlung und einer Stellungnahme der ESMA und unter Berücksichtigung der in Absatz 2 aufgeführten Kriterien sowie der Ziele dieser Richtlinie, wie etwa des Binnenmarkts, des Anlegerschutzes und der wirksamen Überwachung der Systemrisiken, gemäß Artikel 56 und nach Maßgabe der Bedingungen der Artikel 57 und 58 und unter Angabe des Zeitpunkts, bis zu dem die in Artikel 36 und 42 vorgesehenen nationalen Regelungen außer Kraft gesetzt sein müssen und die in den Artikeln 35 sowie 37 bis 41 vorgesehene Passregelung in allen Mitgliedstaaten zur einzigen verbindlichen Regelung werden muss, einen delegierten Rechtsakt.

Werden gegen den in Unterabsatz 1 erwähnten delegierten Rechtsakt gemäß Artikel 58 Einwände erhoben, so erlässt die Kommission den delegierten Rechtsakt, gemäß dem die in den Artikeln 36 und 42 vorgesehenen nationalen Regelungen außer Kraft gesetzt und das in den Artikeln 35 sowie 37 bis 41 vorgesehene Passsystem in allen Mitgliedstaaten zur einzigen verbindlichen Regelung werden soll, zu einem späteren ihr geeignet erscheinenden Zeitpunkt erneut nach Artikel 56 und nach Maßgabe der Bedingungen der Artikel 57 und 58. Sie berücksichtigt dabei die in Absatz 2 aufgeführten Kriterien sowie die Ziele dieser Richtlinie, wie etwa den Binnenmarkt, den Anlegerschutz und die wirksame Überwachung der Systemrisiken.

(7) Hat die ESMA innerhalb der in Absatz 1 genannten Frist keine Empfehlung abgegeben, so wird sie von der Kommission aufgefordert, die Empfehlung innerhalb einer neuen Frist abzugeben.

Nachstehend werden die Vorschriften des Regierungsentwurfs zum Kapitalanlagegesetzbuch (Stand 12. Dezember 2012) den entsprechenden Vorschriften der AIFM-Richtlinie gegenübergestellt.

AIFM-Richtlinie	KAGB-E
Artikel 68 **Delegierter Rechtsakt zur Außer-** **kraftsetzung der Artikel 36 und 42**	**Artikel 68** **Delegierter Rechtsakt zur Außer-** **kraftsetzung der Artikel 36 und 42**
(1) Drei Jahre nach dem Inkrafttreten des in Artikels 67 Absatz 6 genannten delegierten Rechtsakts, gemäß dem die Bestimmungen der Artikel 35 sowie 37 bis 41 in allen Mitgliedstaaten umgesetzt wurden, legt die ESMA dem Europäischen Parlament, dem Rat und der Kommission Folgendes vor: a) eine Stellungnahme über die Funktionsweise des Passes für EU-AIFM, die gemäß Artikel 35 Nicht-EU-AIF	

AIFM-Richtlinie	KAGB-E
in der Union vertreiben, und für Nicht-EU-AIFM, die gemäß den Artikeln 37 bis 41 AIF in der Union verwalten und/oder vertreiben, sowie über die Funktionsweise des Vertriebs von Nicht-EU-AIF durch EU-AIFM in den Mitgliedstaaten und die Verwaltung und/oder den Vertrieb von AIF durch Nicht-EU-AIFM in den Mitgliedstaaten gemäß den anwendbaren nationalen Regelungen, wie sie in den Artikeln 36 und 42 aufgeführt sind, und b) eine Empfehlung zur Außerkraftsetzung der in den Artikeln 36 und 42 vorgesehenen nationalen Regelungen, die gemäß den Bestimmungen der Artikel 35 sowie 37 bis 41 parallel zum Pass bestehen.	
(2) Die ESMA stützt ihre Stellungnahme und Empfehlung zur Außerkraftsetzung der in Artikel 36 und 42 vorgesehenen nationalen Regelungen unter anderem auf Folgendes: a) in Bezug auf die Funktionsweise des Passes für EU-AIFM, die Nicht-EU-AIF in der Union verwalten, und des Passes für Nicht-EU-AIFM, die AIF in der Union verwalten und/oder vertreiben, i) die Verwendung des Passes; ii) Probleme in folgenden Bereichen: - effektive Zusammenarbeit zwischen den zuständigen Behörden, - Effektivität des Meldesystems, - Angabe des Referenzmitgliedstaats, - die auf AIFM anwendbaren Rechts- und Verwaltungsvorschriften eines Drittlandes oder die Beschränkungen der Aufsichts- und Ermittlungsbefugnisse der Aufsichtsbehörden des Drittlandes hindern die zuständigen Behörden an der effektiven Wahrnehmung ihrer Aufsichtsfunktionen, - Anlegerschutz, - Zugang von Anlegern in der Union, - Auswirkungen auf Entwicklungsländer,	

AIFM-Richtlinie	KAGB-E
– Schlichtung durch die ESMA, einschließlich der Anzahl der Fälle und der Wirksamkeit der Schlichtung; iii) Aushandlung, Abschluss, Bestehen und Wirksamkeit der erforderlichen Vereinbarungen über Zusammenarbeit; iv) Wirksamkeit der Beschaffung und Bereitstellung von Informationen im Zusammenhang mit der Überwachung von systemischen Risiken durch die zuständigen nationalen Behörden, die ESMA und den ESRB; v) Ergebnisse des Verfahrens der vergleichenden Analyse nach Artikel 38; b) in Bezug auf die Funktionsweise des Vertriebs von Nicht-EU-AIF durch EU-AIFM in den Mitgliedstaaten und die Verwaltung und/oder den Vertrieb von AIF durch Nicht-EU-AIFM in den Mitgliedstaaten gemäß den anwendbaren nationalen Regelungen: i) Einhaltung aller in dieser Richtlinie festgelegten Anforderungen mit Ausnahme derer in Artikel 21 durch EU-AIFM; ii) Einhaltung der Artikel 22, 23 und 24 in Bezug auf jeden vom AIFM vertriebenen AIF, und gegebenenfalls der Artikel 26 bis 30, durch Nicht-EU-AIFM; iii) Bestehen und Wirksamkeit von internationalen Standards entsprechenden und der Überwachung von Systemrisiken dienenden Vereinbarungen über Zusammenarbeit zwischen den zuständigen Behörden des Mitgliedstaats, in dem die AIF vertrieben werden, soweit anwendbar, den zuständigen Behörden des Herkunftsmitgliedstaats des betreffenden EU-AIF und den Aufsichtsbehörden des Drittlands, in dem der Nicht-EU-AIFM seinen Sitz hat, und, soweit anwendbar, den Aufsichtsbehörden	

AIFM-Richtlinie	KAGB-E
des Drittlands, in dem der Nicht-EU-AIF seinen Sitz hat; iv) eventuell aufgetretene Anleger-schutzfragen; v) alle Merkmale eines Regulierungs- und Aufsichtsrahmens eines Drittlandes, die die zuständigen Behörden der Union daran hindern könnten, ihre Aufsichtsfunktionen gemäß dieser Richtlinie effektiv wahrzunehmen; c) in Bezug auf die Funktionsweise der beiden Systeme: potenzielle Marktunterbrechungen und Wettbewerbsverzerrungen (gleiche Wettbewerbsbedingungen) und mögliche negative Auswirkungen auf den Zugang der Anleger oder Anlagen in oder zugunsten von Entwicklungsländern; d) eine quantitative Bewertung, in der die Anzahl der Drittländer und -hoheitsgebiete aufgeführt werden, in denen AIFM ihren Sitz haben, die entweder gemäß der in Artikel 40 vorgesehenen Passregelung oder gemäß den in Artikel 42 vorgesehenen nationalen Regelungen AIF in einem Mitgliedstaat vertreiben.	
	§ 12 Absatz 5 KAGB-E **Meldungen der Bundesanstalt an die Europäische Kommission und die Europäische Wertpapier/ und Marktaufsichtsbehörde**
(3) Nach dem Inkrafttreten des in Artikel 67 Absatz 6 erwähnten delegierten Rechtsakts und bis zur Vorlage der in Absatz 1 Buchstabe a dieses Artikels erwähnten ESMA-Stellungnahme stellen die zuständigen Behörden der ESMA zu diesem Zweck vierteljährlich Informationen über die AIFM zur Verfügung, die ihrer Aufsicht unterliegende AIF gemäß der in dieser Richtlinie vorgesehenen Passregelung oder gemäß ihren nationalen Regelungen verwalten und/oder vertreiben.	(5) Die Bundesanstalt meldet der Europäischen Wertpapier- und Marktaufsichtsbehörde vierteljährlich; 1. die nach § 22 erteilten Erlaubnisse und nach § 39 aufgehobenen Erlaubnisse; 2. Informationen zu AIF-Verwaltungsgesellschaften, die der Aufsicht der Bundesanstalt unterliegende AIF entweder gemäß der unionsrechtlich vorgesehenen Passregelung oder den nationalen Regelungen verwalten oder vertreiben.

AIFM-Richtlinie	KAGB-E
(4) Ist die ESMA der Auffassung, dass in Bezug auf Anlegerschutz, Marktunterbrechung, Wettbewerb und Überwachung der Systemrisiken keine erheblichen Hindernisse vorliegen, die der Außerkraftsetzung der nationalen Regelungen gemäß den Artikeln 36 und 42 und der weiteren Anwendung des Passes auf den Vertrieb von Nicht-EU-AIF durch EU-AIFM in der Union und der Verwaltung und/oder dem Vertrieb von AIF durch Nicht-EU-AIFM in der Union gemäß den Bestimmungen der Artikel 35 sowie 37 bis 41 als einziger möglicher Regelung für solche Tätigkeiten der betreffenden AIFM in der Union entgegenstehen, so gibt sie diesbezüglich eine positive Empfehlung ab.	
(5) Die Kommission erlässt gemäß Artikel 56 und nach Maßgabe der Bedingungen der Artikel 57 und 58 delegierte Rechtsakte, mit denen der Inhalt der gemäß Absatz 2 bereitzustellenden Informationen festgelegt wird.	
(6) Die Kommission erlässt binnen drei Monaten nach Eingang der positiven Empfehlung und einer Stellungnahme der ESMA und unter Berücksichtigung der in Absatz 2 aufgeführten Kriterien sowie der Ziele dieser Richtlinie, wie etwa des Binnenmarkts, des Anlegerschutzes und der wirksamen Überwachung der Systemrisiken, gemäß Artikel 56 und nach Maßgabe der Bedingungen der Artikel 57 und 58 und unter Angabe des Zeitpunkts, bis zu dem die in Artikel 36 und 42 vorgesehenen nationalen Regelungen außer Kraft gesetzt sein müssen und die in den Artikeln 35 sowie 37 bis 41 vorgesehene Passregelung in allen Mitgliedstaaten zur einzigen verbindlichen Regelung werden muss, einen delegierten Rechtsakt.	
Werden gegen den in Unterabsatz 1 erwähnten delegierten Rechtsakt	

AIFM-Richtlinie	KAGB-E
gemäß Artikel 58 Einwände erhoben, so erlässt die Kommission den delegierten Rechtsakt, gemäß dem die in den Artikeln 36 und 42 vorgesehenen nationalen Regelungen außer Kraft gesetzt und das in den Artikeln 35 sowie 37 bis 41 vorgesehene Passsystem in allen Mitgliedstaaten zur einzigen verbindlichen Regelung werden soll, zu einem späteren ihr geeignet erscheinenden Zeitpunkt erneut nach Artikel 56 und nach Maßgabe der Bedingungen der Artikel 57 und 58. Sie berücksichtigt dabei die in Absatz 2 aufgeführten Kriterien sowie die Ziele dieser Richtlinie, wie etwa den Binnenmarkt, den Anlegerschutz und die wirksame Überwachung der Systemrisiken.	
(7) Hat die ESMA innerhalb der in Absatz 1 genannten Frist keine Empfehlung abgegeben, so wird sie von der Kommission aufgefordert, die Empfehlung innerhalb einer neuen Frist abzugeben.	

A. Allgemeines

1   Hinsichtlich der Ausführungen zu den Durchführungsbefugnissen der Kommission wird auf die zu Artikel 67 Rn. 1–3 gemachten Ausführungen verwiesen.

B. Delegierter Rechtsakt

2   Gemäß Absatz 1 hat die ESMA drei Jahre nach dem Inkrafttreten des delegierten Rechtsakts nach Artikel 67 Absatz 6, wonach der Pass auf den Vertrieb von Nicht-EU-AIF in der Union durch EU-AIFM und auf die Verwaltung und/oder den Vertrieb von AIF in der Union durch Nicht-EU-AIFM zur Anwendung kommt, eine **Stellungnahme zur Funktionsweise dieses Passes** vorzulegen. Die Stellungnahme hat ebenfalls die Funktionsweise des Vertriebs von Nicht-EU-AIF durch EU-AIFM in den jeweiligen Mitgliedstaaten (Artikel 36) und die Verwaltung und/oder den Vertrieb von AIF durch Nicht-EU-AIFM (Artikel 42) in den jeweiligen Mitgliedstaaten gemäß den anwendbaren nationalen Regelungen zu beinhalten. Artikel 36 und 42 führen die auf nationaler und Unionsebene einzuhaltenden Regelungen auf und bestimmen, unter welchen Voraussetzungen der Vertrieb in dem jeweiligen Mitgliedsstaat ohne Pass möglich ist. Die ESMA hat darüber hinaus eine Empfehlung über die Beendigung dieser nationalen Bestimmungen vorzulegen.

Entsprechend Absatz 6 hat die Kommission binnen drei Monaten nach Eingang **3** der Empfehlung und der Stellungnahme der ESMA unter Berücksichtigung der angeführten Kriterien sowie der Ziele dieser Richtlinie, unter anderem hinsichtlich des Binnenmarkts, des Anlegerschutzes und der wirksamen Überwachung der Systemrisiken einen delegierten Rechtsakt zu erlassen, und darin das Datum anzugeben, an dem die in dieser Richtlinie vorgesehenen nationalen Bestimmungen in allen Mitgliedstaaten beendet werden sollten.

Diese Befugnis wurde der Kommission für einen Zeitraum von vier Jahren ab **4** dem 21. Juli 2011 übertragen, vgl. Artikel 56 Absatz 1. Wird die Befugnis nicht widerrufen, so verlängert sich die Befugnisübertragung automatisch um weitere 4 Jahre. Gemäß Artikel 56 Absatz 3 unterliegt die übertragene Befugnis zum Erlass delegierter Rechtsakte den in Artikel 57 und 58 genannten Bedingungen.

C. Funktion

Artikel 68 kommt gemeinsam mit Artikel 67 die Funktion zu, die in Artikel 66 **5** Absätze 3 und 4 geregelte Umsetzung der Spezifischen Vorschriften für Drittländer, bei denen der Vertrieb in der Europäischen Union erfolgt, d.h. der Artikel 35 bis 42 in zeitlicher Hinsicht zu regeln. Die Umsetzung dieser Vorschriften erfolgt in insgesamt drei Phasen, wie in der Kommentierung zu Artikel 66 Rn. 4–9 im Detail dargestellt wird.

Ab dem „Zeitpunkt zur Umsetzung der Artikel 35 sowie 37 bis 41" können die **6** in Artikel 36 und 42 vorgesehenen nationalen Regelungen sowie die nationalen Rechts- und Verwaltungsvorschriften zur Umsetzung der Artikel 35 sowie 37 bis 41 vorübergehend parallel Anwendung finden, soweit der nationale Gesetzgeber von einer solchen parallelen Anwendung Gebrauch macht.[1] Gemäß Artikel 66 Absatz 4 hat die parallele Anwendung spätestens zum Zeitpunkt, der im gemäß Artikel 68 Absatz 6 zu erlassenden delegierten Rechtsakt anzugeben ist, zu enden.

D. Bezüge zum KAGB-E

Die Umsetzung des Inhalts von Artikel 68 Absatz 3 ist in § 12 Absatz 5 Nr. 2 **7** KAGB-E vorgesehen. § 12 KAGB-E regelt die nach dem KAGB-E erforderlichen **Meldungen der BaFin** an die Europäische Kommission und die Europäische Wertpapier- und Marktaufsichtsbehörde ESMA, darunter die in Artikel 68 Absatz 3 vorgesehenen Meldungen.

Der Deutsche Gesetzgeber will von der vorstehend unter Rn. 6 angesproche- **8** nen Möglichkeit der parallelen Geltung der in Artikel 36 und 42 vorgesehenen nationalen Regelungen und der nationalen Rechts- und Verwaltungsvorschriften, zur Umsetzung der Artikel 35 sowie 37 bis 41 im KAGB-E (**„parallele Geltung"**) keinen Gebrauch machen, wie näher in der Kommentierung zu Artikel 66 Rn. 15 f. ausgeführt wird.

Der Umstand, dass der Deutsche Gesetzgeber von der Möglichkeit der paralle- **9** len Geltung keinen Gebrauch machen wird, führt dazu, dass der Zustand, in dem ausschließlich das Pass-System entsprechend der Artikel 35 sowie 37 bis 41 Geltung hat, in Deutschland bereits zu dem Zeitpunkt erfolgen wird, der im gemäß

---

[1] Im Hinblick auf das KAGB-E siehe zu diesem Thema die Kommentierung in Artikel 66 Rn. 15 f.

Artikel 67 Absatz 6 zu erlassenden delegierten Rechtsakt anzugeben ist, und nicht erst, wie von der AIFM-Richtlinie gefordert, zu dem Zeitpunkt, der im gemäß Artikel 68 Absatz 6 zu erlassenden delegierten Rechtsakt anzugeben ist.

Artikel 69 Überprüfung

(1) Bis zum 22. Juli 2017 leitet die Kommission auf der Grundlage einer öffentlichen Konsultation und im Lichte der Beratungen mit den zuständigen Behörden eine Überprüfung der Anwendung und des Geltungsbereichs dieser Richtlinie ein. Bei dieser Überprüfung werden die Erfahrungen mit der Anwendung der Richtlinie sowie die Auswirkungen der Richtlinie auf Anleger, AIF oder AIFM, in der Union und in Drittländern, untersucht. Ferner wird untersucht, inwieweit die Ziele der Richtlinie erreicht worden sind. Die Kommission schlägt gegebenenfalls geeignete Änderungen vor. Die Überprüfung beinhaltet einen allgemeinen Überblick über die Funktionsweise der Bestimmungen dieser Richtlinie und über die bei deren Anwendung gemachten Erfahrungen, einschließlich:

a) Vertrieb von Nicht-EU-AIF durch EU-AIFM in den Mitgliedstaaten gemäß nationalen Regelungen;

b) Vertrieb von AIF durch Nicht-EU-AIFM in den Mitgliedstaaten gemäß nationalen Regelungen;

c) Verwaltung und Vertrieb von AIF in der Union durch nach dieser Richtlinie zugelassene AIFM im Rahmen der in dieser Richtlinie vorgesehenen Passregelungen;

d) Vertrieb von AIF in der Union durch oder im Namen von Personen oder Subjekten, die keine AIFM sind;

e) Anlagen in AIF durch oder im Namen von professionellen Anlegern aus der EU;

f) Auswirkungen der in Artikel 21 enthaltenen Bestimmungen über Verwahrstellen auf den Verwahrstellenmarkt in der Europäischen Union;

g) Auswirkungen der Transparenz- und Meldepflichten nach den Artikeln 22 bis 24, 28 und 29 auf die Bewertung der Systemrisiken;

h) potenzielle negative Auswirkungen auf Kleinanleger;

i) Auswirkungen dieser Richtlinie auf die Verwaltung und Rentabilität von Private-Equity- und Wagniskapitalfonds;

j) Auswirkungen dieser Richtlinie auf den Zugang der Anleger in der Union;

k) Auswirkungen dieser Richtlinie auf Anlagen in oder zugunsten von Entwicklungsländern;

l) Auswirkungen dieser Richtlinie auf den in den Artikeln 26 bis 30 dieser Richtlinie vorgesehenen Schutz von nicht börsennotierten Unternehmen oder Emittenten sowie auf die Gleichheit der Wettbewerbsbedingungen zwischen AIF und anderen Anlegern nach Erlangung einer Mehrheitsbeteiligung oder eines beherrschenden Einflusses an einem solchen nicht börsennotierten Unternehmen oder Emittenten.

Bei der Überprüfung des Vertriebs und/oder der Verwaltung von in Unterabsatz 1 Buchstaben a, b und c genannten AIF untersucht die Kommission, ob es angezeigt ist, in diesem Bereich weitere Aufsichtszuständigkeiten auf die ESMA zu übertragen.

(2) Für Zwecke der Überprüfung gemäß Absatz 1 stellen die Mitgliedstaaten der Kommission jährlich Informationen über AIFM zur Verfügung, die ihrer Aufsicht unterliegende AIF entweder gemäß der in dieser Richtlinie vorgesehenen Passregelung oder gemäß ihren nationalen Regelungen verwalten und/oder vertreiben. Sie geben dabei den Zeitpunkt an, an dem die Passregelung in ihrem Hoheitsgebiet umgesetzt oder gegebenenfalls angewendet wurde.

Die ESMA stellt der Kommission Informationen über alle Nicht-EU-AIFM zur Verfügung, die eine Zulassung gemäß Artikel 37 besitzen oder beantragt haben.

Die Informationen gemäß den Unterabsätzen 1 und 2 umfassen Folgendes:

a) Angaben zum Sitz der betreffenden AIFM,
b) gegebenenfalls Angabe der EU-AIF, die von den betreffenden AIFM verwaltet und/oder vertrieben werden,
c) gegebenenfalls Angabe der Nicht-EU-AIF, die von EU-AIFM verwaltet, aber nicht in der Union vertrieben werden,
d) gegebenenfalls Angabe der in der Union vertriebenen Nicht-EU-AIF,
e) Angaben zu der anwendbaren Regelung, ob national oder auf Unionsebene, in deren Rahmen die betreffenden AIFM ihre Tätigkeiten ausüben, und
f) sonstige Informationen, die wichtig sind, um zu verstehen, wie die Verwaltung und der Vertrieb von AIF durch AIFM in der Union in der Praxis funktioniert.

(3) Bei der Überprüfung nach Absatz 1 werden die Entwicklungen auf internationaler Ebene und Gespräche mit Drittländern und internationalen Organisationen gebührend berücksichtigt.

(4) Nach Abschluss der Überprüfung legt die Kommission dem Europäischen Parlament und dem Rat unverzüglich einen Bericht vor. Falls erforderlich, unterbreitet sie Vorschläge, einschließlich solcher zu Änderungen dieser Richtlinie; sie berücksichtigt dabei die Ziele dieser Richtlinie und ihre Auswirkungen auf den Anlegerschutz, Marktstörungen und den Wettbewerb, die Überwachung der Systemrisiken sowie potenzielle Auswirkungen auf Anleger, AIF oder AIFM in der Union und in Drittländern.

Nachstehend werden die Vorschriften des Regierungsentwurfs zum Kapitalanlagegesetzbuch (Stand 12. Dezember 2012) den entsprechenden Vorschriften der AIFM-Richtlinie gegenübergestellt.

AIFM-Richtlinie	KAGB-E
Artikel 69 **Überprüfung**	
(1) Bis zum 22. Juli 2017 leitet die Kommission auf der Grundlage einer öffentlichen Konsultation und im Lichte der Beratungen mit den zuständigen Behörden eine Überprüfung der Anwendung und des Geltungsbereichs die-	

AIFM-Richtlinie	KAGB-E
ser Richtlinie ein. Bei dieser Überprüfung werden die Erfahrungen mit der Anwendung der Richtlinie sowie die Auswirkungen der Richtlinie auf Anleger, AIF oder AIFM, in der Union und in Drittländern, untersucht. Ferner wird untersucht, inwieweit die Ziele der Richtlinie erreicht worden sind. Die Kommission schlägt gegebenenfalls geeignete Änderungen vor. Die Überprüfung beinhaltet einen allgemeinen Überblick über die Funktionsweise der Bestimmungen dieser Richtlinie und über die bei deren Anwendung gemachten Erfahrungen, einschließlich: a) Vertrieb von Nicht-EU-AIF durch EU-AIFM in den Mitgliedstaaten gemäß nationalen Regelungen; b) Vertrieb von AIF durch Nicht-EU-AIFM in den Mitgliedstaaten gemäß nationalen Regelungen; c) Verwaltung und Vertrieb von AIF in der Union durch nach dieser Richtlinie zugelassene AIFM im Rahmen der in dieser Richtlinie vorgesehenen Passregelungen; d) Vertrieb von AIF in der Union durch oder im Namen von Personen oder Subjekten, die keine AIFM sind; e) Anlagen in AIF durch oder im Namen von professionellen Anlegern aus der EU; f) Auswirkungen der in Artikel 21 enthaltenen Bestimmungen über Verwahrstellen auf den Verwahrstellenmarkt in der Europäischen Union; g) Auswirkungen der Transparenz- und Meldepflichten nach den Artikeln 22 bis 24, 28 und 29 auf die Bewertung der Systemrisiken; h) potenzielle negative Auswirkungen auf Kleinanleger; i) Auswirkungen dieser Richtlinie auf die Verwaltung und Rentabilität von Private-Equity- und Wagniskapitalfonds;	

AIFM-Richtlinie	KAGB-E
j) Auswirkungen dieser Richtlinie auf den Zugang der Anleger in der Union; k) Auswirkungen dieser Richtlinie auf Anlagen in oder zugunsten von Entwicklungsländern; l) Auswirkungen dieser Richtlinie auf den in den Artikeln 26 bis 30 dieser Richtlinie vorgesehenen Schutz von nicht börsennotierten Unternehmen oder Emittenten sowie auf die Gleichheit der Wettbewerbsbedingungen zwischen AIF und anderen Anlegern nach Erlangung einer Mehrheitsbeteiligung oder eines beherrschenden Einflusses an einem solchen nicht börsennotierten Unternehmen oder Emittenten. Bei der Überprüfung des Vertriebs und/oder der Verwaltung von in Unterabsatz 1 Buchstaben a, b und c genannten AIF untersucht die Kommission, ob es angezeigt ist, in diesem Bereich weitere Aufsichtszuständigkeiten auf die ESMA zu übertragen.	
	§ 12 KAGB-E **Meldungen der Bundesanstalt an die Europäische Kommission und die Europäische Wertpapier- und Marktaufsichtsbehörde**
(2) Für Zwecke der Überprüfung gemäß Absatz 1 stellen die Mitgliedstaaten der Kommission jährlich Informationen über AIFM zur Verfügung, die ihrer Aufsicht unterliegende AIF entweder gemäß der in dieser Richtlinie vorgesehenen Passregelung oder gemäß ihren nationalen Regelungen verwalten und/oder vertreiben. Sie geben dabei den Zeitpunkt an, an dem die Passregelung in ihrem Hoheitsgebiet umgesetzt oder gegebenenfalls angewendet wurde. Die ESMA stellt der Kommission Informationen über alle Nicht-EU-AIFM zur Verfügung, die eine Zulassung gemäß Artikel 37 besitzen oder beantragt haben.	(...) (3) Die Bundesanstalt stellt der Europäischen Kommission jährlich folgende Informationen über AIF-Verwaltungsgesellschaften zur Verfügung, die AIF unter ihrer Aufsicht verwalten oder vertreiben: 1. Angaben zum Sitz der betreffenden AIF-Verwaltungsgesellschaft, 2. gegebenenfalls die Angabe der inländischen AIF oder der EU-AIF, die von den betreffenden AIF-Verwaltungsgesellschaften verwaltet oder vertrieben werden, 3. gegebenenfalls die Angabe der ausländischen AIF, die von AIFKapitalverwaltungsgesellschaften verwaltet,

AIFM-Richtlinie	KAGB-E
Die Informationen gemäß den Unterabsätzen 1 und 2 umfassen Folgendes: a) Angaben zum Sitz der betreffenden AIFM, b) gegebenenfalls Angabe der EU-AIF, die von den betreffenden AIFM verwaltet und/oder vertrieben werden, c) gegebenenfalls Angabe der Nicht-EU-AIF, die von EU-AIFM verwaltet, aber nicht in der Union vertrieben werden, d) gegebenenfalls Angabe der in der Union vertriebenen Nicht- EU-AIF, e) Angaben zu der anwendbaren Regelung, ob national oder auf Unionsebene, in deren Rahmen die betreffenden AIFM ihre Tätigkeiten ausüben, und f) sonstige Informationen, die wichtig sind, um zu verstehen, wie die Verwaltung und der Vertrieb von AIF durch AIFM in der Union in der Praxis funktioniert.	aber nicht in der Europäischen Union vertrieben werden, 4. ggegebenenfalls die Angabe der in der Europäischen Union vertriebenen ausländischen AIF, 5. Angaben zu der anwendbaren nationalen oder unionsrechtlichen Regelung, in deren Rahmen die betreffenden AIF-Verwaltungsgesellschaften ihre Tätigkeiten ausüben, 6. sonstige Informationen, die wichtig sind, um zu verstehen, wie die Verwaltung und der Vertrieb von AIF durch AIF-Verwaltungsgesellschaft in der Europäischen Union in der Praxis funktioniert, und 7. der Zeitpunkt, ab dem die Passregelung nach §§ 57, 58, 65, 66, 322, 324 bis 328 und 331 bis 334 angewendet wurde.
(3) Bei der Überprüfung nach Absatz 1 werden die Entwicklungen auf internationaler Ebene und Gespräche mit Drittländern und internationalen Organisationen gebührend berücksichtigt.	
(4) Nach Abschluss der Überprüfung legt die Kommission dem Europäischen Parlament und dem Rat unverzüglich einen Bericht vor. Falls erforderlich, unterbreitet sie Vorschläge, einschließlich solcher zu Änderungen dieser Richtlinie; sie berücksichtigt dabei die Ziele dieser Richtlinie und ihre Auswirkungen auf den Anlegerschutz, Marktstörungen und den Wettbewerb, die Überwachung der Systemrisiken sowie potenzielle Auswirkungen auf Anleger, AIF oder AIFM in der Union und in Drittländern.	

A. Entstehungsgeschichte

Die AIFM-Richtlinie enthält mit Artikel 69 einen Artikel zur **Überprüfung** 1
der Funktionsweise, der **Erfahrungen mit der Anwendung** sowie der **Aus-**
wirkungen der Richtlinie (**„Überprüfung"**). Dieser Artikel war bereits im
Kommissionsvorschlag (Vorschlag für eine Richtlinie des Europäischen Parlaments und des Rates über die Verwalter alternativer Investmentfonds und zur
Änderung der Richtlinien 2004/39/EG und 2009/.../EG, v. 30.4.2009;
KOM(2009) 207 endgültig – **„Kommissionsvorschlag"**) als dem ersten Entwurf der AIFM-Richtlinie in dessen Artikel 50 enthalten.

Der Artikel zur Überprüfung ist in der Fassung des Europäischen Parlaments 2
vom 11. November 2010 (Standpunkt des Europäischen Parlaments in der Fassung der Lesung vom 11. November 2010 (P7-TC1-COD(2009)0064) – **„Fas-**
sung Standpunkt EP") in Artikel 54c geregelt. Die Inhalte des Artikel 50 Kommissionsvorschlag wurden dabei in Artikel 54c Fassung Standpunkt EP,
insbesondere durch die auch in der endgültigen Fassung enthaltene detaillierte,
jedoch nicht abschließende **Liste der Inhalte der Überprüfung,** erheblich ausgeweitet. Das Ziel dieser Liste besteht darin, hinsichtlich der Inhalte der Überprüfung Vorgaben zu machen, um die Geeignetheit der Überprüfung, die maßgeblich
von ihrem Umfang beziehungsweise ihrer thematischen Erstreckung abhängen
wird, sicherzustellen.

In der endgültigen Fassung der AIFM-Richtlinie ist die Überprüfung in Arti- 3
kel 69 geregelt. Dabei sind die Regelungsinhalte von Artikel 54c Fassung Standpunkt EP unbeschadet von Abweichungen in der Formulierung sinngemäß in
besagtem Artikel 69 übernommen worden.

B. Regelungsgegenstand und Regelungszweck

Ziel dieser Vorschrift ist die **Überprüfung der Anwendung** und des **Gel-** 4
tungsbereichs der AIFM-Richtlinie. Inhalte der Überprüfung durch die Kom-
mission sind die Erfahrungen bei der Anwendung der AIFM-Richtlinie und ihre
Auswirkungen auf Anleger, AIF oder AIFM in der Union und in Drittländern,
Zielerreichung und Entwicklungen auf internationaler Ebene. Ein weiterer
Gegenstand der Überprüfung durch die Kommission ist gemäß Artikel 69 Absatz 1
Satz 6 die Frage, ob eine **Ausdehnung der Aufsichtszuständigkeiten** der
Europäischen Wertpapier- und Marktaufsichtsbehörde (*European Securities and*
Markets Authority – **„ESMA"**) erforderlich ist (zur ESMA siehe die Kommentie-
rung bei Artikel 65 Rn. 1 ff.). Die mögliche Ausdehnung der Aufsichtszuständig-
keiten der ESMA bezieht sich auf (i) die Überwachung des Vertriebs von Nicht-
EU-AIF durch EU-AIFM in den Mitgliedstaaten gemäß nationaler Regelungen
entsprechend Artikel 36; (ii) die Überwachung des Vertriebs von AIF (somit EU-
AIF und Nicht-EU-AIF) durch Nicht-EU-AIFM in den Mitgliedstaaten gemäß
nationaler Regelungen entsprechend Artikel 42; und (iii) die Verwaltung und den
Vertrieb von AIF in der Union durch nach der AIFM-Richtlinie zugelassene
AIFM im Rahmen der in der AIFM-Richtlinie vorgesehenen EU-Passregelun-
gen.

Gemäß Art. 69 Absatz 1 Satz 1 muss die Überprüfung durch die Kommission 5
spätestens zum **22. Juli 2017** eingeleitet worden sein. Bereits zuvor müssen gemäß
Artikel 69 Absatz 1 Satz 1 eine öffentliche Konsultation sowie Beratungen mit

den zuständigen nationalen Behörden erfolgt sein, die entsprechend Artikel 69 Absatz 3 durch Gespräche mit Drittländern und internationalen Organisationen flankiert werden sollen.

6   Um die Überprüfung zu ermöglichen, haben die Mitgliedstaaten der Kommission gemäß Artikel 69 Absatz 2 jährlich **Informationen** über AIFM, die AIF nach der in der AIFM-Richtlinie vorgesehenen Passregelung oder den nationalen Regelungen verwalten und/ oder vertreiben, zur Verfügung zu stellen. Zu allen Nicht-EU-AIFM, die eine Zulassung nach Artikel 37 besitzen oder beantragt haben, wird hingegen entsprechend Artikel 69 Absatz 2 Unterabsatz 2 die ESMA der Kommission Informationen zur Verfügung stellen. Die genauen Inhalte dieser Informationspflichten sind in Artikel 69 Absatz 2 Unterabsatz 3 beschrieben.

7   Gemäß Artikel 69 Absatz 4 hat die Kommission dem Europäischen Parlament und dem Rat bei Abschluss der Überprüfung einen **Bericht** vorzulegen und gegebenenfalls Änderungsvorschläge zu unterbreiten. In diesem Bericht sind die Ziele der Richtlinie und ihre Auswirkungen auf den Anlegerschutz, Marktstörungen und den Wettbewerb, die Überwachung der Systemrisiken sowie potentielle Auswirkungen auf Anleger, AIF oder AIFM in der EU und Drittländern zu berücksichtigen.

C. Bezüge zum KAGB-E

8   Die Umsetzung des Inhalts von Artikel 69 Absatz 2 ist in § 12 Absatz 3 KAGB-E vorgesehen. § 12 KAGB-E regelt die nach dem KAGB-E erforderlichen Meldungen der BaFin an die Europäische Kommission und die Europäische Wertpapier- und Marktaufsichtsbehörde ESMA, darunter die in Artikel 69 Absatz 2 vorgesehenen Meldungen.

Artikel 70 Inkrafttreten

Diese Richtlinie tritt am zwanzigsten Tag nach ihrer Veröffentlichung im Amtsblatt der Europäischen Union in Kraft.

Literatur: Calliess, EUV/AEUV, 4. Auflage, 2011.

A. Veröffentlichung

1   Die Veröffentlichung der AIFM-Richtlinie erfolgte entsprechend Artikel 297 Absatz 2 Unterabsatz 2 AEUV am **1. Juli 2011** im Amtsblatt der Europäischen Union.

B. Inkrafttreten

2   Entsprechend dem Wortlaut des Artikel 70, der dem Regelungsgehalt des Artikel 297 Absatz 2 Unterabsatz 2 S. 2 AEUV entspricht, trat die Richtlinie am zwanzigsten Tag nach ihrer Veröffentlichung im Amtsblatt der Europäischen Union in Kraft, also am **21. Juli 2011.**

3   Mit Inkrafttreten der AIFM-Richtlinie begann die zweijährige **Umsetzungsfrist** für die Mitgliedstaaten, die gemäß Artikel 66 am **22. Juli 2013** enden wird.

Das Inkrafttreten der AIFM-Richtlinie hat grundsätzlich keine unmittelbare **4** Wirkung auf das nationale Recht. Hierfür bedarf es vielmehr der Umsetzung durch die Mitgliedstaaten (vgl. Art. 288 Absatz 3 AEUV). Mit Inkrafttreten entfaltet die Richtlinie allerdings insofern Rechtswirkung, als ab diesem Zeitpunkt und während der Umsetzungsfrist die Mitgliedstaaten keine Vorschriften erlassen dürfen, die geeignet sind, das in der Richtlinie vorgeschriebene Ziel und Ergebnis ernstlich in Frage zu stellen (sog. **Vor- oder Sperrwirkung**).[1]

Artikel 71 Adressaten

Diese Richtlinie ist an die Mitgliedstaaten gerichtet.

Literatur: Grabitz, Eberhard/Hilf, Meinhard/Nettesheim, Martin (Hrsg.), Das Recht der Europäischen Union, 40. Auflage 2009, Loseblattsammlung; Streinz, EUV/AEUV, 2. Auflage 2012.

A. Adressat

Adressaten der AIFM-Richtlinie sind alle Mitgliedstaaten der Europäischen **1** Union. Der Regelungsgehalt von Artikel 71 der AIFM-Richtlinie bezieht sich auf den Umstand, dass eine Richtlinie nicht zwangsläufig an alle Mitgliedstaaten gerichtet sein muss. Vielmehr haben die Organe der Europäischen Union die Wahl, entweder eine Richtlinie als **individuelle Richtlinie** zu erlassen, die sich nur an einen Mitgliedstaat bzw. an einzelne Mitgliedstaaten richtet, oder eine **allgemeine Richtlinie** zu erlassen, deren Adressatenkreis alle Mitgliedstaaten der Europäischen Union erfasst. Diese Auslegung geht zum einen aus der Formulierung *„an den sie gerichtet wird"* des Artikel 288 (ex-Artikel 249 EGV) Absatz 3 AEUV und zum anderen aus Artikel 297 (ex-Artikel 254 EGV) Absatz 2 Satz 2 und 3 AEUV hervor.

Gemäß Artikel 297 Absatz 2 Sätze 2 und 3 AEUV werden die Richtlinien, die **2** nicht an alle Mitgliedstaaten gerichtet sind, denjenigen Mitgliedstaaten, für die sie bestimmt sind, bekannt gegeben, wohingegen an alle Mitgliedstaaten gerichtete Richtlinien im Amtsblatt der Europäischen Union veröffentlicht werden. In der Praxis ist es allerdings äußerst selten, eine Richtlinie nur an einzelne Mitgliedstaaten zu richten. Selbstverständlich können jedoch Richtlinien erlassen werden, die sich an alle Mitgliedstaaten richten, auf Grund ihres Regelungsgehalts aber nur in einigen der Mitgliedstaaten faktische Relevanz entfalten.[1]

Der Rat und die Europäische Kommission haben die AIFM-Richtlinie an alle **3** Mitgliedstaaten gerichtet. Dies beruht darauf, dass nur durch Einbindung aller Mitgliedstaaten das Ziel der AIFM-Richtlinie, einen hohen **Anlegerschutz** durch Festlegung eines Rahmens für die Zulassung von und die Aufsicht über die AIFM zu gewährleisten, erreicht werden kann (Vergleiche beispielsweise die Erwägungsgründe Nr. 2, 3, 4 und 94 der AIFM-Richtlinie). Ferner entspricht es dem Zweck der Rechtsangleichung und Harmonisierung in der Europäischen Union (Erwägungsgrund Nr. 4 der AIFM-Richtlinie spricht in diesem Zusam-

---

[1] EuGH, Rs. C-129/96, Slg. 1997, I-7411, Rn. 45 (EuGH, Rs. C-129/96, Slg. 1997, I-7411, Rn. 45 (Inter-Environnement Wallonie/Région Wallonne); *Calliess/Ruffert*, EUV/AEUV, Art. 288 Rn. 23, 24.

[1] *Grabitz/Hilf/Nettesheim*, EUV/EGV, Artikel 249 Rn. 131.

menhang von der **Schaffung eines „*Binnenmarkts der Union für AIFM*"**), dass sich die AIFM-Richtlinie an alle Mitgliedstaaten richtet.

B. Wirkung

4   Richtlinienbestimmungen legen den Mitgliedstaaten die Pflicht auf, einen **richtlinienkonformen Rechtszustand** im nationalen Recht herzustellen und beizubehalten.[2] Aufgrund der beschränkten Wirkung einer Richtlinie gegenüber den Mitgliedstaaten werden dem einzelnen Bürger keinerlei direkte Pflichten durch eine Bestimmung einer Richtlinie auferlegt.[3] Ferner kann sich der einzelne Bürger aufgrund der nur **mittelbaren Wirkung** grundsätzlich nicht auf eine Richtlinie berufen, um einen Anspruch oder Kompetenzen herzuleiten.

5   Eine **unmittelbare Wirkung** einer Richtlinie zugunsten des einzelnen Bürgers gegenüber dem jeweiligen Mitgliedstaat kann nur unter bestimmten, eng begrenzten Voraussetzungen in Betracht kommen. Demnach muss die für die Umsetzung der Richtlinie bestimmte Frist abgelaufen sein, der betreffende Mitgliedstaat muss der Umsetzung der Richtlinie nicht oder nur mangelhaft nachgekommen sein und die entsprechende Richtlinienbestimmung muss inhaltlich unbedingt und hinreichend genau sein.[4] Für die AIFM-Richtlinie wird die **Umsetzungsfrist** entsprechend Artikel 66 Absatz 1 der AIFM-Richtlinie am **22. Juli 2013** enden.

---

[2] *Grabitz/Hilf/Nettesheim,* EUV/EGV, Artikel 249 Rn. 130.
[3] EuGH, Rs. 80/86, Kolpinghuis, Slg. 1987, 3969, Rn. 9 f. und 13.
[4] EuGH, Urteil v. 19.11.1991, Slg. 1991, 1-5357, 5408 ff., Rn. 11 ff. (Francovich).

Anhang I

AIFM-Richtlinie	KAGB-E
ANHANG I	**§ 1** **Begriffbestimmungen**
Anlageverwaltungsfunktionen, die ein AIFM bei der Verwaltung eines AIF mindestens übernehmen muss: a) Portfolioverwaltung, b) Risikomanagement. 2. Andere Aufgaben, die ein AIFM im Rahmen der kollektiven Verwaltung eines AIF zusätzlich ausüben kann: a) administrative Tätigkeiten: i) rechtliche Dienstleistungen sowie Dienstleistungen der Fondsbuchhaltung und Rechnungslegung, ii) Kundenanfragen, iii) Bewertung und Preisfestsetzung, einschließlich Steuererklärungen, iv) Überwachung der Einhaltung der Rechtsvorschriften, v) Führung eines Anlegerregisters, vi) Gewinnausschüttung, vii) Ausgabe und Rücknahme von Anteilen, viii) Kontraktabrechnungen, einschließlich Versand der Zertifikate, ix) Führung von Aufzeichnungen; b) Vertrieb; c) Tätigkeiten im Zusammenhang mit den Vermögenswerten des AIF, worunter Dienstleistungen, die zur Erfüllung der treuhänderischen Pflichten des AIFM erforderlich sind, das Facility Management, die Immobilienverwaltung, die Beratung von Unternehmen über die Kapitalstruktur, die industrielle Strategie und damit verbundene Fragen, Beratungs- und Dienstleistungen im Zusammenhang mit Fusionen und dem Erwerb von Unternehmen und weitere Dienstleistungen in Verbindung mit der Verwal-	(19) Nummer 24. Kollektive Vermögensverwaltung umfasst die Portfolioverwaltung, das Risikomanagement, administrative Tätigkeiten, den Vertrieb von eigenen Ivestementanteilen sowie bei AIF Tätigkeiten im Zusammenhang mit den Vermögensgegenständen des AIF. **§ 23** **Einer Kapitalverwaltungsgesellschaft ist die Erlaubnis zu versagen, wenn …** Nummer 9. Die Kapitalverwaltungsgesellschaft ausschließlich administrative Tätigkeiten, den den Vertrieb von eigenen Ivestementanteilen oder Tätigkeiten im Zusammenhang mit den Vermögensgegenständen des AIF erbringt, ohne auch die Portfolioverwaltung und das Risikomanagement zu erbringen. Nummer 10. Die Kapitalverwaltungsgesellschaft die Portfolioverwaltung erbringt ohne auch das Risikomanagement zu erbringen; dasselbe gilt im umgekehrten Fall.

tung der AIF und der Unternehmen und anderer Vermögenswerte, in die die AIF investiert haben, fallen.

Literatur: *Baur,* in: Assmann/Schütze (Hrsg.), Handbuch des Kapitalanlagerechts, 3. Aufl., München 2007; *ESMA,* Discussion paper, Key concepts of the Alternative Investment Fund Managers Directive and types of AIFM, abrufbar unter: http://www.esma.europa.eu/system/files/2012-117.pdf *Hamacher/Frenzel,* UR 2002, Outsourcing bei Banken, Versicherungen und Kapitalanlagegesellschaften – Eine neue Standortbestimmung –, S. 297 ff.; *Gringel,* in: Berger/Steck/Lübbehüsen (Hrsg.), Investmentgesetz, München 2010, Köndgen, in: *Berger/Steck/Lübbehüsen* (Hrsg.), Investmentgesetz, Investmentsteuergesetz, München 2010; *Schlüter/Höhfeld,* DStR 2000, Möglichkeiten der im Setzteuerbefreiung angelagerter Dienstleistungen bei Kapitalanlagegesellschaften, 1587 ff.; *Steck,* in: Berger/Steck/Lübbehüsen (Hrsg.), Investmentgesetz/Investmentsteuergesetz, München 2010; *Derselbe,* in: Emde/Dornseifer/Dreibus/Hölscher, Investmentgesetz München 2013; *Steck/Gringel,* in: Berger/Steck/Lübbehüsen (Hrsg.), Investmentgesetz/Investmentsteuergesetz, München 2010.

Übersicht

A. Einleitung

I. Bedeutung des Anhangs I

1   Anhang I ist von wesentlicher Bedeutung. Zum einen spielt er eine zentrale Rolle für die Frage, **wer AIFM** ist. Dies folgt an der Verantwortung für bestimmte Funktionen. Zum anderen gibt er Aufschluss darüber, **welche Tätigkeit** ein AIFM im Rahmen der kollektiven Verwaltung von AIF erbringen darf. In seiner Bedeutung geht Anhang I der AIFM-Richtlinie damit über den Anhang II der OGAW-Richtlinie hinaus, welcher lediglich definiert, welche Tätigkeiten als

Aufgaben der kollektiven Verwaltung eines OGAW anzusehen sind. Im Unterschied hierzu enthält Anhang I Nummer 1 der AIFM-Richtlinie Angaben darüber, welche Funktionen ein AIFM zwingend wahrnehmen muss.

II. Bestimmung des AIFM

1. Funktionen, welche ein AIFM mindestens wahrnehmen muss. Wie **2** in der Kommentierung zu Art. 5 eingehend dargestellt, ist Anhang I der AIFM-Richtlinie wesentlich für die **Bestimmung des AIFM.** Dies erfolgt durch eine lange Kette von Verweisen, die bei Anhang I enden. Art. 4 Abs. 1 lit. b) definiert einen AIFM u.a. damit, dass dieser einen oder mehrere AIF verwaltet. Was mit einer „Verwaltung von AIF" gemeint ist, ist wiederum in Art. 4 Abs. 1 lit. w) definiert. Danach muss ein AIFM mindestens die in Anhang I Buchstaben a) *oder* b) genannten Funktionen der Anlageverwaltung erbringen. Hierbei handelt es sich in Buchstabe a) um die Portfolioverwaltung[1] und in Buchstabe b) um das Risikomanagement[2]. Allerdings heißt es in Nummer 1 des Anhangs I abweichend hiervon, dass ein AIFM bei der Verwaltung eines AIF mindestens a) die **Portfolioverwaltung**[3] *und* b) das **Risikomanagement** übernehmen muss, um AIFM sein zu können. Mit diesem Ansatz schreibt auch Art. 6 Abs. 5 lit. d) vor, dass ein AIFM ohne gleichzeitige Zulassung für das Risikomanagement nicht für die Portfolioverwaltung zugelassen werden könne und umgekehrt. In diesem Sinne ist die AIFM-Richtlinie auch Gegenstand der Verhandlungen gewesen. Der Widerspruch zwischen Anhang I und Art. 6 Abs. 5 lit. d) auf der einen Seite und Art. 4 Abs. 1 lit. w) auf der anderen Seite ist daher offenbar auf ein Redaktionsversehen zurückzuführen. Dabei ist offensichtlich der Wortlaut der Definition in Art. 4 Abs. 1 lit. w) fehlerhaft. Aus Art. 15 Abs. 1 ergibt sich unzweifelhaft, dass ein AIFM sowohl für das Portfoliomanagement als auch das Risikomanagement des AIF kraft seiner Bestellung verantwortlich ist. Die von der ESMA vertretene gegenteilige Auffassung ist daher verfehlt.[4]

Wie Anhang II der OGAW-Richtlinie stellt Anhang I Nummer 1 der AIFM- **3** Richtlinie auf den die **kollektive Vermögensverwaltung**[5] umschreibenden Begriff der Anlageverwaltung ab. Dieser wird in Abgrenzung zur individuellen Vermögensverwaltung für Rechnung einzelner Anleger (vgl. Anhang I Abschnitt A Nummer 4 der MiFID sowie § 7 Abs. 2 Nr. 1 InvG)) verwandt. Auch wenn Anhang II der OGAW-Richtlinie den Begriff der Anlageverwaltung nicht näher untergliedert, so besteht bei OGAW sowohl auf europäischer Ebene als auch im Investmentgesetz kein Zweifel daran, dass sich die Anlageverwaltung zum einen aus der **Portfolioverwaltung** und zum anderen aus dem **Risikoma-**

---

[1] Zu den genauen Aufgaben, die Teil der Portfolioverwaltung sind, vgl. unten unter Rn. 9 ff.

[2] Zu den Aufgaben des Risikomanagements vgl. Art. 15 und die hierzu erlassenen Durchführungsbestimmungen sowie die diesbezügliche Kommentierung zu Art. 15.

[3] Als Synonym wird vielfach der Begriff des Portfoliomanagements verwendet; vgl. nur *Gringel* in Berger/Steck/Lübbehüsen, InvG, § 120 Rn. 1.

[4] Vgl. *ESMA*, Discussion paper, Key concepts of the Alternative Investment Fund Managers Directive and types of AIFM, Tz. 4 ff., abrufbar unter: http://www.esma.europa.eu/ system/files/2012-117.pdf sowie die eingehende Darstellung unter Art. 5 Rn. 9 ff. und Art. 20 Rn. 124 ff.

[5] § 7 Abs. 2 InvG spricht insoweit von „Verwaltung von Investmentvermögen", ohne dass sich hieraus ein inhaltlicher Unterschied ergäbe.

nagement[6] zusammensetzt. Beides sind seit jeher die zentralen Funktion von Verwaltungsgesellschaften offener Fonds.

4 **2. Weiter gehende freiwillige Funktionen.** Verwaltungsgesellschaften offener Fonds nehmen typischerweise über die Anlageverwaltung hinaus gehende Funktionen wahr. Hierzu gehören zahlreiche **administrative Tätigkeiten** und der **Vertrieb** der Anteile der von der Verwaltungsgesellschaft verwalteten Fonds. Nach Anhang II der OGAW-Richtlinie sind auch diese Funktionen – zusätzlich zur Anlageverwaltung – Teil der kollektiven Vermögensverwaltung. Dies hat zur Folge, dass wenn eine Verwaltungsgesellschaft nicht alle der in Anhang II der OGAW-Richtlinie genannten Funktionen selbst wahrnehmen will oder kann, sie einzelne Aufgaben hiervon auslagern muss. Trotz Auslagerung bleibt die Verwaltungsgesellschaft jedoch nach Art. 13 Abs. 2 Satz 1 OGAW-Richtlinie bzw. § 16 Abs. 3 InvG für die ausgelagerten Aufgaben letztverantwortlich und haftet gegenüber den Anlegern, wenn das Auslagerungsunternehmen schuldhaft seine Pflichten verletzt.[7] Die Verwaltungsgesellschaft muss daher weiterhin für die ausgelagerten Aufgaben eigene Ressourcen vorhalten, um – wie durch § 16 Abs. 1a InvG vorgeschrieben – das Auslagerungsunternehmen überwachen zu können. Um Verwaltungsgesellschaften von Spezialfonds die administrativen Tätigkeiten zu ersparen, hat sich in der Praxis das **Master-KAG-Modell** entwickelt. Danach übernimmt eine KAG für mehrere Fonds die regulatorischen und administrativen Tätigkeiten, lagert jedoch Kernfunktionen (wie insbesondere die Portfolioverwaltung und das Risikomanagement) auf ein Auslagerungsunternehmen aus.[8] Das Master-KAG-Modell in seiner derzeit gewöhnlich anzutreffenden Ausprägung ist mit der AIFM-Richtlinie unvereinbar.[9] Wie oben dargestellt, muss ein AIFM zwingend höchstpersönlich die Funktionen der Portfolioverwaltung und/oder des Risikomanagements wahrnehmen; eine Totalauslagerung einer oder gar beider Funktionen ist nach Art. 20 Abs. 3 unzulässig. Sie würde darauf hinauslaufen, dass er nicht länger als AIFM angesehen werden kann und zu einem bloßen Briefkastenunternehmen wird.

5 Bei vielen AIF stellt sich die Sachlage jedoch von vornherein anders als bei OGAW dar. Bei ihnen ist der Manager häufig nicht für administrative Tätigkeiten oder für den Vertrieb der Anteile an dem AIF verantwortlich. Dafür erbringen manche (insbesondere angelsächsische) Manager von AIF **Zusatzleistungen,** die üblicherweise zum Geschäftsfeld von Investmentbanken gehören (wie z. B. die Beratung von Unternehmen über die Kapitalstruktur, die (industrielle) Strategie oder über Fusionen). Dies hängt damit zusammen, dass diese Manager bisher entweder nicht oder nur als Wertpapierdienstleistungsunternehmen im Sinne der MiFID bzw. als Finanzdienstleistungsinstitute im Sinne des § 1 Abs. 1a KWG reguliert waren. Das der OGAW-Richtlinie und dem Investmentgesetz inhärente Spezialitätsprinzip galt für sie bisher nicht.

6 Der Richtliniengeber hat diesem Umstand Rechnung getragen. Administrative und Vertriebstätigkeiten gehören nicht zu den Funktionen, welche ein AIFM zwingend erbringen muss. Diese bewusste **Erleichterung** hat erhebliche prakti-

---

[6] Das Risikomanagement ist ausdrücklich in § 9a Satz 2 Nr. 1 InvG als Aufgabe der KAG geregelt.

[7] Vgl. nur *Steck* in Berger/Steck/Lübbehüsen, InvG, § 16 Rn. 14.

[8] Vgl. *Baur* in Assmann/Schütze, Handbuch des Kapitalanlagerechts, 3. Aufl., 2007, § 20 Rn. 250; *Steck* in Berger/Steck/Lübbehüsen, InvG, § 16 Rn. 24.

[9] Vgl. eingehend Art. 5 Rn. 9 ff.

sche Bedeutung. Wird ein AIFM allein mit der Portfolioverwaltung und dem Risikomanagement betraut, so übernimmt der AIFM keine Verantwortung für die erforderlichen administrativen Tätigkeiten und den Vertrieb. Er muss diese folglich nicht auf einen Dritten auslagern und muss den Dritten nicht überwachen bzw. für ihn haften. Vielmehr muss der AIF bzw. der Fondsinitiator unmittelbar den Dritten auswählen und beauftragen.[10] Dies verkennt die ESMA, die in einem noch nicht finalen Diskussionspapier dafür plädiert hat, contra legem die Regelungen zur Auslagerung entsprechend anzuwenden.[11] In dem jüngsten Konsultationspapier der ESMA vom 19.12.2012 ist hiervon allerdings keine Rede mehr.[12]

III. Zulässige Tätigkeiten eines AIFM

Darüber hinaus gibt Anhang I zusammen mit Art. 6 Abs. 2 Aufschluss darüber, **7** welche Tätigkeiten ein AIFM bei der Verwaltung eines oder mehrerer AIF erbringen darf. Hierzu gehören neben den in Nummer 1 genannten zwingend von dem AIFM wahrzunehmenden Funktionen der Portfolioverwaltung und des Risikomanagements die in Nummer 2 aufgeführten drei weiteren Funktionen, welche ein AIFM erbringen kann, aber nicht muss. Es sind dies in Buchstabe a) und b) die bereits aus Anhang II der OGAW-Richtlinie bekannten administrativen Tätigkeiten und der Vertrieb der von dem AIFM verwalteten AIF. Zusätzlich sind mit Buchstabe c) weitere Tätigkeiten zugelassen, die wie z. B. das Facility Management oder die Immobilienverwaltung Spezifika einzelner Assetklassen (hier: Immobilienfonds) sind. Überwiegend handelt es sich bei den in Buchstabe c) genannten Tätigkeiten um Hilfstätigkeiten bzw. Nebendienstleistungen, welche nicht den Kern der kollektiven Vermögensverwaltung betreffen. Sie hätten daher besser in Art. 6 Abs. 4 geregelt werden sollen.

B. Zwingende Funktionen eines AIFM bei der Verwaltung eines AIF (Nummer 1)

Die beiden wesentlichen Aufgaben eines AIFM sind die Portfolioverwaltung **8** und das Risikomanagement. Während Art. 15 und die hierzu ergangenen Durchführungsbestimmungen Näheres zu den Aufgaben des Risikomanagements sagen, schweigt die Richtlinie darüber, welche Aufgaben im Einzelnen unter die Portfolioverwaltung fallen.

I. Portfolioverwaltung

1. Was ist mit Portfolioverwaltung gemeint?. Der Begriff der „**Portfolio-** **9** **verwaltung**" entstammt der Welt der offenen Fonds, welche regelmäßig in eine Vielzahl von Anlageobjekten (d.h. in ein Portfolio) investieren, um durch diese Diversifikation das Risiko zu vermindern. Demgegenüber legt z. B. die große Mehrzahl der typischen deutschen geschlossenen Fonds in nur ein Objekt an. Bei solchen **Ein-Objekt-Fonds** lässt sich nur in begrenztem Sinne von einem Portfo-

---

[10] Vgl. die eingehende Darstellung unter Art. 5 Rn. 36 und Art. 20 Rn. 12.

[11] *ESMA*, Discussion paper, Key concepts of the Alternative Investment Fund Managers Directive and types of AIFM, Tz. 10, abrufbar unter: http://www.esma.europa.eu/system/files/2012-117.pdf.

[12] *ESMA*, Consultation Paper, Draft regulating technical standard on types of AIFMs, 19.12.2012, ESMA/2012/844.

lio reden. Gleichwohl lassen sich die wesentlichen der für offene Fonds entwickelten Grundsätze der Portfolioverwaltung auch auf Ein-Objekte-Fonds bzw. Fonds mit nur wenigen Anlageobjekten (wie z. B. bei Private Equity Fonds) übertragen.

10   Zur Portfolioverwaltung gehören die **Festlegung der Anlagestrategie und -taktik,** die darauf beruhende **Auswahl der Anlageobjekte,** deren **Erwerb und Veräußerung** sowie die **Wahrnehmung der** mit dem Halten von erworbenen Beteiligungen verbundenen **Mitgliedschaftsrechte.**[13] Portfolioverwaltung meint somit die kollektive Vermögensanlage auf der Grundlage einer in den Vertragsbedingungen oder in der Satzung des AIF vordefinierten Anlagestrategie und -taktik. Diejenigen Personen, welche die Anlageentscheidungen treffen, werden Portfoliomanager genannt.

11   Typischerweise nicht Teil der Portfolioverwaltung ist die **Verwaltung der erworbenen Anlageobjekte.** Dies macht Anhang I Nummer 2 lit. c) deutlich. Dort werden das Facility Management und die Immobilienverwaltung als sonstige Tätigkeiten eines AIFM, der Immobilienfonds verwaltet, aufgeführt. Regelmäßig werden diese Tätigkeiten von Dienstleistern erbracht. Eine Besonderheit bilden allerdings Private Equity Fonds. Ihr Ziel ist es meist, die Kontrolle über die von ihnen erworbenen Unternehmen zu erlangen. Damit unterscheiden sie sich von offenen Fonds. Im Unterschied hierzu ist es OGAW verwehrt, die Kontrolle über Unternehmen zu erlangen.

12   **2. Portfolioverwaltung bei bestimmten AIF. a) Typische deutsche geschlossene Fonds. aa) Ein-Objekte-Fonds.** Für **Ein-Objekte-Fonds** kann der Begriff der Portfolioverwaltung nur in modifizierter Form angewandt werden. Zum einen soll gerade kein Portfolio aufgebaut werden. Damit entfällt auch der bei offenen Fonds typische aktive An- und Verkauf. Zum anderen steht bei Auflegung des Fonds bereits fest, in welches Objekt die Anleger über den Fonds investieren. Wie in der Kommentierung zu Art. 5 eingehend ausgeführt, hat dies zur Folge, dass AIFM von Ein-Objekte-Fonds typischerweise der Fondsinitiator bzw. das Emissionshaus ist.[14] Diese legen die Anlagestrategie fest, suchen das Anlageobjekt aus und erwerben dieses und nehmen damit die zentralen Funktionen des Portfoliomanagers wahr.

13   **bb) Blindpools.** Geschlossene Fonds, die als Blindpool strukturiert sind und somit zunächst das Anlegergeld einsammeln, um anschließend in verschiedene Anlageobjekte zu investieren, ähneln der Portfolioverwaltung bei offenen Fonds. AIFM ist diejenige Gesellschaft, welche die Anlageobjekte auswählt, erwirbt und veräußert.

14   **b) Private Equity Fonds.** Bei Managern von Private Equity Fonds stehen drei Funktionen im Vordergrund: erstens die Entscheidung über den Erwerb einer Unternehmensbeteiligung, zweitens die Einflussnahme auf das Unternehmen, z. B. mit dem Ziel, dessen Effizienz zu steigern oder strategisch neu auszurichten, um es z. B. für einen Börsengang oder einen Weiterverkauf vorzubereiten und drittens die Vorbereitung eines Exits. Alle drei Funktionen sind nach hier vertretener Ansicht Teil der **Portfolioverwaltung.** Die Bedeutung der Einflussnahme des AIFM von Private Equity Fonds auf die erworbenen Unternehmen kommt in den Art. 26 ff. zum Ausdruck.

---

[13] *Hamacher/Frenzel* UR 2002, 297 (304); *Schlüter/Höhfeld* DStR 2000, 1587 (1589).
[14] Vgl. Art. 5 Rn. 31.

II. Risikomanagement

Zur Vermeidung von Wiederholungen kann auf die Kommentierungen zu **15**
Art. 15 (Risikomanagement) und Art. 16 (Liquiditätsmanagement) verwiesen
werden.

C. Fakultative Funktionen eines AIFM bei der Verwaltung eines AIF (Nummer 2)

Nummer 2 listet die Funktionen auf, welche einem AIFM im Rahmen seiner **16**
Bestellung zum Verwalter eines AIF zusätzlich zu den zwingenden Funktionen
der Portfolioverwaltung und des Risikomanagements übertragen werden können,
nicht aber müssen. Werden in Nummer 2 aufgeführte Funktionen dem AIFM
übertragen, so ist dieser hierfür letztverantwortlich. Er muss sie jedoch **nicht
zwingend höchstpersönlich erbringen**, sondern kann sie in den Grenzen des
Art. 20[15] auslagern. In einem solchen Fall bleibt der AIFM allerdings für die
Auswahl und laufende Überwachung des Auslagerungsunternehmens verantwortlich. Zudem haftet der AIFM für ein Verschulden des Auslagerungsunternehmens
wie für ein eigenes Verschulden.

Steht von vornherein fest, dass der AIFM die in Nummer 2 aufgeführten **17**
Funktionen nicht bzw. nicht alle höchstpersönlich erbringen wird, so ist es aus
Sicht des AIFM und ggf. auch im Interesse der Anleger zweckmäßig, dass der
AIF bzw. sein Initiator unmittelbar einen **Dienstleister** mit der Wahrnehmung
der Funktionen der Nummer 2 betraut. Die Bestellung eines Spezialisten dürfte
zum einen regelmäßig kostengünstiger und effizienter sein. Zum anderen verhindert sie eine Haftung des AIFM für Pflichtverletzungen des Dienstleisters.

Art. 5 Abs. 2 und 3 tragen dem Umstand Rechnung, dass der AIFM selbst **18**
nicht bestimmte Pflichten erfüllen kann, für die Dritte verantwortlich sind. Art. 5
Abs. 2 und 3 kommt z. B. zur Anwendung, wenn ein unmittelbar vom AIF
bzw. dem Fondsinitiator bestellter Dienstleister für alle den Vertrieb des AIF
betreffenden Fragen bestellt wird und dieser nicht sicherstellt, dass die Anteile des
AIF nicht über den Vertriebspass auch an Kleinanleger vertrieben werden. Zur
Vermeidung von Wiederholungen wird auf die Kommentierung zu Art. 5 verwiesen.[16]

I. Abschließende Aufzählung

Nummer 2 des Anhangs I führt die Aufgaben abschließend auf, welche ein **19**
AIFM fakultativ bei der kollektiven Verwaltung eines AIF ausüben darf.

II. Administrative Tätigkeiten

Die unter Nummer 2 Buchstabe a) aufgeführten administrativen Aufgaben **20**
wurden unverändert aus dem Anhang II der OGAW-Richtlinie übernommen.
Der deutsche Gesetzgeber hat es weder im Investmentgesetz noch im Kapitalanlagegesetzbuch für nötig erachtet, diese beiden Anhänge in szstematischer Weise
in das deutsche Recht umzusetzen. Dies ist europa- und aufsichtsrechtlich bedenklich, weil sich erst aus beiden Anhängen der Umfang der zulässigen Tätigkeiten

---

[15] Vgl. insoweit Art. 20 Rn. 127.
[16] Vgl. Art. 5 Rn. 20 ff.

einer KAG bzw. KVG im Rahmen der kollektiven Vermögensverwaltung ergibt. Die einschlägige Kommentierung zum genauen Inhalt der kollektiven Vermögensverwaltung ist dementsprechend rudimentär geblieben und hat die beiden Anhänge unberücksichtigt gelassen.[17] Hinzuweisen ist jedoch darauf, dass sich der Katalog der administrativen Tätigkeiten an den Bedürfnissen offener Fonds ausrichtet. Nicht alle der dort genannten Tätigkeiten sind für geschlossene Fonds erforderlich, wie etwa die Rücknahme von Anteilen.

III. Vertriebstätigkeit

21   Der in Nummer 2 Buchstabe b) genannte **Vertrieb** meint nur den Vertrieb des- oder derjenigen AIF, die von dem AIFM verwaltet werden. Dies folgt daraus, dass Nummer 2 ausdrücklich und bewusst davon spricht, welche Aufgaben ein AIFM im Rahmen der kollektiven Verwaltung *eines*[18] AIF zusätzlich zur Portfolioverwaltung und zum Risikomanagement ausüben kann. Dies ist vor dem Hintergrund zu sehen, dass es sich bei Nummer 2 Buchstabe b) um eine Spezialregelung zu Art. 5 Abs. 1 i. V. m. Anhang I Abschnitt A der MiFID handelt, wonach – neben Kreditinstituten – nur zugelassene Wertpapierdienstleistungsunternehmen berechtigt sind, Anteile an Investmentfonds sowie andere Finanzinstrumente zu vertreiben. Ein AIFM ist hingegen nicht berechtigt, ohne zusätzliche Zulassung nach Art. 6 Abs. 4 lit. b) iii) nicht von ihm verwaltete AIF oder sonstige Finanzinstrumente zu vertreiben. Damit ist der von § 7 Abs. 2 Nr. 5 InvG zugelassene Vertrieb auch fremder AIF[19] ohne zusätzliche Zulassung nicht länger möglich.

22   Hinsichtlich des Vertriebsbegriffs wird auf die eingehende Darstellung zu Art. 4 Abs. 1 lit. x) verwiesen. Unter den Begriff des Vertriebs gemäß Nummer 2 Buchstabe b) fällt nicht nur der unmittelbare Vertrieb von Anteilen eines AIF durch dessen AIFM – sei es im Sinne der eigenen Ausführung von Aufträgen als auch im Wege der Annahme und Übermittlung von Aufträgen, z. B. an die Depotbank. Vielmehr gehört hierzu auch der mittelbar von dem AIFM ausgehende Vertrieb durch den Aufbau und die Nutzung von Vertriebskanälen. Anhaltspunkte dafür, was genau unter einem mittelbaren Vertrieb zu verstehen ist, finden sich in Art. 80 OGAW-Richtlinie in Zusammenhang mit den sog. Key Investor Information. Dem unmittelbaren Vertrieb gleichgestellt ist danach zum einen ein Vertrieb über eine andere natürliche oder juristische Person, die in ihrem Namen und unter ihrer vollen und unbedingten Haftung handelt. Zum anderen gilt dies auch für Intermediäre, die Anlegern Anlagen in AIF vermitteln, verkaufen oder beraten. Ein von dem AIFM ausgehender Vertrieb liegt schließlich bei börsennotierten AIF vor, sofern die Börsennotierung auf einen Antrag des AIF bzw. des AIFM beruht. Nicht ausreichend ist für einen Vertrieb z. B. der Handel an einer sog. Fondsbörse, wenn dieser ohne Zustimmung des AIF bzw. des AIFM erfolgt, wie dies beim Handel geschlossener Fonds häufig der Fall ist.

IV. Tätigkeiten im Zusammenhang mit den Vermögensgegenständen des AIF

23   Nummer 2 Buchstabe c) enthält neue Aufgaben, welche nicht in Anhang II der OGAW-Richtlinie aufgeführt sind. Zum Teil gibt es hier Überschneidungen

---

[17] *Köndgen,* in: Berger/Steck/Lübbehüsen, Invh, § 9 Rn. 20 f.; *Steck,* in: Emde/Dornseifer/Dreibus/Hölscher, Invh, § 9 Rn. 14 ff.;

[18] Hervorhebung durch den Verfasser.

[19] Vgl. hierzu nur *Steck/Gringel* in Berger/Steck/Lübbehüsen, InvG, § 7 Rn. 33.

mit den in § 7 Abs. 2 Nummer 7 InvG genannten „sonstigen mit den zulässigen Dienstleistungen und Nebendienstleistungen unmittelbar verbundenen Tätigkeiten". Nummer 2 Buchstabe c) ist erst in den Verhandlungen auf Wunsch des Rates eingefügt worden. Er trägt insbesondere dem Wunsch Großbritanniens Rechnung, dass die nunmehr als AIFM zu qualifizierenden sog. *investment advisor*-Tätigkeiten fortsetzen können, zu denen sie bisher im Rahmen ihrer MiFID-Erlaubnis berechtigt waren. So ist die Beratung von Unternehmen über die Kapitalstruktur, die industrielle Strategie und damit verbundene Fragen sowie Beratungs- und Dienstleistungen im Zusammenhang mit Fusionen und dem Erwerb von Unternehmen eine Nebendienstleistung im Sinne des Anhangs I Abschnitt B Nummer 3 der MiFID. Einige investment advisor haben diese Dienstleistungen nicht nur für die von ihnen verwalteten Private Equity oder Hedgefonds, sondern auch für sonstige Kunden im Rahmen der individuellen Vermögensverwaltung erbracht. Sie sind gemäß Anhang I Nummer 2 Buchstabe c) nunmehr im Rahmen der kollektiven Vermögensverwaltung berechtigt, die diese Dienstleistungen zu erbringen. Einer zusätzlichen Zulassung für (Neben-) Dienstleistungen bedürfen sie hierfür nicht.

Darüber hinaus ist klargestellt, dass AIFM – namentlich wenn sie Immobilien- **24** fonds verwalten – auch das **Facility Management** und die **Immobilienverwaltung** in Eigenregie übernehmen können. Hierzu enthielt das Investmentgesetz bisher keine Regelungen. Üblicherweise werden derartige Dienstleistungen durch externe Dienstleister erbracht. Daneben ist AIFM – wie schon nach § 7 Abs. 2 Nr. 2 InvG – die Verwaltung einzelner in Immobilien angelegter Vermögen für andere gestattet. Darüber hinaus erstreckt § 20 Abs. 3 Nr. 1 KAGB-E die individuelle Vermögensverwaltung auch auf alle anderen Vermögensgegenstände, in die ein AIF investieren kann.

Ferner ist durch Nummer 2 Buchstabe c) sichergestellt, dass es AIFM weiterhin **25** gestattet ist, alle Dienstleistungen zu erbringen, die mit der Verwaltung der Vermögensgegenstände zusammenhängen, in welche der AIF investiert hat. Hierdurch sollte insbesondere klargestellt werden, dass es dem AIFM eines Private Equity Fonds weiterhin gestattet ist, die Kontrolle über ein Beteiligungsunternehmen auszuüben, Manager in das Unternehmen zu entsenden bzw. zu dessen Organen zu bestellen, Einfluss auf dessen strategische Ausrichtung und das operative Geschäft zu nehmen sowie den Exit vorzubereiten und durchzuführen. Dieser Klarstellung hätte es allerdings nicht gebraucht, weil sie sich schon aus den Art. 26 ff. ergibt.

D. Bezüge zum KAGB-E

Anhang I der AIFM-Richtlinie wird in Deutschland nur teilweise umgesetzt, **26** § 1 Abs. 19 Nummer 24 KAGB-E definiert den Begriff der kollektiven Vermögensverwaltung und listet dabei die in Anhang I genannten Funktionen auf.

Problematisch hieran ist allerdings, dass § 1 Abs. 14 Nummer 24 KAGB-E dabei **27** für AIFM nicht zwischen den zwingenden Funktionen gemäß Anhang I Nummer 1 und den fakultativen Funktionen gemäß Anhang I Nummer 2 der AIFM-RL unterscheidet. So entsteht der falsche Eindruck, als seien alle Funktionen gleichwertig und müsste der AIFM alle Funktionen wahrnehmen. Dies ist grundsätzlich als weitergehende nationale Regulierung des AIFM zulässig (vgl. Erwägungsgrund 10), soweit dies ausschließlich für inländische AIFM gilt. § 1 Abs. 19

Nummer 24 KAGB-E steht jedoch im Widerspruch zu § 23 Nummer 9 KAGB-E, an dem sich ergibt, dass eine KVG zwingend die Funktionen der Portfolioverwaltung und des Risikomanagements erbringen muss. Einer KVG ist dennoch die Erlaubnis zu versagen, wenn sie nur beabsichtigt, nur die fakultativen Funktionen nach Anhang I Nummer 2 der AIFM-RL zu erbringen (vgl. § 23 Nr. 9 KAGB-E). Problematisch hieran ist, dass sich § 23 Nr. 9 KAGB-E allein auf die Zulassung der KVG bezieht. Demgegenüber geht es bei Anhang I der AIFM-RL um die Verwaltung eines bestimmten AIF. Dies hat die praktische Folge, dass eine KVG nach § 23 Nr. 9 KAGB-E wenn sie über eine Erlaubnis für die Portfolioverwaltung und das Risikomanagement und diese Funktionen auch für die Verwaltung eines AIF wahrnimmt, andere AIF verwalten kann und dabei (z.B. im Rahmen des Markt-KAG-modells oder des Private Labeling) nur administrative Tätigkeiten übernimmt. Dies verstößt jedoch gegen Anhang I Nummer 1 AIFM-RL. Danach muss ein AIFM bei jedem von ihm verwalteten AIF die Funktionen der Portfolioverwaltung und/oder des Risikomanagements übernehmen. Diese liegt vor, wenn mindestens die Portfolioverwaltung oder das Risikomanagement für einen oder mehrere AIF erbracht wird. Dieser Widerspruch lässt sich nur auflösen, wenn man der Differenzierung in Anhang I zwischen den zwingenden und den freiwilligen Funktionen Rechnung trägt.

28   § 20 Abs. 3 KAGB-E ist zudem weniger detailliert, wenn es um die Beschreibung der freiwilligen Funktionen geht. Während Anhang I Nummer 2 detailliert aufführt, was unter „administrativer Tätigkeit" sowie „Tätigkeiten im Zusammenhang mit den Vermögenswerten des AIF" zu verstehen ist, fehlt eine entsprechende Regelung. Fraglich ist, ob die AIFM-Richtlinie insoweit ordnungsgemäß umgesetzt worden ist. Es besteht insoweit die Gefahr, dass sich in der deutschen Verwaltungspraxis ein anderes Verständnis herausbildet als von Anhang I vorgegeben.

Anhang II VERGÜTUNGSPOLITIK

1. Bei der Festlegung und Anwendung der gesamten Vergütungspolitik einschließlich der Gehälter und freiwilligen Altersversorgungsleistungen für jene Mitarbeiterkategorien, einschließlich Geschäftsleitung, Risikoträger und Mitarbeiter mit Kontrollfunktionen und aller Mitarbeiter, die eine Gesamtvergütung erhalten, aufgrund derer sie sich in derselben Einkommensstufe befinden wie Mitglieder der Geschäftsleistung und Risikoträger, deren Tätigkeit sich wesentlich auf die Risikoprofile der AIFM oder von ihnen verwalteter AIF auswirkt, wenden AIFM die nachstehend genannten Grundsätze nach Maßgabe ihrer Größe, ihrer internen Organisation und der Art, dem Umfang und der Komplexität ihrer Geschäfte an:

a) Die Vergütungspolitik ist mit einem soliden und wirksamen Risikomanagement vereinbar und diesem förderlich und ermutigt nicht zur Übernahme von Risiken, die unvereinbar sind mit den Risikoprofilen, Vertragsbedingungen oder Satzungen der von ihnen verwalteten AIF;

b) Vergütungspolitik steht mit Geschäftsstrategie, Zielen, Werten und Interessen des AIFM und der von ihm verwalteten AIF oder der Anleger solcher AIF in Einklang und umfasst auch Maßnahmen zur Vermeidung von Interessenkonflikten;

c) das Leitungsorgan des AIFM legt in seiner Aufsichtsfunktion die allgemeinen Grundsätze der Vergütungspolitik fest, überprüft sie regelmäßig und ist für ihre Umsetzung verantwortlich;

d) mindestens einmal jährlich wird im Rahmen einer zentralen und unabhängigen internen Überprüfung festgestellt, ob die Vergütungspolitik gemäß den vom Leitungsorgan in seiner Aufsichtsfunktion festgelegten Vergütungsvorschriften und -verfahren umgesetzt wurde;

e) die Mitarbeiter, die Kontrollfunktionen innehaben, werden entsprechend der Erreichung der mit ihren Aufgaben verbundenen Ziele entlohnt, und zwar unabhängig von den Leistungen in den von ihnen kontrollierten Geschäftsbereichen;

f) die Vergütung höherer Führungskräfte in den Bereichen Risikomanagement und Compliance-Aufgaben wird vom Vergütungsausschuss unmittelbar überprüft;

g) bei erfolgsabhängiger Vergütung liegt der Vergütung insgesamt eine Bewertung sowohl der Leistung des betreffenden Mitarbeiters und seiner Abteilung bzw. des betreffenden AIF als auch dem Gesamtergebnisses des AIFM zugrunde, und bei der Bewertung der individuellen Leistung werden finanzielle wie auch nicht finanzielle Kriterien berücksichtigt;

h) um zu gewährleisten, dass die Beurteilung auf die längerfristige Leistung abstellt und die tatsächliche Auszahlung erfolgsabhängiger Vergütungskomponenten über einen Zeitraum verteilt ist, der der Rücknahmepolitik der von ihm verwalteten AIF und ihren Anlagerisiken Rechnung trägt, sollte die Leistungsbeurteilung in einem mehrjährigen Rahmen erfolgen, der dem Lebenszyklus der vom AIFM verwalteten AIF entspricht;

i) eine garantierte variable Vergütung kann nur in Ausnahmefällen im Zusammenhang mit der Einstellung neuer Mitarbeiter gezahlt werden und ist auf das erste Jahr beschränkt;

j) bei der Gesamtvergütung stehen feste und variable Bestandteile in einem angemessenen Verhältnis und der Anteil der festen Komponente an der Gesamtvergütung ist genügend hoch, dass eine flexible Politik bezüglich der variablen Komponente uneingeschränkt möglich ist und auch ganz auf die Zahlung einer variablen Komponente verzichtet werden kann;

k) Zahlungen im Zusammenhang mit der vorzeitigen Beendigung eines Vertrags spiegeln die im Laufe der Zeit erzielten Ergebnisse wider und sind so gestaltet, dass sie Versagen nicht belohnen;

l) die Erfolgsmessung, anhand derer variable Vergütungskomponenten oder Pools von variablen Vergütungskomponenten berechnet werden, schließt einen umfassenden Berichtigungsmechanismus für alle einschlägigen Arten von laufenden und künftigen Risiken ein;

m) je nach der rechtlichen Struktur des AIF und seiner Vertragsbedingungen oder seiner Satzung muss ein erheblicher Anteil der variablen Vergütungskomponente, und in jedem Fall mindestens 50 %, aus Anteilen des betreffenden AIF oder gleichwertigen Beteiligungen oder mit Anteilen verknüpften Instrumenten oder gleichwertigen unbaren Instrumenten bestehen; der Mindestwert von 50 % kommt jedoch nicht zur Anwendung, wenn weniger als 50 % des vom AIFM verwalteten Gesamtportfolios auf AIF entfallen.

Für die Instrumente nach diesem Buchstaben gilt eine geeignete Rückstellungspolitik, die darauf abstellt, die Anreize an den Interessen des AIFM und der von diesem verwalteten AIF sowie an den Interessen der Anleger der AIF auszurichten. Die Mitgliedstaaten bzw. die zuständigen nationalen Behörden können Einschränkungen betreffend die Arten und Formen dieser Instrumente beschließen oder, sofern dies angemessen ist, bestimmte Instrumente verbieten. Diese Bestimmung ist sowohl auf den Anteil der variablen Vergütungskomponente anzuwenden, die gemäß Buchstabe n zurückgestellt wird, als auch auf den Anteil der nicht zurückgestellten variablen Vergütungskomponente;

n) ein wesentlicher Anteil der variablen Vergütungskomponente, und in jedem Fall mindestens 40 %, wird über einen Zeitraum zurückgestellt, der angesichts des Lebenszyklus und der Rücknahmegrundsätze des betreffenden AIF angemessen ist und ordnungsgemäß auf die Art der Risiken dieses AIF ausgerichtet ist.

Der Zeitraum nach diesem Buchstaben sollte mindestens drei bis fünf Jahre betragen, es sei denn der Lebenszyklus des betreffenden AIF ist kürzer. Die im Rahmen von Regelungen zur Zurückstellung der Vergütungszahlung zu zahlende Vergütung wird nicht rascher als auf anteiliger Grundlage erworben. Macht die variable Komponente einen besonders hohen Betrag aus, so wird die Auszahlung von mindestens 60 % des Betrags zurückgestellt;

o) die variable Vergütung, einschließlich des zurückgestellten Anteils, wird nur dann ausgezahlt oder erworben, wenn sie angesichts der Finanzlage des AIFM insgesamt tragbar ist und nach der Leistung der betreffenden Geschäftsabteilung, des AIF und der betreffenden Person gerechtfertigt ist.

Eine schwache oder negative finanzielle Leistung des AIFM oder der betreffenden AIF führt in der Regel zu einer erheblichen Schrumpfung der gesamten variablen Vergütung, wobei sowohl laufende Kompensationen als auch Verringerungen bei Auszahlungen von zuvor erwirtschafteten Beträgen, auch durch Malus- oder Rückforderungsvereinbarungen, berücksichtigt werden;

p) die Altersversorgungsregelungen stehen mit Geschäftsstrategie, Zielen, Werten und langfristigen Interessen des AIFM und der von diesem verwalteten AIF in Einklang.

Verlässt der Mitarbeiter den AIFM vor Eintritt in den Ruhestand, sollten freiwillige Altersversorgungsleistungen vom AIFM fünf Jahre lang in Form der unter

Buchstabe m festgelegten Instrumente zurückbehalten werden. Tritt ein Mitarbei-
ter in den Ruhestand, sollten die freiwilligen Altersversorgungsleistungen dem
Mitarbeiter in Form der unter Buchstabe m festgelegten Instrumente nach einer
Wartezeit von fünf Jahren ausgezahlt werden;

q) von den Mitarbeitern wird verlangt, dass sie sich verpflichten, auf keine
persönlichen Hedging-Strategien oder vergütungs- und haftungsbezogene Versicherungen zurückzugreifen, um die in ihren Vergütungsregelungen verankerte
Ausrichtung am Risikoverhalten zu unterlaufen;

r) die variable Vergütung wird nicht in Form von Instrumenten oder Verfahren
gezahlt, die eine Umgehung der Anforderungen dieser Richtlinie erleichtern.

2. Die in Absatz 1 genannten Grundsätze gelten für alle Arten von Vergütungen, die von AIFM gezahlt werden, für jeden direkt von dem AIF selbst gezahlten
Betrag, einschließlich carried interests, und für jede Übertragung von Anteilen
des AIF, die zugunsten derjenigen Mitarbeiterkategorien, einschließlich der
Geschäftsleitung, Risikokäufer, Mitarbeiter mit Kontrollfunktionen und aller Mitarbeiter, die eine Gesamtvergütung erhalten, aufgrund derer sie sich in derselben
Einkommensstufe befinden wie Mitglieder der Geschäftsleitung und Risikokäufer, vorgenommen werden, deren berufliche Tätigkeit sich wesentlich auf ihr
Risikoprofil oder auf die Risikoprofile der von ihnen verwalteten AIF auswirkt.

3. AIFM, die aufgrund ihrer Größe oder der Größe der von ihnen verwalteten
AIF, ihrer internen Organisation und der Art, des Umfangs und der Komplexität
ihrer Geschäfte von erheblicher Bedeutung sind, richten einen Vergütungsausschuss ein. Der Vergütungsausschuss ist auf eine Weise zu errichten, die es ihm
ermöglicht, kompetent und unabhängig über die Vergütungsregelungen und -pra-
xis sowie die für das Management der Risiken geschaffenen Anreize zu urteilen.

Der Vergütungsausschuss ist für die Ausarbeitung von Entscheidungen über
die Vergütung zuständig, einschließlich derjenigen mit Auswirkungen auf das
Risiko und das Risikomanagement des AIFM oder der betreffenden AIF; diese
Entscheidungen sind vom Leitungsorgan in seiner Aufsichtsfunktion zu fassen.
Den Vorsitz im Vergütungsausschuss führt ein Mitglied des Leitungsorgans, das
in dem betreffenden AIFM keine Führungsaufgaben wahrnimmt. Die Mitglieder
des Vergütungsausschusses sind Mitglieder des Leitungsorgans, die in dem betreffenden AIFM keine Führungsaufgaben wahrnehmen.

Die AIFM haben die Vergütungspolitik und -praxis gemäß diesem Anhang II **1**
festzulegen, das zudem eine Konkretisierung durch die finalen ESMA-Leitlinien
vom 11.02.2013 betreffend eine solide Vergütungspolitik erfährt (siehe Art. 13
Rn. 22 ff.). Die **18 Grundsätze** des Katalogs in **Anhang II** der AIFM-RL im
Einzelnen:

a) Die Vergütungspolitik ist mit einem soliden und **wirksamen Risikomana- 2
gement vereinbar** und diesem förderlich und ermutigt nicht zur Übernahme
von Risiken, die unvereinbar sind mit den Risikoprofilen, Vertragsbedingungen
oder Satzungen der von ihnen verwalteten AIF (**Vereinbarkeit mit Risikomanagement** und **Verbot der Risikoincentivierung**);

b) Vergütungspolitik steht mit Geschäftsstrategie, Zielen, Werten und Interes- **3**
sen des AIFM und der von ihm verwalteten AIF oder der Anleger solcher AIF
in Einklang und umfasst auch Maßnahmen zur **Vermeidung von Interessenkonflikten** (also **Interessengleichlauf mit AIF** und dessen **Anlegern** und **Einklang mit Geschäftsstrategie**);

c) Das Leitungsorgan des AIFM legt in seiner Aufsichtsfunktion die allgemei- **4**
nen Grundsätze der Vergütungspolitik fest, überprüft sie regelmäßig und ist für

ihre Umsetzung verantwortlich (**regelmäßige Vergütungskontrolle**). ESMA konkretisiert diese Vergütungskontrolle hinsichtlich der Verantwortlichkeit für die Festlegung und Umsetzung der Vergütungspolitik, das Erfordernis eines Vergütungsausschusses nebst Zusammensetzung und Aufgabe sowie die Vergütung von Personal mit Kontrollfunktionen. Danach obliegt der so genannten **Aufsichtsfunktion,** mithin Personen oder Organen, die für die Aufsicht des Senior Managements verantwortlich zeichnen oder in Ermangelung einer separaten Aufsichtseinheit dem Leitungsorgan in seiner Aufsichtsfunktion, die Zustimmung, Umsetzung, jedwede Modifikation und Aufrechterhaltung der Vergütungspolitik sowie die ordnungsgemäße Dokumentation im Hinblick auf Entscheidungsprozesse, Auswahl der identifizierten Mitarbeiter, Vermeidung von Interessenkonflikten und Risikoanpassungsmechanismen.[1] Letztendlich soll die Aufsichtsfunktion sicherstellen, dass die Vergütungspolitik im Einklang ist mit einem effektiven Risikomanagement und dieses fördert.

5   Ferner sollte eine klare Trennung zwischen operativen und kontrollierenden Funktionen/Bereichen, die Qualifikation und Unabhängigkeit der Mitglieder des Leitungsorgans sowie Vermeidung von Interessenkonflikten gewährleistet sein.[2] In der Praxis allerdings wird im Bereich der geschlossenen Fonds, insbesondere der Private-Equity-Fonds, regelmäßig auch den institutionellen Investoren mit entsprechender Marktposition ein Mitspracherecht in Vergütungsfragen zuteil; und somit der Vermeidung von Interessenkonflikten Rechung getragen.

6   **d)** Mindestens einmal jährlich wird im Rahmen einer zentralen und unabhängigen internen Überprüfung festgestellt, ob die Vergütungspolitik gemäß den durch die Aufsichtsfunktion festgelegten Vergütungsvorschriften und -verfahren umgesetzt wurde. Darüber hinaus verlangt ESMA einen Abhilfeplan, sollte die Vergütungspolitik nicht entsprechend den Vorgaben gelebt werden. Die jährliche Überprüfung kann an dritte Dienstleister vergeben werden, allerdings sind große und „komplexe" AIFM gehalten, ausreichend Personal intern bereit zu halten, um eine interne Überprüfung vorzunehmen, die unter Umständen durch externe Berater unterstützt werden kann. Erleichterungen sieht ESMA für kleinere und weniger „komplexe" AIFM vor, die eine Überprüfung vollends an Dritte auslagern dürfen oder auch den jährlichen Turnus verlängern dürfen;[3]

7   **e)** Die Mitarbeiter, die Kontrollfunktionen innehaben, werden entsprechend der Erreichung der mit ihren Aufgaben verbundenen Ziele entlohnt, und zwar unabhängig von den Leistungen in den von ihnen kontrollierten Geschäftsbereichen. Laut ESMA sollten Angehörige der Aufsichtsfunktion nicht ihre eigene Vergütung festlegen, sondern gegebenenfalls die Billigung der Vergütung auf die Gesellschafterversammlung des AIFM übertragen. Zwecks Vermeidung von Interessenkollisionen kann es geboten sein, dass Personen mit Aufsichtsfunktion ausschließlich eine feste Vergütungskomponente erhalten.[4] Die Aufsichtsfunktion sollte allerdings die Vergütung der Geschäftsleitung und des Senior Managements zustimmen und überwachen. Des Weiteren sollte die Vergütung auf Ebene der Mitarbeiter in Kontrollfunktionen den AIFM ermöglichen, qualifizierte und erfahrene Mitarbeiter in diesen Bereichen einzustellen. Im Fall einer variablen Vergütung muss diese funktionsbezogen sein und nicht nur abhängig von erfolgsabhängigen Kriterien.

---

[1] Tz. 39 Leitlinien.
[2] Tz. 42 Leitlinien.
[3] Tz. 51 Leitlinien.
[4] Tz. 45 Leitlinien.

f) Die Vergütung höherer Führungskräfte in den Bereichen Risikomanagement **8**
und Compliance-Aufgaben wird vom Vergütungsausschuss unmittelbar überprüft;

g) Bei **erfolgsabhängiger Vergütung** liegt der Vergütung insgesamt eine **9**
Bewertung sowohl der Leistung des betreffenden Mitarbeiters und seiner Abteilung bzw. des betreffenden AIF als auch des Gesamtergebnisses des AIFM
zugrunde, und bei der Bewertung der individuellen Leistung werden **finanzielle**
wie auch nicht-finanzielle Kriterien berücksichtigt. In die **nicht finanziellen
Bewertungsparameter** dürften beispielsweise die Kunden-/Investorenzufrie-
denheit aber auch ein erfolgreiches **Fundraising,** also das Einsammeln von Investorengeldern einfließen. Laut ESMA ist eine zur Gänze flexible Strategie bezüglich
variabler Gehaltskomponenten erforderlich, die auch impliziert, dass die variable
Vergütung als Folge einer negativen Leistungsbewertung gegebenenfalls bis auf
null reduziert werden kann. Andererseits setzt das voraus, dass die feste Vergütungskomponente entsprechend der Ausbildung, Seniorität und Expertise entsprechend angemessen hoch sein muss und die tatsächliche Tätigkeit entsprechend
sachgerecht vergütet wird.

ESMA differenziert in Leistungs- und Risikobemessung, Prämierung und Aus- **10**
zahlung. Im Rahmen der Leistungsbemessung werden Ziele des AIFM und der
Investmentstrategie der verwalteten AIF definiert, mit deren Erreichen sich die
leistungsbezogene Vergütung materialisiert. Für die Leistungsbewertung dürfen
ausschließlich die tatsächlichen Ergebnisse berücksichtigt werden. Die Auszahlung
der variablen Vergütung ist schließlich am **Lebenszyklus** und Investmentrisiken
der vom AIFM verwalteten AIF auszurichten und sollte daher teilweise kurzfristig
nach entsprechender Prämierung und teilweise hinausgeschoben werden. Die
langfristige Komponente sollte Mitarbeitern vorbehaltlich einer so genannten **Ex-
Post Risikoadjustierung** am Ende des Stundungszeitraums ausbezahlt werden,
wobei ESMA insoweit auf die strengen Zurückbehaltungsmechanismen (vgl.
lit. n) unter Rn. 17) verweist, wonach **mindestens 40%** (**zum Teil 60%**) abgestuft ausbezahlt werden müssen;

h) um zu gewährleisten, dass die Beurteilung auf die längerfristige Leistung **11**
abstellt und die tatsächliche Auszahlung erfolgsabhängiger Vergütungskomponenten über einen Zeitraum verteilt ist, der der **Rücknahmepolitik** der von ihm
verwalteten AIF und ihren Anlagerisiken Rechnung trägt, sollte die Leistungsbeurteilung in einem mehrjährigen Rahmen erfolgen, der dem Lebenszyklus der
vom AIFM verwalteten AIF entspricht (**langfristige Leistungsbeurteilung**);
Für das Merkmal der Langfristigkeit könnte bei der innerstaatlichen Umsetzung
§ 87 Abs. 1 AktG in Verbindung mit § 197 Abs. 2 AktG stehen, wonach der
Beschluss über bedingte Kapitalerhöhungen hinsichtlich der bezugsberechtigten
Organe einer Aktiengesellschaft eine **Mindestwartezeit** bis zur Ausübung des
Bezugsrechts von 4 Jahren vorsieht;

i) Eine **garantierte variable Vergütung** kann nur in Ausnahmefällen im **12**
Zusammenhang mit der Einstellung neuer Mitarbeiter gezahlt werden und ist auf
das erste Jahr beschränkt. Dieser **Grundsatz, keine Garantie variabler Gehaltskomponenten** zielt auf die Vermeidung signifikanter Abhängigkeit von variablen
Vergütungskomponenten ab. Grundsätzlich sollte auch ganz auf variable Gehaltskomponenten verzichtet werden können, obgleich ein gewisser Verhaltensanreiz
bestehen bleiben soll. Die Ausnahmeregelung für Neueinstellungen will die Einstellung talentierter Bewerber ermöglichen, wobei die Praxis lehrt, dass eine garantierte variable Vergütung oft auf zwei oder mehr Jahre ausgelegt ist;

13   **j)** Bei der Gesamtvergütung stehen feste und variable Bestandteile in einem
angemessenen Verhältnis und der Anteil der festen Komponente an der Gesamtvergütung ist genügend hoch, sodass eine flexible Politik bezüglich der variablen
Komponente uneingeschränkt möglich ist und auch ganz auf die Zahlung einer
variablen Komponente verzichtet werden kann (**angemessenes Verhältnis
fixer/variabler Komponenten**). ESMA betont, dass die Anforderungen an
variable Vergütungskomponenten nicht durch artifizielle Gestaltungen oder Zahlungswege wie beispielsweise konstruierte Dividendenzahlungen oder unsachgemäße Umdeklarierung von *Performance Fees*, umgangen werden dürfen.[5] Die
geforderte Angemessenheit dürfte analog **§ 3 Abs. 5 InstitutsVergV** abstrakt
gewahrt sein, wenn einerseits keine signifikante Abhängigkeit von der variablen
Vergütung besteht (und notfalls entfallen kann), die variable Vergütung aber andererseits einen **wirksamen Verhaltensanreiz** setzen kann. Es sollte also sowohl
eine angemessene **Erfolgs-** als auch **Misserfolgsbeteiligung** der AIFM gewährleistet sein.[6] Allerdings fällt positiv auf, dass weder Art. 13 abs. 2 AIFM-RL in
Verbindung mit Anhang II noch die Leitlinien eine betragsmäßige Begrenzung
der Vergütung vorsehen. Bei entsprechender Performance der AIFM dürften nach
oben keine Grenzen gesetzt sein („sky's the limit");

14   **k)** Zahlungen im Zusammenhang mit der vorzeitigen Beendigung eines Vertrags spiegeln die im Laufe der Zeit erzielten Ergebnisse wider und sind so gestaltet,
dass sie Versagen nicht belohnen (**Leistungsbezogene Abfindungszahlungen**). Laut ESMA sollten Abfindungszahlungen, Zahlungen im Zusammenhang mit der Dauer einer Kündigungsfrist und Redundanzvergütungen für den Verlust
des Arbeitsplatzes im Einklang mit den allgemeinen Governance-Strukturen des
AIFM stehen und **keine Belohnung für Versagen** beinhalten, insbesondere der
sogenannte **„Goldene Handschlag"** wird als unangemessen erachtet;[7]

15   **l)** Die Erfolgsmessung, anhand derer **variable Vergütungskomponenten**
oder Pools von variablen Vergütungskomponenten berechnet werden, schließt
einen **umfassenden Berichtigungsmechanismus** für alle einschlägigen Arten
von laufenden und künftigen Risiken ein;

16   **m)** Je nach der rechtlichen Struktur des AIF und seiner Vertragsbedingungen
oder seiner Satzung muss ein erheblicher Anteil der variablen Vergütungskomponente, und in jedem Fall **mindestens 50%,** aus Anteilen des betreffenden AIF
oder gleichwertigen Beteiligungen oder mit Anteilen verknüpften Instrumenten
oder gleichwertigen **unbaren Instrumenten** bestehen; der Mindestwert von
50% kommt jedoch nicht zur Anwendung, wenn weniger als 50% des vom AIFM
verwalteten Gesamtportfolios auf AIF entfallen. Für die Instrumente nach diesem
Buchstaben gilt eine geeignete **Rückstellungspolitik,** die darauf abstellt, die
Anreize an den Interessen des AIFM und der von diesem verwalteten AIF sowie
an den Interessen der Anleger der AIF auszurichten. Die Mitgliedstaaten bzw. die
zuständigen nationalen Behörden können Einschränkungen betreffend die Arten
und Formen dieser Instrumente beschließen oder, sofern dies angemessen ist,
bestimmte Instrumente verbieten. Diese Bestimmung ist sowohl auf den Anteil
der variablen Vergütungskomponente anzuwenden, die gemäß Buchstabe n)
zurückgestellt wird, als auch auf den Anteil der nicht zurückgestellten variablen
Vergütungskomponente. Es bleibt abzuwarten, wie die letztendliche Umsetzung

---

[5] Tz. 23 Konsultationspapier.
[6] *Möllers/Hailer* ZBB/JBB 2012, 178 (192).
[7] Tz. 87–89 Leitlinien.

den Zielkonflikt insbesondere im Bereich der geschlossenen Fonds in Bezug auf dem Mitarbeiter gewährte Anteile an laufzeitbegrenzten Fonds lösen wird;[8]

n) Ein wesentlicher Anteil der variablen Vergütungskomponente, und in jedem **17** Fall mindestens **40%**, wird über einen Zeitraum **zurückgestellt,** der angesichts des **Lebenszyklus** und der Rücknahmegrundsätze des betreffenden AIF angemessen ist und ordnungsgemäß auf die Art der Risiken dieses AIF ausgerichtet ist. Der Zeitraum nach diesem Buchstaben sollte **mindestens drei bis fünf Jahre** betragen, es sei denn der Lebenszyklus des betreffenden AIF ist kürzer. Die im Rahmen von Regelungen zur Zurückstellung der Vergütungszahlung zu zahlende Vergütung wird nicht rascher als auf anteiliger Grundlage erworben. Macht die variable Komponente einen besonders hohen Betrag aus (ESMA schweigt darüber wann das der Fall ist) oder ist die Risikoverantwortung sehr hoch, so wird die Auszahlung von mindestens 60% des Betrags zurückgestellt **(Geeignete Rückstellungspolitik);**

o) Die variable Vergütung, einschließlich des zurückgestellten Anteils, wird **18** nur dann ausgezahlt oder erworben, wenn sie angesichts der Finanzlage des AIFM insgesamt tragbar ist und nach der Leistung der betreffenden Geschäftsabteilung, des AIF und der betreffenden Person gerechtfertigt ist. Eine schwache oder negative finanzielle Leistung des AIFM oder der betreffenden AIF führt in der Regel zu einer erheblichen Schrumpfung der gesamten variablen Vergütung, wobei sowohl laufende Kompensationen als auch Verringerungen bei Auszahlungen von zuvor erwirtschafteten Beträgen, auch durch Malus- oder Rückforderungsvereinbarungen, berücksichtigt werden **(Malus- oder Rückforderungsvereinbarung).** Schwache oder negative finanzielle Leistungen des AIFM oder AIF können zur Reduzierung der variablen Vergütung führen. Die möglichen negativen Erfolgsbeiträge des einzelnen Mitarbeiters sollen sich in diesem Fall auf die Höhe der variablen Vergütung auswirken. Die bereits existierenden Malus- oder Rückforderungsvereinbarungen gemäß § 87 AktG bzgl. der Organe von Aktiengesellschaften dürften für die innerstaatliche Aufsichtsrechtspraxis Pate stehen. Damit der AIFM jederzeit den Anforderungen an Anfangs- und Eigenkapitalausstattung gemäß Art. 9 AIFM-RL Rechnung trägt, hat dieser hinsichtlich variabler Vergütungskomponenten umsichtig vorzugehen. Insbesondere sollte der AIFM sicherstellen, dass durch die Gewährung oder Auszahlung variabler Gehaltskomponenten eine solide Finanzlage nicht gefährdet wird. Andererseits sollten Gefährdungstatbestände Auslöser für die Reduzierung variabler Gehaltskomponenten, Anwendung von Erfolgsanpassungsmaßnahmen (Malus oder so genannte *Clawbacks*) sein. Gleichfalls sollte die Stundung zwecks Festigung der angeschlagenen Finanzlage in Betracht gezogen werden;[9]

p) Die **Altersversorgungsregelungen** stehen mit Geschäfsstrategie, Zielen, **19** Werten und langfristigen Interessen des AIFM und der von diesem verwalteten AIF in Einklang. Verlässt der Mitarbeiter den AIFM vor Eintritt in den Ruhestand, sollten freiwillige Altersversorgungsleistungen vom AIFM fünf Jahre lang in Form der unter Buchstabe m) festgelegten Instrumente zurückbehalten werden. Tritt ein Mitarbeiter in den Ruhestand, sollten die freiwilligen Altersversorgungsleistungen dem Mitarbeiter in Form der unter Buchstabe m) festgelegten Instrumente nach einer Wartezeit von fünf Jahren ausgezahlt werden. Regelungen, die auf Tarifverträge zurückgehen, dürften danach per se diesen Grundsätzen Rechnung tragen;

---

[8] *von Livonius/Schatz,* Absolut|report 6/2010, 54 (59).
[9] Tz. 30–32 Leitlinien.

20   q) Von den Mitarbeitern wird verlangt, dass sie sich verpflichten, auf keine persönlichen Hedging-Strategien oder vergütungs- und haftungsbezogene Versicherungen zurückzugreifen, um die in ihren Vergütungsregelungen verankerte Ausrichtung am Risikoverhalten zu unterlaufen **(Verbot des persönlichen Hedging).** ESMA betont, dass ein wirksamer Interessengleichlauf der Vergütungspolitik auch gelegentlich zu einer Reduzierung von variablen Gehaltsbestandteilen führen und dieser Interessengleichlauf erheblich geschwächt würde, falls die Mitarbeiter in der Lage wären, das Risiko negativer Vergütungsanpassungen mittels Optionsgeschäften, sonstiger Derivate oder Versicherungsverträge auf Dritte zu verlagern.[10] Das Verbot von Hedging-Strategien will die Umgehung des Risikoverhaltens verhindern. Mit anderen Worten soll die variable und somit risikoorientierte Vergütung nicht durch die Hintertür zur Fixvergütung ausgestaltet werden. Daher darf die Risikovergütung nicht durch Absicherung oder sonstige Gegenmaßnahmen wieder aufgehoben werden. In Anlehnung an die vielerorts in der klassischen Finanzindustrie bereits gelebten Einschränkungen könnte beispielsweise die **arbeitsvertragliche Untersagung von Options- und Derivategeschäften** ein probates Mittel sein;

21   r) die variable Vergütung wird nicht in Form von Instrumenten oder Verfahren gezahlt, die eine Umgehung der Anforderungen dieser Richtlinie erleichtern **(Verbot von Umgehungsgestaltungen), was Tz. 15 der Leitlinien entspricht.**

Hinsichtlich des sachlichen ANwendungsbereiches führt Anhang II weiter aus: Die in Absatz 1 genannten Grundsätze gelten für alle Arten von Vergütungen, die von AIFM gezahlt werden, für jeden direkt von dem AIF selbst gezahlten Betrag, einschließlich *Carried Interest,* und für jede Übertragung von Anteilen des AIF, die zugunsten derjenigen Mitarbeiterkategorien, einschließlich der Geschäftsleitung, Risikokäufer, Mitarbeiter mit Kontrollfunktionen und aller Mitarbeiter, die eine Gesamtvergütung erhalten, aufgrund derer sie sich in derselben Einkommensstufe befinden wie Mitglieder der Geschäftsleistung und Risikokäufer, vorgenommen werden, deren berufliche Tätigkeit sich wesentlich auf ihr Risikoprofil oder auf die Risikoprofile der von ihnen verwalteten AIF auswirkt (Anhang II Tz. 2). Im Rahmen der innerstaatlichen Umsetzung bzw. aufsichtsrechlichen Anwendung der Vergütungsregeln gilt es zu beachten, dass in existierende Vergütungsvereinbarungen eingegriffen werden könnte und eine Anpassung dieser im Rahmen des zivil- und arbeitsrechtlich Möglichen zulässig sein müsste. Insoweit könnte man auf die InstitutsVergV rekurrieren und sich einer analogen Anwendung der dortigen Regelung behelfen, wonach nicht zwangsläufig in bestehende Arbeitsverträge eingegriffen werden müsste, sofern der AIFM nachweist, dass er (erfolglos) darauf hingewirkt hat, dass die mit identifizierten Mitarbeitern bestehenden Verträge sowie betriebliche Übungen, die mit Art. 13 AIFM-RL, Anhang II oder den Leitlinien nicht vereinbar sind, soweit rechtlich zulässig auf Grundlage einer für Dritte nachvollziehbar fundierten juristischen Begutachtung der Rechtslage und unter Berücksichtigung der konkreten Erfolgsaussichten angepasst werden.[11]

Anhang II Tz. 3 führt weiter aus, dass AIFM, die aufgrund ihrer Größe oder der Größe der von ihnen verwalteten AIF, ihrer internen Organisation und der Art, des Umfangs und der Komplexität ihrer Aktivitäten von erheblicher Bedeu-

---

[10] Tz. 82 bis 84 Leitlinien.
[11] § 10 InstitutsVergV.

tung sind, einen **Vergütungsausschuss** ein richten, wobei laut ESMA alle drei Faktoren berücksichtigt werden müssen. Beispielsweise soll ein signifikant großer AIFM, der nicht signifikant in Bezug auf seine interne Organisation und/oder der Art, Umfang und Komplexität seiner Aktivitäten ist, keinen Vergütungsausschuss einrichten müssen.[12] ESMA sah sich jedoch außerstande, eine abschließende Liste von Kriterien, die für eine Wesentlichkeit sprechen, aufzustellen. Allerdings nennt ESMA Beispiele, bei denen kein Vergütungsausschuss errichtet werden muss: AIFM, deren von ihnen verwaltete Portfolien von AIFs ein Vermögen von 1,25 Mrd. EUR nicht überschreiten und die nicht mehr als 50 Mitarbeiter beschäftigen. Ferner sind AIFM befreit, die Tochtergesellschaften von Kreditinstituten sind, die ihrerseits verpflichtet sind, einen Vergütungsausschuss zu etablieren, der dessen Aufgaben für die gesamte Gruppe wahrnimmt.[13]

Der Vergütungsausschuss ist auf eine Weise zu errichten, die es ihm ermöglicht, kompetent und unabhängig über die Vergütungsregelungen und -praxis sowie die für das Management der Risiken geschaffenen Anreize zu urteilen. Den Vorsitz im Vergütungsausschuss führt ein Mitglied der Aufsichtsfunktion, das in dem betreffenden AIFM keine Führungsaufgaben wahrnimmt. Die Mitglieder des Vergütungsausschusses sind Mitglieder des Leitungsorgans, die in dem betreffenden AIFM keine Führungsaufgaben wahrnehmen. ESMA konkretisiert das dahingehend, dass es dabei um Mitglieder der Aufsichtsfunktion handeln sollte, die keine operative Tätigkeit ausüben und zumindest die Mehrheit als unabhängig qualifizieren muss. Gleiches gilt für den Vorsitz. Allerdings bleibt offen, was ESMA unter „unabhängig" versteht.[14]

Wenig realistisch erscheint der Grundsatz, wonach der Vergütungsausschuss mit unabhängigen Mitgliedern der Aufsichtsfunktion besetzt werden muss, die in dem betreffenden AIFM keine Führungsaufgaben wahrnehmen. Eine Kontrolle der Vergütung der Geschäftsleitung durch „Non-Executive-Mitglieder" dürfte eine Herausforderung für die Betroffenen darstellen. Gerade im Private–Equity-Bereich dürften die Mitglieder der Geschäftsleitung typischerweise Exekutivfunktionen haben und nicht als unabhängig qualifizieren. Da ESMA insoweit den Bedarf an interner (Revision und Risikocontrolling) als auch externer Beratung sieht, könnte insoweit eines **neues Betätigungsfeld für Steuerberatungs- und Wirtschaftsprüfungsgesellschaften** entstehen.

Der Vergütungsausschuss ist für die Ausarbeitung von Entscheidungen über die Vergütung zuständig, einschließlich Mitgliedern der Geschäftsleitung und Spitzenverdienern sowie derjenigen mit Auswirkungen auf das Risiko und das Risikomanagement des AIFM oder der betreffenden AIF; diese Entscheidungen sind vom Leitungsorgan in seiner Aufsichtsfunktion zu fassen. ESMA konkretisiert weiter, dass es die Rolle des Vergütungsausschusses sei, die Aufsichtsfunktion hinsichtlich der Bestimmung und die Umsetzung der Vergütungspolitik zu beraten. Dem Vergütungsausschuss kommt die Aufgabe zu, die Angemessenheit der Vergütung zu überwachen. Diesem obliegt es einmal jährlich einen Bericht über Ausgestaltung, Überprüfung und Weiterentwicklung des Vergütungssystems zu erstellen und zu veröffentlichen. Dafür ist dem Vergütungsausschuss uneingeschränkter Zugang zu Information aller beteiligten Bereiche des AIFM zu gewähren. Des Weiteren überprüft der Vergütungsausschuss die Beauftragung externer Vergütungsberater durch die Aufsichtsfunktion.

---

[12] Tz. 53 Leitlinien.
[13] Tz. 53 Leitlinien.
[14] Tz. 53–61 Leitlinien.

Der Bezug zum KAGB–E erfolgt über § 37 Abs. 2 KAGB–E, der Vorsicht, dass die Anforderungen an das Vergütungssystem sich näher nach Anhang II der AIFM-Richtlinie bestimmen.

Anhang III

Unterlagen und Angaben, die im Falle eines beabsichtigten Vertriebs im Herkunftsmitgliedstaat des AIFM beizubringen bzw. zu machen sind

a) Ein Anzeigeschreiben einschließlich eines Geschäftsplans, der Angaben zu den AIF, die der AIFM zu vertreiben beabsichtigt, sowie zu deren Sitz enthält;

b) die Vertragsbedingungen oder die Satzung des AIF;

c) Name der Verwahrstelle des AIF;

d) Eine Beschreibung des AIF bzw. alle für die Anleger verfügbaren Informationen über den AIF;

e) Angaben zum Sitz des Master-AIF, falls es sich bei dem AIF um einen Feeder-AIF handelt;

f) Alle in Artikel 23 Absatz 1 genannten weiteren Informationen für jeden AIF, den der AIFM zu vertreiben beabsichtigt;

g) Sofern zutreffend Angaben zu den Vorkehrungen, die getroffen wurden, um zu verhindern, dass Anteile des AIF an Kleinanleger vertrieben werden, auch falls ein AIFM für die Erbringung von Wertpapierdienstleistungen für den AIF auf unabhängige Unternehmen zurückgreift.

Anhang III wird von den Artt. 31, 35, 39 und 40 AIFM-RL in Bezug genommen. **1**

Art. 31 AIFM-RL betrifft den Vertrieb von Anteilen von EU-AIF im Herkunftsmitgliedstaat des AIFM. **2**

Art. 35 AIFM-RL betrifft die Bedingungen für den Vertrieb eines von einem EU-AIFM verwalteten Nicht-EU-AIF mit einem Pass in der Union. **3**

Art. 39 AIFM-RL betrifft die Bedingungen für den in der Union mit einem Pass erfolgenden Vertrieb von EU-AIF, die von Nicht-EU-AIFM verwaltet werden. **4**

Art. 40 AIFM-RL schließlich betrifft die Bedingungen für den in der Union mit einem Pass erfolgenden Vertrieb von Nicht-EU-AIF, die von einem Nicht-EU-AIFM verwaltet werden. **5**

Hieraus folgt, dass die Überschrift zu Anhang III dessen Anwendungsbereich nur unvollständig wiedergibt. **6**

Inhaltlich nimmt Anhang III im Wesentlichen einzelne Elemente des Zulassungsantrags nach Art. 7 Abs. 2 und 3 AIFM-RL auf. **7**

Anhang III lit. f) nimmt auf Art. 23 Abs. 1 AIFM-RL Bezug, der Informationspflichten gegenüber Anlegern manifestiert. **8**

Interessant wird sein, wie die in Anhang lit. g) adressierte **„Kleinanlegersperre"** praktisch umgesetzt bzw. zumindest dokumentiert wird. Möglicherweise kann hier neben Hinweisen in der Fondsdokumentation mit entsprechenden Verpflichtungserklärungen für den Vertrieb gearbeitet werden. **9**

Anhang IV

Unterlagen und Angaben, die im Falle eines beabsichtigten Vertriebs in anderen Mitgliedstaaten als dem Herkunftsmitgliedstaat des AIFM beizubringen bzw. zu machen sind

a) Ein Anzeigeschreiben einschließlich eines Geschäftsplans, der Angaben zu den AIF, die der AIFM zu vertreiben beabsichtigt, sowie zu deren Sitz enthält;

b) die Vertragsbedingungen oder die Satzung des AIF;

c) Name der Verwahrstelle des AIF;

d) Eine Beschreibung des AIF bzw. alle für die Anleger verfügbaren Informationen über den AIF;

e) Angaben zum Sitz des Master-AIF, falls es sich bei dem AIF um einen Feeder-AIF handelt;

f) Alle in Artikel 23 Absatz 1 genannten weiteren Informationen für jeden AIF, den der AIFM zu vertreiben beabsichtigt;

g) die Angabe des Mitgliedstaats, in dem Anteile des AIF an professionelle Anleger vertrieben werden sollen;

h) Angaben zu den Vorkehrungen für den Vertrieb des AIF und, sofern zutreffend, Angaben zu den Vorkehrungen, die getroffen wurden, um zu verhindern, dass Anteile des AIF an Kleinanleger vertrieben werden, auch falls ein AIFM für die Erbringung von Wertpapierdienstleistungen für den AIF auf unabhängige Unternehmen zurückgreift.

1 Anhang IV wird von den Artt. 32 und 35 und 39 AIFM-RL in Bezug genommen.

2 Art. 32 AIFM-RL betrifft den Vertrieb von Anteilen von EU-AIF in den anderen Mitgliedstaaten als dem Herkunftsmitgliedstaat des AIFM.

3 Art. 35 AIFM-RL betrifft die Bedingungen für den Vertrieb eines von einem EU-AIFM verwalteten Nicht-EU-AIF mit einem Pass in der Union.

4 Art. 39 AIFM-RL schließlich betrifft die Bedingungen für den in der Union mit Pass erfolgenden Vertrieb von EU-AIF, die von Nicht-EU-AIFM verwaltet werden.

5 Inhaltlich nimmt Anhang IV, der bis auf lit. g) und h) dem Anhang III entspricht, im Wesentlichen einzelne Elemente des Zulassungsantrags nach Art. 7 Abs. 2 und 3 AIFM-RL auf.

6 Anhang IV lit. f) nimmt auf Art. 23 Abs. 1 AIFM-RL Bezug, der Informationspflichten gegenüber Anlegern manifestiert.

7 Interessant wird auch hier sein, wie die in Anhang lit. h) adressierte **„Kleinanlegersperre"** praktisch umgesetzt bzw. zumindest dokumentiert wird. Möglicherweise kann hier neben Hinweisen in der Fondsdokumentation mit entsprechenden Verpflichtungserklärungen für den Vertrieb gearbeitet werden.

Synopse (Stand 13.12.2012)

AIFMD – KAGB-E-Diskussionsentwurf – KAGB-E-Regierungsentwurf

AIFM-RL	KAGB-E Diskussionsentwurf	KAGB-E Regierungsentwurf
Art. 1		
Art. 2 Abs. 1		
Art. 2 Abs. 2	§ 1 Abs. 1	§ 1 Abs. 1
Art. 2 Abs. 3	§ 2 Abs. 1	§ 2 Abs. 1
Art. 2 Abs. 4		
Art. 3		§ 2 Abs. 5
Art. 3 Abs. 1	§ 2 Abs. 3	§ 2 Abs. 3
Art. 3 Abs. 2	§ 2 Abs. 4	§ 2 Abs. 4
Art. 3 Abs. 3 Unterabs. 1	§ 44 Abs. 1	§ 44 Abs. 1
Art. 3 Abs. 3 Unterabs. 3	§ 44 Abs. 2	§ 44 Abs. 2
Art. 3 Abs. 4	§ 2 Abs. 4	§ 2 Abs. 4
Art. 3 Abs. 5	§ 44 Abs. 3	§ 44 Abs. 3
Art. 3 Abs. 6	§ 44 Abs. 4	§ 44 Abs. 4
Art. 4 Abs. 1a)	§ 1 Abs. 1, Abs. 3	§ 1 Abs. 1, Abs. 3
Art. 4 Abs. 1ac)	§ 1 Abs. 63	§ 1 Abs. 19 Nr. 27
Art. 4 Abs. 1ad)	§ 1 Abs. 52	§ 1 Abs. 19 Nr. 9
Art. 4 Abs. 1ae)	§ 1 Abs. 62	§ 1 Abs. 19 Nr. 26
Art. 4 Abs. 1af)	§ 1 Abs. 66	§ 1 Abs. 19 Nr. 30
Art. 4 Abs. 1ag)	§ 1 Abs. 67	§ 1 Abs. 19 Nr. 32
Art. 4 Abs. 1ah)	§ 1 Abs. 48	§ 1 Abs. 19 Nr. 6
Art. 4 Abs. 1ai)	§ 1 Abs. 45	§ 1 Abs. 19 Nr. 2
Art. 4 Abs. 1aj)	§ 1 Abs. 67	§ 1 Abs. 19 Nr. 31
Art. 4 Abs. 1ak)	§ 1 Abs. 69	§ 1 Abs. 19 Nr. 35
Art. 4 Abs. 1an)	§ 1 Abs. 70	§ 1 Abs. 19 Nr. 36
Art. 4 Abs. 1ao)	§ 1 Abs. 3	§ 1 Abs. 2
Art. 4 Abs. 1b)		§ 44 Abs. 1
Art. 4 Abs. 1c)	§ 1 Abs. 74	§ 1 Abs. 19 Nr. 38
Art. 4 Abs. 1d)	§ 1 Abs. 49	§ 1 Abs. 19 Nr. 7
Art. 4 Abs. 1e)	§ 1 Abs. 53	§ 1 Abs. 19 Nr. 10
Art. 4 Abs. 1j)	§ 1 Abs. 68	§ 1 Abs. 19 Nr. 34; § 23

AIFM-RL	KAGB-E Diskussionsentwurf	KAGB-E Regierungsentwurf
Art. 4 Abs. 1 i)	§ 1 Abs. 47	
Art. 4 Abs. 1 ii)	§ 1 Abs. 68, Abs. 47	
Art. 4 Abs. 1 iii)	§ 1 Abs. 47	
Art. 4 Abs. 1 iv)	§ 1 Abs. 68	
Art. 4 Abs. 1m)	§ 1 Abs. 28	§ 1 Abs. 19 Nr. 13
Art. 4 Abs. 1o)	§ 1 Abs. 60	§ 2 Abs. 1
Art. 4 Abs. 1p)	§ 1 Abs. 57	§ 1 Abs. 19 Nr. 18
Art. 4 Abs. 1q)	§ 1 Abs. 59	§ 1 Abs. 19 Nr. 20; § 66 Abs. 5
Art. 4 Abs. 1r)	§ 1 Abs. 47	§ 1 Abs. 19 Nr. 4
Art. 4 Abs. 1s)	§ 1 Abs. 44	§ 1 Abs. 19 Nr. 1
Art. 4 Abs. 1t)		§ 287
Art. 4 Abs. 1u)	§ 1 Abs. 55	§ 1 Abs. 19 Nr. 16
Art. 4 Abs. 1v)	§ 1 Abs. 61, Abs. 68	§ 1 Abs. 19 Nr. 25
Art. 4 Abs. 1w)	§ 1 Abs. 73	§ 17 Abs. 1
Art. 4 Abs. 1x)	§ 1 Abs. 72	§ 293 Abs. 1
Art. 4 Abs. 1y)	§ 1 Abs. 29	
Art. 4 Abs. 3	§ 1 Abs. 61, Abs. 68	§ 1 Abs. 19 Nr. 25
Art. 4 Abs. 4		§ 1 Abs. 4, Abs. 5
Art. 5 Abs. 1 S. 1	§ 17 Abs. 3	§ 17 Abs. 3
Art. 5 Abs. 1 S. 2a)	§ 17 Abs. 2	§ 17 Abs. 2
Art. 5 Abs. 1 S. 2b)	§ 17 Abs. 2, § 125 Abs. 1, § 150 Abs. 1	§ 17 Abs. 2
Art. 5 Abs. 2	§ 18 Abs. 7	§ 18 Abs. 7
Art. 5 Abs. 3	§ 18 Abs. 8	§ 18 Abs. 8
Art. 6 Abs. 1 Unterabs. 1	§ 20 Abs. 1	§ 20 Abs. 1
Art. 6 Abs. 2 2. Halbs.	§ 20 Abs. 3	§ 20 Abs. 3
Art. 6 Abs. 3	§ 20 Abs. 6	§ 20 Abs. 7
Art. 6 Abs. 4a), b)	§ 20 Abs. 3	§ 20 Abs. 3
Art. 6 Abs. 5a)	§ 20 Abs. 4	§ 20 Abs. 4
Art. 6 Abs. 5b)		§ 20 Abs. 3
Art. 6 Abs. 5c), d)	§ 23	§ 23
Art. 6 Abs. 6	§ 5 Abs. 2, § 50 Abs. 4, § 62 Abs. 4	§ 5 Abs. 2; § 54 Abs. 4; § 66 Abs. 4
Art. 6 Abs. 7		§ 34 Abs. 1, Abs. 3–5
Art. 6 Abs. 8 S. 1	§ 2 Abs. 2	§ 2 Abs. 2
Art. 6 Abs. 8 S. 2		§ 295 Abs. 2

Synopse

AIFM-RL	KAGB-E Diskussionsentwurf	KAGB-E Regierungsentwurf
Art. 7		§ 54 Abs. 5; § 66 Abs. 5
Art. 7 Abs. 2a), b), c), d), e)	§ 22 Abs. 1	§ 22 Abs. 1
Art. 7 Abs. 3c)	§ 158 Abs. 1, § 159 Abs. 1, § 230 Abs. 1, § 231 Abs. 1 (geht über Art. 7 Abs. 3c) hinaus), § 240	§ 162 Abs. 1; § 163 Abs. 1 (geht hierüber hinaus); § 266 Abs. 1; § 267 Abs. 1; § 273
Art. 7 Abs. 3a), b), c), d), e)	§ 22 Abs. 1	§ 22 Abs. 1
Art. 7 Abs. 4	§ 21 Abs. 5, § 20 Abs. 2	§ 20 Abs. 2 Nr. 5; § 21 Abs. 5
Art. 7 Abs. 5	§ 12 Abs. 5	§ 12 Abs. 5 Nr. 1
Art. 7 Abs. 6		
Art. 7 Abs. 8		
Art. 8 Abs. 1b)	§ 22 Abs. 1	§ 22 Abs. 1 Nr. 1
Art. 8 Abs. 1b), c), d), e)	§ 23	§ 23
Art. 8 Abs. 2	§ 24 Abs. 1	§ 24 Abs. 1
Art. 8 Abs. 3	§ 23	§ 23
Art. 8 Abs. 4	§ 20 Abs. 1	§ 20 Abs. 1
Art. 8 Abs. 5 Unterabs. 1	§ 22 Abs. 2	§ 22 Abs. 2
Art. 8 Abs. 5 Unterabs. 2	§ 22 Abs. 3	§ 22 Abs. 3
Art. 8 Abs. 5 Unterabs. 3	§ 22 Abs. 4	§ 22 Abs. 4
Art. 8 Abs. 6		
Art. 9 Abs. 1	§ 25 Abs. 1	§ 25 Abs. 1
Art. 9 Abs. 2	§ 25 Abs. 1	§ 25 Abs. 1
Art. 9 Abs. 3	§ 25 Abs. 1	§ 25 Abs. 1
Art. 9 Abs. 4	§ 25 Abs. 2	§ 25 Abs. 3
Art. 9 Abs. 5	§ 25 Abs. 3	§ 25 Abs. 4
Art. 9 Abs. 6	§ 25 Abs. 1	§ 25 Abs. 2
Art. 9 Abs. 7	§ 25 Abs. 5	§ 25 Abs. 6
Art. 9 Abs. 8	§ 25 Abs. 6	§ 25 Abs. 7
Art. 9 Abs. 9	§ 25 Abs. 7	§ 25 Abs. 8
Art. 9 Abs. 10	§ 25 Abs. 2	§ 25 Abs. 3
Art. 10	§ 159 Abs. 3	
Art. 10 Abs. 1	§ 34 Abs. 1; § 240	§ 34 Abs. 1
Art. 10 Abs. 2	§ 34 Abs. 2	§ 34 Abs. 2

AIFM-RL	**KAGB-E Diskussionsentwurf**	**KAGB-E Regierungsentwurf**
Art. 11a)	§ 39 Abs. 1	§ 39 Abs. 1
Art. 11b)–e)	§ 39 Abs. 3	§ 39 Abs. 3
Art. 12 Abs. 1 Unterabs. 1	§ 28 Abs. 2	§ 26 Abs. 2
Art. 12 Abs. 1 Unterabs. 2	§ 28 Abs. 3	§ 26 Abs. 3
Art. 12 Abs. 2a)	§ 28 Abs. 4	§ 26 Abs. 4
Art. 12 Abs. 3	§ 28 Abs. 7	§ 26 Abs. 7
Art. 13 Abs. 1	§ 37	§ 37
Art. 14 Abs. 1 Unterabs. 1	§ 29 Abs. 1	§ 27 Abs. 1
Art. 14 Abs. 1 Unterabs. 2	§ 29 Abs. 2	§ 27 Abs. 2
Art. 14 Abs. 1 Unterabs. 3	§ 29 Abs. 3	§ 27 Abs. 3
Art. 14 Abs. 2	§ 29 Abs. 4	§ 27 Abs. 4
Art. 14 Abs. 3 Unterabs. 1	§ 31 Abs. 1	§ 31 Abs. 1
Art. 14 Abs. 3 Unterabs. 2	§ 31 Abs. 2	§ 31 Abs. 2
Art. 14 Abs. 4	§ 29 Abs. 5	§ 27 Abs. 5
Art. 15 Abs. 1	§ 26 Abs. 1	§ 29 Abs. 1
Art. 15 Abs. 2	§ 26 Abs. 2	§ 29 Abs. 2
Art. 15 Abs. 3	§ 26 Abs. 3	§ 29 Abs. 3
Art. 15 Abs. 4	§ 26 Abs. 4	§ 29 Abs. 4
Art. 15 Abs. 5	§ 26 Abs. 5	§ 29 Abs. 5
Art. 16 Abs. 1 Unterabs. 1	§ 27 Abs. 1	§ 30 Abs. 1
Art. 16 Abs. 1 Unterabs. 2	§ 27 Abs. 2	§ 30 Abs. 2
Art. 16 Abs. 2	§ 27 Abs. 3	§ 30 Abs. 3
Art. 16 Abs. 3	§ 27 Abs. 4	§ 30 Abs. 4
Art. 17	§ 26 Abs. 5	§ 29 Abs. 5
Art. 18 Abs. 1	§ 30 Abs. 1	§ 28 Abs. 1
Art. 18 Abs. 2	§ 30 Abs. 3	§ 28 Abs. 3
Art. 19 Abs. 1	§ 165 Abs. 1	§ 169 Abs. 1
Art. 19 Abs. 3	§§ 166, 213 Abs. 1, 255	
Art. 19 Abs. 3 Unterabs. 1–5		§ 170
Art. 19 Abs. 3 Unterabs. 1	§§ 239 Abs. 3, 246 Abs. 3	§ 217 Abs. 1; § 272 Abs. 3; § 279 Abs. 3; § 286 Abs. 2
Art. 19 Abs. 3 Unterabs. 2	§§ 239 Abs. 1, 246 Abs. 1	§ 217 Abs. 1; § 272 Abs. 1; § 279 Abs. 1; § 286 Abs. 2

AIFM-RL	KAGB-E Diskussionsentwurf	KAGB-E Regierungsentwurf
Art. 19 Abs. 3 Unterabs. 3	§§ 239 Abs. 2, 246 Abs. 2	§ 217 Abs. 1; § 279 Abs. 1
Art. 19 Abs. 3 Unterabs. 4		§ 272 Abs. 1; § 286 Abs. 2
Art. 19 Abs. 3 Unterabs. 5		§ 217 Abs. 3; § 279 Abs. 3
Art. 19 Abs. 4	§ 212 Abs. 1	§ 216 Abs. 1
Art. 19 Abs. 5	§ 212 Abs. 2	§ 216 Abs. 2
Art. 19 Abs. 6	§ 212 Abs. 4	§ 216 Abs. 4
Art. 19 Abs. 7	§ 212 Abs. 5	§ 216 Abs. 5
Art. 19 Abs. 8	§ 165 Abs. 2	§ 169 Abs. 2
Art. 19 Abs. 9	§ 212 Abs. 6	§ 216 Abs. 6
Art. 19 Abs. 10	§ 212 Abs. 7	§ 216 Abs. 7
Art. 19 Abs. 11	§ 213 Abs. 2, § 239 Abs. 2, § 246 Abs. 1, Abs. 2	§ 216 Abs. 3
Art. 20 Abs. 1 S. 1	§ 36 Abs. 2	§ 36 Abs. 2
Art. 20 Abs. 1 S. 1a), b), c), d), e), f)	§ 36 Abs. 1	§ 36 Abs. 1
Art. 20 Abs. 1 S. 2	§ 36 Abs. 1	
Art. 20 Abs. 1 Unterabs. 2		§ 36 Abs. 1
Art. 20 Abs. 2	§ 36 Abs. 3	§ 36 Abs. 3
Art. 20 Abs. 3 1. Halbs..	§ 36 Abs. 4	§ 36 Abs. 4
Art. 20 Abs. 3 2. Halbs.	§ 36 Abs. 5	§ 36 Abs. 5
Art. 20 Abs. 4	§ 36 Abs. 6	§ 36 Abs. 6
Art. 20 Abs. 5 Unterabs. 1	§ 36 Abs. 7	§ 36 Abs. 7
Art. 20 Abs. 5 Unterabs. 2 u. 6		§ 36 Abs. 6
Art. 20 Abs. 6	§ 36 Abs. 6	
Art. 20 Abs. 7		§ 36 Abs. 10
Art. 21 Abs. 1	§ 64 Abs. 1, § 76 Abs. 1	§ 68 Abs. 1; § 80 Abs. 1
Art. 21 Abs. 2	§ 64 Abs. 1, § 76 Abs. 1	§ 68 Abs. 1; § 80 Abs. 1
Art. 21 Abs. 3a)	§ 64 Abs. 2, § 76 Abs. 2	§ 68 Abs. 2§ 80 Abs. 2
Art. 21 Abs. 3b)–c)	§ 76 Abs. 2	§ 80 Abs. 2
Art. 21 Abs. 3 Unterabs. 2	§ 76 Abs. 3	§ 80 Abs. 5
Art. 21 Abs. 3 Unterabs. 3		§ 80 Abs. 3
Art. 21 Abs. 4	§ 81 Abs. 4	§ 85 Abs. 4

AIFM-RL	KAGB-E Diskussionsentwurf	KAGB-E Regierungsentwurf
Art. 21 Abs. 4a)	§ 66 Abs. 3	§ 70 Abs. 3
Art. 21 Abs. 5	§ 76 Abs. 4	§ 80 Abs. 6
Art. 21 Abs. 6 Unterabs. 1a)–c), Unterabs. 2	§ 76 Abs. 6	§ 80 Abs. 8
Art. 21 Abs. 6 Unterabs. 1d), e)		§ 80 Abs. 8
Art. 21 Abs. 6 Unterabs. 2		§ 80 Abs. 8
Art. 21 Abs. 7	§ 79 Abs. 6	§ 83 Abs. 6
Art. 21 Abs. 8a) u. b)	§ 77 Abs. 1	§ 81 Abs. 1
Art. 21 Abs. 9a), b), d), e)	§ 79 Abs. 1	§ 83 Abs. 1
Art. 21 Abs. 9c)	§ 79 Abs. 5	§ 83 Abs. 5
Art. 21 Abs. 10	§ 28 Abs. 1	§ 26 Abs. 1
Art. 21 Abs. 10 Unterabs. 1	§ 81 Abs. 1	§ 85 Abs. 1
Art. 21 Abs. 10 Unterabs. 2	§ 66 Abs. 2, § 81 Abs. 2 S. 2 u. 3	§ 70 Abs. 2; § 85 Abs. 2
Art. 21 Abs. 10 Unterabs. 3	§ 81 Abs. 3	§ 85 Abs. 3
Art. 21 Abs. 11		§ 73
Art. 21 Abs. 11 Unterabs. 1	§ 69 Abs. 4, § 78 Abs. 4	§ 73 Abs. 4; § 82 Abs. 4
Art. 21 Abs. 11 Unterabs. 2	§ 69 Abs. 1, § 78 Abs. 1	§ 73 Abs. 1; § 82 Abs. 1
Art. 21 Abs. 11 Unterabs. 3	§ 69 Abs. 2, § 78 Abs. 2	§ 73 Abs. 2; § 82 Abs. 2
Art. 21 Abs. 11 Unterabs. 4	§ 69 Abs. 3, § 78 Abs. 3	§ 73 Abs. 3; § 82 Abs. 3
Art. 21 Abs. 11 Unterabs. 5	§ 69 Abs. 5, § 78 Abs. 5	§ 73 Abs. 5; § 82 Abs. 5
Art. 21 Abs. 12 Unterabs. 1 u. 2	§ 73 Abs. 1, § 84 Abs. 1	§ 77 Abs. 1; § 88 Abs. 1
Art. 21 Abs. 12 Unterabs. 3	§ 73 Abs. 2, § 84 Abs. 2	§ 77 Abs. 2; § 88 Abs. 2
Art. 21 Abs. 13 Unterabs. 1	§ 73 Abs. 3, § 84 Abs. 3	§ 77 Abs. 3; § 88 Abs. 3
Art. 21 Abs. 13 Unterabs. 2	§ 73 Abs. 4, § 84 Abs. 4	§ 77 Abs. 4; § 88 Abs. 4
Art. 21 Abs. 14	§ 73 Abs. 5, § 84 Abs. 5	§ 77 Abs. 5; § 88 Abs. 5
Art. 21 Abs. 15	§ 85 Abs. 2	§ 89 Abs. 2

Synopse

AIFM-RL	KAGB-E Diskussionsentwurf	KAGB-E Regierungsentwurf
Art. 21 Abs. 16	§ 65 Abs. 3, § 82	§ 69 Abs. 3; § 86
Art. 21 Abs. 17		
Art. 22	§ 262 Abs. 9, § 274 Abs. 1	§ 308 Abs. 1–3
Art. 22 Abs. 1	§ 265 Abs. 2	
Art. 22 Abs. 1 Unterabs. 1	§ 116 Abs. 1, § 97 Abs. 1	§ 101 Abs. 1; § 107 Abs. 1
Art. 22 Abs. 1 Unterabs. 1 S. 1	§ 63 Abs. 1	§ 67 Abs. 1; § 135 Abs. 1
Art. 22 Abs. 1 Unterabs. 1 S. 2	§ 63 Abs. 1	§ 67 Abs. 1; § 107 Abs. 5; § 120 Abs. 1; § 123 Abs. 4; § 160 Abs. 3; § 299 Abs. 5
Art. 22 Abs. 1 Unterabs. 1 S. 3	§ 35 Abs. 3, Abs. 4, § 103 Abs. 4, § 119 Abs. , § 133 Abs. 23	§ 35 Abs. 3, Abs. 7; § 137; § 299 Abs. 5
Art. 22 Abs. 1 Unterabs. 2	§ 63 Abs. 2, § 116 Abs. 8, § 131 Abs. 8	§ 67 Abs. 2; § 120 Abs. 7; § 135 Abs. 8
Art. 22 Abs. 2	§ 63 Abs. 3, § 265 Abs. 1	§ 67 Abs. 3; 3 299 Abs. 1
Art. 22 Abs. 2c)	§ 97 Abs. 1	§ 101 Abs. 1
Art. 22 Abs. 2d)–f)	§ 97 Abs. 3, § 116 Abs. 7, § 131 Abs. 7	§ 101 Abs. 3; § 120 Abs. 6; § 135 Abs. 7
Art. 22 Abs. 3	§ 98, § 265 Abs. 1	§ 102; § 299 Abs. 1
Art. 22 Abs. 3 Unterabs. 1	§ 63 Abs. 4, § 117 Abs. 2	§ 67 Abs. 4; § 121 Abs. 2
Art. 22 Abs. 3 Unterabs. 2	§ 63 Abs. 5, § 117 Abs. 2	§ 67 Abs. 5; § 121 Abs. 2
Art. 22 Abs. 3 Unterabs. 3	§ 63 Abs. 5	§ 67 Abs. 5
Art. 22 Abs. 4	§ 265 Abs. 1	§ 299 Abs. 1
Art. 23	§ 160 Abs. 1, § 262 Abs. 6, Abs. 9	§ 165 Abs. 2; § 295
Art. 23 Abs. 1	§ 161 Abs. 2, Abs. 7, § 169 Abs. 1, § 263 Abs. 2, § 273 Abs. 1	§ 165 Abs. 2, Abs. 7; § 173 Abs. 1; § 297 Abs. 2; § 307 Abs. 1; § 316 Abs. 1; § 318 Abs. 6
Art. 23 Abs. 2	§ 161 Abs. 7, § 263 Abs. 2, § 265 Abs. 1, § 266 Abs. 4, § 273 Abs. 2, § 274 Abs. 1	§ 297 Abs. 4; § 299 Abs. 5; § 300 Abs. 4; § 307 Abs. 2; § 308 Abs. 4

AIFM-RL	KAGB-E Diskussionsentwurf	KAGB-E Regierungsentwurf
Art. 23 Abs. 3	§ 232 Abs. 1, § 273 Abs. 4, § 284 Abs. 1	§ 268 Abs. 1; § 307 Abs. 4; § 318 Abs. 3
Art. 23 Abs. 4	§ 266 Abs. 1, § 274 Abs. 1	§ 300 Abs. 1; § 308 Abs. 4
Art. 23 Abs. 5	§ 266 Abs. 2, § 274 Abs. 1	§ 300 Abs. 2; § 308 Abs. 4
Art. 23 Abs. 6	§ 266 Abs. 3, § 274 Abs. 1	§ 300 Abs. 3; § 308 Abs. 4
Art. 24	§ 262 Abs. 9	
Art. 24 Abs. 1	§ 35 Abs. 1	§ 35 Abs. 1
Art. 24 Abs. 2	§ 35 Abs. 2	§ 35 Abs. 2
Art. 24 Abs. 3	§ 156 Abs. 2	
Art. 24 Abs. 3a), b)	§ 35 Abs. 3	§ 35 Abs. 3
Art. 24 Abs. 4	§ 35 Abs. 5	§ 35 Abs. 4
Art. 24 Abs. 4 Unterabs. 3		§ 35 Abs. 6
Art. 24 Abs. 5	§ 35 Abs. 6	§ 35 Abs. 5
Art. 24 Abs. 5 S. 2	§ 12 Abs. 6	§ 12 Abs. 6 Nr. 2
Art. 24 Abs. 6b)	§ 35 Abs. 7	§ 35 Abs. 8
Art. 25 Abs. 1	§ 211 Abs. 1	§ 35 Abs. 4
Art. 25 Abs. 2	§ 9 Abs. 6, § 12 Abs. 6	§ 9 Abs. 5; § 12 Abs. 6 Nr. 15; § 54 Abs. 5; § 66 Abs. 5
Art. 25 Abs. 3	§ 211 Abs. 1, Abs. 2, § 227 Abs. 3, § 241 Abs. 2	§ 215 Abs. 1; § 274
Art. 25 Abs. 3 S. 2 u. 3	§ 12 Abs. 6	§ 12 Abs. 6 Nr. 17; § 215 Abs. 2
Art. 25 Abs. 4	§ 211 Abs. 3, § 227 Abs. 3, § 241 Abs. 2	§ 215 Abs. 3; § 274
Art. 25 Abs. 5	§ 211 Abs. 4	
Art. 25 Abs. 8	§ 12 Abs. 6, § 211 Abs. 4, § 227 Abs. 3, § 241 Abs. 2	§ 12 Abs. 6 Nr. 18; § 215 Abs. 4; § 274
Art. 25 Abs. 9	§ 211 Abs. 4, § 227 Abs. 3, § 241 Abs. 2	§ 215 Abs. 5; § 274
Art. 26		§ 261 Abs. 7
Art. 26 Abs. 1	§ 256 Abs. 1	§ 287
Art. 26 Abs. 2	§ 256 Abs. 2	§ 287
Art. 26 Abs. 3	§ 249 Abs. 3, § 256 Abs. 3	§ 282 Abs. 3; § 287

Synopse

AIFM-RL	KAGB-E Diskussionsentwurf	KAGB-E Regierungsentwurf
Art. 26 Abs. 4	§ 256 Abs. 4	§ 287
Art. 26 Abs. 5, 1. Unterabsatz	§ 257 Abs. 1	§ 288
Art. 26 Abs. 5, 2. Unterabsatz	§ 257 Abs. 2	§ 288
Art. 26 Abs. 5, 4. Unterabsatz	§ 257 Abs. 3	§ 288
Art. 26 Abs. 6		§ 287
Art. 26 Abs. 7		
Art. 27		§ 261 Abs. 7; § 289
Art. 27 Abs. 1	§ 258 Abs. 1	
Art. 27 Abs. 2	§ 258 Abs. 2	
Art. 27 Abs. 3	§ 258 Abs. 3	
Art. 27 Abs. 4	§ 258 Abs. 4	
Art. 27 Abs. 5	§ 258 Abs. 5	
Art. 28		§ 261 Abs. 7; § 290
Art. 28 Abs. 1	§ 259 Abs. 1	
Art. 28 Abs. 2	§ 259 Abs. 2	
Art. 28 Abs. 3	§ 259 Abs. 3	
Art. 28 Abs. 4	§ 259 Abs. 4	
Art. 28 Abs. 5	§ 259 Abs. 5	
Art. 29		§ 261 Abs. 7; § 291
Art. 29 Abs. 1	§ 260 Abs. 1	
Art. 29 Abs. 2	§ 260 Abs. 2	
Art. 29 Abs. 3	§ 260 Abs. 3	
Art. 30		§ 261 Abs. 7; § 292
Art. 30 Abs. 1	§ 261 Abs. 1	
Art. 30 Abs. 2	§ 261 Abs. 2	
Art. 30 Abs. 3	§ 261 Abs. 3	
Art. 31	§ 295 Abs. 1	§ 321 Abs. 1; § 321 Abs. 3
Art. 31 Abs. 1	§§ 282 Abs. 1, 287 Abs. 1	§ 316 Abs. 1; § 321 Abs. 1; § 321 Abs. 1
Art. 31 Abs. 2	§ 287 Abs. 1	§ 316 Abs. 1; § 321 Abs. 1
Art. 31 Abs. 3	§ 282 Abs. 1, Abs. 3, § 287 Abs. 3, § 298 Abs. 1	§ 316 Abs. 3; § 321 Abs. 3

AIFM-RL	KAGB-E Diskussionsentwurf	KAGB-E Regierungsentwurf
Art. 31 Abs. 4	§ 282 Abs. 1, Abs. 4, § 287 Abs. 4	§ 316 Abs. 4; § 321 Abs. 4
Art. 31 Abs. 6	§§ 262 Abs. 2, 282 Abs. 1, Abs. 3, 287 Abs. 1	§ 295 Abs. 1; § 316 Abs. 1; § 316 Abs. 3; § 321 Abs. 1; § 321 Abs. 3
Art. 32 Abs. 1	§ 289 Abs. 1, § 297 Abs. 1	§ 323 Abs. 1, Abs. 2; § 331 Abs. 1
Art. 32 Abs. 2	§ 289 Abs. 1, § 297 Abs. 1	§ 323 Abs. 1; § 331 Abs. 1
Art. 32 Abs. 3	§ 289 Abs. 2, § 297 Abs. 4	§ 323 Abs. 1; § 331 Abs. 4
Art. 32 Abs. 4	§ 289 Abs. 3, § 298 Abs. 1	§ 323 Abs. 2; § 332 Abs. 5
Art. 32 Abs. 5	§ 289 Abs. 3	§ 323 Abs. 2, Abs. 3; § 331 Abs. 4, Abs. 7
Art. 32 Abs. 6		§ 323 Abs. 1; § 331 Abs. 1; § 331 Abs. 2; § 331 Abs. 2; § 331 Abs. 4
Art. 32 Abs. 7	§ 297 Abs. 6	§ 331 Abs. 7
Art. 32 Abs. 9	§ 159 Abs. 1, § 262 Abs. 2	§ 295 Abs. 1
Art. 33 Abs. 1	§ 49 Abs. 1, § 49 Abs. 2, § 50 Abs. 1, § 50 Abs. 2	§ 53 Abs. 1, Abs. 2; § 54 Abs. 1, Abs. 2
Art. 33 Abs. 2	§ 49 Abs. 1, § 50 Abs. 1	§ 53 Abs. 1, § 54 Abs. 1
Art. 33 Abs. 3	§ 49 Abs. 2, § 50 Abs. 2	§ 53 Abs. 2; § 54 Abs. 2
Art. 33 Abs. 4 Unterabs. 1	§ 49 Abs. 3	§ 53 Abs. 3
Art. 33 Abs. 4 Unterabs. 2	§ 49 Abs. 3, § 50 Abs. 1	§ 53 Abs. 3; § 54 Abs. 1
Art. 33 Abs. 4 Unterabs. 3	§ 49 Abs. 4	§ 53 Abs. 4
Art. 33 Abs. 4 Unterabs. 4	§§ 49 Abs. 4, 50 Abs. 3	§ 53 Abs. 4; § 54 Abs. 3
Art. 33 Abs. 5	§ 50 Abs. 4	§ 54 Abs. 4
Art. 33 Abs. 6 Unterabs. 1	§ 49 Abs. 5	§ 53 Abs. 5
Art. 33 Abs. 6 Unterabs. 2	§ 49 Abs. 6	§ 53 Abs. 6
Art. 33 Abs. 6 Unterabs. 3	§ 49 Abs. 7	§ 53 Abs. 7
Art. 33 Abs. 6 Unterabs. 4	§ 49 Abs. 8	§ 53 Abs. 8
Art. 33 Abs. 7		

Synopse

AIFM-RL	KAGB-E Diskussionsentwurf	KAGB-E Regierungsentwurf
Art: 34 Abs. 1	§ 51 Abs. 1	§ 55 Abs. 1
Art. 34 Abs. 1b)	§ 76 Abs. 1	§ 80 Abs. 1
Art. 34 Abs. 2	§ 51 Abs. 2	§ 55 Abs. 2
Art. 34 Abs. 3	§ 51 Abs. 2	§ 55 Abs. 2
Art. 35 Abs. 1	§ 288 Abs. 1, § 290 Abs. 1, § 296 Abs. 1, § 298 Abs. 1, Abs. 2	§ 322 Abs. 1; § 322 Abs. 2; § 324 Abs. 1; § 332 Abs. 1, Abs. 2
Art. 35 Abs. 2	§ 288 Abs. 1, § 290 Abs. 1, § 298 Abs. 1	§ 322 Abs. 1; § 324 Abs. 1; § 332 Abs. 1
Art. 35 Abs. 3	§ 288 Abs. 2	§ 322 Abs. 3
Art. 35 Abs. 4	§ 288 Abs. 4, § 298 Abs. 1	§ 322 Abs. 4
Art. 35 Abs. 4 Unterabs. 2	§ 12 Abs. 6	§ 12 Abs. 6 Nr. 8
Art. 35 Abs. 5	§ 288 Abs. 5, § 298 Abs. 2, § 290 Abs. 2, Abs. 3	§ 325 Abs. 2; § 332 Abs. 2
Art. 35 Abs. 6	§ 290 Abs. 2, Abs. 3, § 298 Abs. 3	§ 325 Abs. 2; § 332 Abs. 3
Art. 35 Abs. 7	§ 290 Abs. 2, Abs. 3, § 298 Abs. 3	§ 325 Abs. 3; § 332 Abs. 3
Art. 35 Abs. 7 Unterabs. 2	§ 12 Abs. 6	
Art. 35 Abs. 8	§ 290 Abs. 2, Abs. 3	§ 325 Abs. 3; § 332 Abs. 3
Art. 35 Abs. 9	§ 298 Abs. 2, Abs. 3	§ 325 Abs. 2; § 332 Abs. 2; § 332 Abs. 3
Art. 35 Abs. 10	§ 288 Abs. 1, Abs. 5, § 298 Abs. 3	§ 322 Abs. 5; § 332 Abs. 3
Art. 35 Abs. 10 Unterabs. 4	§ 12 Abs. 4	§ 12 Abs. 4 Nr. 4
Art. 35 Abs. 11	§ 302	§ 336 Abs. 1
Art. 35 Abs. 12		
Art. 35 Abs. 13		
Art. 35 Abs. 14		§ 9 Abs. 12
Art. 35 Abs. 15	§ 302	§ 336 Abs. 2
Art. 35 Abs. 16		
Art. 35 Abs. 17	§ 9 Abs. 13, § 159 Abs. 1, § 262 Abs. 2	
Art. 36		§ 314 Abs. 4
Art. 36 Abs. 1	§ 295 Abs. 1	§ 329 Abs. 1
Art. 36 Abs. 2–4		

AIFM-RL	KAGB-E Diskussionsentwurf	KAGB-E Regierungsentwurf
Art. 37	§ 262 Abs. 9	§ 296 Abs. 4
Art. 37 Abs. 1	§ 53 Abs. 1	§ 57 Abs. 1
Art. 37 Abs. 2	§ 53 Abs. 2, § 54 Abs. 11	§ 57 Abs. 2; § 58 Abs. 11
Art. 37 Abs. 3	§ 53 Abs. 3	§ 57 Abs. 3; § 317 Abs. 1
Art. 37 Abs. 4	§ 52 Abs. 1	§ 56 Abs. 1
Art. 37 Abs. 4 Unterabs. 2 S. 1–3	§ 52 Abs. 2	§ 56 Abs. 2
Art. 37 Abs. 4 Unterabs. 2 S. 4	§ 52 Abs. 3	§ 56 Abs. 3
Art. 37 Abs. 4 Unterabs. 2 S. 5	§ 52 Abs. 4	§ 56 Abs. 4
Art. 37 Abs. 4 Unterabs. 3	§ 52 Abs. 5	§ 56 Abs. 5
Art. 37 Abs. 5 Unterabs. 1	§ 54 Abs. 1	§ 58 Abs. 1
Art. 37 Abs. 5 Unterabs. 2 S. 1 u. 2	§ 54 Abs. 2	§ 58 Abs. 2
Art. 37 Abs. 5 Unterabs. 2 S. 3 u. 4	§ 54 Abs. 3	§ 58 Abs. 3
Art. 37 Abs. 5 Unterabs. 3		§ 58 Abs. 4
Art. 37 Abs. 5 Unterabs. 4	§ 54 Abs. 4	§ 58 Abs. 4
Art. 37 Abs. 5 Unterabs. 5	§ 12 Abs. 6, § 54 Abs. 5	§ 12 Abs. 6 Nr. 3; § 58 Abs. 5
Art. 37 Abs. 5 Unterabs. 6	§ 54 Abs. 6	§ 56 Abs. 6
Art. 37 Abs. 6	§ 59	§ 63
Art. 37 Abs. 7 Unterabs. 1	§ 54 Abs. 7	§ 56 Abs. 7
Art. 37 Abs. 7 Unterabs. 2 u. 3	§ 59	§ 63
Art. 37 Abs. 8 Unterabs. 1	§ 54 Abs. 9, Abs. 10	§ 57 Abs. 9, Abs. 10
Art. 37 Abs. 8 Unterabs. 2	§ 59	§ 63
Art. 37 Abs. 9	§ 12 Abs. 4	§ 12 Abs. 4 Nr. 2
Art. 37 Abs. 9 Unterabs. 1	§ 55 Abs. 1	§ 59 Abs. 1
Art. 37 Abs. 9 Unterabs. 2 u. 3	§ 55 Abs. 2	§ 59 Abs. 2
Art. 37 Abs. 9 Unterabs. 4	§ 55 Abs. 3	§ 59 Abs. 3
Art. 37 Abs. 9 Unterabs. 5	§ 12 Abs. 6, § 55 Abs. 4	§ 59 Abs. 4
Art. 37 Abs. 9 Unterabs. 6	§ 59	§ 63
Art. 37 Abs. 10	§ 12 Abs. 4	§ 12 Abs. 4 Nr. 3

AIFM-RL	KAGB-E Diskussionsentwurf	KAGB-E Regierungsentwurf
Art. 37 Abs. 10 Unter- abs. 1	§ 56 Abs. 1	§ 60 Abs. 1
Art. 37 Abs. 10 Unter- abs. 2	§ 12 Abs. 6, § 56 Abs. 2	§ 12 Abs. 6 Nr. 4; § 60 Abs. 2
Art. 37 Abs. 11 Unter- abs. 1	§ 57 Abs. 1	§ 61 Abs. 1
Art. 37 Abs. 11 Unter- abs. 2	§ 12 Abs. 6, § 57 Abs. 2	§ 12 Abs. 6 Nr. 5; § 61 Abs. 2
Art. 37 Abs. 11 Unter- abs. 3	§ 57 Abs. 3	
Art. 37 Abs. 11 Unter- abs. 4	§ 12 Abs. 6, § 57 Abs. 4	§ 12 Abs. 6 Nr. 6; § 61 Abs. 3
Art. 37 Abs. 11 Unter- abs. 5	§ 12 Abs. 6, § 57 Abs. 5	§ 12 Abs. 6 Nr. 5; § 61 Abs. 4
Art. 37 Abs. 11 Unter- abs. 6	§ 57 Abs. 6	§ 61 Abs. 5
Art. 37 Abs. 12 Unter- abs. 1	§ 57 Abs. 7	§ 61 Abs. 6
Art. 37 Abs. 12 Unter- abs. 2	§ 57 Abs. 8	§ 61 Abs. 7
Art. 37 Abs. 12 Unter- abs. 3	§ 59	§ 63
Art. 37 Abs. 13 Unter- abs. 1	§ 58 Abs. 1	§ 62 Abs. 1
Art. 37 Abs. 13 Unter- abs. 2	§ 58 Abs. 2	§ 62 Abs. 2
Art. 37 Abs. 14	§ 52 Abs. 2	§ 56 Abs. 2
Art. 37 Abs. 15	§ 54 Abs. 8	§ 57 Abs. 8
Art. 37 Abs. 16	§ 54 Abs. 8	§ 57 Abs. 8
Art. 37 Abs. 17		§ 9 Abs. 12
Art. 37 Abs. 18		
Art. 37 Abs. 19	§ 59	§ 63
Art. 37 Abs. 20–23		
Art. 38 Abs. 1–3		
Art. 38 Abs. 4	§ 60 Abs. 1	§ 64 Abs. 1
Art. 38 Abs. 5	§ 60 Abs. 1	§ 64 Abs. 1
Art. 38 Abs. 6	§ 60 Abs. 2	§ 64 Abs. 2

AIFM-RL	KAGB-E Diskussionsentwurf	KAGB-E Regierungsentwurf
Art. 38 Abs. 7	§ 60 Abs. 3	
Art. 38 Abs. 8–10		
Art. 39	§ 262 Abs. 9	§ 296 Abs. 4
Art. 39 Abs. 1	§ 291 Abs. 1, § 293 Abs. 1, § 299 Abs. 1	§ 325 Abs. 1; § 327 Abs. 1; § 333 Abs. 1
Art. 39 Abs. 2	§ 291 Abs. 1	§ 325 Abs. 1
Art. 39 Abs. 3	§ 298 Abs. 1, § 291 Abs. 2	§ 325 Abs. 2
Art. 39 Abs. 3 Unterabs. 2	§ 12 Abs. 6	§ 12 Abs. 6 Nr. 9
Art. 39 Abs. 4	§ 299 Abs. 1	§ 327 Abs. 1; § 333 Abs. 1
Art. 39 Abs. 5	§ 293 Abs. 2, § 299 Abs. 1	§ 327 Abs. 1; § 333 Abs. 2
Art. 39 Abs. 6	§ 293 Abs. 2, § 299 Abs. 1	§ 327 Abs. 2; § 333 Abs. 2
Art. 39 Abs. 6 Unterabs. 2	§ 12 Abs. 6	§ 12 Abs. 6 Nr. 9
Art. 39 Abs. 7	§ 280 Abs. 1, § 293 Abs. 2	§ 318 Abs. 1; § 327 Abs. 2; § 333 Abs. 2
Art. 39 Abs. 8	§ 293 Abs. 2, § 299 Abs. 1	§ 327 Abs. 1; § 333 Abs. 1, Abs. 2
Art. 39 Abs. 9	§ 291 Abs. 2, § 299 Abs. 1	§ 12 Abs. 4 Nr. 5; § 325 Abs. 2; § 333 Abs. 2
Art. 39 Abs. 9 Unterabs. 4	§ 12 Abs. 4	§ 12 Abs. 4 Nr. 5
Art. 39 Abs. 10		
Art. 39 Abs. 11	§ 159 Abs. 1, § 262 Abs. 2	§ 295 Abs. 1
Art. 40	§ 262 Abs. 9	§ 296 Abs. 4
Art. 40 Abs. 1	§§ 292, Abs. 1, 294 Abs. 1, 300 Abs. 1	§ 326 Abs. 1, Abs. 2; § 328 Abs. 1; § 334 Abs. 1
Art. 40 Abs. 2	§ 283 Abs. 2, § 292 Abs. 1, § 294 Abs. 1, § 296 Abs. 1, § 300 Abs. 1	§ 316 Abs. 2; § 326 Abs. 1; § 328 Abs. 1; § 334 Abs. 1
Art. 40 Abs. 3	§ 292 Abs. 1	§ 326 Abs. 2
Art. 40 Abs. 4	§ 292 Abs. 2	§ 326 Abs. 3
Art. 40 Abs. 4 Unterabs. 2	§ 12 Abs. 6	§ 12 Abs. 6 Nr. 10
Art. 40 Abs. 5	§ 294 Abs. 2, Abs. 3, § 300 Abs. 2	§ 328 Abs. 2; § 334 Abs. 2

Synopse

AIFM-RL	KAGB-E Diskussionsentwurf	KAGB-E Regierungsentwurf
Art. 40 Abs. 6	§ 294 Abs. 2, Abs. 3, § 300 Abs. 2	§ 328 Abs. 2; § 334 Abs. 3
Art. 40 Abs. 7	§ 294 Abs. 2, Abs. 3, § 300 Abs. 2	§ 328 Abs. 3; § 334 Abs. 3
Art. 40 Abs. 7 Unterabs. 2	§ 12 Abs. 6	§ 12 Abs. 6 Nr. 10
Art. 40 Abs. 8	§ 280 Abs. 1, § 294 Abs. 2, Abs. 3	§ 314 Abs. 1; § 328 Abs. 3; § 334 Abs. 3
Art. 40 Abs. 9	§ 294 Abs. 2, Abs. 3, § 300 Abs. 3	§ 328 Abs. 2; § 334 Abs. 2, Abs. 3
Art. 40 Abs. 10	§ 292 Abs. 3, § 300 Abs. 3	§ 326 Abs. 3; § 334 Abs. 3
Art. 40 Abs. 10 Unter-abs. 4	§ 12 Abs. 4	§ 12 Abs. 4 Nr. 6
Art. 40 Abs. 11	§ 302	§ 336 Abs. 1
Art. 40 Abs. 12, 13		
Art. 40 Abs. 14	§ 9 Abs. 13	§ 9 Abs. 12
Art. 40 Abs. 15	§ 302	§ 336 Abs. 2
Art. 40 Abs. 16		
Art. 40 Abs. 17	§ 159 Abs. 1, § 262 Abs. 2	§ 295 Abs. 1
Art. 41 Abs. 1	§ 62 Abs. 1	§ 66 Abs. 1
Art. 41 Abs. 2	§ 61 Abs. 1, § 62 Abs. 1	§ 65 Abs. 1; § 66 Abs. 1
Art. 41 Abs. 3	§ 61 Abs. 2, § 62 Abs. 2	§ 65 Abs. 2
Art. 41 Abs. 4	§ 62 Abs. 1, Abs. 2	§ 66 Abs. 1, Abs. 2
Art. 41 Abs. 4 Unterabs. 1	§ 61 Abs. 3	§ 61 Abs. 3
Art. 41 Abs. 4 Unterabs. 2	§ 12 Abs. 6, § 61 Abs. 3	§ 12 Abs. 6 Nr. 11; § 65 Abs. 3; § 66 Abs. 1
Art. 41 Abs. 4 Unterabs. 3	§ 62 Abs. 3, Abs. 4	§ 65 Abs. 4; § 66 Abs. 3
Art. 41 Abs. 4 Unterabs. 4	§ 61 Abs. 4	§ 65 Abs. 4
Art. 41 Abs. 5	§ 62 Abs. 4	§ 66 Abs. 4
Art. 41 Abs. 6 Unterabs. 1	§ 61 Abs. 5	§ 65 Abs. 5
Art. 41 Abs. 6 Unterabs. 2	§ 61 Abs. 6	§ 65 Abs. 6
Art. 41 Abs. 6 Unterabs. 3	§ 61 Abs. 7	§ 65 Abs. 7
Art. 41 Abs. 6 Unterabs. 4	§ 61 Abs. 8	§ 65 Abs. 8
Art. 41 Abs. 7, 8		

AIFM-RL	**KAGB-E** **Diskussionsentwurf**	**KAGB-E** **Regierungsentwurf**
Art. 42	§ 262 Abs. 9, § 280 Abs. 1, § 296 Abs. 1 (fakultativ)	§ 314 Abs. 1, Abs. 4; § 330 Abs. 1 (fakultativ)
Art. 42 Abs. 1	§ 283 Abs. 2	§ 296 Abs. 3 (Art. 42 Abs. 1a) i. V. m. Art. 22, 23, 24); § 336 Abs. 3
Art. 42 Abs. 2		
Art. 42 Abs. 3	§ 302	§ 336 Abs. 1
Art. 42 Abs. 4		
Art. 43		§ 2 Abs. 4
Art. 43 Abs. 1	§ 282 Abs. 1, § 283 Abs. 1, § 284 Abs. 1, § 286 Abs. 4	§ 295 Abs. 3; § 297 Abs. 10; § 316; § 320 Abs. 1; § 321 Abs. 1; § 322 Abs. 1
Art. 43 Abs. 1 Unterabs. 1		§ 299 Abs. 1
Art. 43 Abs. 1 Unterabs. 2	§ 262 Abs. 2	§ 293 Abs. 1; § 295 Abs. 1; § 297 Abs. 2; § 299 Abs. 5; § 300 Abs. 4; § 315 Abs. 1; § 316 Abs. 1; § 317 Abs. 1; § 318 Abs. 3
Art. 43 Abs. 1 (geht hier-über hinaus)	§ 263 Abs. 1	
Art. 43 Abs. 2 Unterabs. 1	§ 12 Abs. 7	§ 12 Abs. 7 Nr. 2
Art. 43 Abs. 2 Unterabs. 2	§ 12 Abs. 6	§ 12 Abs. 6 Nr. 16
Art. 44	§ 5 Abs. 1	§ 5 Abs. 6, Abs. 7, Abs. 8, Abs. 9
Art. 45	§ 280 Abs. 1	§ 314
Art. 45 Abs. 1	§ 5 Abs. 1, Abs. 4	§ 5 Abs. 1, Abs. 4
Art. 45 Abs. 2	§ 5 Abs. 4	§ 5 Abs. 4, § 54 Abs. 4
Art. 45 Abs. 3	§ 5 Abs. 9	§ 5 Abs. 9
Art. 45 Abs. 4	§ 11 Abs. 1	§ 11 Abs. 1
Art. 45 Abs. 5 S. 1	§ 11 Abs. 2	§ 11 Abs. 2
Art. 45 Abs. 5 S. 2 u. 3	§ 11 Abs. 3	§ 11 Abs. 3
Art. 45 Abs. 6	§ 11 Abs. 4	§ 11 Abs. 4
Art. 45 Abs. 7	§ 11 Abs. 5	§ 11 Abs. 5
Art. 45 Abs. 8	§ 11 Abs. 6	§ 11 Abs. 6
Art. 45 Abs. 9	§ 11 Abs. 7	§ 11 Abs. 7

Synopse

AIFM-RL	KAGB-E Diskussionsentwurf	KAGB-E Regierungsentwurf
Art. 45 Abs. 10	§ 11 Abs. 8	§ 11 Abs. 8
Art. 45 Abs. 11		
Art. 46		§ 5 Abs. 6
Art. 46 Abs. 1		
Art. 46 Abs. 2	§ 5 Abs. 6	§ 5 Abs. 6
Art. 46 Abs. 2c)		§ 14
Art. 46 Abs. 2f)	§ 42	§ 42
Art. 46 Abs. 2j)		§ 98 Abs. 3
Art. 46 Abs. 2l)		§ 8
Art. 46 Abs. 2m)	§ 14	§ 14
Art. 46 Abs. 3	§ 12 Abs. 6	§ 12 Abs. 6 Nr. 12
Art. 46 Abs. 4	§ 5 Abs. 6	§ 5 Abs. 6
Art. 47 Abs. 3		§ 9 Abs. 2
Art. 47 Abs. 4		§ 11 Abs. 9
Art. 47 Abs. 6		§ 11 Abs. 10
Art. 47 Abs. 10		§ 11 Abs. 11
Art. 48 Abs. 1		
Art. 48 Abs. 2	§ 5 Abs. 7	§ 5 Abs. 7
Art. 48 Abs. 3 S. 2	§ 12 Abs. 6	§ 12 Abs. 6 Nr. 14
Art. 49 Abs. 1	§ 22 Abs. 2	§ 22 Abs. 2
Art. 49 Abs. 2		
Art. 50 Abs. 1	§ 9 Abs. 1	§ 9 Abs. 1
Art. 50 Abs. 2 S. 2	§ 9 Abs. 12	
Art. 50 Abs. 3		
Art. 50 Abs. 4 Unterabs. 1	§ 9 Abs. 1	§ 9 Abs. 1
Art. 50 Abs. 4 Unterabs. 2, Unterabs. 3	§ 9 Abs. 8	§ 9 Abs. 7
Art. 50 Abs. 5	§ 9 Abs. 11, § 12 Abs. 6	§ 9 Abs. 10, Abs. 11; § 12 Abs. 6 Nr. 13
Art. 50 Abs. 6	§ 9 Abs. 13	§ 9 Abs. 12
Art. 51	§ 9 Abs. 1	§ 9 Abs. 1
Art. 52 Abs. 1	§ 9 Abs. 9	§ 9 Abs. 8
Art. 52 Abs. 2	§ 9 Abs. 9	§ 9 Abs. 8
Art. 53 Abs. 1	§ 9 Abs. 4	§ 9 Abs. 3
Art. 53 Abs. 2	§ 9 Abs. 5, § 12 Abs. 6	§ 9 Abs. 4; § 12 Abs. 6 Nr. 15
Art. 53 Abs. 3	§ 9 Abs. 4	§ 9 Abs. 3

AIFM-RL	KAGB-E Diskussionsentwurf	KAGB-E Regierungsentwurf
Art. 53 Abs. 4	§ 9 Abs. 4	
Art. 54 Abs. 1 Unterabs. 1	§ 10 Abs. 1	§ 10 Abs. 1
Art. 54 Abs. 1 Unterabs. 2	§ 10 Abs. 1, Abs. 2	§ 10 Abs. 2
Art. 54 Abs. 2 Unterabs. 1 u. 2	§ 10 Abs. 2	§ 10 Abs. 1, Abs. 2
Art. 54 Abs. 3 Unterabs. 1 u. 2	§ 10 Abs. 3	§ 10 Abs. 3
Art. 54 Abs. 4	§ 10 Abs. 5	§ 10 Abs. 5
Art. 55	§ 10 Abs. 4	§ 10 Abs. 4
Art. 56		
Art. 57		
Art. 58		
Art. 59		
Art. 60		
Art. 61 Abs. 1	§ 311	§ 343 Abs. 1
Art. 61 Abs. 2	§ 262 Abs. 8, § 321	§ 295 Abs. 8; § 353 Abs. 8
Art. 61 Abs. 3	§ 321	§ 353 Abs. 1, Abs. 2
Art. 61 Abs. 4	§ 321	§ 353 Abs. 3
Art. 62		
Art. 63		
Art. 64		
Art. 65		
Art. 66 Abs. 3	§ 312	§ 344
Art. 66 Abs. 3 i. V. m. Art. 67 Abs. 6 und Art. 68 Abs. 6	§ 262 Abs. 3	§ 295 Abs. 2
Art. 67 Abs. 3	§ 12 Abs. 5	§ 12 Abs. 5 Nr. 2
Art. 67 Abs. 6	§ 262 Abs. 9	§ 296 Abs. 4
Art. 68 Abs. 3	§ 12 Abs. 5	§ 12 Abs. 5 Nr. 2
Art. 69 Abs. 2	§ 12 Abs. 3	§ 12 Abs. 3
Anhang I		§ 36 Abs. 1
Anhang II		§ 1 Abs. 19 Nr. 33
Anhang III	§ 273 Abs. 3, § 287 Abs. 1	§ 295 Abs. 1; § 307 Abs. 3; § 316 Abs. 1; § 321 Abs. 1; § 322 Abs. 2; § 325 Abs. 1; § 326 Abs. 2
Anhang IIIg	§ 262 Abs. 2	

Dornseifer

Synopse

AIFM-RL	KAGB-E Diskussionsentwurf	KAGB-E Regierungsentwurf
Anhang IV	§ 273 Abs. 3, § 286 Abs. 1, § 293 Abs. 2, § 297 Abs. 1, § 299 Abs. 1	§ 295 Abs. 1; § 307 Abs. 3; § 320 Abs. 1; § 331 Abs. 1; § 332 Abs. 2; § 333 Abs. 1; § 334 Abs. 2
Anhang IVh	§ 262 Abs. 2	
VO Europäische Fonds für soziales Unternehmertum	§ 2 Abs. 6	
VO Europäische Risikokapitalfonds	§ 2 Abs. 5	

Quelle: Bundesverband Alternative Investments e.V.

Sachverzeichnis

Sachverzeichnis

fette Zahlen = Artikel

Sachverzeichnis

fette Zahlen = Artikel

1452

Sachverzeichnis

Sachverzeichnis

fette Zahlen = Artikel

Sachverzeichnis

Sachverzeichnis

Sachverzeichnis

Sachverzeichnis

Sachverzeichnis

Sachverzeichnis

Sachverzeichnis

fette Zahlen = Artikel

Sachverzeichnis

fette Zahlen = Artikel

Sachverzeichnis

Sachverzeichnis

Sachverzeichnis